AF831884

DAS KIRCHENRECHT

DER

KATHOLIKEN UND PROTESTANTEN

IN

DEUTSCHLAND.

VON

DR. PAUL HINSCHIUS,

ORDENTLICHEM PROFESSOR DER RECHTE AN DER UNIVERSITÄT KIEL.

ERSTER BAND.

SYSTEM DES KATHOLISCHEN KIRCHENRECHTS MIT BESONDERER RÜCKSICHT AUF DEUTSCHLAND.

BERLIN,

VERLAG VON I. GUTTENTAG.

1869.

SYSTEM

DES

KATHOLISCHEN KIRCHENRECHTS

MIT BESONDERER RÜCKSICHT

AUF

DEUTSCHLAND.

VON

DR. PAUL HINSCHIUS,

ORDENTLICHEM PROFESSOR DER RECHTE AN DER UNIVERSITÄT KIEL.

ERSTER BAND.

BERLIN,

VERLAG VON I. GUTTENTAG.

1869.

Das Recht der Uebersetzung in fremde Sprachen behalte ich mir hiermit vor.

Dr. Paul Hinschius.

Druck von Breitkopf u. Härtel in Leipzig.

SEINEM THEUREN VATER

DEM JUSTIZRATH UND RECHTSANWALT

HERRN

DR. FRANZ HINSCHIUS

ZUGEEIGNET.

VORWORT.

Während das katholische Kirchenrecht in neuerer Zeit in dem grossen, jetzt bis zum siebenten Bande fortgeschrittenen Werke von Georg Phillips einer eingehenden Behandlung sich zu erfreuen gehabt hat, und von Friedrich Schulte in seinem katholischen Kirchenrecht der anerkennenswerthe und gelungene Versuch gemacht worden ist, den Stoff in ächt juristischer Weise unter sorgfältiger Benutzung des deutschen partikulären Kirchenrechtes für die Bedürfnisse der katholischen Praxis zu behandeln, hat man protestantischer Seits seit den längst in erster Auflage erschienenen und später nur wiederholt herausgegebenen Werken von Eichhorn, Richter und Mejer eine selbstständige Bearbeitung des gesammten katholischen und protestantischen Kirchenrechtes nicht unternommen, ja die letzte, über den Charakter eines Kompendiums hinausgehende, ausführliche Darstellung, das Handbuch von Georg Wiese, gehört noch der Gränzscheide des vorigen und jetzigen Jahrhunderts an. Für die heutige protestantische Kirchenrechtswissenschaft liegt somit eine noch zu lösende, schon zu lange bei Seite geschobene Aufgabe vor. Abgesehen von Monographieen kann gerade in einer eingehenderen, in die beschränkten Gränzen eines Kompendiums nicht gebannten Bearbeitung viel leichter, als in einem kurzen Handbuch ein entschiedener wissenschaftlicher Fortschritt gemacht werden. Auf dem Gebiete des katholischen Kirchenrechtes bietet zunächst die erforderliche, historische Behandlung der einzelnen Rechtsinstitute dem protestantischen Kanonisten ein ansprechendes Feld der Thätigkeit, weil er frei von jeder dogmatischen Voraussetzung und in vollkommener Unbefangenheit seine Resultate auf ein rein objektives Studium des gesammten, wissenschaftlichen Materials zu gründen, im Stande ist, und weil ferner gerade neuerdings allein auf katholischer Seite, in dem Kirchenrechte von Phillips, die Rechtsgeschichte eine eingehende Berücksichtigung gefunden hat. So viel ich dem letzteren Buche verdanke und so gern ich dem geehrten Verfasser hier öffentlich dafür meinen Dank abstatte, so lässt sich doch noch durch Benutzung der neueren historischen Forschungen und durch Prüfung der geschichtlichen Ereignisse vom Standpunkt des Kirchenrechtes aus manches neue Resultat gewinnen und erst so wird es möglich, auch den Historikern, welche sich mit der Geschichte des Mittelalters beschäftigen, eine von denselben bisher vermisste, für ihre Zwecke ausreichende Darstellung der Entwicklung des kirchlichen Rechtes darzubieten. Denn das Richtersche Lehrbuch, dessen Verdienste in der hier in Rede stehenden Beziehung bekannt genug sind und welche ich zu läugnen weit entfernt bin, musste seinem Charakter nach knapp gehalten werden und ausführlichere Erörterungen über streitige und zweifelhafte Punkte vermeiden.

Bei der Darstellung des geltenden katholischen Kirchenrechts bleibt für den Protestanten, welcher, wie billig von ihm gefordert werden darf, sich hier auf den Boden der katholischen Kirche zu stellen hat, noch Raum genug übrig, durch eine schärfere juristische Präcisirung, durch die Heranziehung der dogmengeschichtlichen Entwicklung für die Erklärung der heutigen Rechtssätze und die Entscheidung bestehender Kontroversen, ferner auch durch die Benutzung der leider in den protestantischen Kompendien so gut wie gar nicht mehr berücksichtigten, älteren kanonistischen Literatur der Weiterförderung des katholischen Rechtes Dienste zu leisten, welche nur ein engherziger Konfessionalismus ihres Ursprungs halber zurückzuweisen vermöchte.

Das Bedürfniss einer eingehenden Bearbeitung des partikulären Kirchenrechtes endlich, namentlich soweit es sich um die Beziehungen von Staat und Kirche handelt, vom protestantischen Gesichtspunkt aus wird ebensowenig als das einer von diesem Standpunkt zu unternehmenden, historischen Behandlung geläugnet werden können.

Für das protestantische Kirchenrecht sind die Aufgaben noch grösser und lohnender. Eine ausführliche Darstellung desselben fehlt bisher vollkommen. Ebensowenig genügt die bisherige Behandlungsweise; sie ist mehr beschreibend und statistisch zusammenstellend, als wirklich juristisch gewesen, und ferner hat man die hier eine hervorragende Stellung einnehmende partikuläre Entwicklung, so namentlich die neueren legislatorischen Versuche, der evangelischen Kirche eine grössere Selbstständigkeit zu geben, in ihren juristischen Details zu wenig gewürdigt, wie schon zur Genüge die bisher übliche Gewohnheit zeigt, alle diese für das moderne kirchliche Recht wichtigen Punkte nicht im Text der Darstellung, sondern in rein statistischen Zusammenstellungen in den Noten mehr zu berühren als zu behandeln.

Das Werk, dessen Anfang jetzt vorliegt, soll die gedachte Lücke in den erwähnten Beziehungen auszufüllen versuchen. Ich bin an diese Arbeit nicht deshalb herangegangen, weil ich mich unter den jetzigen protestantischen Vertretern der Kirchenrechtswissenschaft dazu in erster Linie berufen fühlte, sondern nur deshalb, weil, soweit mir bekannt, von anderer Seite ein derartiges Unternehmen nicht in Aussicht steht und ich es deshalb für meine Pflicht gehalten habe, wenigstens nach meinen Kräften zur Lösung jener unserer Wissenschaft gesetzten Aufgabe beizutragen.

Bei der Anordnung des Stoffes habe ich mit der bisherigen Tradition, katholisches und protestantisches Kirchenrecht gemeinschaftlich darzustellen, gebrochen. Mir scheint durch das Wesen beider Kirchen eine verschiedene Systematik im Einzelnen geboten. Ausserdem befördert die äussere Auseinanderhaltung auch die nothwendige und noch immer nicht genügend durchgeführte Ausscheidung katholischer Elemente aus dem Rechte der evangelischen Kirche.

Selbstverständlich habe ich mit der Darstellung des Rechtes der katholischen Kirche beginnen müssen. Wenn ich dabei die Behandlung der Grundlehren über Begriff und Wesen der Kirche, die Uebersicht über die Geschichte der Verfassungsentwicklung und die Besprechung des Verhältnisses zwischen Staat und Kirche, sowie die Behandlung der einzelnen Rechtsquellen und der Literärgeschichte einem besonders, später zu veröffentlichenden Einleitungsbande vorbehalten habe, hat mich dazu der innere Grund bestimmt, dass die historische Entwicklung, soweit sie hier in Frage kommt, zweifellos nach völliger Durcharbeitung des Details mit sicherer Hand in schärferen Zügen gezeichnet werden kann. Für die Bearbeitung der Rechtsquellen wollte ich ferner das Erscheinen der von meinem Kollegen und Freunde, Professor Dr. Maassen, in Graz unternommenen Geschichte der Kanonensammlungen abwarten. So Werthvolles das hierher gehörige Hauptwerk, die bekannte Abhandlung der Gebrüder Ballerini »de antiquis collectionibus et collectoribus canonum etc.« bietet, so habe ich doch in Folge meiner handschriftlichen Studien für die Ausgabe der Pseudo-Isidorischen Dekretalen die Ueberzeugung gewinnen müssen, dass die Angaben der Verfasser über das Alter der von ihnen untersuchten Codices gewöhnlich zu hoch gegriffen sind. Mit Rücksicht auf die in Aussicht stehende Bereicherung dieses Zweiges der kirchenrechtlichen Literatur erschien es mir daher nicht zweckmässig, auf ein in mancher Hinsicht unsicheres Fundament zu bauen und zwar umsoweniger, als ich die Hoffnung habe, in der Zwischenzeit noch selbst wieder Reisen behufs handschriftlicher Studien zu unternehmen. Ob man mir wegen dieses Verfahrens den Vorwurf der Unwissenschaftlichkeit machen wird, muss ich freilich abwarten, will aber von vornherein dagegen, abgesehen von dem Hinweis auf den Charakter der Bearbeitung des vorliegenden Theiles meines Buches, nur darauf aufmerksam machen, dass der erste Band des mit Recht hochgeschätzten Kirchenrechtes von Schulte, welchem ich hier ebenfalls für die mir dadurch mannichfach gegebene Förderung meinen Dank sage, auch erst nach der Publikation des zweiten, das System des Kirchenrechtes enthaltenden Theiles erschienen ist.

In Bezug auf die Anordnung des Stoffes, welche ich bei der Darstellung des katholischen Kirchenrechtes beobachten werde, genügt es hier, zu bemerken, dass ich denselben in die beiden Hauptabtheilungen: »die Hierarchie und die Leitung der Kirche durch dieselbe« und »die Rechte und Pflichten der einzelnen Kirchenglieder, sowie der kirchlichen Genossenschaften« geschieden habe, und in dem ersten Theil von dem Eintritt in die Hierarchie, dem für die Leitung der Kirche bestehenden Organismus und den Funktionen dieses letzteren (der Gesetzgebung, Gerichtsbarkeit, Finanzverwaltung u. s. w.) handeln werde. Des Näheren verweise ich hinsichtlich dieses Punktes auf die kurze, von mir entworfene Uebersicht des Kirchenrechts in der demnächst erscheinenden, von Professor Dr. von Holtzendorff herausgegebenen juristischen Encyklopädie, wo ich das gedachte System im Einzelnen durchgeführt habe.

In der Darstellung des heute geltenden allgemeinen Rechtes der katholischen Kirche habe ich mich vollkommen auf den Boden der letzteren gestellt. Was dagegen die Auffassung der historischen Entwicklung und die Frage nach der

Nothwendigkeit der Anerkennung der kirchlichen Rechtsnormen auch durch die weltliche Gesetzgebung betrifft, so konnte ich hier meinen protestantischen Standpunkt nicht verläugnen. Auf eine allseitige Verständigung mit den Anhängern der katholischen Kirche verzichte ich daher von vornherein, hoffe aber, dass man mir auch von dieser Seite das Zeugniss nicht versagen wird, dass ich in keiner Beziehung einer Bevormundung der Kirche durch den Staat das Wort geredet, sondern vielmehr für jeden berechtigten Anspruch derselben auf selbstständige Verwaltung ihrer Angelegenheiten eingetreten bin und mich bei der Würdigung der historischen Entwicklung nicht von einer einseitigen und tendenziösen antikatholischen Anschauung habe leiten lassen.

Die zweite Hälfte des vorliegenden Bandes denke ich Ende dieses oder Anfang des nächsten Jahres veröffentlichen zu können. Die Darstellung des katholischen Kirchenrechtes wird, so weit ich das jetzt zu übersehen im Stande bin, ausser dem erwähnten Einleitungsbande etwa drei, die des protestantischen zwei Theile umfassen, und der Zwischenraum zwischen dem Erscheinen der einzelnen Bände ein bis zwei Jahre betragen.

Kiel, den 15. Juni 1869.

Der Verfasser.

INHALTSVERZEICHNISS.

System des katholischen Kirchenrechts.

Erstes Buch:

Die Hierarchie und die Leitung der Kirche durch dieselbe.

Erster Abschnitt:

Der Eintritt in die Hierarchie oder die Lehre von der Ordination.

Zweiter Abschnitt:

Der zur Leitung der Kirche bestimmte Organismus.

Einleitung.

Erste Abtheilung:

Die einzelnen Aemter und Stufen der kirchlichen Regierung.

Erstes Kapitel. **Der Papst.**

Zweites Kapitel.

Die weiteren Aemter und Stufen der ordentlichen und regelmässigen Verfassungsform.

SYSTEM

DES

KATHOLISCHEN KIRCHENRECHTS.

System des katholischen Kirchenrechts.

Erstes Buch:

Die Hierarchie und die Leitung der Kirche durch dieselbe.

Erster Abschnitt:

Der Eintritt in die Hierarchie oder die Lehre von der Ordination.

I. Der Begriff der Ordination und die Stufen derselben.*

§. 1.

Die Gewalt zur Leitung der Kirche steht der Regel nach nur denjenigen zu, welche Theil haben an der Macht, die Lehre der Kirche zu verkünden und die derselben anvertrauten Gnadenmittel zu spenden. Bei der Darstellung des für die Regierung und Leitung der katholischen Kirche bestehenden Organismus ist daher von dem Erwerb der Vollmacht zur Heilsvermittlung auszugehen. Er ist die Voraussetzung zur Theilnahme am Regiment[1], d. h. er befähigt das betreffende Subjekt zu derselben, wenngleich letzteres dadurch allein noch nicht zur Ausübung seiner Fähigkeit berechtigt wird, vielmehr hierfür noch ein besonderer eigener Akt, die s. g. legitima missio erforderlich ist[2].

Der Akt, welcher jene auf die Lehre und Heilsgüter der Kirche bezügliche Fähigkeit überträgt, ist die Ordination (ordinatio).

Nach der endgültig festgestellten katholischen Lehre[3] ist von Christus ein äusserliches und sichtbares Priesterthum eingesetzt und diesem die besondere geistige Macht verliehen, jene Handlungen mit der in der Schrift verheissenen Wirkung vorzunehmen. Unter denselben nimmt die hervorragendste Stellung die dem Priesterthum anvertraute Gewalt ein, das Opfer Christi durch Verwandlung von Brod und Wein in dessen heiligen Leib darzubringen[4]. Diese Befugniss steht sowohl dem Bischof wie auch dem einfachen

* Hallier, de sacris electionibus et ordinationibus. Lutet. Paris. 1636. fol., Morinus, commentarius de sacris ecclesiae ordinationibus. Paris. 1655. (Antwerp. 1695) fol., Laspeyres in der allg. Encycl. von Ersch u. Gruber, Sect. III. Bd. 5.

1 Eugenii IV. const.: Exultate domino v. 1439. §. 9 (M. Bull. 1, 339): „per ordinem vero ecclesia gubernatur".

2 Vgl. hierzu Devoti, instit. jur. canon. lib. I. tit. 2. §§. 5. 6.

3 Trident. Sess. XXIII. de sacram. ord. c. 1.: »Si quis dixerit, non esse in novo testamento sacerdotium visibile et externum vel non esse potestatem aliquam consecrandi et offerendi verum corpus et sanguinem domini et peccata remittendi et retinendi, sed officium tantum et nudum ministerium praedicandi evangelium, vel eos qui non praedicant, prorsus non esse sacerdotes, anathema sit.«

4 Sess. cit. c. 1.: »Sacrificium et sacerdotium ita dei ordinatione conjuncta sunt, ut utrumque

Priester zu, welche daher beide unter der Bezeichnung: »sacerdotes« und »sacerdotium« begriffen werden [1]. Indessen ist die Machtfülle des Bischofs eine höhere. In Bezug auf die Fähigkeit zur Darbringung des Opfers stehen sich Priester und Bischof gleich. Die Macht aber, durch Mittheilung des heiligen Geistes das Priesterthum fortzupflanzen, besitzt allein der Bischof, nicht der einfache Priester [2].

Von diesem s. g. sacerdotium scheidet die katholische Kirche das s. g. ministerium [3], anknüpfend an die Thatsache, dass sich schon in den ältesten Zeiten der Kirche eine Reihe von Aemtern nachweisen lässt, deren Inhaber in dienender Stellung den Bischöfen und Priestern bei der Vornahme ihrer Funktionen zur Seite standen. Als solche Aemter haben sich in der abendländischen Kirche fixirt die der Diakonen, Subdiakonen, Akoluthen, Exorcisten, Lektoren und Ostiarien. Von diesen Aemtern führt das des Diakonus zurück auf die heilige Schrift [4]; den Diakonen war die Verwaltung des zeitlichen Gutes und die Sorge für die Armen, Kranken, Wittwen und Waisen übertragen, ferner hatten sie die Ruhe und Ordnung beim Gottesdienste aufrecht zu erhalten und bei demselben dem Bischofe oder Presbyter Hülfe zu leisten [5]. Der Umstand, dass mit der Ausbreitung des Christenthums die vorhandenen Diakonen für den Dienst nicht ausreichten, umsoweniger als man vielfach in Anschluss an die von

in omni lege extiterit. Quum igitur in novo testamento sanctum eucharistiae sacrificium visibile ex domini institutione catholica ecclesia acceperit, fateri etiam oportet in ea novum esse visibile et externum sacerdotium in quod vetus translatum est".

[1] Ibid. c. 2. — Uebrigens kann auch sacerdos und sacerdotium blos auf das Priesterthum oder den Episkopat gehen. Auf beides bezieht sich sacerdotium z. B. in c. 11. D. XXIII. (c. 4. conc. IV. Carth.); vgl. auch August. de civitate dei XX. 20: „non utique de solis episcopis et presbiteris dictum est qui proprie iam vocantur in eclesia sacerdotes"; während bei den Kirchenvätern, in den Dekretalen und Concilienschlüssen der älteren Zeit das Wort: sacerdos schlechthin in der Regel den Bischof bedeutet, s. Hallier, tom. II. sect. II. c. 1. art. II. No. 2 i. f. Phillips, Kirchenrecht. 1, 282. Note 29; vgl. auch c. 24 i. f. (Hieron.) D. XCIII., l. 7 18. C. J. de episc. I. 3. Ep. Leon. M. 10. ad ep. per Vienn. c. 4. (ed. Ball. 1, 637). Priester bedeutet es in c. 3. X. de presb. non bapt. III. 43. Darüber dass aber auch die niederen Grade darunter begriffen werden s. c. 2. X. de coh. cler. III. 2; die Glosse dazu s. v. sacerdos, und Hallier, prolegom. c. 1. Nr. 18.

[2] Die geringere Stellung des Priesters ergiebt schon Innoc. I. ad Decent. (a. 416, Coustant. 855) c. 3: „Nam presbiteri licet sint secundi sacerdotes pontificatus apicem non habent".

[3] Trident. Sess. XXIII. c. 2: „Quum autem divina res sit tam sancti sacerdotii ministerium, consentaneum fuit, quo dignius et maiori cum veneratione exerceri posset, ut in ecclesiae ordinatissima dispositione plures et diversi essent ministrorum ordines qui sacerdotio ex officio deservirent ita distributi, ut qui iam clericali tonsura insigniti essent per minores ad maiores adscenderent. Nam non solum de sacerdotibus, sed et de diaconis sacrae literae apertam mentionem faciunt et quae maxime in illorum ordinatione attendenda sunt gravissimis verbis docent et ab ipso ecclesiae initio sequentium ordinum nomina atque uniuscuiusque eorum propria ministeria, subdiaconi scilicet, acolythi, exorcistae, lectoris et ostiarii in usu fuisse cognoscuntur, quamvis non pari gradu; nam subdiaconatus ad maiores ordines a patribus et sacris conciliis refertur, in quibus et de aliis inferioribus frequentissime legimus".

[4] Act. VI. 1—6. XXI. 8; I. Timoth. III. 8—13.

[5] Constit. apostol. lib. II. c. 57.; lib. II. c. 26; lib. III. c. 19. 20. lib. VIII. c. 12; lib. II. c. 44 werden sie genannt: „τοῦ ἐπισκόπου ἀκοὴ καὶ ὀφθαλμὸς καὶ στόμα καρδία τε καὶ ψυχή". Vgl. ferner can. apostol. 41; c. 23. §. 4. (Pseudo-Hieroym.) Dist. XCIII., c. 1. §. 7. (Isidor.) Dist. XXV: „Ad diaconum pertinet assistere sacerdotibus et ministrare in omnibus quae aguntur in sacramentis Christi: in baptismo scilicet, in chrismate et patena et calice, oblationes quoque inferre et disponere in altario; componere etiam mensam domini atque vestire, crucem ferre et praedicare evangelium et apostolum. Nam sicut lectoribus vetus testamentum, ita diaconis novum praedicare praeceptum est. Ad ipsum quoque pertinet officium precum et recitatio nominum; ipse praemonet aures haberi ad deum, ipse hortatur clamare, ipse donat pacem et ipse annunciat." Vgl. ferner Morinus P. III. exerc. 9. c. 3, Thomassin, vet. et nova eccl. disciplina. I. lib. 2. c. 29. 33. Jacobson in Herzogs Encycl. 3, 365. Das pontificale Romanum, de ordin. diaconi bezeichnet ihre Funktionen: „diaconum enim oportet ministrare ad altare, baptizare et praedicare". — Schon früh werden sie in Folge ihrer Vergleichung mit den jüdischen Leviten des Tempels auch mit dem Ausdrucke: levitae bezeichnet. Vgl. Const. apostol. lib. II. c. 25: „levitae autem vestri qui nunc sunt diaconi"; Siric. ad Him. (a. 385) c. 7; Hieronym. ad Evang. i. f. (ep. 145. ed. Vallars. 1, 1077) c. 1. §. 13. (Isidor.) Dist. XXI; dict. Grat. in pr. D. cit., c. 23 (Pseudo-Hieron.) Dist. XCIII; Pontif. Roman. l. c. „provehendi, filii dilectissimi, ad leviticum ordinem".

den Aposteln in Jerusalem getroffene Einrichtung an der Siebenzahl festhielt[1], gab die Veranlassung zur Aussonderung der weiter erwähnten Aemter. Die Subdiakonen, welche schon im 3. Jahrhundert vorkommen[2], nahmen die Gaben der Gläubigen in Empfang, um sie den Diakonen zur Niederlegung auf den Altar zu überreichen, sie trugen die heiligen Gefässe zum Altar und reichten den Bischöfen und Priestern das Wasser zum Waschen der Hände[3]. Gleichweit zurück lassen sich die übrigen Aemter verfolgen[4]. Die Akoluthen erscheinen vorzugsweise als Begleiter des Bischofs, sie haben ferner bei der Abhaltung des Gottesdienstes die Lichter zu tragen und dem Subdiakon den Wein zu reichen[5]. Die Exorcisten waren zur Fürsorge für die Besessenen bestellt und hatten die unreinen Geister zu beschwören[6]. Den Lektoren kam die Vorlesung der heiligen Schriften und anderen Lektionen (z. B. der acta martyrum) vom Ambo,

1 c. 12. Dist. XCIII. (c. 14. Neocaes. a. 314—325) c. 23 eod. (Pseudo-Hieron.). Auch die römische Kirche zählte lange Zeit hindurch nur 7 Diakonen. Vgl. Phillips, Kirchenrecht 1, 340.

2 Cornelii ep. ad Fabium (a. 251 ?) Jaffé 8, Euseb. hist. eccl. VI. 43, in welchem der römische Klerus auf 46 Priester, 7 Diakonen, 7 Subdiakonen, 42 Akoluthen und 52 Exorcisten, Lektoren und Ostiarien angegeben wird. Cypriani ep. 23. 29. 30. (ed. Oberthür). Vgl. ferner c. 30. conc. Eliberit. (u. a. 305), c. 20. 21. 24. conc. Laodic. (a. 347—381) (c. 15. Dist. XCIII; c. 26. Dist. XXIII).

3 c. 26. (c. 21. conc. Laod.) Dist. XXIII verbietet ihnen möglicherweise nur die Berührung der leeren vasa dominica. S. Morinus, P. III. exerc. 11. c. 2.) Vgl. ferner c. 15. (c. 5. conc. Carthag IV. a. 398?), c. 32. (c. 66. Martini Bracar.) Dist. XXIII; c. 1. (Isidor.) §. 14. Dist. XXI. c. 1. (Isidor) §. 6 Dist. XXV: („Ad subdiaconum pertinet calicem et patenam ad altare Christi deferre et levitis tradere eisque ministrare; urceolum quoque et aquam manile et manutergium tenere; episcopoque et presbytero et levitis pro lavandis ante altare manibus aquam praebere". Das pontific. Roman. de ordin. subdiac. bemerkt über die Funktionen des Subdiakons: „subdiaconum enim oportet aquam ad ministerium altaris praeparare, diacono ministrare, pallas altaris et corporalia abluere, calicem et patenam in usum sacrificii eidem offerre. Oblationes quae veniunt in altare panes propositionis vocantur. De ipsis oblationibus tantum debet in altare poni, quantum populo possit sufficere". Vgl. auch Catechism. Roman. P. II. c. 7. qu. 19: „epistolam etiam quae olim a diacono in missa recitabatur, subdiaconus legit ac tanquam testis ad sacrum assistit, ne sacerdos sacra faciens a quopiam perturbari possit". Vgl. überhaupt noch Morinus exerc. cit.; Friedberg in Herzogs Encycl. 15, 201.

4 S. den Note 2 citirten Brief des Cornelius, Tertull. de praesc. c. 41; Cypriani ep. 55. 23. 29. 34; c. 24. conc. Laod., l. 6. C. J. de episc. I. 3. (a. 377); s. auch Hallier, t. II. sect. I. art. I. c. 1. No. 4 ff.

5 c. 16. (c. 6. conc. Carthag. IV.) Dist. XXIII., c. 1. (Isidor.) §. 17. Dist. XXI: „Acolythi graece, latine ceroferarii dicuntur a deportandis cereis, quando legendum est evangelium aut sacrificium offerendum; tunc enim accenduntur luminaria non ad effugandas tenebras, dum sol eodem tempore rutilet, sed ad signum laetitiae demonstrandum, ut sub typo luminis corporalis illa lux ostendatur de qua in evangelio legitur: Erat lux vera quae illuminat omnem hominem venientem in hunc mundum"; c. 1. (Isidor.) §. 3: „Ad acolythum pertinet praeparatio luminariorum in sacrario; ipse cereum portat, ipse suggesta pro eucharistia, calices subdiaconis praeparat." In der römischen Kirche wurden sie auch dazu verwandt, das fermentum (das geweihte Brod, vgl. Thomassin. P. I. lib. II. c. 21. n. 9) an die verschiedenen Kirchen zum Zeichen der Gemeinschaft zu überbringen. Innoc. I. ad Decent. Eugub. (a. 416) c. 5. Das pontific. Roman. de ordin. acolythi sagt über ihre Verrichtungen: „Acolythum etenim oportet ceroferarium ferre, luminaria ecclesiae accendere, vinum et aquam ad eucharistiam ministrare".

6 Erwähnt werden sie schon in dem Briefe des Cornelius, ferner c. 24. conc. Laod.; l. 1. § 3. (Ulpian.) de extraord. cogn. L. 13: „non tamen, si incantavit, si imprecatus est, si ut vulgari verbo impostorum utar, exorcizavit, non sunt enim ista medicinae genera, tametsi sint qui hos sibi profuisse cum praedicatione affirment" kann sich wohl kaum auf christliche Exorcisten, weder auf die exorcistae per gratiam, Herzog, Encycl. 4, 290, noch die hier in Rede stehenden sogen. exorcistae per ordinem beziehen, wie Phillips, Kirchenrecht 1, 342 meint; dass diese ein Honorar bei den römischen Magistraten für das Exorcisiren Anfang des 3. Jahrhund. einklagten, erscheint bei Betrachtung des Zustandes der Christengemeinden selbst und der damaligen Stellung der Christen im römischen Reich doch kaum denkbar. Ueber die Funktionen der Exorcisten vgl. c. 17 (c. 7. conc. Carth. IV.) Dist. XXIII; c. 90. c. 92. conc. Carth. IV; c. 1. (Isid.) §. 18. Dist. XXI: „Exorcistae ex graeco in latinum adiurantes sive increpantes vocantur, invocant enim super catechumenos vel super eos qui habent spiritum immundum nomen domini Jesu, adiurantes per eum ut egrediantur ab eis"; c. 1. (Isid.) §. 2. Dist. XXV; pontif. Roman. de ord. exorc.: „exorcistam etenim oportet abjicere daemones; et dicere populo ut qui non communicat, det locum; et aquam in ministerio fundere. Accipitis itaque potestatem imponendi manum super energumenos et per impositionem manuum vestrarum gratia spiritus sancti et verbis exorcismi pelluntur spiritus immundi a corporibus obsessis".

nicht vom Altar aus, sowie die Aufbewahrung der heiligen Bücher zu[1]. Die Ostiarien (auch ianitores, aeditui genannt)[2] endlich hatten die Kirchen zu öffnen und zu schliessen, sowie die nicht zum Eintritt Berechtigten fern zu halten.

Ausser diesen verschiedenen Aemtern dienender Ordnung, an welche heute noch die besonderen im Pontificale Romanum vorgeschriebenen und im Gebrauch befindlichen Ordinationsritualien erinnern, werden aber in der älteren Zeit noch andere derartige Aemter erwähnt, so die der Psalmisten (Kantoren), der Fossantes (oder Laborantes, κοπιάται), der custodes martyrum, der notarii und defensores[3]. Ihre Funktionen werden — abgesehen von den letzteren, über welche später zu handeln ist — schon durch die Namen bezeichnet, zweifelhaft ist aber das Verhältniss dieser Aemter zu den früher besprochenen. Während von einzelnen Seiten behauptet wird, dass ihre Aemter mit den übrigen verbunden gewesen sind[4], lässt es sich wohl kaum in Zweifel ziehen, dass in einer Reihe von Kirchen und zu verschiedenen Zeiten eine verschiedene Uebung bestanden hat, und die Funktionen jener Aemter nur in manchen Kirchen mit anderen kombinirt gewesen sind[5].

Auch die eben besprochenen, das s. g. ministerium bildenden Aemter wurden mittelst eines feierlichen, religiösen Aktes übertragen[6].

Mit der seit dem 12. und 13. Jahrhundert Regel werdenden Uebung, dass die Ordination, die Ertheilung der Befähigung zur Ausübung der religiösen Vollmachten, und die Uebertragung des bestimmten Berufskreises, also die Ausübung der Befähigung, geschieden, mithin nicht mehr auf ein bestimmtes zu erlangendes Amt, sondern absolute ordinirt wurde[7], stand es im Zusammenhang, dass die Ordnungen der Ministri blosse Uebergangsstufen wurden, welche zur Erlangung des sacerdotium durchlaufen werden mussten, denen aber ein durch das Amt gegebener Wirkungskreis nicht mehr entsprach. Dem gemäss entwickelte sich die durch das Tridentinum fixirte Lehre dahin:

Die Ordination oder der ordo[8] umfasst die Stufen des Bischofs, des Priesters,

[1] Auch sie kommen schon in dem Briefe des Cornelius vor. Vgl. ferner c. 24. conc. Laod., l. 6. C. J. de episc. I. 3; c. 18. (c. 8. conc. Carth. IV.) Dist. XXIII; c. 1. (Isidor.) § 15. Dist. XXI; c. 1. (Isidor.) §. 5. Dist. XXV: „Ad lectorem pertinet lectiones pronuntiare et ea quae prophetae vaticinarunt, populis praedicare“. pont. Roman. de ord. lect.: „Lectorem si quidem oportet legere ea quae (*vel* ei qui) praedicat, et lectiones cantare, et benedicere panem et omnes fructus novos“. Vgl. auch Nitzsch bei Herzog 8, 268.

[2] Vgl. vorstehende Note, ferner c. 18 (c. 9. conc. Carth. IV.) Dist. XXIII; c. 1. (Isid.) § 15. Dist. XXI; c. 1. (Isid.) § 1. Dist. XXV: „Ad ostiarium namque pertinent claves ecclesiae, ut claudat et aperiat templum dei et omnia quae sunt intus extraque custodiat, fideles recipiat, excommunicatos et infideles excipiat“; pontif. Roman. de ord. ost.: „Ostiarium oportet percutere cymbalum et campanam, aperire ecclesiam et sacrarium, librum aperire ei qui praedicat“.

[3] Vgl. Hallier, P. II. sect. I. art. I. c. 1. n. 17 ff. Die ersteren auch erwähnt in l. 15. pr. C. Th. de episc. XVI. 2.

[4] So Hallier a. a. O. n. 24 ff.

[5] Vgl. Phillips, Kirchenrecht 1, 314. Die Stellen des heil. Isidor von Sevilla c. 1. pr. §. 15. Dist. XXI; c. 1. §§. 4. 10. Dist. XXV. sprechen für die Trennung, da hier der psalmista besonders neben den Diakonen etc. aufgezählt wird. Ebenso der den exorcista übergehende Brief des Gelasius ad episc. per Lucan. (a. 494) c. 2: „..si assecutus est litteras sine quibus fortassis nec ostiarium possit implere: ut si his omnibus quae sunt praedicta fulcitur, continuo lector vel notarius aut certe defensor effectus post tres menses existat acolythus“... Vgl. ferner Nov. 123. c. 19 und vita Silvestri I. in libr. pontif. Dagegen beweisen c. 20 (c. 10. conc. Carth. IV.) Dist. XXIII; c. 45. Martin. Bracar. nur die vorgekommene Kombination. Die Mannichfaltigkeit der Entwicklung zeigt sich auch darin, dass in der griechischen Kirche im Laufe der Zeit nur die Stufen des Diakonats, Subdiakonats und des Lektors sich fixirt haben. Vgl. Hallier a. a. O. Nr. 27. Morinus P. III. exerc. 14. c. 1.

[6] S. z. B. c. 11. 15—19. (c. 4—9. conc. Carth. IV.) Dist. XXIII.

[7] Vgl. unten in der Lehre vom Ordinationstitel §. 8.

[8] Trident. Sess. XXIII. de sacram. ord. c. 3: „Si quis dixerit, ordinem sive sacram ordinationem non esse vere et proprie sacramentum a Christo domino institutum vel esse figmentum quoddam humanum, excogitatum a viris rerum ecclesiasticarum imperitis aut esse tantum ritum quendam eligendi ministros verbi dei et sacramentorum: anathema sit“. c. 6: „Si quis di-

des **Diakons**, des **Subdiakons**, des **Akoluthen**, des **Exorcisten**, des **Lektors** und des **Ostiarius**[1], als durch die Weihe mittheilbare einzelne s. g. *ordines*[2]. Darüber aber, ob **sieben** oder **acht** solcher ordines anzunehmen sind, herrscht in der katholischen Lehre selbst Streit, weil über die Auffassung des Verhältnisses der bischöflichen Konsekration zur Priesterweihe bisher keine Einigung erzielt worden ist. Der überwiegende Theil der Schriftsteller, namentlich die älteren schon in Anschluss an einen Theil der Scholastiker[3], entscheidet sich für das erstere[4], indem der bischöfliche ordo von ihnen mehrfach als: »extensio perfectio prebyteratus« bezeichnet wird[5]. Obwohl sich nun nicht läugnen lässt, dass diese Ansicht abgesehen von ihrer weiten Anerkennung auch gewisse äussere Gründe für ihre Berechtigung geltend machen kann[6], so ist doch namentlich wieder in neuerer Zeit die Meinung lebhaft vertheidigt worden, dass der bischöfliche und der priesterliche ordo wesentlich verschieden seien und daher **acht** ordines oder Weihestufen angenommen werden müssten[7]. Diese Ansicht möchte nicht nur deshalb viel für sich haben, weil die andere Lehre wesentlich mit der einseitigen Beziehung zusammenhängt, welche schon ein Theil der Scholastiker der Ordination auf das Sakrament des Altars giebt, sondern auch deshalb, weil das Tridentinum, welches die hier in Rede stehende Streitfrage nicht direkt entscheidet, doch jedenfalls ausdrücklich eine qualitative höhere Verschiedenheit des Priesters und Bischofs annimmt[8]. — Mitunter ist auch

xerit, in ecclesia catholica non esse **hierarchiam divina ordinatione institutam** quae constat ex episcopis, presbiteris et ministris: anathema sit".

1 Trident. Sess. XXIII. c. 2. cit.

2 c. 1. §. 10. (Isidor.) Dist. XXV; c. 2. cit. Trid. Sess. XXIII.

3 Vgl. **Thom. Aquin.** lib. IV. sent. D. 24. qu. 3. art. 2. u. summa theolog. P. III. suppl. Q. 40. art. 5. de sacram. ord.: „Respondeo dicendum quod ordo potest accipi dupliciter: uno modo secundum quod est sacramentum et sic, ut prius dictum est, ordinatur omnis ordo ad eucharistiae sacramentum, unde cum episcopus non habeat potestatem superiorem sacerdoti, quantum ad hoc episcopatus non erit ordo. Alio modo potest considerari ordo secundum quod est officium quoddam respectu quarundam actionum sacrarum; et sic cum episcopus habeat potestatem in actionibus hierarchicis respectu corporis mystici supra sacerdotem, episcopatus erit ordo".

4 Vgl. z. B. **Bellarmin** disp. de contr. christ. fidei tom. II. contr. II. lib. I. c. 11; **Hallier**, P. II. sect. I. c. 1. art. 1. (n. 9—21).

5 Vgl. **Hallier**, P. II. sect. II. c. 1. art. 2. No. 4; **Morinus**, P. III. ex. 3. c. 1.

6 Abgesehen von der nicht officielle Gültigkeit habenden Ueberschrift des c. 2. Sess. XXIII. Trid. kann in dieser Beziehung auf die Const. Innoc. IV. Sub catholicae v. 1254. § 3. n. 19. (M. Bull. 1, 100) verwiesen werden, wo es heisst: „Ad haec volumus et expresse praecipimus, quod episcopi Graeci septem ordines secundum morem ecclesiae Romanae de caetero conferant, cum hucusque tres de minoribus circa ordinandos neglexisse vel praetermisisse dicantur", ferner auf das „docendum erit hosce omnes ordines septenario numero contineri" des Catech. Roman. P. II. c. 7. qu. 12. (Vgl. auch **Pachmann**, Kirchenrecht, 3. Aufl. 1, 201 ff., namentlich S. 203 Note o). **Benedict.** XIV. hat die Frage dahingestellt sein lassen (de synod. dioec. 8, 9): „sit vel non episcopatus ordo diversus a sacerdotio cuius ad minimum est extensio, perfectio et complementum".

7 So namentlich von **Phillips**, Kirchenrecht 1, 318 ff., welchem **Schulte**, kathol. Kirchenrecht 2, 104 n. 3 folgt. Von den älteren Kanonisten mögen als Anhänger dieser Meinung genannt werden **Fagnani** comment. in decr. ad c. 1. lib. I. tit. 13. No. 33 ff., **Thomassin.** vet. et nova disc. lib. I. c. 1. n. 5 ff., **Ferraris**, prompta biblioth. s. v. „ordo" art. I. n. 17. 18.

8 Sess. cit. c. 4.: „Proinde sacrosancta synodus declarat praeter ceteros ecclesiasticos gradus episcopos qui in apostolorum locum successerunt, ad hunc hierarchicum ordinem praecipue pertinere . . . eosque presbyteris superiores esse ac sacramentum confirmationis conferre, ministros ecclesiae ordinare atque alia pleraque peragere ipsos posse quarum functionum potestatem reliqui inferioris ordinis nullam habent". can. 6. 7. eod. de sacram. ord. Von zwei Phasen ein und derselben Weihe (so **Pachmann** a. a. O.) dürfte auch deshalb nicht zu sprechen sein, weil die katholische Kirche nur den Bischöfen, nicht aber den Priestern die Succession in die Stelle der Apostel beilegt. — So wenig ich der Erklärung **Eichhorns**, Kirchenrecht 1, 471 zustimme, so richtig ist doch seine Bemerkung, dass für den protestantischen Standpunkt die Ungelöstheit dieser Kontroverse als Beweis für die ursprüngliche Identität zwischen Bischof- und Presbyter-Amt angesehen werden kann; Stellen, welche wie c. 24. (Hieronym.) Dist. XCIII., c. 5. (idem) Dist. XCV. diese Gleichheit bezeugen, mussten durch ihre Beziehung auf das Opfer mit der katholischen Lehre in Einklang gebracht werden, womit denn bei der sonstigen Auffassung der Stellung des Bischofs jenes Schwanken gegeben ist.

noch die Tonsur für eine besondere Weihestufe oder einen eigenen ordo erklärt worden [1], so dass man unter besonderer Zählung des ordo episcopalis und sacerdotalis neun ordines angenommen hat. Dieselbe ist aber nur das Zeichen des Eintritts in den geistlichen Stand und sie hat nie, wie die übrigen aus dem Diakonat hervorgegangenen niederen ordines, mit irgend welchen Funktionen des kirchlichen Dienstes in Verbindung gestanden.

Das tridentinische Koncil erklärt die Ordination für eins der sieben Sakramente der katholischen Kirche, welches dem Geweihten die Fähigkeit zur Vornahme der Funktionen des ordo giebt und ihm den s. g., ihn von den Laien unterscheidenden, unauslöschlichen character (indelebilis) aufdrückt [2]. Trotz dieser Bestimmung giebt es aber auch in ihrer Lehre hinsichtlich dieses Punktes eine Reihe ungelöster Streitfragen. Die Sakraments-Natur des ordo steht nämlich nur unbestritten fest für die Weihegrade des Bischofs und Priesters, für den des Diakons ist sie ebenfalls verhältnissmässig von Wenigen angezweifelt [3], während viele katholische Theologen und Kanonisten die übrigen ordines nur als sakramentale Ritus bezeichnen [4]. Die Schwierigkeit, welche auch bei der Darstellung der Lehre von der Ordination und ihrer verschiedenen Stufen sich zeigt, entsteht daraus, dass unter den einen Begriff der Ordination, welche nach der Lehre der katholischen Kirche ein Sakrament ist, eine Reihe früher wirklich existirender Aemter gebracht sind, für die um so weniger eine besondere der des Bischofs und Priesters gleiche oder ähnliche geistige Befähigung angenommen werden kann, als schon lange vor dem Tridentinum die Funktionen, welche einst diesen Aemtern oblagen sogar durch Laien (— theils freilich auch durch die Priester und Diakonen —) mit besorgt worden sind [5] und die auf Wiederherstellung der alten Disciplin gerichtete Vorschrift des Tridentinums [6] ohne praktischen Erfolg geblieben ist [7].

Die ordines des Bischofs, Priesters und Diakons, welche auf schriftmässiger Einsetzung beruhen, nennt man *ordines hierarchici* [8]. In der älteren Zeit wurden sie auch mit dem Ausdruck: *ordines sacri* bezeichnet [9]. Seit dem 12. Jahrhundert wird aber nach dem Zeugniss von Innocenz III. auch der Subdiakon unter die ordines sacri gerech-

1 So namentlich Fagnan. ad c. 11. X. de aet. et qual. I. 14. Nr. 45 ff. Das c. 11. X. cit. selbst, wonach: „per primam tonsuram clericalis ordo confertur" spricht dies nicht aus, sondern nur, dass mit derselben die Zugehörigkeit zum geistlichen Stande überhaupt erworben werde. Vom Standpunkte des Tridentinums, welches c. 2. a. a. O. u. c. 6. de reform. die clericalis tonsura den ordines gegenüberstellt, kann von einem besonderen ordo, den die Tonsur ausmacht, nicht die Rede sein. Vgl. auch Bellarmin. l. c. u. Hallier, P. II. sect. I. c. 1. art. 1. n. 24. („ut sit veluti solium ac pavimentum cui omnis aedificatio cleri spiritalis innititur"), und Phillips a. a. O. 1, 312.

2 Trident. Sess. VII. de sacram. can. 1; Sess. XXIII. de sacr. ord. can. 3. 4.

3 Für die Sacramentsnatur kann noch angezogen werden und wird citirt Trid. l. c. can. 6. de sacram. ordin. Vgl. auch Hallier l. c. sect. I. c. 1. art. II. No. 7 ff.

4 Vgl. hierzu Bened. XIV. l. c. c. 9; ferner Hallier, l. c. n. 17 ff., der es für probabile erklärt, dass diese ordines Sakramente sind.

5 Morinus P. III. exerc. 11. c. 3. n. 4 ff.; exerc. 12. c. 2.

6 Sess. XXIII. c. 17. de reform.

7 Phillips, Kirchenrecht 1, 346 (§. 37). Bei einer zusammenfassenden Darstellung wird man sich daher immer in Widersprüche verwickeln, was z. B. die Darstellung Permaneders (Kirchenrecht 4. Aufl. S. 219) zeigt, wo es heisst, nachdem bemerkt ist, dass die meisten die Ordinationen vom Subdiakonat ab nur für sakramentale Riten halten: „Die Sakramentsnatur der verschiedenen Weihen ist generisch Eine." — Dass ordinatio auch in der Bedeutung von Wahl zu einer kirchlichen Würde und Anstellung auf ein bestimmtes Kirchenamt vorkommt, zeigt Leo I. ep. 10. ad ep. per Vienn. c. 4. (Baller. 1, 637), conc. Arelat. II. (a. 443 o. 452) c. 54; c. 17. in VI^{to} de praeb. III. 4. Vgl. ferner Hallier, proleg. c. 4.

8 Bened. XIV. l. c. c. 10.

9 So noch Urban. II. (1091. conc. Benevent. c. 1.) in c. 4. Dist. LX: „Nullus in episcopum eligatur, nisi in sacris ordinibus religiose vivens fuerit inventus. Sacros autem ordines dicimus diaconatum et presbyteratum"...

net[1], so dass heute der Ausdruck: *ordines sacri* oder *maiores* die des Bischofs, Priesters, Diakons und Subdiakons umfasst, während ihnen die übrigen vier (die des Akoluthen, Exorcisten, Lektors und Ostiarius) als *ordines minores* oder *non sacri* entgegengesetzt werden[2].

Wenn auch jetzt diese letzteren vier Weihen nur noch Uebergangsstufen sind, also die Funktionen derselben (wie auch vielfach die des Diakonats) nicht mehr ausgeübt werden, so ist der hervorgehobene Unterschied doch gerade für das Rechtsgebiet von entschiedener praktischer Bedeutung. Denn die Vorschriften über den zur Ordination erforderlichen Titel, über den Cölibat und die Verpflichtung des Gebetsdienstes (der Recitation des officium divinum aus dem Brevier) beziehen sich nur auf die Kleriker der höheren ordines, nicht auf die Minoristen[3].

II. Die Voraussetzungen der Ordination.

A. Der Ordinande.

§. 2. 1. *Inkapacität und Irregularität im Allgemeinen.*

Vollkommen unfähig (*incapaces*), die Weihe zu empfangen, sind nach göttlichem Gesetz zunächst die Ungetauften, denn der Empfang der Taufe ist die Bedingung der Zugehörigkeit zur Kirche und ferner auch Voraussetzung des Empfangs der übrigen Sakramente[4]. Die an einem Ungetauften gleichviel, ob er sich für getauft hielt oder nicht, vollzogene Weihe ist daher ohne jegliche Wirkung, null und nichtig (*invalida*)[5]. Die blosse Sehnsuchtstaufe (baptismus flaminis) kann die wirkliche Taufe nicht ersetzen[6]. Bei Kindern christlicher Eltern, welche unter Christen erzogen sind, streitet aber eine praesumtio juris für die empfangene Taufe, fehlt auch dieser Anhalt in zweifelhaften

[1] Schon der Urban II. überschriebene, aber sicher Alexander II. (1061—1073) angehörige c. 11. Dist. XXXII. (s. ed. Richter n. 71, Jaffé n. 3503) hat diesen Sprachgebrauch: „eos qui in sacris ordinibus, presbyteratu, diaconatu, subdiaconatu sunt positi". Innocenz III. in c. 9. X. de aet. et qual. I. 14. („quum hodie subdiaconatus inter sacros ordines computetur") schreibt die erste Stelle Urban I., die letztere Urban II. zu, so dass damit die chronologische, wohl aus dem schon früher eingetretenen Schwanken des Sprachgebrauchs zu erklärende Schwierigkeit für ihn beseitigt ist. Vgl. auch c. 7. X. de servis non ordin. I. 18, eine der dem Innocenz III. fälschlich zugeschriebenen Dekretalen (s. ed. Richter und Theiner, disquis. criticae p. 25.); danach ist es richtiger c. 1. (Alex. III.) X. de ordin. ab episc. I. 13. dahin zu verstehen, dass der Subdiakonat noch zu den niederen Weihen gehört, s. auch Phillips 1, 348 ff. — Dass die gleiche Pflicht der Ehelosigkeit, welche den Subdiakonen ebenso wie den Inhabern der höheren ordines obliegt, nicht der Grund der Gleichstellung sein kann, zeigt der Umstand, dass die Verpflichtung der Subdiakonen zum Cölibat viel älter ist. S. auch Morinus, P. III. exerc. 12. c. 5. Der Grund liegt wohl in der näheren Beziehung des Subdiakonats zum Messopfer. S. Pachmann, Kirchenrecht 1, 204). Vgl. ferner unten §. 8. — Uebrigens bezeichnet schon c. 2. X. de cohab. cleric. III. 2. (Eugen. II. conc. Roman. a. 826) die presbyteri, diaconi und subdiaconi als sacerdotes.

[2] Trid. Sess. XXIII. c. 2.

[3] conc. Basil. Sess. XXI. c. 5. (Mansi 29, 106), sanctio pragmat. tit. XI. init. (Gärtner, corp. 1, 32), Benedict. XIV. const. Eo quamvis tempore a 1745. §§. 43. 44. (ejusd. bullar. Rom. 1, 520).

[4] c. 2. (Bonif. VIII.) in VI^{to} de cogn. spir. IV. 3: „baptismum, sacramentorum fundamentum et ianuam reliquorum".

[5] c. 52. (c. 19. Nicaen. a. 325), c. 59. (Isid.), c. 60. (Poen. Theodori II. 2. § 13. Wasserschleben S. 203., Bened. Lev. cap. II. 94. = c. 1. X. de presb. non bapt. III. 43) C. I. qu. 1; c. 1. 2. (Innoc. III.) X. eod tit. III. 43. Vgl. auch hierzu und über das Folgende Hallier, P. II. sect. IV. c. 3. art. 1; Phillips, Kirchenrecht 1. §§. 44. 45. (S. 422. 444), a Boenninghausen, tract. iurid. canon. de irregularitatibus. fascic. 1. S. 13, wo die ältere Litteratur ausführlich berücksichtigt ist.

[6] c. 3. X. cit.

Fällen, so muss vor der Ertheilung der Ordination die Taufe jedenfalls vorgenommen werden [1].

Die zweite Klasse der incapaces bilden die Weiber, welche die katholische Kirche unter Berufung auf die heilige Schrift [2] vom Empfang der Weihen ausschliesst. Allerdings kannte die ältere Kirche Diakonissinnen, welche durch Handauflegung in ihr Amt eingeführt worden. Die Funktionen derselben bestanden in der Kranken- und Armenpflege — (namentlich in solchen Fällen, wo man Männer nicht gut und schicklicher Weise brauchen konnte) — Bewachung der für die Frauensitze bestimmten Kirchthüren, der Aufsicht über die weiblichen Katechumenen und Assistenz bei der damals mit Untertauchung verbundenen Taufe der letzteren [3]. Diese ihnen zugewiesenen Dienste zeigen schon zur Genüge, dass die ihnen früher ertheilte Handauflegung nicht nothwendig auf einen priesterlichen Charakter gedeutet werden braucht und nur, wie dies stets in der katholischen Kirche geschehen, als eine einfache Segnung betrachtet werden kann [4]. Ebensowenig wird der gedachte Grundsatz durch die für die Aebtissinnen vorkommenden Benediktionen berührt [5].

[1] c. 112. (Leo I.) Dist. IV. de consecr., c. 3. X. cit. — Der Mangel der Konfirmation begründet keine Inkapacität, ja nach einer Ansicht nicht einmal eine Irregularität. Hallier l. c. art. II.

[2] I. Cor. XIV. 34: „Mulieres in ecclesiis taceant, non enim permittitur eis loqui, sed subditas esse, sicut et lex dicit". I. Timoth. II. 12—14: „Docere autem mulieri non permitto neque dominari in virum, sed esse in silentio, Adam enim primus formatus est, deinde Heva, et Adam non est seductus, mulier autem seducta in praevaricatione fuit." Vgl. c. 29. (conc. Carth. IV. c. 99) Dist. XXIII; c. 20. (conc. cit. c. 99. 100). Dist. IV. de consecr., Canones, welche freilich nur das docere viros in conventu verbieten. Der Grundsatz, für welchen sich keine ihn direkt aussprechende Stelle anführen lässt, ist allgemein anerkannt und wird u. A. damit gerechtfertigt, dass (c. 10. X. de poen. V. 38) „licet beatissima virgo Maria dignior et excellentior fuerit apostolis universis, non tamen illi, sed istis dominus claves regni coelorum commisit".

[3] Vgl. Rom. XVI. i. f.; c. 16. conc. Nicaen.; c. 12. conc. Carth. IV; c. 23. (c. 15. conc. Chalc. a. 451.) C. XXIII. qu. 1. Viel Material zur Beurtheilung ihrer Stellung bieten die Constit. apostolor. vgl. z. B. III. 15. VI. 17. VIII. 12. 18 ff. 28; s. auch Tertullian. (ed. Oehler t. 1.) ad uxor. I. 7. Aus der Kaisergesetzgebung gehören hierher l. 27. C. Th. de episc. XVI. 2. (oder l. 9. C. J. I. 3. a. 390); l. 54. C. eod.; Nov. 3. c. 1; Nov. 6. c. 6; Nov. 123. c. 13. Der Akt, wodurch sie ihr Amt erhielten, wird von c. 15. conc. Chalc., von den letzten beiden Novellen als χειροτονία und χειροτονεῖσθαι, lateinisch in der Version des Dionysius und der Hispana, mit ordinare bezeichnet. Mit Rücksicht auf diese Stellen und Const. apostol. VIII. 18, wo die Handauflegung beschrieben, lässt sich nicht mit Laspeyres a. a. O. S. 36 u. Richter, Kirchenrecht §. 104. n. 2. nach dem Vorgang vieler Aelteren annehmen, dass schon c. 19. Nicaen., dessen Text manche Schwierigkeiten bietet (s. jetzt Hefele, Konciliengeschichte 1, 411 ff.). die Handauflegung verboten habe. (S. auch Binterim, Denkwürdigkeiten I. 1, 442 ff.) Ausgewählt wurden die Diakonissinnen aus den Mädchen und Wittwen, welche den Schleier genommen hatten. Für das Abendland wird ihre Existenz bezeugt durch c. 26. conc. Araus. I. (a. 441.), c. 21. conc. Epaon. (a. 517), c. 18. Aurel. II. (a. 533). Diese Stellen untersagen die besondere Konsekration oder Ordination, sind aber nicht, wie Herzog (Encyclop. 3, 369) und viele Aeltere wollen, auf eine Beseitigung des ganzen Institutes zu deuten. Freilich scheint dasselbe im Abendlande wohl wegen der Veränderung des Taufritus und der Armen- und Krankenpflege ziemlich unpraktisch gewesen zu sein. In Rom werden sie noch Anfang des 9. Jahrhunderts erwähnt. Vit. Leon. III. lib. pontif. (ed. Bianchini 1, 280. 281). — Uebrigens sind die hier besprochenen Diakonissinnen zu unterscheiden von den Frauen der Diakonen, welche ebenso wie die Frauen der anderen Kleriker nach dem Ordo des Mannes (episcopa, presbitera, subdiaconissa) als diaconissae bezeichnet wurden. Vgl. über diese c. 19. conc. II. Turon. (a. 567.). c. 21. conc. Autiss. (a. 578—590). c. 18. (Greg. I.) Dist. XXXII., Gregor. II. syn. Rom. a. 721. (Mansi 12, 261.), c. 5. Zachar. syn. Rom. a. 743 (Mansi 12, 381). Ueberhaupt Hallier, P. II. sect. IV. c. 2. No. 14 ff., Morinus, P. III. ex. 10. c. 1., Thomassin, vet. et nova discipl. P. I. lib. III. c. 30. 51. Binterim a. a. O. 434 ff., Phillips, Kirchenrecht, Bd. 1, 449; 6, 69, Herzog a. a. O.

[4] Epiphanius († 403) sagt schon panar. LXXIX. 4. (ed. Dindorf. 3): „παρατηρητέον δὲ ὅτι ἄχρι διακονισσῶν μόνον τὸ ἐκκλησιαστικὸν ἐπεδεήθη τάγμα, χήρας τε ὠνόμασε καὶ τούτων τὰς ἔτι γραοτέρας πρεσβύτιδας, οὐδαμοῦ δὲ πρεσβυτερίδας ἢ ἱερίσσας προσέταξε. καὶ γὰρ οὐδὲ διάκονοι ἐν τῇ ἐκκλησιαστικῇ τάξει ἐπιστεύθησάν τι μυστήριον ἐπιτελεῖν, ἀλλὰ μόνον διακονεῖν τὰ ἐπιτελούμενα".

[5] Der Empfang des „munus benedictionis" ist nicht einmal absolut nothwendig, Clem. 2. de stat. monach. III. 10. Der Aebtissin wird nicht allein die Benediction der Nonnen, das Beichthören

Mit den Ungetauften und Personen weiblichen Geschlechts[1] ist die Klasse der incapaces beschlossen[2].

Diejenigen Personen, welche nicht incapaces sind, also gültiger Weise die Weihe empfangen könnten, erscheinen deswegen aber noch nicht ohne Weiteres geeignet, in den Klerus aufgenommen zu werden. Es kommt vielmehr vom kirchlichen Standpunkt aus ferner in Frage, ob nicht bei an sich fähigen Personen solche Eigenschaften und Verhältnisse obwalten, welche die Verwendung derselben zum kirchlichen Dienste hindern, weil die Betreffenden entweder die erforderlichen Funktionen nicht zu verrichten im Stande sind oder weil ihre Verwendung mit der Würde der Kirche in Widerspruch treten und einer gedeihlichen Wirksamkeit derselben hinderlich sein würde. Die nothwendigen Eigenschaften, welche auch der an sich Fähige besitzen muss, um die Ordination erlangen zu können (so Unsträflichkeit des Wandels, eheliche Geburt, hinreichendes Alter, Integrität des Körpers u. s. w.), hat das kirchliche Recht in Anschluss an einzelne Bestimmungen des alten und neuen Testaments festgesetzt[3]. Wer einer solchen durch das positive Recht vorgeschriebenen Eigenschaft ermangelt, soll nicht ordinirt werden, hat er aber die Weihe erhalten, so ist dieselbe nicht nichtig, vielmehr kann der Ordinirte nur nicht erlaubter Weise (*licite*), die in dem empfangenen ordo liegenden Befugnisse ausüben und ebensowenig einen höheren Weihegrad erhalten. Der Mangel einer der gedachten Eigenschaften wird mit dem seit dem 13. Jahrhundert technisch gewordenen Ausdruck: *irregularitas* bezeichnet[4]. Die Irregularitäten, als durch positives Recht aufgestellte impedimenta canonica für die Ordination bleiben eben deswegen auf den ausdrücklich gezogenen Kreis beschränkt[5]. Daher fällt 1. nicht jeder Fall des unerlaubten Empfanges oder Ausübens der Weihe unter die Irregularitäten[6]; 2. über die

und Predigen untersagt (c. 10. (Innoc. III.) X. de poenit. V. 38.), sondern es wird ihr auch eine wirkliche jurisdictio und Theilnahme an der potestas clavium ab- und nur eine potestas dominativa, domestica et materna zugesprochen. Vgl. c. 12. (Honor. III.) X. de maior. et obed. I. 33; Gonzalez Tellez comm. ad c. cit. n. 5 ff., Schmalzgrueber, ius eccles. lib. I. c. 31. n. 38; Kober, Kirchenbann (2. Aufl.) S. 80 ff. In dem Ausdruck „abbatissa ordinata" des c. 2. X. de testam. III. 26. (vgl. auch die Eidesformel im pontif. Roman. de bened. abbat.: „Ego ordinanda abbatissa promitto") ist das ordinare in der Bedeutung: „constituere, in ein Amt einsetzen" gebraucht.

[1] Die dem Hermaphroditen ertheilte Weihe ist nur dann gültig, wenn das männliche Geschlecht in ihm prävalirt. Nach der überwiegenden Meinung ist derselbe aber unter allen Umständen, nicht blos bei Notorietät des Sachverhältnisses ex defectu corporis irregulär. Vgl. Hallier, P. II. sect. IV. c. 2. n. 36 ff. Permaneder, Kirchenrecht. S. 222; Phillips a. a. O. 1, 450; a Boenninghausen l. c. S. 13.

[2] Die Fragen nach der Gültigkeit der Ordination bei einer widerstrebenden Willensrichtung des Ordinanden und nach der Möglichkeit des Ausschlusses bestimmter Personen durch den Bischof, von denen Phillips 1, 451 die erstere, Pachmann 2, 208 die zweite an dieser Stelle behandelt, gehören nicht hierher, denn es liegt hier keine dauernde, die Person vom Empfang einer gültigen Weihe ausschliessende Eigenschaft vor, vielmehr ist die Frage hier die, in wie weit in dem besonderen Falle die Gültigkeit der nach den allgemeinen Voraussetzungen zulässigen Weise beeinträchtigt wird.

[3] Levit. XXI; I. Timoth. III. 2 sqq., Tit. I. 6 sqq.; dict. Grat. c. 3. Dist. XXV.

[4] Zuerst findet er sich bei Petrus Blesensis († u. 1200), speculum iuris canonici. (ed. Reimarus p. 101); hier bezieht er sich aber nur auf den Mangel der persönlichen Eigenschaften; den heutigen Sprachgebrauch haben dagegen schon die Dekretalen, z. B. c. 10. §§. 1. 6. X. de renunc. I. 9; c. 6. X. de bigam. non. ordin. I. 21; c. 33. X. de test. II. 20 (sämmtlich von Innocenz III.); c. 24. (Honor. III.) de homic. V. 12; c. 10. (Gregor. IX.) X. de cler. excomm. V. 27. — Das „alienus a regula" in der Dionysischen Uebersetzung des c. 17. conc. Nicaen. (c. 2. Dist. XLVII) — griechischer Text: „καὶ ἀλλότριος τοῦ κανόνος ἔσται", Hispana: „alienus ab ecclesiastico habeatur gradu" (c. 8. C. XIV. qu. 4) — heisst nicht, wie van Espen, ius eccles. univ. P. II. tit. 10. c. 1. n. 1. und andere meinen, soviel wie irregularis, sondern dass der Geistliche aus dem Kanon, der Matrikel der betreffenden Kirche, (wegen des verübten Wuchers) gestrichen werden soll.

[5] Vgl. hierzu a Boenninghausen, l. c. S. 18 ff.

[6] Empfangen der Weihe im Zustande der Sünde, ist unerlaubt, eine Irregularität liegt aber nicht vor. S. Pachmann, Kirchenrecht 2, 210 n. k. — Der im kleinen Bann befindliche Geist-

gesetzlich normirten Voraussetzungen hinaus ist die Annahme von Irregularitäten nicht auszudehnen[1]; 3. wo die Irregularität nur für den Empfang einzelner Weihen angeordnet ist, darf sie nicht für sämmtliche angenommen werden[2]; 4. aus dem Verbot des Empfanges der Weihen folgt noch nicht die Unerlaubtheit weiterer Ausübung der bereits licite erhaltenen Weihegrade[3].

Die einzelnen Fälle der Irregularitäten scheiden die Kanonisten in zwei Klassen, die eine bildet die *irregularitas ex defectu*, die andere die *ex delicto*[4]. Die Irregularitäten der letzteren Art entstehen durch die Begehung gewisser unerlaubter Handlungen (s. §. 5), sie setzen also immer eine Schuld des betreffenden Individuums voraus, während die der ersteren Klasse aus dem Fehlen einer bestimmten Eigenschaft hervorgehen, ohne dass es darauf ankommt, ob den Ordinanden eine Schuld trifft oder nicht[5]. Im Grunde sind aber die irregularitates ex delicto ebenfalls irregularitates ex defectu. Die Irregularität ex delicto tritt nicht als Strafe[6] für die begangene schuldbare Handlung ein. Ihr Zweck ist weder Besserung des Schuldigen noch Sühnung der verletzten ethischen und rechtlichen Ordnung durch etwaige dem Uebelthäter zugefügte Nachtheile, vielmehr ist die Irregularität lediglich vom Recht angeordnet, weil durch das Begehen solcher Handlungen die moralische Unwürdigkeit des Charakters, also ebenfalls der Mangel einer nöthigen Eigenschaft, dokumentirt ist. Auch der Umstand, dass mitunter die aus dem Vergehen entstehende Irregularität durch geleistete Busse gehoben werden kann, berechtigt noch nicht, die irregularitas ex delicto als Zuchtmittel oder Censur im engeren Sinn aufzufassen, denn ihr Zweck geht, wie schon vorhin gedacht, nur darauf, moralisch Unwürdige von dem Stande der Geistlichen auszuschliessen, nicht diese zur Besserung zu bewegen, und ferner kann die Irregularität nicht einmal unter allen Umständen durch die Busse beseitigt werden[7].

liche soll nicht celebriren, irregulär ist er aber weder an und für sich durch die Exkommunikation, noch wird er es, wenn er trotz des Bannes die Funktionen des Ordo ausübt. c. 10. (Gregor IX.) X. de cler. excomm. V. 27: „Si celebrat minori excommunicatione ligatus, licet graviter peccet, nullius tamen notam irregularitatis incurrit."

1 c. 18. (Bonif. VIII.) in VIto de sent. excomm. V. 11: „Is qui in ecclesia sanguinis aut seminis effusione polluta vel qui praesentibus maiori excommunicatione nodatis scienter celebrare praesumit, licet in hoc temerarie agat, irregularitatis tamen, quum id non sit expressum in iure, laqueum non incurrit." Es ist selbstverständlich, dass der Ausdruck: irregularis nicht nothwendiger Weise gebraucht sein muss, sondern dass schon bei klarer aus der Bestimmung des Gesetzgebers erhellender Absicht die Irregularität statuirt werden kann, so gründet die Schule z. B. die des im grossen Bann befindlichen Klerikers auf die Auslegung und das argumentum e contrario aus c. 10. X. de cler. excomm. cit. Vgl. Kober, Kirchenbann, 2. Aufl. S. 308 ff.; Phillips 1, 426. Auch durch Gewohnheitsrecht kann die Irregularität festgestellt werden. S. Reiffenstuel V. 37 u. 67; Berardi, comm. in V. libr. decr. P. II. diss. 4. c. 2. Beispiele davon im folgenden §. V. VII. 2, und §. 5. II. 7.

2 S. z. B. den folgenden Paragraph n. IX. 5. a. E. und §. 15. II. 6. (Irregularität wegen apostasia a religione).

3 Vgl. c. 2. (Alex. III.) X. de eo qui furtive V. 30.

4 Den Anhalt dafür giebt c. 14. (Innoc. III.) X. de purgat. can. V. 34: „quia etsi non sit nota delicti, est tamen nota defectus impedientis ad sacros ordines promovendum.

5 So ist irregulär, wer in gewisser Weise verstümmelt ist, gleichgültig aber ist es, ob er selbst die Verstümmelung vorgenommen oder ihm dieselbe von einer andern Person zugefügt worden.

6 Das ist die Auffassung mancher früheren Kanonisten, welche allerdings schwankend geltend gemacht wird, weil nun die weitere Frage nicht zu erledigen war, ob eine poena im eigentlichen Sinn oder censura vorlag. Vgl. z. B. Gonzalez Tellez, comm. ad c. 20. X. de V. S. V. 20, Reiffenstuel, ius canon. lib. V. tit. 37. §. 4. n. 63; Berardi, comm. in ius eccles. in V. libr. P. II. diss. 4. c. 2. (ed. Mediolani 2, 360. 371). Freilich wird schon in c. 1. (Bonif. XI.) de privileg. Extr. comm. V. 7. gesagt: „irregularitatis poenam peccati sequelam", ein Ausdruck, welcher hier nur beiläufig gebraucht ist, also jedenfalls nicht für die Straf-Natur der Irregularität herangezogen werden kann.

7 Vgl. van Espen, ius eccles. P. II. tit. 10. c. 1. n. 12; Phillips 1, 428 ff.; a Boenninghausen, l. c. S. 4 ff.

a. Die einzelnen Irregularitäten.*

§. 3. *aa. Die irregularitas ex defectu.*

Die Irregularität geht einmal hervor aus Eigenschaften, deren Vorhandensein der Würde und dem Ansehen des Klerikers Eintrag zu thun, weil sie geeignet sind, bei dem Volke Anstoss zu erregen. Unter diesen Gesichtspunkt fällt

I. die Irregularität *ex defectu natalium*[1], aus dem *Mangel der ehelichen Geburt.* Dem älteren Recht der Kirche ist die Ausschliessung von Personen wegen eines auf ihrer Geburt haftenden Makels unbekannt[2]. Erst Anfang des 10. Jahrhunderts macht sich dieser Gesichtspunkt durch das Verbot für die im Incest Erzeugten vereinzelt geltend[3]. Im folgenden Jahrhundert[4] treten dann auch Verordnungen gegen die Zulassung von Priesterkindern zu den Weihen hervor[5], und wenig später werden die unehelichen Kinder überhaupt in dem gleichen Umfange für ausgeschlossen erklärt[6]. Bei der Aufstellung dieses Verbots hat theils die Rücksicht mitgewirkt, der Zuchtlosigkeit der Kleriker vorzubeugen und die Möglichkeit der Succession in die väterlichen Aemter, also die Bethätigung des Nepotismus zu beseitigen,

* Vgl. Tractatus iuridico-canonicus de irregularitatibus auct. Fr. E. a Boenninghausen, Monasterii. fasc. I—III. 1863—1866. Aeltere Behandlungen aufgezählt bei Lipen. biblioth. realis iuridica. Lipsiae 1757. 1, 644. Für die geschichtliche Entwicklung der einzelnen Irregularitätsfälle bietet viel Material Thomassin, vet. ac nova disc. P. II. tit. I. c. 56 — c. 91. — Conférences ecclesiastiques du diocèse d'Angers sur les irrégularités tenues en 1710, rédigées par M. Babin par l'ordre de Mons. Jean de Vaugirard evêque d'Angers.

1 Diese Bezeichnung kommt schon vor in c. 1. (Bonif. VIII.) in VI^to de filiis presb. I. 11.

2 Vgl. c. 5. (Hieronym.) auch c. 2—4. 8. Dist. LVI. Thomassin, l. c. c. 80. n. 7—9.

3 Regino de synod. causis I. 429. Das hier oft angeführte c. 64. conc. Meld. a. 845. (Regino I. 428; c. 17. C. I. qu. 7.), welches die vom raptor und der rapta auch selbst in der nachher gültig abgeschlossenen Ehe erzeugten Söhne von den Weihen ausschliesst, kann für die Entwicklung der Irregularität ex defectu natalium nicht in Betracht kommen. Abgesehen davon, dass es in die Reihe der die Entführung mit allen möglichen harten Strafen bedrohenden Vorschriften der karolingischen Gesetzgebung gehört, (so auch Boenninghausen 3, 7. n. 7.), enthält es nur eine von den Bischöfen gemachte Proposition, welcher von den weltlichen Grossen die Zustimmung zu Epernay 846 nicht ertheilt ist. Vgl. Hefele, Conciliengeschichte 4, 114.

4 Der von Schulte, kath. K. R. 2, 108. n. 2 angezogene c. 8. conc. Aurel. III. a. 538. (bei Regin. I. 427) gehört nicht hierher, denn er handelt nicht vom Ausschluss der Konkubinenkinder, sondern derjenigen, welche sich eine Konkubine bei Lebzeiten oder nach dem Tode ihrer Frau halten (vgl. Hefele a. a. O. 2, 751, Richter, K. R. §. 105. Note 8.); das ausgesprochene Verbot ist also die irregularitas ex defectu sacramenti. — c. 4. conc. Aurel. I. a. 511. giebt dem Bischof die freie Verfügung hinsichtlich der Ordination der Priesterkinder, schliesst sie also nicht aus, während c. 10. conc. Tolet. IX. a. 655 (c. 3. C. XV. qu. 8.) durch die Erklärung der Priesterkinder zu Sklaven der Kirche die Möglichkeit der Frage nach dem defectus natalium abschneidet. Zum Beweis dafür, dass noch im 10. Jahrhundert diese Art der Irregularität nicht anerkannt ist, kann z. B. auf den bekannten 988 gewählten Erzbischof Arnulf von Rheims, den natürlichen Sohn des vorletzten Karolingers, Lothars von Frankreich, hingewiesen werden. Die Synode von Pavia (a. 1018, s. Hefele 4, 638) c. 3. und die ihre Beschlüsse wiederholenden leges Heinrici II. c. 3. (Mansi 19, 343; LL. 2, 561) handeln ebensowenig von dem defectus natalium, sondern nur davon, dass die filii clericorum servorum ecclesiae wieder Sklaven werden sollen, sprechen also nicht von den Söhnen freier Kleriker.

5 Als die älteste hierher gehörige Stelle darf wohl bezeichnet werden c. 8. conc. Bituric. 1031 (Mansi 19, 501): „Ut filii presbiterorum sive diaconorum sive subdiaconorum in sacerdotio vel diaconatu vel subdiaconatu nati, nullo modo ulterius ad clericatum suscipiantur: quia tales et omnes alii qui de non legitimo coniugio sunt nati, semen male dictum in scripturis divinis (Deuteron. XXIII. 2.) appellantur nec apud saeculares lege haereditare possunt nec in testimonium suscipi. Et qui de talibus clerici nunc sunt, sacros ordines non accipiant sed in quocumque gradu nunc sunt in eo tantum permaneant et ultra non promoveantur". Vgl. ferner c. 12. (Alex. II. 1061—1073), c. 13. (Urb. II. ?), c. 1. 12. (conc. Melph. a. 1089), die Hauptstelle c. 1. (conc. Pictav. a. 1078) X. de filiis presb. I. 17.

6 c. 1. X. h. t. cit., c. 14. (Urban II.). conc. Claromont. a. 1095. c. 11. (Mansi 20, 817): „Ut nulli filii concubinarum ad ordines vel aliquos honores ecclesiasticos promoveantur, nisi monachaliter vel canonice vixerint in ecclesia". — c. 5. X. de serv. non ord. I. 18.

theils die Annahme, dass die Inkontinenz der Väter sich auf die Söhne fortpflanze, theils aber auch die mittelalterliche Anschauung von dem an der unehelichen Geburt haftenden Makel[1], wofür die Vorschriften des alten Testaments über die Ausschliessung der aus unerlaubtem Geschlechtsumgang Entsprossenen vom jüdischen Priesterthum als Bestätigung herangezogen werden konnten. Ob ursprünglich die Beschränkung nur für die höheren Weihegrade galt und später weiter auf alle ausgedehnt ist oder von vornherein gleich auch die Unehelichen von den minores ausgeschlossen waren[2], kann trotz des für das erstere theilweise sprechenden Wortlautes der citirten Stellen zweifelhaft erscheinen, weil Ende des 13. Jahrhunderts[3] die Ausschliessung von den minores ordines vorausgesetzt wird, und sich von einer etwaigen Aenderung des früheren Rechts keine Spur findet.

Auf diesen Grundsätzen ruht noch das heute geltende Recht. Ex defectu natalium sind demnach von der Erlangung sämmtlicher Weihen alle diejenigen ausgeschlossen, welche weder aus einer kirchlich gültigen noch wenigstens aus einer als matrimonium putativum zu betrachtenden Ehe herstammen[4]. Die in den Quellen besonders ausgezeichnete Irregularität der in sacerdotio geniti (selbst der nach der Ordination mit der vorher rechtmässig angeheiratheten Ehefrau erzeugten Kinder)[5] ist in diesem Satz von selbst mit einbegriffen[6]. Das Nichtbekanntsein der unehelichen Geburt beseitigt die Irregularität nicht[7]. In Betreff der Findelkinder besteht weder eine Präsumtion für die Ehelichkeit noch für die Unehelichkeit, als solche können sie jedenfalls nicht ausgeschlossen werden, es ist vielmehr der Beweis ihrer Ehelichkeit zu erbringen. Gelingt dies nicht, so bleibt freilich nichts Anderes als Dispensation übrig, da dann die Abwesenheit des Mangels nicht konstatirt ist[8].

1 Vgl. Seitz, Zeitschr. für Kirchenr.- etc. Wissenschaft 2, 414. Phillips 2, 534 ff. 536 ff. a Boenninghausen l. c. p. 10 ff. Die gedachten Gesichtspunkte auch angedeutet in der pars decisa von c. 15. (Innoc. III.) X. h. t. Ueber die Verhältnisse der rechtmässigen Kinder der Priester, also namentlich der vor der Ordination geborenen — die S. 11. n. 5 citirte Synode von Bourges schliesst die Irregularität für sie aus — ergeben die a. a. O. angeführten Stellen des Corp. jur. nichts. Später ist freilich der Grundsatz, dass selbst der rechtmässige Sohn des Klerikers nicht in das Beneficium des Vaters succediren soll, ausdrücklich ausgesprochen c. 11. X. (Alex. III.) h. t. Handelt es sich hierbei freilich nur um die Idoneität des Betreffenden, nicht um die Irregularität, so wird doch in den einschlägigen Dekretalen des tit. 17. Buch I., die meistens nach England gerichtet sind, zwischen den rechtmässigen und unrechtmässigen Priestersöhnen nicht unterschieden, weil man das Erblichwerden der Aemter verhindern wollte und die Aufstellung der Irregularität für die in sacerdotio geniti wegen der Möglichkeit der Dispensation oder, wie in England geschehen, wegen der Nichtbeachtung derselben allein nicht ausreichte. Das Weitere über diesen Punkt gehört in die Lehre von der Besetzung der Aemter.

2 So Laspeyres a. a. O. S. 43.

3 c. 2. c. 1. (Bonif. VIII.) in VIto h. t. I. 11. setzt diese Ausdehnung voraus. Nähere Anhaltspunkte fehlen.

4 Das Nähere darüber ist aus der Darstellung des Eherechts zu entnehmen.

5 c. 2. c. 14. X. h. t. Umgekehrt sind nach demselben Princip, weil die Kleriker niederer Grade in der griechisch-unirten Kirche sich gültig verheirathen, und da die höheren die früher schon geschlossenen Ehen fortsetzen können, die aus diesen Ehen entsprossenen Kinder nicht irregulär. Vgl. c. 14. Dist. XXXI; c. 6. X. de cleric. coniug. III. 3; c. 7. X. de poenit. V. 38. Reiffenstuel, ius canon. lib. I. tit. 17. n. 6.

6 Die Unterscheidung der verschiedenen Klassen von unehelichen Kindern (filii naturales, mamzeres, nothi, spurii) ist für das Princip, nach welchem der defectus natalium zu bestimmen, vollkommen gleichgültig; nur bei Gewährung der Dispensation kann die Art der Erzeugung in Frage kommen, c. 10. §. 6. X. renunc. I. 9.

7 Das Gegentheil ist mehrfach von älteren Kanonisten behauptet worden. Die dafür angezogenen c. 10. X. h. t. u. c. 10. X. de tempor. ord. I. 11. beziehen sich gar nicht auf den defectus natalium und die von demselben handelnden Quellenstellen machen nirgends einen solchen Unterschied. Vgl. über diese Kontroverse Boenninghausen p. 53.

8 S. Schulte, kath. Kirchenrecht 2, 109. Note 1. Nachweisungen der älteren Literatur bei Phillips 2, 540; Boenninghausen p. 28 ff. Die vielfach erwähnte Bulle Gregors XIV von 1591 (vgl. Schmier, iurispr. canon. civil. lib. I. tract. IV. c. 6. sect. 1. n. 34. — Permaneder, §. 129 verwechselt sie mit der Bulle: Circumspecta), wonach die mit der Fürsorge von Findelkindern sich beschäftigenden Confraternitäten das Privileg haben, dass die Pfleglinge derselben als

Beseitigt werden kann diese Art der Irregularität:

1) durch den definitiven Eintritt in ein Kloster oder Regularstift[1]. Die Bestimmung des Papstes Sixtus V. in der Constit.: Cum de omnibus vom 26. November 1587, wodurch das Dekretalenrecht in Betreff gewisser Klassen der unehelich Geborenen beschränkt wird[2], ist durch die Bulle Gregors XIV.: Circumspecta vom 15. März 1591[3] wieder beseitigt worden. Der Professleistung in anderen Orden steht die Ablegung der vota simplicia nach zweijährigem Noviziat im Jesuiten-Orden gleich[4], nicht aber die der neuerdings[5] auch bei den übrigen Männer-Orden eingeführten, der definitiven Professleistung vorhergehenden einfachen Gelübde[6]. Durch den definitiven Eintritt wird die Irregularität für die Folgezeit in der Weise gehoben, dass der defectus selbst dann nicht wieder entsteht, wenn die betreffende Person aus dem Orden entlassen oder ausgestossen wird[7], während selbstverständlich durch später stattgefundene Nullitätserklärung der Professleistung zugleich das fernere Obwalten des defectus natalium konstatirt ist[8].

2) Kann die hier in Rede stehende Irregularität durch die nachfolgende Legitimation gehoben werden, und zwar durch alle kirchenrechtlich anerkannten Arten derselben (also durch nachfolgende wirkliche oder Putativ-Ehe, durch dispensatio in radice matrimonii und durch päpstliches Reskript)[9].

eheliche Kinder gelten, ist wohl nur für einen speciellen Fall ergangen, vgl. a Boenninghausen, p. 30. Note 37, wie sich auch von andern Päpsten dergleichen Specialbullen vorfinden; s. Pyrrhi. Corradi praxis dispens. apostolic. Colon. 1678. lib. III. c. 2. n. 9. — Andererseits erkennt die römische Praxis bei in der Ehe geborenen Kindern weder die Behauptung der Eltern, noch ein Gerücht, dass das Kind im Ehebruch erzeugt sei, für genügend an, um zur Dispensation zu schreiten, vielmehr lässt sie die davon betroffenen Personen ohne Weiteres zur Ordination zu. S. den Fall in den Analect. jur. pont. 1858. p. 364.

[1] Diese Bestimmung ist so alt wie die Aufstellung der Irregularität selbst. Vgl. c. 1. (a. 1078) X. h. t. I. 17; c. 1. 11. (a. 1089 Urb. II.) Dist. LVI. Die Worte der ersten Stelle („aut in canoniis religiose probati fuerint") und der letzteren („in congregatione canonica regulariter viventes") können unmöglich, wie manche Aelteren wollen, auf das blosse Noviciat oder gar die blosse Erziehung im Kloster gedeutet werden, vgl. Fagnan. comm. ad c. 1. X. cit., Boenninghausen p. 59.

[2] §. 2: „.... prohibemus, ne illegitimi procreati ex incestu aut ex sacrilegio (quorum scilicet parentes consanguinitate vel affinitate intra tertium gradum invicem coniuncti fuerint, vel quorum alteruter parens castitatem deo voverit), etiam apostolica, imperiali vel regia aut quavis alia auctoritate legitimati, aut natalibus restituti, ad aliquem quorumcumque ordinum, etiam Mendicantium et non Mendicantium, fratrum, monachorum, eremitarum vel canonicorum aut clericorum regularium congregationum aut hospitalium religionem, neque ad habitum nec professionem regulares recipi vel admitti quoquo modo possint" .....„permittimus, ut praefati illegitimi .... ad habitum conversorum seu famulorum in monasteriis vel domibus regularibus servientium recipiantur .... ea tamen conditione, ut ad habitum religiosorum vel ad professionem quam religiosi emittere solent, emittendam, necnon ad omnes non modo sacros sed etiam minores ordines vel ad clericalem characterem ... sint eis portae perpetue clausae et obseratae". (Magn. Bull. 2, 656).

[3] §. 2: „Volentes iisdem constitutionibus (von Sixtus V.) non obstantibus eos qui quovis modo illegitimi procreati fuerint ad habitum et professionem regulares admitti posse quemadmodum admitti poterant, si superdictae constitutiones editae non fuissent." (l. c. 2, 758). Die besonderen statutarischen Bestimmungen, welche die Aufnahme von Unehelichen für einen bestimmten Orden oder eine bestimmte Korporation ausschliessen, sind selbstverständlich damit nicht ausser Kraft getreten.

[4] Denn die Ableistung dieser Gelübde bindet die betreffende Person auf immer. S. Const. Gregorii XIII.: Ascendente domino vom 14. Juni 1584. §§. 6. 17. 21. (l. c. 2, 506).

[5] Vgl. Decretum: Regulari disciplinae v. 25. Januar 1848 und Encyclika: Neminem latet vom 19. März 1857 (Moy, Archiv 16, 353; 9, 437).

[6] Entsch. der Congr. s. statu regular. 20. Jan. 1860 (Moy 17, 28).

[7] Darüber herrscht Einstimmigkeit. S. Boenninghausen p. 61.

[8] Die weiter bei dieser Lehre behandelte Frage, welche Aemter ein solcher Religiose erwerben kann (vgl. z. B. Boenninghausen p. 62 ff.) gehört nicht hierher, ebensowenig die Bestimmung der Bulle: Circumspecta, dass der „filius illegitimus in religione in qua pater sive ante sive post nativitatem dicti filii professus fuerit, ipso patre vivente non admittatur".

[9] Das Weitere unten beim Eherecht. Vgl. vorläufig Schulte, Eherecht, S. 401—407, Boenninghausen p. 63—94.

3) Endlich wird der defectus natalium durch Dispensation beseitigt, ein Mittel, welches sich dadurch von der Legitimation durch päpstliches Reskript unterscheidet, dass es allein die Irregularität, nicht aber die übrigen Folgen der unehelichen Geburt vernichtet. Berechtigt zur Dispensation ist nach einer schon von Bonifazius VIII. gesetzlich sanktionirten Ansicht[1] für die ordines minores der Bischof[2], für die maiores der Papst[3]. In dem Gesuch um die Dispensation muss die Art der Illegitimität genau angegeben werden, weil diese für die Entscheidung über das Gesuch von Einfluss sein kann[4]. Die gewöhnlich der Dispensation beigefügte Klausel: »dummodo paternae incontinentiae imitator non sit sed bonae conversationis et vitae« hat nicht die Bedeutung einer fortwirkenden Bedingung, sondern nur einer Instruktion für den mit der Untersuchung und demnächstigen Ertheilung beauftragten Delegaten[5]. Endlich soll die ertheilte Dispensation immer strikt ausgelegt werden[6].

II. Die Irregularität *ex defectu corporis*. In den ältesten Zeiten beobachtete die Kirche lediglich die aus der Natur der Sache sich ergebende Regel, dass diejenigen Personen, welche durch Gebrechen physisch an der Vornahme der geistlichen Funktionen gehindert waren, nicht ordinirt wurden[7]. Seit dem 5. Jahrhundert macht sich aber in der Gesetzgebung der lateinischen Kirche die Anschauung geltend, dass auch andere körperliche Missgestaltungen und Verstümmelungen von den Weihen ausschliessen[8], indem man entgegen der älteren Zeit auf die Bestimmungen des Mosaischen Rechts zurückgriff[9], und anscheinend den Gesichtspunkt aufstellte, dass jeder körperliche Makel irregulär machte. In den zahlreichen, seit dem 5. Jahrhundert ergangenen Entscheidungen im Corpus iuris[10] findet sich zwar ein allgemeines Princip nicht ausgespro-

[1] c. 1. in VI[to] h. t. I. 11; schon früher ist das aus c. 18. (Gregor IX.) X. h. t. I. 17. hergeleitet worden.

[2] Und zwar der kompetente, indessen nach einer Entscheidung der S. C. C. v. 5. Februar 1804 nicht der freilich zur Ordination ratione familiaritatis befugte Bischof. Boenninghausen p. 96. Note 4. Gleich steht der Kapitularvikar sede vacante, auch die praelati inferiores cum jurisdictione quasi episcopali haben dasselbe Recht. Vgl. Reiffenstuel, jus can. lib. I. tit. 17. n. 15. In Betreff der Diöcese Rom selbst s. Analecta jur. pont. 1855. p. 2755.

[3] Auf Grund des Trid. Sess. XXIV. c. 6. de reform., wonach der Bischof von irregularitates ex delicto occulto provenientes der Regel nach dispensirt, kann ihm für die höheren Weihen in dem Fall, wo die Illegitimität unbekannt ist, das Dispensationsrecht, wie manche Aelteren wollen, nicht beigelegt werden. Die irregularitas ex defectu natalium ist keine ex delicto proveniens. Ebensowenig ist eine Ausnahme zu statuiren, wenn der bona fide Ordinirte erst nachher seine uneheliche Geburt erfährt und dadurch in die Lage kommt, die Dispensation nachsuchen zu müssen. Vgl. Boenninghausen p. 113 ff. — Ein für alle Mal sind von diesem Defect die Alumnen des Collegium Anglicanum in Rom durch die Errichtungsbulle Gregors XIII. v. 23. April 1579 §. 13. (M. Bull. 2, 455) dispensirt worden.

[4] Vgl. dazu c. 10. §. 6. X. de renunc. I. 9.

[5] Vgl. die Entscheidung der S. C. C. v. 23. December 1596 bei Bened. XIV. de synod. dioeces. lib. XIII. c. 24. n. 22., s. auch Boenninghausen p. 116.

[6] c. 1. § 1. in VI[to] h. t. I. 11: („quam exorbitantem a iure oportet velut odiosam restringi"). Nähere Konsequenzen dieses Satzes und Kasuistik bei Boenninghausen S. 108 ff.

[7] Const. apost VI, 23: „ἀντὶ δὲ μιᾶς φυλῆς ἐφ' ἑκάστου ἔθνους προστάξας τοὺς ἀρίστους εἰς ἱερωσύνην προχειρίζεσθαι καὶ οὐ τὰ σώματα μωμοσκοπεῖσθαι" (offenbar gegen Levit. XXI. 17 ff. gerichtet). Can. apost. 76: „Εἴ τις ἀνάπηρος ἢ τὸν ὀφθαλμὸν ἢ τὸ σκέλος πεπληγμένος, ἄξιος δέ ἐστιν, ἐπίσκοπος γινέσθω· οὐ γὰρ λώβη σώματος μιαίνει, ἀλλὰ ψυχῆς μολυσμός". c. 77: „Κωφὸς δὲ ὢν καὶ τυφλὸς μὴ γινέσθω ἐπίσκοπος· οὐχ ὡς βεβλαμμένος, ἀλλ' ἵνα μὴ τὰ ἐκκλησιαστικὰ παρεμποδίζοιτο. c. 6. (Innoc. I. a. 402—417.) Dist. LV. Vgl. überhaupt Thomassin. P. II. lib. I. c. 78. n. 1—7. c. 79., c. 82. 83. n. 7. 8.

[8] c. 3. (Hilar. a. 456) c. 1. (Gelas. a. 494) Dist. LV., c. 59. (ders.) Dist. L., c. 10. (Gregor. I.) Dist. XXXIV, welche ganz allgemein die „aliqua membrorum damna perpessi" und „corpore vitiati" für irregulär erklären. Vgl. ferner c. 6. conc. Aurel. III. (a. 538).

[9] c. 5. Dist. XXXIII. u. c. 1. Dist. XXXVI. (Gelas. a. 494) deuten unzweifelhaft auf Levit. XXI. 17 ff. hin.

[10] Vgl. z. B. c. 13. (inc. temp.) Dist. LV. (Verlust des Auges), c. 4. X. de cleric. aegrot. III. 6. (Aussatz); c. 11. Dist. LX. c. 2. X. eod., c. 6. 7. X. de corp. vit. I. 20. (Verstümmlung an den Fingern und der Hand); c. 10. (conc. Trib. a. 895.) Dist. LV. (Lahmheit); c. 2. (inc. temp.) Dist. XXXIII.; c. 14 (Gregor I.) C. VII. qu. 1. (Wahnsinn); c. 5. (Gelas.) Dist. XXXIII; c. 6. conc. Aurel. III. a. 538., c. 3. (Tolet. XI. a. 675)

chen, indessen lässt sich dasselbe schon aus den Bestimmungen der einschlägigen Dekretalentitel[1] klar erkennen. Der hieraus zu entnehmende, noch heute geltende Grundsatz ist der, dass solche Krankheiten und Gebrechen irregulär machen, welche die Vornahme aller oder doch der wichtigsten[2] geistlichen Funktionen ganz hindern oder die Ausübung derselben nicht ohne Gefahr der Verletzung der Würde des Gottesdienstes gestatten[3], oder endlich bei der Gemeinde Anstoss, Aergerniss und Anlass zu Spott geben und dadurch der Ehrfurcht vor den heiligen Handlungen oder dem Ansehen und der gedeihlichen Wirksamkeit des geistlichen Standes Eintrag thun könnten[4]. In der Regel werden sogar mehrere der hervorgehobenen Momente konkurriren und daher ist eine strenge Sonderung der einzelnen Fälle nach den drei hervorgehobenen Gesichtspunkten nicht gut möglich[5]. Als irregulär gelten wegen Unfähigkeit die heiligen Funktionen vorzunehmen die Tauben (nicht unter allen Umständen Harthörige), die Stummen, erheblich Stotternde, die Blinden, die der Sehkraft des linken Auges total Beraubten[6], diejenigen, welchen Hände und Füsse oder eins dieser Glieder fehlen, welche an Krücken oder mit einem Stelzfuss gehen, denen die Arme, die Hände oder die Finger gelähmt sind[7]. Ferner sind irregulär solche Personen, welchen der Zeigefinger oder Daumen fehlt oder die an diesen Gliedern verstümmelt sind. Bei Lahmen tritt Irregularität ein, wenn sie eines Stockes bedürfen, oder wenn das Hinken so stark ist, dass es die Sicherheit der Bewegungen beim Gottesdienst hindert oder der letztgedachte Gesichtspunkt, die Gefahr, der Gemeinde Anstoss zu geben, in Frage kommt. Der zweite Gesichtspunkt in Ver-

Dist. XXXIII; c. 15. (Tolet. XI.). C. VII. qu. 1); c. 1. (Alex. II. 1061—1073) C. VII. qu. 2. (Besessenheit und Epilepsie). Der anscheinend strengere Standpunkt, welchen die vorhin citirten Stellen des Gelasius haben, ist schon in den späteren Dekretsstellen verlassen. Vgl. z. B. c. 11. Dist. LV. cit.

[1] X. de corpore vitiatis ordinandis vel non I. 20; X. de clerico aegrotante vel debilitato III. 6.

[2] c. 6. X. h. t. I. 20; c. 6. X. de cler. aegrot. I. 20; c. 7. X. h. t. I. 20: „.. si ad frangendam eucharistiam sit in pollice ipso potens .... propter deformitatem huiusmodi non dimittas quin eum ad ordinem promoveas sacerdotis". (c. 2. X. de clerico aegrot. III. 6). Es kommt hier vor Allem die Fähigkeit das Messopfer zu verrichten in Betracht, weil. Pirhing, comm. I. 20. n. 10.): „alii ordinum gradus et ministeria ad missae sacrificium tamquam ultimum finem ac complementum eorum referuntur et ... requiritur in promovendo ad illos habilitas et capacitas ad sacerdotium, ad quod alii ordines ordinantur".

[3] c. 1. X. h. t. ... „quum ipse non perdiderit tantum de digito quin sine scandalo possit solemnitates celebrare, satis potes .... permittere eum in suo ordine ministrare"...

[4] c. 3. X. de cleric. aegrot. III. 6.: „De rectoribus ecclesiarum macula usque adeo infectis quod altari servire non possunt nec sine magno scandalo eorum qui sani sunt, ecclesias ingredi etc." Ueber das im Text hingestellte Princip herrscht vollkommene Uebereinstimmung, wenngleich dasselbe verschieden formulirt wird. Vgl. z. B. Gonzalez Tellez comm. ad c. 2. X. h. t.; van Espen J. E. U. P. II. tit. c. 5. n. 12. 13., Reiffenstuel, I. 20. n. 9., Schmier lib. I. tr. IV. §. 6. s. 3. n. 213. 240. 261. 262., J. H. Böhmer, ius eccl. I. 20. §. 1., Walter, Kirchenr. §. 208., Phillips, Kirchenr. 1, 461 ff., Schulte, Kirchenr. 2, 111., Boenninghausen S. 139., Eichhorn, Kirchenr. 1, 487., Laspeyres a. a. O. S. 45., Richter, K. R. §. 105. Bei den älteren (vgl. z. B. Bernhardus Pap. summa I. 12. §. 1.) wird die Gränze durch die Unterscheidung zwischen bedeutenden und geringen Gebrechen gewonnen, und bei ihnen die hier praktisch gleichgültige sich noch im 18. Jahrhundert (s. Böhmer l. c.) findende Eintheilung in mutilati und debilitati (so schon bei Bernhard) oder in mutilati, debilitati deformes (so Hostiensis summa aurea I. 20.) aufgestellt.

[5] Vgl. zu dem Folgenden Phillips 1, 464 ff., Boenninghausen S. 189 ff., und die Entscheidungen der Congregatio concilii zu c. 6. de reform. Sess. XXIV. conc. Trid. in der Ausgabe von Richter u. Schulte n. 12 ff. S. 340 ff.

[6] Des s. g. oculus canonis, weil der Priester mit diesem den Messkanon liest. Ist die Sehkraft des rechten so stark, dass der Geistliche ohne die vorgeschriebene Stellung zu verändern, lesen kann, so tritt nach der fast einstimmigen Ansicht der Kanonisten die Irregularität nicht ein. In einem Fall von 1751 hat aber die C. C. die Dispensation für nöthig erachtet. Vgl. Boenninghausen S. 197. n. 21. Haltbar erscheint das nicht.

[7] Es kommt hierbei in Betracht, dass solche Personen nicht die erforderlichen Kniebeugungen verrichten, ebensowenig das Zeichen des Kreuzes machen, ferner nicht beim Messopfer den Kelch erheben und die Hostie brechen können, oder dass bei der Vornahme dieser Funktionen doch hier mindestens die Gefahr vorliegt, dass dieselben nicht in einer der Würde des Gottesdienstes oder des geistlichen Standes entsprechenden Weise verrichtet werden.

bindung mit dem eben erwähnten bedingt ferner die Irregularität der mit der Epilepsie Behafteten und solcher Personen, welche den Genuss von Wein nicht vertragen können (s. g. abstemii) oder an Erbrechen leiden. Endlich sind als irregulär zu bezeichnen Aussätzige, der Nase Beraubte, Personen von zwerghafter oder sehr kleiner Gestalt, von auffallender Buckligkeit, oder mit andern bedeutenden Missgestaltungen Behaftete.

Es scheint mir kein Bedenken zu haben, unter dem defectus corporis auch die s. g. Geisteskrankheiten zu begreifen. Irregulär macht Wahn- und Blödsinn, mag ersterer auch nur periodisch und nicht beständig hervortreten, ja selbst später durch Heilung beseitigt sein. Dasselbe schreiben die Kanones für die Besessenen (energumeni, daemoniaci, correptitii) vor[1]. Die Kanonisten bezeichnen die eben hervorgehobenen Mängel mit dem Ausdruck *defectus animi*, welcher aber auch für verschiedene andere Fälle der Irregularität gebraucht wird[2].

Ob der defectus corporis absichtlich, bez. wenigstens kulpose von der betreffenden Person herbeigeführt oder die letztere völlig schuldlos ist, bleibt sich vollkommen gleich, insoweit es sich um das Vorliegen des hier in Rede stehenden Mangels handelt. Allerdings kann in den ersten beiden Fällen eine Verstümmelung, welche an und für sich keinen defectus corporis ausmachen würde, die Irregularität herbeiführen, aber diese ist dann eine irregularitas ex delicto (mutilationis), nicht eine irregularitas ex defectu[3].

Die Feststellung des defectus corporis in einem gegebenen Falle ist Sache des Bischofs[4]. Ist ein solcher konstatirt, so ist doch die Behandlung eine verschiedene, je nachdem ein noch nicht ordinirter Kandidat oder eine Person, welche schon den

[1] Die Quellenbelege S. 14. n. 10 über die Congr. Conc. s. Anal. iur. pont. 1866. S. 1968. Handelt es sich bei solchen Personen erst um die Ertheilung der Ordination, so ist päpstliche Dispensation nöthig, letztere indessen nach einigen nur für die ordines sacri, nicht für die minores. Vgl. Schmier l. c. n. 249. Dagegen Boenninghausen S. 203. n. 39.; ist die betreffende Krankheit aber erst nach der Ordination eingetreten, so bedarf es nur der bischöflichen Genehmigung, damit der Geheilte seinen ordo wieder ausüben kann. Vgl. Fagnan. ad c. 4. X. de aetate I. 10. n. 47., Boenninghausen S. 134 ff.

[2] Einzelne rechnen dahin noch den defectus scientiae, so Ferraris prompta biblioth. s. v. irregularitas art. I. n. 12. (bei ihm der Ausdruck defectus *animae*), ferner Berardi l. c. c. 4. (S. 382. 383.), welcher auch den defectus aetatis hierher zählt, andere (Boennighausen p. 134.) begreifen darunter den defectus rationis, scientiae, fidei; auch der defectus perfectae lenitatis und sacramenti wird als defectus animi im weiteren Sinne mit dem im Text besprochenen Falle zusammengestellt (Laspeyres a. a. O. S. 45., Richter §. 105.), Schulte 1, 112 ff. subsumirt unter den defectus animi (Wahnsinn etc.), scientiae, sacramenti, perfectae lenitatis, fidei. — Schon dieses Schwanken zeigt, dass alle diese Subsumtionen ihre Bedenken haben. Da der defectus corporis nicht blos Gebrechen im eigentlichen Sinn, sondern auch andere Krankheiten umfasst, Wahn und Blödsinn aber ebenfalls ihren Grund mit in physischen Affektionen haben, so bin ich Phillips 1, 471, Lehrbuch S. 112 gefolgt, der den defectus animi im Sinne des Textes mit dem defectus corporis zusammen behandelt. Ein Theil der älteren Kanonisten (z. B. Barbosa de off. et potest. episcopi P. II. alleg. 42. n. 51 ff., Reiffenstuel, ius can. I. 20. n. 19.) thut dasselbe, wiewohl freilich mehr aus dem äusseren Grunde des Sichanschliessens an die Titelfolge der Dekretalen. Will man etwa vom katholischen Standpunkt wegen der daemoniaci gegen die Zusammenstellung des defectus animi mit dem defectus corporis Einspruch erheben, so ist es dann immer nur gerechtfertigt, den ersteren (und zwar im Sinne des Textes) besonders hinzustellen.

[3] Konkurriren können freilich beide Irregularitäten. Vgl. Phillips 1, 466; Boenninghausen p. 204.

[4] Vgl. c. 3. Dist. XXXIII; nicht beweisend dafür c. 2. 4. X. h. t. I. 20, auf welche man sich vielfach bezieht. Ueber den Grundsatz selbst herrscht indessen kein Zweifel. S. Boenninghausen S. 206. Er folgt einfach daraus, dass der Bischof die Ordination vorzunehmen und ihre Voraussetzungen festzustellen hat. Auch in Betreff der Regularen hat der Bischof, nicht der Ordensprälat zu entscheiden. Barbosa l. c. n. 60. Reiffenstuel l. c. n. 21. Bei dieser Untersuchung werden stets die besonderen, in Frage kommenden Momente (z. B. dass eine Difformität an einem Ort oder in einer Gemeinde keinen Anstoss, an einem andern oder in einer andern dagegen solchen erregt) berücksichtigt.

einen oder andern ordo empfangen hat, in Frage steht. Bei dem ersteren hindert der Defekt die Weihe überhaupt, selbst wenn die betreffende Person trotz desselben eine Reihe von geistlichen Funktionen (z. B. Beichthören, Predigen) vornehmen könnte[1], während im letzteren Falle nur eine Ausschliessung von den Verrichtungen eintritt, deren Vornahme der eingetretene Defekt hindert[2].

Die Dispensation von dieser Irregularität[3], welche mit der vorhin erwähnten Feststellung des Vorhandenseins durch den Bischof nicht zu verwechseln ist, steht nur dem Papste zu. Die Ertheilung derselben wird nach der von der Congregatio concilii Tridentini festgehaltenen Praxis leichter gegeben, wenn es sich um einen schon ordinirten Geistlichen handelt, als um eine erst zu weihende Person, und immer erst ertheilt nach vorher angestellter Untersuchung, wobei der Bittsteller die betreffenden Funktionen versuchsweise vorzunehmen hat[4].

III. Der Mangel des erforderlichen Alters (*irregularitas ex defectu aetatis*). Der Ordinande muss selbstverständlich in einem solchen Alter sich befinden, dass bei ihm die nöthige Urtheilskraft, Ueberlegung und Umsicht für die Ausübung der Weihehandlungen vorausgesetzt werden kann. Weil die niederen Ordines nur zu untergeordneteren Funktionen dienender Natur befähigen, ist von jeher für dieselben ein geringeres Alter für genügend erachtet worden, als für den Empfang der höheren Grade. Aus demselben Umstande erklärt es sich, dass in Betreff des gesetzlichen Alters für die Erlangung der beiden wichtigsten Ordines sich früh eine feste und konstante Regel gebildet hat, während die hierher gehörigen Bestimmungen für die anderen Grade mannigfach gewechselt haben[5], und für einzelne selbst heute noch nicht ein bestimmtes Alter gemeinrechtlich festgesetzt ist. Für den Presbyterat und dann für den Episkopat ist schon seit dem 4. Jahrhundert partikularrechtlich das vollendete 30. Lebensjahr vorgeschrieben[6]. Diesen Termin hat das Dekretalenrecht für den letzt-

[1] Vgl. hierzu Boenninghausen p. 203. S. auch S. 15. Note 2.

[2] c. 12. (inc. temp.) Dist. LV; c. 2. X. de cler. aegrot. III. 6: „Presbyterum cuius duos digitos cum medietate palmae a praedone abscissos significásti, missam non permittimus celebrare, quia nec secure propter debilitatem nec sine scandalo propter deformitatem membri hoc fieri posse confidimus. *Ipsum autem ceteris officiis sacerdotalibus fungi minime prohibemus*". Ein solcher kann also Beichte hören, predigen, den Eheabschliessungen assistiren, Funktionen der Diakonen und Subdiakonen etc. vornehmen. Vgl. van Espen l. c. n. 12.

[3] Wenngleich für die Begründung des defectus corporis Lev. XXI. 17. mit herangezogen ist, so beruht doch diese Art der Irregularität nicht auf dem auch die päpstliche Dispensation ausschliessenden ius divinum. Vgl. Gonzalez Tellez ad c. 2. X. h. t. I. 20. n. 6. Ein Fall von 1696, in welchem dem Papste das Dispensationsrecht bestritten wurde, bei Böhmer J. E. P. I. 20. §. 5 ff.

[4] Nach der gebräuchlichen Formel vor dem Bischof selbst, nicht vor einem Delegaten desselben. Vgl. Pyrrh. Corradus l. c. lib. 3. c. 6. n. 18 ff. Boenninghausen p. 206. 207. Weitere hierbei in Frage kommende Gesichtspunkte ergeben die Entscheidungen bei Richter und Schulte a. a. O. S. 340 ff.; vgl. auch Moy, Archiv. 14, 130 ff., Analecta jur. pontif. Rom. 1860. S. 1616.

[5] Vgl. über das Historische Thomassin P. I. lib. 2. c. 67—70.

[6] Für den Priester durch c. 11. conc. Neocaes. (a. 314—325; c. 4. Dist. LXXVIII), wo als Grund angeführt wird: „ὁ γὰρ κύριος Ἰησοῦς Χριστὸς ἐν τῷ τριακοστῷ ἔτει ἐφωτίσθη καὶ ἤρξατο διδάσκειν". Vgl. ferner c. 2. (Nov. 123. c. 13. = Auth. zu l. 9. C. de episc. I. 3.) Dist. LXXVIII; conc. Trull. a. 692. c. 14; Zosim. ad Hesych. c. 3. a. 418. (Coustant. 968); c. 6. Aurel. III. a. 538; c. 50. Cap. eccles. a. 789; c. 7. (conc. Tolet. IV. a. 633.) Dist. LXXVII; für den Priester und Bischof c. 6. (conc. Agath. 506) Dist. LXXVII; c. 1. conc. Arelat. IV. (III) a. 524; c. 5. (conc. Tolet. IV.) Dist. LI. — Ein höheres Alter für den Bischof (nämlich 35 Jahr) schreibt die citirte Authentika vor. Die Dekretale von Siricius an Himerius von Tarragona v. 385. c. 9. 10. (Coustant 633), die älteste Bestimmung für das Abendland, lässt für den Priester ein Alter von 35, für den Bischof von 45 Jahren als erforderlich entnehmen, das sich in der veränderten Fassung, welche die Stelle bei Gratian c. 3. Dist. LXXVII hat (vgl. hierzu Berardi, Gratiani canon. genuini P. II. tom. I. p. 186.) auf 25, bez. 35 Jahre reduzirt. Bei durch ihre Verdienste hervorragenden Persönlichkeiten sind aber diese Bestimmungen nicht festgehalten wor-

gedachten Ordo als den gemeinrechtlichen fixirt[1] und dabei ist es bis heute geblieben[2]. Was die Priesterweihe betrifft, so wurde schon im 8. Jahrhundert für Nothfälle die Ordination mit 25 Jahren erlaubt[3], und wenn auch diese letztere Bestimmung mehrfach wiederholt worden ist[4], so ist als Regel doch das ältere Recht beibehalten worden[5], bis das Concil von Vienne 1311 die frühere Ausnahme der herrschenden Praxis gemäss zur allgemeinen Norm erhoben hat[6]. In Uebereinstimmung damit hat auch das Tridentinum das angetretene 25. Lebensjahr als die legitima aetas für den Empfang der Priesterweihe anerkannt[7]. Während für den Diakonat die erwähnte Dekretale von Siricius ein Alter von 30 Jahren fordert, ist bald nachher nur das 25. Lebensjahr allgemein verlangt worden[8]. Erst Clemens V. hat die Gränze bis auf das 20. Jahr heruntergesetzt[9], das Tridentinum jedoch das angetretene 23. Lebensjahr als nothwendig vorgeschrieben[10]. Nicht minder haben die Vorschriften über den Subdiakonat gewechselt, welcher nach heutigem Recht mit dem angetretenen 22. Jahre erworben werden darf[11].

Die niederen Ordines wurden in der älteren Zeit den zum geistlichen Stand bestimmten Knaben oft gleich nach der Taufe, jedenfalls aber noch vor erreichter Pubertät ertheilt[12]. Auch heute ist gemeinrechtlich für den Empfang dieser Grade kein

den (Gaudentius von Brescia † u. 427, Epiphanius von Pavia, geb. 439, Bischof 466; Remigius von Rheims geb. 437, Bischof 459). Vgl. Thomassin l. c. c. 67. n. 9. 10.

1 c. 7. (Alex. III. i. conc. Later. III.) X. de elect. I. 6. Für die Zeit vom 6. Jahrhundert ab scheint das 30. Jahr als erforderlich gegolten zu haben. Zwar hat nach der Willibaldi vita S. Bonifacii c. 5. (ed. Jaffé 447) letzterer die ihm von Willibrord von Utrecht angebotene Bischofswürde abgelehnt, „quoniam quinquagesimi anni iuxta canonicae rectitudinis normam necdum plene reciperet aetatem", indessen ist diese Angabe um so unerklärlicher, als Bonifaz bei seiner Bischofsweihe 722 (Willibald c. 6.) ebensowenig 50 Jahr alt gewesen sein kann. S. Rettberg, Kirchengeschichte 1, 336. 338. Die Römische Synode v. 1014 nach Thietmar chron. 7, 2. (SS. 3, 832): „sanctorum instituta patrum in sacris ordinibus ibidem et apud nos diu neglecta cum excommunicatione redintegrata renovavit; prohibent namque canones, ut ante 25 annos diaconus, presbiter autem et episcopus ante 30 annos nequaquam ordinetur". Dieselbe Bestimmung wiederholt das conc. Tolosan. a. 1056 c. 2. (Mansi 19, 847). Die Vernachlässigung der gedachten Vorschriften ergeben eine ganze Reihe von Beispielen. Drogo von Metz wurde 823 mit 20 oder 21 Jahren Bischof (Dümmler, ostfränk. Reich 1, 237. n. 26); Hugo, Sohn des Heribert Grafen von Aquitanien, mit fünf Jahren 926 von Johann X. als Erzbischof von Rheims bestätigt. Flodoard. hist. Rem. 4, 20; Johann XII. Papst 955 mit etwa 19 Jahren (Papenkordt, Gesch. Roms 177). Vgl. ferner Sigeberti, chron. ad 1009. (SS. 6, 354): „dux enim Mosellanorum (1005) Deodericus post fratrem suum dato episcopatu Mettensium filio eo adhuc puero tutorem ei substituit etc.". Der Einfluss des politischen Interesses ist bei allen diesen Fällen ersichtlich. Thomassin l. c. c. 70. n. 1. 2, wo auch das Beispiel von Benedikt IX, der mit 12 Jahren zum Papst geweiht ist (Jaffé, regesta S. 360).

2 Vgl. Trid. Sess. VII. c. 1. de reform.

3 c. 5. (Zachar. a. 751) Dist. LXXVIII.

4 conc. Tolos 1056. c. 2. cit., conc. Rothomag. 1074. c. 6. (Mansi 20, 400).

5 Capit. Aquisgr. a. 789. c. 50. Francoford. a. 794. c. 49. conc. Turon. III. a. 813. c. 12. (Mansi 14, 85.) Syn. Roman. 1014. bei Thietmar 7, 2; Melphit. a. 1089. c. 4. (Mansi 20, 723). In der Praxis ist aber auch dieser Termin nicht immer innegehalten worden, s. Thomassin l. c. c. 70. n. 2.

6 c. 3. de aet. et qual. in Clem. I. 6.

7 Sess. XXIII. c. 12. de reform.

8 Zuerst conc. Carth. III. c. 4. a. 397 (c. 5. Dist. LXXVII). Vgl. ferner Nov. 123. c. 13, conc. Trull. a. 692. c. 14, c. 6. (conc. Agath. a. 506) Dist. LXXVII; c. 5. (conc. Tolet. II. a. 531) Dist. XXVIII, c. 7. (Tolet. IV. a. 633) Dist. LXXVII; dasselbe bestimmen auch die in den vorhergehenden Noten angezogenen Concilien von Rom, Toulouse, Rouen und Melphi. — Fälle, in denen die Weihe früher ertheilt ist, bei Thomassin l. c. c. 67. n. 6; c. 68. n. 1. c. 70. n. 2.

9 c. 3. de aetate et qual. in Clem. cit. Dieses Alter verlangt auch nur die Dekretale von Siricius in ihrem bei Gratian c. 3. Dist. LXXVII veränderten Texte.

10 Sess. XXIII. c. 12. de reform.

11 Trid. l. c., das ältere Recht verlangte 20 Jahre, so Zosimus ad Hesych., c. 5 (conc. Tolet. II. a. 531) Dist. XXVIII; conc. Trull. a. 692. c. 15; Nov. 16. Leon., welche die 25 Jahre der Nov. 123. Justin. c. 13 beseitigt. Conc. Rothom. cit., 14 oder 15 Jahre Melphit. cit.; 14 Jahre die Dekretale des Zosimus in dem veränderten Texte bei Gratian c. 2. Dist. LXXVII. (vgl. Berardi l. c. S. 233.), 18. J. c. 3. de aetat. et qual. in Clem. cit.

12 Vgl. die angeführten Dekretalen des Siricius und Zosimus, welche den Akolythat und Subdia-

bestimmtes Alter vorgeschrieben. Indirekt ist aber das vollendete 7. Lebensjahr als niedrigste Gränze dadurch gegeben, dass erst von diesem Zeitpunkt ab die Tonsur ertheilt wird[1], indessen können die minores immer noch vor dem 14. Lebensjahr empfangen werden[2].

Das Resultat der Entwicklung ist also das, dass die Tonsur das vollendete 7., der Episkopat das vollendete 30., der Subdiakonat das angetretene 22., der Diakonat das angetretene 23., der Presbyterat das angetretene 25. Lebensjahr erfordert. Bei den letzterwähnten ordines muss demnach der Kandidat seinen 22., 23., 25. Geburtstag erlebt haben, es genügt nicht, dass er den letzten Tag des 21., 22., 24. Lebensjahres begonnen hat[3], während der Antritt des letzten Tages des 7. und 30. Jahres für die Erlangung der Tonsur, resp. des Episkopates hinreicht. Im letzteren Fall tritt in Ermanglung einer positiv hindernden Vorschrift die von der Kirche ebenfalls stillschweigend adoptirte römische Berechnungsweise ein[4].

Auch von diesem Defekt kann dispensirt werden, aber nur durch den Papst[5], jedoch wird den Bischöfen diese Befugniss für bestimmte Fälle übertragen[6].

IV. Der Mangel der erforderlichen Kenntnisse und Vorbildung (*defectus scientiae*)[7]. Die Kirche hat von jeher das Gebot aufgestellt, dass keine inscii litterarum, illiterati, ignari, ignorantes und imperiti zu Klerikern geweiht werden sollen[8]. Schon die älteren kirchlichen Normen fordern von den Geistlichen, namentlich den Bischöfen, die Kenntniss der Canones, der heiligen Schriften, sowie der geistlichen, von ihnen vorzunehmenden Verrichtungen[9]. Auch sonstige wissenschaftliche Bildung wird verlangt, nur sollen die weltlichen Wissenschaften in den Dienst der Kirche gestellt und von den Klerikern nicht um ihrer selbst willen getrieben werden[10]. Aber die Praxis des Mittelalters hat

konat hinsichtlich des Alters gleichstellen, c. 19. conc. Carth. III. a. 397; c. 5. (conc. Tolet. S. 531) Dist. XXVIII. c. 5. conc. Tolet. X. a. 656. Vgl. ferner Thomassin l. c. c. 67. n. 5—7 (Nov. 123. c. 13 setzt 18 Jahre für den lector fest).

1 Folgt aus c. ult. in VI^to de tempor. ord. I. 9; Glosse zu c. 35. X. de praebend. III. 5; Entscheidung der Congr. Conc. bei Fagnan. comm. ad cap. cit. Das pontificale Romanum sagt ebenfalls: „prima tonsura et minores ordines ante VII annum completum dari non debent". Das Tridentinum (Sess. XXIII. c. 4. de reform.) hat über die minores nichts Ausdrückliches angeordnet. Eine Nothwendigkeit aber, mit dem festgesetzten Alter die Tonsur zu ertheilen liegt nicht vor, und daher haben einzelne Bischöfe und Synoden, weil es sich hier um Bestimmungen praeter ius commune handelt, ein höheres Alter für die Tonsur und Minores festsetzen können. Beispiele bei Richter Kirchenr. §. 105. n. 7, Schulte 2, 110. n. 6, Boenninghausen p. 122. n. 15.

2 Trid. Sess. XXIII. c. 6. de reform.

3 Die römischrechtliche Regel: „dies ultimus coeptus pro completo habetur" (l. 5. D. qui test. fac. XXVIII. 1) kann hier nicht Anwendung finden, denn das Tridentinum verlangt mit klaren Worten den Antritt des 22., 23., 25. Jahres. Vgl. Phillips 1, 460, Boenninghausen p. 125.

4 Vgl. c. 7. 10. X. de despons. imp. IV. 2, Schmier, iurispr. can. civ. lib. I. tr. IV. c. 3. n. 10. 11, Schulte 2, 110. n. 6, Boenninghausen p. 122. n. 15.

5 Denn der Mangel beruht auf dem ius commune. Für die Bischofswürde ist die congregatio consistorialis die zuständige Kurialbehörde. Siehe Boenninghausen p. 133.

6 Nach einem für die Quinquennalfakultäten der deutschen Bischöfe gebräuchlichen Formular des Papstes Pius IX. von 1855 No. 13 (Schulte, Kirchenrecht 2, 422) das Recht „dispensandi super defectu aetatis unius anni ob operariorum penuriam, ut promoveri possint ad sacerdotium, si alias idonei fuerint", eine Klausel, welche schon in dem bei Mejer, Propaganda 2, 205 ff. abgedruckten, bis auf den Anfang des 18. Jahrhunderts zurückgehenden Formular vorkommt.

7 Ueber die Bezeichnung dieses Defekts mit dem Ausdruck defectus animi s. S. 16. Note 2.

8 c. 2 (Zosimus a. 418) Dist. XXXVI; Leo I. in c. 3. Dist. XXXVIII. u. c. 8. Dist. LXI; c. 1. (Gelas. a. 494) Dist. XXXVI; c. 10. (Greg. I.) Dist. XXXIV; c. 5. (conc. Tolet. IV. a. 633) Dist. LI; Hieronymus c. 2. Dist. XLIX. sagt mit Bezug auf Levit. 22, 22: „Caecum animal offert qui ordinat indoctum loco docti magistrumque facit qui vix discipulus esse potest".

9 c. 5. (Augustin), c. 9. (Hieronym.), c. 7. (conc. Carth. III. a. 397), c. 4. (Coelest. a. 429), c. 6. (conc. Nicaen. a. 787), c. 1. (conc. Tolet. IV. a. 633) Dist. XXXVIII.

10 Vgl. Dist. XXXVII; namentlich c. 8—10. 12. einerseits, andererseits c. 2. 3. 15. u. c. 5. Dist. LXXXVI. Honorius III. entsetzt einen Bischof, „quia ... confessus est ..., se nunquam de grammatica didicisse nec etiam legisse et per eviden-

auch hier, wie vielfach unter dem Druck der sich auf die Kirche geltend machenden politischen Verhältnisse, mit diesen Anforderungen in Widerspruch gestanden[1]. Die allgemeine, heut geltende Norm giebt das Tridentinum, welches für die ordines minores Lesens- und Schreibenskunde, sowie Kenntniss der lateinischen Sprache und der Glaubenslehre, für die höheren die erforderliche wissenschaftliche Vorbildung und Kenntniss der Verrichtungen des betreffenden Ordo fordert[2]. Die nähere Regelung dieser Verhältnisse fällt dem Gebiete des partikulären Rechts anheim und sie ist auch durch derartige Vorschriften der Bildungsstufe der verschiedenen Völker und Länder gemäss in verschiedenartiger Weise erfolgt. In Deutschland ist das Maass der geforderten Bildung höher als das vom Tridentinum vorgeschriebene, hier wird vor Ablegung der vorgeschriebenen Prüfungen jedenfalls ein Universitäts- oder Fakultätskursus und demnächst praktische Vorbildung und Vorübung während einer bestimmten Zeit verlangt[3].

V. Der Mangel der Festigkeit im Glauben (*defectus fidei*). Schon die Bestimmungen der älteren Kirche schliessen die s. g. Neophyten, d. h. die erst vor kurzem zum Christenthum bekehrten Ungläubigen[4], namentlich aber solche Personen, die erst in einer lebensgefährlichen Krankheit die Taufe empfangen haben (die s. g. *clinici*), vom Empfang der ordines aus[5]. Der Grund der Fernhaltung von den Weihen fällt aber fort, wenn der Bekehrte längere Zeit im Schoosse der Kirche gelebt, und dadurch die Möglichkeit für eine Beurtheilung seines religiösen Eifers und seiner Kenntnisse, sowie Garantie dafür gegeben hat, dass er sich seiner neuen Stellung wegen nicht überheben wird. Kann das festgestellt werden — und dies geschieht durch den für die Weihe kompetenten Bischof — so liegt das Hinderniss, die Irregularität, nicht mehr vor und daher ist eine solche Deklaration des Bischofs keine Dispensation, vielmehr ein Ausspruch desselben, dass der Weihkandidat eben nicht mehr als Neophyt zu betrachten sei[6]. Eine Dispensation würde dagegen eintreten müssen, wenn der Neubekehrte sofort (z. B. weil es in

tiam facti usque adeo de illiteratura et insufficientia sua constat, quod contra deum esset et canonicas sanctiones, tantum in episcopo tolerare defectum". (c. 15. X. de aet. et qual. I. 14.)

[1] Namentlich in Folge des von den weltlichen Fürsten geübten Besetzungsrechtes der Bisthümer. Beispiele aus karolingischer Zeit von Bischöfen und Aebten, die nicht einmal lesen konnten, bei Roth, Geschichte des Benefizialwesens S. 333. n. 80; vgl. ferner M. Marini, diplomatica pontificia. Roma. 1841. S. 46. n. 1. Weiteres historisches Material findet sich bei Thomassin l. c. P. II. lib. 1. c. 88—102. Ich habe mich begnügt, im Text den Inhalt der Vorschriften des corp. jur. can. kurz zu charakterisiren, weil ein näheres Eingehen auf diesen Punkt eine nicht in das Kirchenrecht gehörige geschichtliche Uebersicht über die Entwicklung der Bildungsanstalten im Mittelalter erfordern würde.

[2] Sess. XXIII. de ref. c. 4. 11. 12. 13. 14. Prosp. Lambertini (Benedikt XIV.) instit. 42 versteht unter der wissenschaftlichen Vorbildung Studium der Philosophie, der Moraltheologie und des kanonischen Rechts.

[3] Nähere Angaben über die Studienordnungen gehören natürlich nicht hierher.

[4] c. 1. (conc. Nicaen. a. 325 unter Berufung auf I. Timoth. III. 6) Dist. XLVIII; c. 13. conc. Sardic. (a. 343.); c. 3. conc. Laod. (a. 343—381); Leon. ep. 12 ad Afric. c. 4. (ed. Baller. 1, 661); c. 1. conc. Arel. II. (a. 443); c. 2. (Gregor. I.) Dist. XLVIII; c. 5. (conc. Tolet. IV. a. 633) Dist. LI; diese Stellen sprechen zwar direkt nur von den höheren Weihen, die Praxis hat aber das Verbot verallgemeinert, s. c. 9. (Ambrosius) Dist. LXI; Boenninghausen p. 141. n. 3. A. M. Laspeyres a. a. O. S. 49. — Als Neophyten werden bezeichnet bei Ferraris — ihm folgt Phillips 1, 483 — prompta bibliotheca can. sub v. irregularitas art. I. n. 12: 1) „qui nuper existentes in adulta aetate a paganismo, judaismo et atheismo convertuntur ad fidem catholicam", 2) „qui cum diu fuerint saecularibus curis addicti a saeculari vita promoti ad ecclesiasticam statim sine mora contendunt ad sacros ordines et dignitates ecclesiasticas promoveri", 3) „qui a saeculo recenter conversi sunt ad religionem aliquam et nondum anno probationis elapso contendunt ad ordines et dignitates promoveri", vgl. hierzu auch dict. Gratiani zu c. 1. Dist. XLVIII. In den Fällen 2 und 3 handelt es sich aber nur um Innehaltung gewisser Zeiten und Erfüllung gewisser Vorschriften, deren Verletzung unter eine andere Art der Irregularität fällt, oder um die Idoneität zu bestimmten Aemtern. — Beispiele der Ueberschreitung des Verbotes bei Thomassin P. II. lib. I. c. 62.

[5] c. 1. (conc. Neocaes. a. 314) Dist. LXVII; conc. Paris. a. 829. lib. I. c. 8. (Mansi 14, 542).

[6] Bened. XIV. de synod. dioec. XII. c. 1. n. 5. 6. Boenninghausen p. 141. 142.

der Gegend an andern geeigneten Kandidaten mangelt) geweiht werden sollte und diese müsste der allgemeinen Regel gemäss der Papst ertheilen.

Ausser den Neophyten sind diejenigen mit der Irregularität ex defectu fidei behaftet, welche noch nicht konfirmirt sind. Diese nicht unbestrittene Meinung stützt sich mit Recht darauf, dass das Tridentinum den Empfang der Firmelung vor der Ertheilung der Tonsur verlangt [1] und durch jene erst die erforderliche Kraft zur Festigkeit und Standhaftigkeit im Glauben mitgetheilt wird [2]. Auch die Congregatio Concilii theilt diese Ansicht [3].

Darüber, ob die Kinder, bez. Enkel von Ketzern ex defectu fidei irregulär sind, besteht ebenfalls eine Kontroverse. Nach einer später durch Bonifacius VIII. theilweise gemilderten Anordnung Alexanders IV. sollen die Descendenten eines ketzerischen Vaters bis zum zweiten Grad incl., einer ketzerischen Mutter bis zum ersten Grad von der Erwerbung aller öffentlichen und kirchlichen Aemter ausgeschlossen sein, sofern die Eltern in der Ketzerei ohne mindestens reuige Wiederaufnahme in den Schooss der Kirche nachgesucht zu haben, verstorben sind [4]. Einzelne wollen sich strikt an den Wortlaut haltend in dieser Bestimmung kein Verbot der Ordination der Descendenten von Ketzern finden [5], während manche ältere Kanonisten annehmen, dass die gedachten Personen zwar nicht im eigentlichen Sinne irregulär seien, aber doch die Wirkungen der Irregularität zu erdulden hätten [6]. Die Praxis der römischen Kurie und die überwiegende Meinung statuirt dagegen eine wirkliche Irregularität [7]. Diese Ansicht lässt sich nicht nur durch Berufung auf das Gewohnheitsrecht rechtfertigen, sondern auch damit, dass die beiden Dekretalen die Kinder der Ketzer ebenso wie diese selbst behandelt wissen wollen und hinsichtlich der Irregularität des ketzerischen Vaters gar kein Zweifel bestehen kann. Muss demnach die Irregularität der Ketzerdescendenten angenommen werden, so erscheint doch die vielfach beliebte Subsumirung [8] unter die irregularitas ex defectu fidei nicht richtig. Sie kann nur aufgefasst werden als eine irregularitas ex delicto, denn die Descendenten sollen der Tendenz der Ketzergesetzgebung des 13. Jahrhunderts gemäss, mit für die Vergehen ihrer Eltern, an welchen sie freilich nicht Schuld haben, bestraft werden [9]. Zweifellos ist es dagegen, dass diese Irregularität sich nicht auf die

[1] Sess. XXIII. c. 4. de reform.

[2] Nach c. 1. (Pseudoisidor.) Dist. V. de consecr. ist erst der Gefirmte ein „plenus Christianus". Vgl. auch Fagnan. comment. ad c. 11. X. de aetate et qualitate I. 14. n. 96.

[3] Entscheidungen mitgetheilt bei Giraldi, expositio jur. pontif. P. II. s. 91. u. Boenninghausen p. 156. 157. So auch die Neueren Phillips 1, 485, Permaneder §. 133, Schulte 2, 115, Pachmann, 2, 213, Boenninghausen p. 156. Die entgegengesetzte Meinung vertheidigt namentlich Hallier de sacris ord. P. II. s. 4. c. 3. art. 2, er stützt sich darauf, dass der Mangel nirgends ausdrücklich als Irregularität bezeichnet werde.

[4] c. 2. §. 2. (Alex. IV.) in VI^to^ de haeret. V. 2; c. 15. (Bonif. VIII.) eod. tit. Dasselbe gilt auch von den Descendenten der credentes, receptatores, defensores und fautores haereticorum, worüber unten in der Lehre von den Irregularitäten ex delicto. Zwischen die citirten Dekretalen fällt die nicht in den Sextus aufgenommene Dekretale Nikolaus' III: Noverit universitas von 1280 (M. Bull. 1, 156), deren §. 21 bestimmt: „Haeretici autem et receptatores, defensores et fautores eorum ipsorumque filii usque ad secundam generationem ad nullum ecclesiasticum beneficium vel officium admittantur, quod si secus actum fuerit, decernimus irritum et inane. Nos enim praedictos ex nunc privamus beneficiis acquisitis volentes ut tales et habitis perpetuo careant et ad alia similia nequaquam in posterum admittantur. Illorum autem filiorum emancipationem nullius esse momenti quorum parentes post emancipationem huiusmodi ad invium superstitionis haereticae a via declinasse constituit veritatis".

[5] So Thomassin. P. II. lib. I. c. 65. n. 7.

[6] S. die Anführungen bei Boenninghausen p. 143 ff.

[7] Corradus prax. disp. l. 3. c. 4. n. 1 sqq., Engel, coll. iur. un. can. lib. 5. tit. 7. n. 13, Reiffenstuel lib. 5. tit. 7. n. 268, Richter §. 106. n. 9, Boenninghausen p. 145. 151. n. 24, Congr. Conc. bei Richter, Trident. S. 181.

[8] S. z. B. Phillips 1, 482; Boenninghausen p. 142. 153.

[9] Vgl. c. 10 (Innoc. III.) X. de haeret. V. 7: ... „quum in multis casibus etiam secundum di-

Descendenten solcher Personen bezieht, welche blos der Ketzerei verdächtig sind[1]. Von älteren deutschen Kanonisten ist die Behauptung aufgestellt, dass für Deutschland die eben erwähnten Regeln keine Anwendung finden könnten, weil sie sich auf die in Folge der Ketzerei eintretende Infamie gründen, und abgesehen von der überhaupt den Ketzern konnivirenden allgemeinen deutschen Gewohnheit die ketzerischen Eltern nicht einmal infam seien[2]. Diese Meinung ist aber zu verwerfen, denn nicht nur ist ihre Herleitung aus der Infamie als Grund der Irregularität falsch, sondern es hätte auch eine solche partikuläre Gewohnheit, deren Existenz übrigens nicht einmal erwiesen ist[3], das gemeine Recht nicht abändern können.

VI. Die Irregularität *ex defectu sacramenti*. Der s. g. Mangel des Sakraments als Hinderniss für den Empfang der Weihe ist schon durch das älteste Kirchenrecht anerkannt gewesen. Anknüpfend an I. Tim. III. 2.[4] 12.[5] und Tit. I. 6.[6] verbieten die Ordnungen der morgenländischen Kirche die Weihe einer Person, welche sich zum zweiten Male verheirathet hat. Ebenso schliessen sie diejenigen aus, welche eine Wittwe, eine Ehebrecherin oder eine ausserehelich Geschwächte zur Frau genommen und die Ehe mit ihrem ehebrecherischen Weibe fortgesetzt haben[7]. Nach der Auffassung der morgenländischen Kirche war der Grund des Hindernisses der durch diese Handlungen an den Tag gelegte, dem geistlichen Stande nicht geziemende Mangel an Enthaltsamkeit[8]. Die lateinische Kirche legte aber das Gewicht auf die durch die volle Gemeinschaft der Ehegatten repräsentirte Einheit der Verbindung Christi mit der Kirche und da bei einem in mehrfacher Ehe Lebenden wegen des Mangels der Ausschliesslichkeit seine zweite Ehe nicht jene volle mystische und sakramentale Bedeutung haben konnte, so liess man denjenigen nicht als Spender und Diener der Sakramente zu,

vinum judicium filii pro patribus temporaliter puniantur, et iuxta canonicas sanctiones quandoque feratur ultio non solum in auctores scelerum, sed etiam in progeniem damnatorum". Die nicht der hier aufgestellten Meinung, sondern dieser Strafgesetzgebung zur Last fallende Irrationalität hat, weil man die zu krassen Folgen des Princips scheute, Unsicherheit in der Behandlung der Kasuistik herbeigeführt. So streitet man 1. darüber, ob die von dem katholischen Vater erzeugten Kinder irregulär werden, wenn dieser nachher in Ketzerei verfällt. Die konsequente, auch von der Rota angenommene Meinung muss die Frage bejahen. (Vgl. Boenninghausen p. 145.) 2. Weiter darüber, wie es sich in einem solchen Fall mit dem schon geweihten und im Besitz eines Benefizium befindlichen Sohn verhält. Die Konsequenz verlangt auch hier den Eintritt der Bestrafung durch Irregularität und Privation des Benefiziums, indessen hat die Kurialpraxis hier theils die mildere Ansicht vertreten, theils eine Entscheidung der Frage durch Ertheilung von Dispensationen umgangen. (Vgl. a. a. O. p. 148 ff.) Läge der Grund dieser Irregularität in dem defectus fidei, so wäre es vollkommen irrationell, dass die Kinder von Ungläubigen blos als solche nicht ebenfalls ausgeschlossen sind. Diese sind nicht irregulär (vgl. c. f. X. de rescr. I. 3; Giraldi, expos. jur. pontif. P. I. ad c. cit. u. P. II. s. 96; Phillips 1, 485; Boenninghausen p. 153 ff.; Entscheidungen der Congr. Concil. bei Richter, Trident. p. 339), ja Provinzialsynodal-Statuten, welche nicht blos Vorsicht bei der Reception solcher Personen vorschreiben, sondern dieselben für irregulär erklären, haben als gegen das ius commune gerichtet, keine Gültigkeit. Vgl. Bened. XIV. l. c. lib. XII. c. 1. n. 5. 6.

1 Vgl. Boenninghausen p. 142. n. 1. 151.

2 Vgl. Pirhing lib. 5. tit. 7. n. 101; Schmalzgrueber lib. 5. tit. 7. n. 120; Engel lib. 5. tit. 7. n. 14.

3 Reiffenstuel, lib. 5. tit. 7. n. 279; Boenninghausen p. 152.

4 „Oportet ergo episcopum irreprehensibilem esse, unius uxoris virum".

5 „Diaconi sint unius uxoris viri".

6 „Si quis sine crimine est, unius uxoris vir".

7 can. 16 (17), 17 (18). Apost. (c. 1. Dist. XXXIII.) c. 11 (conc. Neocaes. a. 314—325). Dist. XXXIV. Vgl. ferner Nov. Justin. 6. c. 1. 5; Nov. 123. c. 12. 14; Nov. 137. c. 1. 2; wonach freilich dem Lektor unter Verlust der Möglichkeit, die höheren Grade zu erlangen, die zweite Ehe gestattet ist.

8 Vgl. c. 1. (Hieronym.) Dist. XXVI. c. 9. (Chrysostom.) C. XXXI. qu. 1; Thomassin P. II. lib. I. c. 78. n. 18 ff.; Phillips 1, 519; Boenninghausen l. c. fasc. 2, 169. Daher berücksichtigt schon can. 16 (17) Apost. (s. auch c. 1. [Hieronym.] C. XXVIII. qu. 3) die vor die Taufe fallenden Ehen nicht, weil ihre Bedeutung in der gedachten Beziehung durch dieselbe beseitigt ist. Diese Anschauung hält die griechische Kirche noch heute fest.

welcher selbst an dem Sakrament der Ehe einen Mangel aufzuweisen hatte[1]. In einzelnen Punkten führte zwar diese freilich erst seit dem 13. Jahrhundert vollständig zu weiteren juristischen Folgerungen ausgebeutete Auffassung zu eigenthümlichen, mit der anderen Anschauung nicht übereinstimmenden Konsequenzen[2], indessen kann es bei der fest gegebenen neutestamentlichen Grundlage des Verbotes und der trotz ihrer inneren Verschiedenheit zum Theil auf gleiche Resultate führenden beiden Erklärungen desselben nicht auffallen, dass andererseits auch in der abendländischen Kirche die in der orientalischen entwickelten einzelnen hierher gehörigen Grundsätze im Wesentlichen Anwendung fanden[3].

Die nähere, heute praktische Theorie über diesen Defekt ist folgende:

Der Defekt entsteht 1. wenn Jemand nach einander zwei gültige Ehen geschlossen und in beiden die copula carnalis vollzogen hat (d. h. im Fall der s. g. *bigamia vera* oder *successiva*). Die Konsummation durch die copula wird für beide Ehen gefordert, weil die blos formell gültig eingegangene Ehe (das blosse s. g. matrimonium ratum) nicht jene innige Verbindung mit der Kirche repräsentirt[4]. Die Irregularität tritt demnach nicht ein, wenn allein die erste oder die zweite der successiv geschlossenen Ehen konsummirt war[5]. Um so weniger kann ein mehrfaches Verlöbniss oder eine ungültige

[1] Die Entwicklung dieser Anschauung, woraus sich auch der zuerst von Innocenz III. technisch gebrauchte Ausdruck: defectus sacramenti (c. 4. 5. X. de bigamis non ordin. I. 21) erklärt, ergeben c. 2. (August.) Dist. XXVI; c. 4. 5. (Ambrosius); c. 3. (Innoc. I.) l. c.; Leon. M. ep. 12. ad Afric. c. 1. (ed. Baller. 1, 660): „Dicente enim apostolo, ut inter alias electionis regulas is episcopus ordinetur quem unius uxoris virum fuisse aut esse constiterit, tam sacrata semper habita est ista praeceptio, ut etiam de muliere sacerdotis eligendi eadem intelligeretur servanda conditio, ne forte illa priusquam in matrimonio eius veniret qui aliam non habuisset uxorem, alterius viri esset experta coniugium. Quis igitur tolerare audeat quod in tanti sacramenti perpetratur iniuriam, cum huic magno venerandoque mysterio nec divinae legis quidem statuta defuerint, quibus evidenter est definitum ut virginem sacerdos accipiat et alterius torum nesciat coniugis quae uxor futura est sacerdotis? Jam tunc enim in sacerdotibus signabatur Christi et ecclesiae spirituale coniugium, ut quoniam vir caput est mulieris, discat sponsa verbi non alium virum nosse quam Christum, qui merito unam elegit, unam diligit et aliam praeter ipsum consortio suo non adiungit". Vgl. ferner c. 5. (Innoc. III.) cit. h. t.

[2] So verwerfen schon die ersten Not. 1 angeführten Stellen die Meinung, dass die vor der Weihe abgeschlossenen Ehen nicht in Betracht kämen. S. auch c. 2. (August.) C. XXVIII. qu. 3. u. c. 1. conc. Valentin. a. 374.

[3] c. 3. (Innoc. I.) Dist. XXVI; c. 13. (ders.) Dist. XXXIV; Leon. I. ep. 5. a. 444. ad metrop. Illyr. c. 3. (ed. Ball. 1, 618.) ep. 14. ad Anast. Thess. c. 2. (l. c. 1, 687); c. 9. (Hil. a. 465) Dist. XXXIV; c. 59. (Gelas. a. 494) Dist. L; c. 8. (ders.) Dist. LXXVII; c. 8. (Martin. Brac.) Dist. L; c. 2. (Gregor. I.) Dist. XXXIII; c. 10. (ders.) Dist. XXXIV. Ferner c. 1. conc. Valent. a. 374; c. 1. 43. conc. Agath. 506; c. 9. conc. Tarrac. 516; c. 5. (conc. Tolet. IV. a. 633) Dist. LI; c. 14. (a. 1054) Dist. XXXII; c. 2. X. h. t.; c. 10. §. 6. X. de renunc. I. 9. In Gallien (vgl. c. 25. conc. Araus. I. a. 441; c. 11. Andeg. 453; c. 4. Turon. I. 460; c. 2. conc. Epaon. 517; c. 3. conc. Arel. III. (IV.) 524; c. 2. Dist. LV. u. c. 1. X. h. t.; c. 6. conc. Aurel. III. a. 538) und ebenso in Spanien (s. c. 3. 4. conc. Tolet. I. a. 398; c. 43. 44. Martin. Brac. in c. 17. 18. Dist. XXXIV; c. 4. Hispal. II. 618) hat man aber die bigami eine Zeit lang ausdrücklich nur von den ordines vom Diakonat ab aufwärts ausgeschlossen, eine Uebung die Gratian irrigerweise auf eine vom Papst Martin für den Nothfall gestattete Ausnahme zurückführt, während der weitere Umstand, dass auch die anfangs der Note angeführten Stellen theils allgemein, theils nur mit Bezug auf die ordines sacri sprechen, auf ein Schwanken der Disciplin hinsichtlich der minores schliessen lässt. Das decretum Gratians (vgl. dict. zu c. 16. 17. Dist. XXXIV.) vertritt dagegen den strengeren Standpunkt, welchen schon die canones apostol. einnehmen. Vgl. auch Laspeyres a. a. O. S. 46. 47.

[4] c. 5. (Innoc. III.) X. h. t. .... „quum duo sint in coniugio, videlicet consensus animorum et commixtio corporum, quorum alterum significat caritatem quae consistit in spiritu inter deum et iustam animam ad quod pertinet illud quod evangelista testatur: „Verbum caro factum est et habitavit in nobis", profecto coniugium illud, quod non est commixtione corporum consummatum non pertinet ad illud coniugium designandum quod inter Christum et ecclesiam per incarnationis mysterium est contractum iuxta quod Paulus exponens illud quod dixerat Protoplastus: „Hoc nunc os ex ossibus meis et caro de carne mea et propter hoc relinquet homo patrem et matrem et adhaerebit uxori suae et erunt duo in carne una" statim subiungit: „Hoc autem dico magnum sacramentum in Christo et ecclesia".

[5] c. 20. (Incerti auct.) Dist. XXXIV; c. 5. X. cit.

Ehe den Defekt herbeiführen[1]. Ebenso wenig endlich wird die hier in Rede stehende Art der Irregularität dadurch begründet, dass Jemand nach dem Tode seiner ersten Frau oder während bestehender Ehe mit einer anderen Person ausserehelichen Geschlechtsumgang unterhält oder auch ohne verheirathet zu sein mit verschiedenen Frauenzimmern Hurerei treibt[2]. Denn in allen diesen Fällen ist von einer doppelten cum affectu maritali vollzogenen copula nicht die Rede[3]. Freilich sind dergleichen geschlechtliche Extravaganzen im Gegensatz zu der zweiten Ehe an sich unerlaubt[4], aber als Weihehindernisse kommen sie nicht unter dem hier in Rede stehenden Gesichtspunkt, sondern unter einem andern in Frage (s. den folgenden §. Nr. II. 9).

Dass dagegen die von einem Ungläubigen vor der Taufe eingegangene Ehe in Betracht kommt, ist bis auf den heutigen Tag in der abendländischen Kirche festgehalten worden[5].

2. Der bigamia vera steht gleich die s. g. *bigamia interpretativa*[6], d. h. der Fall, wo eine Analogie mit der wahren Bigamie vermöge juristischer Fiktion insofern angenommen wird, als hier ebenfalls die Theilung der ehelichen Fleischesgemeinschaft nicht ausschliesslich mit einer Person stattgefunden hat. Es gehört hierher: a. die durch Beischlaf konsummirte Ehe mit einer von ihrem ersten Manne schon fleischlich erkannten Wittwe[7] oder einer überhaupt von einem andern Manne schon deflorirten Frauensperson[8], möge der Mangel der Virginität bekannt oder nicht bekannt, mit ihrem Willen oder ohne denselben (z. B. durch erlittene Nothzucht) eingetreten sein[9]; b. Fortdauer des geschlechtlichen Umganges mit der eigenen Ehefrau, nachdem sie während des Bestehens der Ehe mit einem andern Manne den Beischlaf vollzogen hat[10]. Auch hierbei ist es irrelevant, ob der Mann bei der Fortsetzung der Fleischesgemeinschaft davon Kunde hatte oder nicht, ebenso ob die Frau sich durch die Beischlafsvollziehung mit dem fremden Mann eines Ehebruches schuldig gemacht hat oder nicht,

[1] c. 6. X. h. t.

[2] c. 6. X. h. t.

[3] Vgl. hierzu Pirhing lib. I. tit. 21. n. 4; Phillips 1, 523 ff.; Boenninghausen p. 178. 179.

[4] c. 1. (Gregor. I.) Dist. XXVIII; c. 7. (ders.) Dist. XXXIII; c. 8. (conc. Gerund. a. 517) Dist. XXXIV; c. 33. (conc. Worm. 868); c. 34. (Raban.) Dist. L.

[5] S. S. 23. N. 1. 2. und ferner Benedict. XIV. de syn. dioec. lib. XIII. c. 21. n. 4, desselben discursus in causa Florent. v. 29. März 1727 bei Boenninghausen p. 181. n. 20, und weitere Anführungen ebendaselbst.

[6] Die beiden Ausdrücke sind schon in der Literatur des 13. Jahrhunderts gebräuchlich, s. Hostiensis summa aurea h. r. N. 2. 3.

[7] c. 9. (Hilar.), c. 10. (Greg. I.), c. 13. (Innoc. I.) Dist. XXXIV; c. 8. (Mart. Brac.) Dist. L; c. 5. (Tolet. IV.) Dist. LI; c. 3. X. h. t. Die Irregularität liegt also nicht vor, wenn die frühere Ehe der Wittwe blos ein matrimonium ratum geblieben, ebensowenig wenn es die zweite Ehe war, auch dann nicht, wenn der betreffende Mann der Wittwe vor der Eheabschliessung ausserehelich, aber nicht nach derselben beigewohnt hat. S. Boenninghausen p. 190. 187 ff.

[8] S. die Stellen in der vorhergehenden Note. Als Grund, warum im umgekehrten Falle d. h. bei Heirath einer Jungfrau und eines Mannes, der schon ausserehelich den Beischlaf mit anderen Frauen vollzogen hat, die Irregularität nicht eintritt, giebt unter fast allgemeinem Beifall der Kanonisten und Theologen Thomas Aquin. sent. lib. IV. d. 27. qu. 7 an: „Et ideo aliter dicendum, quod defectus in ipso sacramento causat irregularitatem; corruptio autem carnis extra matrimonium contingens quae praecessit matrimonium, nullum defectum facit in sacramento ex parte illius in quo est corruptio, sed facit defectum ex parte alterius quia actus contrahentis matrimonium non cadit supra se ipsum, sed supra alterum, et ideo ex termino specificatur, quod etiam est respectu illius actus quasi materia sacramenti. Unde si mulier esset ordinis susceptiva, sicut vir efficeretur irregularis ex hoc quod duceret in uxorem corruptam, non autem ex hoc quod corruptus contrahit, ita fieret mulier irregularis, si contraheret cum corrupto non autem si contraheret corrupta, nisi in alio matrimonio prius fuisset corrupta"; daneben wird auch noch darauf hingewiesen, dass der Mangel der Virginität bei der Frau viel schimpflicher sei, wie beim Manne und daher die Ehe mit einer corrupta die mystische Bedeutung nicht haben könne. Vgl. Boenninghausen p. 194 ff.

[9] Deshalb, weil es in allen Fällen an der erforderlichen unitas carnis fehlt.

[10] c. 11. (conc. Neocaesar.), c. 12. (Mart. Brac.) Dist. XXXIV.

(weil sie z. B. genothzüchtigt wurde oder im guten Glauben über den Tod ihres Mannes eine zweite Putativehe einging)[1]. c. Endlich wird als weiterer Fall der bigamia interpretativa der aufgezählt, in welchem seitens eines Mannes mit zwei verschiedenen Frauenzimmern zwei Ehen wenn auch nach einander eingegangen und konsummirt worden sind, aber von diesen mindestens eine nichtig war. Ein direkter gesetzlicher Anhalt dafür ist nicht vorhanden, vielmehr knüpft die Doktrin an c. 4. (Innocenz III.) X. h. t. I. 21 an, wonach der früher in erster Ehe verheirathete Kleriker für irregulär erklärt wird, wenn er nach Erlangung eines der höheren Weihegrade eine faktisch abgeschlossene Ehe konsummirt hat. Sie dehnt diese Vorschrift sowol auf die Kleriker der niederen Grade, als auch die Laien aus[2], weil der vom Papst angegebene Grund[3] auch auf diese Personen passe. Indessen kann diese Meinung trotz des geringen gegen sie erhobenen Widerspruchs[4] nicht für gegründet erachtet werden, weil die Stelle ebenso wie das weiter von der Heirath eines Subdiakons mit einer Wittwe handelnde c. 7. eod. tit. (Innocenz III.) ihrem Wortlaut nach nur von der Verletzung der Verpflichtung zur Ehelosigkeit durch Kleriker höherer Weihegrade, also von der unter die irregularitates ex delicto fallenden s. g. bigamia similitudinaria spricht, die Eheschliessung eines Klerikers niederer Grade, weil seine Ehe nicht nichtig ist, in den vorausgesetzten Fällen also eine wirkliche bigamia interpretativa konstituirt[5] und endlich die von einem Laien nichtig eingegangene Ehe den Beischlaf nie zu einem ehelichen machen und die divisio carnis herbeiführen kann[6].

Unzweifelhaft ist es nach heutigem Recht, dass der aus der wahren und interpretativen Bigamie herrührende Defekt nicht nur eine Irregularität in Bezug auf die höheren, sondern auch in Betreff der niederen Weihegrade erzeugt[7].

Wenngleich der defectus sacramenti auf das Wort des Apostels gegründet wird, so fliesst er nach katholischer Auffassung doch nicht aus dem jus divinum[8]. Eine Dispen-

[1] Denn auch hier ist auf Seiten der Frau die unitas carnis nicht vorhanden. Vgl. Boenninghausen p. 198 ff. Unter den neueren will Pachmann, Kirchenrecht §. 242. Nr. 7 den hier in Rede stehenden Fall b. und die Heirath mit einer Deflorirten nach dem Vorgang von Gibalinus de irregularitatibus etc. Lugdun. 1642. c. 3. q. 4. n. 10. 12 nicht unter die bigamia interpretativa gerechnet wissen. Er übersieht, dass das tertium comparationis bei Anwendung der Analogie nicht das Vorhandensein von zwei Ehen sondern die ebenso wie bei successiver Bigamie eintretende divisio carnis auf Seiten der Frau ist (s. übrigens auch Boenninghausen p. 201. n. 22), und dass daher mit Fug und Recht schon seit dem 13. Jahrhundert ab (vgl. Hostiensis l. c. n. 3) diese Fälle hierher gerechnet worden sind.

[2] So schon Innoc. IV. comm. ad c. 4 cit. n. 2. und Hostiensis l. c., vgl. die ferneren Nachweisungen bei Boenninghausen p. 183 ff.

[3] „quod cum huiuscemodi clericis qui quantum in ipsis fuit secundas muliebres sibi matrimonialiter coniunxerunt, tanquam cum bigamis non liceat dispensari, licet in veritate bigami non existunt, non propter sacramentum defectum, sed propter affectum intentionis cum opere subsecuto".

[4] S. Boenninghausen p. 185. n. 5.

[5] Hieraus erklärt sich die von Fagnan. comm. ad c. 4. X. h. t. n. 45 zur Unterstützung der communis opinio angeführten Entscheidung der Rota.

[6] Der gegen diese Erwägung angezogene gleichlautende Schluss beider Stellen, dass die Irregularität eintrete: „non propter sacramenti defectum, sed propter affectum intentionis cum opere subsecuto" lässt sich doch ebensogut auf die absichtliche und vollendete Verletzung des Keuschheitsgelübdes beziehen. Uebrigens hat die Subsumirung dieses Falles unter die bigamia interpretativa darin einen Anhalt gefunden, dass die ältere Literatur (s. z. B. Hostiensis, l. c. die Glosse ad c. 4. cit.) nur eine bigamia vera und interpretativa scheidet und die Fälle der später s. g. b. similitudinaria, unter die letztere zählt. Ein Theil der neueren (Permaneder, §. 132, Schulte 2, 114; Richter, §. 105; Phillips, Lehrbuch, §. 63, s. indessen Kirchenrecht 1, 528) steht anscheinend auf dem von mir vertretenen Standpunkte, denn sie übergehen den hier in Rede stehenden Fall bei der Lehre von der bigamia interpretativa. Von praktischem Interesse ist die Streitfrage wegen der Person des zur Dispensation berechtigten, kirchlichen Oberen.

[7] Trident. Sess. XXXIII. c. 17. i. f. de reform.

[8] Denn auf eine Vorschrift des Herrn führt Paulus das Verbot nicht zurück und in Betreff der minores und der bigamia interpretativa könnte ohnehin nicht von einem jus divinum die Rede sein. Vgl. Phillips 1, 529; Boenninghausen p. 208 ff.

sation ist also zulässig, indessen in allen Fällen nur durch den Papst möglich [1]. In dem Gesuche soll nach dem Stil der römischen Kurie stets die Art der Bigamie genau bezeichnet werden [2].

VII. Die Irregularität *ex defectu perfectae lenitatis* (dem Mangel der Herzensmilde). Die Friedfertigkeit, Milde und Sanftmuth, welche von den Mitgliedern des geistlichen Standes gefordert wird [3], fehlt nach der Auffassung der katholischen Kirche Personen, welche durch Ausübung ihres Berufs oder ihrer sonstigen Pflichten die Veranlassung zum Tode eines Menschen oder mindestens zum Vergiessen menschlichen Blutes gegeben haben, wenngleich die betreffende Handlung an und für sich eine völlig erlaubte, ja selbst gebotene war. Von diesem Gesichtspunkt aus hat das Recht schon seit der ältesten Zeit von den Weihen ausgeschlossen

1. diejenigen, welche das Kriegshandwerk betrieben haben [4], jedoch nicht unbedingt, sondern nur dann wenn es sicher oder wahrscheinlich ist, dass sie ihre Hände mit Blut befleckt haben oder abgesehen von diesen Umständen ihre frühere Lebensweise den Mangel der vorhin hervorgehobenen Eigenschaften darthut [5]. In den germanischen Reichen haben aber diese Grundsätze, deren selbstverständige Konsequenz die Fernhaltung der Geistlichen von Kriegszügen war, nicht immer Geltung gehabt. Sind auch im 6. Jahrhundert noch zwei fränkische Bischöfe wegen ihrer kriegerischen Liebhabereien auf der Synode zu Chalons 579 abgesetzt worden [6], so ist doch seit dem 8. Jahrhundert im Frankenreich die Kriegsdienstpflicht der selbstständigen Kirchenvorsteher, also der Bischöfe und Aebte, eine regelmässige Einrichtung, welche mit der Concentrirung immer grösserer Grundstücks-Komplexe in der Hand der Kirche, der Entstehung der Immunitäten und der Ausbildung des Seniorates zusammenhängt [7]. Freilich sollten sie nur mit ihrer waffenfähigen Mannschaft (homines) erscheinen [8], nicht aber am Kampfe selbst Theil nehmen noch überhaupt Waffen tragen [9], indessen sind diese Bestimmungen in der Praxis nicht gehalten worden, vielmehr haben Bischöfe und Aebte sich nicht nur vielfach selbst an den Kämpfen betheiligt, sondern auch sogar selbst Heere und feste Plätze kommandirt [10]. Dieselben Verhältnisse dauerten in Deutschland in Folge der

[1] Denn der Defekt beruht auf dem ius commune vgl. ausser dem Trid. l. c. auch noch c. iur. in VI^to de bigam. I. 12. u. Boenninghausen p. 209 ff., wo auch mehrere Entscheidungen der Congr. Conc.

[2] Pyrrh. Corradi praxis lib. 2. c. 2. n. 24 ff.

[3] Matth. XI. 29; I. Timoth. III. 3; Tit. I. 7.

[4] Can. 64. apost. „Εἴ τις κληρικὸς ἐν μάχῃ τινὰ κρούσας καὶ ἀπὸ τοῦ ἑνὸς κρούσματος ἀποκτείνει, καθαιρείσθω διὰ τὴν προπέτειαν αὐτοῦ“; c. 4. (Tolet. I. a. 400) Dist. LI; c. 1. ead. (Innoc. I.), c. 5. ead. (Tolet. IV. a. 633); c. 5. C. XXIII. qu. 8. (Tolet. IV.).

[5] Vgl. c. 1. Dist. LI. cit. „aliquantos ex militia qui quum potestatibus obedierunt, saeva necessario praecepto sunt executi;“ c. 15. (Pelagius ?) Dist. LXIII: „diligenter inquiras, ne aliquid contra canones commisissent et si eos inculpabiles repereris et vitae ipsorum laudabile testimonium videris .... unumquemque per officia (nämlich des Subdiakons, Diakons, Presbyters .... non differas promovere“. S. auch Phillips 1, 502. (Anders freilich das noch in der vorigen Note angeführte 1. Concil von Toledo: „etiamsi gravia non admiserit, si ad clerum admissus fuerit, diaconii non accipiat dignitatem“. — Uebrigens können die Soldaten auch noch von einem andern Gesichtspunkte aus (nämlich wegen des defectus libertatis) irregulär sein, vgl. c. un. (Gregor. I.) Dist. LIII.

[6] Vgl. Löbell, Gregor v. Tours. S. 311; Hefele, Conciliengesch. 3, 31. 18; Roth, Benefizialwesen S. 354, Feudalität und Unterthanenverband S. 317.

[7] Vgl. Roth, Beneflzialwesen S. 353 ff. 317 ff. A. M. Waitz, Vasallität. S. 75 ff.

[8] Waitz, Deutsche Verfassungsgeschichte 4, 500 ff., Roth, Feudalität. S. 318.

[9] Capit. a. 742. c. 2. (LL. 1, 16); Capit. gen. 769—771. c. 1. 2. (1, 33); Cap. eccl. a. 789. c. 69. (1, 64); conc. Mogunt. a. 817. c. 17. (Mansi 14, 70), c. 6. C. XXIII. qu. 8. (conc. Meld. a. 845); Conv. Sparnac. 846. c. 37. (LL. 1, 390).

[10] Eine Reihe von höheren Geistlichen sind im Felde gefallen. Beispiele für die Zeit von 712 ab bei Roth, Benef. S. 356; Feudalität S. 320; Dümmler, ostfränk. Reich 1, 370. 777; 2, 637. Schon Bonifaz klagt (ep. 42. a. 742. ed. Jaffé p. 113): „Et inveniuntur quidam inter eos episcopi... qui pugnant in exercitu armati et effundebant propria manu sanguinem hominum sive paganorum et christianorum“; (vgl. dazu auch ep.

Lehnsverfassung während des ganzen Mittelalters fort[1]; und bei den vielen Anlässen, welche die Theilnahme an Kriegszügen zur Ueberschreitung des in Rede stehenden Verbotes[2] herbeiführte, war seine Aufrechterhaltung geradezu eine Unmöglichkeit[3].

Ueber das heutige Recht, für welches jene Verbote in Folge der veränderten staatlichen Verhältnisse wieder an praktischer Bedeutung gewonnen haben, ist des Näheren noch Folgendes zu bemerken:

Die frühere Doktrin unterschied zwischen einem gerechten und ungerechten Krieg, während bei den Neueren diese Unterscheidung nur noch vereinzelt vorkommt[4]. Ein Grund dieselbe aufzugeben, liegt nicht vor, um so weniger als sie abgesehen von den in Note 4 gedachten Stellen auch sonst einen indirekten Anhalt findet[5]. Die Theilnahme an einem gerechten Kriege macht dann irregulär, wenn die betreffende Person dabei andere entweder selbst getödtet oder verstümmelt[6] oder mindestens durch ihre Handlungen einen solchen Erfolg direkt herbeigeführt hat[7]; nur dann wenn man sich der Kriegsfolge oder dem Kampfe nicht entziehen konnte und die Tödtung oder Verstümmelung eines Andern aus Nothwehr zur Rettung des eigenen Lebens vorgenommen hat, tritt die Irregularität nicht ein[8]. Ist der Krieg dagegen ein ungerechter, so ent-

Zachariae pap. a. 743. l. c. p. 118. 119). S. ferner die nach dem Angeführten ebenfalls erfolglosen Verbote in c. 5. (Nicolaus I.) Dist. L, c. 19. (Nicolaus I.), c. 1. (Joann. VIII.) C. XXIII. qu. 8. — Auch bei den Westgothen findet sich die Dienstpflicht der Geistlichen l. Visigoth. IX. 2. 8; ebenso bei den Langobarden, Waitz, Vasallität. S. 75. 76.

1 Beispiele für das 10. u. 11. Jahrh. bei Dümmler a. a. O. 2, 637; Flodoard. ann. a. 957. 958. (SS. 3, 403 ff.). Othlonis vita Wolfgangi c. 32. (SS. 4, 521); Giesebrecht, Jahrbücher S. 103; vita Bernwardi c. 41. (SS. 4, 775). Aus dem 12. Jahrh. ist der kriegerische Christian von Mainz bekannt genug, welcher die Feinde mit der Keule erschlug; Albert. annal. Stadens. a. 1172 (SS. 16, 347). Vgl. überhaupt Stenzel, Geschichte der Kriegsverfassung Deutschlands. Berlin 1820. S. 212 ff. Thomassin P. III. lib. I. c. 45—47.

2 c. 5. (Innoc. III.) X. de poen. V. 37.

3 Von eintretenden Strafen für die Geistlichen wird so gut wie nichts berichtet. Vgl. auch J. H. Böhmer, J. E. P. V. 12. §. 18. Ebenso liegt es auf der Hand, dass die Kreuzzüge und die Theilnahme der Geistlichen daran weitere Gelegenheiten zur Ueberschreitung des Verbotes geben mussten. Vgl. auch c. 9. i. f. (Innoc. III.) X. de voto et voti redemt. III. 34. Durant. spec. jur. lib. I. part. 1. §. 4. n. 57. (auch bei Phillips 1, 506. n. 38).

4 Ausdrücklich dagegen erklärt sich Pachmann K. R. §. 242. 6. Note qq., indem er bemerkt, dass diese Unterscheidung, wenigstens vom Standpunkt des Soldaten, der seinem Kriegsherrn gegenüber kein selbstständiges Urtheil geltend machen kann, wenig brauchbar sei. Darauf ist zu erwiedern, dass unter dieser Voraussetzung der Krieg für den einzelnen Soldaten als gerecht anzusehen ist. Vgl. die Ausführung bei Prosper Lambertini (Bened. XIV.) instit. CI. n. 13. Ferner wird dabei übersehen, dass die Quellen selbst zwischen gerechtem und ungerechtem Kriege unterscheiden. Vgl. c. 2. (Augustin.) c. 5. (Hieronym.) C. XXIII. qu. 3; c. 7. 9. (Leo IV.) c. 17. 18. (Gregor. I.) C. XXIII. qu. 8. Phillips 1, 505.

5 S. c. 24. X. de homic. V. 12. und c. 5. X. de poen. V. 37. Uebrigens geht die Unterscheidung zwischen bellum iustum und iniustum bis auf die Glossatoren zurück. Vgl. Innoc. IV. ad c. 5. cit. n. 2. Prosp. Lambertini hält sie in der cit. inst. CI., wo der Gegenstand sehr eingehend erörtert wird, ebenfalls daran fest. Weiteres bei Boenninghausen l. c. 2, 143 ff.

6 So muss gesagt werden, wenn man korrekt sein will, nicht Verwundung, Vergiessen fremden Blutes und Aehnliches, vgl. z. B. Richter §. 105; Permaneder § 131; Phillips, Lehrbuch. §. 63; Pachmann §. 242; Schulte, 1, 114. Der Begriff der mutilatio ist gleichmässig für diese Irregularität, wie für die ex delicto entwickelt worden; s. unten §. 5. und vorläufig Engel, colleg. jur. can. V. 12. n. 58: „si aliquem propria manu occiderint vel mutilarint, vulneratio autem non sufficit".

7 Also z. B. durch Kommandiren einer Truppenabtheilung, (vgl. c. 9. (Later. IV. a. 1215) X. ne clerici. III. 50. u. die Entscheidung bei Richter, Trident. p. 94. n. 16). c. 24. X. cit. Boenninghausen p. 143 ff. 146 ff. Die weitere Unterscheidung zwischen Defensiv- und Offensivkrieg und der für den ersteren angenommene Satz: „laicus qui in bello iusto pro patria aut ecclesia tuenda pugnando hostes interfecit, nullam irregularitatem contraxit: idem dicendum de clerico, si iussus bellum ineat nec laici pro patria aut ecclesia defendenda sufficiant" (Bened. XIV. instit. CI. n. 9.) ist unhaltbar. Vgl. Boenninghausen p. 143.

8 Clem. un. de homic. V. 4. Bened. XIV. l. c.: „Sic Pius V." (1571) „quendam Capuccinum irregularitate immunem declaravit qui VII Turcos qui navim illius invaserant, ut vitam defenderet, obtruncavit". Anders fasst Phillips, Kirchenrecht 1, 597 diesen Fall auf, aber ohne zureichenden Grund. Einen strengeren Standpunkt nahm man in älterer Zeit ein, vgl. c. 1. conc. Ilerdens. a. 523; c. 6. (Nicol. I.) Dist. L.

steht dieselbe für alle, welche an demselben auch nur durch Hülfeleistungen für Zwecke der Kämpfenden sich betheiligen, sowie von den letzteren Feinde getödtet oder verstümmelt worden sind. Hier ist von diesen eine unerlaubte Handlung begangen und die ersteren gelten als Theilnehmer an derselben, so dass also in diesem Falle eine irregularitas ex delicto vorliegt [1].

2. Ebenso ungeeignet die Weihen zu erhalten sind diejenigen, welche ihren harten Sinn durch Ausübung der Advokatur und Prokuratur in rechthaberischer und nicht den Interessen der Gerechtigkeit allein dienender Weise an den Tag gelegt haben [2].

3. Ferner ist schon früh den Klerikern die Ausübung der Kriminalgerichtsbarkeit oder Theilnahme an einem Kriminalverfahren, insoweit dadurch die Vollstreckung einer Todesstrafe oder verstümmelnden Strafe herbeigeführt werden kann, unter Androhung der Entsetzung verboten worden [3]. Ein zweifelloses Gewohnheitsrecht hat aber auf den Grund dieser Bestimmung zurückgehend, auch die Laien, welche derartige Handlungen vorgenommen haben, von den Weihen fern gehalten [4], und so gelten als irregulär zunächst der Richter [5], welcher eine auf Todesstrafe oder auf Verstümmelung lautende Sentenz gefällt hat, sofern diese wirklich an dem Verurtheilten exequirt worden ist [6]. Das entscheidende Moment ist immer das durch Herbeiführung der betreffenden Strafe im einzelnen Falle bewirkte Blutvergiessen [7]. Daher wird der Fürst, in dessen Namen heute die Kriminaljurisdiktion ausgeübt wird, nicht irregulär, auch nicht dadurch, dass er die Todesstrafe verhängende Gesetze sanktionirt oder erlässt [8], oder dass er dem zum Tode Verurtheilten die Begnadigung versagt [9]. Ebenso wenig tritt die Irregularität für einen geistlichen Richter ein, welcher einen wegen begangener Verbrechen degradirten Kleriker dem weltlichen Richter zur Aburtheilung ausliefert, sofern er nur eine ernstliche und dringende Bitte um Vermeidung von Blutvergiessen damit verbindet [10]. Keinem

[1] Die Doktrin knüpft diese Grundsätze an c. 5. cit. u. c. 6. §. 7. X. de homic. V. 12. an. Vgl. Näheres bei Boenninghausen p. 149. Praktisch wird aber dieser Fall selten vorkommen, weil eben das Bewusstsein der Ungerechtigkeit des Krieges meistens beim einzelnen fehlen wird.

[2] Das ist wohl der Sinn von c. 1. (Innoc. I.) Dist. LI: „qui post acceptam baptismi gratiam in forensi exercitatione versati sunt et obtinendi pertinaciam susceperunt“; c. 2. (Innoc. I.) D. cit.: „si quis fidelis causas egerit, hoc est postulaverit.“ Der Fall ist selten (s. jedoch unter den Neueren Pachmann, K. R. §. 242) hervorgehoben worden, es ist aber kein Grund vorhanden, die Bestimmungen Innocenz' I. heute nicht mehr als massgebend anzusehen.

[3] c. 29. (Tolet. IV. a. 633) c. 30. (Tolet. XI. a. 675) C. XXIII. qu. 8. c. 15. conc. Emerit. a. 666. Vgl. auch Thomassin P. II. lib. I. c. 66. n. 17 ff.

[4] So schon Martin v. Braga in seinen Kapiteln, s. c. 26. (c. 8. Dist. L.) das frei unter Benutzung von can. 17. apostol. und c. 21. 22. conc. Ancyr. formulirt ist; (s. auch l. 53. C. de episc. I. 3.) vgl. Glosse zu c. 8. cit. s. v. praecepto und consilio; ferner Pachmann a. a. O. n. ss*.

[5] c. 5. (Alex. III.) c. 9. (Later. IV. a. 1215). X. ne clerici III. 50, c. 4. Alex. III.) X. de raptor. V. 17, Stellen, welche sämmtlich von Klerikern handeln.

[6] Die blosse Verhängung der nicht exequirten Sentenz wird nur von einzelnen für ausreichend zur Begründung der Irregularität gehalten. Der Text giebt die communis opinio. Vgl. Prosp. Lambertini, instit. CI. n. 1 ff., Boenninghausen 2, 114. n. 1.

[7] Das ergiebt c. 3. (Bonifac. VIII.) in VI^{to} ne clerici vel monachi III. 24, dessen spezieller Fall nur noch historisches Interesse hat. Die frühere Anschauung war die, dass auch eine Verleihung des Blutbannes durch die geistlichen Fürsten die Irregularität herbeiführen könne und daher empfingen die Gerichtsvögte derselben den Bann vom König, nicht von dem Fürsten. Vgl. Sachsensp. III. 64. §§. 4. 5; Deutschsp. 81. 107; Schwabensp. (Lassb.) 92. 115; Lehnr. Schwabensp. 41. Walter, deutsche Rechtsgesch. §. 572; Schulte, deutsche Rechtsgeschichte S. 304 ff. Nach der angeführten Dekretale soll aber die Belehnung des Vogtes mit dem Blutbann durch den geistlichen Fürsten selbst nicht mehr irregulär machen.

[8] Vgl. Boenninghausen S. 114 ff.

[9] Darüber herrscht Streit s. Boenninghausen S. 116. u. Pachmann a. a. O. n. xx. Die Kontroverse entscheidet sich dadurch, dass die blosse Verweigerung der Begnadigung bei einem an sich exekutionsfähigen Todesurtheil und die als Recht der früheren oberstrichterlichen Stellung der Landesherrn noch vorkommende, für die Exequirbarkeit erforderliche Bestätigung auseinander zu halten sind. Im letzteren Fall würde die Ertheilung der Bestätigung m. E. allerdings irregulär machen.

[10] c. 27. (Innoc. III.) de V. S. V. 40: „pro quo tamen debet ecclesia efficaciter intercedere,

Zweifel kann es unterliegen, dass diese Bestimmungen über die Irregularität des Richters auch da, wo Geschworenengerichte bestehen, auf die Geschworenen Anwendung finden müssen[1]. Die Irregularität trifft ferner den assessor des Richters[2], durch dessen rechtliches Gutachten der letztere zur Verhängung der Strafe bewogen, sodann den Ankläger (also auch unter Berücksichtigung der heutigen Verhältnisse den Staatsanwalt), wenn die Anklage wegen eines mit den gedachten Strafen belegten Vergehens erhoben und die Strafe vollstreckt worden ist. Eine Protestation gegen die Auferlegung derselben bei der Anklage oder Denunciation kann als der Handlung selbst widersprechend nicht schützen, dagegen ist die Irregularität ausgeschlossen, wenn der Verletzte blos im Civilwege Entschädigung[3] oder auch selbst beim Kriminalrichter Abhülfe vor künftigen Beeinträchtigungen unter ausdrücklicher Protestation gegen die Todesstrafe nachsucht, möge gleich ein demnächst in Folge jener Schritte eingeleitetes Verfahren zu der Hinrichtung des Thäters geführt haben[4]. Weiter werden die Belastungszeugen irregulär, auf deren Aussagen hin der Angeklagte verurtheilt worden ist, und auch der Umstand, dass sie sich nicht freiwillig gemeldet, sondern in Folge der allgemeinen Zeugnisspflicht haben ihre Aussage abgeben müssen, schützt sie nicht vor diesen Folgen[5], weil der Eintritt dieser Art der Irregularität dadurch nicht abgewendet wird, dass Jemand seine Pflicht erfüllt. Endlich trifft die Irregularität auch die Advokaten und Prokuratoren, welche für ihre Klienten dergleichen Anklagen geführt und betrieben, sowie diejenigen Personen, welche bei der Fällung der Sentenz durch Niederschreiben, Vorlesen derselben u. s. w., also als Sekretäre oder Notare mitgewirkt, oder bei der Vollstreckung als Scharfrichter oder Gehülfen desselben betheiligt gewesen sind[6].

4. Die Ausübung der Heilkunst und die dadurch bedingte Vornahme von chirurgischen Operationen, welche mitunter den Tod des Patienten zur Folge haben, kommt unter bestimmten Voraussetzungen ebenfalls als ein den defectus perfectae lenitatis begründender Umstand in Frage.

ut citra mortis periculum circa eum sententia moderetur". Ueber die Bedeutung des efficaciter s. auch Boenninghausen p. 120. Eine wirkliche Ausnahme macht die Const. Leon. X.: „Etsi" von 1514. §. 15.(M. B. 1, 549) für den gubernator Romae; auch werden dergleichen Indulte für die inquisitores S. Officii von Paul IV. u. Pius V. mehrfach angeführt. S. Berardi l. c. c. 4. S. 383; Boenninghausen S. 121. Ein Indult v. Innocenz XII. auf 3 Jahre für einen als Kriminal-Auditor angestellten spanischen Geistlichen in d. Anal. iur. pontif. 1866. S. 1860.

[1] So auch Boenninghausen S. 114. n. 1 i. f.

[2] c. 8. Dist. L. cit. u. Glosse dazu; Boenninghausen S. 119.

[3] c. 21. (Innoc. III.) de homic. V. 12.

[4] c. 2. (Bonifac. VIII.) in VIto de homic. V. 4: „. . .Alioquin si praelati aut clerici propter metum huiusmodi quia iudex ad poenam sanguinis posset procedere, de suis malefactoribus taliter conqueri non auderent, daretur plerisque materia trucidandi eorum et ipsorum bona libere depraedandi". Vgl. über diese Fälle auch Boenninghausen S. 121 ff.

[5] Unter dieser letzteren Voraussetzung soll nach einer Ansicht die Irregularität nicht eintreten. So u. d. Ä. Reiffenstuel V. 12. n. 105; unter den Neueren Laspeyres a. a. O. S. 48; Pachmann §. 242. Die im Text vertretene Meinung hat schon die Glosse zu c. 1. Dist. LI. s. v. sacerdotium; Fagnan. ad c. 24. X. de homic. V. 12. n. 10; Phillips, Lehrbuch 115. (wo die gegentheilige Behauptung im Kirchenrecht 1, 514 zurückgenommen); Richter §. 105. n. 15; Schulte 2, 115; Boenninghausen S. 133; ebensowenig macht die Congr. Concilii diesen Unterschied, vgl. Zamboni collect. declarat. 7, 172. — c. 19. §. 1. (Innoc. III.) X. de homic. V. 12. beweist nichts, denn es handelt nicht von der Ablegung eines Zeugnisses, sondern nur von der Auslieferung des Corpus delicti und der vom Diebe zurückgelassenen Gegenstände an den Richter. — Sehr vereinzelt steht eine dritte Meinung (vgl. z. B. Eichhorn 1, 489), wonach ein Zeuge überhaupt nicht irregulär werden soll.

[6] c. 9. (Later. IV.) X. ne clerici. III. 50; c. 10. (Innoc. III.) X. de exc. praelat. V. 31; Entsch. der C. C. bei Richter S. 95. n. 20. vgl. Boenninghausen S. 137 ff. Die militärische Exekutionseskorte, die Gerichtsdiener, die Gefangenwärter und ähnliche Personen können dagegen (s. freilich Phillips 1, 513; Boenninghausen a. a. O.) nicht hierher gerechnet werden, denn zwischen ihrer Thätigkeit und der Vollstreckung der Todesstrafe im einzelnen Fall besteht kein direkter Kausalzusammenhang. Vgl. auch Pachmann a. a. O. Note ss.

Das IV. Lateranensische Concil von 1215 verbietet den Klerikern in den höheren Weihegraden die Vornahme chirurgischer Operationen, welche im Brennen und Schneiden bestehen[1]. Damit stimmt eine früher (1211) ergangene Dekretale von Innocenz III. überein (c. 19. X. h. t. de homic. V. 12), welche einem Mönchspriester unter der Voraussetzung, dass die von ihm vorgenommene Halsoperation ohne Schuld der Patientin den Tod herbeigeführt habe, die weitere Ausübung der priesterlichen Funktionen untersagt[2]. Aus diesen beiden Stellen hat die Doktrin folgende Sätze abgeleitet: a. Laien und Kleriker aller Grade, welche der Medizin kundig sind und dieselbe unter Beobachtung der Regeln der Kunst (die Kleriker der höheren Grade jedoch ohne die chirurgischen Operationen des Schneidens und Brennens) ausgeübt haben, werden nicht irregulär, wenn der Tod ihrer Patienten durch Zufall eingetreten ist[3]. Ein Mangel der Herzensmilde kann unmöglich in der Vornahme von Handlungen gefunden werden, welche dem Mitmenschen zu helfen bezwecken. b. Kleriker der höheren Weihegrade[4] und Mönche dagegen, welche die Operationen des Brennens und Schneidens ausgeübt, werden selbst beim Vorhandensein der erforderlichen Kenntnisse und Anwendung aller Sorgfalt irregulär, wenn der Tod des Operirten erfolgt, weil ihnen dergleichen Beschäftigungen überhaupt untersagt sind. Eine Ausnahme von dieser Regel lässt man nur für den Fall der höchsten Noth zu, wo Hülfe von einem Laien-Arzt nicht zu erlangen gewesen ist[5].

Dass diese im Lateranensischen Concil statuirte Irregularität zu der Klasse der irregularitas ex def. perfectae lenitatis zu rechnen ist, darf wohl bei der Zusammenstellung derselben mit den eben unter 2 besprochenen Fällen dieser Klasse nicht bezweifelt werden[6], wiewohl freilich die Ausübung der ärztlichen Thätigkeit wenn auch nicht als solche, aber doch bei schuldhaftem und leichtsinnigen Verhalten des Arztes eine irregularitas ex delicto (homicidii) herbeiführen kann[7].

5. Ob endlich auch unter Umständen eine Tödtung im Fall der Nothwehr die irregularitas ex def. perfectae lenitatis herbeiführen kann, wie einzelne behaupten[8], darüber wird passender in der Lehre von den irregularitates ex delicto gehandelt werden.

VIII. Die Irregularität *ex defectu famae* (der Mangel an gutem Ruf). Der geistliche Beruf ist nach der Auffassung der Kirche der höchste und daher verlangt die letztere ebenfalls im Anschluss an das Wort des Apostels[9], dass ihre Diener einen guten Leumund haben[10]. Hieraus erklärt es sich, dass man zunächst von diesem

[1] c. 9. X. ne clerici III. 50: „... nec ullam chirurgiae artem subdiaconus vel diaconus vel sacerdos exerceat quae adustionem vel incisionem inducit“.

[2] Vgl. über die Interpretationen dieser Stelle Boenninghausen 2, 74. Note 7.

[3] Vgl. Bened. XIV. de synod. dioec. lib. 13. c. 10. n. 1 ff.; Boenninghausen S. 72. 74; Phillips 1, 517. 518. S. auch c. 7. (Clem. III.) X. de aet. et qual. I. 14.

[4] Gleichgestellt werden ihnen von der überwiegenden Ansicht die Kleriker der niederen Grade und Tonsurirten, wenn sie ein Benefizium haben. Vgl. Pignatelli, consult. t. 4. c. 124. n. 2; Bened. XIV. l. c., Boenninghausen S. 76. n. 9.

[5] Pignatelli l. c. n. 3; Phillips 1, 518. Boenninghausen S. 76.

[6] Phillips 1, 514. 518.

[7] Von diesem Gesichtspunkte aus und mit Rücksicht darauf, dass dergleichen Fälle oft nicht konstatirt werden können, erklärt sich die Entscheidung in c. 7. X. cit., sowie die Ertheilung von Dispensationen ad cautelam. S. Bened. XIV. l. c.; ferner überhaupt Boenninghausen S. 73. 74.

[8] So z. B. Boenninghausen S. 158. 160.

[9] I. Timoth. III. 7: „Oportet autem illum“ (episcopum) „et testimonium habere bonum ab iis qui foris sunt, ut non in opprobrium incidat et in laqueum diaboli“.

[10] c. 6. (Innoc. I.) Dist. XXXIII; c. 5. (Tolet. IV. a. 633) Dist. LI; c. 17. (Pseud. Is.) C. VI. qu. 1; Reg. 87. in VI^to de R. J; auch noch das Trident. Sess. XXIII. c. 13. 14. de reform. erwähnt das bonum testimonium für die Subdiakonen, Diakonen und Priester.

Gesichtspunkt alle diejenigen ausschloss, welche nach römischem Recht von der Infamie betroffen waren[1]. Ferner hat das Kirchenrecht selbst bestimmte Personen für infam erklärt, nämlich 1. denjenigen, welcher eine lüderliche Frauensperson heirathet[2]. 2. Soll die Verfolgung, Gefangennehmung und thätliche Verletzung eines Kardinals, sowie die Theilnahme an diesem Verbrechen nicht nur den Thäter, sondern auch seine Descendenten aus der männlichen Linie infam machen[3]. Weiter sind 3. die länger als ein Jahr nach der Exkommunikation im Bann verharrenden Ketzer und die Begünstiger derselben unter dergleichen Voraussetzung infam[4]. Endlich setzt das Tridentinum[5] die Infamie 4. für den Entführer einer Frauensperson sowie 5. für die Duellanten nebst ihren Sekundanten fest[6].

Was den erwähnten Anschluss der Kirche an das römische Recht und die dadurch anerkannte s. g. infamia iuris betrifft, so trat diese nicht ohne Weiteres mit dem Begehen des betreffenden Verbrechens ein, sondern nur dann, wenn dasselbe entweder notorisch oder in Folge eines eingeleiteten Kriminalverfahrens erwiesen war[7].

Im heutigen kirchlichen Recht sind offenbar zunächst die Fälle, in denen das frühere die Infamie festgesetzt hat, stehen geblieben. Im Uebrigen muss Folgendes als geltendes Recht angenommen werden. Von einer Anwendung der römisch rechtlichen Theorie der infamia kann heut keine Rede mehr sein, namentlich hat der Begriff der infamia immediata für uns keine Realität[8]. Vielmehr kommen einmal nur die durch das heutige Strafrecht festgesetzten Ehrenstrafen, ferner aber der sich an gewisse Handlungen und Beschäftigungen anknüpfende Verlust der öffentlichen Achtung in Betracht. Nach dem an die Spitze dieser Lehre gestellten Princip kann es keinem Zweifel unterliegen, dass alle diejenigen, welche durch ihre Lebens- und Handlungsweise die öffentliche Achtung verloren haben[9], von den Weihen auszuschliessen sind und daher ist es nicht gerechtfertigt, wenn in neuerer Zeit die Lehre vom defectus famae in die Kategorie der irregularitates ex delicto verwiesen wird[10]. Was die durch das jetzige weltliche Recht und die weltlichen Gerichte verhängten Ehrenstrafen betrifft, so müssen auch diese im Allgemeinen als für das Gebiet der Kirche wirksam erachtet werden[11]. Der Grundsatz, dass diejenigen, welche die leges saeculi für infam erklären,

1 c. 2. §. 20. C. III. qu. 7. (enthält römisches Recht). Unter den leges saeculi in c. 2. (Cap. Angilr.), c. 17. (Pseud. Is.) C. VI. qu. 1. kann ebenfalls nur das römische Recht verstanden werden.

2 can. 17. Apostol.: „Ὁ χήραν λαβὼν ἢ ἐκβεβλημένην ἢ ἑταίραν ἢ οἰκέτιν ἢ τῶν ἐπὶ σκηνῆς οὐ δύναται εἶναι ἐπίσκοπος ἢ πρεσβύτερος ἢ διάκονος ἢ ὅλως τοῦ καταλόγου τοῦ ἱερατικοῦ" (auch in c. 15. Dist. XXXIV). Eine Ausnahme macht Phillips 1, 548. auf Grund des c. 20. X. de spons. IV. 1, wonach man sich die Vergebung seiner Sünden erwirbt, wenn man eine solche Person heirathet, um sie zu bessern; da aber dieses Motiv nie klar am Tage liegt, also dadurch der Verlust der öffentlichen Achtung nicht ausgeschlossen wird, so kann dieser Meinung nicht beigetreten werden.

3 c. 5. (Bonifac. VIII.) in VI^to de poen. V. 9.

4 c. 13. §. 5 (Later. IV. 1215). X. de haeret. V. 7.

5 Sess. XXIV. c. 6. de reform. matr.; Sess. XXV. c. 19.

6 Weitere päpstl. Konstitutionen über das Duell s. bei Giraldi, exposit. jur. pontif. P. II. S. 1068 ff. u. Phillips 1, 548.

7 c. 17. (Gregor. IX.) X. de tempor. ord. I. 11. Hierüber ist noch weiter unten bei den Irregularitäten aus einem Vergehen zu handeln.

8 Vgl. hierzu Mittermaier, deutsches Privatrecht §. 101 ff.; v. Gerber, deutsches Privatrecht §§. 39 ff.

9 Vgl. Phillips 1, 557; Boenninghausen 3, 161 ff.

10 So namentlich von Schulte 2, 119. Note 7; übrigens gilt das auch von den mit Ehrenstrafen belegten Delikten, denn auch hier macht das Verbrechen allein nicht stets irregulär. Laspeyres a. a. O. S. 45. stellt gar unter der Rubrik defectus animi die Immoralität, auch wenn ein wirkliches Verbrechen nicht Schuld gegeben werden kann, mit dem Mangel der für den geistlichen Stand erforderlichen geistigen Eigenschaften, insbesondere mit dem Wahnsinn etc., zusammen, während er sonst von dem defectus famae bei den Irregularitäten ex delicto handelt. Vgl. auch Boenninghausen S. 160.

11 In der Mitte zwischen beiden besprochenen Fällen liegt der ausdrücklich anerkannte Satz, dass der zur Untersuchung gezogene ebenfalls die

irregulär sind, hat darum eine allgemeine Bedeutung, weil die Kirche sich der Nothwendigkeit nicht entschlagen will und kann, auf die nationalen Anschauungen und die von diesen beherrschten Gesetze der einzelnen Völker Rücksicht zu nehmen. Das Hinderniss, welches der gedeihlichen Wirksamkeit eines durch Ehrenstrafen infamirten Geistlichen entgegensteht, hinwegzuräumen, hat sie der Natur der Sache nach keine Macht, und darin, nicht in einer etwa zu befürwortenden staatlichen Abhängigkeit liegt die hier bis in das kirchliche Gebiet hinein sich bethätigende Wirksamkeit der weltlichen Gesetzgebung. Daraus folgt aber zugleich, dass an und für sich dem Kriminalerkenntniss der staatlichen Gerichte keine bindende Kraft der Kirche gegenüber zukommt und dass mithin die selbstständige den katholischen Organen zustehende Prüfung dahin führen kann, bei einem Widerspruch zwischen dem gefällten Erkenntniss und dem öffentlichen Rechtsbewusstsein einen Verurtheilten doch zu den Weihen zuzulassen[1], wie sie freilich andererseits auch einen unschuldig Verurtheilten bei nicht völlig erwiesener Unschuld oder bei einer demselben nicht günstigen öffentlichen Meinung zu weihen, Anstand nehmen muss[1a].

Die Irreguluritât liegt selbstverständlich dann nicht vor, wenn die die Achtung beeinträchtigenden Handlungen vor langer Zeit begangen und die betreffende Person längst ihren Lebenswandel geändert hat. Die Konstatirung dieser Verhältnisse ist nicht als Dispensation, sondern als Deklaration des Nichtvorhandenseins der Irregularität zu betrachten. Die durch Erkenntniss eintretende Ehrminderung und die damit in Verbindung stehende Irregularität kann für das Gebiet der Kirche durch eine vom Papst ausgehende restitutio famae gehoben werden[2]. Die Beseitigung der Infamie für das weltliche Recht (z. B. durch den Landesherrn) kann allein diese Wirkung nicht äussern, vielmehr kommt es darauf an, ob damit in der öffentlichen Meinung die Ehre des Betreffenden wieder hergestellt ist oder nicht; nur im letzteren Fall bedarf es dann einer päpstlichen Dispensation[3].

IX. Die Irregularität *ex defectu libertatis* (der Mangel der Freiheit von weltlichen Pflichten oder [wohl passender] der Mangel der Freiheit, über die eigene Person zu verfügen). Diejenigen, welche sich dem geistlichen Stande widmen wollen, sollen nicht durch andere Lebensverhältnisse, welche sie von der vollen Hingabe an den geistlichen Beruf abhalten können, der treuen Erfüllung der Pflichten desselben entfremdet werden[4]. Aus diesem Grunde hat

1. die katholische Kirche die Ordination der Sklaven verboten. Denn mit der Gewalt des Herrn über den Unfreien ist eine regelmässige Erfüllung der Pflichten des geistlichen Berufes und Amtes nicht vereinbar, ein Widerspruch, welcher auch von der Kirche dadurch nicht gelöst werden kann, dass sie die Ungerechtigkeit begeht, die Rechte des Herrn an dem zu weihenden Sklaven zu ignoriren[5]. Die Kirche verlangt

Weihen vor dem erbrachten Nachweise seiner Unschuld nicht erhalten soll. c. 56. (Gregor. IX.) X. de test. II. 20.

[1] Eine derartige Entscheidung der Conc. Conc. Anal. iur. pontif. 1867. S. 974.

[1a] Phillips 1, 558.

[2] c. 23. (Innoc. III.) X. de sent. et re iud. II. 27.

[3] Diese erachtet Phillips 1, 559. für entbehrlich, ebenso Boenninghausen S. 165, der mit manchen Aelteren (s. z. B. Schmier l. c. n. 547.) nur Dispensation bei einer Infamie verlangt, welche ausdrücklich durch das kanonische Recht festgesetzt ist. — Auf c. 4. §. 1. (Alex. III.) X. de jud. II. 1. wird vielfach der Satz gegründet, dass von der Infamie wegen Ehebruchs und geringerer Vergehen der Bischof dispensiren kann (so z. B. Phillips a. a. O.), während die Stelle gar keine Beziehung auf die Infamie nöthig macht.

[4] c. 1. (Leo I.) Dist. LIV: „Debet enim esse immunis ab aliis qui divinae militiae est aggregandus, ut a castris dominicis, quibus nomen eius adscribitur, nullis necessitatis vinculis abstrahatur".

[5] Die Verächtlichkeit des Sklavenstandes ist nicht, wie Berardi l. c. c. 4. S. 377. meint, ein

die vorgängige Freilassung des Sklaven, und wenn diese vom Herrn nicht zu erlangen ist, soll die betreffende Person von dem Empfang der Weihen zurückgewiesen werden[1]. Ein näheres Eingehen auf diese Irregularität hat für europäische Verhältnisse nicht das mindeste praktische Interesse[2].

Die über die Sklaven geltenden Grundsätze können aber analog weder auf blosse Dienstboten, deren Verhältniss zum Herrn kein dauerndes ist und gegen welche die Ansprüche des letzteren sich schliesslich in eine Entschädigungsforderung auflösen[3], noch auf den der väterlichen Gewalt unterworfenen Sohn angewendet werden. Das Kirchenrecht kennt keine Vorschrift, welche den Sohn verpflichtete, vor dem Empfange der Weihen sich der Zustimmung seines Vaters zu versichern, wiewohl eine ethische Pflicht des Sohnes, über die Wahl seines Berufes sich mit seinem Vater zu verständigen, nicht geläugnet werden kann. Daher nimmt denn die Doctrin fast einstimmig an, dass der mangelnde Konsens des Vaters keine Irregularität für den der Gewalt desselben unterworfenen, mündigen Sohn konstituirt[4]. Den unmün-

Grund für die Einführung dieser Irregularität gewesen. Der zu vollem Recht Freigelassene ist darum, weil er Sklave war, nicht irregulär. Vgl. c. 1. Dist. LIV. cit. u. Boenninghausen 3, 166. Note 4.

[1] c. 5. (Alex. III.), c. 6. (Innoc. III.), c. 8. (Gregor. IX.) X. de serv. non ordin. I. 13.

[2] In geschichtlicher Hinsicht sei Folgendes bemerkt: Schon c. 81. apostol. hat den im Text erwähnten Grundsatz: „Οἰκέτας εἰς κλῆρον προχειρίζεσθαι ἄνευ τῆς τῶν δεσποτῶν γνώμης, ἀνατροπὴν τὸ τοιοῦτο ἐργάζεται· εἰ δέ ποτε καὶ ἄξιος φανείη ὁ οἰκέτης πρὸς χειροτονίαν βαθμοῦ, οἷος καὶ ὁ ἡμέτερος Ὀνήσιμος ἐφάνη καὶ συγχωρήσουσιν οἱ δεσπόται καὶ ἐλευθερώσουσι καὶ τοῦ οἴκου ἑαυτῶν ἐξαποστελοῦσι, γινέσθω“. Die entscheidenden Stellen aus älterer Zeit finden sich in c. 1. 21. (Leo I.), c. 9. — c. 11. (Gelas.) Dist. LIV; c. 1. (Gelas.) Dist. LV., welcher letztere Papst den wider Willen des Herrn zum Priester geweihten Sklaven gar nicht, den Diakon nur bedingungsweise, die Kleriker der geringeren Grade immer dem Eigenthümer restituirt wissen will. — Nach späterem Römischen Recht soll der Sklave ebenfalls erst freigelassen werden, l. 37. (Leo et Anthemius) C. de episc. I. 3; nach Justinian macht indessen die Weihe zum Bischof unter allen Umständen frei, die zu den andern Graden nur, wenn der Herr die Rückforderung des Sklaven binnen Jahresfrist unterlässt c. 20. (zusammengestellt aus Nov. 123. c. 17. 4.) Dist. LIV., Bestimmungen, welche die Nov. 9. Leonis durch die Wahrung des unbeschränkten Rückforderungsrechts des Herrn wieder beseitigt hat. Vgl. auch Thomassin P. II. lib. I. c. 73. n. 8. — Ueber Spanien vgl. c. 7. (Mart. Brac.), c. 3. 5. (Tolet. IV. a. 633) Dist. LIV; c. 3. (Tolet. IV.) X. h. t. I. 18; c. 4. (Tolet. IX. a. 655) Dist. LIV; c. 18. conc. Emerit. a. 666. — Für Gallien s. c. 19. (Aurel. I. a. 511) Dist. LIV; c. 26. Aurel. III. a. 538; c. 6. Aurel. V. a. 549, wonach die Weihe zum Diakon frei macht, aber für den Herrn eine Entschädigungsforderung begründet. Aus karolingischer Zeit enthalten ein allgemeines Verbot der Ordination der Sklaven Cap. eccles. a. 789. c. 57. (LL. 1, 62), Francof. a. 794. c. 23. (LL. 1, 73), Anseg. cap. lib. 1. c. 23. 55; Conc. Mogunt. a. 813. c. 23. (Mansi 14, 63); c. 2. (Tribur. a. 895) Dist. LIV. Während aber Cap. Aquisgr. a. 817. c. 6. (LL. 1, 207) = Anseg. lib. I. c. 82. (auch in c. 6. Dist. LIV. u. c. 2. X. h. t.) der wider Willen des Herrn ertheilten Weihe keine den Sklaven liberirende Wirkung beilegt, wiederholt Conc. Wormat. a. 868. c. 40. (Mansi 15, 869) die Bestimmungen des Concils I. von Orleans. Uebrigens wird die Freilassung zu vollem Recht vorausgesetzt, so dass der Sklave auch von weltlichen Patronatspflichten frei werden muss, weshalb zwei jedenfalls der späteren karolingischen Zeit angehörige Stellen bei Regino de causs. synodal. lib. I. c. 415. 416. für die Sklaven, welche Kleriker werden sollen, Freilassung in der Kirche vorschreiben. Auferlegung der Pflicht, bei einer Kirche zu bleiben und dort den Gottesdienst zu verrichten, ist dem Herrn gestattet. c. 4. (Synod. Altheim. a. 916), c. 6. (Innoc. III.) X. h. t. Ueber die Liberten selbst vgl. noch c. 24. (Eliberit.) Dist. LIV; c. 7. conc. V. Aurel. — Freilich kommen auch noch im Mittelalter unfreie Kleriker vor. Vgl. die Urkunde Heinrichs II. v. 1021. (Monum. Boica. 28ª, 507.) für die Aebtissin des Klosters Niedermünster zu Regensburg: „potestati suae eandem ecclesiam, scil. Cheskingen dictam dehinc prorsus nulli in beneficium tradendam, cum decimatione, forestis, ... cum clericis duobus Azilino et Rudichone caeterisque mancipiis utriusque sexus .... remittimus“.

Auch für die spätere Leibeigenschaft sind die gedachten Bestimmungen des kanonischen Rechtes als massgebend angesehen worden. Vgl. Engel, colleg. iur. can. I. 18. n. 6; J. H. Boehmer, J. E. P. I. 18.

[3] S. Ferraris l. c. n. 12. sexto. Zweifelnd Boenninghausen 3, 162.

[4] Am ausführlichsten behandelt die Frage Hallier de sacr. ordinat. P. I. sect. 8. c. 2. art. 1. n. 12 ff. Vgl. ferner Schmalzgrueber, ius can. I. 18. n. 5; Schmier, jurispr. can. civil. lib. I. tract. IV. c. 6. 11. n. 579; Engel l. c. n. 7; Phillips 1, 493; Boenninghausen 3, 168. Man beruft sich auch auf die Analogie von c. 12. 18. X. de regular. III. 31. Der anscheinend widersprechende c. 1. (conc.

digen Sohn kann aber sowohl der Vater als die Mutter innerhalb Jahresfrist reklamiren[1].

2. Da die Stellung der Dekurionen im römischen Kaiserreich immer mehr den Charakter einer erblichen Knechtschaft im öffentlichen Dienste entwickelte, so erklärt es sich, dass auch den Kurialen der Eintritt in den geistlichen Stand verwehrt wurde[2]. Von einer unmittelbaren praktischen Bedeutung ist selbstverständlich dieses Verbot nicht mehr[3], wohl aber die

3. fernere hierher gehörige, schon aus alter Zeit herrührende Vorschrift, dass diejenigen, welche obligati sunt ad ratocinia, d. h. als procuratores, actores, executores und curatores pupillorum fungirt haben, nicht vor völliger Lösung dieses Verhältnisses in den geistlichen Stand treten dürfen[4]. Denn abgesehen davon, dass die nach der Ordination noch fortdauernde Verwaltung den Geistlichen von seinem Berufe abziehen könnte, liegt auch selbst bei beendigter Administration die die Würde des Klerus beeinträchtigende Gefahr nahe, dass die betreffenden Personen vor völliger Dechargirung theils mit Civilansprüchen, theils mit wohl gar zu Verurtheilung führenden Crimininaluntersuchungen wegen ungetreuer Verwaltung verfolgt werden. Diese Gesichtspunkte sind noch heute massgebend, und so ist der Satz als noch jetzt geltendes Recht hinzustellen, dass die Führung jeder Vermögensverwaltung, möge dieselbe nun kraft eines öffentlichen Amtes oder blos kraft eines privatrechtlichen Titels übernommen worden sein (also als Rendant einer öffentlichen Kasse, als Vormund, als Curator, als Testaments-Executor, als Generalbevollmächtigter u. s. w.) so lange irregulär macht, bis die betreffende Person ordnungsmässig Rechnung gelegt und eine Decharge erhalten

Gangr. c. 16.) Dist. XXX. hat eine specielle Beziehung auf die Eustathianer und ist für das ius commune nicht massgebend. Vgl. Correct. Romani dazu, Hallier l. c. n. 52, Hefele, Conciliengeschichte 1, 759.

[1] c. 2. X. de regular. III. 31; Gonzalez Tellez zu dieser Stelle u. Hallier l. c. n. 4 ff. Uebrigens bestätigt die citirte Stelle auch vermittelst des argum. e contrario den im Text über den mündigen Sohn aufgestellten Satz.

[2] Vgl. c. 1. 2. 3. (Innoc. I.) Dist. LI; c. 1. (Gelas. I.) Dist. LV; L. 104. 121. 123. §. 5. C. Th. de decurion. XII. 1; L. 53. C. J. de episc. I. 3; c. 20. (Nov. 123. c. 4.) Dist. LIV; Nov. 123. c. 1. 15; c. 5. (Tolet. IV. a. 633) Dist. LI. Bei dieser Bestimmung traf das Interesse der Kaiser, deren Gesetzgebung die Tendenz verfolgte, die Kurialen mit allen möglichen Mitteln bei der Kurie zu erhalten, und das der Kirche zusammen, da diese derartige abhängige Beamte nicht frei in ihrem Dienste verwenden konnte, und auch weiter der Gesichtspunkt einer Reihe nicht mit der geistlichen Stellung vereinbarer Pflichten der Curialen in Frage kam (vgl. c. 3. cit. Dist. LI: „Constat enim eos in ipsis muneribus etiam voluptates exhibere quas a diabolo inventas esse non dubium est, et ludorum et mimorum aut apparatibus aut praeesse aut forsitan interesse“).

[3] Mit dem Verfall der Kurien, welche die Const. Leon. 46. (u. 890) als eine im byzantinischen Reiche kaum noch bekannte Antiquität bezeichnet und die auch daher unmöglich länger in Italien als bis in das 7. Jahrhundert ihr Dasein gefristet haben können (vgl. Hegel, Geschichte der Städteverfassung in Italien 1, 292. 294.), ist das Verbot gegenstandslos geworden. Allerdings erwähnt das Conc. Ticin. a. 1018 c. 1. (Mansi 19, 347.) der curia: „quicumque ex clero cum qualibet muliere habitaverit ... lege ... Justiniana aeque deponitur et curiae civitatis cuius est clericus traditur .... servient itaque cum filiis patres in curia, i. e. curam super his tantum in publico habebunt quae ad solam ecclesiae utilitatem forensem pertinebunt: illa scilicet causa ut qui noluerunt intus, i. e. in ecclesia servire ut clerici, serviant foris, in publico ut laici. Neque enim clerici, licet damnati, ut exeunt ab honore, ita a famulatu ecclesiae exibunt neque ulli extra ecclesiam, utpote officialium alicui personarum, servient, sed in publico ea tantum publica quae ad ecclesiam respexerint, procurabunt“; aber hier kommt die auch früher schon sich findende Verwechselung von curia und cura vor (s. Hegel a. a. O. S. 300), von der Kurie im Sinne der römischen Zeit ist keine Rede, vielmehr heisst die Stelle nur soviel, dass solche Geistliche für ihre Kirche ausserhalb die gemeinen Dienste (Mansi l. c. 349: „hanc eis legem concedimus, ut in servitium templi quod effugere nullatenus possunt, aquas et ligna et cetera generis eiusdem, veluti forenses ecclesiae actionarii comportent“) leisten sollen. Vgl. gegen v. Savigny, Gesch. des röm. Rechts II. §. 99. n. c. Hegel a. a. O. S. 302.

[4] c. 3. (Carth. I. a. 349?) Dist. LIV. = c. un. X. de oblig. ad ratocinia. I. 19; c. un. (Greg. I.) Dist. LIII.

hat[1]. Der Umstand, dass der Verwalter dabei eine bestimmte, erst später zu berichtigende Summe schuldig bleibt, hindert an sich nicht die Zulassung zur Ordination, vielmehr kann ein solches Verhältniss nur unter dem Gesichtspunkt in Betracht kommen, dass der ausreichende Unterhalt (der titulus) dadurch gefährdet wird und wegen des mangelnden Auskommens die Ertheilung der Weihe zu verweigern sein würde[2]. Denn die Verhaftung wegen einer civilrechtlichen Schuld an und für sich begründet keine Irregularität.

Eine Ausnahme von der erwähnten Regel tritt insofern ein, als Kleriker Vermögensverwaltungen für personae miserabiles, für kirchliche und fromme Institute, sowie eine tutela legitima über ihre Verwandten führen dürfen, ohne irregulär zu werden[3], und daher auch Laien, welche derartige Administrationen übernommen haben, nicht vom Eintritt in den Klerus fern gehalten werden können[4].

Ist Jemand den erwähnten Vorschriften zuwider geweiht worden, so tritt doch nicht ohne Weiteres die Suspension von den Funktionen des ertheilten Weihegrades ein, vielmehr nur arbiträre Strafe, denn das erstere ist nirgends als Folge der Verletzung der gedachten Regeln festgesetzt[5].

4. Mehr beiläufig kommt schon früh die Bestimmung vor, dass auch diejenigen, welche Staatsämter inne haben, nicht in den geistlichen Stand aufgenommen werden sollen[6]. So selten dieser Fall jetzt in den Lehrbüchern erwähnt wird, so wenig kann seine praktische Gültigkeit in Frage gestellt werden. Wer ein Staats- oder anderes öffentliches (z. B. städtisches, Gemeinde-) Amt führt, muss ebenfalls für irregulär erachtet werden, so fern die Erfüllung der ihm auferlegten Amtspflichten mit der gewissenhaften Ausübung des geistlichen Berufes unvereinbar ist[7]. Auch hier tritt der für die Irregularität der Sklaven massgebende Gesichtspunkt hervor, dass Niemand zweien Herren dienen kann. Für die Frage, welche einzelne Aemter mit dem geistlichen Stande inkompatibel sind, lässt sich die Entscheidung nur unter Berücksichtigung der Vorschriften über die Pflichten des geistlichen Standes gewinnen, wobei freilich

[1] Reiffenstuel I. 19. n. 6; Pirhing I. 19. n. 4. Die Decharge, welcher nur Schulte 1, 109 als Bedingung des Fortfalls der Irregularität erwähnt, ist offenbar das wesentliche, weil nicht durch die blosse irgendwie geschehene Rechnungsablage die Gefahr weiterer Ansprüche beseitigt wird. Selbstverständlich ist, dass der ausdrücklichen Dechargirung der Fall gleichsteht, wo diese bei verzögerter Rechnungsabnahme durch das Civilrecht als erfolgt fingirt wird. — Die Annahme mancher Aelteren (vgl. schon Hostiensis, summa aurea h. r. n. 5; s. auch Berardi l. c. c. 4. p. 381), welche den oben im Text hingestellten Satz uneingeschränkt nur für öffentliche Beamte gelten lassen wollen, die Privatverwalter aber nur bei drohender Belangung wegen dolus für irregulär erklären, hat keinen Anhalt. Vgl. Pirhing l. c. n. 4; Phillips 1, 495; Boenninghausen S. 171.

[2] A. M. Phillips 1, 497, der völlige Befriedigung oder Stellung eines selbstschuldnerischen Bürgen verlangt; mit letzterem ist aber die Verhaftung des Principalschuldners überhaupt nicht ausgeschlossen, und überdies kann derselbe doch immer vom Bürgen im Regresswege belangt werden. Vgl. auch Pirhing l. c. n. 3, Schmalzgrueber l. c. n. 4, Boenninghausen S. 172. Die Aelteren formuliren gewöhnlich die Frage dahin, ob der Verwalter, der, um sich seiner Verpflichtungen zu erledigen, die cessio bonorum vorgenommen hat, irregulär ist, und verneinen das meistens. (Vgl. Pirhing l. c. n. 5; Schmalzgrueber l. c. n. 5.), während die Congr. Conc. 1725 jeden, der bonis cedirt hat, für irregulär erklärt hat (anscheinend wegen der mit der cessio bonorum nach der kanonischen Auffassung verbundenen infamia facti, dann aber auch wegen der Gefährdung des Titels), s. Boenninghausen S. 172. n. 7.

[3] c. 26. (Chalced. a. 451.) Dist. LXXXVI; c. 1. (id. conc.) C. XXI. qu. 3.

[4] Reiffenstuel l. c. n. 7; Pirhing l. c. n. 3; Schmalzgrueber l. c. n. 3; Phillips 1, 496; Boenninghausen S. 174.

[5] Reiffenstuel l. c. n. 11; Schmier l. c. n. 602; Phillips 1, 497; Boenninghausen S. 175.

[6] c. 1. (Gelas. I.) Dist. LV: „vel publicarum rerum nexibus implicati". Unter diesen Gesichtspunkt fällt auch die schon beim defect. perfectae lenitatis (S. 26. n. 5.) erwähnte Irregularität der Soldaten ex defectu libertatis. c. un. (Greg. I.) Dist. LIII.

[7] Vgl. Pirhing l. c. n. 2; Reiffenstuel l. c. n. 5. 6; Boenninghausen S. 170. 171.

die auch hinsichtlich der letzteren massgebenden Anschauungen einer bestimmten Zeit und Kultur-Epoche mit in Betracht kommen[1]. Ferner erledigt sich praktisch die Frage in vielen Fällen dadurch, dass bei der für die meisten öffentlichen Aemter vorgeschriebenen wissenschaftlichen Vorbildung die betreffende Person nicht leicht die in dieser Hinsicht für die Kleriker festgesetzten Anforderungen erfüllen wird, und dass ferner auch das Staatsrecht den Beamten die Uebernahme einer Reihe von Nebenämtern untersagt.

5. Wegen der Pflichten, welche dem Ehemann seiner Frau gegenüber obliegen, ist dieser nicht befugt, ohne den ausdrücklich oder stillschweigend gegebenen Konsens seiner Ehefrau die höheren Weihen zu empfangen[2], selbst dann nicht, wenn die Ehe auch noch nicht konsummirt sein sollte[3]. Ueber die weiteren Erfordernisse, welche für den erlaubten Empfang der Ordination vorliegen müssen, herrscht Streit. Auf Seiten des Mannes wird von Einigen höheres Alter und Abwesenheit des Verdachts der Inkontinenz verlangt[4]. Einen quellenmässigen Anhalt hat aber diese Ansicht nicht und ein entschiedenes Gewohnheitsrecht lässt sich ebenso wenig dafür anführen[5]. Seitens der konsentirenden Frau wird dagegen von der überwiegenden Meinung zugleich der Eintritt in ein Kloster und Ablegung eines feierlichen Keuschheitsgelübdes gefordert[6], und diese Ansicht ist deshalb zu billigen, weil der Grund, aus welchem das c. 6. X. h. t. cit. dies für den Bischof anordnet, — die Vermeidung jeder Gefahr und jeden Verdachtes der Inkontinenz — auch für die übrigen ordines sacri zutrifft. Nimmt man das an, so darf für diejenigen Fälle, in welchen ein solcher Verdacht wegen tadellosen Wandels in Verbindung mit dem vorgerückten Alter der Frau nicht vorliegt, auch nicht eine allgemeine, sondern nur vermöge päpstlicher Dispensation zulässige Ausnahme statuirt und nur unter dieser Bedingung die Ablegung eines einfachen Keuschheits-

[1] Es sei hier einerseits an die Stellung der Bischöfe im fränkischen und im deutschen Reich erinnert, andererseits darauf hingewiesen, dass heute eine Reihe von Lehrämtern an Staatsanstalten (so namentlich die Professuren in den katholisch-theologischen Fakultäten der deutschen Universitäten) mit dem geistlichen Stande nicht für unvereinbar erachtet werden. — In einzelnen Diöcesen ist bischöfliche Genehmigung vor Annahme jedes weltlichen Amtes vorgeschrieben (so z. B. in Paderborn, vgl. Gerlach, Paderborner Diöcesanrecht 2. Aufl. S. 79), eine Vorschrift, die nur den Zweck hat, dem Bischof die Möglichkeit zur Untersuchung der Kompatibilität zu geben.

[2] c. 5. 6. (Alex. III.) de convers. coniug. III. 32, welche nur von den höheren Weihen handeln. Die Ertheilung der Tonsur an denjenigen, welcher nicht zu den höheren Weihen aufsteigen will, verbietet c. 4. (Bonifac. VIII.) in VIto de temp. ordin. I. 9. Vgl. Gonzalez Tellez zu c. 6. X. cit.

[3] c. un. de voto in Extr. Joann. XXII. (VI); Boenninghausen S. 177. Note i. f.

[4] So die Congr. conc. Benedict. XIV. de synod. dioec. lib. 13. c. 12. n. 14; danach Boenninghausen p. 177.

[5] Eine entgegenstehende Praxis in einzelnen Bisthümern erkennt selbst Benedict XIV. l. c. an. Allerdings ist es richtig, dass wenn die Ehe durch Eintritt der Frau in einen Orden aufgelöst werden soll, der Mann, wenn er vorgerückten Alters und von dem Verdachte der Unenthaltsamkeit befreit ist, nur ein einfaches Keuschheitsgelübde abzulegen braucht. Eine analoge Anwendung auf den hier in Rede stehenden Fall ist aber deshalb unzulässig, weil mit dem Empfang der höheren Weihen die unbedingte Ehelosigkeit, wie bei dem sonstigen votum solenne verbunden ist, also dieser dem Eintritt in ein Kloster gleichsteht. Wer sich darauf stützt, dass durch die Ertheilung der höheren Weihen allein der noch im kräftigen Mannesalter stehende Ehemann nicht vor der Gefahr der Unenthaltsamkeit geschützt sei, der spricht damit indirekt dem Cölibatgesetze seine Berechtigung ab und kann sicher nicht, wie die angeführten Schriftsteller und die Congregatio thun, von den aufgestellten Voraussetzungen wieder eine Ausnahme machen, wenn die Frau wegen Ehebruchs das Recht auf das debitum coniugale verloren hat.

[6] Ausdrücklich unter allen Umständen ist das nun für nöthig erklärt, wenn der Mann die Bischofsweihe erhalten soll, s. c. 6. X. h. t. cit. Ein Theil der Glossatoren hat diese Bestimmung aber schon ausdehnend interpretirt; eine Reihe älterer Quellenzeugnisse verlangen das freilich nicht (vgl. c. 6. (Agath. 506) Dist. LXXVII. und oben S. 8. Note 3.), weshalb andere unter ihnen und auch noch spätere (Gonzalez Tellez l. c.) für die Regel ein einfaches Keuschheitsgelübde unter Aufgabe des räumlichen Zusammenlebens für genügend erachten.

gelübdes durch die Frau als ausreichend erachtet werden [1]. Die Einwilligung der Ehefrau ist aber dann nicht erforderlich, wenn sie sich des Ehebruches schuldig gemacht und deswegen eine Scheidung von Tisch und Bett stattgefunden hat, weil sie unter diesen Umständen des Rechts, die Fortsetzung der ehelichen Gemeinschaft zu fordern, verlustig gegangen ist [2].

Dadurch dass der Mann wider Willen der Frau [3] die höheren Weihen zu erlangen weiss, kann er ihr sonst ihre ehelichen Rechte nicht entziehen, vielmehr muss er die Gemeinschaft mit ihr fortsetzen und es trifft ihn ferner ohne weiteres die Suspension von dem empfangenen Weihegrade, verbunden mit der Unfähigkeit einen höheren ordo oder irgend ein geistliches Amt zu erlangen [4]. Hat die Frau zwar ihren Konsens gegeben, will sie aber ihrerseits nicht einmal ein ewiges einfaches Keuschheitsgelübde ablegen, welches sie ja hindern würde, ferner die Leistung der ehelichen Pflicht vom Manne zu verlangen, so liegen die Bedingungen, unter welchen die eheliche Gemeinschaft aufgelöst werden kann, nicht vor. Es bleibt ihr deshalb auch in diesem Fall ihr Recht gewahrt und für den Mann tritt hier gleichfalls die Irregularität ein [5].

Es fragt sich endlich, ob der Verheirathete ebenfalls für die niederen Weihen irregulär ist. Der Bejahung dieser Frage steht entgegen, dass wenn man ohne weiteres eine solche Irregularität statuiren wollte, die für die Erlangung der sacri ordines gegebenen Vorschriften überflüssig wären, weil die Einwilligung der Frau dann schon vor Ertheilung der vorangehenden minores erfordert sein müsste. Weiter kommt der Umstand hinzu, dass für die niederen Weihen keine unbedingte Pflicht zur Ehelosigkeit besteht. Andererseits soll aber ein Verheiratheter, welcher nicht später die höheren Weihen empfangen will, nicht zur Tonsur zugelassen werden [6], ferner ist mit der Verheirathung eines Klerikers der niederen Grade der Verlust seines Benefiziums verbunden [7], obwohl er unter Umständen nicht alle geistlichen Standesrechte verliert [8]. Diese Bestimmungen liessen sehr wohl auf eine Irregularität des Verheiratheten schliessen. Indess würde es sich dann fragen, ob für ihn, so lange er nur die niederen Grade erlangen will, der Konsens seiner Frau und der Eintritt derselben in ein Kloster nothwendig ist. Berücksichtigt man weiter die Bestimmung des Tridentinum [9], nach welcher der Bischof im Fall der Noth verheirathete Kleriker niederer Grade in diesen funktio-

[1] Das ist die Praxis der Congr. Conc. vgl. Bened. XIV. l. c., Boenninghausen S. 177. Anal. iur. pontif. 1867. S. 686 ff. Die gewöhnliche Meinung verlangt freilich das päpstliche Indult nicht. Vgl. Sanchez, de matrim. lib. 7. disp. 39. n. 6; Fagnan. ad c. 5. cit. n. 10; Pirhing l. c. n. 59; ferner die neueren Kompendien. Uebrigens deutet das sich auf die Professleistung beziehende c. 4. (Alex. III.) h. t. („Verum si ita uxor senex est et sterilis quod sine suspicione possit esse in saeculo, dissimulare poteris, ut ea in saeculo remanente et castitatem promittente, ad religionem transeat vir eiusdem“) doch nicht darauf hin, dass dem Bischof das Befinden über den Ausnahmefall regelmässig zustehen soll.

[2] S. unten im Eherecht; vgl. vorläufig Boenninghausen S. 176 Note und c. 4. X. de divort. IV. 19. Dasselbe gilt von den Griechisch-Katholischen, welche nach griechischem Ritus ordinirt werden sollen. c. 6. (Innoc. III.) X. de cler. coniug. III. 3; Laspeyres a. a. O. S. 44.

[3] Gleichsteht selbstverständlich der Fall der durch Zwang, Irrthum u. s. w. erlangten Einwilligung. S. c. 17. 18. (Alex. III.) X. h. t. III. 32.

[4] c. un. h. t. in Extrav. Joann. XXII. (VI); die Irregularität dauert selbst dann fort, wenn die Ehe nachher durch Tod oder weil sie blos ein matrimonium ratum war, durch ein votum solenne der Frau gelöst worden ist. Die Dispensation ist aber in diesen Fällen dem Bischof gestattet, wenn der Ehemann seinerseits auch in einem approbirten Orden Profess leistet. Boenninghausen 3, 184.

[5] c. 1. (Alex. III.) X. h. t. III. 32. Vgl. auch Boenninghausen 1, 181. 185. Note 4.

[6] c. 4. in VIto de temp. ordin. I. 9. Vgl. Phillips 1, 739.

[7] c. 1. X. de cleric. coniug. III. 3.

[8] c. un. in VIto cod. tit. III. 2.

[9] Sess. XXIII. c. 17. i. f. de reform.: „Quod si ministeriis quatuor minorum ordinum exercendis clerici caelibes praesto non erunt, suffici possint etiam coniugati vitae probatae, dummodo non bigami, ad ea munia obeundi idonei et qui tonsuram et habitum clericalem in ecclesia gestent“.

niren lassen, also doch offenbar auch im Fall der Noth einen Verheiratheten erst zu diesem Behuf tonsuriren und weihen darf, ohne dass der Konsens der Frau erfordert wird, so kann man um so weniger eine Irregularität statuiren, als ja noch vielfach selbst Laien die Funktionen der niederen Weihen in der katholischen Kirche vornehmen, und auch sonst die blosse Ordination noch nicht das Recht, sondern nur die Fähigkeit zu funktioniren, giebt[1].

bb. Die irregularitas ex delicto.

§. 4. *α. Historische Einleitung.*

Nach der Vorschrift des Apostel Paulus sollen der Bischof und die Diakonen ohne Verbrechen sein[2]. Deshalb schloss man in der orientalischen Kirche alle diejenigen, welche nach der Taufe eine schwere Sünde begangen hatten[3], von dem Klerikerstande aus[4]. In der abendländischen Kirche wird der Rechtssatz schon früh[5] so ausgedrückt, dass diejenigen, welche in Folge der gedachten Handlungen öffentliche Busse hatten übernehmen müssen, in der Regel vom Klerikalstand fern bleiben sollten. Eine feste objektive Gränze zwischen den leichteren, nicht in Frage kommenden, und den schweren Vergehen, welche letzteren unter dem crimen der lateinischen Uebersetzung der Apostelbriefe verstanden wurden, liess sich aber, da es hier wesentlich auf die Richtung des sündigen Willens ankam, der Natur der Sache nach nicht geben[6].

Der Grund der Ausschliessung ist nach den angeführten Quellenzeugnissen unzweifelhaft die schwere Sünde, nicht aber die Leistung der öffentlichen Busse an und

[1] Deshalb kann die im Tridentinum a. a. O. vorgeschriebene Erlaubniss des Bischofs für die verheiratheten Kleriker auch nicht als eine Dispensation von der Irregularität aufgefasst werden. Wenn Boenninghausen S. 185 a. E. sagt, aus der oben citirten Extravagante Johanns XXII. folge klar, maritum solum suspensioni ab usu ordinum majorum, non item suspensioni ab exercitio ordinum minorum obnoxium esse, quamquam certe utpote irregularis in eisdem ministrare non debet, so verstehe ich das nicht recht, da die Irregularität doch dem Kleriker das Recht der Ausübung der Funktionen seines Weihegrades entzieht, also insoweit mit der Suspension gleiche Wirkung hat.

[2] Tit. I. 6. 7; I. Timoth. III. 2, 10. (so nach der Vulgata, die „sine crimine" hat; im griechischen Text steht: ἀνέγκλητος, unbescholten).

[3] Die vorher begangenen Sünden werden durch die Taufe gehoben. c. 6. (Hieronym.) Dist. XXV.

[4] c. 2. („ψυχικόν τι ἁμάρτημα"), c. 9. („ἡμαρτημένα") c. 10. („παραπεπτωκότες") Nicaen. a. 325; c. 4. 5. Dist. LXXXI; c. 7. Dist. XXIV; c. 60. Dist. L. Besonders erwähnt werden die fleischlichen Sünden und die Idolatrie in c. 9. 10. Neocaer. (314—325) und c. 1. 2. Ancyr. (314), vgl. c. 10. C. XV. qu. 8; c. 32. Dist. L, wo aber für die schon Ordinirten nicht völlige Ausstossung aus dem Klerikerstande angeordnet wird (vgl. des näheren Hefele, Conciliengeschichte 1, 215. 190). Ob das Concil von Neocäsarea aber die übrigen peccata in einen Gegensatz zu den Fleischesvergehen setzt oder nur diese als Beispiel heraushebt, bleibt wegen der Worte des c. 9: „τὰ γὰρ λοιπὰ ἁμαρτήματα ἔφασαν οἱ πολλοὶ καὶ τὴν χειροθεσίαν ἀφιέναι" zweifelhaft. — Vgl. ferner c. 60. apost.: „Εἴ τις κατηγορία γένηται κατὰ πιστοῦ πορνείας ἢ μοιχείας ἢ ἄλλης τινὸς ἀπηγορευμένης πράξεως καὶ ἐλεγχθείη, εἰς κλῆρον μὴ ἀγέσθω". — Die ältesten Vorschriften für das Abendland c. 18. conc. Eliberit. a. 305 u. 306, u. c. 4. Valentin a. 374.

[5] Tolet. I. a. 400. c. 2. („Placuit, ut de poenitente non admittatur ad clerum, nisi tantum necessitas aut usus exegerit inter ostiarios deputetur vel inter lectores, ita ut evangelium et apostolum non legat: si qui autem ante ordinati sunt subdiacones inter subdiacones habeantur, ita manum non imponant aut sacra non contingant. Ex poenitente vero dicimus de eo qui post baptismum aut pro homicidio aut pro diversis criminibus gravissimisque peccatis publicam poenitentiam gerens sub cilicio divino fuerit reconciliatus altario". c. 68. Dist. L.) Allein den Satz, dass der poenitens nicht Kleriker werden soll, stellt auf c. 68. des s. g., seinem Ursprung nach zweifelhaften conc. Carth. IV. (c. 55. Dist. L).

[6] Vgl. c. 1. (August.) Dist. LXXXI. („Crimen autem est peccatum grave, accusatione et damnatione dignissimum"). Diese Stelle rechnet unter das crimen: homicidium, adulterium, aliqua immundicitia fornicationis, furtum, fraus, sacrilegium et cetera huiusmodi; Dist. XXV. P. III. §. 6. (August.) ausser den aufgezählten falsum testimonium, rapina, superbia, invidia, avaritia; et si longo tempore tenentur, iracundia, et ebrietas, si assidua sit; im §. 4 heisst es aber: „Hinc etiam Augustinus ait: Nullum peccatum est adeo veniale, quod non fiat criminale, dum placet".

für sich[1]. Wenn es auch anerkannt war und seitens der Päpste des 4. bis 6. Jahrhunderts mehrfach wiederholt wurde, dass die Busse zwar die Folgen der Sünde tilgt, aber doch nicht die Möglichkeit der Ordination gewährt[2], so legen die Quellen trotz der mehrfach allgemein lautenden Vorschrift, dass die poenitentes oder lapsi nicht ordinirt werden sollen, das Gewicht nicht darauf, dass die öffentlich geleistete Busse die Ausschliessung bewirke, sondern vielmehr darauf, dass selbst die Pönitenz nicht die für den Klerikalstand nöthige Reinheit wieder herstellen könne[3]. Schon Ende des vierten Jahrhunderts fand man es aber unangemessen, dass die Kleriker sich ebenso wie die Laien und gemeinschaftlich mit diesen der öffentlichen Busse unterzogen[4], indessen blieb — was gleichfalls die eben aufgestellte Meinung bestätigt — trotzdem die Ausschliessung derselben von den geistlichen Funktionen bestehen[5]. In den nächst folgenden Jahrhunderten bis zum zehnten finden sich dieselben Grundsätze noch wiederholt ausgesprochen[6], aber mitunter dringt schon theils eine mildere Auffassung durch, indem man die Geistlichen unter Umständen nach geleisteter Busse im Wege der Dispensation wieder zur Ausübung ihres ordo zuliess[7], theils aber scheiterte die Durchführung der früheren strengen Disciplin an den faktischen, für die Kirche unüberwindlichen Verhältnissen[8]. Nur vereinzelt ist im 9. Jahrhundert die Meinung aufgetreten, dass nur diejenigen Kleriker abgesetzt werden müssten, welche ein öffentlich bekannt gewordenes Vergehen begangen oder im Rechtswege desselben überführt worden seien, dagegen solche, welche wegen einer geheimen Sünde geheime Busse geleistet hätten, ihren Grad behalten sollten[9]. Wenn man ferner im 11. Jahrhundert wieder eine Reihe von Ausnahmen,

1 Thomassin P. II. lib. I. c. 56. n. 7.

2 c. 25. (August.) Dist. L; c. 6. (Hieronym.) Dist. XXV; womit freilich nicht recht harmonirt c. 19. Dist. L, wenn man dieser Stelle nicht einen ganz beschränkten Sinn mit Rücksicht auf die wiederholt angeführten Ausnahmen des David und des Petrus (s. c. 25. 53. Dist. L.) geben will; (anders Phillips 1, 563. nach Berardi, Gratiani canones. T. III. p. 130.) — c. 56. 66. (Siric.), c. 60. (Innoc. I.) Dist. L; c. 18. (Innoc. I.) C. I. qu. 1; c. 59. (Gelas. I.) Dist. L, Hormisdae ep. ad episc. p. Hisp. a. 517. c. 2. (Mansi 8, 430.), c. 1. 3. 9—11. (Gregor. I.) Dist. L. — Ueber den Grund dieser Bestimmung vgl. c. 25 cit.

3 Siehe c. 66. Dist. L cit. u. c. 18. C. I. qu. 1. cit. Vgl. Thomassin. l. c. c. 57. n. 2.

4 c. 65. (Carth. V.); c. 66. (Siric.), c. 67. (Leo I.) Dist. L.

5 Vgl. Thomassin. l. c. c. 56. n. 12; Boenninghausen 1, 64.

6 Für das spätere römische Reich vgl. Nov. 123. c. 2. 14. 20; Trullan. c. 21. a. 692; für Spanien s. c. 9. 10. conc. Gerund. a. 517; c. 53. conc. Tolet. IV. a. 633; c. 5. (Tolet. IV.) Dist. LI; c. 11. Tolet. XIII. a. 683, wo in Uebereinstimmung mit der Auffassung des Textes unterschieden wird, ob die Busse für ein crimen mortale oder nicht für ein solches übernommen ist. Eine Milderung zeigt c. 5. conc. Ilerdens. a. 523. (c. 52. Dist. L. u. c. 2. C. XV. qu. 8); vgl. auch den seiner Aechtheit nach freilich zweifelhaften (s. Thomassin. l. c. c. 57. n. 9.) Brief des Isidor v. Sevilla in c. 28. Dist. L; für das Frankenreich c. 43. conc. Agath. a. 506 (entstellt in c. 3. C. XXVI. qu. 6). c. 9. 12. Aurel. I. a. 511. (c. 12. 14. Dist. LXXXI), c. 3. 22. Epaon. a. 517; c. 8. Aurel. III. a. 538; c. 12. Aurel. V. a. 549; c. 2. (Mart. I. a. 649) Dist. L; Ep. syn. Cabilon. ad Theodos. Arel. a. 644—656. (Mansi 10, 1194); c. 4. (Joann. VIII.) Dist. L; c. 11. conc. Tribur. (Mansi 18, 138).

7 Ep. Vigilii a. 549. (Mansi 9, 351); Thomassin P. 2. lib. I. c. 59. n. 13. Die Stelle in dem Briefe Gregors ad Secundinum, lib. IX. ep. 52. auch in c. 16. Dist. L, worin der Grundsatz über die lapsi aufgestellt wird: „post dignam satisfactionem posse redire ad honorem" scheint spätere Interpretation dieses auch sonst in einzelnen Theilen verdächtigen Briefes zu sein, ohne dass man denselben, wie Thomassin. l. c. c. 59. n. 9. 10. dem Pseudo-Isidor zuzuweisen braucht. (S. Richter ad c. cit., Phillips 1, 567. Note 24.) Dieselbe Auffassung ist schon in der Angelegenheit des Bischofs Contumeliosus von Riez 533 und 534 von den Bischöfen der Provinz Arles gegen Johann II. und Cäsarius von Arles vertheidigt worden, vgl. Hefele, Conciliengesch. 2, 730 ff.; Jaffé, regest. n. 573—575. und den hierher gehörigen c. 29. §. 1. Dist. L. S. auch Ep. Joann. VIII. ad Hodonem a. 877/79. (J. 2437; Mansi 17, 105).

8 Z. B. wegen der einflussreichen politischen Stellung der Bischöfe, wegen Mangels an Priestern in den jüngst bekehrten Ländern, s. ep. Bonifac. ad Daniel. a. 732—746. u. ad Egb. Ebor. a. 735—755. (ed. Jaffé S. 158. 250). Von diesem Gesichtspunkte aus erklärt sich wohl auch die mildere Behandlung der Simonie vgl. ep. Silvestri II. (a. 999 — 1003) bei Theiner disquis. crit. S. 318. S. auch Phillips 1, 568.

9 Vgl. Rhabani Mauri ep. ad Heribaldum a. 853. (Hartzheim, conc. Germ. 2, 190, c. 34.

namentlich wegen des Ueberhandnehmens der Simonie und der Inkontinenz machen musste[1], um der Kirche den Klerus zu erhalten, so war damit zwar in der Theorie der alte Grundsatz noch nicht aufgegeben[2], indessen musste doch diese sich immermehr zu Ausnahmen neigende Praxis zu einer Umgestaltung des Rechts selbst führen. Es erklärt sich hieraus, dass Gratian die widersprechenden von ihm angeführten Zeugnisse dadurch zu vereinigen sucht, dass er den Verlust der geistlichen Würde nur dann eintreten lässt, wenn eine Scheinbusse stattgefunden[3] oder wenn das Verbrechen öffentlich bekannt geworden, resp. für das nicht öffentliche bekannte öffentliche Busse geleistet war[4]. Die Glosse zu seinem Dekret referirt noch über drei verschiedene Meinungen[5], bezeichnet aber die Meinung Gratians als die »verior et benignior«. Sie ist noch in demselben Jahrhundert offiziell recipirt worden und findet sich in mehreren Stellen der Dekretalen Gregors IX. anerkannt[6]. Die Umgestaltung des Busswesens und namentlich das im Abendlande seltene Vorkommen der öffentlichen Busse hat diese Entwickelung demnach nicht im Wesentlichen bestimmt[7], wichtig sind diese Verhältnisse nur insofern geworden, als die Seltenheit der öffentlichen Busse das Durchdringen der durch die Verhältnisse gebotenen Milderung erleichtert hat. Eine Bestätigung dieser Auffassung findet sich auch darin, dass die Tödtung, welcher im Lauf der Zeit gewisse andere Verbrechen gleichgestellt wurden, fort und fort lediglich als solche für ein Weihehinderniss gegolten hat[8], und dass man in dem bekannt gewordenen Verbrechen ein Weihehinderniss fand, erklärt sich einfach aus der Nothwendigkeit der Aufrechterhaltung der Achtung vor dem Klerikalstande. Der Abschluss der Entwicklung ist demnach der gewesen, dass man für gewisse Vergehen, so namentlich die Tödtung, das alte strenge Recht beibehielt, für andere aber dasselbe insoweit milderte, als es mit der Bewahrung der geistlichen Würde und der Sicherung einer gedeihlichen Wirksamkeit des Klerikalstandes verträglich erschien, d. h. insoweit die Irregularität nicht eintreten liess, als die Vergehen unbekannt geblieben waren. Damit ist der ursprüngliche einheitliche Grundgedanke der Ausschliessung wegen Verbrechen aufgegeben, und das Zusammenfliessen einzelner Fälle der irregularitas ex delicto mit denen der irregularitas ex defectu famae bewirkt worden[9].

Dist. L). Hincmari Rhem. de divort. Loth. interr. XI. (Opp. ed. Sirm. 1, 624.) S. auch c. 33. Dist. L.

[1] Vgl. Synod. Roman. a. 1047 unter Clemens II, in welcher dieser nach Petrus Damiani (Opp. ed. Caiet. 3, 68.) bestimmte, „ut quicumque a simoniaco consecratus esset in ipso suae ordinationis tempore non ignorans simoniacum cui se obtulerat promovendum, XL nunc dierum poenitentiam ageret et sic in accepti ordinis officio ministraret", wiederholt auf der Röm. Synode v. 1049 unter Leo IX. vgl. Petrus Damiani a. a. O. Siehe ferner Thomassin. l. c. c. 61. n. 1 ff.

[2] Das wird ausgesprochen im Conc. Rom. a. 1059 (Mansi 19, 907. 908), conc. Roman. a. 1063. c. 2—4. (Mansi 19, 1024. 1025.) und in ep. Urban. II. ad Gebeh. (Mansi 20, 667 u. 715, wo dieser Brief nochmals steht).

[3] dict. zu c. 24. c. 28. Dist. L.

[4] dict. §. 3. zu c. 32. Dist. L, dict. zu c. 1. Dist. LI. Vgl. hierzu auch Thomassin. l. c. n. 12; Phillips 1, 571; Boenninghausen p. 69.

[5] zu c. 6. Dist. XXV. (s. v. primum) und zu dict. Grat. vor. c. 1. Dist. L (s. v. ex praemissis); die eine behauptet die fortwährende Gültigkeit des ursprünglichen strengen Grundsatzes, die zweite unterscheidet für die Möglichkeit der Beseitigung durch die Busse, ob das crimen enorme oder magnum war, die dritte stimmt mit Gratian überein.

[6] c. 5. (Alex. III.) X. de furt. V. 18; c. 4. (Alex. III.) X. de tempor. ordin. I. 11, c. 17. (Gregor. IX.) eod.

[7] Der Accent, welcher gerade darauf, namentlich bei Phillips a. a. O. u. Lehrbuch 1, 119. und Richter, §. 106. gelegt wird, hat m. E. deren Darstellungen etwas Schiefes gegeben. Ich weiche darin ab, dass ich den durch die öffentliche Busse herbeigeführten defectus famae nicht als wesentliche Grundlage der älteren Bestimmungen anzuerkennen vermag. Der citirte c. 3. Dist. LXI ist dafür sicherlich nicht entscheidend.

[8] c. 8. (Mart. Brac.), c. 5. 6. (Nicol. I.) Dist. L; c. 17. (Gregor. IX.) X. de temp. ordin. I. 11.

[9] Vgl. z. B. c. 5. (Alex. III.) X. de furt. V. 18.

§. 5. β. *Das geltende Recht.*

Mit Rücksicht auf das im vorigen Paragraph Bemerkte tritt nach heutigem Recht die Irregularität ein:

I. wegen *Vergehen* (selbstverständlich im Sinne des kirchlichen Strafrechts genommen), *welche öffentlich bekannt* oder *vor Gericht erwiesen* worden sind [1], jedoch nur wegen solcher, welche die betreffende Person der allgemeinen Achtung verlustig machen [2]. Es ist also weder das Vergehen allein, noch ein bestimmtes Genus von Vergehen, welches die Irregularität herbeiführt, sondern es müssen zu demselben noch bestimmte zufällige Umstände hinzutreten [3]. Bei dieser Klasse hebt die Busse die Irregularität nicht auf [4]. Die übrigen Vergehen begründen die Ausschliessung nicht [5], nur wird vor der Zulassung der betreffenden Person die Leistung der gehörigen Busse für die unerlaubte Handlung verlangt [6].

II. Ferner tritt — und hierin ist die alte Auffassung noch erhalten — die Irregularität bei bestimmten schweren Vergehen ein, und es wird ihr Eintritt weder durch das Geheimbleiben derselben, noch durch die Uebernahme der Busse verhindert. Als solche Vergehen sind anerkannt:

1. das *homicidium* (voluntarium), die Tödtung [7], und zwar sowohl der Mord wie auch der Todtschlag. Die kulpose Tödtung (von den früheren Kanonisten homicidium indirecte voluntarium genannt) hat gleichfalls dieselbe Wirkung, nicht aber eine Handlung, welche nur durch Zufall den Tod herbeigeführt hat [8]. Zur Feststellung der Gränze zwischen den Fällen kasueller und kulposer Tödtung haben die älteren Kanonisten die Unterscheidung aufgestellt, ob die Handlung, in Folge deren der Tod herbeigeführt wurde, eine erlaubte oder unerlaubte war [9], und mit Rücksicht hierauf wurde lebhaft gestritten, ob schon jede bei Ausübung einer unerlaubten Handlung verübte Tödtung ohne Rücksicht auf eine etwaige Fahrlässigkeit irregulär mache oder nicht [10]. Diese ganze Unterscheidung ist aber zu verwerfen, denn wenngleich der Tod eines Menschen die Folge der unerlaubten Handlung war, so ist doch darum allein noch nicht

1 c. 4. 17. X. de temp. ordin. I. 11.

2 c. 5. (Alex. III.) X. de furt. V. 18, wo es von einem Kleriker, der einen Kelch gestohlen, heisst: „Mandamus quatenus si sponte confessus fuerit et exinde ecclesiae cuius calix fuerat, satisfecerit, nec est super hoc nota vel infamia manifesta respersus — post peractam poenitentiam aut congruam partem poenitentiae, dummodo alias idoneum ipsum esse cognoscas, ad sacros ordines non dubites promovere".

3 Das Eintreten der nota oder infamia im weiteren Sinn, mithin der defectus famae, ist also das Merkmal für die Grenzscheidung welche Vergehen die Irregularität herbeiführen oder nicht. So lässt sich wohl am passendsten das vielfach unklar dargestellte Verhältniss zwischen irreg. ex def. famae und ex delicto fassen.

4 Vgl. c. 21. pr. (Innoc. III.) X. de accus. V. 1. Van Espen J. E. U. P. II. tit. 10. c. 6. n. 13.

5 Nach dem Trid. sess. XIV. c. 1. de reform. — nicht aber nach dem Dekretalenrecht vgl. c. 17. X. cit., Fagnan. ad c. 4. X. I. 11. n. 9—12; Boenninghausen 1, 76. (A. M. Schulte 2, 121. n. 1.) — kann jedoch der Bischof bei einem ihm auf irgend welche Weise bekannt gewordenen, sonst geheimen Vergehen (ex informata conscientia) die Ordination verweigern, wofür er auf erhobenen Recurs nur dem päpstlichen Stuhl die Gründe anzugeben braucht.

6 c. 5. X. de furt. cit., c. 4. 17. X. de temp. ord. cit. — Van Espen l. c. n. 15.

7 c. 8. (Mart. Brac.), c. 7. (conc. Agath. ?), c. 6. (Nicol. I.), c. 4. (Joann. VIII.) Dist. L; c. 17. (Gregor. IX.) X. de temp. ord. I. 11; c. 18. X. de homic. V. 12. vgl. hierzu Boenninghausen 2, 5 ff.

8 c. 39. (Nicol. I.) Dist. L; c. 9. (Alex. III.) X. h. t. V. 12. Im Gegensatz zur vorsätzlichen Tödtung (homicidium voluntarium) bezeichnet übrigens die kanonische Sprache mit homicidium casuale nicht nur die kasuelle Tödtung im heutigen Sinn, sondern auch die kulpose. S. Boenninghausen p. 40.

9 S. Bernh. Papiens. summa lib. 5. tit. 10. §. 5; Hostiens. summa aurea. h. t. n. 4; die Summarien zu c. 7. 9. 12. 13. 23. X. h. t.

10 Für die erste Alternative z. B. Hostiens. a. a. O.; Fagnan. zu c. 12. X. h. t. n. 19; Ferraris prompt. bibl. sub voce: irregularitas art. I. n. 10; für die verneinende Alternative s. die Nachweisungen bei Boenninghausen p. 35. n. 29.

ein Zusammenhang zwischen Willen und That vorhanden, vielmehr ist das massgebende Moment lediglich das, ob die betreffende Person die gehörige Vorsicht beobachtet oder dieselbe vernachlässigt hat. Eine solche Hintenansetzung, also eine culpa, kann aber freilich schon in der Vornahme gewisser Handlungen liegen (z. B. Schiessen in einen dem Verkehr offenstehenden Ort oder Herabwerfen von Steinen auf eine belebte Strasse), während andere erst unter bestimmten Umständen eine Verletzung der von Jedem geschuldeten Aufmerksamkeit enthalten. Das in den Dekretalen erwähnte: »nec dedit operam rei licitae« [1] heisst nur soviel als eine Handlung, deren Vornahme an sich und für sich noch keine Fahrlässigkeit konstituirt, bildet also nicht den Gegensatz zu jeder schon an und für sich verbotenen Handlung [2]. Welcher Grad der culpa erforderlich ist, darüber streiten die Kanonisten ebenfalls, indem bald nur culpa lata, bald auch culpa levis, bald schon culpa levissima für genügend erachtet wird [3]. Da aber die Dekretalen für solche Unterscheidungen nicht den mindesten Anhalt gewähren [4], so kann als Massstab nur der angelegt werden, dass jeder dafür verantwortlich gemacht wird, was er zu wissen und zu leisten im Stande war [5]. Ob übrigens der Tod durch eine positive Handlung oder eine Unterlassung, jedoch für den letzteren Fall nur da, wo eine Rechtspflicht zum Handeln vorlag, herbeigeführt worden, ist gleichgültig [6]. Der intellektuelle Urheber wird ebenfalls irregulär [7]; geht der Auftrag nicht auf Tödtung des Anderen, aber auf eine Handlung, welche den Tod herbeiführen kann, so wird der Mandatar irregulär, wenn er es bei eigner Vornahme der Handlung geworden wäre [8]. Endlich trifft die Irregularität auch die Gehülfen [9]. Dagegen setzen die

[1] c. 13. 23. X. h. t.

[2] Unklar drückt diesen Gedanken schon das Summarium zu c. 8. X. h. t. dahin aus: „homicidium casuale imputatur ei qui dabat operam rei illicitae vel etiam licitae, secundum alium intellectum, si non adhibuit omnem diligentiam quam debuit". Vgl. ferner unter den älteren namentlich Covarruvias in Clem. si furiosus relect. p. II. §. 4. n. 9. 10. (opp. ed. Francof. 1599. 1, 583), Gonzalez Tellez ad c. 11. X. h. t. n. 1. 3; Engel, colleg. u. j. can. V. 12. n. 50; Schmier tit. I. tract. 4. c. 4. n. 439; Reiffenstuel V. 12. n. 195; Phillips 1, 600; Boenninghausen p. 52 ff. und die bei diesen weiter citirten, so dass diese den richtigen strafrechtlichen Gesichtspunkt zur Geltung bringende Meinung schon seit dem 16. Jahrh. als die communis opinio betrachtet werden kann. A. M. Schulte 2, 118. n. 1, unter Berufung auf c. 10. 19. X. h. t., von denen die erstere Stelle aber von Ueberschreitung der Nothwehr, die zweite von dem defect. perf. lenit. handelt (vgl. oben S. 30). Fälle der kulposen Tödtung c. 7. 8. 12. X. h. t., im Gegensatz dazu stehen die in c. 9. 13—15. 22. 23. 25. h. t. erwähnten. Ist das Faktum, wonach die Schuldfrage sich entscheidet, zweifelhaft, so tritt Dispensation unter Auflegung einer Busse ein. S. c. 12. 16. X. h. t. Van Espen, I. E. U. P. II. tit. 10. c. 7. n. 22. 23.

[3] Die nöthigen Nachweisungen bei Boenninghausen p. 50 ff., welcher aber die Streitfrage selbst unentschieden lässt.

[4] c. 7. X. de poenit. V. 38. kann nicht, wie mitunter geschieht, so z. B. von Schmier l. c. n. 433. 434, für die Annahme, dass allein culpa lata die Irregularität begründet, geltend gemacht werden. Der Gegensatz zwischen „si ipsis procurantibus vel studiose negligentibus filii in lectis reperiuntur oppressi" und „si ex incuria ipsorum mortui inveniuntur in cunis" ist nicht der von dolus und culpa lata einer- und den übrigen Graden der culpa andererseits, sondern der von dolus, der auch beim studiose negligentibus vorliegt, und culpa überhaupt. Die Stelle setzt auch für den letzteren Fall Irregularität voraus, der Papst dispensirt aber unter der Voraussetzung „ut illud fuerit occultum" von derselben.

[5] Dass es auf den individuellen, überhaupt im Strafrecht in Betracht zu ziehenden Massstab ankommt (vgl. Heffter, Strafrecht §. 68; Geib, Strafrecht 2, 262.), nehmen auch die Kanonisten an, nur wird dieser Satz in die Formel gebracht, dass zu der s. g. culpa iuridica die culpa theologica oder in foro conscientiae hinzukommen muss und dass diese letztere sich nach Zeit, Ort und Beschaffenheit der Person bemisst. Vgl. über diese Streitfrage zwischen dem Verhältniss der juristischen und theologischen culpa Boenninghausen p. 51. 52.

[6] Vgl. Boenninghausen p. 60 ff., s. auch c. 7. X. de poenit. cit.

[7] c. 8. Dist. L; c. 2. (Alex. III.) X. de cleric. pugn. V. 14; c. 3. (Bonifac. VIII.) in VIto h. t. V. 4.

[8] c. 3. in VIto cit.: „Is qui mandat aliquem verberari, licet expresse inhibeat, ne occidatur ullatenus vel membro aliquo mutiletur, irregularis efficitur, si mandatarius, fines mandati excedens, mutilet vel occidat, quum mandando in culpa fuerit et hoc evenire posse, debuerit cogitare".

[9] c. 8. Dist. L; c. 23. (August.) Dist. I. de poen.; c. 6. (Alex. III.) §§. 2 sqq. (betrifft den

Dekretalen sämmtlich die vollendete Tödtung voraus und es kann daher der Versuch derselben nicht als die Irregularität begründend angesehen werden[1].

Ebensowenig tritt die Irregularität ein, wenn die Zurechnungsfähigkeit aufgehoben ist, also nicht in Folge der von einem Kinde, Wahnsinnigen oder Schlafenden begangenen Tödtung[2]. Endlich ist der Eintritt der Irregularität auch im Fall der Nothwehr zwar nicht durch das ursprüngliche Recht[3], aber in Folge einer Bestimmung des Concils von Vienne (1311)[4] ausgeschlossen. Die Nothwehr muss aber geübt worden sein, um sich wider einen gegenwärtigen Angriff auf das Leben zu schützen, welchem man sich sonst nicht, also auch nicht durch Flucht, entziehen konnte[5]. Die Ueberschreitung dieser Gränzen, mithin Tödtung in denjenigen Fällen, in welchen sie zum Schutze des eigenen Lebens nicht nöthig war[6], zum Schutze des Lebens anderer Personen, selbst naher Angehöriger[7], zum Schutze anderer Güter als des Lebens, z. B. der Ehre, der Keuschheit, des Vermögens[8] hindert den Eintritt der Irregularität nicht[9]. Ob das Tridentinum[10] an diesen durch die gedachte Clementina eingeführten Rechtszustand geändert hat, ist bestritten. Indessen erscheint die verneinende Meinung als die richtige, denn abgesehen davon, dass eine beiläufige Aenderung des älteren Rechts

Mord des h. Thomas v. Canterbury), c. 18. X. h. t.; c. 2. X. V. 14. cit. Ueber die Tödtung bei einer Rauferei s. c. 34. (c. inc.) C. XXIII. qu. 8; c. 18. cit.

1 Vgl. Reiffenstuel V. 12. §. 2. n. 31; Berardi l. c. p. 2. diss. 4; c. 3. Ferraris s. v. irregularitas. Addit. Cassinenses (ed. Mont. Cass. 1848.) Tom. 4. p. 504. Das ergiebt sich auch aus der singulären Vorschrift des c. 1. in VIto h. t. (Innoc. IV.) über die Assassinen, worunter die Glosse und ein Theil der Kanonisten eine ungläubige Völkerschaft, andere aber überhaupt Banditen, d. h. solche Personen, welche sich zum Mord dingen lassen, verstehen. S. die Nachweisungen bei Schmierl. c. n. 385 ff., J. H. Boehmer, I. E. P. V. 12. §§. 26. 27.

2 Clem. un. de homic. V. 4. Dasselbe muss auch von dem sinnlos Betrunkenen gelten. Freilich ist hierbei zu beachten, dass in den Fällen, wo die Person es in der Hand hat, den betreffenden Zustand selbst herbeizuführen, mitunter doch eine kulpose, ja auch eine absichtliche Tödtung stattgefunden haben kann. Vgl. c. 7. X. cit. de poenit. V. 37; Boenninghausen p. 45; s. auch Berner, Strafrecht §. 79.

3 c. 8. (Martin. Bracar.), c. 6. (Nicol. I.) Dist. L.

4 Clem. un. cit., wodurch eine frühere aus Anlass der Geltendmachung milderer Ansichten entstandene Kontroverse (vgl. Hostiensis summa aurea h. r. n. 5.) geschlichtet wird.

5 Das ergiebt deutlich der Wortlaut der Stelle: „Et idem de illo censemus qui mortem aliter vitare non valens suum occidit vel mutilat invasorem“. Eine Ausnahme für diejenigen Stände, mit deren Begriffen von Ehre die Flucht nicht vereinbar ist, so viele Aeltere, z. B. Pirhing V. 12. n. 79; Reiffenstuel V. 12. n. 150. ist unhaltbar Das Richtige z. B. bei Ferraris l. c. n. 9; Phillips 1, 594; Boenninghausen p. 156.

6 c. 2. 10. 18. h. t.

7 Vgl. Ferraris l. c., Phillips 1, 595, Boenninghausen p. 160.

8 c. 2. X. h. t. Vgl. Phillips 1, 596. 597.

9 Ein Theil der Kanonisten, z. B. die Glosse zu Clem. cit. ad v. suum, welche sich schon auf Innocenz IV. beruft, Ferraris l. c. lassen in dem zu Note 7 des Textes angeführten Fall, Reiffenstuel l. c. 154; Pignatelli t. 7. cons. 20. n. 4; Boenninghausen auch in dem letzterwähnten (vgl. p. 160. 161.) aber keine irregularitas ex delicto, sondern nur eine irregularitas ex defectu perfectae lenitatis eintreten. Dabei ist indessen übersehen, dass, wenngleich c. 5. 7. C. XXIII. qu. 3. die Tödtung zum Schutz eng verbundener Personen für zulässig erklärt und ferner auch die Nothwehr zum Schutz gegen die Zufügung eines Vermögensverlustes für gestattet zu erachten ist, doch das ältere Recht die aus Nothwehr verübte Tödtung jeder anderen unberechtigten gleichstellt und für die hier in Rede stehenden Fälle durch die Clem. un. cit. nicht abgeändert ist. Auch fehlt demjenigen, welcher eine solche Tödtung vorgenommen hat, nicht blos die nothwendige Friedfertigkeit, Milde und Sanftmuth, sondern er hat gegen ein für diesen Fall noch massgebendes Gebot höherer christlicher Ethik gefehlt, welches Alexander III. in c. 10. h. t. cit. dahin angiebt: „verum quoniam expediebat potius post tunicam etiam relinquere pallium et rerum sustinere iacturam quam pro conservandis vilibus rebus et transitoriis tam acriter in alios exardescere“. Andere z. B. Schmalzgrueber, ius can. V. 12. n. 37. nehmen gar keine Irregularität an.

10 Sess. XIV. c. 7. de ref.: .... Si vero homicidium non ex proposito, sed casu vel vim vi repellendo, ut quis se a morte defenderet, fuisse commissum narretur, quam ob causam etiam ad sacrorum ordinum et altaris ministerium et beneficia quaecunque ac dignitates iure quodammodo dispensatio debeatur, committatur loci ordinario aut ex causa metropolitano seu viciniori episcopo qui non nisi causa cognita et probatis precibus ac narratis nec aliter dispensare potest“.

in dem betreffenden, entscheidenden Zwischensatz kaum anzunehmen ist, lässt die Hinzufügung des Wortes: »quodammodo« und der Ausdruck: »dispensatio iure debeatur« sich nur daraus erklären, dass bei der Nachsuchung einer Entscheidung in faktisch zweifelhaften Fällen eine Deklaration, eventuell wenn die den Ausschluss der Irregularität begründenden Thatsachen nicht durch die angestellte Untersuchung genügend konstatirt sind, eine Dispensation ad cautelam erfolgen soll[1].

2. Die gleiche Wirkung wie der Tödtung kommt dem *Vergehen der Abtreibung einer Leibesfrucht* (procuratio abortus) zu, möge dieselbe dolos oder kulpos vorgenommen sein[2]. Das ältere Recht von der Anschauung der damaligen Zeit ausgehend, dass die Seele erst nach der körperlichen Entwicklung des Fötus im Mutterleibe demselben[3], und zwar nach der gewöhnlichen Meinung beim männlichen Geschlecht am 40., beim weiblichen am 80. Tage nach der Konception mitgetheilt werde[4], verlangt weiter, dass der Fötus zur Zeit der Abtreibung bereits beseelt, also lebendig gewesen sei[5]. Dieses Erforderniss ist zwar durch die Constitution Sixtus' V.: »Effrenatam« vom 29. Oktober 1588[6] beseitigt, indessen schon unter Gregor XIV. durch die Constitution: »Sedes apostolica« vom 31. Mai 1591[7] wieder hergestellt. Ganz abgesehen von der dieser Bestimmung zu Grunde liegenden Theorie, lässt sich praktisch vielfach gar nicht feststellen, ob die Abtreibung vor oder nach dem entscheidenden Zeitpunkt stattgefunden hat[8]. Deshalb ergreifen Manche den Ausweg, im Zweifel für die Animation des Fötus zu präsumiren[9]. Dieser Aushülfe bedarf es aber nicht, denn gesetzlich ist jene Ansicht von der Belebung des Fötus erst nach einer bestimmten von der Konception ab zu rechnenden Zeit nirgends sanktionirt und es kann daher die neuere Ansicht, welche die Animation des Fötus im Moment der Konception annimmt, der Anwendung der gedachten Verordnungen zu Grunde gelegt werden, womit freilich praktisch der Unterschied zwischen der Constitution Sixtus' V. und Gregors XIV. in dieser Hinsicht beseitigt ist[10].

3. Ferner wird derjenige *irregulär, welcher absichtlich durch Anwendung von Getränken* oder andere Mittel einen Mann oder ein Weib *zeugungsunfähig*, bezüglich *unfruchtbar* macht[11].

[1] Das ist auch die überwiegende Meinung vgl. Cardin. de Luca in adnot. ad Conc. Trident. h. c. disc. 12. n. 3; Fagnan. ad c. 24. X. h. t. n. 3; Reiffenstuel V. 12. n. 147; Berardi l. c. P. II. diss. IV. c. 4; Phillips 1, 604. 605; Boenninghausen p. 155. 65 ff. Die entgegengesetzte Meinung hat z. B. Thomassin l. c. c. 61. n. 10; van Espen l. c. c. 7. n. 10. Eine Mittelmeinung geht dahin, dass zwar keine Irregularität eintritt, aber die Ordination bis zur Konstatirung der Innehaltung der Grenzen der Nothwehr ausgesetzt werden müsse. Vgl. darüber Boenninghausen p. 154. n. 5; Schulte 2, 118. n. 1. verlangt stets eine Dispensation ad cautelam, ich kann aber nicht finden, dass die in der Richter'schen Ausgabe des Tridentinum zu der in Rede stehenden Stelle mitgetheilten Deklarationen der Congregatio Concilii die Nothwendigkeit dieser Art Dispensation in allen Fällen erkennen lassen. — Uebrigens bezieht sich der Streit über das Verhältniss des Tridentinums zu Clem. un. cit. auch auf den Fall der kasuellen Tödtung.

[2] c. 20. (Stephan V. ?) C. II. qu. 3; c. 8. (August.), C. XXXII. qu. 2; c. 20. (Innoc. III.) X. de homic. V. 12. Boenninghausen 2, 80.

[3] c. 9. (incert.) C. XXXII. qu. 2; man berief sich dafür auf die Erschaffung Adams, dessen Leib auch erst vor der Beseelung gebildet worden sei. S. auch München, kanon. Gerichtsverfahren etc. 2, 416.

[4] Glosse zu Dist. Grat. pr. Dist. V: „quadraginta) quia tot diebus mortuus est partus ante infusionem animae, sed foetus femineus LXXX diebus etc.“ S. auch München a. a. O. S. 417.

[5] c. 20. X. V. 12. cit.

[6] §§. 1—3. (§. 1. „qui de caetero per se aut interpositas personas abortus seu foetus immaturi, tam animati quam inanimati, formati vel informis eiectionem procuraverint“) M. Bull. 2, 702.

[7] §. 3. M. Bull. 2, 766.

[8] Sagt doch schon Johannes Teutonicus in der Note 4 citirten Glosse: „quia nescitur quo tempore concipit, item quia nescit, utrum masculum vel foeminam pariat“.

[9] Z. B. Giraldi, exposit. jur. pontif. p. I. lib. V. tit. 12. sect. 827. p. 657; Phillips 1, 592.

[10] So auch Boenninghausen l. c.

[11] c. 5. X. h. t. V. 12, dessen Wortlaut wohl die Ausdehnung auf culpa ausschliesst. Auch die hierfür in der citirten Const. v. Sixtus V. §. 5. angeordneten härteren Strafen sind durch die erwähnte Const. Gregor's XIV. §. 5. aufgehoben,

4. Gehört zu dieser Klasse von Vergehen die *Verstümmelung (mutilatio)* einer andern Person. Darunter wird von den Kanonisten in Anschluss an c. 5. X. ne cler. vel. mon. III. 50[1]; c. 4. X. de raptor. V. 17[2] die Beraubung[3] eines Gliedes des menschlichen Körpers, d. h. eines Theils desselben, welchem von der Natur besondere und eigenthümliche Funktionen zugewiesen sind (z. B. des Fusses, der Hand, der Zunge, des Auges, der Genitalien, der weiblichen Brust) verstanden[4]. Im übrigen gelten hier (hinsichtlich des dolus, der culpa, Anstiftung u. s. w.) dieselben Regeln, wie für die Tödtung[5], nur kann die Nothwehr, die zum Schutz gegen eine angedrohte Verstümmelung geübt ist, nicht die Irregularität beseitigen[6], während die zur Abwendung eines Angriffs auf das Leben vorgenommene Mutilation des Angreifers diese Wirkung selbstverständlich hat.

Wer sich selbst verstümmelt oder durch andere verstümmeln lässt, wird ebenfalls irregulär[7], sofern nicht die Verstümmelung (wie z. B. namentlich zur Erhaltung des Lebens) nothwendig war[8]. Weil aber hier die Irregularität die Folge des bösen Willens ist[9], welcher sich nicht scheut, an das Ebenbild Gottes Hand anzulegen, so genügt schon die theilweise Verstümmelung eines Gliedes und ebensowenig ist es erforderlich, dass dieselbe sichtbar ist[10]. Aus demselben Grunde kann eine kulpos herbeigeführte

nicht aber (s. Phillips 1, 592, Permaneder §. 139. n. 4) die sich schon auf c. 5. cit. gründende Irregularität. So auch Pachmann §. 243. n. e.

1 Alex. III: „Clericis... iudicium sanguinis agitare non licet. Unde prohibemus, ne aut per se truncationes membrorum faciant aut iudicent inferendas".

2 Alex. III: „... moderatione adhibita, ut flagella in vin dictam sanguinis transire minime videantur. Si vero ita fuerit super hoc gravis Sarracenorum excessus, quod mortem vel detruncationem membrorum debeant sustinere, vindictam ipsam exercendam reserves regiae potestati". Vgl. ferner c. 3. (Bonif. VIII) in VIto h. t. V. 4; Clem. un. h. t. V. 4.

3 Es muss also stattgefunden haben eine „truncatio, abscissio oder amputatio", wie die Kanonisten sich ausdrücken. S. z. B. Covarruvias l. c. p. III. n. 9; Gonzalez Tellez ad c. 11. h. t. n. 13; Schmier, l. c. n. 292; Reiffenstuel l. c. n. 55; Ferraris l. c. n. 8; Phillips 1, 593; Boenninghausen 2, 85. 86.

4 S. Covarruvias l. c. n. 8 und die in der vorigen Note citirten. Daher tritt keine Irregularität ein 1. bei blossen Verwundungen, mit denen ein Blutverlust verbunden ist. Die dahin gehende Meinung Berardi's l. c. c. 5 steht vereinzelt da und widerspricht auch einer Entscheidung der Rota v. 1618: „Non obstat quod Petrus dicitur vulnus brachii Martini inflixisse, quia non propterea fuit effectus irregularis, cum irregularitas ex sola sanguinis effusione non causetur, sed necesse sit quod interveniat vel mors vel membri detruncatio". Wenn in diesen Fällen mit dem blossen Blutvergiessen keine Irregularität verbunden ist, kann sie es auch nicht mit dem im Kriege erfolgten sein, denn im letzteren Fall liegt nicht einmal immer eine unerlaubte Handlung vor. Vgl. Reiffenstuel V. 12 n. 118; Pirhing V. 12. n. 116; Schmalzgrueber V. 12 n. 134. Uebrigens halten die älteren Kanonisten auch bei der in Verbindung mit der irregularitas ex homicidio behandelten irr. ex def. perf. lenit. an dem Ausdruck mutilatio fest und geben ihre Definition der letzteren für beide Arten der Irregularität. S. namentlich Engel, colleg. V. 12. §§. 5 1. 58.; ferner auch Schmalzgrueber V. 12. n. 16 ff. 83. 96. 134; Schmier l. c. n. 292. 343. 408. 2. Ebensowenig tritt die Irregularität ein, wenn der Verletzte einen anderen Theil des Körpers (z. B. Zahn, Nagel, Lippen, einen Finger, Ohrläppchen) verloren hat. S. die citirten Schriftsteller. 3. Nicht minder ist die Irrgularität ausgeschlossen, wenn durch die Verletzung nur Unbrauchbarkeit des Gliedes (z. B. des Auges, Fusses), also eine sog. debilitatio oder eine Deformität herbeigeführt ist. Daher muss die z. B. von Berardi a. a. O. hingestellte Regel: „omnem mutilationem quae reddit mutilatum irregularem ex defectu, reddere mutilantem irregularem ex delicto" verworfen werden.

5 Boenninghausen p. 85.

6 Wegen des Wortlauts der Clem. un. h. t. cit. S. auch Boenninghausen p. 157. 158; nur nehme ich auch hier abweichend von letzteren wieder eine irregularitas ex delicto an. S. S. 43 Note 4.

7 c. 6. (Innoc. I.) Dist. LV; c. 2 (Gregor. ?) Dist. XXXIII; häufig wird die Selbstentmannung hervorgehoben, und selbst die zur Abtödtung der Sinnlichkeit vollzogene verboten und mit Irregularität bedroht. c. 7 (Nicaen. 325); c. 4 (can. apost.), c. 5 (conc. Arelat. II. 443 o. 452) Dist. LV.; c. 1. §. 1. (Gelas. I.) Dist. XXXVI; c. 4. (Clem. III.) X. de corp. vitiat. I. 20.

8 c. 8 (can. apost.), c. 9 (Mart. Brac.), c. 10 (conc. Tribur. a. 895) Dist. LV; c. 3 (Clem. III), c. 5 (Innoc. III.) X. eod. tit. cit. Wer sich kastriren lässt, um eine schöne Stimme zum Gesang zu erlangen, wird irregulär. S. Bened. XIV. de syn. dioeces. lib. XI. c. 7. n. 1.

9 S. c. 6. Dist. LV cit. Engel l. c. I. 20. n. 7, Schmier l. c. n. 209 ff. 239. Boenninghausen 2, 92.

10 D. h. also die Voraussetzungen der mutilatio alterius und die des defectus corporis sind hier

Selbstverstümmelung die Irregularität nicht begründen[1], denn hier fehlt es an dem auf die Selbstverletzung direkt gerichteten Willen, wogegen bei einem missglückten, aber eine Mutilation im eben erwähnten Sinn herbeiführenden Selbstmord ein solcher Wille vorliegt, hier also die Irregularität eintreten wird[2].

Ausser diesen auch dem Gebiete des weltlichen Strafrechts anheimfallenden Vergehen wird die Irregularität weiter durch eine Reihe kirchlicher Verbrechen begründet. Es gehört hieher

5. die *Ketzerei* (*haeresis*). Wenngleich schon seit alter Zeit die aus häretischen Sekten zur katholischen Kirche zurückkehrenden Personen von dem Priesterstande fern gehalten und ihnen der in der ketzerischen Genossenschaft erworbene Rang abgesprochen wurde[3], so weist doch die Praxis der früheren Jahrhunderte so viele Beispiele von Ausnahmen auf, dass von einer festen Regel kaum gesprochen werden kann. Die Gründe dafür liegen theils darin, dass sich in den ersten Zeiten das katholische Dogma erst allmählich aus den verschiedenen widerstreitenden Meinungen zu entwickeln anfing und man selbstverständlich die Anhänger einer eben erst verworfenen dogmatischen Ansicht nicht stets von allen geistlichen Stellen beseitigen konnte, theils aber auch darin, dass die mildere Ansicht oft durch die politischen Verhältnisse, und auch durch die Rücksicht, der Ketzerei dadurch leichter Herr zu werden, bedingt war[4]. Trotzdem kann nicht das geringste Bedenken obwalten, als heut geltenden Satz den hinzustellen, dass die Häretiker, mögen sie nun Laien oder Geistliche sein, irregulär sind[5]. Die Häresis muss aber eine formale, d. h. das wissentliche hartnäckige Festhalten an einer von der Kirchenlehre abweichenden Meinung[6] sein, und ferner ist es erforderlich, dass

nicht massgebend; daher ist derjenige, der sich selbst entmannt hat, irregulär, nicht aber derjenige, der gewaltsam von Andern oder vom Arzt zur Erhaltung seines Lebens kastrirt worden ist. S. 45. n. 8.

[1] Darüber herrscht viel Streit, vgl. Boenninghausen p. 93 ff. Indessen setzen die in den vorigen Noten citirten Stellen die absichtliche Verstümmlung voraus; c. 1 (Alex. III.) de corp. vit. I. 20. bestätigt das ebenfalls. Demnach kann der Ehebrecher, welcher vom Ehemann im Ehebruch ertappt und entmannt worden ist, nicht deshalb, weil sein Ehebruch die Veranlassung dazu gegeben hat, wie selbst noch manche Neuere wollen, (z. B. Phillips 1, 467; Permaneder §. 135. n. 5), für irregulär erachtet werden. S. auch Boenninghausen a. a. O., Pachmann §. 243. n. e.

[2] Gleichzeitig wird damit die ex defectu famae konkurriren. Vgl. Engel, l. c. n. 35.

[3] c. 18. i. f. (Innoc. I.) c. 1 (Cyprian.) C. I. qu. 1; c. 51. conc. Eliber. n. 305 oder 306; c. 5. Dist. L. (c. 19. conc. Tolet. V. n. 633). Vgl. ferner ep. Agapet. I. ad ep. Afric. a. 535. (Mansi 8, 848).

[4] So lässt das conc. Nicaen. c. 8. 19. (s. auch c. 8. C. 1. qu. 7) die Novatianer und Paulianisten zu. Mit der Annahme, dass die ersteren blos Schismatiker, nicht Häretiker gewesen (so Hefele, Conciliengeschichte 1, 393) lässt sich das allein nicht erklären. Innocenz I. in seinem Brief an die Macedonier a. 414 (Mansi 3, 1058) bezeichnet sie (c. 5) als Ketzer und erklärt die Bestimmung des Nicänum für eine Ausnahme. Vgl. ferner Gregor M. ep. lib. IX. 61. XI. 67. ed. Ben. 2, 1169. (in Betreff der Nestorianer). Hinsichtlich der gothischen Arianer zeigt ebenfalls eine milde Ansicht c. 10 conc. Aurel. I. a. 511., in Spanien galt nach dem Uebertritt Reccareds zum Katholicismus aus nahe liegenden Gründen dasselbe. s. c. 1. conc. Caesaraug. II. a. 592. Helffrich, Gesch. des Westgothenrechts. Berl. 1858. S. 29. Weitere Beispiele theilt mit die Stelle aus dem Concil v. Nicäa v. 787 (c. 4. C. I. qu. 7.). S. auch Thomassin. l. c. s. II. lib. I. 62—c. 65.

[5] c. 2. §. 2 in VIto. de haeret. V. 2: „Haeretici autem credentes, receptatores, defensores et fautores eorum ..... ad nullum ecclesiasticum beneficium seu officium publicum admittentur". Klar genug ist aber c. 18. C. I. qu. 1. (Innoc. I.): „Sed nostrae lex ecclesiae est, venientibus ab haereticis qui tamen illic baptizati sunt, per manus impositionem laicum tantum tribuere communionem nec ex his aliquem in clericatus honorem vel exiguum subrogare". Auch c. 21. (Leo I.) C. I. qu. 7. bestätigt die Regel, da es sich hier nur um eine Dispensation handelt. S. auch Boenninghausen 1, 106 ff. Ist auch konstante Praxis der katholischen Kirche. Vgl. Corradus, prax. dispens. apost. III. 4. n. 1. 2. und die Entscheidung der Congr. Conc. in Richters Tridentinum S. 181.

[6] Die sog. materielle Häresie, d. h. das blosse Irren über die Kirchenlehre ist eben nicht strafbare Ketzerei, also kein Delikt. Vgl. c. 29. C. XXIV. qu. 3. S. München, a. a. O. 2, 319, 320.

sie auf irgend eine Weise, sei es auch nur durch konkludente Handlungen, kund gegeben worden ist [1].

Die Irregularität aus dem Vergehen der Ketzerei trifft ferner [2] die Anhänger (credentes), d. h. diejenigen, welche sich dem Häretiker durch die Annahme und das beharrliche Bekenntniss seiner Irrlehre anschliessen, die Hehler (receptatores), welche den der gerichtlichen Verfolgung ausweichenden Ketzer wissentlich und freiwillig bei sich verbergen [3], die Beschützer (defensores), welche den Ketzer durch weitere persönliche Thätigkeit, also auch durch Gewalt der Inquisition und Bestrafung zu entziehen suchen, und endlich die Begünstiger (fautores), d. h. diejenigen Personen, welche dem Ketzer als solchem und um der Ketzerei willen auf irgend eine Weise Vorschub leisten [4].

Dass auch die Descendenten von Ketzern oder der eben zuletzt erwähnten Personen diese Irregularität ex delicto trifft, ist bereits in der Lehre von der irregularitas ex defectu fidei (s. oben S. 21) näher auseinander gesetzt.

Endlich ist es unzweifelhaft, dass die dargestellten Grundsätze auch in Deutschland auf die Protestanten Anwendung finden. Von einer totalen Gleichstellung der Protestanten und Katholiken hinsichtlich dieses Punktes kann, als mit der Lehre und dem Princip des Katholicismus unvereinbar, nicht die Rede sein [5], und ausserdem handelt es sich hier um ein Internum der katholischen Kirche, in welches einzugreifen, der Staat nicht die mindeste Veranlassung hat.

Der Ketzerei wird vielfach das Schisma mit gleicher Wirkung zur Seite gestellt [6]. Indessen ist die Irregularität nirgends für die zur Kirche zurückkehrenden Schismatiker festgesetzt [7].

Dagegen gehört zu den ohne Weiteres irregulär machenden Vergehen:

1 Daraus folgt aber noch nicht, dass die Ketzerei, um die Irregularität zu begründen, eine offenkundige im Sinne von Nr. I. dieses §. sein muss, und die Irregularität in Folge der mit der öffentlichen Ketzerei verbundenen Infamie entsteht (so z. B. Pirhing V. 7. n. 46.); die blos im Innern vorhandene Häresie kann die Kirche der Natur der Sache nach nicht vor ihr Forum ziehen, und nur deshalb ist das Heraustreten in die äussere Erscheinung Voraussetzung. S. Reiffenstuel. V. 7. n. 255. Boenninghausen p. 111. Dass die haeresis formalis occulta, aber externa irregulär macht, davon gehen auch die Vollmachten für die Inquisitoren aus. Vgl. z. B. die Constitution Clemens' VII. vom 15. Januar 1530. §. 2. (M. Bullar. 1, 682).

2 c. 2. §. 2. in VIto cit.

3 Dass der Aufgenommene ein Verwandter oder eine sonst engverbundene Person ist, kann der richtigen Meinung nach nicht vor der Irregularität schützen. S. Boenninghausen 1, 122 ff.

4 Boenninghausen p. 117.

5 Es darf also die dahin gehende Meinung katholischer Schriftsteller (vgl. z. B. Permaneder §. 136; Schulte 2, 118. n. 4; Boenninghausen p. 132) keineswegs als Geltendmachung einer ungehörigen konfessionellen Schärfe bezeichnet werden.

6 So namentlich die Neueren s. Wiese, Handbuch 1, 585; Phillips 1, 579; Richter §. 106; Schulte 2, 118; München a. a. O. 2, 356. Unter den älteren gehört hieher Andr. Vallensis paratitla jur. can. V. 8. n. 3.

7 c. 1. (decret. Nicolai II. a. 1059) Dist. XXIII. bestimmt nichts darüber; das gleiche gilt von c. 32 (Pseudo-Isid.) C. XXIV. qu. 1; c. 5. §§ 1—3. (synod. Plac. 1095) C. IX. qu. 1. stellt nur eine auf spezielle Verhältnisse berechnete Massregel auf und bezieht sich überdies auch nicht auf das Schisma allein, sondern auch mit demselben verbundene Ketzereien. Letzteres gilt auch von c. 1. (conc. Later. III. a. 1179) X. de schismat. I. 8. C. 5. (Alex. III.) X. de elect. I. 6; c. 2. (Innoc. III.) X. h. t. sprechen nur die Unfähigkeit zu Aemtern aus, welche mit der Irregularität nicht identisch ist; c. 6. X. de elect. handelt ebenfalls nicht von der letzteren, sondern von der suspensio ab ordine. Gegen die Annahme der Irregularität kann auch angeführt werden die Aeusserung Gregors I. lib. IV. ep. 14. ed. Ben. 2, 694. Verworfen wird dieselbe von einer Reihe von Kanonisten s. Engel l. c. V. 8. n. 3; Schmier lib. V. tract. 2. c. 3. n. 67; Reiffenstuel V. 8. n. 15; Pirhing V. 8. n. 8; Permaneder §. 136; Pachmann §. 243. N. a; Boenninghausen 1, 134. — Selbstverständlich ist, dass das Schisma als crimen notorium und ferner in Verbindung mit der Häresie, mit welcher es gewöhnlich vereint auftritt, irregulär machen kann.

6. die *Apostasie*. Die s. g. *apostasia a fide*, der bewusste manifestirte Abfall vom christlichen Glauben, welche ebenso wie die Häresie eine Läugnung der Lehre der Kirche enthält, aber wegen der damit verbundenen Verwerfung des Christenthums überhaupt als ein noch schwereres Verbrechen gilt, ist wegen dieser ihrer Natur der Häresie gleichgestellt worden und daher trifft hier die Irregularität nicht nur die Apostaten selbst, sondern auch die credentes, receptatores, defensores et fautores[1].

Was die mit der apostasia a fide oft zusammengestellte *apostasia ab ordine*, d. h. das faktische Aufgeben und Verlassen des geistlichen Standes und die *apostasia a religione* betrifft, so macht die erstere an sich nicht (wohl aber insofern sie mit der s. g. bigamia similitudinaria konkurrirt) irregulär[2]. Hinsichtlich der letzteren, des eigenmächtigen Verlassens des Ordens, gilt der Grundsatz, dass die betreffende Person den während der Apostasie empfangenen ordo sacer auch später nach erfolgter Rückkehr und Busse nicht ohne päpstliche Dispensation ausüben kann[3]. Im weiteren Umfang ist die Irregularität nicht angeordnet und daher ist derjenige, welcher während der Apostasie keine Weihen oder nur die niederen erhalten hat, nicht als irregulär anzusehen[4].

7. Wegen *Missbrauchs der Taufe (abusus baptismi)* und zwar zunächst wegen Wiederholung derselben wird irregulär derjenige, welcher eine schon gültig getaufte Person wissentlich oder aus schuldbarer Unachtsamkeit noch einmal und zwar unbedingt (absolute) tauft[5], sowie derjenige, welcher sich unter denselben Voraussetzungen zum zweiten Male taufen lässt[6]. Auch die bedingte Wiederholung der Taufe erzeugt die Irregularität, wenn sie bei nicht gehörig begründetem Zweifel über eine etwa früher erfolgte Taufe oder über deren Gültigkeit vorgenommen oder gestattet worden ist[7]. Endlich trifft auch die Irregularität diejenigen, welche bei einer unerlaubten Wiedertaufe als Ministranten Hülfe leisten[8]. Nach der überwiegenden, aber nicht unbestrittenen Meinung ist die Irregularität für den Taufenden nicht nur eine partielle, bei der die Ausübung des empfangenen ordo zwar gestattet, und allein das Aufsteigen zu einem

[1] c. 13 in VI^to de haeret. V. 2. Vgl. auch c. 32 (conc. Ancyr. a. 314); Vgl. Boenninghausen 1, 135.

[2] Boenninghausen p. 136.

[3] c. 6. (Honor. III.) X. de apost. V. 9.

[4] Gonzalez Tellez ad c. 6. cit. n. 1; Boenninghausen p. 137. Der allgemein lautende c. 69 (conc. Arel. II. a. 443 oder 452) Dist. L. kann, als Vorschrift eines Particular-Konzils, nicht für das Gegentheil angerufen werden, daher nicht richtig Permaneder §. 136. n. 1; Pachmann §. 243. n. u.

[5] c. 2. (Alex. III.) X. de apostat V. 9. statuirt allerdings die Irregularität ausdrücklich nur für einen bei der Wiedertaufe ministrirenden Diakon, es ist aber unbedenklich, auf Grund dieser Stelle den Wiedertäufer selbst gleichfalls für irregulär zu erklären. Giraldi, exposit. iur. pontif. p. I. lib. V. tit. 9. s. 812. Boenninghausen 1, 80. Vgl. übrigens auch c. 46 apost; c. 6. (conc. Later. a. 1215) X. de bapt. III. 42.

[6] c. 65. i. f. (conc. Carth. V. a. 401) Dist. L; c. 5 (Tolet. IV. a. 633) Dist. LI; c. 21 (Leo I.). c. 10. (Felix III.) C. I. qu. 7; c. 118 (Felix) Dist. IV. de consecr; c. 3 (Gregor I.) Dist. LI; c. 117 (poen. Theod.). Dist. IV. de consecr. Bei völliger Unkenntniss von der ersten Taufe kann die Irregularität aber nicht eintreten; (auf c. 117 cit. kann das Gegentheil nicht gegründet werden. S. Boenninghausen ff. A. M. Pachmann §. 242. n. ece).

[7] Mangels einer direkten Bestimmung wird dies von Manchen, z. B. Reiffenstuel V. 9. n. 37. Schmalzgrueber V. 9. n. 36. bestritten. Der Catech. Romanus P. II. c. 2. qu. 43 nimmt aber die Irregularität an, ebenso Bened. XIV. de syn. dioec. lib. VII. c. 6. n. 2; inst. 84. n. 9; Ferraris l. c. n. 11; Giraldi l. c. P. I. lib. III. tit. 42. s. 615.; Boenninghausen 86 ff. Der Grund der Irregularität ist, sofern nicht gleichzeitig Häresie konkurrirt, die Unbill gegen das Sakrament, und diese liegt auch hier vor. Dehnt man einmal die Irregularität über den speziell in c. 2. X. de apost. besprochenen Fall aus, was allgemein geschieht, so muss man die Irregularität auch dann statuiren, wenn eine absolute Taufe da stattgefunden hat, wo nur ein gegründeter Zweifel über die Vornahme oder Gültigkeit der ersten Taufe vorlag, also allein bedingt hätte getauft werden dürfen. S. auch Boenninghausen S. 86.

[8] c. 2. X. de apost. cit. Dass die Pathen ebenfalls irregulär werden (s. z. B. Phillips 1, 582) lässt sich daraus nicht herleiten. Boenninghausen S. 96.

höheren verboten ist, sondern eine totale [1]. Ebensowenig erscheint die Annahme haltbar, dass die Wiederholung der Taufe öffentlich bekannt geworden sein muss, um die Irregularität des Taufenden zu begründen [2].

Steht auch die Konfirmation und die Ordination mit der Taufe insofern gleich, als diese Sakramente ebenfalls einen unauslöschlichen Charakter aufprägen und nicht wiederholt werden dürfen, so kann doch daraus Mangels einer ausdrücklichen Bestimmung [3] die mitunter aufgestellte Ansicht [4] nicht gerechtfertigt werden, dass auch die Wiederholung dieser Sakramente für den Ertheiler und Empfänger die Irregularität herbeigeführt [5].

Ausser den vorhin aufgezählten Fällen tritt die Irregularität noch ein, wenn eine nicht mehr im Kindesalter stehende Person wissentlich und ohne dringende Noth die Taufe von einem Ketzer (gleichgültig ob er ein haereticus vitandus oder toleratus ist) [6] sich hat ertheilen lassen [7]. Der Fall, in welchem Jemand die Taufe bis zu einer schweren Krankheit aufgeschoben hat, gehört nicht hierher [8], sondern unter die Irregularitäten ex defectu, da hier von einem crimen und abusus baptismi nicht die Rede sein kann.

8. Der *ordnungswidrige Empfang der Weihen* (abusus ordinationis) führt unter gewissen Voraussetzungen ebenfalls die Irregularität herbei. Dieselbe trifft denjenigen, welcher die Weihe furtive erlangt hat, d. h. dadurch, dass er ohne vom Bischof geprüft und zugelassen zu sein, sich unter die Ordinanden eingedrängt [9]; jedoch ist diese Irregularität keine totale, da der Kandidat den früher rechtmässig empfangenen ordo ausüben kann, und nur von der des furtive erlangten, sowie von dem Empfang eines höheren ordo ausgeschlossen ist [10]. Für andere ähnliche Fälle ist die Irregularität als Folge nicht ausgesprochen, und daher ist die Ansicht, welche sie auch bei Erlangung des ordo

[1] So Bened. XIV. inst. 84. l. c.; die Congreg. concilii; Ferraris l. c.; Boenninghausen S. 93. 93. In der That liegt ein innerer Grund für die Unterscheidung zwischen dem Taufenden und demjenigen, der sich noch einmal taufen lässt, nicht vor.

[2] S. Boenninghausen S. 94. 95, welcher aber mit vielen Aelteren für die Irregularität des Ministranten diese Bedingung festhält. Das c. 2. X. de apost. spricht dafür nicht, denn es handelt sich in demselben augenscheinlich um die Bedingungen der Dispensation, nicht der Irregularität.

[3] c. 1 (Gregor. I.) Dist. LXVIII; c. 4 (Pseudo-Isid.). Dist. V. de consecr., die angeführt werden, handeln nicht von der Irregularität.

[4] So z. B. von Phillips 1, 583.

[5] Boenninghausen S. 96 ff.

[6] Vgl. Bened. XIV. de syn. dioec. lib. VI. c. 5.

[7] c. 18 (Innoc. I.) C. I. qu. 1; c. 10 (Felix III.). C. I. qu. 7; c. 5 (Tolet. IV. a. 633) Dist. LI; — c. 10 cit. schliesst freilich alle aus, „qui in qualibet aetate alibi quam in ecclesia catholica baptizati sunt" und wenn auch hiergegen die entgegenstehenden c. 3. 4 (Carth. III u. V.) C. 1. qu. 4. als Beschlüsse von Partikularsynoden nicht angeführt werden können, so hat sich doch der im Texte angegebene Rechtssatz schon seit der Glosse zu c. 10. cit. festgestellt und wird durch die Congr. Concilii auch in der Praxis angewendet. S. die Entscheidung von 1718 in Richters Tridentinum S. 181. Vgl. auch Phillips 1, 582; Richter, Kirchenrecht. §. 106. n. 14; Boenninghausen S. 98 ff.

[8] Anders Phillips 1, 580; Permaneder §. 137; Boenninghausen p. 101 ff., dessen Ausführungen über die Nothwendigkeit der Dispensation ich ebensowenig beistimmen kann. S. oben in der Lehre vom defectus fidei (S. 20).

[9] c. 1 (Alex. III.); c. 2. (Coelest. III.) X. de eo qui furt. V. 30.

[10] Hat der Bischof vorher verkündet, dass bei Strafe der Exkommunikation Niemand, der nicht die gesetzlichen Vorschriften beobachtet, sich eindrängen soll, so tritt abgesehen von der angedrohten Exkommunikation auch noch die Unfähigkeit ein, den rechtmässig empfangenen ordo auszuüben. c. 1. 3. cit. Vgl. auch Phillips 1, 377; Pachmann §. 243. n. o; Boenninghausen 2, 98 ff. — Unstreitig ist der im Text hingestellte Satz nicht; einige Kanonisten verwerfen die Irregularität ganz, wogegen das in allen 3 Kapp. des Titels vorkommende dispensare spricht; andere lassen die Irregularität nur eintreten, wenn vorher die Exkommunikation angedroht war (s. z. B. Reiffenstuel V. 30. n. 10; Schmalzgrueber V. 30. n. 9.). München, kanon. Gerichtsverf. 2, 686 nimmt für beide Fälle totale Irregularität an.

durch falsche Vorspiegelungen über den erforderlichen Ordinationstitel (s. §. 9) entstehen lässt[1], nicht zu billigen.

Dagegen gehört weiter hierher der *simonistische Empfang eines Weihegrades oder eines Benefiziums*[2]. Dass jedwede Art der Simonie, auch wenn sie geheim geblieben ist, irregulär macht[3], ist nirgends angeordnet[4], und da die Strafen und Folgen der Simonie je nach der Art derselben verschiedenartige sind, kann eine Ausdehnung jener Vorschrift nicht zulässig erscheinen.

Unrichtiger Weise werden ferner folgende Fälle des s. g. abusus ordinationis als mit der Irregularität bedroht aufgezählt: der Empfang der Weihe durch einen Bischof, welcher auf sein Amt und seine Diöcese verzichtet hat[5], sowie durch einen exkommunicirten (suspendirten, intendicirten, häretischen und schismatischen) Bischof[6], ferner Empfang der Weihe durch eine in der grossen Exkommunikation befindliche Person[7], weiter die Erlangung und Annahme der Weihegrade nicht in der vorgeschriebenen Stufenfolge (promotio per saltum)[8], sodann der vorschriftswidrige Empfang mehrerer

[1] So Schulte 2, 134; Pachmann. §. 243. n. o. Der von ihm citirte Fagnan. ad c. 18. X. de praeb. III. 5. n. 66 ff. spricht nur von der Suspension, und auch nur diese freilich auf immer droht die sich allein auf Italien beziehende Constitution Urbans VIII: secretis aeternae providentiae vom 11. Dezember 1624. §. 3. (M. Bull. 4, 82) an. Vgl. auch Kober, Suspension S. 219 ff.

[2] Entscheidend ist die Gleichstellung mit dem homicidium in c. 21 (Innoc. III.) X. de accus. V. 1: „. . in quo quidem duximus distinguendum, utrum sit tale crimen quod ordinis exsecutionem suscepti aut retentionem beneficii etiam post peractam poenitentiam impediret, puta si homicidium commisisset vel adeptus esset ordinem aut beneficium vitio simoniae". Anscheinend gleicher Meinung Phillips 1, 579; Lehrbuch §. 64. n. 11; Permaneder §§. 136. 138.

[3] So Berardi ad lib. V. decr. p. I. diss. 3. c. 2; Richter §. 106; Schulte 2, 118; Pachmann §. 243.

[4] Die Stellen im Dekret, welche Ausschliessung vom Klerikalstande und Absetzung aussprechen, [vgl. c. 5. (Tolet. IV. a. 633) Dist. LI; c. 2 (Gregor.?) Dist. XXXIII; c. 3 (Gregor. I.) C. VII. qu. 1; c. 5. (Nannet. a. 658) Dist. XXIV; c. 2. (Nicaen. 787) C. I. qu. 7; c. 107. 110. (Nicol. II. a. 1059) C. I. qu. 1; c. 1 (Urb. II. a. 1095) C. I. qu. 5.] handeln meistens ebenfalls nur von den im Text erwähnten Fällen und soweit sie dies nicht thun, sind sie schon deshalb nicht entscheidend, weil sie der Zeit vor der Wendung in der Lehre von den irregularitates ex delicto angehören. Die citirten späteren Stellen c. 11. 13. 23. 27. 37. 45. X. de simonia V. 3; c. 2. eod. in Extr. commun. V. 1. berühren ebenfalls nur die simonistische Ordination, für die sie theils Deposition, theils Suspension in verschiedenem Umfang (s. Kober, Suspension. S. 227 ff.) androhen. Wenn endlich die Constitution Sixtus' V. vom 5. Januar 1588: Sanctum et salutare §§. 3. ff. (M. Bull. 2, 711), welche in Bezug auf die Simonisten durch die Constitution Clemens' VIII vom 28. Februar 1595. Romanum pontificem decet §. 2. (M. Bull. 3, 60) nicht aufgehoben ist, nur die Irregularität für die Ausübung des Weihegrades durch den Simonisten trotz der Suspension statuirt, so lässt sich darin doch keinesfalls eine Bestätigung der gegentheiligen Meinung finden, sondern es kann nur angenommen werden, dass zu der schon durch die Simonie unter den oben angegebenen Voraussetzungen begründeten noch eine weitere Irregularität tritt. — Uebrigens bespricht die Monographie von Boenninghausen den hier in Rede stehenden Punkt mit keiner Silbe.

[5] Vgl. Phillips, Lehrbuch a. a. O., Pachmann §. 242. n. 10 auf Grund von c. 1. X. de ordin. per episc. 1. 13; die allein ausgesprochene Entziehung der executio officii wird auch gegen den Unwissenden verhängt und schon darum kann von einer Irregularität ex delicto nicht die Rede sein. S. Gonzalez Tellez ad c. cit. n. 3; Boenninghausen 2, 105 ff.; Kober, Suspension S. 174. n. 2.

[6] So Phillips, Lehrbuch a. a. O.; Kirchenrecht 1, 580; Pachmann a. a. O. Die entscheidenden Stellen c. 4. (Urb. II.) C. IX. qu. 1; c. 2. (Gregor. IX.) X. de ordinat. ab episc. I. 13. statuiren gleichfalls wieder für den ignorans die Suspension, und der Grund dieser letzteren ist darin zu finden, dass der der Ausübung seines Weiherechtes beraubte Bischof dieselbe auch nicht auf einen anderen übertragen kann. S. Boenninghausen 2, 107; Kober, Kirchenbann 2. Aufl. S. 315; Suspension. S. 176 ff.

[7] So auf Grund von c. 32 (Innoc. III) X. de sent. excomm. V. 32; Fagnan. ad c. cit. n. 8; Phillips a. a. O; Pachmann §. 243, früher auch Kober, Kirchenbann S. 283. Dagegen Berardi l. c. p. I. diss. 4. c. 5; Boenninghausen 2, 109; Kober, Suspension S. 229. Hier tritt ebenfalls nur Suspension ein und zwar auch bei vorliegender ignorantia facti.

[8] So z. B. Ferraris a. a. O. quarto; Phillips a. a. O; Richter §§. 106. 113; Pachmann, a. a. O; Permaneder §. 138; München 2, 681; Schulte 2, 119. 145, der aber dolus als weitere Voraussetzung verlangt, dagegen Gonzalez Tellez ad c. un. X. de cler. per salt. V. 29 n. 6.; Schmalzgrueber V. 29. n. 4; Reiffenstuel V. 29. n. 5; Engel V. 29; Berardi l. c. p. I. diss. 3. c. 4. diss. 4. c. 5; Boenninghausen 2, 102; Kober, Suspen-

Weihegrade an demselben Tage oder ohne Innehaltung der vorgeschriebenen Interstitien [1], endlich Empfang einer höheren Weihe seitens eines Ehemannes ohne Konsens seiner Frau [2].

9. Wegen *ordnungswidriger Ausübung der Weihen* (s. g. abusus ordinis) sind irregulär [3]: a. diejenigen, welche Funktionen eines Weihegrades ausüben, welchen sie nicht besitzen [4], also auch Laien, welche dergleichen Handlungen vornehmen [5]. Voraussetzung des Eintritts der Irregularität ist aber, dass die betreffende Handlung nicht dem ordo eigenthümlich ist, welchen der Kontravenient besitzt (also z. B. dass die Celebrirung der Messe, die Spendung des Sakraments der letzten Oelung, Verwaltung des Busssakraments durch einen Diakon oder einen Geistlichen eines niedrigeren Weihegrades usurpirt wird, wogegen die Vornahme irgend welcher Jurisdiktionshandlungen oder der aus dem wirklich empfangenen ordo herfliessenden Weiherechte ohne Jurisdiktion die Irregularität nicht erzeugt) oder dass doch die betreffende Handlung in einer solchen Art erfolgt ist, wie sie der Kontravenient seiner Stellung nach nicht ausüben darf (z. B. feierliche Taufe in der durch das Ritual vorgeschriebenen Form seitens eines Laien oder Klerikers der niederen Weihegrade, Ministriren von tonsurirten Seminaristen oder Studenten als subdiaconi oder diaconi in der Kleidung derselben bei feierlichen Messen) [6]. Auf Laien, die nach einer vielfach verbreiteten Gewohnheit heute als Messdiener bei den gewöhnlichen Messen zugelassen werden, findet dies natürlich keine Anwendung, nur dürfen sie nicht mit den Amtsinsignien der ordines des ministerii (also der Stola oder dem Manipel) fungiren [7]. Weiter wird das Bewusstsein von der nicht gültig erfolgten Erlangung des betreffenden ordo, welchen man ausgeübt hat [8], oder eine durch grobe

sion S. 216 ff. 217. Auf c. 5. (Tolet. IV. a. 633) Dist. LI. allein lässt sich heutiges gemeines Recht nicht gründen. c. un. (Alex. II.) Dist. LII. spricht mehr für blosse Suspension. c. un. X. h. t. cit. handelt von einem Kandidaten, der sich selbst in Unwissenheit über die Zahl der früher empfangenen ordines befand. Auch Trid. Sess. XXIII. c. 14. de ref. zwingt nicht zur Annahme der Irregularität. Diese tritt vielmehr nur ein, wenn der Kleriker den per saltum empfangenen ordo oder den übersprungenen ausübt, im ersten Fall wegen der Verletzung der Suspension, im letzten wegen der usurpatio ordinis (s. weiter unten im Text).

1 So Ferraris l. c; Phillips Lehrbuch §. 64. n. 11; Pachmann a. a. O.; c. 13 (Innoc. III.) X. de temp. ordin. I. 11. handelt von der Suspension s. Kober, Suspension S. 210; c. 2. 3. (Coelest. III.) X. de eo qui furtive V. 30. sprechen von der Erschleichung der Weihen, bei der die Interstitien übersprungen werden. Bened. XIV. de synod. dioec. lib. XII. c. 3. n. 5, auf welchen sich Pachmann beruft, handelt von dem Fall der Verletzung der Censur durch Ausübung des ordo.

2 So z. B. Ferraris a. a. O. u. Pachmann a. a. O., von denen ersterer diesen Fall nicht unter den defectus libertatis, letzterer aber auch bei demselben aufzählt; das dafür angeführte c. un. de voto in Extrav. Ioann. XXII. (tit. VI) handelt von der Suspension, die Irregularität ist schon vorher vorhanden. S. den vorher gehenden §. 3. S. 36 und Kober, Suspension S. 232 ff.

3 In Betreff der folgenden aufgezählten Fälle herrscht Einstimmigkeit s. Phillips K. R. 1, 580, Lehrbuch §. 64. n. 12; Richter §. 106; Permaneder §. 136; Schulte 2, 119; München 2, 672 ff.; Pachmann §. 243, der freilich zweifelt, ob die Irregularität auch bei dem delictum, sofern es occultum sei, eintritt.

4 c. 1. (Hormisda); c. 2. (Urban. III.) X. de clerico non ord. V. 28.

5 Ob diese in Folge der s. g. *usurpatio ordinis* eintretende Irregularität auch auf Laien auszudehnen ist, darüber besteht Streit. Die Mehrzahl verneint es, vgl. z. B. Schmier, lib. I. tr. 4. c. 6. a. 615 ff; Schmalzgrueber V. 28. n. 23 u. die Citate bei Boenninghausen 1, 191; anscheinend auch Phillips 1, 580. Die bejahende Meinung vertreten ausser der Glosse zu c. 1. cit., z. B. Ferraris l. c. n. 11. quinto; Berardi l. c. p. I. diss. 3. c. 4; Pachmann a. a. O. n. x.; Boenninghausen 1, 192. Die Titelrubrik: de clerico non ordinato ministrante, in der des clericus nicht von allen Handschriften gedacht wird, beweist nichts, denn damit ist noch nicht unbedingt die Beziehung einzelner Stellen auf Laien ausgeschlossen, c. 1: „Si quis baptizaverit (nämlich solemniter) aut aliquod divinum officium exercuerit non ordinatus, propter temeritatem abiciatur de ecclesia et nunquam ordinetur", kann aber sogar wegen des ganz allgemeinen lautenden Schlusses nur auf Laien bezogen werden. S. auch Schulte a. a. O; München 2, 674 ff.

6 Weitere Kasuistik bei Boenninghausen 1, 193 ff.

7 Vgl. Pirhing V. 28. n. 9; Schmalzgrueber V. 28. n. 15; Schulte a. a. O. n. 3; Boenninghausen 199. 144.

8 Boenninghausen 199.

Fahrlässigkeit verschuldete Unkenntniss über diesen Punkt und endlich die Ernstlichkeit der Vornahme der betreffenden Handlung erfordert[1].

Der Laie wird von der Möglichkeit der Erlangung jedes ordo ausgeschlossen, für den Kleriker kann die Vorschrift in c. 1. h. t. cit.: »numquam ordinetur« nur die Bedeutung der Fernhaltung von den höheren ordines haben. Indessen trifft ihn (ausser der auch für den Laien angedrohten Exkommunikation[2]) noch 2- bis 3jährige Suspension vom höchsten Weihegrade, welchen er besitzt[3]. Eine Suspension oder Irregularität für die niedrigeren ist nicht vorgeschrieben, diese kann er also ausüben, sofern er von der ihn gleichzeitig treffenden Exkommunikation, die ihn auch daran hindert, absolvirt ist.

b. Trifft die Irregularität diejenigen Kleriker, welche der grossen Exkommunikation[4], der als Censur oder Strafe verhängten oder ipso iure eingetretenen Suspension[5], sowie dem interdictum personale oder ingressus ecclesiae[6] unterliegen, und trotz der ihnen dadurch[7] entzogenen Befugniss, die oder bestimmte ordines auszuüben, doch sämmtliche aus diesen herfliessenden Weihehandlungen vornehmen, also das Messopfer darbringen, die Sakramente spenden, kirchliche Benediktionen ertheilen, als Diakonen mit der Stola, als Subdiakonen mit dem Manipel bei der Messe funktioniren[8]. Die excommunicatio maior und die suspensio ab ordine, die absolut verhängt ist, nimmt die Befugniss zur Ausübung jeglichen, auch niederen Weihegrades, so dass also die Vornahme der Funktionen eines ordo der letzteren Art gleichfalls die Irregularität erzeugt[9], dagegen entzieht die Suspension von einem höheren ordo allein nicht die Befugniss zur Ausübung der unter demselben stehenden Grade, und es kann dann also durch die letztere keine Irregularität entstehen[10]. Streitig ist, ob in der Annahme eines höheren ordo ebenfalls

[1] Boenninghausen 199. 200. Deshalb wird derjenige Kleriker, der die betreffenden Handlungen zu seiner Uebung für sich vornimmt, nicht irregulär; ebensowenig Jemand, der dies auf dem Theater thut. S. auch Schmalzgrueber l. c. n. 9; Reiffenstuel l. c. n. 7.

[2] Das heisst in c. 1. cit. „abiciatur de ecclesia" s. Gonzalez Tellez ad c. 1. cit. n. 4. Besondere weitere Strafbestimmungen über diejenigen, welche ohne im Besitz des priesterlichen ordo zu sein, die Messe celebriren und Beichte hören s. in den Constit. Clemens' VIII.: Etsi alias am 1. Dezember 1601. §. 3. (M. Bull. 3, 142), Urbans VIII.: Apostolatus officium vom 23. März 1628. (M. Bull. 4, 144), Benedikts XIV.: Sacerdos in aeternum vom 20. April 1744 (Bull. Bened. XIV. 1, 342) und Divinarum humanarumque legum vom 2. August 1757 (M. Bull. 19, 286).

[3] c. 2. X. cit. h. t.

[4] Direkt ist die Irregularität nicht ausgesprochen s. c. 7 (Mart. Brac.) C. XI. qu. 3; c. 1 (can. apost), c. 3. (Alex. III.), c. 10 (Gregor. IX.) X. de cleric. excomm. V. 27; sie folgt aber aus den Worten der letzten Stelle: „si celebrat minori excommunicatione ligatus, licet graviter peccet, nullius tamen notam irregularitatis incurrit" argumento a contrario und daraus, dass sie für den Suspendirten ausdrücklich statuirt ist. Darüber herrscht Einstimmigkeit s. Boenninghausen 1, 139; Kober, Kirchenbann 2. Aufl. S. 308; München 2, 230. Auch die freiwillige Vornahme dieser Handlungen seitens eines excommunicatus toleratus macht denselben irregulär, da der Unterschied zwischen tolerati und vitandi und die daran sich knüpfenden Folgen nicht zu Gunsten des Exkommunicirten, sondern der übrigen Gläubigen eingeführt sind. S. Kober, a. a. O. S. 308; Boenninghausen 1, 166. Ebenso wenig kann es zweifelhaft sein, dass die Irregularität auch die Minoristen trifft. So hat auch nach Fagnan. ad c. 2. lit. cit. n. 17 die Pönitentiarie 1650 entschieden.

[5] c. 1 (Innoc. IV) in VI^to de sent. et re jud. II. 14; c. 1. i. f. (Innoc. IV.) de sent. excomm. V. 11; Boenninghausen 1, 141.

[6] c. 20. (Bonifac. VIII.) in VI^to de sent. excomm. V. 11. Boenninghausen 1, 186. 190.

[7] Also nicht durch einfaches, selbst unter Eintritt einer Censur des kirchlichen Obern angedrohtes Verbot oder durch eine vorhandene Irregularität oder durch s. g. suspensio a deo (d. h. Verhinderung der Spendung und des Empfangs der Sakramente, so lange eine Todsünde nicht durch Busse gesühnt ist). S. Fagnan. ad c. 10. X. de cohib. cler. III. 2. n. 22.

[8] In Betreff der Assistenzleistung der Minoristen in der Weise, wie sie auch seitens der Laien gebräuchlich ist, gilt hier dasselbe, wie im vorigen Fall, d. h. die Irregularität tritt nicht ein; ebensowenig dann, wenn Akte der Jurisdiktion (Assistenz bei der Ehe, Dispensationsbestätigungen, Benefizienverleihungen, Predigthalten) stattgefunden haben. S. Boenninghausen 1, 143; Kober, Kirchenbann S. 310.

[9] S. Boenninghausen 1, 153. 157.

[10] S. Boenninghausen 1, 153. 159; Kober, Suspension S. 112 ff.

eine Verletzung der verhängten Strafe oder Censur liegt, also die Irregularität auch dadurch herbeigeführt wird. Der Grund für die bejahende Meinung, dass das Aufsteigen zu einem höheren ordo eine Ausübung des niederen enthalte, ist augenscheinlich hinfällig und da die gedachte Handlung nirgends mit der Irregularität bedroht ist, muss die Frage verneinend beantwortet werden [1].

Ein probabler Irrthum über das Vorhandensein der eben gedachten Strafen oder Censuren [2] hindert den Eintritt der Irregularität, ebenso das Vorliegen eines die bösliche Absicht der Verletzung der Kirchengesetze ausschliessenden Grundes [3] (also z. B. Spendung der Sakramente in articulo mortis beim Mangel eines andern Priesters, Vornahme einer Weihehandlung, um einen öffentlichen Skandal zu vermeiden, oder Funktioniren seitens eines excommunicatus non vitandus auf Verlangen der Gläubigen im Fall einer dringenden Nothwendigkeit oder augenscheinlichen Nutzens bei vorhandener Unmöglichkeit, Absolution zu erlangen oder einen andern geeigneten Geistlichen zu schaffen [4]).

Dass auch die Ausübung der Weiherechte durch einen deponirten oder degradirten Kleriker die Irregularität für denselben nach sich zieht, wird zwar von einzelnen behauptet [5], indessen ist das nirgends gesetzlich ausgesprochen [6], und weil Deposition und Degradation, wenn auch theilweise mit den Wirkungen der Suspension übereinkommende, aber doch wesentliche von derselben verschiedene Strafen sind, muss diese Annahme verworfen werden [7].

c. Endlich gehört hieher der Fall der Verletzung des interdictum locale, also das wissentliche und absichtliche Vornehmen einer in Folge desselben verbotenen Funktion an einem interdicirten Orte [8]. Dagegen kann Mangels einer besonderen Bestimmung dieser Satz nicht auf die Verletzung der s. g. cessatio a divinis ausgedehnt werden [9].

[1] Das ist auch die gemeine, von der Congr. Concilii in einer Entscheidung von 1688 getheilte Meinung. S. namentlich Bened. XIV. de syn. dioec. lib. XII. c. 3. n. 5; Ferraris l. c. n. 11. tertio; Schulte 2, 119. n. 5; Pachmann §. 243. n. y; Boenninghausen 1, 145. Dass der betreffende aber den so empfangenen ordo nicht ausüben darf, kann nicht bezweifelt werden. Boenninghausen 1, 159; Kober, Suspension S. 114. Wenn die Weihe auf eine die Suspension nach sich ziehende unregelmässige Art erlangt wird, so gilt nach der allgemeinen Annahme, auch nach der Praxis der Congreg. Conc. das Concelebriren der Messe seitens des Weihkandidaten mit dem Bischof beim Akt der priesterlichen Ordination nicht als selbstständige Ausübung des Weihegrades, sondern als Theil der Ordination selbst, es tritt also dadurch die Irregularität noch nicht ein. S. Boenninghausen 1, 148 ff. Mit gutem Grund wird diese Auffassung auch aus den Worten der Constitution Pius' II.: Cum ex sacrorum vom 17. November 1461. §. 2. (M. Bullar. 1,373) gefolgert: „... ordinamus quod omnes et singuli qui absque dispensatione canonica aut legitima licentia sive extra tempora a jure statuta sive ante aetatem legitimam vel absque dimissoriis litteris .... ad aliquem ex sacris ordinibus se fecerint promoveri a suorum ordinum executione ipso jure suspensi sint et si huiusmodi suspensione durante in eisdem ordinibus ministrare praesumpserint, eo ipso irregularitatem incurrant". Danach kann das Ministriren nur als ein von dem Empfang der Weihe selbst gesonderter Akt aufgefasst werden.

[2] c. 3. (Gregor. IX.) X. de cleric. excomm. V. 27: „Verum quia tempore suspensionis ignari divina celebrastis, vos reddit ignorantia probabilis excusatos".

[3] Ist nirgends vorgeschrieben, aber die communis opinio, s. Pirhing V. 27. n. 42; Schmalzgrueber V. 27. n. 15; Reiffenstuel V. 27. n. 11 ff.; Engel V. 39. n. 67; Boenninghausen 1, 165; Kober, Kirchenbann. 2. Aufl. S. 311; c. 1. in VIto de sent. et re jud. II. 14 setzt bösen Willen voraus („qui damnabiliter se ingesserit divinis").

[4] S. Boenninghausen 1, 166 ff. Die Gläubigen haben in diesem Fall das Recht, die Funktionen zu verlangen, folglich muss sie der non vitandus ihnen auch spenden können. Vgl. ferner Kober, Suspension S. 111.

[5] So z. B. von Pachmann a. a. O; Schulte 2, 119.

[6] Vielmehr nur die Exkommunikation angedroht c. 1. 2. X. h. t. V. 27; nach deren Eintritt dann das weitere Celebriren freilich der obigen Regel zufolge auch die Irregularität herbeiführt.

[7] Auch die älteren Kanonisten erwähnen dieses Falles in der Regel nicht, ebensowenig Phillips und Richter a. a. O. Vgl. Boenninghausen 1, 152.

[8] c. 18 (Bonifac. VIII.) in VIto de sent. excomm. V. 11. Das nähere ergiebt die Lehre von den Wirkungen des Interdikts. Vgl. übrigens auch Boenninghausen 1, 178 ff.

[9] Ist unbestritten. S. Boenninghausen 1, 191. Das Gleiche gilt nach ausdrücklicher Be-

10. Die s. g. *bigamia similitudinaria*. Einstimmig rechnet man hierher die versuchte faktische Ehe-Abschliessung und Konsummation seitens einer früher nicht verheirathet gewesenen Ordensperson oder eines Klerikers der höheren Weihen mit einer Jungfrau. Der Fall wird darum besonders herausgehoben, weil hier nicht wie bei der s. g. bigamia successiva und interpretativa von einer divisio carnis die Rede sein kann, vielmehr nur insofern eine Aehnlichkeit mit der Bigamie vorliegt, als die betreffende Person ihrer Vermählung mit der Kirche eine zweite Ehe hinzuzufügen versucht [1]. Die gedachte Verletzung des Keuschheitsgelübdes mit einer Wittwe oder einem bereits sonst fleischlich erkannten Frauenzimmer oder selbst mit einer Jungfrau, wenn der durch das Gelübde gebundene in einer vor Ablegung desselben aufgelösten Ehe gelebt hat, soll dagegen nach der Ansicht vieler nicht hierher, sondern unter die bigamia interpretativa zu subsummiren sein [2]. Allein, so verbreitet auch diese Ansicht in der früheren Literatur ist, so unhaltbar ist sie nach den Quellen, welche des Erfordernisses der Virginität der Frau und des früher ledigen Standes des Mannes nicht erwähnen [3]. Die Irregularität entsteht aus der unerlaubten Handlung, der Verletzung des Keuschheitsgelübdes, und diese liegt in allen genannten Fällen vor. Daher ist es inkonsequent, die beiden letzteren unter die bigamia interpretativa, also unter die Irregularität ex defectu zu verweisen [4], während man den ersten zu den Irregularitäten ex delicto rechnet [5].

11. Als singulärer Fall, in welchen Descendenten ebenso wie bei der Ketzerei für das Vergehen ihrer Ascendenten bestraft werden, gehört endlich die Bestimmung des IV. Lateranensischen Konzils von 1215. c. 45 [6] hierher. Danach sollen die Descendenten der Patroni, Advokaten, Vasallen, Vicedomini und Benefiziaten, welche einen Geistlichen ihrer Kirchen getödtet oder verstümmelt haben, bis in die vierte Generation [7] vom Eintritt in den Klerikalstand ausgeschlossen, d. h. irregulär sein [8].

stimmung des c. 18. cit. von dem Celebriren in einer „ecclesia sanguinis aut seminis effusione polluta".

[1] S. Fagnan. ad c. 4. X. de bigam. non ord. I. 21. n. 7; Ferraris l. c. n. 12 quinta; Van Espen, J. E. U. P. II. tit. 10. c. 2. n. 29; Phillips 1, 528; Boenninghausen 2, 203. Die Bezeichnung knüpft an an c. 24. C. XXVII. qu. 1, der sich wohl nur auf die Busse bezieht (s. Van Espen l. c.) und die Glosse dazu: „Et est argumentum propter similitudinem".

[2] So z. B. Fagnan. l. c. n. 6. 40; Schmalzgrueber I. 21. n. 9; Schmier l. c. lib. I. tr. 4. c. 6. n. 171 ff; Phillips, Boenninghausen ll. cc.

[3] c. 32 (Aurel. I. a. 511) C. XXVII. qu. 1; c. 4. 2. (Alex. III.) X. de cler. conj. III. 3; c. 1. 2. (Alex. III.) X. qui cleric. vov. IV. 6; c. 4. 7 (Innoc. III.) X. de bigam. non ordin. I. 21.

[4] Es hängt das mit der schon oben zurückgewiesenen Meinung zusammen, dass aus nichtigen Ehen der defectus sacramenti entstehen könne. S. §. 3. n. VI. 2. Für die hier vertretene Meinung anscheinend auch Ferraris l. c; Permaneder §. 138; Pachmann §. 243; Richter §. 106; Schulte 2, 119. Die beiden letzteren nehmen an, dass ferner jeder fleischliche Umgang eines Mannes, der ein feierliches Keuschheitsgelübde abgelegt hat, die irregularitas ex big. simil. nach sich zieht, was entschieden falsch ist, da dieser quellenmässig unhaltbaren Ansicht auch der Begriff der s. g. bigamia similitudinaria entgegensteht.

[5] Dass die bigamia similitudinaria zu den irregularitates ex delicto zu zählen ist, wird aber allgemein anerkannt s. Berardi l. c. p. II. diss. 4. c. 4. u. die citirten neueren Schriftsteller.

[6] In c. 12. X. de poenis V. 37.

[7] Nach c. 4 (Bonifac. VIII.) in VI^to eod. tit. V. 9. muss das aber auf die Descendenten der männlichen Linie eingeschränkt werden.

[8] Vgl. Ferraris l. c. n. 11. septimo, nach welchem die Congr. Conc. die Irregularität nur für die nach dem homicidium, resp. der mutilatio geborenen Descendenten annimmt; ferner Boenninghausen 2, 40; Pachmann §. 249. Nr. 10. Die meisten Neueren erwähnen dieses Falles nicht. Die Worte des c. 12. cit.: „sed etiam usque ad quartam generationem posteritates talium in clericorum collegium nullatenus admittantur" können aber auf nichts anderes als die Irregularität gedeutet werden; s. schon die Glosse s. v. praelationis. — Die Descendenten derjenigen, welche einen Kardinal verletzt haben, sind wegen der sie treffenden Infamie irregulär. s. oben §. 3. Nr. VIII.

§. 6. *b. Die Beseitigung der Irregularitäten.*

I. Eine Reihe von Irregularitäten beruhen auf Verhältnissen, welche ihrem Wesen nach nicht fortdauern oder doch wenigstens unter gewissen Umständen beseitigt werden können. So wie hier der Grund fortgefallen ist, wird selbstverständlich die lediglich durch denselben bedingte Irregularität gehoben. Auf diese Weise kann der defectus natalium (durch nachfolgende Ehe oder Legitimation), der defectus corporis (unter Umständen durch Wiedererlangung der Gesundheit), der defectus aetatis (durch Erreichung des nöthigen Alters)[1], der defectus scientiae (durch Erwerb der nöthigen Kenntnisse), der defectus fidei (durch Erlangung der nöthigen Glaubensfestigkeit), der defectus famae (durch Wiedergewinnung der allgemeinen Achtung), der defectus libertatis (durch Lösung der denselben begründenden Abhängigkeitsverhältnisse) beseitigt werden. Auf diese Weise ist aber der Natur der Sache nach nur die Hebung der ex defectu entstehenden Irregularitäten möglich, denn die Delikte, welche eine solche nach sich ziehen, können ohne Weiteres nicht ungeschehen gemacht werden.

II. Dass durch die Taufe die Irregularität beseitigt wird, wie man sich vielfach ausdrückt[2], kann, wenn man korrekt sein will, nicht behauptet werden. Der Ungetaufte ist allerdings incapax, unterliegt aber nicht dem kirchlichen Recht. Mithin kann von einer Irregularität desselben auch keine Rede sein[3]. Nur so viel ist richtig, dass da die Taufe die vorher begangenen Sünden und Delikte tilgt, dieselben nach Empfang der Taufe[4] nicht mehr als die Irregularität begründend in Betracht gezogen werden dürfen. Dagegen müssen diejenigen Verhältnisse und Eigenschaften, welche eine Irregularität konstituiren, auch bei ihrer Fortdauer nach der Taufe dieselbe Wirkung äussern[5]. Wenn also durch ein öffentlich bekannt gewordenes Vergehen die betreffende Person sich der allgemeinen Achtung verlustig gemacht hat, muss danach auch die Fortdauer der Irregularität, so lange die infamia nicht beseitigt ist, trotz der später empfangenen Taufe angenommen werden.

III. Der sowohl für die Irregularitäten ex defectu, wie ex delicto in Frage kommende, regelmässige Aufhebungsmodus ist die Dispensation.

Bei der ersteren Klasse steht die Befugniss zur Ertheilung in der Regel dem Papste zu[6], ein Satz, welcher in dieser Allgemeinheit zwar nicht ausdrücklich in den Quellen hervorgehoben wird, aber schon aus den allgemeinen Principien über das Dispensationsrecht sich ergiebt[7]. Nur in einem Ausnahmefall gebührt dasselbe

[1] c. 14. (Honor. III.) X. de tempor. ordin. I. 11.

[2] S. z. B. Ferraris l. c. art. 3. n. 2.

[3] Vgl. Berardi l. c. p. II. diss. 4. c. 6. (p. 395), Boenninghausen 1, 39.

[4] Vgl. c. 6. (Hieronym.) Dist. XXV; c. 8. (Martin. Brac.) Dist. L. S. auch Catechism. roman. p. II. c. 2. qu. 29. 33. 34.

[5] Daher wird der defectus sacramenti durch die Taufe nicht getilgt, wenngleich die eine Ehe vor derselben abgeschlossen und auch wieder aufgelöst war. S. oben §. 3. VI.

[6] Die Behörden, zu deren Ressort die Dispensation gehört, sind sowohl für die Irregularitäten ex defectu, als auch die ex delicto die Dataria, resp. die Secretaria Brevium, die Pönitentiarie und die Congregatio Concilii, s. unten über die Ressortverhältnisse der Kurialbehörden.

[7] Darüber herrscht in der Doktrin kein Zweifel, denn die Irregularitäten beruhen auf dem gemeinen Recht und dies kann der Bischof nicht ändern. Vgl. Boenninghausen 1, 39. S. ferner Clem. 2. de elect. I. 3. und §. 3, wo zu I. II. III. V. VI. VIII. das Nöthige über Dispensation von den dort besprochenen Irregularitäten bemerkt ist. Dass derjenige, welcher erst nach Empfang der Tonsur und der minores konfirmirt ist, ebenfalls der päpstlichen Dispensation bedarf, hat die Congr. Conc. 1601 entschieden. S. Giraldi exposit. iur. pont. p. 2. s. 91; Boenninghausen 3, 157.

den Bischöfen kraft des ius commune, denn wie schon oben (S. 14) bemerkt, können diese für die minores vom defectus natalium dispensiren.

In Betreff der Irregularitäten ex delicto ist die Regel zu Gunsten der Bischöfe durchbrochen 1. für den Fall der bigamia similitudinaria; hier kann seitens der letzteren dispensirt werden, wenn der betreffende Kleriker die unrechtmässige Ehefrau verlassen und nach gehörig geleisteter Pönitenz einen untadligen Lebenswandel geführt hat[1]. 2. Steht das Recht dem Bischof zu, wenn der Kleriker durch Eindringen unter die Ordinanden die Weihe erschlichen hat[2]. Das Tridentinum hat den Bischöfen diese Befugniss nicht nur nicht entzogen[3], sondern vielmehr dahin erweitert[4], dass sie ferner von den Irregularitäten wegen geheim gebliebener Vergehen mit Ausnahme gewisser Fälle der Tödtung und »exceptis aliis deductis ad forum contentiosum« dispensiren können[5]. Objektive, ein für alle Mal äussere Anhaltspunkte gebende Regeln, wann ein delictum als »occultum« zu betrachten ist, lassen sich nicht aufstellen; vielmehr hat hier das Ermessen des kirchlichen Richters zu entscheiden[6]. Als geheim gilt aber das Vergehen dann noch, wenn es nur formaliter occultum ist, mag es auch immer materialiter publicum sein, d. h. wenn zwar die das Delikt konstituirende Handlung an und für sich bekannt, aber die weiteren, die letztere erst zum Delikt stempelnden thatsächlichen Umstände geheim geblieben sind[7].

Durch die Bestimmung des Tridentinums ist die Machtvollkommenheit des Bischofs als solche erweitert worden, und deshalb muss die gedachte Befugniss als ihm kraft der iurisdictio ordinaria zustehend erachtet werden[8]. Daher kann der Bischof dieselbe

[1] c. 4. (Alex. III.) X. de cler. conj. III. 3; c. 1. 2. (Alex. III.) X. qui cler. vel vovent. IV. 6. vgl. Boenninghausen 2, 214, welcher freilich unrichtiger Weise diese Dispensation auf den engen Begriff der bigamia similitudinaria beschränkt und deshalb in Betreff der von ihm von der bigamia similitudinaria ausgeschlossenen Fälle (2, 213) ebenso wie seine Vorgänger zu haltlosen Deduktionen seine Zuflucht nehmen muss. S. oben S. 54.

[2] c. 1. (Alex. III.) X. de eo qui furt. V. 30; war aber vor dem Weiheakt vom Bischof die Exkommunikation für eine solche Handlung angedroht, so kommt ihm das Dispensationsrecht nicht zu; c. 3. (Coelest. III.) X. eod. ... „processu temporis cum eis poteris de nostra licentia dispensare". Danach ist Boenninghausen 2, 101. zu berichtigen. — Die von Boenninghausen 1, 125. nach dem Vorgange mancher Aelteren (s. z. B. Pirhing V. 7. n. 47.) vertretene Meinung, dass auch den Bischöfen das Dispensationsrecht für die Wiederausübung der empfangenen Ordines beim Delikt der Ketzerei zusteht, lässt sich durch Berufung auf c. 8. (Greg. I.) Dist. XII; c. 21. (Leo I.) c. 4. (Nic. 787). C. I. qu. 7. nicht rechtfertigen; gehören doch diese Stellen, welche jene angebliche Regel keineswegs aussprechen, noch einer Zeit an, in welcher die oben S. 46 erwähnte schwankende Behandlung der Irregularität ex haeresi noch nicht überwunden ist.

[3] S. auch Boenninghausen 2, 214.

[4] Selbstverständlich gilt das nicht für die Länder, in denen das Tridentinum nicht publicirt ist. Hier kommt das Dekretalenrecht zur Anwendung. S. Bened. XIV. de syn. dioec. lib. IX. c. 5. n. 1 ff.; Boenninghausen 1, 51.

[5] Sess. XXIV. c. 6. de reform.

[6] Einzelne wollen als occultum nur dasjenige gelten lassen, „quod nulla ratione probari potest", so z. B. Fagnan. ad c. 7. X. III. 2. n. 45. 121. Andere suchen die Zahl der das Vergehen kennenden Personen wenigstens approximativ zu bestimmen. Vgl. überhaupt Van Espen J. E. U. P. II. tit. 10. c. 6. n. 18; Schmier l. c. lib. I. tr. 4. c. 6. n. 472 ff.; Bened. XIV. instit. LXXXVII. n. 40 ff.; Phillips 1, 587; Pachmann §. 244.

[7] z. B. wenn es bekannt ist, dass ein Priester die Messe celebrirt, aber unbekannt, dass er zu derselben Zeit sich in der Exkommunikation befunden hat. Vgl. Fagnan. l. c. n. 148; Bened. XIV. l. c. n. 48, welche eine hiermit übereinstimmende Praxis der Congr. Conc. und der Pönitentiarie berichten. Vgl. ferner Van Espen l. c. n. 19; Boenninghausen 1, 42.

[8] Das ist die communis opinio, vgl. Pirhing I. 33. n. 45; Barbosa de off. et potest. episc. alleg. 39. n. 16; Reiffenstuel V. 37. n. 96; Schmalzgrueber V. 37. n. 131; Zoesius comm. V. 12. n. 89; Ferraris l. c. art. III. n. 13; Boenninghausen 1, 50. 52. — Richter führt sie auf päpstliche Delegation zurück, und es ist freilich richtig, dass die seit dem 18. Jahrh. für Deutschland gebräuchlichen Formulare der Fakultäten der Befugniss: „dispensandi in irregularitatibus ex delicto occulto tantum provenientibus exceptis ea quae ex homicidio voluntario contrahitur" ausdrücklich erwähnen. S. Mejer, Propaganda 2, 208; Schulte 2, 423. M. E. hat diese Praxis den Wortlaut und Sinn des Tridentinums gegen sich und sie lässt sich auch damit nicht rechtfertigen, dass die Bestimmung derselben

auch auf den Generalvikar oder eine andere Person übertragen[1], und aus demselben Grunde steht das Recht dem Kapitularvikar gleichfalls zu[2]. Weiter folgt aus der gedachten Annahme, dass der Bischof die Dispensation nur hinsichtlich solcher Personen ausüben darf, welche kraft ihres Domicils seine wirklichen Untergebenen sind[3].

Was die vom Tridentinum aufgestellten Ausnahmen betrifft, so gilt die erste nur für das homicidium voluntarium, also den Fall des Mordes und des Todtschlages, nicht dagegen für die kulpose Tödtung, die (s. oben S. 41. n. 8) in der kanonischen Sprache schon als homicidium casuale bezeichnet wird. Ist das Verbrechen geheim geblieben, so wird die dem Papste zustehende Dispensationsbefugniss durch die Pönitentiarie[4] ausgeübt, während im umgekehrten Fall die Ertheilung durch die Dataria oder die Secretaria Brevium nach vorgängiger Konsultation der Congregatio concilii erfolgt[5].

Ueber die Bedeutung der zweiten Beschränkung des bischöflichen Dispensationsrechtes herrscht Streit. Ein delictum ad forum contentiosum deductum, in Betreff dessen das Tridentinum das päpstliche Dispensationsrecht bestehen lässt, soll nach einer Meinung schon vorliegen, wenn auch nur eine Denunciation oder förmliche Anklageschrift bei dem kompetenten Richter eingereicht worden ist, andere verlangen dagegen mindestens eine Citation des Angeschuldigten[6] und eine dritte, am meisten verbreitete Ansicht endlich erfordert den Eintritt der Litiskontestation[7]. Berücksichtigt man aber, dass das Tridentinum die Dispensationsbefugniss den Bischöfen offenbar hat in den Fällen entziehen wollen, wo ein öffentlicher Anstoss durch das Verbrechen erregt ist oder wenigstens die Möglichkeit der Herbeiführung eines solchen erwartet werden

auf das forum internum eingeschränkt wird, während die Quinquennalfakultäten für das externum ertheilt sind. S. auch Berardi l. c. c. 6. p. 400. Sollte sich die Aufnahme dieses Falles in die Fakultäten vielleicht daraus erklären, dass man zunächst dabei Gebiete im Auge hatte, wo das Tridentinum nicht publicirt, also auch der Bischof nicht im Stande war, iure ordinario zu dispensiren?

1 Boenninghausen 1, 49 ff.

2 Siehe die S. 56. n. 8 citirten, wiewohl die Sache nicht ganz unbestritten ist. Vgl. Boenninghausen 1, 52. Dagegen wird den niederen Prälaten mit der jurisdictio quasi episcopalis und den Cardinälen in Bezug auf ihre Titel von der Congregatio Concilii und den meisten Kanonisten diese Befugniss abgesprochen, weil diese das gemeine Recht ändernde Bestimmung des Tridentinums strikt zu interpretiren sei. S. Ferraris l. c. n. 14—16; Boenninghausen l. c. Dasselbe gilt von den Mönchsprälaten, für die allerdings auch derartige Privilegien vorkommen. S. Ferraris l. c. n. 17; Boenninghausen a. a. O.

3 Boenninghausen 1, 47. Ueber die Dispensation der Diöcesanen ausserhalb der Diöcese s. Barbosa l. c. alleg. 39. n. 6. 7.

4 Card. de Luca adnot. ad conc. Trid. XIV. 7. disc. 12. n. 11; Pyrrh. Corradus prax. dispens. apost. V. 1. n. 13; Boenninghausen 2, 33 ff.

5 Privative steht der ersteren Behörde die Dispensation von homicidium in statu ecclesiastico commissum zu. Vgl. Constit. Benedikts XIV. Gravissimum eccles. vom 26. November 1745. §. 6. (M. Bull. 16, 334; Bangen, röm. Curie S. 570): „Gratiae autem et concessiones quae tam per Secretariam Brevium praedictorum quam per Datariam Apostolicam promiscue . . . poterunt expediri sunt quae sequuntur . . . absolutiones cum dispensationibus ad ordines super irregularitate proveniente ex defectu corporis vel ex delicto, non tamen homicidii in statu ecclesiastico commissi". — Die homicidae voluntarii sollen nach Trid. Sess. XIV. c. 7. de reform. niemals zu den ordines sacri geweiht werden. Nichtsdestoweniger ist dadurch die allerdings der Praxis nach äusserst seltene Dispensation nicht ausgeschlossen. Vgl. Collectio brevium Pii VI. Aug. Vindel. 1796. T. II. p. 35; Richter §. 107. n. 4; Boenninghausen 2, 36. Dass die procuratio abortus denselben Grundsätzen, wie das homicidium unterliegt, kann nicht zweifelhaft sein. S. Boenninghausen 2, 83. Die Irregularität wegen homicidium casuale fällt natürlich der allgemeinen Regel anheim. Phillips 1, 604; Boenninghausen 2, 68, ebenso die wegen Mutilation, abusus baptismi, ordinationis und ordinis s. Boenninghausen 2, 98. 1, 98. 101. 1, 178. 206, endlich der singuläre Fall des §. 5. II. 3. Die Dispensation wegen eines homicidium voluntarium iustum oder einer mutilatio iusta dagegen richtet sich nach den Regeln über die Dispensation der irregularitates ex defectu, sofern dadurch der defectus perfectae lenitatis begründet wird. S. Boenninghausen 2, 139. 152.

6 Siehe Boenninghausen 1, 44.

7 So Barbosa l. c. allegat. 39. n. 29; Reiffenstuel V. 12. n. 232; Schmalzgrueber V. 12. n. 261; Schmier, lib. I. tr. 4. c. 6. n. 474; Boenninghausen a. a. O.; Phillips 1, 587.

kann, so muss die betreffende Vorschrift so ausgelegt werden, dass schon jede Anzeige an den Richter die Dispensationsbefugniss des Bischofs aufhebt und zwar unter der Voraussetzung, dass das delictum occultum bleibt, bis das Verfahren wieder eingestellt oder gar eine freisprechende Sentenz erfolgt ist. Diese Interpretation scheint um so gerechtfertigter, als das Tridentinum in seiner Fassung einen bestimmten prozessualisch-technischen Ausdruck vermieden hat. Durch diese Auffassung ist weiter die Frage, ob auch die Anhängigmachung einer Untersuchung beim weltlichen Gericht die gedachte Wirkung haben kann, von selbst im bejahenden Sinne beantwortet.

In Bezug auf das Vergehen der Ketzerei hat das Tridentinum von der allgemeinen Regel keine Ausnahme gemacht, nach demselben sind also die Bischöfe berechtigt von der Irregularität ex haeresi occulta zu dispensiren. Die ihnen durch die erwähnte Vorschrift gleichfalls eingeräumte Befugniss »in haeresis crimine in eodem foro conscientiae absolvendi« ist aber durch die Bulle Coena domini Gregors XIII. vom 4. April 1583 [1] wieder aufgehoben worden, indem der Papst damit von seinem Recht, den Beschlüssen des Tridentinums zu derogiren [2], Gebrauch gemacht hat. Ob dadurch auch das Dispensationsrecht der Bischöfe beseitigt worden ist, darüber herrscht Streit [3]. Die überwiegende Meinung bejaht die Frage, weil die Befugniss zur Absolution die geringere sei und also mit dieser auch die weiter gehende zur Dispensation entzogen sein müsse [4]. Den deutschen Bischöfen steht aber das Recht auf Grund der Quinquennalfakultäten zu [5].

Dass alle diese Grundsätze auch für die apostatae a fide gelten, kann keinem Zweifel unterliegen, weil die apostasia immer unter den Begriff der haeresis fällt [6].

Für den Fall, dass es zweifelhaft ist, ob eine Irregularität begründet worden, wird die Dispensation ad cautelam ertheilt, ein Modus, von welchem ein ausgedehnter Gebrauch seitens der Congregatio concilii gemacht wird [7].

IV. Eine Singularität ist es, dass mit der Wahl zum Papst die Irregularitäten, mit denen die betreffende Person behaftet ist, beseitigt werden [8].

[1] §. 23: „Caeterum a praedictis sententiis nullus per alium quam per Romanum pontificem nisi in mortis articulo constitutus nec etiam tunc, nisi de stando ecclesiae mandatis et satisfaciendo cautione praestita, absolvi possit, etiam praetextu quarumvis facultatum et indultorum quibuscunque personis . . . per nos et dictam sedem ac cuiusvis concilii decreta . . . . concessorum et innovatorum ac concedendorum et innovandorum". (M. Bullar. 2, 498). S. Bened. XIV. de syn. dioec. lib. IX. c. 4. n. 5 ff.; Phillips 1, 588; Boenninghausen 1, 126.

[2] Sess. XXV. c. 21. de reform.

[3] Verneint wird es z. B. von Barbosa l. c. alleg. 39. n. 45; Garcias l. c. p. XI. c. 10. n. 86.

[4] Auf Grund von c. 32. X. de sent. excomm. V. 39: . . . „in reliquis casibus tam archiepiscopi quam episcopi absque mandato sedis apostolicae speciali dispensandi facultatem se noverint non habere, quibus etiam est absolutio talium interdicta, quum maiora intelligantur illis prohibita quibus vetita sunt minora". Ferraris l. c. n. 10. Das ist auch die Praxis der Congregatio Concilii, s. die Entscheidungen bei Boenninghausen 1, 129. Der Grund von Phillips 1, 589, der hier, wie auch sonst (S. 578, Lehrbuch §. 64.) von einer nach geleisteter Busse verbleibenden Irregularität ex defectu spricht und damit die Irregularitäten aus den immer irregulär machenden Delikten auf eine der irregularitates ex defectu reduzirt, ist nicht stichhaltig, denn diese ganze Theorie, auf der er basirt, verdient keinen Beifall. Die Busse tilgt das Verbrechen, also auch die irregularitas ex delicto, soweit es sich um die Weihe handelt, nicht.

[5] Denn diese bewilligen ganz allgemein die Befugniss „dispensandi in irregularitatibus ex delicto occulto tantum provenientibus excepta ea quae ex homicidio voluntario contrahitur", und die „absolvendi ab omnibus casibus reservatis, etiam in bulla Coenae contentis, in locis tamen, ubi impune grassantur haereses". S. auch Boenninghausen 1, 131.

[6] S. §. 5. II. 6.

[7] S. die Entscheidungen im Appendix sub v. irregularitates zu Bd. 4. der Monte Casinenser Ausgabe von Ferraris (1848) S. 185 ff. Nr. 3. 13. 28. 37. 48. und in der Richter'schen Ausgabe des Tridentinum zu Sess. XIV. c. 7. de reform. n. 9. 21—26; Sess. XXIV. c. 6. de reform. n. 21. 34—36. Vgl. auch Bened. XIV. de syn. dioec. lib. XIII. c. 10.

[8] S. c. 6. §. 1. (Later. III. a. 1179) de elect. I. 6: . . . . „ille absque ulla exceptione ab universali ecclesia Romanus pontifex habeatur qui a

V. Die Ablegung der Ordensprofess endlich hat nur eine die Irregularität ex defectu natalium beseitigende Wirkung (s. oben S. 13); in anderen Fällen nicht, wiewohl sie öfters als Bedingung der Dispensation verlangt wird[1].

§. 7. c. *Die Irregularitäten und das weltliche Recht.*

Die kirchlichen Rechtsvorschriften über die Irregularitäten haben den Zweck, gewisse Personen von der Erlangung der kirchlichen Weihen auszuschliessen. Wegen dieses ihres negativen und abwehrenden Charakters hat der Staat kein Interesse, entgegenstehende Bestimmungen zu treffen und der Kirche solche Individuen aufzuzwingen, welche diese ihrerseits für ungeeignet zum Empfange der Weihen erachtet. Ja es lässt sich nicht einmal ein derartiges Recht des Staates principiell rechtfertigen. Denn wenn man überhaupt die Kirche als eine vom Staate verschiedene, eigenthümliche Anstalt anerkennt, so folgt auch ohne Weiteres damit das Recht derselben, alle diejenigen vom geistlichen Stande fernzuhalten, welche nach ihrer Auffassung dazu nicht tauglich erscheinen. In der That hat denn auch nirgends in Deutschland die staatliche Gesetzgebung das katholische Recht in dieser Hinsicht modificirt[2].

Ein Konflikt zwischen staatlicher und kirchlicher Gesetzgebung entsteht aber dadurch, dass die erstere Bedingungen für die Zulassung zu den Weihen aufstellt, welche das kirchliche Recht nicht kennt[3], also den Kreis der ausgeschlossenen Personen erweitert, oder dass der Staat die Erfüllung gewisser staatsbürgerlicher Pflichten von den Kandidaten des geistlichen Amtes verlangt, welche für dieselben eine Irregularität herbeiführen kann oder endlich dadurch, dass das staatliche Recht gewissen Personen ein Einspruchsrecht verleiht, welches die Kirche nicht anerkennt. Unter den ersteren Gesichtspunkt fällt der in einer Reihe deutscher Staaten verlangte Nachweis der Erwerbung einer bestimmten wissenschaftlichen Vorbildung. Ein Recht des Staates dergleichen Anordnungen innerhalb eines bestimmten Umfanges zu erlassen, kann von der Kirche

duabus partibus concordantibus electus fuerit et receptus", wozu schon die Glosse bemerkt: „Et sic nulla exceptio potest opponi sibi, nisi de haeresi". Vgl. ferner Ferraris s. voce irregular. addit. Casinenses p. 505. Der Papst ist dem Gesetz nach dem Ausdruck der Kanonisten nicht coactive unterworfen, daher kann er auch später nicht irregulär werden.

[1] S. z. B. c. 2. X. qui cleric. vel vovent. IV. 6; c. 2. X. de apost. V. 9; c. 1. 3. X. de eo qui furt. V. 30; c. un. Extr. Joh. XXII. de voto (tit. VI). Vgl. auch Berardi l. c. c. 6. (p. 394).

[2] S. Schulte 2, 122. 151. Anerkannt ist das für Preussen durch §§. 61. 62. Tit 11. Th. II. A. L. R. in Verbindung mit Art. 15. der Verf.-Urk., die jetzt für die neuen Provinzen ebenfalls massgebend ist; (s. auch Gerlach, Verhältn. d. preuss. Staats zur kath. Kirche S. 23; Oesterreich durch das Konkordat. Art. 4. b; Baiern, Konkord. Art. 12. u. Religionsedikt v. 1818. §. 38 f.; Königr. Sachsen, Verf.-Urk. v. 1831. §. 57.

[3] Als Beispiel kann die im Interesse der Aufrechterhaltung der Bestimmungen über den Kriegsdienst gegebene Vorschrift der karolingischen Gesetzgebung dienen, dass Niemand ohne obrigkeitliche Erlaubniss in den geistlichen Stand eintreten soll. S. Capit. Salisburg. a. 799. c. 13: „Ut nullus de nobilibus neque abbas neque presbyter tonderi audeat, antequam in praesentia episcopi examinentur eius causa ad cuius dioecesim pertinet. Et si aliquas res vel ad monasterium vel ad ecclesiam tradiderit ubi tonsuratus est, ibi sub canonica vel regulari maneat vita. Si autem postea in propria sua residere vult, faciat hostem ut ceteri laici" (LL. 1, 80). Capit. in Theod. villa a. 805. c. 15: „De liberis hominibus qui ad servitium dei se tradere volent, ut prius hoc non fatiant quam a nobis licentiam postulent. Hoc ideo quia audivimus aliquos ex illis non tam causa devotionis quam exercitu seu alia funccione regali fugiendo, quosdam vero cupiditatis causa ab his qui res illorum concupescunt, circumventos audivimus, et hoc ideo fieri prohibemus (LL. 1, 134). S. auch Waitz, Deutsche Verfassungsgeschichte 4, 500. — Eine ältere ähnliche Bestimmung enthält auch die erste Synode von Orleans. (511) c. 4: „De ordinationibus clericorum id observandum esse decrevimus ut nullus saecularium ad clericatus officium praesumatur, nisi aut cum regis iussione aut cum judicis volutante, ita ut filii clericorum, i. e. patrum, avorum ac proavorum . . . in episcoporum potestate ac districtione consistant".

nicht bestritten werden. So gut der Staat sonst von allen seinen Unterthanen ein bestimmtes Maass von elementaren Kenntnissen verlangt, wird er das auch von den dem geistlichen Stande sich widmenden Personen zu fordern befugt sein[1]. Aber bei diesen Anforderungen sind die deutschen Staaten nicht stehen geblieben, vielmehr ist auch öfters eine spezielle Fachbildung auf staatlichen oder wenigstens unter der Kontrole des Staats stehenden Anstalten vorgeschrieben. Wenn hiergegen von katholischen Schriftstellern geltend gemacht wird, dass die Kirche vollkommene Freiheit in der Aufstellung der nöthigen Vorschriften über die Ausbildung für den Priesterstand haben muss, und in einer Verweigerung dieser Forderung eine Verletzung der Gewissensfreiheit gefunden wird[2], so ist dieser Anschauung das zuzugeben, dass es der Kirche nicht verwehrt werden darf, ihre auf diesen Punkt bezüglichen Anordnungen zur praktischen Anerkennung zu bringen. Aber andererseits giebt für eine so wichtige und so vielfach mit den staatlichen Verhältnissen in Berührung kommende Stellung, wie sie die katholischen Geistlichen haben, das allgemein vorgeschriebene Maass der Volksbildung keineswegs ausreichende Garantien, und daher erscheint der Staat befugt, auch die nöthigen Anordnungen über die Erwerbung einer höheren allgemeinen wissenschaftlichen (nicht spezifisch theologischen) Qualifikation zu erlassen. Kraft des ihm zustehenden Kirchenhoheitsrechtes ist er berechtigt, die erforderlichen Vorkehrungen gegen eine einseitige Ausbeutung des katholischen Standpunkts zu seinem eigenen und zum Nachtheil der andern innerhalb seines Gebietes anerkannten Konfessionen zu treffen[3], und unter diesen ist das Erforderniss einer tüchtigen Bildung nicht nur die mildeste Massregel von allen, sondern auch eine solche, welche der Kirche selbst noch obenein zum Vortheil gereicht. Ein Recht auf die Erziehung der Jugend in unbedingt einseitiger Richtung hat die katholische Kirche sicherlich nicht, und mit der Anerkennung ihrer Selbstständigkeit ist weder die staatliche Kirchenhoheit aufgegeben, noch sind unbedingt alle kirchlichen Rechtssätze anerkannt.

Die Frage, ob der Staat auch die spezifisch theologische Bildung der zukünftigen Geistlichen regeln soll, ist damit freilich noch nicht entschieden. Principiell lässt sich hier ein Eingriff des Staates nicht rechtfertigen[4], denn die Kirche ist allein in der Lage zu beurtheilen, ob sich Jemand eine für ihren Dienst genügende Kenntniss ihrer Lehre und die nöthige sachliche Qualifikation erworben hat, und ebenso hat sie sicher das kompetenteste Urtheil darüber, welches die zweckmässigsten Einrichtungen für die Erwerbung der nöthigen theologischen Ausbildung ihrer Geistlichen sind. Der Staat kann, ohne in ein verwerfliches System der Bevormundung zu verfallen, in dieser Beziehung keine Anordnungen treffen und seine Rechte sind von dem eben hervorgehobenen Standpunkt aus schon genügend gewahrt. Dagegen kann ihm die Befugniss nicht verwehrt werden,

[1] S. auch Schulte 2, 152.

[2] S. z. B. Schulte 2, 152. 123.

[3] Eine praktische Verwerthung der im Texte hervorgehobenen Gesichtspunkte bietet die badische Verordnung vom 6. September 1867, die allgemeine wissenschaftliche Vorbildung der Geistlichen betr. (Moser A. K. Bl. 1867. S. 297), welche die Absolvirung der Universitätsstudien und den Nachweis einer allgemeinen Kenntniss der griechischen und lateinischen Sprache, der Hauptepochen der Geschichte, der Philosophie, der allgemeinen Geschichte, der deutschen Literatur seit Klopstock, sowie der Staats- und Kirchenverfassung des Landes in einer abzulegenden Prüfung verlangt. Die erzbischöfliche Kurie in Freiburg hat nicht nur gegen die Befugniss des Staates ein solches Gesetz zu erlassen sofort protestirt, sondern auch den Kandidaten verboten, sich der angeordneten Prüfung zu unterziehen. S. Moy's Archiv 19, 162 ff.

[4] Anders Dove in der 6. Aufl. von Richters Kirchenrecht S. 499. n. 28; der eben so wie die Motive zu dem Würtembergischen Gesetz, betr. die Regelung des Verhältnisses der Staatsgewalt zur katholischen Kirche vom 30. Januar 1862 (in seiner Zeitschrift für Kirchenrecht 2, 92) zwischen den verschiedenen, in Frage kommenden Gesichtspunkten nicht unterscheidet.

sich über die Erfüllung der kirchenrechtlich vorgeschriebenen Erfordernisse zu vergewissern, wenn er zur Hergabe der nöthigen Mittel für die Erziehung und den Unterhalt des Klerus verpflichtet ist, weil ein solches Recht schon an und für sich dieser Verbindlichkeit korrespondirt und ohne dasselbe die Erfüllung derselben selbst in Frage gestellt werden könnte. Abgesehen davon lässt sich aber eine solche Einwirkung auf die rein theologische Bildung nicht mit der Berufung darauf rechtfertigen, dass die Geistlichen häufig mit gewissen staatlichen Funktionen (z. B. Führung der Civilstandsregister) betraut sind. Hieraus würde immer nur ein Recht des Staates folgen, die Geistlichen in der betreffenden Hinsicht einer unter seiner Einwirkung stehenden Prüfung zu unterwerfen oder jene Verbindung zwischen geistlichen und staatlichen Amtsbefugnissen zu trennen.

Die einzelnen in der gedachten Hinsicht für Deutschland in Frage kommenden Normen sollen an einem andern Ort dargestellt werden, da sie von der weltlichen Gesetzgebung theils mit dem Tischtitel und der Fähigkeit zum Aemtererwerb in Verbindung gebracht sind, und gleichzeitig ein kurzer Ueberblick über die betreffenden geistlichen Bildungsanstalten gegeben werden muss. Hier mag in dieser Hinsicht nur noch bemerkt werden, dass nach dem bestehenden Zustande die Theologie fast überall an den Universitäten gelehrt wird, und die katholische Kirche bisher meistens nicht in der Lage gewesen ist, eigene spezifisch theologische Bildungsanstalten zu errichten [1].

Die staatsbürgerlichen Pflichten, welche mit den Grundsätzen der katholischen Kirche über die Irregularität in Konflikt kommen können, sind einmal die jetzt z. B. im ganzen norddeutschen Bundesgebiet eingeführte allgemeine Wehrpflicht und ferner die Pflicht bei der Verhandlung der Kriminalsachen als Geschworene mitzuwirken oder in Kapitalsachen als Zeugen aufzutreten. Ueber die ersten beiden Punkte ist die Lehre von dem privilegium immunitatis zu vergleichen. Was den letzteren betrifft, so hat von den deutschen Staaten nur Oesterreich den Forderungen des kanonischen Rechts Rechnung getragen, insofern es hier den Geistlichen gestattet ist, die Abgabe eines Zeugnisses in Kriminalsachen zu verweigern [2]. Im Interesse einer ordentlichen Strafrechtspflege wird der Staat — selbstverständlich abgesehen von den dem Geistlichen in der Beichte gemachten Mittheilungen — von der allgemeinen Zeugnisspflicht keine Ausnahme machen können und die katholische Kirche wird, wenn man selbst nicht ein-

[1] Schulte 2, 151, der anerkennt, „dass der Zusammenhang der theologischen Anstalten mit den Universitäten im Allgemeinen nicht geschadet habe, wie der im Ganzen vortreffliche, niedere deutsche Klerus beweise, der bei Weitem über dem niederen französischen und italienischen stehe". Ob es nicht im Interesse der katholischen Kirche selbst liegt, diese Verbindung zu erhalten, ist eine Frage, die nicht dem Rechtsgebiet angehört. Die jetzt herrschende Richtung im Katholicismus hat freilich diese Ansicht nicht. Das lässt sich schon aus den Zielen, welche seit der Restauration von 1815 verfolgt werden, deutlich entnehmen, und die Trockenlegung der Universität Giessen seitens des Bischofs von Mainz seit 1851 ist ein klarer Beweis davon. Man wird mir vielleicht entgegenhalten, dass die Darstellung im Text geeignet ist, derartige Vorgänge zu rechtfertigen. Das ist aber nicht der Fall; die befürwortete Trennung der Erwerbung einer höheren allgemeinen wissenschaftlichen Grundlage und der speziellen theologischen Kenntnisse war auch in Hessen nicht durchgeführt; gerade bei einer solchen setzt sich der Staat, wenn er streng auf die Erfüllung der von ihm vorgeschriebenen Bedingungen besteht, nicht dem Vorwurf aus, in eine ihm nicht gehörige Sphäre einzugreifen, und er wird daher um so erfolgreicher seine gerechte Sache vertheidigen können. Dass übrigens die Erreichung des gedachten Resultates in Mainz nur durch Konnivenz des Staates und durch Verbindung der denselben beherrschenden reaktionären Strömung mit dem Ultramontanismus möglich geworden, ist bekannt genug. Abgesehen aber davon dürfte auch kein Staat im Stande sein, gewisse, durch die Entwicklung des Katholicismus bedingte Richtungen mit staatlichen Mitteln, also auch nicht durch die zwangsweise Anordnung des Besuchs einer unter seiner Kontrole stehenden katholisch-theologischen Universität, zu unterdrücken.

[2] Strafproc.-Ordn. v. 29. Juli 1859. §. 69.

mal auf die geringe Anzahl von Fällen, in denen das moderne Kriminalrecht noch heute Kapitalstrafen androht, hinweisen will, sich umsoweniger gegen diese staatlichen Normen auflehnen können, als die römische Praxis nicht nur die Erfüllung der staatlichen Zeugnisspflicht wiederholt in Folge päpstlicher Indulte unter der Auflage für den betreffenden Geistlichen gestattet hat, die Protestation nach c. 2 in VIto de homic. V. 4: »quod poenam sanguinis non intendant«, abzugeben [1], sondern auch gemeinrechtlich der Bischof eine derartige Erlaubniss zur Ablegung des Zeugnisses zu ertheilen befugt ist [2], und schlimmstenfalls durch eine Dispensation von der eingetretenen Irregularität geholfen werden kann [3]. Dieselben Grundsätze müssen auch dann zur Anwendung kommen, wenn der Staat in Bezug auf bestimmte Vergehen eine allgemeine Anzeigepflicht statuirt.

Von dem dritten Gesichtspunkt aus entsteht dadurch eine Kollision, dass das kanonische Recht aus dem Mangel der Einwilligung des Vaters und der Vormünder keinen defectus libertatis für den Sohn, resp. Mündel entstehen lässt. Dass hier der Staat befugt ist, die Rechte des Vaters und Vormundes zu wahren, kann keinem Zweifel unterliegen, ob aber derselbe die trotz des mangelnden Konsenses des Gewalthabers erlangte Ordination zu respektiren hat, das ist eine Frage, welche sich nicht allein für dieses Gebiet beantworten lässt, vielmehr hängt die Entscheidung derselben davon ab, ob der Staat die Befolgung der Lehren der katholischen Kirche seitens seiner katholischen Unterthanen mit seiner äusseren Macht erzwingt oder sie blos dem Gewissen derselben überlässt. Praktisch wird übrigens ein Konflikt hier selten vorkommen. Ganz abgesehen davon, dass es für eine ethische Pflicht der Kirche erachtet werden muss, vom Sohn eine Verständigung mit seinem Vater über die Berufswahl zu verlangen [4], und dass schon vielfach der Mangel des nöthigen Auskommens die Realisation eines sich gegen den Vater auflehnenden Willens auch auf kirchlichem Gebiet wegen der Vorschriften über den Ordinationstitel [5] hindern wird, erkennt das kanonische Recht selbst ein Reklamationsrecht des unmündigen Sohnes durch den Vater an (s. oben S. 33. 34), während das weltliche Recht erst dem mündigen (14jährigen) Sohn ein bei den Gerichten geltend zu machendes Einspruchsrecht gegen den ihm vom Vater aufgedrungenen Beruf zugesteht [6]. Damit ist also die Möglichkeit eines Konflikts nur für den Fall offen gelassen, wenn die untersuchende Behörde sich der Konsensverweigerung des Vaters anschliesst, und der Sohn doch bei seinem Vorsatz, sich dem geistlichen Stande zu widmen, stehen bleibt.

[1] Indulte aus der Zeit von 1819 bis 1828 in den Anal. jur. pont. von 1863 p. 2055 ff; die weiteren Bedingungen dieser Indulte, dass bei der Zeugniss-Abgabe ein unverheiratheter Kleriker assistiren oder der Zeuge vorher das juramentum de veritate dicenda vor dem geistlichen Gericht leisten soll, erklären sich aus der principiellen Festhaltung am privilegium fori der Geistlichen.

[2] S. c. 1 (conc. Roman. a. 826) C. XIV. qu. 2. u. Analect. a. a. O. p. 2056. Für Mönche kann der Bischof diese Erlaubniss als päpstlicher Delegat geben. l. c. p. 2060.

[3] Boenninghausen 2, 156. 157.

[4] S. auch Boenninghausen 3, 168.

[5] Von manchen Kanonisten, Barbosa de officio episcopi P. II. alleg. 19. n. 63; alleg. 20. n. 10; Engel, colleg. jur. can. I. 14. n. 14; Schmier, jurispr. canon. lib. I. tr. 4. c. 3. n. 143; Van Espen, I. E. U. P. II. tit. 9. c. 6. n. 28. wird zwar eine Verpflichtung des Vaters, dem Sohn einen Ordinationstitel zu bestellen behauptet, aber aus dem unhaltbaren Grunde, dass die Vorschriften über die Verpflichtung zur Bestellung der donatio propter nuptias bei dem matrimonium carnale des Sohnes auch für ein von ihm beabsichtigtes matrimonium spirituale massgebend sein müssten.

[6] Vgl. Preuss. A. L. R. II. 11. §. 60; 2. §§. 109 ff; 18. §. 312 ff; sächs. bürgerl. G. B. §. 1804; für das gemeine Recht vgl. Mittermaier, deutsches Pr. R. §. 363; Bluntschli, deutsches Pr. R. §. 174. n. 2; über das französ. Recht giebt Nachweisungen Zachariä (-Anschütz), franz. Civilrecht. 3, 372. Das österreich. G. B. §. 148. hat denselben Grundsatz, der aber durch das Concord. Art. 4. u. 35. für aufgehoben erachtet werden muss.

Ueber die Einwirkung des weltlichen Rechts endlich auf die Irregularität ex defectu famae ist das oben (S. 31) Bemerkte zu vergleichen.

2. Der Ordinationstitel.

§. 8. *a. Historische Einleitung.*

Titulus bedeutet Wahrzeichen, Unterscheidungszeichen [1], und in Folge dessen auch ein Zeichen für ein der Person an einer Sache zustehendes Recht [2]. Seitdem die kirchlichen Gebäude mit dem Zeichen der Erbauer oder Märtyrer oder mit dem Zeichen des Kreuzes, also ebenfalls mit einem titulus versehen wurden [3], ging die Bezeichnung auch auf die Kirchen selbst über [4]. Mit Rücksicht hierauf erklärt es sich, dass das schon seit den ältesten Zeiten vorkommende Verbot, es solle Niemand absolute geweiht werden [5], gleichbedeutend ist mit der Vorschrift, dass Niemand sine titulo ordinirt werden darf [6], und dass damit der Satz ausgesprochen ist, dass der Ordinande mit der Ordination gleichzeitig eine feste Anstellung an einer Kirche erhalten muss, und die Ordination ohne die Möglichkeit einer solchen nicht vorgenommen werden soll. Daher hiess der so ordinirte Kleriker titulatus oder intitulatus [7] und das Wort titulus selbst nahm die weitere Bedeutung von Kirchenamt an [8]. Das Verbot ruht auf einer Anschauung, welche den Kleriker der Natur der Sache gemäss und in Uebereinstimmung mit den faktischen Verhältnissen der ersten Jahrhunderte sich nicht ohne Verbindung mit einer bestimmten Kirche denken konnte [9]. Damit war zugleich für den Unterhalt der Kleriker gesorgt, welcher in älterer Zeit aus den gemeinschaftlichen Einkünften vom Bischof gewährt wurde, ferner zugleich den aus einer umherschweifenden Lebensweise der Kleriker sich ergebenden Uebelständen vorgebeugt [10]. Als später im Verlauf der Entwicklung den einzelnen Aemtern besondere Güter einverleibt wurden, entstand die weitere Bedeutung

1 Forcellini lexic. tot. latinit. s. v. titulus. Vgl. ferner Gonzalez Tellez comm. ad c. 5. X. III. 5. n. 2; J. H. Böhmer J. E. P. III. 5. §. 132; Phillips 1, 606.

2 L. 3. C. de bon. vacant. (a. 369) X. 10; c. 1. (Gregor. I.) C. XVI. qu. 6

3 Vgl. L. 25. C. Th. XVI. 10.

4 Innoc. I. ad Decent. Eugub. c. 5. (Coustant 855; Mansi 3, 1028); synod. Rom. IV. Symmachi a. 502. c. 6. (Mansi 8, 265) u. die Subskriptionen zu syn. Rom. I. a. 499 (Mansi 8, 235 ff.), c. 18 (Leo IV.) C. XII. qu. 2; conc. Paris. a. 614. c. 8; Remens. a. 813. c. 20. (Mansi 14, 79); Turon. a. 813. c. 14. (Mansi 14, 85); Paris. 846. c. 52. 54 (tituli cardinales; Mansi 14, 831); c. 31 (incert.) C. XII. qu. 2. Weitere Nachweisungen im Glossar v. Du Cange s. v. titulus.

5 c. 6. conc. Chalced. a. 451; auch in c. 1. Dist. LXX. (in welcher der Canon in der versio Hispana steht; diese, aber auch Dionysius Exiguus übersetzt κωμῆς mit possessionis, was freilich nicht korrekt, aber nicht gerade falsch ist, (wie Van Espen, tract. hist. can. in omnes canon. concilior. p. III. can. Calchedon. c. 6. cit. und Phillips 1, 608 meinen); c. 25. Capit. eccles. Karoli M. a. 789. (LL. 1, 58), syn. Roman. a. 826. c. 10. (LL. 2 app. p. 11.)

6 conc. Paris. a. 846. c. 52. (Mansi 14, 831).

7 c. 2. (syn. Placent. a. 1095) Dist. LII. s. ferner Ben. Levit. I. 28 u. weiter Du Cange a. a. O.

8 c. 2. cit.; c. 30 (Innoc. III.) X. de jure patron. III. 38.

9 Diese ergiebt sich daraus, das der Kleriker durch die Ordination auf immer an die Kirche gefesselt galt, bei der er ordinirt war. Vgl. z. B. c. 15. Nicaen. a. 325 in c. 19. C. VII. qu. 1; c. 20. Chalc. a. 451; c. 122. (Gregor. I.) C. I. qu. 1; Roman. circa 402. (Bruns 2, 274) c. 13; c. 6. Valletan. a. 524; c. 3. Hispal. II. a. 618; c. 2. 21. Arelat. I. a. 314; c. 13. Arelat. II. a. 443 oder 452; c. 11. Turon. I. a. 461; c. 12. Capit. Vernens. a. 755 (LL. 1, 26). Für die ältere Zeit weitere Nachweisungen bei Hefele, Concil. Gesch. 2, 283. Als vereinzelte Ausnahmen kommen allerdings ordinationes ohne titulus bei solchen vor, welche auf Andringen anderer Personen sich weihen lassen und die Verpflichtung auf immerwährende Verbindung mit einer bestimmten Kirche ablehnen wollen. Epist. 6. Paulini Nolensis ad Sulpit. Sever. (ed. Rosweydi p. 101): „Ea conditione in Barcinonensi ecclesia consecrari adductus sum (a. 393 o. 394), ut ipsi ecclesiae non alligarer, in sacerdotium tantum domini, non etiam in locum ecclesiae dedicatus". S. auch Florens ad lib. III. tit. 5. decret. c. 2 ff. (Opp. ed. Doujat 2, 202), Phillips 1, 609.

10 Phillips 1, 610.

von titulus als Amt oder beneficium[1]. In Folge der erwähnten Umgestaltung des kirchlichen Vermögenswesens machte sich der Missstand geltend, dass vielfach die Benefizien für die Zahl der Kandidaten nicht ausreichten und dass nun die Bischöfe oft ohne Titel an Kleriker die Weihen ertheilten, welche dann als Hofstaat den Bischof umgaben oder sich an den Höfen der weltlichen Fürsten und Grossen umhertrieben[2]. Ende des 11. Jahrhunderts müssen diese Uebelstände besonders stark hervorgetreten sein, denn es werden damals wiederholt Bestimmungen gegen die s. g. clerici vagantes oder acephali erlassen und die absoluten Ordinationen verboten[3]. Vollkommen beseitigt wurden aber diese Verhältnisse nicht, vielmehr begnügte sich das dritte Lateranensische Concil von 1179 damit, das Erforderniss des Titels nur für die Weihen vom Diakonat an aufwärts zu verlangen, und für den Fall der Verletzung dieser Vorschrift dem Bischof die Sustentation des Geweihten, sofern dieser kein eigenes Vermögen besass, bis zur Uebertragung eines Benefiziums vorzuschreiben[4].

So wurde das Koncil gerade Veranlassung dafür, dass den gedachten Uebelständen in Betreff der Kleriker der untergeordneteren Grade nicht abgeholfen wurde. Innocenz III. dehnte zwar, den Grundsatz des Koncils für alle Weihegrade für passend erachtend, die Sustentationspflicht des Bischofs auch auf die zum Subdiakonat Geweihten aus[5]. Eine auf alle ordines von den Päpsten durch Ausstellung von mandata de providendo versuchte Erweiterung des Koncils scheiterte aber an dem Widerstande der Bischöfe[6], welche eine übermässige Belastung befürchteten, und so blieb die Vorschrift desselben, da seit jener Zeit der Subdiakonat auch zu den höheren ordines gerechnet wurde, auf diese letzteren beschränkt[7].

Das Koncil hatte mit der Aufstellung der interimistischen Sustentationspflicht den Besitz eigenen Vermögens noch nicht dem titulus oder beneficium gleichgestellt. Aber schon Innocenz III. selbst liess die Ertheilung der höheren Weihen für vermögende Kleriker der niederen Weihen (freilich unter der Voraussetzung der späteren Uebertragung eines Benefiziums) zu[8], und um dieselbe Zeit taucht die naheliegende Schluss-

[1] c. 3. (Alex. III.) X. de cleric. coniug. III. 3.

[2] Phillips 1, 611; Laspeyres a. a. O. S. 24.

[3] Melphit. a. 1089. c. 9. (Mansi 20, 723), c. 2. (Placent. a. 1095) Dist. LXX; Thomassin P. II. lib. I. c. 9. n. 1.

[4] c. 4. X. de praebend. III. 5: „Episcopus, si aliquem sine certo titulo de quo necessaria vitae percipiat, in diaconum vel presbyterum ordinaverit, tamdiu ei necessaria subministret donec in aliqua ecclesia ei convenientia stipendia militiae clericalis assignet, nisi talis forte ordinatus de sua vel paterna hereditate subsidium vitae possit habere". Vgl. hierzu Phillips 1, 612.

[5] c. 16. X. eod.: . . . „tam diu per ordinatores vel successores eorum provideri volumus ordinatis, donec per eos ecclesiastica beneficia consequuntur".

[6] Vgl. den Brief Stephans Bischofs von Tournay (geb. 1135. gest. 1203) an den Papst (Cölestin III. oder Innocenz III. s. Phillips 1, 615. n. 35): „Salva sancta Reverentia vestra, nobis novum videtur hoc et insolitum, cum in sacris et antiquis canonibus circa presbyteros tantum et diaconos restringatur haec observantia et in sancto Lateranensi concilio sub fel. record. beat. papa Alexandro cui plures ex nobis interfuerunt, suffragium suum omnibus qui aderant praestantibus, de presbyteris tantum et diaconibus statutum fuerit, et decretum id libenter amplectimur, fideliter approbamus, obedienter deo volente servabimus et servamus. Impossibile autem nobis est nomina et numerum eorum quos infra diaconatum ordinavimus, memoriter tenere, nec minus impossibile est, omnibus eis vel conferre beneficia vel necessaria providere. Satius erit nobis amodo non celebrare ordines quam haec importabilia suscipere onera". (ed. Molinet. Paris. 1682. ep. 194). S. auch Florens l. c. p. 203.

[7] So sagt auch Innocent. IV. ad c. 2. cit: „sed Romana ecclesia non cogit provideri nisi constitutis in sacris". Dass in dieser Entwicklung der Grund zur Gleichstellung des Subdiakonats mit den ordines sacri liegt (so Phillips 1, 614), wird dadurch widerlegt, dass nicht nur Innocenz III. die Vorschrift über den Titel auf alle ordines anwendbar erachtet und in c. 7. X. de servis non ordin. I. 18. jene Gleichstellung höher hinauf datirt, sondern dass auch schon seit Alexander II. ein Schwanken in Betreff des in Rede stehenden Punktes eingetreten ist (oben S. 6).

[8] c. 23. X. de praebend. III. 5. (1208).

folgerung auf, dass das Vermögen pro titulo sein könne[1]. Bald nachher (im dreizehnten Jahrhundert) ist die Auffassung, dass sich für die Zulässigkeit der Weihe die Einkünfte des beneficium und die eines patrimonium völlig gleichstehen, also die Aufstellung eines besonderen *titulus patrimonii* neben dem *titulus beneficii*, die allgemein herrschende geworden[2], und es hat sich seitdem die weitere und noch heute massgebende Bedeutung des Titels als des für den Kleriker nothwendigen, standesgemässen Einkommens gebildet[3]. Auch diese Entwicklung trug zu der Verhinderung der vom Lateranensischen Concil beabsichtigten Reform bei; die ohne Beschränkung zulässigen Ordinationen auf den titulus patrimonii führten zu einer übermässigen Vermehrung der Zahl der Kleriker, unter denen sich eine Reihe von vermögenden, oft nicht zu einer ernsten Erfüllung ihrer Berufspflichten geneigten Personen befand. Das Tridentinische Concil[4] hat sich daher genöthigt gesehen, auch hier einzugreifen und wenigstens einen Schritt zu der ursprünglichen Disciplin zurück zu thun.

Für die Mönche hatte die Lehre vom Titel keine direkte Bedeutung. Bei den Regularen, die in den Klerus aufgenommen wurden, war durch ihre Zugehörigkeit zu dem Orden für ihren Unterhalt in genügender Weise gesorgt. Da aber bei dem Akt der Ordination nach dem Titel, auf welchen dieselbe erfolgte, gefragt und dieser verkündigt wurde[5], so konnte man später bei der veränderten Bedeutung des Titels unter Berücksichtigung des Umstandes, dass die Professleistung den Mönch zum Empfang des Unterhaltes seitens des Klosters berechtigt, einen s. g. *titulus paupertatis* oder *professionis* annehmen.

Ueber den s. g. *titulus mensae* vgl. den folgenden Paragraph.

§. 9. *b. Das geltende Recht.*

Das Tridentinum hat in seiner im vorigen Paragraph erwähnten Bestimmung insofern einen Schritt zum alten Recht zurückgemacht, als es hinsichtlich des Säkularklerus den titulus beneficii allein für den regelmässigen, vom Weihkandidaten der höheren ordines zu erfordernden Titel erklärt, und damit die frühere vollkommene Gleichstellung des titulus beneficii und patrimonii verworfen hat[6].

1 Vgl. den vorhin citirten Brief Stephans v. Tournay: „. . . quidam etiam (accedunt), quibus sunt propriae facultates, ut inde vivere possint, ordinari tamen expetunt, ut pro titulo secundum dispensationem sacrorum canonum rebus propriis utantur; nonnulli etc."

2 c. 6. conc. Biterr. (Beziers) v. 1233 (Mansi 23, 269): „. . et sine titulo patrimoniali C solidorum Turonensium ad minus (vel) ecclesiastico beneficio competenti, sicut in iure canonico cautum est, ordinandus de cetero nullatenus admittatur". Ferner Hostiensis summa aurea rubr. de praebend. n. 3: . . . „tamen si habet patrimonium sufficiens, non tenetur episcopus assignare ei alium titulum"; Glosse zu c. 1. Dist. LXX. s. v. „sive possessionis i. e. si ordinatur ad titulum patrimonii". Die Herleitung des titulus patrimonii aus dem diese Stelle bildenden c. 6. conc. Chalced. ist, wie die oben im Text geschilderte Entwicklung zeigt, unrichtig. Der Sinn des betreffenden Passus: „nisi manifesto in ecclesia civitatis sive possessionis (κώμης) aut in martyrio aut in monasterio qui ordinatur, mereatur ordinationis publicatae vocabulum"; ist der, dass nur geweiht werden soll auf den Titel einer Stadtkirche, der Kirche einer ländlichen Besitzung (Dorfkirche), einer Kapelle eines Märtyrers oder einer Klosterkirche. Das Concil handelt also nur von verschiedenen Arten des späteren sog. titulus beneficii. S. auch Berardi, canones Gratiani 1, 232; Hefele, Conciliengeschichte 2, 491.

3 S. auch van Espen J. E. U. P. II. tit. 9. c. 6. n. 11.

4 Sess. XXI. de reform. c. 2.

5 S. c. 1. (c. 9. Chalc.) Dist. LXX. und die dazu von den correctores Romani angegebene Formel der betreffenden pronunciatio. c. 1. cit. handelt nicht von dem titulus professionis; es ist vielmehr hier ein für ein Kloster angestellter Weltgeistlicher gemeint. s. Phillips 1, 622; Hefele a. a. O. Vgl. für die heutige Zeit das pontificale Romanum de ordinatione subdiaconi im Eingang.

6 Sess. XXI. de reform. c. 2. . . . „statuit sancta synodus ne quis deinceps clericus saecularis quamvis alius sit idoneus moribus, scientia et aetate ad

I. Der *titulus beneficii* wird durch ein bestimmtes, auf Lebenszeit verliehenes, geistliches Benefizium konstituirt. Weil dasselbe dem Kleriker den Unterhalt sichern soll, genügt eine Anstellung, von der der Ordinande beliebig wieder entfernt werden kann, nicht, also z. B. nicht eine unständige Vikarie, Kommende [1] und ein Manual-Benefizium. Das Benefizium soll ferner ein beneficium ecclesiasticum sein; deshalb bildet die Uebertragung einer Laien- oder Hauskapelle, die Anweisung von gewissen Percipienden für die Verrichtung bestimmter geistlicher Handlungen und Privatstiftungen ebenfalls keinen genügenden Titel [2]. Weiteres Erforderniss ist, dass der Ertrag des Benefiziums zum anständigen Lebensunterhalt hinreicht. Wie viel dazu erfordert wird, ist öfters durch Taxen der Diöcesansynoden oder der Bischöfe bestimmt worden [3]. Sonst hat der Bischof im einzelnem Fall nach pflichtmässigem Ermessen zu entscheiden [4]. Um den Ertrag des Benefiziums festzustellen, werden alle Einkünfte zusammengerechnet; ob davon die auf demselben ruhenden Messverpflichtungen in Abzug zu bringen sind, ist gleichfalls dem Arbitrium des Bischofs anheimgegeben [5].

Endlich verlangt das Tridentinum, dass der Ordinande sich in dem ruhigen Besitze des Benefiziums befindet, welches ihm als Titel dienen soll. Daher reicht die blosse Präsentation, Nomination oder Wahl für ein Amt nicht hin [6], vielmehr muss ausser der

sacros ordines promoveatur, nisi prius legitime constet, eum beneficium ecclesiasticum quod sibi ad victum honeste sufficiat, pacifice possidere. . . . Patrimonium vero vel pensionem obtinentes ordinari posthac non possint nisi illi quos episcopus iudicaverit assumendos pro necessitate vel commoditate ecclesiarum suarum; eo quoque prius perspecto patrimonium illud vel pensionem vere ab eis obtineri taliaque esse quae eis ad vitam sustentandam satis sint“. S. auch Bened. XIV. instit. XXVI. n. 1.

[1] Folgt aus der ratio legis des c. 2. cit. („cum non deceat eos qui divino ministerio adscripti sunt, cum ordinis dedecore mendicare aut sordidum aliquem quaestum exercere“), deren Konsequenz, nämlich Verbot des beliebigen Verzichts auf das Benefizium, auch ausdrücklich ausgesprochen ist. S. Barbosa de officio et potest. episc. P. II. alleg. 19. n. 23 ff.; Pirhing I. 11. n. 69; van Espen l. c. n. 19. 20; Riganti, comm. ad regul. Cancell. apost. reg. XXIV. §. 5. n. 32 ff.

[2] S. die vorige Note; ferner Schmier lib I. tr. IV. c. 3. n. 131; die Entscheidung n. 5 zu c. 2 cit. in der Richterschen Ausgabe des Tridentinum. Ueber die verschiedenartigen Verhältnisse der Kapellaneien, deren Eigenthümlichkeit im jedesmaligen Falle hier in Frage kommt, vgl. Berardi comment. p. I. append. de beneficiis impropriis (ed. Mediolani 1846. 1, 440 ff.). Die Anstellung bei der päpstlichen Kapelle, obschon der Geistliche hier amovibel ist, macht eine Ausnahme s. Barbosa l. c. n. 30. Wird bei einer capella amovibilis seitens des Bischofs oder Patrons ein rechtsgültiges Versprechen gegeben, überhaupt nicht oder bis zur Erlangung eines anderweiten Benefiziums nicht zu amoviren, so kann die Datarie eine sog. dispensatio ad vitam ertheilen, d. h. von dem Erforderniss der Uebertragung auf Lebenszeit dispensiren. S. Riganti l. c. n. 34—36; Phillips 1, 628; Schulte, 2, 127. n. 4. 6.

[3] So 25 Goldg. rheinl. durch die Kölnische Synode v. 1651 (Hartzheim 9, 762); vgl. auch Thomassin l. c. P. II. lib. I. c. 9. n. 5; Bened. XIV. inst. XXVI. n. 1; in der Diöcese Rom wird ein Ertrag von 60 Scudi verlangt. Analect. jur. pontif. 1855 p. 2758. Bei Benefizien mit Residenzpflicht entscheidet die Taxe der Diöcese des Benefiziums, nicht die des Domicils des Kandidaten. Entsch. d. C. C. v. 1713 (n. 1. bei Richter a. a. O.). S. auch Constit. Innoc. XIII. Apostolici ministerii für Spanien vom 25. Mai 1723. §. 7. (M. Bull. 13, 61) u. Bened. XIV. de syn. dioec. lib. XII. c. 9. n. 1.

[4] Die Befugniss der Diöcesansynode und des Bischofs in der gedachten Beziehung Entscheidungen zu treffen ergiebt sich daraus, dass das Tridentinum eine nähere Festsetzung, welche nach den verschiedenen Orten nothwendig eine verschiedene sein muss, vermieden hat. Die weltliche Standesverschiedenheit des Klerikers kann aber für ein höheres oder geringeres Maass, wie manche Aeltere wollen (s. z. B. Schmier a. a. O. n. 133). nicht in Betracht kommen. s. Phillips 1, 629. Selbst Riganti l. c. n. 40 ff., der auch die Gegenansicht vertheidigt, muss zugeben, dass sie in der Praxis nicht recipirt ist.

[5] So nach der Praxis der Congr. Concilii seit 1723 (s. d. Entscheidung bei Richter l. c. n. 4); die frühere davon abweichende Praxis (s. a. a. O. n. 2. 3) ist damit beseitigt worden. Vgl. den bei dieser Gelegenheit von Benedict XIV. als Sekretär der Kongregation vorgelegten Diskurs bei Riganti l. c. n. 51 ff; und dessen inst. XXVI. n. 1 ff., de synod. dioec. lib. XII. c. 9. n. 5. Anders Schulte 2, 126. n. 4, der aber den Wechsel der Praxis übersehen hat. Das Richtige bei Phillips 1, 630.

[6] Pirhing I. 11. n. 71; Riganti l. c. n. 69 ff. Kann der Kandidat zum Subdiakonat stiftungsgemäss die Früchte des Benefiziums erst nach erlangter Priesterweihe ziehen, so ist das allein kein genügender Titel, da später eintretende Gründe die Erlangung des Presbyterats hindern

Kollation, resp. Institution noch die Besitzeinweisung erfolgt sein[1]. Ferner darf seitens anderer Personen kein Anspruch auf das Benefizium erhoben sein, gleichgültig ob dieser gerichtlich oder aussergerichtlich geltend gemacht ist. Wird nur ein Theil des Benefiziums, also z. B. ein zu demselben gehöriges Grundstück in Streit gezogen, so kommt es darauf an, ob die dadurch nicht betroffenen Einkünfte noch ausreichend sind oder nicht[2].

Aus dem Zweck des Titels ergiebt sich weiter, dass der Geweihte das seinen Titel bildende Benefizium nicht beliebig und einseitig wieder aufgeben kann. Zulässig ist eine solche Resignation vielmehr nur unter folgenden, bei Strafe der Nichtigkeit zu beobachtenden Voraussetzungen: 1. dass bei dem Verzicht die Eigenschaft des Benefiziums als Titel ausdrücklich erwähnt wird, 2. dass der Unterhalt des Resignirenden auf andere Weise genügend gesichert ist, d. h. eine andere ausreichende Einnahmequelle dauernd »subrogirt« wird, und 3. dass der Ordinarius, welcher das Vorhandensein der eben erwähnten Erfordernisse zu prüfen hat, einwilligt[3].

II. Neben dem eben besprochenen nimmt der *titulus patrimonii* nur eine subsidiäre Stellung ein, d. h. der Bischof ist nur dann berechtigt, auf diesen Titel hin zu weihen, wenn nicht genug Benefizien vorhanden sind, um die im Interesse des Kirchendienstes nothwendige oder zu einer besseren Verrichtung desselben erforderliche Anzahl von Geistlichen zu beschaffen[4].

Dem titulus patrimonii stellt das Tridentinum in dieser Beziehung

können. Die Congr. Conc. hat 1623 eine Ordination nur bei weiterem Vorhandensein eines tituli patrimonii zugelassen. S. Riganti l. c. n. 71. A. M. Barbosa l. c. alleg. 19. n. 29; Phillips 1, 630.

[1] Dieses letztere Erforderniss wird von vielen Kanonisten nicht scharf hervorgehoben, Laspeyres a. a. O. S. 25 hält es sogar anscheinend nicht für nöthig. Die Worte des Tridentinums sind aber deutlich genug, dazu kommt, dass das blosse ius in re faktisch nicht immer den Lebensunterhalt gewährt, weil trotz des Rechtes die Einziehung der Früchte unmöglich sein kann. In der Diöcese Rom wird nach Anal. iur. pontif. 1855. p. 2758 der Besitz verlangt; ebenso in Münster nach der Constitutio Bernardina v. 1655 tit. 9 (s. Krabbe, stat. synod. dioec. Monast. Monasterii. 1849. p. 202).

[2] S. Barbosa l. c. n. 16 ff; van Espen l. c. n. 21; Riganti l. c. n. 72 ff.

[3] Trid. l. c. c. 2. cit.: ... „Id vero beneficium resignare non possit, nisi facta mentione quod ad illius beneficii titulum sit promotus, neque ea resignatio admittatur, nisi constito quod aliunde vivere commode possit et aliter facta resignatio nulla sit". Das Erforderniss zu 3, dessen das Tridentinum nicht ausdrücklich erwähnt, folgt aber aus seinen sonstigen Bestimmungen. S. namentlich Schulte 2, 127. n. 2; vgl. auch Pius' V. Constit.: Quanta ecclesiae dei v. 1. April 1568. §. 3. (M. Bull. 2, 270). Die Entscheidung der Congr. Conc. v. 9. Febr. 1726 (Anal. iur. pontif. 1855. S. 1517); Richter Tridentinum l. c. n. 7) hat mit Recht folgende Sätze aus dem c. 2. cit. abstrahirt: „(I.) Ordinatus ad titulum beneficii in illius resignatione individualiter debet exprimere, se ad eius titulum fuisse ordinatum; (II.) neque in futuris resignationibus haec individua expressio suppletur per assertionem: „„*forsan ordinatus*"". (III.) Constare debet per probationes concludentes, resignantem habere quo commode vivere possit; (IV.) quae probatio plena esse non censetur per solam resignantis iuratam confessionem. (V.) Resignans vero tenetur, aliud beneficium obtentum vel alia bona subrogare beneficio resignato et (VI.) haec subrogatio facienda est per episcopi declaratoriam". Selbstverständlich ist, dass die allgemeinen Vorschriften über die Resignation auch im Fall des Tausches des Benefiziums mit einem andern Anwendung finden. S. Riganti l. c. n. 80; Phillips 1, 631.

[4] Trident. l. c. c. 2: „Patrimonium vero vel pensionem obtinentes ordinari posthac non possint, nisi illi quos episcopus iudicaverit assumendos pro necessitate vel commoditate ecclesiarum suarum; eo quoque prius perspecto, patrimonium illud vel pensionem vere ab eis obtineri, taliaque esse quae eis ad vitam sustentandam satis sint". Fagnan. comm. ad c. 4. X. de praebend. III. 5. n. 24: „nam hodie solum beneficium est titulus legitimus ad sacros ordines, patrimonium vero non nisi dispensative". Die Subsidiarität halten auch die Entsch. d. C. C. v. 1573 u. 1679 (Richter a. a. O. n. 19. 14) fest. Eingeschärft ist die Bestimmung des Concils von neuem durch einen Circular-Erlass der C. C. v. 1679 (bei Riganti l. c. n. 109) und die citirte Constitution Innocenz' XIII. Apostolici ministerii. §. 3. (M. Bull. 13, 61). Die Gesichtspunkte, welche der Bischof bei der Prüfung, ob eine necessitas oder commoditas ecclesiae vorliegt, zu beachten hat, giebt an Bened. XIV. de syn. dioec. lib. XI. c. 2. n. 13 ff.

III. den *titulus pensionis* gleich, welcher sich nur dadurch von dem ersteren unterscheidet, dass der Ordinande hier nicht die Einkünfte aus ihm eigenthümlich gehörigen Vermögensstücken, sondern eine Rente aus fremdem Vermögen bezieht[1].

Aus dem Zweck, den der Titel erfüllen soll, hat die Praxis und Doktrin die im Tridentinum freilich nicht ausdrücklich ausgesprochene Regel abstrahirt, dass die Einkünfte, welche das patrimonium oder die pensio gewähren, von dauerndem Bestande sein müssen. Daher werden Einkünfte aus beweglichem Vermögen wegen der freien und unkontrolirbaren Veräusserungsmöglichkeit und des leichten Untergangs desselben nicht für ausreichend erachtet[2]; ebensowenig die Erträge eines blos persönlichen Forderungsrechts auf dauernden Unterhalt[3], selbst wenn dafür eine Generalhypothek bestellt worden ist[4]. Wegen der Ungewissheit und Unbestimmtheit genügt ferner weder persönlicher Erwerb aus einer dem Kleriker gestatteten Beschäftigung[5] noch der s. g. titulus literaturae[6]. Vielmehr ist erforderlich, dass die Einkünfte aus einer dem Ordinanden gehörigen, fruchttragenden, physisch oder juristisch unbeweglichen Sache[7] oder aus einer auf ein Immobile gelegten jährlichen Rente bezogen werden[8]. Forderungsrechte auf fortlaufende Hebungen sind nur ausreichend, sofern nicht nur Immobilien dafür verpfändet, sondern auch für die Befriedigung ein Pfandrecht auf die Früchte vom Besitzer konstituirt ist unter gleichzeitiger Verpflichtung desselben, das Immobile nicht ohne bischöflichen Konsens zu veräussern[9]. Selbstverständlich ist es,

[1] S. Riganti l. c. n. 153; Barbosa l. c. n. 74; Phillips 1, 621; Schulte 2, 129. n. 1. Das Tridentinum hat wohl dabei nur an die von einem Benefizium für einen andern abgezweigten Einkünfte gedacht, s. Card. de Luca annot. ad Trid. l. c. disc. 14. n. 34; Garcias de benefic. P. I. c. 5. n. 5, während die meisten auch ein stipendium a laico assignatum darunter verstehen. Juristisch steht übrigens der t. pensionis dem t. patrimonii vollkommen gleich, da der Anspruch auf die Rente auch zum Vermögen des Berechtigten gehört. So zählt denn das pontif. Romanum de ordin. subdiaconorum (im Anhang) nur den titulus beneficii, patrimonii und paupertatis auf. Eine auf die Einkünfte einer Kirche aufgelegte Pension kann unter Umständen die Natur eines beneficium perpetuum haben s. Fagnan. ad c. 31. de rescr. I. 3. n. 41 ff.; Ferraris prompt. biblioth. s. v. pensio. n. 3. 6. 7; die Weihe auf eine solche Pension folgt daher den Regeln vom titulus beneficii. S. Fagnan. l. c. n. 135; Phillips 1, 621. Im umgekehrten Fall bemisst sich die Möglichkeit als Titel zu dienen nach den Regeln über den titulus pensionis. S. Riganti l. c. n. 153; J. Meyer in Moys Arch. f. k. K. R. 3, 263; Entsch. d. C. C. v. 1838 (Richter a. a. O. n. 31).

[2] Barbosa l. c. n. 55; Bened. XIV. inst. XXVI. n. 7 ff.; Schmier l. c. l. I. tr. IV. c. 3. n. 146. Entsch. d. C. C. von 1670 (bei Richter a. a. O. n. 17).

[3] Barbosa l. c. n. 55; Riganti l. c. n. 122; Schmier l. c. n. 140; Entsch. v. 1589 u. 1704 (a. a. O. n. 16. 32).

[4] Riganti l. c. n. 124; Entsch. v. 1717 (a. a. O. n. 16).

[5] Entsch. v. 1589 (a. a. O. n. 15): „puto quod sit musicus, magister grammaticae, lector, scriptor aut alterius licitae professionis". S. auch Riganti l. c. n. 120; Barbosa l. c. n. 71. Ausnahmen von dieser Regel kommen aber kraft Privilegs vor, so nach Riganti a. a. O. n. 8. 9. für die an der Domkirche in Florenz funktionirenden Geistlichen, welche auf die desfalsigen Einkünfte ordinirt werden können, ebenso für Venedig. Man spricht hier von einem titulus servitii. Barbosa l. c. n. 26. Anal. jur. pont. 1855. p. 2769.

[6] D. h. die Ordination ohne titulus und beneficium auf den vom Weihekandidaten erworbenen akademischen Grad, namentlich den Doktorat der Theologie oder des kanonischen Rechts. Eine Reihe Aelterer lassen einen solchen Titel gelten, s. die Anführungen bei Barbosa remissiones ad conc. Trident. ad c. cit. n. ξ (in der Gallemartschen Ausgabe des Concils. Cöln. 1722. S. 210), Barbosa de potest. episc. n. 72; Riganti l. c.; Phillips 1, 633.

[7] Auch darf das Immobile nicht mit Schulden noch mit einem den Heimfall an einen Andern möglicher Weise herbeiführenden Onus belastet sein. S. Riganti l. c. n. 119; Barbosa l. c. n. 55; Schmier l. c. n. 148; Phillips 1, 632. 633. Die Güter brauchen aber nicht in derselben Diöcese zu liegen. S. Entsch. v. 1749 (a. a. O. n. 18.)

[8] Unablöslichkeit wird nicht für erforderlich erachtet. Ist der Census durch den Verpflichteten kündbar, so muss das Ablösungskapital den zum Unterhalt nothwendigen Betrag gewähren und cavirt werden, dass dasselbe nach der Bestimmung des Bischofs wieder unter dinglicher Versicherung angelegt wird. S. Barbosa l. c. n. 55; van Espen l. c. n. 41; Schmier l. c. n. 147; Riganti l. c. n. 127. 128; Bened. XIV. inst. 26. n. 7 ff.

[9] S. Entsch. d. C. C. ohne Datum bei Richter a. a. O. n. 20; Riganti l. c. n. 126; Pirhing I. 11. n. 73. Dass die Theorie und Praxis der zinsbar angelegten Kapitalien nicht erwähnt, erklärt sich aus dem kanonischen Verbot dieser Art der Vermögensnutzung, die einen unerlaubten Zinswucher konstituiren würde.

dass die Erwerbsart des Vermögens völlig gleichgültig ist; nur muss bei der Schenkung, namentlich wenn sie seitens eines Dritten behufs Ermöglichung der Ordination erfolgt, darauf geachtet werden, dass dieselbe nicht etwa blos zu diesem Zwecke simulirt sei[1].

Ueber die Höhe des patrimonium, resp. der pensio bestimmt das Tridentinum (a. a. O.) nur, dass die vom Ordinanden zu ziehenden Einkünfte demselben den nöthigen Lebensunterhalt gewähren müssen. Durch Diöcesanstatuten oder bischöfliche Verordnungen ist auch hier oft eine bestimmte Summe festgesetzt worden[2], eventuell entscheidet der Natur der Sache nach das bischöfliche Ermessen[3]. Etwaige Messstipendien, welche der Kleriker bezieht oder beziehen kann, werden jedoch nicht in Rechnung gezogen[4]. Dass das zum Titel bestellte patrimonium resp. die pensio mit dem Tage der Ordination die Eigenschaft kirchlichen Gutes erlangt, weil es die Stelle des Benefizialtitels vertrete[5], ist nirgends direkt ausgesprochen[6]. Die Güter bleiben vielmehr Eigenthum des Ordinanden. Damit sind die gleich zu erwähnenden Beschränkungen des letzteren hinsichtlich seiner Disposition nicht unvereinbar, denn sie erklären sich zur Genüge aus dem Zwecke, welchem das Vermögen dienen soll. Das Tridentinum schreibt vor, dass der Kleriker das seinen Titel bildende Vermögen oder die ihm zustehende pensio nicht ohne bischöfliche Erlaubniss veräussern soll[7]. Die Praxis der Congregatio Concilii wendet dem Sinne der Bestimmung des Tridentinums gemäss diese Vorschrift nicht blos auf die Veräusserung im engeren Sinne, sondern auch auf jede Belastung an[8], und erklärt dieselbe ohne bischöfliche Genehmigung für null und nichtig[9]. Die Beschränkungen können dann fortfallen, wenn der Geistliche ein ausreichendes Benefizium erhält oder anderweitige, geeignete Vermögensstücke zu seinem Unterhalt als Titel konstituiren kann, jedoch reicht der blosse Erwerb dieser Einnahmequellen nicht aus, vielmehr ist dazu immer die ausdrückliche Subrogation des Bischofs erforderlich[10].

1 Trid. l. c.: „vere ab eis obtineri", Barbosa l. c. n. 56; Bened. XIV. inst. XXVI. n. 13. Eine Reihe älterer Partikularsynoden schreiben daher eidliche Versicherung der Ernstlichkeit des Geschäfts seitens des Ordinanden oder des Schenkers oder seitens beider Personen vor s. van Espen l. c. n. 24; Phillips 1, 632. 634; ferner die Münstersche Verordnung v. 1742 (bei Krabbe, statut. dioec. Monaster. p. 202). — Zukünftiges Vermögen (also namentlich die vom Sohn zu erwartende väterliche Erbschaft) bildet ebenfalls keinen titulus patrimonii. S. Barbosa l. c. n. 60; Schmier l. c. 141. Die unter den Kanonisten bestrittene Frage, (s. Barbosa l. c. n. 64 ff; Ferraris s. v. patrimonium n. 11; van Espen n. 42; Phillips 1, 635 n. 52), ob das vom Vater dem Sohne schenkungsweise zum Titel überlassene patrimonium kollationspflichtig ist, gehört nicht in das Kirchenrecht.

2 Das älteste Beispiel bietet das Concil von Beziers v. 1233 (s. oben S. 65. n. 2; Thomassin P. II. lib. I. c. 9. n. 5; Riganti l. c. n. 119. 153; Barbosa l. c. n. 8 ff.; Bened. XIV. inst. 26. n. 1 ff; Schulte 2, 129 n. 1; für Münster setzt die Verordn. v. 1742 die Höhe auf 80 Reichsthaler fest, s. Krabbe l. c. S. 202; in Rom werden 60 scudi erfordert, s. Anal. jur. pont. 1855. p. 2755; in der Diöcese Paderborn 150 Thlr. s. Moy, Arch. 20, 398.

3 S. die vorige Note.

4 Weil der Kleriker daraus keinen Broderwerb machen soll. S. Barbosa l. c. n. 14; van Espen l. c. n. 35. 36.

5 So Riganti l. c. n. 136. 147; Phillips 1, 633. 635.

6 Dagegen auch Schulte 2, 129. n. 3. a. E.

7 Sess. XXI. de ref. c. 2: „. . . atque illa (patrimonium und pensio) deinceps sine licentia episcopi alienari aut extingui vel remitti nullatenus possint, donec beneficium ecclesiasticum sufficiens sint adepti vel aliunde habeant unde vivere possint".

8 S. die Entscheidungen bei Richter a. a. O. n. 23 ff., wo zum Tausch, Hingabe zur Emphyteuse u. s. w. die bischöfliche Erlaubniss erfordert wird. Auch das s. g. beneficium competentiae für Schulden der Kleriker wird auf diese Vermögensmassen ausgedehnt, s. a. a. O. n. 26. u. Schulte 2, 129.

9 S. die Entscheidungen a. a. O. n. 22 ff. In der Doktrin werden diese Sätze ebenfalls einstimmig angenommen, s. Barbosa l. c. n. 75 ff.; Riganti l. c. n. 137 ff.; Phillips 1, 635; Richter, §. 108. n. 8; Schulte a. a. O.

10 Die Annahme des Textes ist in der älteren Literatur nicht ganz unbestritten, folgt aber aus dem Zweck der Bestimmungen des Tridentinums. Sie wird übrigens auch von der Congr. Conc. befolgt, s. die Entscheidungen a. a. O. n. 29; vgl. noch Fagnan. ad c. 4. X. III. 5. n. 48 ff; Barbosa l. c. n. 88; Riganti l. c. n. 142 ff; Phillips 1, 635.

Auch daraus, dass die zum patrimonium konstituirten Vermögensstücke die Privilegien des Kirchengutes vom Tage der Ordination, namentlich die Immunität erhalten [1], folgt noch nicht, dass sie wirklich Kirchengut werden, denn diese Gleichstellung erklärt sich ebenfalls daraus, dass das patrimonium dieselben Zwecke wie das beneficium zu erfüllen hat [2].

IV. Eine Konkurrenz des titulus beneficii und des titulus patrimonii, resp. pensionis ist der Bestimmung des Tridentinums nicht zuwider. Daher wird bei nicht ausreichendem Benefizial-Einkommen die Ergänzung desselben durch den Vermögens- oder Pensionstitel gestattet, und umgekehrt kann bei zunächst auf diesen letzteren hin erfolgter Ordination später ein nicht ausreichendes Benefizium subrogirt werden, so dass dann nur noch ein entsprechender Theil der ursprünglich als patrimonium konstituirten Gegenstände verhaftet bleibt [3].

V. Ausser den durch das gemeine Recht anerkannten, eben besprochenen Ordinationstiteln kommt in Deutschland bald nach dem Tridentinum ein s. g. *Tischtitel (titulus mensae)* vor [4]. Seine Entstehung ist durch die Unmöglichkeit herbeigeführt worden, den an sich zweckmässigen Vorschriften des Tridentinums zu genügen. In einem Lande, in welchem bei einem verhältnissmässig grossen Umfang der Parochien und dem Mangel von Benefizien eine Anzahl von Hülfspriestern gebraucht und ferner ein Theil der Geistlichen in der Kirchen- und Staatsverwaltung ohne die Möglichkeit

[1] Vgl. Glosse zu c. 4. X. de praeb. III. 5. s. v. subsidium; Fagnan. ad c. 4. cit. n. 39; Barbosa l. c. 91.

[2] Fagnan. l. c. n. 32; da das patrimonium, welches den Titel bildet, grössere Privilegien als das sonstige Vermögen der Kleriker geniesst, (s. Ferraris l. c. n. 45 ff.) und namentlich wegen der beanspruchten Steuerfreiheit Konflikte mit der weltlichen Gewalt nahe liegen, so ist mit Rücksicht hierauf die Frage in der Kurialpraxis aufgeworfen worden, ob ein höheres patrimonium als das durch die Synodaltaxe festgesetzte zulässig sei; die Congr. Conc. hat sie in einer Entscheidung von 1705 verneint.. In Betreff einer früheren entgegengesetzten Entscheidung ist in derselben selbst schon bemerkt; „expedire tamen dictis eminentissimis patribus visum fuit huiusmodi decretum non edere ad evitandas principum innovationes ratione executionis huiusmodi bonorum, cum bona pro patrimonio laicali assignata habeant maiorem executionem quam bona simplicium clericorum, ideo satius, ut episcopus constituere faciat patrimonium necessarium pro honesta sustentatione" s. Riganti l. c. n. 132 ff; Ferraris l. c. n. 27. Wo der Kirche eine derartige Exemtion von dem Staate nicht mehr zugestanden ist, hat die Frage natürlich keine praktische Bedeutung.

[3] Barbosa l. c. n. 14; Riganti l. c. n. 46. 150 ff; Phillips 1, 629. 635; Entsch. der C. C. a. a. O. n. 12. 13.

[4] S. Synode v. Augsburg 1567. p. II. c. 9 (Hartzheim 7, 177); Brixen 1603 (ibid. 8, 551); Chur 1605 (ibid. 8, 650); Prag 1605 (ibid. 8, 723): „Ii praeterea, qui a nobis mensave archiepiscopali sive a nostra metropolitana vel alia ecclesia collegiata aut ab aliquo monasterio, barone seu nobili vel alicuius civitatis senatu titulum mensae ad vitae sustentationem habuerint, si publico testimonio scriptis exarato id nobis constiterit et ecclesiis nostris utiles et necessarios iudicaverimus, ad sacros ordines admittentur". Köln 1651 (ibid. 9, 762); Münster 1655 (ibid. 9, 827). S. auch J. Meyer, Ursprung und Entwicklung des Tischtitels nach gemein. u. bair. Recht in Moys Arch. f. k. K. R. 3, 269, welcher S. 271 ff. weitere Nachweisungen für die Entwicklung in Baiern während des 17. u. 18. Jahrhunderts giebt. — Richter §. 108 (u. nach ihm Phillips 1, 622; Schulte 2, 131. n. 1) finden den Tischtitel schon in einer Urkunde v. 1334 (Mon. Boica 1, 103), welche ihrem wesentlichen Inhalte nach lautet: „Frater de . . . Commendator et Conventus Domus Fratrum Ordinis Theuton . . . profitemur . . . quod vir providus et discretus . . . civis in . . . ex paterna provisione et hereditaria successione . . . . qua filio suo presencium exhibitori fuit affectus et sui honoris ad incrementum qui in sacris ordinibus videlicet ad ordinem subdiaconatus et deinceps . . . procedere intendit . . . nobis fideiussoriam cautionem certam et condignam per XXX libras Ratispon. fecit et obligavit. Unde . . . prefato in promocionem ampliorem et lucidiorem nostram et nostri Ordinis domum in . . . pro XXX libris Ratispon. obligavimus et per praesentes obligamus, si in sacris ordinibus . . . processerit in effectum, quas necessitate exigente, cum ab ipso requisiti fuerimus, sibi solvere promisimus et debemus sine contradictione qualibet libere et quiete". Ganz abgesehen davon, dass dies Beispiel für eine Reihe von Jahrhunderten allein stehen würde, enthält die Urkunde, deren Sinn allerdings nicht ganz klar und zweifellos ist, kein Versprechen, fortdauernd eine bestimmte Unterstützung zu gewähren, noch eine Abrede, dass mit der Erlangung eines Benefiziums die etwaige Verbindlichkeit aufhören solle. S. auch Meyer S. 270.

der Erlangung eines Benefiziums angestellt wurde, blieb nichts Anderes übrig, als der Priesternoth so gut als es ging abzuhelfen. Der titulus patrimonii oder pensionis allein konnte hier offenbar nicht den Mangel der Benefizien decken. Es fanden sich nicht immer vermögende Kandidaten für den Priesterstand vor, dritten Personen, welche überhaupt geneigt waren, einen Geistlichen zu sustentiren, waren die vom Tridentinum über den titulus pensionis vorgeschriebenen Bedingungen oft zu schwer, und endlich kam wohl auch noch der Umstand dazu, dass bei den veränderten wirthschaftlichen Verhältnissen die auf der Naturalwirthschaft basirenden Vorschriften über die dingliche Radicirung des patrimonium und der pensio oft nicht erfüllt werden konnten [1]. Man musste daher zufrieden sein, wenn nur der Unterhalt des Ordinanden in irgend einer Weise gesichert war, und so liess man schon ein rechtsverbindliches Versprechen genügen, nöthigenfalls einem Geistlichen, der sich nicht selbst ernähren könne, den erforderlichen Unterhalt zu gewähren [2]. Ausgestellt wurden solche Unterstützungsversprechen durch Landesherren, Städte, Bischöfe, Stifter, Klöster und Private [3]. Die Nothwendigkeit einer dinglichen Versicherung ist zwar von der älteren deutschen Theorie als Regel festgehalten [4], jedoch davon für die erwähnten Korporationen und solche Personen, deren zukünftige Solvenz nicht zweifelhaft erscheint, abgesehen worden [5]. Von dem titulus pensionis unterscheidet sich der Tischtitel wesentlich dadurch, dass die durch den letzteren übernommene Verpflichtung erst dann eintritt, wenn der Geistliche sich nicht selbst mit den Revenüen eines eigenen (zum titulus patrimonii nicht qualificirten) Vermögens auf eine seinem Stande entsprechende Weise unterhalten kann [6]. Dass die Unfähigkeit des Klerikers selbst verschuldet ist, schliesst, sofern die Verbindlichkeit durch den Tischtitelgeber nicht in dieser Hinsicht beschränkt worden, den Anspruch auf Gewährung der Sustentation nicht aus [7]. Ueber die Höhe der Summe hat der Bischof

[1] Mit Ausnahme des letzten Grundes sind diese Verhältnisse schon von den früheren deutschen Kanonisten hervorgehoben. S. Engel I. 14. n. 14; Reiffenstuel, I. 11. n. 76; Schmier l. c. lib. I. tr. 4. c. 3. n. 156. Vgl. auch Phillips 1, 636; Schulte 2, 130; J. Meyer S. 268. 269. Wie verbreitet der Tischtitel in Deutschland war, ergiebt auch der Umstand, dass unter dieser Bezeichnung öfters der Ordinationstitel überhaupt verstanden worden ist. S. die Synode von Sitten 1626 (Hartzheim 9, 386), Pirhing I. 11. n. 68; Meyer S. 271. Uebrigens dürfte heute, wie schon Schulte, Lehrbuch S. 172. n. 15 bemerkt, die Nothwendigkeit vorliegen, auch ein in sicheren, namentlich auf den Namen lautenden Staats- oder Privat-Obligationen angelegtes Vermögen als titulus patrimonii gelten zu lassen, und in diesem Sinne das bestehende Recht abzuändern.

[2] Der Tischtitel ist also aus einer nothgedrungenen Abschwächung der Erfordernisse des Pensionstitels hervorgegangen. S. auch Meyer, S. 268. In Italien hat ihn die Praxis der Congr. Conc. nicht zugelassen. S. Richter a. a. O. n. 32.

[3] Engel l. c. n. 17; s. auch die vorstehend angeführte Synode v. Prag v. 1605. Gehindert einen solchen Titel zu bestellen, ist Niemand weder eine physische noch eine juristische Person. Dass aber im einzelnen die nothwendigen Voraussetzungen, unter denen sich das betreffende Rechtssubjekt überhaupt verpflichten kann, erfüllt sein müssen, ist selbstverständlich. S. Engel l. c. n. 18 ff; Meyer S. 275. Eine würtembergische Verordnung vom 5. Juli 1810 (Reyscher, Sammlung würtembergischer Gesetze 10, 326) verlangt Versicherung durch Spezialpfand für die von Privaten bestellten Tischtitel.

[4] Engel l. c. n. 17; Schmier l. c. n. 153.

[5] So auch Schulte 2, 132; Meyer S. 278. Hierher gehört auch der s. g. titulus seminarii, der in Deutschland nichts als ein Tischtitel ist. In Italien ist er in Folge päpstlichen Indults ebenfalls zugelassen worden. Riganti l. c. n. 10. Einen Lothringen betreffenden Fall aus dem 16. Jahrh., in welchem die Zulässigkeit verworfen wurde, s. Anal. jur. pontif. 1855. p. 678.

[6] Das widerspricht freilich den Intentionen, die das Tridentinum mit seiner Reform beabsichtigte. Schon die Kölner Synode v. 1651 (Hartzheim 9, 762) klagt, dass die Kleriker gezwungen würden, „ex celebratione missae sordidum panis lucrandi commercium non sine magno sancti sacerdotii vilipendio et contemptu exercere". Vgl. Engel l. c. n. 15; Schmier l. c. n. 151; Phillips 1, 637; Richter §. 108. n. 9; Permaneder §. 146; Meyer S. 274. Anders Schulte 2, 132. n. 1, welcher aber der deutschen Entwicklung zuwider die Grundsätze vom titulus patrimonii hier unzulässiger Weise heranzieht.

[7] S. die in der vorigen Note citirten. A. M. Sohr, de titulo mensae. Vom Tischtitel etc. Breslau 1829. S. 8. Eine Verpflichtung auf den Fall der unverschuldeten Dienstunfähigkeit sollte, als dem Zweck des Titels zuwider, gar nicht zu-

zu befinden, wenn die Zusicherung nur allgemein auf Unterhalt abgegeben worden ist, da in solchem Falle das sachgemasse Ermessen zu entscheiden hat und in dieser Hinsicht der Bischof Sachverständiger ist [1]. Der Tischtitel erlischt, wenn der Titulat ein ausreichendes Benefizium erhalten hat, denn von diesem Zeitpunkt ab, steht die Sache so, als ob er von vornherein auf den titulus beneficii ordinirt worden wäre. Daher lebt die Verpflichtung des Konstituenten auch dann nicht wieder auf, wenn der Geistliche nachher sei es ohne, sei es durch sein Verschulden dienstunfähig geworden ist, vielmehr muss für einen solchen der Unterhalt wie bei jedem von vornherein auf den titulus beneficii geweihten Kleriker beschafft werden [2]. Das gleiche gilt von dem Falle, wo der Geistliche ein ausreichendes patrimonium erhält. Jedoch muss hier dasselbe ausdrücklich als Titel vom Bischof subrogirt sein. Einen Anspruch auf das letztere hat der Tischtitelgeber aber nur, wenn unter der gedachten Voraussetzung ein Erlöschen der Verbindlichkeit ausgesprochen ist, sonst hört diese an und für sich nicht auf, nur ihre Erfüllung cessirt so lange und insoweit, als das eigene Vermögen des Titulaten zu dessen Sustentation ausreicht [3].

Ein Aufgeben des Anspruchs durch Verzicht, Cession [4] u. s. w. seitens des Titulaten ohne bischöfliche Genehmigung endlich muss ebenso wie die Veräusserung des den Titel bildenden patrimonium für nichtig erklärt werden, da der Tischtitel mit dem titulus patrimonii und pensionis seinem Zweck nach völlig gleichsteht und nur eine veränderte Gestalt des letzteren ist.

VI. Was den heute in Deutschland bestehenden Zustand betrifft, so kann die Anwendung der gemeinrechtlichen, dem Tridentinum bekannten Ordinationstitel keinem Zweifel unterliegen. Mehr oder minder ausdrücklich ist das anerkannt in Baiern (Konkord. Art. XII b.), Oesterreich (Konkord. Art. IV b.), Preussen (A. L. R. Th. II. Tit. 11. §. 62) [5] und Baden [6]. Wenn es dagegen für eine Reihe anderer Länder an darauf bezüglichen Bestimmungen fehlt, z. B. im ehemaligen Königreich Hannover, im Königreich Sachsen, Würtemberg, Oldenburg u. s. w., so kann für dieselben daraus die Unzulässigkeit der Ausübung der bischöflichen Rechte in dieser Beziehung nicht gefolgert werden [7], es hängt das vielmehr mit den schon vorhin erwähnten Verhältnissen in Deutschland zusammen, welche der Entwicklung der Tridentiner Disciplin durchaus ungünstig gewesen sind. Ja mit der Einziehung der geistlichen Güter Anfangs unseres Jahrhundert ist die Möglichkeit, auf der Erfüllung der Vorschriften

gelassen werden; jedenfalls kann aber der Geber nicht weiter als er sich verbindlich gemacht, in Anspruch genommen werden, und es muss dann die Sustentationspflicht des Bischofs eintreten. S. unten S. 78.

1 Richter, Schulte a. a. O.

2 Scheurlen, Bemerkungen üb. d. landesherrlichen Tischtitel etc. in Weiss, Archiv für die Kirchenrechtswissenschaft. 2, 143; Richter, Permaneder. a. a. O; Meyer S. 281.

3 Bei der Erlangung eines Beneficium steht die Sache deshalb anders, weil von diesem Zeitpunkt ab der Natur der Sache nach die Verpflichtung fortfällt. Einer Subrogation des Bischofs bedarf es hier nicht, denn diese könnte er nicht verweigern, sowie das Beneficium den ausreichenden Unterhalt gewährt. Bei entstehenden Differenzen wird allerdings konstatirt werden müssen, dass die Bedingung, unter welcher die Verpflichtung erlischt, eingetreten ist.

4 S. den Fall in Lipperts Ann. Hft. 4. S. 132 ff.

5 „Die übrigen Erfordernisse zu einem geistlichen Amte bleiben nach Verschiedenheit der Religionsparteien den vom Staate genehmigten Grundgesetzen und Verfassungen vorbehalten". Diesem §. muss der nur für die evangelische Kirche passende §. 65. a. a. O.: „Die Ordination soll Niemandem ertheilt werden, ehe er ein geistliches Amt, welches ihm seinen Unterhalt gewährt, zu übernehmen Gelegenheit hat"; in Betreff der katholischen Kirche nachstehen. Für das heutige Recht folgt das auch ferner aus Art. 15 der Preuss. Verf.-Urk. vom 31. Januar 1850.

6 Gesetz v. 9. Oktober 1860. §. 7. Vgl. Haas in Moy, Archiv f. k. K. R. 9, 33. Auch Lippe-Detmold gehört hierher s. das Edikt vom 9. März 1854. Art. 2.

7 S. Haas a. a. O. Dagegen spricht sich schon die Esposizione dei sentimenti von 1819 No. 12 (Münch, Konkordate 2, 387) aus.

des Tridentinums zu bestehen, noch mehr geschwunden, und so haben sich denn einzelne Staaten dazu verstanden, selbst einen — den s. g. *landesherrlichen Tischtitel (titulus mensae principis)* zu gewähren.

In Oesterreich wird der Tischtitel sämmtlichen Kandidaten des Klerikalstandes auf Ansuchen des Bischofs aus dem Religionsfonds durch die Landesstellen ertheilt, jedoch datirt ein Anspruch auf denselben erst von der Zeit ab, wo sie die Priesterweihe erhalten haben. Der Betrag dieses s. g. Deficientengehaltes ist auf 200—300 Fl. K. M. (210 — 315 Fl. neuer Währung) festgestellt[1]. In der oberrheinischen Kirchenprovinz wird der Tischtitel den in das Seminar aufgenommenen Kandidaten gewährt[2], wofür als Minimum 300—400 Fl. festgesetzt sind. In Würtemberg ist der Tischtitel auf den Interkalarfonds übernommen[3]. Während in diesen Staaten ein Anspruch auf den Tischtitel durch eine bestimmte Qualifikation für sämmtliche Kandidaten begründet wird und sich in der oberrheinischen Kirchenprovinz nach der Verordnung von 1853 und in Oesterreich dem Geiste des Konkordates gemäss ein Recht der Bischöfe zur Verleihung desselben nicht in Abrede stellen lässt, wird der Tischtitel in andern Ländern von den Staatsbehörden nur an einzelne Kandidaten verliehen. Das ist der Fall in Oldenburg[4] und in Baiern[5].

1 Nähere Voraussetzungen für die Kandidaten sind Zurücklegung des vorgeschriebenen theologischen Studiums, ausreichende Gesundheit, Tauglichkeit zur Verwaltung der Seelsorge und Versehung derselben oder eines öffentlichen Amtes bei Schul- u. Lehr-Anstalten nach empfangener Priesterweihe. S. Hofdekret v. 7. Jänner 1792. (Sammlung der Gesetze Leopolds II. 5, 74). S. auch A. Müller, Lexicon des Kirchenrechts. (2. Aufl.) 5, 15; Barth-Barthenheim, Oesterreichs geistige Angelegenheiten. §§. 26—30. 778 ff.; Pachmann §. 245. Dass diese Bestimmungen, wonach u. A. der zwischen der Subdiakonats- und Priesterweihe untauglich werdende Kandidat keine Versorgung erhält, ebenso die des Hofdekrets vom 6. April 1792 für Tirol, welche die Verpflichtung für den casus delicti ausschliesst (Kropatschek, Samml. der Ges. Franz II. 1, 89) mit der Wiederherstellung der vollen kanonischen Disciplin durch das Konkordat nicht im Einklang sind, liegt auf der Hand. Eine Ausgleichung ist bis jetzt nicht erfolgt. Das Wiener Provinzialkonzil von 1858. tit. 3. c. 10. (s. Moy, Arch. 4, 721) bestimmt daher: „ut aliunde aliquis accessus ad sacros ordines difficilior haud reddatur, constituendum ducit, circa titulum mensae ea quae hucusque in hac provincia observata fuere, retineri debere. Adaequet reditus annuos CC florenorum hucusque consuetae seu CCX novissimae monetae“.

2 Das gemeinsame Edikt der betreffenden Regierungen vom 30. Januar 1830. §. 27. bestimmt: „In das Seminar werden nur diejenigen Kandidaten aufgenommen, welche in einer durch die Staats- und bischöflichen Behörden gemeinschaftlich vorzunehmenden Prüfung gut bestanden und zur Erlangung des landesherrlichen Tischtitels, der ihnen unter obiger Voraussetzung ertheilt wird, würdig befunden worden sind“. Für die zu dem gedachten Verbande gehörigen Staaten mit Ausnahme Kurhessens ist §. 8. des Erlasses vom 1. März 1853 getreten: „Vor der Aufnahme in das Priesterseminar müssen die Kandidaten in einer von der bischöflichen Behörde anzuordnenden und zu leitenden Prüfung gut bestanden sein. Dieser Prüfung wohnt ein landesherrlicher Kommissar bei, welcher sich die Ueberzeugung zu verschaffen hat, dass die Kandidaten den Gesetzen und Vorschriften des Staats Genüge geleistet haben und nach Betragen und Kenntnissen der Aufnahme würdig sind. Die Aufnahme geschieht durch die bischöfliche Behörde. Sie darf nach etwa erhobener Einsprache des landesherrlichen Kommissars in so lange, als dieselbe nicht durch die zuständige Staatsbehörde beseitigt ist, nicht erfolgen. Den Aufgenommenen wird der landesherrliche Tischtitel ertheilt“.

3 Dekret vom 14. März 1816. (Reyscher, Sammlung würtemberg. Gesetze, 10, 482); Bekanntmachung den Interkalarfonds betr. vom 10. November 1821, No. III. (Regierungsblatt v. 1821. S. 819; Reyscher a. a. O. S. 682.) Siehe auch Scheurlen a. a. O. S. 145. Ueber Baden, wo der Erzbischof von Freiburg den Tischtitel verleiht s. Haas a. a. O. S. 33; für Hessen-Darmstadt erkannte die allerdings von der zweiten Kammer unterm 8. Mai 1863 für ungültig erklärte und im Jahre 1866 von beiden Theilen beseitigte Konvention mit dem Bischof von Mainz v. 1854 No. 5 an: „Der Bischof weiht auf die bestehenden kirchlichen Titel hin“.

4 Normativ für die Wahrnehmung des landesherrlichen Hoheitsrechts etc. vom 5. April 1831. §. 10: „Der Vorschlag zum titulus mensae und zu den von dem Landesherrn etwa bewilligten Stipendien zur Ausbildung der Kandidaten der Theologie auf auswärtigen Universitäten geschieht vom Offizialat“ (zu Vechta) „bei der“ (mit Ausübung des ius circa sacra beauftragten Immediat-) Kommission auf den Grund des mit den Aspiranten angestellten Examens pro ordinibus, unter Berücksichtigung vorzüglicher Fähigkeiten und des Bedürfnisses“. Nach Schulte 2, 151. n. 2 beträgt der Titel 80 Rthr.

5 Das Ministerial-Reskript vom 11. Februar

Die Gesetzgebung des letzt erwähnten Landes stimmt aber insofern mit den unter V. entwickelten, allgemeinen Grundsätzen überein, als der Titel stets bei eintretender Dienstuntauglichkeit ohne Rücksicht auf ein etwaiges Verschulden des Geistlichen gewährt wird[1], dagegen erstreckt sich in der oberrheinischen Kirchenprovinz die Verpflichtung nur auf den Fall, dass der Geistliche ohne sein Verschulden dienstunfähig geworden ist[2]. Freilich geht aber hier die Verhaftung andererseits über das gemeine Recht hinaus, da auch der bepfründete Geistliche Anspruch auf den Titel hat[3].

Berücksichtigt man, dass die katholische Kirche durch die Säkularisation den erheblichsten Theil ihres Vermögens eingebüsst hat, dass die Bischöfe auf feste Gehalte angewiesen, und der Tischtitel oft aus Fonds gewährt wird, welche einen kirchlichen Charakter haben und aus kirchlichen Mitteln Einkünfte erhalten (so z. B. dem Interkalarfonds in Würtemberg), so muss es als eine gerechte Forderung der katholischen Kirche bezeichnet werden, dass die Sustentation der Geistlichen auch für den Fall der verschuldeten Untauglichkeit vom Staate übernommen oder ein angemessener Fonds dafür der Kirche frei überlassen wird. Aus denselben Gründen muss auch die allgemeine Regel, dass der bepfründete Geistliche keinen Anspruch auf den Tischtitel, sondern Sustentation aus dem Benefizium zu fordern hat, cessiren, um so mehr als die Amtseinkünfte ebenfalls heute vielfach sehr gering bemessen sind[4].

In Preussen (und zwar in den alten Provinzen, sowie in der neuerworbenen Provinz Hannover) kommt der landesherrliche Tischtitel[5] nicht vor, man muss sich hier mit einer von Privatpersonen übernommenen Verpflichtung behelfen, für welche

1852 (Döllinger, Sammlung etc. 8, 614) verwahrt sich ausdrücklich gegen eine Verbindlichkeit, den Tischtitel für alle katholischen Geistlichen des Königreichs zu übernehmen. In Uebereinstimmung hiermit bestimmt die Entschliessung vom 8. April 1852. No. 15: „Die Aufnahme in den geistlichen Stand, resp. in das Klerikalseminar bleibt dem freien Ermessen der Bischöfe überlassen. Da jedoch der König als Schutzherr der Kirche den Tischtitel dem zu Weihenden aus Gnaden verleiht, so ist um diese Gnade vor der Ordination geziemend zu bitten". S. auch Meyer S. 276. 277. Vgl. über Baiern weiter die Verordnung vom 6. März 1804 (Döllinger 8, 528) und die andern dort mitgetheilten Verordnungen.

[1] Ist die Amovirung in Folge eigener Schuld des Geistlichen geschehen, so beträgt der Titel 104 Fl., ohne sein Verschulden 208 Fl. Die Angabe Brendels, Kirchenrecht §. 265 und Permaneders §. 147, dass auch bepfründete Geistliche bei eintretender Unfähigkeit den Tischtitel erhalten, beruht auf einer Verwechselung der freiwilligen Uebernahme solcher Kleriker auf den Emeritenfond. S. Meyer a. a. O. S. 279. 281. 282. — Derselbe Grundsatz wie in Baiern muss nach der Ausführung zu V mangels einer besonderen Bestimmung auch für Oldenburg zur Anwendung kommen. Ebenso im Königreich Sachsen, in welchem der landesherrliche Tischtitel gleichfalls üblich ist. S. Schulte, status dioecesium cathol. Giessae 1866. S. 149.

[2] Edikt v. 30. Januar 1830. §. 28: „Der landesherrliche Tischtitel gibt die urkundliche Versicherung, dass im eintretenden Falle der nicht verschuldeten Dienstunfähigkeit der dem geistlichen Stande angemessene Unterhalt, wofür ein Minimum von jährlich 300 bis 400 Fl. festgesetzt wird, sowie die besondere Vergütung für Kur- und Pflegekosten, subsidiarisch werde geleistet werden. Von dem Titulaten kann nur dann ein billiger Ersatz gefordert werden, wenn er in bessere Vermögensumstände kommt oder in der Folge eine Pfründe erhält, welche mehr als die Kongrua abwirft". Dass diese Bestimmung durch die Verordnung von 1853 und das badische Gesetz vom 9. Oktober 1860 für Baden beseitigt sei (so Haas a. a. O. S. 33), lässt sich nicht behaupten. Für Würtemberg hat schon die Verfassungsurkunde von 1819. §. 81 verordnet: „Auch wird darauf Rücksicht genommen werden, dass katholische Geistliche, welche sich durch irgend ein Vergehen die Entsetzung vom Amte zugezogen haben, ohne zugleich ihrer geistlichen Würde verlustig geworden zu sein, ihren hinreichenden Unterhalt finden", womit freilich immer eine Lücke für die nicht angestellten Geistlichen vom Subdiakon an aufwärts bleibt.

[3] Scheurlen a. a. O. S. 146.

[4] S. Phillips 1, 638; Schulte 2, 133; Richter §. 108. n. 9. In wiefern hierfür durch andere Einrichtungen (Emeriten- und Demeriten-Häuser- und Fonds) Abhülfe geschaffen ist, s. unten.

[5] In Nassau wird er dagegen von der preussischen Regierung weiter gewährt. Moy, Arch. 20, 313. n. 1. a. E.

man hypothekarische Sicherheit verlangt, sofern nicht der sonst noch vorkommende vom Bischof oder aus den Seminareinkünften gewährte Titel ausreicht[1].

Eine Beschränkung von Privatpersonen in der Befugniss, dergleichen Verbindlichkeiten zu übernehmen, ist eine ungerechtfertigte Bevormundung sowohl dieser als auch der Kirche; sie ist vorgekommen in Baiern[2], Oesterreich[3] und Baden[4]. Hinsichtlich der juristischen Personen, namentlich der Land- und Stadtgemeinden, für welche ebenfalls mitunter eine staatliche Konkurrenz bei der Aussetzung von Tischtiteln vorkommt[5], kann eine solche nur begründet erscheinen, wenn sie sich als Ausfluss der sonst über die Vermögensverwaltung dieser Rechtssubjekte geltenden allgemeinen Normen darstellt, weil das Vermögen derselben bestimmten Zwecken dient und der Erfüllung derselben nicht Abbruch geschehen darf.

VII. Die Bestimmungen des Tridentinums beziehen sich nicht auf die Religiosen. Diese werden durch das Kloster unterhalten und können daher ohne Weiteres auf den *titulus paupertatis* sive *professionis* ordinirt werden. Jedoch ist dies nur nach wirklich abgeleisteter Profess zulässig[6]. Ausnahmen kommen vor für einzelne Orden, z. B. für die Jesuiten, deren drei vota simplicia den wirklichen Ordensgelübden gleichgestellt sind[7], so dass sie schon nach Ablegung derselben die ordines maiores erhalten können[8], ebenso aber auch für die Mitglieder von solchen religiösen Kongregationen, welche überhaupt nur einfache Gelübde leisten, wie z. B. aus neuerer Zeit für die Redemptoristen[9], aus älterer für die französischen Doktrinarier (Congregatio clericorum saecularium Doctrinae christianae in Gallia)[10].

VII. Dem Tridentinum noch unbekannt ist der ferner vorkommende s. g. *titulus*

[1] S. Schulte status dioecesium catholic. p. 67. 92.

[2] Jetzt genügt aber nach einem Ministerialreskript v. 30. Mai 1813 (Döllinger 8, 528, s. auch d. Verordn. v. 27. Juni 1828 a. a. O. S. 540) blosse Anzeige an die General-Kreis-Kommissariate; die Kandidaten müssen indessen dieselben Qualifikationen, wie die für den landesherrlichen Tischtitel haben. S. Meyer S. 275.

[3] Pachmann §. 245. n. p. Mit dem Konkordat ist aber diese Beschränkung ebenfalls nicht vereinbar.

[4] Die Verordnung vom 3. Februar 1810 (Regier.-Blatt. 1810. No. 7. S. 51) verbietet die Ertheilung von Tischtiteln durch Privatpersonen und Gemeinden ganz und gar.

[5] So in Baiern, wo der gleich weiter im Text angegebene Gesichtspunkt massgebend ist und daher Bestätigung der Kreisregierung verlangt wird; V. v. 6. September 1819 (Döllinger 8, 539). S. Meyer. S. 275; ferner in Oesterreich und Baden; für beide Länder gelten die zu Note 3 u. 4 gemachten Angaben und Bemerkungen.

[6] Pius' V. Const. Romanus Pontifex v. 14. Oktober 1568. §§. 1. 3. (M. Bull. 2, 290. auch Richtersche Ausg. des Trid. S. 502) verbietet die Ordination der: „certorum ordinum religiosi seu canonici vel clerici, intra claustra monasteriorum seu domorum more regularium in commune viventes qui nunquam seu nonnisi ad certum tempus professionem emittunt et ex claustro exire vel dimitti, ad saeculum redire libere et licite possunt". Selbst heute, wo nach der Encyclika der Congr. sup. statu regularium: Neminem latet vom 19. März 1857 und der Constitution Pius' IX.: Ad universalis ecclesiae regimen vom 7. Februar 1862 (Moy, Archiv 9, 437 u. 8, 144) nach bestandenem Novitiat zunächst vota simplicia und die solemnia erst nach weiteren 3 Jahren abgelegt werden dürfen, können diejenigen, welche diese vota simplicia geleistet haben, nicht auf den titulus professionis die höheren Weihen erhalten. Entscheidg. der Congr. sup. statu regul. v. 20. Januar 1860 (2mal mitgetheilt bei Moy a. a. O. 9, 441. u. 16, 376).

[7] Constit. Gregors XIII.: Ascendente domino v. 25. Mai 1584. §. 20 (M. Bull. 2, 508).

[8] Privileg. Gregors XIII. v. 28. Februar 1573 (Institutum soc. Jesu. Prag. 1757. 1, 47); Constit. Gregors XIV.: Ecclesiae catholicae v. 28. Juni 1591. §. 16. (M. Bull. 2, 769. Institut. soc. Jesu. 1, 103).

[9] Constit. Leo's XII.: Inter religiosas vom 11. März 1828. §. 3. (Bull. Rom. cont. 17, 343): „attribuimus quo tametsi non vota solemnia sed solum vota simplicia cum iuramento perseverantiae in ea nuncupentur, superior generalis pro tempore alumnos suos vel ob eorum inopiam vel alias ab causas titulo mensae communis . . . sacris ordinibus initiandos offerre atque his in casibus literas dimissoriales concedere idem per se possit et valeat". Vgl. ferner Anal. jur. pont. 1855. p. 2768.

[10] S. Riganti l. c. n. 18; Anal. jur. pont. 1861. p. 64; vgl. ferner Riganti n. 11. ff. 18. Dieser ausnahmsweise gestattete Titel wird von Einzelnen (s. die citirten) titulus communitatis oder congregationis genannt.

missionis [1]. Seine Einführung hängt mit der Errichtung der römischen Ausbildungsanstalten für die Mission im 16. Jahrhundert zusammen. Zuerst ist den Zöglingen des im Jahre 1579 errichteten Collegium Anglicanum das Privilegium, ohne Benefizium und Patrimonium die Ordination zu erhalten, gegeben [2], und sodann auf die Alumnen ähnlicher schon bestehender oder neu errichteter Anstalten ausgedehnt worden [3], bis Urban VIII. [4] dasselbe den Zöglingen aller derjenigen geistlichen Bildungsanstalten ertheilt hat, welche unter der Leitung oder Aufsicht der Congregatio de propaganda fide stehen [5]. Diese müssen sich bei ihrer Aufnahme eidlich verpflichten, die Weihen zu erlangen und demnächst auf Lebenszeit nach den Anweisungen der Propaganda in der Mission dienen [6], werden aber andererseits aus den Mitteln der Collegien oder der Propaganda unterhalten [7].

Dieser Titel bietet mit Rücksicht auf die lebenslänglich übernommene Verpflichtung der Alumnen, ihre Kräfte der Mission zu widmen — wird doch auch der Ausdruck profiteri institutum alicuius collegii gebraucht [8] — eine entschiedene Analogie zu dem titulus professionis. Seinem Wesen nach ist er nichts Anderes als ein titulus mensae, was sich auch darin zeigt, dass die Unterhaltungspflicht auf ihn cessirt, wenn die von Rom ausgesandten Alumnen in dem Missionslande eine feste Anstellung erhalten haben [9].

Selbst von dem titulus professionis muss dasselbe für das neuere Recht behauptet werden [10]. So lange man nur mit Rücksicht auf ein bestimmtes Amt ordinirte, war ein entschiedener Gegensatz zwischen dem Welt- und Ordenspriester vorhanden, als aber ein ausreichender Lebensunterhalt als genügender Titel betrachtet wurde, fiel die Ordination der Weltgeistlichen und Mönche schon unter denselben gemeinsamen Begriff und innerhalb desselben konnte sich nur noch der Gegensatz zwischen der regelmässig vorausgesetzten Art des Einkommens (aus dem Benefizium) und jeder andern als Ausnahme

[1] O. Mejer, de titulo missionis apud catholicos. Regiomonti. 1848.

[2] Vgl. die Errichtungsbulle Gregors XIII. v. 23. April 1579. §. 13. (M. Bull. 2, 455): . . . „eisdem alumnis ut de licentia Protectoris ac dicti Collegii Rectoris consensu et examine praecedente . . . etiam absque suorum Ordinariorum literis dimissorialibus ac sine aliquo beneficii vel patrimonii titulo . . . ad omnes etiam sacros et presbyteratus ordines promoveri . . . libere et licite valeant, indulgemus". S. Mejer a. a. O. S. 13. 14.

[3] Z. B. des vereinigten Collegium Germanicum et Hungaricum durch die Bulle Gregors XIII. v. 1. April 1584 §. 15 (Theiner, die geistlichen Bildungsanstalten. Mainz. 1835. S. 415), des Colleg. Maronitarum durch Bulle desselben v. 27. Juni 1584. §. 8 (M. Bull. 2, 511), des von Clemens VIII. unterm 5. Dezember 1600 gestifteten Colleg. Scoticum (Theiner S. 131), des von Urban VIII. unterm 1. August 1627 errichteten Colleg. Urbanum de propaganda fide (Bullar. sacr. Congr. de propag. fide 1, 63). Weiteres bei Mejer a. a. O. S. 18 ff. 20 ff; Mejer die Propaganda 1, 232 ff.

[4] In dem Breve pro ordinatione alumnorum congregationis de propaganda fide vom 18. Mai 1638 (Bullar. Propag. 1, 91).

[5] So müssen die Worte des citirten Breves: „congregationis alumnis et convictoribus et aliis qui quoquo modo ad instantiam eiusdem congregationis inpraesentiarum Romae vel alibi educantur et in futurum educabuntur, etiam sine titulo beneficii ecclesiastici aut patrimonii, sed ad titulum tantum missionis . . . ad sacros et presbyteratus etiam ordines — promovere . . . concedimus". S. Mejer de tit. miss. S. 23. ders. die Propaganda 1, 234. 244. Der Ausdruck titulus missionis kommt zum ersten Mal vor in dem Breve Urbans VIII. vom 12. April 1631 (Bullar. Propag. 4, 155) über die Errichtung des Colleg. Hiberniae.

[6] Breve Alexanders VII. v. 20. Juli 1660 (Bullar. Propag. 1, 140. 144), das in dieser Beziehung statt der für die einzelnen Kollegien geltenden besonderen Normen allgemeine Bestimmungen aufstellt. S. Mejer S. 8. 13. 15. 20. 24. 32. 33; Mejer Propaganda 1, 234 ff.

[7] In dem Breve Alexanders VII. heisst es: „ad haec nullo pacto licere alumnis contra formam iuramenti vel religionem ingredi vel alteri statui perpetuo se addicere eo sub praetextu quod quilibet teneatur sibi ipsi ratione aliqua stabili consulere eo quod haec sancta sedes alumnis postquam fuerint dimissi non provideat; quum memorata congregatio neminem ex iis qui ad missionis titulum ordinati sunt quive suo instituto pro viribus incumbunt, consueverit unquam destituere". (Bullar. cit. 1, 141). Mejer Propaganda 1, 243.

[8] Mejer, de tit. miss. p. 28; Propaganda 1, 245.

[9] Mejer, de tit. miss. 33. 34; Propag. 1, 245.

[10] So auch Pachmann §. 245.

betrachteten geltend machen[1]. Die besondere Hervorhebung des titulus professionis, missionis und mensae erklärt sich nicht daraus, dass sie von dem vom Tridentinum erwähnten titulus pensionis ihrem Wesen nach verschieden sind, sondern lediglich daraus, dass bei ihnen die Sicherheit für den fortdauernden Unterhalt des Ordinanden auf andere Art und zwar bei dem titulus professionis und missionis durch besondere, der Ordination selbst fremde Momente, bei dem titulus mensae aber in einer den strengen Vorschriften des Tridentinums nicht entsprechenden Art beschafft wird.

IX. Wenngleich die eben dargestellten Bestimmungen über den Titel allein für die Erlangung der höheren Weihen nach gemeinem Recht massgebend sind, so ist doch die Möglichkeit, einen solchen auch für die niederen ordines zu verlangen, nicht ausgeschlossen, da die Kirche, nur durch die äusseren Verhältnisse gedrängt, das Postulat des Titels auf die gedachte Weise hat restringiren müssen, und in der Aufstellung darüber hinausgehender Vorschriften nur eine Wiederherstellung des eigentlich normalen Zustandes liegt[2]. So wird z. B. gerade für die Diöcese Rom der Nachweis eines titulus patrimonii für die minores vor der Ertheilung der Tonsur gefordert[3]. In diesen Fällen finden die Grundsätze, welche sonst über den Titel gelten, analoge Anwendung, nur wird hier leichter eine Abweichung von diesen Regeln genehmigt werden können[4].

X. Das ältere Recht erklärte die ohne Titel absolut ertheilten Ordinationen für nichtig[5]. Von einer Irregularität des ohne Titel Geweihten kann demnach nach älterem Recht keine Rede sein[6]. Ebensowenig ist dies für das neuere anzunehmen[7], denn, wie der Verlauf der folgenden Darstellung zeigen wird, ist dieselbe durch kein neueres Kirchengesetz eingeführt worden. Die ursprüngliche Nichtigkeit der Ordination hat Innocenz III. beseitigt, indem er dem Bischof, welcher ohne Beachtung der über den Titel geltenden Vorschriften ordinirt, die Verpflichtung der Sustentation des Geweihten auferlegt, bis dieser ein auskömmliches Benefizium erhält[8]. Damit war auch für den Ordinanden selbstverständlich die frühere, eben in der Nichtigkeit bestehende Strafe aufgehoben, und es blieb für den Fall, dass der Kandidat den Bischof durch unerlaubte Mittel veranlasst hatte, ihn trotz des fehlenden Titels zu ordiniren, nichts übrig, als denselben nach Massgabe der allgemeinen kirchlichen Normen, unter welche seine

[1] A. M. Schulte 2, 133, der in den tit. professionis und missionis eine Konsequenz aus dem älteren Recht findet.

[2] S. Schulte 2, 127. n. 1, welcher mit Recht auf c. 2. X. de praeb. III. 5: „Non liceat ulli episcopo ordinare clericos et eis nullas alimonias praestare sed duorum alterum eligat: vel non faciat clericum vel si fecerit, det illis unde vivere possint" verweist. S. auch c. 23. X. eod; vgl. ferner Devoti instit. I. 4. s. 2. §. 9. n. 4; Kober, Suspension S. 226.

[3] Nach einem Edikt von Clemens XI. vom 25. Februar 1718; der Betrag ist 30 Scudi Rente. S. Giraldi expos. jur. pont. III. 5. s. 360; Anal. jur. pont. 1855. p. 2755.

[4] Z. B. hinsichtlich der Sicherheit. In Rom begnügt man sich bei genügenden Gründen mit einer Verpflichtung der Aelteren, dem Ordinanden die nöthige Sustentation zu gewähren. S. Analect. l. c.

[5] c. 1. (Chalced. a. 451. c. 6); c. 2 (synod. Placent. a. 1095) Dist. LXX. Kober Suspension S. 219. 220. findet in diesen Vorschriften unter Berufung auf Fagnan. ad c. 16. X. III. 5. n. 18; Gonzalez Tellez ad c. 4. X. III. 5. n. 9; Bened. XIV. inst. XXVI. n. 13 ff.; Phillips 1, 640. nur die Verfügung einer suspensio latae sententiae; diese schon von der Glosse (zu c. 1. cit. s. v. vacuam) aufgestellte Ansicht thut sowohl dem griechischen Text des Chalcedonenser Concils („ἄκυρον"), wie den Worten: „vacuam hebere manus impositionem et nullum tale factum valere; ordinatio irrita habeatur" die entschiedenste Gewalt an; denn eine blos mit der Suspension bestrafte, also gültige Ordination lässt sich doch nicht als eine ungültige bezeichnen. S. auch Hefele, Conciliengesch. 2, 402. 5, 195. Auch Innocenz III. erklärt noch in c. 16. X. de praeb. III. 5: „Licet autem praecedessores nostri ordinationes eorum, qui sine certo titulo promoventur, in iniuriam ordinantium irritas esse voluerint et inanes".

[6] S. Phillips 1, 498.

[7] Das thun z. B. Wiese, Handbuch §. 85; A. Müller, Lexikon des Kirchenrechts im Art. „Weihen" (5, 553).

[8] c. 16. X. de praeb. III. 5. Vgl. auch c. 2. (Julian. epit. nov.), c. 4. (Later. III. a. 1179.) X. eod.

Handlung fiel (also wegen Fälschung, Betrug etc.), zu strafen. Das Tridentinum hat, obwohl die Bestimmung Innocenz' III. insofern mangelhaft war, als sie auf Seiten des Ordinators die Schuldfrage völlig unberücksichtigt liess, keine selbstständigen Normen getroffen, vielmehr durck seine Vorschrift: »antiquorum canonum poenas super his innovando« [1] zu neuen Zweifeln Veranlassung gegeben. Unter den in Bezug genommenen antiqui canones verstanden einige Kanonisten nur die die Sustentationspflicht des Bischofs aussprechenden Stellen der Dekretalen, andere auch die von Innocenz III. beseitigten Vorschriften des c. 1. und 2. Dist. LXX [2]. Berücksichtigt man, dass die Doktrin zur Zeit des Tridentinums schon von der irrigen Annahme ausging, dass die letzterwähnten Canones nur eine Suspension der Weiherechte für den ohne Titel Geweihten aufgestellt haben, so lässt sich von der vorhin dargelegten Ansicht über den wahren Sinn jener Vorschriften aus nicht die Möglichkeit in Abrede stellen, dass das Tridentinum, welches sicherlich eine Nullität der Ordination nicht angenommen hat, auch jene älteren Bestimmungen gleichzeitig hat in das Auge fassen wollen. Ja wenn man weiter erwägt, dass das Tridentinum von antiquorum canonum poenas, also sowohl von canones als poenae in der Mehrzahl spricht, so kann es kaum zweifelhaft erscheinen, dass dasselbe nicht nur auf die Sustentationspflicht des Ordinirten, sondern auch auf die aus c. 1. 2. Dist. LXX. irrigerweise hergeleitete Suspension hat hinweisen wollen [3].

Unter dieser Voraussetzung gestaltet sich dann das neuere Recht folgendermassen: a. Hat der Bischof den Kandidaten wissentlich oder kulposer Weise ohne irgend welchen oder ohne irgend einen genügenden Titel geweiht, so tritt für ihn die Sustentationspflicht, sowie die Pflicht, dem Geweihten später ein Benefizium zu verleihen, ein [4], gleichgültig, ob der Kandidat vermögend ist oder nicht [5]. Für den Fall, dass der Bischof einem andern den Auftrag zur Ordination einer bestimmten Person gegeben oder einem Kandidaten die Erlaubniss ertheilt hat, sich von einem beliebigen Bischof weihen zu lassen, haftet er, weil er, nicht der Mandatar sich über das Vorhandensein der Erfordernisse in der Person des Kandidaten überzeugen musste, dagegen treffen die vorhin erwähnten Verbindlichkeiten den Mandatar, wenn sein Auftrag allgemein auf

[1] Sess. XXI. c. 2. de reform. k

[2] S. die Anführungen bei Barbosa remiss. ad conc. Trid. l. c. ψ (ed. Trident. ex recogn. Gallemart. Colon. Agripp. 1722. S. 212); Barbosa, de officio et potest. episc. P. II. alleg. 20 n. 24 ff.

[3] Bei dieser Interpretation der Kanones ist dann ja auch eine völlige Beseitigung derselben durch c. 16. X. de praeb. nicht nothwendigerweise anzunehmen, wie bei der im Text oben von mir vertretenen Meinung. In der That hat auch die ältere Doktrin vielfach den Standpunkt vertreten, dass die angebliche suspensio der c. 1. 2. cit. durch c. 16. X. de praeb. nur in iniuriam ordinantis aufgehoben worden, nicht aber wo diesen keine Schuld treffe; also in iniuriam ordinati, der sich verfehlt habe, bestehen geblieben sei. S. Fagnan. ad c. 16. cit. n. 68.

[4] c. 16. X. cit. sagt zwar allgemein: „tam diu per ordinatores vel successores eorum provideri volumus ordinatis, donec per eos ecclesiastica beneficia consequantur"; indessen fasst schon die Glosse die Obligation als obligatio ex delicto auf und c. 37. in VIto h. t. III. 4. setzt ebenfalls eine Schuld des Ordinators voraus: „ei, quum in culpa fuerit taliter ordinando eundem, tenebitur vitae necessaria ministrare, donec sibi per eum vel alium de competenti beneficium sit provisum". Vgl. Kober, Suspension. S. 221; Phillips 1, 641. So auch die älteren, s. Barbosa, de officio episcopi P. II. alleg. 20. n. 3; Fagnan. ad c. 16. cit. n. 61. 62. 43. 44; Riganti l. c. n. 181 ff. Anders Schulte 2, 134; unentschieden Richter §. 108. Ohne dass der Ordinande sich einer Täuschung dem Bischof gegenüber schuldig gemacht hat, dürfte in der Regel der letzte nicht von culpa freizusprechen sein, denn eine solche ist schon durch die nicht genügende Prüfung über das Vorhandensein des Titels konstituirt.

[5] Aus c. 4. X. h. t. III. 5. lässt sich das Gegentheil nicht herleiten, so Lipperts Annalen Heft 1. S. 160, s. auch Barbosa b. l. c. 4. Denn der Bischof soll für die Verletzung der über den Titel bestehenden Vorschriften bestraft werden und ein etwaiges Vermögen des Kandidaten ist weder unter allen Umständen eine Rechtfertigung für die nur ausnahmsweise auf dasselbe gestattete Ordination noch stets qualificirt, als titulus patrimonii zu dienen. S. auch Fagnan. ad c. 4. h. t. n. 29; Riganti l. c. n. 192; Schulte 2, 134. n. 3.

Vornahme der Ordinationen in der Diöcese des Auftraggebers gerichtet war[1]. Die Verpflichtung zur Sustentation ist vom kanonischen Recht auf das Diöcesangut gelegt und geht nach dem Tode desselben auf den Nachfolger des Bischofs über[2]. Die kanonische Doktrin nimmt ferner eine Verhaftung der Erben des Bischofs an[3], und weiter streitet man darüber, ob dieselbe die letzteren und den Amtsnachfolger solidarisch trifft oder welche Verbindlichkeit, ob die des Erben oder die des Nachfolgers im Verhältniss zur andern den Charakter der Subsidiarität trägt[4]. Die Pflicht des Bischofs zur Sustentation ist aber eine publicistische, im Interesse der Kirche aufgestellte, welche sich nicht nach civilrechtlichen Regeln bemessen lässt. Sie kann also nicht über den Kreis der vom Gesetz aufgeführten Personen hinaus ausgedehnt werden, mithin können die Erben wegen dieser Verbindlichkeit gar nicht in Anspruch genommen werden. Andererseits macht sich aber der Bischof selbst auch civilrechtlich mit seinem eigenen Vermögen der Kirche gegenüber verantwortlich, wenn er dem Diöcesangut schuldhafter Weise eine Last aufbürdet. Diese letztere Obligation geht freilich unzweifelhaft auf seine Erben über. Demnach steht die Sache so, dass der Geweihte nur den Nachfolger in Anspruch nehmen kann, die Erben des Bischofs aber der geschädigten Kirche gegenüber eine Erstattungspflicht haben[5]. Aus demselben Grunde wird man bei Erledigung des Bischofssitzes durch Resignation oder Deposition des Ordinators den Nachfolger desselben in die Verhaftung eintreten lassen und den Vorgänger, der die bischöfliche Würde verloren hat, von der auf dem Diöcesangut ruhenden publicistischen Verbindlichkeit für frei erklären müssen[6]. Zweifellos ist es dagegen, dass die Verhaftung auch den Kapitularverweser trifft, wenn er ohne das Vorhandensein des Titels zu prüfen einem Kandidaten Dimissorialien zur Erlangung der Weihe durch einen andern Bischof ausstellt[7]. Und endlich versteht es sich von selbst, dass die wissentliche Ordination auf einen Titel hin, auf welchen ein Anderer begründete Ansprüche hat und der dem Geweihten nachher evincirt wird, der Weihe ohne Titel in ihren Wirkungen gleichsteht[8].

b. Für den Fall, dass der Ordinande den Bischof durch List, Betrug, Fälschung von Urkunden etc. zur Weihe bewogen hat, trifft ihn die suspensio ab ordine ipso jure[9],

[1] c. 37 (Bonifac. VIII.) in VIto. h. t. III. 4.

[2] c. 16. cit. h. t; c. 13. §. 1. (Innoc. III.) X. de aetate et qual. I. 14. S. auch Schulte a. a. O.

[3] S. Innocenz IV. ad c. 16. cit. n. 2. der dieselbe auf eine obligatio ex quasi contractu zwischen Ordinator und Ordinaten gründet, Fagnan. l. c. n. 36; Phillips 1, 643.

[4] S. Fagnan. l. c; Phillips a. a. O.

[5] Die richtigen Gesichtspunkte schon bei Schulte a. a. O., der indessen zu dem sich selbst widersprechenden Resultat kommt, dass das Privatgut des Bischofs und dessen Erbe principaliter und das Kirchengut erst subsidiarisch verhaftet, der Ordinirte aber offenbar nicht gegen den Erben zu klagen brauche, sondern sich an den Bischof (d. h. den Nachfolger) halten könne.

[6] Die gemeine Meinung (s. Barbosa l. c. 23; Fagnan. l. c. n. 34. 35, wo auch die ältere Literatur berücksichtigt ist, vgl. ferner Riganti l. c. n. 196; Phillips 1, 642) lässt freilich den Ordinator, sofern er ausreichendes Vermögen hat, nicht den Nachfolger haften. Es liegt darin eine Verkennung der Natur der Sustentationspflicht. Der Rückgriff gegen den resignirenden oder deponirten Bischof versteht sich auch hier von selbst.

[7] Arg. c. 37. cit. in VIto. h. t. Barbosa l. c. n. 21; Riganti l. c. n. 197. Empfängt der Geweihte von mehreren Bischöfen nach einander die verschiedenen höheren ordines und beobachten diese die über den Titel bestehenden Vorschriften nicht, so haften sie solidarisch. S. Fagnan. l. c. n. 24; Ferraris s. v. ordo. art. IV. n. 31.

[8] Barbosa l. c. n. 14; Fagnan. l. c. n. 41 ff.; Phillips 1, 642.

[9] S. darüber die Ausführung oben S. 77. c. 1. Dist. LXX., welches irrigerweise auf die Suspension bezogen wird, unterscheidet freilich nicht, ob der Ordinande in dolo, resp. culpa war oder nicht. Indessen spricht das Tridentinum von poenas und daher muss die Anwendung jetzt auf den Fall, wo ein schuldhaftes Verhalten vorliegt, beschränkt werden. So auch die gemeine, von der Congregatio Concilii getheilte Meinung. S. die Entscheidung v. 1610 bei Fagnan. l. c. n. 63. 68. 69; vgl. auch Barbosa l. c. n. 25; Bened. XIV. inst. 26. n. 13 ff; Riganti l. c. n. 134 ff; Phillips 1, 644; Richter §. 108; Schulte a. a. O; Kober a. a. O. S. 222. 223. — Die strengeren Bestimmungen der Const. Sixtus' V.: Sanctum et salutare v. 5. Januar 1588. §§. 2. 3. (M. Bull. 2, 711) wonach den Ordinator, sofern er

und diese Vorschrift hat Urban VIII. für die ausseritalienischen Geistlichen, welche sich in Italien »cum falsis vel fictis aut fiduciariis patrimonii titulis scienter promoveri fecerint«, unter Vorbehalt der sonst für diese Vergehen verwirkten arbiträren Strafen wieder eingeschärft [1].

c. Sind der Bischof und der Geweihte gleichmässig an der ungesetzlichen Weihe Schuld, so tritt für den ersteren die zu a., für den letzteren die zu b. angegebene Folge ein [2].

Die eben besprochenen Bestimmungen beziehen sich nur auf den Säcular-Klerus. In Betreff der Ordensleute und Mitglieder der sonstigen religiösen Genossenschaften, welche sich vor Ablegung der wirklichen professio religiosa ohne Titel ordiniren lassen, hat Pius V. bestimmt, dass diese von der Ausübung des empfangenen ordo für immer, die zuwiderhandelnden Ordinatoren aber ein Jahr vom Weiherecht suspendirt sein sollen [3].

B. Die Person des Weihenden.

§. 10. 1. *Die Fähigkeit zur Ertheilung der Ordination.*

Schon seit der Entwicklung der Idee des Episkopates als Trägers des heiligen Geistes in der Kirche und der Succession der Bischöfe in die Stelle der Apostel, also schon in der altkatholischen Kirche, galt der Grundsatz, dass der Bischof die Ordination und zwar ausschliesslich die Priester- und Diakonatsweihe ertheilt [4]. Er ist seitdem feststehend geblieben, wie er denn auch vom Concil von Trient ausdrücklich sanktionirt worden ist [5].

Für die ordines vom Subdiakonat an abwärts, ist die Ertheilung der Weihe durch den Bischof zwar die Regel. Absolut nothwendig ist dieselbe aber nicht, vielmehr

nicht in entschuldbarem Irrthum gehandelt, die Suspension trifft, und der ohne Titel Geweihte stets der nur durch päpstliche Absolution zu beseitigenden gleichen Strafe unterliegt, sind unter Restitution des früheren gemeinen Rechts durch die Const. Clemens' VIII. v. 28. Februar 1595 §. 2 (M. Bull. 3, 60) wieder aufgehoben worden.

[1] S. Constit.: In secretis v. 11. Dezember 1624. §. 3 (M. Bull. 4, 82). Die Bestimmung des c. 37 (Innoc. III.) X. de simonia V. 3 (s. Kober a. a. O. S. 224) gehört nicht hierher, denn die dort vorgeschriebene Suspension (und Irregularität) ist wegen des simonistischen Empfangs der Weihe festgesetzt. S. auch Gonzalez Tellez ad c. 37. cit.

[2] S. Kober a. a. O. S. 223. c. 45 (Gregor. IX.) eod. V. 3., welches dem Ordinator bei vorliegendem Versprechen des ohne Titel Geweihten, den ersteren wegen der Sustentationspflicht nicht in Anspruch zu nehmen, mit 3jährlicher Suspension von Ausübung der Weiherechte bestraft, betrifft ebenfalls eine simonistische Ordination. S. Kober a. a. O. S. 224.

[3] Constitution: Romanus Pontifex v. 14. Oktober 1568. §§. 2. 3 (M. Bull. 2, 290; auch in der Richterschen Ausg. des Trid. S. 502).

[4] c. 19. Nicaen. (a. 325), c. 9. Antioch. (a. 341), c. 26. Laod. (a. 343—381) = c. 2. Dist. LXIX; c. 1. 2. apostol.; c. 24. §. 1. (Hieron.) Dist. XCIII. Vgl. auch Hallier de sacr. ordinat. P. II. sect. V. c. 1. art. 1; Hahn, die Lehre von den Sakramenten. Breslau. 1864. S. 205. — c. 13. Ancyr. a. 314: „Χωρεπισκόπους μὴ ἐξεῖναι πρεσβυτέρους ἢ διακόνους χειροτονεῖν, ἀλλὰ μηδὲ πρεσβυτέρους πόλεως χωρὶς τοῦ ἐπιτραπῆναι ὑπὸ τοῦ ἐπισκόπου μετὰ γραμμάτων ἐν ἑτέρᾳ παροικίᾳ“, welchen man in seinem letzten Satz zur Herbeiführung einer Uebereinstimmung mit dieser Regel mehrfach emendirt hat (s. Hefele, Conciliengesch. 1, 200) enthält noch eine Reminiscenz an die alte Gleichheit der Bischöfe und Presbyter. S. Baur, Kirchengesch. der drei ersten Jahrh. 3. Ausg. S. 269, Hahn a. a. O. S. 205.

[5] c. 5. (c. 14. Dist. XXIII.) c. 7. Hispal. II. a. 618; c. 7. Tolet. VIII. a. 653; c. 1. (Isidor.). D. XXV; ep. Gregor. III. a. 739 ad Bonif. (Jaffé, mon. Mogunt. S. 105) = c. 2. Dist. LXVIII; c. 4 (Pseudo-Isid.) ibid; dict. Gratiani zu c. 3. ibid. Weitere Nachweisungen bei Hahn a. a. O. S. 205 ff; Theologorum Constant. condemnatio XLV. articulor. Wicleffi (Mansi 28, 130); Eugen. IV. concord. Armen. a. 1439. §. 15. (M. Bull. 1, 340); Trident. Sess. XXIII. c. 4; can. 7. — Keine Verletzung dieses Grundsatzes, aber eine andere Unregelmässigkeit war die Papstweihe Benedikts X. i. J. 1058, der dieselbe nach der Weigerung des Bischofs von Ostia, Petrus Damiani, vom Erzpriester des Bisthums erzwang. S. Leon. Chron. Casin. II. 99. (SS. 7, 695); ep. Petri Damiani bei Baronius annal. ad a. 1058. n. XI.

kommen in dieser Beziehung Ausnahmen vor. Abgesehen von den Chorbischöfen (über diese s. den betreffenden §.) steht das Recht zur Ertheilung der niederen Weihegrade auch den Aebten zu, jedoch müssen dieselben Priester und vom Bischof benedicirt sein. Ausserdem erstreckt sich ihre Befugniss nur auf die ihnen untergebenen Mönche. Ihren Anhalt hat diese Ausnahme an einer Bestimmung der siebenten allgemeinen Synode von Nikäa von 787 [1], welche allerdings nur von der Befugniss zur Ertheilung des Lektorats spricht, aber von der späteren Doktrin in der vorhin angegebenen Weise erweiternd interpretirt worden ist [2]. Das Tridentinum hat diese Ausnahme zwar anerkannt, aber dieselbe dem Dekretalenrecht gegenüber, nach welchem auch die Novizen [3] und die der Jurisdiktion des Abtes unterstehenden Laien von demselben ordinirt werden konnten [4], auf die Professen des dem Abt unterworfenen Klosters beschränkt [5]; und ferner alle weiter gehenden Privilegien aufgehoben, so dass nur solche, welche nach dem Tridentinum ertheilt worden sind, für gültig erachtet werden können [6]. Dagegen muss die Bestimmung, dass derjenige Abt, welcher seine Benediktion dreimal vergeblich beim Bischof geziemender Weise nachgesucht hat, auch ohne die erhaltene Benediktion die niederen Weihen ertheilen kann [7], noch als gültig angesehen werden, denn das Tridentinum hat über die Voraussetzungen in der Person des ordinirenden Abtes keine neuen und abändernden Vorschriften getroffen [8]. Ferner kann der Mangel der Benediktion auch durch ein päpstliches Privileg [9] für den Abt ersetzt werden.

1 c. 14; auch im Dekret c. 1. Dist. LXIX. mit dem im Urtext nicht enthaltenen Zusatz: „secundum morem praeficiendorum abbatum". Ob die hier vorausgesetzte Benediktion von der Priesterweihe verschieden ist, wie man später allgemein angenommen hat, erscheint zweifelhaft. s. Van Espen J. E. U. P. I. tit. 31. c. 6. n. 11 ff; Hallier l. c. art. II. n. 12; Hefele, Conciliengesch. 3, 447. — Veranlassung zu der Ausnahme ist wohl der Umstand gewesen, dass die oft vom Bischof in grosser Entfernung in der Einöde lebenden Mönche die Weihe nicht leicht von demselben einholen konnten. S. Phillips 1, 348.

2 Die Berechtigung dazu liegt in dem Umstande, dass in der griechischen Kirche der Lektorat der einzige niedere Weihegrad ist. S. Hallier l. c. n. 13. u. oben S. 4. n. 5. Gegen die Ausdehnung auf alle minores entscheidet sich freilich noch die Glosse zu c. 1. cit. s. v. lectores. Die Ansicht des Textes vertritt dagegen schon die Glosse zu dem den Inhalt des Nicänums wiedergebenden c. 11 (Innoc. III.) X. de aet. et qual. I. 14. S. ferner Hallier l. c. — Dass darunter bis Innocenz III. auch die Befugniss zur Ertheilung des Subdiakonats begriffen war, ist wohl nicht zu bestreiten. S. Phillips 1, 348, u. oben S. 6.

3 c. 11. X. cit. I. 14. S. auch Fagnan. ad c. 28. X. de rescr. 1. 3. n. 25. 26.

4 c. 3 (Alex. IV.) in VI^to^. de privileg. V. 7; Barbosa, de off. episc. P. II. alleg. 3. n. 5; Fagnan. ad c. 10. X. I. 10. n. 30.

5 Sess. XXIII. de reform. c. 10. Unter den Worten: „qui regularis subditus non sit" können die Novizen, wie z. B. Fagnan. l. c. will, nicht verstanden werden. S. Barbosa n. 7. 8; Hallier l. c. n. 18; Gonzalez Tellez ad c. 11. X. I. 14. n. 6; Ferraris l. c. n. 6; Phillips 1, 351. Ebensowenig kann der Abt nach der Praxis der Congr. episcop. die Oblaten seines Klosters ordiniren. s. Anal. iur. pont. 1866. p. 2208.

6 Bened. XIV. de synod. dioec. lib. II. c. 11. n. 10; Phillips 1, 351.

7 c. 1 (Alex. III.) X. de suppl. neglig. cler. I. 10. Die Benediktion des Abtes steht der bischöflichen Konsekration nicht darin gleich, dass aus ihr allein, und als nothwendige Consequenz etwa das Recht zur Ertheilung der Weihen folgt; vielmehr wird durch die Benediktion nur eine sonst erforderte Ermächtigung des Abtes kraft besonderer positiver Vorschrift überflüssig gemacht. S. Fagnan. ad c. 1. cit. n. 2. ff., n. 6.

8 S. Fagnan. ad c. 1. cit. n. 1. 31; Ferraris, s. v. ordo. art. III. addit. n. 104; Phillips 1, 350.

9 Die Ansicht (s. Ferraris l. c. n. 2), dass der nicht benedicirte Abt auch ohne Privileg ordiniren könne, ist unhaltbar, s. auch die addit. a. a. O. n. 103. und die Entsch. d. C. C. von 1647 in der Richter'schen Ausg. des Trid. zu c. 10. cit. n. 12. Die Möglichkeit des Ersatzes der Benediktion durch Privileg folgt auch dem n. 7 angegebenen Charakter derselben. Uebrigens ist der im Text hingestellte Satz zweifellos (s. z. B. Barbosa l. c. n. 6; Bened. XIV. Const. Ad audientiam v. 15. Febr. 1753. §. 16, M. Bull. 19, 34; Richter §. 109; Schulte 2, 139). Das Privileg muss, wenn auch nicht ausdrücklich darauf ertheilt, doch solche Begünstigungen gewähren, unter denen die Ordination als mit inbegriffen betrachtet werden kann, s. den in c. 3. in VI^to^. de privil. V. 7. erwähnten, sowie die bei Richter a. a. O. n. 17. 18. mitgetheilten Fälle und im Gegensatz dazu die Entscheidung der C. C. v. 1746 (Richter a. a. O. n. 15), dass ein Privileg, sich der bischöflichen Insignien zu bedienen, nicht genügt.

Was die Verletzung dieser Gränzen des Ordinationsrechtes durch die Aebte betrifft, so unterscheidet die Congregatio Concilii zwischen dem Fall, wo der weihende Abt weder die Benediktion erhalten noch die erwähnten Ersatzmittel vorliegen, und dem, wo er blos die ihm zustehende Kompetenz in Bezug auf die Person des Geweihten überschritten hat. Indem sie offenbar davon ausgeht, dass die Fähigkeit zur Ertheilung der Weihe abgesehen vom priesterlichen Charakter auf der Abtswürde unter Hinzutritt der Benediktion oder eines Privilegs beruht, hat sie die von nicht qualificirten Aebten oder von Aebten nach Niederlegung ihrer Würde vorgenommenen Ordinationen für nichtig, dagegen die Weihen von weltlichen Personen und von ihrer Jurisdiktion nicht unterworfenen Religiosen für gültig, wenn auch nicht für erlaubt erklärt [1].

Den Cardinälen legen die mittelalterlichen Rechtsquellen eine Quasi-Episkopalgewalt bei [2], und mit Rücksicht hierauf erklärt sich wohl die seit dem 13. Jahrhunderte bezeugte Uebung [3], dass die Cardinalpresbyter ebenfalls die niederen Weihen ertheilen. Das Tridentinum gedenkt dieses Rechtes der Cardinalpriester nicht, indessen hat dasselbe zweifellos unbehindert fortbestanden und ist von Benedikt XIV. ausdrücklich anerkannt worden [4]. Jedoch erstreckt sich ihre Befugniss, die Tonsur und die niederen ordines zu geben, nur auf ihre familiares, d. h. die in ihrem Dienste stehenden Personen und die an der ihren Titel bildenden Kirche angestellten Kleriker [5], und kann nur in der letzteren ausgeübt werden [6].

Der einfache Priester ist, wie oben schon bemerkt, nicht absolut unfähig, die niederen ordines zu ertheilen, jedoch bedarf es für ihn einer besonderen päpstlichen Genehmigung [7]. Dass durch dieselbe auch die Befugniss zur Spendung der Subdiakonatsweihe gegeben werden kann, wird gleichfalls angenommen, weil der Subdiakonat, wenngleich er jetzt zu den ordines sacri gehört, doch nicht auf schriftmässiger Einsetzung beruht [8]. Dagegen wird die Möglichkeit der Ermächtigung eines Priesters zur Ertheilung des Diakonats durch den Papst heut von der überwiegenden Ansicht verneint [9].

Nach der Besprechung der Ausnahmen von der Regel dass der Bischof der eigent-

[1] S. die Entscheidungen bei Richter a. a. O. n. 16—22. Vgl. ferner Fagnan. ad c. 1. X. I. 10. n. 14. 31; Bened. XIV. de syn. dioec. lib. 11. n. 12. — Nichtigkeit der Weihen auch im letzten Fall nehmen dagegen an Hallier l. c. n. 19; Barbosa l. c. n. 11, der auch eine Entsch. der Congr. episcoporum et regularium v. 1631 anführt.

[2] c. 11. (Honor. III.) de maj. et ob. I. 33; Phillips 6, 286. 287.

[3] Johannes Andreä (comm. ad c. 1. X. I. 10. n. 14) erwähnt dieselbe unter Berufung auf Hostiensis als längst feststehend.

[4] Const. Ad audientiam v. 15. Febr. 1753. §. 16 (Magn. Bullar. 19, 34).

[5] Barbosa l. c. n. 15; Fagnan. ad c. 11. X. I. 14. n. 9; ad c. 11. X. I. 33. n. 25; Hallier l. c. n. 25. 26; Phillips 1, 351.

[6] S. die citirte Const. v. Benedikt XIV.

[7] Ueber c. 13. conc. Ancyr., das noch auf eine andere ältere Anschauung hindeutet, s. oben S. 80. n. 4; Gelasius I. ep. ad episc. p. Lucan. c. 6 (a. 494. Mansi 8, 37): „nec sibi meminerint (presbiteri) ulla ratione sine summo pontifice subdiaconum vel acolythum ius habere faciendi“ — wo summus pontifex nicht den Papst, sondern den Bischof bedeutet, s. Hallier l. c. art. I. n. 13, — kennt also ebensowenig das im Text aufgestellte Erforderniss. Ob c. 18 Emerit. a. 666: „ut omnes parochitani presbyteri . . . de ecclesiae suae familia clericos sibi faciant quos per bonam voluntatem ita nutriant, ut et officium sanctum digne peragant et ad servitium suum aptos eos habeant“, von der Weihe oder blos von der Auswahl durch die Priester handelt, lässt sich nicht mit Sicherheit entscheiden. S. Hallier l. c. art. II. n. 23. 24. — Die Möglichkeit der Ertheilung durch einen Priester erkennt auch an c. 1. (Alex. III.) X. de ordinat. ab ep. I. 13. Die Nothwendigkeit der päpstlichen Genehmigung ist aber seit dem 12. Jahrhundert angenommen worden. S. Hahn a. a. O. S. 206 ff. Vgl. überhaupt Hallier l. c. art. III. n. 4. 9 ff.

[8] Hallier l. c. art. III. n. 7.

[9] Hallier l. c. art. III. n. 11 ff; Phillips 1, 353. Ueber ein sehr zweifelhaftes Privileg des Cistercienserordens von Innocenz VIII. v. J. 1489, nach welchem einzelne Aebte die Befugniss gehabt haben sollen, die Ordensmitglieder zu Diakonen zu weihen, vgl. Hallier l. c. art. II. n. 20 ff; Phillips a. a. O. Ueber das Geschichtliche s. Hahn a. a. O. S. 206 ff. Die nähere Erörterung gehört in die Dogmatik, nicht in das Kirchenrecht.

liche Spender der Ordination ist, bleibt noch die Frage zu erörtern, ob die Fähigkeit jedem, welcher einmal zum Bischof geweiht worden ist, unter allen Umständen zusteht oder ob dieselbe durch gewisse, später eintretende Umstände aufgehoben und beseitigt werden kann.

Was die Ordinationen seitens der in Häresie verfallenen oder schismatischen Bischöfe betrifft, so haben sich hier zwei verschiedene Ansichten bis in das Mittelalter hinein entgegen gestanden. Die eine davon ausgehend, dass Häresie und Schisma gänzlich von der Kirche lostrennen und dass ein abgefallener Bischof alles, was er in der Kirche besessen hat, also auch die Fähigkeit zu ordiniren, verliere, nimmt die absolute Ungültigkeit solcher Weihen und die Nothwendigkeit einer Wiederholung der Ordination an, wenn der Geweihte wieder kirchliche Funktionen vornehmen soll [1]. Die mildere Ansicht stellte dagegen die Ordination hinsichtlich ihrer Wirkung der Taufe gleich [2] und verlangte daher keine Reordination [3]. Dieselbe Unsicherheit hat sich hinsichtlich der von simonistischen Bischöfen ertheilten Weihen geltend gemacht, weil die Simonie der Häresie von der Kirche immer gleichgeachtet worden ist [4]. Auch in dieser Frage ist es vorgekommen, dass ein und derselbe Papst geschwankt hat [5]. Nicht geringere Zweifel

[1] c. 31 (Cyprian.) C. XXIV. qu. 1; c. 39. breviar. Hippon. a. 393; c. 68 apostol.; c. 73. 111 (Innoc. I.) C. I. qu. 1; c. 10. conc. I. Aurel. a. 511; c. 34 (Pelag. I. a. 555—560) C. IX. qu. 1; poenit. Theodori I. 5. §. 1; Cummeani c. 11. §. 19 (Wasserschleben, Bussordnungen etc. S. 188. 486); c. 24. (Urban. II. a. 1088) C. I. qu. 7. Namentlich sind im 11. u. 12. Jahrh. wiederholt die von den Gegenpäpsten vorgenommenen Weihen für absolut ungültig erklärt worden, so von Urban II. gegenüber Wibert (Clemens III.) s. c. 8. c. 9 (c. 5. C. IX. qu. 1.) syn. Placent. a. 1095 (Mansi 20, 806); von Calixt II. gegenüber Burdin (Gregor. VIII.) c. 5. Lateran. I. a. 1123 LL. 2, append. 182; Innocenz II. u. Eugen III. gegenüber Petrus Leonis (Anaklet II.) c. 30. Later. II. a. 1139 (Mansi 21, 533), c. 17. Remens. a. 1148 (Mansi 21, 717), von Alexander III. gegenüber Oktavian (Viktor IV.) u. Guido (Paschalis III.) c. 9. Turon. a. 1163 (Mansi 21, 1179), c. 2. Later. III. a. 1179. (c. 1. X. de schismat. V. 8). Der Wortlaut dieser Stellen, namentlich das mehrfach vorkommende „ordinationes evacuamus" lässt keinen Zweifel an der absoluten Ungültigkeit aufkommen. S. auch Kober, Suspension S. 186 ff., Hahn S. 238.

[2] c. 97. §. 2 (August.) C. I. qu. 1; c. 8 (Anast. II.) Dist. XIX.

[3] So schon das Nicänum a. 325. in Betreff der Meletianer und Novatianer, s. c. 8. u. Hefele, Conciliengesch. 1, 337., so conc. VI. Carth. c. 2. (can. eccl. Afr. Dionys. c. 68) in Betreff der Donatisten, vgl. ferner die erste Sitzung der Synode v. Nicäa a. 787 (Mansi 12, 1008 ff.). s. auch c. 4. C. I. qu. 7., c. 3. des vom Gegenpapst Wibert (Clemens III.) abgehaltenen römischen Concils v. 1089 (Mansi 20, 597). Weitere Beispiele aus den ersten Jahrhunderten s. bei Hergenröther, die Reordinationen in der alten Kirche, Oesterr. Vierteljahrsschrift für kathol. Theologie 1, 224 ff. Selbst Urban II., der die Ordinationen des Gegenpapstes für nichtig erklärt (s. vorige Note), bringt die milde Ansicht denen gegenüber zur Geltung, welche aus Unkenntniss die Weihen von ketzerischen oder schismatischen Bischöfen empfangen haben, c. 5. C. IX. qu. 1 (c. 9. 10: Placent syn. a. 1095), dessen Text (s. auch c. 11) aber ergiebt, dass es sich hier nur um eine vorübergehend stattfindende Ausnahme handeln sollte. Ebenso sind die milden Bestimmungen der Synoden von Nordhausen von 1105 (Hefele a. a. O. 5, 251) und von Guastalla v. 1106 (Mansi 20, 1209) durch die Verhältnisse unter Heinrich IV. hervorgerufene Concessionen, welche man bei der anerkannten Zweifelhaftigkeit der Frage (s. Morinus de sacr. ordinat. P. III. exerc. V. c. 1., Kober a. a. O. S. 190) machen konnte.

[4] c. 3. 12 (Gregor. I.) C. I. qu. 1; c. 3 (Gregor. I.) C. VII. qu. 1; c. 27 (Paschalis?) C. I. qu. 7.

[5] Ueber die Römische Synode 1049 und von Leo IX. (1048—1054) erzählt Petrus Damiani, opuscul. VI (liber gratissimus) c. 35 (ed. Paris. 1743. 3, 68): „Cum omnes simoniacorum ordinationes synodalis vigore auctoritatis cassasset, protinus a Romanorum multitudine sacerdotum magnae seditionis tumultus exortus est, ita ut non solum ab ipsis, sed a plerisque diceretur episcopis, omnes pene basilicas sacerdotalibus officiis destitutas..... Quid plura? Post longa sane disputationum hinc inde volumina tandem suggestum est reverendae memoriae nuper eiusdem sedis episcopum decrevisse Clementem, ut quicunque a simoniaco consecratus esset, in ipso ordinationis suae tempore non ignorans simoniacum cui se obtulerat promovendum, XL nunc dierum poenitentiam ageret et sic in accepti ordinis officio ministraret. Quam nimirum sententiam protinus venerabilis Leo ratam percensuit". Dass Leo IX. auch sonst Reordinationen in dem gedachten Falle vorgenommen hat, berichten Petrus Damiani und Berengar von Tours (s. Kober a. a. O. S. 196; Hefele 4, 713). Die mildere Bestimmung Clemens' II., welcher ersterer in der mitgetheilten Stelle gedenkt, ist auf der Römischen Synode von 1047 erlassen. Dasselbe hat Urban II. (syn. Placent. 1095. c. 108. C. I. qu. 1) wiederholt, und Nikolaus II. hat auf der Römischen Synode von 1059 (Mansi 19, 906., c. 109. c. 110. C. I. qu. 1) bestimmt, dass die von simonistischen Bischöfen

endlich haben in Betreff der exkommunicirten, deponirten und unrechtmässig auf ihre Sitze gelangten Bischöfe, sowie der von ihnen ertheilten Ordinationen in den früheren Zeiten obgewaltet, wiewohl freilich von katholischen Gelehrten die Tragweite der für die Annahme der Ungültigkeit sprechenden Zeugnisse soviel als möglich eingeschränkt wird [1]. Erst seit dem Ende des 12. Jahrhunderts hat die mildere Meinung die Oberhand gewonnen und seitdem gilt der Grundsatz, dass die von häretischen, schismatischen, kirchlichen Censuren unterliegenden, abgesetzten und zurückgetretenen Bischöfen ertheilten Ordinationen, sofern ihre Ordination selbst eine den Erfordernissen der katholischen Kirche entsprechende gewesen ist, gültig (validae), wenngleich unerlaubt (illicitae), sind [2]. Daher werden die in der griechischen Kirche ertheilten Ordinationen auch von der katholischen Kirche als gültig anerkannt [3]. Andererseits ist aber da, wo bei den von derselben abgefallenen Kirchen und Religionsgesellschaften die Bedeutung der Ordination zweifelhaft erscheint, eine genaue Prüfung des eingehaltenen Ritus und der Art ihrer Mittheilung nothwendig, um den Anhalt für die Anwendung der aufgestellten Regel zu gewinnen. Da die neueren, im Sinne der katholischen Kirche als ketzerisch zu bezeichnenden Richtungen fast ausnahmslos die Succession in die Vollmachten der Apostel nicht anerkennen, und eine Wesensverschiedenheit zwischen Bischof und Priester verwerfen, so kann der vorhin erwähnte Grundsatz für diese nicht massgebend sein [4]. Sehr lebhaft ist die Frage nach der Validität der Anglikanischen Bischofsordinationen besprochen worden [5], jedoch wird dieselbe wegen des Inhalts des

ohne Entgelt ertheilten Weihen als gültig betrachtet werden sollten, eine Verordnung, welche von Alexander II. 1063. c. 1. 2. wiederholt ist. (Mansi 19, 1023). Dass es sich hier um aus Milde gestattete Ausnahmen handelt, wird ausdrücklich hervorgehoben. A. M. Hergenröther a. a. O. S. 436 ff.

1 Vgl. Kober, Suspension S. 176 ff; Deposition S. 91 ff; Hergenröther a. a. O. S. 387 ff. Für die Ungültigkeit sprechen c. 33 (Pelag.). C. XXIV. qu. 1; c. 1 (Gregor. I.) C. IX. qu. 1; Römische Synode von 1078 (Mansi 10, 506). Den wiederholt vorkommenden Ausdruck: „irritae ordinationes“ in der Regel auf die Wirkungslosigkeit in rechtlicher Bedeutung und die blosse Unerlaubtheit, nicht auf die Ungültigkeit in sakramentaler Beziehung zu deuten (so Hergenröther a. a. O. S. 212 ff.), heisst eine Unterscheidung machen, welcher sich die frühere Zeit noch nicht recht bewusst war und deren Mangel gerade zu den Zweifeln Veranlassung gegeben hat. Die im 9. Jahrh. geführten Streitigkeiten über die vom Patriarchen Photius, dem Papst Formosus und dem Erzbischof Ebbo von Rheims ertheilten Weihen (s. Hergenröther a. a. O. S. 387 ff.; Hefele, Conciliengesch. 4, 421. 365. 391. 439. 442. 540. 543; 173. 175; Dümmler, Geschichte des ostfränk. Reichs, 1, 500. 690; 2, 174. 191; 425 ff. 597 ff.; desselben Auxilius und Vulgarius S. 10 ff. ostfränk. Reich 1, 365. 540. 587. 598. 670) beweisen doch sicherlich das Bestehen verschiedener Ansichten und das Schwanken der Päpste in diesen Fragen ist offenbar durch politische, nicht durch dogmatische und rechtliche Gesichtspunkte bedingt worden. Mag man nun auch in Bezug auf die Auslegung der einzelnen Zeugnisse verschiedener Meinung sein, so lässt sich unter keinen Umständen das Bestehen von Differenzen abläugnen, wiewohl ich andererseits durchaus nicht verkenne, dass im Laufe der Zeit die heut geltende Ansicht immer mehr an Boden gewonnen hat. Eine erschöpfende Behandlung der Frage, welche übrigens mehr in die Geschichte der katholischen Dogmatik als des Rechtes gehört, ist selbstverständlich hier nicht möglich.

2 Vgl. c. 1 (Alex. III.) X. de ordin. ab episc. I. 13; c. 2 (Innoc. III.) X. de schismat. V. 8. S. auch. Kober, Suspension S. 190; Hahn a. a. O. S. 239 ff. Hergenröther a. a. O. S. 449 ff., welcher mit Recht darauf aufmerksam macht (S. 455), dass das Nichtvorkommen von Zweifeln während der Zeit des grossen Schisma (1378—1418), wo diese sehr nahe liegen mussten, eine schlagende Bestätigung für die unbestrittene Herrschaft dieser Meinung im 14. Jahrh. gewährt. Aus der späteren Unzweifelhaftigkeit der Sache erklärt es sich auch, dass das Tridentinum keine Bestimmung darüber getroffen hat.

3 Phillips 1, 360; Hergenröther a. a. O. S. 456. S. auch c. 9 (Coelest. III.), c. 11 (Innoc. III.) X. de tempor. ordin. I. 11.

4 Hallier, de sacr. ordinat. P. II. sect. 5. c. 5. art. I. n. 41. Dass die dänischen und schwedischen Bischöfe nicht als gültig ordinirt zu betrachten sind, ist unzweifelhaft. S. Phillips 1, 360; ferner de Warrimont, mémoire historique sur la prétendue succession apostolique de la Scandinavie. 2 éd. Liège. 1854.

5 Der Streit hat in England in den Sechziger Jahren des 16. Jahrh. begonnen, und ist erst Anfang des 18. Jahrhunderts in Frankreich aus Anlass der zwischen der gallikanischen und anglikanischen Kirche erstrebten Vereinigung eine brennende Frage geworden. Eine Uebersicht über den Verlauf der literarischen Fehde und eine kurze Besprechung der zahlreich erschienenen Schriften

unter Eduard VI. 1550 vollendeten Ordinationsformulars, welches nach der Zwischenregierung der katholischen Maria durch die Uniformitätsakte unter Elisabeth im J. 1559 wieder in Kraft getreten ist[1], Mangels der nöthigen Form und Intentio katholischerseits[2] mit Recht[3] in Abrede gestellt.

§. 11. 2. *Die Befugniss zur Ertheilung der Ordination.*

I. Die Befähigung zur Ertheilung der Weihe giebt noch nicht das Recht, von derselben in allen Fällen und aller Orten Gebrauch zu machen, vielmehr muss derjenige, welcher befugterweise die Weihen ertheilen will, sich innerhalb derjenigen Gränzen halten, welche ihm durch seine Stellung in der Hierarchie und der Kirche zugewiesen sind. Das Recht zu weihen, im Gegensatz zu der spirituellen Befähigung ist ein Ausfluss der jurisdictio. Daher steht dasselbe

1. für das ganze Gebiet der Kirche allein dem Papste zu, und zwar kann er dieses Recht sowohl persönlich als auch durch Bevollmächtigung eines andern Bischofes ausüben[4]. Hat er aber einen Kleriker ordinirt, so soll derselbe einen weiteren ordo auch von keinem anderen Bischof entgegennehmen[5].

giebt: Ol. Kiörning (praes. Moshem.), comm. hist. theolog. de consecrationibus episcoporum Anglorum. Helmstadii. 1739. Unter den englischen Vertheidigungen der Validität verdient hervorgehoben zu werden: F. Masonus, vindication of the church of England, concerning the consecration and ordination of the bishops etc. Lond. 1613, vermehrt und übersetzt als: vindiciae ecclesiae Anglicanae etc. Lond. 1638; unter den französischen: Le Courayer, dissert. sur la validité des ordinations des Anglois etc. Bruxelles. 1723; défense de la dissert. sur la validité des ordinations etc. Bruxelles. 1726. 4 Voll.; supplément au deux ouvrages faits pour la validité des ordinations anglicanes etc. Amsterdam. 1732; aus der Zahl der die Nichtigkeit vertheidigenden Schriften: Jos. Hardouin, la dissert. du P. le Courayer sur la succession etc. réfutée. Paris. 2 Voll. 1724. 1725; la défense des ordinations anglicanes réfutée. Paris. 2 Voll. 1727; M. Le Quien, nullités des ordinations anglicanes. Paris. 2 Voll. 1725; la nullité des ordinations anglicanes demontrée de nouveau. Paris. 2 Voll. 1730.

1 Die entscheidenden Stellen mitgetheilt auch bei Masonus, vindiciae p. 215.

2 S. die Entsch. der Congr. universalis inquisit. v. 17. April 1704. bei M. Le Quien in der ersten Schrift. Bd. 2. pièces justificatives p. LXIX ff.; J. Laur. Besti, Theolog. histor. dogmat. scholast. lib. 36. c. 15. ed. Monac. tom. VIII. c. 15; Devoti, instit. can. lib. II. tit. 2. s. 6. §. 100. n. 2; Phillips 1, 361. Die Herleitung der Nichtigkeit aus einer Unterbrechung der Succession durch die im Londoner Wirthhaus zum Pferdekopf 1559 erfolgte possenhafte Weihe des Erzbischofs von Canterbury, Matthäus Parker, ist zu verwerfen, weil Parker nach Massgabe des neuen Formulars ordnungsmässig geweiht und jene abweichende Darstellung des Sachverhalts erst im Laufe des Streits im Jahre 1603 von Matthäus Kellison zu Tage gefördert ist. S. Kiörning l. c. p. 37. 134 ff.; Weber, Gesch. der akatholischen Kirchen in Gross-Britannien. 1. 2, 694. n. 133.

3 S. auch Kiörning l. c. p. 208. 212. 215 ff. 227.

4 c. 20 (Steph. V?). C. IX. qu. 3; c. 31. (Pelag.?) C. XVI. qu. 1. Ueber die Jurisdiktion des Papstes über den ganzen Erdkreis s. c. 21. (Nicolaus I.) C. IX. qu. 3 (= c. 123. C. I. qu. 1); c. 10 (Bonifac. VIII.) in VI^to. de privileg. V. 7. Vgl. auch Hallier, de sacr. ordin. P. II. s. 5. c. 3. art. 9. n. 1—3; Thomassin P. II. lib. I. c. 8. n. 1; Riganti in regul. canc. apost. reg. XXIV. §. 3. n. 317 ff.

5 c. 122 (Gregor. I.) C. I. qu. 1. spricht nur aus, dass der vom Papst geweihte Kleriker die römische Kirche nicht verlassen darf in Anwendung der früheren Regel, dass durch die Ordination ein unauflösliches Band zwischen der Kirche und dem Ordinirten entsteht. S. auch Thomassin l. c. n. 2. Auch c. 12. X. de temp. ord. I. 11. enthält diesen Satz nicht (A. M. Richter §. 109); aber die Doktrin (s. z. B. die Glosse, Gonzalez Tellez zu diesem Kapitel, Barbosa de off. ep. P. III. alleg. 50. n. 22; Hallier l. c. n. 4. 5; Ferraris s. v. ordo. art. 3. n. 86; Phillips 1, 371 und die sonstigen neueren Lehrbücher) hat den Satz übereinstimmend aus diesen Stellen abgeleitet, und indem sie 2 Arten vom Papst geweihter Kleriker, die auf einen Titel in Rom geweihten und die ohne einen solchen ordinirten unterschied (s. die Glosse zu c. 122. cit. und die Angeführten), fand sie den Grund für die Regel in der dem apostolischen Stuhl geschuldeten Ehrfurcht. Seit der Constitution Bened. XIV.: In postremo vom 20. Oktober 1756 (M. Bullar. 19, 253), welche auch eine lange geschichtliche Erörterung des hier in Rede stehenden Gegenstandes bietet, kann die Regel selbst nicht mehr angezweifelt werden. Ausgesprochen ist der Satz zum ersten Mal schon in dem dictatus Gregorii VII. (Jaffé, monum. Gregor. p. 175) dahin: „quod ab illo (a papa) ordinatus alii ecclesiae praeesse po-

2. Der Bischof kann vermöge seiner Stellung nur solchen Personen die Weihe ertheilen, welche seiner Jurisdiktion unterstehen. So zahlreich von den ältesten Zeiten ab sich Bestimmungen aufweisen lassen, welche mit der Tonsur und der Ertheilung eines Weihegrades die Zugehörigkeit des Geweihten zu der Diöcese des weihenden Bischofs aussprechen und die Ertheilung weiterer ordines durch einen andern Bischof ohne Erlaubniss des früheren Ordinators verbieten [1], so selten finden sich Vorschriften hinsichtlich der erst in den Klerikalstand tretenden Laien. Dass die Ertheilung der Taufe, wie Manche behaupten [2], die Kompetenz für den Bischof begründet hätte oder dass gar jeder Bischof beliebig an Laien die Weihen hätte spenden dürfen [3], lässt sich nicht erweisen. Wenn einzelne Kanones die Zugehörigkeit zur Diöcese des ordinirenden Bischofs als Regel voraussetzen [4], also damit den Bischof des Domicils als kompetent anerkennen, so liegt, da der Ordination doch immer eine Prüfung der Verhältnisse des Kandidaten vorausgehen musste, dieser Grundsatz so sehr in der Natur der Verhältnisse, dass an seiner Allgemeingültigkeit kaum gezweifelt werden kann [5]. Ja die Stellen, welche für die Taufe als Bestimmungsmoment der Kompetenz angeführt werden, bestätigen ihn ebenfalls [6], weil die Taufe in der Regel nur am Orte des Domizils und früher an Erwachsene allein nach längerem Aufenthalt und längerer Prüfungszeit ertheilt wurde, ferner die Hervorhebung derselben offenbar in älterer Zeit, um die Zugehörigkeit zur christlichen Gemeinde des betreffenden Orts zu bezeichnen, erfolgt ist [7]. Endlich dürfte auch gegen die Ansicht von der durch die Taufe erfolgten Begründung der Kompetenz

test, sed non militare (d. h. nicht eine einem Anderen untergeordnete Stelle einnehmen s. Thomassin l. c.), et quod ab aliquo episcopo non debet superiorem gradum accipere"; freilich hat dieser Umstand auf die Doktrin keinen Einfluss gehabt. Ueber die Vorrechte der vom Papst ordinirten Geistlichen s. Gonzalez zu c. 12. cit. u. c. 7. X. I. 33; Hallier l. c. n. 5. 6.

[1] S. c. 3 (Nicaen. a. 325), c. 1 (Sardic. a. 343), c. 4 (Chalced. a. 451), c. 2 (Innoc. I.) Dist. LXXI; c. 21. conc. III. Carth., c. 6. Vallet. a. 524; c. 8. Bracar. I. a. 563; c. 11. Tolet. XIII. a. 681., c. 8. Araus. a. 441; c. 5. Epaon. a. 517; c. 11. Arvern. I. a. 535; c. 15. Aurel. III. a. 538; c. 5. Aurel. V. a. 549; c. 7. Arelat. V. a. 554; c. 13. Cabilon. a. 644. o. 656; Capit. Vernens. a. 755. c. 12. (LL. 1, 26); Capit. a. 789. c. 56 (LL. 1, 62); Capit. Vernens. a. 844 (LL. 1, 384); c. 50. Meldens. a. 845 (Mansi 14, 830), c. 28. Tribur. a. 895 (Mansi 18, 146). S. auch Hallier l. c. c. 3. art. 1. n. 1 ff.; Thomassin l. c. c. 1 ff. Die Anschauung, dass durch die Ordination auch ein persönliches Abhängigkeitsverhältniss zwischen dem Weihenden und Geweihten begründet wird, tritt aus diesen Stellen mehrfach hervor, namentlich aber aus c 1. Taurin. a. 401. — Eine Ausnahme von der Regel bildete die Befugniss des Bischofs von Karthago, die Kleriker der übrigen afrikanischen Bischöfe zu höheren ordines und zwar für solche Kirchen, bei denen ein Mangel an Geistlichen vorhanden war, zu weihen. S. c. 45. conc. III. Carth.; Hallier l. c. n. 7 ff.

[2] So Hallier l. c. art. 1. n. 9 ff. 13 ff.; Berardi, comment. ad lib. I. II. decr. diss. IV. c. 2; Phillips 1, 381.

[3] So Thomassin l. c. c. 1. n. 8 ff.; c. 2. n. 1. ff. c. 5. n. 6; Eichhorn 1, 475.

[4] c. 5. Carth. I. a. 398 (c. 6. Dist. LXXI), welcher die Bestimmung des Concils von Sardica (c. 1. eod.) schon in diesem Sinne interpretirt; c. 9. Araus. a. 441.

[5] Die Verbote der prüfungslosen Ordination der homines transmarini in c. 1—3. Dist. XCVIII. können doch auch nur als Ausflüsse dieses Princips angesehen werden.

[6] c. 4 (Eliberit. a. 305. o. 306) Dist. cit. setzt doch einen längeren Aufenthalt am Ort der Taufe voraus; c. 1. Dist. LXXIII (Formate aus Burchard von Worms) spricht von einem Freigelassenen, der „de familia nostra fuit et baptizatus noster". c. 44. Carth. III. handelt von der unbefugten Weihe nicht eines Laien, sondern eines lector, über dessen frühere Schicksale bemerkt wird: „qui a me baptizatus est, cum esset puer egentissimus . . . cumque multis annis a me aleretur et atque incresceret". — Die einzelnen, von Thomassin für die Ordinationsfreiheit angeführten Beispiele können sicher als Regeln nicht in Betracht kommen.

[7] Die Constitution Pauls III.: Cupientes vom 21. März 1543. §. 3: . . . „statuimus, ut (Judaei et infideles) civitatum et locorum in quibus sancto baptismate pro tempore regenerabuntur, vere cives sint et privilegiis ac libertatibus et immunitatibus quae alii ratione nativitatis originis duntaxat consequuntur, gaudeant"; M. Bull. 1, 759. geht von demselben Gesichtspunkt aus. Weil die Christen gewordenen Ungläubigen nunmehr auch als Mitglieder der weltlichen Gemeinde gelten, können die Kompetenzgründe für die Weihen ebenfalls auf sie Anwendung finden. Die Regel, dass die Taufe allein die Kompetenz der Weihe begründet, spricht aber die Stelle nicht aus, wie Phillips 1, 383 meint.

der Umstand sprechen, dass dann das ältere und neuere Recht völlig zusammenhangslos und unvermittelt neben einander stände [1]. Als die Sitte der absoluten Ordinationen seit dem 12. Jahrhundert aufgekommen war und damit die Verbindung des Geweihten mit der Kirche des Ordinirenden aufgehört hatte, standen die schon im Besitze einzelner Grade befindlichen Kleriker den erst die Ordination verlangenden Laien insofern gleich, als sie wegen der Weihe allein, ebensowenig wie die letzteren, für immer ein festes Verhältniss zu einer bestimmten Kirche eingegangen waren. Daher konnte jetzt für die Regelung der Kompetenz in allen Fällen lediglich der Gesichtspunkt in Frage kommen, unter welchen Voraussetzungen eine genügende Kenntniss des Ordinators über die Eigenschaften des Weihekandidaten anzunehmen sei, und in dieser Hinsicht die Zugehörigkeit zu der Diöcese des weihenden Bischofs sowohl für Laien als auch für die Kleriker betont werden [2]. Als Momente, welche diese Zugehörigkeit begründen, erwähnt eine Dekretale von Clemens IV. (1265—1268) [3] des Geburts- oder Herkunftsortes oder der Verleihung eines Benefiziums, indem sie offenbar das regelmässige Verhältniss, dass Geburtsort und Domizil identisch sind, voraussetzt [4], während bald nachher eine Verordnung von Bonifazius VIII. auch das Auseinanderfallen dieser Orte berücksichtigt hat [5].

An diese Bestimmungen haben die späteren kirchlichen Gesetze angeknüpft und sie bilden daher noch die Grundlage für das heute geltende Recht.

Dasselbe unterscheidet vier Gründe, welche die Kompetenz des Bischofs zur Ordination bestimmen, demselben die Qualität als s. g. episcopus proprius geben [6]. Zunächst kommt in Frage:

a. die *origo*. Darunter ist nach der die Kompetenzverhältnisse genauer normirenden Constitution Innocenz' XII.: Speculatores domus Israel vom Jahre 1694. §. 4 [7] das Domizil des Vaters zur Zeit der Geburt des Ordinanden zu verstehen [8]. Ob die Geburt selbst an einem andern Orte, an welchem der Vater oder die Mutter sich nur zufällig wegen einer Reise, eines Geschäftes u. s. w. vorübergehend aufgehalten, erfolgt

1 S. auch Pachmann. §. 240. n. f.

2 Für die Zeit vom 10. Jahrhundert bis zum liber Sextus lauten die Vorschriften noch im wesentlichen so wie früher, in Betreff der Laien vergleiche c. 3. conc. Ravennat. a. 997 (Mansi 19, 220): . . . „neque alterius dioecesenses vel parochianos recipere aut promovere seu retinere praesumat sine canonicis epistolis", in Betreff der Kleriker s. c. 10 (Urban. II.) C. IX. qu. 2; c. 7. London. 1137 (Mansi 21, 512), Kölner Synode 1279. c. 9 (Mansi 24, 356), Mailand 1287. c. 29 (Mansi 24, 822). Am deutlichsten lässt die Veränderung erkennen die Breslauer Synode v. 1248. c. 10 (de Montbach, statuta synod. eccl. Wratislav. 1855. p. 307). S. auch Thomassin l. c. c. 7 ff.; Phillips 1, 384.

3 c. 1. in VI[to]. de temp. ordin. I. 9: . . . . „statuimus, ut nullus episcoporum Italiae de caetero aliquem ultramontanum clericum ordinare praesumat, nisi a nobis specialem licentiam habeat vel ab episcopo de cuius dioecesi traxit originem ordinandus vel in cuius dioecesi beneficiatus existit, per eius patentes litteras, causam rationabilem continentes quare ipsum nolit aut queat ordinare".

4 Im Eingang der Stelle heisst es: „saepe contingit, quod nonnulli clerici vinculo excommunicationis adstricti aut apostatae seu irregulares vel alias ordinum sacrorum susceptione indigni, suam patriam, in qua de his habetur notitia, fugientes se in remotis partibus faciant ad huiusmodi ordines promoveri".

5 c. 3. eod: „Quum nullus clericum parochiae alienae praeter superioris ipsius licentiam debeat ordinare, superior intelligitur in hoc casu episcopus, de cuius dioecesi est is qui ad ordines promoveri desiderat, oriundus seu in cuius dioecesi beneficium obtinet ecclesiasticum seu habet, licet alibi natus fuerit, domicilium in eadem".

6 Trident. Sess. XXIII. c. 8. de reform.

7 Auch abgedruckt in der Richter'schen Ausg. des Tridentinum S. 530.

8 Die ältere Doktrin, verleitet durch den missverstandenen Ausdruck der römischen Quellen: origo, stritt darüber, ob darunter blos der Geburtsort des Ordinanden oder nicht auch der des Vaters desselben zu verstehen sei. S. Barbosa, de offic. ep. P. II. alleg. 4. n. 2 ff.; Hallier l. c. art. 3 n. 2 ff. Durch Innocenz XII. ist aber der Streit in dem obigen Sinn entschieden. S. Riganti ad reg. canc. reg. XXIV. §. 3. n. 14—16. Eben so ergiebt sich daraus, dass der von der origo verschiedene Ort der Taufe (s. Hallier l. c. art. 3. n. 1) völlig ausser Betracht bleiben muss. S. auch Riganti l. c. n. 10.

war, ist gleichgültig[1]. Nur dann wenn der Vater an diesem zufälligen Geburtsorte längere Zeit bleibt und ihn später zum Wohnsitz wählt, kommt sein früheres Domizil, in welchem der Ordinande in diesem Falle sich niemals befunden hat, nicht in Betracht[2]. Aus dieser Ausnahmebestimmung kann aber nicht gefolgert werden, dass bei späterem Domizilwechsel des Vaters die ursprüngliche durch die origo des Kindes am früheren Orte begründete Kompetenz beseitigt wird[3], denn bei dieser Annahme wäre jede Eigenthümlichkeit der Kompetenz ratione originis negirt und zwischen ihr und der Kompetenz ratione domicilii bliebe nur der juristisch irrelevante Unterschied bestehen, dass die letztere durch eigene Wahl des Domizils einer handlungsfähigen Person, die erste durch die des Gewalthabers derselben begründet würde[4].

Bei unehelichen Kindern muss unter analogischer Anwendung der Bestimmungen der Constitution das, was über den Wohnsitz des Vaters vorgeschrieben ist, für das Domizil der Mutter gelten[5].

b. Auf Grund des Domizils *(ratione domicilii)*[6] entsteht die Kompetenz des Bischofs, wenn sich der Kandidat an dem betreffenden Ort entweder 10 Jahre lang oder doch nach der Ueberführung des grösseren Theils seiner Habe und nach häuslicher Einrichtung eine geraume Zeit aufgehalten hat, und ferner in beiden Fällen seine Absicht, dort zu wohnen (den animus remanendi) eidlich erhärtet[7]. Der Ordinande, welcher ein doppeltes Domizil besitzt, hat die Wahl zwischen dem Bischof des einen oder andern Wohnsitzes[8].

Begehrt der Kandidat die Weihe von dem episcopus domicilii, so hat er für den Fall, dass er seinen Geburtsort erst in einem Alter, wo er von einem kanonischen Hinderniss betroffen werden konnte, verliess, ein Zeugniss des episcopus originis (s. g. testimoniales) über die Abwesenheit von dergleichen Impedimenten beizubringen[9].

Es können aber auch Fälle vorkommen, in denen eine Weihe seitens des episcopus originis oder seitens des episcopus domicilii nicht möglich ist. In Frage kommen hier

1 S. Const. Speculatores l. c., wo unter der origo naturalis patris das Domizil desselben verstanden wird. Hat aber der zufällige Aufenthalt ausserhalb des Domizils so lange gewährt, dass der Sohn dort mit einem kanonischen Impediment behaftet werden konnte, so sind sog. Testimoniales (d. h. Zeugnisse über die Abwesenheit eines solchen) auch seitens des Bischofs dieses Ortes erforderlich.

2 S. Const. cit. §. 5.

3 So Phillips 1, 392 unter Berufung auf eine bei Riganti l. c. n. 28 mitgetheilte Entscheidung der Congr. Conc. von 1706; diese entscheidet in einem Fall, wo der Vater in A domizilirte, der Sohn zufällig in B geboren wurde, und ersterer später seinen Wohnsitz nach C verlegte, für den Bischof von C.

4 So auch Barbosa l. c. n. 20. und Phillips 1, 394 selbst.

5 Barbosa l. c. n. 15. 16; Schmier lib. I. tr. 4. c. 3. n. 67; Ferraris l. c. n. 19. 20; Phillips 1, 393.

6 Vgl. Hallier l. c. art. 4.

7 Das schreibt vor Const. Speculatores. §. 5. Die Festsetzung der 10jährigen Frist knüpft an l. 2. C. de incol. X. 9. an; schon die frühere Doktrin hat mit Rücksicht auf diese Stelle in einem so lange währenden Aufenthalt die genügende Dokumentirung des animus remanendi gefunden. S. Barbosa l. c. n. 25. — Des Eides bedarf es nicht, wenn der Sohn sich von dem Bischof des väterlichen Domizils (der origo) ordiniren lassen will. S. Riganti l. c. n. 51.

8 S. Barbosa l. c. n. 37. Weitere Causuistik ebendaselbst. Der Begriff des Domizils ist, wie schon aus dem Angeführten ersichtlich, dem römischen Recht entnommen.

9 Const. Specul. §. 5. — Die Beibringung von Testimonialen seitens des Bischofs des verlassenen Domizils, wenn ein solches zwischen dem Aufenthalt am Geburtsort und dem augenblicklichen Domizil in der Mitte liegt, und seitens des Bischofs des einen Domizils an den des andern bei doppeltem Wohnsitz, ist nicht ausdrücklich verlangt. Mit Rücksicht darauf, dass das Tridentinum Sess. XXIII. c. 7. 16. de reform. den Bischöfen eine genaue Untersuchung in Betreff der Person des Ordinanden vorschreibt und den Kandidaten an den gedachten Orten ebenso gut wie in der origo Impedimente betroffen haben können, wird aber dem Bischof das Recht nicht abgesprochen werden können, testimoniales auch in solchen Fällen zu seiner Information zu erfordern, um so mehr als die Const. Speculatores, offenbar von gleicher Auffassung ausgehend, für den Bischof, welcher ratione beneficii ordiniren soll, Testimoniales sowohl vom episcopus originis als auch vom episcopus domicilii beigebracht wissen will.

wegen der etwaigen Ungewissheit der origo die *Findelkinder*. Die Kanonisten erachten in Betreff ihrer den Bischof des Ortes der Auffindung oder des Findelhauses für kompetent [1]. Bei den heutigen geordneten staatlichen Verhältnissen, wo über solche Kinder in allen Fällen Vormundschaften eingeleitet werden, hat aber ein solches Kind jedenfalls immer ein Domizil, das sich freilich nach dem Ort der Auffindung oder der Erziehung bestimmt. Jedenfalls liegt aber nicht der mindeste Grund vor, dem Ort der Aussetzung, von welchem das Kind sofort weg und in eine andere Diöcese gebracht worden, irgend eine bestimmende Bedeutung beizulegen, vielmehr kann unter analogischer Anwendung der bisher besprochenen Vorschriften ein Aufenthalt des Kindes an diesem Orte nur dann die Beibringung von Testimoniales bedingen, wenn es dort so lange verblieben ist, dass für dasselbe kanonische Weihehindernisse eintreten konnten, und nur insofern kann der Ort der Aussetzung der origo gleich geachtet werden [2].

Diejenigen, welche kein Domizil haben, können von dem Bischof der origo geweiht werden, ist aber diese auch unbekannt, so ist es mit dem Zwecke der in Rede stehenden Bestimmungen nicht verträglich, hier den Bischof des augenblicklichen Aufenthaltes für kompetent zu erachten [3], vielmehr muss in einem solchen Fall der Papst um die Beauftragung eines Bischofs zur Vornahme der Weihe angegangen werden [4].

Endlich kann es an einem episcopus originis oder domicilii fehlen, weil der Geburtsort oder das Domizil zu keiner katholischen Diöcese gehört. Liegt der Grund dafür in einer Befreiung des Ortes von der Diöcesangewalt (untersteht er z. B. einem Prälaten nullius dioeceseos), so ist nach der gemeinen Meinung der seiner Kirche (nicht seinem Territorium) nach nächste Bischof zur Ordination befugt [5]. Dagegen hat sich in Betreff derjenigen Personen, welche in einem in den Händen von Ungläubigen befindlichen oder einem ketzerischen Lande ihre origo oder ihr domicilium haben und aus diesem Grunde keinem episcopus unterworfen sind, keine feste Regel entwickelt [6]. In solchem Fall bleibt gleichfalls nichts anderes übrig, als dass hier durch den Papst ein Bischof designirt wird [7].

c. Kann die Kompetenz des Bischofs zur Weihe *ratione beneficii* begründet werden. Erforderlich ist aber dafür ein wirkliches Benefizium, also reicht weder ein beneficium manuale [8], noch eine blosse Pension [9], noch eine Anstellung bei einer Privatkapelle [10], wohl aber eine immerwährende Kommende [11], aus. Ob das beneficium ein beneficium duplex oder simplex ist [12], und ob es zur Residenz verpflichtet oder nicht, ist gleichgültig [13]. Dagegen muss der Ertrag des Benefiziums zum Lebensunterhalt des Benefi-

1 Barbosa l. c. n. 17; Hallier l. c. art. 3. n. 6: Reiffenstuel P. II. n. 93; Pirhing I. 11. n. 3. add. 1; Engel I. 11. n. 30; Schmier l. c. n. 68; Ferraris l. c. n. 21; Phillips 1, 394.

2 Auf den Ort der Taufe, worauf Phillips 1, 394 als empfehlenswerth hindeutet, kann nach den obigen Ausführungen gar kein Gewicht gelegt werden.

3 So Pirhing I. 11. n. 31. add. 3; Schmalzgrueber I. 11. n. 38.

4 Schmier l. c. n. 106. 107.

5 Vgl. Card. de Luca adnot. ad conc. Trid. disc. 14. n. 18; Reiffenstuel I. 11. n. 131; Giraldi, expos. jur. pont. s. 99. n. 2; Engel I. 11. n. 33; Schmier l. c. n. 114 ff.; Riganti l. c. n. 247; Bened. XIV. de syn. dioec. II. 11. n. 15; Berardi l. c. diss. 5. n. 3 (ed. Mediol. 1846. 1, 186); Phillips 1, 394. 414. Den Anhalt dafür giebt c. 10. de reform. Trid. Sess. XXIII.

6 S. Card. de Luca l. c. n. 14.

7 Sofern nicht hier, wie bei dem Vagabunden der Kompetenzgrund c) oder d) vorhanden ist.

8 Riganti l. c. n. 61. 63. 64; anders wenn es mit dem Willen des Ordinarius errichtet ist und nur ex causa entzogen werden kann.

9 Riganti l. c. n. 68. 69.

10 Riganti l. c. n. 67; Schmier l. c. n. 82; Phillips 1, 399.

11 Barbosa l. c. alleg. 4. n. 50; Hallier l. c. art. 5. n. 5; Riganti l. c. n. 59.

12 Hallier l. c. n. 4; van Espen J. E. U. P. II. tit. 9. c. 2. n. 23. 24.

13 Von einigen wird freilich ein beneficium residentiale verlangt, so z. B. von Card. de Luca

ziaten genügen [1], d. h. entweder den Betrag der Diöcesantaxe erreichen oder sonst der Observanz nach für auskömmlich gelten. Eine Ergänzung durch das eigene Vermögen ist nicht zulässig [2]. Weiter ist nöthig, dass der Weihekandidat sich bereits vor der Ordination im Besitz des Benefiziums befindet [3]; die blosse Präsentation oder Nomination für dasselbe oder ein Versprechen, dem Ordinanden unmittelbar nach der Weihe ein Benefizium verleihen zu wollen, begründet also die Kompetenz nicht [4]. Ferner soll nach den Vorschriften der Const. Speculatores (§. 3.) der episcopus beneficii sich Testimoniales vom episcopus originis und domicilii beibringen lassen und in der über die erfolgte Ordination auszustellenden Urkunde sowohl die Vorlegung dieser als auch die Höhe der Einkünfte des die Kompetenz begründenden Benefiziums [5] ausdrücklich bescheinigen [6].

Besitzt der Kandidat mehrere Benefizien in verschiedenen Diöcesen, so kann er nach seiner Wahl von einem jeden der betreffenden Bischöfe sich die Weihen ertheilen lassen [7].

d. Ausser den eben besprochenen drei, im Liber Sextus erwähnten Kompetenzgründen gedenkt schon [8] die Glosse zu c. 2 in VI^{to} de tempor. ordinat. I. 9. [9] noch eines weiteren, nämlich der *ratio familiaritatis* oder *commensalitii*, welcher durch das Tridentinum [10] ausdrücklich anerkannt ist, und über welchen die erwähnte Constitution Innocenz' XII. gleichfalls nähere Bestimmungen getroffen hat. Unter der familiaritas oder dem commensalitium wird ein wirkliches Dienstverhältniss zu dem Bischof verstanden, in Folge dessen die betreffende Person auf Kosten des letzteren lebt [11], und zwar muss das Verhältniss mindestens ununterbrochen drei Jahre gedauert haben [12]. Zweck dieser Vorschrift ist der, dem Bischof Gelegenheit zu geben, die Person, Fähigkeit und Würdigkeit des Kandidaten genau kennen zu lernen. Daher ist es nicht erforderlich, dass derselbe im Hause des Bischofs wohnt [13], ebensowenig, dass der Bischof

l. c. n. 13. Das hat aber keinen Anhalt, die gemeine Meinung und die Congr. Concilii ist dagegen. S. die Entscheidung von 1598 bei Riganti l. c. n. 56; Barbosa l. c. n. 46. 47; Hallier l. c. n. 4; Schmier l. c. n. 80; van Espen l. c. Ueber die Frage, in wiefern eine coadjutoria canonicatus ausreicht s. Riganti l. c. n. 113 ff. und die Entsch. bei Richter Trident. Sess. XXIII. c. 8. n. 12. S. 190.

1 Const. Speculatores. §. 3. Dadurch hat die frühere Meinung, welche jedes Benefizium auch das kleinste für genügend erachtete, s. Barbosa l. c. n. 44; Hallier l. c. n. 5. ihren Halt verloren. Vgl. Riganti n. 74. 104 ff.; Phillips 1, 397. 398.

2 Const. cit. §. 3. — Diese Bestimmung, in Verbindung mit den übrigen, im §. 3 aufgestellten soll einmal Uebergriffe des einen Bischofs in die Rechte des andern und ferner die Möglichkeit der Umgehung der Vorschriften über die Ordination durch Gründung von Benefizien geringen Ertrages in fremden Diöcesen verhüten.

3 So schon die frühere Doktrin s. Hallier l. c. n. 7; Riganti l. c. n. 70. 77. 78. zum Theil unter Berufung auf Trident. Sess. XXI. c. 2. de reform. Die Const. Speculatores §. 3. schreibt das ausdrücklich vor.

4 Gleichgültig ist es dagegen, dass der Bischof, in dessen Diöcese das Benefizium liegt und welcher weihen soll, nicht selbst zu der Provision desselben berechtigt ist. Vgl. Barbosa l. c. n. 54. 52; Hallier l. c. n. 7. 3; Schmier l. c. n. 78. 79; Phillips 1, 399.

5 Die allgemeine Bemerkung, dass das Benefizium zulänglich ist, genügt nicht. S. Riganti l. c. n. 130.

6 Eines Nachweises über die Zulänglichkeit des Benefiziums vor dem episcopus originis oder domicilii bedarf es nicht, daher können diese die Ausstellung der Testimoniales nicht von diesem Verlangen abhängig machen. S. Riganti l. c. n. 85 ff.

7 Barbosa l. c. n. 51; Hallier l. c. n. 6; van Espen l. c. n. 25; Riganti l. c. n. 54; Phillips 1, 397.

8 Zuerst hat Laspeyres a. a. O. S. 15. n. 40 darauf aufmerksam gemacht.

9 Sub v.: figmento: „vel in fraudem constitutionis huius aliquem in familiarem recepit".

10 Sess. XIV. c. 2. de reform.

11 Barbosa l. c. alleg. 5. n. 1 ff.; Schmier l. c. n. 83 ff.; Riganti l. c. n. 148 ff.; Ferraris l. c. n. 29.

12 Trident. Sess. XXIII. c. 9. de reform.; Const. Speculatores. §. 6.

13 Der Bischof muss ihn nur fortwährend haben im Auge behalten können. S. Riganti l. c. n. 148 ff.; Phillips 1, 400. Der Aufenthalt ausserhalb der Diöcese genügt also nicht, eine Ausnahme findet aber statt für die Familiaren der Cardinäle, bei denen die Entfernung gleichgültig ist, wenn sie sich dabei nur im Dienst derselben befinden. S. Riganti l. c. n. 149.

schon beim Beginn des dreijährigen Zeitraums die Bischofswürde gehabt hat [1]. Aus demselben Grunde kann es nicht für nöthig erachtet werden, dass das Dienstverhältniss ein direktes ist (wie z. B. bei den Beamten der bischöflichen Kanzlei [2]), vielmehr sind auch die auf Kosten des Bischofs lebenden Diener der bischöflichen Familiaren zu den Dienern des Bischofs selbst zu rechnen [3]. Auch der auf Grund der Familiarität weihende Bischof muss sich vorher die Testimonialen des episcopus originis und domicilii beibringen lassen [4]. Ferner ist er verpflichtet, dem Geweihten sofort, d. h. innerhalb Monatsfrist, vom Tage der Ordination an gerechnet [5], ein Benefizium, welches den zu c. für die Begründung der Kompetenz ratione beneficii angegebenen Erfordernissen entspricht [6], zu verleihen. Stirbt der Bischof vor der Uebertragung des Amtes, so kann der Geistliche den empfangenen ordo nicht ausüben, und ebenso wenig, wenn er die minores erhalten hat, zu den höheren befördert werden, jedoch wird ihm, wenn er die maiores empfangen, unter der Bedingung, dass er die Verpflichtung zur Beschaffung des für diese erforderlichen Titels übernimmt, Dispensation gewährt [7].

Das Recht ratione familiaritatis zu ordiniren, haben übrigens nur die eigentlichen Bischöfe, nicht die Titularbischöfe, welchen das Tridentinum die Ordination ihrer Familiaren ausdrücklich verboten hat [8]. Endlich soll auch hier in der Ordinationsurkunde der Kompetenzgrund und die Beibringung der Testimoniales erwähnt werden.

In Betreff der sämmtlichen vier Kompetenzgründe ist Folgendes zu bemerken:

1. Die dargestellten Grundsätze finden nicht blos auf die Spendung der ordines im eigentlichen Sinne, sondern auch auf die Ertheilung der Tonsur Anwendung [9].

2. Ist der episcopus proprius wegen unbefugter Ertheilung der Weihen an fremde Kleriker suspendirt, so dürfen die ihm untergebenen Kleriker unter der Voraussetzung, dass die Suspension offenkundig ist, ohne weiteres sich die Weihen von einem der benachbarten Bischöfe ertheilen lassen [10].

[1] Riganti l. c. n. 140 ff.

[2] Barbosa l. c. n. 18.

[3] Barbosa l. c. n. 7; Schmier l. c. n, 86; Riganti l. c. 162. 163. Verwandte, welche im Hause des Bischofs auf seine Kosten leben, aber nicht in einem Dienstverhältniss zu ihm stehen, können daher nicht auf diesen Kompetenzgrund hin ordinirt werden.

[4] Vorgeschrieben durch Const. Speculatores. §. 6. Formulare dafür bei Giraldi l. c. s. 97. n. 1.

[5] So hat die angef. Constitution das „statim“ des c. 9. Trident. cit., über dessen Bedeutung früher gestritten worden (s. Riganti n. 159; Phillips 1, 402), authentisch interpretirt.

[6] Auch das schreibt §. 6 der Const. Speculatores vor. Daher ist auch hier eine Ergänzung der Einkünfte des Benefiziums durch das patrimonium nicht zulässig, und selbst im Fall der Nothwendigkeit die Weihe des Familiaren durch seinen Herrn auf den titulus patrimonii allein ausgeschlossen. S. die Entscheidungen in der Richter'schen Ausgabe des Tridentinums zu c. 9. cit. und Riganti l. c. n. 153 ff. Die entgegenstehende, von Phillips 1, 402 unter Berufung auf einige Aeltere bezeugte Praxis ist demnach verwerflich. S. auch Schulte 2, 139. n. 2. — Verleiht der Bischof dem Familiaren schon vor der Ordination ein Benefizium, so kann er unter den unter c) aufgezählten Voraussetzungen natürlich ratione beneficii ordiniren.

[7] In foro conscientiae ist er freilich nicht suspendirt, da er an der Nichterfüllung der erforderlichen Vorschriften nicht Schuld ist. Vgl. über Alles Giraldi l. c. s. 97. n. 7.

[8] Sess. XIV. c. 2. cit. — Ueber den Beweis der Familiarität bei Anfechtung dieses Kompetenzgrundes s. Barbosa l. c. n. 3; Riganti l. c. n. 164; Phillips 1, 403.

[9] c. 2. Sess. XIV. und die Const. Speculatores. §§. 3. 6. erwähnen dieser ausdrücklich, §§. 4. 5. sprechen allgemein von „ad ordines promovere“. S. auch van Espen l. c. n. 34.

[10] c. 2 (Gregor. X.) in VIto. de temp. ordinat. I. 9. Da diese Stelle offenbar eine Strafe für den Bischof, nicht eine Erleichterung für die Kleriker festsetzen will — der Bischof soll hier in ähnlicher Weise gestraft werden, wie er sich vergangen hat —, so ist das Kapitel strikt zu interpretiren, d. h. weder auszudehnen auf den Fall, wo der Bischof wegen anderer Gründe suspendirt ist, noch auf Laien, welche erst die Tonsur und die niederen Weihen erhalten wollen, wie auch Schmalzgrueber l. c. n. 42; Schmier l. c. n. 98; Phillips 1, 404. annehmen. Dass diese Vorschrift durch die Bestimmungen des Tridentinums beseitigt sei (so Schulte 2, 142. n. 3), lässt sich nicht behaupten.

3. Die Verschiedenheit des Ritus zwischen dem lateinischen Bischof und dem unirten Griechen oder dem unirt griechischen Bischof und dem Lateiner hebt die Kompetenz an sich nicht auf, obwohl eine Vermischung des Ritus verboten ist[1]. Daher bleibt hier nichts übrig, als eine Delegation eines Bischofs des andern Ritus durch den kompetenten[2] oder die Bestellung eines dem Ritus angehörigen Weihebischofs[3].

4. Sind mehrere Bischöfe in einem Falle kompetent, so ist die Befugniss des Kandidaten unter denselben zu wählen, ja nach Empfang eines ordo behufs der Erlangung der weiteren zu variiren, keinem Zweifel unterworfen; nur soll von der Variationsbefugniss nicht doloser Weise, um einer Weigerung des früheren Ordinators zu entgehen, Gebrauch gemacht werden[4], widrigenfalls die Weihe als eine unerlaubt erlangte angesehen wird und die für eine solche festgesetzte Strafe nach sich zieht.

Die verschiedenen Kompetenzgründe geben aber nicht alle an und für sich die Sicherheit, dass der Ordinande auch sämmtliche für die Weihe nothwendigen Eigenschaften besitzt, und behufs der Erlangung dieser Gewissheit hat das Recht die Ausstellung der früher schon erwähnten *testimoniales* (sc. literae), d. h. eines Zeugnisses in Briefform über das Alter, die Sitten, die Fähigkeiten, den Titel, die Abwesenheit von Irregularitäten u. s. w. seitens des mitkompetenten Bischofs[5] und die Vorlegung dieser Urkunde an den um die Weihe angegangenen verlangt[6], und zwar — um hier die bereits erwähnten Fälle zusammenzustellen — a. wenn ratione familiaritatis ordinirt werden soll, vom episcopus originis und episcopus domicilii[7]; b. wenn die Weihe ratione beneficii beansprucht wird, ebenfalls von den Bischöfen der origo und des Domizils[8]; c. wenn der episcopus domicilii weiht, vom episcopus originis, sofern der Aufenthalt an dem letzteren Orte so lange gedauert hat, dass die Kontrahirung eines kanonischen Impedimentes möglich war[9]; d. wenn der episcopus originis ordiniren soll, seitens des Bischofs des vorübergehenden Aufenthaltsortes des Vaters, wenn der Ordinirende an letzterem geboren und dort die unter c. gedachte Zeit geblieben ist[10].

Dass damit nur die Fälle bezeichnet sind, in denen es dem Bischof absolut zur Pflicht gemacht ist, bei Vermeidung der für die Verletzung der Kompetenzvorschriften vorgeschriebenen Strafen die Testimonialen zu fordern, er also auch sonst, wenn er es für erforderlich erachtet, dergleichen verlangen kann, ergiebt sich aus den Ausführungen in der Note 9 S. 88[11].

II. Der an sich kompetente Bischof hat aber, auch wenn die gedachten Vorschriften sämmtlich erfüllt sind, nicht das Recht, die Ordination an allen Orten zu ertheilen, er

[1] c. 9 (Coelest. III.) X. de temp. ordin, I. 11; Hergenröther in Moys Archiv. 8, 181.

[2] c. 11 (Innoc. III.) eod. tit.

[3] Pirhing I. 11. n. 37. 38; Phillips 1, 405. S. auch Ferraris l. c. n. 78. u. Const. Bened. XIV. Etsi pastoralis v. 26. Mai 1742. §. 7. n. 1 (Bull. Bened. XIV. Rom. 1746. 1, 175).

[4] Die Aelteren läugnen freilich mitunter die Variationsbefugniss (s. z. B. Barbosa l. c. n. 1). Die Const. Specul. §§. 2. 6. setzt dieselbe aber klar voraus. S. Riganti l. c. n. 81; Phillips 1, 390. Für die Variation von der Tonsur zu den minores, der minores unter einander, von diesen zu den maiores und der einzelnen maiores unter einander s. die Entscheidungen bei Richter zu c. 3. Trid. XXIII. n. 6 ff. S. 186. Wegen der damit offenbar verbundenen Uebelstände hat der französische Episkopat im 17. Jahrhundert die Kompetenz ausschliesslich auf den episcopus originis einzuschränken gesucht. S. van Espen l. c. n. 27; Phillips 1, 390.

[5] Diese sind gratis zu ertheilen, nur kann eine kleine Expeditionsgebühr für den Schreiber erhoben werden. S. Trid. Sess. XXI. c. 1. de ref.

[6] Const. Speculat. §§. 3—7.

[7] Const. cit. §. 6.

[8] L. c. §. 3.

[9] L. c. §. 5.

[10] L. c. §. 4. Dass die für die Erlangung eines bestimmten Grades ausgestellten Testimon. nicht für die weiteren ausreichen, liegt auf der Hand. S. Riganti l. c. n. 93.

[11] Eine Entscheidung, in welcher die Congr. Conc. Testimoniales verlangt hat, ohne dass die in der Constitution aufgezählten Fälle vorlagen, s. bei Richter Trid. Sess. XXIII. c. 8. n. 9. S. 187.

darf dies vielmehr nur innerhalb der Gränzen seiner Diöcese thun. Dieser schon aus der örtlichen Beschränkung der bischöflichen Gewalt[1] folgende Satz ist vom Tridentinum[2] dahin wiederholt, dass kein Bischof selbst nicht einmal unter Berufung auf irgend welches Privilegium in einer fremden Diöcese die Pontifikalien ausüben soll, wenn nicht der Ordinarius ausdrücklich die Erlaubniss dazu gegeben hat, welche natürlich nur für die Diöcesanen des letzteren von Wirksamkeit sein kann[3]. Dasselbe gilt auch, wenn der betreffende Ort von der bischöflichen Diöcesangewalt eximirt ist, aber ein anderer Bischof dort zur Ertheilung der Ordination berechtigt ist[4]. Dass endlich der Bischof selbst nicht einmal die Tonsur in einer fremden Diöcese geben kann, ist zwar mehrfach bestritten worden[5], muss aber wegen der engen Verbindung, in der die Tonsur zu den ordines als Vorbereitungshandlung steht und wegen der alleinigen Befugniss des Bischofs zur Vornahme dieses Aktes, angenommen werden[6].

III. Der nicht kompetente Bischof kann die Weihen rechtmässig ertheilen, wenn er von dem episcopus proprius ausdrücklich die Befugniss dazu übertragen erhalten hat. In der älteren Zeit, wo die Ordination auch die Zugehörigkeit zu einer bestimmten Kirche und zu einem bestimmten Bischof begründete (s. oben §. 8), war daher die Uebertragung höherer Grade durch den Bischof einer andern Diöcese nur dann möglich, wenn der Geistliche aus dem bisherigen Verband entlassen wurde und in den Diöcesanklerus seines Ordinators eintreten sollte[7]. Die darüber von dem bisherigen Bischof auszustellenden Zeugnisse werden als literae dimissoriae (ἀπολυτικαί)[8], auch mit dem Ausdruck commendatitiae (συστατικαί)[9], ursprünglich aber wohl nicht als formatae (εἰρηνικαί)[10]

[1] S. z. B. c. 2 (Antioch.) C. IX. qu. 3; c. 6. 7 (Antioch.); c. 8. 9 (Constant. I.) C. IX. qu. 2. Weitere Nachweisungen bei Hallier l. c. s. VI. art. 1.

[2] Sess. VI. c. 5. de ref. Vgl. ferner Sess. XIV. c. 2. de ref.

[3] S. Barbosa l. c. alleg. 4. n. 13; Hallier l. c. n. 12. 13; es bedarf hier ausser der Erlaubniss des superior loci immer noch der Erlaubniss des Bischofs, innerhalb dessen Territorium der Ort liegt. — Selbtverständlich ist übrigens, dass die Diöcese des Suffraganbischofs auch für den ihm vorgesetzten Erzbischof eine fremde im Sinne des Tridentinums ist. S. Barbosa l. c. n. 14. Anal. jur. pontif. 1858. p. 319.

[4] In seiner eigenen Kapelle kann aber ein päpstlicher Nuntius ohne Erlaubniss des Diöcesanbischofs an Geistliche, welche von ihrem kompetenten Bischof facultates de promovendo in bianco haben, die Weihen ertheilen. Entsch. der Congr. Conc. v. 1653 (Anal. jur. pontif. 1858. p. 319).

[5] S. z. B. Card. de Luca annot. ad Trid. disc. IV. n. 7. 8; van Espen, J. E. U. P. I. tit. 16. c. 3. n. 14; Phillips 1, 646. Weitere Anführungen bei Hallier l. c. n. 10. 11.

[6] Barbosa l. c. n. 15. und die dort citirten; Kober, Suspension. S. 160. Die Ertheilung der Tonsur kann mit Rücksicht auf das eben Bemerkte, selbst wenn man sie nicht für einen ordo erklärt, zu den im Trident. erwähnten Pontifikalien gerechnet werden. Zu den einfachen Akten der iurisdictio voluntaria, welche der Bischof auch ausserhalb seiner Diöcese vornehmen kann (s. die citirten), gehört sie sicher nicht.

[7] c. 17. Trullan. a. 692 (c. 1. C. XXI. qu. 2), c. 1 (Roman. a. 826) Dist. LXXII. Prägnant drückt sich aus c. 5. Aurel. V. a. 549: „ut nullus clericum seu lectorem alienum sine sui cessione pontificis . . promovere audeat“.

[8] Thomassin P. II. lib. 2. c. 5. n. 5; Hallier l. c. art. 10. n. 11; Phillips 1, 409.

[9] c. 32. apostol.; c. 7 (Chalc. a. 451), c. 8. (Augustin?) Dist. LXXI. Der Begriff der commendatitiae ist aber ein weiterer, denn dieselben kommen auch in ältester Zeit für Laien vor und sie haben den Zweck zu attestiren, dass der reisende Laie oder Kleriker nicht aus der kirchlichen Gemeinschaft seiner Heimath ausgestossen ist, mithin auch zu der des fremden Ortes zugelassen werden kann; in Betreff des Klerikers konstatiren sie ferner, dass derselbe mit Erlaubniss seines Bischofs reist, also die Residenzpflicht nicht eigenmächtig verletzt. S. c. 12. apost.; c. 38. Agath. a. 506; Hefele, Conciliengesch. 1, 784. n. 3.

[10] c. 7. Antioch. allgemein lautend, (beschränkt auf die Geistlichen in der c. 9. Dist. LXXI. stehenden spanischen Uebersetzung). Damit werden Legitimationsbriefe bezeichnet, deren Zweck die Ermöglichung der Zulassung zur Kirchengemeinschaft an fremden Orten und die Feststellung der Erlaubniss zum Reisen für den Kleriker, nicht die Gestattung der Ordination durch einen fremden Bischof ist. Vgl. c. 106. cod. eccl. Afric.; ep. Zosimi ad Gall. c. 1 (Mansi 4, 359); ferner die Formate des Attikus von Konstantinopel (u. A. bei Regino de synod. causis I. 430. im dict. Gratiani zu Anfang von Dist. LXXIII), welche folgende Cautelen gegen etwaige Fälschungen anordnet: „Graeca elementa literarum numeros etiam exprimere nullus qui vel tenuiter Graeci sermonis notitiam habet, ignorat. Ne igitur in faciendis epistolis canonicis quas mos latinus formatas appellat,

oder epistolae canonicae (γράμματα κανονικά) bezeichnet [1]. In der fränkischen Zeit werden aber alle aufgezählten Ausdrücke promiscue gebraucht [2] und die in der Formata des Attikus allgemein ohne Bezug auf die Dimissorien vorgeschriebenen Sicherungsmittel gerade für diese angewendet [3]. Mit dem Aufkommen der absoluten Ordinationen musste sich selbstverständlich die Bedeutung der Dimissorien ändern, und so sind sie seitdem Urkunden geworden, in welchen der kompetente Bischof die Ordination eines ihm untergebenen Klerikers durch einen andern Bischof gestattet, also diesem seine Befugnisse überträgt [4].

Die Ertheilung von Dimissorien (literae dimissoriales oder wie sie das Tridentinum auch nennt, commendatitiae, reverendae) [5] ist lediglich ein Akt der Jurisdiktion, weil nur diese dadurch auf eine andere die Fähigkeit zur Ertheilung der Weihe besitzende Person übertragen werden soll. Zur Ausstellung der Dimissorien ist daher allein der kompetente Bischof befugt, aber auch jeder, welcher nach den früher entwickelten Regeln, als episcopus proprius zu betrachten ist [6], mithin gleichfalls der ratione familiaritatis kompetente Bischof [7]. Das Recht, weil es ein Ausfluss der bischöflichen Jurisdiktion ist, beginnt mit der Erlangung derselben, also mit der Konfirmation des zum

aliqua fraus falsitatis temere praesumeretur, hoc a patribus CCCXVIII Niceae constitutis saluberrime inventum est et constitutum, ut formatae epistolae hanc calculationis seu supputationis habeant rationem, i. e. ut assumantur in supputationem prima Graeca elementa Patris et Filii et Spiritus sancti i. e. *Π. Υ. Α.* quae elementa octogenarium, quadringentesimum et primum significant numerum. Petri quoque apostoli prima litera, i. e. *Π.* qui numeros octoginta significat; eius qui scribit epistolam, prima litera; cui scribitur, secunda; accipientis tertia; civitatis quoque de qua scribitur, quarta et indictionis quaecunque est illius temporis, numerus assumatur. Atque ita his omnibus literis Graecis quae, ut diximus, numeros exprimunt in unum ductis, unam quaecumque collecta fuerit, summam epistola teneat. Addat praeterea separatim in epistola etiam nonagenarium et nonum numerum qui secundum Graeca elementa significat: *ΑΜΗΝ*. Tres igitur praedictae literae Graecae, i. e. *Π. Υ. Α.* et prima litera ex nomine Petri i. e. *Π.* DLX et I efficiunt numeros; *Π* enim quae est prima in nomine Patris LXXX numerat, *Υ* vero quae est prima in nomine filii CCCC numerat, *Α* vero quae prima est in nomine spiritus sancti unam indicat. Si addas *Π* quae in nomine Petri est prima, i. e. LXXX reperies DLXI. *ΑΜΗΝ* vero quod in fine praedictae epistolae scriptum est, XCIX indicat; *Α* enim unum, *Μ* XL, *Η* VIII, *Ν* L numerant qui XCIX efficiunt numeros sive summam totam simul iungas, DCLX epistolae numeros tenent". A. M. Devoti inst. can. lib. I. tit. 3. s. 5. §. 50; tit. 4. s. 2. §. 11., der die Formata als die Genusbezeichnung für alle erwähnten literae erklärt. — Nach c. 11. Chalc. sollen bei gewöhnlichen Laien die Friedensbriefe keine Empfehlungen enthalten, also nicht als commendatitiae gegeben werden. Identisch mit den literae pacificae sind wohl die communicatoriae in c. 15. Eliberit. a. 305. u. 306; c. 9. Arelat. I. a. 314.

1 Diese sind, wie c. 41. Laodic. (pr. 343. u. 381) und die Formata des Attikus ergiebt, mit den an Kleriker ertheilten Reise- und Legitimationsbriefen, also den formatae, identisch.

2 So c. 51. Meldens. a. 845 (Mansi 14, 831), s. auch die bei Hallier l. c. art. 10. n. 15. mitgetheilten Formaten aus dem 9. Jahrh.

3 Beispiele geben schon die Formelsammlungen vom 7. Jahrh. ab s. Marculfi formulae app. 12; Baluzian. 39—42, Alsaticae 11. u. 13. s. ed. Walter corp. iur. can. tom. 3. u. Rozière, recueil général des formules etc. 2, 909 ff., ferner Regino I. 450. 451; Gratian in Dist. LXXIII; s. auch Dümmler, Formelbuch des Bischof Salomon von Konstanz. Leipzig. 1857. S. 25 ff.; Rockinger, üb. Formelbücher vom 13. bis 16. Jahrh. München. 1855. S. 43. Schon in älterer Zeit war zur Sicherung gegen Fälschung, Unterschrift und Besiegelung durch den Bischof vorgeschrieben. S. c. 8. Bracar. I. a. 563; c. 41. Cabilon. II. a. 813 (Mansi 14, 102), und in Betreff der Ultramarinen c. 1. 2. Dist. XCVIII.

4 Die ältesten Beispiele für solche Dimissorien sind wohl die von den Ballerinii, de ant. canon. collect. P. II. c. 4. n. 8 (bei Gallandi, de vetust. can. collect. 1, 385 ff.) mitgetheilten, welche wahrscheinlich in die Zeit Kaiser Ottos I. oder II. gehören, und sehr vereinzelt dastehen. Dagegen setzen c. 8. (Innoc. III.) X. de offic. archid. I. 23; c. 3 (Bonif. VIII.) in VI^to de temp. ordin. I. 9. die Umwandlung als vollzogen voraus.

5 Sess. VII. c. 10. de reform.; Sess. XIV. c. 2. de reform. Der Ausdruck reverendae ist der in Spanien gebräuchliche. S. Barbosa l. c. alleg. 7. n. 2; Hallier l. c. art. 11. n. 1.

6 Trid. Sess. XIV. de ref. c. 2. 3; XXIII. c. 3. 8. de ref.

7 Ist nicht unbestritten. S. Phillips 1, 411. Für die Meinung im Text Barbosa l. c. alleg. 5. n. 16; ferner Riganti l. c. §. 3. n. 169; Ferraris l. c. n. 37, welche letztere beide auch mehrere Entscheidungen der Congr. Conc. für diese Ansicht anführen.

Bischof gewählten, nicht erst mit der Konsekration[1] und ruht, wenn der Bischof in Folge der excommunicatio oder einer suspensio ab officio oder a jurisdictione an der Ausübung der Jurisdiktionsrechte gehindert ist[2]. Der Generalvikar des Bischofs besitzt die Befugniss zur Ertheilung von Dimissorien allein dann, wenn er ein Specialmandat dazu hat oder der Bischof auf längere Zeit von seiner Diöcese abwesend ist[3]. Im Fall der Sedisvakanz darf für die Regel das Recht vom Domkapitel nicht ausgeübt werden[4], ebenso wenig von demjenigen Mitglied, welchem unter Ausschluss desselben kraft unvordenklicher Gewohnheit oder päpstlichen Privilegs die bischöfliche Jurisdiktion während der Vakanz zusteht[5]. Nur ausnahmsweise kann das Kapitel oder derjenige, auf welchen die bischöfliche Jurisdiktion übergeht, also für die Regel der erwähnte Kapitularvikar, neben welchem nach seiner Bestellung jegliches Recht des Kapitels cessirt[6], Dimissorien geben, nämlich dann, wenn ein Jahr seit dem Eintritt der Vakanz verflossen ist oder vor Ablauf der Frist, sofern es sich um eine persona beneficii recepti sive recipiendi occasione arctata handelt, d. h. sofern Jemand, um sich ein ihm verliehenes Benefizium zu konserviren oder ein ihm in Aussicht gestelltes zu erlangen, vor Ablauf des gedachten Jahres einen bestimmten ordo erwerben muss[7]. Jedoch darf das Benefizium nicht eigends zur Umgehung der erwähnten Vorschriften während der Sedisvakanz errichtet sein[8]. Die mit der Verwaltung eines Bisthums betrauten päpstlichen Vikare dürfen, sofern bei ihrer Ernennung nicht abweichende Vorbehalte gemacht sind, wenn sie bei Lebzeiten des durch Krankheit u. s. w. verhinderten Bischofs deputirt sind, Dimissorien ertheilen, weil sie dann dessen Jurisdiktion ausüben und dies Recht erlischt auch nicht mit dem Tode desselben[9]. Ist dagegen die

[1] S. Glosse zu c. 15. X. de elect. I. 6. s. v. de talibus; Schmalzgrueber I. 11. n. 45; Pirhing I. 11. n. 55; van Espen J. E. U. P. II. t. 9. c. 3. n. 10.

[2] S. Barbosa l. c. alleg. 7. n. 5. S. auch Kober, Kirchenbann 2. Aufl. S. 361; Kober, Suspension. S. 88 ff., 111 ff.

[3] c. 3. in VIto cit. I. 9; Barbosa l. c. n. 9; Ferraris l. c. n. 39; Friedle in Moys Archiv 15, 360. — Die Archidiakonen haben im Mittelalter gleichfalls das Recht, Dimissorien auszustellen, geübt, s. Flodoard. hist. Rem. III. 11 (ed. Sirmond. p. 175); Glosse zu c. 8 (Innocenz III.) X. de off. arch. I. 23; vgl. ferner Gonzalez Tellez zu c. 8. cit.; Hallier l. c. art; 11. n. 8. Es erklärt sich das daraus, dass die Archidiakonen vielfach eine, die bischöfliche beschränkende ordentliche Jurisdiktion erworben hatten. c. 8. cit., welches ihnen die Ausstellung von Dimissorien untersagt, gehört in die Reihe der Massregeln, welche den Archidiakonen ihre einflussreiche Stellung zu nehmen suchten.

[4] Trid. Sess. VII. c. 10. de reform. Diese Vorschrift hat nicht nur das frühere gemeine Recht (c. 3. in VIto cit. I. 9: „sede vacante capitulum seu is ad quem tunc temporis administratio spiritualium noscitur pertinere, dare possunt licentiam ordinandi"), sondern auch jedes entgegenstehende Privilegium, sowie jedes abweichende Gewohnheitsrecht beseitigt. Vgl. auch Trid. Sess. XXIII. c. 10. de ref. Das Verbot ist ebenfalls auf die Ertheilung von Dimissorien für die Tonsur zu beziehen. S. Riganti l. c. n. 186 u. die besonderen Anordnungen für Neapel von 1701 u. 1702 bei Ferraris l. c. n. 44. 45, die die Tonsur den übrigen ordines gleichstellen. A. M. Phillips 1, 413. Die angeblich abweichenden Entscheidungen der Congr. Concil. bei Ferraris l. c. n. 48. u. Giraldi l. c. s. C. n. 1. betreffen einen Ausnahmefall. S. Riganti l. c. n. 201.

[5] So entschied auf Grund von Trid. Sess. XXIII. c. 10. de ref. die Congr. Conc. 1583 für das Bisthum Gerona. S. Riganti l. c. n. 189.

[6] Ferraris l. c. n. 41—43; Ritter, der Kapitularvikar. Münster. 1842. S. 51 ff.

[7] Riganti l. c. n. 197 ff. Muss der ordo erworben werden, um Sitz und Stimme im Kapitel, kirchliche Einkünfte u. dergl. zu erlangen, so liegt der Ausnahmefall nach den Entscheidungen der Congr. Conc. nicht vor, s. Riganti l. c. n. 199. 204—206, wohl aber wenn ein auf ein Patronatbenefizium präsentirter Laie vor Ablauf der 4monatlichen Frist behufs Erlangung desselben die Tonsur erwerben muss. S. Riganti n. 201; Ferraris l. c. n. 47. 48. Hieraus ist der oben Note 4 erwähnte Irrthum entstanden. — Diejenigen, welche päpstliche brevia extra tempora noch vor dem Tode des Bischofs erhalten haben, können die erforderlichen Dimissorien auch vom Kapitel, resp. seinem Vikar bekommen; ist das breve aber erst nach dem Tode des Bischofs gegeben, so stellt der benachbarte Bischof, wenn er nicht selbst weihen will, die Dimissorien, das Kapitel oder der Vikar die Testimonialen aus. S. Riganti n. 207. 212 ff.; Card. de Luca, annot. disc. 31. n. 31.

[8] Riganti l. c. n. 202.

[9] Weil sie nicht von ihm ihren Auftrag ableiten. S. Riganti l. c. n. 194; Phillips 1, 412.

Ernennung erst im Fall der Sedisvakanz erfolgt, so haben sie dieselben Befugnisse, wie die Kapitularvikare[1].

Die Dimissorien sollen nur bei Verhinderung des Berechtigten wegen Krankheit[2] oder eines sonstigen triftigen Grundes[3] ausgestellt werden[4], und zwar soll ihrer Ertheilung dieselbe Prüfung vorhergehen, wie wenn der Kandidat durch den episcopus proprius geweiht werden sollte[5]. Der Bischof, welcher auf Grund der Dimissorien ordiniren soll, ist zwar zu einer nochmaligen Prüfung berechtigt[6], aber dazu nicht verpflichtet[7].

In den Dimissorien soll sich der Aussteller genau bezeichnen[8], ferner der Grund der Ertheilung der Dimissorien, also der Hinderungsgrund der eigenen Vornahme der Ordination angegeben werden[9]; weiter müssen dieselben gleichzeitig immer Testimoniales enthalten, damit die Beobachtung der Vorschriften über die angeordnete Prüfung des Ordinanden dargethan wird[10]. Was die Person des Ordinators betrifft, so können sie einen bestimmten Bischof bezeichnen, aber auch dem Ordinanden die freie Wahl eines solchen anheim geben, in welchem Fall sie facultates in bianco oder de promovendo a quocumque genannt werden[11]. Immer darf aber auf Grund der Dimissorien nur ein zur Ordination befugter Bischof weihen, also z. B. nicht ohne Weiteres ein Weihbischof oder ein ordinationsberechtigter Abt[12], mithin auch nur ein solcher in den

[1] Riganti l. c. n. 190; Ferraris s. v. vicarius apostolicus. n. 8. 25.

[2] Diesen Fall allein nennt das Trid. Sess. XXIII. c. 3. de reform.

[3] Und zwar gratis. Eine kleine Expeditionsgebühr kann aber von dem Schreiber der Urkunde genommen werden. Trid. Sess. XXI c. 1. de ref. S. Barbosa l. c. alleg. VII. n. 26.

[4] Diese Erweiterung hat nicht nur die Doktrin gemacht, s. Barbosa l. c. alleg. VII. n. 20; Hallier l. c. art. 11. n. 15; van Espen l. c. n. 12, sondern sie ist auch von einer Reihe Provinzialsynoden ausgesprochen. S. van Espen l. c. n. 12 ff.

[5] Trid. l. c. in Anschluss an die Vorschriften früherer Provinzialconcilien. S. Thomassin P. II. lib. I. c. 7. n. 7. Mit dieser Prüfung kann aber bei entferntem Aufenthalt des Ordinanden, welcher nicht gut in seine Diöcese zurückkehren kann, der Bischof dieses Ortes beauftragt werden. S. die Entsch. der Congr. Conc. bei Fagnan. ad c. 16. X. de praeb. III. 5. n. 7; van Espen l. c. n. 18; Phillips 1, 416.

[6] Trid. Sess. VIII. c. 11. de ref.

[7] Vgl. die Entscheidungen der Congr. Conc. bei Richter zu c. 3. Sess. XXIII. cit. S. 180: Barbosa l. c. n. 22: Fagnan. ad c. cit. n. 56. 57; van Espen l. c. 20. 22; Riganti l. c. n. 172. — Nach einem von Alexander VII. 1664, und Benedikt XIV. 1743 wiederholten, von einer besonderen Kongregation deklarirten Edikt Clemens' VIII. von 1603 müssen fremde Kleriker, welche sich vier Monate oder länger in Rom aufgehalten haben, sobald sie ausserhalb Roms trotz empfangener Dimissorien die minores (also nicht die Tonsur) und die majores ordines erlangen wollen, sich noch einer Prüfung in Rom unterwerfen und eine auf Grund dieser ausgestellte schriftliche Erlaubniss des Kardinalvikars beibringen. Von ihrem episcopus proprius können sie aber bei der Rückkehr ohne diese Formalitäten geweiht werden, sofern sie nicht bei der Prüfung in Rom rejicirt sind. S. Riganti l. c. n. 177; Ferraris s. v. ordo art. 3. n. 82; Phillips 1, 417; Analect. jur. pontif. 1855. p. 2736. 2764.

[8] Die gehörige Ausfertigung unter der Unterschrift des Ausstellers ist selbstverständlich. Sollen aber Ultramontane von italienischen Bischöfen geweiht oder tonsurirt werden, so muss die Unterschrift unter den Dimissorien noch durch den betreffenden apostolischen Nuntius und die des letzteren durch den Kardinal-Vikar beglaubigt sein. Const. Urban's VIII.: In secretis. v. 11. Dezember 1624. §. 3 (M. Bull. 4, 82).

[9] Vgl. c. 1. in VI^to de temp. ord. I. 9; Barbosa l. c. n. 2. 21, wiewohl das mitunter nicht zu geschehen pflegt, s. Phillips 1. 417.

[10] Schmalzgrueber, I. 11. n. 50; Phillips a. a. O.; Schulte 2, 141.

[11] Für diese schreibt das Trid. Sess. VII. c. 11. de ref. die Aufnahme der „causa ob quam a propriis episcopis ordinari non possint" und nochmalige Prüfung durch den gewählten Bischof vor. Letzteres fasst aber die Praxis nur als Recht, nicht als Pflicht auf, s. Note 7. u. van Espen l. c. n. 23. Für das Königreich Neapel sind solche Dimissorien unter Gregor XV. 1623 verboten worden, Riganti n. 171. — Die Kandidaten aus den 6 suburbikanischen Bisthümern Roms, in denen die Kardinalbischöfe für die Regel nicht anwesend sind, dürfen (abgesehen von der Erlangung der Tonsur) nur Dimissorien auf den Kardinal-Vikar von Rom, auf keinen andern Bischof erhalten. Const. Alexander's VII.: Apostolica sollicitudo v. 7. August 1662. §. 3 (M. Bull. 6, 173); Riganti l. c. n. 175.

[12] Trid. Sess. VII. c. 11. de ref.; Sess. XIV. c. 2. de ref.; S. XXIII. c. 10. de ref. S. auch das von Urban gebilligte Dekret der Congr. Conc. v. 1642 bei Ferraris l. c. s. v. abbas. n. 22.

Dimissorien bezeichnet werden. Endlich können dieselben allgemein behufs Erlangung der Tonsur und aller ordines oder nur einzelner derselben ausgestellt sein.

Die durch die Dimissorien gegebene Befugniss erlischt selbstverständlich mit dem Ablauf der Zeit, auf welche sie beschränkt sind[1], nicht aber mit dem Tode des Ausstellers[2], wohl aber kann der Bischof sie jederzeit zurücknehmen und auch die von seinem Vorgänger, dem Kapitel oder dem Kapitularvikar während der Sedisvakanz gegebenen widerrufen[3].

Ausnahmsweise ist die Beibringung von Dimissorien nicht nöthig. Zunächst bedarf der Papst derselben nicht, wenn er als allgemeiner Bischof den Diöcesanen eines gewöhnlichen Bischofs ordiniren will[4]. Und wenn derselbe kraft dieser seiner Stellung einem Kandidaten die Befugniss sich von einem Bischof weihen zu lassen ertheilt, so bedarf es ebenfalls für letzteren keiner weiteren Dimissorien, sondern nur der Testimoniales des Ordinarius[5].

Ausserdem sind mehrfache derartige Privilegien von den Päpsten verliehen worden. So haben z. B. die Alumnen sämmtlicher, unter der Aufsicht der Propaganda stehender Bildungsanstalten das Recht, sich von jedem Bischof ordiniren zu lassen, so fern sie nur ausser dem Konsens ihrer vorgesetzten Behörde Testimonialien ihrer Rektoren beibringen[6].

IV. Eigenthümliche Regeln gelten für die Ordination der Mönche. Die früher erwähnten Kompetenzgründe finden hier nicht statt, vielmehr ist nur derjenige Bischof als der episcopus proprius zu betrachten, in dessen Diöcese das Kloster des Ordinanden liegt[7], oder für den Fall der Weihe des Regularen eines keiner Diöcese angehörigen Klosters, der seiner Kathedrale nach nächst gelegene Bischof[8], und zwar hat der Regulare s. g. Dimissorien[9] seines Superior beizubringen. Nur dann, wenn der nach diesen

[1] van Espen l. c. n. 28.

[2] Barbosa l. c. n. 23; Hallier l. c. n. 24; Schmalzgrueber I. 11. n. 51; weil es sich um eine Gnadensache handelt. c. 9. in VIto de off. jud. del. I. 14; reg. 16. in VIto de R. J. V. ult.

[3] Hallier l. c. n. 23; van Espen l. c. n. 31.

[4] Riganti l. c. n. 316; Ferraris l. c. n. 83. Testimoniales werden aber gefordert. S. Phillips 1, 411; Kober, Suspension S. 156. Freilich kann der Papst auch davon absehen.

[5] So die Congr. Conc. auf Grund des Trid. Sess. XXIII. c. 8. de ref. S. Fagnan. ad c. 16. X. III. 5. n. 54; van Espen l. c. 2. n. 35; Kober, Suspension S. 156.

[6] Breve Urbans VIII. pro ordinatione alumnorum congr. de propag. fide vom 18. Mai 1638 (Bull. Prop. 1, 91): . . . . . „eiusdem Congregationis alumnis et convictoribus et aliis qui quoquo modo ad instantiam eiusdem Congregationis inpraesentiarum Romae vel alibi educantur et in futurum educabuntur, ut absque literis dimissorialibus suorum ordinariorum . . . a quocunque quem maluerint catholico antistite gratiam et communionem sedis apostolicae habente, in sua dioecesi residente vel in aliena de dioecesani loci licentia pontificalia exercente ad quatuor minores . , . necnon etiam ad sacros et presbyteratus ordines . . . denique habeant literas testimoniales Rectorum aut eorum apud quos educantur et instruuntur de eorum vita et moribus et in scientiis profectibus nec eis aliud canonicum obstet impedimentum, promoveri"; dadurch ist das zuerst den Alumnen des Collegium Anglicanum gegebene derartige Privilegium (Const. Gregors XIII. vom 23. April 1579. §. 13. M. Bullar. 2, 455) erweitert. S. Mejer, die Propaganda 1, 232 ff. 244. Nicht genau Riganti l. c. n. 321; Phillips 1, 420. Ueber andere ähnliche Privilegien s. Riganti n. 323 ff. — Eins der ältesten Beispiele bietet das Privileg Alexanders II. v. 1063 für Clügny bei Mansi 19, 974.

[7] Trid. Sess. XXIII. c. 10. de ref., welches zugleich alle früheren entgegenstehenden Privilegien und Gewohnheiten beseitigt hat. Constitution Benedikts XIV: Impositi nobis vom 1. Mai 1746. §§. 1—4 (auch in Richters Tridentinum S. 533). Besitzt der Abt das Recht die minores zu ertheilen, so hat der Grundsatz nur absolute Geltung für die ordines maiores. Ueber das frühere Recht vgl. Hallier c. l. art. 8. n. 5 ff.

[8] Ferraris s. v. ordo art. 3. n. 61; Riganti l. c. n. 273.

[9] Oder richtiger, wie Schulte 2, 141. n. 2 meint, Permissorien, nämlich eine schriftliche Erlaubniss in Verbindung mit Testimoniales, denn eine Jurisdiktion haben die Klosteroberen in dieser Hinsicht nach dem Tridentinum nicht mehr. A. M. Riganti, l. c. n. 250. Die Bezeichnung Dimissorien findet sich freilich in den einschlägigen Constitutionen und bei den Kanonisten. Für die Novizen können die Oberen solche Dimissorien nicht geben, diese unterstehen auch in dieser Beziehung dem Bischof des Orts, wo das

Regeln kompetente Bischof von seiner Diöcese abwesend ist oder zur Zeit keine Ordinationen vornimmt, können die Erlaubnissscheine, sofern die Ausstellung derselben nicht absichtlich bis zu einem solchen Hinderungsgrund verschoben ist, auf jeden beliebigen Bischof gegeben werden, jedoch ist dann die Angabe des Hinderungsgrundes des Diöcesanbischofs in denselben [1] und ferner ein Attest der Richtigkeit des Sachverhalts seitens des Generalvikars oder der Kanzlei des eigentlich kompetenten Bischofs erforderlich [2]. Abgesehen von diesem Ausnahmefall bedarf ein anderer Bischof ausser den s. g. Dimissorien des Superior immer noch der Dimissorien des episcopus proprius des Regularen [3], sofern das Kloster oder der Orden nicht ein nach dem Tridentinum ertheiltes Privilegium, dass seine Angehörigen von jedem Bischof geweiht werden können, besitzt [4].

V. Was die Strafen für die Uebertretung der gedachten Vorschriften betrifft, so erklärten die ältesten Kanonen die ohne Erlaubniss des eigenen seitens eines fremden Bischofs empfangene Ordination für irrita [5], und auch hier bestehen dieselben Zweifel (vgl. oben S. 83. 84), ob damit die vollkommene Nichtigkeit oder blos eine ipso jure eintretende Suspension vom Weiherecht [6] hat gemeint sein sollen. Schon seit dem 5. Jahrhundert hat aber die mildere Ansicht mehr und mehr die Oberhand gewonnen [7], und nach dem Dekretalenrecht lässt sich das unbestrittene Ansehen dieser Meinung nicht bezweifeln [8]. In den neueren hierher gehörigen Verordnungen ist das wiederholt. Die ipso jure eintretende Suspension der unvorschriftsmässig empfangenen, nicht der früher ordnungsmässig erlangten ordines [9] trifft demnach denjenigen, welcher die ordines von einem nicht kompetenten Bischof ohne Dimissorien oder unter Verletzung der sonst gegebenen Vorschriften [10] empfängt [11], sofern sich der Ordinande nicht etwa in einem

Kloster liegt. S. Barbosa l. c. alleg. 7. n. 32; Riganti l. c. n. 253; Ferraris l. c. n. 68.

[1] Dekret der Congr. Conc., bestätigt von Clemens VIII. unterm 15. März 1596 bei Barbosa l. c. alleg. 7. n. 18; Ferraris l. c. n. 57; Riganti l. c. n. 251 ff., welcher sehr ausführlich hier einschlagende Spezialfragen behandelt, und Richters Tridentinum. S. 197.

[2] So nach der Constit. Benedikts XIV. §. 11. — Uebrigens hat der weihende Bischof nicht blos das Recht, sondern die Pflicht die Ordinanden in Bezug auf den Glauben, nicht aber in Bezug auf die sonstigen Erfordernisse zu prüfen. S. Trid. Sess. XXIII. c. 12. de ref., das citirte Dekret v. Clemens VIII, sowie die Ausführungen und Entscheidungen der Congr. Conc. bei Riganti l. c. n. 282. bis 291. u. in Richters Tridentinum S. 191. 200.

[3] Folgt aus den allgemeinen, hier in Frage stehenden Grundsätzen. S. auch die Entscheidungen bei Richter S. 197. 198. n. 1. 7. 8, u. Schulte 2, 141. n. 2.

[4] Ein solches Privileg haben z. B. die Jesuiten nach der Constit. Gregors XIII: Pium et utile societatis vom 22. September 1582. §. 3. (M. Bull. 2, 493). Für die Regel werden aber solche Indulte nur mit der Klausel: servata tamen forma decreti Clementis VIII. gegeben, d. h. die Regularen müssen trotzdem die Weihe vom Diöcesanbischof erhalten und dürfen nur bei Verhinderung oder Weigerung desselben von jedem beliebigen Bischof ordinirt werden. S. Riganti l. c. n. 257 ff. — Durch entgegenstehende Gewohnheit können die Vorschriften des gedachten Dekrets nicht beseitigt werden. S. Riganti l. c. n. 264 ff.

[5] c. 3 (Nicaen. 325), c. 1 (Sard. 343), Dist. LXXI; c. 7 (Antioch. 341) C. IX. qu. 2; c. 13. Arelat. II. (a. 443 o. 452).

[6] Für letzteres z. B. Hallier l. c. art. VI. n. 2; Phillips 1, 387; Hergenröther in d. österr. Vierteljahrsschrift für kath. Theologie 1, 213; Kober, Suspension S. 143; c. 4. (Chalced. a. 451) Dist. LXXI. beweist aber nichts gegen die Nichtigkeit.

[7] Vgl. c. 10. Turon. I. a. 461; c. 15. Aurel. III. a. 538; c. 5. Aurel. V. a. 549. c. 12. Ilerdens. a. 524. o. 546. c. 7. Arelat. V. a. 554. Den entgegengesetzten Standpunkt vertritt freilich c. 7. Nannet. a. 658 (. . „is qui ordinatus est, donum sancti spiritus quod furari conatus est, amittat". Harduin 6, 458.)

[8] c. 10 (Urban. II. a. 1095) C. IX. qu. 10; c. 4 (Honor. III.) X. de cleric. peregr. I. 22; c. 2 (Gregor. X.) in VI^to de temp. ordinat. I. 9. hält die Strafen aufrecht, welche die „iura statuunt contra taliter ordinatos", worin die Glosse mit Recht eine Hinweisung auf die vorhin aus dem Dekret citirten Stellen und zwar diese im Sinne der günstigeren Meinung aufgefasst, findet.

[9] Riganti l. c. §. 4. n. 17. 18.

[10] Also z. B. die Weihe durch einen andern als den in den Dimissorien genannten Bischof oder ohne Vorlegung der nöthigen Testimonialen, einen andern ordo als den in den Dimissorien erwähnten empfängt. S. Kober, Suspension S. 155 ff.

[11] Const. Pius' II.: Cum ex sacrorum vom 17. November 1461. §. 2 (M. Bullar. 1, 373), Trid. Sess. XXIII. c. 8. i. f.; Constit. Urbans VIII: Secretis aeternae vom 11. Dezember 1624. §. 6. (M. Bullar. 4, 82); Constit. Innocenz' XII.: Spe-

entschuldbaren Irrthum über das Fehlen der erforderlichen faktischen Voraussetzungen befand [1]. Die Suspension dauert so lange, bis sie seitens des kompetenten Bischofs durch Absolution aufgehoben ist [2].

Die gleiche Strafe ist für den Fall festgesetzt, dass sich der Ordinande zwar durch seinen kompetenten Bischof, aber in einer fremden Diöcese ohne Erlaubniss des Bischofs der letzteren weihen lässt [3], sowie für den, dass der Kandidat den ordo oder die Tonsur von einem Titular- oder Weihebischof ohne die ausdrückliche Genehmigung seines eigenen Bischofs erlangt hat [4]. Eine immerwährende, nur vom päpstlichen Stuhl zu beseitigende Suspension ipso iure trifft aber die Ultramontanen, welche ohne die vorgeschriebenen Erfordernisse sich von italienischen Bischöfen die Weihen oder die Tonsur ertheilen lassen [5]. Wenn der Kandidat während der Sedisvakanz den Vorschriften des Tridentinums zuwider vom Kapitel oder dem Kapitularvikar Dimissorien und auf diese hin die Weihen empfangen hat, unterliegt er der vom künftigen Bischof aufzuhebenden Suspension nur bei Erlangung der höheren Weihen, während er bei Empfang der niederen allein der geistlichen Standesrechte verlustig wird [6]. Die letzteren Bestimmungen finden endlich auch Anwendung, wenn die Unterthanen eines Abtes oder eines andern eximirten Prälaten, welche nicht dessen Regularen sind, unter Verletzung der für ihre Ordination geltenden Vorschriften die Weihen erhalten haben [7]; haben aber Regularen bei der Erlangung der Weihegrade die dafür geltenden Bestimmungen verletzt, so gilt die allgemeine Regel, dass sie der ipso jure eintretenden Suspension unterliegen, welche nur der zur Ordination kompetente Obere lösen kann [8].

Für die Verletzung der Kompetenzvorschriften durch den Bischof haben die ältesten Normen der Kirche nur eine willkührliche, im einzelnen Falle zu normirende

culatores §. 8 (Richter, Trident. S. 533), welche letztere weiter bestimmt, dass der Papst ausserdem je nach der Grösse der Verschuldung noch andere und schwerere Strafen verhängen kann. — Darüber, dass die Strafe trotz des Wortlauts der Constit. Pius' II. auch für die Ertheilung der minores und der Tonsur eintritt, — die Gegenmeinung bei Riganti l. c. §. 4. n. 21, — was nach dem Ausdruck der übrigen gesetzlichen Anordnungen kaum zweifelhaft sein kann, s. Kober, Suspension S. 146 ff., u. die Entsch. der Congr. Conc. in Richters Trident. S. 187. n. 8; bei der Tonsur, mit der allein die Fähigkeit zur Vornahme von kirchlichen Funktionen nicht verbunden ist, kann freilich keine eigentliche Suspension eintreten, aber der Betreffende hat keinen Anspruch auf die geistlichen Rechte und ist vorläufig unfähig, ein Benefizium zu erlangen.

1 Kober a. a. O. S. 151 ff.

2 Vgl. c. 10. C. IX. qu. 10; c. 4. X. I. 22. Trid. Sess. XXIII. c. 8. de ref.; Const. Innocenz' XII. §. 8. Eine Absolution durch den Papst ist in dem singulären Fall des c. 1. in VIto de temp. ord. I. 9. vorbehalten, ebenso bei Verletzung der hinsichtlich der länger als 4 Monate in Rom anwesenden Kleriker und der Kandidaten der 6 suburbikanischen Bisthümer geltenden Vorschriften. S. oben S. 96. n. 7. u. S. 96. n. 11. Die weitergehende Bestimmung der Constit. Sixtus' V.: Sanctum et salutare vom 5. Januar 1588. §. 4. (M. Bullar. 2, 712) hat bereits Clemens VIII. durch die Constit. Romanum pontificem vom 28. Februar 1595. §. 2 (M. Bullar. 3, 60) beseitigt.

3 Trid. Sess. VI. c. 5; Kober a. a. O. S. 160; dasselbe muss gelten, wenn der ordo an einem exemten Ort der eigenen Diöcese ohne Erlaubniss des betreffenden Prälaten oder an einem andern exemten Ort ohne Genehmigung des letzteren und des kompetenten Bischofs empfangen ist. Vgl. c. 6 (Urban. II.) XVIII. qu. 2. u. Kober a. a. O. S. 162.

4 Trid. Sess. XIV. c. 2. de ref.; Kober a. a. O. S. 162 ff.

5 c. 1 (Clemens IV.) in VIto de temp. ordin. I. 9; Const. Urbans VIII: Secretis aeternae v. 11. Dezember 1624. §. 3 (M. Bull. 4, 82.) Nach der letzteren kann der Papst auch ausserdem poenae arbitrariae verhängen.

6 Trid. Sess. VII. c. 10. de ref. Dass dieser Verlust erst durch Sentenz ausgesprochen werden muss, nimmt die überwiegende Meinung an. S. A. Barbosa remissiones ad c. 10. cit. Trid. ad v. audeant (ed. Gallemart. p. 108); Riganti l. c. §. 3. n. 240; Kober a. a. O. S. 166. Für den Empfang der Tonsur ist keine Strafe festgesetzt, s. die Entsch. der Congr. Conc. v. 1594 bei Giraldi P. II. s. C. n. 1. p. 962.

7 Trid. Sess. XXIII. c. 10. de ref.; Constit. Benedikts XIV.: Impositi. §§. 10. 11. Hiernach ist Kober a. a. O. S. 170 zu berichtigen. Die Absolution von der Suspension muss hier der nächste Bischof geben, weil er zur Ordination kompetent ist. S. Riganti l. c. §. 4. n. 100 ff.

8 Das S. 98. n. 1. erwähnte Dekret Clemens' VIII. v. 1596 hat zwar keine Strafe festgesetzt, s. Riganti l. c. §. 3. n. 300 ff., wohl aber die Constit. Benedikts XIV.: Impositi v. 1746. §. 10.

Strafe angeordnet [1], seit dem 6. Jahrhundert sind aber schon durch einzelne Provinzialconcilien ein für alle Mal Strafbestimmungen festgesetzt worden [2]. Das Dekretalenrecht straft den Bischof mit einjähriger Suspension vom Weiherecht (a collatione ordinum [3]) und das Tridentinum hat diese Vorschrift lediglich wiederholt [4]. Die Suspension tritt ipso jure ein und entzieht die Befugniss zur Spendung sämmtlicher ordines, nicht blos der unerlaubt gegebenen [5], dagegen ist damit das Recht zur Ertheilung der Tonsur nicht entzogen, die unbefugte Gewährung der letzteren zieht vielmehr als Strafe eine einjährige Suspension a collatione clericalis tonsurae nach sich [6]. Voraussetzung des Eintritts dieser Strafen ist aber eine wissentliche oder aus selbstverschuldeter, grober Unwissenheit erfolgte Ueberschreitung der Kompetenz [7].

Dieselben Strafen sind auf Aebte anzuwenden, die das Recht der Ertheilung der minores besitzen, dieselben aber Angehörigen anderer Klöster oder weltlichen Personen ertheilen [8].

Dagegen tritt für den Abt oder exemten Prälaten, welcher weltlichen Personen Dimissorien ertheilt, von selbst die einjährige Suspension ab officio et beneficio ein [9]; die Verletzung der Vorschriften über die Ausstellung der Dimissorien für Regularen seitens eines Ordensoberen zieht nach dem Dekret Clemens' VIII. von 1596 eine ipso iure eintretende Privation des Amtes, der Dignität oder der Administration, sowie des aktiven und passiven Stimmrechtes nebst etwa noch arbiträr vom Papst zu verhängenden Strafen nach sich [10].

Eine einjährige Suspension ab exercitio pontificalium, d. h. von der Ausübung aller Funktionen des ordo episcopalis trifft den Bischof, welcher in einer fremden Diöcese oder in einem exemten Orte ohne Erlaubniss des kompeten Oberen irgend einen Weihgrad oder die Tonsur ertheilt hat; die gleiche Strafe findet Anwendung auf den Weihebischof, wenn er die gedachten Handlungen ohne Erlaubniss des ordinarii loci und des kompetenten Bischofs des Kandidaten vornimmt [11], sowie auf die Bischöfe Italiens, welche einen Ultramontanen ohne Beobachtung der speziell dafür gegebenen Vorschriften weihen oder tonsuriren [12].

Werden endlich vom Kapitel in andern als den Ausnahmefällen Dimissorien ertheilt,

[1] c. 7 (Antioch. a. 341.) C. IX. qu. 2; c. 15 (19) Sardic. a. 343.

[2] c. 15. Aurel. III. a. 538 verhängt einjährige Suspension vom Messelesen, welche die 5. Synode von Orleans v. 549 c. 5. auf eine sechsmonatliche herabsetzt. Die Aufnahme der ersten Stelle in das Dekret Gratians c. 28. C. VII. qu. 1. beweist wohl, dass ihre Vorschrift auch in den folgenden Jahrhunderten und über ihren speziellen Bereich hinaus beobachtet worden ist. Dagegen ordnet c. 7. Arelat. V. a. 554. Ausschluss von der Kirchengemeinschaft auf 3 Monate an.

[3] c. 2 (Gregor. X.) in VI^to de temp. ordin. I. 9.

[4] Sess. XXIII. c. 8. de reform.

[5] Vgl. Barbosa l. c. P. II. alleg. VIII. n. 1. 2; Kober a. a. O. S. 294 ff.; A. M. Ferraris l. c. art. 4. n. 21.

[6] c. ult. (Bonifac. VIII.) in VI^to eod. — Durch die Const. Innocenz' XII. speculatores. §. 12. ist hieran nichts geändert, nur hat dieselbe die einjährige Suspension auch auf die Verletzung der speziell in ihr gegebenen Vorschriften ausgedehnt, sowie die Verhängung weiterer arbiträrer Strafen dem Papst vorbehalten. S. auch Constit. Benedikts XIV.: Impositi. §. 10. 11, welche dieselben Strafen für den einen Mönch weihenden, inkompetenten Bischof ausspricht.

[7] c. 2. in VI^to cit. Eine licentia praesumpta, welche Einzelne der unverschuldeten Verletzung der Kompetenzvorschriften gleichstellen (s. Barbosa l. c. n. 4), beseitigt die Suspension nicht. S. Kober S. 153 ff. 296 ff.; auch Hallier l. c. art. 10. n. 1. 2.

[8] Dieser Fall ist vom Tridentinum nicht erwähnt. Aber c. 2. cit. in VI^to spricht ganz allgemein von: „eos qui clericos alienae parochiae . . . praesumpserint ordinare". S. die Glosse dazu, ferner Pirhing I. 11. n. 100; Reiffenstuel I. 11. n. 187; Kober S. 298 ff. 394 ff.

[9] Trid. Sess. XXIII. c. 10. de ref.; Kober S. 394.

[10] S. Riganti l. c. §. 3. n. 292 ff.; Constit. Benedikts XIV. Impositi. §. 10.

[11] Trid. Sess. VI. c. 5. de ref.; Sess. XIV. c. 2. de ref.; Kober S. 300 ff.

[12] Constit. Urbans VIII.: Secretis aeternae v. 11. Dezember 1624. §. 3 (M. Bullar. 4, 82); Kober S. 302.

so wird dasselbe vom Interdikt betroffen[1] und wenngleich das Tridentinum nicht des Kapitularverwesers gedenkt, so kann es doch keinem Zweifel unterliegen, diese Strafe auch auf ihn für dergleichen Kontraventionen anzuwenden[2].

VI. Ein Recht des Staates, diese Vorschriften des Kirchenrechtes durch selbstständige Bestimmungen, namentlich durch ein Verbot der Ordinationen der Landesunterthanen durch Bischöfe in anderen Staaten, einzuschränken[3], lässt sich vom principiellen Standpunkte aus sicherlich nicht rechtfertigen[4]. Die Beschaffung ihrer Geistlichen ist Sache der Kirche und ein einzelner Staat hat keine Befugniss, der Kirche die Ordination zu verwehren, so lange der Ordinirte nicht innerhalb seiner eigenen Gränzen eine Anstellung beansprucht, vollends da nicht, wo die Selbstständigkeit der katholischen Kirche verfassungsmässig garantirt ist[5]. Möglich und gerechtfertigt erscheint höchstens eine Einwirkung des Staates, wenn es sich um die Verleihung eines Kirchenamtes in seinem Gebiete handelt.

VII. Die bisher besprochenen Regeln können auf die Ertheilung der Bischofsweihe keine Anwendung finden, weil hier der Ordinator nothwendigerweise für eine andere, als seine eigene Diöcese weihen muss. In dieser Beziehung galt von den ältesten Zeiten ab der Grundsatz, dass der Bischof von seinem Metropoliten im Verein mit den übrigen Bischöfen der Provinz zu weihen sei[6], sofern nicht durch die besonderen Rechte der

[1] Trid. Sess. VII. c. 10. de ref.

[2] S. Ferraris l. c. art. 3. n. 40. 41. Vielfach wird auch behauptet, so Barbosa l. c. alleg. VII. n. 12; Riganti l. c. §. 3. n. 236 ff., dass der Kapitularvikar in die einjährige Suspension ab officio et beneficio verfällt, das folgt aber nicht aus dem dafür angeführten c. 10. de ref. Sess. XXIII. Trid.

[3] Vgl. Preuss. A. L. R. Th. II. tit. 11. §. 64: „Landesunterthanen sollen ohne besondere Erlaubniss die Ordination zu geistlichen Aemtern bei auswärtigen Behörden nicht nachsuchen oder annehmen".

[4] A. M. Eichhorn 1, 485, der aber Ordination und Anstellung nicht auseinander hält.

[5] Dass §. 64. A. L. R. a. a. O. durch Art. 15 der Preuss. Verfassungsurkunde beseitigt ist, hat auch ein Erlass des Kultusministers v. 25. Februar 1851 (Vogt, Preuss. Kirchenrecht 1, 132; Richter in Doves Zeitschrift. 1, 112) ausgesprochen. Dass sonst noch in Deutschland ähnliche Bestimmungen, wie die des Preuss. A. L. R. vorkommen, ist mir nicht bekannt. Der Erlass des österreichischen Kultusministeriums v. 11. Oktober 1859 enthält ein solches Verbot nicht. (S. Schulte, Lehrbuch. 2. Aufl. S. 171. n. 33).

[6] c. 4. Nicaen. a. 325 in c. 1. Dist. LXIV (wegen des veränderten Sinns in der Uebersetzung vgl. Hefele, Conciliengesch. 1, 368); c. 19 Antioch. a. 341; c. 25 (c. 2. Dist. LXXV), c. 28. Chalced. a. 451; Nov. 123. c. 3; Innoc. I. ad Victor. Rothom. a. 404. c. 1 (Mansi 3, 1032); Bonifac. I. ad Hilar. a. 420 (Mansi 4, 395), Leo I. ad episc. p. Vienn. a. 445 (Baller. 1, 633), ad Rustic. Narbon. a. 438 o. 439. c. 1 (l. c. 1416) Hilar. I. ad Leont. a. 463, ad Ascan. a. 465. c. 1. (Mansi 7, 936. 927); c. 8 (Tarrac. a. 516) Dist. LXV.; c. 5 (Tolet. IV, a. 633) Dist. LI.; Emeritens. a. 666. c. 4; c. 7 (Mart. Brac.) Dist. LXIV.; c. 2 (Mart. Brac.) Dist. LXV; Regiens. a. 439. praef. u. c. 2; c. 5. Arelat. II. a. 442. o. 452 = c. 7. X. de tempor. ordin. I. 11; c. 1. Epaon. a. 517; c. 1. Aurel. II. a. 533; c. 3. Aurel. III. a. 538; c. 5. Aurel. IV. a. 541; c. 10. Aurel. V. a. 549; c. 10. Arvern. II. a. 549; Paris. a. 557. c. 8; c. 9. Turon. II. a. 567; Paris. a. 614. c. 1; c. 6 (Luc. III.) X. de temp. ordinat. I. 9. Vgl. auch ferner Hallier l. c. art. 3. n. 23. 24. Können nicht sämmtliche Provinzialbischöfe assistiren, so genügt die Anwesenheit von 3 einschliesslich des konsekrirenden Metropoliten, welcher sich aber auch vertreten lassen kann. c. 4. Nicaen.; c. 20. Arelat. I. a. 314; c. 39. Carth. III. a. 397; c. 2. Regiense; c. 21. Araus. I. a. 441; c. 5. Dist. LI; c. 7. 6. X. de temp. ord.; c. 10 (Innoc. III.) X. de off. jud. I. 31; c. 16. (Honor. III.) X. de temp. ordin. I. 11; c. 11. 5 (Alex. III.) de elect. I. 6. Vgl. über den Fall der Verhinderung des Metropoliten ferner Hallier l. c. c. 4. art. 1. n. 33 ff. Die drei Bischöfe gelten als Stellvertreter der übrigen. S. Phillips 1. 376; ein anderer sagenhafter Grund in c. 2 (Pseud. Isid.) Dist. LXVI. — C. 1. apostol. gestattet aber die Weihe durch mindestens 2 Bischöfe und auf diese Weise ist Papst Pelagius I. 555 konsekrirt. Lib. pontif. (ed. Vignoli 1, 223): „Dum non essent eo tempore episcopi qui eum ordinarent, inventi sunt duo episcopi Johannes de Perusia et Bonus de Ferentino et Andreas presbyter de Ostia et ordinaverunt eum pontificem". Nach den apostolischen Constitutionen VIII. 26 soll sogar im Nothfall ein Bischof ordiniren können, wovon Gregor I. in dem Brief an Augustin resp. VIII. a. 601 (ed. Bened. 2, 1150) eine Anwendung macht: „Et quidem in Anglorum ecclesia in qua adhuc solus tu episcopus inveniris, ordinare episcopum non aliter nisi sine episcopis potes". Wo benachbarte Bischöfe zugezogen werden können, wird dies in Ermanglung von Provinzialbischöfen schon vom c. 5. Sard. a. 343 (c. 9. Dist. LXV.) vorgeschrieben.

über den Metropoliten stehenden, mit eigenthümlichen Privilegien ausgestatteten Bischöfe Ausnahmen, welche sogleich zu erwähnen sind, herbeigeführt wurden. Was die Ordidation der Metropoliten betrifft, so musste diese durch die sämmtlichen Bischöfe der Provinz[1] vorgenommen werden. Indess ist auch eine Weihe durch andere Metropoliten üblich gewesen[2]. Und da, wo über denselben noch eine weitere Stufe der hierarchischen Ordnung gesetzt war, ist die Weihe der Metropoliten oft ein Recht der Inhaber dieser höheren Stellung geworden. So ordinirte der Patriarch von Alexandria die Metropoliten seiner Diöcese, ja selbst die Suffragane derselben[3], während der von Antiochien mindestens sicher eine gleiche Befugniss hinsichtlich der Metropoliten[4] und der Patriarch von Konstantinopel ausserdem auch noch das Recht hatte, die Bischöfe in den von den Barbaren besetzten Theilen der Metropolitansprengel zu weihen[5]. Aehnliche Rechte haben auch im Abendlande einzelne Bischöfe auf Grund einer seit uralten Zeiten bestandenen Gewohnheit und Anerkennung ihres Vorrangs[6] oder der ihnen ertheilten Primatialwürde[7] ausgeübt. Ueber die Weihe der Patriarchen selbst finden sich keine allgemeinen Festsetzungen; nach den überlieferten Beispielen haben hier die Bischöfe aus dem Patriarchalsprengel in verschiedener Zahl und verschiedener Weise konkurrirt[8].

Was den Papst selbst betrifft, hat dieser schon früh die Ordination der italienischen Metropoliten und auch ihrer Bischöfe selbst ausgeübt[9], eine Thatsache, welche sich zur Genüge aus der hervorragenden Stellung der Kirche Roms über die ihr zunächst gelegenen Bisthümer erklärt. Obgleich der c. 6 des Nicänischen Concils die Patriarchalwürde des römischen Bischofs für das ganze Abendland anerkennt, so lässt sich doch der Nachweis nicht führen, dass in den früheren Zeiten seitens der römischen Päpste ein ausschliessliches Konsekrationsrecht der Metropoliten oder gar der Bischöfe in der Weise beansprucht worden ist, dass nur ihnen oder einem besonders von ihnen delegirten Stellvertreter die Befugniss zur Bischofsweihe zugestanden hätte[10]. Wiederholt ist zwar

[1] Cyprian. ep. ad Stephanum I. papam bei Coustant. p. 211; c. 19 (Leo I.) Dist. LXIII; c. 6 (Gelas. I) Dist. LXIV.; c. 5. §. 1 (Tolet. IV. a. 633.) Dist. LI.; c. 1 (Pseud. Isid.) Dist. LXVI; c. 6 (Luc. III.) X. de temp. ordin. I. 11. S. auch Nov. 123. c. 3: „Metropolitani autem qui a propria synodo vel beatissimis patriarchis creantur". S. auch Hallier l. c. art. 2. n. 1 ff.

[2] So namentlich in Gallien während der Merovingischen Zeit. S. c. 3. Aurel. III. a. 538; Hallier l. c. n. 11 ff.; vgl. ferner c. 33 (Pelag. I.) C. XXIV. qu. 1.

[3] c. 6. Nicaen. a. 325. Hallier l. c. art. 4. n. 3; Maassen, der Primat des Bischofs von Rom. Bonn. 1853. S. 24 ff. Uebrigens ist damit nicht jeder Einfluss des Metropoliten auf die Besetzung der Bisthümer ausgeschlossen gewesen S. c. 4. cit. Nicaen. Es handelt sich überhaupt hier nur um die Befugniss zur Weihe, welche freilich auch durch das Besetzungsrecht vielfach beeinflusst worden ist. Das Weitere darüber unten in der Lehre von der Besetzung der Bischofsstühle.

[4] Innoc. I. ep. ad Alex. Ant. c. a. 415. c. 1 (Mansi 3, 1054), Hallier l. c. n. 6 ff.; Maassen S. 45 ff.

[5] c. 28. Chalced. a. 451; Hallier l. c. n. 16 ff., Maassen S. 91 ff.

[6] c. 45. Carth. III. a. 397; Hallier l. c. n. 23 ff.; Thomassin P. I. lib. I. c. 20. n. 8. Das „inconsulto primate" in c. 12. Carth. II. a. 397; c. 1. Telept. a. 418. geht auf den die Stelle des Metropoliten dort einnehmenden, ältesten Bischof der Provinz (s. Thomassin l. c. n. 6; Hefele, Conciliengeschichte 2, 44. 52. n. 1), schliesst also damit die Ordinationsbefugniss des Bischofs von Karthago nicht aus.

[7] Vgl. z. B. in Betreff des Primas von Arles ep. Zosimi ad ep. Galliae. A. 417 (Mansi 4, 359), wonach demselben die Weihe der Bischöfe in der Viennensis, sowie in der Narbonnensis I. u. II. zustand, und dazu Thomassin l. c. c. 30. n. 5; Hallier l. c. art. 3. n. 22; über den von Toledo c. 6. Tolet. XII. n. 681.

[8] S. darüber Hallier l. c. art. 5. n. 3 ff.

[9] Für Sizilien s. Leo I. ep. ad episc. Sicil. c. 1. a. 447 (Ball. 1, 715), für Mailand und Aquileja c. 33 (Pelag. I.) C. XXIV. qu. 1; für Syrakus Gregor I. a. 595. bei Jaffé reg. 1001; Nicolaus I. a. 860. Jaffé 2021; für Mailand Gregor I. a. 593. 600. J. 869. 870. 1375. 1376; Gregor I. für Ravenna a. 955. J. 999; für Rimini a. 597. J. 1097. 1098; Cumä a. 592. J. 815; für Neapel a. 592. 593. J. 854. 875; Nocera a. 593, J. 880; Sorrent. a. 600. J. 1301; Salona a. 593. J. 919. S. ferner ep. Caroli Calv. ad Johann. VIII. c. 21. a. 877. (Hincmari opp. 2, 778) und Gregorii VII. registr. I. 86 (Jaffé, monum. Gregor. p. 108). Vgl. hierzu auch Hallier l. c. art. 3. n. 1 ff.

[10] S. Maassen S. 121. 122; Hefele, Conciliengesch. 1, 383. Für die Zeit bis zum 12.

seitens der Päpste ihre Befugniss die Ordination selbst vorzunehmen ausgesprochen, aber daneben stets das Recht der Metropoliten und übrigen Bischöfe betont worden [1], und die Fälle, in denen eine Weihe durch die Päpste selbst vorkommt, sind meistens durch besondere Verhältnisse veranlasst, welche ein Eingreifen oder eine Betheiligung des Papstes bedingten oder wenigstens wünschenswerth erscheinen liessen [2]. Erst in Folge der späteren Entwicklung, welche den Metropoliten das Konfirmationsrecht der Suffraganbischöfe entzogen und zum Reservatrecht des Papstes gemacht hat, ist auch das Konsekrationsrecht ein solches geworden [3], so dass die Weihe seitdem nur durch einen mit besonderer päpstlichen Vollmacht versehenen Bischof ertheilt werden kann [4].

§. 12. 3. *Die Verletzung der Vorschriften über die Irregularitäten durch den Ordinator.*

Die einzige allgemeine Strafandrohung für die Weihe eines Irregulären ist in der Bestimmung zu finden, dass der Bischof, welcher eine nach den kirchenrechtlichen Vorschriften ungeeignete Person zum Priester weiht, von dem Ordinationsrecht suspendirt sein soll [5]. Spezielle Anordnungen weist das Corpus iuris dagegen für folgende Fälle auf:

1. Die Ordination einer propter defectum aetatis irregulären Person zieht für den Weihenden die Suspension von der Ausübung des Weiherechtes (ferendae sententiae) nach sich [6].

2. Wenn der Bischof wissentlich einen bigamus oder eine Person, die öffentliche Busse gethan hat, ordinirt, so trifft ihn eine einjährige Suspension von dem Rechte der Celebration der Messe [7].

Jahrhundert wird das auch durch die oben vorgetragenen Sätze über die Konsekration durch die Metropoliten widerlegt. S. ferner Hallier l. c. art. 3. n. 23 ff. 28.

[1] c. 20. C. IX. qu. 3 (Stephanus, wohl Stephan V. a. 816. u. 817): . . . „nolentes alicuius ecclesiae privilegium infringere licet apostolica praerogativa possimus de qualibet ecclesia clericum ordinare“; Flodoard. hist. Remens. IV. 1 (ed. Sirmond p. 313): . . . „Teutboldum . . . eligentes ab ipso papa (Stephano VI. a. 887) „sibimet in episcopum“ (Lingonensem) „consecrari petierint . . . sed ille uniuscuiusque ecclesiae privilegium inconcussum servare volens id agere distulerit eumque praefato Aureliano“ (archiepiscopo Lugdunensi) „direxerit scribens ut — manum huic imponere nequaquam differret“; Gregor. VII. ep. ad Richerium a. 1077. J. 3769. Vgl. auch van Espen, J. E. U. P. I. tit. 15. n. 2.

[2] Das gilt auch für die mehreren nachweisbaren Fälle, in denen Gregor VII. die Ordination von Bischöfen selbst vollzogen hat. S. Jaffé reg. a. 1074. n. 3610. n. 3618; a. 1076. a. 3743. 3744; a. 1076. n. 3752. 3753; obwohl der Satz „quod de omni ecclesia quemcumque voluerit clericum valeat ordinare“ auch von Gregor. VII. in dessen dictatus (Jaffé monum. Gregor. p. 174) wiederholt worden ist. Vgl. ferner Hallier l. c. n. 27. 28. 56. Für das 12. Jahrh. finden diese Grundsätze Anerkennung durch die Weihe Ottos von Bamberg seitens Paschalis' II. a. 1106 (Udalrici Babenb. cod. n. 125. 128. 131. 132. 133. Jaffé, monum. Bamberg. p. 237 ff.) und die Erklärung Hadrians IV. an Heinrich den Löwen bei Helmold. chron. I. 80 (81) Leibnitz SS. Brunsvic. 2, 603. „Eo tempore accessit dux . . ad papam rogans eum pro consecratione (Geroldi) Aldenburgensis electi qui cum modestia recusavit dicens, libenter se facere velle postulata, si posset fieri sine iniuria metropolitani“. Freilich ist die Weihe doch erfolgt. Ueber die Zeit Alexanders III. und den nicht abweichenden Standpunkt des Dekretalenrechts vgl. Hallier l. c. n. 32 ff.

[3] Vgl. vorläufig Phillips 5, 395 ff.

[4] Koch, sanctio pragmatica Germanorum p. 76; Neller in Schmidt, Thesaurus iur. ecclesiast. 4, 39; Pontif. Roman. de consecr. episcopi im Eingang: „Nemo consecrari debet, nisi prius constet consecratori de commissione consecrandi sive per litteras apostolicas, si sit extra curiam, sive per commissionem vivae vocis oraculo a summo pontifice consecratori factam, si consecrator ipse sit cardinalis“; Benedicti XIV. Constitutio: In postremo v. 20. Oktober 1756. §§. 15—17. (M. Bullar. 19, 259.)

[5] c. 43 (Pseudo-Leo) C. I. qu. 1 (wiederholt c. 24. C. XXV. qu. 2). Die suspensio wird als ferendae sententiae betrachtet und nur auf die Ertheilung der Priesterweihe beschränkt. S. Barbosa, de officio episcopi. P. III. alleg. III. n. 11.

[6] c. 14. X. de temp. ordin. I. 11; Fagnan. ad h. c. n. 4; Ferraris s. v. ordo. art 4. n. 7. 8. Ueber die Strafe der vorschriftswidrigen Ertheilung der Tonsur s. den folgenden §. Nr. I. i. f.

[7] c. 55 (Stat. eccl. ant.) Dist. L; c. 2 (Arelat. V. a. 524) Dist. LV; Barbosa l. c. n. 15.

3. Der Bischof, welcher die Ordination um Geld oder Geldeswerth ertheilt, wird nach dem Dekretalenrecht mit dreijähriger Suspension (ipso iure) vom Weiherecht[1], nach neuerem Recht dagegen mit der Entziehung der Ausübung sämmtlicher Pontifikalien bis zu der vom Papst erlangten Dispensation[2] bestraft.

Später hat zwar Sixtus V. in der schon in der Note 2 erwähnten Constitution: Sanctum et salutare auf die Spendung der Tonsur und der Weihe an irreguläre Personen die zuletzt gedachte Strafe allgemein festgesetzt, indessen ist dieselbe durch Clemens VIII. (s. Note 2) wieder aufgehoben worden.

Endlich kann jedenfalls in den nicht erwähnten Fällen der Verletzung der Vorschriften über die Irregularitäten eine arbiträr festzusetzende Strafe gegen den Ordinator eintreten[3].

III. Die Ertheilung der Ordination.

§. 13. *A. Die vorbereitenden Handlungen.*

I. Die Tonsur[4]. Bis zum vierten Jahrhundert existirte keine die Kleriker von den Laien unterscheidende Sitte in der Haartracht, nur findet sich eine wiederholte Einschärfung des Verbotes, die Haare besonders zu pflegen und auffällig lang zu tragen[5]. Das Kahlscheeren, welches zunächst als Zeichen der übernommenen Busse vorkommt, ist aber schon im 4. Jahrhundert bei den Mönchen gebräuchlich gewesen, um damit ihre Lossagung von der Welt anzudeuten und vor derselben recht verächtlich zu erscheinen[6]. Von den Mönchen haben dann die Weltkleriker die Sitte im Beginn des 5. Jahrhunderts angenommen. Während aber die Mönche das Haupt oder wenigstens den grössten Theil desselben ganz kahl schoren[7], und diese Art der Tonsur von den Klerikern der griechischen Kirche adoptirt worden ist, liess man bei den Geistlichen im Abendlande rings um den Kopf einen schmalen Kranz von Haaren bei der Rasur derselben stehen, indem man sonst, freilich abweichend von der heutigen Tonsur, das Haupt vollkommen von den Haaren entblösste. Man nannte daher diese Art der Tonsur corona[8] und weil die Tradition ihre Einführung dem Apostel Petrus zuschrieb[9], tonsura S. Petri, auch römische Tonsur, da sie die Kleriker der römischen Kirche

[1] c. 45. X. de simon. V. 3. S. Kober, Suspension S. 322.

[2] Nach der in Bezug auf diesen Punkt durch die Const. Clemens' VIII.: Romanum pontificem §. 2 (M. Bull. 3, 60) nicht beseitigten Const. Sixtus' V.: Sanctum et salutare v. 1588. §. 3 (M. Bull. 2, 711).

[3] Boeckhn, ius can. lib. I. tit. 12. n. 5; Phillips, 1, 443.

[4] Gaston Chamillard, de corona, tonsura et habitu clericorum. Paris. 1659; Hallier, de sacris ordinationibus P. III. append. ad s. VIII. art. 2; Morinus, de sacris ordinationibus P. III. exerc. XV; Thomassin, vetus et nova disciplina lib. I. p. II. c. 37 — c. 42; Mabillon, acta ordin. S. Bened. praefat. ad tom. III. p. 2. n. 19 ff.; Binterim, Denkwürdigkeiten der christkathol. Kirche. Bd. 1. Abth. 1. S. 262 ff.

[5] Vita Aniceti (157? — 160?) in libr. pontif. c. 2 (die widersprechende Umdeutung in c. 21. Dist. XXIII. rührt von Pseudo-Isidor her); c. 5. X. (Carth. IV. a. 398.) de vita clericor. III. 1; c. 7. eod. (Agath. a. 506) = c. 22. Dist. XXIII. Gegen Thomassin, welcher a. a. O. c. 37. n. 13, das Aufkommen der Tonsur bei den Geistlichen erst vom Ende des 5. oder Anfang des 6. Jahrh. datirt, mit Recht Phillips 1, 301.

[6] Morinus l. c. c. 1. n. 3; Thomassin c. 37. n. 11. 12.

[7] Mit Rücksicht auf Act. apost. XXI. n. 24. 26. wurde diese Art der Tonsur auf den Apostel Paulus zurückgeführt und tonsura S. Pauli genannt. S. Thomassin l. c. c. 38. c. 9. 14. 15. Die Form ergiebt sich aus der Erzählung über die Weihe Theodors von Canterbury durch Papst Vitalian i. J. 668. bei Beda hist. eccles. IV. 1 (ed. Giles 3, 8): „Qui subdiaconus ordinatus quatuor exspectavit menses, donec illi coma cresceret quo in coronam tonderi posset: habuerat enim tonsuram more Orientalium sancti Pauli apostoli".

[8] Schon in c. 38. C. Th. de episc. XVI. 2. a. 407 werden die Geistlichen coronati genannt.

[9] Morinus l. c. n. 5. 6; Thomassin c. 38. n. 12. Eine dritte Art der Tonsur ist die bei den

trugen [1]. Seit jener Zeit, also seit dem 5. Jahrhundert, hat sich die gedachte Sitte in der ganzen Kirche verbreitet und die Tonsur gilt seitdem als das den Kleriker vom Laien unterscheidende Standeszeichen, welches der Geistliche zu tragen verpflichtet ist [2]. Vom 11. Jahrhundert ab findet sich eine Reihe von Provinzialconcilien [3], welche diese Verpflichtung wieder einschärfen, weil die Kleriker die Tonsur theils gänzlich ablegten, theils sie viel kleiner als die früher übliche scheeren liessen. Die Unmöglichkeit, die alte, grosse Tonsur allgemein durchzusetzen, scheint der Grund der im 16. Jahrhundert wiederholt vorkommenden Bestimmung gewesen zu sein, dass die Kleriker je nach dem höheren oder geringeren Grade auch eine grössere oder kleinere Tonsur haben sollten [4]. In der folgenden Zeit ist aber die heute noch gebräuchliche kleine, nur die Mitte des Kopfes umfassende aufgekommen [5].

Britten gebräuchliche, auch Simonis Magi genannt. Bei dieser wurde die vordere Hälfte des Kopfes bis zu einer über denselben von dem einen zum andern Ohr gezogenen Linie geschoren, während auf dem Hinterkopf die Haare stehen blieben. S. Mabillon, annales ord. S. Bened. lib. XVI. c. 32 und die Abbildung des Bischofs Mummolenus zu lib. XVI. c. 56. ibid. Sie ist schon im 7. Jahrhundert in England verworfen worden. S. Thomassin l. c. n. 13. 14; Binterim a. a. O. S. 274. und den Brief des Abts Aldhelm zw. 675—705 (Jaffé, monum. Mogunt. p. 26): „Denique rumor . . . longe lateque percrebruit, quod sint in provincia vestra quidam sacerdotes et clerici tonsuram s. Petri apostolorum principis pertinaciter refutantes . . . Qui si a nobis sollicite sciscitentur, quis primus auctor rasurae huius et tonsurae extiterit, omnino aut veritatem ignorando aut falsitatem dissimilando obmutescunt. Nos autem secundum plurimorum opinionem Simonem magicae artis inventorem huius tonsurae principem fuisse, conperimus".

1 Die verschiedenen Bedeutungen der Tonsur, allerdings unter Wiedergabe von Gedanken Isidors von Sevilla und Bedas (s. Morinus l. c. n. 5 ff.), stellt der in der vorigen Note erwähnte Aldhelm (a. a. O. p. 27) dahin zusammen: „Nos, inquam, secundum sacrosanctam scripturae auctoritatem de tonsura nostra veritatis testimonium perhibentes diversas ob causas Petrum apostolum hunc ritum sumpsisse adserimus; 1) primitus ut formam et similitudinem Christi in capite gestaret, dum pro redemptione nostra crucis patibulum subiturus a nefanda Judaeorum gente acutis spinarum aculeis crudeliter coronaretur; 2) deinde ut sacerdotes veteris et novi testamenti in tonsura et habitu discernerentur; 3) postremo ut idem apostolus suique successores et sequipede ridiculosum gannaturae (Verhöhnung) ludibrium in populo Romano portarent, quia et eorum barones et hostes exercitu superatos sub corona vendere solebant. 4) Ceterum in veteri testamento tonsurae signum a Nazaraeis, i. e. sanctis, ni fallor, sumpsit exordium; 5) est enim regale et sacerdotale stematis indicium. Nam thiara apud veteres in capite sacerdotum constituebatur; haec bisso retorta, rotunda erat quasi spera media et hoc significatur in parte capitis tonsa. Corona autem latitudo aurea est circuli quae regum capita cingit. Utrumque itaque signum exprimitur in capite clericorum, Petro dicente: Vos estis genus electum, regale sacredotium. 6) Hoc ritu tondendi et radendi, ut vitia resecentur, signatur et crinibus carnis nostrae quasi criminibus exuamur. S. auch c. 7 (Pseudo-Hieron.) C. XII. qu. 1.

2 Für Italien s. Johann. diac. vita Greg. M. IV. 83, und ferner Thomassin c. 30. n. 7 ff.; für Gallien und das Frankenreich s. Gregor. M. lib. IX. ep. 106. a. 599 (ed. Bened. 2, 1006); Gregor. Turonens. hist. Francor. II. 41; III. 18; IV. 4; V. 14; VI. 9; X. 29; ferner Thomassin c. 39. n. 1 ff.; für Spanien c. 41 conc. Tolet. IV. a. 633. Für die karolingische Zeit vgl. conc. Aquisgran. a. 816. lib. I. c. 1 (Mansi 14, 153) u. Thomassin c. 40.

3 Vgl. die Synoden von Bourges a. 1031. c. 7 (Mansi 19, 504), Rouen a. 1190. c. 5 (M. 22, 582; hier als Strafe Suspension vom Benefizium vorgeschrieben), Paris a. 1212 u. 1213. P. I. c. 1; P. IV. c. 1 (M. 22, 819. 839), Montpellier a. 1215. c. 4 (M. 22, 941), Montpellier a. 1258. c. 3 (M. 23, 991; als Strafe Verlust der Klerikalprivilegien mit Ausnahme des privileg. ex c. si quis suadente), von London a. 1102. c. 12 (M. 20, 1151) von York a. 1195. c. 6 (M. 22, 654). Mainz a. 1261. c. 2 (M. 23, 1081), Palencia a. 1388. c. 3 (M. 26, 742): „Tonsurae formam, ad omne ambiguitatis tollendum dubium hic fecimus circumscribi: quam in eadem mensura per singulos praelatos iubemus imprimi locoque utique publico et patenti"). Weitere Nachweisungen bei Thomassin c. 41. n. 1 — n. 4.

4 Synode von Sens a. 1528; Narbonne a. 1551; Mecheln s. 1570 (s. Thomassin c. 41. n. 4; Binterim a. a. O. S. 272), Mailand a. 1579. c. 5: „De tonsura clericali decretum in concilio provinciali primo confecimus, sed ut pro ordinis quo quisque initiatus est, ratione illam magnitudine distinctam, conspicue ferat, certam atque praefinitam illius formam hoc decreto describi placuerit: quam omnes ita servare iubemus, ut neque ea minorem nec vero etiam maiorem quisquam omnino episcopo inferior gerat, quacunque dignitate ille praeditus sit. Sacerdotis igitur tonsura forma in orbem ducta late et ample pateat unciis (mailändisches Maass) IV; diaconalis uncia una minor; subdiaconalis aliquanto angustior quam diaconalis, minorum denique ordinum corona lata sit undique unciis duabus".

5 Also die Form, welche das 4. Conc. von Toledo v. 633 c. 41 verwirft: „Omnes clerici vel lectores sicut levitae et sacerdotes detonso superius

Die Ertheilung der Tonsur erfolgte in älterer Zeit unmittelbar vor der Spendung der niederen Weihen, war also zunächst kein von derselben getrennter und verschiedener Akt [1]. Erst die Sitte, den zum geistlichen Stand bestimmten Kindern von vornherein eine eigends darauf berechnete Erziehung zu geben, führte den Gebrauch herbei, ihnen die Tonsur schon bei ihrer Annahme als Zeichen ihres zukünftigen Berufes zu ertheilen [2]. Mit dem Empfang der Tonsur allein gilt daher der Eintritt in den geistlichen Stand als erfolgt [3] und somit auch das Recht auf die Privilegien des geistlichen Standes erworben [4]. Weil aber viele sich nur die Tonsur geben liessen, um die gedachten Vorrechte für sich geltend machen zu können, sollen diejenigen, welche eine mit dem Klerikalstande unvereinbare Lebensweise ergriffen haben, die Tonsur nicht weiter tragen [5] und keinen Anspruch auf die Klerikalprivilegien haben [6].

Was das heutige Recht betrifft, so unterliegt die gesonderte Ertheilung der Tonsur keinem Bedenken [7]. Das Tridentinum verlangt ausser dem schon früher vorgeschriebenen vollendeten siebenten Lebensjahre [8], dass der zu Tonsurirende das Sakrament der Firmelung erhalten habe, und Kenntniss des Lesens und Schreibens, sowie der Anfangsgründe der christlichen Glaubenslehre besitze, ferner dass auch die Wahrscheinlichkeit vorhanden sei, dass der Kandidat dem geistlichen Stande treu bleiben werde [9]. Das privilegium fori kann aber der Tonsurirte nur dann beanspruchen, wenn er die Tonsur, sowie geistliches Gewand trägt, ausserdem aber entweder Dienste bei einer bestimmten Kirche leistet oder sich in einer geistlichen Vorbereitungsanstalt für den Empfang der Weihen befindet [10].

capite inferius solum circuli coronam relinquant, non sicut hucusque in Gallaeciae partibus facere lectores videntur qui prolixis ut laici comis in solo capitis apice modicum circulum tondent; ritus enim iste in Hispaniis hucusque haereticorum fuit etc.". S. auch Binterim a. a. O. 273. Das nähere in Betreff der Form hat der Bischof zu bestimmen. S. Ginzel, österr. Kirchenrecht 2, 111.

1 Morinus l. c. exerc. 15. n. 1 ff.

2 c. 1. Tolet. II. a. 531 (c. 24. Tolet. IV. a. 633); S. auch das Concil von Tribur a. 895 bei Regino app. I. 40 = c. 6. X. de vita et hon. clericor. III. 1. (vgl. Wasserschleben, Beiträge S. 175; Phillips, die grosse Synode von Tribur. S. 33.) Morinus l. c. n. 4 ff. Aus dieser Trennung erklärt sich auch die Sitte, dass der sich dem geistlichen Stande Weihende sich selbst die Tonsur ertheilt. Vgl. Gregor. Turon. III. 18: „Is (Chlodowald, Enkel Chlodwigs I. und Sohn Chlodomars i. J. 533) postposito regno terreno ad dominum transiit et sibi manu propria capillos incidens bonisque operibus insistens clericus factus est". Marculfi form. I. 19.

3 S. c. 7. cit. C. XII. qu. 1; c. 11. (Innoc. III.) X. de aet. et qual. I. 14.

4 Denn c. 11. cit. legt den Tonsurirten den clericalis ordo bei. Vorausgesetzt ist das privileg. immunitatis in c. 9 (Honor. III.) X. de cler. conj. III. 3; das priv. fori in c. 27 (Honor. III.) X. de privil. V. 33; c. un. (Bonif. VIII.) de cler. conj. III. 2; das priv. canonis si quis in c. un. cit.

5 Für den Fall einer kriegerischen Lebensweise und der Verheirathung ausgesprochen in c. 10 (Honor.) X. de cler. conj.; c. 7 (Innoc. III.); c. 9. eod.; c. 27. cit. X. de privil. Unter allen Umständen entzieht die Verheirathung das Privileg aber nicht. S. c. un. in VIto cit. Aus demselben Grunde ist von einzelnen Provinzialconcilien (so z. B. von dem von Trier a. 1310 c. 8. Mansi 25, 250) den Laien das Tragen der Tonsur verboten worden.

6 c. un. in VIto cit. S. auch Kober, Suspension S. 308. 309.

7 S. Trid. Sess. XXIII. c. 4. de ref.; Pontif. Roman. tit. de clerico faciendo: die früheren Kanonisten erklären sogar den Empfang der Tonsur und der minores an einem Tage zusammen für nicht gestattet, s. Fagnan. ad c. 3. X. I. 11. n. 14; eine Ansicht, welche in Rom nach einer Anordnung Benedikts XIII. von 1725 praktisch befolgt wird, s. Analect. jur. pont. 1855. p. 2756.

8 S. c. 4 (Bonif. VIII.) in VIto de temp. ordin. I. 9; darüber, dass das 7. Jahr vollendet sei. muss s. Fagnan. comm. ad c. 35. X. de praebn III. 5. n. 20.

9 Trid. l. c., vgl. auch c. 4. in VIto cit.

10 Trid. Sess. XXIII. c. 6. de reform. Da der Tonsurirte im Unterlassungsfall nur bestraft werden, aber die Kirche von ihren Rechten nichts verlieren soll, so bleibt es immer im Ermessen des kirchlichen Oberen, einen solchen Kleriker trotzdem für das geistliche Forum zu reklamiren. S. Const. Innocenz' XIII. Apostolici ministerii v. 23. Mai 1723. 28 (M. Bull. 13, 61); Bened. XIV. de syn. dioec. XII. 2. n. 3. — Die übrigen Klerikalprivilegien verliert der Kleriker dadurch nicht, dass er keine Tonsur und kein geistliches Gewand trägt. S. Bened. XIV. l. c. n. 1. 2. und die dort sowie die in Richters Trident. S. 184. n. 10. 11 citirten Entscheidungen. Durch die Gesetzgebung der modernen Staaten sind diese Bestimmungen für das Gebiet des weltlichen Rechtes fast überall

Welche Personen zur Ertheilung der Tonsur berechtigt sind, ergiebt die Darstellung über die Fähigkeit und die Befugniss zur Ordination (§§. 10. 11). Danach kann für die Regel der kompetente Bischof und ausnahmsweise unter gewissen Voraussetzungen ein Kardinalpriester oder Abt die Spendung vornehmen[1]. Dass vorher eine Prüfung über das Vorhandensein der erwähnten Erfordernisse angestellt werden muss, versteht sich von selbst[2]. Ein bestimmter Ort und eine bestimmte Zeit ist für die Ertheilung der Tonsur nicht vorgeschrieben, dieselbe darf daher an jedem anständigen Ort und zu jeder Zeit erfolgen[3], jedoch soll eine geistliche Vorbereitung des Kandidaten vorhergehen[4].

Die Nichtbeobachtung der Vorschriften über die Voraussetzungen in der Person des zu Tonsurirenden, sowie die Spendung der Tonsur an einen verheiratheten Mann, sofern dieser nicht die höheren Weihen erlangen will und nach den kirchenrechtlichen Normen auch erhalten kann, zieht einjährige Suspension von dem Recht zu tonsuriren ipso facto nach sich[5].

Ueber die Frage, ob die Tonsur als ein besonderer Ordo zu betrachten ist, vgl. oben S. 6.

Die Form der Ertheilung ergiebt das Pontificale Romanum im Titel: de clerico faciendo.

II. Die Scrutinia[6]. Schon für die ältesten Zeiten ist die Uebung bezeugt, dass der Ordination sowohl der Bischöfe wie auch der übrigen Kleriker genaue Untersuchungen und Prüfungen über die persönlichen Eigenschaften, die Befähigung, die Würdigkeit und den Glauben der Kandidaten vorhergingen, zu welchem Behuf auch die Gemeinde aufgefordert wurde, ihre Einwendungen gegen den Weihekandidaten geltend zu machen[7]. Die entscheidende, der Ordination vorhergehende Prüfung wurde nament-

unpraktisch geworden. Uebrigens hat schon das weltliche Recht des Mittelalters die Kleriker, welche keine Tonsur und kein geistliches Gewand trugen, vielfach den Laien gleich behandelt, also das Reklamationsrecht der Kirche verworfen. S. Friedberg, de finium inter eccl. et civit. regund. iudicio. p. 134 ff.

1 Ein älteres Verbot gegen die Ertheilung der Tonsur allgemein durch die Aebte enthält die Synode von Poitiers v. 1100. c. 1 (Mansi 20, 1123).

2 Ausdrücklich sagt das das Tridentinum nicht. Vgl. auch Hallier l. c. P. I. s. 2. c. 1. n. 6—8; c. 3. n. 23—37. und die dort angeführten Partikularsynoden des 16. Jahrh.

3 c. 6. Dist. LXXV; Trid. Sess. XXIII. c. 8. de ref.; Pontif. roman. l. c.: „clericus fieri potest etiam extra missarum solemnia quocumque die, hora et loco".

4 Vgl. Const. Benedikts XIV: Quod sancta v. 23. November 1740. Anh. §. III. n. 12 (M. Bull. 16, 14).

5 S. c. 4. in VIto cit. I. 9, das durch Trid. Sess. XXIII. c. 4. nicht aufgehoben worden ist. S. Kober, Suspension S. 310 ff. Auf die Ertheilung der ordines an Kinder, Ununterrichtete und Ehemänner kann diese Strafe nicht analog ausgedehnt werden, hier muss vielmehr ausser dem im vorigen Paragraph gedachten Fall eine poena arbitraria eintreten. S. Kober a. a. O. S. 313.

6 S. Bened. XIV. de syn. dioec. lib. V. c. 5; Phillips 1, 435 ff.

7 Vgl. Lampridii vita Alexandri Severi c. 45 (Script. hist. august. ed. Jordan 1, 250): „ubi aliquos voluisset rectores provinciis dare vel praepositos facere vel procuratores i. e. rationales ordinare, nomina eorum proponebat, hortans populum ut si quid haberet criminis, probaret manifestis rebus . . . dicebatque grave esse quum id Christiani et Judaei facerent in praedicandis sacerdotibus qui ordinandi sunt"; Cyprian. ep. 68. S. ferner c. 7. (Nicaen. a. 325) Dist. XXIV; c. 4 (Nicaen. a. 325) Dist. LXXXI; Leo I. a. 446 in c. 5. Dist. LXI. u. c. 3. Dist. LXXVIII; c. 8. (Gelas. I. a. 494) Dist. LXXVII; c. 2 (Stat. eccl. ant.) Dist. XXIII; c. 5 (Tolet. IV. a. 633) Dist. LI. Für die morgenländische Kirche vgl. de Lagarde, reliquiae jur. eccles. antiq. p. 5; Thomassin P. II. lib. I. c. 33. n. 1 ff. Nov. Just. 123. c. 1. 14. Ueber die Betheiligung der Gemeinde s. ferner Hallier l. c. P. I. s. 1. c. 3. Die in den alten Ordinationsritualen bei der Bischofs-, Priester-, Diakonats- und Subdiakonats-Weihe vorkommenden Aufforderungen an das Volk s. Morinus l. c. ed. nova. Antverp. 1695. P. II. p. 213. 214. 215. 246. 268. 277. 279 finden sich in dem heut gebräuchlichen Pontif. Roman. unter dem Titel: de ordinatione diaconi u. de ordinatione presbyteri wieder.

lich von den Archidiakonen vorgenommen [1], wiewohl sich eine feste und gleichförmige Uebung während des Mittelalters in dieser Beziehung nicht gebildet hat [2].

Während für die Ermittelung der Würdigkeit der für Bischofsstühle designirten Kandidaten ein eigenthümliches Verfahren entwickelt worden ist, welches passender in der Lehre von der Besetzung der Bischofssitze seine Darstellung findet, sind hier noch die Vorschriften zu besprechen, durch welche das Tridentinum den hier in Rede stehenden Punkt allgemein geregelt hat.

Seitens der Kandidaten der niederen Weihen verlangt es die Beibringung eines guten Zeugnisses des Pfarrers und des Vorstandes der Schule, in welcher sie unterrichtet worden sind [3]. Die Kandidaten für die höheren ordines sollen sich dagegen einen Monat vor der Weihe bei der bischöflichen Kurie melden und auf ihr Gesuch soll durch den Bischof der Pfarrer ihres Domizils oder eine andere passende Person mit der öffentlichen Bekanntmachung ihrer bevorstehenden Ordination in der Kirche, sowie mit der Untersuchung über das Vorliegen der Erfordernisse in Bezug auf ihre Geburt, ihr Alter und ihren Lebenswandel beauftragt werden. Das Resultat dieser Prüfung ist demnächst dem Bischof durch s. g. literae testimoniales mitzutheilen [4]. Abgesehen von diesem vielfach ausser Uebung gekommenen s. g. scrutinium primum [5] schreibt das Tridentinum noch eine zweite Prüfung vor, welche wenige Tage vor der Weihe von dem Bischof unter Hinzuziehung geeigneter Examinatoren hinsichtlich der vorhin erwähnten Erfordernisse sowie der Kenntnisse und des Glaubens der Kandidaten abgehalten werden soll [6].

Ein drittes Scrutinium, welches bei dem Ordinationsakt selbst in der Weise vorkommt, dass der Archidiakon auf die Frage des Bischofs die Würdigkeit des Kandidaten bekräftigt, ist [7] jetzt eine blosse Förmlichkeit des Rituals geworden [8].

III. Exercitia spiritualia. Damit die Kandidaten der höheren ordines dieselben mit der nöthigen Sammlung empfangen, sollen sie sich vor der Ablegung des Examens vor dem Bischof in ein geistliches Institut oder zu einem bewährten Geistlichen zurückziehen und sich unter der Leitung desselben oder eines bei dem Institut ange-

[1] Hincmari capit. archidiac. c. 11 (Opp. 1, 740); c. 9 (Innoc. III.) X. de offic. archid. I. 23; Hallier l. c. c. 2. n. 1 ff.; Benedict. XIV. instit. LXXII. n. 22.

[2] Eine Untersuchung durch die Pfarrer, denen die jüngeren Kleriker zur Ausbildung und Hülfeleistung überwiesen sind, schreiben vor c. 1. Vasens. II. a. 529; c. 18. Emerit. a. 666; durch die Erzpriester und deputirte Geistliche und Laien c. 5 (Nannet. a. 658) Dist. XXIV., durch die Erzpriester und die übrigen Priester c. 6. Ticin. a. 850 (LL. 1, 397).

[3] Sess. XXIII. c. 5. de ref. Weiter gehende Nachforschungen nach Art der für die Kandidaten der höheren Weihen vorgeschriebenen widersprechen jedenfalls dem Geist der Bestimmungen des Tridentinums nicht und sind mitunter durch Provinzialsynoden des 16. Jahrhunderts angeordnet worden. S. Hallier l. c. c. 2. art. 3. n. 14. 15.

[4] Näheres bei Hallier l. c. art. 3.

[5] S. Müller, Lexikon des K. R. Art. Weihen. 2. Aufl. 5, 557; Pachmann §. 246; Permaneder §. 148. Dagegen schärft das Provinzialconcil von Gran v. 1858 (Moy, Arch. 9, 104) die Vornahme dieses Scrutiniums wieder ein. Die öffentliche Bekanntmachung ist wenigstens für die Subdiakonatsweihe noch in einzelnen Diöcesen gebräuchlich, so in Mainz (Mainzer Diöcesanstatuten. Mainz. 1837. S. 70) oder neuerdings wieder vorgeschrieben, so z. B. für Prag, Paderborn 1857 und München-Freising, s. Schulte, Lehrbuch. S. 176. n. 20; Gerlach, Paderborner Diöcesanrecht. 2. Aufl. S. 75; Permaneder a. a. O. n. 3.

[6] Sess. XXIII. c. 7. de ref. Die gedachten Veränderungen hängen mit der heutigen Art der klerikalen Erziehung und Ausbildung zusammen, wobei für die Aufnahme in die Knabenseminare, die Konvikte der Theologie-Studirenden und die Priesterseminare die Vorlegung bestimmter Zeugnisse und die Ablegung von Prüfungen erfordert, sowie ein höherer Weihegrad der Regel nach erst den in die Priesterseminare Aufgenommenen ertheilt wird.

[7] c. un. (Innoc. III.) X. de scrutinio in ordine I. 12.

[8] S. Bened. XIV. instit. l. c. Im pontificale Romanum fragt bei der Diakonats- und Priesterweihe der Bischof den Archidiakon: „Scis illos dignos esse“ und dieser antwortet: „quantum humana fragilitas nosse sinit, et scio et testificor ipsos dignos esse ad huius onus officii“.

stellten Priesters durch Gebete, fromme Betrachtungen und Fasten vorbereiten, auch zugleich in der Vornahme der geistlichen Funktionen unterrichtet werden [1]. Endlich wird nach einem uralten Gebrauch vorherige Beichte wenigstens für den Empfang der höheren ordines erfordert [2].

§. 14. *B. Die Ertheilung der Ordination.*

I. Die Pflicht des Bischofs zur Ertheilung der Weihe. Hat der Kandidat die in den vorstehenden Paragraphen besprochenen Voraussetzungen erfüllt, so ist der Bischof noch nicht verpflichtet, ihm die Weihe zu geben, er kann dieselbe vielmehr verweigern, wenn er selbst aussergerichtlich (aber nicht durch die Beichte) [3] Kunde von einem nicht an und für sich die Irregularität begründenden Vergehen des Kandidaten erhalten hat, welches dessen Fernhaltung vom Klerikalstande oder Verhinderung am weiteren Aufsteigen rechtfertigt, und hat dann nicht dem Kandidaten, sondern nur auf den dem letzteren gestatteten Rekurs an den apostolischen Stuhl diesem die Gründe seiner Weigerung mitzutheilen, mit deren Untersuchung zuvörderst der Erzbischof oder der nächste Bischof beauftragt wird [4].

Für die Entscheidung der Frage, ob auch ausser dem besprochenen Fall jeder fähigen Person auf deren Verlangen die Weihe ertheilt werden muss, bieten in Betreff der höheren Weihen die Bestimmungen über den Titel den nöthigen Anhalt. Da für die Regel allein auf den titulus beneficii die Ordination gespendet werden soll und nur ausnahmsweise im Fall einer necessitas oder commoditas ecclesiae der titulus patrimonii oder pensionis genügt, so folgt daraus das Recht des Bischofs zu entscheiden, ob der Bedarf seiner Diöcese an Klerikern der maiores ordines gedeckt ist und im Bejahungsfalle die Ordination zu verweigern. Dieselben Gesichtspunkte müssen auch für die Tonsur und die minores als massgebend erachtet werden. Abgesehen davon, dass eine übermässige Anzahl von unbeschäftigten Tonsurirten und Minoristen eine grosse und naheliegende Gefahr für die Würde und das Ansehen des ganzen geistlichen Standes mit sich bringen würde, fasst das Recht die niederen Weihen nur als Uebergangsstufen auf, da dieselben nur an solche gegeben werden sollen, bei denen sich der Wille und die Fähigkeit, die höheren zu empfangen, bez. auszuüben, voraussetzen lässt [5]. Hieraus folgt aber zugleich die Konsequenz, dass auch die Möglichkeit vorliegen muss, ungeeigneten Aspiranten schon die niederen Weihen zu versagen [6].

II. Pflicht des Kandidaten die weiteren Weihen zu empfangen. Nicht gerechtfertigt erscheint es dagegen, aus dem erwähnten Grundsatz des Tridentinums ohne Weiteres den Schluss, dass auch ein Kleriker der niederen Weihen zur Bewerbung und zur Erlangung der höheren bei Strafe des Verlusts der Klerikalprivilegien gezwungen

[1] Für Rom und Italien ist das vorgeschrieben in den Constitutionen Alexanders VII.: Apostolica sollicitudo v. 7. August 1662. §§. 3. 4. (M. Bull. 6, 173), Innocenz' XI. v. 9. Oktober 1682 (s. Bened. XIV. inst. CIV. n. 4.) und Clemens' XI. v. 1. Februar 1710 (M. Bull. 8, 422). Im übrigen beruht die Anordnung auf partikulären Rechtsnormen. S. Bened. XIV. l. c.; Hallier P. I. s. 4. n. 12 ff. Als Fristen kommen 10, 8, 3 Tage vor. Für Münster vgl. Krabbe, stat. synod. dioec. Monast. p. 125; für Köln Rheinwald, acta hist. eccles. saec. XIX, 3, 478 ff.; für Paderborn Moy, Arch. 20, 397.

[2] S. Catechism. Rom. P. II. c. 7. qu. 26. n. 2; Provinzialsynoden, welche dieselbe auch für die Erlangung der Tonsur und der minores vorschreiben, s. bei Hallier l. c. s. 4. n. 1 ff. 5 ff.

[3] S. Boenninghausen, de irregul. 1, 77. n. 38.

[4] S. oben S. 41. n. 5.

[5] Trid. Sess. XXIII. c. 4. 11. de reform.

[6] Vgl. Bened. XIV. de syn. dioec. lib. XII. c. 4. n. 8.

werden könne, zu ziehen. Die Weihe soll nicht wider Willen ertheilt werden (s. unter III.); der Minorist kann auch in seiner niederen Stellung durch treue Pflichterfüllung sich als ein der Kirche nützlicher Diener erweisen, und den Empfang der höheren Ordines im Bewusstsein seiner Unwürdigkeit von sich ablehnen. Aber immer steht das Interesse der Kirche höher als sein eigenes und darum wird er, weil die niederen Weihen ihrer Natur nach nur als Vorbereitungs- und Uebergangsstufen gelten, im Fall, dass eine Nothwendigkeit für die Kirche vorliegt, dem Bischof, welcher ihn weiter promoviren will, Folge leisten, eventuell sich die Verhängung der erwähnten Strafe gefallen lassen müssen [1].

III. Konsens des Kandidaten. Die Weihe soll selbstverständlich — abgesehen vom Fall zu II. — nur solchen Personen ertheilt werden, welche dieselbe zu empfangen wünschen [2]. Ist sie ohne einen solchen Konsens erfolgt, also vorgenommen unter Anwendung von Zwang, an Kindern, Wahnsinnigen oder Schlafenden, so kommt es darauf an, ob die betreffende Person bei der Vornahme der Ordinationshandlung oder vor Beginn des den Gebrauch ihrer Vernunft und ihres Willens ausschliessenden Zustandes eine positiv gegen den Empfang des Sakraments gerichtete, denselben direkt abwehrende Absicht hatte, wie das z. B. bei der Anwendung von physischem Zwang gegen einen Widerstrebenden der Fall zu sein pflegt [3]. Unter dieser Voraussetzung wirkt die vollzogene Ordination Nichts. Sonst, also bei einem in Folge von s. g. vis compulsiva, im Kindesalter, im Schlafe Ordinirten wird die Weihe als gültig angesehen [4].

[1] c. 4 (cod. eccl. Afric. c. 31); c. 9 (Gelas. I. s. Thiel. epist. rom. pontif. S. 488) c. 2 (Gregor. I.) Dist. LXXIV; Bened. XIV. l. c. n. 1. 7; Kober, Suspension S. 319, s. auch Hallier P. I. s. 5. c. 2. art. 3; c. l. n. 19 ff. Ueber den nicht hier in Frage stehenden Fall, wo der Kleriker wegen des von ihm angenommenen Beneficiums einen bestimmten ordo zu erwerben verpflichtet ist, s. Bened. XIV. a. a. O. n. 4.

[2] In den früheren Jahrhunderten sind die Beispiele, in denen Klerus und Volk einem Widerstrebenden mit Gewalt die Weihe aufzwangen, nicht selten, Paulinus von Nola hat so die Presbyterwürde 393—394, ebenso Germanus von Auxerre (386—448) die Tonsur und die Bischofswürde empfangen. Vgl. hierüber und über andere Fälle Hallier P. I. s. 5. c. 1. n. 8 ff.; Beispiel eines Zwangs zur Weihe durch den Bischof, um sich eines ihm lästigen Diakons zu entledigen in c. 8. cit. Dist. LXXIV. Dass ein solcher Zwang auch ein Mittel war, unbequeme Thronprätendenten und politische Gegner zu beseitigen, ist aus der Geschichte des merovingischen Geschlechts hinreichend bekannt; s. z. B. Gregor. Turon. hist. Franc. II. 41; V. 14; ferner Hallier l. c. n. 10 ff. Die Kirche hat den Zwang nie gebilligt, s. c. 7. Aurel. III. a. 538 (c. 1. Dist. LXXIV); c. 7 (Simplicius), c. 2. 8 (Gregor. I.) Dist. LXXIV; c. 42 (Cabilon. a. 813) C. XVI. qu. 7; c. 5 (conc. cit.) C. XX. qu. 3; dagegen auch die Gesetzgebung der späteren römischen Kaiser s. die Constitution von Leo I. u. Majorian a. 460 (tit. 11. novellar. Maior. de episcop. iudicio et ne quis invitus ordinetur. ed. Haenel p. 330), die freilich die erzwungene Bischofsweihe im Gegensatz zu den übrigen ordines für gültig erklärt. — Während dieselbe Constitution auch den Eltern verbietet, ihre Kinder gegen den Willen derselben dem geistlichen Stande zu widmen, ist später im Abendlande ein solches Recht anerkannt worden. s. c. 1. Tolet. II. a. 531; die Gesetzgebung Karls des Gr. hat erfolglos dieses Recht zu beseitigen gesucht. Vgl. einerseits Cap. dupl. Aquisgr. a. 811. c. 10 (LL. 1, 167) u. Conc. Mogunt. a. 813. c. 23 (Mansi 14, 72), andererseits conc. Tribur. a. 895 bei Regino app. I. 40. = c. 6. X. de vita et hon. cler. III. 1. wie denn auch Karl der Kahle seinen Sohn Karlmann wider dessen Willen zum Eintritt in den geistlichen Stand gezwungen hat. s. Reginon. chron. a. 870 (SS. 1, 583); Thomassin P. I. lib. 3. c. 57. n. 4; Dümmler, ostfränk. Reich 1, 759. Eine eingehende Behandlung der Frage allerdings mehr mit Rücksicht auf die Widmung zum Mönchsstande in Bened. XIV. Const. Probo te vom 15. Dezember 1751 (M. Bull. 18, 247); Hallier l. c. 5. 8. c. 2. art. 2. Für das heutige kirchliche Recht muss analog. c. 14 (Colest. III.) X. de regular. III. 31., welches dem dem Mönchsstande gewidmeten Kinde die freie Wahl bei Erreichung des Diskretionsjahres offen lässt, angewendet werden. Praktisch erledigt sich die Frage dadurch, dass auf dem staatlichen Gebiete allein die Civilgesetzgebung über das Recht der Kinder ihre Berufsart zu wählen massgebend sein kann. S. auch oben §. 62.

[3] Derartige praktische Fälle s. Anal. iur. pontif. 1864. S. 756.

[4] Vgl. das zur Entscheidung dogmatischer Kontroversen, zunächst hinsichtlich der Taufe erlassene c. 3 (Innoc. III.) X. de baptismo. III. 42; ferner die Entscheidungen der Congr. Conc. in der Richterschen Ausg. des Tridentinums. S. 175 ff. 201 ff., eine neuere von 1861 in den Anal. jur. pontif. v. 1863. p. 2284; endlich Constit. Benedikts XIV: Eo quamvis tempore v. 4. Mai 1745. §§. 20 ff. (M. Bull. 16, 295).

Daher kann ein solcher auf die Rechte des geistlichen Standes Anspruch machen, muss dann aber auch selbstverständlich die mit demselben verbundenen Pflichten übernehmen. Andererseits darf aber der Ordinirte, so lange er den an ihm ohne seinen Willen vollzogenen Akt nicht ausdrücklich oder durch sein Benehmen stillschweigend ratihabirt hat, die Folgen der Ordination, namentlich also die Beobachtung des Cölibatsgesetzes, ablehnen[1].

Als Strafe für den Zwang anwendenden Bischof tritt einjährige Suspension vom Recht, das heil. Messopfer darzubringen, ein[2].

IV. Die Reihenfolge der einzelnen Weihestufen. Schon das Koncil von Sardika von 343 hat die Vorschrift aufgestellt, dass die Weihen nur in der vorgeschriebenen Stufenfolge, also die je höhere nach der je niederen ertheilt werden soll[3], und diese Regel, welche im Laufe der Zeiten vielfach wiederholt ist[4], hat bis auf den heutigen Tag Geltung behalten[5]. Eine unter Verletzung dieser Vorschrift ertheilte Ordination (die s. g. *promotio per saltum*)[6] tangirt die Validität des gespendeten Ordo nicht[7], mit der einzigen Ausnahme, dass die bischöfliche Konsekration zu ihrer Gültigkeit den vorhergehenden Empfang der Priesterweihe voraussetzt[8]. Dagegen trifft den Ordinirten nach neuerem Recht[9] eine auch bei Schuldlosigkeit ipso facto eintretende Suspension von den unrechtmässig, nicht von den früher ordnungsmässig empfangenen Graden[10], jedoch kann der Bischof, sofern der per saltum promotus in den vorschriftswidrig erhaltenen ordo nicht funktionirt hat, aus einer rechtmässigen Ursache dispensiren, d. h. den übersprungenen ordo nachträglich ertheilen und die Erlaubniss zum

1 Das ist die neuere überwiegende Meinung, welche nicht einmal eine Dispensation vom Cölibatsgesetze verlangt. In der älteren Zeit nahm man dagegen eine nur durch Dispensation zu hebende Verpflichtung für den Unverheiratheten an; wogegen man beim Verheiratheten wegen des ehelichen Rechts seiner Frau eine Verbindlichkeit nicht statuirte. Bei der zwangsweisen Ordination muss selbstverständlich ein den allgemeinen Erfordernissen entsprechender metus vorgelegen haben. Vgl. Hallier l. c. s. 5. c. 1. n. 28 ff.; u. namentlich Fagnan. ad c. 3. X. cit. n. 92 ff.; s. auch Phillips 1, 453. Dass in der heutigen Gestaltung der Lehre eine Inkonsequenz im Interesse der natürlichen Gerechtigkeit gegenüber der dogmatischen Schulmeinung liegt, kann nicht zweifelhaft sein, denn die Folgen — ob der Cölibat dahin gehört, darüber unten — eines gültigen Aktes können allein wegen eines denselben treffenden Fehlers nicht beseitigt werden, wenn er selbst durch den letzteren nicht afficirt werden soll. Konsequent ist dagegen c. 7. Toletan. VIII. a. 563.

2 So die Doktrin (s. Barbosa de off. episc. P. III. alleg. 111. n. 3; Kober, Suspension S. 318) in Anschluss an c. 1. Dist. LXXIV.

3 c. 10 = c. 10. Dist. LXI („et ita per singulos gradus, si dignus fuerit, ascendat ad culmen episcopatus").

4 Ep. Siricii ad Eumer. a. 385. c. 9. 10 (Coustant. 623), Innoc. I. ad Felic. Nuc. c. 5 (ibid. 910), c. 2 (Zosimus. a. 418) Dist. LIX; ep. Gelasii ad episc. p. Luc. a. 494. c. 2. 3 (Thiel 363), c. 2 (Gregor. I.) Dist. XLVIII. c. 5. Constantinop. a. 869 (Mansi 16, 402). Vgl. ferner c. 20. Bracar. I. a. 563; c. 3. Barcinon. II. a. 599; c. 5 (Tolet. IV. a. 633) Dist. LI; Gregor. Turon. hist. eccles. IV. 6; VI. 15. Eine Ausnahmebestimmung enthalten c. 2. Arelat. IV. a. 524; c. 9. Arvern. II. a. 549; c. 9. Aurel. V. a. 549. Die Beispiele, in denen die Vorschriften in früherer Zeit nicht beobachtet worden, sind ziemlich zahlreich. S. Hallier l. c. P. II. s. 1. c. 1. art. II. n. 7; Morinus P. III. ex. 11. c. 2. n. 3; Thomassin P. II. lib. I. c. 83. n. 7 ff.; Hefele, Conciliengesch. 4, 175. 235. 350. 351. 353; über Bischof Bernward v. Hildesheim 993 — 1022. Thangm. vita c. 1. 2 (SS. 4, 758. 759). Uebrigens ist für die älteren Stellen der oben S. 4 berührte Umstand in Rücksicht zu ziehen, dass die Zahl der minores anfänglich schwankend war.

5 c. un. (Alex. II. a. 1065) Dist. LII; c. un. (Innoc. III.) de cler. per salt. V. 29; Trid. Sess. XXIII. c. 14. de reform.

6 Der Ausdruck kommt schon vor bei Siricius c. 29 (a. 385.) C. XVI. qu. 1.

7 c. un. (Alex. II. a. 1065) Dist LII; c. un. (Innoc. III.) X. de cler. per salt. V. 29.

8 Hallier l. c. n. 10 ff.; Morinus l. c. n. 1 ff.; Fagnan. ad c. un. X. cit. n. 2 sqq. u. ad c. 1. X. I. 13. n. 80 ff.; Bened. XIV. const.: In postremo v. 20. Oktober 1756. §§. 10—12 (M. Bull. 19, 257).

9 Nach älterem Recht trat Deposition ein, s. Kober a. a. O. S. 212.

10 c. un. X. h. t. cit. — Uebrigens wird auch der Nichtempfang der Tonsur unter den Begriff der promotio per saltum subsumirt. S. die Entsch. der Congr. Conc. bei Reiffenstuel V. 29. n. 6; Giraldi, expos. jur. pontif. P. I. s. 866. n. 2. p. 765.

Ministriren und zum Aufsteigen zu den ferneren Weihen geben[1]. Für den Bischof, welcher das Verbot der promotio per saltum verletzt, ist keine Strafe ein für alle Mal angedroht, es kann also hier nur eine poena arbitraria eintreten.

V. Die Interstitien. In inniger Verbindung mit dem eben erwähnten Verbot steht die weitere Vorschrift, dass der Ordinande erst in den niederen Graden funktioniren und sich hierbei bewähren muss, ehe er zu den höheren ordines befördert werden kann[2], d. h. dass zwischen der Erlangung der einzelnen Weihegrade gewisse Zwischenräume (s. g. interstitia) innegehalten werden sollen. Als absolut gebietende und keine Ausnahmen zulassende Vorschriften stellen sich aber jene Festsetzungen über die innezuhaltenden Fristen nicht dar[3] und so sind in der Praxis des Lebens nicht nur oft andere und kürzere Zeiträume beobachtet worden, sondern man hat sich auch geradezu vielfach über das Verbot hinweggesetzt[4]; ja mit der allmählig eintretenden Umbildung der niederen ordines in blos formelle Durchgangsstufen haben die Interstitien für diese ihre innere Bedeutung verloren.

In Uebereinstimmung mit seiner Stellung dieser letzteren Entwicklung gegenüber empfiehlt das Koncil von Trient ebenso wie es die Wiederbelebung der Funktionen der niederen ordines als zu erstrebendes Ziel hinstellt, die Innehaltung der Interstitien zwischen den minores, überlässt aber das Nähere und die Gestattung von Ausnahmen dem Ermessen des Bischofs[5]. In Deutschland hat sich indessen die Gewohnheit fixirt, dass die Tonsur und sämmtliche niedere Weihen an ein und demselben Tage ertheilt werden[6].

Zwischen dem Empfang des letzten minor und dem Subdiakonat soll ein Kirchenjahr liegen. Da aber der Bischof auch hiervon im Fall der Nothwendigkeit oder des Nutzens der Kirche absehen kann[7], so hält man in Deutschland dieses Interstitium ebenfalls gewohnheitsmässig nicht inne; ferner wird ein dahin gehendes Gewohnheitsrecht als zulässig anerkannt, dass die minores und der Subdiakonat an ein und demselben Tage konferirt werden[8].

[1] Trid. Sess. XXIII. c. 14. de ref.; Clemens' VIII. Const.; Romanum pontificem v. 28. Februar 1595. §. 2 (M. Bull. 3, 60); Barbosa l. c. P. II. alleg. 47; Kober a. a. O. S. 212 ff. Unter welchen Voraussetzungen die Irregularität eintritt, darüber s. oben S. 50. n. 8.

[2] Nur das Princip sprechen aus c. 10 (Sardic.) Dist. LXI; c. 1. 2 (Zosimus) Dist. LIX., wo das Zuwiderhandeln gleichfalls als ordinatio per saltum bezeichnet wird; c. 4 (Coelest. I.) eod. s. auch c. 80 apost.; bestimmte Zeiten für das Funktioniren in den einzelnen ordines schreiben vor c. 3 (Siricius); c. 2 (Zosimus); c. 9 (Gelasius I.) Dist. LXXVII. — S. überhaupt Hallier P. II. s. 7. c. 1. art. 7; nur Einzelnes bei Thomassin P. I. lib. 1. c. 35. 36.

[3] Auf sie verweisen freilich c. 3. Barcinon. II. a. 599; c. 7. stat. Rhispacens. a. 799 (LL. 1, 78).

[4] Vgl. die Note 4. zu S. 111; denn in der Verletzung des dort besprochenen Verbots liegt immer selbstverständlich auch eine der hier in Rede stehenden Vorschrift. Nov. 123. c. 1. §. 2; c. 20. Bracar. I. a. 563 schreiben verhältnissmässig kurze Fristen vor. S. auch Gregor. Turon. hist. eccl. VI. 9: „qui (Badochisilus domus regiae maior) tonsuratus gradus quos clerici sortiantur ascendens post XL dies migrante sacerdote (Cenomanensi) successit". Auf dem Concil von Clermont a. 1095 sind 2 nicht näher bezeichnete Bischöfe abgesetzt, weil sie die sämmtlichen Weihen innerhalb Jahresfrist empfangen hatten (s. Mansi 20, 912). — Das Dekretalenrecht weist in c. 13 (Innoc. III.) 15 (Honorius III.) X. de temp. ord. I. 11. nur Verbote der Ertheilung zweier ordines sacri an demselben Tage auf, und die Glosse zu c. 3 X. eod. s. v. minores gestattet dem Bischof die Kumulirung der minores.

[5] Sess. XXIII. c. 11. de ref. Die Vorschriften des Tridentinums schärft von Neuem ein die Constit. Innocenz' XII. Speculatores von 1694. §. 1.

[6] Engel colleg. jur. can. I. 11. n. 20; Schmier lib. I. tr. 4. c. 4. n. 4; Phillips 1, 656; Schulte 2, 146. n. 3. Die Statthaftigkeit einer solchen Gewohnheit überhaupt nimmt auch die Congr. Conc. an, s. Fagnan. ad c. 3. X. h. t. I. 11. n. 42.

[7] Sess. XXIII. c. 11. cit.

[8] S. Fagnan. l. c. n. 41; Riganti, comm. in reg. canc. XXIV. §. 1. n. 87; Benedict. XIV. quaest. comm. et morales. qu. 592. n. 13 ff.; (Bassan. 1767. 2, 162); Schulte a. a. O. n. 4.

Zwischen dem Subdiakonat und den andern höheren Ordines bis zum Presbyterat soll gleichfalls ein Interstitium von einem Kirchenjahr beobachtet werden[1]. Auf die Erlangung der Bischofsweihe beziehen sich die Vorschriften des Tridentinums nicht und daher ist es nicht nur zulässig, dass Jemand, welcher am Samstag Priester geworden ist, am folgenden Sonntag zum Bischof konsekrirt[2], sondern auch dass Priesterweihe und bischöfliche Konsekration an ein und demselben Tage vorgenommen wird[3].

Von der Innehaltung der Interstitien darf der Bischof aus den vorhin gedachten Gründen[4] dispensiren, dagegen kann die gleichzeitige Spendung zweier ordines sacri sowie der minores und des Subdiakonats, wo in letzterer Beziehung kein abweichendes Gewohnheitsrecht besteht, erlaubter Weise nur auf Grund einer päptlichen Dispensation stattfinden[5].

Auf die Verletzung der Vorschriften über die Interstitien ist keine Strafe vom Kirchenrecht allgemein festgesetzt[6], es kann demnach nur die Verhängung einer arbiträren Strafe erfolgen[7]. Eine Ausnahme macht aber der unberechtigte Empfang der minores und des Subdiakonats, sowie der zweier ordines sacri an einem und demselben Tage; hier tritt eine suspensio ipso facto im ersten Fall von den Funktionen des Subdiakonats, im zweiten von denen des zweiten höheren ordo ein, von welcher nur der Papst absolviren kann[8].

Gegen den ordinirenden Bischof ist nur für die Spendung zweier höherer Weihegrade eine allein vom apostolischen Stuhl zu beseitigende suspensio ipso iure von der Kollation der in der gedachten Weise gespendeten ordines vorgeschrieben[9]; dass indessen bei gleichzeitiger Ertheilung der minores und des Subdiakonats[10] und auch in anderen Fällen[11] eine arbiträre Strafe und als solche auch die suspensio (als ferendae sententiae) gegen ihn verhängt werden kann, unterliegt keinem Bedenken.

1 Trid. Sess. XXIII. c. 13. 14. — Da das hier und zwischen dem Subdiakonat und dem letzterhaltenen minor verlangte Interstitium nur ein Kirchenjahr beträgt, so brauchen nicht 365 Tage abgelaufen sein; die Frist kann sich bei der stattzuhabenden Berechnung von einem Quatember zum andern dadurch kürzer stellen, dass Ostern früher eintritt. S. Fagnan. ad c. 13. X. h. t. n. 2; Hallier l. c. n. 29; Riganti l. c. n. 71.

2 Glossa ad c. 4. Dist. LXXV. s. v. sabbati; Hallier l. c. art. 6. n. 6; Riganti l. c. n. 72.

3 Reiffenstuel I. 11. n. 165; Kober a. a. O. S. 210.

4 Also wegen necessitas oder ecclesiae utilitas; erstere liegt z. B. vor, wenn der Kandidat est arctatus de beneficio. S. Hallier l. c. art. 7 bis. — Die Aebte und Ordensgenerale haben die Dispensationsbefugniss für ihre Regularen nicht, aber der Bischof ist an ihre Attestation des Vorhandenseins der legitima causa gebunden. S. die Entscheidungen der Congr. Conc. in Richters Tridentinum. S. 200; Engel l. c. n. 20. — Werden Dimissorien ertheilt, so hat der dieselbe ausstellende Bischof (ihm steht gleich der dazu berechtigte General- und Kapitular-Vikar) die Dispensation zu ertheilen. Engel l. c.; Schmier l. c. n. 11 ff. Bedurfte es bei der Ordination durch den episcopus proprius keiner Dispensation von den Interstitien, weil in der Diöcese desselben ein abweichendes Gewohnheitsrecht gilt, so erscheint auch keine Dispensation seitens des weihenden Bischofs, in dessen Diöcese die Interstitien beobachtet werden, erforderlich, denn letzterer übt nur die Befugnisse des kompetenten Bischofs an dessen Statt aus. A. M. Engel l. c.

5 Denn die gemeinrechtlichen Vorschriften der c. 13. 15. tit., c. 2. X. de eo qui furt. V. 30; c. 13. de ref. Trid. l. c. kann der Bischof nicht ausser Kraft setzen. Barbosa l. c. P. II. alleg. XIV. c. 11. Eine solche enthält die n. 12 der Quinquennalfakultäten der deutschen Bischöfe: „conferendi ordines extra tempora et non servatis interstitiis usque ad sacerdotium inclusive“ nicht.

6 Die in der Constitution Sixtus' V: Sanctum et salutare v. 1588. §. 3 (M. Bull. 2, 711) angeordnete Suspension ipso facto für die non servatis interstitiis Ordinirten ist durch die Const. Clemens' VIII: Romanum pontificem §. 2 (M. Bull. 3, 60) wieder beseitigt. S. auch Kober a. a. O. S. 208.

7 Barbosa l. c. P. II. alleg. 18. n. 14; Hallier l. c. art. 7. n. 12; Kober S. 209.

8 S. c. 2. X. V. 30; c. 13. X. I. 11. cit. Barbosa l. c. P. II. alleg. 14. n. 11; Riganti l. c. n. 76. 77. 91 ff.; Kober a. a. O. S. 210; Richters Tridentinum S. 200.

9 c. 13. X. cit.; Kober S. 320.

10 S. die Entscheidung der Congr. Conc. bei Richter S. 200; Riganti l. c. n. 93—102.

11 S. Reiffenstuel l. c. I. 11. n. 203. 204; Ferraris s. v. ordo art. 4. n. 46.

VI. Zeit und Ort der Ordination[1]. In den ältesten Zeiten wurde die Priester- und Diakonats-Weihe am Sonntag ertheilt[2], eine Sitte, deren Reminiscenzen sich bis in das Mittelalter hinein erhalten haben[3]. Während für die Spendung der niederen ordines ebenso wie früher[4] auch noch heute der Sonntag und die sonstigen gebotenen Festtage (festivi dies duplices de praecepto)[5] bestimmt sind, reichen die Anfänge der heute geltenden Vorschrift, dass die erwähnten höheren Weihen und der Subdiakonat an den Samstagen der vierteljährlichen, s. g. Quatemberfasten[6], sowie dem Samstag vor Judika (sabbatum sitientes oder ante dominicam passionis) und dem Oster-Samstag (sabbatum sanctum) ertheilt werden sollen, bis in das fünfte Jahrhundert hinauf[7]. Ferner sollen die gedachten ordines in der Kathedralkirche unter Hinzuziehung der Domherren, eventuell in einer andern hervorragenden Kirche[8] der Diöcese unter Assistenz des Ortsklerus während der Messe öffentlich konferirt werden[9]. Für die niederen Weihegrade ist das nicht erforderlich, vielmehr besteht in Betreff derselben nur die Vorschrift, dass sie am Morgen und zwar an einem passenden Orte gegeben werden sollen[10]. Die Tonsur endlich darf an jedem Tage und Orte zu jeder Stunde ertheilt werden[11].

Die Strafe für den Ordinanden, welcher die Weihen an andern als den vorgeschriebenen Tagen (extra tempora) empfängt, ist die nach neuerem Recht ipso iure eintretende Suspension von dem so erlangten ordo[12], deren Aufhebung für die Regel

[1] S. Hallier l. c. art. 1—5.

[2] c. 4. 5 (Leo I.) Dist. LXXV; c. 1. Caesaraug. III. v. 691. S. auch Mabillon, Museum Italicum. Tom. II. Lut. Paris. 1689. p. CIII. Dass früher die Ordinationen nur im Dezember ertheilt worden, ist nicht richtig. S. Pagi, breviarium gest. rom. pont. vita Simplicii n. 13 ff. (ed. Antverp. 1717. 1, 219).

[3] S. Conc. v. Rouen v 1072. c. 8 (Mansi 20, 37); Lateran. v. 1123. c. 19. 20 (LL. 2, 183).

[4] c. 6 (Ordo Roman.) Dist. LXXV; c. 1. 3 (Alex. III.) X. h. t. I. 11. Die Worte des letzt citirten Kap.: „quod licitum episcopis est dominicis et aliis festivis diebus unum aut duos ad minores ordines promovere", werden schon von der Glosse und auch fast überstimmend von der späteren Doktrin (s. Gonzalez Tellez ad c. cit.; Hallier l. c. P. II. s. 7. c. 1. art. 1. n. 2; vgl. aber Fagnan. ad c. cit. n. 6; Phillips 1, 650) dahin ausgelegt, dass der Bischof die Weihen auch an mehrere ertheilen darf, sofern nur darin nicht die Vornahme der feierlichen an denselben Tagen, wie die höheren Weihen, stattfindenden General-Ordination (d. h. der regelmässig vom Bischof in einem Akt vorzunehmenden Ordination der vorhandenen Kandidaten der sämmtlichen verschiedenen Weihestufen) liegt.

[5] Pontific. Roman. de ordinibus conferendis.

[6] Vgl. über diese Binterim, Denkwürdigkeiten der christkath. Kirche V. 2. 133 ff.

[7] c. 7 (Gelasius I. a. 494) Dist. LXXV: „Ordinationes presbyterorum et diaconorum nisi certis temporibus et diebus exerceri non debent, i. e. quarti mensis (d. h. Juni) ieiunio, septimi (September) et decimi (Dezember); sed et etiam quadragesimalis initii ac medianae hebdomadae et sabbati ieiunio circa vesperam noverint celebrandas", mit welchen letzteren beiden Terminen der erste Samstag in der Fastenzeit und der Samstag ante dominicam passionis gemeint ist, s. Mabillon l. c. p. CXXVII; Ep. Gregorii II. a. 722 (Jaffé monum. Mogunt. p. 79): „Ordinationes vero presbyterorum seu diaconorum non nisi quarti, septimi et decimi mensium ieiuniis sed et in ingressu quadragesimali atque mediante vespere sabbati noverit celebrandas; Römische Synode unter Zacharias von 743. c. 11 (Mansi 12, 383); Clerment 1095. c. 24 (Mansi 20, 815); für das heutige Recht c. 1. 3. h. t. cit.; Trid. Sess. XXIII. c. 8. de ref.; pontif. Roman. l. c.; vgl. ferner Devoti instit. iur. can. lib. I. tit. 4. s. 2. §. 6. Ueber die frühere Sitte, die Ordinationen des Abends zu ertheilen und die Befugniss, die am Abend angefangene Ordination bei Fortdauer des Fastens am andern Tage fortzusetzen s. Phillips 1, 652 ff.

[8] Vgl. hierzu Barbosa alleg. 11. n. 24 ff.

[9] Trid. l. c. Die Spendung ohne Messe macht die Ordination nicht nichtig, aber es tritt Strafe für den Ordinator und die Ordinirten ein. S. Ferraris s. v. ordo. art. 4. n. 42—45.

[10] Pontif. l. c.

[11] Pontif. de clerico faciendo.

[12] c. 2 (Alex. III.), c. 8 (Urb. III.); c. 16 (Gregor. IX.) X. h. t. I. 11, wo aber die suspensio nur als ferendae sententiae angedroht ist. Das neuere Recht beruht auf der Constit. Pius' II.: Cum ex sacrorum vom 17. November 1461. §. 2 (M. Bull. 1, 373) — vgl. Kober, Suspension S. 203 ff., da auch für diesen Fall die abändernden Vorschriften der Const. Sixtus' V.: Sanctum et salutare v. 1588. §. 3. durch die Constitution Clemens' VIII.: Romanum pontificem v. 1595. §. 2. wieder beseitigt sind. — Dass man übrigens im Mittelalter theilweise die extra tempora ertheilte Ordination für nichtig angesehen hat, ergiebt c. 2. conc. Tolosan. v. 1055 o. 1056 (Mansi 19, 847) in Verbindung mit c. 16. X. h. t. cit.

dem Diöcesanbischof zusteht, dem päpstlichen Stuhle aber, wenn letzterer selbst die gesetzlichen Ordinationszeiten wissentlich umgangen hat[1]. Den Bischof, welcher sich eine Ueberschreitung der gedachten Vorschriften zu Schulden kommen lässt, trifft ebenfalls die Suspension, diese ist aber ferendae sententiae und bezieht sich nur auf die Kollation der ordnungswidrig verliehenen und der höheren Weihegrade[2].

Ausnahmsweise kann aber die Weihe an andern als den vorhin gedachten Tagen vom Papste selbst vorgenommen oder einem Bischof gestattet werden[3]. Die übliche Form für solche an die Bischöfe gerichtete Breven (s. g. *brevia extra tempora*) ist die, dass die Ordination ausser zu den festgesetzten Zeiten noch an drei anderen doppelten Festtagen de praecepto gegeben werden darf[4]; indessen kann der Bischof von dieser Befugniss nur zu Gunsten seiner Untergebenen, nicht anderer, selbst mit Dimissorien auf ihn versehener Personen Gebrauch machen[5]. Die Gründe, aus denen solche Breven vom päpstlichen Stuhl ertheilt werden, sind in einem von einer besonders berufenen (s. g. Partikular-) Kongregation im Jahr 1693 abgefassten Dekret auf Veranlassung Innocenz' XII. zusammengestellt[6]. Auch an verschiedene Orden und Institute sind dergleichen Privilegien mehrfach (so z. B. von Gregor XIII. an die Jesuiten[7], von Urban VIII. für die Zöglinge der unter der Leitung und Aufsicht der Congregatio de propaganda fide stehenden geistlichen Bildungsanstalten[8], ertheilt worden, und das römische Concil von 1725 unter Benedikt XIII. hat entschieden, dass frühere derartige Privilegien für die Regularen weder durch das Concil von Trient (Sess. XXIII. c. 8. de ref.) noch durch die Constitution Pius' IV. vom 17. Februar 1564[9] beseitigt worden sind[10].

Dagegen können die Vorschriften über die statuta tempora der höheren ordines

1 c. 8. X. cit.; Kober S. 206.

2 c. 2. 8. X. cit.; c. 4. in VI^to de sent. excomm.; Barbosa l. c. alleg. 17. n. 9; Engel l. c. I. 11. n. 16; Ferraris l. c. art. 4. n. 15. 16.

3 c. 1. 3 (Alex. III.) h. t. I. 11., die Quinquennalfakultäten für die deutschen Bischöfe enthalten z. B. eine solche Befugniss unter No. 12. — In älterer Zeit ist sie selten in Anspruch genommen worden, c. 12 (Pelag. I.) Dist. LXXVI; vgl. auch ep. Zachar. pp. ad Bonif. a. 751 (mon. Mogunt. ed. Jaffé p. 225), Hallier l. c. art. 5. n. 5. 6. S. indessen auch Pagi l. c. vita Leonis II. n. 15 (ed. cit. 1, 469). Es liegt auf der Hand, dass man bei den früher vorkommenden Ordinationen per saltum u. non servatis interstitiis (s. zu IV. u. V) öfters auch gleichzeitig die hier in Rede stehenden Vorschriften überschreiten musste. Hallier l. c. n. 3. — Uebrigens kann in der griechischen Kirche die Priester- und Diakonatsweihe an jedem Tage, in der Quadragesimal-Faste aber nur an Samstagen und Sonntagen ertheilt werden. s. Hallier l. c. n. 2.

4 Nicht an Festtagen de choro, d. h. solchen, die nur in der Kirche gefeiert werden, aber für die Laien keine weltlichen Ruhetage sind. S. Riganti l. c. n. 58 ff. und Richters Tridentinum S. 186, wo eine Reihe Entscheidungen der Congr. Conc.

5 So die Praxis, s. Riganti l. c. n. 64—68.

6 Mitgetheilt bei Riganti n. 44. Die betreffende Stelle lautet: „Ut quis beneficio vi cuius arctatur ad presbyteralem ordinem suscipiendum vel alteri etiam perpetuo beneficio quod obtinet vel capellaniae ad vitam sibi concessae per se ipsum inservire possit; ob penuriam sacerdotum in illis partibus vel in monasterio pro regularibus; ob solatium patris vel matris, dummodo quinquaginta aetatis annos excedant et orator saltem per triennium in clericali habitu honeste et laudabiliter vixerit. Item concedi posse censuit eadem indulta referendariis utriusque signaturae, familiaribus summi pontificis, canonicis cathedralis vel etiam collegiatae ecclesiae eorumque coadiutoribus, magistris seu etiam baccalaureis in sac. theologia, doctoribus utriusque vel saltem canonici iuris seu licentiatis, dummodo singulos praefatos gradus in publica et approbata universitate obtinuerint. Eis etiam qui saltem per triennium sedulam theologiae studiis operam navaverint ac tandem vigesimum sextum aetatis annum excedentibus, si per triennium in clericali habitu honeste et laudabiliter vixerint".

7 Constitution: Pium et utile vom 21 September 1582. §. 3 (M. Bull. 2, 493).

8 Breve vom 18. Mai 1638 (Bullar. Propag. 1, 91). Weitere Beispiele bei Riganti l. c. n. 45 ff.; Ferraris l. c. art. 2. n. 12 ff.

9 „Principis apostolorum", wodurch die vor dem Tridentinum ertheilten, mit demselben in Widerspruch stehenden Privilegien für aufgehoben erklärt werden.

10 Früher war das streitig, s. Barbosa l. c. alleg. 17. n. 6; Riganti l. c. n. 49 ff. Dieser behandelt auch noch andere hierher gehörige Spezialfragen: s. auch Ferraris l. c. n. 138 ff.

durch ein abweichendes Gewohnheitsrecht nicht in ihrer Geltung aufgehoben werden [1], während ein solches in Betreff der minores nicht reprobirt ist [2].

Die Bischofsweihe, welche schon in den frühesten Zeiten der Kirche in der Regel am Sonntage vorgenommen wurde [3], soll noch heute an diesem Tage [4] oder einem Apostelfeste [5], dagegen nur mit päpstlicher Genehmigung an einem sonstigen Festtage [6] und zwar in der zukünftigen Kathedrale des Kandidaten oder in einer Kirche derselben erzbischöflichen Provinz [7] sowie während der Messe [8] ertheilt werden, wiewohl letzteres nicht Bedingung der Gültigkeit der Konsekration ist [9].

VII. Die Ertheilung der Weihen selbst — die höheren sollen nur ieiunis a ieiunantibus gespendet werden [10] — erfolgt in der von dem Pontificale Romanum für die verschiedenen Grade vorgeschriebenen Form unter Gebeten, Handauflegung und Ueberreichung der symbolischen Zeichen der einzelnen Ordines [11]. Wie das Nähere darüber dem Gebiete der Dogmatik und Liturgik angehört, so auch die Frage über die nöthige Intention und den Einfluss der Beschaffenheit derselben auf die Gültigkeit der Weihe [12]; daher ist es haltlos diejenigen, welche der Bischof als solche bezeichnet, denen er die Weihe nicht geben wolle oder diejenigen, welche dem Empfange direct widerstreben, als incapaces zu bezeichnen [13].

Die erfolgte Ordination endlich wird in das bei der bischöflichen Behörde zu führende Ordinationsbuch eingetragen und dem Geweihten darüber ein Weihezeugniss ausgestellt [14].

1 c. 2. X. h. t. I. 11.

2 S. die Entsch. der Congr. Conc. v. 1720 bei Richter a. a. O. S. 186. n. 5, die aber dem Bischof empfiehlt sich lieber nach dem Pontif. Roman. zu richten.

3 S. Const. apostol. VIII. 4; c. 4. 5 (Leo I.) Dist. LXXV; c. 5. §. 1 (Tolet. IV. a. 633) Dist. LI; c. 1 (Pseud.-Isid.) Dist. LXXV. S. Hallier l. c. P. II. s. 7. c. 2. art. 1.

4 Pontif. Rom. de consecr. electi in episc.

5 Auch das ist eine sehr weit hinauf reichende Sitte (s. Hallier l. c. n. 4), welche das Pontif. Roman. bestätigt.

6 Pontif. Roman. l. c.

7 Trid. Sess. XXIII. c. 2. de ref.

8 Pontif. Roman. l. c.

9 Hallier P. II. s. 8. c. 5. art. 2.

10 c. 4 (Leo I.) Dist. LXXV. Uebrigens wird diese Vorschrift auch bei den ordines minores beobachtet. S. Hallier l. c. P. I. s. 4. n. 15 ff.; Schmier l. c. lib. I. tr. 4. c. 4. s. 1. n. 42.

11 Das Nähere gehört ebensowenig wie die Frage nach der Form und der Materie des Sakramentes dem Recht an. Jedoch mag es gestattet sein, namentlich mit Rücksicht auf protestantische Leser hier Folgendes in Bezug auf den letzteren Punkt zu bemerken. Als Materie bei der Bischofsweihe wird von Einigen die Handauflegung und Uebergabe des Evangelienbuches (Hallier P. II. s. 2. c. 2 art. 1. n. 27 ff.), von Andern blos die erstere (Morinus P. III. exerc. 2. c. 1; vgl. auch Bened. XIV. de syn. dioec. lib. VIII. c. 10), bei der Priesterweihe die Handauflegung und die Uebergabe des Kelches mit Wein und der Patene mit der Hostie oder wieder die blosse Handauflegung — welche der dabei vorkommenden drei verschiedenen Handauflegungen, ist freilich ebenfalls streitig — (vgl. Hallier l. l. c. n. 32 ff. 36. 37; Morinus l. c. exerc. 7. c. 1; Bened. XIV. l. c.) — bei der Diakonatsweihe die Handauflegung und Ueberreichung des Evangelienbuchs oder auch noch der der Stola und Dalmatika, andererseits blos wieder die erste (vgl. Hallier l. c. n. 39 ff.; Morinus l. c. exerc. 9. c. 1.) bezeichnet, ohne dass damit eine Uebersicht über alle abweichenden Ansichten gegeben wäre. Als Materie bei dem Subdiakonat gilt die Uebergabe des leeren Kelchs und der leeren Patene, oder auch der weiteren Symbole, wie der Kannen für Wasser und Wein (urceoli), der Manipel etc. (s. Hallier l. c. n. 45; Morinus l. c. ex. 12. c. 1), bei dem Akoluthat die Ueberreichung des candelabrum cum cereo oder der leeren Weinkanne (Hallier n. 48 ff.; Morinus ex. 13), bei der Exorcistenweihe die Hingabe des liber exorcismorum, beim Lektorat die der heiligen Schrift, beim Ostiariat die der Kirchenschlüssel (s. Hallier n. 51; Morinus ex. 13). Die Form besteht in den bei der Handauflegung, bez. der Ueberreichung der die einzelnen, niederen ordines bezeichnenden Instrumente nach dem pontificale auszusprechenden Segnungen und Worte. Das Nähere bei Hallier und Morinus a. a. O., s. auch Hallier l. c. art. 2. n. 2.

12 Vgl. hierzu die Entscheidungen der Congr. Conc. in Richters Tridentinum. S. 171 ff.; Bened. XIV. de sacrificio missae exerc. 79.

13 So Pachmann §. 241. S. auch oben S. 9. n. 2.

14 c. 1 (Alex. III.) X. de cler. peregr. I. 22; c. 1 (Bonifac. VIII.) de elect. in Extr. comm. I. 3; Innocenz' XII. Const.: Speculatores v. 1694. §§. 6. 7 (Richters Trid. S. 532); A. Müller, Lexikon des Kirchenrechts. 2. Aufl. 5, 559.

IV. Die Wirkungen der Ordination.

§. 15. *A. Der spirituelle Charakter**.

Mit dem Empfang der Weihe tritt der Ordinirte in den Stand des Klerus ein. Zugleich wird demselben dadurch ein besonderer geistiger Charakter aufgeprägt. Dieser besteht in der den Geistlichen vom Laien spezifisch unterscheidenden, geistigen Befähigung (facultas spriritualis), die Funktionen des erhaltenen Grades vorzunehmen [1] und zwar gültiger Weise selbst dann, wenn die Befugniss zum Gebrauch der erlangten Fähigkeit durch Uebertragung eines Amtes oder durch sonstige Autorisation noch nicht erworben worden ist. Mit der Tonsur allein wird dieser spirituelle Charakter aber nicht aufgeprägt, wiewohl die Zugehörigkeit zum geistlichen Stande und das Recht auf die äusseren Standesprivilegien auch durch sie begründet wird. (Vgl. oben §. 13 n. I. und die folgenden §§.)

Während in den früheren Zeiten die über Geistliche verhängte Reduktion zur Laien-Communion und die gegen sie ausgesprochene Absetzung dieselben in den Laienstand zurückversetzte [2], hat sich Ende des 12. und im 13. Jahrhundert die Anschauung fixirt [3], dass durch die Ordination dem Kleriker ein unvertilgbarer Charakter (character indelebilis) aufgeprägt werde, d. h. die einmal erlangte besondere facultas spiritualis unter keinen Umständen (also z. B. nicht durch Degradation, Uebertritt zum Protestantismus, zum Judenthum, Heidenthum) wieder verloren gehen könne [4]. Dogmatisch festgestellt ist jene Lehre aber nur für die Priesterweihe [5]. Für die Bischofsweihe muss indessen das Gleiche gelten, da durch dieselbe, möge man sie als einen besonderen Weihegrad auffassen oder nicht, die Machtfülle des sacerdotium jedenfalls eine grössere Ausdehnung erhält [6]. Während es unbestritten ist, dass die ordines vom Subdiakonat an abwärts keinen unauslöschlichen Charakter aufprägen, besteht in Betreff dieses Punktes hinsichtlich des Diakonats eine dogmatisch nicht gelöste Streitfrage [7].

Da der character indelebilis für die vorhin erwähnten, das sacerdotium bildenden Weihegrade dogmatisch feststeht, so kann ihn selbst nicht einmal der Papst durch Dispensation beseitigen und es ist weiter eine von der katholischen Kirche unerfüllbare Forderung, wenn etwa staatlicher Seits derselben zugemuthet werden sollte, Geistliche jener Weihegrade zu laisiren [8], während freilich andererseits das Recht des Staates

* L. Thiele, de charactere indelebili etc. diss. inaug. Regimonti P. 1861.

[1] Trid. Sess. XXIII. c. 4; Catechism. Rom. P. II. c. 1. qu. 19. n. 1; „Est character veluti insigne quoddam animae impressum quod deleri nunquam potest eique perpetuo inhaeret"; ibid. n. 3: „alter (character sacri ordinis) vero tum potestatem sacramenta conficiendi et ministrandi coniunctam habet, tum eorum qui huiusmodi potestate praediti sunt, a reliqno fidelium coetu distinctionem ostendit".

[2] Das wird freilich von den katholischen Schriftstellern bestritten. S. oben S. 83. 84; Thiele l. c. S. 48 ff. und unten in der Lehre vom Strafrecht.

[3] Hahn, die Lehre von den Sakramenten. Breslau 1864. S. 298 ff. 320 ff. Die aus c. 2 (Bonifac. VIII.) in VIto de poen. V. 9. in das römische Pontifikale tit. degradationis forma übernommene Formel: „pronuntiamus hunc exutum omni ordine ac privilegio clericali curia saecularis in suum forum recipiat degradatum", steht als ein blos bildlicher Ausdruck nicht entgegen; wie denn auch die Glosse zu dem gedachten Kapitel s. v. privilegio und die zu c. 2. X. de cler. excomm. V. 29. s. v. degradatus ausdrücklich den character quem ille retinet und das non possit character auferri hervorheben.

[4] Hallier l. c. P. II. s. 3. c. 2. n. 10.

[5] Trident. Sess. XXIII. c. 4. de sacram. ordionis.

[6] Schulte 2, 157. n. 1; s. auch Bened. XIV. de syn. dioec. lib. VIII. c. 9. n. 2.

[7] S. Hallier l. c. P. II. s. 2. c. 1. art. 2. n. 9. 13. 16.

[8] Dass man die Möglichkeit einer solchen sog. Laisirung Anfang dieses Jahrhunderts auch bei deutschen Ordinariaten ins Auge gefasst hat, ergeben die Mittheilungen bei Kopp, die kathol.

nicht bezweifelt werden kann, nach seinem Ermessen die katholischen Geistlichen trotz des von der Kirchenlehre ihnen beigelegten Charakters auf seinem Rechtsgebiet als Laien zu behandeln.

§. 16. *B. Die Standesrechte der Geistlichen**.

Der hervorragenden Stellung des Klerus gemäss hat die Kirche eine Reihe von Rechten für denselben gefordert, welche seine höhere Würde dem Laienstande gegenüber zum Ausdruck bringen sollen. Während in früherer Zeit die in Betreff dieses Punktes aufgestellten kirchlichen Rechtssätze auch meistens die Anerkennung auf weltlichem Gebiet gefunden haben, wird eine solche heute in viel geringerem Maasse gewährt.

I. Zur Sicherung der Kleriker vor unwürdiger Behandlung dient das s. g. *privilegium canonis* (scil. *si quis suadente*)[1]. Das ältere Kirchenrecht hat die Beleidigung und thätliche Verletzung der Geistlichen nicht als besonderes Vergehen ausgezeichnet, vielmehr setzen sowohl die Pönitentialbücher[2], wie auch die karolingische Gesetzgebung[3] nur eine verschieden bemessene Busse für den Thäter fest. Der Bann trat dagegen erst bei hartnäckiger Verweigerung der Genugthuung ein[4]. Strengere Vorschriften stellte die kirchliche Gesetzgebung erst aus Anlass der ketzerischen Bewegungen des 11. und 12. Jahrhunderts auf, in Folge deren sich der Klerus an vielen Orten in seiner persönlichen Sicherheit durch das gegen das Priesterthum aufgeregte Volk bedroht sah[5]. Zunächst setzte die unter Innocenz II. 1130 zu Clermont abgehaltene Synode für die thätliche Verletzung eines Klerikers oder Mönches die Strafe der Exkommunikation fest[6] und auf der Synode zu Rheims im folgenden Jahre wurde die Absolution von derselben sogar dem Papste vorbehalten[7]. Die dem Klerus besonders gefährliche Lehre des Arnold von Brescia[8] veranlasste die Aufnahme dieser Bestimmung auch in die Beschlüsse des Concils von Pisa 1135[9] und schliesslich ihre Erhebung zum allgemeinen Kirchengesetz durch das zweite Lateranensische Concil von 1139[10].

Kirche im 19. Jahrh. Mainz. 1830. S. 270 ff. Die Dispensation vom Cölibatsgesetze ist übrigens mit der Laisirung nicht zu verwechseln.

* Strecker, de juribus clericorum singularibus. Erford. 1755; Privilèges du clergé in den Anal. iur. pont. 1866. p. 1789 ff.

1 S. Hüffer in Moys Archiv. 3, 155.

2 c. 28. C. XVII. qu. 4 = Poenit. Theodori I. 4. §. 5 (Wasserschleben, Bussordnungen. S. 188, woselbst weitere Nachweisungen).

3 c. 24 (Mogunt. a. 847) C. XVII. qu. 4; conc. Wormat. a. 868. c. 26 (Mansi 15, 874), Tribur. a. 895. c. 5. 20 (Mansi 18, 136). S. ferner das als unächt angezweifelte Capit. apud Theodonis villam LL. 2, app. p. 4 (Hefele, Conciliengesch. 4, 30).

4 c. 23 (Nicolaus I.) C. XVII. qu. 4; vgl. auch c. 22 ibid., der wohl nicht Alexander II., sondern einer unter Photius zu Konstantinopel abgehaltenen Synode angehört. S. Phillips 1, 660. n. 7.

5 Hüffer S. 157; Gieseler, Kirchengeschichte. 4. Aufl. II. 2, 530 ff.

6 c. 10: „Item placuit ut si quis suadente diabolo huius sacrilegii reatum incurrerit, quod in clericum vel monachos manus iniecerit, anathemati subiaceat. Quod qui fecerit, excommunicetur" (Mansi 21, 439).

7 c. 13: . . . „et nullus episcoporum illum praesumat absolvere, donec apostolico conspectui praesentetur et eius mandatum suscipiat" (Mansi 21, 461).

8 S. Gieseler a. a. O. S. 69 ff.; Berardi, comment. in libr. V. decret. P. I. diss. 3. c. 1 (ed. Mediolani 1847. 2, 250); Hüffer, S. 158.

9 c. 12 (Mansi 21, 490); hier wird aber verordnet, dass der Vorbehalt der päpstlichen Absolution in articulo mortis cessirt.

10 c. 15 in c. 29. C. XVII. qu. 4: „Si quis suadente diabolo huius sacrilegii reatum incurrerit, quod in clericum vel monachum violentas manus iniecerit, anathematis vinculo subiaceat et nullus episcoporum illum praesumat absolvere; nisi mortis urgente periculo, donec apostolico conspectui praesentetur et eius mandatum suscipiat", worin also die Zusätze des Concils von Rheims und Pisa reproducirt sind. Ueber die Wiederholung des Kanons auf dem Concil zu Rheims 1148 c. 13 (nicht, wie Phillips 1, 661 meint, zu Rom) u. auf andern Partikular-Concilien s. Hüffer S. 159.

Für das Gebiet der Kirche hat die Vorschrift des letzteren heute noch ihre Bedeutung, und daher bedarf es einer speciellen Erörterung derselben [1].

a. Unter den Klerikern, welchen der angeführte Kanon das gedachte Privileg giebt, werden der allgemeinen Bedeutung des Wortes gemäss alle diejenigen verstanden, welche die Tonsur empfangen haben; die für das privilegium fori durch das Tridentinum vorgeschriebenen Erfordernisse [2] (Tragen der Tonsur, des geistlichen Gewandes u. s. w.) brauchen aber nicht erfüllt zu sein [3]. Der Verlust des Privilegs tritt erst ein mit der aktuellen Degradation [4], ferner durch das Begehen verbrecherischer Handlungen unter gleichzeitiger Aufgabe der klerikalen Tracht [5], sodann wenn der Kleriker (ebenfalls unter Ablegung der geistlichen Kleidung) sich einer verächtlichen oder mit seinem Stande nicht vereinbaren weltlichen Lebensweise widmet und diese trotz dreimaliger Ermahnung seines Bischofs nicht aufgiebt [6]. Dem exkommunicirten, suspendirten, interdicirten, irregulären, in Ketzerei verfallenen Geistlichen steht das Privileg zu [7]. — Dagegen erwirbt der Kleriker, welcher die minores in Folge unzulässiger Ertheilung von Dimissorien während der Sedisvakanz erhalten oder zuwider den Vorschriften des Tridentinums durch einen Abt oder auf Dimissorien eines solchen die Tonsur oder minores erlangt hat, das Privileg nicht [8].

Unter den im Canon si quis weiter genannten Mönchen sind nicht nur die wirklichen Professen, sondern auch die Novizen nach ausdrücklicher Vorschrift [9], sowie ferner die den Nonnenorden angehörigen Frauenspersonen nach ausdehnender Interpretation [10] zu verstehen.

b. Die später zu besprechende Strafe kann gegen Jeden zur Anwendung kommen, nur muss der Thäter getauft sein, weil eine Exkommunikation gegen den Ungetauften, nicht zur Kirche Gehörigen undenkbar ist [11].

c. Die als strafbar bezeichnete Handlung charakterisirt der erwähnte Kanon durch die Worte: »suadente diabolo violentas manus inicere«. Die Doktrin und Praxis hat darunter nicht nur die absichtliche thätliche Verletzung eines Klerikers, gleichgültig, welches selbstständige Verbrechen (ob Mord, Körperverletzung, Beraubung etc.) sie

[1] Unter der älteren Literatur ist namentlich hervorzuheben Fragosi, regimen reipublicae christianae. Lugduni. 1641 ff. P. II. lib. I. disp. 2. Vgl. ferner Ferraris s. v. excommunicatio. art. 10—12.

[2] Sess. XXIII. c. 6. de reform.

[3] Denn auf das privileg. canonis bezieht sich das Tridentinum nicht. Fagnan. ad c. 23. X. V. 39. n. 16; so auch die Congr. Conc. s. Bened. XIV. de syn. dioec. lib. XII. c. 2. n. 1; Richters Trident. S. 184. A. M. z. B. Engel, colleg. iur. can. V. 39. n. 127. Verheirathete Kleriker haben aber das Privilegium nur dann, wenn sie in erster Ehe leben sowie die Tonsur und geistliches Gewand tragen, s. c. un. (Bonif. VIII.) in VI^to de cleric. coni. III. 2 und ferner bei einer bestimmten Kirche Dienste leisten. Trid. l. c.

[4] Fragosi l. c. n. 49; Bened. XIV. de syn. dioec. lib. IX. c. 6. n. 1.

[5] c. 14 (Clem. III.); c. 23 (id.) X. de sent. excomm. V. 39; c. 1 (Alex. III.) X. de apost. V. 9; Fragosi l. c. n. 26.

[6] Dieses Princip ist in c. 45 (Innoc. III.) X. eod. tit. ausgesprochen; Anwendungen in c. 25 (Clemens III.) eod. (kriegerische Lebensweise), in c. un. (Bonif. VIII.) in VI^to de vita honest. cler. III. 1 (gerichtet gegen die Kleriker, die als Spassmacher und Goliarden, — s. Giesebrecht in der Kieler allgemeinen Monatsschrift. Jahrgg. 1853. S. 20 ff. — auftreten); in Clem. 1. eod. tit. III. 1 (Betreibung des Abdecker-, Schank- und Fleischergewerbes).

[7] Fragosi l. c. n. 47. Ebensowenig kann es allgemein „verbrecherischen und unverbesserlichen Klerikern" auf Grund von c. 10. X. de iud. II. 1 (so Ginzel, österr. Kirchenrecht 2, 79) abgesprochen werden.

[8] Trid. Sess. VII. c. 10 de ref.; Sess. XXIII. c. 10 de ref.

[9] c. 21 (Bonif. VIII.) in VI^to de sent. excomm. V. 11; für die Konversen bestimmt das c. 5 (Alex. III.) X. eod. tit. V. 39.

[10] S. c. 16 (Clem. III.) X. eod. tit. V. 39; Fragosi l. c. n. 39; Ferraris s. v. clericus art. 2. n. 5; bei dem ersteren (n. 40 ff.) auch weiteres Detail über hierher gehörige Fragen; über die Oblaten der Klöster s. Anal. l. c. p. 1828. 2192.

[11] Fragosi l. c. n. 5. 6.

bildet[1], sondern auch die Zufügung von Realinjurien verstanden, also solche Beleidigungen, welche mittels der Verletzung anderer Rechte verübt werden[2], jedenfalls ist aber die Verübung einer Gewaltthätigkeit gegen die Person erforderlich, da der Kanon nicht alle Verbrechen gegen die Geistlichen überhaupt, sondern nur solche strafen will, welche eine äussere Gefährdung der Person des Geistlichen und gleichzeitig eine äussere Missachtung derselben bekunden[3]. Damit ist schon die zur Herstellung des Thatbestandes erforderliche Richtung des animus charakterisirt; es ergiebt sich daraus, dass ein animus iniuriandi in denjenigen Fällen, wo die thätliche Verletzung schon an und für sich die Missachtung dokumentirt (z. B. bei der Tödtung, der Körperverletzung) nicht nothwendig ist. Absichtlichkeit (dolus) ist aber unter allen Umständen erforderlich, denn die Worte: si quis suadente diabolo lassen sich nicht auf eine blosse culpa beziehen[4]; daher kann die Strafe nicht eintreten, wenn der Thäter die Eigenschaft des Klerikers nicht kannte[5]. Wegen der Worte: manus iniecerit muss ferner der blosse Versuch einer den Thatbestand bildenden Handlung für straflos gelten[6], jedoch nur dann, wenn dieser nicht schon selbst und an und für sich eine auch sonst nach den obigen Kriterien strafbare Verletzung des Klerikers enthält[7]. Mit Rücksicht auf das eben Bemerkte ist die Verletzung des Leichnams eines Klerikers sowie die Verletzung eines Laien in der Meinung, er sei Geistlicher, für straflos zu erklären[8].

Ebenso strafbar wie der Thäter ist auch der Theilnehmer und der intellektuelle Urheber[9], und kraft positiver Bestimmung[10] derjenige, welcher eine in seinem Namen zugefügte Verletzung ratihabirt, sowie derjenige, welcher eine solche, obwohl er es konnte, nicht verhindert hat.

d. Dass die Strafe da nicht eintritt, wo die Zurechnungsfähigkeit nicht vorhanden ist (also z. B. bei Geisteskranken, Kindern)[11], folgt aus allgemeinen Rechtsgrundsätzen. Als vorübergehend aufgehoben wird ferner die Zurechnungsfähigkeit vom kanonischen Rechte in dem Fall erachtet, wo Jemand den Kleriker im fleischlichen Umgange mit

[1] S. Gonzalez Tellez ad c. 15. X. de sent. excomm. V. 39. n. 3; Fragosi l. c. n. 15—17.

[2] So erklärt die Doktrin für strafbar das Anspucken, Begiessen mit Flüssigkeiten, Traktiren mit Fusstritten, Prügeln mit Stöcken, Zerreissen der Kleider, s. die Glosse ad c. 29. si quis. s. v. violentas; Gonzalez Tellez l. c.; Fragosi l. c. n. 16; Fagnan. ad c. 29. X. eod. tit. n. 9; kraft gesetzlicher Bestimmung s. c. 29 (Innoc. III.) cit. tritt die Strafe auch für die widerrechtliche Gefangenhaltung eines Klerikers ein.

[3] Deshalb bildet trotz der überwiegenden, entgegengesetzten Meinung der Aelteren (vgl. Fragosi l. c. n. 18) der Giftmord eines Geistlichen ebensowenig den Thatbestand des hier in Rede stehenden Vergehens, wie die blosse Verbalinjurie; die Strafe tritt ferner nicht ein, wenn ein Bischof in seinem Schloss belagert, wenn der Geistliche durch kompulsiven Zwang zu einer Handlung veranlasst wird. Vgl. Fagnan. l. c. n. 10; Fragosi l. c. n. 16.

[4] S. auch c. 3 (Alex. III.) X. eod. tit. V. 39: ... „nisi forte turbam arcendo irruentem, non ex deliberatione, sed fortuito casu clericum laedat". Bei aus Scherz zugefügten Schlägen u. s. w. fehlt es aber selbstverständlich an der erforderlichen Qualifikation der Absicht. S. c. 1 (Alex. III.) eod.

[5] c. 4 (Alex. III.) X. eod. tit. Trug der Kleriker geistliches Gewand, so kann sich der Thäter natürlich nicht entschuldigen. Hüffer S. 162. — Hiernach muss auch die alte Streitfrage, ob die Strafe verwirkt ist, wenn man den Laien A verletzen will, aber, statt dessen den Kleriker B verletzt, verneinend entschieden werden. S. Fragosi l. c. n. 36. A. M. Hüffer, S. 164.

[6] Fragosi l. c. n. 14; Phillips 1, 663; Hüffer S. 164.

[7] Derjenige, welcher in der Absicht, einen Kleriker zu morden, diesem nur eine nicht tödtliche Körperverletzung beibringt, verfällt dem Kanon, denn wenngleich hier nur versuchte Tödtung vorliegt, ist damit doch eine auf seinen Willen zurückführende percussio clerici erfolgt.

[8] A. M. Phillips 1, 661. 664. Für die hier vertretene Meinung der von letzterem irrthümlich für die seinige citirte Hostiensis summa aurea. de sent. excomm. V. 39. n. 10; Hüffer, S. 164.

[9] c. 6. §. 1 (Alex. III.) X. eod. tit. V. 39.

[10] c. 23 (Bonif.) in VIto eod. tit. V. 11; c. 47 (Innoc. III.) X. eod.

[11] Unmündigkeit entschuldigt aber nicht unter allen Umständen, s. c. 1. X. de delict. pueror. V. 23; c. 1. 60. X. tit. cit.

seiner Frau, Mutter, Tochter oder Schwester ertappt, und ihn sofort deswegen züchtigt[1]. Ebensowenig kann da von einer Strafbarkeit die Rede sein, wo ein Recht zur Verhängung körperlicher Züchtigung ausgeübt[2], oder der thätliche Angriff nur vorgenommen wird, um einen andern in die gehörigen Schranken zurückzuweisen[3]. Unter diesen letzteren Gesichtspunkt fällt auch die in Folge von Nothwehr einem Kleriker zugefügte Verletzung[4].

Dagegen wird der Thäter dadurch nicht straflos, dass der Geistliche wenn auch im Voraus auf das ihm zustehende Privilegium verzichtet, weil dasselbe nicht im Interesse des Einzelnen, sondern im Interesse der Aufrechterhaltung der Würde und des Ansehens des geistlichen Standes, also im Interesse der Kirche überhaupt, eingeführt ist[5]. Daraus lässt sich aber nicht herleiten, dass ein Geistlicher, welcher sich selbst aus Bosheit, Lebensüberdruss etc. schlägt, ebenfalls der Strafe des Kanons verfällt[6].

e. Die für die gedachten Handlungen angedrohte Strafe ist die excommunicatio maior und zwar sollte dieselbe nach dem ursprünglichen Sinn des Kanons eine excommunicatio ferendae sententiae sein[7]. Aber noch vor Ablauf des 12. Jahrhunderts hat sowohl die Gesetzgebung wie auch die Doktrin und Praxis dieselbe für eine excommunicatio latae sententiae erklärt[8].

Nach heutigem Recht steht letzteres nicht nur unzweifelhaft fest, sondern der in Rede stehende Fall nimmt auch noch heute insofern eine besondere Stellung ein, als der bei jeder anderen excommunicatio latae sententiae durch Papst Martin V. für erforderlich erklärten richterlichen Deklaration hier schon die blosse Notorietät gleichgestellt ist, und die übrigen Gläubigen zum Abbrechen des Verkehrs mit dem Thäter zwingt[9].

[1] c. 3 (Alex. III.) X. eod. tit. Die Doktrin nimmt unter den gedachten Voraussetzungen auch Straflosigkeit für den Bräutigam an. S. Fragosi l. c. n. 34. — Dass die Frau selbst, welche einen Kleriker züchtigt, um sich ihrseitens desselben zugemutheter Unkeuschheit zu entziehen, straflos bleibt, ist zweifellos (s. Fragosi l. c. 32; Phillips 1, 666); aber hier schliesst die Nothwehr die Strafbarkeit aus und deshalb gehört dieser Fall nicht hierher.

[2] Also wenn der Bischof eine derartige Strafe an einem Geistlichen, der Abt an einem Mönche vollziehen lässt, s. c. 24 (Clem. III.) X. eod. V. 39; (lässt er aber die Strafe durch einen Laien exequiren, so verfällt er, wenn dies nicht gewohnheitsmässig gestattet ist, dem Kanon. c. 24. cit. Fragosi l. c. n. 8. 9). — Ebenso bleibt der Lehrer, der Vater, welcher einen jungen Kleriker züchtigt, straflos, s. c. 1 (Alex. III.) X. eod.

[3] c. 16 (Clem. III.) X. eod.; gewaltsame Entfernung einer Nonne und eines Klerikers durch einen andern aus der Kirche wegen Störung des Gottesdienstes. Das gleiche muss da gelten, wo der Kleriker wegen Begehung von Verbrechen in flagranti verhaftet wird. S. Phillips 1, 670.

[4] c. 3 (Alex. III.) X. eod.; Fragosi l. c. n. 30 ff.

[5] c. 36 (Innoc. III.) X. eod.

[6] Das nimmt eine grosse Anzahl älterer Kanonisten an, s. Fragosi l. c. n. 20; Ferraris l. c. art. 11. n. 23; ferner auch Phillips 1, 364. Allein nicht blos der Wortlaut, sondern auch der Zweck des Kanons schliesst diese ausdehnende Interpretation aus. S. auch Pachmann §. 93. n. p.

[7] S. Hüffer, S. 164 ff. Das ergiebt sowohl der Wortlaut der oben citirten Synode von Clermont, als auch das die Vorschrift dieser Synode wiederholende Concil von London i. J. 1138. c. 10 (Mansi 21, 512): „Si quis clericum vel monachum vel sanctimonialem vel quamlibet ecclesiasticam personam occiderit, incarceraverit vel nefarias ei manus intulerit, nisi tertio submonitus satisfecerit, anathemate feriatur" . . . So auch van Espen, J. E. U. l. c. n. 26; Berardi, Gratiani canones gen. P. II. tom. 2. c. ult. p. 393. A. M. Phillips 1, 666. n. 46.

[8] S. c. 7. 14. X. eod. tit.; ferner die Glosse zu c. 29 cit. Dass die letztere die Exkommunikation als ferendae sententiae bezeichnet, ist ein jetzt allseitig anerkannter, durch einen Druckfehler hervorgerufener Irrthum. S. Richter §. 117. n. 4; Hüffer S. 167; Schulte, Lehrbuch 2. Aufl. §. 40. n. 5.

[9] Vgl. die auch einen Theil des deutschen Konstanzer Konkordats bildende Constitution: Ad vitanda von 1418 (jetzt bei Hübler, Konstanzer Reformation S. 186. 349). Da aber die Constitution bestimmt: „salva si quem pro sacrilega manuum iniectione in clericum sententiam latam a canone adeo notorie constiterit incidisse, quod factum non possit aliqua tergiversatione celari nec aliquo iuris suffragio excusari"; also sowohl Notorietät des Faktums der Verletzung als auch Notorietät der Verübung derselben in böser Absicht verlangt (Kober, Kirchenbann 2. Ausg. S. 260), so hatte schon damals praktisch diese Ausnahme nicht viel zu bedeuten. S. die Entscheidungen der Congr. Conc. zu Trid. Sess. XXV. c. 3. de ref. n. 1. 6. bei Richter S. 440. 442; Hüffer S. 167.

Ausserdem ist die Exkommunikation schon seit ihrer gemeinrechtlichen Festsetzung insofern qualificirt, als die Absolution von derselben seitens des Thäters persönlich beim Papst eingeholt werden soll [1]. Zu der einzigen, durch den Kanon selbst schon zugelassenen Ausnahme, nämlich dem Falle der Todesgefahr (mortis urgente periculo), in welchem nach allgemeinen Grundsätzen nicht nur der Bischof, sondern jeder Priester zur Lossprechung pro foro interno befugt ist [2], sind durch das Dekretalenrecht noch andere hinzugekommen. Nach demselben kann der Bischof solche Personen von dem Banne absolviren, für welche eine Reise nach Rom wegen ihres Alters, Geschlechtes, Standes oder eines sonst ihnen entgegenstehenden Hindernisses unmöglich oder wenigstens schwer auszuführen ist [3], also z. B. Frauen [4], Unmündige [5], Personen in fremder Gewalt [6], Arme, aber nicht die eigentlichen Bettler [7], Kranke, verstümmelte, gebrechliche und alte Personen [8], solche, welche wegen drohender Verfolgungen oder wegen ihrer Stellung als Fürsten, ihres Amtes an der Reise gehindert sind [9], endlich Mönche, in Gemeinschaft lebende Kleriker und Nonnen, sofern sich dieselben innerhalb der Klausur unter einander thätlich verletzen [10], indessen muss in allen Fällen, wo abgesehen vom Knabenalter kein immerwährendes Hinderniss vorliegt, vor der Absolution seitens der betreffenden Person das eidliche Versprechen gegeben werden, sich sobald als thunlich beim Papst zu stellen [11]. Ausserdem schreibt die neuere Doktrin und Praxis dem Bischof auch allgemein in leichten [12] Fällen ein Dispensationsrecht zu und zwar unter genügendem gesetzlichen Anhalt [13]. Immer muss aber dem Verletzten vor der Absolution Genugthuung geleistet werden [13a].

Für das staatliche Gebiet war die Wirksamkeit der durch den Kanon angedrohten Strafe der Natur der Sache nach davon abhängig, dass der Exkommunikation auch bürgerliche Folgen von der weltlichen Gesetzgebung beigelegt wurden. Da aber in der modernen Zeit davon nicht mehr die Rede ist, so kann sich das gedachte Privilegium auf dem Gebiete des weltlichen Rechts nicht mehr bethätigen [14].

Das ältere germanische Recht hat freilich in der christlichen Zeit der kirchlichen Anschauung von der hervorragenden Stellung der Geistlichen auch für das weltliche Gebiet dadurch Ausdruck gegeben, dass es die körperliche Verletzung und

[1] So viel bekannt der erste derartige päpstliche Vorbehalt. Dem Papst gleich steht der legatus a latere. c. 20. 26. X. eod.

[2] Kober a. a. O. S. 490 ff.

[3] c. 11. X. (Alex. III.), c. 58 (Gregor. IX.) eod. Vgl. Barbosa de potest. episcopi P. II. alleg. 41; Fragosi l. c. n. 55 ff.; Phillips 1, 668; Hüffer S. 168; Kober a. a. O. 498 ff.

[4] c. 6 (Alex. III.), c. 13 (Urban. III), eod., c. 58. cit.

[5] c. 58. 60 (Gregor. IX.) eod.

[6] c. 6. cit.; c. 37 (Innoc. III.) eod.

[7] So zu vereinigen c. 26 (Clem. III.), c. 58 cit. einerseits mit c. 13 (Urb. III.) eod. s. Barbosa l. c. n. 23; Kober S. 499 n. 5.

[8] c. 13. 26. 58. cit.

[9] c. 6. 11. eod. tit.

[10] c. 2. 32. eod.; „in religionis favorem et ut evagandi materia subtrahatur". c. 9 (Gregor. VII. ?) X. de vita et honest. III. 1. In einfachen Fällen dispensirt aber der vorgesetzte Abt. Näheres ergiebt c. 32. cit.; s. auch Fragosi l. c. n. 55.

[11] c. 11. 26. 58. cit.; um die weitern Befehle wegen der Busse und zu leistenden Genugthuung entgegen zu nehmen, nicht um nochmals dispensirt zu werden. Die Verletzung dieser Verpflichtung zieht ipso iure das Wiedereintreten der Exkommunikation nach sich. c. 22 (Bonif. VIII.) in VI[to] eod. tit. V. 11.

[12] Welche dahin zu rechnen, darüber hat sein Ermessen zu entscheiden.

[13] c. 2. 17. X. eod. tit.; in älterer Zeit ist viel darüber gestritten worden, vgl. Fagnan. ad c. 17. cit.; Barbosa l. c. n. 2; Fragosi n. 70; Phillips 1, 669; Hüffer S. 169. Die Fassung der Quinquennalfakultäten für die deutschen Bischöfe steht, wie Richter §. 117. n. 5 meint, nicht entgegen, da diese nur die schweren und aussergewöhnlichen (graves und enormes) Thätlichkeiten im Auge haben.

[13a] Anal. l. c. p. 1830. 1833.

[14] In Oesterreich leistet nach den Entschliessungen von 1755 u. 1775 (Barth. Barthenheim, Oesterreichs geistliche Angelegenheiten S. 108.) der Staat hülfreiche Hand für die behufs der Konstatirung der Exkommunikation zu führende Untersuchung. Die Theilnahme von 2 politischen Kommissären an derselben muss aber durch das Konkordat Art. 34. 35 für beseitigt erachtet werden. S. auch Pachmann §. 93. a. E.

Tödtung eines Geistlichen mit höherer Busse und höheren Wergeld ahndete[1]. Das spätere deutsche Strafrecht hat aber diesen Gesichtspunkt nicht festgehalten, also nicht die Beleidigungen und Verletzungen eines Geistlichen wegen dieser seiner persönlichen Qualität mit härteren Strafen als sonstige derartige Vergehen belegt, vielmehr dieselben nur dann, wenn sie gegen den fungirenden Geistlichen verübt werden, von dem Gesichtspunkt der Störung des Gottesdienstes aus, also als s. g. Religionsverbrechen nach dem Vorgange des römischen Rechts[2] oder von dem Gesichtspunkt der gegen einen öffentlichen Beamten bei Ausübung seines Berufes verübten Beleidigung aus[3] für strafbar erklärt.

II. Hat die Kirche für die Geistlichen die Befreiung von jeder staatlichen Gerichtsbarkeit, das s. g. *privilegium fori*, in Anspruch genommen, von welchem indessen passender in dem Abschnitt von der kirchlichen Gerichtsbarkeit gehandelt wird.

III. Das *privilegium immunitatis*[4]. Im Interesse der freien und ungetheilten Hingabe der Kleriker an ihren Beruf[5] wurde denselben seit der Anerkennung der christlichen Kirche durch Konstantin die Freiheit von Staatsämtern, andern öffentlichen Funktionen und Lasten (munera sordida)[6] namentlich von den Municipalämtern[7], von der vorübergehend vorkommenden Gewerbesteuer[8], sowie von der Uebernahme von Vormundschaften und Kuratelen[9] gesetzlich zugestanden. In den germanischen Reichen[10] und namentlich im Frankenreich[11] blieb diese Befreiung mit Rücksicht auf die mangelnde Ausbildung eines Systems öffentlicher Abgaben und Leistungen und wegen des Grundsatzes, dass die Kirche nach römischem Recht lebt, zwar bestehen, aber gerade die nahe Stellung der höheren Geistlichkeit zum König und ihr politischer Einfluss brachte für sie die Uebernahme von

[1] Wobei verschiedene Abstufungen nach den Weihegraden vorkommen, s. L. Alam. Hloth. ed. Merkel. tit. 11—16; l. Baiuar. ed. Merkel. tit. I. 8—10; l. Ripuar. tit. XXXVIII. 5—9. l. Salica. nov. 259. ed. Merkel p. 80; Cap. ad leg. Salic. a. 803. c. 1 (LL. 1, 113) = c. 27. C. XVII. qu. 4; Ep. Caroli ad Pippin. a. 807 (LL. 1, 150); das Capit. Paderborn. u. 777 (v. Richthofen, zur lex Saxonum S. 170 ff.) c. 2 (LL. 1, 48) setzt aus einem durch die sächsischen Verhältnisse sich von selbst erklärenden Grund Todesstrafe auf die Tödtung eines Bischofs, Priesters und Diakons. S. überhaupt Rettberg, Kirchengeschichte Deutschlands 2, 645; Wilda, Strafrecht der Germanen S. 526; v. Richthofen a. a. O. S. 272; über das Pseudo-Kapitular Long. a. 813. c. 2 (LL. 1, 192) s. Boretius, die Capitularien im Longobardenreich S. 188.

[2] S. L. 10. 33. §. 6. C. de episc. I. 3; Nov. 123. c. 31 (die Strafe ist Tod, Exil und körperliche Züchtigung), Heffter, Strafrecht §. 320. n. 1; Berner, Strafrecht. §. 243. Uebrigens hat auch die karolingische Gesetzgebung diesen Fall besonders hervorgehoben. S. Cap. Aquisgr. a. 813. c. 2; Hloth. cap. a. 832. c. 2 (LL. 1, 210. 360).

[3] So das Preussische Strafgesetzb. §. 192, nach welchem aber die Verübung von Thätlichkeiten auch von dem ersten Gesichtspunkte aus strafbar ist, vgl. §. 136. Diese beiden Gesichtspunkte finden sich auch in österr. §. 122—124. 303; bairisch. Art. 159—161. 127; würtemb. Art. 190. 234; oldenburg. Art. 174. 129; braunschw. §§. 116. 117; badisch. §§. 297. 585; der erstere Gesichtspunkt allein im revid. sächsisch. Art. 233; thüring. 181—184; grossh. hessisch. Art. 194.

[4] Ueber die Geschichte vgl. Thomassin P. III. lib. 1. c. 33 ff.; für das römische Reich Riffel, gesch. Darstellung des Verhältnisses zwischen Kirche und Staat. Mainz 1836. S. 158 ff.

[5] S. den Brief Konstantins bei Eusebius hist. eccl. X. 7.

[6] Vgl. die allgemein lautenden c. 2 (319); 9 (349); 24 (377); 29. 30 (395) C. Th. de episc. XVI. 2; l. 6. 33. §. 7. C. J. eod. I. 3.

[7] c. 7 (330); c. 9 cit. eod; dieses Vorrecht hatten schon die heidnischen Priester und Synagogenvorsteher; s. Gieseler Kirchengeschichte. 4. Aufl. I. 272. n. 30.

[8] Für den zu ihrem Unterhalt betriebenen Handel s. c. 2. C. J. (357) de episc. I. 3; c. 8 (343); c. 15 (360); c. 36 (401) C. Th. eod. tit. XVI. 2. S. auch van Espen, J. E. U. P. II. tit. 35. c. 1. n. 9.

[9] L. 52. C. J. eod. tit.; Bischöfe und Mönche sind sogar unfähig, die übrigen Geistlichen dürfen dagegen die gesetzliche Vormundschaft über ihre Verwandten übernehmen, s. Nov. 123. c. 5. — Ueber die Immunität der Kirchengüter vgl. unten die Lehre vom Vermögensrecht.

[10] Für Spanien vgl. c. 69 (Tolet. III. a. 589) C. XII. qu. 2; c. 47. Tolet. IV. a. 633.

[11] c. 13. Aurel. IV. a. 541; c. 63. Meldens. a. 845 (Mansi 14, 834); auch Benedikt Levita wiederholt einzelne hierher gehörige Bestimmungen des Cod. Theod. und der Toletaner Concilien in c. 185. 290. 467. lib. III.

Lasten mit, weil nach der damaligen Staatsverfassung das Eine durch das Andere bedingt war. So konnten sich dieselben der Sitte, dem König jährlich die üblichen Geschenke darzubringen, welche von den übrigen Grossen beobachtet wurde und sich in eine Steuerpflicht umgewandelt hatte, nicht entziehen [1]. Ebensowenig konnten sie die Pflicht, den König bei seinen Reisen zu beherbergen [2] und die Beamten bei ihren Dienstreisen, sowie fremde Gesandte bei sich aufzunehmen [3], von sich ablehnen. Endlich waren die Bischöfe und Aebte in karolingischer Zeit ebenso wie die Grossen zur Heerfolge verpflichtet, wenngleich sie sich aktiv am Kampfe nicht betheiligen sollten [4]. Ausser diesen regelmässigen [5] öffentlichen Lasten wurden seitens der fränkischen Könige auch mehrfach ausserordentliche Steuern von der Geistlichkeit eingefordert [6]. Dass im späteren Mittelalter die politischen Gewalten die Geistlichen den staatlichen Abgaben unterworfen haben [7], ergiebt u. A. der Umstand, dass die päpstliche Gesetzgebung zuerst auf dem dritten Lateranensischen Concil von 1179 [8] und dann wiederholt die allgemeine Abgabenfreiheit der Kleriker unter Verhängung der Exkommunikation für die Verletzung dieses Privilegs statuirt hat [9]. Die deutsche Reichsgesetzgebung [10] hat diesen Anspruch der Kirche ebenfalls anerkannt und durch Androhung der Reichsacht sicher gestellt.

Seitdem hat die kirchliche Gesetzgebung [11], Doktrin und Praxis [12], an den Vorschriften der gedachten Dekretalen festgehalten, und das Privilegium jedem Tonsurirten, nicht aber dem verheiratheten, selbst wenn er in erster Ehe lebt, geistliches Gewand und Tonsur trägt, sowie auch bei einer bestimmten Kirche Dienste leistet, zugesprochen [13]. Der Verlust tritt mit der aktuellen Degradation ein, ferner dann, wenn der

[1] Die Geschenke wurden von den Aebten, Aebtissinnen und auch den Bischöfen für den ihnen gewährten Schutz im Verhältniss zu dem Vermögen der Kirche gegeben. S. Cap. Vernens. a. 755. c. 7 (LL. 1, 25), const. de servitio monach. a. 817 (LL. 1, 223); conv. ap. Theodon. villam a. 844 c. 4. i. f. (LL. 1, 382). Thomassin l. c. c. 38; Waitz, deutsche Verfassungsgesch. 4, 91 ff.

[2] c. 26. Meld. a. 845 (Mansi 14, 824); Waitz a. a. O. 4. 11 ff.

[3] Waitz a. a. O. 4, 16. 18. 19 ff. 21 ff. Die vielfach vorkommenden Immunitätsprivilegien von diesen Lasten (s. a. a. O. S. 19. n. 2) bestätigen die Regel.

[4] S. oben §. 3. n. VII. S. 26.

[5] Dass dieselben als solche ohne Widerspruch in der gedachten Zeit anerkannt wurden, ergeben namentlich die Aeusserungen Hinkmars von Rheims in d. epist. ad episc. prov. Rem. c. 38. 39 (opp. ed. Sirmond 2, 176. 177), ad Ludov. Balb. c. 8 (2, 182), ad Carol. Calv. (2, 324. 325).

[6] So unter Karl d. Gr. zum Bau von Kirchen und Palästen s. Waitz a. a. O. S. 31 ff.; unter Karl dem Kahlen 877 behufs der Aufbringung des Normannentributs, wo auch die Pfarrkirchen herangezogen wurden. S. Edict. de trib. Norm. (LL. 1, 356), Dümmler, Gesch. des ostfränk. Reichs 2, 43 ff.

[7] S. Thomassin l. c. c. 41—44.

[8] c. 4. X. de immun. eccles. III. 49.

[9] c. 7 (Later. IV. a. 1215) X. eod; c. 1 (Alex. III.); c. 3 (Bonif. VIII.) in VI^to eod. tit. III. 23; Clem. 3. de cens. III. 13; die harten Strafen des c. 3. cit. sind wieder beseitigt durch Clem. un. h. t. III. 17. Als Ausnahme lässt eine Heranziehung des Klerus zu den Lasten zum Nutzen des Staats und zur Unterstützung in der Noth c. 4. cit. mit Genehmigung des Bischofs und des Kapitels, c. 7. cit. nur mit Konsens des Papstes zu.

[10] Auth. Frider. II. Item nulla communitas zu l. 2. C. de episc. I. 3. vom 20. Nov. 1220 (LL. 2, 243): „Item nulla communitas vel persona publica vel privata collectas sive exactiones, angarias vel parangarias ecclesiis aliisque piis locis aut ecclesiasticis personis imponant aut invadere ecclesiastica bona praesumant; quod si fecerint et requisiti ab ecclesia vel imperio emendare contempserint, triplum refundant et nichilominus banno imperiali subiaceant, quod absque satisfactione debita nullatenus remittatur".

[11] S. die Bulle: In coena domini §. 18 (Republikation v. Gregor. XIII. (Magn. Bullar. 2, 498); Const. Urbans VIII.: Romanus Pontifex v. 5. Juni 1641. §§. 6. 8 (M. Bullar. 5, 355), s. auch Trid. Sess. XXV. c. 20. de ref.

[12] S. z. B. Fagnan. ad c. 4. X. cit. h. t.; und die Entscheidungen der Congr. Immunitatis bei Ferraris s. v. clericus. art. 7. n. 15 ff. Die letztere hält auch in Uebereinstimmung mit der Constitution Urbans VIII. an dem Requisit der päpstlichen Genehmigung für die ausnahmsweise Belastung des Klerus fest; s. Ferraris n. 36.

[13] Fagnan. ad c. 2. X. h. t. n. 15. 16; Ferraris l. c. n. 8. mit Rücksicht auf Trid. Sess. XXIII. c. 6. de ref.; c. un. in VI^to III. 2. Den unter Verletzung von Trid. Sess. VII. c. 10. de ref.; Sess. XXIII. c. 10. de ref. ordinirten Minoristen steht das Privilegium ebenfalls nicht zu.

Kleriker unter Ablegung der geistlichen Tracht sich einer verächtlichen oder mit seinem Stande unvereinbaren Beschäftigung und Lebensweise hingiebt und trotz dreimaliger Ermahnung seines Bischofs nicht davon ablässt[1]. Von einer Anerkennung des Privilegs der Immunität in seinem vollen Umfange auf weltlichem Gebiet ist aber der vorhin erwähnten Bestimmungen unerachtet nicht die Rede gewesen. Trotz der wiederholten Bestätigung aller Freiheiten der katholischen Kirche seitens der deutschen Reichsgesetzgebung[2] ist die Geistlichkeit wiederholt von Reichswegen zu ausserordentlichen Steuern herangezogen[3], und auch in den einzelnen Städten[4] und Territorien sind sowohl von weltlichen wie auch selbst von geistlichen Landesherren theils mit, theils ohne päpstliche Indulte von der Geistlichkeit Steuern erhoben worden[5]. Die moderne Gesetzgebung der deutschen Staaten hat ebensowenig das Privilegium in seinem kanonischen Umfange anerkannt. So sind die Geistlichen z. B. in Preussen[6], Oesterreich[7], Baiern[8], Sachsen[9], Würtemberg[10], Grossherzogthum Hessen[11], Baden[12], Oldenburg[13], Braunschweig[14] den Staatsabgaben wie jeder andere Unterthan unterworfen.

1 S. c. un. (Bonifac. VIII.) de vita et honest. cler. in VIto III. 1; Clem. 1. eod. tit. III. 1. Ferraris l. c. n. 12.

2 S. z. B. den Landfrieden von 1389 (Koch, Sammlung der Reichsabschiede 1, 97), R. A. v. 1512. §. 1 (a. a. O. 2, 137).

3 S. z. B. R. A. v. 1471. §§. 12 ff. (a. a. O. 1, 231), R. A. v. 1512. I. §§. 2. 10 ff. (a. a. O. 2, 108), R. A. v. 1542 §§. 61 ff. (a. a. O. 2. 455), R. A. v. 1544. §. 35 (a. a. O. 2, 501). In der Mitwirkung der geistlichen Fürsten bei diesen Beschlüssen kann, weil diese hierbei nur als Reichsfürsten handelten, kein Verzicht der Kirche auf das Privileg gefunden werden (s. Schulte, kath. Kirchenrecht 2, 162), das umsoweniger als auch auf dieses Privileg der Einzelne gar nicht resigniren kann und die kanonischen Voraussetzungen der Belastungen der Kleriker hier nicht vorlagen.

4 Hier hat man schon im 13. Jahrh. den Grundsatz, dass der Theilnahme am Stadtrecht auch die Theilnahme an den städtischen Lasten entsprechen müsse, auf die Geistlichen angewendet und sie besteuert. S. Gierke, das deutsche Genossenschaftsrecht. 1, 331. n. 79. 80.

5 S. hierüber sowie über die Decimationssteuer J. J. Moser, von der Landeshoheit im Geistlichen S. 304 ff.; von der teutschen Religionsverfassung S. 735 ff.; Sartori, geistl. u. weltl. kathol. Staatsrecht. II. 2. Abschn. 1. S. 571 ff.; Müller, Lexikon des Kirchenrechts. 2. Aufl. 2, 99 ff.; über das den Landesherrn gegen die Klöster und Pfarrhöfe zustehende Atzungsrecht s. Moser, Landeshoheit etc. S. 306; Sartori a. a. O. S. 586. — In Frankreich zahlte die Kirche schon vor Ausbruch der Revolution ebenso viel wie die andern Stände. S. Necker, sur l'administration de finances de la France. 2. 297.

6 Der Klassen- und klassificirten Einkommensteuer s. Ges. v. 7. Dezember 1849. §. 1; Ges. v. 1. Mai 1851. §§. 5. 16 (Vogt 1, 144 ff.); für die 1866 erworbenen Provinzen gilt das auch, da gehier die altpreussische Steuergesetzgebung eingeführt ist. S. Preuss. Ges. Samml. v. 1867. S. 533 ff. 593. 761. 842; vgl. auch Art. 12 der Verf. Urk. Ueber andere öffentliche Lasten, denen sie unterworfen sind, s. Vogt 1, 173; befreit sind sie von den direkten Kommunal-Abgaben und persönlichen Diensten. Vgl. v. Rönne, Staatsr. der Preuss. Monarchie. 2. Ausg. II. 1, 381 ff.; Vogt 1, 163 ff.; Jacobson, Preuss. evang. Kirchenrecht. S. 231.

7 Hier nur Befreiungen a) von der Einkommensteuer für die Bezüge, welche den Mendikanten-Klöstern, den dem Unterricht, Erziehung oder Krankenpflege obliegenden geistlichen Orden, den Schulen, Siechenhäusern oder andern Wohlthätigkeitsanstalten aus dem Staatsschatze, öffentlichen Fonds oder von Gemeinden bewilligt sind, b) von der Erwerbsteuer für die Apotheken der barmherzigen Brüder, für alle Personen im unmittelbaren Staatsdienst oder einer vom Staat anerkannten öffentlichen Anstalt. Vgl. Patent v. 29. Oktober 1849. §. 6. sub. 2; 23. Jan. 1820. §. 2; Hofdekret v. 18. September 1827; 27. Oktober 1829; A. H. Entsch. v. 2. Februar 1833; Pat. v. 12. Dezember 1812. §. 2. S. Schulte, Lehrbuch 2. Aufl. S. 183; Permaneder §. 469.

8 Verf. Urk. v. 1818. tit. 4. §. 9; Religionsedikt von 1818. §§. 73. 74 (Permaneder S. 1042. 1049. 268. 325, s. auch Schulte, status dioeces. p. 95).

9 Verf. Urk. v. 1831. §. 38 ff. (Zachariä, Verfassungsges. S. 167), Gewerbe- u. Personalsteuergesetz vom 23. April 1850. §§. 16. 45; vgl. auch Haan, Lexikon des Kirchenrechts etc. im Königr. Sachsen. Leipzig. 1860. S. 4.

10 Verf. Urk. v. 1819. §. 21 (Zachariä S. 299); Lang, Sammlung. Einleitung. §. 74. Befreiung findet statt von Frohnden, Einquartirung und Kriegskosten. S. Lang a. a. O.

11 Verf. Urk. v. 1820. §. 30 (Zachariä S. 404); Fertsch, Handbuch. S. 174 ff.

12 Verf. Urk. v. 1818. §. 8 (Zachariä S. 332); Ges. über die Regelung der kirchlichen Verhältnisse v. 9. Oktober 1860. §§. 13. 14. Befreiung von persönlichen Lasten gewährt dagegen das Bürgerrechtsgesetz vom 31. Dezember 1831. §. 57 (s. Spohn, badisches Staatskirchenrecht. Karlsruhe. 1868. S. 57; Dove, Zeitschr. 1, 159).

13 Rev. Verf. Urk. v. 1852. Art. 65 (Zachariä S. 914).

14 Landschaftsordnung v. 12. Oktober 1832. §. 39 (Zachariä S. 701).

Dagegen ist ihnen eine Immunität von den persönlichen Lasten und von der Uebernahme gewisser Funktionen und Aemter gewahrt geblieben.

Es besteht für die Kleriker namentlich der höheren Weihen Freiheit von der Militär- und Landwehrpflicht[1], von der Uebernahme der Gemeinde-Aemter[2], des Schiedsmanns-Amtes[3] und des Geschwornen-Amtes[4]. In Betreff ihrer Fähigkeit, Vormünder zu sein, gelten gemeinrechtlich noch die schon vorhin (S. 123. n. 9) angeführten Bestimmungen des römischen Rechts[5], soweit die Geistlichen aber fähig sind, bedarf es indessen immer zur Uebernahme der bischöflichen Genehmigung[6]. Die Frei-

[1] In Preussen und in dem weiteren Gebiet des Norddeutschen Bundes ist zwar den Geistlichen als solchen durch das Bundesgesetz betr. die Verpflichtung zum Kriegsdienste v. 9. November 1867. §. 1 (Bundesges. Bl. v. 1867. S. 131) keine Freiheit zugesichert, durch kön. Ordre aber denjenigen Kandidaten, welche bis zum 1. April des Kalenderjahres, in welchem sie das 26. Lebensjahr vollenden, die Subdiakonatsweihe erlangt haben, provisorisch bis zum Ablauf des Jahres 1869 Befreiung zugesichert. S. Bestimmungen über den Militärdienst im norddeutsch. Bunde. Berlin 1868. S. 154. Die Befreiung der Geistlichen und Kandidaten des geistlichen Standes vom Militärdienste im Wege der Verordnung gestattet das badische Wehrgesetz vom 12. Februar 1868. §. 37 (Koller, Archiv des norddeutschen Bundes etc. 1, 917), sofern die Regierung dies mit Rücksicht auf das künftige Bedürfniss für angemessen erachtet. Ein Zurückgestellter, welcher bis zur Vollendung des 27. Lebensjahres seine Prüfung als Kandidat des geistlichen Amtes nicht bestanden oder zu einem andern Beruf übergeht oder sich durch unangemessenes Betragen oder durch Vernachlässigung in Fortsetzung seiner Studien der Begünstigung nach dem Ausspruch des Ministeriums des Innern unwürdig gemacht hat, muss seine Dienstzeit nachträglich erfüllen. — Gesetzliche Befreiung vom Militärdienst ist in Baiern für die Geistlichen, welche die höheren Weihen empfangen, und für Mönche, welche in inländischen Klöstern Profess geleistet, für immer, zeitweise für die Theologie Studirenden gewährt, ebenso besteht in Würtemberg gesetzlich Freiheit für die Angehörigen des geistlichen Berufes, welche die Aufnahmeprüfung in das Priesterseminar bestanden haben. Vgl. bairisches Wehrgesetz vom 30. Januar 1868. Art. 11. n. 8; Art. 12. n. 1; würtemb. Wehrgesetz vom 12. März 1868. Art. 3 (Koller a. a. O. 1, 880. 892).

[2] In Preussen sind sie nicht fähig, Magistratsmitglieder, Stadtverordnete, Mitglieder des Gemeinde-Vorstandes zu werden. S. Vogt 1, 70: Jacobson a. a. O. S. 249; s. auch Städte-Ordnung für Frankfurt a. M. v. 25. März 1867. §§. 26. 29. In Sachsen sind sie in Landgemeinden unfähig, in den Stadtgemeinden haben sie ein Recht der Ablehnung. S. Haan a. a. O. S. 135.

[3] So in Preussen, wo sie dazu unfähig sind. S. Vogt, 1, 107.

[4] Preuss. Verordn. v. 3. Januar 1849. §. 63; Strafprocessordnung für die 1866 erworbenen Provinzen v. 25. Juni 1867. §. 276; bairisches Strafprocessgesetz vom 10. November 1848. Art. 76: würtemberg. Gesetz v. 1849. Art. 61. No. 1; sächs. Ges. v. 14. September 1868. §. 3. Nr. 3; braunschw. von 1849. Art. 110; oldenburg. v. 1857. Art. 10 und Anlage dazu Art. 2; sächs. weimar. v. 1854. §. 8; anhalt. v. 1853. §. 14, in welchen die Unfähigkeit, resp. Ausschliessung für die Dauer des Amtsverhältnisses der Geistlichen ausgesprochen ist; ein Ablehnungsrecht geben dagegen d. badische Strafprocessordnung von 1864. §§. 268. 304, und d. sächs. koburg. Ges. von 1857. Art. 25. No. 5.

[5] S. auch c. 40. C. XVI. qu. 1. Die Behauptung Rudorffs, Vormundschaftsrecht 2, 105 ff., dass die Nov. 123. c. 5, welche die Unfähigkeit der Mönche und Bischöfe ausspricht, für den Occident nicht in Geltung gekommen, hat keinen Anhalt. S. auch Ferraris s. v. tutela n. 52 ff.

[6] c. 4. C. XXI. qu. 3; c. 14. Dist. LXXXVI; c. 14. Dist. LXXXVIII; Ferraris s. v. clericus. art. 3. n. 83 ff. — Für Preussen s. A. L. R. II. 18. §. 213: . . . „Geistliche, mit deren Amte eine Seelsorge verknüpft ist, können nur über Kinder ihrer Verwandten und Amtsgenossen Vormundschaften zu übernehmen angehalten werden". §. 214: „Hat eine von den vorstehenden privilegirten Personen des für sich habenden Privilegii ungeachtet, zur Uebernahme einer Vormundschaft sich schriftlich verbunden, so kann sie dasselbe zu ihrer Entschuldigung nicht weiter vorschützen". §. 134: „Die in einem Kloster ein wirkliches Ordensgelübde abgelegt haben, können nicht Vormünder oder Kuratores sein". Nach dem Reskript von 1818 (Vogt 1, 169) sollen aber die katholischen Geistlichen Genehmigung des Bischofs beibringen. Ueber die Provinz Kurhessen, wo gemeines Recht Anwendung findet, s. Roth u. v. Meibom, kurhess. Privatrecht 1, 525. — Für Oesterreich allg. bürgerl. Gesetzb. §. 192: „Auch . . . Ordensgeistlichen kann in der Regel keine Vormundschaft aufgetragen werden"; §. 195: „Wider ihren Willen können zur Uebernehmung einer Vormundschaft nicht angehalten werden: Weltgeistliche" . . . §. 281: „Wer die gehörigen Eigenschaften zum vormundschaftlichen Amte besitzt, kann auch eine Kuratel übernehmen. Auch finden bei der Kuratel die nämlichen Entschuldigungsgründe . . . wie bei der Vormundschaft statt". — Königreich Sachsen bürgerl. Gesetzb. §. 1897: „Die Uebernahme einer Vormundschaft können ablehnen . . . 4) Kirchen- und Schuldiener"; s. auch Mandat vom 19. Februar 1827. §. 28 (Müller a. a. O. 5, 359). — In Baiern sind nach Cod. Maxim. Th. I. Cap. 7. §. 3 die Ordensgeistlichen unfähig und da wegen der übrigen Kleriker keine Bestimmung getroffen, kommt für sie das gemeine Recht zur Anwendung. S. die Anmerkungen Kreittmayers zu §. 3. cit.

heit von den eben gedachten Pflichten ist aber, wie noch hervorzuheben ist, den Geistlichen nicht allein unter dem Gesichtspunkt eines Privilegs eingeräumt, sondern ihre Unfähigkeit zu gewissen derartigen Funktionen theils im Interesse der Erfüllung ihres Berufes, theils im Interesse ihrer Bewahrung vor Irregularitäten (so z. B. die Freiheit vom Kriegsdienste, von dem Geschworenen-Amt) oder von mit ihrem Berufe nicht vereinbaren Beschäftigungen gesetzlich statuirt worden.

Wenngleich namentlich in älterer Zeit das privilegium immunitatis seitens einzelner Synoden[1] und demnächst auch von manchen Kanonisten auf das ius divinum zurückgeführt worden ist[2], so hat diese Ansicht doch keinen festen Anhalt[3] und in neuerer Zeit erkennen das nicht nur viele katholische Schriftsteller an[4], sondern dieselben geben sogar zu, dass die Kirche und der Klerus, weil sie den Schutz des Staates geniessen, mit Fug und Recht zu den staatlichen Bedürfnissen beizutragen haben, sofern nur nicht mit der Würde und dem Berufe der Geistlichkeit unverträgliche Lasten seitens des Staates beansprucht werden[5].

IV. Das s. g. *privilegium* oder *beneficium competentiae*, d. h. die den Klerikern zustehende Rechtswohlthat, dass ihnen bei gegen ihr Vermögen und Einkommen ausgebrachten Exekutionen die zum nothwendigen Lebensunterhalt erforderlichen Mittel gelassen werden müssen. Das c. 3: »Odoardus« X. de solut. III. 23[6], aus welchem die ältere kanonistische Doktrin dieses Privileg hergeleitet hat[7], missbilligt nur die Exkommunikation als ein unter allen Umständen anwendbares, geistliches Exekutionsmittel[8]. Wenngleich jener Irrthum schon seit dem 18. Jahrhundert dargethan ist[9] und

No. 2 (ed. München 1738. 1, 195). — Der Code civil und nach ihm das badische Landrecht berücksichtigen die Geistlichen gar nicht.

1 c. 17. Magdeburg. 1266. (Mansi 23, 1165): „Cum ecclesiae ecclesiasticaeque personae ac res ipsarum non solo iure humano quin imo et divino a secularium personarum exactionibus sint immunes“. . .

2 Unstreitig ist das aber nicht gewesen s. darüber Gonzalez Tellez zu c. 4. X. h. t. III. 49. n. 8; Engel, colleg. III. 49. n. 23.

3 Wenn der syllabus errorum v. 8. Dezember 1864. No. 30 (Moy Arch. 13, 316) den Satz reprobirt: „ecclesiae et personarum ecclesiasticarum immunitas a iure civili ortum habuit“, so ist damit nur gesagt, dass die Kirche principiell einen Anspruch auf die Immunität habe, nicht dass diese auf dem jus divinum beruht. Geschichtlich ist es zweifellos, dass die Immunität durch die weltliche Gesetzgebung eingeführt ist. S. Schulte, Lehrb. 2. Aufl. S. 184. n. 23.

4 Müller a. a. O. 1, 17. n. 1; Schulte, System 2, 163; Pachmann §. 92. n. 1.

5 Die Kirche hat im modernen Staate eine andere Stellung als im mittelalterlichen Feudalstaat, in welchem sie eine Reihe staatlicher Pflichten erfüllte und als Aequivalent dafür auch eine theilweise Immunität beanspruchen konnte. Gut äussert sich Schulte a. a. O. 2, 163; Richter §. 117. n. 11.

6 (Gregor. IX.): „Odoardus clericus proposuit quod quum P. clericus D. laicus et quidem alii ipsum coram officiali archidiaconi Remensis super quibusdam debitis convenissent, idem in eum recognoscentem huiusmodi debita, sed propter rerum inopiam solvere non valentem, excommunicationis sententiam promulgavit. (*Et infra*:) Mandamus quatenus, si constiterit, quod praedictus Odoardus in totum vel pro parte non possit solvere debita supra dicta sententiam ipsam sine difficultate qualibet relaxetis, recepta prius ab eo idonea cautione, ut si ad pinguiorem fortunam devenerit, debita praedicta persolvat.“

7 Die Glosse dazu trägt nur ungerechtfertigter Weise eine vom Schuldner vorgenommene cessio bonorum in die Stelle hinein, erst die späteren (s. Covarruvias var. resolut. lib. II. c. 1. n. 9; Gonzalez Tellez ad c. cit. n. 14; Fagnan. ad c. cit. n. 14) beziehen sie auf das beneficium competentiae, indem sie darin eine Bestätigung der schon von den Glossatoren gemachten analogischen Ausdehnung des den milites nach l. 6. pr. 16—18. D. de re iud. XLII. 1. zustehenden Benefiziums auf die milites coelestis militiae, die Geistlichen, finden, und das indirekt gegen das beneficium sprechende c. 2 (Luc. III.) X. de fideiuss. III. 22 (s. Gonzalez Tellez dazu n. 10) schon nach ihrer vorgefassten Meinung auslegen, wie dies dann die spätere Praxis der Congr. Conc. (Thesaur. resolut. 3, 178) ebenfalls gethan hat.

8 Weil bei mangelndem bösen Willen die Voraussetzungen der Anwendbarkeit der Exkommunikation nicht vorliegen. Freilich ist dieser Gesichtspunkt trotz des c. 3. cit. nicht immer in der Praxis, ja selbst nicht einmal von der römischen Kurie, wie die Cameral-Obligationen beweisen (s. Briegleb, Exekutiv-Prozess 1, 127), festgehalten worden.

9 S. Lauterbach, de benef. compet. §. 33; J. H. Böhmer J. E. P. III. 23. §§. 20 ff.; Eck (J. H. Böhmer) diss. de clerico debitore. Hal. 1725. c. 4. §. 5.

jetzt kaum mehr Vertheidiger findet[1], so kann doch die erwähnte Rechtswohlthat für das Gebiet des kirchlichen und gemeinen Rechts nicht in Frage gestellt werden, weil sie durch ein Jahrhunderte langes Gewohnheitsrecht sanktionirt ist. Als beneficium competentiae darf das Privileg freilich nicht bezeichnet werden, vielmehr ist es lediglich eine im öffentlichen Interesse der Kirche eingeführte Exekutionsbeschränkung, um den Klerus nicht in die Lage zu bringen, seinen Unterhalt auf eine die Würde der Kirche und seine eigenen Pflichten verletzende Art zu suchen, so dass ein Verzicht auf diese Rechtswohlthat seitens des Einzelnen nicht möglich ist[2].

Nach der kanonistischen Lehre gewährt das Privileg nicht nur ein Recht auf die Einschränkung der Exekution im vorhin gedachten Umfang, sondern auch die Freiheit von der Exkommunikation, dem Personal-Arrest und der Pflicht zur cessio bonorum[3]. Das Privilegium steht allen Klerikern, auch denen der niederen Grade und den blos Tonsurirten[4], sowie auch den Regularen zu und zwar wegen aller civilrechtlichen, selbst aus Delikten hervorgehenden Verbindlichkeiten[5], soll aber dann cessiren, wenn der Exequende die Schuld gerichtlich abgeläugnet[6], wenn er sich eines dolus schuldig gemacht[7], die Cautionsbestellung auf spätere Befriedigung des Gläubigers verweigert hat[8] oder einem noch dürftigeren Gegner gegenüber steht[9], Ausnahmefälle, welche bei der richtigen Ansicht über den Grund des Privilegs nicht haltbar erscheinen[10].

Was das deutsche Partikularrecht betrifft, so sind den Geistlichen hinsichtlich der Freiheit vom Personal-Arrest und der Beschränkung der Exekutionsvollstreckung in ihr Amtseinkommen in der Regel dieselben Vorrechte, wie den Staatsbeamten (so z. B. in Preussen[11], im Königreich Sachsen[12], Würtem-

[1] Das richtige bei Eichhorn 1, 537; Walter §. 215; Phillips 1, 671; Richter §. 117; Permaneder §. 158; Pachmann §. 94; Schulte, Syst. 2, 164. S. auch Puchta, Pandekten. §. 245.

[2] S. Fagnan. l. c. n. 70; Gonzalez Tellez l. c. n. 17; Engel l. c. III. 23. n. 1. — Das Verkennen dieser wesentlichen Verschiedenheit hat die Anwendung einer Reihe unpassender, dem römischen benef. compet. angehöriger Regeln auf den hier in Rede stehenden Fall und damit manche Kontroversen in der kanonistischen Doktrin hervorgerufen.

[3] Fagnan. l. c. n. 1; Gonzalez Tellez l. c. n. 14; Reiffenstuel III. 23. n. 7 ff.; Schmalzgrueber III. 23. §. 3; Schmier, lib. III. tr. 1. c. 1. s. 4. n. 214; Engel l. c.; Devoti III. 14. §. 22.

[4] S. Fagnan. n. 20; ebenso die Congr. Conc. bei Bened. XIV. de syn. dioec. lib. XII. c. 2. n. 2. Eine Meinung wollte das Privileg freilich nur den Minoristen zugestehen, wenn die weiteren Voraussetzungen des privilegii fori vorlagen. S. darüber Schmier l. c. n. 218 ff.; Böhmer n. 30.

[5] Nur nicht bei dinglichen oder persönlichen Ansprüchen auf Restitution einer fremden Sache. Fagnan. n. 47—52; Schmier n. 229.

[6] Fagnan n. 55 ff.; Schmier n. 229.

[7] z. B. sich für einen Laien ausgegeben, den Gläubiger über seine Zahlungsfähigkeit betrogen, Veräusserungen in fraudem creditorum vorgenommen hat. S. Fagnan. n. 37; Schmier n. 233.

[8] Fagnan. n. 68.

[9] S. Böhmer n. 37, wo noch andere Fälle aufgezählt werden.

[10] Ist dasselbe im Interesse des ganzen Standes gegeben, so kann es der Einzelne ebenso wenig durch seine Handlungweise, wie durch ausdrücklichen Verzicht verlieren, vielmehr nur dann, wenn die erstere zugleich den Verlust der geistlichen Standesrechte nach sich zieht. S. Schulte 2, 165.

[11] Hier ist der Personal-Arrest und die Exekution in die zur Dienstverwaltung erforderlichen Bücher, das unentbehrlichste Hausgeräth, die Betten, anständige Kleider und Wäsche ausgeschlossen: von dem Diensteinkommen kann ein Betrag bis 400 Thlr. gar nicht, der Ueberschuss nur zur Hälfte vom Gläubiger zur Befriedigung in Anspruch genommen werden. A. G. O. I. tit. 24. Anhangs §§. 156. 160. 161. 174. Die Exekutionskompetenz, auf welche nicht verzichtet werden kann, Anh. §. 163, fällt aber bei Forderungen aus unerlaubten Handlungen fort. Anh. §§. 157. 169. Blosse Präbenden-Inhaber haben diese Vorrechte nicht. S. Vogt 1, 175 ff.; Jacobson a. a. O. S. 252. Die Bestimmungen über die freie Gehaltsquote gelten auch in den vor 1866 schon zu Preussen gehörig gewesenen Landestheilen, in denen die A. G. O. nicht eingeführt ist. S. v. Rönne, Ergänzungen der Preuss. Rechtsbücher. 5. Ausg. S. 441. Für Hannover kommt in Betracht Ges. v. 2. Juli 1848. §. 4 (Ebhardt, Sammlung 2. F. 2, 4).

[12] Hier kann den Geistlichen, ebenso wie den übrigen Staatsdienern, nicht mehr als ein Drittel von ihrem Einkommen abgezogen werden. S. Osterloh, kön. sächs. ordentl. bürgerl. Prozess.

berg[1] und Baden[2]) gewährt. Besondere Bestimmungen gelten aber in Oesterreich, wo den bepfründeten Geistlichen die Congrua von 300 Fl. C.-M. frei bleiben muss[3], während die übrigen Kleriker die Befreiung nach Analogie der staatlichen Beamten geniessen[4]. Ebenso darf in Baiern von dem Einkommen bis 500 Fl. höchstens $^1/_5$, bis 1000 Fl. höchstens $^1/_4$, sonst höchstens $^1/_3$, mehr selbst nicht einmal mit Einwilligung des Schuldners vom Gläubiger in Anspruch genommen werden[5]. Uebrigens hat es die Nürnberger Novelle 2 lit. d. zur Allg. Deutsch. Wechsel-Ordnung den Landesgesetzen vorbehalten, die Vollstreckung des Wechselarrestes auch gegen »ordinirte Geistliche« auszuschliessen[6], und für den norddeutschen Bund ist die Exemtion der Geistlichen von dem Personalarrest mit der allgemeinen Aufhebung der Schuldhaft durch das Gesetz vom 29. Mai 1868[6a] bedeutungslos geworden.

Vom Standpunkt des katholischen Kirchenrechts aus müsste freilich ausser den gedachten Befreiungen auch das zum Ordinationstitel bestellte Vermögen das erwähnte Vorrecht geniessen[7], indessen hat dieser Grundsatz in der deutschen Partikulargesetzgebung keine Anerkennung gefunden.

V. Ehrenrechte. Dass den Klerikern vor den Laien in der Kirche und bei kirchlichen Handlungen, Versammlungen u. s. w. ein äusserer Vorrang (der Vortritt und ein besonderer, ausgezeichneter Platz) eingeräumt wird[8], liegt in der Natur der Sache und entspricht der katholischen Anschauung von der höheren Stellung des Klerus über den Laien. Ferner sind den Geistlichen auch durch das weltliche Recht gewisse Ehrenrechte beigelegt, dahin gehört namentlich die, wie die vorangehende Darstellung zeigt, auch praktische Folgen äussernde, mehrfach erfolgte Beilegung des Amtscharakters der Staatsdiener[9], oder es ist ihnen mindestens Unterstützung bei der Vornahme ihrer Berufsgeschäfte und der Schutz für die Aufrechterhaltung der ihnen gebührenden Auszeichnung verheissen[10]. Endlich gehört hieher das Recht auf bestimmte Titulaturen, wie Ehrwürden, Hochehrwürden, Hochwürden u. s. w.

3. Aufl. 2, 634. 636; v. Weber, Darstell. des im Kön. Sachsen geltenden Kirchenrechts. 2. Aufl. 2, 329.

1 Wo ebenfalls nicht mehr als ein Drittel von den Gläubigern in Anspruch genommen werden darf, Verordn. v. 25. Mai 1808; Ges. v. 28. Juni 1821. §. 11; Cirkular-Erlass v. 30. April 1823 (Lang, Sammlung. S. 212. 673. 736. u. Einleitung. §. 74).

2 V. v. 30. Juli 1804 (Regierungsblatt v. 1804. S. 143). Danach ist der frei zu lassende Betrag im einzelnen Fall unter Erwägung der in Frage kommenden Umstände zu bestimmen. Ueber Reuss j. L., Sondershausen, Anhalt s. Heimbach, sächs. bürgerl. Prozess. §. 177. n. 12.

3 S. Hofdekret v. 15. Juli 1791; ausgedehnt auch auf Bischöfe, Prälaten, Domherrn und Geistliche mit Deficientengehalt. Hofdekret vom 13. Nov. 1835, 20. März 1836; 13. Oktober 1843.

4 Hofd. v. 23. Nov. 1791; 3. März 1792. Barth-Barthenheim, Oesterreichs geistl. Angelegenheiten. §. 239. Schulte, Lehrb. S. 184. n. 22. A. M. Pachmann §. 94.

5 Minister.-Resk. v. 29. Jan. 1834 (Döllinger, Sammlung 8, 125); Gesetz betr. einige Verbesserungen der Gerichtsordnung v. 17. November 1837 (Ges. Bl. 1837. Stück II. S. 41 ff.); Permaneder §. 158.

6 Näheres über die sich daran anschliessende Landesgesetzgebung bei Borchardt, allgem. deutsche Wechsel-Ordnung. 4. Aufl. Berlin. 1865. S. 20 ff.

6a Norddeutsch. Bundesgesetzblatt von 1868. S. 237.

7 So hat auch die Congr. Conc. entschieden (s. Richters Tridentinum S. 115. n. 26; Schulte 2, 129. n. 3); s. auch S. 69. n. 8.

8 c. 1. X. de vita et honest. cler. III. 1.

9 Preussen A. L. R. II. 11. §. 19: „Die bei solchen" (den öffentlich aufgenommenen) „Kirchengesellschaften zur Feier des Gottesdienstes und zum Religionsunterricht bestellten Personen haben mit andern Beamten im Staate gleiche Rechte"; Baiern Religionsedikt von 1818. §. 30: „Die zur Feier ihres Gottesdienstes und zum Religionsunterrichte bestellten Personen geniessen die Rechte und Achtung öffentlicher Beamten".

10 Oesterreich. Konkordat Art. XVI; dazu Kult. Min. Erlass v. 25. Jan. 1856 (Moy, Arch. 1, XLI); Oldenburg. Normativ v. 5. April 1831. §. 5: „So wie die Kommission mit den zur Wahrnehmung des landesherrlichen Hoheitsrechtes unter ihr beruhenden Behörden dafür zu sorgen hat, dass die katholische Geistlichkeit jede zu Erfüllung ihrer Berufs-Geschäfte erforderliche Unterstützung erhält und bei der ihrer Amtswürde gebührenden Achtung und Auszeichnung geschützt wird etc." (Müller, Lexikon 5, 411). Ober-

C. Die Standespflichten.

§. 17. 1. *Hinsichtlich der Wahrung der klerikalen Würde und Fernhaltung von weltlichen Geschäften.*

Die Stellung des Klerus bringt es mit sich, dass seine Glieder nicht nur eine der Würde des Standes entsprechende Lebensart führen, sondern auch dass dieselben ungetheilt und ohne Hingabe an andere störende Beschäftigungen sich ihrem Berufe hingeben, in der Uebung christlicher Tugenden den übrigen Mitgliedern der Kirche als leuchtendes Beispiel vorangehen und an ihrer eigenen intellektuellen Fortbildung und sittlichen Vervollkommnung weiter arbeiten sollen [1]. Eine nähere Entwicklung dieser Pflichten gehört nicht in das Gebiet des Rechtes [2], für dasselbe kommen vielmehr nur diejenigen Vorschriften in Frage, welche von den Klerikern bestimmte äussere Handlungen oder Unterlassungen verlangen, weil deren Beobachtung von der Erfüllung der vorhin gedachten Pflichten unzertrennlich ist, — Vorschriften, welche freilich mit der veränderten Kultur und Sitte mannichfachem Wechsel unterlegen haben.

I. Eine Reihe von hierher gehörigen Anordnungen haben den Zweck, die Wahrung des äusseren Anstandes und der Würde des geistlichen Standes zu sichern. Zunächst soll der Kleriker das Zeichen seines Standes, die Tonsur [3], und auch sonst das Haar einfach geordnet und einfach geschnitten tragen [4].

Ueber die Kleidung sind seitens der Kirche spezielle, allgemein verbindliche Normen niemals gegeben worden [5], vielmehr ist nur der Grundsatz seit alter Zeit oft [6]

rheinische Kirchenprovinz Edikt v. 30. Januar 1830. §. 35: „Der Staat gewährt den Geistlichen jede zur Erfüllung ihrer Berufsgeschäfte erforderliche gesetzliche Unterstützung und schützt sie in dem Genusse der ihrer Amtswürde gebührenden Achtung und Auszeichnung“, eine Vorschrift, welche noch jetzt für die 1866 preussisch gewordenen Theile der Kirchenprovinz, als mit der in denselben eingeführten Preuss. Verf.-Urk. nicht in Widerspruch, zu Recht bestehend erachtet werden muss. Für Würtemberg Lang, Sammlung. §. 59; für Sachsen Weber a. a. O. 1, 364. 365.

1 Vgl. z. B. c. 21 (Hieron.) C. VIII. qu. 1.

2 Wie Schulte, System 2, 167 n. 4. mit Recht hervorhebt. Vgl. übrigens über diesen Punkt Phillips 1, 676 ff.

3 S. oben §. 13. No. I; s. auch Clem. 2. de vita et honest. III. 1. Trid. Sess. XIV. c. 6. de ref.

4 c. 22. 23. 32. §. 1. Dist. XXIII; decr. Tassil. Niuhing. c. 18 (LL. 3, 468); c. 4. 5. 7. X. de vita et honest. III. 1. Die frühere Sitte des Barttragens ist bei den abendländischen Klerikern schon vor dem 9. Jahrhundert abgekommen (s. z. B. c. 7. X. h. t.), im 16. und 17. Jahrhundert aber trugen auch die abendländischen Kleriker wieder einen kurzen Bart, seit mehr als 100 Jahren ist man indessen zu der Praxis des Mittelalters zurückgekehrt. S. Thalhofer in Moys Archiv. 10, 93 ff. Ein Schreiben des päpstlichen Nuntius vom 4. Mai 1863 (bei Moy 10, 108) erklärt, dass der Papst auf Grund der moderna et vigens disciplina ecclesiae latinae die Sitte des Barttragens misbillige. Auch das Prager Provinzialkoncil von 1860 tit. 1. c. 8 (Acta et decreta concilii prov. Prag. Pragae 1863) verbietet den Bart. — Das Tragen einer Perücke (caesaries ficta, coma supposita, coma ascita oder ascititia) beim Messelesen ist in Anschluss an I. Cor. XI. 4. u. c. 57 (syn. Roman. a. 743) Dist. I. de consecr. verboten, und nur mit päpstlicher Erlaubniss gestattet; wenngleich das Tragen der Perücke ferner mit den Bestimmungen über die Tonsur nicht vereinbar ist, so kann der Bischof dasselbe doch sonst aus dringenden Gründen (z. B. aus Gesundheitsrücksichten) erlauben. S. Bened. XIV. de syn. dioec. XI. 9; instit. XXXIV. §. 4. n. 14; XCVI; Ferraris s. v. coma fictitia.

5 Das in der vorigen Note erwähnte Schreiben des Münchener Nuntius verlangt zwar „ut disciplinae unitas et perfecta cum ecclesia Romana omnium magistra conformitas in omnibus ac proinde etiam in habitu et tonsura clericorum servetur“; einen gemeinrechtlichen Anhalt hat das aber nicht und praktisch besteht diese Konformität ebensowenig.

6 Vgl. hierzu Thomassin P. I. lib. 2. c. 43. 44. 46. 48. 50. 51. Dergleichen Vorschriften finden sich z. B. c. fin. (Stat. eccles. ant.) Dist. XLI; c. 6. syn. S. Patricii (a. 450—465?); c. 22 (Agath. 506) Dist. XXIII; Synode von Dovin in Armenien a. 527 (Hefele, Conciliengesch. 2, 698); c. 5. Matiscon. I. a. 581; c. 2 (Trull. 692); c. 1 (Nicaen. II. 787) C. XXI. qu. 4; c. 7. German. a. 742 (Mansi 12, 365 s. auch Rettberg, Deutschlands Kirchengeschichte 2, 223); c. 3 (Roman, a. 743) C. XXI. qu. 4; can. Rispac. c. 9 (LL. 3, 470); c. 2. Cap. Langob. Pippin. a. 782—787 (LL. 1, 42; Boretius, Capitularien im Langobardenreich S. 128); c. 4 (Roman. a. 826) C. XXI. qu. 4. c. 6. Mettens. a 888 (Mansi 18, 79); c. 3. Coyac. a. 1050 (M. 19, 787); c. 7. Gerund. a. 1078 (M. 20, 519), c. 13. Melphit. (M. 20, 724), c. 10. Lond. a. 1102 (M. 20, 1151), Benevent. a. 1108 (Annal. Benevent. SS. 3, 183); Clermont a. 1130. c. 2 (M. 21, 438); c. 5 (Later. II. a. 1139) C. XXI. qu. 4; Rheims a. 1148.

wiederholt, dass die Geistlichen in ihrer Tracht Einfachheit und Bescheidenheit beobachten und jeden Luxus, sowie eitle Prunksucht, vermeiden sollen [1]. Die Grundform der Klerikal-Kleidung bilden der Talar, das Cingulum und das Collare (Halsbinde) [2]. Die nähere Bestimmung über die Form dieser Kleidungsstücke sowie der Kopf- und Fussbekleidung steht dem Bischof zu [3] und die Strafen der unten in Note 2 erwähnten Bullen sind jetzt dann noch anwendbar, wenn der Geistliche sich nicht nach dem Gebrauche der Diöcese richtet [4]. Für andere Verletzungen hat der Bischof das Recht, die Suspension und bei fortgesetzter Hartnäckigkeit die Privation der Benefizien zu verhängen [5]. Die Minoristen und Tonsurirten haben aber, sofern sie keine Benefizien oder keine kirchlichen Einkünfte beziehen, diese Pflicht nicht unbedingt [6], sondern sie verlieren nur das privilegium fori. Einen Ring dürfen nur diejenigen Geistlichen tragen, denen ein solches Recht kraft ihres Amtes oder ihrer Würde zukommt, also der Papst, die Kardinäle, Bischöfe, Prälaten, Kanoniker und graduirten Geistlichen [7].

Wegen der Pflicht der Kleriker, einen keuschen Lebenswandel zu führen [8], sollen dieselben jeglichen vertraulichen Verkehr mit Frauenzimmern vermeiden [9]. Namentlich ist ihnen das Zusammenwohnen mit solchen, ausser mit ihren Blutsverwandten und solchen, welche über jeden Verdacht eines unerlaubten Umgangs erhaben

c. 2 (M. 21, 714); Montpellier a. 1195. c. 7 (M. 22, 670); Avignon a. 1209. c. 18 (M. 22, 792); Montpellier a. 1215. c. 1—3 (M. 22, 740); Paris a. 1212. o. 1213. Th. IV. c. 1 (M. 22, 839); c. 15 (Later. IV. a. 1215) X. h. t. III. 1; Trier 1238. c. 10 (M. 23, 480); Tours a. 1239. c. 3 (M. 23, 499). In der zweiten Hälfte des 13. Jahrh. u. im 14. Jahrh. werden offenbar wegen der immer mehr zunehmenden Verweltlichung des Klerus diese Vorschriften noch zahlreicher. S. Hefele, Conciliengesch. 6, 915 im Register unter: „Cleriker". Vielfach richten diese Concilienschlüsse sich gegen die Moden der betreffenden Zeiten und verbieten den Geistlichen das Tragen bestimmter Kleider, Schuhe, Gürtel etc.

1 S. c. 15. X. cit. h. t.; Clem. 2. eod. III. 1; Trid. Sess. XIV. c. 5. de ref.; Sess. XXII. c. 1. de ref.

2 S. Schulte, Lehrbuch S. 185; Ginzel, österr. Kirchenrecht 2, 110. Den Gebrauch des Talars hat Sixtus V. in der Const. Cum sacrosanctum v. 9. Januar 1589 §§. 2. 3 (M. Bullar. 2, 713) für die Majoristen, sowie diejenigen Minoristen und Tonsurirten, welche Benefizien haben oder kirchliche Einkünfte beziehen, bei Strafe des ipso iure eintretenden Verlustes der Benefizien oder Percipienden, für obligatorisch erklärt. Später ist diese Pflicht für diejenigen, welche nur kirchliche Einkünfte unter 60 Dukaten beziehen, beseitigt. S. Const. Sixtus' V. Pastoralis v. 1589 (M. Bull. 2, 714); Bened. XIII. Apostolicae ecclesiae v. 1724 (M. Bull. 13, 157). Wegen der Verschiedenheit der Form und namentlich der Länge der Talare ist aber die Moderation eingetreten, dass ein langes bis über die Kniee reichendes Oberkleid (subtanella, Soutane) als genügend angesehen, s. Card. de Luca annot. ad conc. Trid. disc. 24. n. 22; und nur der lange Talar bei kirchlichen und öffentlichen Funktionen verlangt wird. S. ferner Bened. XIV. instit. 34. §. 4; 71; de syn. dioeces. XI. 3; Ferraris, clericus art. 1. n. 29 ff.; Phillips 1, 706. S. auch das Kölner (P. II. tit. 3. c. 37) und Prager Provinzialkoncil (Tit. I. c. 8) von 1860; Schulte, Lehrbuch S. 185. Die Farbe ist schwarz; im Hause, auf Reisen und ausserhalb der Kirche ist auch der Gebrauch einer dunklen Farbe gestattet. S. die Angeführten und Ginzel 2, 109. Die Quinquennalfakultäten für die deutschen, sowie für die österreichischen Bischöfe enthalten unter No. 17 die Fakultät, dem Geistlichen zu erlauben, „induendi se vestibus saecularibus, si aliter vel transire ad loca eorum curae commissa vel in eis permanere non poterit".

3 S. Trid. Sess. XIV. c. 6. de ref.

4 S. Phillips 1, 706.

5 Trid. l. c.; Oesterreich. Konkordat. Art. XI. S. ferner Kober, Suspension S. 241 ff.; auch ist die Strafe der Clem. 2. h. t. III. 1. ebenfalls noch anwendbar. Wenn der Kleriker aus einer causa rationabilis (um sein Leben zu schützen, auf Reisen etc.) die Beobachtung dieser Vorschriften unterlässt, bleibt er straflos. S. Clem. 2. cit.; c. 15. X. h. t. Schmier lib. I. tr. I. P. I. c. 1. n. 172. Vgl. überhaupt Anal. iur. pont. 1866. p. 1818 ff.

6 Sie haben sie nur, wie die früheren Kanonisten sich ausdrücken, causative. S. Ferraris l. c. n. 26 ff.; Phillips 1, 706.

7 c. 15. X. h. t. cit. S. Schmier l. c. n. 176; Giraldi exposit. iur. pont. P. I. s. 324. n. 5 (1, 223); Ferraris s. v. annulus n. 10 ff.; Ginzel 1, 267; 2, 110. — Hier bei der Tracht der Geistlichen mag auch noch des jetzt kaum mehr praktischen Verbotes, Waffen zu tragen, erwähnt werden. Vgl. c. 5. Matiscon. I. a. 581; c. 6 (Paris a. 846) C. XXIII. qu. 8; c. 6. Mettens. a. 888 (M. 18, 789); c. 6. Rhem. a. 1049 (M. 19, 742); c. 7 Turon. a. 1060. c. 7 (M. 19, 927); c. 6. Gerund. a. 1078 (M. 20, 518). Weitere Nachweisungen bei Hefele a. a. O.

8 S. z. B. c. 22 (Roman. a. 826) Dist. LXXXI = c. 2. X. de cohab. cler. III. 2; c. 1 (Nicolaus I.) Dist. XXXIV; c. 13 (Later. IV. a. 1215) X. de vita et honest. cler. III. 1.

9 c. 24 (Gregor. M.), c. 26, c. 32 (Carth. III.) Dist. LXXXI; c. 3. Turon. I. a. 461; c. 20. Epaon. a. 517; c. 15. Ilerdens. a. 524. o. 546.

sind, schon durch das Koncil von Nikäa (325) verboten worden[1]. Die spätere partikuläre Gesetzgebung hat aber überwiegend nur die Aufnahme von weiblichen Verwandten erlaubt[2], ja mitunter das Zusammenleben der Geistlichen selbst mit diesen letzteren, also überhaupt mit weiblichen Personen, untersagt[3]. Daneben ist man aber sogar für Länder, in denen jene strengeren Vorschriften erlassen worden sind, mehrfach auf die Bestimmung des Nicänum zurückgegangen[4], und diese muss als die auch heute gemeinrechtlich geltende angesehen werden[5]. Demnach kann der Geistliche ohne Rücksicht auf ihr Alter von seinen Blutsverwandten die Mutter, Grossmutter, Tante, Schwester und Nichte[6] nebst ihren Mägden und andere keinen Argwohn erregende Frauenzimmer (so namentlich von vorgerücktem Alter[7]) in sein Haus aufnehmen; sind aber die ersteren wegen eines liederlichen Lebenswandels verdächtig, so kann ihm auch das Zusammenwohnen mit diesen untersagt werden[8]. Wie diese Vorschriften schon früher vielfach übertreten worden sind[9], so werden sie auch heute in der Praxis vieler Diöcesen nicht strenge gehandhabt[10].

1 c. 16. Dist. XXXII; die Verwandten, welche das Concil aufführt, sind die μήτηρ, ἀδελφή und θεία.

2 c. 3. 4. Carth. I. c. 27 (Carth. III.) Dist. LXXXI; c. 17. Hippon. a. 393; c. 44. C. Theod. XVI. 2; c. 4. Andeg. a. 453; c. 10. Agath. a. 506; c. 4. Aurel. a. 538; c. 16. Arvern. I. a. 535; c. 3. Aurel. V. a. 549; c. 10. Turon. II. a. 567; c. 1. Matiscon. I. a. 581; Lugdun. III. a. 583; c. 3. Tolet. II. a. 527 o. 531; c. 3. Hispal. I. a. 590; c. 42. Tolet. IV. a. 633; c. 8. Capit. Suess. a. 744 (LL. 1, 21); c. 3. Coyac. (M. 19, 787); c. 1. Londin. a. 1108 (M. 20, 1229); die Verwandten, welche hier allerdings in verschiedenen Kombinationen genannt werden, sind: soror, mater, amita, matertera, filiae fratrum u. sororum, filia, avia, noverca; auch erwähnen diese Verbote mehrfach nur die Kleriker vom Subdiakon an aufwärts. — c. 27. Eliberit. a. 304. o. 306. erlaubt nur das Zusammenwohnen mit der Schwester oder Tochter, wenn diese virgo deo dicata ist.

3 Auth. episcopum zu L. 19. C. de episc. I. 3; s. auch c. 25 (August.) Dist. LXXXI; c. 1 (Nanult. a. 658?) X. h. t. III. 2; c. 4. Foroiul. a. 796 (Mansi 13, 846); c. 5. Mettens. a. 888 (M. 18, 79); c. 10. Mogunt. a. 888 (M. 18, 67). Nur allgemeine, für das Einzelne nicht entscheidende Bestimmungen in c. 17 (Hieron.) Dist. XXXII; c. 23 (Syn. Roman. a. 743) Dist. LXXXI.

4 S. c. 31 (Siricius) Dist. LXXXI; c. 5. Tolet. III. a. 589; c. 5. Trullan. a. 692; c. 3. Burdigal. zw. 660. u. 673 (Maassen, zwei Synoden unter Childerich. II. S. 14) c. 4. Latunens. zw. 670 u. 673 (a. a. O. S. 21); c. 4. Capit. eccles. (LL. 1, 55); c. 17. stat. Rispac. a. 799 (LL. 3, 471); c. 10. Clermont. a. 1095 (M. 20, 817); c. 7. Later. a. 1123 (M. 21, 282).

5 c. 9 (Innoc. III.) X. h. t. III. 2. — Wenn mehrere Concilien des 12. u. 13. Jahrh., c. 4. P. I. Rotomag. a. 1190 (M. 22, 899), c. 12. York (M. 22, 655), c. 4. P. I. Paris. a. 1212 o. 1213 (M. 22, 819), c. 1. Sens a. 1269 (M. 24, 3); c. 7. Bourges a. 1268 (M. 24. 628); c. 5. Würzburg a. 1287 (M. 24, 852) den Geistlichen das Halten einer focaria (Köchin) verbieten, so ist damit wie der mehrfach vorkommende Zusatz: „vel concubina" oder „unde scandalum oriatur", die dafür gewählte Bezeichnung: „mulier suspecta", der Ausdruck: focarista = presbyter concubinarius (s. Du Cange, glossar.) beweisen, eine des fleischlichen Umgangs verdächtige Person, nach Gerardus de Schueren bei Du Cange: „eyn huere by dem hert, meretrix foro assidens" zu verstehen.

6 Diese zählt der als gemeinrechtlich geltende c. 27 (Carth. III.) Dist. LXXXI auf; s. Ferrasis clericus art. 4. n. 4 ff.; Phillips 1, 684; Schulte, System 2, 171. Dafür, dass bestimmte Verwandtschafts- oder Schwägerschaftsgrade hier entscheidend sind, wie einzelne (s. Pirhing III. 2. n. 4; Schmier, lib. III. tr. 1. c. 2. n. 68) annehmen, bieten die Quellen keinen Anhalt.

7 Die deutsche Praxis lässt als solches 40 Jahre gelten, s. Schmalzgrueber III. 2. n. 3; Schulte 2, 171. n. 2; auch das 50. Jahr, andererseits aber schon das 33. Jahr kommt als s. g. aetas canonica vor, s. Ferraris l. c. n. 7; Ginzel, österr. Kirchenr. 2, 105. Dass sowohl die Provinzialsynode als auch der Bischof darüber, welche Frauenspersonen ausser den obengedachten Verwandten als unverdächtig anzusehen, Bestimmungen erlassen, also auch andere Verwandte und Verschwägerte zulassen, umgekehrt aber ebenfalls vorgängige Anzeige seitens des betreffenden Geistlichen über die beabsichtigte Aufnahme einer Haushälterin verlangen kann, ist zweifellos, s. auch Benedict. XIV. instit. LXXIII. n. 1 ff. 6; de synod. dioec. lib. XI. c. 4. n. 7.

8 Auf diese Weise müssen c. 1. u. c. 9. X. cit. h. t. vereinigt werden. S. Bened. XIV. ll. cc.; Phillips 1, 684.

9 Das beweisen die vielen darauf bezüglichen älteren Bestimmungen. Für die spätere Zeit s. die Centum gravamina nation. Germ. v. 1522 u. 1523. c. 75: . . . „Insuper" (officiales) „etiam clericos religiososque et seculares accepto ab eisdem annuo censu, publice cum suis concubinis, pellicibus et aliis id genus meretricibus, illegitime cohabitare liberosque procreare sinunt". (Gärtner, corp. iur. eccles. 2, 203); vgl. ferner Synodalprotokoll v. 1591 bei Niesert, münster. Urkundensammlung (Coesfeld 1826) 4, 69 u. Friedberg, das Recht der Eheschliessung. S. 165. 166. S. auch den folgenden §.

10 Schulte, 2, 171.

Ueber die Verletzung der in Rede stehenden Pflicht durch fleischlichen Umgang mit Frauenzimmern oder gar durch Haltung einer Konkubine, welche sich zugleich bei den Geistlichen der höheren Weihen als Verletzung des Cölibatgesetzes darstellt, wird passender im folgenden Paragraph und in der Lehre vom kirchlichen Strafrecht gehandelt [1].

Ferner erachtet es das Recht mit der Würde und dem Anstand für unvereinbar, wenn die Geistlichen an gewissen weltlichen Vergnügungen [2], wie Tänzen, Maskeraden, Theateraufführungen theilnehmen oder auch nur den letzteren anwohnen [3]. Dass das Verbot des Theaterbesuches auch noch heute anwendbar ist [4], unterliegt keinem Zweifel, wiewohl dasselbe in der Praxis namentlich bei den schaulustigen romanischen Nationen mitunter nicht strenge innegehalten wird. Aus gleichem Grunde ist den Geistlichen die Anwesenheit bei lärmenden und mit Schauvorstellungen verbundenen Hochzeiten untersagt [5].

Mit der Pflicht der Mässigkeit ist ferner Völlerei und Trunkenheit (crapula et ebrietas) unvereinbar [6] und daher sollen die Geistlichen nicht die Wirthshäuser und Schenken ausser auf Reisen oder im Fall der Erschöpfung besuchen [7], sowie weder an Gelagen, deren Zweck blosses Essen oder Trinken ist, theilnehmen noch gar solche veranstalten [8].

Ebensowenig erscheint es mit der Würde des Klerus verträglich, wenn die Geistlichen dem Würfel- oder anderen Hazard- und Glücksspielen sich ergeben [9], ganz abgesehen

[1] Das Verbot, Frauenklöster nicht ohne rationabilis causa zu besuchen s. c. 8 (Later. III. a. 1179) III. 1; c. un. (Bonif. VIII.) in VI[to] de stat. regul.; Trid. Sess. XXV. c. 5. de regul., das auch theilweise unter diesen Gesichtspunkt fällt, hängt aber ebensowohl mit der Nothwendigkeit der Aufrechthaltung der Klausur der Klöster zusammen.

[2] c. 3 (Isidor,) Dist. XXIII; Trid. Sess. XXII. c. 1. de ref.; Sess. XXIV. c. 12. de ref.

[3] c. 19 (Agath. a. 506) Dist. XXXIV; c. 37 (Laod. a. 343/381) Dist. V. de consecr.; c. 24. 51. Trullan. a. 692; c. 7 (Cap. Hinc. Rem.) Dist. XLIV; conc. Mogunt. a. 853. c. 23 (LL. 1, 415); c. 1 (Mogunt. a. 813) X. ne clerici vel monachi III. 50; c. 12 (Innoc. III.), c. 15 (Later. IV. a. 1215. h. t. III. 1; c. un. (Bonif. VIII.) in VI[to] h. t. III. 1; Richters Tridentinum S. 150. n. 2. Vgl. auch Bened. XIV. inst. XXXII. LXXVI; Dan. Concina, de spectaculis theatralibus christiano cuique tum laico tum clerico, vetitis dissertat. duae; accedit. diss. tertia de presbyteris personatis. Rom. 1770. 4. — Historisches Material bei Thomassin P. III. lib. III. c. 42. n. 6. c. 45. Verkleidungen und Darstellungen zu religiösen und erbaulichen Zwecken sind dagegen erlaubt, s. Phillips 1, 701.

[4] Bened. XIV. de syn. dioec. lib. XI. c. 10. n. 11 spricht sich dafür aus; der von ihm als zu lax getadelte Ferraris clericus art. 4. n. 21 hat seine frühere, übrigens von einer grossen Anzahl Theologen und Kanonisten getheilte Meinung, dass das Anhören von dramatischen Stücken ob solam vanam curiositatem absque probabili periculo lapsus etiamsi res turpes repraesententur et modus repraesentandi sit turpis kein peccatum mortale sei, zurückgenommen. Das Verbot kommt auch vor in dem Provinzial-Koncil von Gran 1858 und Köln 1860 (Moy, Archiv. 9, 376; 10, 65), der Diöces.-Syn. von Paderborn v. 1867 (a. a. O. 20, 429). Vgl. ferner Anal. iur. pont. 1866. p. 1840 ff.

[5] c. 37 (Laod. a. 343/381) Dist. V. de consecr.; c. 19 (Agath. a. 506) Dist. XXXIV.

[6] c. 1 (can. apost.) c. 4—7 (Hieron.), c. 9 (Agath. a. 506) Dist. XXXV; c. 14 (Later. IV. a. 1215) X. h. t. III. 1: wo auch das Zutrinken verboten wird. S. auch Trid. Sess. XXII. c. 1. de ref.

[7] c. 2 (Laodic.); c. 4 (Carth. III.); c. 3 (Trullan. a. 692) Dist. XLIV; c. 15 (Later. IV. a. 1215) X. h. t. III. 1; Trid. Sess. XXIV. c. 12. de ref.

[8] c. 53 apost.; c. 3 (Isidor.) Dist. XXIII; c. 4 (Hieron.) Dist. XXXV; c. 10 (Laodic.), c. 7 (Hincm. Rem.), c. 11 (Tolet. III. a. 589), c. 12 (Martin Brac.) Dist. XLIV. Dies Verbot wird aber auch in der Praxis vielfach nicht innegehalten.

[9] c. 1 (can. apost.) Dist. XXXV; c. 79. Eliberit. a. 305. o. 306; Auth. interdicimus zu l. 17. C. de episc. I. 3; c. 50 Trullan. a. 692; c. 11. Roman. a. 826 (LL. 2. app. p. 15); c. 3. conv. August. a. 952 (LL. 2, 28); c. 11 (Innoc. III.) X. de excess. praelat. V. 31; c. 15 (Lateran. IV.) X. h. t., wodurch auch ebenso wie durch die Auth. C. das Zusehen bei solchen Spielen verboten wird. Das in diesen Stellen enthaltene Verbot des Würfelspielens (ad aleas, ad taxillas ludere) hat die Doktrin mit Fug und Recht auf die anderen, im Text charakterisirten Spiele ausgedehnt. S. auch Trid. Sess. XXIV. c. 12 de ref. Spiele zur Erholung sind demnach nicht strafbar, sofern dabei das decorum clericale gewahrt wird. S. van Espen J. E. U. Lib. I. tit. 2. c. 5. n. 3 ff. 8 ff.; Ferraris l. c. art. 5. 8 ff.; Benedict. XIV. de syn. dioec. lib. XI. c. 10. n. 1 ff.; Phillips 1, 701.

davon, dass dadurch auch der Geistliche von der Erfüllung seines Berufes abgezogen werden oder sich darin eine mit seinem Stande nicht verträgliche Habgier und Gewinnsucht verrathen kann.

Endlich ist auch den Klerikern namentlich wegen der von ihnen vorzugsweise zu übenden Sanftmuth die Betreibung der Jagd verboten[1]. Von einer Einschränkung dieses Verbotes auf die venatio frequens und clamosa, wie eine grosse Anzahl Kanonisten behauptet[2], ist in den gemeinrechtlichen Quellen nirgends mit direkten Worten die Rede, wiewohl einzelne selbst spätere Provinzialsynoden in dieser Hinsicht einen milderen Standpunkt eingenommen haben[3].

II. An den Ausspruch des Apostels: »Nemo militans deo implicat se negotiis saecularibus«[4] hat die Kirche das Verbot angeknüpft, dass die Kleriker sich im Interesse der getreuen und gewissenhaften Erfüllung ihrer geistlichen Pflichten nicht anderen, von den Laien getriebenen Beschäftigungen und Berufsarten hingeben sollen[5]. Bei den speziellen, aus diesem allgemeinen Princip herzuleitenden Sätzen kommen daneben allerdings noch andere Gesichtspunkte, welche die eine oder andere Beschäftigung ebenfalls schon an und für sich mit dem geistlichen Stande unvereinbar erscheinen lassen würden, in Frage.

Es gehören hierher die schon seit alter Zeit vorkommenden Vorschriften, dass die Kleriker keinen Handel treiben sollen[6]; dass aber auch hierbei der Umstand in Rücksicht kam, dass die Sorge um den Erwerb von Reichthümern den Klerikern nicht gezieme, umsoweniger als der Handel zugleich die Versuchung zur Umgehung des später (im Strafrecht) zu besprechenden Wucherverbots mit sich führte, zeigt die nachgelassene Ausnahme, dass den Klerikern, namentlich denen der niederen Grade, der Betrieb des Handels, soweit dies zu ihrem Lebensunterhalt erforderlich erschien,

1 Dafür, wenngleich wohl c. 8—10 (August.) Dist. LXXXVI. sich auf die Thierhetzen und Kämpfe von Gladiatoren mit wilden Thieren beziehen (s. Böhmer, J. E. P. V. 24. §. 4; Phillips 1, 702), c. 11 (Hieronym.) c. 12. 13 (Ambros.) Dist. LXXXVI; c. 55. Agath. a. 506; c. 2 (Epaon. a. 517) Dist. XXXIV = c. 1. X. de clerico venatore V. 24; c. 13. Matiscon. II. a. 585; c. 3 (syn. sub Bonifac. a. 742) Dist. XXXIV = c. 2. X. h. t.; c. 3. cap. Suess. a. 744 (LL. 1, 3); c. 1 (Mogunt. a. 813) ne clerici vel monach. III. 50; c. 12. Roman. a. 826 (LL. 2, app. p. 15); Conv. Mogunt. a. 851. o. 852. c. 6 (LL. 1, 412); c. 9. conv. Ticin. a. 876 (LL. 1, 531); c. 2. conv. August. a. 952 (LL. 2, 27); c. 15. Later. IV. a. 1215 (Mansi 22, 1003); Clem. 1. §. 3. de statu monachor. III. 10.

2 So schon die Glosse zu c. 1. X. cit. V. 24. in volupt.; eine Reihe älterer, von Ferraris l. c. art. 6. n. 17 ff. angeführter Kanonisten; Böhmer l. c. §. 6; Richter §. 115. n. 5. Hierin liegt offenbar eine Konnivenz gegen das im Mittelalter allgemein beliebte Jagdvergnügen, aber auch diese Einschränkung ist oft nicht beobachtet worden, s. Thomassin P. III. lib. 3. c. 46. n. 9 ff.; c. 6. X. de cens. III. 39. u. Clem. 1 de celebr. missar. III. 14, wo das Mitführen von Jagdhunden und Falken auf Visitationsreisen und das Mitbringen derselben in die Kirche zum Gottesdienste verboten wird.

3 S. darüber namentlich Bened. XIV. de syn. dioec. lib. XI. c. 10. n. 8. Unter den Neueren mit mir übereinstimmend Phillips 1, 703; Schulte, System 2, 169. n. 7; Ginzel 2, 108. Die „illicitae venationes", die Trid. Sess. XXIV. c. 12. de ref. den Kanonikern verbietet, bleiben freilich ihrer Bedeutung nach zweifelhaft (Jagd unerlaubter Art oder unerlaubte Jagd als Pleonasmus?). Jedenfalls kann aber die Partikulargesetzgebung der Kirche das seinem Umfang nach nicht klare gemeinrechtliche Verbot näher bestimmen und demnach auch die Jagd ganz untersagen, wie das z. B. das Provinzialconcil von Köln 1860 u. die Paderborner Diöcesansynode von 1867 gethan (s. Moy, Arch. 10, 65; 20, 429) hat.

4 II. Timoth. II. 4.

5 c. 3 (can. apost.), c. 10 (August.) Dist. LXXXVIII; c. 15. Carth. III.; c. 23. Cap. eccles. a. 789 (LL. 1, 53); c. 1 (Mogunt. a. 813, X. ne clerici III. 50; c. 15 (Later. IV. a. 1215) X. h. t. III. 1.

6 c. 2 (Gelas. I.) Dist. LXXXVIII; c. 3 (Gregor. I.) Dist. XLVII; c. 14. Arelat. II. a. 443. o. 452; c. 27. Aurel. III. a. 538; c. 3 (Tarrac. a. 516) C. XIV. qu. 4; Paris. a. 829. lib. I. c. 26. 51 (Mansi 14, 557. 570); c. 1. X. cit. 6 (Alex. III.) ne cler. vel mon. III. 50; c. 16 (Honor. III.) X. h. t. III. 1. S. auch Thomassin P. III. lib. 3. c. 17 ff. Die Betreibung durch Stellvertreter verbietet die Const. Benedikts XIV.: Apostolicae servitutis vom 25. Februar 1741 (M. Bull. 16, 20); Wechselgeschäfte die Const. Clemens' XIII.: Cum primum §. 9. v. 17. September 1759 (Bullar. Rom. Contin. 1, 229).

gestattet war[1]. Ausser dieser noch jetzt als gemeinrechtlich zu betrachtenden Ausnahme[2] ist aber dem Kleriker auch die Verwerthung seiner ihm eigenthümlich oder als Benefizium zugewiesenen Güter durch Verkauf der gewonnenen Produkte, sowie die Veräusserung von ihm entbehrlich gewordenen Sachen erlaubt[3].

Das Betreiben von Handarbeiten betrachtet das Kirchenrecht in Folge der wirthschaftlichen Anschauungen des Mittelalters nicht mit dem gleichem Odium, wie den Handel und das Kaufmannsgewerbe. Daher erlaubt es dergleichen Beschäftigungen, sofern sie zur Erlangung des Lebensunterhaltes, also nicht behufs Erzielung von Gewinn und unter Vernachlässigung der klerikalen Pflichten geübt werden[4], namentlich gestattet es das Betreiben des Landbaus unter den eben gedachten Voraussetzungen[5]. Ausser der für die Verletzung der gedachten Pflichten im einzelnen Fall besonders angedrohten Strafe und der nach dem Tridentinum (Sess. XXII. c. 1. cit. de ref.) den Ordinarien anheim gegebenen Verhängung von poenae arbitrariae tritt für die unerlaubte Betreibung des Handels oder eines Gewerbes die Strafe der Exkommunikation[6], das Recht der Einziehung des unerlaubten Gewinnes zur apostolischen Kammer[7] und nach dreimaliger fruchtloser Mahnung Verlust der Klerikalprivilegien[8] ein.

Dass hier des Näheren die verschiedene Anschauung der verschiedenen Zeiten und verschiedenen Länder in Berücksichtigung kommt, liegt in der Natur der Sache und daher gehört die nähere Präcisirung der hier in Rede stehenden Sätze des gemeinen Rechts zur Kompetenz der partikulären gesetzgebenden Gewalten, namentlich der Provinzialsynoden[9].

[1] c. 19. Eliber. a. 305. o. 306: „Episcopi, presbyteres et diacones de locis suis negotiandi causa non discedant nec circumeuntes provincias quaestuosas nundinas sectentur: sane ad victum sibi conquirendum aut filium aut libertum mercenarium aut amicum aut quemlibet mittant, et si voluerint negotiari, intra provinciam negotientur". L. 2. C. J. de episc. I. 3. a. 357; c. 8 (a. 343); c. 15 (a. 360); c. 36 (a. 401) C. Theod. XVI. 2; c. 13. Turon. I. a. 461. Auch die in der vorigen Note citirten Stellen verbieten immer nur eine negotiatio turpis lucri causa. In der That war in der älteren Zeit ein Bedürfniss für diese Ausnahme vorhanden, da bei den geringen Einkünften der einzelnen Kirchen das Einkommen der ja früher vielfach verheiratheten Kleriker zu ihren und ihrer Familie Unterhalt oft nicht ausreichen mochte.

[2] c. 1. X. cit. III. 50: . . . „Nec tamen iustum negotium est contradicendum propter necessitates diversas, quia legimus sanctos apostolos negotiatos fuisse et in regula B. Benedicti praecipitur provideri per quorum manus negotia monasterii procurentur", eine Vorschrift, die in der generellen Verweisung von Trid. Sess. XXII. c. 1. de ref. auf die früheren Dekretalen und Canones unzweifelhaft mit aufrecht erhalten ist. S. auch Fagnan. ad c. 1. cit. n. 83. S. ferner im Allgemeinen Anal. iur. pont. 1864. p. 473 ff.; 1866. p. 1425 ff.; über den Apothekerhandel und den nicht absolut verbotenen Handel mit Liqueuren a. a. O. 1864. p. 490 ff.; 1866. p. 1450. 1452.

[3] S. die citirte Constitution von Clemens XIII. §. 13. u. Ferraris clericus art. 3. n. 14 ff., wo auch mehrere Entscheidungen der Congr. Conc.

[4] c. 3. 4 (Stat. eccles. ant.) Dist. XCI; c. 12. Roman. a. 826 (LL. 2. app. p. 16); c. 1. X. cit.; Ferraris l. c. n. 51 ff. Ruhten doch die Einkünfte der Klöster vielfach auf den auf diese Weise erzielten Erträgnissen. Vgl. auch Thomassin P. III. lib. 3. de opere manuum clericorum et monachorum. c. 8 — c. 16. Ein eigentlicher Gewerbebetrieb im heutigen Sinne ist daher nicht gestattet. Untersagt werden in den Quellen das Halten von Schenken s. c. 3 (Trullan. a. 692) Dist. XLIV; Clem. 1. de vita et honest. III. 1; (gestattet ist dagegen der Detailverkauf des selbstgewonnenen Weins nach mehrfachen Entscheidungen der Congr. episcop. u. immunit. s. Ferraris l. c. n. 15); — ferner das Betreiben der Schlächterei und Halten von Fleischbänken. Clem. cit.

[5] c. 3. 4. Dist. XCI. cit.; c. 2 eod. (Hincm. Rem. cap.) = c. 1. X. de celebr. missar. III. 41. Constit. Clemens' VIII.: Inter multiplices vom 4. Dezember 1600. §§. 5 ff. (M. Bull. 3, 115). Die Uebernahme von Güterpachtungen aus Gewinnsucht ist ebenfalls verboten s. c. 15. Carth. III.; c. 26 (Chalced. a. 451) Dist. LXXXVI; Nov. 123. c. 6; c. 6. X. ne clerici vel monach. III. 50. Wohl aber können die Geistlichen solche zu ihrem Lebensunterhalt eingehen, aber sie sollen zunächst geistliche Güter und nur im Nothfalle Besitzungen von Laien zu erhalten suchen. S. Ferraris l. c. n. 22. 29.

[6] c. 6. X. cit. III. 50.

[7] Constit. Pius' IV.: Decens esse v. 5. November 1560 (M. Bullar. 2, 31). Vgl. dazu Anal. iur. pont. 1866. p. 1431 ff.

[8] c. 16. X. cit. III. 1.

[9] S. z. B. das Provinzialkoncil von Gran 1858 (Moy, Arch. 9, 397).

Andere Beschäftigungen sind den Geistlichen verboten, weil sie gleichfalls mit der christlichen Milde sowie der unabhängigen Stellung der Geistlichen nicht vereinbar sein würden und somit sogar eine Irregularität (nämlich ex defectu perfectae lenitatis, resp. libertatis) herbeiführen könnten. Hierher gehört vor allem das Betreiben der Heilkunde und Chirurgie. Im Mittelalter haben zwar Geistliche vielfach ärztliche Funktionen ausgeübt und sich mit der Medizin beschäftigt[1]; und ein absolutes Verbot für alle Kleriker enthalten die lediglich das Eintreten der Irregularität in das Auge fassenden, hierfür gewöhnlich angezogenen Stellen[2] ebensowenig. Auf Grund des IV. Lateranensischen Koncils hat aber die Doktrin den mehrfach durch Provinzialsynoden[3] anerkannten Satz entwickelt, dass Mönche, sowie die Geistlichen der höheren Weihegrade und die ein Benefizium besitzenden Minoristen die Heilkunde nur auf Grund eines päpstlichen Indultes ausüben dürfen[4]. Für die Kleriker der niederen Grade findet sich kein ausdrückliches gemeinrechtliches Verbot, indessen kann die Ausdehnung desselben auch auf diese wegen des allgemeinen Grundsatzes: »nemo militans deo se implicat negotiis saecularibus« bei dem heutigen Stande der Medizin einer- und den an die theologische Ausbildung und hinsichtlich der Berufserfüllung andererseits gemachten Anforderungen keinem Zweifel unterliegen[5].

Weiter ist an dieser Stelle die Vorschrift zu erwähnen, dass die Geistlichen keine Vermögensverwaltungen ausser aus Mitleid für Unterdrückte, Wittwen und Waisen[6], mithin auch keine Tutelen, Kuratelen[7] und ebensowenig Testamentsexekutorien übernehmen sollen[8].

[1] S. die Nachweisungen bei Bened. XIV. de syn. dioec. lib. XIII. c. 10. n. 5 ff., welcher auf den Evangelisten Lukas (s. Coloss. IV. 14) hinweist; für das 9. u. 10. Jahrh. bei Dümmler, Gesch. des ostfränk. Reichs 2, 484. 657. n. 30; für die spätere Zeit bei Thomassin P. II. lib. l. c. 91. n. 14; Henry C. Lea, historic. sketsch of sacerdotal celibacy. Philadelphia 1867. p. 238. n. 1. Auch das Konstanzer Konkordat mit der deutschen Nation c. 2. reservirt den sechsten Theil der Kanonikate in den deutschen Dom- und Kollegialstiften den „doctoribus aut licentiatis in sacra pagina vel altero jurium vel in theologia baccalaureis formatis aut magistris in medicina" (s. Hübler, Konstanzer Reformation S. 178. 180).

[2] c. 9. X. (Later. IV. a. 1215) ne clerici vel mon. III. 50; c. 19. X. de homic. V. 12. S. darüber oben §. 3. No. VII. 3. Das c. 10 (Honor. III.) X. III. 50 — vgl. über dasselbe weiter den Schluss dieses §. — verbietet das Studium der Medizin ebenfalls nur den Mönchen und den „archidiaconi, decani, plebani, praepositi cantores et alii clerici personatus habentes, presbyteri". (S. auch c. 3. eod.).

[3] S. Thomassin P. III. lib. 3. c. 21. n. 3.

[4] Thomassin l. c. c. 22. n. 2; Benedict. XIV. l. c. Indulte für die in der Mission dienenden Mönche enthält die Constit. Clemens' X.: Cum sicut dilectus v. 1670 (Bullar. Rom. 7, 37) und die Constit. Clemens' XII.: Cum sicut v. 1735 (a. a. O. 14, 16).

[5] S. auch Pachmann §. 95. n. e. Nur wird hier der Bischof die Dispensationsbefugniss haben. Praktisch dürften die im Text berührten Fragen in den meisten civilisirten Ländern schon deshalb nicht werden, weil hier bekanntlich vielfach eine auf Grund von Staatsprüfungen ertheilte staatliche Approbation zur ärztlichen Praxis erfordert und der Kleriker, welcher dieselbe nicht etwa vor seinem Eintritt in den geistlichen Stand erlangt hat, kaum in der Lage sein wird, die gesetzlichen Bedingungen zu erfüllen.

[6] c. 26 (Chalced. a. 451) Dist. LXXXVI; c. 1 (Gelas. I.) Dist. LXXXVII; Nov. 123. c. 6; c. 2 (Eugen. III.); c. 4 (Later. III. a. 1179) X. ne clerici vel mon. III. 50.

[7] S. darüber oben S. 126.

[8] Das folgt aus dem allgemeinen Princip, wiewohl freilich die Nov. 68 Leon. das Gegentheil bestimmt, und der Sinn des c. 5 (Stat. eccles. ant.) Dist. LXXXVIII: „Episcopus tuitionem testamentorum non suscipiat" schon von einem Theil der Glosse und der späteren Doktrin bald nur auf die Eröffnung der Testamente, bald nur auf die Prozessführung über dieselben bezogen worden ist. S. die Glosse dazu; ferner Fagnan. ad c. 3. X. de testam. III. 26. n. 12. u. Gonzalez Tellez zu dems. Kap. n. 10. — L. 28. 46. 49. C. de episc. I. 3; Nov. 131. c. 11. 12; c. 3. X. de testam. III. 26, welche dem Bischof die Ueberwachung der Ausführung der letztwilligen Verfügungen zu wohlthätigen Zwecken, eventuell die Exekution zuschreiben, widersprechen nicht, denn es liegt hierin der im Text erwähnte Ausnahmefall vor und überdies handelt der Bischof dann in seiner amtlichen Stellung. Aus dem letzteren Umstande erklärt sich auch die dem Bischof in c. 6. 17. X. eod. auferlegte Ueberwachung der Exekution jedweden Testamentes. Kein Bedenken erregen c. 2. pr. in VI^to h. t. III. 11; Clem. un. h. t. III. 6. Dass übrigens im Mittelalter lebhaft über diesen Punkt gestritten wurde (s. Durantis specul. iur. lib. II. part. II. de instrum. edit.

Auf dem gleichen Grunde beruht die Ausschliessung der Geistlichen von der Advokatur und Prokuratur[1], und zwar soll im weltlichen Gericht kein Geistlicher der höheren Weihen oder ein von kirchlichen Einkünften lebender Minorist anders als für sich selbst, nahe Verwandte, seine Kirche oder personae miserabiles, ja die dem sacerdotium angehörigen Kleriker auch vor dem geistlichen Gericht nur in diesen Ausnahmefällen als Advokaten oder Prokuratoren auftreten dürfen[2]. Demnach ist also den Geistlichen der niederen Grade, welche keine kirchlichen Einkünfte beziehen, die Ausübung der Prokuratur und Advokatur vor den weltlichen und geistlichen Gerichten, den sonstigen Klerikern bis zum Grade des Diakonats incl. die Ausübung vor den letzteren allgemein gestattet, nur soll der Kleriker unter keinen Umständen sich mit Führung einer Kapitalsache im weltlichen Gerichte befassen[3].

Zu derselben Gruppe gehört ferner das Verbot, Kriegsdienste zu leisten[4] und Aemter im Staate oder bei Privaten nicht ohne Erlaubniss des Ordinarius zu übernehmen[5]. In Bezug auf den letzteren Punkt muss aber daran erinnert werden, dass die ganze Anlage des mittelalterlichen Staates ein strenges Innehalten dieses Verbotes geradezu unmöglich machte. Nicht nur hat die hohe Geistlichkeit seit den merovingischen Zeiten kraft ihrer Mitgliedschaft auf den Reichsversammlungen[6], später in den Parlamenten und Geheimen Räthen der Fürsten[7] einen bedeutenden Einfluss auf die politische Entwicklung und die Führung der Staatsgeschäfte geübt, sondern noch viel maassgebender ist ihre Stellung im deutschen Reich kraft ihrer Zugehörigkeit zum Reichsfürstenstande[8] gewesen. Dass die Kirche selbst dieses Eingreifen in die weltlichen Angelegenheiten mit den Interessen des geistlichen Standes nie unvereinbar

§. 13. n. 70—74) kann bei der Lage des Quellenmaterials nicht Wunder nehmen.

[1] c. 15. Carth. III.; c. 1. 2. X. ne clerici vel mon. III. 50.

[2] c. 1 (Later. III. a. 1179): c. 3 (Gregor. IX.) X. de postul. I. 37. Vgl. ferner l. 41. C. de episc. I. 3; Durantis spec. lib. I. part. 4. de advocato §. 1. n. 4. 5; Fagnan. ad c. 1. cit. n. 7; Bouix, tract. de judiciis 1, 199 ff.

[3] S. Fagnan. l. c. n. 23. Für die bei der Römischen Kurie als Advokaten praktisirenden Geistlichen kommen aber die Regeln des Textes nach einer Jahrhunderte alten Gewohnheit nicht zur Anwendung. S. Fagnan. l. c. n. 22; Card. de Luca, relat. cur. Roman. disc. 46. n. 17. Auch sind für arme Priester mehrfach Indulte gegeben worden. S. Benedict. XIV. de syn. dioeces. lib. XIII. c. 10. n. 12. — Mönche und Regularkanoniker sollen nur für ihr Institut mit Erlaubniss des Superior auftreten. c. 35 (Tarrac. a. 516) C. XVI. qu. 1; c. 2 (Innoc. III.) X. de postul. I. 37; Clem. 3. de procurat. I. 10; die Franziskanermönche gar nicht Clem. 2. de V. S. V. 11. — Der Kleriker, welcher für Fremde einen Prozess gegen die Kirche führt, an welcher er ein Benefizium hat, kann mit dem Verlust desselben bestraft werden. c. 3. X. cit. I. 37.

[4] S. oben SS. 26. u. 124. Vgl. ferner c. 3 (Chalced. a. 451) C. XX. qu. 3; c. 7. Andegav. a. 453; c. 5. Turon. I. a. 461; c. 1 ff. C. XXIII. qu. 8; c. 2 (Pictav. a. 1079) X. de vita et honest. III. 1; c. 9 (Later. IV. a. 1215) X. ne clerici. III. 50. — Mit diesem Verbot hängen die Bestimmungen über die Lehnsunfähigkeit der Geistlichen und die Vorschriften, dass kein Geistlicher Dienstmann eines Laien oder demselben den Fidelitätseid schwören soll, zusammen (s. Sachsensp. Lehnr. Art. 2; Schwabensp. Lehnr. Art. 1 (Lassb.); II. Feudor. 21; 26. §. 6; 30; 36 — c. 17. Claromont. a. 1095 (M. 20, 818); c. 6. Tolosanum a. 1119 (M. 21, 227). Auf die vom Reich zu Lehn gehenden Güter der Bisthümer und Abteien bezog sich indessen dieses Verbot nicht. S. Sachsensp. I. 3. §. 2; 26. Aber auch abgesehen davon ist die Möglichkeit, Lehne wenngleich nicht mit allen Wirkungen des Lehnrechts zu erlangen, schon nach Dekretalenrecht nicht ausgeschlossen. S. c. 7 (Alex. III.) X. de foro compet. II. 2; c. 30 (Later. IV. a. 1215) de jurej. II. 24; c. un. §. 2 (Bonif. VIII.) in VI^to de stat. regul. III. 16. Vgl. Schwabensp. Lehnr. Art. 4; und über die später hierüber entstandenen Kontroversen Weber, Handbuch des Lehnrechts 3, 323 ff.; Schmier lib. III. tr. 4. p. 2. c. 3. n. 37 ff.

[5] c. 26 (Chalced. a. 451) Dist. LXXXVI; c. 3 (Chalced.) C. XX. qu. 3; c. 6. Forojul. a. 796 (Mansi 13, 847); c. 2 (Eugen. III.) X. ne clerici III. 50; c. 4 (Later. III. a. 1179) X. eod.; c. 15 (Later. IV.) X. vita et hon. III. 1; Const. Clemens' XIII.: Cum primum v. 17. September 1759 (Bullar. Rom. Cont. 1, 229.) Ueber das Verbot, das Notariat auszuüben und die Ausnahme davon für die causa haeresis s. c. 8 (Innoc. III.) X. III. 50. u. c. 11. §. 1 (Clem. IV.) in VI^to de haeret. V. 2; wegen der Kriminalgerichtsbarkeit s. oben §. 3. Nr. VII. 2.

[6] Für die merovingische und karolingische Zeit vgl. Löbell, Gregor von Tours. S. 321 ff.; Rettberg, Deutschlands Kirchengeschichte 2, 620 ff.; Waitz, deutsche Verfassungsgesch. 3, 474 ff.

[7] Thomassin P. III. lib, 3. c. 22—24.

[8] Ficker, vom Reichsfürstenstande S. 270 ff.

gefunden hat, erklärt sich einfach daraus, dass sie sich für ihre Wirksamkeit nothwendig dieselben Machtbedingungen, wie die weltlichen Gewalten, verschaffen musste und erst im Besitz derselben überhaupt auf die letzteren in ihrem Sinne einwirken konnte. Als der eigentliche Kern jenes Verbotes für das Mittelalter ergiebt sich also lediglich der Zweck, die Abhängigkeit des Klerus von den Laien zu verhindern, und man ist sicher nicht berechtigt, um den Widerspruch jener mittelalterlichen Zustände mit dem Satze: »nemo militans deo implicat se saecularibus negotiis« zu beseitigen, den Begriff des Amtes im modernen Sinne zu betonen und dadurch jene erwähnten Verhältnisse als nicht hierher gehörig zurückzuweisen[1].

Dass die Geistlichen auch heute neben ihrem geistlichen Amte Staatsämter und staatliche Funktionen versehen (z. B. an staatlichen Schulanstalten, die Pfarrer bei der Führung der zugleich vielfach als staatliche Civilstandsregister geltenden Kirchenbücher), ist eine allbekannte Thatsache. Für die Ertheilung oder Verweigerung der erforderlichen Erlaubniss des Ordinarius kommt hierbei zunächst selbstverständlich die Natur und die Art der dadurch bedingten Funktionen des betreffenden Staatsamtes, andererseits aber auch die Rücksicht auf die vom Geistlichen als Kirchen-Beamten im einzelnen Falle zu erfüllenden Pflichten in Frage.

Man hat ferner mit Berufung auf den gedachten Ausspruch des Apostel Paulus vom Standpunkt des katholischen Rechts aus die Theilnahme des Klerus an dem politischen Leben des Staats, also namentlich an den Wahlen zu den Volksvertretungen und die Uebernahme von Mandaten für die Stände- und Abgeordneten-Kammern als unzulässig darzulegen versucht[2]. Indessen ganz abgesehen davon, dass gegen die der Kirche in einzelnen Staatsvertretungen eingeräumte Repräsentation durch ihre Würdenträger[3], sowie gegen die vielfach erfolgte Annahme von Mandaten durch andere Geistliche seitens der massgebenden Kirchenbehörden nie ein principieller Widerspruch erhoben, also die bisherige Praxis stillschweigend approbirt ist[4], entbehrt die gedachte Theorie auch jedes kirchenrechtlichen Grundes[5]. Wie die obigen Mittheilungen ergeben, hat die katholische Kirche jenen Satz nie in der Weise ausgelegt, dass den Geistlichen jedwede Beschäftigung mit weltlichen Dingen verboten ist, vielmehr nur eine solche, welche mit der Würde und dem Ansehen des Standes unverträglich und der Erfüllung seiner Pflichten Abbruch thun könnte. Dazu kommt weiter, dass vom Standpunkt der katholischen Kirche aus die Geistlichen heute eine doppelte Veranlassung haben, durch die ihnen eingeräumten staatsbürgerlichen Rechte einen Einfluss auf die Gestaltung der Gesetzgebung im kirchlichen Sinne einzuwirken. Eine Betheiligung des Klerus an dem politischen Leben überhaupt ist also mit seinen Standespflichten nicht unvereinbar. Die Schranken, innerhalb welcher der Geistliche von den gedachten staatsbürgerlichen Rechten Gebrauch machen darf, ergeben sich aus dem Bemerkten von selbst.

[1] Selbst von diesem Standpunkte aus dürften jedenfalls Berufungen auf das den Bischöfen in der Karolingerzeit wiederholt übertragene Amt der königlichen missi (s. Waitz a. a. O. 3, 386), das seit derselben Zeit durch die Dauer des ganzen deutschen Reichs in den Händen der Geistlichkeit verbliebene Amt des Erzkanzlers (s. Schulte, deutsche Reichs- und Rechtsgeschichte S. 91. 167) nicht als unbegründet erscheinen.

[2] S. Pachmann, über politische Klerikalvertretung in d. Oestr. Vierteljahrsschrift für Rechts- und Staatswissenschaft. Jahrgg. 1862. 10, 106.

[3] So z. B. in Oesterreich, Baiern, Würtemberg und Grosshzth. Hessen.

[4] Ein päpstlicher Seits approbirtes Dekret der Pönitentarie vom 1. Dezember 1866 (Moy, Arch. 11, 339) gestattet den Bischöfen der von Italien annektirten Provinzen die Belehrung ihrer Diöcesanen in Betreff der erforderlichen Qualitäten der zum Parlament zu wählenden Abgeordneten.

[5] So auch Klerikus und Hergenröther bei Moy 10, 75 ff.; 15, 67 ff.; Schulte, Lehrbuch. 2. Aufl. S. 302.

Er hat einmal dabei Alles zu vermeiden, was einer gedeihlichen geistlichen Wirksamkeit schaden könnte, also namentlich sich von leidenschaftlichen, ihn bei den Anhängern anderer politischen Parteien diskreditirenden Wahlagitationen, Wahlreden u. s. w. fern zu halten, und vor Allem die Identificirung bestimmter politischer Richtungen mit der Religion zu vermeiden[1], ferner aber darf er über dem Interesse an der Politik nicht die Pflichten seines Amtes vernachlässigen. Daher muss auch dem Bischof das Recht zugesprochen werden, für den Fall, dass der Geistliche unabkömmlich ist, ihm die Annahme eines Mandates als Abgeordneter zu untersagen[2].

Die sich hier anschliessenden Fragen, ob der Geistliche bei der Ausübung seiner staatsbürgerlichen Rechte, namentlich hinsichtlich der Wahl von Kandidaten zur Volksvertretung und hinsichtlich seiner Reden, Abstimmungen etc. als Abgeordneter an die Weisungen des Bischofs gebunden ist und für die Nichtachtung derselben verantwortlich gemacht werden kann, sind in der Lehre von der obedientia canonica zu erörtern.

Nur historische Bedeutung endlich hat das kaum hierher gehörige Verbot, das Civilrecht und die Medizin zu studiren. Zuerst ist dasselbe für Mönche und Regular-Kanoniker auf dem Koncil von Rheims 1131[3] erlassen und auf dem zweiten Lateranensischen Koncil von 1139 wiederholt worden[4], jedoch nur von dem Gesichtspunkt aus, dass dadurch das Gelübde verletzt und eine dem Stande der betreffenden Personen nicht entsprechende Habsucht bethätigt werde. Ebensowenig wie diese Koncilien ein absolutes Verbot enthalten, ist dies mit den weiteren, denselben Gegenstand behandelnden Vorschriften des Koncils von Tours von 1163[5] der Fall. Wenn schliesslich Honorius III. 1219 in der viel besprochenen Dekretale: Super specula[6] das Verbot auch

1 Die gedachten Grundsätze sind anerkannt in dem Cirkular des Erzbischofs von Gnesen-Posen vom 18. Mai 1866, ergangen aus Anlass der bevorstehenden Abgeordnetenhauswahlen, und in dem wegen der Reichstagswahlen vom Bischof von Kulm unterm 9. Juli 1867 erlassenen Cirkular (s. Nationalzeitung vom 15. Juni 1866 u. 19. Juli 1867). In dem letzteren wird unter Hinweis auf die Verhältnisse in Russisch-Polen bemerkt: „Es würden aber hierbei nicht geringere Gefahren zu überwinden sein, wenn auch fernerhin namentlich polnisch-nationale Parteibestrebungen fortgesetzt werden sollten, die im Anschluss an das religiöse Bewusstsein des Volkes Religion und Politik zu identifiziren, ja die Religion der Politik dienstbar und das Volk glauben zu machen suchen sollten, dass national-politische Zwecke auch Zwecke der katholischen Kirche seien“. Allerdings hat die katholische Kirche diesen Satz da, wo sie sich aus der Parteinahme für eine bestimmte politische Richtung Vortheile versprochen, nicht immer beobachtet, wie die Beeinflussung der Wahlen zum ersten deutschen Zollparlament in Süddeutschland im Frühjahr 1868 gezeigt hat. — Von einer Verpflichtung der Geistlichen im Sinne der herrschenden Regierungspartei des Staates ihre Stimme abzugeben, wie sie für die Staatsdiener von Manchen (s. z. B. v. Gerber, Grundzüge des deutschen Staatsrechts S. 110) angenommen wird, kann natürlich keine Rede sein, da dieselben nicht Beamte des Staats sind.

2 Das thun die in der vorigen Note angeführten Wahlcirkulare, welche das Verbot mit dem Zustande der Diöcesen, namentlich dem Mangel an Priestern rechtfertigen. Es liegt auf der Hand, dass hierbei auch die verschiedene Stellung der einzelnen Geistlichen in Betracht kommt. S. Schulte a. a. O. S. 303.

3 Mansi 21, 459.

4 c. 9 (Mansi 21, 528): „Prava autem consuetudo, prout accepimus et detestabilis inolevit, quoniam monachi et regulares canonici post susceptum habitum et professionem factam spreta beatorum magistrorum Benedicti et Augustini regula leges temporales et medicinam gratia lucri temporalis addiscunt. Avaritiae namque flammis accensi se patronos causarum faciunt et cum psalmodiae et hymnis vacare debeant, gloriosae vocis confisi munimine allegationum suarum varietate iustam et iniustam fas nefasque confundunt. Attestantur vero imperiales constitutiones“ (s. l. 41. C. de episc. I. 3) „absurdum, imo et opprobrium esse clericis, si peritos se velint esse disceptationum forensium. Huiusmodi temeratores graviter feriendos apostolica auctoritate decernimus. Ipsi quoque neglecta animarum cura ordinis sui propositum nullatenus attendentes pro detestanda pecunia sanitatem pollicentes humanorum curatores se faciunt corporum. Cumque impudicus oculus impudici cordis sit nuntius illa de quibus loqui erubescit honestas, non debet religio pertractare“; ein Kapitel, das allein mit wenigen unbedeutenden Wortabweichungen die Bestimmungen des Rheimser Koncils wiedergiebt.

5 c. 8 (Mansi 21, 1179), reproducirt in c. 3. X. ne cleric. III. 50, welches verbietet, dass die Regularen „ad physicam legesve mundanas legendas permittantur exire“.

6 Sie findet sich zerstückt an drei verschiedenen Stellen der Dekretalen Gregors IX., nämlich in c. 5.

auf eine Reihe anderer Geistlicher[1] ausgedehnt hat, so lag hier das Motiv darin, das Studium der Theologie und damit die erforderliche theologische Ausbildung der Geistlichen zu befördern, sowie die gedachten Personen von anderen, dieselbe beeinträchtigenden wissenschaftlichen Beschäftigungen abzuhalten[2]. Da von der Bestimmung der erwähnten Dekretale die Kleriker, welche nur die Diakonats- und geringere Weihen besitzen, nicht einmal betroffen worden sind, ferner auch nur das Studium auf den damaligen Universitäten verboten wurde, so kann der Dekretale nicht der Sinn untergelegt werden, dass das dem Kleriker im Interesse seiner künftigen Ausbildung erforderliche juristische Studium, soweit es mit der Beobachtung seiner allgemeinen Standespflichten, sowie mit den speziellen Obliegenheiten seines Amtes vereinbar erscheint, hat untersagt werden sollen[3], vielmehr hat die Dekretale nur den Zweck gehabt, vorübergehend in der damaligen Zeit die u. A. aus Anlass der Vorliebe für das Beziehen der Universitäten und das Studium des Civilrechts entstandenen Missbräuche zu beseitigen[4]. Mit den veränderten Verhältnissen[5] hat also jenes Verbot seine Bedeutung

X. de magistr. V. 5; c. 10. X. ne clerici III. 50; c. 28. X. de privil. V. 33. Vgl. hierzu v. Savigny, Zeitschr. f. geschichtl. Rechtswissenschaft, 8, 225, wo der Text der vollständigen Dekretale abgedruckt, der von Einzelnen angezweifelte Zusammenhang der drei Stücke nachgewiesen und dargethan ist, dass die verschiedenen Datirungen sich aus mehrfachen Ausfertigungen der Dekretale erklären.

[1] Das hierher gehörige Stück der Dekretale c. 10. cit. erwähnt der „archidiaconi, decani, plebani, praepositi, cantores u. alii clerici personatus habentes". Eine weitere Deklaration dazu giebt c. 1 (Bonifac. VIII.) in VI[to] eod. tit. III. 24, wonach nicht die gewöhnlichen Pfarrer, sondern nur die Inhaber von plebaniae sub se capellas habentes in quibus instituuntur clerici perpetui von dem Verbote betroffen sind. Haben die ersteren den priesterlichen ordo, so gilt die Ausnahme nicht, weil schon Honorius III. die Priester ohne Rücksicht auf ihr etwaiges Amt allgemein erwähnt.

[2] Das ergiebt der erste Theil der Dekretale in c. 5. X. cit. V. 5 (s. auch v. Savigny, Gesch. des Röm. Rechts 3, 363. 364) und ferner der dritte, c. 8. X. cit. III. 33; worin die vorwiegende Bedeutung der Universität Paris als theologischer Lehranstalt durch das Verbot gesichert wird, „ne Parisiis vel in civitatibus seu aliis locis vicinis quisquam docere vel audire ius civile praesumat"; s. v. Savigny a. a. O. S. 367 ff.; Jacobson in Doves Zeitsch. 1, 201. 223.

[3] S. auch Engel, colleg. III. 50. n. 6.

[4] Unmöglich konnte man im Interesse der kirchlichen Ordnung gerade den Inhabern bedeutenderer Stellungen und den Geistlichen des Priesterstandes einen beliebigen Aufenthalt fern von ihrer Diöcese behufs Befriedigung ihrer speziellen Neigungen unter fortwährender Perception ihrer Benefizialeinkünfte gestatten. Dass auch dieser Gesichtspunkt in Frage kam, zeigen die von dem Verbote Honorius' III. vorkommenden Dispensationen (s. für Rom c. 2 (Innoc. IV.) in VI[to] de privil. V. 7; ferner v. Savigny a. a. O. S. 366), in denen den Scholaren zugleich auch das Recht des weiteren Bezuges ihrer Einkünfte gewährt wird. Eine entgegengesetzte Auffassung vertritt C. A. Schmid, die Reception des römischen Rechts in Deutschland. Rostock. 1868. S. 114 ff. 117 ff. Nach ihm sind diese Dekretalen Symptome einer Opposition der Kirche gegen das römische Recht überhaupt und Versuche zur Unterdrückung desselben. Dagegen spricht aber die Beschränkung des Verbotes auf bestimmte Klassen von Geistlichen, das gleichzeitige Verbot des Studirens der Medizin, der unbestrittene Vorrang des kanonischen Rechtes in den zur geistlichen Gerichtsbarkeit gehörigen Sachen (s. Maassen, Beitr. zur Gesch. d. jur. Literatur des Mittelalters S. 67 ff.), die Methode der mit römischen Rechtsstellen operirenden Kanonisten, welche Papst Innocenz IV. ebenso wie seine Zeitgenossen in seinem Kommentar zu den Dekretalen anwendet. Allerdings heisst es am Schluss einer Dekretale desselben Papstes von 1254 an die Prälaten Frankreichs, Grossbritanniens, Spaniens und Ungarns: „praeterea cum in Franciae, Angliae, Scotiae, Walliae et Hungariae regnis causae laicorum non imperatoris legibus, sed laicorum consuetudinibus decidantur et cum ecclesiasticis ss. patrum constitutionibus valeant terminari et tam canones quam consuetudines plus confundantur in legibus quam iuventur, praecipue propter nequitiam, fratrum nostrorum et aliorum religiosorum consilio et rogatu, statuimus quod in praedictis regnis leges seculares de cetero non legantur, si tamen hoc de regum et principum processerit voluntate" (Boulay, hist. universitat. Paris. 1665 ff. 3, 265). Der Anfang dieser Dekretale richtet sich aber gegen die verbreitete Sitte, die kirchlichen Aemter mit professores legum und advocati zu besetzen, und demnach stellt sich der mitgetheilte Schluss, der obenein die eigentliche Entscheidung in die Hände der Fürsten legt, als ein Versuch dar, dem Uebel durch ein Radikal-Mittel zu helfen, wobei der Papst wohl auch auf die Opposition des Volkes gegen das römische Recht (s. Schmid a. a. O. S. 134. 144) rechnete. Nicht auf Beseitigung des Studiums des römischen Rechtes und des letzteren selbst, sondern nur darauf, dasselbe in Abhängigkeit vom kanonischen Recht zu halten, kam es der Kirche an.

[5] Nicht durch gewohnheitsrechtliche Abrogation, wie Schulte, System 2, 170 meint.

verloren und es kann eine Beschäftigung des Klerikers mit dem Rechtsstudium innerhalb der vorhin erwähnten Gränzen ebensowenig wie früher, als unerlaubt gelten[1], während freilich gegen die Ueberschreitung der letzteren seitens des Ordinarius nach allgemeinen Rechtsgrundsätzen die entsprechenden Massregeln ergriffen werden können[2].

§. 18. 2. *Die Verpflichtung zum Breviergebet**.

In der älteren christlichen Kirche hat man die in der Synagoge üblichen Gebetszeiten um die dritte, sechste und neunte Stunde (9, 12 Uhr Vormittags, 3 Uhr Nachmittags) festgehalten[3], und es war selbstverständlich, dass der gesammte Klerus der einzelnen Kirche an diesem Gottesdienst Theil nahm[4]. Seit dem 4. Jahrhundert kam in Folge der in den Klöstern herrschenden Uebung das Gebet um Mitternacht, sowie das bei Anbruch des Tages und der Nacht hinzu[5]. Die Sitte, einen solchen regelmässigen Gebetsdienst in den Kirchen abzuhalten, ist von der morgenländischen Kirche auf das Abendland übergegangen und man hat hier gleichfalls zunächst die Pflicht aller Geistlichen zur Assistenz an demselben festgehalten[6], wie denn auch Chrodegang von Metz (a. 760) diese Einrichtung als Theil der vita canonica für die Dom- und Kollegiatstifter in seine Regel übernahm[7]. Die Gebete, welche zu den hergebrachten Stunden[8] gehalten wurden, waren ihrem Hauptbestandtheile nach aus den Psalmen entlehnt, (weshalb für den täglichen Gottesdienst ausser der gewöhnlichen Bezeichnung: officium divinum auch der Ausdruck: psalterium vorkommt[9]), und wurden zunächst aus jenen, sowie den übrigen Theilen der heiligen Schrift und der Väter mehr willkührlich ausgewählt, bis man an verschiedenen Orten eigene Gebetbücher[10] verfasste und ein auf Veranlassung Gregors VII. aus dem bisher gangbaren Material angefertigter Auszug (breviarium) allmählich in den allgemeinen Gebrauch der Kirche überging[11].

1 Wie denn z. B. die von Pius IX. erlassene Studien-Ordnung: Ad piam doctamque cleri vom 3. Oktober 1853 für das Seminarium Romanum ad S. Apollinaris zu Rom (Moy, Arch. 1, 662) einen dreijährigen Kursus im kanonischen, Civil- und Kriminalrecht vorschreibt.

2 Phillips 1, 699; Schulte a. a. O.

* A. de Roskovány, Coelibatus et breviarium duo gravissima clericorum officia e monum. omn. secul. demonstrata. 5 Tom. Pest. 1861. Tom. V. — F. Probst, Brevier und Breviergebet. 2. Aufl. Tübingen. 1868.

3 Psalm. LIV. 18; Daniel. VI. 10. 13; Act. apost. II. 42; III. 1; X. 9. S. Constit. apost. 8, 34; Probst S. 19 ff.

4 Thomassin P. I. lib. 2. c. 71. Vgl. c. 3. §. 1 (Stat. eccles. ant.) Dist. XCI; L. 42. §. 10. C. de episc. I. 3.

5 Thomassin l. c.; Jacobson Art. Brevier in Herzogs Encyclopädie 2, 375.

6 Thomassin l. c. c. 75 ff.; vgl. c. 13 (Agath. a. 506) Dist. V. de cons.; c. 38. Aurel. I. a. 511; c. 14. Aurel. III. a. 538; c. 18. 19. Turon. II. a. 567; c. 9 (Tolet. I. a. 400) Dist. XCII; c. 14 (Gerund. a. 517) Dist. V. de consecr.; c. 10. Tolet. IV. a. 633; c. 18. Emerit. a. 666.

7 S. Regula Chrodegang. c. 4. 5. 6 (Walter, fontes jur. eccles. p. 23); Conc. Aquisgr. a. 816. lib. I. c. 126—131 (Mansi 14, 235). Ueber die sonstige Verbreitung der Sitte in der karolingischen Zeit vgl. c. 3. 8. Capit. Aquens. a. 801 (LL. 1, 87); c. 3. Cap. Aquens. a. 802 (LL. 2, 106); c. 1 (Hincm. Rem. cap.) Dist. XCI = c. 1. X. de celebr. miss. III. 41; Reginon. libr. II. de caus. syn. lib. I. notit. qual. episc. n. 28. 29; Probst S. 42 ff.

8 Als solche werden gewöhnlich 7, mitunter acht angegeben, nämlich als horae diurnae die prima, tertia, sexta, nova, vespera 6 Uhr Morg.; 9, 12, 3 Uhr, 6 Uhr Abends, und als horae nocturnae das mitunter noch den Tagesstunden beigezählte completorium (Schlussgebet vor dem Schlafengehen) und die matutina oder laudes (3 Uhr Morg.); als achte Gebetszeit kommt dann noch das für die Regel mit der matutina verbundene nocturnum medianum (Mitternacht) vor. S. Jacobson a. a. O. S. 376. Vgl. auch: der geweihten oder kanonischen Stunden Alter, Geist und Wesen. 2. Aufl. Landhut. 1835.

9 c. 24. 33 (Hieronym.) Dict. V. de consecr.; auch cursus, weil er nach dem täglichen Lauf der Sonne verrichtet wird; s. z. B. Greg. Turon. hist. eccles. V. 21; Regin. l. c.; ferner opus sanctum s. c. 38. Aurel. I. a. 511; endlich horae canonicae.

10 Hieraus erklärt es sich, dass ältere Concilien, c. 27. Epaon. a. 517; c. 1. Bracar. I. a. 563; c. 2. Tolet. IV. a. 633, auf die Innehaltung einer Gleichmässigkeit wenigstens innerhalb desselben Metropolitanbezirkes dringen.

11 S. c. 13. Dist. V. de consecr.; Jacobson a. a. O.

Während ursprünglich das Gebet von den Klerikern gemeinschaftlich verrichtet wurde und nur der an der Theilnahme an diesem Gottesdienst verhinderte Geistliche die Gebete zu den verschiedenen Zeiten für sich allein [1] (s. g. officium divinum privatum) verrichten durfte und musste, ferner auch die Verpflichtung allen Geistlichen ohne Rücksicht auf ihren Weihegrad und ihre amtliche Stellung oblag [2], ist in Folge der allmählichen Vermehrung der kleineren, nur durch einen einzelnen Geistlichen versehenen Kirchen und in Folge des Verfalls des gemeinschaftlichen Lebens der Kleriker überhaupt die alte regelmässige Sitte, das officium divinum öffentlich und gemeinschaftlich abzuhalten, im Mittelalter in Verfall gerathen und weiter hat die Einführung der Ordinationen auf den titulus patrimonii die Veranlassung dazu gegeben, dass die Kleriker, welche keine kirchlichen Einkünfte bezogen, sich von der Verpflichtung des täglichen Gebetsdienstes emancipirten. Trotz mehrfacher Versuche, dieser Unsitte zu steuern [3], gelang dies nicht und gerade die besondere Hervorhebung jener Pflicht für die Geistlichen der höheren Weihen und die bepfründeten Kleriker in einzelnen Provinzialsynoden [4] hat das umgekehrte Resultat herbeigeführt [5].

Mit Rücksicht auf diese Entwicklung stellt sich das im Laufe des 14. Jahrhunderts fixirte heutige Recht dahin [6]:

Zur privaten Verrichtung des täglichen Gebetes und zwar für die Regel nach dem Breviarium Romanum [7] sind die Kleriker der höheren Weihen und ohne Unterschied ihres Ordo alle diejenigen Geistlichen, welche ein kirchliches Benefizium besitzen [8], verbunden. Für die Unterlassung dieser Pflicht ist, soweit sie allein auf dem vom Säumigen erlangten ordo sacer beruht, keine bestimmte Strafe festgesetzt, so dass also nur die Verhängung von poenae arbitrariae durch den Ordinarius übrig bleibt [9]. Die

[1] S. Thomassin l. c. c. 75. n. 13; c. 78. n. 4. 10; Regula Chrodeg. c. 10; van Espen diss. de horis canonicis, P. I. c. 2. §. 1; Probst. S. 44 ff.

[2] S. Thomassin l. c. c. 73. n. 3; c. 78. n. 9; van Espen l. c. c. 1. §. 1.

[3] S. c. 9 (Later. IV. a. 1215) X. de celebr. miss. III. 41; Clem. 1. eod. tit. III. 14.

[4] S. Thomassin l. c. c. 85. n. 1.

[5] So sagt schon die Glosse zu der allgemein lautenden Clem. 1. cit. s. v. ministri, argue pro clericis qui beneficiati non sunt, quod non teneantur ad horas".

[6] S. auch Fagnan. ad c. 1. X. de celebr. miss. III. 41. n. 12 ff.; Probst S. 61 ff.

[7] Das oben erwähnte Brevier ist auf Befehl Gregors IX. 1241 durch den Franziskaner-General Haymo und auf Befehl Clemens' VII. im Jahre 1536 durch den Kardinal Quignon verbessert worden. Die dem Papst Pius IV. durch das Trienter Koncil (Sess. XXV. contin. de indice libror.) übertragene Revision hat ihren Abschluss erst unter Pius V. gefunden. Vgl. die Bulle: Quod a nobis von 1568 (M. Bullar. 2, 278), welche (§§. 5. 6) neben diesem neu verbesserten Breviarium nur die seit länger als 200 Jahr in Gebrauch befindlichen Breviarien bestehen lässt. Weitere Revisionen sind unter Clemens VIII., s. Constit. Cum in ecclesias v. 1602 (M. B. 3, 149) und Urban VIII., s. Const. Divinam psalmodiam v. 1631 (abgedruckt vor den Ausgaben des Breviars) erfolgt. S. van Espen l. c. c. 4. §. 2; Jacobson a. a. O.; Pachmann §. 302. Ueber neuere Versuche zur Verbesserung des Breviars in einzelnen Ländern Kopp, die kathol. Kirche im 19. Jahrh. S. 180 ff. Neben dem Breviarium Romanum sind freilich auch heut noch andere, so z. B. in Mailand das Ambrosianische, ferner besondere Breviare bei einzelnen Mönchsorden in Gebrauch. S. Ginzel, österr. Kirchenrecht 2, 115; Kopp, a. a. O. S. 182.

[8] Diesen Rechtszustand setzt schon das Conc. Basil. Sess. XXI. c. 5; instrum. accept. decr. Basil. conc. tit. 13 (Gaertner corp. iur. eccl. 1, 34): „Quoscunque . . . beneficiatos seu in sacris constitutos cum ad horas canonicas teneantur, admonet haec sancta synodus" etc. voraus. Vgl. ferner Const. Benedikts XIV: Eo quamvis tempore v. 4. Juni 1745. §. 43 (M. B. 16, 297): „In ecclesia Occidentis imposita est presbyteris, diaconis et subdiaconis dicta obligatio quamvis nullum ecclesiasticum beneficium fuerint assecuti. Cohaeret enim ordini sacro diurnum pensum horarum canonicarum illudque veteri traditione acceptum et immemorabili consuetudine in more positum fuisse, docet communior theologorum opinio". Hinsichtlich der Kleriker der niederen Ordines wird im Pontific. Roman. de ordin. presbyteri bestimmt: „Singuli ad primam tonsuram vel ad quatuor minores ordines promoti dicite semel septem psalmos poenitentiales cum litaniis, versiculis et orationibus".

[9] Ginzel a. a. O. S. 113; Pachmann §. 301.

bepfründeten Kleriker[1] dagegen können, wenn sie bereits sechs Monate im Besitze ihres Benefiziums sich befinden[2] und von dieser Zeit ab das Breviergebet unterlassen, zur Strafe einen der Zeit der Omission verhältnissmässig entsprechenden Theil der Früchte nicht zu Eigenthum erwerben[3] und bei fünfzehntägiger, fortdauernder Aussetzung des Gebetes[4] nach erfolgter Mahnung ihrer Pfründe verlustig erklärt werden. Die Geringfügigkeit des Pfründen-Ertrags entbindet von dieser Pflicht nicht[5]. Diejenigen Kleriker, welche kein Benefizium haben, aber kirchliche Einkünfte beziehen, müssen die das s. g. kleine officium b. Mariae virginis[6] bildenden Gebete täglich recitiren[7].

Die gemeinsame Verrichtung des Gebetsdienstes in der Kirche (in choro), also die ursprüngliche allgemeine Sitte, hat sich jetzt nur noch als Pflicht für die Kanoniker an den Kathedral- und Kollegiatkirchen[8], sowie für die Professen der Mönchs- und Nonnenklöster[9] erhalten.

[1] In Betreff dieser kommen in Frage die Constit. Leos X. Supernae dispositionis §. 38. conc. Later. V. Sess. IX. v. 3. Mai 1514 (M. Bull. 1, 547) u. die Constit. Pius' V. Ex proximo v. 20. September 1571 (M. B. 2, 369).

[2] Auf den Zeitpunkt der Besitzerlangung, nicht der der Erwerbung der Pfründe ist das: post sex menses ab obtento beneficio der Constit. Leos zu beziehen. S. Ferraris s. v. officium divinum art. 1. n. 26 ff. In Betreff der ersten 6 Monate nach Erlanguug des Besitzes bestimmt die Const. Pius' V. §. 1: „Item ille qui primis sex mensibus officium non dixerit, nisi legitimum impedimentum ipsum excusaverit, grave peccatum, intelligat admisisse".

[3] Des Näheren normirt die Const. v. 1571. §. 1 dies dahin: „ut qui horas omnes canonicas uno vel pluribus diebus intermiserit omnes beneficii seu beneficiorum suorum fructus qui illi vel illis diebus responderent, si quotidie dividerentur, qui vero matutinum tantum, dimidiam, qui harum singulas, sextam partem fructuum eiusdem diei amittat". Einzelne (s. z. B. Engel III. 41. n. 23 ff.; Frey, krit. Komm. über d. Kirchenrecht. 2. Aufl. 3, 63 ff.) wollen diese Bestimmungen dann nicht anwenden, wenn der Beneficiat ausser der Verpflichtung zum Breviergebet noch andere Amtspflichten, z. B. die Pflicht der Seelsorge hat und diese letztere nicht vernachlässigt, sondern ihm hier immer eine nach dem arbitrium boni viri für die Erfüllungen der anderen Amtspflichten proprotionell zu bemessende Quote erhalten wissen. Die überwiegende Meinung, (s. Engel l. c.) verwirft das aber mit Recht, denn die Const. Leos, welche die Const. Pius' V. deklarirt, handelt ebenso wie die letztere, ohne eine Unterscheidung zu machen, von allen Inhabern eines: „beneficium cum cura vel sine cura". Vgl. auch Moy, Archiv. 2, 88 ff. Wenn beide Constitutionen die Strafe dahin normiren: „fructus ... suos non faciat, sed eos tamquam iniuste perceptos in fabricas ipsorum beneficiorum vel pauperum eleemosynas erogare teneatur", so macht diese Bestimmung für die nähere juristische Präcisirung erhebliche Schwierigkeiten. Nach dem Text erwirbt der Benefiziat die entsprechende Quote der Früchte nicht, werden diese insgesammt erst nach der Unterlassung perzipirt, so erhielte er von dem Quantum (also z. B. der Erndte des Pfarr-Ackers) nur ein condominium mit einer andern zu der nicht von ihm erworbenen Quote berechtigten Person. Als diese stellen aber die Constitt. die Fabrika oder Armen hin, und überlassen die Wahl dem nachlässigen Kleriker. Wenn er säumig ist, kann ihn der Bischof allerdings zur Erfüllung der Pflicht anhalten, kann aber z. B. die Fabrika von der bereits an einen Dritten veräusserten, noch vorhandenen Erndte ihren Antheil mit der a. communi dividundo verlangen? Da man die nicht vom Benefiziaten erlangte Portio der Einkünfte doch nicht für res nullius erklären kann, auch die pauperes in den Constitutionen nicht näher bestimmt sind, so bleibt nichts übrig, als die fabrica für Miteigenthümerin zu erklären, den Benefiziaten aber für berechtigt anzusehen, das Miteigenthum derselben durch Verwendung des Objekts zu wohlthätigen Zwecken aufzuheben, eine Befugniss, für deren Ausübung der Bischof eventuell eine Frist zu setzen haben wird, und die er schlimmstenfalls selbst statt des Säumigen wird ausüben können.

[4] Constit. Leos' a. a. O.: „Intelligatur autem officium omittere quoad hoc ut beneficio privari possit qui per quindecim dies illud saltem bis non dixerit". Nach einzelnen soll den Bischof der Verlust seiner bischöflichen Einkünfte wegen Unterlassung des Breviergebets nicht treffen, s. Ferraris s. v. beneficiatus. art. 1. n. 8.

[5] S. Fagnan. ad c. 6. X. de cleric. non resident. III. 4. n. 8. 9; Ferraris s. v. beneficiatus. art. 1. n. 2 ff.

[6] S. darüber Binterim, Denkwürdigkeiten. IV. 1, 429 ff.

[7] Const. Pius' V. §. 1. i. f.

[8] Clem. 1. de celebr. miss. III. 14; Trid. Sess. XXIV. c. 12. de ref.; Bened. XIV. instit. CVII. §§. 1. 3. Das weitere in der Lehre von den Kapiteln.

[9] Für die zu den gemeinen Hausdiensten bestimmten Mitglieder der Orden, die sog. conversi oder conversae (Laien-Brüder und Schwestern) und für die Novizen besteht aber diese Pflicht nicht, sofern nicht etwa die besondere Regel dieselbe auch für diese Personen statuirt. S. Ferraris s. v. officium divinum. art. 1. n. 37 ff. Ebensowenig findet die Persolvirung in choro bei denjenigen Orden statt, welche, wie z. B. die Jesuiten, die geistlichen Ritter-Orden überhaupt nicht zum Chordienst bestimmt sind. Hier genügt die private Verrichtung durch die einzelnen Mitglieder. S. Const. Paul's III. Regimini milita-

Genügende Gründe [1] für die Unterlassung des Breviergebetes bilden eine durch physische Gründe, also erhebliche Krankheit oder sonst (Verlust des Brevierbuches, dringende, plötzlich eingetretene Geschäfte) herbeigeführte Unmöglichkeit, und eine begründete Furcht vor schweren, durch die Persolvirung herbeigeführten Nachtheilen [2], jedoch muss die Verpflichtung, wenn dies möglich ist, immer theilweise erfüllt werden [3]. Endlich kann der Papst nicht nur Concessionen zur Anticipirung oder zur Nachholung der kanonischen Stunden gewähren [4], sondern auch von der Verpflichtung überhaupt dispensiren, da diese nicht auf dem ius divinum beruht [5].

Dagegen befreit die Suspension, das Interdikt und die Exkommunikation den Kleriker nicht von der hier in Rede stehenden Verbindlichkeit, weil Niemand aus seiner Strafe Vortheil ziehen kann, es muss nur in den beiden letzteren Fällen der sonst zur Persolvirung in choro Verpflichtete das Gebet privatim verrichten, weil er von dem Betreten der Kirche, resp. von dem Verkehr mit den übrigen Klerikern und Gläubigen ausgeschlossen ist [6]. Das letztere gilt auch von dem deponirten und degradirten Majoristen, da er seinen ordo durch die gedachten Strafen nicht verliert, wogegen der Minorist, für welchen mit Erleidung der letzteren der Verlust des Benefiziums verbunden ist, von der gedachten Obliegenheit frei wird [7].

§. 19. 3. *Die Verpflichtung zum Cölibat**.

I. Entwicklung in der ältesten, sowie in der orientalischen Kirche. Das neue Testament enthält kein Verbot der Ehe für den Geistlichen,

retis v. 26. November 1540. §. 12 (M. Bullar. 1, 745). Liguori, theolog. moral. l. IV. c. 2. dub. 2. art. 1. n. 141.

1 Vgl. hierzu c. 3. §. 1. Dist. XCI; Ferraris s. v. officium divinum art. 5; Frey, krit. Kommentar über das Kirchenrecht. 2. Ausg. 3, 64 ff.; Pachmann §. 301; Probst S. 70 ff.

2 Z. B. während des Aufenthalts unter einer ungläubigen Bevölkerung. Blosses Vergessen entschuldigt nicht, wie manche z. B. Engel III. 41. n. 35 behaupten.

3 Innocenz XI. hat 1679 ausdrücklich den Satz reprobirt: „Qui non potest recitare matutinum et laudes, potest autem reliquas horas, ad nihil tenetur, quia pars maior trahit ad se minorem". S. Ferraris l. c. n. 2 ff.

4 S. z. B. die Constit. Clemens' VIII. Convenit aequitati v. 5. August 1525. §. 7 (M. Bull. 1, 662) für die Auditores Rotae; Const. Pauls III. Debita consideratione v. 30. Juli 1540. §. 18 (M. B. 1, 740) für die Referendarien beider Signaturen.

5 Das zeigt die geschichtliche Entwicklung der Verpflichtung. Uebrigens ist es auch unbezweifelt. s. Ferraris l. c. n. 30 ff., wozu zu bemerken ist, dass die dort dem Bischof zugeschriebene Befugniss ob iustam causam zu dispensiren, keine Dispensation, sondern Konstatirung eines Ausnahmefalles ist. Von der Dispensationsbefugniss des Papstes ist in den Quinquennalfakultäten (Nr. 18) für die deutschen und österreichischen Bischöfe, sowie in den Septennalfakultäten (Nr. 12) für den apostol. Vikar der österreich. Armee Gebrauch gemacht, s. Schulte, System 2, 424; Ginzel a. a. O. 1, 36. 69.

6 S. Ferraris l. c. art. 1. n. 21 ff.; Kober, Kirchenbann 2. Aufl. S. 329.

7 Ferraris s. v. degradatio n. 8. 9; Kober, Deposition und Degradation. S. 139. 284.

* Calixtus de coniugio clericorum Helmst. 1631. ed. Henke 1784; Thomassin, vetus et n. eccles. disc. P. I. lib. 2. c. 60 — c. 66; Natalis Alexander, histor. eccles. saec. IV. disc. 19; Zaccaria, storia polemica del celibato sacro. Rom. 1774 (deutsch von Dreysig. Bamberg u. Würzburg 1781); Körner, vom Cölibat der Geistlichen. Leipzig. 1784; Denkschrift für die Aufhebung des den katholischen Geistlichen vorgeschriebenen Cölibats. Freiburg i. Br. 1828. Ferner für die Aufhebung: Ant. u. Augustin Theiner, die Einführung der gezwungenen Ehelosigkeit bei den katholischen Geistlichen und ihre Folgen. Altenburg. 1828. 2. Ausg. 1845. 2 Bde.; Carové, die letzten Dinge des römischen Katholicismus. Leipzig. 1832. S. 253 ff.; ders., über das Cölibatsgesetz des römisch-katholischen Klerus. Frankfurt a. M. 1832; ders., vollständige Sammlung der Cölibatsgesetze für die katholischen Weltgeistlichen. Frankfurt a. M. 1833; ders., das röm.-kath. Cölibatsgesetz in Frankreich u. Deutschland. Offenbach. 1834; zur Vertheidigung: Th. Fr. Klitsche, Geschichte des Cölibats der kathol. Geistlichen von den Zeiten der Apostel bis zum Tode Gregors VII. Augsburg. 1830. (Anonym) Der Cölibat. Regensburg. 1841. 2 Bde. Weitere polemische Literatur angegeben in A. Müllers Lexikon des Kirchenrechts unt. d. Art. Cölibat. 2. Ausg. 1, 455. n. 25. S. ferner Moy, Gesch. des Eherechts. Regensburg. 1833. 1, 336 ff.; A. de Roskovány, coelibatus

vielmehr lässt sich aus demselben entnehmen, dass wenn nicht auch andere[1], doch sicher der Apostel Petrus[2] vermählt gewesen ist. Fernere Ueberlieferungen bestätigen es, dass man nicht nur an der Ehe der Geistlichen in den ersten drei Jahrhunderten keinen Anstoss genommen[3], sondern dass man selbst nicht einmal allgemein von den verheiratheten Bischöfen, deren sich eine Anzahl nachweisen lässt, die Aufhebung des fleischlichen Umgangs mit ihren Frauen verlangt hat[4].

Während derselben Zeit hat aber schon ein Theil der Gnostiker von der antiken Anschauungsweise, von dem Dualismus zwischen Geist und Materie, ausgehend und den Leib als die Quelle des Bösen betrachtend (z. B. Saturnin, Marcion) die Enthaltung von der Ehe und der Kinderzeugung gefordert[5]. Auch die ältesten Kirchenlehrer sind gerade ihren gnostischen Gegnern gegenüber, indem sie gleichfalls den Leib als ein wesentliches Moment der von Gott geschaffenen menschlichen Natur betrachteten, und unter Heranziehung von Matth. XIX. 12; I. Corinth. VII. 38 zu der Nothwendigkeit einer Reinigung und Heiligung des Leibes durch Ertödtung der fleischlichen Begierden und damit zu der Auffassung von der Vorzüglichkeit und Verdienstlichkeit des ehelosen Standes gelangt[6]. Unter weiterer Berücksichtigung des Umstandes, dass, wie schon vorhin angedeutet, die Geschlechtsvereinigung vielfach bei den Heiden und auch bei den Juden als verunreinigend galt[7], erklärt es sich, dass schon in den ersten Jahrhunderten viele Christen die Ehe mieden und dass wenn man auch zunächst die Ehelosigkeit nicht gesetzlich forderte[8], bald die Rücksicht auf Vermeidung einer Missachtung der verheiratheten Geistlichen durch die die Virginität beobachtenden Laien die Anordnung des als Zeichen einer höheren Sittlichkeit geltenden Cölibats für die geistlichen Amtsträger wünschenswerth erscheinen lassen musste. Wenngleich der beantragte Erlass eines Verbots der ehelichen Beiwohnung für die verheiratheten Kleriker bis zum Subdiakon nach erlangter Weihe von der Synode von Nikäa (325) auf Veranlassung des Bischofs Paphnutius aus der Oberthebais verworfen ist[9], so war es doch schon

et breviarium, duo gravissima clericorum officia e monument. omn. secul. demonstr. Pest. 1861. Tom. I—IV; in T. IV. die vollständige Literatur; Jacobson in Herzogs Encyclopädie 2, 771 ff.; Hefele, Beiträge zur Kirchengeschichte. Tübingen. 1864. 1, 122 ff.; Henry C. Lea, an historical sketch of sacerdotal celibacy in the christian church. Philadelphia. 1867.

[1] I. Corinth. 9. 5: . . . „μὴ οὐκ ἔχομεν ἐξουσίαν ἀδελφὴν γυναῖκα περιάγειν ὡς καὶ οἱ λοιποὶ ἀπόστολοι καὶ οἱ ἀδελφοὶ τοῦ κυρίου καὶ Κηφᾶς“; freilich hat schon Tertullian de monogamia c. 8. die Bedeutung uxor von mulier verworfen, wogegen andere die entgegengesetzte, richtigere Auffassung vertraten. S. Gieseler, Kirchengeschichte. 4. Aufl. I. 1, 100, 101. n. 3; Lea p. 25 ff.

[2] Matth. VIII. 14.

[3] So war der Diakon Nikolaus (Apostelgesch. VI. 5) verheirathet. S. Clem. Alexandr. Strom. III. 4 (ed. Klotz, 2, 625). Selbst Cyprian macht dem Carthagischen Priester Novatus, der 250 das Novatianische Schisma veranlasste, es nicht zum Vorwurf, dass er in der Ehe lebte, sondern nur, dass er seine schwangere Frau gemisshandelt und wegen der dadurch veranlassten zu frühen Niederkunft derselben zum Mörder seines eigenen Kindes geworden sei. Vgl. Cyprian. ep. 49 ad Cornel. pap. (ed. Oberthür 1, 112). S. ferner Lea p. 27 ff.

[4] Athanasii ep. ad Dracontium (ed. Bened. Patavini. 1777. I. 1, 211). Der Vater Gregors von Nazianz (geb. u. 330) war selbst Bischof zu Nazianz und hatte ausser diesem noch einen jüngeren Sohn Cäsarius; beide sind mindestens erzeugt, als der Vater schon Priester war. S. Lea p. 57; A. M. Thomassin l. c. c. 60. n. 20. Auch die Constit. apostol. VI. 17 verlangen nur, dass der Bischof eines Weibes Mann sei; can. 6. apost. (c. 14. Dist. XXVIII) droht dem Bischof und Priester Exkommunikation und Absetzung, der sich wegen seines geistlichen Standes von seiner Frau trennt; vgl. ferner c. 51 ibid.

[5] S. Baur, Kirchengesch. der ersten drei Jahrhunderte. 4. Aufl. S. 493 ff.

[6] So namentlich Tertullian und Athenagoras; s. Baur a. a. O. S. 488; Gieseler a. a. O. S. 238; Hefele a. a. O. S. 78. 82.

[7] 2. Mos. XIX. 15; 3. Mos. XV. 18; s. auch Richter §. 116. n. 1.

[8] S. Gieseler a. a. O. Ueber den nicht ausgeführten Versuch des Bischofs Pinytus von Gnossus auf Creta (u. 160), die Ehelosigkeit in seiner Gemeinde allgemein zu statuiren und die Abmahnung des Bischofs Dionysius von Korinth (Euseb. hist. eccles. IV. 23) vgl. Hefele a. a. O. S. 126.

[9] Das bezeugt die bei Socrates hist. eccl. I. 11; Sozomenus hist. eccl. I. 23; Cassiod. hist. trip II. 14, auch in c. 12. Dist. XXXI. übereinstim-

damals eine durch die erwähnten Ansichten hervorgerufene, seit längerer Zeit bestehende Uebung, dass die unverheirathet in den Klerus eingetretenen Geistlichen der höheren Grade nach Erlangung der letzteren keine Ehe mehr eingehen durften[1], jedoch war dem Diakon dies dann gestattet, wenn er sich bei seiner Weihe die Verehelichung vorbehalten hatte[2].

Zu einer allgemeinen Festsetzung des Cölibats ist es also in der älteren orientalischen Kirche nicht nur nicht gekommen, sondern man hat sogar das Ansehen der rechtmässig verheiratheten Kleriker auf der Synode zu Gangra (um die Mitte des 4. Jahrhunderts) durch die Androhung des Bannes gegen diejenigen gewahrt, welche dem Gottesdienst und dem Opfer eines verheiratheten Priesters beizuwohnen verweigerten[3]. Die Ansicht von der Verdienstlichkeit der Virginität[4] hat sich freilich stark genug erwiesen, um im 5. Jahrhundert vielfach die Gewohnheit zu fixiren, dass die Geistlichen und namentlich die Bischöfe sich nach ihrer Ordination des Umgangs der vorher rechtmässig geheiratheten Frauen enthielten, und dass man nur Ehelose zu den höheren Weihestufen beförderte[5]. Gesetzliche Anordnungen sind indessen in der orientalischen Kirche in den nächsten Jahrhunderten nicht erlassen worden, vielmehr hat die weltliche Gesetzgebung unter Justinian in Anlehnung an die früheren Kanones und die praktische Uebung in Betreff der Ehen der Geistlichen folgende Grundsätze festgestellt: 1. Zu Bischöfen sollen nur Geistliche befördert werden, welche keine Weiber und Descendenten haben[6]. 2. Während die Kleriker der niederen Grade an der Schliessung einer Ehe nicht gehindert werden, ist die Eingehung einer solchen den Geistlichen vom Subdiakonat an aufwärts nach der Erlangung der betreffenden Weihegrade bei Strafe der Absetzung, der Nichtigkeit der Ehe und Illegitimität für die erzeugte Descendenz verboten[7]. 3. Schon vorher verheirathete Personen sind dagegen von der Ordination, selbst der Priesterweihe, nicht ausgeschlossen und ebensowenig hat man von ihnen das Aufgeben des ehelichen Umgangs mit ihren vorher geheiratheten Frauen verlangt[8]. Kirchlicherseits sind diese Vorschriften auf der Trullanischen Synode

mend vorkommende Erzählung. Die von Baronius u. A. erhobenen Zweifel an der Wahrheit dieser Erzählung sind unbegründet, ebenso ist die von Phillips 1, 729 versuchte Beschränkung des Widerspruchs gegen die Statuirung einer Verpflichtung für die Subdiakonen unhaltbar. S. namentlich Hefele 1, 130; auch Lea p. 54. Ebensowenig findet sich im c. 3. Nicaen. ein Cölibatsgesetz; die συνείσακτος (mulier subintroducta) bedeutet nicht Ehefrau. S. Hefele 1, 128; Lea p. 52; Mittermüller in Moys Archiv 16, 209.

1 Dieser dem Paphnutius in den Mund gelegte Satz wird auch durch die Const. apostol. VI. 17, c. 27 apostol., c. 8 (Ancyr. a. 314) Dist. XXVIII, c. 9 (Neocaes. zw. 314 u. 325) Dist. ead., welcher dem heirathenden Priester Absetzung droht, erwiesen.

2 c. 8. cit. Dist. XXVIII.

3 S. c. 4. in c. 15. Dist. XXVIII. Die Synode richtete sich gegen die Lehre des Bischofs Eustathius von Sebaste und seiner Anhänger, welche die Ehe verwarfen und behaupteten, dass kein Verheiratheter bei Gott Gnade erlangen könne. S. die Vorrede der Synode bei Bruns, bibl. eccles. I. 1, 106; c. 7. 8. Dist. XXXI; Hefele, Conciliengesch. 1, 753 ff.

4 (Vertreten durch eine Reihe der bedeutendsten Kirchenväter in Verbindung mit der bald zu besprechenden Entwicklung in der abendländischen Kirche. S. Lea p. 92).

5 Socrates, hist. eccles. V. 22: „Ἔγνων δὲ ἐγὼ καὶ ἕτερον ἔθος ἐν Θεσσαλίᾳ. Γενόμενος κληρικὸς ἐκεῖ, ἣν νόμῳ γαμήσας πρὶν κλήρικος γένηται, μετὰ τὸ κληρικὸς γενέσθαι συγκαθευδήσας αὐτῇ, ἀποκήρυκτος γίνεται· τῶν ἐν ἀνατολῇ πάντων γνώμῃ ἀπεχομένων, καὶ τῶν ἐπισκόπων, εἰ καὶ βούλοιντο, οὐ μὴν ἀνάγκῃ νόμου τοῦτο ποιούντων. Πολλοὶ γὰρ αὐτῶν ἐν τῷ καιρῷ τῆς ἐπισκοπῆς καὶ παῖδας ἐκ τῆς νομίμης γαμετῆς πεποιήκασιν“, woraus sich freilich auch ergiebt, dass jene Praxis nicht überall geübt worden ist. Vgl. auch Hefele, Beiträge 1, 136 ff.; Lea p. 91 ff. 97.

6 L. 42. §. 1. C. de episc. I. 3 (a. 528), wo schon der in der späteren abendländischen Gesetzgebung wiederholt angeführte Grund, die Befürchtung vor einer Beeinträchtigung des Kirchengutes durch die Descendenten, hervorgehoben wird. S. auch Nov. 6. c. 1. §§. 3. 4 (a. 535); Nov. 123. c. 1 (a. 546). Auch musste die frühere Ehe die erste und mit einer Jungfrau geschlossen sein. S. Nov. 6. 123. ll. cc.

7 L. 45. C. eod. tit. (a. 530); Nov. 6. c. 5; Nov. 22. c. 42 (536); Nov. 123. c. 12.

8 Nov. 6. 123. ll. cc.

von 692 wiederholt worden[1], jedoch einerseits mit der offenbar durch die Praxis[2] hervorgerufenen Milderung, dass auch verheirathete, sofern sie sich von ihren Weibern trennen wollten, die Bischofsweihe erhalten durften[3], andererseits aber mit der Verschärfung, dass die Priester, Diakonen und Subdiakonen während der Zeit, wo sie die Verrichtung des heiligen Dienstes traf, sich der Beiwohnung ihrer Frauen enthalten sollten[4]. Bei diesen Bestimmungen ist die Kirche des Orients stehen geblieben[5] und im Laufe der Zeit hat sich mit Rücksicht auf dieselben die heut noch geltende Praxis entwickelt, dass die meisten Kandidaten des geistlichen Standes vor der Diakonatsweihe behufs ihrer Verheirathung die bischöflichen Seminarien verlassen und nach derselben zur Erlangung der höheren Weihen in das Institut zurückkehren, dass sie als Priester die so geschlossenen Ehen fortsetzen, aber nach dem Tode ihrer Frau nicht wieder heirathen dürfen, sowie dass endlich die Bischöfe, denen die Fortsetzung der Ehe nicht erlaubt ist, gewöhnlich nicht aus dem im Ehestande lebenden Weltklerus, sondern aus den Reihen der Mönche genommen werden[6]. Für die mit ihr unirten Orientalen erkennt die römische Kirche diese Grundsätze ebenfalls als massgebend an[7].

II. Einen anderen, zu strengeren Resultaten führenden Verlauf hat die Entwicklung in der abendländischen Kirche genommen. In ihr ist das älteste Cölibatsgebot ergangen. Die 305 oder 306 abgehaltene Synode von Elvira hat schon die Forderung aufgestellt, dass Bischöfe, Priester und Diakonen, sowie die übrigen beim Altardienst verwendeten Kleriker, sich bei Strafe der Absetzung des Umgangs mit ihren Frauen enthalten sollten[8], und vielleicht ist die Geltung dieses allerdings nur partikulären Rechtssatzes die Veranlassung gewesen zu dem vorhin erwähnten, auf dem Nicänum gemachten Versuch, eine gleiche Vorschrift für weitere Kreise durchzusetzen[9]. Noch in demselben Jahrhundert hat bei der immer mehr sich verbreitenden Ansicht von der Verdienstlichkeit der Virginität[10] schon der römische Stuhl ein mit der Synode von Elvira übereinstimmendes Verbot an die Geistlichen vom Diakon aufwärts erlassen[11]. Indessen

[1] S. c. 3. 6 = c. 7. Dist. XXXII.

[2] S. c. 12 der Synode; ebenso ergiebt c. 1, dass die sonstigen Bestimmungen Justinians auch mehrfach übertreten worden sind. S. auch Lea p. 95.

[3] c. 48.

[4] c. 13 = c. 13. §. 1. Dist. XXXI.

[5] Eine später aufgekommene Gewohnheit, wonach die eine Ehe beabsichtigenden Kleriker diese noch binnen zwei Jahren nach der Erlangung der höheren Weihen eingingen, hat Leo der Weise (886—911) reprobirt, dagegen andererseits die Vorschrift Justinians, dass der Bischof kinderlos sein müsse, aufgehoben. S. Nov. 3. 2. Leon.

[6] Hefele a. a. O. 1, 139.

[7] S. c. 14 (Stephan. IX.?) Dist. XXXI; c. 6 (Innoc. III.) X. de cleric. coniug. III. 3; Const. Benedikts XIV: Etsi pastoralis v. 26. Mai 1742. §. 7 (M. Bull. 16, 100) n. 26: „Etsi expetendum quam maxime esset, ut Graeci qui sunt in sacris ordinibus constituti, castitatem non secus ac Latini servarent, nihilominus ut eorum clerici, subdiaconi, diaconi et presbyteri uxores in eorum ministerio retineant, dummodo ante sacros ordines virgines, non viduas neque corruptas duxerint, Romana non prohibet ecclesia". n. 27: „Si quis subdiaconus, diaconus vel presbyter post sacram ordinationem, uxore mortua, aliam duxerit vel si uxorem non habebat, ducere praesumpserit nedum excommunicationis latae sententiae poena aliisque nostro et successorum nostrorum Romanorum pontificum arbitrio infligendis, severissime punietur, verum etiam statim ab ordine erit deponendus et ab illegitima uxore separandus. Matrimonium enim post recensitos ordines contractum, nullum irritumque declaramus". n. 28: „Presbyter graecus coniugatus, antequam ad sacrificium seu sanctam missam celebrandam accedat, vel per hebdomadam vel per triduum ab uxore curet abstinere". S. ferner die Const. dess. Eo quamvis tempore v. 4. Mai 1745. §§. 34 ff. (M. B. 16, 290) u. Anno vertente v. 19. Juni 1750. §. 13 (ibid. 18, 167).

[8] c. 33: „Placuit in totum prohibere episcopis, presbyteris et diaconibus vel omnibus clericis positis in ministerio abstinere se a coniugibus suis et non generare filios: quicunque vero fecerit, ab honore clericatus exterminetur". Die Fassung ist ungeschickt; der Sinn des „positis in ministerio" ist aus c. 3 (Carth. II. a. 390) Dist. XXXI zu erkennen. Hefele, Conciliengesch. 1, 140.

[9] Der Bischof Osius von Corduba war auf beiden Synoden anwesend.

[10] Lea p. 38 ff. 63. Als einer der früheren Hauptvertreter und -Verbreiter dieser Ansicht ist Cyprian (de habitu virginum) anzusehen.

[11] c. 3. 4 (Siricius a. 385) Dist. LXXXII; dasselbe in milderer Fassung in der Dekretale desselben an die Afrikanischen Bischöfe von 386 bei Mansi 3, 669. Für die Afrikanische Kirche s. c.

bedurfte es den Ketzereien eines Bonosus, Jovinian und Vigilantius gegenüber nicht nur energischer Vertheidiger der Virginität, wie es Ambrosius, Hieronymus und Augustin waren[1], sondern wiederholter gesetzlicher Einschärfungen des Verbots unter Innocenz I.[2] und Leo I.[3], welcher letztere auch die Verpflichtung zum Cölibat auf den Subdiakonat ausdehnte[4]. Wenn nun auch einzelne Provinzialkoncilien in Gallien zunächst die Kleriker der niederen Grade mit Kindern nicht zu den höheren Graden aufsteigen liessen[5], und die oftmals geforderte Kontinenz der Kleriker bald vom Diakon bald auch vom Subdiakon aufwärts[6] namentlich im fünften Jahrhunderte durch die verlangte Ablegung eines eigenen Keuschheitsgelübdes bei der Ordination zu erreichen suchten[7], so war doch die Erfüllung jener Vorschriften bei der den niederen Klerikern allgemein erlaubten Verheirathung[8] schon schwer durchzusetzen[9] und diese Schwierigkeit steigerte sich noch mehr, als unter den merovingischen Königen die Besetzung der Bischöfsstühle rein nach politischen Gesichtspunkten vielfach mit eben erst zu diesem Behufe ordinirten Laien erfolgte[10]. Ganz dasselbe gilt von Spanien[11]. Selbst in Italien waren im Laufe des 6. Jahrhunderts die früheren päpstlichen Cölibatsgesetze keineswegs vollkommen durchgeführt, musste doch Papst Pelagius I. (555—560) einen verheiratheten Geistlichen als Bischof von Syrakus bestätigen, ohne ihm eine andere Kaution als die der Sicherung des Kirchengutes vor Verschleuderung an seine Frau und Kinder abfordern zu lassen[12], und Gregor I. versuchte von Neuem die Innehaltung des Cölibates durchzuführen[13], sowie die frühere Ausdehnung auf den Subdiakonat den vielfachen Ausschreitungen gegenüber in der Praxis zu realisiren[14]. Trotz der früher erwähnten zahlreichen Bestimmungen der Gallischen Synoden mussten in der karo-

3. cit. Dist. XXXI; c. 3. 4. Dist. LXXXIV; c. 13. Dist. XXXII.

[1] Lea p. 69 ff.; Gieseler a. a. O. I. 2, 259.

[2] c. 4—6. Dist. XXXI. a. 404. 405. S. auch die wohl in die Zeit von Innocenz (s. Hefele 2, 74) gehörige, gewöhnlich zwischen 384 u. 398 gesetzte Römische Synode c. 3 (Bruns l. c. I. 2, 276), u. die Dekretale an die Bruttischen Bischöfe bei Mansi 3, 1047.

[3] c. 10. Dist. XXXI (a. 458).

[4] c. 1. Dist. XXXII (a. 446). Die weltliche Gesetzgebung ist diesen Bestrebungen nicht zu Hülfe gekommen, denn die Constitution von Theodosius II. und Honorius v. 420 (c. 44. §. 1. C. Th. de episc. XVI. 2): „Illas etiam non relinqui castitatis hortatur affectio, quae ante sacerdotium maritorum legitimum meruere coniugium. Neque enim clericis incompetenter adiunctae sunt quae dignos sacerdotio viros sui conversatione fecerunt", steht auf dem Boden des Rechts der orientalischen Kirche.

[5] Taurin. a. 401. c. 8.

[6] c. 2. Turon. I. a. 461; c. 9. Agath. a. 506; c. 8. Aurel. II. a. 533; c. 13. Arvern. I. a. 535; c. 17. Aurel. IV. a. 541; c. 12. 19. Turon. II. a. 567; c. 11. Matisc. I. a. 581; c. 1. Lugdun. III. a. 583; der Subdiakonen erwähnt c. 2. 7. Aurel. III. a. 538; c. 21. Autissiodor. u. 585 (nicht c. 39. Agath. = c. 19. Dist. XXXIV, wie allerdings schon Gratian annimmt); ja der Kleriker aller Grade c. 4. Aurel. IV. a. 549.

[7] c. 3 (Arausic. a. 441), c. 2 (Arelat. II. a. 443 o. 452) Dist. XXVIII.

[8] S. in dessen c. 4. Aurel. IV. cit.

[9] Einzelne frühere Concilien s. c. 11. Andegav. a. 453, c. 4. 13. Aurel. I. a. 511; c. 2. 32. Epaon. a. 517 nehmen anscheinend an den zum ersten Mal mit einer virgo verheiratheten Geistlichen gar keinen Anstoss.

[10] S. Lea p. 121.

[11] S. c. 1. Tolet. I. a. 398; c. 5. Tolet. III. a. 589; c. 5—7. Tolet. VIII. a. 653; c. 10. Tolet. IX. a. 655; die Subdiakonen werden mit in das Verbot einbegriffen in c. 6. Gerund. a. 517; c. 4 (Tolet. II. a. 529. o. 531) Dist. XXVIII; c. 6. Tolet. VIII; c. 10. Tolet. IX.; l. Wisigoth. III. 4. 18; des besonderen Keuschheitsgelübdes erwähnen c. 4. Dist. XXVIII. cit. u. c. 3. eod. (Tolet. IV. a. 633.) Dass den Geistlichen der niederen Grade, früher auch den Subdiakonen die Ehe gestattet war, zeigt c. 3. Tolet. I. a. 398; c. 44. Tolet. IV. a. 633. Vgl. auch Lea p. 124. — Demnach kann es nicht Wunder nehmen, wenn die um die Mitte des 5. Jahrh. in Irland abgehaltene Synode des h. Patricius (Bruns l. c. I. 2, 301) c. 6. nicht den mindesten Anstoss an den verheiratheten Priestern nimmt.

[12] c. 13. Dist. XXVIII; s. auch c. 7 (Pelag. II.) Dist. XXXIV.

[13] c. 1. 4. 10. Dist. XXVIII; c. 18. Dist. XXXII.

[14] c. 2. 9. Dist. XXXII; c. 20. C. XXVII. qu. 2. — Das Erfordern eines besonderen Keuschheitsgelübdes von den Subdiakonen c. 1. Dist. XXVIII; c. 1. Dist. XXXI; der Ausdruck: „ut more Romanae ecclesiae nullatenus uxoribus suis misceantur" in dem letzten erwähnten Kapitel, die hier nur festgesetzte Strafe der Nichtweiterbeförderung, endlich die Gestattung der Heirath für die Subdiakonen in England c. 3. Dist. XXXII. zeigen, dass das Gebot Leos I. so gut wie vergessen war.

lingischen Zeit sowohl Bonifazius, unterstützt von den Päpsten[1], als auch die karolingische Gesetzgebung gegen die Verletzung des Gebotes der Keuschheit kämpfen und wenn unter den hierher gehörigen Bestimmungen des 7. und 8. Jahrhunderts[2] sich nur sehr wenige direkt die Ehelosigkeit (und zwar bis zum Grade des Subdiakons) einschärfende Stellen finden[3], so erklärt sich dieser Umstand theils daraus, dass mit der Einführung der den Klöstern nachgebildeten gemeinsamen vita canonica an vielen Kirchen auch ohne Weiteres die Pflicht der Ehelosigkeit statuirt[4], theils daraus, dass dieselbe bei der Lage des kirchlichen Rechts im damaligen Frankenreich in der gebotenen Vermeidung der Fornikation mit inbegriffen war. Freilich hat noch gleichzeitig der päpstliche Stuhl da, wo es seinen Interessen vortheilhaft erschien, eine abweichende, die Priesterehe duldende Praxis nicht zu unterdrücken versucht[5]. In den dem Zusammenbruch des karolingischen Reiches folgenden Zeiten der allgemeinen Verwirrung, bei der versinkenden Bildung jener Epoche und bei dem in Rom durch die Zügellosigkeit der Päpste selbst gegebenen Beispiel kamen die früher, nur mühsam und nie vollkommen durchgesetzten Vorschriften ausser Geltung und nicht nur seitens der niederen Geistlichkeit[6],

1 S. z. B. den Brief des Papstes Zacharias v. 744 u. die Römische Synode von 745 über die Absetzung des Bischofs Clemens, der die Frau seines Bruders geheirathet und zwei Kinder mit ihr gezeugt, bei Jaffé, monum. Mogunt. p. 133. 140. 145; ferner Willibaldi vita Bonifacii c. 8 (ibid. p. 458): „Et tam laicorum iniusta concubinarum copula partim, exhortante sancto viro separata est, quam etiam clericorum nefanda cum uxoribus coniunctio seiuncta ac segregata“, Brief des Zacharias an Pipin v. 747. c. 11 (Jaffé, monum. Carolin. p. 25).

2 S. die Nachweisungen bei Thomassin l. c. c. 64; Carové, vollständige Sammlung. S. 158 ff.; Theiner 1, 405 ff. 444 ff.; Hefele, Conciliengesch. Bd. 3. 4. Register unter Cölibat; Lea p. 129 ff.

3 Conc. Roman. (Eugen II.) a. 826. c. 15 (LL. 2, app. p. 16); c. 4 (Nicolaus I. a. 864). Dist. XXXII (vgl. dazu Theiner 1, 445); Wormat. a. 868. c. 9 (Mansi 15, 871).

4 Darauf weist mit Recht hin Phillips 1, 733.

5 c. 7 (a. 866) Dist. XXVIII, worin Nikolaus I. über die Gestattung der Priesterehe ausweichend antwortet, weil es sich darum handelte, die Bulgaren dem Einfluss Konstantinopels zu entziehen und an die römische Kirche zu ketten. S. Dümmler, ostfränk. Reich 1, 627 ff.

6 Für Italien ergeben das die Schriften des für die Durchführung des Cölibats eifernden Ratherius von Verona aus den Sechsziger Jahren des 10. Jahrh.: z. B. de nuptu cuiusdam illicito, c. 4: „Presbyter vero aut diaconus uxorem legitimam non possit habere. Si filium de ipsa fornicatione vel quod peius est, adulterio genitum facit presbyterum, ille alterum de se similiter genitum facit presbyterum, ille iterum suum, suum alter iterum, pullulans illud usque in finem saeculi taliter adulterium cuius est nisi illius qui illud primitus seminavit? Quocirca monendi et obsecrandi fratres, ut quia prohiberi pro dolor! a mulieribus valetis nullo modo, filios de vobis generatos dimitteretis saltem esse laicos, filias laicis iungeretis, ut vel in fine saltem vestro terminaretur et nusquam in finem saeculi duraret adulterium vestrum“ (op. ed. Baller. 427); itinerar. c. 5: „Rursum si lectum impleretur: „„Si quis presbyter uxorem duxerit, deponatur““, magis autem pelli debet si adulterium perpetraverit, quis ex vobis indepositus esset? . . . Si multinubos a clericatu repellerem quem nisi puerulos in ecclesia relinquerem? Si manzeres abiicerem quem ex eisdem puerulis stare in choro permitterem“? (ed. cit. p. 443); discord. c. 1: . . . „Ut putent adeo fieri non modo licere sed etiam oportere, ut nemo hoc facere devitans videatur eis pessimo illo . . . . . scelere posse carere. . . . Quam perdita tonsuratorum universitas tota, si nemo in eis qui non aut adulter aut sit arsenoquita. Adulter enim nobis est qui contra canones uxorius est“ (ibid. 486); ferner der Brief Attos, Bischofs von Vercelli († u. 960), ep. 5: „Praeterea quod dicere turpe est, tacere autem periculum, quidam in tantum libidine mancipantur, ut obscoenas meretriculas sua simul in domo secum habitare, una cibum sumere ac publice degere permittant. Quarum illecebrosa adulatione illecti, suae domui cunctaeque familiae ac supellectili eas praeesse diiudicant, suumque post obitum scortum haeredem constituunt et quidquid de facultatibus ecclesiae vel eleemosynis seu undecunque acquirere possunt, huiusmodi manibus distrahendum relinquunt . . . . Et unde meretrices ornantur, ecclesiae vastantur, pauperes tribulantur“ (ed. Buronti del Signore 2, 304. 305). Einen weiteren Beleg giebt ed. Otton. I. et Otton. II. a. 967. c. 11 (LL. 2, 33): „Diaconorum, presbiterorum, episcoporum filios notarios, sculdasios, comites, iudices fieri omnibus modis prohibemus“. Ordo Farfensis (SS. 11, 545) „Dum per universam Italiam Christi precepta annullarentur et velut in fastidio versarentur, diabolico suggestiones ceperunt augmentari et opera compleri, ita ut etiam in sacris constituti ordinibus, sicut mos laicorum est, uxores acciperent“; für Deutschland vgl. ausser den Nachweisungen bei Gieseler, Kirchengesch. II. 1, 323. noch notae Buranae c. 2 (SS. 17, 321), Hirsch Heinrich II. 1, 104; Othlon. vita Wolfkangi c. 23 (SS. 4, 536).

sondern auch selbst seitens der Bischöfe [1], wurde das Cölibatsgesetz öffentlich und ungescheut verletzt. Zwar hat man den Kampf für die Aufrechterhaltung desselben nie ganz aufgegeben, sondern der päpstliche Stuhl [2] und einzelne Concilien (so namentlich die von Ingelheim [3] 948, von Augsburg [4] 952, von Ravenna [5] 967) haben das Recht der älteren Kanones erneuert. Aber weder diese Versuche noch die Bestimmungen der 1018 [6] vom Papst Benedikt VIII. abgehaltenen Synode zu Pavia [7], welche den Klerikern als geistliche Strafe die Absetzung und als weltliche die Verpflichtung zu gemeinen Diensten für ihre Kirche [8], ihren Kindern aber die Sklaverei androhten, ebensowenig wie ähnliche Massnahmen einzelner, anderer Provinzialkoncilien [9] erreichten den beabsichtigten Erfolg, vielmehr war in der ersten Hälfte des 11. Jahrhunderts die Verheirathung der Geistlichen immer noch die allgemeine Sitte [10] und selbst ein Papst, Bene-

[1] So z. B. Segenfried von Le Mans, act. pontif. Cenomann. c. 29 (Bouquet 10, 384): „Adcumulum damnationis suae accepit mulierem, nomine Hildeburgam in senectute quae ingresso illo ad se, concepit et peperit filios et filias"; Alberich von Marsiko, Petri Damiani epist. IV. 8 (ed. Cajetan. Paris 1733. 1, 54); Raimbald von Fiesole ejusd. opuscul. VI. c. 18 (ed. cit. 3, 54); Robert von Rouen (989—1037) Orderici Vitalis hist. eccl. V. 9. §. 44 (ed. Le Prevost. 2, 365): „Nam coniugem nomine Herlevam, ut comes habuit, ex qua tres filios Richardum, Radulfum et Guillelmum genuit"; Mauger von Rouen (1037—1054) s. Orderic. l. c. §. 45. Vgl. überhaupt Lea c. 147 ff.

[2] Ep. Leonis VII. ad reges, duces etc. (zw. 937 u. 939): „Dehinc intulit lamentabile et nimis lugendum, ut domini sacerdotes publice ducant uxores, etsi filii eorum valeant promoveri. Quod scelus .... iuxta sacros canones modis omnibus prohibemus ... Et qui in tali scelere fuerint reperti nostra apostolica auctoritate ab omni priventur honore. Filii vero eorum immunes ab eorum peccato sunt, dicente propheta: filius non portabit iniquitatem patris et in sacro baptismate omnia dimittuntur peccata" (Mansi 18, 379).

[3] S. Richer hist. II. 81 (SS. 3, 606).

[4] c. 1: „Si quis episcoporum, presbyterorum, diaconorum subdiaconorumque uxorem acceperit, a sibi iniuncto officio deponendus est, sicut in concilio Carthaginensi tenetur cap. 25"; c. 11: „Episcopus, presbyter, diaconus, subdiaconus ut in multis conciliis firmatum est, quia divina ministeria contrectant, ab uxoribus abstineant. Caeteri autem clerici, quando ad maturiorem aetatem pervenerint, licet nolentes, ad continentiam cogantur" (LL. 2, 27). Das letzte Kapitel geht weiter als die früheren Kanones, da es auch den Klerikern der niederen Grade die Pflicht zur Ehelosigkeit auferlegt. Mit den Vorschriften dieses Koncils steht das dem damaligen Augsburger, auf demselben anwesenden Bischof, dem heil. Ulrich, zugeschriebene Schreiben an den Papst Nikolaus, zuerst erwähnt von Bernold von Konstanz, Chronicon ad 1079 (SS. 5, 436), in Widerspruch. In demselben (abgedruckt bei Martene et Durand, amplissima collectio 1, 449. 453; in Uldalrici Babeberg. cod. epist. in Eccard corp. hist. med. aevi 2, 23) wird die Priesterehe vertheidigt, es heisst u. A.: „Cum tua, o pater et domine, decreta super clericorum continentia nuper transmissa a discretione invenirem aliena, timor quidem turbavit me cum tristitia ... Non parum quippe ab hac (discretione) deviasti, cum clericis quos ad abstinentiam coniugii monere debueras ad hanc imperiosa violentia cogere volebas ... Hi nimirum scripturam non recte intellexerunt cuius mamillam quia durius presserunt sanguinem pro lacte biberunt ... quid divinae maledictioni obligatius quam cum aliqui eorum vel episcopi scilicet vel archidiaconi ita praecipites sint in libidinem ut neque adulteria neque incestus neque masculorum proh pudor! turpissimos amplexus sciant abhorrere, casta re vera clericorum coniugia dicant foetere et ab eis non verae iustitiae compassione sed falsae dedignatione clericos ... ut servos iubeant abstinere". Das Nichtvorkommen eines Papstes Nikolaus im 10. Jahrh., das eben citirte c. 11. conc. August., alles, was wir sonst über Ulrich wissen, lassen das Schreiben als unächt und aus dem Anfang der 70er Jahre des 11. Jahrh. erscheinen. S. auch Vogel in Herzogs Encyclop. 16, 627. Beide Theiner 1, 467 setzen es mit Unrecht in das 9. Jahrh.

[5] S. darüber ep. 12. Ratherii Veron. ed. cit. p. 561. u. p. CXLVI.

[6] Ueber die Zeit der Synode s. Giesebrecht, Gesch. der deutschen Kaiserzeit 2, 560.

[7] c. 1—3 (LL. 2, 562).

[8] c. 1: „Nullus presbyter, nullus diaconus, nullus subdiaconus, nullus in clero, uxorem aut concubinam admittat... Quodsi fecerit, secundum ecclesiasticam regulam deponatur". Ebenso allgemein bestimmt c. 1. der zur Bestätigung der Synodalbeschlüsse ergangenen Verordnung Kaiser Heinrichs II. (LL. 2, 563): „Nullus in omni gradu ecclesiae uxorem vel concubinam habere praesumat ... Quodsi fecerit, servata Justiniani augusti aequitate curiae civitatis tradatur cuius est clericus. Iure etenim manebit miser in curia quem ecclesiae regula depositum eiecit ab ecclesia". Ueber die im Text kurz angegebene Bedeutung dieser Strafe s. oben S. 34. n. 3.

[9] Synode von Bourges a. 1031. c. 5. 6, welche den Cölibat bis zum Subdiakonat und Abforderung eines Keuschheitsgelübdes bei der Subdiakonatsweihe fordert (Mansi 19, 501).

[10] Desiderii (Abt von Montecasino, später Papst Viktor III.) dialog. de mirac. S. Bened. lib. III. (act. O. B. saec. IV. p. 2, 451): „Itaque cum vulgus clericorum per viam effrenatae licentiae nemine prohibente graderetur, coeperunt ipsi presbyteres et diacones ... laicorum more uxores ducere susceptosque filios haeredes testamento relin-

dikt IX., fasste den Entschluss, ohne Aufgabe des Pontifikats eine Ehe mit einer Anverwandten einzugehen[1]. Unter den reformatorischen Bestrebungen, welche sich seit dem kaiserlichen Einfluss auf den römischen Stuhl geltend machten, nahm Leo IX. (1048—1054) auch die Durchsetzung des Cölibats wieder auf. Auf den Synoden zu Rom[2], zu Rheims[3] und Mainz im Jahre 1049[4] und auf der römischen Synode von 1050[5] wurden unter seinem Vorsitz darauf bezügliche Bestimmungen erlassen. Dass auch unter seinem Nachfolger Viktor II. auf den Antrieb Hildebrands auf der Synode zu Florenz (1055)[6] und der in Gegenwart von päpstlichen Legaten abgehaltenen Synode von Toulouse (1056)[7] dieser Gegenstand von neuem zur Sprache gebracht wurde, kann nach allem vorher Bemerkten nicht Wunder nehmen. Während der Regierung Stephans X. (1057—1058) erreichte die strenge, für die Ehelosigkeit der Geistlichen eifernde Mönchspartei in dem bis dahin Rom selbstständig gegenüberstehenden und mit verheiratheten Klerikern angefüllten Mailand[8] in Folge des von den Patarenern, der

quere: nonnulli etiam episcoporum verecundia omni contempta cum uxoribus domo simul in una habitare: et haec pessima et exsecranda consuetudo intra Urbem maxime pullulabat, unde olim religionis norma ab ipso apostolo Petro eiusque successoribus ubique diffusa processerat". — Johannis vita S. Damiani c. 7 (Act. SS. Febr. 3, 423): „Quae videlicet pestes" (nämlich Simonie und Priesterehe) „tam perniciosa consuetudine praevaluerant tamque impune totam ferme ecclesiam in omni Romano orbe foedaverant, ut vix iam reprehensorem, tamquam licite, formidarent". — Von Adalbert von Bremen (1045—1072) berichtet Adam Bremens. (gest. pontif. Hammaburg. schol. ad c. 29. lib. III. SS. 7, 346): „cum de continentia tenenda suos hortatus est clericos „Admoneo vos", inquit et postulans iubeo ut pestiferis mulierum vinculis absolvamini aut si ad hoc non potestis cogi, quod perfectorum est, saltem cum verecundia vinculum matrimonii custodite secundum illud quod dicitur: si non caste, tamen caute". S. ferner Lea p. 186 ff.

1 Bonithon. lib. ad amic. (Monum. Gregor. ed. Jaffé p. 625. 626).

2 Bonithon. lib. cit. (ed. cit. p. 633): ... „sub anathemate interdictum est: . . . ut sacerdotes et levitae et subdiaconi cum uxoribus non coeant. Quae res magnam veternosum serpentem concitavit in iram. Quod audientes episcopi primo quidem veritati non valentes resistere tacuere; postea vero suadente humani generis inimico inobedientes celavere". S. auch Hefele, Conciliengesch. 4, 682.

3 Ordericus Vitalis, hist. eccles. lib. V. c. 12 (ed. cit. 2, 398): . . . „Tunc ibidem generale concilium tenuit et inter reliqua ecclesiae commoda quae instituit, presbyteris arma ferre et coniuges habere prohibuit. Exinde consuetudo lethalis paulatim exinaniri coepit. Arma quidem ferre presbyteri iam gratanter desiere, sed a pellicibus adhunc nolunt abstinere nec pudicitiae inhaerere". In den Akten des Koncils kommt freilich darüber nichts vor. Die Richtigkeit der Erzählung ist aber nicht zu bezweifeln. S. Theiner II. 1, 28; Lea p. 197.

4 Adami Bremens. gest. III. 29 (SS. 7, 346): „Praeterea multa ibidem sancita sunt ad utilitatem ecclesiae prae quibus et . . . nefanda sacerdotum coniugia holographa synodi manu perpetuo damnata sunt. S. auch Hefele 4, 696.

5 Bonithon. lib. cit. (ed. cit. p. 635). Nach Petri Damiani ep. 3. lib. IV. (ed. cit. 3, 204) ist auf einer römischen Synode Leos bestimmt worden, „ut quaecumque damnabiles foeminae intra Romana moenia reperirentur presbiteris prostitutae, ex tunc et deinceps Lateranensi palatio adiudicarentur ancillae". Ob diese Bestimmung in das Jahr 1049 oder 1050 oder gar der Synode von 1051 angehört, darüber besteht Meinungsverschiedenheit. S. Theiner a. a. O. S. 31; Hefele a. a. O. S. 682. — S. übrigens auch c. 11. Dist. XXXI; c. 14. Dist. XXXII, welche Bruchstücke aus den Briefen Leos an die Griechen enthalten.

6 Bonith. lib. cit. (ed. cit. p. 637): . . . „invitatus a papa (Heinrich III.) Florentiae synodum mediavit, in qua synodo consilio venerabilis Hildebrandi symoniaca heresis et turpissima fornicatio sacerdotum divino mucrone percussa est . . . depositi sunt et quam plurimi per fornicationis crimen; inter quos et episcopus eiusdem civitatis"... Hefele a. a. O. S. 743.

7 c. 7 (Mansi 19, 848).

8 Landulfi Senior. hist. Mediolan. II. 35 (SS. 8, 70): „Et unusquisque excepta causa fornicationis, suam uxorem habebat qua accepta non minus venerabatur et amabatur quam si sine uxore idem degeret, quoniam qui sine uxore vitam in sacerdotio agere videbantur, viris uxoratis ordinis utriusque, ne ab illis inhoneste circumvenirentur, semper suspecti erant. Usus enim ecclesiae totius tam latinae quam graecae per tempora multa sic se habebat. Sacerdos qui unius uxoris vir inveniebatur ac suae domui ac familiae bene profuisse a fidelibus compertus fuisset ad episcopatum summa cum devotione multis fidelibus laudantibus promovebatur. Quicumque enim ex clero concubinarius inveniebatur cuiuscunque ordinis foret, ultra non promovebatur; iudicantes gravissimum peccatum esse". Wenngleich die Parteilichkeit Landulfs des Aelteren für die antirömische Partei allgemein anerkannt ist (Wattenbach, Deutschlands Geschichtsquellen im Mittelalter. 2. Aufl. S. 402), so verdient er in diesem Punkte Glauben, weil andere gleichzeitige Schriftsteller s. Petri Damiani opuscul. VIII. diss. II. praef. (ed. Caietan. 3, 198) seinen Bericht bestätigen. Uebrigens wurde

päpstlich-römisch gesinnten Faktion, gegen die bischöfliche Partei erregten Volkssturmes im Jahre 1057 einen entschiedenen Erfolg[1] über die s. g. Nicolaitische Ketzerei[2]. Die verheiratheten Priester wurden überall in der Diöcese verfolgt und vertrieben, und schliesslich (1059) musste sowohl der damalige Erzbischof Guido wie auch der mailändische Klerus eidlich geloben, soviel ihnen möglich für die Durchsetzung des Cölibats bei den Geistlichen bis zu den Subdiakonen incl. hinunter zu wirken[3]. In demselben Jahre erneuerte der inzwischen auf den päpstlichen Stuhl gelangte Nikolaus II. — wohl noch vor dem oben erwähnten Abschluss der Mailänder Wirren — auf der auch sonst denkwürdigen römischen Synode die Gesetze gegen die Priesterehen, und offenbar unter dem Eindruck des durch die Bundesgenossenschaft der Laien in Mailand erreichten Erfolges wurde in den betreffenden, der ganzen Christenheit publicirten Bestimmungen jene Mitwirkung dadurch wieder zu Hülfe gerufen, dass den Gläubigen das Messehören bei verheiratheten Priestern untersagt wurde[4], ein Verbot, welches sich nicht nur mit dem S. 146 erwähnten Kanon des Koncils von Gangra in Widerspruch setzte, sondern auch den dogmatischen Satz, dass die Unwürdigkeit des Priesters der Gültigkeit und Wirksamkeit des gespendeten Sakramentes keinen Eintrag thue[5], bedenklich erscheinen liess[6]. Wenngleich Nikolaus demnächst mehrere Legaten ausschickte, um die Bestimmungen der römischen Synode zur praktischen Geltung zu bringen[7], da die Bischöfe diese nicht zu publiciren wagten[8] und eine Vollziehung der Strafen gegen sich selbst nicht befürchteten[9], und wenngleich Alexander II. (1061—1073) auf einer weiteren römischen Synode von 1063 die Beschlüsse von 1059 erneuerte[10], so hatten die bisherigen Bestrebungen immer noch nicht den beabsichtigten Erfolg, namentlich nirgends einen sicheren und dauernden, erreicht, vielmehr in Italien[11] nur Verwirrung und Gewaltthaten der streitenden Parteien erzielt, während in den

die Gestattung der Priesterehe in Mailand dem h. Ambrosius zugeschrieben. S. Theiner II. 1, 57; Lea p. 220; Gieseler, Kirchengesch. II. 1, 331. n. 10.

[1] Vgl. Theiner a. a. O. S. 52 ff.; Lea p. 218; Giesebrecht 3, 25 ff.

[2] So wurde seit 1054 die die Priesterehe vertheidigende Gegenansicht bezeichnet, da man als den Urheber derselben den S. 145. n. 3 erwähnten Diakon Nikolaus ansah. S. Gieseler a. a. O. S. 328. n. 7; Herzog in seiner Encyclopädie 10, 338.

[3] S. Damiani opuscul. V. (ed. cit. 3, 41); Theiner S. 66; Lea p. 224.

[4] Von den Patarenern waren die Opfer der Nikolaitischen Priester als canina stercora und ihre Kirchen als iumentorum praesepia bezeichnet worden. S. Arnulfi gest. archiep. Mediolan. III. 11 (SS. 8, 19). Die entscheidenden Bestimmungen Nikolaus' II., welche in der Encyklika desselben (Mansi 19, 897) mitgetheilt werden (vgl. auch c. 5. Dist. XXXII): „Ut nullus missam audiat presbyteri quem scit concubinam indubitanter habere aut subintroductam mulierem. Unde etiam ipsa s. synodus hoc capitulum sub excommunicatione statuit, dicens: quicumque sacerdotum, diaconus, subdiaconus, post constitutum b. mem. praedecessoris nostri ss. p. Leonis (IX.) de castitate clericorum, concubinam palam duxerit vel ductam non reliquerit, ex parte omnipotentis dei, auctoritate b. apost. Petri et Pauli praecipimus et omnino contradicimus, ut missam non cantet neque evangelium, s. epistolam ac missam legat neque in presbyterio ad divina officia cum iis qui praefatae constitutioni obedientes fuerint, maneat, neque partem ab ecclesia suscipiat, quousque a nobis sententia super huiusmodi, deo concedente, procedat“. — Auch auf der wenige Monate nachher abgehaltenen Synode von Melfi suchte Nikolaus II. die Ehelosigkeit der Priester in Unteritalien durchzuführen. S. Guilielm. Apul. de gest. Roberti Guisc. lib. II. (SS. 9, 261); Hefele 4, 767.

[5] S. z. B. c. 1 (Nicol. I.) C. XV. qu. 2; vgl. auch c. 6 (Nicol. I.) Dist. XXVIII.

[6] S. c. 6. Dist. XXXVII. §§. 1 ff. u. dict. Gratiani zum pr. ibid. Ein Versuch der Beseitigung des doch nicht ganz wegzuläugnenden Widerspruchs bei Hefele, Beiträge I, 135. 136.

[7] Von den von diesen abgehaltenen Synoden sind uns die Beschlüsse der von Tours 1060 (vgl. c. 6. Mansi 19, 927) aufbewahrt. Im übrigen s. Theiner a. a. O. S. 76; Hefele, Conciliengesch. 4, 775 ff.

[8] So namentlich die oberitalienischen Bischöfe, s. Bonithon. lib. cit. (ed. cit. p. 644).

[9] So erzählt der in seinem ascetischen u. reformatorischen Eifer unermüdliche Damian. S. Theiner a. a. O. S. 74; Lea p. 207.

[10] c. 6. Dist. XXXII. s. Hefele 4, 791. S. auch c. 16. 17 (Alex. II.) Dist. LXXXI.

[11] So in Mailand, Theiner S. 112; Lea S. 225; Florenz, Cremona, Piacenza, Padua. Theiner S. 107. 130.

übrigen Ländern die frühere Sitte der Verehelichung der Geistlichen ziemlich unangefochten fortdauerte[1]. Hatte zunächst der ascetische Drang die Einführung des Cölibatsgesetzes in der abendländischen Kirche hervorgerufen, so war seit dem 10. Jahrhundert schon ein früher von Justinian und Papst Pelagius I. (s. S. 146. 148) in das Auge gefasster praktischer Grund, die Verhütung der Beeinträchtigung und Spoliation der Kirchengüter durch und für die Descendenz der Geistlichkeit das Motiv für die Versuche einer Wiederbelebung desselben gewesen[2], — Versuche, welche in der germanischen Welt um so nothwendiger waren, als es sich hier darum handelte, den sich geltend machenden Bestrebungen nach Einführung der Erblichkeit der Benefizien auf kirchlichem Gebiet den Boden zu entziehen. Im 11. Jahrhundert erhielten diese neue Unterstützung seitens der die Enthaltsamkeit und die Ertödtung der fleischlichen Triebe als die wahre Heiligung proklamirenden Reform- und Mönchspartei[3], und wenn die Forderungen derselben hinsichtlich des hier in Rede stehenden Punktes schon deshalb auf Unterstützung bei der seit Leo IX. von dem nachmaligen Gregor VII. geleiteten päpstlichen Kirchenpolitik rechnen konnten, weil sie von einer Partei ausgingen, welche gleichzeitig die auf Erringung der Suprematie gerichteten Pläne des Papstthums beförderte, so war das umsomehr der Fall, als der weitblickende Gregor VII. in der Verwirklichung jenes Theiles ihres Reformprogrammes zugleich ein Mittel erkannte, das Priesterthum von den Banden der Familie, der Heimath und des Staates los zu lösen und ausschliesslich mit kirchlichen Interessen als zweckdienliches Werkzeug hierarchischer Tendenzen zu erfüllen[4]. Auf der ersten von ihm gehaltenen Fastensynode zu Rom (1074) wiederholte er die unter Nikolaus II. und Alexander II. erlassenen Vorschriften, dass die den Cölibat nicht beobachtenden Priester weder die Messe celebriren, noch die Funktionen der niederen Weihegrade am Altar ausüben sollen, und dass kein Laie an den gegen dieses Verbot von ihnen vorgenommenen gottesdienstlichen Handlungen sich betheiligen darf. Behufs allseitiger Bekanntmachung dieser Beschlüsse erliess er eine dieselben allen Bischöfen mittheilende Encyklika[5] und da die Durchfüh-

[1] Ueber Versuche den Cölibat durchzusetzen für Deutschland s. Theiner S. 134. 135; von den französischen Synoden gehören hierher die von Toulouse 1068, von Rouen 1063 und 1072. c. 14; s. Theiner S. 136; Hefele, Conciliengesch. 4, 792. 824; von spanischen die von Gerona 1068. c. 6. 7; Theiner S. 136; Lea p. 317; in England, wo schon Dunstan, Erzbischof von Canterbury (v. 961—988) für die Einführung des Cölibats, aber auch nur mit vorübergehendem Erfolg gewirkt hatte (s. Theiner 1, 549 ff.; Lea p. 171 ff.), beginnen die Versuche auf Wiederherstellung des Cölibats unter Lanfrank (Erzbischof von Canterbury 1070—1089) s. Theiner II. 1, 234 ff.

[2] Das beweist die gleichzeitige Gesetzgebung über die Irregularität der Priesterkinder s. oben in der Lehre vom defectus natalium S. 11.

[3] Als der Hauptvertreter derselben ist der mehrfach citirte Petrus Damiani zu bezeichnen. S. Theiner S. 152.

[4] Für dieses Motiv Gregors, das sich aus seiner ganzen Politik ergiebt, wird vielfach (s. z. B. Walter, Kirchenrecht. §. 212; Müller, Lexikon des Kirchenrechts 1, 450; Hefele, Beiträge 1, 123) Gregor. VII. epist. III. 7: „non liberari potest ecclesia a servitute laicorum, nisi liberentur clerici ab uxoribus“ angeführt. In dem gedachten Brief steht die Stelle nicht; auch ist es mir nicht gelungen, sie sonst in den Briefen Gregors VII. zu ermitteln.

[5] Die Akten der Synode sind verloren gegangen. Ausfertigungen des Rundschreibens für Mainz, Magdeburg und Konstanz vom März 1074 sind erhalten. S. Jaffé, monum. Gregoriana. p. 523—525. In diesen werden die gedachten Beschlüsse übereinstimmend dahin abgegeben: „sed nec illi, qui in crimine fornicationis iacent, missas celebrare aut secundum inferiores ordines ministrare altari debeant. Statuimus etiam, ut, si ipsi contemptores fuerint nostrarum, immo sanctorum patrum constitutionum, populus nullo modo eorum officia recipiat“. c. 15. Dist. LXXXI. gehört wohl dem Jahre 1079, nicht dieser Synode (so Theiner S. 172; Hefele 5, 21) an, s. Jaffé a. a. O. S. 554. — Ein früheres Schreiben von 1073 über die Durchführung des Cölibats an Gebhard v. Salzburg s. Regist. I. 30 (Jaffé. p. 48). — Auch sind die gedachten Vorschriften auf der Fastensynode von 1075 nochmals wiederholt. S. Schreiben an Sichard von Aquileja Reg. II. 62 (J. p. 182); Hefele 5, 42; auf der Synode von 1079 ist der oben erwähnte apokryphe Brief des h. Ulrich an Nikolaus und die Behauptung des Paphnutius

rung derselben seitens der Lokalgewalten theils wegen des Widerwillens des niederen Klerus, theils auch sogar in Folge der Abneigung der Bischöfe selbst keineswegs als sicher erscheinen konnte [1], so liess Gregor durch seine Legaten und Vikarien noch in den einzelnen Ländern besondere Synoden, auf denen jene Bestimmungen ebenfalls eingeschärft wurden, abhalten [2] und suchte durch Einwirkung auf Fürsten und Laien, namentlich durch Wiederholung des Verbotes der Beiwohnung des von verheiratheten Geistlichen gehaltenen Gottesdienstes die Ausführung zu sichern [3]. Wenn auch die allerdings immer seltener werdende Behauptung, dass Gregor VII. den Cölibat in der katholischen Kirche eingeführt habe, eine völlige Unkenntniss der Kirchengeschichte beweist, so ist es doch zweifellos, dass jener Papst durch seine energischen Bemühungen das Rechtsbewusstsein innerhalb der Kirche hinsichtlich des Cölibats umgestaltet und damit seine Verordnungen vor der Beseitigung durch eine entgegenstehende Praxis, wie es mit denen Leo's I. und Gregor's I. geschehen war, bewahrt hat. Der Widerstand, welcher seine theoretische Begründung in einer Reihe von Schriften gefunden hat [4], ist freilich trotz mannichfacher Verfolgung der verheiratheten Geistlichen durch die weltliche Gewalt damals immer noch nicht aufgegeben worden [5], und wenn in Frankreich nach einer mittelalterlichen Tradition [6] erst Papst Calixt II. (1119—1124) als der Urheber des Cölibats galt, ferner die Praxis bis in das 13. Jahrhundert hinein mit der kirchlichen Gesetzgebung in Widerspruch stand, so kann von einer wirksamen Durchführung des Cölibats für diese Zeit nicht die Rede sein [7]. Daraus erklären sich auch die zahllosen Wiederholungen des Verbotes, von denen aus der Zeit Urbans II. (1088—1099) die

zu Gunsten der Priesterehe nach dem Bericht Bernolds ad a. 1079 (SS. 5, 436) von Gregor mit dem Anathem belegt. Ohne genügende Gründe weist Hefele 5, 121 diese Begebenheit der Synode von 1078 zu.

[1] Wie dies z. B. die Vorgänge auf den von den betreffenden Bischöfen zu Erfurt und Passau 1074 abgehaltenen Synoden beweisen, s. Theiner S. 177; Lea p. 241 ff.; Hefele 5, 25; vgl. auch den Brief Gregors an Otto v. Konstanz. Jaffé. p. 528 und Anno von Köln von 1074. Reg. II. 25 (J. p. 138); ebenso zeigt sich auf der Pariser Synode v. 1074 Widerstand. S. Theiner 188; Lea p. 269; Hefele 5, 28.

[2] S. hierüber Theiner S. 214 ff. 218 ff. 229; Hefele 5, 96. 104. 117; Lea p. 269. In England ist die Einführung auf der Synode von Winchester (1076) nur mit folgender Milderung erfolgt: „ut nullus canonicus uxorem habeat: sacerdotum vero in castellis vel in vicis habitantium habentes uxores non cogantur ut dimittant: non habentes interdicantur ut habeant. Et deinceps caveant episcopi ut sacerdotes vel diaconi non praesumant ordinari, nisi prius profiteantur ut uxores non habeant“ (Mansi 20, 459).

[3] S. die Schreiben Reg. II. 11. 30. 45. 47. III. 3. IV. 10. 11; epist. collect. bei J. p. 532. 541. In der Normandie sind auf der Synode zu Lillebonne 1080. c. 3 (Mansi 20, 556) die Untersuchungen über Verletzung des Cölibats anscheinend ohne jeden kirchlichen Widerspruch (vgl. Gregor. VII. ep. Reg. VIII. 28 (IX. 3. J. p. 478) vor gemischte Gerichte gewiesen worden. — Briefe an Bischöfe, die die Vorschriften einschärfen, s. Reg. II. 56. 61. 62. 66. 68; III. 4; IV. 20.

[4] S. Theiner a. a. O. S. 251. 323.

[5] Theiner S. 282. 289. 293.

[6] Die sich in den Versen ausspricht: „O bone Calliste, nunc clerus odit te; — Olim presbyteri poterant uxoribus uti; — Hoc destruxisti quando tu papa fuisti, — Ergo tuum festum numquam celebratur honestum“. S. Theiner S. 295; Lea p. 282 ff.

[7] Ueber Ungarn, Böhmen, Polen s. Theiner S. 537. 568; Lea p. 258. 260. 264; Dänemark, Schweden Theiner S. 504; Lea p. 264. 265; Spanien Theiner S. 347; Lea p. 323; England und die Normandie, wo die Bestrebungen Anselms von Canterbury Anfangs des 12. Jahrh. ebenfalls nicht von dauerndem Erfolg waren, Theiner S. 300. 320. 349; Lea p. 272. 288. 292. 295. 305; Friesland (hier noch im 13. Jahrh. Vererbung der Dekansstellen vom Vater auf den Sohn) Lea p. 266; Frankreich Theiner S. 297. 345. 361. 387. 389. 401 ff. Charakteristisch ist das Privileg von Ludwig (VI.) dem Dicken (1108—1137) für eine Kirche zu Compiègne bei Du Cange s. v. concubina: „ut clerici eiusdem ecclesiae sicut usque modo vixerunt, permaneant: hoc tamen praecipimus ut presbyteri, diaconi, subdiaconi nullatenus deinceps uxores concubinas habeant: caeteri vero cuiuscumque ordinis clerici propter fornicationem licentiam habeant ducendi uxores“; für Deutschland vgl. Theiner S. 350. 351. 354; ferner die Urkunde von 1383 bei Böhmer, cod. diplomat. Moeno-Francofurt. Frankfurt. 1836. S. 762, in welcher ein der Salzburger Diöcese angehöriger „presbyter coniugatus“ vorkommt.

Synode von Melfi 1089[1] und aus der Paschalis' II. die Synoden von Nordhausen 1105[2] und von Troyes 1107[3] hervorgehoben werden mögen.

Eine neue, eigenthümliche Vorschrift enthalten die Kanonen der unter dem Vorsitz Calixt' II. zu Rheims 1119 abgehaltenen grossen Synode[4], sowie des ersten Lateranensischen Koncils, der neunten (im Abendlande ersten) allgemeinen Synode von 1123[5]. Der unten angegebene Text dieser letzteren statuirt unzweifelhaft die Nichtigkeit der Ehe der Kleriker vom Subdiakon aufwärts und daher kann der betreffende nicht ganz so deutliche Kanon der vorangehenden Rheimser Synode wohl nur ebenso verstanden werden. Eine solche Festsetzung hat man schon in früheren Verordnungen zu finden gemeint[6], ja sogar es als wahrscheinlich angesehen, dass das trennende Ehehinderniss der Weihe bereits im 6. und 7. Jahrhundert bestanden habe[7], allein ganz abgesehen davon, dass die früheren Gesetze des Abendlandes[8] nur als Strafe die Suspension, Entziehung der Benefizien bis zur Besserung und Aehnliches[9] vorschreiben, über den Bestand der Ehe aber nichts erwähnen, so spricht doch für die hier vertretene Meinung[10] der Umstand, dass man die Nichtigkeit der Priesterehe in dem Kampfe gegen dieselben geltend gemacht und dass die Vorschriften, welche den schon verheiratheten Priester bei Erneuerung der Cölibatsgesetze die Beibehaltung ihrer Frauen gestatteten[11], sich kaum erklären liessen[12]. Wenn die zuletzt erwähnten Synoden ihre Vorschriften nicht

[1] c. 12 (c. 10. Dist. XXXII.) erlaubt den Fürsten die Frauen der Geistlichen zu Sklavinnen zu machen, ähnlich wie früher Leo IX. (s. S. 151. n. 5). Weitere Stellen von Urban II. in c. 11; c. 6. §. 1. Dist. cit.

[2] Annalista Saxo ad a. 1105 (SS. 6, 739).

[3] Annalista Saxo ad a. 1107 (SS. 6, 745), s. auch LL. 2. app. p. 181.

[4] c. 5 (Mansi 21, 236): „Presbyteris, diaconibus et subdiaconibus concubinarum et uxorum contubernia prorsus interdicimus. Si qui autem huiusmodi reperti fuerint, ecclesiasticis officiis priventur et beneficiis. Sane si neque sic immunditiam suam correxerint, communione careant christiana".

[5] c. 7 (LL. 2, app. p. 182): „Presbyteris, diaconis et subdiaconibus concubinarum et uxorum contubernia penitus interdicimus et aliarum mulierum cohabitationem praeter quas synodus Nycena propter solas necessitudinum causas habitare permisit, videlicet etc."; in dem Text bei Mansi 21, 284 findet sich noch als c. 21 der mit der Ueberschrift „Item Calixtus papa II." bei Gratian mitgetheilte c. 8. Dist. XXVII: „Presbyteris, diaconis, subdiaconis et monachis concubinas habere seu matrimonia contrahere penitus interdicimus; contracta quoque matrimonia ab huiusmodi personis disiungi et personas ad poenitentiam redigi debere iuxta sacrorum canonum diffinitiones iudicamus". Wenn Mittermüller in Moys Arch. 16, 9. n. 3 diesen Canon auf die Autorität der Correctores Romani hin, welche ihn als Fragment eines nicht näher bestimmten Koncils Urbans II. in einem Codex Vaticanus gefunden haben, letzterem Papst zuweisen will, so ist dabei übersehen, dass nach den eigenen Angaben der Correctores auch c. 27. C. XII. qu. 2. u. c. 24. C. XXIV. qu. 3. derselben Synode in der gedachten Handschrift zugewiesen werden, diese aber ebenfalls unzweifelhaft dem Lateran. I. v. 1123 (vgl. bei Mansi c. 20. c. 22) angehören. Ein innerer Grund, die beiden abgedruckten Capitel der letzteren abzusprechen existirt nicht, da ihr Inhalt doch nicht völlig identische Gegenstände, der eine die s. g. mulieres subintroductae, der andere die Ehefrauen betrifft; überdies trägt der Text der Canonen des Koncils auch sonst den Charakter eines Auszuges.

[6] S. z. B. Hefele, Conciliengeschichte 5, 175. 340.

[7] Das ist das Resultat der Abhandlung von Mittermüller a. a. O. S. 17, welcher sogar weiter die Möglichkeit des Bestehens für das „4. od. 5. Jahrh. oder noch früher" behauptet.

[8] Nichtigkeit hat allerdings die Justinianische Gesetzgebung statuirt s. l. 45. C. cit. I. 3.

[9] S. die vorstehenden Mittheilungen und die Zusammenstellung bei Mittermüller a. a. O. S. 4.

[10] Welche als die recipirte angesehen werden kann. S. Walter §. 212; Eichhorn 1, 525; Phillips 1, 737; Schulte, System 2, 175, Lehrbuch 2. Aufl. S. 186; Permaneder §. 152.

[11] Vgl. z. B. die Synode von Winchester 1076, ferner das Scholion zu Adam von Bremen, auch das Diplom Ludwig des Dicken s. S. 150. n. 10; 154. n. 2. 7.

[12] Die missachtenden Bezeichnungen für die Ehen der Geistlichen, sowie ihrer Frauen und Kinder, auch die den letzteren angedrohte Strafe der Sklaverei (s. Mittermüller a. a. O. S. 6) sind mit der Gültigkeit der Ehe nicht unvereinbar, ja wenn die Nichtigkeit unzweifelhaft gewesen wäre, hätte es aller solcher Mittel nicht bedurft, um dergleichen Verbindungen als verächtlich zu stempeln. Uebrigens stellt auch das vom defectus natalium handelnde Koncil von Bourges 1031 (s. oben S. 11) die Priestersöhne und diejenigen, welche nicht aus einem legitimum coniugium geboren sind, gegenüber.

scharf hinstellen und dieselben ebensowenig als etwas Neues charakterisiren, so mag dabei noch eine gewisse Scheu vor einer durchgreifenden Festsetzung obgewaltet haben, wie denn auch die von Innocenz II. abgehaltenen Synoden zu Clermont (1130)[1] und Rheims (1131)[2] nur die frühere Strafe der Entziehung des Amtes und das Verbot der Meidung der Messen beweibter Priester wiederholen, aber die Frage nach der Gültigkeit der Ehen nicht berühren. Erst das in die Regierungszeit desselben Papstes fallende zweite allgemeine Lateranensische Koncil von 1139[3] hat nach dem Vorgange der Synode von Pisa (1135)[4] die Nichtigkeit der Ehen mit klaren und unzweideutigen Worten ausgesprochen, eine Bestimmung, welche dann mehrfach wiederholt worden ist[5]. Auf die Kleriker der niederen Grade vom Akolythat ab ist bei den seit dem 11. Jahrhundert auftretenden Versuchen der Wiederbelebung des Cölibatsgesetzes das Verbot nicht ausgedehnt, und wenn Alexander III. ihre Ehen zwar nicht für nichtig erklärt hat, so ist doch die Eingehung derselben für sie mit der Strafe des Verlustes von Amt und Pfründe, sowie der geistlichen Standesvorrechte bedroht worden[6], aber diese Vorschrift unter Bonifaz VIII. dahin gemildert, dass ihnen im Fall sie nur in erster Ehe mit einer Jungfrau leben, das privilegium canonis und fori gewahrt bleiben soll, unter der Voraussetzung, dass sie Tonsur und geistliches Gewand tragen[7].

Durch die Gesetzgebung des 12. Jahrhunderts waren die Frauen der Geistlichen höherer Grade zwar zu Konkubinen im rechtlichen Sinne herabgedrückt worden, damit war aber weder die geschlechtliche Zügellosigkeit der Kleriker noch die Sitte, öffentlich (freilich nach dem Kirchengesetz nichtige) Ehen einzugehen, beseitigt[8], vielmehr beweisen die zahlreichen partikulären Vorschriften aus den folgenden beiden Jahrhunderten nur, dass ihr Bemühen ebenso erfolglos wie früher geblieben ist[9]. Dass unter diesen Um-

[1] c. 4 (Mansi 21, 438).

[2] c. 4. 5 (Mansi 21, 458).

[3] c. 40. C. XXVII. qu. 1: „Ut lex continentiae et deo placens munditia in ecclesiasticis personis et sacris ordinibus dilatetur, statuimus quatenus episcopi, presbyteri, diaconi, subdiaconi, regulares canonici atque conversi professi qui sanctum transgredientes propositum uxores sibi copulare praesumserint, separentur. Huiusmodi namque copulationem quam contra ecclesiasticam regulam constat esse contractam, matrimonium non esse censemus“. (c. 6. desselben Koncils.) c. 2. Dist. XXVIII. wiederholt die Vorschriften der Clermonter Synode.

[4] c. 1 (Mansi 21, 489); fast wörtlich mit dem Later. übereinstimmend.

[5] c. 6 (Alex. III.) X. qui clerici vel. IV. 6; c. 4 (idem) X. de cler. coniug. III. 3; c. 7 (Innoc. III.) X. de bigam. I. 21; c. un. (Bonifac. VIII.) in VI^to de voto. III. 15; c. un. Extravag. Joann. XXII. tit. 6. — Aus dem Gesagten ergiebt sich, dass die Reprobation der die Nichtigkeit der Ehe auf Bonifazius VIII. zurückführenden Meinung in No. 72 des Syllabus vom 8. Dezember 1864 (Moy, Arch. 16. 324), begründet ist.

[6] c. 1. 3 (Alex. III.); c. 5. 7. 8 (Innoc. III.); c. 9 (Honor. III.) X. de cleric. coniug. III. 3.

[7] c. un. in VI^to de cler. coniug. III. 2; s. übrigens auch Clem. 1. de vita et honest. III. 1, die ihnen indessen beim Betriebe eines verbotenen Gewerbes das Klerikal-Privilegium entzieht.

[8] S. die Nachweisungen oben; für die Zeit Alexanders III. und Innocenz' III. vgl. auch Theiner a. a. O. S. 374 ff.; 399 ff. Von ersterem berichtet Girald von Cambrien in seiner Gemma ecclesiastica. II. 6 (opp. ed. Brewer. London. 1862. 2, 187): „In presbyteris autem nullum omnino remedium, nulla dispensatio locum habet, nisi forte per generale concilium a summo pontifice et cardinalibus, consensu quoque totius ecclesiae de desponsandis unicis et virginibus more Graecorum statueretur. Sicut de Alexandro tertio dicitur quod id statuere propter pericula, quae in occidentali ecclesia ex voti illius emissione cognoverat tanta, procul dubio proposuerat et firmiter animo decreverat; tota ecclesia Romana in hoc consentiente praeter abbatem cancellarium qui vir erat singulari quadam austeritate notabilis qui et postmodum tamen tertius ab Alexandro est papa creatus et Gregorius quartus vocatus. Ob cuius dissensum solius tam utile tanti patris tamque discreti propositum peccatis exigentibus non fuit effectui mancipatum“.

[9] Die Belege bei Theiner a. a. O. II. 2, 591 ff.; Lea p. 342 ff. über Fälle des Lebens in offenkundigem Konkubinat oder förmlicher Ehe a. a. O. S. 599. 606. 633. Dass die Laien im Interesse der Sicherheit ihrer eigenen Frauen und Töchter oft die Geistlichen zum Konkubinat gezwungen haben, ergiebt die Erzählung de rebus Alsaticis ineunt. saec. XIII. (SS. 17, 232): „Sacerdotes etiam quasi generaliter concubinas habuerunt, quia rustici ad hoc eos communiter inducebant; dicebant enim: Sacerdos continens esse non poterit, unde melius est, quod uxorem solam habeat, quam uxores omnium sollicitet vel cognoscat. Canonici cum militibus moniales nobiles cognoscebant. Dominus Henricus episcopus Basi-

ständen schon zur Zeit des Kostnitzer Koncils und auf demselben Stimmen laut wurden, welche die Wiedereinführung der Priesterehe für gerathener hielten [1], und dass selbst der nachmalige Papst Pius II. (Aeneas Sylvius) diesen Standpunkt vertreten hat [2], kann nicht Wunder nehmen. Aber das Koncil zu Basel hat trotz der tiefen Entsittlichung des Klerus nur die früheren Strafen in der Stufenfolge der Entziehung der Früchte auf 3 Monate, der Privation der Benefizien und der Inhabilität für Aemter und Benefizien unter Androhung von Strafen für die in der Bestrafung nachlässigen Oberen und die von diesen gegen bestimmte Abgaben bewilligte Gestattung der Konkubinen, sowie unter Anrufung des weltlichen Armes gegen die Beischläferinnen erneuert [3], indessen selbstverständlich ohne irgend welches Resultat [4]. Als dann im 16. Jahrhundert sowohl seitens der sächsischen wie auch seitens der Schweizer Reformatoren die bekannten Angriffe auf den Cölibat erhoben wurden und in Folge dessen viele Geistliche und Mönche sich öffentlich verheiratheten [5], wurde zwar auf dem Reichstage zu Nürnberg 1522/1523 ganz in Uebereinstimmung mit dem Geist, welcher die dort übergebenen hundert Beschwerden der Deutschen Nation diktirt hatte [6], seitens der Reichsstände der päpstliche Nuntius in Betreff seiner Klagen über die Verletzung des Cölibats darauf verwiesen, dass der Vollstreckung der geistlichen Strafen nichts entgegenstände, aber weltliche Strafen darauf nicht festgesetzt wären [7], indessen verpflichtete sich ein Theil der katholisch gesinnten Stände auf der Versammlung zu Regensburg 1524 zum Einschreiten gegen die konkubinarischen Priester auch mit weltlicher Gewalt [8] und ebenso hat der Reichsabschied zu Augsburg von 1530 dem kirchlichen Gesetze durch Androhung der Landesverweisung für die verehelichten Geistlichen mehr Nachdruck zu geben gesucht [9]. Geändert wurde aber weder hierdurch noch durch die zahlreichen weiteren Synodalbeschlüsse jener Zeit [10] etwas an dem bestehenden unerträglichen Zustande, ebensowenig wie durch die den deutschen katholischen Bischöfen auf dem Reichstage zu Augsburg von 1548 vorgelegte formula reformationis [11], während den Anhängern der neuen Lehre gegenüber das auf demselben Reichstage beschlossene Interim die Cölibatsfrage bis zur

liensis in morte sua 20 pueros orbatos parente suis matribus dereliquit"; c. 7 der Synode von Valladolid von 1322 (Mansi 25, 703): „Quia vero nonnulli laicorum clericos compellunt in sacris praecipue ordinibus constitutos ut aliquas mulieres concubinas recipiant et cum eis in contubernio publice vivant". Ebenso bemerkt Nikolaus von Clémanges in seinem u. 1411 geschriebenen Traktat de praesulibus simoniacis (op. ed. Joh. Lydius. Lugd. Batavor. 1613. 1, 165 ff.): „Taceo de fornicationibus et adulteriis a quibus qui alieni sunt, probro caeteris ac ludibrio esse solent, spadonesque aut sodomitae appellantur. Denique laici usque adeo persuasum habent nullos coelibes esse ut in plerisque parochiis non aliter velint presbyterum tolerare, nisi concubinam habeat quo vel sic suis sit consultum uxoribus quae nec sic quidem usque quaque sunt extra periculum". — Dasselbe wird auch über Friesland berichtet, s. Theiner a. a. O. S. 763.

[1] In diesem Sinne sprachen sich aus der bekannte Kanonist Zabarella (Cardinalis Florentinus † 1417), ferner der Verfasser der dem Kaiser Sigismund mit Unrecht zugeschriebenen Reformation. S. Gieseler a. a. O. II. 4, 262 ff.; Theiner a. a. O. S. 656 ff. — Auf dem Koncil selbst sind zwar auch Vorschläge über Festsetzungen wegen der Ueberschreitung des Cölibates gemacht, zu einer Beschlussfassung darüber ist es aber nicht gekommen. S. Carové, vollständige Sammlung. S. 351.

[2] Nach Platina de vitis pontific. (ed. 1645. p. 762): „Sacerdotibus magna ratione sublatas nuptias, maiori restituendas videri"; s. weiter Gieseler a. a. O. S. 266; Theiner a. a. O. S. 695.

[3] In Sess. XX.; auch in das Acceptations-Instrument König Albrechts II. v. 1439 aufgenommen, s. Münch, Sammlung aller Konkordate 1, 52.

[4] Theiner a. a. O. S. 702 ff.

[5] Theiner S. 813. 831; Lea p. 409 ff.

[6] Vgl. c. 21. n. 31; c. 57. n. 75; c. 70. n. 91 (Münch, Sammlung 1, 381. 383. 390).

[7] Respons. S. R. J. Ordinum Norimb. c. 18 (Goldast, const. imperii 1, 455).

[8] Constitutio ad removendos abusus et ordinatio ad cleri vitam reformandam c. 15. 24 (Hartzheim 6, 201).

[9] §§. 49—52. 57 (Koch, Sammlung der Reichsabschiede 2, 313).

[10] Theiner S. 854 ff.

[11] tit. de disciplina cleri (Gaertner, corp. iur. ecclesiast. 2, 254).

Entscheidung durch das damals schon versammelte allgemeine Koncil vertagte, und die Ehen der Geistlichen für die Zwischenzeit tolerirte [1]. Obwohl auf dem letzteren als einziges Heilmittel für die zerstörte Disciplin des Klerus die Gestattung der Ehe seitens Kaiser Ferdinands I., des Herzogs Albrecht von Baiern, des Herzogs Wilhelm von Jülich-Cleve-Berg, sowie schon früher seitens des Königs Sigismund August von Ungarn gefordert worden war [2], so hat doch die Ansicht der päpstlichen Partei, welche durch Aufgabe des Cölibats den Einfluss der Kurie auf den Klerus zu schwächen fürchtete, den Sieg davon getragen [3], da in der Sess. XXIV. (vom 11. November 1563) c. 9 de sacramento matrimonii des Trienter Koncils die Meinung, dass eine Ehe von den Klerikern der höheren Weihen gültiger Weise eingegangen werden könne, mit dem Anathem belegt worden ist. Trotz dieser Beschlüsse haben aber die Ehen der Geistlichen noch eine Zeit lang fortgedauert [4] und trotz derselben versuchten bald darauf Kaiser Ferdinand I. und sein Nachfolger Maximilian II., sowie Herzog Albrecht von Baiern und die drei geistlichen Kurfürsten mit dem Erzbischof von Salzburg für Deutschland die Gestattung der Priesterehe bei Pius IV. zu erlangen — aber ebenfalls vergeblich [5]. Die nächstfolgenden Jahrhunderte weisen gleichfalls wieder eine Reihe von Partikular-Synoden auf, welche gegen die Unzucht und das Konkubinen-Halten der Geistlichen eifern [6]. Anfechtungen des Cölibatsgesetzes selbst traten dagegen erst, hervorgerufen durch die ganze Geistesrichtung des 18. Jahrhunderts, in der letzten Hälfte desselben in einer grossen Anzahl von Schriften hervor [7]. Nachdem in Frankreich während der Revolution zunächst die weltliche Anerkennung dem Cölibat entzogen war [8], heiratheten eine grosse Anzahl Geistlicher, ja selbst Bischöfe [9], und die Gesetzgebung des National-Konvents schützte dieselben durch eine Reihe von Dekreten [10] in ihren Stellungen und Rechten. Auch in Deutschland hat sich Ende des vorigen und Anfang dieses Jahrhunderts eine literarische Fehde wegen der Abschaffung des Cölibats erhoben [11], und man hat von der Voraussetzung ausgehend, dass der Staat die Befugniss habe, denselben als ein blosses Dis-

[1] Art. XXVI. c. 20 (Koch a. a. O. 2, 573): „Und wie wohl man mit dem Apostel halten soll, dass der, so ohn ein Weib ist, für die Dinge sorge, die des Herrn seynd, darumb es zu wünschen wäre, dass der Clerici viel gefunden würden, die, wie sie ohne Weiber sind, auch wahrhafftige Keuschheit hielten, jedoch, dieweil ihrer jetzo viel sind, die im Stand der Geistlichen Kirchen-Aempter verwalten, und an vielen Arten Weiber genommen haben, die sie von ihnen nicht lassen wollen, so soll hierüber des gemeinen Concilii Bescheid und Erörterung erwartet werden, dieweil doch die Veränderung (wie jetzt die Zeit und Läuff seynd) auff dissmahl ohne schwere Zerrüttung nicht geschehen mag: Doch kan man nicht läugnen, wiewohl der Ehestand für sich selbst ehrlich ist, nach der Schrifft, dass doch der, so kein Eheweib nimmt und wahrhafftige Keuschheit hält, besser thue nach derselben Schrifft".

[2] S. Theiner S. 900. 903. 910 ff. 888; Lea p. 449, auch von Franz II. von Frankreich ist schon 1561 das gleiche Verlangen an die Kurie gestellt worden. Theiner S. 904; Lea p. 451.

[3] Ueber die Verhandlungen auf dem Koncil vgl. Pallavicini, hist. conc. Trid. XVII. 4. n. 6; XXII. 10. n. 15; XXIV. 12. n. 9. 10; Sarpi hist. conc. Trid. lib. VII; v. Wessenberg, die grossen Kirchenversammlungen 4, 99 ff.

[4] Das ergeben z. B. Pragens. decret. reform. v. 1579 (Hartzheim, 7, 53); Statut. rural. Julii Wirceburg. v. 1584. III. 4 (Gropp, coll. nov. script. et rer. Wirceburg. Francof. 1741. 1, 442); Synode v. Breslau v. 1580 (Hartzheim 7, 890. 891), Olmütz 1591. III. 13 (H. 8, 352); Osnabrück 1628 (H. 9, 431).

[5] Theiner S. 922 ff.; Lea p. 456 ff.

[6] Theiner S. 970.

[7] Lea p. 544 ff.; Aufzählung bei Carové, Sammlung. S. 631 ff.

[8] Durch die Einleitung zur Constitution française vom 18 ff. September 1791, welche jedes „engagement qui serait contraire aux droits naturels ou à la constitution" des gesetzlichen Schutzes entkleidet, und das die Priesterweihe nicht als Impediment erwähnende Ehegesetz vom 20. September 1792; s. Lea p. 546 ff.; Carové a. a. O. S. 657 ff.

[9] Das um so mehr als darin ein Beweis der der neuen Ordnung der Dinge zugethanenen Gesinnung gefunden wurde. Lea p. 549 ff.

[10] Vom 19. Juli, 12. August, 20. November 1793 (s. Carové S. 662 ff.)

[11] S. die Schriften bei Carové. Sammlung. S. 634 ff. 724 ff.

ciplinargesetz aufzuheben, an die Ständeversammlungen in Würtemberg 1824, in Baden 1828, 1831 und 1837, in Hessen-Darmstadt 1830, im Königreich Sachsen 1837 darauf hinausgehende Petitionen gerichtet, in Schlesien haben Geistliche 1821 einen derartigen Antrag an die bischöfliche Behörde gestellt und 1830 sind in Würtemberg und in der Trierschen Diöcese Vereine für die Abschaffung des Cölibats gebildet worden. Allein, wenn die gedachten Anträge auch in einzelnen Kammern Erfolg hatten, so haben die Regierungen ihnen nirgends Folge gegeben, vielmehr diese Bestrebungen in Uebereinstimmung mit einer Encyclika Gregors XVI. vom 15. August 1832[1] und den Erlassen der betreffenden Bischöfe[2] gemissbilligt[3]. So sind diese Bewegungen resultatlos verlaufen. Erst wieder in der neuesten Zeit (1862) hat der Pater Passaglia in Italien seine Stimme für die Aufhebung des Cölibats erhoben[4] und die in demselben Jahre begründete *Società Emancipatrice e di Mutuo Soccorso del Sacerdozio Italiano* hat die gleiche Forderung in ihr Programm aufgenommen[5].

III. Geltendes Recht. Wie die historische Darstellung ergiebt, sind die im wesentlichen das Dekretalenrecht adoptirenden Vorschriften des Trienter Koncils noch für das heutige Recht der katholischen Kirche massgebend.

1. Der Empfang der Weihen vom Subdiakonat an aufwärts begründet ein trennendes, öffentliches Ehehinderniss; die trotzdem von einem Geistlichen dieser Grade faktisch eingegangene Verbindung mit einer Frauensperson ist also im rechtlichen Sinne keine Ehe, und das Zusammenleben beider muss gehindert werden[6]. Ein ausdrückliches Keuschheitsgelübde, dessen Ablegung frühere partikuläre Rechtsbestimmungen bei der Ordination verlangten[7], wird heute vom Ordinanden nicht mehr gefordert[8], und da die Cölibatsverpflichtung ferner auch nicht eine nothwendig aus dem Wesen der Ordination sich ergebende Folge derselben ist[9], so kann als ihr Grund nur ihre durch positives Gesetz mit der Uebernahme der betreffenden ordines unmittelbar erfolgte Verknüpfung angesehen werden[10]. Abgesehen von der Nichtigkeit der Ehe treten für die Verletzung des Cölibatsgesetzes als Strafen ipso iure die excommunicatio maior und die Suspension ein[11]. Ferner kann gegen einen solchen Geistlichen eine Inquisition

[1] Abgedruckt in Weiss, Archiv der Kirchenrechtswissenschaft. 3, 314.

[2] Carové, Sammlung. S. 739. 740. 741. 742. 744; Rheinwald acta ecclesiastica saec. XIX. 3, 304 ff.; Allg. K. Z. 1834. No. 174.

[3] Vgl. überhaupt Carové, Cölibatsgesetz. S. 419 ff.; Müller, Lexikon des Kirchenrechts 5, 457 ff.; Baur, Kirchengesch. des 19. Jahrh. S. 151.; Gieseler 5, 324. Auch in Brasilien hat die Abgeordnetenkammer sich 1827 für die Aufhebung des Cölibats ausgesprochen; Carové, S. 722.

[4] W. Talmadge, letters from Florence on the religious reform movements in Italy. London. 1866. p. 118; Lea p. 561.

[5] Talmadge p. 160; Lea p. 562.

[6] c. 8 (Calixt. II.) Dist. XXVII; c. 40 (Later. II. a. 1139) C. XXVII. qu. 1; c. 1. 4 (Alex. III.) X. de cler. coniug. III. 3; c. un. (Bonif. VIII.) in VI^{to} de voto. III. 15; Clem. un. de consang. IV. 1; Trid. Sess. XXIV. c. 9. de sacr. matr.

[7] S. oben S. 148.

[8] S. z. B. Phillips 1, 740; Schulte, Eherecht S. 211. A. M. Ginzel, 1, 117; der sich dabei auf das Pontificale Romanum beruft. Danach redet allerdings der Bischof bei der Subdiakonatsweihe die Kandidaten an: „quodsi hunc ordinem susceperitis, amplius non licebit a proposito sancto resilire sed deo, cui servire regnare est, perpetuo famulari et castitatem, illo adiuvante servare oportebit, atque in ecclesiae ministerio semper esse mancipatos. Proinde, dum tempus est, cogitate et si in sancto proposito perseverare placet, in nomine domini huc accedite“: darin liegt aber nur eine Auseinandersetzung über die Bedeutung und die Folgen der Ordination und in dem Empfang derselben nach dieser Auseinandersetzung kann wohl ein Unterwerfen unter die Folgen, nicht aber ein ausdrückliches Gelübde der Keuschheit gefunden werden. S. auch Gonzalez Tellez comment. ad c. 1. X. III. 1. n. 7.

[9] Das ergiebt die Geschichte des Cölibats und das Recht der griechischen Kirche. S. auch Schulte Eherecht. S. 211. n. 14.

[10] Das bestätigt auch der richtigen Interpretation nach der c. 9. cit. Trid.; s. Schulte a. a. O. gegen Knopp, Eherecht. 2. Aufl. S. 125.

[11] c. 1. X. III. 3. cit. Die Meinung Knopps S. 125. dass die exc. ferendae sententiae sei, wird durch den klaren Wortlaut der Clem. un. cit. IV. 1. widerlegt.

wegen Ketzerei eingeleitet werden, denn durch die versuchte Eingehung der Ehe setzt er sich dem Verdacht derselben aus[1]. Der Verlust des Benefiziums ipso iure ist für die Kleriker der höheren Weihen nirgends ausdrücklich als Strafe festgesetzt[2]. Dass aber bei fortgesetzter Hartnäckigkeit und Fortsetzung des ehelichen Zusammenwohnens die Privation ausgesprochen werden darf, unterliegt keinem Zweifel[3]. Die geistlichen Standesrechte endlich büssen solche Kleriker nicht ein.

Ausnahmsweise kann trotz der Gültigkeit der Ordination die Verpflichtung zum Cölibate cessiren. Unter Umständen nämlich hindert der Mangel des freien Willens die Validität der Weihe nicht[4], aber weil der Cölibat keine innerlich nothwendige Folge derselben ist, kann ein Moment, das nur wegen bestimmter dogmatischer Festsetzung gegenüber der Ordination selbst keine annullirende Kraft hat, hier wenigstens seine vernichtende Wirkung äussern. Daher ist ein zum Subdiakon geweihtes Kind, ein Unmündiger im gleichen Fall, endlich ein durch metus cadens in constantem hominem Geweihter nicht zur Ehelosigkeit verpflichtet[5]. Von demjenigen, welcher sich in Unwissenheit oder im Rechtsirrthum über die mit der Ordination verbundene Pflicht zur Keuschheit befand, lässt sich dasselbe nicht behaupten[6], weil jeder die Konsequenzen seiner eigenen Handlungen übernehmen muss und Niemand die Ordination an und für sich ohne die damit verbundenen rechtlichen Folgen wollen kann[7].

Der Cölibat beruht, wie sich aus den früheren Anführungen ergiebt, nicht auf dem ius divinum, sondern auf einem positiven Kirchengesetz[8]. Daher ist eine Dispensation von demselben dem Papst[9] gestattet und diese ist auch in einer Reihe von Fällen erfolgt[10].

[1] So Gonzalez Tellez ad c. 1. X. h. t. n. 3; Clericatus, decis. de sacram. matrim. dec. XXVIII. n. 4.

[2] Dass in c. 5 (Innoc. III). X. h. t. III. 3. nur an die Kleriker der niederen Weihen gedacht ist, ergiebt der Umstand, dass hier die Ehe als gültig vorausgesetzt wird in Verbindung mit c. 1. X. eod. tit., wo der Verlust des Benefiziums bei den minores, der Exkommunikation und Suspension bei den maiores entgegengesetzt wird. Gegen den Verlust ipso iure geht auch die überwiegende Meinung. Schmalzgrueber III. 3. n. 18; Riganti ad reg. cancell. LVIII. n. 48.

[3] Nach c. 4 (Alex. III.) X. de cohab. cleric. III. 2; Trid. Sess. XXV. c. 14. de reform. — Ueber die als Folge weiter eintretende Irregularität s. oben S. 54.

[4] S. oben S. 110. No. III.

[5] Constit. Benedikts XIV. Eo quamvis v. 4. Mai 1745. §§. 20—23 (M. Bull. 16, 295).

[6] Wie von Phillips 1, 740; Knopp. S. 126; Schulte S. 211 unter Berufung auf Carriere, de sacramento matrimonio §. 797 und Berardi comm. in iur. eccles. tract. de coniugiorum iuribus. diss. IV. c. 6. i. f. (ed. Mediol. 1847. 2, 115) geschieht; letzterer sagt das Gegentheil. S. auch Engel, colleg. un. iur. III. 3. n. 12.

[7] Wenn Schulte meint, es komme auf die „wirkliche und rechtliche Freiheit des Subjekts" an, so ist diese bei der Uebernahme der Ordination gewahrt; eines positiv auf alle einzelne Folgen derselben gerichteten Willens bedarf es doch nicht; konsequenter Weise muss Schulte auch denjenigen, welcher beim Empfang der Ordines gegen die Pflicht zum Cölibat protestirt hat, von der Beobachtung desselben freisprechen, wovon doch keine Rede sein kann. — Dass bei unverschuldetem Irrthum hier eine Dispensation von dem an sich verbindenden Cölibatsgesetz gerechtfertigt erscheint, ist es etwas Anderes, während in den vorhin erwähnten Fällen nicht eine Dispensation, sondern nur eine Ungültigkeitserklärung der Verpflichtung zur Ehelosigkeit, welche vor das bischöfliche Gericht gehört, eintreten muss. A. M. Schulte, welcher eine vom Papst zu ertheilende Dispensation auf Grund des Gesetzes annimmt, und für den, wie ich gern zugebe, die Praxis der Kurialbehörden spricht. S. Richters Tridentinum. S. 201 ff.

[8] Gonzalez Tellez ad c. 1. X. h. t. n. 3.

[9] Gegen Ende des vorigen Jahrhunderts ist allerdings die Befugniss dazu auch öfters den Bischöfen beigelegt und von ihnen geübt worden. S. Kopp, die kath. Kirche im 19. Jahrh. S. 274 ff.

[10] Beispiele zusammengestellt bei Carové, Cölibatsgesetz. S. 162. Allgemeine Dispensationen sind ertheilt von Julius III. im J. 1554 für die verehelichten höheren Kleriker, als die Königin Maria England wieder mit der katholischen Kirche vereinigt hatte; ferner von Pius VII. für die Geistlichen, welche sich während der französischen Revolution verheirathet hatten. S. Kopp. S. 130. n. 34. Dass Bischöfe dispensirt worden sind, lässt sich nicht sicher beweisen (s. auch Schulte S. 210); die bei Carové a. a. O. angegebenen Beispiele sind theils nicht sicher (so Peter II. Bischof von Cambrai, 1167. s. Gallia christ. 3, 30) oder passen nicht, weil die betreffenden Personen zwar ein Bisthum verwaltet haben, aber vor der Erlangung der bischöflichen Konsekration dispensirt worden sind (so Johann v. Baiern, erwählter Bischof von Lüttich 1389 — 1416, Burkhard von

2. Den Minoristen steht ein trennendes Ehehinderniss in Folge ihrer Weihe[1] nicht entgegen; die von ihnen eingegangene Ehe ist gültig, aber sie verlieren mit dem Abschluss derselben die geistlichen Standesrechte[2] und ferner ipso iure[3] ihre Benefizien[4], weil sie nun als Laien betrachtet werden und mit dieser Eigenschaft der Besitz von Kirchengütern, ferner mit der Ehe die geistliche Amtsführung, inkompatibel ist. Daher werden auch Vorbehalte bei der Stiftung von Benefizien dahin, dass dieselben auch in statu coniugali behalten werden können, nicht genehmigt[5]. Ob diese Folgen auch eintreten, wenn die vom Minoristen eingegangene Ehe nicht gültig kontrahirt ist, darüber herrscht Streit. Während Einzelne hier bei Ungültigkeit wegen Mangel des Konsenses die Privation nicht, wohl aber dann eintreten lassen, wenn ein solches Impediment vorliegt[6], machen Andere dieser Unterscheidung mit Recht den Vorwurf der Inkonsequenz und wollen den verbrecherischen Willen als solchen mit dem Verlust des Benefiziums ahnden[7]. Indessen kann nur die Ansicht gebilligt werden, welche die gesetzlich angedrohte Strafe hier nicht für anwendbar erklärt, weil durch eine ungültige Ehe die Inkompatibilität nicht hervorgebracht werden kann[8].

Ausnahmsweise dürfen aber Minoristen, welche in erster und zwar mit einer Jungfrau eingegangenen Ehe leben, beim Mangel unverheiratheter geeigneter Individuen, zu den Funktionen der niederen Weihegrade vom Bischofe verwandt werden. Sie haben dann unter der weiteren Voraussetzung, dass sie Tonsur und geistliches Gewand tragen, sowie dem Dienste einer bestimmten Kirche zugewiesen sind, ebenfalls das Privilegium canonis und fori[9].

Sollen abgesehen von dem eben erwähnten Fall die Folgen der von einem Minoristen vorgenommenen Eheschliessung beseitigt werden, so bedarf es dafür ebenfalls einer päpstlichen Dispensation, weil es sich auch hier um Beseitigung der Vorschriften des ius commune handelt. Ueber die Voraussetzungen, unter denen die Tonsur und die Ordination an verheirathete Männer ertheilt werden darf, s. oben S. 36. 107.

IV. Verhältniss der Staatsgesetzgebungen zum Recht der Kirche. Ein Recht der Staatsgewalt zur Aufhebung des Cölibatsgesetzes in der im betreffenden Lande zugelassenen katholischen Kirche — eine Voraussetzung, von welcher man in den oben erwähnten Bewegungen gegen den Cölibat in diesem Jahrhundert mitunter ausgegangen ist — lässt sich nicht begründen. Die Qualifikation ihrer Diener und Beamten hat die Kirche, welche sie für sich anstellt, der Natur der Sache nach selbst zu bestimmen, und

Lützelstein, e. B. von Strassburg 1394, s. a. a. O. 3, 900; 5, 812, Pfalzgraf Rupert von Freisingen 1495—1497 s. Meichelbeck hist. Frising. 2, 281).

1 Wohl aber wenn sie bei Empfang derselben ein feierliches Keuschheitsgelübde, wie dies bei den Religiosen geschieht, abgelegt haben. S. Phillips 1, 741.

2 Vgl. c. c. 7. 9. X. h. t. III. 3; c. un. (Bonif. VIII.) in VI[to] de cleric. coniug. III. 2.

3 c. 1. 3. 5. X. h. t. III. 3. Der Verlust ipso iure ist schon von der Glosse zu c. 1. cit. aus dem Worte relinquenda hergeleitet und diese Ansicht seitdem unter nur geringem Widerspruch Einzelner allgemein festgehalten worden. S. Gonzalez Tellez ad c. 5. III. 3. n. 2, Reiffenstuel III. 3. n. 9 ff.; Pirhing III. 3. n. 5 ff.; Riganti l. c. n. 48; sowie die Entscheidungen der C. C. in Richters Tridentinum S. 443. Darüber, dass ein Verlöbniss nicht die Privation bewirkt, wohl aber die wenngleich nicht konsummirte Ehe, herrscht Einverständniss.

4 Ueber den Verlust von Laien-Kapellanien, Pensionen u. s. w. s. Riganti l. c. n. 54 ff.; die Entscheidungen bei Richter a. a. O.

5 Richters Tridentinum a. a. O.; Schulte, System 2, 176 n. 3.

6 So die Kurialbehörden, ferner unter Berufung auf dieselben Riganti l. c. n. 21. 29 ff.; Phillips 1, 743.

7 Weshalb sie allein den Fall des Zwanges zur Ehe als straflos ausnehmen, s. Schulte, Syst. 2, 176. n. 3; auch Reiffenstuel l. c. n. 17 ff.

8 So Schmier lib. III. tr. 1. p. 1. c. 2. n. 57 ff.; Schmalzgrueber III. 3. n. 12 ff.; Pirhing III. 3. n. 16. 17. — Dass arbiträre Strafen (mithin auch die Privation in Folge richterlicher Sentenz) zulässig sind, kann keinem Zweifel unterliegen. S. auch Schmalzgrueber l. c. n. 13.

9 S. c. un. in VI[to] h. t. III. 2; Trident. Sess. XXIII. c. 6. 17. de reform.

es können ihr nicht Individuen, welche sie für ungeeignet hält, aufgedrungen werden. Dieser Satz, welcher sich von selbst ergiebt, sowie man nur zugiebt, dass Staat und Kirche verschiedenartige, eigenthümliche Lebensgebiete bilden, erhält da noch eine positive staatsrechtliche Unterlage, wo, wie in den meisten deutschen Staaten die Befugniss der katholischen Kirche anerkannt ist, ihr Leben nach ihren eigenen Gesetzen zu regeln: ja selbst die Beschränkung der Entfaltung des Katholicismus durch die Festhaltung eines strengen Aufsichtsrechtes kann nie zu positiven, die eigenthümlich kirchlichen Verhältnisse berührenden Anordnungen, sondern immer nur zu abwehrenden Massregeln, also allein zur Festsetzung von gesetzlichen Normen negativen Charakters führen [1].

Eine andere Frage ist aber die nach dem Verhältniss der staatlichen Gesetzgebung zu dem Cölibatsgesetze der katholischen Kirche. Der Staat kann es ignoriren und die Beobachtung desselben dem Gewissen der einzelnen Geistlichen überlassen, also weder bei der Verletzung der Cölibats-Verpflichtung mit seinem weltlichen Arm strafend einschreiten, noch die Ehen der Geistlichen für nichtig erklären. Es ist das der Standpunkt, welchen das Preussische Landrecht einnimmt [2]. Er trägt seine Rechtfertigung darin, dass der Staat der Kirche nicht unterworfen ist, also derselben auch nicht principiell zu positiven Leistungen verpflichtet werden kann; freilich erfordert es dann auch die Gerechtigkeit gegen die katholische Kirche, dass man diese ungehindert ihre rein geistlichen Strafen (Entziehung der Pfründe, Exkommunikation) gegen den den Cölibat verletzenden Geistlichen vollstrecken lässt. Ebensowenig wie das Preussische Landrecht erwähnt der Code civil das Ehehinderniss der höheren Weihen, indessen hat sich in Frankreich eine freilich nicht unangefochtene Praxis gegen die Gültigkeit der Ehen der Geistlichen erklärt [3].

In andern Staaten, wie z. B. in Baiern [4], Baden [5] und Sachsen [6], ist das impedimentum ordinis anerkannt und es tritt daher bei Nichtbeachtung desselben auch civilrechtliche Nichtigkeit der Ehe ein. Gewährt aber die betreffende Staatsgesetzgebung auch nur die Gewissensfreiheit — wie es in Deutschland überall der Fall ist — so cessirt mit dem Austritt des Geistlichen aus der katholischen Kirche das staatliche Ehehinderniss, weil damit seine Zugehörigkeit zu derselben für das staatliche Gebiet beseitigt ist. Der gleiche Rechtszustand muss auch für diejenigen Länder behauptet

[1] Wenn die Gegner des Cölibats wiederholt auf die unsittlichen Folgen desselben hingewiesen haben, so wird man doch deshalb nicht den Staat für befugt erklären können, kraft seines Nothrechtes die Verpflichtung zur Ehelosigkeit zu beseitigen. Ganz abgesehen davon, dass die schreienden Misstände, wie sie das Mittelalter aufzuweisen hat, heute jedenfalls bei dem katholischen Klerus Deutschlands nicht mehr vorkommen, lässt sich die Behauptung, dass die Ehelosigkeit nothwendig ein unsittliches Leben bedinge, sicherlich nicht begründen. Auch beweist dieses Argument zu viel, denn dann müsste man nicht nur Aufhebung des Cölibats, sondern die Statuirung einer Pflicht zum Heirathen für die Geistlichen, sowie für alle erwachsenen männlichen Unterthanen vom Staate verlangen.

[2] Dadurch, dass es in der Lehre von den Ehehindernissen Th. II. tit. 1 das impedimentum ordinis übergeht.

[3] S. Zachariä-Anschütz, französ. Civilrecht. Bd. 3, 68; Lea p. 554 ff.; Carové, das Cölibat-Gesetz in Frankreich und Deutschland. S. 1. 5 ff. In den Gebieten des Code civil in Deutschland, namentlich in Rheinpreussen ist, soviel mir bekannt, die Frage noch nicht zur Kontestation gekommen.

[4] Cod. Maximilian. Bavar. Th. I. Kap. 6. §. 8. No. 3. 4. und die Anmerkungen Kreytmayrs dazu.

[5] Durch die neben dem den Code civil reproducirenden badischen Landrecht erlassene Ehe-Ordnung vom 15. Juli 1807 (s. bad. Regierungsblatt Nr. 26. S. 132), ferner Belehrung vom 20. Oktober 1807 (a. a. O. Nr. 38).

[6] Bürgerl. Gesetzb. §. 1619: . . . „Bestehen bei einer vom Staate anerkannten anderen Religionsgesellschaft als der evangelisch-lutherischen und reformirten, ausser diesen Ehehindernissen noch andere, wegen deren Nichtbeachtung die Ehe für nichtig zu achten ist, so gelten sie für die Mitglieder derselben“.

werden, in denen wie z. B. in den Preussischen Provinzen Hannover, Kurhessen, Nassau, ferner in Würtemberg[1], Oldenburg gemeines Recht gilt, und für die keine positiven Vorschriften über den in Rede stehenden Punkt erlassen sind, denn hier ist das katholische Kirchenrecht unstreitig das gemeine Recht für die Katholiken[2]. Weiter geht auch streng genommen das Oesterreichische allgemeine bürgerliche Gesetzbuch[3] nicht, indessen hat zwar die Praxis der Behörden unter Festhaltung der Theorie von dem character indelebilis der Ordination das Hinderniss selbst beim Austritt aus der katholischen Kirche für fortwirkend erachtet[4], diese Ansicht kann aber den Bestimmungen des Gesetzes vom 25. Mai 1868[5] gegenüber, welches durch den Religionswechsel jegliche Beziehung zu der früheren Kirche gelöst sein lässt, nicht mehr aufrecht erhalten werden.

Zweiter Abschnitt:

Der zur Leitung der Kirche bestimmte Organismus.

Einleitung.

§. 20. 1. *Die s. g. hierarchia iurisdictionis und ihr Verhältniss zur s. g. hierarchia ordinis.*

Die Vollmachten, welche die Kirche durch göttliche Stiftung zur Erfüllung ihrer Zwecke erhalten hat, gehen auf das Lehren[6], das Heiligen[7] und Leiten[8]. Daher spricht man von einer der Kirche zustehenden *potestas magisterii*, *ordinis* und *iurisdictionis*. Diese Vollmachten sind von Christus zunächst den Aposteln, von diesen aber durch Mittheilung des heiligen Geistes an die Bischöfe, Priester und Ministri übertragen worden. Weil diese den Beruf haben, die Heiligung der Menschheit zu vollziehen, so bezeichnet man sie in ihrer Gesammtheit mit dem Ausdruck: *hierarchia*[9] *(sacer princi-*

1 Vgl. Reyscher, d. gemeine u. würtemberg. Privatrecht, §. 543 (2. Aufl. 3, 16).

2 Schulte, Eherecht. S. 498. — Für die preuss. Provinz Schleswig-Holstein behauptet zwar Falck, Handbuch des Schleswig-Holsteinischen Privatrechts. 4, 334, das Gleiche, weil es in der Natur der Sache läge, indessen kann das nicht für richtig erachtet werden. Das auf protestantischer Grundlage ruhende Eherecht ist dort auch das allgemeine bürgerliche Recht und Falck selbst nimmt (S. 320. 333) an, dass im Allgemeinen es dem Gewissen der Katholiken überlassen bleibe, die eigenthümlichen Ehehindernisse ihrer Konfession (z. B. das impedimentum voti solennis) zu beachten.

3 §. 63: „Geistliche, welche schon höhere Weihen empfangen .... haben, können keine gültigen Eheverträge abschliessen“.

4 Vgl. V. d. Minist. f. Kult. v. 1. Jänner 1859 (Porubszky, Rechte d. Protestant. in Oesterreich S. 11; v. Kirchstetter, Kommentar zum österr. Gesetzbuch S. 58.)

5 Ueber die interkonfessionellen Verhältnisse der Staatsbürger. Art. 4. 5. (Moy, Arch. 20, 165).

6 Matth. XXVIII. 18. 19: „Et accedens Jesus locutus est eis dicens: Data est mihi omnis potestas in coelo et in terra: euntes ergo docete omnes gentes“ . . . Luc. X. 16; Johann. XIII. 20; Bouix, tractatus de principiis iuris canonici. P. IV. c. 2 (ed. Paris. 1852. p. 491).

7 Matth. XVIII. 19. 20 („baptizantes eos“); Marc. XVI. 16; Luc. XXII. 19; I. Cor. XI. 24; Trident. Sess. XXIII. c. 1. de sacr. ordinis.

8 Joann. XXI. 15—17.

9 Trid. Sess. XXIII. can. 6. de sacr. ordin.: „Si quis dixerit, in ecclesia catholica non esse hierarchiam divina ordinatione institutam quae constat ex episcopis, presbyteris et ministris, anathema sit“. — Ueber den Gebrauch des Wortes hierarchia vgl. Hallier, de hierarchia ecclesiastica libri III. Lutetiae Parisiorum 1646. lib. I. s. 1. Zuerst findet sich dasselbe in den fälschlich dem Dionysios Areopagita zugeschriebenen Abhandlungen περὶ τῆς οὐρανίας ἱεραρχίας und περὶ τῆς ἐκκλησιαστικῆς ἱεραρχίας.

patus). Mit Rücksicht darauf, dass zwar bei diesen Personen die Fähigkeit, die Gnadenmittel der Kirche zu spenden, also auch die ihnen zukommende potestas ordinis eine verschiedene ist, die Abstufungen für die Ausübung der Leitung und der Regierungsgewalt aber mannigfaltiger sind, hat die Schule eine *hierarchia ordinis* und eine *hierarchia iurisdictionis* unterschieden. Für die Ausübung der der Kirche übertragenen Vollmacht zum Lehren hat sich ein eigener, besonderer Organismus nicht entwickelt, und da man demnach der hierarchia ordinis und iurisdictionis keine hierarchia magisterii gegenübersetzen konnte, so hat man in früherer Zeit überhaupt nur die potestas ordinis und iurisdictionis geschieden[1]. Seitdem indessen neuerdings Walter[2] der bisherigen Theorie die erwähnte Trichotomie entgegengestellt hat, ist in dieser Lehre ein bisher nicht zu einem befriedigenden Abschluss gebrachtes Schwanken eingetreten[3]. Unzweifelhaft ist an und für sich die Auseinanderhaltung der drei gedachten Vollmachten berechtigt, wenn es sich um den materiellen Inhalt der Kirchengewalt handelt, denn das Lehren ist die erste und nothwendigste Bedingung der Wirksamkeit der Kirche und lässt sich um so mehr von der potestas ordinis scheiden, als es diese nicht unter allen Umständen zur Voraussetzung hat. Aber von diesem materiellen Gehalt der kirchlichen Vollmachten ist der zur Ausübung derselben erforderliche und bestehende Organismus zu unterscheiden. Daraus, dass die Kirchengewalt eine dreifache Richtung hat, folgt noch nicht, dass jeder derselben auch besondere Glieder in jenem Organismus entsprechen müssen, im Gegentheil würde eine solche Einrichtung, wenn sie denkbar wäre, die Harmonie in dem Wirken der Kirche stören, weil die Funktionen der dreifachen, begrifflich zu scheidenden Kirchengewalt sich praktisch nicht auseinander halten lassen und alle drei in einander greifen und sich gegenseitig ergänzen. Ja es muss weiter hervorgehoben werden, dass die s. g. potestas magisterii ihrem inneren Charakter nach solcher Abstufungen, wie sie für die Ausübung der Funktionen des ordo und der iurisdictio sich entwickelt haben, gar nicht fähig ist[4]. Die potestas ordinis umfasst die Fähigkeit, die heiligen Handlungen und vor Allem die Sakramente zu verwalten. Hier ist eine Verschiedenheit insofern denkbar, als die Fähigkeit sich nur auf die Vornahme einzelner oder aller erstrecken kann. Dasselbe gilt von der Jurisdiktionsgewalt, denn

[1] Thom. Aquin. Summa II. 2. qu. 39. art. 3: „Spiritualis potestas, una quidem sacramentalis, alia iurisdictionalis. Sacramentalis quidem potestas est quae per aliquam consecrationem confertur . . . et talis potestas secundum suam essentiam remanet in homine qui per consecrationem eam est adeptus, quamdiu vivit sive in schisma sive in haeresim labatur . . . Potestas autem iurisdictionalis est quae ex simplici iniunctione hominis confertur et talis potestas non immobiliter adhaeret. Unde in schismaticis et haereticis non manet“. Ebenso der Catechism. Roman. P. II. c. 7. qu. 6: „Duplex (potestas) ordinis et iurisdictionis. Ordinis potestas ad verum Christi Domini corpus in sacrosancta eucharistia refertur. Jurisdictionis vero potestas tota in Christi corpore mystico versatur. Ad eam enim spectat, Christianum populum gubernare et moderari et ad aeternam caelestemque beatitudinem dirigere“.

[2] Lehrbuch (bis zur 12. Aufl.) §. 14.

[3] So sind z. B. Phillips Kirchenrecht 1, 286; Lehrbuch S. 83. 93; Richter §. 43 in den ersten 4 Auflagen; Permaneder §. 26; Ginzel 1, 80. 113. Walter gefolgt. Dagegen Schulte 2, 100; Vering in Moys Archiv 1, 548; Mejer Instit. 2. Aufl. §. 91. n. 2; Richter. 5. Aufl. §. 91; Bouix l. c. p. 499, welche zum Theil die potestas magisterii als in der potestas ordinis mitinbegriffen erklären unter Berufung auf Catechism. Rom. l. c. qu. 7: „Non solum consecrandae eucharistiae vim et potestatem continet (potestas ordinis), sed ad eam accipiendam hominum animos praeparat et idoneos reddit ceteraque omnia complectitur quae ad eucharistiam quovis modo referri possunt“. In Beziehung zur potestas iurisdictionis wird dagegen die potestas magisterii gestellt bei Rosshirt, kanon. Recht. S. 70 (die Ausführungen in seiner Encyklopädie des Kirchenrechts S. 141 lassen eine klare Angabe über das Verhältniss vermissen); ferner in Moys Arch. 1, 548 n. 1. Walter selbst bezeichnet jetzt (Aufl. 13) die ganze Kirchengewalt als potestas ordinis und theilt diese ein in pot. ministerii, magisterii und iurisdictionis.

[4] Daher ist der Mangel einer besonderen hierarchia magisterii nicht blos auf historische Gründe (so Phillips Lehrbuch S. 93) zurückzuführen.

die Unterscheidung geringerer und höherer Stufen der Leitung und die Betrauung verschiedener Personen mit den daraus sich ergebenden, verschiedenen Rechten widerspricht auch hier nicht dem Wesen der Sache. Das Objekt der potestas magisterii, die Lehre, kann aber stets nur ein und dasselbe sein; eine Scheidung in eine höhere und geringere, sowie eine Abstufung der Amtsträger von dem Gesichtspunkt aus, dass einzelne befähigt wären, eine bessere oder richtigere Lehre als andere zu verbreiten, würde geradezu für die Kirche den Begriff der Einheit, welcher ja auf der Einheit der Lehre ruht, vernichten. Ebensowenig lässt sich die Voraussetzung der Lehrfähigkeit, nämlich die Fähigkeit der Erkenntniss der Lehre, welche bei den einzelnen Individuen allerdings eine verschiedene sein kann, weil sie äusserlich schwer erkennbar ist, zu dem Princip erheben, auf welches eine etwaige Hierarchie des Lehramtes gegründet werden könnte [1]. Und wenn einzelne trotzdem eine solche statuiren, und diese auf die vorhandene oder mangelnde Unfehlbarkeit, sowie auf den Unterschied zwischen Primat und Episkopat aufbauen [2], so muss dieser Versuch unzweifelhaft als verfehlt zurückgewiesen werden. Stände nämlich selbst die Unfehlbarkeit des Papstes dogmatisch fest [3], so würde zwischen ihm und den übrigen Trägern des Episkopats in Bezug auf die Lehrgewalt ein spezifischer Unterschied obwalten, aber damit wäre der Papst (ebenso wie das unzweifelhaft unfehlbare Koncil [4]) allen übrigen Trägern der Lehrgewalt als Organ der Unfehlbarkeit gegenübergesetzt, und der Mangel der Unfehlbarkeit bei den letzteren könnte nicht als niedere Stufe der Lehrgewalt angesehen werden, weil es sich hier um wesentlich und qualitativ verschiedene Befugnisse handelt.

Hält man dagegen jene oben aufgestellte Scheidung des materiellen Inhalts der der Kirche überlieferten Vollmachten und des zu ihrer Ausübung bestimmten Organismus fest, so ist es leicht zur Klarheit über die hier besprochene Frage zu gelangen. Die Uebertragung der potestas ordinis hat eine doppelte Bedeutung. Sie giebt die Befähigung, die aus dem ordo herfliessenden Funktionen vorzunehmen. Ferner vollzieht sich mit ihr der Eintritt in den geistlichen Stand, und so bildet sie das Fundament des zur Leitung der Kirche bestimmten Organismus. Die Fähigkeit zu lehren ist dagegen von der Uebertragung einer besonderen spirituellen Befähigung nicht abhängig, denn die Befugniss dazu kann naturgemäss den Laien nicht entzogen werden, schon deshalb nicht, weil sie zur religiösen Erziehung der Kinder im Kreise der Familie nothwendig erscheint. Ja in der ältesten Kirche sind alle männlichen Mitglieder der Gemeinde zur Predigt und zur Lehre des geistlichen Wortes berechtigt gewesen [5], ferner haben in den ersten Jahrhunderten wiederholt Laien mit bischöflicher Erlaubniss das Predigtamt geübt [6] und auch das Dekretalenrecht hält principiell an diesem Standpunkt fest, wenn es die Predigt dem officium divinum gegenüber setzt [7]. Wenngleich den Laien schon durch Leo I. [8] diese Befugniss genommen worden und der Natur der Sache nach nicht

[1] Vgl. hierzu auch Pachmann §. 84.

[2] So Ginzel (1, 114). Nach ihm nimmt in dieser Hierarchie der im Papste immer fort lebende Petrus in Folge der ihm zustehenden unumschränkten, höchsten, unfehlbaren Lehrauktorität die höchste, der Bischof als Inhaber des apostolischen Amtes die zweite Stufe ein; endlich erwähnt er (anscheinend als dritte Stufe) diejenigen, welche die Berechtigung zur Verwaltung des Lehramtes von dem Papste oder Bischofe übertragen erhalten haben. — Dass die Hierarchie des Magisterium nicht durch die Bischöfe, Priester, Diakonen und den Lektor (s. Phillips 2, 286) gebildet wird, ergeben die Ausführungen im Text.

[3] S. darüber Richter, §. 148; Phillips 2, 307 ff.

[4] Phillips 2, 310.

[5] I. Timoth. II. 12.

[6] Kober, Suspension S. 99. Vgl. c. 98. Stat. eccl. ant: „Laicus praesentibus clericis, nisi ipsis jubentibus, docere non audeat“.

[7] c. 43 (Innoc. III.) X. de sent. excomm. V. 39.

[8] Ep. ad Maxim. Antiochen. a. 453 (ed. Baller.

nur jede Lehrthätigkeit der Laien unter der Kontrole der Kirche stehen muss, sondern auch der Klerus kraft der Ordination und kraft seiner Vorbildung vorzugsweise zu einer solchen berufen ist, so ergeben die eben gemachten Ausführungen, dass ein wesentlicher Unterschied zwischen der potestas ordinis und der Fähigkeit zu lehren besteht, die erstere also nicht durch die letztere absorbirt wird, sowie dass die öffentliche Ausübung des Lehramtes nur von dem Nachweise der erworbenen Fähigkeit und der darauf hin ertheilten Bewilligung der Kirche (einer s. g. missio) abhängig sein kann [1]. Allerdings bedürfen die Bischöfe keines besonderen Auftrags zur Ausübung der Lehrgewalt, weil diese letztere der Kirche ertheilt ist und ihnen als Nachfolger der Apostel in erster Linie zukommt [2], der Grund dafür liegt aber nicht darin, dass die potestas magisterii in der potestas ordinis mit inbegriffen ist, sondern dass der Bischof erst dann, wenn er die Konsekration erhalten hat, als Nachfolger der Apostel betrachtet werden kann, aber auch von jenem Zeitpunkt ab befugt ist, alle bischöflichen Rechte zu verwalten [3]. Wenn ferner bei dem Priester und Diakon [4] ebenfalls scheinbar ein innerer Zusammenhang zwischen der Fähigkeit zum Lehramt und zu der Vornahme der Weihehandlungen besteht, so rührt das daher, dass die Prüfung in Betreff der Lehrfähigkeit mit der Untersuchung über das Vorhandensein der Erfordernisse der Weihe verbunden ist, also mit der Ertheilung der Ordination auch die Fähigkeit zum Predigtamte konstatirt wird.

Andererseit aber bedarf es für die eben erwähnten Personen, sowohl für die Ausübung der Lehrthätigkeit als auch der iura ordinis gleichfalls einer missio, eines besondern Auftrages. Ebenso kommt den Bischöfen, welchen vorzugsweise das Lehramt obliegt, die äussere Leitung der Kirche zu, kraft deren sie für die Regel jene missio ertheilen können, und diese Wahrnehmung ist offenbar die Veranlassung gewesen, die potestas magisterii in die potestas iurisdictionis aufgehen zu lassen.

Ehe dieses Verhältniss, welches nach der Erörterung der Stellung der potestas magisterii zur potestas ordinis noch klar zu stellen ist, näher besprochen werden kann, ist aber zuvor genauer auf den ohnehin für das Kirchen*recht* wichtigsten Begriff der potestas iurisdictionis [5] näher einzugehen. Die iurisdictio ist die Gewalt, alle behufs Erreichung der kirchlichen Zwecke nöthigen Anordnungen und Einrichtungen sowohl im allgemeinen Interesse wie auch im Interesse des Einzelnen zu treffen, oder kürzer ausgedrückt, die Gewalt die Kirche ihrer Bestimmung gemäss zu ordnen und zu leiten [6]. Der Begriff ist also weiter als der auf dem Gebiete des staatlichen Rechts mit dem Worte Jurisdiktion verbundene [7], da man hier darunter nur die Befugniss zur Ver-

1, 1212) = c. 19. C. XIX. qu. 1. — c. 1. §. 7 (Isidor.) Dist. XXV; c. 2 (Gregor. I.) Dist. XCII. erlangen den Grad des Diakons.

[1] Schulte, Lehrbuch S. 166; auch in Moys Arch. 19, 4.

[2] Pachmann §. 84; Schulte bei Moy a. a. O.

[3] Der Umstand, dass man sich dieses Verhältniss nicht klar gemacht hat, ist m. E. der Grund dafür gewesen, dass die potestas ordinis unter die potestas magisterii subsumirt worden ist.

[4] Denen das Pontificale Romanum (de ordinat. presbyteri, de ordinatione diaconi) die Befugniss zum Predigtamt zuschreibt.

[5] Vgl. hierzu namentlich Berardi comm. ad lib. I. et II. decr. diss. I. et prooemialis de ecclesiastica iurisdictione (ed. Mediol. 1846. 1, 374), welche der fast überall unselbstständige Bouix l. c. c. 3. §. 3 ff. beinah wörtlich ausgeschrieben hat.

[6] Berardi l. c. c. 1 (p. 37) definirt: „iurisdictio appellatur universalis quaedam potestas ea gerendi atque gubernandi quae ad commodum ecclesiae pertinent“.

[7] In dem gedachten Sinne wird iurisdictio schon gebraucht von Gregor I. ep. 8. lib. XIV. (ed. Ben. 2, 1266). Vgl. ferner die tit. 29. 31. X. de offic. iud. deleg. u. de officio iudicis ordinarii in den Dekretalen; namentlich c. 16. X. I. 31, in welchem die iura episcopalia aufgezählt werden. Auch Bernardus Papiensis sagt in tit. 23. lib. I. seiner summa, der die Ueberschrift trägt: „de officio et potestate praelati et iudicis ordinarii“ sagt §. 2: „Officium autem praelati vel iudicis est curam habere subditorum“, geht also damit auch von jenem wei-

waltung der Rechtspflege begreift. Parallel jener weiten Bedeutung der iurisdictio geht der Ausdruck: judex, worunter demnach der mit der Leitung der Kirche betraute Beamte zu verstehen ist. Man hat den Inhalt der iurisdictio in dem Sinne von Regierungsgewalt durch eine Eintheilung derselben in eine gesetzgebende, richterliche und vollziehende Gewalt zu erschöpfen versucht[1]. Indessen ist diese aus dem Gebiete des Staatsrechtes herübergenommene Scheidung von der Hand zu weisen. Eine besondere vollziehende Gewalt mit einem eigenen Inhalt und Objekt, welche den übrigen Gewalten koordinirt gegenüber gestellt werden könnte, giebt es nicht[2], sie kann sich vielmehr bei der Vornahme der verschiedenartigsten Funktionen der Regierung äussern (so z. B. in dem Erlass von Verordnungen für die Diöcese zur Ausführung allgemeiner Kirchengesetze, in der Vollstreckung der Urtheile, in der zwangsweisen Beitreibung eingeforderter Kirchensteuern etc.), und ferner lässt jene Eintheilung gerade das ganze Gebiet derjenigen Massregeln ausser Betracht, welche ohne ein richterliches Verfahren die Zwecke der Kirche im einzelnen gegebenen Falle zu realisiren, und welche ihr die nöthigen Geldmittel zu beschaffen und zu sichern bestimmt sind[3]. Eine erschöpfende Aufzählung aller in der Jurisdiktion enthaltenen Befugnisse kann in kurzen Zügen nicht gegeben werden, und erscheint deshalb auch nicht nöthig, weil der für die Ausübung der kirchlichen Regierungsgewalt bestimmte Organismus nicht wie der staatliche in der Art gegliedert ist, dass für die einzelnen Gebiete, auf denen sich die Leitungsgewalt äussert, verschiedene Behörden thätig werden, sondern nach dem Princip, dass dem einzelnen Beamten die Jurisdiktion in allen ihren verschiedenen Richtungen und Beziehungen anvertraut ist und die Abstufung innerhalb dieses allseitigen sächlichen Umfanges durch die grössere oder geringere Intensivität und das grössere oder geringere örtliche Gebiet der Regierungsbefugnisse hervorgebracht wird.

Wie aus den vorstehenden Anführungen ersichtlich, ist die Jurisdiktion dasselbe für das Gebiet der Kirche, was die Staatsgewalt für das Gebiet des Staates ist. Aber ganz abgesehen davon, dass hinsichtlich der Bestimmung der Träger der Jurisdiktion insofern ein bedeutungsvoller Unterschied zwischen der katholischen Kirche und dem Staate besteht, als in der ersteren die Regierungsgewalt ein für alle Mal mit gewissen Aemtern unwandelbar und unabänderlich verknüpft ist, hat die Sphäre der kirchlichen Jurisdiktion wegen der eigenthümlichen Zwecke einen grösseren und weiteren Umfang als die der Staatsgewalt. Die innere sittliche und religiöse Seite des Menschen kann und soll der Staat nicht mit seiner äusseren Macht beherrschen. Gerade diese hat das Christenthum im Gegensatz zur antiken Auffassung der staatlichen Gewalt entzogen;

teren Begriff der iurisdictio aus. Vgl. auch Clem. un. de foro compet. II. 2. Die engere Bedeutung von iurisdictio kommt freilich auch in den Quellen vor, vgl. c. 16. cit.: „iurisdictionem quoque causarum omnium ad forum ecclesiasticum de iure spectantium". S. auch Phillips 2, 5. 142 ff.

[1] So Ginzel 1, 81; Wiese, Handbuch 1, 392 spricht dagegen von gesetzgebender, oberaufsehender, vollziehender Gewalt, und rechnet die richterliche zu der letzteren, Eichhorn 1, 539 scheidet nur eine gesetzgebende und vollziehende Gewalt.

[2] S. v. Gerber, Grundzüge eines Systems des deutschen Staatsrechts. S. 27; L. Stein, die Verwaltungslehre. Stuttgart. 1865. 1, 9: „Andererseits ist diese vollziehende Gewalt für sich gedacht, nur der Organismus der Thätigkeit oder die Kraft für sich. Die wirkliche Thätigkeit entsteht, sowie diese Vollziehung nun die wirklichen Verhältnisse und Gegenstände des Staatslebens ergreift und in ihnen den Willen oder das Wesen des Staats konkret zur Verwirklichung bringen will. Hier empfängt die vollziehende Gewalt ihre Aufgabe an ihrem Objekte, sie muss, wie schon gesagt, dasselbe innerlich und äusserlich verarbeiten; die Gesetze des Lebens dieser Objekte bringen sich zur Geltung und geben der Vollziehung Gestalt und Mass, Mittel und Ziel".

[3] Kurz die Gebiete, welche man auf dem Boden des Staates als innere und Finanzverwaltung bezeichnet.

sie ist aber der Theil des menschlichen Wesens, welcher vorzüglich das Gebiet der kirchlichen Wirksamkeit bildet. Die Kirche hat nicht nur ein äusseres, mit der von ihr gepredigten Lehre und Moral übereinstimmendes Verhalten ihrer einzelnen Angehörigen zu erzielen, sondern ihre Aufgabe ist eine höhere, und wenn die Erreichung derselben auf Erden in vollem Umfange möglich wäre, so würde jenes erste Ziel damit von selbst ebenfalls verwirklicht sein. Die Kirche hat die Aufgabe, jeden einzelnen den Weg des ewigen Heiles zu führen; darum erstreckt sich ihre Gewalt nicht blos auf sein äusseres Verhalten, sondern ebenfalls auf seine innere Gesinnung und wo diese mit den Geboten des Christenthums und der Kirche nicht in Einklang steht, oder wo eine damit nicht übereinstimmende, wenn auch nicht die öffentliche Ordnung störende oder eine andere Person verletzende Handlungsweise vorliegt, hat sie mit bestimmten Mitteln und Anordnungen um des Heiles der betreffenden Person selbst willen einzuschreiten. Dieses innere Gebiet bezeichnet man als das forum internum [1] und soweit die Leitungsgewalt dieses berührt, spricht man von einer iurisdictio interna. Da es sich hier einfach um innere, nicht in die Oeffentlichkeit tretende Vorgänge handelt, so ist die Beichte das vornehmste der Mittel, diese zur Kenntniss der Kirche zu bringen, und die iurisdictio interna äussert sich daher hauptsächlich bei der Handhabung der auf die erfolgte Beichte aufzulegenden Bussen. Dieses s. g. forum poenitentiale erschöpft indessen den Begriff des forum internum nicht, ist also mit dem letzteren nicht identisch, denn auch ohne die Beichte können dem geistlichen Oberen Sünden und Handlungen bekannt werden, in Bezug auf welche er mit seiner Jurisdiction einzuschreiten verpflichtet ist [2], und ferner ist mit der Beichte und Busse allein die Gesammtheit der zur inneren Heiligung der Menschen dienenden Mittel der Kirche nicht erschöpft. In das Gebiet des forum externum fallen dagegen alle in die äussere Erscheinung tretenden Verhältnisse und Handlungen [3]. Da aber das Recht seiner innersten Natur nach nur das äussere Verhalten normiren kann, so fällt die iurisdictio interna nicht in seinen Bereich und die darauf bezüglichen Grundsätze gehören demnach nicht in eine Darstellung des Kirchenrechts [4].

[1] Es gehört also Alles dahin, was die innere Heiligung des Menschen und die Verherrlichung Gottes bezweckt. S. M. Gitzler, de foro interni et externi differentia et necessitudine diss. inaug. Vratislaviae. 1867. p. 4. 9. 22. Weil sich aber jene beiden Seiten der Kirche nur begrifflich scheiden lassen, und der Einzelne ihrer Einwirkung in beiden Beziehungen unterliegt, kann dieselbe Handlung bald unter dem Gesichtspunkt des forum internum, bald des externum in Betracht kommen. S. auch Gitzler l. c. p. 33. 42.

[2] So fällt die Dispensation von einem in der Stille abgelegten Gelübde, wenn diese nachgesucht wird, in das Gebiet des forum internum. Der Unterschied wird auch in den Quinquennalfakultäten pro foro interno (s. dieselben bei Schulte, System 2, 425) hervorgehoben. Die weitere gebräuchliche Terminologie ergiebt folgende Stelle aus Ferraris, prompta bibliotheca s. v. forum n. 62. u. 63: „Forum aliud dicitur externum sive forum fori in quo tractantur causae in ordine ad externam gubernationem reipublicae sive saecularis; et aliud internum sive forum poli seu conscientiae quod intus in mente hominis ubi conscientia est, exercetur. Forum internum aliud dicitur poenitentiae in quo aliquid geritur interveniente sacramento poenitentiae sive absolutione sacramentali. Et aliud non poenitentiae in quo aliquid geritur sine sacramento poenitentiae, ut si aliquis extra sacramentum absolvatur a censura vel reservatione peccati. Unde ex his patet, forum poenitentiae et conscientiae non esse idem. Nam forum conscientiae est quid commune foro sacramentali et non sacramentali. Forum autem poenitentiae comprebendit solum sacramentale“. Berardi l. c. c. 2 (p. 42) und nach ihm Bouix l. c. §. 3. p. 2. finden das Unterscheidungsmerkmal zwischen forum externum und internum darin, dass auf dem Gebiet des ersteren die Jurisdiktion zunächst im allgemeinen, auf dem des letzteren zunächst im Interesse des Einzelnen gehandhabt wird. Dass das ungenügend ist, liegt auf der Hand. Schief und unpräcise ist es, wenn Eichhorn 1, 540 und Jacobson in Herzogs Encyklopädie 7, 635 die iurisdictio interna oder das forum internum als das Wirkungsgebiet der potestas ordinis bezeichnen.

[3] S. auch Gitzler l. c. S. 4. 9.

[4] Freilich kann die iurisdictio interna auch den Zwecken des Rechtes dienen, da wo ein bestimmtes äusseres Verhalten sich schwer kontroliren lässt, wie z. B. die Beobachtung des täglichen Breviergebetes. Denn die Erfüllung der Rechtsvorschrift ist zugleich Gewissensvorschrift und es kann also diese auch im Beichtstuhl zur Anzeige

Zu der iurisdictio externa gehört unzweifelhaft die Ertheilung der Befugniss, die erlangte potestas ordinis oder die Fähigkeit zum Lehramt auszuüben. In derartigen Anordnungen liegt ein Akt der äusseren Leitung und so muss die potestas iurisdictionis stets eingreifen, um der potestas ordinis und magisterii den Raum und das Feld ihrer Thätigkeit zu verschaffen. Dagegen erlangt die Person, welcher die missio für die Spendung der Sakramente und die Verwaltung des Lehramtes gegeben worden, damit selbstverständlich ihrerseits noch keine Jurisdiktion. Diese Abhängigkeit der potestas ordinis und potestas magisterii von der potestas iurisdictionis erklärt sich daraus, dass die Kirche als eine äussere Anstalt in die Erscheinung tritt und somit auch für die Bethätigung jener rein innerlich wirkenden Kräfte eine bestimmte äussere Ordnung bestehen muss.

Das Resultat der vorstehenden Erörterungen lässt sich dahin zusammenfassen. Soll der materielle Inhalt der der Kirche überlieferten Gewalten bestimmt werden, so müssen die drei erwähnten Vollmachten potestas ordinis, magisterii und iurisdictionis geschieden werden, und unter denselben nehmen die beiden ersteren eine höhere Stelle ein, weil sie ihrer Natur nach auf die innere, religiöse Seite des Menschen zu wirken bestimmt sind und die potestas iurisdictionis nur den Zweck hat, durch äussere Anordnungen eine gedeihliche Wirksamkeit derselben zu ermöglichen und zu sichern. Für das Gebiet des Rechtes stellt sich aber das Verhältniss anders. Das Recht hat es seiner Natur nach nur mit den in die äussere Erscheinung tretenden Verhältnissen zu thun. Daher kommt von jenen drei Vollmachten auf dem Rechtsgebiet die potestas iurisdictionis allein ihrem innern Wesen nach in Betracht, die potestas magisterii und ordinis nur, soweit ihre Ausübung äusserlich geordnet werden muss, so weit diese Gewalten mithin Objekte der potestas iurisdictionis sein können.

Während das letztere aber für die Lehrgewalt allein massgebend ist, äussert die potestas ordinis noch unter einem andern Gesichtspunkt, der schon oben angedeutet ist, ihre Wirkungen für das Rechtsgebiet. Sie ist für die Regel Voraussetzung der potestas iurisdictionis und insoweit muss noch näher auf sie eingegangen werden[1].

Die potestas ordinis und potestas iurisdictionis sind jede der Abstufung fähig. Allerdings korrespondirt nicht jeder Stufe der Jurisdiktion ein bestimmter Weihegrad, weil die Nothwendigkeit der Regelung der verschiedenen, äusseren Verhältnisse eine andere Abstufung bedingt, als die Oekonomie der der Kirche überlieferten Gnadenmittel, aber insofern findet immerhin eine gewisse Kongruenz statt, als die Träger der Jurisdiktion der höheren Stufen für die Regel auch mit dem höchsten Grade der spirituellen Befähigung, der potestas ordinis, ausgerüstet sind. Als solche kommen in Betracht zunächst der mit der höchsten Regierungsgewalt ausgestattete Nachfolger des Apostel Petrus, der Papst, ferner die Bischöfe als Inhaber der apostolischen, dem Papst untergeordneten Regierungsgewalt in ihren Sprengeln, Aemter, welche auf göttlicher Einsetzung beruhen, deren Inhaber aber in der potestas ordinis sich gleichstehen, da der Papst auch keinen höheren ordo als den bischöflichen Weihegrad besitzt. Ebensowenig beruht der Unterschied in der Stellung der durch das menschliche Recht zwischen den Papst und die Bischöfe eingeschobenen Stufen der Patriarchen,

kommen und geahndet werden. S. Ginzel 1, 21. 22.

[1] Die äusserlichen Unterschiede zwischen der potestas ordinis und iurisdictionis, welche vielfach in den Lehrbüchern aufgezählt werden (s. z. B. Devoti, instit. canon. lib. I. tit. 1. §§. 5 ff.; Richter §. 92) ergiebt die Darstellung im Text; jedenfalls wird durch diese rein äusserliche Gegenüberstellung der Einblick in das Verhältniss nicht gefördert.

Exarchen, Primaten und Metropoliten oder Erzbischöfe auf der Verschiedenheit der potestas ordinis, sondern nur auf dem verschiedenen Umfange der Jurisdiktion, denn alle diese haben gleichfalls keinen andern als den bischöflichen ordo [1]. Auch innerhalb der ordines des Presbyterates und des Diakonats haben sich ähnliche Bildungen vollzogen, die Ordens- und anderen Prälaten, die Archipresbyter und Archidiakonen verdanken ihre hervorragende Stellung vor den übrigen Inhabern ihres ordo nur ihrem Antheil an der Regierungsgewalt der Kirche [2].

Wenngleich sich somit auf dem Gebiete der Jurisdiktion eine grössere Reihe Abstufungen vorfindet, als auf dem Gebiete des ordo, so kann man trotzdem nicht von einer besonderen hierarchia ordinis und einer besonderen hierarchia iurisdictionis sprechen, vielmehr giebt es nur eine Hierarchie, weil die iurisdictio in der Regel allein den Personen zusteht, welche auch Antheil an dem ordo haben [3].

Ausnahmsweise können freilich Laien mit der Jurisdiktion betraut werden, sie sind also nicht absolut unfähig [4], aber darum kann man noch nicht eine besondere Hierarchie der Jurisdiktion annehmen, umsoweniger als die Laien nie eine feste Stellung in der Gliederung des Organismus der Regierungsgewalt eingenommen haben. Endlich widerspricht es der hier vertretenen Einheit der Hierarchie auch nicht, dass die potestas ordinis und die potestas iurisdictionis von einander getrennt sein können [5]. Die Verschiedenheit der Gewalten schliesst es nicht aus, dass dieselben durch eine einzige Klasse von Trägern ausgeübt werden und wenn wegen der absoluten Ordinationen heute die Theilnahme am ordo eher erlangt wird, als die Jurisdiktion, so erfolgt damit immer Eintritt in die eine Hierarchie, insofern als der Kleriker die Vorbedingung für die der Erlangung der iurisdictio erfüllt hat. Allerdings können die Mitglieder der Hierarchie in solche, welche nur den ordo besitzen und solche, welchen ausserdem noch eine Jurisdiktion zukommt, geschieden werden, und will man die letzteren in ihrer Gesammtheit

[1] Devoti, instit. can. lib. I. tit. 2. §. 3.

[2] Die Beläge für das Gesagte unten bei der Darstellung des Organismus im Einzelnen. Ich verweise vorläufig auf Phillips 2, 128 ff.; 1 ff.; 109 ff.

[3] Conférences ecclesiastiques sur la hiérarchie pour servir de suite et d'appui aux conférences d'Angers. Tom. I. Confér. 1. qu. 6. p. 277: „Il n'y a qu'une seule et la même hiérarchie à laquelle Jésus-Christ a donné tous les pouvoirs divins, tant d'ordre que de jurisdiction, nécessaires pour le gouvernement de l'église. Ce qu'on appelle pouvoirs d'ordres c'est cette puissance que donne l'ordination d'exercer les fonctions sacrées, propres de l'ordre auquel on est élevé. La puissance de jurisdiction c'est celle qui donne droit d'exercer sur des personnes soumises à sa conduite et à son autorité les pouvoirs divins que les ministres sacrés ont reçus dans l'ordination. Ainsi il ne se trouve point une différence essentielle quant aux pouvoirs même entre ces deux puissances. L'ordre sacré est le titre primitif de toute iurisdiction hiérarchique; et ce qui forme proprement la jurisdiction c'est la députation que reçoit un ministre sacré pour régir et conduire dans les voies du salut une certaine portion de fidèles que l'église confie à ses soins en le chargeant de leur rendre tous les services spirituels que l'ordre qu'il a reçu lui donne la faculté de rendre". S. auch Phillips 2, 127 ff. Das Trid. Sess. XXIII. de sacram. ord. can. 6: „si quis dixerit, in ecclesia catholica non esse hierarchiam divina ordinatione institutam quae constat ex episcopis, presbyteris et ministris, anathema sit", bestätigt das ebenfalls, da es nur von einer Hierarchie spricht.

[4] Vgl. Schmalzgrueber J. E. V. 39. n. 3, Phillips Lehrb. 2, 548. n. 13; Kober, Kirchenbann. 2. Aufl, S. 83 ff.; Schulte, Lehrb. S. 321. n. 11; 166; Bouix l. c. P. IV. c. 3. §. 5. punct. 3 (p. 539).

[5] Als Beispiel von Amtsträgern mit potestas iurisdictionis ohne die potestas ordinis werden gewöhnlich aufgezählt das Domkapitel, resp. der Kapitularvikar während der Sedisvakanz, der konfirmirte aber noch nicht konsekrirte Bischof (s. Bouix l. c. punct. 4. p. 513 ff.); von Amtsträgern mit potestas ordinis ohne potestas iurisdictionis der illicite z. B. von einem schismatischen Bischof konsekrirte Schismatiker, der Weihbischof. In den Fällen der ersteren Art haben die betreffenden Personen aber immer den ordo, wenn auch nicht den für die Regel mit der betreffenden Jurisdiktionsstufe verbundenen. Was die Fälle der zweiten Art betrifft, so ist dem Weihbischof die bischöfliche Jurisdiktion nirgends in thesi abgesprochen, er hat sie nur faktisch nicht; Störungen der Rechtsordnung und Zustände endlich, welche als Strafen und Folgen derselben entstehen, und die iurisdictio entziehen, können für die Regel nicht massgebend sein.

als die hierarchia iurisdictionis bezeichnen, so ist dagegen nur das einzuwenden, dass dadurch leicht eine falsche Vorstellung über das Verhältniss der potestas ordinis zur potestas iurisdictionis herbeigeführt und der innere Zusammenhang zwischen den beiden verschiedenen Arten der Vollmachten verkannt wird.

§. 21. 2. *Die iurisdictio ordinaria, delegata, mandata, vicaria.*

I. Iurisdictio ordinaria. Behufs Ausübung der der Kirche übergebenen potestas iurisdictionis besteht ein Organismus fester Aemter[1] mit ein für alle Mal abgegränzten Befugnissen. Kraft des Amtes erlangt der Inhaber mit dem Erwerb desselben einen bestimmten Antheil an der Leitungs- und Regierungsgewalt, und die ihm aus dem oben gedachten Grunde zukommende Jurisdiktion wird mit dem Ausdruck: *iurisdictio ordinaria*, der betreffende kirchliche Beamte selbst als *iudex ordinarius* bezeichnet. Die iurisdictio ordinaria ist demgemäss kraft der objektiven Rechtsregel[2] (kraft Gesetzes oder Gewohnheit) mit bestimmten kirchlichen Stellungen verknüpft und hört für den Einzelnen erst mit dem Verluste des Amtes auf. Wenn die frühere Doktrin dieselbe theils durch päpstliches Privileg, theils durch die Kanones, theils durch Gewohnheit begründet sein lässt[3], so ist damit ungehöriger Weise theils die Art der Verleihung des Amtes[4] theils die allmähliche Entstehung der Aemter und die Ausbildung ihrer Befugnisse[5] in die Begriffsbestimmung mit hineingezogen.

Als iudices ordinarii werden jetzt gewöhnlich im Einzelnen aufgezählt: 1. der Papst; 2. die päpstlichen Legaten; 3. gewisse Kongregationen in Rom; 4. die vom Papst ernannten Konservatoren; 5. die Patriarchen; 6. die Primaten; 7. die Erzbischöfe; 8. die Bischöfe; 9. die Archidiakonen (im Mittelalter); 10. der General-Vikar; 11. das Domkapitel während der Sedisvakanz; 12. der »canonicus theologalis qui ex officio iurisdictionem habet ad praedicandum seu docendum«; 13. der »canonicus poenitentialis qui item ex officio iurisdictionem habet in foro poenitentiali et externo«; 14. der praelatus inferior habens ex officio iurisdictionem aliquam ordinariam in foro externo«[6]; 15. die bei ihren Titeln residirenden Kardinäle; 16. endlich auch die Pfarrer, da ihnen eine iurisdictio ordinaria in foro interno zugeschrieben wird[7]. In Betreff mancher der aufgezählten Kategorien (so z. B. der zu 4. 10. 16 genannten) lassen sich aber schwere

[1] Der Begriff des Amtes selbst geht freilich weiter als der der iurisdictio, denn es giebt auch Aemter, mit welchen eine solche nicht verbunden ist. Darüber s. unten. — Uebrigens ist die päpstliche Würde gleichfalls zu den Kirchenämtern zu rechnen, wie sie denn auch in c. 1 (Clem. III.) X. de maledic. V. 26. mit den technischen Ausdrücken: „officium et beneficium" bezeichnet wird.

[2] Vgl. den Titel de officio iudicis ordinarii in den Dekretalensammlungen des Corp. iuris. Ueber den Begriff ist man einig. Vgl. z. B. Schmalzgrueber I. 31. pr. §. 3; Schmier lib. I. tr. 5. c. 6. s. 1. n. 1 ff.; Florens ad lib. I. t. 31. decret. pr. (op. ed. Doujat. 2, 173); Berardi l. c. c. 2; Bouix l. c. c. 3. §. 4; Phillips 2, 144. Am korrektesten definirt unter den Früheren Van Espen J. E. U. P. III. tit. 5. c. 1. n. 3: „Itaque de iure canonico et hodierno usitato loquendi modo iudices ordinarii dicuntur qui iurisdictionem non ex speciali aliqua delegatione seu commissione sed vi suae dignitatis sive officii accipiunt. Unde iudex ordinarius a canonistis definiri solet qui iurisdictionem habet quam iure suo seu iure ecclesiasticae suae praelaturae vel magistratus quo fungitur, exercet".

[3] So vom Mittelalter an (s. z. B. Tancredi ord. iudic. P. I. tit. 1. §. 1. ed. Bergmann p. 91) bis auf die neuere Zeit. S. ferner Ferraris s. v. iurisdictio n. 11; Reiffenstuel I. 29. n. 11; Berardi l. c. (1, 47); Bouix l. c. p. 529.

[4] So wenn die iurisdictio ordinaria der Erzbischöfe, Bischöfe aus dem Privilegium des Papstes hergeleitet wird.

[5] Darauf beziehen sich Stellen, wie c. 8. C. IX. qu. 3; c. 9. X. de off. iud. ord., aus denen die citirten nach dem Vorgange der mittelalterlichen Doktrin, vgl. Glosse zu c. 13. X. de foro compet. II. 2. s. v. maxime den Satz hergeleitet haben: „consuetudo dat iurisdictionem".

[6] S. Reiffenstuel I. 31. n. 6 ff.; Ginzel 1, 106. n. 2; Bouix l. c. p. 531.

[7] S. Phillips 2, 145; Lehrbuch S. 502.

Bedenken erheben, die Erörterung dieser muss indessen der Besprechung theils des Verhältnisses zwischen iurisdictio ordinaria und delegata, theils der einzelnen Stellungen vorbehalten bleiben. Unter der Bezeichnung ordinarii schlechthin werden gewöhnlich nur die ordinarii locorum verstanden, d. h. die Bischöfe im weiteren Sinne, also auch die Patriarchen, Primaten, Erzbischöfe, weil diese vor allen Andern die umfassende ordentliche Jurisdictio in den ihnen unterworfenen Bezirken besitzen [1].

II. Begriff und Ausbildung der iurisdictio delegata. Den Gegensatz zu der iurisdictio ordinaria bildet nach der überlieferten Lehre die *iurisdictio delegata.* Die kanonistische Doktrin versteht darunter diejenige Jurisdiktion, welche einer Person nicht kraft ihres Amtes oder ihrer Berufsstellung, sondern kraft besonderer Uebertragung eines mit der Regierungsgewalt betrauten Beamten zukommt [2]. Die Anfänge zu der Ausbildung dieses Institutes und einer besonderen Theorie darüber fallen in die erste Hälfte des 12. Jahrhunderts und in der zweiten Hälfte desselben zur Zeit Alexanders III. erscheint die Delegation bereits praktisch in umfangreicher Uebung und theoretisch vollkommen ausgebildet. Längst war in den Pseudo-Isidorischen Dekretalen der hier nur wiederholte und erweiterte Satz, dass die Römische Kirche in allen wichtigeren Dingen zu entscheiden und eine allgemeine und oberste richterliche Gewalt habe, ausgesprochen [3]. Eine praktische Verwirklichung konnte indessen diese Forderung erst in einer späteren Zeit finden, wo die päpstliche Macht ihren Höhepunkt zu erreichen begann. Seit Anfang des 12. Jahrhunderts begegnen erst spärlich, seit Alexander III. aber massenhaft päpstliche Reskripte, welche die Untersuchung oder auch gleichzeitig die Entscheidung direkt an den Papst gebrachter Angelegenheiten andern Geistlichen, namentlich Bischöfen, Aebten u. s. w. übertragen [4], — theils um dadurch die Geschäftslast der Kurie zu vermindern, theils aber auch um den Parteien die weite und beschwerliche Reise nach Rom zu ersparen.

Freilich haben schon eine Reihe von Jahrhunderten früher die Päpste die Ausübung gewisser ihnen zustehender Regierungsrechte auf andere Personen übertragen; die päpstlichen Legaten, ebenso die apostolischen Vikarien der früheren Zeit leiteten ihre Befugnisse aus einem besonderen Auftrag des Papstes ab und waren nur Stell-

[1] Vgl. c. 3. 7. in VI^to de offic. iud. ordin. I. 16; Florens ad lib. I. tit. 31. decret. pr. (2, 173); Reiffenstuel l. c. n. 9; Van Espen l. c. n. 7.

[2] Reiffenstuel I. 29. n. 12; Van Espen l. c. c. 2 n. 1 ff.; Ferraris l. c. n. 6; Wiese Handbuch 2, 55; Phillips 6, 752; München, das kanon. Gerichtsverfahren 1, 12 ff.

[3] Innoc. I. ep. ad Victor. Rothom. a. 404. c. 4 (Coustant. 746); c. 16 (Gelas. I. a. 493) C. IX. qu. 3; und Pseudo-Isidor (ed. Hinschius) Anacl. 3. 34; Gai. 7; Marcell. 2; Jul. 5. 6.

[4] Die ältern Reskripte der Art finden sich ihrem Inhalt nach angegeben bei Phillips 6, 756: es gehören hierher z. B. Resc. von Paschalis II. a. 1104 (Jaffé reg. n. 4459, Bouquet, recueil. 15, 29); a. 1112? (J. 4861, Bouquet 15. 48); von Calixt II. a. 1119 (J. 4966; Bouquet 15, 207); von Honorius II. zw. 1126 u. 1129 (J. 5286; Gariel, series praesulum Magalonens. et Monspeliens. Tolos. 1665. 1, 142); von Innocenz II. a. 1130 (J. 5337; Bouquet 14, 247); a. 1139 (J. 5732; Tiraboschi, storia dell' augusta badia di Nonantula. Modena 1784. 2, 249). Für die spätere Zeit genügt ein Blick auf die Regesten Jaffés, namentlich die Alexanders III.; ferner ergiebt der grosse Umfang des tit. 29. de off. et pot. iud. deleg. u. tit. 3. de rescript. lib. I. X., welche Bedeutung die Delegation in der letzten Hälfte des 12. Jahrh. gewonnen hat. Dass in den vorhin angeführten Dekretalen es sich um das gleiche Institut handelt, ergeben die schon in ihnen gebrauchten Ausdrücke: vice nostra mandare, committere, praecipere, die auch in den späteren Reskripten stehend sind. Uebrigens findet sich das Institut zu derselben Zeit auch in der weltlichen, vom Kaiser in Italien geübten Gerichtsbarkeit, die Fassung der Delegationsreskripte stimmt mit den kirchlichen vollkommen überein, und es gelten auch die sonstigen Grundsätze, z. B. über die Appellation an den Deleganten, die Subdelegation etc. Vgl. Ficker, Forschungen zur Reichs- u. Rechtsgeschichte Italiens. Innsbruck. 1868. 1, 300 ff. 307. 343. 345. 346. — Van Espen l. c. c. 2. n. 3; J. H. Böhmer, J. E. P. I. 29. §. 6 versetzen die Entstehung des Instituts zu spät in die Zeit Alexanders III.

vertreter desselben in der Wahrnehmung bestimmter ihm zukommender Berechtigungen[1]. Nicht minder haben schon früh die Bischöfe einzelne ihrer Befugnisse durch andere Personen wahrnehmen lassen[2], und die nachmalige bedeutende Stellung der Archidiakonen, welchen im Mittelalter eine iurisdictio ordinaria zugeschrieben wurde, kann ebenfalls nur auf Grund solcher ihnen anfänglich blos zur Ausübung übertragenen Rechte erwachsen sein.

So nahe die Frage nach dem Verhältniss der eben gedachten Thatsachen zu den seit dem 12. Jahrhundert üblich gewordenen Delegationen zu liegen scheint, so hat doch die mittelalterliche Doktrin dieselbe ausser Acht gelassen[3] und ebenso wie die heutige höchstens nur oberflächlich berührt[4], keineswegs aber gründlich besprochen.

Von einer wissenschaftlichen und theoretischen Erfassung der Fälle, in denen früher eine Uebertragung einzelner Befugnisse seitens der ständigen Beamten und Würdenträger vorkam, war in der ersten Zeit des Mittelalters selbstverständlich keine Rede. Gerade aber in demjenigen Jahrhundert, in welchem die päpstlichen Delegationen sich in der gedachten Weise vermehrten, entwickelte sich in Italien die Rechtswissenschaft von neuem und wie es nicht fehlen konnte, dass die Aufmerksamkeit derselben auf jenes Institut hingelenkt wurde, so hat offenbar auch umgekehrt das römische Recht den Päpsten das juristische Fundament für jene Praxis abgegeben[5]. Die spätere Kaiserzeit kannte ja schon Eingriffe in die ordentliche Gerichtsverfassung durch die Bestellung von kaiserlichen Kommissaren für die Untersuchung und Entscheidung einzelner Rechtssachen[6] und im Mittelalter hat man ja ferner die im Corp. iur. civilis dem princeps zugeschriebenen Befugnisse auf den Papst übertragen.

Die weitere Entwicklung der Doktrin[7] hat für die Gewinnung der einzelnen Rechtssätze sich ebenfalls an das römische Recht gehalten und freilich dafür die wesentlich

[1] Wenn es in dem bekannten c. 5 (7) des Koncils von Sardika v. 343 (c. 35. C. II. qu. 6) heisst: . . . „quod si is qui rogat causam suam iterum audiri, deprecatione sua moverit episcopum Romanum, ut de latere suo presbyteros mittat, erit in potestate eius et quid velit et quid aestimet. Et si decreverit mittendos esse qui praesentes cum episcopis iudicent, ut etiam habeant auctoritatem personae illius a quo destinati sunt, erit in eius arbitrio“, so liegt darin schon eine nicht zu verkennende Aehnlichkeit mit dem Institute der hier in Rede stehenden Zeit; weitere Beispiele s. vorläufig bei Phillips 6, 687 ff. Leo I. gebraucht schon in dem Schreiben an seinen Vikar für Illyrien Anastasius von Thessalonich v. 446 (?) c. 1. das Wort delegare („Quoniam sicut praecessores mei praecessoribus tuis ita etiam ego dilectioni tuae priorum secutus exemplum vices mei moderaminis delegavi, ut curam quam universis ecclesiis principaliter ex divina institutione debemus, imitator nostrae mansuetudinis adiuvares et longinquis a nobis provinciis praesentiam quodam modo nostrae visitationis impenderes“ . . . (ed. Baller. 1, 687).

[2] c. 39 (Gregor. I.) C. XI. qu. 1 (wo von dem iudices deputare durch den Bischof die Rede ist).

[3] Das ergiebt der Umstand allein, dass schon in der Dekretalensammlung Bernhards von Pavia, wie auch in den späteren Dekretalensammlungen (Compilatio I. u. II., den Dekretalen Gregors IX. und dem lib. Sextus) die Lehre von den Delegaten und Legaten in zwei besonderen Titeln behandelt wird.

[4] Vgl. Bernhardi Papiens. summa. I. 22. pr.: „Quia officium legati simile est officio delegati, licet dignius et latius“; ähnlich Hostiensis summa aurea u. die Glosse ad tit. de officio legati. Unter den Neueren meint Phillips 6, 753, dass der Name der Legaten freilich eher auf eine Uebereinstimmung mit dem Institut der Delegaten schliessen lasse.

[5] Der um 1100 verfasste s. g. Brachylogus juris civilis (vgl. ed. Böcking p. CXIV ff.; v. Savigny, Gesch. des röm. Rechts. 2. Ausg. 2, 263) hat schon die Grundlage der späteren Theorie IV. 5. §. 6: „Item iurisdictio est alia propria, alia demandata . . . qui propriam iurisdictionem habent, iudices ordinarii dicantur“ . . . §. 7: „Qui autem propriam iurisdictionem habet, demandare eam potest, qui vero solum demandatam habet, eam mandare alii non potest, nisi ei a principe sit demandata: ait enim ius“ (l. 5. C. de judic. III. 1): „Iudex a iudice delegatus iudicis non habet dandi potestatem, nisi ipsi iudiciario munere fungatur“.

[6] Der technische Ausdruck dafür ist delegare s. l. 16. C. Th. de appell. XI. 30; l. 32. §. 3. C. J. eod. VII. 62; v. Bethmann-Hollweg, röm. Civilprocess 2, 112; 3, 181.

[7] Vgl. ausser den Glossatoren und Commentatoren Pillius, ordo iudic. P. 2. §§. 13 ff. (ed. Bergmann p. 35 ff.); Damasus, ordo iudic. tit. 35—43 (ed. Wunderlich p. 79 ff.); Tancredus, P. I. tit. 2 (ed. Bergmann p. 95 ff.).

verschiedenen Institute der iudicis datio, der mandatio iurisdictionis und der schon vorhin erwähnten kaiserlichen delegatio benutzt.

Dass man sich dabei lediglich an die neu auftretende Erscheinung hielt, und die früheren Verhältnisse einer Uebertragung der Jurisdiktion nicht mit in Rücksicht zog, erklärt sich daraus, dass diese letzteren gemäss der mit jeder Beamtenhierarchie von selbst gegebenen Tendenz schon damals einen festeren Charakter gewonnen hatten. So wurden die Archidiakonen schon im Mittelalter als iudices ordinarii betrachtet[1] und die naheliegende Vergleichung der päpstlichen Legaten mit den Delegaten ist deshalb nicht weiter beachtet worden, weil auch für die Legaten, wenngleich sie nur vorübergehend deputirt wurden, sich ein fester Kreis von Amtsbefugnissen entwickelt hatte, welcher mit der Bestellung zum Legaten von selbst gegeben war, und weil ferner die Doktrin dieselben bald den römischen Prokonsuln gleichgestellt hat[2]. Daher legte man ihnen bald eine iurisdictio ordinaria bei[3] und damit waren sie wenigstens äusserlich in einen entschiedenen Gegensatz zu den Delegaten gesetzt. Endlich wurde diese Kluft noch durch die praktische Gestaltung des Instituts der Delegation erweitert. Die Delegationen kamen fast überwiegend in Angelegenheiten der streitigen Gerichtsbarkeit vor[4] und wenn an und für sich der Uebertragung der sonstigen zur iurisdictio im weiteren Sinne gehörigen Befugnisse nichts entgegenstand, so hat doch die Doktrin, wieder durch die vorliegende Entwicklung veranlasst, mehr oder minder ausdrücklich die Delegation auf den gedachten Kreis beschränkt[5].

Gerade auf diesem Gebiete, dem der Rechtspflege im engeren Sinn, hat die Delegation der Päpste für die weitere Ausbildung des kirchlichen Rechts einen hervorragenden Einfluss geäussert, und man kann denselben füglich mit der Bedeutung des prätorischen Edikts für das Gebiet des römischen Rechts in Parallele stellen. Wie der Prätor neu entstandenen Verkehrsbedürfnissen durch Gewährung von rechtlichen Schutzmitteln, de jure freilich nur auf die Dauer seiner Amtsperiode, äussere Anerkennung zu verschaffen befugt war, so haben die Päpste die in ihrer obersten Regierungsgewalt liegende gesetzgebende Macht dazu benutzt, bei der Ertheilung von Delegationen den kommittirten Richtern die Anwendung neuer Rechtsgrundsätze vorzuschreiben und die so zunächst im Einzelnen praktisch erprobten Normen haben dann allmählich auch ausserhalb des Delegationsprozesses allgemeine Anerkennung erhalten. Vorzugsweise ist dies für die Regelung des Verfahrens in streitigen Rechtssachen[6] erfolgt und manche Institute des

[1] S. vorläufig Richter §. 137. n. 5.

[2] Vgl. Hostiensis, summa aurea ad tit. de off. leg. pr.; Durantis speculum. lib. I. p. I. de legato §. 4. n. 36. 37.

[3] S. Hostiensis, Durantis ll. cc.; gesetzlich ist das durch Clemens IV. (1265—1268) anerkannt in c. 2. in VIto de off. leg. I. 15: „Legatos quibus in certis provinciis committitur legationis officium, ut ibidem evellant et dissipent, aedificent atque plantent, provinciarum sibi commissarum ad instar proconsulum ceterorumque praesidum . . . ordinarios reputantes".

[4] Das zeigt ein Einblick in den tit. X. de offic. jud. deleg. I. 29.

[5] So leitet Hostiensis u. die Glossa ordinaria den hier einschlägigen Dekretalentitel mit den Worten ein: „In superiori titulo dictum est de his qui gerunt vicem alterius in officiis divinis seu iurisdictione voluntaria, nunc de his qui in iudiciis seu in iurisdictione contentiosa vices alterius gerunt, dicendum est". Damasus tit. 41. freilich hebt im Gegensatz hierzu hervor, dass auch Handlungen der iurisdictio voluntaria delegirt werden können, und führt als Beispiele die institutio clericorum, die consecratio episcoporum an; für das letztere beruft er sich passender Weise auf c. 10. X. de offic. iud. ord., wo der technische Ausdruck: „vices alicui coepiscoporum committere" vorkommt. Uebrigens kann auch auf c. 43. §. 3 (Gregor. IX.) X. de offic. iud. deleg. I. 29 verwiesen werden: hier wird dem im engeren Sinne gebrauchten Wort iurisdictio das certum ministerium committere gegenübergesetzt. S. auch Phillips 6, 778.

[6] Um genau zu sein, muss noch hinzugesetzt werden zwischen zwei sich gegenüberstehenden Parteien. Man kann m. E. korrekter Weise nicht von einem kanonischen Civilprocess sprechen. Allerdings hat die Kirche im Mittelalter eine Reihe von reinen Civil- oder Privatrechtsstreitigkeiten vor ihr Forum gezogen, aber den wichtigsten

mittelalterlichen und des heutigen gemeinen deutschen Prozesses, so die dem römischen Recht unbekannte Rekusation der Richter [1], die Theorie von den prozesshindernden Einreden im eigentlichen Sinn [2], die Gestaltung des schleunigen Verfahrens [3] verdanken den Delegationsreskripten ihre Entstehung.

III. Die iurisdictio delegata seit dem 15. Jahrhundert. A. Iudices in partibus. Hat somit das Institut für die Entwicklung des kirchlichen Rechts unverkennbare Vortheile gehabt, so hat es doch gleichzeitig der Vergrösserung der päpstlichen Macht gedient und nicht nur Eingriffe in die Rechtspflege des Staates und dessen Kompetenz befördert, sondern auch — ganz abgesehen von der mit ihm verbundenen Erschwerung, Verzögerung und Vertheuerung der Rechtspflege — die Auflösung der regelmässigen kirchlichen Jurisdiktionsverhältnisse herbeigeführt. Erklärlich ist es daher, dass die Reformbestrebungen des 15. Jahrhunderts auch diesen Gegenstand in das Auge fassten und Martin V. in seiner dem Konstanzer Koncil 1418 vorgelegten Reformakte Propositionen machen musste, welche die bisherige Uebung im Interesse der Ordinarien erheblich beschränkten und wörtlich Aufnahme in das deutsche, französische und italienisch-spanische Konkordat gefunden haben [4]. Vorschriften gleicher Tendenz sind auf dem Baseler Koncil (in der 31. Sitzung) beschlossen und in die deutsche pragmatische Sanktion (tit. 26) übergegangen [5]. Ja das Tridentinum hat die Berechtigung

Theil ihrer Kompetenz bildeten die Prozesse, welche über spezifisch kirchliche Gerechtsame (bischöfliche Jurisdiktion, Aemter, Rechte aus zwiespältigen Wahlen, Ehesachen etc.) geführt wurden. Gerade dieser Umstand hat auf die Ausbildung und Verwendung des späteren römischen Verfahrens seitens der Kirche einen erheblichen Einfluss geäussert, worauf ich schon in meiner Schrift: Beiträge zur Lehre von der Eidesdelation mit besonderer Rücksicht auf das kanon. Recht. Berlin. 1860. S. 68 ff. aufmerksam gemacht habe, was aber sonst so gut wie gar nicht (namentlich auch nicht von dem neuesten Schriftsteller, München, das kanon. Gerichtsverfahren und Strafrecht. Bd. 1. Köln u. Neuss. 1865) beachtet worden ist. Das Verfahren lässt sich eher einem staatlichen Prozesse über öffentliche Rechte als einem Civilprocessverfahren vergleichen und insoweit ist das kanonische Recht jedenfalls liberaler als das moderne Staatsrecht vieler deutscher Staaten, in denen über staatsrechtliche Befugnisse nicht im Wege eines geordneten, kontradiktorischen, sondern nur des Beschwerde- und Dekretur-Verfahrens entschieden wird.

1 Der Zusammenhang zeigt sich schon in der Stellung der Lehre bei den Aelteren. Hostiensis summa aurea behandelt die Rekusation nach der Rubrik de officio iudicis delegati.

2 Diese waren ihrem ursprünglichen Begriff nach nur peremptorische Einreden, welche als exceptiones sub- u. obreptionis gegen das Delegationsreskript behufs Darlegung der Nichtigkeit desselben zugelassen wurden. S. H. Rothe, historia exceptionum litis ingressum impedientium ex iure canonico descripta. Diss. inaug. Berolini. 1858; namentlich p. 16 ff. 22.

3 Das für den kanonischen Process seinen Abschluss in der vielgenannten Clem. 2. *Saepe* de Verb. Sign. V. 11. gefunden hat; s. Briegleb, Einleitung in die Theorie der summarischen Prozesse. Leipzig. 1859. S. 16 ff. — Dass die Delegationen auch zur Beseitigung mancher zu Missbräuchen Veranlassung gebender Rechtsvorschriften benutzt wurden, ergiebt das zahlreiche Vorkommen des Ausschlusses der Appellation durch die clausula appellatione remota, wodurch die weitgehende Zulässigkeit der Appellation wenigstens theilweise unschädlich gemacht wurde. S. hierzu Planck, die Lehre vom Beweisurtheil. S. 131.

4 Hübler, die Konstanzer Reformation. S. 90. 292; der fast wörtlich gleiche Text der betreffenden Urkunden (a. a. O. S. 138. 183. 203.) lautet in der Reformakte: „Causae quae ad forum ecclesiasticum de iure vel consuetudine non pertinent, per curiam Romanam non recipiantur de illis cognoscendo in curia vel extra committendo nisi de consensu partium. quae vero ad forum ecclesiasticum, ut praemittitur, pertinent et de iure sunt per appellationem aut alias ad Romanam curiam devolutae ac de sua natura in illa tractandae, tractentur in ea. ceterae committantur in partibus, nisi forte pro causae aut personarum qualitate illas tractare in curia expediret pro iustitia consequenda vel de partium consensu in curia tractarentur. matrimoniales tamen causae in prima instantia praeter appellationem non committantur in curia nisi in casibus proxime dictis“. Danach sollen also vor das weltliche Forum gehörige Streitsachen nur mit Einwilligung der Parteien vor die Kurie gebracht werden können; geistliche vor die Kurie gebrachte Rechtssachen dürfen in Rom nur erledigt werden, wenn sie gesetzlich unmittelbar von der Kurie ressortiren oder eine Justizverweigerung oder der Konsens der Parteien dazu berechtigt, sonst müssen sie im Lande vor delegirten Richtern entschieden werden. Ehesachen endlich können in Rom nur auf dem Wege des Instanzenzuges oder unmittelbar in Folge von Justizweigerung oder Parteien-Konsens zur Verhandlung gelangen.

5 „synodus . . . decernit, quod in partibus ultra IV. diaetas a Romana curia distantibus omnes

der Reformbestrebungen in diesem Punkt dadurch anerkannt, dass es in Anschluss an die Festsetzungen der erwähnten Koncilien erstens die Verhandlungen aller kirchlichen Rechtssachen in erster Instanz vor die Ordinarien verwies [1], und zweitens bestimmte, dass die noch nach Rom zur Entscheidung gelangenden Sachen nicht dort, sondern an Ort und Stelle durch eigene, von den Provinzial- oder Diöcesan-Synoden zu bezeichnende iudices in partibus, denen der Papst für den einzelnen Fall die Jurisdiktion zu delegiren habe, verhandelt und entschieden werden sollten [2]. So wurde dem Institut der Delegation gerade für das Gebiet, auf welchem es vorzüglich seine Wirksamkeit geäussert und auf welchem diese vor Allem während des Mittelalters in die Augen getreten war, auch gesetzlich seine Bedeutsamkeit genommen. Allerdings war diese thatsächlich schon mit den Bestrebungen der Staatsgewalt auf Beschränkung der Kompetenz der geistlichen Gerichte immer mehr und mehr beseitigt worden. Dagegen erhielt die Delegation durch dasselbe Koncil nach einer andern Seite hin, nämlich für die Ausübung der Regierung im eigentlichen Sinn eine ausgedehntere Verwendung, und damit freilich in einer Beziehung zugleich eine Modifikation ihres Charakters, die den scharfen Gegensatz gegen die iurisdictio ordinaria abschwächen musste.

B. Die Bischöfe tamquam und etiam tamquam sedis apostolicae delegati [3]. Auf dem Koncil von Trient sah man sich genöthigt, die Beeinträchtigungen der bischöflichen Gewalt, welche durch die an viele Klöster und kirchliche Institute ertheilten Exemtionsprivilegien und auf andere Weise entstanden waren, zur Verhinderung der daraus hervorgehenden Konflikte zu beseitigen, andererseits war man aber nicht gewillt, principiell den Päpsten alle bis dahin geübten derartigen Rechte [4] abzusprechen, und auf diese Weise die ordentliche Gewalt der Bischöfe erheblich zu verstärken [5]. Schon früher hatten die Päpste für solche unmittelbar ihrer Jurisdiktion unterstehenden Institute und unmittelbar ihrer Kognition unterworfenen Angelegenheiten in manchen Fällen ihre Befugnisse an die Bischöfe ein für alle Mal delegirt [6], und das Koncil von Trient benutzte diese Vorgänge als Mittel, jene oben gedachten, widerstreitenden Interessen auszusöhnen, indem es den Bischöfen eine Reihe von Befugnissen beilegte, ihnen dieselben aber nur als ein für alle Mal gesetzlich ernannten päpstlichen Delegaten zugestand [7]. Da diese

quecumque causae exceptis maioribus in iure expresse enumeratis et electionum ecclesiarum cathedralium et monasteriorum quas immediata subiectio ad sedem apostolicam devolvit, apud illos iudices in partibus qui de iure aut consuetudine prescripta vel privilegio cognicionem habent, terminentur et finiantur" (Gaertner, corp. iur. eccl. 1, 56).

[1] Sess. XXIV. c. 20. de ref.

[2] Sess. XXV. c. 10. de ref. Das nähere über diese iudices in partibus oder synodales unten in der Lehre von der Gerichtsbarkeit.

[3] C. F. Mache, de delegata episcoporum iurisdictione. diss. inaug. Vratislaviae. 1859, welcher aber mehr von der Delegation im allgemeinen, als von dem hier in Rede stehenden besonderen Fall handelt.

[4] In einzelnen Beziehungen ist dies allerdings geschehen und es sind auch manche Exemtionsprivilegien aufgehoben worden, s. z. B. Sess. XXIII. c. 15. de reform.; Sess. XXIV. c. 4. de ref.; vgl. auch Schulte, Syst. 2, 296.

[5] S. v. Wessenberg, die grossen Kirchenversammlungen etc. 4, 10 ff.

[6] c. 9. X. (Luc. III.) de haer. V. 7 (Uebertragung der Befugniss an die Bischöfe „tamquam a sede apostolica delegati" in Häresie-Fällen gegen Exemte zu verfahren); c. 13. X. (Innoc. III.) de off. iud. ordin. I. 31 (Bestellung des Erzbischofs zum Delegaten behufs Correktion der Canoniker eines Suffraganbischofs, über welche derselbe als Erzbischof keine iurisdictio ordinaria hat; s. Gonzalez Tellez zu diesem Kap. §. 1. n. 3 ff.); c. 12. X. (Innoc. III.) eod. tit. (Correktion von Regularen und Weltgeistlichen durch den Bischof von Paris); Clem. un. de suppl. neglig. I. 5 (die Bischöfe sollen die Benefizien vergeben, welche die kompetenten exemten Regularprälaten rechtzeitig wieder zu besetzen unterlassen); s. ferner Clem. 2. de statu monachor. III. 10; Clem. 2. de relig. domibus. III. 11. Vgl. auch Phillips 6, 804.

[7] Mit Rücksicht auf die in der vorigen Note und die im Tridentinum erwähnten Fälle theilte die Doktrin die delegatio ein in eine delegatio a jure (oder a lege oder canone) und in eine delegatio ab homine. Barbosa de officio et potest. episcopi P. III. alleg. 92. n. 2; Ferraris

Berechtigungen somit dauernd und kraft Gesetzes den Bischöfen beigelegt waren, so nahm eine Reihe von Kanonisten an, dass diese Befugnisse ebenfalls zur iurisdictio ordinaria gehören. Freilich hat sich dagegen vielfacher Widerspruch erhoben und in der That ist dieser vollkommen berechtigt[1], da schon durch die vom Tridentinum gewählte Bezeichnung der Gegensatz gegen die dem Bischof kraft seines Amtes von selbst zustehende Regierungsgewalt hat angedeutet werden sollen, und wenngleich freilich diese Art der delegirten Jurisdiktion eine gewisse Aehnlichkeit mit der ordentlichen besitzt, doch immerhin praktische Verschiedenheiten bestehen, so z. B. die, dass die durch das Tridentinum delegirten Befugnisse, nicht wie die aus der iurisdictio ordinaria herfliessenden, während der Sedisvakanz auf das Domkapitel übergehen und dass gegen die Verfügungen des als delegatus handelnden Bischofs die Appellation an den Papst, nicht an den Erzbischof zu richten ist[2].

Ausser den eben besprochenen Fällen, in denen das Tridentinum die Bischöfe »tanquam sedis apostolicae delegati« vorzugehen berechtigt, legt es ihnen aber ferner gewisse Befugnisse bei, indem es sie zur Ausübung derselben als »etiam tamquam sedis apostolicae delegati« oder durch das gleichbedeutende »etiam auctoritate apostolica« ermächtigt[3]. Die Doktrin nimmt fast einstimmig an, dass dadurch dem Bischof zu seiner potestas ordinaria noch die delegirte Gewalt gegeben sei, er mithin bei der Ausübung der betreffenden Befugnisse sich nach seiner Wahl als Bischof oder als päpstlicher

s. v. delegare n. 5; Bouix l. c. §. 5. punct. 1 (p. 534). Die Stellen des Tridentinum, in denen eine solche Bestellung der Bischöfe zu päpstlichen Delegaten erwähnt wird, sind: Sess. VI. de reform. c. 2 (Fürsorge für geeignete Vikare und genügende Congrua derselben bei von der Residenzpflicht durch päpstliches Privileg dispensirten Amtsträgern); c. 3. l. c. u. Sess. XIV. c. 4. de ref. Correktionsgewalt über die selbst mit Privilegien versehenen Säkular-Kleriker ausserhalb der Visitation); Sess. VII. de ref. c. 6 (Prüfung der seit 40 Jahren vorgenommenen Unionen und Befugniss zur Nullitätserklärung bei Feststellung der Ob- u. Subreption); c. 8 (Visitation der exemten Kirchen behufs Fürsorge für die ordentliche Wahrnehmung der Seelsorge und bauliche Unterhaltung); c. 14 (Gerichtsbarkeit über die eximirten Geistlichen in Werke der Barmherzigkeit und personae miserabiles betreffenden Rechtssachen, vgl. hierzu Const. Pauls V. v. 24. August 1607. M. Bull. 3, 262); Sess. XIII. c. 5. de ref. (Prüfung der vom Papst erlangten Absolutionen von öffentlichen Vergehen und der päpstlichen Straferlasse); Sess. XXII. de ref. c. 5. 6 (Untersuchung über die Sub- und Obreption der in forma gratiosa ertheilten Dispensationen, und der vom päpstlichen Stuhl vorgenommenen Umwandlungen letztwilliger Bestimmungen); Sess. XXIV. de ref. c. 11 (Fortdauer der bischöflichen Jurisdiktion als delegirter bei bestimmten Exemtionen); c 14 (Untersuchung über die Erschleichung solcher Privilegien, welche für die Erlangung von Pfründen die Entrichtung von Abgaben zu andern als frommen Zwecken vorschreiben); Sess. XXV. de ref. c. 9 (Prüfung der innerhalb 40 Jahren entstandenen, aber nicht hinlänglich begründeten Patronatrechte); — in Betreff der Regularen Sess. V. c. 2. de ref. (Einschreiten gegen Exemte wegen nicht gehöriger Wahrnehmung des Predigtamtes); Sess. VI. de ref. c. 3 (Strafgewalt über die ausserhalb ihrer Klöster Verbrechen begehenden Regularen); Sess. XXIV. de ref. c. 9 (Visitation der in einem territorium nullius dioeceseos befindlichen Säkularkirchen); Sess. XXV. de regular. c. 9 (Leitung der exemten Nonnenklöster, wohin auch die Ueberwachung der Klausur der Nonnen nach c. un. in VI[to] de stat. regul. III. 16. u. Trid. l. c. c. 5. gehört).

[1] Ueber diese Kontroverse vgl. z. B. Barbosa l. c.; Reiffenstuel I. 29. n. 35 ff. Die citirten haben ebenso wie die Neueren (s. auch Mache l. c. S. 12. 13) die hier vertretene Ansicht, die auch die communis opinio ist.

[2] Schmier lib. I. tr. 5. c. 7. n. 34 ff.; Ferraris l. c. n. 62—64; Phillips, Lehrbuch. S. 417. n. 21.

[3] S. Sess. VI. de ref. c. 4 (Visitation der selbst eximirten Capitel); Sess. XXI. de ref. c. 3 (Schaffung eines Fonds für die Distributionen in den Dom- und Kollegiatkapiteln, s. auch Sess. XXII. de ref. c. 3); c. 4 (Befugniss die Pfarrer zur Annahme von Koadjutoren zu zwingen und Pfarreien zu dismembriren); c. 5 (Vornahme von Unionen selbst der reservirten Benefizien); c. 7 (Translation der Benefizien verfallender Kirchen auf andere); c. 8 (Visitation der kommendirten Klöster u. Benefizien); Sess. XXII. de observ. et evit. (Befugnisse wegen Ueberwachung der ordnungsmässigen und würdigen Verwaltung der Messe); c. 8 (Exekution aller Anordnungen inter vivos u. mortuos zu frommen Zwecken und Visitation der Hospitäler und ähnlicher Anstalten); c. 10 (Prüfung der selbst vom Papst ernannten Notarien und Befugniss zur Entziehung des Notariates); Sess. XXV. de ref. c. 14 (Verhängung der Suspension und weiterer Strafen gegen die clerici concubinarii).

Delegat geriren könne[1]. Für den Fall, dass der Bischof bei seiner Handlung sich in dieser Beziehung nicht erklärt hat, greift man zu Präsumtionen, und während eine Partei davon ausgeht, dass für die Regel, also für die Vornahme kraft der iurisdictio ordinaria, zu vermuthen sei[2], vertheidigt die andere die umgekehrte Meinung, weil der Bischof offenbar von der erhabeneren und hervorragenderen Gewalt habe Gebrauch machen wollen[3]. Ganz abgesehen davon, dass das Tridentinum, wenn es jene Klausel in dem Sinne der communis opinio gebraucht hätte, auch diesen zu einer Kontroverse gewordenen Punkt kaum ausser Acht gelassen haben dürfte, verstösst diese Auffassung zunächst gegen die Begriffe der iurisdictio ordinaria und delegata, denn die Uebertragung von Befugnissen, die Jemandem schon kraft eigenen Rechtes zustehen, kann juristisch keine Bedeutung und Wirksamkeit haben. Weiter müsste man annehmen, dass das Tridentinum eine Herabsetzung der iurisdictio ordinaria der Bischöfe beabsichtigt hätte, da eine solche entschieden in der für nöthig erachteten, besonderen Delegation von sich nach ius commune von selbst verstehenden Rechten liegt, und es würde bei der Stellung eines Theils der Bischöfe auf dem Koncil die Unterlassung jeglichen Widerspruchs[4] gegen die Klausel unerklärlich sein. Schliesslich führt die Uebertragung einer Wahl an den Bischof in einer Reihe von Fällen dazu, dass es in sein Belieben gestellt wird, ob er sich an die Vorschriften des gemeinen Rechts halten, und die dadurch festgesetzten Rechte anderer Personen achten will oder nicht[5], also zu einem so bedenklichen Resultat, dass dasselbe die schon entwickelten Zweifel gegen die Richtigkeit jener Auslegung in hohem Masse vermehren muss.

Alle diese Schwierigkeiten werden einfach durch folgende Erwägung beseitigt. Vergleicht man die Stellen des Tridentinums, in denen die Bischöfe schlechthin als tamquam sedis apostolicae delegati ermächtigt werden, mit denen, in welchen ihre Rechte durch die Klausel: etiam tamquam sed. apost. del. eine Erweiterung erhalten, so ergiebt sich, dass es sich in den ersten nur um Befugnisse, welche ihnen kraft der iurisdictio ordinaria n i c h t zustehen, in den letzteren aber um solche handelt, welche von ihnen je nach Umständen (je nachdem ein nicht exemtes oder ein exemtes Domkapitel oder Kloster u. s. w. in Frage steht) schon iure ordinario oder nur iure delegati ausgeübt werden können. Die S. 176. n. 6 citirten Dekretalen drücken in denjenigen Fällen, wo sie den Bischöfen Befugnisse der eben erwähnten Art einräumen, dies dahin aus: »in non exemptis sua, in exemptis apostolica auctoritate«, — »exempta videlicet, apostolica, non exemta ordinaria auctoritate« — non exemptos propria, exemptos vero et alios apostolica auctoritate«[6], beachten also vollkommen korrekter Weise den Unterschied zwischen iurisdictio ordinaria und delegata und stellen nicht durch eine Kumulation beider Gewalten[7] die juristischen Begriffe auf den Kopf. Dass das Tridentinum[8]

[1] **Barbosa** l. c. n. 12 ff.; **Reiffenstuel** l. c. n. 37. 38; **Ferraris** l. c. n. 68. 69; **Bouix** l. c. p. 535; **Phillips** 6, 810.

[2] S. die Anführungen bei **Barbosa** l. c. n. 14.

[3] **Reiffenstuel**, **Bouix**, **Phillips** a. a. O.; **Engel** I. 29. n. 5; **Rosshirt**, kan. Recht. S. 346; **Mache**, l. c. p. 23.

[4] Ein solcher ist aber nicht erfolgt, ja, soweit ich aus dem zugänglichen Material ersehe, ist über die verschiedene Fassung der Klauseln nicht das Mindeste verhandelt worden.

[5] So z. B. bei den Dismembrationen. Hier nimmt man vielfach an, dass wenn der Bischof iure ordinario Pfarreien abzweigt, Konkurrenz des Kapitels erforderlich ist, nicht aber, wenn er als sedis apostolicae delegatus handelt. S. z. B. die Anführungen bei **Fagnan**. ad c. 3. X. eccles. aedif. III. 48; **Schulte**, System 2, 315. n. 1.

[6] Clem. un. I. 5; Clem. 2. III. 10; Clem. 2. III. 11. cit.

[7] Wenn **Thomassin** l. c. P. I. lib. I. c. 60. n. 2. das Vorkommen einer solchen schon unter Zosimus und Bonifacius behauptet, so ist das aus den mitgetheilten Dekretalen dieser Päpste nicht herzuleiten.

[8] Ich will allerdings nicht unterlassen darauf hinzuweisen, dass die Fakultäten für die deutschen Bischöfe ihnen die Dispensation in einem Fall

das habe thun wollen, lässt sich sicher nicht annehmen und so kann die Klausel: etiam tamquam sedis apostolicae delegati nur als eine kürzere Ausdrucksweise für die längere der Dekretalen betrachtet und nur dahin: »wo nöthig (wo die iurisdictio ordinaria nicht ausreicht), als päpstliche Delegaten« interpretirt werden [1].

C. Die päpstlichen Conservatoren. Schon für das dreizehnte Jahrhundert ist die Sitte bezeugt, dass von den Päpsten einzelnen Personen, milden Anstalten, frommen Instituten und Universitäten, vor Allem aber den Mönchsorden behufs des Schutzes ihrer Gerechtsame besondere Kommissarien, s. g. conservatores, bestellt wurden [2]. Obwohl das Institut heute, soviel mir bekannt, in Deutschland nicht mehr von praktischer Bedeutung ist [3], mag es erlaubt sein auf dasselbe, soweit es auf die Regularen angewendet worden, näher einzugehen, da es für die Entwicklungsgeschichte der päpstlichen Delegationen gleichfalls nicht unwichtig gewesen ist [4]. Die Befugnisse der Conservatoren werden dahin angegeben, dass sie die Korporationen und Personen, für welche sie bestellt sind, gegen offenbares Unrecht und offenbare Gewaltthätigkeiten schützen sollen, dagegen nicht berechtigt sind, Sachen, welche eine weitere gerichtliche Untersuchung erfordern, an sich zu ziehen [5]. Für die Regel können daher die Regularen nur als Beklagte vor und von den Conservatoren Schutz verlangen, und nur insoweit sind letztere innerhalb des Bezirks oder der Diöcese, für welche sie deputirt sind, kompetent [6]; ausnahmsweise dürfen sie jedoch auch Klagen der Regularen annehmen, dann nämlich, wenn diese die Beseitigung von Verletzungen des oben gedachten Charakters bezwecken [7]. Endlich sind sie befugt, ihren Anordnungen durch Censuren selbst gegen Bischöfe Nachdruck zu verschaffen [8].

Nach der Auffassung des liber Sextus sind die Conservatoren eine Art päpstlicher Delegaten; nicht nur finden sich die entsprechenden Dekretalen in dem Titel de officio iudicis delegati, sondern es werden auch gewisse andere, für die Delegation geltenden Grundsätze für sie als massgebend erklärt, wie z. B. dass zu ihnen nur solche Personen genommen werden sollen, die überhaupt päpstliche Delegaten sein können [9], dass ihre

überweisen, wo diese ihnen schon nach dem Tridentinum iure ordinario zusteht. S. darüber oben S. 56. n. 8. Die Möglichkeit einer Kumulation der iurisdictio ordinaria und delegata lässt sich aber daraus allgemein nicht darthun.

[1] Dafür spricht auch, dass sich Sess. XXII. de ref. c. 8. cit. augenscheinlich auf Clem. 2. III. 11. bezieht.

[2] c. 1 (Innoc. IV.) in VIto de off. iud. deleg. I. 14.

[3] Phillips 6, 797 ff. behandelt es anscheinend als praktisch, giebt aber für Deutschland keine speziellen Nachweisungen.

[4] Vgl. übrigens über die Conservatoren ausser Phillips a. a. O. Barbosa l. c. P. III. alleg. 106; Reiffenstuel I. 29. n. 171 ff.; Schmalzgrueber I. 29. n. 51; Schmier lib. I. tr. 5. c. 7. n. 155 ff.; Benedict. XIV. de syn. dioec. IV. 6; Ferraris s. v. conservatores, wo ein mir nicht zugänglicher tractatus de conservatoribus des Jesuiten Petr. Maria Forti von 1743 angeführt wird.

[5] Ausser c. 1. cit. vgl. auch c. 15 (Bonif. VIII.) eod. cit.

[6] Const. Gregors XV: Sanctissimus in Christo v. 20. September 1621. §. 9 (M. Bullar. 3, 440), deren Verfasser Fagnanus gewesen ist; s. dessen Commentar zu c. 5. X. de foro compet. II. 2. n. 36 ff.

[7] Also Wiedereinsetzung in Güter, aus denen sie dejicirt sind. Entsch. der C. Conc. v. 1621 bei Ferraris l. c. art. II. n. 2. u. M. Bull. 3, 441. Die Vorschrift der c. 1. u. 15. cit., dass sie ihre Gewalt bei den dort angedrohten Strafen (s. auch die Constitution Gregors XV. §. 11) nicht ausdehnen sollen „ad alia quae judicialem indaginem exigunt", schliesst ihre Befugniss nicht aus darüber eine Untersuchung anzustellen, ob die behauptete iniuria oder violentia eine offenbare oder notorische ist. Barbosa l. c. n. 20; Fagnan. l. c. n. 14; Ferraris l. c. art. II. n. 7. Freilich kommen auch Privilegien vor, welche den Conservatoren weitergehende Befugnisse gewähren, vgl. z. B. die facultates iudicum conservatorum quarumcumque litium Congregationis Cassinensis, alias S. Justinae de Padua Monachorum ord. S. Benedicti von Eugen IV. a. 1436 (M. Bull. 1, 327). S. ferner Barbosa l. c. n. 7.

[8] c. 2 (Alex. IV.) in VIto tit. cit.; Barbosa l. c. n. 37; Ferraris l. c. n. 15.

[9] D. h. Bischöfe und Geistliche höheren Ranges (Erzbischöfe, Patriarchen, Kardinäle), Aebte, Inhaber von Dignitäten und Personaten an Kathedral- und Kollegiatkirchen, Kanoniker der Dom-,

Befugnisse hinsichtlich der nicht bereits zur Verhandlung gezogenen Geschäfte mit dem Tode des Konstituenten erlöschen[1], und dass betreffs ihrer Notarien, Assessoren, der vorzuladenden Zeugen dieselben Regeln, wie für andere Delegaten zur Anwendung kommen[2]. Dieser gesetzlichen Qualifikation der Conservatoren hat sich die Doktrin mit vollem Recht angeschlossen[3], denn es werden in solchen Fällen durch besonderen Auftrag des Papstes Befugnisse auf Personen übertragen, welche dieselben kraft ihres sonstigen Amtes nicht besitzen.

Das Tridentinum hat die Stellung der Conservatoren der Regularen nicht berührt[4], dagegen hat aber Gregor XV. in der schon angeführten Konstitution: Sanctissimus den Regularen unter Aufhebung aller früheren Privilegien[5] die Wahl von Conservatoren und zwar nicht für den ganzen Orden, sondern für die einzelnen Diöcesen, in welchen sie Klöster besitzen, gestattet[6], zugleich aber angeordnet, dass die Conservatoren aus den Synodalrichtern, sofern diese die im Sextus vorgeschriebenen Eigenschaften besitzen, genommen werden sollen[7]. Einer besonderen päpstlichen Ermächtigung bedarf es nach der erwähnten Konstitution für den Gewählten nicht mehr, es genügt vielmehr die Einreichung des Dokumentes über die Wahl bei der Kurie des Bischofs, in dessen Diöcese der Conservator fungiren soll[8]. Durch diese Bestimmung ist die Stellung der Conservatoren eine wesentlich andere geworden[9]; denn zwischen einem solchen Beamten, welcher einen ein für alle Mal fest abgegränzten Kreis von Befugnissen (s. oben) besitzt, und mit dessen beliebiger Bestallung sofort die Amtssphäre geschaffen ist, und einem nur für einen einzelnen Fall vom Papst ernannten Delegaten besteht ein ähnlicher Unterschied, wie zwischen dem letzteren und dem päpstlichen Legaten. Wenn schon das Dekretalenrecht letzteren die Qualität als iudices ordinarii beigelegt hat, so haben einzelne Kanonisten offenbar mit demselben Recht die Conservatoren der neueren Zeit ebenfalls zu dieser Klasse der kirchlichen Amtsträger rechnen können[10]. Unter allen Umständen ergiebt aber die eben gedachte Entwicklung wieder einen Beweis für den schon oben hervorgehobenen Umstand, dass im Laufe der Zeit die Tendenz sich immer mehr geltend gemacht hat, die beliebige, nur vorübergehende Bevollmächtigung

nicht der Kollegiat-Kapitel. S. c. 15. cit.; c. 11 (Bonif. VIII.) in VI^to de rescr. I. 3; Const. Gregorii XV. §. 2. S. Barbosa n. 6. 12 ff.; Ferraris art. I. n. 6 ff.

1 S. c. 15. cit. Dieser Grundsatz gilt, wie hier vorweg bemerkt werden mag, allgemein für den iudex delegatus s. c. 19. 20. X. de off. iud. del. I. 29.

2 c. 15. cit. u. c. 11. §§. 4 ff. cit. I. 3.

3 Durantis spec. iud. lib. I. part. 1. §. 8. n. 24 ff.; Barbosa n. 1; Ferraris art. I. n. 1; Schmier l. c. n. 168; Phillips a. a. O.

4 Sess. XIV. de ref. c. 5. nimmt ausdrücklich die loca regularia aus. S. Ferraris l. c. art. I. n. 29. Ungenau Phillips 6, 768, der sich auf das nicht passende c. 10. de ref. Sess. XXV. beruft.

5 §. 1. — Ueber einen Streit zwischen den Jesuiten, welche früher sehr weit gehende Privilegien durch Pius V. und Gregor XIII. (s. M. Bull. 2, 387) erhalten hatten, und den Bischof Johann de Palafox von Puebla de los Angelos in Mexiko, der zu der Bulle Innocenz' X.: Cum sicut vom 16. April 1648 Veranlassung gegeben hat, vgl. Fagnan. ad c. 11. X. de off. iud. deleg. I. 29. n. 40. u. Phillips 6. 799 ff. Aus Anlass eines andern Streites ist die Constitution Clemens' XIII. Cum omnium quidem v. 1762 (auch bei Ferraris l. c. n. 31) ergangen. S. Phillips 6, 802 ff.

6 §§. 5. 6; Ferraris l. c. n. 17.

7 §§. 2. 5; Ferraris l. c. n. 21. Uebrigens ist das schon früher durch die Constit. Clemens' VIII. v. 19. März 1592 (M. Bullar. 3, 3) bestimmt worden.

8 §. 7; Ferraris l. c. n. 20.

9 So gilt auch der Grundsatz nicht mehr, dass das Amt des Conservators mit dem Tode des Bestellers erlischt. Barbosa l. c. n. 51. Die Vorschrift des Tridentinum a. a. O., wonach die Vollmacht mit dem Ablauf von 5 Jahren aufhört, findet auf die Conservatoren der Regularen keine Anwendung; die letzteren können allerdings nach Ablauf dieser Frist ohne weiteres — vorher nur wenn ein genügender Grund zur Entfernung des Conservators vorliegt — einen Andern wählen (Const. Gregors XV. §. 8), thun sie das aber nicht, so dauert das Amt des einmal Bestellten fort, ohne dass es einer neuen Bestätigung bedarf.

10 So schon Schmier unter Berufung auf Passerini comm. in VI^to (Romae 1667) ad c. 15. cit. n. 70. Im Uebrigen s. S. 184.

zur Wahrnehmung kirchlicher Befugnisse einzuschränken und statt dessen so viel wie möglich fest begränzte Amtskreise zu schaffen.

IV. Die iurisdictio vicaria oder mandata. Im Vorstehenden sind die Fälle bezeichnet, wo die Quellen selbst von einer Delegation sprechen. Neben der Bezeichnung iurisdictio delegata kommt aber auch der Ausdruck iurisdictio vicaria oder iurisdictio mandata vor und da viel über das Verhältniss dieses Begriffes zu dem der iurisdictio delegata gestritten worden ist, so muss darauf ebenfalls näher eingegangen werden [1]. Während man in der neueren Literatur diesen Punkt kaum berührt findet [2], hatte die Theorie der früheren Zeit folgendes Resultat fixirt. Die iurisdictio mandata wurde als die Uebertragung der gesammten Jemandem zustehenden Jurisdiktion oder wenigstens derselben in Bezug auf eine ganze Kategorie von Sachen definirt [3]; der Unterschied gegen die iurisdictio delegata wurde darin gefunden, dass bei dieser nur die Uebertragung in Bezug auf eine bestimmte Angelegenheit vorliegen sollte [4]. Als Inhaber der iurisdictio vicaria endlich galt derjenige, welcher »gerit vices ordinarii in eodem loco ac tribunali in quo consuevit ordinarius sedere« [5]. Dass letztere Definition lediglich dem General-Vikar angepasst ist, und die Unterscheidung zwischen der iurisdictio delegata und mandata, welche römische Begriffe von den sie voraussetzenden Verfassungs- und Gerichtseinrichtungen loslöst, ebenfalls unbefriedigt lässt, liegt auf der Hand [6].

In der That hat die eben erwähnte Unterscheidung keinen quellenmässigen Anhalt. Delegare und mandare (auch demandare) werden in den Dekretalen [7] und ebenso in der mittelalterlichen Prozessliteratur [8] identisch gebraucht. Erst später hat man die iurisdictio mandata als eine besondere Art der übertragenen Regierungsgewalt aufgefasst. Freilich findet sich der Ausgangspunkt dazu ebenfalls schon in der Literatur des 13. Jahrhunderts, nämlich in den Ausführungen zum Dekretalentitel de officio vicarii (X. I. 28). Man definirte den vicarius als denjenigen, »qui vices alterius gerit sive in officio non

[1] Das ist um so nöthiger, als durch eine solche Erörterung die vielfach ventilirte Streitfrage über die iurisdictio des bischöflichen Generalvikars allein gelöst werden kann; wie verschieden die Ansichten sind, ergiebt folgende kleine Blumenlese der verschiedenen Meinungen. Devoti inst. lib. I. tit. 3. s. 9. §. 78. n. 1. legt dem General-Vikar zuerst eine iurisdictio delegata, nachher eine delegata vel mandata bei; Phillips, Lehrbuch. S. 438 eine vicaria und mandata; Schulte, Syst. 2, 273 eine vicaria et delegata; ebenso Ginzel 1, 280, der aber, um die Konfusion noch zu steigern, hinzufügt, dass der General-Vikar nicht als blosser delegatus, sondern als Inhaber einer iurisdictio ordinaria angesehen wird.

[2] Selbst Phillips 2, 146 fertigt die Sache mit den Worten ab, dass es überflüssig erscheine, einen besonderen Unterschied zwischen iurisdictio delegata und mandata zu ziehen.

[3] Anklänge davon finden sich schon früh, so bei Pillius ord. judic. P. 2. §. 14 (ed. Bergmann p. 36) und in der Glosse zu l. 1. §. 1. D. de off. eius cui mand. I. 21. s. v. qui mandatam: „Mandata et delegata iurisdictio idem est vel dic mandari quando universitas causarum, sed delegari quando species una committitur, . . . unum tamen quandoque pro alia ponitur". Vgl. ferner Engel I. 31. n. 2. hier Berufung auf l. 16. D. de iurisd. II. 1: „Solet praetor iurisdictionem mandare et aut omnem mandat aut speciem unam" . . . Die iurisdictio mandata wurde dann auch als iurisdictio delegata im weiteren Sinne bezeichnet. S. Schmier lib. I. tr. 5. c. 7. n. 17; auch Bouix a. a. O. S. 530.

[4] Engel, Schmier, Bouix ll. cc., München, kanon. Gerichtsverf. 1, 17 ff. Hierfür werden denn hauptsächlich Stellen aus dem corp. iur. civ. citirt, die von der iudicis datio handeln.

[5] Reiffenstuel I. 28. n. 17; I. 29. n. 28; Bouix l. c. S. 534. Der Delegat soll sich vom Vikar folgendermassen unterscheiden: „Quando autem ordinarius committit alicui vices suas seu universitatem causarum exercendarum in alio loco, ut puta in aliquo castro sui territorii, non diceretur vicarius, sed delegatus".

[6] Praktisch wird übrigens auch die Gränze zwischen universitas causarum und una species oft schwer zu ziehen sein.

[7] z. B. c. 19. 25 X. de off. iud. deleg. I. 29; c. 12 in VIto eod. tit. I. 14.

[8] Pillius, ordo iudic. P. II. §. 12 (ed. cit. p. 34). Wenn auch bei den späteren (z. B. Tancred, Durantis) die Zusammenstellung: iurisd. mandata (demandata) vel delegata nicht vorkommt, so hat doch die Prozess-Doktrin gerade Stellen aus dem Corpus iur. civ. über die iurisdictio mandata zum Ausbau der Lehre benutzt und der Begriff der

contentioso sive in contentioso«[1], und rechnete[2] hierher vor Allem die officiales der Bischöfe[3], welche schon in jener Zeit eine besondere Bedeutung gewonnen hatten. Diese wurden von den Bischöfen ernannt, um die ausgedehnten Befugnisse der Archidiakonen einzuschränken, und theils in den Archidiakonatssprengeln letzteren an die Seite gesetzt (s. g. officiales forculi), theils hatten sie (als s. g. officiales principales, vicarii generales in spiritualibus) statt und des Namens des Bischofs am Sitze desselben dessen Jurisdiktion auszuüben[4]. Dass von den Aussprüchen der letzteren, aus welchen die noch heute vorkommenden Generalvikare entstanden sind, nicht an den Bischof, sondern an den vorgesetzten höheren Beamten, den Erzbischof, appellirt werden kann, ist schon in derselben Zeit gesetzlich festgestellt worden[5], und damit war ein in die Augen fallender Unterschied von der Delegation, bei welcher der Delegirende für die Regel gewissermassen eine neue Instanz aus sich selbst heraussetzt, bei welcher also von dem Delegaten an den Deleganten appellirt wird[6], geschaffen. Die nothwendige Abhängigkeit, in welcher der General-Vikar von dem Bischof gesetzt werden musste, — um die Usurpation einer ähnlichen Stellung wie sie die Archidiakonen im Mittelalter gehabt hatten —, hat auch weiter den Rechtssatz hervorgerufen, dass die Jurisdiktion des General-Vikars mit dem Tode des Bischofs, welcher ihn bestellt hat, sofort erlischt[7], während der Delegat, wenn er die Ladung an die Parteien erlassen hat, seine Jurisdiction durch den Tod des Delegaten nicht verliert[8]. Die Stellung, welche der General-Vikar eingenommen hatte, passte nach den eben gemachten Anführungen nicht nur auf den oben angegebenen Begriff der iurisdictio mandata, sondern man war auch sogar berechtigt, gewisse Unterschiede derselben für den in Rede stehenden Fall von der Delegation hinzustellen. Abgesehen von diesem Falle schwebt aber die ganze Eintheilung in dem oben erwähnten Sinne in der Luft, da auch da, wo eine Kategorie von Sachen übertragen wird, nicht immer von einer mandata iurisdictio die Rede ist. Denn gewisse Klassen der sonst vorkommenden Vikare können ebenfalls nicht als Inhaber der mandata iurisdictio betrachtet werden. Der Papst hat die Befugniss Vikare zu ernennen, einmal für solche Gegenden, welche, wie die Missionsländer, eines eigenen Bischofs entbehren, dann wenn der Bischof durch Alter, Krankheit etc. an der Leitung seiner Diöcese verhindert ist, endlich wenn eine Befürchtung vorliegt, dass ein erledigter Bischofssitz lange unbesetzt bleiben wird, oder endlich wenn bei der Wahl des Kapitularvikars Streitigkeiten entstehen[9]. Auf diese Vikare, welche ebenfalls die bischöfliche Jurisdiktion ausüben, passt der obige Begriff der iurisdictio mandata nicht, denn ihre Befugnisse erlöschen nicht mit dem Tode des betreffenden Papstes, welcher sie ernannt

iurisdictio mandata, wie ihn die vorhin erwähnten neueren Kanonisten aufstellen, ist jener Literatur entweder völlig unbekannt, oder es werden mindestens keine Konsequenzen daraus gezogen.

[1] Hostiensis summa aurea de officio vicarii. n. 1.

[2] Abgesehen von den zur Ausübung der Seelsorge bestellten, vorzugsweise in dem gedachten Titel behandelten Vikarien.

[3] S. Hostiensis l. c. n. 1. 2; der liber Sextus handelt sogar im Gegensatz zu den Dekretalen Gregors IX. in dem tit. de off. vicarii I. 13 allein von diesen Offizialen.

[4] c. 3. in VI[to] de temp. ordin. I. 9; Clem. 2. de rescr. I. 2; c. 1. in VI[to] de off. iud. ord. I. 16. S. ferner vorläufig Richter §. 137; Schulte, Syst. 2, 271 ff.

[5] c. 3. pr. (Innoc. IV.) in VI[to] de appell. II. 15; c. 2 (Bonif. VIII.) in VI[to] de rescr. I. 4, weil General-Vikar und Bischof dasselbe consistorium oder auditorium bildeten.

[6] c. 18. 27. X. de off. iud. deleg. I. 29.

[7] Es wird das auch darauf gestützt, dass er idem auditorium mit dem Bischof bildet. Das gilt selbst für die von ihm begonnenen Geschäfte, nur dann sollen sie gültig sein, wenn sie während der Unkenntniss der Betheiligten vor dem Tode des Bischofs vorgenommen sind. S. Barbosa l. c. alleg. 54. n. 151; Ferraris s. v. vicarius generalis. art. III. n. 39. 40.

[8] c. 20. X. de off. iud. deleg. I. 29.

[9] Benedict. XIV. de syn. dioec. II. 10. n. 1; Phillips 6, 670. 746 ff.

hat[1]. Schon hieraus ergiebt sich zur Genüge, dass die Aufstellung eines allgemeinen Begriffes der iurisdictio mandata keine Realität hat und kein praktisches Bedürfniss ist[2]. Aber noch mehr, der Begriff macht insofern Schwierigkeiten, als unter der Voraussetzung, dass die einem andern übertragene Gewalt denselben Inhalt hat, wie die aus einem stehenden Kirchen-Amt herfliessenden Berechtigungen, die Verlegenheit nach der Subsumtion unter die beiden bisher immer festgehaltenen Hauptarten der iurisdictio, der ordinaria und delegata entsteht, weil jene Gewalt ihrem Inhalte nach der ersteren, ihrer Begründung nach der letzteren verwandt erscheint[3]. Dieses Dilemma ist unvermeidlich und nicht zu beseitigen, wenn man jene beiden Kategorien festhält. Daraus ergiebt sich mit Nothwendigkeit die Konsequenz, dass

V. die bisher traditionell überlieferte Eintheilung in iurisdictio ordinaria und delegata aufgegeben werden muss[4], weil sie nicht erschöpfend ist. Nicht nur mit dem eben Bemerkten lässt sich das motiviren, sondern auch vom Standpunkt der iurisdictio delegata allein kommt man zu dem gleichen Resultat. Die Regeln, welche das Mittelalter für dieses Institut ausgebildet hat, passen in ihrer Gesammtheit für einzelne, darunter subsumirte Fälle nicht mehr. Die Bischöfe, soweit ihnen durch das Tridentinum die Eigenschaft päpstlicher Delegaten beigelegt ist, stehen dem einfachen Delegaten nicht gleich, weil ihre Vollmacht nicht mit dem Tode des Delegaten erlischt und überhaupt nicht durch einfachen Widerruf beseitigt werden kann. Dass auch der Charakter der päpstlichen Conservatoren sich im Laufe der Zeit erheblich verändert hat, ist oben gleichfalls ausgeführt. Politische Rücksichten haben ebenfalls zu einer festeren Gestaltung von Verhältnissen geführt, auf die der Name Delegation noch angewendet wird, ohne dass hier die mittelalterliche Theorie derselben noch massgebend sein könnte. So sind z. B. dem Fürstbischof von Breslau die von dem früheren apostolischen Vikariat des Nordens abgetrennten Pfarreien in der Mark Brandenburg und in Pommern in der Weise untergeordnet, dass dieselben von dem Probst zu St. Hedwig in Berlin als Delegaten des Bischofs verwaltet werden[5]. Eine Veränderung dieser Einrichtungen durch einseitigen Akt der kirchlichen Gewalt würde nicht zulässig sein, weil jene Anordnungen auf Grund einer Vereinbarung mit der preussischen Regierung zu Stande gekommen sind[6].

Alle diese Ausführungen zeigen zur Genüge, dass das System von Grundsätzen, welches die Lehrbücher noch heute unter der Rubrik: iurisdictio delegata vortragen[7],

[1] Entsch. d. Congr. Conc. v. 1590 bei Ferraris s. v. vicarius apostolicus. n. 22.

[2] Das gilt natürlich auch von der mit der iurisdictio mandata zusammenfallenden iurisdictio vicaria der Aelteren.

[3] Dies ist längst schon, so von dem Glossator Goffredus de Trano († 1243) bemerkt worden, mit Bezug auf den Hostiensis l. c. n. 2. sagt er: „unde secundum sua tempora bene notavit Goffredus: vel possunt dici (die General-Vikare) ordinarii, quia de consuetudine sive de iure tales eandem habent cum episcopo potestatem, . . . nominationem ergo ab episcopis, potestatem vero a iure recipiunt".

[4] Mache a. a. O. S. 11. kommt dagegen unter Ignorirung der dogmengeschichtlichen Entwicklung und der durch das Bedürfniss ausgebildeten, realen Gestaltungen zu dem Resultat, dass man zwei Unterarten der iurisdictio extraordinaria, nämlich die mandata oder vicaria und die delegata annehmen müsse.

[5] Bulle: De salute animarum v. 16. Juli 1821: „Futuri praeterea ac pro tempore existentis Wratislaviensis episcopi administrationi perpetuo subiicimus eas quae a Vicario apostolico Missionum septentrionalium fuerunt hucusque administratae Paroeciae in civitatibus Berolini, Potsdamii, Spandaviae, Francofurti ad Viadrum, Stettini et Stralsundiae quaeque imposterum vi subdelegationis Episcopi Wratislaviensis a supra memorato Praeposito parochialis ecclesiae Sanctae Hedwigis dictae civitatis Berolinensis erunt administrandae". (Walter, fontes iur. eccl. p. 252).

[6] S. die Preuss. Kabinetsordre vom 23. August 1821 (Walter l. c. p. 264); Mejer, die Propaganda 2, 471.

[7] Vgl. z. B. Eichhorn 2, 169 ff.; Richter §. 209; Phillips 6, 765 ff.; Ginzel 1, 106 ff. Aus dem mangelnden Bewusstsein der Nothwendigkeit der Revision dieser Lehre erklären sich denn auch solche Aeusserungen, wie die von

keine allgemeine praktische Bedeutung mehr hat, und dass der Hauptmangel dieser Darstellungen darin besteht, dass nirgends ein Versuch gemacht ist, den Umfang der Gränzen zu bestimmen, innerhalb deren jene Theorie für das heutige Recht noch auf Anwendung Anspruch machen kann. Gerade die mehrfach in diesem Paragraph hervorgehobene Tendenz der Entwicklung auf eine immer festere Gestaltung der kirchlichen Verfassung hat, ebenso wie dadurch der enge Rahmen der beiden Kategorien iurisdictio ordinaria und mandata durchbrochen worden ist, auch innerhalb der Delegation Veränderungen hervorgerufen, welche über den ursprünglichen Begriff derselben hinausgegangen sind. Die heutige Theorie wird sich nicht entbrechen können, diesen verschiedenen Bildungen Rechnung zu tragen, und an Stelle der bisher überlieferten dürfte daher folgende

VI. neue Eintheilung zu setzen sein:

A. Der frühere Begriff der iurisdictio ordinaria muss allerdings auch jetzt noch an die Spitze gestellt werden, aber er ist auf diejenige kirchliche Jurisdiktion zu beschränken, welche mit den festen, im Falle der Vakanz stets wieder zu besetzenden, also ununterbrochen fortdauernden Aemtern der ordentlichen Kirchenleitung verbunden ist. Als solche iudices ordinarii können z. B. der Papst, die Erzbischöfe, die Bischöfe, für die frühere Zeit die Archidiakonen, auch die Patriarchen und Primaten bezeichnet werden.

B. Von der eben besprochenen Kategorie ist m. E. eine zweite Art der Kirchengewalt, welche am passendsten als iurisdictio quasi ordinaria bezeichnet werden könnte, zu unterscheiden. Ihr Wesen finde ich darin, dass sie die Befugnisse des iudex ordinarius einer bestimmten Klasse (des Papstes oder des Bischofs) verleiht, diese auch wie bei der iurisdictio ordinaria ohne spezielle Uebertragung mit der Erlangung einer bestimmten Stellung erworben werden, letztere jedoch überhaupt nur, sei es unter gewissen durch die Natur der Sache und durch das Recht bestimmten Voraussetzungen, sei es unter gewissen faktischen Verhältnissen, zur Existenz gelangen kann. Zu der ersteren Kategorie rechne ich den Kapitular-Vikar, in die zweite dagegen die päpstlichen Legaten[1], die General-Vikare der Bischöfe, und die für die Regierung von bischöflichen Diöcesen eingesetzten vicarii apostolici.

C. Befugnisse, welche kraft gesetzlicher Bestimmung mit gewissen Stellungen verbunden sind, aber dabei als Ausflüsse einer höheren Jurisdiktion gelten. Diesen Fall könnte man passend mit dem Ausdruck: gesetzlich delegirte Jurisdiktion bezeichnen. Als Prototyp dafür können die den Bischöfen durch das Tridentinum als sedis apostolicae delegati und die den Conservatoren der Regularen beigelegten Berechtigungen dienen.

D. Endlich der einfache, ursprüngliche Fall der Delegationen, d. h. der vorübergehenden Uebertragung einzelner Befugnisse an eine Person seitens des Inhabers einer iurisdictio ordinaria, also z. B. die Betrauung der vorhin erwähnten Synodalrichter mit der Entscheidung einer Rechtssache dritter Instanz durch den Papst[2].

Es bleibt mir jetzt noch übrig

Phillips 6, 453, dass der Unterschied zwischen iur. ordin. u. iur. delegata nicht in voller Schärfe festgehalten werden könne, indem er dabei auf die Bischöfe als delegati sedis apostolicae und die päpstlichen Legaten verweist.

[1] Selbstverständlich nicht der heutigen.

[2] Denn durch die blosse Designation dem Papst gegenüber erlangen sie noch nicht die Jurisdiktion, so auch d. Congr. Conc. s. Bened. XIV. de syn. dioeces. IV. 5. n. 7.

VII. die überlieferte Lehre von der iurisdictio delegata im Einzelnen darzustellen, und wenn ich dies am Schluss des Paragraphen thue, so geschieht dies aus dem Grunde, weil durch die vorstehenden Ausführungen allein der Standpunkt für die Beurtheilung der praktischen Anwendbarkeit des Instituts im heutigen Recht gewonnen werden konnte und hierbei die soeben (unter VI.) entwickelte Unterscheidung der verschiedenen Arten der Jurisdiktion gleichfalls ihre Dienste leisten wird.

Unzweifelhaft erscheint es zunächst, dass die im tit. X. de officio iud. delegati I. 29 und in Anschluss daran später sanktionirten Grundsätze auf den einfachen Fall der Delegation (s. VI. D.) Anwendung finden, da sie niemals gesetzlich aufgehoben worden sind. Diesen habe ich daher bei der folgenden Darstellung allein im Auge, sofern ich nicht ausdrücklich die unter C. erwähnte s. g. gesetzlich delegirte Jurisdiktion mit berücksichtige.

A. Die Befugniss zur Delegation steht jedem iudex ordinarius zu [1]. Die Ausübung des Rechtes ist in sein Ermessen gestellt.

Mit Rücksicht auf die oben gedachten Bestimmungen des Tridentinums über die iudices in partibus und die Bischöfe als delegati sedis apostolicae (Nr. III. A. u. B.) entsteht hier die Frage, ob nicht dem Papst dadurch die Befugniss genommen ist, Prozesse andern als den Synodalrichtern zu delegiren, sowie die den Bischöfen besonders beigelegten Befugnisse durch eigene Delegaten auszuüben. Wenn auch im Allgemeinen feststeht, dass der Papst in Sachen der Disciplin und des Rechts uneingeschränkt ist, und dass er auch im einzelnen Fall sich selbst von einem Kirchengesetz dispensiren darf, ebenso wie er es ganz zu beseitigen befugt ist [2], so hängt doch die Beantwortung der aufgeworfenen Fragen, weil es sich hier um die Beseitigung von Vorschriften eines allgemeinen Koncils handelt, von der Stellung ab, die man zu der berühmten Kontroverse über das Verhältniss des Papstes und des allgemeinen Koncils einnimmt. Die letztere kann hier nicht erörtert werden und es mag daher genügen, darauf hinzuweisen, dass heute die der Machtfülle des Papstthums günstige Ansicht die überwiegende ist [3], und dass von diesem Standpunkt aus die erwähnten Normen keineswegs als Schranken für die Ausübung der Delegationsbefugniss des Paptes betrachtet werden können.

Ebenso wie die iudices ordinarii sind auch diejenigen Beamten, welche eine iurisdictio quasi ordinaria in dem oben gedachten Sinne (VI. B.) besitzen, zur Delegation befugt. Es folgt dies daraus, dass sie dazu bestimmt sind, unter gewissen Voraussetzungen den ordinarius zu ersetzen, also soweit nicht spezielle Beschränkungen existiren, dessen Befugnisse auszuüben berechtigt sein müssen. Das hat die Doktrin auch für einzelne der hier in Frage kommenden Beamten, so für den bischöflichen Generalvikar [4] und die päpstlichen Legaten [5] angenommen.

[1] c. 11 (Innoc. III.) X. de off. iud. ord. I. 31; c. 7 (Bonif. VIII.) in VIto eod. tit. I. 16. Darüber ist man übrigens auch allerseits einig.

[2] c. 20 (Innoc. III.) X. de elect. I. 6; c. 4. (Innoc. III.) X. de conc. praeb. III. 8; c. 1. (Bonif. VIII.) in VIto de constit. I. 2: („Licet Romanus pontifex qui iura omnia in scrinio pectoris sui censetur habere“); Benedict. XIV. const. Magnae nobis v. 29. Juni 1748. §. 13 („Romanus autem pontifex est supra ius canonicum“, auch in Richters Tridentinum S. 561), Schulte, Syst. 1, 86.

[3] Schulte a. a. O. S. 55 ff. 537.

[4] Glosse zu c. 1. in VIto I. 13. s. v. ipsius; Barbosa l. c. P. III. alleg. 54. n. 101; Engel I. 28. n. 10. VI; Moy in seinem Archiv 4, 421.

[5] c. 10 (Gregor IX.) X. de off. leg. I. 30; Ferraris s. v. legatus. n. 13. Für den Legaten lässt sich dies auch daraus herleiten, dass ihm ausdrücklich eine iurisdictio ordinaria in den Quellen beigelegt ist. Dasselbe ergiebt sich für den Kapitular-Vikar und den zur Ausübung der bischöflichen Jurisdiktion bestellten apostolischen Vikar aus ihren Stellungen.

B. Objekt der Delegation. Im Allgemeinen ist der Ordinarius und der ihm gleichstehende Beamte befugt, alle aus seiner Jurisdiktionsgewalt herfliessenden Befugnisse einem Andern zur Ausübung zu übertragen, gleichviel ob es sich um streitige Rechts- oder um blosse Verwaltungssachen[1] handelt. Daher kann auch die Weihegewalt, soweit diese als Objekt der Jurisdiktion in Frage kommt, einem andern delegirt werden[2]. Berechtigungen, welche dagegen nicht aus der iurisdictio ordinaria fliessen, sondern welche der iudex ordinarius nur neben derselben als delegirte besitzt, darf er als solcher nicht delegiren, vielmehr bemisst sich seine desfallsige Befugniss nach den Grundsätzen über das Recht des Delegatus, seinerseits weiter zu delegiren (subdelegare).

C. Umfang der Delegation. Der iudex ordinarius kann seine potestas nicht in ihrem ganzen Umfang einem Andern zur Ausübung delegiren[3]; denn er hat die Pflicht sein Amt selbst wahrzunehmen und ist nicht berechtigt, die Lasten desselben ganz auf andere Schultern zu wälzen. Ueberdies würde dadurch der für die Regierung der Kirche bestehende Organismus theilweise zerstört werden und eine ganze Reihe von bestehenden Rechtsvorschriften, z. B. die über die Qualifikation für die höheren Jurisdiktions-Aemter, den Erwerb derselben u. s. w. könnten dadurch leicht illusorisch gemacht werden[4]. Wo trotzdem solche Verhältnisse vorkommen — und das ist der Fall bei dem mehrfach schon erwähnten bischöflichen General-Vikar — beruhen sie auf besonderen gesetzlichen Vorschriften[5]. Es haben sich daher dafür auch eigenthümliche, von den hier in Rede stehenden Regeln abweichende Bestimmungen entwickelt und man hat diese Verhältnisse mit Recht aus diesem Institut ausgeschieden, weil das letztere seiner Natur nach nur dazu geschaffen ist, dem iudex ordinarius die Ausübung seiner Jurisdiktion durch Heranziehung anderer Kräfte zu erleichtern, nicht aber ihm die Handhabung derselben ganz abzunehmen[6].

Dagegen ist der iudex ordinarius berechtigt, nicht blos die Untersuchung einer einzelnen Sache oder die Vornahme eines einzelnen Geschäftes, sondern auch die Kognition über eine gewisse Klasse und die Ausführung einer bestimmten Gattung von Sachen einem Andern zu übertragen[7]. Als Delegaten dieser Art können die frühern eben die Archidiakonen in die einzelnen Archidiakonssprengel vom Bischof deputirten s. g. officiales foranei betrachtet werden[8]. Die heutigen Offizialen der Bischöfe, welche in einzelnen Diöcesen neben den General-Vikaren vorkommen und denen die Verwaltung der streitigen bischöflichen

[1] S. darüber unter Nr. II.

[2] Die Ertheilung von Dimissorien an einen inkompetenten Bischof ist also Delegation. S. Schmier, lib. I. tr. 5. c. 7. n. 76 ff.; Ginzel 1; 108; dass hier über die Person des zu Delegirenden und die Fortdauer der Delegation besondere Regeln gelten (s. oben S. 97. N. 2), ist durch die Eigenthümlichkeit des Objekts bedingt. — Auch die Ertheilung von Ledigscheinen (litterae dimissoriales) bei der Eheassistenz wird nach den Grundsätzen von der Delegation beurtheilt, vgl. Schulte, Eherecht. S. 58 ff.; des näheren kann aber darüber erst bei der Frage nach der Jurisdiktion der Pfarrer und der Form der Eheschliessung gehandelt werden.

[3] S. Ferraris s. v. delegare n. 15; Moy in seinem Archiv 4, 406.

[4] Man setze z. B. den Fall, dass der Papst einem andern Geistlichen die volle päpstliche Regierungsgewalt delegiren wollte!

[5] Moy a. a. O.; Friedle in Moys Arch. 15, 345.

[6] Offenbar hat das instinktive Gefühl dieses Unterschiedes zu der oben besprochenen Aufstellung der iurisdisdictio mandata geführt, die richtige Einsicht ist aber dadurch getrübt worden, dass man der Uebertragung der gesammten Jurisdiktion die einer universitas causarum gleichgestellt und damit die Gränze zwischen der Delegation sofort wieder aufgehoben hat.

[7] Das ergiebt den Unterschied zwischen der delegatio ad unam causam und der delegatio ad universitatem causarum. S. Durantis specul. P. I. lib. I. tr. de jud. deleg. §. 2. n. 2; Ferraris l. c. n. 9.

[8] Glosse zu Cl. 2. de rescr. I. 2. s. v. foraneo; Benedict. XIV. de syn. dioeces. III. 3. n. 5; Schulte, Syst. 2, 272.

Gerichtsbarkeit übertragen, während dem ersteren nur die Verwaltung im engeren Sinne verblieben ist[1], haben dagegen diese Stellung nicht, weil wenngleich ihr Auftrag nicht die gesammte bischöfliche Regierungsbefugniss in sich begreift, sie doch dazu bestimmt sind, dem Bischof die Fürsorge für den gedachten speziellen Geschäftskreis abzunehmen, also gerade das ordentliche bischöfliche Gericht zu bilden[2].

Auch eine einzelne Handlung, wie z. B. die Publikation der Exkommunikation, die Institution in ein Kirchenamt, die Vornahme einer Zeugenvernehmung kann dem Delegaten aufgegeben werden[3]. In diesen Fällen wird derselbe als executor[4] und wenn sein Auftrag auf die Vornahme einzelner gerichtlicher Akte in einem Prozesse vor dem Urtheil geht, also ihm die Entscheidung selbst entzogen ist, als auditor bezeichnet[5]. Ist dagegen der Auftrag so gefasst, dass der Delegat bei der Vollziehung desselben nöthigenfalls zu einer selbstständigen Prüfung ermächtigt sein soll, so wird er von der Doktrin als executor mixtus bezeichnet[6].

D. Die Person des Delegaten. Für den Delegaten wird zunächst das vollendete 20. Lebensjahr erfordert; das vollendete 18. genügt nur für den vom Papst Delegirten oder dann, wenn die Betheiligten sich ausdrücklich damit einverstanden erklärt haben[7]. Ferner muss der Delegirte Kleriker sein[8]. Da sonach der blosse Empfang der Tonsur, wodurch ja der Klerikalstand erworben wird, ausreicht[9], so sind auch Laien fähig als Delegirte zu fungiren[10], jedoch nur auf päpstliche Bestellung[11]. Abgesehen aber von den Fällen, wo der Papst kraft seiner Machtvollkommenheit über das ius commune hinauszugehen, sich veranlasst fühlt, ist im 13. Jahrhundert von den Päpsten selbst die Regel aufgestellt worden, dass nur Kleriker in gewissen höheren kirchlichen Stellungen zu päpstlichen Delegaten oder zu Delegaten der päpstlichen Legaten bestimmt werden sollten, — offenbar um das Missverhältniss einer Unterord-

1 Bened. XIV. l. c. n. 2; Schulte a. a. O. S. 274.

2 Vgl. z. B. für Breslau J. Sauer, pfarramtliche Geschäftsverwaltung. 2. Aufl. Breslau. 1868. S. 30. Recht deutlich zeigt sich das in den Diöcesen, in welchen wie z. B. in der Paderborner dem Bischof die Bestätigung der Erkenntnisse vorbehalten ist. S. Gerlach, Paderborner Diöcesanrecht. 2. Aufl. S. 5.

3 c. 43. §. 2 (Gregor. IX.) X. h. t. I. 29; c. 27. §§. 1—3 (Innoc. III.) eod.

4 c. 43 (Innoc. III.) X. de appellat. II. 28; c. 27. cit. Auch Bened. XIV. gebraucht noch den Ausdruck executor mehrfach da, wo es sich um die Ausübung der päpstlichen Dispensationsbefugniss für bestimmte Fälle handelt; s. die Bullen: Magnae nobis admirationis u. Ad tuas manus von 1748 (in Richters Trident. S. 558. 562).

5 c. 27. cit. Uebrigens ist es dem Begriff des auditor nicht zuwider, dass ihm eine ganze Reihe von Handlungen aufgetragen wird, die Entscheidung selbst darf er freilich nicht fällen. S. Tancred, ordo iudic. P. I. §. 7 (ed. Bergmann p. 110): „auditor est ille cui a iudice aliquo media causae alicuius vel aliquis certus articulus audiendus vel examinandus committitur". Ueber die Auditoren der römischen Kurie, die schon zu Durantis Zeit (vgl. speculum p. I. lib. I. de auditore n. 3; u. iud. deleg. §. 2. n. 9) eine besondere Stellung einnahmen, s. unten. — Mit auditor gleichbedeutend wird auch „cognitor" gebraucht. c. 27. §. 2. cit.

6 Vgl. Glosse zu c. 28. §. 3. X. h. t. s. v. Etsi sciat.

7 c. 41 (Gregor. IX.) X. h. t. (s. auch l. 57. D. de re iudic. XLII. 1)

8 c. 5 (Gregor. I.) Dist. LXXXIX; c. 10 (Innoc. III.) X. de constit. I. 2; c. 2 (conc. Rem. a. 1148) X. de iudic. II. 1.

9 Ferraris s. v. delegare n. 32; Kober, Kirchenbann. 2. Aufl. S. 84.

10 Darüber ist die Doktrin einig, s. Glosse zu c. 2. X. II. 1. cit. s. v. praesumant; Ferraris l. c. n. 34 ff.; Reiffenstuel I. 29. n. 92; Phillips 6, 766; Schulte, Lehrbuch. S. 321. n. 11; Richter §. 209. n. 10.

11 Für Civilsachen der Kleriker wird von Manchen die Delegation durch den Bischof für genügend erachtet. S. über diese Kontroverse Ferraris l. c. n. 38 ff.; Eichhorn 2, 173. n. 15. u. 16; indessen steht dem entgegen, dass der privilegirte Gerichtsstand der Kleriker und der Satz, dass Laien in Sachen der Geistlichen keine Gewalt haben, gemeinen Rechtens ist und der Bischof keine Befugniss hat, die Geltung desselben auch nur für einen einzelnen Fall zu beseitigen. S. auch Richter a. a. O. — Da Frauen keiner kirchlichen Jurisdiktion fähig sind, so können sie dieselben auch nicht auf Grund einer Delegation erwerben. S. c. 10 (Innoc. III.) X. de poenit. V. 38; über c. 12 (Honor. III.) X. de maior. et obed. I. 33. vgl. Kober a. a. O. S. 79 ff.

nung höherer kirchlicher Würdenträger mit selbstständiger ordentlicher Jurisdiktion unter Kleriker niederen Ranges selbst auch nur für einzelne Fälle zu vermeiden, und den päpstlichen Delegaten ein höheres Ansehen zu sichern. Als fähig gelten ausser den Trägern der bischöflichen Jurisdiktion nur noch die Inhaber von Dignitäten und Personaten an Kathedral- und Kollegiatkirchen, die Domherrn an den Kathedralen, die General-Vikare, die Aebte, die Conventualprioren, nicht aber die officiales foranei und die priores claustrales [1].

Rechtskenntniss ist als besondere Bedingung für den Delegaten nicht vorgeschrieben; da aber für die Regel die Delegationen nicht an niedere Geistliche ergangen sind und ergehen, so ist diesem durch die Natur der Sache gegebenen Erforderniss schon gewöhnlich durch die Stellung der delegirten Person genügt. Ausserdem sollen die päpstlichen Delegaten die ihnen anvertrauten Angelegenheiten nur in grösseren Ortschaften verhandeln, weil allein in diesen die Möglichkeit gegeben ist, kundige Männer als consilium oder Beirath zuzuziehen [2].

Uebrigens können, wenn auch dem Deleganten die Auswahl der zu kommittirenden Person freisteht, die Betheiligten doch Vorschläge über dieselbe machen, und der Delegant ist letzteren zu deferiren befugt [3].

Was die Pflicht zur Uebernahme der Delegation seitens des designirten Delegaten betrifft, so existirt eine solche für den letzteren, wenn er der Untergebene des Deleganten ist; daher muss jeder die weitere Delegation eines päpstlichen Delegaten annehmen, weil dieser die Stelle des Papstes, also des iudex ordinarius singulorum, vertritt [4]. Dass eine Ablehnung ex iusta causa, deren Würdigung allerdings zunächst dem Ermessen des Deleganten anheimfällt, nicht ausgeschlossen ist, liegt auf der Hand [5].

E. Stellung und Befugnisse des Delegaten bei Ausübung der ihm übertragenen Jurisdiktion. Die Befugnisse des Delegaten bestimmt zunächst das ihn ernennende Auftragsschreiben (das Delegationsreskript, Kommissorium, literae commissionis [6]). Erst von der Aushändigung desselben an ihn beginnt seine Jurisdiktion [7]. Weil sie ferner allein auf dem Auftrag beruht, ist er verpflichtet, sich den betheiligten Personen (z. B. dem iudex ordinarius, den Parteien) gegenüber durch Vorlegung des Schreibens zu legitimiren, also kann er auch vorher keinen Gehorsam gegen seine Anordnungen beanspruchen [8]. Was den Umfang der Rechte des Delegaten

[1] c. 11. pr. (Bonif. XIII.) in VIto de rescript. I. 3; c. 15 (idem) in VIto de off. iud. deleg. I. 14; Cl. 2. de rescr. I. 2. — Die priores claustrales sind unfähig, weil sie vom Abte abhängig sind und von diesem ihren Geschäftskreis überwiesen erhalten, während die priores conventuales d. h. solche, welche ein Kloster nur in Unterordnung unter den Abt des Stammklosters leiten, der Sache nach Aebte sind. S. Phillips, Lehrb. 2, 1203. Da es auf die selbstständige Stellung ankommt, so müssen auch die sonstigen, mit andern Namen z. B. als Praepositi, Rectores, Guardiani bezeichneten Kloster-Oberen für fähig erachtet werden. Ferraris l. c. n. 31. S. auch 179. n. 9.

[2] c. 11. cit. in VIto I. 3.

[3] c. 25. 34. 35 (Innoc. III.) X. h. t. I. 29.

[4] Diese Konsequenzen hat schon die Glosse s. v. renitentem aus c. 28. pr. (Innoc. III.): . . . „quod quum delegato a principe iurisdictio dandi iudicem sit a lege concessa, dummodo ipse exonerare se ipsum malitiose non quaerat, potest compellere renitentem eo quod iurisdictio illa nullius videretur esse momenti, si coercitionem aliquam non haberet. Delegatus tamen debet sollicite providere, ut, si personis superioribus exigente necessitate negotium duxerit delegandum, in coactionibus inferendis dignitati deferat et personis“ . . . gezogen. S. auch Ferraris l. c. n. 27; Phillips 6, 786.

[5] S. auch Ferraris l. c. n. 28.

[6] c. 5 (Alex. III.) X. h. t. I. 29; c. 3 (id.) X. de rescr. I. 3; — auch literae commissoriae in c. 5. cit.; commissio in c. 21. §. 3 (Coelest. III.) X. h. t.

[7] Arg. c. 12. i. f. (Alex. III.) X. de appell. II. 28; Phillips 6, 775.

[8] c. 24 (Innoc. III.) X. de rescr. I. 3; c. 31 (id.) X. h. t. I. 29; Fagnan. ad c. cit. n. 4—43; Phillips 6, 776. Selbstverständlich kann aber dem Delegaten, in dessen Auftrag kein Zweifel gesetzt wird, gültiger Weise Folge geleistet

betrifft, so hat er sich streng an seine Vollmacht zu halten. Jede dieselbe überschreitende Handlung ist, weil ihm insoweit die Jurisdiktion mangelt, nichtig[1]. Andererseits ist aber damit nicht gesagt, dass der Delegat nur die ausdrücklich in dem Reskripte erwähnten Akte vorzunehmen befugt ist, vielmehr ist er ermächtigt, Alles das zu thun, was zur Ausführung des ihm gewordenen Auftrages erforderlich erscheint[2]. Daher kann er seinen Urtheilen und Verfügungen durch Anwendung von Exekutionsmassregeln und Kontumazialstrafen Nachdruck verschaffen[3]; der päpstliche Delegat darf zu diesem Behufe die Hülfe der Ordinarien requiriren[4], und letztere haben weder die Befugniss wegen Ungerechtigkeit des Spruches die Ausführung desselben abzulehnen[5] noch sind sie der Strafgewalt des Delegaten, selbst wenn sie einen höheren Rang als derselbe besitzen, entzogen[6].

Besondere Besprechung verdient

1. der häufig vorkommende Fall, in welchem nicht eine, sondern mehrere Personen zu Delegaten bestellt werden[7].

a. Lautet hier das Kommissorium »ut omnes aut duo aut unus mandatum exequantur«, oder enthält es eine gleichbedeutende Formel (z. B. »vobis et vestrum singulis«)[8], liegt also eine Delegation in solidum (sammt oder sonders) vor, so kann jeder allein handeln. Die übrigen werden durch die Prävention, das frühere Vorgehen des Einen, ausgeschlossen, können aber wieder eintreten, wenn der Erste die Erledigung des Auftrags aus einer genügenden Ursache (z. B. wegen Krankheit) oder aus Nachlässigkeit aufgiebt, weil durch die Handlungen ihres Genossen die ihnen delegirte Jurisdiktion als perpetuirt betrachtet wird[9].

werden, auch ohne dass er sein Reskript vorgelegt hat. Fagnan. l. c. n. 44.

[1] c. 22 (Innoc. III.) X. de rescr. I. 3; c. 15 (Alex. III.) h. t. I. 29. Für die den Bischöfen als delegati apostolicae sedis in einzelnen Fällen ertheilten Dispensfakultäten ist das noch besonders von Benedikt XIV. Const. Ad tuas manus v. 8. August 1748 (Richters Tridentinum S. 564) eingeschärft.

[2] c. 5 (Alex. III.) X. h. t.: . . . „quia ex eo quod causa sibi committitur, super hic omnibus quae ad causam ipsam spectare noscuntur, plenariam recipit potestatem". In einem ihm delegirten Prozesse ist er auch zur Annahme und Verhandlung der Widerklage kompetent. c. 1 (Alex. III.) X. de mut. petit. II. 4. Ueber die Befugniss des Deleganten, den Kläger, welcher wegen der gegen ihn verhängten excommunicatio keine persona standi legitima in iudicio besitzt, zu absolviren s. c. 21. §§. 2. 3 (Coelest. III.) X. h. t. I. 29.

[3] c. 5. cit.; c. 4. X. h. t. Ob die Exekutivgewalt auch den Delegaten der iudices ordinarii zustehe, ist früher unter Hinweis auf von der römischen iudicis datio (z. B. l. c. 15. pr. D. de re iud. XLII. 1) handelnde Stellen und auf c. 4. X. de for. comp. II. 2, welches sich auf Schiedsrichter bezieht, bezweifelt worden. S. Durantis spec. P. I. lib. I. h. t. §. 2. n. 12; Glosse zu c. 4. cit. s. v. ipsius solicitudine, die aber ebenso wie die spätere communis opinio sich für die Exekutionsgewalt aussprechen. Vgl. ferner Gonzalez Tellez ad c. 7. X. h. t. n. 4 ff,; Schmalzgrueber I. 29. n. 37; Richter §. 209. n. 6. In der That folgt das auch aus dem Begriff der Jurisdiktion nach kanonischem Recht. — Nach c. 26 (Innoc. III.) X. h. t. dauert die Exekutionsbefugniss des päpstlichen Delegaten noch ein Jahr nach gefällter Sentenz. — Um den Parteien die Befolgung der Citation und der Befehle des Delegaten nicht unnütz zu erschweren, soll er seinen Sitz nicht zu weit von ihnen entfernt nehmen. Nähere Bestimmungen in c. 11 (Bonif. VIII.) in VIto de rescr. I. 3; wodurch c. 28. 29. X. eod. tit. I. 3. modificirt sind.

[4] c. 7 (Alex. III.) X. h. t.

[5] c. 8 (Alex. III.) X; c. 28. §. 3 (Innoc. III.) X. h. t.

[6] Denn in Bezug auf die ihm kommittirte Sache ist er der superior et maior. Daher kann er auch gegen Bischöfe das interdictum ingressus ecclesiae, Suspension vom ordo, vom officium, Exkommunikation (und interdictum locale) verhängen. S. c. 11 (Alex. III.) X. h. t.; c. 2 (Alex. IV.) in VIto h. t. I. 14. Selbst der legatus a latere soll dem päpstlichen Delegaten nicht hindernd entgegentreten. c. 2 (Coelest. III.) X. de offic. legati I. 30.

[7] Vgl. hierzu im Allgemeinen Gonzalez Tellez ad c. 13. X. de rescr. I. 3; J. H. Böhmer J. E. P. I. 29. §§. 23 ff.; c. 21 (Coelest. III.): . . . „illa quippe fuit antiqua sedis apostolicae provisio, ut huiusmodi causarum recognitiones et decisiones duobus quam uni, tribus quam duobus libentius delegaret, quum sicut sacri canones attestantur, integrum sit iudicium, quod plurimorum sententiis confirmatur".

[8] c. 12 (Bonif. VIII.) in VIto de haeret. V. 2.

[9] c. 8 (Bonif. VIII.) in VIto h. t. I. 14.

b. Bei einem Auftrage, welcher mehreren Delegaten schlechthin (»simpliciter« nach kanonischem Sprachgebrauch) ertheilt worden, müssen alle bei Strafe der Nichtigkeit gemeinschaftlich handeln [1], und daher erlischt das Delegationsmandat schon mit dem Tode des einen der Delegaten [2].

c. Das Kommissorium kann endlich dahin gefasst sein, »ut si omnes interesse nequiverint, unus aut plures nihilo minus exequantur« (Klausel: »quodsi non omnes; sammt und sonders«). Hier können einzelne ohne eine Nichtigkeit zu begehen, das Geschäft nur dann ausführen, wenn ihr unthätiger Genosse einen rechtlichen [3] oder faktischen Hinderungsgrund oder auch sein blosses Nichtwollen angezeigt hat oder wenn diese Umstände sonst unzweifelhaft feststehen [4]. Dass übrigens die Betheiligten der Ladung und den Befehlen einzelner der Delegaten hier nicht eher Folge zu leisten brauchen, bis ihnen die Voraussetzungen der Befugniss zum alleinigen Vorgehen nachgewiesen sind, ist eine sich von selbst ergebende Konsequenz des oben erwähnten Satzes. Auch das mit der Klausel: »quodsi non omnes« ertheilte Mandat erlischt, wenn der eine der Delegaten vor dem Beginne der Verhandlungen stirbt [5], weil hier der Auftrag in erster Linie als an alle gegebenen gilt, und die Realisirung desselben in der principaliter beabsichtigten Weise unmöglich wird.

In allen drei Fällen kann jeder Delegat von dem Recht zu subdelegiren, so fern ihm dasselbe nach allgemeinen Regeln zukommt, Gebrauch machen [6], nur sind in dem letzterwähnten (c.) die übrigen nicht verpflichtet, den Subdelegaten zuzulassen [7]. Denn bei der Ablehnung der persönlichen Ausführung des Auftrages seitens ihres Kollegen, ist die Voraussetzung, unter welchen sie das Mandat vollziehen dürfen, eingetreten und damit auch für sie ein Recht auf alleiniges Vergehen entstanden.

Von dieser gemeinschaftlichen Bestellung von Delegaten ist der Fall zu unterscheiden, wo für dieselbe Sache in mehreren Reskripten [8] verschiedene Personen zu Delegaten ernannt sind. Hier [9] soll, wenn sich aus den verschiedenen Kommissorien selbst nichts über das Verhältniss derselben zu einander (also z. B. der Widerruf der früheren Bestellung durch die spätere, Adjungirung der später ernannten Kommissarien

[1] c. 16 (Alex. III.) X. h. t.

[2] c. 42 (Gregor. IX.) X. h. t.

[3] Als solcher rechtlicher Hinderungsgrund gilt der Fall, wenn der eine Delegat suspekt ist. c. 23. 30. X. h. t.

[4] c. 13 (Innoc. III.) X. de rescr. I. 3; c. 21. pr. §. 1 (Coelest. III.) X. h. t. Die erstere Stelle erwähnt allerdings das Nichtwollen nur am Schluss mit den Worten: „Nec enim ille qui tantummodo non vult interesse, hac impossibilitatis interpretatione valet excusari, nisi forte sic in rescriptis habeatur expressum, si non omnes interfuerint, vel simul nequiverint aut noluerint interesse". Ein Widerspruch zwischen beiden Stellen besteht nicht; die Klausel si non omnes nequiverint, umfasst, was die Gültigkeit der Handlungen betrifft, sofern nicht etwas Anderes ausdrücklich festgesetzt sein sollte, auch den Fall des Nichtwollens; nur für die Strafbarkeit des sich ohne Grund weigernden Delegaten ist die Hinzufügung des noluerint von Bedeutung. Anders, wenn freilich nicht ganz klar, Böhmer, l. c. §§. 27. 28.

[5] c. 30 (Innoc. III.) X. h. t.

[6] Und selbst einen seiner Mitdelegaten subdelegiren. c. 6 (Alex. III.) c. 27. §. 4 (Innoc. III.) X. h. t.; s. auch c. 30. cit.

[7] c. 34 (Innoc. III.) X. h. t. Freilich ist die Herleitung dieses Satzes aus dem gedachten Kapitel nicht unbestritten. Vgl. die Glosse dazu s. v. quod non intelligitur u. Gonzalez Tellez l. c. n. 12. Die Richtigkeit der hier vertretenen Ansicht ergiebt aber die einfache Erwägung, dass die Beziehung der Klausel allein auf den Fall der Unmöglichkeit des Selbsthandelns in Verbindung mit der Unmöglichkeit der Vornahme einer Subdelegation augenscheinlich unzulässig ist; der Nachweis, dass der Kodelegat auch nicht einmal zu subdelegiren im Stande ist, wird nirgends zur Voraussetzung des alleinigen Handelns der übrigen gemacht.

[8] Z. B. wenn jeder der verschiedenen Betheiligten um die Bestellung von Delegaten bei der Kurie gebeten hatte und bei der Bewilligung des später eingehenden Gesuches im Geschäftsdrang die schon früher erfolgte Delegation übersehen worden war.

[9] Alle nachfolgenden Grundsätze ergiebt c. 14 (Innoc. III.) X. de rescript. I. 3.

zu den früher delegirten) entnehmen lässt, das auf die spezielle Angelegenheit lautende Reskript dem blos dieselbe Sache kraft einer generellen Anordnung umfassenden vorgehen. Handelt es sich aber um zwei speziell ertheilte Kommissorien, so dürfen die in dem einen Reskript kommittirten den in dem andern ernannten allein den Vollzug des Mandats überlassen, mangels des Zustandekommens einer solchen Uebereinkunft aber müssen sämmtliche in beiden Kommissorien deputirte Delegaten gemeinsam prodeciren[1]. Können sich diese hinsichtlich der von ihnen vorzunehmenden Handlungen nicht einigen, so sollen sie nicht als ein corpus betrachtet werden, welches nach Stimmenmehrheit entscheidet, sondern die in dem einzelnen Reskript ernannten Deputirten stimmen gesondert ab, und gelangen die verschiedenen Reihen zu abweichenden Resultaten[2], so soll die ganze Angelegenheit durch von den Parteien erwählte Schiedsrichter erledigt werden[3].

Dritten gegenüber wird natürlich, sofern sie von der Existenz der widersprechenden Kommissorien überhaupt Kenntniss erlangt haben, die Legitimation der Delegaten in dem hier besprochenen Falle so lange zweifelhaft, bis dieselbe auf die eben gedachte Weise festgestellt ist, und daher haben sie den Anweisungen der in dem einen Reskript kommittirten keine Folge zu leisten, es sei denn dass aus diesem der Widerruf der früheren Delegation klar erhelle[4].

2. Die Befugniss zur weiteren Uebertragung der ihm delegirten Vollmacht, d. h. zur Subdelegation besitzt kraft gesetzlicher Bestimmung nur der Delegat des Papstes, welcher eine solche freilich nicht ohne genügenden Grund (Krankheit, Verhinderung), namentlich nicht aus Bequemlichkeit vornehmen soll[5]; der Nachweis dieser Voraussetzungen ist indessen nicht Bedingung der Thätigkeit des Subdelegaten und der Gültigkeit seiner Handlungen[6]. Ausgeschlossen ist aber die Subdelegation, wenn sie ausdrücklich untersagt oder wenn gerade wegen der Beschaffenheit der zu erledigenden Sachen auf die Person des Delegaten Rücksicht genommen worden ist[7]. Für die Qualifikation des Subdelegaten gelten die in Betreff des Delegaten bestehenden Regeln[8], weil auch bei ersterem dieselben Gründe für die Nothwendigkeit einer höheren Stellung obwalten. Dem Umfange nach kann die Subdelegation sich auf einzelne Handlungen oder auf die Totalität der dem Delegaten aufgetragenen Angelegenheit erstrecken[9]. Im letzteren Fall hört die Jurisdiktion desselben ganz auf[10], denn nach kanonistischer Auffassung hat er sich damit seiner Voll-

[1] Selbstverständlich nach Massgabe des einzelnen Delegationsreskriptes, sodass wenn z. B. eins die Klausel: quodsi non omnes enthält, die Verhinderten nicht mitzuwirken brauchen.

[2] Das ist m. E. der Sinn der nicht ganz klaren Worte des c. 14. cit.: . . . „quod nisi posteriores prioribus vel e converso duxerint deferendum, simul utrique cognoscant, et si forte nequiverint in unam sententiam concordare, quamvis plures sint ex una parte quam ex altera, per arbitros communiter etc.".

[3] Offenbar ist diese Bestimmung beeinflusst durch die Grundsätze über die iudicis recusatio, die in der Regel vor Schiedsrichtern verhandelt werden soll und bei deren Begründetheit dann die Sache selbst durch neue von den Parteien erwählte Schiedsrichter entschieden wird. c. 4 (Gregor I.) X. de foro compet. II. 2. In diesem, wie in dem oben besprochenen Fall nehmen aber die arbitri die Stelle der rekusirten Richter ein, gelten also juristisch nicht als einfache arbitri, sondern als Delegaten. S. Tancred. ordo judic. P. II. tit. 6. §. 7.

[4] c. 24 (Innoc. III.) X. de rescr. I. 3.

[5] c. 3 (Alex. III.); c. 28. pr. (Innoc. III.); c. 43 (Gregor. IX.) h. t. I. 29; c. 62 (Honor. III.) X. de appell. II. 28. Der allgemeine Satz ist auf das römische Recht, l. 5. C. de iud. III. 1., gegründet worden.

[6] Da das nirgends vorgeschrieben ist. Vgl. auch Gonzalez Tellez zu c. 3. cit. n. 12 ff.

[7] c. 3. c. 43. §. 1. cit.; im letzteren Fall selbst dann nicht, wenn die Parteien damit einverstanden sind. Ein den Gegensatz der Regel und der Ausnahme klar machendes Beispiel in c. 12 (Bonif. VIII.) in VI^to h. t. I. 14.

[8] Darüber ist man einig. s. Reiffenstuel. ius. can. I. 29. n. 70; Phillips 6, 786.

[9] c. 27. 28. X. h. t.

[10] c. 37 (Honor. III.) X. h. t.; Reiffenstuel l. c. n. 163; Phillips 6, 787. Daher kann der Delegat von diesem Zeitpunkt ab nicht mehr als

machten entäussert, und zwar unwiderruflich von dem Zeitpunkt ab, wo sein Subdelegat seine Befugniss auszuüben begonnen hat. Bis dahin jedoch darf der Delegat seine Jurisdiktion wieder an sich nehmen, sie also z. B. beim Tode des Subdelegaten selbst handhaben [1].

Ueber die Frage, ob auch der Delegat eines gewöhnlichen iudex ordinarius, welchem eine s. g. universitas causarum übertragen ist, und der Subdelegat des päpstlichen Delegaten weiter zu delegiren befugt sind, hat seit dem Mittelalter Streit geherrscht [2]. Wenn dieselbe insoweit überwiegend [3] bejaht wird, als man die Subdelegation einer einzelnen Handlung, die keine discussio iuris, d. h. weder eine direkte noch indirekte Entscheidung über eine Rechtsfrage, enthält, für zulässig erklärt, so kann man sich damit einverstanden erklären, weil es sich hier nur um untergeordnete Akte einer Beihülfe handelt, welche nur der schematisirende Geist einer früheren Zeit gleichfalls unter den Begriff der Delegation subsumirte [4].

Dass diese Regeln auch für die Inhaber der von mir s. g. gesetzlich delegirten Jurisdiktion z. B. für die Bischöfe als sedis apostolici delegati ebenfalls zur Anwendung kommen, kann keinem Zweifel unterliegen. So ist es nie bezweifelt worden, dass die letzteren ihren General-Vikaren jene besonderen dahin gehörigen Befugnisse delegiren können [5], in welchem Fall dieselben dann die Stellung von Subdelegaten einnehmen [6].

3. Nach der Auffassung des kanonischen Rechtes entsteht durch die Delegation eine neue Instanz unter dem Deleganten. Bei Beschwerden gegen den Delegaten ist daher an den Delegirenden, nicht an die diesem letzteren vorgesetzte Instanz zu appelliren [7]; nur wenn der päpstliche Delegat dem Subdelegaten seine Jurisdiktion im vollen Umfange ohne Reservation übertragen hat, geht die Appellation an den Papst [8]. Selbst wenn der päpstliche Delegat nur einen Theil seiner Befugnisse subdelegirt hat, cessirt aber die Regel, dass die Appellation an ihn und nicht an den Papst zu richten, in folgenden Fällen: a. beim Tode des Subdeleganten, b. bei Verhängung der excommunicatio maior gegen ihn [9], c. bei Verwerfung der Statthaftigkeit der Einrede, dass der Subdelegant keine Jurisdiktion besitze oder sie verloren habe [10], d. wenn zwei theilweise durch zwei Kodelegaten Subdelegirte mit dem dritten Kodelegaten selbst vorgegangen sind [11].

Ist im päpstlichen Delegationsreskript die Appellation an den Deleganten durch die clausula appellatione remota ausgeschlossen [12], so wirkt dies nicht auf den Fall der

suspekt rekusirt werden. c. 5 (Bonif. III.) in VI^to h. t. I. 14.

[1] c. 6 (Bonif. III.) in VI^to h. t. I. 14.

[2] Vgl. z. B. Durant. spec. lib. I. part. 1. de jud. deleg. §. 2. Nr. 5. 6.

[3] So z. B. Gonzalez Tellez l. c. n. 17; Schmalzgrueber h. t. §. 2. n. 11; Reiffenstuel l. c. n. 64; Engel I. 29. n. 15.

[4] Einen indirekten Anhalt dafür gewährt c. 18. X. de sent. et re iud. II. 27 (verba: „verum dicto electo et praefatis abbatibus committentibus aliis vices suas, ipsi subdelegati testes super praedicto articulo receperunt". Dagegen freilich Gonzalez Tellez l. c. n. 17.

[5] S. z. B. Moy in seinem Archiv 4, 417; Friedle ebendaselbst 15, 363.

[6] In wie weit das auch gilt, wenn der Spezialauftrag gleich mit der Bestellung erfolgt, darüber s. unten in der Lehre vom General-Vikar.

[7] c. 18 (Alex. III.); c. 27 (Innoc. III.) X. h. t. Die römischen Stellen, aus denen die mittelalterliche Doktrin diesen Satz hergeleitet hat, sind l. 21. D. de appell. XLIX. 1; l. 1. §. 1. l. 2. D. quis a quo XLIX. 3.

[8] Wenn die Appellation vom vicarius apostolicus (s. S. 182.) nach der Entsch. der Congr. episcop. v. 1580 u. 1686 (Ferraris l. c. s. v. vicarius apostolicus n. 39) nicht an den Papst, sondern an den Erzbischof geht, so bestätigt das nur meine obige Auffassung von der Stellung dieser Vikare als quasi ordinarii.

[9] c. 10 (Bonif. VIII.) in VI^to h. t. I. 14.

[10] c. 14. l. c., aus dem richtigen Grunde, weil „alias, si appellari deberet ad ipsum, esset appellans, qui sic fateri videretur eandem iurisdictionem habere quod ante negaverat, contrarius sibi ipsi".

[11] c. 3 (Bonif. VIII.) in VI^to h. t. I. 14.

[12] Ueber diese Klausel vgl. Tancred. ordo iud. P. IV. tit. 5. §. 14; Durant. spec. II. p. 3. de appell. §. 2. n. 33; Planck, Beweisurtheil.

Subdelegation, auch ist der Subdelegant nicht berechtigt, seinerseits die Klausel beizufügen [1], weil es sich hier um eine nur dem Papst zustehende Beseitigung des allgemeinen Rechtes handelt. Die Appellationsbefugniss kann hier vielmehr nur in Folge allgemeiner Grundsätze, so namentlich durch die Vorschrift, dass gegen executor und auditor allein bei Ueberschreitung ihrer Befugnisse appellirt werden darf [2], Einschränkungen erleiden.

F. Erlöschen der Delegation [3]. Die Jurisdiktion des Delegaten hört auf:

1. naturgemäss mit der Erledigung und Ausführung seines Auftrages, in richterlichen Sachen also namentlich mit der Vollstreckung der Sentenz, deren Leitung dem päpstlichen Delegaten selbst zusteht [4].

2. Mit dem Ablauf der im Kommissorium festgesetzten, von der Zustellung an den Delegaten zu berechnenden Frist oder mit Eintritt des fixirten Termines, sofern nicht vorher eine Prorogation durch die Parteien erfolgt war [5].

3. Durch Widerruf seitens des Deleganten, welcher demselben selbst dann frei steht, wenn der Delegat schon mit der Ausführung des Auftrages begonnen hat [6]. Indessen ist der Subdelegant zwar dann nicht, wenn er nur einen Theil seines Auftrages, wohl aber dann wenn er die tota causa kommittirt hat, und der Subdelegat schon thätig geworden ist, verhindert eine wirksame Revokation auszusprechen [7]. Der erste Delegant, also der Papst, kann freilich selbstverständlich auch in solchem Falle die Jurisdiktion des Subdelegaten durch Widerruf beseitigen. Die gültige Revokation wirkt aber erst von dem Zeitpunkt ab, in welchem sie zur Kenntniss des Delegirten gelangt, und es sind daher die bis dahin von ihm vorgenommenen Handlungen gültig [8], es sei dass der Papst ausdrücklich alle nach Erlass des Widerrufes stattfindenden Akte für nichtig erklärt habe.

4. Durch den Tod des Deleganten, sofern noch res integra vorliegt [9], also namentlich seitens des Delegaten noch keine Citation erlassen ist [10]. Bei der Kodelegation reicht das Vorgehen des einen hin, um für alle die Jurisdiktion zu perpetuiren [11], mit Ausnahme des Falles, wo alle simpliciter kommittirt sind, also unter allen Umständen gemeinschaftlich handeln müssen [12]. Auch hier sind die vom Delegaten in der Zwischenzeit bis zur erlangten Kunde gethanen Schritte für gültig zu erachten [13].

S. 131; München, kanon. Gerichtsverfahren. 1, 525. Nach c. 53 (Innoc. III.) X. de appell. II. 28. hindert aber die Klausel die Appellation: „quae a iure indulgetur expresse", nicht; darüber, welche Fälle hierher zu rechnen, hat grosser Streit geherrscht. — Uebrigens kann der Papst eine trotz der Klausel eingelegte Appellation immer annehmen. c. 28. §. 2. c. 47 (Innoc. III.) X. eod. tit.

[1] c. 27. cit. pr. §. 2. — Wenn daher der eine von zwei mit der Formel remota appellatione ernannten Kodelegaten den andern subdelegirt, so wird an den Papst appellirt. c. 27. cit. §. 4.

[2] c. 27. cit. §. 2.

[3] Die kanonistiche Doktrin hat in dieser Lehre angeknüpft namentlich an l. 55. D. de R. J.; §. 9. J. mandati; l. 12. 58. D. de iudic. V. 1.

[4] c. 9 (Alex. III.); c. 26 (Innoc. III.) X. h. t. Ueber die Exekutionsbefugniss der übrigen Delegaten s. oben S. 189. n. 3. Die Frage, in wiefern durch eine nichtige Sentenz die Befugniss des Delegaten erlischt, behandelt Schmalzgrueber l. c. n. 40.

[5] c. 4 (Alex. III.) X. h. t.; c. 12 (Alex. III.) X. de appell. II. 28.

[6] c. 4 (Innoc. III.) X. ut lite pend. II. 16.

[7] c. 6. 7. cit. in VI^to h. t.

[8] c. 24 (Innoc. III.) X. de rescr. I. 3; c. 4 (Alex. III. X. de rest. spoliat. II. 13; Glosse zu c. 8. X. de procur. I. 38. s. v. ad illum; Reiffenstuel l. c. n. 141. 142.

[9] c. 30 (Innoc. III.) X. h. t.

[10] c. 20 (Urban. III.) X. h. t.; c. 19 (Luc. III.) eod., das die Litiskontestation als das entscheidende Moment hinstellt, gehört einer früheren Auffassung an. Freilich ist viel Streit über das Verhältniss der beiden Stellen, s. Gonzalez Tellez zu c. 20. n. 3 ff.; Schmalzgrueber l. c. n. 48; Bouix, tract. de judic, 1, 161; Phillips 6, 789. n. 28; Mache l. c. p. 25 ff.

[11] c. 8 (Bonif. VIII.) in VI^to h. t. I. 14.

[12] Vgl. Gonzalez Tellez l. c. n. 6.

[13] c. 20. cit., Gonzalez Tellez l. c. n. 9 ff.

Die Delegation der Ausführung einer vom Papst bewilligten Gnadenverleihung fällt aber nicht unter die allgemeine Regel; vielmehr dauert die Befugniss des s. g. executor gratiae noch nach dem Tode des Papstes fort[1]. Ferner gehört hierher die schon oben besprochene Ausnahme in Betreff der seitens der Bischöfe ertheilten Weihe-Dimissorien. (Vgl. S. 186. n. 2.)

Da, wo der Delegat nicht durch einen iudex ordinarius, sondern einen quasi ordinarius bestellt ist, tritt die weitere Frage auf, wie es sich verhält, wenn das Amt des letzteren erlischt. Da dieser Fall dem des Todes des iud. ordinarius gleichsteht, so muss auch hier angenommen werden, dass der Beginn der Ausführung das Zusammenfallen der Kommission hindert[2].

5. Durch den Tod des Delegaten, wenn nicht etwa die Delegation mit Rücksicht auf das von demselben bekleidete Amt geschehen ist, und in Folge dessen das Mandat, ebenso wie das dem Kapitel während der Sedisvakanz gegebene auf den Nachfolger übergeht[3]. Bei der simpliciter ertheilten Kodelegation führt der Tod des Einen das Erlöschen der Delegation herbei, sofern nicht etwa eine Subdelegation des Einen durch den Andern erfolgt und die Ausführung des Auftrages durch ersteren begonnen ist[4].

6. Dadurch dass der Delegat sich (z. B. wegen Nichtigkeit des Delegationsreskriptes) rechtskräftig für inkompetent erklärt[5]. Er hat dann seinen Auftrag erfüllt und es können hier die Parteien selbst nicht einmal durch Prorogation seine verlorene Jurisdiktion wieder herstellen.

7. Das Gleiche gilt, wenn die Partei den Delegaten aus einem gerechtfertigten Verdachtsgrunde[6] rekusirt hat und die Statthaftigkeit der Perhorrescenz rechtskräftig anerkannt worden ist[7].

Dagegen ist es einflusslos für die Gewalt des Delegaten, wenn das Territorium (z. B. die Diöcese), für welche ihm dieselbe aufgetragen worden, getheilt wird, vielmehr wird in dieser Hinsicht ihm gegenüber die Veränderung als nicht erfolgt betrachtet[8]. —

[1] c. 9 (Bonif. VIII.) in VI^to h. t. Der anscheinende Widerspruch, in welchem c. 9. cit. zu c. 36. i. f. (Bonif. VIII.) in VI^to de praeb. III. 4. steht, löst sich dadurch, dass im letzteren ein Fall vorausgesetzt wird, wo die Gnadenbewilligung nicht durch eine einfache Exekution, sondern nur auf dem Wege der eigentlichen Jurisdiktion realisirt werden kann. Andere Erklärungsversuche in der Glosse zu diesem cap. s. v. moriatur; bei Gonzalez Tellez l. c. n. 12 ff.; Garcia, tract. de beneficiis. P. VI. c. 2, welcher überhaupt hierzu zu vergleichen ist.

[2] So entscheidet für den päpstlichen Legaten c. 10 (Gregor. IX.) X. de officio legati. I. 30 (s. Ferraris s. v. legatus n. 13), dessen Jurisdiktion selbst übrigens mit dem Tode des ihn ernennenden Papstes nicht endet, s. c. 2 (Clemens IV.) in VI^to eod. tit. I. 15; Fagnan. ad c. 14. X. I. 33. n. 90; Reiffenstuel I. 30. n. 11. Das gleiche gilt für den Delegaten des bischöflichen General-Vikars, s. Leurenius, tractat. quatern. de episcopor. vicariis. Colon. 1708. c. 3. p. 202; Moy in seinem Archiv. 4, 422. 423.

[3] c. 14 (Alex. III.) X. h. t. I. 29; c. 7 (Alex. III.) X. de rescr. I. 3. Im Zweifel soll für die persönliche Delegation präsumirt werden, s. Reiffenstuel I. 29. n. 128; Phillips 6, 789.

[4] c. 42 (Gregor. IX.) X. h. t.; Reiffenstuel l. c. n. 154; J. H. Böhmer l. c. §. 49.

[5] c. 38 (Gregor. IX.) X. h. t.; vgl. auch c. 34 (Honor. III.) X. de praeb. III. 5.

[6] Beispiele dafür in c. 17. 23. 25. X. h. t. I. 29.

[7] c. 5 (Bonif. VIII.) in VI^to h. t. I. 14. Freilich kann der päpstliche Delegat bis zur Geltendmachung der Rekusation ungehindert in totum subdelegiren und dann ist letztere gegen den Subdelegaten aus der Person seines Auftraggebers nicht gestattet. c. 5. cit. Die Verhandlung der Rekusation erfolgt für die Regel vor Schiedsrichtern, c. 39. X. h. t.; c. 41. §. 1; c. 61. X. de appell. II. 28; bei Perhorrescenz des bischöflichen Delegaten vor dem Bischof, bei der eines von mehreren mit der Formel: quod si non omnes bestellten Kodelegaten vor den andern, c. 4. in VI^to h. t., bei der des päpstlichen Subdelegaten vor dem subdelegirenden Delegaten. c. 27. §§. 1. 2. X. h. t.

[8] c. un. (Joann. XXII.) h. t. in Extrav. comm. I. 6.

Die eben dargestellte Theorie von dem Aufhören der iurisdictio delegata findet keine Anwendung auf die Klasse der s. g. gesetzlichen Delegaten. Von dem Erlöschen der Befugnisse der Bischöfe tamquam sed. apostolicae delegati und der Conservatoren z. B. durch den Tod des Papstes und einfachen Widerruf desselben kann der Natur der Sache nach keine Rede sein, ferner kommen hier (z. B. für die Dauer der Funktion der Conservatoren) eigene Regeln vor (S. 180. n. 9), und ebenso muss sich der Fall der Rekusation eines solchen Delegaten anders gestalten, weil dieselbe ihn wohl im einzelnen Fall als unfähig erscheinen lassen, ihm aber damit seine Machtvollkommenheit überhaupt nicht benehmen kann.

Erste Abtheilung:

Die einzelnen Aemter und Stufen der kirchlichen Regierung.

Erstes Kapitel: **Der Papst.**

§. 22. *I. Der Primat und sein Verhältniss zum Episkopat. Der s. g. Primatus iurisdictionis.*

I. Der Primat im Allgemeinen. Auf den Ausspruch des Herrn: »Et ego dico tibi, quia tu es Petrus et super hanc petram aedificabo ecclesiam meam et portae inferi non praevalebunt adversus eam; et tibi dabo claves regni caelorum et quodcunque ligaveris super terram, erit ligatum et in caelis, et quodcunque solveris super terram, erit solutum et in caelis«[1] gründet die katholische Kirche den Vorrang des Petrus vor den übrigen Aposteln[2]. Ihn hat der Herr damit zum stellvertretenden Fundament der Kirche gemacht[3] und ihm die oberste priesterliche (Schlüssel-) Gewalt[4], die oberste Lehr-Gewalt[5] und die oberste Leitung der Kirche[6] übertragen. Nach dem Tode des Petrus, welcher als Gründer des Bisthums Roms betrachtet wird, ist wegen dieser Verbindung mit dem römischen Bischofssitze die gedachte hervorragende Stellung nebst den daran geknüpften Rechten, der s. g. Primat, auf den jedesmaligen Bischof von Rom übergegangen und in diesen, den Päpsten, lebt Petrus fort[7]. Die mit der Kirche selbst erfolgte Einsetzung des Primates, als Hauptes und wesentlichen Theils der Verfassung, sowie die Verbindung des Primates mit dem römischen Stuhle sind Dogmen der katholischen Kirche und daher unabänderliche Fundamental-Sätze der Verfassung derselben[8].

1 Matth. XVI. 18. 19.

2 Die übrigen Zeugnisse, worauf dieser Vorzug gestützt wird, bei Phillips 1, 76 ff.

3 Phillips 1, 89 ff.

4 Matth. XVI. 19: „Et tibi dabo claves regni caelorum". Phillips 1, 103 ff.

5 Luc. XXII. 32. „Ego autem rogavi pro te, ut non deficiat fides tua et tu aliquando conversus confirma fratres tuos". Phillips 1, 110.

6 Joann. XXI. 15. „Pasce agnos meos"; 16: „Pasce agnos meos"; 17: „Pasce oves meos". Phillips 1, 113. So fasst schon Gregor I. lib. VII. ep. 40 (ed. Ben. 2, 888) zusammen. — Uebrigens mag im Gegensatz zur protestantischen Auffassung noch ausdrücklich darauf hingewiesen werden, dass nach der katholischen Anschauung die Kirche die Schlüsselgewalt durch Petrus hat, nicht umgekehrt. Phillips 1, 108. Ueber die Stellung der protestantischen Kirche zu der Lehre des Textes s. statt vieler K. Hase, Handbuch der protestantischen Polemik. Leipzig. 1862. S. 141 ff.

7 Phillips 1, 140 ff. 149 ff.; ferner auch Bened. XIV. de synodo dioec. II. 1.

8 c. 23 (conc. Lateran. IV. a 1215) X. de privileg. V. 33: „Antiqua patriarchalium sedium privilegia renovantes, sancta universali synodo approbante sancimus, ut post Romanam ecclesiam quae disponente domino super omnes alias ordinariae potestatis obtinet principatum, utpote mater Christi fidelium et magistra"... In dem von Rom ausgegangenen, vom Kaiser Michael Paläologus anerkannten, den Akten des 2. Lyoner Koncils 1274 einverleibten Bekenntniss (Hefele, Conciliengesch. 6, 123. Note) heisst es: „Ipsa quoque sancta Romana ecclesia summum et plenum prima-

II. Episkopal- und Papalsystem. Aber auch den übrigen Aposteln hat Christus die Binde- und Lösegewalt[1], das Lehramt und die Regierung der Kirche[2] übertragen[3] und in die Vollmachten der Apostel ist der Episkopat als solcher, also als Nachfolger des Collegium Apostolorum, succedirt[4]. Die Darstellung der Entwicklung des Verhältnisses der beiden so auf unmittelbare göttliche Einsetzung zurückgeführten Gewalten muss der historischen Uebersicht über die Ausbildung des Primates vorbehalten bleiben. Für die Darlegung des heutigen Zustandes braucht erst die Zeit des ausgehenden Mittelalters berücksichtigt zu werden. Das Papstthum hatte im Verlauf desselben die Bedeutung des Episkopates herabgedrückt und nahm für sich eine absolute Souveränität über die Kirche in Anspruch. Während die Doktrin im 14. Jahrhundert diese Stellung des Papstthums in den überschwänglichsten Ausdrücken feierte und den Stellvertreter Gottes in Rom zum Gott selbst erhob[5], verfiel das Papstthum dem französischen Einfluss und der Aufenthalt in Avignon (seit 1305), sowie das mit 1378 beginnende päpstliche Schisma mussten nothwendiger Weise eine entgegengesetzte Strömung hervorrufen. Das üppige und unsittliche Leben und Treiben der Päpste zu Avignon, die auf Grund der behaupteten Machtfülle in Anspruch genommenen Abgaben und Reservationen von Benefizien, die Beförderung des Ablasshandels sowie die missbräuchliche Verwendung der auf diese Weise gewonnenen Einkünfte[6] lieferten die handgreiflichste Widerlegung jener behaupteten Gottgleichheit des Papstes, ebenso wie die Abhängigkeit des Primates von Frankreich und die Ohnmacht, das Schisma zu beseitigen den schneidensten Kontrast zu der prätendirten obersten Machtfülle boten, und den Beweis lieferten, dass das bisherige System seinen Hauptzweck, die Aufrechterhaltung der kirchlichen Einheit, nicht zu erfüllen, im Stande war. Die bis dahin geltende Theorie von der Souveränität des Papstes konnte von ihrem Standpunkt aus kein rechtliches Mittel finden, diesen immer mehr Abhülfe fordernden Uebeln zu steuern. Als ausserordentliches Mittel lag freilich die Berufung eines allgemeinen Koncils nahe, und seit dem Ende des 14. Jahrhunderts tritt eine Literatur auf, deren Vertreter das oberste Eingreifen eines solchen auf verschiedene Weise motiviren und zum ersten Mal das System des s. g. Episkopalismus geltend machen[7]. Zunächst wurde theoretisch nur die Berechtigung eines ausnahmsweisen Ein-

tum et principatum super universam ecclesiam catholicam obtinet quem se ab ipso domino in b. Petro apostolorum principe sive vertice cuius Romanus pontifex est successor, cum potestatis plenitudine recepisse veraciter et humiliter recognoscit"; conc. Florent. a. 1439; decret. union.: „Diffinimus sanctam apostolicam sedem et Romanum pontificem in universum orbem tenere primatum et ipsum pontificem successorem esse b. Petri principis apostolorum et verum Christi vicarium totiusque ecclesiae caput et omnium christianorum patrem ac doctorem existere et ipsi in b. Petro pascendi, regendi et gubernandi universalem ecclesiam a domino nostro Jesu Christo plenam potestatem traditam esse" (Mansi 31, 1031). Das Tridentinum (s. darüber S. 203) enthält keinen direkten Ausspruch über den Primat, wohl aber lehrt der Catechism. Roman. P. I. c. 10. qu. 11; P. II. c. 7. qu. 24. dasselbe, wie die vorhin citirten Stellen.

1 Matth. XVIII. 18: „Amen dico vobis: Quaecunque alligaveritis super terram, erunt ligata et in caelo; et quaecunque solveritis super terram, erunt soluta et in caelo"; s. auch Joann. XX. 22. 23.

2 Matth. XXVIII. 19. 20: „Euntes ergo docete omnes gentes, baptizantes eos in nomine patris et filii et spiritus sancti; docentes eos servare omnia quaecunque mandavi vobis".

3 Phillips 1, 126 ff.

4 Phillips 1, 175 ff.

5 Augustini Triumphi († 1328) summa de potest. eccles. qu. 6. a. 1: „Solus papa dicitur esse vicarius dei . . . Sentencia igitur pape et sentencia dei una sententia est . . . nullus ergo potest appellare a papa ad deum, sicut nullus potest intrare ad consistorium dei nisi mediante papa qui est eterne vite consistorii claviger et ostiarius, et sicut nullus potest appellare ad se ipsum, quia una sentencia est, et una curia dei et papae", Zenzelinus ad c. 4. in Extrav. Joann. XXII. 14: „credere autem dominum deum nostrum papam . . . sic non potuisse statuere, prout statuit, haereticum censeretur". S. Hübler, Konstanzer Reformation S. 360 ff.; Friedberg de fin. int. eccles. et civitatem regundor. S. 9 ff.

6 Belege bei Gieseler, Kirchengesch. II. 3. 2. Aufl. S. 106 ff.; 282 ff.

7 Hübler a. a. O. S. 261. 262.

schreitens des allgemeinen Koncils statuirt, indem man sich darauf berief, dass der Papst als hartnäckiger Schismatiker und demgemäss auch als Ketzer von der Kirche gerichtet werden könne [1], oder indem man das Recht zur Papstwahl nur delegativ, d. h. der Ausübung nach den Kardinälen, fundamental aber der ganzen Kirche, die dasselbe im Nothfalle auszuüben berechtigt sei, beilegte, oder endlich auf die Korruption der Kirche und des Papstes sowie den Mangel eines anderen Organs zur Abstellung der Missbräuche das Recht der Allgemeinheit als Nothrecht gründete [2]. Eine andere, namentlich in Frankreich vertheidigte Lehre statuirte dagegen den sofortigen Abfall (subtractio) aller Gläubigen von dem Papst als Recht und Pflicht, nicht nur für den positiv anerkannten Fall der Häresie, sondern unter Hinweisung auf Billigkeit und Analogie auch für den Fall des Amtsmissbrauches und der Vernachlässigung des allgemeinen Wohles der Kirche [3]. Die Einsicht indessen, dass auf diesem letzten Wege praktisch nicht weiter zu kommen war, wies die Doktrin wieder auf das Mittel des allgemeinen Koncils hin. Aber sie stellte sich jetzt auf einen andern Boden dadurch, dass sie die Ungültigkeit eines den Frieden und die Wohlfahrt beeinträchtigenden Gesetzes proklamirte, jedes Mittel zur Beseitigung des Schismas im Interesse des höheren göttlichen Rechts hin gerechtfertigt erklärte, und damit die Möglichkeit, das Koncil als ständiges Moderamen der päpstlichen Gewalt aufzufassen, begründete [4]. Die plenitudo potestatis ecclesiasticae wurde der allgemeinen Kirche und damit dem allgemeinen Koncil beigelegt, die Ausübung der Machtvollkommenheit steht zwar dem Papst zu, aber das erstere hat bei wichtigen Angelegenheiten eine konkurrirende, im Fall des Missbrauchs eine korrektive, und im Fall der Noth eine oberstrichterliche Stellung über den Papst [5]. Gerade die Männer, welche jene Theorien mit entwickelt haben, Gerson und Petrus de Alliaco [6], haben an ihrer praktischen Verwirklichung, der Absetzung der Päpste Benedikts XIII. und Gregors XII., auf der Reformsynode zu Pisa 1409 Theil genommen. Wenn auch letztere resultatlos verlaufen ist, so hat doch das Koncil von Konstanz (1414—1418) jene Lehren in das Rechtsleben der Kirche einzuführen gesucht, indem es die Obergewalt der allgemeinen Kirche und des Koncils über den Papst proklamirte [7], und die allgemeinen Synoden zu periodisch neben dem Papst zusammen-

1 c. 6 (Bonifacii martyris?) Dist. XL; c. 13 (Pseud. Isid.) C. II. qu. 7; Innoc. III. de consecr. pontif. serm. 2: „In tantum mihi fides necessaria est, ut cum in caeteris peccatis deum iudicem habeam, propter solum peccatum quod in fide committitur, possim ab ecclesia iudicari" (opp. Colon. 1575. 1, 188.); über diese Ausnahmen des Grundsatzes: „prima sedes a nemine iudicatur" Phillips 1, 274 ff. u. unten §. 31.

2 Vgl. Hübler a. a. O. S. 362, der diese Theorien als Nothstandstheorien charakterisirt.

3 Mit Recht bezeichnet Hübler a. a. O. S. 371. diese s. g. Subtraktionstheorie als eine solche, die die Opposition individualisirte, den Abfall Aller und Jeder predigte und die Empörung ständig machte.

4 So namentlich der Kanzler der Pariser Universität Gerson s. Hübler a. a. O. S. 374.

5 Hübler a. a. O. S. 372 ff.

6 (d'Ailly, Bischof von Cambray), s. Gieseler a. a. O. II. 4, 2 ff.

7 Sess. V.: „Haec sancta synodus Constantiensis, generale concilium faciens, pro exstirpatione praesentis schismatis et unione ac reformatione ecclesiae dei in capite et in membris fienda ad laudem omnipotentis dei in spiritu sancto legitime congregata, ad consequendam facilius, securius, uberius et liberius unionem ac reformationem ecclesiae dei, ordinat, diffinit, statuit, decernit et declarat, ut sequitur: Et primo declarat, quod ipsa in spiritu sancto legitime congregata, generale concilium faciens et ecclesiam catholicam militantem repraesentans potestatem a Christo immediate habuit, cui quilibet cuiuscunque status vel dignitatis, etiamsi papalis, existat, obedire tenetur in his quae pertinent ad fidem et exstirpationem dicti schismatis ac generalem reformationem ecclesiae dei in capite et in membris. Item declarat quod quicunque cuiuscunque conditionis, status vel dignitatis, etiamsi papalis existat, qui mandatis, statutis seu ordinationibus aut praeceptis huius sanctae synodi et cuiuscunque alterius concilii generalis legitime congregati super praemissis seu ad ea pertinentibus factis vel faciendis obedire contumaciter contemserit, nisi resipuerit, condignae poenitentiae subiiciatur et debite puniatur, etiam ad alia iuris subsidia, si opus fuerit,

tretenden obersten Leitungs-Organen machte[1]. Denselben Standpunkt hat das Baseler Koncil 1431—1443), welches die Beschlüsse des Konstanzer wiederholte[2] und den Papst Eugen IV. absetzte[3], eingenommen. In Frankreich bemächtigte sich die weltliche Gesetzgebung ebenfalls dieser Anschauungen, und Karl VII. adoptirte sie in der s. g. pragmatischen Sanktion von 1438 zu Bourges[4]. Ist letztere auch formell wieder beseitigt worden[5], so lebten diese Ideen doch in Frankreich in den Parlamenten und in dem Klerus fort, indem mit der Lehre von der Abhängigkeit des Papstes vom Koncil zugleich der Grundsatz von der Unabhängigkeit der weltlichen Macht in weltlichen Dingen vom Papste zusammengestellt und so ein System von Auffassungen entwickelt wurde, welches man mit dem Namen der libertés de l'église Gallicane oder als Gallikanismus bezeichnete. Seine Formulirung hat dasselbe vor Allem in dem Werke des französischen Advokaten und nachmaligen General-Prokurators Pierre Pithou († 1596): »les libertés de l'église Gallicane« (1594) gefunden[6].

recurrendo". (v. d. Hardt, magn. oecumen. Constant. concil. Francof. 1700 ff. 4, 98).

[1] Sess. gener. XXXIX. c. 1: „Frequens generalium conciliorum celebratio agri dominici praecipua cultura est quae vepres spinas et tribulos haeresium errorum et schismatum exstirpat, excessus corrigit, deformata reformat et vineam domini ad frugem uberrimae fertilitatis adducit, illorum vero neglectus praemissa disseminat atque fovet. ea propter hoc edicto perpetuo sancimus statuimus decernimus atque ordinamus, ut amodo concilia generalia celebrentur ita quod primum a fine huius concilii in quinquennium immediate sequens, secundum vero a fine illius immediate sequentis concilii in septennium et deinceps de decennio in decennium perpetuo celebretur in locis quae summus pontifex per mensem ante finem cuiuslibet concilii approbante et consentiente concilio vel in eius defectu ipsum concilium deputare et assignare teneatur, ut sic per quandam continuationem semper aut concilium vigeat aut per termini pendentiam exspectetur" . . . c. 2. Si vero quod absit in futurum schisma oriri contingeret ita quod duo vel plures pro summis pontificibus se gererent a die quo ipsi duo vel plures insignia pontificatus publice assumserint seu administrare coeperint, intelligatur ipso iure terminus concilii tunc forte ultra annum pendens ad annum proximum abbreviatus. ad quod omnes praelati et ceteri qui ad concilium ire tenentur, sub poenis iuris et aliis per concilium imponendis absque alia vocatione conveniant" . . . (Hübler a. a. O. S. 118 ff.)

[2] Sess. II. c. 3 ff. (Mansi 29, 21).

[3] Gieseler a. a. O. II. 4, 79. 84.

[4] c. 8: „Universali synodo eiusque deffinitionibus et decretis omnis catholicus, etiam Romanus pontifex, eatenus obedito, quatenus fides et schismatum explodenda seditio postulat". c. 9: „Quae synodus s. spiritu autore vocata consedit, eam sicut Constantianae concionis patres diffiniere, a Christo deo auctoritatem protinus obtinere credito" (Münch, Sammlung aller Konkordate 1, 208).

[5] S. Schulte 2, 184; Phillips 3, 326 ff.

[6] Es stellt dieselben in 83 Artikeln zusammen; es heisst in art. 4: „La première (maxime) est que les papes ne peuvent rien commander ni ordonner, oit en général ou en particulier de ce qui concerne les choses temporelles és pays et terres de l'obéissance et souveraineté du roi très chrestien: et s'ils y commandent ou statuent quelque chose, les sujets du roi, encores qu'ils fussent clercs, ne sont tenus leur obéir pour ce regard; art. 5 et 6: „La seconde qu'encores que le pape soit reconnu pour suzerain és choses spirituelles: toutesfois en France la puissance absolue et infinie n'a point de lieu, mais est retenue et bornée par les canons et règles des anciens conciles de l'église reclus en ce royaume. Et in hoc maxime consistit libertas ecclesiae Gallicanae" . . . art. 40: „De la seconde maxime dépend ce que l'église Gallicane a tousjours tenu, que combien que par la règle ecclésiastique ou (comme dit s. Cyrille écrivant au pape Celestin) par l'ancienne coustume de toutes les églises, les conciles généraux ne se doivent assembler in tenir sans le pape, clave non errante, reconneu pour chef et premier de toute l'église militante, et père commun de tous chretiens et qu'il ne sy doive rien conclure ni arrester sans lui et sans son autorité, toutesfois il n'est estimé estre pardessus de concile universel, mais tenu aux décrets et arrests d'icelui, comme aux commendemens de l'église, espouse de nostre Seigneur Jésus-Christ" . . . art. 41: „Aussi l'église Gallicane n'a pas receu indifferemment tous canons et épistres décrétales, se tenant principalement à ce qui est contenu en l'ancienne collection appellée corpus canonum (d. i. die Dionysisch-Hadrianische Sammlung), mesmes pour le regard des épistres décrétales jusques au pape Grégoire II.". Daran schliesst sich dann an näher begründend und erläuternd (Du Puy) preuves des libertez de l'église Gallicane 1639; commentaire sur le traité des libertez de l'église Gallicane de Maistre Pierre Pithou. Paris. 1652. Aus derselben Zeit gehört ferner hierher das Werk des bekannten Pariser Erzbischofs Petrus de Marca († 1662), de concordia sacerdotii et imperii seu de libertatibus ecclesiae Gallicanae. 1641 (vgl. dazu Phillips 3, 350; Jacobson in Herzogs Encyclopädie 9, 18). Gerade über den hier in Rede stehenden Punkt, das Verhältniss zwischen dem Papst und dem allgemeinen Concil oder dem Episkopat, drückt sich de Marca aber sehr vorsichtig und zurückhaltend, ja gewunden aus; l. c. l. III. c. 6 (ed. Bamberg. 1788. 2, 50): „Solet a plerisque pragmaticis hoc fere praecipuum

In Folge des Streites Ludwigs XIV. mit dem Papst Innocenz XI. über die Geltendmachung des s. g. Regalienrechtes[1] auf sämmtliche Bisthümer Frankreichs fanden jene Sätze nunmehr in der auf Veranlassung des ersteren von des bekannten Bossuets Hand entworfenen »Déclaration du clergé de France sur les libertés et franchises de l'église Gallicane« von 1682[2] auch die Anerkennung der französischen Krone, indem diese sogar das Lehren von damit in Widerspruch stehenden Theorien verbot[3]. Die Fortdauer und die Weiterverbreitung der gallikanischen Doktrinen wurde durch die nach dem Tode Bossuets († 1704) herausgegebene »defensio declarationis celeberrimae quam de potestate ecclesiastica sanxit clerus Gallicanus« (zuerst Luxemburg 1730. 2 Bde.) wesentlich gefördert, welche derselbe auf Antrieb Ludwigs XIV. begonnen, von deren Veröffentlichung er aber später wieder Abstand genommen hatte[4]. Ausserhalb Frankreichs sind die gedachten Lehren von dem Löwener Kanonisten Zeger Bernhard van Espen († 1728) adoptirt und in einzelnen Abhandlungen[5] sowohl, wie in seinem grossen Werke: Ius ecclesiasticum universum[6] mit einer blendenden Fülle historischen Materials in klarem

constitui libertatis Gallicanae theorema, concilium oecumenicum superius esse summo pontifice . . . Attamen si cum bona magistrorum venia id quod sentio, libere profiteri liceat; existimo, libertatis ecclesiae Gallicanae hoc axiomate non omnino niti. Qui Romani pontificis odium in has libertates concitant, id praecipue urgent, eas alia ratione constare non posse quam apostolicae sedis dignitate in eo maxime imminuta, quod pontifex concilii generalis auctoritate subiciatur. Attamen haec sententia, etsi in schola Parisiensi et ceteris huius regni academiis certissima habeatur, in foro apud nos disceptatur, qui libertates perinde tuemur, si de concilii generalis novis decretis, ac si de Romani pontificis constitutionibus agatur ... Fruatur summus pontifex aut aequo iure cum conciliis generalibus aut superiori. Illud unum in foro expendetur, an nova constitutio vel novum rescriptum rebus Gallicanis consulat aut noceat".

1 D. h. des Rechtes während der Vakanz die Früchte des Bisthums und die Besetzungsrechte des Inhabers auszuüben. S. P. de Marca l. c. lib. III. c. 17 ff.; namentlich c. 24, und desselben mémoire dressée pour servir au jugement de l'instance générale de la Régale (ed. cit. 6, XIII ff.); Jacobson in Herzog 12, 591. Seitens der Kurie wurde damals in Uebereinstimmung mit dem II. Koncil v. Lyon c. 12 (c. 13. in VIto de elect. I. 6) die Beschränkung auf die Bisthümer, bei denen die Regalie in Uebung war, verlangt. Phillips 3, 357.

2 Zuletzt abgedruckt bei Walter, fontes iuris ecclesiastici. S. 127. 128. Die hier interessirenden Artikel lauten: Art. 2. „Que la plénitude de puissance que le Saint Siège apostolique et les successeurs de saint Pierre, vicaires de Jésus-Christ, ont sur les choses spirituelles, est telle que néanmoins les décrets du saint concile oecuménique de Constance, contenus dans les sessions IV et V, approuvés par le Saint Siège apostolique, confirmés par la pratique de tout l'église et des pontifs romains, et observés religieusement dans tous les temps par l'église gallicane, demeurent dans leur force et vertu et que l'église de France n'approuve pas l'opinion de ceux qui donnent atteinte à ces décrets ou qui les affaiblissent en disant que leur autorité n'est pas bien établie, qu'ils ne sont point approuvés ou qu'ils ne regardent que le temps du schisme". Art. 3: „Qu'ainsi il faut régler l'usage de la puissance apostolique, en suivant les canons faits par l'esprit de Dieu et consacrés par le respect général de tout le monde. Que les règles, les moeurs et les cônstitutions reçues dans le royaume et dans l'église Gallicane doivent avoir leur force et vertu, et les usages de nos pères demeurer inébranlables; qu'il est même de la grandeur du Saint Siège apostolique que les lois et coutumes établies du consentement de ce Siège respectable et des églises, subsistent invariablement". Art. 4. „Que quoique le pape ait la principale part dans les questions de foi et que ses décrets regardent toutes les églises et chaque église en particulier, son jugement n'est pourtant irréformable, à moins que le consentement de l'église n'intervienne".

3 Vgl. die die Einregistrirung bei den Parlamenten befehlende Ordonnance du 22. Mars 1682 (Walter S. 130). — Uebrigens ist diese Ordre von Ludwig XIV., sowie die Deklaration von den Bischöfen 1693 widerrufen worden; s. die Aktenstücke bei Walter S. 132 ff., ferner Phillips 3, 362, ohne dass dies freilich in der Praxis und in der allgemeinen Auffassung eine Aenderung bewirkt hätte. Ja Ludwig XV. hat durch arrêt du 24. Mai 1766 die Vollstreckung der Ordonnance wieder angeordnet. Walter Kirchenrecht §. 114.

4 Phillips 3, 363. Für die hier in Rede stehenden Fragen sind vor allem wichtig P. II. lib. 9 u. ff.; ferner lib. 15. c. 20 ff.; lib. 11. c. 15. wendet sich Bossuet gegen die vorhin (S. 198. n. 6) mitgetheilte Ausführung Peters de Marca.

5 De promulgatione legum ecclesiasticarum et de placito regio; de concordia immunitatis ecclesiasticae et juris regii; de recursu ad principem (sämmtlich in P. II. seiner Werke Coloniae Agripp. 1729).

6 Zuerst Löwen 1700 u. Köln 1702. Uebrigens tritt bei ihm das Verhältniss der geistlichen und weltlichen Gewalt in den Vordergrund, während das Verhältniss des Episkopates zum Primat in seinem grossen Werke nirgends principell besprochen wird, ja sowohl ein eigener Abschnitt über den Papst als auch über die allgemeinen Koncilien

Stil dargestellt. In Deutschland hat ein Schüler van Espens, der Trierer Weihbischof Nikolaus von Hontheim, die Doktrinen in dem pseudonym mit Angabe eines fingirten Verlagsortes zu Frankfurt a. M. erschienenen Werke: »Iustini Febronii ICti de statu ecclesiae et legitima potestate Romani pontificis liber singularis ad reuniendos dissidentes in religione christianos compositus. Bullioni. 1763[1] weiter entwickelt und so den Episkopalismus in ein vollständig durchgeführtes System gebracht, dessen Grundzüge folgende sind:

Die Verfassungsform der Kirche ist keine Monarchie, vielmehr hat Christus der Kirche als Gesammtheit die Schlüsselgewalt gegeben. Diese besitzt sie radicaliter et principaliter, und erst von der Kirche haben sie die Apostel und die Bischöfe secundum usum, also zur Ausübung, empfangen[2]. Letztere haben diese ihre Befugnisse aber

fehlt; in dem Kapitel von den Bischöfen (s. P. I. t. 16 c. 1) wird des Petrus und der Succession des römischen Bischofs in dessen Vollmachten mit keiner Silbe gedacht, vielmehr heisst es (l. c. n. 9:) „Episcopatus ergo per se plenam regiminis ecclesiasti potestatem et ipsius sacerdotii plenitudinem continet, adeo ut episcopi, praeveniendo omnem ecclesiae restrictionem seu limitationem, eandem in regimine ecclesiastico illimitatam quam apostoli habuere, auctoritatem vi suae ordinationis accipiant“.

[1] Das Buch hat mehrere Auflagen erlebt und ist durch Zusammenstellung weiterer Beweisstellen, sowie Hinzufügung von Vertheidigungen auf dagegen gemachte Angriffe schon 1773 auf 4 Quartbände angewachsen. Gegen Febronius sind folgende Schriften, — aufgezählt bei Phillips 3, 372 — unter denen die von Zaccaria und Ballerini am meisten hervorragen, gerichtet: Justinianus Frobenius (Sappel), epistola ad Cl. V. Justinum Febronium ICtum de legitima potestate summi pontificis; J. Kleiner ad Justini Febronii librum observationes quaedam summariae; Epistola Ladislai Simmoschovini Tusci-Romae et a Sorbona Lutetiae Parisiorum probata. Sienae 1785; Greg. Trautwein, vindiciae adversus Just. Febronii ICti de abusu et usurpatione summae potestatis pontificiae librum singularem liber singularis. Aug. Vind. 1765; Universitatis Coloniensis de proscriptis a . . . Clemente XIII. actis pseudo-synodi Ultraiectinae a. 1765 . . . et libris J. Febronii . . . iudicium academicum. Colon. 1765 (auch bei Febronius, tom. 2. 1770. p. 1 ff.); R. M. Corsi, de legitima potestate et spirituali monarchia Romani pontificis 12 theses. Florent. 1765; F. Zech, de iudic. ecclesiast. tit. XIII. Ingolst. 1766; Giul. Ant. Sangalli, dello stato della chiesa e legitima potestà del Romano pontefice 1766; Zaccaria, Antifebronio. Pisaur. 4 Voll. 1767; Sappel, liber singularis ad formandum genuinum conceptum de statu ecclesiae et summi pontificis potestate. Aug. Vind. 1767; Kauffmans, pro statu ecclesiae catholicae et legitima potestate Romani pontificis. Colon. Agripp. 1767; Constantino, Disinganno sopra l'oggetto scritto in fronte del libro intitolato de statu ecclesiae etc. Ferrar. 1767; Italus (Viator. de Coccaglia) ad Febronium. Luc. 1768; P. Ballerini, de potestate ecclesiastica summorum pontificum et conciliorum generalium liber una cum vindiciis auctoritatis pontificiae contra opus Just. Febronii. Veron. 1768; Zaccaria, Antifebronius vindicatus. Caesen. 4 Voll. 1771, Carrich, de ecclesia, Romani pontif. et episcop. legit. potest. Coloniae. 1773; (J. A. Sangalli) Romani pontificis summa auctoritas ius et praesentia oecumenicorum conciliorum. Favent. 1779. — Unterm 27. Februar 1764 ist das Buch Hontheims durch Clemens XIII. verurtheilt und auf den index libror. prohibitor. gesetzt. Am 1. November 1778 hat Hontheim auf Andringen der Kurie widerrufen, ob vollkommen aufrichtig und überzeugt steht dahin (s. Phillips 3, 372) und demnächst auch den: „Justini Febronii ICti commentarius in suam retractationem. Francof. ad Moen. 1781, der die letztere selbst S. 259 ff. mittheilt, veröffentlichen müssen; dieser befriedigte aber weder in Rom noch sonst bei der päpstlich gesinnten Partei, so dass Cardinal Gerdil dagegen animadversiones in commentarium a J. Febronio etc. (Opera 13, 177 ff.) schrieb, vgl. ferner Justini Alethophili ICti epistola ad J. Febronium etc. data Alethopoli. 1. Juli 1781. — Ueberhaupt noch zu vgl.: Briefwechsel zwischen dem Kurfürsten von Trier Clemens Wenzeslaus und dem Weihbischof von Hontheim über das Buch: Justini Febronii de statu ecclesiae. Frankfurt. 1813.

[2] Justini Febronii de statu ecclesiae c. 1. §§. 5. 6. Uebrigens reproducirt derselbe damit nur wörtlich die Ausführung eines niemals für häretisch erklärten Exegeten des 15. Jahrh., des Alphons Tostatus, Bischofs von Avila und Grosskanzlers von Castilien († 1454). Die Stelle (comm. in Numer. c. 13. qu. 48), welche bereits Gieseler, Kirchengesch. II. 4, 211 mittheilt und auf die neuerdings auch Richter §. 95. n. 5. wieder hingewiesen hat, lautet: „Claves datae sunt a Christo toti ecclesiae, quia tamen non poterat universa ecclesia dispensare illas, cum non esset aliqua persona, eas Petro dedit nomine ecclesiae. Si tamen intelligeretur claves traditas esse Petro specialiter, non solum sequeretur inconvenienter quod inducitur, scilicet quod alii apostoli non habuissent . . . sed adhuc inconveniens maius erat, quod defuncto Petro non mansissent claves, quod necesse erat, si soli Petro datae fuissent; et non solum, si ipsi, sed etiam si omnibus apostolis datae fuissent, tanquam determinatis personis, defunctis illis non mansissent claves in ecclesia, quia isti non habent potestatem dandi aliis claves, faciendo eos successores suos, cum nemo possit praelatum successorem sibi facere . . . Ergo non fuerunt datae claves illis tanquam determinatis personis, sed tanquam ministris ecclesiae; et tunc

direkt von Gott, und stehen ebenso wie ihre Vorgänger, die Apostel, gleichberechtigt nebeneinander [1]. Ausser der Befugniss zur Weihe bildet das Recht der Besetzung aller Benefizien, der Dispensation in allen Fällen und des Urtheils über die Häresie einen wesentlichen Bestandtheil der bischöflichen Jurisdiktion [2]. Den Primat hat Christus zwar auch in der Kirche eingesetzt, aber da er über die Nachfolge des Apostel Petrus nichts bestimmt hat, so kann der Primat von Rom durch die Autorität der Kirche auch auf einen andern Bischofssitz übertragen werden [3]. Einzig und allein zum Zweck der Erhaltung der Einheit der Kirche besteht der Primat. Der Papst hat daher keine Jurisdiktion im eigentlichen Sinne über die Bischöfe [4], nur die für Bewahrung der Einheit wesentlichen und nothwendigen Rechte, namentlich das Recht auf Berichte über den Zustand der verschiedenen Kirchen behufs Ertheilung seines Rathes, auf Ueberwachung der Beobachtung der apostolischen Traditionen und der Kanonen, sowie auf Proposition neuer Gesetze und Einrichtungen Namens der gesammten Kirche [5]. Allgemeine, die letztere verbindende Normen kann er daher weder in Sachen des Glaubens noch der Disciplin erlassen, vielmehr ist er selbst an das gemeine Recht der Kirche gebunden [6]. Hat er gleich die Befugniss, das allgemeine Koncil als Vertretung der gesammten Kirche zu berufen, so steht ihm diese doch nicht ausschliesslich zu [7], und da das erstere kraft der gedachten Stellung seine Gewalt unmittelbar von Christus herleitet, so bildet dasselbe die höhere Instanz über dem Papst, an welche von diesem appellirt werden kann, welche auch das Recht ihn abzusetzen besitzt, und deren Entscheidungen seiner Bestätigung nicht bedürfen [8].

Ueber die Mittel, mit welchen nach Hontheims Vorschlägen für die Bischöfe die ihnen nach seinen Ausführungen gebührende Stellung wieder gewonnen werden soll, die Erörterung derselben führt ihn auf die Anrufung des Beistandes der Staatsgewalten und damit auch zu einer Besprechung des Verhältnisses zwischen diesen und der Kirche, braucht hier nichts Näheres angegeben zu werden, ebensowenig ist hier auf die Versuche zur praktischen Ausführung jener Doktrinen einzugehen. In der Literatur des Kirchenrechts haben sie jedenfalls eine Zeit lang einen bedeutenden Einfluss gehabt [9]. Nach dem Vorgange Hontheims, welcher wieder seinerseits beeinflusst durch die nicht nur bei den Gallikanern, sondern auch in der französischen Theologie herrschende historische Richtung die Unterscheidung zwischen wesentlichen und unwesentlichen Rechten des Primates aufgestellt und für die Ermittlung jener auf die Zeit der ersten Jahrhunderte, die Zeit vor der den Pseudo-Isidorischen Dekretalen zum grössten Theil zuge-

magis dabantur claves ecclesiae; cum ecclesia quae ipsos habet radicaliter, nunquam moriatur ... Ergo videtur quod iurisdictio illa radicalius erat in ecclesia, quam in praelato. Non tamen haberet eam ecclesia, nisi in principio ei tradita fuisset, quia jurisdictio clavium non est talis quales sunt iurisdictiones, quas constituunt sibi homines; quia cum iurisdictio sit in remittendo peccata et ligando, non possunt eam homines sibi fingere, sed a deo solo est, cum ipse solus remittat peccata; in ecclesia autem est ista iurisdictio. Ergo oportet, quod illam aliquando acceperit, et hoc non fuit, nisi cum primo traditae sunt claves a Christo"; ferner quaest. 49 ibid: „ecclesia suscipit claves a Christo, et apostoli tanquam ministri ecclesiae; et nunc ecclesia illas habet et praelati etiam; sed aliter ecclesia quam praelati; nam ecclesia illas habet secundum originem et virtutem, praelati autem habent secundum usum earum".

1 A. a. O. c. 1. §. 7; c. 7. §§. 1. 2.
2 A. a. O. c. 7. §§. 4. 6.; c. 4. §. 2.
3 A. a. O. c. 2. §. 3.
4 A. a. O. c. 4. §§. 2. 3. 11.
5 A. a. O. c. 4. §§. 6—9.
6 A. a. O. c. 5. §§. 1. 2. 5.
7 A. a. O. c. 2. §. 11; c. 6. §. 2.
8 A. a. O. c. 6. §§. 1. 5. 6. 10.
9 Jos. Val. Eybel, Was ist der Papst? Wien. 1782; desselben, Was ist ein Bischof? ebendas. 1782. Rautenstrauch, instit. iur. eccles. Germaniae accommodatae. Prag. 1772; synopsis iuris ecclesiastici publici et privati quod per terras haereditarias augustissimae imperatricis Mariae Theresiae obtinet. Vindobon. 1776. S. auch die folgende Note.

schriebenen Umwälzung, zurückgegangen war, wurde jene Lehre nunmehr in einem grossen Theil von Darstellungen des kirchlichen Rechts in folgender Weise vorgetragen[1]:

Als iura essentialia (primigenia, divina, necessaria), welche dem Primat deshalb zustehen, weil sie »tendunt ad unitatis ecclesiae conservationem«, werden bezeichnet:

1. ius exigendi relationes in causis statum ecclesiae publicum concernentibus,
2. mittendi legatos et vicarios suae potestatis in provinciis constituendi,
3. praecipuae partes in curandis fidei negotiis,
4. ius edendi decreta in iis provisoria,
5. convocandi concilia,
6. in iis praesidendi,
7. ius vindicandi et exequendi canones,
8. ius relaxandi canonum rigorem ad unitatis conservationem,
9. eum in finem ferendi leges, uti etiam ad novas corruptelas extinguendas,
10. ius devolutionis supremum,
11. ius protectionis episcopis oppressis impertiendae.

Diesen Rechten stehen die iura adventitia (accessoria, secundaria) gegenüber, welche der Primat hauptsächlich in Folge der Sitte der Bischöfe sich in wichtigen Angelegenheiten an ihn zu wenden und durch die Einwirkung der Grundsätze der s. g. Pseudo-Isidorischen Dekretalen erlangt hat. Es gehören dahin:

1. das ius confirmandi episcopos,
2. ius admittendi postulationem,
3. ius consecrandi episcopos,
4. ius exigendi iuramentum obedientiae et fidelitatis,
5. ius tranferendi episcopos,
6. ius admittendi cessiones et resignationes episcoporum,
7. ius deponendi episcopos,
8. ius erigendi novos episcopatus,
9. eosdem uniendi et dividendi,
10. ius beatificandi et canonizandi,
11. ius adprobandi ordines religiosos,
12. ius absolvendi et dispensandi cum episcoporum exclusione,
13. ius recipiendi quasvis adpellationes,
14. ius conferendi beneficia extra territorium Romani episcopatus,

dazu kommen dann noch die aus der Analogie dieser Rechte herzuleitenden Befugnisse[2].

Ausser diesen beiden Klassen von Rechten stellte man endlich noch eine dritte, die s. g. iura controversa auf[3]; hierher wurde namentlich gerechnet der Anspruch des

[1] So bei Paul Jos. Riegger, instit. iurisprud. ecclesiast. Vienn. 1768 ff. P. I. §§. 93. 271; Jos. Valent. Eybel, introd. in ius ecclesiast. cathol. Vienn. 1777. T. III. lib. 2. c. 3. §§. 169 ff.; Jos. Joann. Nep. Pehem, praelectiones in ius ecclesiast. univ. Viennae 1791. P. I. §§. 266 ff.; Maur. de Schenkl, institution. iur. eccles. zuerst Landshut 1790. T. I. P. 1. S. 1. c. 1. §§. 225 ff.; Fr. X. Gmeiner, Kirchenrecht. 3. Aufl. Gräz. 1802. Th. I. §§. 48 ff.; G. Rechberger, Handbuch des österreichischen Kirchenrechts. Linz. 1807. Bd. 1. §§. 119 ff.; Sauter, fundamenta iur. eccles. cathol. Frib. et Constant. 1805 ff. P. I. §§. 80 ff.; Ant. Michl, Kirchenrecht für Katholiken und Protestanten. München. 1809. §§. 25 ff.; F. A. Frey, kritischer Kommentar über das Kirchenrecht. 2. Aufl. Kitzingen. 1823 ff. Bd. 2. §§. 21 ff.; C. A. von Droste-Hülfshoff, Grundsätze des gem. Kirchenrechts der Katholiken und Evangel. Bd. 2. Abth. 1 Münster. 1830. §§. 132 ff.; ferner noch Gitzler, Handbuch des Kirchenrechts 1, 317 ff.; Eichhorn, Kirchenrecht 1, 575 ff.

[2] So schematisirt Pehem a. a. O., die übrigen stimmen damit bis auf unbedeutende Abweichungen überein.

[3] Ausführlich handelt von diesen Frey a. a. O. §§. 112 ff.

Papstes auf Unfehlbarkeit bei dogmatischen Entscheidungen, das Recht auch über die weltliche Macht zu wachen und ex capite protractae vel denegatae iustitiae vel manifesti abusus potestatis secularis resultantis das oberste Richteramt auszuüben, endlich der Vorzug über die allgemeinen Koncilien, welchen Einzelne in dem als wesentlich betrachteten ius confirmandi concilia fanden, Andere aber nur als einen formellen, lediglich zur Einsicht und Publikation der Konciliarbeschlüsse berechtigenden ansahen.

Während der Entwicklung dieser Lehren und ihnen (also dem s. g. Episkopalsystem) gegenüber hat die Kurie und eine Anzahl derselben ergebener Schriftsteller stets daran festgehalten, dass der Papst die Quelle und der Inhaber der bischöflichen Gewalt sei, und über den Koncilien stehe[1]. Auf dem letzten allgemeinen Koncil, dem von Trient, zog sich der Kampf zwischen den Anhängern dieser letzteren, die extremsten mittelalterlichen Anschauungen von der Papstgewalt vertretenden Theorie (des nachmals s. g. Papalsystems) und den Anhängern der entgegengesetzten mehr oder weniger verdeckt durch die Verhandlungen hindurch[2], und man umging, um das Koncil nicht dadurch scheitern zu lassen, die Entscheidung der Hauptfrage über das Verhältniss der bischöflichen zur päpstlichen Gewalt. Freilich war die Bestimmung am Schluss des Koncils, wonach dem Papst die Bestätigung der Beschlüsse desselben — wenigstens für dieses Mal — vorbehalten wurde[3], eine indirekte Niederlage für die episkopalische Richtung und ebenso der Umstand, dass die Anerkennung einer direkten göttlichen Einsetzung der bischöflichen Jurisdiktion vermieden worden ist[4]. Nicht minder ungünstig für die Episkopalisten war das dem Papst ertheilte Mandat der Erledigung mehrerer, eigentlich vom Koncil selbst wenigstens in ihren Grundzügen zu regelnden Gegenstände, so der Einrichtung des index librorum prohibitorum, der Abfassung des Katechismus,

[1] Aus dem 15. Jahrh. ist namentlich zu nennen der Dominikaner Johannes von Turrecremata, magister s. Palatii, seit 1439 Kardinal, † 1468, der gegen das Baseler Koncil seine Summa de ecclesia et eius auctoritate libb. IV. (Lugd. 1496; Venet. 1561) schrieb; hier heisst es II. 32: „solus Petrus inter apostolos a Christo immediate episcopus est ordinatus, alii vero apostoli a Petro mediate vel immediate solo vel cum alio vel cum aliis sunt episcopi facti vel ordinati". c. 54: „dicimus cum s. Thoma quod tota iurisdictionis potestas aliorum praelatorum de lege communi derivatur a papa .. apostoli alii .. non susceperunt potestatem iurisdictionis immediate a Christo, sed mediante Petro. Ergo sequitur, quod etiam nunc praelati qui sunt in ecclesia, iurisdictionis potestatem suscipiant immediate a papa et non a Christo". c. 65: „Romanus pontifex immediatus praelatus et iudex est omnium Christianorum potestque facere in toto orbe terrarum quicquid inferiores praelati agere possunt". III. 28: „universaliter conciliorum auctoritas pendet a Romano pontifice" c. 32: „ea quae in universalibus conciliis statuuntur, sententiantur aut definiantur aut interpretantur, auctoritate Romani pontificis regulariter fiunt". 44: „Romanus pontifex superior est iurisdictionis auctoritate universali concilio". 47: „appellare non licet a Romano pontifice ad concilium universale, sed magis e converso, puta a sententia concilii, quam apostolica sedes nondum approbavit, ad papam licet appellare". c. 51: „Romanus pontifex nec ligatur nec subiicitur necessitate quorumcunque conciliorum ... nec universalium statutis, legibus aut canonibus quae sub iuris positivi genere comprehenduntur". c. 55: „Romanus pontifex non solum auctoritatem in canonibus sacrorum conciliorum, etiam universalium et decretis suorum praedecessorum dispensandi habet, verum etiam tollendi aut revocandi aut mutandi, prout temporum aut causarum necessitas exposcerit"; bei Rocaberti, bibl. maxima pontif. 13, 318. 348. 370. 509. 516. 534. 545. 549. 553.

[2] S. Gieseler a. a. O. III. 2, 549 ff. Für die absolute Gewalt des Papstes trat namentlich der Jesuitengeneral Lainez in der Sitzung v. 16. Juni 1563 ein, s. Sarpi, hist. conc. Trident. lib. VII. (ed. Gorinchemi 1658. 555).

[3] Trident. Sess. XXV. c. 21. de reform; Sess. XXV. contin. can. fin. und die Bestätigungsbulle Pauls IV. v. 26. Januar 1564 (Richtersche Ausg. S. 481).

[4] Trident. Sess. XXIII. de sacr. ordin. c. 4. welches die Bischöfe als vom heiligen Geist bestellte Nachfolger der Apostel erklärt, ist in Folge eines Kompromisses nichts über die Jurisdiktion der Bischöfe festzusetzen, zu Stande gekommen. S. Sarpi l. c. lib. VIII, ed. cit. p. 660; Gieseler a. a. O. S. 549. n. 15; ebenso ist in dem c. 6. l. c. das allgemein lautende hierarchia divina ordinatione instituta statt des vorgeschlagenen a Christo instituta gesagt, um die mögliche Herleitung der unmittelbaren Einsetzung der bischöflichen Jurisdiktion durch Christus aus dieser Fassung auszuschliessen.

sowie der Revision des Missales und Breviers[1] und endlich die nur unter dem Titel der päpstlichen Delegation erfolgte Erweiterung der bischöflichen Rechte[2], während andererseits die Bezeichnung des Papstes als Statthalter Gottes und die Erwähnung der ihm zustehenden höchsten Gewalt in der Kirche[3] gerade den Anschauungen der päpstlichen Partei entgegen kam.

Allerdings ist durch dieses Verhalten des Koncils gerade die Möglichkeit der weiteren Ausbildung des Episkopalismus in der gallikanischen Kirche und demnächst durch Hontheim gegeben, und ebenso dadurch die Fortdauer der Kontroverse bis auf die neuere Zeit herbeigeführt worden[4].

Die heutige kirchenrechtliche Doktrin hat meistens das Episkopalsystem aufgegeben[5]. Katholischerseits wird gegen die Scheidung der Primatial-Rechte in wesentliche und unwesentliche geltend gemacht, dass die Befugnisse, welche die Päpste erst im Laufe der historischen Entwicklung ausgeübt haben, vom Augenblick ihrer Handhabung nicht als dem Primat neu zugewachsene Rechte, sondern nur bis dahin nicht zur Realisation gekommene Aeusserungen der vollen von Anfang ab im Primat enthaltenen Herrschergewalt zu betrachten sind[6]. Die protestantische Anschauung, welche die göttliche Einsetzung des Primates läugnet, kann dieses Argument natürlich nicht als richtig anerkennen, aber obgleich sie in dem Primate nur etwas historisch Gewordenes zu erblicken vermag, es doch ebenfalls als eine unhistorische Methode betrachten, wenn irgend eine Stufe der fortschreitenden Entwicklung nach willkührlicher Annahme als die normale, das darüber hinausgehende Resultat aber nur als das anomale und unberechtigte anerkannt wird. War das Episkopalsystem eine durch die Ueberspannung des Primates im Mittelalter nothwendig bedingte Reaktion, so hat es doch einen dauernd und die Verfassung der katholischen Kirche umgestaltenden Einfluss nicht zu äussern vermocht, vielmehr nur eine Milderung und Modifizirung des Papalsystems hervorgerufen. Mehr konnte es auch nicht leisten, denn so lange man die dogmatische Grundlage des Primates festhält, bedingt es die Konsequenz, die Verfassungsgestaltung der Kirche als eine Monarchie aufzufassen und dem Papste die volle Leitungsgewalt, also eine wirkliche Jurisdiktion, zuzugestehen, und zwar umsomehr als der Wortlaut der Stellen des neuen Testamentes, aus denen die göttliche Einsetzung des Episkopates und dessen Machtvollkommenheit hergeleitet wird, im wesentlichen mit

[1] Trid. Sess. XXV. contin. can. de indice etc.

[2] S. S. 176.

[3] Trid. Sess. VI. c. 1. de reform: „ipsius dei in terris vicarii"; Sess. XIV. doctr. de poenit. sacr. c. 7: „unde merito pontifices maximi pro suprema potestate sibi in ecclesia universa tradita causas aliquas criminum graviores suo potuerunt peculiari iudicio reservare".

[4] Gegen die Deklaration des französischen Klerus schrieb E. v. Schelstrate, de lugendis actis cleri Gallicani. 1682; dann Rocaberti, de Romana pontificis auctoritate. Valentiae. 1601 ff. 3 Voll., welcher die älteren Vertheidigungen des Papalsystems in der Bibliotheca maxima pontificia in qua authores melioris notae qui hactenus pro s. sede Romana scripserunt, fere omnes continentur, promovente M. de Rocaberti. Rom. 1689. ,21 Tom. fol. gesammelt hat. Von neuerer Literatur sind zu nennen: Barruel, du pape et ses droits religieux. Paris 1803. deutsch von Güldenapfel. Landshut 1819; Le Maistre, du pape. Paris. 1820; deutsch von Lieber, Frankfurt. 1822; J. Roskovány, de primatu Romani pontificis eiusque iuribus. Aug. Vind. 1834; Rothensen, der Primat des Papstes in allen Jahrhunderten; herausg. von Süss und Weis. Mainz. 1836. 4 Bde.; Gosselin, pouvoir du pape au moyen âge. Louvain. 1845. 2 Voll.; Aug. de Roscovány, Romanus pontifex tanquam primus ecclesiae et princeps civilis e monumentorum omnium saeculorum demonstratus. Nitriae et Camaronii. 1867. 5. Voll.

[5] Walter §. 128; Phillips 5, 20 ff.; Lehrbuch 1, 190. 191; Permaneder §. 174; Pachmann §. 109; Schulte 2, 179. 181. 190; Ginzel §§. 47. 50; unter den Protestanten Richter §. 119; Mejer, Lehrbuch des Kirchenrechts. 3. Aufl. §. 114. a. E. — Vgl. auch gegen das Episcopalsystem Beidtel, das kanonische Recht. S. 385 ff.

[6] So z. B. von Schulte 2, 180.

den Zeugnissen identisch ist, auf welche die katholische Kirche den Primat gründet. Die Stellung des Episkopates kann — dogmatisch ist aber darüber nichts entschieden — so aufgefasst werden, dass er seine Macht zwar von Christus, aber nur mittelbar durch den Papst herleitet [1], freilich aber immer eine gottgeordnete Institution der Kirche bleibt oder dass er die Jurisdiktion zwar direkt kraft göttlichen Rechtes besitzt, diese aber von vornherein eine durch den dem Petrus verliehenen Primat ihrer Natur nach beschränkte ist [2].

Von diesem Standpunkt aus muss dem Papst die gesammte oberste Regierungs- und Leitungsgewalt über die Kirche, der s. g. *primatus iurisdictionis*, zugesprochen werden. Aber, da er den Primat zum Wohle der Kirche zu führen hat, so darf auch er seine Macht nicht willkührlich ausüben. Abgesehen davon, dass er an das göttliche Recht gebunden ist und dieses nicht einmal abändern kann, hat er daher auch das sonstige, in der Kirche geltende Recht, das freilich seiner Einwirkung gleichfalls unterliegt, so lange zu achten, wie dasselbe besteht [3].

Soll die im Primate enthaltene Machtvollkommenheit nach den einzelnen Richtungen, in denen sie sich äussern kann, näher charakterisirt werden, so lassen sich als die wichtigsten Befugnisse des Papstes hervorheben: das oberste Gesetzgebungsrecht, die oberste Leitung und Entscheidung der das kirchliche Aemterwesen betreffenden Angelegenheiten, die Regelung der besonderen religiösen Institute, namentlich des Ordenswesens, die oberste Gerichtsbarkeit, das oberste Aufsichtsrecht und die oberste Leitung des Finanz- und Vermögenswesens der Kirche.

Ausserdem ist der Papst der Inhaber der obersten Lehrauktorität — die Frage, ob er die Prärogative der Unfehlbarkeit hat, ist keine juristische — und als solcher kann er (seine Infallibilität vorausgesetzt) Glaubensdekrete erlassen, Glaubens- und Lehrstreitigkeiten entscheiden, häretische Irrthümer verdammen, Missionen errichten und leiten, endlich Lehranstalten gründen und an denselben den Unterricht überwachen lassen. Kraft seiner Stellung als Hoherpriester und seiner potestas ordinis, welche er in Folge seines ordo episcopalis besitzt, untersteht ihm das gesammte Kultuswesen, er hat daher das Recht, die Einheit in der Liturgie, sowie in der Verwaltung der Sakramente und Sakramentalien (also namentlich durch Genehmigung und Reformirung der liturgischen und Ritual-Bücher) aufrecht zu erhalten, ferner die Festfeier in der ganzen Kirche (durch Bestimmung der Reihenfolge der Feste, Einführung neuer, Regelung der Art und Weise der Festfeier etc.) zu leiten, das Recht zur Selig- und Heiligsprechung (Beatifikation und Kanonisation) und endlich als Inhaber der höchsten

[1] Vgl. z. B. Bened. XIV. de syn. dioeces. lib. I. c. 4.

[2] S. z. B. Devoti instit. iur. canon lib. II. tit. 2. s. 9. §. 119; Phillips 1, 120. 196: „Christus hat Petrus und die Apostel eingesetzt und sowie diese nicht des Apostelfürsten Delegaten sind, so ist auch der ganze Episkopat mit seinem Haupte unmittelbarer göttlicher Institution und es haben die Apostel zwar unter Mitwirkung und in Uebereinstimmung mit Petrus, aber nicht als seine, sondern als Gottes Delegaten die Bischöfe, aber auch diese nicht als seine, sondern als Gottes Delegaten eingesetzt. Allerdings ist hierbei wieder in Anschlag zu bringen, dass kein Apostel einen Bischof bestellen konnte, ohne ihn Petrus unterzuordnen, aber die Vollmacht dazu hatte er nicht von Petrus, sondern von Gott. Die Bischöfe empfingen daher eine ihrem ganzen Umfange nach — die königliche Herrschergewalt (gewöhnlich Jurisdiktion genannt) mit eingeschlossen — unmittelbar von Gott kommende Gewalt, aber diese Gewalt hatte die ihr ebenfalls von Gott gegebene Eigenschaft, dass sie eine Petrus untergeordnete und daher ihrer Ausübung nach von der Zustimmung Petri und seines Nachfolgers abhängige war“. S. auch Walter §. 128; Permaneder §. 174.

[3] S. vorläufig Schulte 2, 192; das weitere unten in der Lehre von der Gesetzgebung.

Sühngewalt das Recht, Ablässse zu ertheilen, das Fastenwesen zu regeln, sowie die Lossprechung von Sünden pro foro interno in gewissen Fällen sich zu reserviren[1].

Aber auch diese Gebiete seiner Wirksamkeit sind von dem der Jurisdiktion nicht absolut geschieden, vielmehr können wegen des schon §. 20. auseinandergesetzten Verhältnisses zwischen potestas iurisdictionis, ordinis und magisterii die dem Bereich der letzten beiden Vollmachten anheimfallenden Angelegenheiten Objekte äusserer rechtlicher Normirung, also Objekte der Jurisdiktion, werden.

Damit ist im Allgemeinen die Stellung des päpstlichen Primates gegenüber der Kirche bezeichnet, eine vollständige Aufzählung aller in demselben enthaltenen Rechte würde schwer zu erreichen sein und auch zu nichts führen. Ebensowenig erscheint es praktisch, die wichtigsten dieser Rechte hier schon im Detail zu behandeln, weil sie sich auf alle einzelnen Institute des Kirchenrechts beziehen und somit Wiederholungen unvermeidlich wären.

In Folge der obersten Leitungsgewalt des Papstes über die Kirche, vertritt er dieselbe endlich auch mit völkerrechtlich anerkannter Stellung den einzelnen Regierungen gegenüber[2], ohne dass freilich das Verhältniss zwischen dem Papst und dem einzelnen Staat hinsichtlich des in demselben stehenden Theiles der katholischen Kirche vollkommen dem zweier unabhängigen weltlichen Staaten entspräche[3], weil die katholischen Unterthanen eines Staates damit der kirchlichen Gesetzgebung des Papstes noch nicht ausschliesslich anheim gegeben sind, jeder Staat vielmehr an und für sich die Befugniss hat, auch diese Angelegenheit seiner Unterthanen selbstständig zu regeln.

§. 23. *II. Die Ehrenrechte des Papstes. Der s. g. Primatus honoris.*

Der Ehrenvorrang des Papstes, der ihm ebenfalls als Nachfolger des Apostel Petrus zukommt[4], der s. g. *primatus honoris*, findet seine Anerkennung in einer Reihe von Ehrenrechten des Oberhauptes der Kirche, und zwar zunächst

1. in bestimmten Bezeichnungen, Titeln und Anreden. Die Bezeichnung: *papa* (vom griechischen πάππας, Vater) kam in den ältesten Zeiten für alle Bischöfe[5], in der orientalischen Kirche sogar auch für andere Kleriker vor[6], und hat

[1] Am ausführlichsten handelt über diese Befugnisse Ginzel §§. 77. 78, s. auch Phillips 5, 15 ff.; Schulte, Lehrbuch. 2. Aufl. S. 196.

[2] Heffter, europäisches Völkerrecht der Gegenwart §. 40; Balve, das Konkordat nach den Grundsätzen des Kirchenrechts etc. München. 1863. S. 79. 141 ff.

[3] So Heffter a. a. O. und Balve a. a. O. S. 141 ff.

[4] Der Ehrenvorrang des Petrus wird katholischerseits gegründet auf Matth. X. 2. XVI. 13 sqq., Act. II. 14; Luc. IX. 32. S. auch Phillips 1, 76 ff.

[5] Allerdings führen sie ihn nicht als Titel: Mabillon de re diplomatica II. 2. n. 8. ed. Neapol. 1789. 1, 65. Für das Frankenreich vgl. den vor 511 geschriebenen Brief Chlodwigs (Sirmond, conc. Galliae, 1, 176; Mansi 8, 346) wo es heisst: „orate pro me, domini sancti et apostolica sede dignissimi papae"; Venantius Fortunatus (Bischof von Poitiers † u. 609) lib. III. carm. et expos. ed. Brower. Mogunt. 1603. p. 69. 71. schreibt: domno sancto et meritis apostolico domno ... Euphronio papae"; ... „apostolice, peculiaris domne et pater"; apostolatui et sanctitati vestrae, commendans"; ferner „domno sancto et apostolica sede dignissimo domno et patri, Felici papae". S. ferner Gregorii Turon. hist. Francor. II. 27. Der burgundische Bischof Avitus von Vienne († 523) nennt den Bischof von Jerusalem: papa Hierosolymitanus, den Papst aber schon schlechthin papa. ep. 23. 31 (ed. Sirmond. Paris. 1623. p. 67. 79). Im allgemeinen zu vgl. Thomassin P. I. lib. I. c. 4; c. 50. n. 14.

[6] Walafrid. Strabo de exord. et increment. rerum ecclesiast. c. 7: „Papa quod cuiusdam paternitatis nomen est et clericorum congruit dignitati" (bei Hittorp, script. de officiis divinis. Coloniae. 1563. p. 395). Vgl. ferner Selvagio, antiquit. christ. Patavii. 1780. 1, 225; für den Lektor gebraucht das Wort der Kaiser Isaac Commenus: „quando episcopus facit simplicem papam sive

sich in der letztern in dieser Ausdehnung forterhalten[1]. Als Titel bediente sich Papst Siricius zuerst des Wortes: papa[2], und seit dem 5. Jahrhundert beginnt im Abendlande die Sitte, dasselbe hauptsächlich für den Papst zu brauchen[3], bis dann vom 7. Jahrhundert ab[4] die ausschliessliche Bezeichnung des letzteren sich fixirt, ein Sprachgebrauch, den Gregor VII. gesetzlich sanktionirt hat[5].

In gleicher Weise verhält es sich mit der Bezeichnung *apostolicus*, *domnus apostolicus* für den Papst und *sedes apostolica* für den päpstlichen Stuhl zu Rom; auch diese Ausdrücke wurden bis in das 6. Jahrhundert hinein[6] für die übrigen Bischöfe gebraucht, weil der Episkopat ebenfalls apostolischen Ursprungs war.

Die fernere Bezeichnung *pontifex maximus* oder *summus pontifex*, welche ehedem auch Bischöfen[7] und Erzbischöfen[8] beigelegt wurde, ist wohl in Folge aus einer Reminiscenz an die jüdische Tempelverfassung als durch das Vorbild der römischen Kaiser in Uebung gekommen[9]. Leo I. und dann Gregor I. haben sie schon für sich als Titel gebraucht[10].

Weiter gehört hierher die die Stellung des Primates am schärfsten hervorhebenden Ausdrücke: *vicarius Petri*[11], *vicarius Christi* oder *vicarius Dei*, von denen

lectorem bei Chr. Lupus, schol. ad dictat. Gregor. VII., opp. ed. Ven. 1725. 5, 214; die Pfarreien im Bezirk des Erzbischofs von Theben nennt Innocenz III. epist. reg. XV. 60 (ed. Baluze. Par. 1682. 2, 623) papatus. S. auch Binterim, Denkwürdigkeiten der christkatholischen Kirche I. 1, 554.

1 Bennettis, privileg. S. Petri vind. ed. Romae 1757. 3, 19.

2 ep. ad orthod. per. div. provinc. zw. 384—398 (Coustant. epist. 659).

3 S. Ennodii Ticin. epist. 1. ad Symmach. (opp. ed. Schott. Tornaci. 1611. p. 123), den zweifelhaften Anhang zu dem Koncil von Toledo von 400 bei Hardouin, conc. 1, 996; Aviti Viennens. epist. 31 (s. S. 206. n. 5).

4 Wohl das späteste Beispiel in dem Proömium der Formelsammlung des Mönches Marculf: „domno ac reverentissimo papae Landerico" (Walter corp. iur. germ. 3, 285).

5 „Quod hoc unicum est nomen in mundo" (Jaffé, monum. Gregor. p. 175). Der Zweifel an der Echtheit des den Satz enthaltenden s. g. Diktatus (so Phillips 5, 603) ist unbegründet, da er sich im Registrum Gregors findet, s. auch Gieseler, Kirchengesch. II. 2. §. 47. n. 3; Giesebrecht, de registro Gregorii VII. emendando. Regimont. 1858. p. 5.

6 S. S. 206. n. 5. Thomassin l. c. c. 4. n. 2 ff. — Auf den Papst bezogen wird es z. B. in Arsenii episc. Hortens. epist. bei Hardouin 5, 280, in Paschasii Radberti vita Walae II. 16 (SS. 2, 562): „insuper consiliabantur firmantes, pro dolor! quod eundem apostolicum (Gregor. IV.) quia non vocatus venerat, deponere deberent". Vgl. auch Cortesius de Romano itinere princip. apostol. Romae. 1770. lib. II. pers. 18. p. 176 ff.; M. Eberhard, de tituli sedis apostolicae ad insigniendam sedem Romanam usu antiquo et vi singulari. Trevir. 1846. p. 33 ff.

7 c. 13 (conc. Agath. a. 506) Dist. XVIII; c. 1. §. 8 (Isidor.) Dist. XXI.

8 So heisst Bruno Erzbischof von Cöln bei Widukind. Corbej. chron. I. 31. „summus pontifex" (SS. 3, 430). So auch Bingham antiq. eccles. II. 2. §. 6.

9 Richter §. 121. n. 7.

10 Walter §. 129, der auf Grund einer mündlichen Mittheilung Niebuhrs angiebt, dass er sich bei Leo I. auf einer Inschrift in der abgebrannten Paulkirche befunden hat. Nur ironisch gemeint ist es, wenn Tertullian de pudic. c. 1. einer Schrift, in welcher er die montanistischen Grundsätze über die Busse gegen ein Edikt Roms vertheidigt, sagt: „Audio edictum esse propositum et quidem peremtorium. Pontifex scilicet maximus, episcopus episcoporum, edicit: Ego et moechiae et fornicationis delicta poenitentia functis dimitto"; vgl. auch Ritschl, Entstehung der altkatholische Kirchen. 2. Aufl. S. 513. 544. — Für die spätere Zeit s. c. 8 (Coelest. III.) X. de excess. praelat. V. 31; c. 1 (Innoc. IV.) in VIto de sent. de re jud. II. 14; Trident. Sess. XIV. c. 7. doctr. de poen. sacr.; Sess. XXV. c. 1. de ref. Auch die Ausdrücke; universalis pontifex, universalis ecclesiae pontifex und universalis ecclesiae summus pontifex finden sich, s. Wibald abbat. Corb. ep. 61. 62. 174 (Martene et Durand, ampl. coll. 2, 236. 364); Adalb. archiep. Mogunt. a. 1161 (l. c. 1, 671); Michael. Palaeol. ep. ad Gregor. X. a. 1273 (Hardouin 7, 681).

11 S. iuram. Bonifacii a. 722 (Jaffé, monum. Mogunt. p. 76): „promitto . . . . vobis b. Petro apostolorum principi vicarioque tuo b. papae Gregorio"; ep. Bonif. ad Cudb. v. 748 (l. c. p. 201); synod. concilii Parisiens. 849 (vicarium b. Petri apostolicum bei Mansi 14, 923); so auch noch in dem von Gregor VII. für den deutschen König formulirten Eid. Gregor. VII. registr. VIII. 26 (ed. Jaffé p. 475), und in dem Friedensschluss zw. Alexander III. u. Friedrich I. v. 1176. c. 4 (LL. 2, 147.)

die beiden letzteren indessen erst seit Innocenz III. von den Päpsten gebraucht sind[1].

Die Bezeichnung *servus servorum dei* hat zuerst Gregor I. gebraucht[2]. Sowohl vor seiner Zeit als auch mehrere Jahrhunderte nachher haben sich aber auch andere Bischöfe desselben Demuthsnamens bedient[3]. Erst später hat sich die Sitte des ausschliesslichen Gebrauches durch den Papst festgestellt[4].

Angeredet wird der Papst: *Sanctitas tua, sanctitas vestra* oder *sanctissime pater,* Anreden, welche früher gleichfalls wieder für die Bischöfe und zwar selbst seitens der Päpste gebraucht wurden[5]. Von den sonstigen Ausdrücken: *Maiestas, apostolica maiestas, Excellentia, Magnitudo, Celsitudo, Beatitudo*[6], welche zum Theil auch für andere Bischöfe vorgekommen sind[7], ist nur noch der letzte, wenn auch nicht häufig, in Uebung.

2. Die Insignien der päpstlichen Würde, welche der Papst führt, sind:

a. Die *tiara,* auch *mitra turbinata cum corona, triregnum, regnum, diadema, phrygium* genannt[8], eine aus der Verbindung von Mitra (Bischofsmütze) und Krone entstandene Hauptbedeckung, welche drei um die Mitra herumlaufende Goldreifen aufweist[9], und welche der Papt bei grossen Festlichkeiten auf dem Wege von und nach der Kirche, aber nicht bei den geistlichen Funktionen selbst[10], trägt. Die falsche

[1] c. 4 (Innoc. III.) X. de translat. I. 7; c. 3. §. 4 (Gregor. X.) in VIto de elect. I. 6; c. 3 (Innoc. III.) X. de translat. I. 7. Vgl. Gieseler, Kirchengesch. II. 2, 222 ff. S. auch Coustant, epistolae Romanor. pontif. praefat. §§. 13. 14; Corbesius l. c. p. 177; Phillips 5, 606.

[2] S. z. B. die Briefe von 591 u. 599 an Leander von Sevilla (ed. Ben. lib. I. 43; l. IX. 121; tom. 2, 531. 1026); v. 599 an Reccared v. Spanien v. 599 (ed. cit. lib. IX. 122; 2. 1028), die freilich nur in der Hispana, nicht im Text der Benediktiner das servus servorum dei aufweisen, s. aber ferner lib. XIII. 1. v. 602 (ed. Bened. 2, 1213). Nach Johannes Diakonus vita Gregorii M. II. 1 (ed. Ben. 4, 45) hätte er den Titel zur Beschämung des Patriarchen Johannes Jejunator von Konstantinopel angenommen, welcher sich seit 587 patriarcha universalis nannte, während Gregor irriger Weise davon ausging, dass das Koncil von Chalcedon dem römischen Bischof den Titel eines universalis episcopus angetragen habe. Da aber die frühesten Briefe Gregors über diese Angelegenheit (ed. cit. lib. V. 18—21; 43. tom. 2, 741 ff.) aus d. J. 595 datiren, die Bezeichnung servus servorum dei, wenn man der Hispana folgt, schon 591 vorkommt, so unterliegt die Erzählung des Johannes Diakonus indessen gegründeten Bedenken. Die Bezeichnung „universalis episcopus" hat Gregor selbst übrigens zurückgewiesen. S. lib. VIII. ep. 30 · 2, 919. — Dass schon Pelagius II. (578—590) gegen die gedachte Anmassung des Patriarchen zu Konstantinopel sich erklärt, ergiebt die Erwähnung derartiger Schreiben bei Gregor I. V. 18. 2, 741; der darauf bezügliche vorhandene Brief des Pelagius ist freilich eine Erdichtung Pseudo-Isidors, die nur Gregorii I. V. 43. 2, 771 reproducirt (s. Hinschius, decretal. Pseudo-Isidor p. 721).

[3] So der Zeitgenosse Gregors I. Desiderius von Cahors; Thomassin l. c. c. 4. n. 4; Bonifacius (Monum. Mogunt. ed. Jaffé p. 157. 177. 179. 180. 183), Remigius u. Rachion von Strassburg. Extraits de la bibliothèque nationale 7, 189; noch 1122 der Erzbischof von Ravenna (Muratori antiqu. Ital. 5, 177). Auch Mönche und Könige haben bis zum 11. Jahrh. diesen Titel geführt, s. Du Fresne Du Cange glossarium, s. v. servus.

[4] Für die neuere Zeit giebt jede päpstliche Bulle einen Belag dafür.

[5] Gregor. I. ep. 121 lib. IX. ed. cit. 2, 1026 an Leander v. Sevilla beginnt: „sanctitatis tuae suscepi epistolam"; s. auch conc. Carth. II. c. 3. 5. 7. Ueber das Vorkommen bei den Päpsten s. Binterim, Denkwürdigkeiten. III. 1, 88.

[6] S. die Nachweisungen bei Phillips 5, 607.

[7] Beatitudo z. B. Gregor. I. lib. VIII. 30 (ed. Ben. 2, 919).

[8] Pagi, breviar. roman. pontif. saec. XII. n. 4 ff.; saec. XIII. n. 35. Antv. 1718. 3, 50 ff. 523 ff.; Bennettis, l. c. P. II. art. 1. §. 1. ed. cit. 3, 32 ff. Vgl. ferner M. A. Mazzaroni, de tribus coronis pontif. maxim. Rom. 1609; H. Vipping, diss. de triplici corona Romani pontificis. Lipsiae 1692; Ang. Rocca, de tiarae pontificiae quam regni mundum appellant, origine, significatu et usu. (opp. Rom. 1719. 1, 7 ff.)

[9] „Accipe" — lautet die Anrede an den Papst am Tage der Krönung, wenn ihm die Tiara auf der Loggia der Peterskirche von zwei Kardinaldiakonen aufgesetzt wird — „tiaram tribus coronis ornatam et scias patrem te esse principum et regum, rectorem orbis in terra, vicarium Salvatoris nostri Jesu Christi, cui est honor in saecula saeculorum". S. Ginzel, Archiv für Kirchenrecht 1, 9 und desselben Kirchenrecht 1, 190.

[10] Phillips 5, 611. Sie ist zunächst kein kirchliches Symbol, s. Innoc. III. serm. in fest. Sylvestr. (ed. cit. 1, 96): „Romanus itaque pontifex in signum imperii utitur regno et in signum pontificii utitur mitra"; serm. 3. in consecr. pontif. maximi (1, 194): (Ecclesia) „in signum spiritualium contulit mihi mitram, in signum temporalium

Schenkungsurkunde Konstantins aus den Gesten Sylvesters schreibt die Einführung der Tiara Kaiser Konstantin I. zu[1]. Damit ist ihr Gebrauch seit dem 4. Jahrhundert selbstverständlich nicht dargethan. Ebensowenig kann der Frankenkönig Chlodwig als der Urheber dieser Sitte angesehen werden[2]. Die erste sichere Nachricht einer Krönung des Papstes betrifft Nikolaus II. (1059—1062)[3], nicht wie man gewöhnlich annimmt, Nikolaus I. (858—867)[4], und die hierbei gebrauchte Tiara hat von Anfang an aus einem zweifachen Reifen bestanden[5], so dass die Annahme, wonach Bonifacius VIII. (1294—1304) (zurBezeichnung der geistlichen und weltlichen Herrschaft) dieDoppelkrone zuerst getragen[6], unhaltbar erscheint. Seit Urban V. (1362—1370) endlich kommt dann die Verzierung mit drei Reifen vor[7], deren Bedeutung nicht klar ist[8].

b. Ein weiteres ausschliessliches Zeichen der päpstlichen Würde ist der mit einem Kreuz auf der Spitze geschmückte gerade Hirtenstab, das s. g. *pedum rectum*[9], während das Symbol der Bischofsgewalt ein gekrümmter Stab *baculus* oder *ferula pastoralis* bildet[10].

Insignien, welche nicht als ausschliesslich päpstliche betrachtet werden können, vielmehr unter gewissen Bedingungen auch den Bischöfen, namentlich den Erzbischöfen zukommen, sind

c. das Kreuz, welches dem Papst bei allen feierlichen amtlichen Gelegenheiten mit dem nach ihm zugewandten Bildniss Christi von einem Subdiakon vorgetragen wird[11], und

d. das *pallium*[12], ein etwa drei Finger breiter, weisswollener Schulterumhang

dedit mihi coronam; mitram pro sacerdotio, coronam pro regno, illius me constituens vicarium qui habet in vestimento et in femore suo scriptum: rex regum et dominus dominantium".

1 c. 14. §. 2. Dist. XCVI: „Beato Silvestro, patri nostro, summo pontifici et universalis urbis Romae Papae, et omnibus eius successoribus pontificibus . . . contradimus . . . diadema, videlicet coronam simulque phrygium".

2 Sigiberti Gemblac. Chron. a. 510 (SS. 6, 314): „Ipse vero rex" (Chlodwig) „misit Romae S. Petro coronam auream cum gemmis quae regnum appellari solet"; Aimoini de gest. Franc. I. 24 (Freher, corp. Francic. histor. vet. Hanoviae. 1613. 2, 270): „Cuius (Hormisdae papae) temporibus saepe dictus rex gloriosus Clodoveus direxit ad Petri limina hortatu summi praesulis Remigii regiae dignitatis auream coronam gemmis preciosissimis insignitam. Quo facto patenter ostendit, se deo non fore ingratum, dum ad ipsius apostoli sepulchrum insigne mitteret regium sciens se a Christo solio regni esse donatum" sprechen nur von der Uebersendung einer Königskrone, welche offenbar am Grabe des h. Petrus aufgehängt werden sollte. Phillips 5, 612.

3 Giesebrecht, Gesch. d. deutschen Kaiserzeit 3, 1053.

4 Pagi breviar. cit. saec. IX. n. 2 (ed. cit. 2, 83. 84), Bennettis l. c. p. 34.

5 S. Benzonis Albensis ad Heinr. libr. VII. 2 (SS. 11, 672); Giesebrecht a. a. O. S. 42. 1053. — Phillips 5, 612 beruft sich dafür auf den nichts beweisenden c. 1. Dist. XXII.

6 Pagi l. c. saec. XIII. n. 3; Chronologische Reihenfolge der Päpste. 4. Aufl. Würzburg. S. 535.

7 Nach älteren Abbildungen könnte sich auch schon Clemens V. (1305—1314) der dreifachen Krone bedient haben. S. Hefner, Trachten des Mittelalters. S. 38.

8 Pachmann §. 107 bemerkt darüber: „so war die Ansetzung eines dritten" (Reifens) „ein glücklicher Gedanke, indem dadurch das den weltlichen Fürsten so unliebsame Symbol zerstört, der Glanz des päpstlichen Aufzuges erhöht und in den drei Welttheilen, die man damals nur kannte, für die dreifache Krone Beziehung genug zu finden war". Freilich fehlt dieser Vermuthung jedes sichere Fundament.

9 Ciampini, diss. an Romanus pontifex baculo pastorali utatur. Romae 1690.

10 Innoc. III. sagt c. un. X. de sacr. unctione I. 15: „Licet Romanus pontifex non utatur baculo pastorali, tum propter historiam, tum propter mysticam rationem"; der erste Grund bezieht auf die Legende, wonach Petrus dem ersten Bischof von Trier, Eucherius, seinen Bischofsstab überlassen haben soll, der mystische ist der, dass die Krümmung der bischöflichen Hirtenstäbe die Unterordnung ihrer Jurisdiktion unter die päpstliche andeutet, s. Glossa ad c. cit. s. v. propter historiam; Gonzalez Tellez ad c. cit. n. 41; Ciampini l. c. p. 15 ff.; Phillips 5, 614; Pachmann §. 107. n. x.

11 Schon Karl d. Gr. hat nach Anastas. bibliothecar. Leo IV. (ed. Fabrot. Par. 1649. 2, 178) dem Papst Leo III. ein solches Kreuz von Gold mit Edelsteinen besetzt, geschenkt. Vgl. ferner Gonzalez Tellez, comment. ad c. 1. II. 16. n. 3; Thomassin I. 2. c. 58. n. 6.

12 Phillips 5, 615. n. 25 giebt folgende Literatur-Nachweisung, in welcher ich einige

mit sechs eingewebten schwarzseidenen Kreuzen, welcher die Schultern ringförmig umgiebt und von welchem sowohl vorn über die Brust, als auch hinten über den Rücken ein Streifen herabfällt. Die Form des Palliums, die Zahl und die Farbe der Kreuze ist früher eine andere gewesen und hat mehrfach gewechselt[1]. Den Gebrauch des Palliums kann man nicht auf kaiserliche Verleihung zurückführen[2], vielmehr erscheint die jetzt verbreitetste Annahme begründet[3], dass es dem Ephod, superhumerale oder ὠμοφόριον des jüdischen Hohenpriesters[4] nachgebildet worden ist. Das Pallium wird von den Päpsten selbst als Symbol der Fülle des Priesterthums erklärt[5], und wenngleich es auch an Erzbischöfe, ja an einfache Bischöfe durch den Papst verliehen wird (worüber unten), so trägt es doch der letztere bei der Verrichtung des Messopfers immer und überall, während es die gedachten Prälaten nur bei bestimmten Gelegenheiten und nur innerhalb ihrer Provinz gebrauchen dürfen[6]. Der neugewählte Papst legt ein vom Körper des h. Petrus entnommenes Pallium bei seinem Amtsantritt und zwar nach seiner Konsekration während des Beginnes der Krönungsceremonien an[7].

Citatfehler berichtigt habe: Marc. Paul. Leo, de usu et auctor. pallii. Rom. 1652; Nic. de Bralion, de pallio archiepiscopali. Paris. 1648; Fr. Florens, de usu et auctor. pallii (opp. ed. Doujat. 1, 216); Dan. Papebroch dissert. de forma pallii in propyl. ad Acta Sanctor. mens. Maii. p. 205. u. paralip. p. 94. auch in dem unten angeführten Werk von Pertsch p. 294 ff.; Joann. Garner, diss. 3. app. ad libr. diurn. de usu pallii bei Chr. Hoffmann, nova scriptor. et monumentor. collectio. 2, 250 ff. (vgl. auch Fleury, discipl. populi dei ed. Zaccaria T. 2. p. 2, 287); Christ. Lupus, schol. ad synod. VIII. ann. 27. u. de Africanae eccles. appellat. Rom. c. 7—13 in opp. 3, 315 u. 8, 172; Th. Ruinart, diss. hist. de pallio archiepiscopali (Ouvrages posthumes de D. Jean Mabillon et de D. Thierry Ruinart par Vinc. Thuillier. Paris. 1724. 4. 2, 397); G. A. Bianchini, della politia et della potestà della chiesa. T. 5. p. 1. lib. 3. c. 2. §. 4; J. Casp. Barthel, de pallio. Herbip. 1753; J. G. Pertsch, de origine, usu et auctoritate pallii archiepiscopalis. Helmst. 1754: Laur. Berti, diss. sopra l'antichità del pallio bei Zaccaria, raccolta di dissertat. diss. 8; Thomassin P. I. lib. 2. c. 53 ff.; Devoti instit. lib. I. tit. 3. s. 3. §. 42. u. ius canon. univ. lib. I. t. 8; Ph. Vespasiani, de sacri pallii origine diss. Roma. 1856; Cavedoni, Ricerche critiche intorno all'origine e ragione della forma del sacro pallio ecclesiastico. Modena. 1856; Phillips, Pallium im Freiburger Kirchenlexikon 7, 60 ff.; vermischte Schriften 2, 270; J. v. Geissel, Rede über die Bedeutung des Palliums, gehalten am 11. Januar 1846 (Sonntagsbeiblatt der Augsb. Postzeitung. Nr. 3. 18. Januar 1846). Dazu noch nachzutragen: A. J. Pagenstecher, diss. de pallio. 2 part. Groningae. 1710. Ant. Baldassarri, il pallio apostolico. Venezia. 1719; Calcagni de pallio. Venet. 1820; Gaet. Moroni, dizionario di erudizione storico-ecclesiastica. Venezia. 1840 ff. 51, 53 ff.; Hefele, Beiträge zur Kirchengeschichte. 2, 214 ff.

1 Aeltere Beschreibungen sind mitgetheilt bei Phillips 5, 617. Innocenz III. de myster. miss. c. 63 (ed. cit. 1, 334) beschreibt es: „Pallium fit de candida lana contextum, habens desuper circulum humeros constringentem et duas lineas sive fascias ex eodem panno ab utraque parte dependentes; quatuor autem cruces purpureas, ante et retro, a dextris et a sinistris: sed a sinistris pallium est duplex, simplex a dextris, cui in tres partes conciso tres acus infinguntur quibus consuitur". Die schwarzen Kreuze werden zuerst beim Pallium Bonifazius' VIII. erwähnt, Jacob. Cardin. de coron. Bonif. VIII.: „Pallia tunc humeris crucibus candentia nigris Imposuit levita rubens quibus aurea puros Sapphiros defixit acu" (bei Raynald. annales ecclesiast. a. 1295. p. 2. ed. Colon. Agripp. 1692. 14, 471). Abbildungen der älteren Form bei Hefele a. a. O. und der älteren und neueren bei Vespasiani.

2 Wie namentlich P. de Marca, de concord. sacerd. et imperii VI. 6. n. 6 ff. thut; auch hat man in der falschen donatio Constantini (in c. 14. Dist. XCVI.) eine Erwähnung des Palliums finden wollen.

3 Dies die jetzt verbreitetste Ansicht. S. z. B. Müller, Lexikon des Kirchenrechts. 4, 236; Pachmann §. 107; Richter §. 131; Jacobson in Herzogs Encyclopädie 11, 56 und vor Allem Phillips 5, 626 ff.

4 Exod. XXVIII. 4.

5 c. 4 (Paschal. II.) X. de elect. I. 6; c. 3. 6. (Innoc. III.) X. de usu et auctor. pallii. I. 8; c. 23 (Later IV. 1215) X. de privil. V. 33.

6 c. 6 (Innoc. III.) X. I. 8: „Sane solus Romanus pontifex in missarum solenniis pallio semper utitur et ubique, quoniam assumptus est in plenitudinem ecclesiasticae potestatis, quae per pallium significatur: alii autem eo nec semper, nec ubique, sed in ecclesia sua in qua iurisdictionem ecclesiasticam acceperunt, certis debent uti diebus, quoniam vocati sunt in partem sollicitudinis, non in plenitudinem potestatis".

7 Zum Verständniss des auch bei der Verleihung des Palliums an Erzbischöfe vorkommenden Ausdrucks: „insignia quae a b. Petri tantum corpore assumuntur" (c. 4. X. de elect. cit.) oder „pallium de corpore b. Petri sumptum" (pontif. Roman. de pallio) mag über die Anfertigung und Aufbewahrung der Pallien hier Folgendes bemerkt werden:

3. Ferner hat der Papst ein Recht auf die besondere, ihm von den Gläubigen darzubringende Huldigung des Niederkniens und des Fusskusses, die s. g. *adoratio*[1]. Ursprünglich war diese eine orientalische Sitte und wurde auch Bischöfen und Priestern gewährt[2]. In früherer Zeit haben Kaiser und andere Fürsten die Adoration ebenfalls geleistet[3], und Gregor VII. hat ausdrücklich das Verlangen erhoben, »quod solius papae pedes omnes principes deosculentur«[4]. Nach dem jetzigen Gebrauch küssen die Kardinäle dem Papste Fuss[5] und Hand, worauf sie zur Umarmung zugelassen werden, Erzbischöfe und Bischöfe Fuss und Knie, regierende Fürsten die Hand, alle Uebrigen, Geistliche und Laien, blos den Fuss, jedoch beschränkt sich diese Ehrenbezeigung jetzt nur auf feierliche Audienzen und Huldigungsakte, und es wird auch hier bei Personen fürstlichen und höheren Ranges mitunter von dem Fusskuss abgesehen und allein der Handkuss verlangt[6].

Allein ein historisches Interesse bietet das s. g., früher von Kaisern und Königen dem Papst geleistete *officium strepae*, d. h. das Steigbügelhalten, wenn der letztere zu Pferde stieg, und das Führen des Pferdes desselben eine Strecke lang durch den betreffenden Fürsten[7].

Die Wolle zu den Pallien wird von weissen Lämmern genommen, welche am Tage der heil. Agnes, dem 21. Januar, vom Balkon des Vatikans herab vom Papst gesegnet, von den Nonnen des Klosters St. Agnes bei Rom gepflegt und geschoren werden. Nachdem die Nonnen die Wolle gesponnen haben und davon die Pallien angefertigt worden sind, werden letztere am Vorabend des Peter- und Paul-Festes, am 28. Juni, vom Papst oder dem die Vesper haltenden Kardinal in der Vatikanskirche benedizirt, dann die Nacht über auf den beim Grabe des h. Petrus befindlichen Altar gelegt und in einer über der Kathedra des h. Petrus befindlichen Kapsel bis zu ihrem Gebrauch aufbewahrt. S. die auch manche historische Angaben enthaltende Const. Benedikts XIV.: Rerum ecclesiasticarum vom 12. August 1748 (M. Bull. 17, 274); Müller a. a. O. S. 237. u. 3, 561; Phillips, Lehrb. S. 225; Phillips 5, 623 ff.

1 J. F. Mayer, de osculo pedum pontificis Romani. Witteberg. 1687; Bernh. a Sanden de podolatria papaea. Regiomont. 1713; Lupus, comment. ad dictat. Gregor. VII. opp. 5, 195 ff.; C. Cenni, dissertat. Pistoia. 1778. diss. 6. S. 171 ff.; Thomassin P. II. lib. 3. c. 65; Phillips 5, 672 ff. Im Einzelnen s. acta Susannae ap. Baronium ad a. 294. n. 10 (ed. Lucae. 1738. 3, 271); Caeremoniale Romanum ed. jussu Gregor. X. (1271—1276) n. 2 (Mabillon, museum ital. t. 2. n. 13. ed. Lut. Paris. 1689. p. 222): „et sic cardinales omnes per ordinem, primo episcopi, secundo presbiteri, tertio diaconi veniant coram eo“ (papa) „flexis genibus, et idem electus ipsos ordinate ad pedem recipit et ad pacis osculum necnon et alios capellanos suos et ceteros clericos et laicos venientes ad eius reverentiam, infimos, mediocres et maiores“; vgl. ferner ordo XIV. n. 10; I. n. 11; II. n. 8; III. n. 10 (ibid. p. 253. 9. 54. 56). Chr. Marcelli (saec. XVI.) sacrar. ceremoniar. lib. 3. s. 1. c. 3 (bei Chr. G. Hoffmann, nova scriptor. collect. Lipsiae. 1731. 2, 660): „Omnes mortales et praesertim Christi fideles, cuiuscunque sint dignitatis et praeeminentiae, cum primum in conspectum pontificis adveniunt, distantibus spatiis ter debent ante eum genuflectere et in honore salvatoris nostri Jesu Christi cuius vices in terris gerit, eius pedes osculari. Imperator, reges, maximi principes, principum seu potentatuum oratores prima vice et ad osculum manus et oris recipiuntur, alii ad pedes tantum. Cardinales vero profunde se inclinant bis et tertio flectunt genua noviter venientes et osculantur pedem pontifici sacra tractanti. Cardinales dextram manum sub auriphrygio pluvialis osculantur, episcopi parati genu tantum: imperatores, reges et maximi principes manum et pedem“.

2 Thomassin l. c. n. 1.

3 So Justin, Justinian I. u. Justinian II. Anastas. biblioth. LIV. LVIII. LXXXIX (ed. Fabrot. Par. 1649. 2, 35. 37. 65); in späterer Zeit noch Sigismund, Friedrich III. und Karl V. s. Raynald. annal. eccles. a. 1433. n. 14; a. 1452. n. 1; a. 1529. n. 84 (ed. Luc. 28, 145. 587; 32, 122).

4 dictat. reg. II. 55a (ed. Jaffé p. 175).

5 Der Fusskuss wird auf das auf den Schuhen des Papstes befindliche Kreuz gegeben.

6 Permaneder §. 178; Müller a. a. O. S. 218.

7 Sachsensp. I. 1: „Deme pavese is ok gesat to ridene to bescedener tict up eneme blanken perde unde de keiser sal ime den stegerep halten, dur dat de sadel nicht ne winde“; Deutschsp. I. 1; Schwabensp. (Lassberg) praef. Beispiele: Pipin, wenn anders Anastas. biblioth. Stephan. III. n. XCIV. (ed. Fabrot. 2, 84: „cui et vice stratoris usque in aliquantum locum iuxta eius sellarem properavit“) recht berichtet; Ludwig II., l. c. Nicolaus I. n. CVII. (ed. cit. 2, 208: „frenumque Caesar equi Pontificis suis manibus pedestri more, quantum sagittae iactus extenditur, traxit„); König Konrad a. 1095 (Giesebrecht, Gesch. d. deutsch. Kaiserzeit 3, 642); Friedrich I., welcher diese Ehre dem von ihm eingesetzten Gegenpapst Oktavian (Viktor IV.) erwies (Martene et Durand, nov. thesaur. anecdotor. Lutet. Paris. 1717.

Das Recht des Papstes, den Kaiser des h. römischen Reiches deutscher Nation zu krönen[1] und die damit zusammenhängende Pflicht des neugewählten Kaisers nach seiner Wahl eine Gesandtschaft (s. g. *Obedienzgesellschaft, legatio obedientiae*) an den Papst behufs Anzeige der erfolgten Wahl und Darbringung der Huldigung abzusenden[2], Punkte, welche ebenfalls nur noch eine historische Bedeutung haben, gehören nicht in diesen Zusammenhang. Denn vom Standpunkt der katholischen Kirche und namentlich dem der Kurie handelt es sich hier nicht um blosse Ehrenrechte des Papstes, sondern um Konsequenzen der dem Papstthum auch über das weltliche Gebiet zugeschriebenen Oberherrschaft, also um Ausflüsse der päpstlichen Jurisdiktion über das letztere, weshalb darauf passender bei Uebersicht über die geschichtliche Entwicklung des Verhältnisses zwischen der geistlichen und weltlichen Gewalt zurückzukommen sein wird.

§. 24. *III. Der Papst als Patriarch, Primas, Metropolit und Bischof.*

Der Papst ist Bischof von Rom, ja gerade wegen dieser Stellung Papst. Seine bischöfliche Diöcese[3] bildet die Stadt Rom und deren Umgebung im Kreise von vierzig Miglien (Comarca di Roma).

1, 451. u. LL. 2, 127: „et descendenti de equo strepam humiliter tenuit et apprehensum per manum usque ad altare conduxit et pedes eius est osculatus"). Dass Friedrich I. diese Ehrenbezeigung dem Papst Hadrian IV. verweigert hat (so Phillips 5, 670; 3, 175), muss nach dem Berichte Helmolds, Chron. Slavorum I. 86 (Leibnitz, Script. Brunsvic. 5, 603) zweifelhaft erscheinen, da sich nach dessen Erzählung der Papst nur beklagt, dass Friedrich den linken statt des rechten Steigbügels gehalten habe. S. auch Raumer, Gesch. der Hohenstaufen 2, 35. Anders Papenkordt, Gesch. der Stadt Rom. S. 263; ferner Heinrich VI. LL. 2, 192; Heinrich VII. LL. 2, 253; Philipp IV. von Frankreich, Kaiser Friedrich VII. und Karl V. s. Raynaldi ann. a. 1305. n. 13; a. 1469. n. 3; 1530. n. 38 ff. (ed. Luc. 23, 397; 29, 467; 32, 139).

[1] Vgl. darüber Phillips 5, 677 ff.; Héry, couronnement des empereurs par les papes. Paris. 1853.

[2] Ch. G. Buder de legationibus obedientiae Romam missis. Jenae 1737; Phillips 5, 683 ff. Die frühesten Beispiele sind die von Heinrich V. an Paschalis II. 1106 u. die von Lothar II. an Innocenz II. 1131 nach Rheims geschickten Gesandtschaften, s. Donizonis vita Mathild. II. 17 (SS. 12, 400) u. Mansi 21, 457. S. Thomassin II. 3. c. 39. n. 10; Buder c. 1. §. 8. S. 7 ff. Dagegen freilich Bennettis l. c. 6, 401 ff.; Phillips 5, 683.

[3] Gonzalez Tellez comm. ad c. 5. X. de off. vic. I. 28. n. 6; Bened. XIV. de syn. dioec. II. 3. n. 2 („non tamen complectitur loca intra eundem circuitum existentia quae sunt alteri subjecta episcopo, puto Tusculano — oder jetzt gewöhnlich als Bischof von Fraskati bezeichnet — vel Nepesino" — Bischof von Nepi —); Mejer in Jacobson u. Richter, Zeitschr. f. d. R. der Kirche 1, 64; Phillips 5, 711. 6, 127; Tableau de l'administration diocésaine dans Rome et son district i. d. Analect. iur. pontif. 1855. p. 2732. Die bischöfliche Kirche des Papstes ist die Kirche St. Johann im Lateran (S. Giovanni in Laterano), deren Bedeutung durch die am Frontispiz befindliche Inschrift: „Sacrosancta Lateranensis ecclesia, omnium urbis et orbis mater et caput" bezeichnet wird. Ginzel, Arch. für Kirchenr. 1, 15 ff. Ueber das Verhältniss dieser Kirche zu den übrigen s. g. Basiliken oder Patriarchalkirchen in Rom äussert sich Card. de Luca, miscell. disc. 1, n. 26: „Indeciso remanente, an sola Lateranensis . . . vel potius omnes IV basilicae materiales quodam sociativo iure, tamquam membra unius corporis formalis, aeque concurrant ad efformandam istam ecclesiam patriarchalem seu cathedralem. Receptum etenim in iure est, ut quamvis ecclesia cathedralis unica et individua sit tamquam repraesentans personam sponsae, unicitas tamen consistat in habitu seu in formalitate: quo vero ad actum seu materialitatem non implicet, ut ex pluribus ecclesiis materialibus localiter distractis constituatur seu efformetur cum aliquo ordine praecedentiae inter eas eo modo quo unum ac idem capitulum individuum constituitur a personis canonicorum". Mit den 4 Basiliken sind die Basiliken S. Petri in Vaticano, S. Pauli in via Ostiensi, S. Laurentii in agro Verano oder extra muros, S. Maria maior oder ad praesepe gemeint, welche keine besondere Parochie haben, sondern als für die ganze Christenheit bestimmt gelten. S. Mabillon, commentar. praevius in ordinem Roman. §. 3. (Mus. Italic. 2, XI.). Man sah in ihnen die 4 orientalischen Patriarchate, Constantinopel durch St. Peter, Alexandrien durch St. Paul, Jerusalem durch S. Lorenzo, Alexandrien durch S. Maria Maggiore repräsentirt und nannte sie ebenso wie die Laterankirche, die Kirche des abendländischen Patriarchen, des Papstes, patriarchiae oder patriarchatus, so c. 1 (Nicolaus II. a 1059) Dist. XXIII: „in basilica Lateranensis patriarchii"; c. 22 (Sigibert. Gemblac. a. 1112) Dist. LXIII:

Ferner nimmt der Papst zugleich die Stellung eines Erzbischofs der römischen Kirchenprovinz ein. Je mehr sich die erst seit Ende des vierten Jahrhunderts in Italien vorkommende Metropolitanverfassung[1] entwickelte, desto mehr wurde die räumliche Ausdehnung der römischen Provinz beschränkt. Im 6. Jahrhundert umfasste dieselbe noch 9 suburbikanische Regionen[2], anfangs des 13. Jahrhunderts dagegen nur noch die Gebiete zwischen Capua und Pisa[3], und seitdem ist sie namentlich in den Zeiten von Martin V. bis Gregor XIII. weiter um einige 20 Bisthümer verringert worden[4]. Ausserdem gehören aber zur römischen Provinz die keinem Metropoliten unterstehenden (exemten) Bischöfe und exemten Klosterprälaten, sowie die Erzbischöfe ohne Suffragane[5].

Sodann ist der Papst Primas von Italien und der anliegenden Inseln, endlich aber der einzige Patriarch des Abendlandes, welcher unter den übrigen Patriarchen die erste Stelle einnimmt[6]. Dass diese Würden praktisch von keiner Bedeutung sind, liegt daran, dass die aus denselben herfliessenden Befugnisse durch die umfangreicheren Rechte des Primates absorbirt werden, bei der vollen Bezeichnung der Stellung des Papstes werden sie aber stets mit erwähnt, so z. B. in dem päpstlichen Staatshandbuch (dem annuario pontificio[7]), in welchem es heisst: »*Roma, il cui vescovo è vicario di Gesù Cristo, successore del principe degli apostoli, sommo pontefice della chiesa universale, patriarca dell' Occidente, primate d'Italia, arcivescovo e metropolita della provincia Romana, sovrano dei domini temporali della S. Romana chiesa*«.

„in patriarchio Lateranensi" ordo Roman. XI. (geschr. vor 1143) n. 57; „interim convenientibus omnium patriarchiarum canonicis cum suis crucibus" (Mabillon l. c. p. 146), ordo Rom. XII. (saec. XIII.) c. 7. n. 14: „ita fit in vigiliis sollemnitatum omnium patriarchatuum Urbis" (Mabillon l. c. p. 175), vgl. ferner Phillips 6, 119. 122; Rosshirt, Encyclop. d. Kirchenrechts. S. 391.

[1] S. Ballerini, de antiquis collection. canon. I. 5. n. 4; observation. in diss. V. Quesnell. II. 5. n. 2 (Leon. M. opp. ed. Baller. 3, 32; 2, 1031); Maassen, der Primat des Bischofs von Rom u. die alten Patriarchalkirchen. Bonn. 1853. S. 12.

[2] 1. Latium et Campania, 2. Tuscia et Umbria, 3. Valeria, 4. Picenum Suburbicarium, 5. Picenum annonarium, 6. Samnium, 7. Apulia et Calabria, 8. Lucania et Brutii, 9. Corsica, s. Doujat, praenot. canon. ed. Schott. II. 2, 242.

[3] c. 5 (Innoc. III.) X. de off. vicarii I. 28: ... „quoniam iurisdictio vicarii quem Romanus pontifex in urbe reliquit, non extenditur extra illam, nisi ei specialiter sit concessum, praesertim cum ipse moratur in sua provincia speciali, scilicet inter Capuanam provinciam et Pisanam"; so dass sie ausser den damaligen 7 Bisthümern noch einige 60 andere umfasste; s. Benedict. XIV. l. c. II. 2. n. 3.

[4] Benedict. XIV. l. c.; Pecorelli, iur. eccles. maxime privati instit. Neapoli. 1847. 2, 270. Heute stehen ausser den 6 suburbikarischen Bisthümern (Ostia-Velletri, Porto-Santa Rufina, Sabina, Palästrina, Frascati und Albano) noch 37 Bisthümer direkt unter Rom, nämlich Acquapendente, Alatri, Amelia, Anagni, Ancona-Humana, Ascoli, Assisi, Bagnarea, Cagli-Pergola, Città della Pieve, Città di Castello, Civita Castellana-Orte-Gallese, Corneto-Civitavechia, Fabriano-Matelica, Fano, Ferentino, Foligno, Gubbio, Jesi, Loretto-Recanati, Montefiascone, Narni, Nocera, Norcia, Orvieto, Osimo-Cingoli, Perugia, Poggio-Mirteto, Rieti, Segni, Sutri-Nepi, Terni, Terracina-Piperno-Sezze, Tivoli, Todi, Veroli, Viterbo-Toscanella. S. St. J. Neher, kirchliche Geographie u. Statistik. Regensburg. 1864. 1, 69 ff.

[5] Diese erscheinen daher auch auf der römischen Provinzialsynode, sofern sie nicht nach dem Trid. Sess. XXIV. c. 2. de reform. den Verband eines benachbarten Metropoliten gewählt haben. S. Indiktionsbulle Benedikts XIII. für das römische Koncil von 1724 (bei Phillips 5, 711. n. 7): ... „volumus igitur et mandamus, ut episcopi omnes in speciali nostra provincia constituti, videlicet inter Capuanam provinciam et Pisanam; nec non archiepiscopi huic sanctae sedi immediate subiecti, quam abbates nullius dioeceseos iurisdictionem quasi episcopalem habentes qui alias sibi metropolitanum cuius provinciali concilio intersint, ad formam Tridentini non elegerunt — in hanc almam urbem conveniant". — Eigene Behörden für die Ausübung der Metropolitanrechte des Papstes bestehen nicht, vielmehr werden diese durch die Primatialbehörden mit wahrgenommen. S. Mejer a. a. O. S. 67.

[6] c. 23 (Later. IV. a. 1215) X. de privileg. V. 33.

[7] In der Ausgabe Roma. 1865. p. 39.

§. 25. *IV. Der Papst als Souverän des Kirchenstaates**.

Der Papst hat ausser seinen bisher besprochenen hierarchischen Stellungen auch die weltliche Souveränität über die Stadt Rom und das sich daran anschliessende Gebiet, den s. g. Kirchenstaat oder das patrimonium S. Petri. Entstanden durch Schenkungen und andere Erwerbungen von einzelnen Territorien, welche seit dem Heimfall der daraus verliehenen Lehnfürstenthümer im Jahre 1631 sich zu einer Monarchie konsolidirt haben [1], hat er sich in diesem Umfange im Wesentlichen [2] bis auf die neueste Zeit erhalten und durch die Wiener Kongressakte vom 9. Juni 1815 ist die Souveränität des Papstes über den Kirchenstaat auch völkerrechtlich anerkannt [3]. Gleichzeitig hat der Papst als weltlicher Souverän völkerrechtlich den höchsten Rang unter den katholischen Fürsten und demgemäss gehen seine Legaten und Nuntien, welche zu der höchsten und ersten Klasse der diplomatischen Agenten gehören, an katholischen Höfen den Gesandten anderer Mächte vor [4]. Der italienische Krieg und die Einheitsbestrebungen Italiens haben aber in den Jahren 1859 und 1860 zur Reducirung des Kirchenstaates bis auf ein Drittel seines damaligen Umfanges geführt, da die Marken und Umbrien sich 1859 von der Herrschaft des Papstes losgerissen haben und durch die Volksabstimmung vom 26. Dezember 1860 mit dem Königreich Italien [5] (nach der Auffassung der römischen Kurie freilich nur faktisch) vereinigt worden sind. Der Versuch Garibaldis im Herbst 1867 auch den letzten Rest der weltlichen Herrschaft des Papstthums zu vernichten, ist durch die französische Intervention gescheitert. Die gedachten politischen Ereignisse haben eine zahllose Brochürenliteratur über die weltliche Herrschaft des Papstthums hervorgerufen [6] und oft genug ist das Verlangen an den Papst gestellt

* Thomassin III. l. c. 27. n. 5—7. 17. c. 29, c. 32; G. A. Orsi, della origine del dominio temporale e della sovranità de'Romani pontefici. Roma. 1745; A. Muzzarelli, dominio temporale del papa (Il buon uso della logica in materia della religione. Tom. V. opusc. 17. p. 130 ff.; und besonders con prefaz. e note di Soldati. Roma. 1789); Maistre, du pape. Lyon et Paris. 1819; Haller, sur les lettres sur l'Italie par de Joux (Mémor. cathol. Decemb. 1825); (Gosselin) Pouvoir du pape au moyen age. Paris. 1845; J. F. Neigebauer, der Papst und sein Reich. Leipzig. 1848; Dupanloup, sur la souveraineté temporelle du pape. Paris. 1849, übersetzt von F. X. Karker. Breslau. 1849; Hasse, über die Vereinigung der geistlichen und weltlichen Obergewalt im römischen Kirchenstaate. Haarlem. 1852; Brasseur, histoire du patrimoine du S. Pierre. 1853; Sugenheim, Geschichte der Entstehung und Ausbildung des Kirchenstaates. Leipzig. 1854; F. A. Scharpff, die Entstehung des Kirchenstaates geschichtl. pragmat. dargestellt. Freiburg. 1860; H. de l'Epinois, le gouvernement des papes et les révolutions dans les états de l'église. Paris. 1865; L. C. Farini, le stato Romano dell'anno 1815 all'anno 1850. Turino. 1850; Hergenröther, der Kirchenstaat seit der französischen Revolution. Freiburg. 1860; Aug. Theiner Art. Italien im Freiburger Kirchenlexikon 5, 865 ff.; Jacobson Art. Kirchenstaat in Herzogs Encyclopädie 7, 676; Reuchlin in Bluntschlis deutsch. Staatswörterbuch 5, 579 ff.; Phillips 3, 37 ff.; 5, 696 ff. — Caj. Cenni, monumenta dominationis pontificiae. Rom. 1760. 2 Tom.; Aug. Theiner, codex diplomaticus dominii temporalis S. Sedis. Rom. 1861 ff. T. I. (736—1334) T. II. III. (1335—1793).

1 S. Sugenheim a. a. O. S. 438. 439.

2 Nur 1815 ist ein Stück des früheren Ferrarischen Gebietes, die Polesine, durch die Wiener Verträge an Oesterreich gekommen. S. Reuchlin, Geschichte Italiens. Leipzig. 1859. 1, 69.

3 Acte final du congrès de Vienne art. 103 (Klüber, Akten des Wiener Kongresses. 6, 86).

4 Acte final art. 118. n. 17. u. réglement sur le rang entre les agens diplomatiques. art. 4 (a. a. O. 6. 93. 205).

5 Im Besitze des Papstes sind demnach nur noch Rom und die Comarca, Viterbo, Civitavecchia, Velletri und Frosinone.

6 Eine Reihe dieser Schriften aufgezählt in den Uebersichten über die kirchenrechtliche Literatur in Doves Zeitschr. 1, 346. 512; 2, 237. Es mag noch weiter hingewiesen werden auf Carlo Passaglia pro causa italica ad episcopos catholicos actore presbytero catholico. Florent. 1861; Francesco Liverani, il papato, l'impero e il regno d'Italia. Firenze. 1862. Dupanloup, la sovranità temporale dei Romani Pontefici. Roma. 1861 (Sammlung der Hirtenbriefe französischer Bischöfe); ferner auf die die verschiedenen Standpunkte kritisirende Abhandlung von Moy in seinem Archiv 5, 105 ff.; Hase, Handbuch der

worden, auf seine weltliche Herrschaft zu verzichten. Ebensowenig wie eine geschichtliche Darstellung der Entstehung und Ausbildung des Kirchenstaates in das Kirchenrecht gehört, ist hier eine Erörterung dieser Frage vom Standpunkt der Politik aus geboten.

Vom rechtlichen Standpunkt aus betrachtet, hat dagegen der Papst ein ebenso gut begründetes Recht auf seine weltliche Herrschaft, wie die übrigen jetzt regierenden Fürsten. Kirchenrechtlich ist sogar für ihn die den letzteren zustehende Befugniss einer Abtretung der Souveränität an einen andern Fürsten ausgeschlossen. Nicht nur hat der der Regel nach aus der Reihe der Kardinäle gewählte jedesmalige Papst schon als Kardinal, und sodann nochmals gleich nach seiner Wahl die Unterlassung jeglicher Veräusserung von Bestandtheilen des patrimonium Petri eidlich anzugeloben sowie dieses Versprechen in einer besonderen Konfirmationsbulle nach seiner Krönung zu wiederholen[1], sondern die Grundauffassung der Stellung des über alle weltliche Herrschaft erhabenen Papstthums bedingt es auch als unabweisbare Konsequenz, dass der Statthalter Gottes nicht der Unterthan eines nach katholischer Anschauung unter ihm stehenden Fürsten sein kann[2], und oft genug ist es seitens der katholischen Doktrin[3] und seitens der Päpste, namentlich seitens des jetzt regierenden[4], ausgesprochen, dass

protestantischen Polemik. S. 188 ff.; Guizot, l'église et la société chrétienne, J. J. J. Döllinger, Kirche und Kirchen, Papstthum und Kirchenstaat. München. 1861. S. 627 ff.; sowie die von demselben im April 1861 gehaltenen Vorträge, im 2. Abdruck des gedachten Werkes S. 666 ff, — Eine Uebersicht über die Ereignisse von 1848 bis 1867 giebt ein Aufsatz in der protestantischen Kirchenzeitung von 1868. S. 121 ff.

1 Nach der Constit. Pius' V.: Admonet nos suscepti v. 29. März 1567; s. namentlich §. 9 (M. Bull. 2, 237): „Volumus quod ... per futuros pro tempore cardinales in assumptione pilei promitti et iurari debet ac promissionem et iuramentum huiusmodi in forma iuramenti per eosdem cardinales praestari soliti adiungi et inseri debere; ac contrafacientes poenam periurii et perpetuae infamiae iuris et facti eo ipso incurrere decernimus. Praeterea quod ipsi cardinales, occurrente apostolicae Sedis vacatione in conclavi quando de observandis litteris Julii papae II. praedecessoris nostri super electione Romani pontificis et aliis constitutionibus iuramentum praestare solent, etiam de inviolabiliter observanda praesenti constitutione nostra per quemlibet eorum qui in Romanum pontificem electus fuerit, et postmodum idem ad summi pontificatus fastigium assumptus post eius assumptionem hoc ipsum promittere ac iurare et deinde post coronationem suam promissionem et iuramentum huiusmodi per litteras suas speciales harum confirmatorias reiterare debeat“. Dazu die Ergänzungsbulle Innocenz' IX: Quae ab hac sancta sede v. 4. November 1591 (M. Bull. 2, 785). Ursprünglich war diese Constitution Pius' V. wesentlich darauf berechnet, jeder lehnrechtlichen Verleihung von Territorien des patrimonium Petri entgegen zu treten und dadurch die Konsolidation desselben zu fördern. S. Sugenheim a. a. O. S. 438. — Konfirmationsbullen der erwähnten Art v. 27. Juli 1572 (Gregors XIII.), v. 18. März 1586 (Sixtus' V.), v. 14. Februar 1592 (Clemens' VIII.) im Bullar. Magn. 2, 390. 564; 3, 1. — Auf diesen Eid hat sich auch Pius IX. gegenüber dem Schreiben Napoleon III. vom 31. Dezember 1859, welches den Verzicht auf die damals verloren gegangenen Provinzen forderte, berufen, s. die Encyclika v. 19. Januar 1860 (Moy, Archiv 5, 102. 103): „Atque inter alia eidem manifestavimus, non posse nos commemoratas pontificiae nostrae ditionis in Aemilia provincias abdicare, quin solemnia quibus obstricti sumus, iuramenta violemus“.

2 So schon c. 17 (Nicolaus III. 1277—1280) in VI^to de elect. I. 6: . . . „non absque miraculo factum esse concipitur, ut occasionabiliter Constantini monarchae a deo provisa, sed curata baptismalibus fomentis infirmitas, quandam quasi adiiceret ipsi ecclesiae firmitatem, qui quarto die sui baptismatis una cum omnibus satrapis et universo senatu, optimatibus etiam et cuncto populo, in persona beati Silvestri, sibi Romanam concedendo urbem relinquens, ab eo et successoribus eius per pragmaticum constitutum disponendam esse, decernens in ipsa urbe utriusque potestatis monarchiam Romanis pontificibus declararet, non iustum arbitrans, ut ubi sacerdotii principatum et Christianae religionis caput imperator coelestis instituit, illic imperator terrenus habeat potestatem; quin magis ipsa Petri sedes in Romano iam proprio solio collocata, libertate plena in suis agendis per omnia potiretur nec ulli subesset homini, quae ore divino cunctis dignoscitur esse praelata“.

3 Vgl. z. B. Bellarmin, disput. de controvers. christ. fidei de Romano pontifice V. 9. ed. Ingolstadt. 1705. 2, 1429 ff. Eine weitere Zusammenstellung giebt die epistola confidentialis card. Prosperi Caterini S. Congr. C. Trid. praefecti v. 8. April 1864 de quodam canonico perperam sentiente super civili Romani pontificis principatu in den Acta ex iis decerpta quae ap. s. sed. geruntur 4, app. p. 122.

4 So in der von Gaeta datirten Allokution v. 20. April 1849 (Moy, Arch. 13, 336): „Verum ta-

die Souveränität über den Kirchenstaat für die freie und gedeihliche Entwicklung der katholischen Kirche nothwendig sei.

Die weltliche Souveränität des Papstes dient demnach nicht dazu, die allgemeinen Zwecke des Staates zu verwirklichen, sondern sie besteht zunächst im Interesse der Kirche und wird also auch vor Allem in diesem Sinne ausgeübt. Die realen Unterlagen dieser Souveränität, das Land, die Einkünfte u. s. w. gelten nicht als Staats-, sondern als Kirchengut. Dass die in älterer Zeit gemachten Schenkungen, so z. B. die der Stadt Sutri an Gregor II. seitens des Longobardenkönigs Liutprand im Jahre 728 [1], die Pipinsche Schenkung [2] dem Papst als Vertreter der römischen Kirche gemacht sind, kann bei der damals mangelnden Souveränität der römischen Bischöfe und der selbst Hoheitsrechte als nutzbares Privateigenthum ansehenden, mittelalterlichen staatsrechtlichen Auffassung nicht dem mindesten Zweifel unterliegen. Diese Anschauung hat sich nicht nur das ganze Mittelalter hindurch erhalten [3], sondern auch die vorhin gedachte Konstitution Pius' V. (s. S. 215. n. 1) geht zweifellos davon aus, dass die Besitzungen der römischen Kirche Kirchengut im eigentlichen Sinne seien, und neuerdings ist dieser Charakter des Kirchenstaates von Pius IX. ebenfalls betont worden, um die Zumuthung von Abtretungen seiner Gebietstheile zurückzuweisen [4].

Diese Auffassung erklärt die geistliche Verwaltung des Kirchenstaates zur Genüge [5] und ebenso folgt daraus die Anwendbarkeit der in Betreff des Kirchengutes geltenden kirchenrechtlichen Grundsätze für die Besitzungen des patrimonium Petri. Es war demgemäss nur eine Konsequenz dieses Principes, wenn Pius IX. in der Bulle: Cum catholica ecclesia vom 26. März 1860 [6] alle Urheber und Theilnehmer der Losreissung der aufständischen Provinzen als occupatores bonorum ecclesiae [7] in den grossen Kirchenbann that.

men officii nostri ratio postulat, ut in civili apostolicae sedis principatu tuendo iura possessionesque Sanctae Romanae ecclesiae atque eiusdem Sedis libertatem quae cum totius ecclesiae libertate et utilitate est coniuncta, totis viribus defendamus"; in der Allokution v. 29. Oktober 1866 (a. a. O. 17, 171): „eundem principatum in praesenti potissimum rerum mundanarum conditione necessarium omnino esse ad plenam Romani pontificis in universo catholico grege pascendo libertatem tuendam et vindicandam quae cum totius ecclesiae libertate est plane coniuncta"; s. weiter die Allokutionen vom 18. Juni 1859; 26. März, 28. September u. 17. Dezember 1860, 25. März 1862 (a. a. O. 10, 419; 6, 43. 171. 223; 8, 141) und dem Syllabus v. 8. Dezember 1864. Nr. 27. 34. 75. 76 (a. a. O. 13, 316. 325. 326). — Glaubenssatz der katholischen Kirche ist die Annahme der Nothwendigkeit der weltlichen Herrschaft des Papstes freilich nicht.

[1] S. Sugenheim a. a. O. S. 11.

[2] S. a. a. O. S. 26.

[3] Vgl. die Cessionsakte Ottos IV. v. 1201 (LL. 2, 205): . . . „Possessiones autem quas ecclesia Romana recuperavit, liberas et quietas sibi dimittam et ipsam ad eas retinendas bona fide iuvabo, quas autem nondum recuperavit, adiutor ero ad recuperandum et recuperatarum secundum posse meum ero sine fraude defensor et quaecunque ad manus meas devenient, sine difficultate restituere procurabo. Ad has pertinet tota terra quae est a Radicofano usque Ceperanum, exarchatus Ravennae, Pentapolis, Marchia, ducatus Spoletanus, terra comitissae Mathildis, comitatus Brittenorii, cum aliis adiacentibus terris expressis in multis privilegiis imperatorum a tempore Ludovici . . . Adiutor ero ad retinendum et defendendum ecclesiae Romanae regnum Siciliae". S. auch c. 17. in VI^to^ I. 6. cit.

[4] In der S. 215. n. 1 erwähnten Encyclika v. 19. Januar 1860 (Moy 5, 102): „Hinc nulla interposita mora, eidem imperatori rescribere properavimus . . . nullo plane modo nos posse annuere consilio, propterea quod insuperabiles prae se ferat difficultates ratione habita nostrae et huius sanctae Sedis dignitatis nostrique sacri characteris atque eiusdem Sedis iurium, quae non ad alicuius regalis familiae successionem sed ad omnes catholicos pertinent ac simul professi sumus non posse per nos cedi quod non nostrum est".

[5] S. Mejer a. a. O. S. 67 ff.; Schulte in Bluntschlis Staatswörterbuch 7, 689.

[6] Moy, Arch. 5, 174.

[7] Namentlich auf Grund des Trident. Sess. XXII. c. 11. de reform. Nicht korrekt darüber Schulte, Lehrbuch. 2. Aufl. S. 330. n. 7. Nach Moy, Arch. 9, 322 hat auch die Pönitentiaria unterm 6. Oktober 1862 entschieden, dass diejenigen, welche den Papst in Adressen zum Verzicht auf die weltliche Herrschaft auffordern, in die Exkommunikation verfallen sind.

V. Die Besetzung des päpstlichen Stuhles*.

A. Geschichte.

§. 26. 1. *Bis zum Verfall des karolingischen Reiches.*

A. Die römische Kaiserzeit. Nach der Behauptung katholischer Schriftsteller sollen die Päpste der ersten Jahrhunderte abgesehen von dem von Christus selbst mit dem Primat betrauten Petrus [1] und ferner abgesehen von dem angeblich seitens des letzteren zum Nachfolger bestellten Clemens I. [2] durch den Klerus, die benachbarten Bischöfe und die Gemeinde Roms [3] oder auch blos durch den Klerus der römischen Kirche [4] erwählt sein. Die erstere Ansicht hat die Analogie der Verhältnisse in den übrigen Christengemeinden für sich [5] und vom protestantischen Standpunkt aus ist dafür auch die anfängliche Gleichheit zwischen den Laien und Geistlichen, sowie die Entwicklung des Episkopats aus dem Presbyterat heraus, welche in Rom ebenfalls stattgefunden hat [6], geltend zu machen. Als die römischen Kaiser das Christenthum ange-

* Thomassin P. II. lib. 2. c. 16. 25. 36; (Vergerius) ordo eligendi pontificis et ratio. Tubing. 1556; Caeremoniale continens ritus electionis Romani pontificis Gregorii XV. iussu editum. Romae. 1622; Eine newe Arth u. Formb welche bey Erwehlung eines Bapstes observiret u. gehalten wird. Eingesetzt von Ih. päpst. Heiligkeit Gregor. XV. Prag. 1655; (Leti), conclavi dei pontifici Romani. 1667; Candidatus papalis dignitatis eiusdemque promotor probe instructus h. e. . . . card. Azzolini aphorismi politici . . . ex ital. in latin. transl. cum comm. de electione rom. pontif. J. Fr. Mayeri. Osnabr. 1691; J. G. Fueslinus, conclavia Romana reserata. Tiguri. 1692; J. G. D. T. Der römische Stuhl vor in und nach der Wahl. 1701; Compendio delle cose principali contenute vel ceremoniale di Gregorio XV. de electione Romani pontificis. Rom. 1725; Celander, ausführl. Beschreibung derj. Ceremonien, welche bey dem Tode, Begräbnisse, Wahl und Crönung eines römischen Papsts pflegen beobachtet zu werden. Erfurt. 1730; Augustin de Andresy Sobiñas, resumen historial de la primera silla Romana quando vacante y quando llena . . . Madrid. 1759; P. Busenelli, diss. histor. de veteri et nova forma Romani pontificis eligendi. Patavii. 1769; Antonin. Seraph. Camarda, constitution. apostolic. una cum caeremoniali Gregoriano de pertinentibus ad electionem papae synopsis. Reate. 1740; Meuschen, ceremonialia electionis et coronationis romani pontif. Francof. 1732; Massarelli, de modis seu formis per diversa tempora observatis in electione pontificis maximi, bei Aug. Maji spicilegium Romanum — 9, 518 ff.; F. Dan. Häberlein, römisch. Conklave. Halle. 1769; Schoenemann, de electione romani pontif. Roma non libera iuxta constitut. apostol. valide peragenda. Gotting. 1798; Die Papstwahl, Beschreibung und Abbildung der Gebräuche etc. 7. Aufl. Augsburg. 1845; Joh. Adler, Ceremonien u. Feierlichkeiten bei der Wahl u. Krönung eines Papstes. Wien. 1834. — Staudenmaier, Geschichte der Bischofswahlen. Tübingen. 1830; Fr. Cancellieri, storia dei solenni possessi dei sommi pontifici. Roma 1802; Fr. Cancellieri, notizie istoriche delle stagioni e de'siti diversi in cui sono stati tenuti i conclavi. Roma 1823; H. Floss, die Papstwahl unter den Ottonen. Freiburg. 1858; Hurter, Geschichte Innocenz III. 1, 73 ff.; Petruccelli della Gattina, histoire diplomatique des conclaves. Paris. 1864. 2 Voll.; Histoire des conclaves depuis Clemens V. . . . avec un discours qui explique suivant la taille douce toutes cérémonies etc. Paris. 1694; Conclave in quo Fabius Chisius, nunc dictus Alexander VII. creatus est. Slesvici. 1656; Tria conclavia i. e. III. historicae narrationes de tribus III. pontificum Romanorum Urbani VII. Gregorii IV. et Clementis VIII. electionibus. Francof. 1617; Geheime u. zuverlässige Geschichte von den Conclaven u. der Wahl der sechs letzten Päpste des 18. Jahrh. als Benedikt XIII. etc. Breslau. 1780; Eug. Cipoletta, memorie politiche sui conclavi da Pio VII. a Pio IX. Milano. 1863; Aug. Theiner, Gesch. des Pontifikates Clemens XIV. Leipzig u. Paris. 1853. 1, 131 ff.

1 Daraus hat man früher eine eigene Form der Besetzung des päpstlichen Stuhles durch s. g. institutio gemacht, s. Onuphr. Panvinii († 1568) de varia Romani pontificis creatione, im Auszug bei (Ang. Maji) specilegium Romanum 9, 530; Gonzalez Tellez comm. ad c. 6. X. de elect. I. 6. n. 11.

2 S. darüber unten. Diese Bestellung wird die forma per substitutionem genannt, s. die in der vorigen Note citirten.

3 Mabillon, comm. praev. in ordin. Roman. c. 17 (Museum Italic. 2, CIX.); Berardi comment. in lib. I. et II. decr. diss. 2. c. 5.

4 So Massarelli c. 3 (l. c. 9, 518), der behauptet, dass dieser Modus 235 Jahre bis zu den Zeiten des Papstes Anther in Gebrauch gewesen sei; Phillips 5, 740.

5 Ritschl, Entstehung der altkathol. Kirche. 2. Aufl. S. 364.

6 Ritschl a. a. O. S. 402. Der römische Bischof Cornelius ist (251?) nach Cyprian (c. 5. 6.

nommen hatten, blieb dieser Modus zwar bestehen [1], aber wenn jene sich für berechtigt hielten, nicht nur bei zwiespältigen Wahlen einzugreifen [2], sondern auch darüber Gesetze zu erlassen [3], so war damit von ihnen die Befugniss in Anspruch genommen, einen entscheidenden Einfluss auf die Besetzung des römischen Bischofsstuhles geltend zu machen [4]. Nicht minder hat Odoaker sich unter Simplicius (468—483) die Mitwirkung bei Besetzung des römischen Bischofsstuhles für den Fall der nächsten Vakanz desselben vorbehalten [5] und auch bei der Wahl des Nachfolgers Felix' III. davon Gebrauch gemacht [6]. Wenngleich Papst Symmachus (498—514) seinem Gegner Laurentius gegenüber nur durch den von beiden angerufenen Schiedsspruch des Ostgothenkönigs Theodorich sich auf dem päpstlichen Stuhle behauptete [7], so suchte er doch den bisherigen Einfluss sowohl der Herrscher als auch des römischen Senates und Volkes zu beseitigen. Unter seinem Vorsitz verordnete die römische Synode von 499, dass Mangels einer Bestimmung des regierenden Papstes über die Person seines Nachfolgers der römische Klerus wählen und eventuell die Mehrheit der Stimmen entscheiden sollte [8],

C. VII. qu. 1) erwählt: „de clericorum paene omnium testimonio, de plebis quae tunc affuit, suffragio et de sacerdotum antiquorum et bonorum virorum collegio". Auch Fabian hat nach Eusebius, histor. ecclesiast. VI. 29. i. J. 236 den römischen Bischofssitz durch Wahl der Gemeinde erlangt.

1 S. z. B. Innoc. I. ep. ad Anysium a. 402 (Coustant. p. 739): . . . „consentientibus sanctis sacerdotibus omnique clero ac populo cum pace... ordinatum me in eius locum, frater carissime, par fuit recognoscere".

2 Valentin. I. imperat. ep. 2. ad Pinian. (l. c. p. 639) über die Wahl des Siricius a. 384: „Proinde quoniam religiosum Siricium antistitem sanctitatis praeesse sacerdotio sic voluerunt, ut Ursinum improbum acclamationibus violarent, nostro cum gaudio memoratus episcopus ipse permaneat". Ueber die Entscheidung des Kaiser Honorius a. 419 zwischen Bonifacius I. u. Eulalius zu Gunsten des ersteren, s. Jaffé, regesta rom. pontif. p. 29.

3 S. das Gesetz des Honorius a. 426. in c. 8. Dist. LXXIX; c. 2. Dist. XCVII: „Si duo forte contra fas temeritate concertantium fuerint ordinati, nullum ex his futurum penitus sacerdotem, sed illum solum in sede apostolica permansurum quem ex nova ordinatione divinum iudicium et universitatis consensus elegerit"; eine Bestimmung, welcher Gratian (dict. p. I. Dist. XCVIII) vom Standpunkt der damaligen Zeit zu Unrecht die Geltung abspricht, umsomehr als dieselbe auf Veranlassung von Bonifacius I. (s. dessen Schreiben in c. 1. Dist. cit.) ergangen ist. Ein Grund diesen Sachverhalt anzuzweifeln (so Massarelli l. c. p. 521; Phillips 5. 746), liegt nicht vor. S. auch Mabillon l. c. p. CXI; Berardi l. c.

4 Eine direkte Verfügung über den römischen Bischofsstuhl, wie sie unter Konstantius, der 355 Liberius ab- und Felix II. einsetzte, vorgekommen ist (s. Baronius ad a. 355. n. 55. ed. Luc. 4, 549), scheint auch damals als Eingriff in die Kirche empfunden worden zu sein; freilich ist das Verhältniss der kaiserlichen Gewalt zur weltlichen in jener Zeit überhaupt ein schwankendes gewesen.

5 Erwähnt wird die Sache auf dem römischen Koncil von 502 unter Symmachus c. 2 (Mansi 8, 265, auch c. 1. §. 1. Dist. XCVI): „Cum in unum apud b. Petrum apostolum resedissent, sublimis et eminentissimus vir, praefectus praetorio atque patricius agens etiam vices praecellentissimi Odoacris Basilius dixit: Quamquam studii nostri et religionis intersit, ut in episcopatus electione concordia principaliter servetur ecclesiae, ne per occasionem seditionis status civitatis vocetur in dubium, tamen, admonitione beatissimi viri papae nostri Simplicii . . . hoc nobis meministis sub obtestatione fuisse mandatum, ut propter illum strepitum et venerabilis ecclesiae detrimentum, si eum de hac luce transire contigerit, non sine nostra consultatione cuiusquam celebretur electio". Gegen Phillips 5, 746, welcher die Aufforderung oder Zustimmung des Papstes für eine vermeintliche erklärt, s. Dahn, Könige der Germanen 3, 203. Odoaker hatte damit vielmehr für einen Fall nur ein Recht in Anspruch genommen, welches die früheren Kaiser gleichfalls geübt hatten.

6 Dahn a. a. O. S. 202.

7 Anastas. biblioth. Symmachus n. LII (Fabrot. 2, 31): . . . „Alii cum Symmacho, alii vero cum Laurentio. Et facta contentione hoc constituerunt partes ut ambo ad Ravennam pergerent, ad iudicium regis Theoderici, qui dum ambo introissent in Ravennam, hoc iudicium aequitatis invenerunt: Ut qui primo ordinatus fuisset vel ubi pars maxima cognosceretur, ipse sederet in sede apostolica. Quod tandem aequitas in Symmacho invenit cognitionem veritatis. Et factus est praesul Symmachus". S. auch Dahn a. a. O. S. 210 ff.

8 Syn. Romana c. 4 (Mansi 8, 229): „Si quod absit, transitus papae inopinatus evenerit, ut de sui electione successoris, ut supra placuit, non possit ante decernere, si quidem in unum totius inclinaverit ecclesiastici ordinis electio, consecretur electus episcopus, si autem ut fieri solet, studia coeperint esse diversa eorum de quibus certamen emerserit, vincat sententia plurimorum".

und die Synode von 502 erklärte das oben erwähnte Dekret Odoakers für einen unbefugten Eingriff eines Laien in kirchliche Angelegenheiten[1]. Die folgenden Päpste, Hormisda (514—523) und Johannes I. (523—526), haben freilich ohne den Einfluss des Königs die päpstliche Würde erlangt[2], dass aber trotzdem in jenen Anordnungen des Symmachus nur hierarchische Prätensionen zum Ausdruck gebracht waren, beweist der Umstand, dass später, als es die Politik gebot, sowohl Theodorich wie auch seine Nachfolger die früher von den römischen Kaisern ausgeübte Befugniss ihrerseits ebenfalls wieder zur Anwendung gebracht haben[3]. Ebensowenig lässt es sich, wenn man die Einwirkung der Herrscher lediglich als Usurpationen ansieht, erklären, dass eine bestimmte Abgabe, deren Betrag der Ostgothenkönig Athalarich in einem eigenen gegen simonistische Wahlen erlassenen Dekrete fixirt hat[4], seitens der gewählten Bischöfe des Reiches an das Palatium zu zahlen war. Sodann haben nach der Vernichtung des Ostgothenreiches in Italien die byzantinischen Kaiser ebenfalls wieder (und zwar in viel

[1] S. S. 218. n. 5.

[2] Dahn a. a. O. S. 236. 237. Wenigstens konstirt nichts Näheres über die Art ihrer Wahl.

[3] Theodorich in Betreff Felix' IV. a. 526. Cassiodori Varia VIII. 15 (opp. ed. Garetii Rotomagi 1679. 1, 131): „Senatus urbis Romae Athalaricus rex. Gratissimum nostro profitemur animo quod gloriosi domini avi nostri (Theodorichs I.) respondistis in episcopatus electione iudicio: oportebat enim arbitrio boni principis obediri qui sapienti deliberatione pertractans, quamvis in aliena religione, talem visus est pontificem delegisse, ut nulli merito debeat displicere, ut agnoscatis illum hoc optasse praecipue, quatenus bonis sacerdotibus ecclesiarum omnium religio pullularet. Recepistis itaque virum et divina gratia probabiliter institutum et regali examinatione laudatum". S. Dahn S. 238. 239; Theodosius setzt 536 Silverius ein; Anastat. bibl. Silverius n. LIX. (Fabrot. 2, 38): „Hic levatus est a tyranno Theodato sine deliberatione decreti: qui Theodatus corruptus pecunia data talem timorem induxit clero, ut qui non consentiret in eius ordinationem gladio puniretur". Ein Anerkenntniss dieses Rechtes liegt auch in der Erklärung des Papstes Bonifacius II., welcher sich bei Lebzeiten den Vigilius zum Nachfolger bestellt hatte, diese Ernennung aber zurücknahm; „et quia contra canones fuerat hoc factum et quia culpa eum respiciebat, ut successorem sibi constitueret, ipse Bonifacius papa reum se confessus est maiestatis". s. Anast. biblioth. n. LVI. (ed. Fabrot, 2, 36). Das natürlichste ist, diese Worte so zu deuten, dass sich der Papst eines crimen laesae maiestatis schuldig fühlte, weil er in die Hoheitsrechte des Königs eingegriffen hatte, so auch Hefele, Conciliengeschichte 2, 722; Dahn S. 241. An eine Verletzung der Majestät Gottes oder der Kirche zu denken, wäre sehr gezwungen. Ueber Bonifacius II. (530—532), Johannes II. (532—535), Agapet I. (535—536) ist nichts Näheres überliefert. S. Dahn S. 243.

[4] Cassiodori Var. X. 15. 16 (ed. cit. 1, 138). Die entscheidende Stelle des Dekretes (l. c. c. 15) lautet: „Et quia omnia debent sub ratione moderari nec possunt dici iusta quae nimia sunt, cum de apostolici consecratione pontificis intentio fortasse pervenerit, ut ad palatium nostrum producta fuerit altercatio populorum, suggerentes nobis intra III millia solidorum cum collectione chartarum censemus accipere. A quibus tamen omnes minus idoneos rei ipsius consideratione removemus, quia de ecclesiastico munere pauperibus est potius consulendum. Alios vero patriarchas, quando in comitatu nostro de eorum ordinatione tractatur, in supra dictis conditionibus atque personis intra II millia solidorum iubemus expendere. In civitatibus autem suis tenuissimae plebi non amplius quam quingentos solidos se distributuros cognoscat". Da dieses Dekret seinem eigenen Inhalte nach auf Veranlassung des Papstes Johann II. erlassen ist und ferner eine Ermässigung gewähren will, so erscheint die Ansicht als die begründete, welche die Entstehung dieser Abgaben schon in die frühere römische Kaiserzeit setzt und dieselbe mit der römischen Sitte bei der Erlangung von Aemtern, gewisse Sporteln zu zahlen, in Verbindung bringt. S. Mascov, Geschichte der Deutschen. Bd. 2. Anm. XVII. S. 121; Dahn a. a. O. S. 242; A. M. Phillips 5, 750. n. 39, der den ostgothischen Ursprung vertheidigt, jedenfalls aber mit Recht die Annahme von Thomassin P. II. l. 2. c. 16. n. 11 verwirft, dass es sich um die von den Parteien bei Wahlstreitigkeiten im Palatium zu deponirenden Prozesskosten handle. Unbedeutend ist G. Ph. Neuburius (praes. Heumann) diss. qua regis Italiae Gothici Athalarici edictum de eligendo papa illustratur. Gotting. 1740. Dass die Abgabe auch unter den nachfolgenden römischen Kaisern weiter erhoben worden ist, ergiebt Anast. vita Agathon. (auch in c. 21. Dist. LXIII): „Hic (678—681, suscepit (vom Kaiser Konstantin IV. Pogonatus) divalem iussionem secundum suam postulationem, per quam relevata est quantitas quae solita erat dari pro ordinatione pontificis facienda, sic tamen ut si contigerit post eius transitum electionem fieri non debeat ordinari qui electus fuerit, nisi prius decretum generale introducatur in regiam urbem secundum antiquam consuetudinem, ut cum eius scientia et iussione debeat ordinatio provenire", eine Erzählung, welche in ihrer freilich nicht ganz klaren Fassung doch wohl eher auf einen Erlass für alle Folgezeit als blos auf einen einmaligen zu deuten ist.

schonungsloserer Weise als die arianischen Germanenkönige) ihren Einfluss auf die Besetzung des päpstlichen Stuhles geltend gemacht[1]. Dass auch kirchlicherseits dem Kaiser eine Einwirkung dabei zugestanden wurde, beweist das Verfahren Gregors des Gr. i. J. 590, welcher der Erhebung auf den päpstlichen Stuhl dadurch zu entgehen suchte, dass er den Kaiser Mauricius bat, die auf ihn gefallene Wahl nicht zu bestätigen[2]. Ferner ergiebt sich aus dem s. g. liber diurnus, einer Formularsammlung für die bei der römischen Kurie vorkommenden Geschäfte, (welche nur dieser selbst innerhalb entstanden sein kann, die Gestaltung der Verhältnisse vom 6. bis 8. Jahrhundert berücksichtigt, und wenn auch erst Anfangs des 8. Jahrhundert in der jetzigen Fassung zusammengestellt, doch wahrscheinlicher Weise früher entstandene Formulare benutzt hat[3]), dass die Bestätigung des Gewählten vom Kaiser, resp. dem Exarchen zu Ravenna als seinem Stellvertreter[4], eingeholt wurde. Da das gedachte Dokument die Einzelnheiten der Papstwahl für die in Rede stehenden Zeiten am ausführlichsten angiebt, so lasse ich seinen wesentlichen Inhalt hier folgen:

Libri diurni c. 2. de ordinatione summi pontificis[5].

Tit. I. Nuntius[6] ad Exarchum de transitu pontificis.

Superscriptio. Domino excellentissimo atque praecellentissimo et a Deo nobis longaeviter in principalibus ministeriis feliciter conservando, Ill. Exconsuli, Patricio et Exarcho Italiae Ill. Archipresbyter, Ill. Archidiaconus, Ill. Primicerius Notariorum, servantes locum sanctae sedis apostolicae[7].

Quamvis non sine gravi gemitu .... a deo servatae excellentiae domini nostri per has nostras innotescimus humiles syllabas dei iudicio ... ab hac luce fuisse subtractum dominum Ill. sanctissimum nostrum pontificem ... Die enim Ill. instantis mensis obiit ... Post divinum auxilium ad vestram excellentiam, domine Ill. excellentissime et Deo a nobis multis temporibus concedende, omnes habemus fiduciam. Ecce eventum lugubrem indicavimus quia ad nostram consolationem humanum alibi non habemus confugium.

Tit. II. Decretum de electione Pontificis[8].

Inter caetera quae summae divinitatis consilio disponuntur, pontificalis promotio-

[1] So ist Vigilius (537—555) nach vorgängiger Verabredung mit der Kaiserin Theodora auf Belisars Befehl eingesetzt; ebenso Pelagius I. (555—560) durch den Kaiser anerkannt, s. die Belege bei Jaffé regesta. S. 76. 82. Von Pelagius II. (578—590) berichtet Anastas. biblioth. n. LXIV in dessen vita (ed. Fabrot. 2, 43): „Hic ordinatus absque iussione principis eo quod Longobardi obsiderent civitatem Romanam et multa vastatio ab eis in Italia fieret".

[2] Johannis diaconi vita Gregorii M. I. 39. 40 (ed. Bened. 4, 36): „Gregorium licet totis viribus renitentem clerus, senatus populusque Romanus sibi concorditer pontificem delegerunt. At ubi decretum generalitatis evadere nequivit ... imperatori Mauritio ... latenter litteras destinavit, adiurans ... ne umquam assensum populis praeberet, ut se huius honoris gloria sublimaret".

[3] Jacobson in Herzogs Encyclopädie 8, 368.

[4] Nach lib. diurn. tit. 3. et 4. wird an beide berichtet. Dass dies von 639 nur an den Exarchen geschehen, bis unter Konstantin IV. (s. c. 21. Dist. LXIII) das alte Verfahren wieder eingeführt sei, wie Phillips 5, 757 annimmt, ist nicht sicher zu erweisen; vielmehr haben auch später die Exarchen entscheidend eingegriffen, wie der Vorgang bei der Wahl von Sergius I. (s. unten) zeigt.

[5] Nach der Ausgabe in Chr. God. Hoffmann, nova scriptorum collectio. Lipsiae. 1731. 2, 27 ff.

[6] Mit nuntius wird hier das Notifikationsschreiben selbst bezeichnet.

[7] Dass diese drei Würdenträger im Fall der Abwesenheit des Papstes oder der Sedisvakanz statt seiner die Geschäfte führten, ergiebt ferner epist. Johannis IV. ad Thomian. a. 640: „dilectissimis et sanctissimis etc. Hilarius archipresbyter et servans locum sedis apostolicae, Joannes diaconus in nomine dei electus, item Joannes primicerius et servans locum sedis apostolicae" bei Mansi 10, 681. u. ep. Martini I. ad Theodorum a. 653: „in absentia pontificis archidiaconus et archipresbyter et primicerius locum praesentant pontificis" bei Mansi 10, 852.

[8] Hoffmann l. c. S. 29. 31 ff.

nis sublimitas ipso a quo procedit omne quod bonum est, praedestinante ac largiente conceditur . . . .

Etenim pontificalis memoriae Domino Ill. Papa de praesentibus curis ad aeternam requiem evocato, ut assolet humanis rebus accidere, magna nos tristitiarum moles obstrinxerat proprio dispensatore destitutos: sed non diu in afflictione persistere consueta Dei nostri benignitas sperantes in se dereliquit[1]. Diu enim nobis in oratione manentibus, ut caelestis dignatio demonstraret, quem dignum ad successionem apostolicae vicis iubeat eligendum, eius gratia suffragante et omnium animis inspirante, in unum convenientibus nobis, ut moris est, i. e. cunctis sacerdotibus ac proceribus ecclesiae et universo clero atque optimatibus et universa militari praesentia seu civibus honestis et cuncta generalitate populi istius a Deo servatae Romanae urbis, si dici licitum est, a parvo usque ad magnum, in personam Ill. sanctissimi huius sanctae apostolicae sedis Romanae ecclesiae presbyteri (cod. Roman. diaconi) deo cooperante et beatorum apostolorum annisu concurrit atque consensit electio.

Cuius Deo amabilis viri tantum meruit apud omnium conscientias bonae et pudicae conservationis profectio, ut nullus in eius electione dissideret, nullus abesset, nullusve se ipsum subtraheret quem nempe ad hoc apostolicae vicis officium incomparibilis atque indeficiens dei nostri providentia praedestinatum habuerat. . . .

Cuius et decretum solemniter facientes et desideria cordium circa eius electionem manuum subscriptionibus confirmantes profitemur, ipsum deo amabilem nostrum electum, castum . . . atque orthodoxae fidei et sanctorum patrum traditionis defensorem et fortissimum observatorem. . . . .

Hoc vero decretum a nobis factum subter, ut praefatum est, manibus propriis roborantes, in archivo dominico nostrae sanctae Romanae ecclesiae, scilicet in sacro Lateranensi scrinio, pro futurorum temporum cautela recondi fecimus in mense Novembris, indictione quinta.

Ill. humilis presbyter santae Romanae ecclesiae huic decreto a nobis facto in ill. sanctissimum presbyterum consensi et subscripsi: similiter totus clerus, optimates et milites seu cives subscribunt.

Tit. III. Relatio de electione pontificis ad principem[2].

Cum non sine divinae misericordiae nutu sit, ita post mortem summi pontificis in unius electionem omnium vota concurrere et convenire consensum, ut nullus penitus inveniretur qui discors posset existere. Necessarium est, ut serenissimo ac piissimo domino petitionis unitae famulanter debeamus preces effundere, quem certum est et de subiectorum suorum gaudere concordia et clementer unitati postulata concedere.

Obeunte itaque beatissimae recordationis papa nostro ill. in electionem venerabilis apostolicae sedis archidiaconi omnium, deo volente, declinavit assensus, propterea quod ita ab ineunte aetate sanctae idem ecclesiae militavit atque sic se in omnibus solerter exhibuit, ut ecclesiastico regimini non immerito divina suffragante gratia sit praeponendus. . . . . .

[1] Dass mit der Vornahme der Wahl bis 3 Tage nach der Bestattung des verstorbenen Papstes gewartet wurde, hat Bonifacius III. auf einer römischen Synode von 607 bestimmt. Anast. biblioth. n. LXVII (ed. cit. 2, 44, auch in c. 7. Dist. LXXIX), und der liber diurnus erwähnt das triduum ebenfalls in tit. 4. 7.

[2] Hoffmann l. c. p. 34.

Ideoque lacrymabiliter cuncti famuli supplicamus, ut dominorum pietas servorum suorum obsecrationes dignanter exaudiat; et concessa pietatis suae iussione, petentium desideria pro mercede imperii sui ad effectum de ordinatione ipsius praecipiat pervenire. Quatenus per sacros Clementiae suae apices, sub pastore eodem constituti, pro vita imperioque serenissimorum dominorum nostrorum omnipotentem dominum et beatorum apostolorum principem, cuius ecclesiae dignum ordinari gubernatorem concedit, jugiter exoremus.

Subscriptio sacerdotum. Ego Ill. misericordia Dei presbyter sanctae ecclesiae Romanae huic decreto a nobis facto in Ill. venerandum archidiaconum sanctae sedis apostolicae et electum nostrum consentiens subscripsi.

Et subscriptio laicorum. Ego Ill. pietatis vestrae servus huic decreto a nobis facto in Ill. venerandum archidiaconum sanctae sedis apostolicae et electum nostrum consentiens subscripsi.

Tit. IV. De electione pontificis ad Exarchum[1].

Superscriptio. Domino etc. (wie bei Tit. I.) presbiteri, diaconi et familiaris universus clerus, axiomati[2] etiam seu exercitus et populus huius Romanae urbis supplices.

Novit humanis rebus providentia divina succurrere et moerentium fletus ac gemitus in exultationem convertere; . . . . .

Etenim pontificalis memoriae Ill. (wie in Tit. II. bis zum Wort: dereliquit): triduo enim nobis exiguis in oratione manentibus, ut omnium mentibus caelestis dignatio demonstraret, quem dignum ad successionem apostolicae vicis iubeat eligendum, eius gratia suffragante et omnium animis inspirante, in uno convenientibus, ut moris est, familiaribus cleri et plebis, procerum etiam et militaris praesentiae, si dici licitum est, a parvo usque ad magnum, in personam Ill. sanctissimi huius sanctae apostolicae sedis Romanae ecclesiae archidiaconi, deo cooperante et beatorum apostolorum annisu, concurrit atque consensit electio.

Cuius Deo amabilis etc. (beinahe gleichlautend wie in Tit. II.).

Cuius et decretum solemniter facientes et desideria cordium circa eius electionem manuum subscriptionibus confirmantes per harum latores Ill. sanctissimum episcopum, Ill. venerabilem presbyterum, Ill. notarium regionarium, Ill. adaeque subdiaconum regionarium, Ill. et Ill. viros, honestos cives et de florentissimo atque felicissimo Romano exercitu, Ill. eminentissimum consulem seu Ill. et Ill. viros magnificos tribunos militiae confamulos nostros direximus, supplicantes atque communiter impensissime exorantes a deo conservandae praecellentiae vestrae consuetam bonitatem piis votis concurrere . . .

Et ideo supplicantes quaesumus, ut inspirante Deo celsae eius dominationi nos famulos voti compotes celeriter fieri praecipiat, praesertim cum plura sint capitula et alia ex aliis quotidie procreentur quae curae solicitudinem et pontificalis favoris expectant remedium. Provinciales vero curae vel quaecumque sunt subinde causarum utilitates, perfectae autoritatis censuram expectant . . . .

Cum haec ita sint, iterum atque iterum impensius, praecelse et a Deo servate domine, supplicamus, ut celerius deo operante vestrisque praecordiis inspirante,

[1] Hoffmann l. c. p. 37 ff.

[2] i. e. in dignitate constituti seu optimates. Vgl. darüber wie auch in Betreff der übrigen erwähnten Abtheilungen der Wähler Papenkordt, Gesch. der Stadt Rom. S. 114 ff.

apostolicam sedem de perfecta eiusdem nostri patris atque pastoris ordinatione adornare praecipiatis, utpote per gratiam Christi ministerium imperialis fastigii feliciter atque fideliter peragentes . . . . .

Subscriptio sacerdotum. Ego Ill. humilis archipresbyter sanctae Romanae ecclesiae huic decreto in Ill. sanctissimum archidiaconum et electum nostrum consentiens subscripsi.

Subscriptio laicorum. Ego Ill. in dei nomine consul huic decreto a nobis facto in Ill. sacratissimum archidiaconum et electum nostrum consentiens subscripsi.

Tit. V. De electione pontificis ad archiepiscopum Ravennae[1].

Enthält ein Schreiben der drei Verwalter des vakanten päpstlichen Stuhls, in welchem die Wahl und die Absendung der Deputation an den Exarchen wesentlich mit den Worten von Tit. 4. erzählt wird und schliesst mit der Bitte:

Elabora itaque, quaesumus, sanctissime ac beatissime pater, ut cum harum portitoribus, veneratoribus et filiis vestris apud praefatum dominum Exarchum impigrius intervenias, vicem gratiae propriae beato Petro, fautori tuo, reddens, ut optatae ordinationis deo iubente acceleretur negotium.

Tit. VI. De electione pontificis ad iudices Ravennae[2].

Superscriptio. Domino eminentissimo et nobis in Christo fratri, Ill. consuli Ill. archipresbyter et Ill. archidiaconus, ill. primicerius notariorum, servantes locum sanctae sedis apostolicae.

. . . . . .

Quae cum ita sint, licet inclytae Eminentiae vestrae propositum documentis pluribus agnoscamus, totis nisibus spirituali matri huic sacrosanctae apostolicae dei ecclesiae utilitatibus ad concurrendum suffragari, fraterna tamen dulcedine hortari atque poscere congruum duximus, ut convenientibus harum portitoribus Ill. et Ill. quos cum decretalibus paginis et cum impensa supplicatione pro celeri promotione oratoris vestri ac amatoris, domini nostri Ill. archidiaconi et electi, apud praecelsum et a Deo servatum Exarchum destinavimus, cum eis conveniat et ad precandum Deo optatis apud denominatum dominum Exarchum subveniat . . .

Tit. VII. De electione pontificis ad Apocrisiarium Ravennae[3].

Superscriptio. Dilectissimo fratri, Ill. presbytero et apocrisiario Ill. archipresbyter, Ill. archidiaconus et Ill. primicerius notariorum servantes locum sanctae sedis apostolicae.

Dudum dilectissimam fraternitatem vestram obitum sanctae memoriae domini Ill. agnovisse pontificis satis scimus: cui post transitum, ut moris est, die tertia convenientibus nobis i. e. clero, axiomaticis etiam et generalis militiae ac civium universitate in personam domini Ill. sanctissimi archidiaconi dei gratia suffragante electionis vota contulisse nos indicamus. Cuius et solemne decretum facientes subscriptione omnium roboratum apud eximium et a deo servatum dominum Exarchum per harum portitores Ill. et Ill. direximus, cum quibus dilectissima fraternitas vestra conveniat et pro celeri promotione

1 Hoffmann l. c. p. 42.
2 Hoffmann l. c. p. 44.
3 Hoffmann l. c. p. 46.

pontificalis ordinationis deposcenda apud denominatum dominum Exarchum interveniat, ut valeant ii qui missi sunt, Christo comite cum effectu ad nos repedare et de prosperis nuntiis apostolicam Christi ecclesiam omniumque nostrum animos magnanimiter relevare.

Tit. VIII. Ritus ordinandi pontificis[1].

Psallunt secundum consuetudinem. Procedit electus de secretario cum cereostatis VII et venit ad confessionem et post litaniam ascendunt ad sedem simul episcopi et presbyteri. Tunc episcopus Albanensis dat orationem primam, deinde episcopus Portuensis dat orationem secundam, postmodum adducuntur evangelia et aperiuntur et tenentur super caput electi a diaconibus. Tunc episcopus Ostiensis consecrat eum pontificem. Post haec archidiaconus annectit ei pallium, deinde ascendit ad sedem et dat pacem omnibus sacerdotibus et dicit: Gloria in excelsis[2].

Berücksichtigt man die vorhin erwähnten Umstände in Verbindung mit dem Tone der eben mitgetheilten, die Tit. 3—6 bildenden Schreiben, so kann es nicht zweifelhaft erscheinen, dass auch nach dem Rechtsbewusstsein der Kirche die selbst einstimmig erfolgte Wahl des Papstes ohne Genehmigung des Kaisers nicht gültig war. Mochte es auch Sitte sein, dass diese Approbation bei Einstimmigkeit nicht verweigert werden konnte[3], so trat doch bei zwiespältigen Wahlen das Recht des Kaisers scharf hervor. Ueberhaupt konnte von einer jeder kaiserlichen Einwirkung entzogenen Besetzung des päpstlichen Stuhles bei der Stellung der späteren römischen Kaiser zur Kirche und zum Papst, welcher ja jedenfalls immer noch ihr Unterthan und ihr erster Reichsbischof war[4], nicht die Rede sein.

Papst Benedikt II. (683—685) soll freilich nach einer uns überlieferten Nachricht von Kaiser Konstantin IV. das Zugeständniss erhalten haben, dass die Ordination des Papstes gleich nach seiner Wahl erfolgen dürfte[5]. Ob diese Angabe aber richtig ist, erscheint indessen sehr zweifelhaft, jedenfalls ist die Bestimmung nicht lange von praktischer Wirksamkeit gewesen[6] und ein Verzicht auf das Entscheidungsrecht des

1 Hoffmann l. c. S. 46.

2 In dem diesen Abschnitt des lib. diurn. beschliessenden tit. 9 werden verschiedene Formen der vom Papste an der Confession des Apostelfürsten abzulegenden professio fidei mitgetheilt.

3 Daraufdeutet auch Anastas. biblioth. Sergius I. n. LXXXV: „Qui (Joannes exarchus) dum venisset et omnes in personam Sergii sanctissimi invenisset consensisse, illi (Paschali) quidem suffragari non voluit" (l. c. p. 60).

4 S. vorläufig Laurent, le moyen age et la réforme. IIième édit. Paris. 1866. S. 102 ff.

5 Anastas. biblioth. n. LXXXII: „Hic suscepit divales iussiones clementissimi Constantini magni principis ad venerabilem clerum et populum atque felicissimum exercitum Romanae civitatis, per quas concessit, ut persona qui electus fuerit ad sedem apostolicum e vestigio absque tarditate pontifex ordinetur" (ed. Fabr. 2, 57).

6 Eins oder das Andere muss man auf Grund des liber diurnus annehmen; sonst müsste man diesen — was aus anderen Gründen unzulässig — vor Benedikt II. setzen. In Betreff des folgenden Papstes Johannes V. erzählt allerdings Anast. bibl. n. LXXXIII (ed. cit. 2, 58): „Hic post multorum pontificum tempora vel annorum iuxta priscam consuetudinem a generalitate in ecclesia Salvatoris quae appellatur Constantiniana electus est atque exinde in episcopio introductus". Aber nach dem Wortlaut kann sich die als wiederhergestellt bezeichnete prisca consuetudo nur entweder auf das a generalitate Gewähltsein oder auf das in ecclesia Constantiniana Gewähltsein beziehen. Ersteres erscheint indessen unmöglich, weil ja für die Regel a generalitate d. h. vom Klerus und Volk gewählt ist; letzteres ebenfalls unhaltbar, denn wenngleich Anast. biblioth. zuletzt der Wahl in der basilica Constant. vorher nur bei Symmachus a. 498 (l. c. 2, 31) gedenkt, so spricht doch die Wahrscheinlichkeit dafür, dass hier in der alten Papstkirche regelmässig die Wahl stattgefunden hat. Erst nach einer längeren weiteren Erzählung heisst es dann a. a. O. von Johannes V.: „hic consecratus est a tribus episcopis Ostiensi, Portuensi, Veliternensi", sodass also die sofortige Konsekration in Gemässheit des angeblich an Bonifacius II. ergangenen Erlasses aus diesem Bericht nicht einmal konstirt. S. auch Jaffé reg. roman. pontif. S. 170.

Kaisers bei zwiespältiger Wahl kann sicherlich darin nicht gefunden werden. Denn als man bei der nächsten Vakanz unter Fallenlassen der beiden zuerst aufgestellten Kandidaten sich auf Conon (686—687) einigte, wurde darüber in Einklang mit der Beschreibung im liber diurnus an den Exarchen nach Ravenna berichtet, und als demnächst bei neuer zwiespältiger Wahl Sergius (687—701) als dritter Kandidat aufgestellt war, der eine der früheren Gewählten Paschalis aber nicht weichen wollte, intervenirte wieder auf Veranlassung des letzteren der Exarch von Ravenna [1].

Dass bald darauf mit der sich immer mehr in Italien ausbreitenden Herrschaft der Longobarden der Ausübung dieses Rechtes Hindernisse in den Weg traten, liegt auf der Hand und so kann es nicht Wunder nehmen, dass aus dem achten Jahrhundert sich keine sicheren Beweise dafür mehr beibringen lassen [2].

Als Personen, durch deren Wahl der vom Kaiser zu bestätigende Kandidat designirt wird, werden genannt Geistliche und Laien. Des Näheren finden sich erstere bezeichnet als: clerici schlechthin oder clerus [3], sacerdotes et clerus [4], ecclesiasticus ordo [5], cuncti sacerdotes ac proceres ecclesiae et universus clerus [6]. Dass darunter die gesammte an den römischen Kirchen fungirende Geistlichkeit zu verstehen ist, unterliegt keinem Zweifel, wohl aber muss die Frage aufgeworfen werden, ob unter den vielfach genannten sacerdotes auch die Bischöfe der nächstgelegenen Diöcesen zu verstehen sind. Der Ausdruck sacerdotes selbst steht dieser Annahme nicht entgegen [7]. Bedenken erregt nur der Liber diurnus, in welchem der Bischöfe weder bei den Erzählungen über die Wahl noch in den Unterschriften erwähnt wird. Indessen weist die Sitte, einen Bischof mit unter den Gesandten an den Exarchen nach Ravenna zur Einholung der Bestätigung zu senden [8], die Betheiligung der Bischöfe von Ostia, Porto und Albano, sowie anderer benachbarter Diöcesen bei der päpstlichen Konsekration [9]

1 Phillips 5, 759 erklärt dies Eingreifen der Exarchen für Akte der Willkühr. Seine Berufung auf die Bestätigung der Privilegien der Römischen Kirche durch Justinian II. unter P. Constantin I. (708—715) beweist aber als später fallend nichts. Ausserdem steht in Betreff Conons der Bericht des Anastas. bibl. vita Cononis n. LXXXIV (ed. cit. 2, 59) entgegen: „Videns autem exercitus unanimitatem cleri populique in decreto eius subscribentium post aliquot dies et ipsi flexi sunt et consenserunt in persona praedicti sanctissimi viri atque in eius decreto devota mente subscripserunt et missos pariter una cum clericis et ex populo ad excellentissimum Theodorum exarchum, ut mos est (!) direxerunt“. Wenn der Exarch Johannes die Summe von Sergius I. erpresste (l. c. n. LXXXV), die ihm Paschalis für seine Bestätigung bot, so wurde doch damit seine Intervention an und für sich nicht zu einer ungerechtfertigten.

2 Cenni, monument. dom. pontif. 1, 247; Papenkordt, Geschichte der Stadt Rom. Paderborn. 1857. S. 79 u. Gröne, Papstgeschichte. Regensburg. 1864. 1, 288 sprechen allerdings noch von einer für Gregor III. i. J. 731 vom Exarchen in Ravenna eingeholten Bestätigung. Offenbar folgern sie dies nur, wenngleich nicht mit Unrecht, aus dem zwischen der Wahl und Konsekration desselben liegenden Zeitraum von 35 Tagen. S. auch Jaffé a. a. O. S. 180.

3 S. c. 5. 6. C. VII. qu. 1. cit.; Joh. Diacon. vita Gregorii cit., Lib. diurn. c. 2. tit. 7.

4 Innoc. I. epist. cit.; Anast. bibl. vita Cononis n. LXXXIV: . . . „sacerdotes et clerus . . . unanimiter elegerunt“ (ed. cit. 2, 59).

5 Syn. Roman. a. 499. cit.

6 Lib. diurn. c. 2. tit. 2. Dazu die Erklärung von Cai. Cenni, concilium Lateran. Stephani III. Romae. 1735. p. XIX: „Sacerdotes erant VII episcopi cardinales et 28 presbyteri cardinales . . . proceres cleri seu ecclesiae erant archidiaconus, VII iudices palatini et si qui alii officiis Romanae ecclesiae conspicui iure secernebantur a reliquo clero ac proinde diaconi etiam regionarii eisdem accensebantur. Universus demum clerus amplectebatur subdiaconos, acolythos notariosque eos qui nullo fungebantur palatino officio“.

7 S. oben S. 2. n. 1.

8 Lib. diurn. c. 2. tit. 4.

9 L. c. tit. 8; Anast. biblioth. Leo. II. n. LXXXI: (ed. Vignoli 2, 291): „Hic beatissimus papa ordinatus est a IIIbus episcopis i. e. Andrea Ostiensi, Johanne Portuensi et Placentino Velitrensi“. Dieser sich nicht in allen Ausgaben findende Zuzatz kommt nach einer gütigen Mittheilung des Herrn Dr. Papst erst in Handschriften des 9. Jahrh. vor; Joann. V. n. LXXXIII: „Hic consecratus est a tribus episcopis Ostiensi, Portuensi, Veliternensi, sicuti praedecessor eius Leo“. Wenn es ebendaselbst in Betreff Pelagius' I. n. LXI heisst: „Et dum non esset episcopus qui eum ordinaret, inventi sunt duo episcopi Joannes de Perusia et Bonus de Ferentino et

und das Verfahren bei den sonstigen Bischofswahlen[1] darauf hin, dass auch bei der Besetzung des römischen Stuhles die benachbarten Bischöfe mitgewirkt haben[2].

Unter den Laien dagegen werden erwähnt die römischen Senatoren[3], die optimates, axiomatici[4], darunter ein consul[5] und iudices[6], die milites oder der exercitus[7], dann die cives[8], populus[9] oder populi generalitas[10]. Die hier bezeugte, konstante Ueberlieferung in Betreff der Theilnahme des Laien-Elementes beweist zugleich, dass das oben erwähnte Dekret des Symmachus von 499 nicht nur einen Eingriff in die Rechte des Regenten, sondern auch in die der Laien enthielt.

Ueber den Modus der Wahl, namentlich darüber, ob sich etwa die Geistlichkeit und die Laienschaft zu besonderen Kurien constituirt oder nicht, welchen Antheil die verschiedenen Klassen der Geistlichkeit und der Laien gehabt haben u. s. w., ergiebt sich nicht das Mindeste. Nach den Berichten stehen sich bei zwiespältigen Wahlen mitunter die verschiedenen Klassen gegenüber[11], mitunter sind aber die zu einer und derselben gehörigen Personen getheilter Meinung[12]. Mit Rücksicht darauf, dass man in solchen Fällen sich auf eine dritte Person einigte — so wurden Conon und Sergius I. gewählt und so hatte schon Kaiser Honorius angeordnet (S. 218. n. 3) — lässt sich schliessen, dass ein fester Wahlmodus nicht bestand und bei dieser Auffassung der Sache ergiebt sich denn auch noch ein weiteres Fundament für die kaiserliche Bestätigung, weil Mangels einer Vereinbarung eine höhere Instanz für die Entscheidung gefunden werden musste. Dass die letztere freilich auch die Mehrheit als entscheidend gelten lassen konnte, wie es Theodorich der Gr. gethan (S. 218), liegt auf der Hand, dass aber bei dem Nichtvorhandensein einer bestimmten Abstimmungsordnung die Majorität ohne eine solche höhere Instanz nicht als allein massgebendes Moment ausreichte, war klar und auch von

Andreas presbyter de Hostia et ordinaverunt eum pontificem", so bedeutet hier episcopus schlechthin den mit der römischen Kirche in näherer Verbindung stehenden Bischof. Ebenso berichten schon im J. 418 die Anhänger des Bonifazius: „Bonifacium . . . asserimus divinae institutionis ordine consecratum, nam subscribentibus plus minus 70 presbyteris, astantibus 9 diversarum provinciarum episcopis benedictionem competenti tempore constat fuisse celebratam". (Baronii ann. a. 419. n. 8).

[1] c. 4. Nicaen. a. 325 (c. 1. Dist. LXIV); c. 23. Antioch. a. 341; c. 6. Sardic. a. 343 (c. 6. Dist. LXV.).

[2] Für die ältere Zeit bestätigt das auch Cyprianus in c. 6. C. VII. qu. 1: „Cornelio episcopo in ecclesia a XVI (al. XII) episcopis facto". Uebrigens dürfte sich der Mangel der Erwähnung in den Unterschriften des Lib. diurn. daraus erklären, dass diese unvollständig sind und die Verwalter des vakanten Stuhles, welche die betreffenden Schreiben erliessen, auch bei den Dekreten zuerst signirten.

[3] Johann. diac. cit.; Cassiodor. VIII. 15. cit.; der Gegenpapst Laurentius ist i. J. 498 auf Veranlassung des Senators Festus gewählt. Theodori lector. hist. eccles. II. 17.

[4] Lib. diurn. l. c. tit. 4. 7.

[5] L. c. tit. 4.

[6] Anast. biblioth. Conon. n. LXXXIV; Sergius n. LXXXV.

[7] Lib. diurn. l. c. tit. 2. 7; vita Conon., Sergii l. c. s. unten.

[8] Lib. diurn. ll. cc.

[9] c. 5. C. VII. qu. 1. cit.; Innoc. I. ep. cit.

[10] Lib. diurn. l. c. tit. 2. Aber auch schlechthin wird die Gesammtheit der Wählenden mit generalitas bezeichnet. S. oben S. 224. n. 6.

[11] Anastas. biblioth. Conon. n. LXXXIV: „In cuius electione non minima contentio facta est, eo quod clerus in Petrum archypresbyterum intendebat, exercitus autem insequente eius Theodorum presbyterum. Sed dum missi ab utrisque partibus . . . nihil proficerent ad concordiam, consilio ducti sacerdotes et clerus . . . elegerunt . . . tertiam personam suprafati pontificis . . . E vestigio autem omnes iudices una cum primatibus exercitus . . . in eius laude omnes acclamaverunt. Videns autem exercitus unanimitatem cleri populique in decreto eius subscribentium post aliquot dies . . . consenserunt in persona praedicti . . . viri" (ed. Fabrot. 2, 59).

[12] Auf Seiten des Bonifazius I. stehen 418: aliquanti presbyteri et collectus populus, auf Seiten des Eulalius diaconi, paucissimi presbyteri et multitudo plebis s. Jaffé, reg. p. 28; Anast. biblioth. Symmachus. n. LII (2, 31): „Ex qua causa separatus est clerus et divisus est et senatus, alii cum Symmacho, alii cum Laurentio"; Sergius n. LXXXV. (2, 59): „Romanus populus urbis in duas partes divisus est et una quidem pars elegit Theodorum archipresbyterum, alia vero pars Paschalem archidiaconum".

diesem Gesichtspunkt aus erscheint das Dekret des Symmachus wieder nur als ein praktisch unrealisirbarer Versuch, die Rechte des Kaisers und der Laien auszuschliessen. Nach dem Gesagten kann es endlich nicht auffallen, dass der liber diurnus bei seinen Formularen immer eine einträchtige Wahl voraussetzt, da man auch bei erst zwiespältiger Wahl sich auf einen dritten Kandidaten zu einigen suchte, andererseits aber für den Fall der Nichteinigung beim Mangel einer festen Abstimmungsnorm, nach welcher die Vorgänge zu bemessen gewesen wären, die Aufstellung eines irgendwie nur allgemein passenden Berichts-Formulares unmöglich war.

Als ausnahmsweiser Modus der Besetzung des päpstlichen Stuhls soll, wie schon oben erwähnt, die Bestimmung des Nachfolgers durch den noch lebenden Papst selbst vorgenommen worden sein; so soll Petrus Clemens I. zu seinem Nachfolger ernannt haben [1]. Allein es sind nur apokryphe Quellen, welche diese Nachricht überliefern, und selbst wenn man den Aufenthalt des Petrus in Rom als sicher erwiesen ansehen wollte, so würde jene Thatsache immer mit der ältesten Verfassung der Christen-Gemeinden, und insbesondere der römischen [2], unvereinbar sein [3]. Ende des 5. Jahrhunderts hat aber Papst Symmachus I. auf der römischen Synode von 499 den Versuch gemacht, die Regulirung der Nachfolge auf dem päpstlichen Stuhl der Entscheidung oder doch mindestens einem entscheidenden Einfluss des lebenden Papstes (vielleicht durch Abforderung eines eidlichen, auf die Wahl des Designirten gerichteten Versprechens der Wähler) zu unterwerfen [4]. Indessen hat diese Bestimmung dasselbe Schicksal mit den übrigen Vorschriften jener Synode getheilt und ist nicht praktisch geworden. Zwar machte nicht lange nachher Bonifacius II. (530—532) einen zweiten derartigen Versuch, er nahm aber selbst bald darauf die von ihm erfolgte Bestellung seines Nachfolgers zurück [5].

B. Die karolingische Zeit [6]. Während der Zeit der sinkenden Herrschaft der Longobarden in Italien geschah die Wahl der Päpste ohne jede Beeinflussung durch einen weltlichen Herrscher, aber sonst in der früheren Weise; so haben Zacharias

[1] c. 2 (Ps. Clemens), c. 1 (Ps. Isid.) C. VIII. qu. 1.

[2] Ritschl a. a. O. S. 402.

[3] Uebrigens kommen auch katholische Schriftsteller, wenngleich aus andern Gründen, s. z. B. Phillips 5, 730 zu demselben Resultat.

[4] S. oben S. 218. n. 8. Die relevanten Worte: „ut de sui electione successoris non possit decernere" werden zwar gewöhnlich von einer blossen Empfehlung des zukünftigen Nachfolgers (von einem de sui successoris electione cum fratribus deliberare" nach dict. Gratiani zu c. 7. C. VIII. qu. 1) verstanden, s. z. B. Hefele, Konciliengesch. 2, 608; Dahn 3, 211; und ältere Canonen c. 23. Antioch. a. 341; c. 76. apostol; syn. Roman. a. 465. (c. 5. C. VIII. qu. 1) verbieten die Bestellung von Nachfolgern durch die Bischöfe, aber das Wort: „decernere" bedeutet sicher mehr als Empfehlung und wird überdies in dem Synodaldekret der freien Wahl entgegengesetzt. Das Bestreben, dies letztere mit den sonstigen kirchlichen Vorschriften in Einklang zu bringen, erreicht aber jene Meinung auch nicht, denn selbst dergleichen Empfehlungen sind von Hilarus I. 462 in dem Hermes'schen Handel (s. Hefele a. a. O. 2, 569 u. die Briefe bei Thiel, epist. Romanor. pontif. S. 140. 141) verboten worden. Symmachus, welcher die Bestellung der römischen Bischöfe ganz dem Einfluss der Laien entziehen wollte, und wie gezeigt, durch seine Bestimmungen schon sonst gegen das bisherige Recht verstiess, brauchte sich sicher auch in diesem Punkt nicht an die früheren Vorschriften gehalten zu haben.

[5] Anast. biblioth. Bonifac. II. n. LVI (ed. cit. 2, 36): „Hic congregavit synodum in basilica b. Petri apostoli et fecit constitutum, ut sibi successorem ordinarent. Quo constituto cum chirographis sacerdotum et iusiurando ante confessionem b. apostoli Petri in diaconum Vigilium constituit. Eodem tempore facta iterum synodo hoc censuerunt sacerdotes omnes propter reverentiam sedis sanctae. Et quia contra canones fuerat hoc factum et quia culpa eum respiciebat, ut successorem sibi constituerat, ipse Bonifacius papa reum se confessus est maiestatis, quod diaconum Vigilium sui subscriptione chirographi et ante confessionem b. apostoli Petri successorem constituisset ac ipsum constitutum in praesentia omnium sacerdotum et cleri et senatus incendio consumpsit". Auch dieses Faktum ergiebt, dass das Dekret des Symmachus damals nicht als geltend angesehen wurde.

[6] Ungenügend und unpräcise hierüber Staudenmaier, Bischofswahlen. S. 140 ff.

(741—752), Stephan II. (752) und Stephan III. (752—757) die päpstliche Würde erlangt[1]. Schon die nächste Wahl war eine zwiespältige und nur das bedeutende Uebergewicht der Anhänger des einen Kandidaten, Pauls I. (757—767), scheint die andere Partei zum Fallenlassen ihres Gegenkandidaten bewogen und von Gewaltthätigkeiten abgehalten zu haben[2]. Der Mangel des Eingreifens einer mächtigen weltlichen Herrscherhand führte aber schon bei seinem Tode dahin, dass über den päpstlichen Stuhl im Interesse mächtiger römischer Adliger verfügt wurde. Noch ehe Paul I. sein Leben vollständig ausgehaucht hatte, setzte der Herzog Toto aus Nepi mit Waffengewalt seinen Bruder, welcher nicht einmal Kleriker war, Konstantin II. (767. 768), zum Papst ein[3], und es gelang diesem, sich dreizehn Monate in seiner usurpirten Würde zu behaupten. Als im Jahre 768 der Primicerius Christophorus und der Priester Waldipert mit longobardischer Hülfe die Herrschaft Totos und Konstantins beseitigt hatten, liess Waldipert mit einem Theil der Römer den Priester Philippus zum Papste wählen. Da dies aber ohne Wissen des Christophorus geschehen war, so wurde Philipp ebenfalls wieder entsetzt[4], und nunmehr auf Veranlassung des ersteren Stephan IV. (gewöhnlich als Stephan III. bezeichnet)[5] in alter Weise gewählt[6]. Die erwähnten Vorgänge veranlassten den neuen Papst zur Abhaltung einer Synode im J. 769, auf welcher in Folge seiner an die Frankenkönige gerichteten Bitte auch eine Anzahl fränkischer Bischöfe erschienen. Dieselbe bestimmte, dass von jetzt ab die Betheiligung der Laien bei der Feststellung des Kandidaten ausgeschlossen sein, ihnen vielmehr nur ein Akklamationsrecht und das Recht, das Dokument über die demnächst definitiv vorzunehmende Wahl mit zu unterschreiben, zukommen sollte[7]. Ferner wurde hier

1 Das ergiebt schon der kurze Zeitraum zwischen dem Tode des Vorgängers und der Konsekration des Nachfolgers s. Cenni l. c. 1, 241; Papenkordt a. a. O. S. 81. 84. Ueber die beiden letzten berichtet Anast. biblioth. Stephan. III. n. XCIV (ed. cit. 2, 80): „Defuncto . . . Zacharia papa Stephanum (II.) quemdam presbyterum ad ordinem pontificatus cunctus populus sibi elegit... ubi (Laterani) biduo manens tertio die . . . subito . . . alienatus obmutuit et sequenti die defunctus est. Post haec vero cunctus dei populus congregatus est intra . . . basilicam s. dei genitricis ad praesepe. Ubi et omnes . . . bono animo et consona voce praedictum beatissimum virum (Stephanum III.) sibi eligunt pontificem".

2 Anast. bibl. Paulus I. n. XCV (ed. cit. 2, 89): . . . alii cum Theophylacto archidiacono tenentes in eius domo congregati residebant; alii vero eidem beatissimo concordabant Paulo diacono plurima pars iudicum et populi cum eo tenentes . . . continuo eadem populi congregatio quae cum saepefato beatissimo Paulo tunc diacono tenebat, quoniam validior et fortior erat, eum in pontificatus culmen elegerunt. Post haec hi qui cum praefato archidiacono aggregati erant, dispersi sunt".

3 L. c. Stephan. IV. n. XCV (2, 91). Er ist vom Bischof Georg von Palästrina am 28. Juni 767 zum Kleriker, 29. Juni zum Subdiakon und Diakon geweiht und am 5. Juli unter Mitwirkung der Bischöfe von Albano und Porto zum Papst konsekrirt. S. a. a. O., ferner Papenkordt. S. 92.

4 Anast. l. c.; Papenkordt. S. 92.

5 Da Stephan II. als s. g. papa quatriduanus nicht mitgezählt wird.

6 Anastas. bibl. l. c. (2, 93): „Sicque praefatus Christophorus primicerius alia die aggregans in tribus fatis sacerdotes ac primates cleri et optimates militiae atque universum exercitum et cives honestos omnisque populi Romani caetum a magno usque ad parvum perspectantes pariter concordaverunt omnes una mente unoque consensu in persona praefati beatissimi Stephani".

7 So beseitigt sich meines Erachtens die Schwierigkeit in den Worten in electione und priusquam electus fuerit in Act. III. des Koncils (bei Cenni, concilium Lateranense Stephani III. Romae. 1735. S. 11. u. Mansi 12, 719): „Sed et hoc sub anathematis interdictione decernimus ut nulli unquam laicorum sive ex manu armata sive ex aliis ordinibus praesumant inveniri in electione pontificis et cuncto clero ipsa pontificalis electio proveniat. Et priusquam pontifex electus fuerit et in patriarchium (Lateranense) deductus, omnes optimates militiae vel cunctus exercitus et cives honesti atque universa generalitas populi huius Romanae urbis ad salutandum eum sicut omnium dominum properare debent. Et ita more solito decretum facientes et in eo cuncti pariter concordantes subscribere. Hoc itaque in aliis ecclesiis sub divini iudicii obtestatione decernimus observandum. De castris autem Tusciae vel Campaniae vel de aliis locis nullus audeat Romam ingredi nec a quoquam invitentur aut infra civitatem introducantur. Sed nec quisquam ex servis tam cleri quamque militiae in eadem electione inveniatur nec ullus penitus cum armis et fustibus".

zum ersten Mal eine nähere Bestimmung über die Qualifikation des zu wählenden Kandidaten und zwar dahin getroffen, dass kein Laie und kein anderer, als ein zur römischen Kirche gehöriger Geistlicher, welcher unter Innehaltung der Weihestufen den Grad des Presbyters oder Diakons empfangen habe, die päpstliche Würde erlangen könne [1].

Wenngleich die Wahl des folgenden Papstes, Hadrians I. (772—795), den Vorschriften des erwähnten Koncils gemäss erfolgt zu sein scheint [2], so soll doch gerade schon dieser auf einer römischen Synode nach einer auf uns gekommenen Nachricht Karl dem Gr. das ausschliessliche Recht der Besetzung des päpstlichen Stuhles wie auch der Erzbisthümer und Bisthümer des Reiches überlassen haben [3]. Allein schon der Umstand, dass die betreffenden Berichte erst aus dem 12. Jahrh. herrühren, also aus einer Zeit, wo eine Reihe von Kontroversschriften aus Anlass des Investiturstreites entstanden sind, erregt Bedenken an der Richtigkeit der erzählten Thatsache. Aus folgenden Umständen wird aber die Unächtheit m. E. unzweifelhaft dargethan. Die Synode müsste im Jahr 774 abgehalten sein, denn der Bericht erwähnt einer doppelten Anwesenheit Karls des Gr. in Rom, vor und nach der Eroberung Pavias [4]. Nur die erstere im April 774 ist sonst beglaubigt, die zweite, während welcher die Koncession erfolgt sein soll, nicht, im Gegentheil ist Karl von Pavia nach dem Frankenreich zu-

[1] c. 4. Dist. LXXIX (s. auch Mansi 12, 718 u. Wasserschleben, vorgratianische Rechtsquellen S. 162), bei letzterem heisst es: „nisi cardinalis presbyter aut diaconus eiusdem ecclesiae qui per distinctos gradus ascenderet". Bei Gratian u. auch bei Anastas. biblioth. vita Stephani IV. fehlt das eiusdem ecclesiae, das unzweifelhaft aus dem Sinne hinein zu interpretiren ist, und sich auch aus der Erklärung der cardinales in der weiteren Stelle aus demselben Koncil (c. 5. Dist. LXXIX: „Si quis . . . prorumpens in gradum filiorum sanctae Romanae ecclesiae i. e. presbyterorum cardinalium et diaconorum ire praesumpserit et hanc apostolicam sedem invadere. . . . tentaverit et ad summum pontificalem honorem ascendere voluerit, ipsi et suis faventibus fiat perpetuum anathema") ergiebt. Mit dieser Vorschrift war übrigens nur eine früher schon geübte Gewohnheit fixirt, wenngleich die Subdiakonen nicht gerade ausgeschlossen waren. S. Cenni l. c. p. XV. So weit Anastas. biblioth. nähere Berichte giebt, sind, abgesehen von dem Eindringling Konstantin II. nur der römischen Kirche angehörige Presbyter, z. B. Benedikt II., Konon, Sergius I., Stephan II., Gregor III., Stephan IV. oder Diakonen z. B. Johannes V., Gregor II., Stephan III., Paul I. Päpste geworden. Dasselbe zeigen auch die Formulare des lib. diurnus. c. 2. tit. 2. 3. — Der besprochenen Synode gehört auch c. 3. Dist. cit. an.

[2] Eine alte vita Hadriani bei Mabillon, museum Italicum II. 1, 38. erzählt: „ad ordinem episcopatus communi concordia omnium clericorum ac populorum electus est", und enthält ferner die Urkunde über die erfolgte Wahl in einer dem Formular des liber diurnus c. 2. tit. 2 (: „in uno convenientibus nobis i. e. cuncti sacerdotes ac proceres ecclesiae et universus clerus atque optimates et universa militaris praesentia seu cives honesti et cuncta generalitas populi . . . in personam Adriani sanctissimi huius sanctae apostolicae sedis Romanae ecclesiae diaconi con currit atque consensit electio") entsprechenden Fassung. Da aber die Synode die Akklamation und Unterschrift der Laien beibehalten hatte, so konnte man die althergebrachten Formen auch jetzt noch anwenden. Man kann jedenfalls daraus nicht schliessen, dass die Bestimmungen der Synode gar nicht in Wirksamkeit getreten sind.

[3] Die betreffende Nachricht findet sich in dem an Sigibert v. Gemblours († 1112) sich anschliessenden Auctar. Aquicin. SS. 6, 393, nicht im Chron. von Sigibert selbst (s. l. c. n. d), in Ivos Pannormia VIII. 134 u. c. 22. Dist. LXIII; in anderer Form in einer Anfangs des 11. Jahrh. abgefassten Schrift de investitura episcoporum bei Schard, syntagma tractatuum de imperiali iurisdictione u. i. d. Tübinger theolog. Quartalschrift. Jahrgg. 1837. S. 187, Jahrgg. 1838. S. 339. Ebenso wird in dem seiner Aechtheit nach zweifelhaften Privileg Leos VIII. für Otto I. (in zwei Recensionen bei Floss, Papstwahl unter den Ottonen. 1858. S. 72. u. in c. 23. Dist. LXIII.) der Sache erwähnt.

[4] Text nach Gratian c. 22. Dist. LXIII: . . . „Carolus vero Romam veniens Papiam obsedit ibique relicto exercitu in sancta resurrectione ab Hadriano Papa Romae honorifice susceptus est. Post sanctam vero resurrectionem reversus Papiam cepit Desiderium regem; deinde Romam reversus constituit ibi synodum cum Hadriano papa in patriarchio Lateranensi in ecclesia s. Salvatoris quae synodus celebrata est a CLIII episcopis religiosis et abbatibus. Hadrianus autem papa cum universa synodo tradiderunt Carolo ius et potestatem eligendi pontificem et ordinandi apostolicam sedem. Dignitatem quoque patriciatus ei concesserunt. Insuper archiepiscopos et episcopos per singulas provincias ab eo investituram accipere diffinivit et ut nisi a rege laudetur et investiatur, episcopus a nemine consecretur".

rückgekehrt[1]. Hadrian hat ferner in zwei Schreiben an Karl, welche sicher später als 774 zu setzen sind, die Freiheit der Bischofswahlen als geltendes Recht dem Kaiser gegenüber gewahrt, indem er auf die Wahl durch den Klerus und das Volk, sowie die päpstliche Bestätigung als kanonischen Modus hinwies[2]. Dass dies nach Verleihung einer so wichtigen Koncession unmöglich gewesen wäre, liegt auf der Hand. Es wäre weiter unerklärlich, dass einmal in dem damaligen Papste so wenig hierarchisches Bewusstsein gelebt, dass er ohne dringende Veranlassung ein so wichtiges Recht weggeschenkt hätte, und ferner, dass sich die deutschen Kaiser nicht früher auf ein so bedeutsames Privilegium berufen haben sollten.

Endlich zeigt auch die weitere Geschichte der Papstwahlen, dass die in der Folgezeit geübte Praxis mit jenem Privileg nicht übereinstimmt und auch daraus lässt sich ein weiteres Moment dafür gewinnen, dass jene Nachricht nur eine während des Investiturstreites im kaiserlichen Interesse gemachte, tendenziöse Erfindung ist[3].

Ebensowenig Glauben verdient eine andere, aus dem 10. Jahrh. stammende Quelle, welche erzählt, dass Karl dem Gr. das Recht eingeräumt worden, einen fränkischen Bevollmächtigten zu den Papstwahlen zu senden[4].

Der Glaubwürdigkeit dieser Nachricht steht der Umstand entgegen, dass der Nachfolger Hadrians, Leo III. (795—816), ohne jede Konkurrenz solcher Legaten gewählt worden ist[5]. Eine sonstige Vacanz des päpstlichen Stuhles ist unter Karl d. Gr. nicht vorgekommen, und so mag es auf den ersten Augenblick wunderbar erscheinen, dass ein Fürst, welcher in die kirchlichen Angelegenheiten der damaligen Zeit sonst in bestimmender Weise eingegriffen und insbesondere hinsichtlich der Besetzung der bischöflichen Stühle auf das Freieste geschaltet hat[6], bei der Ernennung des Hauptes der Kirche ohne jeden Einfluss geblieben ist. Allein die Lage der italienischen Verhältnisse hatte schon seit Stephan III. eine Anlehnung an das Frankenreich bedingt, deren Gründe noch unter Hadrian I. und Leo III. fortdauerten und vorläufig verbanden auch noch gleiche Interessen das Papstthum und fränkische Kaiserthum so eng zusammen, dass von einem Bruche beider und der Nothwendigkeit von Massregeln zur Verhütung eines solchen nicht die Rede war. Dazu kam die lange Regierungsdauer der beiden gedachten Päpste und endlich konnte bei der zunächst fortdauernden Kaiserherrschaft Ostroms dem bestehenden Rechte nach ein Titel für eine Einwirkung

1 S. Abel, Jahrb. des fränk. Reichs unter Karl d. Gr. 1, 135. 136.

2 Jaffé, monumenta Carolina, cod. Carolin. ep. 88. 98. p. 267. 287.

3 Die Mehrzahl der Schriftsteller nimmt das Gleiche an, s. Baronius annal. ed. a. 774. n. 10 ff.; Marca, de concordia sacerdotii et imperii VIII. 12; Gieseler, Kirchengesch. II. 1, 40. n. 16; Hirsch, de Sigeberto Gemblac. Berolini. 1841. p. 42 ff.; Kunstmann, Tübinger theol. Quartalschrift. Jahrg. 1838. S. 349; Petri Gallade, diss. ad c. Hadrianus bei Schmidt, thesaurus iur. ecclesiastici 1, 252 ff., s. namentlich S. 257 ff.; Rettberg, Kirchengesch. Deutschlands 1, 576; 2, 607; Waitz, deutsche Verfassungsgeschichte 3, 166; Hefele, Konciliengesch. 3, 579; Phillips 5, 763; Floss, Papstwahl. S. 55; Abel a. a. O.

4 Libellus de imperatoria potestate (SS. 3, 721): „Accipiente autem Karolo hoc regnum, profectus est Romam fecitque pactum cum Romanis eorumque pontifice et de ordinatione pontificis, ut interesset quis legatus et ut contentiosas lites ipse deliberaret". S. Waitz, Abel a. a. O.

5 Das ergiebt Anast. biblioth. Leo III. n. XCVIII (ed. Fabrot. 2, 121): „Quapropter divina inspiratione una concordia eademque voluntate a cunctis sacerdotibus seu proceribus et omni clero, nec non et optimatibus vel cuncto populo Romano . . electus est et sequenti die . . . pontifex in sede apostolica ordinatus est"; in Verbindung mit dem Brief Karls d. Gr. an Leo v. 796 (Jaffé, monum. Carolina S. 354): „Perlectis excellentiae vestrae litteris et audita decretali cartula (Dokument über die Wahl) . . . gavisi sumus seu in electionis unanimitate seu in humilitatis vestrae obedientia et in promissionis ad nos fidelitate".

6 S. vorläufig Waitz, deutsche Verfassungsgesch. 3, 355. Diese Thatsache hat offenbar zu der Erfindung einer besonderen päpstlichen Koncession dafür Veranlassung gegeben.

des vom Papste selbst zum Patricius ernannten Frankenkönigs um so weniger gefunden werden, als Karl d. Gr. und Hadrian ihr gegenseitiges Verhältniss auf dem Wege eines förmlichen Vertrages geregelt haben [1].

Dem Nachfolger Leos, Stephan V. (IV.), welcher gleichfalls in derselben Weise wie seine Vorgänger gewählt ist [2], wird eine dahin gehende Verordnung zugeschrieben, «ut quum instituendus est pontifex, convenientibus episcopis et universo clero eligatur praesente senatu et populo qui ordinandus est et sic ab omnibus electus praesentibus legatis imperialibus consecretur, nullusque sine periculo sui iuramenta vel promissiones aliquas nova adinventione audeat extorquere nisi quae antiqua exigit consuetudo, ne vel ecclesia scandalizetur et imperialis honorificentia minuatur» [3]. Indessen liegt hier ebenfalls nichts als eine das römische Koncil von 898 (s. S. 236) benutzende Erdichtung vor. Der Wortlaut beider stimmt im Wesentlichen völlig überein, irgend ein Motiv für Stephan V. zum Erlass einer solchen Festsetzung ist nicht erfindlich, der Eingangs der Stelle angegebene Grund [4] passt für diese Zeit nicht, da die vorhergehenden Papstwahlen in Eintracht ohne Verübung von Gewaltthätigkeiten verlaufen waren und endlich konnte Stephan die Gegenwart der kaiserlichen Gesandten bei der Wahl nicht als einen canonicus ritus und eine hergebrachte Gewohnheit bezeichnen [5].

Nur die Praxis lässt sich sicher konstatiren, dass der neue Papst wie früher dem Frankenkönige als Patricius, jetzt als abendländischem Kaiser, seine Wahl und Konsekration anzeigte [6].

Bei dem nächsten Vakanzfalle ist Paschalis I. (817—824) ebenfalls in früherer Weise ohne Konkurrenz von kaiserlichen Legaten gewählt [7]. Auch er sandte gleich nach seinem Regierungsantritte eine Gesandtschaft an Ludwig den Frommen, um sich zu entschuldigen, dass er es gewagt habe, den päpstlichen Stuhl zu besteigen, und um

[1] S. die Briefe Hadrians cod. Carolin. 57 („quae inter nos convenerunt") 59 („in eadem sponsione quam in invicem ante sacram eiusdem dei apostoli confessionem adnexi sumus") u. Karls an Leo III. v. 796 („sicut enim cum praedecessore vestro pactum inii, sic cum beatitudine vestra eiusdem fidei et caritatis inviolabile foedus statuere desidero") bei Jaffé, monum. Carol. S. 189. 195. 356.

[2] Einhardi ann. 816 (SS. 1, 203), Anast. bibl. Stephan. V. n. XCIX (Fabr. 2, 146).

[3] Sie findet sich zuerst in der Pannormia des Ivo III. 1. §. 1. u. dann c. 28. Dist. LXIII. mit der Inskription Stephanus papa. Dem gedachten Papst u. dem J. 816 wird das Capitel zugewiesen von Muratori, rerum italic. script. II. 2, 127; Richter, corp. iur. ad c. 28. cit.; Jaffé, regesta S. 221; Hefele a. a. O. 3, 7; Floss a. a. O. S, 56. Der erstere, dessen Argumentation von den andern adoptirt worden, beruft sich dafür auf die Bestätigung dieser Vorschrift durch Nikolaus I. (auf einer römischen Synode von 862 oder 863, s. Hefele a. a. O. 3, 249); dieselbe (Muratori a. a. O.; Mansi 15, 607) verordnet: „Si quis sacerdotibus seu primatibus, nobilibus seu cuncto clero huius sanctae Romanae eccesiae electionem Romani pontificis contradicere praesumserit, sicut in concilio b. Stephani papae statutum est, anathema sit"; kann aber, da sie sich gegen den Einfluss der Laien auf die Papstwahl richtet, andrerseits der kaiserlichen Gesandten nicht erwähnt, sich nur auf das Koncil i. J. 769 unter Stephan IV. (III.), (c. 5. §. 1. Dist. LXXIX, u. oben S. 228. n. 7) beziehen. S. auch Berardi, Gratiani canones genuini etc. II. 2, 251.

[4] c. 28. Dist. LXIII: „Quia sancta Romana ecclesia . . . a pluribus patitur violentias pontifice obeunte quae ob hoc inferuntur, quia absque imperiali notitia pontificis fit consecratio nec canonico ritu et consuetudine ab imperatore directi intersunt nuntii qui scandala fieri vetent, volumus ut" etc. (s. oben den Text).

[5] Die Unächtheit haben schon früher vertheidigt u. A. Baronius, annal. ad a. 816. n. CI; Natalis Alexander, saec. IX. c. 1. art. 2. ed. Ferrar. 1758. 6, 152; Phillips 5, 768. 784 — Pagi ad a. 816, 19. u. 897, 4 ff.; Berardi l. c., Richter, Lehrbuch §. 123. n. 5 schreiben dagegen den Kanon Stephan VII. (VI.) (876—897), welcher aber in Anbetracht des sinkenden Ansehens Kaiser Arnulfs und seiner völligen Abhängigkeit von der italienischen Partei (Dümmler, Gesch. des ostfränk. Reichs 2, 425 ff.) ebensowenig der Urheber des Dekrets sein kann.

[6] Ueber Leo III. s. S. 230. n. 5. Von Stephan V. berichtet Einhard l. c.: „missis interim duobus legatis qui quasi pro sua consecratione imperatori suggererent"; vita Hludowici c. 26 (SS. 2, 620): „praemisit legationem quae super ordinatione eius imperatori satisfaceret". Vgl. ferner C. Cenni, monum. dominat. pontific. diss. 2. n. 33 ff. (2, 111 ff.).

[7] Anastas. biblioth. n. C. (l. c. 2, 148).

ferner die Bestätigung der zwischen seinen Vorgängern und den Frankenkönigen getroffenen Vereinbarungen zu erlangen[1]. Mit Rücksicht hierauf liegt die Annahme sehr nahe, die Entschuldigung des Paschalis darauf zu beziehen, dass er ohne Vorwissen des Kaisers die Wahl und Konsekration angenommen habe, und man hätte damit ein für die Aechtheit des angeblichen Dekrets Stephans V. v. 816 sprechendes Moment gewonnen. Indessen kann die Absendung des Entschuldigungsbriefes Seitens des Papstes auch blos geschehen sein, um jeden Verdacht einer eigennützigen Bewerbung auszuschliessen. Will man diese Auffassung nicht gelten lassen, so bleibt immer die Möglichkeit offen, dass die fränkischen Berichterstatter hier von dem Standpunkt der späteren Praxis des 9. Jahrhunderts ihre Erzählung gefärbt haben. Die Gründe für die Unächtheit des Pseudo-Stephanischen Dekrets von 816 vermögen jene Erzählungen jedenfalls um so weniger zu beseitigen, als die Kaiser, wenn Stephan V. ihnen wirklich jenes Recht eingeräumt hätte, bei der sofortigen Verletzung desselben im ersten Vakanzfalle die dringendste Veranlassung gehabt haben würden, gegen eine solche flagrante Beeinträchtigung zu protestiren, und nicht, wie berichtet wird, ohne Weiteres das alte Bündniss hätten erneuern können.

Eine weitere Urkunde vom Jahre 817, worin Ludwig der Fr. die freie Papstwahl anerkennt und nur die Absendung von Gesandten nach der Konsekration verlangt[2], enthält — wenngleich sie mindestens in ihrem ersten Theil[3] stark interpolirt ist und auch in ihrem letzten nur eine Erfindung zu sein scheint — nach den bisherigen Darlegungen in Bezug auf den hier in Rede stehenden Punkt nichts Unrichtiges, steht vielmehr gerade mit der bis dahin geübten Praxis in Einklang, und es kann deshalb von einer näheren Untersuchung ihrer Aechtheit für den vorliegenden Zweck abgesehen werden.

Als im J. 824 die Besetzung des päpstlichen Stuhles wieder Gegenstand von Parteikämpfen geworden war und der Kandidat der antifränkischen vornehmen Partei, Eugenius II., die Oberhand behalten hatte, sandte Ludwig der Fromme seinen Sohn Lothar nach Rom[4], und dieser setzte in Gemeinschaft mit dem Papste fest, dass die

[1] Einhardi ann. a. 817 (SS. 1, 203): „Cui Paschalis successor electus, post completam solemniter ordinationem suam et munera et excusatoriam imperatori misit epistolam in qua sibi non solum nolenti, sed etiam plurimum renitenti pontificatus honorem velut impactum adseverat"; vita Hludowici c. 27 (SS. 2, 621): „Qui post expletam consecrationem solemnem legatos cum epistola apologetica et maximis imperatori misit muneribus, insinuans non se ambitione nec voluntate sed cleri electione et populi adclamatione huic succubuisse potius quam insiluisse dignitati. Huius legationis baiulus fuit Theodorus nomenculator, qui negotio peracto et petitis impetratis, super confirmatione scilicet pacti et amicitiae more praedecessorum suorum reversus est".

[2] LL. 2, app. p. 10: . . . „Et quando divina vocacione huius sacratissime sedis pontifex de hoc mundo migraverit, nullus ex regno nostro aut Francus aut Longobardus aut de qualibet gente homo sub nostra potestate constitutus, licentiam habeat contra Romanos aut publice aut privati veniendi vel electionem faciendi nullusque in civitatibus vel territoriis ecclesie beati Petri apostoli potestatem pertinentibus aliquod malum propter hominem facere presumat. Sed liceat Romanis cum omni veneracione et sine qualibet perturbacione honorificam suo pontifici exhibere sepulturam. Et eum quem divina inspiratione et beati Petri intercessione omnes Romani uno consilio atque concordia sine aliqua promissione ad pontificatus ordinem elegerint, sine qualibet ambiguitate vel contradicione more canonico consecrary et dum consecratus fuerit, legati ad nos vel ad successores nostros regis Francorum dirigantur, qui inter nos et illum amicitiam et caritatem et pacem socient, sicut temporibus pie recordacionis domni Karoli attavi nostri seu domni Pippini avi nostri vel eciam Karoli imperatoris genitoris nostri consuetudo erat faciendi"; auch in c. 30. §. 1. Dist. LXXIX.

[3] Dieser enthält eine Reihe Gebietsschenkungen an die römische Kirche. Vgl. darüber Cenni l. c. diss. 2. de diplom. Ludov. Pii. 2, 83 ff.; Phillips 5, 771 ff.; Papenkordt a. a. O. S. 155.

[4] Einhardi ann. a. 824 (SS. 1, 212): „. . . cum duo per contentionem populi fuissent electi, Eugenius tamen archipresbyter tituli sanctae Sabinae, vincente nobilium parte, subrogatus atque ordinatus est. Cuius rei nuntium cum Quirinus

Wahl des römischen Bischofs ungehindert von den bis dahin berechtigten Personen erfolgen sollte, andererseits aber erlangte er ein eidliches Versprechen von den Römern, dass sie die Konsekration des Gewählten nicht eher gestatten würden, als bis der letztere einen dem von Eugen II. freiwillig geschworenen gleichen Eid in Gegenwart von kaiserlichen Bevollmächtigten abgeleistet habe [1]. Man hat die Aechtheit der diesen Eid überliefernden Urkunde deswegen in Frage gestellt [2], weil sie durch die Hinweisung auf einen von dem augenblicklichen Papste geschworenen Eid der nöthigen Bestimmtheit ermangeln und ferner über die Ableistung eines Eides seitens Eugens II. keine Nachrichten vorhanden seien. Allein wenn man erwägt, dass nach der Wahl des letzteren die übliche gegenseitige Bestätigung der zwischen Hadrian II. und Karl d. Gr. getroffenen Vereinbarungen nicht erfolgt war [3], und dass man offenbar damals, wie die schleunige Absendung des Mitregenten Lothars nach Italien zeigt, im Frankenreich wegen der Aufrechterhaltung jener Stipulationen Befürchtungen hegte und den fränkischen Einfluss in Rom erhalten wollte, so kann sehr wohl mit dem schriftlichen Eidgelöbniss Eugens die Bestätigung jener früheren Verabredung gemeint sein, und der Papst hatte mit Ablegung eines solchen dann nur das nach der bisherigen Praxis Uebliche erfüllt. Auf diese damals in Rom bekannte Thatsache konnte füglicher Weise in dem erweiterten Treueide der Römer, welcher von diesen seit der Zeit Karls d. Gr. geleistet ward [4], hingewiesen werden, und zwar um so mehr, als die Betheiligung der kaiserlichen Gesandten bei der vorzunehmenden Konsekration für jeden Dritten die Gewissheit darthat, dass den im Eide aufgestellten Voraussetzungen Genüge geleistet worden sei.

Endlich würde die für die nunmehr folgende Zeit nachweisbare Praxis in Betreff der Papstwahlen nicht den mindesten Anhalt haben, wenn eine derartige Vereinbarung zwischen Lothar und Eugen II. nicht getroffen wäre.

In der Verlegung eines Aktes, welcher früher der Konsekration nachfolgte, vor dieselbe, lag freilich eine Koncession an den fränkischen Kaiser, aber die Verweigerung einer solchen seitens des Papstes wäre einem entschiedenen Bruch des zwischen dem römischen Stuhle und dem Frankenreiche begründeten Verhältnisses gleich gekom-

subdiaconus . . . ad imperatorem detulisset . . . Hlotharium filium imperii sotium, Romam mittere decrevit, ut vice sua functus ea quae rerum necessitas flagitare videbatur cum novo pontifice populoque Romano statueret atque firmaret". Papenkordt S. 156.

[1] Capitula Hlotharii c. 3 (LL. 1, 240): „Volumus ut in electione pontificis nullus praesumat venire neque liber neque servus qui aliquod impedimentum faciat, illis solummodo Romanis quibus antiquitus fuit consuetudo concessa per constitutionem sanctorum patrum eligendi pontificem. Quodsi quis contra hanc iussionem nostram facere praesumpserit, exilio tradatur". Sacramentum Romanorum (ibid.): „Promitto ergo ille per deum omnipotentem et per ista sacra quatuor evangelia et per hanc crucem domini nostri Jesu Christi et per corpus beatissimi Petri principis apostolorum, quod ab hac die in futurum fidelis ero dominis nostris imperatoribus Hludowico et Hlothario diebus vitae meae, iuxta vires et intellectum meum, sine fraude atque malo ingenio, salva fide quam repromisi domno apostolico; et quod non consentiam ut aliter in hac sede Romana fiat electio pontificis nisi canonice et iuste, secundum vires et intellectum meum; et ille qui electus fuerit, me consentiente consecratus pontifex non fiat, priusquam tale sacramentum faciat in praesentia missi domni imperatoris et populi cum iuramento quale domnus Eugenius papa sponte pro conversatione omnium factum habet per scriptum".

[2] z. B. Phillips 5, 775.

[3] S. S. 231. n. 1 u. über Paschalis I. s. Einh. ann. 817 (SS. 1, 203).

[4] Waitz, deutsche Verfassungsgesch. 3, 165 ff. — Für die hier vertretene Meinung auch Wenck, das fränkische Reich nach dem Vertrage von Verdun. Leipzig 1851. S. 95; Dümmler, Geschichte des ostfränk. Reichs. 1, 237; Floss, Papstwahl. S. 57; Papenkordt S. 157, welcher letztere freilich zu weit geht, wenn er behauptet, dass der fränkische Kaiser nunmehr einen direkten Einfluss auf die Wahl des Papstes erhielt. Die Wahl war vielmehr frei, nur sollte kein Kandidat, welcher die Erneuerung der Verträge verweigerte, die Weihe erhalten. Vgl. auch Gröne, Papstgeschichte 1, 352.

men, andererseits aber war mit derselben dem Frankenkaiser keineswegs ein grösserer Einfluss als früher dem römischen Kaiser eingeräumt.

Der nächste Papst, Valentinus (827), ist zwar ohne Beobachtung des neu eingeführten Modus konsekrirt, dagegen ist die Weihe Gregors IV. (827—844) erst nach dem Eintreffen der kaiserlichen Legaten und der Prüfung der Ordnungsmässigkeit der Wahl erfolgt[1]. Die Nichtachtung der kaiserlichen Gerechtsame nach dem Tode Gregors, in Folge dessen Sergius II. (844—847) gewählt und sofort konsekrirt wurde, veranlasste eine bewaffnete Intervention Königs Ludwig, des Sohnes Lothars I.[2], und wenngleich bei der Erhebung Leos IV. (847—858) wieder die Betheiligung des Kaisers unmöglich gemacht wurde, geschah doch dessen Konsekration nur deshalb so eilig, weil die drohende Sarazenengefahr dies entweder in der That nothwendig machte, oder wenigstens als Vorwand dafür benutzt wurde[3]. Bei der Wahl Benedicts III. (855—858) hat man anscheinend nicht gegen die zwischen Lothar und Eugenius II. getroffene Verabredung verstossen[4], und die Wahl Nikolaus' I. (858 bis 867) ist sogar unter direkter kaiserlicher Einwirkung vorgenommen worden[5]. Die Erhebung seines Nachfolgers Hadrians II. (867—872) ist gleichfalls insofern in Uebereinstimmung mit dem im J. 824 aufgestellten Modus erfolgt, als nach der diesmal

[1] Einhard. ann. a. 827 (SS. 1, 216): „. . in cuius locum Valentinus diaconus a Romanis electus et ordinatus, vix unum mensem in pontificatu complevit, quo defuncto Gregorius presbiter tituli sancti Marci electus, sed non prior ordinatus est quam legatus imperatoris Romam venit et electionem populi, qualis esset, examinavit". Bei der kurzen Regierungszeit Valentins war ein etwaiger Protest des Frankenkaisers kaum möglich, denkbar ist es, dass die kaiserlichen Gesandten gerade in Folge der Vorgänge bei der Erhebung Valentins nach Rom geschickt worden sind und deshalb bald nach der Wahl Gregors eintrafen. In Betreff des letzteren sagt auch die vita Ludovici Pii c. 41 (SS. 2, 631): „delata consecratione eius usque ad consultum principis".

[2] Annal. Prudentii Trecens. a. 844 (SS. 1, 440): „Lotharius filium suum Hludowicum Romam cum Drogone . . . dirigit acturos, ne deinceps decedente apostolico quisquam illic praeter sui iussionem missorumque suorum praesentiam ordinetur antistes. Qui Romam venientes honorifice suscepti sunt peractoque negotio Hludowicum pontifex Romanus unctione in regem consecratum cingulo decoravit". S. auch Dümmler a. a. O. 1, 237. n. 28. Die Leo IV. zugeschriebene Palea, c. 31. Dist. LXIII: „Inter nos et vos pacti serie statutum est et confirmatum quod electio et consecratio Romani pontificis non nisi iuste et canonice fieri debet", deren Quelle ungewiss ist, enthält jedenfalls nichts der damaligen Sachlage widersprechendes, und stimmt mit der Konst. Lothars I. v. 824 (s. S. 233. n. 1) vollkommen überein.

[3] Vita Leonis IV. n. CV. (ed. Fabrot. 2, 175): „Romani de novi electione pontificis congaudentes coeperunt non mediocriter contristari eo quod sine imperiali non audebant auctoritate futurum consecrare pontificem periculumque Romanae urbis maxime metuebant, ne iterum, ut olim, aliis ab hostibus fuisset obsessa: hoc timore perterriti eum sine permissu principis praesulem consecraverunt, fidem quoque illius sive honorem post deum per omnia et in omnibus conservantes". Papenkordt S. 159; Dümmler a. a. O. S. 291.

[4] Allerdings ist die Wahl ohne kaiserliche Abgesandte vorgenommen, aber die Anwesenheit derselben bei der Wahl verlangt auch die Konstitution nicht. Dagegen ist die erfolgte Wahl sofort dem Kaiser mitgetheilt. S. vita Benedicti III. (ed. Fabrot. 2, 200): „His itaque peractis clerus et cuncti proceres decretum componentes propriis manibus roboraverunt et, consuetudo prisca ut poscit, invictissimis Lothario ac Ludovico destinaverunt augustis". Und wenngleich die kaiserlichen Gesandten sich zunächst für den von einer anderen Partei aufgestellten Gegenpapst Anastasius entschieden, so standen diese doch von der Einsetzung desselben ab, als sie den grössten Theil der Geistlichkeit und des Volkes auf der früheren Wahl bestehen sahen, und liessen in ihrer Gegenwart Benedikt III. konsekriren. l. c. p. 203: „Praeterea dominico die diluculo in basilicam b. Petri apostoli ab episcopis, clero, proceribus deductus est et in conspectu omnium imperialibus missis cernentibus in apostolica sede, ut mos et antiqua traditio dictat, consecratus ordinatusque est pontifex". S. auch Papenkordt S. 162. Wenn anscheinend Dümmler a. a. O. S. 375 eine Verletzung der kaiserlichen Rechte darin findet, dass Benedikt gleich nach seiner Wahl auf den Thron gesetzt worden, so mag das Verfahren nicht ganz korrekt gewesen sein, konsekrirt ist er aber — worauf es vor Allem ankommt — erst nach der erfolgten Zustimmung der kaiserlichen Gesandten.

[5] Annal. Prudentii Trecensis annal. a. 858 (SS. 1, 452): (Nicolaus) „praesentia magis ac favore Ludovici regis et procerum eius quam cleri electione substituitur". Kaiser Ludwig II. war damals in Rom anwesend. S. Papenkordt S. 163.

von beiden — der römischen und der fränkischen — Parteien einstimmig erfolgten Wahl zunächst wieder das Wahldekret an den Kaiser geschickt und erst dann die Konsekration vorgenommen wurde[1]. Wenn hierbei die in Rom anwesenden kaiserlichen Legaten mit ihrer Forderung, bei der Wahl selbst zu assistiren, zurückgewiesen sind, so lag darin, wie der weitere Verlauf der Erhebung des Papstes zeigt[2], keine Beeinträchtigung der Rechte des Kaisers, sondern nur ein striktes Festhalten an der mehrfach erwähnten Ordnung Lothars, welche einem derartigen Anspruch keine Stütze bot. Andererseits ergiebt aber die Uebersendung des Wahldekretes an den Kaiser, dass man in einer solchen Konkurrenz desselben keinen Widerspruch mit der von Nikolaus I. auf der Römischen Synode von 862 oder 863 (s. S. 231 n. 3) im Interesse der Wahlfreiheit getroffenen Verordnung fand. Später[3], unter Kaiser Karl III., dem Dicken, hat man sich ebenfalls noch an diese Bestimmungen gehalten; denn als Stephan VI. (V.) (885—891) ohne Wissen des Kaisers gewählt war und der letztere ihn absetzen wollte[4], stand der Kaiser doch davon ab, weil sich der Papst darauf berief, dass der kaiserliche Gesandte bei seiner Erhebung auf den römischen Stuhl gegenwärtig gewesen sei[5]. Zugleich widerlegt dieser Vorgang die Annahme, dass der Vorgänger Stephans VI., Hadrian III. (884—885), eine Verfügung erlassen habe, dass der ge-

1 Vita Hadriani II. (ed. Fabrot. 2, 223); Papenkordt S. 164; Dümmler a. a. O. 1, 662. Die entscheidende Stelle der vita l. c. p. 224: „Denique omnes hunc certatim coram eisdem legatis rapere et ad summum pontificatus apicem prohevendum trahere ac anxie nitebantur portare, nisi blanditiis senatorum et consiliis aliquantulum sedati fuissent. Quorum omnium unanimitatis desiderium audiens Hludovicus christianissimus imperator cognoscens qualiter in eo decretum suis subscriptionibus roboraverunt, valde gavisus est . . . et mox imperialem scribens epistolam, cunctos Romanos quod dignum tanto elegissent officio praesulem conlaudavit, per quam videlicet innotuit, nulli quippiam praemii fore ex consecratione ipsius quoquo modo pollicendum, cum ipse hanc non suorum suggestione sed Romanorum potius unanimitate commotus ardentissime cuperet provenire. Itaque . . . venerabilis sacerdos ab universitate ad ecclesiam s. Petri apostolorum principis ductus . . . per episcopos reverendissimos, scilicet Petrum Gavensem, Leonem Silvaccandidae, deinde tertio loco Donatum Ostiensem, quia episcopus Albanensis obierat, Formosus vero Portuensis a beatissimo Nicolao ad praedicationem et instructionem Bulgarorum destinatus extiterat, benedictionem summi pontificatus . . . suscipere meruit".

2 Dieselbe Auffassung auch in dem Bericht der vita Hadriani l. c. p. 223., welcher mit der Ueberschrift Gregorius — entstanden aus der irrthümlichen Auflösung der Abkürzung G. R. P. (gesta romanor. pontific.) — sich ebenfalls c. 29. Dist. LXIII. findet: „Quod audientes tunc missi principis moleste tulere, indignati scilicet non quod tantum virum nollent pontificem, . . . sed quod se dum praesentes essent, quirites non invitaverint nec optatae a se futuri praesulis electioni interesse consenserint. Qui accepta ratione quod non augusti causa contemptus, sed futuri temporis hoc omissum fuerit omnino prospectu, ne videlicet legatos principum in electione Romanorum praesulum mos expectandi per huiusmodi fomitem inolesceret, omnem suae mentis indignationem, medullitus sedavere ac salutandum electum etiam ipsi humiliter accessere". Mit Recht sagt daher auch Hincmar, ann. 867 (SS. 1, 476): „Successit Adrianus papa electione clericorum et consensu Hludovici imperatoris in pontificatu".

3 In Betreff der Wahlen der Nachfolger Hadrians II., nämlich Johann's VIII. (872—882), Marinus' I. (882—884) und Hadrians III. (884—885) haben wir keine genauen Nachrichten. Möglich, dass man bei diesen Wahlen die kaiserlichen Rechte nicht immer geachtet hat. S. Dümmler 2, 217.

4 Annal. Fuldens. p. IV. a. 885 (SS. 1, 402): „Romani pontificis sui morte comperta, Stephanum in locum eius constituerunt; unde imperator iratus quod eo inconsulto ullum ordinare praesumpserunt, misit Liutwardum et quosdam Romanae sedis episcopos qui eum deponerent. Quod perficere minime potuerunt; nam praedictus pontifex imperatori per legatos suos plus quam 30 episcoporum nomina et omnium presbyterorum et diaconorum cardinalium atque inferioris gradus personarum necnon et laicorum principum regionis scripta destinavit qui omnes unanimiter eum elegerunt et eius ordinationi subscripserunt".

5 Vita Stephani VI. (ed. Fabrot. 2, 234): „Tunc quia iam nominatus Hadrianus pontifex Romae reliquerat Joannem venerabilem Ticinensem episcopum ut missum Caroli excell. imperatoris pro tuitione urbis, omnes cum eodem legato iuncti unanimes venerunt ad domum . . . et ducitur electus dei pontifex ad eundem titulum sanctorum IV. Coronatorum". S. auch Dümmler 2, 250.

wählte Papst, ohne die Ankunft der kaiserlichen Gesandten abzuwarten, konkretirt werden sollte [1].

Beim Eintreten des nächsten Vakanzfalles war das karolingische Reich zerfallen und die Kaiserkrone in den Händen der Spoletiner Herzöge. Ohne kaiserliche Einwirkung wurde der Bischof Formosus von Porto (891 – 896) zum Papste gewählt [2]. Nach seinem Tode ward der päpstliche Stuhl der Gegenstand erbitterter und blutiger Parteikämpfe der römischen Adelsparteien [3]. Nur Johann IX. (898 — 900), welcher überhaupt der in Rom eingetretenen Verwirrung zu steuern sich bemühte, machte den freilich erfolglosen Versuch, auch eine geordnete Besetzung des päpstlichen Stuhles herbeizuführen, indem er auf der römischen Synode von 898 die seit der Lotharianischen Verordnung von 824 geübte Praxis wieder ins Lebens rufen wollte, dass die Konsekration des gewählten Papstes nur im Beisein kaiserlicher Gesandten erfolgen sollte [4].

Blickt man auf die obengedachte Zeit zurück, so lässt sich folgendes Ergebniss gewinnen.

Was zunächst die Rechte des Kaisers betrifft, so durfte seit 824 die Konsekration des Gewählten ohne die Intervention seiner Abgesandten nicht erfolgen. Dass diese eine juristisch entscheidende Einwirkung auf die Wahl haben sollten, davon ist nicht die Rede. Ihre Befugniss konnte vielmehr nur dahin gehen, sich zu vergewissern, ob die Wahl ordnungsgemäss erfolgt sei [5]. Ferner hatten sie darauf zu sehen, dass der neue Papst vor seiner Weihe denselben nicht näher bezeichneten Eid, den Eugen II. geleistet, ebenfalls schwören sollte. Dass ein solcher von den Nachfolgern des letzteren abgelegt oder wenigstens ein schriftliches Versprechen, die früheren Vereinbarungen Hadrians I. und Karls d. Gr. zu halten, abgegeben worden, darüber ergeben die Berichte über die Wahlen und Konsekrationen nichts. Bei dem schon in dieser Zeit mehrfach hervortretenden Streben einzelner Päpste, sich vom kaiserlichen Einfluss loszumachen oder die Kaiser in ihrem Interesse zu benutzen, und bei dem immer stärker werdenden Verfall der karolingischen Macht kann es nicht Wunder nehmen, dass dieser Punkt praktisch nicht gehalten wurde, wie man ja überhaupt in Rom öfters jede Konkurrenz des Kaisers bei den Wahlen auszuschliessen gesucht hat. Ausserdem konnte auch da, wo der Kaiser oder seine Legaten mitgewirkt hatten, schon dadurch allein der Einfluss und die Befugniss desselben als genügend gewahrt angesehen werden. Auf eine schärfere juristische Formel lässt sich das Konkurrenzrecht des Kaisers nicht zurückführen, nur

[1] So behaupten Muratori, annali d'Italia. Monaco 1761. 5, 168; Floss, Papstwahl S. 58. Ersterer giebt als ältesten Gewährsmann den auch sonst unzuverlässigen Martinus Polonus (saec. XIII. angehörig) an; offenbar ist die Quelle dieser Erzählung die Stelle der vita Hadriani II. S. 235. n. 2.

[2] Dümmler 2, 371.

[3] Papenkordt S. 169 ff.; Dümmler, Auxilius u. Vulgarius. Leipzig 1866. S. 9. ff.

[4] conc. Roman. a. 898. c. 10 (Mansi 18, 221; LL. 2. a; p. p. 158): „Quia sancta Romana ecclesia cui deo auctore praesidemus, plurimas patitur violentias pontifice obeunte, quia absque imperatoris notitia et suorum legatorum praesentia pontificis fit consecratio, nec canonico ritu et consuetudine ab imperatore intersunt nuntii, qui violentiam et scandala in eius consecratione non permittant fieri, volumus, id ut deinceps abdicetur, et constituendus pontifex convenientibus episcopis et universo clero eligatur, expetente senatu et populo qui ordinandus est, et sic in conspectu omnium celeberrime electus ab omnibus praesentibus legatis imperialibus consecretur; nullusque sine periculo iuramentum vel promissiones aliquas nova adinventione ab eo audeat extorquere nisi quae antiqua exigit consuetudo, ne ecclesia scandalizetur vel imperatoris honorificentia minuatur".

[5] Das beweist, wenn es auch nirgends direkt gesagt ist, die Vorschrift Lothars, dass die Wahl ohne jedes impedimentum erfolgen soll und das Motiv des in der vorigen Note mitgetheilten Kanons der römischen Synode von 898.

so viel ergeben die mitgetheilten Berichte, dass man selbst in der römischen Kirche die eben gedachte Art der Mitwirkung nicht als eine Usurpation angesehen hat[1] und dass andererseits die Kaiser ihr Recht als gewahrt betrachteten, wenn bei der Abwesenheit der kaiserlichen Gesandten ihnen vor der Konsekration der Bericht über die Wahl eingesandt wurde[2]. Wie dieser letztere Modus der in der byzantinischen Zeit geübten Praxis entsprach, so scheint auch mit derselben insofern eine Aehnlichkeit bestanden zu haben, als man die einträchtig erfolgte Wahl seitens der Kaiser nicht in Frage zu stellen wagte[3], wenngleich freilich da, wo die faktischen Verhältnisse es erlaubten, wie z. B. bei der Wahl Nikolaus I. der Kaiser über die ihm gewährte Befugniss hinausgehend, geradezu durch seinen Einfluss eine bestimmte Person auf den päpstlichen Stuhl erhob.

Als wahlberechtigt erscheinen noch dieselben Personen wie früher und die Angaben im liber pontificalis, welche bald blos des cunctus populus (so vita Stephani II u. III, Pauli I), bald des omnis clerus, universi proceres cunctusque senatus ac populus (vita Benedicti III), der sacerdotes ac primates cleri et optimates militiae, universus exercitus et cives honesti omnisque populus Romanus (vita Stephani IV, ähnlich vita Leonis III, Paschalis I), bald der venerabiles episcopi et gloriosi Romanorum proceres omnisque populus (vita Valentini) oder des conventus sanctissimorum episcoporum et totius clericalis ordinis necnon nobilium senatuum et virorum illustrium coetus una cum omni populo gedenken, stimmen darin mit den oben (S. 228. 231.) erwähnten Dekreten Stephans IV., Nikolaus' I. und Johanns IX. überein, und es kann demnach für diese Zeit kein Zweifel sein, dass auch die Bischöfe der Rom zunächst gelegenen Diöcesen an der Wahl Antheil genommen haben[4].

In Bezug auf den Wahlmodus selbst ergeben allerdings die oben erwähnten Bestimmungen Stephans IV. und Johanns IX., dass der Klerus die eigentlich entscheidende Stimme haben sollte; ob das aber wirklich jemals praktisch gehandhabt ist, konstirt nicht, im Gegentheil erhellt aus den Vorgängen bei den letzten Wahlen vor Johann IX. und den Motiven seiner Verordnung von 898, dass das Umgekehrte stattgefunden hat[5].

Hinsichtlich der Qualifikation des Kandidaten für den päpstlichen Stuhl hat man an der früheren Praxis und an dem Dekrete Stephans IV. festgehalten, es

[1] S. die Berichte über die Wahl Gregors IV., Leos IV., Hadrians II. S. 234. Wenn Thomassin II. 2. c. 25. n. 3 ff. die erwähnten Vorgänge so auffasst, so thut er den Quellen Gewalt an und legt namentlich dem liber pontificalis gegenüber den fränkischen Quellen eine viel zu bedeutende Glaubwürdigkeit bei, ohne gleichfalls zu beachten, dass einzelne Erzählungen in demselben ebenfalls nur die im Texte hingestellte Auffassung als möglich erscheinen lassen. Seine Berufung auf die Schrift des Diakonus Florus, de electionibus episcoporum (biblioth. patr. Lugd. 15, 86): „Sed et in Romana ecclesia usque in praesentem diem cernimus absque interrogatione principis solo dispositionis iudicio et fidelium suffragio legitime pontifices consecrari . . . nec adeo quisquam absurdus est, ut putet minorem illic sanctificationis divinae esse gratiam eo quod nulla mundanae potestatis committetur auctoritas“ ist gleichfalls verfehlt, denn dass in diesen Worten eine Uebertreibung liegt, folgt aus den Verhältnissen zur Zeit der römischen Kaiser und aus den Berichten des liber pontificalis über diese Periode. Anders Dümmler, ostfränk. Reich 2, 237. n. 27, der auf Grund dieser Stelle annimmt, dass man die Wahl trotz der Prüfung für eine freie angesehen habe.

[2] Vgl. die Erzählungen über die Wahl Benedikts III. und Hadrians II. S. 234.

[3] Vgl. das über Stephan VI. Bemerkte. S. 235. n. 5.

[4] Bei der Wahl Stephans VI. haben nach den annal. Fuldens. (s. S. 235. n. 4) 30 Bischöfe mitgewirkt.

[5] Auch schon bei der Wahl Sergius' II., vita (ed. Fabrot. 2, 170): „quibus itaque gestis omnes Quiritum principes indignati sunt et communi consilio universi . . . sunt congregati et eundem Sergium extrahentes de ecclesia“ . . . tritt ein entscheidender Einfluss der Laien hervor.

sind nach 769 bis zum Jahre 882 nur Diakonen oder Priester der römischen Kirche gewählt worden[1]. Indessen ist Ende des Jahrhunderts in zwei Fällen eine Ausnahme gemacht worden. Im J. 882 wurde Marinus (882—884), welcher vorher Bischof von Caere gewesen war[2], und im J. 891 Formosus, früher Bischof von Porto (891 bis 896), auf den römischen Stuhl erhoben. Allerdings verboten eine Reihe Canones und Decretalen die Translation des Bischofs von einem Sitze auf den andern[3], aber dieses Verbot ist nie ein ausnahmsloses gewesen, vielmehr war eine Versetzung im Falle der Nothwendigkeit und des Nutzens der Kirche gestattet[4], und es lassen sich sowohl aus früherer Zeit[5], als auch gerade aus dem 9. Jahrhundert eine Reihe von Beispielen dafür beibringen[6]. Durch die gedachte Regel sollte vor Allem ein ehrgeiziges Trachten nach grösseren Bisthümern ausgeschlossen werden, und wenn später der blinde Parteihass des Nachfolgers des Formosus, Stephans VII. (VI.), noch über die zu diesem Zwecke ausgegrabene, halbverweste Leiche des ersteren auf der römischen Synode von 897 ein Todtengericht halten liess[7], so wurde doch die Anklage gegen Formosus u. A. nicht auf seinen Uebergang von einem Bisthum zum andern schlechthin, sondern auf die dabei zugleich bewiesene ehrsüchtige Absicht gegründet[8]. Dies, sowie die spätere, unter Johann IX. zu Gunsten des Formosus gehaltene Synode[9] von 898 zeigt, dass man hinsichtlich der Erlangung des päpstlichen Stuhles — wenngleich dieser der höchste Preis eines ehrgeizigen Bischofs sein musste — doch dieselben Grundsätze als massgebend erachtete, wie für die übrigen Bisthümer.

Eine Verletzung endlich des allgemeinen Grundsatzes, dass nur Männer die Weihen und kirchliche Aemter erhalten können, hat im 9. Jahrhundert nicht stattgefunden, da die Erzählung von der Päpstin Johanna, welche zwischen Leo IV. und Benedict III. als Johann VIII. (Anglicus) den päpstlichen Stuhl inne gehabt haben soll, in das Gebiet der Fabeln zu verweisen ist[10].

[1] Eugen II., Sergius II. waren archipresbyter, Valentin archidiaconus, Leo III., Paschalis I., Gregor IV., Leo IV., Benedikt III., Hadrian IV., dann auch Stephan VI. Priester, Hadrian I., Stephan V. und Nikolaus I. Diakonen der römischen Kirche. S. die vitae im lib. pontific.

[2] Das wird freilich bestritten, s. z. B. Phillips 5, 434. 782; Gröne 1, 386. Während ann. Fuldens. p. V. a. 883 (SS. 1, 398) angeben: „omni populo Romano unanimiter confortante Marinus, qui in id tempus Romana in urbe archidiaconus habebatur, ordinari compactum est", heisst ibid. p. IV. (l. c. 397): „Marinus, antea episcopus, contra statuta canonum subrogatur", und damit stimmen überein die Invectiva in urb. Romam pro Formoso papa (Anastasius. ed. Bianchini 4, LXXII; u. Auxilii libellus super causa Formosi papae (Mabillon vet. anal. p. 31). Entscheidend ist ep. Stephan. VI. ad Basil. imper. (Mansi 16, 423): „Qui dicunt, Marinum antea fuisse episcopum eoque ad aliam sedem non potuisse transferri, ostendant hoc . . . En, dilecte . . . imperator, si erat per canones prohibitus, ut non erat, per sanctorum patrum coetum, iudicium et auctoritatem in primo gradu poterat collocari. Quid . . . Gregorius cognomento theologus nonne Nazianzum translatus est et Meletius Sebaste Antiochiam . . . multique alii variis ex locis ex suis sedibus in alios thronos sunt translati". Ebenso Dümmler, ostfränk. Reich 2, 216. n. 47.

[3] S. z. B. c. 23 (Nicaen. a. 325). c. 25 (Antioch. a. 341). C. VII. qu. 1; c. 1 (Sardic. a. 343). X. de cleric. non resid. III. 4; c. 31 (Leo I. a. 446). C. VII. qu. 1.

[4] c. 31. cit. c. 37 (Carth. IV.). c. 44 (Gregor. I. a. 592). C. VII. qu. 1. Das weitere unten in dem Paragraphen über die Translation der Bischöfe, vgl. vorläufig Phillips 5, 413 ff.

[5] So schon im 4. Jahrhund., Phillips 5, 422 ff.

[6] So die Ebbos von Rheims auf das Bisthum Hildesheim zwischen 845 und 847, Dümmler a. a. O. 1, 247. 687; von Noorden, Hinkmar von Rheims S. VII; die Aktards von Nantes auf das Erzbisthum Tours i. J. 871, Dümmler a. a. O. 1, 782; Frothars von Bordeaux auf das Erzbisthum Bourges i. J. 876, Dümmler 2, 39.

[7] Dümmler, Auxilius u. Vulgarius. S. 10.

[8] Dümmler a. a. O. S. 19. Uebrigens soll nach einer freilich nicht unparteiischen Quelle Stephan selbst früher Bischof von Anagni gewesen sein. Dümmler a. a. O. S. 10. 95. 24. n. 1.

[9] c. 3: „Statuimus et omnino decernimus, ut id in exemplum nullus assumat, praesertim cum sacri canones hoc penitus interdicant et praesumentes tanta feriant ultione, ut etiam in fine laicam eis prohibeant communionem quippe quod necessitate aliquotiens indulgetur, necessitate cessante in auctoritate sumi non est permissum" (Mansi 18, 221).

[10] Döllinger, die Papstfabeln des Mittelalters. München 1863. S. 1 ff.; Gieseler, Kirchengeschichte II. 1, 29. n. 1.

§. 27. 2. *Vom zehnten bis zum Ende des elften Jahrhunderts. Insbesondere über das Wahldekret Nikolaus' II. von* 1059.

I. Die Zeit der Ottonen. Bei dem Mangel einer starken kaiserlichen Gewalt dauerten die Unordnungen und Parteikämpfe bei der jedesmaligen Erledigung des päpstlichen Stuhles, denen Johann IX. Ende des 9. Jahrhunderts zu steuern gesucht hatte, im Beginne des 10. Jahrhunderts fort, ja die Verhältnisse gestalteten sich insofern für die Kirche schlimmer, als die Buhlerinnen Theodora, Marozia und Theodora, die beiden letzteren Töchter der ersteren, Rom beherrschten und mit ihrem Anhang zu Gunsten ihrer Liebhaber über den päpstlichen Stuhl verfügten, ja sogar Marozia sich nicht scheute, ihren mit Papst Sergius III. (904 — 911) erzeugten Sohn Johann XI. (931 — 936) zu der päpstlichen Würde zu erheben[1]. Als Johann XII. (955 — 963) zu seinem eigenen Schutze Otto I. herbeigerufen, bethätigte sich die neu erstandene Macht des deutschen Kaiserthums darin, dass auf seine Veranlassung der Papst 963 wegen der gegen ihn begangenen Untreue abgesetzt[2] und ebenso lediglich in Folge seines Einflusses Leo VIII. durch die römische Geistlichkeit und das Volk zum Papst befördert wurde[3], nachdem Otto schon vorher bei seinem Einzuge in Rom sich von der Bevölkerung hatte eidlich versprechen lassen, dass sie fortan niemals ohne seine oder seines Sohnes Genehmigung einen Papst wählen und weihen wollte[4]. Allerdings suchte dieselbe, von der drückenden Gegenwart des Kaisers befreit, in der Aufstellung des Gegenpapstes Benedikts V. 964 ihr altes Wahlrecht noch einmal zur Geltung zu bringen[5], aber nach der Entsetzung desselben[6] und nach dem Tode Leos VIII. wurde vor der Wahl Johanns XIII. (965 — 972) erst Otto durch eine römische Gesandtschaft über den ihm genehmen Kandidaten befragt[7].

Der deutsche Kaiser hatte so einen Einfluss auf die Besetzung des römischen Stuhles gewonnen, wie ihn weder die oströmischen noch die fränkischen Herrscher gehabt haben.

[1] Liutprandi antapodosis. II. 48 (SS. 3, 297): „Theodora scortum impudens . . . Romanae civitatis non viriliter monarchiam obtinebat. Quae duas habuit natas, Marotiam atque Theodoram, sibi non solum coaequales, sed verum etiam Veneris exercitio promotiores. Harum Marotia ex papa Sergio . . . Joannem qui post Joannis Ravennatis (X.) obitum Romanae ecclesiae obtinuit dignitatem, nefario genuit adulterio". Gieseler a. a. O. S. 209; Papenkordt S. 169 ff.; Hefele, Konciliengesch. 4, 650. n. 2; Anders Gröne 1, 419 ff. 424.

[2] Floss, Papstwahl. S. 1 ff.

[3] Liutprandi hist. Otton. c. 14 (SS. 3, 345): . . . „omnes" („Romani pontifices reliquusque clerus et cunctus populus" nach c. 14) „una voce dixerunt: Leonem . . . ad summum approbatum sacerdotii gradum nobis in pastorem eligimus, ut summus et universalis papa sanctae Romanae ecclesiae . . . cumque hoc tertio omnes dixissent annuente imperatore nominatum Leonem ad Lateranense palatium . . . ducunt" . . .; Contin. Regin. a. 963 (SS. 1, 625); Herimann. Augiens. chron. a. 963 (5, 115).

[4] Liutpr. hist. c. 8 (SS. 3, 342): „Cives vero sanctum imperatorem cum suis omnibus in urbem suscipiunt fidelitatemque repromittunt, hoc addentes et firmiter iurantes, nunquam se papam electuros aut ordinaturos praeter consensum atque electionem domni imperatoris Ottonis Caesaris Augusti filiique regis Ottonis".

[5] Erwählt haben diesen nach Liutpr. hist. c. 20 (SS. 3, 346): „omnes Romani"; nach Contin. Regin. a. 964 (SS. 1, 626), Gerberti acta conc. Rem. (ibid. 672), Herimann. Aug. chron. a. 964 (SS. 5, 115): „Romani".

[6] Floss S. 25 ff.

[7] Contin. Regin. a. 965 (SS. 1, 627): „Leo papa obiit. Tunc legati Romanorum, Azo videlicet protoscriniarius et Marinus Sutriensis ecclesiae episcopus imperatorem pro instituendo quem vellet Romano pontifice in Saxonia adeuntes, honorifice suscipiuntur et remittuntur. Et Otgarus, Spirensis episcopus et Liuzo Cremonensis episcopus, cum eisdem Romam ab imperatore diriguntur. Tunc ab omni plebe Romana Johannes, Narniensis ecclesiae episcopus eligitur"; Ratherii episc. Veronens. itinerar.; opp. ed. Ballerinii. p. 440. — Ueber die Erhebung des Nachfolgers Johannes XIII., Benedikts VI, (972—974) haben wir keine genaueren Nachrichten, nach Lage der Verhältnisse ist es aber sehr wahrscheinlich, dass auch hierbei Otto I. die entscheidende Stimme gehabt hat. S. Floss a. a O. S. 41.

Die früheren Formen der Wahl wurden zwar aufrecht erhalten, aber in der That war das nur Schein, da der jedesmalige Kandidat schon durch den kaiserlichen Willen vorher bestimmt war. Die tiefe Erniedrigung des Papstthums Anfangs des 10. Jahrhunderts hatte dazu die Veranlassung gegeben, und gerade durch diese Stellung des Kaisers war eine Besserung der traurigen Zustände allein möglich geworden. Wenn dies katholische Schriftsteller zwar gleichfalls anerkennen[1], aber doch in dem Verfahren Ottos I. einen ungerechten Eingriff in die Rechte und die Freiheit der Kirche sehen, so war thatsächlich von einer solchen während jener Zeit nicht die Rede und ferner bemisst diese Auffassung die damaligen Verhältnisse nach den modernen Anschauungen über die gegenseitige Stellung des Staats und der Kirche und nach dem heute geltenden Kirchenrecht, während in der That damals noch beide Gebiete als eine Einheit betrachtet wurden, und der Gedanke einer prinzipiellen Aussonderung der der Kirche und der dem Staat unterworfenen Angelegenheiten nicht einmal aufgetaucht war. Bei der Papstwahl insbesondere handelte es sich gar nicht um eine Verletzung des heute massgebenden Grundsatzes, dass die kirchlichen Gewalten allein nach kirchlichen Normen und kirchlichen Gesichtspunkten die Kirchenämter zu besetzen haben, sondern darum, ob eine nur spezifisch römische und italienische Interessen vertretende Partei, welche noch obenein das Papstthum in die tiefste Erniedrigung geführt hatte, oder das Kaiserthum mit seinem grossartigen und wahrlich nicht minder das Wohl der Kirche bezweckenden Zielen den entscheidenden Einfluss auf die Besetzung des höchsten Amtes der Kirche haben sollte. Das Papstthum war damals an einem Wendepunkt angelangt und sicher wäre es nicht möglich gewesen, eine Regeneration, welche überdies die Bedingung seiner späteren Machtstellung im Mittelalter war, blos durch Beobachtung der damals geltenden rechtlichen Normen herbeizuführen.

Unter dem Namen des Papstes Leo VIII. ist eine Urkunde auf uns gekommen, Inhalts deren der letztere Otto I. die von ihm thatsächlich geübten Rechte auch ausdrücklich übertragen hat, und zwar besitzen wir eine kürzere, bisher längst bekannte Form[2], welche auch einzelne Kanonensammlungen theilweise reproduziren[3], und eine längere, erst neuerdings publicirte Fassung[4]. Die Urkunde lautet

in der kürzeren[5]	in der längeren Form[6]
Convenit apostolico moderamine pollentibus benivola compassione succurrere et poscentum animis alacri devotione prebere assensum. Ex hoc enim potissimum premium apud conditorem omnium depromitur Deum, quandoque omnem clerum et omnem populum asserimus esse concordem et ad meliorem fuerit sine dubio statum perductus. Atque ideo quia iuste et rationabiliter vestra humilitate nostro apostolatui humiliter postulatis quatinus gratulanter peragentes synodum nostro concilio congregatam patriarchio Lateranensi, in	Convenit apostolico moderamine pollentibus benivola conpassione succurrere et poscentium animis alacri devotione impetiri adsensum. Ex hoc enim lucri potissimum premium apud conditorem omnium reponitur deum, quando cunctus populus Romanus et clerus ad meliorem fuerint sine dubio statum perducti. Atque ideo quia iuste et rationabiliter vestra humilitas nostrum apostolatum humiliter postulavit, quatinus Romani error destrueretur imperii, idcirco nos ratio huius concilii sinodalis promere persuasit quod in sequenti

[1] S. Phillips 5, 785 ff.; Grüne 1, 434. 444.

[2] Am besten edirt in den LL. 2, app. p. 167.

[3] Ivonis pannorm. VIII. 135; c. 23. Dist. LXIII.

[4] Aus codex 1081 (LXXI) 8. saec. XI aut XII der Trierer Stadtbibliothek von Floss, Papstwahlen S. 72 u. Leonis VIII. privileg. p. LXXXI. Das beigefügte Facsimile lässt seinen Schriftzügen nach nicht auf das 11., sondern erst auf das 12. Jahrhundert schliessen.

[5] Text nach LL. l. c.

[6] Text nach Floss a. a. O., wo er nur soweit zur Gegenüberstellung nöthig ist, wie hier, im Auszuge sich vorfindet. Vollständig ist er abgedruckt Papstwahlen S. 147 ff.; privileg. S. 147 ff.

ecclesia s. Salvatoris constitutam, a compluribus viris catholicis episcopis et abbatibus insuper iudicibus ac legis doctoribus promulgantibus, qualiter quiete ac pacifice stare ac vivere valeamus; presentibus omnibus et singulis regionibus huius alme urbis Romae ac ex omnibus ordinibus clericy ac populi asserentibus et confirmantibus per omnia, heresi et altercatione et omni errore expulso, quoniam nimis his temporibus error ex hoc crescebat; decernimus tam de Romano inperio quam de apostolica sede ac dignitate patriciatus quam de investitura episcopatus. Idcirco ad exemplum beati Adriani sedis apostolice episcopi cuius vitam et actionem satis discretam audivimus et rationabilem admodum in suis spiritalibus sanctionibus recognovimus; qui eiusdem sanctam synodum constituit et domno Karolo victoriosissimo regi Francorum ac Longobardorum ac patricio Romanorum, patriciatus dignitatem ac ordinationem apostolice sedis et episcopatuum concessit, nos quoque Leo, servus servorum dei, episcopus, simul cum cuncto clero et universo populo Romano omnibus ordinibus huius alme urbis, sicut in ipsis conscriptis apparet, constituimus, confirmamus, corroboramus et per nostram apostolicam auctoritatem concessimus atque domno Ottoni primo, Teutonico regi, dilectissimo spirituali in Christo filio nostro eiusque successoribus huius regni Italie in perpetuum, tam sibi facultatem successorem eligendi, quam summe sedis apostolice pontificem ordinandi ac per hoc archiepiscopos et episcopos ut ipsi tamen ab eo investituram suscipiant et consecrationem recipiant undecumque pertinuerit, exceptis his quos imperator pontifici et archiepiscopis concessit. Ita demum asserimus, ut nemo deinceps, cuiusque gradus vel conditionis aut dignitatis sive religiositatis, eligendi regem vel patricium sive pontificem summe sedis apostolice aut quemcumque episcoporum vel ordinandi habeat facultatem, set soli regi Romani imperii hanc reverentie tribuimus facultatem absque omni pecunia hec omnia superius disponenda; et ut ipse sit rex et patricius. Quodsi a clero et populo quis eligatur episcopus, nisi a supradicto rege laudetur et investiatur, a nemine consecretur. Unde si quis contra hanc apostolicam auctoritatem et traditionem aliquid molitur aut temerator in aliquo repertus fuerit, sive contra hoc nostrum concilium agens, sciat se in iram beati Petri apostolorum principio et filii nostri domni Ottonis, eius successorum et nostram casurum, et sub anathematis vinculo emersurum ac per hoc excommunicationi universalis ecclesiae omnique populi cristiani eum subiacere decrevimus. Insuper ni a malo resipuerit, inrevocabili exilio puniatur vel ultimis suppliciis feriatur. Qui vero pio intuitu cunctorum observator in omnibus extiterit, benedictionis gratiam vitamque eternam cum omnibus sanctis sine fine habere mereatur in secula seculorum. Amen. Amen. Amen.

libere precipiendo docuerimus. Si cuiusque ordinis homines de romano fideliter degentes imperio continua foverimus tuitione, statum prosperitatisque incrementum augeri nequaquam ambiugimus. Quocirca omnium fidelium sancte dei ecclesie nostrorumque, scilicet presentium ac futurorum noverit sollertia, Ottonem inclitum virum, primum ex genere Teutonicorum, dilectissimum, spiritalem in Christo filium nostrum, Romanorum imperatorem ac perpetuum Augustum christianitatisque consortem, nostre apostolice sedis terratenus postulasse clementiam, qualiter pro dei amore animeque nostre remedio sanctum congregaremus concilium in hac alma urbe, palatii Laterani ecclesia Salvatoris, ut sancta ibi celebraretur synodus, qua docibiliter erroribus omnino abolitis certum huiusmodi finem esse, decrevimus*...

Quem (Karolum) papa Adrianus universusque populus Romanus et clerus cum magno honore susceperunt acclamantes: Karole victoriosissime, patricius Romanorum, rex Francorum et Longobardorum, hoc erit tibi tuisque successoribus Romani imperii iure perpetuo perfrui**...

Nostris autem temporibus prelibatus error Romanum populum invasit***...

Postquam vero Romanorum cognovimus pravitates et quia se suo iure privaverunt, tunc per nostram apostolicam auctoritatem illas pravitates omnino delendas esse decrevimus, ut nullam ambitio populi pontificis habeat electionem, neque quid in conmune in regum successione nec in patriciatus dignitate eos aspirare sancimus****...

Si ergo populus Romanus, postquam se suo iure privarunt, nunquam illud omnino repetere possunt, ideoque neque usum electionis apostolice sedis neque patriciatus vel regie potestatis eos expetere posse decrevimus, sed solus rex Romani imperii summe sedis apostolice pontificem eligendi ac ordinandi facultatem habere sancimus et per nostram apostolicam statuimus auctoritatem, consecrationem tamen ab episcopis iuxta canonicam suscipiat consuetudinem. Insuper episcopos in provinciis eligendi et ordinandi habeat potestatem, ut si quis episcopatum desiderat, ab eo reverenter annulum ac pastoralem suscipiat virgam. Sed si a cuncto populo et clero quis eligitur episcopus, nisi primum ante conspectum principis ducatur et ab eo laudetur et investituram susceperit, non consecretur. Sibimet quoque et quemcunque voluerit eligere successorem permittimus, quia non est hoc novi iuris*****... Et quia non est novi iuris principibus parere et promissa servare, ideo confirmamus et corroboramus per nostram apostolicam auctoritatem cuncta que ratio in hac ecclesia synodalis decrevit, ut si quispiam hominum in quocumque horum, que nostra in hoc concilio sanxerunt decreta, temerator repertus fuerit aut quid contempserit vel contradixerit, sciat se in iram beati Petri principis apostolorum omniumque predecessorum nostrorum et nostram casurum.

Was den s. g. kürzeren Text betrifft, so ist dieser sicher ein unächtes Machwerk. Der ungewöhnliche und holprig breite Stil dieser Bulle, der wunderbare Ausdruck decernimus tam de Romano imperio et cet. an und für sich und gebraucht zu einer Zeit, wo Otto schon Kaiser sein musste, die enge stilistische Verbindung der Erzählung über Hadrian I. mit der Ertheilung der Privilegien an Otto, welche diesen Bericht über ein erfundenes Faktum (s. S. 229) als nothwendigen und gleichzeitigen, nicht aber später hinzugefügten Theil der Bulle erscheinen lässt, die Art und Weise, wie Hadrian charakterisirt wird, die Bezeichnung Ottos als rex Teutonicus, der für diese Zeit ungewöhnliche Ausdruck: investitura, die am Schluss sich findende eigenthümlich gefasste Strafandrohung, die noch kindischere Verheissung der Belohnung der ewigen Seligkeit für das Beobachten der Konstitution, endlich die Zusammenstellung der kaiserlichen Würde und des Patriciats, während der letztere Titel seit Erwerbung der Kaiserkrone schon von den Karolingern nicht mehr geführt wurde und erst in der späteren Ottonenzeit für einen besonderen Beamten in Rom wieder vorkommt[1]; alle diese Umstände zeigen zur Genüge, dass die Urkunde, welche frühestens seit dem 11., wenn nicht erst seit dem 12. Jahrhundert vorkommt, nichts Anderes als eine Fälschung ist. Ihre Entstehung zur Zeit des Investiturstreites verrathen deutlich die beiden auf das 10. Jahrhundert nicht passenden Stellen: »heresi et altercatione et omni errore et cet.« und »absque omni pecunia hec omnia superius disponenda«, welche offenbar eine Beziehung auf die heresis simoniaca haben[2].

Die zweite längere Form, welche Floss a. a. O. S. 75 ff. für die ächte erklärt, während die andere nur ein Auszug aus ihr sein soll, trägt m. E. ganz denselben Charakter, wie ihr angeblicher Extrakt. Dass ein Zusammenhang zwischen beiden Formen besteht, zeigt der gleiche Eingang und Schluss. Allerdings ist der erstere in der längeren stilistisch besser, aber im weiteren Kontexte hängt schon das, was bei der ersten Lücke * (S. 241) folgt, mit dem Eingang nicht im Entferntesten zusammen, denn es wird hier unter ausdrücklicher Citation, »sicut in institutionibus scriptum est« (bei Floss, S. 148) mit Rücksicht auf §§. 6. 5 J. de iure natur. I. 2 gesagt, dass das römische Volk alle seine Macht auf den Kaiser übertragen habe, und daran eine Erzählung über die Verlegung des Kaisersitzes nach Konstantinopel, die Longobardenherrschaft in Italien und die Erwerbung des Patriciats durch Karl d. Gr. angeknüpft[3]. Ganz unvermittelt folgt dann der Satz: »nostris autem temporibus«[4], woran sich nun ein Bericht über die Ereignisse während Ottos I. Anwesenheit in Rom und Italien, sowie über die Entsetzung Johanns XII., die Einsetzung Leos VIII., Vertreibung desselben u. s. w. anschliesst. Merkwürdiger Weise wird hier, obwohl die Urkunde Namens des letzteren abgefasst ist, von ihm stets in der dritten Person gesprochen[5]. Auf den Schluss dieses Stückes, die Erzählung der Wiedereinsetzung Leos VIII. folgt der Satz: »Cuncti enim

[1] Einhardi ann. a. 801 (SS. 1, 189): „ac deinde omisso patricii nomine, imperator et augustus appellatur"; Hegel, Gesch. d. Städteverfassung von Italien 1, 316. Erst unter Heinrich III. (s. S. 246) findet sich diese Kombination vom Kaiserthum und Patriciat, so dass die Urkunde also von Anschauungen des 11. Jahrhunderts ausgeht.

[2] Für die Unächtheit wenigstens in der vorliegenden Form hat sich die überwiegende Meinung ausgesprochen. S. Baronius ad a 964. n. XXII. XXIII; Schenkl, instit. iur. ecclesiast. §. 171. n. xx; Gieseler, Kirchengesch. II. 1, 215. n. 15; Dönniges, Jahrbücher des deutschen Reichs I. 3, 102; Pertz l. c. p. 166; Phillips 5, 787; Giesebrecht, Gesch. der deutsch. Kaiserzeit 1, 783: Jacobson bei Herzog 11, 93. Für die Aechtheit Gfrörer, Kirchengesch. 3, 1255; zu der Annahme derselben neigend Schulte 2, 198.

[3] Diese Erzählung füllt noch die Lücke ** des Textes mit aus, und enthält übrigens auch eine Reihe von Unrichtigkeiten.

[4] Dass hier eher eine Lücke in der Handschrift anzunehmen und die Erzählung über die Verfügung Hadrians I. in Betreff der Papstwahl nur durch Nachlässigkeit des Abschreibers ausgefallen ist, hat J. Weizsäcker, Reuter, Repertorium f. d. theol. Literatur. Bd. 103. Hft. 11, 97 wahrscheinlich gemacht.

[5] Seine erste Erwähnung in diesem Passus lautet: „Cumque de Leone prothoscriniario more et vita bona mentio facta est, tunc imperator sancte matri ecclesie eum concessit rectorem".

novimus, quod non est novi iuris, ut rex Romanorum gubernans imperium s. sedis apostolicae pontificem eligere et ordinare debeat«, und dafür werden dann Beispiele aus dem 6. Jahrh. und auch aus der jüdischen Geschichte (Einsetzung von Pristern durch die Könige) beigebracht. Hinter dem darauf folgenden Satz (zwischen den Lücken *** und ****) finden sich eine Reihe von Kanonen über die Achtung vor der königlichen Gewalt und Bibelstellen ähnlichen Inhalts. In der letzten Lücke ***** wird der vorangehende Satz wieder durch einen längeren Exkurs über die jüdische Königsgeschichte bewiesen.

Die ungewöhnliche, durch eine Menge wunderlicher Einschaltungen herbeigeführte Länge, die Art und Weise der Zusammenstoppelung des Diploms, der völlig von sonstigen, derartigen ächten Urkunden abweichende Stil, die Citirung der Institutionen als eines bekannten juristischen Hülfsbuches, erregen schon die gegründetsten Zweifel an der Aechtheit dieser Urkunde. Allerdings weist dieselbe einen Theil der Fehler des kürzeren Diploms nicht auf. Aber sicher konnte ein Papst selbst nicht in einem Privilegium, in dem er sich als redend einführt und über die wichtigsten Rechte verfügt, von sich selbst plötzlich, wie von einer dritten unbetheiligten Person, erzählen[1]. Weiter ist dieser ganze Theil aus dem dem Pandulph von Pisa zugeschriebenen Leben Johanns XII.[2] entnommen, er kann auch der Ottonischen Zeit und Leo VIII. deshalb nicht angehören, weil er die Vertreibung des letzteren stattfinden lässt, nachdem Otto »in partes Galliae secessisset«, während dieser in Italien geblieben ist[3]. Sodann finden sich die citirten Kanones sämmtlich in derselben Reihenfolge in dem zwischen 1012 und 1023 verfassten Dekrete Burchards von Worms lib. XV. c. 22—c. 29, und dieses ist die früheste Sammlung, aus der sie geschöpft sein können[4]. Nimmt man zu diesen Momenten hinzu, dass die gleichzeitigen Geschichtsschreiber von derartig an Otto ertheilten, wichtigen Zugeständnissen nichts wissen, das in Rede stehende Dokument vielmehr erst zwei Jahrhunderte nachher auftaucht, so bleibt nach den Regeln einer gesunden Kritik nichts übrig, als dasselbe gleichfalls für falsch zu erklären[5] und den

[1] Floss S. 95 erklärt das folgendermassen: „Schon von sich in der ersten Person zu erzählen, wie man erhoben und wie man gestürzt worden, könnte auf der Höhe des Pontifikats, wie uns dünkt, etwas Ungefälliges haben. Wenigstens fügt sich Alles bei einer objectiven Erzählung der Begebenheiten, worin der Erzählende als dritte Person auftritt, besser. Auch wolle man nicht übersehen, dass höchst wahrscheinlich bei der Concipirung der Urkunde Ottos deutsche Umgebung mitthätig war". Wem das nicht sofort als eine unhaltbare Motivirung, um Unhaltbares haltbar zu machen, erscheint, der möge sich die Frage vorlegen, ob denn Leo überhaupt genöthigt war, alle diese Vorgänge zu berichten, um Otto I. das fragliche Recht verleihen zu können. — Uebrigens zeigt sich die Gedankenlosigkeit des Fälschers, wenn anders das Wort „predecessorum" am Schluss der Urkunde richtig ist, auch darin, dass er dem Verletzer den Zorn des h. Petrus, des gegenwärtigen Papstes und der — doch verstorbenen — Vorfahren des letzteren androht.

[2] Muratori, rer. Ital. script. III. 2, 328; die Stelle auch bei Floss S. 91. Dieser hält das Diplom für die Quelle, das umgekehrte ist aber richtig. S. Weizsäcker a. a. O. S. 94.

[3] Darauf macht mit Recht Weizsäcker a. a. O. aufmerksam.

[4] Eine vor 964 fallende Kanonensammlung, welche Quelle sein könnte, ist nicht nachweisbar. Die collectio Anselmo dedicata, deren Floss S. 81 gedenkt, enthält nicht alle citirten Stellen; s. Richter, Beiträge zur Kenntniss der Quellen des kanon. Rechts. S. 63. Wenn Floss weiter meint, dass mehrere Kanonensammlungen des IX. u. X. Jahrhunderts noch nicht gedruckt sind und der Verfasser der Urkunde leicht eine gemeinschaftliche Quelle mit Burchard benutzt haben kann, so ergeben doch die über diese veröffentlichten Notizen, dass die erwähnten Stellen nicht in ihnen enthalten sein können.

[5] So auch ausser Weizsäcker noch Waitz, Göttinger gelehrte Anzeigen. 1859. S. 649 ff. (auch in Sybels historischer Zeitschrift 1, 225); Giesebrecht, deutsche Kaiserzeit. 2. Aufl. S. 822; Baur, christl. Kirche des Mittelalters. S. 92. n. 1. Wenn Waitz in einer Stelle des Diploms das Gepräge eines wirklich der Zeit Ottos I. angehörigen Textes von Beschlüssen eines damals in Rom abgehaltenen Koncils zu finden glaubt, so ist dem gegenüber darauf hinzuweisen, dass dieser den bei Burchard lib. XV. 24—29 mitgetheilten Toletanischen Koncilien, Toletan. VII. c. 1, Toletan. VI. c. 17. 18. 14. 16, entnommen und nur die in XV. 28. vorkommende Erwähnung des Königs Chintila von Fälscher ausgelassen ist. — Die An-

Versuch einer Aufrechterhaltung der Aechtheit durch die blosse Berufung darauf, dass nach Lage der Verhältnisse eine solche Koncession von Leo VIII. möglicherweise hätte ertheilt werden können, von der Hand zu weisen.

Den beiden Dokumenten, deren Verhältniss zu einander hier nicht weiter in Betracht zu ziehen ist[1], kommt demnach für die Ottonische Zeit nicht die mindeste Bedeutung zu. Ob nicht aber — ganz abgesehen von ihnen — sich Otto I. durch Leo VIII. das Recht der Besetzung des päpstlichen Stuhles hat ertheilen lassen, darüber Vermuthungen aufzustellen, erscheint beim Mangel jeglichen quellenmässigen Anhaltes müssig. —

Unter den Nachfolgern Ottos I. blieb es bei der durch denselben eingeführten Besetzung des päpstlichen Stuhles; so ist Johannes XIV. (983—984) auf Veranlassung Ottos II.[2], Gregor V. (998—999)[3], ebenso wie Silvester II. (Gerbert, 999—1003)[4], auf die Ottos III. eingesetzt worden.

Dass innerhalb dieser Zeit, wo die Wahl des Papstes theils von den römischen Buhlerinnen und ihren Genossen aus dem römischen Adel, theils von den Kaisern abhing, in Betreff der Qualifikation des Gewählten öfters gegen die Kanones verstossen wurde, kann nicht auffallend erscheinen. So sind Johann XI.[5] und Johann XII.[6], ersterer im Alter von kaum 20 Jahren, letzterer mit etwa 19 Jahren erhoben worden. Beide waren ebenso, wie der von Kaiser Otto I. eingesetzte Leo VIII., welcher erst bei Erlangung des Pontifikats die sämmtlichen Weihen gleichzeitig nach einander empfing[7], Laien. Translationen von Bischöfen auf den päpstlichen Stuhl sind in dieser Zeit gleichfalls häufiger vorgekommen, Sergius III. war Bischof von Caere[8], Johann X. (914—928) Erzbischof von Ravenna[9], der unter Zustimmung Ottos I. erwählte Johann XIII. Bischof von Narni[10], Benedikt VII. Bischof von Sutri[11], und Johann XIV. endlich Bischof von Pavia[12]. In der ersten Zeit wurden die Transmigrationen noch immer als eine Verletzung der Kanones angesehen, indessen bleibt es

sicht des Recensenten i. den histor. politisch. Blättern Jahrgg. 1858. Bd. 42. Hft. 11, dass die längere Form eine in der kaiserlichen Kanzlei Ottos I. angefertigte Denkschrift sei, um den Papst zum Erlass einer entsprechenden Bulle, deren Entwurf in dem kürzeren Diplom vorliege, zu bewegen, wird durch die Ausführungen oben im Texte gleichfalls widerlegt.

1 S. Weizsäcker a. a. O. S. 92 hält das kürzere für einen Auszug des längeren, jedoch lässt sich daran zweifeln.

2 Annal. Saxo a. 983 (SS. 6, 640): „Imperator revertitur ac dominum apostolicum digno cum honore Romanae praefecit ecclesiae". Dasselbe ist in Betreff seines Vorgängers Benedikts VII. (974—983), und seines Nachfolgers Johanns XV. (985—996) wahrscheinlich. Floss S. 43. 45; Papenkordt S. 181.

3 Vita S. Adalberti c. 21 (SS. 4. 590): „Ibi in eius occursum veniunt epistolae cum nuntiis quas mittunt Romani proceres et senatorius ordo ... in morte domni apostolici tam sibi quam illis non minimam invectam esse partem incommodorum annunciant et quem pro eo ponerent, regalem exquirunt sententiam. Erat item in capella regis quidam clericus, nomine Bruno . . . Hunc, quia regi placuit, a maioribus electum Moguntinus archipraesul Willigisus et suus collega Hildebaldus episcopus adduxerunt Romam". Annal. Quedlinb. a. 996 (SS. 3, 73), annal. Hildesh. a. 996 (SS. 3, 91); Wilmanns, Jahrbücher des deutschen Reichs. S. 90; Floss S. 46.

4 Thietmar. chron. VI. 61 (SS. 3, 835): „Is gratia imperatoris . . . successit"; chart. Otton. III. in LL. 2. app. 162.

5 Giesebrecht, Kaiserzeit. 1. Aufl. 1, 343.

6 S. S. 18. n. 1.

7 Conc. Roman. a. 964 unter Johann XII. art. 3: „Quid censetis de Sicone episcopo . . . qui . . . Leonem curialem et neophytum (Laien) atque periurum nostrum iam ostiarium, lectorem, acoluthum, subdiaconum, diaconum atque subito presbyterum ordinavit eumque sine aliqua probatione contra cuncta sanctorum patrum statuta in nostra apostolica sede consecrare non formidavit" (Mansi 18, 472).

8 Dümmler, Auxilius u. Vulgarius. S. 15. 16. 95. 24. n. 1.

9 Dümmler a. a. O. S. 24, ostfränk. Reich 2, 599.

10 S. 239. n. 7.

11 Giesebrecht, Gesch. des deutschen Reichs unter Otto II. S. 23; Floss a. a. O. S. 43.

12 Hermann. Aug. chron. a. 983 (SS. 5, 117): „qui et Petrus, Papiae episcopus".

freilich zweifelhaft, ob man dieselben damals überhaupt oder nur wegen Mangels der kanonisch erforderten Ausnahmsgründe verurtheilte [1], jedenfalls scheint aber diese Anschauung in der Ottonenzeit, weil die Sache nunmehr häufiger vorkam, verschwunden zu sein.

II. Die Zeit bis zum Jahre 1059. Schon nach dem Tode Ottos I. versuchten die Parteien in Rom von Neuem ihren Einfluss auf die Besetzung des päpstlichen Stuhles geltend zu machen, aber immerhin war das Kaiserthum noch stark genug, den von diesen aufgestellten Päpsten (Bonifacius VII., 974. 984. 985, Johannes XVI., Philagathus, 997—998) gegenüber seine Anhänger im Besitz der päpstlichen Würde zu erhalten [2].

Indessen seit dem Ableben Ottos III. (1002) und seit dem Tode Silvesters (1003) beherrschten Adelsfamilien Roms wieder den römischen Stuhl, bis von der Regierung Benedikts VIII. (1012—1024) ab der Pontifikat eine Zeitlang in den Händen der mit den deutschen Kaisern Heinrich II. und Konrad II. in gutem Einvernehmen stehenden Familie der Grafen von Tuskulum blieb, freilich nicht zum Vortheil des Papstthums selbst. Nicht nur gelang es dieser Familie, den Bruder des vorigen Papstes Romanus, Johann XIX. (1024—1033), welcher Laie war, auf den päpstlichen Stuhl zu erheben [3], sondern sie brachte es auch dahin, dass nach seinem Tode in Folge von Spendung reichlicher Geldmittel und Verwendung der Schätze der Peterskirche dem etwa 12jährigen, jedenfalls nicht erheblich älteren Benedikt IX. (1033 bis 1048) die päpstliche Würde übertragen wurde [4]. Nach einem ausschweifenden Leben, den Römern verhasst, von dem Gegenpapst Silvester III. (1044—1046) vertrieben, verkaufte er, nachdem er sich wieder in den Besitz des Thrones gesetzt hatte [5], i. J. 1045 die päpstliche Würde an seinen Taufpathen, den Erzpriester Johannes [6]. Dieser — er nannte sich Gregor VI. (1045—1046) — hatte — in guter Absicht, um die Kraft der Adligen zu brechen, und Volk und Geistlichkeit in das alte Wahlrecht wieder einzusetzen — den gedachten Schritt gethan, indessen waren seine Bemühungen vergeblich. Er hatte nicht einmal den Gegenpapst Silvester vollständig beseitigen können, und als endlich Benedikt IX. sich trotz seines Verkaufes der Tiara wieder als Papst gerirte, wandte sich der bessere Theil des römischen Klerus an Heinrich III., da auch diesmal kein anderes Mittel, das Papstthum aus tiefer Schande zu erretten, als die Intervention des Kaiserthums übrig blieb [7]. Nachdem die Synode zu Sutri Silvester III. entsetzt und in ein Kloster verwiesen, ferner Gregor VI.

[1] Der mit Johann X. ziemlich gleichzeitige Papstkatalog im Cod. 353. Monaster. Casinens. bei Papenkordt S. 174. n. 2 sagt mit Bezug auf diesen: „invitatus a primatibus Romanae urbis, contra instituta canonum agens, Romanae ecclesiae invasor praefuit in ea annos XVI".

[2] Papenkordt S. 181. 184.

[3] Herim. Aug. chron. a. 1024 (SS. 5, 120): „Romae defuncto Benedicto, frater eius ex laico ordinatus sedit"; Glaber Rod. IV. 1 (Bouquet, recueil 10, 44): „Joannes . . . largitione pecuniae repente ex laicali ordine neophitus constitutus praesul"; Bonithon. lib. ad amic. (Jaffé, monum. Gregor. S. 625): „mortuo Johanne Benedicti pape fratre qui uno eodemque die praefectus fuit et papa". Ob Benedikt VIII. auch Laie war, als er den Pontifikat erlangte, ist zweifelhaft. S. Papst bei Hirsch, Heinrich II. 2, 386. n. 1.

[4] Glaber Rod. IV. 50 (Bouquet 10, 50): „puer ferme decennis intercedente thesaurorum pecunia electus extitit a Romanis"; V. 5: „Fuerat enim ordinatus puer circiter annorum XII contra ius fasque, quem scilicet sola pecunia auri et argenti plus commendavit, quam aetas et sanctitas". Papenkordt S. 191.

[5] Papenkordt S. 193.

[6] Annal. Romani (SS. 5, 468): „Tunc Benedictus non sufferens Romanum populum eiusdem pontificatus sui honorem per cartulam refutavit Johanni, archipresbytero S. Johannis ad portam Latinam suo patrino, in die Kal. Mai., cui posuerunt nomen Gregorius". Papenkordt S. 191. n. 3. S. 192; Giesebrecht, Kaiserzeit. 3, 387.

[7] Giesebrecht a. a. O. S. 389. 390. Benedikt IX. scheint erst auf der Synode in Rom abgesetzt zu sein. S. a. a. O. S. 586.

gleichfalls der päpstlichen Würde beraubt war[1], wurde nach dem Eintreffen des Kaisers in Rom auf einer Versammlung der römischen Geistlichkeit und des Volks Bischof Suidger von Bamberg, Clemens II. (1046—1047), unter Einwirkung Heinrichs III. zum Papste gewählt[2].

Ausserdem übertrug aber das römische Volk und der Papst an Heinrich III. und seine Nachfolger, obgleich ersterer ausserdem noch zum Kaiser gekrönt wurde[3], den Patriciat und zugleich das Recht, fortan den päpstlichen Stuhl zu besetzen[4], den ersteren wohl deshalb, weil aus Anlass der Verfügungen der römischen Adligen, welche, wie die Crescentier und Tuskulaner, unter dem Titel des Patriciats über den Pontifikat disponirt hatten, sich die Anschauung entwickelt hatte, dass mit dieser Würde auch jenes Recht verbunden sei[5]. Demgemäss hat Heinrich III. die Nachfolger Clemens' II., Damasus II. (1048)[6], Leo IX. (1048—1054)[7] und Viktor II.[8]

[1] Dass dieser nicht entsagt hat, ist m. E. der gewöhnlichen Ansicht gegenüber (s. Hefele, Conciliengesch. 4, 675; Giesebrecht S. 391) durch Jaffé, monumenta Gregoriana p. 594 ff. unanfechtbar erwiesen worden. S. auch unten §. 31.

[2] Annal. Romani (SS. 5, 469): „Heinricus ... cum episcopis et abbatibus et universo clero Romano sanctam et gloriosam sinodum celebravit et mirabilem sanctum benignumque pontificem sancte ecclesie Romane nomine Clementem preordinavit"; Annal. Corbeiens. 1046 (SS. 3, 6): „unanimi cleri et populi electione in locum eius (Benedicti) substitutus est Suidgerus Babenbergensis episcopus et postera die nomine Clementis papa consecratus".

[3] Am Weihnachtstage des J. 1046. Giesebrecht a. a. O. 2, 393.

[4] Annal: Romani (SS. 5, 469): „Itaque princebs cernens Romanorum voluntatem, circulum, quod (quo?) ab antiquitus Romani coronabant patricios, in capite posuit suo; et ordinationem pontificum ei concesserunt et eorum episcoporum regaliam abentium: ut a nemine consecretur nisi prius a rege investiatur. Almus pontifex una cum Romanis et religiosis patribus (sicut sanctus Adrianus papa et alii pontifices confirmaverunt per privilegiy detestationem) sic per privilegii detestationem in potestate regis Heinrici qui in presentia habetur et futurorum regum patriciatum et cetera, ut supradictum est, sancivit, confirmavit et posuit"; Petri Damiani discept. synodal. (opp. ed. Caietan. 3, 27): „Henricus imperator factus est patricius Romanorum a quibus etiam accepit in electione semper ordinandi pontificis principatum". Wenn mit der vollständigen Ignorirung dieser Thatsache bei Phillips 5, 790. 791 dieselbe als erdichtet verworfen werden soll, so muss dem entgegengehalten werden, dass nicht der mindeste Zweifel an der Richtigkeit des Faktums besteht. S. Gieseler, Kirchengesch. II. 1, 228. n. 35; Giesebrecht 2, 395; Papenkordt S. 193.

[5] Bonithon. lib. ad amic. lib. V. (Jaffé, mon. Greg. p. 629): „Nam rumoribus populi illectus ... tirannidem patriciatus arripuit ... Quid namque est, quod mentem tanti viri ad tantum traxit delictum nisi quod credidit, per patriciatus ordinem se Romanum posse ordinare pontificem": Hegel, Städteverfassung von Italien 1, 317; Giesebrecht 2, 394.

[6] Lamberti ann. a. 1048 (SS. 5, 154): „Imperator nativitatem domini Polethe celebravit; ibi legati aderant Romanorum ... eique successorem postulantes quibus imperator Bopponem Prisniensem (Brixiensem) episcopum assignavit"; Anselmi gest. episc. Leod. (SS. 7, 228. 229).

[7] Wiberti vita. Leonis. II. 2 (Mabillon, acta SS. O. B. saec. VI. P. II. 68: Watterich, pontif. Romanor. vitae. Lipsiae. 1862. 1, 149. 150. 151): „Interea apud Wangionum urbem (Worms) ante praesentiam Henrici ... fit pontificum reliquorumque procerum non modicus conventus ... Et repente, illo (Bruno, Bischof v. Toul) nihil tale suspicante, ad onus apostolici honoris suscipiendum elegitur a cunctis ... Videns ergo, nullo modo se posse effugere imperiale praeceptum et commune omnium desiderium, coactus suscepit iniunctum officium, praesentibus legatis Romanorum ea conditione, si audiret totius cleri ac Romani populi communem esse sine dubio consensum ... adstanti clero et populo (Romano) divinam ... ingreditur proferre exhortationem. Imperialem de se electionem in tam laborioso officio brevi sermunculo promulgat, eorum voluntatem qualiscumque erga se sit, pandere expostulat. Dicit electionem cleri et populi canonicali auctoritate aliorum dispositione praeire. Cumque videret unanimem omnium exclamationem ... supplex cunctorum expetit orationem atque absolutionem. Itaque ... cunctis acclamantibus consecratur" ...

[8] Anom. Haserens. c. 38 (LL. 7, 265): „primates Romanorum Moguntiam venerunt, papam sibi ab imperatore deposcunt et post longam deliberationem nullum nisi nostrum episcopum Gebehardum (von Eichstädt) accipere voluerunt"; Annal. Romani SS. 5, 470: „Tunc pleps Romanorum in unum congregati legatos miserunt ad imperatorem rogantes ut servi dominum, ut pium pastorem Romane ecclesie tribuerent. Congregata itaque multitudine clericorum et laicorum dignum deo elegit pontificem, et cum Romanorum legatis misit Rome. Gavisi sunt omnes Romani de illius adventum et consecraverunt eum Romanum antistitem cui posuerunt nomen Victoris"; Annal. Berthold. a 1054 (LL. 5, 269).

eingesetzt, indem er vorher Rath mit den deutschen Grossen, namentlich den Bischöfen hielt, also die Ernennung des Papstes wie eine deutsche Reichsangelegenheit behandelte [1], und den Römern nur ein Recht auf die Designation eines ihnen genehmen Kandidaten übrig liess [2]. Seitens der römischen Kirche war man mit dieser Praxis vollkommen einverstanden, denn nur in Anlehnung an das deutsche Kaiserthum, welches in der Besetzung des römischen Stuhles stets glückliche Griffe gethan hatte, konnte die nothwendige Kirchenreform durchgesetzt und der schädliche Einfluss der römischen Adelsparteien auf die kirchlichen Angelegenheiten fern gehalten werden [3].

Als mit dem Tode Heinrichs III. (1056) und Viktors II. sich die Lage unerwartet geändert und die kirchliche Reformpartei ihren Anhalt in Deutschland, wo jetzt ein Weib und ein unmündiger Knabe an der Spitze des Reiches standen, verloren hatte, suchte man eine Stütze in der Macht des Herzogs Gottfried von Lothringen-Tuscien, und wählte, um Uebergriffen des römischen Adels zuvorzukommen, in aller Eile Gottfrieds Bruder, den Cardinalpriester und Abt von Montecassino, Friedrich, Stephan X. (IX.) 1057—1058, zum Papst [4], holte aber doch nachträglich die Einwilligung der Kaiserin Agnes ein [5]. Wie nothwendig dieser Schritt gewesen war, zeigte sich sofort nach dem Tode Stephans. Obwohl dieser noch kurz vorher auf der römischen Fastensynode unter Androhung des Bannes bestimmt hatte, »ut si eum de hoc saeculo migrare contingat, ante quam Hildebrandus, Romanae ecclesiae subdiaconus, ab imperatrice redeat, papam nullus eligat« [6], so erhob doch die tuskulanische Adelspartei einen der Ihrigen, den Bischof Johannes Mincius, Benedikt X. (1058. 1059), unter Ueberrumpelung der Stadt und mit Gewalt auf den römischen Stuhl [7]. Um sich seiner zu entledigen, erkannte die Reformpartei nochmals das Recht der kaiserlichen Ernennung ausdrücklich an und unter Einwilligung der Kaiserin wurde Gerhard Bischof von Florenz 1058 in Siena gewählt, Benedikt X. auf der Synode zu Sutri entsetzt und der

[1] S. die in den vorhergehenden Noten citirten Stellen u. Giesebrecht 2, 412. 416. 479.

[2] Ueber die Bedingung, welche Leo IX. bei seiner Erhebung stellte, s. S. 246. n. 7.

[3] Das ergiebt namentlich das Verhalten Hildebrands (Gregors VII), welcher nach dem Tode Leos IX. selbst die Römer davon abhielt, ihn zum Papst zu machen und nach Deutschland ging, um vom Kaiser einen Papst zu erbitten. Giesebrecht 2, 479; Papenkordt S. 197.

[4] Leon. Ostiens. chron. Casin. II. 94 (SS. 7, 693): . . . „consultus (Fridericus) tandem ab eis (d. h. a Romanis tam clericis quam civibus) quid facto opus esset vel quem eligere ad tantum pontificatum deberent, quinque illis personas quae digniores in istis partibus essent, ad quem vellent eligendum proposuit, Humbertum scilicet episcopum sanctae Rufinae, episcopum Veliternensem, episcopum Perosinum, episcopum Tusculanensem et Hildebrandum Romanae . . . ecclesiae subdiaconum. Sed cum Romani neminem sibi de his idoneum ad hoc videri censerent eique demum tantum se honorem largiri velle assererent: De me, inquit ille, nil poteritis agere nisi quod permiserit deus et absque illius nutu neque concedere neque tollere michi officium istud potestis. Fuere tamen qui Hildebrandum adhuc apud Tusciam ubi cum apostolico fuerat remorantem, oportune dicerent expectandum. Caeteri vero moras aliquas nequaquam esse congruas iudicantes, uno consilio ac voluntate concordi summo mane abbati simul conveniunt eundemque Fridericum violenter a Pallaria extrahentes, ad electionem faciendam ad b. Petri quae ad vincula nuncupatus basilicam illam perducunt. Ubi eius vocationem de consuetudine facientes, Stephanum eum . . . appellari decernunt; sicque universa urbe . . . ad Lateranense patriarchium illum deducunt. Die vero altera illucescente cardinalibus universis simul cum clero populoque Romano ad eum convenientibus, apud b. Petri basilicum . . . summus et universalis pontifex consecratur“.

[5] Giesebrecht 2, 1054; Lindner, Anno II. der Heilige von Köln. Leipzig. 1869. S. 16. Der Abgesandte war Hildebrand.

[6] Petri Damian. ep. l. III. 4 (opp. ed. Caietan. 1, 45), Leon. chron. II. 98 (SS. 7, 694).

[7] Chron. Casin. II. 99 (SS. 7, 695): „Interea Gregorius de Alberico Tusculanensis comes comperto pontificis obitu, sociato sibi Girardo de Galera et Romanorum potentiam aliquot, nocturno tempore cum armatorum turbis undique tumultuantibus atque furentibus ecclesiae iura pervadunt et Johannem Veliternensem episcopum . . . invitum licet . . . in Romana sede papam constituunt, Benedicti nomine illi imposito. Quod cum Petrus Damiani . . . auditu comperisset una cum caeteris cardinalibus . . . coepit obsistere, reclamare“. . . .

neue Papst Nikolaus II. (1059—1061) von Herzog Gottfried unter Vertreibung des Usurpators nach Rom geführt[1].

III. Das Wahldekret des Papstes Nikolaus II. und die folgenden Papstwahlen. Noch im Jahre 1059 wurde auf einer im Lateran abgehaltenen Synode offenbar aus Veranlassung der oben erwähnten Vorgänge unter dem Vorsitze des neuen Papstes eine Bestimmung über das künftig bei der Papstwahl einzuhaltende Verfahren getroffen. Dieselbe ist uns in verschiedenen Fassungen überliefert und bisher noch keine Einigkeit darüber erzielt, welche als die ächte zu betrachten ist[2], ja mehrfach sind sämmtliche verworfen und Versuche gemacht worden, den ächten Wortlaut selbstständig aus den vorhandenen Texten unter Benutzung der sonst gebotenen Anhaltspunkte zu konstruiren[3].

Die bekannten Texte lassen sich auf zwei Klassen zurückführen. Die eine, (— ich nenne sie II, um mit der Bezeichnung Waitzs und Giesebrechts in Einklang zu bleiben —), wird durch das Chronicon des Abtes Hugo von Flavigny (begonnen 1070), durch die Schrift des Hugo von Fleury de regia potestate ac sacerdotali dignitate (zw. 1100 u. 1106 geschrieben)[4], die Pannormie des Ivo III. 1. und Gratians Dekret c. 1. Dist. XXIII.; — die andere (I.), durch das Chron. Farfense, um 1100 abgefasst[5] und einen gleichfalls derselben Zeit angehörigen Cod. Vatican. 1984[6] repräsentirt. Einen verbesserten Text (III) dieser Klasse liefert die neue Ausgabe des Cod. Udalrici Babenbergensis von Jaffé (monumenta Bamberg. Berolin. 1869 p. 41). Ich lasse sämmtliche drei Texte, ohne die gleichlautende, für die Untersuchung unerhebliche Einleitung folgen, und zwar

Text II	Text I	Text III
nach Hugo Flavin. (SS. 8, 408.)	nach den LL. 2. app. 177.	nach Jaffé a. a. O.
„Quapropter instructi praedecessorum nostrorum aliorumque sanctorum patrum auctoritate,	Quapropter wie II bis	Quapropter bis statuimus gleich Text I.
decernimus atque constituimus, ut obeunte huius Romanae universalis aecclesiae pontifice, imprimis cardinales episcopi diligentissima simul consideratione tranctantes, mox sibi clericos car-	statuimus, ut obeunte huius Romanae ecclesiae universalis pontifice, inprimis cardinales diligentissima simul consideratione tractantes, salvo debito honore et reverentia dilectissimi	ut obeunte huius Romanae ecclesiae universalis pontifice, inprimis cardinales diligentissima simul consideratione tractent, salvo debito honore et reverentia filii nostri Heinrici

1 Lamberti annal. a. 1059 (Watterich 1, 206): „Romani principes satisfactionem ad regem mittunt: se scilicet fidem quam patri dixissent, filio quoad possent servaturos eoque animo vacanti Romanae ecclesiae pontificem usque ad id tempus non subrogasse; eius magis super hoc expectare sententiam . . . Rex habita cum primoribus deliberatione, Gerhardum Florentinum episcopum, in quem et Romanorum et Teutonicorum studia consenserant, pontificem designat Romamque per Gotefridum marchionem transmittit. Ita Benedicto qui iniussu regis et principum sacerdotium usurpaverat, reprobato, Gerhardus qui et Nicolaus, pontificatum obtinuit"; Bonith. lib. ad amic. lib. VI. (Jaffé S. 642): „Heinrici imperatoris coniunx cum filio parvulo . . . regni tenebat gubernacula . . . Interea deo amabilis Hildebrandus cum cardinalibus episcopis et levitis et sacerdotibus Senam conveniens elegit sibi Gerardum Florentinae civitatis episcopum quem alio nomine appellavit Nicholaum"; Annal. Roman. SS. 5, 470 ff.; Giesebrecht 3, 22. 23. 105.

2 Ed. Cunitz de Nicolai II. decreto de electione pontif. Rom. diss. hist. crit. Argentor. 1837; Gieseler, Kirchengeschichte II. 1, 236 ff.: Waitz i. d. Forschungen zur deutschen Geschichte. Göttingen. Jahrgg. 1864. S. 103; 1867. S. 401 ff.; Will ebendaselbst. Jahrgg. 1864. S. 537 ff.; Giesebrecht in d. Münchener historischen Jahrbuch für 1866. München. 1866. S. 156 ff.; H. Saur, de statuto Nicolai II. diss. inaug. Bonn. 1866.

3 So von Giesebrecht a. a. O. S. 166. und H. Saur a. a. O. S. 41.

4 Baluze, miscell. 4, 62.

5 Muratori, rer. Ital. script. II. 2, 645.

6 LL. 2. app. p. 177.

Text II.	Text I.	Text III.
dinales adhibeant, sicque reliquus clerus et populus ad consensum novae electionis accedant, ut nimirum, ne venalitatis morbus qualibet occasione subripiat, religiosi viri praeduces sint in promovendi (da) pontificis electione, reliqui autem sequaces.	filii nostri Heinrici qui in presentiarum rex habetur, et futurus imperator deo concedente speratur, sicut iam sibi, mediante eius nuntio Langobardie cancellario W. concessimus, et successorum illius qui ab hac apostolica sede personaliter hoc ius impetraverint, ad consensum novae electionis accedant: ut nimirum, ne venalitatis morbus qualibet occasione subripiat, religiosi viri cum reverentissimo filio nostro rege Heinrico praeduces sint in promovenda aelectione, reliqui autem sequaces.	qui in praesentiarum rex habetur et futurus inperator deo concedente speratur. Sicut iam sibi mediante eius nuntio Langobardie cancellario Wiberto concessimus, et successor illius qui ab hac apostolica sede personaliter hoc ius impetraverit, ad consensum novae electionis accedat. Ut nimirum venalitatis morbus qualibet occasione non subrepat, religiosi viri cum filio nostro rege H(einrico) praeduces sint in promovendi summi pontificis electione, reliqui autem sequaces.
Et certe rectus atque legitimus hic electionis ordo perpenditur, si, perspectis diversorum patrum regulis seu gestis, etiam illa b. Leonis sententia recolatur. „Nulla, inquit, ratio sinit, ut inter episcopos habeantur qui nec a clericis sunt electi nec a plebibus expetiti nec a comprovincialibus episcopis metropolitani iudicio consecrati". Quia vero sedes apostolica cunctis in orbe terrarum praefertur aecclesiis atque ideo super se metropolitanum habere non potest, cardinales episcopi procul dubio metropolitani vice funguntur qui electum antistitem ad apostolici culminis apicem provehunt.	Das Stück: Et certe bis provehunt des Textes II fehlt; es folgt gleich:	Auch hier fehlt das gedachte Stück und es folgt ebenfalls:
Eligant autem de ipsius aecclesiae gremio, si repertus fuerit idoneus vel si de ipsa non invenitur, ex alia assumatur. Salvo debito honore et reverentia dilecti nostri filii Henrici qui impraesentiarum rex habetur et futurus imperator deo concedente speratur, sicut iam sibi concessimus et successorum illius qui ab hac apostolica sede personaliter hoc ius impetraverint.	Aeligant wie II nur reperitur bis assumatur. Es fehlt: Salvo debito bis ius impetraverint, vielmehr folgt gleich	Eligant wie I bis assumatur. Es fehlt: Salvo debito bis impetraverint und es folgt gleich
Quodsi pravorum atque iniquorum hominum ita perversitas invaluerit, ut pura, sincera atque gratuita electio fieri in urbe non possit, cardinales episcopi cum religiosis clericis catholicisque laycis, licet paucis, ius potestatis obtineant eligere apostolicae sedis antistitem, ubi congruentius iudicaverint. Plane postquam electio fuerit facta, si bellica tempestas vel qualiscumque hominum conatus malignitatis studio restiterit, ut is qui electus est, in apostolica sede iuxta consuetudinem intronizari non valeat, electus tamen sicut papa auctoritatem optineat regendi sanctam Romanam aecclesiam et disponendi omnes facul-	Quodsi wie II bis in urbe non possit, licet tantum pauci sint, ius tamen potestatis obtineant eligere apostolicae sedis pontificem, ubi cum cum invictissimo rege congruentius iudicaverint. Plane nur sicut verus papa	Quodsi wie II u. I bis in urbe non possit, licet pauci sint, ius wie in I bis iudicaverint. Sane postquam fuerit electio facta wie I u. II nur apostolicam sedem

Text II.	Text I.	Text III.
tates illius. Quod b. Gregorium ante electionem suam fecisse cognoscimus.	illius. Quod b. Gregorius ante suam consecrationem fecisse cognoscitur.	facultates eius. Qnod wie I bis cognoscimus.
Quodsi quis contra hoc decretum nostrum synodali sententia promulgatum per seditionem vel praesumptionem aut quodlibet ingenium electus aut etiam ordinatus seu	Quodsi quis wie II bis	Quodsi quis wie I nur fehlt
intronizatus fuerit, auctoritate divina et sanctorum apostolorum Petri et Pauli, perpetuo anathemate cum suis auctoribus fautoribus sequacibus a liminibus s. dei aecclesiae separatus subiciatur sicut antichristus et invasor atque destructor totius christianitatis.	intronizatus fuerit, non papa sed sathanas, non apostolicus sed apostaticus ab omnibus habeatur et teneatur et auctoritate divina, wie II nur et sequacibus omnibus u. abiciatur	omnibus bis christianitatis.
Nec aliqua super hoc audientia aliquando ei reservetur, sed ab omni ecclesiastico gradu in quocumque prius fuerat, sine retractatione deponatur. Cui quisquis adheserit vel qualemcunque tamquam pontifici reverentiam exibuerit aut in aliquo eum defendere praesumpserit, pari sententia sit mancipatus.	bis sit mancipatus.	Nec aliqua super hac audacia venia ei aliquando wie I bis pari sententiae sit mancipatus.
Quisquis autem huius nostri decreti vel sententie temerator extiterit, et Romanam ecclesiam sua praesumptione confundere et perturbare contra hoc statutum temptaverit, perpetuo anathemate atque excommunicatione dampnetur et cum impiis quando non resurgent in iudicio, reputetur.	Quisquis autem huius sententie decretalis nostrae temerator wie II nur conturbare qui resurgunt in iudicio deputetur.	Quisquis wie I nur perturbare cum impiis quo bis deputetur.
Omnipotentis scilicet dei patris et filii et spiritus sancti contra se iram sentiat, et sanctorum apostolorum Petri et Pauli quorum praesumit confundere aecclesiam, in hac vita et in futura furorem reperiat. Fiat habitatio eius deserta et in tabernaculis eius non sit qui inhabitet. Fiant filii eius orfani et uxores eius viduae. Commotus amoveatur ipse et filii eius et mendicent et eiciantur de habitationibus suis. Scrutetur foenerator substantiam eius et deleant alieni labores eius. Orbis terrarum pugnet contra illum et cuncta elementa sint ei contraria et omnium sanctorum quiescentium merita illum confundant et in hac vita super eum apertam vindictam ostendant.	Omnipotentis wie II nur tabernaculo uxor eius vidua atque omnem substantiam eius et diripiant alieni omnes labores eius. eum sanctorum Romae quiescentium	Omnipotentis wie I nur tabernaculis omnes fehlt bis ostendant.
Observatores autem huius nostri decreti dei omnipotentis gratia protegat et auctoritate beatorum principum apostolorum Petri et Pauli ab omnibus peccatorum vinculis absolvat. Amen.	Observatores in I u. III mit II gleichlautend.	

Während die Aufnahme des Textes II in das Dekret Gratians Jahrhunderte hindurch keinen Zweifel an der Aechtheit desselben hat aufkommen lassen, hat man neuerdings den Text I für den authentischen erklärt[1], und erst in jüngster Zeit hat die nur noch vereinzelt vertretene Meinung[2], welche an der Recension II festhält, wieder an Anhängern gewonnen[3]. Andere[4] erklären dagegen beide Texte für gefälscht.

Für die Vergleichung der Texte dürfte jetzt nur noch die Form II und III in Rücksicht kommen. Dass III eine korrektere Fassung enthält und I nur eine Korruption derselben sein kann, liegt auf der Hand. Die Unterschiede, welche sich in den beiden Recensionen finden, betreffen folgende Punkte: 1. den Antheil an der Wahl des deutschen Königs, über welchen II und III an verschiedenen Stellen sprechen, und welcher nach III ein grösserer, als nach II ist; 2. die Motivirung des Wahlrechts der Kardinalbischöfe durch das Dekret Leos I., die nur in II, nicht in III vorkommt; 3. die Personen der Wähler, welche II in einzelne Klassen sondert und näher bestimmt wie III; endlich 4. die am Schluss angehängte Bannformel.

In Bezug auf die erstere Verschiedenheit verdient III sowohl sprachlich wie sachlich entschieden den Vorzug. In II steht die das Recht des deutschen Königs betreffende Klausel: Salvo debito etc. vollkommen zusammenhangslos da, ferner auch an durchaus ungehöriger Stelle. Mit Bestimmungen über die Qualifikation des Kandidaten hat die Konkurrenz des Königs nichts zu thun, sie hätte vielmehr korrekter Weise mit den Vorschriften über die Person der Wahlberechtigten und der Art der Wahl in Verbindung gebracht werden müssen, von welchen sie aber ausser dem eben gedachten Passus noch durch das Dekret Leos getrennt ist[5]. Sachlich wird durch die Stellung der Worte: Salvo etc. der König auf eine Betheiligung erst nach der in Rom zum fait accompli gewordenen Wahl beschränkt und worin der debitus honor und die reverentia, mit welchen doch das am Schluss der Stelle gewährte ius identisch erscheint, bestehen soll, ist nicht ersichtlich. Mit Rücksicht auf den sonstigen Inhalt dieses Textes lässt sich bei Adoption desselben nur vermuthen, dass eben dem Könige die Befugniss hat beigelegt werden sollen, eine Benachrichtigung über die in Rom erfolgte Wahl zu verlangen. Konnte man es aber damals in Rom wagen und beabsichtigen, dem deutschen König einfach auf diese Weise die von Heinrich III. anerkannter Maassen ausgeübten Rechte abzusprechen? Hatte auch sicher der Urheber des Dekrets, Hildebrand, die Absicht, den Einfluss des Kaisers auf die Besetzung des römischen Stuhles und die Abhängigkeit desselben von dem deutschen Hofe zu beseitigen, so war es doch nicht möglich, bis zu einer direkten Verletzung der bisherigen kaiserlichen Rechte vorzugehen, nachdem man eben die Beseitigung Benedikts X. und die Erhebung Nikolaus II. durch die Anrufung dieser Befugnisse gerechtfertigt hatte[6], und wenn man vielleicht damals schon in der römischen Kurie auf die sinkende Macht des Kaiserthums in Rom spekulirte, so lag um so weniger Veranlassung vor, in schroffer Weise den bisherigen Zustand anzutasten. Ohnehin aber enthält Text III immer ein Anerkenntniss der kaiserlichen Rechte, welches dieselben im Vergleich zu

[1] S. Pertz i. d. LL. a. a. O.; Papenkordt, S. 200; Hefele, Conciliengesch. 4, 757.

[2] Von Cunitz u. Gieseler a. a. O.

[3] Namentlich haben sich Phillips 5, 795 ff.; und Waitz a. a. O. dafür entschieden.

[4] Will, Giesebrecht, Saur a. a. O.

[5] S. Will a. a. O. S. 541 ff.; Giesebrecht S. 164. 165. Dagegen freilich wieder Waitz, Forschungen 1867. S. 404. 405. Der aus der Ungefügigkeit des Satzes im Text I hergenommene Grund (Waitz a. a. O., Saur S. 2) fällt durch die Adoption von Text III in sich zusammen.

[6] Giesebrecht, Gesch. d. deutschen Kaiserzeit 3, 23. 24. 40.

früher wesentlich abschwächt. Wie sich aus den obigen Mittheilungen schliessen lässt (S. 247), scheint man zu Zeiten Heinrichs III. in Rom, wenn man die Designation nicht dem Kaiser selbst überliess, den Kandidaten durch gegenseitige Berathung, durch eine Art Vorwahl, festgestellt zu haben und nach der Bestätigung durch Heinrich III. ist dann wohl noch mitunter eine Scheinwahl erfolgt[1]. An das erstere erinnert das im Text III gebrauchte tractent. Das folgende salvo debito honore et reverentia lässt sich auf das frühere Designationsrecht des Kaisers beziehen, aber offenbar, weil der Ausdruck zweideutig ist und jenes nicht direkt anerkennt, hat man ihn damals gewählt. Eine weitere Schwächung der bis dahin geübten kaiserlichen Rechte liegt auch darin, dass man diese als rein persönliche Begünstigungen, welche von jedem Nachfolger besonders erworben werden mussten, darstellte, während man andererseits mit der Berufung auf eine eben schon geschehene Verleihung in dem Text des Wahldekretes selbst den deutschen Hof zufrieden zu stellen suchte. Jedenfalls konnte man letzteren um so weniger auf ein blosses Zustimmungsrecht nach der Wahl beschränken, als man damit, wie schon oben bemerkt, in zu direkter Weise seinen Rechten entgegengetreten wäre, und ferner dem römischen Adel gegenüber, dessen Einfluss auf die Wahlen das Dekret gleichfalls (s. unten) beseitigen sollte, sich nur ein schwächeres Gegengewicht geschaffen hätte. Immerhin nahm ja das Dekret dem Kaiser schon die durch das Designationsrecht geübte, ausschliesslich massgebende Entscheidung in Betreff der Person des zu Wählenden, verlegte also, indem es zwar hinsichtlich des Zeitpunktes der Betheiligung des Kaisers nichts änderte, den Schwerpunkt aus Deutschland nach Rom. Zu der Situation passt somit eine dem Kaiser zugesicherte Konkurrenz bei der Wahl durch den hervorragenden Theil des Wahlkörpers besser als die Einräumung des Rechtes auf eine erst nach vollendeter Wahl abzugebende Zustimmung[2], welche überdies in den Worten des Textes II nicht einmal klar ausgedrückt ist, ja kaum darin gefunden werden kann. Im letzteren Sinne scheint allerdings ein Schreiben des gleichzeitigen Petrus Damiani (etwa v. J. 1062) die Sache aufzufassen; »nimirum«, heisst es hier, »cum electio illa per episcoporum cardinalium fieri debeat principale iudicium, secundo loco iure praebeat clerus assensum, tertio popularis favor attollat applausum, sicque suspendenda est causa usque dum regiae celsitudinis consulatur auctoritas, nisi sicut nuper contigit[3], periculum fortassis immineat, quod rem quantocyus accelerare compellat«[4]. Aber seine um dieselbe Zeit geschriebene disceptatio inter regis advocatum et Romanae ecclesiae defensorem lässt eine andere Deutung zu. Hier sagt der Advokat des Königs: »Verumtamen tu hoc negare non potes, quod pater domini mei regis, piae memoriae Henricus imperator, factus est patricius Romanorum a quibus etiam accepit in electione semper ordinandi pontificis principatum. Huc accedit, quod praestantius est, quia Nicolaus papa hoc domino meo regi privilegium quod ex paterno iam iure susceperat praebuit et per synodalis insuper decreti paginam confirmavit«; und der Vertheidiger der römischen Kirche erklärt darauf: »Privilegium invictissimo regi nostro ipsi quoque defendimus et ut semper plenum illibatumque possideat vehementer optamus[5]. Durch die Berufung auf die Zeit Heinrichs III. und den Ausdruck prin-

[1] S. oben S. 246. n. 7.

[2] S. Waitz, Forschungen 1864. S. 115. 1867. S. 404; noch unbestimmter Will a. a. O. S. 546; dagegen Giesebrecht, Münchner Jahrbuch S. 163 ff., der darin zu weit geht, dass das Dekret Nikolaus' II. Heinrich IV. schlechthin das von seinem Vater geübte Recht gewährt haben soll.

[3] Bei Watterich l. c. S. 241.

[4] Anspielung auf die Wahl Alexanders II. v. J. 1061.

[5] Bei Watterich l. c. S. 286. 287.

cipatus in electione ordinandi pontificis wird hier auf ein anderes Verfahren bei der Wahl, als blos die nachträgliche Einholung der Zustimmung des Kaisers hingewiesen. Dieser Stelle gegenüber, welche sich ex professo mit den Rechten des letzteren beschäftigt, kann die erstere deshalb nicht in Betracht kommen, weil Petrus Damiani hier dem Gegenpapst Cadalus (Honorius II.) den Vorwurf macht, dass er sich ohne Wissen und Willen der römischen Kirche habe zum Papst machen lassen, und den Einwand zurückweist, bei der Erhebung desselben zu Basel inordinatae huic ordinationi aliquem interfuisse Romanum. Damiani hatte hier alle Veranlassung, die Rechte der Wahlkörper in Rom scharf zu betonen und diese in den Vordergrund zu stellen, während für ihn kein Motiv vorlag, die kaiserlichen Befugnisse, welche vor kurzem durch die Erhebung des Gegenpapstes missbräuchlich ausgeübt waren, zu accentuiren [1]. Ebensowenig kann eine weitere Stelle der disceptatio in Betracht kommen, weil in dieser die Alternative gestellt wird, ob der vom König Designirte oder der vom römischen Klerus Gewählte als rechtmässiger Papst zu betrachten ist, diese also nicht ein Zusammenwirken, sondern einen Widerstreit der bei der Wahl konkurrirenden Personen voraussetzt [2].

Für den Vorzug des Textes III vor II spricht weiter der Umstand, dass in der Bestimmung über die Wahl ausserhalb Roms auch der Mitwirkung des Kaisers gedacht wird, denn ein solches Verfahren hatte gerade bei der Erhebung Nikolaus' II. stattgefunden.

Endlich kann es keinen Vorzug des Textes II begründen, dass er die Worte: mediante eius nuntio Langobardie cancellario Wiberto auslässt. Wibert, der nachmalige Gegenpapst Clemens III. (1080 — 1100) hat in der damaligen Zeit die Stellung eines Kanzlers eingenommen [3], und wenn in Bezug auf diesen Punkt eine Fälschung vorgenommen ist, hatte die kirchliche Partei, welche ohnedies dem Satz eine andere als die ursprüngliche Stellung anwies, jedenfalls mehr Interesse den Namen des schismatischen Papstes aus dem Dekret zu beseitigen, als umgekehrt die kaiserliche, diesen in dasselbe hineinzusetzen.

Was sodann den zweiten Differenzpunkt zwischen Text III und II betrifft, so muss man hier ebenfalls zu Gunsten des ersteren entscheiden. Der Satz, welcher den hervorragenden Antheil der Kardinalbischöfe durch Berufung auf eine Dekretale Leos I. zu rechtfertigen sucht, erscheint interpolirt. Dafür spricht die Einleitung zu demselben, die nicht die üblichen Worte, sicut statuit oder ähnliche aufweist, sondern der Art und Weise, wie ein theoretisirender Schriftsteller sich auslassen würde, entspricht, ferner der im Munde eines Papstes und einer Synode durchaus unpassende und unmögliche Vergleich der Gesammtheit der Kardinalbischöfe mit dem Metropolitan, während gerade für Rom dem Papst eine solche Stellung zu vindiciren

[1] Andere Auffassungen bei Waitz a. a. O. Jahrg. 1864. S. 114. Jahrgg. 1867. S. 404; Will, Jahrg. 1864. S. 546; Giesebrecht, Münchner Jahrb. S. 164. 165.

[2] Auf diese beruft sich Will a. a. O. S. 546. Sie lautet (Watterich S. 250): „Quis ergo istorum iusto videbitur examine praeferendus? utrum is quem elegit unus vir, perpetuae maledictionis anathemate condemnatus, an ille potius quem cardinales episcopi unanimiter vocaverunt quem clerus elegit, quem populus expetivit non in extremitate terrarum, sed intra moenia Romanorum et ipsius sedis apostolicae gremio?" Die übrigen von Waitz in Will a. a. O. beigebrachten Stellen sind deshalb bedeutungslos, weil sie einer späteren Zeit angehören und theils von kaiserlichen Widersachern herrühren, theils nur allgemein des consensus regis gedenken.

[3] Giesebrecht, Kaiserzeit 3, 492.

[4] Verschiedene Ansichten über diesen Punkt s. bei Waitz, Forschg. 1864. S. 117; 1866. S. 406; Giesebrecht, Jahrb. S. 162; Saur S. 17.

ist. Endlich zerstört der Satz auch vollständig den Zusammenhang. Er schliesst sich nicht direkt an die Erwähnung der Kardinalbischöfe, sondern an die der anderen Wähler an und würde den Worten: Eligant autem des folgenden Satzes eine sicher nicht gemeinte ausschliessliche Beziehung auf die Kardinalbischöfe, welche als Subjekt zu eligant zu denken wären, geben [1].

Gerade umgekehrt verhält es sich in einzelnen Beziehungen mit der dritten Abweichung der beiden Texte. III nennt als wahlberechtigt die Kardinäle schlechthin; nur diese können daher auch in dem Satze: Ut nimirum etc. unter den religiosi viri verstanden sein, wer aber die reliqui sind, welche als sequaces eintreten sollen, erhellt aus dem ganzen Dekrete nicht. Dem bisher geübten Verfahren entspricht ferner diese Bestimmung nicht, denn in der einen oder anderen Art hatte wenigstens stets der übrige Klerus und die Laienschaft in Rom mitgewirkt. Hierin möchte also Text II mit seinen Worten: »imprimis cardinales episcopi tractantes, mox sibi clericos cardinales adhibeant sicque reliquus clerus et populus ad consensum novae electionis accedant« anscheinend den Vorzug verdienen. Das um so mehr, als die uns über den Inhalt des Dekretes erhaltenen Nachrichten mit Text III ebenfalls nicht vereinbar sind. Nikolaus II. selbst erklärt in einem Rundschreiben von 1059, in welchem er über die Beschlüsse der Lateranensischen Synode referirt: »Primo namque inspectore deo, est statutum, ut electio Romani pontificis in potestate cardinalium episcoporum sit: ita ut si quis apostolicae sedi sine praemissa concordi et canonica electione eorum ac deinde sequentium ordinum religiosorum clericorum et laicorum consensu inthronizatur, is non papa vel apostolicus sed apostaticus habeatur« [2]. Ganz ähnlich drückt er sich in dem s. g. decretum contra simoniacos von demselben Jahre aus, auch hier wird der Kardinalbischöfe, als des entscheidenden Wahlkörpers, gedacht [3]. Dasselbe ergiebt die schon oben (S. 252) angeführte Stelle aus dem Briefe des Petrus Damiani an Cadalus. Darnach müssen in dem ächten Theil des Dekretes selbst die Kardinalbischöfe erwähnt gewesen sein, und da diese im Text II genannt werden, so hat man diesen als den ächten — wenigstens hinsichtlich dieses Passus — angesehen [4]. Dabei hat man aber ausser Acht gelassen, dass der Text in Bezug auf den Antheil der übrigen Personen an der Erhebung des Papstes erheblich von den in Bezug genommenen Berichten abweicht. Er schreibt der übrigen Geistlichkeit Roms und dem Volk ein direktes Zustimmungsrecht zu [5], und scheidet von der Geistlichkeit die clerici cardinales, über deren Antheil an der Wahl er nichts näheres angiebt, — eine Trennung, welche nachher im Verlauf des Dekretes

[1] Giesebrecht, Jahrb. S. 167; Saur S. 167 haben daher diesen Passus bei ihren Rekonstruktionsversuchen des ächten Textes mit Recht fortgelassen. Waitz, Forsch. 1864. S. 108; 1867. S. 408 meint freilich, dass der Satz entschieden nicht wie eine Interpolation aussieht.

[2] Mansi 19, 897.

[3] „Nihilominus auctoritate apostolica decernimus quod in aliis conventibus nostris decrevimus: ut si quis pecunia vel gratia humana vel populari seu militari tumultu sine concordi et canonica electione ac benedictione cardinalium episcoporum ac deinde sequentium ordinum religiosorum clericorum fuerit apostolicae sedi inthronizatus, non papa vel apostolicus, sed apostaticus habeatur liceatque cardinalibus episcopis cum religiosis et deum timentibus clericis et laicis invasorem etiam cum anathemate et humano auxilio et studio a sede apostolica repellere et quem digniorem iudicaverint, praeponere; quod si hoc intra urbem perficere nequiverint, nostra auctoritate extra urbem congregati in loco qui eis placuerit, eligant, quem digniorem et utiliorem apostolicae sedi perspexerint, concessa ei auctoritate regendi et disponendi res ad utilitatem sanctae Romanae ecclesiae, secundum quod ei melius videbitur iuxta qualitatem temporis, quasi iam omnino inthronizatus sit“.

[4] Daher haben ihn Giesebrecht und Saur, und zwar ersterer in wenig modificirter Form, in ihren rekonstruirten Text aufgenommen.

[5] So auch in der späteren Stelle: „cardinales episcopi cum religiosis clericis“ etc.

nicht festgehalten wird. Nach den Mittheilungen Nikolaus' II. aber haben die Kardinalbischöfe allein die entscheidende Stimme bei der Wahl, denn nicht für diese, sondern nur für die Inthronisation wird der Konsens, also die Betheiligung der Kleriker und Laien, verlangt [1]. Kann man freilich annehmen, dass den übrigen Kardinälen, dem sonstigen Klerus und Volk ihre frühere Mitwirkung bei der Wahl nicht ganz entzogen ist, so ist doch von einem Rechte, eine selbstständige Entscheidung über die Person des Kandidaten abzugeben, bei Nikolaus II. nicht die Rede. Demnach können weder die Worte: mox sibi clericos cardinales adhibeant sicque reliquus clerus et populus ad consensum novae electionis accedant, noch der Passus: cardinales episcopi cum religiosis clericis catholicisque laycis, licet paucis, ius potestatis obtineant eligere apostolicae sedis antistitem in dem ächten Dekrete gestanden haben.

Dasselbe Resultat ergiebt die Betrachtung der Verhältnisse, unter denen das Dekret erlassen ist. Man wollte damit theils die Vorgänge bei der Wahl Nikolaus' II. sanktioniren, theils damit diesen entsprechende Normen für die Zukunft aufstellen [2], namentlich aber sollte auch der Einfluss des römischen Adels, welcher sich noch eben bei der Erhebung Benedikts X. geltend gemacht hatte, beseitigt werden [3]. War es da angemessen, den Laien, unter denen die Angehörigen der grossen römischen Adelsfamilien vor Allem in Frage kamen, ein Konsensrecht bei der Wahl einzuräumen? Sicherlich nicht. Man musste vielmehr das entscheidende Gewicht in die Hände möglichst weniger Personen legen, bei denen man der kirchlichen Gesinnung von vornherein gewiss sein konnte, und welche der Einwirkung der römischen Adelsparteien am wenigsten zugänglich waren. Das traf Alles bei den Kardinalbischöfen [4], nicht aber in gleichem Maasse bei dem übrigen römischen Klerus zu und somit widerlegt sich ebenfalls aus sachlichen Gründen die Korrektheit des Textes II in diesem Punkte, wenngleich III hier ebensowenig die ursprüngliche Form bewahrt hat.

Die letzte Differenz zwischen den beiden Recensionen besteht darin, dass Text II das in der Bannformel vorkommende »Non papa, sed sathanas, non apostolicus sed apostaticus ab omnibus habeatur et teneatur« nicht aufweist. Ein Theil des Satzes, nämlich der

[1] Allerdings heist es im Dekret gegen die Simonisten: „sine concordi ac canonica electione ac benedictione cardinalium episcoporum ac deinde sequentium ordinum religiosorum clericorum fuerit ap. sedi inthronizatus"; hier muss aber das in dem ersten Schreiben sich findende consensu im Text ausgefallen sein, denn von einer Wahl und Benediktion durch die übrigen Kleriker kann nicht die Rede sein. Dass nachher die Laien, wo es sich um die Vertreibung des unrechtmässig gewählten Papstes handelt, genannt werden, hat natürlich seinen guten Grund. Die Stelle des Petrus Damiani legt die Entscheidung auch in die Hand der Kardinalbischöfe; das tertio popularis favor attollat applausum kann kein Konsensrecht der Laien bedeuten und das secundo iure praebeat clerus assensum bedeutet dem iudicium der Kardinalbischöfe gegenüber nur ein formelles Beitrittsrecht. Auch der vielfach mit herangezogene Eid Robert Guiscards (Watterich S. 234): „Et si tu vel tui successores ante me ex hac vita migraveritis, secundum quod monitus fuero a melioribus cardinalibus, clericis Romanis et laicis, adiuvabo, ut papa eligatur et ordinetur ad honorem s. Petri", steht den Ausführungen des Textes nicht entgegen, denn er ergiebt nichts Näheres über das Verhältniss der Wahlberechtigten.

[2] Giesebrecht, Münchner Jahrb. S. 159: „Aus den unbeanstandeten Stellen des Dekrets geht nun auch hervor, dass es die Wahl eines Papstes zuliess, der nicht aus der römischen Kirche hervorgegangen war, dass die Wahl auch ausserhalb Roms für gesetzlich erklärt wurde, dass der so Gewählte noch vor erfolgter Inthronisation das Kirchenregiment sollte ergreifen können, dass endlich ein vom römischen Volke ohne Zustimmung der Kardinalbischöfe gewählter dem Bann der Kirche verfallen und entsetzt werden sollte — das Alles erinnert unmittelbar an jene Vorgänge; welche die Wahl Nikolaus' II. begleitet hatten oder ihr unmittelbar folgten". — Vgl. übrigens auch die Einleitung des Wahldekrets selbst.

[3] Giesebrecht, Kaisergeschichte. S. 21; Lindner, Anno II. der Heilige S. 101.

[4] Ueberdies waren die damals vorhandenen noch besonders gegen den Adel erbittert, denn sie waren von ihm bei der gewaltsamen Einsetzung Benedikts X. vertrieben worden. Petri Damiani ep. III. 4 (Watterich S. 205): „nobis episcopis per diversa latibula fugientibus".

zweite: non apostolicus, sed apostaticus etc. hat aber in dem ächten Dekrete gestanden, denn diese Worte werden ebenfalls in den oben erwähnten Rundschreiben Nikolaus' II. angeführt. So spricht denn auch hier die fast gleichzeitige Ueberlieferung zu Gunsten des Textes III. Die Form der Strafandrohung ist zwar verhältnissmässig lang, aber sie hat nichts Bedenkliches, im Gegentheil erklären sich die starken Ausdrücke sowohl gegen den unrechtmässigen Eindringling, wie gegen seine Helfershelfer und die stillschweigende Voraussetzung, dass unter letzteren auch dem Laienstande angehörende Personen sich befinden, sehr gut aus den Vorgängen bei der Erhebung Benedikts X.[1]. Nur das auffallende non papa, sed sathanas scheint nicht dem ursprünglichen Texte angehört zu haben (s. unten).

Als Resultat der vorstehenden Erörterung über die Verschiedenheit der Textrecensionen ergiebt sich also, dass an drei Stellen der Wortlaut von III den obwaltenden Verhältnissen und den in ihrer Aechtheit nicht anzuzweifelnden, gleichzeitigen Berichten entspricht, und dass, wenn gleich in Betreff des Passus über die wahlberechtigten Personen das Umgekehrte zugegeben werden muss, doch auch Text II gerade hier ebensowenig der ursprüngliche sein kann. Text III muss demnach für eine dem ächten näher stehende Ueberlieferung als II gelten.

Dass die Abweichungen absichtlich gemacht sind, kann kaum einem Zweifel unterliegen. Die Veranlassungen dazu haben die Vorgänge bei den nachfolgenden Papstwahlen gegeben, auf welche jetzt näher einzugehen ist.

Schon bei Lebzeiten Nikolaus' II. war der Bruch zwischen der römischen Kurie und dem in Deutschland die Politik leitenden Episkopat erfolgt. Hatte doch dieser die Bestimmungen des Koncils von 1059 geradezu für nichtig erklärt[2]. Daher war es erklärlich, dass man nach dem bald eintretenden Tode Nikolaus' II. auf den deutschen Hof keine Rücksicht nahm, vielmehr auf Betrieb Hildebrands und unter dem Schutze eines normannischen Heerhaufens der Bischof Anselm von Lucca als Alexander II. (1061—1073) einstimmig durch die Kardinalbischöfe, unter Hinzutritt des übrigen Klerus, gewählt und sofort inthronisirt wurde[3].

[1] Das zur Widerlegung gegen die Ausführungen von Saur a. a. O. S. 11, welcher mit Unrecht annimmt, dass die Formel in II kürzer und wesentlich anders lautet als in I und III.

[2] Petri Damiani discept. (Watterich S. 248): „Rectores enim aulae regiae, cum nonnulis Teutonici regni sanctis ut ita loquar episcopis conspirantes contra Romanam ecclesiam concilium collegistis quo papam quasi per synodalem sententiam condemnastis et omnia quae ab eo fuerant statuta, cassare incredibili prorsus audacia praesumpsistis; in quo nimirum non dicam iudicio, sed praeiudicio, id ipsum quoque privilegium quod regi praedictus papa contulerat, si dicere liceat, vacuastis. Nam dum quidquid ille constituat, vestra sententia decernente destruitur, consequenter etiam id quod ab eo regi praestitum fuerat, aboletur". Die Versammlung scheint 1060 — wo ist nicht festzustellen — gehalten worden zu sein. S. Giesebrecht, Kaiserzeit 3, 64; etwas anders Hefele, Conciliengeschichte 4, 780. Dass die Schlussfolgerung des Vertheidigers der römischen Kirche, durch die Kassation der Synode von 1059 sei auch das Recht des Königs bei der Wahl mitzuwirken, beseitigt worden — Phillips 5, 708 schliesst sich dem an — falsch ist, liegt auf der Hand; denn ein solches Recht besass schon Heinrich III. und das Wahldekret von 1059 hatte dies einzuschränken gesucht. S. oben S. 252.

[3] Auf diese Wahl bezieht sich die Stelle bei Petrus Damiani a. a. O. (Watterich S. 250): „ille potius quem cardinales episcopi unanimiter vocaverunt, quem clerus elegit, quem populus expetivit". S. auch Giesebrecht 3, 60. 1058. Dass vor oder nach der Wahl Alexanders II. der Cardinal Stephan an die Kaiserin Agnes abgesandt worden (ersteres nimmt Phillips 5, 806. 807, letzteres Will, Forschungen 1864. S. 548), ist unrichtig. In der angeführten Schrift entschuldigt der Vertheidiger der römischen Kirche die Nichtbeachtung der königlichen Rechte bei der gedachten Wahl damit (Watterich p. 217)): „Tunc enim quando pontificem Romana sibi praefecit ecclesia, tantae simultatis fomes in seditionem cives accenderat, tantus livor et odium tumultuantis populi corda turbaverat, ut de tam longinquis terrarum spatiis nequaquam regiae clementiae praestolari possemus oraculum. Nisi enim quantocyus ordinaretur antistes, perniciosus in populo gladius mutuis vulneribus desaeviret et non parva Romanorum civium strages fieret . . . Ad hoc, inquam, nos invitos attraxit imminens periculum

Noch vor dieser Wahl, gleich nach dem Tode Nikolaus' II., wandte sich ein Theil des römischen Adels, welcher jetzt durch die hierarchische Tendenz und die Hinneigung der Politik der römischen Kurie zu Gottfried von Tuscien und zu den Normannen auf die kaiserliche Seite gedrängt war, nach Deutschland, um von König Heinrich IV., als Patricius, die Besetzung des römischen Stuhles zu erbitten. Damit ging diese Partei auf die früher unter Heinrich III. geübte Praxis zurück, während man Rom nicht nur diese, sondern auch die betreffende Bestimmung des Wahldekretes von in 1059 selbst missachtet hatte. Aber ebensowenig hielt man sich in Deutschland an das unter Heinrich III. beobachtete Verfahren. Auf Veranlassung der lombardischen Bischöfe, welche Gegner der von der Kurie beabsichtigten Reformen waren, wurde Cadalus, Bischof von Parma, Honorius II. (1061—1064), durch Heinrich IV. auf der Synode von Basel unter Zustimmung der anwesenden römischen Laien, eines römischen Abtes und namentlich der longobardischen Bischöfe ohne Konkurrenz irgend welchen Kardinals — einige Zeit nach der Wahl Alexanders II. — zum Papst erhoben, und damit das jedenfalls zweifellose Recht der Kardinäle der römischen Kirche verletzt[1]. Als aber i. J. 1064 in Ausführung des von der Augsburger Synode (1062) begonnenen Werkes auf dem Koncil zu Mantua von 1064 — wohl unter dem wesentlichsten Einfluss Annos II. von Köln — der König den von ihm selbst ernannten Papst absetzen und Alexander II. anerkennen liess[2], war damit schon das von Heinrich III. einst geübte Recht, ebenso wie eine aus dem Dekrete Nikolaus' II. herzuleitende Befugniss zur Konkurrenz bei der Papstwahl indirekt aufgegeben.

Der nächste Vakanzfall führte Hildebrand, Gregor VII. (1073—1085) auf den päpstlichen Stuhl. Seine Wahl wurde plötzlich durch ein Zusammenströmen des

civilis belli, non laedendi vel minuendi livor imperii". Darauf erklärt der Advokat des Königs: „Dicitis, quia necessitate constricti et velut angusti temporis brevi spatio coarctati nequaquam potuistis in electione pontificis expectare consensum regiae maiestatis, quod perfecto frivolum esse, perspicuum est. Constant enim III plus minus menses interim decurrisse, ex quo sanctae memoriae papa Nicolaus occubuit, usque ad Kalendas Octobris, cum iste successit. Videamus ergo, si per tam morosam longitudinem trimestris videlicet spatii, non potuerit ab aula regia pragmaticae sanctionis vobis apocha reportari". Damianus lässt darauf nicht etwa den Vertheidiger der Kirche erwidern, man habe Stephan zur Wahrung der Rechte des Königs nach Deutschland abgesandt, sondern ihn erklären, das Privileg des Königs sei durch die Synode der deutschen Bischöfe kassirt (s. vorige Note) und auch deshalb unwirksam, weil man den Cardinal, der es überbrachte, am königlichen Hofe nicht vorgelassen (Watterich S. 248): „Stephanus cardinalis presbyter apostolicae sedis . . . cum litteris apostolicis ad aulam regiam missus, ab aulicis administratoribus non est admissus, sed per V fere dies ad b. Petri et apostolicae sedis iniuriam prae foribus mansit exclusus . . . Clausum itaque signatumque mysterium concilii, cuius erat gerulus, retulit, quia regis eum praesentari conspectibus curialium plectenda temeritas non permisit". Zweck der Sendung war die Ueberbringung des mysterium concilii. Damit kann nicht der Bericht über die Wahl, wohl aber das 1059 dem Kaiser gewährte Privileg gemeint sein. Da dieses die bisher geübten Rechte des deutschen Kaisers nicht anerkannte, erklärt sich die Zurückweisung des Legaten sehr gut, während für letztere, wenn Stephan blos den Bericht über die Wahl mitbrachte, kein Grund vorlag. Ebenso setzen Giesebrecht a. a. O. S. 65. u. Hefele a. a. O. S. 781 die Gesandtschaft vor den Tod Nikolaus' II.

[1] Mit Recht lässt daher Petrus Damiani in der discept. (Watterich, p. 249) den Vertheidiger der Kirche sagen: „ut quid ignorante Roma reprobum hominem in Romanum pontificem eligere praesumpsistis?" und dieser Vorwurf wird durch den königlichen Advokaten nicht beseitigt, wenn er über die Wahl des Cadalus angiebt (l. c.): „electionem quidem ut palam est fecimus; sed longe prius Gerardo comite aliisque Romanis, ut dicebatur, civibus infatigabiliter insistentibus ad hoc inducti sumus. Nam et abbas monasterii, quod dicitur clivus Scauri, non defuit. Non ergo, ut asseris, ignorante Roma sed praesente atque petente Romani pontificis electio facta est". Weitere Berichte in den annal. Bertholdi a. 1061 (SS. 5, 271); Bernoldi chron. v. 1061 (SS. 5, 428), Bonithon. lib. ad amic. lib. VI. (ed. Jaffé p. 645). Vgl. ferner Giesebrecht a. a. O. 3, 70; Hefele, a. a. O. 4, 785.

[2] S. Giesebrecht, annales Altham. 1841. S. 104 ff.; Giesebrecht, Kaiserzeit 3, 85. 102. Das Material über die Streitfrage, ob das Koncil in das Jahr 1064 gehöre, am vollständigsten zusammengestellt bei Hefele a. a. O. 4, 793 ff.

römischen Volkes und eines Theils des Klerus veranlasst, also in stürmischer Weise — ebenfalls wieder nicht unter Beobachtung des vielfach gedachten Wahldekretes vorgenommen [1]. Die Kardinalbischöfe hatten keine Initiative hierbei geübt. Seine Wahl hat zwar Gregor VII. dem König Heinrich IV. behufs Einholung der Bestätigung angezeigt [2], aber die Rechte des Königs waren bei derselben ebenfalls nicht den oben entwickelten Bestimmungen des Wahldekretes (s. S. 251) gemäss gewahrt worden, ohne dass letzterer freilich deswegen einen Protest eingelegt hätte [3].

Als Heinrich IV. im Verlaufe seines Kampfes mit Gregor VII. nach der Anerkennung Rudolphs von Schwaben durch den Papst i. J. 1080 sich veranlasst sah, Gregor in Brixen zum zweiten Mal absetzen zu lassen, war bei der nunmehr nöthigen Neubesetzung des päpstlichen Stuhles natürlich ebensowenig von einer Beobachtung des Wahldekretes die Rede. Der Gegenpapst, Erzbischof Wibert von Ravenna, der im Wahldekrete genannte longobardische Kanzler (Clemens III., 1080—1100), wurde auf Heinrichs IV. Veranlassung unter Zustimmung deutscher und italienischer Bischöfe und nur eines einzigen Kardinals, des Kardinalpriesters Hugo, zur päpstlichen Würde erhoben [4].

Bei der folgenden Wahl Viktors III. (1086—1087) betheiligten sich in früherer Weise die Kardinalbischöfe, die übrigen Kardinäle, der sonstige Klerus und das Volk [5], und bei der des Bischofs Otto von Ostia, Urbans II. (1088—1099), welche nicht einmal in Rom vorgenommen werden konnte, sondern in Terracina stattfand,

[1] Bonithon. lib. ad amic. lib. VII. (ed. Jaffé p. 656): „Eodem itaque die, prefati pontificis corpore in ecclesia s. Salvatoris humato, cum circa sepulturam eius venerabilis Hildebrandus esset occupatus, factus est derepente concursus clericorum, virorum ac mulierum, clamantium: Hildebrandus episcopus. Quo audito venerabilis archidiaconus expavit et velociter volens populum placare, cucurrit ad pulpitum. Set eum Hugo Candidus prevenit et populum sic allocutus est: Viri fratres, vos scitis, quia a diebus domni Leonis pape hic est Hildebrandus qui sanctam Romanam ecclesiam exaltavit et civitatem istam liberavit. Quapropter, quia ad pontificatum Romanum neque meliorem neque talem qui eligatur, habere possumus, eligimus hunc, in nostra ecclesia ordinatum virum, vobis nobisque notum et per omnia probatum. Cunque cardinales episcopi sacerdotesque et levitae et sequentis ordinis clerici conclamassent, ut mos est: Gregorium papam sanctus Petrus elegit, continuo a populo trahitur rapiturque; et ad Vincula beati Petri . . . invitus introzinatur". Das Wahldekret selbst im Registr. Gregor. lib. I. 1 („ecclesiae cardinales clerici acoliti subdiaconi diaconi presbyteri, praesentibus venerabilibus episcopis et abbatibus, clericis et monachis consentientibus, plurimis turbis utriusque sexus diversique ordinis acclamantibus eligimus etc.", ed. Jaffé, p. 9) stellt die Sache etwas geordneter dar. S. Giesebrecht, Kaiserzeit 3, 231. 1085. Der Bericht Bonithos wird durch die eigenen Angaben Gregors in seinen Briefen (I. 1. 3. ed. Jaffé, p. 10. 12) bestätigt.

[2] Das wird vielfach in Abrede gestellt, s. z. B. Papenkordt S. 208. n. 2; Giesebrecht, Kaiserzeit 3, 1086. Wenngleich die Erzählungen Bonithos lib. VII. (ed. Jaffé. p. 657) und Lamberts in den Annalen (SS. 5, 194; Watterich S. 350) differiren, so spricht doch die Thatsache, dass sich Gregor erst 2 Monate nach seiner Wahl hat konsekriren lassen, dafür (s. Jaffé reg. p. 405. 406), ebenso lässt sich der Brief Gregors registr. I. 9 (ed. Jaffé p. 19): „Est enim haec voluntas nostra, ut primum oblata nobis opportunitate, per nuncios nostros super his quae ad profectum ecclesiae et honorem regiae dignitatis suae pertinere arbitramur, paterna eum (regem) dilectione et admonitione conveniamus"; sehr wohl darauf beziehen. S. auch Hefele, Konciliengesch. 5, 3 ff. Darüber, dass die Stelle des Wormser Koncils von 1076 (LL. 2, 45) nicht entgegensteht, siehe S. 260. n. 3.

[3] Auch das unterstützt die Annahme, dass Gregor VII. die Bestätigung nachgesucht hat. Die Unterlassung einer Verwahrung wäre im umgekehrten Fall ziemlich unerklärlich, ebenso der Umstand, dass die Kaiserin Agnes und der italienische Kanzler Gregor, Bischof von Vercelli, bei der Konsekration Gregors VII. anwesend waren. S. Giesebrecht a. a. O. S. 235.

[4] Ekkehardi Chron. a. 1080 (SS. 6, 203): „Cum apud Brixinam Noricam XXX episcoporum conventus nec non et optimatum exercitus, non solum Italiae, sed et Germaniae, iussu regis Heinrici congregaretur . . . et Wigpertum Ravennensem archiepiscopum ipsi subrogandum eligebant".

[5] Chron. Cassin. III. 66 (SS. 7, 749; Watterich p. 561): „Mox enim episcopi et cardinales una cum clero et populo, in Desiderii duritiam stomachantes et videntes, se nil posse cum eo precibus agere, statuerunt violenter causam perficere. Tandem itaque universi pariter uno consensu et animo illum cupientes, invitum et renitentem

sind zwar dieselben Klassen, aber zum Theil nur durch Bevollmächtigte, vertreten, ja es waren auch ausser diesen andere Bischöfe und Aebte dabei anwesend [1].

Während eines fast dreissigjährigen Zeitraumes nach seinem Erlass hatte man somit das Wahldekret Nikolaus' II. nicht ein einziges Mal in allen seinen Bestimmungen genau beobachtet. Am unregelmässigsten waren jedenfalls die Wahlen des Cadalus und Wibert erfolgt. Gerade letzterer, welcher sich lange zu behaupten suchte, hatte ebenso wie die kaiserliche Partei selbst ein dringendes Interesse, seine Wahl als rechtmässig darzustellen. Da bei derselben kein Kardinalbischof, sondern nur ein Kardinalpriester zugegen gewesen, so ist sehr wahrscheinlich, dass die Vorschrift über die Wahlberechtigung der Kardinalbischöfe innerhalb seines Kreises aus dem Dekrete Nikolaus' II. ausgemerzt und der betreffenden Stelle die im Text III uns überlieferte Fassung gegeben worden ist, ja der Kardinal Deusdedit erhebt geradezu eine dahin gehende Beschuldigung gegen Wibert selbst [2]. Ebenso darf man wohl den Zusatz: non papa sed sathanas auf Grund desselben Zeugnisses der gleichen Quelle zuschreiben [3].

Giesebrecht [4] hat die Entstehung der Fälschungen auf die Zeit des Wormser Koncils von 1076, welches die erste Entsetzung Gregors VII. aussprach, zurückgeführt. Hier werfen die Bischöfe dem letzteren vor, dass er sich eidlich verpflichtet, bei Lebzeiten Heinrichs III. und Heinrichs IV. den Pontifikat nicht anzunehmen, trotzdem aber den päpstlichen Stuhl bestiegen habe. Dann heisst es weiter [5]: Praeterea cum tempore Nicolai papae synodus celebraretur, in qua 125 episcopi consederant, sub anathemate id statutum et decretum est, ut nullus unquam papa fieret, nisi per electionem cardinalium et approbationem populi et per consensum auctoritatemque regis. Atque huius consilii decreti tu ipse auctor, persuasor subscriptorque fuisti. Ein bestimmter Vorwurf wird hieran zwar nicht geknüpft, aber herauszulesen ist die Behauptung, dass Gregor die päpstliche Würde unberechtigter Weise erlangt habe. Bei der Wahl des letzteren war allerdings insofern gegen das Dekret gefehlt, als die Kardinal-

attrahunt et ad ecclesiam praedictam Christi martyris Luciae perducunt, ibique eum iuxta morem ecclesiae eligentes, Victoris ei nomen imponunt".

[1] Urbani II. epist. ad Salzeburg. archiep. von 1088 (Martene et Durand. ampl. collect. 1, 520; Watterich 1. 576): ... „fratres nostri episcopi et cardinales, Savinensis videlicet, Tusculanensis, Albanensis, Signensis praeterea et Portuensis legationem et consensum et petitionem ferentes omnium fidelium nostrae parti faventium clericorum Romae eligentium, et religiosissimus abbas Cassinensis omnium diaconorum et R. cardinalis tituli sancti Clementis omnium cardinalium, nec non et B. praefectus omnium fidelium laicorum, una cum XX et I episcopis et IV abbatibus apud Terracinam coadunati . . . mihi . . . regimen sedis apostolicae commisere et omnium tam praesentium quam et absentium praedictorum fidelium consensu me eligentes et auctoritatem atque imperium . . . praedecessorum meorum Gregorii et Victoris habere se super hoc asserentes, longe impar viribus meis imposuerunt"; weitere Stellen bei Jaffé, regesta. p. 449.

[2] S. dessen, früher dem Anselm von Lucca mit Unrecht (Giesebrecht, Münchener Jahrb. 1866. S. 183 ff.) zugeschriebenen libellus contra Wibertum aus dem Jahre 1097 (SS. 12, 8): „Praeterea autem praefatus Wicbertus aut sui, ut suae partis favorem ascriberent, quaedam in eodem decreto addendo, quaedam mutando, ita illud reddiderunt a se dissidens, ut aut pauca aut nulla exemplaria sibi concordantia valeant inveniri. Quale autem decretum est, quod a se ita discrepare videtur, ut quid in eo potissimum credi debeat, ignoretur?"

[3] (SS. 12, 9): „Excommunicatio autem quae in praefato decreto terribiliter profertur, a Wicberto aut a suis fautoribus indita creditur, quoniam in antiquioribus eiusdem decreti exemplaribus longe aliter habetur". Dass Deusdedit hierbei aber übertreibt, kann nicht auffallend erscheinen. War er doch einer der Hauptgegner des Wahldekrets Nikolaus' II., der den Erlass desselben sogar anzweifelt, es eventuell aber wegen seiner Vorschrift über die Theilnahme des Königs und seines desfalsigen Widerspruches mit den Kanones für nichtig erklärt. S. Giesebrecht a. a. O. S. 174. — Uebrigens enthält Cod. Vatican. 1984, nach welchem das Dekret in den Leges abgedruckt ist, eine Sammlung von Dokumenten, um das Recht Heinrichs IV. auf Betheiligung bei der Papstwahl nachzuweisen. Bethmann in Pertz, Archiv 11, 841. Dieser Umstand deutet auch darauf hin, dass die Fälschungen auf kaiserlicher Seite entstanden sind, ohne dass man freilich deshalb den ganzen Text zu verwerfen braucht.

[4] Münchner Jahrbüch. 1866. S. 169 ff.

[5] LL. 2, 44.

bischöfe nicht in erster Linie allein gewählt hatten; wollte man aber aus diesem Grunde die Wahl zu Worms anfechten, so musste dieser Umstand gerade hervorgehoben werden, und man hatte sicherlich keine Veranlassung, den cardinales episcopi des Dekretes blos die cardinales zu substituiren. Ebensowenig war weiter die Zustimmung des Königs vor der Vollendung der Wahl durch Beitritt des übrigen Klerus und des Volkes eingeholt. Aber Gregor VII. hatte nachträglich um die Bestätigung des Königs nachgesucht, und selbst wenn er, wie ja behauptet wird (s. oben S. 258), diesen Schritt unterlassen hat, so konnte man ihn i. J. 1076 das nicht mehr entgegenhalten, da Heinrich IV. nicht nur nicht protestirt, sondern ihn im Laufe des beiderseitigen Verkehrs als Papst anerkannt hatte [1]. Der ganze Vorwurf war, wie viele gegen Gregor auf der Synode erhobene, lediglich vom Parteihass eingegeben [2] und dass seine Urheber die Schwäche desselben selbst fühlten, ergiebt sich daraus, dass sie ihn nicht einmal ausdrücklich ausgesprochen haben [3]. Ihn durch Fälschungen des Wahldekretes zu begründen, war, wie gezeigt, nicht möglich, denn immer stand einem solchen Beginnen die Anerkennung Gregors durch Heinrich IV. entgegen; wollte man aber blos auf die Ordnungswidrigkeit der Wahl Gregors hinweisen, so bedurfte man dazu keiner Veränderung des Dekretes.

Was dagegen den Text II betrifft, so muss dieser von der kirchlichen Partei ausgegangen sein. Das Hauptmotiv dafür war wohl der Umstand, dass ihren Tendenzen die Anerkennung des kaiserlichen Rechtes in demselben zuwider war, und dass man dieses letztere daher so viel wie möglich abzuschwächen suchte. Mit der Stellung der vielberufenen Worte: Salvo debito honore etc. im Texte II war das aber erreicht, und damit auch zugleich der Vortheil gewonnen, dass nunmehr das Verfahren Gregors VII. dem König gegenüber mit dem so gefälschten Dekret in Einklang gebracht war. Deshalb erscheint es wahrscheinlich, dass dieser gefälschte Text ziemlich gleichzeitig mit dem anderen zur Widerlegung der Beschuldigungen des Brixener Koncils angefertigt ist. Später kann er wohl kaum entstanden sein, denn schon seit 1085 ging die Taktik der Anhänger Gregors VII. dahin, die Existenz des Dekretes überhaupt in Frage zu stellen [4].

Soll auf Grundlage dieser Erörterungen eine Restitution des ächten Textes versucht werden, so ist zunächst daran festzuhalten, dass man dem Satz: Ut venalitatis etc., weil er in den beiden Recensionen gleichlautet, die bisherige Fassung lassen muss. Die kirchliche Partei hat in dem Satze: ad novae electionis consensum accedat, indem sie den Passus über die Rechte des Kaisers an eine spätere Stelle brachte, natürlich

[1] In dem Briefe Registr. Gregor. I. 29 a. lautet die Adresse: „domno papae Gregorio apostolica dignitate coelitus insignito Henricus Romanorum . . . rex“.

[2] S. Giesebrecht, Kaiserzeit 3, 343 ff. Aus dem gleichen Motiv erklärt sich auch die Beschuldigung der Synode zu Brixen (LL. 2, 52): „Dum vero quidam ex ipsis decretum Nicolai papae 125 episcopis sub anathemate promulgatum, eodem Hildebrando laudante ad memoriam sibi vellent reducere, quod siquis sine assensu Romani principis papari praesumeret, non papa sed apostata ab omnibus haberetur, negavit se uspiam scire, et se posse, asseruit, sententiam praedecessorum vacuam iudicare“.

[3] Deswegen kann auch aus dieser Erklärung der Synode von Worms nichts für die Behauptung gefolgert werden, dass Gregor die Bestätigung Heinrichs IV. nicht eingeholt habe.

[4] S. Bonitho lib. ad amicum lib. IX. (ed. Jaffé p. 680 und dessen Einleitung p. 601), ebenso Deusdedit in der gedachten Schrift. S. Waitz, Forschungen. 1864. S. 115; Giesebrecht, Münchener Jahrb. 1866. S. 173. Letzterer setzt die Entstehung des Textes II in die Zeit Urbans II., um das Verfahren bei dessen Wahl zu rechtfertigen. Allein die früher nie vorgekommene Wahl durch Bevollmächtigte konnte dadurch nicht als ordnungsmässig dargestellt werden, und eine Veranlassung, das salvo debito honore etc. überhaupt beizuhalten, lag damals ebensowenig vor.

das Subjekt ändern müssen. Da nun nach den Angaben Nikolaus' II. selbst auch des übrigen Klerus und der Laien in dem Dekrete gedacht war, so kann dies nach der Struktur des Textes III. nur in einem Passus der Fall gewesen sein, welcher zwischen den Sätzen novae electionis accedat und ut nimirum gestanden hat. Dieser mag vielleicht: deinde cum assensu sequentium ordinum clericorum acclamante populo inthronizetur oder ähnlich gelautet haben. Die kirchliche Partei hat diese Stelle in den ersten Satz hineingearbeitet und die erwähnten Personen zum Subjekt von ad consensum novae electionis accedant gemacht, gleichzeitig auch den Passus: Quodsi pravorum etc. geändert, während die kaiserliche Partei hier den ächten Text beibehalten, aber jenen in unserer Ueberlieferung nicht mehr vorhandenen Zwischensatz ebenso wie das episcopi bei cardinales weggestrichen hat. Zugleich ist mit diesen Ausführungen die hin und wieder aufgestellte Ansicht widerlegt, dass Nikolaus II. selbst das Dekret von 1059 noch modificirt hat, weil die Stellen gleichzeitiger Autoren auf dasselbe in einer Weise Bezug nähmen, die sich mit den erhaltenen Texten nicht in Einklang bringen liesse[1].

Praktische Bedeutung hat das Gesetz gerade in seiner wichtigsten Bestimmung nicht erlangt. Es wollte eine festere Ordnung der Papstwahl dadurch treffen, dass es die Entscheidungen in die Hand der Kardinalbischöfe und des deutschen Königs legte. Der letztere hat aber die Anerkennung des Dekretes und eines gleichzeitig mit demselben an ihn gesandten gleichlautenden Privilegiums[2] verweigert, aber nicht einmal den ihm dadurch eingeräumten Einfluss auf die Papstwahl sich zu bewahren gewusst. Ebensowenig haben die Kardinalbischöfe jene hervorragende Stellung, welche ihnen das Dekret zuweist, praktisch zu behaupten vermocht.

Nur in untergeordneten Punkten ist es von Bedeutung geworden. Der Satz, dass der Gewählte nicht der römischen Kirche anzugehören brauche — womit stillschweigend auch die Translationen von Bischöfen auf den römischen Stuhl gestattet waren —, hat praktische Anwendung gefunden, denn die Päpste und Gegenpäpste seit Nikolaus II. waren bis auf Gregor VII., welcher zuletzt mit der Würde eines Archidiakons der römischen Kirche bekleidet war, und den Abt Desiderius von Monte Cassino, Viktor III., vorher schon Bischöfe gewesen.

Ebenso wurde die weitere Vorschrift, dass im Nothfalle die Wahl auch ausserhalb Roms vorgenommen werden könne, bei der Erhebung Urbans II. zu Terracina zur Geltung gebracht.

Nicht minder war die Bestimmung von Bedeutung, dass der Gewählte auch schon vor seiner Inthronisation zur Ausübung der päpstlichen Jurisdiktionsrechte befugt sein sollte.

Die Betheiligung von Bevollmächtigten bei der Papstwahl, wie sie bei der Urbans II. vorgekommen ist, hatte dagegen keinen gesetzlichen Anhalt.

[1] So Höfler, deutsche Päpste 2, 368; Gfrörer, Gregor. VII. 1, 633.

[2] Dass ein solches neben dem Dekret erlassen ist, ergiebt einmal der Satz sicut iam sibi und der Bericht über die Sendung des Cardinals Stephan nach Deutschland. S. 256. n. 3.

§. 28. 3. *Die kirchliche Gesetzgebung über die Besetzung des päpstlichen Stuhles seit dem zwölften Jahrhundert.*

Bei den Wahlen am Ausgange des 11. und im Beginn des 12. Jahrhunderts, der des Kardinalpriesters Rainer, Paschalis II. (1099—1118)[1], sowie des Diakonen und Kanzlers der römischen Kirche, Johannes, Gelasius II. (1118—1119)[2] wurde dasselbe Verfahren, wie es praktisch vor und nach dem Erlasse Nikolaus' bestanden hatte, eingeschlagen. Es geschah die Wahl wieder gemeinschaftlich durch die sämmtlichen Kardinäle, den übrigen Klerus und das römische Volk. Gelasius II. gegenüber wollte Heinrich V. das kaiserliche Recht auf Betheiligung bei der Wahl wieder zur Geltung bringen, da sich aber der Papst ihm durch die Flucht entzog, so setzte er unter Zustimmung des römischen Volkes Burdinus oder Moritz, Erzbischof von Braga, Gregor VIII. (1118—1121) als Gegenpapst ein[3]. Als Gelasius in Clüny gestorben war, wiederholte sich dasselbe, was bei der Erhebung Urbans II. geschehen war. Die dort anwesenden Kardinäle wählten den Erzbischof Guido von Vienne, Calixt II. (1119—1124) zum Papst und die sonst gegenwärtigen Kleriker und Laien traten dieser Wahl bei[4], welche dann in Rom von den zurückgebliebenen Kardinälen, der

[1] Petrus Pisanus, vita Paschalis II. (Watterich 2, 1): „Ob hoc patres cardinales et episcopi, diaconi primoresque urbis, primiscrinii et scribae regionarii in ecclesia s. Clementis conveniunt" etc.; epist. Paschalis II. ad Hugon. Cluniac. (ibid. p. 17): „nos, licet indigni, totius cleri et catholici populi assensu in eius locum suffecti sumus". Ueber die von den Anhängern Wiberts nach dessen Tod aufgestellten Gegenpäpste Theoderich, Bischof von Albano und Albert, Bischof der Sabina und über den von den Resten der gedachten Partei und dem römischen Adel erhobenen Erzpriester Maginulf, Silvester IV. 1105—1111, vgl. die Annales Romani SS. 5, 477, auch bei Watterich 2, 89, und Giesebrecht, Kaiserzeit 3, 675. 722.

[2] Pandulfus, vita Gelasii II. (Watterich 2, 94) nennt bei der Wahl betheiligt 4 Cardinalbischöfe, eine Reihe von Cardinalpriestern und Cardinaldiakonen, dann: „Nicolaus primicerius cum scola cantorum, subdiacones palatii omnes, archiepiscopi quam plures, sed et alii minoris ordinis clerici multi Romani; de senatoribus ac consulibus aliqui praeter familiam nostram . . . tandem . . . pari voto ac desiderio in hoc unum unanimiter concordarunt, ut domnum Johannem cancellarium in papam eligerent et haberent".

[3] S. Giesebrecht a. a. O. S. 868. Am ausführlichsten der Bericht des Landulph iun. (Watterich 2, 107): „Sed septimo Idus eiusdem Martii in ecclesia b. Petri, praesente imperatore Henrico et populo Romano cleroque astante, in aliquo illud responsum, quod legati imperatoris vel cum eligentibus a praenominato electo (Gelasius II.) audierunt et susceperunt, quodammodo relatum est, videlicet: Quod in proximo septembri ipso cum cardinalibus et episcopis provinciarum Mediolani vel Cremonae esset, et tunc Romani et imperator, quid agendum sit de se in papam electo vel alium substituendo, per doctrinam cardinalium et episcoporum sufficienter cognoscerent. Romani vero non intelligentes, hanc responsionem fore sufficientem et legibus et canonibus atque suis petitionibus convenientes, commoti clamaverunt: Numquid honorem Romae volunt illi transferre Cremonae? Absit! Sed ut ubique valeamus astutias eorum opprimere qui a nobis exierunt et Caietas fugerunt, secundum auctoritatem legum et canonum eligamus nobis papam prudentem et bonum iusta istam vel consimilem formam verborum Romanorum. Magister Guarnerius de Bononia (der bekannte Irnerius s. Savigny, Gesch. des röm. Rechts 4, 20 ff.) et plures legis periti populum Romanum ad eligendum papam convenit et quidam expeditus lector in pulpito sancti Petri per prolixam lectionem decreta pontificum de substituendo papa explicavit. Quibus perlectis et explicatis totus populus elegit in papam quendam episcopum Hispaniae, qui ibi aderat cum imperatore. Quem electum imperator duxit in pulpitum ubi ipse electus interrogantibus de suo nomine dixit: Meum nomen est Burdinus, sed quando papa Urbanus ordinavit me episcopum, nominavit me Mauritium. Tunc quidam de indutis habito ecclesiastico de pulpito ad populum tertio clamavit: Vultis dominum Mauritium in papam? Qui tertio respondentes et clamantes dixerunt: Volumus. Tunc ipse cum caeteris astantibus clericis aperto libro super hunc electum et manto coopertum sublimi voce clamavit dicens: Et nos laudamus et confirmamus dominum Gregorium".

[4] Ep. Calixti ad Adelbert. Moguntin. (Watterich 2, 121): . . . „Congregati namque in unum die altero post adventum meum episcopi cardinales et centum clerici et laici Romanorum invitum me . . . in Romanae ecclesiae pontificem Calistum unanimiter assumpserunt"; Orderici Vitalis hist. Normann. lib. XII. (Watterich l. c.): „Guido Viennensis archiepiscopus in Calixtum papam IV non. Februarii electus est. Ibi Lambertus Hostiensis et Boso Portuensis, Cono Praenestinus et Joannes Cremensis aliique plures de Romano senatu

Geistlichkeit und dem Volk genehmigt wurde [1]. Nach der Beseitigung des Investiturstreites durch das nach Calixt genannte Concordat, welches nichts über einen dem Kaiser bei der Erhebung des Papstes zu gewährenden Einfluss enthielt, bestieg Lambert, Bischof von Ostia, Honorius II. (1124—1130), den Stuhl Petri, nachdem der von den Kardinalen gewählte Kardinalpriester Theobald zurückgetreten und jene sich in Folge dessen auch auf die Seite Lamberts gestellt hatten [2]. Der Versuch einer Einwirkung auf die Papstwahl seitens der römischen Adligen, welche letztere während des Kampfes zwischen den Päpsten und den deutschen Kaisern wieder grosse Macht in Rom erlangt hatten, war dies Mal in seinen Folgen abgewendet dadurch, dass Theobald dem von Roberto Frangipano und seinen Anhängern ausgerufenen Lambert freiwillig Platz gemacht hatte [3]. Aber schon bei dem nächsten Vakanzfall trat eine zwiespältige Wahl ein, indem ein Theil der Kardinäle den Kardinaldiakon Gregor, Innocenz II. (1130—1143), dem sich die Frangipano anschlossen, ein anderer auf Betrieb des Pier Leone dessen Sohn, den Kardinalpriester Pier Leone, Anaklet II. (1130 bis 1138), wählte. Die Kardinäle hatten hier acht ihrer Kollegen, 2 Bischöfen, 3 Priestern und 3 Diakonen die Wahl übertragen, von denen drei — worunter der spätere Anaklet selbst — der getroffenen Abrede entgegen zu der Partei des Pier Leone übergingen [4]. Beide Theile suchten die Anerkennung König Lothars II. nicht aber in er Meinung, ihm damit ein Recht zur Entscheidung der zwiespältigen Wahl einzräumen, sondern lediglich, um sich des Gegners durch die Macht des deutschen Knigs zu entledigen [5]. Ueber die Wahlen der beiden Nachfolger Innocenz' II., Cöletins II. (1143—1144) und Lucius' II. (1144—1145) ist uns nichts Näheres berchtet, nur das ist überliefert, dass sie beide Kardinalpriester waren [6].

Die sich so bildende Gewohnheit aus den Kardinälen selbst den Papst zu nehmen — ierin zeigt sich deutlich die Beseitigung des Einflusses der deutschen Kaiser — wure durch die Erhebung des Abtes Bernard von S. Anastasio delle tre fontane zu Rom Eugens III. (1145—1153), seitens der Kardinäle unterbrochen. Indessen war e Macht des römischen Adels so gewachsen, dass der erwählte Papst vor seiner

clerici aiere, quibus specialis prerogativa concessa est, pam eligere et consecrare". Der Bischof von Port der übrigens nicht Boso, sondern Petrus hiess, w nicht in Clüny, vielmehr in Rom, wo ihn Gelas II. als Vikar zurückgelassen hatte. Seine Unrschrift findet sich unter der Genehmigungserklng (s. folgende Note). Vgl. Watterich l. p. 121. n. 3; p. 122. 123.

[1] Brief r römischen Cardinäle u. s. w. an die Cardinäle i Clüny (Watterich l. c. p. 122): . . . „Accep siquidem litteris quas misistis, in altero die ad ecclesiam s. Johannis de insula congregati suus, episcopi, cardinales presbyteri, diaconi et sdiaconi ac reliqui clerici, iudices quoque et sciniarii ac ceteri palatii ordines et plures Romanobiles, praefectus etiam per nuncios suos et cn multa frequentia cleri et populi electionem a bis factam secundum Romanam consuetudinem audavimus et confirmavimus et clerici quidem pst confirmationem Tedeum laudamus cantabant. aici vero, ut moris est, magnis vocibus acclamabt: Calixtum papam sanctus Petrus elegit".

[2] Petrus Casins. IV. 83 (Watterich l. c. p. 160): . . . „cainales dividuntur et alii Lambertum Hostiense episcopum, alii Theobaldum cardinalem tituli s. Anastasiae sibi in Celestinum papam praeficiunt; verum quia fortior et potior pars cum Honorio erat, hi qui iam dicto Theobaldo favebant, rerum eventum videntes, sera plenitudine ducti ad eandem Honorium reversi sunt". Die vita Honorii II des Cardinals Boso nennt als Wähler des Honorius II.: „tam episcopi quam presbyteri et diaconi cardinales". S. auch Giesebrecht a. a. O. S. 925.

[3] Giesebrecht a. a. O.; Papenkordt, Gesch. Roms. S. 247.

[4] Papenkordt S. 248; und die Berichte der Cardinäle beider Parteien über die Wahl bei Watterich p. 180. 181. 185. Als weiter Betheiligte nennt der Bericht über die Wahl Innocenz' II. noch die subdiaconi; der über die Wahl Anaklets II. die subdiaconi, den primicerius cum omnia schola cantorum, dann nobiles etiam und innumera populi multitudo".

[5] S. Epist. Innoc. II. ad Lothar. a. 1130; Udalrici cod. Babenb. n. 247 (Jaffé, monum. Bamberg. p. 427), Brief des Erzbischofs Walter von Ravenna in Waitz, Forschungen 8, 164; Jaffé, deutsches Reich unter Lothar dem Sachsen. S. 92 ff.

[6] S. die Stellen bei Watterich p. 278. 279.

Konsekration aus Rom fliehen musste, weil er die Forderungen des römischen Senates auf eine unabhängigere Stellung ablehnte[1]. Ihm folgten zwei Kardinalbischöfe, Anastasius IV. (1153—1154)[2] und Hadrian IV. (1154—1159)[3]. Das bei seinem Tode zwischen der päpstlich-hierarchischen und der kaiserlichen Partei drohende Schisma suchten die Kardinäle durch einen Vertrag zu hindern, nach welchem nur eine einstimmig erfolgte Wahl gelten, bei getheilten Stimmen aber kein Kandidat als ordnungsmässig gewählt betrachtet, vielmehr dann die Erreichung der Stimmeneinheit auf andere Weise versucht werden sollte[4]. Bei der Vornahme der Wahl ergab sich aber keine Einigkeit. »Wenigstens drei Kandidaten waren genannt. Einige hatten sich für Roland[5], Kanzler des päpstlichen Stuhls« (und Kardinalpriester), »andere für Bernhard« (Bischof von Porto); »andere endlich für Oktavian« (ebenfalls Kardinalpriester) »erklärt. Unter diesen Umständen suchte man zunächst durch Vereinfachung zu helfen. Man unterhandelte mit Bernhards Partei; und es gelang allerdings, diese zu zersprengen. Aber nur einige Glieder derselben sprachen sich nunmehr für Roland aus; andere schwankten darüber, ob sie für diesen oder für Oktavian votiren sollten. Dennoch waren schliesslich sieben Kardinäle für die Erhebung des letzteren, während dagegen immer noch eine Majorität für ersteren sich ergab. Und als es gelang, noch vier Oktavianer überzuleiten, zählte sie endlich vierzehn zu den ihrigen«[6]. Als aber die Partei Rolands, um die schon mehrere Tage dauernde Verhandlung zu einem Resulta zu führen, letzteren mit dem päpstlichen Mantel bekleiden wollte, suchte Oktavian da zu hindern, und unter Hinzuströmen der Senatoren, der römischen Geistlichkeit ud des Volkes, sowie unter Mitwirkung von Bewaffneten, welche seine Partei bereit gehalten hatte, gelang es ihm, die Inthronisation zu erhalten. Er nannte sich Viktor V. (1159—1164). Roland, Alexander III. (1159—1181) verliess dagegen bald darauf mit seiner Partei Rom und wurde dann in Nymphe von dem Bischof von Ostia konsekrirt[7].

Es ist erklärlich, dass gerade Alexander III., welcher bald als der rechtmässig gewählte Papst betrachtet wurde, und sich seinem Gegner und den weiteren Gegenpäpsten gegenüber[8] zu behaupten wusste, nachdem er mit Kaiser Friedrich I. Frieden geschlossen hatte, den Mangel fester Regeln über die Papstwahl durch eine gesetzliche

[1] Vita Eugenii III. des Cardinals Boso (Watterich p. 281): „Hic electus est ab episcopis et cardinalibus ex insperato concorditer apud monasterium sancti Caesarii, ubi omnes fratres propter metum senatorum et populi Romani, consurgentis ad arma, convenerant in unum". Papenkordt S. 255.

[2] Chron. Fossae novae (Watterich p. 322): „Conradus episcopus Savinensis consensu omnium eligitur in papam Anastasium".

[3] Vita Hadriani IV. des Cardinals Boso (Watterich p. 324): . . . „convenientibus in unum pro eligendo sibi pastore cunctis episcopis et cardinalibus apud ecclesiam b. Petri, non sine divini dispositione consilii factum est, ut in eius personam unanimiter concordarent et papam Adrianum a deo electum tam clerici quam laici pariter conclamantes, eum invitum et renitentem in sede b. Petri deo auctore intronizarunt". Er war vorher Bischof von Albano. S. auch H. Reuter, Geschichte Alexanders III. 2. Aufl. Leipzig. 1860. 1, 3 ff.

[4] Brief der Cardinäle der kaiserlichen Partei (Watterich p. 462): „In nomine domi Amen. Convenerunt episcopi, presbyterii, diacni, cardinales sanctae Romanae ecclesiae et pmiserunt sibi invicem in verbo veritatis, quod delectione futuri pontificis tractabunt secundum nsuetudinem istius ecclesiae, scilicet quod seggentur aliquae personae de eisdem fratribus ui audiant voluntatem singulorum et diligenter iquirant et fideliter describant et si deus dederi quod concorditer possimus convenire, bene sin autem, nullus procedat sine communi conseu et hoc observetur sine fraude et malo inge". S. auch Reuter a. a. O. S. 64. 490; A. M. Hefele, Konciliengesch. 5, 508.

[5] Bandinelli.

[6] So Reuter a. a. O. S. 65, elcher die Berichte der verschiedenen Partei ner sorgsamen kritischen Erörterung (S. 487 ff. unterzogen hat. Vgl. über die Wahl auch Papenkordt. S. 269; Hefele, Konciliengesch. 5, 5(ff.

[7] Reuter a. a. O. S. 66 ff.

[8] Paschalis III. (1164—1168 Calixt III. (1168—1178), Innocenz III. (1178—1180).

Bestimmung beseitigte, und damit die der päpstlichen Machtstellung gefährlichen Wahlspaltungen zu hindern suchte. Das erste Kapitel der i. J. 1179 gehaltenen, grossen (III.) Lateransynode betrifft diesen Punkt, und verordnet:

Wenn bei der Wahl des Papstes keine Stimmeneinheit unter den Kardinälen zu erreichen ist, so gilt derjenige Kandidat, welcher zwei Drittel der Stimmen der Wähler erlangt hat, als rechtmässig gewählter Papst. Masst sich der nur ein Drittel der Stimmen auf sich vereinigende Kandidat die päpstliche Würde an, so soll er mit seinen Anhängern der Exkommunikation und Privation aller höheren Weihegrade unterliegen. Dieselben Strafen treffen auch denjenigen, auf welchen (zwar die absolute Majorität, aber) weniger als zwei Drittel der Stimmen gefallen sind, und welcher sich trotzdem als Papst gerirt [1].

Ebenso wie das besprochene Wahldekret Nikolaus' II. die Wahl seines Urhebers legalisirte, so ist es auch mit diesem Gesetz der Fall. Aber dasselbe ist viel bedeutsamer durch das, was es stillschweigend anordnet, als was es ausdrücklich als nunmehr massgebendes Recht hinstellt [2].

Stillschweigend sind zunächst die Kardinäle als ausschliesslich berechtigte Wähler erklärt. Man hatte damit die bisherige Uebung sanktionirt, da jene schon stets den hervorragendsten und auch unter gewöhnlichen Verhältnissen den wirklich entscheidenden Antheil gehabt hatten, war aber insofern doch weiter gegangen, als man diese Stellung in eine jede andere Konkurrenz beseitigende Wahlbefugniss umwandelte [3], was dem geringeren Klerus gegenüber offenbar keine Schwierigkeit darbot.

Gleichzeitig wurde aber auch damit stillschweigend der Einfluss des deutschen Kaisers und des römischen Volkes gesetzlich beseitigt. Das Entscheidungsrecht des ersteren war längst ausser Uebung gekommen, der letzte Papst, welcher noch die kaiserliche Bestätigung nachgesucht hatte [4], war Gregor VII. (S. 258), aber seitdem hatte sich das Papstthum zu voller Macht erhoben und schon in der Nichterwähnung der Papstwahl in dem s. g. Calixtinischen Konkordat lag offenbar ein stillschweigender Verzicht auf dieses einst König Heinrich III. zugestandene Recht. So waltete auch in dieser Beziehung keine Schwierigkeit mehr vor, das zu sanktioniren, was den thatsächlichen

[1] Der Kanon steht als Licet de vitanda in c. 6. X. de elect. I. 6: „Licet de vitanda discordia in ecclesia Romani pontifices manifesta satis a praedecessoribus nostris constituta manaverint, quia tamen saepe post illa per improbae ambitionis audaciam gravem passa est ecclesia scissuram: nos etiam ad malum hoc evitandum de consilio fratrum nostrorum et sacri approbatione concilii aliquid decrevimus adiungendum. §. 1. Statuimus ergo, ut si forte, inimico homine superseminante zizaniam, inter cardinales de substituendo summo pontifice non poterit esse plena concordia et duabus partibus concordantibus pars tertia concordare noluerit, aut sibi alium praesumpserit nominare, ille absque ulla exceptione ab universali ecclesia Romanus pontifex habeatur qui a duabus partibus concordantibus electus fuerit et receptus. §. 2. Si quis autem de tertiae partis nominatione confisus, quia de ratione esse non potest, sibi nomen episcopi usurpaverit, tam ipse quam ii qui eum receperint, excommunicationi subiaceant et totius sacri ordinis privatione mulctentur ita, ut viatici etiam eis, nisi tantum in ultimis, communio denegetur et si non resipuerint, cum Dathan et Abiron quos terra vivos absorbuit, accipiant portionem. §. 3. Praeterea si a paucioribus quam a duabus partibus aliquis electus fuerit ad apostolatus officium, nisi maior concordia intercesserit, nullatenus assumatur et praedictae poenae subiaceat, si humiliter noluerit abstinere. Ex hoc tamen nullum canonicis constitutionibus et aliis ecclesiis praeiudicium generetur, in quibus debet maioris et sanioris partis sententia praevalere, quia quod in eis dubium venerit superioris poterit iudicio diffiniri. In Romana vero ecclesia speciale aliquid constituitur, quia non poterit ad superiorem recursum haberi“.

[2] Vgl. hierzu auch Reuter a. a. O. 3, 439. 768.

[3] Wie Onuphrius Panvinius de cardinalium origine c. 42 (Mai, spicileg. Romanorum 9, 506) und manche Andere, wie auch z. B. Häberlin, Conclave S. 94 dazu kommen, eine solche Verordnung schon Innocenz II. zuzuschreiben, ist mir unklar.

[4] S. aber S. 270. n. 4.

Verhältnissen entsprach. Was ferner die frühere Betheiligung des römischen Volkes oder vielmehr, vom praktischen Standpunkte aus betrachtet, die des römischen Adels betraf, so war von einer festen Regelung dieser überhaupt nie die Rede gewesen und Alexander III. konnte um so mehr den von Nikolaus II. gethanen Schritt wiederholen, als er sich gerade zur Zeit des Koncils in kirchlicher, wie in politischer Beziehung auf der Höhe seiner Macht befand, und überdies der römische Adel stets seinen entscheidenden Einfluss nicht auf dem Wege einer geordneten Konkurrenz bei der Wahl, sondern entweder durch seine Verbindung mit einzelnen Kardinälen oder geradezu auf dem Wege der Gewaltthätigkeit geltend gemacht hatte. In allen diesen Punkten war die Dekretale Nikolaus' II. durch das Koncil vorsichtiger Weise nur stillschweigend abgeändert worden. Ebenso endlich hinsichtlich des Vorrechtes der Kardinalbischöfe. Thatsächlich hatte dieses ja nie Anwendung gefunden, und die Möglichkeit, diese Klasse der Kardinäle, welche mit den übrigen die Macht theilten, über die anderen emporzuheben, war nur überhaupt in Folge der Heranziehung eines fremden Faktors, des Einwirkungsrechtes des deutschen Königs gegeben, dessen Beseitigung aber gerade mit eines der Ziele der Gregorianischen Politik sein musste und auch von dieser erreicht war.

Nach langem Ringen hatte man endlich die Zahl der Wähler fest abzugränzen vermocht, und damit auch zum ersten Mal die Möglichkeit gewonnen, eine feste Regel zu geben, nach welcher sich leicht bei zwiespältiger Wahl die Rechtmässigkeit der Ansprüche der Kandidaten beurtheilen liess. Dies erkannt und ausgeführt zu haben, ist sicher ein Verdienst Alexanders III.

Im übrigen stellt sich dagegen die Bestimmung des lateranensichen Koncils, wie es dies auch ausdrücklich in der Einleitung des in Rede stehenden Kanons ausspricht, nur als eine Ergänzung des früheren Rechts, also namentlich des Dekretes Nikolaus' II. dar. Nicht aufgehoben durch dasselbe ist demnach die Regel, dass die Wahl auch ausserhalb Roms vorgenommen werden kann, dass der Gewählte sofort nach seiner Wahl die Befugniss zur Ausübung der päpstlichen Jurisdiktionsrechte erlangt, sowie schliesslich, dass auch ein weder dem Kardinalskollegium noch der römischen Kirche angehöriger Geistlicher die passive Wählbarkeit besitzt. Was den letzteren Punkt betrifft, so hatte sich freilich seit der Wahl Urbans II. (1088) die nur in zwei Fällen, bei Calixt II. und bei Eugenius III. (s. S. 262. 263) unterbrochene Sitte gebildet, den Papst aus den Kardinälen zu nehmen, aber ohne dass man die mit den alten Kanonen in Widerspruch stehende, seit der Ottonenzeit fixirte Praxis, auch Bischöfe auf den römischen Stuhl zu erheben, aufgegeben hätte [1].

Die Bestimmungen Alexanders III. bewährten sich, indem sie die Kirche lange Zeit vor schismatischen Wahlen bewahrten. Nur insofern hatte die den Kardinälen ausschliesslich anheimgegebene Entscheidung etwas missliches, als mangels einer Einigung derselben bis auf die vorgeschriebene Zweidrittel-Majorität die Wiederbesetzung des päpstlichen Stuhles sehr lange hingezogen werden konnte. Dieser Uebelstand trat namentlich nach dem Tode Clemens' IV. († am 29. November 1268) recht deutlich hervor, als die Kardinäle erst von den Einwohnern der Stadt Viterbo, wo der Tod des Papstes erfolgt war, gezwungen, am 1. September 1271 den Archidiakon Theobald von Lüttich, Gregor X. (1271—1280) erwählten. Dieser befand sich aber bei dem Kreuzheere im Orient und da er in Folge dessen erst am 6. April 1272 in Rom kon-

[1] Calixt II. war Erzbischof von Vienne, Honorius II., Anastasius IV. und Hadrian IV. waren Cardinalbischöfe.

sekrirt werden konnte, so war die Kirche über 3 Jahre ohne ein Haupt gewesen. Der neue Papst wurde hierdurch veranlasst, mit dem zu Lyon gehaltenen allgemeinen Koncil von 1274 ein neues Gesetz zu geben, welches eine längere Vakanz des Pontifikats durch Einführung des s. g. Konklaves zu verhüten bestimmt war [1]. Dasselbe schreibt vor:

1. Wenn die Kurie sich an demselben Orte befindet, wo das Ableben des Papstes eingetreten ist, so sollen die anwesenden Kardinäle auf ihre abwesenden Kollegen 10 Tage warten.

2. Nach Ablauf dieser Frist haben sie sich mit den etwa inzwischen eingetroffenen, jeder für die Regel nur mit einem Diener in den Palast, in welchem der Papst gestorben ist, zu begeben und dort in einem eigends hergerichteten Gemache zusammen zu wohnen.

3. Das letztere darf nur einen Ausgang zum geheimen Gemach haben, sonst muss dasselbe überall bis auf das Fenster geschlossen sein, durch welches den Kardinälen die nöthigen Speisen zugestellt werden [2]. Vor vollendeter Wahl soll Niemand mit ihnen weder mündlich, noch durch Boten, noch schriftlich verkehren [3].

4. Wenn die Wahl binnen drei Tagen nach dem Beziehen des Konklaves nicht vollendet ist, erhalten die Kardinäle für die nächsten fünf Tage zum Mittag- und Abendessen nur je ein Gericht, und nach fruchtlosem Verlauf dieses weiteren Zeitraumes nur noch Brod, Wein und Wasser.

5. Während der Dauer der Wahl dürfen die Kardinäle weder Einkünfte aus der päpstlichen Kammer noch etwas von den während der Sedisvakanz eingehenden Erträgnissen an sich nehmen, und diejenigen, welche trotz dieses Verbotes dergleichen Einnahmen erhalten haben, müssen sich in Höhe dieses Betrages, behufs des Ersatzes des Bezuges ihrer eigenen Kompetenzen entschlagen.

6. So lange die Kardinäle im Konklave versammelt sind, sollen sie sich nur im dringendsten Nothfall, bei drohender Kriegs- oder anderer Gefahr und auch dann nur in Folge einstimmigen Beschlusses mit einer anderen Angelegenheit als der Wahl beschäftigen.

7. Diejenigen Kardinäle, welche bei dem Beziehen des Konklaves anwesend waren, sich aber nicht mit den übrigen in dasselbe begaben, sowie diejenigen, welche es ohne offenbare Krankheit verlassen haben, können später nicht mehr zugelassen werden, werden mithin ihres Wahlrechtes verlustig.

Wer dagegen wegen erheblicher Krankheit sich entfernt hat, kann nach Hebung derselben ebenso wie auch der nach Ablauf der zehntägigen Frist Eintreffende in das Konklave eintreten, sofern die Wahl noch nicht erfolgt ist, muss jedoch die

[1] c. 2. in c. 3. Ubi periculum in VI^to de elect. I. 6.

[2] c. 3. cit. §. 1: „In eodem autem palatio unum conclave nullo intermedio pariete seu alio velamine omnes inhabitent in communi quod, reservato libero ad secretam cameram aditu, ita claudatur undique, ut nullus illud intrare valeat vel exire . . . In conclavi tamen praedicto aliqua fenestra competens dimittatur, per quam eisdem cardinalibus ad victum commode necessaria ministrentur; sed per eam nulli ad ipsos patere possit ingressus".

[3] „Nulli ad eosdem cardinales aditus pateat vel facultas secrete loquendi cum eis nec ipsi aliquos ad se venientes admittant, nisi eos qui de voluntate omnium cardinalium inibi praesentium pro his tantum quae ad electionis instantis negotium pertinent, vocarentur. Nulli etiam fas sit, ipsis cardinalibus vel eorum alicui nuncium mittere vel scripturam; qui vero contra fecerit, scripturam mittendo vel nuncium aut cum aliquo ipsorum secreti loquendo, ipso facto sententiam excommunicationis incurrat".

Verhandlungen in dem nunmehrigen Stadium anerkennen und sich auch sonst der in diesem Zeitpunkt geltenden Ordnung des Konklaves unterwerfen [1].

8. Die Obrigkeiten der Stadt, wo die Wahl erfolgt, sollen kraft der ihnen durch die päpstliche Autorität unter Zustimmung des allgemeinen Koncils dazu übertragenen Vollmacht die Beobachtung der gedachten Vorschriften überwachen, andererseits aber die Kardinäle nicht über das vorgeschriebene Maass beschränken, noch namentlich dieselben länger als erforderlich im Konklave eingeschlossen halten. Die Erfüllung der gedachten Pflicht haben die Magistrate in einer nach dem Tode des Papstes einzuberufenden Versammlung des Klerus und des Volkes eidlich anzugeloben [2].

9. Für den Fall, dass der Papst an einem anderen Ort als dem Sitze der Kurie verstorben ist, haben sich die Kardinäle nach diesem oder nach der Stadt des betreffenden Bezirks zu begeben. Ist aber die Ortschaft oder die Stadt mit dem Interdikt belegt oder in offener Empörung gegen die römische Kirche, so muss ein nahe gelegener Ort gewählt werden, in Betreff dessen diese Hindernisse nicht obwalten. Das Konklave soll dann in dem bischöflichen Palast oder einem anderen geeigneten Gebäude gehalten werden.

Im Uebrigen kommen auch für diesen Fall alle unter 1 bis 8 angegebenen Vorschriften zur Anwendung [3].

10. In Bezug auf die Wahl selbst sollen sich die Kardinäle weder durch — gleichzeitig für unwirksam erklärte — Versprechungen, Verträge und Eide binden, noch aus unlauteren und eigennützigen Motiven sich selbst oder ihren Angehörigen ihre Stimme geben [4].

Diese Konstitution, deren Erlass Gregor X. trotz der Unzufriedenheit der Kardinäle dadurch durchsetzte, dass er sich vorher der Zustimmung der zum Koncil versammelten Bischöfe versichert hatte [5], bewährte sich bei den nächstfolgenden Papst-

[1] c. cit. §. 1: „in eodem negotio in illo statu, in quo ipsum invenerint, admittantur, praemissa tam de clausura quam de servientibus, cibo ac potu et reliquis cum aliis servaturi". Sind also die Kardinäle wegen ihrer Zögerung schon auf Brod, Wein und Wasser gesetzt, so muss der neu Eintretende sich dies auch gefallen lassen".

[2] Die schweren Strafen, welche §. 3. l. c. für die Verletzung dieser Vorschrift androht, sind: „Quodsi praemissa diligenter non observaverint aut fraudem in eis vel circa ea commiserint, cuiuscunque sint praeeminentiae, conditionis aut status omni cessante privilegio eo ipso sententiam excommunicationis incurrant et perpetuo sint infames nec unquam eis portae dignitatis pateant nec ad aliquod publicum officium admittantur. Ipsos insuper feudis et bonis ceteris quae ab eadem Romana ecclesia vel quibuslibet aliis ecclesiis obtinent, ipso facto decernimus esse privatos ita quod ad ecclesias ipsas plene ac libere revertantur, administratorum earundem ecclesiarum arbitrio sine contradictione aliqua disponenda. Civitas ergo praedicta non solum sit interdicto supposita, sed et pontificali dignitate privata".

[3] c. cit. §. 2.

[4] §. 4... „ut... omni privatae affectionis inordinatione deposita et cuiuslibet pactionis, conventionis, obligationis necessitate nec non condicti et intendimenti contemplatione cessantibus, non in se reciprocent considerationis intuitum vel in suos, non quae sua sunt quaerant, non commodis privatis intendant, sed nullo arctante ipsorum in eligendo iudicium nisi deo, puris et liberis mentibus nuda electionis conscientia, utilitatem publicam libere prosequantur, omni conatu et sollicitudine, prout possibilitas patitur, id acturi tantummodo, ut eorum ministerio acceleretur utilis et pernecessaria totius mundi provisio, idoneo celeriter eidem ecclesiae sponso dato. Qui autem secus egerint, divinae subiaceant ultioni, eorum culpa nisi gravi propter hoc peracta poenitentia nullatenus abolenda. Et nos nihilominus pactiones, conventiones, obligationes, condicta et intendimenta omnia, sive iuramenti sive cuiuslibet alterius fuerint vinculo firmitatis annexa, cassamus, irritamus et viribus decernimus omnino carere ita ut quod nullus ad illa observanda quomodolibet sit adstrictus nec quisquam ex eorum transgressione notam vereatur fidei non servatae, sed non indignae laudis titulum potius mereatur, quam lex etiam humana testetur, deo magis transgressiones huiusmodi quam iurisiurandi observationes acceptas". — Der Schluss §. 5 der Konstitution schreibt die Abhaltung von Gottesdiensten für den verstorbenen Papst und für eine schnelle und passende Wahl des Nachfolgers vor.

[5] Raynaldi annal. ecclesiast. a. 1274. n. 27.

wahlen, welche schnell vorgenommen wurden[1]. Bei der Wahl Hadrians V. (1276) hatte aber König Karl von Anjou, welcher damals die Senatorenwürde in Rom inne hatte, die ihm als Wächter des Konklaves zustehende Macht gemissbraucht, um einen Kandidaten seiner Partei durchzubringen[2]. Hadrian entschloss sich daher, die Konstitution Gregors X. zu suspendiren, vor der Publikation des bereits abgefassten Dekretes starb er aber (am 18. August 1276) zu Viterbo und die von den Kardinälen beabsichtigte Publikation desselben wurde auf Anstiften einiger Prälaten und niederen Beamten der Kurie durch einen Tumult der Einwohner jener Stadt verhindert[3]. So konnte erst sein Nachfolger Johann XXI. (1276—1277) diesen Schritt thun, welcher dazu um so mehr geneigt war, als das Volk in Viterbo die Kardinäle gleich nach dem eben erwähnten Vorfall in das Konklave getrieben und dort in grausamer Weise festgehalten hatte[4]. Trotzdem, dass nun wieder vor den Wahlen Nikolaus' III. (1277 bis 1280), Martins IV. (1281—1285) und Nikolaus' IV. (1288—1292) mehrmonatliche Vakanzen vorkamen, bei der Martins auch zwei Kardinäle auf Betrieb der französischen Partei durch Gefangenhaltung von der Wahl ausgeschlossen wurden[5], hob Nikolaus IV. die Konstitution Gregors X. nochmals ausdrücklich auf[6]. Die demnächst eintretende Vakanz von zwei ein viertel Jahren bewog aber den neuen Papst Cölestin V. (1294) die Vorschriften Gregors wieder in Kraft zu setzen, und sein Nachfolger Bonifacius VIII. (1294—1303) liess den betreffenden Kanon des Lateranensischen Koncils als c. 3. ubi periculum de elect. (I. 6) in seine Dekretalensammlung aufnehmen. Clemens V. (1305—1314) hat — ob auf dem Koncil zu Vienne von 1311, ist nicht sicher festzustellen[7] — dazu noch folgende ergänzende Bestimmungen erlassen[8]:

1. Während der Sedisvakanz haben die Kardinäle keine Macht, die Vorschriften der Konstitution Gregors X., sei es ganz, sei es nur theilweise, zu beseitigen oder sich selbst von der Beobachtung derselben zu dispensiren.

2. Wenn der Papst entfernt von seiner Kurie stirbt, so soll unter dem in der Gregorianischen Konstitution für den Wahlort als massgebend erwähnten Bezirk (districtus, territorium) die bischöfliche Diöcese verstanden werden; erfolgt der Tod des Papstes aber nur bei (vorübergehender) Abwesenheit und ohne dass er den Sitz der Geschäftsverwaltung gleichzeitig mitverlegt hat, so ist die Wahl an dem Sitze der letzteren vorzunehmen[9].

3. Für den Fall, dass alle Kardinäle zusammen oder einzeln nach einander vor vollzogener Wahl das Konklave verlassen, sollen die mit der Bewachung desselben betrauten weltlichen Obrigkeiten, bei Vermeidung der in der Konstitution Gregors X. angedrohten Strafen, die betreffenden, soweit nicht einzelne durch schwere

[1] Papenkordt S. 320; Phillips 5, 825.

[2] Namentlich dadurch, dass er den Cardinälen der Gegenpartei mit aller Strenge die Speisen entziehen, den französischen Cardinälen diese aber in reichlichem Masse zukommen liess und dadurch erstere zum Nachgeben zu bestimmen suchte. Papenkordt S. 320.

[3] Raynaldi annal. a. 1276. n. 28.

[4] Raynaldi annal. a. 1276. n. 29—31; die betreffende Konstitution Licet felicis ebendaselbst n. 30.

[5] Papenkordt. S. 320. 321. 324.

[6] Durch die Konstitution: Quia in futurarum v. 1294 bei Raynaldi l. c. a. 1294. n. 17.

[7] Hefele, Konciliengeschichte 6, 474.

[8] Clem. 2. de elect. I. 3.

[9] . . . „eo tamen adiecto quod si in certo loco causarum et literarum apostolicarum audientia remanente, papam alibi mori contingat, non ibi, sed ubi praedicta fuerit audientia, memorata electio celebretur, etiamsi eadem audientia tempore mortis huius vacare noscatur; nisi forsan ante mortem eandem ordinatum esset per papam de curia transferenda, quo casu servetur provisio constitutionis praedictae (§. 2. l. c.)

Krankheit oder Körperschwäche entschuldigt sind, zum schleunigen Wiedereintritt in das Konklave zwingen.

4. Bei der so erfolgten Wiederherstellung des Konklaves müssen sich die Kardinäle nach der bei Auflösung desselben bereits eingetretenen Sachlage richten[1].

5. Auch diejenigen Kardinäle, welche mit dem kleinen oder grossen Kirchenbann, der Suspension oder dem Interdikt belegt sind, haben das Recht, an der Wahl Theil zu nehmen[2].

Trotzdem trat aber nach dem Tode Clemens' V. eine mehr als zweijährige Vakanz ein, weil die Italiener im Gegensatz zu den Franzosen einen Papst wählen wollten, welcher die Residenz nach Rom zurückzuverlegen gesonnen war. Erst als König Philipp V. die Kardinäle jeden einzeln ohne Vorwissen des andern 1315 nach Lyon eingeladen, und ihnen zugleich eidlich die Befreiung vom Konklave zugesagt, sie aber trotzdem — mit Rücksicht darauf, dass sein Eid rechtswidrig und ungültig gewesen — 40 Tage eingeschlossen gehalten hatte[3], wurde Johann XXII. (1316—1334) gewählt[4].

Die strengen Vorschriften über das Konklave, die gestattete geringe Bedienung, die Beschränkung hinsichtlich der Speisen und die Nothwendigkeit des gemeinschaftlichen Zusammenwohnens waren einer der Gründe, weshalb namentlich dann, wenn Parteiungen im Kollegium und damit sich lange hinziehende Wahlverhandlungen vorauszusehen waren, die Kardinäle sich so schwer dazu bewegen liessen, das Konklave zu beziehen, und mit Rücksicht hierauf machte Clemens VI. (1342—1352) in den früheren Vorschriften durch die Konstitution Licet in constitutione vom 6. Dezember 1351 einzelne Milderungen[5], über welche — weil sie noch heute in Kraft sind — näher im folgenden Paragraph gehandelt werden wird.

Nach seinem Tode wurde zum ersten Mal von den im Konklave versammelten Kardinälen eine Wahlkapitulation entworfen, welche dem Papste zu Gunsten des Kardinalkollegiums grosse Beschränkungen, namentlich hinsichtlich der Ernennung und Absetzung der Kardinäle, auferlegte, und die jeder für den Fall seiner Wahl zu beobachten versprach[6], allein der aus dem Konklave hervorgegangene Papst, Innocenz VI. (1352—1362), kassirte dieselbe, als wider die Konstitution Gregors X. und die von Gott dem Petrus überlieferten Vollmachten verstossend[7].

Unter seinen Nachfolgern hat Gregor XI. (1370—1378), welcher sich von Avignon nach Rom begeben hatte, für den Fall seines Todes behufs der Ermöglichung der Zurückverlegung der päpstlichen Residenz nach Rom die bisherigen Bestimmungen suspendirt, indem er in der Konstitution: Periculis et detrimentis von 1378 anordnete,

1 §. 3. l. c.

2 §. 4. l. c.

3 Hefele, Konciliengeschichte 6, 506.

4 Nach der Absetzung Johanns XXII. durch Ludwig im J. 1328 hat allerdings der letztere in Betreff des neuen Papstes, Nikolaus V. (des Franziskaners Fra Pietro da Corvaro) das römische Volk befragen lassen, ob es diesen zum Papste haben wollte, und ihn nach der so erlangten Zustimmung bestätigt (s. Raynaldi annal. a. 1328. n. 43, a. 1330. n. 11 ff.; Papenkordt, Geschichte der Stadt Rom. S. 373). Diese Wiederbelebung des Wahlrechtes des Volkes und der kaiserlichen Konfirmation war aber nichts als eine durch die Lage der Verhältnisse begünstigte Usurpation, und hat für die weitere Entwicklung keine Folgen gehabt; musste sich doch der Gegenpapst schon 1330 Johann XXII. unterwerfen.

5 Magn. Bullar. 1, 258.

6 Raynaldi annal. a. 1352. n. 26.

7 Durch die Konstitution: Sollicitudo, wo es in Betreff des letzteren Punktes heisst: „considerantes attente quod scriptura ipsa in diminutionem et praeiudicium plenitudinis ex ore dei collatae soli dumtaxat Romano pontifici dignoscitur procul dubio redundare, cum per eandem scripturam praefatae sedi grande et perpetuum praeiudicium immineat manifeste, dum potestas huiusmodi adimitur eidem Romano pontifici certisque regulis et limitibus sibi praefixis ab homine coarctatur"; s. Raynaldi annales. a. 1353. n. 29.

dass, wenn er bis zum 1. September nicht nach Avignon zurückkehren sollte, die bei ihm befindlichen Kardinäle oder ihre Mehrzahl ohne Beobachtung der zehntägigen Wartefrist, ohne Innehaltung der Ordnung des Konklaves, ja überhaupt ohne Abhaltung desselben, an jedem beliebigen Orte und mit einfacher Majorität den neuen Papst zu wählen, befugt sein sollten[1]. Allein diese Vorsicht erwies sich als unnütz, denn wenn auch Gregor XI. vor dem gedachten Termin (den 27. März 1378) starb und die Kardinäle durch die Drohungen der Römer, welche einen römischen Papst forderten, bewogen, das Konklave bei St. Peter bezogen, so wurde doch der Erzbischof Bartholomäus von Bari, Urban VI. (1378—1391) — ein Italiener — mit der vorgeschriebenen Zweidrittelmajorität gewählt und dann unter wiederholter Anerkennung seitens der Kardinäle und unter ihrer Assistenz installirt[2]. Das Streben des neuen Papstes, sich vom französischen Einfluss möglichst unabhängig zu halten, seine Härte und sein scharfes Auftreten gegen bestehende Missbräuche veranlassten einen Theil der Kardinäle, vor Allen die französischen, sich seinem Gehorsam dadurch zu entziehen, dass sie seine Wahl als durch Drohungen des römischen Volkes erzwungen für nichtig erklärten und einen Gegenpapst, Clemens VII. (1378—1394), wählten[3].

Damit war das Schisma herbeigeführt, und von nun ab residirte in Rom und in Avignon ein Papst, von denen jeder sich mit einer Anzahl von Kardinälen umgab.

Mehrfach wurde zur Beseitigung der Spaltung, z. B. vor der Wahl des avionesischen Papstes Benedikts XIII. (1394) und der römischen Päpste Innocenz' VII. (1404—1406) und Gregors XII. (1406—1415), beim Beginn des Konklaves von jedem Kardinal die Verpflichtung übernommen, für den Fall, dass er die päpstliche Würde erlange, auf alle Weise die Beendigung des Schismas herbeizuführen und nöthigenfalls auch zu diesem Behufe den Pontifikat niederzulegen[4]. Diese Versprechungen wurden aber niemals gehalten und so konnte das Schisma erst durch die einschneidenden Massregeln des Koncils von Constanz beseitigt werden.

Bei der Wahl des neuen Papstes Martins V. kam ein eigenes Verfahren zur Anwendung, indem derselbe gemäss der vom Koncil eigends ad hoc festgesetzten Ordnung[5] durch ein Wahlkollegium, gebildet aus 23 Kardinälen und ferner aus 30 Bischöfen, als Repräsentanten der auf dem Koncil versammelten Nationen, gewählt wurde[6]. Zugleich hat das Koncil für den Fall künftiger Schismata und behufs sicherer Beseitigung derselben bestimmt[7], dass wenn bei Entstehung eines solchen nach seinen

[1] Raynaldi annal. a. 1378. n. 2.

[2] Papenkordt S. 439 ff.; namentl. S. 441. n. 3.

[3] Raynaldi annal. a. 1378. n. 25 ff.; Gieseler, Kirchengeschichte II. 3, 132 ff.; Papenkordt S. 444 ff. Die Wahl Urbans war unzweifelhaft gültig: dafür entschied sich auch u. A. der bekannte Jurist Baldus; die wesentlichen Theile sines Gutachtens von 1378 bei Raynald a. a. O. n. 36 ff., ein zweites von 1380 in Tom. VII. der Annalen desselben (ed. Lucae.) p. 613. Gegen die falschen Zeitbestimmungen Raynalds vgl. v. Savigny, Gesch. des röm. Rechts 6, 231 ff.

[4] Ueber die Wahl Benedikts Raynaldi annal. 1394. n. 6; Innocenz' VII. s. Martene thesaur. anecdot. 2, 1274. und Raynald 1404. n. 10; Gregors XII. a. a. O. 1406. n. 11.

[5] Hübler, die Constanzer Reformation. S. 34. 35.

[6] Raynaldi annal. a. 1417 (Martin V.) n. 2.

[7] Sess. gen. XXXIX. c. 2 (Hübler a. a. O. S. 120): „Si vero quod absit in futurum schisma oriri contingeret ita quod duo vel plures pro summis pontificibus se gererent, a die quo ipsi vel plures insignia pontificatus publice assumserint seu administrare coeperint, intelligatur ipso iure terminus concilii tunc forte ultra annum pendens ad annum proximum abbreviatus. Ad quod omnes praelati et ceteri qui ad concilium ire tenentur sub poenis iuris et aliis per concilium imponendis absque alia vocatione conveniant. Nec non imperator ceterique reges et principes vel personaliter aut per solennes nuncios tamquam ad commune incendium exstinguendum per viscera misericordiae domini nostri Jesu Christi ex nunc exhortati

Vorschriften über die Periodicität der allgemeinen Koncilien ein Koncil erst über Jahresfrist zusammen zu treten habe, dasselbe schon innerhalb des nächsten Jahres sich

concurrant. Et quilibet ipsorum se pro Romano pontifice gerentium infra mensem a die qua scientiam habere potuit, alium vel alios assumsisse papatus insignia vel in papatu administrasse, teneatur sub interminatione maledictionis aeternae et amissione iuris, si quod forte sibi quaesitum esset in papatu, quam ipso facto incurrat, et ultra hoc ad quaslibet dignitates active et passive sit inhabilis, concilium ipsum ad terminum anni praedictum in loco prius deputato celebrandum indicere et publicare et per suas litteras competitori vel competitoribus ipsum vel ipsos provocando ad causam et ceteris praelatis ac principibus quantum in eo fuerit intimare necnon termino praefixo sub poenis praedictis ad locum concilii personaliter se transferre nec inde discedere, donec per concilium causa schismatis plenarie sit finita. Hoc adiuncto quod nullus ipsorum contendentium de papatu in ipso concilio ut papa praesideat. Quin imo ut tanto liberius et citius etiam unico et indubitato pastore gaudeat, sint ipsi omnes de papatu contendentes, postquam dictum concilium inceptum fuerit, auctoritate huius sacrae synodi ipso iure ab omni administratione suspensi nec eis aut eorum alteri, donec causa ipsa per concilium terminata fuerit, a quoquam sub poena fautoriae schismatis quomodolibet obediatur.

Quodsi forte electionem Romani pontificis per metum qui caderet in constantem virum seu impressionem de cetero fieri contingat, ipsam nullius decernimus efficaciae vel momenti nec posse per sequentem consensum etiam metu praedicto cessante ratificari vel approbari. Non tamen liceat cardinalibus ad aliam electionem procedere, nisi ille sic electus forte renunciet vel decedat, donec per generale concilium de electione illa fuerit iudicatum. Et si procedant, nulla sit electio ipso iure sintque sic secundo eligentes et electus, si se papatui ingesserit, omni dignitate, honore et statu, etiam cardinalatus et pontificali, ipso iure privati et inhabiles de cetero ad eosdem ac etiam ad papatum nec aliquis eidem secundo electo ut papae sub poena fautoriae schismatis obediat quoquomodo. Et eo casu concilium de electione papae provideat illa vice, sed liceat, imo et teneantur electores omnes aut saltem maior pars eorum quam cito sine periculo personarum poterunt, etiamsi periculum omnium bonorum immineat, se transferre ad locum tutum et metum praedictum allegare coram notariis publicis et notabilibus personis ac multitudine populi in loco insigni. Ita tamen quod allegantes metum huiusmodi habeant in ipsius metus allegatione exprimere speciem et qualitatem dicti metus et iurare solemniter, quod metus taliter allegatus sit verus et quod credant se ipsum posse probare et quod per malitiam vel per calumniam huiusmodi metum non proponant. Nec ultra proximum futurum concilium ullo modo differri possit allegatio dicti metus. Teneantur insuper, postquam se transtulerunt et metum alligaverunt, modo praedicto provocare sic electum ad concilium. Quod concilium si ultra annum pendeat a die provocationis huiusmodi intelligatur ad annum ut supra ipso iure terminus abbreviatus. Et nihilominus teneatur electus ipse sub poenis praedictis et cardinales provocantes sub poena amissionis cardinalatus et omnium beneficiorum suorum quam ipso facto incurrant, infra mensem a die provocationis concilium ipsum ut supra dicitur indicere et publicare et quam citius poterunt intimare, ac cardinales ipsi ceterique electores ad locum concilii tempore convenienti personaliter se transferre et usque ad finem causae exspectare teneantur. Teneantur quoque praelati ceterique ut supra ad convocationem cardinalium tantum, si forte electus convocare cessaret, accedere. Qui sic electus in concilio ipso non praesideat, quin imo sit a termino initiandi concilii ipso iure ab omni administratione papatus suspensus nec sibi a quoquam sub poena fautoriae schismatis quomodolibet obediatur.

Quodsi infra annum ante diem indicti concilii contingant supradicti casus videlicet quod plures se gerant pro papa vel quod unus per metum seu per impressionem eligatur, censeantur ipso iure tam se gerentes pro papa quam electus per metum seu impressionem et cardinales ad dictum concilium provocati teneanturque in ipso concilio comparere personaliter causam exponere et iudicium concilii exspectare. Sed si dictis casibus occurrentibus continget forte casus aliquis quo necessarium sit locum concilii mutare, ut obsidionis guerrae aut pestis aut similis, teneantur nihilominus tam omnes supradicti quam omnes praelati ceterique qui ad concilium ire tenentur ad locum proximiorem ut praemittitur qui sit habilis ad concilium convenire, possitque maior pars praelatorum qui infra mensem ad locum certum declinaverint, illum sibi et aliis pro loco concilii deputare, ad quem ceteri convenire teneantur ac si a principio fuisset deputatus. Concilium autem ut praefertur convocatum et cogregatum de huiusmodi schismatis causa cognoscens et in contumaciam electorum seu gerentium se pro papa vel cardinalium, si forte venire neglexerint, litem dirimat causamque definiat et culpabiles in schismate procurando seu nutriendo vel in administrando aut obediendo vel administrantibus favendo seu contra interdictum superius eligendo vel calumniose allegando metum, etiam ultra praedictas poenas, cuiuscunque status gradus seu praeeminentiae existant ecclesiasticae vel mundanae personae, sic puniat, ut vindictae rigor transeat ceteris in exemplum.

Ut autem metus seu impressionis molestia in electione papae eo formidolosius evitetur quo toti christianitati lamentabilius eorum incussio seu factio perpetratur, ultra praedicta specialiter duximus statuendum, quod siquis huiusmodi metum vel impressionem aut violentiam electoribus ipsis vel alicui eorum in electione papae intulerit seu fecerit aut fieri procuraverit vel factum ratum habuerit aut in hoc consilium dederit vel favorem facientemve scienter receptaverit vel defensaverit aut negligens in executione poenarum inferius memoratarum extiterit, cuiuscumque status gradus vel praeeminentiae fuerit, etiamsi imperiali regali pontificali vel alia quavis ecclesiastica aut seculari praefulgeat dignitate, illas poenas ipso facto incur-

versammeln und auch jeder der Gewählten binnen Monatsfrist bei Verlust aller durch die Wahl etwa erworbenen Rechte das Koncil innerhalb des Jahres zusammenberufen sollte, sowie dass dem Koncil, welches auch selbstständig in dem gedachten Fall zusammentreten könne, die Entscheidung hinsichtlich der gleichzeitig zum persönlichen Erscheinen und zum Bleiben verpflichteten Prätendenten zustehe. Ferner sollte ein früherer Eintritt des Koncils durch eine unter Zwang erfolgte Papstwahl ebenfalls herbeigeführt werden, damit dieses gleichfalls dann über das Vorhandensein des Nichtigkeitsgrundes entscheiden könnte, während für den Fall, dass nach entstandenem Schisma oder nach einer erzwungenen Papstwahl der Zusammentritt des Koncils noch innerhalb Jahresfrist stattzufinden hätte, diesem die Entscheidung anheim gegeben wurde.

Das folgende Reform-Koncil, das Koncil zu Basel, suchte ein seiner Stellung gefährlich werdendes Schisma und überhaupt die Erhebung eines ihm feindlich gesinnten Papstes dadurch zu verhüten, dass es die Anordnung erliess, dass für den Fall einer während des Koncils eintretenden Vakanz des päpstlichen Stuhles die Papstwahl nur am Orte des Koncils und zwar nach Verlauf von 60 Tagen stattfinden sollte[1]. Ebenso sollte die Oberhoheit des Koncils über den Papst für alle Folgezeit durch die allgemeine Vorschrift über die Papstwahl gewahrt werden, dass jeder der wählenden Kardinäle in dem von ihm zu leistenden Eid auch das Gelöbniss machen musste, nur einem Papst gehorsam zu sein, welcher den vorgeschriebenen Eid über die regelmässige Abhaltung allgemeiner Koncilien geschworen hätte[2]. Trotzdem hat sich aber der vom Koncil 1439 abgesetzte Papst Eugen IV. gegenüber dem im Auftrage des Koncils von den Kardinälen und 32 deputirten geistlichen Mitgliedern desselben gewählten Felix V. zu behaupten gewusst[3].

Irgend eine weitere praktische Bedeutung haben die Bestimmungen der gedachten Koncilien in Bezug auf den hier in Rede stehenden Punkt nicht gehabt. Die späteren Wahlen sind wieder allein durch die Kardinäle erfolgt und es hat dabei mehrfach die schon früher vorgekommene Vorlegung von Wahlkapitulationen stattgefunden[4].

Die Bestechungen, durch welche Alexander VI. Borgia (1492—1503) seine Wahl durchgesetzt hatte[5], veranlassten Julius II. (1503—1513) zum Erlass der Konstitution: Cum tam divino vom 14. Januar 1505, in welcher er anordnete, dass ein in Folge von Simonie Gewählter die päpstliche Würde durch die Wahl nicht erlangen und die Nichtigkeit derselben auch nicht durch die nachfolgende Inthronisation, durch die Adoration und Obedienz sämmtlicher Kardinäle, ebensowenig endlich durch Zeitablauf

rat quae in constitutione fel. record. Bonifacii papae VIII quae incipit Felicis continentur" (c. 5 in VI^to de poen.) „illisque effectualiter puniatur. Civitas vero etiamsi quod absit urbs Romana fuerit seu alia quaevis universitas quae talia facienti consilium vel auxilium dederit aut favorem vel infra mensem saltem taliter delinquentem, prout tanti facinoris enormitas exegerit et facultas ei affuerit, non duxerit puniendum, eo ipso subiaceat ecclesiastico interdicto. Et nihilominus praeter dictam urbem pontificali ut supra fit mentio eo ipso sit dignitate privata non obstantibus privilegiis quibuscunque.

Volumus insuper quod in fine cuiuslibet concilii generalis hoc decretum solemniter publicetur necnon quandocunque et ubicunque Romani pontificis electio imminebit facienda, ante ingressum conclavis legatur et publice intimetur".

[1] Sess. IV. c. 3 (Mansi 29, 32), Sess. VII. (Mansi 29, 42.)

[2] Sess. XXIII. (Mansi 29, 110. 111).

[3] Sess. XXXIV., Sess. XXXVII. c. 2, Sess. XXXVIII. c. 3. und Sess. XXXIX. (Mansi 29, 179. 184. 195. 196. 198.)

[4] So vor der Wahl Eugens IV. (1431—1447), Pius' II. (1458—1464) und Innocenz' VIII. (1484—1492) s. Raynaldi annal. a. 1431. n. 5; a. 1458 (Pius II.) n. 2. 4; a. 1484. n. 28.

[5] Raynaldi annal. 1492. n. 26; Gieseler, Kirchengeschichte II. 4, 167. n. r.

geheilt werden könne, sowie dass auch selbst die Mitschuldigen das Recht haben sollten, sich der Gemeinschaft eines solchen, als magus, ethnicus, publicanus et haeresiarcha zu entziehen [1].

In Anschluss daran bestimmte Paul IV. (1555—1559) durch die Konstitution vom 16. Dezember 1557 [2] unter Hinweisung auf die römische Synode des Symmachus [3], dass alle, welche noch bei Lebzeiten des Papstes sich um die Erlangung der päpstlichen Würde bewürben, ebenso wie ihre Rathgeber, Helfershelfer und Theilnehmer, ipso iure der nur (abgesehen vom articulo mortis) durch den Papst zu hebenden Exkommunikation, den Strafen der simoniaca haeresis und des crimen laesae maiestatis, endlich dem Verluste aller Würden und Einkünfte verfallen sollten. Ebenso traf sein Nachfolger, Pius IV. (1559—1564) in der Konstitution: In eligendis vom 9. Oktober 1562 [4] weitere Bestimmungen über die Papstwahl, namentlich über die Verwaltung des römischen Stuhles während der Sedisvakanz und die s. g. Konklavisten, d. h. die mit den Kardinälen das Konklave beziehenden Personen. Auch verordnete er in der Konstitution: Prudentiae patrifamilias von 1561 [5] — offenbar veranlasst durch den Vorgang auf dem Constanzer und Baseler Koncil, — dass wenn er etwa zu Trient oder ausserhalb Roms sterben sollte, unter allen Umständen das Kardinalskollegium in Rom, nicht die zu Trient versammelte Synode die Wahl seines Nachfolgers vorzunehmen hätte.

In durchgreifender und noch für die heutige Zeit massgebender Weise hat endlich Papst Gregor XV. (1621—1623) allerdings auf Grundlage der älteren Normen das Verfahren bei der Papstwahl durch die Konstitution: Aeterni patris filius vom 15. November 1621 [6] in Verbindung mit dem durch die Konstitution: Decet Romanum approbirten Caeremoniale vom 12. März 1641 [7] geregelt. Seit dem 14. Jahrhundert hatte sich in dem Kardinalskollegium vielfach bei den Wahlen der Gegensatz der Nationalitäten geltend gemacht, ausserdem trat im 16. Jahrhundert die Sitte hervor, dass der Nipote des verstorbenen Papstes mit den übrigen von demselben ernannten Kardinälen in dem Konklave eine neue Partei bildete [8], und so war den weltlichen Mächten leicht Möglichkeit gegeben, ihre Einflüsse auf die Wahl durch die Benutzung dieser Gegensätze geltend zu machen. Unter diesen Verhältnissen musste der Mangel eines festen, geordneten Modus der Herbeiführung der Entscheidung bei der Wahl sehr bedenklich erscheinen, da oft die entschlossenere Partei durch schnelles Ausrufen ihres Kandidaten und Ueberraschung der anderen Kardinäle den Sieg erlangt hatte, während bei einer fester geregelten Weise der Abstimmung der Ausgang vielfach ein anderer gewesen wäre [9]. Diesem Uebelstande abzuhelfen, war die eben erwähnte unter Zuziehung des bekannten Kanonisten Prosper Fagnani ausgearbeitete Konstitution Gregors XV. bestimmt.

[1] Magn. Bullar. 1, 466.

[2] Magn. Bullar. 1, 836.

[3] Syn. Roman. I. a. 499. c. 3 (Bruns 2, 288), c. 2. Dist. LXXIX; die Synode von Pavia a. 997 (Mansi 19, 234) hat letztere Bestimmung übrigens fast wörtlich wiederholt.

[4] Magn. Bullar. 2, 97.

[5] Bullar. Roman. T. IV. p. II. p. 90. Aehnliche Festsetzungen — allerdings ohne Hinblick auf ein versammeltes Koncil — haben bei ihrer Entfernung aus Rom Clemens VII. (Const. Cum carissimus a. 1529; Licet variae a. 1533; Bullar. Roman. T. IV. p. I. p. 84. 85) und Clemens VIII. (Const. Humanae vitae a. 1598 ibid. T. V. p. II. p. 210) erlassen.

[6] Magn. Bullar. 3, 444.

[7] Magn. Bullar. 3, 454, publicirt am 2. April 1622 (ibid. p. 465).

[8] Ranke, die römischen Päpste; 3. Aufl. 2, 214 ff.

[9] Phillips 5, 848. 849.

Sein Nachfolger, Urban VIII. (1623—1644), welcher schon unter Beobachtung des neuen Verfahrens gewählt worden war, hat das gedachte Wahlgesetz und Caeremoniale nochmals durch die Konstitution: Ad Romanum pontificem vom 5. Februar 1625 [1] bestätigt und endlich Clemens XII. in der Bulle: Apostolatus officium vom 11. Oktober 1732 [2] einige Ergänzungen dazu erlassen.

§. 29. *B. Das geltende Recht.*

Das jetzt in Betreff der Papstwahl [3] geltende Recht ruht auf den im §. 28 erwähnten kirchlichen Gesetzen, denn die früheren Verordnungen sind niemals durch die späteren, namentlich auch nicht durch die Bulle Aeterni patris, in ihrem ganzen Umfange aufgehoben worden [4]. So gründet sich z. B. das noch geltende Princip der ausschliesslichen Wahlberechtigung des Kardinalskollegiums und das Erforderniss der Zweidrittel-Majorität auf die Dekretale Alexanders III.: Licet de vitanda (S. 265), die Nothwendigkeit des Konklaves auf die Konstitution Gregors X.: Ubi periculum (S. 267). Alle diese Verordnungen sind daher bei der nachfolgenden Darstellung zu berücksichtigen.

I. Das Konklave. Eine der vorzüglichsten Obliegenheiten der Kardinäle nach der Erledigung des päpstlichen Stuhles ist die Einrichtung des Konklaves. In der ersten Sitzung (Kongregation) der Kardinäle, welche für die Regel in der Camera de' paramenti gehalten wird, werden die verschiedenen auf die Wahl bezüglichen Gesetze verlesen und von den Kardinälen beschworen, zugleich werden einige der letzteren ausgewählt, welche die Herrichtung des Konklaves zu besorgen haben [5].

Dieses wird gewöhnlich in dem neben der Peterskirche belegenen Vatikanischen Palast in Rom eingerichtet, weil sich derselbe seiner baulichen Einrichtung nach dazu am besten eignet, indessen kann auch eine andere Lokalität in Rom zu diesem Behufe ausgewählt [6], ja die Vornahme der Wahl und mithin auch das Konklave sogar ausnahmsweise an einem anderen Orte stattfinden [7]. Die weiteren Kongregationen werden in der Sakristei der Peterskirche abgehalten und zwar in der zweiten bis fünften die Berichte über den Fortgang der Einrichtung des Konklaves entgegengenommen, ferner aber die Konklavisten, d. h. die Personen, welche mit ins Konklave einzuziehen haben, und die mit der Bewachung desselben zu betrauenden Personen gewählt, zu denen ausser dem Governatore von Rom gewöhnlich Prälaten genommen,

[1] Magn. Bullar. 4, 95, publicirt am 6. Juli 1626.

[2] Bullar. Roman. 13, 302.

[3] Ob auch ein anderer Modus der Besetzung gestattet ist, darüber s. den Schluss dieses Paragraphen.

[4] Bulle Aeterni patris §. 24 (M. B. 3, 474): „Non obstante quatenus opus sit, foel. rec. Alexandri papae III. praed. nostri in concilio Lateranensi edita quae incipit: Licet de vitanda et aliorum Romanorum pontificum praedecessorum nostrorum etiam in conciliis generalibus promulgatis constitutionibus et ordinationibus apostolicis etiam in corpore iuris clausis, quibus omnibus et singulis, quatenus pariter opus sit, eorum omnium et singulorum tenores perinde ac si ad verbum exprimerentur, pro expressis insertis habentes, pro hac vice duntaxat, illis alias in suo robore permansuris, specialiter et expresse derogamus, caeterisque contrariis quibuscumque".

[5] Caeremoniale Gregorii XV. (M. Bull. 3, 455); Clement. XII. Const. Apostolatus officium v. 11. Oktober 1732. §. 24 (Bull. Rom. 13, 307) und desselben Chirographum: Avendo noi vom 24. Dezember 1732. n. XVII (Bull. Rom. 13, 312), welches auch Bestimmungen über die Thätigkeit der weiteren Kongregationen enthält.

[6] Die Wahl Leos XII. (1823—1829) ist z. B. im Quirinalischen Palast erfolgt. S. Artaud, histoire du pape Léon XII. Paris 1843. 1, 37.

[7] S. die Konstitutionen Nikolaus' II., Gregors X., Clemens' V. S. 249. 267. 269. So ist noch neuerdings Pius VII. (1800—1823) in Venedig unter dem Schutze Oesterreichs gewählt; Artaud, histoire du pape Pie VII. Paris 1836. 1, 80 ff.

aber auch andere Personen, z. B. Gesandte der weltlichen Fürsten bestimmt werden können[1].

Am sechsten Tage soll das Konklave fertig sein. In einem bestimmten Raum von zusammenhängenden, in demselben Stockwerk befindlichen Sälen werden für jeden einzelnen Kardinal Zellen oder Kammern aus Brettern errichtet, von denen jede zwei Abtheilungen, eine für den Kardinal selbst, die andere für seine Konklavisten, enthält, aber offen sein muss[2]. Diese Zellen werden in der sechsten Sitzung, nachdem sie numerirt sind, nach den Nummern, indem der jüngste Kardinaldiakon die Loose zieht, verloost[3], eventuell wird mit dieser Vertheilung in den folgenden Kongregationen fortgefahren. In der neunten werden vermittelst geheimer Abstimmung diejenigen drei Kardinäle (capita ordinum, capi d' ordini) erwählt, welche das Konklave und die Beobachtung der Klausur zu überwachen haben. Endlich haben in der zehnten Kongregation diejenigen Kardinäle, welche noch nicht die Diakonatsweihe erhalten haben, sofern ihnen das Recht der Theilnahme an der Wahl durch besondere Breven verliehen ist, sich durch Vorlegung der betreffenden Dokumente, als mit zur Wahl berechtigt, zu legitimiren[4].

Inzwischen sind die Exequien des verstorbenen Papstes beendet und da mit dem zehnten Tage auch die schon durch Gregor X. vorgeschriebene Wartefrist (S. 267) abgelaufen ist, so kann am elften Tage der Einzug in das Konklave erfolgen. An diesem Tage wird zunächst im St. Peter unter Anrufung des heiligen Geistes ein feierliches Hochamt celebrirt[5] und von einem Prälaten eine Ermahnung an die Kardinäle, der Christenheit einen guten Oberhirten zu geben, gehalten[6]. In feierlicher Prozession ziehen dann unter Vorauftragung des päpstlichen Kreuzes[7] die Kardinäle und die Konklavisten in das Konklave ein.

Zu diesen letzteren gehören zunächst die zur Bedienung bestimmten Begleiter der einzelnen Kardinäle, jeder hat deren zwei und nur ausnahmsweise kann einem Ge-

[1] Phillips 5, 857.

[2] Wegen der Verordnung Gregors X. (s. S. 267); die Zelleneinrichtung ist durch die Const. Clemens' VI.: Licet in constit. v. 1351. §. 4 (M. Bullar. 1, 258) gestattet.

[3] Die Vertheilung durch Loos schreibt vor die Const. Pius' IV. v. 1562. §. 13 (M. Bull. 2, 98). Danach wird dann im Conclave das Wappen jedes Kardinals über seine Zelle gehängt. Die Zellen selbst werden mit rothem oder grünem, nur die der vom verstorbenen Papst ernannten Kardinäle mit violettem Tuch ausgeschlagen.

[4] Pecorelli, inst. iur. can. 2, 238: „Primo die post pontificis obitum in generali congregatione cardinales audiunt et iurant pontificias constitutiones in eligendo se observaturos, sigilla eius frangunt, gubernatorem urbis eligunt, aliquot ipsorum operi conclavis praeficiunt et funus deducunt. Secundo ministros et officiales confirmant qui alias confirmari ipso iure praesumuntur, urbis conservatores audiunt et praefectos conclavis. Tertio confessionarium conclavis eligunt et sepulturae tradunt cadaver pontificium. Quarto et quinto medicos, chirurgum, aromatarium (Apotheker), barbitonsores destinant. Sexto cellas conclavis distribuunt. Tum caeremoniarum magistri non participantes exhibent indulta brevium sibi concessa ingrediendi conclave. Septimo audiuntur qui tertium conclavistam indulgendum sibi postulaverint, nam duo cuilibet cardinali ordinario assignantur. Octavo cardinales duos eligunt ad inquirendum et probandum qualitates conclavistarum. Nono tres alios cardinales praeficiunt custodiae et curae conclavis. Decimo indulta cardinalium qui sacros ordines non susceperint, disquirunt, destinantque coementarium (Maurer) et lignarium (Zimmermann). Undecimo ad clausuram conclavis ritu solemni procedunt, relectasque inibi constitutiones apostolicas iurant iterum se observaturos et concionem decani audiunt".

[5] Das ist ein viele Jahrhunderte alter Brauch. Schon die epist. Gregorii VIII. v. 1187 (Watterich l. c. 2, 685) sagt: „missa in honore sancti spiritus celebrata, sicut moris est, processimus in unum locum".

[6] Caeremoniale (M. B. 3, 455).

[7] Caeremoniale l. c.: „Re divina peracta clericus caeremoniarum capit crucem papalem et procedit quem cardinales sequuntur, episcopi primum, deinde presbyteri, postremo diaconi cum suis cappis violaceis. Crucem praecedunt familiares cardinalium et immediate cantores (hymnum: Veni creator spiritus cantantes), post cardinales sequuntur praelati atque ita processionaliter procedentes conclave ingrediuntur".

brechlichen oder Kranken ein dritter gestattet werden[1]. Ob sie Kleriker oder Laien sind, ist gleichgültig, aber sie müssen mindestens schon ein Jahr zu den familiares des betreffenden Kardinals gehören, d. h. in einem Dienstverhältniss zu ihm stehen und von ihm ihren Unterhalt empfangen, weder Kaufleute, noch Diener von Fürsten, noch weltliche Herren, noch Brüder, resp. Neffen der Kardinäle sein[2]. Ausser diesen Personen ziehen in das Konklave noch ein: sechs Ceremonienmeister nebst einem für sie bestimmten Diener, ein Sakristan nebst einem assistirenden Kleriker, ein Beichtvater aus dem Mönchsstande, ein Sekretär mit zwei Gehülfen und einem Diener, zwei Aerzte, ein Chirurg, ein Apotheker mit einem oder zwei Gehülfen, zwei Zimmerleute, zwei Maurer, zwei Barbiere mit einem oder zwei Gehülfen, endlich 35 zur allgemeinen Bedienung bestimmte Aufwärter (bajuli, scoppettatori). Alle diese dürfen nicht aus den Familiaren der Kardinäle genommen werden und werden ebenfalls vorher mittelst geheimer Abstimmung erwählt[3].

Nach dem Eintritt in das Konklave werden in der innerhalb desselben befindlichen Kapelle von den Kardinälen die ihnen nochmals vorzulesenden Konstitutionen über die Papstwahl beschworen. Dann begeben sie sich in ihre Zellen, kommen aber gegen Abend nochmals zusammen, damit vor ihnen die Konklavisten auf treue Pflichterfüllung vereidigt werden können[4].

Die Kardinäle sollen nun das Konklave nicht mehr verlassen, indessen erfolgt die Abschliessung des letzteren erst, nachdem gegen Abend dreimal von Stunde zu Stunde mit einer Glocke das Zeichen dazu gegeben worden, dass alle nicht hinein gehörenden Personen dasselbe zu verlassen haben[5].

Demnächst wird das Konklave sowohl von innen als auch von aussen verschlossen; dann müssen noch die Capi d' ordini, der Kardinal-Kämmerer und ein Ceremonienmeister genau untersuchen, ob sich Jemand etwa unberechtigter Weise in demselben aufhält, und der Ceremonienmeister hat darauf durch ein besonderes Instrument den stattgehabten Eintritt der Klausur festzustellen[6].

Von aussen haben der Governatore von Rom, eine Reihe von Prälaten und die Konservatoren von Rom, sowie stationirte Soldaten das Konklave zu bewachen, nachdem bis auf die eine verschlossene Thür alle Zugänge und Oeffnungen desselben vermauert sind[7].

Von jetzt ab sollen die Kardinäle weder schriftlich noch durch Boten aus dem Konklave heraus verkehren[8]. Daher haben auch die aussen Wache stehenden Prälaten die den Kardinälen täglich durch die dazu bestimmten, mit Drehladen versehenen Oeffnungen zugestellten Speisen zu untersuchen[9], um eine etwa dadurch bewirkte Kom-

[1] S. Const. Pius' IV. In eligendis. §. 16 (M. B. 2, 98). Die Bewilligung des dritten Konclavisten geschieht mittelst geheimer Abstimmung in der siebenten Kongregation.

[2] S. die citirte Const. §. 17.

[3] S. Const. cit. §. 18 u. Caeremoniale Gregorii XV. Deinde etc. (M. B. 3, 455). Const. Clemens' XII. Apostolatus officium v. 1732. §§. 13. 14 (Bullar. Rom. 13, 305).

[4] Caeremoniale, Re divina (M. B. 3, 455). Am folgenden Tage werden dieselben in der Kapelle nochmal einzeln vorgestellt und geprüft, ob sie die nöthige Qualifikation haben (s. g. Rekognition der Konclavisten). Caeremoniale, Deinde.

[5] Caeremoniale, Cardinales autem.

[6] Caeremoniale, Deinde u. quoniam autem.

[7] Die Papstwahl etc. S. 11.

[8] Const. Pii IV. cit. §. 20 (Strafen: Verlust der Würden, selbst des Kardinalats und excommunicatio latae sententiae); ein Beispiel der Verletzung dieser Vorschriften bietet das Conclave von 1769, in welchem Clemens XIV. gewählt worden; hier haben mehrere, namentlich französische Cardinäle fortlaufend an ihre Höfe über den Verlauf desselben berichtet. S. Theiner, Geschichte des Pontifikats Clemens' XIV. 1, 143 ff.

[9] Const. Pii IV. §§. 22. 23. In Betreff der den Cardinälen gestatteten Speisen bestimmt die Constit. Clemens' VI.: Licet in constit. v. 1351. §. 3

munikation zu hindern. Noch viel weniger soll Jemand ausser den nach Beginn des Konklaves in Rom zur Wahl eintreffenden Kardinälen[1] dasselbe betreten[2].

Wird dagegen aus einer dringenden Ursache ein Verkehr mit der Aussenwelt, z. B. Audienzertheilung an Gesandte, Erlass von die Regierung betreffenden Anweisungen nöthig, so ist ein solcher nur nach Majoritätsbeschluss der Kardinäle und durch die angebrachte Oeffnung gestattet[3].

Ebensowenig soll Jemand vor der Vollendung der Wahl aus dem Konklave herausgelassen werden; nur Krankheit oder ein sonstiger genügender Grund berechtigt dazu. Während aber ein so ausgeschiedener Kardinal zurückkehren kann[4], steht dem Konklavisten diese Befugniss nicht zu[5].

Wesentlich, also zur Gültigkeit der Wahl erforderlich ist aber die Beobachtung aller dieser einzelnen Vorschriften nicht; vielmehr nur die, dass überhaupt das Konklave gehalten und verschlossen worden ist, ja selbst wenn sich nachher herausstellt, dass das Konklave bei der Wahl ganz oder theilweise offen gewesen, schadet das der Gültigkeit derselben nichts, sofern nur das gedachte vom Ceremonienmeister aufzunehmende Instrument den Eintritt der Klausur konstatirt[6].

II. Die Wahl. 1. Die Wahlberechtigung. Zur Wahl sind ausschliesslich diejenigen Kardinäle berechtigt, welche die Diakonatsweihe besitzen[7]. Ob ein solcher schon die Insignien seiner Würde erhalten hat, oder ob ihm der Mund schon geschlossen oder schon geöffnet worden, ist gleichgültig[8]. Der Mangel der Diakonatsweihe kann aber durch ein besonderes, vorher von dem verstorbenen Papste ertheiltes Privilegium ersetzt werden[9]. Ebensowenig hebt eine gegen den Kardinal verfügte Exkommunikation, Suspension oder das Interdikt seine Wahlbefugniss auf[10].

Eine besondere Citation der ausserhalb Roms verweilenden Kardinäle ist nicht nothwendig, wiewohl freilich eine Benachrichtigung an sie über den Tod des Papstes seitens des Sekretärs des Kollegiums üblicher Weise erlassen wird[11], vielmehr muss nur die zehntägige Wartefrist inne gehalten werden[12]. Abwesende, selbst durch einen genügenden Grund am Erscheinen verhinderte Kardinäle dürfen weder brieflich noch durch einen Prokurator ihre Stimme abgeben[13].

(M. Bull. 1, 258): „Ac etiam singulis praeter panem, vinum et aquam in prandio et in coena dumtaxat ferculum seu missum carnis unius speciei tantummodo aut piscium seu ovorum cum uno potagio de carnibus vel piscibus principaliter non confectis et decentibus falsamentis habere valant, ultra carnes salitas et herbas crudas ac caseum, fructus sive electuaria. Ex quibus tamen nullum specialiter ferculum conficiatur, nisi ad condimentum fieret vel saporem. Nullus vero eorum de alterius ferculo vesci posset“.

1 S. die Constitution Gregors X. S. 267.

2 Const. Pii IV. §. 19 (Strafe: Verlust jeder Würde und jedes Benefiziums). Kaiser Joseph II. und der Grossherzog von Toskana haben aber das Conclave des J. 1769 besucht. S. Theiner a. a. O. 1, 183.

3 Const. Pii IV. §. 19.

4 S. die Constit. Gregors X. S. 267, Const. Pii IV. §. 4.

5 Const. Pii IV. §. 24.

6 Const. Gregors XV. Aeterni patris §. 1, Caeremoniale quoniam autem. Selbst wenn nachher die Kardinäle mit zwei Drittel Stimmen Majorität konstatirt haben, dass das Conclave offen gewesen, kann deshalb die vorher erfolgte Wahl nicht angefochten werden.

7 Const. Pii IV. §. 25; Constit. Sixtus' V. Postquam verus v. 3. Dezember 1586. §. 6 (M. Bull. 2, 610).

8 Decret. Pii V. v. 26. Januar 1571 bei Ferraris, prompta biblioth. s. v. cardinales. art. I. n. 22. Dadurch ist die früher schon von dem Kardinalskollegium in einzelnen Fällen geübte Praxis s. Raynaldi annal. ecclesiast. a. 1362. n. 5, a. 1431. n. 5 sanktionirt worden.

9 Caeremoniale: Porro capitula etc.

10 Clem. 2. de elect. I. 3 (s. S. 270. n. 5), Const. Gregors XV. Aeterni patris §. 22.

11 Ferraris s. v. papa art. I. n. 26. Ein solches Schreiben von 1823 bei Artaud, histoire du pape Léon. 1, 26 ff.

12 Const. Pii IV. §. 3.

13 S. die Constitution Gregors X. oben S. 267; const. Pii §. 5; Nicollis, praxis canonica Tom. I. Lit. E. de electione. §. 1. n. 26.

2. Passive Wählbarkeit. Vielfach wird heute der Satz aufgestellt, dass nur ein Kardinal gewählt werden kann[1]. Allerdings hat das römische Koncil von 769 (c. 4. Dist. LXXIX s. oben S. 229) eine solche Festsetzung getroffen, diese ist aber durch die Praxis des zehnten Jahrhunderts und dann durch das Wahldekret Nikolaus' II. (s. oben S. 249) beseitigt worden, und seitdem hat keine gesetzliche Bestimmung jenen Grundsatz wieder eingeführt[2]. Von den Päpsten seit dem Ausgang des zwölften Jahrhunderts haben Urban III. (1185—1187), Erzbischof von Mailand[3], Urban III. (1260—1264), Patriarch von Jerusalem, Gregor X. (1271—1276), Archidiakon von Lüttich, der Einsiedler Pietro di Morrone, Cölestin V. (1294), Clemens V. (1305—1314), Erzbischof von Bordeaux, Urban V. (1362—1370), Abt zu St. Viktor in Marseille, und Urban VI. (1378—1389), Erzbischof von Bari[4], dem Kardinalskollegium nicht angehört, und ältere und neuere Ordnungen der römischen Kirche setzen die Möglichkeit einer Wahl ausserhalb des Kollegiums ausdrücklich voraus[5]. Nur so viel ist richtig, dass alle Päpste seit Urban VI. aus dem Kardinalskollegium genommen worden sind[6], und natürlich wie schon früher (S. 244) ohne Unterschied, ob sie Kardinalbischöfe, Kardinalpriester oder Kardinaldiakonen waren. Ja es ist sogar zulässig, dass ein Laie, selbst ein verheiratheter, mit Konsens seiner Frau, zum Papste gewählt wird[7]. So sind früher, wo die Besetzung noch nicht in der Hand der Kardinäle lag, mehrmals Laien (z. B. Johann XII. und Leo IX., s. S. 244) zum Pontifikat erhoben worden[8]. Da der Papst die Bischofsweihe erhalten muss, so könnte man geneigt sein, das dazu erforderliche, vollendete 30. Lebensjahr (s. S. 19) auch für den Kandidaten des päpstlichen Stuhles zu verlangen. Indessen ganz abgesehen davon, dass diese Regel nicht stets inne gehalten ist (so haben Johann XII. und Benedikt vor Erreichung des 20. Lebensjahres den päpstlichen Stuhl bestiegen, s. S. 244), würde für den Bischof von diesem Erforderniss dispensirt werden können, und da bei der im vorliegenden Fall nicht möglichen Dispensation die Wahl mit zwei Drittel der Stimmen jede Einwendung ausschliesst[9], so muss es genügen, wenn die betreffende Person überhaupt in einem urtheilsfähigen Alter sich befindet und des Gebrauchs ihrer Vernunft nicht beraubt ist. Ausgeschlossen sind dem-

[1] So z. B. von Richter, §. 123.; Schulte 2, 199; Ginzel 2, 192; Rosshirt, Kirchenrecht. 4. Aufl. S. 33.

[2] Die Constit. Sixtus' V. Postquam verus. vom 5. Dezember 1586. §. 2 (M. Bull. 2, 609): „Quod omnium caput et summa est, ex eorum corpore, numero et collegio summus pontifex deligatur", auf welche sich Ginzel a. a. O. beruft, setzt keineswegs eine ausschliessliche Wählbarkeit der Cardinäle voraus.

[3] Watterich l. c. 2, 663.

[4] S. Papenkordt a. a. O. S. 310. 320. 326. 341. 432. 440.

[5] So das caeremoniale Roman. iussu Gregorii X. bei Mabillon, museum italicum, n. XIII. n. 2 (1, 221): „ille qui fuerit concorditer ab omnibus cardinalibus vel a duabus partibus electus in papam, ab universali ecclesia Romanus pontifex habeatur. Qui si fuerit absens vel de collegio cardinalium non fuerit, ad locum in quo cardinales sunt, in consistorio venire debet vocatus et ipse coëlectionis de se facit consensum praesente". Fast gleichlautend damit der ordo Romanus (saec. XIV.) ibid. n. XIV. n. 10 (1, 252). Das Gleiche setzt das Concilium Basel Sess. XXIII. c. 1 (Mansi 29, 111) voraus, ebenso erwähnt das Caeremoniale Gregors XV. als zulässige Bedingung, welche den wählenden Kardinälen bei der electio per compromissum auferlegt werden kann, „et an debeant nominare aliquem de collegio vel etiam extra collegium".

[6] Nur diese Thatsache, keinen Rechtssatz, konstatirt die Bulle Sixtus' V. in Note 2.

[7] Ferraris l. c. n. 48; Card. de Luca, relatio curiae Romanae. Colon. Agripp. 1683. disc. 3. n. 22. Phillips 5, 865; Schulte, Lehrbuch. S. 199. S. auch Marcelli sacrar. caerem. lib. I. s. II. c. 1. (Hoffmann, nova collect. 2, 304).

[8] Der Einsiedler Petrus de Morrone, Cölestin V. (1294), welcher öfter als hierher gehöriges Beispiel aufgezählt wird, hatte, wie er selbst in seiner eigenen Biographie c. 2 (Acta Sanctorum. Mai 19. 4, 424) erzählt, lange vor seiner Besteigung des päpstlichen Stuhles die Priesterweihe empfangen.

[9] c. 6 (Alex. III. in conc. Later. III. a. 1179) X. de elect. I. 6.

nach nur Kinder und Wahn- resp. Blödsinnige [1]. Ungültig wäre aber die Wahl eines Ungetauften, einer Frau und auch eines Häretikers, denn erstere können in der christlichen Kirche überhaupt keine Rechte haben, die Frauen sind kirchlicher Würden unfähig, beide auch incapaces für die Weihen, und der zum Papste gewählte Häretiker würde sofort dem Urtheil der Kirche wegen seiner Häresie verfallen [2].

3. Was die Wahl selbst betrifft, so ist jetzt die ehemals öfters vorgekommene Aufstellung von Wahlkapitulationen (s. S. 273) bei Strafe der Nichtigkeit verboten [3], der Gewählte hat also keine Verpflichtung, sie nach der Erlangung des Pontifikats zu beobachten [4].

Jeder im Konklave anwesende Kardinal ist bei Strafe der Exkommunikation verpflichtet, sich an der Wahl zu betheiligen [5]. Kann er seine Zelle wegen Krankheit nicht verlassen, so wird sein Votum von den eigends dazu durch Loos gewählten Kardinälen (den s. g. infirmarii) entgegengenommen [6].

Zur Wahl haben die Kardinäle ebenfalls bei Strafe der Exkommunikation täglich zweimal des Morgens nach der Messe und des Nachmittags nach dem Hymnus Veni creator spiritus in der Kapelle zusammenzukommen, nachdem zu beiden Tageszeiten dreimal mit der Glocke das Zeichen gegeben ist [7].

Die Wahl selbst muss nach den gesetzlichen Vorschriften erfolgen, und die Kardinäle haben kein Recht, etwas an denselben zu ändern [8]. Die allein zulässigen Arten der Wahl sind die Wahl quasi per inspirationem, per compromissum und per scrutinium [9].

a. Electio quasi per inspirationem. Eine solche liegt vor, wenn alle Kardinäle ohne jede spezielle Verhandlung, gleichsam vom heiligen Geiste angetrieben, einstimmig eine Person als die von ihnen gewählte bezeichnen [10]. Verabredungen darüber, dass diese Form angewendet werden solle, widersprechen selbstverständlich ihrem Wesen; ebenso Bitten, dass alle Stimmen auf einen bestimmten Kandidaten gerichtet

[1] Fagnan. c. 5. X. de pact. I. 35. n. 50; Nicollis. l. c. n. 31; Ferraris. l. c. n. 51. Dagegen würde auch die Wahl eines Blinden dem im Text Bemerkten zufolge gültig sein. S. Nicollis. l. c. n. 32.

[2] Nicollis. l. c. n. 31. 33; Ferraris. l. c. 31; Phillips 5, 865 und 1, 274. Aus den im Text angegebenen Gründen findet also in diesen Fällen die Regel des c. 6. X. de elect. cit. keine Anwendung.

[3] Const. Pii IV. §. 3; Const. Gregorii XV. Aeterni patris. §. 18. Ferner gehört auch hierher die allgemein, namentlich für die Bischofs- und Abtswahlen dergleichen Kapitulationen verbietende Const. Innocentii XII.: Ecclesiae catholicae vom 22. September 1695. §. 8 (M. Bullar. 7, 262).

[4] Bened. XIV. de syn. dioeces. XIII. 13. n. 20; Phillips 5, 900, der sich aber auf die nicht passende Bulle Innocenz' XII.: Romanum decet v. 1692 (M. Bull. 7, 181) bezieht.

[5] Const. Gregor. XV. cit. §. 17.

[6] Const. Aeterni. §. 17; Caeremoniale. Si vero aliqui cardinales (M. Bull. 3, 463).

[7] Const. Aeterni. §. 17.

[8] Const. Pii IV. §. 28; Const. Aeterni. §. 20 (wo die Strafe der Exkommunikation festgesetzt ist).

[9] Const. Aeterni. §. 1.

[10] Const. Aeterni. §§. 1. 19; Caeremoniale (l. c. 3, 456): „Primus modus est, qui quasi per inspirationem vocatur quando scilicet omnes cardinales quasi afflati spiritu sancto, aliquem unanimiter et viva voce summum pontificem proclamant, circa quem modum ex constitutione Gregoriana infrascripta notari possunt. Primum haec forma electionis practicari potest solum in conclavi et eo clauso. Secundo debet fieri electio secundum hanc formam ab omnibus et singulis cardinalibus in conclavi praesentibus. Tertio communiter et nemine eorum dissentiente. Quarto nullo praecedente de persona tractatu et per verbum: Eligo intelligibili voce prolatum aut scripto expressum, si voce non possit proferri. Exemplum autem huius potest esse huiusmodi. Si aliquis patrum clauso conclavi nullo, ut praefertur, praecedenti speciali tractatu diceret: Reverendissimi domini, perspecta singulari virtute et probitate Reverendissimi Domini N. iudicarem illum eligendum esse in summum pontificem et ex nunc ego ipsum eligo in papam. Deinde hoc audito, si caeteri patres nemine excepto sequenter primi sententiam eodem verbo: Eligo intelligibili voce prolato aut si non potest, in scriptis expresso eumdem N. de quo nullus specialis tractatus praecessit, communiter eligerent, ipse N. esset canonice electus et verus papa secundum hanc electionis formam quae dicitur per inspirationem“.

werden sollen. Dagegen steht diesem Modus eine Verhandlung darüber, auf welche Eigenschaften vorzüglich gesehen werden soll, dass man eine bestimmte Person ausschliessen wolle [1], eine ohne Resultat vorher auf einem anderen Wege versuchte Wahl nicht entgegen. Ebensowenig wird die quasi inspiratio dadurch ausgeschlossen, dass einige Kardinäle krankheitshalber nicht gegenwärtig gewesen sind, sofern dieselben nach empfangenem Bericht über den Vorgang ohne Weiteres ebenfalls zugestimmt haben [2].

b. Electio per compromissum, eine Form, welche nicht erst durch Gregor XV. eingeführt, sondern schon seit dem 12. Jahrhundert mitunter angewendet worden ist [3]. Sie besteht darin, dass die Kardinäle einstimmig einer bestimmten Anzahl ihrer Kollegen die Befugniss, den Papst zu wählen, übertragen [4]. Zugleich haben sie bei der Ernennung der Kompromissarien das von diesen zu beobachtende Verfahren vorzuschreiben, also z. B. Bestimmung darüber zu treffen, ob die von letzteren in Aussicht genommene Person vorher dem ganzen Kollegium noch namhaft zu machen ist oder gleich gewählt werden kann, ob Einstimmigkeit erforderlich sein soll und Aehnliches mehr. Auch empfiehlt die Konstitution Gregors XV. behufs schneller Erledigung der Wahl den Kompromissarien einen bestimmten Termin zu setzen, mit welchem ihre Vollmachten erlöschen [5].

Die Form, welche denselben vorgeschrieben wird, darf aber keine ungesetzliche sein, also z. B. nicht Wahl durch das Loos, die ja auch mit dem Wesen des Kompromisses unvereinbar wäre, ferner nicht Wahl desjenigen, für welchen sich die Majorität der Kardinäle in einem von den Kompromissarien angestellten Skrutinium entschieden hat, weil hier die Verbindung zwischen Kompromiss und Skrutinium theilweise die Regeln des letzteren aufhebt [6].

Was die Zahl der Kompromissarien betrifft, so müssen mindestens zwei gewählt werden [7]. Kompromittiren die Kardinäle auf andere, z. B. die Konklavisten oder gar auf ausserhalb des Konklaves befindliche Personen, welche dann den betreffenden Vorschriften zuwider in das Konklave eingelassen werden müssten, so ist das Kompromiss nichtig; denn die Kardinäle haben allein die Wahlberechtigung des Papstes und können diese nicht beliebig auf andere, sondern nur, soweit dies besonders gestattet ist, mithin nur auf einen Theil ihrer Kollegen, übertragen [8].

Behufs der vorzunehmenden Wahl haben sich die Kompromissarien, welche ebenso wie die wählende Gesammtheit, zweimal des Tages zu diesem Behufe zusammen kommen müssen [9], an einen abgesonderten Ort des Konklaves zu begeben. Für ihre Ab-

[1] Phillips 5, 869.

[2] Phillips 5, 870.

[3] So schon bei der Wahl Innocenz' II. (1130), s. epist. Huberti (Watterich l. c. 2, 179): „statutum est ab eis, octo personis . . . electionem pontificis committi ita ut si committeret (wohl contingeret), dominum papam Honorium qui tunc in articulo mortis positus erat, ab hac vita transire, persona quae ab eis communis eligatur vel a parte sanioris consilii, ab omnibus pro domino et Romano pontifice susciperetur"; ferner bei der Wahl Gregors X. s. Raynaldi ann. eccles. a. 1271. n. 7 ff.

[4] Const. Aeterni. §. 1.

[5] Caeremoniale, secundus modus. (M. Bullar. 3, 456).

[6] Ist keine Form für die Ermittelung des Willens der Majorität vorgeschrieben, so steht der Gültigkeit des Kompromisses nichts im Wege. Fagnan. ad c. 6. X. de elect. cit. n. 56. 57.

[7] Const. Aeterni. §. 1: „aliquibus ex eorum collegis". Fagnan. ad c. 8. X. h. t. I. 6. n. 35 erklärt die durch einen Compromissarius vorgenommene Wahl aber m. E. mit Unrecht für gültig.

[8] Anderer Ansicht Fagnan. l. c. n. 29 ff., Phillips 5, 874 und Pachmann §. 180, welche nur Laien und exkommunicirte Kleriker ausschliessen. Ersterer stützt sich darauf, dass die Nichtigkeit nicht ausdrücklich vorgeschrieben sei. Dieser Grund widerlegt sich aber durch das im Text Bemerkte.

[9] Const. Aeterni. §. 17.

stimmungen sollen sie die Nothwendigkeit des schriftlichen Votirens festsetzen[1]. Ist nichts in dem sie ernennenden Kompromiss festgesetzt, so entscheidet die Majorität der Stimmen[2], da mangels einer besonderen Festsetzung dieser sonst geltende Grundsatz Anwendung auch hier finden muss. Sich selbst darf Niemand bei Strafe der Nichtigkeit seine Stimme geben[3], wohl aber können die Kompromissarien einen aus ihrer Mitte wählen, sofern nicht etwa blos zwei ernannt sind, denn da hier der eine sich nicht selbst wählen darf, würde der andere allein — was, wie oben bemerkt, unzulässig ist — die Wahl vornehmen[4].

Der Eintritt eines Kardinals in das Konklave nach stattgefundenem Kompromiss hebt dasselbe natürlich nicht auf, da dieser den status quo anerkennen muss[5], während das Kollegium selbst mit Stimmeneinheit den Weg der Wahl per compromissum wieder aufgeben und den durch Skrutinium einschlagen kann.

c. Electio per scrutinium. Seit der Dekretale Alexanders III., welche zur Gültigkeit der Papstwahl zwei Drittel Majorität verlangt, musste natürlich ein geordnetes Verfahren bei der Abstimmung eingeschlagen werden. Man hat sich dabei zunächst an die schon früher bestehende Sitte gehalten, dass einige der Kardinäle zu Stimmensammlern ernannt und von ihnen dann an einem gesonderten Ort die Vota der andern entgegengenommen wurden[6]. Bald nachher bildete sich aber wohl schon eine festere Form aus: Man wählte drei Skrutatoren, einen aus jeder Klasse der Kardinäle, und dann noch in gleicher Weise drei Skrutatoren für die ernannten Skrutatoren. Von den letzteren wurden zunächst die Vota der Hauptskrutatoren eingeholt und erst dann traten diese in Funktion, um nunmehr die Stimmen der übrigen einzusammeln, welche mündlich abgegeben, aber demnächst von den Skrutatoren niedergeschrieben wurden[7]. Da das niedergeschriebene Votum um Irrungen zu vermeiden jedem Wähler zur Einsicht mitgetheilt wurde, so lag natürlich ein Uebergang zu der Form der Abstimmung durch Stimmzettel ziemlich nahe und letztere ist denn auch schon vor der Regelung der Papstwahl durch Gregor XV. vorgekommen[8].

Nach den mehrfach erwähnten Erlassen des letzteren erfolgt das Skrutinium in nachstehender Weise:

Das Skrutinium zerfällt in drei Hauptheile, das Anteskrutinium, das Skrutinium im eigentlichen Sinn und das Postskrutinium[9].

α. Das Erstere setzt sich aus folgenden fünf Akten zusammen. Zunächst müssen die Ceremonienmeister die erforderliche Anzahl von Stimmzettelformularen besorgen, und in der Kapelle vor dem Altar auf einem besonderen Tische auf zwei Tellern zur Benutzung für die Wähler bereit halten (s. g. praeparatio schedularum)[10]. Die Formulare sollen gedruckt oder doch mindestens alle von einer und derselben Hand geschrieben sein[11]. Sie sind von der Länge einer Hand und etwas über eine halbe

[1] Caeremoniale, Secundo completo.
[2] So auch Phillips 5, 875.
[3] Const. Aeterni. §. 19.
[4] Phillips 5, 874.
[5] Const. Gregors X. s. S. 267.
[6] S. den Bericht über die Wahl nach dem Tode Hadrians IV. (1159) oben S. 264. n. 4.
[7] So stellt der dem 14. Jahrhundert angehörige Ordo Romanus n. XIV. c. 2—4 (bei Mabillon, mus. Italicum 2, 247 ff.) das Verfahren dar.
[8] So bei der Wahl Nikolaus' V. i. J. 1447 s. Raynaldi annal. a. 1447. n. 15; dass schon Gregor XII. durch Stimmzettel gewählt ist (so Phillips 5, 831) ergiebt der Bericht Raynalds a. 1406. n. 13 nicht. Aelter als 1447 ist die Sitte aber jedenfalls, denn das Koncil von Basel verordnet schon in der Sess. XXIII. c. 1 (vom 25. März 1436. Mansi 29, 111), dass kein Kardinal mehr als drei Namen auf die schedula setzen soll.
[9] Caeremoniale, Tertius modus (l. c. 3, 456).
[10] Caeremoniale, Antescrutinii actus l. c.
[11] Verletzung dieser Vorschrift zieht die Exkommunikation nach sich. Const. Aeterni. §§. 6. 14; Caeremoniale, schedularum praeparatio.

Hand breit, und zerfallen in drei, der Länge nach gemachte Rubriken, von denen die oberste und die unterste aber noch eine schmalere Unterabtheilung aufweisen. In dem Hauptheil der obersten Rubrik stehen die Worte Ego . . . Card. mit einem Zwischenraum für die Einrückung des Namens des Wählers; in der Unterabtheilung befindet sich auf jeder Seite rechts und links ein Kreis oder eine Zierrath zur Andeutung der Stelle, wo der Wähler sein Siegel hinzusetzen hat. Die zweite Rubrik weist die Worte auf: Eligo in Summum pontificem Reverendissimum dominum meum dominum Cardinalem . . . und diesen ist der Name der zu wählenden Person hinzuzufügen. In der dritten Rubrik befindet sich die kleinere Unterabtheilung, ebenfalls mit zwei für die Siegel bestimmten Kreisen oder Zierrathen oben, der grössere untere Raum ist leer und dient zur Aufnahme des Zeichens des stimmenden Kardinals [1] (s. unten). Die Ausfüllung soll mit verstellter Handschrift geschehen.

Nach der praeparatio schedularum erfolgt die s. g. extractio scrutatorum et deputatorum pro votis infirmorum, d. h. die Ausloosung von drei Skrutatoren und drei Infirmarien in der Weise, dass aus einem Beutel oder einem Gefäss, in welchem sich so viele Zettel oder Holzkugeln, als Kardinäle anwesend, und zwar mit den Namen derselben bezeichnet, befinden, die nöthige Anzahl von Namen durch den jüngsten Kardinaldiakon herausgezogen wird [2].

Darauf wird die Ausfüllung der Formulare, die s. g. scriptio schedularum vorgenommen und zwar nach Massgabe des so eben bei der Beschreibung der Formulare Bemerkten. Als Erkennungszeichen in die untere Rubrik setzt jeder eine Zahl und einen Spruch, also z. B. 18. Gloria in excelsis. Die Ausfüllung geschieht an mehreren, dazu hergerichteten kleinen Tischen in der Kapelle [3].

Der vierte Akt des Anteskrutiniums ist die complicatio schedularum, die Zusammenfaltung der Stimmzettel. Hierbei bleibt die zweite, also die Mittel-Rubrik, mit dem Namen des Gewählten offen. Das Stück der oberen Rubrik wird in sich so gefaltet, dass der obere Theil auf die Unterabtheilung mit den Stellen für die Siegel zu liegen kommt, während der Theil der unteren Rubrik in gleicher Weise, nur nach oben zu, zusammengelegt wird. Die Rückseite der Formulare ist mit allerlei Zierrathen versehen, damit von dem auf der Vorderseite Geschriebenen nichts durchschimmert. Zwischen diesen Schnörkeln steht, um die obere Seite des Zettels erkennen zu lassen, auf dem der oberen Rubrik der Vorderseite korrespondirenden Theil das Wort: Nomen, auf dem der unteren entsprechenden das Wort: Signa [4].

Den Schlussakt des Anteskrutinium bildet die Versiegelung der Stimmzettel, die obsignatio schedularum. Diese erfolgt in der Weise, dass nachdem schon vor der Zusammenfaltung weisses Wachs auf die Kreise der ersten und dritten Rubrik geklebt ist, der Kardinal an den entsprechenden Stellen der Aussenseite ein von ihm besonders zu wählendes, nicht sein sonstiges Siegel aufdrückt [5]. Da die Wahl durch suffragia secreta erfolgen soll, so können solche Stimmzettel [6], welche mangels der Versiegelung und bei ungenügender Zusammenfaltung den Namen des Wählenden ersehen lassen, nicht mitgezählt werden.

[1] Const. Aeterni. §. 6; Caeremoniale, forma; letzterem ist auch ein Formular beigefügt (s. M. Bullar. 3, 457).

[2] Const. Aeterni patris. §. 16; Caeremoniale Secundus actus.

[3] Const. Aeterni. §§. 6. 7. 9; Caeremon. Tertius actus; Beispiel eines ausgefüllten Formulars M. Bullar. 3, 460.

[4] Const. Aeterni patris. §. 6; Caeremoniale, Quartus actus.

[5] Const. Aeterni. §. 7; Caeremoniale, Quintus et postremo.

[6] Const. cit. §. 1.

β. Das nunmehr folgende Skrutinium im eigentlichen Sinne setzt sich aus 8 Handlungen zusammen[1]:

Jeder Kardinal trägt seinen zusammengelegten und versiegelten Zettel mit zwei Fingern der erhobenen Hand öffentlich zum Altar der Kapelle, neben welchem die Skrutatoren stehen und auf dem sich ein Kelch mit einer Patene zur Aufnahme der Stimmzettel befindet (delatio schedulae). Nach der Kniebeugung und einem kurzen Gebet vollzieht er zunächst die Eidesleistung (iuramenti praestatio), indem er schwört: »*Testor Christum dominum qui de me iudicaturus est, me eligere quem secundum deum iudico eligi debere et quod idem in accessu praestabo*«, und nimmt erst dann die positio schedulae in calicem vor, indem er den Zettel auf die Patene legt und ihn vermittelst derselben in den Kelch schüttet.

Zu denjenigen, welche in der Kapelle anwesend, aber sich wegen Gebrechlichkeit nicht zum Altar begeben können, verfügt sich der dritte Skrutator, nimmt ihnen, nachdem sie den Eid geleistet haben, den Zettel ab und trägt ihn öffentlich zum Altar, um ihn hier in der gedachten Weise in den Kelch zu legen.

Befinden sich dagegen einzelne Kardinäle krank in ihren Zellen, so holen die Infirmarien ihre Voten ein, indem sie die erforderliche Anzahl von Stimmzetteln auf einem Teller und ausserdem eine mit einem Spalt im Deckel versehene Büchse mitnehmen, welche zunächst vor den Kardinälen geöffnet und dann mit dem auf dem Altar der Kapelle niederzulegenden Schlüssel verschlossen werden muss. Die Kranken haben in ihren Zellen die Zettel in der erwähnten Weise auszufüllen[2], zusammenzufalten, zu besiegeln und nach vorgängiger Eidesleistung in die Büchse hineinzustecken. Dann wird die Büchse in die Kapelle zurückgebracht, von den Skrutatoren geöffnet und diese haben dann die Zettel öffentlich herauszunehmen, zu zählen und mittelst der Patene zu den übrigen in den Kelch zu legen[3].

Nach Vollendung dieses Aktes hat der erste Skrutator die Stimmzettel in dem mit der Patene bedeckten Kelch durcheinander zu schütteln (schedularum permixtio)[4] und es erfolgt dann die numeratio schedularum in der Weise, dass der dritte Skrutator sie laut aus dem ersten Kelch in einen zweiten hineinzählt. Stimmt die Zahl derselben nicht mit der Zahl der Kardinäle überein, so müssen die Zettel sofort verbrannt werden. Es darf also das Skrutinium nicht weiter fortgesetzt, sondern es muss von neuem begonnen werden[5].

Ist dagegen Alles in Ordnung, so erfolgt nunmehr die publicatio scrutinii durch die Skrutatoren, welche dazu an einem Tisch vor dem Altar Platz nehmen. Der erste Skrutator nimmt einen Zettel nach dem andern aus dem Kelch, betrachtet, ohne denselben zu öffnen, den darauf geschriebenen Namen des Gewählten, reicht ihn dem zweiten Skrutator, der das Gleiche thut, dieser giebt ihn dem dritten, welcher den Namen laut zu lesen hat und die Kardinäle notiren auf der ihnen vorliegenden Liste der Mitglieder des Kollegiums die Zahl der auf jedes derselben gefallenen Stimmen. Finden sich bei diesem Verfahren zwei Zettel so in einander gefaltet, dass sie von derselben

[1] Const. cit. §. 5; Caeremoniale Sequitur secunda actio.

[2] Kann der Kranke nicht schreiben, so darf er die Ausfüllung durch einen Andern besorgen lassen, der aber vorher den Infirmarien eidlich die Wahrung des Geheimnisses geloben muss und ausserdem dazu bei Strafe der Exkommunikation verpflichtet ist.

[3] Const. cit. §. 15; Caeremon. l. c.

[4] Caeremon. Quartus actus.

[5] Const. cit. §. 14; Caerem. Quintus actus.

Person herrühren müssen, so gelten sie für einen, wenn auf beiden derselbe Name steht, im umgekehrten Falle aber als nichtiges Votum[1].

Während der publicatio beginnt zugleich die siebente Handlung des Skrutiniums, die schedularum in filum insertio. Nach der Verlesung jedes Stimmzettels durchsticht der dritte Skrutator denselben bei dem Worte Eligo mit einer Nadel und zieht ihn auf einen Faden auf[2].

Sind alle aufgereiht, so werden die beiden Enden des Fadens zusammengebunden, und die Zettel in einen anderen leeren Kelch hineingelegt (depositio schedularum)[3].

γ. Das jetzt beginnende Postskrutinium gestaltet sich verschieden, je nachdem das Skrutinium zu einem festen Resultat geführt hat oder nicht, im ersten Fall besteht es nur aus drei verschiedenen Handlungen, der Zählung der Stimmen (numeratio suffragiorum), der Rekognition derselben (recognitio suffragiorum) und dem Verbrennen derselben (combustio schedularum).

Nach beendetem Skrutinium haben die Skrutatoren eine Zusammenstellung über das Resultat der Abstimmung zu machen[4], um zu konstatiren, ob die ebenso wie schon von Alexander III. auch durch die Konstitution: Aeterni patris (s. §. 1) erforderte Majorität von zwei Drittel Stimmen der wählenden Kardinäle erreicht ist. Findet sich, dass ein Kandidat gerade diese Anzahl erhalten hat, so muss noch zuvörderst sein Zettel geöffnet werden, denn es darf sich Niemand selbst wählen[5] und daher wäre, wenn sich der Gewählte selbst seine Stimme gegeben hätte, die erforderliche Majorität nicht erreicht. Hat der Kandidat aber auch nur eine Stimme mehr, so kann davon abstrahirt werden.

Sollten die Kardinäle die Verbrennung der Stimmzettel in dem Falle, wo ihre Zahl mit der Zahl der Wähler nicht übereingestimmt hat, nicht vorgenommen, vielmehr den Wahlakt weiter fortgesetzt haben, so kann darum die ganze Wahl nicht für nichtig angesehen werden, vielmehr genügt es in dem Falle, wo mehr Zettel vorgefunden werden als Wähler vorhanden sind, wenn der Gewählte nicht nur zwei Drittel der Stimmen der Wähler (die seinige sich selbst gegebene nicht mitgerechnet), sondern noch ausserdem so viel Stimmen bekommen hat, als überflüssige Zettel vorhanden sind. Denn unter diesen Voraussetzungen ist er immer mit der erforderlichen Majorität gewählt[6]. Es kann aber auch umgekehrt vorkommen, dass weniger Zettel als Wähler vorhanden sind. Dem eben erwähnten Princip gemäss müssen hier nicht nur zwei Drittel der vorhandenen Stimmzettel, sondern auch noch so viel andere, als zur Erreichung der Zahl der Zweidrittel-Majorität sämmtlicher anwesenden Wähler nothwendig sind, für erforderlich erachtet werden[7].

Stimmzettel, welche mit dem Namen mehrerer Kandidaten versehen sind, sind nichtig, werden also nicht mitgezählt[8].

Zur Kontrole darüber, ob die von den Skrutatoren gemachten Angaben über das Resultat der Wahl mit den Stimmzetteln übereinstimmen, werden s. g. Recognitoren,

[1] Caerem. Sextus actus.

[2] Caerem. Septimus actus.

[3] Caerem. Octavus et postremus.

[4] Caeremoniale, Sequitur tertia (M. Bull. 3, 463) u. Quintus actus (l. c. 464).

[5] Const. Aeterni. §. 2; Caeremon. l. c.

[6] Das Gleiche gilt auch natürlich für den Fall, wo nach der Zählung erst mehr Zettel unter die anderen gemischt sind. S. Fagnan. ad c. 56. X. I. 6. n. 21—36. Uebrigens ist für das weitere Vorgehen mit der Wahl nur dann, wenn mehr Zettel sich finden, die Exkommunikation latae sententiae angedroht. Const. Aeterni. §§. 13. 14.

[7] Fagnan. ad c. 58. X. eod. tit. n. 56 ff. Dass auch hier das selbst gegebene Votum nicht mitgerechnet wird, versteht sich von selbst.

[8] Const. cit. §. 11.

drei an der Zahl, auf dieselbe Weise, wie jene (s. S. 283) gewählt, und nachdem diese ihre Funktion versehen haben, die Zettel verbrannt[1].

Hat dagegen die Stimmzählung das Resultat ergeben, dass auf keinen der Kandidaten zwei Drittel der Stimmen gefallen sind, so wird zu einem eigenthümlichen Verfahren geschritten, um zu versuchen, ob nicht ein Theil der Wähler seinen Kandidaten fallen lässt und sich für einen der anderen erklärt. Dieses, der s. g. accessus, besteht darin, dass die im Skrutinium abgegebenen Vota für das Resultat der zukünftigen Abstimmung als gültig betrachtet werden, die Kardinäle aber noch eine neue Abstimmung vornehmen, in welcher sie einem der bereits im Skrutinium bezeichneten Kandidaten beitreten[2].

Das Verfahren bei dieser Abstimmung ist im wesentlichen dasselbe wie beim Skrutinium, nur mit folgenden, sich aus dem Zweck des Accesses ergebenden Modifikationen. Die für denselben bestimmten Zettelformulare enthalten in der Mittelrubrik die Worte: »Accedo reverendissimo etc.«, der im Skrutinium vor der Stimmzettelabgabe erforderliche Eid braucht nicht wiederholt zu werden und die Infirmarien müssen ausser den Accesszetteln auch eine beglaubigte Uebersicht über das Resultat des Skrutiniums zu den Kranken in die Zellen mitnehmen[3].

Damit aber beim Access, dessen Stimmen der Stimmzahl im Skrutinium hinzugerechnet werden, ein Resultat erreicht, andererseits aber nicht die Stimme des einzelnen Wählers für seinen Kandidaten doppelt gezählt wird, sind für denselben folgende Regeln vorgeschrieben:

Es können auch im Access bei Strafe der Nichtigkeit nicht die Namen mehrerer auf den Stimmzettel geschrieben werden, ebensowenig darf Jemand dabei gewählt werden, welcher nicht schon im Skrutinium eine gültige Stimme erhalten hat, also z. B. nicht derjenige, auf welchen allein sein eigenes Votum gefallen ist. Ferner darf Niemand denjenigen Kandidaten, welchen er im Skrutinium gewählt, beim Access wieder aufschreiben, es sei denn, dass sein Votum im Skrutinium ungültig ist, dagegen ist es gestattet, die im letzteren gewählte Person auch im Access dadurch festzuhalten, dass der Wähler auf seinen Wahlzettel zu accedo hinzuschreibt: »Nemini«[4].

Führt auch der Access, dessen Ergebniss ebenfalls wie das des Skrutiniums unter Auffädelung der Stimmzettel bekannt gemacht wird, zu keinem Resultate, so hört der ganze Wahlakt als resultatlos auf, und es muss in der nächsten Versammlung von neuem mit dem Skrutinium begonnen werden. Ein mehrmaliger Access findet also nicht statt[5].

Im umgekehrten Falle wird mit der aperitio sigillorum et signorum vorgegangen. Der erste Skrutator nimmt die Stimmzettel des Accesses einen nach dem andern vom Faden herunter und öffnet sie an dem unteren Theil, so dass er die Kennzeichen oder signa (s. S. 283) lesen kann. Dann giebt er sie dem zweiten zur Besichtigung und dieser überliefert sie dem dritten. Letzterer macht die Siegel und Kennzeichen der Versammlung bekannt und notirt sie auf einem Bogen unter der Rubrik:

[1] Caerem. Sextus actus und Septimus et postremus.

[2] Auch dieses Verfahren ist früher schon üblich gewesen, wenngleich nicht in derselben Form. S. den ordo Romanus n. XIV. aus dem 14. Jahrhundert c. 8 (bei Mabillon l. c. 2, 250); das Koncil von Basel Sess. XXIII. c. 1 verbietet die Vornahme des Accesses, ehe nicht 6 Skrutinien resultatlos verlaufen sind (Mansi 29, 111); bei der Wahl Calixts III. (1455) hat er stattgefunden. Raynaldi, annal. a. 1455. n. 17.

[3] u. [4] Const. cit. §§. 10—12; Caeremon. Primus itaque actus (M. Bullar. 3, 463).

[5] Const. cit. §. 12.

Sigilla et signa accessuum. Hierauf zieht der erste Skrutator die Zettel des Skrutiniums vom Faden, sucht auf dem Verzeichniss des Accesses das Notat des gleichen Siegels und öffnet dann den Skrutinium-Zettel an der unteren Seite, um sich mit den beiden andern Skrutatoren zu überzeugen, ob die Kennzeichen auf demselben mit denen des Access-Zettels übereinstimmen. Steht auf beiden derselbe Name, so ist das Votum des Accesses nach der obigen Regel ungültig. Sonst wird der Stimmzettel des Skrutiniums mit seinen Siegeln und Kennzeichen ebenfalls laut verkündigt und die Uebereinstimmung der Erkennungszeichen auf dem gedachten Blatt auf der neben der früheren stehenden Rubrik: Sigilla et signa scrutinii respondentia accessibus, und endlich in einer dritten Colonne daneben der Name der im Skrutinium erwählten Kardinäle vermerkt [1].

Finden sich bei dieser Untersuchung der Zettel des Skrutiniums zwei oder mehrere mit denselben Merkmalen, welche einem Zettel des Accesses entsprechen, so muss, wenn auf den ersteren verschiedene Kandidaten als gewählt notirt sind, der erste Skrutator sie alle unter Zuziehung der beiden andern Skrutatoren, auch an dem Theil, welcher den Namen des Wählers enthält, eröffnen, damit nachgesehen werden kann, ob zufällig mehrere Kardinäle sich derselben Kennzeichen bedient haben [2]. Rühren sämmtliche Zettel von einem her, so würden sie als nichtig betrachtet werden müssen, weil Niemand mehrere wählen kann. Ebensowenig wird derjenige Skrutinialzettel berücksichtigt, zu welchem sich kein mit demselben Zeichen versehener Accesszettel auffinden lässt.

Danach folgt die numeratio suffragiorum, und zwar werden die Stimmen des Skrutiniums und des Accesses zusammengezählt. Hat keiner der Kandidaten zwei Drittel erhalten, so ist kein Resultat erzielt und es muss das Skrutinium in der nächsten Versammlung von Neuem beginnen. Bei einem dahin gehenden Ausfall, dass ein Kandidat gerade zwei Drittel der Stimmen erlangt hat, ist zunächst sein Zettel zu eröffnen. Ergiebt sich danach, dass er sich selbst gewählt, so ist die vorgeschriebene Majorität nicht erreicht, also das Verfahren gleichfalls ohne Ergebniss geblieben. Möglich ist es aber auch, dass zwei zu gleicher Zeit zwei Drittel der Stimmen oder mehr erhalten haben. Bei Stimmengleichheit ist hier die Wahl nichtig, bei Stimmenverschiedenheit entscheidet aber schon die Majorität einer Stimme [3].

Schliesslich ist dann noch die recognitio suffragiorum und combustio schedularum in der früheren Weise vorzunehmen [4]. —

[1] Caerem. Secundus, tertius etc. Dasselbe giebt folgendes Formular für die gedachten Notate:

Sigilla et signa accessuum.	Sigilla et signa scrutinii accessibus respondentia.	Cardinales nominati in scrutinio.
A. C. D. 43. Deus.	B. R. E. 32. Bonitas.	Card. S. Eusebii.
B. R. E. 32. Bonitas.	R. G. J. 50. Beatitudo.	Card. S. Sixti.
R. G. J. 50. Beatitudo.		
N. S. P. 26. Gloria.		

Die Buchstaben bedeuten die Siegel.

[2] Const. cit. §. 8; Caeremon. Quod si fortasse.

[3] Const. cit. §. 4; Caerem. Quintus actus. Phillips 5, 890 giebt dafür folgendes Beispiel; „Die Zahl der im Conclave anwesenden Cardinäle beläuft sich auf 52, mithin beträgt die erforderliche Majorität 35. Im Skrutinium erhält A 32, B 12 Stimmen, die übrigen vertheilen sich. Die 12 Votanten des B und 14 des A stimmen im Access: Accedo nemini; 5 der vereinzelten und 18 des A stimmen: accedo B, dagegen 3 der vereinzelten stimmen: accedo A, so ist das Resultat, dass jeder von beiden im Access 35 Stimmen hat und keiner von ihnen gewählt ist; theilen sich hingegen die vereinzelten unter den nämlichen Voraussetzungen zur Hälfte, so ist A, treten 6 von ihnen dem B zu, so ist dieser gewählt".

[4] Caerem. Sextus actus.

Aus den hinsichtlich des Accesses mitgetheilten Grundsätzen ergiebt sich, dass derselbe stets ein Skrutinium voraussetzt, also lediglich Zubehör des letzteren ist. Daraus folgt, dass durch eine ungültige Vornahme des Accesses das Skrutinium nicht vitiirt wird, während umgekehrt mit der Nichtigkeit des letzteren auch der Access zusammenfällt, ferner, dass derjenige, welcher im Skrutinium nicht mitgestimmt, auch im Access nicht mitstimmen darf und dass Niemand durch seine Abstimmung im Access sein Votum im Skrutinium zurückziehen darf[1]. —

Eine Nichtigkeit jeder Wahl, möge sie zu Stande gekommen sein, wie sie wolle, begründet der Umstand, dass sich der Gewählte selbst oder einer der Kardinäle der Simonie schuldig gemacht hat und diese Nichtigkeit wird unter keinen Umständen, selbst nicht durch nachfolgende Inthronisation, Adoration u. s. w. gehoben. Der auf diese Weise in den Besitz des Pontifikates Gelangte kann also nicht als Papst betrachtet werden[2]. Nach Einigen soll indessen diese Folge dann nicht eintreten, wenn ein Dritter gegen den ausdrücklichen Willen des Gewählten oder ohne sein Wissen oder gar in boshafter Absicht, um dadurch die Wahl ungültig zu machen, die Simonie begangen hat[3]. Allein es ist nicht abzusehen, wie unter diesen Umständen ein solches Verfahren ohne simonistische Beeinflussung eines Kardinals die Wahl tangiren kann, während im umgekehrten Falle, bei Theilnahme eines Kardinals an der Simonie, kraft ausdrücklicher Vorschrift der erwähnten Bulle die Nullität entsteht.

Die Bestimmungen des Koncils von Konstanz über schismatische und erzwungene Wahlen (s. S. 271) können nicht mehr in ihrem vollem Umfange als Theile des praktischen Rechtes betrachtet werden. Erscheint freilich der Grund, dass den in der Sess. XXXIX. der Synode ohne Konkurrenz des Papstes gefassten Beschlüssen die Gesetzeskraft abgeht, hinfällig[4], so sind doch die betreffenden Vorschriften bei der mangelnden Periodicität der allgemeinen Koncilien unausführbar, nur insoweit wird ihnen also noch Bedeutung zuzusprechen sein, als sie ohne jene Voraussetzung realisirbar sind. Demnach haben für den Fall einer schismatischen Wahl sich beide Gewählte bei Vermeidung der angedrohten Strafen der Ausübung der päpstlichen Rechte zu enthalten und ebenso gilt eine durch Zwang herbeigeführte Wahl als null und nichtig. Ferner wird wenigstens aus jenen Anordnungen des Koncils der Satz hergeleitet werden müssen, dass in solchen Fällen eine allgemeine Synode zusammenzutreten befugt ist, um das ihr durch die Konstanzer Beschlüsse beigelegte Entscheidungsrecht auszuüben[5]. —

Es können indessen Zeiten vorkommen, wo es nicht möglich ist, die dargestellten Vorschriften über die Wahl des Papstes einzuhalten. Kriegerische und ähnliche Ereignisse haben schon mehrfach die Kardinäle von Rom vertrieben und einen Zusammentritt des ganzen oder des grössten Theils des Kardinalkollegiums unmöglich gemacht. Mitunter haben einzelne Päpste, so Pius VI. (1774—1799 und Pius VII. (1800—1823), unter solchen Umständen die Vorsicht gehabt, schon für den Fall ihres Todes von der

[1] Const. cit. §. 12.

[2] S. die oben S. 273 erwähnte Bulle Julius' II.: Cum tam divino von 1505 (M. Bull. 1, 466).

[3] S. Fagnan. ad c. 31. X. de simonia. V. 3. n. 18 ff. 30; Phillips 5, 866.

[4] Diese Annahme verstösst allerdings gegen die in der katholischen Kirche vertretene Ansicht. S. aber Hübler, Constanzer Reformation. S. 255 ff., namentlich S. 277 ff.

[5] Auch damit wird man sich katholischer Seits vielfach nicht einverstanden erklären. Indessen legen Schriftsteller, wie Barbosa, ius eccles. I. 4. n. 76; Fagnan. ad c. 14. X. I. 33. n. 50; Ferraris cardinalis. art. IV. n. 12 den Kardinälen das Recht bei, in solchen Fällen ein allgemeines Koncil zu berufen; freilich ohne das durch die Konstanzer Beschlüsse zu motiviren.

Beobachtung der regelmässigen Formen zu dispensiren und ein erleichtertes Verfahren vorzuschreiben[1]. Fehlt es aber an solchen Anordnungen, so bleibt nichts Anderes übrig, als mit der Wahl zu warten, bis die wesentlichen Vorschriften der in Rede stehenden Konstitutionen beobachtet werden und die zerstreuten Kardinäle durch den Vorsteher des Kollegiums oder seinen Stellvertreter in Verbindung mit anderen an einen geeigneten Ort zusammenberufen werden können. Eine diesen Formen nicht entsprechende Wahl würde immer ungültig sein, da die Kardinäle keine Macht haben, sich selbst von der Beobachtung derselben zu dispensiren, und der eigentliche Nothstand ebensowenig geeignet ist, das positive Gesetz aufzuheben. Als allgemeine Normen können die für einzelne Fälle kraft besonderer Verordnung festgesetzten Erleichterungen also nicht betrachtet werden[2].

Schon seit langer Zeit werden von den Kanonisten die beiden Fragen behandelt, wie es zu halten sei, wenn beim Tode des Papstes nur ein Kardinal vorhanden ist oder die sämmtlichen Kardinäle nach dem Ableben des Papstes vor erfolgter Wahl gleichfalls sterben. Der erstere Fall, welchem das unberechtigte Verlassen des Konclaves durch alle Kardinäle bis auf einen gleichstehen würde, wird dahin entschieden, dass der allein übrig bleibende die Wahl, welche freilich hier einer Ernennung gleichstünde, vorzunehmen hat[3], und zwar mit Recht, weil diesem die Wahlbefugniss durch etwaige die Mitwähler betreffende, zufällige Umstände oder gar durch deren unberechtigtes Handeln nicht entzogen werden kann. Im zweiten Falle sollen nach einer Meinung die Kanoniker der Laterankirche, als der eigentlichen Episkopalkirche des Papstes, nach einer anderen die Patriarchen, nach einer dritten der gesammte Klerus von Rom, endlich nach einer vierten die zum allgemeinen Koncil versammelten Bischöfe eintreten[4]. Da es sich hier darum handelt, der ganzen Kirche, nicht der Diöcese Rom, ein Oberhaupt zu geben, und nur der gesammte Episkopat neben dem Papst die durch denselben allerdings beschränkte Macht zur Leitung der Kirche besitzt[5], so kann jener allein für legitimirt erachtet werden, in einem solchen Nothfall einzuschreiten.

III. Annahme der Wahl, Konsekration und Krönung des Papstes. Wenn auf eine der erwähnten Arten eine Wahl zu Stande gekommen ist, so wird nunmehr nach Herbeirufung der Ceremonienmeister und Sekretäre der Gewählte von dem Vorsteher des Kardinalkollegiums, dem Kardinaldekan, unter Assistenz der Capi d'ordini gefragt: Acceptasne electionem de te canonice factam in summum pontificem[6]? Denn wenngleich einzelne Päpste nur mit Widerstreben und halb gezwungen, wie z. B. Gregor I. (590—604), Gregor IV. (827—844)[7] und Gregor VII. (1073—1085)[8] die päpstliche Würde angenommen haben, so ist doch kein Fall eines wirklich statt-

[1] Pii VI. const. Christi ecclesiae vom 30. Dezember 1797. §§. 2. 3 (Bull. Roman. Continuat. 10, 51); desselben Const. Cum nos superiori vom 13. November 1798. §. 7 (l. c. p. 177); Pii VII. const. Quamvis nonnulli vom 30. Oktober 1804. §. 4 (l. c. 12, 247); desselben Const. Quae et quanta v. 31. Oktober 1804 (l. c. 12, 248); desselben Const. Quae potissimum v. 6. Februar 1807 §§. 2—4 (l. c. 13, 92).

[2] Wie z. B. Ginzel a. a. O. 2, 191 thut.

[3] So schon die Glosse s. v. Omnes zu Clem. 2. de elect. I. 3; vgl. im übrigen F. P. M. Passerini, tractat. de electione canonica. (Colon. Agripp. 1695) c. 11. n. 94; Ferraris l. c. n. 40. Ein solcher kann sich dann freilich nicht selbst wählen; das von einigen Aelteren vorgeschlagene Expediens (vgl. Ferraris l. c. n. 42. 43), dass dieser seine Vollmacht einem andern als Kompromissar überträgt und letzterer dann seinen Machtgeber wählt, ist nach den Ausführungen S. 281 unstatthaft.

[4] S. die Zusammenstellung bei Ferraris l. c. n. 44; Phillips 5, 736 vertheidigt die dritte Meinung.

[5] S. §. 22. S. 205.

[6] Die Papstwahl etc. S.23.

[7] Anast. biblioth. vita Gregorii IV. (ed. Fabrot. 2, 160).

[8] S. oben S. 257. Weitere Beispiele bei Hurter, Innocenz III. 1, 82 ff.

gehabten Zwanges im juristischen Sinne nachweisbar und es gilt auch hier der allgemeine Grundsatz, dass Rechte für die Regel nicht wider Willen erworben und aufgedrungen werden können. Dass ebensowenig die Kardinäle vor der Wahl eine Verpflichtung zur Annahme statuiren dürfen, liegt auf der Hand, weil sie keine gesetzgeberischen Befugnisse besitzen. Ob aber der Papst an dem Erlass einer solchen Vorschrift gehindert wäre [1], das lässt sich wenigstens bestreiten. Denn wenn auch die Weigerung des Gewählten durch physischen Zwang nicht überwunden werden darf und kann, so wäre es doch möglich eine indirekte Nöthigung durch Androhung von Strafen (z. B. Verlust des Kardinalates) für den sich Weigernden festzusetzen.

Befindet sich der Gewählte nicht im Konklave oder gehört er gar nicht zu den Kardinälen, so wird er, wenn er sich in der Nähe befindet, in das Konklave berufen oder es wird ihm im anderen Falle die Wahl offiziell durch eine Deputation bekannt gemacht, um seine Erklärung entgegen zu nehmen [2]. Bis zu dem Zeitpunkt, wo er die Annahme der Wahl ablehnt, können die Kardinäle von der getroffenen Wahl nicht mehr abgehen. Eine einfache Vakanz des päpstlichen Stuhles ist jetzt nicht mehr vorhanden [3], vielmehr durch die stattgehabte Wahl schon ein ius ad rem des Gewählten, d. h. ein Recht auf Erlangung des Pontifikats, entstanden, da die betreffenden Konstitutionen den Kardinälen nach der Vollendung der Wahl kein Recht zur beliebigen Wiederholung geben, wenn sie mit dem Resultat nicht einverstanden sind.

Hat der Gewählte seinen Konsens zur Uebernahme der päpstlichen Würde erklärt, so erlangt er damit alle Jurisdiktionsbefugnisse des Papstes [4]. Er erwirbt damit das päpstliche Amt sofort und höchstens kann er wegen des ihm mangelnden Ordos an der Vornahme gewisser Weihehandlungen verhindert sein. Gleichzeitig erklärt der neue Papst bei der Annahme der auf ihn gefallenen Wahl, welchen Namen statt des bisherigen er in Zukunft, als oberster Regent der Kirche, führen will [5]. Ueber diese beiden Akte wird ein Protokoll aufgenommen, und nun wird der Neugewählte, wenn er im Konklave anwesend ist, nachdem er in der Sakristei mit den päpstlichen Gewändern bekleidet worden, auf der s. g. sedia gestatoria, einem Tragsessel, in die Kapelle

[1] So Phillips 5, 892.

[2] Chr. Marcelli, sacrar. cerimon. lib. I. s. l. c. 6 (bei Hoffmann, nova scriptor. collect. 2, 297).

[3] S. Nicollis l. c. n. 93.

[4] Das hat schon das Wahldekret Nikolaus' II. v. 1059 (S. 249) bestimmt. S. auch c. 4 (Clemens V.) in Extrav. comm. de sent. excomm. V. 10.

[5] Das erste Beispiel dafür bietet Oktavian, der sich Johann (XII.) nannte. S. S. 239; Dönniges, Jahrbücher S. 74; Papenkordt, Geschichte Roms S. 177. Von seinen Nachfolgern hat erst Johann XIV. (s. S. 244), früher Petrus, Bischof von Pavia, diesem Beispiel nachgeahmt. Seit Gregor V. (996—999), s. S. 244, kommt der Namenswechsel häufiger vor, und seit Gregor VI. (1045—1046) ist er stehende Sitte, s. oben die in den Anmerkungen mitgetheilten Berichte über die Besetzung des päpstlichen Stuhles S. 244 ff., welche die Sache oft so darstellen, als ob die Wähler dem neuen Papst den Namen beigelegt hätten. Ausnahmen sind aber noch später vorgekommen, so haben Hadrian VI. (1522—1523) und Marcellus II. (1555) ihre früheren Namen auch nach der Erhebung zum Pontifikat beibehalten. S. Raynaldi, annal. eccles. a. 1522. n. 1, a. 1555. n. 13. Während bei Johann XII. das Motiv für die Aenderung des Namens unbekannt ist, wurde dafür später auf das Vorbild des Simon-Petrus und auf die neue veränderte Stellung hingewiesen. Ferraris, l. c. papa. art. I. n. 66. 67. Jedenfalls ist es thatsächlich unrichtig, dass Sergius IV. (1009—1012), weil er den Namen bucca porci (Schweinerüssel) führte (s. Thietmar. chron. IV. 61; SS. 3, 835) zuerst den Gebrauch eingeführt hat. Eine Zusammenstellung der Päpste, welche den Namen gewechselt haben, giebt J. F. Krebs, diss. de nominum mutatione potissimum in religiosorum professione atque pontificum Romanorum inauguratione, Lipsiae. 1719 und dann ohne Jahreszahl Norimbergae. p. 244. §§. 25 ff. Uebrigens findet sich dieselbe Sitte auch bei Bischöfen, der von Heinrich V. eingesetzte Gegenpapst Gregor VIII. (1118—1124), früher Burdinus, hatte bei seiner Bischofsweihe den Namen: Mauricius erhalten (s. oben S. 262). — Die Sitte, die Zahl dem Namen hinzuzusetzen, datirt von Urban IV. (1262). S. Riganti, comm. ad reg. cancellar. XXXIV. n. 26 ff.

zurückgetragen, um hier von den Kardinälen die erste Adoration (s. oben S. 211) zu empfangen. Während dessen ist die Klausur des Konklaves beseitigt worden, und der erste Kardinaldiakon verkündet dann dem Volke vom Balkon des Palastes die erfolgte Wahl mit den Worten: »Annuncio vobis gaudium magnum, papam habemus Eminentissimum et Reverendissimum Dominum . . . qui sibi imposuit nomen . . .« Am Nachmittage desselben Tages erfolgt zuerst in der Sixtinischen Kapelle des Vatikans und dann in der St. Peterskirche die zweite und dritte — öffentliche — Adoration der Kardinäle [1].

Wenn der Gewählte noch nicht die Bischofsweihe, sondern nur einen der unteren Weihegrade empfangen hat, so muss er sich die ihm noch fehlenden Ordines an einem von ihm zu bestimmenden Tage seitens eines der Kardinalbischöfe konferiren lassen. Die sonst vorgeschriebenen Interstitien brauchen nicht inne gehalten zu werden [2]. Die bischöfliche Konsekration, welche früher mit der Krönung zusammen vorgenommen wurde, erfolgt jetzt gewöhnlich vor derselben an einem Sonn- oder Festtage [3]. Das Recht dazu, welches früher der Kardinalbischof von Ostia besass, steht jetzt dem Vorsteher oder Dekan des Kardinalkollegiums zu [4]. Hat der Gewählte dagegen schon die Bischofsweihe, so findet nur eine Benediktion desselben an Stelle der Konsekration statt [5].

Nach dieser Konsekration erfolgt dann in der Peterskirche die Krönung mit dem Triregnum (s. S. 208) [6] und darauf an einem anderen Tage die Inbesitznahme des Laterans (il possesso) [7].

Erst von dem Tage der Krönung ab datiren die Päpste ihr Pontifikat und ebenso stellen sie vorher keine Bullen aus, vielmehr erlassen sie nur Breven oder s. g. bullae dimidiae, d. h. solche, bei denen die Rückseite des angehängten Siegels leer bleibt, also der Name des Papstes auf dem letzteren fehlt [8]. Indessen beruht dies blos auf einer einmal hergebrachten Sitte [9]. Die Erlangung der päpstlichen Rechte ist davon nicht abhängig, und Clemens V. hat sogar die Anfechtung päpstlicher Bullen wegen ihrer vor der Krönung erfolgten Ausstellung mit der Exkommunikation bedroht [10].

Einen andern Modus der Besetzung des päpstlichen Stuhles als durch die gedachten drei verschiedenen Arten der Wahl erkennt das positive Recht der Kirche nicht an.

[1] Marcelli, sacrar. caerem. lib. I. s. 1. c. 5. 6 (Hoffmann l. c. S. 295 ff.); die Papstwahl etc. S. 23 ff.; Phillips 5, 893 ff.; Staudenmaier, Geschichte der Bischofswahlen. S. 441.

[2] Marcelli l. c. lib. I. s. II. c. 1 (Hoffmann l. c. S. 299).

[3] Marcelli lib. I. s. II. c. 1. i. f. c. 2 (l. c. S. 304 ff.), wo auch das Ritual näher angegeben ist; Nicollis l. c. n. 104.

[4] Marcelli lib. I. s. II. c. 3 (l. c. S. 314).

[5] Marcelli, lib. I. s. II. c. 3 (l. c. S. 318).

[6] Das Nähere darüber geben an (Marcelli lib. I. s. II. c. 3 (l. c. S. 321); die Papstwahl etc. S. 28; Phillips 5, 895. Beschreibungen früherer Krönungen Paschalis' II. in Baronii annal. eccl. a. 1100. n. 10; Cölestins V. in Raynaldi annal. a. 1294. n. 10; Bonifacius' VIII. in Raynaldi annal. a. 1295. n. 2.

[7] Die Papstwahl etc. S. 33; Phillips 5, 897. Früher fand diese Besitznahme vor der Krönung, seit der Rückkehr der Päpste von Avignon gleich nach derselben statt. S. Phillips a. a. O. Ueber die Sitte, dass der Papst sich beim Lateran auf einen Marmorsessel, die s. g. sedes stercoraria, niedersetzt, welche jetzt nicht mehr üblich ist, s. Mabillon, comment. in ordinem Romanum (Museum italic. 2, CXXI ff.).

[8] Fagnan. ad c. 6. X. de elect. I. 6. n. 5 ff.; Phillips 3, 646.

[9] Riganti, comm. ad regul. cancellar. X. n. 55—60; XVII. n. 6 ff.

[10] c. 4. in Extrav. commun. de sent. excomm. V. 10: „Quia nonnulli . . . asserere non verentur, quod summus pontifex ante suae coronationis insignia se non debet intromittere de provisionibus, reservationibus, dispensationibus et aliis gratiis faciendis, nec se in literis episcopum, sed electum episcopum scribere, nec etiam uti bulla in qua nomen exprimatur illius: nos talium temeritates compescere cupientes, singulos qui occasione huiusmodi aliquas literas nostras super negotiis quibuscunque confectas quae a nobis ante coronationis nostrae insignia emanarunt, ausi fuerint impugnare, excommunicationis sententia innodamus".

Mehrfach sind aber seitens der Päpste Versuche gemacht worden, noch bei ihren Lebzeiten über die Person ihres Nachfolgers zu bestimmen. Solche sind nicht nur im fünften und sechsten Jahrhundert (s. S. 227) vorgekommen, vielmehr hat es noch Cölestin III. (1191—1198), unternommen, die Kardinäle zur Wahl des Kardinalpriesters Johannes a S. Paolo zu bestimmen, ein Verfahren, welches nur an dem Widerstande derselben gescheitert ist[1]. Auch Pius IV. (1559—1565) hätte sich gern einen coadiutor cum spe succedendi bei Lebzeiten bestellen lassen, aber er erliess selbst ein Dekret, worin er die Meinung, dass der Papst zur Designation seines Nachfolgers befugt sei, für falsch erklärte[2].

Diese Vorgänge in Verbindung mit der auf Grund des apokryphen Briefes des Clemens Romanus entstandenen Tradition, dass letzterer von Petrus zum Nachfolger bestellt worden[3], haben die Kontroverse hervorgerufen, ob dem Papste eine solche Befugniss zugesprochen werden könne. Die überwiegende Meinung verneint diese Frage und mit Recht[4]. Den Mangel einer positiven Bestimmung können weder die dafür hauptsächlich in Bezug genommenen apokryphen Stellen[5] noch das Vorkommen derartiger Privilegien für einzelne Bischöfe[6] ersetzen. Damit ist aber die Frage noch nicht erledigt. Denn da der Papst Gesetze über kirchliche Dinge, mithin auch über die Papstwahl zu erlassen berechtigt ist, so liegt die Schlussfolgerung nahe, dass er, sei es durch ein allgemeines Gesetz, sei es durch eine Bestimmung für einen gegebenen Fall, das Wahlrecht der Kardinäle beseitigen könne. Gegen diese Annahme wird allerdings wiederholt darauf hingewiesen, dass der Ausschluss der Designationsbefugniss nicht nur auf dem positiven, sondern auf dem unabänderlichen göttlichen Recht beruhe, indem man sich dafür namentlich auf den Vorgang der Einsetzung Josuas durch Gott selbst beruft[7] und darauf, dass in den an Petrus gerichteten Worten: pasce oves meas nicht die Vollmacht, sich einen Nachfolger zu bestellen, enthalten sei[8]. Allein diese Meinung, welche auch die nothwendige Konsequenz nicht gescheut hat, dass der heilige Geist sich nur in der Wahl durch die Kardinäle offenbart, kann dafür weder einen direkten Beweis aus der heiligen Schrift noch aus dem Verlauf der historischen Entwicklung beibringen, und wie diese Ansicht gegen die Thatsache verstösst, dass Jahrhunderte hindurch die Wahl des Papstes nicht ausschliesslich in der Hand der Kardinäle geruht hat, tritt sie auch mit der katholischen Tradition von der Bestellung des Clemens durch Petrus zum Nachfolger[9] in Widerspruch. Läugnen will ich freilich nicht, dass die bekämpfte Ansicht die jetzt recipirte ist[10], und ich hielt mich hier, wo

[1] Baronii annal. eccles. a 1198. n. 1.

[2] Pagi, breviarium roman. pontif. a. 1541 (ed. Antwerp. 1717 ff. 6, 449).

[3] Die betreffende Stelle in c. 2. C. VIII. qu. 1. S. auch oben S. 227.

[4] So schon die Glosse zu dict. Gratiani ad c. 7. C. cit. s. v. beatus. S. ferner Gonzalez Tellez ad c. 6. X. de elect. I. 6. n. 11; Fagnan. ad c. 5. X. de pact. I. 35. n. 27 ff.; Card. de Luca, relatio curiae Romanae disc. 3. n. 1 ff.; Passerini, de electione canonica c. 1. n. 4 ff.; Ferraris l. c. papa art. I. n. 1.

[5] Namentlich c. 1 (Pseudo-Isid.) u. c. 2. cit. C. VIII. qu. 1.

[6] So des Papstes Zacharias für Bonifacius von 748 (Jaffé, monum. Mogunt. p. 192) auch in c. 17. C. VII. qu. 1. und dict. Gratiani zu c. 1. C. VIII. qu. 1, wo auch die Verordnung des Symmachus (c. 10. Dist. LXXIX, s. oben S. 218) erwähnt wird.

[7] Numeri XXVII. 16 ff.; c. 6. 16 (Hieronym.) C. VIII. qu. 1. S. namentlich Fagnan. l. c. n. 38 ff. 42.

[8] Fagnan. l. c. n. 40.

[9] Freilich soll das auf göttlicher Inspiration beruht und überdies Clemens zunächst verzichtet, und erst nach Linus den päpstlichen Stuhl bestiegen haben. S. Fagnan. l. c. n. 57. 58.

[10] S. die citirten, ferner Phillips 5, 734. Dass Argumente, wie der Papst könne keine Handlungen vornehmen, die eine Zeit beträfen, wo er nicht mehr Papst sei; das Wahlrecht sei der Kirche überlassen, also könne es der Papst nicht umstossen (Fagnan. l. c. n. 35; Phillips 5, 734), nichts als petitiones principii sind, liegt auf der Hand.

es sich um Darlegung des geltenden katholischen Kirchenrechtes handelt, nur darum zu einer Kritik berufen, weil unter den katholischen Kanonisten selbst Meinungsverschiedenheit über diese Frage besteht. Dass nach dem heutigen positiven Recht der Kirche die Designation des Nachfolgers durch den Papst nicht gestattet ist, habe ich ja selbst vorhin schon ausgeführt.

Noch viel weniger, wie dieser letztere, können die Wahlberechtigten bei Lebzeiten schon im Voraus einen Nachfolger bestimmen, ja es sind sogar Bewerbungen um die spätere Erlangung der päpstlichen Würde und darauf bezügliche Verhandlungen noch während der Lebenszeit des Papstes bei schweren Strafen verboten[1]. Wohl aber kann der Papst auf dem Sterbebette mit den Kardinälen über die Person seines Nachfolgers berathen, obgleich seine Meinung nicht mehr Bedeutung und Kraft als die einer blossen Empfehlung haben kann[2].

§. 30. *C. Einwirkung der weltlichen Mächte (s. g. ius exclusivae).*

Während bis zum elften Jahrhundert eine Einwirkung des Kaisers auf die Besetzung des päpstlichen Stuhles stattgefunden hat, wird seit dem zwölften Jahrhundert von einer solchen nichts mehr erwähnt. Ebensowenig gedenken die neueren Konstitutionen über die Papstwahl einer dahin gehenden Befugniss. Nichtsdestoweniger ist für die letzten Jahrhunderte ein gewisser, freilich nur negativer Einfluss der weltlichen Mächte, das s. g. ius exclusivae, bezeugt[3]. Dieser äussert sich darin, dass die bedeutenderen katholischen Staaten, nämlich früher das deutsche Kaiserreich, an dessen Stelle dann Oesterreich getreten ist, Frankreich und Spanien[4], jeder eine nicht genehme Person von der Wahl zum Papst ausschliessen können. Die Zeit der Entstehung dieses Rechtes ist unbekannt[5] und ebensowenig lässt sich irgend ein Zusammenhang mit den seitens der deutschen Kaiser früher geübten Gerechtsamen ermitteln[6]. Ja die römische Kurie hat dieses Recht niemals ausdrücklich anerkannt. Bei dem Mangel an detaillirten Nachrichten muss daher leider auf eine Darlegung der Entwicklung des Institutes verzichtet werden.

Dass die Exklusive noch heute in Rom als praktisch anerkannt wird, ergeben wenigstens Berichte aus dem Kardinalkollegium selbst[7]. Was ihre Ausübung

[1] c. 2 (syn. Roman. a. 499) Dist. LXXIX. (s. auch c. 7 (lib. pontif.) ead. Dist.); Const. Pauli IV. vom 16. Dezember 1557, s. oben S. 274.

[2] Dist. Grat. zu c. 7. C. VIII. qu. 1; Ordo Roman. (saec. XIV. exeunt.) n. XV. c. 143 (Mabillon, museum Ital. 2, 526): „Item debet eis recommendare ecclesiam et quod provideant de bono pastore in pace et in tranquillitate et quod si eis videretur bonum, talis vel tales essent boni pro regimine iuxta conscientiam suam"; Fagnan. l. c. n. 60. 61; solche Empfehlungen haben Gregor VII., Viktor III. und Urban II. ertheilt, s. Fagnan. l. c. n. 22. 61; vgl. auch Phillips 5, 738.

[3] Lupoli, iuris ecclesiastici praelectiones. Neapoli 1777. 2, 213; Häberlin, Conclave. S. 152; Wiese 2, 831; Phillips 1, 868; Pachmann §. 179; Permaneder. S. 288; Ginzel 2, 193.

[4] Früher auch Neapel s. Phillips, Pachmann a. a. O.

[5] Jacobson in Herzogs Encyclopäd. 4, 281.

[6] Einen solchen nimmt an Estor, progr. de iure exclusivae ut appellant quo Caesar Augustus uti potest. Marburg. 1740. Die Zurückführung der Exklusive auf das ius naturae (s. z. B. Hammer, diss. de iure princip. cathol. circa sacra. c. 1. s. 1. §§. 2 ff. in Schmidt, thesaurus 3, 675) ist selbstverständlich gleichfalls unbefriedigend.

[7] H. E. Cardinal Wiseman, recollections of the last four popes. London. 1858. p. 356. p. 416: „The conclave after the death of Pius (VIII. † 1830) commenced in the middle of December with the observance of all usual forms. At one time it seemed likely to close by the election of Cardinal Giustiniani, when the Court of Spain interposed and prevented it. Allusion has been made to the existence of this privilege, rested more by usage than by any formal act of recognition at least in three great Catholic Powers. (Uebersetzung von Reusch. 2. Ausg. Köln. 1858. S. 267. 314).

betrifft, so wird dadurch der Satz, dass mit der erfolgten Publikation der Zweidrittel-Majorität der neue Papst bestimmt ist, nicht berührt, vielmehr muss die Rekusation des nicht genehmen Kardinals vor der Vollendung der Wahl erfolgen. Mit Ausübung der Exklusive wurde früher der Kardinalprotektor der betreffenden Nation [1], jetzt nach dem Aufhören dieses Institutes wird dagegen damit ein in das Vertrauen gezogener Kardinal beauftragt. Da jede Macht nur gegen eine Person bei der jedesmaligen Wahl protestiren kann, so wird die Exklusive, um sie nicht nutzlos gegen einen nicht in Frage kommenden Kandidaten zu richten, erst in dem Augenblick geltend gemacht, wo es wahrscheinlich wird, dass der Betreffende die erforderliche Majorität erhält [2].

Eine Nichtbeachtung der erhobenen Exklusive, welche, soweit bekannt, noch nicht vorgekommen ist, könnte übrigens keinen Einfluss auf die sonst gültig erfolgte Wahl äussern, weil das ganze Institut nur auf Konnivenz beruht und die Beachtung eines derartigen Protestes nirgends in den Konstitutionen über die Papstwahl erwähnt, geschweige denn als Bedingung der Gültigkeit anerkannt ist.

§. 31. *VI. Die Erledigung des päpstlichen Stuhles.*

I. Die regelmässige Art der Erledigung des päpstlichen Stuhles bildet der Tod des jeweiligen Inhabers desselben [3].

Eine Reihe von Gründen, welche sonst die Vakanz der kirchlichen Aemter herbeiführen können, so z. B. die Versetzung, die Erlangung eines inkompatiblen Benefiziums [4], sind wegen der eigenthümlichen Stellung des Pontifikates bei demselben ausgeschlossen. Dagegen ist nicht nur die Möglichkeit einer Erledigung durch Verzichtleistung und durch Absetzung des Papstes denkbar, sondern derartige Fälle sind auch mehrfach im Laufe der Zeiten vorgekommen.

II. Einen Verzicht auf ihre Würde haben zwei Päpste, Cölestin V. (1294) und Gregor XII. (1406—1415) abgeleistet. Gewöhnlich wird das auch von Gregor VI. (1045—1046) behauptet [5], allein eine ganze Reihe der glaubwürdigsten, gleichzeitigen

[1] Ueber die Protektoren bemerkt Theiner, Geschichte des Pontifikats Clemens' XIV. 1, 140: „Die katholischen Grossmächte, Oesterreich, Frankreich und Spanien, später auch Portugal, Neapel und Polen übertrugen nach einem alten löblichen Herkommen den Schutz ihrer Reiche und Kirche einem in Rom befindlichen und durch seine Fähigkeiten, wie Geburt ausgezeichneten Cardinal. Diese Cardinäle leiteten in gewisser Beziehung die kirchlichen Angelegenheiten dieser Reiche und unterstützten hierbei die beim heiligen Stuhle beglaubigten Gesandten dieser Höfe. Der deutsche Kaiser hatte das Privilegium nicht allein zwei Cardinalprotektoren, einen für das deutsche Reich, den andern für Ungarn als apostolisches Königreich zu ernennen, sondern auch jedem von ihnen noch einen zweiten Cardinal unter dem Titel eines Conprotektors zur Seite zu stellen. Diese Würde war mit grossen Ehren und bedeutenden Einkünften verbunden und wurde oft gewesenen Nuntien, die sich während ihrer Nuntiatur verdient gemacht hatten, übertragen. Nur die Cardinalprotektoren bezogen Einkünfte und führten zugleich die kirchlichen Angelegenheiten ihrer respektiven Reiche, wie die Ausfertigung der Bullen für die Bisthümer, gefürstete Abteien, Pfründen und für Ehedispense ... Unter Clemens XIII. bezog der Cardinalprotektor von Frankreich ungefähr 80,000 Franken und von den beiden Protektoren von Deutschland jeder 8000 Scudi oder 40,560 Franken ... Mit dem Eintritt der französichen Revolution hörte auch dieser löbliche Gebrauch auf".

[2] Wiseman a. a. O. p. 416: „Should two third of the votes centre in any person, he is at once Pope beyond the reach of any prohibitory declaration. It is therefore, when the votes seem to be converging towards some one, obnoxious, no matter why, to one of those sovereigns that his ambassador, to conclave himself a Cardinal, by a circular admonishes his colleagues of this feeling in the court which he represents. This suffices to make them turn in another direction".

[3] Ueber die Exequien des Papstes s. Phillips 5, 719 ff.

[4] Das Weitere unten in der allgemeinen Lehre von den Kirchenämtern.

[5] S. z. B. Phillips 5, 716; Giesebrecht, Kaiserzeit 2, 391 auf Grund der von Bonitho, liber ad amicum lib. V. (Jaffé, monum. Gregoriana p. 628) mitgetheilten Abdikationsurkunde:

Zeugnisse erzählt, dass er von Kaiser Heinrich III. im J. 1046 abgesetzt worden ist[1]. Die Resignation Cölestins V., des früheren Einsiedlers Peter von Morrone, welchen es von der Höhe des drückenden Papstthums zu seinem früheren Eremitenleben zurückzog[2], hat eine Kontroverse über die Zulässigkeit eines solchen Verzichtes hervorgerufen[3]. Die Gegner[4] seines Nachfolgers, Bonifazius' VIII., fochten dessen Legitimität mit dem Hinweis auf die absolute Unstatthaftigkeit der Resignation seines Vorgängers an; freilich war das Motiv, wie so häufig, ein rein politisches und kein juristisches. Den entstandenen Streit hat Bonifazius VIII.[5] im Sinne der ihm günstigen Meinung entschieden. Mochte auch diese Beseitigung der Streitfrage durch das eigene Interesse des Gesetzgebers diktirt sein, so lässt es sich doch nicht läugnen, dass sie ebenfalls innerlich gerechtfertigt war. Schon eine Reihe von Jahrhunderten hindurch waren Verzichtleistungen auf die bischöfliche Würde vorgekommen[6] und die Statthaftigkeit derselben gesetzlich anerkannt[7]. Aus dem Vergleich des Verhältnisses des Kirchenfürsten zu seiner Kirche mit der Ehe liess sich also die absolute Unzulässigkeit einer freiwilligen Aufgebung des Amtes nicht folgern, ebensowenig aber ist es jemals anerkannt worden, dass die päpstliche Würde einen unauslöschlichen Charakter, wie die Bischofsweihe, verleiht. Die Unmöglichkeit des Hinzutrittes des sonst erforderlichen Konsenses[8] des geistlichen Oberen endlich kann nur zu der Annahme führen, dass hier ein solcher nicht nöthig ist, nicht aber zu der widersinnigen, mit dem Heile der Kirche unverträglichen Konsequenz, dass die letztere von einem seiner eigenen Untauglichkeit sich selbst bewussten Papst nur durch den Tod desselben befreit werden kann[9].

„Ego Gregorius episcopus, servus servorum dei, propter turpissimam venalitatem haereseos quae antiqui hostis versutia meae electioni irrepsit, a Romano episcopatu iudico me submovendum".

1 S. oben S. 246. und Jaffé a. a. O., welcher nachgewiesen hat, dass die Erzählung Bonithos die Thatsachen fälscht. Als frühestes Beispiel einer Resignation kann vielmehr der Verzicht des Vorgängers Gregors VI., Benedikts IX. (1045), welcher allerdings gegen Entgelt erfolgt ist, angeführt werden. (S. oben S. 245.)

2 Raynaldi annal. ecclesiast. a. 1294. n. 19; Drumann, Geschichte Bonifacius' VIII. Königsberg. 1852. 1, 8 ff.

3 Dass schon früher daran gezweifelt worden, lässt sich aus dem anscheinend dafür sprechenden Bericht Bernolds von Constanz annal. a. 1046 (SS. 5, 425): „In tempore huius apostolici (Clementis II.) innumerabiles terrae motus et maximi in Italia facti sunt: et hoc fortasse ideo, quia idem apostolicus non canonice subrogatus est antecessori suo (Gregorio VI.) non canonice deposito; videlicet quem nulla culpa deposuit, sed simplex humilitas ab officio cessare persuasit"; nicht entnehmen. Die betreffende Stelle, eine später zugefügte Randbemerkung, sucht nur so gut es geht, den ursprünglichen Bericht über die Absetzung Gregors VI. abzuändern. S. Jaffé l. c. p. 597.

4 Die Familie Colonna, welche zu diesem Zweck eine eigene bei Raynald a. a. O. 1297. n. XXXIV (ed. Luc. 4, 227) abgedruckte Schrift verbreiten liess. S. auch Papenkordt, Geschichte der Stadt Rom. S. 331.

5 c. 1. in VI^to de renunc. I. 7: „Quoniam aliqui curiosi disceptantes de iis quae non multum expediunt, et plura sapere quam oporteat, contra doctrinam apostoli temere appetentes, in dubitationem solicitam, an Romanus pontifex (maxime cum se insufficientem agnoscit ad regendam universalem ecclesiam et summi pontificis onera supportanda) renunciare valeat papatui eiusque oneri et honori, deducere minus provide videbantur, Coelestinus papa V praedecessor noster, dum eiusdem regimini praesidebat, volens super hoc haesitationis cuiuslibet materiam amputare, deliberatione habita cum suis fratribus ecclesiae Romanae cardinalibus, de quorum numero tunc eramus, de nostro et ipsorum omnium concordi consilio et assensu, auctoritate apostolica statuit et decrevit Romanum pontificem posse libere resignare. Nec igitur ne statutum huiusmodi per temporis cursum oblivioni dari aut dubitationem eandem in recidivam disceptationem ulterius deduci contingat, ipsum inter constitutiones alias ad perpetuam rei memoriam de fratrum nostrorum consilio duximus redigendum".

6 Thomassin, vetus et nova disciplina. P. II. lib. II. c. 50 ff.

7 c. 10 (Innoc. III.) X. de renunc. I. 9.

8 c. 10. cit.

9 Wesentlich aus diesen Gründen haben sich Petrus Paludanus in seiner Schrift de ecclesiastica potestate (wovon Auszüge bei Raynald a. 1297. l. c. ed. cit. p. 228 mitgetheilt sind) und Johannes Andreä in seinem Commentar zu c. 1. cit. (s. auch Raynald a. a. O.) auf die Seite Bonifazius' VIII. gestellt.

Seit dem Anfang des 14. Jahrhunderts ist die gedachte Kontroverse erledigt, und seitdem ein Rechtssatz, welcher, wie der Verzicht Gregors XII. gezeigt hat [1], für die Beseitigung von Schismata in der Kirche von der grössten Bedeutung werden kann, allseitig anerkannt worden [2]. Dass die Kardinäle eine solche Verzichtleistung nur entgegenzunehmen, aber sie behufs ihrer Gültigkeit nicht zu genehmigen haben, ist ebenfalls nicht zweifelhaft [3], da sie nur die Gehülfen und Rathgeber des Papstes, aber keine demselben übergeordnete Instanz bilden.

III. Die Absetzung des Papstes. Die heutige Lehre der katholischen Kirche erklärt es für ein durch die Verfassung der letzteren bedingtes Princip, dass der Papst als oberster Richter in der Kirche keinem menschlichen, sondern nur dem göttlichen Gerichte unterworfen sei [4]. Die Konsequenz dieses dahin formulirten Grundsatzes: apostolica sedes a nemine iudicatur führt dazu, dass eine Erledigung des römischen Stuhles durch Absetzung seines Inhabers, welche für andere Aemter die Vakanz derselben herbeiführen kann, abgesehen von den beiden, unten näher zu besprechenden Ausnahmen des Falles der Häresie und des Schismas, nicht denkbar ist.

Aber mit dieser Theorie steht die unleugbare Thatsache in Widerspruch, dass mehrfach im Verlauf der früheren Jahrhunderte Absetzungen von Päpsten erfolgt sind, und es fragt sich daher, ob diese Depositionen blos verwerfliche Verletzungen eines von Anfang an in der katholischen Kirche unbestritten feststehenden Rechtssatzes waren [5] oder ob sich nicht vielmehr dieser letztere erst im Laufe der Entwicklung fixirt hat.

Eine unbefangene, voraussetzungslose Betrachtung der einzelnen, in Frage kommenden Begebnisse wird die letztgedachte Auffassung als berechtigt erscheinen lassen.

Sieht man ab von denjenigen Fällen, in welchen es sich nicht um Absetzung von rechtmässigen Päpsten, sondern lediglich um die Entfernung zweifelloser Usurpatoren des römischen Stuhles und um die Bestrafung solcher Eindringlinge durch eine von dem rechtmässigen Inhaber des Pontifikates versammelte Synode gehandelt hat [6], so sind die Depositionen der Päpste von den beiden Mächten ausgegangen, welche ihrer Stellung nach von vorn herein in eine gewisse Rivalität zu jenen und somit auch allein in die Lage gesetzt waren, eine derartige Oberhoheit über den Stuhl Petri ausüben zu können, nämlich den weltlichen Herrschern und dem Episkopat. In der römischen Kaiserzeit

[1] Hübler, Constanzer Reformation S. 16; Phillips 1, 269.

[2] Glosse zu c. 1. in VIto cit. s. v. quoniam und videbantur; de Rocca, de Romani pontificis nomenclatura comment. in opp. Romae. 1719. 1, 4 ff.; Barbosa, ius eccles. univ. lib. I. c. 2. n. 212. 213; Reiffenstuel I. 9. n. 16. 44; Schmalzgrueber P. II. tit. 9. n. 13; Anal. jur. pontif. 1855. p. 1488; Phillips 5, 715 ff. Weil hier keine Genehmigung des geistlichen Oberen denkbar ist, sprechen Einzelne nicht von resignatio, sondern von cessio oder abdicatio.

[3] S. Barbosa l. c.

[4] S. z. B. Phillips 1, 258 ff.; Kober, Deposition und Degradation. S. 549 ff.; Hefele, Konciliengesch. 1, 46; Schulte 2, 192. 193.

[5] Kober a. a. O. S. 551: „Und es lässt sich auch historisch nachweisen, dass alle Jahrhunderte diese Folgerung gezogen und den Satz aufrecht erhalten haben: Prima sedes a nemine iudicatur“.

[6] Beispiele dafür bieten der im J. 768 beseitigte Constantinus II. (s. oben S. 228 und Anastas. biblioth. vita Stephani IV. ed. Fabrot. 2, 93: „Sabbatho vero die diluculo ante unam diem ordinationis praefati beatissimi papae Stephani aggregati aliquanti episcoporum seu presbyterorum et clerici in basilica Salvatoris iterum praefatus Constantinus ad medium allatus est lectisque sacratissimis canonibus ita depositus est“). Der im J. 855 abgesetzte Anastasius (s. Hincmari annal. a. 868. SS. 1, 479. Brief Hadrians II.: „Omni ecclesiae dei notum est, quid Anastasius tempore praedecessorum nostrorum pontificum gesserit, sed et qualiter ob id de illo sanctae recordationis Leo (IV.) et Benedictus (III.) instituerint, palam est cunctis. Quorum unus eum deposuit, excommunicavit et anathematizavit, alter vero sacerdotalibus exspolians vestimentis inter laicos in communione recepit“; ferner der 998 verurtheilte Johannes XVI. Philagathus (s. Joann. chron. Venet. SS. 7, 31: „a sacro concilio depositionis sententiam sustinens, sacerdotale officium perdidit“). Ueber die Usurpatoren Johannes und Gregor, welche im J. 844, resp. 1012 einfach beseitigt sind, s. Jaffé, regest. p. 344. 356.

und den grössten Theil des Mittelalters hindurch, in welchem der Gegensatz zwischen dem Pontifikat und dem Episkopat noch nicht der hauptsächlichste treibende Faktor der Entwicklung gewesen ist, vielmehr die Bischöfe sich höchstens und nur zum Theil der weltlichen Macht angeschlossen haben, begegnen uns daher nur Fälle, wo die weltlichen Herrscher allerdings unter Hinzutritt von Kirchenversammlungen dergleichen Absetzungen vornahmen, während gerade gegen Ende des Mittelalters, als der durch die frühere Verfassungsgestaltung zurückgedrängte Episkopat sein Haupt erhoben und die päpstlichen Rechte zu vermindern suchte, dieser die beanspruchte Oberhoheit über die Päpste auch durch Depositionen der letzteren praktisch zur Geltung brachte.

Als frühestes Beispiel der Ausübung eines oberstrichterlichen Rechtes in der römischen Kaiserzeit ist die Relegation des Papstes Liberius i. J. 355 anzuführen, welcher von Kaiser Konstantius wegen der von ihm verweigerten Verurtheilung des h. Athanasius ins Exil geschickt wurde[1]. Wenngleich aus der Erzählung über diesen Vorfall nichts Näheres über die damalige Auffassung der hier in Rede stehenden Rechtsfragen zu entnehmen ist und darin lediglich ein unberechtigtes Uebergreifen der kaiserlichen Gewalt gefunden werden könnte, so hat doch die römische Synode des J. 378 das Urtheil der Kaiser Gratian und Valentinian zu Gunsten des Papstes Damasus angerufen[2]. Und mag es sich auch hier nur um dem Papst vorgeworfene, bürgerliche Verbrechen gehandelt haben, so ergiebt das betreffende Synodalschreiben immerhin, dass man damals noch das Koncil und in oberster Instanz den Kaiser als zum Richter über den Papst berufen ansah. Gerade der Umstand, dass neben dem vom Kaiser mit der Untersuchung zu betrauenden Koncil auch dieser selbst als kompetent anerkannt wird, widerlegt die Deutung, es habe sich das oberstrichterliche Recht des Kaisers nur auf Kriminalverbrechen erstreckt[3]. Schon im fünften Jahrhundert, in welchem die Stellung des römischen Bischofs sich zu einer wirklichen Obergewalt umzubilden anfängt, wird indessen aus der demselben beigelegten höchsten Jurisdiktion über die Kirche von Papst Gelasius I. der Satz hergeleitet, dass die römische Kirche dem Gerichte Niemandes unterstehe[4]. Aber obwohl auch die wahrscheinlich in dieser

[1] Theodoreti eccles. hist. II. 16. 17 (ed. Gaisford. Oxonii 1854. p. 175).

[2] Brief ders. bei Coustant p. 529: „Accipite aliud quoque quod vir sanctus (Damasus) vestrae magis conferre pietati quam sibi praestare desiderat nec derogare cuiquam sed principibus adrogare, quoniam non novum aliquid petit, sed sequitur exempla maiorum, ut episcopus Romanus, si concilio eius causa non creditur, apud concilium se imperiale defendat. Nam et Silvester papa a sacrilegis accusatus apud parentem vestrum Constantinum causam propriam prosecutus est. Et de scripturis similia exempla suppeditant, quod cum a praeside sanctus apostolus vim pateretur, Caesarem appellavit et ad Caesarem. Certe prius examinet causam vestra clementia et si emerserit quaestio interroganda distinguat, ut quemadmodum estis censere dignati factorum a iudice ratio quaeratur, non arbitrium sententiae vindicetur".

[3] Letzteres nimmt an Kober a. a. O. S. 563. 564. Gegen die im Text vertretene Ansicht auch P. de Marca, de concordia sacerdotii et imperii lib. I. c. 11. n. 5. Indessen ist zu erwägen, dass der römische Bischof damals noch als oberster Reichsbischof galt, und dass die Stellung des römischen Kaisers, welcher die Wahrung des katholischen Glaubens und der sittlichen Reinheit des Klerus für sich in Anspruch nahm (s. vorläufig Richter §. 22), eine oberstrichterliche Macht über den Papst auch in kirchlichen Dingen nothwendig zur Folge haben musste, wie der Kaiser ja auch insofern in das Gebiet der Kirche eingriff, als er die Synoden berief, auf ihnen präsidirte und ihre Beschlüsse bestätigte. Das in dem Schreiben der Synode angeführte Verfahren des Papstes Silvester, über das wir keine weiteren Nachrichten besitzen, bestätigt das ebenfalls.

[4] c. 16 (Gelasius I. a. 493) C. IX. qu. 3: „Ipsi sunt canones qui appellationes totius ecclesiae ad huius sedis examen voluere deferri. Ab ipsa vero nusquam prorsus appellari debere sanxerunt ac per hoc illam de tota ecclesia iudicare, ipsam ad nullius commeare iudicium nec de eius unquam praeceperunt iudicio iudicari"; c. 17 (idem a. 498) ead.: „Cuncta per mundum novit ecclesia, quod sacrosancta Romana ecclesia fas de omnibus habeat iudicandi neque cuiquam de eius liceat iudicare iudicio".

Zeit entstandenen falschen Akten der Synode von Suessa die zu derselben versammelten Bischöfe die Abgabe eines Urtheils über Papst Marcellinus (296—304) wegen seines den heidnischen Göttern gespendeten Opfers verweigern und diesen sich selbst schuldig sprechen lassen[1], somit also jener Satz schon in das Rechtsbewusstsein der Kirche eingedrungen war, fehlte doch noch viel, dass er auch praktische Geltung und Anerkennung erhalten hätte.

Anfangs des fünften Jahrhunderts (i. J. 501) hat der Ostgothenkönig Theodorich den u. A. des Ehebruchs, der Verschleuderung des Kirchengutes und der gesonderten Feier des Osterfestes angeklagten Papst Symmachus vor sein Hofgericht nach Ravenna geladen und nach der Flucht desselben einen Visitator zur Abhaltung einer Synode in Rom bestellt, um mit derselben über den Papst zu richten[2]. Zwar erklärten die eingeladenen Bischöfe, dass dieser letztere die Synode hätte selbst berufen müssen, und Symmachus stellte auch eine Reihe von Bedingungen für seine Unterwerfung unter die richterliche Gewalt des Koncils[3], aber der König befahl ein weiteres Vorgehen desselben, während er freilich gleichzeitig zur Vermeidung eines etwaigen Konfliktes gestattete, auch die Sache in anderer Weise zu erledigen, sofern nur dadurch die Ruhe zwischen der Partei der Ankläger und der Partei des Symmachus hergestellt würde[4]. Den letzteren Weg schlug aber die Synode nicht ein, vielmehr hielt sie förmlich Gericht über den Papst und dieser willigte, unter Aufgabe der früher gestellten Bedingungen auch ein, sich vor ihr zu rechtfertigen[5]. Als aber Symmachus in Folge der gegen ihn seitens seiner Gegner geübten Gewaltthätigkeiten sich nun der Synode nicht mehr unterwerfen zu wollen erklärte[6], schlug dieselbe, ohne den ausbleibenden Papst als contumax zu behandeln, den ihr früher von Theodorich offen gelassenen Weg der Beilegung der Sache ohne weitere Verhandlung der Anklage ein[7]. So hatte denn der König allerdings darauf verzichtet, den Papst von der Synode gerichtet zu sehen, indessen war der letztere insofern unterlegen, als er nicht nur nicht eine prin-

[1] „Synodus autem universa hoc dixit cunctorum iudicio: Tu eris iudex, ex te enim damnaberis et ex te iustificaberis, tamen in nostra praesentia . . . tu enim iudex, tu et reus . . . Loquere, pontifex, et iudica causam tuam . . . Tuo ore iudica causam tuam et non nostro iudicio solve conditionem . . . Noli audiri in nostro iudicio, sed collige in sinu tuo causam . . . Te enim non condemnamus, praesul, quoniam ex ore tuo iustificaberis et ex ore tuo condemnaberis . . . Juste ore suo condemnatus est et ore suo anathema suscepit maranatha, quoniam ore suo condemnatus est. Nemo enim unquam iudicavit pontificem nec praesul sacerdotem suum, quoniam prima sedes non iudicabitur a quoquam" (Mansi 1, 1253. 1254. 1255. 1256. 1257). — Vgl. dazu Hefele a. a. O. 1, 119; Döllinger, die Papstfabeln. S. 50.

[2] Ueber die hier in Rede stehenden, vielfach verschieden aufgefassten Thatsachen und die Chronologie der einzelnen Vorgänge, s. Dahn, die Könige der Germanen 3, 213 ff., dessen Darstellung ich gefolgt bin. Ueber die abweichenden Ansichten früherer Schriftsteller vgl. denselben.

[3] Mansi 8, 249; „auctoritatem ordinis corrigendi, sicut poscebant ecclesiastica statuta in omnium qui ibidem convenerant episcoporum praesentia se dare professus est, sperans ut visitator qui contra religionem, contra statuta veterum vel contra regulas maiorum a parte cleri vel ab aliquibus laicis fuerat postulatus, ex ordinatione antistitum . . . prima fronte cederet, et omnia quae per suggestiones inimicorum suorum amiserat, potestati eius legaliter ab honorabili concilio redintegrarentur seu redderentur, et tanti loci praesul regulariter prius statui pristino redderetur et tunc, non ante veniret ad causam, et si ita videretur, accusantium propositionibus responderet".

[4] Dahn a. a. O. S. 222.

[5] Mansi 8, 249: „Et dum inter ista quae essent facienda tractabatur, praefatus papa, ut causam diceret, occurrebat".

[6] Mansi 3, 250: „intimantes etiam saepe nominatum papam post caedem cui subiacuerat cum suis, si voluntatem rursus haberet exeundi ad iudicium fuisse commonitum, sed allegasse eum per directos episcopos nominatis canonibus se cessisse affectu purgationis suae culmen humilians qui tantis periculis pene fuisset oppressus: dominum regem habere quid vellet ius faciendi, sed interim iustitiae renitentem statutis canonibus non posse compelli".

[7] Mansi 8, 251: „Unde secundum principalia praecepta quae nostrae hoc tribuunt potestati, ei quicquid ecclesiastici intra sacram urbem Romam vel foris iuris est, reformamus totumque causam dei iudicio reservantes" . . . Dahn 3, 229.

cipielle Anerkennung seiner von jeder Richtergewalt freien Stellung erlangt hatte, sondern sich sogar auf die Anklage hatte einlassen müssen und er die Abbrechung des richterlichen Verfahrens sowie die Beilegung der Sache ohne ein Urtheil der Synode nur dem Willen des Königs verdankte [1]. Die hierarchische Partei in Italien [2], wie ausserhalb desselben [3], missbilligte zwar das Verfahren der Synode und hielt an dem Satze: »apostolica sedes a nemine iudicatur« fest, ja er wird auch in den um dieselbe Zeit entstandenen Akten der dem Papst Silvester I. (314—335) zugeschriebenen Synode [4] wiederholt, trotzdem liess aber Theodorich den des Hochverraths verdächtigen Papst Johann I. i. J. 526 in Untersuchungshaft nehmen [5] und nach der Beseitigung der ostgothischen Herrschaft entsetzte Belisar offenbar im Auftrage der Kaiserin Theodora Papst Silverius i. J. 537, welcher des Einverständnisses mit den Ostgothen bezüchtigt wurde, in der formlosesten Weise, worauf Justinian eine nochmalige, aber von dem Nachfolger desselben, Vigilius, vereitelte richterliche Untersuchung anordnete [6]. Nicht

1 Dahn a. a. O. S. 237. 238; Kober, Deposition. S. 553. 554. 578 findet in dem Verhalten des Symmachus und der Bischöfe eine Anerkennung des Satzes, dass der Papst von Niemandem gerichtet werden durfte. Er würdigt aber weder den Zusammenhang des Verlaufs der Vorgänge, noch berücksichtigt er, dass der Synode durch den König gestattet wurde, die Anklage gegen Symmachus bei Seite zu lassen.

2 So der Bischof Ennodius von Pavia († 527) in seiner Schutzschrift, libellus apologeticus, neuerdings in meiner Pseudo-Isidor-Ausgabe S. 665 ff. wieder abgedruckt; die betreffende Stelle, bei Gratian c. 14. C. IX, qu. 3 unter der falschen Inskription: Item Symmachus papa, lautet: „Aliorum hominum causas deus voluit homines terminare, sed sedis istius praesulis suo sine quaestione reservavit arbitrio. Voluit B. Petri apostoli successores coelo tantum debere innocentiam et subtilissimi discussoris indagini inviolatam exhibere conscientiam. Nolite aestimare eas animas inquisitionis non habere formidinem quas deus prae ceteris suo reservavit examini. Non habet apud illum reus de allegationis nitore subsidium, quando ipsorum factorum utitur eo teste quo iudice. Dicas forsitan, omnium animarum talis erit in illa disceptatione conditio; replicabo: uni dictum: Tu es Petrus et super hanc petram aedificabo ecclesiam meam et quaecunque solveris super terram, erunt soluta et in coelis. Et rursus sanctorum voce patet, pontificum dignitatem sedis eius factam toto orbe venerabilem, illi quicquid fidelium est ubique submittitur, dum totius corporis caput esse designatur. De hac mihi videtur dictum per prophetam: Si haec humiliatur, ad cuius confugietis auxilium? et ubi relinquetis gloriam vestram?“ Dass Symmachus selbst diesen Satz auf der von ihm abgehaltenen 6. (5.) Synode (s. meine Pseudo-Isidor-Ausgabe S. 676) ausgesprochen hat (so Kober S. 581), ist irrig, denn dieses freilich noch von Hefele 2, 627 für ächt erklärte Koncil ist ein Pseudo-Isidorisches Machwerk; s. meine Ausgabe S. 675 ff. und prolegom. p. CV.

3 Aviti episcopi Viennensis epist. ad senatores urbis Romae (ed. Sirmond. Paris. 1643. S. 80): „Quam constitutionem licet observabilem numerosi reverendique concilii reddat assensus, intelligimus tamen, sanctum Symmachum papam, si saeculo primum fuerat accusatus, consacerdotum suorum solatium adsciscere potius quam recipere debuisse iudicium: quia sicut subditos nos esse terrenis potestatibus iubet arbiter caeli, staturos nos ante reges et principes in quacumque accusatione praedicens, ita non facile datur intelligi, qua vel ratione vel lege ab inferioribus eminentior iudicetur . . . Quod synodus ipsa venerabilis laudabili constitutione prospiciens causam quam — quod salva eius reverentia dictum sit — pene temere susceperat inquirendum, divino potius servavit examini . . . Si profundo illo tractatus vestri consilio rem videtis, non ea tantummodo quae Roma geritur, causa cogitanda est. Sed et in sacerdotibus ceteris potest, si quid forte vocaverit, reformari: at si papa urbis vocatur in dubium, episcopatus iam videbitur, non episcopus vacillare“. S. dazu Dahn a. a. O. S. 230.

4 Act. I. c. 3 (Mansi 2, 624): „Neque praesul summus a quoquam iudicabitur quoniam sicut scriptum est: non est discipulus supra magistrum“; u. Act. II. c. 20 (Mansi 2, 632) bei Gratian unter der falschen Inskription: Innocentius c. 13. C. IX. qu. 3: „Nemo iudicabit primam sedem iustitiam temperare desiderantem. Neque enim ab Augusto neque ab omni clero neque a regibus neque a populo iudex iudicabitur“.

5 Zu einer Verurtheilung ist es nicht gekommen, weil der Papst bald darauf im Gefängniss starb. S. Anastas. biblioth. vita Johannis I. (ed. Fabrot. 2, 35); Dahn a. a. O. 3, 237.

6 Anastas. biblioth. cita Silverii (ed. Fabrot. 2, 39): „Tunc fecit (Belisarius) b. Silverium papam venire ad se in palatium Pincis . . . et ingresso Silverio cum Vigilio solo in musileum ubi Antonina patricia iacebat in lecto et Belisarius patricius sedebat ad pedes eius, Antonina dixit ad eum: dic domne Silveri papa, quid fecimus tibi et Romanis quod tu velis nos in manus Gothorum tradere? Adhuc ea loquente ingressus est Johannes subdiaconus regionarius primae regionis et tulit pallium de collo eius; Liberati archidiaconi eccles. Carthag. breviar. causae Nestorianor. c. 22 (ed. Garnerius. Paris. 1675. p. 150): „Sed Silverio veniente Patarum venerabilis episcopus civitatis ipsius venit ad imperatorem et iudicium de

minder wurde im folgenden Jahrhundert Papst Martin I. (649—653), als er den von Kaiser Konstans II. erlassenen s. g. Typus mit der Lateransynode des Jahres 649 verdammt hatte[1], unter rohen Misshandlungen 653 nach Konstantinopel geschleppt und dort auf die freilich erdichteten Beschuldigungen des Hochverraths gegen den Kaiser verurtheilt und dann nach Cherson in das Exil geführt[2].

Für die römische Kaiserzeit ergiebt sich also das Resultat, dass die Kirche mit ihren Bemühungen, die Anerkennung des Satzes: sedes apostolica a nemine iudicatur durchzusetzen, nicht durchdrungen ist, dass sie sich vielmehr der Ausübung des von den Kaisern in Anspruch genommenen obersten Richterrechts hat fügen müssen.

Auch in der karolingischen Zeit war von einer unbestrittenen Geltung jenes Principes eben so wenig die Rede. Der des Ehebruchs und Meineides bei Karl d. Gr. angeklagte Papst Leo III.[3] (795—816) hat vor der unter dem Vorsitz des ersteren abgehaltenen Synode diese Beschuldigungen durch einen von ihm geleisteten Reinigungseid widerlegt. Wenn diese Thatsache vielfach so aufgefasst wird, als ob der Papst dabei freiwillig im Interesse der Würde des päpstlichen Stuhles auf das damals schon anerkannte Privileg seiner Exemtion von jeder Gewalt verzichtet habe[4], so widerspricht dieser Anschauung der Umstand, dass Karl d. Gr. eine genaue Untersuchung der Sache veranstaltete und dem Papst nur deshalb die freiwillige Leistung eines Reinigungseides anheimstellte, weil für ihn kein Grund vorlag, denselben fallen zu lassen, und schon bei der Voruntersuchung die Anklagen als grundlose und gehässige Beschuldigungen sich erwiesen hatten[5]. Ferner stand ein solches Vorgehen Karls

contestatus est de tantae sedis episcopi expulsione, multos esse dicens in hoc mundo reges et non esse unum, sicut ille papa est super ecclesiam mundi totius, a sua sede expulsus. Quem audiens imperator revocari Romam Silverium iussit et de literis illis iudicium fieri, ut si probaretur, ab ipso fuisse scriptas, in quacunque civitate episcopus degeret, si autem falsae fuissent probatae, restitueretur sedi suae". Vgl. auch Dahn a. a. O. S. 243. 244.

[1] Hefele, Konciliengesch. 3, 186. 200.

[2] S. die epist. Martini ad Theodor. und die commemoratio eorum, quae acta . . . sunt . . . in Martinum bei Mansi 10, 851. 855; Papenkordt. S. 73; Hefele 3, 208.

[3] Alcuini epist. 92. (ed. Froben. 1, 134); Hefele 3, 688.

[4] So z. B. K. Hildenbrand, die purgatio canonica u. vulgaris. München 1841. S. 45; Hefele a. a. O. 688. 689; Kober a. a. O. S. 557. 579 auf Grund der Erzählung von Anastas. biblioth. vita Leon. III. n. XCVIII. (Fabrot. 2, 125): „Qui post modicum tempus ipse magnus rex dum in basilica b. Petri apostoli coniunxisset et cum magno honore susceptus fuisset, fecit in eandem ecclesiam congregari archiepiscopos seu episcopos, abbates et omnem nobilitatem Francorum atque Romanorum . . . ut crimina quae adversus almum pontificem dicta fuerunt, declinarent. Qui universi archiepiscopi et episcopi et abbates unanimiter audientes dixerunt: Nos sedem apostolicam quae est caput omnium ecclesiarum iudicare non audemus. Nam ab ipsa nos omnes et vicario suo iudicamur, ipsa autem a nemine iudicatur, quemadmodum et antiquus mos fuit. Sed sicut ipse pontifex censuerit, canonice obediemus. Venerabilis praesul inquit: praedecessorum meorum pontificum vestigia sequor et de talibus falsis criminationibus quae super me nequiter exarserunt, me purificare paratus sum. Alia vero die . . . sub iureiurando clara voce dixit: Quia de istis falsis criminibus quae super me imposuerunt Romani qui inique me persecuti sunt, scientiam non habeo nec talia egisse me cognosco".

[5] Annal. Laurisham. a. 800 (SS. 1, 38): „Et ibi fecit conventum maximum episcoporum seu abbatum cum presbyteris, diaconibus et comitibus seu reliquo christiano populo et ibi venerunt in praesentia qui ipsum apostolicum condemnare voluerunt et cum cognovisset rex, quia propter non aliam iustitiam sed per invidiam eum condemnare volebant, tunc visum est et ipsi piissimo principi Carolo et universis episcopis et sanctis patribus qui adfuerunt, ut si eius voluntas fuisset et ipse petiisset, non tamen per eorum iudicium sed spontanea voluntate se purificare debuisset et ita factum est"; Einhardi annal. a. 800 (SS. 1, 189): „Inter quae vel maximum et difficillimum erat . . . de investigandis videlicet quae pontifici obiciebantur criminibus. Qui tamen postquam nullus eorundem criminum probator esse voluit, coram omni populo in basilica b. Petri apostoli evangelium ferens ambonem conscendit invocatoque sanctae trinitatis nomine de obiectis se criminibus purgavit". Die Form des Eides, welchen Leo III. geleistet hat, lautete nach LL. 2, 15: „Auditum, fratres carissimi, et divulgatum est per multa loca, qualiter homines mali adversus me insurrexerint et debi-

sicherlich nicht mit der damaligen Auffassung des Verhältnisses zwischen dem Frankenkönig und dem Papste in Widerspruch. Denn in jener Zeit galt ersterer noch als Oberherr des christlichen Staates[1] und wie er über die übrigen Bischöfe seines Reiches richtete[2], konnte er offenbar gleichfalls eine solche Gewalt über den Papst, den ersten und vornehmsten derselben, in Anspruch nehmen. Reinigte sich doch auch Papst Paschalis I. (817—824) i. J. 823, als er der Ermordung mehrerer angesehener Männer beschuldigt war, und Ludwig der Fromme Gesandte zur Untersuchung der Sache nach Rom geschickt hatte, durch einen mit geistlichen Eidhelfern abgeleisteten Reinigungseid, ohne dass hier irgendwie von einem Verzicht des Papstes auf das angebliche Privileg etwas berichtet wird[3]. Ja, wie wenig damals dasselbe im kirchlichen Rechtsbewusstsein fixirt war, ergiebt die Drohung der fränkischen Bischöfe i. J. 833, den von Lothar I. nach dem Frankenreiche herbeigeholten Papst Gregor IV. (827—844) absetzen zu wollen, sowie die weiter berichtete Thatsache, dass der Papst erst von den Anhängern Lothars auf frühere Schriftstücke, wahrscheinlich die falschen Silvestrinischen Gesten, und den in diesen enthaltenen Satz: sedes apostolica a nemine iudicatur aufmerksam gemacht werden musste[4]. Legt doch endlich ein bei Gratian aufgenommenes, jedenfalls Leo IV. (847—855) oder Leo III., also immerhin einem Papst

litare voluerint et miserint super me gravia crimina propter quam causam audiendam iste clementissimus ac serenissimus domnus rex Carolus una cum sacerdotibus et optimatibus suis istam pervenit ad urbem. Quam ob rem ego Leo, pontifex sanctae Romanae ecclesiae, a nemine iudicatus neque coactus sed spontanea mea voluntate, purifico et purgo me in conspectu vestro coram deo et angelis eius ... quia istas criminosas et sceleratas res quas illi mihi obiciunt nec perpetravi nec perpetrare iussi. Testis mihi est deus ... Et hoc propter suspitiones tollendas mea spontanea voluntate facio, non quasi in canonibus inventum sit aut quasi ego hanc consuetudinem aut decretum in sancta ecclesia successoribus meis necnon et fratribus et coepiscopis nostris imponam". Der Papst selbst spricht also auch von einer richterlichen Untersuchung (causa audienda), die der König anstellen will. Von einer Weigerung der Bischöfe ihn zu richten sagt er nichts, dies sowie die Berichte der Annalen ergeben also, dass im liber pontificalis (s. vorige Note) die Darstellung tendenziös im hierarchischen Interesse abgefasst ist. Der Schlusssatz des Eides kann nicht darauf bezogen werden, dass der Papst von Niemand gerichtet werden darf, sondern wie die Gleichstellung der übrigen Bischöfe mit dem Papst zeigt, nur darauf, dass kein Fall vorlag, in welchem eine Verpflichtung zur Ableistung des Reinigungseides obwaltete. Dass verschiedene Formen dieses Eides überliefert sind (s. Hildenbrand S. 46. und c. 18. C. II. qu. 5) und sich die einzelnen Worte des Eides nicht mehr sicher feststellen lassen, widerlegt die eben gemachten Ausführungen nicht, denn der Schlusssatz findet sich in allen und wenn bei Gratian die Worte: „propter causam audiendam" fehlen, so ist hier der Text im Eingang offenbar verkürzt, während das: cuius rei cognoscendae in der Form bei Hildenbrand a. a. O. mit causa audienda gleichbedeutend ist.

1 Waitz, deutsche Verfassungsgesch. 3, 177. 196. 264. Wenn Kober a. a. O. S. 568. 569 für seine Ansicht noch darauf hinweist, dass die Gnade des Papstes den Frankenkönig zum Kaiser und ersten Fürsten des Erdkreises erhoben hätte, so ist dies für den grössten Theil der karolingischen Zeit geradezu falsch. S. Waitz a. a. O. S. 178. 224.

2 S. meine Ausgabe des Pseudo-Isidor, prolegom. p. CCXXII.

3 Einhardi annal. a. 823 (SS. 1, 211): „Legati Romam venientes rei gestae certitudinem adsequi non potuerunt, quia Paschalis pontifex et se ab huius facti communione cum magno episcoporum numero iureiurando purificavit"; Thegani vita Ludowici Pii imp. c. 30 (SS. 2, 597): „Postea misit legatos suos Adelungum venerabilem abbatem et presbyterum et Humfridum qui erat dux super Redicam partibus Romae propter quandam insolentiam quam Romanus populus super Romanum pontificem Pascalem dixit, inputantes ei quod nonnullorum homicida fuisset. Qui supradictus pontifex cum iuramento purificavit se in Lateranensi patriarchio coram supradictis legatis et populo Romano cum episcopis 34 et presbyteris et diaconibus 5"; vita Ludovici c. 37 (SS. 2, 627): „Imperator autem, dum ad hanc rem enucleatissime investigandam Adelungum ... et Hunfridum mitteret curiae, Paschalis papae missi supervenerunt ... accusationi opponentes excusationem et super ista imperatori offerentes examinationem".

4 Paschasii Radberti vita Walae II. 16 (SS. 2, 562): „Terrebatur autem ... ab Augusto et ab omnibus suis, etiam ab episcopis qui sibi pridie quam venissemus dexteras dederunt, quod unanimes essent ad resistendum his qui ex adverso erant, regibus filiis, principibus et populo; insuper consiliabantur firmantes, pro dolor! quod eundem apostolicum, quia non vocatus venerat, deponere deberent ... Quibus auditis pontifex plurimum mirabatur et verebatur. Unde et ei dedimus nonnulla sanctorum patrum auctoritate firmata praedecessorumque suorum conscripta, quibus nullus contradicere possit, quod eius esset potestas, imo

der ersten Hälfte des 9. Jahrhunderts angehöriges Brieffragment, dem Kaiser eine richterliche Gewalt bei[1].

Die bald darauf gegen die Versetzung der Kirchenverfassung mit staatlichen Elementen im Frankenreiche auftretende Opposition, welche namentlich eine Emancipation des Klerus, vor Allem aber der hohen Würdenträger, von der weltlichen Gerichtsbarkeit erstrebte, musste die völlige Unabhängigkeit des Papstes von jeder Jurisdiktion nicht nur als Konsequenz ihrer eben gedachten Tendenzen, sondern auch als nothwendiges Fundament für die beanspruchte Oberhoheit des geistlichen über das Laien-Element aufstellen. Daher hat der Verfasser der Pseudo-Isidorischen Dekretalen sowohl die Excerpte aus den oben (S. 299) gedachten Silvestrinischen Gesten in seine Sammlung aufgenommen[2], als auch selbst derartige Aussprüche den Päpsten in seinen gefälschten Briefen in den Mund gelegt[3], und demnächst ist dieser ebenso wie einst in den römischen Kaiserzeit zuerst in falschen Dokumenten ausgesprochene Satz noch im Verlauf desselben Jahrhunderts mehrfach von den Päpsten wiederholt worden[4].

Der Niedergang des Papstthums Ende des 9. und Anfang des 10. Jahrhunderts und die aufsteigende Macht des sächsischen Kaiserhauses führten aber im 10. Jahrhundert zu einer neuen Beiseitsetzung jenes Principes der Unantastbarkeit des Papstes,

dei et b. Petri apostoli suaque auctoritas, ire, mittere ad omnes gentes pro fide Christi et pace ecclesiarum, pro praedicatione evangelii et assertione veritatis; et in eo esset omnis auctoritas b. Petri excellens et potestas viva a quo oporteret universos iudicari ita ut ipse a nemine iudicandus esset. Quibus profecto scriptis gratanter accepit et valde confortatus est". Vgl. über diese Stelle, namentlich darüber, dass hier die Pseudo-Isidorischen Dekretalen nicht gemeint sein können, meine Pseudo-Isidor-Ausgabe p. CXCVI, über die Begebenheit überhaupt Dümmler, ostfränk. Reich 1, 74 ff.

[1] c. 41. C. II. qu. 7 (Leo IV. Ludovico augusto): „Nos, si incompetenter aliquid egimus et in subditis iustae legis tramites non conservavimus, vestro ac missorum vestrorum cuncta volumus emendare iudicio, quoniam si nos qui aliena debemus corrigere peccata, peiora committimus, certe non veritatis discipuli, sed quod dolentes dicimus, erimus prae ceteris erroris magistri. Inde magnitudinis vestrae magnopere clementiam imploramus ut tales ad haec quae diximus, perquirenda missos in his partibus dirigatis qui deum per omnia timeant, et cuncta quemadmodum si vestra praesens fuisset imperialis gloria, diligenter exquirant et non tantum haec sola quae superius diximus, quaerimus ut examussim exagitent, sed sive minora sive etiam maiora illis sint de nobis indicata negotia, ita eorum cuncta legitimo terminentur examine, quatenus in posterum nihil sit, quod ex eis indiscussum vel indiffinitum remaneat". In Uebereinstimmung mit Gratian, welcher übrigens in dieser Stelle nur eine nicht erforderliche „humilitatis dispensatio" findet, weist sie Jaffé, regesta n. 2005 Leo IV.; Richter dagegen (s. corpus iuris n. 146 ad c. cit.) Leo III. zu.

[2] S. meine Ausgabe S. 449 ff.

[3] Anteri ep. c. 5 (meine Ausgabe S. 154): „Facta subditorum iudicantur a nobis, nostra vero iudicat deus", auch in c. 15. C. IX. qu. 3; Eusebii ep. c. 11 (l. c. S. 237): „Oves quae pastori suo commissae sunt, eum nec reprehendere, nisi a recta fide exorbitaverit, debent, nec ullatenus accusare possunt, quia facta pastorum oris gladio ferienda non sunt, quanquam recte reprehendenda videantur"; ebenfalls bei Gratian in c. 13. C. II. qu. 7; Anacleti ep. c. 39 (l. c. p. 85) Fabian. c. 22 (l. c. p. 165). Mit Rücksicht auf die im Text dargelegte Entwicklung dürfte c. 6. Dist. XL: „Item ex dictis Bonifacii martyris. Si papa suae et fraternae salutis negligens deprehenditur et remissus in operibus suis et insuper a bono taciturnus, quod magis officit sibi et omnibus, nihilominus innumerabiles populos catervatim secum ducit, primo mancipio gehennae cum ipso plagis multis in aeternum vapulaturus. Huius culpas istic redarguere praesumit mortalium nullus, quia cunctos ipse iudicaturus a nemine est iudicandus, nisi deprehendatur a fide devius, pro cuius perpetuo statu universitas fidelium tanto instantius orat, quanto suam salutem post deum ex illius incolumitate animadvertit propensius pendere", dessen Inskription verdächtig ist, in die zweite Hälfte des 9. Jahrhunderts zu setzen sein.

[4] Nicolaus I. a. 865. in c. 7. Dist. XCVI: „Satis evidenter ostenditur, a saeculari potestate nec ligari prorsus nec solvi posse pontificem, quem constat a pio principe Constantino . . . deum appellatum, nec posse deum ab hominibus iudicari manifestum est"; Hadriani II. allocutio tertia syn. Constantinopol. IV. a. 869. 870: „Si quidem Romanum pontificem de omnium ecclesiarum praesulibus iudicasse legimus, de eo vero quemquam iudicasse non legimus" (Mansi 16, 126). Ebenso erklärte die gedachte Synode c. 21: . . . „definimus, neminem prorsus mundi potentium quemquam eorum qui patriarchalibus sedibus praesunt, inhonorare aut movere a proprio throno tentare, sed omni reverentia et honore dignos iudicare, praecipue quidem sanctissimum papam senioris Romae" (Mansi 16, 174).

indem die römische Synode des Jahres 963 Papst Johann XII. wegen seiner hochverrätherischen Verbindungen mit den Griechen und seines lasterhaften Wandels unter Ottos I. Vorsitz des Pontifikates für verlustig erklärte[1]. Kraft seiner vom Papst selbst verletzten kaiserlichen Machtvollkommenheit hatte Otto I. die Kirche von einem unwürdigen Leiter befreit und wenn in dieser seiner Handlungsweise schon damals eine Verletzung des öffentlichen Rechtsbewusstseins gefunden sein soll[2], so ergeben dies die berichteten Thatsachen nicht im Entferntesten, und man übersieht, dass bis zu Ottos I. Zeit die Kaiser in den vorkommenden Fällen stets oberstrichterliche Befugnisse über den Papst geübt, also der Anspruch auf Unabsetzbarkeit des letzteren noch keineswegs eine volle und sichere Anerkennung erlangt hatte. Ja noch im folgenden Jahrhundert musste Heinrich III. von Neuem im Interesse der Kirche selbst wieder die Beseitigung des Schismas auf sich nehmen und die drei einander sich befehdenden Päpste, Benedikt IX., Sylvester III. und Gregor VI. i. J. 1046 durch die Synoden von Sutri und Rom des Pontifikates entkleiden lassen[3].

Noch in demselben Jahrhundert beginnt aber ein neuer und nachhaltiger Aufschwung des Papstthums. Es vollzieht sich auch in dieser Hinsicht die Emancipation desselben von der Oberhoheit des Kaisers und die Päpste beanspruchen nun ihrerseits das Recht, den deutschen Kaiser abzusetzen. Schon Gregor VII., welcher getreu seiner Auffassung von der erhabenen Stellung des römischen Stuhles den Satz wiederholte: quod a nemine ipse iudicari debet[4], lud Heinrich IV. vor die Fastensynode des Jahres 1076, und als letzterer mit der Deposition Gregors durch das Koncil zu Worms geantwortet hatte[5], enthob ihn der Papst unter gleichzeitiger Verhängung der Exkommunikation der Regierung Deutschlands und Italiens[6]. Heinrich IV. behauptete sich

1 Literae synodi ad Johannem XII. pap. (LL. 2, 30): ... „Quae ne magnitudinem vestram omnia lateant, quaedam vobis sub brevitate describimus: quoniam si cuncta nominatim exprimere cupimus, dies nobis non sufficit unus. Noveritis itaque, non a paucis, sed ab omnibus tam nostri quam et alterius ordinis, vos homicidii, periurii, sacrilegii et ex propria cognatione atque ex duabus sororibus incesti crimine esse accusatos. Dicunt et aliud auditu ipso horridum diaboli vos in amore vinum bibisse; in ludo aleae Iovis Veneris caeterorumque daemonum auxilium poposcisse" . . . Synodi respons. (l. c. p. 31): „Inauditum vulnus inaudito est cauterio exurendum. Si corruptis moribus soli sibi et non cunctis obesset, quoquo modo tolerandus esset. Quot prius casti huius facti sunt imitatione incesti? Quot probi huius exemplo conversationis sunt reprobi? Petimus itaque magnitudinem imperii vestri, monstrum illud nulla virtute redemptum a vitiis a sancta ecclesia pelli aliumque loco eius constitui qui nobis exemplo bonae conversationis praeesse valeat et prodesse sibi: recte vivat ac bene vivendi nobis exemplum praebeat". Ottonis consensus (l. c.): „Placet quod dicitis nihilque gratius nobis quam ut talis qui huic sanctae et universali sedi praeponatur, inveniri potest". S. auch Liutprandi hist. Othonis c. 14. 15 (SS. 3, 344. 345).

2 So Kober a. a. O. S. 568, welcher die Worte der Synode: „inauditum vulnus inaudito est cauterio exurendum" irrigerweise dahin interpretirt, dass die Synode selbst die Deposition als ein ausserordentliches, mit der geltenden Praxis nicht in Einklang stehendes Verfahren betrachtet habe, während diese Worte offenbar nur soviel heissen, dass der unerhörten Schwere der Vergehen Johanns XII. auch ein unerhörtes, d. h. das schwerste Strafmittel, entsprechen müsse. S. übrigens auch oben S. 240.

3 Annal. Corbeiens. a. 1046 (Jaffé, monum. Corbeiens. p. 39): „Synodus ... secunda Sutriae in qua in praesentia regis secundum instituta canonum depositi sunt papae duo" (Silvester III. et Gregorius VI.); „tercia Romae . . . in qua canonice et synodice depositus est papa Benedictus". S. Jaffé, monum. Gregoriana. S. 594 ff. und oben S. 295.

4 Dictatus. registr. Gregor. VII. II. 55a. (Jaffé, monum. Gregoriana. p. 174).

5 LL. 2, 44; Hefele, Konciliengesch. 5, 54. 57. 58; Giesebrecht, Kaiserzeit 3, 343.

6 Bertholdi annal. a. 1076 (SS. 5, 282. 83), epist. Gregorii VII. III. 6 (Jaffé, l. c. p. 211); Hefele 5, 63 ff.; Giesebrecht 3, 350. Nach Bertholds Angaben hat sich Gregor VII. in dem Depositionsdekret für die Unabsetzbarkeit des Papstes auf die Silvestrinischen Gesten berufen, ferner auf folgenden Ausspruch Gregors I.: „decernimus reges a suis dignitatibus cadere et participatione corporis et sanguinis domini Jesu Christi carere, si praesumant apostolicae sedis iussa contemnere". Dieser ist aber einer Verallgemeinerung der üblichen Bannformel in einem Privileg für ein Xenodochium, das sich lib. XIII. ep. 8 (ed. Bened. 2, 1223) findet.

zwar in seiner Stellung und liess nach nochmaliger Absetzung des Papstes durch die Synode zu Brixen von 1080 Clemens III. zum Gegenpapst erheben[1], aber trotzdem war seit jenen Vorgängen die oberste richterliche Gewalt des deutschen Kaisers, welche Heinrich IV. überdies in rein parteiischer Weise auf lügenhafte Berichte hin und ohne die geringste Wahrung irgend welchen Vertheidigungsrechtes auszuüben versucht hatte, beseitigt[2]. Das erstarkte Papstthum hatte sich von dem Einfluss des Kaisers emancipirt und die Macht des hierarchischen Bewusstseins zeigt sich deutlich darin, dass etwa ein Jahrhundert nachher Kaiser Friedrich I. zwar i. J. 1160 eine Synode nach Pavia behufs Entscheidung des Schismas zwischen Alexander III. und Oktavian (Viktor IV.) berief[3], sich aber nach der Eröffnung derselben, um sie als frei erscheinen zu lassen, von ihr fern hielt[4] und diese in ihrer Encyclika es ausdrücklich hervorhob, dass sie die Entscheidung zu Gunsten Viktors IV. und die Kassation der Wahl Alexanders III. ohne jeden weltlichen Einfluss ausgesprochen habe[5].

Mit dem 12. Jahrhundert ist der Satz: apostolica sedes a nemine iudicatur vollkommen in das Rechtsbewusstsein übergegangen, und seitdem wiederholt anerkannt worden[6]. Erst im 14. Jahrhundert, als die Ueberspannung der päpstlichen Macht eine neue Opposition hervorrief, wurde von Ludwig dem Baiern die Absetzung Papst Johanns XXII. i. J. 1328 ausgesprochen und auch gleichzeitig theoretisch ein Recht des Kaisers dazu zu begründen versucht[7].

Gleichzeitig tritt aber eine neue Opposition in und aus der Kirche selbst hervor. Bisher hatte der Episkopat richterliche Befugnisse über den Papst nur als die vom Kaiser berufene sachverständige Behörde, und später in fränkischer und deutscher Zeit als Ver-

[1] S. oben S. 258.

[2] Den Umschwung der Anschauung zeigt z. B. die Synode von Quedlinburg (s. Bernoldi chron. a. 1085, SS. 5, 442): „Cum igitur omnes iuxta ordinem suum consedissent, prolata sunt in medium decreta sanctorum patrum de primatu sedis apostolicae quod nulli unquam liceat eius iudicium retractare vel de eius iudicio iudicare. Quod et totius synodi publica professione laudatum et confirmatum est . . . Quidam autem Bambergensis clericus nomine Gunibertus Romani pontificis primatui derogare volens, in mediam synodum se contulit, asserens Romanos pontifices hunc sibi primatum adscripsisse, non aliunde concessum hereditasse, videlicet ut nullus de eorum iudicio iudicare debeat nec illi alicuius iudicio subiaceant. Qui cum aperte a tota synodo confutaretur, praecipue tamen a quodam laico convictus est per illud evangelicum: Non est discipulus supra magistrum. Cum enim hoc generaliter in omnibus ecclesiasticis ordinibus observandum deputetur, ne maior a minore iudicetur, quis hoc vicario sancti Petri denegare potuit, quem omnes catholici pro domino et magistro venerantur".

[3] Hefele 5, 519. 511.

[4] A. a. O. S. 514.

[5] LL. 2, 125: . . . „Cum igitur orthodoxorum Papiae congregatorum universitas in nomine domini consedisset, causa per septem continuos dies remoto omni saeculari iudicio legitime ac canonice agitata ac diligenter inspecta, sufficienter et canonice etc." S. auch Hefele 5, 518.

[6] Das beweist die Aufnahme von Stellen, wie c. 6. Dist. XL, c. 13. C. II. qu. 7; c. 10. 14—17. C. IX. qu. 3 in das Dekret; s. ferner Innoc. III. sermo II in consecratione pontif. (opp. Colon. 1575. 1, 189: „Iam ergo videtis quis iste sit servus qui super familiam constituitur, profecto vicarius Jesu Christi, successor Petri, Christus domini, deus Pharaonis: inter Deum et hominem medius constitutus, citra deum, sed ultra hominem, minor deo, sed maior homine qui de omnibus iudicat et a nemine iudicatur, apostoli voce pronuncians: Qui me iudicat, dominus est"; Schreiben Philipps von Schwaben v. 1206 an Innocenz III. (Raynaldi ann. ecclesiast. a. 1206. n. 16): „Cum enim nos pie credamus et ante passionem et post passionem dominum nostrum Jesum Christum b. Petro apostolo claves regni coelorum contulisse et tradidisse ius ligandi atque solvendi, scimus et protestamur, quod vos qui in locum suum cum plenitudine potestatis successistis, in huiusmodi articulis ab homine non estis iudicandus, sed iudicium vestrum soli deo reservatur, cuius iudicium et examen quod sibi soli debetur, nobis non quaerimus usurpare"; c. 1 (Bonif. VIII.) de maior. et obedient. in Extrav. comm. I. 8: . . . „si deviat spiritualis potestas minor, a suo superiore, si vero suprema, a solo deo, non ab homine poterit iudicari".

[7] Das Absetzungsdekret bei Lünig, spicilegium eccles. Leipzig. 1716. 1, 182. Unter den Vertheidigern dieses kaiserlichen Rechtes ist vor Allen Marsilius von Padua (s. dessen Schrift defensor pacis II. 4. 5. bei Goldast, monarchia rom. imperii. Francof. 1688. 2, 195 ff.) zu nennen. Vgl. auch Friedberg in Doves Zeitschrift 8, 127 ff.

sammlung der zur Berathung in geistlichen Angelegenheiten vor Allem berufenen Reichsgrossen und in Abhängigkeit von dem Kaiser ausgeübt, ein Verhältniss, welches sich um so leichter erklärt, als früher die politischen und nationalen Interessen die Bischöfe noch auf das Engste mit dem Kaiser verbanden. Erst seit der Zeit Gregors VII. tritt auch im Verhalten des Episkopates ein entschiedenes Uebergewicht der kirchlichen Tendenzen hervor und diese ihm mit dem Papstthum gemeinsamen Ziele hielten vorerst jeden Antagonismus[1] fern, ja wo es im Interesse der einzelnen Päpste lag, die Unterstützung des Bisthums zu gewinnen, scheuten sie sich nicht, den Bischöfen freilich nur indirekt eine gewisse richterliche Stellung gegenüber dem Pontifikat einzuräumen. So hat z. B. Innocenz II., welcher aus zwiespältiger Wahl hervorgegangen war, keine Einwendungen erhoben, dass sowohl die französischen Bischöfe auf der von König Ludwig VI. i. J. 1130 berufenen Synode von Etampes als auch die deutschen auf der Würzburger Versammlung desselben Jahres[2] seine Wahl für die rechtmässige erklärten, und auf Grund dieser Aussprüche ihm der französische und deutsche König (Lothar der Sachse) Obedienz leisteten.

Erst seit dem 14. Jahrhundert beginnt, hervorgerufen durch die Ueberspannung der päpstlichen Macht, den sittlichen Verfall des Papstthums, sowie die Unfähigkeit und Unlust desselben, den schweren Schäden und Gebrechen der Kirche abzuhelfen, eine principielle Opposition des Episkopates, und es wird jetzt demselben, insofern er

[1] Einen interessanten Beleg für die Gemeinschaft der Interessen bietet das Verhalten eines Theiles des französischen Episkopates gegenüber dem von Paschalis II. Heinrich V. im J. 1111 erzwungner Weise ertheilten Privileg: „ut regni episcopis vel abbatibus libere preter symoniam et violentiam electis investituram virgae et anuli conferat“ (LL. 2, 72). Die Synode von Vienne von 1112 verlangte vom Papst Bestätigung des von ihr gegen den Kaiser ausgesprochenen Bannes und drohte zugleich: „Si vero quod minime credimus et aliam viam aggredi coeperitis et nostrae parvitatis assertiones praedictas roborare nolueritis, propitius sit nobis deus, quia nos a vestra subiectione et obedientia repellitis“ (Watterich, gest. rom. pontif. 2, 77). Zu gleichem Zwecke suchte der Erzbischof Johann von Lyon in demselben Jahre eine Nationalsynode zu Anse zu Stande zu bringen (Hefele 5, 286). Diesen überkirchlichen Eifer, der ein Richterrecht über den Papst in Anspruch nahm, suchte Ivo von Chartres abzukühlen, indem er mit Bezug auf diese Vorgänge an letzteren (epist. 236. ed. Paris. 1610 p. 413): „Ad hoc non videtur nobis utile consilium, ad illa concilia venire, in quibus non possumus eas personas contra quas agitur, condemnare vel iudicare. quia nec nostro nec ullius hominum probantur subiacere iudicio“; und an Abt Heinrich (ep. 233. p. 406) schreibt: „(Papa) quibusdam litteris mihi scripsit, se coactum fecisse quod fecit et adhuc se prohibere quod prohibuerit, quamvis quaedam nefanda quibusdam nefandis scripta permiserit. Et quia verenda patris debemus potius velare quam nudare, familiaribus et caritatem redolentibus litteris admonendus mihi videtur, ut se iudicet aut factum suum retractet. Quodsi fecerit, referamus deo gratias et gaudeat nobiscum omnis ecclesia quae graviter languet, dum caput eius laborat tanta debilitatum molestia. Si autem in hoc languore insanabiliter aegrotaverit, non est nostrum iudicare de summo pontefice. Habemus enim evangelicam sententiam quae securos nos facit: Super cathedram Moysi sederunt scribae et pharisaei quae dicunt servate et facite, secundum vero opera eorum nolite facere. Vult enim haec sententia praecepta praesidentium ad cathedram pertinentia obedienter impleri, etiamsi tales sint quales erunt pharisaei, non eos factiosa conspiratione a suis sedibus removeri“.

[2] Die veränderte Anschauung gegen die im vorigen Jahrhundert noch massgebenden Auffassungen zeigt der Umstand, dass beide Könige vor dem Ausspruche der Bischöfe ihres Reiches keine Erklärung zu Gunsten des einen oder andern Prätendenten abgeben wollten. Die Synode von Etampes überliess die Entscheidung dem heil. Bernard von Clairvaux. Der hauptsächlichste und durchschlagende Grund für die Anerkennung Innocenz' II., welchen letzterer geltend machte, war der: „Stat quippe sententia ecclesiastica et authentica post primam electionem non esse secundam. Celebrata perinde prima quae secundo praesumpta est, non est secunda, sed nulla. Nam etsi quid minus forte solemniter minusve ordinabiliter processit, in ea quae praecessit, ut hostes unitatis contendunt, numquid tamen praesumi altera debuit, nisi sane priore prius discussa ratione cassata iudicio? Ea propter qui se superingerere festinant quique temerario temere manus imponere nihilominus acceleraverunt, apostolo prohibente: Nemini cito manum imponas, ipsi procul dubio maius peccatum habent, ipsi auctores schismatis, ipsi grandis malitiae huius principes extitere“, Brief Bernhards an die aquitanischen Bischöfe bei Watterich, vitae Romanor. pontif. 2, 196. Derselbe

zum allgemeinen Koncil versammelt ist, die höchste Machtvollkommenheit in der Kirche und damit auch eine oberstrichterliche, das Absetzungsrecht des Papstes enthaltende Gewalt vindicirt [1]. Auf dem Koncil zu Pisa i. J. 1409 wurde letztere ausgeübt, indem dasselbe die beiden Päpste Gregor XII. und Benedikt XIII. absetzte und Alexander V. wählte [2]. Damit war aber das Schisma nur verschlimmert worden und erst in Folge der Absetzung seines Nachfolgers Johanns XXIII. und der wiederholten Deposition Benedikts XIII. durch das Koncil von Konstanz i. J. 1415 resp. 1417, sowie in Folge des freiwilligen Verzichtes Gregors XII. gelang es, das Schisma zu beseitigen [3]. Ebenso wie dieses Reformkoncil übte das von Basel die von ihm in Anspruch genommene Autorität durch die allerdings praktisch erfolgslos gebliebene Absetzung Eugens IV. i. J. 1439 [4] aus. Auf dem Koncil zu Konstanz war man sogar so weit gegangen, in den Reformentwürfen die Zulässigkeit der Deposition des Papstes wegen Ketzerei, Simonie und sonstiger ein der Kirche notorisches Aergerniss gebender Verbrechen festzusetzen [5]. Wenngleich es allerdings Martin V. gelang, die Annahme einer solchen Bestimmung bei der definitiven Beschlussfassung zu verhindern, so bleibt doch immer die Thatsache stehen, dass nach der Rechtsanschauung jener Zeit eine Absetzung des Papstes durch das Koncil als gestattet angesehen wurde und alle Versuche, das in Abrede zu stellen, müssen an der Konsequenz dieser Meinung scheitern, dass von ihrem Standpunkt aus Martin V. als ein unrechtmässig gewählter Papst und weiter die apostolische Succession als unterbrochen zu betrachten ist [6]. Der Verlauf der weiteren Entwicklung hat aber, wie bekannt, den Episkopalismus in der katholischen Kirche beseitigt, und so steht heut wieder der Satz: apostolica sedes a nemine iudicatur in voller Geltung.

In wie fern diese Regel Ausnahmen erleidet, ist bestritten.

Dass ein Papst, welcher in Ketzerei verfällt, nicht länger die päpstliche Würde behalten kann und in einem solchen Fall der nach dem Papalsystem ihm untergeordnete Episkopat zu richten habe, wurde schon früh, freilich nur auf Grund unächter oder mindestens ihrem Ursprung nach zweifelhafter Stellen [7] angenommen. Die merkwürdige Thatsache, dass dieser Satz sich nur in apokryphen Quellen findet, erklärt sich

Grund entschied auch in Deutschland für Innocenz. S. über Alles Jaffé, deutsches Reich unter Lothar d. Sachsen S. 91. 92. 95; Hefele, Konciliengesch. 5, 363. 366.

1 S. oben S. 197.

2 Sess. XV. (Mansi 27, 403): „Christi nomine invocato sancta et universalis synodus universalem ecclesiam repraesentans et ad quam cognitio et decisio huius causae noscitur pertinere ... pronunciat, decernit, definit et declarat . . . Angelum Corario (Gregor XII.) et Petrum de Luna (Benedict XIII.) de papatu contendentes et eorum utrumque fuisse et esse notorios schismaticos et antiquati schismatis nutritores, defensores, fautores, approbatores et manutentores pertinaces necnon haereticos et a fide devios notoriisque criminibus enormibus periurii et violationis voti irretitos universalem ecclesiam sanctam dei notorie scandalizantes cum incorrigibilitate, contumacia et pertinacia notoriis, evidentibus et manifestis; et ex his ac aliis se reddidisse omni honore et dignitate, etiam papali, indignos; ipsosque et eorum utrumque propter praemissas iniquitates crimina et excessus ne regnent vel imperent aut praesint, a deo et sacris canonibus fore ipso facto abiectos et privatos ac etiam ab ecclesia praecisos; et nihilominus ipsos Petrum et Angelum et eorum utrumque per hanc sententiam definitivam in his scriptis privat, abicit et praecidit inhibendo eisdem, ne eorum aliquis pro summo pontifice gerere se praesumat". S. Gieseler, Kirchengesch. II. 4, 3. 4.

3 Hübler, Constanzer Reformation S. 516.

4 S. oben S. 273.

5 „Declaramus ac definimus quod summus pontifex non solum de haeresi, sed et de simonia et quocunque alio crimine ecclesiam dei notorie scandalizante de quo solemniter monitus, saltem per annum incorrigibilis appareat, possit per generale concilium puniri etiam per depositionem a papatu". Hübler a. a. O. S. 101. 102.

6 Hübler a. a. O. S. 206. 273.

7 c. 13. C. II. qu. 7 u. die Synode des Symmachus (s. oben S. 299. n. 2. S. 302. n. 3) sind Pseudo-Isidorische Machwerke, c. 6. Dist. XL ebenfalls von zweifelhafter Aechtheit.

sehr leicht daraus, dass diese die Unabsetzbarkeit als neues Princip hinzustellen suchen, somit also das frühere Recht nur noch ausnahmsweise bestehen lassen wollen. Freilich ist eine derartige Verurtheilung wegen Ketzerei schon früh vorgekommen, indem die sechste allgemeine, von Leo II. bestätigte Synode von Konstantinopel (680) den Papst Honorius I. (625—638) nach seinem Tode wegen Ketzerei anathematisirte[1]. Später haben mehrere Päpste die Statthaftigkeit eines Urtheils über den Papst in dem gedachten Fall anerkannt[2], und demnach kann an der Geltung jenes Satzes nicht gezweifelt werden. Eine Reihe katholischer Schriftsteller wollen aber darin keine Ausnahme von der gedachten Regel finden, weil der in Ketzerei verfallene Papst sich dadurch selbst von der Kirche ausscheide, damit weiter den Pontifikat verwirke und also das Koncil keine Deposition mehr verhängen könne, sondern nur die Thatsache des erfolgten Verlustes der päpstlichen Würde zu konstatiren habe[3]. Indessen wäre diese Auffassung auch hinsichtlich jedes anderen in Ketzerei verfallenen Geistlichen berechtigt, auch hinsichtlich seiner würde keine Absetzung denkbar sein, und man könnte sogar mit demselben Recht sagen, dass die Verurtheilung wegen jedes begangenen Verbrechens nur eine Deklaration des Eintritts der auf dasselbe gesetzten Strafe enthielte[4].

Dem eben gedachten Fall wird ferner der des Schismas an die Seite gestellt. Dass hier das allgemeine Koncil zu einem Urtheil berufen ist, ergeben die Beschlüsse der Konstanzer Synode[5]. Indessen soll es sich auch hier wieder nicht um eine wirkliche Ausnahme von der Regel handeln, sondern nur um eine Feststellung der Berechtigung, resp. Nichtberechtigung der Prätendenten[6]. Wie aber, wenn die Ansprüche beider unklar sind oder das Koncil aus Irrthum den nicht berechtigten anerkennt oder in zweifelhaften Fällen beide behufs Beseitigung des Schismas absetzt? Kann man da noch sagen, dass dasselbe blos über das Verfahren der Wähler bei der Wahl urtheilt? Spricht man aber andererseits dem Koncil das Recht ab, eine Entscheidung abzugeben, weil der Satz falsch sei: Papa dubius, papa nullus[7], so setzt man sich über geltende Rechtsvorschriften einfach hinweg.

[1] Diese Verurtheilung und die des Formosus (s. S. 238) bilden die beiden über Päpste abgehaltenen Todtengerichte, welche in der katholischen Kirche vorgekommen sind. Freilich wird mehrfach behauptet, dass die Akten des Konstantinopolitaner Koncils in Betreff der Damnation des Honorius gefälscht sind, eine solche also nicht stattgefunden hat. Dagegen aber Hefele, Conciliengesch. 3, 264 ff. Vgl. ferner über diesen Punkt von Reinerding, Beiträge zur Honoriusfrage. 1865; Le Page Renouf, the condemnation of pope Honorius. London. 1868.

[2] So Hadrian II. (hinter der S. 296. n. 6. mitgetheilten Stelle): „Licet enim Honorio ab Orientalibus post mortem anathema sit dictum, sciendum tamen est, quia fuerat super haeresi accusatus, propter quam solam licitum est, minoribus maiorum suorum motibus resistendi et pravos sensus libere respuendi"; ferner Innocenz III. im sermo IV. in consecrat. pontif. opp. Colon. 1575. 1, 197): „Potest (pontifex) ab hominibus iudicari vel potius iudicatus ostendi, si videlicet evanescat in haeresim, quoniam qui non credit, iam iudicatus est"; s. auch oben S. 304. n. 6.

[3] Dieser Gedanke tritt schon bei Innocenz III. (s. vorige Note) auf. Vgl. ferner Bellarmin, christ. fidei controv. gen. III. de Romano pontifice II. 30. (ed. Ingolstadt. 1605. 1, 1083): „Et ergo opinio quinta vera, papam haereticum manifestum per se desinere esse christianus et membrum corporis ecclesiae, quare ab ecclesia posse eum iudicari et puniri. Haec est sententia omnium veterum patrum qui docent haereticos manifestos mox amittere omnem iurisdictionem"; Fagnan. comm. ad c. 4. X. de elect. I. 6. n. 70 ff; Fragosi, regimen reipubl. christianae lib. II. c. 1. §. 2. n. 21 (Lugduni. 1648. 2, 11); Kober, Deposition. S. 585.

[4] Gegen diese Auffassung der von Bellarmin citirte Caietanus, tractat. de auctoritate concilii. c. 20. 21; auch Phillips 1, 274 ff. hat sie nicht.

[5] S. S. 275. Gewöhnlich beruft man sich dafür auf c. 9 (Honorius), c. 10 (Nicolaus I.) Dist. LXXIX; s. z. B. Fagnan. l. c. n. 64 ff.; Kober a. a. O. S. 585.

[6] Fagnan. l. c.; Kober a. a. O.; Hefele, Konciliengesch. 1, 47.

[7] P. Ballerini, de potestate ecclesiast. summor. pontif. contra opus Febronii c. 9. §. 3. Veronae. 1768 (p. 131 ff.); Phillips 1, 271.

Endlich hat man auch die Frage aufgeworfen, ob der Papst durch freiwilligen Verzicht sich seines Vorrechtes begeben könne, indem man auf die oben erörterten Fälle der Päpste Marcellinus, Symmachus und Leos III. [1] hingewiesen und in diesen eine derartige Resignation gefunden hat. Wie aber das letztere unhaltbar ist [2], so lässt sich ebensowenig die Statthaftigkeit eines solchen Verzichtes überhaupt annehmen, weil dem Papst das Privileg der Unverletzlichkeit im Interesse der Kirche und um derselben willen gegeben ist und dasselbe aus der heutigen Auffassung des Primates seitens der katholischen Kirche mit Nothwendigkeit folgt [3].

Als Resultat ergiebt sich nach vorstehenden Ausführungen für das heutige Recht Folgendes:

Der regelmässige Fall, in welchem eine Vakanz des päpstlichen Stuhles eintritt, ist der Tod des jeweiligen Papstes.

Ausnahmsweise kann eine solche auch erfolgen:

1. Durch freiwillige Resignation des Inhabers des Pontifikates auf seine Würde. Ist auch die rechtliche Statthaftigkeit eines derartigen Verzichtes früher angezweifelt worden, so ist diese doch schon seit dem vierzehnten Jahrhundert allgemein anerkannt.

2. Ferner kann der päpstliche Stuhl auch dadurch erledigt werden, dass der Papst seiner Würde entkleidet wird. Das oberstrichterliche und Absetzungsrecht, welches sowohl die römischen, wie auch die fränkischen und deutschen Kaiser für sich in Anspruch genommen und ausgeübt haben, ist im zwölften Jahrhundert dem von der Kirche geltend gemachten Grundsatz: Apostolica sedes a nemine iudicatur gewichen und seitdem nur noch einmal durch König Ludwig den Baiern (s. oben S. 304) ausgeübt worden. Einer weltlichen Macht steht also heute ein derartiges Recht nicht zu. Höchstens könnte eine solche auf Grund eines völkerrechtlichen Titels, z. B. in Folge eines gegen den Papst geführten glücklichen Eroberungskrieges denselben seiner Souveränität über den Kirchenstaat, nicht aber seiner geistlichen Würden als Oberhirten der gesammten katholischen Christenheit entkleiden.

Dagegen besitzt das allgemeine Koncil noch heute die im fünfzehnten Jahrhundert mehrfach geübte Befugniss, den Papst in zwei Ausnahmefällen absetzen zu können, nämlich dann, wenn sich derselbe der Häresie schuldig macht oder wenn die Beilegung eines in der Kirche entstandenen Schismas bei der Unmöglichkeit die Ansprüche der Prätendenten klar zu stellen die Beseitigung des einen oder andern derselben erforderlich macht. In beiden Fällen erleidet der Satz: apostolica sedes a nemine iudicatur eine wirkliche Ausnahme, denn das Koncil hat hier nicht etwa nur eine deklarative Befugniss, d. h. es ist nicht darauf beschränkt, die vorhandene Ketzerei des Papstes allein zu konstatiren oder die Rechtmässigkeit und Unrechtmässigkeit der Wahl der Prätendenten auszusprechen, sondern es übt eine wirklich richterliche Autorität aus und erst sein Ausspruch entzieht dem bisherigen Inhaber die päpstliche Würde.

Dagegen ist es dem Papst nicht gestattet, in anderen Fällen sei es einer weltlichen Macht sei es einem Koncil gegenüber sich seines in Rede stehenden Privilegiums durch Verzicht auf dasselbe zu begeben.

[1] S. die Anführungen bei Fagnan. l. c. n. 72.
[2] S. oben S. 298 u. 300.
[3] Fagnan. l. c. n. 71 ff.; Kober a. a. O. S. 579.

VII. Die Gehülfen und die Behörden des Papstes für die Regierung der Kirche. Die Curia Romana.

A. Die Kardinäle*.

§. 32. 1. *Die Entwicklung des Kardinalates.*

I. Die Titelkirchen Roms in den ersten Jahrhunderten. In Rom bestand nach den ältesten, auf uns gekommenen Nachrichten, ebenso wie in anderen Städten bis in die erste Hälfte des zweiten Jahrhunderts die ursprüngliche und altkatholische Gemeindeverfassung. Eine Anzahl ihrer Stellung nach gleicher Presbyter leitete die Gemeinde[1]. In dem folgenden Jahrhundert hat sich aber in den Christengemeinden schon die bekannte Umbildung der Verfassung, der Ersatz der kollegialischen Leitung durch ein einziges Haupt, vollzogen; auch in Rom trat ein Bischof an die Spitze der Gemeinde und gleichzeitig gliederte sich hier der niedere Klerus in verschiedene Stufen dienender Aemter. Das Erstere ergiebt der Briefwechsel des römischen Klerus mit Cyprian[2] und das zweite der der Mitte des dritten Jahrhunderts angehörige Bericht, dass der römische Klerus damals aus 46 Priestern, 7 Diakonen, 7 Subdiakonen,

* (Guill. du Peyrat), traitté de l'origine des cardinaux du saint siège. Cologne 1665 u. 1670; Jo. Franc. Buddeus, de origine cardinalitiae dignitatis. Jenae 1693; Kleiner, de origine et antiqu. card. in Schmidt, Thesaurus 2, 443 ff. 467 ff.; Thomassin, vetus et nova discipl. P. I. lib. II. c. 113—116; Gius. Tamagna Rom., origini e prerogative de' cardinali della S. R. C. Roma. 1790; Jac. Cohellius, notitia cardinalatus in qua nondum de S. R. E. cardinalium origine, dignitate ... sed de praecipuis Romanae aulae officialibus uberrime pertractatur. Carolii Catharii opera Rom. 1653; (Aubery), histoire generelle des cardinaux. Paris 1642 ff. PP. 5; L. D. d'Attichy, flores historiae sacri collegii S. R. E. cardinalium. Lutet. Par. 1660. Tom. 3; Alph. Ciaconi, hist. pontif. Romanor. et S. R. E. cardinalium ed. Oldoinus. Romae 1677. Tom. 4; Jo. Palatius, fasti cardinalium omnium S. R. E. Venet. 1701; J. G. Eggs, purpura docta seu vitae, legationes, res gestae, obitus S. R. E. cardinalium desumpta ex Alphonso Ciaconio, Andrea Victorello etc. L. 1—6. Monach. 1714; suppl. August. Vindel. 1729; M(ich.) R(anft), merkwürdige Lebensgeschichte aller Cardinäle. Regensburg 1768. Thle 4; Lor. Cardella, memorie storiche de' cardinali della S. Romana chiesa. Rom. 1792—1797. Tom. 9; F. Contetorius, elenchus . . . cardinalium ab a. 1294 ad a. 1430. Romae 1641; La giusta statera de' porporati. Genevra 1650; d'Oprechte Weegschaal der Teghenwordighe Cardinalen . . . Uyt het Italiaensch door L. v. B. Amsteld. 1651; Waagschaal der heutigen Cardinäle. A. d. Ital. Teutsch gegeben (ohne Druckort). 1658; Franc. Duchesne, fils d'André, histoire de tous les cardinaux français de naissance. Paris 1660. f. Tom. 2; P. Cortesii, protonotarii apostolici, de cardinalatu ad Julium II. pontif. max. libri III . . . . Symeon Nicolai Nardi Senensis, alias Rufus Calchographus imprimebat in castro Cortesio. 1510; August. Valerius episc. Veronae, Cardinalis. Veronae 1586; Fabio Albergati, del cardinale libri tre; H. Platus, soc. Jesu, de cardinalis dignitate et officio tractatus. Romae 1602; ed. 4a illustr. a Joann. Andr. Tria archiep. Tyri. Romae 1746; ed. 6a cura Alexandri card. Spada. Romae 1836; (G. Leti), il cardinalismo di santa chiesa (ohne Druckort) 1668. PP. 3; der Cardinal-Hut oder Bericht von den Cardinälen (ohne Druckort) 1667—1669. Thle 3; Matthiae a Corona, tract. posth. de potestate et dignitate S. R. E. cardinalium, nuntiorum, legatorum apostolicorum et inquisitorum fidei. Leodii 1677; Card. de Luca, il Cardinale di S. Chiesa pratico. Roma 1680; Piazza, la Gerarchia cardinalizia. Roma 1703; Ol. Celsius praes., Abr. Er. Bång resp. diss. de cardinalitia dignitate. Upsala 1719; Ag. Valieri, della dignità del cardinalato. Venez. 1833; Dignité des cardinaux in den Anal. iur. pontif. 1855. p. 1918 ff; Paridis Crassi, de ceremoniis cardinalium et episcoporum in eorum dioecesibus libri II. Romae 1564; Phillips, Kirchenrecht. 6, 1 ff.

[1] Das ergiebt namentlich der dem 2. Jahrhundert angehörige s. g. Hirte des Hermas, s. Ritschl, Enstehung der altkathol. Kirche. 2. Aufl. S. 402.

[2] Nach dem Tode des römischen Bischofs Fabian (250) schreiben die „presbyteri et diaconi Romae consistentes" an ihn (Cypriani ep. 30): „Quanquam nobis differendae huius rei necessitas incumbat, quibus post excessum nobilissimae memoriae viri Fabiani nondum est episcopus propter rerum et temporum difficultates constitutus".

42 Akoluthen, sowie 52 Exorcisten, Lektoren und Ostiarien gebildet worden sei[1]. Das Presbyterium stand, wie in den übrigen Gemeinden, so auch hier dem Bischof theils mit berathender, theils sogar in wichtigen Angelegenheiten mit entscheidender Stimme zur Seite[2]. Für die Abhaltung des Gottesdienstes scheint es in Rom schon vor der Anerkennung des Christenthums eigene Kirchen gegeben zu haben[3], es sind uns sogar Berichte über eine nähere Organisation mancher gottesdienstlichen und kirchlichen Funktionen, sowie über die Einführung einer kirchlichen Sprengel-Eintheilung überliefert. Der Liber pontificalis erzählt von

Clemens I. (91—100? ed. Fabrot 2, 2): »Hic fecit regiones 7 dividi notariis fidelibus ecclesiae qui gesta martyrum sollicite et curiose unusquisque per regionem suam diligenter perquirerent«.

Evaristus (100—109? l. c. p. 3): »Hic titulos in urbe Roma divisit presbyteris et 7 diaconos constituit qui custodirent episcopum praedicantem propter stylum veritatis«.

Hyginus (139—142? l. c. p. 4): »Hic clerum composuit et distribuit gradus«.

Fabianus (236—250. l. c. p. 7): »Hic regiones divisit diaconibus et fecit 7 subdiaconos qui 7 notariis imminerent, ut gesta martyrum in integro colligerent«.

Dionysius (259—269. l. c. p. 9): »Hic presbyteris ecclesias divisit et coemeteria et parochias dioeceses instituit«.

Marcellus (308—310. l. c. p. 11): »25 titulos in urbe Roma constituit quasi dioeceses propter baptismum et poenitentiam multorum qui convertebantur ex paganis et propter sepulturas martyrum«.

Diese Einrichtungen, deren Existenz für die Zeit des 3. und den Anfang des 4. Jahrhunderts kaum bezweifelt werden kann, erhielten selbstverständlich erst unter Kaiser Konstantin, nachdem dem Christenthum freier Raum zu seiner Entfaltung gewährt worden, einen sicheren Bestand und die Möglichkeit einer weiteren Ausbildung. Seitdem vermehrte sich die Zahl der Kirchen in Rom auffallend schnell[4] und es wird mehrfach von der Erhebung von Kirchen zu Titeln erzählt[5]. Dass in allen diesen

[1] s. S. 3. n. 2.

[2] Das folgt schon aus der ursprünglichen Gleichheit des Bischofs und der Presbyter. Vgl. auch Cypriani ep. ad Cornel. pap. (Coustant 189): „Florentissimo illic clero tecum praesidenti“; Cornelii pap. ep. ad Cyprian. (a. 251? l. c. p. 135): „Qui cum haec et cetera fuissent exprobrata, ut abolerentur et de memoria tollerentur deprecati sunt. Omni igitur actu ad me perlato placuit contrahi presbyterium .... His ita gestis in presbyterium venerunt Maximus, Urbanus etc.“; Siricii epist. ad diversos c. 3. 4. (a. 390? Coustant 663): „facto presbyterio“, „omnium nostrorum tam presbyterorum et diaconorum quam etiam totius cleri una facta fuit sententia“; Innoc. I. ep. ad syn. Tolet. c. a. 404 (Coustant 763). Vgl. Phillips 6, 29 ff.

[3] Die freilich an sich nicht sicheren Nachrichten des Lib. pontif. über Kirchenbauten der ältesten römischen Bischöfe, (z. B. Calixts I., Felix' I., ed. Fabrot. 2, 6. 10) erhalten dadurch Unterstützung, dass seit dem 2. Jahrh. auch an anderen Orten ausschliesslich dem Gottesdienst gewidmete Gebäude sich vorfinden. Gieseler, Kirchengeschichte I. 1, 231. n. 10. Vgl. auch Phillips 6, 18 ff.

[4] Dem Kaiser Constantin schreibt die Tradition die Gründung allein folgender Kirchen zu: des h. Johann vom Lateran, der vatikanischen, des h. Paulus vor den Mauern, von S. Croce in Gerusalemme, der h. Agnes vor dem Nomentanischen Thor, des h. Laurentius vor den Mauern, des h. Marcellinus und Petrus vor Porta Maggiore. Wahrscheinlich verdankt ihm aber nur die erstere ihre Entstehung. S. Lib. pontif. vita Silvestri. (Fabrot. 2, 13); Gregorovius, Geschichte der Stadt Rom im Mittelalter. Stuttgart 1859. 1, 79 ff.; Phillips 6, 21 ff.

[5] Libri pontif. vita Silvestri I.: „Hic fecit in urbe Roma ecclesiam in praedio cuiusdam presbyteri sui qui cognominabatur Equitius quem titulum Romanum constituit iuxta Thermas Domitianas qui usque in hodiernum diem appellatur titulus Equitii“; vita Damasi (l. c. 2, 21): „Hic constituit titulum in urbe Romana, scilicet basilicam quam ipse construxit“; vita Innocentii I. (l. c. 2, 22): „Eodem tempore dedicavit basilicam sc. Gervasii et Protasii ex devotione testamenti cuiusdam il-

Stellen das Wort: Titel nicht die oben (S. 63) nachgewiesene Bedeutung von »Kirche« überhaupt haben kann, ergiebt der Text einzelner dieser Stellen selbst, welcher von der besonderen Qualifikation gewisser Kirchen zu Titeln spricht [1]. Der Unterschied von den gewöhnlichen Kirchen lag nach dem Liber pontificalis darin, dass nur in jenen die Taufe und das Sakrament der Busse gespendet wurde [2]. Nöthig war dies in der Konstantinischen Zeit deshalb, weil es in Rom keine bestimmte bischöfliche Kirche gab, in welcher der Hauptgottesdienst und die Spendung der Sakramente vorgenommen werden konnte, vielmehr der römische Bischof bald in dieser bald in jener Kirche funktionirte, und weil ferner die räumliche Ausdehnung der Stadt die Errichtung mehrerer derartiger Stätten bedingte. Alle diese Kirchen zusammen bildeten gewissermassen die eine römische Kirche und wenngleich den einzelnen nach dem Liber pontificalis ein bestimmter Sprengel (dioecesis, parochia) zugewiesen war, so kann man doch nicht die Priester derselben als Pfarrer der verschiedenen Stadtgegenden bezeichnen [3]. Ganz abgesehen davon, dass sich für diese Zeit ein Pfarrzwang nicht behaupten lässt, weil er mit der vorauszusetzenden Einheit der römischen Gemeinde in Widerspruch stehen würde, spricht auch nichts dafür, dass die Priester der Titelkirchen als die ordentlichen und nächsten Seelsorger der Bewohner ihrer s. g. Diöcese gegolten hätten [4]. Im Gegentheil erschienen sie nur als Assistenten und Stellvertreter des römischen Bischofs, welcher der ordentliche Hirt der römischen Gemeinde ist, aber nicht überall selbst celebriren kann. Nicht mit einer heutigen bischöflichen Diöcese, welche mit einem vollkommen ausgebildeten Pfarrnetz überzogen ist, dürfen jene kirchlichen Einrichtungen Roms verglichen werden, vielmehr steht die römische Kirche einer heutigen Kathedrale gleich, in deren verschiedenen Theilen die Kathedral-Geistlichen funktioniren, nur dass in Rom diese Kirche aus einer Anzahl räumlich getrennter Titel zusammengesetzt ist. Jene wenn auch nicht äusserliche und formelle, aber materielle Einheit zeigt sich auch darin, dass der römische Bischof das fermentum, das Abendmahlsbrot, konsekrirte und dieses den einzelnen Kirchen demnächst zum Gebrauch beim Gottesdienst zugesendet wurde [5]. Aber ebensowenig kann man von einer Quasi-Epi-

lustris feminae Vestinae laborantibus presbyteris Cusicino et Leopardo et diacono Libyano. Quae femina suprascripta testamenti paginam sic ordinavit, ut basilicam sanctorum martyrum ex ornamentis et margaritis venditis iustis aestimationibus construeretur et constructa est usque ad perfectum. In quo loco beatissimus Innocentius ex delegatione illustris feminae Vestinae titulum Romanum constituit".

[1] So auch Phillips 6, 79: „Dennoch muss zwischen titulus und ecclesia insofern ein Unterschied gezogen werden, als zwar jeder titulus eine ecclesia, nicht aber jede ecclesia schon an sich ein titulus war, sondern erst ausdrücklich dazu gemacht werden musste".

[2] Ebenso Phillips 6, 80. Dass auch andere gottesdienstliche Funktionen dort verrichtet wurden, ist selbstverständlich.

[3] Wie es z. B. Gregorovius a. a. O. S. 267. 270 thut.

[4] Die Urkunde Johanns III. (570—573) bei Marini, i papiri diplomatici. Roma 1835. n. I. p. 1, wodurch die Kirche der 12 Apostel in Rom zum Kardinaltitel erhoben und ihr eine in ihren Gränzen genau bezeichnete Parochie zugeschrieben wird, ist, wie allein schon die eigenthümliche Art der Datirung: „datum temporibus domni Johannis III. papae" etc. zeigt, falsch. S. Jaffé, reg. Roman. pontif. n. CCXXVI.

[5] Lib. pontif. vita Melchiadis (ed. cit. 2, 12): „Hic fecit, ut oblationes consecratae per ecclesias ex consecratu episcopi dirigerentur, quod declaratur fermentum"; vita Siricii (2, 22): „Hic constituit ut nullus presbyter missas celebraret per omnem hebdomadam, nisi consecratum episcopi loci designati susciperet declaratum, quod nominatur fermentum". (Darüber, dass hier irriger Weise die Verallgemeinerung einer specifisch römischen Sitte behauptet wird, s. Phillips 6, 86). Innocentii I. ep. ad Decent. Eugub. c. 5. (a. 416. Coustant. 860): „De fermento vero quod die dominica per titulos mittimus superflue nos consulere voluisti, cum omnes ecclesiae nostrae intra civitatem sint constitutae. Quarum presbyteri quia die ipsa propter plebem sibi creditam nobiscum convenire non possunt, idcirco fermentum a nobis confectum per acolythos accipiunt, ut se a nostra communione maxime illa die non iudicent separatos. Quod per paroecias fieri debere non puto, quia nec longe portanda sunt sacramenta: nec nos

skopalgewalt der Geistlichen über diese Titelkirchen sprechen [1]. Darin liegt offenbar eine unzulässige Uebertragung späterer Verhältnisse. Von einer eigentlichen Regierungsgewalt (iurisdictio) konnte, abgesehen von der selbstverständlichen Befugniss zur Regelung des Gottesdienstes, in vorkonstantinischer Zeit nicht die Rede sein und selbst für die nächsten Jahrhunderte ist darüber nichts überliefert [2].

Als seit Konstantin die christliche Religion das Recht freier Entfaltung im römischen Reich erhalten hatte und damit in Rom eine Kathedrale errichtet werden konnte, ist, wie schon die S. 311. n. 1 citirte Stelle Innocenz' I. ergiebt, die Titel-Eintheilung beibehalten worden, wohl weil sie auch durch die räumlichen Verhältnisse Roms bedingt war und daher das Bedürfniss einer Aenderung nicht hervortrat.

In den Unterschriften der im Jahre 499 unter Symmachus abgehaltenen römischen Synode bezeichnen sich zuerst die römischen Priester näher nach ihren Titelkirchen und zwar finden sich hier mehrere, welche zu ein und demselben Titel gehören [3] so dass danach der Schluss gerechtfertigt erscheint, dass an ein und derselben Kirche mehrere Presbyter angestellt waren.

Für die Zwecke der Armenpflege, welche die seit dem dritten Jahrhundert vorkommenden 7 Diakonen der römischen Kirche zu besorgen hatten, war die Stadt Rom in 7 Regionen getheilt [4], in deren jeder sich ein zur Aufnahme von Hülfsbedürftigen dienendes Gebäude (diaconia) nebst einer Kirche befand [5]. Schon zu Zeiten Gregors I. hatte sich aber diese Zahl auf 19 vermehrt [6]. In den ältesten Urkunden unterzeichnen sich die Diakonen nicht wie die Priester der Haupttitel nach ihren Diakonieen, sondern nur allgemein als diaconus ecclesiae Romanae oder mit Hinzufügung der Region [7].

II. Die Bezeichnung: *Cardinales*. Seit dem 6. Jahrhundert [8] kommt der

per coemeteria diversa constitutis presbyteris destinamus et presbyteri eorum conficiendorum ius habeant atque licentiam". Darüber dass fermentum nicht die Eulogie, sondern das Abendmahlsbrot bedeutet, — die Stellen des Lib. pontif. ergeben dies klar — s. Mabillon, in ordinem Rom. comm. praev. c. 6. n. 2 p. XXXVIII. Thomassin, vet. et nov. disc. P. I. lib. II. c. 21. n. 9; Coustant. not. ad Innoc. ep. cit. 860; Binterim, Denkwürdigkeiten. IV. 3, 554; Phillips 6, 86.

1 So Phillips 6, 90.

2 Dass die Stelle im Lib. pontif. Innoc. I. vita (l. c. 2, 23): „Hic constituit basilicam b. Agnetis martyris a presbyteris Leopardo et Paulino cum sollicitudine gubernari et agi et ornari. Et ex dispositione Vestinae tituli supra scripti presbyteris est concessa potestas" nicht zur Annahme einer solchen nöthigen, dürfte zweifellos sein.

3 Die Unterschriften beginnen: „Caecilius Laurentius archipresbyter tituli s. Praxedis, Januarius presbyter tituli Vestinae, Marcianus presbyter tit. s. Caeciliae, Gordianus presbyter tit. Pammachii, Petrus presbyter tit. Clementis, Urbicus presbyter tit. s. Clementis, Paulinus presbyter tit. Julii, Valens presbyter tit. s. Sabinae, Petrus presbyter tit. s. Chrysogoni, Seranus presbyter tit. Vestinae etc." (Mansi 8, 235). Danach zählt Binterim a. a. O. III. 1, 125—29, Gregorovius a. a. O. 1, 257 dagegen 28, indem er (S. 262) eine Vereinigung der beiden in den Unterschriften erwähnten tituli Gaii und s. Susannae annimmt, Phillips 6, 97. 108. 109. 27, höchstens 28 Titel; nach ihm ist der Titel Lucinae mit dem S. Laurentii und der Titel Vizantis wahrscheinlich mit einem andern (vielleicht dem Titel Pammachii) identisch. Die Unterschriften unter dem römischen Concil von 595 (opp. Gregorii M. ed. Bened. 2, 1291) ergeben 23 Titel.

4 S. oben S. 3. n. 2 u. S. 310 (vita Fabiani).

5 Wie sich diese kirchlichen Regionen zu der seit Augustus eingeführten Eintheilung der Stadt Rom in 14 politische Regionen verhalten, hat sich bisher nach Lage des Quellenmaterials nicht ermitteln lassen. Jedenfalls lässt sich aber die Annahme nicht beweisen, dass je zwei dieser letzteren zu einer kirchlichen Region verbunden waren, s. Platner und Bunsen, Beschreibung der Stadt Rom 1, 217 ff.; Gregorovius 1, 80; Phillips 6, 67 ff. 70.

6 Johannis diac. vita Gregorii M. III. 7 (opp. ed. Bened. 4, 86).

7 In der N. 3 citirten Synode des Symmachus beginnen ihre Unterschriften: „Cyprianus diaconus ecclesiae sanctae Romanae regionis VII . . . . Anastasius diaconus regionis I." Zu diesen Unterschriften vgl. Binterim a. a. O. 123 gegen Mabillon, museum Italicum 2, XVII.

8 Wenn einzelne Italiener, so z. B. Tamagna, origini de' cardinali c. 3. n. III. 46 (1, 87. 88) behaupten, dass er schon früher in einzelnen in römischen Kirchen aufbewahrten Urkunden sich findet, so muss das, ebenso wie die etwaige Echtheit der letzteren, dahin gestellt bleiben.

Ausdruck presbyter cardinalis und diaconus cardinalis ecclesiae Romanae vor[1], ohne dass er freilich als officieller Titel von den betreffenden Mitgliedern der römischen Geistlichkeit geführt wird[2]. Ja diese Bezeichnung ist eine Reihe von Jahrhunderten nicht auf die Geistlichen der römischen Kirche beschränkt gewesen, vielmehr wird sie gerade zunächst für Geistliche anderer Kirchen gebraucht.

Gelasius I. (492—496) schreibt an den Bischof Cölestin, dessen Diöcese sich nicht ermitteln lässt, er solle statt des verstorbenen Priesters einen neuen ordiniren, aber »sciturus eum visitatoris te nomine, non cardinalis creasse pontificis«[3]. Die Bedeutung dieser Erinnerung erhellt aus den Briefen Gregors I. Danach ist der Visitator ein vom Papst ernannter Verwalter, (um modern zu reden) ein apostolischer Delegat, welcher entweder eine vakante bischöfliche Diöcese bis zur Wiederbesetzung zu leiten[4] oder einen aus vorübergehenden Gründen von seinem Sitze entfernten Bischof zu diesem Zwecke zu vertreten hat[5]. Im Gegensatz dazu muss cardinalis schon nach der Gegenüberstellung in dem Schreiben des Gelasius ein dauerndes Verhältniss andeuten, und das bestätigen ebenfalls die Briefe Gregors des Gr. Der Ausdruck: cardinalis sacerdos wird hier für solche Bischöfe gebraucht, welche, weil ihre eigene Diöcese zerstört war, auf andere transferirt wurden und die dadurch theils ganz ausser aller Verbindung mit ihrem früheren Bisthum[6] kamen, theils aber, sofern dort noch vereinzelte Amtshandlungen nöthig waren, dieses neben ihrem neuen beibehielten[7]. Danach war die Stellung eines solchen s. g. cardinalis sacerdos der jedes anderen Bischofs[8] gleich,

[1] Zuerst in den unächten Silvestrinischen Gesten Act. I. c. 6. (Mansi 2, 625): „Ut diaconi non essent plus vel amplius per parochiarum examen nisi duo et diaconos cardinales urbis Romae septem"; c. 3 (M. 2, 623): „Prebyter autem nisi in XLIV testimonia damnabitur, diaconus autem cardine constrictus nisi in XXXVI non condemnabitur (= c. 3. C. II. qu. 4, wo es statt: presbyter heisst: presbyter cardinalis, und statt: diaconus etc. diaconus cardinalis urbis Romae); c. 7.: ... „ut a subdiacono usque ad lectores omnes subditi essent cardinali urbis Romae". (= c. 5. Dist. XCIII).

[2] In den oben S. 221 ff. aus dem liber diurnus mitgetheilten Formularen kommt die Bezeichnung noch nicht vor, hier heisst es nur „presbyter sanctae Romanae ecclesiae".

[3] c. 3. Dist. XXIV. (s. auch Thiel, epist. Romanor. pontif. p. 485).

[4] S. Gregorii M. ep. lib. II. 25 (ed. Ben. 2, 587): „Quoniam Cumanae ecclesiae Liberius quondam antistes de hac luce migrasse cognoscitur, propterea visitationis destitutae ecclesiae fraternitati tuae operam solemniter delegamus quam ita te convenit exhibere, ut nihil de provectionibus clericorum, reditu, ornatu, ministeriisque vel quicquid illud est, a quoquam praesumatur ecclesiae. Et ideo caritas tua ad praedictam ecclesiam ire properabit et assiduis adhortationibus clerum plebemque eiusdem ecclesiae admonere te volumus, ut remoto studio uno eodemque consensu talem sibi praeficiendum expetant sacerdotem qui et tanto ministerio dignus valeat reperiri et a venerandis canonibus nullatenus respuatur". Weitere solche, fast wörtlich gleichlautende Ernennungen Gregors in II. 38 (2, 600), V. 13 (2, 737) = c. 19. Dist. LXI; XIII. 13 (2, 1227) = c. 16. Dist. cit., s. auch I. 78. II. 10. 15. III. 25. V. 12. (2, 562. 575. 579. 641. 737), XII. 12. (2, 1188) = c. 18. Dist. cit. Vgl. ferner Phillips 5, 458 ff.

[5] Das ergiebt die Ernennung eines s. g. Visitators für die Diöcese eines Bischofs, welcher seinerseits auch zum Visitator für eine andere bestellt ist und daher die eigene zeitweise verlassen muss. S. Gregorii M. ep. lib. II. 26 (2, 588).

[6] Gregor. ep. I. 79 (2, 563): „Et quoniam ecclesia Tanatem, in qua dudum fuerat honore sacerdotali tua fraternitas decorata, ita est delictis facientibus hostili feritate occupata atque diruta, ut illuc alterius spes remeandi nulla remanserit, in ecclesia Saonensi quae iam diu pontificis auxilio destituta est, cardinalem te secundum petitionis tuae modum hac auctoritate constituimus sine dubio sacerdotem; s. dazu noch ep. 80. l. c.

[7] Ep. III. 13 (2, 633): „Quia igitur ob cladem hostilitatis nec in civitate nec in ecclesia tua est cuiquam habitandi licentia, ideo te auctoritate nostra Terracinensi ecclesiae cardinalem constituimus sacerdotem .... illud quoque fraternitatem tuam scire necesse est, quoniam sic te praedicta Terracinensis ecclesiae cardinalem esse constituimus sacerdotem, ut et Fundensis ecclesiae pontifex esse non desinas nec curam gubernationemque eius praetereas, quia ita fraternitatem tuam saepe dictae Terracinensi ecclesiae, sicut praefati sumus, praeesse praecipimus, ut ante dictae Fundensis ecclesiae tibi iura potestatemve nullo modo substrahamus" (auch in c. 5. C. XXI. qu. 1). Ein gleicher Fall in II. 17 (2, 580), wo aber der Ausdruck cardinalis sacerdos nicht gebraucht ist.

[8] Das ergeben die in den vorhergehenden Noten angeführten Stellen. S. auch Gregor. M. XIV. 7 (2, 1265): .. „Sic tamen ut dilectioni tuae in

nur bestand der Unterschied, dass er bei etwaiger Wiederherstellung der verlassenen Diöcese in diese zurückkehren musste[1]. In der Inkardination lag demnach eine wirkliche Translation. Wie Gregor einerseits die Inkardination nur unter denselben Voraussetzungen wie die durch das ältere Recht sehr beschränkte Translation[2] vornahm[3], so bezeichnete er auch bei und nach der Inkardination den versetzten Bischof nach seiner neuen Diöcese[4]. Die Rückkehr des letzteren in sein altes Bisthum ist daher nicht als ein Hinderniss für eine dauernde Verbindung mit dem neuen Bisthum, sondern nur als ein ausnahmsweise die letztere auflösender Umstand anzusehen, und mit Recht hat man daher dieses Verhältniss dem Fall der Auflösung der zweiten Ehe durch Wiederkehr des für verschollen oder todt erklärten Ehegatten gleichgestellt[5].

Die Festhaltung der von Gregor beobachteten Grundsätze ergeben für die folgenden Jahrhunderte der liber diurnus, welcher c. III. tit. 11 ein mit den Gregorischen Briefen im wesentlichen gleichlautendes Formular enthält[6], so wie ferner die Versetzungsurkunden Hadrians II. über die Translation Actards von Nantes auf das Erzbisthum Tours[7] und Johanns III. über die Frothars von Bordeaux auf das Erzbisthum Bourges[8].

Hiernach lässt sich die Bedeutung der Ausdrücke: incardinatio, cardinalis feststellen. Cardo heisst bekanntlich die Thürangel, dann Hauptsache, Hauptpunkt[9].

cuius parochia castrum ipsum est positum, emissa procuretur cautione munitio per quam promittat episcopus Euriae nullam sibi in eo potestatem, nullum privilegium fore, nullam iurisdictionem, nullam tamquam cardinalis episcopus auctoritatem defendere".

1 Gregor. M. ep. II. 37 (2, 600): „Propterea te Johannem ab hostibus captivatae Lissitanae (wahrscheinlich Alessio) civitatis episcopum in Squillacina ecclesia cardinalem necesse duximus constituere sacerdotem, ut susceptam semel animarum curam intuitu futurae retributionis impleas. Et licet a tua ecclesia sis hoste imminente depulsus aliam quae a pastore vacat, ecclesiam debes gubernare: ita tamen ut si civitatem ab hostibus liberam effici et domino protegente ad priorem statum contigerit revocari, ad eam in qua ordinatus es, ecclesiam revertaris. Sin autem praedicta civitas continua captivitatis calamitate premitur, in hac in qua a nobis incardinatus es, debeas ecclesia permanere" (= c. 42. C. VII. qu. 7).

2 S. vorläufig oben S. 238. n. 3. 4.

3 Dies ergeben die S. 313. n. 6 u. 7 angeführten Stellen; s. auch lib. II. ep. 7 (2, 574). Johannes Diakonus erzählt in seiner vita Gregorii III. 15. (opp. Gregor. ed. Bened. 4, 92): „At vero civitatum desolatarum pontifices Gregorius vacantibus civitatibus incardinare curabat" . . . 16: „Sed et expulsos episcopos quos tam cito Gregorius vel incardinare non poterat vel quorum reditum ad sedes proprias contingere posse sperabat, aliis episcopis qui tunc videlicet in locis suis degebant, interim pro sustentatione ac stipendiis praesentis vitae iungebat".

4 So wird der von Alessio nach Squillace versetzte Johannes in II. 37. 38 als episcopus Squillacinus angeredet. Daher unrichtig Florens ad X. I. 7 de translatione (ed. Doujat 1, 168), welcher das läugnet und überhaupt eine zu lose Verbindung des inkardinirten Bischofs mit seiner neuen Diöcese annimmt.

5 So Phillips 5, 464.

6 Hoffmann, nova collectio 2, 119: . . . „Et temporis necessitas nos perurget et imminutio exigit personarum, ut destitutae ecclesiae vestrae salubri debeamus dispositione succurrere et ideo secundum desiderium vestrum, fratrem et coepiscopum nostrum Ill. cuius ecclesia est ab hostibus occupata, cardinalem vestrae ecclesiae sicut petiistis constituimus sacerdotem".

7 I. J. 868 schreibt der Papst an diesen (Mansi 15, 828): „Quo videlicet pallio cum fueris auctore dei nostroque decreto aliquem vacantem adeptus episcopatum, scias a nobis eidem te stabiliter incardinatum"; bei der Bestätigung der Versetzung i. J. 871 (Mansi 15, 852): „Nam sicut synodus expostulavit, plebs et Turonicus clerus eum concorditer elegit, per nostrae apostolicae auctoritatis decretum constituimus cardinalem metropolitanum et archiepiscopum Turonicae ecclesiae atque provinciae . . . . . . Quodsi Namneticae contigerit ecclesiae ad priorem Christo auxiliante statum cedere, nihil officiat ei haec necessitatis unitio quam videlicet exigit paganorum vastatio quominus propium valeat habere pontificem".

8 I. J. 876 (Mansi 17, 13): . . . „Prioribus itaque manentibus regulis inconvulsis quae ubi nec rerum nec temporum urget necessitas iure convenit observare, vacante sede Frotarium fratrem et coepiscopum in sede Bituricensi praeficiendum ordinavimus sacerdotem, ita ut in ea incardinatus et quodam modo auctoritatis apostolicae privilegio radicatus cetera metropolitana Bituricensis ecclesiae ac dioeceseos iura obtineat . . . Cui vos tanquam proprio metropolitano convenit obedire".

9 Forcellini, lexicon totius latinit. s. v. Cardo.

Eine bischöfliche Kirche, als der Mittelpunkt der Diöcese [1], und vor allem die römische Kirche konnten demnach füglich als cardo bezeichnet werden [2]. Daher muss incardinare soviel bedeuten als mit einer Hauptkirche in Verbindung bringen und incardinatus oder cardinalis Jemanden, welcher an einer solchen angestellt ist. Die gewöhnliche Meinung hält die gedachten Ausdrücke für identisch mit intitulare und intitulatus und versteht darunter einen bei einer Kirche fest angestellten, nicht von derselben entfernbaren Geistlichen [3]. Wenn neuerdings Phillips [4] hiergegen Widerspruch erhoben hat, so ist dieser insofern berechtigt, als die Worte incardinare und cardinalis nicht die feste dauernde Anstellung accentuiren. Vielmehr wird in ihnen die Zugehörigkeit zu einer Hauptkirche betont. Freilich war diese nach dem damaligen Recht, welches keine absolute Ordination sondern nur die feste Anstellung von Geistlichen kannte, selbstverständlich eine dauernde und den Gegensatz zu incardinatus und cardinalis bildet nicht eine bloss provisorische Verwendung eines Geistlichen, sondern die zeitweise Kommittirung eines bei einer Kirche festangestellten Klerikers in einer andern Diöcese. Die weiteren Nachrichten über die Inkardination anderer Geistlichen als der Bischöfe bestätigen das ebenfalls. So gestattete Gregor I. eine solche für einen Diakon auf das Bisthum Neapel, weil dessen Diöcese zerstört war und er dort sein Amt nicht wahrnehmen konnte [5], und weist ferner einen als Visitator bestellten Bischof an, für die ihm provisorisch zur Leitung übertragene Kathedral-Kirche einen presbyter cardinalis zu ordiniren [6]. Gerade der Gebrauch des Wortes für einen Fall, wo es sich nicht um Transferirung eines Geistlichen eines fremden Sprengels, sondern um Weiterbeförderung eines solchen in seiner eigenen Diöcese handelt, bestätigt recht deutlich die vorhin aufgestellte Ansicht, dass die wesentliche Bedeutung von cardinalis die der festen Zugehörigkeit zu einer Hauptkirche ist [7]. Gilt aber als solche nur die bischöfliche Kirche, wie man dann anzunehmen hat, wenn man cardinalis als »zum

[1] So sagt Hinkmar von Rheims von Bonifacius ep. ad episc. de iure metropolitan. c. 20 (opp. ed. Sirmond 2, 731): „Cui per annos XXV in eadem praedicatione sine cardinali sede laboranti . . . Zacharias . . . atque firmavit ad locum". Auch die bischöfliche Kirche zu Verona soll nach Phillips 6, 48. n. 48, wo aber die Nachweisung durch einen Druckfehler ausgefallen ist, ecclesia cardinalis genannt sein.

[2] c. 2 (Pseudo-Isid.) §. 6. Dist. XXII; s. weiter Phillips 6, 44 ff.

[3] Thomassin l. c. n. 1 ff.; Muratori Antiqu. Ital. 5, 155; so auch die neueren, s. z. B. Schulte, 2, 242; Permaneder §. 177; ebenso auch Phillips Lehrbuch §. 105. n. 7.

[4] K. R. 6, 48. 56.

[5] Ep. VI. 11 (2, 799): „Fraternitatem tuam a nobis petisse recolimus, ut Gratianum ecclesiae Venefranae diaconum tuae cederemus ecclesiae cardinandum. Et quoniam nec episcopum cui obsecundare nec propriam habet ecclesiam hoste scilicet prohibente, quo suum debeat ministerium exhibere, petitionem tuam non praevidimus differendum: idcirco scriptis tibi praesentibus eum necessario duximus concedendum, habituro licentiam diaconum illum nostra interveniente auctoritate ecclesiae tuae deo propitio constituere cardinalem". Hierher gehört ferner I. 83 (2, 566): . . . „Liberatus igitur de quo nobis tua fraternitas indicavit qui diaconii fungitur officio, si a decessore tuo non factus est cardinalis, ordinatis a te diaconibus nulla debet ratione praeponi . . . . . Cuius tamen si obedientia fueris invitatus et eum post haec cardinalem facere volueris, nisi pontificis sui cessionem solemni more meruerit, abstinendum ab omni incardinatione memineris". Die letztere Stelle ergiebt, dass es zur Incardination auch der Entlassung aus dem bisherigen Diöcesanverbande bedurfte. Ueber die Gründe s. oben S. 63. n. 9. S. 93. n. 7.

[6] Ep. I. 15 (2, 500): „Pervenit ad nos quod Populonensis ecclesia ita sit sacerdotis officio destituta, ut nec poenitentia decedentibus ibidem nec baptisma possit praestari infantibus . . . . . memoratae ecclesiae visitator accedas, ut unum cardinalem illic presbyterum et duos debeas diacones ordinare. In parochiis vero praefatae ecclesiae tres similiter presbyteros". . . . . Vgl. ferner XIII. 28 = c. 6. Dist. LXXIV.

[7] S. Note 6; auch ep. Zachar. pp. ad Pippin. a. 747. c. 4 (Jaffé, monum. Carol. p. 22): „Quartum capitulum de presbiteris agrorum, quam obedienciam debent exhibere episcopis et presbiteris cardinalibus. Concilio Neocesariensi capit. 13 „ita continetur: presbiteri ruris in ecclesia civitatis episcopo praesente vel presbiteris urbis ipsius" . . . .

cardo, d. i. zum Bischof, zur Kathedra gehörig« erklärt[1]? In einem Brief des Papstes Pelagius I. (555—560) wird dem Bischof Eleutherius die Konsekration eines auf dem Lande erbauten Oratoriums aufgetragen, ihm zugleich aber verboten, dort die Errichtung eines Baptisteriums zu gestatten und einen presbyter cardinalis anzustellen[2]. Im wesentlichen gleichlautende Verfügungen sind uns von Gregor I.[3] und Zacharias[4] erhalten und die häufige Anwendung der betreffenden Formel beweist der Umstand, dass dieselbe auch im liber diurnus c. 5. tit. 4 als responsum oratorii dedicandi vorkommt[5]. Hiermit soll nach der Ansicht von Phillips[6] die feste Anstellung eines einer zeitweise verödeten Diöcese angehörigen Priesters an Privatorationen untersagt werden. Nirgends findet sich aber in den betreffenden Urkunden eine Andeutung, dass es sich hier um derartige Priester handelt, ja es wäre sogar sonderbar, dass auf diesen Fall Rücksicht genommen sein sollte, während für den das Oratorium weihenden Bischof die Anstellung eines Geistlichen seiner Diöcese jedenfalls als das Regelmässige viel eher hätte in Frage kommen müssen. Ebensowenig kann ein Verbot der Anstellung eines zur Kathedralkirche gehörigen Priesters — so könnte ja presbyter cardinalis ebenfalls gedeutet werden — gemeint sein, weil jede feste Anstellung eines Geistlichen überhaupt, also ohne Unterschied welcher Kirche er zugetheilt ist, ausgeschlossen sein soll. Vielmehr ergiebt die überall vorkommende Anweisung, die in Frage stehenden Oratorien nicht zu Taufkirchen zu erheben, dass hier deshalb auch kein cardinalis presbyter eingesetzt werden darf, weil das betreffende Oratorium nicht die Qualität einer solchen, also nicht die eines cardo, besitzt. Damit wäre die ausschliessliche Beziehung des Wortes »cardinalis« auf die bischöfliche Kirche widerlegt. Freilich scheint dagegen ein Brief Gregors I. zu sprechen, in welchem er abweichend von der in den übrigen Fällen beobachteten Praxis dem Erbauer eines Oratoriums die Institution eines Kardinalpriesters gestattet[7]. Aber hier handelt es sich, wie die Worte »vel fidelium concursus

[1] S. Phillips 6, 47, der weiter bemerkt: „der Ausdruck passt also auf die Mitglieder aller Presbyterien".

[2] Mansi 9, 734: „Maximus . . . nobis suggessit, in fundo qui appellatur Pancellus, oratorium se pro sua devotione fundasse quod in honore beatae Cantianae martyris desiderat consecrare. Et ideo . . . si in tua dioecesi memorata constructio iure consistit . . ., percepta prius donatione legitima vel possessione illa et illa, praestantes liberos a fiscalibus titulis solidos tot gestisque municipalibus allegatis, praedictum oratorium absque missis publicis solemniter consecrabis, ita tamen ut in eodem loco nec futuris temporibus baptisterium construatur nec presbyterum constituas cardinalem. Sed quotiens missas ibi fieri forte maluerit, a dilectione tua presbyterum noverit postulandum, quatenus nihil tale a quolibet alio sacerdote ullatenus praesumatur". Ob dieser Brief in der erhaltenen Fassung ächt ist, muss wegen des Formular-Charakters desselben (s. possessione illa vel illa und solidos tot) zweifelhaft erscheinen. Für die hier vorliegende Erörterung kommt es freilich darauf nicht an, weil die Sache selbst auch sonst feststeht.

[3] Ep. II. 12. IX. 70. 84 (2, 577. 986. 994). Hier sind überall die Leistungen der Erbauer genau angegeben; im ersten heisst es: percepta primitus donatione legitima, i. e. totius facultatis eius excepta familia, mobilium vel immobilium seque moventium unciis octo, retento sibi usufructuario diebus vitae suae"; im zweiten percepta primitus i. e. in reditu solidos III liberos a tributis fiscalibus" und im dritten ebenso, nur mit der Zahl von 10 Solidi.

[4] a. 747. c. 15 (Jaffé, monum. Carol. p. 26): „Quintum decimum capitulum pro eo quod interrogatum est de laicis qui ecclesias in suis proprietatibus construunt, qui ipsas debet regere aut gubernare. A sanctis patribus ita statutum est et in praeceptis apostolicis continetur: Juxta petitoris imploratum ut si in quolibet fundo cuiuscumque iuris oratorium sive basilica fuerit constructa, pro eius devotione in honorem cuiuscumque sancti, in cuius episcopi parrochia fuerit fundatum oratorium aut basilica, percepta primitus donatione legitima, id est praestantem tot, gestisque municipalibus alligatis, praedictum oratorium atque missas publicas solemniter consecratis; ita ut in eodem loco nec futuris temporibus baptisteria construantur nec presbiter constituatur cardinalis; sed et si missas ibi forte maluerit, ab episcopo noverit presbiterum postulandum; quatenus nihil tale a quolibet alio sacerdote nullatenus resistatur, nisi ab episcopo fuerit ordinatum".

[5] Hoffmann l. c. 2, 138.

[6] 6, 57. 58.

[7] Ep. XII. 11 (2, 1187): „Anio comes castri Aprutiensis Firmensis territorii petitoria nobis insinuatione suggessit . . ., in suprascripto castro orato-

exegerit« ergeben, nicht um ein einfaches Privatoratorium, sondern um ein Gotteshaus, das der Mittelpunkt des Gottesdienstes auch für andere Personen werden sollte, und es ist weiter charakteristisch, dass hier das sonst übliche Verbot. ein Baptisterium bei der Kapelle zu errichten, fehlt. Wenngleich von der Erbauung eines solchen in dem Briefe nicht die Rede ist, so waren doch offenbar die lokalen Verhältnisse in dem Rede stehenden Falle der Art, dass die Kirche schon jetzt als zukünftige Taufkirche in Aussicht genommen und deshalb schon der festangestellte Priester als cardinalis bezeichnet werden konnte [1]. Demgemäss widerlegt diese Stelle, wenngleich ihr Sprachgebrauch ungewöhnlich sein mag, die hier vertretene Annahme, dass der Geistliche einer Tauf- oder Pfarrkirche ebenfalls presbyter cardinalis genannt wurde, nicht und das umsoweniger als mindestens für den Anfang des 9. Jahrhunderts sich die Identität von ecclesia baptismalis und cardinalis nachweisen lässt [2].

Man hat daher die Beziehung des Wortes: cardinalis auf eine bestimmte Art von Kirchen zu verwerfen, vielmehr wird jeder Geistliche so bezeichnet, wenn derselbe an einer Kirche angestellt ist, und letztere überhaupt nur ihrem Charakter nach einer andern als Hauptkirche gegenüber gesetzt werden kann. Die Pfarrkirchen erscheinen den Oratorien und Kapellen, die Kirchen in der Stadt denen auf dem Lande, die Kathedralen den Pfarr- und sonstigen Kirchen, endlich die römische Kirche den bischöflichen Kirchen gegenüber als cardo, als Hauptkirche und daher werden die Geistlichen aller dieser Kirchen, soweit die hervorgehobenen Gegensätze in Frage kommen, presbyteri cardinales [3], sowie die unmittelbar zur bischöflichen oder römischen Kirche gehörigen ecclesiae, tituli oder capellae im Gegensatz zu den übrigen, durch besondere

rium se sumtu proprio pro sua devotione fundasse, quod in honorem b. Petri apostolorum principis desiderat consecrari. Et ideo, frater carissime, si in tuae dioeceseos in qua visitationis impendis officium, memorata constructio iure consistit et nullum corpus ibidem constat humatum, percepta primitus donatione legitima i. e. fundos campulos cum conduma una, boves domitos parium unum, vaccas duas, argenti libras quatuor, lectum stratum unum, in peculio capita quindecim, aeramenti capita duo, ferramenta numero quinque, praesentes liberos a tributis fiscalibus solidos sex gestisque municipalibus alligata, praedictum oratorium solemniter consecrabis. Presbyterum quoque te illic constituere volumus cardinalem, ut quoties praefatus conditor fieri sibi missas fortasse voluerit vel fidelium concursus exegerit, nihil sit quod ad missarum sacra exhibenda solemnia valeat impedire".

[1] Dass es sich hier um eigenthümliche Verhältnisse handelt, hat schon Mabillon, comm. praev. in ordin. Roman. (Museum Ital. 2, XIX) erkannt, er stempelt aber den presbyter cardinalis zum capellanus. Im wesentlichen das Richtige bei van Espen, J. E. U. P. I. tit. 22. n. 5.

[2] In einem Diplom Karls III. von 908 (M. Lupi, cod. diplom. eccles. Bergom. 1, 955) heisst es: „Et nullus comes vel publicae partis iudex et gastaldio vel alia quaelibet persona in monasteriis, xenodochiis vel ecclesiis baptismalibus aut cardinalibus seu oraculis". Mit Recht erklärt Du Cange, glossar. s. v. ecclesiae cardinales das dahin: „quae vulgo parochiales". Wenn ihn Phillips 6, 49. n. 50 tadelt, weil hier die ecclesiae cardinales den baptismales entgegengesetzt würden, so hat er übersehen, dass im mittelalterlichen Latein vel und sive oder seu soviel wie „et" heisst (s. Du Cange s. v. vel und seu, meine Pseudo-Isidor-Ausgabe prolegom. p. CCXXII. n. 1) und aut etwas sich Gleichstehendes bedeutet (s. den S. 316. n. 4 angeführten Brief: „regere aut gubernare; oratorium aut basilica"). Auch in dem S. 315. n. 7 citirten Brief c. 1 (Jaffé l. c. p. 21): „Nam et nos ab apostolica auctoritate subiungimus, ut episcopus iuxta dignitatem suum indumentis utatur, simili modo et presbyteri cardinales. Et si monachica vita velle valeant vivendi, plebi quidem sibi subiectae preclariori veste induti debitum praedicationis persolvant et in secreto propositum sui servent cordis"; dürften die presbyteri cardinales, weil der ihnen untergegebenen plebs (= Gemeinde) gedacht wird, für Pfarrer, nicht mit Phillips 6, 55. n. 68 für Domherren zu erklären sein.

[3] Den erst erwähnten Gegensatz zeigen die S. 316 angeführten Stellen über die Errichtung von Privatoratorien, den zweiten ergiebt n. 7. S. 315 und conc. Meld. a 845. c. 54 (Mansi 14, 831): „Ut titulos cardinales in urbibus et suburbiis constitutos episcopi canonici et honeste sine retractione ordinent et disponant"; den dritten Gregor M. ep. I. 15 (s. S. 315. n. 6) und Johannes Diac. vita Gregorii M. III. 11 (ed. Bened. 4, 88): „Item cardinales violenter in parrochiis ordinatos forensibus in pristinum cardinem revocavit".

von ihnen intitulirte Geistliche regierten Kirchen ecclesiae cardinales[1] genannt. Wenn ich demnach auch die gleichfalls von Phillips bekämpfte Meinung für irrig erklären muss, dass die presbyteri cardinales ausschliesslich Pfarrer gewesen sind[2], so halte ich doch andererseits daran fest, dass der Ausdruck auch für Pfarrer gebraucht wird.

Für Rom und die Geistlichen der römischen Kirche kommt das Wort cardinalis erst seit dem 8. Jahrhundert häufiger vor[3], aber noch Jahrhunderte hindurch nicht ausschliesslich, denn gleichzeitig werden auch gewisse Kleriker anderer bischöflicher oder höher als diese stehender Kirchen, so der von Konstantinopel[4], Mailand[5], Ravenna[6], Piacenza[7], Padua[8], Verona[9], Vercelli[10], Neapel[11], Laon[12], Sens[13],

[1] Für Rom Lib. pontif. vita Stephani VI. (ed. Fabrot 2, 238): „Immo et pro perenni mercede in ecclesia, alias sanctorum reliquias per diversos cardinales titulos alias etiam circumquaque largitus est monasteria", conc. Meld. cit. (s. die vorige Note). Hugonis et Lotharii diplom. für Pavia a. 943 (Muratori l. c. p. 169): „Omnesque cardinales capellas tam extra quam infra urbem"; Rainerii episcop. Senen. diplom. a. 1108 (Ughelli, Italia sacra 3, 544): „ecclesiam S. Martini cardinalem iuxta burgum Senensis civitatis positam".

[2] So z. B. Muratori a. a. O. p. 155. 156.

[3] Concil. Roman. a. 769 in c. 3—5. Dist. LXXIX. (s. oben S. 229. n. 1). Lib. pontif. vita Leonis III. (l. c. p. 195): „In hac denique post caetera synodo Anastasius presbyter cardinalis tituli beati Marcelli ab omnibus canonice est depositus eo quod parrochiam suam per annos quinque contra canonum instituta deseruit et in alia usque hodie demoratur". Lib. pontif. vita Hadriani II. (l. c. p. 233): „Ut... aliquem ex cardinalibus dumtaxat suae ecclesiae virum sapientia vitaque archiepiscopatu dignissimum Bulgaris eligendum dirigeret". Epist. Joann. VIII. ad Carolomann. reg. a. 878 (Mansi 17, 78): „Praesentem latorem Petrum cardinis ecclesiae nostrae presbyterum gloriae vestrae plurimum commendamus". Lib. diurn. c. 2. tit. 9 professio pontificia (Hoffmann 2, 49): „Ego N. sanctae Romanae ecclesiae diaconus vel presbyter vel episcopus cardinalis electus" etc., die dem 10. Jahrhundert angehören muss, weil erst seitdem öfters Bischöfe zu Päpsten gewählt wurden. S. oben S. 244. Joannis Diac. (saec. IX.) vita Gregorii M. III. 7 (Gregorii opp. ed. cit. 4, 86): „Et si quando neccesitas ordinandi sacerdotis obrepsit neque cardinales ecclesiae suae neque monachos monasterii sui penitus excusavit quo minus illis ecclesiam regendam committeret .... ex presbyteris cardinalibus ecclesiae suae consecravit episcopos Bonifacium Rhegii, Habentium Perusii et Donum Messanae Siciliae, ex subdiaconibus vero Gloriosum Istriae" etc. ... weitere Stellen oben S. 248. 254.

[4] Joann. VIII. ep. ad Basilium imper. a. 879 (Mansi 17, 136): „decernimus, ut post huius patriarchae obitum, nullus de laicis vel curialibus in patriarchatus eligatur vel consecretur honore, nisi de cardinalibus presbyteris et diaconibus Constantinopolitanae sedis".

[5] Eiusd. ep. ad clerum Mediolan. a. 879 (Mansi 17, 165): „iubemus ut omnes uno animo unoque voto convenientes atque convocantes pastores vel populum civitatis de electione alterius qui de cardinalibus presbyteris aut diaconibus dignior fuerit repertus ... ad archiepiscopatus honorem promoveatis"; Anselm. Mediolan. archiep. dipl. a. 1100 (Baluze, miscell. ed. Lut. Paris. 1713. 6, 483): „in nostra Mediolanensi ecclesia cum nostris cardinalibus disputantes". Epist. 1105: „Ordinarii cardinales s. Mediolan. eccl. necnon primicerius cum universo sacerdotio et clero Mediolanensi omnisque populus et omnis ordo laicorum omnibus sacerdotibus et clericis et laicis cuiuscunque ordinis in diocesi Mediolanensis ecclesiae constitutis pacem et salutem" (bei Muratori l. c. p. 158).

[6] Conc. Ravenn. a. 997 (Mansi 19, 221): „subscripserunt ... presbyteri cardinales ecclesiae Ravennatensis". S. auch unten S. 319. n. 7. 8.

[7] Campi, dell' istoria ecclesiastica di Piacenza. Piacenza 1651. Diplom. a. 883. a. 886. 1, 468. 470; s. auch 1, 222. 223.

[8] Gauslini epis. Patav. dipl. a. 970 (Muratori, antiquit. Ital. 1, 549): „Dum domnus Gauslinus s. Pataviensis ecclesiae resideret in cathedra sui episcopii in domo S. Mariae matris ecclesiae convocata sacerdotum, levitarum reliquorumque caterva, tam ex cardine urbis eiusdem quamque ex singulis plebibus vel oraculis in synodali conventu".

[9] Ratherii Veronens. episc. itinerar. c. 7 (opp. ed. Ballerin. p. 447): „Ad quod quum titularios omnes et illos de plebibus paratos ... invenissem, vos cardinales ... manere adhuc cerno rebelles".

[10] Attonis episc. c. Vercellens. capit. 90 (ed. Buronti del Signore 2, 289): „si infirmitas quemquam oppresserit ad suum presbyter recurrat episcopum, ut illi per ipsum remedia concedantur. Quodsi defuerit, cardinalibus primae sedis presbyteris interim suggeratur".

[11] S. Lupoli, instit. iur. canon. Neapol. 1777. 2, 182. n. c; Diplom v. 1100 (Muratori l. c p. 161): „Sergius archipresbyter et cardinalis s. sedis Neapolitanae subscripsi".

[12] Auct. eccles. Laud.: „Robertus de cardine sanctae Laudensis ecclesiae" nach Phillips 6, 42. n. 15.

[13] Stat. eccl. Senon. (Martene de antiqu. eccles. ritib. lib. I. c. 3. art. 8. n. 2. ed. II. Antwerp. 1736): „ut quotiescunque archiepiscopus missam celebrat in festis annualibus in ecclesia Senonensi debent sibi assistere XII presbyteri cardinales induti sacerdotalibus vestibus".

Trier[1], Magdeburg[2], Köln[3], Kompostella[4], ja sogar auch der Kollegiatkirche zu Aachen[5] als cardinales bezeichnet[6], und erst Pius V. hat in einer Konstitution vom 17. Februar 1567[7] unter Aufhebung aller entgegenstehenden Privilegien die Führung des Titels: Cardinalis den Kardinälen der römischen Kirche ausschliesslich vorbehalten.

Aus den vorstehenden Anführungen erhellt, dass nicht alle zu einer als cardo bezeichneten Kirche gehörigen, sondern nur gewisse Geistliche derselben cardinales genannt worden sind[8]. Deshalb kann da, wo eine Mehrheit von Klerikern desselben Grades an einer als cardo zu bezeichnenden Kirche angestellt ist, die Bedeutung von cardinalis durch Zugehörigkeit zum cardo nicht erschöpft sein. Cardinalis heisst ferner soviel wie principalis, also vorzüglich, hervorragend, hauptsächlich[9] und daher werden

[1] Bened. VII. epist. ad Theodoric. archiep. Trevir. a. 975 (Hontheim, histor. Trevir. diplom. August. Vindel. 1750. 1, 313): „crux ante eundem, sicut et ante Ravennatem archipresulem ubi ubi geratur. Cardinales quoque presbyteri fratre nostro Theodorico missam celebrante dalmaticis et diaconi una cum presbyteris schandaliis utantur".

[2] Johann. XIII. ep. ad Adalbert. a. 958 (Mansi 19, 5): „Caeterum more Romanae ecclesiae ecclesiam tuam XII presbyteros et VII diaconos et XXIV subdiaconos cardinales qui sandaliis et lisinis utantur, habere volumus". Bened. VIII. ep. a. 1012 (Dreyhaupt, pagus Neletici. Halle. 1755. 1, 24): „cardinales presbyteros in tua ecclesia ordines quorum numerus duodenarius compleatur qui ad maximum altare ministrent cotidie dalmaticis et festis diebus sandalis induantur. Similiter et dyaconos VII cardinales cotidie dalmaticis excepto ieiunio, festis autem utentes sandaliis".

[3] Privilegium Leos IX. v. 1052 für Erzbischof Hermann II. von Köln (Binterim, die Vorlesung des H. Braun: die Sage von den geborenen Kardinälen der kölnischen, trierschen und magdeburgschen Kirche. Köln. 1852. S. 93. 94): „largimur, ut maius altare ecclesiae tuae matris virginis honore dedicatum et aliud ibidem apostolorum principi b. Petro addictum reverenter ministrando procurent VII idonei cardinales praesbiteri dalmaticis induti quibus etiam cum totidem diaconibus ac subdiaconibus ad hoc ministerium prudenter electis ut sandaliis utantur, concedimus".

[4] Ep. Paschalis II. ad Didacum a. 1108. (Florez, España sagrada 20, 93): „Significavit nobis fraternitas tua quod secundum Romanae ecclesiae consuetudinem VII cardinales presbyteros in ecclesia tua ordinaveris qui ad altare b. Jacobi missarum officia succedentibus sibi vicibus administrent. . . Nos itaque ordinationem tuam praesentibus literis et apostolica auctoritate firmamus". . .

[5] Ep. Gregorii V. a. 997. ad Otton. III. (Quix, cod. diplomat. Aquens. Aquisgr. 1839. 1, 36): „decernimus in supradicta ecclesia VII cardinales diaconos et presbiteros VII cardinales huic ecclesiae deservire, ea videlicet ratione, ut nullius dignitatis persona supra sacrum altare dei genitricis Marie ibidem constitutum missam celebret praeter quam supradicti VII cardinales presbyteri et archiepiscopus Coloniensis et episcopus Leodiensis qui huic dioecesi praesidet".

[6] c. 2. pr. §. 1 (mit falscher Inskription: Leo III.) X. de offic. archipresbyt. I. 24 bezeichnet die Domherren überhaupt als cardinales sacerdotes. Bei L. Nardi, dei parrochi. Opera di antichità sacra e disciplina ecclesiastica. Pesaro. 1830. 2, 414. n. 9, einem Buch, das mir leider nicht zugänglich gewesen, sollen sich nach Phillips 6, 41. n. 12 weitere Nachweisungen finden und den Gebrauch der Bezeichnung bei etwa 40 Kirchen ergeben. Muratori l. c. p. 163 führt noch an die Kirchen von Aquileja, Benevent, Pisa, Asti, Bergamo, Siena, Capua, Salerno, Orleans, Besançon und London.

[7] Petra comm. ad Eugen. IV. const. 15. Non mediocri n. 5; Ferraris prompta bibliotheca s. v. cardinalis art. I. n. 6. In den Bullarien steht die Konstitution nicht. Plati, de cardinalis origine c. 2. §. 4. n. x (ed. VI. p. 35) und Cohellius, notitia cardinal. c. 2. p. 3 geben an, dass sie sie nirgends gesehen haben. Die Domherrn von Ravenna haben den Kardinalstitel 1568 abgelegt. S. Muratori l. c. p. 161, die von Neapel ihn aber länger fortgeführt. S. Mazocchi, diss. de cathedr. eccles. Neapol. Neapol. 1751. app. IV. p. 1. c. 1 ff. p. 243 ff. Phillips 6, 278.

[8] S. namentlich S. 318. n. 3 und n. 1 ff. dieser Seite. Vgl. auch die sententia Gualterii archiepiscopi Ravennatis v. 1141 (Muratori l. c. p. 159): „dum domnus Gualterius s. Ravennatis ecclesie venerabilis archiepiscopus Regiis esset et in canonica s. Marie Regiensis ecclesie sicut immo proprius Metropolitanus resideret, assidentibus sibi domno Alberio eiusdem ecclesie episcopo, Johanne quoque Ravennatis ecclesie archipresbytero cardinale et presbytero Fantulino cardinale atque Andrea presbytero cantore, Henrico diacono cardinale et Buniolo subdiacono cardinale, astantibus etiam eiusdem Regine ecclesie canonicis et capellanis" etc.

[9] Augustin. de baptismo. I. 6 (ed. Bened. 9, 56): „inter nos et ipsos quo modo cardinales Donatistas quorum episcopus apud Carthaginem est, iam de hac re nulla est controversia". Cassiodori varia. VII. 31 (ed. Garet. 1, 111): „Formula vicarii principatus urbis . . . . ut quia principem cardinalem obsequiis nostris deesse non patimur, tu eius locum vicarii nomine in urbe Roma solemniter debeas continere". Der in Ravenna beim Ostgothenkönig bleibende praefectus urbis Romae wird also hier als cardinalis princeps bezeichnet. Vgl. auch Phillips 6, 47.

unter den mehreren Geistlichen desselben cardo nur diejenigen, welche an letzteren und unter den Kollegen ihres ordo eine bevorzugte und höhere Stellung einnehmen, als cardinales bezeichnet[1]. Demgemäss gehört also zum Wesen des cardinalis Zugehörigkeit zu einer Hauptkirche und zugleich ein hervorragender Rang unter dem Klerus einer solchen.

III. Die Kardinalpriester und Kardinaldiakonen. Nach dem eben Bemerkten ist es begreiflich, dass man die an den Haupttiteln Roms fungirenden Geistlichen und die 7 Regionar-Diakonen (s. unter Nr. I.) als presbyteri, resp. diaconi cardinales bezeichnete. Gerade die Kardinalpriester waren die Gehülfen des Papstes bei der Leitung der römischen Kirche[2] und hatten als solche gemeinschaftlich in eigends zu diesem Behuf abzuhaltenden Versammlungen die gesammte Disciplin des römischen Klerus zu überwachen, für die Aufrechterhaltung derselben Sorge zu tragen, und die geistliche Gerichtsbarkeit auszuüben; nur hinsichtlich der Klöster und Regularen waren die betreffenden Befugnisse ausschliesslich den selbst zum Mönchsstande gehörigen Kardinälen übertragen. Diese Einrichtungen, welche wie die Bezugnahme auf die nicht mehr erhaltene Konstitution Leos IV. ergiebt, sich spätestens im Laufe des 9. Jahrhunderts entwickelt haben müssen, zeigen deutlich die hervorragende Stellung der Kardinalpriester, legen aber auch zugleich Zeugniss von der trotz der Titel-Eintheilung festgehaltenen Verbindung der einzelnen Titelkirchen zu einer innerlichen Einheit ab (s. oben S. 311), da die erwähnten Angelegenheiten nicht von jedem Kardinal für den bestimmten Bezirk des Titels, sondern von sämmtlichen für das ganze Gebiet der Stadt Rom erledigt werden sollen. Dass ihnen der dauernde Besitz ihrer Titel offenbar nebst den damit zusammenhängenden Einkünften zugesichert wird[3], schliesst diese Auffassung

[1] Wie denn cardinalis nie für Kleriker eines geringeren Weihegrades als den subdiaconus vorkommt Cardinales subdiaconi s. in den Stellen S. 319. n. 2. 3. 8; ferner s. die Schreiben Viktors II. (Jaffé, reg. n. 3291—3294) vom J. 1055 datirt per manus „Hildebrandi S. E. R. cardinalis subdiaconi" und das Schreiben Urbans II. (1088—1099) bei Theiner, disquisitiones criticae p. 207 („Rogerus cardinalis ecclesiae nostrae subdiaconus".

[2] Das uns erhaltene Fragment einer Konstitution Johanns VIII. de iure cardinalium zwischen 873 u. 882 (Mansi 17, 247) sagt über ihre Stellung Folgendes: „Itemque ex nostra praesenti constitutione bis in mense vel eo amplius vel apud illum vel illum titulum sive apud illam vel illam diaconiam sive apud alias quaslibet ecclesias vos convenire mandamus. Et ob vestram et inferiorum clericorum vitam et mores et qualitates et habitus vestium perscrutandum et qualiter quilibet praepositi se erga subditos habeant vel quod subditi suis praepositis non obediant et ad quaeque illicita amputanda, clericorum quoque et laicorum querimonias quae ad nostrum iudicium pertinent, quantum fieri potest, definiendas. Quippe eum sicut nostram mansuetudinem Moysi, ita et vestram fraternitatem LXX seniorum, qui sub eodem causarum negotia diiudicabant, vicissitudinem gerere, certum habeamus. Item monasteria abbatibus viduata et abbatum nostra praecedente conscientia substitutionem his qui sunt inter vos vel fuerint monasticae professionis, disponenda committimus. Propter solicitudinem autem ecclesiarum et clericorum earumdem disciplinam sive laicorum querimonias definiendas bis in hebdomada ad sacrosanctum palatium iuxta decreta praedecessoris nostri Leonis quarti, vos convenire mandamus. Item sancimus de parochiis nostris, quantumcunque pontifici competit, pontificali beneficio vos in perpetuum possidere et in principalibus ecclesiis iuxta primatum vestrae consecrationis vicissim officia divina peragere et earum oblationibus salva semper cardinalium diaconorum prisca consuetudine aequaliter participare tam propter usum vestrum quam in ecclesiarum vestrarum luminarium concinnationes". Dass die Konstitution sich allein auf die Kardinalpriester bezieht, ergiebt der Schluss, wo von dem allein den Presbytern zukommenden officia divina peragere die Rede ist, und die Rechte der Kardinaldiakonen besonders gewahrt werden.

[3] Die Worte der Konstitution: Item sancimus etc. interpretire ich also dahin: In Betreff unserer Parochieen, d. h. der einzelnen Titel, bestimmen wir, dass ihr, soviel uns daran als Papst zusteht, durch unsere päpstliche Verleihung für immer besitzen sollt. Phillips 6, 92 übersetzt: „Wir verordnen in Betreff unserer Parochieen, dass Ihr, soweit es dem Bischof zusteht, stets das bischöfliche Privilegium besitzen sollt", und bemerkt S. 93 weiter: „Was sodann die parochiae nostrae Johanns VIII. betrifft, 'so machen diese allerdings einige Schwierigkeit; auf den ersten Blick lässt dieser Ausdruck fast vermuthen, er sei im Gegensatze zu parochiae alienae von den römischen Bisthümern zu verstehen . . . Wollte man unter den Parochieen die Kardinaltitel selbst be-

nicht aus. In jenen Kirchen sollten die Einzelnen stehend und regelmässig den Gottesdienst abhalten, während sie in den ecclesiae principales, nämlich S. Pietro in Vaticano, S. Paolo fuori le mura, S. Lorenzo fuori le mura, S. Maria Maggiore — den ausserhalb der Titel-Eintheilung stehenden, grossen Heiligthümern, welche dem Papst unmittelbar angehörten — abwechselnd zu funktioniren hatten [1]. Da die Möglichkeit einer solchen Einrichtung für den Gottesdienst auch in den Titelkirchen denkbar gewesen wäre, ein ständiges Funktioniren also nur aus praktischen Gründen eingeführt ist, so ergiebt sich hieraus zugleich, dass der ständige Besitz eines titulus für das Amt des Kardinals nicht wesentlich ist und dass also die einzelnen nicht Kardinäle sind, weil sie bei ihrer Ernennung einen Kardinaltitel gleichzeitig verliehen bekommen, sondern dass die tituli cardinales so genannt werden, weil sie selbst zum cardo gehören und die cardinales in ihnen den Gottesdienst verrichten [2].

Zur Bestätigung dieser Ansicht dient nicht nur der Umstand, dass die ausserhalb Roms nach dem Vorbilde der dortigen Einrichtungen durch päpstliche Privilegien eingesetzten Kardinäle [3], namentlich auch die Kardinalpriester, für die Regel keinen besonderen Titel besessen zu haben, sondern auch die Thatsache, dass erst spät [4] die

greifen, so würde jedenfalls angenommen werden müssen, dass Johann VIII. die quasi episkopalen Gerechtsame der Kardinalpresbyter ausdrücklich anerkannt habe". Hiergegen habe ich zu bemerken: 1. dass irgend welche Verbindung der Kardinalpriester mit den römischen Bisthümern sowohl undenkbar als auch unerwiesen ist, also demnach unter parochiae die Titel zu verstehen sind; 2. dass das: pontificali beneficio vos possidere nicht mit: „das bischöfliche Privilegium besitzen" übersetzt werden kann, es wird vielmehr damit der Titel und Grund des Besitzes angegeben; 3. dass die quasi-episcopale Gewalt in der Stelle nicht bezeugt wird, weil im Anfang derselben die etwaigen Befugnisse der bischöflichen Jurisdiktion der Gesammtheit beigelegt werden. Als Sonderrecht der einzelnen an den Titeln ergiebt die Konstitution nur das Recht auf Abhaltung und Leitung des Gottesdienstes, welchem wohl das Recht auf die Einkünfte hinzuzufügen ist. — In der Stelle aus dem lib. pontif. (S. 318. n. 3) bedeutet parrochia gleichfalls titulus oder ecclesia denn in der Exkommunikationsformel bei Hincmar annal. a. 868 (SS. 1, 478) heisst es von demselben Anastasius: „contra statuta patrum provinciam ecclesiamque deserens.

[1] Es unterliegt keinem Zweifel, dass Johann VIII. hier auf eine Einrichtung hinzielt, über welche der lib. pontif. vita Simplicii (ed. Fabrot 2, 29) berichtet: „Hic constituit ad s. Petrum apostolum et ad s. Paulum apostolum et ad s. Laurentium hebdomadas, ut presbyteri manerent ibi propter poenitentes et baptismum. Regionem tertiam ad s. Laurentium, regionem primam ad s. Paulum, regionem sextam vel septimam ad s. Petrum", so dass also die Kardinalpriester sich wochenweise abzuwechseln hatten. S. Phillips 6, 93. 94. 119 ff. 126. Auf die Laterankirche bezieht sich die Konstitution Johanns VIII. nicht, da hier Bischöfe als s. g. Hebdomadarien celebrirten. S. vorläufig Lib. pontif. vita Stephani IV. (III) (ed. cit. p. 98): „Hic statuit, ut omni dominico die a VII episcopis cardinalibus hebdomadariis qui in ecclesia Salvatoris observant missarum solemnia super altare beati Petri celebraretur et Gloria in excelsis deo diceretur".

[2] S. auch Phillips 6, 48. Deshalb ist es auch denkbar, dass mehrere Kardinäle denselben Titel gleichzeitig besitzen. S. darüber weiter unten in diesem §. die Ausführung über die s. g. geborenen Kardinäle am Schluss von No. IV.

[3] S. 319. n. 1 ff.

[4] S. Binterim, die Vorlesung des H. Braun etc. S. 58 ff. Eine Ausnahme macht allerdings die Urkunde des Erzbischofs Walter von Ravenna für den Bischof von Modena v. 1122 (Muratori l. c. 5, 177): „Gualterius servus servorum dei, divina gratia archiepiscopus Dodoni Motinensis ecclesie episcopo atque sanctae Ravennatis ecclesie presbitero cardinali et pro te tuisque successoribus episcopis . . . concedimus consentientibus fratribus nostris cardinalibus, presbyteris videlicet, diaconibus et subdiaconibus, presente etiam et astante Ildebrando episcopo Comacliensi et presentibus multis aliis clericis et laicis i. e. ecclesiam s. Agnetis virginis et martiris positam in ac (hac) civitate Ravenne . . . cum omnibus rebus et possesionibus suis tam in ac civitate Ravenne quamque foris: ut ab ac ora in futuro liceat tibi tuisque successoribus predictam ecclesiam cum omnibus rebus et possessionibus suis ordinare et disponere. Et non liceat tibi neque tuis successoribus praedictam ecclesiam cum rebus et possessionibus suis vendere . . . . . sed ad lucrum et utilitatem sub titulo cardinalatus tibi tuisque successoribus in perpetuum permanendam. Ita tamen ut tu et successores tui ad ius in postremum, quotienscumque ecclesiam Ravennatem visitaveritis et loco et officio cardinalium fungi debeatis, tu et successores tui in perpetuum . . . . Ego Johannes archipresbiter s. Ravennatis ecclesie et cardinalis s. Petri maioris tituli subscripsi. Ego Johannes presbiter et cardinalis s. Salvatoris manu mea subscripsi". „Dass es sich hier um eine durch die alte Rivalität Ravennas mit Rom diktirte, spätere genaue Kopie der römischen Einrichtungen han-

Bezeichnung presbyter cardinalis tituli N. N. vorkommt, während in den ersten Jahrhunderten der Zusatz cardinalis bei der Bezeichnung nach dem Titel fehlt (s. unter I.) und nach der Fixirung des Gebrauches des Wortes: cardinalis diesem zunächst der Titel der Kirche nicht zugesetzt ist[1].

Bei den Diakonen hat die Sitte, dass sie sich bei den Unterschriften nur durch Hinzufügung der Worte: ecclesiae Romanae oder nach der Region kennzeichnen, bis in das 12. Jahrhundert gedauert. Erst seitdem nennen sie sich ebenso wie die Kardinalpriester nach den ihnen übergebenen Kirchen[2]. Wenn wir auch über ihre Funktionen für die hier in Rede stehende Zeit keine dieselbe ex professo behandelnde Quellen besitzen, so ist es doch zweifellos, dass sie wesentlich die Armenpflege in Rom zu besorgen hatten. Ihre desfallsigen Geschäfte müssen sehr umfangreich gewesen sein, denn sie hatten eigene, die Vertheilung der Almosen überwachende s. g. patres diaconiae[3], ferner in den einzelnen Regionen auch Subdiakonen und Akolythen[4] neben sich, und die Diakonieen besassen ein nicht unbeträchtliches, zum Theil in Grundstücken bestehendes Vermögen[5]. Schon Gregor I. hatte, wie bereits bemerkt, die Zahl der Diakonieen

delt, ergiebt der Titel: servus servororum dei in der Einleitung und ferner die Creirung eines Bischofs zum Kardinal, welchen man natürlich allein durch einen Presbyter-Titel in Verbindung mit dem cardo der Kirche Ravennas setzen konnte. Uebrigens haben auch die Kardinäle der Neapolitanischen Kathedrale besondere Titel gehabt, s. Mazocchi, diss. hist. de cathedrali eccles. Neapolit. Neapoli 1751. p. 249 ff.

1 Während noch auf der Aftersynode des Photius zu Konstantinopel im J. 879 der Legat Johanns VIII. bald als „religiosissimus presbyter et cardinalis apostolicae sedis", bald als „relig. presbyter et cardinalis" bezeichnet wird (s. Mansi 17, 419), wird im liber pontif. (s. die Stelle S. 318. n. 3), der in diesem Bestandtheil allerdings frühestens der zweiten Hälfte des 9. Jahrhunderts angehört, der abgesetzte Anastasius presbyter cardinalis tituli b. Marcelli genannt; in gleicher Fassung lauten die Unterschriften unter der Bulle über die Heiligsprechung Ulrichs von Augsburg a. 997 (SS. 3, 378. n. 12): „Bonizo archipresbyter et cardinalis s. Lucinae consensi; Benedictus presbyter et cardinalis s. Stephani consensi" etc.

2 Conc. Lateran. a. 1116 (Mansi 21, 150): „Ego Leo diaconus cardinalis S. Viti subscripsi; ego Romualdus diaconus cardinalis S. Mariae subscripsi; ego Aldo diaconus cardinalis venerabilis diaconii ss. Sergii et Bacchi subscripsi; ego Petrus diaconus cardinalis ecclesiae ss. Cosmae et Damiani" etc.

3 In dem seinem Inhalte nach älteren, seiner Abfassung nach spätestens dem Ausgang des 8. Jahrh. angehörigen ordo Romanus I. (Mabillon, museum Ital. 2, 6, vgl. Meckel, über das Alter der beiden ersten römischen Ordines Mabillons, Tübinger theolog. Quartalschrift Jahrg. 1862. S. 50 ff.) c. 1. n. 4 heisst es: „Sed dum venerit pontifex prope ecclesiam, exeuntes acolythi et defensores ex regione illa cuius dies ad officium fuerit, in obsequio praestolantur eum loco statuto, antequam veniat ubi descensurus est: similiter et presbyter tituli vel ecclesiae ubi statio fuerit, una cum maioribus domus ecclesiae Romanae vel patre diaconiae (si tamen illa ecclesia diaconiae fuerit) cum subdito sibi presbytero et mansionario thymiamaterium deferentibus in obsequium illius, inclinato capite, dum venerit". S. Mabillon, comm. praevius in ordin. Roman. (l. c. p. XVII). Er ist wohl identisch mit dem in liber diurnus c. 7. tit. 17 (Hoffmann, nova collect. 3, 183) vorkommenden dispensator: „Igitur quia postulat a nobis tua fidelitas, quatenus fundum illum etc. Eum a praesenti III. indictione tuae magnitudini et per te eadem diaconia in perpetuum concedimus detinendum. Sed dispensator, qui pro tempore fuerit in eadem venerabili diaconia i. e. quando lucina perficitur, in eadem diaconia pro remissione peccatorum nostrorum, omnes diaconites (Gehülfen des Diakons) et pauperes Christi qui ibidem conveniunt, Kyrie eleison exclamare studeant; ita sane, ut singulis quibusque indictionibus pensio rationibus ecclesiasticis tu a tua magnitudine successoribusque tuis dispensatoribus difficultate postposita in perpetuum persolvatur omnisque qua indiget defensio seu melioratio indifferenter vobis sine dubio procurantibus efficiatur nullaque praeterea ad dandam annue pensionem a tua magnitudine successoribusque tuis dispensatoribus mora proveniat, sed ultro actionariis sanctae nostrae ecclesiae apto tempore persolvatur". S. Phillips 6, 68 ff.

4 Ordo Roman. cit. c. 1. n. 1 (l. c. 2, 3): „unaquaeque regio singulos habet diaconos regionarios et uniuscuiusque regionis acolythi per manum subdiaconi regionarii diacono regionis suae officii causa subduntur". Wenn Gregor I. schon die Subdiakonen öfters zur Verwaltung auswärtiger Güter der römischen Kirche verwendete, s. epist. lib. I. 1; lib. III. 32 (ed. Bened. 2, 569. 647) und ihnen die Ausübung päpstlicher Administrations- und Jurisdiktionsbefugnisse übertrug, s. epist. lib. II. 20. III. 32. IX. 47. X. 40 (2, 583. 646. 961. 1072), so spricht das für die hohe Stellung der Diakonen. Dass die Diakonen übrigens auch gottesdienstliche Funktionen versahen und namentlich dem Papst assistirten, zeigt ein Blick auf den ordo Romanus I.

5 Das ergeben die im liber pontificalis aufge-

auf 19 vermehrt[1], später ist diese noch erhöht worden, da der liber pontificalis 21 verschiedene derartige Mittelpunkte der Armenpflege erwähnt[2]. Wenngleich somit die alte Siebenzahl der Diakonen nicht mehr festgehalten werden konnte, so blieb doch die frühere Regionar-Eintheilung noch mehrere Jahrhunderte hindurch bestehen[3]. Die bei den 7 ursprünglichen Regionar-Diakonieen angestellten Diakonen (diaconi regionarii) galten zunächst noch als die ursprünglichen und eigentlichen Diakonen[4] im Gegensatz zu den übrigen, unter denen die unmittelbar bei der Person des Papstes Dienste versehenden 6 diaconi palatini die hervorragendste Stelle einnahmen und wohl gleichfalls mit der Leitung von Diakonieen betraut wurden[5].

Dass der Papst sich der Kardinalpriester und Kardinaldiakonen als Beirathes in den Angelegenheiten der römischen Kirche bediente, diese also seinen Senat bildeten, bedarf keines weiteren Nachweises, aber feste Formen für die Zuziehung der Kardinäle und bestimmte, sie von allen andern Geistlichen, namentlich den übrigen kirchlichen Würdenträgern unterscheidende Vorrechte existiren für sie noch nicht. Ebenso wenig war der römische Bischof allein auf ihre Zuziehung beschränkt, ja der Umstand, dass sich im Laufe der Zeit als erste Klasse der Kardinäle der ordo der Kardinalbischöfe entwickelt und den Vorrang vor den Kardinalpriestern und Kardinaldiakonen gewonnen hat, spricht entschieden dafür, dass die betreffenden Verhältnisse zunächst im Flusse gewesen sind, wie denn überhaupt die Bedeutung des Kardinalates als des berathenden höchsten Organes des päpstlichen Stuhles naturgemäss von der Stellung und dem Ansehen des letzteren abhängig war[6].

IV. Die Kardinalbischöfe. Der liber pontificalis erzählt von Stephan IV., dass dieser auf dem römischen Koncil von 769 »statuit, ut omni die dominico a septem episcopis cardinalibus hebdomadariis qui in ecclesia Salvatoris observant missarum solemnia, super altare beati Petri celebraretur et Gloria in excelsis diceretur«[7]. Diese Vorschrift setzt einen sonst schon bestehenden, in Klöstern und andern Kirchen gleichfalls üblichen[8], turnusweise abzuhaltenden Wochendienst voraus, da die Hebdomadare, d. h. diejenigen, welche denselben gerade zu versehen hatten, angewiesen werden, von nun ab am Altar des heil. Petrus zu celebriren[9], und damit stimmt der

zählten Geschenke an die Diakonieen; s. z. B. vita Hadriani I. (ed. Fabrot 2, 114): „Hic enim coangelicus vir . . . constituit diaconias tres foris portam b. apostolorum principis, i. e. . . . Quas supra scriptas diaconias hic almificus vir in abditis sine misericordiae fructus inveniens noviter restauravit. Ubi et dona plura mobilia atque immobilia pro remedio animae obtulit et constituit, ut per unam quamque hebdomadam quintae feriae die cum psallentio a diaconia usque ad balneum pergerent et ibidem dispensatione per ordinem pauperibus consolari atque eleemosynam fieri; vita Leonis III. ed. cit. p. 132. 136. 137. 141.

1 S. S. 312.

2 Das hat Phillips 6, 73 ff. nachgewiesen.

3 Gregorovius a. a. O. 3, 559 ff.; Phillips 6, 72.

4 Vita s. Ignatii in concil. Constantinop. IV. a. 869 bei Hardouin 5, 986: „Nec diu cunctati pontificis vicarii Constantinopolim venerunt Stephanus et Donatus episcopi, Marino ex septem diaconis adiuncto".

5 Johannis diaconi (saec. XII) liber de ecclesia Lateranensi c. 8 (Mabillon l. c. 2, 567): „Debet etiam ibi praeesse archidiaconus cum sex diaconibus palatinis qui in palatio legere debent evangelium et in basilica Lateranensi: et alii duodecim diacones regionarii qui solent evangelium legere in stationibus ecclesiarum Romae constitutis. Isti decem et octo diaconi totidem ecclesias habent infra muros civitatis". Zum Beweise für frühere Einrichtungen kann diese Stelle bei der traditionellen Forterhaltung vieler Einrichtungen um so mehr herangezogen werden, als die Existenz eines besonderen Palatinalklerus schon für das 8. Jahrhundert zweifellos ist. S. Phillips 6, 336 ff. u. unten §. 41.

6 Daher können solche Fragen, wie die früher lebhaft besprochene Kontroverse, ob der h. Hieronymus Kardinal des Papstes Damasus gewesen, was z. B. Alph. Ciaconius l. c. vita Damasi 1, 262 bejaht, Baronius ann. a. 378. n. 66 und Buddeus l. c. §. 29. p. 127 verneinen, gar nicht aufgeworfen werden.

7 ed. Fabrot 2, 96.

8 Regula S. Bened. c. 35; conc. Tarracon. a. 516. c. 7; Phillips 6, 168 ff. Ueber das Hebdomadalsystem bei den andern Patriarchatkirchen s. S. 321. n. 1.

9 Phillips 6, 171. 172.

älteste Ordo Romanus [1] überein, welcher gleichfalls der episcopi hebdomadarii als einer bestehenden Institution gedenkt. Aus der Thatsache, dass diese Bischöfe den regelmässigen Dienst an der Kirche des Papstes, welcher selbst dazu ausser Stande war, versahen [2], ergiebt sich schon eine innigere Verbindung mit der römischen Kirche. Es handelt sich also hier um Bischöfe, die im Gegensatz zu anderen Bischöfen trotzdem, dass sie selbst einen eigenen Bischofssitz haben, noch zu einer anderen, der römischen Kirche gehören, und es kann demgemäss die Bezeichnung episcopi cardinales nicht auf ihre Kathedralen, sondern nur auf jene Kirche, als ihren cardo [3], bezogen werden. Für die Beantwortung der Frage, welche Bischöfe zu den 7 Kardinalsbischöfen gehört haben, ist davon auszugehen, dass dazu jedenfalls nur die der nahgelegenen Diöcesen genommen werden konnten. Einen weiteren Anhalt bildet die Thatsache, dass später im 12. Jahrhundert die Bischöfe von Ostia, Albano, Porto, S. Rufina oder Silva Candida, Palestrina (Präneste), Sabina und Frascati (Tusculum) diese Stellung eingenommen haben [4]. Die drei erst genannten Bischöfe haben unstreitig von alten Zeiten her in jener innigen Verbindung mit der römischen Kirche gestanden, denn die Ueberlieferung, dass der Bischof von Ostia den römischen zu konsekriren hat, geht bis in das vierte Jahrhundert hinauf [5] und schon im liber pontificalis wird er als episcopus ecclesiae Romanae bezeichnet [6]. Die Assistenz der Bischöfe von Porto und Albano bei dieser Weihe ist ebenfalls mehrfach bezeugt [7]; ein Bischof von Albano hat auch die Androhung der Exkommunikation wegen Verletzung der Beschlüsse des römischen Koncils von 769 über die Papstwahl verkündet, und als Gesandter Hadrians I. im J. 773 fungirt [8]. Eine ähnliche Stellung ist

[1] c. 8 (Mabillon 2, 8): „et pertransit pontifex in caput scholae et inclinat caput ad altare et dat pacem uni episcopo de hebdomadariis et archipresbytero et diaconibus omnibus". Dass diese Einrichtung schon unter Papst Damasus entstanden (so Binterim, Denkwürdigkeiten. III. 1, 127), lässt sich nicht nachweisen.

[2] Einer anderen liturgischen Handlung derselben erwähnt der lib. pontif. vita Leonis IV. (ed. cit. 2, 190). Bei der Einweihung der Leoninischen Stadt: (Leo) „inter caetera ab episcopis cardinalibus aquam fieri benedictam praecepit, ut inter orationum officia aquam ipsam transeuntes per murum sanctificationis gratia iactare omnimodis studuissent, qui ut ab eo iussum fuerat, humiliter peregerunt".

[3] So schreibt Petrus Damiani ep. 1. lib. II. (ed. Caietan. Rom. 1606. 1, 61.) nach seiner Ernennung zum Bischof an seine Kollegen: „Venerabilibus in Christo sanctis episcopis, Lateranensis ecclesiae cardinalibus". S. auch Thomassin l. c. c. 113. n. 2.

[4] Joann. diaconi de ecclesia Lateranensi. c. 16 (Mabillon 2, 574): „Septem cardinales episcopi primae sedis qui ad sacrosanctum altare dominicum in basilica Salvatoris per hebdomadas suas vice apostolica celebrare debent quotidie ii sunt: episcopus Hostiensis, episcopus Portuensis, episcopus sanctae Rufinae, episcopus Albanensis, episcopus Sabinensis, episcopus Tusculanus, episcopus Praenestinus".

[5] Augustin. breviculus collat. cum Donatistis. III. 16 (ed. Bened. 9, 388): „sicut nec Romanae ecclesiae ordinat aliquis episcopus metropolitanus sed de proximo Ostiensis episcopus". Vita Marci a. 336 (ed. cit. 2, 19): „Hic constituit, ut episcopus Ostiensis qui consecrat episcopum urbis pallio uteretur". S. auch n. 7.

[6] Lib. pontif. vita Stephani III. (ed. cit. 2, 84): „assumens ex huius sanctae dei ecclesiae sacerdotibus et clero, i. e. Georgium Episcopum Ostiensem, Wilerium episcopum Numentanum . . . in Franciam profectus est.

[7] Lib. diurnus. c. 2. tit. 8 (s. oben S. 224). Nach Lib. pontif. vita Leon. II. a. 682 ist dieser geweiht: „a tribus episcopis, i. e. Andrea Ostiensi, Joanne Portuensi et Placentino Velitrensi eo quod Albanensis ecclesia episcopum minime haberet"; Hadrian II. nach dem liber pontif. (ed. cit. 2, 224) 867: „per episcopos reverendissimos, scil. Petrum Gavensem (Gabii), Leonem Silvae candidae, deinde tertio loco Donatum Ostiensem, quia episcopus Albanensis obierat, Formosus vero Portuensis a beatissimo Nicolao ad praedicationem et instructionem Bulgarorum destinatus extiterat". Bei der Weihe des Gegenpapstes Konstantin II. haben ebenfalls die Bischöfe von Porto und Albano mitgewirkt, lib. pont. vita Steph. IV. (2, 91).

[8] Lib. pontif. vita Stephani IV. (2, 96): „Sed et tres episcopi i. e. Gregorius Silvae Candidae, Eustratius Albanus et Theodosius Tyburtinus in eodem praefatae ecclesiae ambone ascendentes anathematis obligationem protulerunt, si quisquam praesumat quoquo tempore transgredi quippiam de omnibus quae in eodem concilio statuta sunt". S. weiter S. 325. n. 2. Die Zuge-

auch für die Bischöfe von S. Rufina und Secunda oder Silva Candida für jene Zeit nachweisbar[1]. Dasselbe gilt von dem Bischof von Palästrina[2]. Somit kann die nähere Verbindung von 5 der späteren 7 Kardinalbischöfe bis auf das 8. und 9. Jahrhundert, theilweise auch sogar noch weiter zurückgeführt werden.

Im Uebrigen herrschen aber Schwierigkeiten. Aus dem liber pontificalis lässt sich ein gewisses engeres Verhältniss noch anderer Bischöfe zum römischen Stuhl entnehmen, nämlich des Bischofs von Nomentum[3], Velletri[4], Nepi[5], Tibur (Tivoli)[6], Gabii[7] und Anagni[8]. Würde man diese sämmtlich als Kardinalbischöfe betrachten, so hätte man für das 9. Jahrhundert elf solcher zu statuiren, wobei die später zum Kardinalskollegium gehörenden Bischöfe von Sabina und Tuskulum (Fraskati) nicht einmal mitgerechnet sind. Ja die Zahl vermehrt sich anscheinend noch für die Zeit bis zum 12. Jahrhundert. In Gemeinschaft mit den Kardinalbischöfen kommen die zuletzt erwähnten in den Unterschriften eines Schreibens Alexanders II. von 1065 vor[9]. Der

hörigkeit des Bischofs von Porto dürfte auch, wie Phillips 6, 192 schon bemerkt hat, aus folgender Aufzählung der Reisebegleitung des Papstes Konstantinus im J. 709 zu entnehmen sein (lib. pontific. ed. cit. 2, 65): „Et secuti sunt eum Nicetas episcopus Silvae Candidae, Georgius episcopus Portuensis, Michaelius, Paulus, Georgius presbyter, Georgius diaconus, Georgius secundicerius, Joannes primus defensor, Cosmus sacellarius, Sisianius nomenculator, Sergius scriniarius, Dorotheus et Julianus subdiaconi et de reliquis gradibus ecclesiae pauci clerici".

[1] Lib. pontif. vita Vigilii a. 544 (2, 41): „Retransmisit Romam Ampliatum presbyterum et vicedominum suum et Valentinum episcopum a sancta Rufina et Secunda ad custodiendum Lateranis et gubernandum clerum". S. auch die vorhergehenden Noten. Die Identität der beiden Bisthümer ergiebt die desselben Valentinus erwähnende Unterschrift unter dem Constitutum Vigilii de tribus capitulis (Mansi 9, 106): „Zachaeus episcopus rogatus a fratre Valentino episcopo Silvae Candidae ipso praesente et consentiente et mihi dictante, huic constituto pro ipso subscripsi". S. Phillips 6, 161. 162.

[2] Er hat 767 dem Usurpator Konstantin die Weihen ertheilt und ihn mit zum Papst konsekrirt, s. S. 324. n. 4; s. ferner für d. J. 771 vita Stephani IV. (2, 97): „Unde (Desiderius rex Longobardorum) claudens universas ianuas b. Petri, neminem Romanorum qui cum ipso sanctissimo pontifice exierant, ex eadem ecclesia egredi permisit. Tunc direxit ipse almificus pontifex Andream episcopum Praenestinum et Jordanem episcopum Signiensem ad portam civitatis quae egreditur ad b. Petrum ubi praenominati viri Christophorus et Sergius cum multitudine populi residebant protestando eos, ut aut in monasterio ingrederentur ad salvandum suas animas aut ad beatum Petrum ad eum studerent properandum"; vita Hadriani I. (2, 104): direxit eidem Desiderio regi tres episcopos, i. e. Eustratium Albanensem, Andream Praenestinum et Theodosium Tyburtinae civitatis, protestans eum in eodem obligationis exhortationisque verbo et adiurans per omnia divina mysteria, ut nullo modo in finibus Romanorum sine eius absolutione ingredi aut conculcari praesumpsisset".

[3] Dieser wird (vita Steph. III. l. c. 2, 84) ebenfalls als Bischof „huius sanctae ecclesiae" (Romanae) bezeichnet.

[4] Er fungirt bei der Weihe Leos II. als Stellvertreter des Bischofs von Albano, da dieses Bisthum damals nicht besetzt war, s. S. 324. n. 7; ebenso bei der Johanns V. im J. 685, lib. pontif. vita Johannis V. (ed. cit. 2, 58): „Hic consecratus est a tribus episcopis Ostiensi, Portuensi et Veliternensi, sicuti praedecessor eius Leo papa"; vita Hadriani II. (l. c. p. 225): „cum videlicet Veltriensem et Stephanum Nepesinum episcopos .... quos procacissima falsitas serenissimo Augusto (Ludwig II.) incusans domo patriaque proscripserat ab augusta mansuetudine multis epistolarum documentis requirere (Hadrianus a. 867) studuit, dicens se bonum ecclesiae dei pastorem videri non posse, nisi oves, quas fide sanctae ecclesiae infidelis vir per suam surreptionem proscripserat, recepisset.... Augustus eos propter quos summus pontifex miserat, honorifice ad urbem remisit".

[5] S. die vorhergehende Stelle; vita Hadriani II. (l. c. p. 228): „Donatum episcopum Ostiensem et Marinum diaconum Constantinopolim destinavit; ... sed et Stephanum Nepesinum episcopum sociavit".

[6] S. 324. n. 8. Ein Bischof von Tibur hat auch den Gegner des Papstes Damasus, Ursinus, im J. 366 zum Bischof geweiht. S. Faustini et Marcellini presbyter. libell. precum praef. (Biblioth. maxima patr. Lugduni 5, 652).

[7] S. 324. n. 7.

[8] Lib. pontif. vita Bened. III. (ed. cit. p. 200): „His itaque peractis clerus et cuncti proceres decretum (das Dekret über die Wahl Benedikts III.) componentes propriis manibus roboraverunt et consuetudo prisca ut poscit, invictissimis Lothario ac Ludovico destinaverunt Augustis. Ipsum autem qui deducebant legati decretum fuerunt hi: Nicolaus videlicet Anagninae antistes ecclesiae et Mercurius magister militum".

[9] Epistola: „Quoniam justis bei Doublat, histoire de l'abbaye de St. Denis. p. 466 u. Migne, patrolog. 146, 1308. Jaffé, reg. 3400. Der unter dem Brief des Papstes Agatho (s. Concil. Constant. a. 680. art. IV. Mansi 11, 303) mit unterschriebene episcopus Tusculanensis ist wohl

früher genannte Bischof von Velletri unterzeichnet in ähnlicher Stellung in einem Privilegium Johanns XIX. vom J. 1026 [1], auf dem römischen Koncil von 1037 [2] und in einem Diplom Viktors II. im J. 1057 [3], ebenso der gleichfalls erwähnte Bischof von Gabii, dessen Unterschrift sich unter mehreren Briefen Nikolaus' II. findet [4], und endlich auch die Bischöfe von Nepi [5] und von Tibur [6]. Von früher nicht in dieser Stellung vorkommenden wird ferner der Bischof von Lavikum [7] und ebenso anscheinend auch der von Segni [8] als Kardinal bezeichnet.

Die feststehend seit dem liber pontificalis überlieferte Siebenzahl [9] der Kardinalbischöfe schliesst die Möglichkeit aus, die Schwierigkeiten durch Annahme eines Wechsels der Zahl zu lösen. Wenn Phillips [10] jene dadurch zu beseitigen sucht, dass er auf die Nothwendigkeit einer Repräsentation der Hebdomadarbischöfe bei Vakanzen der betreffenden Bisthümer oder bei auswärtigen Missionen ihrer Inhaber hinweist, und als Vertreter namentlich die Bischöfe von Velletri, Gabii und Lavikum bezeichnet,

der Bischof von Tuskana (Tuscanekka), nicht der von Tusculum. S. Phillips 6, 189. n. 37. Aus c. 16 (Leo IV.) Dist. LXIII. lässt sich für die hier in Rede stehende Frage nichts entnehmen.

1 Bei Ughelli, Italia sacra 1, 93: „Thebaldus Bellitrensis ecclesiae episcopus, Theobaldus episc. s. Albanensis ecclesiae; Dominicus s. Lavican. eccles. episc., Petrus Praenest. eccles. episc., Petrus episc. s. Ostiensis eccles. Dann folgen Kardinalpriester und Kardinaldiakonen. In dem Abdruck bei Mabillon, mus. Ital. 2, 127 findet sich von den Bischöfen nur der von Velletri und der von Ostia unterschrieben.

2 Nach den Bischöfen von Albano, Ostia und Präneste; dahinter folgt der von Rimini (Mansi 19, 582).

3 „Convenit apostolico" bei Guérard collection des cartulaires de l'abbaye de Saint Bertin 3, 180 u. Migne l. c. 143, 829.

4 „Quoniam omnipotentis" von 1060 bei Lami, eccles. Florent. monum. 2, 946 u. Migne 143, 1330, u. „Tanta est" von 1060 bei Mittarelli, annal. Camald. II. app. 173 u. Migne 143, 1340. (Jaffé n. 3350 u. 3355).

5 Petri Pisani vita Paschalis II (Watterich, vitae Romanorum pontif. 2, 2): „Die altero . . . consecrandus in pontificem consecraturique pontifices cum frequentia populi plebisque basilicam b. Petri adeunt. Quorum nomina sunt haec: Oddo Ostiensis, Mauricius Portuensis, Gualterius Albanensis, Bovo Lavicanus, Milo Praenestinus, Otto Nepesinus".

6 Confirmatio electionis Calixti II. (Watterich l. c. p. 123): „Electionem per dei gratiam a fratribus nostris episcopis et cardinalibus factam de domino Guidone Viennensi episcopo ego Crescentius Sabinensis episcopus laudo et confirmo, ego Petrus Portuensis episcopus laudo et confirmo, ego Vitalus Albanus episc. l. e. c., ego Bonefacius tituli s. Marci l. e. confirmo, ego Manfredus Tiburtinus episc. l. e. c." S. ferner Phillips 6, 200.

7 In den Unterschriften des Wahldekretes Nikolaus' II. (Jaffé monum. Bamberg p. 43) folgt nach der Nikolaus' II. selbst: Bonifacius dei gratia Albanensis episcopus, Umbertus episcopus Silve candide, Petrus Ostiensis, Petrus Lavicanensis. Hi Romani episcopi subscripserunt una cum Johanne episcopo Portuensi; dann folgen mehrere Kardinalpriester, Diakonen, Subdiakonen, demnächst eine Reihe Erzbischöfe und dann die Bischöfe beginnend mit Joannes episcopus Sabinensis, Rolandus episcopus Sutriensis etc.; schon auf dem römischen Koncil i. J. 998 (Mansi 19, 226) unterzeichnet der Bischof von Lavikum: „Benedictus Laincanensis episcopus pro se et pro omnibus cardinalibus episcopis. Weitere Nachweisungen bei Phillips 6, 194.

8 Urban. II. ep. ad archiepisc. Salzburg. a. 1088 (Mansi 20, 703; Watterich 1, 576): „Reverentissimi siquidem fratres nostri episcopi et cardinales, Savinensis videlicet, Tusculanensis, Albanensis, Signensis praeterea et Portuensis legationem et consensum et petitionem ferentes omnium fidelium nostrae parti faventium clericorum Romae eligentium et religiosissimus abbas Cassinensis omnium diaconorum et R. cardinalis tituli s. Clementis omnium cardinalium necnon et B. praefectus omnium fidelium laicorum una cum XX et I episcopis et IV abbatibus apud Terracinam coadunati"; Urban. ep. a. 1088 (Mabillon, annal. Benedict. 5, 251 u. Migne l. c. 151, 285): „sanctae Romanae ecclesiae episcopi et cardinales Portuensis videlicet, Sabinensis, Tusculanus, Albanensis et Signiensis cum aliis episcopis numero XVI."

9 Für die Zwischenzeit zwischen den oben (S. 323) erwähnten Stellen s. die Invectiva in urbem Romano pro Formoso papa (Anastasius ed. Bianchini 4, LXXII.): „Caerensis namque episcopus fuit (Marinus) non unus ex septem sicut Formosus, sed ex forensibus unus." Dass damit die Kardinalbischöfe gemeint sind, zeigt der Umstand, dass Formosus als Bischof von Porto in Verbindung mit den übrigen Bischöfen seiner Stellung den episcopi forenses entgegengesetzt wird. In ähnlicher Bedeutung gebraucht Johannes Diaconus (s. S. 317 n. 3) die Worte cardinales und forenses. Vgl. ferner Petri Damiani ep. l. lib. II. (ed. Caietan. Rom. 1606. 1, 61): „Haec (ecclesia Lateranensis) VII cardinales habet episcopos quibus solis post apostolicum sacrosanctum illud altare licet accedere ac divini cultus mysterio celebrare".

10 6, 204 ff. Auch Tamagna l. c. c. 4. III. 81 (1, 151) nimmt an, dass die Zahl der Kardinalbischöfe gewechselt habe.

so erklärt das m. E. nichts, denn dazu müsste erst der Nachweis geführt werden, dass die Stellvertreter als solche zu den Kardinalbischöfen gerechnet worden sind, es somit zwei Arten der letzteren gegeben hat. Und selbst wenn das möglich wäre, was schon die völlige Gleichstellung z. B. des Bischofs von Lavikum mit den übrigen anerkannten Kardinalbischöfen in dem Wahldekrete Nikolaus' II. (s. n. 7. S. 326) äusserst bedenklich erscheinen lässt, so bliebe es ferner noch zu erklären, weshalb man trotzdem die Siebenzahl konstant fest gehalten und die Kardinalbischofsstellvertreter bei der Zählung nie berücksichtigt hat.

Ein anderes Mittel, die Zahl zu reduciren, besteht darin, dass man die Methode aufgiebt, lediglich auf die Thatsache hin, dass einzelne Bischöfe in Rom beim Papste anwesend sind und von demselben zu gewissen Akten gebraucht werden, auf ihre Kardinaleigenschaft zu schliessen. Damit fallen für die Zeit des liber pontificalis alle S. 325 aufgezählten Bischöfe bis auf den Bischof von Nomentum, der episcopus huius (sc. Romanae) ecclesiae genannt wird, als Kardinäle fort, und es bleiben dann nur noch 6 übrig. Dass Nomentum aus irgend einem Grunde seine etwaige Stellung als Kardinalbisthum verloren haben müsste und dass einer von den Bischöfen von Sabina oder Tuskulum noch neben Nomentum die siebente Stelle inne gehabt, der andere aber später statt des Bischofs von Nomentum in die Zahl der Kardinäle Aufnahme gefunden hätte, braucht nicht einmal angenommen zu werden, denn episcopus Romanus ist nicht gleichbedeutend mit episcopus cardinalis, es bedeutet vielmehr einen zur römischen Provinz gehörigen Bischof[1], so dass also zwar jeder episcopus cardinalis auch episcopus Romanus ist, aber nicht jeder episcopus Romanus episcopus cardinalis zu sein braucht[2].

Für die spätere Zeit die Qualität als Kardinalbischof schon wegen der Stellung der Unterschrift zwischen denen von Kardinälen annehmen zu wollen, halte ich gleichfalls für gewagt. Vielfach sind diese Unterschriften von den Abschreibern durcheinander geworfen[3], und ferner haben zunächst die Kardinalbischöfe, als solche, vor ihren übrigen Amtsbrüdern keinen Vorzug gehabt, vielmehr entschied sich die Präcedenz

[1] Der Text Liutprands bei Hardouin VI. 1, 627 über das Koncil hat sogar folgenden im Text bei Watterich fehlenden Zusatz: „scilicet suffraganei" hinter Tunc Romani pontifices.

[2] Das ergiebt der Bericht Liudprands, hist. Ottonis I. c. 9 über das Römische Koncil von 963 (Watterich 1, 53), wo die Bischöfe nach den Ländern und Provinzen gesondert aufgeführt werden, zuerst die drei archiepiscopi ab Italia, dann die Erzbischöfe und Bischöfe a Saxonia, a Francia, ab Italia Liudprandus Cremoniensis, Hermanaldus Regiensis, a Tuscia Cuonradus, Luccensis, Everarius Aritiensis, Pisanus Seniensis, Florentinus, Pistoriensis, Petrus Camerinensis, Spoletinus; a Romanis Gregorius Albanensis, Sico Hostiensis, Benedictus Portuensis, Lucidus Gavensis, Theophilactus Praenestinus, Wido Silvae candidae, Leo Veletrinensis, Sico Bledensis, Stephanus Cerensis, Johannes Nepesinus, Johannes Tiburtinus, Johannes Forocludensis, Romanus Feretrinensis, Johannes Normensis, Johannes Berulensis, Marinus Sutrinus, Johannes Narniensis, Johannes Sabiniensis, Johannes Gallasensis, Falarensis, Alatrinensis, Ortanus, Anagniensis, Trebensis, Sabbatinus Tarracinensis; Stephanus cardinalis archibresbyter tituli Balbinae" etc. — Stellen, wo blos der auch bei Liutprand häufige Ausdruck: Romani pontifices vorkommt, s. z. B. Giesebrecht, Kaiserzeit 1, 825 (quot sunt genera iudicum), epist. Leon. IX. a. 1049 (Theiner disquis. criticae p. 205) sprechen nicht gegen diese Bedeutung. Ebensowenig die Unterschriften unter dem Wahldekrete Nikolaus' II. (s. S. 326. n. 7) und conc. Lateran. a. 1112 (Watterich l. c. 2, 75): „episcopi Romani: Cencius Sabinensis, Petrus Portuensis, Leo Ostiensis, Cono Praenestinensis; Gerardus Engolismiensis (Angoulême). . . . Guilhelmus Troianus et alii fere C episcopi, Brunus Segniensis, Johannes Tusculanensis episcopi", denn in beiden ist die Aufzählung der Kardinalbischöfe unter der Rubrik: Romani episcopi nicht erschöpfend. Die früheste Stelle, wo Romanus episcopus vorkommt, ist das Capitulare Compend. a. 752 (SS. 1; 28) c. 14: „Consenserunt Gregorius episcopus Romanus, Joannes sacellarius"; s. auch c. 11; der Sache nach auch schon im liber pontif. vita Stephani III. S. 325. n. 3.

[3] Phillips 6, 130 ff.; s. z. B. die Unterschriften auf dem Koncil von Toulouse von 1119 (Mansi 21, 230) und dazu Binterim, Denkwürdigkeiten. III. 1, 144 ff.

theils nach dem Alter der Ordination, theils nach dem durch die Metropolitan- und Patriarchenwürde gegebenen Vorrang[1]. Wenn auch schon im 11. Jahrhunderte die Kardinalbischöfe mitunter den übrigen Bischöfen vorangehen[2], so hat sich der Vorrang sämmtlicher Kardinäle[3] vor den letzteren doch erst seit dem Koncil von Lyon von 1245 fixirt[4]. Es handelt sich also hier um eine Operation mit Urkunden-Unterschriften, deren Reihefolge theils verderbt sein kann, und um Urkunden aus Jahrhunderten, für welche gerade das alte Princip der Anordnung fortgefallen, das neue aber noch nicht zu allseitiger Herrschaft gelangt ist. Von diesem Standpunkte aus liegt keine Nothwendigkeit vor[5], andere ausser den ausdrücklich als cardinales et episcopi bezeichneten Bischöfen gelten zu lassen. Was den Bischof von Lavikum betrifft, so ist eine früher stattgefundene Union dieses Bisthums mit dem von Tusculum und die Bezeichnung des Bischofs bald nach diesem, bald nach jenem nicht unmöglich[6]. Unter dieser Voraussetzung reducirt sich die Zahl auf 8 Kardinalbischöfe, ja wenn man die Identität des Bischofs von Segni mit einem andern nachweisen könnte, wäre jede Schwierigkeit gehoben. Dafür bliebe nur die Annahme einer Vereinigung mit Silva Candida oder S. Rufina möglich, denn fehlt auch in der Urkunde Urbans II[7]. ausser dem Bischof dieser Diöcese noch der Bischof von Präneste[8], so hat doch Bruno von Segni neben letzterem das römishce Koncil von 1081 unterzeichnet[9]. Aber abgesehen davon, dass die geographische Lage von Silva Candida und Segni eine solche Lösung schon an und für sich bedenklich erscheinen lässt, muss auch darauf aufmerksam gemacht werden, dass in einer Urkunde Innocenz' II[10]. ein Bischof Trasmund von Segni nach den Unterschriften der Bischöfe Wilhelm von Präneste und Hubert von Pisa und vor denen Theodwins von S. Rufina, Guidos von Tibur, Rudolfs von Orta und den Kardinalpresbytern vorkommt, so dass also für jene Zeit eine Union der Bisthümern Segni und S. Rufina oder Silva Candida nicht behauptet werden kann.

Will man die so vorhandene Schwierigkeit nicht durch die unsichere Vermuthung einer zeitweisen Personal-Union beider Diöcesen beseitigen, so bleibt nur der Weg übrig, dem Bischof von Segni die Kardinalseigenschaft überhaupt abzusprechen. Wenn ihn Urban II. in der entscheidenden Stelle (S. 326. n. 8) mit den Bischöfen von Sabina, Tuskulum und Albano zusammenstellt, so braucht hier nach der Wortfassung das episcopi et cardinales nicht mehr auf den Bischof von Segni bezogen zu werden, im Gegentheil werden die zunächst genannten und durch: videlicet eingeleiteten Bischöfe

[1] Die Bulle Leos IX. über Gerard von Toul. v. 1050 (Mansi 19, 771) ist zuerst vom Patriarchen von Grado u. von einer Reihe von Erzbischöfen unterschrieben, dann folgt der Bischof von Volterra, der von Silva-Candida, von Velletri, von Ostia, von Sabina, von Tivoli S. auch Binterim a. a. O. S. 143; Phillips 6, 258.

[2] So z. B. im Wahldekret Nikolaus' II.

[3] Im Wahldekret Nikolaus' II. gehen die übrigen Kardinäle ebenfalls schon den Bischöfen vor, auf dem Laterankoncil von 1116 dagegen nur die Kardinalpriester, nicht die Kardinaldiakonen.

[4] „Ad dexteram (summi pontificis) et in eminentioribus locis sederunt episcopi cardinales; ex altera vero presbyteri cardinales, archiepiscopi et episcopi post eos (Mansi 23, 610).

[5] Wie bedenklich das bekämpfte Princip ist, ergiebt sich daraus, dass man dann auch konsequenter Weise die einige Male als Zeugen zwischen Kardinalbischöfen vorkommenden Bischöfe von Orta und Arezzo als Kardinäle betrachten müsste (s. Phillips 6, 201), obwohl bei Arezzo schon die verhältnissmässig grosse Entfernung von Rom eine solche Stellung des betreffenden Bischofs höchst unwahrscheinlich macht.

[6] Phillips 6, 208. 209. Dafür spricht auch der Umstand, dass, soweit ich sehe, die Bischöfe von Tusculum und Lavikum nie neben einander vorkommen.

[7] S. 336. n. 8.

[8] Ostia kann nicht in Betracht kommen. Da Urban II. vor seiner Wahl zum Papste, welche er in dem betreffenden Schreiben anzeigt, Bischof dieser Diöcese war.

[9] Mansi 20, 578: „Quibus actis interfuerunt Johannes episcopus Portunensis, Joannes episcopus Tusculanensis, Umbertus episcopus Praenestinus, Brunus episcopus Segninus“ etc.

[10] Epist.: „Iustitiae ac rationis“ bei Ughelli, Italia sacra 4, 453 und Migne 179, 244.

von Sabina, Tuskulum und Albano, durch das dahinter folgende Signiensis praeterea et Portuensis von letzteren beiden gesondert und zwar deshalb, weil erstere allein für ihre Person bei der Wahl gestimmt haben, der Bischof von Segni und der von Porto aber das Abstimmungsresultat des römischen Klerus als Mandatare desselben nach Terracina brachten. Urban II., welcher hier kurz über seine Wahl referirt, auch der verschiedenen aus Rom eingetroffenen Bevollmächtigten gedenkt, hatte dabei keine Veranlassung in Betreff der beiden erwähnten Vertreter, von denen nur einer Kardinalbischof, der andere blos Bischof der römischen Provinz war, ausdrücklich hervorzuheben, dass der letztere nicht zu den Kardinälen gehörte. In dem zweiten ebendaselbst mitgetheilten Brief, in welchem er gleichfalls von seiner Wahl spricht, kann ebenfalls eine ungenaue Ausdrucksweise vorliegen; episcopus Romanus war der Bischof von Segni ja auch und so konnte er deshalb mit den Kardinalbischöfen unter dieser Bezeichnung zusammengestellt werden.

Ein stringenter Beweis dafür, dass der Bischof von Segni jemals Kardinal gewesen ist, lässt sich also aus den Aeusserungen Urbans II. nicht führen. Der Umstand, dass derselbe ebenso wie die andern hier in Rede stehenden Bischöfe oft neben und inmitten anderer Kardinalbischöfe unterschrieben hat, erklärt sich einfach daraus, dass die gedachten Bischöfe sämmtlich episcopi Romani, d. h. Bischöfe der römischen Provinz waren, also insofern zusammen gehörten.

Demnach dürfte daran festzuhalten sein, dass die Zahl von 7 Kardinalbischöfen konstant gewesen ist, und ebensowenig die Bisthümer, mit denen diese Würde verbunden war, gewechselt haben [1].

Ausser der Bezeichnung cardinales episcopi, welche, wie sich aus dem Vorstehenden ergiebt (s. namentlich S. 323), zu gleicher Zeit mit dem Gebrauch des Wortes: cardinales für die Priester und Diakonen in Uebung gekommen ist, findet sich für jene der genauere Ausdruck: *Episcopi cardinales Romanae sedis* [2], ferner werden sie auch *episcopi curiae* [3], am häufigsten aber schlechthin episcopi in der Zusammenstellung mit den Priestern und Diakonen: *episcopi, cardinales et diaconi* [4] oder *episcopi, cardinales presbyteri et alii episcopi* [5] genannt. Dass auch die Bezeichnung *Romani episcopi* oder *Romanae ecclesiae* für die Kardinalbischöfe vorkommt [6], diese aber nicht ausschliesslich so heissen, ist bereits oben (S. 327) erwähnt. Sich selbst nennen die Kardinalbischöfe

[1] A. M. Phillips 6, 213.

[2] Bulle Benedikts VIII. a. 1012 für Waltrad v. Magdeburg (Dreyhaupt, pagus Neletici 1, 24): „Insuper et inter cardinales episcopos nostre sedis consortium habere et per omnia archiepiscopis Trevirensi, Coloniensi, Moguntiensi aequalem esse permittimus".

[3] Ordo Romanus XII. (von Cencius, dem nachmaligen Papste Honorius III., also saec. XII exeunt. oder XIII ineunt.) c. 3. n. 8 (Mabillon, museum Ital. 2, 172): „Cetera vero fiunt sicut prima die, excepto presbyterio (d. h. einer vom Papst an die Geistlichkeit ausgetheilten Spende), quod sic datur. Unicuique namque episcoporum curiae dat dominus papa II melequinos et II solidos Papienses, unicuique presbyterorum cardinalium unum melequinum . . . . ., unicuique diacono cardinali unum melequ. . ., unicuique archiepiscoporum II; unicuique episcoporum forensium unum mel. et XII denarios Papienses".

[4] Ordo Romanus XI (saec. XII) n. 57 (Mabillon l. c. p. 146): „Cum autem venerit ante s. Mariam novam in praeparato lecto dominus pontifex cum episcopis, cardinalibus et diaconibus quiescit, donec letania finiatur".

[5] Ordo Roman. X (saec. XI) n. 11 (Mabillon l. c. p. 10): „Post benedictionem vero istam omnes episcopi et presbyteri cardinales et alii episcopi salutent sanctum chrisma".

[6] Ordo Roman. XII. c. 12. n. 26 (Mabillon l. c. p. 180): „summus pontifex ita presbyterium largitur. Unicuique episcoporum Romanae ecclesiae II marobot. et II solidos den. Papiens. Si forte archiepiscopus interesset tantumdem. Unicuique episcoporum forensium et presbyterorum cardinalium et diaconorum cardinalium unum marabot. et XII denarios Papienses". Das ergiebt sich aus dem Gegensatz von forenses episcopi. S. auch S. 326. n. 9 und Hefele, Konciliengesch. 5, 168. 277. 280. Cardinales schlechthin bedeutet vielfach die Priester.

bei Unterschriften bis auf den heutigen Tag blos episcopus ohne Beifügung des Zusatzes: cardinalis [1].

Was die Stellung der Kardinalbischöfe zu der römischen Kirche betrifft, so hatten sie in Rom selbst eine Reihe von gottesdienstlichen Funktionen zu versehen, standen also zu der römischen Kirche und dem Papst in einer engen liturgischen Verbindung. Der Grund für dieses Verhältniss ist offenbar darin zu suchen, dass man nach der Ausbildung des Episkopates als eines von dem Presbyterat wesentlich verschiedenen Amtes gerade in Rom, wo der römische Bischof nicht alle Angelegenheiten selbst erledigen konnte, einer Reihe von Gehülfen bedurfte, welche den bischöflichen ordo besassen. Daher ist die Sitte, gewisse Bischöfe der Umgegend als Auxiliarbischöfe [2] des Papstes regelmässig zu verwenden, gewiss älter als der Bericht über den Hebdomaldienst derselben in der vita Stephani IV. im liber pontificalis. Für die spätere Zeit ergiebt sich die enge Verbindung, in welcher die gedachten Bischöfe mit der römischen Kirche standen daraus, das der Bischof von Silva-Candida [3] das Recht erhielt, an gewissen

[1] Phillips 6, 176, der auch noch S. 175 einige minder gebräuchliche Bezeichnungen für die Kardinalbischöfe zusammenstellt.

[2] Phillips 6, 132 ff. 159 ff.

[3] Privileg. Johanns XIX. v. 1026 (Mabillon l. c. p. 154. Ughelli, Italia sacra 1, 95): „et concedimus et confirmamus vobis in perpetuum ecclesiam sanctam Mariam cum omnibus suis pertinentiis infra hanc civitatem Romanam non longe a monte qui Augusta dicitur. Pariterque concedimus et confirmamus vobis vestrisque successoribus in perpetuum . . . . . monastaria V s. Stephani et s. Mariae, ss. Johannis et Pauli et b. Martini atque Jerusalem constituta iuxta magnam ecclesiam s. Petri cum omnibus eorum pertinentiis omnesque consecrationes quae ibidem sunt aut in praefata ecclesia s. Petri aut in ceteris ecclesiis quae sunt constitutae in tota civitate Leonina et si necessarium fuerit eas consecrare, nullus alius episcopus ad tale ministerium vel consecrationem accedere praesumat, nisi vos vestrique successores episcopi s. Silvae candidae ecclesiae in perpetuum. Concedimus et confirmamus vobis vestrisque successoribus in perpetuum sanctum diem Sabbatum ad baptismi sacramentum celebrandum et totum officium faciendum in ecclesia s. Petri apostoli et supra magnum altare: in quo venerabili altari seu in confessione quicquid auri vel argenti, pallii vel cerae sive aliarum rerum positum et oblatum sive iactatum fuerit vel vobis oblatum ab hora videlicet diei tertia qua ingredi ecclesiam ad ordinandum et peragendum divinum officium vos volumus usque quo expletam s. Dominicae diei missam habueritis, per vestros curatores in vestram vestrorumque successorum remota omni contradictione deveniat potestatem . . . . . statuimus ut omni annua die dominica Palmarum cum processione ab ecclesia s. Mariae in Turri exeatis et venientes ad magnum altare s. Petri missam celebretis. Similiter et omni anno in die Coenae domini vos vestrosque successores missam super eodem altare s. Petri celebrare, Gloria in excelsis deo dicere, sanctum chrisma conficere et quod ad episcopum pertinet agere volumus. Et omni anno die Parasceve super ipsum altare maius s. Petri totum officium reverenter, ut decet, vos vestrosque successores facere volumus. In quibus tribus missis . . . . quicquid auri vel argenti, pallii seu cerae vel aliarum rerum super iam dicto sacro altari b. Petri sive in confessione positum aut iactatum fuerit vel vobis oblatum ab hora qua ipsa missa et officium inchoata fuerit et expleta per vestros custodes in vestram vestrorumque successorum similiter, remota omni contradictione, deveniat potestatem. In quibus dictis V diebus si vobis vestrisque successoribus utile visum fuerit, aliquem diaconorum nostrorum ministrare ob honorem s. Petri et vestram reverentiam volumus petere. Potestatem autem eiusdem ecclesiae s. Petri et supra dictorum monasteriorum suorum et cuncta ecclesiae iudicia ipsorum seu totius civitatis Leonianae vobis vestrisque successoribus concedimus et confirmamus. Similiter modo ad unguendum consecrandumque imperatorem primum vestram et vestrorum successorum episcoporum fraternitatem convocamus, ut quibus regimen totius ecclesiae s. Petri et civitatis Leonianae commissum est, ab his primum sit benedictus. Necnon cuncta sacra officia seu mysteria quae nos et successores nostri facere debemus, si aegritudine vel aliqua cura impediti facere non possumus tam in supradicta ecclesia s. Petri et monasteriis suis quam et per totam civitatem Leonianam, per vos vestrosque successores fieri apostolica auctoritate decrevimus. Consecrationes vero altarium s. Petri et aliorum monasteriorum necnon consecrationes ecclesiarum, altarium, sacerdotum, clericorum, diaconorum seu diaconissarum totius civitatis Leonianae vobis vestrisque successoribus in perpetuum, sicut praelibatum est, concedimus et confirmamus" . . . .; wiederholt mit neuen Rechten namentlich dem, „inthronizare et incathedrare pontificem Romanum" und „ecclesiam ss. Adalberti et Paulini cum ecclesia s. Benedicti et omni sua integritate et pertinentia et sicut ad manus vestras hodie tenetis positam infra hanc civitatem Romam in insula Lycaonia ut sit vobis vestrisque suc-

Tagen in St. Peter den betreffenden Gottesdienst unter Beziehung der Oblationen abzuhalten, den Papst überhaupt in Verhinderungsfällen dabei zu vertreten, Ordinationen und Konsekrationen in dem Leoninischen Stadttheil vorzunehmen, und ihm weiter ebenso wie dem Bischof von Porto[1] gewisse Kirchen in der Stadt Rom selbst überlassen wurden, so dass beide also in der letzteren bischöfliche Diöcesanrechte auszuüben hatten[2]. Wie weit freilich die Befugnisse des ersteren über die St. Peterskirche selbst reichten, bleibt zweifelhaft, denn aus der Bestimmung des Privilegs v. 1026 über die Vertretung des Papstes erhellt, dass dieser trotz der dem Bischof eingeräumten potestas ebenfalls gewisse gottesdienstliche Funktionen übte.

Immerhin galten die Kardinalbischöfe trotz dieser ihrer nahen Beziehung zur Römischen Kirche auch als Bischöfe ihrer Diöcesen, nicht also blos als Auxiliarbischöfe des Papstes. So hatten sie nicht nur die Rechte, sondern auch die Pflichten solcher. Daher wurden z. B. die Grundsätze über die Translationen der Bischöfe auf sie selbst hinsichtlich der Erlangung des päpstlichen Stuhles angewendet[3].

Dass der Papst sich des Beistandes der Kardinalbischöfe nicht blos für die Leitung der römischen, sondern auch der ganzen Kirche überhaupt bediente, kann keinem Zweifel unterliegen. Irgend welche feste Normen über diese ihre Betheiligung finden sich für die ältere Zeit und das Mittelalter nicht vor. Sie haben dieses Recht nicht nur mit den modernen Kardinälen, sondern auch mit den übrigen römischen Bischöfen und Geistlichen, ja selbst mit anderen italienischen und ausseritalienischen kirchlichen Würdenträgern getheilt. Gerade die wichtigsten kirchlichen Angelegenheiten sind in den früheren Zeiten des Mittelalters gewöhnlich auf Synoden[4] entschieden worden, und da vielfach die deutschen Könige und Kaiser bei denselben interessirt waren, so wohnten diese ihnen ebenfalls öfters und zwar mit einer grösseren oder geringeren Anzahl von Prälaten ihres Reiches bei. Der Versuch Nikolaus' II. den Kardinalbischöfen eine gewisse bevorrechtigte Stellung bei der Papstwahl zu geben, ist, wie schon oben (S. 261) bemerkt, gescheitert, und erst die Verordnung Alexander's III. über die Papstwahl (S. 264) hat die Kardinäle überhaupt mit einem sie von allen übri-

cessoribus cum volueritis episcopale domicilium et congruum receptaculum opportunumque habitaculum quemadmodum habere videatur Portuensis ecclesia s. Joannis inter duos pontes, presbyteros atque clericos qui pro tempore in eadem ecclesia ss. Adalberti et Paulini et Benedicti fuerint, ita subiectas vobis esse volumus, ut proprias filias ecclesiae vestrae et ab omni iure illo subtrahimus tuae paternitati tantum eas committentes, ut solummodo vestrum iudicium expectent, vestro dominio famulentur et per omnia vestris rationabilibus obsecundent mandatis, ut quoquo modo vobis placet ordinare, secundum deum regere et informare et emendare nostra apostolica auctoritate in perpetuum liceat", in der Bulle Benedicts IX. v. 1037 (Ughelli l. c. 1, 100) und Viktors II. v. 1057 (Ughelli l. c. p. 109; Mansi 19, 835).

[1] Privileg Benedikts VIII. v. 1012 (Ughelli l. c. p. 118): . . . „et confirmamus vobis vestrisque successoribus in perpetuum totam insulam quae vocatur Lycaonia in qua est ecclesia B. Jo. Baptistae et ecclesiae s. Adalberti cum casis et oratoriis infra eadem curte cum hortis et aquimolis et pertinentiis suis infra hanc urbem Romam sitam sicuti extenditur ab uno capite usque in aliud caput ipsius insulae ubi flumen dividitur. Pari modo concedimus et confirmamus vobis vestrisque successoribus in perpetuum omnem ordinationem episcopalem tam de presbyteris quam diaconibus vel diaconissis seu subdiaconibus, ecclesiis vel altaribus, quae in tota Transtyberi necessaria fuerit, faciendam, nisi cardinalis presbyter vel cardinalis diaconus vel subdiaconus vel accolythus sacri palatii Lateranensis efficitur". Bestätigt von Johann XIX. im J. 1025 (Ughelli l. c. p. 120). Einen Rechtsstreit, der zwischen den beiden Bischöfen wegen der in den Privilegien gedachten Rechte auf der Tiberinsel entstand, entschied Leo IX. 1049 zu Gunsten des Bischofs von Silva Candida (Ughelli l. c. p. 120; Mansi 19, 680).

[2] So auch Phillips 6, 186.

[3] S. oben S. 238.

[4] Diese hier alle aufzuführen, würde zu weit führen. Sie lassen sich leicht aus den Registern zu den einzelnen Bänden von Hefele's Koncilien-geschichte unter dem Wort: Rom ermitteln.

gen Prälaten unterscheidenden Privilegium ausgestattet. Dass diejenigen, welche den Papst allein zu wählen berechtigt waren, nunmehr auch zweifellos als die ersten und einflussreichsten Rathgeber bei der Leitung der ganzen Kirche galten und sich dadurch die Stellung, welche sie im Laufe des 11. und namentlich des 12. Jahrhunderts einzunehmen anfingen, definitiv befestigte, war um so mehr erklärlich, als mit jener Zeit die kaiserliche Gewalt immer mehr sank und die Ueberspannung der päpstlichen Machtvollkommenheit denjenigen, welche den Träger dieser — und zwar der Regel nach aus ihrem Kollegium — zu berufen hatten, ebenfalls einen entsprechenden Nimbus verleihen musste[1].

Aus den vorstehenden Bemerkungen erklärt es sich daher vollkommen, dass schon seit Alexander III. (1159—1181) Erzbischöfen und Bischöfen die Kardinalswürde verliehen worden ist[2]. Indessen behauptet man, dass dies schon früher vorgekommen und sogar der Kardinalat ständig mit einem Bisthum verbunden worden sei, es mithin schon vor dem 12. Jahrhundert s. g. geborene Kardinäle gegeben habe[3]. Als Beispiele dafür werden die Erzbischöfe von Magdeburg und Köln, sowie die Aebte von Vendome angeführt[4]. In Bezug auf den ersteren sagt das oben S. 319, n. 3 mitgetheilte Privilegium Benedikts VIII. vom J. 1012 für Waltrad[5]. »Insuper et inter cardinales episcopos nostre sedis consortium habere et per omnia archiepiscopis Trevirensi, Coloniensi, Moguncicnsi aequalem esse permittimus«. Darin scheint auf den ersten Anblick die Eigenschaft als Kardinalbischof verliehen zu sein[6]. Allein dieser Annahme steht die sachliche Schwierigkeit entgegen, dass es nur 7 Kardinalbischöfe gegeben hat und dass das Diplom nicht das mindeste darüber ergiebt, auf welche Art der Magdeburger Erzbischof der Römischen Kirche inkardinirt gedacht werden kann. Der Wortlaut der Urkunde selbst sagt nur, dass Waltrad die

[1] Ueber die Auffassung, welche die Kardinäle selbst von ihrer Stellung im 12. Jahrhundert hatten, vgl. folgende Stelle bei Otto Frising. de gestis Friderici I. 56 (SS. 20, 383). „Quod Gallicanae ecclesiae factum (die Formulirung eines Symbolums durch den h. Bernhard und der französischen Bischöfe gegenüber der Lehre des Bischofs Gilbert de la Porret auf der Synode von Rheims im J. 1148 s. Hefele a. a. O. 5, 459 ff.) „tam graviter sacer cardinalium conventus accepit, ut cum magna mentis indignatione curiam intraret et tanquam unum corpus effecti una omnes voce pontifici suo (Eugen III.) dicerent: Scire debes, quod a nobis per quos tanquam per cardines universalis ecclesiae volvitur axis, ad regimen totius ecclesiae promotus, a privato universalis pater effectus, iam deinceps te non tuum sed nostrum potius esse oportere, nec privatas et modernas amicitias antiquis et communibus praeponere, sed omnium utilitati consulere Romanaeque curiae culmen ex officii tui curare et observare debere.... Sed ecce Galli isti etiam faciem nostram contempnentes super capitulis quae his diebus nobis assidentibus agitata sunt, tanquam finiturae sententiae ultimam manum apponendo nobis inconsultis fidem suam scribere praesumpserunt. Certe si in Oriente, utpote Alexandria vel Antiochia coram omnibus patriarchis huiusmodi tractaretur negocium, nihil firma stabilitare solidum sine nostra diffiniri valeret autoritate, quinimo iuxta antiquorum patrum instituta vel exempla Romano servaretur examini terminandum .... Quos Romanus pontifex blando mitigans eloquio abbate ad se vocato de hoc facto qualitateve facti solerter inquirit .... Hocque tam humili quam modesto ipsius responso praedicta cardinalium indignatio conquievit, ita tamen ut praefatum scriptum, tanquam inconsulta curia prolatum velut auctoritatis pondere carens pro symbolo in ecclesia .... non haberetur".

[2] Thomassin P. I. lib. II. c. 113. n. 9.

[3] S. darüber Binterim, Hermann II. Erzbischof von Köln. Düsseldorf. 1851; Hennes, Hermann, Erzbischof von Köln. Mainz. 1851; Braun, die geborenen Kardinäle. Bonn. 1851; Binterim, die Bulle Leos IX. für den Erzbischof Hermann II. und die kölnische Kirche etc. Köln. 1852; Braun, die Sage von den geborenen Kardinälen der kölnischen, trier'schen und magdeburgischen Kirche. Bonn. 1852; Binterim, die jüngste öffentliche Vorlesung des Herrn J. W. J. Braun: Die Sage von den geborenen Kardinälen der kölnischen, trier'schen und magdeburgischen Kirche. Köln. 1852. Aeltere Literatur in der letzten Schrift S. 35 ff.

[4] So namentlich von Binterim, die jüngste Vorlesung etc. S. 27 ff. 72 ff.

[5] Nach der am angeführten Ort abgedruckten Stelle. (Vgl. S. 329. n. 2.)

[6] So bemerkt denn auch Jaffé regesta Rom. pontif. n. 3046. p. 352: „eum in numerum cardinalium ecclesiae Romanae asciscit".

Gemeinschaft unter den Kardinalbischöfen der römischen Kirche haben sollte. An eine Verleihung des gleichen Ranges, also die einer Präcedenz vor den übrigen Bischöfen ist aber dabei gleichfalls nicht zu denken, denn einen solchen hatten die damaligen Kardinalbischöfe noch nicht, vielmehr standen sie ihren der Weihe älteren Kollegen, sowie den Erzbischöfen und Patriarchen nach [1]. Die Bedeutung jenes Privilegiums, über welche auch die Gleichstellung mit den Erzbischöfen von Trier, Köln und Mainz nichts ergiebt — vorausgesetzt, dass die entscheidenden Worte nicht etwa ein späteres Einschiebsel sind — kann sich deshalb nur darauf reduciren, dass dem Erzbischof von Magdeburg das Recht gewährt wird, bei einer etwaigen Anwesenheit in Rom unter den Kardinalbischöfen als Assistent des Papstes zu funktioniren, um dadurch ein besonderes enges Verhältniss der Metropoliten von Magdeburg zu dem päpstlichen Stuhle anzudeuten.

Für das Erzbisthum Köln liegt die Sache nicht so einfach. Sicher bezeugt ist es, dass der Erzbischof Hermann II. (1036—1056), ebenso wie sein Vorgänger Pilgrim (1021—1036)[2] die Kanzlerwürde des römischen Stuhles bekleidet, und ersterer auch von Leo IX. die Kirche S. Johann ante portam Latinam übertragen erhalten hat [3]. Darauf, dass das Kanzler-Amt vorher regelmässig in den Händen von Kardinälen (Kardinalbischöfen und Kardinalpriestern) sich befunden [4], hat man die Hypothese gebaut, dass mit dem Kanzler-Amt der Kardinalat regelmässig verbunden gewesen ist und also die Ernennung Hermanns II. von Köln die Erhebung zum Kardinalat ohne Weiteres und selbstverständlich eingeschlossen habe [5]. Allein abgesehen von dem Schweigen der Quellen über diese geborene Würde der Kölner Erzbischöfe ist die Nothwendigkeit einer Verbindung des Kardinalates mit der Kanzlerwürde nicht nur nicht erwiesen, sondern die Verleihung des Kardinalates an einen Erzbischof widerspricht auch der damaligen Stellung der Kardinäle. Traten diese noch gegen die Erzbischöfe zurück, so war es nicht möglich einen solchen zum Kardinal zu machen und ihm, wie weiter behauptet wird, eine Kirche zu verleihen, welche, wenn sie damals überhaupt ein Kardinaltitel, nur ein titulus presbyteralis war, also ihm einen Rang nicht nur hinter den sämmtlichen Kardinal-, sondern auch hinter allen übrigen Bischöfen anzuweisen [6].

Was endlich die Aebte von Vendôme [7] betrifft, so hat diesen Alexander II. im J. 1063 die Kirche der h. Priska in Rom zugleich mit der Kardinalswürde verliehen [8].

1 S. oben S. 328.

2 Die Urkunde Johanns XIX. von 1026. Jaffé 3099 ist datirt p. m. Benedicti Portuensis episcopi vice Peregrini Coloniensis archiepiscopi bibliothecarii s. apost. sedis.

3 Leonis IX. vita a Wiberto conscripta (Watterich 1, 155): „His sanctis insudans studiis antiquam reperit patriam suscipiturque a totius gentis nobilissimo atque reverendissimo archiepiscopo Herimanno apud Coloniam cuius petitu concessit domnus papa hoc privilegium sedi ecclesiae Coloniensis, ut ad altare sancti Petri VII presbyteri cardinales quotidie divinum celebrarent officium in sandaliis. Dedit ei quoque officium cancellarii sanctae Romanae sedis eiusque succesoribus, tribuens illi ecclesiam sancti Johannis ante portam Latinam“; Urkunde Leos IX. v. 1052 (Binterim, die jüngste Vorlesung S. 93; Lacomblet, Urkundenb. 1, 119): „Confirmamus quoque tibi per hanc praeceptionis nostrae paginam sanctae et apostolicae sedis cancelaturam et ecclesiam sancti Joannis Evangelistae ante portam Latinam ut te Petrus Cancellarium habeat, Joannes hospitium praebeat“; s. auch Jaffé reg. p. 367.

4 S. die Nachweisungen bei Binterim, die jüngste Vorlesung etc. S. 31. 32.

5 So namentlich Binterim, a. a. O. S. 34.

6 Derselben Ansicht auch Jacobson in Herzogs Encyklopädie 7, 777 und Phillips 6, 225.

7 Vgl. dazu Sirmond in seiner Ausgabe der epistolae Goffridi abbatis Vindocin. Paris. 1610. app. p. 11 ff.

8 Diplom für Abt Odorich bei Mabillon, annal. ord. s. Bened. ed. Lucae. 1739. T. IV. app. n. 82. p. 690: „Concedimus etiam omnibus huius loci abbatibus ecclesiam b. Priscae cum dignitate cardinali“. Wenn die letzten drei entscheidenden Worte in den Konciliensammlungen (s. z. B. Mansi 19, 970) fehlen, so ist das nicht entscheidend, denn abgesehen davon, dass Mabillon die Urkunde ex authentico mittheilt, be-

Nachdem die Aebte die Kirche und den Kardinalat wegen ihres Verhaltens gegen Gregor VII. verloren hatten [1], haben sie dieselbe wieder erlangt, denn wenn auch die Privilegien von Calixt II. v. 1119 [2] und Honorius II. von 1129 [3] neben der unmittelbaren Stellung des Abtes unter dem römischen Stuhl nur der erwähnten Kirche mit allen ihren Rechten und Würden gedenken, so hat doch schon der im Jahr 1093 gewählte Abt Goffried die Kardinalswürde wieder besessen [4]. Zu zweifeln ist, wie die Quellen liegen, an diesem Sachverhalt nicht. Ebensowenig steht das oben für die beiden anderen Fälle hervorgehobene Bedenken entgegen, weil es sich hier nicht um einen den übrigen Kardinälen nach der damaligen Rangordnung vorgehenden Bischof, sondern nur um einen mit priesterlichem Ordo ausgestatteten Abt handelte. Eine weitere Bestätigung für die hier vertretene Meinung giebt endlich eine Urkunde Innocenz' III., in welcher dem Abt Hamelin die in Folge der Zerstörung der Abtei durch eine Feuersbrunst verloren gegangenen Rechte wieder von Neuem verliehen werden [5].

Zugleich lässt sich aus diesem interessanten Diplom entnehmen, dass auch mehrere Kardinäle, wenigstens der eine als Ehren-Inhaber des Kardinalates, der andere als Funktionär in Betreff der mit demselben verbundenen Pflichten auf ein und denselben Titel konkurrirt haben [6] und es gewährt dasselbe somit eine Unterstützung für die oben (S. 321) aufgestellte Behauptung, dass der Kardinaltitel für den Kardinalat nicht das Primäre, sondern Sekundäre ist.

Uebrigens findet sich die Kombination des Kardinalates mit unmittelbar dem römischen Stuhle unterworfenen Abteien, wenn auch ersterer, nicht wie bei Vendôme allen

merkt Sirmond opp. 3, 425, aus dessen apographum die Konciliensammler ihren Text genommen haben: „Alexandri haec sunt verba in litteris ad Odericum abbatem: Concedimus, wie bei Mabillon bis cardinali" und eine weitere Urkunde Alexanders II. bestimmt (Mabillon l. c. n. 85. p. 693): „Convenit enim praefatus filius noster Heldiprandus sanctique Pauli monasterii rector tibi tuisque successoribus Vindocinensibus monasterii abbatibus praedictam sanctae Priscae ecclesiam cum omnibus suis pertinentiis in perpetuum largiri ad utendum, fruendum possidendumque dignitate cardinali eo videlicet decore, ut praefatum sanctae Priscae monasterium ordinare ac disponere studeas, ut semper ibi ad serviendum deo XII, nunquam autem minus VIII monachi regulariter valeant conversari". Vgl. auch Binterim, a. a. O. S. 73. 74.

[1] Mabillon l. c. lib. 62. n. 32 (ed. cit. 4, 592); Binterim, a. a. O. S. 75. Der Brief Gregors VII., welcher dem Kloster alle Rechte und auch die dignitas cardinalis bestätigt (s. Launoii opp. Colon. Agripp. 1731. III. 1, 367) ist unächt. Jaffé regest. p. 949.

[2] Mansi 21, 195.

[3] Mabillon l. c. Tom. VI. app. n. 25. p. 605.

[4] In seinen opuscul. III de simonia (ed. Sirmond. p. 281) lautet die Adresse: „Universali papae Calixto . . . Goffridus abbas Vindocinensis b. Priscae cardinalis."

[5] Bei Sirmond in epist. Goffrid. Vindocin. cit. app. p. 12 (auch bei Migne 225, 747): „Licet autem antecessores nostri ecclesiam S. Priscae in monte Aventino sitam cum omnibus pertinentiis suis et cardinali etiam dignitate praedecessoribus tuis duxerunt concedendam, sicut in ipsorum privilegiis perspeximus contineri: quia tamen post aliqua tempora per incuriam et neglectum eorum ipsa ecclesia destructionem et desolationem incurrit, quidam praedecessorum nostrorum eam diversis temporibus diversis cardinalibus adsignarunt, quos ad titulum eiusdem ecclesiae promoverunt. Nos vero tuo volentes honori deferre, de consueta sedis apostolicae benignitate concedimus, ut dignitatem quam antecessores tui ex concessione ipsius ecclesiae sunt adepti, tu et successores tui nihilominus habeatis. Sandaliorum usum, tunicae et dalmaticae, mitrae et annuli, sicut eis presbyteri cardinales utuntur, vobis in perpetuum auctoritate apostolica confirmamus ipsamque b. Priscae ecclesiam Vindocinensi monasterio de speciali gratia restituimus, hoc adhibito moderamine, ut si forte nos aut successores nostri presbyteros cardinales ad eius titulum duxerimus promovendos pro ea maxime causa, ut super altare b. Petri consuetum agant officium, sicut a sanctis patribus provida fuit deliberatione statutum, hi quibus pro tempore curam et administrationem ipsius ecclesiae commiseritis, eisdem cardinalibus debitam impendant obedientiam humilem et devotam. Qui videlicet cardinales de proventibus ecclesiae eiusdem percipiant quartam partem: vos autem de ipsa ecclesia geratis sollicitudinem diligentem, ne per vestram incuriam in solitudinem iterum redigatur: quia privilegium meretur amittere, qui permissa abutitur potestate".

[6] So fasst auch Sirmond l. c. das Verhältniss auf.

Inhabern der letzteren generell verliehen ist, schon vor Alexander II. So hat Viktor II. den Kanzler und Mönch von Monte Casino Friedrich von Lothringen, den nachmaligen Papst Stephan X., nach seiner Wahl zum Abt von Monte Casino im J. 1057 noch vor dessen Abts-Konsekration zum Kardinalpriester des Titels S. Chrysogonus ordinirt[1], und das Gleiche ist seitens Nikolaus' II. im J. 1059 mit dem Abte Desiderius desselben Klosters geschehen[2]. Nicht minder hat später Gregor VII. im J. 1079 die Wahl des Kardinalpriesters Richard zum Abt von Marseille genehmigt[3].

Dagegen datirt das früheste Beispiel der Ernennung eines Bischofs zum Kardinal — da die Erzbischöfe von Magdeburg und Köln, wie soeben nachgewiesen, diese Würde nicht gehabt haben — aus der Zeit Alexanders III. Letzterer weihte im J. 1165 den zum Mainzer Erzbischof gewählten, aber demnächst entflohenen Konrad von Wittelsbach zum Kardinalpriester von St. Marcell, dann zum Bischof von der Sabina und erst später zum Erzbischof von Mainz[4]. Dieser Fall bildet insofern einen Uebergang zu der späteren Praxis, als es sich hier um einen noch nicht konsekrirten, sondern nur gewählten Erzbischof handelt, welcher zunächst Kardinalpriester wurde, also bei Erlangung des Kardinalates noch nicht die bischöfliche Weihe besass.

V. Die Kardinäle bis zur Zeit Sixtus' V. Die Siebenzahl der Kardinalbischöfe hat sich bis in das 12. Jahrhundert erhalten. Die Zahl der Titel- und Kardinalpriester ist dagegen nicht so konstant gewesen. Die Zahl sämmtlicher von den ältesten Zeiten bis zum 15. Jahrhundert zu unterscheidenden Titel beläuft sich wahrscheinlicherweise nur auf 34, höchstens aber auf 36[5]. Manche von diesen sind aber wieder eingegangen, und da somit alle nie neben einander existirt haben, so ist die Zahl jedenfalls geringer gewesen. Wahrscheinlich hat sie den grössten Theil des Mittelalters hindurch nur 28 betragen[6]. Denn da die Kardinalpriester in den vier Patriarchalkirchen den Hebdomaldienst zu leisten hatten, so waren für jede derselben behufs des täglichen Wechsels 7, also im Ganzen 28 Kardinalpriester erforderlich[7]. Für das zwölfte Jahrhundert bezeugt Johannes Lateranensis diese Einrichtung in seiner Schrift de ecclesia Lateranensi c. 16[8]:

(I) Cardinales sanctae Mariae maioris sunt ii:

(1) ss. apostolorum,
(2) s. Cyriaci in Thermas,
(3) s. Eusebii,
(4) s. Pudentianae,
(5) s. Vitalis,
(6) ss. Marcellini et Petri,
(7) s. Clementis.

1 Leon. chron. Casin. II. 93 (SS. 7, 692): „Sabbato itaque in ieiunio Junii mensis cardinalis presbyter de titulo sancti Chrisogoni ordinatus, in nativitate vero sancti Johannis abbatiae est consecrationem adeptus".

2 Eiusdem chron. III. 12 (SS. 7. 705.)

3 Gregor VII. regist. VII. 7. 8 (Jaffé mon. Gregor. p. 388).

4 Erklärung Kardinal Konrads in Baronii annales ecclesiast. a. 1177 n. 73: „Novit vestra sanctitas, venerande pater, . . . quod ego vestrae personae intuitu, Moguntinam ecclesiam, in qua canonice electus (i. J. 1160) fueram, inscio imperatore (Friedrich I.) reliqui et honorem meum, parentes et patriam pro dei amore deserui et ad vos in Franciam festinus accessi . . . . vos autem vestri gratia mihi vicem congruam pro tempore rependistis, nam primo me cardinalem, dehinc in Sabinensem episcopum, postremo in Moguntinum archiepiscopum consecrastis" . . . vgl. auch (Jacob May), der Kardinal und Erzbischof von Mainz Conrad I. München. 1860. S. 26. 46.

5 Phillips 6, 110.

6 Phillips 6, 111. 112.

7 S. oben S. 321; Phillips 6, 121.

8 Mabillon, mus. Ital. 2, 574.

(II) Cardinales s. Petri sunt ii:
(1) s. Mariae Transtiberim,
(2) s. Chrysogoni,
(3) s. Caeciliae,
(4) s. Anastasiae,
(5) s. Laurentii in Damaso,
(6) s. Marci,
(7) ss. Martini et Silvestri.
(III) Cardinales s. Pauli sunt ii:
(1) s. Sabinae,
(2) s. Priscae,
(3) s. Balbinae,
(4) ss. Nerei et Achillei,
(5) s. Sixti,
(6) s. Marcelli,
(7) s. Susannae.
(IV) Cardinales s. Laurentii sunt ii:
(1) s. Praxedis,
(2) s. Petri ad Vincula,
(3) s. Laurentii in Lucina,
(4) s. Crucis in Jerusalem,
(5) s. Stephani in Caelio monte,
(6) ss. Johannis et Pauli,
(7) ss. quatuor Coronatorum [1].

Auch die Zahl der Diakonieen hat sich seit Gregor I., unter welchem es 19 gab [2], mehrfach geändert, bis sie sich im 12. Jahrhundert auf 18 fixirte, von denen 12 auf die diaconi regionarii und 6 auf die diaconi palatini kommen [3].

Noch im 12. Jahrhundert wurde die Zahl der Kardinalbisthümer dadurch um eins verringert, dass Calixt II. im J. 1119 oder 1120 die beiden Bisthümer Porto und Silva Candida unirte [4], und ebenso blieben vielfach Titel und Diakonieen unbesetzt [5]. Seit der Uebersiedlung des päpstlichen Stuhles nach Avignon erhielten natürlich die Franzosen auch im Kardinalkollegium die Oberhand, wie denn z. B. im J. 1331 sich 17 solcher unter der Zahl von 20 Kardinälen befanden [6]. Mit dem Schisma vermehrte sich dagegen die Zahl der Kardinäle, weil jeder der sich gegenüberstehenden Päpste ein eigenes Kardinalkollegium schuf [7]. Das Koncil von Konstanz fixirte behufs der Erleichterung der aus den einzelnen Landeskirchen zu zahlenden Abgaben die Zahl der

[1] In dem gleichzeitigen Bericht von Petrus Mallius, Kanonikus von St. Peter (Mabillon l. c. p. 160) fehlen die Titel unter III. 1 bis 3; wohl nur deshalb, weil diese damals nicht verliehen waren. S. Phillips 6, 124.

[2] S. 322. 323.

[3] Ordo Roman. XII. c. 5. n. 11 (Mabillon l. c. p. 173.)

[4] Ughelli, Italia sacra 1, 125. Das Fortbestehen des Hebdomaldienstes an der Laterankirche ergiebt noch die Const. Anastasii IV. v. 1154 für die Regularkanoniker derselben (Mansi 21, 778) und das breve recordationis (saec. XII. exeunt.) bei Mabillon l. c. p. 220, wo des episcopus hebdomadarius erwähnt wird. In Folge der eintretenden Vakanzen vieler Titel, der Uebersiedlung nach Avignon und der Beschäftigung der Kardinäle mit den allgemeinen Angelegenheiten der Kirche und der Politik ist derselbe sowohl in der Lateran- wie auch in den Patriarchal-Kirchen verfallen.

[5] Ciaconi, historia pontific. Romanorum 2, 946 ff.; Hefele, Konciliengesch. 5, 971.

[6] Raynaldi annal eccles. a. 1331. n. 33.

[7] Thomassin l. c. c. 114. n. 13.

Kardinäle auf 24 und bestimmte ferner, um die Abhängigkeit des Papstthums von einer nationalen Kardinalsmajorität und damit die Gefahr eines Schismas zu beseitigen, dass die Kardinäle aus allen Theilen der Christenheit verhältnissmässig ernannt werden sollten [1]. Dagegen sind die Bestrebungen der Kardinäle, ihrem Kollegium die Stellung einer mit dem Papst gemeinschaftlich die plenitudo potestatis ausübenden Körperschaft zu verschaffen, nicht von Erfolg gewesen [2]. An der vorhin gedachten Zahl hielt auch das Baseler Koncil fest, normirte aber das Verhältniss der einzelnen Nationalitäten in dem Kollegium dahin, dass aus jeder derselben nicht mehr als ein Drittel und unter diesen aus jeder Stadt oder jeder Diöcese nur einer genommen, sowie allein im Fall einer dringenden Nothwendigkeit oder eines besonderen Nutzens noch zwei weitere ausser der normalmässigen Zahl ernannt werden sollten [3]. In den folgenden Zeiten hat man die Anzahl von 24 wenigstens annähernd innegehalten, da die Kardinäle selbst in ihrem eigenen Interesse und zur Erhaltung ihres hervorragenden Ansehens darauf sahen [4]. Erst Leo X. hat die Zahl der Kardinäle bedeutend vermehrt, indem er zu den bisher vorhandenen 6 Kardinalbisthümern Tibur und Rieti als solche hinzufügte [5] und im J. 1517 ausserdem noch 31 Kardinäle [6] auf einmal kreirte. Ein zwischen Papst Paul IV. und den Kardinälen im J. 1555 geschlossener Vertrag, das s. g. Compactum [7], setzte zwar die seitdem ungefähr 50 betragende Anzahl auf 40 als Maximum fest, indessen ist auch diese Beschränkung nicht dauernd gewesen, vielmehr sogar bis über die Höhe von 70 überschritten worden [8].

[1] Reformakte Martins V. art. I. (Hübler, Konstanzer Reformation S. 128): „Statuimus ut deinceps numerus cardinalium S. E. R. adeo sit moderatus quod nec sit gravis ecclesiae nec superflua numerositate vilescat. Qui de omnibus partibus christianitatis proportionabiliter quantum fieri poterit, assumantur, ut notitia causarum et negotiorum in ecclesia emergentium facilius haberi possit et aequalitas regionum in honoribus ecclesiasticis observetur, sic tamen quod numerum viginti quatuor non excedant, nisi pro honore nationum quae cardinales non habent, unus vel duo pro semel de consilio et consensu cardinalium assumendi viderentur. — Sint autem viri in scientia moribus et rerum experientia excellentes, doctores in theologia aut in iure canonico vel civili praeter admodum paucos qui de stirpe regia vel ducali vel magni principis oriundi existant, in quibus competens literatura sufficiat, non fratres aut nepotes ex fratre vel sorore alicuius cardinalis viventis nec de uno ordine Mendicantium ultra unum nec corpore vitiati aut alicuius crimine vel infamiae nota respersi. Nec fiat eorum electio per auricularia vota solummodo sed etiam cum consilio cardinalium collegialiter, sicut in promotione episcoporum fieri consuevit. Qui modus etiam observetur quando aliquis ex cardinalibus in episcopum assumetur". Damit wörtlich gleichlautend das deutsche Konkordat (s. Hübler S. 165), während das romanische (a. a. O. S. 195) noch den Schlussatz enthält: „nisi dominus noster pro utilitate ecclesiae et de consilio maioris partis cardinalium aliter usque ad duos pro semel duntaxat duxerit providendum". (Vgl. auch ebendaselbst S. 222. 223; das englische Konkordat (s. 208) fixirt keine bestimmte Anzahl.

[2] Hübler, a. a. O. S. 74. Dass dieser Gedanke in dem von Pius IX. i. J. 1848 für den Kirchenstaat erlassenen Statuto fundamentale eine vorübergehende Anerkennung gefunden hat, wie Hübler a. a. O. meint, kann ich nicht finden, da dasselbe allein die Organisation des Kirchenstaates, nicht die Leitung der Kirche betraf und den Kardinälen nur ein Recht zuwies, die von den beiden Kammern angenommenen Gesetze vor der Sanktion des Papstes zu begutachten. S. Reuchlin, Geschichte Italiens. Leipzig 1859. 2, 67.

[3] Sess. XXIII. c. 4: . . . „sic tamen quod numerum viginti quatuor inter hos qui nunc sunt et assumendos non excedat ita quod de una natione ultra tertiam partem respectu cardinalium pro tempore existentium ac de una civitate et dioecesi ultra unum inde oriundum et de ea natione quae nunc ultra tertiam partem habet usque ad ipsius tercie partis esse nequeant . . . Predicto autem numero viginti quatuor pro magna ecclesie necessitate vel utilitate duo alii in quibus vitae sanctitas vel eximie virtutes refulgeant, quamquam memoratos gradus non habeant ac de Grecis, cum Romane ecclesie uniti fuerint, insignes aliqui viri adiici poterunt". (Mansi 29, 116).

[4] S. z. B. Raynaldi annal. a. 1484. n. 32 u. 1503 (Pius III.) n. 3.

[5] Plati de cardinalis dignitate. c. 2. §. 2. n. 17. (ed. VI. p. 30.)

[6] Zu den vorhandenen 13. Raynald. a. 1517. n. 100.

[7] Thomassin l. c. n. 13; Riganti, comm. ad leg. Canc. reg. VIII. §. 2. n. 2.

[8] Thomassin l. c.; Ferraris cardinalis. art. I. n. 40; Phillips 6, 226.

2. Das geltende Recht.

§. 33. *a. Die Zahl und die Titel der Kardinäle.*

Die heutige Gestaltung des Kardinalkollegiums beruht auf den beiden Konstitutionen des Papstes Sixtus V.: Postquam verus vom 3. December 1586 [1] und Religiosa sanctorum vom 13. April 1587 [2]. In der ersteren hat derselbe nach dem Vorbild der von Moses auf Befehl Gottes ernannten jüdischen Aeltesten [3] die Zahl auf 70 festgesetzt [4] und zugleich die Ueberschreitung mit der Strafe der unheilbaren Nullität der Ernennung und des Erwerbs jeglicher Rechte aus derselben bedroht.

Für die Kardinalbischöfe ist die alte Zahl von 6 beibehalten [5] und folgende Rangordnung für dieselben bestimmt: 1. Ostia (unirt mit Velletri), 2. Porto und S. Rufina, 3. Sabina, 4. Tusculum (oder Fraskati), 5. Albano und 6. Präneste (Palestrina) [6]. Die Reihenfolge hat mannichfach gewechselt [7], jetzt folgt Albano an dritter Stelle und Sabina nimmt statt dessen die letzte ein [8].

Die Zahl der Kardinalpriester beträgt nach den beiden Sixtinischen Konstitutionen fünfzig [9]. Jedoch sind in den durch sie bestimmten Titeln gleichfalls später Veränderungen eingetreten [10]. Die heutigen Titel sind nach dem Annuario pontificio von 1865 [11] folgende:

1. S. Lorenzo in Lucina. 2. S. Maria in Araceli. 3. S. Maria in Trastevere. 4. Ss. Silvestro et Martino ai Monti. 5. Ss. Nereo ed Achilleo. 6. Ss. Andrea e Gregorio al Monte Celio. 7. S. Girolamo degli Schiavoni. 8. S. Maria in Via. 9. S. Anastasia. 10. Ss. quattro Coronati. 11. S. Cecilia. 12. S. Marcello. 13. Ss. XII apostoli. 14. S. Pietro in Montorio. 15. S. Bernardo alle Terme Diocleziane. 16. S. Bartolomeo all' Isola. 17. Ss. Quirico e Giulitta. 18. S. Maria della Vittoria. 19. S. Agnese fuori le Mura. 20. S. Sisto. 21. S. Prassede. 22. S. Lorenzo in Damaso. 23. Ssma Trinità al Monte Pincio. 24. S. Agostino. 25. Ss. Giovanni e Paolo. 26. S. Alessio.

[1] Magn. Bullar. 2, 608.

[2] Magn. Bullar. 2, 621.

[3] Numer. XI. 16.

[4] §. 4 (p. 610): „Ac ut veteris synagogae figura sanctae et apostolicae veritati respondeat, sequi cupientes mandatum domini factum ad Moysen de congregandis septuaginta viris de senibus Israel, quos noster senes populi esse et magistros, ut secum onus populi sustentarent et non ipse solus gravaretur, super quos ad ostium tabernaculi ductos loquente domino spiritus dei requievit, de pio dictorum fratrum nostrorum consilio perpetuo statuimus et ordinamus, ut in posterum commemoratis omnibus cuiusque ordinis episcopis, presbyteris et diaconis cardinalibus, qui nunc sunt quique in futurum creabuntur, cuncti simul septuaginta nullo umquam tempore excedant ac talis numerus quovis praetextu, occasione vel causa etiam urgentissima minime augeatur. Quod si unum vel plures a nobis vel pro tempore existente Romano Pontifice in futurum ultra dictum numerum eligi in cardinalem aut creari aut pronunciari contigerit, decernimus huiusmodi electionem, creationem nullam irritam et inanem censendam esse, nullumque ius seu titulum re aut nomine sic electo seu electis acquiri neque eorum quemquam pro cardinali haberi aut reputari posse aut debere, neque dictam electionem, creationem, pronuntiationem ab initio invalidam et ultra numerum factam si postea ad praescriptum numerum moriente uno vel pluribus cardinalibus ipsum collegium redigatur, propterea ex post facto convalescere, sed uti a principio sic deinceps in perpetuum nullius fore roboris vel momenti“.

[5] Die von Leo X. kreirten Episkopaltitel: Tibur und Rieti sind schon unter seinem Nachfolger Clemens VII. wieder eingegangen.

[6] Const. Postquam verus §. 5; Const. Religiosa. §. 4.

[7] Nach einem Dekret der congreg. rituum approbirt von Clemens VIII. 1602, und bestätigt von Paul V. 1618 war die Reihenfolge Ostia, Porto, Fraskati, Sabina, Palestrina, Albano, Ferraris l. c. n. 42. i. f.

[8] So Bangen, die römische Kurie. Münster 1854. S. 36 und das annuario pontificio von 1865. p. 39. Es beruht demnach auf einem Irrthum, wenn Phillips 6, 262 gestützt auf ein Dokument vom 18. Juni 1862 eine andere Ordnung als die neueste hinstellt.

[9] Const. Postquam. §. 5; Const. Religiosa §. 2.

[10] Phillips 6, 229. 230.

[11] p. 39.

27. S. Clemente. 28. S. Stefano al Monte Celio. 29. S. Croce in Gerusalemme. 30. S. Pietro in Vincoli. 31. S. Maria degli Angeli. 32. S. Lorenzo in Pane e Perna. 33. S. Marco. 34. S. Sabina. 35. Ss. Pietro e Marcellino. 36. S. Maria del Popolo. 37. S. Pancrazio. 38. S. Pudenziana. 39. S. Maria in Traspontina. 40. S. Balbina. 41. S. Grisogono. 42. S. Tommaso in Parione. 43. S. Prisca. 44. S. Calisto. 45. S. Silvestro in Capite. 46. S. Onofrio. 47. S. Susanna. 48. S. Maria della Pace. 49. S. Maria sopra Minerva. 50. S. Giovanni a Porta Latina. Dazu kommt noch der im Annuario nicht aufgeführte Titel: S. Eusebio [1].

Die Zahl von 51 Titeln erklärt sich daraus, dass der Titel S. Lorenzo in Damaso mit dem Amte des päpstlichen Vicekanzlers verbunden ist und dass daher ein Titel fehlen würde, wenn das Amt durch einen Kardinaldiakonen bekleidet oder der mit dem letzteren betraute Kardinalpriester zum Kardinalbischof promovirt wird und dabei wie üblich den gedachten Titel als Kommende beibehält [2].

Die Zahl der Stellen der Kardinaldiakonen hat Sixtus V. auf vierzehn festgesetzt [3]. Hinsichtlich der für diese bestimmten Kirchen, welche noch heute im officiellen Sprachgebrauch diaconiae und nicht, wie sie freilich im gewöhnlichen Leben auch genannt werden, Titel heissen, hat sich wenig geändert, nur ist die Zahl auf 16 vermehrt, jedoch nicht die Zahl der Diakonatsstellen, weil zwei der Diakonieen abwechselnd immer unbesetzt bleiben [4]. Das annuario pontificio [5] führt sie folgendermassen auf:

1. S. Maria in Via Lata. 2. S. Eustachio. 3. S. Maria ad Martyres. 4. S. Angelo in Pescaria. 5. S. Adriano al Foro Romano. 6. S. Maria in Cosmedin. 7. S. Niccola in Carcere. 8. S. Cesareo. 9. S. Agata alla Suburra. 10. S. Maria in Dominica. 11. Ss. Cosma e Damiano. 12. S. Giorgio in Velabro. 13. S. Maria in Aquiro. 14. S. Maria della Scala. 15. Ss. Vito e Modesto. 16. S. Maria in Portico.

Uebrigens sind in neuerer Zeit gewöhnlich einige der Kardinaltitel und Diakonieen vakant geblieben [6].

§. 34. *b. Die Ernennung und die Qualifikation der Kardinäle. Das Optionsrecht.*

I. Die Ernennung (creatio) der Kardinäle. Bestimmte Vorschriften über die Ernennung der Kardinäle sind aus früherer Zeit nicht vorhanden. Es ist indessen wohl keinem Zweifel unterworfen, dass der römische Bischof, wie jeder andere das Recht hatte, die Mitglieder seines Presbyteriums zu ernennen, ebensowenig, dass er sich dabei auch des Rathes des letzteren bediente. Für das 12. Jahrhundert ergiebt sich das erstere aus den Briefen des h. Bernhard von Clairvaux [7], beides für das 13. Jahrhundert aus dem Ordo Romanus (XIV) des Kardinals Jacob Gaëtanus [8]. Als indessen die grellen Uebelstände, welche sich während des Schismas aus dem absoluten Regiment

[1] S. Phillips 6, 229 ff.; Bangen, a. a. O. S. 36. Weshalb dieser Titel im Annuario nicht mit verzeichnet ist, vermag ich nicht anzugeben.

[2] Const. Religiosa. §. 5; Ferraris l. c.; Phillips 6, 231; Bangen a. a. O. S. 37. So führt auch das annuario pontificio von 1865 p. 64 den Vicekanzler Kardinalbischof von Palestrina als commendatario di S. Lorenzo in Damaso auf.

[3] Const. Postquam verus. §. 3; Const. Religiosa §. 3.

[4] Bangen a. a. O. S. 38.

[5] p. 40.

[6] Das annuario pontificio von 1865 führt 6 Priestertitel und 6 Diakonieen als unbesetzt auf.

[7] de considerat. ad Eugen. III. pp. IV. 4 (opp. ed. Par. 1621. p. 886.): „Tuum est undecumque evocare et asciscere tibi exemplo Moysi, senes non iuvenes, sed senes non tam aetate quam moribus quos tu nosti, quia senes populi sunt. An non eligendi de toto orbe, orbem iudicaturi“? Für das 8. Jahrhundert s. Jaffé, monum. Carol. p. 101.

[8] c. 116. 117 (bei Mabillon l. c. 2, 424.)

der Päpste entwickelt, die Tendenz auf Einschränkung der päpstlichen Machtvollkommenheit und damit auch derartige Bestrebungen unter den Kardinälen hervorgerufen hatten, wurde auf dem Koncil von Konstanz der Versuch gemacht, den Papst bei wichtigen Regierungsakten an den Konsens der Kardinäle zu binden[1], und ihn in Folge dessen auch auf die Ernennung solcher Kandidaten zu beschränken, für welche sich die Majorität des Kardinalskollegiums durch schriftliche geheime Abstimmung ausgesprochen hatte[2]. Die Reformakte Martins V., ebenso wie das deutsche und romanische Konkordat haben aber nur ein vorher collegialiter abzugebendes consilium als Erforderniss aufgestellt[3], und erst das Koncil von Basel hat jene Forderung adoptirt[4]. Mehrfach haben dann die Kardinäle vor der Papstwahl eine solche Bedingung sich in den Wahlkapitulationen stipulirt[5], aber mit der im 16. Jahrhundert immer stärker werdenden Reaktion ist der frühere Zustand wieder hergestellt worden[6].

Früher geschah die Ernennung durch den Papst in den zu diesem Zwecke regelmässig in einer Quatemberwoche stattfindenden Versammlungen der Kardinäle. In der ersten wurde nur über die Frage, ob neue Kardinäle und dann über die, wie viel zu ernennen seien, verhandelt. Erst in einer weiteren Sitzung nannte der Papst den einzelnen, an ihn herantretenden Kardinälen die Namen der Kandidaten und nachdem diese ihre Meinung ihm ins Ohr gesagt (*consilium auriculare*), publicirte er sofort ohne an die Gutachten gebunden zu sein, die von ihm beschlossenen Ernennungen[7]. Die dritte Versammlung war zur Einführung der neu ernannten Kardinäle bestimmt, in derselben wurde ihnen der Mund geschlossen (os clauditur novis cardinalibus)[8] und der rothe Kardinalshut übergeben[9]. Schliesslich erfolgte in einer weiteren Sitzung die Oeffnung des Mundes (aperitio oris), also die Ertheilung des Rechtes, bei den Berathungen des Kollegiums mitzusprechen und zu votiren, sowie unter Uebergabe des Kardinalsringes die Zuweisung des Titels an die einzelnen Kardinäle[10].

Wenngleich Sixtus V. noch vorgeschrieben hat, dass die Ernennung der Kardinäle allein an den Decemberfasten vorgenommen werden soll[11], so ist der Papst doch weder daran noch an den Rath der Kardinäle noch an sonstige Ceremonien gebunden[12].

[1] Hübler, Konstanzer Reformation. S. 74.

[2] Hübler, a. a. O. S. 129. n. 3.

[3] Hübler a. a. O. S. 129. 167. 195; s. S. 337. n. 1. Das englische Konkordat bestimmt dagegen (a. a. O. S. 209): „(cardinales) cum consensu et assensu collegii dominorum cardinalium vel maioris partis eorundem eligantur et assumantur".

[4] Sess. XXIII. c. 4 (Mansi 29, 117): „Non fiat cardinalium electio solum per auricularia vota sed illi solum assumi possint in quos facto vero scrutinio ac publicato maiorem partem cardinalium per subscriptionem manus proprie constiterit collegialiter consensisse".

[5] S. oben S. 273; Raynaldi annal. a. 1505. (Pius III.) n. 3.

[6] So setzt auch das Trident. Sess. XXIV. c. 1. de reform. das freie Ernennungsrecht des Papstes voraus.

[7] Ordo Romanus XIV. cit. c. 116; Christ. Marcelli sacrar. ceremoniar. eccl. Rom. lib. I. s. VIII. c. 1—4 (Hoffmann, nova scriptor. collect. 2, 393 ff.).

[8] Von dieser Ceremonie sagt Pius V. in dem Dekret vom 26. Januar 1571 (bei Ferraris l. c. n. 22): „ea de causa introductam, ut cardinales antequam in consistoriis et congregationibus suffragium ferant, de modestia quae ab ipsis in his et aliis actibus adhiberi debet, quodam modo admoneantur".

[9] Ordo Rom. XIV. cit. l. c.; Marcelli sacr. cerem. lib. I. c. c. 6 ff.

[10] S. Ordo Romanus u. Marcellus l. c.; letzterer hat c. 12 (p. 403) für die Uebertragung folgende Formel: „Ad honorem dei omnipotentis ss. apostolorum Petri et Pauli et s. N. committimus tibi ecclesiam s. N. cum clero et populo et capellis suis secundum formam quae committi consuevit cardinalibus qui eandem ecclesiam in titulum habuerunt". Die gesperrt gedruckten Worte fallen bei den Kardinaldiakonen fort. Bei der Promotion zu einem Kardinalbisthum, das für die Regel einem Kardinalpriester ertheilt wird (s. Ordo Roman. cit. c. 117. p. 434; Marcell. l. c. c. 117. p. 407) und wobei eine Schliessung und Oeffnung des Mundes nicht erfolgt, wird das committimus der Formel durch providemus te de tali episcopatu ersetzt.

[11] Const. Postquam verus. §. 10.

[12] de Luca relat. curiae Romanae disc. 5. n. 9.; Ferraris l. c. n. 9—12; Moroni (primo aiutante di camera di Gregorio XVI.) dizionario

Jetzt wird der nach vorgängiger Berathung mit den Kardinälen ernannte[1] durch einen seiner älteren Kollegen in einer Privataudienz dem Papst vorgestellt und ihm das rothe Barett übergeben. In zwei weiter abzuhaltenden Konsistorien erfolgt im ersten die Uebergabe des Hutes, und im zweiten beim Beginn die Schliessung des Mundes und beim Schluss die Oeffnung desselben, die Uebergabe des Ringes, sowie die Assignation des Titels[2].

Abwesenden wird das rothe Barett vom Papst zugesendet, jedoch müssen diese bei Verlust des Kardinalates und bei Vermeidung der künftigen Inhabilität und Inkapacität zu dieser Würde eidlich angeloben, sich binnen Jahresfrist vom Tage der Eidesleistung persönlich dem Papste vorzustellen, und diese Verpflichtung erfüllen, widrigenfalls die gedachte Strafe ebenfalls eintritt[3].

Bei Gelegenheit von Kardinalskreationen kann der Papst die Namen einzelner, welche er zu Kardinälen ernennen will, nicht publiciren, diese vielmehr noch, wie der technische Ausdruck ist, in pectore reservare, in petto behalten, wodurch den Betreffenden die Anciennität gesichert wird[4]. Die Form ist die, dass der Papst sagt: creamus unter Nennung der Namen der zu publicirenden Kardinäle und dann hinzufügt: reliquos (duos, tres etc.) in pectore reservamus arbitrio nostro quandocumque declarandos[5].

Während früher erst der Erwerb des Kardinalates sich mit der öffentlichen Verkündigung und der Uebergabe der Insignien (des rothen Hutes und des Ringes) sowie der Zuweisung des Titels vollzog[6], erfolgt derselbe nach neuerem Rechte schon durch die in irgend welcher Form geschehene und acceptirte päpstliche Ernennung[7].

Ein rechtlich garantirter Einfluss auf die Vergebung der Kardinalsstellen steht den weltlichen Mächten nicht zu, wohl können aber die grossen katholischen Mächte (Oesterreich, Frankreich und Spanien) observanzmässig Vorschläge machen, an welche der Papst freilich nicht gebunden ist[8] Kardinäle, welche auf derartige Empfehlung ernannt sind, pflegt man Kronkardinäle zu nennen[9].

di erudizione storico-ecclesiastica 9, 295; Kober, Deposition und Degradation. S. 524 ff.

[1] Die heutige Ernennungsformel lautet (Anal. iur. pontif. 1855. p. 1940: „Auctoritate omnipotentis dei, ss. apostolorum Petri et Pauli ac nostra creamus s. Romanae ecclesiae presbyterum Cardinalem N. N. cum dispensationibus, derogationibus et clausulis necessariis et opportunis".

[2] Moroni l. c. p. 309. 176. 315 ff.; 15, 240. 251; 5, 159 ff.

[3] Const. cit. §. 19.

[4] Es kommt dies zuerst seit Martin V., häufiger seit Paul III. vor. S. Raynaldi, ann. eccles. a. 1426. n. 26. i. f.; a. 1430. n. 5; a. 1477. n. 11; vgl. ferner Moroni, dizionario ecclesiastico 9, 301 ff., welcher ebenso wie Plati de cardinalis dignitate c. 3. app. 2 (ed. VI. p. 59) auch das hinsichtlich der Anciennität Gesagte bezeugt. Früher war eine solche für die reservirten nicht anerkannt. Stirbt der Papst, so braucht sein Nachfolger die von dem ersteren in petto behaltenen selbst dann, wenn ihre Namen wie üblich, in einem versiegelten Zettel verzeichnet worden sind, nicht zu publiciren, also sie nicht anzuerkennen. Ferraris l. c. art. 4. addit. ex edit. Barbiellin. n. 33; Moroni l. c. p. 306. 307. Die Frage, ob der reservirende Papst selbst für sich die Ernennung widerrufen kann — zur rechtlichen Kontestation kann sie selbstverständlich nicht kommen — verneint Plati l. c., während sie Cohellius l. c. c. 16. priv. 7. (p. 163) und Moroni l. c. p. 307 bejahen.

[5] Plati l. c. Auf diese Weise ist Pius IX. zum Kardinal ernannt. Ginzel, Archiv für Kirchengesch. 1, 5.

[6] So bestimmt noch die Konst. Eugens IV. v. 26. Oktober 1431 (M. Bullar. 1, 319), s. namentlich §. 2.

[7] Dekret Pius' V. vom 26. Januar 1571 (Ferraris l. c. n. 22); s. auch Caeremon. Gregorii XV. von 1621 (M. Bull. 3, 455) und oben S. 278. Vgl. ferner Fagnan. ad c. 14. X. de maior. et obed. I. 33. n. 48.

[8] S. Schulte 2, 244; Phillips 6, 271.

[9] Wenn Phillips a. a. O. die Verleihung des Titels S. Chrysogonus auf Bitten Pippins an einen Priester Marinus dahinrechnet, s. epist. Pauli I. ad Pippin zw. 758 u. 763 (Jaffé, monum. Carolin. p. 101), so ist doch zu bedenken, dass die Stellung der Kardinäle damals eine andere war, als seit dem späteren Mittelalter. Andere Ernennungen von 1477 auf Ersuchen Kaiser Friedrichs III. bei Raynald. annal. 1477. n. 11; von 1847 auf Vorschlag König Ludwig Philipps bei Ginzel, Archiv für Kirchenrecht. 3, 11. Dass auch sonstige Fürsten ausser den genannten

II. Die Qualifikation. Diejenigen, welche zur Kardinalswürde befördert werden sollen, müssen im Allgemeinen alle die Eigenschaften haben, welche für die Erlangung des Episkopates nöthig sind [1]. Hieraus folgt:

1. Dass der Betreffende das 30. Lebensjahr vollendet haben muss [2]. Jedoch genügt für denjenigen, welcher Kardinaldiakon werden soll, das angetretene 22. Jahr. Er muss aber binnen Jahresfrist sich die Diakonatsweihe bei Verlust des aktiven und passiven Stimmrechts in Betreff aller Geschäfte, namentlich auch der Papstwahl, ertheilen lassen [3].

2. Der Betreffende muss mindestens die 4 niederen Weihen besitzen und ein Jahr lang Tonsur und geistliches Gewand getragen haben [4].

3. Alle Hindernisse, welche dem Erwerb der ordines sacri entgegenstehen, also namentlich die Irregularitäten, hindern auch den Erwerb des Kardinalates [5].

4. Ebenso hindert denselben die uneheliche Geburt und selbst die nachfolgende legitimatio per subsequens matrimonium heilt diesen Mangel nicht [6].

5. Ferner soll derjenige, dessen Kinder aus einer rechtmässigen ersten Ehe oder dessen Enkel von solchen noch am Leben sind, wegen der dadurch bewiesenen Inkontinenz und der Gefahr, durch Familiensorgen in Anspruch genommen zu werden, nicht die Kardinalswürde erhalten [7], und sodann

6. nicht derjenige, dessen vollbürtiger oder Halbbruder [8] oder dessen Verwandter ersten oder zweiten Grades (Oheim, Vetter, Neffe u. s. w.) bereits Kardinal ist. Die Ernennung eines solchen ist ipso iure null [9].

Ausserdem soll bei der Auswahl der Kardinäle, wie schon die Reformkoncilien des 15. Jahrhunderts vorschreiben [10], darauf gesehen werden,

1. dass in dem Kardinalkollegium die verschiedenen Nationalitäten soviel als möglich vertreten sind [11];

2. dass sich unter den Kardinälen ausgezeichnete Doktoren beider Rechte oder des kanonischen Rechtes, sowie mindestens 4 Magistri der Theologie vornehmlich aus den Mendikanten-Orden befinden [12].

Nach der heute massgebenden Auffassung von dem Verhältniss des Papstes zu dem kirchlichen Recht kann seine Befugniss nicht bestritten werden, im einzelnen Fall von

wenigstens solche Bitte an den Papst richten können, ist natürlich nicht ausgeschlossen, wie das z. B. von Herzog Karl von Burgund 1471 geschehen ist. S. Schreiben des Papstes Sixtus IV. an dens. bei Baluze, miscell. 4, 527. Vgl. auch Moroni l. c. 9, 298.

1 Trident. Sess. XXIV. c. 1. de ref.

2 S. oben S. 17. 18; Ferraris l. c. n. 36.

3 Const. Postquam verus §. 6.

4 Const. cit. §. 15.

5 Const. cit. §. 13: „Sed et insuper prohibemus, ne ii quos propter defectus vitia aut impedimenta quaecumque ad sacros ordines secundum canonicas sanctiones promoveri fas non est, etiamsi cum ipsis dicta auctoritate apostolica fuerit dispensatum neve alicuius criminis aut infamiae nota respersi in cardinales ullo unquam tempore assumantur“.

6 Const. cit. §. 12, wo Sixtus V. die Kardinalswürde mit der königlichen vergleicht und sich darauf beruft, dass nach fürstlichen Hausgesetzen ebenfalls selbst Legitimirte nicht successionsfähig sind. Ferraris l. c. n. 28 bemerkt aber, dass der Papst Eugen IV. einen unehelichen zum Kardinal ernannt habe, der freilich vor Empfang des rothen Hutes gestorben sei.

7 Const. cit. §. 16.

8 Dekret Julius' III. vom 26. Januar 1554 (M. Bull. 1, 812); Const. cit. §. 17.

9 Const. cit. §§. 17. 18. Aehnliche Bestimmungen enthielten schon die Konstanzer Konkordate c. 1 (Hübler S. 128. 166. 195. 209) und das Baseler Concil Sess. XXIII. c. 4. cit.

10 S. oben S. 337.

11 Trid. Sess. XXIV. c. 1. de reform.; Const. cit. §§. 4. 11.

12 Const. cit. §. 9. Die erwähnten Concilien verlangten für alle den Besitz eines Grades in den gedachten Wissenschaften, und bestimmten weiter, dass nur wenige Anverwandte regierender fürstlicher Häuser, für die eine allgemeine Bildung (competens literatura) ausreichend erklärt ist, Aufnahme in das Kollegium finden sollten.

den vorstehenden Bestimmungen sei es ausdrücklich, sei es thatsächlich durch Kreation eines nach denselben ungeeigneten Individuums zu dispensiren [1], und es lassen sich eine ganze Reihe von Ernennungen nachweisen, bei denen sowohl die festgesetzte Altersgrenze [2] überschritten, als auch die zu 5 und 6 erwähnten Vorschriften [3] nicht inne gehalten worden sind.

Bei ihrer Promotion und zwar beim Empfang des Kardinalhutes haben endlich die neu ernannten Kardinäle dem Papst den Eid des Gehorsams zu leisten [4], und nachher

[1] S. Cohellius l. c. c. 29. p. 21.

[2] Cohellius l. c.; Moroni l. c. p. 292; eine ausführliche Zusammenstellung bei Estor, de cardinali impubere. ed. II. Jenae 1743. diatr. II. p. 20 ff. 33 ff.

[3] Cohellius l. c. p. 21. 22.

[4] Ich lasse den umfangreichen Text nach den Analect. iur. pontif. 1855. p. 1934, weil er über die Stellung und Pflichten der Kardinäle orientirt, hier folgen: „Ego — sanctae Romanae ecclesiae cardinalis — promitto et iuro, me ab hac hora deinceps, quamdiu vixero, fidelem et obedientem beato Petro sanctaeque et apostolicae Romanae ecclesiae ac sanctissimo Domino Nostro — papae eiusque successoribus canonice legitimeque electis futurum; nullum consilium aut consensum vel auxilium adversus pontificiam maiestatem aut personam praestiturum; consilia mihi ab eis per se aut nuncios aut per literas credita nemini unquam scientem prudentemque in eorum damnum vel dedecus enunciaturum, praesto item eis futurum, ut ipsi papatum Romanum et regalia sancti Petri retineant, defendant et recuperent, salvo meo ordine, adversus omnes; honorem et statum eorum omni studio et totis viribus propugnaturum. Legatos et nuncios Sedis Apostolicae benigne et honorifice in terris et locis ecclesiarum, monasteriorum et aliorum beneficiorum mihi commissorum directurum et defensurum ipsisque securum iter curaturum ac eosdem in eundo, morando et redeundo honorifice tractaturum et quibuscumque contra eos aliquid conantibus usque ad sanguinem restiturum. Jura, honores, privilegia et auctoritatem sanctae Romanae ecclesiae, Domini Nostri Papae et Successorum praedictorum conservare, augere et promovere omnibus sensibus curaturum, ubi vero contra illa aliquid praeiudicii quod a me impediri nequeat, machinando intentetur, statim atque procurari vel tractari noverim, eidem Domino Nostro vel Successoribus praedictis aut alteri per quem possit ad notitiam eorum perferri, significaturum; Sanctorum Patrum regulas, decreta et ordinationes, dispensationes, reservationes, provisiones et mandata Apostolico et constitutionem felic. recordat. Sixti papae Quinti de visitandis liminibus Apostolorum certis praescriptis temporibus iuxta illius tenorem nuper a me perlectum observaturum et adimpleturum ab aliisque observari et adimpleri procuraturum. Haereticos, schismaticos et rebelles eidem Domino Nostro Papae vel Successoribus praedictis omni conatu persecuturum et impugnaturum. Accersitum ab eodem Sanctissimo Domino Nostro et Successoribus praedictis ex quacumque causa, ad eos profecturum vel iusto impedimento detentum, excusatorem missurum eisque reverentiam et obedientiam debitas exhibiturum. Possessiones ad Mensam Ecclesiarum, Monasteriorum et aliorum Beneficiorum mihi commissorum seu ad illa quomodolibet pertinentes nequaquam venditurum neque donaturum neque oppignoraturum neque de novo infeudaturum neque aliter alienaturum inconsulto Romano pontifice etiam cum consensu capitulorum seu conventuum ecclesiarum, monasteriorum vel beneficiorum eorundem: et constitutionem Beati Pii Quinti quae incipit: Admonet sub datum Romae IV Kalend. April. anno incarnat. domin. MDLXVII, pontificatus sui anno II una cum declarationibus Romanorum Pontificum successorum praesertim Innocentii Papae Noni sub datum Romae pridie Non. Novembris anno incarnat. domin. MDXCI, pontificatus sui anno I et felicis recordat. Clementis Octavi sub datum Romae XVI Kal. Mart. anno MDXCII, pontificatus sui anno I de civitatibus et locis Sanctae Romanae Ecclesiae non infeudandis seu alienandis perpetuo observaturum; necnon perpetuo et inviolabiliter observare promitto atque iuro, decreta et incorporationes facta et factas per eumdem Clementem Octavum sub diebus XXVI Iun. praedicti anni MDXCII, die II Novembr. MDXCVII, die XIX Ianuar. et XI Febr. MDXCVIII de civitate Ferrariae et toto eius ducatu necnon de civitatibus et locis quibuscumque per obitum bonae memoriae Alphonsi ultimi Ferrariae ducis seu alias ad Sanctam Romanam ecclesiam et Sedem Apostolicam devolutis, ab eo recuperatis. Item decreta et incorporationes facta et factas per recolendae memoriae Urbanum Octavum sub die XII Maii MDCXXXI de civitatibus Urbini, Eugubii, Calli, Forisempronii totoque Urbini ducatu necnon de civitatibus Pisauri, Senogalliae, Sancti Leonis cum statu Montis Feltrii et vicariatu Mondavii aliisque oppidis et locis quibuscumque per obitum bonae memoriae Francisci Mariae ultimi Ducis seu alias ad Sanctam Romanam Ecclesiam devolutis et recuperatis. Item decretum et incorporationem per fel. record. Alexandrum Sextum die XX Decembr. MDCLXVI in consistorio factum et factam de ducatu Castri statuque Roncilionis atque aliorum locorum, terrarum seu bonorum, alias per Raynutium Parmensium ducem Camerae Apostolicae venditorum et constitutionem eiusdem fel. record. Alexandri Septimi et occasione decreti et incorporationis huiusmodi die XXIV Ian. MDCLXI publicatam cum confirmatione, innovatione, extensione et declaratione aliorum decretorum et constitutionum Romanorum pontificum de non infeudando editarum et contra ipsa et ipsas quocumque tempore et quacumque causa, colore, titulo vel occasione etiam evidentis necessitatis et utilitatis nullo modo directe vel indirecte venire, tractare, moliri aut machinare aut auxilium seu consilium dare et consensum praestare: quin imo cuicumque tracta-

die in dem Eide gedachte, an die Congregatio de propaganda fide fallende Abgabe für den Kardinalsring zu zahlen.

III. Das Optionsrecht der Kardinäle[1] (ius optandi). Mit dem Rechte des Papstes, die Kardinäle zu kreiren, steht seine Befugniss, ihnen die Titel beliebig zuzuweisen, in Verbindung. Während früher aber dieselben die ihnen zugewiesenen Titel lebenslänglich behielten, kommt seit dem 14. Jahrhundert, wie die sofortige Beförderung von Kardinaldiakonen zu Kardinalbischöfen durch Gregor XI. (1371) und dann von Pius II. (1438) ergiebt, eine Besetzung der höheren kardinalizischen Titel mit den Inhabern der niederen durch den Papst vor[2]. Diese Assumtion durch den letzteren ist aber nicht mit dem in den Kapiteln anderer Kirchen damals längst gebräuchlichen Optionsrecht der älteren Mitglieder, d. h. des Rechtes derselben, bei der Vakanz einer Stelle diese für sich zu nehmen[3], zu verwechseln, und daher ist es unrichtig, wenn ein solches für die Kardinäle schon auf die Zeit Bonifazius' VIII. zurückdatirt wird[4]. Vielmehr enthält erst die Konstitution Pauls IV.: Cum venerabiles

tui et machinationi semper et perpetuo dissentire, opponere, resistere ac quascumque machinationes et tractatus qui ad meam notitiam pervenerint, per me ipsum seu meum nuncium Sanctitati Suae et eius Successoribus legitime intrantibus statim revelare, tam sub poenis in dictis constitutionibus contentis, quam aliis quibuscumque gravioribus Sanctitati Suae et eius Successoribus praedictis bene visis. Item constitutionem fel. recordat. Innocentii papae Duodecimi moderatoriam donationum et distributionis redituum ecclesiasticarum in consanguineos vel affines Romani Pontificis sub datum Romae apud S. Mariam Maiorem anno incarn. dom. MDCXCII, X Kal. Iul., pontificatus sui anno I. Et demum literas memorati Urbani Papae Octavi sub datum Romae apud S. Petrum anno incarn. dom. MDCXXV, V Kal. Febr. pontificatus sui anno III, confirmationis Bullae recolendae memoriae Gregorii Papae Decimi Quinti de electione Romani pontificis iuxta illarum tenores a me perlectos et plene cognitos. Item et singula quae per eumdem Urbanum seu Sanctae Romanae Ecclesiae Cardinales vel alios ab eo deputatos vel a Sanctissimo Domino Nostro aut pro tempore existente Romano Pontifice ad hoc specialiter deputandos et praecipue omnia et singula decreta a Sacra Caeremoniali Congregatione hactenus emanata et in posterum emanatura pro sublimi eius cardinalatus honore et dignitate conservanda, decerni, statui et ordinari contigerit, et signanter motum proprium eiusdem Innocentii Papae Decimi confirmationis decreti ab eadem Sacra Caeremoniali Congregatione facti super aequalitate inter Sanctae Romanae Ecclesiae cardinales servanda in honorificis appellationibus seu titulis eorum cuilibet attribuendis et super expunctione coronarum aliarumque notarum saecularium a gentilitiis eorumdem Cardinalium insigniis, sigillis seu armis sub datum Romae apud S. Petrum anno incarn. dom. MDCXLIV, XIV Kal. Ianuar., pontificatus sui anno I. iuxta illius tenorem mihi plene cognitum, me ad unguem observaturum neque quidquam quod eiusdem Cardinalatus honori et dignitati quovis modo et ex quavis causa repugnet aut diminuat acturum. Iuraque annuli Cardinalitii per eundem Gregorium Decimum Quintum Congregationi de Propaganda Fide concessa et applicata eidem Congregationi iuxta consessionis et applicationis huiusmodi formam et tenorem persoluturum et super praemissis omnibus absolutionem non petiturum et oblatam nullo modo recepturum. Sic me Deus adiuvet et haec sancta Dei evangelia". Die Ableistung des Eides erfolgt nicht in dem zur Uebergabe des Hutes bestimmten öffentlichen Konsistorium selbst, sondern der neu kreirte Kardinal entfernt sich aus demselben, um den Eid in einem andern Lokal, also in Abwesenheit des Papstes, zu schwören. S. Card. de Luca, relatio curiae Romanae. disc. 5. n. 3. 4; Bangen, die römische Kurie. S. 77.

[1] Brancatius, de optione sex episcopatuum. Rom. 1672; Riganti, commentar. ad regul. canc. reg. VIII. §. 2; Berti, dei titoli distribuiti da S. Evaristo papa ai preti di Roma. Firenze. 1759. p. 433; Phillips 6, 237; Hübler, Konstanzer Reformation. S. 75 ff.

[2] August. Patricius VIII. 17 (Mabillon l. c. 2, 435 n. a.) Weitere derartige Promotionen theilt der Ordo Roman. XIV c. 117 (Mabillon 2, 434) und Marcelli sacrar. caeremon. lib. I. s. 8. c. 17 (Hoffmann l. c. 2, 407) mit. Im ersteren heisst es: „Quando vero titulus cardinalis episcopi vacat tempore quo novi cardinales per dominum papam creantur, consuevit interdum dominus papa alicui de antiquis presbyteris cardinalibus in curia Romana praesentibus de illo per modum qui sequitur providere, et in die Veneris, quando cardinales de novo creandos nominet, antiquis cardinalibus per ordinem suum venientibus pro consilio ad cathedram iuxta cathedram domini papae pro ipsis cardinalibus antiquis paratam eos singulariter interrogat, de quo antiquo presbytero cardinali eis videretur ecclesiae, ut praemittitur, vacanti fore providendum, neminem tamen de cardinalibus eis nominando: et responso per ordinem per eos, dum postea omnes cardinales ad consistorium ad sedendum secundum ordinem suum redierint, dominus papa antiquo cardinali presbytero ibidem praesenti vel absenti providet de ecclesia episcopali, ut praemittitur, vacante, antequam creet alios novos cardinales".

[3] c. 4 (Bonif. VIII.) in VI^to de censuet. I. 4.

[4] Bangen, die römische Kurie. S. 41; Phillips 6, 238. Andere führen es ebenso unrichtig

vom 22. August 1555. §. 1. die erste ausdrückliche Anerkennung des Optionsrechts[1] und die oben erwähnte Bulle Sixtus' V.: Postquam verus non 1586 hat dasselbe näher geregelt[2]. Somit muss dasselbe sich also schon vor den Erlass der ersteren festgestellt haben, aber vor dem Ende des 15. Jahrhunderts kann dies kaum geschehen sein.

Nach der Sixtinischen Konstitution und der in Anschluss daran entwickelten Gewohnheit kann bei der Vakanz eines suburbikarischen Bisthums, eines Titels oder einer Diakonie der der Anciennität nach älteste Kardinal die erledigte Stelle für sich optiren, d. h. unter Aufgabe seiner bisherigen in die erstere eintreten, und zwar findet ein solches Nachrücken nicht blos innerhalb der einzelnen Ordines oder Klassen der Kardinäle, sondern auch von einem ordo in den nächst höheren statt[3]. Es kann daher bei der Vakanz eines Kardinalbisthums der älteste Kardinalpriester dasselbe, sofern kein Kardinalbischof von seinem Rechte Gebrauch macht, oder im umgekehrten Fall das von letzterem aufgegebene Bisthum optiren. Ja nach dreimaliger Vakanz eines solchen Kardinaltitels soll nach der oben erwähnten Bulle sogar der älteste Kardinaldiakon, sofern er das gesetzmässige Alter besitzt, mit Ausschluss der Priester zu dem vakanten Bisthum auf von ihm erfolgte Option promovirt werden können[4]. Diese letztere Bestimmung ist aber, wie die Rota unter Clemens VIII. und eine besondere Kongrega-

auf die Zeit des Concils von Pisa (1409) und die Vereinigung der Kardinäle der Obedienz Alexanders V. und Urbans VI. zurück, so z. B. Plati l. c. c. 2. §. 4. n. 31 ff.

1 §. 1 (M. Bullar. 1, 822): „Cum . . . iidem cardinales sint pars corporis et membra ipsius Romani pontificis ac diversis almae urbis nostrae parochialibus ecclesiis pro eorum cardinalatus titulo seu denominatione praeficiantur et in eis episcopalem iurisdictionem habeant et propterea in Romana curia residere debeant praesentesque in dicta curia magis digni et privilegiati existant quam absentes et in optationibus titulorum ac si sex ecclesiarum cathedralium quibus cardinales pro eorum cardinalatus titulo praefici solent, absentibus etiam ante eos in cardinales assumptis praeferantur, et si uni ex dictis ecclesiis cathedralibus praefecti fuerint, ex post semper alios non episcopos cardinales in quibusvis actibus et sessionibus praecedant“.

2 §. 7: „Diaconorum autem numerus sic praefinitus perpetuo retineatur ac diaconi in eodem ordine semper remaneant et si qui eorum ex devotionis fervore ad presbyteratus ordinem promoti fuerint, semper tamen in eodem diaconatus ordine et officio ministrent et suum locum inter diaconos cardinales teneant, donec ex cardinalibus de novo creandis sive eligendis alii diaconi praedictum numerum suppleant et in eorum locum subrogentur ac substituantur. Quo casu antiquiores diaconi ad presbyteratus ordinem promoti ad presbyteros cardinales transire atque inter eos sedere valeant et connumerari“.

§. 8: „Ut vero diaconos cardinales qui in sua vocatione permanserint et in ministerio ordinis sui perseveraverint, maioribus honoribus prosequamur, volumus ut cum aliquam ex sex cathedralibus ecclesiis quibus episcopi cardinales praesunt, primo, secundo et tertio per obitum vel translationem aut alias pro tempore vacare contigerit, antiquior quidem presbyter cardinalis praesens, salvo cuique episcopo cardinali iure transeundi ad eam, dimissa priore cui praeerat, ut moris est, promoveatur, sed ubi post tres vacationes tres ibidem ex ipsis presbyteris cardinalibus in episcopos praefecti fuerint, tunc si quarta alicuius harum ecclesiarum vacatio contigerit, excluso ea tantum vice antiquiore presbytero, prior diaconorum cardinalium qui praesens fuerit et in aetate legitima constitutus, vel si ille voluerit aut nequiverit assumi, sequens diaconus eisdem qualitatibus praeditus ad eam promoveatur et ita deinceps in huiusmodi vacationibus sex ecclesiarum praedictarum perpetuo observetur, ut post tres presbyterorum ad dictas ecclesias promotiones quarta occurrente vacatione prior diaconorum aut sequens, ut praefertur, in episcopum praeficiatur“.

3 Fälle der Ausübung in neuerer Zeit s. Analecta iur. pontif. 1855 p. 1942: „Le 17 décembre dernier (1855) N. S. P. le Pape Pie IX a tenu consistoire secret au palais apostolique du Vatican, dans lequel son Eminence Révérendissime le S. Cardinal Ugolini a opté pour la diaconie de S. Marie in Cosmedin, en se démettant de celle de S. Adrien“. Acta decerpta ex eis quae apud s. sedem geruntur. 4, 112: „Sanctissimus dominus noster in consistorio secreto habito die 22. Junii 1868 . . . . sequentes proposuit ecclesias: Cathedralem ecclesiam Sabinensem cum ei adnexo titulo abbatialis ecclesiae S. Mariae Farfensis vacantem per obitum clar. mem. Hieronymi dum viveret S. R. E. Cardinalis de Andrea ultimi illius episcopi in Romana curia defuncti: eam optavit Emmus et Revmus D. Carolus Augustus eiusdem S. R. E. Presbyter Cardinalis de Reisach tituli S. Caeciliae et Commendatarius S. Anastasiae, dimisso tamen praedicto titulo et commenda“.

4 de Luca l. c. disc. 5. n. 31; Cohellius l. c. c. 10. p. 25; Plati l. c.; Bangen S. 42; Phillips 6, 240.

tion unter Clemens XI. konstatirt hat, niemals Observanz und Praxis geworden[1]. Bedingung der Ausübung des Optionsrechts für den betreffenden Kardinal ist die Residenz desselben in Rom, oder Abwesenheit wegen einer causa publica[2]. Darüber, ob die Residenz eines Kardinalbischofs in einem, ihm gleichfalls neben dem suburbikarischen zustehenden auswärtigen Bisthum als eine solche causa betrachtet werden könne, hat die päpstliche Gesetzgebung gewechselt. Benedikt XIII. hat die Frage mit Rücksicht auf die Option der Vorsteher-(Dekanats-)stelle im Kardinalskollegium in der Konstitution: Romani pontificis vom 7. September 1724[3] im bejahenden Sinne, Clemens XII. aber unter Aufhebung derselben durch die Bulle: Pastorale officium vom 10. Januar 1731[4] im entgegengesetzten entschieden. Wie vorhin bemerkt steht das Recht dem ältesten Kardinal zu; nach eben derselben Konstitution bestimmt sich die Anciennität bei der Option der suburbikarischen Bisthümer nicht nach dem Alter im Kardinalate, sondern nach dem im Episkopat[5], während sich jene innerhalb der beiden ordines der Kardinalpresbyter und Diakonen nach den Vorschriften des Dekrets Clemens' VIII. vom 10. August 1597[6] richtet.

Bei ungerechtfertigter Abwesenheit oder Unfähigkeit oder endlich auch im Fall des Nichtwollens des zuerst berufenen tritt der der Anciennität nach nächste Kardinal an dessen Stelle.

Der Kardinalbischof kann, sofern es sich nicht um das Bisthum Ostia handelt,

[1] Riganti l. c. §. 2. n. 21 ff.

[2] S. die citirten Konstitutionen Pauls IV. und Sixtus' V.

[3] M. Bullar. 13, 122 im Hinblick auf die Vorschriften über die Residenz der Bischöfe in Trid. Sess. VI. c. 1. de reform.; Sess. XXIII. c. 1. de reform. und die Konstitution Urbans VIII.: Sancta synodus vom 12. Dezember 1634. (M. Bullar. 5, 269.)

[4] M. Bullar. 14, 134. §. 4: „Ut deinceps quotiescumque decanatus praedictus quomodolibet vacaverit, ipso iure in eumdem decanatum succedat episcopus cardinalis antiquior qui tempore illius vacationis in dicta curia praesens sit vel qui ex causa publica et Romani pontificis destinatione dumtaxat, non tamen ratione seu ex causa residentiae in metropolitana seu cathedrali ecclesia cuius regimen et administrationem ex indulto apostolico retineat, ab eadem curia tunc temporis absens reperiatur". Hinsichtlich der übrigen suburbikarischen Bisthümer schreibt §. 6 vor: „nonnisi a cardinalibus qui fuerint in curia praesentes tempore ipso vacationis alicuius ex dictis sex cathedralibus ecclesiis suburbicariis pro titulo cardinalatus assignari solitis vel ab eadem curia absentes similiter ex causa publica et destinatione Romani pontificis tantum, non tamen ex causa residentiae apud aliam sibi commissam ecclesiam, ut praefertur, optari posse cathedralem ecclesiam suburbicariam sic vacantem; nec cardinales ab ipsa curia absentes, praeterquam in solo casu superius expresso ad optionem eiusmodi, eiam per procuratorem ex eodem collegio specialiter deputatum, admittendos fore". In Betreff der andern bischöflichen Kirchen vorgesetzten, bei einer Vakanz zufällig in Rom anwesenden Kardinäle bestimmt §. 7: „Porro si quando evenerit cardinales patriarchali, primatiali, archiepiscopali vel cathedrali ecclesiae praefectos in dicta curia ex legitima causa aut sedis apostolicae licentia praesentes tunc reperiri, cum factus fuerit locus vacationi alicuius ex sex ecclesiis suburbicariis huiusmodi, nostrae ac Romani pontificis pro tempore existentis partes erunt, animum sedulo advertere et deliberare, dum absolventur a vinculo quo priori ecclesiae tenentur ad effectum optandi et assequendi ecclesiam vacantem ex dictis suburbicariis, utrum expediat eis concedere administrationis seu alio nomine retentionem alterius ecclesiae cui antea praeerant".

[5] §. 5: . . . „Antiquitatem inter episcopos cardinales in curia praesentes non esse metiendam sive ducendam a tempore suae promotionis ad cardinalatus honorem, sed a tempore eorum ingressus in ordinem episcopalem, ita ut decanatus eiusdem s. collegii ad antiquiorem in ordine episcopali tametsi posteriorem in cardinalatu pervenire debeat et qui prius alicui ex dictis sex ecclesiis suburbicariis praefectus fuerit, praeferatur in assecutione decanatus huiusmodi alteri qui ante ipsum ad cardinalatus dignitatem promotus fuisset.

[6] M. Bull. 3, 72: „ut qui in praesenti cardinales diaconi existunt, si in ordine diaconatus per integrum decennium a die eorum promotionis ad cardinalatum perseveraverint transeuntes ad ordinem presbyteratus locum obtinere valeant ante omnes illos cardinales presbyteros qui post illos ad cardinalatum assumpti fuerint; dummodo decem saltem cardinales diaconi in eodem ordine remaneant. §. 1. In posterum vero cardinales diaconi promovendi eodem privilegio potiantur uno hoc excepto, quod ipsis decennii tempus non a die quo ad cardinalatum evecti fuerint, sed a die quoad ordinem presbyteratus promoveri potuerint, currere incipiat". Anders Bangen S. 42, der ohne weitere Nachweisung das Datum der Beförderung zum Kardinalat entscheiden lässt.

das Optionsrecht nach seiner Promotion nur einmal ausüben [1], eine Bestimmung, welche deshalb gegeben ist, um dem häufigen Wechsel der Oberhirten in den suburbikarischen Diöcesen [2] zu vermeiden.

§. 35. *c. Die Stellung, die Rechte und die Pflichten der Kardinäle.*

Die Kardinäle bilden noch heute, wie ursprünglich das Presbyterium des römischen Bischofs für die römische Kirche, daneben aber auch in Folge der im §. 32 dargelegten geschichtlichen Entwicklung die Rathgeber und den Senat des Papstes bei der Regierung der gesammten katholischen Kirche [3].

Man hat namentlich früher behauptet, dass die zuletzt erwähnte Stellung des Kardinalates göttlichen Ursprungs sei, so sagt z. B. Peter d'Ailly, dass die Apostel vor ihrer Zerstreuung über den Erdkreis Petrus in der Ausübung des päpstlichen Amtes beigestanden und also gleichsam den Dienst des Kardinalates ausgeübt haben [4]. Indessen ist diese Gleichstellung der Kardinäle mit den Aposteln, ebenso wie die mehrfach vorkommende mit den 70 Aeltesten der Israeliten [5] nur ein Vergleich, welcher keine dogmatische Bedeutung in Anspruch nehmen kann, und die Existenz des Kardinalates in der Kirche beruht demnach nur auf dem menschlichen oder positiven, nicht dem göttlichen Recht [6].

Die Stellung der Kardinäle als Rathgeber und Gehülfen des Papstes bei der Regierung hat ihnen den Vorrang vor allen übrigen Würdenträgern der Kirche (Patriarchen, Erzbischöfen, Bischöfen) und die höchste Rangstufe nach dem Papst in der Hierarchie verschafft (S. oben S. 328. 331), eine Präcedenz, welche schon sowohl von Eugen IV. [7]

1 Const. cit. §. 8: „Ut imposterum cardinales qui ab ordine presbyterorum ad illum episcopatum ascendentes unam ex praedictis ecclesiis suburbicariis obtinuerint, deinceps ad aliam, priore dimissa ac Romano pontifice approbante, semel tantum transire possint: salva tamen illis semper atque illaesa facultate optandi praevia dimissione prioris ecclesiam Hostiensem quae peculiaribus gaudet praerogativis ac praesertim illa, quod cardinalis qui ei praeest, pontificem maximum solemni ritu, pallio etiam adhibito, consecrare soleat".

2 Dieser Gesichtspunkt lässt das ganze Optionsrecht überhaupt bedenklich erscheinen, so bemerkt Plati l. c. n. 35 (ed. cit. p. 38) gewiss mit vollem Rechte: „Sed in hac optione ob tam crebram mutationem illud inesse incommodi, ut cardinales ecclesias sibi commissas non fere amem aut curent, tanquam proprias quas nimirum putent se prope diem relicturos; ex quo fit, ut multa quae ad ecclesiasticum nitorem deique cultum pertinent, negligantur et pereant".

3 So wenig die protestantische Auffassung die Existenz des Primates als mit der Kirche von Anfang an gegeben, anerkennt, ebensowenig kann sie die Behauptung zugeben (s. z. B. Const. Eugen. IV. Non mediocri von 1439. §. 4 (M. Bullar. 1, 333) und Phillips 6, 253), dass das Kardinalkollegium seine primatiale Stellung gleichfalls von Anfang an besessen hat.

4 Tract. de ecclesiae etc. auctoritate. P. I. c. 1. 3 (Joann. Gersonis opp. Antwerp. 1706. 2,929. 934). Es hängt diese Auffassung mit der auf dem Koncil von Konstanz hervorgetretenen Tendenz, das Kardinalkollegium zu einer bei der Leitung der Kirche mit und neben dem Papst selbstständig berechtigten Körperschaft (s. oben S. 337) zu machen, zusammen.

5 S. die Konstit. Johanns VIII. S. 320. n. 2 und Sixtus' V. S. 338. n. 4.

6 Phillips 6, 256; Schulte, 2, 242.

7 Const. Non mediocri cit. (s. n. 3) §. 9. §. 13: „Quod in ipsis cardinalibus evidenter servatur qui licet certarum ecclesiarum, dum ad cardinalatum assumuntur, episcopi sint, nihilominus eos non episcopos sed presbyteros S. R. E. cardinales sedes apostolica appellat. Quinimo si eis suas priores ecclesias in tit. dimittat, non amplius sub nomine ecclesiarum sed tituli cardinalatus scribit, quasi ad maiorem dignitatem et iurisdictionem assumpserit, alioquin non ascendisse sed descendisse, non honorari sed dehonorari viderentur". §. 14: „Quis etiam non videat cardinalatus dignitatem archiepiscopali esse maiorem dignitate quia cum illa privatae unius patriae praesit utilitate, ista publicae totius populi christiani. Illa unam dumtaxat regit ecclesiam, ista cum sede apostolica universas et cum a nemine, nisi solo Papa iudicentur cardinales, ipsi et patriarchas et archiepiscopos et reliquos ecclesiae gradus cum summo pontifice iudicant. Quorum officium nomen ipsum consonat optime, nam sicut super cardinem volvitur ostium domus, ita super hoc sedes apostolica totius ecclesiae ostium quiescit et sustentatur".

als auch namentlich von Leo X.[1] ausdrücklich anerkannt worden ist. Ein späterer ordo Romanus weist den Königen die Stelle nach den Kardinalbischöfen[2] und dem gekrönten und als Kanonikus zu St. Peter aufgenommenen deutschen Kaiser seinen Platz zwischen den beiden ältesten Kardinalbischöfen an[3]. Ferner galten sie im Mittelalter an weltlichem Range den Kurfürsten, jetzt stehen sie den Prinzen regierender Häuser gleich[4].

Aus dieser hohen Stellung der Kardinäle erklärt es sich auch, dass die frühere Ueberstimmung des Weihegrades und der Rangklasse im römischen Presbyterium, welche letztere ja ursprünglich durch die Bischofs-, Priester- oder Diakons-Weihe bestimmt wurde, längst beseitigt ist, da namentlich seit der Zeit Clemens' V. (1305—1314) häufig Bischöfe zu Kardinalpriestern befördert worden sind[5]. Es lässt sich also für die heutige Zeit aus der Zugehörigkeit zu den beiden Ordnungen der Kardinalpriester und Kardinaldiakonen kein Schluss auf den Weihegrad der betreffenden Person machen, wie denn z. B. das mehrfach erwähnte annuario pontificio von 1865[6] unter der Klasse der Kardinalpriester eine grosse Anzahl von Bischöfen (Patriarchen, Erzbischöfe und einfache Bischöfe) aufweist.

Abgesehen von ihrer besonders (s. unten §§. 43 ff.) zu besprechenden Theilnahme an der Regierung der Gesammtkirche kommen den Kardinälen mit Rücksicht auf ihre hohe Stellung folgende Rechte zu[7]:

1. Sie sind sowohl in Rechtsstreitigkeiten[8], wie auch in Strafsachen nur dem Papst als Richter[9] unterworfen. Beispiele der Ausübung der Strafgerichtsbarkeit des Papstes bietet die Absetzung des Anastasius unter Leo IV.[10], die der Kardinäle Jacob und Peter Colonna unter Bonifazius VIII.[11], des Kardinaldiakonen Odettis von Castiglione unter Pius IV.[12], sowie aus neuerer Zeit die gegen den nunmehr verstorbenen Kardinal Andrea verfügte Suspension von der Leitung seines Kardinalbisthums sowie den Rechten und Insignien des Kardinalates[13].

1) Const. Supernae dispositionis vom 21. Mai 1513 §. 16 (M. Bull. 1, 544): „Et cum sanctae Romanae ecclesiae cardinales caeteros omnes in ipsa ecclesia post summum pontificem honore ac dignitate praecedant, conveniens ac debitum est, ut vitae munditia ac virtutum splendore cunctis praefulgeant". Nach den dem 14. und 15. Jahrhundert angehörigen ordines Romani, nämlich XIV. c. 78. 87 (Mabillon l. c. p. 345. 359) und XV. c. 5. 20. 32. 54. 55. 66 (l. c. p. 449. 457. 464. 475. 484) haben die Patriarchen bei feierlichen Funktionen noch ihren Platz unter den Kardinalbischöfen; indessen bemerkt Marcellus, sacrar. caeremon. lib. I. s. 3. lib. III. s. 2. c. 1 (Hoffmann, nova biblioth. 2, 322. 670), dass die ersteren schon zur Zeit Eugens IV. nach den Kardinaldiakonen rangirten.

2 XIV. c. 78 (l. c. p. 344).

3 XIV. c. 105 (l. c. p. 398). XV. c. 20 (p. 457).

4 Caeremoniale cardinalium vom 14. Mai 1706. §. 6, bei Bangen a. a. O. I. 462; s. denselben auch S. 29.

5 Plati l. c. c. 4. §. 1 (ed. VI. p. 73); Morinus, de sacr. ordinat. P. III. exerc. 16. c. 3. n. 18 ff.

6 p. 67 ff.

7 Natürlich nicht den in pectore reservirten, s. Ferraris l. c. art. IV. n. 32. 33.

8 Const. Paul. IV: Cum saepius v. 9. Januar 1556 (M. Bullar. 1, 824), deren §. 1. folgende Sachen dem Papst zuweist: „omnes et singulas lites et causas inter quoscumque S. R. E. ecclesiae cardinales super quibusvis rebus et bonis tam ecclesiasticis quam saecularibus necnon ecclesiis, monasteriis, prioratibus, hospitalibus et piis locis ac aliis quibuscumque beneficiis ecclesiasticis saecularibus vel quorumvis ordinum regularibus seu illorum spolio vel attentatis aut innovatis".

9 Const. Eugen. IV. Non mediocri cit. (S. 347. n. 3. u. 7) §. 14: „cum a nemine nisi solo papa iudicentur cardinales.

10 S. 318. n. 3.

11 c. un. in VIto de schismat. V. 3.

12 Pii IV. const. Onerosum supremi vom 31. März 1563 (M. Bullar. 2, 101).

13 Breve Pius' IX.: „Universi dominici gregis vom 12. Juni 1866 (Acta ex eis decerpta quae apud s. sedem geruntur. 3, 322) und Quamquam illius vom 29. September 1867 (l. c. p. 327). S. darüber auch W. C. Cartwright, on the constitution of papal conclaves. Edinburgh. 1868. p. 146, der p. 134 ff. auch andere frühere, hierher gehörige Fälle der Ausübung der Strafjurisdiction des Papstes gegen Kardinäle mittheilt.

Wenngleich die Päpste mehrfach die Amtsentsetzung gegen Kardinäle nicht selbst, sondern in älterer Zeit in Gemeinschaft mit einer Synode[1], später unter Zustimmung der übrigen Kardinäle[2] verhängt haben, so kann doch daraus nicht geschlossen werden, dass die allein vom Papste ausgesprochene Deposition der Gültigkeit ermangelt. Der hergebrachten Ordnung gemäss hat er dabei, ebenso wie bei der Ernennung, die Kardinäle zu hören, aber seine plenitudo potestatis reicht aus, um den Mangel der Zuziehung zu decken[3], wie denn z. B. Innocenz X. im J. 1646 den Kardinälen, welche Rom und den Kirchenstaat verlassen hatten, für den Fall ihres Ausbleibens über die ihnen gesetzte Frist motu proprio kraft seiner apostolischen Machtvollkommenheit die Entsetzung androhte und dabei verfügte, dass diese Strafverhängung eben so gültig sein sollte[4], »ac si in consistorio nostro secreto de eorumdem venerabilium fratrum nostrorum consilio et unanimi consensu emanasset«.

Vom Standpunkt des katholischen Kirchenrechtes ist durch dieses Vorrecht auch jeder weltlichen Behörde die richterliche Kompetenz über die Kardinäle abgesprochen. Wie aber die Staatsgewalt sich schon früher, so z. B. in Frankreich[5], über diese Forderung der Kirche hinweggesetzt hat, so erkennt noch viel weniger die heutige weltliche Gesetzgebung ein solches Privileg an. Da, wo wie jetzt in den meisten deutschen Staaten jede persönliche Sondergerichtsbarkeit beseitigt oder höchstens noch ein eximirter Gerichtsstand anerkannt ist, kann der Kardinal, welcher als Landesbischof den staatlichen Gerichten untersteht, sich auf sein kirchliches Vorrecht nicht berufen, während der fremde Kardinal wie jeder andere Ausländer — abgesehen von einer etwaigen diplomatischen Stellung — den modernen Principien der Gerichtsorganisation gemäss gleichfalls den Gerichten seines Aufenthaltes nach Massgabe der dort geltenden Kompetenzvorschriften unterworfen ist. Das Nähere gehört in die Lehre von der Gerichtsbarkeit der Kirche.

2. Die falschen, dem Anfang des sechsten Jahrhunderts angehörigen Silvestrinischen Gesten[6] und ebenso die Pseudo-Isidorischen Excerpte aus ihnen machen die Verurtheilung eines Bischofs von der Ueberführung durch 72, eines Kardinalpriesters von der durch 44, eines Kardinaldiakonen durch 27 Zeugen abhängig[7]. Im neunten Jahrhundert hat man diese Vorschrift noch nicht, jedenfalls nicht hinsichtlich des Bischofs auf die Kardinäle der römischen Kirche beschränkt[8]. Dies ist erst in der Erkenntniss,

[1] So ist der S. 318. n. 3 erwähnte Anastasius durch eine Synode abgesetzt worden, s. auch c. 2. X. de clericis non resident. III. 4; ferner der Kardinalbischof Rodoald von Porto durch ein von Nikolaus I. im Lateran abgehaltenes Koncil von 864, s. Nicolai I. ep. ad Michael. imperator. (Mansi 15, 184): „Quapropter convocata sanctissimorum episcoporum numerosa et venerabili synodo in superius memorata ecclesia Salvatoris . . . auctoritate dei omnipotentis et bb. Petri et Pauli apostolorum principum et omnium simul sanctorum quorum regulas et decreta multipliciter violavit, nec non et nostri apostolatus iudicio deposuimus eum et a corpore et sanguine Christi excommunicavimus“.

[2] S. c. un. in VIto V. 3. cit. („de fratrum nostrorum consilio“) und Pii IV. const. Onerosum cit. §. 4: „habita desuper cum praedictis et aliis venerabilibus fratris nostris eiusdem S. R. E. cardinalibus matura deliberatione, de eorumdem unanimi voto, consilio et assensu“ etc.

[3] Fagnan. comm. ad c. 2. X. de cleric. non resid. III. 4. n. 8; Kober, Deposition. S. 526 ff., 537 ff. Ersterer führt n. 5. 7 die älteren Kanonisten, die eine abweichende Meinung vertreten, auf.

[4] Constit. Cum iuxta sacrorum. §§. 1. 6 (M. Bullar. 5, 432. 434).

[5] Riganti, comm. ad reg. cancell. reg. XXXI. n. 172.

[6] Art. I. c. 3 (Mansi 2, 623).

[7] c. 2. 3 (Hinschius, Decret. Pseudo-Isid. p. 449).

[8] c. 3. C. II. qu. 4 (Leo IV. ad episc. Brit.), Pseudo-Isid. Zephyrin. c. 2 (Hinschius l. c. p. 131); conc. Mogunt. a. 888. c. 12 (Mansi 18, 67). Die Ansicht J. H. Boehmers Corp. iur. can. ad c. 2. C. II. qu. 4. n. 73, dass in diesen Stellen nicht Zeugen, sondern germanische Eidhelfer gemeint seien, widerlegt schon die Fassung des Textes der Stellen und ausserdem die auf Beseitigung germanischer Processgrund-

dass einer derartigen Forderung der Ausübung der Strafgerichtsbarkeit ein fast unübersteigliches Hinderniss in dem Weg liegt, im 12. Jahrhundert von Gratian geschehen[1], und seitdem haben manche Kanonisten dieses Privilegium nur da für anwendbar erklärt, wo die für die Regel nöthige Zahl von 2 oder 3 einwandfreien Zeugen nicht vorhanden sei[2]. Da aber schon Eugen IV. nur eine grosse Anzahl von Zeugen für die Bestrafung eines Kardinals verlangt[3] und die besprochenen Kanonen erdichtet sind, so erscheint das seit mehreren Jahrhunderten bezeugte Gewohnheitsrecht, welches nur die Abhörung der gröstmöglichen Anzahl von Zeugen verlangt, aber auch nöthigenfalls den Beweis durch 2 oder 3 testes omni exceptione maiores für ausreichend erklärt[4], vollkommen unanfechtbar.

3. Den Kardinälen ist eine besondere Unverletzlichkeit beigelegt. In Anschluss an eine Dekretale Honorius' III. von 1225[5] hat Bonifazius VIII. bestimmt, dass die feindliche Verfolgung eines Kardinals, die Verübung einer Realinjurie gegen denselben, die sonstige thätliche Verletzung oder die Gefangenhaltung eines solchen eben so wie ein crimen laesae maiestatis nicht nur an den Thätern, sondern auch an den Theilnehmern, intellektuellen Urhebern und Begünstigern, ja sogar an denjenigen, welche eine solche Verletzung gebilligt oder den Thäter wissentlich aufgenommen und der Strafe zu entziehen versucht haben[6] mit ewiger Infamie, Intestabilität, Vermögenskonfiskation, Verlust aller geistlichen und kirchlichen Aemter, sowie der nur vom Papst zu hebenden grossen Exkommunikation geahndet werden soll. Ausserdem setzt dieselbe Konstitution noch Strafen gegen die männlichen Descendenten der gedachten Personen aus der männlichen Linie fest, und giebt dem Richter sogar die Erlaubniss, in besonders schweren Fällen auch gegen die Brüder, Neffen und Grossneffen derselben Strafen zu verhängen[7]. Leo X. hat die Bestimmungen dieser Konstitution auch auf den Fall

sätze gerichtete Tendenz dieser falschen Kanonen. S. auch die ausführliche Erörterung bei Kober, Deposition S. 541 ff.

1 Dict. zum Schluss von C. II. qu. 4: „Sed hoc vel speciali privilegio de clericis Romanae ecclesiae intelligatur vel propter improbitatem quorundam qui cum non sint spectatae vitae et scientiae in accusationem ministrorum dei repente prosiliunt. Quorum vero vita adeo laudabilis est, ut omnibus imitanda appareat, de quorum assertione nulla dubitatio nasci poterit, eorum testimonio duorum vel trium testium quilibet iure convinci et damnari poterit".

2 Fagnan. ad c. 10. X. de testam. III. 26.

3 Const. cit. Non mediocri §. 5. (M. Bull. 1, 333): „In confinio autem Nicaeni concilii B. Silvester qui coepit ecclesiam regere anno incarn. dom. 330 vel circiter, in synodo generali congregatis praesidens hos coadiutores nuncupavit cardinales et magno admodum privilegio insignivit, quale nullus patriarcharum, archiepiscoporum et episcoporum in canonibus habere reperitur, ut videlicet sine plurima testium multitudine damnari non debeant".

4 Jul. Clarus (saec. XVI.) pract. civil. et crimin. lib. V. §. fin. quaest. 66. i. f. (ed. Venet. 1640. 2, 187): „Licet regulariter duo testes plene probent delictum contra accusatum sive inquisitum, tamen si ille accusatus vel inquisitus sit episcopus cardinalis non potest condemnari nisi per 72 testes, si sit presbyter cardinalis nisi per 44; si sit diaconus cardinalis nisi per 27 . . . Sed certe quidquid sit de iure, iste numerus testium hodie de consuetudine non servatur, quando papa procedit contra cardinales. Ita testatur card. Alex. . . . et ita in facto nostris temporibus vidi et legi fuisse observatum". Cohellius l. c. c. 16. priv. 7. p. 163; Pirhing, ius canon. lib. II. tit. 20. n. 108; Reiffenstuel II. 20. n. 244; Ferraris l. c. n. 144 u. s. v. testis art. 2. n. 4; Kober a. a. O. S. 547 ff.

5 Const. Summi providentia (Bullar. Rom. III. 1, 239).

6 c. 5 in VIto de poen. V. 9: „si quis deinceps in hoc sacrilegii genus irrepserit, quod sanctae Romanae ecclesiae cardinalem fuerit hostiliter insecutus vel percusserit aut ceperit vel socius fuerit facientis aut fieri mandaverit vel factum ratum habuerit aut consilium dederit vel favorem aut postea receptaverit vel defensaverit scienter eundem, sicut reus criminis laesae maiestatis perpetuo sit infamis, diffidatus nihilominus et bannitus".

7 Da die gedachte Konstitution schon alles Mögliche und Unmögliche in kriminalistischer Beziehung leistet, so musste sie sich hinsichtlich der Strafandrohung für die Tödtung eines Kardinals mit folgender Vorschrift begnügen: „Si quis vero per se vel per alium occiderit cardinalem (quod absit) vel dederit causam mortis ultra quam praemissa contineant, sic in eum potestas iurisdictionis insurgat, sic rigor ultionis insiliat quod con-

ausgedehnt, wenn das Haus eines im Konklave befindlichen Kardinals, weil er wirklich oder nur angeblich zum Papst gewählt sei, geplündert wird[1] und Pius V. sie auch auf diejenigen Personen für anwendbar erklärt, welche Kenntniss von einer der gedachten strafbaren Handlungen vor oder nach ihrer Verübung erhalten und nicht sofort davon, im ersten Falle auch dem bedrohten Kardinal selbst, Anzeige gemacht haben[2].

Für das Gebiet des weltlichen Rechtes sind die gedachten Strafen heute unpraktisch, da keins der modernen Kriminalgesetzbücher die Eigenschaft der Kardinäle als personae sacrosanctae anerkannt hat[3].

4. Die Kardinäle haben Sitz und Stimme auf den allgemeinen Koncilien[4] und

5. können allein zu legati a latere ernannt werden[5].

6. Weil die Kardinäle einen höheren Rang als die Bischöfe besitzen, kommen ihnen auch alle den letzteren gewährten Privilegien zu. In dieser Allgemeinheit ist der Satz zwar früher bestritten gewesen[6], aber nach heutigem Recht steht er theils zufolge Gewohnheitsrechtes theils wegen seiner gesetzlichen Anerkennung für einzelne Konsequenzen fest[7]. Demgemäss trifft sie

a. eine in den Kirchengesetzen oder sonst ipso iure angedrohte Suspension oder ein Interdikt nur dann, wenn sie ausdrücklich darin genannt sind[8], weil sie zu den in betreffender Konstitution neben den Bischöfen erwähnten superiores gehören. Mit Rücksicht darauf, dass die Kardinäle ihrer Stellung nach unter die einer besonderen Erwähnung zu würdigenden Personen rangiren (speciali nota sunt digni), hat die Doktrin diese gesetzliche Bestimmung auch auf die Androhung der Exkommunikation und auch auf jede sonstige, in den Gesetzen verhängte nachtheilige Bestimmung ausgedehnt[9].

b. Ferner steht ihnen frei, sich einen Beichtvater aus einer beliebigen Diöcese zu wählen[10], jedoch muss der letztere die Approbation seines kompetenten Bischofs erhalten haben[11].

tra vitae subsidium mortis solatium invocet vivens poenae, non culpae, vindictae speculum, non offensae".

[1] Const. Temerariorum quorundam vom 16. März 1516 (M. Bull. 1, 565).

[2] Const. Infelicis saeculi vom 19. December 1569 (M. Bull. 2, 314).

[3] Freilich erklärt die Konstitution Bonifazius' VIII. auch die weltlichen Obrigkeiten, welche die Vollziehung der in derselben verhängten Strafen einen Monat nach erlangter Kenntniss nicht herbeigeführt haben, für ipso iure der Exkommunikation verfallen.

[4] S. unten in der Lehre von den allgemeinen Koncilien.

[5] Const. Eugen. IV. cit. §. 7 (M. Bull. 1, 333): „Sunt etiam et in signum praeeminentiae ipsis fratribus nostris prae aliis ecclesiae praelatis et similiter, cum legati de nostro latere destinantur prae aliis legatis multa ac magna per canones attributa privilegia quae tibi nota esse non dubitamus. Hinc etiam constat, cur a latere apostolico mitti eis solis et non aliis appropriatur legatis". Vgl. auch Cohellius l. c. c. 16. privil. 16. p. 170 und unten §. 69.

[6] Fagnan. ad c. 16. X. de poenit. V. 38. n. 55 ff.

[7] Tria bei Plati l. c. synopsis cardinalium praecip. privileg. n. 53 ff. (ed. VI. p. 399); Bangen a. a. O. S. 33; Phillips 6, 285.

[8] c. 4 (Innoc. IV. in conc. Lugdun. a. 1245) in VIto de sent. excomm. V. 11: . . „duximus statuendum, ut episcopi et alii superiores praelati nullius constitutionis occasione sententiae sive mandati praedictam incurrant sententiam nullatenus ipso iure nisi in ipsis de episcopis expressa mentio habeatur".

[9] Cohellius l. c. c. 16. priv. XXV. p. 180; Tria bei Plati l. c. n. 58 ff. p. 401, der c. 19. n. 11 des mir leider unzugänglichen Werkes des Kardinals de Luca, il cardinale di S. Chiesa pratico (Roma. 1680) anführt: „Generalmente i Cardinali hanno per privilegio che non s'intendano compresi nelle leggi, provisioni e bandi pregiudiciali o che portino gravezze, quando di essi non si faccia special menzione, se pure l'ampiezza delle parole non fosse tale che equivalesse o pure, che per altre circostanze apparisse dalla volontà d'includerli"; s. auch Bangen und Phillips a. a. O.

[10] c. 16 (Gregor. IV.) X. de poenit. V. 38.

[11] Die entgegengesetzte Ansicht, vgl. z. B. Ferraris l. c. n. 2, Plati l. c. n. 57 hat seit der Konstitution Benedikts XIV: Apostolica indulta vom 5. August 1744 (M. Bull. 16, 204) keinen Anhalt mehr. S. Bangen S. 34; Phillips 6, 286.

c. Sie haben ebensowie die Bischöfe das Recht, in ihrem Hause eine Kapelle zu halten und sich eines tragbaren Altars (altare portatile, viaticum) in ihrer Wohnung und auf Reisen da, wo sie Aufnahme gefunden, zu bedienen[1].

7. Im Mittelalter stand den Kardinälen über die ihre Titel bildenden Kirchen eine der bischöflichen analoge, eine s. g. iurisdictio quasi episcopalis zu[2]. In wie weit das Trienter Koncil diese durch Wiederherstellung der vollen bischöflichen Gewalt beseitigt hat[3] und in wie weit sie namentlich mit Rücksicht auf die Konstitution Sixtus' V.: Religiosa sanctorum vom 13. April 1587[4] für fortbestehend zu erachten gewesen, kann dahin gestellt bleiben, weil Innocenz XII. wegen der aus den früheren Einrichtungen hervorgegangenen Zersplitterungen der kirchlichen Jurisdiktion in Rom und der dadurch herbeigeführten Verwirrung die Befugnisse der Kardinäle hinsichtlich ihrer Titel auf die Anordnung und Leitung des kirchlichen Dienstes in denselben und auf die Disciplinar- und Korrektionsgewalt über die dort angestellten Personen beschränkt hat[5]. Von einer iurisdictio quasi episcopalis, d. h. einer die Befugnisse der bischöflichen Stellung enthaltenden, einem Nichtbischof zukommenden Machtvollkommenheit, wie vielfach noch heute unter Ignorirung der eben gedachten Vorschriften Innocenz' XII. gelehrt wird[6], kann demnach nicht mehr die Rede sein[7]. Der Unter-

[1] c. 12 (Bonif. VIII.) in VIto de privileg. V. 7; const. Clement. XI.: Quoniam sancta vom 15. Dezember 1703 (M. Bull. 8, 417); Innoc. XIII. const. Apostolici ministerii vom 23. Mai 1723. §. 24 (M. Bullar. 13, 64); Benedict. XIII. conc. Roman. tit. 15. c. 3: „Declaramus tamen quod cum in praedicto decreto (Clement. XI.) statuatur, non licere episcopis extra domum propriae habitationis in domibus laicis erigere altare ibique sacrosanctum missae sacrificium celebrare sive celebrari facere, huiusmodi prohibitio intelligenda non sit de domibus etiam laicis, in quibus ipsi episcopi forte occasione visitationis vel itineris hospitio excipiantur et nec etiam quando episcopi in casibus a iure permissis vel de speciali sedis apostolicae licentia absentes a domo propriae ordinariae habitationis moram idcirco faciant in aliena domo per modum similis habitationis, his enim casibus licita iis erit erectio altaris ad effectum praedictae celebrationis non secus ac in domo ordinariae habitationis". Vgl. Plati l. c. n. 62 ff.; Fagnan. ad c. 25. X. de privil. V. 33. n. 5; Ferraris s. v. oratorium. n. 5. 70.

[2] c. 11 (Honorius III.) X. de maior. et obed. I. 33; Fagnan. ad c. cit, n. 15; Cohellius l. c. c. 16. priv. XIV. p. 167; F. M. Pitonius, de controversiis patronorum. alleg. 41. n. 13 ff. (ed. Venet. 1763. 1, 206).

[3] Pitonius l. c. n. 16 ff. p. 207.

[4] princ. . . „iam inde a vetustissimis temporibus et posteris traditum, ut sanctae Romanae ecclesiae presbyteris certae in urbe Roma ecclesiae, tituli appellatae, quasi quaedam cuiusque propriae dioeceses, diaconis vero urbis regiones ad christianae religionis propagationem et conservationem assignarentur. Quae quidem sancta institutio plurium saeculorum continuata serie ac pro temporum varietate susceptis incrementis ad nostram usque aetatem servata ita viget, ut praeter sex episcopos cardinales qui certis cathedralibus ecclesiis urbi finitimis praesunt, singulis presbyteris et diaconis cardinalibus propriae in urbe ecclesiae tituli videlicet et diaconiae cum suis clero et populo ac quasi episcopali iurisdictione in spiritualibus et temporalibus regendae et administrandae committantur" (M. Bull. 2, 621). Vgl. Pitonius l. c. n. 23. Selbstverständlich haben die Kardinalbischöfe ihre Bisthümer, wie auch die oben angeführte Stelle ergiebt, die volle bischöfliche Jurisdiktion.

[5] Const. Romanus pontifex vom 17. September 1692. §. 9 (M. Bull. 7, 191): „Postremo declaramus per praesentes nostras literas nullatenus ademptum esse cardinalibus, archipresbyteris titularibus seu protectoribus suorumque vicariis aliisque deputatis facultatem seu iurisdictionem in iis quae servitium ecclesiae seu loci pii circa tamen disciplinam ecclesiasticam et morum correctionem dumtaxat concernunt".

[6] S. z. B. Bangen S. 39; Kober, Deposition S. 324.

[7] F. M. Pitonius, de controversiis patronorum alleg. 41. n. 33. p. 211: . . . „patet cardinales titulares hodie in suis ecclesiis praetendere amplius non posse iurisdictionem episcopalem eoque minus plenam et absolutam cum territorio separato propter derogationem s. concilii (Tridentini), propter inveteratam consuetudinem et praxim et propter decreta pontificia ac res iudicatas et denique ad evitandum absurdum supra relatum quod hodie reviivisceret, quando subsisteret praetensio ista de qua quaeritur, nam palam videre oporteret, cardinales titulares habere tribunal in urbe, synodum convocare, concursum indicere, examinare, conferre parochias, excommunicare, dispensare et alia episcopalia exercere et hoc modo in sua civitate seu dioecesi nihil fere iurisdictionis remaneret cardinali vicario et papam per ipsum repraesentato"; Giraldi, expos. iur. pontif. P. I. s. 197 (1, 125), Devoti, instit. iur. canon. lib. I. t. 3. s. 2. §. 28.

schied zwischen der älteren und neueren Zeit besteht namentlich darin, dass jede Jurisdiktion über andere als die angestellten Personen, also die über den Sprengel der Kirche und die darin wohnenden Laien aufgehört hat [1], ja es wird den Kardinälen auch das Recht abgesprochen. schwere Excesse zu ahnden und Strafen festzusetzen, für deren Verhängung eine ordentliche gerichtliche Untersuchung erforderlich ist [2]. Dagegen haben sie noch heut das Recht, ihre Kirchen in dem oben gedachten Umfange zu visitiren [3], die zu denselben gehörigen Benefizien und Pfründen zu verleihen [4] (vorausgesetzt, dass sie sich bei der Kurie aufhalten) [5], ferner das Recht, in ihren Titeln sich der Pontifikalien (der bischöflichen Insignien) zu bedienen und Benediktionen zu ertheilen [6], endlich steht ihnen die Befugniss zu, sofern sie die Priesterweihe besitzen, die Tonsur und die vier ordines minores ihren Familiaren und den bei ihren Titelkirchen angestellten Geistlichen zu konferiren [7].

8. Ein weiteres Vorrecht der Kardinäle besteht darin, dass die zu ihrem Hause gehörigen Geistlichen ohne ihre Einwilligung keine Pfründe erlangen können und dass die durch das Ableben solcher Geistlichen erledigten Stellen nur mit ihrem Einverständniss vom Papste vergeben werden [8].

9. Ferner sind sie, wenn sie zu einem Bisthum promovirt werden sollen, dem Informativprocess nicht unterworfen [9] und sie können sofort, noch ehe sie die päpstliche Konfirmationsbulle erhalten haben, die bischöfliche Jurisdiction ausüben [10].

10. Beim Empfange eines Bisthums oder einer andern kirchlichen Würde sind sie von der Ableistung des Fidelitätseides entbunden, weil sie nach der Ausführung der älteren Kanonisten mit dem Papste ein Corpus bilden und dieser sonst gewissermassen von sich selbst das Treu-Gelöbniss fordern würde [11].

11. Sie sind von allen Abgaben, namentlich den Kameralabgaben bei der Verleihung oder Kommendirung von Benefizien an sie frei [12].

[1] Pitonius l. c. n. 31; Ferraris s. v. cardinalis art. III. addit. n. 38.

[2] So Pitonius ll. cc.; Ferraris l. c. n. 39; A. M. Fagnan. l. c. n. 20; Kober, a. a. O. S. 324. Ebensowenig können sie an ihren Titularkirchen Benefizien errichten. Pitonius l. c. n. 34.

[3] Konstit. Leos X.: Supernae dispositionis vom 21. Mai 1514. §. 19 (M. Bull. 1, 545): „Tituli sui loca, si praesentes in curia fuerint personaliter, si vero absentes per vicarium idoneum semel saltem singulis annis visitent, clericos (et populos) ecclesiarum titulo suo subiectarum cum diligentia inquirant vigilentque circa cultum divinum et bona dictarum ecclesiarum moresque in primis et vitam clericorum (et parochianorum) solerter explorent eosque omnes et singulos ad recte honesteque vivendum paterno moneant affectu". Nach der Darstellung im Text muss das Eingeklammerte fortfallen.

[4] c. 24 (Innoc. III.) X. de elect. I. 6; Pitonius l. c. n. 22 (p. 209).

[5] Regula cancellariae VIII.; Riganti, comm. ad h. reg. n. 32; Cohellius l. c. c. 15. priv. XIV. p. 167; Tria l. c. n. 119 ff. p. 413 ff.

[6] Fagnan. ad c. 11. X. de maior. et obed. I. 33. n. 24; Cohellius l. c. c. 15. priv. X.; Ferraris l. c. n. 21.

[7] S. oben S. 82, wo ich den nicht ganz korrekten Ausdruck: Kardinalpriester gebraucht habe.

[8] Regula cancellariae XXXII. XXXIII. Näheres bei Tria in Plati l. c. n. 128 ff. p. 415; Riganti ad reg. XXXII. n. 1 ff.

[9] Tria bei Plati l. c. n. 142. p. 420.

[10] Weil sie c. 1. de elect. in Extrav. commun. I. 3. nicht ausdrücklich erwähnt. S. Bened. XIV. de syn. dioeces. lib. II. c. 5. n. 6. 7; Ferraris l. c. art. 4. n. 15.

[11] Cohellius l. c. c. 16. priv. IV. p. 161; Plati l. c. c. 3. n. a (ed. VI. p. 42). Der Grund befriedigt freilich nicht, dass das Praxis ist, bezeugt aber Tria bei Plati synops. priv. n. 3. p. 387, ohne dass der Herausgeber der sechsten Auflage, der Kardinaldiakon Spada, dagegen Widerspruch erhebt.

[12] Ferraris l. c. n. 9; Tria bei Plati l. c. n. 81. p. 407: „Eo pariter cardinales gaudent privilegio, quod in omnibus et singulis eorum provisionibus sive commendis, expeditiones non ad supplicationem, sed motu proprio Sanctissimi propter praeeminentiam supremae dignitatis relaxantur, exceptis provisionibus quae fiunt ad nominationem seu praesentationem patronorum; tali enim casu pontifex non confert de plenitudine potestatis et per consequens fiunt expeditiones ad supplicationem eorumdem cardinalium et in omnibus et singulis provisionibus huiusmodi sive commendis ac etiam episcopatibus non solvunt iura Camerae et in eisdem literis apponi solet clausula: Gratis pro cardinali. Pitonius in suis disceptatio-

12. Sie geniessen der vollen Glaubwürdigkeit, nicht nur bezüglich ihrer mündlichen Angaben in den Geschäften, welche ihnen übertragen sind und über die ihnen vom Papst gemachten Eröffnungen und Koncessionen (factae vivae vocis oraculo), sondern auch in Betreff der von ihnen als Zeugen abgegebenen einfachen Aussagen [1]. Mit Rücksicht auf das erst Bemerkte brauchen sie also z. B. als Legaten ihre Legitimation nicht durch Vorlegung des Ernennungsreskriptes zu führen [2].

13. Sie können als Mitglieder der kirchlichen Behörden, also namentlich der römischen Kongregationen nicht rekusirt werden, vielmehr bleibt es ihnen selbst überlassen, sich der Mitwirkung bei solchen Angelegenheiten, wo sie oder ihre Kirchen interessirt sind, zu enthalten [3].

14. Da nach gemeinem Recht die väterliche Gewalt durch den Erwerb des bischöflichen Amtes seitens des Sohnes aufgehoben wird [4], so nehmen die Kanonisten an, dass die Erlangung des Kardinalates, als einer höheren Würde, die gleiche rechtliche Wirkung äussert [5].

15. Gewisse Privilegien stehen ihnen aber nicht ohne Weiteres kraft Gesetzes oder kraft Gewohnheitsrechtes zu, sondern es bedarf dazu einer besonderen päpstlichen Verleihung, eines Indultes, welches aber für die Regel gewährt wird. Dergleichen Rechte sind:

a. Die Befugniss, Pensionen, d. h. Einkünfte, welche sie aus dem Ertrage von Benefizien und Aemtern anderer Personen beziehen, bis zur Höhe von 1000 Scudi, immer indessen nicht mehr als bis zur Hälfte [6] ohne die sonst erforderliche Genehmigung des Papstes auf andere Personen, welche jedoch Kleriker sein müssen, zu übertragen [7], in der Weise, dass diese letzteren (die s. g. translatarii) zwar das gleiche Recht erhalten, dass aber dasselbe nicht mehr von der Lebensdauer des Transferenten, sondern ihrer eigenen abhängig ist [8].

b. Die Besetzung der Benefizien an den von ihnen bei der Erlangung des Kardinalates aufgegebenen Kathedralkirchen in den päpstlichen Monaten [9], während sie die oben unter n. 7 (S. 353) erwähnten Aemter iure ordinario konferiren [10].

nibus. Et licet huiusmodi regula de iuris rigore habeat locum post receptionem galeri rubri et post cardinalium residentiam in urbe saltem per sex menses, praxis tamen est, quod petant indultum residentiae vel per viam precum obtineant gratiam expediendi gratis, quod passim conceditur"; s. ferner ibid. n. 147. p. 420.

1 Tria l. c. n. 145. p. 420; Cohellius l. c. c. 16. priv. 5. 19. p. 160. 183; Bened. XIV. l. c. II. 5. n. 7. Man bezieht sich dafür auf c. 3 (Nicol. I.) Dist. XCVII; Analecta iur. pontif. 1855. p. 1921.

2 Ferraris l. c. n. 21.

3 Tria l. c. n. 74. p. 406, der folgende Stelle aus dem Traktat des Kardinals de Luca de iudiciis disc. 3. n. 67 ff. anführt: „attamen frequentius voluntarie ac libenter abstinent, quamvis nolentes abstinere repelli non possint; atque praesertim quandoque practicari vidi in illis cardinalibus qui essent etiam episcopi, intervenientes in sac. Congregatione episcoporum vel concilii in causis propriae ecclesiae cum aliquo praelato inferiori vel cum alio super iurisdictione vel praeeminentia aliove iure quod volentes intervenerunt".

4 Nov. 81. c. 3.

5 Cohellius l. c. c. 16. priv. VI; Tria bei Plati n. 71 p. 405; Ferraris l. c. n. 11.

6 Konstit. Innocenz' XI.: Circumspecta sedis apostolicae vom 7. Februar 1677 (M. Bull. 7, 5.)

7 Tria l. c. n. 63—92; p. 408. 409. Nicht genau Pachmann §. 358.

8 Ferraris s. v. pensio. n. 74. 75. Dem objektiven und materiellen Bestande nach ändert sich das Recht also nicht (s. a. a. O. n. 89; Tria l. c. n. 92), wohl aber erlangt es der Translatar selbstständig und unabhängig von der Person seines frühern Inhabers. Damit sind die Unterschiede der Translation von der einfachen Cession (s. Ferraris l. c. n. 98; Tria l. c. n. 90. 91) dem Princip nach charakterisirt.

9 Tria l. c. n. 98. 99. p. 409.

10 Ueber die den Kardinälen zustehenden Besetzungsrechte bemerkt daher Tria l. c. p. 409: „n. 93. Quoad beneficia cessante reservationum et affectionum obstaculo cardinales ea omnia conferunt, vacantia in omnibus anni mensibus tam cum cura quam sine cura animarum, tam saecularia quam regularia et quomodolibet qualificata, ut infra. 94. Primo in eorum titulis, diaconiis et episcopatibus cardinalitiis. 95. Secundo

c. Die Vorschrift, dass mehrere Benefizien, welche ihrem Inhaber mit einander unerfüllbare Pflichten (s. g. beneficia incompatibilia) nicht ein und derselben Person gleichzeitig oder neben einander verliehen werden sollen, erklärt das Trienter Koncil ausdrücklich auch auf die Kardinäle für anwendbar [1]. In Uebereinstimmung damit hat Sixtus V. bestimmt, dass durch die Beförderung zum Kardinal alle von dem Promovirten bis dahin besessenen Benefizien vakant werden, aber gleichzeitig nicht nur, ähnlich wie Johann XXII. [2], eine Dispensation für die Beibehaltung anderer Kirchenämter in Aussicht gestellt, sondern dieselbe ein für alle Mal in Betreff solcher, deren Innehabung nicht mit der Kardinalswürde wegen der dadurch bedingten Residenzpflicht und wegen des Vortritts des Bischofs unvereinbar ist, ertheilt [3].

d. Endlich werden den Kardinälen durch Indulte gewisse Rechte hinsichtlich der ihrer Testirbefugniss entzogenen Sachen eingeräumt. Gemäss der Konstitution Urbans VIII.: Aequum est vom 19. Juni 1642 [4] fallen die von denselben in der päpstlichen Kapelle und bei den päpstlichen Funktionen, sowie in ihren eigenen Kapellen zum Gottesdienst unmittelbar gebrauchten Paramente und Utensilien [5] nach ihrem Tode ipso iure an die Sakristei der päpstlichen Kapelle und nur kraft besonderen päpstlichen

archipresbyteri cardinales in basilicis S. Ioannis Lateranensis, Principis Apostolorum ac B. Mariae Maioris de Urbe. 96. Tertio in omnibus ecclesiis cathedralibus, metropolitanis et patriarchalibus quibus ipsos praefici aut in administratores deputari vel ad quas transferri quoquo modo contingat. 97. Quarto in omnibus et quibuscumque monasteriis, prioratibus, praeposituris, receptoriis aliisque ecclesiis inferioribus huiusmodi saecularibus et regularibus quae seu quas ex quibusvis concessionibus et dispositionibus apostolicis in titulum, commendam aut in administrationem aliove quovis titulo obtinent. 98. Tandem quinto in ecclesiis cathedralibus quibuscumque ab eis dimissis cum indulto conferendi huiusmodi beneficia in VIII mensibus apostolicis, aliis IV episcopo, archiepiscopo, metropolitano seu patriarchae successori reservatis. . . 99. Ex eisdem beneficiis cardinales alia conferunt tamquam ordinarii et indultarii ac vigore ordinationis seu constitutionis et regula IX Cancellariae, ut sunt beneficia primi, tertii et quarti generis super recensita, alia vero tamquam indultarii et vigore regulae VIII Cancellariae, ut sunt beneficia secundi generis, alia demum tamquam indultarii tantum ut sunt beneficia quinti generis. 100. Conferentes beneficia iure ordinario et iure indultorum censentur cardinales contulisse iure ordinario, non tamquam indultarii, nam vigore regulae IX Cancellariae reservatoriae mensium apostolicorum, ipsis tollitur obstaculum reservationis mensium apostolicorum et eo sublato conferunt iure suo primaevo et eo modo quo ante reservationum mensium introductionem conferri poterant . . . 113. Dispositioni S. R. E. cardinalium vi indulti quod passim habent, reservantur . . . beneficia quinti generis in VIII mensibus apostolicis, nempe in ecclesiis ab ipsis dimissis, aliis quatuor successori reservatis; ita tamen quod cardinales qui ad plures ecclesias translati sunt, non gaudeant indulto conferendi, nisi in ecclesia quam obtinent aut cui ultimo loco cesserunt, ut disponitur in alio motu proprio Urbani VIII cuius initium est: Licet nullus; Ostiensi et Veliternensi invicem perpetuo unitis et Portuensi ac Sabinensi nec non Tusculana et Praenestina ac Albanensi ecclesiis duntaxat exceptis quoad quas cardinalibus illarum pro tempore praesulibus facultate disponendi de beneficiis huiusmodi etiam una cum indulto sibi ratione aliarum ecclesiarum quibus actu praesunt vel antea novissime praefuerunt, frui licere decernitur".

[1] Sess. XXIV. c. 17. de ref.

[2] c. 4. de praebend. in Extrav. commun. III. 4.

[3] Dekret vom 16. März 1588 (M. Bull. 2, 684): „quod per promotionem ad cardinalatum vacant omnes ecclesiae et omnia beneficia cuiuscumque nominis et tituli sint, nisi fuerit data retentio, quae concessa intelligatur et data ad patriarchales metropolitanas et cathedrales ecclesias, ad monasteria etiam commendata ad prioratus et ad caetera omnia alia beneficia quae videntur convenire dignitati cardinalatus. Ad alia vero quae videntur repugnare dignitati et gradui cardinalatus, puta archipresbyteratus, archidiaconatus, decanatus, canonicatus et similia beneficia non extendatur, cum obtinentes huiusmodi beneficia teneantur residere in choro et habere debeant locum post episcopum cardinalis dignitati non convenientem". — Vgl. übrigens auch Cohellius l. c. c. 16. priv. XIII. XXXII. Ungenau Ginzel K. R. 1, 203.

[4] M. Bull. 5, 376.

[5] §. 2 rechnet dahin: „Mitrae, pluvialia, tunicellae aliaque ornamenta et vestimenta ac calices, patenae, vasa etiam aurea et argentea aliaeque res et utensilia quomodolibet nuncupata, praesertim benedicta seu consecrata . . . excepta una tunicella pro quolibet cardinale diacono et una planeta pro quolibet cardinale presbytero ac uno pluviali pro quolibet cardinale episcopo ac exceptis candelabris ac malluviis, bacili et bocali vulgo nuncupatis etiam aureis vel argenteis". . . .

Indultes kann der einzelne Kardinal darüber zu Gunsten anderer Personen nach Massgabe des Indultes, das übrigens auch auf Transmission dieser Sachen auf die Intestaterben ertheilt werden kann, letztwillig verfügen [1].

Ferner werden ihnen ähnliche Indulte in Betreff des von ihnen aus den Kardinalatsbezügen erworbenen Vermögens ertheilt, jedoch mit Ausnahme des Kardinalringes oder der dafür von den Erben zu zahlenden Taxe von früher 500 Golddukaten [2], jetzt 600 Scudi Silber [3], weil letztere durch die Konstitution Gregors XV.: Romanum decet pontificem vom 22. Juni 1662 [4] der Congregatio de propaganda fide für Missionszwecke überwiesen worden sind.

Für die letztwilligen Verfügungen der Kardinäle sollen nach der Lehre vieler Kanonisten die Privilegien des römischen Militär-Testaments zur Geltung kommen [5].

Wenn ältere Darstellungen vielfach eine sehr hohe Zahl von Vorrechten der Kardinäle aufweisen (Cohellius l. c. p. 154 ff. zählt 41 solcher auf), so erklärt sich das daraus, dass einzelne früher schon besprochene Rechte, wie die Befugniss zur Papstwahl (s. S. 278), die Nichtausschliessung der exkommunicirten Kardinäle bei derselben (s. S. 278), das Optionsrecht (s. S. 344), dann aber auch nur gewisse Ehrenvorzüge mit gerechnet sind [6], ihnen endlich auch manche Privilegien (wie z. B. das Recht ein Privatgefängniss zu halten, die Befreiung des zum Richtplatz geführten durch Begegnung mit einem Kardinal, das Asylrecht für ihre Paläste, das Recht, dass in zweifelhaften Sachen der favor für den Kardinal entscheide) [7], unbegründeter Weise beigelegt werden.

Die Einkünfte der Kardinäle bestehen in den Erträgnissen ihrer Kirchen und der ihnen sonst zustehenden Benefizien, ferner in ihrem Antheil an den dem Kardinal-Kollegium als solchem zustehenden Gefällen [8]. Für den Fall, dass ihre Einnahmen aus allen diesen Quellen oder aus ihrem Privatvermögen die Summe von 4000 Scudi nicht erreichen, erhalten diejenigen, welche in Rom residiren oder im Dienst der römischen Kirche verwendet werden, das Fehlende in monatlichen Raten (den s. g. piatto cardinalizio, Kardinalsteller) aus der päpstlichen Kasse ausgezahlt [9].

Die Stellung der Kardinäle als Gehülfen und Rathgeber des Papstes bei der Leitung der Gesammtkirche und die Erfüllung der daraus hervorgehenden Obliegenheiten bedingt

[1] S. auch Tria a. a. O.

[2] Die Formel ist: „annulo cardinalitio sive iuribus illius ratione camerae apostolicae debitis exceptis". Tria l. c. n. 137. p. 418; Cohellius l. c. priv. XVIII.

[3] So giebt Bangen, die römische Kurie S. 258. n. 2 an, nach welchem diese Umwandlung von Pius VII. herrührt.

[4] §§. 22. 23 (M. Bull. 3, 473). Ueber diese Gebühr, die früher an die apostolische Kammer gezahlt wurde, ist noch die Konst. Julius' III.: Cum sicut nobis vom 26. Juni 1550 (M. Bull. 1, 793) zu vergleichen.

[5] Cohellius l. c. priv. XVIII. p. 173; Nicollis, praxis canonica. Lit. M. §. II. (ed. Salisburg. 1729. 2, 36.)

[6] S. z. B. was Cohellius l. c. priv. XXXVIII—XL. über das Begräbniss der Kardinäle anführt.

[7] S. darüber Cohellius l. c. priv. XXI. XXII. XXVII. XXX; Tria l. c. n. 148 ff. p. 420.

[8] Die Konstit. Innocenz' XII.: Romanum decet pontificem v. 22. Juni 1692. §. 5 (M. Bull. 7, 182) bestimmt, dass die Einkünfte der ex fratribus, nepotibus aliisque consanguineis seu affinibus Romanorum pontificum genommenen Kardinäle nicht 12000 römische Scudi übersteigen sollen; eingerechnet werden dabei aber nicht: „emolumenta officiorum eiusdem apostolicae sedis et Romanae curiae S. R. E. cardinalibus demandari seu concedi solitorum aliorumque munerum quae ipsis non ad vitam vel in perpetuum, sed ad tempus seu beneplacitum Romani pontificis pro tempore existentis demandata seu concessa fuerint".

[9] Bangen, die römische Kurie S. 45; Moroni, dizionario storico-ecclesiast. 52, 274 ff. Schon in den von den Kardinälen im Konklave vor der Wahl Pius' II. 1458 beschworenen Kapiteln wird des piatto gedacht. „Item", heisst es in denselben (iuret) „quod providebit de C florenis camerae omni mense cuilibet cardinali non habenti integre de beneficiis et capello IV millia florenorum quousque ei provisum sit de dicta summa in redditibus".

es nothwendiger Weise, dass die Kardinäle am Sitze der Kurie beim Papste ihr Domizil haben müssen [1]. Diese Residenzpflicht liegt allen Kardinälen ob [2], und ihre Verletzung zieht Verlust der Früchte der Benefizien, der Privilegien und andere Strafen nach sich, welche bis zur Absetzung gesteigert werden können [3]. Befreit von dieser Verpflichtung sind nur diejenigen, welche Bischöfe einer auswärtigen, nicht einer suburbikarischen Diöcese sind, weil diese in der ersteren Residenz halten müssen [4]. Selbst die Kardinalbischöfe, welche neben ihrem suburbikarischen Bisthum ein anderes verliehen erhalten haben, sind zur Residenz in dem letzteren verpflichtet [5].

Endlich liegt den Kardinälen die Pflicht ob, sich im kirchlichen Dienste nach der Bestimmung des Papstes verwenden zu lassen, ihm auf Erfordern ihren Rath ohne Rückhalt zu ertheilen [6] und demselben bei bestimmten feierlichen kirchlichen Funktionen zu assistiren.

§. 36. *d. Die Ehrenvorzüge der Kardinäle.*

Ausser dem Range nach den regierenden Fürsten (s. S. 348) und dem ausschliesslichen Recht auf die Bezeichnung: Cardinalis (s. S. 319) steht den Kardinälen:

1. neben dem seit alter Zeit geführten Prädikat: *Reverendissimus* noch der Titel: *Eminentissimus* zu. Dieser ist ihnen durch ein von Urban VIII. approbirtes Dekret der Congregatio caeremoniarum vom 10. Juni 1630 beigelegt und es soll derselbe danach von Niemandem anders als ihnen (und den 3 geistlichen Kurfürsten, sowie dem Hochmeister des Johanniter-Ordens) geführt werden [7].

2. Sie sind als Kardinäle römische Fürsten, und dürfen mit Ausnahme der Mitglieder kaiserlicher oder königlicher Familien einen ihnen sonst wegen ihrer Abstammung zukommenden, weltlichen Fürstentitel nicht fortführen [8].

Ihre volle Titulatur ist demnach: *Eminentissimi principes sanctae Romanae Ecclesiae Cardinales* [9], *Emo et Rmo Principi Dno* [10] *S. R. E. Cardinali N. N.*, *Eminentiae Reverendissimae Dno S. R. E. Cardinali-Episcopo (Presbytero, Diacono) N. N.* Angeredet werden sie: *Eminentissime princeps, Eminentia Vestra (Tua), Eminentia Vestra (Tua) Reverendissima, Eminentissime* [11].

Zu den Insignien der Kardinäle gehören:

3. Der rothe Hut (*galerus* oder *pileus cardinalitius, capellus rubrus*), dessen Einführung vom Papst Innocenz IV. (1243—1254) für die nicht dem Mönchsstande

[1] S. Ferraris s v. cardinalis art. III. n. 1 ff.

[2] Schon im 9. Jahrh. ist der Kardinalpriester Anastasius (s. oben S. 318. n. 3) wegen Verletzung derselben entsetzt worden. Ausdrücklich festgesetzt ist die Verpflichtung in der Konstitution Leo's X.: Supernae dispositionis vom 21. Mai 1513. §. 28 (M. Bull. 1, 546) und der Konst. Innocenz' X.: Cum sicut iuxta vom 19. Februar 1646 (M. Bull. 5, 432. u. Acta ex eis decerpta etc. 3, 333).

[3] c. 2. X. de cleric. non resid. III. 4 und die in der vorigen Note citirten Konstitutionen.

[4] Konstitution Urbans VIII.: Sancta synodus Tridentina vom 12. Dezember 1634. §. 7 (M. Bull. 5, 270); Konst. Innocenz' X. cit. §. 5. i. f.; Konst. Benedikt's XIV. Ad universae v. 3. September 1746 (Bullar. Bened. XIV. 2, 130.)

[5] Dekret Urbans VIII. vom 28. November 1633 mitgetheilt bei Bened. XIV. de synod. dioec. XIII. 8. n. 3.

[6] Bened. XIV. l. c. XIII. 1. n. 7.

[7] S. das Dekret bei Ferraris l. c. art. II. n. 14. u. Anal. iur. pontif. 1855. p. 1921; wiederholt und bestätigt in der Bulle Innoc. X.: Militantis ecclesiae vom 19. Dezember 1644 (M. Bull. 5, 410). Nach demselben dürfen die Kardinäle mit solchen Personen, welche ihnen diesen Titel nicht beilegen, nicht verkehren, also Briefe ohne denselben gar nicht annehmen; auch müssen sie die unverletzliche Bewahrung dieses Titels bei dem Empfange des Kardinalshutes beschwören. S. S. 344. Note.

[8] Bangen a. a. O. S. 29; Moroni l. c. 10, 11.

[9] Abgekürzt: Emmi Principes S. R. E. Cārles.

[10] Domino.

[11] Bangen a. a. O. S. 30.

angehörigen Kardinäle herrührt [1], während erst Gregor XIV. den aus den Regularen genommenen dasselbe Vorrecht ertheilt hat [2].

4. Das rothe Birret *(la berretta, pileolus, capitium)* und den s. g. Solideo (il berrettino) hat ihnen Papst Paul II. (1464—1471) verliehen [3], damit sie auch bei denjenigen Funktionen, wo der Gebrauch des Kardinalhutes nicht vorkommt, von den übrigen Prälaten zu unterscheiden sind [3]. Der Solideo ist ein Käppchen zur Bedeckung des Scheitels, das nur vor dem Allerheiligsten, also auch während des Canons in der Messe, abgenommen wird [4].

5. Kommt ihnen das Recht zu, Purpurkleider zu tragen, zu welchen namentlich ein weiter rother, bei bestimmten Gelegenheiten anzulegender Mantel *(cappa magna)* gehört [5]. Ursprünglich trugen allein die legati a latere, welche freilich immer Kardinäle waren, Gewänder von der gedachten Farbe, und erst Bonifacius VIII. wird nach der gewöhnlichen, freilich nicht unbestrittenen Meinung, die Verleihung der Purpurgewänder an alle Kardinäle zugeschrieben [5].

Die Kardinäle aus dem Stande der Regularen tragen aber die Purpurfarbe nicht, sondern nur die Form der Kardinals-Kleidung in der Farbe der Gewänder ihres Ordens, damit sie stets an die Pflicht, auch trotz ihres hohen Amtes im Geiste ihres Ordens zu leben, erinnert werden [6].

6. Kommt ihnen als weiteres Insigne ihrer Würde der Ring mit einem Saphir (annulus cardinalicius) [7] und

7. der s. g. Ombrellino (ein kleiner Baldachin) zu, welcher sich stets auf ihrem Wagen befindet, und der wenn sie aussteigen, um mit entblösstem Haupte das ihnen begegnende hh. Sakrament zu einem Kranken zu begleiten, über ihrem Haupte getragen wird [8].

8. Sie haben ferner das Recht, in ihren Titular-Kirchen über ihren Sitzen einen Baldachin anbringen zu lassen [9] und dürfen

9. sich in denselben der Pontifikalien (d. h. Mitra, des Stabes, des Brustkreuzes und des Ringes) bedienen, sowie den feierlichen Segen in derselben Weise, wie die Bischöfe, spenden [10].

10. Mit dem unter 4. erwähnten Birrett hat ihnen Paul II. auch gleichzeitig den Gebrauch einer damastseidenen Mitra (mitra serica damasceni operis) [11] gestattet.

[1] S. Plati l. c. c. 3. §. 2. n. f. (ed. cit. p. 51). Die Grabinschrift Innocenz' IV. in Neapel (bei Ferraris cardinales. art. II. n. 10) erwähnt dieser Thatsache auch: „Qui Natali S. Ioannis Baptistae anno 1243 pontifex renunciatus, die Apostolorum principi sacra coronatus, cum purpureo primus pileo cardinales exornasset" etc.

[2] Dekret vom 26. April 1591 (M. Bull. 2, 767.)

[3] Cardinalis Papiensis lib. II. comment. Pii II. p. 370 bei Plati l. c. p. 53: „cardinalibus qui sacris induti vestibus a praelatis inferiorum ordinum praeterquam loco non noscebantur, usum mitrae sericae Damasceni operis rubraque capitia indulsit, quibus soli antistites Romani antea utebantur". Vgl. ferner Bangen a. a. O. u. Mononi l. c. 5, 187 ff.

[4] Ginzel, Kirchenrecht. 1, 202. n. 4.

[5] Plati l. c. p. 53. Die Farbe bedeutet nach Thomassin vet. et nov. discipl. P. I. lib. II. c. 113. n. 8, dass sich die Kardinäle für die Kirche opfern und nöthigenfalls ihr Blut für dieselbe vergiessen sollen, wogegen Bangen S. 30. n. 3 darauf hinweist, dass das Roth, wie das Violett der Prälaten ursprünglich das Zeichen der Jurisdiktion gewesen ist. Derselbe bemerkt weiter (a. a. O. n. 1): „Die Kardinäle tragen bei den feierlichsten Funktionen, wo sie dem Papst assistiren, die dem jedesmaligen Ordo (der Weihe) entsprechende Kleidung mit der Mitra, bei weniger feierlichen die cappa magna; bei den gewöhnlichen Assistenzen den rothen Talar, darüber das Rochett und die sog. Mantellette, über der letzteren die Mozzette. Im Privatleben pflegen sie einen mit Roth verbrämten Talar zu tragen".

[6] Bangen a. a. O. S. 31.

[7] Bangen a. a. O.

[8] Bangen a. a. O.

[9] Bangen a. a. O.

[10] Pitonius, de controversiis patronor. alleg. 41. n. 21. p. 209 und oben S. 353.

[11] S. n. 3.

11. Endlich haben sie über ihren Familien- oder angenommenen Wappen den Kardinalshut mit fünfzehn herunter hängenden Pflocken zu führen, während ihnen mit Rücksicht darauf, dass der Kardinalat der Abstammung aus fürstlichen Häusern nicht nachsteht, von Innocenz X. das Anbringen einer Königs- oder Herzogskrone über ihren Wappen untersagt worden ist [1].

e. Das Kardinalkollegium.

§. 37. *aa. Die Verfassung desselben.*

I. Beamte des Kollegiums. Das Kardinalkollegium, welches aus den Kardinälen der oben (S. 338) gedachten drei Ordnungen besteht, bildet, ebenso wie die Kapitel der bischöflichen Kathedralen eine besondere Korporation.

In früherer Zeit stand der älteste Presbyter oder Archipresbyter an der Spitze des römischen Presbyteriums. Ein solcher hat schon die Synode des Symmachus im J. 499 an der Spitze der Priester unterzeichnet [2], der liber pontificalis erwähnt mehrerer Personen, welche dieses Amt inne hatten [3], auch der liber diurnus (s. oben S. 220. 223) und die älteren Ordines Romani [4] gedenken mehrfach dieser Würde. Die hohe Bedeutung derselben erhellt daraus, dass der Archipresbyter als der erste der drei Verwalter des päpstlichen Stuhles während der Sedisvakanz oder der Abwesenheit des Papstes erscheint [5]. Neben dem Papste muss er eine ähnliche Stellung, wie die Archipresbyter der Domkapitel neben dem Bischof, gehabt haben, also der nächste und unmittelbare Assistent bei den bischöflichen Funktionen gewesen sein. Das lässt sich nicht nur aus der Analogie der Verhältnisse der Kathedralkapitel [6], sondern auch aus einzelnen Andeutungen der ordines Romani [7] entnehmen.

Seit dem 12. Jahrhundert kommt die Bezeichnung nicht mehr vor, statt derselben wird vielmehr der Ausdruck: prior cardinalium presbyterorum gebräuchlich [8].

Ausser dem Archipresbyter nimmt ferner in dem Presbyterium der römischen Kirche der Archidiakon, der älteste oder erste der Diakonen, eine hervorragende Stellung ein. Der liber pontificalis gedenkt ebenfalls mehrerer Träger dieses Amtes.

[1] Const. Militantis vom 19. Dezember 1644. §. 1 (M. Bull. 5, 410); Bangen a. a. O. S. 31.

[2] S. oben S. 312. n. 3.

[3] S. vita Conon. (Petrus archipresbyter ed. Fabrot. 2, 58); vita Sergii I. (Theodorus archipresbyter l. c. p. 60). Eugen II. und Sergius II. waren ebenfalls vor Erlangung des Pontifikates archipresbyteri S. vita Eugenii II. (l c. p. 157) u. oben S. 232. n. 4; vita Sergii II. (ed. cit. p. 169). Weitere Nachweisungen bei Phillips 6, 243 ff.

[4] Ordo I. c. 1. n. 8 (Mabillon l. c. 2, 8): „pontifex . . . dat pacem uni episcopo de hebdomadariis et archipresbytero et diaconibus omnibus".

[5] S. S. 220. 223. u. 220. n. 7.

[6] c. 2 (Leo ?) X. de officio archipresb. I. 24: „Ministerium archipresbyteri in eo constituitur, ut diligenti cura provideat ministerium sacerdotum cardinalium qui solenne debent agere officium in communicatione corporis et sanguinis domini nostri Iesu Christi, ita ut vicissim eos sibimet succurrere faciat, quatenus a sacrosancto die dominico incipiendo per omnes horas canonicas indeclinabiliter perseverent, ut opus dei digne et sancte perficitur ab eo cui committitur . . . §. 1. Provideat etiam archipresbyter vitam sacerdotum cardinalium praeceptis sui obtemperando episcopi, ne aliquando cedant aut scurrilitate torpeant . . . §. 2. Si episcopus defuerit, exceptis his quae prohibita sunt archipresbyter provideat cuncta quae in sacerdotum ministerio perfici debeant, i. e. fontes benedicere, infirmum oleo perungere, poenitentem infirmum consulto episcopo reconciliare, poenitentiam cunctis sacerdotibus quae ad purgationem animarum pertinet, iniungere. §. 3. In praecipuis festivitatibus aut ipse celebrationem missae solenniter impleat aut ad oris sui iussionem cui committitur, peragat veneranter".

[7] Ordo Roman. XV. c. 28 (Mabillon l. c. 2, 463): „Nota etiam quod praelatum qui servit papae, tam in praesenti missa, quam etiam solemnibus missis in officio archipresbyteri de libro missali, debet subdiaconus thurificare immediate post cardinalem et omnes papae assistentes".

[8] Ordo Roman. XII. c. 2 (l. c. 2, 169).

So haben z. B. die römischen Bischöfe Stephan I. (253—257?), Sixtus II. (257—258?)[1], Vigilius (537—555), Valentin I. (827)[2], Gregor VII. (1073 bis 1085)[3] und Gelasius II. (1118—1119)[4] diese Würde vor Erlangung des Pontifikates bekleidet. Wenn es daher auch unrichtig ist, dass Gregor VII. dieses Amt abgeschafft hat[5], so kommt doch seit dem 13. Jahrhundert die Bezeichnung archidiaconus nicht mehr vor, sie wird vielmehr durch den Ausdruck: prior diaconorum cardinalium ersetzt[6]. Zweifellos hat der Archidiakon der römischen Kirche denselben die äussere Verwaltung umfassenden Geschäftskreis wie der gleichnamige Beamte an den bischöflichen Kirchen gehabt[7]. So schreibt ihm auch der älteste ordo Romanus ein Aufsichtsrecht und eine Art Jurisdiktion über den Klerus in den Regionen zu[8]. Wie er nach derselben Stelle als vicarius pontificis bei Lebzeiten des Papstes bezeichnet wird[9], so gehörte er auch während der Sedisvakanz zu dem Triumvirat[10], welches die römische Kirche zu verwalten hatte. Endlich lagen ihm auch verschiedene gottesdienstliche Funktionen ob[11].

Als sich das Kardinalkollegium fest zusammenschloss und die suburbikarischen Bischöfe die erste Stelle in demselben einnahmen, konnten natürlich die gedachten beiden Würdenträger sich nicht mehr an der Spitze des Kollegs behaupten.

Wie sich die Befugnisse ihrer Aemter seit jener Zeit auf andere Personen vertheilt haben, muss hier unerörtert bleiben, weil zu diesem Behuf erst der neuere Organismus der Kirche zu besprechen ist.

Heute hat der s. g. Kardinaldekan (cardinalis decanus)[12] den Vorsitz im Kolleg der Kardinäle. Dem Range nach galt unter den Kardinalbischöfen der Bischof von Ostia als der erste[13], aber später — sicher vor Ende des 15. Jahrhunderts —

[1] vita Lucii, Stephani I. (ed. cit. p. 8. 9).

[2] vita Silverii u. Valentini (l. c. p. 39. 158).

[3] S. 258. n. 1.

[4] Gelasii II. titulus in ecclesia Cluniac. sepulcralis: „Cum prius ex monacho pro multa strenuitate — Archilevita foret et cancellarius Urbis" (bei Watterich, pontif. Roman. vitae 2, 114). Darüber dass Diakon und Levita identisch s. S. 2. n. 5 a. E. Weitere Beispiele bei Phillips 6, 249. n. 47.

[5] S. dagegen auch Du Cange, glossar. s. v. archidiaconus u. Phillips 6, 250.

[6] Ordo Roman. XII. c. 2 (l. c. 2, 169): „priori autem diaconorum cardinalium IV melequinos et totidem solidos pro prioratu, presbyterio et laude diaconorum et subdiaconorum"; c. 1. 15. 48. ibid. (p. 168. 184. 212) sprechen aber daneben noch mehrere Male vom Archidiakon. Dagegen wird Prior diaconorum ausschliesslich und konsequent in dem auf Befehl Gregors X. angefertigten ordo XIII. c. 2. 8. 14 (l. c. p. 221. 228. 234), ebenso im ordo XIV. c. 10. 11. 12. 15. 16. 31 (l. c. p. 252 ff. 256. 265) gebraucht.

[7] c. 1. (Ex libro Romani ordinis, aber nicht in den von Mabillon veröffentlichten ordines) X. de offic. archidiac. I. 23: „Ut archidiaconus post episcopum sciat se vicarium esse eius in omnibus et omnem curam in clero, tam in urbe positorum, quam eorum qui per parochias habitare noscuntur, ad se pertinere; sive de eorum conversatione sive de honore et restauratione ecclesiarum sive doctrina ecclesiasticorum vel ceterarum rerum studio et delinquentium rationem coram deo redditurus est. Et ut de tertio in tertium annum, si episcopus non potest, parochiam universam circumeat et cuncta quae emendatione indigent, ad vicem sui episcopi corrigat et emendet".

[8] c. 1 (Mabillon l. c. p. 3): „Et unaquaeque regio singulos habet diaconos regionarios et uniuscuiusque regionis acolythi per manum subdiaconi regionarii diacono regionis suae officii causa subduntur. Quorum diaconorum si quando quispiam moritur, donec loco eius subrogetur, illius regionis acolythi archidiacono obediunt: quia omnes acolythi cuiuscumque regionis sint, causa ecclesiastici officii ad ministerium eius pertinent. Quod etiam de subsequentibus ordinibus intelligendum est, servata unicuique post eum proprii gradus archidiaconi [praerogativa] in sui ordinis ministerio subditis: ut si quis verbi gratia vim passus fuerit sive ab ecclesiastico seu a quacumque militari persona, si a sui ordinis, primo eius causa ad effectum minime pervenerit, habeat archidiaconus, i. e. vicarius pontificis causam, qualiter subditorum sibi querelas absque notitia possit explicare pontificis, cetera vero per minores ordines finiantur".

[9] S. die vorige Note.

[10] S. 220. 223. u. 220. n. 7.

[11] Ordo Roman. I. c. 1. n. 13 (l. c. p. 10) u. die n. 6 citirten Stellen.

[12] Io. Frid. Mayer praes.; Petr. Conr. Bartlingius, de cardinali decano. Kilon. 1700. (Unbedeutend).

[13] S. oben S. 324. 338.

ist eins seiner wichtigsten Vorrechte, nämlich die Befugniss zur Konsekration des Papstes und zur Krönung des deutschen Kaisers auf den ältesten Kardinalbischof übergegangen [1], für welchen anscheinend erst Anfang des 16. Jahrhunderts die Bezeichnung: decanus aufgekommen ist [2]. Eine Ausgleichung zwischen den früheren Rechten des Bischofs von Ostia und des ältesten Kardinals dieser Klasse bot aber das schon früher besprochene (S. 344) Optionsrecht dar.

Die erste Bestimmung über die Art und Weise der Besetzung der Dekanatsstelle findet sich in der Konstitution Pauls IV.: Cum venerabilis vom 22. August 1555. Danach soll der älteste bei der Kurie residirende Bischof, welchem der im öffentlichen Interesse abwesende gleichgestellt ist, das Anrecht auf die Vorsteherschaft im Kardinalkollegium haben [3]. In Folge dieser Vorschrift kann also der Fall eintreten, dass ein anderer als der älteste Bischof Dekan des Kollegiums wird [4].

Was das Verhältniss des Dekanates zum Bisthum Ostia betrifft, so ist nirgends ausgesprochen worden, dass das erstere mit letzterem stets vereinigt sein muss. Eine Verbindung beider hat allerdings regelmässig stattgefunden, wie das Benedikt XIII. in der Konstitution: Romani pontificis vom 7. September 1724 bezeugt, indem er freilich den Grund dafür dahingestellt sein lässt [5]. Wahrscheinlich ist diese wohl dadurch

[1] Marcellus, sacrar. caerem. lib. I. s. II. c. 3 (Hoffmann 2, 314): „Sed (ut arbitror) ad tollendas contentiones iam pridem introductum est, ut prior episcoporum cardinalium cum duobus ex senioribus episcopis id munus obedire debeant et in pontifice et in caesare. Sicque nostris temporibus servari videmus, ut non habeatur ratio ecclesiarum, sed prioritatis episcopalis". Siehe auch oben S. 291.

[2] Wenigstens ist der erste Bischof, von dessen Ernennung zum Kardinaldekan Ughelli Italia sacra 1, 77 berichtet, der Bischof Raphael von Ostia (1511—1521). Vgl. ferner Ciaconi l. c. 1, 120. — Auch die Bezeichnung princeps senatus kommt für den Kardinaldekan vor, s. die Grabschrift des Bischofs Rudolph von Ostia († 1564) bei Bartling p. 18, vgl. ferner Ughelli l. c. 1, 84. n. 95.

[3] §. 3 (M. Bull. 1, 823): „Et insuper ne in posterum decanatus praedictus illius occurrente vacatione in aliquem cardinalem ex voluntate sua et non ex causa publica absentem et propter absentiam suam huiusmodi quandoque de negotiis dictae sedis minus informatum in iniuriam aliorum cardinalium tunc praesentium et Romano pontifici assistentium ac propterea de negotiis praedictis melius informatorum deveniat aut super eodem decanatu aliquae controversiae seu dissensiones inter ipsos cardinales oriantur, providere volentes, motu proprio et ex certa nostra scientia ac de apostolica plenitudine hac nostra perpetuo valitura constitutione sancimus quod decanatus huiusmodi de caetero perpetuis futuris temporibus, nonnisi ad episcopum cardinalem antiquiorem in Curia praesentem aut ex causa publica absentem et extra Curiam Romanum pontificem destinatum devenire possit".

[4] Daher sagt auch Card. de Luca, relatio curiae Romanae disc. 5. n. 28. 29: „Inter eos (cardinales episcopos) autem non dignoscitur ordo maioritatis, sed omnes sunt aequales cum facultate seniorum, quando alter vacat, illum optandi et relinquendi illum quem obtinet, excepto Hostiensi Veliterno qui annexus est decanatui civili potius quam naturali; vidimus enim nostra aetate cardinalem qui iuxta ordinem naturalem promotionis erat omnium antiquior ac naturaliter decanus et tamen obiit in statu primi presbyteri eo, quia vel ex defectu praesentiae vel ex alio accidenti non optavit episcopatum".

[5] §. 7 (M. Bull. 13, 122): „Quoniam vero ab antiquo tempore ac praesertim ab edita Paulina constitutione usque ad praesentem diem cardinalis sacri Collegii Decanus Ostiensis et Veliternensis ecclesiarum invicem perpetuo canonice unitarum episcopatum semper obtinuit adeoque sive ex praesumpta earum cum decanatu unione sive alio titulo speciale ius ad ipsum fovere videtur in quo mentis ac intentionis nostrae non est, ut eidem cardinali Decano praeiudicium aliquod deferatur, contingere autem facile potest, quod episcopus cardinalis antiquior a Romana curia absens et apud suam priorem ecclesiam residens ad quem Decanatus ex praemissis in posterum deveniet, ad urbem celeriter accedere et primo consistorio in quo memoratum Ostiensem et Veliternensem episcopatum optare deberet, praesens interesse nequeat: motu, scientia et potestatis plenitudine paribus, optionem praedictarum Ostiensis et Veliternensis ecclesiarum cardinali qui pro tempore fuerit eiusdem sacri Collegii Decanus, specialiter reservamus ac reservatum esse volumus et declaramus, ita ut earundem ecclesiarum episcopatum nemo alius optare unquam possit, sed ad cardinalem praedictum privative quoad alios quoscumque perpetuis futuris temporibus eiusmodi optio pertineat ac pertinere debeat. Volumus tamen atque decernimus, quod idem episcopus cardinalis antiquior a curia absens et apud priorem ecclesiam, ut praefertur, residens postquam ad eum sacri Collegii decanatus devenerit, quantocius poterit, ad urbem se conferre summoque pontifici in consistorio, ut moris est, pro optione earumdem Ostiensis et Veliternensis ecclesiarum

hervorgerufen worden, dass bei der anscheinend gleichzeitigen Entstehung des Dekanates und des Optionsrechtes der zum ersteren berechtigte Kardinal das Bisthum Ostia wählte und auf diese Weise stets beide Stellen zusammen vakant wurden. Wenn auch die eben erwähnte Konstitution, welche in ihrem S. 361. n. 5 mitgetheilten Paragraphen jene Vereinigung ebenfalls aufrecht erhalten wissen will, durch die Bulle Clemens XII.: Pastorale officium vom 10. Januar 1731 (s. S. 346) insofern beseitigt worden ist, als danach die Residenz in einem auswärtigen Bisthum nicht mehr als eine das Optionsrecht und das Anrecht auf den Dekanat bedingende absentia ex publica causa betrachtet werden soll, so verfolgt letztere doch auch dieselbe Tendenz, weil sie im §. 8 das Optiren innerhalb der Kardinalbisthümer und die dadurch nothwendige Translation im allgemeinen nur einmal gestattet, aber hinsichtlich des Bisthums Ostias dieselbe unbeschränkt erlaubt.

Diese Bestimmungen machen es also möglich, dass der Dekanat des Kollegiums und das Bisthum Ostia für die Regel an dieselbe Person gelangt. Bedingung für die Erlangung beider ist 1. die Anwesenheit bei der Kurie oder Abwesenheit aus einer genügenden publica causa, ferner 2. erste Stelle im Ordo der Bischöfe der Anciennität nach (und zwar der Weihe, nicht des Kardinalates — s. oben S. 346 —). Stirbt also ein Bischof von Ostia, welcher zugleich den Dekanat bekleidet hat, so ist der betreffende Anwärter immer in der Lage, beide Würden zu erlangen und eine Ausnahme könnte nur dann eintreten, wenn er sein Kardinalbisthum nicht für das von Ostia aufgeben will oder wenn der verstorbene Dekan nicht gleichzeitig das letztgedachte Bisthum besessen hat. Da aber Ostia als das erste unter den Kardinalbisthümern gilt, so wird der erstere Fall praktisch kaum vorkommen und in dem zweiten ist die Möglichkeit einer Vereinigung immer dadurch gegeben, dass der Dekan, sowie der Kardinal von Ostia stirbt, als ältester Bischof dessen Diöcese optiren kann.

Als Vorsitzender hat der Dekan das Kardinalkollegium zu berufen und die Verhandlungen desselben zu leiten. Auch repräsentirt er dasselbe in seiner Person und daher statten ihm die Gesandten der weltlichen Mächte und die in Rom neu eintreffenden Kardinäle zuerst ihren Besuch ab [1].

Zu seinen Prärogativen gehört das schon vorhin erwähnte Recht, den Papst zu konsecriren [2] und dabei — obwohl er einfacher Bischof und nicht Erzbischof ist — das Pallium (s. oben S. 209) zu tragen [3]. Ferner hat er bei der Papstwahl vor dem Eintritt der Kardinäle in das Konklave die heilige Geist-Messe zu celebriren und in demselben die Vereidigung der Kardinäle auf die die Papstwahl betreffenden Konstitutionen zu leiten, das Läuten der Glocke zur Ankündigung des Eintritts der Klausur des Konklaves anzuordnen, und den Gewählten über die Annahme der päpstlichen Würde zu befragen [4].

Mit der Verwaltung der Einkünfte des Kardinalkollegiums und der Zuweisung der Antheile an die einzelnen Mitglieder hat dagegen der Dekan nichts zu thun, vielmehr ist dafür ein eigener Beamter der Cardinalis Camerarius Sacri Collegii

supplicare teneatur. Quodsi notoria aegritudine fuerit impeditus vel ob aliam iustam et gravem caussam a Romano pontifice pro tempore existente probandam ad urbem venire nequiverit, motu, scientia ac potestatis plenitudine paribus, eidem cardinali Decano, ut in praenarratis casibus per suum legitimum procuratorem antedictas Ostiensem et Veliternensem ecclesias optare et vigore optionis huiusmodi eas assequi libere et licite possit et valeat, non secus ac si ipse praesens personaliter illuc optasset, licentiam et facultatem in domino concedimus et impertimus".

[1] Bangen a. a. O. S. 43.

[2] S. auch Clement. XII. const. cit. §. cit.

[3] S. unten in der Lehre von den Erzbischöfen.

[4] Caeremoniale Gregorii XV. v. 12. März 1621 (M. Bull. 3, 455), s. ferner oben S. 276 und S. 289.

(Cammerlengo, Kardinalkämmerer) bestellt. Ausserdem führt dieser Beamte die laufenden Geschäfte des Kollegs und sorgt für die Protokollführung in den geheimen Konsistorien (s. §. 38). Er wird stets nur auf ein Jahr aus dem und durch das Kollegium gewählt, jedoch ist es Usus geworden, dass dasselbe stets den dem jeweiligen Inhaber an Anciennität zunächst stehenden Kardinal zu seinem Nachfolger ernennt[1].

Den gedachten beiden Würdenträgern ist ein zur Prälatur (s. §. 42) gehöriger Sekretär beigegeben, welcher die Register über die Beschlüsse der geheimen Konsistorien führt, aber in den letzteren selbst nicht gegenwärtig ist[2]. Er muss ein Italiener, sein Substitut (der s. g. clericus nationalis) dagegen, dessen Stelle als Ehrenprälatur gilt, abwechselnd ein Franzose, Deutscher, Spanier oder Engländer sein[3].

II. Die massa communis und der rotulus. Wie andere Kathedral-Kapitel hat das Kardinal-Kollegium eine Reihe verschiedener gemeinsamer Einnahmequellen (eine s. g. massa communis). Der jährliche, an die Mitglieder des Kollegs zu vertheilende Ertrag derselben heisst rotulus (il rotolo) und die den einzelnen zufliessenden Einnahmen werden vorzugsweise emolumenta galeri cardinalitii genannt[4]. Sie stehen den in den Kapiteln vorkommenden distributiones quotidianae gleich. Während aber letztere als Präsenzgelder für die Theilnahme an den gemeinschaftlichen Funktionen gewährt werden, hat man in Rom die Assistenz bei denselben als Bedingung des Mitgenusses nicht festgehalten, vielmehr als solche nur die Anwesenheit der Kardinäle in Rom selbst und für die auswärts residirenden einen zweimaligen, im Frühjahr und Herbst auf kurze Zeit in Rom zu nehmenden Aufenthalt gefordert[5], — eine Praxis, welche Benedikt XIV. durch die Konstitution: In regimine vom 3. Februar 1745 unter Beseitigung einiger dabei hervorgetretenen Missbräuche sanktionirt hat[6].

[1] Card. de Luca l. c. disc. 5. n. 34; Tria bei Plati l. c. p. 76. u. p. 407. n. 80; Moroni, dizionario 7, 85 ff.; Bangen a. a. O. S. 43; Phillips 6, 252.

[2] Bangen a. a. O.; Phillips a. a. O.

[3] Urbani VIII. const. Admonet nos vom 15. Dezember 1625. §. 10 ff. (Bullar. Roman. V. 5, 388); Bangen a. a. O. 44. Ausserdem sind bei dem Kardinalkollegium noch mehrere Subalternbeamte, der sollicitator, der collector und die Computisten für die Erhebung, Verrechnung und Verwaltung der Einkünfte angestellt. Bangen a. a. O.

[4] Luca, Tria, Bangen a. a. O.; Phillips 6, 236. 237. Benedikt XIV. bemerkt in der nachher anzuführenden Konstitution §. 1 darüber: „illa pecunia quae veluti quoddam laborum stipendium distribui solet . . . S. R. E. cardinalibus . . . qui non sine incommodo ad consistoria, congregationes et sacellum pontificium ubi sacra mysteria celebrantur, conveniunt".

[5] Luca, Tria, Bangen an den angeführten Stellen.

[6] §. 3. „. . . Illos cardinales Rotuli fructu omnino carere statuimus et decernimus (licet bis per annum Romam accesserint) qui longe ab urbe praefata detinentur, quamvis id facere necesse sit, ne sedes archiepiscopales episcopalesve deserant quas administrandas acceperunt et quamvis etiam praefecturam aliquam sive quodcumque aliud munus a sede praedicta sibi demandatum gerant sine episcopali vel cum episcopali dignitate coniunctum, quod, si Roma absentes retinent, eius certe naturae et conditionis esse existimatur, ut cum ipsorum absentia copulari et sine eorum praesentia Romani pontificis vigilantia et auctoritate facile possit administrari. Cum vero cardinales absentes pro suis negotiis expediendis aut legitimam ob causam ad urbem se contulerint, veterem consuetudinem et institutum observari volumus, praecipimus et mandamus, nempe ut rotuli partem capiant, habita ratione temporis quo Romae versantur, ea tamen lege obstricti, ut nos seu Romanos pontifices pro tempore existentes adeant nec ab urbe discedant, antequam a nobis seu Romanis pontificibus successoribus nostris abeundi facultatem obtineant. Illos autem qui sui muneris obliti (quod vix forte credimus) aliter se gesserint, non solum ab omni parte rotuli percipienda penitus exclusos decernimus, sed praesentibus nostris literis (quatenus opus sit) obnoxios esse declaramus censuris et poenis quas piae mem. Ioannes pp. XXII pariter praedecessor noster irrogavit in Extrav. quae incipit: Et si deceat quoslibet subditorum curam etc. (c. 3. de maior. et obed. I. 8) quam per praesentes pro plene et sufficienter expressam ac de verbo ad verbum insertam habentes, ad modernos et pro tempore existentes eiusdem S. R. E. cardinales extendimus et ampliamus". (Bullar. Bened. XIV. 1, 487).

§. 38. *bb. Die Thätigkeit des Kardinalkollegiums bei besetztem päpstlichen Stuhl. Das Konsistorium, die dazu gehörigen Congregationes und die Capellae pontificiae und cardinales.*

I. Die Konsistorien. Der Antheil der Kardinäle an der Leitung der gesammten Kirche sowie das Recht und die Pflicht der Berathung des Papstes bethätigt sich in den Versammlungen der Kardinäle, welche unter dem Vorsitze des letzteren gehalten werden, den s. g. consistoria[1].

Ihren Ursprung haben letztere in den Sitzungen des römischen Presbyteriums. Während aber früher, noch unter Innocenz III. dergleichen Versammlungen häufig vorkamen und der Kreis der in ihnen verhandelten Angelegenheiten nicht beschränkt war[2], wurden diese Plenarsitzungen des Kardinalkollegiums — wie man sie füglich bezeichnen kann — im Laufe der Zeit immer seltener, weil mit der Vermehrung der Geschäftslast sich das Bedürfniss nach Einsetzung ständiger, oberster Regierungsbehörden in Rom geltend machte und nur die Erledigung bestimmter Angelegenheiten von hervorragender Bedeutung seitens des gesammten Kollegiums möglich erschien.

Schon seit einer Reihe von Jahrhunderten werden die s. g. Konsistorien entweder als geheime (consistoria secreta oder ordinaria) oder als öffentliche (consistoria publica oder extraordinaria) gehalten; zu den ersteren haben jetzt nur die Kardinäle, zu den letzteren auch andere Personen, die Prälaten (z. B. die bei der Kurie anwesenden Bischöfe, die Auditoren der Rota, die Protonotarii apostolici), die weltlichen Gesandten und die römischen Magistratspersonen Zutritt[3].

A. Von der Kompetenz der geheimen Konsistorien, in denen früher alle möglichen Angelegenheiten berathen, namentlich auch Prozesse — diese auch unter Zuziehung der Advokaten der Parteien — verhandelt wurden[4], sind seit längerer Zeit die kontentiösen Sachen ausgeschlossen, weil die Beschäftigung mit derartigen Angelegenheiten der Würde des obersten Senates der Gesammtkirche nicht zu entsprechen schien. Es gehören daher heute zum Ressort des geheimen Konsistoriums nur Sachen von s. g. gratioser und politischer Natur[5].

[1] Vgl. darüber Gabr. Card. Palaeoti, de sacri consistorii consultationibus. Romae 1592; Petr. Ant. Danielli, praxis recentior curiae Romanae. Romae 1729. tit. 27; Plati l. c. append. ad c. 28. p. 281; Moroni, dizionario art. concistoro. 15, 187 ff.; Bangen a. a. O. S. 74 ff.; Phillips 6, 288. 576 ff.; Mejer in Jacobsons und Richters Zeitschr. für das Recht der Kirche. Hft 2. S. 200.

[2] Gesta Innocentii III. c. 41 (Epist. ed. Baluze Paris 1682. 1, 17. 18): „Ter in hebdomada solenne consistorium quod in desuetudinem venerat, publice celebrabat: in quo auditis querimoniis singulorum, minores causas examinabat per alios, maiores autem ventilabat per se tam subtiliter et prudenter, ut omnes super ipsius subtilitate ac prudentia mirarentur multique litteratissimi viri et iurisperiti Romanam ecclesiam frequentabant ut ipsum duntaxat audirent magisque discebant in eius consistoriis quam didicissent in scholis, praesertim cum promulgantem sententiam audirent".

[3] Marcelli sacrar. caerem. lib. 1. s. 9. c. 1—c. 3; de Luca l. c. disc. 5. n. 2; Cohellius l. c. c. 15. congr. 1. p. 42; Plati p. 282; Bangen a. a. O. S. 75. Schon Clem. un. (Clemens V.) de iureiur. II. 9 („Avenione ubi tunc eramus cum nostra curia residentes in publico consistorio in quo erat praelatorum et aliorum tam clericorum quam laicorum non modica multitudo") kennt diesen Unterschied. Consistorium hiess ursprünglich der Versammlungsort. S. Cohellius l. c.; Bangen S. 75. n. 1.

[4] c. 6 (Innoc. III.) X. de institut. III. 7: „eos duximus in consistorio audiendos"; s. auch c. 5. 8 (idem) X. de consuet. I. 4; c. 23 (idem), c. 48 (Honor. III.) X. de elect. I. 6; Phillips 6, 293.

[5] Plati l. c. p. 283; Bangen S. 77.

In die erste Kategorie fallen:

1. Die Kreation der Kardinäle, und zwar die eigentliche Ernennung, die Publikation der früher in petto behaltenen, die Uebergabe der Insignien mit Ausnahme des Kardinalhutes [1], die Schliessung und Oeffnung des Mundes [2].

2. Die Besetzung der Patriarchal-, Metropolitan- und Bischofs-Stühle, und die Ernennung der Bischöfe in partibus infidelium, sofern diese nicht in den Missionsgebieten residiren [3].

3. Die Translation, die Versetzung der Bischöfe von einem Bisthum auf das andere [4].

4. Die Ertheilung des Palliums an die Erzbischöfe [4].

5. Die Errichtung, Theilung und Vereinigung der Bisthümer [5].

6. Die Ernennung der legati a latere [6].

7. Die Besetzung der s. g. Konsistorial-Abteien [7].

Bei allen diesen Angelegenheiten befragt der Papst zunächst die Kardinäle um ihre Ansicht und verkündet erst dann seinen definitiven Beschluss.

Die zweite Kategorie bilden solche Angelegenheiten, welche das Verhältniss der katholischen Kirche zu den einzelnen Staaten betreffen; also die Abschliessung von Konkordaten, Berathung über etwaige Differenzpunkte und Streitigkeiten. Da es hier meistens eingehender Vorarbeiten bedarf (z. B. beim Abschluss eines Konkordates mit einer weltlichen Macht), so findet hier in sehr wenigen Sachen eine Gesammtberathung statt, vielmehr wird das Konsistorium nur benutzt, um ihm durch eine s. g. Allokution Mittheilung von wichtigen Angelegenheiten und von deren etwaiger Sanktion zu machen, oder auch um die Ansicht des Papstes über gewisse Vorkommnisse, z. B. die Missbilligung eines Aktes einer Regierung in feierlicher Form darzuthun [8]. Diese Allokutionen sind für die ganze Kirche bestimmt und werden deshalb den Gesandten der Höfe übermittelt, sowie demnächst öffentlich durch die Zeitungen bekannt gemacht [9].

Ein anschauliches Bild von den Verhandlungen in den geheimen Konsistorien gewähren die fortlaufenden Mittheilungen unter der Rubrik: Acta consistoralia in der seit 1865 zu Rom herausgegebenen, in der Note 8 erwähnten Zeitschrift.

Die Konsistorien wurden früher zweimal in jeder Woche, später für die Regel nur zweimal im Monate gehalten [10]. Jetzt beruft sie der Papst nach Bedürfniss, wenn zu ihrem Ressort gehörige Angelegenheiten zur Erledigung vorliegen [11]. Der Regel nach finden sie, wie schon früher, noch am Montag und zwar in der Residenz des Papstes (also jetzt im Vatikanischen Palaste) statt [11].

[1] S. darüber unten unter B.
[2] Plati, Bangen a. a. O.
[3] Bangen S. 78. 79.
[4] A. a. O. S. 79.
[5] Bangen S. 80.
[6] Bangen a. a. O.
[7] Bangen a. a. O., d. h. „derjenigen, deren jährliche Einkünfte nach der ältern Angabe 200 Florin Gold (etwa 9 Frks. heut. Münze) übersteigen. Sie sind dem heil. Stuhl durch die zweite Kanzleiregel reservirt, jedoch nur in dem Falle, dass sie durch Wahl von Seiten der Ordenskapitel besetzt werden. Da nun die meisten katholischen Könige auch in Bezug auf diese Abteien eine Art von Nominationsrecht durch Gewohnheit oder Konkordate mit dem heil. Stuhl erhielten, wurde dieses Reservat sehr beschränkt. Gegenwärtig besteht es nur noch für wenige Fälle. . . . Jedoch verleiht der Papst diese Abteien auch oft ohne Konsistorium durch Spedition der Datarie“.
[8] Beispiele solcher Allokutionen bietet die neuere Zeit eine ganze Reihe dar, s. z. B. die Allokution vom 20. September 1867 gegen die Massnahmen der italienischen Regierung in Bezug auf die Kirchengüter, Acta decerpta ex iis quae apud s. sedem geruntur 3, 113; vom 22. Juni 1868 gegen die neuere österreichische Gesetzgebung a. a. O. 4, 10.
[9] Vgl. über alles Bemerkte Bangen S. 81. 82.
[10] Card. de Luca l. c. disc. 5. n. 5.
[11] Bangen a. a. O.

B. Die ausserordentlichen Konsistorien sind ceremonielle Akte, zu denen sich der Papst und die Kardinäle versammeln und in denen die letzteren nicht als Rathgeber des Oberhauptes der Kirche, sondern nur als Würdenträger der letzteren erscheinen [1]. In ihnen erfolgt heute:

1. Die feierliche Uebergabe des Hutes an die neu ernannten Kardinäle [2].

2. Der solenne Endbeschluss in den Kanonisationsprocessen.

3. Die Ertheilung feierlicher Audienzen an regierende Fürsten und die Gesandten derselben bei ihrer Ankunft in Rom [3].

4. Endlich werden diese Konsistorien auch zur Mittheilung wichtiger Entschlüsse des Papstes in der Form von Allokutionen benützt; so ist z. B. die Allokution vom 26. Juni 1867, worin Pius IX. seinen Entschluss, ein allgemeines Koncil zu berufen kund giebt, in einem solchen gehalten worden [4].

Von den eben besprochenen beiden Arten der Konsistorien wird endlich noch das s. g. halböffentliche (semipublicum) unterschieden [5], zu welchem zum Theil allein die Kardinäle, zum Theil auch andere Personen Zutritt haben. Eine dritte Art bildet dasselbe aber eigentlich nicht, es wird vielmehr nur ein öffentliches und ein geheimes Konsistorium zur Ersparung von Zeit mit einander verbunden [6].

II. Die mit dem Konsistorium in Verbindung stehenden Kongregationen. Da in den zum Ressort der Konsistorien gehörigen Angelegenheiten in ersteren selbst nur eine definitive Entscheidung erfolgt, es aber dafür regelmässig einer Vorbereitung der einzelnen Sachen bedarf, so sind für diesen Zweck jetzt eine Reihe von Ausschüssen oder Kommissionen, technisch congregationes, eingesetzt, nachdem früher dergleichen blos für einzelne Fälle ernannt worden waren [7].

1. Die älteste mit dem umfassendsten Geschäftskreis ist von Papst Sixtus V. durch die Konstitution: Immensa aeterni vom 22. Januar 1587 [8], welche den Kurialbehörden überhaupt eine festere und neue Organisation gegeben hat, gebildet, und von ihm congregatio pro erectione ecclesiarum et provisionibus genannt [9]. Jetzt wird sie als Sacra Congregatio consistorialis bezeichnet.

[1] Bangen a. a. O. S. 75. 77.

[2] Ueber die dabei stattfindende Eidesleistung s. oben S. 344 Note. Damit der Papst während der Kardinal sich behufs derselben entfernt, nicht wartet, hält ein Konsistorial-Advokat in einer Kanonisationssache Vortrag. S. de Luca l. c. disc. 5. n. 4; Bangen S. 77; Acta ex eis decerpta etc. 3, 109: „Die XXVI Iunii (1867) iterum ssm̃us publicum tenuit consistorium, ut pileo cardinalitio Em̃um Ludovicum de la Lastra y Cuesta donaret qui cardinalis creatus fuerat in consistorio secreto die XVI Martii 1863. Interea advocatus consistorialis R. D. Philippus Ralli secunda vice causam peroravit ven. Mariae Rivier fundatricis Sororum a Praesentatione B. M. V.“

[3] Bangen S. 76.

[4] Acta ex eis decerpta 3, 3.

[5] de Luca l. c.; Plati l. c. p. 282.

[6] Bangen S. 76. 242. Beispiele dafür Acta ex eis decerpta 3, 109, wonach an dem s. g. consistorium semiplenum vom 12. Juni 1867 theilgenommen haben: patriarchae, primates, archiepiscopi qui Romam convenerunt. Dasselbe hat sich mit vorläufigen Anträgen in Kanonisationsprocessen beschäftigt.

[7] S. Ordo Roman. XIV. c. 115 (Mabillon 2, 419).

[8] M. Bullar. 2, 667.

[9] Const. cit. Congregatio tertia. §. 1 (l. c. p. 669): „Quare aliam constituimus cardinalium congregationem qui in primis cognoscant de legitimis causis erectionum novarum ecclesiarum quarumcumque, patriarchalium, metropolitanarum et cathedralium ac de cuiusque earum dote, capitulo, clero, populo et aliis quae ad eiusmodi erectiones iuxta praescriptum sacri concilii Tridentini et sanctorum patrum decreta necessaria erunt. Examinent praeterea omnes difficultates de his incidentes, controversias quoque inter eas quae iam erectae sunt, necnon dictarum ecclesiarum, dioecesium vel monasteriorum uniones, dismembrationes, cessiones, permutationes, translationes, pensionum super illarum redditibus assignationes, monasteriorum pluralitatem, dignitatum incompatibilitatem, praesentationes et nominationes, electiones suffraganeorum coadiutorumque deputationes cum futura successione sive absque eadem successione curamque adhibebunt solertem circa aetatem et qualitatem promovendorum eaque discussa et examinata ad nos successoresque nostros referant, ut pro nostro eorumve arbitrio in consi-

Die Zahl der Mitglieder ist nicht bestimmt; neuerdings besteht sie gewöhnlich aus acht Kardinälen, und der Papst behält sich selbst den Vorsitz vor[1]. Die Kompetenz der Kongregation umfasst die Vorbereitung aller Konsistorial-Akte, also solcher Angelegenheiten, 1) welche die Errichtung, Theilung und Vereinigung von Bisthümern, 2) die Abdankung (freiwillige oder erzwungene) und die Versetzung der Bischöfe, 3) die Beigebung eines episcopus coadiutor (sei es für die Ausübung der Ordinationsgewalt und der Jurisdiktion, sei es nur für erstere) betreffen, ferner 4) die Untersuchung über die Existenz des Wahlrechtes der Kathedral- und Konsistorial-Kloster-Kapitel und des königlichen Nominationsrechtes, 5) über das Privileg des Palliums, 6) über die Kompatibilität oder Inkompatibilität anderer Aemter mit der Bischofswürde, 7) die Prüfung der Gültigkeit einer Wahl oder einer Nomination eines Bischofs oder Konsistorial-Kloster-Abts im gegebenen Fall, sowie die Führung, resp. Prüfung des zur Feststellung der Qualifikation des erwählten oder ernannten Kandidaten angestellten Informativprocesses — in welchem letzteren Fall der Auditor des Papstes (auditor domesticus, auditor Sanctissimi)[2] assistirt[3].

Ausser einem Sekretär und dessen Substituten, von denen der erstere regelmässig der Sekretär des gesammten Kardinalkollegiums, letzterer dessen Kanzelist (Rechnungsführer) ist[4], gehören keine andern Personen als Kardinäle dauernd zu dieser Kongregation, indessen werden nach Bedürfniss für die Erledigung einzelner Angelegenheiten Prälaten zur Unterstützung herangezogen[5].

Haben Angelegenheiten, welche die Kongregation zu entscheiden hat, in einzelnen Fällen eine kontentiöse Natur, weil es sich dabei um Rechte dritter Personen handelt, so wird die Feststellung des Thatbestandes und die Aufnahme der bezüglichen Verhandlungen dem kompetenten Bischof, einem Nuntius oder Metropoliten übertragen[6].

2. Die Sacra Congregatio examinis episcoporum (Esame dei vescovi). In Ausführung eines Gedankens Gregors XIV. (1590—1591) hat Clemens VIII. eine Prüfung aller zu Bisthümern freier Kollation, sowie in Italien und auf den anliegenden Inseln auch für die durch landesherrliche Nomination Ernannten in der Theologie und im kanonischen Recht vorgeschrieben, ein Verfahren, welches jedoch nicht mehr für die nichtitalienischen, der freien Kollation unterliegenden Bisthümer praktisch ist. Die Zahl der mit diesem Examen beauftragten Kardinäle bestimmt der Papst nach seinem Ermessen und ausser diesen gehören zu derselben mehrere Prälaten, regelmässig der vices gerens, der Dekan der Rota, der Auditor des Papstes, der Sekretär des heiligen Kollegiums und der Magister sacri palatii[7], sowie eine Anzahl ausgezeichneter Welt- und Ordensgeistlicher[8], endlich ein Sekretär.

Gewöhnlich unter dem Vorsitze des Papstes, eventuell unter dem eines von ihm deputirten Kardinals wird ein mündliches Examen von einer Anzahl dieser Examinatoren

storio secreto iuxta formam in hunc usque diem servatam proponantur".

[1] Bangen S. 84; Annuario pontificio von 1865. p. 207.

[2] Ueber diesen s. §. 65. n. II.

[3] S. Note 3. S. 363; Card. de Luca l. c. disc. 5. n. 25; Cohellius l. c. c. 15. congr. 7; Bangen S. 84 ff.

[4] Bangen S. 84.

[5] Bangen S. 85.

[6] Bangen S. 86.

[7] Ueber diese Prälaten s. Phillips 6, 536. 493. 545. 542, ferner oben S. 363 u. unten §§. 45. 64. 65.

[8] Card. de Luca disc. 21. n. 1 ff.; Fagnan. comm. ad c. 10. X. de renunc. 1. 9. n. 61—68; Moroni, dizionario 16, 195; Bangen S. 89. 90; Analecta iuris pontif. 1855. p. 2266; das Annuario pontificio von 1865. p. 315. 314 führt 5 Kardinäle, sowie 13 andere Examinatoren für die Theologie und 7 Kardinäle, sowie 6 weitere Examinatoren für das kanonische Recht als Mitglieder der Kongregation auf.

abgehalten[1], und letztere sind selbst, wenn sie nicht Kardinäle sind und später zu einem Bisthum befördert werden sollen, dieser Prüfung unterworfen[2].

3. Die Sacra Congregatio negotiorum ecclesiae extraordinarium (degli affari straordinarii), welche zu den mit einem selbstständigen Wirkungskreise vom Konsistorium unabhängigen Kongregationen gehört und über welche das Weitere unten im §. 61 zu vergleichen ist, wird häufig zur Vorbereitung von Konsistorial-Sachen s. g. religiös-politischer Natur, regelmässig zur Redaktion der Konkordate mit den einzelnen Staaten und sonstigen die politischen Verhältnisse mit berührenden Konstitutionen herangezogen[3].

Der frühere und ursprüngliche Modus, eigene Kommissionen ad hoc zu ernennen, hat sich gleichfalls noch insofern erhalten, als aus Anlass wichtiger, die Rechte und Interessen der Kirche beeinflussender Ereignisse behufs Vorbereitung der nöthigen Vorlagen an das Konsistorium eine ausserordentliche s. g. Congregatio super statu aus einzelnen, vom Papst zu designirenden Kardinälen gebildet wird.

III. Capellae papales und cardinales. Sowie die Kardinäle dem Papste in den Konsistorien mit ihrem Rathe beizustehen berechtigt und verpflichtet sind, so haben sie auch die Pflicht gewissen gottesdienstlichen Funktionen, theils solchen, welche der Papst selbst abhält (s. g. capellae papales), theils solchen, die sie allein wahrzunehmen haben (s. g. capellae cardinales), zu assistiren[4].

IV. Endlich äussert sich die Thätigkeit der Kardinäle in ihrer Theilnahme an den verschiedenen ständigen päpstlichen Regierungsbehörden, von denen in den §§. 43 ff. zu handeln sein wird.

§. 39. *cc. Die Thätigkeit der Kardinäle während der Vakanz des päpstlichen Stuhles*.*

In den ältesten Zeiten ging die Leitung der Kirche bei Erledigung des römischen Bischofsstuhles bis zur Wiederbesetzung desselben auf das römische Presbyterium über. So wandte sich Cyprian während der Sedisvakanz nach dem Tode des Fabian (236—250) in einer Reihe wichtiger Angelegenheiten an dieses[5] und das letztere schreibt an den Klerus von Karthago: »Cum incumbat nobis qui videmur praepositi esse, et vice pastoris custodire gregem«[6].

[1] Card. de Luca l. c. n. 4 beschreibt das Examen folgendermassen: „Istud vero examen fieri solet ad interrogationem trium examinatorum, duorum scilicet inferioris ordinis . . . et unius Cardinalis pro eo tempore quod papae placeat. Quod scilicet introductus per vices gerentem ille qui est examinandus ante conspectum papae dictorumque cardinalium et aliorum examinatorum genuflexus interrogatur super aliquibus dubiis vel quaesitis eam facultatem concernentibus. Atque peracto examine exquiritur per papam votum congregationis, an ille approbari vel reprobari mereatur, per quamdam speciem seu imaginem illius examinis quod iuxta formam praescriptam a concilio Tridentino haberi debet in provisione parochialium". S. auch Bangen S. 90. Der bekannte Kanonist Prosper Fagnanus war, wie er selbst erzählt (l. c. n. 61), Mitglied dieser Kongregation.

[2] Fagnan. l. c. n. 61.

[3] Bangen S. 91.

[4] Moroni, le capelle pontificie, cardinalizie e prelatizie. Venezia. 1841; Marcelli sacrar. caerem. lib. III. s. 2. c. 1. s. 5. c. 11; Moroni dizionario 8, 115 ff. 9, 1 ff.; Phillips 6, 235. 437 ff. 444.

* Moroni, dizionario di erudizione storic. ecclesiastica 7, 69 ff.; W. C. Cartwright, on the constitution of papal conclaves. Edinburgh. 1868. p. 33 ff.

[5] Cypriani epist. (ed. a. Ioann. Fello) ep. 5. 19. 20. 35 (ed. Migne patrol. 4, 230. 260. 261. 302).

[6] Cypriani epist. 8 (Migne l. c. p. 223); Phillips 5, 726.

Seit dem 6. Jahrhundert führen dagegen der Archipresbyter, der Archidiakon und der Primicerius der Notare als die Stellvertreter des apostolischen Stuhles die Geschäfte [1].

Nach neuerem Rechte geht die Verwaltung des Kirchenstaates in der Weise auf das Kardinalkollegium über, dass sie der Kardinal-Kämmerer (Cardinalis Camerarius, Camerlengo della Santa Romana Chiesa) [2] dauernd in Verbindung mit drei anderen Kardinälen (capita ordinum), einem aus jedem der drei Ordines, leitet, welche letztere vom Beginn des Konklaves ab alle 3 Tage nach der Anciennität wechseln [3]. Dabei sind übrigens die Befugnisse dieser Administratoren, sowie die des Kardinalkollegiums allein auf die Erledigung der laufenden Geschäfte eingeschränkt, und nur bei bedrohter Sicherheit des Kirchenstaates oder einer ähnlichen erheblichen Gefahr, sowie in einigen anderen ausdrücklich festgesetzten Ausnahmefällen steht ihnen eine weiter gehende Befugniss zu [4]. Während viele ältere

[1] S. S. 220. 223. u. 359. 360; vgl. auch Cenni, conc. Later. a. 769. praef. p. XIV.

[2] Er ist nicht mit dem Kämmerer des Kardinalkollegiums, von dem oben S. 362 gehandelt worden, zu verwechseln.

[3] Const. Pii IV.: In eligendis vom 9. Oktober 1562 (M. Bull. 2, 97) §. 7: „Statuimus etiam quod tres cardinales antiquiores unus videlicet ex quolibet ordine una cum Camerario post pontificis obitum reliquos cardinales congregandi et occurrentes necessitates in congregationibus generalibus proponendi . . . . ius habeant“. §. 8: „Ipsorum autem officium tertia die post conclavis ingressum omnino expiret eorumque loco tres alii sequentes in ordine quolibet tertio quoque die cum eodem Camerario in eadem potestate succedant“; Clement. XII. const.: Apostolatus officium vom 5. Oktober 1732. §. 7 (Bull. Rom. 13, 304): „Cumque tempore sedis vacantis duplex habeatur cardinalium congregatio, altera nempe generalis sive totius collegii et altera particularis, constans tribus cardinalibus antiquioribus uno scilicet ex quoque ordine cum camerario quorum officium tertia die post conclavis ingressum omnino expirat, in eorumque locum tres alii sequentes in ordine quolibet tertio die una cum eodem camerario succedunt, volumus ut in dicta congregatione particulari sive ante sive post caepta comitia levioris dumtaxat momenti ac in dies seu passim occurrentia negotia expediantur. Si quid vero gravioris momenti ac indaginis fuerit, id omne ad congregationem generalem seu collegium cardinalium deferatur; ac ulterius quae in una congregatione particulari decreta, resoluta vel denegata fuerint, in alia revocari, mutari aut concedi nequeant; sed id faciendi ius habent ipsa tantam congregatio generalis per pluralitatem suffragiorum“.

[4] c. 3 (Gregor. X.) in VI[to] de elect. I. 6: „Iidem quoque cardinales accelerandae provisioni sic vacent attentius quod se nequaquam de alio negotio intromittant nisi forsan necessitas adeo urgens incideret quod eos oporteret de terra ipsius ecclesiae defendenda vel eius parte aliqua providere vel nisi aliquod tam grande et tam evidens periculum immineret, quod omnibus et singulis cardinalibus praesentibus concorditer videretur illi celeriter occurrendum“. S. auch oben S. 267. n. 5. — Const. Pii IV. cit. §. 6: „. . . Neque de statu temporali Romanae ecclesiae neque de pecuniis Camerae Apostolicae aut Datarii vel pro solutione debitorum ante obitum pontificis quomodolibet contractorum aut alias ex quavis causa (casibus infrascriptis dumtaxat exceptis) quicquam disponere nec contra dictam Gregorii constitutionem pro se ipsis aliquid percipere nec aes alienum ultra necessarios sumptus praesentibus comprehensos contrahere debeant, neque Camerarius, Thesaurarius, Datarius, Depositarius, Castellanus Arcis S. Angeli aut alii officiales contra harum constitutionum tenorem collegio obedire teneantur sive debeant, quin immo si eis in talibus obtemperaverint aut ipsi cardinales vel officiales ex eorum officiis contra praemissa aliquid attentare praesumpserint, de suo proprio Camerae Apostolicae plenarie satisfacere et pecunias erogatas restituere ac quaevis damna ad eligendi pontificis arbitrium resarcire cogantur. Quod autem expendi possit, erit praefata X millium ducatorum summa. Illud item quod pro victu familiae pontificiae ante conclavis ingressum ac post ingressum pro pauperum officialium palatii tantum per Camerarium et Priores Ordinum describendorum victu ac etiam pro eleemosynis sede vacante fieri consuetis. Itemque pro defensione terrarum ecclesiae vel partis earum. Necnon pro regalibus populo Romano et illius magistratibus ac custodia urbis et conclavis illiusque provisionibus opportunis necessarium erit. Quae vero impensa pro defensione terrarum et locorum ecclesiae et securitate ac provisionibus conclavis facienda sit, cardinales praesentes per secreta suffragia ordinare debeant, ita ut maioris partis sententia obtineant id quod observandum erit etiam in gubernatoribus urbis tam ultra pontem quam citra et aliis officialibus etiam pro status ecclesiastici regimine si opus fuerit eligendis. Si vero ultra praedicta aliquod grande periculum immineret, cui omnibus et singulis cardinalibus praesentibus iuxta ordinationem Gregorii X aut saltem duabus illorum tertiis partibus per secreta suffragia videretur celeriter occurrendum, tunc collegium iuxta maioris partis sententiam similiter per secreta suffragia de remedio opportuno ac provide de necessaria impensa providere possit et debeat“. — Clement. XII. const. cit. §. 6: „. . . insuper statuimus et declaramus, quod idem colle-

Kanonisten ein Successionsrecht der Kardinäle in die **kirchliche Jurisdiction** des Papstes während der Sedisvakanz wegen ihrer Eigenschaft als partes corporis papae statuirten, aber mit Bezug auf die Vorschrift Gregors X. in c. 3 in VI[to] cit.[1] selbst noch trotz der Bestimmung der Clem. 2. eod. I. 3.[2] annahmen, dass den Kardinälen diese nur als **habitualis** zukomme, d. h. ihnen blos formell innewohne, sie indessen allein in den bestimmten Ausnahmefällen[3] materiell geübt, also **actualis** werden könnte[4], muss jedenfalls für das neuere Recht mit Rücksicht auf die angeführte Konstitution Pius' IV. vom J. 1562[5] die Regel aufgestellt werden, dass im Allgemeinen die aus dem Primat des Papstes herfliessenden Rechte während der Erledigung des apostolischen Stuhles nicht auf das Kollegium der Kardinäle übergehen. Da demselben somit die päpstliche Jurisdiction nicht zusteht, so ist es z. B. nicht befugt, kirchliche Gesetze zu erlassen oder abzuändern, namentlich die über die Papstwahl geltenden Vorschriften zu modificiren[6], kirchliche Beamte, z. B. Bischöfe oder gar Kardinäle[7] zu ernennen, also auch nicht einen durch den verstorbenen Papst

gium cardinalium, mandata de solvendis pecuniis huiusmodi (praeterquam in praedictis casibus exceptis [vgl. die vorhin citirten Konstitutionen] ac aliis infra exprimendis) favore cuiusvis personae tam in conclavi quam extra illud existentis etiam titulo remunerationis, praemii, laboris ac etiam supplementi mercedis, expedire et relaxare (scil. nullam omnino potestatem aut iurisdictionem habeat); ita ut tam cardinales qui contra praemissa aliquid attentaverint, quam Camerarius et Thesaurarius, Depositarius et alii officiales qui eis in talibus obtemperaverint, de suo proprio camerae Apostolicae plenarie satisfacere et pecunias erogatas restituere et quaevis damna resarcire a futuro pontifice cogantur; Nec etiam eiusmodi titulo licentiam extrahendi frumenta e statu ecclesiastico concedere, nisi ubi extractio ex causa vere onerosa competat et tunc dummodo quantitatem debitam non excedat ac tempus quo extractio permitti solet, advenerit; Neque cuiquam immunitatem seu exemptionem ab officio vel servitio ei incumbente, vulgo iubilationem nuncupatam tribuere; Nec ullos reos et delinquentes absolvere vel per liberi commeatus tabulas quas salvum conductum appellant, etiam ad tempus assecurare; nisi qui leviora delicta sede ipsa vacante commiserint minusque exilium aliamve quamcumque poenam etiam pecuniariam illis remittere, condonare vel moderari valeat. Si quid vero contra praesentem prohibitionem factam sit, quilibet ac etiam officialis qui id exequi coactus fuerit, rem denunciare teneatur futuro pontifici, ut possit ad gestorum revocationem procedere et in transgressores ad praescriptum huius nostrae ac praedecessorum constitutionum animadvertere. Teneatur quoque Thesaurarius generalis sub poena privationis sui officii exhibere novo pontifici intra mensem ab eius electione numerandum, computa seu rationes accuratas et distinctas omnium expensarum sede vacante factarum cum specifica expressione singularum summarum, causarum ac personarum, quibus pecuniae persolutae fuerint, adhoc ut ipse pontifex aliquot cardinales sibi benevisos qui tamen non sint tribus numero pauciores, deputet ad examinandum ea computa sive rationes ac dispiciendum sibique referendum, an aliquid inutiliter sive plus aequo impensum aut alias praesenti vel praedecessorum constitutionibus aut chirographis infra etiam nominandis, aliqua ex parte hac in re contraventum fuerit".

1 S. 369. n. 4.

2 „Ne Romani electioni pontificis indeterminata opinionum diversitas aliquod possit obstaculum vel dilationem afferre, nos inter cetera praecipue attendentes quod lex superioris per inferiorem tolli non potest, opinionem adstruere, sicut accepimus satagentem, quod constitutio fel. record. Gregorii pp. X . . . per coetum cardinalium Romanae ecclesiae ipsa vacante modificari possit, corrigi vel immutari aut quicquam ei detrahi sive addi vel dispensari quomodolibet circa ipsam seu aliquam eius partem aut eidem etiam renunciari per eum, tanquam veritati non consonam de fratrum nostrorum consilio reprobamus, irritum nihilominus et inane decernentes, quicquid potestatis aut iurisdictionis ad Romanum, dum vivit, pontificis pertinentis (nisi quatenus in constitutione praedicta permittitur) coetus ipse duxerit eadem vacante ecclesia exercendum".

3 Dass im Fall der Gefahr des Kirchenstaates oder einer sonstigen erheblichen Gefahr auch Akte der kirchlichen Jurisdiktion, nicht blos der weltlichen Regierung erforderlich sein können, liegt auf der Hand.

4 S. darüber das Referat des Fagnan. comm. ad c. 11 X. de maior. et obed. I. 33. n. 1—58, welcher auch die jetzt gegenstandslos gewordenen Kontroversen bespricht. Uebrigens hat man schon früher die Clem. cit. so aufgefasst, dass dadurch die habituelle Jurisdiktion der Kardinäle beseitigt wird, was offenbar das Richtige ist.

5 §. 6: „Sedis autem vacatione durante Collegium cardinalium in iis quae ad pontificem maximum dum viveret pertinebant, **nullam omnino potestatem aut iurisdictionem habeat** neque gratiam neque iustitiam faciendi aut factam per pontificem mortuum executioni demandandi, sed ea omnia futuro pontifici reservare teneatur". Ebenso Const. Clem. XII. cit.: Apostolatus officium. §. 6.

6 S. Clem. 2. cit. S. n. 2.

7 Ferraris l. c. art. V. n. 24.

von der Ausübung der Kardinalrechte, insbesondere des aktiven und passiven Wahlrechtes suspendirten oder einen abgesetzten Kardinal [1] zur Wahl zuzulassen, keine legati a latere bestellen und aussenden [2] u. s. w. Nur ausnahmsweise kann es einzelne Jurisdiktionshandlungen ausüben, nämlich im Fall einer der Kirche drohenden Gefahr [3] durch absolute Majorität in geheimer Abstimmung die zur Abwendung derselben erforderlichen Massregeln ergreifen, ferner dringende unaufschiebbare Verfügungen in Betreff der Leitung der einzelnen Diöcesen und anderer kirchlichen Gebiete mit provisorischer Kraft bis zur Wiederbesetzung des apostolischen Stuhles erlassen [4], sowie für den Fall des Abganges des Kämmerers, des Grosspönitentiars oder einzelner anderer Pönitentiarien während der Sedisvakanz, jedoch nur auf die Dauer der letzteren, diese Stellen wieder besetzen [5].

[1] Einen derartigen Fall aus älterer Zeit s. in c. un. (Bonif. VIII.) in VI^to de schismatic. V. 3; aus neuester Zeit gehört der Fall des Kardinals Andrea (s. oben S. 348. n. 3) hierher. Natürlich ist eine solche ausdrückliche Suspension vom Wahlrecht nicht mit einer sonst eingetretenen Suspension, welche den Kardinal nicht zur Theilnahme am Konklave unfähig macht, zu verwechseln (s. oben S. 278). Uebrigens hebt der Papst in einem solchen Falle die die allgemeine Regel enthaltenden Konstitutionen noch besonders auf, s. Acta ex eis decerpta. 3, 332. Ein anderes, früheres derartiges Beispiel führt Cartwright, a. a. p. 136 ff. an, indem er zugleich die Befugniss des Papstes, einen Kardinal vom Wahlrecht zu suspendiren, p. 131. 148 in Zweifel zieht. Dem Kardinal Coscia, dem Günstling Benedikts XIII., welcher wegen Betruges und anderer Verbrechen zu einer hohen Geldbusse, 10 Jahr Gefängniss im Castell S. Angelo, Verlust seines Bisthums Benevent und Degradation vom Rang und von den Privilegien eines Kardinals seitens des Papstes Clemens' XII. verurtheilt worden, war gleichfalls unter Beseitigung der gedachten Bullen ausdrücklich das Wahlrecht entzogen und jede Wahl, an welcher er Theil nehmen würde, für null erklärt worden. In einem Chirographum vom 11. Dezember 1734 (Katalog der Manuskripte der Bibliothek Corsini zu Rom No. 1618), das Cartwright leider nicht im Originaltext, sondern nur extraktweise in englischer Uebersetzung mittheilt, hat indessen der gedachte Papst jene Sentenz dahin modificirt, dass Coscia an dem nächsten Konklave Theil nehmen könne, aber weder wahlfähig sein, noch durch seine Stimme die erforderliche Zweidrittel-Majorität erreicht werden solle, und Coscia ist auch demgemäss aus dem Gefängniss in das nach Clemens' XII. Tode abgehaltene Konclave gebracht worden. Eine Beseitigung der vorhin erwähnten Bullen enthielt aber diese Milderung der ersten Sentenz immer noch insofern, als abgesehen von der Entziehung des passiven Wahlrechtes, das aktive dem Kardinal Coscia allein in so weit gelassen wurde, als seine Person bei Berechnung der erforderlichen Zweidrittel-Majorität der Stimmen in Anschlag zu bringen war, nicht aber für die Erreichung derselben den Ausschlag geben konnte. Davon, dass Clemens XII. mit der Modificirung der ersten Sentenz zugleich anerkannt habe, dass er keine Befugniss besitze, den Kardinälen das Wahlrecht zu entziehen, kann also nicht die Rede sein, und ebensowenig lässt sich principiell eine solche Beschränkung des päpstlichen Gesetzgebungsrechtes durch lediglich auf dem ius humanum beruhende Konstitutionen seiner Vorgänger rechtfertigen.

[2] Ferraris l. c. n. 37.

[3] S. die citirten Konstitutionen Gregors X., Clemens' V., Pius' IV. und Clemens' XII.

[4] Const. Clement. XII. cit. §. 18: „Inferiorum ecclesiarum praesertim sedi apostolicae immediate subiectarum necessitatibus quae sede vacante occurrunt, aliqua ratione subvenire cupientes, cum non raro per catholicos praecipue antistites et locorum ordinarios aliosve Christi fideles, instantibus aut ingruentibus illo tempore dictis inferioribus ecclesiis vel alias rei ecclesiasticae incommodis, opportunum promptumque a Collegio Cardinalium requiratur remedium, quod pontifex si adesset, ferre minime praetermitteret, volumus ut si res talis sit, quae in aliud tempus differri valeat, futuro pontifici omnino reservetur, sin autem nullam admittat moram, tunc eidem Collegio concedimus, ut committere possit negotium praefecto et aliquot aliis cardinalibus eius Congregationis ad quam pontifex illud examinandum verisimiliter remisisset; qui negotio accurate discusso ea desuper decernant, per modum tamen provisionis, donec nimirum eligatur pontifex quae iuxta datam sibi a domino prudentiam iuribus et rationibus ecclesiasticis custodiendis ac tuendis apta et consentanea censuerint".

[5] Clem. 2. cit. §. 1: „Eo tamen proviso quod si eiusdem ecclesiae camerarium aut maiorem vel aliquos ex poenitentiariis (quorum officium per obitum eiusdem pontificis nolumus exspirare) per mortem vel alias deficere quovis modo contingat, valeat idem coetus ad tempus vacationis huiusmodi pro numero deficientium vel ampliori etiam, quantum ad poenitentiarios si hoc eidem coetus concorditer expedire videbitur, alios subrogare". Const. cit. Clement. XII. §. 15 (l. c. p. 305) . . . „ut . . . congregatio generalis triduo post secutam vacationem alterutrius ex praefatis officiis habeatur ac vota seu suffragia cardinalium post absolutum scrutinium simul congregatorum pro deputatione illius qui Camerarii vel poenitentiarii maioris vices suppleat ad electionem novi pontificis exquirantur denturque per schedulas secretas et impressas a magistris coeremoniarum etiam ab infirmis cardinalibus colligendas ac coram tribus

Ob die Befugnisse der päpstlichen Behörden und der von dem verstorbenen Papst eingesetzten Beamten mit dem Tode desselben erlöschen, hängt davon ab, ob sie mit einer iurisdictio ordinaria im obigen Sinn (s. S. 184) oder einer iurisdictio delegata betraut sind (s. S. 173)[1].

Daher cessirt de iure die Thätigkeit der ständigen Kongregationen der Kurie nicht[2]. Dieser Ansicht steht die gedachte Konstitution Pius' IV. (s. §. 6. S. 370. n. 5) nicht entgegen, da sie nur von dem Kardinalkollegium als solchem spricht, im Gegentheil setzt die Organisations-Konstitution Sixtus' V.: Immensa aeterni vom 22. Januar 1587[2] wenigstens indirekt die Fortdauer der Befugnisse jener Behörden voraus, wie denn auch nach der seit langer Zeit feststehenden Kurialpraxis eine Erneuerung ihrer Vollmachten durch den Nachfolger auf dem apostolischen Stuhle nicht üblich ist[3]. Faktisch ruht allerdings der Geschäftsgang in denjenigen Sachen, welche in den Kongregationen selbst durch den Präfekten erledigt werden müssen, weil unter regelmässigen Verhältnissen die Kardinäle sich im Konklave befinden und sich dort mit der Wahl beschäftigen müssen, also keine Sitzungen ihrer betreffenden Kongregationen halten dürfen[4]. Diejenigen Angelegenheiten, welche der Sekretär allein expediren kann, dürfen aber von ihm trotz der Vakanz erledigt werden[5], und hierin zeigt sich die praktische Bedeutung des vorhin hervorgehobenen Grundsatzes.

Die Aemter des Camerarius, des Gross-Pönitentiarius und der Gehülfen des letzteren dauern, wie ausdrücklich bestimmt ist[6], auch trotz des Todes des Papstes während der Sedisvakanz fort, jedoch sind die Befugnisse ihrer Inhaber durch Pius IV. während dieser Zeit ebenfalls beschränkt worden[7]. Ebensowenig hört das

cardinalibus eo tempore in ordine prioribus praesentibus eisdem coeremoniarum magistris atque collegii secretario aperiendas isque deputatus habeatur in quem maior pars votorum seu suffragiorum praefatorum convenerit ac sic deputato facultates omnes quas ipse Camerarius vel poenitentiarius maior exercere poterat, quamdiu sedes vacaverit, attribuimus". Bestätigt durch die Const. Benedicti XIV.: In apostolici vom 13. April 1744. §. 4 (Bull. Bened. XIV. 1, 330).

[1] Ueber die von mir als quasi ordinaria und gesetzlich delegirte Jurisdiktion bezeichneten Befugnisse (also z. B. die der früheren Legaten, der apostolischen Vikare, der Bischöfe tamquam apostolici sedis delegati) s. oben S. 174. 182. 184. 195.

[2] Schluss-Deklaration (M. Bull. 2, 673) §. 3 („graviora vero quaecunque ad nos vel successores nostros"); §. 8: („Ut autem hae literae quamprimum ubique locorum et gentium innotescant quas inter alias apostolicas perpetuasque constitutiones annumeramus"). S. auch Fagnan. l. c. n. 63—77; Ferraris l. c. n. 43. 44; Bangen S. 3. 9. 28. n. 1.

[3] Fagnan. l. c. n. 76 spricht schon von einer desfalsigen diuturna observantia. Werden doch auch die Präfekten der Kongregationen über die Lebensdauer des sie ernennenden Papstes hinaus mit ihren Funktionen betraut; so heisst es in dem Ernennungsreskript des Präfekten der Congregatio episcoporum von 1775 (Anal. iur. pontif. von 1855. p. 2376): „tam nostro et Romanorum Pontificum successorum nostrorum iussu in eadem materia subscribendi".

[4] Fagnan. l. c. n. 78—82. S. indessen die Beispiele aus den Jahren 1758. 1759. 1823 und 1831, wo die Kardinalskongregationen selbst während des Konklaves ihre Befugnisse ausgeübt haben, in den Anal. l. c. p. 2372.

[5] Fagnan. l. c. n. 83—85.

[6] Clem. 2 cit.

[7] Const. cit. In eligendis §. 9: „Camerarii quoque et Maioris Poenitentiarii officia quae etiam sede vacante durante ita durare decernimus et declaramus ut non solum ea quae praesenti constitutione prohibentur et quae pontifice vivente exercere non consueverunt, seu a quibus pro eiusdem pontificis reverentia aut alias quomodolibet abstinebant, minime usurpent, sed Camerarius ac Praesidentes et clerici aliique ministri et officiales Camerae Apostolicae exactioni pecuniarum eidem Camerae debitarum ac provisionibus ratione Sedis vacantis iuxta praemissa necessario faciendis dumtaxat incumbere et propterea a solutione debitorum ante pontificis obitum contractorum aut illorum declaratione, rationum solidatione, extractionibus frumentorum, remissionibus delictorum, assecutionibus delinquentium et quibuscumque aliis expeditionibus tam gratiam quam iustitiam aut illarum executionem quomodolibet concernentibus omnino abstinere debeant". §. 10: „Poenitentiarius vero et eius officiales ea tantum facere et expedire valeant quae ad forum conscientiae pertinent, in reliquis officium eorum conquiescat. Itaque a quibuscumque matrimonialibus et aliis dispensationibus ac absolutionibus et declarationibus necnon quibusvis aliis expeditionibus quod aiunt, forum mixtim vel

Amt des vicarius pontificis oder urbis auf, jedoch findet eine Wiederbesetzung desselben, wenn es während der Sedisvakanz erledigt wird, nicht statt, vielmehr hat dann der bisherige Stellvertreter des vicarius, der Vices gerens, die betreffenden Funktionen auszuüben[1].

Dagegen erlischt z. B. das Amt des Datarius[2] (s. unten §. 49), weil es sich hier um die Befugniss zur Ertheilung von Gnadenverleihungen handelt und papa, non datarius concedit gratias[3]; ebenso das Amt des auditor sanctissimi[4].

B. Die römische Kurie*.

§. 40. 1. *Begriff.*

Die wesentlichen Gehülfen des Papstes bei der Regierung der allgemeinen Kirche sind die Kardinäle. Seit Jahrhunderten haben aber auch ausser diesen eine ganze

separatim quomodolibet respicientibus omnino abstineant. Alioquin in quibus tam Camerarius et alii praedicti, etiam de licentia aut mandato totius Collegii contrafecerint, ea nulla et irrita sint ac nemini suffragentur. Et nihilominus eorum excessus et inobedientiae rationem pontificis arbitrio reddere teneantur"; Const. Clement. XII. cit. §. 16: „. . . cum . . . aliquae vero sint censurae ecclesiasticae a quibus iis innodati praeterquam in mortis articulo constituti, nonnisi ab ipso Romano pontifice pro tempore existente absolvi queant, adempta nominatim Poenitentiario Maiori id faciendi potestate, atque multoties accidat, ut talibus censuris irretiti vere poenitentes et errata sua sincero animo detestantes, absolutionis beneficium sede vacante enixius implorent; Quo disciplinae ecclesiasticae conservationi simulque animarum fidelium . . . saluti consultum sit, eidem Poenitentiario Maiori vel ei qui in illius locum suffectus fuerit, ut praefertur, facultatem tribuimus, ab his etiam censuris sede vacante fideles praedictos re tamen prius in Signatura ipsius officii Poenitentiariae Apostolicae examinata servatisque aliis servandis, absolvendi, ad tempus scilicet et cum reincidentia in dictas censuras, ita ut qui fuerint absoluti ad novum pontificem intra terminum pro distantia locorum definiendum, recurrere et ab eo plenariae absolutionis beneficium petere et obtinere teneantur; nec Poenitentiario Maiori seu in illius locum suffecto praefixum terminum post pontificis electionem ampliare vel propagare liceat". S. ferner §. 50.

1 Const. Clement. XII. §. 17: „Etsi vicarium pontificis in alma eisque districtu in spiritualibus generalem sede vacante e vivis quoque decedere contigerit, ne animae Christi fidelium urbis ac districtus praefatorum aliquod inde accipiant in spiritualibus detrimentum, tunc existenti vicesgerenti dicti vicarii, quamdiu sedes vacaverit, omnes et singulas facultates, auctoritatem et potestatem quae eidem vicario pro exercitio officii vicariatus quomodolibet competebant quasque pontifex ipse occurrente vacatione vicariatus sede plena vicesgerenti praedicto quandoque per aliquod tempus donec scilicet successorem vicarium deputaverit, attribuere solet, tenore praesentium concedimus ac impartimur".

2 Const. cit. §. 11: „Datarii vero ministerium per eiusdem pontificis obitum omnino expiret, ita ut non solum datas per eum antea notatis extendendi potestatem minime habeat, sed quascumque supplicationes gratiarum et iustitiae penes eum aut eius ministros adhuc existentes etiam si datae fuerint, Collegio cardinalium statim sub sigillo clausas praesentare teneatur futuro pontifici reservandas. Quodsi contra praemissa quicquam ad cuiusvis etiam cardinalis instantiam attentare praesumpserit, irritum et inane existat et nihilominus falsi crimen incurrat, illius rationem futuro pontifici redditurus".

3 Bangen S. 403.

4 Const. Clement. XII. cit. §. 19: „Et quia sede vacante eius qui munus auditoris defuncti Papae obibat, plane expirat iurisdictio indeque plurium causarum forensium audientia ac iustitiae cursus non sine ingenti identidem litigantia impediantur, pro tempore existenti Auditori Signaturae Iustitiae . . . earundem tenore praesentium committimus et mandamus, dantes ei ad hoc facultates necessarias et opportunas, ut citationes et recursus qui coram Auditore Pontificis defuncti tunc pendere reperientur, prout iuris fuerit, expediat".

* Octav. Vestii in Romanae Aulae actionem Εἰσαγωγή i. e. introductio. Venet. 1564; Relazione della Corte di Roma, già pubblicato dal Cav. Girol. Lunadoro, quindi ritoccata, accresciuta ed illustrata da Fr. Antonio Zaccaria. Ora unovamente corretta. Roma. 1830. 2 Voll. — (früher wurde dieses Buch dem Leti zugeschrieben, indem man den Namen Girolamo Lunadoro für erfunden hielt; dass dies unrichtig ist, darüber s. Mejer in der nachher citirten Zeitschrift 1, 56. 57. Die älteste mir zugänglich gewesene Ausgabe ist Padua 1640 herausgekommen, der älteste Druck muss aber spätestens aus 1635 datiren —); Joh. B. de Luca, relatio curiae Romanae Romae 1673; erste deutsche Ausgabe: Colon. Agripp. 1683; (Unselbstständige Auszüge daraus: Hunold. Plettenberg, notitia congregationum et tribunalium Curiae Romanae. Hildesiae. 1693; Dissertationes ad ius publicum Romano-ecclesiasticum. Opus complectens statum ecclesiae Romanae etc. Colon. 1715);

Anzahl von römischen Geistlichen sowohl in höheren als auch in niederen Stellungen Antheil an der Ausübung der dem Papste zustehenden Gewalten gehabt, weil einerseits die Zahl der Kardinäle für die Erledigung aller Geschäfte nicht ausreichte, andererseits aber auch manche Funktionen geringerer Bedeutung mit ihrer hohen kirchlichen Würde nicht vereinbar waren.

Wie die Kardinäle selbst die Stellung als Rathgeber des Papstes sowohl bei der Leitung der römischen als auch der allgemeinen Kirche und endlich bei der Führung seiner weltlichen Regierung eingenommen haben und heute noch einnehmen, so war zunächst auch eine Scheidung der Thätigkeit jener Geistlichen nach den gedachten drei Gesichtspunkten nicht durchgeführt [1]. Eine solche hat vielmehr erst mit der Aussonderung und Organisation der einzelnen Behörden, welche in den bald folgenden §§. 45 ff. näher zu charakterisiren sind, begonnen, und ist selbst heute noch nicht, wenigstens was die obersten Behörden betrifft, scharf durchgeführt [2].

Schon früh, etwa seit dem 11. Jahrhundert wird für die den Papst umgebenden Beamten der Ausdruck: Curia gebraucht [3]. Die Curia Romana lässt sich also als die Gesammtheit derjenigen Beamten und Behörden definiren, welcher sich der Papst zur Ausübung der ihm zustehenden Regierungsrechte jeder Art bedient [4]. In weiterem Sinne gehören auch diejenigen Personen dazu, welche nur gewisse Ehrenstellungen bekleiden und dem Papste zur äusseren Verherrlichung seines Auftretens assistiren, sowie endlich diejenigen, welche seine persönliche Bedienung bilden.

Für eine Darstellung des Kirchenrechtes kommen selbstverständlich in erster Linie diejenigen Behörden und Beamten in Betracht, welche für die Regierung der allgemeinen Kirche bestimmt sind, ferner aber auch solche, welche die dem Papst sonst zustehenden kirchlichen Rechte, z. B. die Diöcesanrechte über Rom ausüben, weil sich hier wegen der eigenthümlichen Kombination derselben mit den Primatialrechten Abweichungen von den sonstigen regelmässigen Einrichtungen finden, während der für die weltliche Leitung des Kirchenstaats bestehende Organismus nur, soweit dies zum

Cohellius s. oben S. 309; P. A. Danielli, recentior praxis Curiae Romanae 1759. (Bd. 4. der Institutiones canonicae, civiles et criminales desselben); Praxis ecclesiastica curiae Romanae Henrico Aburlys presb. dictata per Phil. Monaldinum in alma Urbe procuratorem 1731 im Anh. zu Amort, Elementa iuris canonici, Aug. 1757. Tom. I; (Villati), prattica della Curia Romana, che comprende la giurisdizione de' tribunali di Roma e dello stato e l'ordine giudiziario che in essi si osserva. Roma 1781; O. Mejer, die heutige römische Kurie (bei Richter und Jacobson, Zeitschrift für das Recht und die Politik der Kirche. Hft. 1. S. 54 ff.; Heft 2. S. 195 ff.); J. H. Bangen, die Römische Kurie, ihre gegenwärtige Zusammenstellung und ihr Geschäftsgang. Münster 1854; Phillips, 6, 1 ff.; 297—684.

[1] Card. de Luca l. c. disc. I. n. 9.

[2] S. z. B. das unten §. 52 über die Stellung des Kardinalstaatssekretärs Bemerkte.

[3] Ordo Romanus X (saec. XI) c. 2 (Mabillon, museum Ital. 2, 97): „erit domnus Papa de palatio cum episcopis et cardinalibus et cum toto apparatu curiae veniens ad palatium maius"; Ordo Roman. XI (saec. XII) n. 34 (Mabillon p. 134): „quo dominus Papa cum tota curia venit".

[4] Card. de Luca l. c. n. 7. 8: „Cum autem Papa cuius imperii Aula seu Curia ista dicitur, quadruplicem pluries enunciatam gerat seu repraesentet personam, unam sc. iam enunciatam Christi Vicarii generalis et episcopi ecclesiae universalis, alteram Patriarchae occidentis, tertiam episcopi particularis Romanae civitatis . . . et quartam demum Imperatoris vel Principis temporalis Urbis illiusque Italiae temporalis ditionis . . . hinc proinde quamvis Romana Curia illa proprie dicatur quae primae personae congruit, attamen istas quoque alias Curias inferiores complectitur, ob diversas personas formales quae in una eademque materiali repraesentantur. Ideoque etiam in iis quae particularem Urbis episcopatum vel temporalem ditionem concernunt, Curia Romana dicitur atque officiales vel ministri quorum munus circa istas inferiores vel subalternas Curias tantum versatur absque aliqua participatione regiminis vel administrationis Curiae maioris ac universalis adhuc Papae Curiales dicantur atque leges quae de Curialibus agunt, praesertim super beneficiorum reservationibus vel eorumdem Curialium privilegiis et favoribus . . . istis quoque Curialibus conveniant".

Verständniss der Stellung der kirchlichen Behörden nöthig ist, berührt zu werden braucht.

Was die Personen, welche zur Kurie gehören, betrifft, so sind dies, die Kurie in jenem oben erwähnten engeren Sinne genommen, folgende[1]:

1. die Kardinäle,
2. die Prälaten,
3. die sonstigen Beamten, welche keine Prälatur bekleiden,
4. die Advokaten,
5. die Prokuratoren,
6. die Notare,
7. die Expeditoren (Sollicitatoren, Speditionäre),
8. die Agenten.

Nach dem gewöhnlichen Sprachgebrauch werden indessen nur die unter 4 bis 8 aufgezählten Personenklassen unter der Bezeichnung Kurialen verstanden[2].

Die unter 1 bis 3 genannten bilden die verschiedenen Kurialbehörden, welche meistens kollegialisch organisirt sind. Von den Kardinälen ist schon in den §§. 32—39 gehandelt, weil diese ihre Bedeutung nicht durch die Stellung innerhalb der Kurie haben, vielmehr gerade umgekehrt wegen ihrer Eigenschaft als Kardinäle die hervorragendsten Mitglieder der letzteren sind. Ueber die zu 3 aufgeführten Personen wird bei der Darstellung der einzelnen Behörden das Nöthige bemerkt und nach dieser auch über die Personen zu 4 — 8 gesprochen werden. Dagegen ist schon hier der Prälaten zu gedenken, weil dieselben nächst den Kardinälen die vornehmsten Mitglieder der einzelnen Kurialbehörden sind.

2. Die Prälatur*.

§. 41. *a. Die Entwicklung derselben. Frühere Organisation des römischen und päpstlichen Klerus.*

Die Berichte über die Organisation des römischen Klerus in älterer Zeit lassen eine Scheidung des römischen Klerus in drei Hauptgruppen erkennen, nämlich je nachdem derselbe zu den Regionen der Stadt oder zu den einzelnen Kirchen derselben in einem bestimmten Verhältniss steht oder endlich im päpstlichen Palatium verwendet wird.

I. Der Regionar-Klerus. Abgesehen von den schon oben (S. 312. 322) besprochenen diaconi regionarii gehören zu demselben:

1. Die sieben Notarii regionarii[3]. Der liber pontificalis führt das Institut bis auf die Zeit des h. Clemens (I. 91? — 100?) zurück, indem er von diesem erzählt: »Hic fecit septem regiones dividi notariis fidelibus ecclesiae qui gesta martyrum sollicite et curiose unusquisque per regionem suam perquirerent«[4], und erwähnt dann

[1] L. c. n. 11; Bangen S. 7.

[2] de Luca disc. XLVII. n. 1. 2; Bangen S. 7.

* Mosconii, de maiestate militiae ecclesiasticae. Venetiis. 1602; Aug. de Barbosa, tractat. de canonicis et dignitatibus aliisque beneficiariis etc. Lugdun. 1640 u. öfter. c. 4. 5; Da Ponte, specchio del Vescovo e del Prelato. Roma. 1691; Bangen S. 45 ff.; Phillips 6, 297 ff.; Mejer in der angeführten Zeitschrift. Hft. 1. S. 91 ff.

[3] Zaccaria, dissert. sopra i notaj ecclesiastici (Raccolta di dissertaz. Ital. n. 58. 1. 467); Thomassin, vetus et nova discipl. P. I. lib. II. c. 104. n. 7—12; Oesterley, das deutsche Notariat. Hannover 1842. 1, 79 ff.

[4] ed. Fabrot. 2, 2.

auch einer weiteren Anordnung des Papstes Fabianus (236—250): »Hic regiones divisit diaconibus et fecit septem subdiaconos qui septem notariis imminerent, ut gesta martyrum in integro colligerent«[1]. Hiernach sind die Notare Kleriker gewesen, eine höhere Stellung in der Hierarchie der Weihen können sie aber nicht gehabt haben, da sie nach dem letzten Berichte den Subdiakonen untergeordnet werden. Diese Annahmen bestätigt auch ein Brief Gregors I.[2], worin notarius und clericus gleichbedeutend gebraucht wird und der Umstand, dass Papst Hadrian erst zum Subdiakon geweiht worden ist, als er schon das Amt eines Regionar-Notars bekleidete[3]. Ihre Thätigkeit bestand in der Aufzeichnung von Berichten über den Tod der Märtyrer[4] und in der Aufnahme der Urkunden über die die Kirche betreffenden Geschäfte[5]. Endlich scheinen sie auch Aufzeichnungen über die stattgehabten Taufen gemacht zu haben[6].

Unter Gregor I. kommen Notare als Schreiber päpstlicher Urkunden vor[7] und ferner werden sie als Untersuchungsführer[8] und zu andern Geschäften nach auswärts kommittirt[9]. Zweifellos hat es aber neben den Regionar-Notaren auch schon zu dieser Zeit andere, diesen untergeordnete gegeben[10], indessen sind die unmittelbar vom Papst zu Diensten herangezogenen wohl die angesehensten, also die Regionar-Notare, gewesen. Auch eine nähere Verbindung der Regionar-Notare mit dem päpstlichen Archiv muss schon zu Gregors Zeit eingetreten sein, denn unter ihm erscheint ein Notar gleichfalls mit der Bezeichnung chartularius[11]. In den folgenden Jahrhunderten haben die Notare ihre Hauptbeschäftigung in der päpstlichen Kanzlei und im Archiv gefunden, und die 7 alten Regionardiakonen sich eine hervorragende Stellung als s. g. protonotarii bis auf den heutigen Tag bewahrt (s. §. 51).

Ihre Vorsteher, der primicerius und secundicerius, haben in einer engeren Beziehung zu dem päpstlichen Palatium gestanden, weshalb ich von ihnen erst unter Nr. III. dieses Paragraphen handle.

[1] l. c. p. 7. Ferner gehört hierher die vita Anteri (237—238. l. c. p. 7): „Hic gesta martyrum diligenter a notariis exquisivit et in ecclesia recondidit, propter quod a Maximio praefecto martyrio coronatus est".

[2] Lib. V. ep. 15 (ed. Bened. 2, 738). Auch der liber diurnus n. LXX. (ed. Rozière. Paris. 1869. p. 133) setzt die Klerikalqualität voraus, da das betreffende Stück die Ueberschrift: „praeceptum quando laicus tonsoratur et fit regionarius" trägt.

[3] Lib. pontif. ed. cit p. 98: „Paulus papa eum clericari iussit, quem notarium regionarium in ecclesia constituens postmodum eum subdiaconum fecit".

[4] Das musste natürlich mit dem Aufhören der Christenverfolgungen fortfallen.

[5] Vita Julii I. (337—352. l. c. p. 19): „Hic constitutum fecit, ut nullus clericus causam quamlibet in publico ageret nisi in ecclesia et notitia quae omnibus pro fide ecclesiastica est, per notarios colligeretur et omnia monumenta in ecclesiam per primicerium notariorum confecta celebrarentur sive causationem vel instrumenta aut donationes vel commutationes vel traditiones aut testamenta vel allegationes aut manumissos clerici in ecclesia per scriniarium sanctae sedis celebrarent".

[6] Darauf deutet hin Ordo Rom. I. n. 3. p. 4 (Mabillon l. c. p. 4): „Die autem resurrectionis dominicae procedente eo (papa) ad sanctam Mariam notarius regionarius stat in loco qui dicitur Merolanas et salutato pontifice dicit: In nomine domni nostri Iesu Christi baptizati sunt hesterna nocte in sancta dei genetrice Maria infantes masculi numero tanti, feminae tantae".

[7] Lib. V. ep. 29 (2, 757): „Hanc autem epistolam Paterio notario ecclesiae nostrae scribendam dictavimus".

[8] II. 49; III. 41 (2, 613. 654).

[9] XI. 4 (2, 1095). Nach dem liber diurnus n. LIII. LIV (ed. Rozière p. 94. 95) wurden die Notare auch mit der Verwaltung der auswärtigen Patrimonien der römischen Kirche betraut.

[10] Gregor. epist. VIII. 14 (2, 905): „Quia igitur defensorum officium in causis ecclesiae et obsequiis noscitur laborare pontificum, hac eos concessa prospeximus recompensationis praerogativa gaudere constituentes, ut sicut in schola notariorum atque subdiaconorum per indultam longe retro pontificum largitatem sunt regionarii constituti, ita quoque in defensoribus septem qui ostensa suae experientiae utilitate placuerint, honore regionario decorentur". S. auch Oesterley a. a. O. S. 82.

[11] Ep. I. 77; II. 48; X. 67 (2, 561. 612. 1089).

2. Die sieben Subdiaconi regionarii sind durch Papst Fabian (236—250) eingeführt [1]. Sie hatten, wie die Diakonen, hauptsächlich mit der Güterverwaltung und anderen äusseren Angelegenheiten zu thun, wie sie denn z. B. von Gregor I. mit der Administration der auswärtigen Besitzungen der römischen Kirche [2] und auch mit richterlichen Funktionen betraut wurden [3]. Später kommt noch ein Archisubdiaconus [4] und noch im 13. Jahrhundert ein Prior Subdiaconus regionarius [5] vor.

3. Ebenso werden auch Acolythi regionarii erwähnt [6]. Ob die 42 Akolythen, welcher der Papst Cornelius gedenkt [7], alle regionarii gewesen sind, erscheint zweifelhaft, da zwar eine Bezeichnung derselben nach einzelnen Kirchen vorkommt [8], diese aber auch wieder mit der Angabe der Region kombinirt erscheint [9].

4. Mehr ergeben die Quellen über die Defensores regionarii [10]. Ihr ursprünglicher Beruf war die Armen, Wittwen, Waisen, sowie die Gerechtsame und Güter der Kirchen zu vertreten und zu schützen [11]. Sie waren Kleriker [12] und Gregor I. formirte sie nach dem Vorbilde der Notare und Subdiakonen zu einer Korporation, indem er ihnen gleichzeitig die angesehene Stellung der Regionargeistlichen beilegte [13]. Ausserdem wurden ihnen auch verschiedene Verwaltungsgeschäfte und jurisdiktionelle Befugnisse für einzelne Fälle übertragen, so z. B. die Vertheilung von Almosen [14], die Administration der Patrimonien der römischen Kirche [15], die Abschliessung von Kontrakten für Kirchen [16], die Ueberwachung und Ausführung letztwilliger Verfügungen zu frommen Zwecken [17], die Herbeiführung der Wiederbesetzung vakanter Bisthümer [18], die Ueberwachung der Disciplin in den Klöstern [19], die Entscheidung von Rechtsstreitigkeiten [20], die Verhütung von Ungerechtigkeiten der Bischöfe gegen die niederen Kleriker [21] u. s. w.

II. Der Klerus an den einzelnen Kirchen Roms. Zur Feier des Gottesdienstes waren selbstverständlich bei den einzelnen Römischen Kirchen auch besondere Geistliche angestellt. Sie werden nach der Weihestufe bezeichnet [22],

1 S. oben S. 376; auch Papst Cornelius erwähnt ihrer s. S. 3. n. 2.

2 Ep. lib. I. ep. 1; III. 32 (ed. Ben. 2, 485. 647).

3 II. 20 (2, 583 = c. 8. Dist. LXXIV); III. 32; IX. 47 (2, 583. 647. 961). Ueber ihre gottesdienstlichen Verrichtungen bei den Stationsandachten s. Ordo Roman. I. n. 7 (Mabillon p. 7).

4 Ordo Roman. II. n. 13; Ordo Rom. VI. n. 8 (l. c. p. 49. 73).

5 Ordo Roman. XII. c. 15. n. 33 (l. c. p. 186).

6 Ordo Roman. I. n. 1 (l. c. p. 3), s. S. 322. n. 4.

7 S. S. 3. n. 2.

8 Lib. pontif. vita Sergii I. (ed. Fabrot. 2, 59).

9 Phillips 6, 322. n. 27 theilt nach Aringhi, Roma subterranea IV. 25. n. 12 (2, 69) folgende Grabschrift mit: „Abundantius Acol. Reg. Quarte. T. T. Vestinae".

10 S. dazu Thomassin l. c. P. I. lib. II. c. 97.

11 Anm. d zu Gregor. M. ep. I. 26 (ed. Bened. 2, 517); ferner ep. X. 53; XI. 7; XIV. 2 (2, 1082. 1178. 1261).

12 Das ergiebt die Anstellungsformel bei Gregor ep. V. 29 und XI. 38 (ed. cit. 2, 756. 1121): „Ecclesiasticae utilitatis intuitu id nostro sedit arbitrio, ut si nulli conditioni vel corpori teneris obnoxius nec fuisti clericus alterius civitatis aut in nullo tibi canonum obviant statuta, officium ecclesiae defensorum accipias, ut quidquid pro pauperum commodis tibi a nobis iniunctum fuerit incorrupte et vivaciter exequaris, usurus hoc privilegio quod in te habita deliberatione contulimus: ut omnibus quae tibi a nobis fuerint iniuncta complendis operam tuam fidelis exhibeas, redditurus de actibus tuis sub dei nostri iudicio rationem". Daher erhielten sie auch ihren Unterhalt aus den kirchlichen Einkünften s. ep. I. 44 (2, 539) und assistirten ebenfalls bei den Stationsandachten in Rom. S. Ordo Roman. I. n. 2. p. 4.

13 S. S. 376, n. 10.

14 Gregor. ep. XI. 21 (2, 1105).

15 L. c. IX. 60 (2, 976).

16 L. c. XI. 20. 23 (2, 1105. 1106).

17 L. c. XII. 10 (2, 1187).

18 L. c. XIV. 2 (2, 1260).

19 L. c. XIV. 2 (2, 1260).

20 L. c. X. 28 (2, 1059).

21 L. c. XIV. 4 (2, 1262). Vgl. auch Lau, Gregor I. d. Gr. Leipzig 1845. S. 112. 113.

22 Lib. pontif. vita Sergii I. (ed. Fabrot. 2, 59) „. . . et acolythus factus per ordinem ascendens a s. m. Leone pontifice in titulo sanctae Susannae, quod ad duas domos vocatur, presbyter ordinatus est"; c. 11 (Honor. III.) X. de M. et O. I. 33.

kommen aber auch unter anderen, theilweise ihre Stellung näher charakterisirenden Bezeichnungen, nämlich: Mansionarii[1], custodes[2], basilicarii[3] vor. Unter den verschiedenen Geistlichen der einzelnen Kirchen werden die Geistlichen höheren Ranges Clerici maiores oder maiores ecclesiae von den andern, den clerici minores, unterschieden[4]. Der Vorstand bei denselben heisst archipresbyter[5], selbst wenn die Kirche

[1] Gregor. M. dialog. I. 5.; III. 24. 25 (ed. Ben. 2, 173. 333); ep. IV. 30 (p. 709); da dieser den ersteren Ausdruck als gleichbedeutend mit custodes gebraucht, so sind damit Geistliche niederer Grade gemeint, welche die Aufsicht über die Kirche und die Geräthschaften für den Gottesdienst zu führen und beim Gottesdienst zu assistiren hattten. Mabillon l. c. 2, XXVII; Marini, i papiri diplomatici. Roma. 1805. p. 141. 301. Vgl. ferner Lib. pontif. vita Bened. II. (ed. Fabrot. 2, 57): „Hic dimisit omni clero, monasteriis, diaconiis et mansionariis auri libras XXX". vita Ioannis V. u. Gregor. II. (l. c. p. 58. 71); Ordo Roman. I. n. 3 erwähnt eines primus mansionarius und n. 4 anderer (Mabillon l. c. p. 5. 6). An der Peterskirche in Rom muss das Amt der mansionarii im Mittelalter in die Hände von Laien gekommen sein, denn Bonitho lib. ad amicum lib. VII (Jaffé, monum. Gregoriana p. 660) berichtet von Gregor VII.: „Erat praeterea Romae antiqua et pessima consuetudo quam beatus papa suo tempore funditus exstirpavit. Nam in beati apostolorum principis ecclesia erant sexaginta et eo amplius mansionarii, laici coniugati et plerique concubinati, qui eandem ecclesiam per vices suas die noctuque custodiebant. In quorum potestate omnia, preter maius, erant altaria que orationibus cotidie vendebant. Hii omnes, barba rasati et mitras in capite portantes, sacerdotes et cardinales se dicebant sicque oratores decipiebant et precipue Longobardorum rusticam multitudinem qui eos credentes sacerdotes se eorum commendabant orationibus. Hii intempestae noctis silentio custodiae occasione varia latrocinia et turpia stupra exercebant. Quos beatus papa cum magna difficultate ab ecclesia apostolorum principis expulit et eam religiosis sacerdotibus commisit custodiendam". Als Assistenten für die niedrigen gottesdienstlichen Funktionen werden die mansionarii im 12. Jahrhundert wieder erwähnt. Ordo Rom. XI. n. 17 (Mabillon l. c. p. 126); Petri Mallii canonici lib. ad Alex. III. c. 30: „mansionariis qui serviunt ad altare" (Mabillon l. c. p. 159); s. ferner Gregorii XI. (1370—1378) constit. Lateran. rubr. I. n. 4 (Mabillon l. c. p. 578): „Mansionarii quoque aliis horis et missa campana congrua hora pulsent et lampades accendant". Auch ausserhalb Roms kommen mansionarii an den Domkirchen, welche bald ständige Vikare, bald Kapelläne sind, vor. S. die Synode von Padua von 1350. c. 9 (Mansi 22, 231): „statuimus quod in ecclesiis cathedralibus infra fines nostrae legationis in Italia constitutis in quibus non sunt ordinata beneficia quae vulgariter mansionariae, custodiae vel vicariae nuncupantur" . . . In Padua heissen die 6 Kapelläne, welche statt des die cura habitualis besitzenden Erzpriester der Kathedrale die cura actualis ausüben, noch heute mansionarii s. Anal. iur. pontif. 1861. p. 989; auch die das Bisthum Laval von Le Mans abzweigende Bulle Pius' IX. vom 30. Juni 1855 (ibid. 1863 p. 2050) bestimmt: „congruus insuper capellanorum seu mansionariorum numerus adsciscatur" . . . „capellanorum vero seu mansionariorum praebendae statim . . . suppeditent proventus quibus cappellani seu mansionarii cathedralis ecclesiae Cenomannensis gaudent et fruuntur". Vgl. ferner die Bulle Gregor's XVI. für die Kollegiatkirche in Caserta vom 7. Dezember 1833 n. 3 (Bull. Rom. cont. 19, 294): „. . . in dicta maiori ecclesia VII perpetua simplicia personalem residentiam requirentia praefatumque chori servitium adnexum habentia beneficia ecclesiastica mansionariatus nuncupanda, quae liberae collationis existant et . . . conferri debeant pro totidem clericis seu presbyteris futuris ipsius maioris ecclesiae mansionariis e Casertana dioecesi oriundis . . . auctoritate nostra . . . erigas et instituas".

[2] S. die in der vorigen Note citirten Stellen Gregors I.

[3] Ordo Roman. XI (saec. XII) n. 57 (Mabillon l. c. p. 146. Damit sind wohl die subdiaconi basilicarii (ibid. n. 7. p. 121): „Cardinales vero et diaconi, primicerius cum schola, subdiaconi basilicarii et subdiaconi regionarii et acolythi accipiunt V solidos den. Papiensium" gemeint (s. auch Phillips 6, 309), deren ältester als Prior basilicarius, Prior basilicae (ibid. n. 57. p. 146 und Ordo Roman. XII. c. 12. n. 26, Mabillon l. c. p. 180) bezeichnet wird.

[4] Ordo Romanus III. n. 4 (l. c. p. 54): „Suscipitur autem pontifex per presbyteros tituli vel ecclesiae, ubi indicta est statio, una cum maioribus eiusdem ecclesiae". Die Diakonen müssen also sicher noch zu den maiores gezählt werden, ob auch die Subdiakonen bleibt zweifelhaft.

[5] Nicht mit dem archipresbyter ecclesiae Romanae s. oben S. 359 zu verwechseln. S. Diplom. a. 1017 bei Galletti, del primicero della santa sede apostolica. Roma 1776. app. p. 252: „Petrus archipresbyter de diaconia S. Christi martyris Eustachii in hac concambiatione manus mea, Ioannes presbyter secundus manus mea subscripsi, Eustathius presbyter tertius"; Synodus Romana a. 1044 (Mansi 19, 610): „Ioannes archicanonicus et archipresbyter canonicae S. Ioannis ante portam Latinam"; drei Archipresbyter in der Urkunde Nikolaus' II. vom J. 1060 in Marca Marca Hispanica. Paris 1688. p. 1145; das conc. Roman. a. 1081 unter Gregor VII. (Mansi 20, 578) ist mitunterschrieben von: „Petrus archipresbyter de porta Latina, Johannes archipresbyter de s. Sebastiano, Johannes archipresbyter de s. Caecilia . . . archipresbyter Salvatoris"; diplom. a. 1132 (Galletti l. c. p. 375): „Pretiosa ancilla dei atque evangelica abbatissa monasterii Salvatoris ad duos amantes concedit Romano archipresbytero ecclesiae S. Nicolai sub columpnam trajanam,

ein Kardinal- (Diakonal- oder Presbyteral-) Titel ist. Wenn später bei den drei Kirchen S. Johann im Lateran, S. Peter und S. Maria Maggiore der Archipresbyterat von Kardinälen bekleidet worden ist [1], so beweist das weiter nichts, als dass diese Würde in so hohem Ansehen stand, dass auch Kardinäle dieselbe annahmen, darum sind aber jene alten Patriarchalkirchen [2] nicht Kardinaltitel geworden, noch lässt sich daraus folgern, dass an jedem Kardinaltitel der Kardinal die Stellung eines Archipresbyters gehabt hat [3]. Die neben dem Archipresbyter an derselben Kirche fungirenden Priester wurden als presbyter secundus, tertius, quartus u. s. w. bezeichnet [4]. Für die Regel bildeten diese Priester ein Kollegium und an ihrer Spitze stand als Vorsteher der archipresbyter, welcher auch decanus oder archicanonicus genannt wird [5].

So war das z. B. bei der Lateranensischen Kirche, welche von Alexander II. (1061—1071) Regularkanonikern übergeben war [6], der Fall, nachdem Bonifacius VIII. im J. 1299 hier 15 Weltpriester unter einem Archipresbyter — er war zugleich Kardinal — als Kanoniker eingesetzt hatte [7], für welche später Gregor XI. (1370—1378) die von dem Kardinaldiakon Petrus entworfenen Statuten bestätigte [8]. Ebenso versah ein Kollegium von canonici saeculares den Gottesdienst in S. Pietro in Vaticano [9].

III. Der Palatinalklerus. 1. Die Cubicularii. In das päpstliche Palatium wurden schon früh Knaben, vielfach aus den adligen Familien aufgenommen, welche dort ihre Ausbildung bekamen [10]. Sie konnten später die höheren Weihen erhalten

Ioanni presbytero secundo, Ioanni presbytero tertio, Anastasio presbytero quarto, Benedicto presbytero quinto, Martino presbytero sexto et Crescentio presbytero septimo". Das Koncil zu Pavia v. 1160 zählt als Anhänger des Gegenpapstes Viktors IV. auf (Mansi 21, 1113): „Archipresbyter S. Appollinaris obedivit, archipresbyter S. Tryphonis obedivit, archipresbyter S. Bartholomaei obedivit . . . archipresbyter S. Vincentii cum suis obedivit, archipresbyter S. Catharinae cum suis obedivit, archipresbyter S. Thomae de Parione obedivit, archipresbyter S. Anastasii obedivit, archipresbyter S. Salvatoris de Campo cum suis obedivit, archipresbyter S. Mariae in monte Celso cum suis obedivit". Vor dem 11. Jahrhundert ist das Vorkommen solcher Archipresbyter nicht sicher, denn der am Schluss der Urkunde bei Galletti l. c. p. 190 vorkommende Petrus archipresbyter ecclesiae S. Mariae trans Tiberim gehört nicht dem J. 879, sondern einer spätern Zeit an, und der in der Urkunde v. 953 (ibid. p. 202) erwähnte archipresbyter Benedictus kann auch der archipresbyter sanctae Romanae ecclesiae sein. S. Phillips 6, 326. n. 12.

1 Riganti comment. ad reg. cancell. reg. VIII. §. 1. n. 37 ff.; ferner S. 354. n. 10.

2 S. darüber oben S. 212. n. 3.

3 Denn sie besassen im Mittelalter die iurisdictio quasi episcopalis über dieselben. S. oben S. 352. und Phillips 6, 328.

4 S. die Urkunden von 1017 u. 1132 S. 378. n. 5.

5 Vgl. das citirte Koncil von Pavia (ebendaselbst): „Petrus Christianus decanus basilicae B. Petri und die Römische Synode von 1044 (a. a. O.): „Iohannes archicanonicus et archipresbyter canonicae S. Ioannis ante portam Latinam".

6 Vgl. Anastasii IV. privil. ad canonicos regulares Lateranenses v. J. 1154 (Mansi 21, 778). Auch andere römische Kirchen waren Klostergeistlichen übergeben. S. Phillips 6, 329 ff. Ich übergehe das, weil hier nur vom Weltklerus zu handeln ist.

7 Const. Romana ecclesia vom 3. September 1299 (Bull. Rom. III. 2, 94).

8 Die Bulle und die Statuten bei Mabillon l. c. p. 576 ff. Ueber die Zusammensetzung des Kapitels wird Folgendes festgesetzt n. XXI: „In ecclesia Lateranensi perpetuo et successive sint decem et octo canonici et totidem praebendae praeter praebendam domini cardinalis: quarum praebendarum octo sunt presbyterales . . . quinque vero sunt diaconales . . . quinque vero subdiaconales" . . . XXIV. „De beneficiatis Lateranensis ecclesiae praesenti constitutione duximus ordinandum, quod in ipsa ecclesia perpetuo sint viginti duo beneficiati, quorum quatuordecim sint presbyteri . . . quatuor vero diaconi . . . quatuor vero beneficiati restantes sint subdiaconi" . . . Die heutigen Statuten des Kapitels sind im Auszuge in den Analecta iur. pontif. 1855. p. 2033 mitgetheilt.

9 Const. Nicolai III.: Quia sine von 1278 bei Rainald. annal. ecclesiast. a. 1278. n. 79. Ueber den Vorrang hat unter beiden Kapiteln Streit geherrscht. Gregor XI. und nachmals Pius V. haben aber zu Gunsten der Lateranskirche entschieden; s. Const: Super universas von 1372 (M. Bull. 1. 262) und Const: Infirma aevi vom 21. Dezember 1569 (ibid. 2, 315).

10 Ordo Roman. IX. n. 1 (Mabillon l. c. p. 89): „Primum in qualicumque schola reperti fuerint pueri bene psallentes, tolluntur inde et nutriuntur in schola cantorum et postea fiunt cubicularii. Si autem nobilium filii fuerint, statim in cubiculo nutriuntur. Ex hac accipient primam benedictionem ab archidiacono ut liceat eis super linteum vellosum sedere, quod mos est ponere super sellam equi. Dein, sicut sacramentorum

und die höchsten Würden, selbst den Pontifikat erlangen. So sind z. B. die Päpste Gregor II. (715—731)[1], Stephan III. (753—757)[2], Paul I. (757—767), Stephan IV. (768—772), Leo III. (795—816), Stephan V. (816—817), Paschalis I. (817—824), Valentin II. (827), Leo IV. (847—855), Benedikt III. (855—858), Nikolaus I. (858—867)[3] aus dem Palatium oder Cubiculum hervorgegangen. Andererseits bot das Stehenbleiben in den niederen Weihen den Vortheil, dass die betreffenden Personen heirathen durften. Deshalb brachte der römische Adel vielfach seine Söhne im Palatium unter und suchte gewisse Aemter in demselben dauernd in seinen Familien zu erhalten[4]. Schon früh muss sich der Missbrauch gebildet haben, dass die cubicularii nicht einmal die niederen Weihen nahmen, denn schon Gregor I. schloss solche von seiner Umgebung aus[5] und später sah sich Innocenz III. genöthigt, eine gleiche Massregel zu ergreifen[6].

Die eigentliche Funktion der Cubicularii war die, den unmittelbaren Dienst um die Person des Papstes zu leisten, denselben auch bei allen geistlichen Funktionen zu begleiten, untergeordnete Verrichtungen dabei vorzunehmen und gewisse Vorbereitungen für dieselben zu machen[7]. Dass nicht alle Cubicularii in die stete Nähe des Papstes gezogen wurden, liegt in der Natur der Sache und die spätere Hervorhebung besonderer Cubicularii secreti[8] spricht ebenfalls dafür.

Unter den eigentlichen päpstlichen Beamten sind zuerst zu nennen:

2. die sieben Iudices palatini oder iudices de clero[9], nämlich der Primicerius Notariorum, der Secundicerius Notariorum, der Arcarius, der Sacellarius, der Primiscrinius oder Protoscriniarius, der Primicerius Defensorum und endlich der Nomenculator, auch Adminiculator genannt.

codex continet, quando et ubi libitum fuerit, usque in subdiaconatus officium ordinantur: diaconi vero atque presbyteri numquam nisi in publica ordinatione. Schon der Ordo Rom. I. n. 6 (l. c. p. 6) erwähnt eines „cubicularius tonsuratus".

1 Liber pontif. ed. Fabrot. 2, 66: „Hic a parva aetate in patriarchio nutritus sub s. m. domno Sergio papa subdiaconus atque sacellarius factus bibliothecae illi est cura commissa, deinde ad diaconatus ordinem provectus est".

2 L. c. p. 80: „Hic post patris sui transitum parvus derelictus in venerabili cubiculo Lateranensi pro doctrina apostolicae traditionis sub praedecessoribus b. m. pontificibus permansit, quem sigillatim per ecclesiasticos ordines promoventes ad diaconatus ordinem eum ordinaverunt".

3 L. c. p. 89. 90. 120. 146. 147. 158. 175. 199.

4 Galletti, del primicero p. 68. 70. 123. 170; Phillips 6, 335. 336.

5 Synod. Rom. a. 595. c. 2 (Gregor. M. opp. ed. Bened. 2, 1289): „Verecundus mos tempore indiscretionis inolevit, ut huius Sedis pontificibus ad secreta cubiculi servitia laici pueri ac seculares obsequantur. Et cum pastoris vita esse discipulis semper debeat in exemplo, plerumque clerici qualis in secreto sit vita sui pontificis nesciunt, quam tamen, ut dictum est, pueri sciunt seculares. De qua re praesenti decreto constituo, ut qnidam ex clericis vel etiam ex monachis electi, ministerio cubiculi pontificalis obsequantur, ut is qui in loco est regiminis, habeat testes tales, qui vitam eius in secreta conversatione videant et ex visione sedula exempla profectus sumant".

6 Innoc. III. gesta. c. 150 (Bréquigny et La Porte du Theil, diplomata II. 1, 143.

7 S. Ordo Roman. XI. n. 8. 34. 41. 47 72 (Mabillon l. c. p. 122. 134. 137. 141. 151); Ordo Roman. XII. c. 22. n. 45 (l. c. p. 197). S. auch Phillips 6, 341.

8 Marcelli sacrar. caeremon. lib. III. s. 2. c. 25 (Hoffmann nova scriptor. coll. 2, 707): „Cubicularii secreti duo semper pontificem sequuntur immediate in capella et in consistoriis: sedent non longe a pedibus papae, a sinistris in terra sine aliquo tamen sedili. Hi semper intendere debent ad faciem papae, praesto facturi si quid eis imperet: servant honeste sub vestibus sudariola sive nasitergia, birreta et similia. Et si pontifex illis vult uti, ea porrigunt diacono cardinali assistenti ad sinistram. Alii cubicularii, si papa fertur in sede, ipsi cum scutiferis portant pontificem. In divinis non habent aliud officium secreti cubicularii. Cum cardinales veniunt ad reverentiam pontificis, removent parvum scabellum a sede et facta reverentia illud reponunt. Et hoc iunior ex illis facit, quoties opus est et amovet et reponit".

9 S. Galletti in dem n. 4. citirten Buche; v. Savigny, Geschichte des römischen Rechts im Mittelalter. 2. Ausg. 1, 378 ff.; Hegel, Geschichte der Städteverfassung von Italien 1, 244 ff.; 319 ff.; Gregorovius, Geschichte der Stadt Rom 2, 484 ff.; 3, 326 ff. 472 ff.

a. Der Primicerius wird schon zur Zeit des Papstes Julius (337—352) erwähnt[1], für die Zeit vom J. 544 bis zum J. 1297 lassen sich sogar die Personen, welche das Amt inne gehabt haben, bis auf wenige Lücken nachweisen[2]. Der primicerius war das Haupt der oben erwähnten Regionar-Notare. Er hatte damit nicht nur die Stellung eines Kanzlers des Papstes[3], sondern auch die eines Premierministers[4], wie er ja gleichfalls zu dem Kollegium gehörte, welches die Verwaltung der römischen Kirche während der Sedisvakanz und der Abwesenheit der Papstes führte[5]. Gleich den übrigen Palatinalrichtern nahmen auch die Primicerien nur die niederen Weihen[6], also höchstens den Subdiakonat[7]. Denn, da sie dem römischen Adel genommen wurden, so heiratheten sie trotz ihres geistlichen Standes; ja sie vererbten sogar ihre Aemter[8].

b. Der Secundicerius kommt in der Zeit von 536 bis zum J. 1217[9] vor. Er ist der zweite Vorsteher des Kollegs der Notare und hat die Stellung eines zweiten Kanzlers, wie sich denn auch eine Anzahl von ihm datirter Urkunden zwischen den Jahren 837 und 956 vorfinden[10].

Beide gelten als die hervorragendsten unter den 7 Beamten. Sie hatten bei feierlichen Gelegenheiten ihre Stelle dicht neben dem Papste und rangirten vor den Bischöfen[11]. Es kann daher nicht auffallen, dass sogar duces und consules diese Stellen zu erlangen suchten[12].

c. Der Arcarius, als Bewahrer der päpstlichen Arca oder Kasse, kann als der Finanzminister betrachtet werden; da er gleichzeitig auch die oberste Verwaltung der Steuern und sonstigen Einkünfte hatte[13]. Dass das Amt ebenso wie die anderen bis in das 6. Jahrhundert hinaufreicht, ergiebt sich daraus, dass es allgemein auffiel, als Papst Agatho (678—681) keinen Arcarius ernannte, sondern die Geschäfte desselben selbst eine Zeitlang hindurch an sich nahm[14]. Während des 9. Jahrhunderts haben auch Bischöfe diese Stelle verwaltet[15].

1 S. Lib. pontif. vita Julii S. 376. n. 5. In späterer Zeit s. Ordo Romanus XI. n. 48 (Mabillon l. c. p. 142), Ordo Rom. XII. c. 15. n. 35 (ibid. p. 186) heisst er auch Primicerius iudicum. Vgl. über den Primicerius und Secundicerius noch Cenni, dell' origine, incombenze e dignità del primicerio e secundicerio in Zaccaria raccolta di dissertazioni Italiane. 3, 242 ff. diss. 22).

2 Galletti l. c. p. 20—88. Der Name wird davon abgeleitet, dass er als erster in die Cera, die Matricula, eingetragen wird. S. Du Fresne du Cange s. v. primicerius.

3 Aus den 8. bis 10. Jahrhundert finden sich eine Reihe von Urkunden, welche durch den primicerius datirt sind. S. unten §. 51.

4 Hegel a. a. O. 1, 246; Gregorovius a. a. O. 2, 485; Giesebrecht, Geschichte der deutschen Kaiserzeit 1, 805.

5 S. oben S. 369.

6 In der bei Mabillon, museum italicum 2, 570; im Museum für rheinische Jurisprudenz 5, 129; v. Savigny a. a. O. 7, 12 und Giesebrecht a. a. O. S. 825 herausgegebenen Notiz über die römische Gerichtsverfassung, welche etwa um das Jahr 1000 zu setzen ist (vgl. auch Papenkordt, Geschichte der Stadt Rom S. 147), heisst es: „Hi pro criminalibus non iudicant nec in quemquam mortiferam dictant sententiam et Rome clerici sunt, ad nullos umquam alios ordines promovendi".

7 Hegel a. a. O. S. 246. Damit stimmt es überein, wenn im liber pontificalis vita Constantini (708—714 ed. Fabrot. 2, 65) bei der Aufzählung der Reisebegleiter des Papstes folgende Reihenfolge beobachtet wird: zuerst mehrere Bischöfe, drei Priester, ein Diakon, dann 5 Palatinalrichter, 2 Subdiakonen und de reliquis gradibus ecclesiae pauci clerici.

8 S. die Stammbäume bei Galletti l. c. p. 71 und Giesebrecht a. a. O. S. 805.

9 Galletti l. c.

10 S. unten §. 51.

11 Die gedachte Notiz sagt: „Primus primicerius; secundus qui dicitur secundicerius. Qui ab ipsis officiis nomen accipiunt . . . Set et in Romana ecclesia in omnibus processionibus manuatim ducunt papam cedentibus episcopis et ceteris magnatibus et in maioribus festivitatibus octavam super omnes episcopos legunt lectionem". Ueber das letztere vgl. Phillips 6, 354. 355.

12 Gregorovius a. a. O. S. 486.

13 Die Notiz sagt über ihn: Tertius est archarius qui praeest tributis. S. auch Hegel a. a. O. S. 245; Gregorovius a. a. O. S. 486.

14 Lib. pontif. vita Agathon. (ed. Fabrot. 2, 53): „Hic ultra consuetudinem arcarius ecclesiae Romanae efficitur et per semetipsum causam arcariae disposuit, emittens videlicet de suscepta per nomenclatorem manu sua obumbratas. Qui infirmitate detentus arcarium iuxta consuetudinem instituit".

15 Die Urkunde Stephans VII. v. J. 896 (Jaffé

d. Dagegen hatte der Saccellarius, dessen Amt zuerst im 7. Jahrhundert vorkommt[1], als Zahl- oder Säckelmeister die Administation der Ausgaben[2]. Er sorgte für die Löhnung der Truppen, für die Vertheilung der Almosen und für die Auszahlung der den Klerikern bei gewissen feierlichen Gelegenheiten zu gewährenden Geldgeschenke[3].

e. Der Protoscriniarius war der Vorsteher der päpstlichen scriniarii, derjenigen Beamten, welche an dem Archiv angestellt waren und zugleich die Ausstellung der päpstlichen Urkunden zu besorgen hatten[4]. Sein Vorkommen neben dem Primicerius und Secundicerius Notariorum könnte insofern befremdlich erscheinen, als die scriniarii seit dem 9. Jahrhundert mit den Notaren identisch sind[5]. Allein da ursprünglich beide Beamtenklassen verschiedene Funktionen gehabt haben, so erklärt sich schon daraus das Bestehen eines besonderen Vorsteheramtes für jede derselben, und später als der Primicerius die Stelle eines ersten Ministers einnahm, mochte der Portoscriniar deshalb nöthig sein, weil ersterer wegen seiner sonstigen Geschäfte nicht mehr in der Lage war, die Leitung der Notare und Scriniare zu führen. Wenn er nur äusserst selten als Rekognoscent päpstlicher Urkunden vorkommt, so spricht das m. E. nicht gegen diese Annahme, vielmehr insofern dafür, als er offenbar die nächste Kontrole über die ordnungsmässige Ausfertigung hatte und die eigentliche Kontrasignatur also einem andern der Palatinalrichter zufallen musste.

f. Der Primicerius Defensorum war der Vorsteher der von Gregor I. zu einem Regionar-Kollegium formirten[6] Defensoren, und mag in dieser Eigenschaft nicht nur mit der Wahrung der Rechte der römischen Kirche, sondern auch mit der Oberleitung der Verwaltung der Patrimonien der letzteren zu thun gehabt haben[7].

g. Der Nomenculator[8] oder Adminiculator[9] kann, da er nach den Quellenangaben derjenige ist, welcher für die Wittwen, Waisen, Gefangenen und Bedrückten eintritt, füglich als Minister in Gnadenangelegenheiten bezeichnet werden.

Der Name iudices[10], genauer iudices cleri oder de clero[11], iudices palatini, ordinarii[12] für diese Beamten erklärt sich daraus, dass sie als Minister des

n. 2697) ist datirt per manus Stephani s. ecclesiae Nepesini, arcarii s. sed. apost."

[1] Lib. pontif. vita Gregorii II. (715—731) s. oben S. 380. n. 1.

[2] Die Notiz von 1000: „Quartus sacellarius qui stipendia erogat militibus et Rome sabbato scrutiniorum dat elemosinam et Romanis episcopis et clericis et ordinatis viris largitur presbyteria".

[3] Ueber diese, die sog. rogae und presbyteria s. Phillips 6, 351.

[4] Die Notiz von 1000: „Quintus est protus qui praeest scriniariis quos nos tabelliones vocamus". Ueber die scriniarii s. des näheren unten §. 51; Gregorovius a. a. O. S. 486.

[5] Auch darüber vgl. unten §. 51; s. auch Oesterley a. a. O. 1, 87 ff.

[6] S. oben S. 377.

[7] Gregorovius a. a. O. S. 487.

[8] So heisst er in den Ordines Romani, Ordo I. n. 2 (Mabillon l. c. p. 4): „Post equum (pontificii) vero hi sunt qui equitant: vicedominus, vastararius, nomenculator atque saccellarius" . . . Si quis autem adire voluerit pontificem, si equitat, statim descendat de equo et ex latere viae expectet, usque dum ab eo possit audiri. Et petita ab eo benedictione discutiatur a nomenculatore vel saccellario causa eius et ipsi indicant pontifici et finiunt" u. n. 19. p. 13; Ordo Rom. VIII. c. 2. n. 5 (l. c. p. 86), ebenso im liber pontif. vita Constantini (ed. Fabrot. 2, 65): „Georgius secundicerius, Ioannes primus defensor, Cosmus sacellarius, Sisinnius nomenculator" etc.

[9] In der Notiz vom J. 1000: „Septimus amminiculator intercedens pro pupillis et viduis, pro afflictis et captivis".

[10] So z. B. in den ordines Romani, ordo IX. c. 6. p. 93.

[11] Lib. pontif. vita Hadriani I. (ed. cit. 2, 99): „Hic namque in ipsa electionis suae die . . . reverti fecit iudices illos huius Romanae urbis tam de clero quam de militia, qui in exilium... missi erant"; ibid. p. 108: „Pontifex cum suis iudicibus tam cleri quamque militiae".

[12] Die Notiz vom J. 1000: „Iudicum alii sunt palati (al. palatini) quos ordinarios vocamus".

Papstes eben die Beamten κατ' ἐξοχὴν sind [1], nicht daraus, dass sie auch innerhalb ihres Ressorts eine Gerichtsbarkeit zur Entscheidung der vorkommenden Streitigkeiten hatten [2].

Die Bedeutung dieser Aemter basirte darauf, dass sie die Organe für die Ausübung der päpstlichen Herrschaft über die Stadt Rom waren, und thatsächlich waren sie nicht nur dies, sondern auch oft sogar die Herren des Papstes selbst [3]. Die Verbindung mit dem Frankenreich und den fränkischen Königen musste ebenfalls auf die Stellung dieser Beamten insofern einen Einfluss ausüben, als der Frankenkaiser die Oberhoheit und insbesondere die Gerichtshoheit auch über Rom ausübte [4]. Daher erschienen die iudices palatini zugleich als kaiserliche Beamte und die mehrfach erwähnte Notiz über die Gerichtsverfassung Roms aus der Ottonenzeit bezeichnet sie daher gleichzeitig als iudices des Romanum imperium und der Romana ecclesia [5].

Seit der fränkischen Zeit nimmt aber ihre Bedeutung allmählich ab; weder die Anfang des 10. Jahrhunderts in Rom als Gewalthaber herrschenden römischen Adligen, noch später die Ottonen, und ebensowenig endlich die Päpste selbst hatten irgend ein Interesse, die Macht jener Iudices zu stärken. Was die letzteren betrifft, so hätte das sogar mit der seit Mitte des 9. Jahrhunderts beginnenden Tendenz, die Laien von der Verwaltung kirchlicher Angelegenheiten auszuschliessen, geradezu in Widerspruch gestanden. Die Betheiligung der benachbarten und der mit den deutschen Kaisern nach Rom kommenden Bischöfe an den kirchlichen Angelegenheiten, das Eingreifen der Kaiser selbst, endlich die immer fester sich abgränzende Stellung des Kardinalkollegiums mussten die iudices palatini mehr und mehr in den Hintergrund drängen und sie zu rein richterlichen Beamten für die Stadt Rom herabdrücken [6]. So kommen denn Primicerien der Notare nur bis zum J. 1297, Sekundicerien bis zum J. 1217, Protoscriniarien bis zum J. 1197, Arcarien bis zum J. 1195, Saccellare bis zum J. 1162, Primicerien der Defensoren und Nomenculatoren gar nur bis zum J. 1139 vor [7].

Ausser den Palatinalrichtern sind noch folgende päpstliche Beamte hervorzuheben:

3. Der Vicedominus [8]. Er hat mit der Bewachung und der Aufsicht über den Lateranensischen Palast zu thun [9] und ist zugleich der Verwalter des pästlichen Haus-

[1] Wie ja auch bei den Langobarden der dem Graf gleichstehende Judex nicht blosser Gerichtsbeamte ist. Walter, deutsche Rechtsgeschichte. §. 45, vgl. auch oben S. 166. n. 7 und v. Savigny a. a. O. S. 380, welcher aber zu weit geht, wenn er ihre richterliche Thätigkeit nur als eine vorübergehende, zufällige Funktion betrachtet, während anderseits Papenkordt a. a. O. S. 149 gleichfalls unrichtig ihre Bezeichnung ausschliesslich aus ihrer Gerichtsbarkeit herleitet.

[2] Die citirte Notiz: „Hi pro criminalibus non iudicant". Das ergeben ferner die bei Galletti, l. c. im Anhang abgedruckten Urkunden. S. auch Papenkordt a. a. O. S. 149; Hegel a. a. O. S. 319 ff.

[3] Hegel a. a. O. S. 257 ff.

[4] Papenkordt a. a. O. S. 141; Giesebrecht a. a. O. S. 806.

[5] „In Romano vero imperio et in Romana usque hodie aecclesia septem sunt iudices palatini qui ordinarii nominantur, qui ordinant imperatorem et cum Romanis clericis eligunt papam: quorum nomina haec sunt: Primus primicerius. Secundus qui dicitur secundicerius. Qui ab ipsis officiis nomen accipiunt. Hi dextra levaque vallantes imperatorem, quodammodo cum illo videntur regnare; sine quibus aliquid magni non potest constituere imperator". S. auch Gregorovius a. a. O. 3, 473. Ihre Betheiligung bei der Kaiserkrönung ergiebt auch die bald in die Zeit Heinrichs III., bald die Heinrichs VI. (s. Phillips 6, 345. n. 8) gesetzte Coronatio Romana in den Leges 2, 187. Dagegen ist es eine offenbare Uebertreibung, wenn ihnen in der Notiz ein Wahlrecht des Kaisers und ein Berathungsrecht desselben zugeschrieben wird.

[6] Papenkordt a. a. O. S. 150; Hegel a. a. O. S. 320. 321.

[7] Galletti l. c. 89 ff.; 379. 133 ff. 124 ff. 150 ff. 162 ff.; Phillips 6, 348.

[8] (Renazzi) Notizie storiche degli antichi Vicedomini del Patriarchio Lateranense e de' moderni Prefetti del sagro palazzo apostolico ovvero Maggiordomi pontificj. Roma. 1784.

[9] Liber pontific. vita Vigilii (537—555. ed. cit. 2, 41): „retransmisit Romam Ampliatum

haltes[1]. Das hohe Ansehen des Amtes zeigt sich darin, dass sein Inhaber bei feierlichen Gelegenheiten unmittelbar hinter dem Papste einherritt[2] und selbst Bischöfe dasselbe bekleideten[3]. Das Amt hat sich nur bis zum 11. Jahrhundert erhalten[4], in den folgenden verschwindet es, da die Befugnisse des vicedominus seit jener Zeit auf den päpstlichen Kämmerer übergegangen sind[5].

4. Der Vestararius[6]. Er hatte die für die kirchlichen Funktionen des Papstes bestimmten Kleider des Papstes und die werthvollen kirchlichen Geräthschaften, sowie das zur Tafel desselben gehörige Silbergeschirr aufzubewahren[7], und überwachte eine Anzahl anderer, ihm zu diesem Behuf zur Seite stehenden Beamten, welche den gleichen Namen führten[8]. Die höheren Weihen, wie sie der Vicedominus nahm, hatte er für die Regel nicht[9]. Der Vestararius wird zuerst unter Hadrian I. (772—795)[10] und zuletzt im J. 1032 erwähnt[11]. Seine Funktionen hat später der Thesaurarius ausgeübt[12].

Ausser diesen Hofbeamten[13] kommen auch noch:

5. Palatinalgeistliche, so die 6 diaconi palatini mit dem Archidiakon als

presbyterum et vicedominum suum et Valentinum episcopum a sancta Rufina et Secunda ad custodiendum Lateranis et gubernandum clerum". Hiess doch auch ein Theil des Lateranensischen Palastes: vicedominium, s. vita Stephani IV. (768—772 ed. cit. 2, 91): „Quem (Constantinum) . . . in Lateranense palatium introduxerunt. Et ascendentes cum eo in vicedominio" etc.; Renazzi p. 5.

1 c. 2. 3 (Gregor. I.) Dist. LXXXIX. Zu seinem Beruf gehört daher auch die Sorge für die Aufnahme von Fremden und für die Einladungen zur päpstlichen Tafel bei feierlichen Gelegenheiten. Ordo Romanus I. n. 19 (l. c. p. 13): „Nomenculator vero et saccellarius et notarius vicedomini, cum dixerint: Agnus Dei tunc ascendunt adstare ante faciem pontificis, ut annuat eis scribere nomina eorum qui invitandi sunt sive ad mensam pontificis per nomenculatorem sive ad vicedomini per notarium ipsius".

2 Ordo Rom. I. n. 2 (l. c. p. 4).

3 Lib. pont. vita Zachariae (741—752. ed. cit. 2, 77): „missa legatione et muneribus ad obsecrandum eundem regem (Luitprandum) per Benedictum episcopum et vicedominum atque Ambrosium primicerium notariorum petiit" etc.

4 Unter den Unterschriften der Römischen Synode von 1044 (Mansi 19, 606) findet sich auch folgende: „Ego Benedictus archidiaconus S. R. E. et vicedominus interfui et subscripsi". Renazzi p. 14.

5 S. unten §. 46.

6 Galletti, del Vestarario della Sancta Romana Chiesa. Roma. 1758.

7 Lib. pont. Severini vita ed. cit. 2, 47: „et sigillaverunt omne vestiarium ecclesiae seu cymbilia (cimelia) episcopii"; vita Stephani VI. ed. cit. 2, 234: „Deinde . . . per omnia sacri palatii perrexit vestiaria quae in tantum devastata repererit, ut de sacratis vasis quibus mensas tenere festis diebus pontifices consueverant, paucissima invenirentur. De reliquis vero opibus nihil omnino". Ordo Roman. I. n. 3 (l. c. p. 5): „Diebus vero festis calicem et patenam maiores et evangelia maiora de vestiario dominico exigunt sub sigillo vesterarii per numerum gemmarum ut non perdantur".

8 Ordo Roman. XII. c. 24. p. 199 (l. c. p. 199) und das Schreiben Hadrians I. vom J. 772, wodurch der Schutz des Klosters S. Maria zu Farfa an Miccio „notarium regionarium et priorem vestiarii s. ecclesiae atque eius omnes successores apostolicae sedis vestiarii priores" übertragen wird. Chron. Farf. bei Muratori, rer. Italic. script. II. 2, 346, denn die Bezeichnung prior setzt andere Untergebene voraus.

9 Die bekannte Theodora, Mutter der Marozia führt nach ihrem Gemahl, dem vestararius Theophylactus den Titel: Vesterarissa. Gregorovius a. a. O. 3, 275. n. 2.

10 S. n. 8 u. Lib. pont. vita Hadrian. I. ed. cit. 2, 113: „et in . . . basilica b. Petri apostolorum principis, dum per olitana tempora vetustissimas trabes quae ibidem existebant, cerneret isdem praecipuus pontifex mittens Ianuarium vestararium suum cognoscens eum idoneam personam cum multitudine populi mutavit ibidem trabes numero XIV" . . . s. auch p. 114 ibid.

11 Galletti l. c. p. 25. 53 u. dazu Phillips 6, 360. n. 23.

12 S. unten. Uebrigens ist der Vestararius nicht mit dem primus mansionarius zu verwechseln, welcher die gewöhnlich zum Gottesdienst gebrauchten Gegenstände verwahrte. Ordo Roman. I. n. 3 (p. 5); Ordo Roman. III. n. 4 (p. 54).

13 Die jüngeren ordines Romani erwähnen ausser dem camerarius (s. unter §. 46) als solche noch eines Senescalcus maior, eines Marescalcus Curiae oder Magister Marescalcus und eines Magister Pincerna, Ordo Roman. XII. c. 2. n. 5. 34. c. 35. p. 170. 201; Ordo XIV. c. 39. p. 268; Ordo XV. c. 147. p. 531; sodass sich also mindestens seit dem 13. Jahrh. die vier germanischen Hofämter auch im Palatium des Papstes wieder finden. Phillips 6, 313.

siebenten an der Spitze [1], subdiaconi palatini und acolythi palatini, welche dem Papst bei den von ihm selbst celebrirten Gottesdiensten assistirten, vor [2].

6. Was endlich die mehrfach erwähnten Consiliarii betrifft, so waren diese wohl diejenigen Personen, welche sich der einzelne Papst nach seinem Belieben als Rathgeber auswählte [3]. Eine feste Stellung mit einem besonderen Range hatten sie wohl nicht, eine Ansicht, für welche der Umstand spricht, dass sie in den späteren Zeiten, wo für die Verwaltung der einzelnen Geschäftszweige sich ein bis in das Einzelne gegliederter Organismus ausgebildet hatte, und für dergleichen Räthe kein Raum übrig blieb, nicht mehr genannt werden.

Die Gesammtheit der den Papst umgebenden Beamten und Personen [4] wird mit den Ausdrücken: Palatii ordines [5], Ordines palatini [6], officiales [7] palatii, officiales curiae [8], officiales aulae papalis [9] und anderen bezeichnet.

III. Die Entwicklung der Prälatur. Schon im Liber pontificalis wird ein Theil der römischen Geistlichkeit durch die Charakterisirung als: Proceres Cleri [10], Proceres Ecclesiae [11], Primates Ecclesiae [12] aus der Gesammtheit der in Rom vorhandenen Kleriker herausgehoben, und den gleichen Sprachgebrauch weist der Liber diurnus auf [13]. Einen Anhalt dafür, dass diese Klasse in der damaligen Zeit schon durch gewisse feststehende Vorrechte von der übrigen Geistlichkeit unterschieden gewesen wäre, ergeben die Quellen nicht und so bleibt es denn zweifelhaft, welche Kleriker und Beamte im Einzelnen zu ihnen gerechnet worden sind. Als zweifellos kann es aber wohl angenommen werden, dass zunächst eine hervorragende Stellung in der Hierarchie des Ordos ein solches höheres Ansehen verlieh und somit darf man daher die Kardinalbischöfe, Kardinalpriester und Kardinaldiakonen unbedenklich und vielleicht auch die übrigen Presbyter in Rom zu den proceres zählen, die letzteren wohl

1 Ordo Rom. XI. n. 47. p. 141; s. auch oben S. 323. n. 5.

2 Phillips 6, 309. 311.

3 Ioann. Diacon. vita Gregor. M. II. 11: „Caeterum prudentissimus rector Gregorius remotis a suo cubiculo saecularibus clericorum sibi prudentissimos consiliarios familiaresque delegit: inter quos Petrum diaconum . . . Aemilianum quoque notarium . . . et Iohannem defensorem". Lib. pontif. vita Sergii I. (ed. cit. 2, 61): „Bonifacium consiliarium apostolicae sedis secum in regiam abstulit urbem". Stephan. IV. (l. c. p. 91: „Christophorus primicerius et consiliarius"; Stephan. III. (l. c. p. 88); Hadriani II. ep. ad Basil. imper. a. 869 (Mansi 16, 23): „Postremo dilectos fratres meos Donatum scilicet s. eccles. Ostiensis et Stephanum s. eccl. Nepesinae reverentissimos et sanctissimos episcopos atque filium meum Marinum apostolicae sedis diaconum consiliarios nostros tuae commendantes pietati"; eiusd. ep. ad procer. Caroli a. 869 (ibid. 15, 840): „Paulum et Leonem venerabiles episcopos dilectos consiliarios nostros". Nach dem Schreiben des Hilarius archipresbyter et servans locum s. sedis apostolicae, Ioannes diaconus et in dei nomine electus (Johann IV.), item Ioannes primicerius et servans locum s. apost. et Ioannes servus dei, consiliarius eiusd. sed. apost. v. J. 640 bei Mansi 10, 681 scheint es aber, als ob die betreffenden mitunter diese Bezeichnung als Titel geführt haben.

4 Andere Beamte und Geistliche untergeordneterer Stellung als die im Text genannten zählt noch auf Phillips 6, 309 ff.; über andere, welche in der heutigen Organisation der Kurie noch Bedeutung haben s. §. 65.

5 Ordo Rom. XI. n. 7. a. 38. 57 (Mabillon l. c. p. 122. 135. 146).

6 Ordo cit. n. 45. 50 (l. c. p. 140. 143); Ordo XII. c. 15. n. 32 (p. 184).

7 Ordo XIII. n. 10 (p. 231).

8 Ordo XIV. c. 98 (p. 378).

9 L. c. c. 105 (p. 398).

10 Vita Leonis III (ed. Fabrot. 2, 125): „Tunc Romani prae nimio gaudio suum recipientes pastorem, omnes generaliter in vigilia b. Andreae apostoli tam proceres clericorum cum omnibus clericis quamque optimates et senatus cunctaque militia et universus populus" etc.

11 Vita Hadriani. I (l. c. 2, 99): (Desiderius Langobardorum rex) per suum inimicum argumentum erui fecit oculos Christophori primicerii et Sergii secundicerii, filii eius, suamque voluntatem de ipsis duobus proceribus ecclesiae explevit".

12 Vita Severini (l. c. 2, 47): „Isacius venit in civitatem Romanam et misit omnes primates ecclesiae singulos per singulos civitates in exilium"; Vita Stephani IV (l. c. 2, 92): „sedentes cum eo (Philippo) aliquanti ex primatibus ecclesiae et optimatibus militiae".

13 S. oben S. 221.

deshalb, weil der Liber diurnus[1] und der Liber pontificalis[2] die sacerdotes schlechthin mit den proceres dem übrigen Klerus entgegensetzen. Ob die subdiaconi regionarii auch dahin gehörten, lässt sich nicht sicher entscheiden. Allein wenn man erwägt, dass die Regionargeistlichkeit einer besonderen Ehrenstellung genoss — verlieh doch Gregor I. ausdrücklich den Defensoren den den Notaren zukommenden honor regionarius[3] — und dass die aus den Regionar-Notaren entstandenen späteren Protonotare noch heute Mitglieder der Prälatur sind, so kann man sie kaum in die niedere Klasse der Geistlichkeit stellen, um so weniger als sie ebenso wie die Regionar-Notare und Defensoren von Gregor I. zu wichtigen Geschäften benutzt wurden[4].

Abgesehen von den letztgedachten Personen, welche ihre Qualität als proceres ecclesiae nicht ihrem Weihegrade, sondern ihrer Anstellung bei den Regionen und ihrem Amte verdankten, gehören mit Rücksicht auf das letztere vor Allem die sieben iudices palatini zu der höheren Klasse der römischen Geistlichkeit. Waren sie doch die Minister des Papstes, welche, wenngleich sie auch nicht die höheren Weihestufen nahmen, doch immer den Klerikat erwarben oder mindestens erwerben sollten[5]. Wegen ihrer nahen Stellung zum Papste darf man wohl auch den Vicedominus und den Vestararius zu dieser Klasse zählen und für diese Annahme darauf verweisen, dass Bischöfe[6] und Männer aus adligen Familien[7] diese Aemter bekleidet haben[8].

Seit dem 14. Jahrhundert wird neben den Kardinälen, welche schon damals (s. S. 332) die höchste Stufe in der Hierarchie bildeten, noch eine besonders hervorragende Klasse von Geistlichen unter der Bezeichnung: Praelati[9], Praelati Curiae[10], Praelati Domus[11] erwähnt.

Der Ausdruck: Praelati kommt schon in den Dekretalen Gregors IX. vor und umfasst hier die Bischöfe, die Inhaber der über dem bischöflichen stehenden Aemter (die Erzbischöfe, Patriarchen)[12] und die Aebte[13]. An und für sich bedeutet praelatus jeder, der einem anderen vorgeht oder ihm vorsteht und in diesem weiteren Sinne wird es gleichfalls in den Dekretalen gebraucht, so wird der plebanus (Pfarrer) in denselben einmal praelatus[14] und sein Amt praelationis officium genannt[15]. In deutschen Urkunden

[1] S. oben S. 221.

[2] S. oben S. 230. n. 5. A. M. anscheinend Cenni, concil. Lateran. Stephani III. p. XIX. s. oben S. 225. n. 6.

[3] S. oben S. 376. n. 10.

[4] S. oben S. 377.

[5] Einzelne derselben, so z. B. der Primicerius und der Secundicerius werden im Liber pontif. (s. S. 385. n. 11) auch ausdrücklich als proceres bezeichnet.

[6] S. oben S. 384.

[7] Vgl. Gregorovius a. a. O. S. 490.

[8] Im wesentlichen stimmen mit der hier versuchten Abgränzung der Klasse der Proceres überein Cenni l. c. (s. oben S. 225. n. 6) und Gregorovius a. a. O. Was die sonst in diesem §. aufgezählten Geistlichen und Beamten betrifft, so muss es beim Mangel jeglicher näheren Anhaltspunkte dahin gestellt bleiben, welche von diesen der einen und welche der anderen Klasse zuzuweisen sind.

[9] Ordo Rom. XIV. c. 92: „sedens in faldistorio recipit ad reverentiam cardinales et praelatos nondum paratos, licet quandoque parati ad reverentiam veniunt", und mehrfach in diesem Kapitel (s. Mabillon l. c. p. 363. 365); c. 98 (p. 378) c. 105 (p. 422); Ordo Rom. XV. c. 20 (p. 457).

[10] Ordo XIV (p. 363): „et in processibus sunt omnes cardinales et praelati curiae parati in albis"; c. 105 (p. 420): „ubi convenire habent idem dominus noster papa et cardinales et alii praelati de curia".

[11] Ordo Roman. XV. c. 143 (p. 526): „Et dum approximat (papa) ad mortem debent esse parati cubicularii semper ad servitium suum et debent vocare confessorem suum et praelatos domus qui sibi administrent sacramenta ecclesiastica".

[12] c. 41 (Conc. Later. IV. a. 1215: „Statuimus ut ultra tres menses cathedralis vel regularis ecclesia praelato non vacet"), c. 44 (ibid.) X. de elect. I. 6; c. 3. §. 5 (Gregor. X. in conc. Lugdun.) in VIto eod.: „ut patriarchae, archiepiscopi et alii ecclesiarum praelati".

[13] c. 2 (conc. Rhem. a. 1148) X. de iud. II. 1: „episcopi, abbates, archiepiscopi et alii ecclesiarum praelati".

[14] c. 3 (Alex. III.) X. de off. iud. ordin. I. 31. Vgl. übrigens dazu Kober, Kirchenbann. 2. Ausg. S. 76.

[15] c. 4 (Clem. III.) X. de clerico aegrot. III. 6.

werden daher auch die Inhaber der ersten mit einer Jurisdiktion oder einem Personat verbundenen Stiftsämter, z. B. der Probst, Dechant, Kantor, Kustos des Domkapitels zu Münster [1], ferner der Domprobst und der Domdechant von Speier, sowie drei Pröbste, ein Scholasticus und ein Kustos als praelati den ceteri canonici gegenübergesetzt [2]. Vor Allem konnten aber die Bischöfe und diejenigen, welche eine höhere oder ihnen ähnliche Regierungsgewalt (Jurisdiktion) besassen, im eminenten Sinne als praelati bezeichnet werden und aus diesem Umstande erklärt sich wohl der eben erwähnte Sprachgebrauch der Dekretalen [3].

Nächst diesen kirchlichen Würdenträgern durften füglich auch diejenigen Geistlichen, welche in Rom dadurch eine hervorragende Stelle einnahmen, dass ihnen regelmässig bestimmte Befugnisse des Papstes zur Ausübung übertragen wurden, praelati genannt werden. Wie die Kardinäle sich zu einer bestimmten Klasse ab- und alle übrigen Geistlichen, selbst die Bischöfe, von der Theilnahme an der Regierung ausschlossen, so war dasselbe auch mit den Prälaten in dem hier in Rede stehenden Sinne der Fall, welche neben und unter den Kardinälen geringere Geschäfte der Kurie zu erledigen hatten. Es ist daher kein Zufall, dass der Ausdruck praelati für diesen niederen kirchlichen Berufsadel, wie man sie füglich im Gegensatz zu dem hohen Adel, den Kardinälen, nennen kann, erst seit dem 14., wahrscheinlich auch schon seit dem 13. Jahrhundert [4] hervortritt. Die Entwicklung der Prälatur im modernen Sinn im Gegensatz zu den in den früheren Jahrhunderten vorkommenden Proceres ecclesiae setzte zunächst den Abschluss des Kardinalkollegiums als der höchst berechtigten Geistlichkeitskorporation in der Kirche und ferner eine beginnende Aussonderung und Organisation ständiger, kirchlicher Behörden für die Regieruug der allgemeinen Kirche voraus, welche letztere sich gerade in den vorhin erwähnten Zeiten vollzogen hat.

§. 42. *b. Die heutige Stellung der Prälatur.*

Die Prälaten der römischen Kurie im heutigen Sinne können als diejenigen Geistlichen bezeichnet werden, welche gewisse Befugnisse des obersten Kirchenregimentes des Papstes sei es allein sei es zu Kollegien vereinigt, theils in Unterstützung der Kardinäle, theils selbstständig ausüben, und deswegen auch durch einen äusseren Ehrenvorrang ausgezeichnet sind oder welche wenigstens ohne einen derartigen

[1] Urkunde von 1204 in Wilmans, westphälisches Urkundenbuch p. 15.

[2] Urkunde von 1186 im Wirtembergischen Urkundenbuch. Stuttgart 1849. 2, 544. Vgl. hiezu auch Ficker, vom Reichsfürstenstande. Innsbruck 1861. 1, 142. 143.

[3] Unter den alii ecclesiarum praelati in c. 2. X. de iud. cit. sind wohl solche kirchliche Beamte zu verstehen, welche ausser den gedachten aus verschiedenen Gründen Theile der bischöflichen Jurisdiktion erworben hatten, so namentlich die Archidiakonen und auch die Archipresbyter s. Gonzalez Tellez comm. ad c. 1. X. de officio archipresb. I. 24. lit. b und ad c. 2. cit. lit. f, wo aber auch unrichtiger Weise die einfachen Pfarrer hierher gerechnet werden, denn auf diese passt die Anweisung am Schlusse des Kapitels: „nec propter (laicorum) prohibitionem ecclesiasticam dimittant iustitiam exercere“ nicht.

[4] Ordo Roman. XIII iussu Gregorii X. (1271—1276) edit. n. 6—8 erwähnt schon mehrfach der cardinales et alii praelati (Mabillon l. c. p. 225. 226. 227). Phillips 6, 306. n. 9 findet hier den Sprachgebrauch der Dekretalen wieder und will unter den praelati nur die Bischöfe verstehen. Eine Stelle spricht aber m. E. gerade dafür, dass hier schon die praelati curiae gemeint sind; n. 8. p. 227 lautet: „ipse summus pontifex et omnes cardinales et alii praelati et subdiaconi, quilibet in gradu suo indutus vestimentis preciosis albi coloris, episcopi pluvialibus, presbyteri casula, diaconi dalmatica, subdiaconi tunicella, acolythi superpelliciis, et alii capellani, episcopi, archiepiscopi, abbates et patriarchae pluvialibus et iudices, scrinarii, similiter praefecti et advocati erunt induti pluvialibus“. Es werden also hier gerade diejenigen, welche im Sinne der Dekretalen praelati sind, die episcopi, archiepiscopi, abbates et patriarchae den cardinales et alii praelati gegenübergesetzt.

Antheil an der päpstlichen Jurisdiktion gleiche Ehrenrechte, wie die an der letzteren participirenden besitzen [1]. Die ersteren nennt man eigentliche, die anderen Ehrenprälaten [2].

Die Prälatur gilt als Vorstufe für den Kardinalat [3] und sowohl die eigentliche wie die Ehrenprälatur hat ihre verschiedenen Grade [4].

Die Bedingungen der Zulassung zur Prälatur sind folgende [5]: 1. eheliche Geburt von ehrenhaften Eltern, 2. sittlicher Lebenswandel, 3. Alter von 25 Jahren, 4. 5jähriges Studium des Rechts auf einer Universität, 5. Besitz des Doctorates beider Rechte, 6. 2jährige Rechtspraxis an einem geistlichen Gerichte und Besitz einer jährlichen Einnahme von 1500 römischen Scudi, 7. Ablegung eines Examens vor der Signatur der Justiz [6].

Benedikt XIV. hat eine eigene Vorbereitungsanstalt für die Ausbildung zur Prälatur, die s. g. Academia ecclesiastica, gegründet [7]. In dieselbe können als Zöglinge sowohl In- und Ausländer mit päpstlicher Bewilligung und unter Ausweis über gute Sitten, über Vollendung des theologischen und juristischen Studiums, sowie Erlangung der Weihen, resp. mit Dimissorialien ihres Bischofs aufgenommen werden und machen hier einen dreijährigen theoretischen und praktischen Kursus gerade in den Geschäften, welche für den Dienst an der Kurie und für die Prälatur in Betracht kommen, durch [8].

Haben sie den Anforderungen des Instituts entsprochen, so können sie in die Prälatur eintreten, erhalten aber zunächst ebenso wie die andern nicht in der Anstalt vorgebildeten Geistlichen nur eine Ehrenprälatur.

Die Prälatur, welche der Papst nach Erfüllung der vorgeschriebenen Bedingungen seitens des Kandidaten verleiht, heisst praelatura iustitiae (prelatura di giustizia); sieht er dagegen davon ab, so nennt man sie praelatura gratiae (prelatura di grazia). Was die Personen betrifft, welchen diese Auszeichnung gewährt wird, so können es Geistliche sein, welche sich schon im Dienste der Kurie ausgezeichnet haben — und das ist das Gewöhnliche — oder solche, welche erst in den Kurialdienst eintreten wollen oder endlich auch solche, welche ausserhalb Rom leben und in ihrer Diöcese ein kirchliches Amt bekleiden [9].

Was zunächst die eigentlichen Prälaten betrifft, so gehören zu ihnen:

1. Die in Rom residirenden Patriarchen, Erzbischöfe und Bischöfe, welche mit Rücksicht auf ihren Weihegrad den Prälaten mit priesterlichem Ordo vorgehen. Ihre Anwesenheit in Rom erklärt sich daraus, dass der h. Stuhl stets mehrere Bischöfe in partibus theils mit Rücksicht auf seine Würde, theils wegen der Natur der zu erledigenden Angelegenheiten, theils wegen der Stellung der Personen, mit welchen er verhandelt, in seiner Umgebung hat [10].

1 Ueber die Verhältnisse und Privilegien der Prälaten vgl. const. Pauli III.: Cum sicut vom 21. April 1545 (Bull. Rom. IV. 1, 232); Julii III.: Cura pastoralis vom 3. April 1551 und Romanus pontifex vom 6. April 1551 (l. c. IV. 1, 279); Pauli V.: In maximis vom 23. Dezember 1605. §. 12 (M. Bull. 3, 215); Gregorii XV.: Circumspecta vom 17. August 1622 (l. c. 3, 464); Innocentii X: Etsi ea vom 27. November 1645 (Bull. Rom. VI. 3, 55); Alexandri VII: In sublimi vom 22. Aug. 1656 (l. c. VI. 4, 133) und Inter caeteras vom 16. Juli 1659 (l. c. IV. 5, 11).

2 Bangen, die römische Kurie. S. 50. 54.

3 Moroni, dizionario di erudizione storico-ecclesiastica 55, 143.

4 Bangen S. 51. 49.

5 Vorgeschrieben durch die Konstitution Alexanders VII.: Inter ceteras vom 16. Juni 1659. §. 5 (M. Bull. 6, 118).

6 Moroni 55, 144. 145.

7 Bangen S. 53. Weitere Bestimmungen darüber haben Pius VI. und Pius IX. erlassen.

8 Bangen S. 53.

9 A. a. O. S. 53; Moroni l. c. p. 146 ff.

10 So residiren auch die drei Patriarchen von Konstantinopel, Antiochia und Alexandria, welche

2. Die s. g. Prelati di fiocchetti[1] (Prälaten mit dem Recht der Pflocken), nämlich der Auditor der apostolischen Kammer, der Vicekämmerer-Gubernator von Rom, der Thesaurar der römischen Kirche, der Vicesgerens des Kardinal-Vikars und der Maiordomus des päpstlichen Palastes. Ihre Bezeichnung kommt daher, dass sie im Gegensatz zu den übrigen Prälaten das Privileg besitzen, die Pferde ihres Wagen, ebenso wie die Kardinäle, mit Pflocken zu schmücken[2].

3. Der Sekretär der Breven, der Datarius, der Sekretär der Memorialen, der Staatssekretär, sofern diese Aemter, was freilich nach der jetzigen Praxis der Fall ist, nicht in den Händen von Kardinälen sind[3].

4. Der Magister Camerae (Maestro di Camera), der Kommissar und Assessor der Inquisition, der Regens der apostolischen Kanzlei, der Regens der apostolischen Pönitentiarie, der Promotor Fidei, der Magister sacri Palatii[4] und die Sekretäre der Kardinals-Kongregationen, welche letztere zwar nicht schon durch das Amt allein die höhere Prälatur erlangen, denen sie aber ausnahmslos mit ihrer Ernennung verliehen wird[5].

Die Kollegien der eigentlichen Prälaten sind[5]: 1. Das Kollegium der apostolischen Protonotarii participantes[6], 2. der Kleriker der Kammer[7], 3. der Auditoren der Rota[8], 4. der Referendarii Votantes[9] und der Ponenten der Konsulta[10].

Eine Zwischenstufe zwischen den eigentlichen und den Ehrenprälaten bilden die 4 s. g. prelati mantellone, — so nach der Form ihrer Kleidung genannt — nämlich der Advokat der Armen, der General-Advokat des Fiskus und der apostolischen Kammer, der General-Prokurator des Fiskus und der apostolischen Kammer und der General-Kommissar der apostolischen Kammer[11].

Die Ehrenprälaten der römischen Kurie und zwar solche, welche ein Amt bekleiden, sind:

1. Die beim päpstlichen Throne assistirenden Bischöfe (episcopi assistentes ad solium pontificium), welche das Recht haben, bei ihrer Anwesenheit in Rom sich in der unmittelbaren Nähe des Papstes bei den feierlichen, gottesdienstlichen Funktionen desselben zu betheiligen[12].

2. Die geheimen Kämmerer oder Kammerherren (camerieri segreti) mit aktivem Dienst, nämlich der Almosenspender des Papstes (eleemosiniere) und sein

noch zur Erinnerung an die alten Patriarchate ernannt worden, in Rom, während der Patriarch von Jerusalem wieder von seinem Sprengel Besitz genommen hat. S. Bangen S. 54 u. unten §. 4. III.

1 Moroni 55, 153.

2 Caeremoniale dominor. praelatorum v. 22. November 1742 (Bened. XIV. Bull. append. ad T. I. u. II. 2, 30 und Bangen S. 464) n. I: „Nulli Praelatorum cuiusvis Ordinis aut Collegii fuerit, qui Rocchetti praerogativa potitur, imposterum liceat eodem induto per Urbem incedere. Cum hoc gestare unice ex Summorum Pontificum munificentia una cum lemniscis (Pflocken) nigris ad equos proprii cursus appensis praecipuorum suorum officiorum ratione ac praestantia permissum sit almae urbis Gubernatori Vice-Camerario, Generalibus Reverendae Camerae Apostolico Auditori ac Thesaurario: nec non utriusque Sac. Palatii Praefecto, atque insuper ob distincti habitus accessionem, Mozettae scilicet a s. m. Benedicto XIII quatuor Patriarchis, Constantinopolitano videlicet Alexandrino, Antiocheno et Hierosolimitano concessae, dum Mantelletto ac praefato Mozzetta ornati processerint"; Bangen S. 54. Ueber die gedachten Beamten s. unten §§. 46. 64. 65.

3 S. darüber §§. 49. 52.

4 S. über diese §§. 50. 51. 53. 58. 60. 65.

5 Bangen S. 55.

6 Bangen a. a. O.

7 §. 51.

8 §. 46.

9 §. 47.

10 Anhang zu §. 62.

11 Bangen S. 55. S. über diese unten §§. 66. 46.

12 Bangen S. 56.

Koadjutor — beide Erzbischöfe in partibus infidelium — der Sekretär der Breven an die Fürsten, der Sekretär der Chiffern, der Sekretär der lateinischen Briefe [1], der Subdatarius [2] und die vier Kammerherren, welche nach den Wochen abwechselnd den Dienst in den Gemächern des Papstes haben [3].

3. Die Abbreviatoren der grösseren Präsidenz in der apostolischen Kanzlei [4], die Ceremonienmeister und die dienstthuenden geheimen Kapelläne des Papstes [5].

Die Ehrenprälaten ohne Amt sind die Hausprälaten Seiner Heiligkeit (prelati domestici di Sua Santita), die nicht participirenden Referendare beider Signaturen, die nicht participirenden Protonotare [6], die überzähligen geheimen Kammerherren (Camerieri segreti sopranumerarii) [7], die überzähligen Ceremonienmeister (maestri delle ceremonie sopranumerarii), die geheimen Kämmerer mit violettem Kleid (camerieri segreti in abito paonazzo) [8], die geheimen Ehrenkapelläne (capellani segreti d'onore) [9], die geheimen Ehrenkammerherren ausser Rom (extra urbem) [10] und die geheimen Ehrenkapelläne ausser Rom (extra urbem) [11].

Die allgemeine, die Prälaten auszeichnende Farbe der Kleidung ist die violette [12]. Allen ursprünglichen Prälaten, d. h. denen, deren Amt die Prälatur von Anfang inhärent gewesen ist, also den Patriarchen, Erzbischöfen und Bischöfen, sowie den eigentlichen Prälaten der Kurie kommt der violette Schultermantel (mantelletta) und das Rochett (Chorrock mit Aermeln, an den Saum-Enden mit Spitzen verbrämt) zu. Ihr Titel ist *illustrissimus et reverendissimus* [13].

Die Ehrenprälaten führen dagegen nur den Titel: *reverendissimus* und sind in Bezug auf das Maass des Violetten in ihrer Kleidung und in Bezug auf die Insignien an das gebunden, was ihnen ausdrücklich gewährt ist [14].

Im Gegensatz zu den Nichtprälaten (Signori) werden die Prälaten im Kurialstil *Monsignori* [15] genannt.

Was die Ordensmitglieder betrifft, so sind diese in Folge ihrer Zuziehung als Konsultoren der Kongregationen und der Pönitentiaria gleichfalls bei der Verwaltung der Kurialgeschäfte betheiligt. Als solche erhalten sie den Titel: *patres reverendissimi*, zur Prälatur im eigentlichen Sinne gehören sie aber nicht [16]. Dasselbe gilt auch von den Generälen der Orden, welche freilich mitunter zu den Prälaten

1 S. §. 52.
2 §. 49.
3 Bangen S. 57; Moroni 7, 25 ff.
4 S. §. 46.
5 Bangen S. 57. — Die Konsistorial-Advokaten (s. §. 66) haben nur gewisse Insignien der Prälaten, nicht die Prälatur selbst, da sie nicht alle Geistliche zu sein brauchen. Denjenigen, welche es sind, wird aber häufig die Ehrenprälatur verliehen. Bangen S. 65. 66.
6 S. §§. 46. 47.
7 Moroni l. c. p. 34 ff.
8 Moroni l. c. p. 47.
9 Moroni 8, 105.
10 Moroni 7, 47.
11 Bangen S. 57.
12 Bangen S. 49; Moroni 55, 148.
13 Bangen S. 49; Moroni l. c. p. 147.
14 Bangen S. 50.
15 Moroni l. c. Ueber den Gebrauch dieses Titels im Allgemeinen bemerkt derselbe 46, 140: „titolo . . . ora proprio dei patriarchi, arcivescovi, vescovi e prelati di mantelletta e mantellettone della Santa Sede, degli abbati mitrati secolari, de' dignitari che lo godono per privilegio e antica consuetudine e di quei cubiculari e famigliari pontificii . . . come maestri di ceremonie, camerieri segreti participanti e sopranumerari, camerieri d'onore ed extra urbem e cappellani segreti d'onore ed extra urbem cioè quanto ai famigliari pontificii finchè sono addetti al servizio effettivo e titolare del papa, i soli ceremonieri godendo il titulo a vita. Per consuetudine hanno il titolo di Monsignori i vicari generali de' cardinali vescovi ed anche altri nella maggior e principal parte abusivamente, onde questo onorifico titolo di distinzione de' prelati secolari come tanti altri si dà per ignoranza o per adulazione a moltissimi che non gli spetta".
16 Bangen S. 58.

gerechnet werden. Diese sollen vermöge ihrer Gelübde auf äusseren Rang verzichten und haben vermöge ihres Amtes keine höhere jurisdiktionelle Stellung in der allgemeinen Kirche, sondern nur innerhalb ihres Ordens. Andererseits aber gehen sie darum doch gewissen Prälaten vor und gerade deswegen werden sie auch uneigentlicher Weise zu den Prälaten gezählt [1].

Ueber die Rangordnung der Prälaten unter einander s. §. 67.

§. 43. 3. *Die Behörden der Kurie im Allgemeinen.*

Ein bestimmter fester Organismus von Behörden für die Ausübung der dem Papst über die allgemeine Kirche zustehenden Rechte hat sich seit dem 13. Jahrhundert entwickelt. Seit dieser Zeit haben sich die in den folgenden §§. 45—51 näher besprochenen Behörden gebildet. Da der Entwicklungsgang im Einzelnen ein verschiedener gewesen ist, so kann im Allgemeinen nur so viel bemerkt werden, dass sich auch hier dieselbe Tendenz zeigt, auf welche schon oben bei anderer Gelegenheit [2] aufmerksam gemacht worden ist, nämlich die, dass gewisse Befugnisse, welche anfänglich vereinzelt aus Anlass jedes besondern Falles an bestimmte Personen übertragen werden, dadurch, dass eine solche häufig vorkommt, allmählich stehend ein für alle Mal gewissen Beamten oder einem Beamten-Kollegium verbleiben.

Das betreffende Beamten-Personal, welches mit diesen Funktionen, soweit sie irgend erheblich und wichtig sind, betraut ist, sind die Kardinäle und die Prälaten.

Die Bedeutung dieser Behörden ist aber in Folge der durch Sixtus V. mittelst der Bulle: Immensa aeternae vom 22. Januar 1587 [3] unternommenen Reorganisation der Kurie und der Errichtung von 15 aus Kardinälen gebildeten Kongregationen, von denen allerdings einzelne an schon früher eingesetzte sich anschlossen [4], im wesentlichen herabgedrückt worden, namentlich ist das der Fall mit denjenigen Behörden gewesen, welche die streitige Gerichtsbarkeit auszuüben hatten, da neben ihnen die Kongregationen auch die in ihr Ressort einschlagenden streitigen Sachen erledigen konnten, und so für das Gebiet der allgemeinen Kirche die Wirksamkeit der alten Justizbehörden fast ganz beseitigt haben. Deshalb üben denn heute die letzteren — und dahin gehören die Rota Romana, die apostolische Kammer und die Signatura iustititiae — fast ausschliesslich und nur mit geringen Ausnahmen eine Jurisdiktion für den Kirchenstaat aus [5].

Abgesehen davon haben jene alten Behörden auch insofern an Bedeutung verloren, als ein Theil ihrer administrativen Befugnisse, soweit er den Kirchenstaat betraf, in Folge der neueren Organisation der politischen Verwaltung auf die einzelnen päpstlichen Ministerien übergegangen ist [6].

Die praktische Bedeutung der Kongregationen zeigt sich auch in ihrer Zusammensetzung, sie bestehen aus einer Anzahl von Kardinälen. Dagegen haben die älteren Behörden, wie z. B. die Signatura iustitiae, zwar theilweise noch einen Kardinal zum Präsidenten, aber die Hauptthätigkeit ruht in den Händen von Prälaten, wie denn einzelne, so z. B. die Rota, sogar jetzt geradezu als selbstständige Prälaten-Kollegien bezeichnet werden können.

[1] A. a. O. S. 59.
[2] S. 174.
[3] M. Bull. 2, 667.
[4] S. z. B. §§. 53. 54.
[5] S. §§. 45. 46. 47.
[6] Ein Beispiel dafür bietet die apostolische Kammer s. §. 46. u. IX.

a. Die Behörden älteren Datums.

§. 44. *aa. Allgemeines.*

Die in den Ueberschriften gedachten Behörden lassen sich nach den ihnen obliegenden Geschäften in folgende drei Gruppen sondern:

I. in solche, welche mit der Rechtssprechung zu thun haben, nämlich die im vorigen Paragraph genannten drei Behörden, von denen die Signatur der Justiz als ein oberster Kompetenz- und Kassations-Gerichtshof für ausserordentliche Sachen, die Rota als ordentliches Gericht namentlich höchster Instanz für geistliche wie weltliche Rechtsstreitigkeiten, die apostolische Kammer als ein Tribunal für geistliche wie weltliche Kriminalsachen bezeichnet werden kann [1].

Die von diesen Gerichtshöfen ausgeübte Jurisdiktion ist heute unzweifelhaft eine ordentliche. Handhaben sie auch eine ursprünglich dem Papste zustehende Gerichtsbarkeit, so ist ihnen diese doch ständig ein für alle Mal durch die neueren gesetzlichen Bestimmungen übertragen, und hinsichtlich der Rota, für welche früher allerdings Zweifel bestehen konnten [2], das sogar ausdrücklich anerkannt.

II. Die Gnadenbehörden. Diese erledigen im Gegensatz zu den eben besprochenen Tribunalen solche Gesuche, deren Gewährung von der freien Disposition des Papstes abhängig ist. Im Allgemeinen haben sie aber die eingehenden Sachen nur für die Entscheidung des letzteren vorzubereiten und behufs Fassung einer solchen zu berathen [3]. Wegen dieses Charakters kann ihnen also im Allgemeinen keine Jurisdiktion beigelegt werden. Ausnahmsweise besitzen sie aber eine solche und zwar als ordinaria, da ihnen in öfters vorkommenden Fällen die selbstständige Entscheidung ein für alle Mal übertragen ist [4].

Es gehören zu dieser Gruppe die Signatura gratiae (§. 48), die Dataria Apostolica (§. 49), die Sacra Poenitentiaria Apostolica (§. 50) und endlich die Secretaria Brevium (§. 52), von denen die letztere eine doppelte Stellung insofern einnimmt, als sie gleichzeitig auch Expeditionsbehörde ist.

III. Die Expeditionsbehörden, die Cancellaria Apostolica und die eben genannte Secretaria brevium. Von der Regel, dass jede Kurial-Behörde das Recht hat, ihre Erlasse und Akte selbst in authentischer Form auszufertigen, macht das Konsistorium wegen seiner Zusammensetzung, ferner aber die Dataria in Folge der eigenthümlichen positiven Gestaltung eine Ausnahme, und deshalb müssen für diese die gedachten Funktionen durch eigene — die eben genannten — Behörden wahrgenommen werden. Der Natur der ihnen zugewiesenen Beschäftigungen gemäss kann diesen im Allgemeinen keine Jurisdiktion zustehen; nur für vereinzelte Fälle, wo Einsprüche gegen die Expedition der vom Papst gewährten Verleihungen seitens Dritter wegen Verletzung ihrer Rechte erhoben werden, kommen aber davon Ausnahmen vor.

bb. Die Justiz-Behörden (Tribunale) der Kurie.

§. 45. *α. Die Sacra Rota Romana*.*

I. Entstehung der Rota. Die Bezeichnung der Mitglieder des päpstlichen Gerichtshofes der Rota: Auditores kann selbstverständlich an und für sich kein Grund

[1] Bangen S. 20 und das Nähere in den betreffenden §§.
[2] S. §. 45. u. II. d. und u. III.
[3] Bangen S. 21.
[4] Bangen S. 24. 444 und §. 51. u. II. a. E.
* Tanaglia, Urbis et Orbis supremi tribunalis monumenta seu de sacro Rotae Romanae auditorio. Liburni 1654; Petr. Ridolphini, de

sein, die Existenz des Gerichtshofes schon in die Zeiten zu verlegen, wo überhaupt ein am päpstlichen Hofe mit Rechtssachen betrauter Geistlicher auditor genannt wird [1]. Die Dekretalensammlung Gregors IX. weist eine Reihe von Briefen auf, in denen auditores erwähnt werden [2]. Sie werden vom Papste deputirt und haben die Instruktion der ihnen überwiesenen Prozesse zu führen, also die Erklärungen der Parteien und die Beweise derselben entgegenzunehmen [3], wenn sie nicht etwa nur zur Vornahme einer einzelnen oder mehrerer prozessualischen Handlungen kommittirt sind [4]. Nach Erledigung ihres Auftrages haben sie dann an den Papst zu berichten (referre) [5], welcher demnächst mit Beirath von Kardinälen, Bischöfen und anderen Geistlichen der Kurie (de consilio fratrum) die Definitiv-Sentenz fällt [6]. Begriffsmässig kommt die letztere Funktion dem Auditor nicht zu [7], wiewohl er auch damit beauftragt werden kann [8], dann aber doch kein Delegat im eigentlichen Sinne [9] wird, weil der Papst immer noch die gefällte Sentenz bestätigt [10].

Wenngleich ferner der Ausdruck: Auditorium wiederholt in den Dekretalen vorkommt [11], und die Glosse [12] unzweifelhaft richtig [13] bemerkt: »nam auditorium est locus ubi causae tractantur«, so muss doch der Gedanke von der Hand gewiesen werden, dass bereits jene Quellenstellen das Vorhandensein der Rota, also eines besonderen päpstlichen Gerichtshofes (auditorium), dessen Mitglieder auditores genannt worden seien, ergeben.

Dagegen spricht einmal die besondere Ernennung der auditores für den einzelnen Fall und die Zusammenstellung derselben mit den iudices delegati [14], während sonst

ordine procedendi in iudiciis in Romana Curia praxis recentior etc. Venet. 1696; Bernini, il tribunale della S. Rota Romana. Rom. 1717; Bondini, del tribunale della S. Rota Romana. Roma 1854; Regulae, ordinationes et constitutiones iudiciales Cancellariae apostolicae . . . comm. ampliss. cum Alfonsi Zotti et aliorum tum praec. Lud. Gomes... illustr. Paris. 1545, auch Lud. Gomez in Cancellariae Apostolicae regulas iudiciales. Venet. 1575; Card. de Luca, relatio cur. Rom. disc. XXXII; Danielli, praxis recentior. tit. 38; Prattica della Curia Romana (Roma 1781). P. III. c. 2; Lunadoro-Zaccaria, relazione p. 2. c. 35. p. 150; Monaldini, praxis ecclesiastica Curiae Romanae §. 3 (bei Amort, elem. iur. can. Tom. I. p. 11 ff.); Bangen, die römische Kurie. S. 292, (er hat zwei bei den Auditoren der Rota cirkulirende Manuskripte: Notitia Sacrae Rotae Romanae des Auditor der Rota Jacob Emerix, eines Deutschen, u. 1676 geschrieben, und eine mit Rücksicht auf die neueren Gesetze gemachte Umarbeitung: della S. Rota Romana benutzt); Phillips 6, 449 ff.; Rosshirt, Arch. f. d. civil. Praxis. 48, 195 ff. — Breve esposizione cronologica de' privilegi conferiti da' sommi pontefici agli uditori della sagra Romana Rota raccolti dal can. Pietro Tailetti. Roma 1854.

1 In dem Briefe Gregors I. lib. XI. ep. 28 (ed. Bened. 2, 1112): „Haec autem dico quia auditoris mei animum in humilitate sternere cupio. Sed ipsa tua humilitas habeat fiduciam suam"; an den Apostel der Angelsachsen heisst das Wort offenbar nur Zuhörer und hat keine juristisch technische Nebenbedeutung.

2 Sehr ausführlich hat diese Phillips 6, 451 ff. zusammengestellt.

3 S. z. B. c. 10 (Innoc. III.) X. de fide instrum. II. 22.

4 c. 27. §. 2 (Innoc. III.) X. de officio iud. deleg. I. 29. Eine genaue Zusammenstellung der vor ihnen vorkommenden processualischen Akte giebt Phillips 6, 467.

5 c. 16. 21 (Innoc. III.) X. de elect. I. 6.

6 c. 10 (Innoc. III.) X. de fide instrum. II. 22; c. 6 (id.) X. de pignor. III. 21; c. 8 (id.) X. de donat. III. 24.

7 S. S. 187. n. 5.

8 c. 13 (Honor. III.) X. de renunc. I. 9: „auditori praedicto nobis haec omnia referenti dedimus in mandatis, ut super hoc aliquos de fratribus consuleret et in causa procederet iuxta consilium eorundem: idem auditor habito consilio dilecti fratris nostri T. s. Sabinae presbyteri cardinalis ac etiam aliorum sententiam praedictorum iudicum sententialiter iustitia exigente cassavit". Andere Beispiele in c. 12 (Gregor. IX.) X. de procur. I. 38; c. 8 (Innoc. III.) X. de probat. II. 19 und bei Phillips 6, 454 ff. 469.

9 c. 27. §. 2. cit. I. 29.

10 S. die citirten Stellen und Phillips a. a. O.

11 c. 3 (Coelest. III.) X. de confirm. utili II. 30; c. 3 (Innoc. III.) X. de except. II. 25 (pars decisa: „Et dum in nostra et fratrum nostrorum praesentia foret utraque partium constituta, pro ipso Jacobo fuit taliter in nostro auditorio allegatum" . . .); c. 6 (id.) X. de fide instrum. II. 22.

12 Zu c. 8 (Innoc. III.) X. de dolo et contum. II. 14. s. v. auditorio.

13 Das ergeben die angeführten Dekretalen.

14 S. S. 187.

doch von einer Ueberweisung der dem Papst unmittelbar unterbreiteten Angelegenheiten an einen ständigen Gerichtshof irgend etwas aus den Dekretalen erhellen müsste. Ebensowenig lässt sich die Annahme der Existenz eines solchen damit vereinigen, dass bald und am häufigsten Kardinäle [1], bald päpstliche subdiaconi capellani [2], ja auch andere vorübergehend an der Kurie sich aufhaltende Geistliche, wie der Erzbischof von St. Jago a Compostella und der Bischof von Tortona [3], zu Auditoren bestellt worden sind. Darin zeigt sich recht deutlich, dass eine feste Organisation nicht bestand und dass unter dem päpstlichen Auditorium eine unter Vorsitz des Papstes abgehaltene Gerichtssitzung (selbst ein Konsistorium), worin der letztere Prozesse entschied, verstanden werden muss [4].

Erst aus dem 14. Jahrhundert finden sich Nachrichten, welche die Auditoren als mit bestimmten Funktionen ein für alle Mal betraute Beamte erscheinen lassen [5], ja eine Konstitution des Papstes Johanns XXII.: Ratio iuris vom J. 1326 [6] regelt schon eingehend die Verhältnisse derselben, indem sie als Motiv dafür angiebt: »cupientes ut in Apostolico Palatio audientiae causarum ac in personis ad examinationem et conscriptionem illarum pro tempore ordinatis habeatur ordinatio limitata, congrua et salubris circa earumdem causarum Auditores ipsorumque Notarios scribentes in causis huiusmodi suadentibus rationabilibus causis statuta et ordinamenta quae particulariter et seriatim praesentibus adnotantur, auctoritate apostolica edimus«. Sie bestimmt die Norm für den von den Auditoren bei Antritt ihres Amtes abzulegenden Eid [7], trifft Anordnungen über die Amtstracht derselben [8], regelt ihre Sessionstage [9], den Geschäftsgang (Art der Abstimmung und Ordnung des Referirens) [10], und die Verhältnisse der von ihnen gehaltenen Notarien [11]. Könnte danach noch ein Zweifel bleiben, dass die Auditoren zu dieser Zeit ständige Beamte gewesen sind, so wird dieser jedenfalls dadurch beseitigt, dass die Konstitution für die Verletzung des Abstimmungsgeheimnisses Suspension von ihren Funktionen und für den Rückfall Amtsentsetzung

[1] So z. B. c. 16. 21 (Innoc. III.) X. de elect. I. 6. Phillips 6, 459 weist aus den Dekretalen Gregors IX. 67 solcher Fälle nach.

[2] c. 10 (Innoc. III.) X. de fide instrum. II. 22; c. 8 (idem) X. de donat. III. 24; c. 6 (idem) X. de praesumpt. II. 23. Phillips a. a. O. giebt die Zahl dieser Fälle auf 11 an. Dass diese capellani damals schon auditores sacri Palatii gewesen seien (s. Bangen S. 295. 296), widerlegt sich ebenfalls durch das im Text Gesagte.

[3] c. 13 (Innoc. III.) X. de sent. et re iud. II. 27: „fratres nostros P. Compostellanum archiepiscopum et Odonem Terdonensem episcopum, tunc apud sedem apostolicam commorantes, dedimus auditores. Sed ipso episcopo lite pendente ab urbis partibus recedente, dilectum filium M. subdiaconum et capellanum nostrum loco eius curavimus substituere".

[4] S. die S. 364. n. 2. angeführte Stelle der Gesta Innocentii III.

[5] Urkunde Johanns XXII. vom J. 1325 (Borgia, memorie di Benevento. Roma. 1723. 3, 277): . . . „magistrum Arnaldum, regis archidiaconum Cameracensem capellanum tertii gradus causarum nostri palatii auditorem" . . .; Ordo Romanus XIV (auct. Gaetano bei Mabillon, museum Italic. 2, 328) c. 70: „In hac secunda (Weihnachts-) Missa communicat (papa) omnes diaconos cardinales, protonotarios, commensales et auditores et omnes famulantes qui in dignitate episcopali non sunt constituti; vgl. auch c. c. 72 (ibid. p. 340) und Ordo Roman. XV. c. 13 (ibid. p. 455).

[6] M. Bullar. 1, 205.

[7] §. 8: „Ego N. Auditor ab hac hora in antea fidelis ero B. Petro S. R. E. et Domino meo D. N. et eiusdem successoribus canonice intrantibus. . . . Negotia et officia mihi a D. Papa vel Domino S. R. E. Vicecancellario commissa vel committenda, fideliter geram et sollicite exercebo et specialiter officium Auditorum Sacri Palatii, reddendo iustitiam unicuique. Dona vel munera seu xenia aut obligationem vel promissionem super illis per me vel alium seu alios a partibus coram me causas habentibus seu earum aliqua vel a notariis deputatis ad scribendum coram me acta dictarum causarum vel aliis pro eisdem seu eorum nomine non recipiam, quinimo omnes familiares et officiales meos omni diligentia qua potero faciam abstinere. Nec etiam pro sigillo meo nec pro rubricis faciendis in causis in quibus sum vel fuero deputatus Auditor nec alio quaesito colore aliquid percipiam nec a praedictis meis officialibus seu familiaribus permittam. Consilia quoque Coauditorum meorum secrete data, secrete tenebo, usque quo in causa sententia sit prolata".

[8] §. 1.

[9] §§. 3—5.

[10] §§. 6. 10.

[11] §§. 11 ff.

androht[1]. Eigenthümlich ist es — und auch darin unterscheiden sich diese Auditoren von den in den Dekretalen Gregors IX. vorkommenden — dass die Konstitution eine kollegiale Behandlung der vor sie gewiesenen Sachen, welche jedoch nirgends näher bezeichnet werden, sowie ihre Befugnisse zur Abgabe von Definitiv-Sentenzen voraussetzt[2].

Da die Dekretalen Anfangs des 13. Jahrhunderts (s. die S. 393 citirten Briefe Honorius' III.) noch keiner ständigen Auditoren erwähnen, andererseits aber die Konstitution Johanns XXII. schon in einem Punkt das hergebrachte Verfahren der Auditoren bestätigt[3], so ist die Umbildung des Institutes in die letzte Hälfte des 13. Jahrhunderts zu setzen. Dies bestätigen in der That die Anführungen des Durantis in seinem zuerst im J. 1272 herausgegebenen, dann 1287 und 1291 nochmals umgearbeiteten[4] Speculum iuris. Letzterer erwähnt schon die Auditores palatii domini papae[5] als bestimmte Beamten, welche ein für alle Mal eingesetzt waren, um die an den Papst gelangenden Sachen zu instruiren. Da es aber nach seiner weiteren Angabe behufs der Fällung einer etwaigen Definitiv-Sentenz seitens dieser Auditoren noch eines besonderen päpstlichen Auftrages bedurfte, so befand sich zu seiner Zeit das Institut auf einer Durchgangsstufe. Die Fülle der Geschäfte, die Nothwendigkeit, die Kardinäle mit anderen und wichtigeren Funktionen, als mit Kommissorien zeitraubender Prozess-Instruktionen zu betrauen, hatte offenbar dazu geführt, dass man ein ständiges Beamtenpersonal zur Erledigung der erwähnten Angelegenheiten einsetzte, während es im Uebrigen mit der sonstigen Entwicklung übereinstimmt, dass der Papst auch hier noch die oberste Entscheidung persönlich in seiner Hand behielt[6].

[1] §. 6 . . . „Et quod consilia Coauditorum secrete data, secrete tenere debeant, usque post sententiam promulgatam, contrarium vero facientes per unum mensem ab ingressu eiusdem Palatii suspendantur. Si autem iterato in eamdem culpam inciderint, priventur perpetuo eorum officio audientiae causarum Palatii praelibati". — Unter den in c. 13 (Bened. XII.) de praebend. in Extrav. comm. III. 2. vom J. 1335 reservirten Kurial-Aemtern werden auch die der apostolici palatii causarum auditorum genannt.

[2] §. 9: „Statuimus et ordinamus quod Auditor eiusdem Palatii tempore suae receptionis antiquior, primitus incipiat referre suis Coauditoribus et causas quas audit, si ad hoc paratus existat, inter eos in relationibus ponat, ut moris est. Sicque per consequens alii d. Palatii Auditores successive secundum gradum receptionem eorum cuiuslibet similiter referant et causas quas audiunt in relationibus ponant, si ad hoc etiam sint parati" . . . §. 10: „Item quod nullus Auditorum ipsius palatii aliquam definitivam sententiam quaecumque fuerit seu quamvis interlocutoriam super devolutionibus causarum in Romana Curia tractandarum, si inter partes de ipsa devolutione controversia fuerit vel super admissione vel repulsione articulorum aut super remissione super eisdem articulis aut aliis probationibus extra curiam faciendis, nisi forsan de consensu partium fieret remissio vel admissio suprascripta; necnon super restitutione seu revocatione atentatorum sive innovatorum lite vel appellatione pendente sive super appellationibus ab interlocutoria vel a gravamine interpositis aut aliam quamcumque interlocutoriam super re de qua agitur contra alteram partium finem negotio imponentem absque relatione et consilio Coauditorum proferat. Super aliis vero interlocutoriis absque publica relatione cum consilio Coauditorum dictorum ad eorum prolationem possit procedere, prout hactenus extitit in Palatio laudabiliter observatum".

[3] S. die vorige Note am Schluss.

[4] v. Savigny, Geschichte des römischen Rechts. 5, 584 ff.

[5] Lib. I. partic. I. de iudice delegato. §. 2. n. 9: „Item non obstat, si obiicis de auditoribus palatii domini papae qui citationes aliis indifferenter committunt. Nam ipsi sunt quasi ordinarii et universitas caussarum audiendarum totius mundi est ipsis commissa, ut ex generali commissione audiant vice domini papae caussas appellationum et usque ad duas diaetas per simplicem querelam, nisi in praelaturis et maioribus dignitatibus . . . licet non possit aliquid sine eius speciali mandato diffinire"; de officio ordinarii. §. 1. n. 3: „Quid de auditoribus generalibus palatii domini papae, nunquid sunt ordinarii? Haec quaestio fuit saepe coram me disputata et puto quod in audiendo ordinariam habent potestatem: quia generalis audientia est eis commissa a domino papa, secus in diffiniendo"; de auditore n. 3: „In curia autem Romana auditores dicuntur qui aliorum vice caussas examinant, sed sine illorum mandato potestatem diffiniendi non habent: unde et generales auditores palatii domini papae vice et loco ipsius domini caussas examinant et audiunt et postea eidem domino referunt, ut secundum eius imperium et beneplacitum sententias eius auctoritate promulgent et causas decidant ad instar Moysi".

[6] S. §. 38.

Der Zusammenhang dieser ständig ernannten Auditoren mit den früher nur für die Instruktion einer einzelnen Angelegenheit vom Papst deputirten zeigt sich aber in der noch in jener Zeit beibehaltenen Sitte, dass der Papst, resp. der Vicekanzler stets den ersteren die einzelnen Prozesse zur Verhandlung überwies [1], woraus sich allein der Mangel jeglicher Kompetenzbestimmungen für die Jurisdiktion der Auditoren erklärt. Bildeten die Auditoren den Gerichtshof, an welchen der Papst die an ihn aus allen Theilen der Welt gelangenden kontentiösen Angelegenheiten zur Entscheidung observanzmässig übertrug, wenngleich nicht zu kommittiren verpflichtet war, so bedurfte es selbstverständlich bei dieser universellen Bedeutung des Gerichts der Auditoren keiner besonderen Regelung seines Ressorts [2].

Nächst Johann XXII. hat Papst Martin V. zwei hierher gehörige Konstitutionen: In apostolicae dignitatis vom 1. September 1418 [3] und Romani Pontificis vom J. 1422 [4] erlassen.

In der letzteren wird zum ersten Male der Gerichtshof mit dem Namen: Rota bezeichnet [5], ein Ausdruck, welcher wohl zuerst in Avignon in Gebrauch gekommen und dann auf Rom übertragen worden ist [6]. Der Name [7] wird von Einzelnen mit dem Wort: Rotulus in der Bedeutung von zusammengerollten Aktenstücken in Verbindung gebracht, von Anderen aus der eigenthümlichen Art des Abstimmens der Auditoren an einem runden Tische [8] und endlich von einer dritten Meinung aus dem Getäfel des Sitzungszimmers hergeleitet [9]. Mit Rücksicht auf die Analogie des normännischen und englischen Scaccarium (Court de l'Echiquier, Court of Exchequer), möchte die letztere Ansicht als die richtige erscheinen [10].

II. Die Rota vom 15. bis zum 19. Jahrhundert. Die Konstitution Johanns XXII. und noch mehr die beiden vorhin erwähnten Martins V. ergeben, dass die Auditoren schon damals ein eigenthümliches, ständiges Tribunal bildeten. Die späteren auf dasselbe bezüglichen päpstlichen Verordnungen, namentlich die Konstitution Innocenz' VIII.: Finem litibus vom 13. Januar 1487 [11]; Leos X.: Pastoralis vom J. 1513 [12]; Pius' IV.: In throno iustitiae vom 27. Dezember 1561 [13]; Pauls V.: Universi agri vom 1. März 1611 [14] und Urbans VIII.: Exponi vom 19. November 1643 [15] haben die Grundprincipien der ursprünglichen Einrichtungen nicht verändert, sondern sich nur auf Verbesserungen des Verfahrens und Abstellung von eingerissenen Missbräuchen beschränkt. Danach lässt sich folgendes Bild von der Verfassung der Rota entwerfen:

1 S. den oben mitgetheilten Eid der Auditoren und Bangen, S. 295. 324.

2 Bangen S. 299. Uebrigens konnte der Gerichtshof auch mit Entscheidung der weltlichen Sachen aus dem päpstlichen Gebiete betraut werden.

3 M. Bull. 1, 295.

4 Ibid. p. 300.

5 §. 27: „Et deinde idem Auditor postquam registrum sibi fuerit praesentatum, terminum habeat duorum mensium infra quos causam ipsam expedire teneatur, nisi forsan a nobis vel dicto Vicecancellario propter arduitatem causae sicut saepe contingit, maiorem dilationem habuerit, de qua per nostram commissionem in registro constet . . . Et nihilominus qui infra dictos menses non habita a nobis vel ab ipso vicecancellario maiore dilatione temporis, causam expedire contempserit ex tunc iurisdictionem amittat et causa alteri Auditori committatur et ab ingressu Rotae suspendatur per mensem et idem de iudicibus aliis extra Rotam praecipimus observari".

6 Statuta Avenion. Lib. II. rubr. II. art. 1 bei Du Cange, Glossarium s. v. Rota (porphyretica).

7 S. im Allgemeinen Bernini l. c. p. 10. u. Moroni, dizionario 82, 210.

8 Bangen S. 297.

9 Phillips 6, 484.

10 Phillips a. a. O.

11 M. Bull. 1, 445.

12 §. 10. Bull. Rom. 3, 375.

13 M. Bull. 2, 62.

14 Ibid. 3, 297.

15 Ibid. 5, 399.

a. Kompetenz. Da die Rota, wie schon oben angeführt, keine feste Kompetenz hatte und also auch immer noch Sachen einzelnen Kardinälen oder Kommissionen von solchen zur Erledigung überwiesen werden konnten, blieb die Uebertragung von Prozessen an die erstere Sache des reinen Ermessens des Papstes. Indessen bildete sich im Laufe der Zeit eine immer festere Praxis aus. Schon Martin V. hatte in der Konstitution: Romani Pontificis bestimmt, dass Streitigkeiten über Benefizien von einem 60 Goldgulden nicht übersteigenden Jahres-Betrage nicht an Kardinäle kommittirt werden sollten [1]. Damit waren diese indirekt der Rota zugetheilt, andererseits aber nicht verordnet, dass derartige Prozesse über höhere Beträge ihrer Entscheidung entzogen sein sollten. Die Bulle Innocenz' VIII.: Finem litibus von 1487 rechnet zur Kompetenz der Rota: a. die Sachen der Wittwen und Waisen, b. die bürgerlichen Streitsachen über ein Werthobjekt von nicht mehr als 500 Goldgulden und die Benefizialsachen [2]. Die Konstitution Pius' IV.: In throno iustitiae [3] giebt dadurch genügende Auskunft über die regelmässig zur Verhandlung der Rota gehörigen Sachen, dass sie nach der Verschiedenheit derselben die Höhe der Sporteln feststellt. Daraus lässt sich entnehmen, dass ihre Kompetenz in pekuniären und Benefizial-Streitigkeiten unbeschränkt gewesen ist. Ausdrücklich davon ausgeschlossen werden aber die Prozesse der Auditoren, ihrer Familiaren sowie ihrer Verwandten und Affinen bis zum zweiten Grade kanonischer Komputation [4]. Ebenso ist ihr die Kompetenz in Kriminalsachen entzogen, und sie muss sogar, wenn eine solche für eine Civilstreitigkeit präjudiziell ist, mit ihrem Verfahren bis zur Entscheidung der ersteren inne halten [5].

Demnach kann die Rota mit Fug und Recht für jene Zeit als das stehende Tribunal bezeichnet werden, durch welches der Papst für die Regel die kontentiösen kirchlichen Sachen (— abgesehen von den Kriminalprozessen —) und die der weltlichen aus dem Kirchenstaat in höherer Instanz entscheiden liess [6].

Die Reorganisation der römischen Kurie durch Sixtus V. [7] und die dabei erfolgende Errichtung einer Reihe von ständigen Kardinals-Kongregationen, von denen manche, wie z. B. die Congregatio concilii Tridentini interpretum, die Congregatio super Negotiis episcoporum et Regularium (s. §§. 55. 56) gleichfalls mit der Entscheidung kontentiöser Sachen befasst werden konnten, mussten nothwendig die bisherige Kompetenz der Rota verringern. In zweiter Linie wirkten aber auch — abgesehen von der im Laufe der Zeit für das Hauptkontingent der Rotalprozesse, die Benefizialsachen, festgestellten Praxis — noch die religiösen und politischen Verhältnisse des 16. und 17. Jahrhunderts insofern ein, als in Folge der Ausbreitung des Protestantismus und in Folge der Verbote mancher Fürsten die Zahl der nach Rom zur Entscheidung gelangenden Angelegenheiten sich überhaupt verminderte [8].

1 §. 29: „Statuimus insuper et etiam ordinamus ad parcendum laboribus et expensis quorumlibet litigantium quod causae super quibusvis beneficiis ecclesiasticis, saecularibus et regularibus, quorum fructus redditus et proventus sexaginta florenorum auri secundum communem aestimationem valorem annuum non excedunt, S. R. E. Cardinalibus nullatenus committantur et commissiones sint nullae si fuerit contrafactum".

2 §. 3: „Et in viduarum et pupillarum necnon ubi de summa vel re valorem quingentorum florenum auri non excedente, ageretur; eo modo quo in beneficialibus causis, de Coauditorum suorum consensu, etiam procedere".

3 §§. 18. 19 (M. Bull. 2, 63). Wiederholt in der Bulle Pauls V.: Universi agri von 1611. §. 5. Nr. 26 (M. Bull. 5, 302).

4 §. 9 (ibid. p. 62).

5 §. 16: . . . „Et si Auditor cognoverit in actis adesse suspicionem criminis, remittat acta huiusmodi vel illorum exemplum, prout res exegerit, ad iudicem ordinarium. Et si causa praeiudicialis fuerit causae civili, in eius cognitione supersedeat".

6 Bangen S. 301.

7 In der Konstitution: Immensa aeterni vom 22. Januar 1587 (M. Bull. 2, 667).

8 de Luca l. c. n. 61; Bangen S. 303.

Ridolphini und der Kardinal de Luca geben daher für diese Zeit die Kompetenz der Rota dahin an:

1. Sie fungirt als höchstes Gericht des geistlichen und weltlichen Forums, für Sachen diesseit der Alpen, wenn das Streitobjekt den Betrag von 500 Scudi erreicht, für Prozesse aus den transmontanischen Gebieten bei einem Werthgegenstand von 1000 Scudi und
2. in Benefizialsachen bei Streitigkeiten über die erste Dignität und über Benefizien mit einem Jahresertrage von mehr als 24 Golddukaten [1];

einen Geschäftskreis, welchen sowohl ein Motuproprio Innocenz' X. vom J. 1645 [2] als auch noch die Bulle Benedikts XIV.: Iustitiae et pacis vom 2. Oktober 1746 [3] anerkennen.

Ausserordentlicher Weise kann die Rota schon in erster Instanz in Folge eines dahin gerichteten Konsenses der Parteien und besonderer Uebertragung des betreffenden Prozesses seitens des Papstes, sowie in erster oder höherer kraft spezieller Zuweisung des letzteren erkennen. Mit Rücksicht auf das eben Bemerkte erklärt sich z. B. das Vorkommen einer Reihe von decisiones der Rota in Ehesachen [4].

b. Das Personal der Rota. Die bis dahin nicht fixirte Zahl der Auditoren stellte Sixtus IV. in der Konstitution: Romani Pontificis vom 14. Mai 1472 [5] auf 12

[1] Ridolphini l. c. P. I. c. 13. n. 365 ff.: „Causae valoris D florenorum auri sunt Rotales in gradu appellationis; sed hoc procedit in causis profanis citra montes, secus est in causis profanis ultra montes quae non sunt committendae in Rota, nisi ascendant ad valorem scutorum mille auri. Causa vero beneficialis Rotalis iudicatur et in Rota committitur, si beneficium de quo agitur, reddat fructus annui valoris ducatorum viginti quatuor auri de camera excedentes". S. auch Luca l. c. — Nach Ridolphini sind die Florine bei der Kurie ausser Gebrauch gekommen und ihnen die Dukaten in Gold substituirt. Jetzt wird unter dieser in den früheren Bestimmungen angegebenen Münze immer ein Scudo in Silber (etwa 5 Francs) verstanden. Bangen S. 302. n. 3.

[2] Dasselbe ist ungedruckt. S. Bangen S. 302. n. 2.

[3] Bull. Bened. XIV. 2, 148: „Porro causae graviores et consequenter Rotales et non praelatitiae, ut supra, censeantur et censeri debeant caussae omnes in quibus agitur de iurisdictionibus, exemptionibus, adoptionibus, sponsalibus, filiationibus, legitimitatibus, praeeminentiis et praecedentiis, iuribus quoque patronatus aliisque honorificis nominandi, eligendi, conferendi et similibus aut de iuribus decimandi, quotizandi aliisque similibus: Causae quoque servitutis personalis et generaliter omnes et singulae Causae pecuniariae et profanae, tum Citramontanae tum de partibus ultra Montes positis, infrascriptam summam respective attingentes, Citramontanae nimirum, si et quatenus earum valor et aestimatio ad summam et quantitatem quingentorum scutorum auri, aliae vero de partibus ultra montes, dummodo ipsarum valor et aestimatio ad summam mille scutorum auri similium respective ascendat. — Item causas graves et consequenter Rotales ac minime praelatitias ad praemissorum effectum, decernimus intelligendas esse et fore causas illas beneficiales in quibus agitur de titulo beneficii ac de iure in re vel ad rem, nempe ad ipsum beneficium; sicut etiam causas super pensionibus ecclesiasticis aut super reservationibus fructuum, reddituum et proventuum beneficiorum ecclesiasticorum quoties annuus valor beneficii litigiosi ac respective annua pensio aut quantitas fructuum reservatorum summam viginti quatuor ducatorum auri de Camera excedat easque praeterea causas in quibus agitur de primis dignitatibus ecclesiarum, nempe de dignitate post pontificalem maiore in cathedralibus aut de dignitate principali in collegiatis ecclesiis cuiuscumque valoris dignitas huiusmodi existat omnesque huiusmodi causas, utpote graviores inter Rotales, non autem praelatitias volumus accenseri. — Graviores itidem causas esse declaramus et censeri debere statuimus omnes causas matrimoniales, tam super foedere matrimonii quam super nullitate professionis regularis emissae et has quidem nunquam praelatis neque Rotae auditoribns uti praelatis, quantumvis accedente consensu partium, committi volumus, sed aut ipsi Rotae auditorio committi aut a Congregatione venerabilium fratrum nostrorum S. R. E. Cardinalium interpretationi et executioni Decretorum concilii Tridentini praeposita vel etiam quoad ad causas nullitatis professionis praedictae a Congregatione eiusdem S. R. E. Cardinalium negotiis et consultationibus Episcoporum et Regularium praeposita pro arbitrio et ad electionem partis appellantis seu recurrentis, cognosci et definiri mandamus, non obstante quod causae huiusmodi de sui natura et qualitate processum iudiciarium atque etiam formale testium examen exigant vel requirant; quemadmodum quoad causas matrimoniales huiusmodi Nos dudum per aliam nostram constitutionem quae incipit: Dei miseratione III Nonas Novembris anno incarn. dom. 1741 pontificatus nostri II editam (s. Bull. cit. 1, 81) statuimus et ordinavimus".

[4] Bangen S. 303.

[5] M. Bull. 1, 388.

fest, und damit sämmtliche Auditoren auch für den Dienst an der Kurie verwendbar blieben, bestimmte Innocenz VIII., dass das Amt derselben mit einem nicht in partibus infidelium befindlichen Episkopate unvereinbar sei[1].

Die Sitte, die Auditoren aus den verschiedenen Nationen zu wählen, hat Pius IV. in der citirten Konstitution: In throno iustitiae anerkannt. Dem Usus gemäss befand sich unter den Auditoren stets ein Deutscher, ein Spanier, ein Franzose und eine Venetianer. Auch erhielten einzelne Städte das Privileg eines stehenden Auditoriats und für die Auditoren der gedachten Nationen haben die Regierungen ein allerdings vielfach nicht ausgeübtes Vorschlagsrecht[2]. Anfänglich hat auch ein verschiedenes Rangverhältniss unter den Auditoren bestanden, da auditores primi, secundi und tertii gradus erwähnt werden (s. S. 394. n. 5). Wahrscheinlich wurden sie ursprünglich nach den verschiedenen Instanzen geschieden[3]. Sixtus IV. hat indessen in der vorhin erwähnten Bulle jenen Unterschied stillschweigend beseitigt.

Für die Erlangung des Amtes eines Auditors ist erforderlich, dass der Aspirant: 1. das juristische Doktorat an einer von der Kirche bestätigten Universität erworben hat, 2. muss er ehelicher Geburt sein, 3. eine jährliche Einnahme aus Benefizien oder aus eigenem Vermögen nachweisen, welche ihn in den Stand setzt, auch ohne sein Gehalt als Auditor seiner Stellung gemäss leben zu können. Ursprünglich verlangte man 200 Florin Gold jährlicher Einkünfte, später wie auch noch jetzt, 1000 römische Scudi. Ferner soll sich 4. der Kandidat durch eine in jeder Hinsicht unbefleckte Sittenreinheit auszeichnen und endlich muss er 5. durch mehrjährige Uebung bei einem geistlichen Gerichte die nöthige praktische Gewandtheit sich erworben haben[4]. Nach der Ernennung, welche der Papst aber nur servatis de iure servandis ertheilt, prüft die Rota die zum Nachweis der Qualifikation beigebrachten Zeugnisse des neuen Mitgliedes. Sodann hat der neue Auditor noch eine feierliche Disputation vor den versammelten Kardinälen und anderen Würdenträgern der Kurie, ferner aber auch eine zweite vor dem Kardinal-Vice-Kanzler und sämmtlichen Auditoren zu halten, nach welcher letzteren über die Aufnahme in das Kollegium der Auditoren abgestimmt wird[5]. Endlich ist noch die Ableistung des Eides seitens des nunmehr recipirten Auditors erforderlich[6].

An der Spitze des Kollegs steht zugleich mit der Funktion als Präsident der Rota der Dekan. Er besitzt vermöge seiner Stellung eine disciplinarische Gewalt über die Auditoren und das sonst zum Gerichtshof gehörige Personal (z. B. die Notare, Advokaten etc.) und leitet ferner den Geschäftsgang. Die Stelle des Dekan bekleidet jedesmal der der Anciennität nach älteste Auditor[7], wie sich überhaupt nach der letzteren die Ordnung unter denselben bestimmt[8].

[1] Durch die Konstit. Circumspecta vom 23. August 1485 (ibid. p. 436).

[2] Vgl. darüber de Luca l. c. n. 16 ff.; Moroni 82, 214; Bangen S. 308 ff. 311.

[3] Gewöhnlich werden allerdings nur zwei Klassen genannt. S. Phillips 6, 470. 480; Bangen S. 308.

[4] Die meisten dieser Bestimmungen enthält schon die Konstit. Martins V. von 1418. §§. 14. 15. Vgl. im übrigen Bangen S. 310. 311.

[5] Const. cit. §. 16; de Luca l. c. n. 25 ff.; Bangen S. 311—313.

[6] Den Eid s. S. 394. n. 7. Durch die Konstitution Urbans VIII.: Exponi von 1643 (M. Bull. 5, 399) ist die Bewahrung des Amtsgeheimnisses nochmals eingeschärft und die eidliche Gelobung der Beobachtung dieser Konstitution (§. 3) vorgeschrieben.

[7] S. Const. Pii IV.: In throno iustitiae von 1561. §. 12 (M. Bull. 2, 62): „Dudum si quidem vom 27. Juli 1562 (ibid. p. 95); Bangen S. 315.

[8] Das ergiebt schon die Konst. Johanns XXII.: Ratio juris. §. 9 (M. Bull. 1, 206).

Die Auditoren, als Mitglieder des dem Range nach immer noch als höchsten Tribunals geltenden Gerichtshofes, sind Prälaten[1] und haben daher alle diesen letzteren zustehenden Rechte.

Ausserdem sind ihnen im Laufe der Zeit von verschiedenen Päpsten eine Menge von Privilegien ertheilt, so das Recht auf Gratis-Ausfertigung aller zu ihren Gunsten erlassenen päpstlichen und Kurialschreiben[2], das Recht mehrere inkompatible Benefizien gleichzeitig zu besitzen, Dispensation von der Residenzpflicht, Testirbefugniss über das aus ihren Benefizien erworbene Vermögen u. s. w.[3]. Wenn der Papst feierlich pontificirt, so fungirt einer der Auditoren als päpstlicher Subdiakon, ein Recht, welches ihnen Alexander VII. verliehen hat, indem er sie zu päpstlichen Subdiakonen ernannte[4]. Uebrigens haben die Auditoren gewöhnlich die Priester- oder doch die Diakonatsweihe[5].

Die angesehene und hohe Stellung des Auditoriats der Rota endlich ergiebt sich daraus, dass dasselbe von der Kurie als die Vorstufe zu den höchsten kirchlichen Würden betrachtet wird; so werden die Bisthümer, die Sekretär-Stellen bei den Kardinals-Kongregationen, das Datariat und die Nuntiaturen häufig an Auditoren der Rota verliehen[6].

Neben diesen letzteren fungiren an dem Gerichtshofe eine Reihe von Notaren. Schon in der Konstitution Johanns XXII. vom J. 1326 wird ihnen die Funktion als Protokollführer bei den Verhandlungen vor den Auditoren zugetheilt[7] und zugleich werden ihre Verhältnisse näher geregelt[8]. Auch die oben erwähnten, späteren päpstlichen Konstitutionen treffen regelmässig über sie Bestimmungen[9].

An der Rota fungiren ferner Advokaten und Prokuratoren, deren Verhältnisse ebenfalls schon in den frühesten der erwähnten päpstlichen Verordnungen geordnet sind. Jedoch nimmt unter diesen nur das Collegium procuratorum causarum Sacri Palatii Apostolici eine solche Stellung ein, dass letztere zu dem Personal der Rota im engeren Sinne gerechnet werden können[10]. Ihnen steht überhaupt die Präeminenz vor allen anderen Prokuratoren an der Kurie zu und da sie vorzugsweise mit dem Geschäftsstil des Gerichtshofes vertraut sind, wird ihr Kolleg in zweifelhaften Fällen um ein Gutachten über die Rotal-Maximen ersucht[11].

Endlich gehören noch zur Rota die s. g. adiutores studiorum[12], deren sich die Auditoren zur Beihülfe bei ihren Arbeiten bedienen und welchen sie die Akten anvertrauen können, sowie die jungen Männer, welche die Auditoren in ihrer Wohnung (ihrem Studio) zu deren Ausbildung beschäftigen (s. g. secreti). Letztere müssen

[1] Bangen S. 316.

[2] Const. Leon. X.: Sedis apostolicae vom 15. September 1513 (M. Bull. 1, 540).

[3] Const. Clement. VII.: Convenit aequitati vom 5. August 1525 (M. Bull. 1, 660), ferner Const. Pauli III.: Attendentes v. J. 1536 und Romani Pontificis vom 17. August 1537 (ibid. p. 722. 723); Const. Clement. X.: Romani pontificis vom 19. Dezember 1671 (ibid. 11, 20); Ferraris, prompta biblioth. s. v. auditor. n. 69 ff.; Bangen S. 317; Phillips 6, 480.

[4] Const. Alexandri VII.: Nuper certis vom 26. Oktober 1655 (Bull. Rom. VI. 4, 57); Phillips 6, 481; Bangen S. 316.

[5] Bangen S. 316. n. 2. Sind sie blos in den minores oder gar nur tonsurirt, so üben sie die oben erwähnten Funktionen nicht.

[6] Bangen S. 317. — Ueber die Auditoren der Rota sind ferner noch zu vergleichen Const. Pii IV.: Dudum si quidem vom 27. Juli 1562 (Bull. Rom. IV. 2, 142); Innoc. X.: Dudum assiduos vom 7. März 1645 (ibid. VI. 3, 23); Clement. XII.: In summi vom 17. November 1734 (ibid. 14, 7); Clement. XIII.: Ex parte vom 30. September 1760 und Etsi iustitia vom 27. Juli 1762 (Bull. Rom. contin. 1, 345. 2, 369).

[7] §. 11 (M. Bull. 1, 206).

[8] §§. 16 ff.

[9] Vgl. auch Bangen S. 318. Ueber die Thätigkeit des Notars während des Verfahrens s. ebendaselbst S. 327. 328. 329. 330. 343.

[10] Bangen S. 317. Andere Kurial-Prokuratoren werden übrigens auch zugelassen.

[11] A. a. O. S. 318.

[12] A. a. O. S. 314.

übrigens doctores und schon unter Leitung eines Kurial-Advokaten thätig gewesen sein[1]. Aus diesen secreti pflegen die Advokaten der Kurie hervorzugehen.

c. Verfahren. Für das Einschreiten der Rota bedurfte es früher eines Kommissoriums, welches auf Instanz der Partei von dem Vicekanzler, und später bei ausnahmsweiser Zulassung der Appellation in nicht appellablen Sachen auf dem Wege der Gnade seitens der Signatur der Justiz für einen der Auditoren erlassen wurde[2]. In älterer Zeit gab das Kommissorium auch die Akte an, welche der Auditor vorzunehmen hatte. Zur Beschleunigung des Prozessganges wurden aber die auf das Verfahren bezüglichen Vollmachten der Auditoren ein für alle Mal durch Innocenz VIII.[3] und Pius IV.[4] erweitert. Dadurch ist die Regel eingeführt worden, dass der Auditor alle Funktionen des ordentlichen Richters in den ihm zugetheilten Prozessen erfüllen kann[5] und nur die Entscheidung von Incidentfragen und die Fällung der Endurtheile in der Sitzung der Rota stattfindet. Eigenthümlich ist der Abstimmungsmodus. Die Auditoren sitzen an einem runden Tisch, der jüngste dem Dekan gegenüber, letzterem zur Rechten der Zweitälteste, ihm zur Linken der Drittälteste, ihm wieder zur Rechten der Viertälteste und so weiter, so dass also rechts vom Dekan die Auditoren II. IV. VI. VIII. X. — die Zahlen bedeuten die Anciennität —, links von ihm die Auditoren III. V. VII. IX. XI. und — XII. (der jüngste) zwischen X. und XI., dem Dekan (I.) gegenüber — ihre Plätze haben. Bei der Abstimmung votiren nicht sämmtliche 12 Mitglieder der Rota, sondern in jeder Sache nur ein Turnus, welcher aus dem mit der ersteren kommittirten und vortragenden Auditor (Ponens, Relator) und 4 anderen Auditoren (Corresponsales) besteht. Diese letzteren sind immer die 4 zur linken des Ponenten sitzenden, so dass also der Dekan (I.), die Auditoren III. V. VII. IX., der Auditor III. seine Kollegen V. VII. IX. XI. zu Korresponsalen hat. Ursprünglich hatte der vortragende Auditor kein Stimmrecht, bei getheilten Voten musste die Sache in einer neuen Sitzung vorgebracht werden und wenn dann wieder Stimmengleichheit eintrat, wurden in einer weiteren Session noch die beiden nächsten vom vierten Korresponsalen links sitzenden Auditoren zur Abstimmung zugezogen. Kam man auch damit nicht zu einem Resultat, so entschied dann schliesslich das Plenum, in welchem Falle der Ponent sich aber auch noch so lange seines Votums enthielt, als nicht etwa bei Abwesenheit eines der 12 Auditoren wieder Stimmengleichheit entstand und er nun behufs Erzielung einer endlichen Entscheidung eintreten musste[6].

Benedikt XIV. hat zwar zur Beschleunigung des Verfahrens die Aenderung gemacht, dass bei Theilung der Voten in der nächsten Sitzung diejenigen drei anderen Auditoren, welche links von dem vierten Korresponsalen ihre Plätze hatten, mitstimmen sollten[7], indessen ist die alte Methode schon durch Clemens XIII. wieder eingeführt worden[8].

d. Der Charakter der Jurisdiktion der Rota. Nach diesen Andeutungen über das Verfahren der Rota wird sich die Frage nach dem Charakter ihrer

1 A. a. O. S. 314. 315.
2 A. a. O. S. 324. 325.
3 Constit.: Finem litibus vom J. 1487. §. 1 ff. (M. Bull. 1, 445).
4 Constit.: In throno iustitiae vom J. 1561. §. 2 ff. (M. Bull. 2, 62).
5 Constit. Paul's V.: Universi von 1611. §. 5 (M. Bull. 3, 301): . . . „ordinamus ut unica tantum commissio in qualibet instantia sufficiat et illius vigore Auditor causam sibi commissam cognoscere et cum omnibus et singulis dependentibus et emergentibus ac alias quomodolibet incidentibus decidere valeat". Damit sind nur Incidentpunkte gemeint, wegen deren kein Streit unter den Parteien entsteht. Bangen S. 322.
6 de Luca l. c. n. 34 ff.; Bangen S. 337 ff.
7 Const.: Iustitiae et pacis cit. (l. c. p. 151).
8 Bangen S. 339.

Gerichtsbarkeit leicht entscheiden lassen, wenngleich die Meinungen darüber auseinander gehen. Phillips (6, 489) legt ihr z. B. eine iurisdictio delegata bei, der Kardinal de Luca[1] dagegen erklärt den Gerichtshof selbst für ein mit der iurisdictio ordinaria ausgestattetes Tribunal, die einzelnen Auditoren aber für iudices delegati, Fagnanus[2] hält die Auditoren für iudices ordinarii in procedendo, für delegati in sententiando, während Rosshirt[3] hinsichtlich der Rota selbst mit de Luca übereinstimmt, über die Stellung der Auditoren sich aber nicht ausspricht.

Da sich durch Usus und durch die denselben anerkennenden päpstlichen Konstitutionen eine feste Kompetenz der Rota gebildet hat, so sind damit für ihre Amtsgewalt die Bedingungen der iurisdictio ordinaria gegeben[4]. Freilich weist man dagegen auf das für den einzelnen Auditor ausgefertigte Kommissorium des Vicekanzlers hin[5]. Allein gerade zu dem wichtigsten Akte des Prozesses, der Fällung der Sentenz, erfolgt keine Kommittirung der votirenden Korresponsalen, vielmehr haben diese ohne Weiteres als Mitglieder des Gerichtes die erforderliche Befugniss zur Entscheidung der Sachen. Von einer Delegation kann also bei ihnen keine Rede sein. In der That ist auch die Zuweisung eines Prozesses an den einzelnen Auditor nichts als eine Sache der Geschäftsvertheilung, welche freilich noch der Vicekanzler vornimmt, weil die unwahr gewordenen Formen der ursprünglichen Grundlage des Institutes, die der reinen Delegation, noch festgehalten worden sind. Zugleich ergiebt sich aus dem Bemerkten, dass de Luca, wenn er die einzelnen Auditoren als iudices delegati qualificirt, die Zuweisung von Sachen an ständige Mitglieder des Gerichts und die Delegation im eigentlichen Sinne verwechselt[6].

Allerdings könnte man zu Gunsten der Annahme, dass die Rota nur eine delegirte Gerichtsbarkeit gehabt, darauf hinweisen, dass die Ertheilung des Kommissoriums an den einzelnen Auditor nicht nur die Bedeutung hat, den Instruenten für einen einzelnen Prozess zu bestimmen, sondern überhaupt erst die Rota zum Einschreiten ermächtigt, weil der Papst einen solchen ja eben so gut einer anderen Kurialbehörde übertragen könnte. Dabei wäre aber übersehen, dass bestimmte Sachen nach fester Gewohnheit stets der Rota überwiesen worden sind und dass die Ertheilung der Kommission reine Formsache war, wie sich daraus ergiebt, dass sie der Vicekanzler ohne weiteren Auftrag des Papstes erliess und dass schon die Partei bei Angehung der Rota das Kommissorium in Form einer Supplik zu entwerfen hatte[7]. Die Deputirung einer anderen Behörde mit der Entscheidung einer Rotalsache durch den Papst war also eine Ausnahme von der Regel, welche ja zu Folge der allumfassenden iurisdictio ordinaria des letzteren auch gegenüber jedem anderen ordentlichen kirchlichen Tribunal vorkommen kann.

III. Heutige Stellung der Rota. Der veränderten und zugleich verminderten Bedeutung, welche dem gedachten Gerichtshof in Folge der oben (S. 397) erwähnten Verhältnisse zu Theil geworden ist, hat das von Gregor XVI. erlassene Regolamento

[1] L. c. n. 5.

[2] Comm. ad c. 14. X. de maior. et obed. I. 33.

[3] A. a. O. S. 197.

[4] S. oben S. 171. 184.

[5] Phillips a. a. O.

[6] Nur durch die letztere erhält der Beauftragte eine ihm bis dahin nicht zustehende Gerichtsbarkeit; im ersten Fall übt er dagegen die Jurisdiktion seines Kollegs aus, weil er als Mitglied desselben auch daran Antheil hat und für nicht kollegiale Akte das ganze Kolleg repräsentiren kann. S. auch Wetzell, System des ordentl. Civilprocesses. §. 35 (2. Aufl. S. 365); Endemann, das deutsche Civilprocessrecht. 1, 166.

[7] Bangen S. 325, welcher folgende Stelle aus dem Manuskript des Emerix mittheilt: „Commissio est brevis libellus latine compositus, in quo pro parte supplicantis petitur a papa, ut dignetur causam committere alicui S. Palatii Auditoris cum omnibus annexis, connexis etc.".

legislativo e giudiziario per gli affari civili vom 10. November 1834 [1] Rechnung getragen. Dasselbe hat der Rota die ihr bis dahin usancemässig übertragenen Sachen gesetzlich ein für alle Mal zugetheilt, damit die bisher üblichen Kommissorien beseitigt und die Rota für ein in diesen Fällen mit ordentlicher Jurisdiktion ausgestattetes Tribunal erklärt [2].

Des Näheren [3] fungirt sie nach dem gedachten Gesetz einmal als Appellationsgericht in denjenigen Civil- und Handelssachen, welche von den Civil- und Handelstribunalen Roms und des Kirchenstaates entschieden worden sind, sofern das Streitobjekt einen Werth von mehr als 500 Scudi hat oder unschätzbar ist. Als Gericht letzter Instanz erkennt sie sodann in denjenigen eben erwähnten Sachen, in welchen ein Turnus der Rota ein von der ersten Sentenz difformes Appellationsurtheil abgegeben hat, und ferner in den Sachen, welche die Civil-Abtheilung der Camera Apostolica in erster und in zweiter Instanz abweichend entschieden haben [4].

Die ordentliche geistliche Jurisdiktion der Rota ist dahin bestimmt, dass sie als Appellationsgericht diejenigen Sachen entscheidet, welche in erster Instanz von den Ordinarien der Diöcesen des päpstlichen Gebietes, vom Tribunal des Vikariats zu Rom und vom Auditor der apostolischen Kammer abgeurtheilt sind, sofern das Streitobjekt die vorhin genannte Summe übersteigt oder unschätzbar ist oder der Prozess sonst als causa gravior betrachtet werden kann [5]. Als dritte und letzte Instanz erkennt sie in allen den gedachten Betrag übersteigenden Sachen, wenn die zweite Instanz, möge dies ein Metropolitangericht oder ein Turnus der Rota selbst gewesen sein, eine von der ersten Sentenz difforme Entscheidung abgegeben hat [6].

Wie die Zusammensetzung des Gerichts dieselbe geblieben ist [7], hat das Regolamento auch den alten Modus der Abstimmung per turnum beibehalten, nur hat es abweichend vom früheren Recht dem Ponenten gleichfalls ein Votum verliehen, so dass also Stimmengleichheit nicht mehr eintreten kann [8].

Neben dieser ordentlichen Jurisdiktion besitzt die Rota auch eine ausserordentliche, in den Sachen, welche ihr ausdrücklich überwiesen werden [9], und nur in dieser Hinsicht hat sie heute noch eine Bedeutung über das Gebiet des Kirchenstaates hinaus für die gesammte katholische Kirche [10].

Zu Folge ihrer ordentlichen Kompetenz in den geistlichen Sachen des Kirchenstaates konkurrirt die Rota mit den Kongregationen der Kurie (namentlich mit der des

[1] Die auf die Rota bezüglichen §§. 321 ff. 377 ff. (Bull. Rom. cont. 19, 424. 430) sind in deutscher Uebersetzung bei Bangen S. 304 ff. abgedruckt.

[2] §. 327: „Die Sacra Rota übt eine ordentliche und ausserordentliche Jurisdiktion. Sie verhandelt als ordentliches Tribunal und ohne Kommissorium in Appellations- und Restitutionssachen für Rom und den Staat; als ausserordentliches Tribunal kraft souveräner Delegation in den Sachen über die Gültigkeit päpstlicher Reskripte und in Sachen des Auslandes, so oft ihr diese zugewiesen werden“.

[3] Vgl. auch (Marchetti), Notizia delle giurisdizioni che sono in vigore nello stato pontificio. Roma 1850. p. 25. 49.

[4] Regolamento §§. 322. 323. Unpraktisch ist §. 323. n. 2, welcher von der Entscheidung über die von den Appellationsgerichten zu Bologna, Macerata und Ancona gefällten Appellationsurtheile handelt, weil diese Gebiete jetzt dem Königreich Italien einverleibt sind; Marchetti l. c. p. 31. 129.

[5] §. 377.

[6] §. 378.

[7] Marchetti p. 25.

[8] L. c. p. 26. 27.

[9] S. darüber §. 327 (n. 2) und §. 324: „Das Tribunal der Rota erkennt ebenso als höchstes Tribunal in erster und zugleich letzter Instanz in allen Sachen, welche die Gültigkeit eines päpstlichen Reskriptes oder Handschreibens betreffen und (an die Rota) remittirt werden mit der clausula de aperitione oris“ (d. h. mit der Erlaubniss trotz der bereits auf Grund des Reskriptes eingeleiteten Exekution die Klage wegen der sub- und obreptio zuzulassen). S. Bangen S. 305. n. 1).

[10] Bangen S. 307.

Konzils). Es kommt daher darauf an, wo der Appellant die Sache anbringt oder welche Behörde durch Konsens beider Parteien ausgewählt wird. Der Praxis nach gelangen aber vor die Rota gewöhnlich diejenigen geistlichen Sachen, bei welchen im konkreten Fall das Vermögensinteresse in erster Linie steht, wie das z. B. namentlich in Benefizial- und Ehesachen vorkommen kann [1].

IV. Die Decisiones Rotae. Die Entscheidungen der Rota sind wegen ihrer Wichtigkeit für die Entwicklung und Ausbildung des kirchlichen Rechtes durch die Praxis mehrfach gesammelt worden [2]. Es ist aber darauf aufmerksam zu machen, dass die s. g. decisiones an und für sich nicht die Bedeutung von Sentenzen haben. Das mehrfach erwähnte Manuskript des Auditor Emerix sagt darüber [3]: »Decisiones Rotales non sunt sententiae, ut erronee nonnulli praesertim extra curiam existimant, sed tantum quaedam compilatio dominorum Auditorum, quae per Ponentem seu Relatorem panditur utrique parti litiganti ante sententiam ad hoc, ut antequam ad illius prolationem deveniatur, deducant in facto et iure, quidquid pro illarum confirmatione vel revocatione respective deducenda habent, ita ut multoties re melius delucidata ab illis recedatur; suntque extraiudiciales et fiunt magis ad investigandam veritatem«. Diese Bemerkung wird durch das Folgende klar werden:

Nach der Sitzung, in welcher die Sache entschieden worden, lässt der Ponent die Entscheidung der siegenden Partei notificiren und ferner derselben, nachdem ein secretus die Motive mit dem Tenor derselben zusammengestellt hat, diese s. g. extensio decisionis, mit seiner Unterschrift versehen, zustellen. Letztere lässt die Partei drucken und nachdem eine weitere Sitzung angesetzt und der Gegenpartei Gelegenheit gegeben ist, ihre Einwendungen gegen die Decision geltend zu machen, werden die Bemerkungen beider Theile für, resp. gegen die Decision in der Session der Rota ventilirt. Bleibt letztere bei der früheren Entscheidung stehen — was freilich nicht nothwendig ist —, so erfolgt die Expedition der Sentenz, d. h. der Ponent fasst sie gemäss der vorliegenden Decision ab und in einem besonderen Termin findet dann die prolatio sententiae, die Mittheilung an die Parteien statt [4]. Demnach enthält die decisio und die extensio decisionis [5] noch nicht die Sentenz, sie ist erst eine vorläufige propalatio animi iudicis [6]. Als Urtheile der Rota können die decisiones also noch nicht betrachtet werden, dagegen ergeben sie ein schätzbares Material für die Erkenntniss der in ihnen berücksichtigten früheren Fälle und die Praxis der Rota in denselben. Umgekehrt steht es freilich mit den in den Sammlungen publicirten revidirten Entscheidungen [7].

[1] A. a. O. S. 306.

[2] Die älteste Sammlung ist von dem deutschen Auditor Guilelmus Horboroh auf Beschluss sämmtlicher Auditoren begonnen und umfasst die Zeit bis zum J. 1381, gedruckt ist sie zu Rom per Ubaldum Gallum 1472 und ferner 1475 per honorabilem virum Magistrum Georgium Lauer de Herbipoli und 1477 zu Mainz bei Schoiffer. S. Bangen S. 344. n. 2. Decisiones S. Rotae Romanae recentiores a Prosp. Farrinaccio, P. Rubeo etc. selectae 25 Partes in 19 Vol. Venet. 1697. 1716; A. Falconerii S. Rotae Rom. decisiones ed. Maria de Scala. IV Tom. Romae 1726—28; Decisiones Rotae Romanae recentiores in compendium redactae Venez. 1754. 6 Tom.; Decisiones Rotae Romanae coram card. Rezzonico cet. Rom. 1760. 3 Tom.; March. Patrizi, decisiones S. Rotae. Rom. 1832.

[3] Bangen S. 340.

[4] Bangen S. 340 ff.

[5] Eine solche a. a. O. S. 541.

[6] A. a. O. S. 342.

[7] A. a. O. S. 340. n. 4.

§. 46. β. *Die Reverenda Camera Apostolica. Der Kardinal-Kämmerer. Der Gubernator Urbis. Der Thesaurarius. Der Auditor Generalis Camerae Apostolicae. Das Tribunal Plenae Camerae*.*

Die Reverenda Camera Apostolica (Camera pontificia) ist nicht allein die Schatzkammer des Papstes für die Kirche und den Kirchenstaat, sondern man versteht darunter auch die Gesammtheit der päpstlichen Fiskalbehörden. Die administrativen Befugnisse derselben sind heute mehr zurückgetreten, dagegen hat ihre richterliche Stellung immer noch sowohl für den Kirchenstaat als auch die allgemeine Kirche eine grössere Bedeutung. Dieser Umstand rechtfertigt es, dass von ihr an dieser Stelle gehandelt wird [1].

I. Entstehung des Kämmerer-Amtes. Seit dem 11. und namentlich seit dem 12. Jahrhundert wird als Vorsteher der päpstlichen Schatzkammer (Camera thesauraria) [2] der Camerarius erwähnt [3]. Er verwaltete nicht nur die Finanzen, sondern besass auch eine ausgedehnte Civil- und Kriminal-Jurisdiktion [4], und trat bei Vakanz des päpstlichen Stuhles an die Spitze der interimistischen Verwaltung der römischen Kirche [5].

Da diese Stellung als Camerarius eine grosse Aehnlichkeit mit der des Archidiakonen hat, so haben viele Schriftsteller letzteren in dem späteren Kämmerer wiederfinden wollen [6] und sogar behauptet, Gregor VII. habe den Archidiakonat der römischen Kirche abgeschafft [7]. Dagegen betrachtet eine andere Meinung den Kämmerer als Erben des alten vestararius [8] (s. oben S. 384). Die neueste Ansicht — von Phillips [9] — endlich geht dahin, dass der Kämmerer ein neu nach dem Vorbilde der Hofhaltungen der weltlichen Fürsten am päpstlichen Hofe eingesetzter Beamter gewesen und die Befugnisse des vicedominus auf ihn übergegangen seien. In der That entspricht es dem Amte des an den germanischen Höfen vorkommenden Kämmerers [10], wenn dem päpstlichen Camerarius die Verwahrung der für feierliche Ceremonien

* Petri Ridolphini Praxis iudiciaria recent. P. I. c. 1; Capucii Aesini Praxis iudiciaria recentissima Romae. 1680. P. II. art. 6; Card. de Luca, relatio etc. disc. XI. XXXIII—XXXVI; Cohellius, notitia cardinalatus. c. 39—53; Danielli, praxis rec. tit. 39; Prattica della Curia Romana P. I. c. 2; P. IV. c. 26; Lunadoro-Zaccaria, relazione p. II. c. 30—34. p. 125 ff.; Moroni, dizionario 7, 5 ff. 57 ff.; Bangen S. 345.; Phillips 6, 403.

1 So thun auch Bangen a. a. O.; Phillips, Lehrbuch S. 256; Schulte 2, 248.

2 Ihrer wird vielfach in den ordines Romani gedacht, s. z. B. Ordo XIII. c. 9 (Mabillon, museum Italicum 2, 229); Ordo XIV. c. 41. 42. 45 (l. c. p. 269. 277); Phillips 6, 404.

3 Zuerst in der i. J. 1128 von dem Mönche Paul von Bernried geschriebenen vita Gregorii VII. c. 22 (Watterich, pontif. Roman. vitae 1, 482): „Huius (Alexandri II) camerarius, nomine Iohannes, narrare solebat factum in semetipso divinae curationis miraculum per venerabilem Hiltebrandum adhuc archidiaconum“. Der Verfasser des Ordo XII bei Mabillon l. c. p. 165, Cencius (später Honorius III.) hat ebenfalls die Kämmerer-Würde bekleidet. Vgl. ferner c. 13. X (Innoc. III.) de praescript. II. 26: . . . „licet (liber censualis) non in nostra, sed in cardinalis S. Hadriani camera sit inventus qui eum, quando camerarius fuerat, de camera P. Petri suscepit“. Nicht näher nachgewiesen ist die Angabe bei Mejer in Jacobsons und Richters Zeitschr. Heft 1. S. 64. n. 1, dass unter Alexander II.: Hildebrandus venerabilis archidiaconus als praeses camerae apostolicae vorkommt.

4 Phillips 6, 407.

5 S. oben S. 369 ff.

6 de Luca disc. XI. n. 1; Bangen S. 348.

7 Bangen a. a. O. — Vgl. auch oben S. 360.

8 Muratori, Antiquitat. Ital. 1, 939. 940; Moroni 7, 58.

9 A. a. O. S. 418, früher (Lehrbuch S. 258 hatte er die Ansicht de Lucas und Bangens adoptirt.

10 Hincmari de ordine palatii c. 22 (Walter, corpus iuris Germanici 3, 767): „De honestate vero palatii seu specialiter ornamento regali, necnon et de donis annuis militum absque cibo et potu vel equis, ad reginam praecipue et sub ipsa ad Camerarium pertinebat“.

gebrauchten Kleinodien zustand[1], und wenn er ferner dem Papst bei der Krönung und sonstigen feierlichen Gelegenheiten die Münzen für die von letzterem zu vertheilenden Geldspenden darzureichen hatte[2]. Ferner tritt die enge Beziehung des Kämmerers zur Person des Papstes aus seiner Thätigkeit beim Ableben des Papstes deutlich hervor. Er hat, wenn der letztere auf dem Sterbebette liegt, die Kardinäle zusammen zu rufen, damit sie die letzten Willensmeinungen desselben anhören, sodann nach erfolgtem Tode die Werthgegenstände in Verwahrung zu nehmen und die Einbalsamirung des Leichnams zu leiten[3].

Während der Sedisvakanz hat freilich der Kämmerer eine ähnliche Stellung, wie früher der Archidiakon. Trotzdem spricht gegen die Herleitung des Amtes aus dem Archidiakonat der Umstand, dass der Kämmerer nicht nothwendig dem Kardinalskollegium anzugehören braucht[4], und dass seine Befugnisse während der Sedisvakanz entschieden geringer sind, wie die des Archidiakons waren[5]. Die nahe persönliche Stellung des als Familiaren des Papstes erscheinenden Kämmerers zu letzterem, welche gerade dem Archidiakon fehlte, ist ebenfalls ein Beweis dagegen, dass ein Zusammenhang zwischen den beiden Aemtern bestanden hat.

Eine engere Beziehung scheint vielmehr zwischen dem bis zum J. 1032 vorkommenden Amte des Vestararius (s. S. 384) und dem des Camerarius obzuwalten, denn ersterer hatte früher insofern die gleiche Funktion, wie letzterer, als er ebenfalls die für die gottesdienstlichen Funktionen des Papstes bestimmten Gewänder und die zu gleichem Zwecke und zur päpstlichen Hofhaltung gebrauchten Kleinodien und Kostbarkeiten unter seiner Obhut hatte.

Endlich findet sich in früherer Zeit noch ein anderer Beamter am päpstlichen Hofe, der Vicedominus, welcher die Verwaltung des päpstlichen Palastes zu führen hatte[6], dessen Geschäftskreis mithin ebenfalls theilweise mit den vom Camerarius später ausgeübten Befugnissen übereinstimmt. Eine Verwandtschaft mit dem Camerarius liegt auch insofern vor, als er ebenso wie in dieser in enge persönliche Beziehungen zu dem Papste treten musste. Mir scheint daher die Ansicht von Phillips[7], welche die Entstehung des Amtes des Kämmerers an den Vicedominus anknüpft, wohl begründet. Wenn es als unzweifelhaft angenommen werden kann, dass man das Amt des Archidiakons absichtlich bedeutungslos zu machen suchte[8], so war gerade der in naher persönlicher Verbindung mit dem Papste und demnach in gewisser Abhängigkeit von ihm stehende Vicedominus die geeignete Persönlichkeit, an welche die Machtbefugnisse des Archidiakons theilweise übertragen werden konnten. Sehr nahe lag es, demselben Beamten, welcher somit die Verwaltung der päpstlichen Einkünfte und die des päpstlichen Palastes zu besorgen hatte, nun auch die Funktionen mitzuübertragen, welche früher dem Vestararius zustanden, um so mehr als die Stellung des Kämmerers an den

1 Ordo Roman. XIV. c. 67 (Mabillon 2, 325. 326).

2 Ordo Roman. XIII. c. 9 (ibid. 2, 228. 229); Ordo XIV. c. 41. 45. 46 (l. c. p. 269. 276. 279). Ueber die gottesdienstlichen Funktionen des Kämmerers s. Phillips 6, 410.

3 Ordo Roman. XV. c. 143. 144 (ibid. p. 526. 527).

4 Ordo cit. c. 144: „Item notandum quod si camerarius sit cardinalis, dum corpus (des verstorbenen Papstes) lavatur et portatur ad capellam, non consuevit associare funus, quod si non sit cardinalis, debet omnia videre et ordinare et corpus cum aliis praelatis associare“.

5 Der Archidiakon, der Archipresbyter und der Primicerius galten als Stellvertreter des Papstes. S. S. 220. 369. — Davon ist beim Camerarius, welcher bei seiner Verwaltung noch von dem Kardinalskollegium abhängig ist, nicht die Rede. S. 369.

6 S. oben S. 385.

7 A. a. O. S. 419. 420.

8 S. oben S. 360.

weltlichen Höfen ein Vorbild dafür bot. In dieser Entwicklung tritt allmählich ein Uebergewicht der vom Papst unmittelbar abhängigen über die aus dem Presbyterium der römischen Kirche erwachsenen Beamten hervor, aber anderseits gewann das Kardinalkolleg nicht minder bei der Beseitigung des dasselbe ebenfalls beschränkenden Archidiakonen-Amtes.

Ueber die Stellung des Camerarius während der Sedisvakanz ist an einem andern Orte (s. S. 369) gehandelt worden. Hier ist die weitere Entwicklung des Amtes im Allgemeinen und die Thätigkeit seines Inhabers bei besetztem päpstlichen Stuhle darzustellen. Schon Urban V. übertrug seinem Kämmerer die Befugniss, die Sentenzen und Strafen gegen Seeräuber, gegen Diejenigen, welche den Sarazenen Kriegskontrebande zustellten, ferner gegen die Personen, welche die Zufuhr von Lebensmitteln nach dem Sitz der Kurie hinderten und in ähnlichen Fällen zu exequiren, resp. die Exekution zu überwachen[1]. Ausserdem hatte der Kämmerer — und zwar von Anfang an — die Jurisdiktion in allen die päpstliche Kammer betreffenden Angelegenheiten gehabt. Urban VI. dehnte diese auf alle das Interesse derselben in irgend einer Hinsicht berührenden Angelegenheiten aus[2], indem er den Kämmerer zugleich ermächtigte, hierbei summarisch zu procediren und die Verhandlung solcher Sachen von anderen Richtern zu avociren[3]. Weiter sind die Rechte des Kämmerers durch die Konstitutionen Gregors XII.: Apostolicae Camerae vom J. 1407[4], Pauls III.: Romani Pontificis vom 25. November 1544[5], Julius' III.: Licet ea vom J. 1550[6], Pius' IV.: Providentia vom 13. November 1560[7], Romanum decet vom J. 1560[8] und Cum inter ceteras vom 1. November 1564[9], Clemens' VIII.: In conferendis vom 18. Dezember 1599[10] und Cum in literis vom 26. Februar 1600[11], Gregors XV.: Romanum decet vom J. 1621[12] und endlich Innocenz' XII.: Ad Romani pontificis vom 10. August 1698[13] bestätigt, resp. erweitert worden.

1 Const.: Apostolatus officium vom 12. Oktober 1363 (M. Bull. 1, 261).

2 Const.: Apostolicae Camerae vom 8. September 1379 (ibid. p. 270) §. 2: „. . . de tuae circumspectionis industria, cui principaliter est eiusdem Camerae cura commissa, cognoscendi auctoritate Apostolica per te vel alium seu alios de omnibus et singulis quaestionibus, controversiis, causis et litibus praesentibus et futuris, spiritualibus, ecclesiasticis et temporalibus, civilibus et criminalibus, nedum ad ipsam Cameram pertinentibus, sicut est hactenus consuetum, sed etiam de quibuscumque iura et negotia ipsius Camerae directe vel indirecte quoquo modo tangentibus seu etiam quae secundum tuum liberum arbitrium viderentur ea posse tangere quomodolibet in futurum ipsasque cum emergentibus et ab eis dependentibus ac connexis ac eos quos tangere poterunt, tam personas ecclesiasticas quam saeculares necnon capitula, collegia et conventus ecclesiarum et monasteriorum ac ordinum, exemptorum et non exemptorum, communitatesque et universitates locorum, prout quotiens tibi videbitur, ad te et ad eamdem Cameram advocandi et citandi per literas vel nuntium intra vel extra Curiam et ad partes etiam, si causae ipsae de natura sui non sint apud Sedem Apostolicam per appellationem aut alias legitime devolutae, necnon in ea tractandae seu etiam finiendae ac etiam si coram iudicibus ordinariis, auditoribus, inquisitoribus, delegatis, subdelegatis, commissariis, executoribus, arbitris, arbitratoribus, compromissariis seu aliis quibuscumque etiam per Sedem Apostolicam deputatis vel deputandis in praefata Romana Curia vel extra ubilibet pendere, nunc et in posterum dicerentur, etiamsi in ipsis ad litis contestationem processum fuerit vel ulterius quantumcumque et etiam super literis ad nos seu Sedem eamdem per viam appellationis seu simplicis querelae vel alias habitus fit vel in posterum haberetur recursus, dictas causas reassumendi et reassumi faciendi“.

3 §. 2. cit.; §§. 3. 4. ibid. Vgl. ferner Const. Gregor. XII.: Apostolicae camerae vom 15. Juni 1407. §§. 2. 3 (Bull. Rom. III. 2, 404) und Innoc. VIII.: Cum sicut accepimus vom 18. August 1485 (M. Bull. 1, 434).

4 Bull. Rom. III. 2, 404.

5 M. Bull. 1, 773.

6 Ibid. p. 787.

7 Ibid. 2, 32.

8 Ibid. p. 38.

9 Ibid. p. 130.

10 Ibid. 3, 100.

11 3, 104.

12 Bull. Rom. V. 4, 335.

13 M. Bull. 7, 318.

Der Camerarius hatte von jeher ein Unterpersonal von Geistlichen zu seiner Verfügung unter sich. Die Zahl dieser s. g. clerici Camerae war anfänglich nicht bestimmt, da aber der Zudrang zu diesen Stellen immer stärker wurde und die Emolumente für ein zahlreiches Personal nicht hinreichten, so reducirte Eugen IV. in der Konstitution: Inter caetera vom 9. Juli 1438 [1] die Zahl der eigentlichen clerici Camerae auf sieben. Ferner bestätigte er mittelst der Bulle: In eminenti vom 6. Juli 1444 [2] die von dem Kollegium derselben entworfenen Statuten, nach welchen zwar ausser den wirklichen Mitgliedern (den clerici Camerae numerarii) noch supernumerarii mit der Berechtigung, in eine vakante Stelle einzurücken, zugelassen werden konnten, aber keinen Antheil an den Emolumenten des Kollegs, kein Stimmrecht und keine Fähigkeit zu Kommissionen haben sollten [3]. Erstere sind also die ordentlichen Mitglieder des Kollegs, zu welchen ausser dem an der Spitze stehenden Camerarius noch der thesaurarius, sowie die s. g. assistentes, d. h. die früheren, zu einer höheren kirchlichen Würde beförderten Mitglieder gehören [4]. An der Spitze der 7 clerici numerarii steht der Dekan, das der Anciennität nach älteste Mitglied [5], ausserdem kommt das nach einem monatlichen Turnus wechselnde Amt des Mensarius, bestimmt zur Ueberwachung der Ausführung der Beschlüsse der Kammer, vor [6]. Als aber die vom Stimmrecht und von der Fähigkeit zu Kommissionen ausgeschlossenen clerici supernumerarii die eben erwähnten, ihnen entzogenen Rechte zu usurpiren begannen, schritt zwar schon Nikolaus V. (1447—1455) dagegen ein [7], aber noch Calixt III. [8] und Sixtus IV. [9] sahen sich veranlasst, die Vorschriften ihres Vorgängers zu wiederholen und die Festhaltung der früheren Siebenzahl einzuschärfen. Später hat jedoch ein mehrfacher Wechsel in der letzteren stattgefunden; so erhöhte Pius V. [10] dieselbe auf zwölf, Gregor XIII. setzte sie wieder auf acht herab, bis sie Sixtus V. zunächst auf zehn und dann wieder auf zwölf vermehrte [11]. Leo XII. endlich fixirte die Zahl im J. 1826 auf neun [12].

Damit war aber das Personal der Kammer noch nicht beschlossen. Unter dem Kämmerer standen ferner andere Beamten, von denen einzelne im Laufe der Zeit eine gewisse Selbstständigkeit erlangten, da der Geschäftskreis des ersteren zu gross war, als dass er auch nur die oberste Leitung aller Angelegenheiten hätte in der Hand behalten können. Diese Beamten waren:

1 M. Bull. 1, 330.

2 L. c. 1, 330.

3 Statuta collegii Camerae Apostolicae. §§. 3. 8 (l. c. p. 331).

4 Statuta cit. §§. 3. 9.

5 L. c. §. 4: „. . . Cumque opportune inter clericos quispiam caeterorum nomine plurium rerum curam continuam habiturus sit, is erit merito qui prius tempore ad collegium admissus fuerit, modo Curiam incolat, eo autem absente vel infirmo, proximior tempore subrogetur huncque Decanum appellare convenit. Potestas cogendi clericos Camerae tam qui intra numerum sunt, quam ultra et agenda proponendi et exigendi singulorum vota et iuxta illa concludendi exigente opportunitate praeter causas fiscales et tempus quo maioribus occupantur, ad officium Decani pertinet. Altaris et iocalium eius ac divini officii atque sacerdotis et quicquid spectat ad ea, Decanus diligentius curet sigillumque Collegii et Constitutionum volumen apud se retinens exacto anno semper singulorum rationem reddat".

6 L. c. §. 6.

7 Das erzählt die in der folgenden Note angeführte Konstitution Calixts III.

8 Const.: Quae laudabili vom 8. Mai 1455 (M. Bull. 1, 362).

9 Const.: Dispositione divina vom 17. Jannar 1472 (M. Bull. 1, 387).

10 Const.: Romanus Pontifex vom 5. März 1571 (Bull. Rom. IV. 3, 151). Schon vorher scheint eine derartige Erhöhung, aber dann auch wieder eine Reducirung auf die ursprüngliche Zahl von 7 erfolgt zu sein. S. Phillips 6, 427. n. 9.

11 Const.: Sic humani vom 5. September 1587 (Bull. Rom. IV. 4, 344).

12 Moroni 7, 12.

II. Der Thesaurarius[1]. Schon im 15. Jahrhundert wird der seit dem vierzehnten erwähnte[2] Thesaurarius (später S. Romanae Ecclesiae Thesaurarius generalis) als Mitglied des Kollegs der Clerici camerae genannt[3]. Er bewahrt die Schätze auf, lässt die Einkünfte erheben, ordnet die Verausgabung der nöthigen Gelder an[4] und vereinigt somit die Funktionen des früheren Vestararius, des Arcarius und Saccellarius[5]. Ihm sind daher auch die Kollektoren kirchlicher und weltlicher Einkünfte, namentlich die der Spolien[6], untergeordnet. Ferner bildet er für die kirchlichen Fiskalforderungen die erste Instanz im Kirchenstaat, die zweite dagegen über die General-Kollektoren in den ausserrömischen Ländern[7].

Von den erwähnten clerici Camerae, zu denen der eben genannte Thesaurarius gehört, sind

III. eine Klasse von Beamten zu unterscheiden, welche als Camerales bezeichnet werden. Diese nehmen ebenfalls an den Geschäften der Kammer, für die Regel aber allein mit konsultativem Votum, Theil[8]. Nur in Abwesenheit des Kämmerers geben sie bei Stimmengleichheit im Kollegium der clerici Camerae durch ein einziges aus ihrer Majorität gebildetes Votum den Ausschlag[9]. Zu diesen Kameralen gehört zunächst[10]

IV. der Auditor Camerae. Wenngleich die oben (S. 407) erwähnte Konstitution Urbans VI. vom J. 1379 dieses Beamten noch nicht erwähnt, ist er doch sicher mit dem in den Statuten des Kollegs der apostolischen Kammer[11] vom J. 1449 vorkommenden Auditor Fisci Sacri Collegii gemeint, denn nicht nur setzt die Bulle Innocenz' VIII.: Apprimae devotionis vom 22. Dezember 1485 das Amt schon als längere Zeit bestehend voraus[12], sondern ein dem Ende des 13. Jahrhunderts angehöriges Ver-

1 Moroni, dizionario 74, 251 ff.

2 Ordo Roman. XIV. c. 46, Ordo XV. c. 115 (Mabillon l. c. 2, 280. 529).

3 Statuta cit. v. 1444. §. 3 (M. Bull. 1, 330). Ihm sind daher auch dieselben Privilegien wie den clerici Camerae beigelegt. Const. cit. Calixti III. und Sixti IV. §. 6. resp. §. 4 (ibid. p. 363. 387).

4 Const. Pii IV.: Cum inter ceteras cit. §§. 35. 36. 46 (M. Bull. 2, 133. 134). Vgl. ferner die auf ein Chirographum Urbans VIII. vom 30. Mai 1627 und die Konstitution Clemens' XII.: Ad circumspecta vom 14. Juli 1735 (Bull. Rom. 14, 29) Bezug nehmende Bulle Benedikts XIV. vom 18. März, resp. 18. April 1746 (Bull. Bened. 2, 33) über das Rechnungswesen der apostolischen Kammer.

5 Phillips 6, 429 u. oben S. 381 ff.

6 Pauli IV. const.: Ut exactio vom 10. April 1556 (Bull. Rom. IV. 1, 330).

7 de Luca disc. XXXV. n. 2. 5.

8 Const. Pii IV.: Cum inter ceteras cit. §. 27 (M. Bull. 2, 132): . . . „Eodemque dubio dato quaestionem ipsam ac iura et rationes partium prius per eum perstricta in alia Camera breviter referat, mox Decanus Camerales primum, deinde clericos ab eis exordiens qui postremo in Camera admissi fuerint, ita ut secundum litteras praefati Eugenii Papae Decanus ipse ultimus respondeat, de ea re omnes interroget et ad interrogationem illius Camerales scilicet consulendo, clerici vero decidendo ... ex ordine sententias suas dicant".

9 Const. cit. §. 28: „Et ne contingat causas et negotia diutius remanere indecisa, quod quandocumque vota decisiva fuerint aequaliter divisa nec de maiori parte ipsorum appareat, tunc illa pars ipsorum quibus dictus Camerarius vel eo absente maior pars votorum consultivorum adhaeserit, debeat praevalere ut hac ratione et quam plures causae brevi expediantur et partes ipsae laboribus et expensis subleventur".

10 Einzelne, so de Luca disc. XXXIII. n. 4; Bangen S. 359, rechnen den vorhin erwähnten Thesaurarius ebenfalls zu den Camerales. Indessen kann die Gleichstellung desselben mit dem Gubernator oder Auditor Camerae (s. oben den Text) in §. 29 der vorhin citirten Konstitution Pius' IV („Decanus praedictus propositione audita, si gratiam concernant, summum pontificem adeundum respondeat, reliqua vero ad Thesaurarium, Gubernatorem vel Auditorem praefatos, prout suae cuiusque iurisdictionis fuerit, veteri more non autem ad quempiam clericum remittat") dafür nicht angeführt werden, weil dieselbe Konstit. §. 6 den Thesaurarius den Camerales gegenübersetzt, und schon die angeführten Statuten §. 3 ihn ausdrücklich zum Kollegium der clerici Camerae rechnen. S. auch Phillips 6, 431. 432.

11 §. 5 (M. Bull. 1, 331).

12 §. 1 (Ibid. p. 437): „Cum itaque officium generalis Auditoriatus seu audientiae causarum Curiae Camerae Apostolicae, quod quondam Ioannes Prioris causarum dictae Curiae generalis Auditor, dum viveret, exercebat per obitum dicti Iohannis . . . vacaverit".

zeichniss der päpstlichen Hofhaltung gedenkt schon eines auditor camere [1]. Zugleich erhielt der unter Innocenz VIII. neuernannte Auditor eine ausgedehnte Jurisdiktion über alle Vergehen zwischen Kurialen [2], über die bei der Kurie vorkommenden Civil- und Kriminalsachen [3], über die aus den päpstlichen Territorien an die Kurie gelangenden Appellationen [4] und über die Streitigkeiten aus den in der Kurie eingegangenen Kontrakten [5], endlich die Befugniss zur Ueberwachung der Exekution der in der Kurie gefällten Sentenzen [6].

Nachdem Paul IV. das Amt des Auditors aufgehoben und statt dessen einen Regens unter Uebertragung einiger dem Camerarius ausschliesslich zustehender Gerechtsame eingesetzt hatte, ist aber das erstere schon unter Pius IV. restituirt worden [7]. Die Befugnisse des Auditor Camerae sind im Wesentlichen dieselben geblieben, wenngleich eine Reihe von reformirenden Konstitutionen, so Pius' IV.: Inter multiplices vom 2. Juni 1562 [8], Pius' V.: Inter illa quae vom 20. November 1570 [9], Clemens' VIII.: Ea Romani vom 1. August 1596 [10], Pauls V.: Eximiae fidelitatis vom 15. September 1606 [11] und Universi agri vom 1. März 1611 [12], Innocenz' XII.: Ad hoc unxit vom 23. Oktober 1692 [13] und Ex quo humilitatem vom 1. Februar 1693 [14], Benedikts XIII.: Romanus pontifex vom 9. November 1728 [15] und Benedikts XIV.: Romanae Curiae vom 25. Dezember 1745 [16] nähere Bestimmungen über die Kompetenz, das Verfahren und die Kosten gegeben und manche Uebelstände (so z. B. die Konstitution Innocenz' XII. die Käuflichkeit des Amtes) [17] beseitigt haben [18]. Vermehrt worden sind seine Befugnisse insofern, als ihm die Ueberwachung der Exekution aller apostolischen Schreiben, wenn in denselben nicht ein besonderer Exekutor ernannt war, ausschliesslich übertragen wurde [19].

V. Der Gubernator Urbis. Anfänglich wurde das Amt des Camerarius nicht ausschliesslich Kardinälen übertragen [20], als aber seit dem 15. Jahrhundert die Sitte stehend wurde, den Kämmerer aus den Kardinälen zu wählen [21], wurde das Amt

1 „Magister guillelmus auditor camere" in dem Rotulus bei Galletti, memorie di tre antiche chiese di Rieti. Roma 1765 und bei Moroni, dizionario 23, 40.

2 §. 3. l. c.

3 §. 4. l. c.: „Necnon omnes et singulas, tam civiles quam criminales et mixtas, spirituales, ecclesiasticas et profanas et alias quascumque causas in quibus ad membri mutilationem aut sanguinis effusionem et condemnationem non intenditur, coniunctim vel divisim, quomodocumque et qualitercumque in eadem curia motas et movendas seu quomodolibet nunc et in posterum inter quascumque partes, etiam per viam inquisitionis ex officio pendentes".

4 §. 5. l. c.

5 §. 7. l. c.

6 §. 5. l. c.

7 Pii IV. Const.: Ad eximiae vom 1. Mai 1561 (M. Bull. 2, 49). §§. 1—3.

8 §§. 2 ff. 30 (s. M. Bull. 2, 81).

9 §§. 11 ff. 25 ff. (ibid. p. 339).

10 Bull. Rom. V. 2, 113.

11 M. Bull. 3, 240.

12 §. 4 (3, 299).

13 M. Bull. 7, 181.

14 L. c. p. 196.

15 Ibid. 10, 387.

16 Bull. Bened. XIV. 1, 467.

17 S. darüber noch unten S. 413.

18 Mit Rücksicht auf die Kriminaljurisdiktion des Auditor Camerae einerseits und die Vorschriften über die Irregularitäten andererseits (s. oben S. 28) ist noch §. 4 Const. Pauli V.: Eximiae (M. Bull. 3, 240) hervorzuheben: „Tibique (dem neuernannten Auditor) indulgemus quodsi te in quibuscumque causis criminalibus, etiam ubi poena sanguinis et ultimi supplicii imponenda erit seu imponetur aut de huiusmodi causis tractandum fuerit, in posterum aliquando contigerit immiscere, nullam ob irregularitatis vel inhabilitatis cuiuscumque seu aliam censuram ecclesiasticam aut infamiae maculam sive notam nec alia incurras impedimenta, dummodo sententiam sanguinis per te ipsum non feras neque votum subscribas".

19 Const. Pii IV. cit.: Inter multiplices. §. 12 (M. Bull. 2, 51); Const. Pauli V. cit.: Eximiae. §. 14 (M. Bull. 3, 242).

20 S. S. 369; auch die Kämmerer Urbans V. und Urbans VI. (M. Bull. 1, 261. 270) sind Erzbischöfe gewesen.

21 Vgl. Const. Innoc. VIII.: Apprimae cit. vom J. 1485. §. 2 (M. Bull. 1, 437); Const. Leonis X.: Etsi pro cunctarum vom J. 1514. §. 2 (l. c. p. 548); Const. Iulii III.: Licet ea vom J. 1550. §. 2 (l. c. p. 787).

seines Stellvertreters [1], des Vicecamerarius, bedeutungsvoller, weil auf diesen jetzt die thatsächliche Ausübung der Funktionen des Camerarius überging. Er galt seitdem als der erste und höchste der Prälaten der römischen Kurie.

Zugleich wurde ihm öfters das Amt des Gubernator Urbis, des Nachfolgers des alten Praefectus Urbis [2], verliehen [3], bis im 17. Jahrhundert die Verbindung beider Aemter zur Regel wurde. Der Gubernator Urbis hatte die Verwaltung der Stadt Rom und die Kriminal- und Civilgerichtsbarkeit über dieselbe [4]. Während er früher kraft seiner ordentlichen Gewalt eine solche über die Geistlichen nicht besass, sie also für einzelne Fälle immer erst delegirt erhalten musste [5], hat ihm Benedikt XIV. eine solche freilich nur im beschränkten Umfange verliehen [6].

Ausser dem Thesaurarius, dem Auditor Camerae und dem Gubernator urbis gehören ferner

VI. zu den Camerales der advocatus fisci, der advocatus pauperum, der praesidens Camerae, der commissarius Camerae und der procurator fiscalis generalis Urbis [7]. Die Stellung der beiden ersteren bedarf keiner besonderen Erklärung [8]. Was dagegen den praesidens Camerae betrifft, so bemerkt Phillips mit Recht, dass er passender Praeses computistarum heissen müsste, weil er derjenige Prälat war, welcher dem Rechnungswesen vorstand und alljährlich die Rechnungen zu revidiren hatte [9]. Der Commissarius Camerae war der Vertreter des Thesaurarius und leistete diesem bei dessen Amtsführung Hülfe; namentlich hatte er die Register der Steuern und sonstigen Abgaben zu überwachen [10]. Der General-Prokurator des Fiskus endlich steht dem Advokaten des Fiskus in Kriminalsachen zur Seite [11].

VII. Schon früh vertheilte der Camerarius die einzelnen Zweige der ihm zustehenden Finanz-Verwaltung an die einzelnen clerici Camerae. Allmählich wurde diese Ein-

[1] Schon die Statuten des Kameral-Kollegs von 1444. §. 5 (l. c. p. 331) erwähnen des substitutus camerarii.

[2] Papenkordt, Geschichte Roms S. 150.

[3] Const. Leon. X.: Etsi pro cunctarum vom 28. Juni 1514. §. 1 (M. Bull. 1, 548); Sixti V.: Cum te vom 10. März 1590 (Bull. Rom. V. 1, 225).

[4] S. über ihn die angeführte Konstitution Leos X., ferner die Konstitutionen Pius' IV.: Cum sicut vom 22. Januar 1560 (M. Bull. 2, 1); Ne per praeinsertum vom J. 1562 (ibid. p. 53) und Cum ab ipso vom 30. Juni 1562. §. 15 (ibid. p. 86); Pius' V.: Cum apostolica vom 9. August 1570 (l. c. p. 334); Gregors XIII.: Ea est vom 1. September 1572 (l. c. p. 390); Sixtus' V.: In sublimi vom 1. Dezember 1587 (l. c. p. 661); Pauls III. Const.: Universi agri cit. §. 3 (ibid. 3, 298); Urbans VIII.: Decet Romanum vom 23. September 1628 (ibid. 4, 162); Innocenz' X.: Cum alias vom 20. September 1651 (Bull. Rom. VI. 3, 225). Darüber, dass er durch die Ausübung der Kriminal-Gerichtsbarkeit nicht irregulär wird, vgl. oben S. 28. n. 10.

[5] de Luca l. c. disc. XXXVI. n. 2.

[6] Const.: Romanae Curiae vom 21. Dezember 1745. §§. 23. 24 (Bull. Bened. XIV. 1, 473): „Gubernatori autem Urbis et eius Tribunali nullam in civilibus competere declaramus iurisdictionem contra clericos, ecclesias aut loca pia sine speciali commissione nostra vel nostrorum pro tempore successorum. Attamen ut causae mercedis diurnae vel menstruae prout etiam causae infra summam scutorum viginti quinque quam citissime expediantur, hoc speciali privilegio eas donamus, ut nempe laici etiam in tribunalis Cardinalis Vicarii et respective clerici et loca pia etiam coram urbis Gubernatore arbitrio actoris valide et licite conveniri possunt, ita ut nec etiam praetextu obligationis Cameralis eorundem iurisdictio valeat declinari“.

[7] de Luca l. c. disc. XXXIII. n. 4; Bangen S. 359; Phillips 6, 431.

[8] Vgl. über sie die Const. Pauli V.: Universi agri von 1611. §. 15 (M. Bull. 3, 307), und unten §. 66.

[9] Ueber die Komputatoren enthält schon die Konstitution Pius' IV.: Cum inter ceteras §§. 39. 43. 48 ff. ausführliche Bestimmungen. Vgl. ferner Bangen, Phillips a. a. O. Leo XII. hat das Amt aufgehoben und die Funktionen desselben einer von ihm errichteten Congregazione della revisione dei conti übertragen. Bangen S. 360.

[10] S. namentlich die Const. Sixti V.: Ad excelsum vom 12. Oktober 1586 (M. Bull. 2, 596); Bangen a. a. O.

[11] Bangen a. a. O.

richtung stehend. Die einzelnen Kleriker nannten sich Präsidenten (praesides)[1] der ihnen zugewiesenen Geschäfte und führten diese selbstständig mit der Massgabe, dass sie in wichtigen Sachen die volle Kammer entscheiden lassen und dieser auch über ihre Administration Rechnung legen mussten. Gleichzeitig hatten sie die Gerichtsbarkeit in den ihrem Ressort vorkommenden kontentiösen Sachen, und übten diese durch ihre Auditoren oder Kommissarien aus[2].

Im Ganzen hatten sich neun solcher besonderen Abtheilungen gebildet. Ihre Präfekten sind der Commissarius armorum, unter welchem das Heerwesen in ökonomischer Beziehung stand, der Präefectus annonae für die Zufuhr des Getreides, der Praefectus grasciae für die des Fleisches und Fettes, der Praefectus viarum für den Strassenbau, der Praefectus archivii, welchem auch die Aufsicht über das Sportelwesen und die Taxen der Notare oblag, der Praeses zecchae monetarum (für das Münzwesen), der Commissarius maris (für die Küstenbefestigungen), der Praeses riparum et aquarum (für den Verkehr auf den Flüssen und die Erhaltung der Gewässer), endlich der Praeses Carcerum (für das Gefängnisswesen)[3]. Die übrig bleibenden drei — und zwar die jüngsten von den zwölf Clerici Camerae — hatten keine Präsidenturen stehender Ressortabtheilungen, vielmehr fiel diesen nach einem durch das Loos bestimmten Turnus die Verwaltung gewisser Lehen des päpstlichen Stuhles zu[4].

VIII. Bildete auch für alle vorstehend unter II—VII besprochenen Behörden der Camerarius, in dessen Hände die höheren Beamten der Kammer den Eid abzulegen hatten[5], den Vereinigungspunkt, so hatten doch diese alle einen festen, selbstständigen Kreis von Geschäften überkommen, und dadurch waren die Amtsbefugnisse des Kämmerers erheblich eingeschränkt worden. Alle Kammer- oder Fiskalsachen wurden in erster Instanz und in weniger wichtigen Fällen auch in zweiter Instanz von den Tribunalen des Gubernators, des Thesaurars, des Auditors der Kammer, des Auditors des Kardinal-Kämmerers[6] und von den Tribunalen der einzelnen Clerici Camerae in ihrer Stellung als Präsidenten der vorhin gedachten Kammer, in der zweiten und auch theilweise in der dritten von der vollen Kammer entschieden[7]. Dem Kämmerer blieb demnach nur noch

1. das Recht auf den Vorsitz in der apostolischen Kammer,
2. das Recht, sich einen eigenen Auditor zu halten,
3. die Präfektur der römischen Universität (Sapienza),
4. die Befugniss gewisse Privilegien in Fiskalsachen zu ertheilen,
5. das Recht, den höheren Beamten (dem Gubernator von Rom, dem Auditor der Kammer, dem Thesaurarius, den Klerikern der Kammer, den Auditoren der Rota u. s. w., den Amtseid abzunehmen[8],

[1] Const. Pii IV. cit. §. 5 (M. Bull. 2, 130): „Cum autem officio clericatus dictae Camerae quod in ipsa Curia primarium extitit, munus potissimum incumbat, eiusdem Camerae res rite et recte administrandi, iura et redditus utiliter locandi, contractus desuper necessarios et opportunos ineundi quorum occasione ipsi clerici Camerae procuratores patrimonii beati Petri rerumque omnium totius Status ecclesiae Romanae huiusmodi custodes et Praesides merito nuncupantur".

[2] Bangen S. 360. 361; Phillips 6, 428.

[3] de Luca l. c. disc. XXXVIII ff.; Luna-doro-Zaccaria p. II. c. 34. p. 140 ff.; Bangen S. 360. 361; Phillips 6, 428. 429.

[4] Bangen S. 361.

[5] A. a. O. S. 353.

[6] Der vom Kämmerer zur Ausübung der Jurisdiktion in den wenigen ihm verbliebenen Angelegenheiten bestellte Auditor s. de Luca l. c. disc. XI. n. 11; Phillips 6, 436.

[7] Bangen S. 361, wo auch das Nähere über die von der Verhandlung in dritter Instanz ausgeschlossenen Sachen angegeben ist.

[8] Moroni l. c. p. 66.

6. endlich — was das wichtigste ist — die oben S. 369 gedachte Stellung während der Vakanz des päpstlichen Stuhles[1].

IX. Die vorhin erwähnten Aemter des Auditors der Kammer, des Thesaurarius, der 12 Clerici Camerae-Praesidentes (s. S. 412) und des praesidens Camerae (s. S. 411) hatten im Laufe der Zeit die Natur von s. g. officia venalia angenommen[2], d. h. sie mussten gegen die Erlegung einer bestimmten Geldsumme gekauft werden[3], was von den katholischen Schriftstellern damit gerechtfertigt wird, dass diese Aemter lediglich fiskalische Befugnisse gewährten und keine Kirchen-Aemter im eigentlichen Sinne gewesen seien[4], sowie damit, dass die Päpste den so erzielten Erlös zu Bestreitung der Kosten der allgemeinen Kirche, namentlich für die im Interesse der Religion geführten Kriege, verwendet hätten[5]. Innocenz XII. hat jedoch durch die vorhin citirte Konstitution: Ad hoc unxit vom J. 1692 die Käuflichkeit der gedachten Aemter beseitigt, indem er als Motiv für diese Massregel angiebt: »ut sola virtutum praestantia in huiusmodi officialium circumspecta et iusta electione praeponderet atque contra praefatam Romanam Curiam obloquendi et oblatrandi invidis et infensis eius detractoribus calumniosa huiusmodi tollatur occasio«[6].

Selbst das Amt des Kämmerers ist seit dem J. 1521 für 30,000 bis 70,000 Scudi während des 16. und 17. Jahrhunderts verkauft worden[7], und erst seit Innocenz XII. wurde es wieder unentgeltlich von den Päpsten verliehen[8].

X. Die heutige Gestaltung der apostolischen Kammer. Mit Rücksicht darauf, dass der Camerarius seit dem 17. Jahrhundert sein Recht, in der Kammer den Vorsitz zu führen, selten ausübte, hat Pius VII. die dadurch faktisch entstandene Unabhängigkeit der Kammer in der Konstitution: Post diuturnas vom 30. Oktober 1800[9] auch gesetzlich anerkannt.

Dem Kämmerer (Camerlengo di Santa Romana Chiesa) sind demnach nur die vorhin unter 2—5 gedachten Rechte geblieben[10]. Der Tesoriere Generale della Reverenda Camera Apostolica hat jetzt die Stellung eines päpstlichen Finanzministers[11]. Ein Gubernator Urbis wird unter dem heutigen Personal der Kammer nicht mehr aufgeführt, wohl aber ein Vice-Camerlengo, welcher insofern die Funktionen des früheren Gubernators mit seinem Amte vereinigt, als er zugleich die Stellung eines General-Polizeidirektors von Rom inne hat[12]. Der avvocato generale del Fisco und der Commissario generale della R. C. A. gehören zwar auch heute noch zum Personal der Kammer, aber sie sind zugleich Mitglieder des Finanzministeriums[13],

[1] de Luca l. c. disc. XI. n. 3. i. f. bemerkt schon: „Atque hinc sequutum est, ut tractu temporis eius auctoritas restricta sit ad quamdam potius honorificam praesidentiam seu praefecturam Camerae Apostolicae seu fisci utriusque Principatus ecclesiastici et temporalis, dum actualis administratio (iuxta hodiernam praxim) residet penes dictum Thesaurarium et penes collegium seu tribunal praefatorum clericorum"; Bangen S. 352. 353.

[2] de Luca l. c. disc. XI. n. 19; disc. XXXIV. n. 30; disc. XXXV. n. 7.

[3] Für das Amt des Auditor Camerae giebt de Luca disc. XXXIV. einen Kaufswerth von 56,000, für das des Thesaurarius disc. XXXV. n. 7 einen solchen von 60,000 Goldscudi an.

[4] de Luca disc. XI. n. 19 und ausführlicher in seinem tract. de officiis venalibus vacabilibus Romanae Curiae Rom. 1682. Venet. 1769. c. 4. n. 6 ff.

[5] Phillips 6, 437; 5, 595.

[6] §. 2 (M. Bull. 7, 181).

[7] Moroni 7, 65. 81. 82. Es ist übrigens das einzige verkäufliche kardinalizische Amt gewesen, de Luca, tr. de officiis venal. vacabilibus. c. 2 n. 4.

[8] Moroni l. c. p. 65. 83. u. 87. 95. 96.

[9] §§. 15. 16. 30. 49 (Bull. Rom. Continuat. 11, 48).

[10] Bangen S. 353.

[11] Annuario pontificio 1865. p. 332. 425.

[12] L. c. p. 332. 423. S. auch Moroni, dizionario 32, 13 ff.

[13] Annuario pont. p. 332. 425.

dagegen hat der frühere Praesidens Camerae jetzt Computista generale della R. C. A. nebst der ihm untergebenen Computisteria generale seine Stellung allein im Finanzministerium[1]. Von den neun jetzt noch existirenden clerici Camerae (chierici di Camera) hat der Dekan die Präsidentschaft der Archive behalten[2]; die übrigen haben ihre oben (S. 412) angegebenen Präsidenturen verloren, da die Verwaltung der ihnen früher obliegenden Geschäfte jetzt besonderen, von den einzelnen Ministerien ressortirenden Behörden übertragen worden ist[3].

Was endlich die Stellung des Auditor Camerae (gewöhnlich durch die Buchstaben A. C. bezeichnet[4], italienisch Uditore Generale della R. C. A.) betrifft, so ist in dem auch in die Verhältnisse der apostolischen Kammer tief einschneidenden Regolamento legislativo et giudiziario Gregors XVI. vom J. 1834 seine Stellung als Exekutor der päpstlichen Bullen und apostolischen Briefe noch anerkannt[5]. Die gleichen ihm früher auch für die allgemeine Kirche zustehenden Befugnisse sind aber jetzt erheblich beschränkt. Mit Rücksicht auf die Bestimmungen des Tridentinums Sess. XX. c. 20 de reform., nach welchen der gesetzliche Instanzenzug vor den ordentlichen Richtern gewahrt werden soll, und die auf Grund dieser Vorschriften erlassene Konstitution Benedikts XIV.: Ad militantis vom 30. März 1742[6] kann der Auditor Camerae jetzt nur noch in den in der letzteren erwähnten privilegirten Sachen einschreiten und zu diesen gehört nach der erwähnten Bulle Pauls V.[7] die Exekution der litterae apostolicae. Wird also der Auditor in solchen Sachen angegangen — freilich geschah dies sehr selten, denn gewöhnlich werden die betreffenden Angelegenheiten an die Kongregation der Bischöfe und Regularen gebracht[8] —, so kann er noch Monitorien erlassen[9]. Seit 1847 werden aber diese Funktionen durch einen eigenen Prälaten Locumtenens wahrgenommen[10].

[1] L. c. p. 425. 427.

[2] L. c. p. 332.

[3] L. c. p. 332. So ressortirt z. B. vom Ministerium des Innern eine eigene direzione generale delle Carceri (p. 422), vom Finanzministerium eine besondere direzione generale delle zecche (p. 430).

[4] Im Gegensatz zu der Abkürzung R. C. A. für Reverenda Camera Apostolica. S. Bangen S. 355.

[5] §. 370 des Regolamento; Bangen S. 367; (Marchetti) Notizia delle giurisdizioni che sono in vigore nello stato pontificio p. 47. 48.

[6] §. 47 (Bull. Rened. XIV. 1, 142): „Denique quoad causas privilegiatas quae ut praefertur, in prima etiam instantia apud Nos et Sedem Apostolicam tractari possunt, nihil ex antiquo mutandum esse volumus, sed monitoria in illis coram Camerae nostrae generali Auditore vel eius locum tenentibus, prout hactenus laudabiliter observatum est, expedienda esse iuxta praescriptum apostolicarum constitutionum et praesertim fel. rec. Pauli V praedecessoris Nostri in constitutione quae incipit: Universi necnon praedictarum et declarationum Benedicti XIII, exceptis tamen monitoriis intimandis ultra Montes in quibus ad evitanda scandala et litigantium incommoda, volumus omnino renovari et observari stylum qui olim in eo Tribunali vigebat, i. e. quod ad eiusmodi monitoriorum expeditionem non aliter procedatur quam oblato prius ipsi Auditori vel altero ex eius locumtenentibus coram quo monitorium expediendum erit, supplici libello universam facti speciem clare et dilucide continente et praevio etiam eiusdem iudicis rescripto quod monitorium expediri possit, penes causae notarium vel actuarium, diligenter custodiendo".

[7] §. 4 (M. Bull. 3, 300).

[8] Bangen S. 369. n. 2.

[9] Vgl. über Alles Bangen S. 367 ff.

[10] Marchetti p. 47. Dieser übt auch die früher dem Auditor Camerae für den Kirchenstaat zukommende Jurisdiktion aus, welche nach dem citirten Regolamento folgende Sachen umfasst. §. 370 (Bull. Rom. contin. 19, 429): „Il prelato uditore della Camera conosce e giudica in prima istanza: I. Le cause enunciate nel §. 358. n. 1 („cause di competenza del foro ecclesiastico; sia per ragione di materia, sia per ragione di persone") — cumulativamente col tribunale del cardinale vicario: II. Le controversie sulla esecuzione delle bolle o lettere apostoliche e specialmente di quelle ove manchi la espressa nomina di un esecutore". §. 371: „Conosce e giudica in secondo grado di giurisdizione, tutte le cause non maggiori di cinque cento scudi decise in prima istanza dai prelati vicegerente e luogo tenente civile del cardinale vicario e dagli ordinarii dioecesani dello stato". §. 372: „La esecuzione dei rescritti delle sacre congregazioni ecclesiastiche le quali non hanno giurisdizione contenziosa viene ordinata privatamente dal prelato uditore della Camera".

Der apostolischen Kammer selbst ist in gewissen Sachen nach dem vorhin erwähnten Regolamento Gregors XVI. noch eine Gerichtsbarkeit geblieben; so urtheilt sie

1. als Tribunale della Piena (vollen) Camera als Appellationsgericht in allen das Aerar betreffenden Streitigkeiten, wobei jedoch trotz der Bezeichnung voller Kammer nicht sämmtliche Clerici Camerae, sondern nur fünf derselben unter dem Vorsitz des Dekans als Richter fungiren[1], und der Avvocato generale del fisco und der Commissario generale della Camera als Vertreter der Interessen des Aerars interveniren können[2],

2. als Tribunale Criminale della Reverenda Camera Apostolica, bestehend aus einem Chierico della Camera als Präsidenten, dem Auditor des Kämmerers und zwei anderen Richtern in allen gegen das Aerar verübten Defraudationen und Vergehen und zwar in erster Instanz für Rom und die Comarca, in zweiter Instanz für die anderen Gebiete (die Appellation von ihren erstinstanzlichen Urtheilen geht an das Tribunale della Consulta, s. §. 62. Anhang)[3],

3. als Congregazione Camerale, zusammengesetzt aus dem Auditor des Kämmerers als Präsidenten, zwei besonders dazu deputirten Konsistorial-Advokaten und einem andern Richter, in erster Instanz in den in der Fiskal- und Steuer-Verwaltung entstehenden Streitigkeiten[4], während das Appellationsgericht die unter 1 erwähnte Camera Piena bildet[5].

So ist die apostolische Kammer, deren Verwaltungsbefugnisse auf das Finanzministerium übergegangen sind, jetzt nur noch eine für den Kirchenstaat bestehende Gerichtsbehörde, und wird auch jetzt als solche im Annuario pontificio p. 332 unter der Rubrik: Tribunali gleich nach der Rota aufgeführt.

§. 47. γ. *Das Tribunal der Signatura iustitiae (Collegium Referendariorum Signaturae Votantium, Segnatura di Giustizia)**.

Dasselbe Schicksal, wie die Rota Romana und die Camera Apostolica, hat die hier zu besprechende Behörde gehabt, da auch sie ihre Bedeutung für die allgemeine Kirche eingebüsst hat und jetzt eine solche nur noch für den Kirchenstaat besitzt.

I. Die Entwicklung und Ausbildung der Signatur. Als es bei der Kurie Sitte geworden war, dass die an den Papst gelangenden Gesuche, sofern sie streitige Rechtssachen zum Gegenstande hatten, an die Kardinäle und die Auditores S. Palatii zur Entscheidung delegirt wurden, bedurfte es für ersteren bestimmter Organe, welche ihm über die eingehenden Gesuche Bericht abzustatten hatten.

[1] Marchetti p. 24.

[2] L. c. p. 24; Regolamento cit. §§. 329. 330 (l. c. p. 425).

[3] Marchetti l. c. p. 87 ff.

[4] L. c. p. 124, wo die Kompetenz des Näheren angegeben ist.

[5] L. c. p. 127. Dass die Rota in dritter Instanz über die von der vollen Kammer abgeurtheilten Sachen in gewissen Fällen erkennt, ist bereits oben S. 403 bemerkt.

* Octav. Vestri, in Romanae Aulae actionem ΕΙΣΑΓΩΓΗ. Lib. I. c. 3; Lud. Gomes, Compendium perquam breve utriusque Signaturae in seinen Commentarii in iudiciales Regulas Cancellariae. Lugd. 1575. fol. 143 ff.; Ridolphini l. c. P. I. c. 13; Fatinelli de Fatinellis, de referendariorum votantium Signaturae Iustitiae Collegio. Romae 1696; Franciscus Antonius Vitale, Commentarius de iure Signaturae Iustitiae. Romae 1756; de Luca l. c. disc. XXXI; Cohellius l. c. c. 56. 57; Danielli l. c. tit. 41; Prattica della Curia. P. II. c. 8; Lunadoro-Zaccaria l. c. P. II. c. 36. p. 156; Moroni, dizionario 63, 210; Bangen S. 370 ff.; Phillips 6, 495 ff.

Handelte es sich um die Nachsuchung einer Gnade, so war eine Erwägung darüber erforderlich, ob letztere gewährt oder nicht gewährt werden sollte, betraf die Bittschrift aber eine Rechtssache, so entstand die Frage, ob sie ihrer Beschaffenheit nach und mit Rücksicht auf das geltende Recht an Richter zur Entscheidung überwiesen werden konnte und eventuell an welche sie zu kommittiren sei[1]. Die Beamten, welchen jene Funktionen zufielen, waren die s. g. Referendarii[2], genauer Apostolici oder Referendarii Signaturae, eine Bezeichnung, welche wohl dem römischen Rechte entnommen ist, da auch am byzantinischen Hofe Beamte mit gleichen Funktionen und gleichem Namen vorgekommen sind[3]. Referendarii hiessen sie, weil sie dem Papst Vortrag hielten, Referendarii Signaturae, weil sie die von ihnen entworfenen Verfügungen dem Papst zur Unterschrift, zum signare[4], vorlegten. Die Zahl der Referendarien wuchs allmählich sehr an, da eine Reihe von solchen, welche vielfach gar nicht an der Kurie residirten, honoris causa auf Wunsch einzelner Fürsten ernannt wurden[5].

Zuerst bestand kein Unterschied zwischen den Referendarien hinsichtlich ihres Ressorts, vielmehr referirte der Einzelne sowohl in Gnaden-, wie in Justizsachen. Dass Innocenz VIII. eine Scheidung in Referendarien für die ersteren und in Referendarien für die letzteren eingeführt habe, ergiebt die gewöhnlich dafür angezogene[6] Konstitution: Officii nostri vom 25. Januar 1491[7] nicht. Sie verfügt eine Reihe von Massregeln behufs Sicherung der Exekution der in der Kurie erlassenen Mandate, Citationen u. s. w. und erwähnt dabei auch (§. 2) der rescripta apostolica iustitiam vel gratiam continentia, woraus offenbar für die Stellung der dieser beim Papst extrahirenden Referendarien nichts gefolgert werden kann[8].

Unter Paul III., welcher den Referendarien eine grosse Anzahl von Privilegien verlieh[9], stand schon ein Kardinal als Präfekt an der Spitze derselben. Dieser erhielt von dem gedachten Papste die Vollmacht in den gewöhnlich vorkommenden Fällen statt und Namens des Papstes zu signiren, war dabei aber an die Majorität der anwesenden ihn berathenden Referendare gebunden[10]. Auch muss sich jedenfalls um diese Zeit die Scheidung zwischen der Signatura Iustitiae und der Signatura Gratiae als besonderer Behörden festgestellt haben, da sie schon von der die erstere, in einzelnen Punkten reformirenden Konstitution Pius' IV.: Cum nuper nos vom 1. Juli 1562 vorausgesetzt wird[11].

[1] Bangen S. 373.

[2] Die Urkunde Paschalis II. von 1102 bei Lappenberg, Hamburg. Urkundenbuch 1, 118 (Jaffé, reg. n. 4414) ist geschrieben per manus Pyderii regionarii et referendarii sacri palatii"; vgl. ferner Pannormitanus ad c. 1. X. de privileg. V. 33. n. 4; Ordo Roman. XV. c. 147 (Mabillon l. c. p. 2, 530).

[3] Inscript. l. 2. C. de officio eius qui vicem alicuius l. 50 (a. 427); Nov. Iustinian. 10. a. 535. Dass die Päpste auch früher sich schon von den ihnen nahe stehenden Geistlichen Vortrag halten und Rath ertheilen liessen, liegt in der Natur der Sache und ist auch durch eine Reihe von Zeugnissen bestätigt. S. oben S. 385 und Phillips 6, 361. Nur hatten die betreffenden Geistlichen damals, weil überhaupt eine nach einzelnen Geschäftskreisen getheilte Organisation der Kurie nicht bestand, kein festes Ressort.

[4] Hiern. Gonzalez in Regul. VIII. Cancell. gloss. 60 de mensibus n. 54. 55: „Et ideo appellatur signatura gratiae et signatura iustitiae, quia ibidem signantur i. e. subscribuntur rescripta gratiae et iustitiae".

[5] Bangen S. 374; Phillips 6, 501.

[6] Bangen S. 374; Phillips, Lehrbuch 1, 259.

[7] M. Bull. 1, 449.

[8] So jetzt auch Phillips, Kirchenrecht 6, 501.

[9] Const.: Debita consideratione vom 30. Juli 1540 (M. Bull. 1, 737).

[10] de Luca disc. XXXI. n. 3. 7.

[11] §. 1 (M. Bull. 2, 90): „Quod nullus ex dictis Referendariis propositas et reiectas in Signatura Iustitiae commissiones in Signatura Gratiae coram nobis proponere audeat, nisi talis sit materia quae scientiam nostram requirat aut quae per Signaturam Iustitiae ad eandem Signaturam Gratiae remissa fuerit".

Beim Mangel einer fixirten Zahl von Referendarien-Stellen waren bis zum Ende des 16. Jahrhunderts so viel Ernennungen vorgekommen, dass Sixtus V. sich veranlasst sah, hinsichtlich des gedachten Punktes eine gesetzliche Regelung eintreten zu lassen. In der Konstitution: Quemadmodum vom 22. Oktober 1586[1] verordnete er zunächst, dass bis zur Reduktion der vorhandenen Zahl auf 100 keine neuen Referendarien ernannt werden, und von diesen auch nur 70 Referendarii Signaturae, d. h. wirklich fungirende[2], sein sollten[3]. Zugleich setzte der gedachte Papst für die Zulassung zum Referendariat folgende Erfordernisse fest: 1. eheliche Geburt, 2. Abstammung von ehelichen Eltern, 3. Alter von 25 Jahren, 4. unbescholtener und sittenreiner Lebenswandel, 5. Besitz der juristischen Doktorwürde, 6. Klerikalstand, 7. Tragen der Tonsur und geistlichen Kleidung, 8. zweijähriger Aufenthalt an der Kurie, 9. Innehabung eines ein standesgemässes Auskommen gewährenden Benefiziums oder Vermögens, 10. Ablegung eines praktischen Examens vor dem Präfekten und den sechs ältesten Referendarien[4]. Für die Zulassung zur Signatura Gratiae wurde ferner als Vorbedingung eine dreijährige, erfolgreiche Theilnahme an den Geschäften der Signatura Iustitiae vorgeschrieben[5]. Ausserdem gewährte Sixtus in derselben Bulle den Referendarien ebenfalls eine Reihe von Privilegien[6].

Alle zur Signatur der Justiz gehörigen Referendarien übten aber das Amt nicht wirklich aus, vielmehr entwickelte sich die Praxis, dass nur die zwölf der Anciennität nach ersten als s. g. Referendarii votantes neben dem Präfekten funktionirten und die übrigen erst nach und nach gemäss ihrer Anciennität einrückten[7]. Diese Sitte sanktionirte Alexander VII., indem er durch seine Konstitution: Inter ceteras vom 13. Juni 1659 diese 12 Votanten zu einem eigenen Kolleg neben dem Präfekten unter dem Aeltesten, als ihrem Dekan, formirte[8]. Zugleich erliess er in derselben Konstitution nähere Vorschriften über die Aufnahme und Prüfung neuer Referendarien[9].

II. Kompetenz der Signatur. Zu derselben Zeit, wo das Kolleg der Referendarii sich fester organisirte, war schon durch die Entwicklung der Camera Apostolica und der Rota, später durch die Errichtung der Kardinals-Kongregationen unter

[1] M. Bull. 1, 588.

[2] Bangen S. 374.

[3] So fasse ich den §. 1 der angeführten Konstitution auf, worin es heisst: „Illo autem sic reducto et imminuto praescriptus centenarius numerus Referendariorum huiusmodi nullo umquam tempore augeatur. Sed neque inter hoc omnes ultra septuaginta Signaturae Referendarii esse possint", während Bangen a. a. O. und Phillips 6, 502 meinen, dass von den 100 dreissig der Signatur der Justiz und 70 der Signatur der Gnaden zugetheilt worden seien.

[4] §§. 2. 3. const. cit.

[5] §. 4. ibid.

[6] §§. 8 ff. — Alexander VII. hat die votantes in der Bulle: Nuper certis von 1655 zu apostolischen Akolythen erhoben (Bull. Rom. VI. 4, 54).

[7] Bangen S. 375.

[8] §. 1 (M. Bull. 6, 118): „Insuper erigimus et instituimus Collegium eorumdem Referendariorum quod volumus repraesentari ex duodecim Votantibus Signaturae Iustitiae de corpore ac numero ipsorum Referendariorum electis et in posterum eligendis quorum caput ac moderatorem perpetuo constituimus praefectum eiusdem Signaturae Iustitiae pro tempore existentem et antiquior eorum in officio appellabitur Decanus". §. 2: „Horum autem officium erit formare inquisitiones ac processus super qualitatibus eorum qui ad praefatum Referendarii munus ac dignitatem admittendi erunt, prout singulis a Praefecto Signaturae speciali rescripto demandabitur, ut infra statutum est. Praeterea eidem Decano et Collegio incumbet caeteros Referendarios, praesertim in posterum recipiendos, diligenter instruere de his quae spectant ad exercitium eorum officii et omnibus intimare decreta et ordinationes quascumque tam nostras quam eiusdem Praefecti, eorum personas ac munus concernentes et concernentia necnon dies ac tempora et servitia a singulis tam in Capella nostra quam in aliis functionibus praestanda ac etiam curare, ut tabellae indicantes Signaturas et Congregationes faciendas congruis temporibus a ministris deputatis, ut moris est, exponantur ac omnibus demum incumbere quae totius ordinis interesse concernent".

[9] §. 5. Vgl. aber ferner Const. Innocentii XII.: Inter gravissimas vom 20. Juli 1695 (M. Bull. 7, 260) und unten.

Sixtus V. — Behörden, welche ohne ein Kommissorium der Signatur[1] über die zu ihrem Ressort gehörigen Sachen entscheiden konnten[2] — der Kreis der von der Signatur zu erledigenden Angelegenheiten erheblich beschränkt. Es blieben für sie demnach noch übrig: die ausserordentliche Kassation eines Urtheils anderer Richter, die Avocirung eines Prozesses von dem ordentlichen Richter, die Erledigung der Kompetenzstreitigkeiten zwischen verschiedenen Gerichtsbehörden, und die Ertheilung der Kommissorien an die Rota in den Fällen einer nur aus Billigkeit, nicht dem strengen Recht nach zu gewährenden Appellation. In allen diesen Fällen hat die Signatur Kompetenz für die Stadt Rom und für die ganze Kirche[3], befindet aber nie selbst in der Hauptsache (über die merita causa), sondern sie erlässt blos zur Ermächtigung einer solchen Entscheidung die geeigneten Dekrete an die betreffenden Richter[4].

III. Personal. Der Kardinal-Präfekt pflegte sich anfänglich einen Privat-Auditor zur Bewältigung der ihm obliegenden Geschäfte zu halten, welcher auch zugleich als Protokollführer bei den Sitzungen der Signatur fungirte. Allmählich erhielt er als Auditor Signaturae eine selbstständigere Stellung, indem er die einfachen Sachen allein erledigte[5], und seit dieser Zeit wurde er auch als Sekretär der Signatur betrachtet. Da der Präfekt aber die oberste Leitung der Behörde in der Hand behielt und eine Revision über die vom Auditor Signaturae vorgenommenen Akte übte, so bediente er sich hierfür wieder der Hülfe eines Auditor und auch dieser wurde als Auditor Praefecturae (Revisor) ständig[6]. Damit war in dem Personal der Signatur eine Dreitheilung eingetreten, insofern als die Geschäfte theils durch den Auditor Signaturae, theils durch den Präfekten nebst seinem Auditor, theils durch die mit dem collegium votantium abgehaltenen Plenarsitzungen erledigt wurden[7]. Mit Rücksicht darauf, dass Innocenz XII. unter Verwerfung des für das Einrücken in das Kolleg der Votanten massgebenden Anciennitätsprincipes den Päpsten für immer die freie Wahl der Votanten unter den Referendarii (simplices) reservirte[8], nahmen auch die in Rom befindlichen übrigen Referendare als Referenten mit berathendem Votum zu ihrer Ausbildung an den Sitzungen der Signatur Theil und es entstand so der Unterschied zwischen s. g. Referendarii participantes und non participantes[9].

1 Wegen der Rota s. oben S. 396.

2 Deshalb das Sprichwort: Camera habet Signaturam in ventre in Betreff der apostolischen Kammer. S. Danielli tit. 39. n. 3; Bangen S. 375; Phillips 6, 436.

3 Fatinelli l. c. c. 7. n. 14—31: „Signatura omnium appellationum et restitutionis in integrum causas et alias quascunque a sententiis quorumcunque iudicum Romanae Curiae et Status ecclesiasticii omniumque ecclesiasticorum iudicum christiani orbis committit, ut re ipsa et quotidiano experimento compertum est. Exercetque hanc potestatem inter extremos usque Indos ex declaratione s. mem. Alexandri VII in eius litteris 28. Iunii 1661. . . . Iudices suspectos removet et alios subrogat. Sententias nullas quorumcunque iudicum ex defectu iurisdictionis vel citationis circumscribit et alteri ex integro delegat. — Inhibitiones iudicum perperam concessas moderatur vel illis, ut moderent, iubet. E converso si iudices male moderati sunt, mandat eisdem, ut eas reintegrent. . . . Praeventionum causas declarat et ad iudicem competentem remittit. — Circumscribit et irritat possessionem in causa appellabili intra decendium captam — Iudicibus mandat ut articulos ad probandum minus iuste reiectos admittant. — Iisdem iudicibus, si causam immature et ut dicitur, praecipitanter expediverint, iubet, ut iterum audiant. — Cognoscit an alteri litigantium debeantur alimenta et sumtus litis. — Concedit exemptionem subdito litiganti cum episcopo propter saevitiam durante lite. — Civilis an criminalis sit causa, Signatura declarat. — Attentata in spretum suae inhibitionis vel supersessoriae commissa revocat et pro illorum purgatione mandata de manutenendo et alia opportuna relaxat. — Penes eam manet potestas iterum atque iterum indulgendi novas audientias adversus sua rescripta"; Bangen S. 375 fl.

4 Bangen S. 376.

5 de Luca l. c. n. 8; Bangen S. 380. 381.

6 de Luca l. c. n. 7; Bangen S. 381.

7 Bangen a. a. O.

8 Const. cit.: Inter gravissimas von 1695. §. 3 (M. Bull. 7, 260).

9 Bangen S. 281.

IV. Die heutige Stellung der Signatur[1]. Auch in Bezug auf die letztere hat das mehrfach erwähnte Regolamento Gregors XVI. vom J. 1834 eine Reihe von Bestimmungen erlassen, und zwar verordnet dasselbe über die Kompetenz zunächst hinsichtlich der Civilsachen des Kirchenstaates im §. 338:

»Das Ober-Tribunal der Signatur der Justiz erkennt und urtheilt im Namen und anstatt des Papstes:

1. über Annullations- und Circumscriptions-Gesuche der richterlichen Akte und Sentenzen;
2. über Kompetenzstreitigkeiten zwischen einzelnen Richtern und Gerichtshöfen;
3. über Streitigkeiten betreffs der Vereinigung und Abberufung von Prozesssachen;
4. über Streitigkeiten in Bezug auf die Rekusation der Richter aus gesetzlichen Verdachtsgründen;
5. über Gesuche einer neuen Appellation mit vollem Devolutiv-Effekt in der Restitutions-Instanz nach Vorschrift des §. 273 desselben Regolamento«.

Letzterer Paragraph bestimmt aber:

»Es giebt kein suspensives Rechtsmittel gegen eine res iudicata; das ausserordentliche Mittel der restitutio in integrum mit blossem Devolutiv-Effekt selbst in Bezug auf die Taxe der Kosten kann aber gewährt werden«.

Dieselben Vorschriften sind aber auch für das kirchliche Forum massgebend, denn in den §§. 384—386 heisst es weiter:

§. 384: »Die Bestimmungen in der gen. Sektion des 2. Titels« (d. h. des vorhin mitgetheilten) »bezüglich der Signatur der Justiz haben Geltung für die Sachen, Richter und Tribunale des kirchlichen Forums jedoch mit folgenden Ausnahmen«:

§. 385: »Die Kardinals-Kongregationen sind dem Tribunal der Justiz nicht unterworfen«.

§. 386: Die Kompetenz-Streitigkeiten zwischen den heutigen geistlichen Kongregationen oder zwischen diesen und anderen Tribunalen werden auf ein einfaches Memoriale hin entschieden vom Kardinal-Präfekten der Signatur, unter berathender Stimme des Dekans und Unterdekans der Signatur und nach vorgängigem Berichte des Kardinal-Präfekten an den Papst. Ebenso werden erledigt die übrigen Kontroversen, welche rücksichtlich rechtskräftiger, in Folge von Entscheidungen derselben Kongregationen gefällten Urtheile entstehen«.

Endlich gehört noch hierher §. 336 a. a. O.:

»Alle Richter und Tribunale des Staates, die Rota und die volle Kammer nicht ausgenommen, sind dem höchsten Tribunal der Signatur unterworfen«[2],

wodurch die früher für die gedachten Gerichtsbehörden bestehenden Exemtionen[3] aufgehoben worden sind.

Für die weitere Kirche ergiebt sich demnach, dass in allen Fällen wegen Justizverweigerung in Bezug auf die Zulassung von Rechtsmitteln, wie in den ausserordentlichen Fällen, in denen dem ordentlichen Richter der höheren Instanz in Betreff der Kompetenz, Annullation, Appellation, Restitution u. s. w. keine Jurisdiktion mehr zusteht, entweder an die Signatur der Justiz oder aber auch an die betreffende

[1] (Marchetti) Notizia delle giurisdizioni etc. p. 32 ff. 50. Die betreffenden §§. finden sich auch in deutscher Uebersetzung bei Bangen S. 377 ff.

[2] S. Bull. Rom. contin. 19, 426, 412. 431.

[3] Bangen a. a. O. S. 378.

Kardinals-Kongregation rekurrirt werden kann, weil diese letztere, soweit sie in einer Sache kompetent ist, ebenfalls dieselben Befugnisse, wie die Signatur besitzt: denn auch die Kongregationen habent signaturam in ventre[1].

Der Personalbestand der Signatur hat wenig Veränderungen erlitten. §. 335 des Regolamento bestimmt über denselben:

»Das Ober-Tribunal der Signatur ist zusammengesetzt aus einem Kardinal-Präfekten, aus sieben Prälaten als Votanten, aus einem Prälaten als Auditor des Tribunals, aus einem togatus (graduirten Juristen) als Auditor der Präfektur« .... (§. 337): »Dem Tribunal sind Prälaten als Referendarien beigegeben. Sie referiren die Petitionen und Gesuche der Rekurrenten und haben eine blos berathende Stimme«[2], eine Vorschrift, welcher der noch einen Notar und Kanzler aufzählende Schematismus im Annuario pontificio[3] genau entspricht. Auch die Dreitheilung in der Behandlung der Geschäfte besteht fort, ist aber ebenfalls durch das gedachte Gesetz Gregors XVI. näher geregelt worden[4], jedoch führt faktisch schon seit längerer Zeit statt des gesetzlich dazu immer noch berechtigten Kardinal-Präfekten der Dekan in den Sitzungen den Vorsitz[5].

Das Verfahren, welches sich dem der Rota nachgebildet hat[6], ist neuerdings theilweise durch ein Motuproprio von Pius VII. vom 22. November 1817[7] umgestaltet worden.

[1] A. a. O. S. 379. Ersteres, nämlich, dass man sich an die Signatur wendet, wird heute so gut wie gar nicht geschehen.

[2] Bull. Rom. cont. l. c. p. 426; s. auch Bangen S. 382.

[3] von 1865. p. 333.

[4] Die §§. 339 ff. (ebenfalls bei Bangen a. a. O.) lauten: §. 339. „Die beim Tribunal der Signatur vorzubringenden Sachen unterscheiden sich in causae maiores et minores. §. 340. Causae maiores sind diejenigen, welche den Werth von 200 Scudi übersteigen oder einen unschätzbaren Werth haben. Die anderen Sachen sind causae minores". §. 340. „Die maiores werden von dem vollen Tribunal entschieden". §. 341. „Ebenso alle Sachen über Rekusation der Richter aus gesetzlichen Verdachtsgründen und die Gesuche um eine neue Appellation mit voller Devolutiv-Kraft in der Instanz der restitutio in integrum, auch wenn sie causae minores sind". §. 342. „Der Prälat-Auditor fungirt als Sekretär des Tribunals; er erscheint in den Sitzungen und führt das Register der Reskripte und Entscheidungen". §. 343. „Ueberdies hat er richterliche Gewalt 1) in Entscheidungen der causae minores mit Ausnahme der §. 341 bezeichneten Rekusationen und Restitutionssachen; 2) in der Bestimmung über die Zulässigkeit einer an das volle Tribunal zu bringenden Sache; 3) in der Exequirbarmachung der Reskripte und Entscheidung desselben; 4) im Taxiren und Liquidiren der Kosten, des Schadenersatzes und der Interessen in Folge der exequirbar gemachten Reskripte; 5) für die Aburtheilung der Liquidations-Kontroversen, wenn die liquidirte Summe nicht mehr als 200 Scudi beträgt". — §. 344. Der Auditor der Präfektur revidirt die Dekrete des Prälaten-Auditors des Tribunals im Namen und anstatt des Kardinal-Präfekten. Sind die Dekrete der beiden difform, so werden sie ganz oder in den difformen Theilen vom vollen Tribunal revidirt". (Bull. Rom. cont. l. c. p. 426. 427).

[5] Bangen S, 383.

[6] S. darüber Bangen S. 385 ff.; Marchetti p. 35 ff.

[7] Bangen S. 387 und S. 552, wo ein Auszug aus demselben mitgetheilt ist. Frühere für diesen Punkt in Betracht kommende Verordnungen sind const. Pauli V.: Universi agri von 1611. §. 1 (M. Bull. 2, 297); decr. Clement. XI.: Ad parcendum vom 18. Januar 1701; 12. Juni 1706; 12. Januar 1719 (ibid. 8, 287 ff.); ferner die nova ordinatio tribunalis Signaturae Iustitiae von Leo XII. vom 11. April 1826 in der Const.: Quum plurima (Bull. Rom. contin. 16, 417 ff.). Endlich sind über die Privilegien der votantes noch zu vergleichen const. Clement. IX.: Egregiis vom 14. März 1668 (Bull. Rom. VI. 6, 238); Clement. XI.: Romanus Pontifex vom 28. März und Creditae nobis vom 12. August 1701 (Bull. Rom. 10, 13 u. 23); Clementis XII.: Creditae nobis vom 25. Januar 1731 und Singularis vom 11. Mai 1733 (ibid. 13, 169 u. 333), sowie const. Bened. XIV.: Militanti ecclesiae vom 7. Juni 1746 (Bull. Bened. XIV. 2, 59).

cc. Die Gnaden-Behörden der Kurie.

§. 48. α. *Die Signatura Gratiae**.

Während in den im vorigen Paragraphen erwähnten Justizsachen füglich eine besondere Behörde entscheiden konnte, weil bei der Natur dieser Sachen die Feststellung wiederholt anwendbarer Normen möglich war, stand einer solchen gleichmässigen Behandlung der eingehenden Gnadengesuche ihr Charakter im Allgemeinen entgegen. So blieb denn die Erledigung dieser, sofern sie nicht regelmässig gewährte Begünstigungen [1] betrafen —, für welche sich deshalb ebenfalls wieder eine feste Praxis bilden, und mit deren Ertheilung also gleichfalls eine eigene Behörde betraut werden konnte (s. die beiden folgenden Paragraphen) — dem Oberhaupt der Kirche bis auf den heutigen Tag vorbehalten. Die ausserordentlichen Gnadensachen, für welche das Bemerkte allein gilt, können eine kontentiöse Natur haben, insofern zwei Parteien dabei betheiligt sind, wie z. B. wenn im Gnadenwege das sonst gesetzlich stattfindende Rechtsmittel durch die clausula: appellatione remota ausgeschlossen oder umgekehrt ein solches ausnahmsweise gewährt werden soll. Ferner gehört der Fall hierher, wo die Klausel sublata (quacunque dispositione contraria) oder das s. g. alle entgegenstehende Rechte beseitigende decretum irritans zu Gunsten einer betheiligenden Person hinsichtlich der ihr das Gehör verschliessenden Wirkung aufgehoben werden soll. Endlich fällt die Gewährung abnormer Rechtsmittel, sofern diese Mangels einer konstanten Praxis nicht von der Signatur der Justiz ausgehen kann [2], unter diese Kategorie von Sachen.

Den Fällen, in denen erst nach veranlasstem Verhör der Parteien und allseitiger causae cognitio eine Entscheidung abgegeben wird, stehen die reinen Gnadensachen, z. B. Kommutationen letztwilliger Verfügungen, Befreiung von Lasten zu frommen Zwecken u. s. w. gegenüber, bei denen nur das Interesse des Supplikanten, nicht aber das dritter Personen, in Frage kommt [3].

In allen derartigen Angelegenheiten kann der Papst auf die an ihn selbst zu richtenden, aber seinem Auditor (dem s. g. Auditor Sanctissimi) einzureichenden Gesuche allein entscheiden oder sich blos des Beiraths des letzteren bedienen oder sie endlich zur Vorberathung an die Signatura Gratiae verweisen [4].

Das Personal der letzteren besteht aus einem Kardinal-Präfekten, dessen Amt indessen zu einer blossen Titulatur geworden ist [5], aus mehreren nach dem Belieben des Papstes zu bestimmenden Kardinälen, und ferner den Referendarii votantes, welche jedoch die das Kolleg der Signatur der Justiz bildenden sind [6]. Ferner nehmen diejenigen Prälaten an den Sitzungen Theil, welche in der Kurie eine ordentliche Jurisdiktion üben, nämlich der Auditor Camerae, der Thesaurarius, der Datarius (sofern er nur Prälat, kein Kardinal ist), der Dekan der Rota, der Regens der Kanzlei, der Vicesgerens des Kardinal-Vikars, der Auditor Sanctissimi [7] und drei von letzterem erwählte Referendarii participantes,

* de Luca l. c. disc. XXX; Danielli l. c. tit. 41; Prattica della Curia P. II. c. 8; Lunadoro-Zaccaria P. II. c. 36. p. 158; Bangen S. 391; Phillips 6, 504 ff.

[1] z. B. die Dispensationen in Ehesachen, die Verleihungen von reservirten Benefizien.

[2] de Luca l. c. n. 12 ff.; Bangen S. 393.

[3] de Luca l. c. n. 31; Bangen S. 394.

[4] de Luca l. c. n. 32; Bangen S. 394.

[5] de Luca l. c. n. 37.

[6] Bangen S. 394. 395.

[7] Theilweise beruht das schon auf der Const. cit. Sixti V.: Quemadmodum vom J. 1586. §. 5 (M. Bull. 2, 589).

welche hier noch ihr ursprüngliches Amt versehen, indem sie über das Thatsächliche der Replik und die Gründe für und wider die Bewilligung referiren[1]. Die Votanten, die assistirenden Kardinäle und die sonstigen Prälaten haben, weil sie hier dem Papst gegenüberstehen, nur eine berathende Stimme; und letzterer entscheidet selbstständig über die Abweisung oder Gewährung des Gesuches[2], so dass also diese Versammlung im Kleinen das Abbild eines engeren Konsistoriums darbietet.

§. 49. β. *Die Dataria Apostolica**.

Das wichtigste Organ des apostolischen Stuhles für die Erledigung der Gnadensachen ist die s. g. Dataria Apostolica, denn die Signatura gratiae kann, wie in dem vorhergehenden Paragraphen näher dargelegt worden, nur in einzelnen, ausserordentlichen Fällen, in Funktion treten. Den Namen der Behörde leiten Einzelne von dare, Andere von datare her. Das letztere hat das meiste für sich, da die Bezeichnung sich wohl an die übliche Schlussformel der apostolischen Schreiben: Datum apud etc. anschliesst und die Behörde, welche solche Unterschriften unter die gedachten Erlasse setzte, füglich Dataria genannt werden konnte[3].

Das Verzeichniss der nachweisbaren Beamten derselben, der s. g. Datarii, beginnt mit Paul Ferantes zu Zeit Martins V. (1417—1431)[4]. Viel früher kann das Amt nicht entstanden sein, da es eine schon beginnende Sonderung der einzelnen Geschäfte der Kurie und Uebertragung der letzteren an bestimmte Abtheilungen derselben voraussetzt. Die Zurückführung bis auf das 6. Jahrhundert[5] erscheint, abgesehen von der Zweifelhaftigkeit der betreffenden Anhaltspunkte, nicht nur aus dem vorhin gedachten Grunde unmöglich, sondern auch deshalb, weil die Einsetzung eines besonderen Beamten für den Vortrag der Gnadensachen eine ausgedehnte Dispensationsgewalt in den Händen des Papstes voraussetzt, welche sich bekanntlich nicht vor dem 12. Jahrhundert fixirt hat[6]. Berücksichtigt man weiter, dass in jener Zeit von einer festen Organisation der Kurie noch nicht die Rede ist, und dass später die Dataria Organ des Papstes für die Verleihung der reservirten Benefizien geworden, so liegt die Vermuthung nahe, dass der Datarius erst im Laufe des 14. Jahrhunderts[7] aus den die Reservationsangelegenheiten vortragenden Referendarien hervorgegangen ist[8]. Ebensowenig kann ein Zusammenhang des gedachten Beamten mit der Kanzlei des apostolischen Stuhles angenommen werden[9]. Denn die Expedition der päpstlichen Briefe und die

[1] de Luca l. c. 6 ff.; Bangen S. 395.

[2] Die Formel ist im ersteren Fall: Nihil; im andern, sofern es keiner näheren Präcisirung bedarf: Fiat.

* Theodori Amydenii, tractatus de officio et iurisdictione Datarii necnon de stylo Datariae. Colon. Agripp. 1701 (steht im Index); Card. de Luca l. c. disc. IX.; Cohellius, notitia cardinalat. c. 37; Danielli, praxis recentior tit. 10; Prattica della Curia P. IV. c. 17; Lunadoro-Zaccaria P. II. c. 25. p. 107; Moroni, dizionario 19, 109 ff.; Bangen S. 396; Phillips 6, 385. 402; Mejer in Jacobsons u. Richters Zeitschrift. Hft. 2. S. 202; s. auch Schmitz in Moys Archiv 20, 251.

[3] de Luca l. c. n. 17; Cohellius l. c.; Bangen S. 396. 397.

[4] Riganti comm. ad Reg. Canc. prooem. n. 140; Moroni l. c. p. 129.

[5] Nach Bangen S. 397. n. 17 führt Amydenius l. c. c. 2 dafür folgende Stellen: „scriptum per manus Laurentii S. R. E. bibliothecarii mense martii indict. 3. Bene valete" (Pelagius II. a. 579) und „scriptum per manus Benedicti Scriniarii S. R. E. in mense Julio indict. 5" (Stephan. II. a. 755) an. Woher diese Subscriptionen genommen sind, habe ich nicht ermitteln können.

[6] S. vorläufig Richter, Kirchenrecht. §. 196.

[7] Denn die Reservationen kommen erst seit dem 13. Jahrhundert vor.

[8] Auch de Luca l. c. n. 3 ff. erklärt die Dataria für eine Behörde neueren Ursprungs. S. ferner Bangen S. 398.

[9] Wie z. B. von Phillips 6, 386, welcher davon ausgeht, dass die Dataria aus der apostolischen Kanzlei ausgeschieden worden ist.

Ertheilung von Rath vor dem Erlass desselben sind zwei wesentlich verschiedene Dinge, welche ohne bestimmte, positive Anhaltspunkte nicht in Zusammenhang gebracht werden können.

Näher ist die Stellung der Dataria als der zur Erledigung der ordentlichen Gnadensachen in foro externo bestimmten Kurialbehörde[1] durch Benedikt XIV. in der Konstitution: Gravissimum ecclesiae vom 26. November 1745 geregelt worden[2], welche das Ressort der Dataria gegen den Geschäftskreis der Sekretarie der Breven (s. §. 52) näher abgränzt[3]. Danach erledigt die erstere:

[1] Bangen S. 399.

[2] Bull. Bened. XIV. 1, 591 und im Anhang bei Bangen S. 567. Für die frühere Zeit sind zu vergleichen Const. Urbani VIII.: In supremo vom 1. Juni 1635 (Bull. Rom. VI. 2, 27) und Clement. X.: Admonet nos vom 11. Januar 1671 (l. c. 7, 79).

[3] Da nur der Geschäftskreis der Sekretarie der Breven positiv, der der Dataria aber negativ bestimmt ist, so mögen schon hier die einschlägigen §§. der gedachten Konstitution mitgetheilt werden: §. 4: „Ipsi vero praemissa omnia sedulo et accurate pensantes, auditis etiam utriusque officii praedicti Ministris in eorum praxi, stilo et consuetudinibus, respective peritis, post maturum examen, Elenchum quendam, communi ipsorum consensu conceptum et utriusque subscriptione signatum Nobis obtulerunt in quo sigillatim continebantur materiarum seu Gratiarum Apostolicarum genera: Primo earum quarum expeditionem ad dictam Secretariam Brevium secretorum privative; Secundo earum quarum expeditionem tam ad ipsam Secretariam quam ad Datariam Apostolicam promiscue; Tertio demum earum quarum expeditionem ad ipsam Datariam privative spectare debere convenientius iudicarunt". §. 5: „Porro concessiones et gratiae, quarum expeditio iuxta praedictum Elenchum Secretariae Brevium privative tribuitur, tales sunt: Altaria portatilia, Altaria privilegiata, Concessiones Habitus Militiae D. N. J. C. aut alterius Militiae similis; Avocationes Causarum et extinctiones litium; Abbreviatoriae Nuntiaturarum; Indulta gaudendi privilegio anzianitatis pro advocatis Consistorialibus Coadiutoribus; Creationes in Militem auratae Militiae et in Comitem Palatinum; Licentiae ingrediendi in Monasterium educationis causa; Facultates permanendi in Monasterio in habitu saeculari; Capiendi possessionem nomine Camerae; Vescendi prohibitis; Brevia facultativa Magnis Magistris cuiuslibet Ordinis Equestris vel Militiae; Benedictiones agrorum contra Animalia novica; Commutationes voluntatis; Confirmationes Decretorum Congregationum et Litterarum Patentium Nuntiorum aut Legatorum Sedis Apostolicae; Commutationes Officii Divini in alias preces, Creationes in Generalem aut alios Officiales Regulares; Clericatus Camerae; Admissiones ad privilegia Civitatis, vulgo Cittadinanze; Deputationes Coadiutorum in Officiis et muneribus saecularibus; Communicationes privilegiorum et indulgentiarum; Confirmationes electionum personarum, non tamen super re Beneficiaria; Creationes Magistrorum, Abbatum et aliorum Graduatorum Regularium; Commissiones contra Episcopos; Dispensationes super defectu aetatis tredecim mensium vel alterius temporis ad effectum suscipiendi Ordines; Declarationes Cappellae publicae; Derogationes Fideicommissorum; Doctoratus; Deputationes Commissariorum, Visitatorum, Collectorum, Auditorum et Notariorum Nunciaturarum et aliorum similium; Dispensationes super Bigamia aut alio simili impedimento obsistente receptioni in Militiis et Ordinibus Equestribus; Licentiae concedendi bona ecclesiastica in Emphyteusim ad tempus et ad tertiam generationem, dummodo tamen canon aut census annuus summam decem Ducatorum auri de Camera non exceda t, prout reperitur in Regestis; Erectiones Marchionatus in Principatum aut Ducatum vel Comitatum; Erectiones Montium Collegiorum et Provinciarum pro Regularibus; Dismembrationes Conventuum ab aliqua Provincia ad affectum erigendi aliam; Oeconomatus; Erectiones Archiconfraternitatum cum facultate aggregandi; Facultates Universitatibus Studiorum; Facultates Episcopis suscipiendi munus consecrationis; Licentiae patrocinandi in causis civilibus; Retinendi famulam in Monasterio; Facultates absolvendi a Casibus reservatis; Retinendi Sacrum Oleum Infirmorum; Et asservandi SS. Eucharistiae Sacramentum; Facultates S. R. E. Cardinalium, Legatorum, Nunciorum et Episcoporum Pontificio Solio assistentium; Facultates assumendi Nomen et Titulum Archiepiscopi, etiamsi Pallium quis non habeat; Gubernia; Indulgentiae ordinariae et extraordinariae; Indulta emittendi Professionem ante completum annum Novitiatus; Emittendi pariter Professionem in Conventu non destinato; Utendi Birettino; Non incedendi in habitu ratione pensionum iuxta Constitutionem Sixti V. ad triennium; Impositiones super Ecclesiasticis; Cruciatae; Prorogationes Pensionum; Exemptiones a vectigalibus, processionibus et oneribus; Licentiae ingrediendi Monasteria et pernoctandi in eis; Creandi census eosque extinguendi; Permutationes Bonorum non tamen super materia Beneficiali vel ecclesiastica; Indulta capiendi possessionem post signatam supplicationem et ante expeditionem Litterarum tam pro Episcopis quam pro quocumque Beneficio Ecclesiastico ad sex menses; Percipiendi fructus in absentia et non residendo; Permanendi extra statum Ecclesiasticum; Habendi Fenestram, Cancellos et Ianuam in publicis Ecclesiis; Recipiendi Sacram Communionem in privatis Domus Oratoriis; Retinendi et legendi Libros prohibitos; Exercendi opera servilia diebus festivis; Celebrandi in loco patrati delicti; Incedendi in habitu laicali ad effectum dumtaxat gaudendi privilegio fori et retinendi pensiones, ut supra; Legitimationes; Concessiones habendi locum in Consilio Ferrarien.

1. Die Gesuche um Dispensationen und zwar

a) von den Irregularitäten, mögen diese ex defectu oder ex delicto herrühren, und mag die Dispensation behufs Empfanges, resp. Ausübung der Weihe oder auch behufs Erlangung eines Amtes oder Beibehaltung des bereits konferirten nachgesucht werden[1].

Nach der erwähnten Konstitution Benedikts XIV. §. 6 kann aber hinsichtlich der »Absolutiones cum dispensationibus ad ordines super irregularitate proveniente ex defectu corporis vel ex delicto, non tamen homicidii in statu ecclesiastico commissi« und der »dispensationes super praemissis irregularitatibus cum praedictis restrictivis« die Signatura brevium mit der Dataria konkurriren, ja hinsichtlich der »dispensationes super defectu aetatis tredecim mensium vel alterius temporis ad effectum suscipiendi ordines« hat die erste Behörde nach §. 5. a. a. O. ausschliessliche Kompetenz

b) in Betreff verbotener Handlungen oder Unterlassungen; so z. B. dispensatio exercendi artem medicinae[2], dispensatio super residentia canonicorum, curatorum et episcoporum; dispensatio cum simoniacis, apostatis et eiectis a religione (ordine regulari), dispensatio ad obtinenda beneficia saecularia pro regularibus; dispensatio pro pluralitate beneficiorum, und Dispensationen in Betreff der verbotenen Alienation kirchlicher Güter[3];

c) von allen trennenden Ehehindernissen, gleichviel ob es sich um eine erst einzugehende oder schon um eine, sei es ohne oder mit copula scienter oder ignoranter attentirte Ehe handelt[4]; jedoch sind der Sekretaria der Breven die dispensationes matrimoniales pro Principibus supremis ausschliesslich überwiesen[5].

aut alterius civitatis et Terrae Status Ecclesiastici; Dispensationes Matrimoniales pro Principibus Supremis; Oratoria Privata; Creationes Protonotariorum apostolicorum non participantium; Prohibitiones extrahendi Libros, Paramenta et Utensilia sacra; Revocationes talium prohibitionum; Prorogationes ad tempus, non tamen ad praesentandum aut publicandum vel ad suscipiendos Ordines sive aliquem gradum, iuxta decretum appositum, in supplicatione per Datariam; Facultates privative imprimendi libros; Revalidatoriae seu Perinde valere super Brevibus iam expeditis; Loca seu Officia quadraginta virorum Reformatorum status libertatis Civitatis Bononiens. et Resignationes eorumdem Locorum seu Officiorum; Restitutiones in integrum, dummodo non sint in materia Beneficiaria; Reductiones onerum et Missarum; Concessiones privativae venationis; Provisiones Ecclesiarum in Partibus Infidelium ad instantiam vel commodum Congregationis de Propaganda Fide favore Vicariorum necnon Ecclesiarum Scotiae et Hiberniae quae a praedicta Secretaria gratis conceduntur; Auditoratus Rotae Maceraten., Ferraren. et Bononiens., Officia Signaturae; Alia Officia et munera Saecularia quae a Romano Pontifice Saecularibus conferuntur, et quae per Breve expediri consueverunt et similia quae respiciunt saecularitatem sine ulla connexione cum re Beneficiaria, cuiusmodi sunt Capitaneatus, Baroncellatus, Fiscalatus et similia; necnon Deputationes Coadiutorum in eisdem; Licentia Personis ecclesiasticis suscipiendi tutelam Minorum et nobilibus Mulieribus Viduis suscipiendi tutelam filiorum; Item Personis ecclesiasticis studendi iuri in publicis Studiorum Universitatibus; Extrahendi reliquias; Versandi cum haereticis; Locandi ad tempus; Et indulta liberandi Reos pro Confraternitatibus". §. 6: „Gratiae autem et Concessiones, quae tam per Secretariam Brevium praedictorum, quam per Datariam Apostolicae promiscue, iuxta dictum Elenchum poterunt expediri, sunt quae sequuntur: Confirmationes Contractuum, Statutorum, Privilegiorum, Ordinationum, Concordiarum et Transactionum, tam in forma communi quam in forma specifica; Absolutiones cum dispensationibus ad Ordines super Irregularitate proveniente ex defectu corporis vel ex delicto, non tamen homicidii in statu Ecclesiastico commissi; Confirmationes Decreti Iudicis; Derogationes Statutorum Urbis Spoletan. et aliarum Civitatum super excessu Dotis; Dispensationes super praemissis Irregularitatibus cum praedictis restrictivis; Extra Tempora, tam pro Italis quam pro Ultramontanis; Erectiones Confraternitatum; Indulta medendi et exercendi Chirurgiam; Indulgentiae perpetuae pro Confraternitatibus; Licentiae transeundi ad Ordinem strictiorem; Licentiae se immiscendi in Criminalibus et restitutiones adversus lapsum quinquiennii". §. 7: „Demum Concessiones et Gratiae quarum expeditio iuxta relatum Elenchum, Datariae privative quoad Secretariam praedictam reservata, sunt generaliter quaecumque aliae Concessiones et Gratiae in superioribus non comprehensae nec expressae et signanter illae omnes in quarum expeditione de stylo et consuetudine immemoriabili solvenda est compositio in ipsa Dataria aut Taxa Cancellariae sive Iocalium".

1 Bangen S. 400.

2 Auch in diesem Fall kann aber die Sekretaria der Breven konkurriren. S. Const. cit. §. 6.

3 Bangen a. a. O.

4 Bangen a. a. O.

5 §. 5. const. cit.

Das Gleiche gilt in Betreff der mit den Dispensationen zusammen nachgesuchten oder auch von den allein ohne diese erbetenen Absolutionen [1].

2. Gesuche betreffend die Ertheilung der den Ordinarien entzogenen Konfirmationen und Ratihabitionen von bereits früher ertheilten oder gewohnheitsmässig bestehenden Indulten, Exemtionen und Privilegien zu mehrerer Sicherheit [2], die Bestätigung von Statuten (z. B. der Kapitel), von Unionen, Dismembrationen, Patronatrechtsverleihungen und Resignationen, sofern diese Akte der Bestätigung des Papstes bedürfen. Ferner gehören hierher Revalidationen von verbotenen Rechtsgeschäften (z. B. Verträgen, Veräusserungen kirchlicher Güter) sowie Infirmationen und Derogationen bestehender rechtlicher Verhältnisse (z. B. des Patronatrechtes für einzelne Fälle) [3].

3. Ist die Dataria kompetent für die Erweiterungen (Ampliationen) oder Beschränkungen (Restriktionen) von bereits verliehenen Privilegien und Gnaden [4].

4. Steht ihr zu die Kollation der dem heiligen Stuhle reservirten Benefizien (z. B. der in bestimmten Monaten, also ratione temporis, der in Folge des Todes des Inhabers an der Kurie, d. h. ratione loci u. s. w. dem Papste vorbehaltenen Aemter); ferner die Verleihung der s. g. beneficia affecta, d. h. solcher, auf welche der apostolische Stuhl vorläufig die Hand gelegt und dadurch den Ordinarius von der Besetzung ausgeschlossen hat [5].

Eine allgemeine Ausnahme bilden aber die Benefizien, resp. die Aemter, welche im Konsistorium verliehen [6] (s. oben S. 365) oder von der Propaganda (s. §. 60) besetzt werden [7].

Die Dataria schreitet aber dann nicht ein, wenn eine nachgesuchte Dispensation, Konfirmation oder Infirmation vermöge ihres Objekts speziell einer bestimmten Kongregation zugewiesen ist oder sich bei einer solchen eine bestimmte Praxis, gewisse Gnadenverleihungen zu ertheilen, gebildet hat. In ersterem Fall giebt die Dataria das Gesuch an die Kongregation zur Erledigung, im zweiten zur gutachtlichen Aeusserung (pro voto) ab, um erst demnächst auf Grund der letzteren ihrerseits die Sache abzumachen [8].

Endlich kann selbstverständlich der Papst ein Gesuch aus besonderen Gründen ausnahmsweise einer anderen Kurialbehörde zur Erledigung zuweisen, was mitunter bei Angelegenheiten kontentiöser Natur vorkommt (s. 426).

Seitens der Dataria werden die vorhin erwähnten Sachen für die Entscheidung des Papstes vorbereitet; denn dieser, nicht der Datarius, bewilligt die Gnaden (papa, non datarius concedit gratias). Ferner hat der letztere die Antworten auf die vom Papst erledigten Gesuche zu formuliren und sie mit dem Datum zu versehen (datarius est organum mentis et oris papae) [9]. In der Audienz, in welcher der Datarius dem Papst Vortrag hält, unterzeichnet zwar dieser gleich die erlassene Ent-

[1] Bangen S. 400. 401.

[2] Auch hier kann die Sekretaria gleichfalls konkurriren s. §. 6. const. cit.

[3] Bangen S. 401. Vorausgesetzt ist dabei, dass alle diese Angelegenheiten de stilo sind, d. h. zu den gewöhnlich vorkommenden und nach fester Praxis zu gewährenden Gnaden-Bewilligungen gehören. Ist das nicht der Fall, so würden die betreffenden Gesuche durch die Signatura Gratiae erledigt werden müssen.

[4] Bangen S. 401.

[5] Bangen S. 402.

[6] Da die Bischofsweihe nicht absolut ertheilt wird, erklärt sich es auch, dass die dispensatio a defectu aetatis hier nicht der Dataria zusteht. S. oben S. 19. n. 5.

[7] Mejer macht a. a. O. S. 202 darauf aufmerksam, dass einzelne neuere Circumskriptionsbullen, so z. B. die für das ehemalige Königreich Hannover: Impensa Romanorum pontificum vom 26. März 1824 in der Dataria ihre solenne Form erhalten haben, und erklärt das, wohl zutreffend daraus, dass sie tief in das Benefizialwesen eingreifen und vielfach über Reservate disponiren.

[8] Bangen S. 402. 403.

[9] Bangen S. 403.

scheidung, aber die Gewährung der Gnade wird erst mit der später erfolgenden Unterschrift des Datarius (s. g. data magna)[1] perfekt, ja der Bittsteller selbst erhält erst ein ius quaesitum auf dieselbe mit der Registrirung in der Dataria[2].

Eine Jurisdiktion hat der Datarius insofern, als er nicht nur vor der Abgabe der data magna, sondern auch bis zur Eintragung der gewährten Koncession den ganzen Akt vernichten kann, wenn nach der Audienz beim Papst bis dahin unbekannte Gründe gegen die Gewährung ermittelt werden. Sodann hat er die Befugniss, die ertheilte Vergünstigung mit den üblichen Klauseln und Modifikationen zu versehen. In Sachen kontentiöser Natur, also solchen, wo das Interesse dritter Personen mit in Frage kommt, kann er die Parteien selbst verhören oder die Ordinarien derselben zu diesem Behuf requiriren, wenngleich freilich solche Angelegenheiten öfters einer Kongregation, namentlich der Congregatio Concilii zur definitiven Entscheidung seitens des Papstes überwiesen werden[3]. Endlich giebt er, wie der technische Ausdruck ist, per concessum[4], d. h. selbstständig die gratiae minores, quae de stilo omnibus concedi solent ac nemini denegari[5].

Die Ausfertigungen der Antworten auf die Gesuche werden für die Regel und zwar namentlich in Benefizialsachen durch die apostolische Kanzlei angefertigt. Eine Ausnahme machen nur die Ehedispense[6].

Was das Personal der Dataria betrifft, so ruht die definitive Entscheidung aller zu erledigenden Sachen allein in der Hand des Datarius. Das Amt gilt nicht als munus cardinalitium, sondern nur als munus praelatitium, d. h. sein Inhaber ist für die Regel Prälat, nicht Kardinal. Immerhin hat aber die Stellung des Datarius als eine so bedeutende gegolten, dass Kardinäle dieselben ebenfalls verwaltet haben[7]. Tritt dieser Fall ein, so heisst der Kardinal aber nicht Datarius, sondern Pro-Datarius, zum Zeichen, dass das Amt kein eigentlich cardinalizisches ist[8]. Als Officiales maiores stehen dem Datarius zur Seite: der Subdatarius (Sotto-Datario), der Officialis per obitum (Prefetto dell' Officio per obitum) und der Officialis per concessum (Prefetto dell' Officio per concessum). Der erstere, welcher durch sein Amt nicht eo ipso Prälat wird, aber doch in der Regel eine Ehrenprälatur übertragen erhält, hat die Vorbereitung der eingehenden Sachen für den Vortrag in der entscheidenden Audienz[9]. Jedoch sind die Gesuche, welche sich auf die Verleihung der vakanten Benefizien beziehen, dem Officialis per obitum zugewiesen, der deshalb den letzteren Namen führt, weil die Vakanz der Aemter regelmässig durch den Tod des Inhabers (per obitum) eintritt. Der Officialis per concessum hat die zur selbstständigen Entscheidung des Datars gelangenden, minder wichtigen Angelegenheiten vorzubereiten[10].

Ueberdies versammeln sich die erwähnten drei Beamten unter dem Vorsitz des Datars, um mit diesem die dem Papste vorzuschlagenden Antworten auf die einzelnen

1 Im Gegensatz zur data parva, welche sofort nach der Gewährung geschrieben wird, aber nur den Zweck hat, für das Gedächtniss als Anhalt zu dienen.

2 de Luca l. c. n. 25; Bangen S. 404.

3 Bangen S. 404. 405.

4 Weil er auf die Supplik das Wort: concessum mit seinem Namen schreibt.

5 de Luca l. c. n. 36.

6 Diese expedirt entweder der Offizial der Breven, der magister brevium in der Dataria selbst oder die Kanzlei oder das Officium minoris gratiae d. h. eine mit der Dataria in besonderer Verbindung stehende Abtheilung der Kanzlei. Bangen S. 406.

7 S. die Nachweisungen bei Phillips 6, 386. Auch jetzt ist ein Kardinal Prodatar. S. Annuario pontificio. 1865. p. 325.

8 de Luca l. c. n. 19; Bangen S. 407.

9 de Luca n. 20; Moroni 19, 141; Bangen S. 407. 408.

10 Moroni l. c. p. 141. 143; Bangen S. 409.

Gesuche zu berathen und ferner unter den eingegangenen Sachen diejenigen auszuscheiden, welche für eine Erledigung per concessum geeignet erscheinen[1]. Uebrigens haben die gedachten Gehülfen des Datars dem letzteren gegenüber für die Regel nur eine konsultative Stimme. Ein votum decisivum kommt ihnen ausnahmsweise in den der Dataria überwiesenen kontentiösen Angelegenheiten zu[2].

Das Unterpersonal[3] besteht aus einem praefectus datarum, welcher auf die in der Audienz erledigten Gesuche sofort die data parva zu notiren hat, damit der Tag der Audienz für die Ausfertigung der data magna ein für alle Mal sicher konstatirt wird. Ferner gehört dazu der praefectus componendarum. Bei diesem befindet sich die Kasse der Dataria und er erhält die Gesuche, für welche Sporteln zu entrichten sind, zur Liquidirung und Einforderung derselben. Zwei Revisores (primus et secundus), an deren Stelle für die Ehedispensen der Revisor matrimonialium tritt, haben die Suppliken nach ihrer Erledigung in Bezug auf das Formelle zu revidiren und zu korrigiren, weil diese die Unterlage für die Expedition des offiziellen Schreibens an den Petenten bilden und darin nur die nach dem Stil der Dataria üblichen Ausdrücke vorkommen sollen[4]. Der ferner bei der letzteren angestellte Officialis de missis hat die mit der data magna versehene Supplik an die Registratoren (die Custodes registri, nämlich den Custos supplicarum für das gewöhnliche Register, den Custos registri bullarum für das Register der Bullen) zur genauen Eintragung zu überweisen, und darüber seinerseits auch ein Verzeichniss zu führen[5].

Endlich ist noch unter dem Unterpersonal der Officialis brevium für die in Form von Breven zu entwerfenden Expeditionen und der Scriptor bullarum (Scrittore delle Bolle di via segreta) für die Ausfertigung der geheim zu haltenden Erlasse (in via secreta expeditionis)[6] hervorzuheben. Ueber andere Unterbeamte giebt der mit den bisherigen Angaben vollkommen übereinstimmende Schematismus des Annuario pontificio Auskunft[7].

§. 50. γ. *Die Sacra Poenitentiaria Apostolica (Penitenziara Apostolica)**.

Schon früh hatten die Bischöfe des Orients eigene Geistliche als Stellvertreter für die Handhabung des Buss- oder Pönitentialwesens[8]. Dieselbe Einrichtung findet sich

1 Bangen S. 408. 409.
2 A. a. O. S. 408.
3 Moroni l. c. p. 144 ff.
4 Bangen S. 412. 413.
5 Sein Name Officialis de missis (Officiale del Missis) kommt daher, dass er in dieses Verzeichniss ausser dem Titel der Supplik noch den Vermerk macht: missa (supplicatio ad registrum) die etc. Moroni l. c. p. 146.
6 Bangen S. 414. 415.
7 Von 1865. p. 325. Vgl. auch Bangen a. a. O.
* Marc. Paulus Leo Romanus, Praxis ad litteras maioris poenitentiarii et officii sacrae poenitentiariae apostolicae in quatuor partes distributa, in quibus declarantur singularum formularum clausulae et traditur modus praefatas litteras exequendi. Romae 1644; Card. de Petra, tractatus de poenitentiaria apostolica. Romae 1717; Card. de Luca l. c. disc. XII; Cohellius l. c. c. 54; Danielli l. c. tit. 13; Lunadoro-Zaccaria P. II. c. 23. p. 90; Bangen S. 418 ff.; Moroni, dizionario 52, 75 ff.; Mejer in der angeführten Zeitschrift 2, 213; Phillips 6, 508 ff.
8 Socratis hist. eccles. V. 19. ed. R. Hussey. Oxonii 1853. 2, 614: „. . . οἱ ἐπίσκοποι τῷ ἐκκλησιαστικῷ κανόνι τὸν πρεσβύτερον τὸν ἐπὶ τῆς μετανοίας“ (i. e poenitentiarium presbyterum) „προσέθεσαν, ὅπως ἂν οἱ μετὰ τὸ βάπτισμα πταίσαντας ἐπὶ τοῦ προβληθέντος τούτου πρεσβυτέρου ἐξομολογῶνται τὰ ἁμαρτήματα“. Ecclesiarum episcopi canoni adiunxerunt, ut in singulis ecclesiis presbyter quidam poenitentiae praeesset, quo qui post baptismum lapsi fuissent, coram presbytero ad eam rem designato peccata sua confiterentur“. S. Thomassin, vetus et nova ecclesiae disciplina. P. I. lib. II. c. 7. n. 13 ff.

denn auch, wenngleich freilich viel später[1], im Abendlande vor[2]. Das vierte Lateranensische Koncil vom J. 1215 hat ihre Einführung in alle Diöcesen angeordnet[3].

Seit dem 13. Jahrhundert werden in Rom ebenfalls Poenitentiarii erwähnt. Es gehört hierher vor Allem der bekannte Verfasser der Dekretalen Gregors IX. Raimond a Peñaforte[4]. Ferner gedenkt Clemens V. in seiner die Verhältnisse während der Vakanz des apostolischen Stuhles betreffenden Konstitution: Ne Romani des Poenitentiarius maior und mehrerer anderer Pönitentiarien[5]. In den Ordines Romani erscheinen sie bei feierlichen Gelegenheiten und Funktionen als Mitglieder der Kurie in der Umgebung des Papstes[6], sie sprechen bei der Leiche desselben gewisse Gebete, namentlich die Busspsalmen[7], und sie üben öffentlich die Absolutionsgewalt[8].

Nähere Auskunft als diese Stellen giebt für das 14. Jahrhundert schon die Konstitution Benedikts XII.: In agro dominico vom 8. April 1338[9], welche nicht nur eine Reihe von Vorschriften über die Pflichten der Pönitentiarien, sondern auch genauere Bestimmungen über das Personal der bereits zu einer Behörde organisirten Pönitentiaria aufweist.

Da die Befugnisse und die Autorität der letzteren im Laufe des folgenden Jahrhunderts vielfach angefochten wurden, so sah sich Sixtus IV. veranlasst, ihre Stellung näher zu präcisiren. In der Konstitution: Quoniam nonnulli vom 9. Mai 1484[10] verwirft er, indem er die iurisdictio des Gross-Pönitentiarius für eine ordinaria erklärt[11], die Ansicht, dass der letztere die ihm vom apostolischen Stuhle übertragenen Vollmachten nur selbst, nicht durch Delegation auf Andere ausüben könne[12] und ver-

1 Thomassin l. c. n. 15. u. c. 10.

2 So erzählt Bernold in seiner Chronik von dem päpstlichen Legaten Odo von Ostia: „inter quos et horum cronicorum scriptorem in eadem solemnitate (1084) ad presbiterium promovit eique potestatem ad suscipiendos penitentes ex apostolica auctoritate concessit" (SS. 5, 441). Vgl. ferner Innocentii Reg. lib. XIII. ep. 201 ed. Baluze 2, 501; conc. Eborac. a. 1195. §. 11 (Mansi 22, 655): „In extremis vero laborantibus insinuanda, non imponenda est poenitentia, ut si vixerint, archiepiscopum vel episcopum vel generalem dioecesis confessorem absente archiepiscopo vel episcopo adeant, ut eis poenitentia competens imponatur.

3 c. 15. X. de off. iud. ordin. I. 31: „Unde praecipimus tam in cathedralibus quam in aliis conventualibus ecclesiis viros idoneos ordinari quos episcopi possint coadiutores et cooperatores habere, non solum in praedicationis officio, verum etiam in audiendis confessionibus et poenitentiis iniungendis ac ceteris quae ad salutem pertinent animarum".

4 In der die Dekretalen publicirenden Bulle: Rex pacificus nennt ihn Gregor IX.: „capellanum et poenitentiarium nostrum". S. ferner die Constitution Clemens' IV. (1265—1268) in c. 1. in VI^to^ de tempor. ordinat. I. 9, wo „poenitentiarii nostri" erwähnt werden.

5 Clem. 2. de elect. I. 3, s. oben S. 371; vgl. dazu auch die Glosse sub v. Maiorem. Die Const. Clem. V. Dignum est vom 4. September 1311 (Bull. Rom. III. 2, 135) reduzirt schon die Zahl der Scriptores bei der Pönitentiaria.

6 Ordo Roman. XIV. c. 46. 72. 78 (Mabillon, mus. Italicum 2, 279. 341. 344); Ordo Roman. XV. c. 13. 24. 54 (l. c. p. 455. 462. 475).

7 Ordo Rom. XV. c. 144 (p. 527).

8 Ordo Roman. XV. c. 110 (l. c. 517) berichtet über das Jahr 1388: „Item in sequenti festo apostolorum Petri et Pauli, papa (Urban VI., nicht wie Phillips 6, 514. welcher die Begebenheit irriger Weise i. d. J. 1398 verlegt, Bonifacius IX.) celebrante in s. Petro, post Ite Missa est, antequam recederet ab altari, venerunt Banderenses antiqui (die Anführer der zur Vertheidigung der Volkrechte, namentlich gegen die Eingriffe der Adligen gebildeten Waffengesellschaft der Schützen und Schildträger, felix societas balestrariorum et pavesatorum, s. Papenkordt, Gesch. der Stadt Rom S. 428), nudipedes a capitolio usque ad altare s. Petri sine capuceis cum corrigiis in collo et uno simplici iupone et cum candelis in manibus, petendo veniam papae, quia excommunicati erant ex eo quod noluerunt senatorem recipere quem papa posuerat. Nec papa voluit eos audire, sed commisit summo poenitentiario ibidem existenti, quatenus eos absolveret et iussu papae ascendit ad cathedram lapideam s. Petri in capite ecclesiae, stans tenendo virgam in manibus dicendo: Miserere mei deus etc. publice absolvit eos, antequam papa discesserat de loco suo". Vgl. über diesen Vorgang auch Papenkordt a. a. O. S. 448.

9 Bull. Rom. III. 2, 259.

10 M. Bull. 1, 427.

11 Const. cit. §. 3.

12 L. c. §. 4.

ordnet zugleich, dass die in der herkömmlichen Form ausgefertigten Schreiben der Pönitentiaria sowohl für das Forum internum, als auch das Forum externum unbeanstandet befolgt werden sollen [1]. Hinsichtlich der iurisdictio in foro externo, welche der Pönitentiarius bis dahin in einem gewissen Umfange geübt hatte, liess aber Pius IV. in seiner Konstitution: In sublimi vom 4. Mai 1564 [2] erhebliche Beschränkungen eintreten [3], und verbot ferner die Ausübung jeglicher Jurisdiction pro foro externo während der Vakanz des päpstlichen Stuhles [4].

Pius V. dagegen unterdrückte die Pönitentiaria in ihrer damaligen Gestalt und gab ihr eine neue Organisation [5], indem er ihre Befugnisse wesentlich auf das Gebiet des forum internum restringirte. Im einzelnen sind letztere, sowie die der Pönitentiaria zustehende iurisdictio in foro externo durch die späteren Päpste wieder verschieden bestimmt worden [6], bis Benedikt XIV. in seinen Konstitutionen: Pastor bonus und In apostolicae vom 13. April 1744 [7] diese Verhältnisse in noch für die heutige Zeit massgebender Weise geregelt hat.

Die Pönitentiaria ist demnach die Kurialbehörde, zu deren Ressort die Gnadenverleihungen (also namentlich die Absolutionen, Dispensationen, Kommutationen und Revalidationen) in foro interno gehören [8]. Nur ausnahmsweise kann sie diese Befugnisse pro foro externo ausüben [9]. Auf das erstere ist ihre Gewalt hinsichtlich der Weltgeistlichen und der Laien beschränkt, während sie für das letztere hinsichtlich der Regularen im Allgemeinen, in Betreff der vorhin genannten Personen aber nur dann kompetent ist, wenn diese die Absolution von dem eigentlich zuständigen Oberen aus besonderen Gründen nicht erlangen können [10].

Abgesehen von dieser persönlichen Kompetenz kann die Pönitentiaria auch in besonderen Fällen ratione causarum pro foro utroque dispensiren, so von trennenden Ehehindernissen, wenn diese geheim geblieben sind, da es wesentlich als Gewissens-

[1] L. c. §. 6. Die Vorschriften dieser Konstitution sind von neuem durch die Bulle Julius' III.: Rationi congruit vom 22. Februar 1550 (ibid. p. 785) bestätigt worden.

[2] M. Bull. 2, 75.

[3] §§. 2—25.

[4] §. 25.

[5] Const.: In omnibus rebus humanis vom 18. Mai 1569 (M. Bull. 2, 301). Vgl. ferner Pro nostri vom 1. September 1568 und Ut bonus vom 18. Mai 1569 (Bull. Rom. IV. 3, 34. 62).

[6] Alexandri VII.: In apostolicae vom 22. Februar 1659 (M. Bull. 6, 84); Innocentii XII. vom 3. September 1692 (M. Bull. 7. 184) und Benedict. XIII.: Emanarunt alias vom 15. Juli 1724 (ibid. p. 331).

[7] Bullar. Bened. XIV. 1, 319 u. 330. Erstere auch extraktweise bei Bangen S. 557.

[8] Bangen S. 419. 420.

[9] Const. cit.: Pastor bonus §. 6: „Concedimus itaque nostro et pro tempore existenti Maiori Poenitentiario, ut omnes et singulos cuiuscumque qualitatis, dignitatis et gradus, ecclesiasticos saeculares et cuiusvis Ordinis, Congregationis, Societatis et Instituti regulares, necnon laicos quoscumque utriusque sexus, tam praesentes quam absentes, ab omnibus et quibuscumque culpis criminibus et excessibus, quantumcunque gravibus et atrocibus tam publicis quam occultis, quandocumque et quomodocumque commissis et perpetratis necnon ab omnibus excommunicationis, suspensionis et interdicti aliisque censuris et poenis ecclesiasticis, praemissorum criminum occasione latis et per illos incursis, etiam in casibus, nedum Ordinariis et Regularibus Superioribus, sed etiam Nobis et Sanctae Sedi specialiter etiam per literas quae die Coenae Domini quotannis promulgantur, reservatis; iniuncta semper iisdem pro modo culpae poenitentia salutari et aliis quae de iure iniungenda fuerint, absolvere et absolvi mandare possit et valeat: Regulares nimirum a culpis et censuris praemissis in utroque foro; Ecclesiasticos vero saeculares necnon laicos a praedictis culpis et censuris in foro conscientiae tantum; eosdem vero ecclesiasticos saeculares necnon laicos tunc in utroque foro absolvere et absolvi mandare possit, quando agitur de censuris publicis latis a iure, praesertim Sedi Apostolicae reservatis, etiam nominatim declaratis vel si agatur de latis nominatim ab homine, tunc quando delegati vel alterius iudicis a quo latae fuerint, iurisdictio expiraverit seu quando absolutio per eosdem iudices aut alios ad Romanum Pontificem et ad dictam Sanctam Sedem remissa fuerit, seu quando sic censura ligati legitime impediuntur quominus praesentium iudicum vel illorum qui eos sic ligarunt, aut alium seu alios quos de iure deberent, adire possint".

[10] S. den Schluss der vorigen Note.

sache betrachtet wird, sich in solchen Fällen dispensiren zu lassen und eine Kontestation des Impediments vor dem kirchlichen Richter oder sonst in foro externo hier nicht zu erwarten steht[1]. Ferner fallen alle Ehedispensen, welche eigentlich vor die Dataria gehören würden, dann, wenn die Parteien die Taxen zu zahlen unvermögend sind, der Pönitentiaria anheim[2]. Dasselbe gilt endlich für die Dispensationen von gewissen Irregularitäten und von wegen Verletzung der sonstigen Ordinationsvorschriften eingetretenen Censuren[3].

Ueber gewisse Personen und in gewissen Fällen sind die Befugnisse des Gross-Pönitentiars ein für alle Mal ausgeschlossen[4]. Endlich ruhen dieselben auch mit wenigen Ausnahmen pro foro externo während der Vakanz des päpstlichen Stuhles[5].

[1] S. Const. cit. §§. 39—46; Mejer a. a. O. S. 214; Knopp, kathol. Eherecht. 2. Aufl. Regensburg 1854. S. 468 ff.; Schulte, Eherecht. S. 381 ff.

[2] Mejer a. a. O. S. 205.

[3] Const. cit. §. 17: „Cum homicidis, bannitis aliisque criminosis, ut in Religionem recipi et in ea professionem emittere licite possint atque ut etiam qui homicidia voluntaria commiserint, aliquam ex approbatis Religionibus tanquam clerici ingredi in eaque profiteri valeant, in utroque foro dispensare seu dispensari mandare possit; ea tamen lege, quando sic oportere videbitur, ut fiscum et partem prius concordaverint; et insuper cavendo, ne tempore novitiatus sacros ordines suscipiant aut ad superiores ascendant, sed id eis minime liceat, nisi post professionem emissam. Ut autem in iis ordinibus quos antea suscepissent, etiam tempore novitiatus ministrare possint, quoties aliqua rationabilis causa id postulaverit, dispensare et dispensari mandare possit; adiecta tunc clausula: Ut si forte in Religione non perseveraverint seu ad saeculum redierint, ipso facto suspensi, etiam ab huiusmodi Ordinum antea susceptorum exercitio remaneant“. §. 18: „Cum male promotis quibuscumque ad ordines in casibus tamen occultis dispensare vel dispensari mandare valeat, et signanter, accedente legitima causa dispenset vel dispensari mandat cum promotis per saltum in casibus similiter occultis, ad effectum scilicet, ut omissos ordines secrete recipiant a quolibet Catholico Antistite, gratiam et communionem cum Sede Apostolica habente, extra tempora et non servatis interstitiis et absque dimissoriis; non tamen, ut plures ordines sacros eodem die recipiant“.

[4] Const. cit. §. 11: „Principes porro et alios ius imperii etiam vicarii nomine habentes ac Dominia et Respublicas seu Personas illorum et illarum administrationem habentes vel habere solitas, necnon Episcopos et alios superiores Praelatos in casibus publicis qui in praefatis litteris die Coenae Domini legi consuetis, continentur, etiamsi Romanus pontifex propter infirmitatem vel aliam causam ita fuisset impeditus, ut celeriter consuli non posset, absolvere et absolvi mandare nullatenus valeat“. §. 12. „Minusque possit etiam in occultis, etiam in foro conscientiae tantum absolvere vel absolvi mandare S. R. E. Cardinales aut alios cuiuscumque qualitatis, status, gradus, conditionis, dignitatis et praeeminentiae fuerint qui vivente Romano Pontifice, de alio quopiam in eius locum post ipsius mortem eligendo vel excludendo tractaverint, suffragia inierint, ambitusve aut pactiones fecerint vel Sede apostolica vacante in censuras seu poenas in litteris fel. record. Gregorii Papae XV. et Urbani VIII. praedecessorum nostrorum super electione Romani pontificis pro tempore facienda XVII Kal. Septembris anno incarnat. Domin. 1621 et V Kal. Februarii anno eiusdem incarn. 1625 respective emanatis (s. oben S. 274. 275) contentas, quomodolibet inciderint; praeterquam si absolvi peterent, Sede Apostolica adhuc vacante; tunc enim absolvi poterunt modo inferius praescribendis pro tempore vacantis eiusdem Sedis“. §. 13: „Nec pariter possit, etiam in occultis, etiam in foro conscientiae tantum eos cuiuscumque qualitatis, status, dignitatis, praeeminentiae et conditionis fuerint, absolvere et absolvi mandare, qui astrologia iudiciaria vel per se vel per alios de statu Reipublicae christianae sive de vita aut morte Romani Pontificis pro tempore existentis inquirentes, eiusdem Urbani VIII. Pont. Maxim. literis, pridie Kalendas Aprilis anno eiusdem incarnat. 1631 contra praedicta perpetrantes editis contravenerint“. §. 14: „Nec similiter valeat in casibus publicis etiam in iudicium non deductis, violatae immunitatis seu libertatis ecclesiasticae ullatenus absolvere seu absolvi mandare.“ (s. §. 53).

[5] Const. cit. §. 51. 52, namentlich §. 53: „Pro foro vero externo eadem Sede Apostolico vacante, eorum officium penitus conquiescat, ita ut a quibuscumque matrimonialibus et aliis dispensationibus et absolutionibus ac declarationibus necnon quibusvis aliis expeditionibus forum fori mixtim vel separatim quomodolibet respicientibus omnino abstineant“. §. 54: „Attamen concedimus, ut dicto Sede vacante, pro foro externo facere et expedire valeant, quae ad Regularium et praesertim Apostatarum et fugitivorum remedium in superioribus facultatibus concessa sunt. Necnon ut Monialibus Confessarios extra ordinem valeant deputare, si eos ex aliqua rationabili causa petierint, pro earum libitu inter approbatos ab ordinario ad audiendas Monialium confessiones eligendos“. §. 55: „Et demum, ut illos qui in aliquam censuram Sedi Apostolicae reservatam, etiam ob violatam ecclesiasticam libertatem vel immunitatem publice incurrerint vel incurrisse declarati fuerint, et vere et sincere poenitentes et novi Pontificis ad quem post electio-

Das Personal der Behörde besteht zunächst aus dem Gross-Pönitentiar (Maior Poenitentiarius, Penitenziere Maggiore). Er wird vom Papst ernannt und soll Kardinal, Magister der Theologie oder Doktor des kanonischen Rechts sein, endlich die Priesterweihe besitzen. Sein Amt muss er selbst ausüben und kann sich nur für den Fall einer vom Papst genehmigten Abwesenheit von der Kurie einen s. g. Pro-Poenitentiarius aus den übrigen Kardinälen, welcher auch sonst dieselbe Qualifikation, wie er selbst haben muss, substituiren[1]. Er hat den Vorsitz der Behörde und die Entscheidung in den wichtigeren Fällen, welche nicht dem Papst ausschliesslich vorbehalten sind (s. S. 430). Ausserdem muss er an bestimmten Tagen in Rom Beichte hören, in der päpstlichen Kapelle bei gewissen Gelegenheiten celebriren und dem sterbenden Papst die letzte geistliche Hülfe gewähren[2].

Endlich bestellt er die poenitentiarii minores für die Basiliken der Stadt Rom. Diese vertreten als Beichtväter seine Stelle und stehen hinsichtlich der Verwaltung des Busssakramentes unter seiner Leitung, werden aber nicht zum Personal der Pönitentiaria gerechnet[3].

Die officiales maiores der Pönitentiaria sind der Regens (Reggente), der Datarius, der Corrector, zwei Konsultoren und der Sigillator[4], welche sämmtlich mindestens die höheren Weihen haben müssen und vom Gross-Pönitentiar nach erfolgter päpstlicher Konfirmation ernannt werden[5].

Der Regens, der erste unter den eben genannten Beamten, ist Prälat und wird gewöhnlich aus den Auditoren der Rota genommen[6]. Er vertritt in der Leitung des Offiziums und für die Erledigung der gewöhnlich vorkommenden Sachen den Gross-Pönitentiar. Zu diesem Behuf hält er mit den übrigen Offizialen regelmässige Sitzungen, in welchen die eingegangenen, an ihn zunächst gelangenden Gesuche gleich beantwortet, resp. der Erledigung durch den Gross-Pönitentiar, bezüglich den Papst selbst vorbehalten werden[7].

Der Datarius steht dem Regens als Gehülfe zur Seite und hat die eingegangenen Gesuche und die darauf ertheilten Antworten mit dem Datum zu versehen[8].

nem recurrere debebunt, mandatis obtemperare parati, beneficium absolutionis sibi ulterius non differri enixe deprecentur, absolvere cum reincidentia, quemadmodum in superioribus dictum est, vel absolvi mandare possint". S. dazu auch oben S. 372.

1 Const. Benedict. XIV. cit.: In apostolicae §. 3. Ueber die Bestellung des Cardinalis Pro-Poenitentiarius während der Sedisvakanz s. oben S. 371.

2 Const. cit. §. 5: „Praecipuum vero Maioris Poenitentiarii munus in recto ac prudenti exercitio facultatum sibi concessarum atque aliis supradictis literis (der ersten der citirten Konstitutionen) comprehensarum positum est. Sed est quoque eius muneris quatuor diebus Maioris Hebdomadae, Dominica quidem Palmarum in Basilica S. Joannis de Laterano, feria vero quarta in Basilica S. Mariae Maioris et quinta et sexta feriis in basilica S. Petri Vaticana fidelium Confessiones in Sede ad id constituta excipere necnon capita pie sese submittentium virga poenitentiali tangere, indulgentias eisdem iuxta facultatem in praedictis aliis nostris literis contentam impertiendo, praesentibus interim et per sua sedilia dispositis Poenitentiariae officialibus. Praeterea tribus anni diebus quibus maxime ad poenitentiam fideles excitantur, videlicet feria quarta cinerum (qua die ipse cineres capiti summi Pontificis, Cardinalium caeterorumque assistentium inspergit) et mane feriae sextae in Parasceve et diei commemorationis fidelium defunctorum, solemni ritu rem divinam in pontificia capella peragere. Ad haec Romano Pontifici in supremo vitae agone constituto, ad spiritualem eidem in tali articulo ferendam opem assistere". Als Emolumente erhielt er monatlich 100 Scudi. §§. 8. 9. l. c.

3 Const. cit. §. 6; Lunadoro l. c. p. 95; Bangen S. 422.

4 §. 10. l. c. Bangen S. 421.

5 Const. cit. §. 11.

6 §. 12. l. c.

7 §. 12. cit. . . . „proindeque petitiones casusque omnes ad Poenitentiariae officium deductos in primis diligenter examinet, quaeque perspicua sint et secundum communem in eodem officio cursum absque difficultate expediri consueverunt, eadem expediri iubeat . . . Quae vero dubia vel obscura vel aliqua difficultate involuta conspexerit, ea Regens ipse ad Maiorem Poenitentiarium referat".

8 §. 14. l. c.; Bangen S. 423.

Das Amt des Korrektors besteht in der Revision und Korrektur der eingegangenen Suppliken, damit die Expeditionen, welche auf Grund derselben und der nur in kurzer Form ertheilten Antworten abzufassen sind [1], seitens der Unterbeamten in dem üblichen Stil der Pönitentiaria ausgefertigt werden. Er ist, ebenso wie der Datarius, der Regel nach Prälat der Kurie [2].

Die beiden Konsultoren, von denen der eine ein (gewöhnlich aus der Gesellschaft Jesu genommener) Theologe, der andere ein Kanonist sein muss, haben dem Gross-Pönitentiar, resp. dem Regens auf Erfordern in schwierigen Sachen mündliche oder schriftliche Vota zu erstatten [3].

Der Sigillator endlich bewahrt das Siegel der Pönitentiaria und untersiegelt die ausgefertigten Erlasse, nachdem er deren Ordnungsmässigkeit und Formrichtigkeit geprüft hat [4].

Zu den Unterbeamten der Pönitentiaria gehören drei Procuratores oder Secretarii. Diese haben die eingehenden Gesuche zunächst durchzusehen, sie nach dem Stil der Pönitentiaria umzuarbeiten und sie dann in den Sitzungen vorzutragen. Sie entwerfen auch die Formel der auf die Suppliken zu ertheilenden Antwort, welche jedoch vom Korrektor revidirt wird [5]. Ferner sind die Scriptores zu erwähnen, welche die Erlasse zu schreiben und die nöthigen Eintragungen in die Register zu machen haben [6].

dd. Die Expeditionsbehörden der Kurie.

§. 51. *α. Die apostolische Kanzlei (Cancellaria Apostolica)*.*

I. Geschichte des Kanzler-Amtes. Schon in der Lebensbeschreibung des Papstes Siricius (384—398) gedenkt der Liber Pontificalis des päpstlichen Archivs, Archivum oder Archivium [7], für das er an anderen Stellen auch die Ausdrücke: Scrinium [8], Bibliotheca [9] gebraucht. Wenngleich für die Zeit der ältesten von den erwähnten Päpsten damit die Existenz eines eigenen für die Niederlegung und Aufbewahrung der Urkunden der römischen Kirche bestimmten Ortes noch

1 Bangen S. 425.

2 A. a. O. S. 424. Const. cit. §. 13.

3 Const. cit. §§. 15. 16.

4 L. c. §. 17.

5 Const. cit. §. 18.

6 L. c. §. 19. — Ueber andere Unterbeamte s. den Schematismus im Annuario pontificio von 1865. p. 321.

* Ciampini, de Sanctae Romanae Ecclesiae Vicecancellario illiusque munere, auctoritate et potestate deque officialibus cancellariae apostolicae etc. Romae 1697; Giov. Battista Bovio, la pietà trionfante sulle distrutte grandezze del gentilismo etc. . . . e degli ufficii della Cancellaria Apostolica e dei cancellieri della S. R. Chiesa. Roma 1729; Card. de Luca, relatio. disc. X; Cohellius, notitia cardinal. c. 15. 18. 38; Danielli, prax. tit. 11; Lunadoro-Zaccaria P. II. c. 24. p. 96; Moroni, dizionario 7, 154 ff.; Bangen S. 434; Phillips 6, 362 ff.

7 ed. Fabrot. 2, 22; vgl. ferner die vitae Caelestini I., Leonis I. („Iterum multas epistolas fidei misit beatissimus Leo archiepiscopis quae hodie reconditae in archivo tenentur"), Gelasii I., Martini I. („quae synodus hodie archivo ecclesiae continetur"), Ioannis V. (ed. cit. p. 25. 27. 31. 50. 58).

8 vita Zachariae (l. c. p. 78): „Fecit autem a fundamentis ante scrinium Lateranense porticum" etc.

9 vita Gelasii I. (p. 31): „Hic fecit libros et hymnos . . . qui hodie in bibliotheca et ecclesiae archivo reconditi tenentur"; Gregorii II. (p. 66): „Hic a parva aetate in patriarchio nutritus sub. . . Sergio Papa subdiaconus atque sacellarius factus, bibliothecae illi est cura commissa"; Hadriani I.: „Quam synodum (von Nikäa vom J. 787) iam dicti missi in graeco sermone secum detulere una cum imperialibus sacris manibus propriis subscriptam eamque praedictus egregius antistes in latinam linguam translatari iussit et in sacra bibliotheca pariter recondi, dignam ibi orthodoxae fidei memoriam aeternam faciens". Die letztere Stelle zeigt, dass Bibliothek und Archiv identisch sind, was nach dem Passus aus der vita Gelasii zweifelhaft erscheinen könnte.

nicht dargethan ist[1], so lässt sich das Vorhandensein einer derartigen Einrichtung jedenfalls für das vierte Jahrhundert durch anderweitige Zeugnisse mit Sicherheit nachweisen[2]. Damit war zugleich die Nothwendigkeit eines besonderen Beamtenpersonals gegeben und schon unter Gregor I. wird ein chartularius Hilarius erwähnt, welcher freilich auch wieder als notarius bezeichnet wird[3]. Nur dasselbe, wie chartularius, kann der ferner vorkommende Ausdruck: scriniarius[4] bedeuten. Die Stellung der Notare, als mit der Abfassung von Urkunden betrauten Personen, legte es nahe genug, diese auch in eine nähere Verbindung mit dem Archive zu bringen[5]. Und dass eine solche bestanden hat, ergeben die Notizen über die Schreiber der päpstlichen Briefe, welche sich seit der Zeit Hadrians I. (772—795) unter diesen letzteren vorfinden, seit Gregor VII. zwar spärlicher werden, aber doch zum letzten Mal sich noch unter den Bullen Kalixts II. (1119—1124) finden. Soweit uns dergleichen Notizen aufbewahrt sind, wird die überwiegende Anzahl der Schreiber als »scriniarii et notarii« oder »scriniarii et notarii regionarii« bezeichnet[6]. Wenn daneben beinahe ebenso oft blos der Titel: scriniarius für den Schreiber vorkommt, so beruht das offenbar nur auf einer Omission des vollen Titels. Mehrere Briefe Johanns VIII. aus dem J. 878[7] sind durch einen notarius regionarius et scriniarius Georgius geschrieben, eine Urkunde seines Nachfolgers Marinus I. vom J. 883 giebt als Schreiber aber einen Georgius »scriniarius S. R. E.«; zwei Briefe Johanns XI. von 932 und 933 weisen als scriptor den Theodorus »scriniarius S. R. E.« und zwei seines Nachfolgers Leos VII. von 938 den Theodorus »notarius et scriniarius S. R. E.« auf. Diese und andere Beispiele[8] lassen, weil es sich hier stets nur um den Zwischenraum einiger Jahre handelt, die Vermuthung gerechtfertigt erscheinen, dass die mit verschiedenen Titeln bezeichneten Personen des gleichen Namens identisch gewesen sind. Wie der Zusatz scriniarius allein vorkommt, so auch wenngleich freilich verhältnissmässig selten der Titel: notarius, nämlich unter Leo III. im J. 798, unter Johann X. im J. 920, unter Johann XIII. im J. 968, unter Johann XIV. im J. 983 und unter Gregor V. im J. 996[9]. Dass dies aber aus demselben Grunde, wie das alleinige Vorkommen der Bezeichnung: scriniarius erklärt werden kann, ergiebt der Umstand, dass der notarius regionarius

1 Wäre die Nachricht in der vita des Papstes Anter (235—236, ed. cit. 2, 7): „Hic gesta martyrum diligenter a notariis exquisivit et in ecclesia recondidit" unzweifelhaft, so wäre damit das Dasein eines Archivs schon für das 3. Jahrhundert konstatirt.

2 Hieronym. (†420) adversus Rufinum. III. 20 (ed. Martianay. 4, 457): „Si a me fictam epistolam suspicaris, cur eam in ecclesiae Romanae chartario non requiris?"; Damasi (366—384) epist. 4 bei Coustant p. 500: „Similiter et alii CXLVI orientales episcopi subscripserunt quorum subscriptio in authentico hodie in archivis Romanae ecclesiae tenetur". Für das 5. Jahrh. s. Innocentii I. ep. ad Rufum. Thessalonicens. a. 412 (Coustant p. 815): „Omnem sane instructionem chartarum in causa archivorum cum presbytero Senecione viro admodum maturo fieri iussimus"; und Coelestin. I. ep. ad episc. per Vienn. a. 428. c. 5 (ibid. p. 1070).

3 Gregorii M. ep. lib. I. ep. 77; lib. II. ep. 48; lib. X. ep. 67 (ed. Bened. 2, 561. 612. 1098).

4 Der lib. Pontif. in vita Stephan. IV. (III.) (l. c. p. 93) erwähnt eines scriniarius Leontius.

5 Phillips 6, 364.

6 Das zeigt die Durchsicht der darauf bezüglichen Notizen über den Briefen eines jeden Papstes bei Jaffé, regesta Romanorum pontificum.

7 Jaffé l. c. n. 2395. 2400. 2401. 2409. 2410.

8 Stephanus scriniarius S. R. E. unter Stephan IX. 941 (J. 2770) und Marinus II. 943 (J. 2776) und Stephanus notarius regionarius et scriniarius S. R. E. unter Agapet II. 946 (J. 2793); Leo notarius regionarius et scriniarius unter Agapet II. 946 u. 955 (J. 2784. 2817) und Leo scriniarius s. sed. apostol. unter Johann XII. 956 (J. 2822); Benedictus notarius et scriniarius S. R. E. unter Johann XV. 994 (J. 2949) und Benedictus scriniarius S. R. E. unter Gregor V. 997 (J. 2966); Johannes scriniarius S. R. E. unter Nikolaus II. 1060 (J. 3355) und Johannes notarius et regionarius ac scriniarius s. sed. apost. unter Alexander II. 1068 (J. 3434).

9 Jaffé l. c. 1910. 2728. 2855. 2925. 2958.

atramentarius Johannes unter dem letzterwähnten Papste wohl mit dem im J. 989 unter Johann XV. sich vorfindenden Johannes notarius et regionarius et scriniarius sacri Lateranensis palatii identisch ist [1].

Nur sehr selten werden andere Personen als Schreiber genannt: unter Leo III. im J. 798: Eustachius primicerius notariorum [2], unter Sergius III. im J. 905. 907: Melchisedech protoscriniarius s. sed. apost. [3], ebenso unter Johann X. im J. 917: Joannes protoscriniarius s. sed. apost. [4], unter Stephan IX. im J. 941: Petrus archiscriniarius S. R. E. [5] und Benedikt VIII. im J. 1022 und 1023: Stephanus primiscriniarius (al. protoscriniarius) R. R. E. [6]. Dass ab und zu eine Urkunde von dem ersten der Scriniarien und gar dem Primicerius der Notare geschrieben ist, kann nicht befremden; es lassen sich wenigstens bestimmte Veranlassungen (z. B. Beschäftigtsein der übrigen Scriniarien, Beschleunigung der Ausfertigung u. s. w.) dafür denken.

Befremdlicher sind aber die folgenden Notizen über die Schreiber. Es finden sich nämlich als solche unter Hadrian II. im J. 872: Paulus scriniarius secundicerius [7], unter Johann XVIII. im J. 1005 und 1006: Petrus abbas et cancellarius sacri Lateranensis palatii [8], unter Benedikt VIII. im J. 1022: Gregorius ypocancellarius domini Benedicti VIII. papae [9], unter Johann XIX. im J. 1027: Johannes cardinalis et cancellarius vice Petri diaconi [10], unter Urban II. im J. 1092: Lanfrancus vicem agens cancellarii [11].

Die letzte Unterschrift erklärt sich daraus, dass ein seiner Stellung nach zum Schreiben von Urkunden bestimmter Beamter zeitweise mit den höheren Funktionen des Vorstehers der Kanzlei (s. das gleich Folgende) betraut war. Zwei Urkunden desselben Papstes von 1091 und 1097 sind von Lanfrancus notarius sacri palatii [12] geschrieben, zwei andere von 1097 und 1098 dagegen datirt (!) [13] und endlich zwei weitere von 1097 geschrieben und datirt durch Lanfrancus vicem gerens cancellarii [14]. Die Identität des Notars Lanfrank mit dem Vicekanzler des gleichen Namens kann demnach nicht zweifelhaft sein und damit ist die obige Annahme gerechtfertigt.

Die weiter zusammengestellten Urkunden bieten Beispiele für das Umgekehrte, also das Schreiben der Urkunde durch einen höheren Beamten dar, welchem eigentlich diese Beschäftigung nicht oblag, wie die Betrachtung der Stellung dieser letzteren, zu welcher jetzt überzugehen ist, zeigen wird.

Seit der Zeit Hadrian I. wird in den päpstlichen Urkunden ein Unterschied zwischen dem Schreiber derselben und denjenigen Personen gemacht, welche letztere datirt haben.

Als Beamte, welche diese Datirung, d. h. die Revision der Urkunden und die Ausfertigung derselben unter ihrer Verantwortlichkeit vollzogen haben, kommen zunächst

[1] Sagt doch auch die bei Giesebrecht, Geschichte der deutschen Kaiserzeit 1, 823 abgedruckte Beschreibung der Verfassung Roms (a. d. J. 1000) unter 2: Quot sunt genera iudicum: „Quintus est protus (d. h. protoscriniarius wie auch in den älteren Abdrücken bei Mabillon, museum Ital. 2, 570 und im Rhein. Museum für Jurisprudenz 5, 129 steht) qui praeest scriniariis quos nos tabelliones vocamus".

[2] Jaffé l. c. 1909.

[3] L. c. 2715. 2717.

[4] L. c. 2726.

[5] L. c. 2770.

[6] L. c. 3079. 3081.

[7] J. 2242.

[8] J. 3020. 3021. 3023.

[9] J. 3080.

[10] J. 3103.

[11] J. 4073.

[12] J. 4064. 4256.

[13] J. 4260. 4271.

[14] J. 4263. 4264.

die sieben Palatinalrichter vor, nämlich der primicerius notariorum von den Zeiten Hadrians I. (772—795) bis zu denen Benedikts VII. (974—983), der secundicerius notariorum unter Gregor IV. im J. 837 bis Johann XII. im J. 962, der nomenculator seit Stephan V. (816. 817) bis Benedikt VII. (974—983), der arcarius von Formosus[1] (891—896) bis Johann XII. (962), der sacellarius in den Zeiten zwischen Stephan VI. (885—891) und Johann XI. (933), der primicerius defensorum von Formosus (981) bis Marinus II. (944) und der protoscriniarius unter Johann VIII. (875)[2]. Der primicerius ist mit 15, der secundicerius und nomenculator mit je 7, der arcarius, saccellarius und primicerius defensorum mit je 4, endlich der protoscriniarius mit einer Urkunde vertreten.

Hieraus lässt sich jedenfalls abnehmen, dass vom 8. bis zum 10. Jahrhundert der primicerius derjenige Beamte gewesen ist, welcher die Ausfertigung der päpstlichen Urkunden zu besorgen hatte. Dass der secundicerius notariorum statt des primicerius öfters eintrat, hat nichts Auffallendes. Wohl ist es aber eigenthümlich, dass auch die übrigen iudices palatini eine Reihe von Urkunden datirt haben und dass der protoscriniarius, welchen man seiner Stellung nach am ersten als weiteren Substituten des primicerius und secundicerius vermuthen sollte, nur einmal in einer Urkunde erscheint. Die erstere Eigenthümlichkeit erklärt sich wohl daraus, dass die Palatinalrichter sich gegenseitig ohne Weiteres vertreten konnten, die zweite auf folgende Weise:

Schon im 9. Jahrhundert, unter Paschalis I. (817)[3], werden auch Urkunden zum ersten Mal durch einen bibliothecarius datirt, unter Benedikt III. (857)[4], bezeichnet sich dieser als Bischof, unter Hadrian II. (868)[5] und Johann VIII. (876)[6] kommt dagegen der bekannte Anastasius, welcher nicht Bischof war, als bibliothecarius vor. Da er zweifellos mit dem einen Brief des letzteren Papstes vom J. 875 datirenden Anastasius primiscrinius[7] identisch ist, so erscheint die Annahme, dass die Bezeichnung bibliothecarius gleichbedeutend mit dem Titel: protoscriniarius (primiscrinius) gewesen ist, nicht zu gewagt[8], womit auch zugleich das seltene Vorkommen dieses letzteren vollkommen erklärt wäre.

Seit Ende des 9. Jahrhunderts kommt der bibliothecarius, welcher jetzt regelmässig ein Bischof ist, häufiger vor, wie die nachstehende Tabelle beweist.

Namen der Päpste.	Jahreszahl.	Bibliothekar.	Bischof von	Sonstige Bezeichnung.	Regestennummer bei Jaffé.
Johann VIII.	879	Zacharias	Anagni	—	2447
Marinus I.	883	Zacharias	episcopus	missus	2616
Sergius III.	904	Nicolaus	Sutri	—	2713
Marinus II.	943	Benedikt	Silva Candida	—	2774
- -	944	-	- -	—	2777
Agapet II.	955	Marinus	Polimartiensis	—	2816

1 Jaffé l. c. p. 298.

2 Die Stellen lassen sich leicht aus Jaffé ermitteln, s. ferner die Zusammenstellung bei Phillips 6, 368 in der aber manche Zahlenfehler zu berichtigen sind.

3 Jaffé l. c. n. 1937. 1939. Die Urkunde von Sergius I. v. J. 690 bei Marini, i papiri diplomatici n. 4. p. 4, die ein bibliothecarius datirt hat, ist unecht. S. Jaffé n. CCXCIV.

4 l. c. n. 2010.

5 l. c. n. 2201.

6 l. c. n. 2261. 2262. 2333.

7 Jaffé l. c. n. 2257.

8 So auch Phillips 6, 366. Die Kombination des Amtes des primiscriniarius mit der Bischofswürde hat nichts auffallendes; ist doch eine Urkunde Stephans VII. v. J. 896 (J. 2697) durch Stephanus episcopus s. ecclesiae Nepesinae, arcarii s. sed. apost. datirt, woraus sich ergiebt, dass auch andere Palatinalstellen in den Händen von Bischöfen sein konnten.

Namen der Päpste.	Jahreszahl.	Bibliothekar.	Bischof von	Sonstige Bezeichnung.	Regestennummer bei Jaffé.
Johann XII.	956	Marinus	Polimartiensis	—	2823
- -	956	-	- -	—	2824
- -	958	-	- -	—	2826
- -	961	Johann	episcopus	—	2830
- -	962	-	-	—	2833
- -	962	-	-	—	2834
Johann XIII.	967	Wido	Silva Candida	—	2845
- -	967	-	- -	—	2848
- -	968	-	- -	—	2852
- -	968	-	- -	—	2854
- -	968	-	- -	—	2858
- -	969	-	- -	—	2866
- -	969	-	- -	—	2867
- -	970	-	- -	—	2869
- -	970	-	- -	—	2870
- -	971	-	- -	—	2876
- -	972	-	- -	—	2881
- -	972	-	- -	—	2885
Benedikt VI.	973	-	episcopus	—	2889
- -	973	Johannes	-	—	2891
Benedikt VII.	4 Urkunden von 975	Wido	-	—	2894. 2895 2896. 2899
- -	9 Urkunden von 976 978. 979 981. 983	Stephanus	Narni	—	2900. 2908 2912. 2913 2916. 2917 2921. 2922 2924
- -	978	Gregorius	episcopus	—	2904
Johannes XIV.	983	Johannes	-	—	2925
Johann XV.	7 Urkunden von 986 987. 989 992. 993	Johannes	Nepi	—	2928. 2929 2934. 2935 2937. 2942 2945
- -	3 Urkunden von 989. 994	Gregorius	Porto	—	2933. 2836 2949
- -	994	Johannes	Albano	—	2950
Gregor V.	9 Urkunden von 996 997 998	-	-	—	2956. 2960 2962. 2963 2964. 2966 2967. 2070. 2971
Silvester II.	4 Urkunden von 999. 1000	-	-	—	2987. 2990 2992. 2996
Johann XVIII.	2 Urkunden von 1005	Gregorius	Ostia	—	3017. 3018
Sergius IV.	2 Urkunden von 1011. 1012	Petrus	Palestrina	—	3032. 3042
- -	1012	Gregorius	episcopus	—	3045

Daneben findet sich zum letzten Mal unter Benedikt VII. eine vom primicerius und eine vom nomenculator datirte Urkunde resp. von 982 und 977 [1]. So erscheint der bibliothecarius, der ursprüngliche protoscriniarius, jetzt als derjenige Beamte, welcher allmählich ausschliesslich die Besorgung der Rekognition der päpstlichen Urkunden und damit auch die Leitung der päpstlichen Kanzlei in die Hände bekommen hatte [2]. Aehnlich wie bei der Papstwahl erst mit dem 9. Jahrhundert die Betheiligung der Rom zunächst wohnenden Bischöfe schärfer hervortritt [3], findet sich auch hier ein fortschreitendes Ueberwiegen desselben Elementes und ein Zurückdrängen des eigentlichen Stadtklerus durch das letztere. Hervorzuheben ist aber, dass öfters mehrere Bischöfe zu gleicher Zeit und neben einander als Bibliothekare vorkommen. So unterzeichnen im J. 979 der in der Tabelle erwähnte Bibliothekar Stephan, aber auch ein Ioannes episcopus Salernitanae eccl. (J. 2909), im J. 989 die erwähnten Bibliothekare Johann und Gregor, neben letzterem im J. 994 der Bischof Johannes von Albano, ferner im J. 1012 der Bibliothekar Petrus und der Bibliothekar Gregor. Man könnte von diesen in gleicher Stellung neben einander fungirenden Beamten den einen für den eigentlichen Inhaber des Amtes, den andern dagegen für den Vertreter (vicebibliothecarius) erklären, wie denn auch eine Urkunde Johanns XIII. vom J. 969 (J. 2864) von Sicco episcopus s. Bleranae ecclesiae ad vicem Widonis episcopi et bibliothecarii s. sed. apost. datirt ist. Indessen lässt das vereinzelte Vorkommen einer derartigen Bezeichnung eher darauf schliessen, dass es sich hier nur um eine einmalige Uebertragung der Befugnisse seitens des Bibliothekars an einen andern Bischof gehandelt, also der gedachte Sicco überhaupt nicht dauernd als Bibliothekar fungirt hat. Demgemäss muss für die gedachte Zeit die Koexistenz mehrerer gleichberechtigter Bibliothekare nebeneinander angenommen werden [4]. In der That bedurfte es, nachdem sich der Usus gebildet hatte, das Amt an Bischöfe zu vergeben, auch mehrerer Träger desselben, da diese öfters in ihren Diöcesen zu thun hatten, also wohl nur selten gleichzeitig um den Papst versammelt waren. Das für das Schreiben und die Aufbewahrung der Urkunden bestimmte Personal bedurfte dagegen eines ständigen Leiters. Letztere Funktion ist wahrscheinlich dem alten primiscriniarius zunächst verblieben. Denn im Laufe des 10. Jahrhunderts sind die beiden früher in der Hand vereinigten Befugnisse des Rekognoscirens der Urkunden und der ständigen Leitung des Personals der Scriniarien getrennt worden, wie das Aufhören des Titels protoscriniarius neben der Bezeichnung: bibliothecarius und das Vorkommen des primiscriniarius Stephans als Schreibers einer Urkunde Benedikts VIII. vom J. 1023 neben dem Bischof und Bibliothekar Boso von Tivoli, welcher dieselbe datirt hat [5], beweist.

Die völlige Loslösung des Amtes des bibliothecarius von dem ursprünglich mit ihm identischen des protoscriniarius und die hohe Bedeutung des ersteren ergiebt auch der Umstand, dass unter Benedikt VIII. der Erzbischof (damals Pilgrim) von Köln die Würde eines Bibliothekars der römischen Kirche verliehen erhalten hat. Die erste Spur davon findet sich in einer Urkunde vom J. 1024 [6], welche datirt ist »per manus

[1] J. 2918. 2902.

[2] Wenn in der gedachten Zeit mehrfach Bischöfe, sei es mit Angabe ihrer Diöcese, sei es ohne dieselbe, aber nicht mit dem Titel: bibliothecarii als Rekognoscenten von Urkunden vorkommen (die einzelnen Fälle lassen sich leicht aus Jaffé ermitteln, s. auch Phillips 6, 370), so sind diese wohl auch Bibliothekare gewesen.

[3] S. oben S. 237.

[4] Dafür spricht auch die gleich zu erörternde Stellung des Erzbischofs von Köln.

[5] J. n. 3081.

[6] J. n. 3091.

Piligrimi Coloniensis archiepiscopi et bibliothecarii s. sed. apost. qui vicem Benedicto (Bischof von Porto) [1] commisit episcopo«. Eine gleiche Urkunde von Johann XIX. weist das J. 1026 auf [2]. Dann aber tritt diese Würde des Kölner Erzbischofs erst wieder seit dem J. 1051 unter Leo IX. hervor. Von diesem Jahre ab lassen sich 28 per manus Friderici diaconi et bibliothecarii ac cancellarii s. apost. sed. vice Herimanni (II) archicancellarii et Coloniensis archiepiscopi und zwei von dem letzteren selbst datirte Urkunden (von 1054) nachweisen [3]. Ferner ist uns die Bulle Leos IX., in welcher er dem Erzbischof die gedachte Würde bestätigt, gleichfalls erhalten [4]. Auch unter Viktor II. (1056), Alexander II. (1063 bis 1067) [5], dann unter Paschalis II. (im J. 1111) [6], endlich noch einmal unter Honorius II. (im J. 1125) [7] kommen Datirungen Namens des Erzbischofs vor, welcher jetzt aber archicancellarius genannt wird.

Neben diesen finden sich zunächst noch solche des Boso episcopus s. Tyburtinae ecclesiae et bibliothecarii s. apost. sed. in den Jahren 1026 und 1027 unter Johann XIX. [8] vor, ohne dass ein Stellvertretungsverhältniss dabei bemerkt wäre. Ersterer hat allein schon unter Benedikt VIII. in den J. 1014 bis 1023, also ehe der Kölner Erzbischof als Bibliothekar erscheint, in dieser Eigenschaft fungirt [9]. Trotzdem kann man aber dieses gleichzeitige Nebeneinander - Amtiren eines anscheinend selbstständig dastehenden und eines andern als Stellvertreter des erwähnten Erzbischofs datirenden, bischöflichen Bibliothekars nicht damit erklären, dass der genannte Boso schon vor der Ertheilung des Privilegiums an Köln jene Stelle innegehabt hat. Denn noch im J. 1027 hat ein früher nicht nachweisbarer Petrus episcopus Praenestinae ecclesiae et bibliothecarius s. apost. sed. eine Urkunde datirt [10]. Man scheint also zunächst die frühere Einrichtung, das gleichzeitige Fungiren mehrerer Bischöfe als Bibliothekare beibehalten zu haben. Offenbar hat sich aber bald das Gefühl geltend gemacht, dass die Stellvertretung eines Erzbischofs durch einen andern Bischof nicht der Würde des letzteren entsprechend sei. Bischöfliche Bibliothekare erscheinen zwar später noch vereinzelt unter Stephan X. (1057. 1058), Nikolaus II. (1059—1061), Alexander II. (1063) und Viktor III. (1087) [11], aber als durchaus selbstständig. Es widerspricht das dem eben Bemerkten nicht, denn, wie die seltene Erwähnung zeigt, ist das Kanzler-Amt seitens der Erzbischöfe von Köln nicht regelmässig geführt worden.

Seit Gregor VI. bezeichnet sich der Beamte, welcher die Urkunden, sei es selbstständig, sei es vice archicancellarii datirt, als cancellarius, bald als cancellarius et bibliothecarius [12]. Schon zu dieser Zeit kommen Kardinäle als Kanzler vor, ja seit

1 J. n. 3091.

2 J. n. 3099.

3 J. p. 367.

4 Confirmamus tibi quoque per hanc praeceptionis nostrae paginam sanctae et apostolicae sedis cancelaturam et ecclesiam s. Ioannis evangelistae ante portam Latinam, ut te Petrus cancellarium habeat, Ioannes hospitium praebeat". (Binterim, die öffentl. Vorlesung des Herrn Braun etc. S. 93. vgl. oben S. 333). J. n. 3248.

5 J. p. 379. 389.

6 J. n. 4663. 4664. Die erste Urkunde wird von Binterim a. a. O. S. 21 ff. ungerechtfertigter Weise für falsch erklärt, s. über die hier in Frage kommende, von ihm irrig datirte Konsekration Ottos von Bamberg Jaffé, monum. Bamberg. p. 700 ff. Auch die Annales Romani v. J. 1118 (Watterich, pontif. Romanor. vitae 2, 112): „electus est Gelasius (II) . . . Qui fuit primus diaconorum et vice Friderici cancellarii et archiepiscopi Coloniensis" gedenken jener Würde des erwähnten Erzbischofs.

7 Jaffé, reg. n. 5197.

8 Jaffé, regesta p. 357.

9 Jaffé p. 351.

10 L. c. n. 3101.

11 L. c. p. 382. 384. 389. 447.

12 L. c. p. 363. 364. 367. 379. 389, (wo der unter Alexander II. vom Akoluthen allmählich bis

Urban II. (1088) bis zum Tode Urbans III. (1187) sind es ausschliesslich solche[1]. Nur als durch besondere Umstände bedingte Ausnahmen können Datirungen durch einen scriptor oder auch capellanus et scriptor[2], durch einen notarius[3], und durch den camerarius[4], welche sich gleichfalls finden, angesehen werden.

Während der statt des Kölner Erzbischofs unterzeichnende Geistliche den Titel: Kanzler führt, legen sich diejenigen, welche statt der sonstigen cancellarii oder bibliothecarii die Urkunden datiren, jenen Titel nicht bei, sondern sie drücken das Vertretungsverhältniss durch den Zusatz: vice fungens, vicem agens oder gerens aus[5].

Von der Zeit Gregors VIII. (1187)[6] ab wird die Unterzeichnung durch Stellvertreter häufiger und der cancellarius erscheint seltener[7]. Der letzte ist der Kardinaldiakon Johannes von S. Maria in Cosmedin, welcher sich bis zum J. 1212 ausdrücklich als Cancellarius unterschreibt[8]. Seitdem kommen keine Kanzler mehr vor, sondern nur vicecancellarii[9], wie denn auch der auf Befehl Gregors X. (1271—1276) verfasste Ordo Romanus nur des Vicekanzlers[10], nicht aber des Kanzlers gedenkt.

Die Frage, warum der Vorstand der päpstlichen Kanzlei seit jener Zeit nur den Titel: Vicecancellarius führt, ist Gegenstand mehrfacher Erörterung gewesen[11]. Die Annahme, dass die Uebertragung des Erzkanzler-Amtes an den Erzbischof von Köln Veranlassung dazu gegeben habe[12], erscheint haltlos, weil die erste Zeit nach dem Verschwinden dieser Berechtigung des Kölner Oberhirten der Titel Kanzler noch vorkommt und erst seit dem Anfange des 13. Jahrhunderts sich die Sitte, nur Vicekanzler zu ernennen, fixirt hat. Möglich ist es, dass dieser Usus dadurch herbeigeführt worden ist, dass in der eben erwähnten Zeit keine Kardinäle Vorsteher der päpstlichen Kanzlei gewesen sind. Mit dem Hinweis auf diesen Umstand[13] hat man aber die Sache immer

zum Kardinalpriester aufsteigende Petrus als bibliothecarius, aber auch als cancellarius datirt) p. 402. Auch kommt der Ausdruck prosignator gleichbedeutend mit cancellarius vor, l. c. p. 449. Eine Urkunde Johanns XIX. vom J. 1027 (Jaffé n. 3103) ist geschrieben per manus Ioannis cardinalis et cancellarii vice Petri diaconi. Ob hier eine Singularität oder eine Korruption vorliegt, wird sich schwer entscheiden lassen. Das frühere Vorkommen der Bezeichnung cancellarius in Datirungen (s. Jaffé p. 298. 307) beruht auf falscher Lesart, denn es muss hier arcarius oder saccellarius emendirt werden, und die Urkunde Johanns II. (Marini, papiri diplomatici. Roma 1805. n. I. p. 2, dort um das J. 570 gesetzt mit dem Schluss: datum temporibus (!) domni Ioannis III papae per manus Petri episcopi cancellarii s. Sedis apostolicae ist falsch. Das Gleiche gilt von dem Diplom des Papst Zacharias v. J. 751: „scriptum per manus Ioannis scriniarii et cancellarii Lateran. palatii" (ibid. n. VI. p. 6). S. Jaffé n. CCXXVI u. CCCI.

1 Jaffé p. 449. 478. 526. 550. 560. 606. 609. 616. 653. 679. 835. 855.

2 Jaffé p. 478. 616. 659. 560. 609.

3 L. c. p. 616. 679. 835. 855. Scriptor und notarius ist wohl identisch.

4 L. c. p. 527.

5 L. c. p. 390. 403. 449. 560. 616. 659.

6 Mehrfach datirt seitdem Moyses Lateranensis canonicus vicem agens cancellarii p. 866. 870. 887.

7 Der unter Cölestin III. in den Jahren 1194—1197 unterzeichnende Centius S. Luciae in Orthea diaconus cardinalis, domini papae camerarius (Jaffé p. 887), Verfasser des Ordo XII bei Mabillon l. c. 2, 167, der nachmalige Papst Honorius III., ist nach den a. a. O. p. 165 mitgetheilten Grabschriften („Cencius excelsae tunc cancellarius urbis, Cencius excelsae tibi cancellarius urbis") gleichzeitig Kanzler gewesen.

8 Innoc. III. Registr. lib. XV. ep. 120 (Migne, patrologia. 216, 633), Phillips 6, 379. n. 79.

9 Const. Honorii III.: Religiosam vitam von 1216, „datum per manum Raynerii Prioris S. Fridiani Lucanae Dioecesis S. R. E. Vicecancellarii" (M. Bull. 1, 64).

10 No. XIII bei Mabillon l. c. p. 234. c. 15: . . . „hebdomadarius et vicecancellarius cum tota cancellaria veniunt videre papam". Der Ordo des Cencius erwähnt dagegen noch des cancellarius s. c. 1. n. 3; c. 47. n. 76 (Mabillon l. c. p. 169. 210).

11 Ciampini l. c. c. 1. p. 6 ff.; Plettenberg, notitia congr. p. 330 ff.; Moroni 7, 159.

12 G. L. Böhmer, de origine praecip. iur. archiep. Colon. in den Electa iur. civ. Goettingae 1767. Tom. II. exerc. VIII. c. 1. §. 12 p. 460.

13 So z. B. Walter, Kirchenrecht. §. 133. No. IV.

noch nicht erklärt. Denn es fragt sich, warum trotzdem, dass seit Ende des 13. Jahrhunderts[1] die Vorsteherschaft der Kanzlei wieder Kardinälen übertragen wurde, diese dennoch den Titel: Vicekanzler beibehalten haben. Auch kann ich mich der wieder neuerdings vertretenen Meinung, welche darin eine Parallele zu dem Gebrauche der Bezeichnungen: Datarius und Pro-Datarius findet[2], nicht anschliessen, da diese letzteren gerade in umgekehrter Weise gebraucht werden. Weil der Datar für die Regel kein Kardinal war, heisst der Kardinal, welcher dieses Amt bekleidet, Pro-Datar, während hier gerade zunächst Prälaten, welche das Kanzler-Amt geführt haben, als Vice-Kanzler bezeichnet wurden[3]. Nur das Richtige liegt dieser Annahme zu Grunde, dass man wahrscheinlicher Weise deshalb den Titel nicht geändert hat, um das Amt sowol Kardinälen als auch Prälaten offen zu halten und dass als es später üblich wurde, ausschliesslich wieder Kardinäle mit jenem Amte zu betrauen, der althergebrachte Titel so stehend geworden war, dass man auch jetzt nicht mehr an eine Wiedereinführung der passenderen Bezeichnung: Cancellarius dachte. Unter Clemens V. kommt nämlich das letzte Beispiel eines Vicekanzlers vor, welcher nicht Kardinal war[4], indessen lässt die Bulle Benedikts XII.: Ad regimen vom J. 1335 darauf schliessen, dass damals das Amt noch nicht als ein eigentlich kardinalizisches betrachtet wurde[5].

Die Stellung des Vicekanzlers war deshalb eine sehr bedeutende, weil alle Verfügungen und Erlasse des Papstes durch seine Hände gingen und er dadurch natürlich einen grossen Einfluss auf die Entscheidung der betreffenden Angelegenheiten hatte[6]. Im 12. und 13. Jahrhundert musste dieser ein um so bedeutender sein, als damals sich ein fest gegliederter Organismus von Kurialbehörden noch nicht gebildet hatte.

Mit der späteren Aussonderung der Secretaria brevium und der Secretaria Memorabilium (s. §. 52), sowie in Folge der Bildung der Dataria (s. §. 49) ist zwar der Geschäftskreis des Vicekanzlers verkleinert worden, immerhin gehört aber noch heute sein Amt zu den ausgezeichnetsten der Kurie. Allein der Kardinal-Vicekanzler und der Kardinal-Kämmerer werden im Konsistorium designirt, während das bei keinem andern von Kardinälen bekleideten Kurial-Amte der Fall ist[7].

II. Heutige Stellung des Vicekanzlers. Der Vicekanzler (S. R. E. Vice-Cancellarius, Vice-Cancelliere) ist das Haupt der apostolischen Kanzlei. Mit seiner Würde ist nach einer alten, durch Clemens VII. in der Konstitution: Etsi ad singula vom 5. Juli 1532[8] bestätigten Sitte der Kardinaltitel der Basilika S. Lorenzo in Damaso verbunden.

[1] Cohellius l. c. p. 249; Lunadoro l. c. p. 98 not.; Moroni 7, 172; Bangen S. 437.

[2] de Luca l. c n. 2; Bangen a. a. O.; Phillips 6, 380. 381.

[3] Unentschieden Richter, K. R. §. 126. n. 14; Schulte 2, 250. n. 1.

[4] Const. Clem. V.: Pia matris vom 11. Febr. 1310. §. 7 (Bull. Rom. III. 2, 125): „Arnoldo abbate monasterii Fontis frigidi Ordin. Cisterciens. Narbonn. dioeces. S. R. E. vicecancellario".

[5] c. 13. de praeb. in Extr. comm. III. 3. Nach c. 4. de elect. I. 3. ibid. (Johann XXII. 1316—1334) ist das zweifellos, denn hier heisst es: „Et hoc idem in dignitatibus et beneficiis quibuslibet (ut de aliis praemittitur) officialium nostrorum, videlicet vicecancellarii, eiusdem ecclesiae camerarii, notariorum, auditoris contradictarum, correctorum, scriptorum literarum ac poenitentiariorum nostrorum nec non abbreviatorum curiae Romanae locum sibi volumus vindicare".

[6] Bernardi abb. Clarevall. ep. 280 ad Eugen. pap. (c. 1152): „habere bonum, iustum et bonae famae cancellarium, apostolicae dignitatis non modica pars est, apostolicae administrationis non parvum adminiculum est, apostolicae conscientiae non mediocris custodia est"; ep. 311. ad Haimericum S. R. E. cancellar.: „Siquidem cum nullum ferme fiat in orbe bonum, quod per manus quodammodo Romani cancellarii transire non habeat, ut vel vix bonum iudicetur, quod eius prius non fuerit examinatum iudicio, moderatum consilio, studio roboratum et confirmatum adiutorio" (Opp. Venet. 1726. 1, 274. 292).

[7] Moroni 7, 66. 158. Bangen S. 437.

[8] M. Bull. 1, 688.

Die apostolische Kanzlei, welche unter seiner Oberaufsicht steht, expedirt und publicirt alle Verfügungen des Papstes, sofern diese nach der Praxis der Kurie die Form einer Bulle erfordern[1]. Dahin gehören alle Konsistorial-Akte (z. B. die Kardinals-Kreationen, Ernennungen zu Bisthümern, s. S. 365), sodann diejenigen Akte, welche durch die Dataria erledigt werden (s. S. 426), endlich solche Erlasse, für welche der Papst observanzmässig den Konsens der Kardinäle, sei es im Konsistorium oder ohne ein solches, einzuholen pflegt. Was die ersten beiden Kategorien betrifft, so werden zwar ihre Ausfertigungen der Regel nach durch das gewöhnliche zur Kanzlei gehörige Personal, d. h. per viam ordinariam bewirkt[2], indessen ist auch eine Expedition per viam extraordinariam möglich.

Zur Erleichterung der Ausfertigungen der päpstlichen Erlasse für Fälle, in denen eine Beiseitelassung mancher üblichen Formalien oder eine Abweichung von den durch die Kanzleiregeln gebotenen Klauseln wünschenswerth erschien, errichtete Alexander VI.[3] das Amt des s. g. Summator, welchem die Abfassung derartiger Verfügungen anheimfallen sollte, und nachdem Pius' V.[4] nähere Anordnung über das Hülfspersonal des Summators getroffen hatte, ist seit den Zeiten Alexanders VIII. das Amt des Summators mit dem des Vicekanzlers stets an dieselbe Person verliehen worden[5], so dass dieser je nach der Art der Expedition bald in dieser letzteren Eigenschaft, bald als Summator fungirt, und bis auf den heutigen Tag offiziell die beiden Titel: Vice-Cancelliere e Sommista führt[6].

Der Vicekanzler, resp. die ihm untergeordnete Behörde, übt bei der Expedition der Bullen ferner eine gewisse Jurisdiktion aus, insofern als die von der Dataria entworfenen Antworten noch hinsichtlich ihrer Korrektheit nach den Kanzlei-Regeln und dem Stil der Kanzlei und von dem Gesichtspunkte aus geprüft werden, ob die von der gedachten Behörde ertheilten Verleihungen auch ohne Verletzung der kirchlichen Disciplin und ohne Beeinträchtigung der Rechte Dritter ausführbar sind[7]. Für die Prüfung etwaiger Ansprüche der letzteren Art bestand eine eigene Abtheilung, das auditorium contradictarum[8], welches früher eine grosse Anzahl von Beamten hatte, jetzt aber auf den substitutus contradictarum (sostituto delle contradette) reducirt ist[9].

III. Das Personal der Kanzlei. In Bezug auf diesen Punkt sind die Einrichtungen der früheren Zeit (bis zu Anfang dieses Jahrhunderts) von den heutigen zu unterscheiden. In früheren Zeiten sind nämlich die Aemter nicht nur im Interesse des Dienstes vermehrt, sondern es sind eine Reihe solcher als officia venalia oder s. g. vacabilia geschaffen worden. Die Päpste suchten dadurch ihrer Finanznoth abzuhelfen, indem sie sich für die Verleihung bestimmte Summen zahlen liessen und die Erwerber ihrerseits das Recht erhielten, an den Einkünften der Kanzlei zu partici-

[1] Bangen S. 439.

[2] A. a. O. S. 440. 441.

[3] Const.: In eminenti vom 22. August 1500 (M. Bull. 1, 461).

[4] Const.: Pontifice dignum vom 24. Juli 1570 (ibid. 2, 331).

[5] S. d. Const. Creditae nobis divinitus vom 15. März 1690 (M. Bull. contin. P. VI. p. 11).

[6] Annuario pontificio von 1865. p. 11; Moroni 7, 162. 163. — Gewisse Akte (so die Ehedispensen in den entfernteren Graden) werden durch das sog. officium minoris gratiae expedirt, d. h. durch eine eigene Abtheilung von Scriptores und Procuratores, welche Pius V. durch die Konstitution: In earum rerum commutatione vom 19. Mai 1569 (M. Bull. 2, 301) aus der Pönitentaria abgezweigt und der Kanzlei zugetheilt hat. Bangen S. 441.

[7] Bangen S. 445.

[8] Schon der Ordo Romanus XIV. (saec. XIV.) c. 18 (Mabillon l. c. p. 344) erwähnt eines auditor contradictarum. Im übrigen s. Bangen S. 444; Moroni 7, 188; Phillips 6, 400.

[9] Bangen a. a. O.

piren [1]. Als ein signifikantes, wenngleich nicht als frühestes Beispiel mag der Verkauf von 18 neu (ausser den bestehenden sechs) errichteten Stellen der Secretarii apostolici für 62,400 Kammergulden behufs Einlösung des bei Kaufleuten verpfändeten Regnum unter Innocenz VIII. hervorgehoben werden [2].

Was das Personal im Einzelnen betrifft, so wird

1. schon in den Konstitutionen Martins V.: In apostolicae dignitatis vom 1. September 1418 [3] und Romani pontificis vom J. 1422 [4] eines Stellvertreter des Vicekanzlers, des s. g. Locum tenens oder Praesidens in Cancellaria (des nachmaligen Regens Cancellariae), gedacht [5].

2. Die Protonotarii [6]. Ferner gehören hierher die ältesten päpstlichen Kanzlei-Beamten, die Notarii (s. S. 375), welche von jeher zu den Prälaten der römischen Kurie gerechnet worden sind, und bis Papst Pius II. den Vortritt vor den Bischöfen hatten [7]. Zu den ursprünglichen sieben kamen im Laufe der Zeit noch eine grosse Anzahl nicht unmittelbar bei der Kanzlei thätiger Notare hinzu. In Folge dessen wurden jene ersteren seit dem 14. Jahrhundert als Protonotarii bezeichnet [8], während sie schon viel früher [9] unter dem Titel: Notarii sedis apostolicae vorkommen. Ihre Thätigkeit erstreckte sich auf die Protokollführung in den Consistoriis publicis [10] und semipublicis [11], und auf die Abfassung der päpstlichen Bullen, jedoch seit Martin V. nur auf solche, welche die Verleihung der Patriarchate, Erzbisthümer, Bisthümer und der im Konsistorium zu vergebenden Abteien zum Gegenstande haben [12]. Durch die Bestimmungen Alexanders VI. und Pius' V. ist ihre Thätigkeit noch mehr einge-

[1] Bangen a. a. O.; Phillips 6, 399; Mejer in der citirten Zeitschrift. Hft. 2. S. 207.

[2] Const.: Non debet reprehensibile vom 31. Dezember 1487. §. 2 (M. Bull. 1, 441): „Nos autem qui ... mitram pontificalem, regnum nuncupatum, et alia quam plurima eiusdem ecclesiae iocalia preciosa aurea et argentea diversis mercatoribus dictam Curiam sequentibus pro diversis pecuniarum summis ad quantitatem forte 100000 ducatorum auri de Camera ascendentibus pignoravimus . . . nos sperantes quod si ad officium eorundem secretariorum praeter et ultra dictos sex 18 praelati et in dignitate ecclesiastica constitutae personae assumerentur et omnes simul pro redemptione mitrae et iocalium praedictorum de eorum facultatibus usque ad summam 62400 florenorum auri de Camera persolverent et contribuerent assignarenturque eis etiam de novo convenientia emolumenta ex quibus iuxta dignitatis eorum exigentiam eorum statum tenere possent, exinde non solum huiusmodi urgenti necessitati praefatae ecclesiae provideretur, sed etiam decori et venustati eiusdem Sedis" etc. Ueber die secretarii apostolici vgl. Cohellius, notitia card. c. 23; de Luca, tract. de officiis venalibus vacabilibus Romanae Curiae c. 14. n. 1 ff.; Moroni 7, 182.

[3] §§. 2. 7. 16.; M. Bull. 1, 295.

[4] §. 9. M. Bull. 1, 300.

[5] Vgl. ferner Cohellius l. c. c. 21. und auch die Const. Clement. VIII.: Aequum reputantes vom 9. Februar 1593 (Bull. Rom. V. 1, 415) und Innoc. XI.: Divina disponente vom 14. Dezember 1679 (ibid. 8, 127).

[6] Vgl. darüber noch Faber, de protonotariis apostolicis Bononiae 1672; Ferraris prompta bibliotheca s. v. prothonotarii; Traités des protonotaires in den Anal. jur. pontif. 1858. p. 692 ff.; P. Micke, de protonotariis apostolicis diss. inaug. Vratislaviae 1866; desselben Abhandlung: Die apostolischen Protonotare in Moys Archiv. 20, 177 ff.; Renaud, des protonotaires apostoliques, leur origine, leurs fonctions et leurs prérogatives in Bouix, revue des sciences ecclésiastiques. Paris 1867. August- bis Novemberheft. Eine Anzahl von Konstitutionen über die protonotarii sind in Anal. jur. pontif. 1855. p. 583 ff. abgedruckt. S. auch Ginzel, Kirchenrecht 1, 378 ff.

[7] Const. Pii II.: Cum servare vom 14. Juli 1459 (M. Bull. 1, 369).

[8] Ordo Roman. XIV. c. 70 (Mabillon l. c. 2, 329): „In hac secunda missa communicat (papa) omnes diaconos cardinales, protonotarios, commensales et auditores" etc.; Const. Pii II. cit. pr.: „notariorum nostrorum, quos vulgo protonotarios quasi per excellentiam quamdam, non ab re, consuetudo vocitat".

[9] S. Jaffé, regesta p. 294 (unter Stephan. VI. i. J. 890).

[10] Const. Pii II. cit. §. 1: „In consistoriis vero publicis (ubi de rebus quae gerunt, ut authentica conficiant documenta, rogari consueverunt) quatuor ex eis qui numerarii dicuntur . . . honorabiliorem teneant locum sedique nostrae proximiores assistant"; nach der Const. Sixti V.: Laudabilis vom 5. Februar 1586. §. 16 (M. Bull. 2, 546) genügt jedoch die Zuziehung auch nur eines Notars.

[11] Micke bei Moy a. a. O. S. 206. 207.

[12] Const. Martini V. cit. §. 2 (M. Bull. 1, 295).

schränkt worden, weil nach denselben die Expedition der Verleihungen aller im Konsistorium zu vergebenden Sachen per viam camerae (d. h. in einer erleichterten Form)[1] erfolgen soll und einer der Protonotarien nur seine Signatur vorher unter das betreffende Schriftstück zu setzen hat[2], ein Geschäft, welches indessen heute durch den Sekretär des Kollegiums besorgt wird[3]. Endlich hatten die Protonotare mit der Aufnahme der Protokolle und der Einsammlung der Stimmen auf den Koncilien zu thun[4].

Unter Papst Sixtus IV. (1471—1484) ist das Protonotariat ebenfalls ein officium vacabile geworden[5], und so war es lediglich eine Finanzoperation zum Vortheil des päpstlichen Schatzes, wenn Sixtus V. die Zahl der Mitglieder des Kollegiums der Protonotare von 7 auf 12 erhöhte und die Einkünfte derselben vermehrte[6].

Ausser diesen Protonotaren, welche wegen ihrer Theilnahme an den letzteren, als protonotarii participantes bezeichnet wurden, gab es aber noch s. g. protonotarii extraordinarii, honorarii, titulares[7]. Schon früh verliehen die Päpste verdienten Personen den Titel eines apostolischen Protonotars[8]. Später wurde das Recht, dergleichen Ehren-Protonotare zu creiren, auch einzelnen Körperschaften, so z. B. dem Kollegium der protonotarii participantes selbst und andern Personen (den päpstlichen Legaten und Nuntien, den am päpstlichen Thron assistirenden Bischöfen) beigelegt[9]. Zu dieser zweiten Klasse von Honorar-Protonotaren trat endlich eine dritte hinzu, weil ferner mit gewissen Stellungen und Aemtern das Protonotariat ohne Weiteres verbunden war, so z. B. mit den Kanonikaten an S. Peter, S. Johann im Lateran, S. Maria Maggiore zu Rom und an der erzbischöflichen Kirche zu Neapel[10].

3. Schon die Extravaganten Johanns XXII.[11] und Benedikts XII. erwähnen s. g. Abbreviatores[12], welche als Gehülfen der Notare die kurzen Entwürfe (Notae oder Minutae) für die päpstlichen Bullen machten[13], damit diese dann von den Schreibern in extenso niedergeschrieben werden konnten. Unter Pius II. (1458—1464) belief sich ihre Zahl auf 70[14]. Nachdem Paul II.[15] diese Aemter supprimirt hatte[16], stellte sie Sixtus IV. wieder her, indem er zugleich die Zahl der Abbreviatoren auf 72 vermehrte. Schon seit Benedikt XII. (1334—1342)[17] wurden Abbreviatores de Parco maiori oder Praesidentiae maioris und Abbreviatores de Parco minori unterschieden[18]. Ihre Bezeichnung ist von dem mit einem Gitter umgebenen Raum in der Kanzlei hergenommen, in welchem die Beamten sitzen, und dieser wird höher oder geringer (maior oder minor), je nach der Nähe der Sitze bei dem

[1] Bangen S. 441.

[2] S. die S. 441 citirten Konstitutionen: In eminenti und Pontifice dignum; Moroni 7, 180.

[3] Analecta iur. pontif. l. c. p. 693.

[4] Micke a. a. O. S. 198 ff.

[5] Micke a. a. O. S. 208. 209.

[6] Const.: Romanus Pontifex vom 16. November 1585 (M. Bull. 2, 544) und Laudabilis vom 5. Februar 1586 (l. c. p. 545). Eine Analyse dieser Konstitutionen bei Micke a. a. O. S. 208. 212. Nach Moroni 56, 7 betrug damals der Kaufpreis des Protonotariates 12500 Scudi.

[7] Micke a. a. O. S. 227; Bangen S. 60.

[8] Der Beginn dieser Sitte wird bald in das 12, bald in das 13, bald in das 14, von Micke S. 228 ohne zureichende Gründe sogar in das 10. Jahrh. verlegt.

[9] Micke S. 228.

[10] Micke S. 228; Phillips 6, 392. 393.

[11] c. 3. de elect. in Extrav. comm. I. 3.

[12] c. 13. de praeb. in Extrav. comm. III. 2.

[13] Const. Martini V.: In apostolicae cit. §. 2 (M. Bull. 1, 195). Der Name erklärt sich daraus, dass sie das Ueberflüssige bei der Bearbeitung der Suppliken auszuscheiden hatten. Phillips 6, 395.

[14] Const. Sixti IV.: Divina aeterna vom 11. Januar 1478. §. 1 (ibid. p. 413).

[15] Const. cit. §. 1.

[16] Const. cit. §§. 4. 5.

[17] Const. cit. §. 8.

[18] Const. cit. §. 5 setzt die Zahl der ersteren auf 12, die der letzteren auf 22 fest.

Platz des Vicekanzlers genannt.[1]. Seitdem die Protonotare den Entwurf der Minuten den abbreviatores überliessen, wurden diese und zwar als abbreviatores de Parco maiori die wichtigsten Beamten der Kanzlei[2]. Schon nach der mehrfach erwähnten Konstitution Martins V.: In apostolicae §. 9 ist ihre Unterschrift für die Ausfertigungen der Kanzlei wesentlich[3]. Ferner erhielten sie im Laufe der Zeit eine Reihe von wichtigen Privilegien[4].

Ausser diesen beiden Klassen gab es endlich noch Abbreviatores, welche als Examinatores de prima visione bezeichnet werden[5]. Diese hatten, wie die Abbreviatores de Parco minori mit vorbereitenden Arbeiten, die ersteren namentlich mit der ersten Sichtung der eingelaufenen Urkunden zu thun[6]. Zur Erlangung der Stelle eines Abbreviators war die vorgängige Ablegung eines Examens vor dem Kollegium erforderlich[7].

4. Die Scriptores literarum apostolicarum[8] hatten auf Grund der Minuten die für die Parteien bestimmten Ausfertigungen zu koncipiren[9] und ihr Kolleg zählte ausser seinem Vorstande, dem Rescribendarius, 100 Mitglieder. Auch für den Erwerb dieser Stellen war die Ablegung eines Examens in der ars scriptoria Vorbedingung[10]. Die Scriptores brevium sind mit der Ausbildung der Secretaria brevium aus der Kanzlei ausgeschieden (s. den folgenden §.). Besondere Scriptores archivii Curiae Romanae, deren Aemter — 101 an der Zahl — ebenfalls verkäuflich waren, setzte Julius II. mittelst der Konstitution: Sicut prudens vom 1. Dezember 1507[11] ein.

5. Dazu kommen ferner Bullatores (auch bollatori, plumbatores, piombatori) und collectores, welche mit der Beschaffung der Bleisiegel und Befestigung derselben an den Bullen zu thun hatten. Sie standen unter einem Präsidenten und 3 Magistri plumbi und ihre Zahl betrug schliesslich 104[12].

6. Ferner wurde ausser den schon erwähnten officia vacabilia der Secretarii apostolici (s. S. 442), der protonotarii, der scriptores archivii — auch eine Anzahl der Stellen der Abbreviatores de parco war verkäuflich — noch eine Menge derartiger verkäuflicher Aemter errichtet, deren Inhaber alle behufs ihrer Entschädigung für die von ihnen gezahlten Kaufsummen an den Einkünften der Kanzlei participirten; es gehörten hierher die Kollegien der Cubicularii, der Scutiferi apostolici, ferner die Praesidentes und Portionarii ripae, die Milites S. Petri, die Milites S. Pauli, die Milites Pii, die Milites Lauretani, die Milites de Lilio und die Sollicitatores, deren 4 Klassen (Adstipulatores, Jannizeri, Stradia-

[1] Ciampini, de Abbreviatorum de parco maiori sive assistentium S. R. E. Vicecancellario in literarum apostolicarum expeditionibus antiquo statu illorumve in Collegium erectione, munere, dignitate, praerogativis ac privilegiis diss. histor. Rom. 1691. c. 3. p. 4; Bangen S. 445. n. 2.

[2] Phillips 6, 395.

[3] M. Bull. 1, 296; vgl. auch Const. Leonis X.: Summi bonorum vom 16. Juli 1515. §. 2 (ibid. 2, 557).

[4] S. Const. Leonis X. cit.; const. Pauli V.: Romani Pontificis vom 1. Juli 1605 (M. Bull. 3, 197) und Benedicti XIV.: Maximo ad labores vom 13. September 1740 (Bull. Bened. XIV. 1, 8). Andere hierher gehörige, nicht in den Bullarien abgedruckte Konstitutionen bei Ciampini l. c. c. 4. p. 6; c. 5. p. 25.

[5] Const. Sixti IV. cit. §. 5.

[6] Phillips 6, 396.

[7] Const. Martini V.: In apostolicae cit. §. 6. S. auch Cohellius l. c. c. 22.

[8] Cohellius l. c. c. 24; Moroni 7, 182.

[9] Bangen S. 446.

[10] Const. Martini V. cit. §§. 4. 5; Moroni 7, 183.

[11] M. Bull. 1, 492; Moroni l. c.

[12] Vgl. über sie Const. Martini V. cit. §. 12; ferner Const. Leonis V.: Pastoralis vom 13. Dezember 1513. §. 19 (Bull. Rom. III. 3, 379); Cohellius l. c. c. 27; Bangen S. 446; Moroni 7, 186; Phillips 6, 446.

tores und Mameluchi) Innocenz VIII. schon reducirt und in eine zusammengeworfen hat[1].

7. Nachdem Innocenz XI. eine Anzahl officia vacabilia aufgehoben[2] und Innocenz XII. die Käuflichkeit bei den wichtigsten Offizien der Kammer beseitigt hatte[3], wurde die Zahl dieser Aemter durch die französische Usurpation des Kirchenstaates auf das Erheblichste beschränkt. Ein kaiserliches Dekret vom 4. Februar 1811 ordnete eine allgemeine Liquidation, resp. Ablösung der Offizien an und da der grösste Theil der Eigenthümer derselben die Kapitalsabfindung annahm, so fielen nach der Wiederherstellung der päpstlichen Herrschaft die früher zur Vertheilung an die Offizien-Besitzer gelangenden Einkünfte wieder direkt an die apostolische Kammer[4].

Demnach besteht das heutige Personal der Kanzlei noch aus folgenden Beamten:

Dem Regens Cancellariae (Reggente), welcher den Vicekanzler in allen von diesem als Kanzler, also per viam ordinariam zu erledigenden Geschäften vertritt[5], Namens desselben die Aufsicht über das gesammte Personal der Kanzlei führt, bei den feierlichen Prüfungen der Auditoren der Rota intervenirt (s. S. 399) und endlich bei der in Gegenwart des Vicekanzlers von den Klerikern der Kammer und von anderen höheren Prälaten vorzunehmenden Ableistung des Amtseides assistirt[6].

Wie der Vicekanzler in seinen ordentlichen Funktionen als Kanzler durch den Regens vertreten wird, so besorgt ein Untersummist (Sotto-Sommista) die ihm in seiner Stellung als Sommista obliegenden Geschäfte[7]. Dieser ist in der Regel Ehrenprälat, und entwirft, resp. revidirt die Minuten für die per viam secretam oder per viam camerae zu erlassenden Expeditionen. Als Gehülfe steht ihm dabei ein s. g. Sostituto del Sommistato zur Seite[8].

Ferner gehören zum Personal der Kanzlei die 11 Abbreviatori del Parco Maggiore mit einem Dekan an ihrer Spitze, an welche die von der Dataria eingegangenen Suppliken zur Anfertigung der Minuten vertheilt werden und welche die von ihren Substituten nach Massgabe der letzteren in extenso entworfenen Bullen zu revidiren haben[9]. Die Taxation der Gebühren besorgt der depositario generale dei vacabili und der depositario del piombo[10], während der Piombatore die Bullen mit dem Bleisiegel zu versehen hat[11].

Die früheren Obliegenheiten der Protonotare in der Kanzlei werden jetzt durch einen eigenen Sekretär derselben wahrgenommen[12]. Sie gehören jetzt also nicht mehr zum Kanzlei-Personal[13]. Ihre Verhältnisse sind neuerdings durch die Konstitutionen Gregors XVI.: Neminem certe latet vom 8. Februar 1838[14] und Pius' IX.: Quamvis

[1] S. darüber Cohellius l. c. c. 29. 35. 30—34. 25; Bangen S. 447; Moroni 7, 184 ff.; Phillips 6, 399. 400.

[2] Nämlich die der Secretarii apostolici durch die Konstitution: Romanus pontifex vom 1. April 1678 (Bull. Rom. 8, 49). Diese Suppression hat lange Erörterungen über diese Offizia und die Entschädigungspflicht gegenüber den Inhabern bei Aufhebung derselben hervorgerufen. Aus Anlass derselben hat auch der Kardinal de Luca das hierher gehörige Hauptwerk: tractatus de officiis venalibus vacabilibus Romanae Curiae. Rom. 1682 (Venet. 1769) geschrieben. In der letztgedachten Ausgabe findet sich von S. 55—241 dessen Collectio iurium seu documentorum ac etiam informationum, responsorum et decisionum super suppressione collegii secretariorum apostolicorum.

[3] S. oben S. 413.

[4] Moroni 87, 73. 97.

[5—11] Bangen S. 448. 449; Moroni 7, 179. 181. Ueber den depositario generale dei vacabili vgl. noch Mejer a. a. O. S. 207.

[12] Bangen S. 60.

[13] Das Annuario pontificio von 1865 zählt sie daher auch nicht unter dieser Rubrik, sondern der Rubrik: Cappella pontificia p. 357 auf.

[14] Abgedruckt bei Moy 20, 244.

peculiares vom 9. Februar 1853[1] geregelt. Das erste Gesetz hat die Stellen der participantes auf die ursprüngliche Zahl von 7 reducirt und das zweite ihre Privilegien in manchen Beziehungen beschränkt, dagegen ist der Unterschied zwischen participantes und non participantes bestehen geblieben[2], ebenso fungiren die participantes noch in den Konsistorien und ferner hat ihr Kolleg durch eins seiner Mitglieder in der Kongregation der Propaganda bei der Abfassung der Akten über den Märtyrertod von Missionaren und in der Kongregation der Riten zu gleichem Zweck bei dem Beatifikations- resp. Kanonisationsprocess mitzuwirken[3].

§. 52. β. *Die apostolischen Sekretarien (die Secretaria Brevium, die Secretaria status, die Secretaria Memorialium)**.

I. Die umständliche Form der Bullen erschien im Laufe der Zeit für häufiger vorkommende Gnadenverleihungen des Papstes zu schwerfällig. Nachdem man einmal angefangen hatte, für die Expedition derartiger Angelegenheiten eine kürzere, einfache Fassung zu wählen, war damit auch der Grund zu der Aussonderung einer eigenen Behörde, der Secretaria Brevium, aus der apostolischen Kanzlei gelegt. Die Zeit, wann dies geschehen ist, lässt sich nicht näher feststellen, jedenfalls fällt die Einsetzung der gedachten Behörde in den Ausgang des Mittelalters[4].

Die Fälle, welche ein Breve erfordern, giebt für die heutige Zeit die oben (S. 423. n. 3) schon theilweise abgedruckte Konstitution Benedikts XIV.: Gravissimum genau an. In diesen Sachen hat also die Secretaria Brevium die Gesuche für die Entschliessung des Papstes vorzubereiten, die Antwort desselben entgegenzunehmen, und im Fall der Gewährung der nachgesuchten Vergünstigung das entsprechende Breve auszufertigen[5].

An der Spitze der Behörde steht der Segretario dei brevi pontificj, welcher je nach dem Belieben des Papstes bald Kardinal, bald Prälat ist. Als Gehülfen hat der Sekretär einen Substituten, welcher die eingegangenen Sachen zum Vortrag für die Audienz beim Papst vorbereitet, und ferner mehrere Minutanten[6].

II.[7] Zu derselben Zeit, in welcher die Aussonderung der Sekretarie der Breven erfolgt ist, begannen die Päpste einen der Kardinäle, öfters einen zum Kardinalat erhobenen Verwandten bei der Erledigung der politischen inneren Angelegenheiten, sowie der des Auslandes, auch bei weltlichen Gnaden-Verleihungen, in ihr besonderes Vertrauen zu ziehen. In Folge dessen wurden diese Sachen ebenfalls der Kanzlei entzogen und in die Hand des s. g. Cardinalis Nepos oder Cardinalis Superintendens gelegt[8]. Damit war auch die Nothwendigkeit einer festen Organisation für die Behandlung der gedachten Angelegenheiten gegeben und es wurde daher eine eigene Behörde, die Sekretarie des Staates (secretaria status) errichtet. Als die Päpste nicht mehr regelmässig einen Kardinalnepoten zu ihrem ersten und Kabinets-

1 Bei Moy a. a. O. S. 246.
2 Micke a. a. O. S. 225 ff. 230. 233.
3 Micke a. a. O. S. 221. 223.
* Card. de Luca relatio etc. disc. VII. n. 7 ff.; Danielli tit. 5. u. 6; Prattica della Curia p. 4. c. 1. 2; Lunadoro-Zaccaria P. II. c. 26. p. 116; Mejer a. a. O. Hft. 1. S. 77; Hft. 2. S. 195. 196; Bangen S. 430 ff.; Phillips 6, 387. 679.
4 Bangen S. 427.
5 Bangen S. 433.
6 A. a. O. S. 433; Lunadoro l. c.
7 Zu dem Folgenden zu vgl. besonders Bangen S. 427 ff.; Phillips 6, 387. 679.
8 de Luca l. c. disc. VI; Moroni, dizionario 63, 275.

minister — als ein solcher konnte füglich der betreffende Nepote betrachtet werden — ernannten, mithin seit Ende des 17. Jahrhunderts [1], trat der Vorsteher der Sekretarie, welcher gleichfalls aus denKardinälen genommen wurde, in jene Stellung ein, und noch heute ist der Segretario di Stato, der Kardinalstaatssekretär der Präsident des Ministerkonseils des Kirchenstaats und zugleich der Minister des Auswärtigen [2]. Als solcher hat er aber wegen des eigenthümlichen Charakters des Kirchenstaates nicht nur die Leitung der politischen, sondern auch der kirchlichen Angelegenheiten, soweit es sich bei den letzteren um Beziehungen zu fremden Mächten handelt [3]. Als unmittelbar dem Papste zur Seite stehender Rathgeber und Kabinetsminister übt er endlich auf die Anstellung an der Kurie, namentlich bei den Kardinals-Kreationen und hinsichtlich der Vertheilung der Kardinäle in die einzelnen Kurial-Behörden, einen sehr bedeutenden Einfluss aus [4]. Die im Anfang dieses Jahrhunderts geübte Praxis, dem Kardinalstaatssekretär auch zugleich das Sekretariat der Breven zu übertragen [5], besteht heute nicht mehr [6]. Früher hatte der Kardinalnepos und dann der Kardinalstaatssekretär auch die Verwaltung der inneren politischen Angelegenheiten gehabt, seit 1833 ist aber diese einer besonderen Segretaria per li affari di stato interni [7] und nach der Errichtung besonderer Ministerien unter Pius IX. im J. 1847, sowie der Neugestaltung derselben im J. 1850 einem besonderen Minister des Innern übertragen worden [8].

III. Endlich ist hier noch die Secretaria Memorialium [9] zu erwähnen, zu deren Ressort die an den Papst, als weltlichen Souverän, gelangenden Gnadensachen gehören und welche sich ebenfalls im Laufe der Zeit aus der Kanzlei ausgesondert hat. An ihrer Spitze steht ebenfalls ein Kardinal als Segretario [10].

1 Moroni l. c. p. 282.

2 S. auch Annuario pontificio von 1865. p. 413. 395. Ein besonderes Ministerium des Auswärtigen giebt es daher im Kirchenstaate nicht.

3 In letzterer Hinsicht steht ihm die Congregatio super negotiis ecclesiae extraordinariis zur Seite. Mejer a. a. O. 2, 197.

4 Mejer a. a. O.

5 Mejer a. a. O. S. 197. 196.

6 Vgl. Annuario pontificio von 1865. p. 395.

7 Das betreffende Chirographum Gregor's XVI. vom 20. Februar 1833 abgedruckt bei Moroni l. c. p. 286.

8 Moroni l. c. p. 288. 289; Annuario pontificio p. 421. Das betreffende Organisationsedikt vom 10. September 1850 (Moroni p. 289) giebt mit Rücksicht darauf die Funktionen des Kardinalstaatssekretärs dahin an: „Le relazioni del governo della s. Sede con le altre potenze sono affidate ad un cardinale di s. Chiesa che conserva il nome e le attribuzioni di Segretario di Stato. Il cardinal segretario di stato è l'organo del sovrano, anche nell' emanazione degli atti legislativi. Qualunque affare che abbia o possa avere rapporto con l'estero, abbenchè dispendente da uno de' 5 ministri dee trattarsi di concerto con la segreteria di stato. Il solo cardinale segretario di stato corrispondo co' governi o rappresentanti esteri. Appartiene specialmente al cardinal segretario di stato tutto ciò che riguarda i trattati diplomatici e le convenzioni di qualunque specie, anche di commercio e la loro esecuzione; la giusta demarcazione e la tutela de' confini di stato; la protezione de' sudditi pontificii che vanno o che dimorano all' estero; il rilascio de' passaporti per l'estero; l'ammissione degli stranieri a stabilirsi nello stato et la loro naturalizzazione; la legalizzazione de' documenti da trasmettersi fuori dello stato".

9 Vgl. darüber de Luca l. c. disc. VII. n. 19; Bangen S. 427. 428; Phillips 6, 388, wo indessen die auch im Lehrbuch S. 263 vorkommende Bezeichnung: Secretaria Memorabilium zu korrigiren ist.

10 Bangen S. 429. — Die Sekretäre der litterarum ad principes und litterarum latinarum, welche die Korrespondenz mit den Fürsten, resp. die mit den geistlichen Würdenträgern und zwar letztere in lateinischer Sprache vermitteln, sind nur Prälaten und stehen unter dem Kardinalstaatssekretär. Dasselbe gilt von dem secretarius ciffrarum, welcher aber zugleich Substitut des Staatssekretärs ist. S. Moroni l. c. p. 265. 272. 267; Mejer a. a. O. 2, 195; Bangen S. 429; Annuario pontificio von 1865. p. 368. 395.

b. Die Kongregationen.

§. 53. *aa. Die Sacra Congregatio Romanae et universalis Inquisitionis seu Sancti Officii**.

Schon im J. 1542 hat Paul III. durch die Konstitution: Licet ab initio vom 21. Juli [1] in Rom ein aus 6 Kardinälen bestehendes Inquisitionstribunal als letzte Instanz für alle Glaubensgerichte sowie als erste Instanz für die dem Papst reservirten Fälle eingesetzt. Nachdem Pius IV. [2] und Pius V. [3] in Anschluss an jene Einrichtung in Betreff der Kompetenz, der Mitgliederzahl und der Abstimmung weitere Bestimmungen getroffen hatten, erliess endlich Sixtus V. bei seiner Organisation der Kurie gleichfalls nähere Vorschriften über diese Kongregation [4].

Zum Ressort der Kongregation gehört im Allgemeinen die Aburtheilung der Häresis und der mit letzterer konnexen Verbrechen. Sie fasst ihre Entscheidungen regelmässig in Gegenwart des Papstes (coram sanctissimo) [5], weshalb sie auch die erste Stelle unter den verschiedenen Kongregationen der Kurie einnimmt.

Der Häresis sind die Verbrechen der Apostasie und des Schisma gleichgestellt [6]. Wegen der Konnexität mit der ersteren urtheilt die Kongregation 1. über alle Handlungen, welche die Erhaltung und Verbreitung derselben zur Folge haben, möge jener Zweck vom Thäter beabsichtigt sein oder nicht (conversatio cum haereticis; receptatio, defensio haereticorum; praestatio iuvaminis vel facto vel omissione et negligentia; communicatio in sacris; concessio sepulturae in loco sacro; lectio, retentio et propagatio librorum haereticorum; contractio matrimonii cum haereticis in locis ubi catholici permixtim cum haereticis non vivunt, impeditio officii s. inquisitionis u. s. w.) [7]; 2. über solche Delikte, welche an und für sich nicht nothwendiger Weise auf eine häretische Gesinnung des Thäters schliessen lassen, bei denen aber die letztere gewöhnlich obzuwalten pflegt [8]. Von diesem Gesichtspunkt aus erklärt sich die Kognition des S. Officium beim sortilegium, der divinatio, der magia, dem strigium, dem maleficium, dem pactum cum daemone expressum vel tacitum, der astrologia, der thatsächlichen (durch

* Thom. del Bene, de officio s. Inquisitionis. Romae 1672; Prosp. Farinaccius, decisiones criminales de iudiciis et tortura. Vicent. 1602; Carena, de officio s. Inquisitionis et modo procedendi in causis fidei. Lugdun. 1669; Franc. Macedo, schema sacrae congregationis s. officii Romani. Patavii 1676; Thom. Menchini, sacro Arsenale ovv. prattica dell' officio della sacra inquisizione. Rom. 1730; Mejer bei Richter u. Jacobson 2, 215 ff.; Bangen S. 91 ff.; Moroni 16, 220 ff.; Analecta iur. pontif. 1855. p. 2251; Phillips 6, 583 ff.; Simor in Moys Archiv 15, 133.

1 M. Bull. 1, 762.

2 S. die Konstitutionen: Pastoralis officii vom 12. Oktober 1562 (Bull. Rom. IV. 2, 149); Romanus pontifex vom 7. April 1563 (M. Bull. 2, 103); Cum nos per von 1564 (ibid. p. 118) und Cum inter crimina vom 27. August 1564 (ibid. p. 120).

3 S. Dekret von 1566 (M. Bull. 2, 189); Konstitut. Inter multiplices vom 21. Dezember 1566 (ibid. p. 214) und Cum felicis record. von 1566 (ibid. p. 215).

4 Konstit.: Immensa aeterni vom 22. Januar 1587. Congregatio prima (M. Bull. 2, 667).

5 de Luca l. c. disc. 14. n. 10; Bangen S. 98; zu den Beschlüssen, welche in Sitzungen in plano (d. h. in Abwesenheit des Papstes) gefasst sind, wird seine Zustimmung eingeholt, ausser in den minder wichtigen, der Kongregation allein zur Entscheidung übertragenen Fällen oder dem de stilo, d. h. nach einer festen konstanten Praxis, zu erledigenden Sachen. Bangen a. a. O.

6 Constit. Sixti V. l. c. §. 1: „potestatem eis communicatam, scilicet inquirendi, citandi, procedendi, sententiandi et definiendi in omnibus causis, tam haeresim manifestam, quam schismata, apostasiam a fide“ . . . (s. unten n. 8).

7 Bangen S. 105. 106.

8 Sixti V. const. cit. l. c. (nach der in n. 6 angeführten Stelle): „magiam, sortilegia, divinationes, sacramentorum abusus et quaecumque alia quae etiam praesumptam haeresim sapere videntur, concernentibus“.

Verunglimpfung und Beschimpfung heiliger Sachen, wie Reliquien, Bilder, Statuen u. s. w. geübten) Blasphemie, der apostasia ab ordine vel a statu regulari, jedoch nur in Konkurrenz mit Schmähungen über den früheren Stand oder mit Verkehr mit Häretikern (und bei der apostosia a statu regulari in Verbindung mit hartnäckigem Verharren in derselben über Jahresfrist), bei der fortgesetzten Uebertretung der Fastengebote und der Vorschriften über die jährliche Beichte und Osterkommunion, sowie die Anhörung der Messe an Sonn- und Festtagen, und beim Verbrechen derjenigen, qui saepe mulieres consanguineas vel affines vel commatres vel moniales carnaliter cognoscunt[1]. Die hauptsächlichsten Fälle des abusus sacramentorum, welche der Kompetenz der in Rede stehenden Kongregation anheimfallen, sind: der abusus sacramenti baptismatis durch Taufe von Todten, Bildern und von den beim Sortilegium gebrauchten Sachen; der abusus sacramenti eucharistiae et sacrificii missae durch Gebrauch des h. Sakramentes oder Celebration der Messe zum Zweck des Sortilegiums, durch Unterschlagung oder Beisichführen einer Partikel der konsekrirten Hostie zum Schutz gegen Waffen etc., ferner durch Versuch der Celebration der Messe seitens einer nicht mit dem priesterlichen Ordo versehenen Person[2], sowie durch Nichtkonsekration der Hostie seitens des Priesters und Veranlassung der Adoration einer nicht konsekrirten Hostie durch die Gläubigen[3]; der abusus sacramenti poenitentiae durch Versuch der Spendung des Busssakramentes seitens eines Nichtpriesters, durch die sollicitatio ad turpia[4], und durch Benutzung der Verweigerung der Absolution zur Erzwingung der Angabe der Mitschuldigen[5], sofern die Beichtväter die Zulässigkeit dieser Praxis vertheidigen und lehren, oder sie in einer Weise üben, welche darauf schliessen lässt, dass sie wenigstens innerlich Anhänger jener Theorie sind[6]; der abusus sacramenti matrimonii durch das faktische Eingehen einer zweiten Ehe neben der bestehenden gültigen, sofern der Thäter nicht nachweist, dass Unenthaltsamkeit der Grund des Verbrechens gewesen ist[7], durch Eingehung eines Verlöbnisses oder einer Ehe seitens des durch die höheren Weihen oder ein Ordensgelübde zum Cölibate Verpflichteten, durch Profess-Ableistung oder Empfang der höheren Weihen eines Ehemannes, ohne dass dessen Frau mit seiner Einwilligung in

[1] S. Bangen S. 107—109. In den zuletzt gedachten Fällen liegt der Verdacht vor, dass die Handlungen aus häretischer Gesinnung hervorgehen.

[2] Const. Urban. VIII.: Apostolatus officium vom 23. März 1628 (M. Bull. 5, 160); Bened. XIV. const.: Sacerdos in aeternum vom 20. April 1744 (M. Bull. 16, 196); Divinarum v. 2. Aug. 1757 und Quam grave von demselben Tage (ibid. 19, 286. 284).

[3] Bangen S. 109. 110.

[4] D. h. das Vergehen der Priester, „qui aliquem poenitentem, quaecunque persona illa sit, vel in actu confessionis vel ante vel immediate post confessionem vel occasione aut praetextu confessionis vel etiam extra occasionem confessionis in confessionali sive in alio loco ad confessiones audiendas destinato aut electo cum simulatione audiendi ibidem confessionem ad inhonesta et turpia sollicitare vel provocare sive verbis sive signis sive nutibus sive tactu sive per scripturam aut tunc aut post legendam tentaverint aut cum eis illicitos et inhonestos sermones vel tractatus temerario ausu habuerint“. Bangen S. 110. S. ferner Const. Pii IV.: Cum sicut nuper vom 16. April 1561 (M. Bull. 2, 48); Gregori XV.: Universi vom 30. August 1622 (M. Bull. 3, 484); Bened. XIV. const.: Sacramentum vom 1. Juli 1741 und Apostolici muneris vom 8. August 1745 (M. Bull. 16, 32. 279); Instruktion zu der Bulle: Sacramentum vom 20. Februar 1867 (Moy, Archiv 21, 74 ff.). Vgl. auch Bened. XIV. de synodo dioec. IX. 6. n. 7 und Anal. 1860. p. 1866 ff.

[5] S. g. crimen exquisitionis nominis complicum denegataeque absolutionis ob non revelata nomina. S. dazu die Konstitutionen Benedikts XIV.: Suprema omnium vom 7. Juli 1745 und Ubi primum vom 2. Juni 1746 (M. Bull. 16, 304 und 17, 29).

[6] S. Const.: Ubi primum cit. (l. c. p. 32): „dummodo tamen huiusmodi interrogandi ac denegandi actus talibus circumstantiis coniunctus sit ac convestitus quae sic agentem confessarium de adhaesione ad praedictam reprobatam praxim tanquam ad licitam vel alio quovis modo de prava credulitate suspectum reddant“.

[7] Const. Urban. VIII.: Magnum vom 20. Juni 1637 (M. Bull. 4. app. p. 52).

ein Kloster tritt [1]. In Verbindung damit steht es, dass die Kongregation auch zur Ertheilung von Dispensen wegen der der Eheschliessung entgegenstehenden impedimenta voti solennis und mixtae religionis kompetent ist [2], da sie überhaupt die Befugniss hat, die nöthigen Verordnungen zur Verhütung und Verminderung der gedachten Delikte und die erforderlichen Vorschriften über die richterliche Behandlung und Bestrafung zu erlassen [3].

In persönlicher Hinsicht unterstehen dem h. Offizium alle diejenigen, welche sich eines der gedachten Vergehen schuldig gemacht haben, welches Standes sie auch seien und welcher Exemtionen sie sich auch sonst erfreuen mögen [4], mit Ausnahme des Papstes wegen des Satzes: apostolica sedes a nemine iudicatur und ferner der Kardinäle wegen ihres ausschliesslichen Gerichtsstandes vor dem Papste [5] (s. S. 348).

Die Protestanten sind der Kongregation unterworfen, wenngleich ihre Kompetenz über dieselben jetzt nur dann praktisch wird, wenn es sich nach dem Rücktritt eines solchen zur katholischen Kirche zum Zweck der Spendung von Sakramenten oder der Verleihung von Aemtern und Würden darum handelt, ob er vorher eins der betreffenden Delikte begangen hat [6].

Ueber die Juden und Heiden, welche ausserhalb der christlichen Kirche stehen, hat das Offizium für die Regel keine Machtbefugnisse, ausnahmsweise indessen über Handlungen der gedachten Personen, welche auf Umsturz und Beschimpfung des christlichen Glaubens gerichtet sind [7].

Das Ressort des h. Offiziums gränzt sich dadurch gegen die anderen Kongregationen ab, dass sie ein richterliches Urtheil über die gedachten Delikte behufs Bestrafung, Besserung der Thäter oder über die Aufhebung der moralischen Folgen jener Vergehen abzugeben, nicht aber über die letzteren als Voraussetzungen eines juristischen Verhältnisses oder als Grund für das Ergreifen gewisser Verwaltungsmassregeln zu befinden hat [8].

Dass das h. Offizium keinen besonderen Präsidenten hat, vielmehr der Papst selbst als Präfekt fungirt, ist schon vorhin bemerkt. Die Zahl der Kardinalsmitglieder hängt jetzt von dem Ermessen des Papstes ab [9] — 1865 waren es 13 [10] — und von diesen

[1] Bangen S. 113.

[2] Bangen S. 114. 115; Phillips 6, 595.

[3] Bangen S. 114; Simor l. c. p. 134.

[4] Also auch die privilegirten Ordensleute s. Pii IV. const.: Pastoris aeterni vom 1. April 1562 (M. Bull. 2, 70); Pauli V. const.: Romanus vom 1. September 1606 (M. Bull. 3, 238) und Urban. VIII.: Cum sicut vom 5. November 1631 (M. Bull. 4. app. p. 15).

[5] Die Const. Pii IV.: Romanus pontifex cit. §. 2 (M. Bull. 2, 103) hat sie zwar auch der Kongregation unterworfen, jedoch ist die Praxis dagegen. S. Bangen S. 102; Phillips 6, 596. Nicht eximirt sind die Bischöfe, die vom apostolischen Stuhl delegirten Inquisitoren, die Nuntien und päpstlichen Offizialen. S. Bangen S. 103, vgl. auch c. 16 (Bonif. VIII.) in VIto de haeret. V. 3; c. 3. eod. tit. in Extrav. comm. V. 3.

[6] Steht letzteres fest und handelt es sich blos um die rechtlichen Folgen des verübten Vergehens, dann ist das officium nicht kompetent. Bangen S. 101.

[7] z. B. Verleitung von Christen zur Renegation, Missbrauch der Hostien, öffentliche Schmähung Christi und der h. Jungfrau. Vgl. Const. Nicolai IV.: Turbato corde v. 1288 (M. Bull. 1, 159) und Const. Gregorii XV.: Antiqua iudaeorum vom 1. Juni 1581 (M. Bullar. 2, 484); s. auch Pignatelli, novissimae consultationes canonicae, cons. 128 (ed. Venet. 1723. 1, 404).

[8] Bangen S. 99; Phillips 6, 596. 597.

[9] Bened. XIV. const.: Sollicita ac provida von 1753. §. 3 (bei Bangen S. 485): „Porro Romanae universalis Inquisitionis Congregatio ex pluribus constat s. Romanae ecclesiae cardinalibus a summo Pontifice delectis ... His adiungitur nunc ex Romanae Curiae praesulibus quem assessorem vocant, unus etiam ex ordine Praedicatorum sacrae Theologiae magister quem Commissarium vocant, certus praeterea Consultorum numerus qui ex utroque clero saeculari et regulari assumuntur, alii demum praestantes doctrina viri qui a Congregatione iussi, de libris censuram instaurant iisque Qualificatorum nomen tributum est“.

[10] S. Annuario pontificio p. 295.

fungirt ein Kardinal als Sekretär, indem er zugleich die formelle Leitung der Geschäfte besorgt.

Das weitere Personal der Kongregation wird gebildet:

1. Durch s. g. Officialen. Die erste Stelle unter diesen nimmt der s. g. commissarius sancti Officii ein, welcher bei allen der Definitiventscheidung in den Plenarsitzungen vorangehenden processualischen Akten als ordentlicher Richter fungirt [1]. Ferner gehört zu denselben der assessor officii; er referirt in den Plenarsitzungen und hat in dem mit der Kongregation verbundenen Tribunal, vor welches alle Civil- und Kriminalsachen der Angehörigen der letzteren ausschliesslich gewiesen sind, den Vorsitz [2]. Ausserdem fungiren noch ein promotor fiscalis als Ankläger und Vertreter der Fiskalinteressen, ein advocatus reorum als Vertheidiger der Angeklagten, ein Notar und ein Rendant (depositarius) [3].

2. Die Konsultoren, die Gelehrten von Fach, welche in den einzelnen Sachen die Gutachten abzugeben und die Kardinäle zu informiren haben, und an Rang denen der anderen Kongregationen vorgehen. Dazu werden Welt- und Ordens-Geistliche von hervorragenden theologischen und kanonischen Kenntnissen vom Papst berufen. Der Dominikaner-General dagegen, der magister sacri palatii, die beide kraft ihrer Stellung zu den Konsultoren gehören, und ein anderer Dominikaner-Mönch, welcher vorzugsweise als Konsultor thätig ist und daher auch schlechthin consultor s. officii heisst, werden consultores nati genannt [4]. Uebrigens sind die Offizialen auch gleichzeitig Konsultoren [5].

3. Die qualificatores, d. h. solche Gelehrte, welchen nicht regelmässig, sondern ausnahmsweise Schriften und schwierige Angelegenheiten zur Begutachtung vorgelegt werden. Sie sind demnach ein für alle Mal ernannt, arbeiten aber nicht regelmässig und fortdauernd wie die Konsultoren [6].

§. 54. *bb. Die Congregatio indicis librorum prohibitorum* *.

Die kirchliche Censur ketzerischer und verderblicher Schriften ist eine nothwendige Konsequenz der von der Kirche in Anspruch genommenen Befugniss, für die Bewahrung und Verbreitung des rechten katholischen Glaubens Sorge zu tragen. Die Erfindung der Buchdruckerkunst rief die ersten derartigen Censurbestimmungen hervor. So hat der Legat Innocenz' VIII. in Venedig 1491 eine Verordnung erlassen, welche bei Strafe der Exkommunikation den Druck aller den Glauben betreffenden Schriften

1 S. S. 450. n. 9. Er gehört dem Dominiknaner-Orden an. S. Luca l. c. disc. 14. n. 7; Lunadoro-Zaccaria. P. II. c. 8. p. 39; Bangen S. 95. Neben ihm bilden noch 2 Beisitzer (s. g. compagni), gleichfalls Dominikaner, das Instruktionsgericht. Mejer a. a. O. S. 216; Lunadoro-Zaccaria l. c. p. 227.

2 Lunadoro-Zaccaria l. c.; Bangen S. 96; Phillips 6, 590. S. auch S. 450. n. 9.

3 Lunadoro, Bangen, Phillips a. a. O.

4 Luca l. c. n. 9; Bangen, Phillips a. a. O.

5 Moroni, dizionario 16, 227; Annuario pontificio von 1865. p. 295. 296.

6 Lunadoro-Zaccaria l. c. p. 40; Bangen S. 97; Phillips 6, 591. S. auch S. 450. n. 9.

* C. Mariano Ruele, saggio dell' istoria dell' indice Romano. Roma 1739; P. Catalani, de secretario Congregationis indicis. Romae 1751; Fessler, das kirchliche Bücherverbot. Wien 1858, auch in dessen Sammlung vermischter Schriften über Kirchengeschichte und Kirchenrecht. Freiburg 1869. S. 125 ff.; de Luca, relatio etc. disc. 19; Lunadoro-Zaccaria, relazione P. II. c. 9; Mejer a. a. O. Hft. 2, 217; Bangen a. a. O. S. 124 ff.; Instruction de Monseigneur l'évêque de Luçon sur l'index des livres prohibés. Paris et Luçon 1852. p. 19—126; Analecta iuris pontif. 1855. p. 2254; Moy, Archiv 4, 509 ff.; Simor ebendaselbst 21, 46; Phillips 6, 598; Die römische Indexcongregation und ihr Wirken. München 1863.

von der vorgängigen Genehmigung des Bischofs abhängig machte [1]. Die gleichen Massregeln ordnete Alexander VI. für die erzbischöflichen Provinzen Köln, Mainz, Trier und Magdeburg in der Bulle: Multiplices vom 1. Juni 1501 [2] und ebenso Leo X. in der auf dem 5 Lateranensischen Koncil erlassenen Konstitution: Inter sollicitudines vom 4. Mai 1515 [3] allgemein für die ganze Kirche an. Als aber seit der Reformation die Verbreitung antikatholischer Schriften und Traktate ein wichtiges Angriffsmittel gegen die katholische Lehre geworden war, schritt man auch mit Verboten repressiven Charakters ein. Nach dem Vorgange Karls V. im J. 1546 für seine burgundischen Besitzungen [4] liess Paul IV. im J. 1557 ein Verzeichniss solcher Bücher anfertigen, welche Niemand besitzen oder lesen durfte (index librorum prohibitorum). Dieses ordnete die verbotenen Bücher nach drei Klassen; die erste umfasste die bestimmter Häresiarchen, deren sämmtliche Schriften, weil sie diese Personen zum Verfasser hatten, verboten wurden, die zweite die einzelnen aufgeführten Schriften gewisser Autoren und die dritte verbotene anonyme Schriften [5]. Das Koncil von Trient beauftragte gleichfalls eine Anzahl seiner Mitglieder über die zur Hebung des gedachten Uebels erforderlichen Massregeln zu berathen und demnächst dem Koncil die entsprechenden Vorschläge zu machen [6]. Die von dieser Kommission für die Handhabung des Bücherverbotes entworfenen zehn Regeln [7] wurden, da die Angelegenheit auf dem Koncil selbst wegen Kürze der Zeit nicht mehr erledigt werden konnte, gemäss der Bestimmung desselben in der Schlusssitzung [8] von Papst Pius IV. durch die Konstitution: Dominici gregis vom 24. März 1564 bestätigt [9]. Pius V. (1566—1572) setzte sodann eine eigene Kongregation für die Führung des index der verbotenen Bücher ein [10]. Die jetzige Organisation haben ihr Gregor XIII. in der Konstitution: Ut pestiferarum von 1572 [11] und Sixtus V. in dem mehrfach erwähnten Erlasse: Immensa aeterni [12] gegeben. Clemens VIII. [13] und Alexander VII. [14] haben sodann nähere Instruktionen über die Handhabung des Bücherverbotes publicirt und endlich hat Benedikt XIV. in der mehrfach citirten Konstitution: Sollicita ac provida vom J. 1753 [15] die früheren Bestimmungen über die Kongregation zusammengestellt und nähere Vorschriften über das von ihr zu beobachtende Verfahren getroffen.

1 Fessler a. a. O. S. 49.

2 Raynaldi annal. eccles. a. 1501. n. 36; in deutscher Uebersetzung bei Phillips 6, 604. 605.

3 M. Bull. 1, 554; s. auch c. 3. in VI^to de libr. prohib. V. 4.

4 Van Espen, ius eccl. univ. P. I. tit. 22. c. 4. n. 5.

5 Lunadoro-Zaccaria l. c. p. 41 n. **; Bangen S. 127. 142; Phillips 6, 607. Der erste Abdruck und ein zweiter von 1559 sind sehr selten.

6 Sess. XVIII. decret. de libror. delectu: . . . „Cum itaque omnium primum animadverterit, hoc tempore suspectorum ac perniciosorum librorum quibus doctrina impura continetur et longe lateque diffunditur, numerum nimis excrevisse ... censuit, ut delecti ad hanc disquisitionem patres de censuris librisque quid facto opus esset, diligenter considerarent atque ad eandem sanctam synodum suo tempore referrent“.

7 Abgedruckt u. A. in der Richter'schen Ausgabe des Tridentinum S. 609; Richter corp. iur. can. 2, 114.

8 Sess. XXV. cont. de indice libror.

9 M. Bull. 2, 116; Richter, corp. iur. 2, 116.

10 Bened. XIV. const.: Sollicita ac provida, princ. (Bangen S. 484): „Certum est autem sanctum Pium V primum fuisse Congregationis Indicis institorem“. Dasselbe ergeben auch die Regesten der Kongregation; die betreffende Konstitution ist freilich nicht aufzufinden, s. Bangen S. 127, Analecta l. c. p. 2255. Daher hat die Vermuthung von Phillips 6, 608, dass die Einsetzung der gedachten Behörde vivae vocis oraculo geschehen sei, manches für sich.

11 Analecta l. c. p. 2256.

12 Congregatio septima (M. Bull. 2, 669).

13 Clement. VIII. instructio pro iis qui libris tam prohibendis tum expurgandis, tum etiam imprimendis diligentem ac fidelem, ut par est, operam sunt daturi bei Bangen S. 480; ferner dessen Konst.: Gregem dominicum vom 17. Mai 1593 (Bull. Rom. V. 1, 445) und Sacrosanctum vom 17. Oktober 1595 (M. Bull. 3, 56).

14 Er hat einen Kommentar zur 10. Regel verfassen lassen. S. Konst.: Speculatores vom 5. März 1664 (M. Bull. 6, 203).

15 Abgedruckt bei Bangen S. 484.

Die Kongregation besteht aus einer vom Willen des Papstes abhängigen Anzahl von Kardinälen[1], von denen einer das Amt des Präfekten bekleidet. Der ständige Assistent des letzteren ist kraft seines Amtes der magister sacri palatii, das Sekretariat wird gemäss der seit Gründung der Kongregation bestehenden Sitte stets durch einen Dominikaner-Mönch versehen. Für die Prüfung der Schriften sind der Kongregation eine grosse Anzahl von Konsultoren aus dem Stande der Welt- und Kloster-Geistlichen beigegeben. Diesen stehen s. g. Relatoren zur Seite, welche später zu Konsultoren avanciren[2].

Der Geschäftskreis der Kongregation besteht darin, die gegen den Glauben und die guten Sitten verstossenden Schriften im Namen und unter Bestätigung des Papstes zu proskribiren, zugleich aber auch in Ausnahmefällen den Besitz und das Lesen derselben zu gestatten. So weit es sich um Schriften der ersten Gattung handelt, hat sie mit der Congregatio inquisitionis eine kumulative Jurisdiktion, jedoch verfährt sie der bestehenden Praxis gemäss allein, nur pflegt das Offizium in wichtigen Fällen die Dekrete der Index-Kongregation noch durch einen Beschluss ihrerseits besonders zu bekräftigen[3], weil das Lesen verurtheilter, häretischer Bücher den Verdacht der Häresie begründet und die Einleitung eines inquisitorischen Verfahrens gegen die Kontravenienten herbeiführen kann[4].

Da die Kongregation einen Theil der obersten Gewalt des Papstes ausübt, so haben ihre Dekrete für die ganze katholische Kirche bindende Kraft. Die oft aufgestellte Behauptung, dass der Index gewohnheitsmässig für Deutschland keine Geltung habe[5], ist ungegründet[6]. Einmal würde ein derartiges Gewohnheitsrecht als der Rationabilität widersprechend, keine Berücksichtigung finden dürfen, und sodann ist die Beobachtung des Index sowohl allgemein für die ganze katholische Kirche[7], mithin auch für Deutschland, wie durch eine Reihe deutscher Diöcesan-Synoden[8] eingeschärft worden. Faktisch hat der Index allerdings hier wegen der staatlich garantirten Pressfreiheit so gut wie nichts zu bedeuten.

Die Prüfung und die Proskription der Bücher erfolgt nach Massgabe der Regeln des Koncils von Trient und der Anweisung Clemens' VIII. (s. S. 452). Erstere sondern nach Massgabe des früheren Index folgende Kategorieen von Schriften[9]:

1 Bened. XIV. Const. cit. §. 6. Das annuario pontificio von 1865. p. 307 weist mit dem Präfekten 21 Kardinäle als Mitglieder auf.

2 Vgl. über Alles den §. cit. der Konst. Benedikts XIV.; Bangen S. 136; Phillips 6, 610. 611.

3 Bangen S. 127. 128.

4 Const. Pii IV.: Dominici gregis cit. §. 3. Ueber diese Konkurrenz der Kongregation des Offiziums s. auch Bened. XIV. const. Sollicita cit. §§. 4. 5. und Bangen S. 144. 145.

5 So allerdings mit Modifikationen im Einzelnen Pirhing, iur. can. V. 7. n. 21; Engel colleg. iur. canon. V. 7. n. 9; Schmalzgrueber ius eccles. V. 7. n. 59 ff.

6 So Reiffenstuel, ius canon. V. 7. n. 113—120; Moy Arch. 4, 510; Phillips 6, 618; vgl. auch Bangen S. 132. n. 3.

7 Bened. XIV. const.: Quae ad catholicos vom 23. Dezember 1757: . . . „Indicem . . . approbamus et confirmamus ab omnibus et singulis personis ubicunque locorum existentibus inviolabiliter et inconcusse observare praecipimus et mandamus sub poenis tam in regulis Indicis quam in litteris et constitutionibus apostolicis alias statutis et expressis quas tenore praesentium confirmamus et reservamus“ (vorgedruckt der in demselben Jahre auf seinen Befehl veranstalteten Index-Ausgabe).

8 z. B. von Augsburg 1567. P. I. c. 4 (Hartzheim 7, 153); von Konstanz 1567. P. I. tit. 2. c. 1—3 (l. c. p. 461); Olmütz 1591. c. 2 (l. c. 8, 331); Augsburg 1610. P. I. c. 4 (l. c. 9, 28); Osnabrück 1628. P. I. c. 11 (l. c. p. 443).

9 Gleichviel ob grösseren oder geringeren Umfanges; ja die Verurtheilung von verwerflichen bildlichen Darstellungen gehört auch zur Kompetenz der Kongregation. S. die den Ausgaben des Index (vgl. unten) vorgedruckten Decreta de libris prohibitis nec in indice nominatim expressis §. 3. (in dem index Benedicti XIV. Romae 1758. p. XXXIV); Bangen S. 131.

1. Die absolut verbotenen. Ausser den, wenn auch nicht in den Index aufgenommenen, von Päpsten und ökumenischen Koncilien verurtheilten Schriften gehören zu dieser Klasse[1]: a. alle Schriften der Häresiarchen, unter denen besonders Luther, Zwingli, Calvin und Schwenkfeld genannt werden, gleichviel ob sie Ketzereien enthalten oder nicht[2]; b. die die Religion betreffenden Schriften notorischer Häretiker[2]; c. die lascive und obscöne Sachen ex professo behandelnden[3], d. die sich auf Astrologie, Chiromantie, Nekromantie, Wahrsagekunst und ähnliches beziehenden Schriften[4].

2. Nur verboten, bis sie entweder vom Bischof oder vom Lokal-Inquisitor approbirt, resp. expurgirt worden, sind: a. die nicht die Religion betreffenden Schriften (notorischer) Häretiker[5]; b. von solchen Schriftstellern herausgegebene Bücher, welche den Charakter von Sammelwerken haben und in denen nur verhältnissmässig wenig Eigenes derselben sich findet, wie z. B. Lexika, Konkordanzen, Apophthegmata, Parallelstellen-Sammlungen und Indices[6]; c. Bücher, deren Hauptinhalt tadellos ist, in denen sich nur einzelne häretische oder sonst anstössige Stellen finden und solche, welche an und für sich erlaubt sind, zu denen aber verurtheilte Autoren Vorreden, Summarien oder Anmerkungen geschrieben haben[7]; d. endlich nach der Konstitution Benedikts XIV.: Sollicita ac provida[8] solche Werke, in denen von den Verfassern ohne Widerlegung verworfene falsche Lehren angeführt und mitgetheilt werden.

Die Thätigkeit der Kongregation erstreckt sich demnach auf die Postskription der absolut verbotenen Schriften, bei welchen noch ein besonderes Urtheil über diese Eigenschaft derselben erforderlich ist, und die Feststellung der relativ prohibirten Bücher. Letztere werden in den Dekreten durch ein donec corrigatur oder donec expurgetur kenntlich gemacht, um anzudeuten, dass sie nur bis zu der durch die Bischöfe oder Lokal-Inquisitoren vollzogenen Verbesserung verboten sind, und es wird deshalb auch das Dekret bis zum Ablauf des dem Verfasser zur Korrektion zu stellenden Termines nicht publicirt[9].

Die Strafen, welche durch das Zuwiderhandeln gegen die Vorschriften des Index herbeigeführt werden, sind je nach der Art der Uebertretung verschieden. Die Kontravention in Bezug auf die Schriften der Häresiarchen und der Häretiker, sofern erstere eine Ketzerei enthalten oder von der Religion handeln, zieht die nur vom Papst wieder aufzuhebende excommunicatio maior[10], in Bezug auf die nur eine häretische oder eine der Ketzerei verdächtige Lehre aufweisenden Schriften dagegen die nicht reservirte Exkommunikation[11] nach sich, während das Halten und Lesen von Büchern obscönen und schmähenden Charakters arbiträr durch den Bischof bestraft werden soll[12].

[1] Reg. 1.

[2] Reg. 2.

[3] Reg. 7. In Betreff der antiken Klassiker heisst es hier: „Antiqui vero ab ethnicis conscripti propter sermonis elegantiam et proprietatem permittuntur, nulla tamen ratione pueris praelegendi erunt“.

[4] Reg. 9.

[5] Reg. 2. Al. 3. 4.

[6] Reg. 5.

[7] Reg. 8.

[8] §. 21 (Bangen a. a. O. S. 490).

[9] Const. Bened. XIV. cit. §. 9; Bangen S. 131. 140.

[10] S. reg. 10. i. f.; die Reservation ist ausgesprochen in der Bulle Coena domini. §. 1 (M. Bull. 2, 496): . . . „Excommunicamus et anathematizamus . . . (haereticorum) libros haeresim continentes vel de religione tractantes sive auctoritate nostra et sedis apostolicae scienter legentes aut tenentes, imprimentes seu quomodolibet defendentes ex quavis causa publice vel occulte quovis ingenio vel colore“ . . .; §. 23: „Ceterum a praedictis sententiis nullum per alium quam per Romanum pontificem nisi in mortis articulo constitutus, nec etiam tunc, nisi de stando ecclesiae mandatis et satisfaciendo cautione praestita absolvi possit, etiam praetextu quarumvis facultatum et indultorum quibuscumque personis ecclesiasticis, saecularibus . . . concessorum“; s. auch const. Pii IX.: Apostolicae sedis v. 12. Oktober 1869 (Moys Arch. 23, 327).

[11] Reg. 10 i. f., u. Const. Pii IV. cit. §. 3 (M. Bull. 2, 116).

[12] Reg. 10. i. f.: „Qui vero libros alio nomine interdictos legerit aut habuerit, praeter peccati

In den Proskriptionsdekreten nimmt die Kongregation auf diese in den Regeln des Index festgesetzten Strafen stets Bezug[1].

Letztere treten nicht ein, wenn die Kongregation, wozu sie ebenfalls kompetent ist, den Besitz und das Lesen der verbotenen Bücher erlaubt hat. Für die Ertheilung einer solchen Koncession wird aber die Abwesenheit des periculum perversionis und ein löblicher Zweck des Bittstellers (z. B. Studium, Förderung der cura animarum) verlangt[2].

Als Grundlage für die Prüfung nach diesen Gesichtspunkten dient ein vom Bittsteller beizubringendes Zeugniss de vita, moribus et doctrina seitens seines Ordinarius, resp. seines Ordensoberen[3]. Die Erlaubniss ertheilt die Index-Kongregation — mit der in dieser Hinsicht die Congregatio S. Offfcii konkurrirt — gewöhnlich auf drei Jahre und mit gewissen Beschränkungen hinsichtlich der verbotenen Bücher selbst, jedoch kommen auch Licenz-Bewilligungen auf Lebenszeit vor. Da aber der Papst sich für einige Bücher selbst die Koncession vorbehalten hat, so kann er allein eine solche für alle libri quomodocunque prohibiti ad tempus vitae gewähren. Stehend ist bei diesen Licenz-Ertheilungen die Klausel: »Dummodo ad aliorum manus non pervenerint«[4].

Die Dekrete der Kongregation über die einzelnen Schriften liefern das Material für den gleichfalls unter der Leitung der Kongregation zu führenden Index librorum prohibitorum. Nachdem das Proskriptionsdekret vom Papst genehmigt und durch Anschlag an den gewöhnlichen Orten publicirt worden, wird das Buch in das authentische Verzeichniss, den erwähnten Index, vom Sekretär der Kongregation eingetragen. Von Zeit zu Zeit wird der Index auf Befehl und unter Approbation des Papstes dem Drucke übergeben. So haben z. B. Alexander VII. im J. 1664, Innocenz XI. im J. 1681, Benedikt XIV. im J. 1758, Pius VI. im J. 1806 und Gregor XVI. im J. 1841 Ausgaben desselben publiciren lassen[5]. Für die Zwischenzeit von der Veranstaltung einer Ausgabe bis zur Publikation einer neuen hat die apostolische Kammer, welche den Index drucken und ausgeben lässt, Abdrücke der inzwischen ergangenen Dekrete den Exemplaren des Index beifügen zu lassen[6].

Der Index, als ein auf päpstlichen Befehl zusammengestelltes und vom Papst bestätigtes Verzeichniss giebt also Gewähr dafür, dass ein in demselben aufgeführtes Buch für einen liber prohibitus zu halten ist, umgekehrt folgt aber keineswegs aus der Nichtaufnahme eines Werkes in den Index, dass dasselbe erlaubt wäre, vielmehr richtet sich das nach den oben gedachten allgemeinen Regeln, weshalb auch dem Index die Proskription gewisser Klassen von Schriften vorgedruckt wird[7].

mortalis reatum quo afficitur, iudicio episcoporum severe puniatur".

1 S. die Dekrete bei Bangen S. 492 ff. und in den Acta ex iis decerpta 4, 615.

2 Bangen S. 134. 135.

3 Bangen S. 134.

4 Bangen S. 135, namentlich n. 2.

5 Die Indices seit Benedikt XIV. enthalten zunächst dessen Konstitution: Quae ad catholicos vom 27. Dezember 1757; die Vorrede des Sekretärs der Kongregation, die 10 Trienter Regeln, die Observationen Clemens' VIII. zu Regel 4 und 9; die Alexanders VII. zu Regel 10; die Instruktion Clemens' VIII.; die Konstitution Benedikts XIV.: Sollicita, die decreta de libris prohibitis nec in indice nominatim expressis, darauf folgt das Verzeichniss der libri prohibiti in alphabetischer Reihenfolge unter Adnotirung des Datums des Proskriptionsdekretes zu jedem einzelnen Buch.

6 A. a. O. S. 142. Die Königl. Bibliothek in Berlin besitzt ein mit diesen Abdrücken (bis zum J. 1846 gehend) vermehrtes Exemplar des auf Befehl Gregors XVI. herausgegebenen Index.

7 Es sind die Note 9. S. 453 erwähnten decreta de libris prohibitis nec in indice nominatim expressis. S. auch Bangen S. 142. 143.

§. 55. *cc. Die Sacra Congregatio Cardinalium Concilii Tridentini interpretum und die mit ihr verbundenen Congregationes particulares: a. super Statu ecclesiarum, b. super Revisione Synodorum und c. super Residentia Episcoporum*.*

Das Koncil von Trient hatte die Hoffnung ausgesprochen, dass, wenn sich bei der Ausführung seiner Beschlüsse Schwierigkeiten ergeben oder sich das Bedürfniss einer Erklärung oder näheren Festsetzung seiner Vorschriften herausstellen sollte, der Papst in solchen Fällen auf den ihm geeignet scheinenden Wege Abhülfe treffen würde [1]. Im Jahre 1564 setzte Pius IV. durch die Bulle: Alias nonnullas vom 2. August [2] eine Kongregation von acht Kardinälen mit dem Auftrage ein, die Ausführung und Befolgung der Reformdekrete des erwähnten Koncils bei allen Behörden der Kurie zu überwachen und die Verletzung derselben durch die Exkommunikation, Privation der Offizien und andere Strafen zu ahnden [3]. Dagegen war dieser Behörde zunächst ausdrücklich die Befugniss entzogen, in zweifelhaften Fällen irgend eine massgebende Entscheidung zu treffen, vielmehr sollte sie in solchen die Anordnungen des Papstes einholen [4].

Unter dem Nachfolger Pius' IV., dem Papst Pius V. (1566—1572) erhielt aber die Kongregation grössere Befugnisse. Die betreffende Konstitution ist schon zur Zeit des bekannten Kanonisten Prosper Fagnanus nicht mehr vorhanden gewesen. Nach seinem Bericht hat Pius V. mit Rücksicht darauf, dass die Natur mancher an die Kongregation gerichteter Anfragen zweifelhaft erschien, ihr die weitere Vollmacht

* Fagnan. comm. ad c. 13. X. de constit. I. 2; Schmalzgrueber, ius ecclesiast. univers. diss. prooem. §. 9. n. 361 ff.; de Luca, relatio Curiae Romanae disc. 15; Lunadoro-Zaccaria, relazione P. II. c. 10 (l. c. p. 44); Bangen S. 146; Mejer Ztschrift. Hft. 2. S. 218 ff.; Analecta iuris pontificii 1855. p. 2251; Moroni, dizionario 16, 170 ff.; Phillips 6, 625; Simor in Moys Archiv 15, 136 ff. — Die Entscheidungen der Kongregation sind vom Jahre 1718 ab gesammelt in dem Thesaurus Resolutionum Sacrae Congregationis Concilii. Urbev. 1739, vom 6 Band Rom seit 1741, zum Theil in zweiter Ausgabe Rom 1843 ff. Alphabetischer Auszug daraus: Collectio Declarationum Sacr. Congregationis Cardinalium Sacri Concilium interpretum op. et studio Joh. Fortunati de Comitibus Zambonii, Tom. 1—3. Viennae 1812 ff.; Tom. 4. 5. Mutinae 1815 ff.; Tom. 6. Budae 1814. Tom. 7. 8. Romae 1816; Collectio omnium conclusionum et resolutionum quae in causis propositis apud S. Congregationem Card. S. Conc. Trid. interpr. ab eius institutione a. 1564 ad ann. 1860 . . . distinctis titulis alphab. ord. digesta cura Salvatoris Pallottini. Roma 1867. 1. Hft.; Mühlbauer, Wolfgg., Thesaurus resolutionum S. C. Concilii quae consentanee ad Tridentinorum patrum decreta . . . prodierunt usque ad a. 1867 . . . Primum ad commodiorem usum ordine alphabatico concinnatus. Monachi. 1868 ff. Tom. I. fasc. 1—6. — Ausgewählte Entscheidungen bei A. D. Card. Gumberini, resolutiones selectae S. Congregationis Concilii quae consentaneae ad Trid. PP. decreta aliasque iuris canonici sanctiones prodierunt in causis propositis per summaria precum ann. 1823—25. Urbev. 1842; Richter assumpto socio Frid. Schulte, Canones et decreta Concilii Tridentini ex edit. Romana a. 1564 repetiti, accedunt S. Congr. Card. Conc. Trid. Interpretum Declarationes et Resolutiones. Lipsiae 1853. Die neueren Entscheidungen werden mitgetheilt in den Analecta iuris pontificii und den Acta ex eis decerpta quae apud sanctam sedem geruntur, danach auch einzelne in Moys Archiv für kathol. Kirchenrecht.

1 Sess. XXV. de ref. de recipiendis et observandis decretis concilii.

2 M. Bull. 2, 119.

3 Const. cit. §. 1.

4 Const. cit. §. 1 . . . „nisi tam in executione dictorum decretorum concilii quam dictarum litterarum nostrarum aliqua dubietas aut difficultas emerserit quo casu ad nos referant“. Hatte doch schon Pius IV. in der Bestätigungsbulle des Koncils von Trient: Benedictus deus vom 26. Januar 1564. §. 6 (M. Bullar. 2, 111; Ausgabe des Tridentinum von Richter und Schulte S. 480) verordnet: „Si cui vero in eis aliquid obscurius dictum et statutum fuisse eamque ob causam interpretatione aut decisione aliqua egere visum fuerit, ascendat ad locum quem dominus elegit, ad sedem videlicet apostolicam, omnium fidelium magistram, cuius auctoritatem etiam ipsa sancta synodus tam reverenter agnovit. Nos enim difficultates et controversias si quae ex eis decretis ortae fuerint nobis declarandas, quemadmodum ipsa quoque sancta synodus decrevit, reservamus, parati, sicut ea de nobis merito confisa est, omnium provinciarum necessitatibus, ea ratione quae commodior nobis visa fuerit, providere“.

ertheilt, alle Fälle, welche sie selbst für klar, de iure certi, halte, selbstständig zu erledigen, so dass sie also nur in den von ihr als de iure dubii erachteten noch an den Papst berichten sollte [1]. Wie Fagnanus ferner erzählt, hat Pius V. ihre Kompetenz zur Entscheidung von Rechtsfragen und Streitfällen noch erweitert, ohne dass er genaueres darüber angiebt [2]. Erst von diesem Zeitpunkt ab konnte die Kongregation als congregatio Cardinalium Concilii Tridentini Interpretum bezeichnet werden, und mit dieser Erweiterung ihrer Stellung erlangte sie insofern eine hervorragende Bedeutung, als nicht nur das neuere kirchliche Recht wesentlich auf dem Tridentinum beruhte, sondern letzteres auch vielfach die älteren Kanones und Dekretalen in sich aufgenommen hatte und somit einer diese Rechtsquellen interpretirenden Behörde die Aufgabe zufiel, auf den wichtigsten Gebieten des kirchlichen Rechtes die Einheit der Praxis aufrecht zu erhalten.

In Folge der dadurch vermehrten Geschäftslast hat Gregor XIII. eine eigene Congregatio particularis von drei Kardinälen aus der Kongregation mit der Befugniss ausgesondert, die in der letzteren schon entschiedenen Fälle zu erledigen [3].

Endlich normirte Sixtus V. in seiner bekannten Bulle: Immensa aeterni von 1587 unter fernerer Erweiterung ihre Kompetenz dahin, dass sie abgesehen von den dem Papst zur Erklärung vorbehaltenen, dogmatischen Beschlüsse des Trienter Koncils alle Reformbestimmungen des letzteren zu interpretiren befugt sein sollte, gleichgültig, ob es sich dabei um einen konkreten Fall oder nicht, handelte [4]. Eine Veränderung der früheren Stellung der Kongregation trat auch insofern ein, als sie nun nicht mehr in den ihr zweifelhaften Angelegenheiten den Bescheid des Papstes einzuholen brauchte, vielmehr selbst die Entscheidung zu fällen und diese nur der Sanktion des letzteren zu unterbreiten hatte [5].

Was die Zusammensetzung der Kongregation betrifft, so zeichnet sich die letztere vor den übrigen dadurch aus, dass die Zahl der für sie ernannten Kardinäle erheblich stärker ist, als bei den übrigen — das annuario pontificio von 1865 [6] weist

1 Fagnan. l. c. n. 7.

2 L. c. bemerkt er nur: „ut in libris eiusdem congregationis adnotatum reperitur manu Cardinalis Carafae“.

3 Fagnan. l. c. n. 7. i. f.

4 Congregatio VIII. §. 1 (M. Bull. 2, 670): „Eorum quidem decretorum quae ad fidei dogmata pertinent, interpretationem nobis ipsis reservamus, cardinalibus vero praefectis interpretationi et executioni Concilii Tridentini, si quando in his quae de morum reformatione, disciplina ac moderatione et ecclesiasticis iudiciis aliisque huiusmodi statuta sunt, dubietas aut difficultas emerserit, interpretandi facultatem nobis tamen consultis impartimur. Et quoniam eodem concilio Tridentino decretum est, synodos provinciales tertio quoque anno, dioecesanas singulis annis celebrari debere, id in executionis usum ab iis quorum interest, induci eadem Congregatio providebit. Provincialium vero ubivis terrarum illae celebrentur, decreta ad se mitti praecipiet, eaque singula expendet et recognoscet. Patriarcharum praeterea, primatum, archiepiscoporum et episcoporum (quibus beatorum apostolorum limina certo constituto tempore visitare alia nostra sanctione iussum est) postulata audiat et quae Congregatio ipsa per se poterit, ex charitatis et iustitiae norma expediat, maiora ad nos referat qui fratribus nostris episcopis, quantum cum domino licet, gratificari cupimus. Item ab iisdem praesulibus ecclesiarum exposcat quae in ecclesiis eorum curae ac fidei commissis, cleri populique morum disciplina sit, quae Concilii Tridentini decretorum cum in omnibus tum praesertim in residentiae munere executio quae item piae consuetudines et qui omnium denique in via Domini sint progressus ipsisque det literas ex formula praescripta in testimonium obitae per eos visitationis liminum Sanctorum eorumdem Apostolorum. Habeat itidem Congregatio auctoritatem promovendi reformationem cleri et populi, nedum in Urbe et Statu ecclesiastico temporali, sed etiam in universo christiano orbe, in iis quae pertinent ad divinum cultum propagandum, devotionem excitandam et mores Christiani populi ad praescriptum eiusdem Concilii componendos atque ad rationes difficillimis his perturbatisque temporibus necessarias confirmandos quo uberius divinae misericordiae vim in nobis sentiamus iustamque iram atque animadversionem effugiamus“.

5 Das bedeuten die Worte: nobis tamen consultis in der in der vorigen Note angeführten Stelle.

6 p. 301.

40 Mitglieder auf. Dem vom Papst ernannten Präfekten der Kongregation steht ein Sekretär und letzterem wieder ein Unter-Sekretär zur Seite. Der Sekretär selbst ist ein Prälat und pflegt für die Regel ein Erzbischof in partibus infidelium zu sein. Der hohe Rang desselben erklärt sich daraus, dass dieser die richterliche Leitung des Vorverfahrens hat, die von dem Präfekten und ihm zugleich zu unterschreibenden Dekrete verfasst, in den Sitzungen den Thatbestand referirt und sein Gutachten abgiebt, ferner die auf seine Veranlassung zu registrirenden Entscheidungen gleichfalls neben dem Präfekten mit seiner Unterschrift versieht, und endlich in der ein für alle Mal festgesetzten wöchentlichen Audienz dem Papste Namens der Kongregation die erforderlichen Berichte abstattet [1]. Bei diesen Funktionen leistet der Untersekretär und ein in beiden Rechten graduirter Auditor dem Sekretär Hülfe [2]. Als Konsultoren werden die berühmtesten Kanonisten und Theologen Roms zu dieser Kongregation zugezogen. Ihr Offizialen-Personal besteht aus einem Archivar, zwei Minutanti (Koncipienten) und einem Protokollisten [3].

In Verbindung mit der Kongregation steht das s. g. studio, d. h. eine Einrichtung zur Ausbildung junger Geistlichen aller Nationen, damit diese sich eine sichere praktische Kunde des kanonischen Rechtes und des Kurialstiles erwerben können. Die betreffenden Theilnehmer, welche auf Grund der Empfehlung ihres Ordinarius und sonstiger guter Zeugnisse durch Reskript des Kardinalpräfekten zugelassen werden und das Doktorat beider Rechte besitzen müssen, werden unter oberster Leitung des Sekretärs und unter der Aufsicht des Auditors mit Bearbeitung der zur Entscheidung der Kongregation stehenden Sachen nach dem Aktenschluss beschäftigt [4].

Die Kompetenz der Kongregation besteht nach Obigem im Allgemeinen darin, für die ganze Kirche die Beobachtung und Ausführung der Reformdekrete des Trienter Koncils zu überwachen, ferner aber alle Zweifel über die Ausführung und den Sinn der gedachten Bestimmungen, sowie kontentiöse Sachen nach dem im Tridentinum, sei es ausdrücklich, sei es nur implicite enthaltenen Recht zu entscheiden. Die Kongregation besitzt also eine richterliche Gewalt, insofern ihr die letztgedachte Funktion zukommt; eine administrative, insofern sie behufs der Durchführung der Trienter Dekrete leitende Normen für die übrigen kirchlichen Behörden (z. B. für die Visitation der Diöcesen, für das Verfahren in Ehesachen) vorschreiben kann, und endlich eine gesetzgeberische, insofern sie zur Interpretation der Reform- (freilich nicht der Glaubens-) Dekrete des Koncils befugt ist [5]. Bei dem Erlass von Erklärungen der letzteren Art (der s. g. declarationes) konsultirt die Kongregation stets den Papst, sie lässt also ihre Entscheidung immer von demselben sanktioniren [6], während sie bei der Ausübung ihrer beiden anderen Gewalten nur dann nach Einholung der Sanktion des Papstes (facto verbo cum SS^{mo}) verfährt, wenn ihr die Massregel zweifelhaft oder das anzuwendende Recht nicht als ius certum oder wegen der obwaltenden Umstände die Sache besonders wichtig erscheint [7].

In der beschränkten gesetzgeberischen Befugniss der Kongregation liegt an und für sich keine Dispensationsgewalt. Sie besitzt dieselbe daher nur insoweit sie

[1] Bangen S. 162. 163; Phillips 6, 633. Ausserdem sind ihm für eine Reihe von Fällen Vollmachten zur Erledigung derselben, welche zu Anfang jedes Pontifikats erneuert zu werden pflegen, ertheilt. S. diese Fakultäten bei Bangen S. 494 ff.

[2] Bangen, Phillips a. a. O.

[3] Annuario pontificio p. 301.

[4] S. das Reglement Pius' IX. vom 1. Januar 1847 bei Bangen S. 499 und ebendaselbst S. 163, auch Phillips 6, 633.

[5] Bangen S. 151. 152.

[6] Bangen S. 152.

[7] A. a. O. S. 152. 153. 159.

letztere ausdrücklich vom Papst übertragen erhalten hat. Abgesehen aber von diesem Falle, wo sie durchaus selbstständig handelt[1], kann sie bei der Ertheilung von päpstlichen Dispensationen als berathende Behörde konkurriren, nämlich 1. wenn ihr ein direkt an den Papst oder an eine andere Kurialbehörde (z. B. die Dataria) gelangtes Gesuch zur Begutachtung übermittelt wird[2]; 2. wenn sich bei der Erörterung einer Sache das Resultat ergiebt, dass zwar nicht auf dem Wege des Rechts, wohl aber auf dem der Dispensation irgend ein Anspruch aufrecht zu erhalten oder zuzusprechen ist[3], und endlich 3. wenn eine Partei principaliter rechtliche Entscheidung, eventuell aber Dispensation (was z. B. häufig in Ehenullitätsprocessen vorkommt) beantragt hat[4].

Eine erschöpfende Aufzählung der einzelnen Fälle, welche nach den eben angegebenen allgemeinen Grundsätzen zum Ressort der Kongregation gehören, ist bei der weiten Ausdehnung desselben unmöglich. Zur Veranschaulichung können aber nachfolgende Bemerkungen dienen[5]:

1. Vor die Kongregation gelangen die de iure nach dem Tridentinum zu entscheidenden Streitigkeiten über die Rechte und Pflichten des Bischofs, die Jurisdiktionsstreitigkeiten zwischen Bischof und Kapitel (z. B. über Mitwirkung des letzteren bei der Gesetzgebung und Verwaltung, über Unterwerfung des Kapitels unter den Bischof oder Exemtion von der bischöflichen Gewalt), Streitigkeiten über die inneren Rechte und Pflichten des Kapitels und seiner Mitglieder (also die die Vermögensverwaltung, den Chorbesuch, die Distributionen, die die statutarische Festsetzung dieser Verhältnisse betreffenden Fragen); ferner die Entscheidung von Streitigkeiten über die Residenzpflicht der Benefiziaten und über Appellationen gegen das von den unteren Instanzen in solchen Fällen beobachtete Verfahren und die von letzteren wegen Verletzung der Residenzpflicht verhängten Strafen. Ferner entscheidet die Kongregation in Benefizialsachen (also in Streitigkeiten über die Natur, Errichtung, Kollation, Union, Verlust der Benefizien und über die Existenz, den Besitz, die Ausübung und den Verlust von Patronatrechten), in Sponsalien- und Ehesachen, über Streitigkeiten, welche den Pfarrkonkurs, die Handhabung der im Koncil angedrohten Censuren betreffen, in Irregularitätsfällen und über die rechtlichen Folgen der kanonisch-rechtlichen Delikte (Simonie u. s. w.).

Endlich gehören auch die die Regularen betreffenden Rechtsfragen vor die Kongregation, sofern es sich um die Gültigkeit oder Ungültigkeit der Gelübde, Streitigkeiten über Güter und Privilegien mit Säkularen und Jurisdiktion der religiösen Institute (z. B. Pfarrverhältnisse) handelt, während für die rein inneren Ordensangelegenheiten (ökonomische Verhältnisse, Zweifel über die Ordensregeln, Streitigkeiten zwischen den Ordensoberen und ihren Untergebenen hinsichtlich der durch die Ordenskonstitutionen begründeten Jurisdiktion) die Congregatio super Negotiis Episcoporum et Regularium (s. §. 56) kompetent ist.

[1] Die zur Entscheidung der Kongregation zu stellende Frage wird hier dahin formulirt: „An dispensatio super etc. concedenda sit in casu?“ Bangen S. 154.

[2] Hier lautet die Frage: „An consulendum sit SS^{mo} pro dispensatione super etc. in casu“. Bangen S. 154.

[3] Die Frage ist hier: „An danda sit institutio etc. in casu?“ und die Antwort: „Consulendum SS^{mo} pro dispensatione“. Bangen a. a. O.

[4] In solchen Fällen ist folgende Formel gebräuchlich: „1. An danda sit institutio in casu? Et quatenus negative (d. h. de iure, also wenn die Frage nach den rechtlichen Namen verneint werden muss): 2. An consulendum SS^{mo} pro dispensatione in casu?“ Bangen a. a. O.

[5] Ueber das Folgende s. Bangen S. 156 ff.

Was die Einholung der Sanktion des Papstes, also eine Entscheidung facta verbo cum SS^{mo} in den aufgezählten Angelegenheiten, betrifft, so würde diese nach dem oben erwähnten Princip z. B. erfolgen [1], wenn es sich bei den Jurisdiktionsstreitigkeiten um das Wohl grosser Theile einer bischöflichen oder gar mehrerer Diöcesen handelt, in Residenz-Angelegenheiten, sofern die Vorschriften des Koncils durch spätere Konstitutionen [2] abgeändert sind, bei Rechtsfragen, deren Entscheidung von einem seinem Sinne nach zweifelhaften päpstlichen Reskript oder einer in ihrer Tragweite durch Doktrin und Praxis nicht genügend festgestellten Konstitution abhängt.

2. Besitzt die Congregatio Concilii eine Kompetenz in Angelegenheiten, welche ihr ohne Rücksicht, ob das Tridentinum in Frage kommt, übertragen sind. Dahin gehört nach der Bulle: Immensa aeterni [3] die Ueberwachung der Einführung und Abhaltung der Diöcesan- und Provinzialsynoden, die Revision und Approbation der Akten der Provinzial-Koncilien, die Prüfung der Relationen super statu ecclesiarum [4], und nach einem konstanten Usus die Entscheidung aller rein geistlichen, die Synodal-, Provinzial- und Lokal-Statuten betreffenden Rechtsfragen, sowie solcher, welche sich auf die Gültigkeit, resp. Ungültigkeit der Sponsalien, der Ehe des Ordensgelübdes, der Weihen, des Eides und sonst vor das geistliche Forum gehörender Kontrakte beziehen [5].

3. Die wichtigsten Fälle, für welche der Kongregation eine Dispensationsgewalt übertragen ist, sind: a. die Befugniss, von der Residenzpflicht ex iusta causa mit oder ohne Gestattung der Perception der Früchte des Benefiziums zu entbinden [6], b. die Zahl der gestifteten Messen zu reduciren, und von den Bestimmungen über die Annahme neuer derartiger Messstipendien zu dispensiren [7], c. Veränderungen des Zweckes (commutationes) letztwilliger Verfügungen de stilo (d. h. in minder wichtigen Fällen, für welche sich bereits eine feststehende Praxis gebildet hat) vorzunehmen und d. in minder wichtigen Alienationsfällen zu dispensiren.

4. Eine kumulative Kompetenz mit andern Kurial-Behörden endlich kommt der Congregatio concilii da zu, wo es sich um Fragen handelt, für welche die entscheidenden Normen nur implicite oder generell im Tridentinum enthalten sind. Für die Kompetenz im Einzelfall entscheidet die Prävention, indessen sendet auch die zuerst befasste Behörde, wenn es angemessener erscheint, die Sache der anderen, gleichfalls kompetenten zur Erledigung zu. Jede Kongregation sistirt aber dann, wenn bei der Behandlung der vor ihr Ressort gehörigen Angelegenheiten eine sich explicite auf das Trienter Koncil beziehende Frage hervortritt, ihr Verfahren und lässt die letztere zunächst durch die Congregatio concilii erledigen [8].

[1] Bangen S. 158. 159.

[2] Es kommt hier namentlich die Konst. Urbans VIII.: Sancta Synodus Tridentina vom 12. Dezember 1634. §. 7 (M. Bull. 5, 270) in Frage.

[3] S. die oben S. 457. n. 4. mitgetheilte Stelle.

[4] Wegen dieser beiden letzten Punkte s. noch am Schluss dieses §.

[5] Bangen S. 160.

[6] Card. de Luca l. c. disc. XV. n. 7; Fagnan. in c. fin. de cler. non resident. III. 4. n. 25; Bangen a. a. O.

[7] Zum besseren Verständniss möge hier noch Folgendes bemerkt sein. Das Koncil von Trient Sess. XXV. c. 4. de ref. hat den Bischöfen die Vollmacht zu einer einmaligen Reducirung der übermässigen, nicht mehr erfüllbaren Messstiftungen, welche vor dem Tridentinum bestanden, gegeben. Im übrigen steht diese Befugniss dem päpstlichen Stuhle zu. Fagnan. ad c. 12. X. de const. I. 2. n. 25 ff.; Const. Urban. VIII.: Cum saepe vom 21. Juni 1625 und Innocent. XII.: Nuper a vom 21. November 1697 bei Giraldi, expos. iur. pont. P. II. s. 67. p. 895 ff. Ueber die Annahme neuer Messstipendien hat die Congregatio Concilii von Urban VIII. durch die erwähnte Bulle bestätigte Normen erlassen, von denen sie eben kraft der ihr verliehenen Gewalt dispensiren kann.

[8] S. Fagnan. ad c. 13. X. de constit. I. 2. n. 37. 38; Bangen S. 155. — In den Konciliarsachen wahrt die Congregatio ihre privative

Der Geschäftsgang und der Geschäftsstil dieser Kongregation[1] kann als Muster für das Verfahren aller andern dienen und da seine Kenntniss für das Verständniss der Entscheidungen der ersteren von Wichtigkeit ist, so soll hier näher darauf eingegangen werden.

Die Kongregation verfährt entweder auf dem ordentlichen Wege (iuxta ordinem iuris) oder in summarischer Procedur (per summaria precum).

Was zunächst das erstere Verfahren, welches für die bei Weitem die Mehrzahl bildenden, processualischen Fälle in Frage kommt, betrifft, so gelangt die bei der Kongregation eingegangene Sache zunächst in das Sekretariat, wo sie registrirt wird. Dann befindet der Präfekt unter Beihülfe des Sekretärs darüber, ob die Kongregation kompetent und die Eingabe den nöthigen Formalitäten entspricht. In letzterer Hinsicht wird verlangt, dass dieselbe die wesentlichen Erfordernisse einer Klage, resp. Appellations-Schrift aufweist. Bei Anfragen in abstracto genügt eine Supplik mit Angabe des Namens der anfragenden Person, des Wohnortes derselben (nach der Diöcese, resp. Pfarrei), und des zweifelhaften Falles, in welcher passender Weise gleich die von der Kongregation zu entscheidende Frage (das s. g. dubium) formulirt wird[2]. In prozessualischen Angelegenheiten wäre demnächst zu dem gewöhnlichen Verfahren, also Citation der Parteien, Verhör und Annahme der Beweise u. s. w., in Appellationssachen zur Einforderung der Akten, Annahme der Deduktionen der Parteien u. s. w. zu schreiten. Nach dem allgemein geltenden Grundsatz aber, dass die Kongregation »acta non conficit, sed omnia quae facti sunt, ad iudices ordinarios reiicit« wird die Instruktion der Sache vom Präfekten dem ordentlichen Richter der Parteien (also gewöhnlich dem Bischof, aber auch dem Kapitular-Vikar u. s. w.) übertragen[3]. Nach der Erledigung der Sache seitens des Ordinarius — nur die rechtlichen Schluss-Deduktionen können die Parteien, wenn sie wollen, durch Advokaten der Kurie direkt bei der Kurie eingeben lassen — hat derselbe die Akten mit einem Begleitschreiben an den Präfekten einzusenden. Letzteres enthält eine kurze Aufzählung der vorgenommenen Verhandlungen und eingereichten Schriftstücke, eine Information oder eine Darstellung des Sachverhaltes in der Weise, dass zugleich das punctum quaestionis oder das dubium herausgehoben wird und endlich das votum des Ordinarius, also dessen Antwort auf das eruirte Dubium, dessen sich derselbe freilich enthalten kann[4].

Nach Ablauf des den Parteien zu den Rechtsdeduktionen etwa noch freistehenden Termines, resp. nach Eingang der vollständigen Akten, bei blossen genügend substantiirten Eingaben schon sofort nach Eingang[5], ergeht ein Dekret: »Ponatur in folio«,

Kompetenz dadurch, dass sie an andere Behörden, welche solche zu verhandeln beginnen, Inhibitorialien erlässt. Fagnan. l. c. n. 36.

[1] Darüber sind zu vergleichen die Reglements von Innocenz XII. vom 17. September 1695, in französischer Uebersetzung in den Analecta iur. pontific. von 1855. p. 2396, von Clemens VIII. vom 6. September 1731, in deutscher Uebertragung bei Bangen S. 500, und von Pius IX. vom 27. September 1847, deutsch a. a. O. S. 502, französisch Anal. l. c. p. 2398.

[2] Bangen S. 166, der S. 506 und 507 auch Beispiele solcher Eingaben mittheilt.

[3] Das Dekret des Präfekten lautet: „Ad Episcopum (Ordinarium) pro informatione et voto et auditis partibus documenta et cetera quae ad rem faciunt, transmittat". Bangen S. 167. Dieses wird aber noch besonders auf dem Duplikat der eingesandten Eingabe in Briefform (als literae familiares) mit Unterschrift des Präfekten und Sekretärs expedirt. Bangen a. a. O. S. 509.

[4] Beispiel bei Bangen S. 510. Die Sache kann sich dadurch vereinfachen, dass das Faktum schon in der früheren Instanz vollkommen erörtert ist, dann haben die Parteien nur noch ihre Rechtsausführungen zu machen und es lautet daher in solchen Fällen das Dekret: Ad Episcopum pro informatione et partibus terminum praefigat ad deducenda iura sua in Congregatione. Bangen S. 168.

[5] Bangen S. 166.

d. h. es beginnt nun die dem Sekretär obliegende Vorbereitung der Sache für die Sitzung. Zunächst gelangt dieselbe an das Studio der Kongregation (s. S. 458), deren Geistliche hierbei durchgehends in Vertretung des Sekretärs handeln, zur Bearbeitung, d. h. sie wird vom Auditor einem der dort beschäftigten Geistlichen zum Referate zugetheilt. Dieses letztere, im Kurialstil il ristretto (restrictus facti et iuris) genannt, muss eine gedrängte Darstellung der Sachlage, also eine kurze species facti (restrictus facti) und ferner die rechtliche Erwägung des Falles (restrictus iuris) enthalten. Angeschlossen werden dann die dubia, welche aber schon aus der Darstellung des Thatbestandes erhellen müssen. Diese Referate, welche gedruckt und deshalb vorher erst durch den Auditor, dann durch den Sekretär revidirt werden, heissen folia[1]. Acht Tage vor der Sitzung, für welche gewöhnlich sieben Fälle in folio gesetzt werden, erhalten die Kardinäle die betreffenden gedruckten Referate nebst den etwa auf Kosten der Parteien gedruckten Beweisstücken und Rechtsdeduktionen zugestellt, drei Tage vorher erfolgt aber erst die Diskussion der Sachen im Studio unter Vorsitz des Sekretärs und in Gegenwart des Untersekretärs und Auditors auf mündlichen Vortrag einzelner dem Studio angehöriger Geistlicher. Abgesehen davon, dass diese Diskussion den Zweck der Ausbildung der letzteren verfolgt, dient sie auch zugleich zur Information des Sekretärs. In der Sitzung der Kardinäle selbst hat dieser nämlich zu referiren und die Entscheidungen (decisiones oder resolutiones) auf die einzelnen, ausgeworfenen Dubia vorzuschlagen[2].

Selbstverständlich braucht die Kongregation seinem Votum nicht beizutreten. Sie kann auch statt der definitiven Entscheidung aufschiebende Antworten auf die dubia geben. Die gebräuchlichsten[3] der letzteren Art sind folgende: Non proposita[4], d. h. Vertagung der Sache auf die nächste Sitzung wegen nicht ausreichender Zeit zur Erledigung derselben; Iterum proponatur, d. h. die Sache, welche ohne Erzielung eines Resultates diskutirt worden, soll in der nächsten Sitzung nochmals erörtert werden; Dilata, die Sache wird vertagt, weil z. B. die Parteien kurz vor der Sitzung darauf angetragen haben, oder weil noch wesentliche Förmlichkeiten erfüllt werden müssen[5]. Die definitiven Entscheidungen können einfach bejahend: affirmative oder einfach verneinend: negative, in milderer Form: Non expedire lauten. Der Zusatz zu der Verneinung: Et amplius bedeutet eine Verstärkung und schliesst das der Partei gewöhnlich zustehende beneficium novae audientiae (d. h. das Recht, eine Revision oder Reassumtion der Sache zu verlangen) aus, so dass eine solche nur kraft Gnadenbewilligung des Präfekten erfolgen kann[6]. Unter den

[1] Bangen S. 169. 170. Daher das Dekret: Ponatur in folio, das in der Dekretur-Sprache der staatlichen Gerichte soviel wie: „Zur Relation“ bedeutet. Gewissermassen als Rubrum trägt das Folium in der Ueberschrift die abgekürzte Bezeichnung der Diöcese, welcher die Sache angehört, die Angabe des Streitgegenstandes und der Sitzung, in der die Sache zum Vortrag kommt, also z. B. Arimin. (d. h. causa Ariminensis) Nullitatis Matrimonii die 15 Augusti 1852. Ein Beispiel bei Bangen S. 512.

[2] Bangen S. 172. 173.

[3] A. a. O. S. 174.

[4] Hinzudenken ist hier stets: causa.

[5] Die Bestimmung der Zeit der Wiederaufnahme kann so erfolgen, dass eine neue Sitzung festgesetzt wird (z. B. dilata ad primam omnino et infallenter (also bis zur nächsten Sitzung) oder ad primam post Reges (d. h. bis zur ersten Sitzung nach dem Dreikönigstag, den Weihnachtsferien) oder bis nach Erledigung der noch fehlenden Punkte z. B. dilata et coadiuventur probationes exhibito documento N. etc.

[6] Reglement von 1847. §. 22: „Trägt die Entscheidung der Kongregation die Klausel: „Et amplius“, so muss das Gesuch um eine neue Audienz an den Kardinal-Präfekten, Eminenz, gerichtet werden. Glaubt dieser, dasselbe allein nicht gewähren zu dürfen, so kann er das Gesuch mit dem Dekret: „per memoriale citata parte“ an die Sitzung verweisen. In beiden Fällen kann aber, wofern ein günstiges Reskript erfolgt, die Sache vor dem Ablauf von drei Monaten nicht wieder vor die Sitzung gebracht werden. Es wird

Restriktionen, welche der Bejahung oder Verneinung beigefügt werden können, ist der Zusatz: »Ad mentem« nicht gerade selten. Er bedeutet eine nähere Modifikation der Entscheidung, welche nicht streng zur rechtlichen Lösung gehört, aber aus der korrektorischen Gewalt der Kongregation hervorgeht. Wenngleich daher die s. g. mens (Instruktion, wie man füglich sagen könnte) in der Form: Mens autem est ut etc. häufig mit der Entscheidung publicirt wird, so kommt es doch auch vielfach vor, dass man sie nicht den Parteien, sondern nur dem Ordinarius zur Ausführung mittheilt[1].

Die in den Sitzungen gefällten Decisionen werden demnächst im Studio registrirt und endlich in der Weise expedirt, dass unter den zu kopirenden restrictus die dubia und die Entscheidungen in der Form: »S. Congregatio ad I. Affirmative etc.« geschrieben, und dann das Aktenstück mit dem Siegel der Kongregation und der Unterschrift des Präfekten, sowie des Sekretärs, versehen wird[2].

Das abgekürzte Verfahren — per summaria precum —, über dessen Zulassung der Präfekt mit Beihülfe des Sekretärs entscheidet, findet statt[3] in den Fällen, welche de stilo, d. h. durch öftere Entscheidung, normirt sind, ferner in solchen, welche geringere Wichtigkeit haben, dann bei obwaltendem periculum in mora, sowie endlich in den Sachen, in welchen ein summarisches Verfahren nach allgemeinen Regeln stattfinden kann. In demselben wird kein Referat, resp. Folium, vielmehr blos im Namen des Sekretärs eine gedrängte Darstellung des Sachverhaltes und ein kurzes auf frühere Entscheidungen gestütztes Gutachten ausgearbeitet[4]. Gewöhnlich werden diese Fälle durch die oben (s. S. 457) erwähnte s. g. Congregatio particularis erledigt[5].

Mit der eben besprochenen Congregatio Concilii steht in Verbindung:

I. Die Congregatio particularis super statu ecclesiarum[6] (oder visitationis liminum, auch il Concilietto genannt).

Die Bischöfe haben die Pflicht, in regelmässigen Zeiträumen die limina apostolorum zu besuchen, d. h. dem Oberhaupt der Kirche persönlich ihre Unterwürfigkeit zu bezeugen und zugleich auf Grund einer s. g. schriftlichen relatio de statu Bericht über den Zustand ihrer Diöcesen zu erstatten. Die Prüfung, Beurtheilung und Erledigung dieser Relationen hat Sixtus V., wie vorhin (S. 457) bemerkt, der Congregatio concilii überwiesen. Nachdem Benedikt XIV. in der Konstitution: Quod sancta vom 23. November 1740[7] die gedachte Verpflichtung der Bischöfe näher normirt und die auf Veranlassung des römischen Koncils von 1725 und Benedikts XIII. seitens der Kongregation ausgearbeitete Instruktion über die Anfertigung derartiger Berichte genehmigt hatte[8], setzte er mittelst der Konstitution: Decet vom 23. November 1740[9] die vorhin erwähnte Kongregation ein. Sie besteht aus dem Präfekten der General-Kongregation, welcher auch hier die Präfektur führt, dem Sekretär derselben, einem s. g. Secretarius litterarum latinarum[10] und einer Anzahl Prälaten. Die von den

dabei derselbe Gang, wie bei der ersten Proposition beobachtet. Wofern die um neue Audienz eingekommene Partei unterliegt, ist sie zum Ersatz der Kosten dieses ausserordentlichen Versuches verpflichtet". Vgl. auch Anal. iur. pont. l. c. p. 2393. 99. Bei der nochmaligen Vorlage der Sache lautet die Frage: „An sit standum vel recedendum a decisis?"

1 Bangen S. 175. 176. Ein Beispiel s. Acta ex eis decerpta etc. 1, 488.

2 Bangen S. 176.

3 A. a. O. S. 165.

4 Ein Beispiel dafür a. a. O. S. 519.

5 A. a. O. S. 176. 177.

6 S. Bangen S. 177 ff.

7 Bull. Bened. XIV. 1, 19.

8 Bull. Bened. XIV. app. ad Tom. I. et II. in Tom. II. p. 1 ff.

9 Bull. Bened. XIV. 1, 24.

10 Dieser hat mit einem ihm zur Seite stehenden Adjunkten für die elegante lateinische Abfassung der Antworten und Verfügungen Sorge zu tragen. Bangen S. 179; Const.: Decet cit. §. 3; s. auch das Dekret von 1851 bei Bangen S. 522.

Bischöfen eingereichten relationes de statu werden zunächst von der speziellen Kongregation in deren Sitzungen geprüft und die darauf, namentlich die auf die in den Berichten enthaltenen Anfragen abzugebenden Antworten berathen. Wichtige, derartige Angelegenheiten werden aber vor die volle Kongregation gebracht. Die berathene Verfügung wird, nachdem sie dem Papst vorgetragen ist, lateinisch expedirt und zwar unter Unterschrift des Präfekten und Sekretärs [1].

II. Die Congregatio particularis super revisione synodorum provincialium [2]. Durch die Konstitution Sixtus' V.: Immensa (s. S. 457. n. 9) war die Revision der Provinzial-Synoden und die Korrektur der gegen die kanonische, insbesondere tridentinische Disciplin verstossenden Beschlüsse derselben der Congregatio Concilii überwiesen worden. Zur Erledigung dieser Geschäfte bildete sich im Schoosse derselben eine eigene Abtheilung von Kardinälen, deren Präfektur- und Sekretariats-Geschäfte gleichfalls von den betreffenden Beamten der allgemeinen Kongregation versehen werden. Dagegen werden für die Partikular-Kongregation besondere Konsultoren ernannt [3]. In der gedachten Zusammensetzung und mit den erwähnten Funktionen besteht die letztere noch heute [4].

III. Die Congregatio particularis super residentia episcoporum. Urban VIII., welcher in Anschluss an die früheren Ordnungen der Kirche, namentlich an das Tridentinum die Residenzpflicht der Bischöfe in der mehrfach angeführten Konstitution: Sancta synodus vom 12. Dezember 1634 [5] geregelt hat, setzte zugleich eine besondere Kongregation für diese Angelegenheiten ein. Da sie wohl von Anfang an nur eine Abtheilung der Congregatio concilii war, so wurde sie bedeutungslos [6], bis Benedikt XIV. mittelst der Konstitution: Ad universae vom 3. September 1746 [7] ihre Thätigkeit von Neuem belebte, und ihr den jeweiligen Kardinalvikar zum Präfekten gab, während die Sekretarie mit der allgemeinen Kongregation vereinigt blieb [8]. Die Zahl der sonstigen Mitglieder der Residenz-Kongregation hat in letzterer Zeit mehrfach gewechselt, denn im Laufe der 40er Jahre waren ihr 5 Kardinäle [9], dagegen in den 50er Jahren nur ein solcher zugetheilt [10], was sich daraus erklärt, dass sie nur eine Vorbereitungs-Kommission für die Congregatio Concilii bildet, bei welcher die eingehenden Sachen freilich in besonderen Registern geführt werden [11].

§. 56. *dd. Die Sacra Congregatio super Negotiis Episcoporum et Regularium*, sowie die Congregationes super Disciplina Regulari und super Statu Regularium.*

Schon unter Gregor XIII. (1572—1585) hat eine Kongregation von Kardinälen für die Erledigung der die Bischöfe betreffenden Angelegenheiten bestanden; ob dieser Papst auch der Gründer derselben gewesen, lässt

1 Bangen S. 179. 180.
2 A. a. O. S. 180.
3 Bangen S. 180.
4 Annuario pontificio von 1865. p. 302, wo 7 Kardinäle incl. des Präfekten als Mitglieder angegeben sind.
5 M. Bull 5, 270.
6 Moroni l. c. 16, 261. 263.
7 M. Bull. 17, 79; Bull. Bened. XIV. 2, 128.
8 Bangen S. 181.
9 Moroni l. c. p. 263.
10 Bangen S. 181. Ja das Annuario pontificio von 1865 p. 303 weist als Personalbestand nur den Präfekten und Sekretär nach.
11 Moroni l. c. p. 263.
* Card. de Luca, relatio cur. Rom. disc. 16; Lunadoro-Zaccaria, relazione della corte di Roma P. II. c. 11. p. 48; Moroni, dizionario 16, 278 ff.; Bangen S. 181 ff.; Analecta iur. pontif. 1855. p. 2257; Phillips 6, 639 ff.; Collectanea in usum Secretariae S. Congreg. Episcoporum et Regular. Rom. 1836.

sich freilich nicht mehr feststellen [1]. Nähere Auskunft über die Vollmachten dieser Behörde giebt erst die vielfach erwähnte Konstitution Sixtus' V.: Immensa von 1587, welche dieselbe als Congregatio pro consultationibus Episcoporum et aliorum Praelatorum bezeichnet [2].

Schon vor Erlass der gedachten Konstitution hat Sixtus V. durch die Breven: Romanus Pontifex vom 17. Mai 1586 und Romanus Pontifex vom 13. Juni 1587 eine eigene Congregatio super consultationibus Regularium errichtet [3], aber demnächst mittelst der Konstitution: Immensa gleichfalls deren Ressortverhältnisse näher geregelt [4].

[1] Fagnan. ad c. 13. X. de constit. I. 2. n. 37 berichtet nämlich nur (die Stelle auch Anal. l. c. p. 2257): „Et Gregorius XIII. dixit, numquam suae intentionis fuisse committere Episcoporum Congregationi, ut de iis quae ad interpretationem Concilii pertinerent aut de ipsius Congregationis Concilii decretis cognosceret. Illud autem se recte meminisse, ait Sanctitas Sua, commisisse Congregationi Concilii ea omnia quae ad Concilium interpretandum pertinent, ut est adnotatum in libris publicis Sac. Congregat. tom. 10. fol. 557".

[2] Congregatio XII. §. 1 (M. Bull. 2, 671): ... „quinque itidem Cardinales praeponimus Episcoporum et aliorum Praelatorum consultationibus audiendis. Quorum erit facultas, ut Patriarcharum, Primatum, Archiepiscoporum, Episcoporum, Praelatorum et Ordinariorum quorumcumque etiam inferiorum, non tamen Regularium, petitiones audiant propositisque difficultatibus, quaestionibus ac controversiis aliisque super quibus consulti fuerint, etiam per literas sedulo humaniterque respondeant, dubia, rationes et causas ecclesiarum earumque dignitatis, iurisdictionis exemptionis, immunitatis, iurium, privilegiorum et laudabilium consuetudinum conservationem concernentes summarie cognoscant atque tam ex partium petitione quam ex officio componant, prout honestum opportunumque eis videbitur. Causas item et controversias inter eosdem praelatos de iurisdictione aliave de causa exortas, item inter capitula aut obtinentes dignitates ac inter quascumque singulares personas et universitates aut locorum in temporalibus dominos, praeter eas quae Concilii Tridentini interpretationem exigunt vel ordinem iudiciarium re ipsa requirant, examinent atque amicabiliter desuper transigere etiam per alios, si ita consultum videbitur, etiam extra dioecesim curent. Ac propterea ad ecclesias visitandas ubique locorum in quibus christiana viget religio, visitatores nobis praesentent, ut exemplo B. Gregorii Magni, S. Leonis et aliorum summorum Pontificum praedecessorum nostrorum cum in domino expedire videbitur, destinare valeamus. Visitationis item formam illis praescribant, ut multo cum spirituali fructu et fidelium aedificatione munus suum obeant negociorumque omnium tractationis modum assignent ac negligentiam, si quando opus erit, emendent. Insuper ubi necessitas exegerit, viros usu et doctrina idoneos, rectos et timentes Deum eligant, qui nostrarum literarum auctoritate suffulti ecclesias ut vicarii apostolici regant. Denique eosdem Cardinales immunitatis ecclesiarum defensores ad tuendum ipsorum Praelatorum personas, res et bona quaecumque ecclesiarum praedictarum ab omnium iniuriis atque oppressionibus adversus quoscumque quavis auctoritate praefulgentes constituimus". S. dazu Phillips 6, 639.

[3] Die Konstitutionen, welche sich nicht in den Bullarien finden, sind abgedruckt in den Analect. iur. pontif. 1855. p. 1371 u. 1374.

[4] Congregatio XI. §. 1 (M. Bull. 2, 671): „Quinque alios Cardinales delegimus quibus facultatem concedimus, ut Regularium, Claustralium, Mendicantium, non Mendicantium, Hospitalariorum et Militarium, possidentium et non possidentium, cuiusvis demum Ordinis sint, controversiis, dubitationibus, consultationibusque, propositis respondeant. Causas vero quas inter ipsos religiosos oriri contigerit, iuxta quarumcumque Religionum instituta eorumque dispositionem Superiores illorum definiant atque terminent. Dum autem inter Episcopos et Regulares dubitationes inciderint quae sub decretorum Concilii Tridentini dispositione aut interpretatione comprehendantur, eas ad eamdem Congregationem Concilii remittant. Audiant itidem ac decidant praedicti Cardinales causas et controversias inter praedictos Ordines vertentes sive in universum sive ratione particularium locorum, dummodo formam iudiciariam non requirant. Concedimus etiam, ut dictis Regularibus non ad laxiorem nec ad parem sed ad arctiorem Religionem transeundi iis quos furore spiritus incensos ad perfectioris vitae statum transire velle constiterit, non obstantibus quibuscumque praedecessorum nostrorum decretis, licentiam dare possint. Apostatarum quoque eiectorum et praeterea extra monasteria degentium aut vagantium causam iidem Cardinales audiant et cognoscant eosque coercendi potestatem habeant. Curent praeterea visitationis apostolicae iussa et constitutiones editas a Romanis pontificibus circa ipsos Regulares exequendas et in usum introducendas. Provideant insuper Regulares laudatae vitae, zelo dei et salutis animarum et prudentia spiritus praeditos institutorumque Regularium Ordinis et laudabilium consuetudinum peritissimos qui cum necessitas exegerit, provincias sui Ordinis et non alterius, receptis a nobis literis ad omnipotentis dei laudem et locorum utilitatem salubriter visitare valeant. Sub nomine autem Regularium etiam Moniales cuiusvis sint regulae et observantiae comprehendi volumus. Omni denique studium Cardinales ipsi impendant, ut ab inferioribus erga superiores debita humilitas et obedientia ac vicissim a superioribus erga illos paterna benevolentia in multa charitate et disciplina in spiritu lenitatis adhibeatur, neve dominentur inter fratres, sed Superiores ipsi patres

Da die Stellung beider Kongregationen eine durchaus ähnliche, die Congregatio episcoporum ebenso wie die Congregatio Regularium über Prälaten kompetent war, endlich die letzte auch die Streitigkeiten zwischen den Bischöfen und Regularen entschied, war eine Vereinigung beider indicirt und schon Sixtus V. selbst scheint, wenn nicht diese vorgenommen [1], doch beide Kongregationen in eine nähere Verbindung gebracht zu haben. Jedenfalls ist eine Verschmelzung derselben spätestens bald nach Sixtus V. erfolgt. Da dessen Vorschriften über die Kompetenzverhältnisse heute noch im Wesentlichen massgebend sind, so kann die Stellung dieser Kongregation dahin charakterisirt werden,

> dass sie im Interesse der öffentlichen kanonischen Disciplin die ganze Amtsthätigkeit der Bischöfe und der übrigen exemten Prälaten, sowie das gegenseitige Verhältniss der Orden zu ihnen und der letzteren unter einander, endlich die innere Zucht in den Orden im Namen des Papstes überwacht und leitet [2].

Sie ist daher eine wesentlich verwaltende Behörde und mit Rücksicht auf ihre in dieser Hinsicht weit ausgedehnte Kompetenz hat sie Urban VIII. mit Recht als eine »congregatio quodammodo universalis« bezeichnet [3].

Im Einzelnen gehören hauptsächlich folgende Angelegenheiten vor ihr Forum, und zwar als negotia episcoporum [4]:

1. Alle Beschwerden, welche die Unterthanen eines geistlichen Obern im Wege des Rekurses gegen Verwaltungsmassregeln desselben erheben, mögen dabei persönliche oder sonstige Interessen verletzt sein [5].

2. Beschwerden, welche sich zwar noch nicht auf eine bereits erfolgte Verletzung stützen, aber in der begründeten Furcht erhoben sind, dass bei den vorzunehmenden Jurisdiktionsakten ab Ordinario saevities contra aliquem exerceatur [6].

3. Die crimina ab Ordinariis patrata vel infamia per eosdem contracta, vi cuius impares administrandae ecclesiae videantur, sofern es sich nicht um ein der Kognition des S. Officium anheimfallendes Vergehen handelt. Gleichzeitig hat die Kongregation die Befugniss, im Falle einer nöthig werdenden Entfernung des Ordinarius die weiteren Massregeln, namentlich die Deputation eines apostolischen Vikars, anzuordnen [7].

4. Die Fälle, in denen sonst ein solcher vicarius einzusetzen ist.

5. Die Prüfung der Bestellung der Kapitular-Vikare und Ertheilung von Vollmachten an dieselben [8].

se esse meminerint. Postremo eosdem Cardinales quasi Religiosorum omnium tutissimum perfugium esse volumus, ut eorum auctoritate et auxilio recreati, stadium religiosae vitae et regularis perfectionis sine impedimento strenue percurrant".

[1] Ersteres behaupten [Lunadoro-Zaccaria l. c. 2, 48. n. *; Moroni l. c. p. 278; Bangen S. 182. Auffallend ist es freilich, dass Cohellius in seiner in Rom 1653 herausgekommenen Notitia cardinalatus c. 15. congr. 8. u. 9 beide noch gesondert behandelt, während de Luca nur von einer Congregatio spricht.

[2] Bangen S. 182.

[3] Luca l. c. n. 24: „Habet item ista Congregatio latas habenas agendi etiam de illis negotiis quae aliarum Congregationnm peculiaria sunt, unde propterea (ut Urbanus VIII. dicere solebat) ista videtur Congregatio quodammodo universalis, exceptis causis quae directe fidei quaestiones concernant sive formalem interpretationem concilii Tridentini".

[4] Episcopus in dem weiten Sinne genommen, dass darunter jeder mit Episkopal- oder Quasi-Episkopal-Jurisdiktion betraute Beamte verstanden wird.

[5] Bangen S. 186. Ueber die Kompetenz der Kongregation vgl. auch Moroni l. c. p. 282. 283.

[6] Erscheint die Beschwerde causa cognita als gerechtfertigt, so werden Inhibitorialien an den Ordinarius erlassen, und er darf dann ohne Genehmigung des Erzbischofes oder der Congregatio selbst keine actus irretractabiles, d. h. solche, welche eine schwere unersetzliche Strafe oder eine Infamie mit sich bringen, vornehmen. Bangen S. 187.

[7] Bangen S. 187.

[8] de Luca l. c. n. 12.

6. Erledigt die Kongregation alle bei der Handhabung der bischöflichen oder quasi-episkopalen Jurisdiktion sich ergebenden Verwaltungsschwierigkeiten, sowie

7. die dabei hervortretenden casus maiores, für welche sie dann auch die erforderlichen, umfangreicheren Vollmachten ertheilt [1].

8. Endlich sind ihr nach der Konstitution Pius' VII.: Post diurturnas vom 30. Oktober 1800 [2] die Appellationen in Kriminalsachen übertragen, welche sonst an den auditor camerae zu gelangen pflegten.

Was die negotia regularium, also die Angelegenheiten der Männer- und Frauen-Orden und Kongregationen betrifft, so verhandelt die Kongregation namentlich

1. über die Gründung derartiger neuer Institute, die Interpretation schon bestehender Regeln und der dazu gehörigen Konstitutionen und Abänderung dieser Normen, ferner über die Errichtung neuer Klöster und Häuser eines schon existirenden Ordens oder die Suppression von solchen [3].
2. Ist sie kompetent für die Beschwerden der Religiosen gegen ihre Oberen, für die Kognition über streitige Wahlen der Ordensoberen [4], in Rekursen über den ungerechten Ausschluss eines Professen aus dem Orden, und ferner in Streitigkeiten der Orden unter einander.
3. Hat sie eine Reihe von Dispensationen zu ertheilen, so für den Uebergang von einem Orden zum andern, für das Verlassen der Klöster bei den zur Beobachtung einer strengen Klausur verpflichteten Nonnen-Orden, für die Aufnahme von Mädchen zur Erziehung in die Frauenklöster [5], für die Annahme einer geringeren als der vorgeschriebenen Kloster-Mitgift (dos), für Ausübung des aktiven und passiven Wahlrechts seitens der damit nicht ausgestatteten Mitglieder der Orden [6], sie erlaubt ferner die den Regularen verbotenen Veräusserungen in Fällen einer dringenden Nothwendigkeit und eines evidenten Nutzens, sie gewährt die Säkularisationen an Ordensleute, sie verleiht religiöse Auszeichnungen und Würden an solche (z. B. das Magisterium, entsprechend dem Doktorat, die paternitas provinciae); endlich bestimmt sie über die Affiliationen und Exfiliationen bei Männer-Orden [7].

Dieselbe Praxis, welche bei der Congregatio Concilii geübt wird, nämlich in wichtigeren Fällen an den Papst zu referiren, und seine Entscheidung einzuholen, kommt auch hier vor (so z. B. bei der Deputation von apostolischen Vikarien, der Errichtung neuer Orden, Bestätigung ihrer Regel und bei der Anordnung neuer, die Disciplin einer ganzen Diöcese berührenden Massregeln) [8].

Ebenso wie die gedachte Kongregation besteht die hier besprochene aus einer verhältnissmässig grossen Anzahl von Kardinälen; 1865 gehörten zu ihr 33 Mitglieder [9]. Der vom Papst ernannte Präfekt hat hier eine ähnliche leitende Stellung, wie der der Congregatio Concilii und der ihm zur Seite stehende Sekretär ist hier gleichfalls ein Prälat. Neben letzterem kommt noch ein Unter-Sekretär und Auditor vor.

[1] Bangen S. 187. 188.

[2] §. 88. Bull. Roman. contin. 11,60. Bangen S. 186; Moroni l. c. p. 279. Analecta 1855. p. 2415: „La S. Congrégation des évêques et réguliers a statué en tous les temps sur les appels en matière criminelle non seulement pour des réguliers et les clercs, mais encore pour les délits purement ecclésiastiques ou mixtes des séculiers".

[3] Bangen S. 189.

[4] Pignatelli, consultat. eccles. tom. 10. cons. 24. n. 27.

[5] Bangen S. 191. 192.

[6] Monacelli formul. tit. II. n. 22.

[7] Bangen S. 192.

[8] Bangen S. 188. 189; Luca l. c. n. 12.

[9] Annuario pontificio von 1865. p. 299.

An Offizialen besitzt die Kongregation einen iudex relator und einen promotor fiscalis für die Bearbeitung der Kriminalsachen, einen Sommista mit seinem Substituten, einen Archivisten, Protokollisten und mehrere Minutanti (Koncipienten)[1]. Konsultoren sind der Kongregation erst in neuerer Zeit in Folge eines von Gregor XVI. bestätigten Dekrets vom 5. September 1834[2] beigegeben worden.

Was den Geschäftsgang betrifft, so wird in den negotia episcoporum nach Eingang der Sache ebenfalls in ähnlicher Weise wie bei der Congregatio Concilii die Informationseinholung über den Thatbestand bei dem betreffenden Ordinarius verfügt[3]. Nur dann, wenn der Verdacht der Parteilichkeit gegen den letzteren obwaltet oder derselbe nachlässig ist, requirirt man den Erzbischof oder einen andern geeigneten Prälaten. Für die Entscheidung der crimina Ordinariorum oder solcher Angelegenheiten, welche für ihre Vorbereitung nach dem Urtheil der Kongregation selbst, resp. des Präfekten ein kontentiöses Verfahren erfordern, wird aber durch die genannten Personen bei der Informationserhebung nach den Regeln des ordentlichen Prozesses verfahren[4]. Nach vollendeter Instruktion wird auch hier ein folium mit Auswerfung der dubia[5] durch den Sekretär unter Beihülfe des Summisten angefertigt und wenn nöthig die Sache einem Konsultor zur Erstattung seines Votum zugetheilt. In der Sitzung der Kongregation selbst werden die Sachen vom Sekretär, wichtige Angelegenheiten oder kontentiöse[6] aber durch einen dafür zum s. g. Relator oder Ponenten ernannten Kardinal, endlich die Kriminalsachen durch den iudex relator[7] vorgetragen.

In Bezug auf die negotia Regularium wird der Grundsatz beobachtet, dass diese ohne gerichtliches Formenwesen, ohne strepitus fori, erledigt werden. Die Information wird hier durch den General-Prokurator, resp. den General des Ordens, bei den dem Ordinarius der Diöcese unterworfenen Frauenklöstern durch diesen beschafft[8].

Die Registratur der Kongregation führt ein doppeltes, öffentliches Register. In dem einen, der s. g. vacchetta, werden die Sachen nach dem Namen der Diöcese,

[1] Bangen S. 193 und Annuario l. c.

[2] Abgedruckt bei Bangen S. 25 und in den Analecta von 1855. p. 2388. S. auch Moroni l. c. S. 281.

[3] Bangen S. 194.

[4] Luca l. c. n. 9. 10.

[5] Beispiel eines solchen Foliums bei Bangen S. 534.

[6] Das Reglement vom 5. September 1834 für das Verfahren in diesen Angelegenheiten bei Bangen S. 533.

[7] S. das Reglement vom 18. Dezember 1834 ebendaselbst S. 527; für das Verfahren in Kriminalsachen ist ferner zu vgl. die oben S. 467. n. 2. citirte Konst. Pius' VII. und das Cirkular vom 12. Dezember 1803 (in französischer Uebersetzung in den Anal. l. c. p. 2415).

[8] Bangen S. 197; Luca l. c. n. 17—19: „Quoniam causas Regularium non solum publicas super regimine religionis in universum sive inter unam Religionem et alteram, sed etiam privatas inter ipsos religiosos, super electionibus, officiis et praelaturis aliisque praeeminentiis caeterisque occurrentiis generaliter haec S. Congregatio cognoscit et determinat summarie et de plano sola facti veritate inspecta quandoque cum extraiudicialibus probationibus vel cum sufficientibus iustificationibus, per scripturas, nullo tamen adhibito formali processu cum notario vel cum tela iudiciaria, quoniam secretarius vel cardinalis ponens conservat scripturas et recipit informationes ita quodammodo faciendo etiam partes notarii. Merito autem in causis regularium ita proceditur, quoniam non solum ex dispositione dictae Sixtinae constitutionis super huius Congregationis erectione sed etiam ex antiquorum canonum et canonistarum sensu receptum est, incongruum esse claustralibus religiosis strepitum fori ideoque eorum causae cognosci non debent in ordinariis Tribunalibus contentiosis saecularibus sed intra ipsam religionem atque per eius superiores absque figura iudicii cum religiosa simplicitate. Si vero agatur de recursibus a gravaminibus ipsorum superiorum, in eadem extraiudiciali forma cognoscuntur vel per cardinalem protectorem religionis vel per istam congregationem . . . in istis negotiis regularium rescribitur procuratori generali religionis qui semper in curia assistit et quandoque eidem generali pro informatione, qua habita, si una partium illam impugnat atque alteratam praetendat, aliae capiuntur informationes et adhibentur diligentiae pro veritate indaganda“.

aber in getrennten Rubriken für die negotia episcoporum, regularium virorum und monialium nach alphabetischer Ordnung verzeichnet. In diesem wird gleichzeitig auf das grössere Register verwiesen, welches zur Aufnahme der Dekrete und Entscheidungen in extenso bestimmt ist. Für die Sachen, welche geheim verhandelt werden, giebt es ein besonderes Repertorium, die s. g. vacchetta segreta[1].

In Verbindung mit der eben besprochenen stehen noch zwei andere Kongregationen, über welche das Nachstehende zu bemerken ist:

I. Innocenz X. setzte zur Ausführung der von ihm im J. 1649 begonnenen Reform der Klöster Italiens, bei welcher u. A. auch die kleineren supprimirt werden sollten[2], eine Congregatio super statu regularium ein[3]. Eine mehr als vorübergehende Dauer hat die Kongregation erst dadurch erlangt, dass sich die Nothwendigkeit herausstellte, einzelne der aufgehobenen Klöster zu restituiren[4]. Nachdem Clemens IX. die Kongregation nochmals bestätigt hatte[5], hob sie Innocenz XII. im J. 1698[6] auf. Vorher hatte er aber bereits durch die Konstitution: Santissimus in Christo vom 18. Juli 1695[7] eine andere Kongregation, die s. g. Congregatio super disciplina regulari errichtet, welche zunächst die innere Disciplin, namentlich die Beobachtung der vita communis, der Klausur, der Vorschriften über die Aufnahme von Novizen u. s. w. in den Klöstern Italiens und der umliegenden Inseln überwachen und die darauf bezüglichen Angelegenheiten entscheiden sollte.. In Folge von Kontroversen über die Kompetenz zwischen dieser und der Congregatio super negotiis episcoporum et regularium bestimmte Pius VI. durch die Konstitution: Singulari providentia vom 5. Januar 1790[8], dass erstere die innere Disciplin betreffenden Fragen für die italienischen Klöster erledigen, sowie Vorschläge für die Hebung des klösterlichen Lebens in Bezug auf sämmtliche Klöster in und ausserhalb Italiens machen sollte — eine Kompetenzscheidung, welche ein Reglement Gregors XVI. vom 31. August 1833[9] bestätigt und näher normirt hat.

Die Kongregation wird durch einen Präfekten geleitet, welcher aber gewöhnlich zugleich der Präfekt der Congregatio super negotiis episcoporum ist und besteht aus mehreren — im Jahre 1865 aus 6 — Kardinälen, einem eigenen Sekretär, zwei Offizialen und mehreren Konsultoren[10].

In ausserordentlichen Fällen tritt sie mit der vorhingenannten Kongregation zu einer General-Sitzung zusammen[11].

II. Der regierende Papst Pius IX., welcher ein besonderes Interesse für die Hebung des Ordenslebens besitzt, hat mittelst der Encyklica: Ubi primum arcano vom 17. Juni 1847[12] eine eigene Congregatio de statu Regularium Ordinum errichtet[13], welcher die ausserordentliche und vorübergehende Aufgabe gestellt worden

[1] Bangen S. 197.

[2] Constit.: Instaurandae vom 15. Oktober 1652 (M. Bull. 5, 481); Fagnan. ad c. 7. X. ne clerici vel monachi III. 50. n. 41 ff.

[3] Luca l. c. disc. XXII; Lunadoro-Zaccaria l. c. P. II. c. 13. p. 54; Moroni, dizionario 16, 187; Bangen S. 274; Phillips 6, 648 ff.

[4] S. das Dekret Innocenz' X.: Ut in parvis vom 10. Februar 1654 (M. Bull. 5, 487).

[5] Constit.: Iniuncti nobis vom 11. April 1668 (M. Bull. 6, 260).

[6] Const.: Debitum pastoralis vom 4. August §. 3 (M. Bull. 7, 315).

[7] M. Bull. 7, 295.

[8] §§. 3 ff. Bull. Roman. cont. 8, 378 ff.

[9] Bangen S. 277.

[10] Annuario pontificio von 1865. p. 312.

[11] Bangen S. 277.

[12] Abgedruckt in Moys Archiv. 10, 390.

[13] Vgl. Bangen S. 277; Phillips 6, 650; Acta S. Congregationis super statu Regularium ab archiepiscopo Philippensi Secretario (Cardin. presbyt. Bizzarri) collecta Romae 1862 ex typographia rev. Cam. Apostolicae. (Auszüge daraus bei Moy, Arch. 16, 332).

ist, Erhebungen über den Zustand und die innere Disciplin der italienischen, vor Allem der Klöster des Kirchenstaates anzustellen und demnächst die nöthigen Massregeln zur Beseitigung der ermittelten Missstände zu treffen[1]. Ihre enge Verbindung mit der Congregatio super negotiis episcoporum zeigt sich darin, dass sie keinen eigenen Präfekten besitzt und der Sekretär der ersteren auch für sie fungirt[2]. Ihr Verhältniss zu der Congregatio super disciplina ist das, dass diese die von ihr erlassenen Verordnungen später in ihrer Ausführung zu überwachen haben wird[3].

§. 57. *ee. Die Sacra Congregatio Jurisdictionis et Immunitatis ecclesiasticae**.

Die auf die kirchliche Freiheit und kirchliche Immunität sich beziehenden Streitigkeiten hatte nach der Konstitution Sixtus' V.: Immensa (s. S. 465. n. 2) die Kongregation der Bischöfe und Regularen zu erledigen. Nachdem später derselben eine Prälaten-Kongregation zur speziellen Vorbereitung der erwähnten Angelegenheiten beigegeben war[4], errichtete Urban VIII. im J. 1626 wahrscheinlich vivae vocis oraculo eine eigene Kongregation von Kardinälen[5].

Die Kongregation soll die dreifache Immunität, die Lokal-, Personal- und Real-Immunität schützen[6]. In ersterer Hinsicht entscheidet sie über Anfragen behufs der zur Wahrung der Immunität dienenden Massregeln; ferner tritt sie in Fällen ein, wo die Laiengewalt die Immunität verletzt hat, sei es, weil sie einen immunen Ort nicht für einen solchen anerkennt, sei es, weil das Verbrechen als ein das Asylrecht nicht bedingendes betrachtet, sei es, weil in der Art der Ergreifung des Verbrechers nicht die nöthige Rücksicht auf die Kirche gewahrt worden ist[7]. Was die Verletzungen der Personal- und Real-Immunität betrifft, so gehören nur solche vor ihr Forum, in denen principiell einer ganzen Klasse kirchlicher Personen und Sachen das Privileg abgesprochen wird. Solche, wo es sich um die Prägravirung einer einzelnen Person oder Sache handelt, gehören in erster Instanz vor die ordentlichen geistlichen Gerichte und können erst im Wege des Instanzenzuges an sie gelangen[8].

Da heute selbst in Italien die Ansprüche der Kirche auf Respektirung ihrer Grundsätze über die kirchliche Jurisdiktion und die kirchliche Immunität in verhältnissmässig geringem Umfange anerkannt werden, so ist dadurch ihr Geschäftskreis bedeutend verringert worden, um so mehr als man die Wahrung der kirchlichen Jurisdiktion in neuerer Zeit dem päpstlichen Staatssekretär übertragen und über die kirchliche Immunität bei den einzelnen Konkordatsabschlüssen mit verhandelt hat[9]. Im J. 1865 bestand die Kongregation immer noch aus 20 Kardinälen, einschliesslich ihres Präfekten, 9 Prälaten als Konsultoren und einem Prälaten als Sekretär[10].

[1] S. die Instruktionen a. a. O. S. 335 ff.

[2] Annuario pontificio p. 303, welches 10 Kardinäle als Mitglieder aufführt.

[3] Bangen S. 278.

* Card. de Luca, relatio disc. XVII; Danielli, praxis tit. 37; Cohellius, notitia cardinalatus c. XV. congr. 4; Lunadoro-Zaccaria P. II. c. 7. p. 33; Moroni, dizionario 16, 206 ff.; Bangen S. 198 ff.; Phillips 6, 644; Analecta iur. pont. 1855. p. 2270; P. A. Ricci, synopsis, decreta et resolutiones s. Congregationis Immunitatis super controversiis iurisdictionalibus. Taurin. 1719. 2 Tom.

[4] Moroni l. c. p. 208.

[5] Eine Konstitution darüber ist nicht vorhanden. S. de Luca n. 1; Moroni l. c.

[6] Bangen S. 199.

[7] A. a. O. S. 200.

[8] A. a. O. S. 201. 202.

[9] Bangen S. 199; Phillips 6, 652.

[10] Annuario pontificio p. 303. 304.

§. 58. *ff. Die Congregatio sacrorum Rituum* *.

Zur Ausübung des päpstlichen Rechtes, den Kultus der Kirche zu ordnen und für die Hebung desselben Sorge zu tragen, setzte Sixtus V. ebenfalls mittelst der Konstitution: Immensa eine besondere Kongregation von Kardinälen ein, deren Thätigkeit darin bestehen sollte [1]:

»ut veteres ritus sacri ubivis locorum in omnibus Urbis Orbisque ecclesiis, etiam in capella nostra Pontificia, in missis, divinis officiis, sacramentorum administratione caeterisque ad divinum cultum pertinentibus a quibusvis personis diligenter observentur, caeremoniae si exoleverint, restituantur, si depravatae fuerint, reformentur,

libros de sacris ritibus et caeremoniis, imprimis Pontificale, Rituale, Caeremoniale, prout opus fuerit, reforment et emendent, officia divina de Sanctis patronis examinent et nobis prius consultis concedant.

Diligentem quoque curam adhibeant circa Sanctorum canonizationem festorumque dierum celebritatem, ut omnia rite et recte et ex patrum traditione fiant

et ut reges et principes eorumque oratores aliaeque personae, etiam ecclesiasticae, ad Urbem Curiamque Romanam venientes pro Sedis Apostolicae dignitate ac benignitate honorifice more maiorum excipiantur, cogitationem suscipiant seduloque provideant.

Controversias de praecedentia in processionibus aut alibi caeterasque in huiusmodi sacris ritibus et caeremoniis incidentes difficultates cognoscant, summarie terminent et componant«.

Nur die auf das Cäremoniell am päpstlichen Hofe selbst bezüglichen Fragen sind später aus dem Ressort ausgeschieden und einer besonderen Congregatio caeremonialis überwiesen worden (s. unten §. 62. Nr. 1).

Die eben bezeichneten Angelegenheiten theilt man in ordentliche und ausserordentliche und je nachdem die Kongregation die ersteren oder letzteren erledigt, diese selbst in eine ordinaria und extraordinaria. Es gehören vor sie, als ordinaria alle die Sachen, welche sie kraft der ihr übertragenen Gewalt auf dem gewöhnlichen Wege und selbstständig erledigen kann. Die ausserordentlichen sind dagegen die Kanonisationen und Beatifikationen [2]. Die ersteren können entweder einfache Anfragen behufs Erledigung eines Zweifels, einer praktischen Schwierigkeit etc. und Gesuche um besondere Fakultäten und Dispense sein [3], oder eine kontentiöse Natur haben, so z. B. die Streitigkeiten über die Präcedenz, d. h. über den Vortritt in der Reihenfolge bei gottesdienstlichen Funkten (also über den Platz

* de Luca relatio disc. XVIII; Cohellius l. c. congr. 5; Lunadoro-Zaccaria P. II. c. 14. p. 56; Moroni 16, 264 ff.; Bangen S. 204; Analecta 1855. p. 2262; Phillips 6, 652 ff.; Simor in Moys Archiv 19, 58; s. auch Benedicti XIV. doctrina de servorum dei beatificatione et beatorum canonizatione. Bonon. 1734. lib. I. c. 16—19 (in opp. Venet. 1777. 1, 14 ff.). — Decreta authentica Congreg. sacror. Rituum ex actis eiusdem s. Congregationis collecta cura Aloisii Gardellini. Rom 1824. 6. Tom. ed. III. Rom. 1856—1858, Decretorum authenticorum synopsis. Rom. 1853; Wolfgg. Mühlbauer, Decreta authentica congregationis sacrorum rituum et instructio Clementina ex actis eiusdem collecta ab Aloisio Gardellini in usum cleri commodiorem ordine alphabetico concinnata. Monachi 1862 ff. 3 Tom.

1 Congreg. V. §. 1 (M. Bull. 2, 669).

2 Luca l. c. n. 1; Bangen S. 208.

3 Bangen S. 209. 212. 213.

zwischen den Geistlichen verschiedener Kirchen bei den Processionen, über den des Weihbischofs, der zugleich Domherr ist, beim feierlichen Auftreten des Kapitels), und ferner die Ansprüche auf Präeminenz, d. h. auf sachliche, sich auf die Ausübung des Gottesdienstes beziehende Privilegien (so auf das Recht des Patrons, gewisser Auszeichnungen bei derartigen Akten theilhaftig zu werden, das Recht eines kirchlichen Oberen ohne Bischofsweihe, sich der bischöflichen Insignien zu bedienen)[1]. Ausschliesslich kompetent ist aber die Kongregation in den Angelegenheiten dieser Art nur dann, wenn die Norm der Entscheidung lediglich aus den positiven Ritual-Vorschriften, der wesentlichen Bedeutung der gottesdienstlichen Handlung oder dem gottesdienstlichen Charakter der in Frage kommenden Personen zu nehmen ist. Da, wo zugleich statutarische Rechte oder die allgemeinen kanonisch-rechtlichen Stellungen der betreffenden Personen zur Entscheidung der Sache mit berücksichtigt werden müssen, tritt eine kumulative Kompetenz zwischen ihr, der Kongregation des Koncils, sowie der der Bischöfe und Regularen ein[2].

Was die Kanonisationen (d. h. die Einverleibung eines Dieners Christi in den Katalog der Heiligen behufs seiner Erhebung zum Gegenstand der Verehrung und Anrufung durch die Gläubigen) und die Beatifikationen (die Gestattung der religiösen Verehrung und Anrufung eines Verstorbenen jedoch mit lokalen und anderen Beschränkungen)[3] betrifft, so qualificiren sich diese als ausserordentliche Angelegenheiten deshalb, weil die Kongregation bei der Einleitung des Verfahrens, nicht minder für die weiteren Akte und Dekrete desselben einer speziellen päpstlichen Ermächtigung, resp. Sanktion bedarf[4] und nicht ihr, sondern nur dem Papste selbst das Endurtheil in dem Kanonisations-, resp. Beatifikationsprozesse zusteht[5].

Die Kongregation als ordinaria ist aus einer unter einem besonderen Präfekten stehenden Anzahl von Kardinälen — im J. 1865 hatte sie 22 Mitglieder[6] — und ferner mehreren, freilich nicht stimmberechtigten Prälaten[7], dem Sekretär der Kongregation, dem Monsignor Sacrista, dem Protonotarius apostolicus, dem Promotor Fidei, dem Assessor und gleichzeitigem Subpromotor Fidei[8], sowie dem Magister Caeremoniarum zusammengesetzt. Der Kongregation als extraordinaria sind als Prälaten noch die drei ältesten Auditoren der Rota und der Magister Sacri Palatii[9] beigegeben. Diese fungiren abgesehen von dem Sekretär, welcher auch hier dem Präfekten bei der Geschäftsleitung zur Seite steht, und dem Promotor, resp. Subpromotor, welcher noch ausserdem mit besonderen Obliegenheiten betraut ist (s. unten), als consultores nati der Kongregation[10].

Ausserdem werden für die Kongregation sowohl in ihrer Stellung als ordinaria, wie als extraordinaria, noch eine Anzahl Konsultoren, namentlich auch aus den ver-

[1] A. a. O. S. 209—212.

[2] A. a. O. S. 212; s. namentlich n. 1.

[3] S. darüber z. B. Bangen S. 243.

[4] Dekret Urbans VIII. bei Car. Fel. de Matta, de canonisatione Sanctorum. Romae 1678. P. 5. c. 2. n. 75 und Bangen S. 220. n. 1: „Decreta super hac materia extendenda per secretarium sacrae Congregationis, concipiantur semper nomine Congregationis per verbum: Videtur vel simile, servata in unoquoque negotio suprema determinatione Summi Pontificis post factam relationem Sanctitati suae".

[5] Bangen 220.

[6] Annuario pontificio p. 310.

[7] Bangen S. 221; Annuario l. c.

[8] Diese Stelle hat Pius VII. kreirt. Moroni l. c. p. 265.

[9] Diese allein zählt das Annuario l. c. auf, während Bangen noch den Auditor des Papstes und den im Annuario unter den Konsultoren aufgeführten Assessor der Inquisition dazu rechnet.

[10] Bangen S. 221. 223 ff.

schiedenen Mönchsorden ernannt, und endlich fungirt bei ihr noch ein Notar, der zugleich die Stellung des Archivars mit versieht[1].

Die Parteien, welche die Beatifikation, resp. Kanonisation einer verstorbenen Person bei der Kurie betreiben wollen, die s. g. postulatores, haben ihre Stellvertreter aus den procuratores sacri palatii zu nehmen, und ebenso haben ausschliesslich die advocati consistoriales in diesen Angelegenheiten rechtlichen Rath zu ertheilen[2].

In allen diesen Prozessen muss endlich der Promotor Fidei, resp. dessen subpromotor bei Strafe der Nichtigkeit zugezogen werden, dessen Amt darin besteht, alle der Selig-, resp. Heiligsprechung entgegenstehende Momente geltend zu machen[3].

§. 59. *gg. Die Sacra Congregatio Indulgentiarum et Sacrarum Reliquiarum**.

Das Koncil von Trient hatte u. A. durch seine Bestimmungen auch die Missbräuche in Bezug auf die Ertheilung der Ablässe und die Verehrung der Reliquien abzustellen versucht, und zugleich die Ordinarien angewiesen, in wichtigeren Fällen nach Benehmen mit der Provinzial-Synode an den päpstlichen Stuhl behufs Einholung weiterer Verhaltungsmassregeln zu berichten[4]. Obwohl Pius V. durch eine eigene Konstitution: »Etsi Dominici vom 8. Februar 1567[5] die Ausführung jener Reformdekrete zu sichern suchte, so bestand zunächst keine besondere Behörde an der Kurie für diesen Zweig der kirchlichen Verwaltung[6], vielmehr haben die Kongregationen des Koncils, der Bischöfe und Regularen, sowie die des Ritus die betreffenden Angelegenheiten erledigt[7]. Erst Clemens VIII. (1592—1605) hat — die Veranlassung ist nicht bekannt — eine eigene vorübergehende Kongregation der Indulgenzen eingesetzt[8], und erst Clemens IX. errichtete mittelst der Bulle: In ipsis Pontificatus vom 6. Juli 1669 eine ständige Kongregation, deren Wirkungskreis dahin bestimmt wurde: »omnem

[1] Bangen S. 221. 222; Annuario p. 309. 310.

[2] Bangen S. 222.

[3] Bangen S. 225, welcher n. 8 folgendes Anstellungsformular mittheilt: . . . „eligimus in Promotorem fidei cum facultate quibuscunque Congregationibus quae super canonisationibus et beatificationibus huiusmodi tam coram venerabilibus Fratribus S. R. E. Cardinalibus, quam etiam Nobis fient, interveniendi et in eis votum consultivum ferendi ac obiectiones super materiis pro tempore occurrentibus faciendi et super eis tam in facto quam in iure scribendi et quando opus fuerit, tam nos quam dictos Cardinales oretenus informandi et cum hoc ut deinceps in omnibus processibus super dictis canonisationibus et beatificationibus conficiendis et in singulis actis faciendis tanquam pars formalis et ad instar Commissarii Camerae et Fisci Promotoris citari debeas quodque tu interrogatoria cum protestationibus quae tibi videbuntur necessariae, dare . . . valeas“. Wegen dieser seiner Stellung nennt ihn der populäre Sprachgebrauch: avvocato del diavolo, advocatus diaboli. — Ueber den Kanonisations- und Beatifikationsprozess sind ausser den S. 471. n. *. S. 472. n. 4 angeführten Werken von Matta u. Benedict XIV. noch zu vergleichen: Ferraris, prompta bibliotheca s. v. Veneratio Sanctorum und Gonzalez Tellez, comment. ad c. 1. X. de reliq. et venerat. Sanctorum III. 45; Moroni, dizionario 4, 265 ff.; Bangen S. 227—246; s. auch Justus Fontaninus, codex constitutionum quas summi pontifices ediderunt in solenni canonisatione sanctorum a Ioanne XV. ad Benedictum XIII. sive ab anno 993 ad annum 1729. Romae 1729.

* Danielli, praxis recentior tit. 31; Lunadoro-Zaccaria, relazione P. 2. c. 15. p. 61; Ferraris, bibliotheca prompta s. voce Congregationes ecclesiast. Roman. n. 51. ed. Monte Casino. 2, 616; Moroni, dizionario 16, 216 ff.; Bangen S. 247 ff.; Analecta iuris pontificii 1855. p. 2270; Phillips 6, 659 ff.; Al. Prinzivalli, resolutiones seu decreta authentica S. Congregationis indulgentiis sacrisque reliquiis propositae ab anno 1860 ad a. 1861 accurate collecta. Roma 1862; Falise, S. Congreg. Indulgentiarum resolutiones authenticae. Pars prior. Lovanii 1862. Vgl. auch Theodorus a Sancto Spiritu, tractatus dogmat. moral. de indulgentiis. Romae 1723.

[4] Sess. XXI. c. 9. de ref.; Sess. XXV. contin. decr. de indulgentiis; Sess. XXV. de ref. de invoc., venerat. et reliquiis sanctorum.

[5] M. Bull. 2, 228.

[6] Sixtus V. hat in seiner vielerwähnten Bulle: Immensa nichts darüber angeordnet.

[7] Bangen S. 248.

[8] Moroni l. c. p. 217; Bangen a. a. O.

difficultatem ac dubietatem in sanctorum reliquiis aut indulgentiis emergentem quae ad fidei dogma non pertinent (nobis tamen et Romano pontifice pro tempore existente circa graviora difficilioraque consultis) expediendi; ac si qui abusus in eis irrepserint, illos iudicii forma plane postposita, corrigendi et emendandi, causas vero iudicialem formam requirentes ad proprios iudices remittendi;

falsas apocryphas indiscretasque indulgentias typis imprimi vetandi, impressas recognoscendi et examinandi ac ubi nobis seu Romano Pontifici pro tempore existenti retulerit, nostra seu illius auctoritate reiiciendi;

reliquias de novo inventas quas rev. mem. Innocentius Papa III. praedecessor noster in generali concilio Lateran.[1] publica veneratione coli, nisi prius auctoritate Romani Pontificis approbatas, prohibuit, recognoscendi quoque et examinandi;

ac in concedendis indulgentiis sanctorumque reliquiis donandis moderationem adhiberi omniaque pie, sancte et incorrupti fieri curandi«[2].

Die Kongregation besteht ebenso wie die anderen aus einer Anzahl von Kardinälen unter einem Präfekten, einem Prälaten als Sekretär und dessen Substituten, ferner aus einer Anzahl von Konsultoren, zu welchen auch der Monsignor Sacrista, der Magister sacri Palatii, der Secretär der Ritus-Kongregation, der der Propaganda, der Präfekt der päpstlichen Cäremonien und der Promotor Fidei gehören[3].

§. 60. *hh. Die Sacra Congregatio de Propaganda Fide und die Congregatio specialis pro negotiis ritus Orientalis (die Sacra Congregatio pro corrigendis libris ecclesiae Orientalis)**.

Dem Papste gebührt die oberste Leitung des Missionswesens, weil ihm die Jurisdiktion über alle diejenigen Theile der Erde, in welchen die regelmässigen Verfassungseinrichtungen der katholischen Kirche keinen Fuss haben fassen können, unmittelbar und ausschliesslich zusteht. Den Grund zu einer geordneten und regelmässigen Leitung der Verbreitung des katholischen Glaubens unter den Heiden und Ketzern durch Errichtung eines besonderen Organs des päpstlichen Stuhles hat Gregor XIII. (1572—1585) gelegt, indem er für die Direktion der verschiedenen Ordensmissionen unter den Maroniten, Slaven, Griechen, Aethiopiern und Aegyptern eine ständige Kommission von drei Kardinälen errichtete, welche auch zugleich für den Druck von römischen Katechismen und anderen religiösen Büchern in den Sprachen der betreffenden Nationen sorgen sollte[4].

[1] c. 2. X. de reliq. et vener. sanct. III. 45.

[2] M. Bull. 6, 283.

[3] Bangen S. 254; Annuario pontificio von 1865. p. 313. 314, welches 21 Kardinäle als Mitglieder aufzählt.

* Luca, relatio l. c. disc. 23; Cohellius, notitia c. XV. congr. 3; Danielli, praxis recentior tit. 32; Lunadoro-Zaccaria, relazione p. II. c. 16. p. 63; O. Mejer in Jacobson und Richter Zeitschr. Hft. 2. S. 222; derselbe, die Propaganda, ihre Provinzen und ihr Recht. Göttingen 1852. Th. I. S. 89 ff. 179 ff.; Moroni, dizionario 16, 241 ff.; Bangen S. 255 ff.; Analecta iur. pontif. 1855. p. 2268; Phillips 6, 662 ff. Vgl. ferner Piazza, Opere pie di Roma tratt. IX. c. 19. della Congregazione di Propaganda Fide. Roma 1679. p. 749; Sigfridus Bayer, Breve compendium historiae Congregationis de Propaganda Fide. Regiomonti 1721; Görres in seinen histor. politischen Blättern. Bd. 10. S. 84. 146. 193. 271; Prospetto della Gerarchia Episcopale in ogni Rito e dei Vicariati, Delegationi e Prefetture nei luoghi di Missione. Roma 1851. (Mit Notizen des Cav. Pietra 1852.) — Die die Kongregation betreffenden Bullen finden sich in dem Bullarium s. Congregationis de Propaganda Fide. Rom. 1839 —1841. 5 Tom.

[4] Bangen S. 257; Mejer, die Propaganda a. a. O. S. 89.

Nachdem unter Clemens VIII. (1592—1605) die regelmässige Thätigkeit der Kongregation noch fortgedauert, dann aber eingeschlafen war, centralisirte erst der Schüler der Jesuiten Gregor XV. gemäss der dem Orden innewohnenden Tendenz das ganze Missionswesen in der Weise, dass alle für dasselbe bisher auch freiwillig und selbstständig thätig gewesene Faktoren von ein und derselben Hand geleitet werden sollten[1]. Als Organ dafür setzte er mittelst der Bulle: Inscrutabili vom 22. Juni 1622[2] die aus 13 Mitgliedern bestehende Kongregation de Propaganda Fide ein. Als Einnahmequelle wies Gregor ihr u. A. die von den Kardinälen bei ihrer Ernennung für den Kardinalsring zu zahlenden Gebühren[3] zu[4], und gab ihr ferner durch die Konstitutionen: Cum inter multiplices vom 14. Dezember 1622[5] und Cum nuper vom 13. Juni 1623[6] eine Reihe von wichtigen Privilegien, so namentlich das Recht auf Gratis-Ausfertigung aller die Propaganda und die Missionen betreffenden Bullen, Breven, Patente, Instrumente u. s. w.

Der unmittelbare Nachfolger Gregors XV., Urban VIII., liess sich gleichfalls die Hebung der Kongregation sehr angelegen sein, indem er mittelst der Konstitution: Immortalis Dei filius unterm 1. August 1627[7] das Collegium Urbanum de Propaganda fide gründete, in welches Jünglinge aus allen Nationen behufs ihrer Ausbildung für die Mission aufgenommen werden sollten, um dann im Dienste derselben in ihrer Heimath, resp. in einem andern ihnen angewiesenen Missionsdistrikt für die Ausbreitung des katholischen Glaubens zu wirken.

Später haben sich die Einkünfte der Propaganda durch reiche Schenkungen sowohl von Päpsten (wie namentlich von Alexander VII., Innocenz XII. und Clemens XII.) als auch von unzähligen Kardinälen sehr vermehrt[8], jedoch verminderten sich diese beträchtlich in Folge der französischen Okkupation Anfangs dieses Jahrhunderts, nach deren Beendigung Pius VII. durch eine eigene Kardinal-Kommission die Vermögens-Angelegenheiten der Kongregation neu ordnen liess[9]. —

Die Kongregation besteht jetzt aus einem Kardinal-General-Präfekten, welcher auch die Präfektur der Druckerei der Propaganda verwaltet, einem Kardinal-Präfekten der Oekonomie, aus einer Anzahl — 1865 aus 19 — Kardinälen, einem Prälaten-Sekretär und einem Prälaten-Protonotar[10], welchem

[1] Vgl. darüber namentlich Mejer a. a. O. S. 92 ff., welcher nachweist, dass schon vor der Errichtung der Kongregation derartige auf Centralisation gerichtete Pläne nicht nur von den Jesuiten, sondern auch von andern Mönchen entworfen sind, so z. B. von Thomas a Jesu Bentiensis Hispanus Ord. Carmelit. Discalceator. in Belg. Superior, Thesaurus Sapientiae divinae in gentium omnium salute procuranda: Schismaticorum, Haereticorum, Judaeorum, Saracenorum ceterorumque Infidelium errores demonstrans, libris XII. Antwerpiae 1613. lib. III. c. 1 (Opp. ed. Colon. 1683. 1, 48).

[2] M. Bull. 3, 472. Im §. 8 wird der Wirkungskreis der die Kongregation bildenden Kardinäle dahin angegeben: . . . „omniaque et singula negotia ad fidem in universo mundo propagandam pertinentia cognoscant et tractent et graviora quae in praedicta domo congregati tractaverint, ad nos referant, alia vero per se ipsos decidant et expediant pro eorum prudentia. Missionibus omnibus ad praedicandum et docendum evangelium et catholicam doctrinam superintendant, ministros necessarios constituant et mutent. Nos enim eis tam praemissa quam omnia et singula alia desuper necessaria et opportuna, etiamsi talia fuerint, quae specialem, specificam et expressam requirant mentionem, faciendi, gerendi, tractandi, agendi et exequendi, plenam, liberam et amplam facultatem, auctoritatem et potestatem, apostolica auctoritate earumdem tenore praesentium concedimus et impartimur“.

[3] S. oben S. 356.

[4] Const.: Romanum decet pontificem vom 22. Juni 1622 (M. Bull. 3, 473).

[5] M. Bull. 3, 475.

[6] Bullar. Propag. Fidei 1, 37.

[7] Bullar. Propag. 1, 63.

[8] Moroni l. c. p. 246. 247; Bangen S. 259.

[9] Moroni l. c. p. 253; Bangen S. 259.

[10] Mejer, Propaganda S. 179 ff.; Bangen S. 264; Annuario pontificio von 1865. p. 304. Nach demselben ist allerdings der päpstliche

letzteren die Pflicht obliegt, die etwaigen Berichte über das Märtyrerthum von Missionären aus den Missionsländern in den Versammlungen der Kongregationen zu Protokoll zu nehmen, und der Ritus-Kongregation zu übermitteln [1]. Ausserdem gehören zu der Propaganda eine Reihe von Konsultoren und ein nicht unbeträchtliches Subalternpersonal [2].

Die Kompetenz der Kongregation bestimmt sich nach ihrem Zwecke dahin, dass sie das gesammte Missionswesen zu leiten hat. Deshalb hat sie für alle die Missionsländer betreffenden Angelegenheiten eine ausschliessliche Kompetenz, die übrigen Kongregationen greifen hier nicht ein, vielmehr versieht sie die Funktionen aller für die übrigen Gebiete bestimmten Kongregationen und verhält sich also zu den Missionen so, wie alle diese Behörden zusammengenommen zu den Ländern, in denen die ordentlichen Verfassungseinrichtungen der Kirche bestehen [3]. Im Einzelnen wird also das Ressort der Propaganda gebildet:

1. Durch die eigentlichen Missionssachen, wie z. B. die Gründung eines Missionsdistriktes, Bestimmung seiner Grenzen, Deputation der Missionäre, der apostolischen Präfekten, Vikarien u. s. w.

2. Die Ausübung der bischöflichen Jurisdiktions-Rechte über die Missionsdistrikte, sofern diese keinen Diöcesan-Nexus haben und die Kongregation die gedachten Rechte noch nicht delegirt hat. Ist aber ein solcher Diöcesan-Nexus schon eingerichtet, so werden doch immer noch die Bischöfe in ihren Gebieten von ihr dem Papste zur Ernennung vorgeschlagen und von ihm mittelst eines Breves ernannt, nicht wie die Bischöfe in den nicht der Mission unterstehenden Sprengeln im Konsistorium präkonisirt [4].

Zu diesen Jurisdiktions-Rechten gehört auch namentlich die Handhabung der Civil- und Kriminal-Jurisdiktion in Sachen der Missionäre, in denen jedoch so viel wie möglich einfach, sine strepitu iudicii, verfahren wird [5]. Sofern noch kein Diöcesan-Nexus eingerichtet ist, handhabt die Kongregation diese Befugnisse in erster Instanz [5].

3. Endlich steht ihr die Ausübung der päpstlichen Reservatrechte für diese Gebiete, sowie die oberste Entscheidung in allen aus ihnen eingehenden Sachen zu [6].

Alle diese Angelegenheiten kann die Kongregation selbst erledigen, sie ist aber auch befugt, Anfragen und Gesuche aus den Missionsdistrikten je nach ihrer sachlichen Natur den anderen ordentlichen Kurialbehörden, bei denen sich für dieselbe eine feste Praxis entwickelt hat, zur Erledigung zuzustellen, und sich also der technischen Kenntnisse dieser letzteren zu bedienen [7].

Derselbe Grund, dass der Papst sich für die Ausübung seiner obersten Regierungsbefugnisse desjenigen Organes bedient, welches für die betreffenden Angelegenheiten die meiste Erfahrung und Praxis besitzt, liegt

4. dem Usus zu Grunde, dass die Kongregation der Propaganda auch die päpstlichen Fakultäten für die deutschen Bischöfe (die s. g. Quinquennal-Fakultäten) von

Staatssekretär Mitglied der Kongregation. Dass er aber diese Stellung kraft seines Amtes inne hat, wie Mejer a. a. O. S. 180 annimmt, ist nicht nachweisbar. Bangen S. 264. n. 2.

1 Eingesetzt durch Urban VIII. mittelst Dekretes vom 6. Februar 1626. Moroni l. c. p. 254.

2 Bangen S. 264; Annuario p. 305. Letzteres führt als Officiali auf: 4 Minutanti, 1 Archivistro und 1 Computista.

3 Bangen S. 260.

4 A. a. O. S. 262. Nur die orientalischen Patriarchate, welche unter der Propaganda stehen, werden im Konsistorium proponirt.

5 Bangen S. 262. 263.

6 A. a. O. S. 262.

7 A. a. O. S. 261; Mejer, a. a. O. S. 204 ff.

fünf zu fünf Jahren ertheilt und interpretirt [1], obwohl deren Diöcesen nicht zum Missionsgebiet gehören.

Unter Urban VIII. wurde auf Veranlassung König Philipps IV. von Spanien, welcher in Rom über die durch das schismatische Eulogium bei seinen griechischen Unterthanen namentlich in Sicilien, hervorgerufene Verwirrung klagte, eine Congregatio particularis super correctione Euchologii Graecorum eingesetzt, auch öfters für die Erledigung von die orientalische Kirche betreffenden Zweifeln besondere, ebenfalls dem Gremium der Propaganda entnommene Congregationes super dubiis Orientalium ernannt. Die Arbeiten der ersteren geriethen ins Stocken, bis Clemens XI. (1700—1721) sie mit einem weiteren Geschäftskreis als Congregatio super correctione librorum Orientalium restituirte. Trotzdem schritt die Förderung ihrer Hauptarbeit, die Korrektur des Eulogiums, sehr langsam vorwärts und allmählich versiegte ihre Thätigkeit ganz. Benedikt XIV. musste sie daher am Anfang seines Pontifikates nochmals erneuern und nachdem sie die Verbesserung des Eulogiums vollendet hatte [2], hat sie eine Anzahl liturgischer Werke in griechischer und in den orientalischen Sprachen publicirt [3].

In dieser Weise hat die Kongregation bis zum Pontifikat des jetzt regierenden Papstes Pius' IX. bestanden. Letzterer hat sie aber unter gleichzeitiger Errichtung einer neuen, mit weiteren Befugnissen ausgestatteten Behörde, der s. g. Congregatio de Propaganda Fide pro negotiis ritus Orientalis, supprimirt [4].

Die neue Kongregation bildet nach den weiteren Anordnungen Pius' IX. eine ständige Zweigkongregation (specialis et stabilis congregatio) der Propaganda und soll alle in das Bereich der letzteren fallenden Angelegenheiten, soweit sie das Gebiet der orientalischen Kirche und das des orientalischen Ritus betreffen, erledigen, jedoch kann sie auch nach ihrem Ermessen einzelne Sachen vor die allgemeine Kongregation der Propaganda bringen [5]. Der Zusammenhang mit der letzteren zeigt sich auch darin, dass die Kardinäle aus dieser in die Spezial-Kongregation deputirt werden [6] und sie keinen eigenen Präfekten besitzt, sondern der General-Präfekt der allgemeinen Propaganda zugleich ihr Vorsitzender ist. Andererseits hat sie aber besondere Konsultoren, besondere Subaltern-Beamten und einen besonderen Sekretär, jedoch soll dieser stets Konsultor der allgemeinen Kongregation sein, während der Sekretär dieser letzteren

[1] Bangen S. 267. 268; Moy, Arch. 21, 171.

[2] Auskunft über die Geschichte der Kongregation giebt die das korrigirte Eulogium publicirende Encyklika Benedikts XIV.: Ex quo primum vom 1. März 1756 (M. B. M. 19, 192 und Bullar. Bened. XIV. 4, 158) und die Konstitution Pius' IX.: Romani Pontifices vom 6. Januar 1862 (Moy, Archiv. 7, 270). Vgl. auch Moroni l. c. 16, 185; Bangen S. 266. 267; Phillips 6, 671.

[3] Hergenröther in Moys Archiv 7, 178 und die in der vorigen Note citirten.

[4] Mittelst der in Note 2 erwähnten Konstitution: Romani Pontifices. Phillips hat diese letztere völlig übersehen, denn er stellt die Congr. super correctione librorum Orientalium noch als bestehend dar.

[5] Const. cit.: „Omnia itaque negotia quae ex commemoratis Decessoris nostri Gregorii XV. litteris: Inscrutabili aliorumque Romanorum Pontificum Constitutionibus ad eandem Congregationem de Propaganda Fide pertinent, erunt in posterum in duas plane distinctas classes divisa, nempe in negotia latini ritus et negotia orientalis ritus. Nova Congregatio a Nobis instituta omnium Orientalium negotia, etiamsi mixta quae scilicet sive rei sive personarum ratione Latinos attingant, tractare debebit, nisi eadem Congregatio negotia ipsi ad generalem Propagandae Fidei Congregationem deferenda esse interdum existimaverit . . . Iam vero cum haec Congregatio praescripto modo a Nobis excitata pars sit Congregationis Fidei Propagandae tum eidem novae Congregationis eiusque omnibus Officialibus concedimus et impertimur omnes facultates et privilegia Congregationi Fidei Propagandae a Romanis Pontificibus Praedecessoribus Nostris attributa ea plane ratione qua eadem privilegia et facultates in praesentia vigent".

[6] Das annuario pontificio von 1865. p. 306 weist ausser dem Präfekten 8 Mitglieder auf.

immer dieselbe Stellung bei der orientalischen Kongregation einzunehmen hat. Jedem Kardinal endlich ist der Vortrag der Sachen einer oder mehrerer orientalischer Sektionen, als Kardinal-Relator, zugewiesen und ausserdem ein Cardinalis Ponens für die Sammlung der Kanonen der orientalischen Kirche und Prüfung der sonstigen, die letztere betreffenden Bücher deputirt [1].

§. 61. *ii. Die Sacra Congregatio super negotiis Ecclesiae extraordinariis* *.

Die bisher besprochenen Kongregationen sind mit einem Geschäftskreis betraut, welcher einen normalen Zustand der kirchlichen Verhältnisse voraussetzt. Traten früher ausserordentliche Vorkommnisse ein, welche störend in das Gebiet der Kirche eingriffen, so wurden behufs Berathung und Feststellung der zu ergreifenden Massregeln besondere Kommissionen ad hoc ernannt, wie z. B. auch Pius VII. im J. 1805 eine Kongregation für die Regelung der Beziehungen zwischen dem päpstlichen Stuhle und Frankreich einsetzte [2].

Mit Rücksicht auf die durch die vorangegangenen politischen Ereignisse auch auf kirchlichem Gebiet hervorgerufenen Umwälzungen und die daraus sich ergebenden Schwierigkeiten setzte der erwähnte Papst eine stehende Congregatio super negotiis extraordinariis im Jahre 1814 ein, über deren Bedeutung und Zweck in dem an den Sekretär derselben, den Barnabiten-General P. Francesco Fontana erlassenen Schreiben des damaligen Staatssekretärs, Kardinals Pacca, Folgendes bemerkt wird [3]:

> »S. Heiligkeit der Papst hat, geleitet von der Erwägung, dass so viele Jahre der Verwirrung und des Umsturzes eine erhebliche Zerrüttung der religiösen Verhältnisse hervorgerufen haben und dass es der apostolischen Fürsorge obliegt, dagegen Abhülfe zu treffen, den Beschluss gefasst, eine Kongregation von acht in den kirchlichen Wissenschaften ausgezeichneten Kardinälen mit einem stimmberechtigten Sekretär und fünf Konsultoren behufs Berathung und Entscheidung derjenigen Angelegenheiten, welche aus der ganzen katholischen Welt an den heiligen Stuhl gebracht werden, zu ernennen, damit S. Heiligkeit dadurch in den Stand gesetzt werden, diejenigen Beschlüsse und Entscheidungen zu fassen, welche gesunden und richtigen Principien und der päpstlichen Würde entsprechen«.

Demgemäss hat diese Kongregation namentlich die Abfassung und Abschliessung, die Interpretation, Aufrechterhaltung, Beschränkung und Aufhebung der Konkordate, ferner die die kirchlichen Verhältnisse der modernen Staaten im Grossen umfassenden Fragen, und einzelne wichtige, das Verhältniss zwischen Staat und Kirche betreffende Angelegenheiten zu berathen [4].

Weil alle zum Ressort dieser Kongregation gehörigen Sachen von hervorragender Bedeutung sind, kann sie nur eine berathende Stellung neben dem Papst haben [5], da ja auch die anderen Kongregationen in derartigen Fällen nicht selbstständig ent-

[1] Der im Annuario angegebene Schematismus stimmt vollständig mit obigen Angaben überein.

* Moroni, dizionario 16, 156 ff.; Bangen S. 268 ff.; Phillips 6, 672 ff.

[2] Moroni l. c. p. 157.

[3] Der italienische Originaltext, aus welchem die nachstehende Uebersetzung gemacht ist, steht bei Moroni l. c. p. 156. Eine andere Uebersetzung bei Bangen S. 270 und nach ihm bei Phillips 6, 673.

[4] Bangen S. 270. 271.

[5] A. a. O. S. 270.

scheiden dürfen. Aus dieser ihrer Stellung erklärt es sich auch zugleich, dass sie, wie schon oben §. 38 bemerkt ist, zur Vorbereitung gewisser Konsistorialsachen vom Papst benutzt wird.

Die Kongregation besteht aus einer Anzahl — 1865 waren es 11[1] — Kardinälen, einem Prälaten-Sekretär, einem Untersekretär und einer Anzahl von Konsultoren. Einen Präfekten hat die Kongregation statutenmässig nicht. Da aber die zu ihrem Ressort gehörenden Angelegenheiten regelmässig direkte Verhandlungen mit den auswärtigen Regierungen erfordern, so ist der Kardinal-Staatssekretär stets Mitglied dieser Behörde und fungirt sogar als Vorsitzender derselben[2], wenn nicht der Papst aus freien Stücken oder auf Ersuchen der Kongregation, welches diese in Fällen höchster Wichtigkeit zu stellen verpflichtet ist[3], dieselbe vor sich beruft.

Die Zöglinge der für die Ausbildung zur Prälatur bestimmten, von Benedikt XIV. gegründeten Academia ecclesiastica haben das Privilegium, behufs ihrer Belehrung an den Arbeiten der Kongregation Theil zu nehmen[4].

§. 62. *kk. Die Kongregationen für das Gebiet der Stadt Rom.*

Für die geistliche Leitung der Stadt Rom und ihres Gebietes (s. oben S. 212) bestehen folgende Kongregationen:

1. Die Sacra Congregatio caeremonialis[5]. Auf Grund der Bestimmungen Sixtus' V. scheint früh aus der Congregatio rituum eine besondere Kongregation behufs Wahrnehmung der Funktionen derselben für den päpstlichen Hof ausgesondert worden zu sein[6]. Sie hat über die Ordnung der liturgischen Handlungen und das Cäremoniell in den päpstlichen Kapellen, bei allen feierlichen Funktionen der Kardinäle und Prälaten, sowie auch bei allen nicht gottesdienstlichen Feierlichkeiten (wie z. B. bei den öffentlichen Konsistorien, Aufzügen und Audienzen) zu wachen. Ferner entscheidet sie Zweifel, welche in Bezug auf das Cäremoniell, also über den Vortritt und die Auszeichnungen der Kardinäle, der Prälaten und selbst der Repräsentanten weltlicher Mächte entstehen können[7]. Ihr Präfekt ist der jedesmalige Kardinaldekan, ausser den Kardinal-Mitgliedern — 1865 waren es ohne den Vorsitzenden 11[8] — besteht sie noch aus einem Sekretär. Als Konsultoren fungiren die päpstlichen Cäremonienmeister.

2. Die Sacra Congregatio Visitationis apostolicae[9]. Die den Bischöfen durch das Tridentinum Sess. XXIV. c. 3. de ref. auferlegte Pflicht, ihre

[1] Annuario pontificio von 1865. p. 318.

[2] Bangen S. 272. Danach ist Phillips 6, 674 zu berichtigen, welcher den Staatssekretär zum Präfekten der Kongregation macht. Das Annuario pontificio l. c. stimmt mit dem Text und mit Bangen überein, denn es erwähnt keines Präfekten und zählt den jetzigen Staatssekretär, Kardinal Antonelli, unter den „componenti la s. congregazione Emi e Rmi Signori Cardinali" auf.

[3] So nach dem in der ersten Sitzung vom 16. August 1814 entworfenen Geschäftsregulativ. S. Moroni l. c. p. 157.

[4] Bangen S. 273.

[5] Lunadoro-Zaccaria, relazione p. II. c. 14. i. f. p. 60; Moroni, dizionario 16, 168; Bangen S. 283; Phillips 6, 676.

[6] Wenn Moroni und Bangen a. a. O. behaupten, dass Sixtus V. diese Kongregation in der Bulle: Immensa errichtet habe, so ist dem gegenüber zu halten, dass nach dem oben S. 471 mitgetheilten Text der letzteren die Funktionen dieser Kongregation noch der allgemeinen für die Ritus - Angelegenheiten eingesetzten beigelegt werden. Card. de Luca relatio. disc. XXIII. n. 12 erwähnt zwar eine Congregatio super Caeremoniali, aber er rechnet sie nicht zu den ständigen.

[7] Bangen a. a. O.

[8] Annuario pontificio von 1865. p. 312.

[9] Card. de Luca, relatio. disc. XXIV.; Lunadoro-Zaccaria p. II. c. 25. p. 76; Moroni l. c. p. 285; Bangen S. 284; Phillips a. a. O.; Analecta iur. pontif. 1855. p. 2748.

Diöcesen zu visitiren, erfüllen die Päpste in Bezug auf Rom und dessen Distrikt durch die eben genannte Kongregation. In der Konstitution: Speculatores vom 8. Juni 1592[1] kündigte Clemens VIII. eine von ihm selbst vorzunehmende derartige Visitation an und ernannte gleichzeitig mehrere Kardinäle und Bischöfe zu Gehülfen bei der Vornahme derselben. Von der Errichtung einer ständigen Kongregation für die Ausübung des päpstlichen Visitationsrechtes ist in dieser Bulle nicht die Rede, ebensowenig in der Bulle Urbans VIII.: Militantem vom 27. März 1624[2], in welcher dieser unter Ertheilung einer Reihe besonderer Vollmachten[3] mehrere Erzbischöfe und Bischöfe zu Visitatoren Roms deputirte. Das Gleiche gilt von der von Alexander VII. in der Konstitution: Commissam nobis ecclesiam vom 10. Januar 1655[4] angezeigten Visitation, zu welcher allerdings eine Reihe von Kardinälen als Gehülfen zugezogen worden sind[5]. Erst bei der von Innocenz XII. in Gemässheit der Bulle: Agrum universalis ecclesiae vom 11. Januar 1693[6] abgehaltenen Visitation wird einer schon längst bestehenden Congregatio super Negotiis Visitationis Apostolicae gedacht[7]. So wahrscheinlich es ist, dass diese aus einer der nur vorübergehend ernannten Visitations-Kommissionen zu einer ständigen geworden ist, so zweifelhaft bleibt es (wenigstens nach dem zugänglichen Material), ob schon Clemens VIII.[8] oder Urban VIII.[9] die hier in Rede stehende Kongregation eingesetzt hat.

Die ordentlichen Funktionen derselben bestehen darin, die Erfüllung der Mess-Verpflichtungen und anderen Obliegenheiten der Kirchen Roms und seines Distriktes zu überwachen.

Die Präfektur der Kongregation behält sich der Papst selbst vor. Die Zahl der zu ihr gehörigen Kardinäle bestimmt derselbe ebenfalls[10]; es gehört aber stets zu ihr der Kardinal-Vikar, weil dieser als General-Vikar des Papstes, welcher die Geschäfte des Ordinarius für das römische Diöcesan-Gebiet zu versehen hat, selbstverständlich von den an die Kongregation gelangenden Angelegenheiten unterrichtet sein muss; ja wegen dieser seiner Stellung hat er auch die Geschäftsleitung bei derselben[11]. Ausserdem gehören zur Kongregation ein Prälat als Sekretär, mehrere Konsultoren, ein Kanzler (Notar), ein Assessor mit seinem Substituten, 2 Minutanten und ein Fiskal[12].

Von dieser regelmässigen Visitation ist die visitatio extraordinaria zu unterscheiden, welche von den Päpsten gewöhnlich nach Antritt des Pontifikates feierlich eröffnet und von ihnen, wenigstens zum Theil in Person vorgenommen wird. Zu ihrer Unterstützung ernennen sie dabei in der Regel eine spezielle Kommission von Kardinälen und Prälaten, zu welcher natürlich auch die Mitglieder der hier in Rede stehenden Kommission zugezogen werden können. Eine solche Visitation erstreckt sich dann auf alle Punkte, auf welche die Diöcesan-Visitation überhaupt gerichtet wird.

[1] M. Bullar. 3, 7.

[2] M. Bullar. 4, 42.

[3] S. die weiteren 6 Konstitutionen a. a. O. p. 43—46.

[4] M. Bullar. 6, 19.

[5] Vgl. die ferneren 9 Konstitutionen ibid. p. 20—25.

[6] M. Bullar. 7, 203.

[7] §. 3 der Konstitution: „Porro in huiusmodi operis consortium . . . nonnullos ex venerabilibus fratribus nostris S. R. E. Cardinalibus, necnon episcopos et Romanae Curiae praelatos aliquos advocabimus ultra alios super negotiis Visitationis Apostolicae Ecclesiarum et locorum piorum eiusdem Urbis auctoritate Apostolica dudum institutae deputatos, quorum consilio atque opera in re tam salubri atque ardua utamur".

[8] So sagt Moroni l. c. p. 285.

[9] Dies ist die Meinung von Luca l. c. n. 3.

[10] Das Annuario pontificio von 1865. p. 298 ergiebt 13 Mitglieder.

[11] Daher wird er auch im Annuario a. a. O. als presidente aufgeführt.

[12] Bangen S. 286; Annuario p. 298.

Die Akten derselben werden an das Archiv der Kongregation der ordentlichen Visitation abgeliefert.

Letztere kann übrigens gleichfalls Kommissarien für eine ausserordentliche Visitation deputiren, wenn besondere Gründe (z. B. der Verdacht der Entfremdung der Stiftungen von ihren eigentlichen Zwecken) vorhanden sind, und der Kardinal-Vikar eine solche aus eigenem Antriebe oder auf Anzeige der betheiligten Personen verlangt[1]. Endlich gehört hierher noch

3. die Congregatio criminalis Vicarii Urbis, von der in §. 64 gehandelt werden wird.

Anhang: *Von den Kongregationen für den Kirchenstaat.*

Der vollständigen Uebersicht wegen mögen hier noch einige Bemerkungen über diejenigen Kongregationen des Kirchenstaates folgen, welche noch eine gewisse kirchliche Bedeutung besitzen oder doch wenigstens eine solche gehabt haben und daher noch immer zur kirchlichen Kurie gerechnet werden. Zunächst ist hier zu erwähnen:

1. Die Congregatio super consultatione negotiorum status ecclesiastici[2] (schlechthin la Sacra Consulta genannt). Diese Behörde hat Sixtus V. in seiner Constitutio: Immensa eingesetzt[3], um Zweifel, Anfragen und Beschwerden in den Civil-, Kriminal- und gemischten Sachen des weltlichen Forums zu erledigen, und so wurde sie eine Behörde, welche das Beamtenwesen des Kirchenstaates überwachte und zugleich für einen geordneten Rechtszustand desselben sorgte[4].

Im Laufe der Zeit zog aber die Kongregation die wichtigeren Kriminalsachen aus den Theilen des Kirchenstaates, welche nicht durch einen Kardinal-Legaten verwaltet wurden, an sich, wogegen sie für diejenigen, welche einem solchen untergeben waren, die höhere Instanz bildete. In Folge dieser rein richterlichen Befugnisse, bei denen das nöthige Aktenstudium und das Geschäft des Referirens durch die zu der Kongregation gehörigen Prälaten versehen wurde, sonderte sich ein besonderes Tribunal erster und höherer Instanz, das Tribunal der Konsulta aus, dessen Mitglieder Prälaten waren, das aber unter dem Kardinal-Präfekten stand. Die Kongregation der Kardinäle übte dagegen nur die Aufsicht über diesen Gerichtshof, entschied in Rekursen gegen denselben und behielt die vorhin gedachten Verwaltungsangelegenheiten.

Durch die Gesetzgebung Pius' VII.[5], Leos XII.[5] und Gregors XVI. ist aber die Stellung der Sacra Consulta in mancher Hinsicht geändert worden. Nach dem Regolamento Organico e di procedura criminale des letztgedachten Papstes vom 5. November 1831 entscheidet jetzt das s. g. Tribunale criminale supremo della consulta als Appellationsgericht für Rom und einige andere Theile des Kirchenstaats und als Tribunal letzter Instanz in allen Kapitalsachen, möge darüber ein anderes Kriminalgericht des Kirchenstaates oder die Appellationsabtheilung der Konsulta selbst erkannt haben; endlich erkennt es ausschliesslich über Staatsverbrechen (Hochverrath, Verschwörung, Majestätsbeleidigung u. s. w.)[6] und Forstvergehen, sowie unter Umständen in zweiter Instanz über gegen das Aerar verübte Vergehen[7]. Den Vorsitz

[1] Bangen S. 287.
[2] de Luca, relatio. disc. XXV.; Lunadoro-Zaccaria p. II. c. 17. p. 65; Moroni l. c. p. 181; Bangen S. 290; Phillips 6, 675.
[3] Congregatio XV. (M. Bull. 2, 672.)
[4] Bangen S. 291.
[5] Moroni l. c. p. 184.
[6] Bangen S. 291; Moroni l. c. p. 183. 184 (Raff. Marchetti), Notizia delle giurisdizioni che sono in vigore nello stato pontificio. Roma 1850. p. 85. 90.
[7] Marchetti p. 89.

führt jetzt in jeder der beiden Abtheilungen ein Prälat[1]. In Folge dieser Entwicklung ist die Kongregation selbst so gut wie bedeutungslos geworden, und da ihre sonstigen Befugnisse auf das Staatssekretariat übertragen worden sind[2], scheint sie vollkommen eingegangen zu sein[3].

2. Die Sacra Congregatio reverendae Fabricae S. Petri*, errichtet von Clemens VIII., zur Verwaltung der Einkünfte der Peterskirche mit der Vollmacht, die ihren Zwecken entfremdeten Stiftungsgelder zum Bau der gedachten Basilika zu verwenden, sowie unbestimmte fromme Vermächtnisse und Verfügungen (dispositiones piae incertae ad incerta pia opera) ebenfalls der Fabrika der Peterskirche zuzusprechen. In den Streitigkeiten, welche aus Anlass der Ausübung ihrer Befugnisse (z. B. mit den Erben) entstehen, hat sie auch richterliche Befugnisse.

Ausser dieser Kongregation zählt das Annuario pontificio unter dem Abschnitt: »Sacre Congregazioni« noch folgende auf:

3. Die Congregazione Lauretana**, eingesetzt von Innocenz XII. durch die Bulle: Sacrosancta Redemptoris vom 5. August 1698[4] zur Ueberwachung der dem Papst über das Heiligthum[5] in Loreto zustehenden Rechte und Entscheidungen aller die Interessen desselben und der dem Dienst desselben attachirten Personen (selbst laikalen Standes) betreffenden Streitigkeiten.

4. Die Congregazione degli studj***. Schon Sixtus V. hatte in der Bulle: Immensa eine Congregatio pro Universitate studii Romani eingesetzt[6]. Diese scheint aber in Verfall gerathen zu sein und da Pius VII. durch den Tod gehindert wurde, eine ähnliche Kongregation wieder ins Leben zu rufen, blieb es Leo XII. vorbehalten, diesen Plan zu realisiren. Die mittelst seiner Konstitution: Quod divina sapientia vom 28. August 1824[7] errichtete Congregazione degli studj, welche aus einem Präfekten und mehreren Kardinälen, einem Sekretär und seinem Substituten, sowie einem Rechnungsführer (Computista) besteht[8], ist zur Ueberwachung und Leitung des Unterrichtswesens in Rom und dem Kirchenstaat bestimmt, und es unterliegen ihrer Aufsicht sämmtliche Universitäten, die öffentlichen und Privat-Schulen, endlich auch alle mit dem Unterricht sich befassenden Korporationen und Individuen.

5. Die Congregazione speciale per la riedificazione della basilica di S. Paolo†, zum Wiederaufbau der zerstörten Kirche St. Paul ausserhalb der Mauern, errichtet von Leo XII. im J. 1825.

1 Marchetti l. c. p. 85; Annuario pontificio p. 337.

2 Moroni p. 183; Bangen S. 292.

3 Wenigstens führt das Annuario die Kongregation nicht mehr auf.

* de Luca relat. disc. XX.; Lunadoro-Zaccaria, relazione p. II. c. 20. p. 71; Moroni, p. 199; Marchetti p. 52; Bangen S. 278; Phillips 6, 675; Annuario p. 317.

** Moroni p. 237, wo auch die sie betreffenden päpstlichen Konstitutionen angeführt sind; ferner Marchetti p. 60; Annuario p. 317.

4 M. Bull. 7, 316.

5 Des angeblich von Engeln aus dem heiligen Lande fortgetragenen und nach mehreren Translokationen im J. 1294 zu Loreto (einige Meilen südlich von Ankona) niedergesetzten Hauses der Jungfrau Maria. S. Gieseler, Kirchengeschichte II. 4, 335.

*** Moroni p. 275 ff.; Analecta iuris pontificii 1855. p. 2263.

6 Congr. X. (M. Bull. 2, 670).

7 Bull. Roman. cont. 16, 85.

8 Annuario pontificio p. 319.

† Moroni dizionario 12, 220; 16, 272; Annuario l. c.

§. 63. *II. Die Verfassung der Kongregationen im Allgemeinen. Die Natur ihrer Jurisdiktion.*

Wegen der eigenthümlichen Organisation der Kongregationen und des eigenthümlichen Geschäftsganges bei denselben, habe ich es angemessen gehalten, die allgemeinen Bemerkungen, welche in Betreff derselben zu machen sind, nicht der Besprechung der einzelnen voranzustellen, sondern dieselben erst hier nach der Darstellung der Kompetenz und Verfassung jeder besonderen folgen zu lassen.

I. Was zunächst das Personal betrifft, so zerfällt dasselbe in die eigentlichen Kongregations-Mitglieder, welche in den kollegialischen Versammlungen eine entscheidende Stimme haben, ferner in solche Personen, welche die Sachen namentlich durch Ertheilung ihres Rathes zur Entscheidung vorzubereiten haben, unterstützende Personen[1], 'und endlich in das Subalternpersonal. Die ersteren sind Kardinäle. Sie werden für jede Kongregation vom Papst und zwar in einer denselben passend erscheinenden Anzahl deputirt. Die unterstützenden Personen werden dagegen gewöhnlich aus den Prälaten genommen.

Die oberste Leitung der Kongregation hat ein vom Papst ernannter Kardinalpräfekt, sofern dieser nicht selbst, wie z. B. in der Congregatio S. Officii, den Vorsitz führt (s. oben S. 448). Zur Hülfeleistung bei den Geschäften steht dem Präfekten ein Sekretär zur Seite, welcher gewöhnlich ein Prälat, ausnahmsweise, z. B. bei der eben gedachten Kongregation, ein Kardinal ist.

Die Befugnisse des Präfekten lassen sich näher dahin zusammenfassen: Er hat den Geschäftsgang bei der Kongregation zu leiten, die Sitzungen abzuhalten und in ihnen zu präsidiren, endlich die Erlasse und Dekrete zu unterzeichnen[2].

Der Sekretär nimmt aushülfeweise an sämmtlichen Funktionen des Präfekten Theil und bearbeitet die Geschäfte, welche durch einfache Audienz beim Papst erledigt werden[3], und solche, welche den Kardinal-Präfekten, resp. ihm selbst kraft der ihnen ertheilten Fakultäten zugewiesen sind[4].

Die Unterschrift beider unter Hinzufügung des Siegels verleiht den Resolutionen und Sentenzen der Kongregationen ihre Authenticität[5].

In einzelnen, so in der Congregatio concilii (s. oben S. 458), hat auch der Sekretär die Sachen in den Sitzungen vorzutragen, ein Stimmrecht hat er aber für die Regel nicht, doch kommt ihm ein solches in der eben gedachten Kongregation zu[6].

II. Was die Natur der zu erledigenden Angelegenheiten und das Verfahren betrifft, so können diese theils kontentiöser, theils nicht streitiger, theils kriminalrechtlicher Natur, endlich auch blosse Konsultationen sein.

Mit den ersteren haben die Kongregationen des Koncils und der Bischöfe und Regularen am meisten zu thun, aber auch vor der Propaganda (s. S. 476) und der Kongregation der Riten können dergleichen Sachen zur Verhandlung kommen; so gehören vor die letztere namentlich die Kanonisations- und Beatifikationsprozesse und die Prozesse über Rangstreitigkeiten (s. S. 471).

[1] So nennt sie Bangen S. 10.
[2] Analecta iur. pontif. 1855. p. 2275.
[3] Für den Vortrag bei dem Papst haben die Sekretäre der Kongregationen ihre ein für alle Mal festgesetzten Audienztage. Analecta l. c. p. 2382 und Bangen S. 466, wo ein Verzeichniss der ordentlichen päpstlichen Audienzen mitgetheilt ist.
[4] Analecta l. c. p. 2280; vgl. beispielsweise oben S. 458.
[5] Analecta l. c. p. 2378.
[6] L. c. p. 2382.

Das Verfahren der Congregatio concilii [1] bildet dafür im Allgemeinen das Vorbild, weshalb in dieser Hinsicht auf die frühere Darstellung verwiesen werden kann (s. S. 461) [2]. Hervorzuheben ist hier nur, dass sich die Kongregationen weder mit der Vornahme der nöthigen prozessualischen Handlungen, noch mit der Konfektion der Akten befassen, sondern zu diesem Zwecke die ordentlichen Richter erster Instanz requiriren, und dass sie ferner nicht an die strengen Formen des ordentlichen kanonischen Prozesses gebunden sind, vielmehr sine figura et strepitu iudicii, also summarisch, freilich ohne die wesentlichen Grundbedingungen jedes Prozesses zu verletzen, verhandeln [3].

Die nicht streitigen, also die reinen Administrativsachen werden bald auf dem Wege des ordentlichen Geschäftsganges in die Plenarsitzung gebracht und dort entschieden (iuris ordine servato), oder wenn sie minder wichtig sind, theils nach abgekürztem Vorverfahren dem Plenum unterbreitet und so (per summaria precum) erledigt, theils durch den Präfekten mit Beihülfe des Sekretärs entschieden [4]. Die Bestimmung über den einzuschlagenden Weg der Behandlung steht den beiden letztgedachten Personen zu [5].

Derselbe Geschäftsgang wird auch bei den Konsultationen beobachtet [6].

Die Kriminalsachen gelangen mit Ausnahme der Congregatio criminalis Urbis Vicarii erst in zweiter Instanz an die Kongregationen, und zwar können solche vor der Congregatio S. Officii, der C. episcoporum et regularium, der Congregatio Immunitatis und der C. de Propaganda fide zur Verhandlung kommen [7].

III. Der Charakter der Jurisdiktion der Kongregationen. Die Kongregationen erledigen die ihrem Ressort zugewiesenen Geschäfte Namens des Papstes in höchster Instanz. Da ihnen diese aber ein für alle Mal ständig übertragen sind, so muss ihnen nach den früheren Ausführungen [8] eine iurisdictio ordinaria zugeschrieben werden. Ueben sie auch die Jurisdiktion des Papstes aus, so haben sie doch alle Merkmale der mit der ordentlichen Regierungsgewalt in der Kirche betrauten Behörden, weil sie eben fest und dauernd organisirt und ebenso ihre Befugnisse ein für alle Mal bestimmt sind. Das ist auch die gewöhnliche Annahme [9], nur passt der von manchen Vertretern derselben [10] herangezogene Vergleich der Stellung des Generalvikars zum Bischof nicht. Der Generalvikar übt zwar auch die ordentliche Jurisdiktion eines andern aus, aber dieser hat nur nach der von mir gewählten Bezeichnung [11] eine iurisdictio quasi ordinaria, weil das Amt des Generalvikars kein nothwendig und überall in der Organisation der Hierarchie vorkommendes ist, und auch in jedem einzelnen Fall die Rechte des Generalvikars ad libitum des Bischofs durch Widerruf beseitigt werden können, während die Gewalten den Kongregationen dauernd verliehen sind und nur dadurch beseitigt werden können, dass der Papst sie entweder durch einen Akt der

1 Vgl. darüber Analecta l. c. p. 2393 ff.

2 Ueber die Kanonisations- und Beatifikationsprocesse s. oben S. 472.

3 Bangen S. 12. Hinsichtlich der Processkosten gilt der Grundsatz, dass jede Partei die von ihr aufgewendeten trägt, nur ausnahmsweise in Spolien-Alimentensachen und bei aus Missachtung gegen den h. Stuhl oder während des Rekurses an denselben vorgenommenen Attentaten, kommt die sonstige allgemeine Regel, dass der Unterliegende dem Sieger die Kosten zu erstatten hat, zur Anwendung. S. Analecta 1867. p. 1016.

4 Bangen S. 13.

5 Analecta 1855. p. 2406.

6 L. c. p. 2410 ff.

7 L. c. p. 2413 ff.

8 S. oben S. 171.

9 S. das Gutachten von Fagnan. in seinem Kommentar zu c. 14. X. de maior. et obed. I. 33. n. 63 ff.; Bangen S. 9; Analecta l. c. p. 2239. 2277. 2369. 2370; Phillips 6, 569.

10 Analecta l. c. p. 2370; Phillips a. a. O.

11 S. oben S. 184.

Gesetzgebung aufhebt oder die Erledigung einer einzelnen Sache als iudex ordinarius singulorum an sich zieht und damit eine Befugniss ausübt, welche auch sonst den anderen iudices ordinarii zusteht. Es unterliegt daher auch keinem Zweifel, dass die Kongregationen beim Tode des Papstes ihre Jurisdiktion nicht verlieren [1].

Eine selbstverständliche Ausnahme tritt aber ein, wenn blos ausserordentlicher Weise einer Kongregation die Erledigung gewisser ihr nicht ressortmässig zukommender Angelegenheiten übertragen wird; hier erhält dieselbe natürlich nur eine iurisdictio delegata im eigentlichen Sinne.

Dagegen kann bei solchen Kongregationen, wie der Congregatio super negotiis ecclesiae extraordinariis (s. §. 61), welche nur eine berathende Stellung neben dem Papste haben und allein die Sachen für die Entscheidung des letzteren vorbereiten, also kein selbstständiges Ressort besitzen, von einer Jurisdiktion überhaupt nicht die Rede sein.

Besondere Besprechung verdient noch folgender Punkt: In wichtigeren Fällen und Fällen von präjudizieller Bedeutung haben auch die Kongregationen, welche sonst selbstständig entscheiden, vorher die Willensmeinung des Papstes einzuholen [2], und es fragt sich daher, ob auch hier ihre iurisdictio noch als eine ordinaria betrachtet werden kann. M. E. muss das verneint werden. Denn hier fehlt der betreffenden Congregatio die Befugniss, allein und selbstständig zu entscheiden, sie hat, wenngleich der Erlass auch nachher nur in ihrem Namen, nur mit der Bemerkung, dass der Papst konsultirt ist, ergeht, hier der von letzterem kundgegebenen Ansicht zu folgen und erscheint daher nur als eine Behörde, welche eine berathende und vorbereitende Funktion hat.

§. 64. *c. Der Stellvertreter des Papstes für die Diöcesan-Verwaltung von Rom. Der Cardinalis Vicarius Urbis*.*

I. Geschichtliche Einleitung. Je mehr die römische Kirche auf die übrigen Länder einen Einfluss gewann und die Leitung der allgemeinen Angelegenheiten den Papst und das Kardinal-Kollegium in Anspruch nahm, desto weniger konnten beide sich mit der Verwaltung des unmittelbaren römischen Gebietes befassen. Früher wurde diese unter dem Papst durch das später zum Kardinalskollegium umgebildete Presbyterium der römischen Kirche, ferner den Archipresbyter und den Archidiakonus geführt [3]. Mit dem Wegfallen der beiden letztgedachten Aemter, namentlich

[1] S. oben S. 372.

[2] Const. Sixti V.: Immensa aeterni vom 22. Januar 1587 declar. facultat. §. 3 (M. Bull. 2, 673): „Et quoniam divinis oraculis admonemur, ubi multa consilia, ibi salutem adesse, easdem Congregationes pro earum arbitrio viros sacrae theologiae, Pontificii Caesareique iuris peritos et rerum gerendarum usu pollentes in consultationibus advocent atque adhibeant, ut causis, quaestionibus et negociis quam optime discussis quae dei gloriae animarumque saluti et iustitiae atque aequitati consentanea maxime erunt, decernentur: graviora vero quaecumque ad nos vel successores nostros deferantur, ut quid secundum deum expediat eius gratia adiuvante, mature statuimus". Für die Congregatio concilii und die Congregatio Rituum ist die Entscheidung unter Einholung der Willensmeinung des Papstes in gewissen Fällen noch besonders vorgeschrieben. S. oben S. 458. 472.

* Cohellius, notitia cardinalatus c. 55; de Luca, relat. curiae Romanae. disc. XIII.; Card. de Petra, commentarii ad const. Pauli II. const. Licet. Tom. V. p. 189 ff.; Danieli, praxis recentior tit. 14; Prattica della Curia Romana c. 5. p. 28 ff.; Honorante, praxis Secretariae tribunalis Cardinalis Urbis Vicarii. ed. 2. Rom. 1762; Ferraris, prompta bibliotheca s. v. Vicarius Urbis; Bangen, die römische Kurie S. 287 ff.; Analecta iur. pontificii 1855. p. 2732ff.; Moroni 99, 64 ff.; Phillips 6, 526 ff.

[3] S. oben S. 359 ff.

des Archidiakonats, war daher die Nothwendigkeit gegeben, die jurisdiktionellen Befugnisse des Papstes einem anderen Beamten zu übertragen und als dieser tritt ebenso wie in den anderen Diöcesen der General-Vikar auf. Als ersten derartigen Vertreter des Papstes hat man den unter Innocenz III. vorkommenden Kardinalbischof von Porto[1] betrachtet[2]. Allein das Gewicht, welches in der betreffenden Dekretale auf die Abwesenheit des Papstes von Rom gelegt wird, deutet darauf hin, dass es sich hier noch nicht um einen mit dem späteren General-Vikar (Vicarius Urbis) völlig identischen Beamten handelt[3]. Möglicher Weise gab aber die Sitte, einen Vikar für den Fall der Abwesenheit des Papstes in Rom einzusetzen, den Anstoss dazu, ebenfalls bei anderweitiger Verhinderung des letzteren, also auch bei Ueberhäufung desselben mit sonstigen Geschäften, einen Vikar zu ernennen. Keinesfalls kann der in der erwähnten Dekretale gedachte Vikar mit den Stellvertretern zusammengestellt werden, welche die Päpste später, wenn sie Rom verliessen, ab und zu mit ausgedehnten Vollmachten einsetzten[4]. Letztere repräsentirten den Papst in seiner päpstlichen Würde, wie sie denn auch ausdrücklich als legati de latere bezeichnet werden[5], während der von Innocenz III. in der Stadt zurückgelassene Vikar wegen der Stellung der Dekretale, welche sich im Titel: de officio vicarii und nicht im Titel: de officio legati (I. 30) findet, nur als ein mit der bischöflichen Machtvollkommenheit ausgerüsteter Repräsentant des Papstes angesehen werden kann[6].

Die älteste Bestellungsurkunde eines Vikars, welche uns erhalten ist, ist die Benedikts XII. vom J. 1341 für den Bischof von Assisi[7]. Ihr Inhalt, sowie die Ernennung des Vikars ad beneplacitum bestätigt die oben hingestellte Annahme, dass zunächst nur besondere, vorübergehende Verhältnisse derartige Ernennungen veranlassten. Noch im 15. Jahrhundert ist die Sitte der Deputirung des Vikars ad beneplacitum beibehalten worden[8], dagegen seit dem sechszehnten die Bestellung auf Lebenszeit üblich geworden[9].

Vom 14. Jahrhundert ab wurden für die Regel Bischöfe als Vikarien kommittirt[10],

[1] c. 5 (a. 1206) X. de officio vicarii. I. 28: . . . „quoniam iurisdictio vicarii quem Romanus pontifex in Urbe reliquit, non extenditur extra illam, nisi ei specialiter sit concessum, praesertim cum ipse moratur in sua provincia speciali, videlicet inter Capuanam provinciam et Pisanam“. . .

[2] S. z. B. Gonzalez Tellez, comm. ad c. cit. n. 2. 6.

[3] Phillips 6, 527. 528.

[4] S. Const. Pauli III.: Licet potestatis vom 22. März 1538 (M. B. 1, 726); Const. Clement. VIII.: Licet potestatis vom 3. April 1598 (M. B. 3, 76): Cohellius l. c. p. 303; Benedict. XIV. de syn. dioeces. II. c. 3. n. 1; Phillips 6, 528.

[5] S. die in der vorigen Anmerkung citirten Konstitutionen.

[6] Dasselbe gilt wohl auch von dem in der Inskription von c. 13 (Honorius III.) X. de excess. praelat. V. 31 erwähnten P. tit. sanctae Pudentianae presbyter cardinalis, vicarius noster. S. Cohellius l. c.; Gonzalez Tellez ad c. 13 cit. und dem S. tituli S. Mariae Transtiberim presbyter cardinalis vicarius noster in urbe in dem Schreiben Innocenz' IV. bei Baluze miscell. ed. Paris. 7, 441.

[7] Bei Du Fresne, Du Cange s. v. vicarius summi pontificis: „Te in urbe supradicta eiusque suburbiis et districtu vicarium nostrum in spiritualibus usque ad nostrum beneplacitum tenore praesentium constituimus ac etiam deputamus, visitandi ecclesias, monasteria et loca ecclesiastica, secularia et regularia quorumcunque ordinum, non exempta nec privilegata et tam ecclesiarum, monasteriorum et locorum ipsorum quam alias personas ecclesiasticas urbis, suburbiorum et districtus praedictorum cuiuscumque status, ordinis vel conditionis existant nec non reformandi quae in eis reformationis ministerio noveris indigere, earum et cuiuslibet excessus et crimina corrigendi et puniendi aliaque faciendi et exercendi auctoritate nostra quae ad huiusmodi vicariatus officium pertinere noscuntur“.

[8] Const. Pauli II.: Licet ecclesiarum vom 16. September 1464 (M. Bull. 1, 381).

[9] Const. Pauli III.: Licet ecclesiarum vom 3. November 1542 (L. c. 1, 765).

[10] S. die Anführungen in den vorangehenden Anmerkungen; Cohellius l. c.; Phillips 6, 529.

seit einem Dekrete Pauls IV. vom 18. November 1558 soll aber der Vikar aus den Kardinälen genommen werden[1].

II. Oertlicher Umfang der Jurisdiktion des Vicarius Urbis. Der Jurisdiktionsbezirk des Vikars begreift die Stadt Rom, ihre Vorstädte und die s. g. Comarca di Roma[2]. In Folge dessen entstanden öfters Streitigkeiten mit den Bischöfen der suburbikarischen Diöcesen, weil einzelne Theile derselben innerhalb des Gebietes der Comarca lagen. Für die Entscheidung dieser Kontroversen hat die Rota im J. 1712 das Princip adoptirt, dass der Vicarius Urbis behufs Geltendmachung seiner Jurisdiktion über einen im Umfange eines suburbikarischen Bisthums gelegenen Ort die Dismembration des letzteren von dem ersteren nachweisen müsse[3], und Benedikt XIV. hat diese Auffassung sanktionirt, indem er erklärte, dass dem Vicarius Urbis keinerlei Jurisdiktion in den suburbikarischen Diöcesen zustehe[4].

III. Der materielle Umfang der Jurisdiktion des Vikars. Früher wurden die Vollmachten desselben in jedem einzelnen Falle bei der Ernennung normirt[5]. Indessen finden sich seit dem 16. Jahrhundert, vgl. die Bulle Julius' III.: Decet Romanum vom 28. März 1512[6], Bestimmungen, welche unabhängig davon die Kompetenz des Vikars bestimmen und damit eine regelmässig sich wiederholende Ernennung derartiger Beamten voraussetzen. Die Konstitutionen, welche die Jurisdiktion des Vikars allmählich erweitert, dann aber wieder eingeschränkt haben, sind ausser den bereits gedachten die Const. Julius' III.: Cum sicut vom J. 1550[7], Const. Pius' V.: Considerantes varia vom 12. September 1566[8], Const. Clemens' VIII.: Debitum pastorale vom 21. Februar 1600, §§. 11 ff. und Cum sicut vom 14. Dezember 1605[9], Const. Pauls V.: Superna divina vom 20. November 1606[10], Const. Innocenz' XII.: Romanus Pontifex vom 17. September 1692[11], Const. Benedikts XIII.: In supremo vom 17. August 1724[12], Const. Clemens' XII.: Romanus Pontifex vom 24. Dezember 1735[13] und die Konstitutionen Benedikts XIV.: Romanae Curiae[14] und

[1] Analecta l. c. p. 2733; Moroni p. 65. 67.

[2] S. oben S. 212. n. 3.

[3] „Non potest Eminentissimus Vicarius ratione suorum privilegiorum sibi impertientium iurisdictionem spiritualem in districtu Urbis suas facultates praetendere etiam ad Casalem Martianum, etsi dicatur in districtu, nisi prius constat praecise illius dismembratio e dioecesi Portuensi, alias enim si facultates iurisdictionales Eminentissimo Vicario attributae super totum Urbis districtum qui quadraginta milliaria circumcirca complectitur non intelligerentur ita concessae, quod illarum usus esset referibilis ad ea tantum loca districtus quae specialiter designata in bullis pontificum leguntur vel alterius iurisdictioni non subsunt, actum esse de plurium episcopatuum dioecesibus et praecise de iis quae a sex antiquioribus Cardinalibus optari solent, dum omnes fere in districtu Urbis reperiuntur“, mitgetheilt bei Phillips 6, 531. n. 23, welcher mit de Luca l. c. n. 6 für die frühere Zeit an einer wirklich konkurrirenden Jurisdiktion des Vikars und der suburbikarischen Bischöfe, aber mit Unrecht, festhält.

[4] Const. Romanae Curiae vom 21. Dezember 1744. §. 21 (Bull. Bened. XIV. 1, 472): „Item decernimus, nullam in prima instantia Vicario competere iurisdictionem in dioecesibus et territoriis aliorum episcoporum sive ordinariorum in praedicto districtu Urbis existentibus, nimirum intra quadragesimum lapidem, sed solum in dictis dioecesibus et territoriis pro causis ad eum spectantibus citare et procedere posse contra clericos Romanos, ut supra, ratione originis vel beneficii qui ibi commorantur, necnon exequi posse mandata tam realiter quam personaliter per eum contra ipsos expedita. Et hoc ipsum volumus in dioecesibus sex episcoporum S. R. E. Cardinalium qui episcopi suburbicarii nuncupari solent. Nam sive episcopatus isti habeantur pro distinctis et diversis ab episcopatu Romano sive dicti cardinales censeantur in hisce dioecesibus tamquam coadiutores Romani episcopi, neutro casu decet Cardinalem Urbis Vicarium cumulativam cum ipsis iurisdictionem in prima instantia habere“.

[5] S. die Note 7 ff. S. 486 citirten Konstitutionen Benedikts XII., Pauls II. und Pauls III.

[6] §§. 3. 4. M. Bull. 1, 515.

[7] Ibid. p. 787.

[8] M. Bull. 2, 210.

[9] Bull. Roman. V. 2, 279 u. V. 3, 109.

[10] M. Bull. 3, 211.

[11] §. 2. M. Bull. 7, 190.

[12] Bull. Rom. 11, 336.

[13] Bull. Rom. 14, 57.

[14] S. Note 4.

Quantum ad procurandum vom 15. Februar 1742[1]. Letzterer hat die schon von Innocenz XII. gemachten Anordnungen wieder hergestellt, welche die Vollmachten des Vikars auf den Stand zur Zeit Pauls V. vor 1611 reducirt hatten. und bis auf wenige Punkte sind seine Verfügungen für die heutige Zeit noch massgebend[2].

Ihrem materiellen Umfange nach ist die Jurisdiktion des Kardinal-Vikars die bischöfliche; wie er denn von Benedikt XIV. geradezu als *Ordinarius Romae* bezeichnet wird[3]. Ihm stehen daher insbesondere folgende Rechte zu:

1. Die Befugniss, den römischen Klerus zu Diöcesansynoden zu berufen und Statuten für denselben zu erlassen[4].

2. Das Recht, die ordines an Welt- und Regulargeistliche zu konferiren, soweit dadurch das Ordinations-Privilegium der Kardinäle (s. oben S. 82) nicht verletzt wird. Diese Befugniss erstreckt sich auch auf die Kandidaten der 6 suburbikarischen Bisthümer, sofern in diesen keine Weihbischöfe sind. Daher dürfen auch für solche Dimissorien nur auf den Kardinalvikar, nicht auf einen andern Bischof ausgestellt werden[5].

Zufolge des Ordinationsrechts besitzt der Kardinalvikar selbstverständlich auch die Befugniss, Dimissorien zu ertheilen; da die Kardinalpriester nur in ihren Titeln die Ordination spenden können[6], ihnen also das Recht, Dimissorien zu geben, nicht zusteht, so müssen die Kleriker, welche weder von den nach den früher gedachten Regeln kompetenten Kardinälen noch vom Kardinalvikar selbst die Ordination empfangen sollen, die Dimissorien immer von letzterem erhalten[7]. Nur die Kanoniker von St. Peter und die sonst zu dieser Kirche gehörigen Geistlichen dürfen kraft besonderen Privilegs auf die Dimissorien des Kardinal-Erzpriesters der gedachten Kirche geweiht werden[7].

3. Wenngleich der Kardinalvikar die Verleihung der römischen Benefizien nicht vorzunehmen hat, diese vielmehr von der Dataria ausgeht, so hat er doch bei der Erledigung der Säcular-Pfarreien den Vikar zu ernennen, und den Pfarrkonkurs auszuschreiben, sowie im Verein mit seinen Examinatoren abzuhalten[8].

4. Hat er das Recht, die Beichtväter innerhalb seines Bezirks zu approbiren, jedoch mit Ausnahme der Pönitentiarien der Kirche St. Johann im Lateran, S. Peter im Vatikan und S. Maria Maggiore, deren Ernennung durch den Kardinal-Grosspönitentiarius erfolgt[9].

5. Ertheilt er die Firmelung[10].

6. Besitzt er dieselben Befugnisse, welche das Tridentinum den Bischöfen gesetzlich ein für alle Mal delegirt[11] hat[12].

[1] Bull. Bened. XIV. 1, 120. 122.

[2] S. auch Const. Bened. XIV.: Quantum cit. §. 22 (l. c. p. 126).

[3] Const. Ad audientiam vom 15. Februar 1753. §. 6 (M Bull. 19, 31): „Cardinalem Vicarium Romae Ordinarium esse idque extra controversiam omnino est, quum ipse personam repraesentet pontificis, non qua pontifex sed qua episcopus urbis Romae.

[4] Diese hat ihm schon die Const. Pauls III.: Licet ecclesiar. cit. §. 10 (M. Bull. 1, 765) ertheilt. S. auch Benedict. XIV. de synod. dioeces. l. c. n. 3; Analecta l. c. p. 2735.

[5] Const. Alexandri VII.: Apostolica sollicitudo vom 7. August 1662. §§. 3. 4 (M. Bull. 6, 173); s. auch oben 96. n. 11.

[6] S. oben S. 82.

[7] Analecta l. c.; Phillips 6, 535.

[8] Card. de Petra, comment. ad Pauli II. const. Licet. Tom. 5, 189 ff. n. 71: „Concursus indicit (Emus Cardinalis Vicarius) ad ecclesias parochiales coram suis examinatoribus solumque facultates conferendi beneficia reservata est pontifici qui eum exercet per organum datariae"; Analecta l. c. p. 2736; Phillips 6, 535.

[9] Analecta l. c. p. 2735; Ferraris l. c. n. 10. 19; Phillips a. a. O.

[10] Analecta l. c. p. 2736.

[11] S. oben S. 176 ff.

[12] Analecta l. c. p. 2735; Phillips 6, 534. Rechte über die exemten Institute sind dem Kardinal-Vikar schon früher durch die vorhin (s. S. 486. n. 8 und 9) erwähnten Konstitutionen Pauls II. und Pauls III.: Licet ecclesiarum eingeräumt worden.

Dagegen steht dem Kardinalvikar das sonst in der bischöflichen Machtvollkommenheit liegende Recht der Visitation seines Sprengels nach neuerem Rechte nicht mehr zu. In Folge der Errichtung der S. Congregatio Visitationis apostolicae (s. §. 62. Nr. 2) ist seine alleinige Befugniss dazu erloschen, wenngleich er als geschäftsführender Präsident der gedachten Kongregation immer noch einen erheblichen Einfluss auf diese Gattung der bischöflichen Verwaltung ausübt.

Ueber die ihm zukommende Gerichtsbarkeit in streitigen Sachen und in Kriminalfällen vgl. Nr. IV. dieses Paragraphen.

Im Allgemeinen steht, wie bereits bemerkt, der Kardinalvikar dem bischöflichen Generalvikar gleich. Abgesehen aber davon, dass er stets die Bischofsweihe besitzt und daher auch solche Handlungen (wie z. B. die Firmelung) vornehmen kann, welche sonst der Diöcesanbischof selbst oder ein eigener ihm zur Seite stehender Weihbischof auszuüben hat, sowie davon, dass er nicht wie der einfache Generalvikar einer Specialvollmacht zur Berufung der Diöcesansynode bedarf [1], findet doch die wesentliche Verschiedenheit zwischen dem Vikar des Papstes und dem eines einfachen Bischofs statt, dass das Amt des ersteren nicht mit dem Tode des Papstes erlischt, ein Rechtssatz, welcher sich in Folge der Ernennung der Vikare als perpetui statt der früher üblichen ad beneplacitum fixirt hat [2].

Wenn Benedikt XIV. den Cardinalis Urbis als *Ordinarius Romae* bezeichnet, so kann dieser Ausdruck nicht nur in dem bisher üblichen Sinne der iurisdictio ordinaria verstanden, sondern m. E. darf diese sogar als ordinaria im Gegensatz zu der von mir als quasi-ordinaria bezeichneten iurisdictio (s. S. 189) aufgefasst werden. Ruht auch das Amt des Kardinalvikars nach Massgabe der oben (S. 373) dargelegten Regeln über die Verhältnisse während der Vakanz des päpstlichen Stuhles, so ist dasselbe doch ein ständiges in dem Organismus der kirchlichen Verwaltung geworden, welches ein für alle Mal fest abgegrenzte Befugnisse verleiht. Die Jurisdiktion des Vikars ist daher ebenso gut eine ordinaria, wie die der Kardinals-Kongregationen (s. S. 484), wenngleich sie ihren Inhalt durch die ursprünglich einem andern Amtsträger zustehenden Rechte empfängt.

Ausser der Leitung der Diöcesan-Verwaltung Roms und seines Distrikts kommen aber dem Kardinalvikar auch noch gewisse Befugnisse hinsichtlich der allgemeinen Kirche zu. So hat er die Präfektur in der S. Congregatio super residentia episcoporum [3] und zugleich die Fakultät, den in der Kurie promovirten Bischöfen die ihnen gesetzlich für die Reise nach ihrem Bisthum zustehende monatliche Frist um 40 Tage zu verlängern [4]. Ferner kann er Auswärtigen, welche bereits 6 Monate sich in seinem Distrikt aufgehalten haben, auch ohne Dimissorien ihrer Ordinarien die Tonsur ertheilen [5].

[1] Const. Pauli III. cit. §. 10; Bened. XIV. l. c. n. 3; Friedle in Moys Arch. 15, 360.

[2] Cohellius l. c. p. 303; Friedle a. a. O. S. 367.

[3] S. oben S. 464 und die Const. Benedicti XIV.: Ad universae vom 3. September 1746 (Bull. Bened. XIV. 2, 131. 133).

[4] Const. cit. (l. c. p. 130): „Praefatus autem praedecessor (Urbanus VIII.) ad peculiares occurrentes casus descendens, episcopis in Curia promotis unum concessit mensem (quem postea declaratum fuit, a die ipsorum propositionis in consistorio computandum esse), quo mense elapso singuli ad proprias ecclesias se conferre deberent. Sed quum in concilio Romano habito a fel. rev. Benedicto papa XIII. praedecessore pariter nostro, episcopi exposuissent, tam exiguo temporis spatio non posse a recens promotis sua in Urbe negotia expediri, idem Benedictus facultatem concessit Sanctae Romanae Ecclesiae Cardinali suo et Romani Pontificis pro tempore in Urbe eiusque districtu Vicario, ut praefatum unius mensis terminum iuxta casuum contingentiam et causa cognita ad alios quadraginta dies et non ultra prorogare posset“.

[5] Analecta l. c. p. 2737.

IV. Die Gehülfen des Kardinalvikars. Zu diesen gehört der Vicesgerens, ein Prälat, welcher in der Regel ebenfalls die Bischofsweihe besitzt und der Stellvertreter des Kardinalvikars sowohl in Bezug auf die Jurisdiktion als auch auf die Pontifikalien ist[1]. Da der letztere die Stellung eines Ordinarius hat, so kann der vices gerens füglich als sein General-Vikar und Auxiliar-Weihbischof angesehen werden[2]. Früher wurde er auch vom Kardinalvikar ernannt[3], und obgleich er seit dem J. 1717 direkt vom Papst bestellt wird[4], so gilt doch noch immer heute in Betreff seiner der auch beim bischöflichen Generalvikar in Frage kommende Grundsatz, dass seine Befugnisse mit dem Tode des Kardinalvikars erlöschen. Daher werden ihm diese während der Vakanz des Vikariats ausdrücklich durch den Papst selbst bestätigt[5].

Neben dem Vikar stehen ferner besondere Deputirte für die Seminarien (das Seminarium Romanum und Seminarium Pium), weil in Rom die Vorschrift des Tridentinum Sess. XXIII. c. 18 de reform., dass die Administration derselben durch zwei Domherren und zwei Geistliche aus der Stadt geführt wird, nicht anwendbar ist[6], weiter besondere apostolische Examinatoren für die Ordinanden und die Beichtväter[7], endlich die Examinatoren für den Pfarrkonkurs[8].

Schliesslich ist noch besonders das Tribunal des Vikars (Tribunale del Vicariato di Roma) hervorzuheben. Die Jurisdiktion des Kardinalvikars, welche Benedikt XIV. in den Konstitutionen: Romanae Curiae vom 21. Dezember 1744[9] und Rerum humanarum vom 16. Dezember 1747[10] von Neuem geregelt hat, wird heut auf Grund des Regolamento legislativo Gregors XVI. vom 10. November 1834 ausgeübt, welches in dieser Hinsicht (§. 364 ff.)[11] Folgendes bestimmt:

»Das Tribunal des Vikariats ist zusammengesetzt

1. aus dem Kardinal-Vikar von Rom,
2. aus einem Prälaten (Vicesgerens des General-Vikars),
3. aus einem andern Prälaten (Locumtenens civilis).

[1] Bangen S. 288. Er kommt seit der zweiten Hälfte des 16. Jahrhunderts, also seit der ausschliesslichen Verleihung des Vikariats an Kardinäle, vor. Moroni 99, 165.

[2] de Luca l. c. n. 14: „Iste enim (fingendo cardinalem vicarium tanquam episcopum) gerere dicitur partes eius vicarii generalis, tam circa exercitium iurisdictionis episcopalis, ordinariae et delegatae, in omnibus causis civilibus criminalibus et mixtis eius fori quam etiam circa exercitium pontificalium, in collatione ordinum, in consecratione ecclesiarum et altarium et sacrorum vasorum et in administratione sacramenti confirmationis, dum omnia haec munia exercet vicarius per hunc ministrum maiorem seu generalem".

[3] Moroni 99, 165.

[4] Moroni l. c. p. 166.

[5] Moroni l. c. Ueber die Erledigung des Vikariats während der Vakanz des päpstlichen Stuhls und die Rechte des Vicesgerens in diesem Falle s. oben §. 39 a. E.

[6] Analecta l. c. p. 2738, vgl. auch die Konst. Pius' IX.: Cum Romani vom 28. Juni 1853 (ibid. p. 563).

[7] Mit Rücksicht auf Trident. Sess. XXIII. c. 7. 14 de reform. Analecta l. c. p. 2740.

[8] L. c. p. 2742 u. 2746: „Ainsi la discipline du concours telle que le concile de Trente l'institua et que plusieurs Souverains Pontifex l'ont perfectionnée est observée pour les paroisses de Rome dans toute sa pureté. Edit public, appel fait à tous ceux qui veulent concourir sans l'exclusion des étrangers pourvu qu'ils habitent Rome depuis au moins deux ans, terme des dix jours pendant lesquels l'inscription reste ouverte, concours par écrit, scrutin en présence de l'Ordinaire, choix du plus digne entre tous les candidats approuvés reservé à l'Ordinaire, toutes ces dispositions prescrites par le concile de Trente et par les constitutions apostoliques se retrouvent dans la pratique du Vicariat. La différence consiste dans la methode du scrutin et dans le nombre d'examinateurs. Quoique le concile de Trente ne defende nullement d'en faire intervenir plus de trois, il ne prescrit pourtant que ce nombre en lieu qu'à Rome dix examinateurs prennent part au scrutin".

[9] §§. 18 ff. Bull. Bened. XIV. 1, 472.

[10] L. c. 2, 365 ff. Vgl. auch Const. Pii VII.: Post diuturnas vom 30. Oktober 1800. §. 132 (Bull. Rom. Cont. 11, 66) und Reglement desselben vom 6. Juli 1816. Art. 88 (L. c. 14, 59).

[11] Bull. Rom. cont. 19, 428 ff.

Jeder der beiden Prälaten (Vicesgerens und Locumtenens) erkennt und urtheilt auch vermittelst eines Privat-Auditors in erster Instanz

1. in Rom und Distrikt über alle Sachen, welche in den Diöcesen von den Ordinarien entschieden werden;
2. über Sachen zwischen Laien und gegen Laien, welche nicht den Werth von 25 Scudi übersteigen, ohne Konsens der Parteien.

Der Kardinal-Vikar erkennt in zweiter Instanz auch vermittelst eines Privat-Auditors und kumulativ mit dem Auditor der Kammer[1] in allen Sachen, welche nicht den Werth von 500 römischen Scudi übersteigen und in erster Instanz vom Vicesgerens oder vom Locumtenens entschieden sind[2]. Die Privat-Auditoren des Kardinal-Vikars und der beiden Prälaten können in allen Sachen bis zur definitiven Sentenz selbstständig verfahren. Die Sentenz aber muss unterschrieben werden vom Kardinal-Vikar oder vom Prälaten-Vicesgerens oder Locumtenens nach vorhergehendem Visto des Auditors«[3].

Was die dem Kardinalvikar zustehende bischöfliche Kriminaljurisdiktion betrifft, so wird diese theils durch ihn allein, theils durch die neben ihm stehende s. g. Congregatio criminalis ausgeübt. In den minder wichtigen Fällen entscheidet er selbst, jedoch wird die Instruktion für die Regel durch einen dazu deputirten Auditor, welcher Laie ist, den s. g. Locum tenens criminalis geführt. Die wichtigeren Sachen erledigt dagegen die Kongregation. Sie besteht aus dem Kardinalvikar, dem Vicesgerens, dem Locum tenens civilis, dessen Substituten, dem Fiskal-Advokaten und General-Fiskal. Letztere haben nur ein votum consultativum. Ohne Votum assistiren der Promotor fiscalis und der Locumtenens criminalis[4].

§. 65. *d. Die Offizialen des päpstlichen Palastes**.

I. Für Ausübung der dem Kämmerer hinsichtlich der päpstlichen Hofhaltung[5] zustehenden Befugnisse (s. oben S. 405 ff.), haben sich später wieder besondere Aemter gebildet. Unter diesen ist das des Praefectus palatii, Maior Domus oder Prefetto del sagro palazzo[6] hervorzuheben, welcher die Leitung des päpstlichen Hauswesens zu besorgen hat. Besonders steht ihm die Aufsicht über den Vatikan,

[1] Seit 1847 des Prälaten Locumtenens desselben, welcher abgesehen von den bereits oben (s. S. 414) und eben im Text erwähnten Befugnissen neben dem Vicesgerens und dem Prälaten Locum tenens civilis die diesen zugetheilten Sachen entscheidet. Marchetti p. 47.

[2] §. 366. Al. 1; das Al. 2 bestimmt: Conosce pure e decide come giudice di seconda istanza, anche in virtù delle speciali facoltà che gli vengono confermato e quando occorra, nuovamente concedute con la presente disposizione, tutte le cause non superiori alla somma di cinquecento scudi che saranno decise in prima istanza dal prelato uditore della Camera".

[3] Die im Text citirten Paragraphen auch abgedruckt in deutscher Uebersetzung bei Bangen S. 288. Endlich gehört noch hierher §. 368: „La giurisdizione privativa del tribunale del Vicariato per le cause di alimenti a forma dei chirografi della s. m. di Clemente XIV. in data 5 agosto 1769 e 7 marzo 1772 per le cause non commerciali degli ebrei e dei neofiti e per le altre che sono al medesimo riservate dalle costituzioni apostoliche è mantenuta". S. auch Marchetti l. c. p. 46.

[4] Bangen S. 288. 289; Marchetti l. c. p. 102 ff.

* Mejer in der angeführten Zeitschr. 1, 89; Phillips 6, 537.

[5] Wie zahlreich schon in früher Zeit das Personal derselben war, ergiebt der Rotulus bei Galletti, Memorie di tre chiese antiche di Rieti. Roma 1765. p. 173 und danach bei Moroni, dizionario ecclesiastico 23, 40 aus der Zeit Nikolaus' III. (1277—1280).

[6] Renazzi, notizie storiche degli antichi Vicedomini del Patriarchio Lateranense e dei moderni Prefetti del sagro palazzo Apostolico ovvero Maggior domi Pontefizj. Roma. 1787; de Luca, relatio Curiae Romanae disc. VIII.; Danielli, praxis. tit. 7; Prattica della Curia Romana. p. 224; Phillips 6, 539.

den Quirinal und die anderen päpstlichen Paläste zu, und zugleich besitzt er die Civil- und Kriminal-Jurisdiktion über die in den Palästen wohnenden Familiaren des Papstes, sowie diejenigen Personen, welche in Folge ihres Berufes mit dem Palatium in Verkehr treten (so über die Aerzte, die Lieferanten von Esswaaren, die in den Palästen beschäftigten Handwerker)[1]. Aushülfsweise fungiren neben ihm ein Auditor civilis und ein Auditor criminalis (auch Iudex sacri palatii genannt)[2].

Das Amt wird regelmässig an Prälaten verliehen, welche sich um die römische Kirche verdient gemacht haben. Auch pflegt die betreffende Person, wenn sie noch nicht die Bischofswürde besitzt, zu dieser befördert zu werden. Juristisch ohne Bedeutung sind die weiteren Aemter des praefectus cubiculi (maestro di camera, Oberceremonienmeister) und des magister domus sacri palatii[3].

II. In neuerer Zeit erscheint als nächster Rathgeber des Papstes für die Erledigung vor denselben gebrachter Rechts- und Gnadensachen der Auditor domesticus oder Auditor Sanctissimi[4], welcher auch den Papst für die von ihm persönlich in den Konsistorien, in der Signatur der Gnade und den Kongregationen abzugebenden Entscheidungen instruirt. Eine Gerichtsbarkeit in streitigen Civil- oder in Kriminalsachen besitzt dieser Beamte seit dem Regolamento Gregors XVI. vom 10. November 1834 (§. 277) nicht mehr[5], wohl aber steht er der Congregatio consistorialis bei den Prüfungen der Gültigkeit einer Wahl oder Nomination und der Informationsprozesse unterstützend zur Seite[6].

III. Der Magister Sacri palatii, Maestro del S. Palazzo apostolico[7], kommt schon seit dem 13. Jahrhundert vor. Wie nachmals der Auditor Sanctissimi der Berather des Papstes in Rechtsangelegenheiten geworden, so war der magister sacri palatii, welcher aus dem Dominikanerorden genommen wurde, derjenige, welcher den Papst in theologischen Fragen mit seiner Sachkenntniss zu unterstützen hatte. Früher war er der Prediger für die Hofbeamten des Papstes, die s. g. Famiglia pontificia, und mitunter hatte er auch vor dem Papste selbst Predigten zu halten. Jetzt wird das Predigtamt durch die Kapuziner versehen, dagegen kommt dem magister palatii noch jetzt die Büchercensur für Rom und dessen Distrikt in so weit zu, als der Kardinal-Vikar oder Vicesregens den Druck nur unter Vorbehalt der Approbation durch den magister palatii ertheilt. Ausserdem ist er Konsultor in mehreren Kongregationen, so in denen der Inquisition, des Index, der Indulgenzen und der Riten, ferner fungirt er als Examinator in der Congregatio Examinis episcoporum und bei dem vom Kardinal-Vikar für die Diöcese Rom abzuhaltenden Pfarrkonkurs.

[1] S. die Konstitutionen Benedikts XIII.: Cum occasione vom 24. September und Aequitatis vom 20. Dezember 1728 (Bull. Rom. 12, 321. 344). Vgl. ferner Const. Benedicti XIV.: Ad summi vom 18. Februar 1757 (M. B. 19, 271).

[2] Vgl. ferner über diese Jurisdiktion Marchetti l. c. p. 86.

[3] S. über diese Moroni, dizionario 41, 126. 151; Phillips 6, 537. 546.

[4] de Luca, relatio. disc. 8. n. 10; Danielli tit. 8; Prattica lib. II. c. 9. p. 153; Moroni 82, 191 ff.

[5] §. 277: „L'uditore del papa non esercita nè può esercitare la giurisdizione contentioza in veruna causa o materia“ (Bull. Rom. contin. 19, 420). Marchetti p. 66, wonach Phillips 6, 546, welcher die Jurisdiktion als noch heute bestehend annimmt, zu berichtigen ist.

[6] Bangen S. 85. 86; Phillips a. a. O. und oben S. 367.

[7] Jos. Catalani, de magistro sacri palatii apostolici libri duo. Roma 1751; de Luca l. c. n. 7; Danielli l. c. tit. 9; Moroni 41, 599 ff.; Phillips 6, 542.

§. 66. *e. Die Kurialen im engeren Sinn*[1].

Von denjenigen Kurialen, welche kraft des von ihnen bei der Kurie bekleideten Amtes, ex officio oder kraft der persönlichen Dienstleistung beim Papst oder bei einem höheren Kurialbeamten, wie z. B. die Familiaren des Papstes, die Auditoren der Kardinäle, ex servitio[2] zur Kurie gehören, ist im Verlaufe der früheren Darstellung (§§. 40 ff.) schon die Rede gewesen.

Hier ist nur noch von denjenigen Kurialen zu handeln, welche, wie oben S. 375 bemerkt, im engeren Sinne allein als solche bezeichnet werden, und deren Zusammengehörigkeit mit der Kurie ex exercitio entsteht, d. h. darauf beruht, dass sie bei derselben ständige Geschäfte ausüben. Zu diesen gehören zunächst:

I. Die Advokaten. Ihr Beruf besteht darin, Antworten und Gutachten auf an sie ergangene Rechtsfragen, mögen diese von den Partei-Vertretern oder von den Richtern gestellt sein, zu ertheilen. In der Regel geben sie ihre Antworten schriftlich ab[3] und sie erhalten dafür ein Honorar, welches sich nach einer allmählich fixirten Taxe bemisst[4]. Mit dem Betriebe von Rechtsangelegenheiten als Stellvertreter für andere Personen haben sie nichts zu thun. Da aber das Honorar immer noch als etwas freiwillig gegebenes gilt, und die Advokaten der Kurie als Advocati im eigentlichen Sinne dem strepitus fori fern bleiben, so werden nach einer alten Gewohnheit[5] auch Geistliche der höheren Weihen zum Prakticiren an der Kurie zugelassen.

Für die Erlangung der Advokatur ist die Absolvirung juristischer Studien, das Doktorat in beiden Rechten, eine längere praktische Ausbildung bei einem anderen Advokaten, im Studio eines Auditors der Rota oder im Studio der Congregatio concilii, sowie endlich die Ablegung einer besonderen Prüfung erforderlich.

Unter den Kurial-Advokaten nehmen einzelne eine hervorragende Stellung ihren übrigen Kollegen gegenüber ein.

Diese sind:

1. Die advocati consistoriales[6]. Sie leiten wahrscheinlich ihren Ursprung von den 7 defensores regionarii (s. oben S. 377) her. Die Konstitution Benedikts XII.: Decens et necessarium vom 26. Oktober 1340[7], auf welche man ihre Entstehung hat zurückführen wollen, lässt sie jedenfalls als längst vorhanden erscheinen. Die ursprüngliche Siebenzahl ist von Sixtus IV. auf zwölf erhöht und diese Anzahl ist nicht nur von Benedikt XIV.[8], sondern auch bis auf den heutigen Tag beibehalten worden. Die ältesten Sieben haben sich aber als s. g. Advocati consistoriales numerarii oder participantes insofern vor ihren 5 anderen jüngeren Kollegen, den s. g. supranumerarii oder non participantes (iuniores) einen Vorzug bewahrt, als jene ein engeres Kollegium unter dem Vorsitze des ältesten, als ihres Dekanes, bilden, ihnen

[1] Bangen S. 62 ff.; Phillips 6, 548 ff.

[2] Diese Klasse wird auch als curiales aulici bezeichnet, de Luca, relatio disc. XLVI. n. 1: „Attamen pro communi seu vulgari usu loquendi, sub curialium nomine illi solum designantur, qui togati in causis iudicandis aut in negotiis peragendis versantur, quoniam cardinales et praelati ac etiam notarii, copistae, cursores et alii inferiores ministri, sub eorum propriis ac particularibus vocabulis explicantur; curiales vero aulici, i. e. papae vel cardinalium vel praelatorum et magnatum familiares diversam habent nuncupationem, quoniam appellantur Cortesani". . .

[3] de Luca l. c. n. 15 ff.

[4] L. c. n. 47.

[5] S. oben S. 137. n. 3.

[6] de Luca l. c. n. 48 ff.

[7] M. Bull. 1, 209.

[8] Const.: Inter conspicuos vom 29. August 1744. §. 3 (Bull. Bened. XIV. 1, 381).

allein das Recht zusteht, Anträge auf Ertheilung des Palliums an die Erzbischöfe und privilegirten Bischöfe, sowie auf Beatifikation und Kanonisation zu erheben. Ausserdem führen sie das Rektorat an der Sapienza, der römischen Universität, sie bilden an derselben zugleich die juristische Fakultät und haben daher auch das Recht, die juristischen Grade zu verleihen [1].

Früher, als in den Konsistorien noch die kontentiösen Angelegenheiten verhandelt wurden, sind sie wohl in denselben aufgetreten. In Folge der sich immer mehr verzweigenden Organisation der Kurie und der Errichtung einer besonderen Konsistorial-Kongregation, ist ihre Thätigkeit auf die vorhin gedachten Angelegenheiten beschränkt worden [2].

Die Konsistorial-Advokaten geniessen gewisser Vorrechte, so namentlich einer ehrenvollen Stelle in der päpstlichen Kapelle und der Befugniss, gewisse Prälaten-Insignien zu tragen. Prälaten im eigentlichen Sinne sind sie nicht, da sie nicht Kleriker zu sein brauchen. Die geistlichen Mitglieder unter ihnen erhalten aber hergebrachter Gewohnheit gemäss die Ehrenprälatur [3].

Aus der Zahl der Konsistorial-Advokaten wird

2. der Advocatus pauperum vom Papste ernannt [4]. Er hat die Vertheidigung der Armen vor Gericht zu übernehmen und es stehen ihm zwei Prokuratoren dabei zur Seite. Er gehört zu den clerici Camerales (s. oben S. 411) und ist einer der vier Prelati di mantellone [5].

Denselben Rang in der Prälatur hat

3. der gleichfalls zu den Camerales gehörige Advocatus fisci oder Advocatus camerae [6], welcher dem Procurator camerae (Commissarius) und dem Procurator fisci als Rechtskonsulent zur Seite steht und in der Kongregation der Riten zugleich das Amt eines Promotor fidei bekleidet [7].

Die Konsistorial-Advokaten sind gesetzlich nicht gehindert, sich mit andern Rechtsangelegenheiten, welche nicht mit ihrer Stellung in Verbindung stehen, zu befassen. Es ist aber nicht Stil, dass sie in solchen Sachen prakticiren, vielmehr überlassen sie diese ihren gewöhnlichen Kollegen, den s. g. Advocati simplices, welche nicht jene hohe Stellung haben und als solche niemals die Prälatur erlangen [8]. Die simplices halten ein s. g. studio, ein Bureau, in welchem sie für Rath Suchende zu sprechen sind und in welchem sie unter ihrer Aufsicht zugleich jüngere Juristen behufs ihrer Vorbereitung für die Advokatur und Prokuratur arbeiten lassen [9].

Ein Theil derjenigen Juristen, welche die Befugniss zur Advokatur erlangt haben, prakticirt aber nicht. Diese leben zunächst als s. g. Advocati titulares, um dann bei Gelegenheit sich um gewisse, namentlich richterliche Aemter zu bewerben, weil die Erlangung dieser die Befähigung zur Advokatur voraussetzt [10].

[1] Const. Julii III.: Cum sicut vom 6. Februar 1553 (Bull. Rom. IV. 1, 292) und Sixti V.: Sacri apostolatus vom 23. August 1587 (M. Bull. 2, 641); Const. Bened. XIV. cit. §§. 3. 13 ff. 19 ff.; Bangen S. 65; Phillips 6, 550. 551.

[2] Bangen, Phillips a. a. O.

[3] Bangen S. 65. 66.

[4] Const. Bened. XIV. cit. §. 31; de Luca l. c. n. 69 ff.; Bangen S. 66.

[5] Bangen S. 66; Phillips 6, 552 und oben S. 389.

[6] de Luca l. c. n. 84 ff.

[7] Const. cit. Benedict. XIV. §§. 31. 32. Bangen, Phillips a. a. O. und oben S. 389. 411. 472.

[8] Bangen S. 66. 67; Phillips a. a. O.

[9] Bangen, Phillips a. a. O.

[10] Bangen 67; Phillips 6, 553.

II. Die Procuratores[1] sind diejenigen Personen, welche sich mit der eigentlichen Führung der Prozesse beschäftigen und als Stellvertreter der Parteien bei den Kurialbehörden auftreten.

Sie scheiden sich in die Kollegial-Prokuratoren (Patroni de collegio), Procuratores rotales und die einfachen Procuratoren. Die ersteren sind die Inhaber der alten Prokuratorstellen, welche schon früh ein Kollegium bildeten[2]. Paul III. gab ihnen im J. 1548 eine Stelle in der päpstlichen Kapelle unmittelbar nach den Konsistorial-Advokaten[3]. Paul V. nahm eine Reform des Kollegiums vor, indem er die Anzahl der Mitglieder desselben im J. 1613 auf 24 reducirte. Ihre Privilegien bestehen darin, dass sie allein in Beatifikations- und Kanonisations-Prozessen die Prokuratur ausüben können, dass ohne vorgängige Prüfung ihres Kollegs in Rom keine Notarien und andere nicht kollegiale Prokuratoren angestellt werden und dass aus ihnen der Prokurator des Fiskus und der Kammer, sowie der Kommissar der Kammer (s. oben S. 389. 411) ernannt wird[4].

Da sie in älterer Zeit die Prokuratur bei der Rota, dem auditorium s. palatii apostolici, ausschliesslich betrieben, so wurde ihr Kolleg als das Collegium patronorum causarum Palatii Apostolici bezeichnet. Später als die Mitglieder desselben bei der Häufung der Geschäfte nicht mehr ausreichten, wurden auch aus der Zahl der einfachen Prokuratoren einzelne nach vorgängiger Prüfung vor dem Dekan der Rota und den beiden ältesten Prokuratoren des Kollegs zur Praxis bei dem gedachten Gerichtshofe zugelassen (s. g. Procuratores rotales)[5]. Aus ihnen wird das Kollegium der Prokuratoren in der Weise ergänzt, dass das letztere über die sich meldenden Kandidaten — diese müssen als Vorbedingungen ihrer Qualifikation eheliche Geburt, unbescholtenen Lebenswandel und dreijährige Prokuratur-Praxis bei der Rota nachweisen — geheim abstimmt und die ausgewählten dann noch ein Examen vor dem Dekan der Rota und den beiden ältesten Kollegial-Prokuratoren abzulegen haben[6].

Die einfachen Prokuratoren prakticiren an den übrigen römischen Gerichtshöfen und haben für ihre Anstellung nur theoretische Rechtskenntnisse und praktische Ausbildung, nicht aber den Besitz des Doktorates nachzuweisen[7].

Abgesehen von den Kollegial-Prokuratoren, für deren Honorirung dasselbe, wie für die Konsistorial-Advokaten gilt, erhalten sie für ihre Bemühungen ein durch amtliche Taxen festgesetztes Salarium[8].

III. Die Sollicitatores oder Expeditores, Spedizionieri, sind diejenigen Personen, welche den Advokaten und Prokuratoren bei dem mechanischen Theile ihrer Beschäftigung Hülfe leisten, welche also für dieselben die Gänge in die verschiedenen Bureaus besorgen, dort über einzelne Akte Rücksprache nehmen, die Skripturen vertheilen oder mit der Gegenpartei austauschen, auch einzelne der häufig vorkommenden schriftlichen Gesuche entwerfen[9].

[1] de Luca l. c. n. 97 ff.; Bangen S. 68; Phillips 6, 553.

[2] Die Const. Benedict. XII. cit. von 1340 (M. B. I, 209) ergiebt darüber freilich nichts näheres.

[3] Und zwar nur zwei von ihnen zu deputirenden bei Abhaltung der Kapelle im apostolischen Palaste, dem ganzen Kolleg bei andern öffentlichen Funktionen des Papstes. Bangen S. 68. 69.

[4] Bangen S. 68.

[5] Nach der Const. Benedict. XIV. cit. Inter conspicuos. §. 28 müssen sie aber vor der Zulassung das Doktorat in beiden Rechten erworben haben.

[6] Bangen a. a. O.

[7] Bangen S. 70.

[8] A. a. O.

[9] Bangen S. 71; Phillips 6, 555. Bei den Kurialbehörden kommen natürlich ähnliche Beamte vor.

IV. Eine höhere Stellung als diese nehmen die Agentes oder Agenti ein, welche von einzelnen Parteien für einzelne Geschäfte oder auch nach Umständen, so von den Bischöfen oder Gesandtschaften angenommen werden, um deren Angelegenheiten bei der Kurie, namentlich durch persönliche Rücksprache an den geeigneten Stellen und unter Benutzung ihrer genauen Kenntniss des Kurial-Organismus und ihrer Personal-Kunde zu betreiben [1]. Früher bedienten sie sich besonderer von ihnen besoldeter Spedizionieri für ihre untergeordneteren Geschäfte, seitdem aber die Einkünfte aus dieser blossen Agenzia geringer geworden sind, vereinigen sie die beiden Funktionen [2]. Wo es auf die Verhandlung kontentiöser Angelegenheiten ankommt, müssen sie sich der Advokaten und Prokuratoren bedienen, wenn sie nicht selbst, was häufig vorkommt, Titular-Advokaten sind [3].

V. Der Entwicklung der Notarien ist bereits oben gedacht (s. S. 375. 433 ff. 442) und ebenso ist dort die Stellung der Protonotarien besprochen. Was die ausser den letzteren heute in Rom vorkommenden Notarien betrifft, so sind diese entweder praktische oder Titular-Notarien.

Ein Theil der ersteren ist ständig gewissen Kurialbehörden, der Rota, der apostolischen Kammern, dem Tribunal des Auditors der Kammer und dem Vikariat zugetheilt. Bei den Kongregationen finden sich dagegen mit Ausnahme der Ritus-Kongregation keine ständigen Notare, vielmehr bedienen sich dieselben für die vorkommenden Akte (z. B. die Zeugen-Verhöre) der sonst angestellten, welche in die einzelnen Stadtgegenden vertheilt, für das Publikum die Akte der s. g. freiwilligen Gerichtsbarkeit aufnehmen.

Die Titular-Notare sind diejenigen, welche zwar ihre Befähigung nachgewiesen haben, aber erst die Vakanz einer Stelle abwarten müssen und vielfach bis zur Erlangung einer solchen inzwischen bei andern Notaren als Hülfsarbeiter eintreten [4].

§. 67. *f. Die Capella und die Familia des Papstes.*

I. Der Ausdruck Capellae pontificiae für die feierlichen gottesdienstlichen Versammlungen des Papstes und seines Klerus [5] kommt von der Bezeichnung des Ortes, wo jene Versammlungen gehalten wurden, der Capella magna her [6]. Diejenigen Geistlichen, welche an diesen Kapellen Theil zu nehmen haben, sind durch altes Herkommen bestimmt und ebenso ihre Rangordnung (der s. g. ordo sedendi in capella) geregelt [7]. In neuerer Zeit hat letztere jedoch einige Abänderungen erfahren. Das Annuario pontificio von 1865 [8] giebt folgende an:

[1] Bangen a. a. O.; Phillips 6, 556; Mejer in der citirten Zeitschrift 2, 227, welcher bemerkt: „Es ist eine eigenthümliche Mittelstellung, in welcher diese Kurialen sich befinden; denn gerade die schwachen Seiten des Organismus auszubeuten, von dem sie selber ein Theil sind, gerade die Nebenwege aufzuweisen, in Hinsicht der im Grunde missbräuchlichen Benutzung von Personalkenntniss denen auszuhelfen, die zu Rom etwas suchen und dadurch möglichst schnell, günstig und wohlfeil die erbetene Ausfertigung zu liefern, ist ihnen Bestimmung und Ehre“.

[2] Mejer a. a. O.

[3] Bangen a. a. O.

[4] Vgl. über Alles Bangen S. 72.

[5] S. darüber oben §. 38 a. E., wo auch die Literatur angegeben ist.

[6] Ordo Romano XV. c. 50 (Mabillon, mus. Italic. 2, 472): „mane papa audit missam de feria qua dicta parat se more solito in camera sua, deinde vadit ad magnam capellam et ibi induitur sacris vestibus albi coloris; c. 57. p. 476. Vgl. Phillips 6, 438.

[7] Christ. Marcelli sacrar. cerimoniar. lib. III. s. 2. c. 1. 2 (bei Hoffmann, nov. biblioth. 2, 668 ff.) und die auf diesem beruhende Darstellung bei Phillips 6, 444.

[8] p. 343.

Die nächste Stelle nach dem Papste nehmen die Kardinalbischöfe, Kardinalpriester und Kardinaldiakonen ein, dann folgen die Patriarchen von Konstantinopel, Alexandrien, Antiochien und Jerusalem, die anderen Patriarchen nach dem Datum ihrer Erwählung, die assistirenden Erzbischöfe und Bischöfe in derselben Reihenfolge, der Vicekämmerling der römischen Kirche, die am päpstlichen Throne assistirenden römischen Fürsten, der Auditor der apostolischen Kammer, der Schatzmeister, der Maggiordomo, die nicht assistirenden Erzbischöfe und Bischöfe, das Kollegium der participirenden Protonotare, die nicht participirenden Protonotare, der Archimandrit von Messina, der Commendatore von S. Spirito, der Regens der Kanzlei, der Generalabt der der Regular-Kanoniker des heiligen Erlösers vom Lateran, die General-Aebte der Mönchsorden, die Generale und Generalvikare der Mendikantenorden, der Magistrat von Rom, der Maestro del Sacro Ospizio, die Auditoren der Rota, der Maestro des päpstlichen Palastes, die clerici Camerales, die Votanten der Signatur, die Abbreviatoren des grösseren Parks, die am Altar assistirenden Ministri (der Sakristan des Papstes und die drei Domherren der drei Patriarchalkirchen S. Giovanni in Laterano, S. Pietro in Vaticano und S. Maria Maggiore), die Ceremonienmeister, die geheimen Kämmerer S. Heiligkeit und die geheimen Ehrenkämmerer, die Konsistorial-Advokaten, die geheimen und Ehrenkapläne S. Heiligkeit.

II. Unter der Famiglia pontificia versteht man diejenigen Personen, sowohl Geistliche als Laien (Familiares, Famigliari), welche für den persönlichen oder häuslichen Dienst beim Papst bestimmt oder der Hofhaltung desselben auch nur Ehren- und Auszeichnungshalber attachirt sind [1]. Je nach der Bedeutung der Stellung der Einzelnen gehören sie zu der Famiglia nobile oder zu der zweiten Ordnung oder endlich zu der Kategorie der niedrigen Aemter [2]. Schon im Mittelalter ist die Zahl der Familiares eine sehr bedeutende gewesen [3] und im Laufe der Zeit noch weiter vermehrt worden [4]. Zu der höchsten Klasse gehören die s. g. Palatinal-Kardinäle, der Prodatar, der Sekretär der Breven, der Staatssekretär, der Präfekt der apostolischen Paläste, der Sekretär der Memorialien, welche vermöge ihres Amtes der Person des Papstes besonders nahe stehen; ferner die Prälaten, welche die ersten Hofämter inne haben (wie z. B. der Magister sacri palatii), die Prälaten, welche participirende Kämmerer des Papstes sind, die prelati domestici, die überzähligen geheimen Kämmerer, das Corps der päpstlichen Nobelgarde, die anderen verschiedenen Kategorien der Kämmerer, die Offiziere der Schweizer- und der Palatinal-Garde, die wirklichen und Ehrenkapläne, der Architekt des Papstes, der geheime Truchsess desselben (Scalco segreto) und die Bussolanti (Begleiter der päpstlichen Sänfte) [5].

Die Familiaren besitzen eine Reihe von Privilegien und bei der grossen Anzahl der päpstlichen Beamten sind mehrfach darüber Deklarationen ergangen, welche Personen als Familiaren dieser Vorrechte theilhaftig sein sollten [6].

Mit der Umgestaltung der Verwaltung des päpstlichen Aerars und der päpstlichen Paläste unter Pius VI., Pius VII. und Leo XII. sind aber eine Reihe von Naturalbezügen für die Familiaren fortgefallen und überhaupt die Verhältnisse derselben vereinfacht worden [7].

[1] Moroni, dizionario 23, 27.

[2] L. c. p. 28.

[3] S. den oben S. 491. n. 5 erwähnten Rotulus.

[4] S. die Verzeichnisse vom 15. Jahrhundert ab bei Moroni l. c. p. 54. 66. 76. 108.

[5] Annuario pontificio p. 367.

[6] Moroni l. c. p. 60.

[7] L. c. p. 113 ff.

C. Die nicht ständigen Gehülfen des Papstes, die Legaten und Nuntien*.

§. 68. I. *Bis zum zwölften Jahrhundert.*

Wenn von katholischen Schriftstellern behauptet wird, dass der römische Stuhl das Recht, Gesandte in die verschiedenen Theile der Kirche zu schicken, von Anfang an ausgeübt hat[1], so ist allerdings soviel richtig, dass sich schon für frühe Zeiten Beispiele von Absendungen päpstlicher Legaten aufweisen lassen, aber, dass diese von jeher neben den ständigen kirchlichen Oberen die Machtfülle des Primates ausgeübt haben, lässt sich nicht erweisen. Im Gegentheil muss, wenn anders die protestantische Auffassung, welche in dem Primat des Papstes nur ein allmählich entstandenes Produkt der geschichtlichen Entwicklung findet, begründet sein soll, sich der Nachweis führen lassen, dass die Bedeutung und Stellung der päpstlichen Legaten allmählich eine andere geworden und ihr Ansehen entsprechend den Phasen der Entwicklung des Papstthumes gewachsen ist. In der That kann, wie die nachfolgende Darstellung ergeben wird, diese Annahme vollkommen bewahrheitet werden[2].

I. Die päpstlichen Gesandten auf den ersten allgemeinen Koncilien und im Orient. Katholischer Seits ist viel Scharfsinn aufgeboten worden, um nachzuweisen, dass schon der Bischof Hosius oder Osius von Kordoba Namens des Papstes dem Koncil von Nikäa (im J. 325) präsidirt habe[3]. Allein wenn vielleicht auch die Behauptung noch für haltbar erklärt werden könnte, dass der genannte Bischof Vorsitzender des Koncils gewesen ist[4], so sind die Gründe, welche für seine Qualität als Gesandter des römischen Bischofs und Stellvertreters des letzteren im Präsidium beigebracht werden, durchaus nicht überzeugend[5].

Ebensowenig erscheint die Annahme begründet, dass Hosius, dessen Vorsitz auf dem Koncil von Sardika im J. 343 freilich keinem Zweifel unterliegt[6], auch hier als Legat des Papstes aufgetreten ist[7], vielmehr liegt mit Rücksicht darauf, dass diese Synode durch die Kaiser Konstantius und Konstans berufen worden ist[8], die Vermuthung nahe, dass der gedachte Bischof in deren Namen das Präsidium geführt hat[9].

* P. de Marca, de concordia sacerdotii et imperii. lib. V. c. 19 ff.; Thomassin, vet. ac. nova discipl. P. I. lib. II. c. 107. 108; c. 117. 119; van Espen, J. E. U. P. I. tit. 21. c. 12; Historisch-kanonische Abhandlung eines Ungenannten von den Legaten, Nuntien der Päpste, von ihren Schicksalen und ihrer Gewalt. 1786; Arminius Seld, Abhandlung über das päpstliche Gesandtschaftsrecht. Athen 1787; Binterim, die vorzüglichen Denkwürdigkeiten der christkatholischen Kirche. 3, 162 ff.; Phillips 6, 684 ff.

1 S. z. B. Binterim a. a. O. S. 164; Phillips, Lehrbuch des Kirchenrechts. S. 264.

2 Das Richtige fühlt Pachmann §. 130, ohne das allerdings deutlich auszusprechen.

3 Baronius, annal. eccles. ad a. 325. n. XX.; de Marca l. c. c. 3. n. 3 ff.; unter den Neueren s. namentlich Hefele, Conciliengeschichte 1, 33, dem Phillips 6, 687 folgt.

4 Weil Hosius und die beiden römischen Priester Vitus und Vicentius zuerst unterschrieben haben. Hefele a. a. O. S. 36.

5 Der Bischof Gelasius von Cyzicus in der Propontis saec. V. in seinem σύνταγμα κατὰ τὴν ἐν Νικαίᾳ ἁγίαν σύνοδον παρεχθέντων II. 5 (Mansi 2, 806) giebt das freilich an; allein, dass er kein zuverlässiger Schriftsteller ist, gesteht Hefele a. a. O. S. 252 selbst zu. S. überhaupt gegen die ganze Annahme Schröckh, Kirchengeschichte 5, 335 ff. M. E. erklärt sich die hervorragende Stellung, welche Hosius auf der Synode einnahm — und das ist das einzig sicher Nachweisbare — aus seinen engen Beziehungen zu Kaiser Konstantin. S. Herzog, Encyklopädie 6, 275. 276, wo sich eine kurze Uebersicht über den Stand der Kontroverse findet.

6 Hefele a. a. O. S. 523.

7 So meinen Marca l. c. c. 4. n. 1; Hefele a. a. O. S. 523. 524; Phillips a. a. O.

8 Gieseler, Kirchengeschichte. 4. Aufl. I. 2, 54; Hefele a. a. O. S. 511. 517.

9 Meint doch selbst Hefele S. 524, dass Hosius „von dem Papste und vielleicht auch von den Kaisern" einen besonderen Auftrag gehabt habe. Der römische Bischof Julius ist durch die Priester

Gerade seit Mitte des 4. Jahrhunderts beginnen die Versuche der römischen Oberhirten, gewisse Befugnisse einer oberen Leitung über die ganze Kirche auszuüben und die Verhältnisse auf der dritten ökumenischen Synode von Ephesus im J. 431 zeigen eine wesentliche andere Stellung des Papstes und seiner Gesandten [1]. Die Legaten Cälestins I. erhielten den Auftrag, sich nicht in die Disputationen der streitenden Parteien zu mischen, sondern über die Ansichten derselben zu richten [2], und Cyrill, der Patriarch von Alexandrien, welcher der Synode präsidirte, vertrat dabei ausser den schon gedachten, ebenfalls zur Synode deputirten Gesandten, auch die Stelle des Papstes [3]. Freilich traf hier das Interesse eines Theils der Orientalen, welche die Verurtheilung des Nestorius beabsichtigten, mit dem Cälestins, welcher dessen Lehre bereits auf einer römischen Synode im J. 430 verdammt hatte, zusammen.

Zu der zweiten Ephesinischen (Räuber-) Synode vom J. 449 hatte zwar Leo I. auf Verlangen Kaiser Theodosius II. [4] gleichfalls Legaten abgeordnet [5], aber der Kaiser hatte Dioskur von Alexandrien zum Präsidenten derselben ernannt [6] und unter dessen Vorsitz wurde auch die Synode eröffnet [7]. Mögen gleich, wie eine Quelle des 6. Jahrhunderts schliessen lässt, die Legaten den Vorsitz verlangt haben [8], so wurde ihnen dieser nicht eingeräumt. Rechtlich anerkannt ist ein derartiger Anspruch des römischen Bischofs jedenfalls nicht gewesen, denn wenn man erwägt, dass, abgesehen von dem

Archidamus und Philoxenus, welche sich ausdrücklich in der Unterschrift des Synodalschreibens als seine Gesandten bezeichnen (s. Mansi 3, 66: „Hosius ab Hispania, Julius Romae per Archidamum et Philoxenum presbyteros") vertreten gewesen. Das spricht auch gegen die Legaten-Qualität des Hosius, die Marca a. a. O. durch Künsteleien daneben aufrecht zu erhalten sucht.

1 Zu erinnern ist hier, dass die Synode von Sardika in ihren vielberufenen c. 3 u. 5 (bei Hefele a. a. O. S. 539. 546, s. auch Decret. Gratiani c. 7. C. VI. qu. 4; c. 36. C. II. qu. 6) dem Bischof von Rom ein gewisses oberstrichterliches Recht zugestanden und dass schon Innocenz I. im J. 404 epist. ad Victor. Rotomag. c. 4 (Coustant. 746) den Anspruch erhoben hatte: „Si maiores causae in medium fuerint devolutae, ad sedem apostolicam . . . post iudicium episcopale deferantur".

2 Schreiben bei Jaffé reg. n. 160 (Mansi 4, 556): „Si quidem et instructiones quae vobis traditae sunt, hoc loquantur, ut interesse conventui debeatis, ad disceptationem si fuerit ventum, vos de eorum sententiis iudicare debeatis, non subire certamen".

3 Art. I. conc. Ephes. (Mansi 4, 1123): „. . . synodo congregata in Ephesiorum metropoli ex decreto religiosissimorum et christianissimorum imperatoribus . . . religiosissimis et sanctissimis episcopis Cyrillo Alexandriae, qui et Caelestini quoque sanctissimi sacratissimique Romanae ecclesiae archiepiscopi locum obtinebat et Iuvenali Hierosolymorum". . . Vgl. auch Marca l. c. c. 4. n. 4 ff.; Hefele a. a. O. 1, 31. 2, 168. S. ferner ep. Caelestini ad Cyrill. bei Mansi 4, 1019 u. 5, 515.

4 Epist. Leon. 31 ad Pulcheriam c. 4 (opp. ed. Ballerin. p. 856); Hefele a. a. O. S. 334.

5 Epist. 13 ad Ephesin. syn. l. c. p. 863. 965: „Religiosa excellentissimi principis fides . . . hanc reverentiam divinis detulit institutis, ut ad sanctae dispositionis effectum auctoritatem apostolicae Sedis adhiberet, tamquam ab ipso beatissimo Petro cuperet declarari quid in eius confessione laudatum sit, quando dicente domino: „quem me esse dicunt homines filium hominis" varias quidem diversorum opiniones discipuli memorarunt . . . Verum quia . . . christianissimus imperator haberi voluit episcopale concilium, ut pleniore iudicio omnis possit error aboleri, fratres nostros Iulium episcopum, Renatum presbyterum et filium meum Hilarum diaconem cumque his Dulcitium notarium probatae nobis fidei misi, qui vice mea sancto conventui vestrae fraternitatis intersint et communi vobiscum sententia quae domino sint placitura constituant". Vgl. auch die ferneren Briefe Leos in der citirt. Ausgabe n. 28. 29. 30. 31. p. 837. 839. 851. 857 und Hefele a. a. O. S. 334. 335. 346 ff. In dem Briefe an den Bischof Julian von Cos (ed. Ballerin. n. 34. p. 870): „per fratres nostres Iulium episcopum et Renatum presbyterum, sed et filium meum diaconem Hilarium quos ex latere meo vice mea misi ad fratrem nostrum Flavianum" . . . . auf welchen Phillips 6, 688 hinweist, hat natürlich ex latere noch nicht die spätere technische Bedeutung. Uebrigens ist immer fest zu halten, dass, da die Gesandten Stellvertreter des römischen Bischofs waren, sie nie mehr Befugnisse haben konnten als dieser selbst. Die blosse Thatsache der Deputirung von Legaten ist aber kein Recht des Primates; konnten doch die übrigen Bischöfe ebenfalls durch Stellvertretung mit einander verkehren.

6 Mansi 6, 600; Hefele a. a. O. 2, 334.

7 Hefele S. 351 ff.

8 Liberati archidiaconi eccles. Carthagin. breviarium c. 12 (Mansi 9, 678): „Ecclesiae Romanae diaconi vices habentes papae Leonis assidere non passi sunt eo quod non fuerit data praesessio sanctae sedi eorum". S. dazu Hefele 1, 6.

ersten Ephesinischen Koncil, auf welchem die vorhin gedachten besonderen Verhältnisse obwalteten, für die erwähnte Zeit eine dem römischen Stuhle günstige Praxis nicht nachweisbar ist, so kann die kaiserliche Ernennung des Dioskur zum Präsidenten jedenfalls nicht als Usurpation angesehen werden[1].

Erst als sich die Lage der Verhältnisse geändert, das mit den dogmatischen Anschauungen Leos I. übereinstimmende Kaiserpaar Marcian und Pulcheria im J. 450 im oströmischen Reiche zur Regierung gekommen war[2] und Leo trotz seiner entgegenstehenden Auffassung sich mit der einseitig von Marcian erfolgten Berufung eines neuen Koncils einverstanden erklärt hatte[3], gelang es die Ansprüche Roms im wesentlichen, wenn auch nicht in vollem Umfange durchzusetzen. Leo nahm für seine Legaten den Vorsitz in Anspruch[4], aber wenn diese auch auf der demnächst zusammengetretenen vierten allgemeinen Synode von Chalcedon im J. 451 als die ersten Vertreter vor allen anderen Bischöfen erschienen und materiell die Versammlung und ihre Beschlüsse beherrschten[5], so führten sie doch nicht formell das Präsidium, vielmehr mussten sie sich gefallen lassen, dass die bureaumässige Leitung der Geschäfte, also die der Abstimmungen, der Eröffnung und Schliessung der Sitzungen durch kaiserliche Kommissare gehandhabt wurde[6].

Wie prekär aber die Geltendmachung derartiger Ansprüche des Papstes im Oriente war und wie diese nur dann dort auf Anerkennung rechnen konnten, wenn dies im Interesse der Orientalen und des oströmischen Kaisers lag, zeigt der Umstand, dass die fünfte allgemeine Synode zu Konstantinopel im J. 553 dem Befehle Justinians gemäss, nachdem die vorgängigen Verhandlungen mit dem Papst Vigilius[7] gescheitert waren, ohne dessen Zustimmung eröffnet wurde und sogar auf Veranlassung des Kaisers die Kirchengemeinschaft mit ihm aufhob[8], so dass Vigilius, welcher sich damals in Konstantinopel befand und mit der Strafe des Exils belegt wurde[9], seine Aussöhnung mit dem Kaiser durch Anerkennung der wider seinen Willen abgehaltenen Synode erkaufen musste[10].

Als indessen im folgenden Jahrhundert Kaiser Konstantin Pogonatus den in Folge der monotheletischen Streitigkeiten gestörten Frieden durch eine Versammlung der Morgen- und Abendländer wieder herzustellen wünschte und deshalb mit Rom in

1 So fasst die Sache auf Marca l. c. c. 5. n. 2; auch Hefele a. a. O.

2 Hefele 2, 375. 376.

3 A. a. O. 384 ff.

4 Epist. ad Marcian. ed. cit. n. 89. p. 1060: Sed quia vos amore catholicae fidei congregationem nunc fieri voluistis, ne devoto obviare viderer arbitrio, fratrem et coepiscopum meum Paschasinum de eadem provincia quae videtur esse securior evocatum, qui vicem praesentiae meae possit implere direxi, Bonifacio, fratre et compresbytero meo sociato et his quos antea miseramus adiunctis, consortem illis fratrem quoque meum Iulianum addentes episcopum . . . Quia vero quidam de fratribus . . . contra turbines falsitatis non valuere catholicam tenere constantiam, praedictum fratrem et coepiscopum meum vice mea synodo convenit praesidere" . . . S. auch Hefele S. 385.

5 Hefele 1, 28. 29; 2, 403, der sie nicht mit Unrecht die geistlichen Präsidenten der Synode nennt, indem er sich dafür auf die eigenen Worte derselben in dem Brief an Leo (Ballerin. l. c. 1, 1089) beruft: „σὺ μὲν, ὡς κεφαλὴ μελῶν, ἡγεμόνευες ἐν τοῖς τὴν σὴν τάξιν ἐπέχουσι".

6 Hefele 1, 29. 2, 402.403. Uebertreibung war es daher immer, wenn Leo trotz des Einflusses, welchen er freilich unter ihm durchaus günstigen Verhältnissen auf der Synode gehabt hatte, an Rustikus und andere Bischöfe schrieb (l. c. n. 103. p. 1140): „Nam fratres mei qui vice mea Orientali synodo praesederunt.

7 Hefele 1, 12; 2, 828. 843.

8 Hefele 2, 865; Gieseler a. a. O. I. 2, 371.

9 Hefele 2, 793. 881.

10 Hefele 2, 881. Trotz aller dieser Vorgänge bemerkt Marca l. c. c. 6. n. 4: „Quintae synodo nullus interfuit legatus, quia Vigilius papa aderat Constantinopoli, quando concilium in ea urbe habebatur, quod ipse constituto suo, quam praesentia sua, maluit confirmare".

Verbindung trat[1], erhielten die Gesandten des Papstes Agatho auf der betreffenden — der sechsten allgemeinen — Synode zu Konstantinopel von 680 die gleiche Stellung wie auf dem von Chalcedon[2].

Auf dem siebenten ökumenischen Koncil von Nikäa im J. 787, welches auf Veranlassung der bilderfreundlichen Kaiserin Irene abgehalten wurde[3], erschienen in Folge ihres Schreibens an Papst Hadrian I. ebenfalls Gesandte desselben, aber der Patriarch von Jerusalem war der eigentliche Leiter der Verhandlungen[4].

Wenn endlich auf der achten allgemeinen Synode zu Konstantinopel im J. 869, auf welcher die römische Kirche einen freilich nur vorübergehenden, aber immerhin glänzenden Triumph über die konstantinopolitanische feierte[5], die Gesandten Hadrians II. den Vorsitz führten[6], so hatte zu dieser Konnivenz der zerrüttete Zustand der orientalischen Kirche, welchen Kaiser Basilius durch eine Wiederanlehnung an Rom beseitigen wollte, geführt[7], andererseits zeigte sich aber hierin eine Folge der Machtstellung, welche Papst Nikolaus dem römischen Stuhle verschafft hatte[8].

Die Uebersicht über die Stellung der päpstlichen Legaten auf den acht ersten allgemeinen, im Orient abgehaltenen Synoden ergiebt den schlagendsten Beweis für die hier vertretene Auffassung, dass die Machtbefugnisse der Gesandten vollkommen von dem dem apostolischen Stuhle in der betreffenden Zeit zukommenden Gewicht abhängig waren.

Gerade dieser Umstand, welcher sich besonders für die orientalischen Verhältnisse geltend machte, führte die römischen Bischöfe schon früh dazu, ausser diesen Legaten, welche immer nur für bestimmte Angelegenheiten, wenngleich auch so wichtige, wie die Vertretung des Papstes auf den allgemeinen Koncilien, deputirt waren, noch ständige Gesandte, s. g. apocrisiarii, zu halten.

Schon Leo I. hatte den Bischof Julianus von Cos zur Ueberwachung der orientalischen Verhältnisse, namentlich der Häresien, also in einer ständigen Kommission, an den kaiserlichen Hof nach Konstantinopel geschickt[9].

Hielten doch die orientalischen Patriarchen ebenfalls daselbst für die Besorgung ihrer Angelegenheiten solche ständige Gesandte (apocrisiarii)[10]. Das Gleiche gilt von

[1] Hefele 3, 226 ff.

[2] Hefele 1, 12; 3, 237. 238. Das formelle Präsidium führte der Kaiser. Ungeschickt, aber richtig heisst es daher im liber diurnus n. LXXXIV. (ed. Rozière p. 195) ... sextum concilium ... quod ... deo votum ... principis nostri domini Constantini clementer implente in urbe regia eo praesidente celebratum est cui apostolicae recordationis Agatho papa per legatos suos et responsales praefuit“.

[3] Hefele 3, 410. 411.

[4] Hefele a. a. O. S. 426. 427, welcher allerdings 1, 27 das Präsidium den päpstlichen Legaten vindicirt, aber doch bemerkt: „Uebrigens dürfen wir nicht verschweigen, dass trotz des Präsidiums der päpstlichen Legaten der Erzbischof Tarasius von Konstantinopel eigentlich die Geschäftsführung auf dieser Synode besorgt habe“; d. h. es ist den päpstlichen Gesandten, indem sie unter den Anwesenden zuerst aufgeführt wurden und zuerst ihre Unterschriften abgaben, nur ein Ehrenvorrang eingeräumt worden.

[5] Dümmler, Geschichte des ostfränk. Reichs 1, 693.

[6] Hefele 1, 25. 26.

[7] Hefele 3, 346.

[8] Dümmler a. a. O.

[9] S. namentlich ep. ad Marcianum Aug. ed. Baller. n. 111. p. 1, 1187: „Illud quoque clementiae vestrae benevolentiam peto, ut veneratorem nostrum fratrem meum Iulianum episcopum in vestro, sicut facere dignamini, habeatis affectu, cuius obsequiis praesentiae meae vobis imago reddatur. Nam et de fidei eius sinceritate confidens vicem ipsi meam contra temporis nostri haereticos delegavi atque propter ecclesiarum pacisque custodiam, ut a comitato vestro non abesset exegi“. Vgl. über ihn auch die weiteren Briefe Leos n. 79. 80. 81. 89. 90. 91. 92. 112. 113. 156 (p. 1036. 1041. 1042. 1061. 1065. 1066. 1189. 1190. 1325).

[10] Nov. Iustin. 6. c. 2: „Sancimus itaque, ut si ecclesiastica quaedam causa incidat, illa vel per eos qui negotia sanctissimarum ecclesiarum gerunt, quos apocrisiarios vocant vel per clericos quosdam huc missos vel per oeconomos imperatori vel magistratibus nostris nota reddatur atque decidatur“; vgl. auch c. 3 und Thomassin l. c. c. 108. n. 8 ff. Ueber die Bedeutung des Wortes apocrisiarius und des ihm gleichstehen-

dem Erzbischof von Ravenna[1], welcher auch am Hofe des Papstes einen Responsalen hatte[2].

Aus dem Liber diurnus ergiebt sich weiter, dass die Päpste einen solchen ständig bei dem Exarchen von Ravenna beglaubigten[3], ebenso lässt die Reihe der nachweisbaren Apokrisiarien am byzantinischen Hofe darauf schliessen, dass die vorhin erwähnte Bestellung des Julianus von Cos nicht ein vereinzeltes Beispiel der Art gewesen ist. Nach demselben kommen vor: unter Agapet I. (535—536) der Diakon Pelagius[4], unter Silverius (536. 537) der Diakon, spätere Papst Vigilius[5], unter Pelagius II. (578—590) ein ungenannter Archidiakon[6] und der spätere Papst Gregor I.[7], unter letzterem (590—604) die Diakonen Sabinianus[8] und Bonifacius[9]. Auch Martin I. (649—655) war früher Apokrisiarius in Konstantinopel gewesen[10].

Aus der Thatsache, dass einmal die zu solchen Gesandtschaften bestimmten Kleriker stets die ihnen etwa mangelnde Diakonatsweihe bekamen und dass ferner eine Anzahl späterer Päpste diese Stellung inne gehabt hatten, lässt sich auf das hohe Ansehen dieser päpstlichen Beamten schliessen. Eine Jurisdiktion im eigentlichen und späteren Sinne besassen sie aber nicht[11], vielmehr waren sie nur kirchliche diplomatische Vertreter des Papstes[12], welche einestheils über die Zustände des Orients zu berichten, andererseits

den responsalis bemerkt Du Fresne Du Cange s. v. apocrisiarius: „Id porro nominis inditum legatis, quod ἀποκρίσεις seu responsa principum deferrent. Responsa enim non modo rescripta principum ad supplicantium libellos, sed etiam quaevis decreta et mandata appellabant".

1 Paschal. I. epist. ad archiepisc. Petronacium a. 819 (Mansi 14, 376).

2 Gregor. I. ep. V. 15 (opp. ed. Bened. 2, 739): „recordare in missarum Romanarum, ubi Ravennas diaconus stabat et require ubi hodie stat et cognosces quia ecclesiam Ravennatem honorare desidero". Da ausschliesslich Diakonen zu apocrisiarii (s. die folgenden Noten) genommen wurden, so darf der hier genannte wohl als ein solcher betrachtet werden, um so mehr als sonst ein Grund für den ständigen Aufenthalt eines ravennatischen Geistlichen in Rom nicht erfindlich ist. So auch Thomassin l. c. n. 16.

3 Ed. E. de Rozière n. LXIII. p. 124; s. auch oben S. 223. Vgl. ferner Gregor. I. ep. ad espisc. Ravenn. V. 11. (p. 736): „quia multi apud fraternitatis vestrae responsales saepius fuerunt, qui se fatentur, tale aliquid numquam vidisse", und V. 15.

4 Liberati breviarium. c. 22 (Mansi 9, 695): Constituens papa apud imperatorem apocrisiarium ecclesiae suae Pelagium diaconum suum, dum in Italiam reverti disponit, Constantinopoli obiit".

5 Lib. pont. vita Silverii (ed. Fabrot. 2, 39): „Tunc erat Vigilius diaconus apocrisiarius Constantinopoli".

6 Gregor. I. V. 18. p. 742: „et archidiaconum quem iuxta morem ad vestigia dominorum transmiserat".

7 Gregor. dialog. III. 32 (opp. 2, 349): „Eo quoque tempore quo pro explendis responsis ecclesiae ad principem ipse transmissus sum"; III. 36. p. 358: „Nam dum iussione pontificis mei in Constantinopolitanae urbis palatio responsis ecclesiasticis deservirem".

8 Greg. ep. ad Iohann. Constant. V. 18. p. 742: „cum indignus ego ad ecclesiae regimen adductus sum et ante per alios responsales meos et nunc per communem filium Sabinianum diaconum alloqui fraternitatem . . . curavi". S. auch IV. 47. V. 19. VI. 60. p. 725. 746. 837.

9 S. Gregor. ep. XIII. 38. unten Note 12.

10 Lib. pontif. vita Martini (l. c. p. 50): „Martinum qui hic erat apocrisiarius in regia urbe", wahrscheinlich unter Papst Theodor I. (642—649) vita Theodori l. c. p. 49.

11 So behauptet anscheinend Phillips 6, 698.

12 Deshalb suchten die Päpste auch die Unterbrechung des diplomatischen Verkehrs dieser Art zum Druck auf den byzantinischen Hof zu benutzen, s. Greg. ad Phocam imperat. ep. XIII. 38. p. 1244: „Nam quod permanere in palatii iuxta antiquam consuetudinem apostolicae sedis diaconum vestra Serenitas non invenit, non hoc meae negligentiae sed gravissimae necessitatis fuit, quia dum ministri omnes huius nostrae ecclesiae tam contrita asperaque tempora cum formidine declinarent atque refugerent, nulli eorum poterat imponi, ut ad urbem regiam in palatio permansurus accederet. Sed postquam vestram clementiam . . . ad culmen imperii pervenisse cognoverunt, ipsi quoque suadente laetitia ad vestra vestigia venire festinant, qui prius illuc accedere valde timuerant. Sed quia . . . lator praesentium qui primus omnium defensorum fuit, bene mihi ex longa assiduitate compertus est, vita, fide ac moribus probatus, hunc aptum pietatis vestrae vestigiis esse iudicavi. Unde eum diaconum feci et sub celeritate transmittere studui qui cuncta quae in his partibus aguntur, invento opportuno tempore valeat clementiae vestrae suggerere".

seits aber auch den Kaisern die Ansichten des Papstes und auf Erfordern dessen Rath kund zu thun hatten [1].

In Folge des sich immer mehr verschärfenden Zwiespaltes zwischen den Byzantinern und Rom, sowie der zwischen dem Papstthum und dem Frankenreich angeknüpften Verbindung hörte die Sitte, Apokrisiare nach Konstantinopel zu senden, im Laufe des achten Jahrhunderts auf [2].

II. Die Legaten im Abendlande bis zum 10. Jahrhundert. Eine Handhabe für die Ausübung einer gewissen Jurisdiktion durch Gesandte war den römischen Bischöfen schon früh durch das Koncil von Sardika vom J. 343 gegeben [3], indem dasselbe letzteren das Recht beilegte, auf die Appellation eines abgesetzten Bischofs mit der nochmaligen Untersuchung ausser den Bischöfen der benachbarten Provinz auch

[1] Wenn bei Liberatus, breviarium c. 23 (Mansi 9, 698) erzählt wird: „Post haec misit imperator Pelagium diaconum et apocrisiarium primae sedis Romanae Antiochiam cum sacris suis, quibus praecepit, ut cum Euphraemio eiusdem urbis episcopo et Petrus Hierosolymita et Hypatius Ephesinus venirent Gazam et Paulo episcopo auferrent pallium eumque deponerent. Pelagius ergo profectus Antiochiam et inde Hierosolymam cum memoratis patriarchis et aliquantis episcopis venit Gazam et auferentes Paulo pallium deposuerunt eum", so geschah dies aus besonderem Auftrag des Vigilius. S. Marca l. c. c. XVI. n. 5. c. XVII. n. 2 ff. Ebensowenig lässt sich eine Jurisdiktion der Apokrisiarien aus den Worten: „Hortamur porro vestram sacratissimam summitatem, ut quam primum mittat designatum ab ea apocrisiarium, ut is in regia et a deo conservanda nostra urbe degat et in emergentibus sive dogmaticis sive canonicis ac prorsus in omnibus ecclesiasticis negotiis vestrae sanctitatis exprimat et gerat personam" in dem Schreiben Kaiser Konstantins Pogonatus von 682 an den Papst (act. 18. conc. Constant. Mansi 11, 718) und aus der Antwort Leos II. (l. c. p. 735): „Praesentis denique suggestionis exiguum portatorem, Constantinum subdiaconum regionarium huius sanctae apostolicae sedis . . . clementia consueta dignum exceptione censeat vestra regalis magnanimitas eiusque suggestionibus aurem pietatis accommodet, ut autem ministrum dignanter suscipiat" herleiten. Die Schlussworte enthalten, wie der griechische Text: „ὡς διάκονον ἀξίως δέξηται" ergiebt, eine Bitte, den Gesandten obwohl er Subdiakon und nicht Diakon, doch als solchen, d. h. als Apokrisiar, anzuerkennen und aufzunehmen.

[2] Nach dem in der vorigen Note gedachten Konstantin werden noch solche Gesandte erwähnt im Lib. pontif. vita Sergii I. (ed. cit. 2, 60): „Huius itaque temporibus Iustinianus (II) imperator concilium (Quinisexta oder trullanische Synode im J. 692) in regia urbe iussit fieri, in quo et legati sedis apostolicae convenerunt et decepti subscripserunt". (Dass unter diesen Legaten nur Apokrisiarien verstanden werden können, darüber vgl. Hefele, Konciliengesch. 3, 298); ferner im J. 714 der Presbyter Michael, Theophan. Chron. a. 714 (ed. Cornbefis. Paris. 1655. p. 322). Wenn dagegen vita Zachar. l. c. p. 78 erzählt: „Hic beatissimus vir iuxta ritum ecclesiasticum et fidei suae sponsionem orthodoxam synodicam ecclesiae misit Constantinopolitanae simulque aliam suggestionem dirigens serenissimo Constantino principi. Et pergentibus apostolicae sedis responsalibus ad regiam urbem invenerunt . . . Post haec requirens (Constantinus) missum apostolicae sedis qui ibidem in tempore perturbationis contigerat adesse eumque repertum ad sedem absolvit apostolicam" (vgl. dazu Papenkordt, Geschichte Roms S. 83), so ist hier nur von einer vorübergehenden Gesandtschaft die Rede, wie denn auch die vita Vitaliani l. c. p. 51: „Hic direxit responsales suos cum synodica iuxta consuetudinem in regiam urbem apud piissimos principes, significans de ordinatione sua. Et dum suscepti essent renovantes privilegia ecclesiae reversi sunt" den Ausdruck: responsales in gleicher Bedeutung gebraucht.

[3] c. 3: . . . „Quodsi aliquis episcoporum iudicatus fuerit in aliqua causa et putat se bonam causam habere, ut iterum concilium renovetur: si vobis placet, sancti Petri memoriam honoremus, ut scribatur ab his qui causam examinarunt, Iulio Romano episcopo et si iudicaverit renovandum esse iudicium, renovetur et det iudices; si autem probaverit, talem causam esse, ut non refricentur ea quae acta sunt quae decreverit confirmata erunt. Si hoc omnibus placet? Synodus respondit: Placet". c. 5: Osius episcopus dixit: „Placuit autem ut si quis episcopus accusatus fuerit et iudicaverint congregati episcopi regionis ipsius et de gradu suo eum deiecerint, si appellaverit is qui deiectus est, et confugerit ad episcopum Romanae ecclesiae et voluerit se audiri, si iustum putaverit, ut renovetur iudicium vel discussionis examen, scribere his episcopis dignetur qui in finitima et propinqua provincia sunt, ut ipsi diligenter omnia requirant et iuxta fidem veritatis definiant. Quod si is qui rogat causam suam iterum audiri, deprecatione sua moverit episcopum Romanum, ut de latere suo presbyterum mittat (griech. Text: „ἀπο τοῦ ἰδίου πλευροῦ πρεσβυτέρους ἀποστείλοι") erit in potestate episcopi quid velit et quid aestimet et si decreverit mittendos esse qui praesentes cum episcopis iudicent, habentes eius auctoritatem a quo destinati sunt, erit in suo arbitrio. Si vero crediderit episcopos sufficere, ut negotio terminum imponant, faciet quod sapientissimo consilio suo iudicaverit". (Hefele, a. a. O. 1, 539. 546.)

gleichzeitig eigene Abgesandte zu kommittiren. Erlangten diese Bestimmungen auch für den Orient so gut wie keine praktische Bedeutung, so wurden sie doch die Quelle des schon Anfang des 5. Jahrhunderts ausgesprochenen Satzes, dass in allen wichtigen kirchlichen Angelegenheiten der apostolische Stuhl in letzter Instanz zu entscheiden habe[1]. Auf Grund dieses Anspruches in Verbindung mit der für das Abendland gesetzlich ausgesprochenen Anerkennung des oberstrichterlichen oder Gesetzgebungs-Rechts des römischen Bischofs[2] konnten in der abendländischen Kirche Versuche gemacht werden, in einzelnen Fällen die prätendirte Oberhoheit durch Absendung von Legaten geltend zu machen. Durch die vorübergehenden Missionen einzelner Gesandten waren aber diese Ansprüche nicht durchzusetzen. Deshalb wurden seit Ende des 4. Jahrhunderts einzelne Bischöfe — so z. B. die Bischöfe von Thessalonich und Arles — als vicarii apostolici mit der Ausübung der von den Päpsten geltend gemachten Primatialrechte betraut. Da aber diese Rechte wiederholt demselben Bischofssitze übertragen, also den Nachfolgern die desfallsigen Rechte ihrer Vorgänger bestätigt wurden, so entstand dadurch eine Art bleibender Zwischenstufe der kirchlichen Regierung, die s. g. Primatialwürde, von welcher besser später (§. 75) zu handeln sein wird.

Im Abendlande kommen daneben freilich auch Gesandte vor, welche ebenso wie die zu den allgemeinen Koncilien des Orients deputirten nur mit besonderen, vorübergehenden Missionen beauftragt waren. Es gehört hierher z. B. die Sendung des Defensors Johannes unter Gregor d. Gr. im J. 603 nach Spanien zur Vornahme einer richterlichen Untersuchung[3], die Deputirung des Abtes Cyriacus und des Bischofs Syagrius durch denselben Papst im J. 599 zur Unterdrückung der Simonie im Frankenreich[4].

[1] S. oben S. 494. n. 1.

[2] Durch die Const. Valentiniani III. a. 445 (Nov. Valentiniani III. tit. 16 ed. Haenel p. 172): „Certum est, et nobis et imperio nostro unicum esse praesidium in supernae divinitatis favore ad quem promerendum praecipue christiana fides et veneranda nobis religio suffragatur. Cum igitur sedis apostolicae primatum sancti Petri meritum qui princeps est episcopalis coronae, et Romanae dignitas civitatis, sacrae etiam synodi (von Sardika) firmarit auctoritas, ne quid praeter auctoritatem sedis istius illicita praesumptio attentare nitatur: tunc enim demum ecclesiarum pax ubique servabitur, si rectorem suum agnoscat universitas . . . His talibus et contra imperii maiestatem et contra reverentiam apostolicae sedis admissis per ordinem religiosi viri urbis papae cognitione decursa certa in eum (Hilarius von Arles) et de his quos male ordinaverat, lata sententia est. Et erat quidem ipsa sententia per Gallias etiam sine imperiali sanctione valitura. Quid enim tanti pontificis auctoritati non liceret? Sed nostram quoque praeceptionem haec ratio provocavit nec ulterius vel Hilario quem adhuc episcopum nuncupari, sola mansueti praesulis permittit humanitas nec cuiquam alteri liceat ecclesiasticis rebus arma miscere aut praeceptis Romani antistitis obviare. Ausibus enim talibus fides et reverentia nostri violatur imperii. Nec hoc solum quod est maximi criminis summovemus, verum ne levis saltem inter ecclesias turba nascatur vel in aliquo minui religionis disciplina videatur, hac perenni sanctione decernimus, ne quid tam episcopis Gallicanis quam aliarum provinciarum contra consuetudinem veterem liceat sine viri venerabilis papae urbis aeternae auctoritate tentare. Sed hoc illis omnibusque pro lege sit, quicquid sanxit vel sanxerit apostolicae sedis auctoritas, ita ut quisquis episcoporum ad iudicium Romani antistitis vocatus evenire neglexerit, per moderatorem eiusdem provinciae adesse cogatur, per omnia servatis quae divi parentes nostri Romanae ecclesiae detulerunt . . . Unde illustris et praeclara magnificentia tua praesentis edictalis legis auctoritatem secuta faciet quae sunt superius statuta servari" . . . Gegen Eichhorn, welcher K. R. 1, 77 diese Konstitution ihrer eigenen Bezeichnung entgegen ein Reskript nennt und ihr eine zu enge Bedeutung beilegt, s. auch Richter K. R. §. 22. n. 3.

[3] Ep. XIII. 44 (2, 1249). S. auch Ep. II. 84 (p. 566), wo der Mönch Hilarius mit der Einberufung eines Koncils zur Führung einer Untersuchung gegen einen Bischof beauftragt wird. Für Sicilien lassen sich zwar sehr viele Fälle der Bestellung s. g. Legaten nachweisen; diese gehören aber nicht hierher, da Sicilien dem römischen Stuhl durch den Metropolitan-Verband untergeben war und die Gesandten die desfallsigen Rechte des Papstes auszuüben hatten. S. Sentis, die Monarchia Sicula. Freiburg 1869. S. 8 ff.

[4] Ep. IX. 108. 109 (l. c. p. 1013. 1014). Ueber den Verlauf dieser Angelegenheit s. Thomassin, l. c. c. 118. n. 2 ff. Dass aber auch Gregor d. Gr. es für erforderlich hielt, sich wegen derartiger Gesandtschaften mit den Fürsten in Einvernehmen zu setzen, ergiebt ep. ad Brunichildam XI. 69 (l. c. p. 1171) vom J. 601: „Nam causa sunt ruinae populi sacerdotes mali. Quis pro populi se peccatis intercessor obiciat, si

Diese Gesandten sollten also schon eine oberstrichterliche Gewalt, mithin einen Theil der päpstlichen Jurisdiktion, ausüben.

In den folgenden Jahrhunderten mehren sich die nachweisbaren Beispiele dieser Art. So können z. B. angeführt werden die auf dem Koncil von Compiegne im J. 756 anwesenden Legaten [1], die mit der Berufung des Koncils von Metz in der Ehescheidungssache Lothars II. (im J. 862) beauftragten Abgesandten Nikolaus' I. [2] und der von letzteren in der gleichen Angelegenheit sowie in dem Handel Rothads von Soissons (im J. 865) nach dem Frankenreiche deputirte Arsenius [3], und die gleichfalls von demselben Papst zur Untersuchung der Ansprüche des Ignatius und Photius (im J. 860) nach Konstantinopel geschickten Legaten [4]. Aus dem 10. Jahrhundert mag auf den Bischof Petrus von Orta, welcher als Legat der Synode von Altheim im J. 915 [5] und den Bischof Marinus von Polimartium (Bomarzo), welcher in der gleichen Eigenschaft der von Ingelheim im J. 948 präsidirte [6], hingewiesen werden.

Ausser diesen Gesandten, welche zur Vertretung des Papstes in seinen kirchlichen Befugnissen bestimmt waren, kommen auch solche vor, welche politische Missionen zu erfüllen, z. B. also Verhandlungen mit den Langobardenkönigen und den Frankenkönigen zu führen [7], den Regierungsantritt der Päpste anzuzeigen [8] hatten.

sacerdos qui exorare debuerat, graviora committat? Sed quoniam eos quorum est locus haec insequi nec sollicitudo ad requisitionem nec zelus excitat ad vindictam, scripta ad nos vestra discurrunt et personam si praecipitis, cum vestrae auctoritatis assensu transmittamus quae una cum aliis sacerdotibus haec et subtiliter quaerere et secundum deum debeat emendare".

[1] c. 12: „Georgius episcopus Romanus et Iohannes sacellarius sic consenserunt"; zu c. 15. 16. 21 kehrt dann die Bemerkung „Georgius consensit" nochmals wieder. S. LL. 1, 28. 29.

[2] Die Bischöfe Rodoald von Porto und Johannes von Ficoclä. Hefele 4, 250 ff.; Dümmler, ostfränkisches Reich 1, 504 ff. Im Lib. pontific. vita Nicolai (ed. cit. 2, 215) werden sie als missi und sedis apostolicae legati bezeichnet.

[3] Lib. pontific. l. c. p. 218. 219: „Cum quo (Rothad von Soissons) et sanctissimus et a deo conservandus praesul tam pro restitutione illius quam pro abolenda regis Lotharis copula et pace etiam et concordia regum Galliarum conservanda Arsenium episcopum, huius almae sedis apostolicae apocrisiarium et missum illico destinavit quatenus reformata pace sanctae eos ecclesiae sinibus sine refragatione coniungeret et quaedam necessaria in Galliarum ecclesia ex apostolica traditione statuta diligentius et affluentius perageret". S. Dümmler a. a. O. S. 568.

[4] Epist. Nicolai I. ad univers. cathol. (Mansi 15, 160. 161): „Et quia inter cetera quae de schismate iam facto Constantinopolitanae ecclesiae hi qui missi fuerant, maxime eamdem ecclesiam ab iconomachis redivivam contentionem excitantibus asserebant vexari Christumque per singula conventicula blasphemari, duos episcoporum qui nobiscum erant quique ad hoc tantum faciendum opus idonei nobis esse videbantur (Rodoaldum scilicet et Zachariam) una cum ecclesia quae apud nos est, datis litteris Constantinopolim, tantum nimirum piaculum execrantes, e latere nostro direximus, nihil eis iniungentes nisi ut tantummodo caussas Ignatii qui ante de ecclesia pulsus quam ab aliquo accusatus extiterat, diligenter investigarent et sedi apostolicae plena et veraci relatione referrent". Wenn Hefele 4, 229 und Dümmler 1, 498 darauf aufmerksam machen, dass der Ausdruck e latere zum ersten Mal vorkomme, so ist das unrichtig. Schon das Koncil von Sardika (s. S. 503. n. 3) und Leo I. ep. ad Iulian. episc. (ed. Ball. 33. 34. 1, 870) gebrauchen ihn; und überdies sind die hier in Rede stehenden Legaten keine legati e oder a latere in dem späteren, technischen Sinne des Wortes gewesen. Vgl. auch Phillips 6, 707. n. 32.

[5] LL. 2, 555: „congregata est generalis synodus Altheim in pago Retia, presente videlicet domni Iohannis (X) papae apocrisiario Petro sanctae Ortensis ecclesiae venerabili episcopo, misso ad hoc quatinus aliquo modo diabolica semina in nostris partibus orta extirpare et nefandissimas machinationes quorundam perversorum hominum sedare et eliminando purgare deberet". S. auch Dümmler a. a. O. 2, 602; Hefele 4, 556.

[6] LL. 2, 25: „ . . . missus apostolicae sedis chartam suae legationis honorifice protulit, in qua pro debitae reverentiae dono Romano pontifici exhibendo commoniti sunt, ut universalis ecclesiae puppis exoptatae tranquillitatis portui secura succedat seque procelloso tribulationum turbine vexari diutius non timeat. Significatum est autem in eiusdem recitaminis sententia, praedictum Marinum ab ipso universali papa tali tenore ad nostros fines directum fuisse, quo in omni ecclesiasticarum legum discussioni ipsius existens vicarius quaecunque liganda essent, apostolica auctoritate ligaret et quae solvenda viderentur, parili solveret potestate".

[7] Liber pontific. vita Zachar. (ed. cit. 2, 75); vita Stephani III. l. c. p. 81; Stephani IV. l. c. p. 99; Epist. Steph. III. ad Pippin. a 756. (Jaffé, monum. Carol. p. 47. 54) a. 757 (l. c. p. 66), Pauli I. ep. ad eund. a. 758. o. 759. l. c. p. 77.

[8] S. oben S. 231.

Die Befugnisse dieser Vertreter des Papstes richteten sich also immer nach den ihnen gewordenen Vollmachten und davon, dass mit der Ernennung zum Legaten ohne weiteres ein fest bestimmter Kreis von Rechten gegeben war, findet sich für die hier in Rede stehenden Zeiten noch keine Spur. Das Beispiel des Bonifacius zeigt dies am Auffälligsten. Zunächst als blosser Missionar und demnächst mit bischöflichen Vollmachten zur Verbreitung des Christenthums ausgesendet [1], erhielt er später mit der erzbischöflichen Würde und dem Pallium die Vollmacht, Bisthümer zu errichten [2], und erst nach Erledigung mannichfacher anderer Aufträge wurde ihm die Kathedrale zu Mainz [3] als fester Sitz angewiesen.

Es lassen sich demgemäss für die gedachten Jahrhunderte verschiedene Klassen von Gesandten nicht nach juristischen, sondern nur nach faktischen Gesichtspunkten sondern. Sieht man von den Primaten oder Vikarien ab, so kann man nur die mit einmaligen Missionen betrauten Legaten von den ständig Deputirten, wie es die Apokrisiarien am byzantinischen Hofe waren [4], scheiden.

Bezeichnet werden die päpstlichen Gesandten in den Dekretalen selbst, also im offiziellen Sprachgebrauch, als missi [5], missi apostolicae sedis [6], der Liber pontificalis gebraucht den Ausdruck: missi und legati [7], die fränkischen Annalen bedienen sich dagegen meistens des letzteren Wortes [8]. Seit Ende des 9. Jahrhunderts wird aber die Bezeichnung legati oder legati sedis apostolicae auch in päpstlichen Schreiben häufiger gebraucht [9], ja sogar einmal auch mit dem Zusatz: e latere [10];

[1] In dem Briefe Gregors II. an die Thüringer v. 722 (Jaffé, monum. Moguntina p. 80) heisst es über ihn: „Quem ad vos episcopum consecratum, in sorte praedicationis destinavimus, apostolicis institutionibus informatum, ad instruendam fidem vestram". Vgl. auch den Brief l. c. p. 79.

[2] Epist. Gregorii III. ad Bonifac. l. c. p. 92. u. 732: „Quia vero turbas . . . eisdem partibus ad rectam fidem asseruisses conversas, nequire te occurrere omnibus: ea quae salutis sunt impendere aut intimare . . . precipimus: ut iuxta sacrorum canonum statuta ubi multitudo excrevit fidelium ex vigore apostolicae sedis debeas ordinare episcopos, pia tamen contemplatione, ut non vilescat dignitas episcopalis". Schlechthin: Bonifatium, nostram agentem vicem nennt ihn Gregor in ep. ad episc. Boiar. l. c. p. 103. Sich selbst bezeichnet Bonifazius als legatus, s. das Gratulationsschreiben an Papst Zacharias vom J. 742 (Jaffé l. c. p. 113): „Et quia servus et legatus apostolicae sedis esse dignoscor" u. ep. ad. Stephan. III. a. 755 (l. c. p. 259): „Bonifatius exiguus, legatus vel missus Germanicus catholicae et apostolicae Romanae ecclesiae". — Wenn übrigens Zacharias im J. 748 an ihn schreibt (l. c. p. 190): „petisti, ut sacerdos a nobis dirigatur in partibus Franciae et Galliae ad concilia celebranda. Sed dum deo propitio tua sanctitas superstis existit, qui sedis apostolicae et nostram illic praesentat vicem, alium illic dirigere necessarium non est"; so lag in seiner Stellung doch nicht ohne weiteres, wie Baluze bei Marca l. c. c. XLIII. n. 5 meint, die Befugniss, Koncilien abzuhalten.

[3] Epist. Zachar. ad Bonifac. a. 751. l. c. p. 227: „Igitur dum in Germania provincia tua fraterna sanctitas ad praedicandum fuisset directa a s. record. praedecessore nostro domno Gregorio papa et post inchoatum opus et aliqua ex parte spiritaliter aedificatum Roma reversus, ab eo episcopus ordinatus et illic ad praedicandum denuo remissus es et elaborasti deo praevio nunc usque per annos 25 in eadem praedicatione ex quo episcopatum suscepisti. Sed et in provincia Francorum nostra vice concilium habuisti . . . Et dum in his piis operibus occupata esset tua sancta fraternitas, nunc usque cathedralem sedem sibi minime vindicavit . . . idcirco auctoritate b. Petri apostoli sancimus, ut supra dicta ecclesia Moguntina nunc atque etiam perpetuis temporibus tibi et successoribus tuis metropolis sit confirmata".

[4] Wenn Phillips 6, 705 den schon zu Compiegne als Legaten anwesenden Bischof Georgius von Ostia später als Apokrisiarius an den Hof Pippin geschickt sein lässt, so ist das irrig, Pippin hielt ihn nur im eigenen Interesse zurück. S. Pauli I. ep. ad Pippin. a. 761 und a. 764—766. (Jaffé l. c. p. 94. 132.)

[5] S. die S. 505. n. 7 citirten Briefe Stephans III. und Pauls I.; s. ferner Ioannis VIII. ep. ad Carolomann. a. 879 (Mansi 17, 125).

[6] Ep. Ioann. VIII. ad Carol. Calv. a. 877 (Mansi 17, 29).

[7] Vita Hadriani I. l. c. 2, 99 und die früher citirten Stellen.

[8] S. oben S. 231. n. 6; S. 232. n. 1.

[9] Ep. Ioann. VIII. ad Basilium a. 879 (Mansi 17, 138); ad archiepisc. et episc. Ludovici a. 876 (l. c. p. 230); ad comites a. 876 (l. c. p. 233). Vereinzelt findet es sich schon in Leon. II. ep. ad Constantin. imper. (Mansi 11, 35).

[10] Ep. Ioann. VIII. ad quemdam (Migne, patrol. 124, 919): . . . „legatos sane e latere nostro plene instructos direximus" . . . In ep. Ioannis XIII. und Bened. VI. ad archiep. Trevirens. a. 969 u. a. 975 (Hontheim, hist. Trevir.

endlich kommt der Ausdruck: apocrisiarius et missus ebenfalls mehrere Mal vor [1].

Diejenigen Personen, welche mit Gesandtschaften betraut wurden, waren in den meisten Fällen, namentlich seit dem 8. Jahrhundert, Bischöfe [2]. Es finden sich aber auch Presbyter [3], Diakonen [4], Subdiakonen [5], verschiedene Palatinalrichter [6], Bibliothekare [7], Scriniare [8], Aebte [9] und andere Personen [10] in der Funktion als Legaten.

III. Die Zeit Gregors VII. Hatte schon Nikolaus I. durch seine Gesandten im Gegensatz zu früheren Zeiten, wo die Päpste wichtige Aufträge und Missionen nicht ohne Einvernehmen mit den weltlichen Herrschern vollziehen liessen [11], in die politischen Angelegenheiten des Frankenreichs und in die feststehenden Gerechtsame der Bischöfe einzugreifen gesucht [12], so trat das Bestreben der Päpste, überall durch Legaten einzuschreiten und so ihre Machtbefugnisse auf Kosten der ordentlichen Regierungsorgane in den einzelnen kirchlichen Kreisen zu erweitern, noch schärfer hervor, als das Papstthum die Kraft in sich fühlte, den Kampf mit den deutschen Kaisern aufzunehmen und in seinem Sinne eine Reformation der Kirche eintreten zu lassen. Während die Absendung von Legaten im 10. Jahrhundert verhältnissmässig selten vorkommt [13],

1, 30 u. Mansi 19, 46) heisst es: „ut Treverensis praesul post quemlibet ordinarium legatum apostolicae sedis in Galliam Germaniamque destinatum primum inter alios pontificem locum obtineat". Unter ordinarius legatus kann hier nur ein vom Papst gesandter Legat verstanden sein im Gegensatz zu den ständigen Vikarien, resp. Primaten, deren Würde an einen bestimmten Bischofssitz geknüpft war.

1 S. vita Nicolai I. (S. 505. n. 3), ep. Ioann. VIII. ad Boson. a. 876 (Mansi l. c. p. 9); ad Landulf a. 876 (l. c. p. 10); ad episc. Bitur. a. 876 (l. c. p. 13); ad Carol. Calv. a. 876 (l. c. p. 21); syn. Altheim. (s. S. 505. n. 3).

2 S. den Text S. 505 und die eben citirten Briefe Johanns VIII.

3 Lib. pontif. vita Gregorii III. Georgius presbyter (l. c. p. 71) und Sergius presbyter, Jaffé, reg. n. 1732; Anastasius presbyter. Ep. Gregor. III. ad episc. Tusc. a. 740 (Mansi 12, 286).

4 Vita Stephani III. p. 81. Paulus diaconus; ep. Hadriani I. ad Carol. a. 781—783 (Jaffé, monum. Carol. p. 228) Agatho diaconus. Darüber, dass die apocrisiarii am byzantinischen Hof Diakonen waren, vgl. S. 502.

5 Vita Hadriani I. p. 99: Gemmulus subdiaconus; ep. Gregor. III. ad episc. Tusc. cit. (Mansi 12, 286). Adeodatus subdiaconus regionarius; Einhardi ann. a. 823 (SS. 1, 211).

6 Vita Stephani III. p. 81: Anastasius primicerius; Einhardi ann. a. 821 (SS. 1, 208): Theodorus primicerius; l. c. a. 828. p. 217: Quirinus primicerius. — Vita Stephani IV. p. 94: Sergius secundicerius. — Conc. Compend. cit. (s. S. 505. n. 1): Iohannes saccellarius. — Vita Zachariae p. 77: Ambrosius primicerius notariorum, vita Hadriani I. p. 99: primus defensor. — Einhardi ann. a. 221. 228 (SS. 1, 208. 217): Leo und Theophylactus nomenculator.

7 Einhardi ann. a. 823 (SS. 1, 211): Sergius bibliothecarius.

8 Liudprand. hist. Otton. c. 1 (SS. 3, 340).

9 Gregor. I. ep. IX. 108. 109 (s. oben S. 504).

10 Phillips 6, 708 weist noch Regionarnotare, Regionardefensoren, einfache Kleriker, einen mansionarius basilicae s. Petri und eine Reihe weltlicher Grossen, consules, duces, magistri militum als päpstliche Gesandte nach.

11 So z. B. die Mission des Bonifazius Baluze bei Marca l. c. XLIII. n. 3 ff. Ein früheres Beispiel bietet der Brief Gregors I. an Brunhild (s. S. 504. n. 4).

12 Ich kann natürlich hier nicht die Geschichte des Verhältnisses zwischen weltlicher und geistlicher Gewalt, die Stellung des Papstes zu den Synoden und ähnliche, auch für den hier in Rede stehenden Gegenstand wichtige Punkte besprechen. Es möge daher genügen, auf Baluze bei Marca l. c. c. XLV. und Dümmler a. a. O. 1, 567 ff. 572. 577. 652 ff. hinzuweisen, und daran zu erinnern, dass sich schon in dieser Zeit die ersten Spuren der Wirksamkeit der pseudoisidorischen Dekretalen zeigen.

13 S. oben S. 505 und Phillips 6, 711, wiewohl freilich Gregor VII. ep. II. 75. a. 1075 (Jaffé, monum. Gregor. p. 199) für seine Zeit klagt: „Apud antecessores nostros iuris et consuetudinis erat, caritativis legationibus docere viam domini universas nationes, corripere in his quae arguenda erant omnes reges et principes et ad aeternam beatitudinem cunctos invitare legalibus disciplinis . . . Nunc vero reges et praesides terrae contemptores facti ecclesiasticae legis qui amplius iustitiam servare et eam defendere debuerant, ad tot irrogandas ecclesiae contumelias devenerunt, . . . ut fere iam quiescentibus legationibus nostris quoniam pene sine fructu videntur, verba nostra tantummodo orando convertamus ad dominum regum et dominum ultionum". Beispiele aus dem 11. Jahrhundert bieten die Sendungen Hildebrands im J. 1054 (Hefele, Konciliengeschichte 4, 738), ferner die Peters Damiani nach Frankreich Alex. II. ep. ad Gervasium etc. a. 1063 (Mansi 19, 958): „Quoniam igitur pluribus ecclesiarum negotii occupati, ad vos ipsi venire non possumus, talem vobis virum destinare curavimus quo nimirum post nos maior in Romana ecclesia auctoritas non habetur, Petrum videlicet

bediente sich Gregor VII. ihrer sehr häufig als Werkzeuge zur Durchsetzung seiner Pläne. Seine Legaten interdiciren Bischöfe [1], entscheiden Streitigkeiten zwischen kirchlichen Personen und delegiren ihre desfallsigen Befugnisse [2], werden mit einer allgemeinen Visitations- und Korrektionsgewalt betraut [3], erhalten Vollmacht über die Nothwendigkeit der Bestellung eines Nachfolgers für erkrankte Bischöfe zu befinden [4], Kriminalverbrechen der Bischöfe zu untersuchen [5], Koncilien zu versammeln [6], ja selbst Könige zu exkommuniciren [7]. Aber nicht nur einzelne Angelegenheiten kommittirte Gregor VII. seinen Gesandten, sondern er übertrug die päpstliche Machtvollkommenheit in seinem Sinne auch einzelnen Legaten oder Vikarien für ganze Länder, so für Deutschland an Altmann von Passau [8], für Frankreich an Hugo von Die [9], für Spanien, das Narbonnensische Gallien und die Gascogne an Amatus von Oleron [10]. Endlich dienten ihm seine Legaten dazu, mit entfernteren Reichen, z. B. Dänemark, Ungarn und Russland Verbindungen anzuknüpfen [11]. Das Ansehen und die Autorität seiner Gesandten suchte Gregor VII. dadurch zu sichern, dass er in den von den Bischöfen zu leistenden Eid auch das Versprechen des Gehorsams gegen die Legaten aufnehmen liess [12]. Seine Auffassung von der Stellung der letzteren hat er selbst in dem s. g. dictatus dahin formulirt: »Quod legatus eius (papae) omnibus episcopis praesit in concilio, etiam inferioris gradus et adversus eos sententiam depositionis possit dare« [13].

Bei Gregor VII. ist die Bezeichnung legatus jetzt die weitaus gebräuchlichste, für die mit der päpstlichen Gewalt für einzelne Länder betrauten Gesandten kommt auch die Bezeichnung: vicarii vor [14], und mit legatus überhaupt gleichbedeutend einige Male das Wort: nuncius [15].

Ihrer kirchlichen Stellung nach sind die Legaten Gregors VII. Kardinalbischöfe [16], Kardinalpriester [17], Kardinaldiakonen [18], Subdiakonen der römischen Kirche [19], aber

Damianum Ostiensem episcopum qui nimirum et noster est oculus et apostolicae sedis immobile firmamentum. Huic itaque vicem nostram pleno iure commisimus, ut quidquid in illis partibus, deo auxiliante statuerit, ita ratum teneatur et firmum, ac si speciali nostri examinis fuerit sententia promulgatum". Vgl. ferner ep. Urbani II. ad Hugon. archiepisc. Lugdun. a. 1094 (Bonquet, recueil 14, 758).

[1] Ep. II. 23. 24 (Jaffé l. c. p. 136).

[2] Ep. II. 25 (l. c. p. 137). IV. 17 (l. c. p. 265).

[3] Ep. IV. 26 (p. 281). II. 40 (p. 154).

[4] Ep. V. 19 (p. 315).

[5] Ep. V. 20 (p. 316).

[6] S. oben S. 154 u. ep. II. 28 (p. 140). IV. 22 (p. 273).

[7] IV. 23 (p. 275).

[8] Ep. VIII. 33 (p. 484): „Quia vicem nostram in Teutonicis partibus prudentiae tuae commisimus, discretionem tuam monemus".

[9] Ep. IV. 18 (p. 266): „quia sicut confrater noster Hugo Diensis episcopus, cui vices nostras in Galliarum partibus agendas commisimus, illum excommunicavit, sic et nos excommunicavimus"; ep. VIII. 19 (p. 450): „Pro quibus ipse (Manasse archiepiscopus Remensis) in Lugdunensi concilio cui frater et vicarius noster Hugo Diensis episcopus praeerat, eodem dictante cunctisque fratribus religiosis qui aderant, assentientibus depositionis sententiam meruit".

[10] Ep. ad incol. Narbon. Galliae etc. a. 1077 (l. c. p. 547): „Proinde horum portitorem, venerabilem confratrem nostrum Amatum episcopum ad partes vestras dirigimus ut quae ibi vitia eradicanda sunt a fundamento evulsis, plantaria virtutum deo auctore sollerti vigilantia plantare procuret. Quem sicut nostram, immo beati Petri praesentiam vos suscipere apostolica auctoritate iubemus ac sic pro reverentia apostolicae sedis, cuius nuncius est, vos in omnibus sibi obedire atque eum audire mandamus ut propriam faciem nostram seu nostrae vivae vocis oracula".

[11] Ep. II. 51. 63. 74 (p. 167. 183. 198).

[12] Ep. VI. 17. a. (p. 355) sacramentum archiepiscopi Aquileiensis: „Legatum Romanum eundo et redeundo honorifice tractabo et in necessitatibus adiuvabo". S. auch den Eid Roberts II. von Chartres ibid. III. 17. a. p. 232. 233.

[13] L. c. II. 55a. p. 174.

[14] S. n. 9.

[15] Ep. I. 17. p. 30; II. 40. 74 (p. 154. 199) und ep. ad incol. Narbon. cit. p. 547. Sich selbst nennt Hugo von Die einmal auch S. R. E. apocrisiarius, s. epist. ad Radulf. arch. Turon. a. 1075 (Baluze, misc. ed. Mansi 3, 53 und Migne, patrol. 157, 507).

[16] Ep. II. 23—25.

[17] Ep. V. 21. VII. 6.

[18] Ep. IV. 23. 26.

[19] Ep. V. 19.

auch Bischöfe [1], Aebte [2], ja selbst einfache Mönche [3]. Dagegen, dass die Legaten, um die volle Repräsentation des Papstes zu haben, nothwendig aus der römischen Kirche selbst genommen sein müssten, hat sich der gedachte Papst sogar ausdrücklich in einem überhaupt für seine Auffassung des Rechtes zur Absendung von Legaten höchst interessanten Schreiben verwahrt [4].

In den Worten desselben Briefes: »quibus Romanus pontifex aliquam legationem iniungat vel quod maius est, vicem suam indulgeat«, wird ferner schon der Unterschied zwischen zwei verschiedenen Klassen von Gesandten angedeutet, nämlich zwischen denen, welche mit der Erledigung bestimmter Angelegenheiten betraut wurden, also nur hinsichtlich dieses Punktes den Papst repräsentirten, und solche, welche als s. g. vicarii in einem grösseren Distrikt die päpstliche Machtvollkommenheit ausübten, und wegen der Verschiedenartigkeit der möglicher Weise vorkommenden Angelegenheiten eine ausgedehntere Gewalt besitzen mussten. Wie weit diese reichte, darüber hat sich in diesen Zeiten noch keine feste Regel gebildet, die Vikarien sind aber schon damals, wie das Schreiben Gregors zeigt, als die eigentlichen Vertreter des Papstes betrachtet worden, mussten also im Zweifel auch schon damals für ihren Distrikt alle demselben zustehenden Rechte handhaben können. Von den früher vorkommenden Vikaren und Primaten unterscheiden sie sich dadurch, dass ihnen ihre Befugnisse nur persönlich und nicht ständig übertragen waren und dass diese selbstverständlich zur Zeit Gregors materiell auch umfangreicher und grösser als in den früheren Jahrhunderten sein mussten [5].

Suchte sich der Papst auch der Mitwirkung der weltlichen Fürsten zur Durchführung seiner Pläne zu versichern [6] und diese für die Unterstützung seiner Legaten zu gewinnen, so war er doch andererseits weit entfernt davon, ersteren ein Recht auf Gestattung oder Verhinderung einer beabsichtigten Legation zuzugestehen, vielmehr vindicirt er sich die Befugniss, diese auch wider ihren Willen durchzuführen [7].

[1] Ep. IV. 17 und die Anführungen im Text über die Vikarien für einzelne Länder.

[2] Ep. II. 40. IV. 28.

[3] IV. 17.

[4] Ep. VI. 2 ad Manassem archiepisc. Roman. p. 323: „Haec autem omnia ad id praemissa noveritis quia petitis in litteris vestris, ne adversus privilegium quod ab hac apostolica sede vos habere fatemini, cogamini nisi soli michi aut Romanis legatis super obiectis quibuslibet respondere. Quodsi vos Romanos legatos intelligere videremini quoslibet cuiuslibet gentis, quibus Romanus pontifex aliquam legationem iniungat vel quod maius est vicem suam indulgeat, et laudaremus sane petita et petitis libenter annueremus. Sed quia praemittendo: Romanis continuo subiungitis: non ultramontanis ostenditis, vos tantum eos velle Romanos habere legatos qui vel Romae nati vel in Romana ecclesia a parvulo educati vel in eadem sint aliqua dignitate promoti. Miramur nimium prudentiam vestram eo usque perductam ut precaremini: benevolentiam nostram iura sedis apostolicae debere imminuere; idque nobis in solius vestri negociis non debere licere quod in negociis omnium praedecessores nostri sine omni contradictione et licitum et legitimum tenuere. Nostis enim: et Osium episcopum in Niceno (s. oben S. 498) et Cirillum in Ephesino concilio (s. S. 500) Romanorum vice eisdem concedentibus functos fuisse pontificum; Syagrio quoque Augustudunensi episcopo Lugdunensis antistitis suffraganeo, sanctum papam Gregorium celebrandi generalis in Gallia concilii vicem suam legato indulsisse. Sed quid haec de episcopis loquimur, cum idem sanctus papa monachum quemdam Hylarum nomine in Affricae partibus litterarum suarum auctoritate fultum usque adeo suum fecerit vicarium ut per eum ibidem concilium generale celebraretur et quicquid synodus sancta decerneret, ad finem eo exequente perduceretur (s. S. 504. n. 3). Ne igitur ad tantum velit culmen vestra fraternitas erigi, ut quae in causis omnium Romanis pontificibus rata fuerunt et licita, in vestri solius causa irrita velitis et illicita reddi".

[5] So legt ihnen Gregor im Diktatus das Recht der Absetzung der Bischöfe bei. S. oben im Text S. 508.

[6] Vgl. oben S. 154.

[7] Ep. IV. 22 (p. 273): „admonemus fraternitatem tuam, ut concilium in partibus illis convocare et celebrare studeas, maxime quidem cum consensu et consilio regis Francorum, si fieri potest. Sin autem aliqua occasione id consentire noluerit, in Lingonensi ecclesia conventum celebrandi concilii instituas". Vgl. auch ep. II. 75 (S. 507. n. 13).

So gewichtig auch die Stellung der Legaten nach aussen war, hatten sie doch dem Papst gegenüber nur die Bedeutung von Werkzeugen, welche ihm über alle ihre Handlungen berichten mussten und deren Massnahme er nach Umständen zu bestätigen oder zu vernichten, sich das Recht zuschrieb [1].

Unter den folgenden Päpsten finden sich dieselben Anschauungen wieder. Die Allgewalt der Legaten gegenüber den kirchlichen Lokaloberen, welche freilich schon zur Zeit Gregors VII. gegen die Beeinträchtigung ihrer Stellung mitunter Opposition erhoben hatten [2], wird unter Paschalis II. nur noch schärfer hervorgehoben [3] und darauf hingewiesen, dass der Gehorsam gegen den apostolischen Stuhl auch die Achtung seiner Legaten in sich schliesse [4].

Die Bestallung von Legaten für ganze Länder, also die Deputirung s. g. vicarii kommt gleichfalls noch vor; so hat Paschalis II. den Bischof Girard von Angoulême im J. 1108 »per Bituricensem, Burdegalensem, Auscitanam, Turonensem atque Britannicam provincias« zum Vikar bestellt [5] und Kalixt II. im J. 1120 ihm diese Vollmachten erneuert [6]. Neben diesen erscheinen natürlich auch die mit bestimmten Aufträgen versehenen Legaten [7], für welche noch jetzt vereinzelt der Ausdruck: apocrisiarius gebraucht wird [8].

Seit Gregor VII. ist das Recht der Legaten auf Unterhalt seitens der Kirchen (procuratio) des ihnen angewiesenen Distrikts anerkannt [9], aber bald tauchen eine ganze

[1] Ep. I. 16 (p. 28): „Miramur et multum anxii sumus, quod — cum semper consuetum et valde necessarium fuerit, ut si quando legatus apostolicae sedis concilium in remotis partibus celebraverit, sine mora ad annunciandum omnia quae egisset reverteretur — tua fraternitas post peractam synodum in qua tot negocia emerserunt nec ad nos rediit nec eum qui secum est, considerata vel necessitate vel nostra expectatione remisit. Nobis equidem gratum est, quod pro negociis sanctae Romanae ecclesiae in Hyspaniis profectus es, sed debuerat prudentia tua aut illum quem tibi adiunximus aut aliquem qui synodo interfuisset quique omnia vice tua rationabiliter expedire sciret ad nos direxisse, quatinus perspectis omnibus confirmanda confirmaremus et siqua mutanda viderentur discreta ratione mutaremus". Beispiele der Kassation von durch Legaten vorgenommenen Akten in ep. VI. 7 und VIII. 28. p. 336. 478.

[2] Ep. II. 28 ad Lemarum archiepisc. Bremensem (p. 140): „Legatis quippe nostris Uberto Praenestinensi et Giraldo Ostiensi episcopis — quos ad partes illas ad id destinavimus, ut in unum archiepiscopis episcopis abbatibus religiosisque clericis convocatis vice et auctoritate nostra fulti quae corrigenda essent corrigerent quae religioni addenda adderent — pro viribus impedisti. Ad haec ut et concilium fieret, impedisti".

[3] Ep. ad Henric. Anglor. reg. a. 1115 (Mansi 20, 1067): „Universum si quidem terrarum orbem dominus et magister noster suis discipulis dispertivit, sed Europae fines Petro singulariter commisit et Paulo. Nec pro eorum tantum, sed per successorum discipulos ac legatos Europae universitas conversa est et confirmata. Unde usque ad nos, licet indignos eorum vicarios haec consuetudo pervenit: ut per nostrae sedis vicarios graviora ecclesiarum per provincias negotia pertractarentur seu retractarentur".

[4] Ep. ad archiepisc. (Spalatinum s. Jaffé, reg. n. 4851, Mansi 20, 986): „Cum igitur a sede apostolica vestrae insignia dignitatis exigitis quae a beati tantum Petri corpore assumuntur, iustum est, ut vos quoque sedi apostolicae subiectionis debita signa solvatis quae vos cum beato Petro tamquam membra de membro haerere et catholicae capitis unitatem servare declarent . . . Num quid non ultra vos Saxones, Danique consistunt? Et tamen eorum metropolitani et idem iuramentum asserunt et legatos apostolicae sedis honorifice tractant et in suis necessitatibus adiuvant" . . .

[5] Mansi 10, 1016: „Ut autem penes vos habeatis apud quem querelas vestras et negotia cum opportunum fuerit referatis, cuiusque consilio et hortatu quae ad salutem attinent, peragatis: vices nostras fratri carissimo Girardo Engolismensi episcopo commisimus in partes eum nostrae solicitudines asciscentes. Huic vice nostra, ut nostro apostolorumque in partibus vestris vicario, ad dei honorem et ad salutem animarum vestrarum fideliter obedite".

[6] Ep. ad episc. prov. Bitur. (Mansi 21, 213). Ueber diesen Vikariat vgl. übrigens Baluze bei Marca l. c. c. XLVI n. 3 ff.

[7] Ep. Calixti ed. Ludov. reg. a. 1123 (Mansi 20, 210).

[8] Ep. Paschalis II. cit. ad archiep. Spalat. (l. c. p. 984): „Significasti, frater carissime, regem et regni maiores admiratione permotos, quod pallium tibi ab apocrisiariis nostris tali conditione oblatum fuerit, si sacramentum quod a nobis scriptum detulerant iurares".

[9] S. den Metropolitaneid oben S. 508. n. 12.

Reihe von Klagen über die Ausbeutung dieses Rechtes zu Bedrückungen der einzelnen Geistlichen und Kirchen, sowie über den Eigennutz und die Habgier der Legaten auf, ja es werden sogar Vorwürfe laut, dass die Absendung von solchen vorgenommen wird, um den betreffenden Geistlichen die Möglichkeit zur Bereicherung zu gewähren [1].

II. Das Dekretalenrecht*.

§. 69. 1. *Die legati a latere.*

Wenn Innocenz IV. in einer in das Corpus iuris [2] aufgenommenen Dekretale folgende Kategorien von Legaten aufzählt, nämlich 1. diejenigen, welche eigends vom Papst abgesandt sind, ferner 2. solche, welche kraft der ihnen zustehenden Kirchen eine Legation führen, und endlich 3. die vom Papst abgesandten Kardinäle, so scheint diese Unterscheidung in der vorangehenden Entwicklung, namentlich in der zu Zeiten Gregors VII., welcher ausdrücklich die aus der römischen Kirche und aus einer andern ausgewählten Legaten einander gleichstellt [3], keinen Anhalt zu haben. Worin die Erklärung dafür zu suchen ist, wird sogleich nach der Charakterisirung der letztgedachten Klasse der Legaten angegeben werden.

Als höchste Klasse bezeichnet, wie oben bemerkt, Innocenz IV. die Brüder des Papstes, und für diese ist in der Doktrin der Ausdruck legati a latere der tech-

[1] So schreibt schon der Bischof Ivo von Chartres († 1115) an Paschalis II. ep. 109 (ed. Paris. 1610. p. 207): „Cum enim a latere vestro mittitis ad nos cardinales vestros tamquam filios uterinos, quia in transitu apud nos sunt, non tantum possunt curanda curare, sed nec curanda prospicere. Inde est, quod multi . . . dicunt, sedem apostolicam non subditorum quaerere sanitatem sed suam aut lateralium suorum quaerere commoditatem". Bernardi Clarevall. ep. 290 ad episcopum Ostiensem a. 1152 (Opp. ed. Venet. 1726. 1, 280): „Pertransiit legatus vester de gente in gentem et de regno ad populum alterum, foeda et horrenda vestigia apud nos relinquens. A radice Alparum et regno Teutonicorum per omnes paene ecclesias Franciae et Normanniae et circum quaque circumiens usque ad Rothomagum vir apostolicus replevit non evangelio sed sacrilegio. Turpia fertur ibique commisisse, spolia ecclesiarum asportasse, formosulos pueros in ecclesiasticis honoribus, ubi potuit, promovisse, ubi non potuit, voluisse. Multi se redemerunt, ne veniret ad eos. Ad quos pervenire non potuit, exegit et extorsit per nuntios". Kaiser Friedrich I. erklärt dem Papst Hadrian IV. (SS. 6, 408 und Watterich, romanor. pontific. vitae 2, 373): „Cardinalibus utique vestris clause sunt ecclesiae, ut non pateant civitates, quia non videmus praedicatores sed praedatores, non pacis administratores, sed pecuniae raptores, non orbis corroboratores, sed pecuniae ultra modum insatiabiles corrosores. Cum viderimus eos quales requirit ecclesia, portantes pacem illuminantes patriam assistentes causae humilium in aequitate, necessariis eos stipendiis et commeatu sustentare non differemus". In dem Rundschreiben desselben Kaisers bei Radevic. de gestis Frider. I. imp. I. 10 (Germaniae historic. Tom. III. p. 482) heisst es: „Porro quia multa paria litterarum apud eos reperta sunt et schedulae sigillatae ad arbitrium eorum adhuc scribendae quibus, sicut hactenus consuetudinis eorum fuit, per singulas ecclesias Teutonici regni conceptum iniquitatis suae virus respergere, altaria denudare, vasa domus dei asportare, cruces excoriare nitebantur, ne ultra procedendi facultas eis daretur, eadem qua venerant via, ad urbem eos redire fecimus". Vgl. auch Baluze l. c. c. XLVIII. ff.

* Raph. Cyllenius, de legato pontificis. Venet. 1558; (Anonym) Tractatus de legato papae. Venet. 1558; Andr. Barbatia, de cardinalibus et legatis a latere und Nic. Boerius, de legati a latere officio et auctoritate in Tract. Tractat. tom. XIII.; Andr. de Falconibus de Magliano, de reservationibus papae et legatorum a latere. Rom. 1543; Petr. Andr. Gambarus, de officio atque auctoritate legati a latere. Venet. 1571. 1572; Thomas de la Torre, de auctoritate, gradu et terminis legatorum a latere. Rom. 1656; Gabr. Wagenseil, diss. de legato a latere. Altdorf 1694; Peregrini Maseri, tractat. de legatis et nunciis apostolicis. Rom. 1709. 2 Voll.; De legatis et nuntiis pontificiis eorumque fatis ac potestate. (Salisb.) 1785.

[2] c. 1. in VIto de officio legati. I. 15: „Proinde praesenti decreto statuimus, ut ecclesiae Romanae legati, quantumcumque plenam legationem obtineant, sive (1) a nobis missi fuerint sive (2) suarum praetextu ecclesiarum legationis sibi vendicent dignitatem ex ipsius legationis munere conferendi beneficia nullam habeant potestatem, nisi hoc alicui specialiter duxerimus indulgendum. Quod (3) in fratribus nostris legatione fungentibus nolumus observari, quia sicut honoris praerogativa laetantur, sic eos auctoritate fungi volumus ampliori".

[3] S. oben S. 509.

nische. Dass dieser früher eine solche nicht hatte, ist oben (S. 505. 506) angegeben. Auch im Laufe des 12. Jahrhunderts ist wohl davon noch nicht die Rede gewesen [1]. Denn die Doktrin dieser Zeit erwähnt noch nicht verschiedene Arten von Legaten [2]. Erst im 13. Jahrhundert entscheidet Gregor IX., dass der mit der Legation über eine bestimmte Provinz betraute Obere dieselbe nicht ausüben kann, wenn ein de latere des Papstes deputirter Legat dort eintrifft [3]. Ferner bestimmt er, dass die Legaten, welche nicht de latere gesandt werden, weder ihre Untergebenen ausserhalb ihrer Provinz noch anderswoher kommende Personen in der letzteren von der reservirten Exkommunikation wegen der manus iniectio in clericos absolviren (s. S. 122) dürfen, sowie dass diejenigen, welche die Legation in Folge einer ihnen zukommenden Kirche haben, eine derartige Befugniss überhaupt nicht ausüben können [4], nachdem Clemens III. (1187—1191) schon erklärt hatte, dass die »legati cardinales quia a latere Romani pontificis destinantur pro tempore«, auch dann die Absolution zu ertheilen befugt seien, wenn sie selbst keinen ausdrücklich dahin gehenden Auftrag hätten [5].

Frühestens also seit Ende des 12. Jahrhunderts hat das Wort legatus a latere jene besondere Bedeutung erhalten und seit dieser Zeit werden die vorhin gedachten drei Klassen von Legaten unterschieden [6]. Veranlassung zu der Aussonderung der legati

[1] Ep. Paschalis II. ad Roger. Siciliae comitem. a. 1117 (Jaffé, regest. n. 4846): „Unde sicut . . . antecessor meus patri tuo legati vicem gratuita benignitate concessit, nos quoque tibi post ipsum eius successori concessimus ea videlicet ratione, ut si quando illuc ex latere nostro legatus dirigitur quem profecto vicarium intelligimus que ab eo gerenda sunt, per tuam industriam effectui mancipentur". Ep. Calixti II. ad Ludovic. Francor. reg. a. 1123 (Mansi 21, 210): „Sane carissimum filium nostrum P. sedis nostrae presbyterum cardinalem nobilitati tuae attentius commendamus. Nos enim a latere nostro secundum antiquam apostolicae sedis consuetudinem ad terram potestatis tuae pro corrigendo et confirmando quae corrigenda et confirmanda fuerint, delegamus. Rogamus igitur excellentiam tuam et in domino commonemus, ut eum tanquam vicarium nostrum reverenter suscipias, honeste habeas et ita facultatis tuae consilium et auxilium praebeas quatinus sibi iniunctum possit ministerium adimplere". Ep. eiusd. ad Brunon. archiepisc. Trevirens. a. 1120 (SS. 8, 197): „. . . postulacioni tuae clementer annuimus et personam tuam dilectionis brachiis amplectentes eam a cuiuslibet legati potestate absolvimus, nisi forte a nostro latere dirigatur". In diesen Schreiben sind wohl Legaten gemeint, welche ausdrücklich und direkt eine Sendung ad hoc vom Papst erhalten haben und allerdings schon meistens damals Kardinäle gewesen sein mögen.

[2] Bernhardi Papiensis summa I. 22 (ed. Laspeyres p. 18): „§. 1. Legatus dicitur cui aliqua patria vel provincia regenda committitur, ut vice eius fungatur, a quo destinatur. §. 2. Officium autem eius est, ea explicare quae faceret ille qui eum legavit, exceptis illis quae requirunt specialem concessionem, ut est episcopi depositio; talia namque non transeunt mandata iurisdictione, ut Dig. de off. eius cui mand. est iurisd. L. 1. Sane de causis quae pertinent ad iurisdictionem iudicum qui sunt in sua provincia, cognoscere et diffinire potest sive fuerit sive non fuerit ad eum appellatum, arg. infra eod. c. un. (X. c. 1. I. 30).

[3] c. 8. X. de officio legat. I. 30: „Patriarchae Hierosolymitano: „Fraternitati tuae legationis officium in provincia tua duximus committendum, ita tamen quod si legatum ad partes illas de latere nostro contigerit destinari, exsecutionem ipsius officii quandiu legatus ipse ibi fuerit, pro sedis apostolicae reverentia omnino dimittas".

[4] c. 9. X. eod.: „Excommunicatis pro iniectione manuum violenta ecclesiae Romani legati qui de ipsius latere non mittuntur, extra provinciam sibi commissam vel ibidem, si huiusmodi manuum iniectores illuc contingat aliunde accedere et qui ecclesiarum praetextu legationis sibi vendicant dignitatem etiam subditis, quamvis in provincia sua existentes, beneficium absolutionis impertiri non possunt, nisi de speciali gratia illis et istis amplius a sede apostolica concedatur".

[5] c. 20. X. de sent. excommun. V. 39.

[6] Hostiensis summa aurea I. 30 de officio legati n. 2 (Lugduni 1548. fol. 52): „Quot species legatorum sint seu genera? Tria. Sunt enim quidem legati qui emanant ex latere domini papae . . . et hi maxime auctoritatis sunt nec credendum quod aliter iudicent quam ipse papa faceret et intelliguntur pars corporis domini papae c. 22. C. VI. qu. 1 (= l. 5. C. ad leg. Iuliam maiest. IX. 8) . . . Et intelligi potest de latere pape missus etiam si non cardinalis sed et si sit de familia vel etiam si sit extraneus dum tamen ab eo mandatum recipiat viva voce ut si tetigerit fimbrium vestimenti eius quo ad hoc salvus sit et privilegiatus. c. 2. X. de M. et O. I. 33. Nam et vides quod quando episcopi de curia veniunt in honore summi pontificis quem tetigerint et osculati sunt, ut c. 12 X. de privileg. V. 33. Eisdem processionaliter obviatur. Sed Romana curia solos cardinales qui assistunt papae etiam in conciliis, ut c. 37. X. de off. iud. deleg. I. 29.

a latere als einer besonderen Kategorie hat offenbar der Umstand gegeben, dass die Päpste mehrfach in die Lage kamen, da wo sich schon Legaten mit allgemeinen Aufträgen befanden oder wo die Legation an eine bestimmte Kirche geknüpft war, durch später aus Rom dorthin abgeschickte Gesandte in ihrem Namen eingreifen zu lassen [1]. Letztere konnten zwar im Gegensatz zu den ersteren de latere genannt werden, aber mit Rücksicht darauf, dass die Kardinäle seit dem Ende des 12. Jahrhunderts den Vorrang vor allen kirchlichen Würdenträgern erhielten [2] und von der für Alles römische Rechtsstellen heranziehenden Doktrin als senatores, ja als pars corporis des Papstes bezeichnet wurden, betrachtete man nur diejenigen als a latere papae abgesendet, welche ihm auch sonst vermöge ihres Amtes zur Seite standen, und leitete ihre höheren Befugnisse eben aus ihrer Eigenschaft als pars corporis papae her [3]. Dass vollends der sich in der Zeit Gregors VII. findende Unterschied zwischen den legati und vicarii im eigentlichen Sinne in der Doktrin nicht berücksichtigt wurde, erklärt sich daraus, dass letztere, als sie die hier in Rede stehende Erscheinungen wissenschaftlich zu begreifen suchte, von vornherein auf das römische Recht zurückging und unter Benutzung der von den Prokonsuln und Legaten handelnden römischen Stellen einen gewissen Normalumfang für die Befugnisse der päpstlichen Legaten annahm [4], die weitere Unterscheidung aber darauf basirte, ob bei einzelnen diese Rechte noch vergrössert oder vermindert waren.

Bei der Darstellung der über die Legaten a latere geltenden Grundsätze des kanonischen Rechtes sollen zunächst die ihnen mit den übrigen Klassen gemeinsamen Rechte, dann aber die ihnen ausschliesslich zukommenden Befugnisse aufgezählt werden.

Im Allgemeinen üben die Legaten als Stellvertreter des Papstes innerhalb des ihnen zugewiesenen Bezirkes — provincia nach dem Vorgange des römischen Rechts genannt — die päpstliche Regierungsgewalt aber mit Ausschluss der eigentlichen Re-

intelligit de latere pape missos ad hoc. Const. Iustin. de emendat. cod. et secunda editione et l. un. de caduc. toll. VI. 51. Alii sunt qui non emanant, sed eis committitur et hi maioris auctoritatis sunt . . . Alii qui non emanant nec specialiter eis committitur, sed officium hoc annexum est dignitati et hi magnae auctoritatis sunt . . . Ergo legatorum alii a fonte derivantur, ut cardinales et hi specialissimi dicuntur et specialissimo privilegio honorantur . . . Alii constituuntur ut hi quibus committitur nec emanant et hi speciales et immo speciali privilegio honorantur . . . Alii eliguntur sive creantur et sic quasi nascuntur . . . et alii quibus ratione dignitatis competit hoc officium. Hi generales sunt et communes et ideo contemnuntur in privilegiis. Que enim generaliter dicuntur nisi specialiter denotentur neglecta videntur".

1 S. z. B. ep. Paschalis II. cit. (S. 512. n. 1) und c. 8. X. de off. legat. I. 20. cit.

2 S. oben S. 332.

3 S. die Stelle des Hostiensis (S. 512. n. 6), wo die in Bezug genommenen römischen Stellen nach unserer Citirweise angegeben sind. Vgl. auch den auf Hostiensis ruhenden Durantis, speculum iur. lib. I. part. I. rubr. de legato §. 3 und die Glosse ad c. 9. X. de off. leg. cit. ad v. commissam. Ueber die Möglichkeit, auch nicht Kardinäle als legati a latere zu verwenden, wird hier bemerkt: „Sed quos dicemus de latere domini papae missos? an cardinales tantum an alios etiam existentes in curia, ut puta capellanos, archiepiscopos, episcopos, pro suis negotiis in curia existentes? Sed videtur quod proprie dicantur de latere papae cardinales qui ad latus eius semper assistunt. Sed idem videtur de capellanis et aliis curialibus, quia et isti assistunt ei, licet non in secretis consiliis. Satis possit dici, quod illi dicuntur missi de latere papae quos invenit existentes in curia sua, etiam si non sint cardinales et illos transmittit ad alienam provinciam concedendo eis generalem legationem . . . Proprie dicuutur missi de latere domini papae cardinales". Dem im Text Gesagten widerspricht diese und die ähnliche Ausführung des Hostiensis nicht. Denn dass gerade die Kardinal-Qualität für die Entwicklung eine wesentliche Bedeutung gehabt, ergiebt der Umstand, dass sowohl Hostiensis wie die Glosse doch nur die Kardinäle als eigentliche legati a latere ansehen. Hatte sich aber einmal für letztere ein bestimmter Kreis von Befugnissen fixirt, so konnten diese natürlich auch anderen Personen, den s. g. nuntii apostolici cum potestate legati a latere missi (s. über diese §. 70 a. E.), übertragen werden.

4 Vgl. die Darstellungen bei Bernhard. Papiens. l. c. I. 22; bei Hostiensis und Durantis a. a. O., wo auf Stellen aus lib. I. 16. 18 und 20 der Digesten Bezug genommen wird. Vgl. auch oben S. 174.

servatrechte aus. Der Umfang der ersteren wird dahin bestimmt, »ut ibidem evellant et dissipent, aedificent et plantent«[1], jedoch ist dabei stillschweigend die legatio schlechthin oder legatio generalis oder legatio plena[2] vorausgesetzt, d. h. eine nicht ausdrücklich gemachte Einschränkung der Befugnisse, im Gegensatz zu einer solchen oder der Deputirung nur zu einem bestimmten Geschäft. Es kommt ihnen demgemäss eine mit den Bischöfen konkurrirende Administrations- und Gerichtsgewalt zu[3]. Sie können also z. B. Verordnungen für die Provinz erlassen[4], Rechtsangelegenheiten schon in erster Instanz entscheiden[5], Untersuchungen in Betreff der Wahl der Bischöfe anstellen[6], die Exkommunikation verhängen und davon absolviren[7], sowie Suspensionen und Absetzungen (jedoch nicht über Bischöfe) aussprechen[8]. Alle diese Befugnisse folgen daraus, dass sie die päpstliche Jurisdiktion und zwar als ordentliche ausüben[9].

Von der Vornahme gewisser Akte sind aber die Legaten jeder Klasse, selbst die legati a latere, sofern sie nicht etwa eine besondere Spezialvollmacht dafür besitzen, gleichfalls ausgeschlossen, da die Entscheidung in den causae maiores dem Papst vorbehalten ist. Ausdrücklich rechnen die Quellen dorthin:

1. Die Translation der Bischöfe von einem Bischofssitz auf den andern[10],
2. die Union und Dismembration der Bisthümer[11],
3. die Annahme von Verzichtsleistungen auf Bischofssitze[12],
4. die Deposition (folgeweise auch die Restitution) der Bischöfe[12],
5. die Verfügung über die durch Wahl zu besetzenden Dignitäten in den Kathedral-, Regular- und Kollegiatkirchen[13],
6. die Berufung eines allgemeinen Koncils[14],
7. die Ertheilung von Exemtionen[15],
8. die Absolution von gewissen Verbrechen und in einigen anderen Fällen[15].

Die Legati a latere unterscheiden sich ihrerseits von den übrigen Legaten dadurch:

1. Dass sie das Recht haben, die Absolution von der in Folge der thätlichen Verleztung von Klerikern eingetretenen Exkommunikation selbst ausserhalb ihrer Provinz und Jedem, der sich an sie wendet, zu ertheilen[16].

2. Dass sie hinsichtlich der Benefizien-Vergebung besondere Vorrechte in ihrer Provinz besitzen. Sie können die zur Zeit ihrer Legation in derselben vakanten Aemter

[1] c. 2 (Clem. IV.) in VIto h. t. I. 15.
[2] c. 4 (Innoc. III.) X. h. t. I. 30; c. 1. 2. 4 in VIto eod. I. 15.
[3] S. Hostiensis l. c. n. 3; Gonzalez Tellez ad c. 1. X. h. t. n. 6; Reiffenstuel I. 30. n. 11 ff.
[4] c. ult. (Gregor. IX.) X. h. t.
[5] c. 1 (Alex. III.) eod.
[6] c. 5 (Innoc. III.) eod.
[7] Kober, Kirchenbann. 2. Aufl. S. 74. 459. In Folge der Bestimmungen des Tridentinums steht die Sache nach neuerem Rechte freilich anders. Vgl. §. 72. II.
[8] Kober, Suspension S. 40 und Kober, Deposition S. 325. Auch hier gilt das zur vorigen Note Bemerkte.
[9] c. 2. in VIto cit. h. 1. S. auch S. 174. Daher können sie ferner auch delegiren. S. oben S. 185.
[10] c. 4 (Innoc. III.) X. h. t.
[11] c. 4. cit. i. f.
[12] c. 2 (Innoc. III.) X. de translat. I. 7. Ein Widerspruch mit dem dictatus Gregorii VII. (s. oben S. 508) liegt nicht vor, denn zu seiner Zeit hatten sich feste Regeln über den Umfang der Legatengewalt noch nicht ausgebildet.
[13] c. 4 (Bonifac. VIII.) in VIto h. t.
[14] Man bezieht sich dafür auf c. 1 (Pseuso-Isid.) Dist. XVII. s. Glossa ad c. 4. cit. s. v. reservata. Jedenfalls ist das unter den causae maiores die wichtigste.
[15] S. Glossa l. c., wo folgender Memorialvers mitgetheilt wird: „Restituit papa solus, deponit et ipse — Articulos solvit synodumque facit generalem — Transfert et mutat, appellat nullus ab ipso — Dividit ac unit: eximit atque probat".
[16] c. 9. X. cit. h. t. In andern den Papst reservirten Exkommunikationsfällen hat er dagegen diese Befugnisse nicht. Reiffenstuel l. c. n. 29.

verleihen, selbst wenn sie geistlichen Patronates sind[1] und dieselben auch für eine spätere Besetzung reserviren, jedoch in jeder Kathedral- und Kollegiatkirche und Namens jedes Kollators während der Pendenz der einen Reservation keine neuen vornehmen[2]. Auch erlischt jede derartige Reservation im Augenblick der Beendigung ihrer Legation[3]. Ausgenommen sind aber die vorhin (s. unter Nr. 5) gedachten Pfründen von dieser Befugniss. Ferner kann der Legat sowohl die zur Besetzung an den Papst als auch an die Bischöfe, sei es in Folge von Nachlässigkeit oder in Folge von Vergehen devolvirten Benefizien besetzen[4]. Wo er in den gedachten Fällen mit dem Bischof konkurrirt, entscheidet die Prävention[5].

Uebrigens unterstehen seiner Kollation nicht: 1. die litigiosen Benefizien[6], 2. die dem Papst speziell oder generell reservirten[7], 3. die Pfründen weltlichen Patronates[8].

Endlich darf der Legatus a latere seine Befugniss, Resignationen auf Aemter anzunehmen und die so vakant gewordenen Benefizien von Neuem zu konferiren, nicht auf einen Anderen übertragen[9].

3. Ferner sind die Legati a latere befugt, die Wahlen der Erzbischöfe, Bischöfe und exemten Aebte zu bestätigen[10],

4. über die Exemten überhaupt die Jurisdiktion auszuüben[11].

5. Sie haben das Recht, Ablässe von 100 Tagen zu ertheilen[12].

6. In ihrer Gegenwart haben die übrigen Legaten sich der Ausübung ihrer Befugnisse zu enthalten[13] und die Insignien ihrer Würde abzulegen[14]. Jedoch darf der legatus a latere nicht in die von einem andern bereits zur Verhandlung gezogene Angelegenheit eingreifen[15].

7. Weiter besitzen die legati a latere das Recht, die Mandate des Papstes zu interpretiren[16],

8. und das Privilegium, dass sie ihre Legitimation nicht durch Vorweisung der Bestallungsurkunde zu führen brauchen[17].

[1] c. 6 (Innoc. III.) eod. tit.; c. 28 (Innoc. III.) X. de iur. patron. III. 38. Vgl. dazu Thomassin l. c P. II. lib. 2. c. 52. n. 2. 3.

[2] c. 3 (Bonifac. VIII) in VIto h. t. verbo: Caeterum.

[3] c. 3. cit. init.

[4] Arg. c. 37. X. de praeb. III. 5.

[5] c. 31 (Bonifac. VIII) in VIto de praeb. 4.: „Si a sede apostolica vel legato ipsius uni et ab ordinario altero eodem die idem beneficium conferatur nec appareat quae collatio fuerit prima facta, erit potior conditio possidentis. Si vero neuter possideat is cui sedes ipsa contulit vel legatus, propter conferentis ampliorem praerogativam erit alteri praeferendus“.

[6] Nach dem allgemeinen Grundsatz: lite pendente nihil innovandum. Garcias tract. de beneficiis. P. V. c. 3. n. 56 ff. Reiffenstuel l. c. n. 37.

[7] Arg. c. 4. X. cit.; Garcias l. c. n. 53; Reiffenstuel l. c. n. 35.

[8] Jedoch muss das Patronatrecht auf Grund der Fundation oder Dotation erworben sein. Beruht es auf einem Privilegium oder auf der Ersitzung, so ist der Legat nicht ausgeschlossen. Garcias l. c. n. 66. 72; Reiffenstuel l. c. n. 26.

[9] c. 4. §. 1 (Bonifac. VIII.) in VIto h. t.

[10] c. 36. §. 1 (Bonifac. VIII.) in VIto de elect. I. 6. Auch den gewählten Exemten die Erlaubniss zur Verlassung ihrer Klöster zu geben. c 36. cit. pr.

[11] Arg. c. 1 (Innoc. IV.) in VIto de V. S. V. 12. Vgl. ferner Glossa ad c. 1. X. h. t. s. v. universas; Nicollis, praxis canonica Tom. 2. de officio legati, n. 15. VII. Sie können daher auch die Benefizien der Exemten vergeben. Garcias l. c. n. 19. Daher wurden die Exemtionsprivilegien für Klöster allein dahin ertheilt, dass nur andere, aber nicht die legati a latere von dem Betreten derselben ausgeschlossen sein sollten. S. das Diplom Coelestins III. vom J. 1193 bei Jaffé, reg. n. 10449.

[12] Kraft eines die Bestimmungen des c. 14. X. de poenit. V. 38 beseitigenden Gewohnheitsrechts. Schmalzgrueber, ius canon. un. h. t. n. 4.

[13] c. 8. X. h. t. Reiffenstuel l. c. n. 25.

[14] Ebensowenig dürfen sich in ihrer Gegenwart die Patriarchen und Metropoliten das Kreuz vortragen lassen. c. 23. X. de privileg. V. 33.

[15] c. 2. X. h. t.

[16] c. 1. X. de postul. praelator. I. 8.

[17] Reiffenstuel l. c. n. 27; vgl. auch oben S. 354.

Haben auch alle Legaten das Recht, Prokurationen, also ihren Unterhalt, zu fordern, so besteht doch zwischen den Legati a latere und den andern beiden Klassen der Unterschied, dass während die letzteren dies nur für die Zeit beanspruchen dürfen, welche sie in ihrer Provinz zubringen, die ersteren auch ausserhalb derselben die gedachten Gebührnisse zu fordern haben [1], was sich daraus erklärt, dass sie während ihrer Abwesenheit von der Kurie keinen Antheil an den sonst den Kardinälen zukommenden Einkünften (den Zinsen und Gefällen der Kirche, der Hälfte der Servitien) mit Ausnahme der für den Kardinalring aufkommenden Erträgnisse haben [2]. In Folge der oben S. 510 erwähnten Missbräuche hat schon das dritte Lateran-Koncil von 1179 bestimmt [3], dass kein Kardinal mehr als 25 Pferde bei sich führen sollte, und das vierte von 1214 machte, indem es den Legaten gleichzeitig die Prägravation der von ihnen besuchten Kirchen verbot, die desfallsigen Ansprüche von der persönlichen Ausübung ihrer Funktionen abhängig [4]. Von der Pflicht, die Prokurationen zu gewähren kann einzig und allein der Papst durch Privileg entbinden, und es kann daher die Freiheit von derselben auch nicht ersessen werden [5].

Die Ernennung der legati a latere pflegte früher, wie noch jetzt [6], im Konsistorium nach vorgängiger Einholung des Rathes der Kardinäle zu geschehen. Sobald der ernannte das Territorium von Rom oder der Stadt, wo die Kurie ihre Residenz hatte, verliess, legte er die Insignien der päpstlichen Würde, nämlich ein rothes Gewand und ein rothes Barett, an [7]. Umgekehrt musste er sich ihrer aber bei der Rückkehr an der Gränze der Stadt wieder entkleiden [8].

Die Mission des Legatus erreicht ihr Ende:

1. durch Vollendung des ihm gewordenen Auftrags,

2. durch Abberufung, jedoch behalten die Akte, welche er vor der erhaltenen Kenntniss von derselben vorgenommen hat, Gültigkeit [9],

3. durch Entfernung aus der Provinz mit der Absicht, nicht mehr in dieselbe zurückzukehren [10], die er freilich erlaubter Weise nur mit Genehmigung des Papstes vornehmen kann [11],

4. durch Tod des Legaten,

5. durch Tod des Papstes dagegen nur dann, wenn er ad beneplacitum nostrum, d. h. des auftraggebenden Papstes bestellt worden ist [12].

[1] c. 17 (Innoc. III.). c. 23 (Later. IV. a. 1215) X. de censibus III. 39.

[2] Die übrigen Legaten bekommen ihren Antheil, wie wenn sie bei der Kurie anwesend wären. Ordo Roman. XIV. c. 118 (Mabillon, mus. Ital. 2, 442).

[3] c. 4 (Mansi 22, 234).

[4] c. 23. X. de cens. cit.

[5] c. 17. X. eod. tit. cit.; c. 11 (Innoc. III.) X. de praescript. II. 26.

[6] S. oben S. 365.

[7] Ordo Rom. XIV. l. c. p. 439. 440; Barbosa, ius ecclesiast. I. 5. n. 22. Diese Kleidung trugen sie schon zu Zeiten Innocenz' III. S. Baluze bei Marca l. c. c. LII. n. 18 ff. Der Bericht Thangmars, vita Bernwardi c. 28 (SS. 4, 771) über die Synode zu Pölde vom J. 1001: „Interea affuit ab apostolico et imperatore vice papae directus cardinalis presbyter Fridericus omnibus insigniis apostolicis ac si papa procedat infulatus, equis apostolica sella Romano more ostio instratus. Scripta quoque a papa et imperatore archiepiscopis et ceteris episcopis mittuntur, ut Romanum legatum digno honore suscipiant" zeigt, dass das Tragen der päpstlichen Insignien damals noch auffiel. Erst später haben dann alle Kardinäle die rothe Kleidung erhalten. S. oben S. 357. Weil der legatus a latere diese Insignien während der Dauer seiner Legation trägt, heisst er c. 23. X. de privil. V. 33 schlechthin „legatus utens insigniis apostolicae dignitatis".

[8] Ordo Rom. l. c. p. 441. 442.

[9] Arg. c. 4. X. de rest. spoliat. II. 13. Reiffenstuel l. c. n. 44.

[10] c. ult. X. h. t.

[11] S. dazu Ordo Rom. cit. c. 117. l. c. p. 438.

[12] c. 2 (Clem. IV.) in VI^to h. t.

§. 70. 2. *Die Legati missi.*

Die zweite Klasse der Legaten sind diejenigen, welche die Dekretalen schlechthin als legati missi[1], spätere päpstliche Schreiben allerdings nicht dem Sprachgebrauch der letzteren entsprechend, auch als nuntii apostolici[2] bezeichnen. Man knüpft die Entstehung dieser Kategorie an die früheren apocrisiarii oder responsales an[3]. Da aber diese ständige Gesandte ohne Jurisdiktion waren (s. oben S. 501), so kann von einem solchen Zusammenhang nicht die Rede sein. Die legati missi haben vielmehr dieselbe Wurzel wie die legati a latere. Sie sind nichts anderes als die früher von den Päpsten in besonderen Fällen deputirten Gesandten, nur dass in Folge der im vorigen Paragraphen gedachten Entwicklung unter Einwirkung der römischen Rechtsdoktrin für sie eben so wie für die legati a latere, ein ein für alle Mal feststehender Kreis von Befugnissen statuirt worden ist.

Die Dekretalen und die Doktrin schreiben ihnen ebenfalls eine ordentliche, mit der bischöflichen konkurrirende Jurisdiktion innerhalb ihres Missionsbezirkes (provincia) zu. Diese umfasst aber eine Reihe den legati a latere zustehender Befugnisse nicht. So können sie überhaupt keine Benefizien vergeben[4], sie haben keine Gewalt über die Erzbischöfe, Bischöfe und Exemten[5]. Ferner dürfen sie ihre Jurisdiktion nicht ausserhalb ihrer Provinz ausüben[6]. Selbstverständlich ist endlich, dass sie die vorhin (S. 514) aufgezählten Befugnisse, welche überhaupt keinem Legaten zustehen können, nicht besitzen.

In der Wahl der legati ist der Papst nicht beschränkt, er kann jede ihm passend scheinende Person mit dieser Würde betrauen. Regelmässig wurde sie zwar Prälaten verliehen[7], aber selbst Kardinäle, welche das ausschliessliche Vorrecht haben, zu legati a latere bestellt zu werden, können dazu genommen werden[8].

Die Legation der legati missi hört in den im vorigen Paragraphen erwähnten Fällen auf, nur ist hier noch zu bemerken, dass sie ihre Jurisdiktion mit dem Augenblick verlieren, wo sie ihre Provinz verlassen.

Da bei der Ernennung jedes Stellvertreters besondere Erweiterungen und Einschränkungen seiner Vollmacht statthaben können, so ist es möglich, dass die Befugnisse des legatus missus so weit wie die des legatus a latere ausgedehnt werden können. Ein Beispiel dafür bieten die s. g. nuntii missi cum potestate a latere[9], eine Klasse, welche ihren Ursprung daher leitet, dass zu eigentlichen legati a latere nur Kardinäle ernannt wurden. Ob diese ohne speziellen Auftrag alle Befugnisse eines legatus a latere haben, darüber herrscht Streit. Meistens wird ihnen das Recht der Benefizienverleihung abgesprochen[10], während man ihnen hinsichtlich der Aufhebung

[1] c. 2. in VIto cit. h. t.

[2] Vereinzelt kommt der Ausdruck allerdings schon bei Durantis l. c. §. 1. n. 3, häufig dagegen in den päpstlichen Schreiben seit dem 14. Jahrhundert vor, s. z. B. Theiner, monum. hist. Hungar. Rom. 1859. 1, 606. 612. 615 ff. 621. 631. 634. 698. 699. 701 ff. 715; 2, 99. 111. 114. 115. 125. 143. Der ordo Roman. XIV. c. 117. 118 (p. 438. 442) setzt gleichfalls dem legatus a latere, den er schlechthin legatus nennt, den nuncius oder nuncius missus gegenüber.

[3] So Phillips 6, 739 und Lehrbuch S. 268.

[4] c. 1. in VIto cit. h. t.

[5] c. 36. §. 1. in VIto de elect. I. 6; Ferraris s. v. legatus n. 44.

[6] c. 9. X. h. t. cit.

[7] Reiffenstuel l. c. n. 8.

[8] Das setzt der Ordo Rom. XIV. c. 118. cit. voraus.

[9] Ihrer gedenken schon Hostiensis, Durantis und die Glosse (s. oben S. 512. n. 6. S. 513. n. 3). Vgl. ferner Engel, colleg. un. iur. canon. I. 30. n. 7; Schmalzgrueber, iur. can. I. 30. n. 7; Reiffenstuel l. c. n. 41 ff.

[10] Reiffenstuel, Engel l. c.

der Exkommunikation dieselben Befugnisse, wie den eigentlichen Legaten, einräumt[1].

§. 71. 3. *Die Legati nati**.

I. Die s. g. legati nati sind diejenigen päpstlichen Bevollmächtigten, deren Legation ständig an einen bestimmten Bischofssitz geknüpft ist. Da die Geschichte dieses Institutes mit der Entwicklung der Primatialwürde in einer gewissen Verbindung steht, so wird besser davon unten in dem diese besprechenden Paragraphen gehandelt werden. Hier ist nur vorläufig zu bemerken, dass heute der Titel legatus natus allein noch die Bedeutung einer gewissen Erzbischöfen verbliebenen Ehrenauszeichnung hat, mit welcher keinerlei Jurisdiktions-, sondern höchstens nur noch gewisse Ehrenrechte verbunden sind.

II. An dieser Stelle muss dagegen noch auf die angeblichen Legationen weltlicher Fürsten eingegangen werden. Es wird nämlich behauptet, dass die Päpste einzelne Regenten zu ständigen Legaten für ihre Reiche eingesetzt haben.

1. Das älteste Beispiel finden viele Schriftsteller in einem König Stephan dem Heiligen von Papst Silvester II. im J. 1000 verliehenen Diplom[2]. Der Text[3] desselben ergiebt indessen dafür nicht den mindesten Anhalt, denn der Papst ertheilt danach dem König keine Legatenrechte, sondern nur die Befugniss zur Circumscription der Diöcesen seines Landes und zur Einsetzung der kirchlichen Oberhirten[4]. Hat doch später Gregor IX. dem König Bela auf seine Bitte, ihm das officium legationis in dem von ihm eroberten Gebiet des Arsenas zu übertragen[5], zwar materiell die verlangten Befugnisse eingeräumt, die ausdrückliche Bestellung zum Legaten aber verweigert[6], und ferner hat Clemens XIII. bei Verleihung des Rechtes an die Kaiserin

[1] Gewöhnlich wurden allerdings ihre Befugnisse in den Bevollmächtigungsschreiben ausdrücklich aufgezählt. S. das Breve Papst Eugens IV. vom J. 1446 in der Geschichte der päpstlichen Nuntien in Deutschland. Frankfurt u. Leipzig 1788. 2, 620. Vgl. auch unten §. 72. III. Bezeichnet werden sie in dem gedachten Breve als „nuntii nostri cum plena potestate legatorum de latere“. In der Const. Gregorii XV.: Decet Romanum pontificem vom J. 1622. §. 25: „S. Romanae Ecclesiae Cardinales, etiam de latere legatos et Vicelegatos dictaeque sedis nuncios“ heissen sie: vicelegati.

* Joann. Schott, diss. de legatis natis. Bamberg 1778; von Sartori, Staatsrecht der Erz-, Hoch- und Ritterstifter. Bd. I. Th. I. S. 266 ff.

[2] S. z. B. Pachmann §. 131; Phillips 6, 743; Schulte, Lehrbuch S. 201. n. 7.

[3] Fejér, cod. diplom. Hungar. Budae. 1829. 1, 276: „. . . Et quia nobilitas tua apostolorum gloriam aemulando apostolicum munus, Christum praedicando, eiusque fidem propagando gerere non est dedignata nostrasque ac sacerdotii vices supplere studuit atque apostolorum principem prae ceteris singulariter honorare, idcirco et nos singulari insuper privilegio excellentiam tuam tuorumque meritorum intuitu, heredes ac successores tuos legitimos, qui sicut dictum est electi atque a sede apostolica approbati fuerint, nunc et perpetuis futuris temporibus condecorare cupientes, ut postquam tu et illi corona quam mittimus rite iuxta formulam legatis tuis traditam coronatus vel coronati exstiteritis, crucem ante te apostolatus insigne gestare facere possis et valeas atque illi possint valeantque, et secundum quod divina gratia te et illos docuerit, ecclesias tui regni praesentes et futuras nostra ac successorum nostrorum vice disponere atque ordinare apostolica auctoritate similiter concessimus, volumus et rogamus“.

[4] S. auch Sentis, die Monarchia Sicula. Freiburg 1869. S. 64, welcher mit Recht hervorhebt, dass Karl d. Gr. ähnliche Befugnisse nach der Eroberung Sachsens dort ausgeübt hat. S. Abel, Jahrbücher des fränkischen Reichs unter Karl d. Gr. 1, 286. 293.

[5] Brief des Königs bei Baronius, annal. eccles. a. 1238. n. XII. ff.: „Petimus, ut officium legationis non alii sed nobis in terra Assoevi committatur, ut habeamus potestatem limitandi dioeceses, distinguendi parochias et in hac prima institutione potestatem habeamus ibi ponendi episcopos de consilio prelatorum et virorum religiosorum quia haec omnia b. m. antecessori nostro S. Stephano sunt concessa, illa potissimum ratione quia si cum legato sedis apostolicae partes illas ingressi fuerimus, ab universis illarum partium incolis praesumetur, quod non nobis sed Romanae ecclesiae eos velimus etiam in temporalibus subiicere, quod ipsi tam plurimum abhorrent“ . . .

[6] L. c. n. XVII.: „Cum enim . . . a nobis petieris tibi legationis officium in terra Assani

Maria Theresia und ihre katholischen Nachfolger, sich mit Rücksicht auf die ihnen zustehende ungarische Krone, apostolische Königin, resp. apostolischer König zu nennen, nur der Befugniss gedacht, sich das Kreuz durch einen Bischof vortragen zu lassen, keineswegs aber der Stellung der ungarischen Regenten als Legaten des päpstlichen Stuhles erwähnt[1].

2. Die s. g. Monarchia Sicula[2]. Für die sicilischen Regenten werden die Rechte eines päpstlichen Legaten aus einem Diplom Urbans II. von 1098[3] hergeleitet. Dasselbe ist allerdings mehrfach, so namentlich vom Kardinal Baronius[4], für falsch erklärt worden. Wenn ferner der Umstand, dass es erst gegen Ende der Regierung Ferdinands I. des Katholischen entdeckt und zuerst von diesem Fürsten Siciliens für seine Rechte in Bezug genommen ist[5], Verdacht erregt, so lässt sich doch die Unächtheit der Urkunde nicht behaupten[6]. Ihr Text selbst macht nicht den Eindruck eines Falsifikates[7] und zudem wird ihr Inhalt in einer zweifellos ächten Urkunde von Paschalis II. vom J. 1117 in Bezug genommen[8]. Endlich enthält sie materiell

supradicti committi et concedi etiam potestatem limitandi dioeceses, instituendi episcopos et distinguendi parochias . . . etsi non id quod ad literam petitur, idem tamen tibi de fratrum nostrorum consilio concedimus in effectu: ut videlicet possis assumere quemcumque malueris de archiepiscopis vel episcopis regni tui, qui nostra fretus auctoritate praemissa de tuo consilio exequatur, cui venerabilis frater noster episcopus Perusinus apostolicae sedis legatus de speciali mandato nostro quod ei dirigimus, eadem exequendi tribuet potestatem".

1 Const.: Cum multa vom 19. August 1758 (Bull. Roman. contin. 1, 20). Dass damit die anderen kirchlichen Privilegien der Könige von Ungarn nicht beseitigt waren, liegt auf der Hand. Nur dürfte der Nachweis nicht gelingen, dass diese Ausflüsse des Legatenrechts sind, wie Schulte, Lehrbuch. S. 201. n. 7 meint.

2 F. J. Sentis, die Monarchia Sicula. Freiburg 1869, welcher S. 4. n. 1 die zahlreichen gedruckten und ungedruckten Schriften über dieselbe aufzählt.

3 Abgedruckt nach Gaufred. Malaterra, histor. Sicula lib. IV. c. ult. in Giambatt. Caruso discurso istorico-apologetico della Monarchia Sicula, verfasst 1715, edirt von G. M. Mira. Palermo 1863 bei Sentis a. a. O. S. 246 ff.: „Urbanus episcopus servus servorum dei carissimo filio Rogerio comiti Calabriae et Siciliae salutem et apostolicam benedictionem. Quia propter prudentiam tuam supernae maiestatis dignatio multis triumphis exaltavit: probitas tua in Saracenorum finibus ecclesiam dei plurimum dilatavit sanctaeque sedis apostolicae devotum se multo magis semper exhibuit: nos in specialem atque carissimum filium eiusdem universalis etiam matris ecclesiae assumpsimus. Idcirco de tuae probitatis sinceritate plurimum confidentes, sicut verbis promisimus, ita etiam literarum auctoritate firmamus, quod omni vitae tuae tempore vel filii tui Simonis aut alterius qui legitimus tui haeres exstiterit, nullum in terra potestatis vestrae praeter voluntatem aut consilium vestrum legatum Romanae ecclesiae statuemus, quinimmo quae per legatum acturi sumus, per vestram industriam legati vice exhiberi volumus, quando ad vos ex latere nostro miserimus ad salutem sanctarum alibi scilicet ecclesiarum quae sub vestra potestate existant, ad honorem b. Petri sanctaeque eius sedis apostolicae, cui devote hactenus obedisti quamque in opportunitatibus suis strenue ac fideliter adiuvisti. Si vero celebrabitur concilium, tibi mandavero quatenus episcopos et abbates tuae terrae mihi mittas, quot et quos volueris mittas, alios ad servitium ecclesiarum et tutelam retineas. Omnipotens deus actus tuos in beneplacito suo dirigat et te a peccatis absolutum ad vitam aeternam perducat. Datum Salerni per manus (Ioannis) sacrae Romanae ecclesiae diaconi cardinalis tertio nonas Iulii indictionis septimae, anno pontificatus nostri undecimo". Uebrigens findet sich das Diplom auch bei Muratori, rer. Ital. script. 5, 602; Mansi 20, 659 und Pirri, Sicilia sacra ed. Mongitore. Panormi 1733. 1, 496.

4 Annal. eccles. a. 1097. n. 18 ff. Vgl. darüber Sentis S. 33.

5 Sentis S. 27 ff.

6 Das nimmt auch Sentis S. 53 an. Jaffé, regesta n. 4274 stellt sie gleichfalls unter die ächten Dokumente.

7 Das Datum ist allerdings nicht vollkommen richtig. S. Sentis S. 41.

8 Abgedruckt bei Jaffé, reg. n. 4846; Sentis S. 247. Die entscheidenden Stellen lauten: „Paschalis II. PP. II. Rogerio comiti Siciliae . . . Unde sicut in tuis litteris suggessisti, antecessor meus patri tuo legati vicem gratuitate concessit. Nos quoque tibi post ipsum eius successori concessimus ea videlicet ratione ut si quando illuc ex latere nostro legatus dirigitur quem profecto vicarium intelligimus, quae ab eo gerenda sunt, per tuam industriam effectui mancipentur. Sic enim in ecclesia seculares potestates dispositas legimus ut quod ecclesiastica humilitas minus valeat, secularis potestas suae formidinis rigore perficiat. Nam personarum ecclesiasticarum seu dignitatum iudicia nusquam legimus laicis vel religiosis fuisse commissa. Porro episcoporum vocationes ad sy-

nichts, was nicht vom Standpunkt der römischen Kurie damals hätte bewilligt werden können, denn von der Bestellung eines weltlichen Fürsten zum Legaten ist weder in ihr noch in dem Diplome Paschalis' II. die Rede. Das erstere gewährt dem Grafen Roger zunächst das Recht, dass ohne seinen Willen kein Legat des päpstlichen Stuhles in seinem Lande bestellt werden soll — ein Recht, welches auch andere weltliche Fürsten erlangt haben (s. §. 72. I.). Ferner wird ihm die Befugniss ertheilt, für den Fall, dass ein Legat nach Sicilien geschickt werden sollte, dasjenige, was dieser zu thun hat, selbst an Stelle desselben (vice legati) auszuführen. Dasselbe nur in noch klarer Fassung spricht das Diplom Paschalis' II. aus, indem es erklärt, dass Urban II. dem Vater des Grafen Roger »vicem legati concessit« und die gleiche dem Sohne wieder verliehene Stellung dahin charakterisirt, dass er die von einem sicilischen Legaten erlassenen Anordnungen in Wirksamkeit setzen soll[1]. Von anderen Befugnissen, als dem ohnehin bedeutenden Rechte der Erledigung der von den Legaten getroffenen Verfügungen — wodurch letztere ja bei bösem Willen des Fürsten illusorisch gemacht werden konnten — ist nicht die Rede, namentlich wird den Fürsten weder in dem einen noch in dem andern Diplome irgend welche kirchliche Jurisdiktion, wie sie ein Legat doch besitzen muss, eingeräumt[1], sondern geradezu die Möglichkeit der Uebertragung einer solchen an Laien abgelehnt[2].

In den während der späteren Streitigkeiten zwischen der römischen Kurie und den sicilischen Fürsten abgeschlossenen Konkordaten von 1156[3] und von 1191[4] wird des Legationsrechtes derselben nicht erwähnt, und die von dieser Zeit ab bis zur Wiederauffindung des Urbanschen Diploms von den Regenten geübten kirchlichen Befugnisse[5] sind niemals auf dasselbe gestützt worden. Vielmehr waren dies Ansprüche und Usurpationen, wie sie seit dem 12. Jahrhundert auch von anderen Fürsten, namentlich den den Normannen in Sicilien stammverwandten englischen Königen der Kirche gegenüber geltend gemacht wurden[6]. Nur konnten dieselben in Folge der politischen Verhältnisse länger in Sicilien als in anderen Staaten aufrecht erhalten werden. Erst seit der Hervorziehung des erwähnten Diploms wurden sie aus demselben hergeleitet. Seitdem nannte sich der Fürst: Monarca, weil er sowohl in weltlichen Dingen kraft seiner Souveränität als auch in geistlichen kraft der ihm angeblich durch das päpstliche Privilegium verliehenen Legation die höchste Gewalt besass und erst gleichzeitig damit hat man die Summe der ihm in letzterer Hinsicht zugeschriebenen Befugnisse als Monarchia Sicula bezeichnet[7]. Trotz der wiederholten Beschwerden der Kurie gegen diese Usurpationen[8] wurde unter Phillip II. mit den Eingriffen in die Sphäre der kirchlichen Gewalt noch weiter als früher vorgegangen. Im J. 1579 ernannte letzterer einen ständigen Richter der Monarchie (iudex Monarchiae)[9] und schuf damit eine Centralbehörde, »welche systematisch alle höchste kirchliche Jurisdiktion in einer Hand vereinigte und alle Kompetenz der Ordinarien eliminirte, die nach

nodum quas unquam sibi legatus aut vicarius usurpavit? quod aliquando singularibus, aliquando pluralibus litteris per quoslibet solet nuncios fieri. Cognosce, fili carissime, modum tuum et datam tibi a domino potestatem noli contra dominicam erigere potestatem. Sic enim a domino Romanae ecclesiae potestas concessa est, ut ab hominibus auferri non possit . . .“

1 S. Sentis S. 58 ff.

2 S. die Worte: „Nam personarum ecclesiasticarum“ u. s. w.

3 Zwischen Hadrian IV. und Wilhelm I. von 1156, abgedruckt bei Watterich, pontif. Roman. vitae 2, 352 und Sentis S. 248.

4 Zwischen Cölestin III. und Tankred bei Watterich 2, 772 und Sentis S. 252.

5 Sentis S. 82 ff.

6 A. a. O. S. 111.

7 A. a. O. S. 27.

8 A. a. O. S. 119.

9 A. a. O. S. 129.

unten — gegen Bischöfe und Aebte — die weltliche Macht, nach oben — gegen die römische Kurie — das furchtbare Mittel der Versagung des Exequatur für die päpstlichen Erlasse zur Verfügung hatte und diese Mittel gemäss dem eidlichen Gelöbnisse, die Monarchie zu schützen, anwenden musste«[1]. Man nahm nämlich für die letztere nicht nur dieselben Rechte, wie sie das gemeine Recht den legati a latere beilegte, in Anspruch, sondern das Tribunal derselben reformirte sogar die Urtheile der päpstlichen Delegaten und machte alle Appellationen nach Rom selbst illusorisch[2]. Ja, später wurden sogar zwei für das weltliche Gebiet von Philipp II. geschaffene höhere Instanzgerichtshöfe, bei welchen nur weltliche Richter fungirten, auch als Rekursbehörden für die Urtheile des Richters der Monarchie eingesetzt, nur dass ein einziger Kleriker für die dem Gebiete der kirchlichen Gerichtsbarkeit angehörigen Sachen zugezogen wurde[3]. Als sich in Folge aller erwähnten, gegen die bischöfliche Jurisdiktion seitens des Tribunals der Monarchie geübten Eingriffe einzelne Bischöfe Anfangs des 18. Jahrhunderts nach Rom gewandt[4] und die Verhandlungen der Kurie mit dem damaligen Herrscher, dem Herzog Viktor Amadeus von Savoyen, kein Resultat herbeigeführt hatten[5], exkommunicirte Clemens XI. am 28. Januar 1715 den damaligen Richter der Monarchie[6] und abolirte sodann durch die Bulle: Romanus pontifex vom 20. Februar desselben Jahres die s. g. sicilische Monarchie mit ihrem Tribunale[7], indem er provisorisch die Handhabung der geistlichen Gerichtsbarkeit nach Massgabe der Bestimmungen des Trienter Koncils Sess. XXIV. c. 20 de ref. ordnete[8]. In Sicilien indessen erklärte man die Bulle für null und nichtig und das Tribunal setzte seine Thätigkeit weiter fort[9]. Die dadurch entstandene Verwirrung wurde erst durch die nach langen Verhandlungen erlassene Bulle Benedikts XIII.: Fideli vom 30. August 1728, welche am 15. Februar 1729[10] in Palermo publicirt wurde[11], beseitigt. Diese hat die von den Regenten prätendirte Legation nicht anerkannt[12], vielmehr nach dem Vorgange Clemens' XI. die Verhältnisse auf Grund des Tridentinums geregelt und den Beherrschern Siciliens nur das Recht eingeräumt, den in höchster Instanz erkennenden iudex delegatus in partibus zu ernennen, indem dieser dadurch eo ipso auch als vom apostolischen Stuhle delegirt gelten sollte[13]. Trotzdem gab Karl VI. die Rechte der Monarchie nicht auf, sondern beseitigte[14] selbst den für die Kurie wichtigsten Artikel der Bulle, welcher dem iudex delegatus jeglichen Eingriff in die päpstlichen Reskripte verbot[15]. Die demnächst auf dem Throne folgende Bourbonische Dynastie

[1] Sentis S. 130.
[2] A. a. O. S. 131. 134 ff.
[3] A. a. O. S. 138.
[4] A. a. O. S. 140 ff.
[5] A. a. O. S. 145 ff.
[6] A. a. O. S. 149.
[7] M. Bull. 8, 148 und Sentis S. 258. Vgl. denselben S. 149.
[8] Sentis S. 151.
[9] A. a. O. S. 152.
[10] Abgedruckt a. a. O. S. 265. Der Entwurf zu derselben rührt von dem nachmaligen Papst Benedikt XIV. her. A. a. O. S. 168 ff.
[11] A. a. O. S. 175.
[12] Das Gegentheil wird von Phillips' 3, 513. n. 17 und 6, 746, sowie in Moys Arch. 19, 92 mit Unrecht behauptet. S. Sentis S. 176.
[13] Art. II.: „Postquam vero metropolitanus in causa pronunciaverit vel in secunda instantia quoad sententias suorum suffraganeorum vel in prima, quoad causas propriae dioecesis, possint partes vel earum altera provocare ad eum virum in iure canonico doctorem seu licentiatum nobilium universitatum more diligenti examine praecedente promotum et in ecclesiastica dignitate constitutum, a charissimo filio nostro Carolo VI. in Romanorum imperatorem electo et Siciliae rege eiusque in regno Siciliae ultra Pharum successoribus aut de eorum mandato ex concessione Sedis apostolicae deputatum et delegatum et in posterum ab ipso eiusque in eodem regno successoribus aut de eorumdem mandato deputandum et delegandum: quem eo ipso delegatum auctoritate Sedis apostolicae constitutum et pro tempore constituendum recognoscimus et firmamus“ . . .
[14] Sentis S. 212.
[15] Art. XXXV.: „ . . . dictus iudex nullas sibi sumat partes, etiam per modum provisionis vel

stellte sodann den Titel: legatus a latere natus Sedis apostolicae offiziell wieder her [1] und übte wieder die prätendirte Legation in vollstem Masse aus [2]. Dabei blieb es auch nach der Restauration derselben Anfangs dieses Jahrhunderts und nach dem Abschluss des neapolitanischen Konkordats im J. 1818 [3] bis zur Vertreibung der Dynastie [4]. Die italienische Regierung hat ebenfalls an der hergebrachten Praxis festgehalten [5]. Pius IX., welcher früher mehrfach über die Eingriffe des Tribunals sich beschwert hat, ist in Folge dessen dem Beispiel Clemens' XI. gefolgt, indem er schon am 28. Januar 1864 die Bulle: Suprema, welche das Tribunal abschafft und die Konstitution Benedikts XIV. widerruft, unterschrieb [6]. Publicirt ist diese aber erst am 10. Oktober 1867, also zu der Zeit, wo Garibaldi und seine Schaaren gegen Rom vordrangen [7]. Gleichzeitig wurde ein ebenfalls schon am 28. Januar 1864 unterzeichnetes Breve: Multis gravissimis veröffentlicht [8]. Dieses stellt für die kirchlichen Jurisdiktionsinstanzen und das Verfahren das kirchliche Recht wieder her und beseitigt das den Regenten Siciliens in Bezug auf die Ernennung des iudex delegatus ertheilte Privilegium, behält die letztere vielmehr dem Papste vor. Die italienische Regierung hat gegen diese Schritte Pius' IX. protestirt und der Bulle: Suprema das Exequatur versagt [9]. Ebensowenig hat der damalige Richter der Monarchie seine Funktionen eingestellt [10], weshalb er vom Papst nach fruchtlos an ihn ergangenen Monitorien [11] am 23. Juli 1868 in den grossen Kirchenbann gethan worden ist [12].

Da die italienische Regierung ausdrücklich im Parlament erklärt hat, dass sie keine Neuerung hinsichtlich der Rechte und Privilegien der königlichen Monarchia und apostolischen Legation dulden werde, sowie den Richter des Tribunals den päpstlichen Censuren gegenüber schützt, und jeden, welcher die Aufhebungsbulle Pius' IX. auszuführen unternimmt, mit strafrechtlicher Verfolgung bedroht [13], so ist vorläufig keine Aussicht auf Beilegung dieses Streites, in welchem zweifellos das Recht auf Seiten der Kurie ist [14].

sub alio quovis praetextu contra ordinationes et mandata quae vel nostra vel nostrorum pro tempore successorum propria manu per speciale rescriptum signata et subscripta erunt: nec eorum executionem quanto in ipsomet sit, audeat impedire vel retardare, sed eisdem debita reverentia, observantia et executio omnino praestetur".

1 Sentis S. 210. 211. Karl III. erklärte 1750 öffentlich, dass „das Tribunal der Monarchie die kostbarste Perle der königlichen Krone, der Richter der Delegat des Königs sei, welchem dieser die Ausübung des heiligen souveränen Rechts der apostolischen Legation anvertraut habe". A. a. O. S. 210.

2 A. a. O.

3 Abgedruckt bei Münch, vollständige Sammlung der Konkordate 2, 708 ff.

4 Sentis S. 223 ff.

5 A. a. O. S. 234 ff. Auch Garibaldi hat sich im Jahre 1860 die dem legatus natus zustehenden Ehrenbezeigungen, wie sie die Bourbonen für sich in Anspruch genommen, erweisen lassen.

6 Sentis S. 239. Abgedruckt bei demselben S. 285, in den Acta ex eis decerpt. 3, 177 und in Moys Arch. 19, 92 ff.

7 Sentis S. 239.

8 Abgedruckt bei Sentis S. 293 in den Acta decerpt. ex eis 3, 186 und Moys Arch. 19, 99.

9 Sentis S. 242.

10 A. a. O.

11 Acta decerpt. ex eis 3, 431.

12 Das Breve l. c. 4, 118.

13 Sentis S. 3.

14 Phillips 6, 746 führt als drittes Beispiel eines weltlichen Legatus natus den König Heinrich II. von England an. Der von ihm dafür in Bezug genommene Thomassin l. c. c. 119. n. 5 giebt indessen an, dass der König die ihm verliehene Legation, weil sie zu wenig Rechte enthalten, nicht acceptirt habe, indem er sich auf chronic. Gervasii monachi Dorobernensis († nach 1199) a. 1164 in Histor. Angliae scriptores X. (ed. Twysden). London 1652. p. 1388 beruft: „clanculo petivit dominum papam (Alexander III.), ut sibi vel cui vellet, Rogero scil. Eboracensi Anglicani regni concederet et confirmaret legationem. Sciens autem pontifex summus hoc in praeiudicium Cantuariensis ecclesiae et gravamen archiepiscopi postulari, regiae petitioni ad plenum consentire noluit nec penitus repellere petitorem. Verum ne in archiepiscopum gravior ira succresceret, legationem regi concessit quae tamen Cantuariensi archi-

§. 72. III. *Die Entwicklung seit dem Mittelalter.*

I. Bis zum 16. Jahrhundert. Das vielfache Eingreifen der Legaten in alle Verhältnisse, sowie die mannichfachen Bedrückungen, welche sie sich zu Schulden kommen liessen, erregten oftmals den Unwillen der weltlichen Fürsten und der geistlichen Würdenträger in den einzelnen Ländern. Freilich fiel mehrfach das Odium auch mit auf die Legaten, wo sie nur als Organe päpstlicher Forderungen auftraten und also nicht sie, sondern ihr Auftraggeber, der Papst, hätte verantwortlich gemacht werden sollen. So erklärte z. E. Friedrich I. im J. 1159, dass er keine Kardinäle mehr als Legaten annehmen wolle, als es zwischen ihm und Papst Hadrian IV. zu harten Erklärungen über die beiderseitigen Machtbefugnisse gekommen war [1].

In England schloss schon Wilhelm II. mit dem von Papst Urban II. abgesandten Legaten einen Vertrag, dass künftighin ein solcher ohne seine Genehmigung nicht nach England geschickt werden sollte [2]. In Folge dessen wurde der von Paschalis II. dorthin deputirte Legat verhindert, das Land zu betreten [3]. König Heinrich I. erwirkte sich sogar im J. 1119 von Calixt II. das Privileg, »ut nemo aliquando legati officio in Anglia fungatur, si non ipse aliqua praecipua querela exigente et quae ab archiepiscopo Cantuariensi ceterisque episcopis regni terminari non possit, hoc fieri a papa postulaverit« [4]. Dieses Recht ist dann noch während des 13. Jahrhunderts festgehalten worden [5].

Die Könige von Schottland hatten zunächst von Clemens III. im J. 1187 ein Privilegium nur dahin erlangt [6], dass ausser einem schottischen Unterthan allein ein »de corpore papae specialiter destinatus legatus« in Schottland eine Legation ausüben dürfe, indessen wurde im J. 1221 in Folge der Gewaltthätigkeiten und Bedrückungen, welche sich die dorthin gesandten Kardinallegaten erlaubt hatten, auf Veranlassung eines schottischen Bischofs für künftighin den päpstlichen Gesandten überhaupt das Betreten des Reiches verboten [7].

Die gleiche Befugniss nahmen die Könige von Frankreich für ihr Land in Anspruch. Die Gallikaner datiren ein solches Recht seit der Zeit Gregors d. Gr. [8], wobei freilich die Entwicklung in den folgenden Jahrhunderten ignorirt ist. Wenn es ferner zweifelhaft erscheinen kann, ob Alexander III. dem König Ludwig ein solches Recht zugestanden hat [9], so hat doch jedenfalls Philipp der Schöne eine derartige

episcopo nullum posset inferre gravamen, unde archiepiscopus a domino papa praemunitus est. Rex autem ad tempus de praefata legatione admodum visus est gloriari. Cum autem litteras legationis minus quam vellet, videret efficaces, cum multa indignatione domino papae illas restituit". In der That enthält dieser Bericht aber, ebenso wie der anderer älterer englischer Geschichtschreiber nur eine Entstellung des wahren Sachverhaltes, dass ein von Alexander III. für den Erzbischof von York ertheiltes Legatenpatent an König Heinrich II. zur Aushändigung an diesen übersendet worden ist. S. Reuter, Gesch. Alexanders III. 2. Ausg. 1, 385 ff. 558 ff. und unten §. 75. II. 11.

1 Reuter, Alexander III. 1, 45. 485 ff. und oben S. 511. n. 1.

2 Hugon. Flavinian. chron. Virdunens. lib. II. (SS. 8, 475): „quia conventionem fecerat cum eo Albanensis episcopus quem primum illo miserat papa, ne legatus Romanus ad Angliam mittatur nisi quem rex praeciperet".

3 Ep. ad Henric. reg. a. 1115 (Mansi 20, 1066): „miramur vehementius et gravamur, quod in regno potestateque tua B. Petrus et in B. Petro dominus honorem suum iustitiamque perdiderit. Sedis enim apostolicae nuncii vel literae praeter iussionem regiae maiestatis nullam in potestate tua susceptionem aut aditum promerentur".

4 Eadmeri vita S. Anselmi in app. oper. S. Anselmi (ed. Gerberon Lutet. Paris. 1721). L. V. p. 94.

5 Baluze bei Marca l. c. c. LVI. n. 10—13.

6 Mansi 22, 548.

7 Baluze l. c. c. LVII. n. 3.

8 Baluze a. a. O. c. LVI. n. 2. Sie beziehen sich auf das (oben S. 504. n. 4) Schreiben Gregors an Brunhild.

9 Nach Ep. a. 1167 (Mansi 21, 884) verlangt er für den Fall, dass es nicht gelingen sollte, den

Prärogative Bonifacius VIII. gegenüber in Anspruch genommen, welche sowohl von diesem [1] als nachmals vom Papst Johann XXII. [2] reprobirt worden ist.

In Deutschland [3] hat man einen derartigen Anspruch nicht erhoben. Freilich sind auch hier Fälle vorgekommen, wo man einzelnen Legaten Widerstand leistete. So wurde dem von Gregor IX. im J. 1228 nach Deutschland gesandten Legaten, dem Kardinal Otto, zunächst von König Heinrich der Eintritt nach Deutschland verwehrt. Nach seiner Zulassung fand er in Lüttich unter der Geistlichkeit solchen Widerstand, dass er die Stadt mit dem Interdikte belegte, und auf der von ihm im J. 1229 nach Würzburg berufenen deutschen Generalsynode erschienen in Folge eines Rundschreibens Herzogs Albert von Sachsen an die Prälaten Deutschlands eine so geringe Anzahl derselben, dass der Legat die Synode aufhob. Auch sein weiterer Versuch, eine Provinzialsynode zu Mainz zu Stande zu bringen, wurde vereitelt [4].

Die Reformkoncilien zu Konstanz und Basel haben keine ausdrücklichen Bestimmungen gegen die Legaten erlassen, vielmehr ihre Befugnisse nur indirekt durch die Beschränkung der Ausübung der päpstlichen Gerichtsbarkeit eingeengt [5]. Die weltlichen Mächte suchten sich dagegen durch Nichtzulassung der Legaten vor der Prüfung ihrer Vollmachten zu helfen [6].

Die Vorschrift Leos X. [7], dass die Legaten persönlich in ihrer Provinz bei Verlust der Emolumente ihrer Legation Residenz halten und ihre Distrikte nicht prägraviren sollten, beseitigte selbstverständlich diese Uebelstände nicht.

Erzbischof Thomas von Kanterbury mit dem König von England auszusöhnen, Ludwig möge gestatten, dass dieser zum Legaten in Frankreich ernannt werde. Welche Antwort seitens des letzteren darauf abgegeben worden, ist nicht bekannt.

1 Raynaldi annal. eccles. a. 1303. n. XXXIV.: Quod Romanus Pontifex legatos de latere ac nuncios libere mittere potest ad quaevis imperia regna vel loca, prout vult absque petitione cuiuslibet vel consensu, usu vel consuetudine contrariis nequaquam obstantibus".

2 c. 1. in Extrav. commun. de consuet. I. 1, worin für diejenigen Fürsten, welche die Legaten hindern, ihre Länder zu betreten, die Exkommunikation ipso iure für ihre Person und das Interdikt für ihr Land als Strafe festgesetzt wird. Einzelne (so z. B. Baluze l. c. c. LVI. n. 3) schreiben diese Konstitution gleichfalls Bonifazius VIII. zu.

3 Eine Aufzählung der nach Deutschland gesandten Legaten und Nuntien enthält das gleichzeitig eine politische und Kirchengeschichte bietende, aber wenig von seinem Thema handelnde Buch: (F. C. v. Moser) Geschichte der päpstlichen Nuntien in Deutschland. Frankfurt und Leipzig 1788. 2 Bde. (Schulte, 2, 362. n. 1 erklärt ihn unrichtig für identisch mit Joh. Jac. Moser).

4 Hefele 1, 878. 879.

5 Hübler, Konstanzer Reformation S. 90 ff.; conc. Basiliens. Sess. XXX. c. 1 (Mansi 29, 159) s. auch unten.

6 So wurde der im J. 1501 mit dem Jubiläumsablass nach Deutschland gesandte Kardinal Raimund erst zugelassen, nachdem er einen Revers ausgestellt (Geschichte der Nuntien 2, 527. 718), dass er von seinen Vollmachten nicht ohne Verständigung mit dem Kaiser Gebrauch machen wollte, und ferner mit dem Reichsregiment die näheren Bedingungen der Ausübung der letzteren festgestellt waren. R. A. zu Nürnberg §§. 14 ff., (Koch) Sammlung der Reichsabschiede 2, 96. — In Frankreich mussten die Legaten und Nuntien ihre Vollmachten ebenfalls zur königlichen Prüfung einreichen und eidlich angeloben, dieselben gemäss dem Willen des Königs und gemäss den Gesetzen des Königreiches zu gebrauchen. Van Espen l. c. n. 7. 8. 13—15.

7 Erlassen auf dem Lateran-Koncil v. J. 1515 (c. un. in VIIto de off. leg. I. 8): „Nullis cardinalibus provincias ac civitates legationis titulo obtinentes, eas per locum tenentes aut officiales quoscunque administrare liceat, sed personaliter ipsi pro maiori parte temporis adesse atque eas omni vigilantia regere et gubernare teneantur: et qui nunc titulum legationis obtinebunt, si in Italia intra tres menses, si extra Italiam quinque, a die praesentis publicationis ad suas provincias ire ac maiorem temporis partem ibi residere teneantur: nisi de nostro et successorum nostrorum mandato pro aliquibus gravioribus negotiis in Romana curia retineantur vel ad alia loca prout necessitas postulat, mittantur et tunc in dictis provinciis ac civitatibus vicelegatos, auditores, locumtenentes caeterosque consuetos officiales cum debitis provisionibus ac salariis habeant. Qui praemissa omnia et singula non servaverit, emolumentis quibuscunque legationis careat. Quae quidem propter hoc antiquitus ordinata et instituta fuerunt, ut opportuna legatorum praesentia populis esset salutaris non ut ipsi laborum et curarum penitus expertes lucro tantum suaeque legationis titulo inhiarent".

II. Das Tridentinum. In den über die Legaten im corpus iuris canonici niedergelegten Rechtsgrundsätzen war bis dahin nichts geändert worden, wenngleich schon seit dem 15. Jahrhundert vielfach s. g. nuntii cum potestate a latere[1], welche das Dekretalenrecht nicht kannte, abgesendet wurden. Erst das Tridentinum hat die Befugnisse der Legaten im Zusammenhang mit seinen auf Erweiterung der bischöflichen Jurisdiktion gerichteten Beschlüssen[2] beschränkt. Dasselbe reservirte unter ausdrücklichem Ausschluss der Legaten den Bischöfen die Jurisdiktion in erster Instanz und gestattete den ersteren nur nach vorgängiger Requisition des Bischofs im Falle der Nachlässigkeit desselben einzuschreiten[3]. Damit war ihnen das Exkommunikations-, Suspensions- und Depositionsrecht gegen die Untergebenen der Bischöfe und die korrespondirende Befugniss zur Absolution derselben entzogen[4]. Dagegen hat das Koncil den Legaten das Recht zur Verhandlung in der Appellationsinstanz[5] und zur Führung der Untersuchung über die zu Kathedralkirchen zu promovirenden Personen vorbehalten[6].

III. Die ständigen Nuntiaturen und die s. g. Nuntiaturstreitigkeiten*. Schon seit Leo X., seit dem J. 1513, finden sich fortdauernd Nuntien mit Fakultäten für ganz Deutschland am kaiserlichen Hofe zu Wien[7]. Ende des 16. Jahrhunderts, nachdem die Reformationsbewegungen zu der Absendung einer ganzen Anzahl von Legaten Veranlassung gegeben und die Klagen darüber in Deutschland fortgedauert hatten[8], wurden mehrere ständige Nuntiaturen errichtet, deren

1 Ein Beispiel für diese giebt das Breve Eugens IV. von 1446 in der Geschichte der päpstlichen Nuntien 2, 620.

2 S. oben S. 176.

3 Sess. XIV. c. 20. de reform.: „Legati quoque, etiam de latere, nuncii, gubernatores ecclesiastici aut alii, quarumcumque facultatum vigore non solum episcopos in praedictis causis impedire aut aliquo modo eorum iurisdictionem eis praeripere aut turbare non praesumant sed nec etiam contra clericos aliasve personas ecclesiasticas nisi episcopo prius requisito eoque negligente procedant". Vgl. dazu die Entscheidungen der Congregatio Concilii in Richters Tridentinum S. 390.

4 Kober, Kirchenbann. 2. Aufl. S. 74. 459; Suspension S. 40; Deposition S. 325.

5 Sess. XXII. c. 7 de ref.

6 Sess. XXII. c. 2. de ref. Im Interesse der Unparteilichkeit muss ausdrücklich hervorgehoben werden, dass der päpstliche Stuhl die früher den Nuntien ertheilten Vollmachten nach dem Tridentinum dessen Vorschriften gemäss auf die zweite Instanz beschränkt hat. S. Responsio Pii VI. P. M. ad metropolitanos Moguntin., Trevirens. Coloniens. et Salisburg. super nunciaturis apostolicis. Romae 1789. (Florentiae 1790 u. öfters) c. 8. n. 143 (verfasst auf Veranlassung des Papstes durch den Kardinal Campanelli unter Benutzung der von F. A. Zaccaria, Kardinal Garempi und dem Nuntius Pacca gelieferten Materialien, Pacca, historische Denkwürdigkeiten. Augsburg 1832. S. 92).

* Eine Uebersicht über die zahlreichen, meist aus Anlass der Errichtung der Nuntiatur zu München entstandenen Schriften geben Klüber, Fortsetzung der Literatur des deutschen Staatsrechts. Erlangen 1791. S. 556 ff.; Miruss, das europäische Gesandtschaftsrecht. Leipzig 1847. 2, 37 ff. Ich hebe hervor ausser der bereits citirten Responsio Pii VI.: J. v. Sartori, geistliches und weltliches Staatsrecht der deutschen, katholisch-geistlichen Erz-, Hoch- u. Ritterstifter. Nürnberg 1788. Bd. I. Th. 1. S. 210 ff.; Geschichte der Nuntiaturen Deutschlands unpartheyisch verfasset von A. J. C—— C. zu V——. 1790; Pragmatische und aktenmässige Geschichte der zu München neu errichteten Nuntiatur samt Beleuchtung des Breve Pius' VI. an den Fürstbischof zu Freisingen. Frankfurt und Leipzig 1787; (Weidenfeld) gründliche Entwicklung der Dispens- und Nuntiaturstreitigkeiten zur Rechtfertigung des Verfahrens der vier teutschen Erzbischöfe wider die Anmassungen des römischen Hofes. 1788; Marcellus Stigloher, die Errichtung der päpstlichen Nuntiatur in München und der Emser Kongress. Regensburg 1867. Ueber die Wirksamkeit der Nuntien in Deutschland s. auch J. L. Jacobi, der päpstliche Nuntius in Berlin. Berlin 1868. S. 7 ff.

7 Responsio Pii l. c. n. 133, wo auch die Namen sämmtlicher Nuntien seit dieser Zeit bis zum J. 1789 angegeben sind.

8 So z. B. auf dem Augsburger Reichstag von 1530. „Es wird auch", so wurde hier hervorgehoben, „für hoch beschwerlich geachtet, dass Päpstl. Heiligkeit täglich so viele Indulgenzen und Ablässe in deutsche Nazion schicket, dadurch die armen einfältigen verführet und durch Behendigkeit um ihre Barschaft bethört werden; denn so Päpstl. Heiligkeit Nunzios und Botschafter in etliche Landschaften ausschicket, so giebt Sie Ihnen Ablässe auszutheilen, davon sie Zubuss an ihrer Zehrung erlangen und prass halten oder für Ihre Dienstgelder empfahen".

Zweck die Ueberwachung der Durchführung der Beschlüsse des Tridentinums, aber auch zugleich der war, die Fortschritte des Protestantismus zu hindern, so wie ihm sein Terrain wieder abzugewinnen[1]. Wenn auch der Versuch Sixtus' V. in der Schweiz im J. 1571 eine solche einzusetzen scheiterte[2], so gelang dies doch im J. 1579 in Folge der Bearbeitung der katholischen Bevölkerung durch die Jesuiten[3], freilich war ihr Bestand erst seit dem J. 1586 gesichert[4]. Die Vollmachten des in Luzern residirenden Nuntius erstreckten sich »ad Helvetios, Rhaetos eorumque subditos et confoederatos necnon ad Constantiensem, Basileensem, Sedunensem, Curiens. et Lausann. civitates et dioeceses«[5].

Der Uebertritt des Churfürsten und Erzbischofs Gebhards von Köln zur reformirten Religion, sowie der Wunsch seines Nachfolgers Herzogs Ernst von Baiern, seinen 17jährigen Enkel zum coadiutor eingesetzt zu sehen, gab die Veranlassung zu der Errichtung einer ständigen Nuntiatur zu Köln im J. 1582. Der coadiutor wurde nämlich gleich in den Besitz des Erzbisthums eingesetzt, ihm aber wegen seiner Minderjährigkeit der Nuntius an die Seite gestellt[6]. Die Provinz des letzteren umfasste die Rheinlande und die übrigen Theile Nieder-Deutschlands[7].

Endlich ist ebenfalls zu Brüssel eine Nuntiatur unter der Regierung Clemens' VIII. (1592—1605) errichtet worden[8].

Ihrer Stellung nach waren diese Nuntien nuntii missi cum potestate legati a latere. Das beweisen nicht nur ihre Vollmachten[9], sondern sie führen auch geradezu diesen Titel[10], wenngleich sie sich freilich von den früheren päpstlichen Legaten durch ihre ständige Residenz in den ihnen angewiesenen Sprengeln unterschieden.

Anfänglich hatte sich der deutsche Episkopat der Errichtung dieser Nuntiaturen nicht widersetzt. Im Verlaufe der Zeit wurden aber sowohl Seitens desselben als auch namentlich Seitens der Protestanten wiederholte Klagen wegen der Uebergriffe der Nuntien laut. Schon im J. 1594 beschwerten sich die letzteren, dass »der Papst und seine Nuntii ihre Jurisdiktion durch die Jesuiten« dem Religionsfrieden zuwider in die evangelischen Territorien hineinextendirten und verlangten, dass »die im Religionsfrieden suspendirte und im Reiche erloschene Jurisdiktion über Geistliche und Weltliche wiederum zu exerziren, dem Papste und seinem Anhange nicht verstattet werde«[11]. Auf dem Reichstage zu Regensburg im J. 1598 wurde die Forderung erhoben, »dass die päpstlichen Nuntien nicht allein im Reiche, wie bisher geschehen,

1 Mejer, die Propaganda 1, 323. n. 1.

2 (Glück) Geschichte der Einführung der Nuntiatur in der Schweiz. Bevorwortet von Snell. Baden 1847. S. XII ff.

3 Sartori a. a. O. S. 211; Mejer a. a. O. 2, 108 ff.; Snell a. a. O. S. XIV ff.

4 Snell S. XLIX.

5 Mejer a. a. O. S. 180.

6 Sartori a. a. O. S. 210; Geschichte der Nuntien. S. 72; Binterim a. a. O. S. 180; Stiglohera. a. O. S. 29. 30.

7 Nach: „Legatio apostolica Petri Aloisii Carafae, episcopi Tricariensis sedente Urbano VIII. P. M. . . . ad tractum Rheni et ad provincias inferioris Germaniae ab anno 1624 usque ad ann. 1634. Quam denuo edid. J. A. Ginzel. Wirceburg. 1840. p. 5 ff. umfasste der Sprengel dieser Nuntiatur die Diöcesen Strassburg, Speyer, Worms, Köln, Utrecht, Paderborn, Münster, Osnabrück, Minden, Bremen, Lübeck, Ratzeburg, Schwerin, Würzburg, Bamberg, Hildesheim, Halberstadt, Magdeburg, Meissen, Naumburg, Merseburg, Brandenburg, Havelberg, Trier, Metz, Toul, Verdün, Lüttich. Mejer a. a. O. S. 183.

8 Geschichte der Nuntiaturen. S. 5. 64; Sartori S. 211; Mejer a. a. O. S. 323. n. 1.

9 Die des Kölner Nuntius von 1584 sind abgedruckt bei Hartzheim, concilia Germaniae 8, 498; die späteren bei Mejer a. a. O. S. 186. n. 2. Die mehrfach, so z. B. bei Gaertner, corp. iur. eccl. cath. 2, 443 mitgetheilten Fakultäten Benedikts XIV. sind nicht vollständig wiedergegeben. Mejer S. 192.

10 So der Nuntius in Luzern, Mejer S. 180; der von Köln. S. Hartzheim l. c. und das Schreiben bei Böhmer I. E. P. I. 30. §. 14.

11 Mejer S. 197.

zu foviren, sondern vielmehr als Ursache alles Misstrauens zwischen den Ständen wieder nach Rom abzufertigen«[1]. Bei den Friedensverhandlungen im J. 1645 taucht die Beschwerde auf: »Es haben sich sowohl päpstliche Nuntien unterfangen, die geistliche Jurisdiktion in Evangelischen hohen Stiftern auszuüben, Evangelische Prälaten ad videndum se privari zu citiren, Dispensation zu ertheilen, Präbenden zu vergeben, und durch Protestationes Demjenigen, was im Reich zwischen den Ständen abgehandelt wird, sich zu widersetzen«[2]. Als im J. 1709 der Nuntius zu Köln einen zwischen König Friedrich I. und der gedachten Stadt wegen der Religionsübung des Preussischen Gesandten geschlossenen Vergleich durch ein beleidigendes Schreiben, in welchem er die reformirte Religion eine secta damnata nannte[3], cassirt hatte, beantragte der König, beim Corpus Evangelicorum den Kaiser durch ein nachdrückliches Schreiben zu ersuchen, »dass entweder dieser Nuntius gar aus dem Reich geschaffet oder wenigst derselbe dahin angewiesen und obligiret werde, sein liederliches scandaleuse Scriptum wieder zurückzunehmen, sich hinfüro in seinen Schranken zu halten und dergleichen ungereimten, denen Verfassungen des Reichs zu wider lauffenden Dingen ferner nicht zu unterstehen«[4].

Die bischöfliche Opposition, welche schon Anfang des 16. Jahrhunderts allerdings sehr vereinzelt sich erhebt[5], tritt erst am Ende des 17. Jahrhunderts offener und schärfer hervor. So protestirte der Erzbischof von Mainz im J. 1689 dagegen, dass der Nuntius zu Köln das Stift Mainz unter seinen Distrikt ziehen wollte. Anfangs des 17. Jahrhunderts nahm der Kölner Nuntius den oben S. 525 gedachten Vorschriften des Tridentinums zuwider eine Visitation der Diöcese Lüttich, deren Bischof der damalige Kurfürst von Köln war, vor und es entstand in Folge dessen ein langer Streit, in welchem der Erzbischof die Vermittelung der deutschen Reichsfürsten in Anspruch nehmen musste[6]. Ferner war der deutsche Kaiser zum Einschreiten genöthigt, als im J. 1706 der Kölner Nuntius eine gegen ein Urtheil des Lehnhofes der Aebtissin von Thorn eingelegte Appellation annahm und dieselbe durch Androhung der Exkommunikation aufrecht zu erhalten suchte[7]. Im J. 1723 stritt der Erzbischof von neuem mit dem Nuntius über die Exemtion des Mainzer Erzbisthums von dessen Nuntiaturbezirk[8].

Auch in die rein politischen Angelegenheiten des deutschen Reiches mischten sich die Nuntien ein, so überreichte z. B. der päpstliche Nuntius auf dem Kurfürstentag zu Frankfurt im J. 1742 eine Protestation gegen die Anerkennung des Herzogs von Hannover als Kurfürsten[9].

Aus Anlass des Umstandes, dass die geistlichen Fürsten des Reichs ihre Jurisdiktion in Civilstreitigkeiten auch durch ihre geistlichen Officialen seit dem 16. Jahrhundert hatten ausüben lassen und die Nuntien in diesen Prozessen ebenfalls Appellationen annahmen[10], entstanden gleichfalls viele Streitigkeiten. In Folge eines

1 Geschichte der Nuntiaturen. S. 75.

2 Mejer S. 198.

3 Abgedruckt bei Böhmer l. c.

4 Ebendaselbst §. 15.

5 So schreibt der Bischof von Lavant an den päpstlichen Nuntius: „Ehre und Leben sind entgegen, dass ich einen Theil meiner Pflicht einem fremden Hirten anvertrauete, gleichsam als wäre ich nicht fähig genug, sie zu versehen ... Uebrigens bitte ich Dich, dass Du Dir alle Visitationsgedanken vergehen lassen mögest. Ich werde selbst das Amt eines guten Hirten thun und weiss, dass meine Schafe lieber meine Stimme als eine fremde hören". Geschichte der Nuntiaturen S. 13.

6 Geschichte der Nuntiaturen S. 94 ff.

7 Sartori S. 216.

8 Pragmatische Geschichte S. 122.

9 Sartori S. 219.

10 Geschichte der Nuntiaturen S. 44 ff.

Gutachtens des Reichskammergerichtes von 1643, welches ebenfalls Klagen über die Eingriffe in die Jurisdiktion des letzteren enthält [1], wurden indessen dergleichen Appellationen in dem Reichsabschiede vom J. 1654 verboten [2], und seit dieser Zeit ein dahingehender, sowie ein anderer die gesetzliche Aussonderung und Definition der causae saeculares verheissender Artikel in die Wahlkapitulationen der Kaiser aufgenommen [3]. Der damalige Kölner Nuntius protestirte aber dagegen [4], und wiederholt kamen, so z. B. in den Jahren 1677 und 1698 Zuwiderhandlungen der Nuntien und kaiserliche Mandate gegen die letzteren vor [5]. Nachdem bei der römischen Königswahl im J. 1764 ein Antrag des Kurfürsten von der Pfalz, die Beschwerden in der Wahlkapitulation genauer anzugeben, und auf Beseitigung der Gerichtsbarkeit der Nuntien in weltlichen Sachen, sowie auf Erledigung der geistlichen durch deutsche Kommissarien zu dringen, abgelehnt war [6], liessen die drei geistlichen Kurfürsten (Mainz, Trier, Köln) — wohl von den Doktrinen des kurz vorher erschienenen Buches des Febronius [7] beeinflusst [8] — auf dem Kongresse zu Koblenz im J. 1769 durch ihre Deputirten

[1] Sartori S. 214.

[2] §. 164: „Als sich dann auch die Stände zum höchsten beschweret, dass in den Ertz- und Stifftern Cölln, Lüttich und Münster, wie auch andern Orten des Reichs, allerhand Missbrauch wegen Vornehmung der Appellationen und Recursen von den Officialibus ad Pontificem und die Nuntios entstehen, indem man sich derselben fast allen Urtheilen ohne Unterschied, es betreffe gleich, Civil- und Personen-Sachen, bedient, die Jurisdictiones wider die Ordnung confundirt, die Civilsachen ausserhalb des Reichs zu fremden Gerichten gezogen und die Parteyen mit Verspielung vieler Zeit und Unkosten umgetrieben werden, daher erfolget, dass nicht allein viel Mandat-Prozess de cassando entspringen, sondern die Nuntii vielmalen durch Gegen-Mandat cassatoria, den Partheyen die Kammergerichtliche Verbot auffzuheben bei starker Geldpön oder geistlicher Censur anzubefehlen pflegen und Uns dann Churfürsten und Stände und der abwesenden Räthe und Gesandten, um Abstellung dergleichen zu Abbruch und Schmälerung Unserer und des heiligen Reichs Hoheit, auch Confusion der Jurisdictionen gereichender unordentlichen nachtheiligen Proceduren, durch bequeme thunliche Mittel der Gebühr ersuchet. So wollen wir in Erinnerung, was auch dieser Sachen halber bereits im Jahr 1548 den 3. Oktober von weiland Unserm geliebten Vorfahren am Reich Kayser Karl dem Fünften an die Ständ des Reichs vor Rescripta und Mandata de non evocando vorgangen, an dem päpstlichen Stuhl zu Rom hierin die Nothdurfft dahin beweglich gelangen lassen, damit den Nuntiis dergleichen ohnzulässiges Verfahren im Reich und über dessen Glieder und Unterthanen mit Ernst verboten und fürterts nicht mehr gestattet und da dargegen icht was attentirt oder gehandelt würde, solches keine Krafft haben, sondern wiederum cassirt auffgehoben, auch insgemein die Evocationes vor fremde Gericht und ausserhalb des Reichs wie sie dann ohne das bei Unserm Reichs-Hoffrath und Kammer-Gericht nicht geachtet, keineswegs zugelassen, auch im übrigen, was die Stände wegen der Nunciorum absolutionem a iuramentis, und dass dergleichen Relaxationes in den Gerichten, sie geschehen denn von dem ordentlichen Richter ad effectum agendi, nicht zu attendiren seyn sollen, hierbey erinnert, beobachten“. (Koch), Sammlung der Reichsabschiede 3, 669.

[3] Art. XIV. „§. 4. Gleicher Gestalt Wollen Wir, wenn es sich etwan begäbe, dass die Causae civiles von ihrem ordentlichen Gericht im heiligen Reich ab- und ausser dasselbe ad Nuntios apostolicos und wohl gar ad Curiam Romanam gezogen würden, solches abschaffen, vernichten und ernstlich verbieten, auch Unsern Kayserlichen Fiscaln sowohl an Unserm Kaiserl. Reichs-Hofrath als Cammer-Gericht anbefehlen wider diejenige, so wohl Partheyen als Advocaten, Procuratoren und Notarien, die sich hinfuhro dergleichen anmassen und darin einiger Gestalt gebrauchen lassen würden, mit behöriger Anklag von Amtswegen zu verfahren, damit die Uebertreter demnechsten gebührend angesehen und bestrafft werden möchten; §. 5. Und weilen vorberührter Civil-Sachen willen zwischen Unseren und des Reiches höchsten Gerichten, sodann denen Apostolischen Nuntiaturen mehrmahlige Streit- und Irrungen entstanden, in denen so ein- als andern Orts die ab deren Offizialen Urtheil beschehene Appellationes angenommen, processus erkannt, selbige auch durch allerhand scharffe Mandata zu grösster Irr- und Beschwerung deren Partheyen, zu behaupten gesucht worden, wormit dann diesem vorkommen und aller Jurisdiktions-Conflict möchte verhütet werden, so wollen Wir daran seyn, dass die Causae saeculares ab Ecclesiasticis rechtlich distinguirt, auch die darunter zweyffelhaffte Fälle durch gütliche, mit dem Päpstlichen Stuhl vornehmende Handlung und Vergleich erlediget, fort der geist- und weltlichen Obrigkeit einer jeden ihr Recht und Judicatur ungestört gelassen werden möge“. Koch a. a. O. Bd. 4. app. S. 19. Vgl. auch Geschichte der Nuntiaturen S. 43. 59.

[4] Geschichte der Nuntiaturen S. 43. 272.

[5] Böhmer l. c. §§. 16. 18.

[6] Sartori S. 220; Geschichte der Nuntiaturen S. 120 ff.

[7] S. oben S. 200.

[8] Stigloher S. 58. Febronius lehrt in dem gedachten Buche c. 2. §. 10, dass der Papst frei-

31 auf die Beschränkung der päpstlichen Macht gerichtete Desideranda zusammenstellen, in denen auch die Aufhebung der Tribunale der Nuntien in Deutschland gefordert wurde[1]. Kaiser Joseph II., an welchen sie dieselben mit der Bitte um Unterstützung bei ihrer Durchführung übersandt hatten, wies dies Ansuchen jedoch mit dem Eröffnen zurück, dass sich ein jeder der Erzbischöfe mit den ihn betreffenden Beschwerden unmittelbar an den Papst wenden möge[2].

Nicht lange nachher rief aber die Errichtung einer weiteren Nuntiatur zu München von Neuem eine Opposition der geistlichen und weltlichen Fürsten hervor.

Die baierischen Lande wurden in geistlicher Beziehung nur durch reichsunmittelbare Fürsten und Bischöfe regiert und da in Folge dessen mannigfache Jurisdiktionsstreitigkeiten entstanden, so hatte man in Baiern schon Anfang des 18. Jahrhunderts bei Clemens XI. die Einsetzung eigener Landesbischöfe — freilich vergeblich — verlangt[3]. Nachdem der Kurfürst Karl Theodor von der Pfalz, der gleichzeitige Herzog von Jülich und Berg, auch Churbayern durch Erbfolge erworben hatte, verlangte er mit Rücksicht darauf, dass es in allen diesen seinen Besitzungen keine landsässigen Bischöfe gab, die Einsetzung eigener Kommissarien oder General-Vikare seitens der kompetenten Reichsbischöfe. Als ihm dies verweigert wurde, wandte er sich an Pius VI. um Errichtung von Landesbisthümern. Da aber diesem Begehren seitens der Kurie nicht nachgegeben wurde, proponirte er im J. 1784 dem Papst, an seinem Hofe eine ständige Nuntiatur einzusetzen. Letzterer ging im folgenden Jahre darauf ein und ernannte den Grafen Julius Cäsar Zoglio, Erzbischof von Athen, zum Nuntius[4]. Auf die Kunde von diesen Verhandlungen erhob sich in der damaligen Presse ein förmlicher Sturm und die Erzbischöfe von Mainz, Köln, Trier und Salzburg, sowie der Bischof von Freising fragten in Rom an, mit welchen Fakultäten der Nuntius erscheinen werde[5]. Auf die Antwort, dass diese denen des Nuntius zu Köln gleich sein würden[5], wandten sich die Bischöfe an Kaiser Joseph II. mit der Bitte, »sich bey dem römischen Hofe wider die Aufstellung eines neuen päpstlichen Nunzius zu München, als insofern nämlich letzterer mehr als ein päpstlicher Gesandter am Kurpfälzischen Hofe sein soll, mit allem Nachdruck zu verwenden«[6]. In Folge dessen beauftragte Joseph II. den Kardinal-Protektor der deutschen Nation die Absendung eines mit Fakultäten versehenen Nuntius zu hintertreiben, und theilte den Bischöfen mit,

lich das Recht habe, Gesandte abzusenden, aber nur zur Ausübung der wesentlichen Primatialrechte und bemerkt n. 5. ibid., dass die von den Nuntien in Deutschland ausgeübten Vollmachten darüber weit hinausgingen, also auch eingeschränkt werden könnten.

[1] Stigloher S. 58. S. 260: „n. 27) die absolutiones a censuris a iure vel episcopo latis vel ferendis, welche die legati oder nuntii mit Uebergehung des ordinarii ertheilen, sollen ausser Wirkung sein; auch 28) keine litterae citatoriae, minderes inhibitoriales in correctoriis, sie gehen in via inquisitionis oder accusationis fiscalium vor, angenommen werden. 29) In Betreff der Appellationen sollten a) keine civil und temporal Sachen, auch wenn beede Theile oder der beklagte allein eine Kirche oder Clericus wäre, nach Rom oder an die Nuntiaturen gezogen werden, b) desgleichen der ordentliche Zug der Instanzen vom Bischof zum Metropolitan und dann erst zur römischen Curie und zwar dermassen gehen, dass c) dieselbe jedesmal judices in partibus und zwar von der Nation gebe, sohin die tribunalia der päpstlichen Nuntiaturen in Deutschland gänzlich aufhören".

[2] Stigloher S. 58.

[3] Pragmatische Geschichte S. 4; Stigloher S. 60.

[4] Geschichte der Nuntiaturen S. 168. 182 ff.; Stigloher S. 60.

[5] Das Schreiben Pius' VI. abgedruckt bei Stigloher S. 260.

[6] Schreiben vom 22. September 1785, a. a. O. S. 261. Es wird in demselben darauf hingewiesen, dass die Errichtung der projektirten Nuntiatur weder mit den Diöcesanrechten der Bischöfe, noch den Beschlüssen der älteren und neueren Kirchenversammlungen (namentlich des Concils von Basel) noch mit der Wahlkapitulation vereinbar sei.

er habe »sofort dem päpstlichen Stuhle erklären lassen, wie er niemals gestatten würde, dass die Erz- und Bischöffe im Reiche in ihren von Gott und der Kirche ihnen eingeräumten und zustehenden Diöcesanrechten gestöret würden, dass er also die päpstlichen Nunzien nur als päpstliche Abgesandten zu politischen und jenen Gegenständen geeignet erkenne, welche unmittelbar dem Papste als Oberhaupt der Kirche zustehen; dass er aber diesen Nunzien weder eine Jurisdiktionsausübung in geistlichen Sachen, noch eine Judikatur gestatten könne; weswegen auch solche ebensowenig dem in Kölln schon befindlichen, als dem hier zu Wien stehenden, noch einen anderen irgendwo in die Lande des deutschen Reichs fürohin kommenden päpstlichen Nunzius zukommen noch zugelassen werden sollen«[1]. Trotzdem erschien im J. 1786 der für München bestimmte Nuntius mit denselben Vollmachten[2], wie der gleichzeitig für Köln neu ernannte Bartholomäus Pacca, Erzbischof von Damiette[3]. Als diese ungeachtet der Opposition der gedachten vier deutschen Erzbischöfe[4] ihre Fakultäten zur Ausübung brachten, suchten letztere die von Febronius vertheidigten Ideen in der deutschen Kirche praktisch zu machen und eine selbstständigere Stellung derselben Rom gegenüber herbeizuführen. Zu diesem Behufe liessen sie einen Kongress durch ihre Deputirten im J. 1786 im Bade Ems abhalten. Das Resultat ihrer Konferenzen war die am 25. August festgestellte s. g. Emser Punktation[5], welche vollkommen auf episkopalistischen Anschauungen ruht und die bisherigen Nuntiaturstreitigkeiten durch Herabdrückung der Nuntien zu rein diplomatischen Agenten des Papstes zu beseitigen suchte[6].

Das Schriftstück wurde sodann an Kaiser Joseph II. gesandt. Da aber inzwischen bei den deutschen Bischöfen Befürchtungen wegen Beeinträchtigung ihrer Gerechtsame durch die Metropoliten entstanden waren und der Bischof von Speyer diesen in einem Schreiben an den Kaiser Ausdruck gegeben hatte[7], so rieth letzterer den Erzbischöfen, zunächst mit den Bischöfen und den Reichsständen, in deren Länder sich ihre Sprengel erstreckten, sich in Einvernehmen zu setzen[8]. Die zu diesem Zwecke unternommenen Schritte der Erzbischöfe hatten aber namentlich wegen des Widerstandes des Bischofs von Speyer keinen Erfolg[9] und als die ersteren die Nuntien an der Ausübung ihrer Fakultäten zu hindern suchten, selbst aber ihnen nach der bisherigen Disciplin nicht zustehende Dispensationen ausübten, erliess jeder Theil Verbote gegen die Handlungen des andern, Pius VI. reprobirte die neue Dispensationspraxis, der Reichshofrath aber publicirte auf Anrufen der Erzbischöfe ein Mandat »gegen die von päpstlichen Nuntien

[1] Schreiben vom 12. Oktober 1785 (Münch, vollständige Sammlung aller Konkordate 1, 404; Stigloher S. 263).

[2] In dem päpstlichen Kreditiv vom 10. Dezember 1785 (a. a. O. S. 265) wird er als ordinarius noster et apostolicae sedis nuntius bezeichnet, in den beiden Schreiben vom J. 1786 (pragmatische Geschichte Anh. S. 31. 32) nennt er sich selbst: „sanctae sedis apostolicae apud Serenissimam Electoralem aulam Bavaro-Palatinam cum facultatibus legati a latere nuncius".

[3] Stigloher S. 65.

[4] Der Bischof von Freising betheiligte sich in Folge eines Schreibens des Papstes vom J. 1786 an ihn bei den weiteren Schritten nicht mehr. A. a. O. S. 66. 204. 292.

[5] S. 66 ff. Abgedruckt u. A. bei Münch 1, 406 ff.; und Stigloher S. 266.

[6] IV. . . . „Ebenso hören a) die Nuntiaturen in Zukunft völlig auf; die Nuntii können nicht anderst als päpstliche Gesandten seyn und dürfen nach der von Kaiserlicher Majestät unterm 12. Oktober 1785 ertheilten allerhöchsten Erklärung (s. Note 1), welche sich auf die Kirchen- sowohl, als Reichsfundamental-Gesetze gründet, keine Actus iurisdictionis voluntariae oder contentiosae mehr ausüben". XXII. b) „Die päpstlichen Nuntii dürfen sich in keiner Sache, weder in der ersten, noch in den folgenden Instanzen, wie oben schon erwähnt worden ist, einmischen". d) „Geschiehet . . . weitere Berufung an den römischen Stuhl, so ist dieser verbunden, zur dritten Instanz Judices in partibus und zwar Nationalen zu geben, und werden diese nach Vorschrift des Konciliums zu Trient gehörig bestimmt und darauf zu Rom namhaft gemacht werden".

[7] Stigloher S. 67. 202.

[8] Schreiben vom 16. November 1786 (Stigloher S. 204).

[9] Stigloher S. 205.

zu München und Köln jüngst gewagten Anmassungen und Eingriffe in die erzbischöflichen Rechte«[1]. Zu einem direkten Verbot der Nuntien konnte sich indessen trotz des Drängens der Erzbischöfe Joseph II. nicht entschliessen, vielmehr stellte er ihnen nur die Erledigung der Nuntiatur-Streitigkeit durch eine allgemeine Reichsversammlung in Aussicht[2]. Auf der vorläufig deswegen von den Ministern der einzelnen Reichsfürsten zu Regensburg im J. 1788 abgehaltenen Berathung zeigten sich diese aber den Absichten der Erzbischöfe durchaus nicht geneigt[3].

Als ein weiterer Versuch, den König von Preussen für ihre Pläne zu interessiren, gleichfalls gescheitert war[4], wandten sie sich direkt an den Papst und stellten diesem anheim, »ob er nicht besser auf eine freundschaftlichere, dem apostolischen Stuhle ehrenvollere und jedem Anstosse weniger ausgesetzte Weise, nämlich ob er nicht aus freiem Antriebe die Fakultäten der Nuntien widerrufen und in Betreff der übrigen von der Nation bereits so oft vorgebrachten und wiederholten Beschwerden eine freundschaftliche Uebereinkunft mit den Ständen des Reiches versuchen und zu deren Vollführung ernstlich die Hand bieten sollte«[5]. Darauf liess Pius VI. (im J. 1789) die oben erwähnte Responsio[6], in welcher er die Forderungen der Erzbischöfe widerlegte, publiciren und noch in demselben Jahre erklärte der Erzbischof von Trier seinen Rücktritt von der Emser Punktation[7]. Nachdem die übrigen Erzbischöfe noch die Aufnahme einer Bestimmung in die Wahlkapitulation Leopolds II. vom 30. September 1790, welche die Aufhebung der Nuntiatur-Gerichtsbarkeit im deutschen Reiche verhiess, durchgesetzt hatten[8], gaben die Erzbischöfe von Köln und Salzburg in Folge der Ereignisse in den Niederlanden und Frankreich gleichfalls die Realisation der Emser Punktation auf[9], und auch der Kurfürst von Mainz liess dieselbe in Folge der Besitznahme seiner Residenz durch die Franzosen fallen[10].

So war der Versuch, eine selbstständige deutsche Nationalkirche zu gründen und die päpstlichen Nuntiaturen in Deutschland zu beseitigen, misslungen. Nur eine tiefe, den katholischen Klerus und den katholischen Theil der Nation ergreifende Erregung hätte den Erzbischöfen die nöthige Unterstützung zur Durchführung der in der Emser Punktation aufgestellten Forderungen gewähren können. Diese fehlte aber vollkommen und so mussten sie mit ihren Bestrebungen scheitern, da diese vom Gesichtspunkte des damals geltenden Kirchenrechts aus als revolutionär erschienen. Mochten insbesondere die Nuntien sich manche Uebergriffe erlaubt haben, und konnte andererseits das deutsche Reich auch vollkommen berechtigter Weise ihre Gerichtsbarkeit in Civilsachen beschränken, so durfte man doch vom Boden des damaligen Rechtes aus dem Papst die Befugniss zur Errichtung der Nuntiaturen nicht bestreiten. Das Tridentinum stand der Absendung von Nuntien nicht entgegen. Und soweit diese nur die in demselben garantirte bischöfliche Jurisdiktion nicht beeinträchtigten, war auch

1 Stigloher S. 211 ff.

2 Stigloher S. 230. ff.

3 Sie nahmen an, dass jeder Reichsstand das Recht habe, einen päpstlichen Nuntius auch ohne vorgängige Anzeige an den Kaiser oder ohne dessen Bestätigung in seine Länder aufzunehmen und dass ebenso wenig eine Zustimmung der Bischöfe nöthig sei. Selbst aber wenn ein Nuntius unrechtmässige Fakultäten ausübe, und die Verträge und Konkordate von ihm nicht beobachtet würden, so könne man nicht durch einfache richterliche und gesetzgebende Gewalt eigenmächtig vorgehen, da der Papst in Rücksicht der Konkordate ein mitpaciscirender Theil sei. Geschichte der Nuntiaturen S. 233 ff.; Stigloher S. 236.

4 Responsio c. 1. n. 46; Stigloher S. 237.

5 Das lateinische Original vom 1. Dezember 1788, abgedruckt bei Stigloher S. 316 ff.

6 S. oben S. 525. n. *.

7 Stigloher S. 252. 331.

8 A. a. O. S. 253.

9 A. a. O. S. 253.

10 A. a. O. S. 254; Pacca a. a. O. S. 90.

gegen die ständige Deputirung derselben nichts einzuwenden, um so weniger als Anfangs dagegen nicht einmal ein Widerspruch erhoben worden war. Wenn sich die Erzbischöfe wiederholt auf das Koncil zu Basel[1] und die Acceptations-Erklärung der Dekrete desselben vom J. 1439[2] stützten, so hatten diese allerdings durch die Bulle Eugens IV.: Ad tranquillitatem vom 5. Februar 1447[3] Gesetzeskraft erhalten, aber der bei diesem Streite in Frage kommenden Vorschrift des Baseler Koncils war jedenfalls durch das in Deutschland recipirte Tridentinum derogirt[4], ganz abgesehen davon, dass sich damit auch nicht einmal dem Papst das Recht zur Bestellung der Nuntiaturen auf eine über alle Zweifel erhabene Weise bestreiten liess[5].

§. 73. IV. *Das geltende Recht.*

I. Die heutige kirchliche Praxis. Für das Gebiet der katholischen Kirche sind die in §. 69 und §§. 70. 72 dargelegten Grundsätze noch immer geltendes Recht. In Folge der Umwälzung der gesammten Religionsverfassung Deutschlands Ende des vorigen und Anfangs dieses Jahrhunderts und der die Selbstständigkeit der Kirchenverwaltung erheblich einschränkenden Gesetzgebung der deutschen Partikularstaaten zur Zeit der Neuordnung der kirchlichen Verhältnisse ist aber ein Theil der stehenden Nuntiaturen verschwunden und ebenso hat es die Kurie aufgeben müssen, auch zeitweise Legaten mit allgemeinen Vollmachten, wie im Mittelalter, abzusenden. Vielmehr zeigt die heutige Praxis wieder eine gewisse Verwandtschaft mit der der älteren Zeiten (s. oben S. 502), insofern als Legaten resp. Nuntien für die Regel nur für einzelne bestimmte Zwecke deputirt werden oder sofern sie ständig sind, doch in der Regel nur gleich den Agenten anderer Mächte die Stellung von diplomatischen Vertretern des Papstes an fremden Höfen haben, welche freilich zugleich mit der Wahrnehmung der kirchlichen Interessen betraut sind. Demgemäss kann ihnen eine iurisdictio ordinaria nicht mehr zugeschrieben werden, wie sie denn auch eines Legations-Bezirkes (der s. g. provincia) für ihre Thätigkeit entbehren. Sie sind also im Gegensatz zu den früheren legati ordinarii legati extraordinarii[6]. Wenn trotz dieser Praxis noch heute zwischen den legati a latere und den nuncii unterschieden wird, so hält man sich damit eben an die alte Tradition, substituirt aber dem kanonischen Unterscheidungsmerkmal, dem verschiedenen Umfang der allgemeinen päpstlichen Jurisdiktion, das freilich dadurch bestimmte äusserliche Moment des verschiedenen Ranges.

[1] Sess. XXXI. c. 1. (Mansi 29, 159): „quod in partibus ultra IV diaetas a Romana Curia distantibus omnes quaecunque causae, exceptis maioribus in iure expresse enumeratis et electionum ecclesiarum cathedralium et monasteriorum quas immediata subiectio ad sedem apostolicam devolvit, apud illos iudices in partibus, qui de iure aut consuetudine praescripta vel privilegio cognitionem habent, terminentur et finientur".

[2] Münch a. a. O. 1, 71.

[3] A. a. O. S. 80. Die Declaratio Pii VI. c. 6. n. 31. bestreitet freilich die Gültigkeit dieser Vorschriften, weil das Koncil zu Basel damals schon schismatisch gewesen sei. Vgl. aber Schulte 1, 481 ff.

[4] Sess. XXIV. c. 20 de reform. und oben S. 525. Dass das Tridentinum in diesem Punkte in Deutschland recipirt gewesen, erkennen selbst einzelne der gegen die Nuntiaturen gerichteten Schriften an. S. pragmatische Geschichte S. 91. Note *.

[5] Freilich hatten die ständigen Nuntien weder de iure, noch de consuetudine noch privilegio eine Jurisdiktion zur Zeit des Baseler Koncils, wo sie noch nicht existirten, gehabt. Aber andererseits residirten sie fest in Deutschland, wodurch die Abberufung der Sachen nach Rom verhindert wurde. Vgl. auch noch Frey, kritischer Kommentar über das Kirchenrecht 2, 271 ff.; Stigloher S. 195. Auch J. J. Moser, von der teutschen Religionsverfassung Buch III. C. III. §. 64 erklärt das Recht des Papstes, Nuntien in Deutschland zu halten, für unstreitig.

[6] Ferraris cit. legatus n. 6. Diese sind freilich auch schon im Mittelalter und später vorgekommen.

Als höchste Klasse gelten demgemäss auch noch heute die legati a latere[1]. Da aber nur Kardinäle zu diesen genommen werden können und die ihnen zustehenden Ehrenrechte heute kaum in vollem Umfange von den einzelnen Staaten anerkannt werden dürften[2], so werden solche nach der heutigen Praxis für die Regel vom päpstlichen Hofe nicht abgesendet[3]. Die regelmässigen diplomatischen Vertreter des Papstes sind jetzt vielmehr die Nuntien. Gewöhnlich gehören sie der Prälatur an und sind Bischöfe, resp. Erzbischöfe in partibus infidelium. Wenn aber Kardinäle ausnahmsweise mit einer solchen Stellung betraut werden, so führen sie nach dem auch sonst vorkommenden Kurialgebrauch (s. oben S. 426) den Titel eines Pro-Nuntius, wie z. B. der Nuntius am Wiener Hofe[4].

Beide, die legati a latere wie die nuntii, haben völkerrechtlich den Rang der Gesandten erster Klasse, d. h. der Ambassadeurs oder Botschafter und gehen an den Höfen katholischer Mächte ihren weltlichen Kollegen vor[5].

Endlich hat die neuere Praxis noch eine dritte Art päpstlicher Gesandten, die s. g. internuntii, geschaffen. Dazu werden an der Kurie zwar auch Prälaten, aber gewöhnlich ohne den bischöflichen Ordo, ausgewählt[6]. Da sich ihre Vollmachten ebenfalls nach den ihnen ertheilten Instruktionen bestimmen, so unterscheiden sie sich von den beiden ersten Klassen lediglich durch ihren geringeren Rang. Völkerrechtlich stehen sie den Gesandten der zweiten Klasse, also den Gesandten i. e. S. oder bevollmächtigten Ministern, gleich[7].

Ständige Nuntiaturen bestehen heute in Wien und München[8]. Die Vollmachten derselben sind, so viel mir bekannt, nicht veröffentlicht worden, aber da der Pro-Nuntius in Wien für die Regel mit der Gewalt eines legatus a latere betraut wird[9], so dürfte mit Rücksicht auf das traditionelle Festhalten der Kurie an einmal bestehenden Einrichtungen die Vermuthung nicht ungegründet sein, dass seine Fakultäten denen der ständigen Nuntien des vorigen Jahrhunderts entsprechen. Was den Nuntius zu München betrifft, so erscheint diese Annahme um so begründeter, als diesem zugleich die Anhaltinischen Lande in kirchlicher Beziehung unterstellt sind[10]. Sind die hier gemachten Voraussetzungen thatsächlich richtig, so würden allerdings die eben

1 Auf einer völligen Unkenntniss des Kirchenrechtes beruht es, wenn einzelne Bielefeld, instit. politiques 2, 272 einen Unterschied zwischen legati a latere und de latere machen und A. de Miltitz, manuel des consuls II. 1, 245 diesen sogar dahin präcisirt: „(Le pape) appelle a latere ceux qui sont cardinaux et de latere ceux qui ne le sont pas. On ne conçoit pas que les prépositions a ou de donnent ici un sens différent et la distinction établie par la Cour de Rome (?!) n'est qu'une pure subtilité de Canonité".

2 Heffter, Völkerrecht. §. 220.

3 Schulte 2, 362; Pachmann §. 130; Miruss, Gesandtschaftsrecht 1, 101.

4 Ginzel 1, 208. Das österreichische Konkordat vom 18. August 1855 ist abgeschlossen durch den Bevollmächtigten des Papstes: „Emin. Dom. Michaelem S. R. E. Presbyterum Cardinalem Viale Prelà eiusdem Sanctitatis Suae et Sanctae Sedis apud praefatam Apostolicam Maiestatem Pro-Nuntium".

5 S. oben S. 214. Das dort citirte Reglement stellt die Legaten und Nuntien in dieser Hinsicht gleich. Es ist daher unrichtig, die Nuntien zur zweiten Klasse der Gesandten zu rechnen, wie Bielefeld a. a. O. S. 276 thut. Vgl. Miruss a. a. O. S. 115; Heffter §. 208.

6 Ginzel 1, 208. Freilich kommen auch internuntii vor, welche episcopi in partibus sind, s. Moroni, dizionario 36, 59. Das annuario pontificio von 1865. p. 397 weist solche im Haag, Florenz, Modena und Rio de Janeiro nach.

7 Miruss S. 115. Sie gehören also nicht zur dritten Klasse der Gesandten, wie Bielefeld l. c. und Walter §. 137 behaupten.

8 Ausser Deutschland in Brüssel, Lissabon, Madrid, Paris, früher auch in Mexiko und Neapel. Annuario l. c. p. 397. Ueber die Nuntiatur in Madrid s. Hergenröther in Moys Archiv 10, 29. 191 ff. 200. 208. 211; 11, 370. 376. 382. 395; 12, 48. 56; vgl. ferner das neueste spanische Konkordat vom J. 1859. Art. 11, ebendaselbst 7, 381.

9 Ginzel 1, 208. n. 6.

10 Seit 1834, Schulte, status dioecesium catholicorum in Austria Germanica etc. Gissae. 1866. S. 152.

gedachten beiden Nuntien noch als Inhaber einer iurisdictio ordinaria [1] angesehen werden müssen.

II. Das Recht des Staates in Betreff der Zulassung der Nuntien. Während einerseits heute gelehrt wird, dass die Zulassung von päpstlichen Gesandten jeglicher Art von dem Ermessen der Landesherren abhängt und letztere die Vorlegung der ihnen ertheilten Fakultäten kraft ihres Hoheitsrechtes zu fordern berechtigt sind [2], wird andererseits der Grundsatz aufgestellt, dass in einer Reihe deutscher Staaten, in Preussen, Oesterreich, Baiern und im Königreich Sachsen der Ausübung der geistlichen Regierungsrechte des Papstes durch Legaten oder Nuntien kein Hinderniss entgegensteht [3].

Da der Kardinal Pacca klagt, dass die von der Revolution zerstörte Kölner Nuntiatur ihr Haupt noch nicht wieder habe erheben können und andererseits im Sommer 1868 das Gerücht von der Errichtung einer päpstlichen Nuntiatur in Berlin aufgetaucht ist [4], so liegt eine eingehendere Besprechung der Frage nahe.

Zweifellos ist es, dass wenn die Abgesandten des Papstes als diplomatische Agenten desselben, sei es auch behufs Verhandlung kirchlicher Angelegenheiten, auftreten wollen, sie sich hinsichtlich dieser Stellung den nach dem heutigen Völkerrecht geltenden Regeln des diplomatischen Verkehrs zu fügen haben. Sie müssen sich daher, da kein Staat die Pflicht zur Annahme fremder Agenten hat, die Zurückweisung seitens des letzteren gefallen lassen [5], ihre Vollmachten behufs Prüfung derselben der betreffenden Regierung zustellen und sich jeder Einmischung in die innere Verwaltung des Staates, bei welchem sie akkreditirt sind, enthalten [6].

Indessen ist es möglich, dass sich die Kurie nicht damit begnügt, eine Angelegenheit blos auf dem Wege des diplomatischen Verkehrs in der Weise zu erledigen, dass die fremde Regierung den getroffenen Vereinbarungen gemäss für ihr Gebiet die nöthigen Erlasse ergehen oder die katholische Kirche die durch gegenseitiges Benehmen festgestellten Einrichtungen ausführen lässt, sondern sie kann auch — weil vom Standpunkt der Kirche aus der Charakter der Legaten und Nuntien als Stellvertreter des Papstes für die Ausübung seiner Jurisdiktionsrechte überwiegt — ihnen auf Wahrnehmung derselben über die Katholiken des fremden Staates gerichtete Vollmachten ertheilen, ja ganz auf Anerkennung der diplomatischen Quantität ihrer Nuntien verzichten und letztere, sei es nur vorübergehend, sei es als ständige Nuntien, in ein bestimmtes Land senden. Dass die deutschen Regierungen unter diesen Umständen nicht gehalten sind, ihnen die Rechte, z. B. also Steuer-, Exemtions- und sonstige Privilegien, welche sie den katholischen Kirchenbeamten im eigenen Lande gewährt haben, einzuräumen und

[1] Dass die Hofentschliessungen vom 22. Mai und 12. Juni 1795 (Kropatscheck, Sammlung der Gesetze Franz' II. 6, 476), welche den Nuntien jede Jurisdiktion absprechen, für Oesterreich nicht mehr massgebend sind, liegt auf der Hand.

[2] Eichhorn 1, 614; Richter §. 129; Jacobson in Herzogs Encyklopädie 8, 274; Heffter §. 200. n. 4. Für Frankreich ist in den Articles organiques de la convention du 26 messidor an IX art. 2 festgesetzt: „Aucun individu se disant nonce, légat, vicaire ou commissaire apostolique ou se prévalant de toute autre dénomination ne pourra sans la même autorisation (d. h. du gouvernement) exercer sur le sol français ni ailleurs, aucune fonction relative aux affaires de l'Église gallicane“ (Walter, fontes iur. eccles. p. 191) und damit das frühere Recht (s. oben S. 523) aufrecht erhalten.

[3] Schulte 2, 362; Walter K. R. §. 137.

[4] Frühere Versuche, einen Nuntius für Preussen zu accreditiren, sollen von der Regierung zurückgewiesen worden sein. Mejer, Propoganda 2, 522.

[5] Die Bulle in Coena Domini §. 10 (s. Paul. III. const. Consueverunt vom 13. April 1536, Bull. Rom. IV. 1, 145) bedroht freilich einen jeden, der einen Legaten oder Nuntius in seinen Funktionen hindert, mit der Exkommunikation.

[6] Heffter §§. 200. 206.

ihren kirchlichen Handlungen bürgerliche Wirksamkeit zuzuerkennen, wird ebenfalls nicht bestritten werden können. Für die Entscheidung der Frage aber, ob sie solche Vertreter des Papstes überhaupt zulassen müssen, kann allein das bestehende Staatskirchenrecht entscheiden. In denjenigen Staaten, in welchen der katholischen Kirche die freie und selbstständige Verwaltung ihrer Angelegenheiten verfassungsmässig oder gesetzlich garantirt ist, wie in Preussen (auch in den neuen Provinzen, mithin auch in dem jetzt preussischen Theil der oberrheinischen Kirchenprovinz)[1], Oesterreich[2], Baiern[3], Würtemberg[4] und Baden[5], scheint auf den ersten Blick die Zulassung eines Legaten und Nuntius in der eben gedachten Stellung keinem Bedenken zu unterliegen. Indessen sind in einzelnen dieser Staaten Modifikationen des allgemeinen Princips gemacht und daher können diese nicht ohne Weiteres zusammengeworfen werden. Vielmehr lassen sich zwei Hauptgruppen scheiden. In der ersten bestehen in der in Rede stehenden Hinsicht keine Beschränkungen, während es in der andern Gruppe von Staaten der Genehmigung der Regierung bedarf.

1. In Oesterreich unterliegt die Errichtung einer Nuntiatur keiner Einschränkung, da der Papst iuxta doctrinam ecclesiae sein oberstes Aufsichtsrecht durch Legaten und Nuntien auszuüben und die kirchlichen Lokaloberen in ihrer Jurisdiktion nach Massgabe der vorhin erörterten Grundsätze (S. 525. 532) zu beschränken befugt ist. In der That besteht ja auch in Wien eine ständige Nuntiatur.

Was Preussen betrifft, so ist es allerdings durch die erwähnte Bestimmung der Verfassungsurkunde anerkannt, dass die katholische Kirche ihre Angelegenheiten nach ihren eigenen Normen verwaltet. Dass damit indessen das katholische Kirchenrecht in vollem Umfange recipirt ist, lässt sich behaupten. Daher würde also jedenfalls die Preussische Regierung, wenn ein Nuntius, welcher Ausländer ist, den konfessionellen Frieden stören sollte, gegen ihn nach seinem Erscheinen im Lande, von der ihr zustehenden Befugniss der Ausweisung Gebrauch machen können[6]. Sie kann aber die Zulassung eines Nuntius, welcher keine Anerkennung vom Staate verlangt, nicht verweigern. Da der katholischen Kirche, wie bemerkt, die Selbstständigkeit ihrer Verwaltung eingeräumt worden, so ist auch damit das Recht des Papstes zu derselben und folgeweise auch das Recht, sich dabei durch andere Personen vertreten zu lassen, anerkannt. Allerdings verordnet das Preuss. Landrecht Th. II. Tit. 11. §. 135 ff.[7], dass auswärtige Bischöfe oder andere geistliche Obere ohne Einwilligung des Staates

[1] Verfassungsurkunde vom 31. Januar 1850. Art. 15. Diese ist auch in den letztgedachten Gebieten eingeführt.

[2] Konkordat. Art. XXXIV: „Cetera ad personas et res ecclesiasticas pertinentia, quorum nulla in his articulis mentio facta est, dirigentur omnia et administrabuntur iuxta ecclesiae doctrinam et eius vigentem disciplinam a sancta sede adprobatam“.

[3] Konkordat. Art. XVII. (gleichlautend mit dem österreichischen).

[4] Verfassungsurkunde vom 25. September 1819. §. 71: „Die Anordnungen in Betreff der inneren kirchlichen Angelegenheiten bleiben der verfassungsmässigen Autonomie einer jeden Kirche überlassen“.

[5] Gesetz vom 9. Oktober 1860, betr. die rechtliche Stellung der Kirchen. §. 7: „Die vereinigte evangelisch-protestantische und die römisch-katholische Kirchen ordnen und verwalten ihre Angelegenheiten frei und selbständig“.

[6] Ein Einschreiten gegen ausländische Missionäre vom Standpunkte der Justiz- oder Polizei-Verwaltung erkennt auch das Ministerial-Reskript vom 25. Februar 1851 (Beiträge zum preuss. Kirchenrechte, Paderborn 1854. 1, 57) als berechtigt an.

[7] §. 135: „Kein auswärtiger Bischof oder anderer geistlicher Obere darf sich in Kirchensachen eine gesetzgebende Macht anmassen“. §. 136: „Auch darf er irgend einige andere Gewalt, Direktion oder Gerichtsbarkeit in solchen Sachen ohne ausdrückliche Einwilligung des Staates nicht ausüben“. §. 137: „Kein Unterthan des Staates, geistlichen oder weltlichen Standes, kann unter irgend einem Vorwande zu der Gerichtsbarkeit auswärtiger geistlicher Oberen gezogen werden“.

keine Jurisdiktion über preussische Unterthanen ausüben sollen, allein jedenfalls müssen diese Vorschriften, soweit sie den Papst betreffen, durch die Verfassungsurkunde für aufgehoben erachtet werden. Ist das aber richtig, so kann auch der für einzelne Theile Preussens oder für das ganze Land ernannte und dort residirende Nuntius nicht als ein auswärtiger Oberer angesehen werden.

Vielleicht mag man dieses Resultat vom kirchenpolitischen Standpunkt aus für bedenklich erklären, allein vom Boden des positiven Rechtes, welches freilich in weitgehender Weise die Kirchenhoheit des Staates beschränkt hat, wird man dasselbe als unhaltbar nicht anfechten dürfen.

2. In folgenden Staaten ist die Zulassung eines Nuntius an die Genehmigung des Staates gebunden. Was Baiern betrifft, so besteht zwar eine Nuntiatur in München. Sofern aber in den dort vorhandenen Einrichtungen etwas geändert oder noch ein weiterer Nuntius ernannt werden sollte, würde es hier der Genehmigung des Staates bedürfen. Denn das fortdauernde Recht des Placet [1] und die Nothwendigkeit der Zustimmung des Königs zu der Einsetzung geistlicher Gerichte [2] lassen eine freie Handhabung der einem Legaten zustehenden Jurisdiktion nicht zu. Wenn endlich weiter Geistliche, welche dem König nicht genehm sind, nicht einmal ein niederes Benefizium erhalten können [3] und der König die Bischöfe und einen Theil der Domherren nominirt [4], so kann hieraus auch gefolgert werden, dass eine so wichtige kirchliche Stellung wie die eines Nuntius nicht einer persona minus grata übertragen werden darf [5].

Das Gleiche gilt für Würtemberg [6] und Baden [7], wo die Zulassung zu Kirchenämtern von dem Besitz des Indigenats, der Nachweissung einer wissenschaftlichen Vorbildung und der Qualität als persona grata abhängig gemacht ist. Es kann zugegeben werden, dass diese Bestimmungen nur die niederen Benefizien im Auge haben, aber jedenfalls lässt sich aus ihnen das Princip entnehmen, dass die Staatsregierungen Niemand ohne die gedachten Erfordernisse zur Ausübung von kirchlichen Funktionen in ihren Ländern zulassen wollen. Ueberdies ist in Würtemberg durch die neuere Gesetzgebung das Oberaufsichtsrecht über die katholische Kirche principiell nicht aufgehoben [8] und auch eine Genehmigung des Staates zu den Massnahmen der

[1] Religionsedikt von 1818. §. 58 und Allerhöchste Entschliessung vom 8. April 1852. n. 3 (Permaneder, Kirchenrecht S. 1047. 1054).

[2] Religionsedikt §. 60 u. die angef. Entschliessung n. 4.

[3] Entschliessung n. 8.

[4] Konkordat Art. IX. X.

[5] Für Preussen passt diese Argumentation nicht, weil der Art. 18 der Verfassungsurkunde alle dem Staate zustehende Ernennungs-, Wahl- und Bestätigungsrechte bei Besetzung kirchlicher Stellen, soweit sie nicht auf dem Patronat oder besonderen Rechtstiteln beruhen, aufgehoben hat.

[6] Gesetz vom 30. Januar 1862, Art. 3: „Die Zulassung zu einem Kirchenamte ist durch den Besitz des würtembergischen Staatsbürgerrechts, sowie durch den Nachweiss einer vom Staate für entsprechend erkannten wissenschaftlichen Vorbildung bedingt“. Art. 4: „Die Kirchenämter, welche nicht von der Staatsregierung selbst abhängen, können nur an solche verliehen werden, welche nicht von der Staatsregierung unter Anführung von Thatsachen als ihr in bürgerlicher oder politischer Beziehung missfällig erklärt werden".

[7] Gesetz vom 9. Oktober 1860. §. 9: „Die Kirchenämter können nur an solche vergeben werden, welche das badische Staatsbürgerrecht besitzen oder erlangen und nicht von der Staatsregierung unter Angabe des Grundes als ihr in bürgerlicher oder politischer Beziehung für missfällig erklärt werden. Die Zulassung zu einem Kirchenamt ist regelmässig durch den Nachweis einer allgemein wissenschaftlichen Vorbildung bedingt“.

[8] Gemeinsames Edikt der Regierungen der oberrheinischen Kirchenprovinz vom 30. Januar 1830 §. 3: (Permaneder S. 1090): „Jeder Staat übt die ihm zustehenden unveräusserlichen Majestätsrechte des Schutzes und der Oberaufsicht über die Kirche in ihrem vollen Umfange aus“. Damit ist also auch ein präventives Vorgehen gestattet, um so mehr, als zur Zeit des Erlasses der Verordnung dies die regelmässige Staatspraxis war. Für Baden halte ich diesen Paragraph durch das angeführte Gesetz §. 7, insoweit er ein präventives Eingreifen gestattet, für aufgehoben.

Kirchengewalt nur in sofern beseitigt, als die neuere Gesetzgebung dies ausdrücklich anordnet.

Aus dem letzteren Gesichtspunkt lässt sich das gleiche Resultat auch für das Grossherzogthum Hessen herleiten[1]. Aehnlich steht die Sache im Herzogthum Braunschweig, wo das staatliche Aufsichtsrecht in umfassendem Masse anerkannt ist[2].

Ebenso verhält es sich in den Staaten, welche die katholische Kirche nur mit bestimmten, von ihnen gesetzlich festgestellten Verfassungseinrichtungen anerkannt haben. Hier dürfen selbstverständlich nur die staatlich approbirten Behörden die Jurisdiktion ausüben und da das Erscheinen, resp. Eingreifen eines Nuntius die allein anerkannte Organisation alteriren würde, so kann letzterer ohne die Genehmigung der betreffenden Regierungen seine Vollmachten nicht ausüben. Es gehört hierher das Königreich Sachsen[3], das Grossherzogthum Oldenburg[4] und das Fürstenthum Lippe-Detmold[5].

Eine ausdrückliche gesetzliche Bestimmung endlich, welche die Zulassung eines jeglichen päpstlichen Abgesandten ohne Genehmigung verhindert, besteht im Grossherzogthum Sachsen-Weimar[6].

1 Auch hier ist die in der vorigen Note angeführte gesetzliche Bestimmung massgebend. Die viel berufene, im J. 1866 beseitigte Darmstädter Konvention (s. darüber Dove, Zeitschrift für K. R. 8, 346) hat darin nichts geändert.

2 Verfassung vom 12. Oktober 1832. (Moy, Arch. 13, 257) §. 212: „Alle Kirchen stehen unter der auf der höchsten Staatsgewalt beruhenden Oberaufsicht der Landesregierung. Die Anordnung der rein geistlichen Angelegenheiten bleibt unter dieser Oberaufsicht der in der Verfassung jeder dieser Kirchen begründeten Kirchengewalt überlassen. Im Zweifel entscheidet darüber, ob eine Sache rein geistlich sei, die Landesregierung". §. 215: „Die Landesregierung wird darüber halten, dass diejenigen, welchen nach der Verfassung der anderen christlichen Kirchen die Kirchengewalt zusteht, solche weder missbrauchen noch überschreiten. Allgemeine Anordnungen, welche vermöge der Kirchengewalt getroffen, und Verfügungen, welche von auswärtigen geistlichen Oberen erlassen sind, dürfen, welcher Art sie auch sein mögen, ohne vorgängige Genehmigung der Landesregierung weder bekannt gemacht noch vollzogen werden". Die Ernennung eines Nuntius fällt entschieden unter die letztgedachte Kategorie von Verfügungen.

3 Mandat vom 19. Februar 1827 (Permaneder S. 1070) §. 1: „Das apostolische Vikariat allhier ist die oberste geistliche Behörde für die römisch-katholischen Glaubensgenossen in den vier Kreisen und hat nebst dem ihm untergeordneten katholischen Konsistorium, die geistlichen Angelegenheiten und die geistliche Gerichtsbarkeit in Beziehung auf sie ebenso zu verwalten, wie solches von dem evangelischen Kirchenrathe, respektive in Subordination von den evangelischen wirklichen Geheimräthen und den unter denselben stehenden Konsistorien hinsichtlich der Evangelischen geschieht". Uebrigens ordnet ferner §. 14 eine höchste Appellationsinstanz im Lande selbst an und nach §. 27 haben alle katholischen Geistlichen bei ihrer Anstellung im Lande den Unterthaneneid zu leisten, welchen auch (§. 2) der jedesmalige apostolische Vikar nach Vorlegung des päpstlichen Delegationsschreibens zu schwören hat.

4 Verordnung zur Regulirung der Diöcesan-Angelegenheiten vom 5. April 1831. §. 3: „In Folge dessen haben alle unsere katholischen Unterthanen, geistlichen und weltlichen Standes in den nach dieser Konvention vor die geistliche Behörde gehörigen Sachen an das nach §§. 6 sq. in der Stadt Vechta in unmittelbarer Stellung unter dem Bischof von Münster zu errichtende Offizialat . . . sich zu wenden und dessen Verfügungen einzuholen". Vertrag zur Regulirung der Diöcesanangelegenheiten etc. vom 5. Januar 1830. §. 2: „Die katholischen Kirchen zu Jever und Oldenburg . . . werden von dem Bischof von Münster verwaltet". (Müller, Lexikon des Kirchenrechts 2. Aufl. 5, 400. 401).

5 Edikt, die gesetzliche Gleichstellung der katholischen Kirche betr. vom 9. März 1854. Art. 1: „Wir gestatten dem Bischofe von Paderborn die Uebung der bischöflichen Diözesanrechte über Unsere sämmtlichen der römisch-katholischen Religion zugethanen Unterthanen". (Beiträge zum preuss. Kirchenrechte 2, 82.)

6 Gesetz vom 7. Oktober 1823 über katholische Kirchen- und Schulangelegenheiten §. 2: „Ohne Vorbewusst und Genehmigung des Staates hat kein kirchlicher Oberer für sich selbst oder durch Abgeordnete oder Stellvertreter, diese mögen Namen haben, wie sie wollen, irgend eine Gewalt, irgend eine Direktion, irgend einen Einfluss in den Kirchensachen des Grossherzogthums".

Zweites Kapitel.

Die weiteren Aemter und Stufen der ordentlichen und regelmässigen Verfassungsform.

§. 74. I. *Die Patriarchen**.

I. Die alten orientalischen Patriarchate. Schon der 6. Kanon des Nicänischen Koncils vom J. 325 erwähnt mehrerer geistlichen Würdenträger in einer den gewöhnlichen Bischöfen übergeordneten Stellung, indem er bestimmt: »Es soll die alte, in Aegypten, Libyen und in der Pentapolis bestehende Gewohnheit ihre Gültigkeit behalten, dass der Bischof von Aegypten über alle diese (Gebiete) die Macht habe, da dies auch für den Bischof von Rom hergebracht ist. In gleicher Weise sollen auch den Kirchen zu Antiochien und in den anderen Eparchien ihre Vorrechte gewahrt bleiben. Das ist aber durchaus klar, dass wenn Jemand ohne die Zustimmung des Metropoliten Bischof geworden ist, die grosse Synode festsetzen soll, das ser nicht Bischof sein darf« [1]. So zweifellos die hier gedachte Ausnahmestellung der genannten Bischöfe ist, so viel Streit herrscht doch über den Charakter derselben. Einzelne wollen darin nur eine Erwähnung der regelmässigen Metropolitangewalt finden [2]. Eine andere Ansicht [3] geht dahin, dass der Bischof von Alexandrien zwar als ein privilegirter Metropolit zu betrachten sei, weil ihm in dem Kanon ausnahmsweise die Metropolitangewalt über mehrere politische Provinzen des Reiches zugesprochen werde, er sich aber hinsichtlich seiner materiellen Gewalt nicht von den gewöhnlichen Metropoliten unterschieden habe. Eine dritte Meinung endlich legt den erwähnten Bischöfen eine höhere Stellung über den einzelnen Metropoliten bei und vindicirt ihnen eine gewisse Regierungsgewalt über mehrere Metropolitansprengel, so dass sich danach die Verfassung in den Stufen der gewöhnlichen Bischöfe, der Metropoliten und der über diesen stehenden höheren Leitungsorgane, der nachmals (s. weiter unten) s. g. Patriarchen aufbauen würde.

* Jo. Morini exercit. ecclesiasticae et biblicae. Paris. 1669. disc. I. de patriarchar. et primatum origine. Paris. 1624; Andreucci, de patriarchis in genere et in specie de patriarchatu Antiocheno (Hierarch. eccles. Tom. II. p. 1 ff.); Andr. Spitz praes., Mans. Schröder, diss. de patriarchat. Bonn. 1784 (unbedeutend); F. Maassen, der Primat des Bischofs von Rom und die alten Patriarchalkirchen. Bonn 1853; Thomassin, vetus et nova discipl. P. I. lib. I. c. 7—16; P. de Marca, de concordia sacerdotii et imperii lib. I. c. 3; Pfeffinger, Vitriarius illustratus. lib. I. tit. 15. n. 12. not. h. (ed. III. 1, 1170 ff.); Devoti, instit. canonicae lib. I. tit. 3. s. 3. §§. 33 ff.; W. C. L. Ziegler, Versuch einer pragmatischen Geschichte der kirchlichen Verfassungsformen in den ersten sechs Jahrhunderten der Kirche. Leipzig 1798. S. 164 ff.; Binterim, Denkwürdigkeiten der christkatholischen Kirche 3, 184 ff.; Phillips 2, 30 ff.; A. Pichler, Geschichte der kirchlichen Trennung zwischen dem Orient und Occident. München 1864. 2, 603 ff.

[1] „Τὰ ἀρχαῖα ἔθη κρατείτω τὰ ἐν Αἰγύπτῳ καὶ Λιβύῃ καὶ Πενταπόλει, ὥστε τὸν Ἀλεξανδρείας ἐπίσκοπον πάντων τούτων ἔχειν τὴν ἐξουσίαν, ἐπειδὴ καὶ τῷ ἐν Ῥώμῃ ἐπισκόπῳ τοῦτο συνηθές ἐστιν· ὁμοίως δὲ καὶ κατὰ Ἀντιόχειαν καὶ ἐν ταῖς ἄλλαις ἐπαρχίαις τὰ πρεσβεῖα σώζεσθαι ταῖς ἐκκλησίαις· καθόλου δὲ πρόδηλον ἐκεῖνο, ὅτι εἴ τις χωρὶς γνώμης τοῦ μητροπολίτου γένοιτο ἐπίσκοπος, τὸν τοιοῦτον ἡ μεγάλη σύνοδος ὥρισε μὴ δεῖν εἶναι ἐπίσκοπον“ (Bruns, canon. apost. I. 1, 15). Bei Gratian in c. 6. Dist. LXV. (nach der theilweise freilich Anklänge an Dionys enthaltenden versio Hispana) und in c. 8. Dist. LXIV. (nach der Uebersetzung des Dionys).

[2] So Salmasius (Saumaise), de primatu papae. Lugd. Batav. 1645. p. 101; Beveridge, Συνόδικον sive pandect. canon. Oxoniae 1672 annot. in can. 6 cit. p. 58; neuerdings Pichler 2, 618.

[3] Die von van Espen, tractat. exhibens scolia in omnes canon. concil. P. II. c. 1. §. 7 (opp. Colon. II. 5, 11).

Diese jetzt recipirte Auffassung[1] kann allein für die richtige erachtet werden. Es unterliegt keinem Zweifel, dass namentlich im Orient sich die kirchlichen Einrichtungen zum Theil an die politische Eintheilung des römischen Reiches angeschlossen haben[2]. Wenn die Kanonen 4 und 5 des Nicänischen Koncils demgemäss das Zusammenfallen der Reichsprovinzen mit den Sprengeln, Provinzen (ἐπαρχίαι) der Metropoliten voraussetzen, so ist es schon an und für sich wahrscheinlich, dass bei dem Vorhandensein einer höheren politischen Einheit über den Provinzen, den Diöcesen, auch die vom Kanon 6 in einer höheren Stellung erwähnten Bischöfe die kirchliche Leitung eines den Diöcesen entsprechenden Distriktes gehabt und ebenso wie die weltlichen Vorsteher derselben über die Provinzialstatthalter, ihrerseits über die Metropoliten die Befugnisse einer vorgeordneten Instanz ausgeübt haben. Alles, was sich über die einzelnen Bischöfe ermitteln lässt, bestätigt diese Annahme auf das Vollkommenste.

Nach dem Koncil sind die Provinzen Aegypten, Libyen und Pentapolis dem Bischof von Alexandrien untergeordnet gewesen. Freilich existirte im J. 325 noch keine besondere Diöcese Aegyptus, vielmehr gehörte dasselbe damals noch zur Diöcese Oriens, allein immerhin scheint Aegypten im Umfange der späteren Diöcese eine gewisse selbstständige Stellung gehabt zu haben, womit ein näherer Zusammenhang der dazu gehörigen Provinzen gegeben war[3]. Wenn zu letzteren auch die nicht im Kanon genannte Thebais in politischer Beziehung gehört hat[4], so darf diese doch gleichfalls in kirchlicher Hinsicht dazu gezählt werden, da es von den Mitgliedern der Synode in der Bezeichnung Aegyptus mit inbegriffen sein konnte[5]. Innerhalb dieses Gebietes lässt sich mit Sicherheit zur Zeit des h. Athanasius, also auch des Nicänischen Koncils, ein Metropolitansitz in Ptolemais in der Pentapolis nachweisen[6], und nicht unwahrscheinlich ist das Vorhandensein eines zweiten in der Thebais[7]. Später, im J. 449, werden zehn zur

[1] Sie ist namentlich vertheidigt von Maassen, a. a. S. 16 ff. und Hefele, Konziliengeschichte 1, 372 ff. S. auch Phillips 2, 37. 44.

[2] Maassen S. 2 ff.

[3] Th. Mommsen, Verzeichniss der römischen Provinzen aufgesetzt um 297 (aus den Abhandlungen der Kön. Akademie der Wissenschaften). Berlin 1863. S. 491 ff. Das Verzeichniss lautet: „Diocensis orientis habet provincias numero XVIII: (1) libia superior, (2) libia inferior, (3) thebais, (4) aegyptus iovia, (5) aegyptus herculia, (6) arabia, (7) item arabia augusta libanensis". . . Ueber die weiteren Veränderungen wird S. 495 bemerkt, dass nach Aufhebung der Immediatverwaltung des praef. praet. Orientis und Uebertragung derselben auf einen neuen, von ihm abhängigen Beamten, dieser „zuerst begegnet unter dem Namen vicarius Orientis (eigentlich wohl vicarius Orientis Aegypti et Mesopotamiae) in den Verordnungen vom J. 325 (l. 10. C. Th. XII. 1 = l. 1. C. J. XI. 49; l. 12. C. Th. XII. 1 = l. 5. C. J. X. 38). Nicht lange nachher muss für diesen Vicarius eine Titel- und Rangerhöhung stattgefunden haben und er erscheint umgewandelt in jenen comes Orientis Aegypti et Mesopotamiae; . . . dieser kommt zuerst vor in jener Inschrift des Placidus (Orelli 3191), der einige Jahre vor seinem Consulate 343 dieses Amt bekleidete und in einer Verordnung vom J. 342 (l. 33. C. Th. XII. 1). Es ist nicht unwahrscheinlich, dass mit dieser Rangerhöhung zugleich Mittelinstanzen in der Art geschaffen wurden, dass die bisher von dem vicarius Orientis direkt ressortirenden Provinzialstatthalter theilweise zunächst an Zwischenbeamte gewiesen wurden. So mag der praefectus Aegypti damals gleichsam Vikarius des Comes für die ägyptischen Provinzen geworden sein". Die Einrichtung der selbstständigen Diöcese Aegypten setzt Mommsen S. 496 in die Zeit zwischen 365 und 386. Maassen S. 38 und Hefele S. 273 irren also, wenn sie die Existenz schon zur Zeit des Nicänums annehmen.

[4] S. das Verzeichniss in Note 3 und Ammian. Marcellin. rer. gest. XXII. 16: „Tres provincias Aegyptus fertur habuisse temporibus priscis Aegyptum ipsam et Thebaidem et Libyam: quibus duas adiecit posteritas, ab Aegypto Augustamnicam et Pentapolim a Libya sicciore".

[5] Maassen, S. 38. 39.

[6] Synesius, Metropolit von Ptolemais († u. 414) erzählt ep. 67. ad Theophil. Alexandr. (Synesii opp. ed. Dionys. Petavius Lutet. 1612. p. 210), dass der h. Athanasius den früher zum Bischof von Paläbiska und Hydrax geweihten Siderius als einen zu höheren Dingen befähigten Mann nach Ptolemais versetzt habe, „τὴν μητροπολῖτιν ἐκκλησίαν ἐπιτροπεύσαντα". Weitere Belegstellen aus Synesius bei Maassen S. 20.

[7] Maassen S. 21. n. 12a; Hefele S. 374.

Diöcese von Alexandrien gehörige Metropoliten erwähnt [1], und so lässt sich unter Berücksichtigung der eben mitgetheilten Umstände annehmen, dass die Anfänge der erwähnten Einrichtung bis vor das Jahr 325 zurückreichen [2].

Was den Umfang der dem Bischof von Alexandrien zustehenden Gerechtsame betrifft, so besass er nicht nur das Recht, die Metropoliten des ihm unterworfenen Distriktes, sondern auch die den letzteren unterstehenden einfachen Bischöfe zu ordiniren [3], worin selbstverständlich auch ein Konfirmationsrecht der letzteren enthalten war. Die sonst dem Metropoliten bei der Bestellung der Bischöfe seines Bezirks zukommenden Rechte waren aber hier andererseits dadurch gewahrt, dass sein Konsens für die Weihe der Bischöfe durch den Patriarchen erforderlich war [4]. Ferner hatte der Patriarch die Befugniss, die Bischöfe seines Sprengels zur Erledigung wichtiger Angelegenheiten zusammenzurufen und die oberste Strafjurisdiktion gegen die untergebenen Bischöfe mit den Synoden auszuüben [5].

Eine ähnliche Stellung, wie dem Bischof von Alexandrien, vindicirt das Koncil von Nicäa dem von Antiochien. Dass das Gebiet desselben etwa den Umfang der späteren Diöcese Oriens umfasste [6], kann kaum zweifelhaft sein [7]. Ebenso sicher bezeugt ist das Vorhandensein von Metropoliten in diesem Sprengel, denn Hieronymus erklärt unter Berufung auf das erwähnte Koncil den Bischof von Cäsarea für den Metropoliten von Palästina, den von Antiochien aber für den des ganzen Orients [8]. Die Oberhoheit des Patriarchen von Antiochien, welche auch das Koncil von Konstantinopel vom J. 381 ausdrücklich anerkennt, wird von Innocenz I. gleichfalls auf den Nicänischen Kanon zurückgeführt und ihm das Ordinationsrecht der Metropoliten sowie ein Zustimmungsrecht zu der Einsetzung der übrigen Bischöfe in der Diöcese zugesprochen [9].

[1] Epistola Theodosii II. imperat. ad Dioscor. Alexandr. vom 30. März 449 (Mansi 6, 589): „καὶ ἡ σὴ τοιγαροῦν ὁσιότης προσλαβοῦσα σὺν αὐτῇ δέκα μὲν εὐλαβεστάτους ἐπισκόπους τῶν ὑπο τὴν αὐτὴν διοίκησιν μητροπολίτας“.

[2] Die kirchliche Eintheilung ist also hier dem Abschluss der politischen vorausgeeilt.

[3] Nach der gewöhnlichen Regel mussten die letzteren freilich von ihren speziellen Metropoliten ordinirt werden. Beispiele für diese weitreichende Macht des Bischofs von Alexandrien bei Socrat. hist. eccles. II. 24 (ed. R. Hussey. Oxonii 1853. 1, 262): „Ἀθανάσιος δὲ διὰ τοῦ Πηλουσίου ἐπὶ τὴν Ἀλεξανδρείαν ἐπορεύετο· κατὰ πόλεις δὲ παριὼν ἐδίδασκε . . . Ἔν τισι δὲ τῶν ἐκκλησίων καὶ χειροτονίας ἐποίει“. Weitere Beispiele bei Chr. Lupus, disc. de Meletii et Arii person. c. 3., opp. Venet. 1724. 1, 13. Vgl. auch Maassen S. 24 und oben S. 102. n. 3.

[4] Das hat das Koncil von Nikäa in dem citirten Kanon anerkannt. Konform damit ist das Benehmen des Synesius, ep. 76 ad Theophil. (ed. cit. p. 223) bittet er den Patriarchen, die Wahl des Bischofs von Olbia zu bestätigen und dem Gewählten die Weihe zu ertheilen, bemerkt aber, dass er auch seinerseits (als Metropolit) seine Zustimmung gegeben habe: „φέρω κἀγὼ τὴν ἐμαυτοῦ ψῆφον ἐπὶ τὸν ἄνδρα καὶ γένοιτ᾽ ἄν μοι βουλομένῳ κοινωνὸν αὐτὸν εἰς τὴν ὁμότιμον ἱερωσύνην προσδέξασθαι. Ἑνὸς οὖν ἔτι δεῖ τοῦ κυριωτάτου μέντοι τῆς ἱερᾶς σου χειρός“.

[5] Im J. 320 od. 321 berief Alexander von Alexandrien eine grosse Versammlung der Bischöfe Aegyptens und Lybiens, auf welcher Arius und seine Anhänger mit dem Anathem belegt wurden. Socrat. hist. eccles. I. 6.; Hefele a. a. O. S. 235.

[6] Das S. 539. n. 3. erwähnte Verzeichniss zählt ausser den zu Aegypten im weiteren Sinn gehörigen, also als bei der späteren Trennung der nachmaligen Diöcese Oriens zugewiesene Provinzen auf: „6) arabia, 7) item arabia augusta libanensis (8) palastina (9) fenicen, (10) syriae cohele, (11) augusta eupatenses, (12) cilicia, (13) isauria, (14) tupus, (15) mesopotamia, (16) osroaena.“

[7] Maassen S. 41; Hefele S. 376. S. auch c. 2. Constantinop. I. a. 381.

[8] Ep. 28 ad Pammach. adv. errores Ioann. Hiersolymit. (ed. Bened. 4, 330): „Tu qui regulas quaeris ecclesiasticas et Nicaeni concilii canonibus uteris et alienos clericos et cum suis episcopis commorantes tibi niteris usurpare, responde mihi, ad Alexandrinum episcopum Palaestina quid pertinet? Ni fallor hoc ibi decernitur ut Palaestinae metropolis Caesarea sit et totius Orientis Antiochia. Aut igitur ad Caesariensem episcopum referre debueras cui spreta communione tua, communicare nos noveras, aut si procul expetendum iudicium erat, Antiochiam potius literae dirigendae. Sed novi cur Caesaream, cur Antiochiam nolueras mittere . . . Maluisti occupatis auribus molestiam facere, quam debitum metropolitano tuo honorem reddere“. Vgl. dazu Maassen S. 44. n. 6.

[9] Epist. ad Alexandr. Antioch. (u. 415, Coustant. 850): „Revolventes itaque auctoritatem

Die schon im Nicänum bezeugte höhere Stellung der beiden Patriarchen hat das Koncil von Konstantinopel vom J. 381 gleichfalls anerkannt, indem es diesen zugleich die Uebergriffe in fremde Bezirke verbot [1].

Einen ähnlichen Vorrang, wie die erwähnten Oberhirten, welche diesen theils der Zurückführung ihrer Kirchen auf die apostolische Stiftung, theils aber auch der politischen Bedeutung ihrer Residenzen zu verdanken hatten [2], erlangten seit dem Ende des vierten Jahrhunderts die Bischöfe von Konstantinopel [3] und Jerusalem.

Die erstere Stadt stand ursprünglich in kirchlicher Beziehung unter dem den Bischöfen Thraciens vorgesetzten Metropoliten von Heraklea [4], und wenn gleich der dortige Bischof für seine Kirche nicht die Ehre der apostolischen Gründung in Anspruch nehmen konnte, so wurde ihm doch in Folge der politischen Bedeutung, welche seine Residenz als die zweite Hauptstadt des römischen Weltreiches erhielt, schon auf dem Koncil von Konstantinopel vom J. 381 der Vorrang vor allen übrigen Bischöfen des Reiches mit Ausnahme des römischen beigelegt [5]. Dass damit eine blosse Ehrenstellung

Nicaenae synodi, quae una omnium per orbem terrarum explicat mentem sacerdotum, quae censuit de Antiochena ecclesia cunctis fidelibus, ne dixerim sacerdotibus, esse necessarium custodire, qua super dioecesim suam praedictam ecclesiam, non super aliquam provinciam recognoscimus constitutam . . . Itaque arbitramur, frater carissime, ut sicut metropolitanos auctoritate ordinas singulari, sic et ceteros non sine permissu conscientiaque tua sinas episcopos procreari. In quibus hunc modum recte servabis, ut longe positos litteris datis ordinari censeas ab his qui nunc eos suo tantum ordinant arbitratu, vicinos autem, si aestimas, ad manus impositionem tuae gratiae statuas pervenire". In Betreff des Streites wegen des Ordinationsrechtes des Patriarchen auf der Insel Cypern, der durch die Synode von Ephesus vom J. 431 zu Ungunsten desselben entschieden wurde, s. Hefele a. a. O. 2, 191; Maassen S. 50. u. unten §. 75. I. — Jedenfalls waren die Machtbefugnisse des Patriarchen von Antiochien in sofern geringer wie die des Alexandrinischen, als ersterer nicht sämmtliche den Metropoliten seines Sprengels unterworfene Bischöfe zu ordiniren berechtigt war.

1 c. 2: „Τοὺς ὑπὲρ διοίκησιν ἐπισκόπους ταῖς ὑπερορίοις ἐκκλησίαις μὴ ἐπιέναι μηδὲ συγχέειν τὰς ἐκκλησίας· ἀλλὰ κατὰ τοὺς κανόνας τὸν μὲν Ἀλεξανδρείας ἐπίςκοπον τὰ ἐν Αἰγύπτῳ μόνον οἰκονομεῖν, τοὺς δὲ τῆς ἀνατολῆς ἐπισκόπους τὴν ἀνατολὴν μόνον διοικεῖν, φυλαττομένων τῶν ἐν τοῖς κανόσι τοῖς κατὰ Νικαίαν πρεσβείων τῇ Ἀντιοχέων ἐκκλησίᾳ καὶ τοὺς τῆς Ἀσιανῆς διοικήσεως ἐπισκόπους τὰ κατὰ τὴν Ἀσίαν μόνον οἰκονομεῖν, καὶ τοὺς τῆς Ποντικῆς τὰ τῆς Ποντικῆς μόνον καὶ τοὺς τῆς Θρᾳκικῆς τὰ τῆς Θρᾳκικῆς μόνον οἰκονομεῖν. Ἀκλήτους δὲ ἐπισκόπους ὑπερ διοίκησιν μὴ ἐπιβαίνειν ἐπὶ χειροτονίας ἤ τισιν ἄλλαις οἰκονομίαις ἐκκλησιαστικαῖς. Φυλαττομένου δὲ τοῦ προγεγραμμένου περὶ τῶν διοικήσεων κανόνος εὔδηλον ὡς τὰ καθ᾽ ἑκάστην ἐπαρχίαν ἡ τῆς ἐπαρχίας σύνοδος διοικήσει κατὰ τὰ ἐν Νικαίᾳ ὡρισμένα. Τὰς δὲ ἐν τοῖς βαρβαρικοῖς ἔθνεσι τοῦ θεοῦ ἐκκλησίας οἰκονομεῖσθαι χρῆ κατὰ τὴν κρατήσασαν συνήθειαν παρὰ τῶν πατέρων".

2 Petrus soll der Sage nach sieben Jahre der Gemeinde in Antiochien als Bischof vorgestanden haben und die Gemeinde in Alexandrien durch den Freund und Begleiter des Petrus, den Evangelisten Markus, auf Geheiss desselben gestiftet worden sein, Corterius, de itinere Romano S. Petri lib. I. opp. Patavii 1774. 1, 228; Binterim a. a. O. S. 211. 218; Herzog, Encyklopädie 1, 380. 9, 45. Bei dem sagenhaften Charakter dieser Erzählungen ist es ungerechtfertigt, den Vorrang der Patriarchen lediglich auf die Anordnungen des Apostel Petrus zurückzuführen (so Binterim S. 186. 187); Stellen wie epist. Innoc. I. cit. (s. S. 540. n. 9): „unde advertimus, non tam pro civitatis magnificentia hoc eidem (eccles. Antioch.) attributum quam quod prima apostolica sedes esse monstratur", und Gregor I. epist. VI. 60 (ed. Bened. 2, 836): „Est tamen aliquid quod nos erga Alexandrinam ecclesiam quadam peculiaritate constringit . . . Nam sicut omnibus liquet quod beatus evangelista Marcus a. s. Petro apostolo magistro suo Alexandriam sit transmissus, sic huius nos magistri et discipuli unitate constringimur, ut et ego sedi discipuli praesidere videar propter magistrum et vos sedi magistri propter discipulum", beweisen blos die Auffassung ihrer Urheber und die kirchliche Tradition.

3 P. de Marca, de Constantinopolitani patriarchatus institutione diss. (dissert. post. Paris. 1664. p. 119 und tom. 4, 163 der Bamberger Ausgabe der concordia imperii et sacerdoti von 1788).

4 Maassen S. 60.

5 c. 3: „Τὸν μέντοι Κωνσταντινουπόλεως ἐπίσκοπον ἔχειν τὰ πρεσβεῖα τῆς τιμῆς μετὰ τὸν τῆς Ῥώμης ἐπίσκοπον διὰ τὸ εἶναι αὐτὴν νέαν Ῥώμην" (bei Gratian c. 3. Dist. XXII). Die Behauptung, dass dieser Kanon unecht sei (so Baronius, annal. a. 381. n. 35. 36; Phillips 2, 48), entbehrt jedes haltbaren Grundes. Mit Recht bemerken dagegen die correctores Romani zum Dekretum Gratians l. c.: „Canon his ex iis est quos apostolica sedes a principio et longo post tempore non recepit" Ueber die Gründe, weshalb gegen die Bestimmung des Koncils von Chalcedon (s. nachher) hinsichtlich der Stellung des Bischofs von Konstantinopel seitens Leos I., nicht aber gegen diesen Kanon seitens des Papstes Damasus protestirt wurde, vgl. Ziegler, a. a. O. S. 180 ff.

hätte gemeint sein sollen, und also der Bischof von Konstantinopel als einfacher Bischof, sowohl vor den Patriarchen von Alexandrien und Antiochien als auch seinem eigenen Metropoliten den Vortritt gehabt, ist an und für sich kaum anzunehmen [1], vielmehr erscheint es mit Rücksicht auf andere Zeugnisse nicht unwahrscheinlich, dass der ihm zugebilligten Ehre auch eine gewisse obere Leitungsgewalt entsprochen habe [2]. Das ergeben auch die überlieferten Thatsachen. Im J. 394 präsidirte Nektarius von Konstantinopel einer dortigen Synode, auf welcher die Patriarchen von Alexandrien und Antiochien anwesend waren [3], und ebenso Sisinnius von Konstantinopel im J. 426 einem durch den Patriarchen von Antiochien besuchten Koncil [4]. Das hohe Ansehen, in welchem der Bischof der Residenz stand und seine wegen der Nähe des Hofes in politischer Hinsicht einflussreiche Stellung gab ihm Gelegenheit, auch in die kirchlichen Verhältnisse fremder Sprengel einzugreifen, ja er wurde sogar in wichtigen Fällen zu den Synoden dieser letzteren eingeladen und führte dann auf diesen den Vorsitz [5]. Unter einem Kirchenfürsten wie dem im J. 397 auf den Bischofsstuhl beförderten Johannes Chrysostomus wurde der Einfluss der Kirche zu Konstantinopel noch mehr befestigt und erweitert [6]. So konnte daher einer seiner Nachfolger den günstigen Umstand, dass zur Zeit der Synode von Chalcedon im J. 451 gerade die wichtigsten übrigen Bischofssitze theils vakant, theils mit seinen Anhängern besetzt waren [7], benutzen, und durch dieselbe den bisher faktisch geübten Befugnissen die rechtliche Sanktion ertheilen lassen. Der Kanon 28 des gedachten Koncils bestätigt dem Bischof von Konstantinopel nicht

Leo I. behauptet allerdings in Bezug auf die hier in Rede stehende Synode (ep. 106 opp. ed. Ballerin.): „Persuasioni enim tuae in nullo penitus suffragatur quorumdam episcoporum ante 60, ut iactas, annos, facta conscriptio numquamque a praedecessoribus tuis ad apostolicae sedis transmissa notitiam...“ Dem widerspricht aber das an Papst Damasus gesandte Synodalschreiben (bei Theodoret. hist. eccles. V. 9. (ed. Gaisford. Oxonii. 1854. p. 408). Dass damit blos die Glaubensdekrete, nicht die übrigen Kanonen überschickt worden sind (so Hefele 2, 29), ergiebt das Schreiben nicht. Immerhin ist es kaum denkbar, dass man in Rom bis zum J. 451 keine Kenntniss von den Beschlüssen der Synode erlangt haben sollte.

1 So meint freilich de Marca l. c. 4, 176.

2 So erzählt Theodoret ep. 86 ad Flavian. (opp. ed. Sirmond-Schulze. Hal. 1769. 4, 1157) von der in Rede stehenden Synode: „Ἐν ἐκείνῃ γὰρ βασιλευούσῃ πόλει συνελθόντες οἱ μακάριοι πατέρες συμφώνως τοῖς ἐν Νικαίᾳ συναθροισθεῖσι τὰς διοικήσεις διέκριναν“ und Socrat. hist. eccles. V. 8 giebt das noch genauer dahin an: „καὶ πατριάρχας κατέστησαν διανειμάμενοι τὰς ἐπαρχίας, ὥστε τοὺς ὑπὲρ διοίκησιν ἐπισκόπους ταῖς ὑπερορίοις ἐκκλησίαις μὴ ἐπιβαίνειν· τοῦτο γὰρ πρότερον διὰ τοὺς διωγμοὺς ἐγένετο ἀδιαφόρως. Καὶ κληροῦται Νεκτάριος (von Konstantinopel) μὲν τὴν μεγαλόπολιν καὶ τὴν Θρᾴκην· τῆς δὲ Ποντικῆς διοικήσεως Ἑλλάδιος ὁ μετὰ Βασίλειον Καισαρείας τῆς Καππαδοκῶν ἐπίσκοπος, Γρηγόριος ὁ Νύσσης ὁ Βασιλείου ἀδελφὸς, Καππαδοκίας δὲ καὶ ἥδε πόλις, καὶ Ὀτρήϊος ὁ τῆς ἐν Ἀρμενίᾳ Μελιτηνῆς τὴν πατριαρχίαν ἐκληρώσατο. Τὴν Ἀσιανὴν δὲ λαγχάνουσιν Ἀμφιλόχιος ὁ Ἰκονίου καὶ Ὄπτιμος ὁ Ἀντιοχείας τῆς Πισιδίας. Τὰ δὲ κατὰ τὴν Αἴγυπτον Τιμοθέῳ τῷ Ἀλεξανδρείας προσενεμήθη. Τῶν δὲ κατὰ τὴν ἀνατολὴν ἐκκλησιῶν τὴν διοίκησιν τοῖς αὐτῆς ἐπισκόποις ἐπέτρεψαν, Πελαγίῳ τε τῷ Λαοδικείας καὶ Διοδώρῳ τῷ Ταρσοῦ, φυλάξαντες τὰ πρεσβεῖα τῇ Ἀντιοχέων ἐκκλησιᾳ, ἅπερ τότε παρόντι Μελιτίῳ ἔδοσαν“. Ueber die Unrichtigkeiten, welche hier mit untergelaufen sind, s. Hefele 2, 28. Veranlasst sind diese wohl durch die Aufzählung der Bischöfe in der kaiserlichen Konstitution von 381 s. l. 3. C. Th. XVI. 1. Schon auf der Synode hat zuletzt Nektarius von Konstantinopel das Präsidium geführt. Hefele 2, 5.

3 Mansi 3, 851; Hefele 2, 61. 513.

4 Mansi 4, 542.

5 S. darüber Hefele a. a. O. S. 514. Einen grossen Einfluss gewann er dadurch, dass er Präsident der sog. σύνοδος ἐνδημοῦσα war, d. h. der Synode, welche aus den gerade zufällig in Rom anwesenden Bischöfen gebildet wurde und an welche der Kaiser öfters die zu seiner Entscheidung gebrachten kirchlichen Streitigkeiten verwies. S. conc. Chalced. actio I. (Mansi 6, 652) u. actio IV (l. c. 7, 92); de Marca l. c. 4, 183 ff.; Hefele 2, 495. 514 und 1, 4; Pichler 2, 630.

6 Theodoret. hist. eccles. V. 28: „Καὶ ταύτην ἐποιεῖτο τὴν προμήθειαν οὐ μόνης ἐκείνης τῆς πόλεως (Konstantinopel), ἀλλὰ καὶ τῆς Θρᾴκης ἁπάσης (εἰς ἓξ δὲ αὕτη ἡγεμονίας διῄρηται) καὶ τῆς Ἀσίας ὅλης, ὑπὸ ἕνδεκα δὲ καὶ αὕτη ἀρχόντων ἰθύνεται. Καὶ μέντοι καὶ τὴν Ποντικὴν τούτοις κατεκόσμει τοῖς νόμοις· ἰσαρίθμους δὲ καὶ αὕτη ἔχει τῆς Ἀσίας τοὺς ἡγουμένους“. Vgl. auch Thomassin l. c. c. 10. n. 3 ff.; Ziegler S. 185 ff.

7 Hefele 2, 515. 516.

nur den ihm schon im J. 381 zuerkannten Ehrenvorrang, sondern gewährt ihm auch das Ordinationsrecht der Metropoliten in den Diöcesen Thracien, Pontus und Asia (proconsularis), sowie der einfachen Bischöfe in den von den Barbaren besetzten Theilen dieser Sprengel[1]. Ebenso wurde ihm durch dieselbe Synode eine konkurrirende Jurisdiktion mit den Exarchen oder Obermetropoliten (s. §. 75) über die Metropoliten beigelegt[2]. Indessen stiessen schon die Bestimmungen des Kanon 28 bei den auf dem Koncil anwesenden päpstlichen Legaten auf Opposition[3] und Papst Leo I. verweigerte gleichfalls unter Berufung auf das Nicänische Koncil die Anerkennung der dem Bischof von Konstantinopel beigelegten Rechte[4]. Nichts destoweniger hielt der damalige Patriarch Anatolius, wenngleich er die Nothwendigkeit einer Zustimmung des Papstes für den gedachten Beschluss anerkannte[5], ebenso wie sein Nachfolger faktisch an den ihnen gewährten Befugnissen fest[6]. Auch die Absetzung des Acacius im J. 484 unter

1 „Πανταχοῦ τοῖς τῶν ἁγίων πατέρων ὅροις ἑπόμενοι καὶ τὸν ἀρτίως ἀναγνωσθέντα κανόνα τῶν ἑκατὸν πεντήκοντα θεοφιλεστάτων ἐπισκόπων γνωρίζοντες· τὰ αὐτὰ καὶ ἡμεῖς ὁρίζομεν καὶ ψηφιζόμεθα περὶ τῶν πρεσβείων τῆς ἁγιωτάτης ἐκκλησίας Κωνσταντινουπόλεως νέας Ῥώμης. Καὶ γὰρ τῷ θρόνῳ τῆς πρεσβυτέρας Ῥώμης διὰ τὸ βασιλεύειν τὴν πόλιν ἐκείνην, οἱ πατέρες εἰκότως ἀποδεδώκασι τὰ πρεσβεῖα καὶ τῷ αὐτῷ σκοπῷ κρινούμενοι οἱ ἑκατὸν πεντήκοντα θεοφιλέστατοι ἐπίσκοποι τὰ ἴσα πρεσβεῖα ἀπένειμαν τῳ τῆς νέας Ῥώμης ἁγιωτάτῳ θρόνῳ εὐλόγως κρίναντες, τὴν βασιλείᾳ καὶ συγκλήτῳ τιμηθεῖσαν πόλιν καὶ τῶν ἴσων ἀπολαύουσαν πρεσβείων τῇ πρεσβυτέρᾳ βασιλίδι Ῥώμῃ καὶ ἐν τοῖς ἐκκλησιαστικοῖς, ὡς ἐκείνην, μεγαλύνεσθαι πράγμασι, δευτέραν μετ᾽ ἐκείνην ὑπάρχουσαν· καὶ ὥστε τοὺς τῆς Ποντικῆς καὶ τῆς Ἀσιανῆς καὶ τῆς Θρακικῆς διοικήσεως μητροπολίτους μόνους, ἔτι δὲ καὶ τοὺς ἐν τοῖς βαρβαρικοῖς ἐπισκόπους τῶν προειρημένων διοικήσεων χειροτονεῖσθαι ἀπὸ τοῦ προειρημένου ἁγιωτάτου θρόνου τῆς κατὰ Κωνσταντινούπολιν ἁγιωτάτης ἐκκλησίας, δηλαδὴ ἑκάστου μητροπολίτου τῶν προειρημένων διοικήσεων μετὰ τῶν τῆς ἐπαρχίας ἐπισκόπων χειροτονοῦντος τοὺς τῆς ἐπαρχίας ἐπισκόπους, καθὼς τοῖς θείοις κανόσι διηγόρευται· χειροτονεῖσθαι δὲ, καθὼς εἴρηται, τοὺς μητροπολίτας τῶν προειρημένων διοικήσεων παρὰ τοῦ Κωνσταντινουπόλεως ἀρχιεπισκόπου, ψηφισμάτων συμφώνων κατὰ τὸ ἔθος γενομένων καὶ ἐπ᾽ αὐτὸν ἀναφερομένων".

2 c. 9. . . „εἰ δὲ πρὸς τὸν τῆς αὐτῆς ἐπαρχίας μητροπολίτην ἐπίσκοπος ἢ κληρικὸς ἀμφισβητοίη, καταλαμβανέτω ἢ τὸν ἔξαρχον τῆς διοικήσεως ἢ τὸν τῆς βασιλευούσης Κωνσταντινουπόλεως θρόνον καὶ ἐπ᾽ αὐτῷ δικαζέσθω"; (c. 46. C. I. qu. 1); c. 17: „Τὰς καθ᾽ ἑκάστην ἐκκλησίαν ἀγροικικὰς παροικίας ἢ ἐγχωρίους μένειν ἀπαρασαλεύτους παρὰ τοῖς κατέχουσιν αὐτὰς ἐπισκόποις καὶ μάλιστα εἰ τριάκοντα ετῆ χρόνον ταύτας ἀβιάστως διακατέχοντες ᾠκονόμησαν. Εἰ δὲ ἐντὸς τῶν τριάκοντα ἐτῶν γεγένηταί τις ἢ γενηται περὶ αὐτῶν ἀμφισβήτησις, ἐξεῖναι τοῖς λέγουσιν ἠδικῆσθαι, περὶ τούτων κινεῖν παρὰ τῇ συνόδῳ τῆς ἐπαρχίας. Εἰ δέ τις παρὰ τοῦ ἰδίου ἀδικοῖτο μητροπολίτου παρὰ τῷ ἐπάρχῳ τῆς διοικήσεως ἢ τῷ Κωρσταντινουπόλεως θρόνῳ δικαζέσθω, καθὰ προείρηται". . . . Die Veranlassung zu dieser konkurrirenden Jurisdiktion hat wahrscheinlich die Stellung des Bischofs von Konstantinopel auf der σύνοδος ἐνδημοῦσα (s. oben S. 542. n. 5) gegeben.

3 Conc. Chalcedon. act. XVI. (Mansi 7, 425 ff., 451), de Marca l. c. 4, 204 ff.; Hefele a. a. S. 520 ff. Allerdings war diese erfolglos.

4 S. epist. ad Marcianum imper., ad Pulcheriam august., ad Anatolium und ad Julianum sämmtlich von 452 (Opp. Leon. ed. Baller. ep. 104 bis 107. 1, 1143 ff.). In dem zweiten (l. c. p. 1157) erklärt der Papst: „Consensiones vero episcoporum sanctorum canonum apud Nicaeam conditorum regulis repugnantes (d. h. can. 28) unita nobiscum vestrae fidei pietate in irritum mittimus et per auctoritatem b. Petri apostoli generali prorsus definitione cassamus". Hieraus erklärt es sich, dass der betreffende Kanon der Synode in die lateinischen Kollektionen des Abendlandes, die Priska, die Dionysiana und die Isidoriana nicht übergegangen ist. Auch in einzelnen arabischen und griechischen Kanonensammlungen findet er sich nicht. Ballerinii, opp. Leonis. 3, 238. 548; Hefele 2, 517.

5 Ep. Anatolii Constant. ad Leon. I. v. J. 454 (Mansi 6, 278): „De his autem quae Constantinopolitanae gratia sedis sancita sunt . . . pro certo beatitudo vestra hoc habeas nullam esse culpam in me . . . sed Constantinopolitanae ecclesiae reverentissimus clerus est qui hoc habuit studium et istarum partium religiosissimi sacerdotes qui in hoc fuere concordes et sibi pariter adiutores. Cum et sic gestorum vis omnis et confirmatio auctoritati vestrae beatitudinis fuerit reservata". Schon wenige Jahre nachher aber, etwa um 477 erklärte er in einem Schreiben an Kaiser Leo (Mansi 7, 538): „De Chalcedonensi vero sancto et universali concilio hoc aperte pronuntio, quia tentare omnino retractare aliquid eorum quae ab eo definita sunt, hominum est insidentium solummodo catholicae ecclesiarum Christi concordiae"; und Kaiser Leo selbst zählt die Bischöfe, welche Timotheus von Alexandrien in den Bann gethan hat, in der folgenden Ordnung auf (ibid. p. 529): et anathematizet summos archiepiscopos i. e. Romanum Leonem et Constantinopolitanum Anatolium et Basilium Antiochenum", legt also dem Bischof von Konstantinopel auch seinerseits den ihm durch das Koncil von Chalcedon zuerkannten Rang bei.

6 Ziegler S. 209 ff. Hefele S. 544.

Felix III.[1] und der energische Protest des Papstes Gelasius I.[2] änderte darin nichts, im Gegentheil richteten die Patriarchen von Konstantinopel ihre Bestrebungen jetzt sogar dahin, auch die Bischöfe von Alexandrien, Antiochien und Jerusalem immer mehr von sich abhängig zu machen[3], und erlangten seitens der Kaiser, namentlich seitens Justinians, eine ausdrückliche Anerkennung ihrer hohen Stellung durch die weltliche Gesetzgebung[4].

Was endlich den Sitz zu Jerusalem betrifft, so hatte dieser durch die Zerstörung der Stadt im J. 70 unter Titus seine hohe Bedeutung eingebüsst und der Bischof der auf ihren Trümmern unter Hadrian neu gegründeten Aelia (capitolina) war zunächst dem Bischof von Cäsarea, als seinem Metropoliten, untergeordnet[5]. Immerhin war derselbe aber der geistliche Hirt der heiligen Stadt κατ' ἐξοχήν. Dieser Umstand liess ihn bald wieder eine höhere Bedeutung erlangen, und schon Ende des zweiten Jahrhunderts präsidirte er neben seinem Metropoliten auf den Synoden der Provinz Palästina[6]. Seiner eigenthümlichen Stellung hat das Koncil von Nicäa im J. 325 gleichfalls Rechnung getragen, indem es verordnete: »Da es einmal Gewohnheit und alte Ueberlieferung ist, dass der Bischof von Aelia geehrt werde, so soll er auch die Nachfolge der Ehre haben, während der Metropole die ihr zustehende Würde gewahrt bleiben soll«[7]. Wenngleich diese Bestimmung nicht gerade klar ist, so kann damit doch nur gemeint sein, dass der Bischof von Jerusalem nach denen von Rom, Alexandrien und Antiochien den Ehren-Vortritt haben, der Metropolit (von Cäsarea) aber in Betreff seiner sonstigen Metropolitanrechte nicht beschränkt werden sollte[8].

[1] Ein Grund dafür war auch, s. Epist. Felic. III ad Acac. (Mansi 7, 1055; Thiel, ep. Roman pont. p. 243.): „Multarum transgressionum reperiris obnoxius et in venerabilis concilii Nicaeni contumelia saepe versatus alienarum tibi provinciarum iura temerarie vindicasti".

[2] Ep. ad episc. Dardaniae a. 495. c. 10 (Thiel p. 418): „Risimus autem quod praerogativam volunt Acacio comparari, quia episcopus fuerit regiae civitatis. Numquid apud Mediolanum, apud Ravennam, apud Sirmium, apud Treviros multis temporibus non constitit imperator? Numquid nam harum urbium sacerdotes ultra mensuram sibimet antiquitus deputatam quidpiam suis dignitatibus usurparunt"?; ad Faust. mag. a 493 (l. c. p. 345; c. 5. Dist. XXII): „Ceterum isti qui sacri, qui ecclesiastici, qui legitimi celebrantur, non solum sedem apostolicam ad iudicium vocare non possunt *** et Constantinopolitanae civitatis episcopus quae utique per canones inter sedes nullum nomen accepit, in communionem recidens perfidorum, non debuit submoveri"?

[3] Hefele S. 544.

[4] L. 16. (Zeno a. 477) C. J. de sacr. eccles. I. 2; Nov. 131. a. 545. c. 1: „Sancimus igitur ut vim legum obtineant sacri ecclesiastici canones qui in sanctis quatuor synodis expositi vel confirmati sunt, hoc est in Nicaena CCCXVIII et Constantinopolitana CL sanctorum patrum et Ephesina prima in qua Nestorius condemnatus est et Chalcedonensis in qua Eutyches cum Nestorio anathemate percussus est. Praedictarum enim sacrarum synodorum et dogmata ut sacras scripturas suscipimus et canones tanquam leges observamus". c. 2: „Ac propterea sancimus ut secundum earum definitiones sanctissimus veteris Romae papa primus omnium sacerdotum sit, beatissimus vero archiepiscopus Constantinopolitanus novae Romae post sanctissimam apostolicam sedem veteris Romae secundum locum habeat, reliquis vero omnibus praeferatur".

[5] S. oben S. 540 und Hefele 1, 387. 388.

[6] Hefele S. 388.

[7] c. 7: „Ἐπειδὴ συνήθεια κεκράτηκε καὶ παράδοσις ἀρχαία, ὥστε τὸν ἐν Αἰλίᾳ ἐπίσκοπον τιμᾶσθαι, ἐχέτω τὴν ἀκολουθίαν τῆς τιμῆς, τῇ μητροπόλει σωζομένου τοῦ οἰκείου ἀξιώματος". (c. 7. Dist. LXV).

[8] So auch Thomassin l. c. c. 12. n. 5. 6. de Marca, de concord. sacerdotii et imperii V. c. 12. n. 4; Ziegler S. 242. Die von Hefele S. 389 gebilligte Einwendung von Beveridge l. c. p. 65, dass ein Patriarch unter einem Metropoliten ein Unding sei, fällt damit zusammen, dass durch die gedachte Auslegung dem Bischof von Jerusalem für die damalige Zeit noch nicht die Patriarchenwürde zugesprochen wird. Bei der von Beveridge vertretenen Ansicht, dass der Kanon dem Bischof von Jerusalem blos den nächsten Rang nach seinem Metropoliten gegeben habe, erscheint der letzte Satz völlig überflüssig und darum unverständlich. Auch wird dabei der Zusammenhang zwischen c. 6 und c. 7 ignorirt. Ebenso unberechtigt ist die Annahme, dass der Bischof von Jerusalem die Immunität von der Metropolitan- und Patriarchaljurisdiktion (so Binterim a. a. O. S. 228) erhalten habe. Unter der Metropole des c. 7. Jerusalem selbst verstehen zu wollen (Fuchs, Bibliothek der Kirchenversammlungen 1, 399), erscheint vollends unhaltbar. Hefele lässt die Sache unentschieden. Bei der hier vertretenen Meinung finden auch die weiteren im Text erwähnten Thatsachen ihre genügende Erklärung.

Aber auch von letzteren suchte sich der Bischof von Jerusalem frei zu machen und daraus erklärt es sich, dass sich für die nächste Zeit ein Schwanken in seinem Verhältniss zu dem Metropoliten zeigt [1]. Schon bald nach dem Koncil von Nicäa hielt er ohne alle Rücksicht auf letzteren [2], mit den Bischöfen von Palästina eine Synode ab, während andererseits noch im J. 415 der Metropolit auf einer ebenfalls vom Bischof von Jerusalem besuchten Versammlung präsidirte [3]. Auf dem Koncil von Ephesus im J. 431 versuchte der Bischof Juvenal von Jerusalem, sogar mit Hülfe falscher Dokumente, die Exemtion von dem Patriarchen von Antiochien, sowie die Obergewalt über Palästina zu erlangen [4] und der darüber ausgebrochene langwierige Streit, in welchem sich beide Parteien an den Kaiser gewendet hatten, wurde endlich in einem für Jerusalem günstigen Sinne durch den von den Bischöfen geschlossenen und von der Synode zu Chalcedon im J. 451 bestätigten Vertrag dahin beigelegt, dass Jerusalem die drei Provinzen Palästinas erhielt, dem Stuhl zu Antiochien dagegen ausser den sonstigen Provinzen Arabien und Phönicien unterworfen bleiben sollten [5].

Für die Bischöfe der gedachten vier Kirchen, welche im Orient die höchste Stellung einnahmen, wird seit dem 5. Jahrhundert die Bezeichnung: πατριάρχης, patriarcha gebraucht. Im vierten ist sie noch Ehrenname für einen jeden Bischof [6], Sokrates nennt alle Metropoliten, welche über andere Metropoliten ihres Sprengels eine oberste Gewalt hatten, also auch die Exarchen, Patriarchen [7]. Zur Zeit des Koncils von Chalcedon wird dagegen einmal dem Papst Leo I. der gedachte Titel beigelegt [8], das Koncil selbst wendet ihn aber ferner auch in derselben Bedeutung, wie Sokrates, an [9]. Damit waren im J. 451 die damals unter Konstantinopel gestellten drei Ober-

[1] Ziegler S. 243 ff.

[2] Socrat. hist. eccles. II. 24: „Μάξιμός τε μηδὲν μελλήσας μετεπέμπετο τινὰς τῶν ἀπὸ Συρίας καὶ Παλαιστίνης ἐπισκόπων· καὶ καθίσας συνέδριον ἀποδίδωσι καὶ αὐτὸς τὴν κοινωνίαν Ἀθανασίῳ καὶ τὴν ἀξίαν. Γράφει τε καὶ αὐτὴ ἡ σύνοδος τοῖς τε ἐν Ἀλεξανδρείᾳ καὶ πᾶσι τοῖς ἐν Αἰγύπτῳ καὶ Λιβύῃ ἐπισκόποις τὰ ἐγνωσμένα καὶ ἐψηφισμένα περὶ Ἀθανασίου“.

[3] Mansi 4, 315; Hefele 2, 95.

[4] Epist. Leon. I. ad Maxim. Antioch. a. 453. (ed. Baller. 62. 1, 1216): „. . . in Ephesina synodo. . . Iuvenalis episcopus ad obtinendum Palaestinae provinciae principatum credidit se posse proficere et insolentes ausus per commentitia scripta firmare. Quod sanctae memoriae Cyrillus Alexandrinus episcopus merito perhorrescens scriptis suis mihi quid praedicti cupiditas ausa esset indicavit; et sollicita prece multum poposcit, ut nulla illicitis conatibus praeberetur assensio . . . Hoc tamen proprium definitionis meae est, ut quantumlibet amplior numerus sacerdotum aliquid per quorumdam subreptionem decernat, quod illis CCCXVIII patrum constitutionibus (d. h. dem Koncil von Nicäa) inveniatur adversum, id iustitiae consideratione cassetur“. Die Denkschrift der Antiochener bei Mansi 4, 1402 und 5, 804 wirft dem Juvenal vor, dass er auch Phönicien und Arabien habe in seine Gewalt bringen wollen. Hefele 1, 390. 2, 196. 224.

[5] Conc. Chalced. art. VII (Mansi 7, 180): „Μάξιμος ὁ εὐλαβέστατος ἐπίσκοπος Ἀντιοχείας Συρίας εἶπεν· ἤρεσέ μοι καὶ τῷ εὐλαβεστάτῳ ἐπισκόπῳ Ἰουβεναλίῳ κατὰ σύμβασιν μετὰ πολλὴν φιλονεικίαν, ὥστε τὸν μέν θρόνον τῆς Ἀντιοχέων μεγαλοπόλεως τὸν τοῦ ἁγίου Πέτρου ἔχειν δύο Φοινίκας καὶ Ἀραβίαν, τὸν δε θρόνον τῆς Ἱεροσολυμιτῶν ἔχειν τὰς τρεῖς Παλαιστίνας καὶ ἀξιοῦμεν ἐξ ἀποφάσεως τῆς ὑμετέρας μεγαλοπρεπείας καὶ τῆς ἁγίας συνόδου, ἐγγράφως βεβαιωθῆναι ταῦτα. Ἰουβενάλιος ὁ ὁσιώτατος ἐπίσκοπος . . . εἶπε· τὰ αὐτὰ κἀμοὶ συνέρεσεν· . . . Πασχασῖνος καὶ Λουκένσιος οἱ εὐλαβέστατοι ἐπίσκοποι καὶ Βονιφάτιος πρεσβύτερος ἐπέχοντες τὸν τόπον τοῦ ἀποστολικοῦ θρόνου τῆς πρεσβυτέρας Ῥώμης εἶπον· ταῦτα ἅτινα συμφωνούντων τῶν ἀδελφῶν ἡμῶν . . ὑπὲρ ἀγαθῆς εἰρήνης εἰρῆσθαι νομίζομεν . . . ἔτι τε καὶ τῆς ἡμετέρας ταπεινώσεως τῇ διαλαλιᾷ βεβαιωθῶσιν“ . . . Es folgen dann die Zustimmungserklärungen der übrigen Bischöfe. Dass Leo I., obwohl diese Festsetzung, ebenso wie die in Betreff des Bischofs von Konstantinopel gegen das Nicänum verstiess, gegen diese nicht protestirt hat, hebt schon Thomassin l. c. n. 10. 11. hervor.

[6] Gregor. Nazianzen. oratio XX (ed Billius. Lutet. 1, 342); XLI. (l. c. p. 675), XXXII (l. c. p. 525): „οὐ πρεσβυτέρων ἐπισκόπων, οἰκειότερον δὲ πατριαρχῶν εἰπεῖν σφαγὰς δημοσίας“; Weitere Belagstellen in Suiceri thesaurus ecclesiasticus. ed. II. Amstelodami. 1728. 2, 640.

[7] S. oben S. 542. n. 2.

[8] Act. I. (Mansi 4, 910): „Λεόντος πολλὰ τὰ ἔτη. τοῦ πατριάρχου πολλὰ τὰ ἔτη“; act. III. (ibid. p. 1006. 1011): „οἰκουμενικῷ ἀρχιεπισκόπῳ καὶ πατριάρχῃ τῆς μεγάλης Ῥώμης Λέοντι“; s. auch epist. Theodosii ad Valentinian. (ibid. p. 69): „παρὰ Λέοντος τοῦ εὐλαβεστάτου πατριάρχου“.

[9] Act. II. (l. c. p. 953): „Οἱ εὐδοξάτοτοι ἄρχοντες καὶ ἡ ὑπερφυὴς σύγκλητος εἶπον· εἰ δοκεῖ

metropoliten oder Exarchen von Thracien, Pontus und Asien noch nicht von diesem Prädikat ausgeschlossen, vielmehr scheint die spätere, ausschliessliche Beschränkung desselben auf die gedachten vier Bischöfe zuerst im Abendlande aufgekommen zu sein [1]. So erwähnt Gregor I., welcher auch dem Bischof von Konstantinopel den gedachten Titel zugesteht [2], nur vier Patriarchen [3], und das gleiche gilt von der achten, im Abendlande anerkannten allgemeinen Synode von Konstantinopel vom J. 869 [4].

Dagegen hat sich die Bezeichnung ἀρχιεπίσκοπος als ausschliessliche für die Patriarchen nicht fixirt, vielmehr ist diese, während sie im Gegensatz zu dem Prädikat: πατριάρχης anfänglich nur in einem engeren Sinn gebraucht wurde, später auf einen grösseren Kreis von kirchlichen Würdenträgern ausgedehnt worden. Zuerst kommt die Bezeichnung für den Bischof von Alexandrien im 4. Jahrhundert [5], dann im folgenden für die Bischöfe von Rom, Alexandrien, Antiochien, Jerusalem und Cäsarea Cappadociä vor [6], wogegen bei der Angabe der Rangordnung auf dem Koncil von Chalcedon im J. 451 nur den Bischöfen von Rom, Konstantinopel, Antiochien und Alexandrien der Titel ἀρχιεπίσκοπος beigelegt wird [7]. Zu derselben Zeit beginnt sowohl die Kombination der beiden Bezeichnungen Patriarch und Erzbischof, als auch die Hinzufügung des Wortes: universalis oder οἰκουμενικός zu einem derselben. Auf der Räubersynode wird Dioskur von Alexandrien universalis archiepiscopus genannt [8].

Das Koncil von Chalcedon titulirt Leo I. ökumenischen Erzbischof und Patriarch [9] und nachher sind die Päpste mehrfach in dieser Weise angeredet worden [10]. Für den Bischof von Konstantinopel kommt das Prädikat »ökumenischer Patriarch«

τῇ ὑμετέρᾳ εὐλαβείᾳ οἱ ὁσιώτατοι πατριάρχαι διοικήσεως ἑκάστης ἐπιλεξάμενοι ἕνα ἢ δεύτερον τῆς ἰδίας ἕκαστος διοικήσεως". In l. 16. C. de sacros. eccles. I. 2. wird patriarcha für den Bischof von Konstantinopel gebraucht.

1 Pichler, a. a. O. 2, 619 knüpft dies an die im Text erwähnte Bestimmung des Koncils von Chalcedon an. Dem widerspricht aber die l. 29 C. de episcop. aud. I. 4 v. J. 530 (vgl. S. 548. n. 8).

2 Ep. I. 25 (ed. Bened. 2, 507).

3 Ep. II. 52 (l. c. p. 618): „Quodsi quilibet ex quatuor Patriarchis fecisset, sine gravissimo scandalo tanta contumacia transire nullo modo potuisset". Papst Nikolaus I. beschränkt freilich die Patriarchenwürde im eigentlichen Sinne auf die Kirchen apostolischer Stiftung, Respons. ad Bulgaror. consulta a 866. c. 92. (Mansi 15, 430): „veraciter illi habendi sunt patriarchae qui sedes apostolicas per successiones pontificum obtinent, i. e. qui illis praesunt ecclesiis quas apostoli instituisse probantur, Romanam videlicet et Alexandrinam et Antiochenam . . Constantinopolitanus autem et Ierosolymitanus antistites, licet dicantur patriarchae, non tantae tamen auctoritatis quantae superiores existunt".

4 c. 21 (Mansi 16, 174): „definimus, neminem prorsus mundi potentium quemquam eorum qui patriarchalibus sedibus praesunt inhonorare aut movere a proprio throno tentare, sed omni reverentia et honore dignos iudicare, praecipue quidem sanctissimum papam senioris Romae, deinceps autem Constantinopoleos patriarcham, deinde vero Alexandriae ac Antiochiae atque Hierosolymorum". (c. 8. Dist. XXII).

5 Athanas. apol. II. contra Arrianos, breviar. Meletii (opp. Lovan. 1600. 1, 612): „ἐν Μεμφὶ Ἰωάννης κελευσθεὶς παρὰ τοῦ βασιλέως εἶναι μετὰ τοῦ ἀρχιεπισκόπου". S. dazu Maassen S. 21, n. 12 a. — Vereinzelt ist der Gebrauch von ἀρχιεπίσκοπος für Meletius, Bischof von Lykopolis, als Metropolitan der Thebais bei dem allerdings nicht zuverlässigen Epiphanius, Panar. haeres. 69. c. 3.

6 Synode von Ephesus v. J. 431, Mansi 4, 1123. 1227. 1238; Synode von Konstantinopel v. 448 (Mansi 6, 651), Räubersynode von Ephesus von 449 ibid. p. 627. 855. 599. Allerdings werden alle diese auch wieder als ἐπίσκοποι schlechthin bezeichnet.

7 Act. I. Mansi l. c. p. 579; kurz vorher sogar bei der Aufzählung der Mitglieder der Synode nur den beiden erstgenannten. Auch c. 28 der Synode nennt den Bischof von Konstantinopel: ἀρχιεπίσκοπος.

8 Mansi 6, 855: „Olympius episcopus Evacensis dixit: . . . praesente universali concilio, cui praesul et primus est sanctissimus pater noster et universalis archiepiscopus Dioscurus magnae Alexandrinae civitatis".

9 S. S. 545. n. 8.

10 Exempl. relationis archimandritar. ad Hormisdam. a. 517 (Thiel, epistolae Roman. pontif. p. 814): „sanctissimo et beatissimo universae orbis terrae patriarchae Hormisdae"; epist. Stephani Larissae ad Bonifacium II. a. 531 (Mansi 8, 741): „Domino meo sancto ac per omnia beatissimo et reverendo patri patrum, universali patriarchae Bonifacio"; Bittschrift der Archimandriten des Orients an Agapet I. a. 536 (Mansi 8, 896): „ἀρχιεπισκόπῳ τῆς πρεσβυτέρας Ῥώμης καὶ οἰκουμενικῷ πατριάρχῃ", ferner p. 913 ibid.

auf der Synode von Konstantinopel im J. 518 vor[1] und seit dem 6. Jahrhundert bedienen sich die römischen Kaiser häufig der Titulatur: »ἀρχιεπισκόπῳ τῆς βασιλίδος πόλεως οἰκουμενικῷ πατριάρχῃ«[2]. Seitens der Päpste in Rom war zunächst gegen diese Sitte, den Patriarchen von Konstantinopel mit der auch für sie gebräuchlichen Anrede zu betiteln, kein Widerspruch erhoben, erst als der Patriarch Johann Jejunator auf der Synode von Konstantinopel im J. 587 — nur dem Beispiel des Menas folgend[2] — sich selbst ökumenischer Patriarch nannte[3], protestirte sowohl der damalige Papst Pelagius II.[4], als auch später Gregor I.[5], aber ohne damit in Konstantinopel beim kaiserlichen Hofe oder sonst im Orient Eindruck zu machen[6], vielmehr führten die Patriarchen nach dem Tode des dem Papst günstigen Kaiser Phokas den bestrittenen Titel ununterbrochen weiter[7]. Dass letzterer dem Papst ein ausschliessliches Recht darauf beigelegt und dem Patriarchen von Konstantinopel verboten habe, das gedachte Prädikat zu gebrauchen[8], ist unrichtig[9]. Nachmals haben noch Hadrian I. (785)[10], Nikolaus I. (867)[11] und Leo IX. (1054)[12] die Berechtigung des Patriarchen auf den Titel angefochten, aber auf dem Unionskoncil zu Lyon im J. 1274 und seitdem ist von

1 Mansi 8, 1042: „. . . ἀρχιεπισκόπῳ καὶ οἰκουμενικῷ πατριάρχῃ Ἰωάννῃ ἡ ἐνδημοῦσα κατὰ . . . τὴν βασιλίδα πόλιν σύνοδος“, s. auch ibid p. 1038.

2 L. 7. C. de summa trin. I. 1. a. 533; l. 34. C. de episcop. I. 4. a. 534; Nov. 3. 5. 6. 7. 16. pr. a. 535; Nov. 42. pr. a. 536. Sich selbst bezeichnet so der Patriarch Menas i. J. 536 (Mansi 8, 959): „Μῆνας ἀρχιεπίσκοπος Ῥώμης Κωνσταντινουπολεως καὶ οἰκουμενικὸς πατριάρχης καὶ πᾶσα ἡ ἐνδημοῦσα . . . σύνοδος Ἀνθίμῳ τῷ εὐλαβεστάτῳ“ . . . Das letztere ist bisher stets übersehen worden.

3 Ep. Gregorii I. V. 42 (ed. Bened. 2, 771): „Ante hos siquidem annos octo sanctae memoriae decessoris mei Pelagii tempore, frater et coepiscopus noster Iohannes in Constantinopolitana urbe ex causa alia occasionem quaerens synodum fecit, in qua se universalem appellare conatus est.

4 S. oben S. 208. n. 2.

5 S. a. a. O. und den Note 3. citirten Brief: „Sicut enim veneranda mihi vestra sanctitas novit, per sanctam Chalcedonensem synodum pontifici sedis apostolicae cui deo disponente deservio hoc universitatis nomen oblatum est. Sed nullus umquam decessorum meorum hoc tam profano vocabulo uti consensit: quia videlicet si unus patriarcha universalis dicitur, patriarcharum nomen ceteris derogatur. Sed absit . . . a christiani mente id sibi velle quemquam arripere unde fratrum suorum honorem imminuere ex quantulacumque parte videatur. Cum ergo nos hunc honorem nolumus oblatum succipere, pensate quam ignominiosum sit, hunc sibi quempiam violenter usurpare voluisse“. S. ferner Pichler, Geschichte der kirchlichen Trennung zwischen dem Orient und Occident. München 1864. 2, 652 ff.

6 Ep. Gregor. I. VII. 33 (l. c. p. 880); Ziegler S. 263.

7 Thomassin l. c. c. 11. n. 18.; Gieseler, Kirchengeschichte 4. Aufl. I. 1, 415; Pichler a. a. O. S. 662.

8 So behaupten z. B. Baronius annal. eccles. ad a. 606. n. 2 und Ziegler S. 271. auf Grund des liber pontif. vita Bonifacii III. (ed. Fabrot. 2, 44): „Hic obtinuit apud Phocam principem, ut sedes apostolica beati Petri apostoli caput esset omnium ecclesiarum i. e. ecclesia Romana, quia ecclesia Constantinopolitana primam se omnium ecclesiarum scribebat“.

9 Denn die eben citirte Stelle ergiebt darüber nichts, vielmehr berichtet sie blos, dass Phokas den Vorrang der römischen Kirche nur damit anerkannt hat, dass die Bezeichnung: ökumenischer Patriarch dieser nicht präjudiciren solle. S. auch Pichler 2, 661.

10 Epist. ad Constantin. et Irenam (Mansi 12, 1074): „Et valde mirati sumus quod in vestris imperialibus iussis pro patriarcha regiae urbis, scilicet Tarasio, directis universalem ibidem eum reperimus exaratum: sed utrum per imperitiam aut schisma vel haeresim iniquorum scriptum est, ignoramus, sed deinceps suademus vestrae clementissimae imperialique potentiae ut minime in suarum exarationum serie universalis describatur, quia contra sanctorum canonum instituta seu sanctorum patrum traditionem decreta esse videtur“.

11 Ep. ad Hincmar. ceter. archiep. et episcop. (Mansi 15, 358): „Sed quid mirum, si hoc isti (Graeci) praetendunt, cum etiam glorientur atque perhibeant, quando de Romana urbe imperatores Constantinopolim sunt translati, tunc et primatum Romanae sedis ad Constantinopolitanam ecclesiam transmigrasse et cum dignitatibus regiis etiam ecclesiae Romanae privilegia translata fuisse? Ita ut eiusdem invasor ecclesiae Photius etiam ipse se in scriptis suis archiepiscopum atque universalem patriarcham appellet“.

12 Ep. ad. Michael. Constant. archiep. (Mansi 19, 664): „Qualis vero et quam detestabilis est illa sacrilega usurpatio qua te universalem patriarcham iactas ubique et scripto et verbo . . . Verumtamen quia ille (Petrus) non invenitur universalis apostolus dictus, quamvis princeps apostolorum sit constitutus, nullus successorum eius tam prodigioso praenomine consensit appellari penitus, licet magno Leoni praedecessori nostro et successoribus ipsius hoc sancta decreverit Chalcedonensis synodus . . . Ecce ille Ioannes vester . . . a . . . Pelagio et Gregorio successoribusque

Rom kein Widerspruch mehr dagegen erhoben worden [1]. In der That galt die Bezeichnung: ökumenisch nur als ein schmückendes Beiwort, und da dasselbe bei seiner Ableitung von γῆ οἰκουμένη (bewohnter Erde) im politischen Sinne sowohl: römisch als auch allgemein, im kirchlichen aber: christlich bedeutete, so musste man absichtlich den letzteren Sinn ignoriren und den ersteren stark accentuiren, um plötzlich eine Anmassung der Patriarchen und eine ungerechtfertigte Beeinträchtigung der Prärogativen Roms in einem Titel zu finden, gegen dessen Gebrauch man zunächst keine Einwendungen erhoben hatte [2]. Uebrigens haben auch die Päpste selbst trotz der Abwehr Gregors I. sich später den Titel gefallen lassen [3].

Für die Sprengel, in welchen die erwähnten vier Patriarchen ihre oberste Gewalt ausübten, kommt in der ältesten hierher gehörigen Urkunde, dem Kanon 6 des Nicänums [4], noch keine bestimmte Bezeichnung vor. Erst die Synode von Konstantinopel vom J. 381 nennt jene Bezirke: διοικήσεις, ohne dieses Wort aber auf die nachmaligen Patriarchaldistrikte zu beschränken. Vielmehr wendet sie den Ausdruck auch für die Sprengel der Bischöfe an, welche später nur die Stellung von s. g. Exarchen behalten haben, wie die Erwähnung der Diöcesen von Asien, Pontus und Thracien ergiebt [5]. Dasselbe versteht sowohl Sokrates [6] als auch das Koncil von Chalcedon [7] darunter. Diöcese bedeutet also zweifellos bis zur Mitte des 5. Jahrhunderts einen höheren, einheitlichen kirchlichen Verwaltungsbezirk, welcher sich aus den Sprengeln (ἐπαρχίαι) mehrerer unter einem oberen kirchlichen Beamten stehenden Metropolitandistrikte zusammensetzt. Selbst nach der Unterordnung der drei vorhin gedachten Diöcesen unter den Patriarchen von Konstantinopel hat dieser Sprachgebrauch sich nicht geändert, so dass also ein ausschliesslich das Herrschaftsgebiet eines eigentlichen Patriarchen bezeichnender Ausdruck nicht vorkommt. Deutlich zeigt das ein Gesetz Justinians vom J. 530, welches den Instanzenzug in kirchlichen Prozessen regelt, und als höheren Bezirk über den Metropoliten nur die Diöcesen der Patriarchen erwähnt [8], mithin darunter auch die Gebiete der späteren Exarchen verstehen muss, da man diese nicht zu den Metropolitansprengeln rechnen und ebensowenig annehmen kann, dass sie in dem Gesetze ganz übergangen sind.

eorum pro hac insolentia anathematizatus in sua pertinacia irrevocabilis periit iamque per quadraginta et quadringentos annos suae contumaciae sequaces praecipitare non cessavit".

1 Pichler 2, 665.

2 Pichler a. a. O. S. 649 ff. 666.

3 Auf der lateranensischen Synode von 649 nannte der Bischof Maurus von Ravenna den Papst Martin I. (Mansi 10, 883) apostolicus et universalis pontifex; die Legaten Agathos unterschreiben i. J. 681 das sechste allgemeine Koncil (Mansi 11, 668): locum gerens Agathonis beatissimi et universalis papae urbis Romae; ebenso die Hadrians II. die achte allgemeine Synode (Mansi 16, 189): „locum obtinens, . . . Hadriani summi pontificis et universalis papae"; auch Otto I. betitelt in dem Vorladungsschreiben an Papst Johann XII. im J. 963 denselben: „summo pontifici et universali papae" (SS. 2, 30). Weitere Belege oben S. 207. n. 10. und bei Pichler S. 664.

4 S. S. 538. n. 1.

5 S. S. 541. n. 1.

6 S. S. 542. n. 2.

7 S. S. 543. n. 1.

8 L. 29. C. de episcop. aud. I. 4: „Θεσπίζομεν μηδένα τῶν εὐλαβεστάτων κληρικῶν εἴτε παρά τινος συγκληρικοῦ εἴτε παρὰ τῶν καλουμένων λαϊκῶν τινος εὐθὺς καὶ ἐκ πρώτης ἐν αἰτιάσει γίνεσθαι παρὰ τοῖς μακαριωτάτοις πατριάρχαις διοικήσεως ἑκάστης, ἀλλὰ πρῶτον κατὰ τοὺς ἱεροὺς θεσμοὺς παρὰ τῷ τῆς πόλεως ἐπισκόπῳ καθ' ἣν ὁ κληρικὸς διάγει· εἰ δὲ ὑπόπτως ἔχει, πρὸς ἐκεῖνον παρὰ τῷ τῆς μητροπόλεως ἐπισκόπῳ τοῦτο πράττειν· εἰ δὲ ὡς εἰκὸς οὔτε τὰ κατ' ἐκεῖνον αὐτῷ ἀρέσκοι τηνικαῦτα πρὸς τὴν εὐαγῆ σύνοδον τὴν τῆς χώρας ἄγειν αὐτὸν δικαζόμενον, τριῶν ἅμα τῷ μητροπολίτῃ, συνιόντων θεοφιλεστάτων ἐπισκόπων τῶν κατὰ τὴν τάξιν τῆς χειροτονίας πρωτευόντων καὶ τὴν δίκην ἐν τάξει τῆς ὅλης συνόδου ἐξεταζόντων. Καὶ εἰ μὲν στερχθείη τὰ κεκριμένα πραγμάτων ἀπηλλάχθαι, εἰ δὲ οἰηθείη βεβλάφθαι, τηνικαῦτα ἐπικαλεῖσθαι τὸν μακαριώτατον πατριάρχην τῆς διοικήσεως ἐκείνης καὶ τοῖς παρ' αὐτοῦ κρινομένοις πάντως ἐμμένειν, ὡς ἂν εἰ ἔτυχεν ἐξ ἀρχῆς αὐτὸς εἱρημένος δικάστης. Κατὰ γὰρ δὴ τῶν τοιούτων ἐπισκόπων ἀποφάσεων οὐκ εἶναι χώραν ἐκκλήτῳ τοῖς πρὸ ἡμῶν νομοθέτηται".

Da verschiedene Gründe für die Entwicklung und Ausbildung der Patriarchalverfassung[1], wie die vorangehende Darstellung ergeben hat, von Bedeutung gewesen sind[2], so haben auch die Patriarchen nicht überall dieselben Rechte erlangt, wenngleich sich selbstverständlich gewisse Befugnisse bei allen wiederfinden. Zunächst wird man ihnen

1. ein Recht der Oberaufsicht über die zu ihrem Sprengel gehörigen Bezirke beilegen müssen[3], in welchem selbstverständlich die Befugniss zur Entscheidung wichtiger allgemeiner Angelegenheiten, sowie die Ueberwachung der Ausführung der kirchlichen Gesetze enthalten war[4].

2. Hatten sie das Ordinationsrecht der ihnen unterworfenen Bischöfe. Der Patriarch von Alexandrien besass dasselbe nicht blos für die Metropoliten, sondern auch hinsichtlich der diesen untergebenen Bischöfe, war jedoch an die vorgängige Zustimmung des betreffenden Metropoliten gebunden[5]. Anderen Patriarchen, wie denen von Antiochien und von Konstantinopel kam dagegen nur die Befugniss zu, die Metropoliten ihrer Diöcesen zu weihen, während die unter diesen stehenden Bischöfe von letzteren — freilich mit Genehmigung des Patriarchen — ordinirt wurden[6]. Offenbar rühren diese Verschiedenheiten aus älterer Zeit her und sie erklären sich daraus, dass die Metropolitanverfassung sich erst allmählich entwickelte und einzelne der neuen Metropoliten in den Distrikten, wo früher ein einzelner Bischof, wie der von Alexandrien, die Präponderanz hatte, diesem gegenüber nicht sämmtliche Metropolitanrechte zur Geltung bringen konnten[7].

3. Ferner kam ihnen das Recht zu, Synoden mit den Bischöfen ihres Sprengels zur Regulirung der gemeinschaftlichen Angelegenheiten desselben abzuhalten[8].

4. Endlich hatten sie eine oberste Jurisdiktion über ihre Patriarchalbezirke auszuüben. In dieser Beziehung entschieden sie in dritter Instanz über die vor den bischöflichen und demnächst vor den Metropolitangerichten verhandelten kirchlichen Angele-

[1] Eine Uebersicht der einzelnen Patriarchate mit ihren Diöcesen und Provinzen giebt für das 6. Jahrh. Doujat, praenotion. canon. ed. Schott 2, 252.

[2] Die Meinungen, dass dabei die Organisation der jüdischen Hierarchie oder der heidnischen Priester als Vorbild gedient habe, widerlegt Pichler 2, 604. 612. Ebensowenig ist allein und ausschliesslich die politische Eintheilung des Römerreiches entscheidend gewesen. Pichler S. 613.

[3] Das ergiebt schon der ihnen die ἐξουσία zuschreibende can. 6. Nicaen.

[4] Ziegler S. 275. 290; Binterim S. 198. 201. Vgl. auch Nov. 42. epil.

[5] S. oben S. 540.

[6] S. S. 540. 543. Der Patriarch von Konstantinopel weihte auch nach ausdrücklicher Vorschrift des Koncils von Chalcedon die Metropoliten in den Sprengeln der unter ihm stehenden Exarchen. Im Einzelnen kommen noch weitere Verschiedenheiten vor. So hat der genannte Patriarch auch das Recht, die einfachen Bischöfe in den von den Barbaren besetzten Ländern zu ordiniren, was sich wohl aus dem Mangel an Metropoliten erklärt. Ob in dem Briefe Innocenz' I. (s. S. 540. n. 9) unter den vicini die Bischöfe der nahegelegenen Metropolitansprengel oder die dem Patriarchen direkt unterworfenen gemeint sind, muss dahin gestellt bleiben. Des Unterschiedes zwischen den Patriarchen, welche alle ihre Bischöfe und denjenigen, die nur die Metropoliten weihen, gedenkt auch Justinian in l. 29. C. cit. I. 4. §. 5: „Ἐπειδὴ δέ τινες τῶν θεοφιλεστάτων πατριαρχῶν ἐν ταῖς ἐπαρχίαις ἐν αἷς εἰσὶ καὶ μητροπολίτικον ἔχουσι σχῆμα, τινὲς δὲ καθ' ὅλην τὴν διοίκησιν τὰς χειροτονίας ποιοῦνται τῶν ὑπ' αὐτοὺς θεοφιλεστάτων ἐπισκόπων εἴτε μετροπολιτῶν εἴτε τῶν ἄλλων ἐπ' αὐτοῖς“. . .

[7] Andererseits ist hier auf die cyprischen Bischöfe (s. S. 540. n. 9) aufmerksam zu machen, welche sich umgekehrt von der Ordinationsgewalt des Patriarchen von Antiochien frei gehalten hatten.

[8] S. S. 540. n. 5; als Beispiel für Jerusalem kann die dort im J. 518 (Mansi 8, 1068) abgehaltene Synode dienen. Ueber Antiochien s. Theodoreti ep. 81. (ed. cit. 4, 1140): „οὔτε . . . ἑκὼν εἰς τὴν Ἀντιοχείαν εἰσῄειν· ἀλλὰ καὶ πεντάκις καὶ ἑξάκις καλούμενος μόλις ὑπήκουον· καὶ ὑπήκουον τῷ ἐκκλησιαστικῷ κανόνι πειθόμενος ὃς κινδυνεύειν παρακελεύεται τὸν καλούμενον εἰς σύνοδον καὶ παραγίνεσθαι μὴ βουλομενον“. S. ferner Binterim a. a. O. S. 197 ff.

genheiten oder Rechtsstreitigkeiten resp. Strafsachen der Kleriker [1], ferner hatten sie die gegen die Metropoliten angebrachten Prozesse und Anklagen zu erledigen [2], nur konkurrirte der Patriarch von Konstantinopel für diesen Fall nach Auswahl des Verletzten mit den übrigen [3]. Das sofortige Anrufen der Patriarchen unter Ueberspringung der untergeordneten kirchlichen Instanzen hat Justinian ausdrücklich verboten, und nur für den Fall eine Ausnahme gestattet, dass die Beschwerde gegen die Uebertragung der Sache an den Bischof der Gegend gerichtet ist [4]. Was damit hat gesagt sein sollen, erscheint zweifelhaft. Indessen dürfte der richtige Sinn dieser Stelle der sein, dass der Kläger oder der Metropolit die Entscheidung einer Sache an den kompetenten Bischof verwiesen (delegirt) hat, welchen die Partei für suspekt hält oder der sonst nach ihrer Ansicht nicht zur Verhandlung fähig ist [4a].

Dasselbe Gesetz verbietet ferner die weitere Appellation von den Patriarchen [5]. Hier entsteht zunächst das Bedenken, ob die Exarchen damit auch als inappellabel hingestellt werden sollten oder nicht. Ich glaube das erstere, sie müssen unter den Patriarchen der Konstitution schon deshalb mitverstanden werden, weil nicht anzunehmen ist, dass man ihnen alle Jurisdiktion hat entziehen wollen [6]. Eine weitere Schwierigkeit hat man in dem Umstande gefunden, dass der §. 2 des Gesetzes, obwohl dasselbe zu Anfang die Inappellabilität der Patriarchen statuirt, doch eine Appellation von diesen nach Konstantinopel zulässt [7], und diese damit zu heben gemeint, dass man für alle Fälle die Möglichkeit einer Oberappellation an den Patriarchen zu Konstantinopel von den Urtheilen seiner Kollegen annahm [8]. Indessen widerspricht dem der Umstand, dass die Patriarchen die höchste kirchliche Instanz sind und dass dem Sitze von Konstantinopel zwar der Vorrang vor allen Patriarchalstühlen im Orient eingeräumt, ihm aber keineswegs eine Obergewalt über dieselben zugestanden war. In der That spricht das Gesetz auch nur davon, dass wenn ein Patriarch eine Sache einem Metropoliten oder einem Bischof überträgt (delegirt) [9] und eine der Parteien mit dem Erkenntniss nicht zufrieden ist, dann die Appellation an den hohenpriesterlichen Thron, d. h. den delegirenden Patriarchen [10] gestattet sein soll, so dass also damit die Ueber-

[1] L. 29. C. pr. cit. I. 4; Nov. 123 a. 546. c. 22. (c. 3. C. VI. qu. 4).

[2] Nov. 137. a. 564. c. 5 . . . „καὶ εἰ μὲν ἐπίσκοπος εἴη ὁ κατηγορούμενος, τὸν τούτου μητροπολίτην ἐξετάζειν τὰ λεγόμενα, εἰ δὲ μητροπολίτης εἴη, τὸν μακαριώτατον ἀρχιεπίσκοπον“ . . .

[3] Conc. Chalced. a. 451. c. 9. 17. Die Synode gebraucht hier den Ausdruck: ἔξαρχος, nicht Patriarch; dass darunter aber auch letztere haben mitverstanden sein sollen, kann keinem Zweifel unterliegen, da die eben citirte Novelle sich des beide umfassenden Ausdrucks: ἀρχιεπίσκοπος bedient. S. auch oben S. 546.

[4] Die oben S. 548. n. 8. citirte l. 29. C. I. 4 fährt fort: „Τοῦ αὐτοῦ τούτου φυλαττομένου καὶ εἴπερ ἐπίσκοπος ὁ μεμφθεὶς εἴη εἴτε παρά τινος τῶν καλουμένων λαϊκῶν, εἴτε παρά τινος τῶν θεοφιλεστάτων κληρικῶν εἴτε παρ' ἑτέρου τινὸς θεοφιλοῦς ἐπισκόπου. Τὸ γὰρ εὐθὺς τὰς αἰτίας εἰςαποτίθεσθαι παρὰ τοῖς ἁγιωτάτοις πατριάρχαις καὶ τοὺς αἰτιωμένους εἰς ἑτέραν ἀπάγεσθαι χώραν παντελῶς ἀπαγορεύομεν πλὴν εἰ μὴ τὴν αἰτίασίν τις ἐπὶ τούτῳ θείη ἐφ' ὥτε παραπεμφθῆναι τὴν ὑπόθεσιν τῷ τῆς χώρας θεοφιλεστάτῳ ἐπισκόπῳ· τηνικαῦτα γὰρ ἄδεια μὲν ἔσται τὴν αἰτίασιν ἀποτίθεσθαι καὶ παρὰ τοῖς θεοφιλεστάτοις πατριάρχαις, γράμματα δὲ γίνεσθαι πρός τινα τῶν κατὰ τόπον θεοφιλεστάτων ἐπισκόπων ὥςτε αὐτὸν ἀκροάσασθαι τῆς ὑποθέσεως κατὰ τὸν ἔμπροσθεν ὑφ' ἡμῶν ὑπηγορευμένον τρόπον“.

[4a] Weil er z. B. in erster Instanz erkannt hat. Unklar Ziegler S. 234.

[5] S. die S. 548. n. 8. abgedruckte Stelle.

[6] Das Konkurrenzrecht bei Sachen gegen die Metropoliten ist damit dem Patriarchen von Konstantinopel selbstverständlich nicht abgesprochen.

[7] „Εἰ μέντοι παραπεμφθείσης τῆς ὑποθέσεως παρὰ τοῦ θεοφιλεστάτου πατριάρχου ἤ τινι τῶν θεοφιλεστάτων μητροπολιτῶν ἢ ἄλλῳ τῶν θεοφιλεστάτων ἐπισκόπων ἐνεχθείη ψῆφος καὶ μὴ στερχθείη παρὰ θατέρου μέρους, ἐκκλητός τε γένεται, τηνικαῦτα ἐπὶ τὸν ἀρχιερατικὸν θρόνον φέρεσθαι τὴν ἔφεσιν κἀκεῖσε κατὰ μέχρι νῦν κρατοῦν ἐξετάζεσθαι“.

[8] So z. B. Ziegler S. 236 ff.

[9] Irrigerweise übersetzt Ziegler mit der lateinischen Uebertragung der Konstitution: „Wenn ferner eine Sache bei dem Patriarchen, Metropoliten oder einem Bischof angebracht ist, die eine Partei aber nicht damit zufrieden sein sollte“ u. s. w.

[10] Nicht allein den Patriarchen von Konstan-

springung der etwaigen Mittelinstanz für zulässig erklärt wird. Der Patriarch von Konstantinopel nahm aber jedenfalls de facto hinsichtlich der oberstrichterlichen Gewalt eine bedeutendere Stellung wie die übrigen ein, insofern als der Kaiser ihm Sachen aus allen Theilen des Reiches zur Entscheidung überweisen konnte, welche er dann mit der σύνοδος ἐνδημοῦσα erledigte [1].

Was endlich die Besetzung der Patriarchalstühle [2] betrifft, so fehlt es darüber an einer speziellen Bestimmung. In Anschluss an die Vorschriften über die Bestellung der Bischöfe und Metropoliten, welche wesentlich in der Hand der Provinzialsynoden lag [3], bildete sich die Praxis, dass die Patriarchen von den Synoden grösserer Sprengel gewählt wurden. So hat eine grosse Versammlung der orthodoxen Bischöfe zu Alexandrien den Athanasius im J. 328 zum Bischof der eben erwähnten Stadt erhoben [4]. Nektarius von Konstantinopel ist sogar durch die allgemeine Synode daselbst vom J. 381 bestellt worden [5]. Noch ehe die Patriarchalverfassung sich definitiv festgestellt haben kann, hat eine grosse Anzahl von Bischöfen namentlich aus der nachmaligen Diöcese Oriens i. J. 269 Domnus auf den Stuhl von Antiochien erwählt [6]. Einer seiner Nachfolger, Flavian, ist dagegen im J. 381 von den Bischöfen der Diöcese [7], Eustathius von Antiochien [8] (um 325), ebenso wie der Bischof Petrus, der Nachfolger des Athanasius, in Antiochien seit dem J. 373 [9] sogar nur von einer kleineren Anzahl der benachbarten Bischöfe gewählt [10]. Erklärlich wird diese Verschiedenheit aus den die

tinopel, wie Ziegler a. a. O. annimmt. S. auch P. de Marca, de primatibus. n. 18 (ed. cit. 4, 21) und Gieseler, Kirchengesch. 4. Aufl. 1. 2, 409. n. 24.

1 S. oben S. 542. n. 5.

2 S. darüber auch Hallier, de sacris ordinationibus. P. I. s. 7. c. 2. art. 3; P. II. s. 5. c. 4. art. 5. n. 3 ff.

3 c. 4. Nicaen. a. 325 (c. 1. Dist. LXIV); c. 23. syn. Antioch. a. 341. (c. 3. C. VIII. qu. 1). Für die Bestellung des Metropoliten ordnet das Koncil von Sardica a. 343 c. 6. an: „Χρὴ δὲ καὶ μετακαλεῖσθαι καὶ τοὺς ἀπὸ τῆς πλησιοχώρου ἐπαρχίας ἐπισκόπους πρὸς τὴν κατάστασιν τοῦ τῆς μητροπόλεως ἐπισκόπου“, eine Stelle, welche übrigens in den lateinischen Uebersetzungen des Koncils fehlt. S. Hefele 1, 557.

4 Apolog. Athanasii II. contra Arr. (opp. ed. cit. 1, 562. 565): „Ἡ ἁγία σύνοδος ἡ ἐν Ἀλεξανδρείᾳ συναχθεῖσα ἀπό τε τῆς Αἰγυπτοῦ καὶ τῆς Θηβαΐδος καὶ Λιχυῆς καὶ Πενταπόλεως τοῖς . . . τῆς καθολικῆς ἐκκλησίας ἐπισκόποις . . . χαίρειν . . . Ὅτι δὲ πᾶν τὸ πλῆθος καὶ πᾶς ὁ λαὸς τῆς καθολικῆς ἐκκλησίας ὥσπερ ἐκ μιᾶς ψυχῆς καὶ σώματος συνεληλυθότες ἀνεβόων ἔκραζον αἰτοῦντες Ἀθανάσιον ἐπίσκοπον τῇ ἐκκλησίᾳ τοῦτο ηὔχοντο δημοσίᾳ τῷ χριστῷ καὶ τοῦτο ἡμᾶς ὥρκιζον ποιεῖν ἐπὶ πλείστας ἡμέρας καὶ νύκτας μήτε αὐτοὶ τῆς ἐκκλησίας ἀφιστάμενοι μήτε ἡμᾶς ἐπιτρέποντες ἀφίστασθαι, τοῦτο καὶ ἡμεῖς μάρτυρες, τοῦτο καὶ ἡ πόλις πᾶσα καὶ ἡ ἐπαρχία . . . ὅτι δὲ οἱ πλείονες ἡμῶν αὐτὸν ἐχειροτόνησαν ὑπὸ ταῖς πάντων ὄψεσι καὶ βοαῖς, μάρτυρες πάλιν ἡμεῖς“.

5 Epist. Constant. concilii ad Damas. pap. a. 382 (Coustant 567): „Unde etiam Constantinopolitanae ecclesiae Nectarium ordinavimus episcopum in universali concilio communi omnium consensu coram religiosissimo imperatore Theodosio adstipulante cum clero et universa civitate“.

6 Euseb. hist. eccles. VII. 30. ed. Heinichen. Lips. 1868. p. 363: „Ἠναγκάσθημεν οὖν, ἀντιτασσόμενον αὐτὸν τῷ θεῷ καὶ μὴ εἴκοντα ἐκκηρύξαντες, ἕτερον ἀντ' αὐτοῦ τῇ καθολικῇ ἐκκλησίᾳ καταστῆσαι ἐπίσκοπον, θεοῦ προνοίᾳ, ὡς πεπείσμεθα, τὸν τοῦ μακαρίου Δημητριανοῦ καὶ ἐπιφανῶς προστάντος πρὸ τούτου τῆς αὐτῆς παροικίας υἱὸν Δόμνον ἅπασι τοῖς πρέπουσιν ἐπισκόπῳ καλοῖς κεκοσμημένον“. Als Adressanten des diese Stelle enthaltenden Synodalschreibens nennen sich „Ἕλενος (von Tarsus) καὶ Ὑμέναιος (von Jerusalem) καὶ Θεόφιλος παὶ Θεότεκνος (von Cäsarea) καὶ Μάξιμος (von Bostra), Πρόκλος, Νικομᾶς (von Ikonium) καὶ Αἰλιανὸς καὶ Παῦλος καὶ Βωλανὸς καὶ Πρωτογένης καὶ Ἱέραξ καὶ Εὐτύχιος καὶ Θεόδωρος καὶ Μαλχίων καὶ Λούκιος καὶ οἱ λοιποὶ πάντες οἱ σὺν ἡμῖν παροικοῦντες τὰς ἐγγὺς πόλεις καὶ ἔθνη ἐπίσκοποι“. Vgl. auch Hefele 1, 110 ff.

7 Epist. Constant. conc. cit.: „Antiochenae in Syria ecclesiae . . . reverendissimum et religiosissimum episcopum Flavianum illius provinciae tum orientalis dioecesis episcopi in unum congregati canonice ordinarunt, tota ecclesia consentiente et quasi uno viro collaudante“.

8 Theodoret. hist. eccles. I. 7: „Παραυτίκα δὲ πρῶτος ὁ μέγας Εὐστάθιος, ὁ τῆς Ἀντιοχέων ἐκκλησίας τὴν προεδρίαν λάχων . . . τοῦτον δὲ ἄκοντα ποιμαίνειν ἀντ' ἐκείνου (Philogonius) τὴν ἐκκλησίαν ἐκείνην ψήφῳ κοινῇ κατήναγκασαν ἀρχιερεῖς τε καὶ ἱερεῖς καὶ ἅπας ὁ λεὼς ὁ φιλόχριστος“.

9 Theodoret. l. c. IV. 20: „Ἐν Ἀλεξανδρείᾳ δὲ . . . Πέτρος ἀνὴρ ἄριστος τὴν προεδρίαν ἐδέξατο· πρώτης μὲν τῆς μακαρίας ἐκείνης ψηφισαμένης αὐτὸν κεφαλῆς πάντων δὲ συμψήφων γεγενημένων καὶ τῶν ἱερωμένων καὶ τῶν ἐν τέλει καὶ ἀξιωτάτων . . . καὶ τῶν ἀρχιερέων συνέδραμον οἱ πελάζοντες καὶ τάς ἀσκητικὰς καταλιπόντες παλαίστρας οἱ ἐν ἐκείναις διάγοντες τὸν Ἀθανασίου θρόνον κληρονομῆσαι τὸν Πέτρον ἠξίουν“.

10 S. auch oben S. 102.

damalige Zeit bewegenden dogmatischen Streitigkeiten und dem Bestreben, gerade die wichtigsten Bischofssitze im Fall ihrer Erledigung durch möglichst schnelle Wiederbesetzung den Händen der Gegenparteien zu entziehen.

Dazu kam weiter, dass die Kaiser bei der Besetzung der Patriarchalstühle mitkonkurrirten[1] und oft auch selbst den Kandidaten bestimmten oder wenigstens bestätigten[2], es also unter solchen Verhältnissen ziemlich gleichgültig war, wie viel Bischöfe und aus welchem Sprengel bei der Wahl betheiligt waren. Dass seit der Entwicklung des Systems, welches man den Byzantinismus nennt, die oströmischen Kaiser auch hinsichtlich des hier in Rede stehenden Punktes einen stets wachsenden Einfluss ausübten, kann nicht Wunder nehmen[3]. In welchem Umfange das geschah, beweist am besten der Umstand, dass sowohl die siebente allgemeine Synode zu Nicäa im J. 787, als auch die achte zu Konstantinopel im J. 869 den von den Bischofswahlen handelnden c. 3 des Nicänischen Koncils vom J. 325 dahin interpretirten, dass die Bischöfe allein durch das Kollegium ihrer Genossen gewählt werden und alle Einwirkungen weltlicher Fürsten und Grossen dabei ausgeschlossen sein sollten[4].

II. Der Patriarchat des Bischofs von Rom. Der sechste Kanon des Nicänums von J. 325 vergleicht die dem Bischof von Aegypten bestätigte Obergewalt mit derjenigen, welche der Bischof von Rom nach hergebrachter Gewohnheit ausübt. Als eins der ältesten Zeugnisse für eine gewisse höhere Stellung des letzteren ist der Kanon Gegenstand zahlreicher und umfassender Erörterungen geworden[5]. Man hat die

[1] S. S. 551. n. 5.

[2] Ueber die Erhebung des Johannes Chrysostomus auf den Bischofssitz von Konstantinopel im J. 397 berichtet Sozomen. hist. eccles. VIII. 2. (ed. R. Hussey. Oxonii. 1860. 2, 789): „Ἐπίσημος . . . γενόμενος ἀνὰ πᾶσαν τὴν Ῥωμαίων ὑπήκοον, ἔδοξε Κωνσταντινουπόλει ἐπιτήδειος εἶναι τῆς ἐκκλησίας ἐπισκοπεῖν. Ψηφισαμένων δὲ τοῦτο τοῦ λαοῦ καὶ τοῦ κλήρου καὶ ὁ βασιλεὺς συνῄνει καὶ τοὺς ἄξοντας αὐτὸν πέπομφε. Συνεκάλει δὲ καὶ συνοδὸν καὶ τούτῳ σεμνοτέραν τὴν χειροτονίαν δεικνὺς“. Ueber die Besetzung des Stuhles von Antiochien i. J. 381 vgl. Theodoreti hist. eccles. II. 31: „κατὰ τοῦτον δὲ τὸν χρόνον ὁ Κωνστάντιος ἐν Ἀντιοχείᾳ διέτριβε . . . ἡ Ἀντιοχέων ἐκκλησία ποιμένος ἐστέρητο. Τότε δὲ οἱ συνεληλυθότες ἐπίσκοποι (πολλοὶ δὲ ἦσαν παντόθεν συνηγμένοι) χρῆναι ἔλεγον προβληθῆναι πρότερον τῇ ποίμνῃ νομέα . . . Κατ᾽ ἐκεῖνον δὲ τὸν καιρὸν Μελέτιος ὁ θεσπέσιος πόλιν τινὰ τῆς Ἀρμενίας ἰθύνων, εἶτα τῶν ἀρχομένων τὸ δυσήνιον δυσχεράνας, ἡσυχίαν ἦγεν, ἑτέρωθι διατρίβων. Τοῦτον ὑποτοπήσαντες οἱ τῆς Ἀρείου συμμορίας ὁμόφρονα εἶναι καὶ κοίνωνον τῶν δογμάτων ἐξῄτησαν τὸν Κωνστάντιον τούτῳ τῆς Ἀντιοχέων ἐκκλησίας παραδοῦναι τὰς ἡνίας . . . Οἱ δὲ τῶν ἀποστολικῶν δογμάτων ἀντεχόμενοι . . . συνεψηφίσαντο . . . Ἐπειδὴ δὲ βασιλικὴν δεξάμενος κλῆσιν ἧκεν ὁ μέγας Μελέτιος ὑπήντησαν μὲν ἅπαντες οἱ τῆς ἀρχιερωσύνης μετειληχότες, ὑπήντησαν δὲ καὶ οἱ ἄλλοι τῆς ἐκκλησίας χόροι καὶ ἅπαν τὸ τῆς πόλεως πλῆθος; in Betreff der Erhebung des Nestorius im J. 428. Socrat. hist. eccles. VII. 29: „Μετὰ δὲ τὴν τελευτὴν Σισιννίου ἐδόκει τοῖς κρατοῦσιν μηδένα μὲν . . . ἐκ τῆς ἐκκλησίας (von Konstantinopel) εἰς τὴν ἐπισκοπὴν (derselben Stadt) προχειρίζεσθαι· καίτοι πολλῶν μὲν τὸν Φίλιππον, πολλῶν δὲ τὸν Πρόκλον χειροτονηθῆναι σπευδόντων. Ἐπήλυδα δὲ ἐκ τῆς Ἀντιοχείας καλεῖν ἐβούλοντο· ἦν γάρ τις ἐκεῖ Νεστόριος“ . . . Andere Beispiele vom J. 381 und 784 s. bei Hefele 2, 6. 3, 412.

[3] Uebten sie doch auch auf die Besetzung des römischen Stuhles das Bestätigungsrecht aus. S. oben S. 218 ff. 224.

[4] c. 7 (Nicaen. a. 787) Dist. LXIII.: „Omnis electio episcopi vel presbyteri vel diaconi a principibus facta irrita manet secundum regulam quae dicit: Si quis episcopus saecularibus potestatibus usus ecclesiam per ipsos obtinuerit, deponatur et segregentur ab ecclesia omnes qui illi communicant“; Synod. Constantinopol. c. 22 (Mansi 16, 174): „Promotiones atque consecrationes episcoporum concordans prioribus conciliis electione ac decreto episcoporum collegii fieri, sancta haec et universalis synodus definit et statuit, atque iure promulgat, neminem laicorum principum vel potentum semet inserere electioni vel promotioni patriarchae vel metropolitae aut cuiuslibet episcopi, ne videlicet inordinata hinc et incongrua fiat confusio vel contentio“ . . .

[5] Vgl. ausser den S. 538. n. * citirten noch Valesius, observat. eccles. in Socrat. et Sozomen. Lib. III. c. 1 ff. Paris. 1668. annot. p. 188; Schelstrate, antiquitas ecclesiae P. I. diss. II. de iure patriarchatus Romani. Antverp. 1678. n. 57 ff.; Dartis, de ordinib. et dignitat. eccles. Paris. 1648. Lib. III. c. 1 ff. p. 118 ff.; Thomassin l. c. c. 3. c. 18; Natalis Alexander, hist. eccles. saec. IV. diss. 20 (ed. Paris. 1699. 4, 274 ff.); Bianchi, della potestà e della politia della chiesa. Vol. III. p. 120 ff.; Vol. V. P. I. p. 41 ff.; Chr. Lupi, synod. general. decret. illustr. conc. Nic. c. 6 opp. 1, 244 ff.; Catalani, concilia oecumen.

Fragen eingehend besprochen, wie sich derselbe zu der katholischen Lehre vom Primat verhalte und welche Ausdehnung der unmittelbaren Herrschaft des römischen Bischofs das Nicänische Koncil vorausgesetzt habe.

Was den ersten Punkt betrifft, so wird jetzt auch von katholischer Seite zugegeben, dass die gedachte Stelle nicht als Zeugniss für den Primat des Papstes dienen kann [1]. In Vergleichung gesetzt werden die Jurisdiktionsrechte der in ihr genannten Bischöfe [2]. Das Koncil konnte daher den Primat im heutigen katholischen Sinne nicht im Auge haben, denn sonst wäre eine Gleichstellung der orientalischen Patriarchen mit einem Bischofe, welcher über diese selbst die Jurisdiktion besessen, gerade wegen dieser Machtbefugniss unmöglich gewesen. Wenn man daher, durch das Gewicht dieses Grundes bestimmt, auf katholischer Seite angenommen hat, dass hier nur an die in einem gewissen Sprengel des Abendlandes — abgesehen vom Primate — geübten Patriarchalrechte zu denken sei, es aber andererseits verneint, dass das Nicänum der Annahme des Primates nicht entgegenstehe [3], so lässt sich zwar die logische Unmöglichkeit dieser Ansicht nicht behaupten, indessen erscheint sie (sofern man nicht ohne Weiteres, das Dogma vom Primate als richtig acceptirt) dem Wortlaut des Kanons nach unhaltbar. Die Voraussetzung, dass die Väter der Synode damals schon Primatial- und Patriarchalrechte des Papstes hätten unterscheiden können und wirklich unterschieden haben, einmal zugegeben, wäre doch die unklare Fassung, welche bei der Erwähnung des römischen Bischofs jene Doppelstellung des letzteren völlig unberücksichtigt lässt, vollkommen unerklärlich, namentlich aber erschiene es unbegreiflich, dass die Sprengel, in welchen ihm die Patriarchalrechte zustanden, im Gegensatz zu denen, wo er nicht diese, sondern nur den Primat gehabt hätte, mit keiner Sylbe näher bezeichnet worden sind. Wenn ferner die Gewalt der Patriarchen des Orients über andere Metropoliten und Bischöfe auf dem Nicänum bestätigt werden sollte, so lag darin zugleich eine Anerkenntniss, dass diese selbst ebensowenig wie der mit ihnen in Vergleichung gestellte Bischof von Rom einer höheren kirchlichen Instanz untergeordnet waren. Keineswegs konnte man letzterem aber, selbst wenn man seinen Primat als sicher feststehend betrachtete, ohne Erwähnung seiner Primatialrechte die orientalischen Patriarchen als gleichberechtigt an die Seite setzen, denn man hätte diesen damit eine zu hohe Stellung eingeräumt oder doch mindestens über diese letztere Zweifel in einer Zeit erregt, wo von der Ausübung der Primatialrechte in der Praxis noch nicht die Rede war [4].

Alle diese Schwierigkeiten verschwinden, sowie man die heut geläufige Unterscheidung zwischen den Primatial- und Patriarchal-Rechten des römischen Bischofs für die Auslegung des Kanons fallen lässt, und davon ausgeht, dass die Mitglieder der Nicänischen Synode nicht den Primat, sondern ausschliesslich die Oberherrschaft über gewisse Distrikte des Abendlandes im Auge gehabt haben. Erst unter dieser Voraus-

illustr. ibid. Rom. 1736. Tom. I. p. 78; Bennettis., privilegia S. Petri. Romae 1756. Vol. IV. p. 63.

1 Maassen S. 100; Phillips 2, 37; Hefele 1, 380.

2 Wenn Binterim S. 208 alle Schwierigkeiten dadurch beseitigt glaubt, dass er übersetzt: „Wie der Bischof zu Rom, der der erste Patriarch über Occident seine Rechte ausübt, so soll auch ganz ungehindert der Bischof zu Alexandrien, der der zweite Patriarch ist, über Egypten, Libyen und Pentapolis und ebenso der Bischof zu Antiochien, der der dritte ist, über seinen Bezirk die Rechte ausüben", so substituirt er dem wahren tertium comparationis, der Gleichheit der Rechte, ein falsches, nämlich die ungehinderte Ausübung derselben.

3 Z. B. Maassen S. 99; Phillips, Hefele a. a. O.

4 Muss doch z. B. Maassen S. 83 selbst zugeben, dass zur Zeit des Nicänum die römischen Bischöfe weder das Recht der Gesetzgebung für die ganze Kirche noch das der Berufung allgemeiner Synoden geübt haben.

setzung erscheint die Gleichstellung der orientalischen Patriarchen mit dem occidentalischen korrekt und erst dann wird es erklärlich, wie man dabei das Herrschaftsgebiet des Papstes vollkommen unerwähnt lassen konnte. Allerdings sollen schon sehr alte lateinische Uebersetzungen des in Rede stehenden Kanons diesem eine Beziehung auf den römischen Primat gegeben haben [1]. Allein, da in allen, abgesehen von der Versio prisca, auch die Gewalt des Bischofs von Rom, trotz des ersten einleitenden Satzes mit der des Bischofs von Alexandrien gleichgestellt wird, so kann in diesen nicht ein Zeugniss dafür gefunden werden, dass sie unter primatus schon eine Oberherrschaft des Papstes über die anderen Patriarchen verstehen [2]. Dasselbe gilt auch von der Fassung, in welcher der Kanon des Nicänischen Koncils von den päpstlichen Legaten auf der Synode von Chalcedon im J. 451 zur Begründung ihres Protestes gegen die Rangerhöhung des Patriarchen von Konstantinopel vorgetragen worden ist. Auch hier werden zur Bezeichnung der Stellung des römischen Bischofs und der orientalischen Patriarchen dieselben Ausdrücke gebraucht [3].

Bei dieser Lösung der ersten Frage erscheint eine Erörterung des geographischen und materiellen Umfangs der Gewalt des römischen Bischofs um so mehr geboten, als damit auch noch weitere Momente für die den Primat verwerfende Ansicht gewonnen werden können. Zur Bestimmung des Patriarchalsprengels des römischen Bischofs hat man eine Stelle der Kirchengeschichte des Rufin (geb. um 330, † 410) herangezogen. Diese legt in einer Paraphrase des 6. Kanon des Nicänums Rom die Herrschaft über die »ecclesiae suburbicariae« bei [4]. Indessen ist die Bedeutung dieses

[1] In einer sehr alten Version des Koncils, enthalten in der Sammlung des Codex Vatic. Reg. 1997 (s. Ballerinii, de antiquis canon. coll. P. II. c. 4. opp. Leon. 3, CVII.) lautet die Stelle (l. c. p. 568): „XI. De primatu ecclesiae Romanae. Ecclesia Romana semper habuit primatum. Teneat autem et Egyptus, ut episcopus Alexandriae omnium habeat potestatem, quoniam et Romano episcopo haec est consuetudo. Similiter autem et qui Antiocia constitutus est et in caeteris provinciis primatus habeant ecclesiae civitatum ampliorum"; in der s. g. Quesnell'schen Sammlung conc. Nicaen. tit. 10 (opp. Leon. l. c. p. 52): „De primatu ecclesiae Romanae. Ecclesia Romana semper habuit primatum. Tenent autem et Aegyptus, Libyae et Pentapolis, ita ut episcopus Alexandriae harum omnium habeat potestatem, quoniam et Romano episcopo haec est consuetudo. Similiter et qui in Antiochia constitutus est. Itaque et in ceteris provinciis privilegia salva sint ecclesiarum". Ueber die s. g. Versio prisca (l. c. 3, 498): „Antiqui moris est, ut urbis Romae episcopus habeat principatum, ut suburbicaria loca et omnem provinciam suam sua sollicitudine gubernet. Quae vero apud Aegyptum sunt, Alexandriae episcopus omnium habeat sollicitudinem. Similiter autem et circa Antiochiam et in caeteris provinciis privilegia propria serventur metropolitanis ecclesiis" . . . vgl. die folgende Note und weiter unten.

[2] Jedenfalls ist eine solche nicht durch das blosse Wort: Primat ausgedrückt. Hiess doch auch der erste an der Spitze der afrikanischen Bischöfe stehende Oberhirt episcopus primae sedis. S. Hefele 2, 52 u. unten §. 75. Dass bald nachher der Ausdruck: Primat in diesen Stellen als päpstlicher Primat im heutigen Sinne gedeutet wurde, ist erklärlich genug. Auf diesem Standpunkt steht auch schon die versio prisca.

[3] Art. XIV. (Mansi 7, 444): „Ἡ ἐκκλησία Ῥώμης παντότε ἔσχε τὰ πρωτεῖα· ἔχει τοιγαροῦν καὶ ἡ Αἴγυπτος ὥστε τὸν ἐπίσκοπον Ἀλεξανδρείας πάντων ἔχειν ἐξουσίαν, ἐπειδὴ καὶ τῷ Ῥώμης ἐπισκόπῳ τοῦτο σύνηθες ἐστιν. Ὁμοίως καὶ κατὰ τὴν Ἀντιόχειαν καὶ ἐν ταῖς ἄλλαις ἐπαρχίαις τὰ πρωτεῖα σωζέσθω ταῖς ἐκκλησίαις. Καὶ τοῦτο δὲ πρόδηλον ὡς εἴ τις χωρὶς γνώμης τοῦ μητροπολίτου γίνηται ἐπίσκοπος, τὸν τοιοῦτον ἡ σύνοδος ἡ μεγάλη ὥρισε μὴ δεῖν εἶναι ἐπίσκοπον, ἐὰν μέντοι ἡ ἐκείνων πάντων γνώμη εὔλογος εἴη καὶ κατὰ κανόνα ἐκκλησιαστικὸν, δύο δὲ ἢ τρεῖς δι οἰκείαν φιλονεικίαν ἀντιλέγωσι, κρατείτω ἡ τῶν πλειόνων ψῆφος". Die Griechen trugen nach der Recitation dieser Fassung den oben S. 538. n. 1 abgedruckten Text vor. Der Umstand, dass über die Verschiedenheit beider Fassungen nichts bemerkt wurde, spricht entschieden für die von mir vertretene Meinung, dass man in beiden den gleichen Sinn fand. Und in der That erklärt sich die Verschiedenheit der Texte sehr gut daraus, dass die Occidentalen mehr Veranlassung hatten, ihren Patriarchen in die erste Linie zu stellen. Man braucht also nicht zu dem Mittel zu greifen, den nur angeblichen, in der That aber nicht vorhandenen Widerspruch durch die Annahme einer Verfälschung des Kanons in Rom (dagegen auch Maassen S. 93. 94) oder einer späteren Interpolation des Berichts über die Verlesung des Kanons durch die Griechen (s. Ballerinii, de ant. collection. et collect. can. P. I. c. 6. n. 8, opp. Leon. 3, XXXVII ff., Hefele 2, 522) zu beseitigen.

[4] Hist. eccl. X. 6: „Et ut apud Alexandriam et in urbe Roma vetusta consuetudo servetur, ut

letzteren Ausdruckes nicht minder bestritten [1], wie die des in Rede stehenden Kanons überhaupt. Man will darunter einerseits die innerhalb eines das Gebiet des hundertsten Meilensteines um Rom umfassenden Sprengels, des Districtes des Präfectus Urbi, belegenen Kirchen verstehen [2]. Andererseits hat der Jesuit Sirmond [3] die suburbikarischen Provinzen für das Gebiet des Vicarius Urbis erklärt, dabei aber freilich eine Ausdehnung des römischen Patriarchalgebietes schon zur Zeit des Nicänums auf den ganzen Occident statuirt. Seitdem ist die Meinung vielfach adoptirt worden, dass der Patriarchalbezirk Roms die suburbikarischen Provinzen des Vicarius Urbis umfasst habe [4]. Die Neueren schliessen sich theils dieser Ansicht an [5], theils aber haben sie wieder unter verschiedenartiger Erklärung der suburbikarischen Kirchen [6] die Patriarchalherrschaft des römischen Bischofs über den ganzen Occident vertheidigt [7].

Was zunächst die Bedeutung der suburbikarischen oder urbikarischen Regionen im Sinne der politischen Eintheilung des römischen Reichs betrifft, so würde, nach der Ansicht Gothofreds, nur das innerhalb des hundertsten Meilensteines belegene Gebiet darunter begriffen sein. Dagegen hätten nach Sirmond jene Regionen die zehn Provinzen Kampanien, Tuscien und Umbrien, Picenum suburbicarium, Sicilien, Apulien und Calabrien, Bruttii und Lucanien, Samnium, Sardinien, Corsika, Valeria umfasst. Dass das letztere richtig ist, ergiebt der Sprachgebrauch des vierten Jahrhunderts [8]. An und für sich ist damit freilich noch nicht festgestellt, dass Rufin unter

vel ille Aegypti vel hic suburbicariarum ecclesiarum sollicitudinem gerat". Auch die Versio prisca (s. S. 554. n. 1) erwähnt der suburbicaria loca.

[1] Die Literatur bei Sagittarius, introductio in histor. ecclesiast. Jen. 1718. 2, 1223 ff.; Fimiani adnot. d) in P. de Marca l. c. lib. I. c. 3. n. 6 (ed. cit. 1, 23).

[2] (Jac. Gothofred.), de suburbicariis regionibus et eccles. seu de praefecturae et episcopi urbis Romae dioecesi coniectura. Francof. 1617; (Eiusd.) vindiciae pro coniectura adversus censuram J. Sirmondi 1619; Comment. ad cod. Theodos. II. 16. c. 2; (Cl. Salmasii) Amici ad amicum de suburbicariis regionibus et ecclesiar. epistola. Paris. 1619 (epistol. l. 1. Lugd. Batavor. 1656); Eucharisticon Jac. Sirmondo pro Adventoria. Paris. 1621.

[3] Jac. Sirmondi censura coniecturae anonymi scriptoris de suburbicariis regionibus. Paris. 1618 (opp. Venet. 1728. 4, 1 ff.); Adventoria causidico Divionensi adv. amici ad amicum epistolam (in opp. l. c.); Propemticum Cl. Salmasio adversus eius eucharisticon lib. II. Paris. 1622.

[4] P. de Marca l. c. c. 7. n. 6 ff.; Ziegler S. 113. n. 100; Gieseler, Kirchengesch. 4. Ausg. I. 2, 194. n. 3.

[5] So namentlich Mommsen, die libri coloniarum in Blume, Lachmann und Rudorff, die Schriften der römischen Feldmesser. Berlin 1852. 2, 200 ff.; Richter §. 14.

[6] So erklären Maassen S. 104 und Hefele 2, 382 die suburbikarischen Regionen für das Gebiet des praefectus urbi; Walter, K. R. §. 155. n. 4 meint, dass der Begriff der ecclesiae suburbicariae nicht mit dem der suburbikarischen Provinzen im politischen Sinne zusammenfalle, sondern eine selbstständige, nicht mehr zu bestimmende Bedeutung gehabt habe; Phillips 2, 41 nimmt ebenso wie Walter eine politische und eine kirchliche Bedeutung des Ausdrucks an und erklärt die letztere, welche Rufin im Auge gehabt haben soll, dahin, dass damit die dem Bischof von Rom als episcopus urbis oder urbicus unmittelbar untergebenen Kirchen gemeint seien, also solche, für welche dieser das Ordinationsrecht, ohne es auf andere Bischöfe übertragen zu haben, selbst ausgeübt hätte.

[7] Maassen S. 112 ff.; Hefele, Walter, Phillips, s. die vorige Anmerkung.

[8] Ein in l. 1. C. Theodos. quibus equor. cursus IX. 30 v. J. 364 für die Bewohner per Picenum atque Flaminiam nec non etiam Apuliam et Calabriam, Brittios et Lucaniam atque Samnium ergangenes Verbot wird in l. 3. eod. (a. 365) in Bezug genommen und hier als ein für die urbicariae regiones ergangenes bezeichnet. Wenn dagegen behauptet wird (s. neuerdings noch Maassen S. 109), dass die in der letzteren Stelle erwähnten Konstitutionen nicht in den codex Theodosianus aufgenommen seien, so ist das eine beweislose Behauptung. Ebenso hinfällig ist sein Einwand, dass die erste lex nicht alle Regionen nennt: gehörten die dort erwähnten zu den urbicariae, so konnte die spätere Konstitution selbstverständlich von solchen sprechen. — Ferner erklärt ein kaiserliches Reskript von 371 an den vicarius urbis Romae (bei Baronius annal. a. 371. n. 3), dass dem nach Gallien verwiesenen Ursicinus gestattet worden, sich von da zu entfernen „sub ea condicione . . . neve ad urbem Romam vel regiones suburbicarias valeat commanere"; Maassen, welcher diese Stelle für nicht beweisend hält, weil die suburbikarischen Regionen im Gothofredischen Sinne auch unter dem vicarius urbis gestanden haben, hat übersehen, dass das Reskript in seinem weiteren Verlauf: „Sinceritas igitur tua . . . singularum urbium atque regionum, quibus temporarie

suburbicariae ecclesiae dasselbe verstanden hat. Soviel dürfte aber wohl als sicher angenommen werden, dass er bei dem Gebrauch des Wortes suburbicariae nicht gut an

praeest, primores atque incolas propria scriptione conveniat, quatenus sciant, ita memorato egrediendi terminos circumscriptos . . . licentiam praebitam, ut ab interdictis locis incessum intelligant abstinendum", dem Vicarius aufgiebt, das Verbot allen ihm untergebenen Distrikten bekannt zu machen und das bei der Beschränkung desselben auf das Gebiet innerhalb des hundertsten Meilensteines keinen Sinn und Zweck gehabt hätte. — L. 9. C. Th. de extraordin. mun. XI. 16, erlassen an den Präfectus Prätorio von Italien verordnet: „Exemplo Africae debent fundi patrimoniales et emphyteutici per Italiam constituti ab extraordinariis omnibus excusari. Non enim per Italiam tantum sed etiam per urbicarias regiones et Siciliam patrimonialium et emphyticorum fundorum vires servandas esse perspeximus" (a. 359), und l. un. C. Th. si per obreptionem XI. 13 (an denselben Beamten a. 383) . . . „Igitur sinceritas tua id ipsum per omnem Italiam, tum etiam per urbicarias Africanasque regiones ac per omne Illyricum praelata oraculi huius auctoritate firmabit". l. 9. C. Th. de annon. XI. 1: „Tabulariorum fraudes se resecasse per suburbicarias regiones vir clarissimus Anatolius consularis missa relatione testatus est, quod pabula . . . nunc in consilio ratione tractata pro longinquitate vel molestia itineris ab unoquoque oppido certo ac denunciato tempore devehi ordinavit. Quod iubemus, ut etiam per omnes Italiae regiones pari ratione servetur" (a. 365). Hier werden offenbar die Diöcesen der vicarii aufgeführt; und zweifellos sind unter den regiones urbicariae die 10 südlichen unter dem Vicarius Urbi stehenden Provinzen gemeint, da Italia hier in dem häufig vorkommenden engeren Sinn genommen ist und die 7 nördlichen Provinzen Italiens Venetia und Histria, Aemilia, Liguria, Flaminia und Picenum annonarium, die Cottischen Alpen, Raetia I. und Raetia II. bedeutet (s. Notit. dignit. Occid. c. 18ª. ed. Boecking 1, 68 annot. p. 439; v. Bethmann-Hollweg, der Civilprozess des gem. Rechts 3, 51; Maassen S. 108). Allerdings wird in der ersten der 3 Stellen Sicilien von den urbicariae regiones geschieden, obwohl es zu den 10 dem Vicarius urbis unterworfenen Provinzen gehört hat, allein als alte provincia war Sicilia nicht im eigentlichen Sinne regio (Mommsen a. a. O. S. 201. n. 96) und die Nebeneinanderstellung erklärt sich daraus, dass in der Konstitution von fundi patrimoniales die Rede ist, diese aber in Sicilien unter einem eigenen procurator rei privatae standen, wie denn auch die Notitia dignitatum Occid. c. 11 einen procurator rei privatae per urbem Romam et suburbicarias regiones cum parte Faustinae von dem procurator rei privatae per Siciliam, per Italiam, per Illyricum scheidet. — Schliesslich kommt Folgendes in Betracht. Die Eintheilung Italiens in annonarische und urbikarische oder suburbikarische Landschaften, deren ersteren der vicarius Italiae, deren letzteren der vicarius urbi vorstand, beruht darauf, dass die annonarischen die Naturallieferungen an den kaiserlichen Hof, die urbikarischen an die Hauptstadt zu leisten hatten (Mommsen S. 200. 202). Die zu dem Gebiete des vicarius urbi gehörende Provinz Tuscien zerfällt aber schon nach Ammian. Marcellin. XXVII. 3. 1 in Tuscia annonaria und suburbicaria (vgl. auch l. 12. C. Th. XI. 28). Der erstere, der nördliche Theil, stand also hinsichtlich der Steuerverhältnisse den Provinzen der nördlichen Diöcese, denen von Italia im engeren Sinne gleich, obwohl beide Theile Tusciens jedenfalls bis zum 3. Jahrhundert einen Verwaltungsbezirk gebildet haben. Mommsen a. a. O. S. 207. 208. Ebenso hat es ein Picenum annonarium und Picen. suburbicarium gegeben, von denen das letztere stets unter der Verwaltung des Vicarius urbi geblieben ist, während das erstere, der nördliche Bezirk, später dem Vicarius Italiae untergeben wurde. Mommsen S. 210. 211. Gerade diese Verhältnisse zeigen recht deutlich, dass die urbikarischen Regionen unmöglich die dem Praefectus Urbi unterworfenen Gebiete gewesen sein können. Die Behauptung von Phillips a. a. O., dass zur Zeit des Nicänums die erwähnte Eintheilung Italiens in einem Bezirk des Vicarius Urbi und des Vicarius Italiae nicht bestanden habe — diese würde allerdings die ganze Argumentation erschüttern — ist hinfällig, da jene Beamten schon im J. 320 vorkommen (Mommsen S. 202), wenngleich der Umfang ihrer Verwaltungsbezirke später auch Veränderungen erfahren hat. — Was übrigens die positiven Stützen der Gothofredischen Ansicht und ihrer Anhänger betrifft, so sind dies l. 13. C. Th. de accusat. IX. 1. a. 376: „Provincialis iudex vel intra Italiam, cum in eius disceptationem criminalis caussae dictio adversum senatorem inciderit, intendendi quidem examinis et cognoscendi caussas habeat potestatem, verum nihil de animadversione decernens integro non caussae sed capitis statu referat ad scientiam nostram vel ad inclitas potestates. Referent igitur praesides et correctores, item consulares, vicarii quoque, proconsules de capite, ut diximus, senatorio negotii examine habito. Referant autem de suburbanis provinciis iudices ad praefecturam sedis urbanae, de ceteris ad praefecturam praetorio. Sed praefecto urbis cognoscente de capite senatorum" . . . und l. 2. C. J. ubi senator. III. 24. a. 390: „Senatores in pecuniariis causis sive in hac alma urbe sive in suburbanis degunt, in iudicio tam praetorianae quam urbicariae praefecturae nec non magistri officiorum (quoties tamen ad eum nostrae pietatis emanaverit iussio), in provinciis vero ubi larem fovent aut ubi maiorem bonorum partem possident et assidue versantur, respondebunt". Hier sind zwar zweifellos die der Stadt nahe gelegenen Distrikte gemeint, aber es liegt nicht der mindeste Grund vor, diese mit den regiones suburbicariae oder urbicariae zu identificiren. Mommsen S. 201. n. 96. — Uebrigens hat neuerdings Walter, Geschichte des römischen Rechts. 3. Aufl. 1860. Bd. 1. §. 389. Anm. 30 und §. 408 die hier im wesentlichen reproducirten Ausführungen Mommsens, aber m. E. vergeblich, zu widerlegen versucht.

den engen Bezirk innerhalb des hundertsten Meilensteines gedacht haben kann, weil bei der Beschränkung der päpstlichen Gewalt auf einen so kleinen Umfang die Parallele mit dem Bischof von Alexandrien vollkommen unzutreffend gewesen wäre. Möglich bleibt demnach nur die Beziehung des streitigen Wortes auf die suburbikarischen Gebiete in dem eben angenommenen Sinn oder auf den ganzen Occident. Wenn letzteres die Anschauung des 6. Jahrhunderts gewesen ist[1], so folgt daraus noch nicht, dass diese schon zur Zeit des Koncils von Nicäa festen Boden gewonnen hatte. Selbst Aussprüche, welche im Allgemeinen den römischen Bischof als den Repräsentanten des Occidents behandeln[2], sind deshalb nicht für ausreichend zu erachten[3], weil sie diese Anschauung auf den unbestrittenen Vorrang der römischen Kirche wegen ihrer apostolischen Stiftung stützen können, ohne dabei an Patriarchalrechte ihres Bischofs zu denken. Es fragt sich daher, welche derartigen Rechte Rom im 4. Jahrhundert und in welchen Ländern es diese ausgeübt hat.

Alle Schwierigkeiten würden gelöst erscheinen, wenn die Behauptung richtig wäre, dass die im J. 314 in Folge der Donatistischen Streitigkeiten zu Arles abgehaltenen Synode eine Patriarchalsynode des Occidents gewesen ist[4]. Indessen eine Versammlung, welche durch den Kaiser Konstantin berufen[5], auf der der römische Bischof zwar durch zwei Priester und zwei Diakonen vertreten war[6], indessen der Bischof von Arles präsidirte[7] und welche eine Reihe von ursprünglich nicht auf ihrer Tagesordnung stehenden Angelegenheiten aus eigener Initiative erledigte, die über diese gefassten Beschlüsse aber dem römischen Bischof zur weiteren Publikation mittheilte, kann unmöglich für eine Patriarchalsynode erklärt werden[8], weil sie sich von dem angeblichen Patriarchen völlig unabhängig gerirte[9].

[1] Nov. 109. pr. (a. 541): „. . . τῆς ἁγίας τοῦ θεοῦ καθολικῆς καὶ ἀποστολικῆς ἐκκλησίας ἐν ᾗ πάντες ὁμοφώνως οἱ ἁγιώτατοι πάσης τῆς οἰκουμένης πατριάρχαι, ὅ τε τῆς ἑσπερίας Ῥώμης καὶ ὁ ταύτης τῆς βασιλίδος πόλεως καὶ Ἀλεξανδρείας καὶ Θεουπόλεως καὶ Ἱεροσολύμων καὶ πάντες οἱ ὑπ' αὐτοὺς τεταγμένοι ὁσιώτατοι ἐπίσκοποι τὴν ἀποστολικὴν κηρύττουσι πίστιν τε καὶ παράδοσιν". Dass diese Novelle von der Voraussetzung ausgeht, dass der ganze Erdkreis in Patriarchalsprengel getheilt ist, kann nicht zweifelhaft sein. Maassen S. 113.

[2] Augustin. contr. Iulian. I. 4. (ed. Bened. 10, 331): „An ideo contemnendos putas, quia occidentalis ecclesiae sunt omnes nec ullus est in eis commemoratus a nobis Orientis episcopus? Quid ergo faciemus quum illi Graeci sint, nos Latini? Puto tibi eam partem orbis sufficere debere in qua primum apostolorum suorum voluit dominus gloriosissimo martyrio coronari; cui ecclesiae praesidentem b. Innocentium, si audire voluisses iam tunc periculosam iuventutem tuam Pelagianis laqueis exuisses": Hieronym. epist. 15 (ed. Martianay IV. 2, 21) ad. Marc. presb.: „Si eis placet, haereticum me cum occidente, haereticum cum Aegypto, hoc est, cum Damaso (Bischof von Rom) Petroque condemnent".

[3] So thut Maassen S. 117.

[4] So Maassen S. 123 und Hefele 1, 171, welcher letztere die Versammlung als „eine abendländische Generalsynode des römischen Patriarchats" charakterisirt, obwohl er freilich 1, 3 die lateinischen oder griechisch-morgenländischen Generalsynoden von den Patriarchal-Koncilien scheidet.

[5] S. die Berufungsschreiben bei Euseb. hist. eccl. X. 5 u. Mansi 2, 463. 466. 469; Hefele 1, 169.

[6] S. das Personalverzeichniss bei Mansi 2, 476.

[7] Synodalschreiben bei Bruns, canon. I. 2, 107: „Domino sanctissimo fratri Silvestro Marinus vel coetus episcoporum qui adunati fuerunt in oppido Arelatensi; Hefele 1, 170.

[8] Synodalschreiben an Silvester bei Mansi 2, 469: „Et utinam frater dilectissime ad hoc tantum spectaculum interesse tanti fecisses, profecto credimus quia in eos severior fuisset sententia prolata et te pariter nobiscum iudicante coetus noster maiore laetitia exultasset . . . Nos tamen haec sola nobis visa sunt tractanda, frater carissime, ad quae fueramus invitati, sed et consulendum nobis ipsis censuimus et cum diversae sint provinciae ex quibus advenimus, ita et varia contingunt quae nos censemus observare debere. Placuit ergo praesente spiritu sancto et angelis eius ut et his qui singulos quos movebat iudicare, proferremus de quiete praesenti. Placuit etiam a te qui maiores dioeceses tenes per te potissimum omnibus insinuari". Auch in dem Schreiben der vorigen Note folgt auf die Adresse: „Quid decreverimus communi consilio caritati tuae significamus, ut omnes sciant quid in futurum observare debeant", dass man die Synode, wenngleich Konstantin nach seinen eigenen Worten (s. Euseb. l. c.) dazu Bischöfe: „ἐκ διαφόρων καὶ ἀμυθήτων τόπων berufen hatte, nicht unter eine der späteren Kategorien der Synoden subsummiren kann, erklärt sich einfach daraus, dass damals die Entwicklung des Synodalwesens noch im Fluss gewesen ist.

[9] Maassen S. 124 findet freilich in dem

Ueber die auf demselben Koncil dem Papste beigelegte Innehabung der grösseren Diöcesen lässt sich gleichfalls aus der Synode nichts Anderes entnehmen, als dass ihm damals ebenso wie durch das Nicänum eine gewisse Obergewalt beigelegt wurde. Zieht man aber das Koncil von Sardika von 343 mit heran, so kann man jene Gewalt mit Sicherheit für Sicilien, Sardinien und auch für einen grossen Theil Italiens schon zur Zeit des Nicänums als festgestellt ansehen[1]. Bestätigt wird letzteres auch dadurch, dass für einzelne Theile Italiens noch später die Ordination der Metropoliten und Bischöfe dem Papste vorbehalten war[2] und dieses Verhältniss sich nur daraus erklärt, dass nach der Ausbildung der Metropolitanverfassung, welche erst in die Zeit nach dem Nicänum fällt, es den Metropoliten nicht gelungen ist, hier das Ordinationsrecht zu erlangen[3]. Gegen eine allgemeine Ausübung desselben im ganzen Occident spricht aber der Umstand, dass ein solches nie von den Päpsten im früheren Mittelalter in Anspruch genommen, geschweige denn auf ihre etwaige Patriarchalgewalt gegründet worden ist[4]. Ebenso wenig lässt sich eine oberstrichterliche Gewalt des Bischofs von Rom, welche aus seiner Stellung als Patriarch hergeleitet worden wäre, für die Zeit des Nicänums nachweisen[5]. Ja selbst wenn sich die Ausübung derartiger Befugnisse darthun liesse, würde es sich immer noch fragen, ob letztere Ausflüsse einer sich bildenden Patriarchal- oder Primatialgewalt gewesen sind, da solche beim Mangel einer Zwischeninstanz über den Metropoliten sowohl auf die eine wie auf die andere Stellung zurückgeführt werden können. Aus demselben Grunde sind die späteren Verhältnisse, die Stellung des römischen Bischofs zu Illyrien seit Ende des 4. Jahrhunderts (s. darüber §. 75. II. 2), die von einzelnen Päpsten hervorgehobene engere Verbindung der Kirchen des Occidents mit dem römischen Stuhl[6] und ähnliche andere Momente[7] nicht mass-

Schreiben das stillschweigende Anerkenntniss einer Nothwendigkeit der Bestätigung der Beschlüsse des Koncils enthalten.

1 Conc. Sardic. synod. ad Iulium pap. (Mansi 3, 41): „Tua autem excellens prudentia disponere debet, ut per tua scripta qui in Sicilia, qui in Sardinia et in Italia sunt fratres nostri quae acta sunt et quae definita, cognoscant".

2 S. oben S. 102. n. 9.

3 So dass also hier die Entwicklung denselben Verlauf wie im Sprengel von Alexandrien genommen hat. Stand doch Sicilien zur Zeit Gregors I. sogar noch im Metropolitanverband mit Rom. Sentis, die Monarchia Sicula. S. 8.

4 S. oben S. 102. n. 10.

5 Maassen S. 125 stützt dieselbe auf das Reskript Gratians und Valentinians ad Aquilinum vicar. urbis a. a. 378 (Mansi 3, 628): „Volumus autem, ut quicumque iudicio Damasi quod ille consilio quinque vel septem habuerit episcoporum vel eorum qui catholici sunt, iudicio vel consilio condemnatus fuerit, si iniuste voluerit ecclesiam retentare, ut qui evocatus ad sacerdotale iudicium per contumaciam non ivisset, aut ab illustribus viris praefectis praetorio Galliae atque Italiae sive a proconsulibus vel vicariis auctoritate adhibita, ad episcopale iudicium remittatur ut ad urbem Romam sub prosecutione perveniat: aut si in longinquioribus partibus alicuius ferocitas talis emerserit, omnis eius causae dictio ad metropolitae in eadem provincia episcopi deducatur examen vel si ipse metropolitanus est, Romam necessario vel ad eos quos Romanus episcopus iudices dederit, sine delatione contendat, ita tamen, ut quicumque deiecti sunt, ab eius tantum urbis finibus segregentur in quibus fuerint sacerdotes. Minus enim graviter meritos coercemus et sacrilegam pertinaciam lenius quam meretur ulciscimur. Quod si vel metropolitani episcopi vel cuiuscumque sacerdotis iniquitas est suspecta aut gratia, ad Romanum episcopum vel ad concilium quindecim episcoporum finitimorum accersitum liceat provocare: modo ne post examen habitum quod definitum fuerit, integretur". Aber dieser Erlass hatte nur die vorübergehende Bedeutung, das durch die zwiespältige Wahl des Damasus und Ursicinus entstandene Schisma zu beseitigen. Seine Bestimmungen entsprechen wörtlich den zu diesem, aber auch allein zu diesem Zwecke gemachten Vorschlägen der römischen Synode vom J. 378 (s. Mansi 3, 626). Vgl. auch Gieseler, Kirchengesch. 4. Aufl. I. 2, 198.

6 Ep. Innoc. I. ad Decent. Eugubin. a. 416 (Coustant 855): „. . . praesertim cum sit manifestum in omnem Italiam, Gallias, Hispanias, Africam atque Siciliam insulasque interiacentes nullum instituisse ecclesias, nisi eos quos venerabilis apostolus Petrus aut eius successores constituerint sacerdotes. Aut legant, si in his provinciis alius apostolorum invenitur aut legitur docuisse. Quodsi non legunt quia nusquam inveniunt, oportet eos hoc sequi quod ecclesia Romana custodit, a qua eos principium accepisse non dubium est".

7 Welche z. B. Maassen S. 112 ff. für den Patriarchat geltend macht.

gebend, und zwar um so weniger wenn katholischer Seits selbst zugegeben werden muss, dass die Patriarchalgewalt des römischen Bischofs nur negativer Natur ist und ihr positiver Inhalt in dem Primat besteht[1].

Durch die Untersuchung der vom römischen Bischof zur Zeit des Nicänums ausgeübten Befugnisse lässt sich, wie die vorstehenden Ausführungen zeigen, nichts über den Sinn der Rufinischen Paraphrase des 6. Kanons des Koncils ermitteln. Nur soviel kann man aus der Vergleichung des römischen Bischofs mit dem von Alexandrien in der gedachten Stelle, dem Gebrauch des Ausdrucks maiores dioeceses in dem Schreiben der Synode von Arles (S. 557) und dem Brief des Koncils von Sardika entnehmen, dass der römische Bischof im Occident eine höhere Stellung als die eines gewöhnlichen Metropoliten besessen hat; einmal weil sein Sitz der einzige apostolischer Stiftung war, sodann weil er beim Mangel einer ausgebildeten Metropolitanverfassung in einem weiten Sprengel Metropolitanrechte ausübte. Dafür, dass diese gerade auf das Gebiet der suburbikarischen Provinzen in dem S. 555 festgestellten Sinn beschränkt waren, ergiebt sich kein Anhalt. Man kann daher zugeben, dass das Nicänum, welches ja nicht ein bestimmtes Maass von Patriarchalrechten fixirt, sondern in den Patriarchen nur Bischöfe höherer Stellung sieht, den Bischof von Rom als solchen, d. h. als Metropoliten höheren Ranges betrachtet. Die Unbestimmtheit des betreffenden Kanons hat Rufin bei seinem Bericht über das Koncil m. E. näher präcisiren wollen und wahrscheinlich mit Rücksicht auf die grössere Einwirkung des römischen Stuhles auf die nahe liegenden Provinzen Italiens bis Sicilien, namentlich in Hinblick auf das hier geübte Ordinationsrecht hat er nach dem Vorbilde des damals geläufigen Ausdruckes: suburbicariae provinciae die Bezeichnung: suburbicariae ecclesiae gewählt. Die Versio prisca, welche jedenfalls nach dem Koncil von Chalcedon angefertigt worden ist, hat sodann, indem sie dem schon damals hervortretenden Streben der Päpste nach dem Primat Rechnung trägt, diesen Ausdruck durch Hinzufügung des Zusatzes: »et omnem provinciam suam« korrigirt, wie sie ja auch im Gegensatz zu den anderen alten Uebersetzungen das bezeichnende Wort: principatus im Gegensatz zu der den übrigen Patriarchen beigelegten sollicitudo gebraucht[2]. Sie kennzeichnet damit zugleich die Tendenz der päpstlichen Politik. Denn dieser konnte es, namentlich gegenüber der wachsenden Bedeutung des Patriarchen von Konstantinopel für die Erweiterung der Rechte des römischen Bischofs nicht auf die Verwerthung des Patriarchalranges, sondern allein auf die einer die Ueberordnung über den Gegner in Konstantinopel bedingenden Stellung ankommen. Daraus erklärt es sich, dass im Abendlande während des 4. und 5. Jahrhunderts des Patriarchats des römischen Bischofs keine Erwähnung geschieht, und dass die Auffassung, dass der römische Bischof den Patriarchat über den Occident besitzt, erst in Folge orientalischer Anschauungen[3] hervorgerufen worden ist. Bei der im Oströmischen Reich ausgebildeten Patriarchalverfassung lag die Annahme nahe, dass der ganze christliche Erdkreis in dergleichen Sprengel eingetheilt sei, somit dem römischen Bischofe der Patriarchat über den Occident zukomme. Wenn diese Auffassung hauptsächlich im Orient entwickelt und festgehalten worden ist[4], haben sie doch auch die Päpste

[1] Maassen S. 119. n. 12.
[2] S. S. 554. n. 1.
[3] S. S. 557.
[4] Conc. Constantinop. III. a. 680. art. 18 (Mansi 11, 681): „Ἡ ἁγία σύνοδος εἶπεν· αἰτοῦμεν . . ἰσοτύπους ἐνυπογράφους ὅρους . . , ἐκδοθῆναι τοῖς πέντε πατριαρχικοῖς θρόνοις“ . . .; conc. Trull. a. 692. c. 36: . . . „ὁρίζομεν, ὥστε τὸν Κωνσταντινουπόλεως θρόνον τῶν ἴσων ἀπολαύειν πρεσβείων τοῦ τῆς πρεσβυτέρας Ῥώμης θρόνου καὶ ἐν τοῖς ἐκκλησιαστικοῖς ὡς ἐκεῖνον μεγαλύνεσθαι πράγμασι

adoptirt[1], schon aus dem Grunde, um ausser dem beanspruchten Primat[2] auch daneben noch eine ihrem Nebenbuhler in Konstantinopel gleiche Stellung geltend machen zu können. So erklärt sich einerseits die bis auf den heutigen Tag fortdauernde Beibehaltung des Titels: Patriarch des Abendlandes[3], andererseits aber die völlige Bedeutungslosigkeit dieser Stellung für die Entwicklung der abendländischen Kirche.

III. Die orientalischen Patriarchate bis zur Gegenwart. In Folge der Ausbreitung des Islam seit dem zweiten Viertel des 7. Jahrhunderts und der Eroberung der Patriarchalsitze von Jerusalem, Antiochien und Alexandrien durch die Chalifen Abubeker und Omar verblieb dem Byzantinischen Reich nur der Patriarchalsitz von Konstantinopel. Die übrigen Patriarchalstühle wurden theils durch die Unterbrechung der Reihenfolge der Patriarchen, theils wegen der schismatischen Richtung ihrer Inhaber neben dem Patriarchen von Konstantinopel bedeutungslos[4]. Für die occidentalische Kirche interessiren sie für diese Zeit um so weniger, als die morgenländische Kirche sich derselben überhaupt seit dem 8. Jahrhundert immer mehr entfremdete. Erst in Folge der Kreuzzüge und in Folge der mit der Errichtung des lateinischen Kaiserthums[5] (im J. 1204) zusammenhängenden Einsetzung eines lateinischen Patriarchen zu Konstantinopel[6] wurden jene Sitze dem römischen Stuhle wieder gewonnen und mit Anhängern der römischen Kirche besetzt, wenngleich neben diesen lateinischen Patriarchen theilweise auch griechische Patriarchen vorkamen[7]. So nahmen die Patriarchen auch eine Zeit lang wieder eine regelmässige Stellung in der Verfassung der römischen Kirche ein und das lateranensische Koncil vom J. 1215 unter Innocenz III. regelte ihre Stellung dahin, dass sie dem Papst den Fidelitäts- und Gehorsamseid zu leisten, namentlich seine oberste Jurisdiktionsgewalt anzuerkennen hatten, dafür aber

δευτερὸν μετ' ἐκεῖνον ὑπάρχοντα μεθ' ὅν ὁ τῆς Ἀλεξανδρέων μεγαλοπόλεως ἀριθμείσθω θρόνος, εἶτα ὁ τῆς Ἀντιοχέων καὶ μετὰ τοῦτον ὁ τῆς Ἱεροσολυμιτῶν πόλεως". S. auch S. 557. n. 1.

[1] S. oben S. 546. n. 4. und S. 212. n. 3. 213.

[2] Dieser ist aber immer stets daneben betont worden, s. z. B. Gregor. I. ep. XIII. 45 (ed. Bened. 2, 1254): „Cum contra haec si dictum fuerit, quia nec metropolitanam habuit nec patriarcham (vgl. dazu Nov. 123. c. 22), dicendum est, quia a sede apostolica quae omnium ecclesiarum caput est, causa haec audienda ac dirimenda fuerat, sicut et praedictus episcopus petiisse dignoscitur qui episcopos alieni concilii habuit suspectos", und c. 23 (Lateran. IV. a. 1215) X. de privileg. V. 33.

[3] S. S. 213.

[4] Pichler 2, 628; Binterim S. 216. 224. 230.

[5] Pichler 1, 307 ff.

[6] Gesta Innocentii III. c. 98 (epistol. ed. Baluze Paris. 1682. 1, 60. 61): „Praerogativa dilectionis et gratiae quam apostolica sedes exhibuit ecclesiae Byzantinae, cum eum in patriarchalem sedem erexit ecclesiasticae plenitudinem potestatis quam . . . deus homo in Petro ecclesiae Romanae concessit, evidenter attestatur et quod Romanus pontifex eius vicarius sit, ostendit qui primos novissimos facit et novissimos primos . . . Licet autem eadem ecclesia interdum ab obedientia sedis apostolicae declinarit, quia tamen ad eam per dei gratiam humiliter est reversa, tuis precibus annuentes eandem ecclesiam cui deo auctore praeesse dignosceris, sub b. Petri et nostra protectione suscipimus et praesentis scripti patrocinio communimus". Dass diese Anschauung, der Patriarchat von Konstantinopel hänge allein von der Gnade des Papstes ab, mit den Bestimmungen der Synode von Chalcedon und der von Konstantinopel im J. 869, sowie mit der historischen Entwicklung im Widerspruch steht, ist klar. S. oben S. 541 ff. u. Pichler 2, 304.

[7] Pichler 2, 315 giebt folgende Uebersicht: „Antiochien hatte seit dem J. 1100 lateinische Patriarchen, der griechische Patriarch Johannes hatte sich schon 1098 nach Konstantinopel geflüchtet. In Jerusalem war im J. 1099 der auf Cypern, wohin er sich vor den Türken geflüchtet hatte, verstorbene Patriarch Symeon, durch den Franken Dagobert ersetzt worden. Alexandrien wurde erst im J. 1365 von den Lateinern erobert. Unter diesen lateinischen Patriarchen änderten sich vielfach die Grenzen der Sprengel, sie erhielten mancherlei Privilegien, mussten aber vom Papst sich das Pallium erbitten. Jerusalem hatte vom J. 1099 bis 1369 oder von Dagobert bis Wilhelm IV., einem Dominikaner, 37 lateinische Patriarchen und in gleicher Zeit 17 griechische; Antiochien hatte vom J. 1100 bis 1342 oder von Bernhard bis Gerald, einem Franziskaner, 13 lateinische und gleichzeitig 19 griechische, Konstantinopel vom J. 1204 bis 1474 oder von Thomas von Morosini bis Peter IV., einem Franziskaner, 34 lateinische und 38 griechische Patriarchen".

auch das Pallium empfangen sollten, während es ihnen die Jurisdiktion über ihre Sprengel in dem alten Umfange, das Recht der Pallienverleihung an ihre Suffragane und der Entgegennahme des von letzteren zu leistenden Obedienzeides, sowie die Befugniss, sich eine Kreuzfahne vortragen zu lassen, zugestand[1]. Im Verlaufe des 14. und des 15. Jahrhunderts hat aber die römische Kirche in Folge des Verfalles des lateinischen Kaiserthums, der Wiedereroberung des gelobten Landes und der Einnahme Konstantinopels durch die Türken jene Patriarchate wieder verloren. Nichts destoweniger werden seit dieser Zeit auf jene Sitze, da wegen des totalen Zerfalls ihrer Verfassung eine regelmässige Besetzung[2] und auch die Ausübung einer Jurisdiktion nicht möglich ist, vom Papste selbst Prälaten ernannt und geweiht, welche in Rom bei den Patriarchalkirchen[3] residiren und hier im Dienste der Kurie, wie die übrigen Weihbischöfe, verwendet werden. Sie haben nur einen höheren Ehrenrang (s. §. 67. I.), also den Vortritt vor allen Erzbischöfen und Bischöfen. Eine Patriarchaljurisdiktion besitzen sie nicht, und deshalb wird ihnen auch das Pallium nicht verliehen[4].

Unter der Regierung des jetzigen Papstes (im J. 1847) ist es indessen gelungen, den alten Patriarchat von Jerusalem wieder in das Leben zu rufen[5]. Der Inhaber dieses Stuhles residirt jetzt wieder an seinem Sitze und übt die Jurisdiktion aus[6], wenn gleich freilich eine weitere Eintheilung seines Bezirkes in Suffragansprengel bis heute, soweit mir bekannt, nicht stattgefunden hat.

[1] c. 23. X. de privileg. V. 33: „Antiqua patriarchialium sedium privilegia renovantes sancta universali synodo approbante sancimus, ut post Romanam ecclesiam quae disponente domino super omnes alias ordinariae potestatis obtinet principatum, utpote mater universorum Christi fidelium et magistra, Constantinopolitanum primum, Alexandrina secundum, Antiochena tertium, Hierosolymitana quartum locum obtineant, servata cuilibet propria dignitate ita quod, postquam antistites earum a Romano pontifice receperint pallium, quod est plenitudinis officii pontificalis insigne, praestito sibi fidelitatis et obedientiae iuramento, licenter et ipsi suis suffraganeis pallium largiantur, recipientes pro se professionem canonicam et pro Romana ecclesia sponsionem obedientiae ab eisdem. Dominicae vero crucis vexillum ante se faciant ubique deferri, nisi in urbe Romana et ubicunque summus pontifex praesens extiterit aut eius legatus, utens insigniis apostolicae dignitatis. In omnibus autem provinciis eorundem iurisdictioni subiectis, ad eos quum necesse fuerit, provocetur, salvis appellationibus ad sedem apostolicam interpositis, quibus est ab omnibus humiliter deferendum". Uebrigens hatten die Patriarchen längst das Recht der Pallienverleihung ausgeübt, vgl. syn. Constantinop. a. 869. c. 17 (Mansi 16, 170): „Qua pro causa et haec magna et sancta synodus tam in seniori et nova Roma quam in sede Antiochiae et Hierosolymorum, priscam consuetudinem decernit in omnibus conservari, ita ut earum praesules universorum metropolitanorum qui ab ipsis promoventur et sive per manus impositionem sive per pallii dationem episcopalis dignitatis firmitatem accipiunt, habeant potestatem, videlicet ad convocandum eos urgente necessitate ad synodalem conventum" . . .

[2] S. schon c. 3. (Bened. XI.) de elect. in Extrav. comm. I. 3.

[3] S. oben S. 213. n. 3.

[4] Weil das Pallium nicht ausserhalb der Provinz getragen werden soll, da es Zeichen der höheren Jurisdiktion ist. c. 5. (Innoc. III.) X. de usu et auctor. pallii I. 8. Vgl. auch Benedict. XIV. de synodo dioeces. lib. XIII. c. 15. n. 17.

[5] Literae apostolicae de Patriarchatu Hierosolymitano vom 23. Juli 1867 (Pii IX. Pontif. Max. acta. Romae 1854. 1, 62): „. . . restituimus Hierosolymis exercitium iurisdictionis Latini Patriarchae eumdemque posthac residendi obligationi, ut olim, obnoxium fore declaramus. Quod tamen ad Patriarchatus limites attinet, mandamus atque decernimus, ut quoad aliter ab hac apostolica sede statuatur, eiusdem Patriarchae auctoritati subditae sint illae regiones, et loca quae in praesentiarum dilecti filii Ordinis Minorum Observantium S. Francisci terrae Sanctae Guardiani et S. Sepulchri Custodis iurisdictioni subsunt. De episcopis autem Patriarchae suffraganeis instituendis ac designandis sententiam nostram in posterum significandam esse decernimus atque eam rem omnem nostro et venerabilium fratrum nostrorum Congregationis Propagandae Fidei cardinalium iudicio reservamus. Accuratam praeterea ab eadem Congregatione instructionem dirigendam atque auctoritate nostra confirmandam mandamus quae normam afferat, quam Guardianus terrae Sanctae ac reliqui ex Seraphico Ordine religiosi viri illic commemorantes et ceteri omnes ecclesiastici Patriarchae Latino Hierosolymitano Subditi erga Patriarcham ipsum sequi ac servare debebunt".

[6] Der neuernannte Patriarch hat daher auch das Pallium wieder erhalten. Die Allocutio vom 4. Oktober 1847 (Acta Pii 1, 64), welche Ginzel, K. R. 1, 216. n. 1. dafür anführt, ergiebt zwar darüber nichts, vgl. aber Moroni, dizionario di erudizione storico-ecclesiastica 53, 290.

IV. Die Patriarchate der unirten Orientalen. In Folge der Union einzelner orientalischer Kirchen mit der katholischen Kirche, wobei die ersteren ihren Ritus und theilweise auch ihre Verfassungseinrichtungen behalten haben, sind die in dieser vorhandenen Patriarchate dem römischen Primat wieder gewonnen worden. Es sind dies:

1. Der melchitische Patriarchat von Antiochien. Die Melchiten, d. h. die Katholiken in den von den Arabern eroberten römischen Provinzen, welche wegen ihrer Anerkennung des Koncils von Chalcedon (v. 451) und des ihnen vom Kaiser Marcian zu Theil gewordenen Schutzes mit dem gedachten, so viel wie »Kaiserliche« bedeutenden Namen bezeichnet wurden, haben sich in Folge des Schismas der griechischen Kirche von der römischen losgetrennt. Nach einzelnen früheren erfolglosen Versuchen gelang es im Anfange des 18. Jahrhunderts dem Patriarchen Cyrill III. unter Papst Benedikt XIII. die Union zwischen den Melchiten und Rom herzustellen [1]. Im J. 1744 erhielt der gedachte Patriarch von Benedikt XIV. das Pallium [2] und seitdem dauert die Vereinigung bis auf den heutigen Tag fort. Der Patriarch, dessen Diöcese Damaskus ist [3], und dessen Jurisdiktion sich über die Kirchen Syriens, Mesopotamiens und Karamaniens erstreckt [4], verwaltet zugleich kraft päpstlicher Koncession die formell noch bestehenden, beiden anderen melchitischen Patriarchate von Alexandrien und Jerusalem [4].

Die Besetzung des Patriarchenstuhles erfolgt in der Weise, dass die Erzbischöfe und Bischöfe, welche bei den Melchiten sich aber nur ihrem Titel und nicht ihrer Jurisdiktion nach unterscheiden [5], den Patriarchen wählen. Der Gewählte, resp. Postulirte, übersendet im Verein mit seinen Wählern seine professio fidei unter Beilage des Wahldekretes und seines eigenen Schreibens sowie eines der Wähler durch einen Prokurator nach Rom, damit dieser die Konfirmation, resp. im Fall der Postulation die Admission, sowie die Verleihung des Palliums nachsucht und die Obedienz leistet. Die päpstliche Bestätigung wird nach vorgängiger Untersuchung der Wahlakten, welche zum Ressort der Propaganda gehört, vom Papste ertheilt [6]. Bei nicht ordnungsmässiger Ausübung des Wahlrechts seitens der Bischöfe besetzt der letztere kraft Devolutionsrechtes den Patriarchalstuhl und ferner hat er zu der Resignation des Inhabers seine Genehmigung zu geben [7]. Die Behörde, welche über den Patriarchen die Rechte des Papstes als

[1] S. den Bericht in den Acta consistorialia pro concessione pallii patriarchae Antiocheno-Graeco-Melchitarum vom 3. Februar 1744. (Bullar. Bened. XIV. append. 2, XXXI). Vgl. auch Mejer, die Propaganda 1, 432; Hergenröther in Moys Arch. 7, 337; Silbernagl, Verfassung und gegenwärtiger Bestand sämmtlicher Kirchen des Orients. Landshut 1865. S. 281.

[2] Const. Dum nobiscum vom 29. Februar 1744. (Bull. Bened. XIV. 1, 312).

[3] Diese lässt er aber durch einen Vikar verwalten, weil er nicht in Damaskus, sondern wegen des leichteren Verkehrs mit seinen Bischöfen in seinem Priesterseminar zu Ain Teràz im Libanon residirt. Silbernagl S. 283.

[4] Hergenröther S. 338; Silbernagl S. 284. Der Patriarchalsprengel des Patriarchats von Antiochien selbst umfasst mit Damaskus zwölf Diöcesen.

[5] Mejer 1, 433; Hergenröther S. 339.

[6] Diese Sätze ergeben sich daraus, dass das geschilderte Verfahren bei der Wiederbesetzung des Patriarchalstuhles stets beobachtet worden ist. S. Bull. Propagandae 4, 36. 85. 88. 101. 209. 210 ff.; Acta Pii IX. Pont. Max. Romae 1858. 2, 535 ff. Neben den Bischöfen werden freilich einmal (1764) auch Volk und Klerus als Wähler genannt: „quem venerabiles fratres nostri archiepiscopi et episcopi et dilecti filii clerus et populus Nationis Graecorum Melchitarum iuxta eorum morem ad praefatam patriarchalem ecclesiam Antiochenam elexerunt". (Bull. Propag. l. c. p. 85); allein es scheint damit blos auf die Akklamation hingedeutet zu sein. Was das Alter des Kandidaten betrifft, so muss dieser wohl 30, jedenfalls mehr als 27 Jahr sein, er wird gewöhnlich — nothwendig ist das aber nicht — aus dem Kreise der Wähler genommen (l. c. p. 31), d. h. es findet dann wegen der bischöflichen Qualität desselben nur eine Postulation und keine electio im eigentlichen Sinne statt. Vgl. auch Mejer, Hergenröther a. a. O.; Silbernagl S. 282.

[7] Das zeigt der Fall vom J. 1760 im Bull. Prop. 4, 31. 32; Moroni, dizionario di erudizione storico-ecclesiast. 44, 153. 154.

oberster Appellationsinstanz ausübt, ist die Propaganda, und dieser hat der Patriarch auch persönlich, im Verhinderungsfalle durch einen Stellvertreter, alle 10 Jahre über den Zustand seines Sprengels in Rom selbst Bericht zu erstatten [1].

Im Allgemeinen hat der Patriarch über die ihm untergebenen Bischöfe die Rechte eines Metropoliten oder Erzbischofs. Seine höhere (Patriarchal-) Jurisdiktion zeigt sich aber darin, dass er die vom Klerus der einzelnen Diöcesen gewählten Bischöfe nach Ablegung des Obedienzeides und Glaubensbekenntnisses bestätigt und konsekrirt, sowie sie zu Patriarchal- oder Nationalsynoden berufen kann [2], ja es scheint sogar, als ob er das Recht besitzt, Bischöfe zu transferiren [3].

2. Der maronitische Patriarchat von Antiochien. Die Kirche der Maroniten ist die einzige unirte Nationalkirche, welche ein ganzes Volk umfasst. Ihre kirchliche Absonderung datirt seit dem Ende des 7. Jahrhunderts, wo sie sich um den Mönch und Patriarchen Johannes mit dem Beinamen Maro († 707) als ihr weltliches und geistliches Oberhaupt, sammelten [4]. Obwohl der Monotheletismus unter dem Volk jedenfalls bald darauf Fuss gefasst hat, wenn er nicht vielleicht sogar schon früher unter demselben verbreitet war [5], hat sich doch nach Errichtung des lateinischen Patriarchates in Antiochien ein Theil der Maroniten im J. 1182 der römischen Kirche angeschlossen [6] und seit dieser Zeit sind sie (allerdings mit vereinzelten Unterbrechungen) mit der letzteren in Verbindung geblieben, jedoch hat sich die Vereinigung erst seit dem 15. Jahrhundert fester gestaltet [7]. Die Jurisdiktion des Patriarchen umfasst 9 Diöcesen [8] und erstreckt sich vom Libanon bis an die Küsten von Tripolis. Was die Besetzung des vakanten Stuhles betrifft, so nehmen sämmtliche Erzbischöfe und Bischöfe, welche sich auch bei den Maroniten nur durch den Titel unterscheiden [9], gewöhnlich binnen 9 Tagen nach der Erledigung [10], die Wahl in einem Kloster des Libanon mittelst versiegelter Stimmzettel vor; dazu können die aus einem legitimen Grunde abwesenden ihre Stimmen schriftlich einsenden. Erst eine Majorität von zwei Dritteln der abzugebenden Stimmen entscheidet. Der Kandidat muss mindestens 40 Jahre alt sein und wird gewöhnlich aus der Zahl der Bischöfe genommen, wiewohl das nicht erforderlich ist [11]. Mit der Annahme der am Tage nachher zu proklamirenden Wahl erlangt der Kandidat das Recht auf den Titel: Patriarcha und er wird sodann gleich inthronisirt [12]. Erst dann erfolgt die Einholung der Bestätigung unter Nach-

[1] Moroni l. c. 44, 153 ff.; Mejer S. 434. 438; Silbernagl S. 282. 283.

[2] Hergenröther S. 339; Silbernagl S. 282.

[3] Das lässt sich wenigstens aus dem Erlasse Clemens' XIII. vom J. 1764. Bullar. Propag. 4, 96 abnehmen. Mitunter hat auch der Patriarch vom Papst den Auftrag erhalten, erledigte Bisthümer, namentlich in Fällen, wo eine Wahl nicht stattfinden konnte, zu besetzen. Bullar. Propag. 5, 40. 72.

[4] Pichler 2, 533. 535; Rödiger in Herzogs Encyklopädie 10, 179.

[5] Rödiger S. 179.

[6] Rödiger S. 181; Pichler S. 538.

[7] Rödiger S. 182. 183; Pichler S. 539 ff.

[8] Die Erzbisthümer Beirut, Tripolis, Aleppo, Damaskus, Baalbek (Heliopolis), Sidon-Tyrus, Cypern und die Bisthümer Dschebeil (das alte Byblos) und Eden. Das vorletzte Bisthum ist die Diöcese des im Kloster St. Maria von Kanôbin residirenden Patriarchen, welche er durch einen Titularbischof als Patriarchalvikar verwalten lässt. S. Hergenröther S. 340. 341, Silbernagl S. 319. 320. 323. Den Titel: Patriarcha Antiochenus Maronitarum führt er in Folge der Verleihung durch Papst Alexander IV. seit 1254. (S. Allocutio Bened. XIV. vom 13. Juli 1744. Bullar. Bened. 2. app. p. XXXVI.)

[9] Hergenröther S. 340. Silbernagl S. 321.

[10] Hergenröther S. 341.

[11] Mejer 1, 424. 425; Hergenröther S. 341; Silbernagl S. 317.

[12] Diese Inthronisation wird auch Konsekration genannt, sie ist aber für die Regel keine bischöfliche Ordination, sondern nur eine Benediktion, feierliche Segnung, weil der Kandidat gewöhnlich schon Bischof ist und die Maroniten keine besondere Patriarchenweihe kennen. Allocutio Bened. XIV. vom 13. Juli 1744. (Bull. Bened. XIV. 2, app. p. XLII): „Quare nonnulla legentes ipsorum

suchung des Palliums beim Papst, resp. der Propaganda auf ähnliche Weise, wie für den Patriarchen der Melchiten [1]. Das Besetzungsrecht in Folge der Devolution kommt auch hier dem ersteren zu [2], ferner hat er zu der Resignation des Patriarchen seine Zustimmung zu geben [3]. Hinsichtlich der Pflicht zur Visitatio liminum gilt dasselbe wie für den melchitischen Patriarchen [4].

Seiner Stellung nach ist dieser Patriarch gleichfalls ein Metropolit mit gewissen höheren Befugnissen. Er besitzt das Recht, die Bischöfe einzusetzen und zu weihen, auch Titularbischöfe zu ordiniren [5], alle 3 Jahre die Diöcesen zu visitiren, Zehnten einsammeln zu lassen, Taxen für die ihm zustehenden Dispensationen zu erheben und die heiligen Oele zu weihen, sowie auf die einzelnen Bisthümer zu vertheilen [6]. Ferner kann er alle Rechte und Reservate ausüben, welche ihm früher von Rechts- oder Gewohnheitswegen zustanden, namentlich Nationalkoncilien berufen, Ablässe gewähren, Anklagen gegen die Bischöfe verhandeln und entscheiden, endlich die erforderlichen provisorischen Massregeln für die etwa nothwendig werdende Administration von Bisthümern treffen [7].

3. Der syrische Patriarchat von Antiochien. Eine festere Verbindung eines Theils der monophysitisch gesinnten Jacobiten mit der römischen Kirche ist nach mehrfachen Unionsversuchen [8] erst seit dem J. 1781 durch den Bischof Ignaz Michael Giarve von Aleppo angebahnt worden. Nachdem dieser als Patriarch von einem Theil der der Union günstigen Bischöfe der Jacobiten inthronisirt und in Folge seiner Vertreibung von dem Sitz zu Mardin das Kloster S. Maria Liberatrix (oder Sajjideh el Scharfèh oder Scharfa) im Libanon gegründet hatte [9], erhielt er von Pius VI. im J. 1787 die Bestätigung dieser Stellung, sowie die Konsekration als Patriarch [10].

monumenta ad nos hac occasione transmissa mirati sumus quod quae circa novum suum Patriarcham licet antea ordinatum episcopum praestant, ea consecrationis nomine vocarent. At vero si conferantur quae ipsi faciunt cum Patriarcha qui episcopus non sit, cum iis quae solent facere cum patriarcha ad episcopatum iam promoto, facile erit intelligere, hanc quidem non esse ordinationem neque veram consecrationem sed solemnem potius benedictionem ac publicae obedientiae praestationem aut etiam divini super ipsum patriarcham eiusque regnum auxilii implorationem. Et sane apud nostrates quoque auctores immo in quibusdam pontificum Romanorum litteris ordinatio et consecratio pro benedictione, electione ac solemni auguratione usurpantur".

[1] Mejer S. 525; Hergenröther a. a. O.; Silbernagl S. 318.

[2] Mejer S. 426; Hergenröther a. a. O.

[3] Mejer S. 429.

[4] Silbernagl S. 319.

[5] Früher hatte er auch das Recht, die Bischöfe, die als vicarii ad nutum amovibiles galten, beliebig zu entfernen und zu versetzen. Da dabei eine geordnete Diöcesaneintheilung nicht möglich war, und ebenso eine ordentliche Administration der Diöcesen gehindert wurde, stellte das Koncil vom Libanon vom J. 1736 die Amovibilität ab und machte gleichzeitig eine feste Diöcesan-Eintheilung. Zu praktischer Uebung sind aber diese Anordnungen erst seit 1819 gelangt. Mejer S. 429. 430; Hergenröther S. 342.

[6] Diese Rechte hat Benedikt XIV. ausdrücklich anerkannt. S. Const. Apostolica vom 11. Februar 1742 §. 10. (Bull. Bened. XIV. 1, 118): „. . . pro tempore existens patriarcha ius habeat antistites iuxta morem et non alias in qualibet sede et dioecesi pastoris solatio destituta constituendi et incardinandi, singulis trienniis singulas dioeceses per se ipsum visitandi; decimas consuetas (decima tamen singulis antistibus in suis respective dioecesibus relicta) in iisdem dioecesibus colligendi et emolumenta dispensationum quae ad Patriarcham spectant, exigendi; necnon legata vel dictae dioecesi quae sedi Patriarchali unita fuerit vel ipsi pro tempore Patriarchae relicta acquirendi; et pro huiusmodi effectu unam aut plures collectores et ministros in dictis dioecesibus deputandi; sacra olea consecrandi et in singulas VII dioeceses privative distribuendi et, ut ante statutum est et non aliter mittendi. Caeterum aliis si quae sunt Patriarchae pro tempore existenti reservata et debita tam praescripto iure quam invecta consuetudine, iuribus de quibus nulla in hisce praesentibus sit mentio, nullum ideo praeiudicium per ipsas praesentes inferri et illatum esse volumus et intendimus".

[7] Hergenröther S. 343.

[8] Pichler 2, 489 ff.

[9] Pichler 2, 496; Mejer 1, 441. 442; Hergenröther S. 344; Silbernagl S. 309.

[10] Bull. Propag. 4, 201. 239.

Der Patriarch, welcher zugleich die Administration der erzbischöflichen Kirche seines Ritus zu Jerusalem führt [1], dessen eigentliche Diöcese aber das Erzbisthum Aleppo ist [2], wird von den unter ihm stehenden Erzbischöfen [3] und Bischöfen [4] in mündlicher Abstimmung (»viva voce«) [5] gewählt und noch vor der päpstlichen Konfirmation inthronisirt, resp. konsekrirt [6]. Die Nachsuchung der letzteren erfolgt in derselben Weise, wie bei den vorhin gedachten Patriarchen [7]. Die Residenz ist das vorhin erwähnte Kloster S. Maria, welches der Patriarch freilich eine Zeit lang eigenmächtig mit Aleppo vertauscht hatte [8].

Näheres über die dem letzteren zustehende Jurisdiktion ist nicht bekannt, indessen dürften seine desfallsigen Rechte im Wesentlichen denen der beiden andern antiochenischen Patriarchen entsprechen.

4. Der Patriarchat der Chaldäer zu Babylon. Ein Theil der Sekte der Nestorianer, welche seit dem Koncil zu Ephesus v. J. 431 unter zwei Patriarchen eine eigene Volkskirche gebildet hatten, hat im J. 1681 unter Innocenz XI. ebenfalls eine festere Verbindung mit dem römischen Stuhle angeknüpft, deren Folge die Errichtung eines neuen Patriarchates der Chaldäer mit der Residenz in Diarbekir war [9], bis Pius VIII. im J. 1830 den Sitz desselben nach Babylon (oder Bagdad) verlegte [10]. Der Patriarch wird von den ihm untergebenen Bischöfen, von denen einzelne den erzbischöflichen Titel führen [11], gewählt und ebenso wie die übrigen Patriarchen der unirten orientalischen Kirchen bestätigt [12]. Dagegen übt der Papst im Fall der Resignation des Patriarchen das Besetzungsrecht [13] und ebenso hat derselbe schon auf Vorschlag der Propaganda einen Koadjutor cum spe succedendi bestellt [14]. Ueber den Umfang der Jurisdiktion dieses Patriarchen gilt im Allgemeinen dasselbe, was bei den vorhin unter 1—3 genannten bemerkt ist [15].

5. Der armenische Patriarchat von Cilicien. Die Armenier, welche gleichfalls seit dem 6. Jahrhundert zu einer eigenen selbstständigen Nationalkirche vereinigt, unter mehreren Patriarchen standen [16], hatten zum Theil schon mehrere Male im Mittelalter eine Union mit den Lateinern angebahnt [17]. Erst dem Papst Benedikt XIV. gelang es, diese zu erneuern und zu befestigen, indem er den von einigen katholisch gesinnten, armenischen Bischöfen gewählten Erzbischof Abraham von Aleppo im J. 1742 unter Verleihung des Palliums zum Patriarcha Ciliciae Armeniorum bestellte [18].

1 Moroni l. c. 16, 251. Ob dies Verhältniss jetzt noch fortdauert, erscheint zweifelhaft, da das Annuario pontificio von 1865 nichts davon erwähnt, dagegen verwaltet der Patriarch nach demselben p. 174. das Bisthum Mardin.

2 Silbernagl S. 311.

3 Von Beirut und Damaskus.

4 Von Diarbekir, Homs oder Emesa, Mardin, Madiat, Mosul, Nebk (Kenatim), Tripolis. Silbernagl S. 311 und Annuario pontif. cit. p. 172.

5 Bull. Propag. 5, 28 (4, 236—238).

6 Mejer S. 442; Hergenröther S. 345.

7 Mejer, Hergenröther a. a. O.

8 Hergenröther S. 344; Silbernagl S. 310.

9 Moroni 4, 5; Pichler 2, 429, welcher S. 427 ff. auch über die früheren Unionsversuche berichtet. Die Bezeichnung: „Chaldäer" ist deshalb gewählt worden, weil der Name: katholische Nestorianer einen Widerspruch in sich selbst enthalten hätte und unter dem ferner möglichen Ausdruck: syrische Katholiken die Jacobiten verstanden wurden. Silbernagl S. 300. n. 2.

10 Bull. Prop. 5, 206 (5, 60).

11 Die Erzbisthümer sind: Diarbekir, Mosul, Amadia, die Bisthümer: Gezion, Kerkik, Mardin, Seert, Salmas, Zaku. So nach dem Annuar. pontif. cit. Die Aufzählungen bei Hergenröther S. 346. n. 5 und Silbernagl S. 305 stimmen damit nicht vollkommen überein.

12 Vgl. die Allocutio Pii IX. vom 11. September 1848. Pii IX. pontif. maximi acta. Roma. I, (1854) 154—161. Hergenröther S. 346; Silbernagl S. 304.

13 Silbernagl a. a. O.

14 Bull. Propag. 5, 206; Mejer 1, 443.

15 Silbernagl a. a. O.

16 Pichler 2, 438.

17 Pichler 2, 452 ff.

18 Bull. Propag. 4, 189; Mejer 1, 447; Hergenröther S. 346; Silbernagl S. 291.

Die Residenz desselben war zunächst das Kloster el-Kurein zu Kesruan oder Cheswanam im Libanon[1], ist jetzt aber das nur $1^1/_2$ Stunden davon entfernte Kloster Bzumbar[2]. Seine Jurisdiktion erstreckt sich über die unirten Armenier in Cilicien, Syrien, Cappadocien, Klein-Armenien und Mesopotamien[3]. Für die Einsetzung des Patriarchen und seine Stellung sind die früher hinsichtlich der übrigen gemachten Angaben gleichfalls massgebend[4]. Hervorzuheben ist aber, dass er ebenso wie der Patriarch der Maroniten das Recht besitzt, die Erzbischöfe und Bischöfe zu ernennen[5]. Zur Vermittelung seines Zusammenhanges mit Rom hält der armenische Patriarch dort einen ständigen Prokurator. Auch ernennt der apostolische Stuhl stets einen armenischen Bischof oder Erzbischof in partibus, welcher die im Collegium Romanum befindlichen armenischen Alumnen ordinirt[6].

Vergleicht man die Stellung der eben unter IV. charakterisirten Patriarchen mit der der alten orientalischen (S. 538 ff.), so ergiebt sich eine auffällige Verschiedenheit. Es stehen ihnen nicht alle Rechte der letzteren zu: so mangelt ihnen nicht nur die Befugniss, das Pallium an ihre Suffragane zu verleihen, sondern es fehlt ihnen sogar die historische Unterlage, auf welcher sich die Patriarchenwürde erhoben hat, nämlich die Herrschaft über eine Anzahl von Metropoliten. Bischöfe, welche Metropoliten im eigentlichen Sinne wären, finden sich in keinem der gedachten Patriarchate, denn die in denselben vorkommenden Metropoliten sind, wie vorhin bemerkt, blos Titular-Erzbischöfe. Trotzdem haben die gedachten Patriarchen immer eine höhere Selbstständigkeit als die heutigen Metropoliten, da ihnen das Recht der Bestätigung, resp. Ernennung[7], sowie der Ordination ihrer Suffragane zukommt und sie zweifellos befugt sind, Patriarchalsynoden abzuhalten. Wenn man sie demnach als Metropoliten mit erhöhter Selbstständigkeit bezeichnet hat[8], so ist das nicht unrichtig, aber nach der Anschauung der Kurie rangiren sie nicht nur als Titular-Patriarchen, sondern auch als Inhaber der iurisdictio patriarchalis[9], eine Auffassung, auf welche abgesehen von ihren höheren Jurisdiktionsrechten wohl einmal die Klugheitsrücksicht, die Union durch Herabdrückung der Stellung der Häupter jener Kirchen nicht zu stören, sowie auch der Umstand eingewirkt haben, dass es sich hier um eine unfertige Organisation handelt, welche ihrer Fortbildung namentlich durch Einrichtung des noch fehlenden Metropolitan-Verbandes sicher sein kann.

Der päpstlichen Rechte über diese Patriarchalstühle ist schon bei der obigen Darstellung gedacht, so der Entscheidung der streitigen Patriarchalwahlen, des Devolutionsrechtes, der Konfirmation, der Verleihung des Palliums, der Bestellung der Koadjutoren, der Translation der Bischöfe[10], der Nothwendigkeit der Zustimmung zu Resignationen und des Rechtes an der visitatio liminum[11]. Ausserdem hat aber der päpst-

1 Mejer, Silbernagl a. a. O.

2 Silbernagl a. a. O.

3 Mejer 1, 447. 448. In der letzten Zeit hat die Bekehrung der nichtunirten Armenier Fortschritte gemacht und daher sind hier manche neue Bischofssitze errichtet. Hergenröther S. 347.

4 Mejer 1, 448; Hergenröther S. 347; Silbernagl S. 291.

5 Bull. Prop. 4, 189; Allocutio Pii VI. v. 12. Juli 1781: . . . „iam Benedictus XIV. tres huius nationis patriarchas constituerat. . . De hoc tamen postremo patriarcha in consistorio agens illud in sua allocutione animadvertit, suffragatores episcopos iure quidem suo Patriarcham, non vero etiam Aleppensem archiepiscopum eligere debuisse, cum ad ipsum duntaxat Patriarcham, non ad episcopos, episcoporum spectat electio“.

6 Silbernagl S. 293.

7 S. oben S. 563. 564. 565.

8 Mejer 1, 428.

9 Sie werden im Annuario pontificio cit. p. 111 als: „patriarcati orientali con giurisdizione patriarcale“ aufgezählt.

10 Eine Ausnahme davon S. 563 zu Note 3.

11 S. hierzu ferner die Zusammenstellung bei Hergenröther S. 349 ff.

liche Stuhl von seinem Rechte, apostolische Delegaten und Visitatoren zur Schlichtung von Streitigkeiten, Abhaltung von Synoden, Leitung der Patriarchalwahlen u. s. w. zu ernennen, wiederholt Gebrauch gemacht[1], ausserordentlicher Weise Provisionen von erledigten Bisthümern in dringenden Fällen selbst vorgenommen[2], über Appellationen aus den gedachten Bezirken entschieden[3], die Dekrete der Synoden revidirt und bestätigt, resp. reprobirt[4], sowie endlich neuerdings sein Recht, allgemeine Anordnungen für die Orientalen zu treffen, in der Aussonderung einer besonderen Kongregation für die Angelegenheiten derselben aus der Propaganda dokumentirt[5].

V. Die occidentalischen Titularpatriarchen. 1. Die Patriarchen von Aquileja, Grado und Venedig. Im 6. Jahrhundert wird der Bischof Paulinus von Aquileja, welcher ebenso wie eine Reihe anderer oberitalienischer Bischöfe in Folge des Dreikapitelstreites und der fünften allgemeinen Synode zu Konstantinopel (v. J. 553) sich von der Kirchengemeinschaft mit Rom losgesagt hatte[6], nach gothischer Sitte[7] mit Titel: Patriarcha bezeichnet[8]. Seit dem Eindringen der Longobarden (568) residirte er sowohl wie seine Nachfolger auf der Insel Grado[8]. Als aber im J. 607 dort ein römisch gesinnter Bischof für Aquileja-Grado eingesetzt wurde und die schismatischen, den Longobarden untergegebenen Bischöfe im alten Aquileja gleichfalls einen Oberhirten gewählt hatten[9], scheint mit Rücksicht darauf, dass dieser letztere sich: Patriarcha nannte, derselbe Titel auch dem zu Rom haltenden Bischof von Aquileja-Grado päpstlicher Seits verliehen worden zu sein[10]. Nach der Hebung des Schismas Anfangs des 8. Jahrhunderts haben sowohl die Bischöfe von Aquileja, wie auch die von Grado den erwähnten Titel fortgeführt[11]. Eine andere Stellung als die gewöhnlicher Metropoliten haben sie aber nicht gehabt, nur ist bald dem einen, bald dem andern ein gewisser Ehrenvorrang beigelegt worden. So erhielt im J. 731 der Bischof von Grado den Primat über Venetien und Istrien, während im J. 963 dagegen der Bischof von Aqui-

1 Eine Reihe derartiger Fälle zählt Hergenröther S. 348 auf.

2 Const. Pii VII.: Ubi primum und Tristis quidem vom 3. Juni 1816 (Bull. Roman. Contin. 14, 38. 41).

3 Bened. XIV. const. Demandatam vom 24. Dezember 1743 §. 12 (Bullar. Bened. XIV. 1, 293) u. Bull. Propag. 4, 61.

4 Bened. XIV. const.: Singularis vom 1. September 1741. (l. c. 1, 74) u. Gregor. XVI. const.: Melchitarum vom 3. Juni 1835 (Bull. Propag. 5, 125).

5 S. oben S. 477 ff.

6 J. F. B. M. de Rubeis, de schismate eccles. Aquileiensis disc. hist. Venet. 1732; Hefele, Konciliengesch. 2, 890.

7 Cassiodor. varior. IX. 15. (ed. Garetii 1, 138): . . . „Vos autem qui Patriarcharum honore reliquis praesidetis ecclesiis". S. auch oben S. 219. n. 4.

8 Pauli Diaconi hist. Longob. II. 10 (Max. biblioth. patr. Tom. XIII. Lugdun. 1677. S. 169): „Aquilejensi civitati eiusque populis Paulinus Patriarcha praeerat qui Longobardorum barbariem metuens ex Aquileja ad Gradi insulam confugit".

9 Pauli Diac. hist. IV. 34 (ed. cit. p. 182): „Defuncto Severo Patriarcha ordinatus est loco eius Ioannes abbas Patriarcha in Aquileja vetere cum consensu regis Agilulphi. In Grado quoque ordinatus Romanis Candidianus Antistes. Candidiano quoque defuncto apud Gradum ordinatus est Patriarcha Epiphanius qui fuerat primicerius notariorum, ab episcopis qui erant sub Romanis. Et ex illo tempore coeperunt duo esse Patriarchae".

10 Ballerinii de patriarchatu Aquilej. origine in ihrer Ausgabe der Werke des Kardinals Heinrich Noris Verona. 1729. 4, 1051 ff. 1068 ff.

11 Gregor II. legt allerdings in dem Schreiben vom J. 723 (Johann. Gradens. chron. SS. 7, 46; Mansi 12, 247), worin er den Bischof von Grado als Patriarch bezeichnet („Nunc vero, ut cognovimus, Gradensis patriarchae niteris invadere iura atque ex iis quae possedit omne usque usurpare") dem von Aquileja, der schon in dieser Zeit auch wegen seiner Residenz Bischof von Friaul genannt wird, diesen Titel nicht bei; in dem denselben Gegenstand betreffenden Brief an den Patriarchen von Grado bedient er sich aber des offenbar absichtlich gewählten, zweifelhaften Ausdruckes: antistes („Quia igitur missa relatione ad nos a deo salvata communitas vestra petiit contra Forojuliensem antistitem agentes quod cupiebat invadere ditionem Gradensis patriarchae", SS. l. c. p. 46; Mansi l. c. p. 248). Das erste Schreiben bestimmt gleichzeitig den Sprengel von Aquileja oder Friaul dahin: „nec amplius quam in finibus gentibus Longobardorum existentibus gressum tendere praesumas, ut non iniuste sus-

leja seitens Leos VIII. ein Privilegium[1] zu erlangen wusste, dass sein Sitz nach dem römischen Stuhle der erste von allen italienischen Kirchen sein sollte. Seinem zweiten Nachfolger Poppo gelang es nicht nur eine erneuerte Anerkennung dieser bevorzugten Stellung[2], sondern auch die Zusprechung der zum Gebiet des anderen Patriarchen gehörigen Insel Grado bei Papst Johann XIX. im J. 1027[3] auf so unrechtmässige Weise zu erschleichen[4], dass der letztere sich schon im folgenden Jahre veranlasst sah, dieselbe dem Patriarchen von Grado zu restituiren[5]. Die Streitigkeiten zwischen beiden Patriarchen hörten indessen nicht auf, und schon im J. 1053 war Leo IX. genöthigt, von Neuem die Gebiete derselben festzustellen[6]. Weder aus der betreffenden

cepisse te gratiam collatam pallii ex praesumptione ostendas". Dieselbe Bezeichnung beider Bischöfe kehrt auch auf der römischen Synode vom J. 731 unter Gregor III. wieder: „ut novae Aquilegiae i. e. Gradensis civitatis, Antoninus patriarcha suique successores totius Venetiae et Istriae primates perpetuo habeantur, Foroiuliensis antistes Serenus suique successores Cormovensi castro in quo ad praesens cernatur sedere in finibus Longobardorum, solummodo semper sint contenti" (Jaffé, regest. Roman. pontif. p. 181. n. 1722). Dagegen heisst der Bischof von Aquileja in den Briefen Sergius' II. vom J. 844—846 (Ughelli, Italia sacra 5, 38) u. Stephans VI. v. J. 885—891. c. 20. C. IX. qu. 3: „patriarcha".

1 S. die römische Synode von 731 in der vorigen Note und ep. Leon. VIII. ad Rodoald. patriarcham Aquileiens. (Ughelli, Italia sacra 5, 44): „Volumus scilicet et apostolica auctoritate iubemus, ut inter omnes Italicas ecclesias dei sedes prima post Romanam Aquileiensis cuius deo auctore praees, habeatur".

2 Ughelli, Italia sacra 5, 49: . . . „apostolica auctoritate concedimus et per huius privilegii paginam confirmamus vobis vestris successoribus patriarchatum s. Aquilejensis ecclesiae fore caput et metropolim super omnes Italiae ecclesias . . . atque volumus sedem Aquilejensem in cunctis fidei rebus peculiarem et vicariam et secundam esse post hanc almam Romanam sedem" . . .

3 L. c. p. 50.: „. . . Nec non confirmamus vobis vestrisque successoribus insulam quae Gradus vocatur cum omnibus suis pertinentiis quae barbarico impetu ab eadem Aquilejensi ecclesia subtracta fuerant et falso patriarchali nomine utebatur".

4 Diplom. Ioann. XIX. v. J. 1028 (Ughelli l. c. p. 1110, Mansi 19, 491): „. . . omnibus notum esse volumus quod inter Ursonem patriarcham Gradensem et Popponem Forojuliensem patriarcham proh dolor! nostris temporibus commotum est . . . Conspirante namque Veneticorum populo contra dominum suum ducem et praelibatum patriarcham fratrem suum, uterque . . . alias se receptarunt . . . Interea vero antiquo zelo accensus hostis Forojuliensis patriarcha Poppo Gradensem civitatem adit, petens se recipi a civibus adiutorem confratris sui patriarchae Gradensis et amici sui ducis. Cui cum nollent acquiescere, per deum et octo suorum sacramenta firmavit . . . quod ad salvam faciendam duci et fratri suo patriarchae civitatem intraret. Ubi postquam intratum est, oblitus sacramentorum gentilium more . . . quicquid in ecclesia inventum est, nuda manu depraedatum est . . . reliquias secum devexit, altaria confregit, thesauros abstulit, civitatem aliquibus patronis Gradensem licet destitutam munitam suis reliquit. Cui non sufficiens hoc apposuit iniquitates super iniquitates, nos suis legatis petiit poscens confirmationem omnium locorum suorum a nobis et nominatim Gradensis insulae. Quibus cum responderem non sibi iuste et canonice ac per antiqua privilegia pertinere, dixerunt: Non aliter ea petit dominus noster sibi confirmari nisi quemadmodum per privilegia vestrorum antecessorum suis antecessoribus et ecclesiae suae confirmata est et sibi iuste et canonice pertinere videtur, ac ipse probare potest et promittit. His auditis nec arbitrantes eum audere illudere apostolicae sedi . . . privilegium sibi dare filio nostro Petro diacono et cancellario praecepimus. Sed et de insula Gradensi inseri iussimus" . . . Vgl. auch ferner die Urkunde Benedikts IX. vom J. 1044 (Ughelli l. c. p. 1113; Mansi 19, 606).

5 . . . statuentes . . . ut nulli unquam in tempore praedictum Ursonem patriarcham ac successores eius de praedicto patriarchatu Gradensi sive de rebus ac possessionibus eius inquietare aut molestare praesumat, sed potius saepius nominatum patriarcham Gradensem cum sua integritate quietum remota omni contradictione ipse suique successores perpetuis possideant temporibus, ita etiam ut absque suo suorumque successorum voluntario consensu nulli electionem suorum suffraganeorum facere liceat. Et quidquid ab eis iuxta normam canonicam suo commissae sibi ecclesiae cura prolatum fuerit, tam a suffraganeis sibi episcopis, quam a clero et populo custodiri praecipimus".

6 Mansi 19, 657: „. . . hac in praesenti indictione sexta carissimum confratrem nostrum Dominicum Gradensem, immo novae patriarcham, ad synodum nostrae Romae habitam venisse et querimoniam de sua et Foroiuliensi ecclesia quam credimus vos non ignorare, lacrymabiliter coram fecisse. Cuius tandem relectis privilegiis a sancta Romana et apostolica sede sibi concessis iudicio totius sanctae synodi hoc definitum fuit: ut nova Aquileja totius Venetiae et Istriae caput et metropolis habeatur secundum quod evidentissima praedecessorum nostrorum adstruebant privilegia. Foroiuliensis vero antistes, tantummodo finibus Longobardorum esset contentus, iuxta privilegii Gregorii II. et retractationem tertii (s. S. 567. n. 11) . . . Unde . . . praecipimus vobis . . . ut praefato Gradensi patriar-

Urkunde noch aus der Johanns XIX. lässt sich eine wirkliche Patriarchalstellung des Bischofs von Grado herleiten. Und wenn auch das erschlichene Diplom desselben Papstes dem Bischof von Alt-Aquileja oder Friaul in Uebereinstimmung mit Leo VIII. den höchsten Rang in Italien nach der römischen Kirche beilegt, so bestimmt es doch an und für sich seine Rechte nicht. Ebensowenig sprechen für eine derartige Jurisdiktion dieses kirchlichen Oberhirten der von Leo IX. im J. 1053 wieder von neuem hergesuchte Ausdruck: antistes, welcher im 8. Jahrhundert aus offenbarer Missgunst gegen den Bischof von Friaul seitens der Kurie gebraucht wurde, sowie der Umstand, dass Clemens II. im Verein mit der römischen Synode vom J. 1047 den Streit zwischen den Erzbischöfen von Ravenna und Mailand, sowie dem Patriarchen von Aquileja, wer von ihnen Anspruch auf den Platz zur Rechten des Papstes habe, zu Gunsten des ersteren entschied[1]. Für beide Patriarchen[2] hat also der Titel nur die frühere Bedeutung einer Ehrenauszeichnung noch bis zum 11. Jahrhundert und in diesem selbst gehabt[3]; nicht einmal von einer Primatialwürde kann für den einen oder andern die Rede sein, da keiner von ihnen Metropoliten zu seinen Untergebenen zählte[4]. Erst in Folge der Erweiterung des venetianischen Gebietes erlangte der Patriarch von Grado gewisse, ihn über die Stellung eines gewöhnlichen Erzbischofes erhebende Jurisdiktionsrechte. Hadrian IV. verlieh ihm einmal den Primat über das Erzbisthum Zara[5] mit

chae successoribusque eius in omnibus secundum iura canonica obedientes sitis, sicut primati vestro et patriarchae esse debetis et sicut antecessoribus eius nostri perpetuo confirmaverunt. Et si quid iuris in urbibus vestris vel parochiis continetur quod suo dominatui merito debeat subdi, nullus vestrum sibi contradicere praesumat. Si quis vero vestrum quidquam iustae querimoniae adversus eum videtur habere, aut coram vobis comfratribus et comprovincialibus causam suam proferat et cum eo, si potuerit pacifice diffiniat, aut in praesentiam nostram utraque pars examinanda veniat, salva sibi interim per omnia et patriarchali reverentia et proprietate sua". Wiltsch, Handbuch der kirchlichen Geographie und Statistik. Berlin. 1846. 1, 277, 279 rechnet wesentlich mit Rücksicht auf diese Stelle zu Alt-Aquileja die Suffraganbisthümer von Altinum, Ceneda, Padua, Belluno, Friaul (Cividale del Friul), Trevisium (Treviso), Verona, Vicenza, Opitergium (Oderzo), Tergeste (Triest) und Trient; zu Grado: Metamaucum (Malamocco), Equilium, Torcelli, Olivola, Caprulae (Carole), Fossa Clodia (Chioggia), Pola und Parentium.

1 Mansi 19, 626: . . . „Verum ne posthac iterum vel archiepiscopo Mediolanensi vel patriarchae Aquilejensi de sessione dexterae lateris nostri liceat excitare quamlibet controversiam, interdicimus . . . hoc eis de caetero licere . . . Sedem etiam Ravennatensem archiepiscopi iubemus semper esse a dexteris nostris nostrorumque successorum secundum antiquae constitutionis auctoritatem nisi forte imperator affuerit et tunc etiam ipsum sinistrum locum tenere per hanc nostrae auctoritatis firmitatem huic nostrae narrationi subiectam".

2 Schon im 11. Jahrhundert wird auch für den Bischof von Alt-Aquileja der ihm von Leo IX. versagte Titel wieder gebraucht. S. Synod. Romana v. J. 1078 (Gregor. VII. registr. VI. 5b; ed. Jaffé p. 331), vgl. ferner Ficker, vom Reichsfürstenstande. Innsbruck 1861. S. 309. u. c. 13. (Innoc. III.) X. de sent. et re iud. II. 27. Uebertreibung ist es, wenn Gregor VII. (l. c. II. 39. ed. cit. p. 152) dem Herzog und Volk von Venedig erklärt: „Scitis enim quoniam prae multis terrarum partibus divina dispensatio terram vestram patriarchatus (nämlich Gradensis) honore sublimavit; cuius dignitatis eminentia ex ipsa sui nominis et officii praerogativa adeo augusta et rara est, ut non amplius quam quatuor in toto mundo reperiantur".

3 So auch card. Henr. Noris, hist. synodi quinti c. 10. (opp. ed. Ballerinii 1, 748).

4 So bleibt als hauptsächliches, sie auszeichnendes (Ehren-) Recht das übrig, sich das Kreuz ausserhalb Roms vortragen zu lassen; vgl. z. B. für Grado diplom. Innoc. II. a. 1136. (Ughelli l. c. p. 1121) und für Aquileja diplom. Alex. III. a. inc. (l. c. p. 65). Vgl. ferner über die Ehrenrechte c. ult. (Honor. III.) X. de causa poss. II. 12 u. dipl. Gregor. IX. a. 1234 (Ughelli l. c. p. 1136). Erklärt doch Hadrian IV. selbst in der Urkunde für Heinrich von Grado a. 1157 (Ughelli l. c. p. 1123, Mansi 21, 821): „. . . ne commissa regimini et dispositioni tuae praefata Gradensis ecclesia quae de benignitate apostolicae sedis praerogativa gaudet honoris ex brevitate patriarchatuum inferius et abiectius valeat apud simpliciores haberi". . .

5 Diplom. a. 1155 (Ughelli l. c. p. 1123): „ad ampliandam dignitatem ipsius primatum ei super Iadertinum episcopatum et episcopatum ipsius apostolica auctoritate concedimus et tam te quam successores tuos Iadertino archiepiscopo et episcopis eius qui pro tempore fuerint, dignitate primatus praesidere statuimus et consecrationis munus eidem archiepiscopo impartiri, Romano

der Befugniss zur Ordination des dortigen Metropoliten und ferner das Recht, in Konstantinopel und in allen innerhalb des Konstantinopolitanischen Reiches belegenen Ortschaften, in welchen die Venetianer eine Anzahl Kirchen in den Händen hätten, neue Bischöfe einzusetzen und zu ordiniren [1]. Im J. 1451 verlegte Nikolaus V. die Residenz des Patriarchen von Grado nach Venedig, indem er die bisherigen Diöcesen von Grado und von Castellune — so hiess das Venedig in sich schliessende, frühere Bisthum von Olivola seit dem Ende des 11. Jahrhunderts [2] — zu einer einzigen unirte und die Rechte des Patriarchates auf diese übertrug [3]. Der Patriarchat ist bis auf den heutigen Tag bestehen geblieben; da aber die Verbindung mit dem Erzbisthum Zara

quidem pontifici traditione pallii reservata"; (Erneuert ist das Privilegium im J. 1157 s. Ughelli l. c. p. 1124, Mansi l. c. p. 822).

1 Dipl. a. 1157 (Ughelli l. c. p. 1127; Mansi 21, 825): „tibi et successoribus tuis apostolica auctoritate duximus concedendum, ut in Constantinopolitana urbe et in aliis civitatibus, in Constantinopolitano dumtaxat imperio, constitutis, in quibus Veneti plures habent ecclesias, ubi videlicet eorum multitudo consuevit assidue convenire, liceat vobis episcopum ordinare et absque alicuius contradictione munus ei consecrationis impendere".

2 Ueber diesen Namenswechsel s. Ughelli l. c. 1175. 1219.

3 Die betreffende, ein Beispiel für eine unio per confusionem bietende Urkunde vom 8. Oktober 1421 lautet ihrem wesentlichen Inhalte nach (Ughelli l. c. 1293): „. . . Cum itaque ecclesia patriarchalis Gradensis in dominio ipsius reipublicae Venetorum existens . . . sita sit in loco dissito et destituto cultoribus adeo ut nullus iam dudum ibi patriarcha residere valuit, ex quo tantae dignitatis splendor sordescere existimatur, nos considerantes quod si in civitate Venetiarum dignitas patriarchalis sedis institueretur, civitas ipsa tanquam planta fructifera radicibus suis altius in solo suo uberi defixis in immensum fere suae dignitatis ramos expandet . . . quodque ex eo devotio civium et religio fidei ac divinus cultus maiorem fructum pariet animarum ad omnipotentis dei laudem et exaltationem ecclesiae suae sanctae et ut civitas ipsa Venetiarum digniori in spiritualibus titulo decoretur, dignitatem et titulum patriarchalis ecclesiae Gradensis necnon titulum et dignitatem ipsam episcopatus Venetiarum quia nomine loci in ambitu ipsius civitatis existens, Castellum nuncupatur, in quo illius ecclesia cathedralis sita est, episcopatus Castellanus nominatus existit, caeteras quoque dignitates, personatus, administrationes, officia, canonicatus, praebendas ac alia beneficia ecclesiastica in praefatis Gradensi et Castellana ecclesiis, de venerabilium fratrum nostrorum S. R. E. Cardinalium consilio et assensu ac de potestatis plenitudine auctoritate apostolica supprimentes et penitus extinguentes, praefatam Castellanam ecclesiam patriarchalem sedem et dignitatem cui venerabilem fratrem nostrum Laurentium, antea Castellanum episcopum, in patriarcham et pastorem praeficere intendimus, cum omnibus et singulis patriarchalibus insignibus, dignitatibus, praeeminentiis, privilegiis, iuribus et honoribus, tam ipsi olim patriarchali Gradensi ecclesiae quam illius patriarchis concessis, erigimus, constituimus et deputamus. Gradensem vero provinciam cum omnibus illius suffraganeis episcopis in provinciam patriarchalis ecclesiarum Venetiarum constituimus et erigimus, volentes et decernentes, ut deinceps ecclesia patriarchalis Venetiarum futuris perpetuis temporibus appelletur, quodque tam dictae quondam Graden. cum omnibus ecclesiis sibi unitis quam Castell. ecclesiarum dictae praefatae patriarchali ecclesiae Venetiarum unitae sint et una dumtaxat eademque dioecesis censeatur. Omnes vero et singulas dignitates, personatus, administrationes, officia, canonicatus et praebendas ac beneficia quae erant in praefata olim Castellana ecclesia cum omnibus eorum possessionibus, mobilibus bonis et immobilibus, iuribus, actionibus, obventionibus et emolumentis ad illam spectantibus necnon fructibus, redditibus et proventibus eorumdem ac cum illis canonicorum capitulum in omnibus et per omnia, prout in dicta olim ecclesia Castellana esse consueverunt, in patriarchali ecclesia huiusmodi per nos erecta de novo creamus et instituimus ac illis qui ipsum pro antea obtinebant, conferimus et de eisdem providemus. Illis vero qui canonicatus, praebendas, dignitates, personatus et administrationes, officia et beneficia in olim Graden. suppressa praedicta obtinebant, quod ipsorum fructus, redditus et proventus, donec et quousque vixerint, integre exigere et percipere ac in suos usus et utilitatem convertere libere ac licite valeant et possint perinde ac si suppressio extinctio et alia supradicta per nos facta non fuissent. Concedimus praeterea etiam omnia et singula dominia, feuda, possessiones, fructus, redditus, proventus, census, iura, actiones et alia mobilia et immobilia bona quaecumque olim Graden. et Castell., ecclesiarum et aliorum in dicta Graden. suppressorum praefatae patriarchali ecclesiae Venetiarum pro eius mensa perpetuo donamus, concedimus, applicamus, appropriamus et assignamus, volentes et eisdem scientia et auctoritate statuentes pariter et decernentes quod ex nunc in antea in perpetuum ipsa ecclesia sic erecta patriarchalis ecclesia ac dioecesis provincia Venetiarum sit et etiam nuncupetur quodque in eadem quondam ecclesia Graden. prout hactenus consuevit, per unum vel plures presbyteros quibus de illius proventibus per patriarcham Venetiarum pro tempore existentem necessaria congrue ministrentur et animarum cura, si qua illi immineat, diligenter exerceatur ac inibi laudabiliter deserviatur in divinis". Vgl. auch Holl, patriarchatus Venetus. Heidelb. 1776.

jetzt nicht mehr existirt [1], so hat derselbe wieder die Bedeutung einer blossen Ehren-Auszeichnung angenommen [2].

Der Patriarchat von Aquileja hat dagegen nur bis zum J. 1751 bestanden. Die Regierungen von Venedig und Oesterreich, aus deren beiderseitigen Gebietstheilen der Sprengel desselben bestand und welche wegen des Patriarchates mehrfach in Streitigkeiten gerathen waren, erlangten von Benedikt XIV. die Suppression desselben und die Errichtung je eines Erzbisthums, das von Görz für den österreichischen und das von Udine für den venetianischen Antheil [3].

Ausser dem Patriarchat von Venedig führt das päpstliche Jahrbuch [4] ferner noch auf:

2. den Patriarchat von Westindien (Indiarium Occidentalium) [5], welcher seit Anfang des 16. Jahrhunderts besteht [6], und mit welchem die Stelle eines Grosskapellans der Könige, sowie des General-Vikars des Heeres von Spanien [7] verbunden ist [8]. »Auf diesen Patriarchat pflegt der König von Spanien einen Bischof, einen Kardinal oder einen Priester zu ernennen. Mitunter behält der betreffende Kardinal oder Bischof mit päpstlichem Indult die ihm zustehende erzbischöfliche oder bischöfliche Kirche, gleichviel ob er Bischof mit Jurisdiktion oder nur Titularbischof ist, mitunter giebt er sie aber auf, da die Beibehaltung nicht nöthig ist. Jedenfalls wird aber der Präsentirte, sofern er nicht mit dem bischöflichen Ordo versehen ist, zu einer erzbischöflichen Kirche in partibus promovirt. Der einzige haltbare Grund dafür ist der Umstand, dass der betreffende Patriarchat ein blosser, dem Titular-Erzbischof oder -Bischof eigentlich untergeordneter Titel ist . . . Der Patriarch kann auf Grund des Patriarchates weder die Konsekration empfangen, noch das Pallium erbitten, noch irgend einen bischöflichen Akt der geistlichen oder temporellen Jurisdiktion ausüben noch sich ohne spezielle Erlaubniss des päpstlichen Stuhles nach Westindien begeben, wie das alles deutlich aus dem Konsistorial-Akt der Promotion des Patriarchen erhellt. Mit Rücksicht hierauf ist der westindische Patriarchat keine erzbischöfliche oder bischöfliche Dignität, da er ohne Residenz, ohne Kirche, ohne Suffraganbischöfe, ohne

1 Schulte, Lehrbuch des kathol. Kirchenrechts. 1. Aufl. S. 489; s. auch Const. Leon. XII.: Locum b. Petri vom 30. Juli 1828 (Bull. Roman. contin. 17, 375).

2 Das citirte Annuario führt ihn p. 112 unter den Patriarcali Latini gleich nach den vier Patriarchen von Konstantinopel, Alexandrien, Antiochien und Jerusalem auf. Die Ehrenrechte ergeben sich aus der S. 572. n. 4 angeführten Bulle Clemens' XI. von 1716. Nach Neher, kirchliche Geographie und Statistik, Regensburg 1864. 1, 264 führt der Patriarch mit Rücksicht auf die früheren Rechte über Zara noch heute auch den Titel: Primas von Dalmatien.

3 Benedict. XIV. Allocutio vom 5. Juli 1751. (Bull. Bened. XIV. 3, 544), const. Injuncta nobis vom 6. Juli 1751; (ibid. p. 394); const. Suprema dispositione vom 19. Januar 1753. (M. Bull. 19, 23). S. auch Neher a. a. O. 1, 262. 263.

4 Jahrg. 1865. p. 112.

5 Vgl. Moroni, dizionario di erudizione storico-ecclesiastica 34, 174. 176 und 51, 296.

6 Nicht erst seit Paul III., wie gewöhnlich angenommen wird (s. Hieron. Gonzalez, comm. ad regul. VIII. cancell. gloss. 41. n. 14 u. Ginzel 1, 216. n. 7), vielmehr seit Leo X., Moroni 34, 176: „Clemens PP. VII. Stefano Gabrieli episcopo Giennensi (Jaën). Licet alias fel. rec. Leo PP. X. predecessor noster b. m. Antonium archiepiscopum Granatensem a vinculo quo ecclesiae Granatensi absolverit seu nos absolverimus eumque ad ecclesiam Palentin. tunc certo modo vacantem transtulerit seu transtulerimus . . . et ne ipse Antonius ad ecclesiam cathedralem translatus digniori titulo careret, ad supplicationem regis catholici in insulis Indiarum patriarchalem ecclesiam erexerit seu erexerimus et illi, ab illius primaeva erectione vacanti, de persona dicti Antonii provideret seu nos providerimus: tamen nec Antonius ipse literas super erectione et provisione patriarchalis ecclesiae expedivit nec ipsa ecclesia hactenus constructa et dotata fuit . . . sicut praefatus Antonius sine literarum expeditione patriarcham Indiarum se denominavit et patriarchae nomen habuit, . . . ita et tu . . . S. auch Raynald, annal. eccles. a. 1546. n. 15.

7 Hergenröther in Moys Arch. 11, 369.

8 Jedenfalls hat die Verbindung bestanden bis zur Zeit der jetzt vertriebenen Isabella II. Das Präsentationsrecht hatten die spanischen Könige. Moroni 51, 297; 34, 174.

Klerus, ohne Volk und ohne Jurisdiktion ist«[1]. Es handelt sich also hier um einen blossen Ehrentitel, welcher einen Vorrang vor den übrigen Erzbischöfen und Bischöfen giebt. Deshalb ist auch bei Ernennung eines Bischofs eine Translation nicht erforderlich. Die Residenz des Patriarchen ist Madrid[2], und eine Jurisdiktion hat er nur in Folge der beiden andern mit dem Patriarchat verbundenen Stellungen, für welche er auch der bischötlichen Weihe bedarf.

3. Der Patriarchat von Lissabon. Auf Wunsch des Königs von Portugal theilte Clemens XI. die Erzdiöcese Lissabon in zwei Erzbisthümer, in ein östliches und westliches. Jenes verblieb der alten Metropolitankirche, dieses wurde dagegen der zu demselben Range erhobenen Kollegiatkirche des königlichen Palastes zugewiesen[3] und der letzteren die Qualität einer Patriarchalkirche, sowie dem jeweiligen Erzbischof der Rang eines Patriarchen mit gewissen genau bestimmten Ehrenrechten, welche ebenfalls keine Patriarchal-Jurisdiktion im alten Sinne konstituiren, beigelegt[4].

VI. Rückblick auf die Entwicklung des Patriarchates. Damit ist die Zahl der heute in der katholischen Kirche vorkommenden occidentalischen Patriarchen beschlossen. In früherer Zeit sind aber noch andere als die genannten Bischöfe

[1] Deutsche Uebertragung von Moroni 34, 175.

[2] Moroni l. c. p. 176. Wie sich das ganze Verhältniss jetzt in Folge der neuesten Ereignisse in Spanien gestaltet hat, darüber ist mir nichts bekannt geworden. — Uebrigens kann mit diesem Patriarchat die Erzählung im Magn. Chronic. Belgic. (Joh. Pistorius, rer. German. script. ed. III. cur. Struvio 3, 163): „Anno quarto Calixti (II.) papae (i. J. 1123) patriarcha Indorum Constantinopolim ad suscipiendum pallium venit, unius anni spatio in itinere consumpto illius scilicet Indiae quae ultima finem facit . . . Qui de patria sua requisitus in praesentia papae et cardinalium per interpretem dixit: Civitas cui praesidemus . . . Ulna vocatur“ — so anscheinend Binterim III. 1, 241 — nicht in Verbindung gebracht werden. Es handelt sich hier um einen Patriarchen der Thomas-Christen. Pichler 2, 430.

[3] Const.: In supremo apostolatus vom 7. November 1716. §§. 2 ff. (M. Bull. 8, 173).

[4] §. 23 (l. c. p. 177): „. . . eamdem secularem et insignem collegiatam ecclesiam sic a nobis in archiepiscopalem ecclesiam Ulyssiponensem Occidentalem erectam et institutam nomine, titulo et praerogativa patriarchalis ecclesiae eiusque archiepiscopum Ulyssiponensem Occidentalem pro tempore existentem similiter nomine, titulo et praerogativa patriarchae Ulyssiponensis Occid. ad instar venerabilis fratris nostri moderni patriarchae Venetiarum quoad provinciam tamen archiepiscopatus Ulyssipon. Occid. tantum insignimus et decoramus cum facultate utendi insigniis et stemmate propriae ecclesiae archiepiscopalis Ulyssip. Occid. aliisque ornamentis quibus idem patriarcha Venetiarum de iure, usu et consuetudine utitur, necnon in eisdem Portugalliae et Algarbariorum regnis deferendi crucem et rocchettum apertum, populum benedicendi, thronum et baldachinum habendi, pontificalia exercendi, infrascriptas indulgentias concedendi et supra Bracchar. Ulyssipon. Orientalem ac Elborens. archiepiscopos necnon Portugalliens. . . . episcopos aliosque omnes et singulos regnorum huiusmodi praelatos in omnibus actibus et functionibus etiam in eorum ecclesiis praecedentiam habendi quorum nullus etiam in eorum ecclesiis eo praesente aliquem iurisdictionis, honoris vel facultatis actum gerere possit, quem coram legato praedictae sedis apostolicae gerere non valeret; quo vero ad alias iurisdictiones et facultates aliis patriarchis seu praedictae sedis legatis competentes nullus idem pro tempore existens archiepiscopus Ulyssipon. Occid. patriarcha nuncupatus habere seu exercere possit exceptis supradictis . . . necnon utendi pallio non solum in diebus festivitatibus et functionibus in pontificali Romano descriptis et designatis sed etiam in conceptionis b. Mariae virginis . . . necnon in qualibet alia die, si quae fuerit solemnior in ecclesia in qua per totum regnum praedictus archiepiscopus . . . pontificalibus usus fuerit ac in benedictionibus nuptiarum et in solemni baptismate filiorum et descendentium regiorum ac in aliis similibus et solemnibus regiis functionibus quae intra vel immediate post missarum solemnia celebrabuntur quodque praedictus . . . archiepiscopus . . . habitu purpureo ad instar venerabilis etiam fratris nostri moderni archiepiscopi Salisburgensis indui possit easque indulgentias concedere valeat quas nostri et praedictae sedis apostolici nuntii in praedictis Portugalliae et Algarbiorum regnis eiusdem sedis auctoritate concedere solent, videlicet centum aut plures alios dies, non tamen ultra annum necnon in uno festo, dumtaxat a primis usque ad secundas vesperas et occasum solis diei festi huiusmodi quinque annos et quinque quadragenas aut infra ita tamen ut semel tantum pro una ecclesia vel capella flat, etiam concedimus et indulgemus“. Durch die const. Clement. XII. inter praecipuas vom 17. Dezember 1737 (Bull. Rom. 14, 204), bestätigt durch const. Clement. XIII.: Inter praecipuas vom 16. Januar 1766 (Bull. Rom. Contin. 3, 157), ist dann ferner bestimmt, dass der Patriarch von Lissabon im nächsten Konsistorium nach seiner Ernennung weiter zum Kardinal erhoben werden soll.

mit diesem Titel bezeichnet worden, so z. B. die Erzbischöfe von Lyon[1], von Bourges[2], von Canterbury[3], Toledo[4], Vienne, Trier, Bremen[5] und Pisa[6]. Ihrer äusseren Stellung und den ihnen zustehenden Rechten nach hätten dieselben, ebenso gut wie die erwähnten Titularpatriarchen des Abendlandes, sogar theilweise noch mit mehr Grund, jene Bezeichnung führen können. Wenn sie trotzdem nur officiell als Primaten (s. §. 75) gegolten haben, und auch als solche von den meisten Kanonisten charakterisirt werden[7], so erklärt sich das lediglich aus historischen Gründen. Ein so bestimmter und ausgeprägter Gegensatz in der Stellung der im Abendlande mit dem Titel: Patriarch bezeichneten Bischöfe zu den übrigen, wie im Orient, hat hier nie bestanden. Hier wie dort wurde zwar anfänglich für alle Bischöfe die Bezeichnung: Patriarch auch für gewöhnliche Bischöfe gebraucht[8], aber die Verhältnisse, welche im Orient für die Fixirung derselben auf einen engeren Kreis obgewaltet haben, waren im Abendlande nicht vorhanden. Das einflussreiche Moment der Möglichkeit einer Zurückführung auf apostolische Stiftung fehlte für sämmtliche Bischofssitze ausser dem zu Rom, und die Erhebung einzelner Bischöfe über andere durch die Erlangung höherer Jurisdiktionsrechte ist hier nicht das Produkt einer natürlichen und spontanen Weiterentwicklung der kirchlichen Verfassung (wie z. B. beim Bischof von Alexandrien) gewesen, vielmehr führt dieselbe entweder auf besondere päpstliche Verleihung, resp.

1 In der Einleitung der Synode von Macon vom J. 585: „Priscus episcopus patriarcha dixit"; (Mansi 9, 949) er selbst unterzeichnet sich freilich auf der Synode nur (l. c p. 957): „episcopus ecclesiae Lugdunensis". Auch Gregor. Turon. hist. Francor. V. 21 bedient sich desselben Ausdrucks für den Erzbischof von Lyon: „Quod cum rex Guntramnus comperisset congregari synodum apud urbem Lugdunensem (a. 567) iussit. Coniunctique episcopi cum patriarcha Nivetio beato discussis causis" . . . Die Unterschrift desselben unter den Kanonen der Synode, in der Reihenfolge die zweite (nach Philipp von Vienne), lautet wieder nur (Mansi 9, 788): „episcopus ecclesiae Lugdunensis". Endlich kommt die Bezeichnung später noch bei Petrus venerabilis vor. S. §. 75.

2 Ep. Nicolai I. ad Rodulph. Biturens. a. 864. c. 2 (Mansi 15, 390): „Conquestus est apostolatui nostro frater noster Sigebodus archiepiscopus Narbonensis, quod clericos suos eo invito ad iudicium tuum venire compellas et de rebus ad ecclesiam suam pertinentibus eo inconsulto quasi iure patriarchatus tui disponas, cum hoc neque antiquitas cui sancti patres sanxerunt reverentiam habeat et auctoritas sanctorum canonum penitus interdicat, nisi forte pro caussis quae apud se terminari non possunt, ad te quasi ad patriarcham suum provocaverint per appellationes vel si episcopus suus decesserit, res ecclesiae suae iudicio tuo dispensare voluerint. Primates enim vel patriarchas nihil privilegii habere prae ceteris episcopis, nisi quantum sacri canones concedunt et prisca consuetudo illis antiquitus contulit diffinimus, ita ut secundum Nicaenas regulas sua privilegia serventur ecclesiis praeterquam si apostolica sedes aliquam ecclesiam vel rectorem ipsius qualibet speciali privilegio decreverit honorare". (= c. 8. C. IX. qu. 3). S. auch §. 75.

3 Vita S. Dunstani (Erzbischof von Canterbury 959—988) auct. Osberno monacho (Mabillon, acta SS. ord. s. Bened. saec. V.; auch bei H. Wharton, Anglia sacra. Lond. 1691. 2, 109. 110) c. 32: „ . . . rex Edgarius . . . illum . . . primae metropolis Anglorum primatem et patriarcham instituit quem statim ob robur apostolicae fidei vel auctoritatis ad Romuleam urbem profectum Romanus pontifex videre promeruit eumque sacris pontificalibus decoratum . . . genti Anglorum transmisit". c. 34: „Dunstanus igitur candida apostolatus sui stola a Romano pontifice et universae genti necnon et aliis regionibus Anglorum regno suppositis patriarcha destinatus festinabat" . . .

4 Indult Martins V. v. 1428 s. Barbosa, de officio et potestate episcopi P. I. tit. 3. c. 7. n. 14 und unten §. 75; ferner Schreiben König Johanns II. an den Bischof von Burgos v. 1448 (Barbosa l. c.): „El dicho papa Martino V. constituyò y decerniò que el dicho Don Juan Arzobispo de Toledo y sus successores igu almente sin otra differentia pudiesse gozar y gozassen de las insignias y prerogativas y privilegios que à los patriarchas en qualquier manera puedan competer".

5 S. §. 75.

6 Glossa margin. zu c. 8. Dist. XXII.

7 S. z. B. Barbosa l. c. n. 19; Thomassin l. c. c. 33. 37. 38; Card. Noris l. c. ed. cit. 1, 748. Phillips 2, 64. Schon die Glosse zu c. 1. Dist. XXI. s. v. archiepiscopis sagt: „i. e. primatibus quo nomine comprehendit alios patriarchas (im Gegensatz zu den vier alten orientalischen) sive primates, ut Aquilegiensem, Cantuariensem, Bituricensem", u. die zu c. 9. X. de off. iud. ord. I. 31. c. v. Patriarchatus: „diversitas est in nomine, dignitas est eadem".

8 S. oben S. 545 u. S. 567.

päpstliches Anerkenntniss oder auf besondere eigenthümliche politische Verhältnisse zurück. Wenn freilich gerade das letztere Moment für die Bedeutung des Bischofssitzes von Konstantinopel vom erheblichsten Einfluss geworden ist, so war doch im Abendlande, nach der Ueberfluthung des Römerreichs durch die germanischen Stämme, eine ähnliche Konstellation von Verhältnissen, wie sie unter dem römischen Kaiserthum für Byzanz stattfand, nicht mehr möglich. Einen derartigen festen Rückhalt für seine Bestrebungen nach Machterweiterung, wie der Patriarch von Konstantinopel, konnte kein abendländischer Bischof verwerthen, und mochten auch gewisse äussere Umstände ihm ein hervorragendes Ansehen vor den übrigen Bischöfen oder Metropoliten eines Landes verschaffen, immerhin hatte das Papstthum seit dem 6. Jahrhundert schon so viel Einfluss erlangt, dass ohne seine Mitwirkung kein Metropolit eine auch rechtlich anerkannte höhere Gewalt, als die durch seine Stellung bedingte, über seine Kollegen ausüben konnte. Jedenfalls war immer die formelle Sanktion des Papstes nöthig, um dem oft auch dadurch nicht beseitigten Widerstand der anderen Bischöfe desselben Bezirkes wenigstens seinen Rechtsboden zu entziehen. Endlich kam der Umstand hinzu, dass der päpstliche Stuhl kein Interesse hatte, für grössere, vielfach mit den Gränzen eines Volksstammes zusammenfallende territoriale Sprengel dauernd über den Metropoliten höhere Zwischen-Instanzen mit bestimmten Rechten über dieselben zu errichten. Sowohl der Herstellung der Einheit des kirchlichen Rechtes als auch der Machtstellung des Papstthums hätten solche Oberhirten nicht minder gefährlich werden können, wie der Patriarch in Konstantinopel. Man gestattete daher die Beibehaltung des im Abendlande zunächst ohne Einwilligung der Päpste gebrauchten Titels: Patriarch da, wo die Stellung der betreffenden Bischöfe nicht eine Besorgniss erregende war oder wo die Politik es gebot [1], und verlieh auch später denselben, aber allein als Ehrenauszeichnung, nie mit den vollen Rechten der alten, ursprünglichen Patriarchen. Fiel so die Stellung dieser Patriarchen mit der der Primaten zusammen, war sie sogar bei einzelnen (so z. B. beim Patriarchen von Venedig, von Westindien und Lissabon) materiell noch geringer als diese, ja hat man selbst seit dem 6. namentlich im 9. Jahrhundert auf Grund einer offenbar durch die abendländischen Verhältnisse hervorgerufenen Anschauung beide Ausdrücke für gleichbedeutend genommen [2], so gebot es immer die Politik den volltönenden Titel: Patriarch denjenigen Bischöfen zu lassen, welche ihn, wie die unirten Patriarchen der orientalischen Kirchen [3] und die von Aquileja und Grado-Venedig früher geführt hatten. In den beiden einzigen Fällen, wo er erst später verliehen worden ist (Lissabon und Westindien) [4], hatte dagegen die Beilegung eines solchen Titels keine Gefahr mehr; zudem konnte man für die beabsichtigte Ehren-Auszeichnung kaum den Titel: Primat, resp. Primas allein wählen, weil gerade dieser im Abendlande früher eine bestimmte höhere jurisdiktionelle Stellung bedeutet hatte und für die in Frage kommenden Fälle nicht passte.

Aus diesen Gründen erklärt sich die freilich zunächst frappirende Erscheinung, dass einzelne kirchliche Würdenträger, welche eine materiell geringere Jurisdiktion

[1] So neuerdings hinsichtlich der Patriarchen der unirten orientalischen Kirchen und in älterer Zeit hinsichtlich der Bischöfe von Grado und Aquileja, wo es zuerst darauf ankam, den ersteren vom Schisma abzuhalten, den letzteren zur Union mit der römischen Kirche zurückzuführen.

[2] S. ep. Nicolai I. cit. (oben S. 573. n. 2); auch Pseudo-Isidor gebraucht beide als gleichbedeutend s. meine Ausgabe praefatio p. CXCIX. CCXXV.; die Bezeichnung der Primaten von Lyon, Bourges u. s. w. (s. S. 573) erklärt sich ebenfalls daraus. Vgl. auch c. 9. X. (Innoc. III.) de off. iud. ord. I. 31. u. unten §. 75. die Dekretalen Innocenz' III. für Bulgarien u. Martins V. für Toledo.

[3] S. S. 560 ff.

[4] Vgl. S. 571. 572.

als andere besessen haben, doch in Besitz eines höheren Ehrenranges gelangt sind. Aus denselben Gründen erscheint es endlich auch gerechtfertigt, wenn die Doktrin von jeher die alten orientalischen Patriarchen einerseits und die unirten orientalischen, sowie die abendländischen andererseits unterschieden [1] und die ersteren als patriarchae maiores, die letzteren dagegen als patriarchae minores bezeichnet hat [2].

VII. Die Errichtung neuer Patriarchate. Die Frage, ob die Genehmigung des Papstes zur rechtsgültigen Errichtung eines neuen Patriarchates eingeholt werden muss, ist zweifellos zu bejahen, weil die Organisation aller beneficia maiora in seiner Hand ruht [3]. Wenn dieselbe dennoch einst ausführlich erörtert worden ist [4], so erklärt sich das aus der dabei obwaltenden Tendenz, etwaige Versuche weltlicher Mächte, welche der Geistlichkeit des Landes dem römischen Stuhle gegenüber eine selbstständigere Stellung durch Einsetzung eigener Nationalpatriarchen zu verschaffen bezweckten, als unberechtigt darzustellen. Veranlassung dazu gab zunächst das im 4. Jahrzehnt des 17. Jahrhunderts in Frankreich kursirende Gerücht, der Kardinal Richelieu beabsichtige die Begründung einer vom Papst getrennten, selbstständigen Nationalkirche unter einem eigenen französischen Patriarchen, ein Gerücht, das wahrscheinlicher Weise von Rom aus im Unwillen über die gallikanischen Bewegungen [5] verbreitet worden ist [6]. Neue Nahrung erhielt dasselbe durch den gleichfalls in provokatorischer Absicht von dem Pariser Priester Hersens pseudonym im J. 1640 herausgegebenen: Optati Galli de cavendo schismate ad illustrissimos ecclesiae Gallicanae primates, archiepiscopos, episcopos liber paraeneticus, indem dieser ein Schisma der Gallikanischen Kirche sowie die Errichtung des Patriarchats ankündigte [7], um damit zur Vornahme dieses Schrittes anzureizen. König Ludwig XIII. und Kardinal Richelieu sollten dadurch offenbar vor die Alternative gestellt werden, entweder die verhängnissvolle Massregel zu ergreifen und damit einen wahrscheinlicher Weise die s. g. gallikanischen Freiheiten vernichtenden Sturm gegen sich herauf zu beschwören oder zur Beseitigung jenes Gerüchtes die Festhaltung der letzteren ohne weiteres aufzugeben [8]. Indessen hatte die Intrigue nicht den gewünschten Erfolg, eine zu Paris im J. 1640 abgehaltene Provinzialsynode, deren Beschlüssen viele andere französische Bischöfe beitraten, verwarf das pseudonyme Buch [9] und Petrus de Marca schrieb auf Ver-

1 So schon die Glosse zu c. 1. Dist. XXI. (s. oben S. 573. n. 1).

2 So z. B. Barbosa l. c. n. 1; Schmier, iurisprud. can. civil. lib. I. to. 4. c. 4. n. 36—40; Binterim a. a. O. III. 1, 191; Permaneder §. 189; Pachmann §. 123. i. f.; Phillips 2, 60.

3 Das erkennen sogar Schriftsteller wie Febronius, de statu ecclesiae (s. oben S. 200) c. 4. §. 10. n. 4 an. Dass dies auch schon die mittelalterliche Anschauung gewesen, ergiebt sich aus dem Verfahren Adalberts von Bremen, als dieser einen Patriarchat des Nordens errichten wollte. S. §. 75.

4 So namentlich Em. Schelstrate, antiquitas illustrata circa concilia generalia et provincialia. P. I. diss. 2. c. 5. n. 130 ff. (ed. Antverp. 1678. p. 120 ff.).

5 S. oben S. 198, namentl. Note 6.

6 Vita Petri de Marca scripta a Steph. Baluzio c. 8 (opp. P. de Marca ed. Bamberg 1788. 1, XXIX), vita ejusd. auct. P. de Faget (l. c. 6, 22); Jacobson in Herzogs Real-Encyklopädie 9, 18.

7 Schelstrate l. c. n. 144 theilt folgende Stelle aus dem Buche mit: „Rumor est ubique apud nos sese diffundens vires eundo acquirens et nescio quid pessimi in ecclesia Gallicana praesagiens, omnia in schismatis structuram prona esse et antiquissimum ac devotissimum Gallorum in sedem apostolicam studium, quam difficillimorum temporum turbinibus inconcussum tam iam pessum iri: omnia patriarcham hoc est papalis dignitatis in Francorum regno furem aut larvam personare“.

8 S. vita P. de Marca script. a Baluzio l. c. p. XXX.

9 „tanquam falsum, scandalosum, contumeliosum, pacis publicae perturbativum, regi christianissimo eiusque ministris ac consiliariis odium conciliantem, praesulibus injuriosum sub falso et per summam improbitatem conficto schismate cuius per dei gratiam, ne umbra quidem apud nos ulla est, Gallos a legitima obedien-

anlassung des Königs und Richelieu ein Werk, welches den Nachweis führen sollte, dass die s. g. Gallikanischen Freiheiten mit den Pflichten und der Ehrfurcht gegen den römischen Stuhl nicht in Widerspruch ständen — das bekannte Buch: »De concordia sacerdotii et imperii«[1].

In den Verhandlungen über die Gestaltung der französischen Kirche mit Papst Pius VII. hat Napoleon nach seiner Krönung die Idee der Errichtung eines besonderen Patriarchats für Frankreich aufgegriffen und die Einsetzung eines solchen verlangt[2]. Indessen ist diese Forderung ebenso wie die übrigen mit ihr damals gleichzeitig gestellten vom Papst zurückgewiesen worden[3].

Auch in Deutschland ist demnächst in einzelnen Schriften[4] der Gedanke, einen katholischen Patriarchat für die katholische Kirche zu schaffen, angeregt und sogar in einzelnen Ständeversammlungen als zeitgemässes Postulat hingestellt worden[5], indem man davon ausging, dass die deutschen Katholiken sich selbst eine dem Standpunkt ihrer religiösen Aufklärung entsprechende Kirchen-Verfassung aufrichten könnten und die Organisation einer deutschen Nationalkirche unter einem eigenen deutschen Patriarchal- oder Primatialstuhl das geeignete Mittel zu diesem Zwecke wäre. Irgend welchen praktischen Erfolg hat aber dieses Projekt nicht gehabt.

§. 75. II. *Die Exarchen, päpstlichen Vikarien, Primaten und Legati nati.*

I. Die Exarchen*. Schon das Koncil von Konstantinopel vom J. 381 erwähnt der Metropoliten von Ephesus, von Cäsarea und von Heraklea in einer höheren Stellung über den gewöhnlichen Metropoliten, indem es ihnen die Oberleitung über ihre aus mehreren Metropolitansprengeln bestehenden Diöcesen (Kleinasien, Pontus und Thracien) zuschreibt[6]. Ursprünglich haben sie offenbar für ihre Sprengel dieselben Rechte besessen, wie die Patriarchen von Alexandrien und Antiochien, wenngleich ihnen diese wegen der grösseren Bedeutung ihrer Kirchen an Ansehen überlegen waren. Das beweist einmal die Art der Erwähnung aller fünf Bischöfe auf der gedachten Synode, ferner der Umstand, dass der Ausdruck: Patriarch noch im 5. Jahrhundert, als sich schon ein Unterschied in der jurisdiktionellen Stellung zwischen den nachmals ausschliesslich sogenannten Patriarchen und jenen zu Anfang des

tia et subiectione avocantem atque ad factiones, rebelliones, seditiones excitantem"; s. Schelstrate l. c. n. 145. 146.

[1] Baluze, Jacobson a. a. O.

[2] Auskunft darüber giebt das Cirkular Pius VII. vom 5. Februar 1808 an die Kardinäle. S. darüber de Pradt, les quatre concordats. Paris 1818. 2, 316 ff.; Münch, vollständige Sammlung aller Konkordate 2, 34.

[3] De Pradt und Münch a. a. O.

[4] Die deutsche Kirche. Ein Vorschlag zu ihrer neuen Begründung und Einrichtung. 1815; Entwurf einer Verfassung der deutsch-katholischen Kirche in den deutschen Bundesstaaten. 1816; (J. L. Koch), kirchenrechtliche Untersuchung über die Grundlage zu den künftigen katholisch-kirchlichen Einrichtungen in Deutschland von einem katholischen Rechtsgelehrten. Frankfurt a. M. 1816. Vgl. auch v. Longner, Beitr. zur Gesch. der oberrhein. Kirchenprovinz. 1863. S. 272 ff.

[5] So namentlich von Rotteck in der ersten Kammer der badischen Landstände. Münchner katholische Literaturzeitung. Jahrgg. 1819. Nr. 66. S. 233. Gegen diese Vorschläge richtet sich: (L. Frey), das für die katholische Kirche neuprojektirte Patriarchat, aus historischem und kirchenrechtlichem Standpunkte betrachtet. Germanien 1817; ferner F. A. Frey in seinem kritischen Kommentar über das Kirchenrecht 2, 305 ff.

* Le Quien, Oriens christianus. Paris 1740. 1, 351 ff., 663 ff., 1091 ff.; Natalis Alexander, hist. eccles. saec. IV. c. 5. art. 2. (ed Paris. 1699. 4, 22); Bennettis, privileg. S. Petri 4, 190 ff.; Em. Schelstrate, antiquitas illustrata. diss. I. c. 3. art. 3. IV.; Thomassin, P. I. lib. I. c. 17—19; P. de Marca, de Constantinop. patriarchat. instit. disc. (ed. cit. 4, 167 ff.); Binterim, Denkwürdigkeiten III. 1, 254; Phillips 2, 64 ff.; Maassen, der Primat des Bischofs von Rom. S. 58 ff.

[6] S. oben S. 541. n. 1.

Paragraphen erwähnten drei Metropoliten gebildet hatte, nicht allein für die ersteren gebraucht wird [1], und auch die Bezeichnung: ἀρχιεπίσκοπος den hier in Rede stehenden Oberhirten noch bis zur Mitte des 5. Jahrhunderts gemeinsam geblieben ist [2]. Endlich kommt in Betracht, dass die Metropoliten der Städte Ephesus, Cäsarea und Heraklea für die Zeit bis zum 5. Jahrhundert auch sonst in einer Weise neben den nachmaligen zwei Patriarchen genannt werden, welche auf volle Selbstständigkeit diesen gegenüber, wie auf eine innere gleichberechtigte Stellung schliessen lässt [3]. Es erscheint daher die Annahme gerechtfertigt, dass sie diese schon zur Zeit des Koncils von Nicäa besessen haben und der Kanon 6 [4] desselben mit seinen Bestimmungen: »dass auch in den andern Exarchien den betreffenden Kirchen ihre Rechte gewahrt bleiben sollten«, auf sie habe hindeuten wollen. Erst das Uebergewicht, welches der Bischof von Konstantinopel seit der zweiten Hälfte des 4. und namentlich seit Anfang des 5. Jahrhunderts erlangte [5], beschränkte ihre Machtbefugnisse und drückte sie diesem und den beiden andern Patriarchen gegenüber insofern eine Stufe tiefer, als ihnen durch das Koncil von Chalcedon im J. 451 das Ordinationsrecht ihrer Metropoliten entzogen und dem Bichof von Konstantinopel beigelegt [6], sowie dem letzteren auch eine konkurrirende oberste Jurisdiktion für ihre Diöcesen zugesprochen wurde [7]. Eine allumfassende, oberste Regierungsgewalt über sie hatte damit der Bischof von Konstantinopel gesetzlich allerdings noch nicht erlangt, das Fundament für eine solche war aber jedenfalls dadurch gewonnen und so gelang es ihm, diese im Laufe der Zeit immer mehr geltend zu machen [8].

Mit Rücksicht auf ihre frühere hervorragende Stellung werden die drei in Rede stehenden Bischöfe gewöhnlich als ἔξαρχοι bezeichnet. Indessen kommt dieser Ausdruck auf dem Koncil von Sardika vom J. 343 noch für jeden Metropoliten vor [9]; das Koncil von Chalcedon gebraucht denselben dagegen schon zur Bezeichnung der Metropoliten höheren Ranges, also der für die Regel so genannten Exarchen sowie der beiden Patriarchen von Alexandrien und Antiochien [10]. Es zeigt sich also dasselbe Schwanken in der Bedeutung dieses Wortes, wie in der des Ausdrucks: Patriarch [11], und erst später, als der letztere sich für den Bischof von Rom, und die vier Bischöfe von Konstantinopel, Alexandrien, Antiochien und Jerusalem fixirt hatte, freilich zu einer Zeit, wo die Exarchate der hier in Frage kommenden Oberhirten ihre höhere Gewalt schon eingebüsst hatten, konnte das Wort eine bestimmte engere Bedeutung, d. h. die eines

1 S. 545. Evagrius, hist. III. 6. spricht davon, dass dem Bischof von Ephesus τὸ πατριαρχικὸν δίκαιον durch die Synode von Chalcedon vom J. 451 genommen sei. Vgl. dazu auch Hefele, Konciliengesch. 2, 581.

2 S. oben S. 546.

3 Theodoreti hist. eccles. II. 26: „χρόνου δὲ διελθόντος ὑπὸ τῶν Εὐδοξίου κατηγόρων ὑπομνησθεὶς ὁ Κωνστάντιος (a. 359) εἰς Σελεύκιαν τὴν σύνοδον γενέσθαι προσέταξε . . . εἰς ταύτην ἀθροισθῆναι τοὺς τῆς ἑῴας ἐπισκόπους καὶ μὲν δὴ καὶ τοὺς τῆς Ποντικῆς καὶ τοὺς τῆς Ἀσιανῆς παρηγγύησε“. Ibid. V. 23: „Πρὸς δὲ τῇ ἑῴᾳ καὶ τὴν Ἀσιανὴν ἅπασαν καὶ τὴν Ποντικὴν καὶ μέντοι καὶ τὴν Θρᾳκικὴν κοινωνούσας ἔχει καὶ συνημμένας“. Weitere Belege bei de Marca l. c. p 167 ff. u. Maassen S. 58. n. 27 ff.

4 S. oben S. 538. n. 1.

5 S. oben S. 542 ff.

6 S. oben S. 543.

7 Gelten sie doch noch unter Justinian de iure für inappellabel. S. l. 29. C. de episc. aud. I. 4. a. 530 u. oben S. 550; de facto hat sich das allerdings wohl anders verhalten. S. S. 551.

8 S. oben S. 551.

9 c. 6: „χρὴ πρότερον ἐκεῖνον τὸν ἐπανομείναντα ἐπίσκοπον ὑπομιμνήσκεσθαι διὰ γραμμάτων τοῦ ἐξάρχου τῆς ἐπαρχίας, λέγω δὴ τοῦ ἐπισκόπου τῆς μητροπόλεως“.

10 S. c. 9. u. c. 17, in welchem letzteren aber die gewöhnliche Lesart: ἔπαρχος ist. Schon auf dem Koncil von Antiochien im J. 445 heisst es von Domnus von Antiochien (vgl. Acta conc. Antioch. in act. XIV. conc. Chalced., Mansi 7, 348): „ὑπό τε τοῦ ἐξάρχου τῆς ἀνατολικῆς διοικήσεως κληθεὶς“.

11 S. oben S. 545.

mit gewissen Vorrechten über die übrigen Metropoliten eines Bezirkes ausgestatteten Bischofs annehmen [1].

Neben diesen Oberhirten, welche ursprünglich eine selbstständige, unabhängige oberste Jurisdiktion über eine Anzahl von Metropoliten besassen, finden sich im Orient noch andere, welche allein die Metropolitangewalt über einfache Bischöfe ausübten, aber nach oben hin sich eine grössere Unabhängigkeit bewahrt hatten, und deswegen aus der Klasse der gewöhnlichen Metropoliten heraustraten.

Es gehört hierher der Metropolit von Konstantia auf Cypern. Die Patriarchen von Antiochien hatten zwar ihre Obergewalt auch über seine Provinz auszudehnen, namentlich das Ordinationsrecht in derselben geltend zu machen gesucht, indessen hielt die Synode von Ephesus die Selbstständigkeit der Insel und namentlich die Befugnisse der Bischöfe, ihren Metropoliten sich selbst zu wählen, aufrecht [2], trotzdem dass Papst Innocenz I. ein dem Bischof von Antiochien günstiges Schreiben erlassen [3] und der letztere kurz vor dem Koncil beim Prokonsul ein freilich keine Beachtung findendes Verbot der Wiederbesetzung des damals vakanten Metropolitenstuhles veranlasst hatte [4]. Seitdem bewahrten die Metropoliten ihre Unabhängigkeit gegenüber dem Patriarchen von Antiochien [5], ja als nach der Eroberung der Insel gegen Ende des 7. Jahrhunderts durch die Sarazenen der Metropolit von Konstantia sich nach der Provinz Hellespontus begeben hatte, verordnete die Trullanische Synode vom J. 692 [6], dass ihm auch in

[1] So findet sich unter der sechsten allgemeinen Synode von Konstantinopel die Unterschrift (Mansi 11, 687): „ἐπίσκοπος τῆς Καισαρέας μητροπόλεως καὶ ἔξαρχος τῆς Ποντικῆς διοικήσεως".

[2] Act. 7 (Mansi 4, 1470): „Si non est vetus mos quod episcopus Antiochenus ordinet in Cypro, sicut docuerunt religiosissimi viri qui ad synodum accesserunt, habebunt ius suum intactum et inviolatum qui sanctis in Cypro ecclesiis praesunt secundum canones et veterem consuetudinem per se ipsos ordinationes religiosissimorum episcoporum facientes. Istud in aliis dioecesibus et provinciis servetur, ut nullus episcoporum aliam provinciam occupet . . . Neve sub praetextu sacerdotii mundanae potestatis factus irrepat . . .

[3] Epist. ad Alexandr. Antioch. (c. a. 415) c. 3 (Coustant 852): „Cyprios sane asseris olim Arianae impietatis potentia fatigatos, non tenuisse Nicaenos canones in ordinandis sibi episcopis et usque adhuc habere praesumtum, ut suo arbitrio ordinent, neminem consulentes. Quocirca persuademus eis, ut curent iuxta canonum fidem catholicam sapere atque unum cum ceteris sentire provinciis".

[4] Vgl. das Dekret des Proconsul Dionysius bei Mansi 4, 1467.

[5] Ueber den gleichfalls erfolglosen Versuch des Patriarchen Petrus Fullo von Alexandrien durch Beeinflussung des Kaiser Zeno, die Obergewalt zu erhalten s. Thomassin l. c. n. 4; Le Quien l. c. 2, 1042. 1048 ff. Ziegler, pragmat. Gesch. d. kirchl. Verfassungsformen S. 350. 351.

[6] c. 39: „Τοῦ ἀδελφοῦ καὶ συλλειτουργοῦ ἡμῶν Ἰωάννου τοῦ Κυπρίων νήσου προέδρου ἅμα τῷ οἰκείῳ λαῷ ἐπὶ τὴν Ἑλλησπόντιον ἐπαρχίαν διά τε τὰς βαρβαρικὰς ἐφόδους διά τε τὸ τῆς ἐθνικῆς ἐλευθερωθῆναι δουλείας καὶ καθαρῶς τοῖς σκήπτροις τοῦ χριστιανικωτάτου κράτους ὑποταγῆναι, τῆς εἰρημένης μεταστάντος νήσου προνοίᾳ τοῦ φιλανθρώπου θεοῦ καὶ μόχθῳ τοῦ φιλοχρίστου καὶ εὐσεβοῦς ἡμῶν βασιλέως συνορῶμεν, ὥστε ἀκαινοτόμητα φυλαχθῆναι τὰ παρὰ τῶν ἐν Ἐφέσῳ τὸ πρότερον συνελθόντων θεοφέρων πατέρων τῷ θρόνῳ τοῦ προγεγραμμένου ἀνδρὸς παρασχεθέντα προνόμια, ὥστε τὴν νέαν Ἰουστιανούπολιν τὸν δίκαιον ἔχειν τῆς Κωνσταντινουπόλεως καὶ τὸν ἐπ' αὐτῇ καθιστάμενον θεοφιλέστατον ἐπίσκοπον πάντων προεδρεύειν τῶν τῆς Ἑλλησποντίων ἐπαρχίας καὶ ὑπὸ τῶν ἐπισκόπων τῶν οἰκείων χειροτονεῖσθαι κατὰ τὴν ἀρχείαν συνήθειαν· τὰ γὰρ ἑκάστῃ ἐκκλησίᾳ ἔθη καὶ οἱ θεοφόροι ἡμῶν πατέρες παραφυλάττεσθαι διεγνώκασι, τοῦ τῆς Κυζικηνῶν πόλεως ἐπισκόπου ὑποκειμένου τῷ προέδρῳ τῆς εἰρημένης Ἰουστιανουπόλεως, μιμήσει τῶν λοιπῶν ἁπάντων ἐπισκόπων τῶν ὑπὸ τὸν λεχθέντα θεοφιλέστατον πρόεδρον Ἰωάννην ὑφ' οὗ χρείας καλούσης καὶ ὁ τῆς αὐτῆς Κυζικηνῶν πόλεως ἐπίσκοπος χειροτονηθήσεται". Statt „Κωνσταντινουπόλεως" ist zweifellos mit dem Ms. Amerbachii: „Κωνσταντινέων πόλεως", wie schon Hardouin vorschlägt, zu lesen. Da der betreffende, mit ὥστε beginnende Satz nur aus der vorhergehenden Festsetzung, dass die von der Ephesinischen Synode festgesetzten Privilegien dem Bischof gewahrt bleiben sollten, die Konsequenz zieht, so kann man ihn nicht mit Hefele, Konciliengeschichte 3, 306 dahin übertragen, dass dem Bischof von Justinianopolis die Gerechtsame Konstantinopels eingeräumt werden. In Folge der Bestimmung der Synode hat der letztere dieselbe auch an erster Stelle nach dem Patriarchen unterschrieben (Mansi 11, 990). Uebrigens hat dieses Verhältniss nicht lange gedauert, da es dem Bischof bald möglich wurde, wieder seine frühere Residenz auf Cypern einzunehmen. S. Le Quien l. c. 1, 747 ff., 2, 1042 ff.

seinem neuen Sitze Nova Iustinianopolis die auf der Synode von Ephesus anerkannten Rechte zustehen und ihm die (bis dahin dem Patriarchen von Konstantinopel untergebenen) Metropoliten von Cycikus unterworfen sein sollten.

Mit Rücksicht darauf, dass es sonach dem Metropoliten von Cypern gelungen war, stets seine Selbstständigkeit nach obenhin zu bewahren, wird er nicht unpassend als »αὐτοκέφαλος« bezeichnet[1].

Eine ähnliche Stellung erlangte unter Justinian der Metropolit von Iustiniana prima (früher Acrida), der Geburtsstadt des Kaisers. Illyrien mit der Hauptstadt Sirmium[2] gehörte bis zum Ausgang des 4. Jahrhunderts zum Occident, also in kirchlicher Beziehung zu Rom[3]. Nach der Theilung in ein orientalisches und occidentalisches Illyrien nahm Thessalonich für das erstere die Stellung der politischen und kirchlichen Hauptstadt[4] als Sitz des Praefectus praetorio und des Metropoliten ein[5], aber trotz der nunmehrigen Zugehörigkeit dieser Hälfte zum Orient wurde der kirchliche Verband mit Rom nicht gelöst. Schon Innocenz I. hat in der Provinz dieses Bischofs das Gesetzgebungsrecht und die oberste Jurisdiktion ausgeübt[6], und als Fundament dieser obersten Leitungsgewalt des Metropoliten eine von Rom aus ertheilte Bevollmächtigung hingestellt[7]. Der Versuch Theodosius' II., das orientalische Illyrien auch in kirchlicher Hinsicht dem Orient einzuverleiben und unter den Bischof von Konstantinopel zu stellen[8], misslang[9]. Erst Justinian setzte dem Papst Pelagius I. gegenüber die Lostrennung einer Anzahl von bischöflichen Provinzen und die Erhebung des Bischofs von Acrida oder Iustiniana prima zum selbstständigen Haupte derselben mit dem Titel: ἀρχιεπίσκοπος durch[10]. Die Befugnisse, oberste Regierungs-, Ordina-

1 Theodori lectoris hist. eccles. II: „ἐξ ἧς προφάσεως καὶ περιγεγόνασιν οἱ Κύπριοι τὸ αὐτοκέφαλον εἶναι τὴν κατ' αὐτοὺς ἐκκλησίαν“. Justinian gebraucht Nov. 131. c. 14: „Εἰ δέ τις τῶν αἱρετικῶν οἷς συναριθμοῦμεν καὶ τοὺς Νεστοριανοὺς καὶ τοὺς Ἀκεφάλους καὶ τοὺς Εὐτυχιανιστάς“ . . . das Wort für einen Theil der Monophysiten, weil sie sich von der Kirchengemeinschaft getrennt hatten (Gieseler, Kirchengesch. I. 2, 357) und unter selbstständigen Häuptern standen; ebenso versteht der liber pontificalis vita Doni (ed. Fabrot. 2, 53): „Huius temporibus ecclesia Ravennatum quae se ab ecclesia Romana segregaverat causa autocephaliae, denuo se pristinae sedi apostolicae subiugavit“ darunter die kirchliche Unabhängigkeit nach oben hin. Als offizielle Bezeichnung kommt aber αὐτοκέφαλος, wie die hergebrachten Darstellungen (s. Ziegler a. a. O. S. 351; Binterim a. a. O. S. 255; Phillips 2, 65) anzunehmen scheinen, soweit ich sehe, nicht vor. Auch Suicer weist in seinem thesaurus eine solche nicht nach.

2 Nov. Iustiniani 11.

3 Vgl. Ep. Siricii ad Anysium Thessalonic. u. d. J. 386 (Coustant 642).

4 Die Bedeutsamkeit der Stadt erhellt schon aus c. 16 (20) conc. Sardic. a. 343.

5 de Marca l. c. n. 26 ff. p. 30 ff. u. Maassen, der Primat S. 126 n. 29.

6 S. die Briefe an die Bischöfe Macedoniens v. 414 und an Rufus v. 414 bei Coustant 830. 841.

7 Epist. ad Anysium Thessalon. a. 402 (Coustant 739): „Cui (Anysio) etiam anteriores tanti ac tales viri praedecessores mei episcopi, i. e., sanctae memoriae Damasus, Siricius atque supra memoratus vir (Anastasius) ita detulerunt, ut omnia quae in illis partibus gererentur, sanctitati tuae, quae plena iustitiae est, traderent cognoscenda, meam quoque parvitatem hoc tenere iudicium eamdemque habere voluntatem, te decet recognoscere“. Ueberliefert ist von diesen Briefen nichts und namentlich enthält der Brief des Siricius (s. Note 3) keineswegs, wie Phillips 2, 67 annimmt, die Uebertragung irgend welcher päpstlichen Stellvertretung oder irgend welchen Vikariates. Vgl. auch unten.

8 L. 6. C. de sacros. eccles. I. 2. a. 421: „Omni innovatione cessante vetustatem et canones pristinos ecclesiasticos qui usque nunc tenuerunt, etiam per omnes Illyrici provincias servari praecipimus, ut si quid dubietatis emerserit, id oporteat non absque scientia viri reverendissimi sacrosanctae legis antistitis urbis Constantinopolitanae quae Romae veteris praerogativa laetatur, conventui sacerdotali sanctoque iudicio reservari“.

9 S. vorläufig Thomassin l. c. 18. n. 7; de Marca l. c. n. 40 ff. p. 33 ff. Das Weitere nachher.

10 Nov. 11. a. 535. ad Catellian. archiep. prim. Iustinian.: „ . . . Et ideo tua beatitudo et omnes praefatae primae Iustinianae sacrosancti antistites archiepiscopi habeant praerogativam et omnem licentiam suam auctoritatem eis impertiri et eos ordinare et in omnibus suprascriptis provinciis primam habere dignitatem, summum

tions- und richterliche Gewalt sind dieselben, wie sie die übrigen Exarchen geübt haben. Allerdings erscheint dieser neue Exarch als Stellvertreter des römischen Bischofs, aber eine Abhängigkeit von dem letzteren kann Justinian kaum beabsichtigt haben, da er bei der Errichtung des betreffenden Exarchats selbstständig gehandelt und ein blosses päpstliches Vikariat des Inhabers desselben gerade den von Justinian gewollten Zweck beeinträchtigt haben würde[1]. Mit Rücksicht darauf, dass zu dem Bezirk dieses Erzbischofes auch eine Anzahl von Metropoliten gehörten, erscheint seine Stellung als eine entschieden höhere wie die des vorhin gedachten, ebenfalls selbstständigen Metropoliten von Cypern. Lange hat aber die Autokephalie von Iustiniana prima, welche kaum in vollem Maasse praktisch geworden zu sein scheint, wahrscheinlich auch von den übrigen Patriarchen niemals anerkannt ist[2], nicht gedauert, denn Gregor I. hat schon wieder den Erzbischöfen unter Verleihung des Palliums den Vikariat des apostolischen Stuhles übertragen[3] und sogar die Straf- und Disciplinar-Gerichtsbarkeit über sie ausgeübt[4].

Der Titel: Exarch hat sich trotzdem, dass alle diejenigen Bischöfe, welche eine selbstständige und höhere Stellung als die gewöhnliche Metropolitanjurisdiktion erlangt hatten, diese nach und nach verloren haben, erhalten und im Mittelalter[5] den Charakter einer blossen Ehren-Auszeichnung für Metropoliten angenommen. Ja er kommt in dieser Bedeutung noch heute in der griechischen Kirche vor[6].

sacerdotium, summum fastigium, a tua sede creentur et solum archiepiscopum habeant, nulla communione ad eum Thessalonicensi episcopo servanda; sed tu ipse et omnes primae Iustinianae antistites sive eius iudices et disceptatores, quidquid oriatur inter eos discrimen, ipsi hoc dirimant et finem eis imponant et eos ordinent et nec ad alium quendam eatur, sed suum agnoscant archiepiscopum omnes praedictae provinciae et eius sentiant creationem et vel per se vel per suam auctoritatem vel clericos mittendos habeat omnem potestatem omnemque sacerdotalem censuram et creationis licentiam . . . Quando autem tuae recordationis sedis gubernatorem ab hac luce decedere contigerit, pro tempore archiepiscopum eius a venerabili suo concilio metropolitanorum ordinari sancimus, quemadmodum decet archiepiscopum omnibus honoratum ecclesiis provehi, nulla penitus Thessalonicensi episcopo nec ad hoc communione servanda"; Nov. CXXXI. c. 3. a. 545: „Τὸν δὲ κατὰ καιρὸν μακαριώτατον ἀρχιεπίσκοπον τῆς πρώτης Ἰουστινιανῆς τῆς ἡμετέρας πατρίδος ἔχειν ἀεὶ ὑπὸ τὴν οἰκείαν δικαιοδοσίαν τοὺς ἐπισκόπους τῶν ἐπαρχιῶν Δακίας μηδιτεῤῥανέας καὶ Δακίας ῥιπενσίας, Τριβαλλέας, Δαρδανίας καὶ Μυσίας τῆς ἀνωτέρας καὶ Παννονίας καὶ παρ' αὐτοῦ τούτους χειροτονεῖσθαι, αὐτὸν δὲ ὑπὸ τῆς οἰκείου συνόδου χειροτονεῖσθαι καὶ ἐν αὐταῖς ταῖς ὑποκειμέναις αὐτῷ ἐπαρχίαις τὸν τόπον ἐπέχειν αὐτὸν τοῦ ἀποστολικοῦ Ῥώμης θρόνου κατὰ τὰ ὁρισθέντα ἀπὸ τοῦ ἁγίου πάππα Βιγιλίου".

1 Nur Nov. 131. cit. erwähnt der Stellvertretung; damit ist aber m. E. gemeint, dass der Papst ein für alle Mal unwiderruflich seine Befugnisse auf den Bischof von Iustiniana prima übertragen hatte. Aehnlich auch Ziegler a. a. O. S. 318 ff.

2 Ziegler S. 316—318.

3 Gregor. M. ep. II. 23 (ed. Bened. 2, 586), = c. 10. Dist. C.

4 Greg. ep. III. 6 (l. c. 2, 628): . . „cassatis prius atque ad nihilum redactis praedictae sententiae tuae decretis ex b. Petri principis apostolorum auctoritate decernimus; triginta dierum spatio de sacra communione privatum" . . . Vgl. auch ibid. VIII. 5. IX. 68. XII. 31. (p. 898. 983. 1201).

5 In Verbindung damit kommt auch das Prädikat: ὑπέρτιμος (honoratissimus) vor. S. Thomassin l. c. c. 25. n. 5, und die Τάξις τῶν θρόνων τῶν Μετροπολιτῶν καὶ τίνες αὐτῶν λέγονται ἔξαρχοι ὑπέρτιμοι, τίνες δὲ ὑπέρτιμοι μόνον (bei Schelstrate, antiquitas ecclesiae illustrata. Tom. II. opus posthum. Romae 1697. p. 784), aus welchem ich folgende Bezeichnungen heraushebe: „1. Ὁ Καισαρείας Καππαδοκίας ὑπέρτιμος τῶν ὑπερτίμων καὶ ἔξαρχος πάσης Ἀνατολικῆς 2. ὁ Ἐφέσου ὑπέρτιμος καὶ ἔξαρχος πάσης Ἀσίας, 3. ὁ Ἡρακλείας πρόεδρος τῶν ὑπερτίμων καὶ ἔξαρχος πάσης Θράκης καὶ Μακεδονίας. 4. ὁ Ἀγκύρας ἔξαρχος πάσης Γαλατίας . . . 40. ὁ Ἀνδριανουπόλεως ὁ ὑπέρτιμος καὶ ἔξαρχος Αἰμημμόντου". Unrichtig ist es daher, wenn Binterim a. a. O. S. 256 die mitgetheilte Ueberschrift dahin übersetzt: „Verzeichniss der Metropolitansitze, deren einige Hauptexarchen, andere Honorarexarchen genannt werden". Auch irrt derselbe (S. 255) darin, dass er die Bischöfe von Chalcedon und Nicäa für die ersten Honorarexarchen erklärt. Das Koncil von Chalcedon v. 451. act. VI u. XIII (Mansi 7, 178. 314) hat vielmehr den Bischöfen dieser Städte nur den Titel: Metropolit (ohne die entsprechende Jurisdiktion) beigelegt.

6 Silbernagl, Verfassung und Bestand sämmtlicher Kirchen des Orients. S. 23. 30. n. 11. S. 31. n. 10. S. 32. n. 9. S. 38. n. 10.

II. Die Primaten, päpstlichen Vikarien und geborenen Legaten im Abendlande. 1. Der Bischof von Carthago als Primas von Afrika. In Afrika, wohin das Christenthum schon früh von Rom aus verbreitet worden war, bildete Carthago als Hauptstadt auch den Centralpunkt der geistlichen Leitung. Die schnelle Ausdehnung des Christenthums ergiebt die grosse Zahl der Bischöfe, welche auf den Koncilien des dritten und Anfangs des vierten Jahrhunderts zusammengekommen sind[1]. Während aber in der afrikanischen Kirche die Metropolitanwürde nicht an einen bestimmten Sitz geknüpft, sondern immer von dem der Ordination nach ältesten Bischof, senex oder primas oder episcopus primae sedis, der Kirchenprovinz geführt wurde[2], hatte der Oberhirt von Carthago dauernd die Leitung des gesammten afrikanischen Kirchenwesens[3]. Es stand ihm das Recht zu, die Generalsynoden der afrikanischen Kirche abzuhalten und auf ihnen zu präsidiren[4], eine Befugniss, welche um so bedeutungsvoller war, als eine Zeit lang jährlich dergleichen concilia universalia oder plenaria anniversaria[5] gehalten wurden[6], und diese auch die

[1] Cyprian. ep. LXXI ad Quintum (erstes Koncil zw. 218 u. 222; Hefele, Konciliengesch. 1, 79); Koncil von 256 u. 308 bei Mansi 1, 871; 2, 409. Vgl. ferner das Verzeichniss der Provinzen aus d. J. 484. ibid. 7, 1156. S. auch Wiltsch 1, 53. 131 ff.

[2] S. darüber Thomassin l. c. c. 20. n. 6; P. de Marca l. c. n. 3 ff.; Ziegler a. a. O. S. 140. Quellenzeugnisse dafür: Augustini ep. 209. (ed. Bened. 2, 591): „Habebam de quo cogitabam, paratum presbyterum, propter quem ordinandum sanctum senem qui tunc primatum Numidiae gerebet de longinquo ut veniret, rogans litteris impetravi"; cod. eccles. Afric. c. 86 = c. 1. Milevit. a. 402: „Deinde placuit, ... ut matricula et archivus Numidiae et apud primam sedem (kirchliche Hauptstadt) sit et in metropoli (bürgerliche Hauptstadt) i. e. Constantina"; c. 3. (cod. eccl. Afric.) X. de foro compet. II. 2. Gregor I. suchte diese Einrichtung zu beseitigen, ep. I. 74 (ed. Bened. 2, 559): „concilium vero catholicorum episcoporum admoneri praecipite, ut primatem non ex ordine loci, postpositis vitae meritis faciat . . . ipse vero primas non passim, sicut moris est per villas sed in una iuxta eorum electionem civitate resideat" (= c. 48. C. XXIII. qu. 4), hat es aber später dabei bewenden lassen ep. I. 77 (l. c. p. 561): „Et nos quidem iuxta seriem relationis vetrae, consuetudinem, quae tamen contra fidem catholicam nihil usurpare dignoscitur, immotam permanere concedimus, sive de primatibus constituendis ceterisque capitulis, exceptis his qui ex Donastis ad episcopatum perveniunt, quos provehi ad primatus dignitatem, etiam cum ordo clericorum eos ad locum eumdem deferat, modis omnibus prohibemus . . . non autem etiam illos antistites quos catholica fides in ecclesiae sinu et edocuit et genuit, ad obtinendi culmen primatus anteire"; vgl. ferner ep. Leon. IX. ad Petrum et Johann. a. 1053 (Mansi 19, 660): „Sed de Africae primatibus aliter intelligendum est; quia in singulis eius provinciis antiquitus primates instituebantur, non secundum potentiam alicuius civitatis, sed secundum tempus suae ordinationis". Uebrigens steht dieses Wechseln der Metropolitanwürde nicht vereinzelt da, vielmehr finden sich Spuren davon auch in der orientalischen Kirche (s. Euseb. hist. eccles. V. 23 und dazu Ziegler S. 140 n. 14) und in Spanien (Hefele, Konciliengesch. 1, 151. 152).

[3] Schelstrate, ecclesia Africana sub primate Carthaginiensi. Paris. 1679. diss. I. c. 4. p. 20; Thomassin l. c. c. 20. n. 5 ff.; P. de Marca l. c. n. 3. p. 11; Ziegler S. 140 ff.; Binterim a. a. O. S. 264; Phillips 2, 70.

[4] Cypriani ep. 71 ad Quintum: „Quod quidem et Agrippinus bonae memoriae cum ceteris coepiscopis suis qui illo tempore in provincia Africa et Numidia ecclesiam domini gubernabant, statuit (zw. 218 u. 222). Ueber die Synoden unter dem Vorsitze Cyprians s. Hefele, Konciliengesch. 1, 86. 88. 90. 91. 92. 94. Auf dem ersten Koncil von Carthago zw. 345 u. 348 führte Bischof Gratus von Carthago, auf dem von Hippo v. J. 393 und dem dritten von Carthago i. J. 397 (Bruns, canon. I. 2, 111. 134. 135. 122) Bischof Aurelius von Carthago den Vorsitz. Die Befugniss zur Einberufung ergiebt namentlich c. 1. Carth. XI. a. 407. (cod. eccl. Afric. c. 95).

[5] c. 5. 7. Hippon. a. 393; c. 7. Carth. III. a. 397; c. 8. Carth. VI. a. 401 (cod. eccl. Afric. c. 73); über die Beschickung dieser Koncilien s. c. 2. conc. III. cit.: „ut propter causas ecclesiasticas . . . singulis quibusque annis concilium convocetur, ad quos omnes provinciae quae primas sedes habent, e conciliis suis ternos legatos mittant . . . de Tripoli autem propter inopiam episcoporum unus episcopus veniat". c. 11. Carth. VI. a. 401 (cod. eccles. Afric. c. 76): „ . . . placuit, ut primatibus suarum quarumque provinciis intimetur, ut de universis episcopis vel duae vel tres turmae fiant, ac de singulis turmis quotquot electi fuerint, ad diem concilii instantissime occurrant"; c. 19. Carth. XVI. a. 418 (cod. eccl. Afric. c. 127).

[6] c. 1. Carth. XI. a. 407 (cod. eccl. Afr. c. 95) hat aber wegen der übermässigen Beschwerung der Bischöfe die Abhaltung nur auf den Fall der Nothwendigkeit beschränkt.

Prüfung, resp. Bestätigung der Beschlüsse der Provinzialsynoden vorzunehmen hatten[1]. Die Befugniss zur oberen Aufsicht erhellt aus der Vorschrift, dass der Bischof von Carthago die Zeit der Abhaltung des Osterfestes den übrigen Bischöfen bestimmen und ansagen lassen soll[2]. Die oberste Jurisdiktion desselben zeigt sich darin, dass er die Streitigkeiten über die Bestellung der Primaten (Metropoliten) zu entscheiden[3], und für die Beseitigung einer etwaigen Renitenz der Priester und Bischöfe die nöthigen Anordnungen zu treffen hat[4]. Ferner ist das althergebrachte Recht, auf Ansuchen der Gemeinden Bischöfe und Presbyter in allen Theilen des ganzen afrikanischen Kirchensprengels zu ordiniren, ein Ausfluss seiner obersten Administrationsbefugniss[5]. Endlich hat der Bischof von Carthago als Haupt der afrikanischen Kirche die Schreiben der Generalsynode abzufassen und zu unterschreiben[6], d. h. es kommt ihm die Repräsentationsbefugniss sowohl den einzelnen zu ihr gehörigen Gliedern als auch den andern Kirchen gegenüber, zu[7].

Wurde auch die Stiftung der afrikanischen Kirche auf eine von Rom ausgegangene Mission zurückgeführt[8], so beruht doch die hohe Stellung des Bischofs von Carthago, welche in der Bezeichnung catholicae ecclesiae episcopus[9] einen entsprechenden Ausdruck gefunden hat, nicht auf einer Verleihung seitens des römischen Stuhles[10], sondern sie ist naturgemäss aus den Verhältnissen, wie bei den Patriarchen von Alexandrien und Antiochien und den alten drei orientalischen Exarchen von Heraklea, Cäsarea und Ephesus, herausgewachsen, denen der Bischof von Carthago auch an wirklicher Macht vollkommen ebenbürtig war[11]. Ja, dem Bischof von Rom stand er darin gleich, dass er wie dieser nicht von einem andern Primas, sondern von den benachbarten Bischöfen geweiht wurde[12].

Diese Selbstständigkeit ihrer Kirche und ihres Oberhirten haben die Bischöfe von Afrika in der ersten Hälfte des 5. Jahrhunderts durch die bekannte Opposition in den über die Befugniss der Päpste zur Entscheidung der Appellationen afrikanischer Geistlichen ausgebrochenen Streitigkeiten zu wahren und sich gegen die auf Grund eines solchen angeblichen Rechtes erfolgten Eingriffe sicher zu stellen gesucht[13].

[1] c. 3. 13. Carth. I. zw. 345 u. 348. Dazu Thomassin l. c. n. 5. u. Ziegler S. 144. 145.

[2] c. 2. Hippon. a. 393; c. 1. conc. Carth. III. a. 397; c. 8. Carth. VI. a. 401 (cod. eccl. Afric. c. 73).

[3] c. 5. Hippon. a. 393: „Ceteri etiam primae sedis episcopi ex consilio episcopi Carthaginensis ecclesiae primates provinciarum constituendos esse professi sunt, si aliqua altercatio fuerit“.

[4] c. 43. 44. conc. Carth. III. a. 397.

[5] c. 45. Carth. III. a. 397: „Numidius episcopus dixit: Fuit semper haec licentia huic sedi, unde vellet et de cuius nomine fuisset conventus pro desiderio cuiusque ecclesiae ordinare episcopum. Epigonius episcopus dixit: Bonitas sequestrat possibilitatem, minus enim praesumis, frater et cum te bonum et clementem omnibus reddis; habes enim hoc in arbitrio, satis est, ut satisflat personae uniuscuiusque episcopi in prima tantummodo conventione. Si autem quod libet huic sedi, vindicandum sibi fuerit arbitratus, necesse habes tu omnes ecclesias suffulcire: unde tibi non potestatem damus, sed tuae assignamus, ut liceat voluntati tuae et semper tenere quem voles, ut praepositos plebibus vel ecclesiis constituas, qui postulati fuerint et unde voles“.

[6] c. 19. Carth. VI. a. 401 (cod. eccles. Afric. c. 85), c. 1. Carth. VIII. (cod. cit. c. 91).

[7] Ziegler S. 156. 158. 159.

[8] Innoc. I. ep. ad Decent. Eugub. a. 416. c. 1. (Coustant 856).

[9] c. 2. Carth. VIII. (cod. cit. c. 92), wo auch dem entsprechend das afrikanische General-Koncil als concilium catholicum bezeichnet wird. In c. 19. Carth. XVI. (cod. cit. 127) heisst der Bischof von Carthago ferner: „sanctus senex“.

[10] S. auch Thomassin l. c. n. 2.

[11] Schelstrate, ecclesia Africana, diss. I. c. 6. n. 4. p. 33.

[12] Augustini breviculus collat. cum Donat. coll. tertii diei c. 16 (ed. Bened. 9, 388): „... cum aliud habeat ecclesiae catholicae consuetudo, ut non Numidiae, sed propinquiores episcopi episcopum Carthaginis ordinent, sicut nec Romanae ecclesiae ordinat aliquis episcopus metropolitanus, sed de proximo Ostiensis episcopus“.

[13] Das Nähere über diesen bestrittenen Punkt gehört in die Lehre von der Entwicklung der oberstrichterlichen Gewalt des päpstlichen Stuh-

Kaiser Justinian hat gleichfalls (nach der Vertreibung der Vandalen aus Afrika) die vorhin näher charakterisirte Stellung der Kirche von Carthago anerkannt, indem er den Bischof dieser Stadt hinsichtlich seiner Selbstständigkeit dem neukreirten Erzbischof von Iustiniana prima gleichstellte [1]. Trotz der Vernichtung zahlreicher Bisthümer durch die Occupation des nordwestlichen Afrikas seitens der Muhamedaner [2] hat der gedachte Bischof seinen hervorragenden Rang unter den Mitte des 11. Jahrhunderts noch vorhandenen 5 Bischöfen, sowie seine früheren Rechte diesen gegenüber behalten [3], wenngleich die alte Selbstständigkeit nach oben hin in Folge jener verheerenden Ereignisse vernichtet war [4]. Zur Zeit Gregors VII. existirten aber nur noch der Erzbischof von Carthago und ein anderer Bischof, so dass nicht einmal die nöthige Anzahl von Bischöfen für die Ertheilung der Episkopatsweihe vorhanden war [5], und seit dem J. 1076 wird des Erzbisthums Carthago nicht mehr erwähnt.

2. Der Bischof von Thessalonich bietet das älteste Beispiel für die Erhebung eines Metropoliten zu einer höheren Stellung durch eine besondere päpstliche Verleihung [6]. Der Titel dafür war die päpstliche Ermächtigung, die Rechte des Primates in den illyrischen Provinzen auszuüben. Als der erste Papst, welcher diese gegeben, also dem Metropoliten den s. g. apostolischen Vikariat übertragen hat, wird Damasus (366—384) bezeichnet [7]. Er soll dazu durch die Besorgniss einer Lostrennung jenes Gebietes von dem kirchlichen Verbande mit Rom aus Anlass des dem Bischof von Konstantinopel im J. 381 beigelegten Ehrenvorranges (s. S. 543) bewogen worden sein [8]. Allerdings wird der erwähnte Papst in mehreren Dekretalen des folgenden Jahrhunderts als Begründer des Vikariats und sein Nachfolger Siricius als Erneuerer desselben genannt [9]. Allein ein derartiges Delegationsschreiben des Damasus

les. Vgl. vorläufig Gieseler, Kirchengesch. I. 2, 222 ff.; Hefele, Konciliengeschichte 2, 107. 120. 123; Phillips 5, 274 ff.; Kober, Deposition S. 404 ff. Damit hängt auch die Frage zusammen, seit wann Rom Privatrechte über die afrikanische Kirche ausgeübt hat. Schelstrate l. c. diss. I. c. 6. n. 8, welcher dies bis auf die ältesten Zeiten der afrikanischen Kirche zurück datirt, macht sich die Sache zu leicht, wenn er dafür als hauptsächlichste Stütze das Synodalschreiben des Siricius an die afrikanischen Bischöfe von 386 (Coustant p. 653: „ut extra conscientiam sedis apostolicae, hoc est primatis, nemo audeat ordinare“) anführt, da dasselbe sowohl seiner Aechtheit als auch seiner Bedeutung nach bestritten ist. S. Hefele 2, 43.

1 Nov. XXXVII. s. 535; Nov. CXXXI. a. 545. c. 4: „Καὶ τὸν ὅμοιον τόπον τὸ δίκαιον τῆς ἀρχιερωσύνης ὅπερ τῷ ἐπισκόπῳ Ἰουστινιανῆς Καρχηδόνος τῆς Ἀφρικῆς διοικήσεως δεδώκαμεν, ἐξ οὗπερ ὁ θεὸς ταύτην ἡμῖν ἀποκατέστησε, φυλάττεσθαι κελεύομεν“. S. oben S. 579.

2 Schelstrate l. c. diss. IV. c. 7. p. 316 ff.

3 Ep. Leon. IX. a. 1053. cit. (Mansi 19, 659): „Insuper recte contra Gummitanum episcopum Carthaginensis ecclesiae defendistis, quia sine dubio post Romanum pontificem primus archiepiscopus et totius Africae maximus metropolitanus est Carthaginensis episcopus nec pro aliquo episcopo in tota Africa potest perdere privilegium semel susceptum a sancta Romana et apostolica sede . . . nec quicumque ille sit Gummitanus episcopus, aliquam licentiam consecrandi episcopos vel deponendi seu provinciale concilium convocandi habeat sine consensu Carthaginis archiepiscopi“.

4 L. c. . . „Sed hoc vos non lateat, non debere praeter scientiam (*al.* sententiam) Romani pontificis universale concilium celebrari aut episcopos damnari vel deponi, quia etsi licet vobis aliquos episcopos examinare, diffinitivam tamen sententiam absque consultu Romani pontificis, ut dictum est, non licet dare“. Dass dies der früheren Vorstellung nicht entspricht und auch die Behauptung (s. vorige Note), der Bischof von Afrika habe seine Primatialrechte durch päpstliche Verleihung erhalten, unrichtig ist, ergiebt die Darstellung im Texte.

5 Regist. Gregor. I. 23. u. III. 19. a. 1073 u. a. 1076. ad Cyriacum archiepiscopum Carthaginensem. S. auch ibid. III. 20. 21 (Jaffé, monum. Gregor. p. 39. 234 ff.).

6 Thomassin l. c. c. 18. n. 6 ff.: LeQuien, Oriens christianus. 2, 9 ff. n. X. ff.; P. de Marca l. c. n. 29 ff.; Steph. Baluze contin. Petri de Marca, concord. sacerdotii et imperii lib. V. c. 19. p. 28 ff.; Ziegler a. a. O. S. 308 ff.; Phillips 2, 66 ff.; Maassen, der Primat S. 128 ff.

7 Thomassin, Le Quien, Phillips, Maassen a. a. O.

8 Maassen S. 128.

9 Ep. Innoc. I. ad Anys. Thessalon. a. 402 (s. S. 579. n. 7); eiusd. ad Rufum Thessalon. c. 2. a. 412. (Coustant 816): „Divinitus ergo

ist nicht erhalten, und wenn dieser noch im J. 380 den damaligen Metropoliten Acholius von Thessalonich ersucht, auf dem bevorstehenden Koncil von Konstantinopel dafür Sorge zu tragen, dass eine passende und einwandsfreie Persönlichkeit zum Bischof der letztgedachten Stadt gewählt werde [1], so deutet in demselben Briefe nichts auf eine derartige Abhängigkeit, wie sie nothwendiger Weise ein Vikariat mit sich bringen musste, hin, ebenso wenig erscheint es glaublich, dass Acholius, welcher etwa im J. 383 starb [2], noch innerhalb der wenigen Jahre bis zu seinem Tode eine solche Stellung von Damasus übertragen erhalten hat [3]. Wenn man sich weiter darauf beruft [3], dass auf dem römischen Koncil vom J. 531 26 päpstliche Schreiben zum Beweise des innigen Zusammenhanges der illyrischen mit der römischen Kirche [4] und des Vikariates von Thessalonich verlesen sind, so hat man übersehen, dass die beiden ältesten Briefe von Damasus [5] herrühren und mit den eben für beweisuntüchtig erklärten identisch sind. Ebensowenig spricht der gleichfalls auf der gedachten Synode verlesene [6] Brief des Siricius [7] für den Vikariat [8], er erkennt vielmehr nur ein Ordinationsrecht des Metropoliten von Thessalonich hinsichtlich der illyrischen Bischöfe an [9]. Mag es auch zweifelhaft sein, ob diese Befugniss damals in ganz Illyrien (namentlich seitens der übrigen Metropoliten unbestritten) ausgeübt wurde, und bleibt auch ferner die Entstehung des betreffenden Rechts von Thessalonich dunkel — eine direkte päpstliche Verleihung einer bis dahin nicht vorhandenen Berechtigung lässt sich aus dem Briefe nicht herauslesen — immerhin ergeben die erwähnten Schreiben schon eine nähere Verbindung zwischen Thessalonich und Rom [10]. Offenbar war diese durch die

haec procurrens gratia ita longis intervallis disterminatis a me ecclesiis discat consulendum, ut prudentiae gravitatique tuae committendam curam causasque, si quae exoriantur per Achaiae, Thessaliae, Epiri veteris, Epiri novae et Cretae, Daciae Mediterraneae, Daciae Ripensis, Moesiae, Dardaniae et Praevali ecclesias, Christo domino annuente censeant. Vere enim eius sacratissimis monitis lectissimae sinceritatis tuae providentiae ac virtuti hanc iniungimus sollicitudinem, non primitus haec ita statuentes, sed praecessores nostros apostolicos imitati qui beatissimis Acholio et Anysio iniungi pro eorum meritis ista voluerunt".

1 Coustant 538: „De cetero commoneo sanctitatem vestram, ut quia cognovi dispositum esse, Constantinopoli concilium fieri debere, sinceritas vestra det operam, quemadmodum praedictae civitatis episcopus eligatur qui nullam habeat reprehensionem". S. auch ibid. p. 540. Dazu Ziegler S. 308.

2 Le Quien l. c. 2, 31.

3 So Thomassin l. c. n. 7; Maassen S. 128.

4 „Theodosius Echiniensis civitatis episcopus Thessaliae provinciae per interpretem dixit: . . . Nam constat venerandos sedis vestrae pontifices, quamvis in toto mundo sedes apostolica ecclesiarum sibi iure vindicet principatum et solam ecclesiasticis causis undique appellare necesse sit, specialiter tamen gubernationi suae Illyrici ecclesias vindicasse. Et nota sunt vobis omnium praecedentium scripta pontificum; verumtamen quarumdam epistolarum exemplaria profero quarum fidem fieri ex vestro nunc scrinio postulo". (Mansi 8, 748.)

5 Mansi l. c. p. 749. 750.

6 Mansi l. c. p. 750.

7 Er ist identisch mit dem oben S. 579. n. 3 erwähnten. Einen Beweis gegen den Vikariat leitet Ziegler S. 308 aus dem Briefe bei Coustant 675 her, worin Siricius auf Anfrage des Anysius und der illyrischen Bischöfe es ablehnt, seine Meinung über Bonosus auszusprechen, weil dieselben durch die Synode von Capua zu Richtern über den letzteren bestellt seien. Allein einmal ist die Autorschaft des Papstes zweifelhaft (Coustant 675; Hefele 2, 50. n. 1) und ferner kann in dem Benehmen des Siricius nichts als eine kluge Zurückhaltung gegenüber den Maassregeln der Synode liegen.

8 So Baluze l. c. c. 24.

9 Mansi l. c. p. 750, Coustant 642: . . . „declaramus, ut nulla licentia esset, sine consensu tuo in Illyrico episcopos ordinare praesumere . . . vigilare debet instantia tua . . . , ut vel ipse, si potes vel quos iudicaveris episcopos idoneos cum litteris dirigas dato consensu qui possit in eius locum qui defunctus vel depositus fuerit, catholicum episcopum et vita et moribus probatum, secundum Nicaenae synodi statuta vel ecclesiae Romanae clericum de clero meritum ordinare". Dass der Bischof von Thessalonich dies Recht schon früher gehabt hat, nehmen auch P. de Marca, de concord. lib. VI. c. 5. n. 3 u. Baluze l. c. c. 20. n. 7. an.

10 Das zeigt ebenfalls der Schlusssatz des Briefes in der vorigen Note, welcher die Besetzung der Bischofsstühle in Illyrien auch mit römischen Klerikern gestattet.

Besorgniss des Metropoliten der ersteren Stadt vor der immer mehr wachsenden Macht des Patriarchen von Konstantinopel hervorgerufen[1]. Aus dem beiderseitigen übereinstimmenden Interesse erklärt es sich auch, dass Innocenz I. es wagen konnte, dieser Verbindung durch die Uebertragung des Vikariates eine festere Gestalt zu geben[2] und seitens des Metropoliten kein Widerspruch erhoben wurde. Gegen diese ihre eigene Unabhängigkeit bedrohende Stellung des letzteren suchten die illyrischen Bischöfe einen Rückhalt bei dem Patriarchen in Konstantinopel und brachten es dahin, dass Kaiser Theodosius II. im J. 421[3] durch ein allerdings bald auf Verwendung des Honorius[4] widerrufenes[5] Gesetz Illyrien unter den gedachten Patriarchat stellte. Durch die Wiederherstellung des alten kirchlichen Verbandes mit Rom war aber ihre bisherige Opposition nicht beseitigt, vielmehr dauerte dieselbe de facto fort, wie die vielfachen Ermahnungen der römischen Bischöfe zeigen[6]. Leo I. war der letzte Papst, mit welchem die Metropoliten von Thessalonich in der gedachten engen Gemeinschaft blieben. Seit den letzten Jahrzehnten des 5. Jahrhunderts finden wir sie dagegen in Verbindung mit Konstantinopel[7]. Der Patriarch dieser Stadt übte im 6. Jahrhundert dort seine oberste Jurisdiktion durch Absetzung des Metropoliten von Larissa aus[8], und die von letzterem dagegen nach Rom gerichtete Appellation, welche auf der römischen Synode vom J. 531 verhandelt wurde[9], blieb ohne Resultat[10]. Durch die Erhebung von Iustiniana prima zum Erzbisthum[11] wurde die Gewalt des Metropoliten von Thessalonich ferner bedeutend beschränkt, und wenngleich zwischen ihm und

[1] In soweit gebe ich Maassen (s. S. 583. n. 8) Recht. Vgl. auch Ziegler S. 310.

[2] S. oben S. 579. n. 7. u. S. 583. n. 9. Erst freilich in sehr vagen Ausdrücken (s. den citirten Brief an Anysius v. J. 402), dann aber in klarerer Weise unter möglichst schmeichelhaften Ausdrücken, s. den angeführten Brief an Rufus v. 412. c. 3 (Coustant 817): „Arripe itaque, dilectissime frater, nostra vice per supra scriptas ecclesias, salvo earum primatu, curam et inter ipsos primates primus quidquid eos ad nos necesse fuerit, mittere, non sine tuo postulent arbitratu. Ita enim aut per tuam experientiam quidquid illud est, finietur aut tuo consilio ad nos usque perveniendum mandamus. Licitum autem et apostolicae sedis favore permissum tuae fraternitati cognosce, ut cum aliqua ecclesiastica ratio vel in tua vel in memoratis provinciis agitanda cognoscendaque fuerit, quos velis episcoporum socios quibuscumque de ecclesiis assumas tecum quorum et fide et moderatione quidquid necessitas causave flagitaverit, optimus dirigas arbiter et praecipuus quippe a nobis lectus, definias intercessor“.

[3] S. oben S. 579. n. 7.

[4] S. dessen Schreiben an Theodos II. bei Coustant 1029., worin es heisst: „unde maiestas tua . . . universis remotis quae diversorum episcoporum subreptionibus per Illyricum impetrari dicuntur, antiquum ordinem praecipiat custodiri“.

[5] Das Reskript bei Coustant 1030: . . . „Unde omni supplicantium episcoporum per Illyricum subreptione remota statuimus observari quod prisca apostolica disciplina et canones veteres eloquuntur“.

[6] Bonifacii I. ep. ad Rufum Thessalon. a. 422. (Coustant 1035; Mansi l. c. 754): „Ad Thessalos comminationis et correptionis plenas litteras misimus. Ad synodum quae dicitur illicite congreganda de causa fratris nostri et coepiscopi Perigenis cuius scripsimus statutum nulla posse penitus ratione turbari, talia scripta direximus quibus universi fratres intelligant, primo convenire se citra tua conscientiam minime debuisse, deinde de nostro non esse iudicio retractandum. Numquam enim licuit de eo rursus quod semel statutum est ab sede apostolica, tractari“; eiusd. ep. ad Thessaliae episc. u. ad Rufum a. 422 (Coustant 1037. 1039; Mansi l. c. 755. 756); Caelestini I. ep. ad Perigen. u. 425 (Coustant 1063; Mansi l. c. 760); Sixti III., ep. ad syn. Thessalon. a. 435. u. ad episc. Illyr. a. 437 (Coustant 1263. 1269; Mansi l. c. 761. 762); Leon. I. ad episc. per Illyr. a. 444 (Leon. opp. ed. Baller. 1, 617; Mansi l. c. 769). Vgl auch Ziegler S. 313.

[7] Das beweist fragm. epist. Felic. III. ad Andream episc. Thessalon. (zw. 483. u. 492), sowie ep. Gelasii I. ad episc. per Dardan. et Illyr. a. 494 (Thiel, epist. Rom. pontif. p. 382). Vgl. auch Le Quien l. c. p. 35 ff.

[8] S. die Bittschriften des letzteren an Bonifacius I. bei Mansi l. c. p. 743. 745.

[9] Mansi l. c. p. 739 ff.

[10] Die Akten der Synode sind unvollständig, namentlich erhellt nichts über den Beschluss derselben. Aus epist. Agapeti I. ad Iustin. imp. a. 535. (Mansi l. c. p. 850) ergiebt sich aber, dass an seine Stelle ein anderer Metropolit vom Patriarchen von Konstantinopel eingesetzt worden ist.

[11] S. oben S. 579.

den Päpsten in der folgenden Zeit der Verkehr wieder angeknüpft wurde [1], so hatte doch der Vikariat seine Bedeutung verloren und erlosch vollkommen im 8. Jahrhundert, als Leo der Isaurier ganz Illyrien dem Patriarchen von Konstantinopel subordinirte und den Bischof von Thessalonich zu einem blossen Metropoliten von Macedonien herabsetzte [2].

Was die Rechte des Vikariates während des 5. Jahrhunderts betrifft, so hatte der Bischof von Thessalonich in seiner Stellung als päpstlicher Vikar [3]

1. ebenso wie die orientalischen Patriarchen die Befugniss, den Metropoliten seines Sprengels die Ordination zu ertheilen [4] und seine Zustimmung zu der Weihe der übrigen Bischöfe zu geben [5];

2. das Recht, nach Bedürfniss mit den Bischöfen seines Bezirkes Synoden zu halten [6] und von der Berufung von Provinzialkoncilien vorher in Kenntniss [7] gesetzt zu werden;

[1] Greg. I. ep. VIII. 5. IX. 68. X. 42. XI. 74 (ed. Bened. 2, 898. 983. 1072. 1173). Die sechste allgemeine Synode v. 680 ist unterschrieben von: Ἰωαννής . . . ἐπίσκοπος Θεσσαλονίκης καὶ βικάριος τοῦ ἀποστολικοῦ θρόνου Ῥωμης καὶ ληγατάριος. (Mansi 11, 670); indessen war er nicht Legat des Papstes ad hoc, vielmehr hatte dieser 3 italienische Bischöfe, 3 Priester, 2 Diakonen und einen Subdiakon deputirt. (Mansi l. c. p. 235. u. 667).

[2] Baluze l. c. c. 29. n. 12; Ziegler S. 320.

[3] Für diese ist der Ausdruck: vice nostra oder vicem nostram üblich. S. ep. Innoc. I. ad Ruf. (S. 585. n. 2); ep. Bonifac. I. ad Rufum a. 419. (Mansi 8, 753): „Te ergo, frater . . ., omnis cura respectat earum ecclesiarum quas tibi vice sedis apostolicae a nobis creditas recognosces"; ad eund. a. 422 (l. c. p. 754); Caelest. ad Perig. u. 425 (Coustant 1064): „cui vicem nostram per vestram provinciam noveritis esse commissam"; Leon. I. ad episc. Illyr. a. 444 (Leon. opp. cit. 1, 617): „Vicem itaque nostram fratri et coepiscopo nostro Anastasio . . . commisimus"; ad Anastas. Thessalon. a. 444. (l. c. 1, 620), ad eund. a. 446? (l. c. 1, 686): „vices enim nostras ita tuae credidimus caritati, ut in partem sis vocatus sollicitudinis, non in plenitudinem potestatis".

[4] Leo I. ep. ad Anastas. a. 444 (opp. ed. 1, 619): „metropolitanos a te volumus ordinari"; eiusd. ad episc. per Illyr. a. 444 (l. c. 617): „ita fratrem et coepiscopum nostrum Anastasium de ordinando antistite volumus consulatis, cui metropolitani episcopi consecrationem statuimus reservari"; eiusd. ad Anast. Thessalon. a. 446? (opp. ed. cit. 1, 689): „Metropolitano vero defuncto, cum in locum eius alius fuerit subrogandus, provinciales episcopi ad civitatem metropolim convenire debebunt, ut omnium clericorum atque omnium civium voluntate discussa, ex presbyteris eiusdem ecclesiae vel ex diaconibus optimus eligatur, de cuius nomine ad tuam notitiam provinciales referant sacerdotes, impleturi vota poscentium, cum quod ipsis placuit, tibi quoque placuisse cognoverint".

[5] Siric. ep. ad Anys. a. 385? (Coustant 642): „ut nulla licentia esset sine consensu tuo in Illyrico episcopos ordinare praesumere"; Bonifac. I. ad episc. Thessal. a. 422. c. 4 (l. c. p. 1038); eiusd. ad Ruf. et episc. Macedon. a. 422. c. 9 (ibid. p. 1044); Caelestin. I. ad Perigen. u. 425 (ibid. p. 1064): „sine eius consilio nullus ordinetur: nullus usurpet eodem inscio commissam illi provinciam"; Sixti III. ad. episc. Thessal. a. 435 (l. c. p. 1263): „Habeant honorem suum metropolitani singularum (*adde*: provinciarum) salvo huius privilegio quem honorare debeant amplius honorati. In provincia sua ius habeant ordinandi: sed hoc inscio vel invito quem de omnibus volumus ordinationibus consuli, nullus audeat ordinare. Ad Thessalonicensem maiores causae referantur antistitem. Ipsum maior cura respectet eos qui ad episcopatum vocantur, discutiendi sollicitius et probandi"; Leon. I. ad Illyr. (s. die vorige Note); eiusd. ad Anastas. Thessalon. a. 446? (opp. ed. cit. 1, 689): „De persona autem consecrandi episcopi et de cleri plebisque consensu metropolitanus episcopus ad fraternitatem tuam perferat quodque in provincia bene placuit scire te faciat, ut ordinationem rite celebrandam tua quoque firmet auctoritas".

[6] Sixti III. ad episc. Illyr. a. 437. (Coustant p. 1271): „Sit concilium quoties causae fuerint, quoties ille pro necessitatum emergentium ratione decreverit, ut merito sedes apostolica relatione eius instructa, quae fuerint acta confirmet. Evocatus vestrum venire nemo contemnat, nec congregationi sanctae ad quam debet festinare, se deneget". Leon. I. ad Anast. Thessal. a. 444 (ed. cit. 1, 619), ad eund. a. 446? (l. c. p. 689): „In vocandis autem ad te a episcopis moderatissimum te esse volumus, ne per maioris diligentiae speciem fraternis gloriari videaris iniuriis. Unde si causa aliqua maior exstiterit, ob quam rationabile ac necessarium sit, fraternum advocare conventum, binos de singulis provinciis episcopos quos metropolitani crediderint esse mittendos, ad fraternitatem tuam venire sufficiat".

[7] Bonifac. I. ad Rufum Thessal. a. 422 (Coustant 1035): „universi fratres intelligant, primo convenire se citra tuam conscientiam minime debuisse"; Caelest. I. ad Peregin. u. 425 (ibid. p. 1065): „Colligere nisi cum eius voluntate episcopos non praesumant".

3. die oberste Straf- und Korrektions-[1], sowie die oberste Gewalt zur Verhandlung der Streitigkeiten der Bischöfe unter einander[2];

4. das Recht, von allen wichtigeren Angelegenheiten des Bezirkes Kunde zu erhalten, diese nöthigenfalls zu entscheiden oder eventuell sie dem römischen Stuhl zur Erledigung zu unterbreiten[3].

Kamen somit dem päpstlichen Vikar von Illyrien im Grossen und Ganzen dieselben Rechte, wie den alten Patriarchen zu, so bestand doch immer zwischen ihm und diesen der bedeutende Unterschied, dass er sie nicht wie diese, kraft eigenen Rechtes, sondern nur kraft Uebertragung seitens des Papstes, also als Stellvertreter desselben, besass, und die Gränze für die selbstständige Erledigung der Angelegenheiten innerhalb seiner Kompetenz und für die Nothwendigkeit der Einholung der päpstlichen Entscheidung durch den äusserst schwankenden und dehnbaren Begriff der causae maiores gegeben war.

Besonderes Interesse gewährt der illyrische Vikariat dadurch, dass er die der Zeit nach älteste Ueberordnung eines Metropoliten mit höherer Gewalt über seine Kollegen ist, welche (allerdings in Folge des Obwaltens günstiger politischer und kirchlicher Verhältnisse) lediglich auf die Uebertragung einzelner Befugnisse des von den römischen Bischöfen in Anspruch genommenen Primates gegründet worden ist[4]. Von den in den §§. 68 ff.

[1] Bonifac. I. ad episc. Thessal. a. 422 (Coustant 1038): „Certe si in quoquam eius supra debitum fuit visa correptio, quoniam ideo tenet sedes apostolica principatum, ut querelas omnium licentes acceptet; interpellari nos super hoc missa legatione convenerat quos curam omnium rerum manere videatis“; eiusd. ad Rufum a. 422 (l. c. p. 1044): „Sane quoniam servandus accusatori locus est, . . . si quid ab eodem postquam episcopus nostris est auctoritatibus constitutus, contra disciplinam et propositum sacerdotii fertur admissum coepiscopus noster Rufus cui ad vicem nostram cuncta committimus cum ceteris fratribus quos ipse delegerit, negotium curabit audire, ad nostram relaturus omnia notionem, quaecumque cognitioni eius rerum cursus et ordo monstrarit“; Caelest. I. ad Perigen. u. 425 (Coustant 1064): „Sunt culpae aliquantae non leves quae illis innatae provinciis ad nos, cum simus longius, non possunt pervenire aut iam semotis omnibus, non ita ut sunt acta, interposito temporis spatio perferuntur, quas omnes intercessione fratris et coepiscopi nostri Rufi . . . volumus resecari“.

[2] Sixti III. ad episc. Illyr. a. 437 (Coustant 1271): „ut sua sollicitudine, si quae intra fratres nascantur, ut assolent, actiones distinguat atque definiat“; Leon. I. ad episc. Illyr. a. 444 (ed. cit. 1, 617): „Quidquid causarum, ut assolet, inter consacerdotes evenerit, eius cui vicem nostram commisimus examini reservetur“; s. auch die folgende Note.

[3] Caelest. I. ad Perigen. u. 425 (Coustant 1064): „Cui vicem nostram per vestram provinciam noveritis esse commissam: ita ut ad eum, fratres carissimi, quidquid de causis agitur, referatur“: Sixti III. ad episcop. Illyr. a. 435 (l. c. p. 1263): „Ad Thessalonicensem maiores causae referantur antistitem“; eiusd. ad. episc. Illyr. a. 437 (l. c. p. 1272): „Si quid forsitan aut inter fratres natum fuerit aut fratri cuipiam aliqua actio qua pulsetur, illata aut illic fratre et coepiscopo nostro Anastasio iudice eveniens negotium terminetur, qui vices apostolicae sedis agere . . . cognoscitur aut ad nos, si illic finiri non potuerit, eodem tamen suis litteris causam omnem quae vertitur prosequente, veniat examen“; Leon. I. ad Anastas. Thessalon. a. 444 (ed. cit. 1, 619): „Si qua vero causa maior evenerit, quae a tua fraternitate illic praesidente non potuerit definiri, relatio tua missa nos consulat, ut revelante domino cuius misericordiae profitemur esse quod possumus, quod ipse nobis aspiraverit rescribamus“; eiusd. ad episc. Illyr. a. 444 (ed. cit. 1, 617): „Ipsum vero secundum definita canonum hoc vestra dilectio nostris epistolis admonitum esse cognoscat, ut de statu ecclesiarum vestrarum certiores subinde sua relatione nos faciat . . . Si quae vero causae graviores vel appellationes emerserint, eas sub ipsius relatione ad nos mitti debere decrevimus, ut nostra secundum ecclesiasticum morem sententia finiantur“; eiusd. ep. ad eund. a. 446 (l. c. 1, 689).

[4] Maassen a. a. S. 131 findet den nächsten Grund für dieses Verhältniss nicht im Primat, sondern im Patriarchat der Päpste. Diese Ansicht widerlegen aber die betreffenden Dekretalen schon durch ihren Wortlaut. Ep. Bonifac. I. ad episc. Thess. a. 422 (Coustant p. 1038) ist von dem principatus sedis apostolicae die Rede; ep. Caelest. I. ad Perigen. u. 425 (l. c. p. 1064): „. . . Nosque praecipue circa omnes cura constringimur quibus necessitatem de omnibus tractandi Christus in sancto Petro apostolo cum illi claves aperiendi claudendique daret, indulsit et inter apostolos suos non qui altero esset inferior sed eum maxime qui esset primus, legit“; Leon. I. ep. ad episc. Illyr. a. 444 (opp. ed. cit. 1, 619): „Et quia per omnes ecclesias cura nostra distenditur, exigente hoc a nobis domino qui

besprochenen Repräsentanten des Papstes, den Legaten, unterschied sich die Stellung des Vikars dadurch, dass die Stellvertretung nicht der Person des jeweiligen Metropoliten von Thessalonich, sondern dem dortigen Bischofssitze überhaupt ertheilt und damit eine ständige und dauernde Zwischenstufe der kirchlichen Regierung geschaffen worden war [1].

3. Der Vikariat von Arles [2]. Die Geschichte des zweiten bald nach dem eben besprochenen entstandenen Vikariates gewährt zwar ein Beispiel der Anwendung der für Thessalonich entwickelten Formen, bietet aber insofern eine besondere Erscheinung dar, als die Metropoliten ihre hervorragende Gewalt wohl unter Beihülfe der römischen Bischöfe erlangten, indessen das Fundament derselben immerhin ein so festes war, dass selbst die päpstliche Macht nicht ausreichte, die einmal gewonnene Stellung zu untergraben. In kluger Benutzung des Umstandes, dass das Koncil von Turin im J. 401 eine definitive Entscheidung über die Metropolitenwürde der drei darum streitenden Bischöfe von Marseille, Arles und Vienne umgangen hatte [3], erlangte Patroklus von Arles im J. 417 — also noch ein Jahr zuvor, ehe sein Sitz zur politischen Hauptstadt der 7 Provinzen der dioecesis Viennensis erhoben wurde [4] — von Zosimus das ausschliessliche Recht, den nach Rom reisenden gallischen Geistlichen Formaten (s. oben S. 93) auszustellen, die Bischöfe in der provincia Viennensis, Narbonensis prima et secunda zu weihen, sowie das Privilegium, dass in allen wichtigen Angelegenheiten an ihn berichtet werden sollte [5]. Allein bei der fortdauernden Opposition der dadurch beeinträchtigten Stellung der übrigen Bischöfe [6] stellten sowohl Bonifacius I. [7] als

apostolicae dignitatis b. apostolo Petro primatum fidei sui renumeratione commisit, universalem ecclesiam in fundamenti ipsius soliditate constituens, necessitatem solicitudinis quam habemus, cum his qui nobis collegii caritate iuncti sunt, sociamus. Vicem itaque nostram Anastasio . . . commisimus". Darüber, dass es ein Fehler gewesen wäre, dem die Herrschaft über Illyrien anstrebenden Patriarchen von Konstantinopel gegenüber sich nur auf eine mit diesem gleiche Stellung, den Patriarchat, nicht aber auf den Primat zu berufen, kann doch auch kein Zweifel sein.

[1] Dass das Privilegium ein persönliches war, ist freilich von Einzelnen behauptet worden, so schon von Ivo von Chartres ep. 59 (Paris. ed. II. 1610. p. 104. 105): „personale hoc fuisse intelligimus privilegium, non generale decretum", allein dem widerspricht nicht nur die fortdauernde und wiederholte Uebertragung an die Metropoliten, sondern auch der klare Wortlaut der in Frage kommenden päpstlichen Schreiben, s. ep. Bonifac. I. ad. Ruf. a. 422 (Coustant 1034): „Ita quippe vice sua b. apostolus Petrus ecclesiae Thessalonicensi cuncta commisit, ut intelligat sollicitudinem manere multorum"; eiusd. ad. episc. Illyr. a. 422 (l. c. p. 1040. 1041); Caelest. I. ad Perigen. u. 425 (l. c. 1064): „Thessalonicensi ecclesiae semper esse commissum, ut vobis vigilanter intendat". Vgl. ferner Baluze l. c. c. 22.

[2] Thomassin l. c. c. 30. n. 5 ff.; Baluze l. c. c. 30—41; Ziegler 88 ff. 300 ff.

[3] Indem es dem Bischof von Marseille die Metropolitanrechte in der secunda Narbonensis (das bedeutet der primatus c. 1. der Synode) allein auf Lebenszeit, also nur persönlich beliess, und in Betreff der beiden andern bestimmte, „ut qui ex eis approbaverit suam civitatem esse metropolim, is totius provinciae honorem primatus obtineat et iuxta canonum praeceptum ordinationum habeat potestatem".

[4] Constit. Honorii et Theodosii ad Iulium Agricolam praefect. Galliar. a. 418 (Coustant 977).

[5] Ep. ad episc. Galliae a. 417 (l. c. p. 935). Diese Rechte werden aber, wenn sie auch denen des Vikars von Thessalonich entsprechen, nicht auf eine Verleihung des Vikariates gestützt, vielmehr darauf (s. ep. ad Hilar. Narbon. a. 417. l. c. p. 960): „sanctae memoriae Trophimus sacerdos, quondam ad Arelatensem urbem ab apostolica sede transmissus ad illas regiones et tanti nominis reverentiam primus exhibuit et in alias non immerito ea quam acceperat, auctoritate transfudit". Wegen der Selbstständigkeit der gallischen Bischöfe durfte der Papst bei der mindestens sehr zweifelhaften Berechtigung von Arles nicht mehr wagen; und dem Streben nach Erweiterung des Primates war wenigstens durch den Schluss der ersterwähnten Dekretale: „Ad cuius notitiam, si quid illic negotiorum emerserit, referri censemus, nisi magnitudo causae etiam nostrum requirit examen"; Genüge geschehen. Der Ausdruck: vices committere kommt für den Metropoliten von Arles erst seit Papst Vigilius vor (s. S. 590. n. 6).

[6] Ep. Zosimi ad episc. Vienn. et Narbon. II. a. 417 (l. c. p. 659): „Et ne solus (Proculus von Marseille) impudenter indebita postulando huic sedi videretur intulisse convicium, socium sibi Simplicium Viennensis civitatis adscivit, qui non dissimili impudentia postularet, ut sibi quoque in Viennensium provincia creandorum sacerdotum permitteretur arbitrium".

[7] Ep. ad Hilar. a. 422 (l. c. p. 1032), welcher unter Berufung auf das Koncil von Nicäa dem

auch Cölestin I.[1] die Selbstständigkeit der übrigen Metropoliten wieder her. Aber trotzdem gelang es letzteren nicht, den Sitz von Arles aus seiner hervorragenden Stellung auf das gleiche Niveau mit ihnen wieder herabzudrücken[2]. Der Metropolit desselben, Hilarius, hielt im J. 439 ein Koncil mit 12 Bischöfen des südöstlichen Galliens ab[3], entsetzte auf einer anderen, wahrscheinlich zu Besançon im J. 444 tagenden Synode, den Bischof dieser Stadt (Celidonius), obwohl dieser einer fremden Kirchenprovinz angehörte[4], und suchte das Recht auf Ordination der Bischöfe in den anderen Metropolitansprengeln jenes Theils von Gallien wieder zur Anerkennung zu bringen[5]. Ja, auf die Appellation des abgesetzten Celidonius nach Rom bestritt er sogar Leo I. das Recht, über diese zu entscheiden[5]. Wenngleich letzterer in Folge dessen seinerseits gegen Hilarius die Deposition aussprach[6] und später die Gränzen der Metropolitansprengel von Vienne und Arles genau regulirte[7], so hatte sich nicht nur Hilarius bis zu seinem Tode (449) in seiner Stellung zu behaupten gewusst[8], sondern sein Nachfolger Ravennius gerirte sich ebenfalls wieder als Primas, indem er eine Synode zu Arles im J. 455 aus mehreren Provinzen zusammenberief[9]. Leontius, welcher nach ihm den

Metropoliten von Narbonne das Ordinationsrecht in der Narbonensis I. wieder zuerkennt.

1 Ep. ad episc. per Vienn. a. 428. c. 4. (l. c. p. 1070).

2 Uebrigens sind aus Anlass dieses Streites zu Gunsten von Vienne päpstliche Briefe auf den Namen Silvesters I., Zosimus' und Leos, wahrscheinlich zu Hilarius' Zeit oder bald nachher gefälscht worden. S. Coustant. app. p. 35. 110; Mansi 6, 431 und Jaffé, regesta n. CXXXIV. CLXXXI. u. CXCIV.

3 Mansi 5, 1189 ff.; Baluze l. c. c. 31. n. 2; Hefele, Konciliengesch. 2, 272. Hier wurde der Bischof von Ebrun abgesetzt, weil er ohne Konsens des Metropoliten geweiht war. Liesse sich die Qualität Ebruns als Metropolitankirche schon für diese Zeit mit Sicherheit nachweisen, (s. Hilari papae ep. Leont. zw. 463 u. 465: „Ingenuus Ebrodunensis, Alpium maritimarum metropolitani semper honore subnixus"; Thiel, epistol. Romanor. pontif. 1. 152, dafür Wiltsch, kirchliche Geographie 1, 110; Thiel l. c. 151. n. 3; dagegen Hefele a. a. O.), so wäre damit auch ein Beweis für das wieder anerkannte Ordinationsrecht des auf dem Koncil schlechthin als metropolitanus bezeichneten Bischofs von Arles gegeben, vgl. auch P. de Marca de primat. n. 73 (l. c. p. 53) und Baluze l. c. c. 31. n. 2. 3.

4 Nach Wiltsch a. a. O. 1, 103, zur provincia Trevirensis, was jedoch zweifelhaft ist. Nach andern war Besançon schon damals Metropolitansitz. Neher, kirchl. Geographie 1, 466.

5 Das ergiebt Alles die ep. Leon. I. ad episc. per Vienn. a. 445 (opp. ed. Baller. 1, 634): „Hilarius ecclesiarum statum et concordiam sacerdotum novis praesumptionibus turbaturus excessit, ita suae vos cupientes subdere potestati, ut se beato apostolo Petro non patiatur esse subiectum, ordinationes sibi omnium per Gallias ecclesias vindicans et debitum metropolitanis sacerdotibus in suum ius transferens dignitatem, ipsius quoque beatissimi Petri verbis arrogantioribus minuendo". Vgl. dazu auch Gieseler, Kirchengesch. I. 2, 220; Perthel in Illgens Zeitschrift für histor. Theologie. 1843. 2, 277 ff. Aus Veranlassung dieses Streites erwirkte Leo I. die bekannte Konstitution Valentinians III. v. J. 445 (Hänel, novell. Valentin. III. tit. 16, s. auch oben S. 504. n. 2).

6 Ep. Leon. cit. p. 639: „nec ultra Hilarius audeat conventus indicere synodales et sacerdotum domini iudicia se interserendo turbare qui non tantum noverit se ab alieno iure depulsum, sed etiam Viennensis provinciae quam male usurpaverat potestate privatum". Wenn der Papst die Bischöfe gleichzeitig über etwaige Besorgnisse wegen seiner Machterweiterung zu beruhigen sucht p. 641: „commonemus ut ea quae a nobis . . . decreta sunt, pro vestra pace et dignitate servetis, certi non tam nostro honori proficere quod talia statuisse cognoscimus. Non enim nobis ordinationes vestrarum provinciarum defendimus quod potest forsitan ad depravandos vestrae sanctitatis animos Hilarius pro suo more mentiri, sed vobis per nostram sollicitudinem vindicamus", so liegt darin das Bewusstsein, dass seine Handlungsweise von den Bischöfen als Uebergriff in ihre Selbstständigkeit aufgefasst werden könnte. Am Schlusse des Briefes endlich wird dem der Ordination nach ältesten Bischof das Recht zur Abhaltung der Synoden gegeben, offenbar um dies auf eine Primatialstellung hindeutende Recht dauernd keinem bestimmten Sitze zu gewähren.

7 Ep. ad Constantin. ceter. a. 450 (l. c. 1, 999): „Unde Viennensem civitatem . . . inhonoratam penitus esse non patimur, praesertim cum de receptione privilegii auctoritate iam nostrae dispositionis utatur, quam potestatem Hilario episcopo ablatam, Viennensi episcopo credidimus deputandam. Qui ne repente semetipso factus videatur inferior, vicinis sibi quatuor oppidis praesidebit, i. e. Valentiae (Valence) et Tarantasiae (Tarantaise) et Genavae (Genf) et Gratianopoli (Grenoble), ut cum eis ipsa Vienna sit quinta, ad cuius episcopum omnium praedictarum ecclesiarum sollicitudo pertineat. Reliquae vero civitates eiusdem provinciae sub Arelatentis antistitis auctoritate et ordinatione consistant".

8 Baluze l. c. c. 33. n. 2.

9 Mansi 7, 907; Baluze l. c.

Metropolitanstuhl einnahm, erhielt sogar von Papst Hilarius wieder eine ausdrückliche Anerkennung dieses Rechtes [1]. Diese Stellung haben die Metropoliten sich weiter bewahrt [2], und von Papst Symmachus ist ihnen mit Rücksicht auf die in Folge des Eindringens der Gothen, Burgunder und Franken hervorgegangenen Veränderungen das ihnen zugestandene Oberaufsichtsrecht auch für einen Theil Spaniens bestätigt worden [3]. Freilich reichte ihre Herrschaft in damaliger Zeit nicht über die unter den Burgundern und Franken stehenden Provinzen, und so nahmen sie nunmehr die Stellung eines Primas allein für den westgothischen Theil Galliens ein. Die in den nahe gelegenen Gebieten sich zu neuer Macht erhebenden Prälaten verdunkelten den Glanz des Primates von Arles [4] und wenn die Bischöfe der eben erwähnten Stadt erst jetzt den Vikariatstitel und das Pallium nachsuchten [5], so zeigt sich darin das Bewusstsein der eigenen Schwäche, welches das sinkende Ansehen durch die Deckung mit erborgter Autorität zu stützen strebte. Zuerst liess sich Auxanius vom Papst Vigilius im J. 545 jene Rechte ertheilen [6], und seitdem erfolgte die Verleihung derselben regelmässig [7] bis zum J. 595 [8]. Dass das Vorbild für die Arelatensischen Vikariatspatente die nach Thessalonich ergangenen Privilegien gebildet haben, zeigt eine Vergleichung der betreffenden Dekretalen, eigenthümlich ist nur die von Gregor I. vorgeschriebene Zwölfzahl der bei

[1] Ep. „episcopis provinciae Viennensis, Lugdunensis, Narbonensis primae et secundae, Alpinae . . . congregationes annuas ordinante fratre et coepiscopo nostro Leontio, admonitis metropolitanis . . . iis locis celebrare dignemini ad quae nulla sit cuiquam commeantium difficultas“. a. 464 (Thiel l. c. p. 152).

[2] Ueber einen Streit zwischen Arles und Vienne aus Anlass einer vom Papst Anastasius II. (496 bis 498) getroffenen, uns nicht erhaltenen Verfügung s. Symmachi ep. 2. 3. 4. 14 bei Thiel l. c. 1, 654 ff. 723.

[3] Ep. ad Caesar. Arelat. a. 514 (l. c. p. 728), wo auch das alte Recht Formaten für die Geistlichen jener Gegenden auszustellen, wieder hervorgehoben wird. Der grossen, i. J. 506 abgehaltenen Synode von Agde, auf welcher 35 südfranzösische Bischöfe anwesend waren, präsidirte gleichfalls der Metropolit von Arles, Cäsarius.

[4] Ziegler S. 305 ff.

[5] Mit Unterstützung des Frankenkönigs Childebert. S. die in der folgenden Note citirten Dekretalen u. ep. Vigilii ad Aux. (Mansi 9, 40). Vgl. Baluze l. c. c. 36. n. 2.

[6] Wobei freilich das Gebiet des Vikariats vom Papst im Vergleich zu früher erweitert wird, denn das Notifikationsschreiben über die erfolgte Bestellung ist adressirt (Mansi 9, 43): „universis episcopis omnium provinciarum per Gallias, qui sub regno vel potestate gloriosissimi filii nostri Childeberti regis Francorum constituti sunt, sed et his qui ex antiqua consuetudine ab Arelatensi consecrati sunt vel consecrantur episcopis“; das Patent (l. c. p. 41) beginnt: „Sicut nos pro tuae caritatis affectu et pro gloriosissimi filii nostri regis Childeberti christiana devotione mandatis vices nostras libentissime contulimus ita . . .“; es folgt die Ertheilung des Rechts, Synoden abzuhalten, welches jedoch genauer in dem Schreiben an die gallischen Bischöfe (l. c. p. 43) dahin präcisirt wird: „Auxanio fratri . . . vices nostras caritas vestra nos dedisse cognoscat, ut si aliqua quod absit, fortassis emerserit contentio, congregatis ibi fratribus et coepiscopis nostris causas canonica et apostolica auctoritate discutiens, deo placita aequitate diffiniat. Contentiones vero, si quae quas dominus auferat, in fidei causa contigerint, aut emerserit forte negotium quod pro magnitudine sui apostolicae sedis magis iudicio debeat terminari, ad nostram discussa veritate perferat sine dilatione notitiam. Et quia necesse est, ut aptis deo propitiante temporibus Arelatensis episcopus nostris vicibus fungatur, quoties iudicaverit expedire, ut pro facienda consolatione communi episcoporum debeant congregari personae, nullus inobediens eius forte mandatis sit . . . tamen ut si se, quominus occurrat, rationabili potest exceptione defendere, ad synodum pro suo presbyteri aut diaconi dirigat loco personam: quatenus quae a nostro vicario congregatis fratribus definitiva sententia fuerint terminata, ad eius qui absens est per suos perducta notitiam sincera et inviolabili stabilitate serventur“. In der Verleihungsurkunde wird dann die Befugniss zur Ausstellung von Formaten gewährt, und sie schliesst (l. c. p. 42): „Et quia digna credimus ratione compleri, ut agenti vices nostras pallii non desit ornatus, usum tibi eius, sicut decessori tuo praedecessor noster . . . Symmachus legitur contulisse b. Petri sancta auctoritate concedimus“. Die Thatsache, dass Symmachus dem Cäsarius von Arles das Pallium verliehen hat, lässt sich demnach nicht wohl anzweifeln, wenngleich die betreffende Urkunde nicht vorhanden ist, s. Baluze l. c. c. 35. n. 12 u. Jaffé, regesta Romanor. pontif. n. 479. a. 513.

[7] J. 546 erhielt sie der Nachfolger des Auxanius, Aurelian von Vigilius, (Mansi 9, 46. 47); 557 Sapaudus von Pelagius (ibid. p. 725. 726).

[8] Epist. Gregor. I. ad Virgil. Arelat., ad univers. regni Childeberti episcop. u. ad Childeb. reg. V. 53—55 (ed. Bened. 2, 780 ff.).

der Verhandlung wichtigerer Angelegenheiten zuzuziehenden Bischöfe[1]. Seit dieser Zeit erlosch die Bedeutung des Arelatensischen Vikariates und nur vorübergehend taucht derselbe noch hin und wieder auf[2].

4. Vikariate in Spanien. Auch für einzelne spanische Bischöfe, so für die Bischöfe von Sevilla[3] und von Illici[4] kommt im 5. und zu Anfang des 6. Jahrhunderts eine Uebertragung des Vikariates vor, welche sich leicht aus der gedrückten Lage der katholischen Bischöfe und der dadurch herbeigeführten Anlehnung der letzteren an Rom erklärt. In den beiden älteren der drei nachweisbaren Fälle handelt es sich überdies nur um eine allgemeine Ueberwachung der Disciplin und um Berichterstattung nach Rom, und nur in dem jüngsten Fall ist eine wirkliche Jurisdiktion unter Benutzung des illyrischen Vorbildes übertragen worden. Von irgend nachhaltiger Dauer scheint auch der eben gedachte Vikariat nicht gewesen zu sein und später nach Annahme des Katholicismus durch die Westgothen und ihre Könige hat der Sitz von Toledo unbestrittenermaassen den Primat in Spanien erlangt (s. unter 6).

5. Eine Urkunde Hormisdas, welche die Uebertragung des Vikariats auf Rhemigius von Rheims enthält[5], ist dagegen zweifellos unächt[6].

6. Noch in das siebente Jahrhundert hinein reicht der Beginn der hervorragenden Stellung des Metropoliten von Toledo[7], welche dieser nicht päpstlicher Verleihung,

[1] Ep. V. 53 (l. c. p. 783): „Si qua vero inquisitio de fide vel fortasse aliarum rerum inter episcopos causa emerserit quae discerni difficilius possit, collectis duodecim episcopis ventiletur atque decidatur. Si autem decidi nequiverit, discussa veritate ad nostrum iudicium referatur".

[2] So erhielt Rostagnus von Arles von Johann VIII. wohl auf Veranlassung des mit letzterem verbündeten Herzogs Boso (Dümmler, ostfränk. Reich 2, 80. 81) i. J. 878 den Vikariat und zwar in derselben Form, wie er von Gregor I. an Virgilius verliehen war, für Gallien übertragen (Mansi 17, 80. 82). Vgl. übrigens auch ep. Nicolai I. ad Rotland. Arelat. a. 864 (l. c. 15, 378). Jedoch scheint diese Stellung nicht von praktischer Bedeutung gewesen zu sein. Baluze l. c. c. 40. n. 3. 4. Auf der Synode von Toulouse i. J. 1056 „qui (papa Victor) vicarios vice sua direxit, Rambaldum Arelatensem et Pontium archiepiscopos" Mansi 19, 847) hat es sich offenbar nur um eine Bevollmächtigung ad hoc gehandelt. Suffraganbischof des Metropoliten von Narbonne, c. 2. C. VIII. qu. 3 (gesta Urbani II): „Artaldus Arelatensis episcopus Narbonensis suffraganeus" ist aber der Bischof von Arles niemals gewesen; in der betreffenden Stelle ist Elenensis oder Helenensis (Bisthum Elne, Wiltsch 1, 310) zu lesen. Baluze l. c. c. 41. n. 6; Richter corp. iur. ad c. cit.

[3] Simplicii papae ad Zenon. Hispalensem (zw. 468 u. 483; Thiel l. c. 1, 214): „congruum duximus vicaria sedis nostrae te auctoritate fulciri, cuius vigore munitus, apostolicae institutionis decreta vel sanctorum terminos patrum nullo modo transcendi permittat." u. Hormisdae ad Salustium Hispal. a. 521 (ibid. p. 980): „Vices itaque nostras per Baeticam Lusitaniamque provincias salvis privilegiis quae metropolitanis episcopis decrevit antiquitus, praesenti auctoritate committimus . . . Paternas igitur regulas et decreta a sanctis definita conciliis ab omnibus servanda mandamus . . . Quoties universum poscit religionis causa concilium, te cuncti fratres evocantes conveniant: et si quos eorum specialis negotii pulsat intentio, iurgia inter eos oborta compesce, discussa sacris legibus determinando certamina. Quidquid autem illic pro fide et veteribus constitutis vel provida dispositione praecipies vel personae nostrae auctoritate firmabis, totam ad scientiam nostram instructae relationis attestatione perveniat".

[4] Hormisdae ad episcop. Illicitanum a. 517 (l. c. p. 788): „servatis privilegiis metropolitanorum vices vobis apostolicae sedis eatenus delegamus, ut in speculis sitis et sive ea quae ad canones pertinent et a nobis sunt nuper mandata, serventur sive quid de ecclesiasticis causis dignum relatione contigerit, sub tua nobis insinuatione pandantur", (s. auch c. 6. C. XXV. qu. 2). Bei Mansi 8, 429 lautet die Ueberschrift nicht richtig: ad episcop. Tarraconensem. S. Baluze l. c. c. 42. n. 4.

[5] Abgedruckt bei Mansi 8, 383 u. 525.

[6] Ihr Text ist fast vollständig dem Briefe des Hormisda von 521 (s. n. 3) entnommen, nicht (so Weizsäcker, Hinkmar u. Pseudo-Isidor in der Zeitschrift f. histor. Theologie. 1858. 28, 388) nach der Schablone von Pseudo-Isidor. Annic. c. 3. 4. ed. Hinschius p. 121 gefälscht. Dass Hinkmar im Zusammenhang mit seinen Bestrebungen, den Primat des Frankenreichs dem Stuhle zu Rheims zu vindiciren (Dümmler, ostfränk. Reich 1, 529), diese Urkunde selbst gefälscht hat — sie taucht zuerst in seiner vita S. Remigii c. 54 (Migne, patrol. 125, 1168) auch —, hat Roth, Gesch. des Benefizialwesens S. 462 sehr wahrscheinlich gemacht. Vgl. auch Weizsäcker a. a. O.

[7] S. Garsiae Loaisae de primatu ecclesiae Toletanae, abgedruckt bei Mansi 9, 513 ff.;

sondern der Bedeutung seiner Stadt als Residenz des westgothischen Reiches und der Gunst der Fürsten desselben zu danken hatte [1]. Im J. 681 erhielt der gedachte Erzbischof auf dem 12. Koncil zu Toledo das Recht, die vom König für die vakanten Bischofsstühle und Abteien erwählten Kandidaten nach der Prüfung ihrer Würdigkeit einzusetzen und zu ordiniren [2]. Ferner hat der genannte Prälat seit jener Synode das Präsidium auf den spanischen National-Koncilien fortdauernd geführt [3]. Ueber die Ausübung weiterer Primatialrechte erhellt nichts [4]. In Folge der Eroberung Toledos durch die Mauren im J. 711 [5] sank die Bedeutung des dortigen Primatialsitzes [6] und mit dem J. 926 ging derselbe ganz unter. Eine Wiedererrichtung der Metropole fand erst ein Jahr nach der Vertreibung der Mauren unter Alphons VI. im J. 1085 statt [7] und im J. 1088 erneuerte auch Papst Urban II. dem dortigen Erzbischof den Primat über ganz Spanien [8]. Ueber die in demselben enthaltenen Befugnisse bestimmen

Defensa christiana de la primacia de las Españas que goza la s. iglesia de Toledo, su autor el doctor Nicasio Sevillano. Madrid 1726 und Primatus Hispaniarum vindicatus . . . hispanice conscripta . . . a Nicasio Sevillano . . . latine reddita a Caietano Cenni. Romae 1729; daselbst P. II. c. 2. p. 164 ff. die weitere Literatur angeführt.

[1] Loaisa §§. 2. 3 und Nicasius P. III. c. 9. n. 1 ff. führen mit andern Spaniern den Primat Toledos — gemäss einer bis in das 9. Jahrhundert zurückreichenden Tradition von der Aussendung von Bischöfen seitens der Apostel nach Spanien (s. Gams, Tübinger Quartalschrift. 1861. S. 210 ff.; Gregor. VII. registr. I. 64. ed. Jaffé p. 83) — auf die Zeit der letzteren, aber ohne allen haltbaren Grund zurück. Dagegen Florez, España sagrada. Madrid. 1754 ff. 6, 265 ff.; Thomassin l. c. c. 30. n. 4; Marca, de primat. n. 125. 126. Ebenso irrt Wiltsch a. a. O. 1, 89, welcher die Verleihung des Primates auf König Gundemar und das Jahr 610 zurückdatirt. Der im Protokoll des Koncils von Toledo v. 610 und in dem Dekrete des Königs gebrauchte Ausdruck: „primatus" (Mansi l. c. p. 507. 510) bedeutet hier — was auch sonst vorkommt s. oben S. 581. n. 2. u. S. 588. n. 3. so viel wie Metropolitanrechte. S. ferner Hefele, Konciliengesch. 3, 62; Neher a. a. O. 1, 332.

[2] C. 6. (Mansi 11, 1033): „ . . . Unde placuit omnibus pontificibus Hispaniae, ut salvo privilegio uniuscuiusque provinciae licitum maneat deinceps Toletano pontifici, quoscumque regalis potestas elegerit et iam dicti Toletani episcopi iudicio dignos esse probaverit, in quibuslibet provinciis in praecedentium sedibus praeficere praesules et decendentibus episcopis eligere successores. Ita tamen, ut quisquis ille fuerit ordinatus post ordinationis suae tempus infra trium mensium spatium proprii metropolitani praesentiam visurus accedat, qualiter eius auctoritate vel disciplina instructus condigne susceptae sedis gubernacula teneat . . . Hanc quoque definitionis formulam sicut de episcopis, ita et de ceteris ecclesiarum rectoribus placuit observandam".

[3] Mansi l. c. p. 1039. 1059; 12, 21. 84; Hefele a. a. O. 3, 286. 290. 295. Wenn dieses Recht gleichfalls (s. z. B. Nicasius l. c. P. II. c. 11. n. 4 ff. c. 18) auf eine frühere Zeit datirt wird, so ist dem entgegenzuhalten, dass auf der Nationalsynode v. 633 Isidor von Sevilla, auf der v. 636 der Erzbischof von Toledo, auf der v. 638 der Erzbischof von Narbonne, auf denen v. 646 u. 653 der Erzbischof von Merida und auf der von 656 wieder der Erzbischof von Toledo den Vorsitz geführt. Mansi 10, 641. 656. 670. 770. 1222; 11, 43; Hefele, a. a. O. S. 72. 81. 82. 87. 91. 95. Vgl. auch Florez l. c. p. 283 ff. — Von einer höheren Jurisdiktion des Metropoliten von Toledo über die anderen Erzbischöfe, welche aus dem Briefe Isidors von Sevilla „ad Helladium ceterosque qui cum eo sunt coadunati episcopos (opp. ed. Arevalo. Rom. 1797. 6, 566) von Nicasius l. c. c. 12 hergeleitet wird, ist in jener Zeit ebenso wenig die Rede gewesen. Vgl. Florez l. c. p. 257 ff. u. Arevalo, Isidoriana c. 74. n. 1 (in opp. Isidori 1, 637). Endlich findet auch die Nachricht des Rodericus (Tolet. archiepisc. saec. XIII) in seinem rer. Hispan. Chron. II. 21 (Granatae 1545. fol. 17): „Iste (Chindaswind 642—652) a Romano pontifice obtinuit privilegium, ut secundum beneplacitum pontificum Hispanorum primatiae dignitatis esset Toleti, sicut fuerat ab antiquo" nirgends eine Bestätigung.

[4] Jedenfalls lässt sich nicht, wie Nicasius l. c. c. 19. n. 10 ff. thut, aus c. 1. Tolet. XIV. a. 684 (Mansi 11, 1086) das Recht folgern, verbindliche Anordnungen für die übrigen Metropoliten zu erlassen.

[5] Nicasius l. c. P. II. c. 16. n. 4 ff.; Neher a. a. O. 1, 332.

[6] J. 782 ist freilich noch unter dem Vorsitze des Metropoliten von Toledo eine Synode zu Sevilla gehalten worden. Hefele a. a. O. 3, 586.

[7] Nicasius l. c.; Neher a. a. O.

[8] Jaffé reg. n. 4021; Mansi 10, 522: „pallium tibi, frater venerabilis Bernarde, ex apostolorum Petri et Pauli benedictione contradimus, plenitudinem scilicet omnis sacerdotalis dignitatis teque secundum quod eiusdem urbis antiquitus constat extitisse pontificis et in totis Hispaniarum regnis primatem . . . statuimus . . . Primatem te universi praesules Hispaniarum

die betreffenden Dekretalen nur, dass in allen wichtigeren allgemeinen Angelegenheiten an den Metropoliten von Toledo berichtet werden und er die Zwischeninstanz mit den Rechten eines Metropoliten zwischen dem römischen Stuhle und den zu keinem Metropolitanverbande gehörigen Bischöfen bilden sollte. Die späteren, zahlreichen Bullen, welche die von Urban II. gewährten Rechte bestätigt haben[1], ergeben über andere Befugnisse des Primates nichts. Lässt es sich auch als sicher annehmen, dass der Metropolit von Toledo in Folge der erwähnten Stellung den Vorrang vor allen übrigen spanischen Erzbischöfen beanspruchen konnte, so darf doch in der Erneuerung des alten Primates durch Urban II. nicht einmal die Ertheilung des Rechtes auf die Einberufung und Abhaltung von Nationalsynoden gefunden werden. Schon derselbe Papst hat den Erzbischof noch besonders zum päpstlichen Vikar für Spanien und die Narbonnensis ernannt[2] und ebenso ist das seitens seiner nächsten Nachfolger geschehen[3]. Wenn seitens eines derselben, seitens Kalixts II., das Recht der Berufung von Synoden auf die Stellung als vicarius oder legatus gegründet wird[4], so kann man dem gegenüber nicht darauf hinweisen, dass diese letztere mit der Primatial-Qualität zusammengeflossen und identisch gewesen ist, denn beides wird in jener Zeit in den Anordnungen der päpstlichen Dekretalen unterschieden: so hat z. B. Paschalis II. dem Erzbischof von Toledo die Legation über die Provinz von Braga entzogen[5] und auch Kalixt II. ihm jenes Recht nur mit Ausnahme der letzteren und der Provinz von Merida übertragen[6].

respicient et ad te si quid inter eos quaestione dignum exortum fuerit, referent: salva tamen ratione, ecclesiae auctoritate et metropolitanorum privilegiis singulorum" . . . S. ferner eiusd. ep. ad episc. Hispaniae a. 1088. Jaffé n. 4023, Mansi 20, 682: „Qui autem vestrum sine metropolitanis propriis sunt, ipsi (dem Primaten von Toledo) interim veluti proprio subesse debebunt"; ep. ad Tarracon. archiep. a. 1092, J. 4076 (Mansi l. c.): „memineris tamen ita te archiepiscopum institutum, ut tam tu quam universi provinciae Tarraconensis episcopi Toletano tanquam primati debeatis esse subiecti. Sic enim a nobis in Toletanae ecclesiae privilegio constitutum est, quod nos omnino ratum volumus permanere. Nunc autem multo amplius quia ei nostrae solicitudinis vices in Hispania universa et in Narbonensi provincia ministrandas iniunximus".

[1] S. ep. Paschalis II. a. 1101. (Jaffé n. 4381, Mansi 20, 982), Calixti II. a. 1121 (J. 5067. M. 21, 215), Honorii II. a. 1125 (Nicasius l. c. c. 4. n. 1), Lucii II. a. 1144. (J. 6067. M. 21, 609), Eugen. III. a. 1153 (J. 6712. M. 21, 670), Hadriani IV. a. 1156 (J. 6922. M. 21, 816), Urbani III. a. 1187, Calixti III. a. 1192, Innoc. III. a. 1209 (Nicasius l. c. c. 21. n. 6 ff.), eiusd. a. 1212. registr. XIII. ep. 5. (ed. Bosquet 1, 6).

[2] S. den Schluss von Note 8 auf S. 592.

[3] Paschalis II. ep. ad Bernard. Tolet. a. 1104 o. 1105 (J. 4481, Florez l. c. 20, 91) bezeichnet diesen als legatus apostolicae sedis; ep. ad Mauric. Bracar. a. 1114 (J. 4733, Mansi 21, 117) als vicarius. Darüber, dass legatus hier der weitere Begriff ist, welcher auch für den vicarius im Sinne des 11. und 12. Jahrhunderts gebraucht werden konnte, s. oben S. 508.

[4] Ep. ad episc. Hispan. a. 1121 (J. 5069; Mansi 21, 216): „Notitiam vestram latere non credimus, quod . . . Urbanus et Paschalis ecclesiae Romanae pontifices . . . Bernardum Toletanum primatem affectione praecipua dilexerunt . . . Etenim ei suas vices in vestris partibus committentes legatum eum sedis apostolicae statuerunt. Et nos ergo ei . . . vices nostramque similiter legationem duximus committendam . . . Rogamus igitur universitatem vestram, monemus atque praecipimus, ut ei sicut legato nostro humiliter obedire et synodales cum eo ad vocationem eius celebrare conventus, cum ecclesiasticae utilitatis causa exegerit, procuretis" . . . Der Präsident des Nationalkoncils von Palencia v. 1129 nennt sich demgemäss auch: „Raymundus Toletanae sedis archiepiscopus et primas ac sanctae Romanae ecclesiae legatus". (Mansi l. c. p. 386).

[5] Ep. ad Bernard. Tolet. a. 1115. (J. 4787; Baluze miscell. ed. Mansi 1, 139): „. . . Nos autem in his vehementer regni turbationem et aetatis tuae gravedinem infirmitatisque pensamus: idcirco te ab iniuncta super archiepiscopum et provinciam Bracarensem cura legationis absolvimus ut liberius ipse valeat in provincia sua iustitiam exercere".

[6] Ep. ad eund. a. 1121. (J. 5068, Mansi l. c. p. 216): „. . . suum te vicarium in partibus Hispaniarum constituit et sedis apostolicae legationem tibi honorifice commendavit (Paschalis II.). Et nos . . . eandem tibi legationem totam cooperante domino tribuentes exceptis nimirum Bracarensi et Emeritana metropoli". Für diese war seit 1120 in dem Metropoliten von Compostella ein päpstlicher Vikar bestellt worden, s. die Dekretalen J. 4991. 4992. 5149; Florez l. c. 20, 295. 296. 394.

Aus den vielen Streitigkeiten, welche die Toletaner Erzbischöfe mit den anderen Metropoliten Spaniens, mit denen von Braga[1], Tarragona[2], Kompostella[3] und Narbonne[4] über die Anerkennung ihres Primates hatten, ergiebt sich nur, dass eine Einwirkung auf die kirchliche, namentlich die Diöcesan-Eintheilung und auf die Besetzung der Bischofsstühle nicht in den Rechten des Primates enthalten war[5], andererseits aber, dass die Metropoliten von Toledo auf Grund ihres Primates das Recht beanspruchten, sich auch in den Provinzen der übrigen spanischen Bischöfe das Kreuz vortragen zu lassen[6].

Wir besitzen eine Urkunde Innocenz' III. vom J. 1204 über die Errichtung eines Primates in Bulgarien und wenn in dieser als aus demselben herfliessende Befugnisse — abgesehen von dem Recht, den Landesfürsten zu krönen — das Recht auf den Vorrang vor allen Metropoliten, das Recht der Konfirmation und Konsekration der letzteren, der Uebergabe der von Rom aus gesandten Pallien an dieselben und das Recht, sich die Kreuzfahne vortragen zu lassen, aufgezählt werden[7], so zeigen

[1] S. Ep. Gelasii II. ad Bern. Tolet. a. 1118. (J. 4886; Mansi 21, 167; Eugen. III. ad Ioh. Bracar. a. 1145. (J. 6150; M. l. c. p. 675), ad Hispan. reg. a. 1148 (J. 6430; M. l. c. p. 672), ad Brac. archiep. a. 1149 (J. 6504; M. l. c. 674), a. 1151 (J. 6585; M. l. c. 676), a. 1153 (J. 6730; l. c. p. 675), Hadriani IV. ad Brac. arch. a. 1156 (J. 6913; M. 20, 682; 21, 819; c. 7 (Honor. III.) X. de I. I. R. I. 41. In diesen ist nur davon die Rede, dass die Erzbischöfe von Braga den Primaten von Toledo die canonica obedientia et reverentia oder debita subiectio leisten sollen. Einzelne Schriftsteller, so z. B. Aug. Barbosa, de officio et potest. episcopi P. I. tit. 3. c. 8, gehen sogar so weit, Braga den Primat zu vindiciren und die Urkunde Urbans II., sowie die Konfirmationsbullen seiner Nachfolger für rechtlich null und nichtig zu erklären, s. l. c. n. 69 ff. Dagegen auch de Marca l. c. n. 127. S. ferner noch Thomassin l. c. c. 38. n. 11 ff. Gonzalez Tellez ad c. 7. X. I. 41. n. 2. 3.

[2] Ep. Eugen. III. ad Tarracon. archiep. a. 1151. u. a. 1153 (J. 6582. 6710. 6729, Mansi 21, 677. 675. 674).

[3] Ep. ad Ioh. Toletan. archiep. a. 1156 (J. 6919. Mansi 21, 818).

[4] Vgl. den Bericht über die Vorgänge auf dem Lateranensischen Koncil bei Mansi 10, 524 ff. (s. auch Hefele, Konciliengesch. 5, 779 ff.); auf demselben stritten auch die andern im Text genannten drei Erzbischöfe wieder mit dem Toletaner über den Primat.

[5] Ep. Alexand. III. ad archiepisc. Tolet. a. 1163 (J. 7315. Mansi 21, 1060): „fraternitati tuae . . . mandamus, quatenus in tota Tarraconensi provincia nec in ordinandis ecclesiis nec in electionibus vacantium ecclesiarum faciendis auctoritatem tuam nullatenus interponas nec etiam ibi aliqua primatiae iura attenter aliquatenus exercere, donec causa quae inter ecclesiam tuam et illam vertitur ad nostrum auditorium deferatur et . . . fine congruo terminetur".

[6] S. die Dekretalen und sonstigen Aktenstücke aus dem Ende des 13. und aus dem 14. Jahrh. in den Streitigkeiten mit Narbonne und Tarragona bei de Marca, l. c. 4, 123 ff. 129 ff. 135 ff. Vgl. über die Ausübung dieses Rechtes seitens der Toletaner Metropoliten auch Nicasius l. c. P. II. c. 20.

[7] Ep. 2. lib. VII (Bréquigny et la Porte du Theil, diplomata etc. II. 2, 443): „Archiepiscopo Trinovitano (von Tirnova) Bulgarorum et Blacorum primati eiusque successoribus canonice substituendis . . . Te quoque in regno Bulgarorum et Blacorum primatem statuimus et ecclesiae Trinovitanae praesenti privilegio auctoritatem concedimus primatiae ut (1) tu et successores tui qui tibi in apostolicae sedis devotione successerint ceteros metropolitanos Bulgariae et Blaciae praecellatis ratione primatiae et ipsi tibi et eis iuxta formam canonicam reverentiam primati debitam exhibeant et honorem, fraternitatem tuam scire volentes quod apud nos haec duo nomina: primas et patriarcha pene penitus idem sonant, cum patriarchae et primates teneant unam formam, licet eorum nomina sint diversa. (2) Praesenti quoque privilegio tibi et per te tuis successoribus iniungendi, benedicendi et coronandi reges Bulgarorum et Blacorum in posterum liberam concedimus facultatem. Obeunte vero te . . . nullus ibi quolibet surreptionis astutia praeponatur, nisi qui canonice fuerit electus . . . secundum consuetudinem approbatum. Electus autem per metropolitanum et alios suffraganeos eiusdem ecclesiae qui poterunt interesse, in episcopum solemniter consecretur. Consecratus vero ad sedem apostolicam nuntios suos mittat, palleum . . . petituros in cuius susceptione iuramentum illud nobis et successoribus nostris et ecclesiae Romanae praestabit quod alii primates et metropolitani secundum generalem consuetudinem nobis praestant et tu ipse in susceptione pallei praestitisti . . . (3) Cum autem aliquis metropolitanorum qui tibi iure subiacent primatiae, viam fuerit universae carnis ingressus, confirmabis electionem canonicam de persona idonea celebratam et personam electam in episcopum consecrabis. (4) Pro palleo vero nuntios tuos cum nuntiis ecclesiae cui praeest, ad apostolicam sedem mittes nosque illud tibi per eos libenter et hilariter transmittemus, per te metropolitano episcopo iuxta formam . . . solemniter conferendum, ita tamen quod si legatum vel nuntium nostrum contigerit interesse id cum eo pariter exequaris". . . (4) Praeterea crucem

die Nachrichten über Toledo nur die Ausübung des zuerst und des zuletzt gedachten Rechtes[1]. Scheint es doch fast, als ob die Verleihung des Primates über die damals noch in den Händen der Mauren befindliche Provinz von Sevilla seitens Honorius' III. im J. 1218[2] einen Ersatz für die stets von den übrigen spanischen Erzbischöfen angefochtene Primatialstellung Toledos hat bieten sollen.

Auch das volltönende Privilegium Martins V. vom J. 1428, welches sogar eine Verleihung der Patriarchalrechte enthält[3], und ferner eine der wirklichen Primatialjurisdiktion erwähnende Anordnung Innocenz' VIII. vom J. 1489[4] haben in dem früheren Zustande offenbar keine Aenderung herbeigeführt, denn der Jesuit Juan Mariana (geb. 1537, † 1624) legt dem Erzbischof von Toledo nur das Recht auf die Präcedenz vor den übrigen Bischöfen, die Befugniss sich das Kreuz vortragen zu lassen und etwaige National-Koncilien zu berufen bei, bemerkt aber, dass das zweite Recht nicht von allen Bischöfen Spaniens anerkannt würde und diese auch kaum sämmtlich einer Einladung zu einem National-Koncil Folge leisten würden[5]. Den Titel: Primas von Spanien führt der Erzbischof von Toledo noch heute. Ausser seinem Recht auf die Präcedenz könnte — da Nationalsynoden nicht mehr gehalten werden — nur noch das Recht, sich das Kreuz vortragen zu lassen, in Frage kommen. Ob dies allseitig in Spanien anerkannt ist, darüber fehlt es an Nachrichten.

7. Die Vikariate für Gallien und Germanien im 9. Jahrhundert. Nicht aus kirchlichem Interesse, sondern im Interesse Kaiser Lothars verlieh im J. 844 Sergius II. dem Erzbischof Drogo von Metz, dem Sohne Karls des Gr., den apo-

vexillum videlicet dominicae passionis ante te per totam Bulgariae et Blaciam deferendi fraternitati tuae licentiam impartimur"... Vgl. dazu Pichler a. a. O. 2, 331; auch de Marca l. c. n. 49 (ed. cit. 4, 38. 39).

[1] Auch weiss einer der eifrigsten Vertheidiger des Primates von Toledo, der mehrfach citirte Nicasius nur davon (s. P. II. c. 6. 16. 18 ff. 20) zu berichten.

[2] Nicasius l. c. P. II. c. 5. n. 12 ... „in Hispalensi metropoli ac eius provincia eidem ecclesiae praesentis scripti privilegio ius concedimus primatiae statuentes ut quum praefata metropolis ad christianorum manus redierit, tu, frater archiepiscope ac successores tui ea quae spectant ad primatis officium, exerceatis libere in eadem"; wiederholt von Gregor IX. a. 1231 (l. c. n. 19). Uebrigens ist Sevilla erst 1248 durch Ferdinand den Heiligen den Mauren abgenommen worden. Neher a. a. O. 1, 341.

[3] ... Nicasius l. c. P. II. c. 5. n. 26: „... Venerabilem igitur Toletanam ecclesiam paternis ... complectentes affectibus quodque illius consideratione et intuitu archiepiscopus Toletan. pro tempore existens Primas est et propterea venerabilium fratrum nostrorum patriarcharum ad instar quorum ad primatum licet nomine duntaxat differat eaedem existunt dignitates quod praeeminentia dignitatis administralis attollendus sit aequanimiter, ... venerabilem fratrem nostrum Ioannem et successores suos pro tempore existentes Toletanos archiepiscopos in nostris et successorum nostrorum Romanorum pontificum capellis generalibusque consistoriis et conciliis ac quibuslibet aliis publicis et privatis locis ultra sedis apostolicae notarios ac omnes ac singulos alios et prius promotos qui primates et electores imperii non fuerint, archiepiscopos locum tenere illisque praeponi ac praeferri debere necnon omnibus et singulis praerogativis privilegiis et insigniis quae dictis patriarchis competere poterunt, uti et gaudere libere liciteque posse, auctoritate apostolica tenore praesentium decernimus et declaramus". Vgl. oben S. 573.

[4] Nicasius l. c. n. 24: ep. ad Petr. Gonzalez Mendotium: „... ut tu qui ecclesiae Toletanae ... praecesse dignosceris usquequo controversiae praedictae (mit Braga) ... debitus suus finis impositus fuerit, apostolica auctoritate ... primatiae officium et illi competentes iurisdictionem et superioritatem, appellationes ad eorum primatem pro tempore legitime interpositas recipiendo et admittendo ac in omnibus ad officium ipsum pertinentibus iustitiam administrando ... exercere ac contradictores quoslibet et rebelles per ecclesiasticam censuram et alia iuris remedia compescere libere et licite valeas, auctoritate apostolica praesentis tenore concedimus".

[5] Ep. ad Raymund. Villam bei Marca ed. cit. 4, 160. In den Worten: „El Arzobispo de Toledo no tiene superioridad ninguna sobre los otros arzobispos de este reyno ni puede castigar à ninguno de ellos ni à sus subditos, ni visitar las otras diocesis, ni hay apelacion para este arzobispado de las otras provincias ny de sus obispos" spricht er dem Primas von Toledo jegliche Jurisdiktion ab. — Hat sich doch noch im Jahre 1677 die Kirche von Sevilla metropolitana y patriarcal u. im J. 1700 Tarragona primada de Españas genannt. Nicasius l. c. P. III. c. 6. n. 12; c. 8. n. 17.

stolischen Vikariat über ganz Gallien und Germanien, indem er ihm die Befugnisse beilegte, für jene Länder allgemeine Synoden abzuhalten und von den Beschlüssen der Provinzialsynoden Kenntniss zu nehmen, zugleich aber die Generalsynode dieser Länder zur zweiten Instanz für die gegen Bischöfe und Aebte angebrachten Anklagen bestimmte, und dem päpstlichen Stuhle bei zwiespältiger Entscheidung der Generalsynoden das zweitinstanzliche Urtheil vorbehielt[1]. Es kann keinem Zweifel unterliegen, dass dem Kaiser Lothar, »vermittelst der Autorität, mit der der Vikariat einen ihm persönlich nahestehenden Bischof seines Reiches bekleidete, eine Waffe in die Hand gegeben werden sollte, um zunächst in kirchlichen, damit aber auch in politischen Dingen eine Art von oberhoheitlicher Gewalt in den Herrschaften seiner Brüder zu erlangen«[2], und der Papst durch die der damaligen fränkischen Staatspraxis zuwiderlaufende Koncession zur Abhaltung rein kirchlicher Generalsynoden und Verweisung der Anklagen gegen die Bischöfe vor diese und die Provinzialsynoden[3] für die Pläne Lothars gewonnen worden ist. Zu irgend welcher praktischer Anerkennung gelangte aber die Vikariatswürde des Drogo, welcher wegen derselben auch als primas bezeichnet wird[4], nicht[5], ja die Kreirung derselben hat wohl mit die Veranlassung zur Aufstellung einer eigenen Theorie über die Primaten gegeben, um durch die letztere jenen Vikariat bekämpfen zu können. Die pseudo-isidorischen Dekretaten erklären nämlich, dass die Primaten oder Patriarchen »qui unam formam tenent, licet diversa sint nomina« in den Städten der früheren vornehmsten heidnischen Priester ihre Sitze gehabt[6] und durch die Apostel ihre unmittelbaren Nachfolger und das Koncil von Nicäa festbestimmt seien[7], neue Patriarchate oder Primate aber nur dann errichtet werden

[1] Ep. ad episcop. Transalpinos (Mansi 14, 806): . . . „Ad nostrae humilitatis vicem cunctis provinciis trans Alpes constitutis Drogonem . . . cauta deliberatione constituimus . . . Et quia omnium vestrorum sollicitudinem illi gerere praecepimus, omnium volumus obedientia comitari . . . Huic ergo in congregandis generalibus synodis in omnibus supradictarum regionum partibus nostram commodamus auctoritatem et quidquid provinciali synodo fuerit definitum, ad eius absque dilatione statuimus notitiam perducendum. Si cui autem ab illis partibus hanc sanctam sedem appellare opus fuerit et in nostra audientia se audiri poposcerit, hunc commonemus, ut ad eius primum audientiam se summittat et ecclesiasticorum gestorum in sua regione rationabili digestione prolata, si episcoporum de eo qui forte criminibus impetitur, sententia discordaverit, ut ab aliis reus, innocens iudicetur ab aliis; tunc ipsis gestis ad nos delatis, litteris etiam praefati fratris nostri cui vicem nostram concessimus, commendatus sive ad nos sive ad b. Petri sedem securus accedat nullaque eum in veniendo mora praepediat. Quam etiam condicto fratri nostro Drogoni archiepiscopo in examinandis ac perquirendis episcopis et abbatibus sub hoc tenore hanc nostram licentiam et auctoritatem concessimus salvo in omnibus huius universalis Romanae sedis primatu nostrique praesulatus honore vigoreque et exaltatione carissimi ac spiritalis filii nostri domni Hlotharii magni imperatoris. Nam nobis valde placuit, propter diversas ecclesiarum dei perturbationes hoc necessarium satisque dignum opus explere. Si vero hac admonitione contempta sola improbitate se criminibus exuendum existimaverit, noverit a nostra mansuetudine nequaquam se temerariam absolutionem adepturum, nisi primum provinciali synodo et postmodum generali praedicti fratris nostri audientia eius fuerit actio ventilata. Illic enim causa subtilius examinatur ubi perpetrata dignoscitur. Tamen si se ad nos venire poposcerit ut ante praediximus, non teneatur. Si autem vel sui metropolitani provincialem synodum evocatus adire noluerit vel ad generalem praefati vicarii legatique nostri conventum venire contempserit, cum haec nostris apostolicis auribus per suas litteras intimare decreverit, nostra et totius ecclesiae catholicae se noverit auctoritate iudicandum".

[2] Dümmler, Gesch. des ostfränkischen Reichs 1, 240.

[3] Denn diese wurden nach fränkischer Reichspraxis im Königsgericht verhandelt. Hinschius, decretal. Pseudo-Isidor. p. CCXXI.; Waitz, deutsche Verfassungsgesch. 4, 373.

[4] In seiner Grabschrift heisst er: „praesul, praeses, dominus primasque cis Alpes (Brower et Masen annal. Trevir. Leodii 1670. 2, 410)

[5] Karoli II. concil. in Verno palatio a. 11 (LL. 1, 385); Hincmari Rem. de iure metropolitan. c. 31 (opp. ed. Sirmond 2, 737), Dümmler a. a. O. S. 244. 245.

[6] Pseudo-Isidor. Clement. c. 28; Analect. c. 26. 29; Stephan. c. 9. (ed. cit. p. 39. 79. 185.) = c. 1—3. Dist. LXXX; c. 1. Dist. XCIX.

[7] Pseudo-Iul. c. 12; Felic. II. c. 5. 10 (ed. cit. p. 468. 469. 480. 483).

dürften, wenn ein heidnisches Volk zum Christenthum bekehrt worden und wegen der grossen Anzahl der Bischöfe eine Centralstelle geschaffen werden müsse[1], während sie in der Charakterisirung der Stellung und Rechte der Primaten sowohl gegenüber dem Papst als auch den Metropoliten unklar genug sind[2].

Nicht viel mehr als dreissig Jahre später wurde im Frankenreich noch einmal ein ähnlicher Versuch auf Veranlassung Karls des Kahlen mit der Ernennung des Erzbischofs Ansegisus von Sens zum Vikar von Gallien und Germanien gemacht[3], bei welchem allerdings, wie die wenig selbständige Stellung des Vikars zeigt, in Folge des Einflusses der Pseudo-Isidorischen Dekretalen päpstlicherseits eine Herabdrückung der Gewalt der Metropoliten beabsichtigt war[4]. Indessen konnte auch dieser Vikariat zu keiner allgemeinen Anerkennung gelangen[5], auch hörte er schon mit der Ernennung des Erzbischofs Rostagnus von Arles im J. 878 zum Vikar für Gallien auf[6].

8. Die Primaten in Frankreich. Schon im 9. Jahrhundert — noch vor der Ernennung des Ansegisus zum Vikar — hat der Erzbischof von Bourges die Stellung eines Primaten oder Patriarchen dem Bisthum Narbonne gegenüber prätendirt[7], und wenn Nikolaus I. in der citirten Dekretale von 864 auch den Erzbischof in seine Schranken zurückweist, so erkennt er doch den Primat desselben indirekt dadurch an, dass er ihm das Recht beilegt, die in den Bisthümern des Bezirkes nicht zur Erledigung gelangenden Sachen zu verhandeln und im Fall der Vakanz eines solchen mit Genehmigung der andern Bischöfe die Verwaltung der betreffenden Kirche zu führen. Ueber die Entstehung dieses Primates, welche wohl jedenfalls mit der Qualität von Bourges als Hauptstadt von Aquitanien in Beziehung steht, ist nichts bekannt. Da sich die mehrfach beliebte Datirung der Primatialstellung auf die Zeiten Karls des Gr.[8] als unhaltbar[9] erweist, und Johann VIII. bei der Versetzung Frothars von Bordeaux auf den bischöflichen Stuhl von Bourges nur von den Metropolitanrechten der letztgedachten Kirche spricht, des Primates aber mit keinem Worte gedenkt[10], so wird es sich zur Zeit Nikolaus' I. wahrscheinlich nur um einen Versuch der Erzbischöfe, auf Grund der politischen Bedeutung der Stadt, ihrer Kirche auch eine höhere kirchliche Stellung zu verschaffen, gehandelt haben[11]. Erst seit dem 12. Jahrhundert findet sich die Be-

[1] Pseudo-Isidor. Annic. c. 3 (ed. cit. p. 121) = c. 2. Dist. XCIX.

[2] S. Hinschius decret. Pseudo-Isidor. p. CCXIV. CCXXIV. Ueber die Umdeutung dieser Stellen durch Hinkmar von Rheims vgl. Weizsäcker, Hinkmar u. Pseudo-Isidor in der Zeitschrift für histor. Theologie 1858. 22, 384 ff.; u. auch Phillips 2, 73.

[3] Ep. Ioann. VIII. ad episcop. Galliae et Germaniae a. 876 (Mansi 17, 225): „... innotescimus ... quia pro allevandis multiplicibus oneribus ecclesiasticis ... quibus maxime super negotiis ex Galliarum et Germaniarum partibus nobis assidue destinatis arctamur, Ansegisum ... qui quoties utilitas ecclesiastica dictaverit sive in vocanda synodo sive in aliis negotiis exercendis per Gallias et Germanias vice nostra fruatur. Et volumus, ut decreta sedis apostolicae per ipsum vobis manifesta efficiantur et rursus quae gesta fuerint, eius nobis relatione, si necesse fuerit, pandantur: ut maiora negotia ac difficiliora quaeque suggestione ipsius a nobis disponenda et enucleanda quaerantur".

[4] Dümmler a. a. O. 1, 837.

[5] A. a. O. S. 844. 847.

[6] S. oben S. 591. n. 2. Wenn sich der Erzbischof von Sens auch auf dem Koncil zu Paris v. J. 1429 (Hardouin 8, 1039): „Senon. archiepiscopus totiusque Galliae et Germaniarum primas" nennt, so bildet die hier erwähnte Vikariatsbestellung offenbar die Grundlage für diese Prätension.

[7] c. 8 (Nicol. I. a. 864) C. IX. qu. 3. S. oben S. 573. n. 2.

[8] Thomassin l. c. c. 22. n. 6. 7; c. 35.

[9] Das ergiebt ep. Hadriani I. ad Carol. a. 784—791 (Jaffé, monument. Carol. p. 278). S. auch de Marca l. c. n. 52. (ed. cit. 4, 40).

[10] S. oben S. 238. n. 6; 314. n. 8.

[11] Zu dieser Vermuthung passt auch die Haltung des angeführten Briefes von Nikolaus I. (s. S. 573. n. 2), welche kein ausdrückliches Anerkenntniss abgiebt und ebensowenig den Streit mit Narbonne durch eine bestimmte, direkte Entscheidung erledigt.

zeichnung: »primas Aquitaniae« für den Erzbischof von Bourges nicht nur in vielen Grabschriften [1], sondern auch in mehrfachen päpstlichen Dekretalen [2] wieder. Der Primat erstreckte sich damals über die Erzbisthümer Auch [3], Bordeaux [4] und Narbonne [5]. Im J. 1305 wurde aber Bordeaux [6] und im J. 1403 auch Narbonne [7] von demselben eximirt. Dagegen verblieb das von Johann XXII. (1314—1334) zum Erzbisthum erhobene Bisthum von Toulouse [8], dessen Metropole Narbonne gewesen war, unter der Primatie von Bourges [9] und das im J. 1678 errichtete Erzbisthum Albi [10] scheint gleichfalls noch mit demselben im Primatialverbande gestanden zu haben [11].

Was die Rechte der Primaten betrifft, für welche noch in Grabschriften des 17. Jahrhunderts die Bezeichnung: »patriarcha Bituricus, primas Aquitaniae« vorkommt [12], so müssen diese ziemlich umfassend gewesen sein. Abgesehen von dem Rechte, sich die Kreuzfahne vortragen zu lassen [13], wird ihnen das Recht zur Ueberwachung der Beobachtung der Kirchengesetze und zur Verhinderung ihrer Uebertretung beigelegt [14]. Sie haben ferner das Visitationsrecht der Sprengel der ihnen

[1] Zuerst in der des Erzbischofs Leodegar († 1120) s. Gallia christiana 2, 47; s. ferner ibid. p. 50. 53. 55; die Grabschrift Heinrichs I. († 1200): „Hic bonus Henricus vir nobilis et patriarcha Quondam Bituricus tumuli iacet huius in arca". (ibid. p. 59).

[2] Schon unter Paschalis II. S. ep. Honorii II. ad archiep. Bitur. a. 1126. (Gallia christ. 2, instr. p. 11. 12): „Sane in registro Paschalis pp. II. praedecessoris nostri contineri perspeximus in hunc modum: Bituricensi archiepiscopo. Adversum fratrem nostrum Auxitanum (von Auch) archiepiscopum querelam te diutius egisse cognovimus pro eo quod tibi tanquam primati debitam obedientiam nullatenus exhiberet ... Nos ergo dilectionem tuam ex fratrum nostrorum iudicio per orarium quod tunc temporis gerebamus obedientia metropolitana eiusdem investivimus, salvo nimirum iure Auxitanae ecclesiae ut videlicet interim tibi tamquam primati subditus sit, donec, si libertatem ecclesiae suae vendicare voluerit, Romanae ecclesiae vel legatorum eius iudicio finis huic causae certior imponatur. Nos autem eiusdem praedecessoris nostri vestigiis inhaerendo, quod per eum provide factum est, hac parte ratum habentes auctoritate apostolica confirmamus"; ep. Clement. III. ad Henr. Bitur. a. 1188. (Jaffé, reg. 10102; Martene et Durand, Thesaur. novus anecdotor. 1, 631). S. auch die folgenden Noten.

[3] S. die vorhergehende Note; u. 1200 schreibt der Erzbischof von Auch an den von Bourges (Gallia christ. 2 instr. p. 19): „vobis ius plenariae primatiae super Auscitanam provinciam per patentes nostras litteras recognoscentes et omnem tam obedientiam quam reverentiam primati debitam promittimus".

[4] Ep. Eugen. III. ad Petr. Bituric. a. 1146 (Jaffé reg. n. 6223; Mansi 21, 668): „... confirmamus, ut super duas provincias, videlicet super ipsam Bituricensem et super Burdigalensem primatum obtinens, sicut hactenus obtinuisse dignosceris ... Atque ... per supradictas provincias vexillum dominicae crucis ante vos deferri concedimus".

[5] S. darüber unten S. 600.

[6] Privileg. Clement. V. ad Arnald. Burdegal. a. 1305 (Gallia christ. 2. instr. p. 263): „... te et successores, ecclesiam ipsam, dioecesim, provinciam Burdegalensem ... ab huiusmodi iure primatiae et superioritatis omnique iurisdictione ac potestate Bituricensis archiepiscopi et successorum suorum ... exuimus ... districtius etiam inhibentes, ne idem archiepiscopus vel eius successores seu decanus et capitulum Bituricens. communiter vel divisim etiam sede Bituric. vacante in te vel successores tuos Burdegalenses archiepiscopos ... iurisdictionem aliquam praetextu huius iuris primatiae vel superioritatis aut etiam dictae ordinationis (nämlich Gregors IX. s. ibid. 2, 823; vgl. auch c. 17. X. de maior. et obed. I. 33; c. 4. X. de dilat. II. 8; c. 10. X. de dolo et contum. II. 14 u. Gonzalez Tellez zu dem erst angeführten Kap.) vel alias sibi vindicare vel exercere quoquo modo praesumant". Eine in dem langen Streit zwischen Bordeaux und Bourges ergangene Dekretale Clemens' IV. (1265—1268) bei Marca ed. cit. 4, 127. Ueber den Versuch Karls VII., Bordeaux wieder dem Primat zu unterstellen s. Thomassin l. c. c. 35. n. 5.

[7] Durch Benedikt XIII. (Petrus de Luna), s. die betreffende Konstitution a. a. O. S. 149, in welcher die Rechte von Bourges über Narbonne wiederholt als ius primatiae et patriarchatus bezeichnet werden.

[8] S. die in der vorigen Note citirte Konstitution: „... ex erectione ecclesiae Tholosanensis et eius civitatis, dioecesis et provinciae, quae de dicta provincia Narbonensi tunc existebant, in metropolitanam per fel. record. Ioannem pp. XXII"... factam"...

[9] Gallia christian. 2, 3; ibid. 13, 50 wird mitgetheilt: „Dionysius (Du Moulin) ... archiepiscopus a capitulo electus 21. April. 1422 (1423) confirmatur a vicariis generalibus archiepiscopi Bituricensis primatis 10. Ian. et consecratur a Laudunensi, Noviomensi et Albiensi episcopis".

[10] Die Erektionsbulle Innocenz' XI. in Gallia christ. 1. instr. p. 1.

[11] Gallia christ. 2, 3.

[12] Gallia christ. 2, 107 ff.

[13] S. Note 4.

[14] Monachi Sansulpitiani hist. patriarchar. archiepisc. Bituric. c. 62 (bei Labbé, nova bi-

unterstehenden Metropoliten ausgeübt[1], dieselben zu ihren Synoden berufen[2] und Censuren gegen sie verhängt[3]. Alles das lässt darauf schliessen, dass sie schon seit dem 12. und 13. Jahrhundert eine höhere Instanz mit wirklicher Jurisdiktion[4] über ihre Metropoliten gebildet haben, wenngleich der Umfang ihrer Befugnisse sich nicht genau begränzen lässt.

Ausser Bourges hat ferner Lyon die Bedeutung eines Primatialsitzes gehabt. Obwohl die Synode von Macon im J. 585[5] schon den dortigen Erzbischof mit dem Titel: patriarcha bezeichnet[6] und denselben beauftragt, im Einverständniss mit dem König alle drei Jahre die Bischöfe aus den von Guntram damals regierten beiden Theilen des fränkischen Reiches zu einer Art Generalsynode zusammenzurufen[7], so gelang es doch den Erzbischöfen nicht, diese Stellung zur Erlangung von Primatialrechten zu verwerthen[8]. Die Lyoner Kirche war in dem folgenden Jahrhundert allerdings eine sehr angesehene[9], aber erst seit Gregor VII., welcher ihr den Primat über die Provinzen Lyon, Rouen, Tours und Sens bestätigte[10], kann von einem solchen die Rede sein. Von vornherein war damit die Bestellung Lyons zu einer höheren jurisdiktionellen Instanz über den drei Metropoliten beabsichtigt[11] und es ist daher leicht begreiflich, dass die Erzbischöfe von Sens[12] und Rouen[12] sich nicht unterwerfen

blioth. manuscript. Par. 1657. 2, 93): „Vulgrino . . . primati Bituricensi G. Petragoricensis ecclesiae humilis minister . . . Maiestati igitur vestrae persuademus, quatenus nos et omnes Burdegalenses suffraganeos de propositae obedientiae firmitate certificetis et confirmetis atque litteris vestris securos nos faciatis, ut in quamcumque partem res aliquo casu declinaverit, vos semper nos manuteneatis . . . Et quidem G(irardum) Engolismensem qui se Burdigalensem archiepiscopum sine nostro consilio fecit et de obedientia nos impetit, respondeamus: oportet enim ut vos primatem nostrum et caput sequamur et vos sicut filios vestros et membra vestra in protectionis vestrae gremio nos faveatis et protegatis“ . . .; Vulgrino . . . Vv. Pictavorum humilis sacerdos . . . Postulant etenim omnes (nämlich suffraganei Burdegalensis ecclesiae) unanimiter sanctitatem vestram suppliciter orantes, quatenus Girardum Engolismensem haeresiarcham . . . invasorem sedis Burdegalensis excommunicatum reexcommunicetis et tam suffraganeis quam clero Burdigalensi ne illum in archiepiscopum recipiant, potestate a deo vobis tradita, sicut primas inhibeatis“.

1 I. J. 1263 u. 1284 in dem Erzbisthum Bordeaux. Gallia christ. 2, 65. 74. Vgl. auch Gonzalez Tellez l. c. u. Thomassin l. c. c. 35. n. 4.

2 Innocentii reg. XV. ep. 45. u. Gallia christ. 2. instr. p. 293.

3 S. Innocentii reg. XV. ep. 45. 128; XVI. ep. 65. auch bei de Marca ed. cit. 4, 122.

4 S. auch S. 598. n. 9 und Thomassin l. c. n. 5. 6. Für die spätere Zeit ist das nach dessen Angaben unzweifelhaft.

5 Sie war eine Art Generalsynode, denn ausser dem Erzbischof von Lyon, welcher den Vorsitz führte, waren die Metropoliten von Vienne, Rouen, Bordeaux, Sens und Bourges, sowie ein Stellvertreter des Metropoliten von Arles anwesend. Mansi 9, 957. 958; Hefele, Konciliengesch. 3, 36.

6 S. oben S. 573. n. 1.

7 c. 20 (Mansi l. c.).

8 Das erkennt auch de Marca l. c. n. 115, vgl. noch über die Streitfrage betreffs des Alters des Primates von Lyon Gallia christiana 5, 94.

9 In einem Diplom Lothars I. v. 854 heisst sie: sacra et prima Galliarum ecclesia. de Marca l. c. n. 114; auf der Synode von Chalons 894 (Mansi 18, 127) wird der Erzbischof sogar: „primas totius Galliae“ genannt.

10 Registr. VI. 34. ep. ad Gebuin. Lugdun. a. 1079 (Jaffé, monum. Gregoriana p. 370): . . . „quapropter quia . . . postulasti a nobis, quatenus dignitatem ab antecessoribus nostris concessam ecclesiae, cui deo auctore praeesse dinosceris, confirmaremus . . . confirmamus primatum super quatuor provincias Lugdunensi ecclesiae tuae et per eam tibi tuisque successoribus . . . Provincias autem illas . . . dicimus Lugdunensem, Rotomagensem, Turonensem et Senonensem, ut hae videlicet provinciae condignam oboedientiam Lugdunensi ecclesiae exhibeant et honorem quem Romani pontifices reddendum esse scriptis propriis praefixerunt, humiliter et devote persolvant, salva in omnibus apostolicae sedis reverentia et auctoritate“. Von den hier erwähnten Dekretalen der Vorgänger ist nichts bekannt.

11 Das ergiebt das Schreiben Gregors VII. a. 1079 (l. c. VI. 35. p. 372), worin diese zum Gehorsam gegen den Primaten unter Hinweisung auf die von den Primaten handelnde Stelle Pseudo-Anaklets (s. oben S. 596. n. 6) ermahnt werden.

12 Das zeigt das von Urban II. auf der Synode zu Clermont im J. 1095 erlassene Dekret bei Mansi 20, 828. S. auch de Marca l. c. n. 116 ff.; Hefele a. a. O. 5, 201; vgl. auch ep. Urban. II. ad Hugon. Lugdun. a. 1099 (de Marca l. c. n. 118; Mansi 20, 877). Der Streit mit Sens dauerte trotz erneuerter Bestätigung des Privilegs für Lyon durch Hadrian IV. a. 1154 (Jaffé reg. n. 6826) fort (s. de Marca l. c.) und noch im J. 1457 fällte der höchste Senat ein

wollten [1]. Was die Rechte des Primas von Lyon betrifft, so scheint es ihm nur gelungen zu sein, die Stellung einer höheren Appellations-Instanz über den ihm unterstellten Metropoliten zu erringen [2], da eine anerkannte und unbestrittene Ausübung anderer Rechte trotzdem, dass die pomphafte Bezeichnung: patriarcha auch noch später für den Erzbischof wiederkehrt [3], nirgends bezeugt ist.

Narbonne, welches einst zu dem westgothischen Reich gehört hatte, nimmt insofern eine eigenthümliche Stellung ein, als einerseits mehrere Erzbischöfe sich den Primat über dasselbe vindicirten, andererseits aber seine Oberhirten selbst solche Rechte geltend zu machen suchten. Nach der Zerstörung des Westgothenreiches strebte, wie bereits (S. 597) angeführt, in der späteren karolingischen Zeit der Primas von Bourges danach, sich Narbonne zu unterwerfen [4]. Gerade in dieser Zeit gelang es aber dem Erzbischof dieses Sitzes wegen der Zerstörung Tarragonas als Metropole des nordöstlichen Spaniens [5] seine Herrschaft über die früheren Suffraganen der eben gedachten Kirche auszudehnen [6]. Bei der nach Vertreibung der Mauren unternommenen Neuerrichtung Tarragonas [7] bemühte sich der Erzbischof von Narbonne, den bisherigen faktischen Zustand aufrecht zu erhalten [8], und Urban II. ergriff wohl zur Ausgleichung seiner und der seitens der spanischen Kirche und seitens Toledos erhobenen Ansprüche den Ausweg, die früheren Suffraganbischöfe Tarragonas bis zur etwaigen Restitution der Metropolitanrechte des letztgedachten Stuhles an Narbonne als Metropolitan-, an Toledo aber als Primatialsitz zu verweisen [9]. Indirekt war damit eine Unterordnung des Erzbischofs an Narbonne unter Toledo ausgesprochen und da bald nachher dem ersteren durch Erhebung Tarragonas zur Metropole seine Rechte über die spanischen Bisthümer entzogen wurden [10], so hatte die Anordnung Urbans II. keinen anderen

Erkenntniss zu Gunsten des Primates von Lyon über Sens. Gallia christiana 4, 177. 178. Der Metropolit von Rouen (vgl. auch Thomassin l. c. c. 34. n. 14), welcher im 13. Jahrhundert sich sogar Primatialrechte über Bourges, Auch und Narbonne angemasst hatte (s. Synode von Bourges v. 1225; Mansi 12, 1213) erlangte im J. 1458 von Kalixt III. ein Exemtionsprivileg von dem Primat von Lyon, Gallia christ. l. c. p. 178, und nannte sich seitdem primas Normanniae; de Marca l. c. n. 122, einen Titel, welchen er nach Neher a. a. O. 1, 449 noch heute führt.

1 Tours erkannte sofort die Primatie von Lyon an, s. die Dokumente bei de Marca ed. cit. 4, 107 ff. und die vorhergehende Note. — Wenn Wiltsch a. a. O. 2, 66 behauptet, dass Lyon auch Ende des 11. Jahrhunderts den Primat über Bourges gehabt habe, so ergiebt das die von ihm in Bezug genommene Synode von Brioude (conc. Brivatense) v. 1094 (Mansi 20, 797) nicht.

2 Guillelmus Brito (saec. XIII), Philippidos lib. 12 (Gall. christ. 5, 94): „Et Lugdunensis quo Gallia toto solebat, Ut fama est, primate regi causasque referre, Difficiles, ut ibi lis ultima esset: Nec mittebatur Romam lis ulla nisi quam Lugdunense forum per se finire nequisset"; de Marca l. c. n. 122; Thomassin l. c. n. 12.

3 Petri venerabilis Cluniac. abbat. (†1156) ep. ad Vivariens. episc. ad sedem Lugdun. translat. II. 2.: „Ad hoc non tantum episcopi sed primatis vel patriarchae nomine insignitum" (M. Biblioth. patr. Lugd. 1677. 22, 865; Gallia christ. 5, 93).

4 S. oben S. 573. n 2.

5 I. J. 719. S. Neher a. a. O. 1, 361.

6 Wiltsch, a. a. O. 1, 309.

7 I. J. 1089 unter Urban II.; s. ep. ad Berengar. Barcinon. Mansi 20, 702.

8 L. c.: „. . . Tarraconensi ecclesiae quae ad antiquam eius dignitatem spectant, libentissime impendemus . . ., salva tamen Narbonensis ecclesiae iustitiae. Si enim Romani auctoritate privilegii Tarraconensem provinciam canonice vendicare Narbonensis antistes nequiverit, nos omni querela liberi Tarraconensem ecclesiae ius suum (d. h. die Metropolitanwürde) restituere . . . non praetermittemus".

9 Ep. ad Rayner. cardin. et legatum a. 1089 P. de Marca ed. cit. 4, 112: „Inter cetera praeiudicium sibi factum de Tarraconensium episcoporum subtractione per Romanam ecclesiam suppliciter intimavit (archiepiscopus Narbonensis), cum eos Narbonensis metropolis per anno CCCC sine alterius ecclesiae reclamatione possederit. Nostra igitur vice in partibus illis fungens, Tarraconensibus episcopis nostra auctoritate praecipito, ut interim Narbonensi tamquam proprio metropolitano obediant, donec praestante domino Tarraconensis restauretur ecclesia. Toletano autem sicut primati reverentiam exhibeant, donec Narbonensis archiepiscopus, se eorum primatem fuisse, certa possit auctoritate monstrare".

10 Das ergiebt ep. Urbani II. ad Bertrand. archiep. Narbon. a. 1097 (de Marca l. c. p. 113): „Has igitur civitates eidem ecclesiae tuae-

Erfolg, als dem Erzbischof von Toledo die Handhabe zur Geltendmachung von Primatialansprüchen auch über Narbonne zu gewähren[1]. Wenn auch der Papst gleichzeitig — offenbar zur Entschädigung für die erlittene Einbusse — dem Erzbischof den Primat über die provincia Narbonensis II. oder über die Metropole von Aix verlieh[2], so leistete der Bischof der letzteren doch sofort Widerstand[3] und der Erzbischof von Narbonne scheint nie zu einer wirklichen Ausübung seiner Rechte gelangt zu sein[4], vielmehr die ganze Bedeutung seines Primates lediglich in der Führung des betreffenden Titels bestanden zu haben[5]. Neben diesen Streitigkeiten und denen mit Toledo haben auch die mit Bourges fortgedauert[6], und endlich schuf die Erhebung Vienne's zum Primatialsitz (s. davon gleich unten) dem Narbonner Erzbischof noch einen neuen Gegner.

Kalixt II. — aus königlich-burgundischem Geschlecht und selbst vor seiner Erhebung zum Papst Erzbischof von Vienne — ernannte nämlich den Metropoliten dieser Stadt im J. 1120 zum Primaten über die Provinzen von Bourges, Bordeaux, Auch, Narbonne, Aix, Embrün und Tarantaise, gleichzeitig aber um dieser Stellung mehr Nachdruck zu geben, zum Vikar, mit dem Rechte, Synoden zu berufen und die Angelegenheiten der gedachten Provinzen zu entscheiden[7]. Trotzdem erlangten aber die Anordnungen dieses Privilegiums, welches die Rechte anderer Primaten mit einem Federstrich zu vernichten suchte, keine Anerkennung und so blieb die Bezeichnung: Primas Primatum, welchen sich der Erzbischof beilegte, nur ein leerer Titel[8].

que fraternitati sancimus esse subiectas: Tolosam (Toulouse), Carcassonam (Carcassonne), Elnam (Elne), Biterrim (Béziers), Agdam (Agde), Magalonam (Maguelone), Nemausum (Nimes), Uticem (Uzez), Lugdevem" (Lodève).

1 S. darüber S. 598. n. 4 und die Dokumente aus dem 13. Jahrh. bei de Marca l. c. p. 129 ff.

2 Die in der vorletzten Note citirte Dekretale lautet ferner: „Praeterea primatum Aquensis metropolis quae est Narbonensis secunda et quidquid dignitatis vel honoris eamdem Narbonensem ecclesiam antiquitus iure habuisse constiterit, nos quoque . . . inconcussum et inviolabile perpetuo manere decernimus". Bestätigungsurkunden von Paschalis II. a. 1099 u. a. 1107 bei de Marca l. c. p. 114. 117.

3 S. die Schreiben Urbans II. v. 1097 bei de Marca l. c. p. 114.

4 Thomassin l. c. c. 35. n. 12.

5 So nennt er sich noch auf den Koncilien von Vabres und Narbonne 1368 und 1374 (Hardouin 7, 1794. 1873): „primae sedis Narbon. archiepiscopus et primas".

6 Dazu musste gerade die Verleihung des Primates, worin eine Exemtion von Bourges gefunden werden konnte, die Veranlassung geben, sagt doch auch die Dekretale Eugens III. v. 1146 nichts von einem Primat über Narbonne. S. oben S. 598. n. 4. Dass darüber aber zwischen den Erzbischöfen gestritten wurde, beweist die im J. 1403 erfolgte ausdrückliche Aufhebung des Primates über Narbonne. S. oben a. a. O. n. 7. Eine Erneuerung dieser Befreiung unter Martin V. erwähnt Raynald annal. a. 1418. n. 33.

7 Das Privileg steht bei de Marca l. c. p. 118, Mansi 21. 191 und lautet, soweit es wesentlich ist: „Omnem itaque dignitatem et omnem liberalitatem, quam vel per authentica praedecessorum nostrorum Silvestri (s. oben S. 589. n. 2), Nicolai (I), Leonis (IX), Gregorii (VII) (— vgl. diese sämmtlich unächten Schreiben bei Jaffé reg. n. CCCXLIV. CCCLXXXIV. CCCXCVII, bei Bosco Floriacens. veter. biblioth. regiae Xystor. 1605. p. 53. 68. 71 —) et ceterorum Romanorum pontificum privilegia vel per imperatorum, regum, principum et ceterorum fidelium largitionem concessam obtinet, nos quoque . . . concedimus et praesentis privilegii pagina confirmamus, ut videlicet super septem provincias primatum obtineat, super ipsam Viennensem, super Bituricam, Burdegallam, Auxitanam, quae Novempopulitana dicitur, super Narbonam, Aquensem et Ebredunensem et in eis Viennensis archiepiscopus Romani pontificis vices agat, synodales conventus indicat et negotia ecclesiastica iuste canoniceque definiat. Porro illa sex oppida vel civitates, Gratianopolis videlicet, Valentia, Dia, Albia, Vivarium, Geneva, Maurienna, in eius tamquam in proprii Metropolitani obedientia et subiectione permaneant. Tarentasiensis autem archiepiscopus, licet aliquibus habeatur ex apostolicae sedis liberalitate praelatus, Viennensi archiepiscopo tamquam primati suo subiectus obediat . . . Ad haec . . . ante Viennensem archiepiscopum per provinciam suam crucem deferri concedimus et Viennensem ecclesiam alicui subiacere legato, nisi cardinali vel alii de Romana provincia, qui a Romani pontificis latere dirigitur, prohibemus". Dieselbe Kombination von Vikariatsrechten mit dem Primat findet sich auch bei Toledo. S. oben S. 593.

8 de Marca l. c. n. 124; Thomassin l. c. c. 35. n. 11; Gallia christiana 16, 4. Bene-

Endlich ist hier noch des angeblichen Primates von Rheims zu gedenken. Erkennt man jetzt auch an, dass die oben (S. 591) erwähnte Urkunde über die Verleihung des Vikariates an den h. Rhemigius gefälscht ist, so gilt doch ein Privilegium des Papstes Hadrians I. für den Erzbischof Tilpin von Rheims, worin dieser zum Primaten bestellt und ihm die Untersuchung über die Rechtmässigkeit und Ordnungsmässigkeit der Weihe des Bischofs Lull von Mainz aufgetragen wird [1], noch beinahe

dikt XIII. hob dann noch ausdrücklich im J. 1403 und ebenso Martin V. im J. 1418 die Primatialrechte Viennes über Narbonne auf, die Konstitutionen bei de Marca ed. cit. 4, 152. 154. — Petrus Venerabilis epist. lib. VI. 10. (Max. Bibliotheca patr. Lugd. 1677. 22, 944) sagt von dem Metropoliten sogar: „Ex quo Viennensis Patriarcha factus est".

[1] Dasselbe wird gewöhnlich auf die Zeit um 775 gesetzt. S. Jaffé, reg. n. 1846, und ist von Flodoard in seiner hist. Rom. eccles. II. 17 überliefert: „Quia ad petitionem spiritalis filii nostri et gloriosi regis Francorum Caroli, praebente tibi bonum testimonium de sanctitate et doctrina Fuldrado amabilissimo abbate, Franciae archipresbytero, pallium secundum consuetudinem tibi transmisisse nos cum privilegio, ut metropolis ecclesia Remensis in suo statu maneret, bene memoramus. [Et post aliquanta quae de sancto Rigoberto et Abel superius iam praemissa sunt, cum de rebus ecclesiae Remensis abbatis loqueretur — damit verweist Flodoard auf die bei ihm II. 13 und 16 mitgetheilten Stellen; Mansi 12, 844 hat diese hier eingerückt, ohne zu beachten, dass damit ein innerer Zusammenhang in der Dekretale nicht hergestellt ist —]: Et tua fraternitas iam ex magna parte ipsas res apud gloriosum filium nostrum Carolum et ante ad Carlomannum, gloriosissimum fratrem eius, impetratas habes et ordinem ex aliqua parte et in episcopis et in aliis secundum canonicam et s. sedis Romanae auctoritatem directum habes, propterea petisti a nobis, tibi et ecclesiae tuae fieri privilegium ex auctoritate b. Petri . . . et s. sedis Romanae ac nostra, ut . . . quod adhuc perfectum non habes, per nostram auctoritatem possis auxiliante deo et b. Petro apostolo ad perfectionem perducere. Pro quo et nos ardenti animo et divino iuvamine apostolicaque fulti auctoritate non solum vetera secundum sacros canones et apostolica huius s. sedis decreta statuimus, sed et nova tibi pro tuo bono studio concedimus atque auctoritate b. Petri principis apostolorum . . . confirmamus atque solidamus, Re(me)mensem ecclesiam, sicut et antiquitus fuit, metropolim permansuram et primam suae dioeceseos sedem esse et te qui in eadem sede cooperante deo ordinatus es, primatem ipsius dioecesis esse cum omnibus civitatibus quae ab antiquo tempore Remensi metropoli ecclesiae subiectae fuerunt, atque etiam perpetuis temporibus tibi et successoribus tuis sit confirmatum. Et hoc interdicentes, ut nullus audeat iuxta ss. canonum traditionem ex alio episcopatu ibidem translatare aut constituere episcopum post tuam de hoc saeculo evocationem, neque aliquis tuas parochias aut ecclesias vel civitates subtrahere, neque dioecesim Remensem ullo unquam tempore dividere; sed integra maneat, sicut antiquitus fuit et sacri canones et praedecessorum nostrorum firmavit et nostra firmat auctoritas. Et te aut futuris temporibus Remensem episcopum et primatem illius dioecesis non praesumat neque valeat unquam aliquis de episcopatu deicere sine canonico iudicio et neque in ullo iudicio sine consensu Romani pontificis, si ad hanc s. sedem Romanam quae caput esse dinoscitur orbis terrae, appellaverit in ipso iudicio. Sed in sola subiectione Romani pontificis permaneus dioecesim et parochiam Remensem . . . secundum ss. canones et huius s. sedis praeceptiones tibi subiectos ita certes et studeas gubernare, ut illam desiderabilem vocem domini nostri Jesu Christi valeas cum electis eius audire: Euge, serve bone etc. Et quod ad nostram notitiam perduxisti quia ad alios episcopos de ipsa dioecesi Remensi quidam accipiebant ordinationes et habebant indebita refugia, et hoc per omnia prohibemus. Sed sicut sacra docet auctoritas, et in synodis comprovincialibus convocandis et faciendis et in ordinationibus ac diiudicationibus Remensis ecclesia et archiepiscopus qui in ea constitutus fuerit, talem habeat auctoritatem sicut sacri canones et huius s. ecclesiae constitutiones docent. Et nullus per ullum unquam tempus tibi vel Remensi ecclesiae de rebus ad illam debite pertinentibus divisionem vel violentiam, sicut antea factum fuit, facere praesumat. Nam si quod non credimus, si quis ille fuerit qui contra hanc nostram praeceptionem temerario ausu venire tentaverit, nisi se cito et maxime post commonitionem correxerit, sciat se aeterno dei iudicio anathematis vinculo esse innodatum. Si quis vero apostolica servaverit praecepta et normam rectae et orthodoxae fidei fuerit assecutus, benedictionis gratiam consequatur. Haec a nobis definita per huius nostrae confirmationis paginam in tua ecclesia perpetuis temporibus pro sui confirmatione conservanda esse mandamus. Iniungimus etiam fraternitati tuae, ut quia de ordinatione episcopi nomine Lulli s. Maguntinae ecclesiae ad nos quaedam pervenerunt, assumptis tecum Viomago et Possessore episcopis et missis gloriosi ac spiritalis filii nostri Caroli Francorum regis, diligenter inquiras omnia de illius ordinatione et fidem ac doctrinam illius atque conversationem et mores ac vitam investiges: ut si aptus fuerit et dignus ad episcopalem cathedram gubernandam expositam et conscriptam et manu sua propria subscriptam, catholicam et orthodoxam fidem per missos suos cum literis ac testimonio tuo seu aliorum episcoporum quos tecum esse mandavimus, ad nos dirigat, ut pallium illi secundum consuetudinem transmittamus et ordinationem illius firmam iudicemus et in eadem s. ecclesia Maguntina archiepiscopum constitutum esse faciamus. Bene vale".

allgemein für ächt[1]. Allein ganz abgesehen von dem wunderlichen Stil und der Zusammenhangslosigkeit der Dekretale sowie dem Ausdruck: spiritalis filius für Karl d. Gr.[2] steht das dem Erzbischof von Rheims verliehene Privilegium, nicht ohne Konsens des Papstes gerichtet zu werden, mit dem Kirchenstaatsrecht der Zeit Karls d. Gr., in welcher die Bischöfe den Reichssynoden unterworfen waren, in Widerspruch, wohl stimmt dasselbe aber mit den pseudo-isidorischen Anschauungen des 9. Jahrhunderts überein. Ferner erscheinen die Anweisungen des Papstes in Betreff der Weihe des Lull am Schlusse des Briefes ebenfalls unmöglich. Der letztere ist von Bonifaz in Folge der demselben von Papst Zacharias im J. 748 ertheilten Erlaubniss, sich einen geeigneten Nachfolger zu bestellen[3], schon im J. 754 oder 755 zum Bischof konsekrirt[4]. Irgend ein Grund, die vollkommen gültige Weihe Lull anzufechten, lag also nicht vor. Sodann ist der Auftrag einer Untersuchung über die Befähigung eines schon beinahe 20 Jahre geweihten Bischofs zur Leitung der bischöflichen cathedra seltsam genug. Lull hat allerdings im J. 780 ein Glaubensbekenntniss abgelegt und in diesem werden ausser Tilpin auch die beiden anderen im Privilegium erwähnten Bischöfe genannt[5]. Da er indessen erst seit 782 als Erzbischof vorkommt, so ist dieses Glaubensbekenntniss behufs Erlangung des Palliums, welches damals noch nicht regelmässig gleich nach Erwerbung der bischöflichen oder Metropolitanwürde erbeten und verliehen wurde[6], erfolgt und offenbar hat jene professio fidei dem Fälscher zum Anhalt bei der Anfertigung der betreffenden Stelle des Diploms gedient[7]. Endlich ist die Primatial-Idee dem 8. Jahrhundert völlig fremd. Erst im 9. Jahrhundert taucht sie in den pseudo-isidorischen Dekretalen auf[8]. Hier wird aber vorausgesetzt, dass der Primas eine höhere Instanz über den Metropoliten bildet, während in dem Diplom von sich über die Rheimser Provinz hinaus erstreckenden Rechten nicht die Rede ist. Wenn Hinkmar von Rheims bei seinen

[1] S. Thomassin l. c.; Abel, Jahrb. des fränk. Reichs unter Karl d. Gr. 1, 161. n. 6; v. Noorden, Hinkmar, Erzbischof von Rheims. Bonn 1863. S. 19; dagegen die Herausgeber der Acta SS. Bolland. 16. Oktober VII. 2, 1072. n. 73.

[2] Hadrian I. hatte allerdings im J. 781 den Sohn Karls Karlemann, welcher bei dieser Gelegenheit Pippin genannt wurde, getauft und bei ihm Pathenstelle übernommen (Abel, a. a. O. 1, 313), seitdem betitelt er Karl d. Gr. in seinen Briefen konstant (s. Jaffé, monum. Carolina p. 220) seinen Gevatter (excellentissimus filius et spiritalis compater). Die Bezeichnung spiritalis filius kommt bei ihm aber auch vor dieser Begebenheit, also zu einer Zeit, in der das Privilegium ausgetheilt sein soll, nicht vor. Somit erscheint es sehr wahrscheinlich, dass ein Fälscher dem richtigen: filius et spiritalis compater das ungehörige filius spiritalis unpassender Weise substituirt hat.

[3] Ep. ad Bonifac. (Jaffé, monum. Moguntina p. 192): „Petisti autem: ut cum nostro consultu pro superveniente tibi senectute et plena dierum etate atque inbecillitate corporis, ut si invenire potueris alium in eadem sede, in qua praees, pro tui persona debeas collocare . . . si dominus dederit iuxta tuam petitionem hominem perfectum qui possit, sollicitudinem habere et curam pro salute animarum, pro tui persona illum ordinabis episcopum" . . . Allerdings hatte derselbe im J. 743 (s. l. c. p. 120) sich die Ordination des von Bonifaz zu designirenden Nachfolgers vorbehalten, aber davon in dem eben erwähnten Briefe Abstand genommen.

[4] Willibaldi vita S. Bonifacii c. 8 (Jaffé, monum. Mogunt. p. 462).

[5] Bei Falckenheiner, Gesch. hess. Städte u. Stifter. Cassel 1841. 2, 165: „Fidem meam catholicam quam in ecclesia Christi didici, exponere cupiens, qualiter a me creditur vel docetur iuxta praeceptum apostolici pontificis Adriani et missorum eius Viemadi, Tilpini, Possessoris pontificum et missorum domni reverendi Carolj regis gloriosissimi ego Lullus servus servorum dei et ecclesie Magoncicensis absque mortalium adiumento antistes iuxta capacitatem sensus mej nunc edissero. Credo . . . Hanc fidem meam ego Lullus Moguntinensis civitatis antistes exposui anno duodeno regni dominii nostri Carlj regis gloriosissimi pontificatus mej anno XXV, similiter huic sancte dej ecclesie cui deo annuente presidet sanctitas Adriani pape sacramento iuxta preceptum sanctitatis eius per quatuor evangelia Cristi fidelitatem promisi cuius sanctitatem incolumem Cristus dominus custodiat. Amen".

[6] S. Phillips 5, 644; Richter K. R. §. 131 und Th. 2. §. 78.

[7] Man vgl. die sinnlose Herübernahme der Stelle von den Bischöfen und königlichen Missi, welchen letzteren im Diplom die Untersuchung über die Ordination des Lullus mit aufgetragen wird.

[8] S. oben S. 596.

Bestrebungen, seinem Sitze Primatialrechte zu verschaffen, später (um 869 oder 870) die pseudo-isidorischen Dekretalen dahin umdeutete, dass er die archiepiscopi in einem Gegensatz zu den metropolitani stellte und erstere in die Klasse der primates setzte [1], so tritt diese Idee schon in der hier in Rede stehenden Urkunde, welche nach ihrer Ueberschrift dem Tilpino ecclesiae Remensis archiepiscopo ausgestellt ist, hervor. Als Urheber des falschen Privilegiums darf man wohl denselben Mann, also Hinkmar, bezeichnen [2], dessen Autorschaft in Betreff des falschen Briefes des Hormisda ebenfalls mit ziemlicher Wahrscheinlichkeit dargelegt ist [3]. Hinkmar hat allerdings zwei päpstliche Privilegien, eins von Benedikt III. im J. 855 und ein zweites von Nikolaus I. im J. 863, erhalten [4]. Von einem Primat in der Rheimser Kirchenprovinz oder in Belgica secunda ist in beiden Schreiben zwar die Rede, aber ausser dem Rechte, endgültig nur vom päpstlichen Stuhl gerichtet zu werden, gewähren beide dem Bischof keine anderen als die ihm ohnehin schon als Metropoliten zustehenden Befugnisse. So war Hinkmar, welcher auf Grund der beiden vorhin gedachten falschen Diplome seine Rechte zu erweitern trachtete, lediglich damit abgespeist, dass die eben besprochenen Verleihungsurkunden nur den auch dem päpstlichen Stuhle günstigen Inhalt der angeblich Hadrianischen Dekretale wiederholten und allein den Titel: primas anerkannten. Die Ernennung Ansegisus' von Sens zum päpstlichen Vikar in Gallien und Germanien machte dann später den weiteren Plänen Hinkmars ein Ende [5]. Wurden auch nachmals in der Rheimser Kirche die Bestrebungen, den Primat zu erweitern, nicht ganz aufgegeben [6], so haben die Erzbischöfe doch nie vom päpstlichen Stuhle weiter gehende Verleihungen als die Benedikts III. und Nikolaus' I. erhalten [7]. Dagegen ist ihnen seit

[1] Vgl. dazu Weizsäcker a. a. O. S. 284 ff. 326 ff.; v. Noorden, Hinkmar a. a. O. S. 274 ff. 326 ff., dessen Bedenken wegen des Pseudo-Isidorischen Textes S. 274. n. 3 sich durch meine Ausgabe Stephan. c. 9. p. 185 beseitigen.

[2] Dafür giebt auch der Bericht Flodoards l. c. III. 10 einen weiteren Anhalt, dass Hinkmar an Leo IV. (847—855) geschrieben habe: „de privilegiis huius Remensis ecclesiae quae habuit ab initio quo privilegia sedes habere coeperunt: et quia Remorum episcopus primus inter primates semper et unus de primis Galliae primatibus extitit, nec alium se potiorem praeter apostolicum habuit: ut scilicet ea quae tanto tempore ab antecessoribus ipsius suae sedi sunt concessa et conservata, conservare et augmentare dignetur. Kann darin nicht füglicher Weise eine Bezugnahme auf die gefälschten Privilegien Hormisdas und Hadrians I. gefunden werden? Aechte derartige päpstliche Urkunden waren nicht vorhanden. — Der Zusatz über die Untersuchung der Weihe des Lull in dem letzteren Schreiben erklärt sich aus dem Bestreben, den Vorrang der Rheimser Kirche vor der Mainzer darzuthun.

[3] S. S. 591. n. 6.

[4] Ep. Benedict. III. (Mansi 15, 111): „. . . statuimus ut te qui eius provinciae primas dignosceris, nullius umquam infestatione contra canonica apostolicaque decreta sive iudicia ecclesiastica tibi commissa aut virtute aut facultate nudari aut ante audientiam Romani pontificis a quocumque damnari statuimus: sed si compellatus appellare ad hanc sanctam sedem volueris apostolici papae iudicio reservari nostra, immo b. Petri auctoritate praecipimus: nec alicui cuiuscumque iuri vel iudicio te subici, excepta potestate sedis Romanae pontificum. Et hoc volumus ne quilibet ex provincia et dioecesi metropoli tuae tibi subiecta, ius secundum ecclesiasticas constitutiones primatui ecclesiae tuae et tibi debitum quoquo modo per contemptum convellere . . . praesumat; ep. Nicolai I. (l. c. p. 375): „. . . statuimus ut te quem primatem ipsius provinciae s. mem. praesules praedecessores nostri, Leo scilicet in largitione usus pallii et Benedictus privilegio suae corroborationis, ut et antecessores eorum tuos praedecessores canonica auctoritate et antiqua consuetudine pro metropolis ecclesiae genio confirmaverunt et nos primatu b. Petri dei voce praecepto pariter confirmamus". Im übrigen ist die Verleihungsurkunde der eben mitgetheilten Benedikts fast wörtlich gleich, bemerkenswerth ist nur der nicht in dieser vorkommende Passus: „nec ad alterius primatis provinciae synodum, nisi ex communi placito, posse convocari mandamus. Ita tamen, si in nullo negotio apostolicae Romanae sedis iussionibus fueris inobediens".

[5] S. oben S. 597. n. 3; v. Noorden a. a. O. S. 305 ff.

[6] Ueber einen Streit mit Trier s. unten S. 609.

[7] S. ep. Urbani II. ad Rainold. archiep. Rem. a. 1089 (Baluze miscell. ed. Mansi 2, 174): „. . . concessum tibi pallium huius decreti pagina confirmamus primatemque totius II^ae Belgicae provinciae secundum antecessorum tuorum digni-

dem 12. Jahrhundert vielfach die Legatenwürde verliehen worden[1] und mit Rücksicht hierauf nannten sie sich noch im 18. Jahrhundert: legats nés du saint Siège[2], nachdem ihnen dieser seit dem 15. Jahrhundert vorkommende Titel[3] durch Paul IV. im J. 1555 ausdrücklich bestätigt[4] war.

Ueberblickt man die vorstehenden Angaben über die einzelnen in Frankreich nachweisbaren Primaten, so ergiebt sich, dass das Institut auch dort nie recht lebensfähig gewesen ist. Es kann daher nicht Wunder nehmen, wenn im 18. Jahrhundert allein der Erzbischof und Primas von Lyon eine Jurisdiktion und zwar über die Erzbischöfe von Sens, Tours und Paris[5] in der Weise ausübte, dass bei verzögerter Besetzung der Kirchenämter diese von den Metropoliten an ihn devolvirte und er durch seinen Primatial-Offizial die gegen die Urtheile der Metropolitangerichte eingelegten Appellationen entscheiden liess[6]. Im übrigen war die Bezeichnung Primas ein blosser Titel geworden. Ueber die Metropoliten gewährte er keine Rechte und so führten ihn auch in jener Zeit noch solche Erzbischöfe, welche nie über ihren erzbischöflichen Sprengel hinaus Primatialbefugnisse erhalten hatten, wie z. B. Rheims und Narbonne, indem sie mitunter, wie z. B. letzterer für ihre Provinz über ihrem Metropolitan-Gericht noch einen Primatial-Offizial, als Ober-Appellationsinstanz, hielten[7].

9. Italien. Es ist erklärlich, dass die Päpste vor Allem in Italien keine höheren selbstständigen kirchlichen Gewalten neben sich aufkommen liessen. Nichts destoweniger findet sich auch hier ein Bischof, welcher wegen seiner Anhänglichkeit an Rom und wegen seiner Verdienste um die römische Kirche die Primatialwürde erhielt[8]. Nachdem Landulf von Pisa, das damals noch ein einfaches Bisthum war, von Gregor VII. im J. 1078 mit dem Vikariat für sich und seine Nachfolger über die von ihm wieder unter die Botmässigkeit des römischen Stuhles gebrachte Insel Corsica[9] betraut und Pisa selbst von Urban II. im J. 1092 zum Erzbisthum für dieselbe unter gleichzeitiger Bestätigung des früheren Vikariates und Ertheilung der Legation für Sardinien[10] erhoben war[11], übertrug nach mannichfachen Streitigkeiten mit den Bischöfen von

tatem esse censemus. Statuimus ut nulli nisi solummodo Romano pontifici subiectionem et obedientiam debeas omnisque causae tuae iudicium solius Romani pontificis diffiniatur iudicio". Ausserdem wird ihm noch das Recht zugesprochen, den König von Frankreich zu konsekriren. Vgl. über dieses letztere auch Thomassin l. c. c. 35. n. 13.

1 Es kommen Erzbischöfe mit der Bezeichnung sedis apostolicae legatus vor unter Hadrian IV. zwischen den J. 1157 u. 1159 s. Martene collect. veter. scriptor. 2, 644. 645. 647; Mansi 21, 808, unter Alexander III. zwischen 1177—1179 s. Mansi 21, 1081. Gallia christ. 10. instr. p. 47 u. Jaffé, reg. n. 8655. 8712. 8714; unter Lucius III. a. 1184; Bréquigny, table chronologique des diplomes etc. 4, 67; unter Cölestin III. a. 1195 (Mansi 22, 624) und Honorius III. in c. 17. X. de filiis presbyt. I. 17. Vgl. auch Marlot, metropolis Remensis historia. Insulis. 1666. 2, 372. 406. 413. 417. 419. 427. 437. 440. 445. 463.

2 Ohne dass aber damit irgend welche Rechte verbunden gewesen wären. S. L. de Héricourt, loix ecclesiastiques de France. Paris 1709. c. 5. n. 22. p. 43.

3 Marlot l. c. p. 766.

4 Marlot l. c. p. 807.

5 Früher unter Sens, erst seit 1622 Erzbisthum. S. Neher a. a. O. 1, 430. 431.

6 Héricourt l. c. n. 16. 18. p. 42.

7 Héricourt l. c. n. 17. 21. 22. p. 42. 43.

8 Vgl. de Marca, diss. n. 125; Thomassin l. c. c. 37. n. 5; Cantelius, metropolitanar. urbium historia civ. et ecclesiast. Paris. 1684. P. III. diss. III. c. 5. 1, 479; s. auch Barbosa, de officio et potest. episcopi P. I. tit. 3. c. 7. n. 10.

9 Registr. VI. 12 (Jaffé, monum. Gregor. p. 342): „committimus tibi tuisque successoribus vicem nostram in Corsica insula . . . ut quae ad christianam religionem pertinere videntur, vigilanti studio episcopos clericos populumque eiusdem insulae doceas atque morum honestate confirmes, iuxta propheticum sermonem ut evellas et destruas, aedifices et plantes". S. auch. ibid. V. 2. 4. a. 1077. l. c. p. 289.

10 S. unten S. 606. n. 3.

11 Jaffé, regest. n. 4078; Ughelli, Italia sacra 3, 369.

Genua, welche unter Kalixt II.[1] zu der freilich von Honorius II.[2] wieder aufgehobenen unmittelbaren Unterwerfung Corsicas unter den römischen Stuhl geführt hatten, Papst Innocenz II. den Erzbischöfen von Pisa den Primat über die Kirchenprovinz von Torres oder Sassari, indem er ihnen zugleich die Legation über die Insel bestätigte[3], und Innocenz III. dehnte den Primat auch über die beiden anderen Metropolitanbezirke Sardiniens, nämlich die Erzbisthümer Arborea (Oristano oder Oristagno) und Cagliari aus[4]. Dem Primaten standen hier ebenfalls ausser dem Ehrenvorzug, sich die Kreuzfahne vortragen zu lassen, das Recht der Berufung von Synoden (also auch das des Präsidiums) und eine Korrektionsgewalt zu, ersteres freilich hinsichtlich zweier Erzbischöfe nur in der beschränkten Weise, dass diese nicht ohne Genehmigung des apostolischen Stuhles auf das Festland nach Pisa convocirt werden konnten. Die Legationsgewalt konnten die Pisaner Metropoliten aber nur zu gewissen — zu welchem ist nicht ersichtlich — Zeiten allein auf der Insel, nicht von Pisa aus, ausüben[5], und Gregor IX. machte dies sogar von einer für jeden Fall vom päpstlichen Stuhl nachzusuchenden Erlaubniss abhängig[6]. Mögen sich auch noch bis zum 14. Jahrhundert vereinzelte Regierungshandlungen der Erzbischöfe von Pisa auf Sardinien nachweisen lassen[7], so erlangte doch in dieser Zeit die Insel nicht nur ihre kirchliche Unabhängigkeit[8], sondern es nannten sich auch die Erzbischöfe von Cagliari, mit denen später wieder die von Sassari um den Primat stritten[9], gleichfalls: primas regni Sardiniae et Corsicae[10]. So ist denn auch für die Erzbischöfe von Pisa jene Bezeichnung,

[1] ep. ad episc. Corsic. a. 1121 (J. 5028. Mansi 21, 269; Ughelli 4, 853): „statuimus ut consecratio episcoporum Corsicanae insulae a Romano tantum pontifice futuris temporibus celebretur, prohibentes vos ac successores vestros vel Pisano vel cuilibet alio episcopo vel archiepiscopo subiacere, sed solius Romani pontificis obedientia et subiectione atque consecratione in perpetuum maneatis"; bestätigt im J. 1123 (J. 5138. Mansi l. c. p. 290; Ughelli l. c. p. 855). Aus beiden Erklärungen ergiebt sich auch, dass nicht nur Paschalis II. und Gelasius II., sondern auch Kalixt II. selbst dieses in den eben erwähnten Jahren aufgehobene Privileg früher erneuert hatten.

[2] a. 1126 (J. 5242. Ughelli 3, 382; Mansi l. c. p. 343).

[3] a. 1138 (J. 5635. Ughelli 3, 390): „vosque primatus honore super Turritanam provinciam declaramus, legationem quoque Sardiniae a praedecessore nostra pp. Urbano praedecessoribus tuis concessam tibi tuisque successoribus praesentis scripti pagina roboramus . . . denique . . . crucem vexillum scilicet dominicum per subiectas vobis provincias portandi . . . licentiam damus". Als Suffraganbischöfe von Pisa nennt dasselbe Privileg Piombino (Populonia) auf dem Festlande, Aleria, Ajaccio und Sagona auf Corsica, Galtelli und Cività (Civitas) auf Sardinien. Diese Rechte des Pisaners sind unter Alexander III., Lucius III., Urban III. und Cölestin erneuert worden. S. J. 9847. 10353; Ughelli l. c. p. 408. 409.

[4] ep. ad Hubald. archiep. a. 1198 (Ughelli l. c. p. 409): „Tibi ergo tuisque successoribus primatum super Calaritanam et Albarensem provincias datum concedimus et auctoritate sedis apostolicae confirmamus, ita quidem, ut eos ad concilium vocandi, excessus eorum corrigendi et in doctrina apostolica confirmandi atque caetera omnia quae ad ius primatus pertinent, in eos exercendi habeant liberam facultatem. Verumtamen supradictarum duarum provinciarum archiepiscopos ad concilium non vocabis Pisas sine scientia Romani pontificis, super Turritanam vero provinciam dignitatem primatus, sicut a praedecessoribus nostris ecclesiae Pisanae concessum est, habeatis. Legationem quoque Sardiniae . . . tibi tuisque successoribus . . . confirmamus" . . . Cantelius l. c. p. 480 schreibt diese Urkunde Alexander III. zu.

[5] ep. Innoc. III. a. 1198 ad archiep. Turrit. (Ughelli l. c. p. 410): „Cum igitur certis temporibus auctoritate nostra legationis officium in Sardinia exercere (archiep. Pisanus) valeat, fraternitati tuae . . . mandamus, quatenus cum terram ipsam iuxta tenorem privilegii ecclesiae Pisanae concessi dictis temporibus visitaverit, quamdiu in eadem provincia fuerit, ei tamquam legato sedis apostolicae intendas, absenti tamen vel alio tempori venienti non teneberis auctoritate legationis aliqua respondere, auctoritate vero primatus non plus potest in provincia Turritana quam primatibus universis concedunt canonicae sanctiones"; wiederholt von Honorius III. a. 1217 (l. c. p. 424).

[6] ep. ad archiep. Pisan. a. 1236 (Ughelli l. c. p. 430): „. . . mandamus quatenus de caetero nullatenus in Sardinia legationis officium exercere praesumas, nisi a sede apostolica licentiam obtineas specialem".

[7] Cantelius l. c. p. 480.

[8] Wiltsch a. a. O. 2, 171; Neher a. a. O. 1, 231. 310. 313. 314. 318.

[9] Cantelius l. c. diss. VI. c. 4. p. 477. 478.

[10] S. das bei Cantelius l. c. p. 477 mitgetheilte Schreiben v. 1409. Derselbe giebt ferner

welche sie bis zum Ende des vorigen Jahrhunderts fortgeführt haben [1], ein leerer Titel geworden.

Auf dem jetzt tagenden allgemeinen Koncil ist auch die Primatenwürde des Erzbischofs von Salerno provisorisch anerkannt worden [2].

10. Die Primaten in Deutschland [3]. Die Anfänge der hervorragenden Stellung des Erzbisthums Mainz [4] datiren aus der Zeit des Bonifazius, welcher, zunächst mit umfassenden Vollmachten als päpstlicher Missionär und Legat ausgerüstet, später (im J. 751) die Stadt Mainz als Metropole und festen Sitz mit einem weit ausgedehnten Sprengel angewiesen erhielt [5]. Das hohe Ansehen des Bonifazius, der weite Bezirk [6] und der Mangel anderer hervorragender Metropolen in Deutschland liessen Mainz als die prima sedis in Deutschland erscheinen, wenngleich von einer Primatialstellung desselben in dem Sinne nicht die Rede war, dass es höhere Rechte über andere Erzbisthümer ausgeübt hätte [7]. Die Vikariatswürde, welche Bonifazius nur persönlich zustand [8], ist den Mainzer Metropoliten später wiederholt, allerdings auch mit geringeren Macht-

an, dass auch Kalixt III. 1456, Alexander VI. 1496, Pius V. 1569 und 1572 und Sixtus V. 1585 den Erzbischöfen diesen Titel beigelegt haben. Dass letztere schon zu Viktors III. Zeit Primaten gewesen sind, beweist das Diplom desselben von 1087, wie Cantelius l. c. p. 476, Wiltsch a. a. O. 2, 15, Neher a. a. O. annehmen, nicht; wenn es hier heisst: „quidam ex vestra insula ad nos venientes ecclesiam vestram pene collabentium statum nobis exposuerunt, quae merito ita indigno animo tulimus, ut quasi ad procedendum contra illarum episcopos compulsi fuerimus, praecipue contra fraternitatem, frater archiepiscope, qui primas es dictae insulae" . . ., so bedeutet hier primas nur so viel, wie erster oder angesehenster Bischof.

1 Noch Ughelli l. c. p. 342 legt ihnen den Titel: Corsicae Sardiniaeque primas zu einer Zeit bei, wo sie nur noch die corsicanischen Bischöfe zu Suffraganen hatten. Auch diese letzteren sind um jene Zeit in französischen Metropolitanverband getreten, während Pisa als Suffragane die erst neu errichteten Bisthümer Livorno und Pontremoli erhielt (Neher a. a. O. S. 233. 234).

2 S. den Beschluss der iudices querelarum vom 12. Februar 1870, Acta dec. s. sed. 5, 343. Bemerkt wird, dass er den Besitz des Titels nachgewiesen habe und es ist allerdings richtig, dass Cantelius l. c. P. III. diss. 3. c. 7. n. 5 (p. 407) angiebt: „Id Salernitanus archiepiscopus prae caeteris habuit praecipui, quod tot inter Italiae metropolitas unus primatis et honoris et jura adeptus sit. Hoc indulsit a. 1099 Urbanus II.; et multas ipse cur concesserit affert causas: quod s. Matthaei apostoli, s. Fortunati, Gaii, Anthes martyrum corpora summa pietate Salerni colerentur; quod Gregorius VII. cuius sanctitas, doctrina, animi constantia tum erat in ore omnium afflictis ecclesiae rebus Salernum a Roberto Viscardo perhonorifice perductus esset; quod cum ipse Robertus tum Rogerius Romanis pontificibus et praesidio saepe fuissent et saluti. Deinde iubet, ut Compsanus (Conza) et Acheruntinus (Acerenza) archiepiscopi qui olim episcopi metropolitano Salernitano paruerant, ipsi deinceps pateant primati". Eine Quelle dafür ist freilich nicht angegeben und, soweit ich sehe, das Diplom Urbans II. ebensowenig gedruckt.

3 Ph. Eb. Zech, schediasma de origine, indole etc. primatum Germaniae. Halae et Lipsiae 1727; (J. F. Mayer praes.) Jo. Jac. Mascov de primatibus, metropolitanis et reliquis episcopis ecclesiae Germaniae. Lipsiae 1729. ed. III. 1741; J. J. Moser, von der Teutschen Religionsverfassung. Frankfurt u. Leipzig 1774. B. III. Cap. 4. §§. 30 ff.; v. Sartori, Geistl. u. weltliches Staatsrecht der deutschen Erz-, Hoch- u. Ritterstifter. Nürnberg 1788. I. 1, 276 ff.; F. X. Holl, statistica ecclesiae Germanicae. ed. nova. Mannhem. 1788. p. 100 ff.

4 J. Ferd. Andr. Lammerz, diss. de praeeminentia s. sedis Moguntinae. Erfordi 1731 (auch abgedruckt in Anton Schmidt, thesaur. iur. eccles. 2, 505 ff.); Mart. Ign. Wolffter, diss. de primatu sed. Moguntinae. Gissae 1737. Diese beiden, wie die in der vorigen Note erwähnten Dissertationen, sind unbedeutend und benützen ein geringeres Material als das von mir im Verlauf der Darstellung beigebrachte.

5 S. darüber oben S. 506. Ueber das Gebiet der Metropole bemerkt Zacharias ep. ad Bonif. a. 751 (Jaffé, monum. Mogunt. 227): „habens etiam sub se has 5 civitates — i. e. Tungris, Coloniam, Wormaciam, Spiratiam et Trectis — et omnes Germaniae gentes quas tua fraternitas per suam praedicationem Christi lumem agnoscere fecit".

6 Ueber die dazu gehörigen, theilweise später errichteten Bisthümer s. Wiltsch a. a. O. 1, 360 ff. Vgl. auch Rettberg, Deutschlands Kirchengeschichte 2, 602 ff.

7 Köln ist zur Zeit des Bonifaz keine Metropole gewesen, vielmehr kommt es als solche zuerst in dem breviarium divisionis thesaurorum v. J. 811 in Einhardi vita Caroli M. c. 33 (Jaffé, monum. Carolina p. 539) vor. S. auch Wiltsch a. a. O. 1, 371. 372 und Rettberg a. a. O. 2, 601.

8 Thomassin l. c. c. 31. n. 5; Rettberg a. a. O. 2, 603.

befugnissen, verliehen worden[1], aber immerhin umfasste jene nach der im 10. Jahrhundert üblichen Uebertragungsform eine allgemeine Korrektions- und Strafgewalt, sowie das Recht zur Abhaltung von Synoden[2]. Mit Rücksicht auf diese Stellung, in Folge deren Mainz gewisse, den Primaten sonst zustehenden Rechte besass, wurde sein Vorrang vor den übrigen Erzbischöfen und Bischöfen Deutschlands und Galliens noch in demselben Jahrhundert päpstlicher Seits anerkannt[3] und ihm im J. 1032 das Recht, sich das Kreuz vortragen zu lassen, verliehen[4]. So führte denn auch der Erzbischof Siegfried von Mainz auf der dort versammelten Synode v. J. 1071, auf welcher die Erzbischöfe von Salzburg und Trier gleichfalls anwesend waren, den Vorsitz und wird gleichzeitig mit dem Titel: primas Moguntinae ecclesiae belegt[5]. In den folgenden Jahrhunderten erscheinen die Mainzer Erzbischöfe wiederholt als päpstliche Legaten[6], aber immerhin war die eigentliche Grundlage des hohen Ansehens des Mainzer Stuhles die politische Stellung des Erzbischofs (als Reichs-Erzkanzler und Kurfürst). Hieraus erklärt es sich, dass die Erzbischöfe kein Gewicht auf die Erlangung höherer kirchlicher Rechte über ihre deutschen Kollegen und Mitfürsten legten und den Titel: Primas, welcher für sie nur den Sinn der Bezeichnung ihres Vorganges vor den geistlichen Fürsten Deutschlands hatte, als Kanzlei-Titulatur gar nicht[7], den Titel: legatus

[1] Ep. Leon. VII. ad Fridur. arch. Mogunt. a. 937—939 (Jaffé, monum. Mogunt. p. 337): „. . . damus vobis potestatem ut sitis noster vicarius et missus in cunctis regionibus totius Germaniae, ut ubicunque episcopos, presbyteros, diaconos vel monachos contra canones et instituta sanctorum patrum sive contra aeclesiasticam regulam excessisse repperietis, apostolica auctoritate iuxta canones et instituta sanctorum patrum illos corrigere et ad viam veritatis reducere non omittatis".

[2] ep. Agapiti II. ad Willihelm. Mog. a. 955 (l. c. p. 346): „Scimus vero vestris litteris intimantibus: s. Bonifacio . . . a Zacharia . . . necnon praecessore nostro Marino (II. 942—946) Fridurico . . . vestro praecessori collatum, ut in partibus totius Germaniae Galliaeque provisor sanctae Mogontinae sedis vicarius missusque apostolici teneretur ita, ut si quos invenisset vivos a recto tramite iustitiae deviantes cuiuscumque essent personae ad se vocare, ubi loci vellet, monere, corrigere synodumque constituere ubi vellet, potestatem apostolici haberet". Dann folgt die Uebertragung auf Wilhelm mit denselben Worten wie in der vorigen Note, aber mit dem Zusatz: „Synodum etiam vobis provisori metropolitano Mogontinae sedis constituere, ubi placeat, concedimus partibus Germaniae Galliaeque sine alicuius contradictione personae".

[3] ep. Benedict. VII. ad Wilgis. Mogunt. a. 975 (Guden. cod. diplomat. Goettingae 1743. 1, 10): „. . . servata dumtaxat privilegiorum tuorum integritate quo in tota Germania et Gallia post summum culmen pontificis in omnibus ecclesiasticis negotiis i. e. in rege consecrando et sinodo habenda ceteris omnibus tam archiepiscopis quam et episcopis apostolica auctoritate, sicut iustum et rectum esse videtur, preemineas". Schon im J. 968 wird in dem Diplom Johanns XIII. für Adelbert von Magdeburg (Mansi 19, 5) in den Worten: „Eorum vero qui sunt in Gallia, item Mogonciens., Trevirens. et Coloniens. ecclesiae in omnibus parem honorem et similem vigorem praesenti privilegio confirmamus" auf die hervorragende Stellung von Mainz hingewiesen.

[4] v. Johann XIX. s. Guden. l. c. p. 15.

[5] Mansi 20, 10: „Sigefrido, Moguntinae ecclesiae primate et apostolicae sedis legato . . . celebrata est sancta synodus apud metropolim orientalis Franciae, principalem vero pontificii sedem totius Germaniae et Galliae cisalpinae cui praesedit idem memorabilis Sigifredus assidentibus et cooperantibus venerabilibus archiepiscopis Gebehardo Iuvavensi et Udone Treverensi" . . .

[6] So nennt Adelbert I. sich selbst im J. 1131 und wird auch so von Innocenz II. im J. 1137 angeredet (Jaffé l. c. p. 397. 398); ebenso wird Konrad I. von Alexander III. im J. 1172 u. 1175 betitelt (l. c. p. 407. 408). Regelmässig kommt der Titel aber nicht für alle Mainzer Erzbischöfe dieser Zeit vor (s. l. c. p. 401. 410), wie denn auch Erzbischof Arnold von Adrian IV. ausdrücklich von der Legation des Trierer Erzbischofs Hillin im J. 1156 eximirt worden ist. S. das Schreiben des Papstes l. c. p. 404: „. . . personam eius cum toto episcopatu suo et cum suffraganeis suis a iure legationis . . . Y(llini) Treverensis episcopi, apostolice sedis legati, duximus absolvendam; ita videlicet: ut nec ipse nec aliquis de episcopatu suo vel aliquis suffraganeorum suorum episcoporum, predicto fratri nostro legationis debitoc ogatur ulterius respondere". Diplome v. 1215. 1223. in denen die Erzbischöfe sich sed. apost. legatus nennen, bei Guden l. c. 1, 432. 486.

[7] Flor. Dalham, concilia Salisburgensia provinc. et dioecesana. August. Vindel. 1788. diss. praev. p. 24; Moser a. a. O. §. 32. S. 791; Derselbe, Einleitung in das churfürstl. Mainz. Staatsrecht. Frankfurt 1755. S. 206; v. Sartori a. a. O. S. 276. 278.

natus oder geborener Legat[1] nur äusserst selten neben ihren weltlichen Titeln führten. Der erstere Titel kommt freilich bei der Uebertragung des Stuhles von Mainz auf die Domkirche von Regensburg im J. 1803, also noch im Moment der Vernichtung der alten Metropole[2], wieder vor, und der neue Erzbischof hat von demselben ebenfalls noch Gebrauch gemacht[3].

Für den Erzbischof von Trier[4] findet sich die Bezeichnung: primas schon im 9. Jahrhundert[5], wiewohl seine Stellung nur die eines Metropoliten für die Provinz Belgica I^a gewesen sein kann, da Rheims den Primat für Belgica II^a erlangt hatte[6] und die Sprengel von Mainz und Köln die beiden Germanien umfassten. Im 10. Jahrhundert erhielt der Bischof durch päpstliches Privileg den Vorrang vor allen übrigen Bischöfen des Reiches unmittelbar nach dem Kaiser, resp. den vom Papst abgesandten Legaten, indem er zugleich zum päpstlichen Vikar ernannt wurde[7], und im J. 1016 wurde ihm auch das Recht verliehen, sich das Kreuz vortragen zu lassen[8]. Nachdem Leo IX. den Erzbischöfen im J. 1049 von neuem den Primat über Belgien bestätigt hatte[9], entstand in demselben Jahre auf dem von ihm selbst abgehaltenen Koncil von Rheims Streit über den Vorrang zwischen dem Erzbischof dieser Stadt und dem Trierer, dessen Entscheidung der Papst aber zu umgehen suchte[10]. In der Folgezeit erlangte

[1] S. z. B. die Unterschrift unter dem R. A. zu Regensburg v. 1532. X. §. 5: „Wir Albrecht der Heiligen Römischen Kirchen Priester, Cardinal und gebohrner Legate, zu Mayntz und Magdeburg Ertzbischoff, durch Germanien Ertzcanzler". Im übrigen vgl. Sartori a. a. O. S. 270; Holl l. c. p. 69.

[2] Reichsdeputationshauptschluss vom 25. Februar 1803. §. 25 (Walter, fontes iuris ecclesiastici. p. 155): „Der Stuhl zu Mainz wird auf die Domkirche zu Regensburg übertragen. Die Würden eines Kurfürsten, Reichs-Erzkanzlers, Metropolitan-Erzbischofs und Primas von Teutschland bleiben auf ewige Zeiten damit vereiniget".

[3] S. den Erlass desselben vom 19. Dezember 1808 (Münch, Sammlung aller Konkordate 2, 216): „Wir Carl von Gottes Gnaden, des h. Stuhles zu Regensburg Erzbischof und Primas".

[4] Nicol. ab Hontheim, hist. Trevir. diplom. et pragmat. Aug. Vindelic. 1750. 1, 31. 150. 247, 343. 386; 3, 994; Eiusd. prodromus histor. Trevir. Aug. Videlic. 1757. 1, 312 ff.; C. Th. a. Steinhausen, diss. de s. ecclesiae Trevir. primatu. Trevir. 1751; G. Ch. Neller, s. eccles. Trevirens. primatus antiquis tabulis demonstratus in opusc. Colon. 1788. 2, 347 ff.; J. J. Moser, Churtrierisches Staatsrecht. S. 172 ff.

[5] ep. Theodgaudi ad Hincmar. a. 863: „Optabili in Christo fratri Igmaro Theodgaudus primas Belgicae Galliae", ebenso in dem Schreiben ad archiepisc. in regno Hludovici const. a. 863 (Mansi 15, 645); syn. Roman. a. 863. c. 2: „Theutgaudum Trevirensem primatem Belgicae provinciae et Guntharium Agrippinae Coloniae archiepiscopos . . . ab omni iudicamus sacerdotii officio permanere alienos" (Mansi l. c. p. 651) = c. 10. C. XI. qu. 3.

[6] S. oben S. 604. Hinkmar bemerkt in seinem Schreiben an Nikolaus I. bei Flodoard, hist. Rem. III. 13 über das Verhältniss der beiden Metropolen: „Inter Rhemensem et Treverensem ecclesiam (has enim duas tantum provincias Belgica regio habet) haec semper distinctio fuit, sicut in ecclesiasticis monumentis invenimus et vetustissimam consuetudinem semper obtinuisse comperimus, ut idem episcopus non loci sed dignitate ordinis prior se secundum sacras regulas haberetur, qui foret in qualibet istarum ecclesiarum metropoli antea ordinatus"; vgl. auch ibid. III. 20.

[7] Ep. Ioann. XIII. ad Theodor. archiep. a. 969 (Hontheim, hist. Trevir. 1, 305): „. . . decernentes per huius nostri apostoli privilegii validissimam constitutionem, ut quandocunque a nostra principali et apostolica sede episcopus, presbyter vel diaconus vel subdiaconus sive quilibet ordinarius legatus rei ecclesiasticae seu cogendae synodi causa in Galliam Germaniamve destinatus fuerit, Trevirensis praesul post quemlibet ordinarium legatum apost. sed. primum inter alios pontifices locum obtineat. Et si missus Romanae ecclesiae defuerit, similiter post imperatorem sive regem sedendi, sententiam edicendi et synodale iudicium canonice promulgandi primatum habeat, utpote in illis partibus vicarius nostrae sedis apostolicae merito constitutus; fast gleichlautend ist das Privileg Benedikts VII. v. 975 (l. c. p. 314) nur heisst es in demselben: Theodori s. Trevirensis eccles. archiepiscopi primatisque".

[8] ep. Bened. VIII. ad Popp. (l. c. p. 352).

[9] Auf der römischen Synode dieses Jahres (l. c. p. 386): privilegia nobis attulistis quae primatem Galliae Belgicae subscripto modo vestris antecessoribus datum a nostra sede apostolica asserebant . . . Quapropter . . . pro investitura ipsius primatus Romana mitra caput vestrum insignivimus" . . .

[10] Die beiden Erzbischöfe stritten über den ersten Platz nach und neben dem Papste, Leo liess aber die Sitze der Bischöfe in einem Kreise umherstellen und nahm selbst seinen Platz in der Mitte desselben. Conc. Rem. a. 1049 bei Mansi 19, 736 u. Hontheim, prodrom. 1, 668.

Trier wiederholt eine Bestätigung der früheren Privilegien[1] und die Legation für die Erzdiöcesen von Mainz, Köln, Salzburg, Bremen und Magdeburg[2].

Wenn auch die Erzbischöfe von Trier in der folgenden Zeit öfters als Primaten bezeichnet werden[3], so haben die Erzbischöfe sich doch selbst diesen Titel sehr selten beigelegt[4], wie denn auch mit demselben nur ein Ehrenvorrang, aber keine wirkliche Primatialjurisdiktion verbunden war. Uebrigens ist der Trierer Erzbischof bis zur Suppression des Erzbisthums im J. 1802 zu den deutschen Primaten gezählt worden[5].

Was sodann die Erzbischöfe von Salzburg[6] betrifft, so wird die Bestellung derselben zu päpstlichen Vikarien zwar bis auf die Zeit Arnos I. (798—821) zurückdatirt[7], indessen ist das nicht urkundlich beglaubigt[8]. Nur soviel ist richtig, dass schon vor der Zeit Benedikts VI., welcher Friedrich von Salzburg zu seinem Vikar in Norikum und Pannonien ernannte, ähnliche Uebertragungen auf die Erzbischöfe vorgekommen sind[9]. Im J. 1026 erhielten letztere gleichfalls das Recht, sich das Kreuz vortragen zu lassen, und ebenso ist ihnen der Vikariat oder die Legation sogar in dem weiten

[1] Victor. II. a. 1057 (Jaffé, reg. n. 3309; Günther, cod. diplom. Rheno-Mosell. Coblenz. 1822. 1, 134); Calixt. II. a. 1120 (J. 4971; Hontheim, hist. 1, 504): et eam (personam tuam) a cuiuslibet legati potestate absolvimus, nisi forte a nostro latere dirigatur"; a. 1120 (J. 4970. l. c. p. 504): Bestätigung der Metropolitanrechte Triers „super III civitates Mettim, Tullum et Virodunum"; Innoc. II. a. 1137 (J. 5601; Günther l. c. 1, 226): Wiederholung der Bestätigung des Primats über Gallia Belgica und der durch die Privilegien Johanns XIII. und Benedikts VII. (S. 609. n. 7) ertheilten Rechte".

[2] Innocenz II. a. 1137 ad abbat. cler. princip. et popul. per Trevirens., Moguntin., Coloniens., Salzburg., Brem. et Magdeburg. provinciam (Hontheim, hist. 1, 536): „Adalberonem Trevirens. archiepiscopum . . . in partem sollicitudinis nostrae assumpsimus eumque in partibus vestris legatum sedis apostolicae constituimus. Mandamus itaque vobis et praesentium auctoritate praecipimus ut eidem fratri nostro obedientiam et reverentiam deferre et pro celebrandis conventibus synodalibus ad eius convocationem convenire non gravemini". Wiederholung dieses Privilegs im J. 1138 (J. 5640, Günther l. c. p. 279). Ueber die Exemtion des Erzbisthums Mainz von dieser Legation im J. 1156 s. S. 608. n. 6. Nach der anscheinend noch ungedruckten historia Balderici domestici Alberonis hat Albero von Trier auf dem grossen Koncil zu Rheims im Jahre 1148 den nächsten Rang nach dem Papst Eugen III. inne gehabt und sich den Primat, über den wieder mit dem Erzbischof von Rheims Streit entstand, bestätigen lassen. S. die Stellen bei Neller l. c. p. 366; vgl. auch Mansi 20, 740. 741; Hefele, Konciliengesch. 5, 453.

[3] Epist. Frider. I. imperat. bei Hontheim, hist. 1, 582: „Igitur quia vos primas estis cis Alpes et regni . . . et vobis qui . . . secundae Romae praeestis; Magn. Chronic. Belgic. (Joh. Pistorius, rer. Germanic. script. ed. III. cur. Struvio 3, 245): „Theodoricus (II archiepiscopus Trevir.) apud imperatorem Fridericum (II) magnus habitus est et in omnibus curiis solemnibus locum sessionis suae inter pontifices post imperatorem propter primatum Trevericae dignitatis obtinuit"; Leo X. diplom. c. 1514 bei Brower et Masenius, annal. Trevir. annot. 1, 577: „ecclesia Trevirensis . . . adeo illustris effecta, ut recte secunda Roma ac domina provinciarum ac omnium ecclesiarum Germaniae et Galliae prima dici meruerit".

[4] Das ergeben die bei Hontheim l. c. mitgetheilten Documente der Erzbischöfe. Andererseits nennt sich aber Erzbischof Cuno (II. von Falkenstein 1362—1388) sogar Patriarch: „Cuno de Falconis-Petra . . . sanctus sanctae ecclesiae Trevirensis archiepiscopus sacri imperii per Galliam regnumque Arelatense archicancellarius et totius Galliae et Germaniae auctoritate apostolica primus patriarcha et patronus". Brower et Masen. l. c. lib. 18. c. 56. 2, 259. Nach Hontheim, hist. 1, 84 ist diese Bezeichnung schon einmal im 7. Jahrhundert vorgekommen.

[5] v. Sartori a. a. O. S. 280.

[6] Flor. Dalham, concilia Salisburgensia provinc. et dioeces. August. Videl. 1788. diss. praevia. §§. 13 ff. p. 17 ff.; Zallwein, princip. iur. ecclesiast. univers. et partic. Tom. IV. quaest. 4. c. 26.

[7] Dalham l. c. §. 13. p. 18; v. Sartori a. a. O. S. 268; (Kleinmayern), Nachrichten von Juvaria. Salzburg 1784. S. 189. Die Stelle in der epist. Agapiti II. (Mansi 18, 407): „Arno, vacante ab apostolico vicario regno Bajariorum, subrogatus est archiepiscopus" sagt doch nichts von der Verleihung des Vikariates.

[8] Die Bulle Leos III. v. J. 798, wodurch Arno zum Erzbischof bestellt und ihm das Pallium verliehen worden ist (Jaffé reg. n. 1907; Hansiz, German. sacra 2, 106) ergiebt darüber nichts.

[9] Diplom. a. 973 (Mansi 19, 38): „Concedimus itaque vicem apostolicam Friderico Salzburgensis ecclesiae antistiti eiusque successoribus in tota Norica provincia et in tota Pannonia superiori videlicet et inferiori, quo modo sui antecessores eandem potestatem a nostris habuere antecessoribus, ita scilicet, ut nulli liceat in praefatis provinciis sibi usurpare pallium nec episcopos ordinare nec ullum officium quod ad archiepiscopum pertinere debet, praeter praefatum archiepiscopum eiusque successores".

Umfange des regnum Teutonicum und mit dem Rechte, dort Synoden abzuhalten, mehrfach verliehen worden[1]. Auf diese Dokumente stützten die Erzbischöfe nachmals ihr Recht, sich: legati nati oder geborene Legaten des römischen Stuhles und Primaten von Deutschland[2] zu nennen. In der späteren Zeit haben sie diese Titel unbestritten geführt[3], ferner den Purpur getragen[4] und endlich behaupten die Salzburger Schriftsteller, dass niemals von den Urtheilen der Erzbischöfe eine Appellation an einen päpstlichen Nuntius (namentlich nicht an den zu Wien oder Köln), sondern nur an den Papst stattgefunden hat[5]. Uebrigens haben die Erzbischöfe die beiden erwähnten Titel noch bis auf den heutigen Tag bewahrt und führen sie noch jetzt[6], ohne dass jedoch damit irgend welche Jurisdiction verbunden wäre.

Im Jahre 968 erhielt der Erzbischof von Magdeburg[7] von Johann XIII. den Primat in Deutschland und zugleich denselben Rang, wie die erzbischöflichen Kirchen in Gallien, nämlich Mainz, Trier und Köln[8]. Dazu kam später noch das Recht, sich

1 V. Johann XIX. (Kleinmayern) a. a. O. Anhang p. 217; vita Gebehardi (1060—1088, SS. 11, 36): „cui Romana sedes legationem super omnes Teutonici regni ecclesias committeret. Sic itaque ex archicapellano regni archiepiscopus Iuvavensis et legatus apostolicae sedis provectus, immobilis ecclesiae columpna enituit"; ep. Alexandri III. ad cler. et popul. in regno Teuton. a. 1163 (J. 7258, Hansiz, German. sacra 2, 273): „Eberhardum Salzburgensem archiepiscopum . . . legatum in regno Teutonico statuentes cum ad praesens per nos vel per aliquos a nostro latere destinatos vobis intendere non possimus, vices nostras in praesentiarum ei duximus committendas ita quidem quod ibidem . . . illos qui schismatis sunt pravitate polluti revocandi ad unitatem ecclesiae et devotionem nostram plenam habeat potestatem. Liceat quoque ei tamquam apostolicae sedis legato vos ad suam praesentiam convocare et emergentes causas discutere easque fine debito terminare", eiusd. ad Conrad. III. a. 1179 (J. 8711; Hansiz l. c. 2, 299): „. . . Adiicimus praeterea, ut si quid in ecclesia tua vel suffraganeorum tuorum evenerit quod iudicium apostolicum vel apostolici legati praesentiam expetat et causae fuerit necessitas, ut expectari hoc nulla valeat ratione, vice nostra definias: ea tamen in hoc et supradictis mensura servata, qua antecessores tuos usos esse per privilegia ecclesiae recognosces . . . apostolicam quoque vicem tibi tuisque successoribus in tota Norica provincia concedimus, sicut praedecessores tui a nostris usque modo firmam antecessoribus habuerunt"; weitere ähnliche Privilegien von Lucius III. a. 1182 (J. 9478; Kleinmayern a. a. O. S. 190. n. g), von Cölestin III. (J. 10455; Hansiz l. c. 2, 306), von Innocenz III. a. 1200 und Nikolaus V. a. 1446 bei Lünig, spicileg. eccles. I. Theil Fortsetzung. p. 969. 1015.

2 Eine auf die Verleihung des Primates bezügliche päpstliche Urkunde ist nicht vorhanden, s. Kleinmayern a. a. O. S. 288.

3 Kleinmayern a. a. O. S. 291 u. Zallwein l. c. §. 4 führen eine Entscheidung der Rota von 1691 an: „eoque magis quia ecclesiae Salisburgensi ulterius addita fuit altera nobilissima praerogativa quod dictae ecclesiae metropolitani pro tempore sortiantur nativam legationem et primatum inter omnes praesules Germaniae", ersterer S. 290 und letzterer §. 6 geben auch Beispiele aus den J. 1660. 1676. 1728, wo den Erzbischöfen der Titel: Primas von den Kaisern beigelegt ist, sowie eine kaiserliche Bestätigung von 1750, wonach zugleich angeordnet wird, dass den Erzbischöfen der gedachte Titel in den Expeditionen der kaiserlichen Kanzlei gewährt werden sollte; s. auch Dalham l. c. §. 20. p. 23; v. Sartori a. a. O. S. 276; Moser, von der Teutschen Religionsverfassung. S. 789. 792.

4 So schon im J. 1452 (Kleinmayern a. a. O. S. 239); eine päpstliche Bestätigung dafür liegt in der Verleihung desselben Rechts durch Klemens XI. an den Patriarchen von Lissabon. S. oben S. 572.

5 Dalham l. c. §. 19. p. 23; Zallwein l. c. §. 7; Kleinmayern a. a. O. S. 244; vgl. auch v. Sartori a. a. O. S. 286.

6 Schulte, Lehrbuch. 1. Aufl. S. 478; Nehera. a. O. 2, 185; Ginzel, K. R. 1, 208. 218. n. 2; Phillips 2, 77; 6, 743. Nach Jacobson in Herzogs Encyklopädie 12, 187 ist der Titel: primas Germaniae dem Erzbischof durch Motu proprio Pius' IX. vom 25. November 1854 ausdrücklich bestätigt worden.

7 Joh. Petr. de Ludewig praes., Jo. Ern. Hübener, iura primatus Germaniae. Halae Vened. 1707, auch in Joh. Petr. de Ludewig, opusc. miscella. Halae 1720. 1, 770 ff.

8 Mansi 19, 5: „Igitur quia sedem Magdeburgensem . . . nostra tuorumque comprovincialium authoritate archiepiscopalem esse decrevimus, quem inter caeteras ecclesias ordinem vigorem, primatum et aequitatem habere in posterum debeat, apostolicae sedis privilegio muniri sanximus. Dei igitur omnipotentis auctoritate et b. Petri apostolorum principis et nostra te tuosque successores in perpetuum et ecclesiam tuam omnium ecclesiarum, archiepiscoporum et episcoporum qui in Germania sunt ordinati, in sedendo, in iudicando, in confirmando, in subscribendo, in sententiis dandis omnique ecclesiastico ordine primatum habere volumus. Eorum vero qui sunt in Gallia, item Moguntiensi, Trevirensi et Coloniensi ecclesiae in omnibus parem honorem et similem vigorem praesenti privilegio confirmamus".

die Kreuzfahne vortragen zu lassen [1]. Mit Rücksicht auf diese Privilegien legten sich die Erzbischöfe von Magdeburg das Prädikat: Primas Germaniae bei [2]. Salburg führte, wie so eben bemerkt, denselben Titel, und so kam es, wenn auch erst spät, nämlich im Anfange des 16. Jahrhunderts, zwischen beiden Bischöfen zu einem Streit über die Rangordnung auf den Reichstagen, welcher im J. 1530 durch einen Vergleich dahin beendigt wurde, dass beide einen Tag um den andern im Vortritt abwechseln sollten [3]. Die evangelischen Administratoren Magdeburgs haben im 16. Jahrhundert den Titel noch fortgeführt, erloschen ist er aber in Folge des durch den Westphälischen Frieden von 1648 festgesetzten Anfalls des Erzbisthums an Kurbrandenburg und der Verwandlung des ersteren in ein weltliches Herzogthum [4].

Endlich wird ebenfalls vielfach dem Erzbischof von Köln die Würde eines Primas beigelegt [5], und insofern als er ebenfalls ein Vortrittsrecht auf den Synoden in seiner Provinz und ähnliche Ehrenrechte, wie die übrigen Primaten in Deutschland erhalten hat [6], kann man auch von einem Kölner Primat sprechen. Von Innocenz IV. im J. 1240 wurde dem Erzbischof ferner die Legation in Deutschland übertragen [7] und seitdem führen sie zunächst den Titel: apostolicae sedis legatus [8], seit dem Anfang des 16. Jahrhunderts aber den: legatus natus [9], welchen letzteren sie bis auf den heutigen Tag beibehalten haben [10].

Aus den vorstehenden Mittheilungen ergiebt sich, dass die Primatenwürde der erwähnten deutschen Kirchenwürde keine reelle Bedeutung hatte, denn für keinen der Erzbischöfe war damit eine höhere Jurisdiktion über andere Metropoliten in Deutschland verbunden [11]. Es erklärt sich das daraus, dass die politische Stellung der einzelnen

1 Im J. 1012. S. das oben S. 319. n. 2 u. S. 332 theilweise mitgetheilte Privileg Benedikts VIII.

2 S. z. B. die Urkunde von 1448: Fredericus dei gracia s. Magdeburgensis ecclesiae archiepiscopus, primas Germaniae in den Mittheilungen des Thüring. sächs. Vereins. Halle 1865. 11, 110.

3 Kleinmayern a. a. O. S. 288 ff.

4 Kleinmayern a. a. O. S. 290; Moser a. a. O. S. 792. Die S. 610. n. 6 angeführten Ausführungen von Dalham und Zallwein sind übrigens im Interesse von Salzburg, die Dissertation von Ludewigs in dem von Magdeburg geschrieben.

5 S. z. B. G. L. Boehmer, origines praecip. iurium archiepisc. Colon. Goetting. 1753. c. 1. §. 9; auch in dessen electa iur. civil. 2, 448; Holl l. c. p. 101; Jacobson in Herzogs Encyklopädie 7, 778.

6 Vgl. die Urkunde Leos IX. v. 1052 für Hermann II. von Köln (Lacomblet, Urkundenbuch für die Geschichte des Niederrheins 1, 119): „confirmamus tibi . . . crucem videlicet et pallium suo tempore suoque loco ferendi, insigne quoque festivi equi quem naccum vocant nostri Romani . . . ut siquando synodus infra tuam dioecesin aut praesente huius primae sedis archiepiscopo aut legato ab eius latere directo fuerit aggregata, priorem quidem locum post ipsum rector eius obtineat, in proferenda sacrorum canonum auctoritate prior existat . . . Regiam consecrationem infra limites suae dioecesis faciendam potestatis apostolicae munimine ei corrobamus . . . Ita sicut neminem coarchiepiscoporum tibi subiicimus, ita sub nullo primate te agi decrevimus“; Bestätigung unter Eugen III. a. 1152 (J. 6599. Mansi 21, 635).

7 Lünig, spicileg. eccles. Continuat. S. 254: „ecce tibi in praefatis (i. e. Alamanniae) partibus, ut evellas et destruas, dissipes et disperdas, aedifices et plantes, sicut expedire videris, plenae legationis officium duximus committendum“. Walter K. R. §. 137 giebt an, dass diese Bestallung zum Legaten von Urban IV., Sixtus IV., Julius II., Leo X., Julius III. und Pius IV. wiederholt worden ist, freilich ohne Bezeichnung der Quellen dieser Notiz.

8 Guden, cod. diplom. 3, 1116 (a. 1250); Binterim u. Mooren, die alte u. neue Erzdiöcese Köln. Mainz 1828. 4, 306. 386. 393. 394; Lünig l. c. p. 590. 597.

9 Lünig l. c. p. 628. 654. 667; Binterim u. Mooren a. a. O. 2, 293.

10 Binterim a. a. O. 2, 225; Walter a. a. O.; Schulte, Lehrbuch 2. Aufl. S. 201. n. 10; Phillips 6, 743.

11 Ist doch auch in gleicher Weise dem Abt von Fulda dieselbe Würde unter den Aebten, d. h. das Recht auf Vorrang und Vortritt vor allen andern, ertheilt worden. S. dipl. Ioann. XIII. a. 969 (Jaffé reg. n. 2867; Ph. Ad. Ulrich praes., de Schildeck, de archicancellariatu et primatu abbatis Fuldensis. Lips. 1724. ed. nov. 1733. p. 81; Dronke, cod. diplom. Fuldensis. Cassel 1850. S. 330): „. . . specialiter constituimus, ut isdem Vuldensis abbas ante omnes abbates Galliae seu Germaniae primatum sedendi in omni loco quo conveniant, obtineat necnon et archimandrita consultior et honorabilior nostra apostolica auctoritate permaneat“. S. auch Moser, v. d. teutsch. Religionsverfassung. S. 793; v. Sartori a. a. O. I. 1, 300. 301.

erzbischöflichen Sitze von viel entscheidender Bedeutung als die kirchliche Stellung derselben war und dass im Laufe des 10. und 11. Jahrhunderts alle hervorragenden Erzbischöfe auf den Primatentitel Ansprüche erheben konnten, damit also von vornherein die Primatenwürde neutralisirt wurde [1]. Auffällig muss es freilich erscheinen, dass dem Erzbischof von Mainz der Vorrang bei Abhaltung der Synoden »in tota Germania et Gallia« (S. 608. n. 3), dem Erzbischof von Trier ebenfalls für Gallia und Germania ein Vortrittsrecht hinsichtlich des Sitzes und der Abstimmung (S. 609. n. 7) und dem Erzbischof von Magdeburg ein gleiches Privilegium hinsichtlich der Erzbischöfe und Bischöfe, »qui in Germania sunt« (S. 611. n. 8), ertheilt worden ist. Unmöglich konnten diese Vorrechte von den Erzbischöfen nebeneinander ausgeübt werden. Erklärt werden kann dieser Widerspruch nur dadurch, dass man in der apostolischen Kanzlei nicht recht mit den Verhältnissen Deutschlands vertraut war und mit einer gewissen Gedankenlosigkeit bei der Ausstellung der erwähnten Privilegien verfuhr. Dafür bietet denn auch das Diplom für Magdeburg einen bestimmten Anhalt, weil es die Mainzer, Trierer und Kölner Erzbischöfe insofern höher berechtigt auffasst, als es ausdrücklich den Magdeburger Metropoliten diesen gleichstellt, den Mainzer aber vollkommen unrichtiger Weise als Bischof eines in Gallien gelegenen Sprengels hinstellt. Ferner zeigt sich das auch darin, dass Trier trotz des erwähnten weitgehenden Privilegs andererseits auch wieder blos als »primas Belgicae« (S. 609. n. 5) oder »Galliae Belgicae« (a. a. O. n. 9) bezeichnet wird [2].

Soweit dagegen eine über den erzbischöflichen Sprengel hinausgehende Gewalt vorgekommen ist, beruht sie auf der Uebertragung einer päpstlichen Legation, wie das z. B. bei Mainz, Trier, Salzburg und Köln der Fall gewesen. Die betreffenden Vollmachten für die erwähnten Erzbischöfe liegen zeitlich auseinander, ob aber alle diese Legationsverhältnisse, welche theilweise in sehr unbestimmter Weise formulirt sind, praktisch gewesen, steht dahin, weil ja neben diesen Legaten mit festen Sitzen auch noch andere von Rom ausgesendet wurden.

Immerhin hat auch diesen Verhältnissen gegenüber für den Rang der deutschen Erzbischöfe ihre politische Stellung im Reiche den Ausschlag gegeben. Die drei geistlichen Kurfürsten von Mainz, Köln und Trier hatten den Vorrang vor allen übrigen geistlichen Würdenträgern [3], und die Ordnung unter diesen letzteren hat die goldene Bulle zur Vermeidung von Streitigkeiten dahin festgesetzt, dass der Erzbischof von Trier dem Kaiser gerade gegenüber sitzen oder ihm unmittelbar vorangehen, Mainz innerhalb seiner Diöcese und Provinz, sowie innerhalb des Gebietes seines deutschen Erzkanzellariats (mit Ausnahme der Kölner Provinz) zur Rechten, Köln aber innerhalb des letzteren Bezirks sowie in Italien und Gallien zur Rechten sitzen und einhergehen sollten [4].

[1] Aehnliches hebt auch schon Zech l. c. c. 3. §. 1. p. 65. 66 hervor.

[2] Wenn Hontheim, hist. Trevir. 1, 344 diesen Widerspruch damit erklärt, dass sich einzelne Rechte auf ganz Deutschland, andere nur auf Belgien bezogen hätten, so ist das nicht nur nach dem oben im Text Bemerkten verfehlt, sondern auch deshalb, weil er selbst zugestehen muss, dass die Rechte der letzteren Art, welche er aufzählt, nicht Primatial-, sondern Metropolitanrechte gewesen seien. Vgl. a. a. O. S. 248.

[3] Concil. Moguntin. a. 1049 (Adami Brem. gest. Hammaburg. pontif. III. 29. SS. 7, 346): „Tunc habita est synodus generalis apud Moguntiam, praesidente domno apostolico et imperatore Henrico cum episcopis Bardone Moguntino, Eberhardo Treverensi, Hermanno Coloniensi, Adalberto Hammaburgensi, Engilhardo Magdaburgensi ceterisque provintiarum sacerdotibus“; s. auch Caroli IV. bulla aurea. c. 6.

[4] c. 3. c. 21. §§. 2. 3.

Auf Kosten von Mainz erhielt erst spät das im J. 1341 von seinem erzbischöflichen Sprengel losgetrennte und zur Metropole erhobene Prag[1] eine besonders ausgezeichnete Stellung, da der neue Metropolit auf Verwendung Karls IV., welcher auch die Erhebung zum Erzbisthume durchgesetzt hatte, im J. 1365 von Urban V. zum legatus natus nicht nur für die Prager Provinz. sondern auch für die Diöcesen Bamberg, Regensburg und Meissen ernannt wurde[2]. Im Königreich Böhmen, auf dessen kirchliche Lostrennung von Deutschland jene Massregeln abzielten, hatte der Erzbischof keine Metropoliten unter sich. aber da er das Krönungsrecht der Könige[3] und den ersten Sitz im Kollegium der Prälaten hatte[4], war er zweifellos der geistliche Primas des Königreichs. Dagegen hat er seine Legatenstellung, durch welche die vorhin erwähnten Bischöfe dem Königreich Böhmen unterworfen werden sollten, wegen des Widerstandes derselben nicht gelten machen können[5]. Trotz der total veränderten kirchlichen Verhältnisse Deutschlands und Oesterreichs führen aber die Erzbischöfe noch heute den aus den eben angegebenen Umständen sich erklärenden, pomphaften Titel: »Sedis apostolicae per inclytum regnum Bohemiae nec non per celeberrimas Bambergensem, Misnensem et Ratisbonensem dioeceses Legatus natus, Primas regni Bohemiae«[6].

War im eigentlichen Deutschland selbst, wie sich dort die politischen und kirchlichen Verhältnisse seit dem Ende des 9. Jahrhunderts gestaltet hatten, kein Raum eine höhere dauernde kirchliche Herrschaft zu gründen, so konnte andererseits ein Kirchenfürst, dessen Gebiet nur theilweise in Deutschland lag, sich aber zugleich über den dänischen und skandinavischen Norden erstreckte, der bekannte Erzbischof Adalbert von Hamburg-Bremen, den Versuch machen, sich in jenen Gegenden durch Errichtung eines Primates oder, wie es sein Geschichtsschreiber volltönender bezeichnet, durch

[1] S. die Bullen Benedikts XII. v. 1341 (Lünig, spicileg. ecclesiast. cont. 1, 207) u. Clemens' VI. v. 1343 (l. c. p. 208; Goldast, de regni Bohemiae iuribus et privileg. cur. Schminckii. Francofurt. 1719. 1. app. p. 278) u. v. 1344 (Goldast l. c. p. 282). Als Suffragane wurden die Bisthümer Olmütz und Leitomysl dem neuen Erzbisthum zugewiesen.

[2] Pelzel, Kaiser Karl IV. Prag 1780. Thl. 2. Urkundenbuch S. 304: „. . . . . Nuper siquidem . . . Karolus Romanorum imperator . . . exposuit, quod in Bambergensi cuius dioecesani et ecclesia Bambergensis Romane ecclesie immediate subiecti ac in Ratisponensi que de Salzeburgensi et in Misnensi dioecesi que de Magdeburgensi provinciis existunt, sint plurima castra, terre, ville et loca ad regem Boemie . . . pertinentia et in quibus . . . piurime plebanie et ecclesie ac multitudo cleri consistunt quodque persone ecclesiastice ibidem existentes sint nimium dissolute, divinis officiis et honestis moribus non vacantes pluraque beneficia ecclesiastica se invicem non compatientia insimul dampnabiliter detinentes, ex quibus indevotio populi, animarum pericula aliaque mala et scandala plurima subsequuntur ipseque imperator ex illis que ab ipsarum personarum dioecesani ex superioribus minime corriguntur, plurimum conturbatur . . . Nos itaque . . . praedictas civitatem et diocesim Ratisbonensem ab omni iurisdictione, dominio et potestate que archiepiscopus Salzeburgensis qui est pro tempore et qui in provincia sua Salzeburgensi de qua dicta civitas et diocesis Ratisbonensis, ut profertur, existunt, apostolice sedis legatus fore dicitur in ipsis civitate et diocesi Ratisbonensi, iure seu ratione dicte legationis habet seu sibi quomodocunque et qualitercunque competunt vel competere possunt. et ab ipsa legatione duntaxat ex certa scientia et de apostolice potestatis plenitudine in totum eximimus et plenarie liberamus teque et successores Pragenses archiepiscopos qui erunt pro tempore perpetuos apostolice sedis legatos in eisdem provincia tua ac in Bambergensi, Ratisponensi et Misnensi civitatibus et diocesi auctoritate apostolica facimus, constituimus et creamus, tibi et eisdem successoribus in eisdem tua provincia ac civitatibus et diocesi ut ibidem evellatis, dissipetis atque plantetis et omnia et singula que ad huiusmodi legationis officium de iure pertinent, exercere et facere valeatis vices nostras et legationis officium perpetuo committentes".

[3] Auch dieses Recht ist dem Erzbischof von Mainz genommen worden. S. die Bulle Clemens' VI. v. 1345 u. das Diplom Karls IV. von 1347 (Goldast l. c. app. p. 285. 286).

[4] Goldast l. c. lib. V. c. 1. p. 704.

[5] Goldast l. c. lib. V. c. 4. p. 745; Mascov, de primatibus. §. 89. i. f. p. 85. 86; freilich behauptet Pelzel a. a. O. 2, 756, dass der Erzbischof das Legaten-Amt in den erwähnten Diöcesen ohne Widerrede ausgeübt habe.

[6] Schulte, Lehrbuch. 2. Ausg. S. 201. n. 10; Nehera. a. O. 2, 266.

Errichtung eines Patriarchates eine dauernde kirchliche Oberherrschaft, welche auch dem päpstlichen Stuhle gegenüber eine gewisse Selbstständigkeit haben sollte, zu sichern[1]. Während sowohl er, wie seine Vorfahren wiederholt die päpstliche Legation über den Norden erhalten hatten[2], gaben die Bestrebungen des Dänenkönigs Sven auf Erlangung eines eigenen Erzbisthums in seinen Ländern[3], dem Hamburger Erzbischof die Möglichkeit, seinen Plan dadurch zu realisiren, dass er seinen für die Errichtung der neuen Metropole nothwendigen Konsens von der Uebertragung der Primatie über dieselbe abhängig machte[4]. Die Entscheidung Leos IX. über dieses Verlangen Adalberts zog sich lange hin und als ersterer 1054 und bald darauf auch der mächtige Freund des letzteren, Kaiser Heinrich III. (1056), gestorben war, war die günstige Zeit für die Ausführung des Unternehmens vergangen. Mag auch Adalbert seine desfallsigen Pläne nie ganz aufgegeben haben[5], immerhin musste er sich mit der Uebertragung der päpstlichen Legation seitens Viktors II. über den Norden begnügen[6].

11. Ja, im Laufe der folgenden Jahrhunderte hörte der Verband der skandinavischen Reiche mit dem Erzbisthum Hamburg-Bremen ganz auf. Ende des 11. oder 12. Jahrhunderts wurde das Erzbisthum Lund errichtet[7] und schon unter Alexander III. wird der Erzbischof als Primas der dortigen Reiche bezeichnet[8], indem ihm zugleich das Recht der Konsekration der Erzbischöfe der zu einer neuen Metropolitanprovinz erhobenen Kirche von Upsala beigelegt wird[9]. Neben dieser Primaten-

[1] Adam. Brem. l. c. c. 32 (SS. 7, 347): „Metropolitanus igitur his rerum successibus elatus et quod papam vel caesarem suae voluntati pronos videret, multo studio laboravit in Hammaburg patriarchatum constituere. Ad quam intentionem primo ductus est ea necessitate quoniam rex Danorum christianitate iam in fines terrae dilatata desideravit, in regno suo fieri archiepiscopatum. Quod tamen ut perficeretur ex auctoritate sedis apostolicae convenientibus canonum decretis, prope sancitum est, sola expectabatur sententcia nostri pontificis. Quam rem ille si patriarchatus honor sibi et ecclesiae suae Romanis privilegiis concederetur, fore ut consentiret, promisit quamlibet invitus. Disposuit vero patriarchatui subicere 12 episcopatus quos ex sua divideret parrochia praeter eos suffraganeos quos in Dania ceterisque gentibus nostra tenet ecclesia, ita ut primus esset in Palmis iuxta Egdorem fluvium (Pahlen), secundus in Helinganstade, tertius in Razzisburg, quartus in Aldenburg, V^us in Michilinburg, VI^us in Stade, VII^us in Lismona, VIII^us in Wildishusen, IX^us Bremis, X^us in Ferde, XI^us in Ramsola, XII^us in Fresia". S. dazu auch C. Grünhagen, Adalbert Erzbischof von Hamburg u. die Idee eines nordischen Patriarchates. Leipzig 1854. S. 101 ff.

[2] Ueber die hierher gehörigen, mit der Zeit Gregors IV. beginnenden Urkunden, von denen viele falsch und interpolirt sind, s. K. Koppmann, die ältesten Urkunden des Erzbisthums Hamburg-Bremen. Hamburg 1866. (namentlich S. 79), und denselben, Jahrbuch für die Landeskunde der Herzogth. Schleswig, Holstein und Lauenburg. Kiel 1869. 10, 305, ferner Schröder a. a. O. 287. Letzterer, ebenso wie Dümmler, ostfränk. 1, 264. n. 60 setzen sogar einen Theil dieser Fälschungen mit dem im Texte besprochenen Plan Adalberts in Zusammenhang. Dagegen Koppmann in der angeführten Zeitschrift S. 307.

[3] Adam. Brem. l. c. (SS. 7, 347); Grünhagen S. 102. 103.

[4] S. Note 1.

[5] Adam. Brem. III. 38 (SS. 7, 350): „iam publice divinantes Hammaburgensem patriarcham, sic enim vocari voluit"; Grünhagen S. 198.

[6] S. das Diplom. Victors II. a. 1055, das mit den früheren Klemens' II. v. 1047 u. Leos IX. v. 1053 (Lappenberg, Hamburg. Urkundenbuch. Hamburg 1842. 1, 77. 72. 74) übereinstimmt. Adalbert nennt sich selbst in einer Urkunde bei Liljegren, diplomatar. Suecan. Holmiae. 1829. 1, 38): „Adalbertus s. Romanae et apostolicae sedis legatus nec non universarum septentrionalium nationum archiepiscopus, Hammaburgensis quoque ecclesiae provisor indignus".

[7] Das Jahr ist bestritten, Wiltsch a. a. O. 2, 94.

[8] Bei Langebek, script. rer. Danic. Havniae 1772. 6, 623) ist folgende Adresse eines Briefes Paschalis' II., der in das J. 1104 zu setzen wäre, im Chronic. episcop. Lundens. mitgetheilt: „Ascero Lundensi archiepiscopo, Suecie primati" mit der Bemerkung, dass der Erzbischof das Pallium dadurch übersendet erhalten habe. Die Aechtheit erscheint aber zweifelhaft, da noch Innocenz II. in 5 Dekretalen vom J. 1133 dem Erzbischof Adalbero von Hamburg die Metropolitanrechte den Königen von Dänemark und Schweden, dem eben genannten Asker, sowie den schwedischen Bischöfen gegenüber anerkennt und diese Personen zum Gehorsam gegen ihren Metropoliten ermahnt (Jaffé reg. n. 5453—5457; Mansi 21, 399. 400; Liljegren l. c. 1, 47. 48).

[9] Alexandri III. dipl. a. 1164 (Liljegren l. c. 1, 71): „. . . commissam gubernacioni tue

stellung haben aber die Erzbischöfe von Lund ebenso wie die Primaten der anderen Länder, zugleich die Würde eines apostolischen Legaten gehabt [1]. Näheres über die von dem Erzbischofe als Primaten geübten Rechte als das Mitgetheilte und die Befugniss, dem Metropoliten von Upsala das von Rom eingeholte Pallium zu übergeben [2], lässt sich nicht ermitteln. Mit dem 13. Jahrhundert beginnen die Versuche der letzteren, sich von dem Primate von Lund frei zu machen [3], aber erst im J. 1367 unter Urban V. gelang es ihnen, die päpstliche Anerkennung der längst von ihnen angestrebten Exemtion zu erlangen [4].

12. Grossbritannien. In Folge der von Gregor I. nach England ausgesendeten Mission erhielt der Benediktinermönch Augustinus die Würde eines Metropoliten von London, zugleich mit dem Auftrage, in York ebenfalls ein Erzbisthum sowie die nöthigen Suffraganbisthümer zu errichten [5]. Ferner wurde ihm die oberste Leitung der in Britannien neu zu gründenden kirchlichen Verfassung — also die Stellung eines Primaten — übertragen, jedoch nur auf seine Lebenszeit [6], da sich später der Rang der beiden Metropoliten von London und York nach dem Alter ihrer Ordination bestimmen sollte [7]. Schon im 7. Jahrhundert, nachdem nicht London, wie ursprünglich beabsichtigt war, sondern Canterbury die Metropolitanrechte bekommen hatte [8], verlieh Papst Honorius I. dem Erzbischof für immer den Primat über alle Kirchen Britanniens [9]. Freilich ergiebt die betreffende Dekretale nichts Näheres über den Inhalt

Upsaliam urbem eiusdem provincie perpetuam metropolim ordinavimus et Scarensem, Lincopensem (Linköping), Strengenensem (Strengnaes) et Arusiensem (Westeraes) episcopatus ei tamquam sue metropoli perpetuis temporibus constituimus subiacere et eorundem locorum episcopos tam praesentes quam futuros sicut metropolitanis suis tam tibi quam tuis successoribus obedire. Statuimus autem, ut sicut tu de concessione et mandato nostro consecracionis munus a venerabili fratre nostro Lundensi archiepiscopo suscepisti, ita et successores tui ab eo et a successoribus suis consecracionem debeant absque ulla contradictione recipere et tamquam proprio primati obedienciam et reverenciam exhibere".

[1] Denn in den Briefen Alexanders III. an die Bischöfe von Strengnaes u. Linköping 1172—1172 (J. n. 8140. 8141; Mansi 21, 940. 939) wird der archiepiscopus Lundensis Eskil auch als apostolicae sedis legatus bezeichnet, ebenso Absalon von Lund in dem Schreiben Urbans III. v. 1186 (J. 9860. Langebek l. c. 5, 253); ferner enthält Innoc. III. reg. XV. ep. 14 eine Legationsvollmacht für den Erzbischof von Lund.

[2] Raynald. annal. a. 1198. n. 76 u. a. 1217. n. 45: „Deinde legationis munus in Lundensi et Upsaliensi provinciis iniunxit (Honorius III. archiep. Lundens.) . . . Postremo Lundensis archiepiscopi primatum in Suetiae regnum confirmavit: is enim metropolitanum Upsalensem archiepiscopum consecrare eique pallium a Lundensis et Upsalensis ecclesiae nunciis obtentum ab apostolica sede tribuere consueverat, Upsalensis vero iuierando interposito, ipsi se fidum obsequentemque futurum polliceri: id ergo Honorius diploma Andreae Lundensi archiepiscopo datum aliorum Romanorum pontificum exemplum secutus, ratum firmumque iussit esse". Die erstere Stelle enthält einen ähnlich lautenden Bericht über ein gleiches Privilegium Innocenz' III.

[3] Olof Dalin, Gesch. des Reiches Schweden, übersetzt von Dähnert. Leipzig 1757. Th. II. c. 6. §. 15; c. 7. §. 5; c. 8. §. 22; c. 9. §. 1; c. 10. §. 14 (S. 146. 156. 228. 244. 293).

[4] Joh. Messen, Scondia illustrata ed. a Joh. Peringskiöld. Stockholm. 1700. 15, 63; Dalin a. a. O. c. 14. §. 4 (S. 422). Der Erzbischof Nikolaus von Lund († 1379) nennt sich aber noch in der Einleitung zu dem catalogus episcopor. Lundensium (Langebek l. c. 6, 623): „Suecie primas".

[5] Gregor. I. ep. XI. 65 (ed. Bened. 2, 1163).

[6] Ibid.: „Tua vero fraternitas non solum eos episcopos quos ordinaverit, neque eos tantummodo qui per Eboracensem episcopum fuerint ordinati, sed etiam omnes Britanniae sacerdotes habeat . . . subiectos: quatenus ex lingua et vita tuae sanctitatis et recte credendi et bene vivendi formam percipiant atque officium suum fide ac moribus exequentes ad caelestia . . . regna pertingant".

[7] Ibid.: „Sit vero inter Londoniae et Eboracae civitatis episcopos in posterum honoris ista distinctio, ut ipse prior habeatur qui prius fuerit ordinatus".

[8] S. die beiden Briefe von 634 (Jaffé, reg. n. 1565. 1566; Mansi 10, 579. 580), woraus sich das Bestehen beider Metropolen ergiebt und über die Besetzung der Metropolitanstühle bestimmt wird: „ut . . . is qui superstes fuerit, alterum in loco defuncti debeat espicopum ordinare"; Thomassin l. c. c. 31. n. 9.

[9] Mansi l. c. p. 583: „primatum omnium ecclesiarum Britanniae tibi, Honori, tuisque successoribus in perpetuum obtinere concedimus. Tuae ergo iurisdictioni subiici prae-

der Primatialjurisdiktion. Ebensowenig lässt sich darüber etwas Genaueres aus der später mehrfach erfolgten Anerkennung dieser Würde [1] entnehmen. Dagegen zeigt der Bericht Lanfranks an Alexander II. über seinen Streit mit Thomas von York, welcher unter Berufung auf das von Gregor I. zwischen den Metropoliten von London und York festgesetzte Rangverhältniss sich von dem Primate Canterburys freizumachen versuchte [2], dass die Metropoliten der eben gedachten Stadt in Folge ihrer letzterwähnten Stellung die kirchliche Oberleitung über Britannien und Irland geführt, an den ihnen passenden Orten Koncilien abgehalten und die Korrektions- und Strafgewalt über die Bischöfe der genannten Länder geübt haben [3]. Auf dem im J. 1072 erst zu Winchester, dann zu Windsor im Beisein eines päpstlichen Legaten abgehaltenen Koncil wurde der gedachte Streit zu Gunsten Lanfranks, also zu Gunsten des Primates von Canterbury, entschieden, indem dem Erzbischof das Recht der allgemeinen Oberleitung, der Berufung von Koncilien, der Weihe des Erzbischofs von York und auf Ableistung des Obedienzeides seitens des letzteren zugestanden, dagegen für den Metropoliten das Recht der Konsekration des Primas anerkannt wurde [4]. Ende des 11. Jahrhunderts wird aber neben dem Primat auch wieder die Stellung als apostolischer Legat accentuirt, denn an Erzbischof Anselm ergeht seitens des Königs Murchertak und der irischen Bischöfe die Bitte, kraft seiner Primatial- und Legaten-Gewalt ein neues Bisthum in Irland zu errichten [5]. Unter dem ebengedachten Erzbischof, welchem der Primat von Papst Paschalis II. wiederholt bestätigt worden ist [6], suchte der Erzbischof von York sich seiner Pflicht zu entziehen, vor Empfang des Palliums dem Primaten den Obedienzeid

cepimus omnes ecclesias Angliae et regiones; et in civitate Dorovernia (Canterbury) metropolitanus locus et honor archiepiscopatus et caput omnium ecclesiarum Anglorum populorum semper in posterum servetur" . . .

[1] Durch König Kenulph v. Mercien i. J. 797; Mansi 13, 991; über Dunstan s. oben S. 573. n. 3. und dazu dipl. Ioann. XII. a. 960 (J. 2829; Mansi 18, 449), worin dem Dunstan der Primat unter Berufung auf die gregorische Verleihung an Augustin übertragen wird.

[2] Ep. Lanfranci ad Alexandr. II. a. 1072 (Mansi 20, 24).

[3] Ep. cit. (l. c. p. 23. 24): „Lectae sententiae, quibus pace omnium demonstratum est, a tempore b. Augustini, primi Dorobernensis episcopi usque ad ipsius Bedae ultimam senectutem, quod fere CXL annorum spatio terminatur, antecessores meos super Eboracensem ecclesiam totamque insulam quam Britanniam vocant necnon et Hiberniam primatum gessisse, curam pastoralem omnibus impendisse, in ipsa Eboracensi urbe persepe locisque finitimis ubi eis visum fuit, episcopales ordinationes atque concilia celebrasse, Eboracenses antistites ad ipsa concilia vocasse et cum res poposcisset, de suis eos actibus rationem reddere compulisse. Episcopos quoque quorum subiectionem in quaestionem adduxerat, infra centum et quadraginta annorum spatium per Dorobernenses archiepiscopos fuisse sacratos et ad concilia vocatos. Quosdam quoque, exigentibus culpis, ab eis cum Romanae sedis auctoritate depositos".

[4] Mansi l. c. p. 20: „Et tandem aliquando diversis diversarum causarum auctoritatibus probatum atque ostensum est, quod Eboracensis ecclesia Cantuariensi ecclesiae debeat subiacere eiusque archiepiscopi, ut primatis totius Britanniae, dispositionibus in eis quae ad christianam religionem pertinent, in omnibus obedire . . Ita ut si Cantuariensis archiepiscopus concilium cogere voluerit, ubicumque ei visum fuerit, Eboracensis archiepiscopus sui praesentiam cum omnibus sibi subiectis episcopis ad nutum eius exhibeat et eius canonicis dispositionibus obediens existat. Quod autem Eboracensis archiepiscopus professionem archiepiscopo Cantuariensi facere etiam cum sacramento debeat, Lanfrancus Dorobernensis archiepisc. ex antiqua consuetudine ostendit . . . Si archiepiscopus Cantuariensis vitam finierit, Eboracensis archiepiscopus Doroberniam veniet et eum qui electus fuerit, cum caeteris praefatae ecclesiae episcopis ut primatem proprium iure consecrabit. Quodsi archiepiscopus Eboracensis obierit, is qui ei successurus eligitur . . . Cantuariam vel ubi Cantuariensi archiepiscopo visum fuerit accedet et ab ipso ordinationem canonico more suscipiet".

[5] Irische Synode von 1096: „petentes ipse quatenus primatus quem super eos gerebat potestate et qua fungebatur vicis apostolicae auctoritatis sanctae christianitati ac necessariae plebium utilitati instituendo eis pontificem subveniret" (Mansi l. c. p. 951).

[6] a. 1102 (J. 4416; Mansi l. c. p. 1019) mit dem weiteren Privileg: „hoc personaliter adiicientes ut quamdiu regno illi religionem tuam divina misericordia conservaverit, nullius unquam legati sed nostro tantum debeas subesse iudicio"; a. 1103 (J. 4445. M. p. 1023).

zu leisten [1], aber das energische, von Paschalis II. [2] gebilligte Auftreten Anselms, welcher den Yorker Metropoliten suspendirte [3], hatte den Erfolg, dass die nach seinem Tode im J. 1109 abgehaltene Synode von London die Primatialwürde von neuem anerkannte [4] und Thomas von York den Obedienzeid leistete [5]. Damit waren aber die Streitigkeiten zwischen den beiden Metropoliten noch nicht beendet. Schon im J. 1116 verweigerte Thurstan von York von Neuem das herkömmliche Obedienzversprechen [6], und erlangte sogar auf dem Koncil von Rheims im J. 1119 von Papst Kalixt II., ohne jenem Erforderniss genügt zu haben, die erzbischöfliche Konsekration [7], ja Honorius II. ging soweit, dass er nicht nur dem Erzbischof von York das ihm von Wilhelm von Canterbury bestrittene Recht, sich das Kreuz vortragen zu lassen und den König zu krönen, verlieh [8], sondern auch das Rangverhältniss zwischen beiden auf Grund der Bestimmung Gregors I., dass der zuerst Ordinirte dem andern vorgehen sollte [9], unter Beseitigung der Subjektion von York regelte [10]. Als Alexander III. dem Erzbischof von York die erstgedachten beiden Rechte im J. 1162 von Neuem bestätigt hatte [11] und dieser davon auch in der Provinz von Canterbury Gebrauch machte [12], wandte sich der damalige Erzbischof, der bekannte Thomas Becket, an den Papst und letzterer untersagte allerdings dem Roger, sich des gedachten Privilegiums zu bedienen [13], aber eine definitive Entscheidung über die Nichtberechtigung des Erzbischofs von York wurde

[1] ep. Anselmi Cantuar. ad Paschal. II. lib. III. ep. 152 (Anselmi Cantuar. opp. ed. Gerberon. Lutet. Paris. 1675. p. 421; auch bei Mansi l. c. p. 1022).

[2] ep. a. 1108. J. 4606; Mansi l. c. p. 1023.

[3] Anselm. ad Thomam elect. Eborac. a. 1108 (ed. cit. III. 155. p. 421; Mansi l. c. p. 1235): „Tibi, Thoma, in conspectu omnipotentis dei ego, Anselmus archiepiscopus Cantuariensis, totius Britanniae primas, loquor, loquens ex parte ipsius dei: Sacerdotale officium quod meo iussu in parochia mea per suffraganeum meum suscepisti, interdico tibi, atque praecipio, ne te de aliqua cura pastorali ullo modo praesumas intromittere donec a rebellione quam contra ecclesiam Cantuariensem incepisti discedas . . . Tibi quoque . . . interdico, ut nunquam benedictionem episcopatus Eboracensis suscipias, nisi prius professionem quam antecessores tui Thomas et Girardus ecclesiae Cantuariensi fecere, facias“.

[4] Mansi l. c. p. 1236.

[5] Dahin (l. c. p. 1238): „Ego Thomas Eboracensis ecclesiae consecrandus metropolitanus profiteor subiectionem et canonicam obedientiam s. Dorobernensi ecclesiae et eiusdem primati canonice electo et consecrato et successoribus suis canonice inthronizatis salva fidelitate domini mei regis Henrici Anglorum et salva obedientia ex parte mea tenenda quam Thomas antecessor meus s. Romanae ecclesiae ex parte sua professus est“. Vgl. auch Hefele, Konciliengesch. 5, 263. 264.

[6] Koncil von Salisbury (Mansi 21, 153).

[7] S. den Bericht des Ordericus Vitalis bei Mansi 21, 238, wonach ihm zugleich das Privileg ertheilt worden ist: „ne Cantuariensi metropolitae veluti magistro sed quasi coepiscopo subiiceretur“; schon Paschalis II. hat im J. 1117 in dieser Angelegenheit mehrere Entscheidungen erlassen, welche sich insofern widersprechen, als sie in Bezug auf die Rechte von Canterbury das Verhältniss zu York sowohl nach den Festsetzungen Gregors I. (s. S. 616. n. 7) als auch nach dem Besitzstand des h. Anselm regeln. S. ep. ad Henr. reg. u. Radulph. Cantuar. (J. 4834. 4838. 4839; Mansi 20, 1101. 1102; Dodsworth et Dugdale, monastic. Anglic. London. 1655. 3, 143).

[8] ep. ad Guill. Cantuar. a. 1125 (J. 5223; Dodsworth et Dugdale, monastic. Anglican. 3, 147).

[9] S. oben S. 616. n. 7.

[10] ep. ad Thurstan. Eborac. a. 1125 (J. 5224; Mansi 21, 525): „. . . prohibemus, ne ulterius aut Cantuariens. archiepiscopus Eboracensi professionem quamlibet exigat aut Eborac. Cantuariensi exhibeat neque quod penitus a. b. Gregorio prohibitum est, ullo modo Eboracensis Cantuariensis ditioni subiaceat“ . . .

[11] ep. ad Roger. Eborac. s. Thomae Cantuariens. epist. ed. Giles, Oxonii 1845. 2, 43: „crucem ante te deferendi sicut praedecessores nostri . . . tuis antecessoribus concesserunt et ipsi ex antiqua consuetudine usi fuisse noscuntur, regem quoque coronandi“ . . . Nach dem Berichte von Gilbert Foliot (ep. ad Giles. Oxonii 2, 71) dazu bewogen durch das von Roger mitgetheilte: „scriptum Honorii pp. in quo continebatur antecessoribus suis . . . indultum fuisse, ut tam iis quam successoribus suis liberum esset per totam Angliam ante crucem deferre“, während das Original (s. oben n. 8) die gesperrt gedruckten Worte nicht enthält. Vgl. übrigens auch Reuter, Gesch. Alexanders III. 2. Ausg. 1, 271.

[12] ep. Thomae ad Alex. III. l. c. 1, 6.

[13] epistolae ad Roger. Eborac. a. 1162—1163 (so Reuter a. a. O. 1, 552, nach Jaffé reg. n. 7362. 7363. a. 1164; ed. Giles. 2, 43. 44), s. auch ep. ad Thom. a. 1164 (ibid. p. 8).

damals nicht abgegeben [1], vielmehr hat Alexander III. diesem sogar unter Aufhebung der früheren Verbote nach dem Tode des Thomas († 1170) gestattet, sich das Kreuz durch ganz England bis zur endgültigen Erledigung der Sache vortragen zu lassen [2]. Wie Alexander III. theils wohl aus mangelnder Kenntniss der früheren Privilegien Canterburys, theils aber in der Absicht, sich einen der mächtigsten Kirchenfürsten Englands zu verbinden, das Breve von 1162 erlassen hatte, so ging er weiter im Jahre 1164 zur Beschwichtigung des Königs Heinrich II. wegen der abgeschlagenen Bestätigung der englischen, mit den hierarchischen Ansprüchen unvereinbaren s. g. consuetudines avitae darauf ein, dem Erzbischof von York die Legation über ganz England zu übertragen, jedoch wurde das betreffende Ernennungsschreiben dem König [3] mit der Bedingung zugestellt, es nur mit Wissen und Willen des Thomas Becket dem Yorker auszuantworten, und letzterem zugleich die Befreiung Canterburys von der Gewalt des Legaten in Aussicht gestellt [4]. Der König sandte aber dieses Schreiben zurück und so kam Roger nicht in den Besitz der ihm zugedachten Würde [5]. Vielmehr erhielt der damals von Heinrich II. vertriebene Thomas im Verlaufe des Streites zwischen Alexander III. und dem König die Bestätigung des Primates im alten Umfange [6] und zugleich die Legatenwürde für England (freilich mit Ausschluss der Yorker Provinz) [7]. Allein die Ermordung Thomas' bald nach seiner Rückkehr nach England hinderte die Befestigung des seit Honorius II. erschütterten Primates von Canterbury. Schon im J. 1170 wird auch der Erzbischof von York wieder als sedis apostolicae legatus bezeichnet [8]

[1] Trotz der Bemühungen Thomas', welcher eine Entscheidung dahin haben wollte: „ut Eboracensis archiepiscopus remota appellatione crucis honore prae se ferendae deposito iure primatus nobis et ecclesiae nostrae subiectus sit nec ullatenus de caetero praedictum crucis honorem in provincia nostra audeat usurpare" (ep. Thomae ed. cit. 1, 213).

[2] ep. ad Roger. Eborac. (J. n. 8378; Mansi 22, 442; Boehmer, corp. iur. can. 2. app. p. 308; c. 1. X. ut lite pend. II. 16): „ante vos per totam Angliam crucem deferre quousque diffinitiva sententia decernatur, an id ecclesia tua de iure debeat habere". Vgl. über diesen Streit auch Reuter a. a. O. 1, 294 ff. 549 ff. Zwischen diesem letzteren Briefe und den ersteren liegt, worauf hier aufmerksam zu machen ist, der Kampf zwischen Heinrich II. von England und Becket, die Suspension des königlich gesinnten Roger und des letzteren Wiederversöhnung mit dem Papste.

[3] ep. Alex. ad Thom. a. 1164 (J. 7361. l. c. 2, 2): . . . „quum (rex) . . . postulasset legationem totius Angliae Eboracensi archiepiscopo indulgeri . . . et pensantes tempora periculosa legationis literas praefato archiepiscopo concedendas eidem regi concessimus".

[4] ep. eiusd. ad eund. a. 1164 (J. 7369) l. c. 2, 3).

[5] epistol. nunciorum ad Thomam (l. c. 2, 240). Vgl. dazu Reuter a. a. O. 1, 385 ff. Eine Entstellung dieses aus den erwähnten Briefen ersichtlichen Sachverhaltes ist es, wenn manche ältere englische Geschichtsschreiber (s. oben S. 522. n. 14 und Reuter a. a. O. S. 558) von einer Ertheilung der Legation an den König selbst erzählen. Der nähere Nachweis bei Reuter.

[6] a. 1166 (J. 7521; Wilkins, concil. Magn. Britanniae et Hiberniae. London. 1737. 1, 449): „praedecessorum nostrorum . . . Paschalis et Eugenii Romanorum pontificum vestigiis inhaerentes tam tibi quam tuis legitimis successoribus Cantuar. ecclesiae primatum ita plenum concedimus sicut a Lanfranco et Anselmo aliisque ipsorum praedecessoribus constat fuisse possessum: quicquid etiam dignitatis seu potestatis eidem sanctae Cantuar. . . . ecclesiae pertinere cognoscitur . . . confirmamus, sicut a temporibus b. Augustini praedecessores tuos habuisse apostolicae sedis auctoritate constat".

[7] a. 1166 (J. 7523. 7524; ep. Thomae ed. Giles 2, 11): „tibi legationem totius Angliae excepto episcopatu Eboracensi . . . concedimus, ut ibi vice nostra corrigas quae inveneris corrigenda et ad honorem dei et sacrosanctae Romanae ecclesiae et salutem animarum statuas, aedifices et plantes quae statuenda fuerint et plantanda"; l. c. p. 80. Als primas totius Angliae et apostol. sed. legatus wird er auch bezeichnet in ep. Alex. III. a. 1169 (J. 7762; l. c. 2, 22) und als legatus in epist. eiusd. a. 1166—1170 (J. 7792; Boehmer, corp. iur. can. 2. app. p. 262; c. 1. X. de offic. legat. I. 30). Uebrigens haben auch schon die früheren Erzbischöfe von Canterbury die Legatenwürde gehabt, s. Honor. II. ep. ad Willelm. Cantuar. a. 1127—1129 (J. 5289; Wharton, Anglia sacra 2, 674) u. dipl. Stephani reg. Angl. a. 1136 (Mansi 21, 495). — Ueber die Anerkennung des Krönungsrechtes für Canterbury vgl. Alex. III. ep. a. 1170 (J. 7843. 7844. 7913. 7922; Giles l. c. 2, 26. 47. 48. 30), s. auch eiusd. ep. a. 1166. 1167 (J. 7520. 7592; l. c. 2, 45).

[8] Alex. III. ep. (J. 7832; Giles l. c. 2, 47).

und mag sich auch diese Legation nur auf die Yorker Provinz und auf das York in kirchlicher Hinsicht untergebene Schottland bezogen haben [1], so wurde doch im Jahre 1176 das Rangverhältniss zwischen dem neuen Erzbischof von Canterbury, Richard, der freilich auch noch mit dem Titel: totius Angliae primati et apost. sed. legatus vom Papste angeredet wird [2], in Uebereinstimmung mit den Anordnungen Gregors I. und Honorius II. [3] nach Massgabe der Anciennität der Ordination geregelt, und zugleich die Exemtion des Yorker Erzbisthums von Canterbury ausgesprochen [4]. Seitdem suchten die letzteren ihre Freiheit eifersüchtig aufrecht zu erhalten. Als Coelestin III. dem Erzbischof Hubert [5] von Canterbury die Legation in ganz England unter Beseitigung jeder Ausnahmestellung und jedes Privilegiums des Erzbischofs von York ertheilt hatte [6], wurde derselbe in der letzteren Provinz ausdrücklich als Legat, nicht als Primas empfangen und ihm nur in der ersteren Eigenschaft der Vorsitz auf der Synode zu York im J. 1195 eingeräumt [7]. Ferner protestirte der dortige Metropolit im J. 1237 dagegen, dass ihm auf der Synode zu London nur der Platz zur Linken neben dem päpstlichen Legaten eingeräumt wurde [8], und im J. 1306 verbot einer seiner Nachfolger jegliche Appellation aus seiner Provinz an den Erzbischof von Canterbury oder dessen Offizialen [9]. Hieraus erklärt es sich denn, dass beide Bischöfe sich bis zur Vernichtung der katholischen Kirchenverfassung in England, und zwar der von Canterbury: primas totius Angliae, der andere: primas Angliae und auch mit Rücksicht auf die ihnen wiederholt zugestandene Legation: apostolicae sedis legati nannten [10].

Schottland, welches im Metropolitan-Verband mit York stand [11], über welches aber die Erzbischöfe von Canterbury auch den Primat, freilich im Streite mit denen

[1] Ep. Alex. III. a. 1176 (J. 8430; Wilkins l. c. 1, 481) u. Reuter a. a. O. 1, 561.

[2] Ep. Alex. III. a. 1174—1176 (J. 8651; Mansi 22, 354; Boehmer l. c. p. 247; vgl. auch c. 7. X. de filiis presb. I. 17).

[3] S. S. 616. n. 7 u. S. 618.

[4] Ep. Alex. III. a. 1176 (J. 8454; Boehmer l. c. p. 308), aus Anlass des auf der Fastensynode zu Westminster von 1176 zwischen den Erzbischöfen in eine Rauferei ausgearteten Rangstreites (s. Hardouin VI, 2, 1639). Vgl. auch Hefele, Konciliengesch. 5, 616; Reuter a. a. O. 1. Ausg. 3, 388 ff. Mit Rücksicht darauf wurde auch das Recht des Erzbischofs von Canterbury zur Krönung des Königs auf seine Provinz eingeschränkt, ep. Alex. III. (J. 8653; Rymer, foedera convent. Londini 1816. 1, 26). Uebrigens zeigt sich die schon aus der bisherigen Darstellung hervorgehende Unsicherheit der Kurie in Betreff der rechtlichen Unterlagen für die Beurtheilung dieses Primatialstreites darin, dass Alexander III. bei der Konsekration Richards von Canterbury im J. 1174 dem letzteren die Primatialwürde in dem Umfange, wie sie Lanfrank und Anselm besessen, d. h. den mit Jurisdiktion verbundenen Vorrang über York bestätigt hatte; Radulf. de Diceto, imag. hist. bei (Twysden et Selden,) histor. Anglican. scriptor. Londini 1652. 1, 580; Reuter a. a. O. 3, 182.

[5] Auch sein Vorgänger Balduin ist päpstlicher Legat gewesen. S. ep. Urbani III. Jaffé n. 9837. 9955. 9976.

[6] Im J. 1195 (J. 10510. 10511; Radulf. de Diceto l. c. 1, 679; Mansi 22, 601. 602): „per totum regnum Angliae non obstante exceptione vel privilegio Eboracensi archiepiscopo vel alii facto officium tibi legationis concedimus".

[7] Hardouin VI. 2, 1929; Hefele, Konciliengesch. 5, 670.

[8] Hardouin 7, 289 ff.

[9] „cum Eborum archiepiscopus Angliae primas, praeter Romanum pontificem in spiritualibus superiorem non habeat ac ipse mater Eboracensis ecclesiae honore primatiae illustretur" (Wilkins l. c. 2, 285). — Ueber einen Streit mit Canterbury wegen des Rechtes, sich das Kreuz vortragen zu lassen, s. Wilkins l. c. 2, 284; Raynald, ann. a. 1312. n. 26; Hefele, Konciliengesch. 6, 486.

[10] Für Canterbury vgl. Koncil von Lambeth 1261, Maghfeld 1322, London 1328, Lambeth 1351, London 1382, epist. Simon. Cantuar. a. 1378; ord. Henrici a. 1421 u. 1423; Koncil von London 1486, ordin. a. 1527 (Hardouin 7, 533 1537. 1555. 1693. 1856. 1889; 8, 993. 1005; 9, 1518. 1918); für York vgl. Synode von York 1250. 1367. 1426. 1466 (Hardouin 7, 429. 1785; Wilkins l. c. 3, 487. 599); const. Thomae Ebor. a. 1518 u. 1519 (l. c. 3, 662. 683). Auch heute nennen sich noch die anglikanischen Erzbischöfe von Canterbury und York, der erstere: Primas und Metropolit von ganz England, der letztere: Primas von England. Neher a. a. O. 1, 60.

[11] ep. Calixt. II. a. 1122; Innoc. II. a. 1131; Hadrian. IV. a. 1155 (J. 5076. 5388. 6843; Wilkins l. c. 1, 480. 481). Ueber die Legation Rogers von York unter Alexander III. s. oben den Text. Vgl. dazu auch Reuter a. a. O. 3, 393 ff.

von York, geltend zu machen suchten [1], wurde Ende des 12. Jahrhunderts von dieser kirchlichen Abhängigkeit befreit [2], aber erst unter Sixtus' IV. erfolgte die Erhebung St. Andrews' und Glasgows zu Metropolitanstühlen unter gleichzeitiger Erneuung des Bischofs der ersten Stadt, welcher schon früher das Recht zur Krönung der Könige [3] erhalten hatte, zum Primas von Schottland [4].

Ebenso wie Schottland stand Irland anfänglich unter dem Erzbischof von Canterbury als Metropoliten und Primas [5]. Erst Eugen III. errichtete vier Erzbisthümer [6], und schon im J. 1171 auf der Nationalsynode zu Cashel wird der Metropolit von Armagh als primas Hiberniae bezeichnet [7]. Aus einer Entscheidung Alexanders IV. in Betreff eines Streites zwischen den Metropoliten von Armagh und Tuam wegen der Primatie ergiebt sich, dass dem ersteren in seiner Eigenschaft als Primas das Recht zukam, die Erzbischöfe des Landes zu Synoden zu sich zu berufen, deren Provinzen alle 5 Jahre zu visitiren und sich in den letzteren das Kreuz vortragen zu lassen [8]. Noch in dem folgenden Jahrhundert kommt die erwähnte Bezeichnung vor [9] und sie ist hier ebenso, wie derselbe Titel in England, auf die Erzbischöfe der anglikanischen Kirche übergegangen [10].

13. Unter den Bisthümern in den slavischen Reichen nahm das Erzbisthum Gnesen eine hervorragende Stellung ein. Im J. 1416 wurde die Primatialwürde des Metropoliten, welche er schon früher ausgeübt hatte, anerkannt [11]. Von Leo X. ist dem Erzbischof nicht nur diese Würde bestätigt, sondern ihm auch die eines legatus natus des apostolischen Stuhles ertheilt worden [12]. In Folge dessen hat der letztere eine Juris-

[1] S. oben S. 617. n. 3. S. 618. n. 3.

[2] ep. Clement. III. ad Willelm. Scotor. reg. a. 1188 (J. 10053; Mansi 22, 548): „ut Scoticana ecclesia apostolicae sedi . . . nullo mediante debeat subiacere. In qua hae sedes episcopales esse noscuntur, ecclesiae videlicet s. Andreae (St. Andrew), Glascuensis, Dunkeldensis, Dumblinensis (Dumblain), Brehinensis (Brechin), Aberdonensis (Old Aberdeen), Moraviensis (Murray), Rosensensis (Chanrie), Katinensis (Dornock)". Diese Bisthümer waren alle exemt; ep. Coelest. III. ad eund. a. 1192 (Wilkins l. c. 1, 495; Mansi 22, 613).

[3] Raynald. annal. a. 1330. n. 50.

[4] Raynald. a. 1472. n. 17. Von der Erhebung zur Primatialwürde erwähnt letzterer allerdings nichts, wohl aber berichten die älteren schottischen Geschichtsschreiber davon. S. Thomassin l. c. c. 45. n. 11; Wiltsch a. a. O. 2, 227. Ueber den Umfang seiner desfallsigen Rechte lässt sich nichts ermitteln.

[5] S. oben S. 617. n. 3.

[6] Armagh, Cashel, Dublin u. Tuam. Baron. annal. a. 1151. n. 6; Wiltsch 2, 49; Reuter a. a. O. 3, 130. Dagegen Neher a. a. O. 2, 16.

[7] Hardouin VI. 2, 1627: „Gelasius Armacensis archiepiscopus totius Hiberniae primas".

[8] Raynald. annal. a. 1255. n. 40: „. . . providemus quod . . . archiepiscopus Armaghanus et singuli sui successores possint se vocare vel appellare, si voluerint, primates provinciae Tuamensis et facere deferri ante se crucem per totam ipsam provinciam . . . possint etiam dictam provinciam de quinquennio in quinquennium visitare et per viginti sex dies duntaxat visitationis officio immorari".

[9] Raynald. a. 1358. n. 5. Koncil von Konstanz. Sess. XX. unter den Unterschriften: Guillermus Brucellis, domini Michaelis archiepiscopi Amham (Armagh), primatus Hiberniae procurator (Hardouin 8, 485).

[10] Primas of all Ireland. S. Neher a. a. O. 2, 5.

[11] Franc. Rzepnicki, vitae praesulum Poloniae. Posnan. 1761. lib. I. c. 1. p. 17. 18: „Praeterea archiepiscopus Gnesnensis regni Poloniae et M. D. Lithuanae primas est . . . Dignitas haec decreto patrum in concilio Constantiensi a. 1416 Nicolao Trebra attributa . . . statutum Casimiri M. a. 1369 expresse dicit: Iaroslaus archiepiscopus Gnesnensis, Bogoria dictus, authoritate metropolitica et primatiali visitans dioecesem Cracoviensem". Vgl. auch Nic. Zalaszowski, ius regni Poloniae. Posnaniae 1701. Lib. I. tit. 19. p. 546.

[12] a. 1515 (Zalaszowski l. c. p. 547): „considerantesque in regno Angliae olim et in Germania archiepiscopos aliquot legatos natos per praedecessores nostros erectos fuisse, eorundem praedecessorum vestigiis inhaerentes . . . praedictum Ioannem de Lasko modernum ad nos et sacrum Lateranense concilium pro dicto rege oratorem destinatum et pro tempore existentem archiepiscopum Gnesnensem legatum natum cum omnibus honoribus et oneribus consuetis, ita ut de caetero suae archiepiscopali et praedictae Leopoliensi (Lemberg) provinciis et ecclesiis sibi metropolitico iure et primatiali sed etiam legationis iure praesit et ratione suae dignitatis primatialis et legationis officium in ipsis provinciis habeat . . . facimus et constituimus et etiam ordinamus, sibi nihilominus concedentes,

diktion höherer Instanz über das ihm untergegebene Erzbisthum ausgeübt [1] und das Recht besessen, die Könige von Polen zu krönen [2]. Mit dem Untergange des Polenreiches sind diese beiden Würden erloschen, indessen führt der Metropolit der beiden seit 1821 vereinigten Erzbisthümer Gnesen und Posen noch den an die frühere Stellung des ersteren erinnernden Titel eines geborenen Legaten [3].

In diesem Jahrhundert hat dagegen der Erzbischof von Warschau durch Pius VII. den Titel Primas regni Poloniae und für sich die Auszeichnung der Kardinalskleidung ohne Hut mit der ausdrücklichen Bestimmung erhalten, dass ihm trotz dieses Privilegs keine anderen Rechte, als die nach der heutigen Disciplin den Erzbischöfen zustehenden, gebührten [4].

14. In Ungarn hatte der Erzbischof von Gran (Strigonium) von jeher die hervorragendste Stellung eingenommen. Dass derselbe schon im J. 1114 den Primat von Ungarn gehabt hat, ist eine unerwiesene Behauptung [5], wohl aber besass er im 12. Jahrhundert nicht nur das ihm von jeher zustehende Recht zur Krönung der ungarischen Könige, sondern auch das Recht, der königlichen Familie allein die Sakramente zu spenden, sowie die geistliche Jurisdiktion über die Hofbeamten und über die königlichen Klöster in Ungarn [6]. Nachdem die Erzbischöfe im 13. Jahrhundert mehrfach die Lega-

ut omnibus et singulis privilegiis, libertatibus, praeeminentiis, exemptionibus, immunitatibus, honoribus et gratiis uti et gaudere ac quoad omnia et singula facere et exercere ac mandare, ordinare et exequi quae ad legatos natos et huiusmodi legationis officium habentes quomodolibet pertinent et quae alii legati nati praesertim vero legatus Cantuariensis in provinciis suis de iure, privilegio et consuetudine mandare, facere et exequi possunt, libere et licite valeat. Mandantes per praesentes universis et singulis suffraganeis Leopoliensisque terrarum Russiae archiepiscopo et aliis in dictis provinciis existentibus, quatenus eidem archiepiscopo et legato nato pro tempore existenti in his quae sibi ratione officii legationis, sicut praefertur, competant, pareant et intendant". Die polnischen Geschichtsschreiber behaupten (s. Rzepnicki l. c. p. 17), dass schon Innocenz III. dem Erzbischof Heinrich Kietlicz die Würde eines legatus natus verliehen hat. Indessen habe ich nichts darüber ermitteln können, wie denn auch der Ausdruck legatus natus in jener Zeit noch nicht technisch ist. Raynald a. 1198. n. 77 erwähnt nur besonderer Aufträge seitens des gedachten Papstes an den Erzbischof und giebt a. 1207. n. 13 ein Privileg des ersteren für letzteren auf das Recht, sich das Kreuz vortragen zu lassen.

[1] Zalaszowski l. c. p. 550, welcher dem Erzbischof von Gnesen die in c. 1. X. de offic. legati I. 30 (gerichtet an den Erzbischof von Canterbury) enthaltenen Befugnisse vindicirt; Rzepnicki l. c. p. 17.

[2] Zalaszowski l. c. p. 551; in der späteren Zeit hatte er auch das Recht der Zwischenregierung und der Berufung der Wahlreichstage. Laspeyres, Geschichte u. Verfassung der katholischen Kirche Preussens. S. 393.

[3] Laspeyres a. a. O. S. 799. n. 3.

[4] Breve v. 6. Oktober 1818 u. 30. December 1819. §. 3 (Bullar. Roman. contin. 15, 127. 262). In Folge des zwischen der Kurie und der russischen Regierung entstandenen Konfliktes ist der Erzbischof im J. 1864 von der letzteren abgesetzt worden. Ein Nachfolger ist nicht ernannt. — Nach Neher a. a O. 2, 253 hat Kaiser Franz I. mittelst Reskriptes vom 13. Februar 1817 dem Erzbischof von Lemberg und seinem Nachfolger den Titel eines Primas von Galizien und Lodomirien ertheilt, eine Würde, welche seit 1849 dem griechisch-unirten Metropoliten der gedachten Stadt verliehen ist.

[5] Sie findet sich bei Peterffy, concilia eccles. Romano-catholicae in regno Ungariae. Wien 1742. 1, 52 (die betreffende Stelle auch bei Mansi 21, 97). Nur insofern kann man den Erzbischof von Gran in jener Zeit Primas nennen, als er der hervorragendste, weil älteste Metropolit war und das im Text erwähnte Krönungsrecht besass. Dass ihm keine Jurisdiktion über den zweiten Metropoliten (von Colocza) zustand, ergiebt auch die Dekretale von Honorius III. von 1219, welche ihm verbietet, das Pallium in der Provinz von Colocza zu tragen: „cum imperium non habeat par in parem", s. Theiner, monumenta histor. Hungariae. Romae 1859. 1, 22.

[6] Gregor. IX. privileg. a. 1231 (Theiner l. c. 1, 93): „Ius quod a. b. mem. Alexandro pp. praedecessore nostro et . . . Bela Ungarorum rege ac ecclesia Colocensi videlicet, ut Ungarici reges ab archiepiscopis Strigoniensibus semper debeant coronari, Strigoniensi metropoli fuit manifeste recognitum, sicut in autenticis continetur et fel. rec. Clemens et Celestinus predecessores nostri suis litteris confirmarunt: ius quoque quod habes in conferendis ecclesiasticis sacramentis regibus et reginis Hungariae ac heredibus eorundem et iurisdictionem ecclesiasticam quam in praepositos et officiales regie domus habes, quam idem praedecessor noster Celestinus ecclesiam tuam habere decrevit; iurisdictionem etiam quam obtines in abbatiis et praeposituris regalibus ecclesie Strigo-

tion für die angränzenden Länder erhalten [1], ernannte Bonifazius IX. den Metropoliten Johannes zum Primaten und legatus natus [2], jedoch reichten die ihm verliehenen Befugnisse nicht über seine Provinz hinaus. Erst im J. 1451 erlangte der Erzbischof auf Grund dieser Stellungen eine sich über das ganze Königreich erstreckende Jurisdiktion [3].

III. Rückblick auf die Bedeutung und Stellung des Primates. In der vorangehenden Darstellung (S. 581 ff.) sind eine Reihe von Erscheinungen besprochen, welche insofern zusammengehören, als sie alle die hervorragende Bedeutung eines Metropoliten vor seinen übrigen Kollegen aufweisen. Schon die verschiedenartige Bezeichnung dieser, als päpstlicher Vikarien, geborener Legaten und Primaten lässt aber den Zweifel aufkommen, ob es sich hier um wesentlich gleiche Dinge handelt. Freilich wird heute vielfach die Primatenwürde als Fortsetzung des ältesten Vikariates [4], die Stellung als legatus natus als hervorgegangen aus dem Primate aufgefasst [5], und so würde es sich hier lediglich um verschiedene Entwicklungsphasen ein

niensi per Ungariam ubicunque subiectis . . . tibi et successoribus tuis ad exemplar fel. record. Innocentii ppe . . . confirmamus".

1 a. 1228. 1243 (Theiner l. c. p. 87. 187).

2 a. 1394 (Fejér, cod. diplomat. Hungariae. Budae 1829. X. 2, 201. 202): „Te in civitate, dioecesi ac provincia Strigoniensi necnon quibuslibet monasteriis et ecclesiis et locis tibi ratione archiepiscopatus ac ecclesiae Strigoniensis quomodolibet subiectis primatem et legatum sedis apostolicae natum, quamdiu te eidem ecclesiae Strigon. duntaxat praesidere contingat . . . cum plenis, liberis, meris et omnimodis potestate ac iurisdictione et earum exercitio primatibus et legatis natis competentibus de consuetudine et de iure constituimus . . . ita ut omnia et singula quae primates et legati nati huiusmodi duntaxat in civitatibus, dioecesibus, provinciis et locis eius decretis seu subiectis in quibus existunt, primates et legati nati ac in eorum incolas ac habitatores exercere de iure et consuetudine huiusmodi quomodolibet possunt, tu etiam in civitate, dioecesi, provincia Strigoniensi . . . in quoslibet . . . non tamen sedi apostolicae immediate subiectos . . . libere et licite valeas exercere". Ginzel, K. R. 1, 218 behauptet allerdings unter Berufung auf Cherrier, enchiridion iuris ecclesiastici Pestini 1855. 1, 199, dass aus Anlass der Synode von Ofen im J. 1279 der Bischof Lodomerius von Grosswardein mit Zustimmung Königs Ladislaus III. auf den erzbischöflichen Stuhl von Gran transferirt und zum Primas von Ungarn bestellt sei. Die bei Theiner l. c. 1, 337 abgedruckte Urkunde von 1278 über diese Translation ergiebt aber über das letztere nichts.

3 Privil. Nicolai V. bei Raynald ann. a. 1452. n 5: „. . . Ladislaus Hungariae rex . . . exposuit, quod olim postquam ecclesia Strigoniensis per . . . Stephanum regem fundata . . . ac per diversos Romanos pontifices . . prae aliis eiusdem regni ecclesiis primatiis illiusque praesules pro tempore existentes legationis natae officio et honore insigniti extiterunt et antistites eiusdem ecclesiae pro tempore existentes officio, honore ac iurisdictione et legatione praedictis a tempore cuius memoria hominum non existit, in utroque foro etiam indefinite continuo usi fuerunt, prout etiam modernus archiepiscopus in illorum pacifica possessione vel quasi existens utitur de praesenti. quare . . . rex . . . supplicavit, ut iurisdictionem primatiae et legationis huiusmodi . . . approbare et confirmare quodque dilectus filius noster Dionysius tit. S. Cyriaci in Thermis presbyter cardinalis et ex dispensatione sedis apostolicae archiepiscopus suique successores . . . in singulis praefati regni necnon partium eidem subiectarum et imposterum forsitan subiiciendarum tam cathedralibus et metropolitanis quam aliis etiam exemptis ecclesiis omnimoda potestate, iurisdictione et legatione huiusmodi tam in foro conscientiae quam controverso uti et gaudere, iurisdictionem quoque et legationem praedictas exercere libere et licite possint et valeant, de novo concedere de benignitate apostolica dignaremur. Nos igitur . . . iurisdictionem primatiae et legationis praedictarum . . . approbamus et confirmamus . . . et nihilominus pro potiori cautela Dionysio suisque successoribus eiusdem Strigoniens. ecclesiae archiepiscopis . . . quod in singulis eiusdem regni et partium huiusmodi de iure vel consuetudine eidem subiectarum et subiiciendarum metropolitanis, cathedralibus ac aliis licet exemptis ecclesiis loca eorumque personas ac eisdem quomodolibet subiectas et subiiciendas tam ecclesiasticas etiam exemptas quam mundanas omnimoda potestate primatiae et legationis earumdem tam in foro conscientiae quam contentioso cum honoribus, oneribus, praerogativis debitis et consuetis perpetuis futuris temporibus uti et gaudere, iurisdictionemque et legationem praedictas libere et licite exercere possint et valeant, . . . concedimus pariter et indulgemus" . . . S. auch die diese Privilegien im Eingang reproducirende Urkunde Leos X. von 1513 (Theiner l. c. 2, 593).

4 Phillips, Lehrbuch 1, 277; Schulte, System 2, 361; ähnlich auch Walter §. 135 u. Gerlach, Lehrbuch des kath. Kirchenrechts. Paderborn 1869. S. 305.

5 Phillips a. a. O. S. 270; Kirchenrecht 6, 741.

und desselben Institutes handeln. Andererseits hat man den Vikariat, die ständige Legation und den Primat so charakterisirt, dass damit dasselbe Verhältniss in seinen verschiedenen Richtungen nach oben und unten bezeichnet werde, es mithin den untergegebenen Metropoliten und Bischöfen gegenüber Primat, dem Papst gegenüber Vikariat oder Legation [1], d. h. dass das Produkt der beiden letzteren der Primat sei. Die bisherige Darstellung zeigt aber, dass weder die eine noch die andere Ansicht richtig ist und jede nur theilweise etwas Wahres enthält. In der früheren Zeit finden wir Metropoliten, deren hervorragende Stellung auf der Stellvertretung des Papstes beruht, wie die Vikarien von Thessalonich (S. 583), von Arles (S. 588), von Sevilla und Illici (S. 591), hier erlaubten die politischen und kirchlichen Verhältnisse den Päpsten eine derartige Uebertragung der von ihnen für den römischen Stuhl in Anspruch genommenen Rechte der obersten Leitung. Andererseits kommen aber neben den erwähnten, lediglich durch die Bevollmächtigung der Päpste auf eine höhere Stufe erhobenen Metropoliten auch solche vor, deren Vorrang auf dem naturgemässen Verlauf der kirchlichen Entwicklung in einem politisch abgeschlossenen Gebiete oder auf der Gemeinsamkeit der kirchlichen und nationalen Verhältnisse beruht (so die Primaten von Toledo und Carthago) [2]. Die äussere Stellung aller dieser hervorragenden Metropoliten war eine ähnliche, man kann sie sämmtlich als Primaten bezeichnen, aber eine innerliche Verschiedenheit waltete doch insofern ob, als die letztere Gruppe eine feste Stufe in der Hierarchie bildete, d. h. die höheren Befugnisse mit ihrer Metropolitanwürde zu einer eigenthümlichen, von dieser letzteren verschiedenen hierarchischen Stellung verbunden waren und sie diese als selbstständige, unzertrennliche Rechte ihres Amtes ausübten, während bei den zuerst aufgezählten Vikarien jene Befugnisse nur äusserlich mit dem Metropolitansitze vereinigt waren, also auch selbst, wenn sie demselben und nicht der jeweiligen Person übertragen wurden, doch principiell ohne auf die Substanz des Metropoliten-Amtes selbst zu influiren, von diesem wieder getrennt werden konnten [3]. Dass man sich jenes Unterschiedes in den damaligen Zeiten in dieser Schärfe bewusst war, soll selbstverständlich nicht behauptet werden, aber er hat wenigstens schon Benediktus Levita und dem Verfasser der falschen Dekretalen vorgeschwebt, wenn diese [4] in Opposition wider den in Konnivenz gegen politische Pläne errichteten Vikariat des Drogo [5] erklären, dass die Primatialsitze von altersher fest bestimmt seien und nur die Metropoliten der Bisthümer von längst hervorragender Bedeutung Primaten werden könnten, indem sie den Primat als feste höhere hierarchische Stufe voraussetzen und nirgends die Inhaber desselben für blosse, wenn auch ständige Vikare des Papstes erklären [6].

[1] Richter, K. R. §. 128.

[2] Arles nimmt für eine gewisse Zeit eine Mittelstellung zwischen diesen beiden Gruppen ein. S. S. 589.

[3] Entziehung der dem Erzbischof von Thessalonich zustehenden Befugnisse wäre also nicht die Suppression des betreffenden Metropolitanbisthums gewesen. — Würde aber eine solche z. B. gegen den Erzbischof von Carthago verhängt worden sein, so wäre damit diese hierarchische Stufe überhaupt erloschen; wenn dabei die Stadt Carthago die Metropolitanrechte nicht hätte verlieren sollen, so hätte es dazu der Erektion eines neuen Erzbisthums bedurft.

[4] Benedicti capitul. III. 439: „Nulli alii metropolitani appellentur primates nisi illi qui primas sedes tenent et quos sancti patres synodali et apostolica auctoritate primates esse decreverunt"; über die Quellen dieses falschen mit Pseudo-Stephan c. 9 korrespondirenden Kapitels, welches Ginzel 1, 218. n. 1 für ein fränkisches Königsgesetz erklärt, vgl. meine Pseudo-Isidor-Ausgabe p. 185. Die sonst hier in Frage kommenden Pseudo-Isidor-Stellen s. oben S. 596.

[5] S. oben S. 595. Aehnlich waren die Veranlassungen für die Ernennung des Ansegisus und des Rostagnus (s. S. 597) zu päpstlichen Vikarien.

[6] Die Bestätigung dafür giebt auch der Umstand, dass man im 9. Jahrhundert dem Papst noch nicht die Fülle einer überall mit den Bischöfen konkurrirenden Jurisdiktion, welche ja die Voraussetzung der Ernennung ständiger Vikarien ist, beilegte. Gerade die hier in Rede stehenden

Jener zwischen dem Primat einerseits und dem Vikariat oder der Legation andererseits bestehende Unterschied liess sich selbst dann noch festhalten, wenn, wie später geschehen, seitens der Päpste der Primat ausdrücklich an einzelne Bischofssitze verliehen wurde. Denn in der Ertheilung der Primatenwürde lag die Errichtung einer dauernden und selbstständigen hierarchischen Zwischenstufe zwischen den Metropoliten und dem Papst, mit der Ernennung eines Metropoliten zum päpstlichen Vikar oder Legaten war dagegen eine weitere Ausgestaltung des kirchlichen Organismus nicht verbunden.

Mit Rücksicht auf die eigenthümliche Thatsache, dass bei fast allen den aufgeführten Primaten, so z. B. bei Toledo, Bourges, Vienne, Lund und Canterbury auch eine Uebertragung der Legation stattgefunden hat, ist aber nunmehr zu fragen, ob sich ein juristischer Unterschied hinsichtlich des Umfanges der aus der Primatie und der aus der Legation herfliessenden Rechte feststellen lässt.

Als Befugnisse, welche den Primaten beigelegt werden, ergeben sich nach der obigen Einzeldarstellung ausser dem Recht auf den Vortritt vor allen übrigen Metropoliten:

1. das Recht der Ordination der Metropoliten des Primatialbezirkes, so für die Primaten von Toledo in älterer Zeit (S. 592), von Bulgarien (S. 594), Lund und Canterbury (S. 615. 617), und in Verbindung damit
2. das Recht, auf das iuramentum obedientiae für die eben genannten ausser Toledo (s. a. a. O.), sowie
3. das Recht, auf Uebergabe des von Rom eingeholten Palliums, welches für die Primaten von Bulgarien und Lund erwähnt wird. Weiter kommt vor das Recht,
4. Koncilien abzuhalten bei Bourges (S. 599), Canterbury (S. 617), Armagh (S. 621) und Pisa (S. 606);
5. und eine höhere Jurisdiktion, letztere aber in sehr verschiedener Weise, so bald
   a. allgemein unter Formeln, aus denen das Recht zu einer gewissen, nicht näher präcisirten Oberleitung zu entnehmen ist, so bei Canterbury und Pisa (S. 617. 606), bald in folgenden einzelnen Aeusserungen, nämlich:
   b. als Korrektions- und Visitationsgewalt bei Pisa, Canterbury und Armagh (S. 606. 617. 621);
   c. als Recht, Censuren zu verhängen, so für Bourges und Canterbury (S. 598. 618);
   d. als Befugniss, Appellationen anzunehmen, s. oben unter Toledo und Lyon (S. 595. 600), und endlich
   e. als Devolutionsrecht bei Lyon (S. 605);
   f. als Recht, auf Berichterstattung in allen wichtigen Dingen seitens der Metropoliten bei Toledo (S. 593) und Erledigung dieser durch den Primaten (s. oben Bourges S. 597).

Beispiele sind Fälle, in denen sich die ersten Versuche eines derartigen Eingreifens der Päpste zeigen, für welche sie aber noch der Hülfe der weltlichen Macht bedurften . . . Vgl. auch oben (S. 498) das über die Entwicklung des Legatenwesens überhaupt Gesagte. Ebensowenig hat Hinkmar von Rheims sich bei seinen Primatialbestrebungen das Ziel vorgesteckt, blos als päpstlicher Vikar gewisse höhere Rechte über die übrigen westfränkischen Metropoliten auszuüben, s. oben S. 604 u. Dümmler, Gesch. des ostfränk. Reiches 1, 529 ff. 838. 844 ff. Auch in c. 8. (Nicol. I.) C. IX. qu. 3 (s. oben S. 573. n. 2) erscheint der Primat nicht als Ausfluss des Vikariates.

6. Endlich das Ehrenrecht, sich die Kreuzfahne in dem Primatialbezirk vortragen zu lassen, erwähnt für Toledo, Bulgarien, Bourges, Pisa, Canterbury und Armagh, s. S. 594. 595. 598. 606. 618. 621 [1].

Dass diese Rechte von den einzelnen Primaten in sehr verschiedenem Maasse geübt worden sind, hat die frühere Darstellung gezeigt. Von einem fest bestimmten und gleichen Maass von Rechten, welches jedem Primaten zugestanden hätte, lässt sich demnach nicht sprechen. Allerdings wird in einigen Stellen auf die in den Kanones enthaltenen Rechte der Primaten hingewiesen [2], aber die von diesen handelnden Stellen des Corpus iuris, die wenigen Kapitel aus den Pseudo-Isidorischen Dekretalen [3], c. 3. C. VI. qu. 4 [4] und c. 3. X. de foro compet. II. 2 [5] ergeben ebenfalls nur, dass den Primaten eine höhere Jurisdiktion zustand, als deren Ausflüsse allein die oben bei Bourges erwähnten einzelnen Rechte und das Recht auf Vortritt und Vorsitz erscheinen [6].

Wie die juristische Stellung der Primaten nach dem eben vorgeführten Bilde der des Oberhauptes der afrikanischen Kirche, welches seine Rechte nicht vom Papste ableitete [7], andererseits aber der der älteren päpstlichen Vikarien entspricht [8], so werden dieselben Rechte, welche den Primaten seit dem 10. Jahrhundert beigelegt werden, auch wieder aus der päpstlichen Ernennung zum Vikar oder Legaten hergeleitet. Es gilt das von dem Recht auf den Vortritt vor den übrigen Bischöfen, bei Mainz, Trier und Salzburg [9], von der Befugniss zur Abhaltung von Synoden bei den eben genannten [10], bei Toledo [11] und Vienne [12], dem Visitationsrecht bei Pisa [13], der Korrektionsgewalt bei Mainz und Salzburg [14], endlich der Befugniss, wichtige allgemeine Angelegenheiten zu entscheiden, bei Salzburg und Vienne [15].

Mussten nun auch naturgemäss die Rechte des Vikariats oder der Legation und die des Primates zusammenfallen, weil, je mehr sich die kirchliche Hierarchie nach der Spitze zu abschliesst, die Rechte der höheren Stufen sich weniger mannigfaltig gestalten können und der Unterschied allmählich mehr und mehr durch den territoritalen Umfang des Gebietes für die Ausübung einer derartigen Oberleitung bestimmt wird, so hat man doch wieder andererseits auch im Mittelalter, wie die Bestellung Triers zum Legaten für die Gebiete der übrigen deutschen Primaten [16], die oben hinsichtlich Toledos

[1] Vienne hatte dagegen nur das Recht, sich dieser Auszeichnung innerhalb seiner Metropolitanprovinz zu bedienen. S. 601. n. 7.

[2] So in c. 8 (Nicol. I.) C. IX. qu. 3 und in ep. Innoc. III. ad Hubald. archiep. Pisan. a. 1198 (s. oben S. 606. n. 4).

[3] S. oben S. 596. n. 6 ff.; dazu kommt noch Pseudo-Fel. I. c. 9 (ed. Hinschius p. 201) in c. 2. X. de accusat. V. 1.

[4] Ist entnommen der Nov. 123. c. 22 und handelt von den Patriarchen der orientalischen Kirche. S. oben S. 550. n. 1.

[5] Aus c.121 concil. African. und handelt von den Metropoliten (primas) in der Provinz Carthago, s. oben S. 581. Dasselbe gilt von dem hier weiter nicht relevirenden c. 48 (Gregor. I.) C. XXIII. qu. 4.

[6] S. S. 597. Ausserdem kann auch hierher gerechnet werden c. 1. §. 3 (Isidor. etymol.) Dist. XXI.: „archiepiscopus graeco dicitur vocabulo quod sit summus episcoporum; tenet enim vicem apostolicam et praesidet tam metropolitanis quam ceteris episcopis“, da man im Mittelalter unter dem archiepiscopus auch den Primas verstanden hat, wie die Glosse zu dem citirten Kap. §. 1. s. v. archiepiscopis: „i. e. primatibus quo nomine comprehendit alios patriarchas sive primates, ut Aquilegiensem, Cantuariensem, Bituricensem“, zeigt.

[7] S. oben S. 581.

[8] S. die in Betreff der Rechte des Vikars von Thessalonich S. 583 gegebene Uebersicht.

[9] S. S. 608. 609. 611. Für Magdeburg wird aber dieses Recht nicht darauf gegründet. S. S. 611.

[10] S. die vorige Note.

[11] S. S. 593.

[12] S. S. 601.

[13] S. S. 606.

[14] S. S. 608. 611.

[15] S. S. 611. 601.

[16] S. S. 610. Dasselbe ist auch in andern Ländern vorgekommen: in Frankreich ist Bischof Gerard von Angoulême im J. 1108 (s. oben S. 510) zum Legaten für die Provinzen von Bourges, Bordeaux, Auch, Tours und die Bretagne, also für das Gebiet des Primaten von Lyon — ob

gemachten Ausführungen[1], sowie die Pisa betreffenden Dekretalen zeigen[2], den Primat und die Legation auseinander gehalten. Die Gründe dafür lagen darin, dass man in jener Zeit die Legation noch nicht regelmässig, wie dies bei den Metropoliten von Thessalonich früher vorgekommen war, dauernd an einen bestimmten Bischofssitz knüpfte, sondern stets besonders, wie dies die wiederholten Bestätigungen bei Toledo, bei Mainz, Trier und Salzburg zeigen[3], verlieh. Ausserdem bot diese Uebertragung neben der Primatenwürde den Vortheil dar, der letzteren noch eine weitere Stütze zu gewähren[4], andererseits aber auch den, dieselbe im Interesse der päpstlichen Gewalt herabzudrücken, endlich mochte dazu auch der Umstand beitragen, dass die hervorragende Stellung einzelner Primaten, wie z. B. des Pisaners, ihre Grundlage in der Legation hatte[5].

Wenn dagegen für den hohen Rang einzelner Erzbischöfe lediglich der Vikariat oder die Legation den offiziellen kirchenrechtlichen Titel bildete, wie das bei Mainz, Trier und Salzburg der Fall gewesen, so stellt sich allerdings hier der Primat lediglich als Folge einer solchen Uebertragung päpstlicher Rechte dar. Die Gründe für diese Erscheinung liegen darin, dass die meisten der erwähnten Bischöfe wegen der politischen Stellung in ihren Reichen, wie die Erzbischöfe von Toledo, die drei deutschen Erzbischöfe von Mainz, Trier und Köln, die Metropoliten von Bourges in Aquitanien, die von Vienne in Burgund, die von Canterbury in Grossbritannien und die von Gran in Ungarn, ferner oft auch in Folge der früheren kirchlichen Verhältnisse, namentlich als Bischöfe der alten Missionscentralpunkte (so Mainz, Canterbury, Gran), eine hervorragende Stellung einnahmen[6], und dieser gemäss auch eine entsprechende höhere kirchliche Jurisdiktion beanspruchten, theils aus blossem Ehrgeiz, theils aber auch aus dem Bestreben, ihre Macht in kirchlicher und politischer Beziehung zu vergrössern[7], oder wenigstens sich andern höher berechtigten Erzbischöfen gegenüber in gleicher Stellung zu erhalten[8]. Dass es für diesen Zweck nicht darauf ankam, ob man sich auf den Titel der päpstlichen Legation oder den des Primates stützen konnte, liegt auf der Hand, und auch in Rom selbst hat man in den Zeiten, wo noch nicht einmal der

Bourges damals schon den Primat über Bordeaux und Auch hatte, lässt sich nicht feststellen — (s. oben S. 598) und im J. 1190 der Bischof von Ely zum Legaten für ganz England und insbesondere für die Provinzen von Canterbury und York (Jaffé reg. n. 10177; Radulf. de Diceto. hist. ap. (Twysden) histor. Angl. script. 1, 655) ernannt.

1 S. S. 593; ein anderes Beispiel dafür, dass ein Primat auch die Legation in seiner Provinz erhalten hat, bietet noch die Urkunde Urbans III. zwischen 1186 und 1187 für Bourges (Jaffé reg. n. 9910; Gallia christ. 2. instr. p. 18).

2 S. S. 605.

3 S. S. 593. 608. 609. 611.

4 S. das oben S. 601 über Vienne Bemerkte.

5 S. S. 605.

6 Der Zusammenhang zwischen dieser politischen und kirchlichen Bedeutung zeigt sich auch darin, dass fast allen Primaten das Recht zur Krönung der Herrscher der betreffenden Länder zustand, vgl. oben bei Toledo, Bulgarien, Canterbury und Gran.

7 Hieraus erklärt es sich, dass man auch da, wo die Möglichkeit nicht vorhanden war, eine jurisdiktionelle Stellung über andere Metropoliten zu erhalten, doch wenigstens zunächst einen derartigen Titel zu erlangen suchte. S. oben unter Rheims und das S. 599 ff. über die Streitigkeiten unter den verschiedenen französischen Primaten Bemerkte.

8 Das galt namentlich von den drei geistlichen deutschen Kurfürsten, welche trotzdem, dass sie keine eigentliche Primatialjurisdiktion besassen, doch den Rang vor den übrigen Primaten hatten (s. die Const. Martin. V. oben S. 595) und später dasselbe Prädikat wie die Kardinäle führten (s. oben S. 357); was ihre gegenseitige Stellung betraf, so wurden sie nach der goldenen Bulle wesentlich gleich behandelt (s. oben S. 613), sie konkurrirten auch sämmtlich bei der Krönung des deutschen Königs, während freilich die Konsekration im eigentlichen Sinne dem Erzbischof von Köln (Aur. bulla c. 4. §. 4) zukam, ein Recht, welches ihm jedoch später von Mainz bestritten worden ist. S. Schmauss, Corp. iur. publ. S. R. Imperii. Leipzig 1759. S. 1028. n. a; Walter, deutsche Rechtsgeschichte. §. 343; Zöpfl, deutsch. Staatsrecht. 5. Aufl. 1, 182; weitere ältere Litteratur bei Stobbe, Herman Conring. Berlin 1870. S. 37 ff.

Anfang einer wissenschaftlichen Behandlung des Rechtes gemacht war und das Papstthum noch in Abhängigkeit vom Kaiserthum stand [1], auf jenen Unterschied kein Gewicht gelegt.

Gerade dieselben Motive, welche einen Theil der Kirchenfürsten die Erlangung der Primatialstellung oder wenigstens des Titels als begehrungswerth erscheinen liessen, trieben die anderen, über welche jene höheren Rechte geltend gemacht werden sollten, zur Opposition an, um so mehr als diese noch durch den meistens vage gehaltenen Ausdruck der Primatialprivilegien erleichtert wurde. So hat denn bei einzelnen Primaten (so z. B. dem von Vienne) ihre Würde nie eine volle Realität erlangt und andere, welche derartige Rechte haben ausüben können (so die von Toledo, Bourges, Canterbury), haben sie nicht dauernd zu bewahren vermocht.

Zu einer regelmässigen Stufe der kirchlichen Verfassung ist der Primat im Abendlande nicht geworden, weil er nicht aus der Natur der Verhältnisse herausgewachsen ist. Ja, er hat nicht einmal da, wo er die höchste und einzige derartige Würde in einem bestimmten Lande war, die Funktion erfüllt, die kirchlichen Kräfte der Nation zu einer mit bestimmten Tendenzen erfüllten Nationalkirche zusammenzufassen oder nur sich an die Spitze derartiger Bewegungen zu stellen. Theils hat in den Zeiten des Mittelalters, in welchen der Primat in der abendländischen Kirche hervortritt, ein bewusster Gegensatz zwischen der Nationalität und der römischen Kirche nicht stattgefunden, theils bedurften die Primaten, sofern sie, wie z. B. Thomas Becket, nicht schon durch ihre eigenen hierarchischen Anschauungen zu Rom hingezogen wurden, immer der Anlehnung an den päpstlichen Stuhl, um der Opposition der einzelnen Bischöfe gegenüber ihre auf den Primat gestützten Ansprüche durchführen zu können.

Weil der Primat kein regelmässiges Glied in der Organisation der abendländischen Hierarchie geworden ist, lässt sich keine allgemein gültige, rechtliche Charakterisirung desselben geben, weder in Bezug auf seine Entstehungsart, noch in Bezug auf den Umfang seiner Jurisdiktionrechte. Deshalb ist die oben S. 623 erwähnte Anknüpfung an den Vikariat und die Legation, weil sie allgemein hingestellt wird, unrichtig. Ebenso aber auch die in den Kompendien hergebrachte Bemerkung, dass die Primaten die ersten Erzbischöfe eines Reiches gewesen seien und das Recht besessen haben, die National-Koncilien zu berufen und ihnen zu präsidiren [2]. Denn, wie gezeigt ist, war z. B. zwischen dem Primaten von Rheims, welcher über seinen Metropolitansprengel hinaus kein Recht besass, den deutschen Primaten, deren hervorragende Bedeutung wesentlich auf ihrer politischen Stellung beruhte, und den übrigen französischen Primaten, welche meistens höhere jurisdiktionelle Befugnisse über andere, ihnen untergegebene Metropoliten ausübten, ein wesentlicher Unterschied. Gemeinsam ist allen nur eine hervorragende Stellung unter den übrigen Metropoliten [3], welche aber im Einzelnen so ver-

[1] Wie das die auf dasselbe Resultat hinauslaufenden Privilegien des 10. Jahrhunderts für die deutschen Erzbischöfe zeigen, welche die hervorragende Stellung bald auf den Vikariat, bald auf den Primat gründen, s. oben S. 608 ff.

[2] Wiese, Handbuch 1, 763 ff.; Walter §. 155; Pachmann §. 120; Kunstmann, Grundzüge eines vergleichenden Kirchenrechts. München 1867. S. 141; Gerlach, Kirchenrecht S. 308. Andere unter den neueren, sowie die älteren, s. z. B. Barbosa, ius eccles. univers. I. c. 6. n. 44; Engel, coll. iur. I. 33. n. 23; Reiffenstuel I. 31. n. 10; Schmier, lib. I. tr. 5. c. 4. s. 2. n. 40 beschränken sich auf eine ganz unbestimmte Charakterisirung der Stellung der Primaten.

[3] Mit Recht sagt daher Gonzalez Tellez ad c. 2. X. de accusat. V. 1. n. 5: „in iure canonico Primas dicitur is qui apud ecclesiasticos in provincia, regno vel natione aliqua sedis dignitatem habet“.

schieden ist, dass mit der Hervorhebung dieses gemeinschaftlichen Momentes nichts gesagt wird.

IV. Die Legati nati oder geborenen Legaten. Schon die Dekretalensammlungen kennen neben den S. 511 besprochenen beiden Klassen der päpstlichen Legaten, den legati a latere und den legati missi, eine dritte Klasse. Die in die letztere gehörenden Legaten werden von ihnen bezeichnet als »legati qui praetextu ecclesiarum legationis sibi vendicant dignitatem«[1]. Wenn man diese für solche päpstliche Bevollmächtigte erklärt, deren Legation dauernd mit einem bestimmten Amte oder einem Prälatensitz verbunden ist, so erscheint das allerdings richtig. Aber man hat dabei übersehen, dass die in Frage kommenden Quellenstellen sich nicht in dieser Weise ausdrücken, sondern nur von einem Beanspruchen der Legation mit Rücksicht auf die Würde bestimmter Kirchen sprechen. Es liegt darin ein deutlicher Fingerzeig für die Entwicklung dieser Art von Legaten, über welche selbst noch die neuere Doktrin zum Theil vielfach schweigt[2] oder über welche, soweit man sie zu erklären versucht hat, bisher meistens unhaltbare Ansichten aufgestellt sind[3]. Nach dem Erlöschen der Vikariate der alten Zeit findet sich, mit Ausnahme der Privilegien Gregors VII. von 1078, Innocenz' II. von 1138, Innocenz' III. von 1198 für Pisa und Alexanders III. von 1179 für Salzburg[4], bis zur Zeit der Dekretalensammlung Gregors IX. keine Urkunde, in welcher deutlich die Uebertragung der Legatenwürde auf einen bestimmten Bischofssitz oder auf ein sonstiges kirchliches Amt ausgesprochen wäre. Wohl aber haben eine Reihe von Erzbischöfen, welche zugleich als Primaten erscheinen, so z. B. die Erzbischöfe von Mainz, Trier, Köln, Salzburg, Canterbury, York und Rheims[5] wiederholt die Legation verliehen erhalten und machten offenbar auf Grund dieser Vorgänge für ihre Kirchen Ansprüche auf dieselbe, weil die stets wiederholte, eigentlich nur der Person geltende Verleihung im Laufe der Zeit als eine Anerkennung, dass dem betreffenden Sitze jene Würde zustand, aufgefasst wurde[6]; das umsomehr, als diese Erzbischöfe ebenfalls die Primatialstellung besassen und die aus dem Primat und der Legation hervorgehenden Rechte vielfach gleich waren[7]. Die vorhin angeführte Ausdrucksweise der einschlagenden Dekretalen bestätigt das vollkommen, denn sie ergiebt, dass die Päpste die Berechtigung auf die dauernde Legation bei allen dieselbe prätendirenden Erzbischöfen nicht direkt anerkennen, aber andererseits auch nicht in Abrede stellen wollten. Da man die hervorragende Stellung der in Frage kommenden Bischöfe nicht

[1] c. 9. (Gregor. IX.) X. de legat. I. 30; c. 1. (Innoc. IV.) in VIto eod. I. 15 (s. oben S. 512. n. 4. S. 511. n. 2).

[2] S. z. B. Eichhorn, K. R. 1, 612; Walter §§. 135. 136; Richter §. 128; Ginzel 1, 207; Schulte 2, 360 ff.

[3] Unter den Aelteren knüpfen z. B. Florens ad lib. I. decret. tit. 30. ed. Doujat. 2, 169; van Espen, J. E. U. P. I. tit. 21. c. 1. n. 15 an die früheren Vikariate, so namentlich den von Arles an, welcher aber nur ein persönlicher gewesen ist, wenngleich er wiederholt hinter einander an mehrere Metropoliten verliehen wurde; Phillips 6, 741 lässt die legati nati aus den Primaten — wie sich diese Entwicklung vollzogen hat, giebt er nicht näher an — hervorgehen, während, wie vorhin S. 625 gezeigt, Legation und Primat auseinander gehalten worden sind.

[4] S. oben S. 605. 606. S. 611. n. 1.

[5] S. oben S. 608. 610. 611. 612. 617 ff. 605.

[6] Eine, wenn auch nicht ganz korrekte Andeutung des richtigen Zusammenhangs bei Permaneder §. 185. Uebrigens bestätigt die vorhin gedachte Urkunde Alexanders III. die Auffassung des Textes insofern, als sie als Motiv der dauernden Verleihung der Legation die früher stets wiederholte Uebertragung an die Erzbischöfe von Salzburg angiebt. In dem Privileg Pauls IV. für den Rheimser Erzbischof, Kardinal Karl von Lothringen v. 1555 (Marlot, metrop. Remensis histor. 2, 807) heisst es: „. . . Ita ipsa (ecclesia Remensis) inter ceteras partium illarum ecclesias primatum tenens variis . . . honoribus decorata reperiatur eiusque praesul . . . Romanorum vero pontifici, praedecessorum nostrorum beneficio et permissione ab eo tempore cuius initii memoria non exstat, dictae sedis legatus-natus habeatur“ . . .

[7] S. oben S. 626.

läugnen, theilweise weil sie nicht allein auf dem Fundament der Legation ruhte, auch nicht beseitigen konnte, so hätte man mit der genauen Untersuchung jener Ansprüche nur ärgerliche Streitigkeiten hervorgerufen, welche um so nutzloser gewesen wären, als die Päpste in der Absendung von legati a latere, bei deren Erscheinen die Jurisdiktion aller übrigen Legaten cessirte [1], ein sehr bequemes Mittel hatten, die Wirksamkeit jener ständigen Legaten zu neutralisiren.

Weiter wird die hier entwickelte Ansicht dadurch bestätigt, dass im Mittelalter als Beispiele solcher legati nati gerade wiederholt die Erzbischöfe von Canterbury und Rheims angeführt werden [2], bei welchen eine für ihre Sitze erfolgte Verleihung der Legation nicht nachweisbar ist [3], obwohl die Hinweisung auf Salzburg, dessen freilich nicht, wie Canterburys in den Dekretalen selbst (c. 1. X. de off. legati I. 30), gedacht wird, viel berechtigter gewesen wäre.

Endlich kommt dazu, dass der Ausdruck *legatus natus* dem kanonischen Rechtsbuch fremd ist. Er erscheint zuerst in der Doktrin des 13. Jahrhunderts [4] und officiell, soweit ich habe ermitteln können, in dem Privilegium Bonifazius' IX. für Gran vom J. 1394 [5], während die älteste bei der Kurie für diese Legaten gebrauchte Bezeichnung *legatus perpetuus* ist [6].

In den hier in Rede stehenden Urkunden wird freilich mit Ausnahme der für Prag das ius legationis mit dem ius primatiae zusammengestellt, aber gerade darum trifft es auch für die hier in Rede stehenden beiden Primaten von Gran und Gnesen nicht zu, dass sich die Würde der geborenen Legation aus dem Primate entwickelt hat; denn die Erwähnung beider Stellungen zeigt, dass man sie noch damals in der Theorie unterschieden hat. Ja, bei Prag, welches erst kurz vor der Ernennung seines Bischofs zum geborenen Legaten, zum Metropolitansitz erhoben worden ist, und dessen Primat eine rein politische Bedeutung hatte, kann vollends davon nicht die Rede sein.

Was die Rechte der legati nati betrifft, so wird in den Verleihungsurkunden auf die den Legaten de iure zustehenden Befugnisse hingewiesen [7], und in der für Gnesen sogar die Gleichstellung mit den geborenen Legaten von Canterbury ausgesprochen [8]. Diese letztere Hervorhebung erklärt sich daraus, dass in der Doktrin als Prototyp der legati nati dieser in c. 1. X. de off. legati I. 30 erwähnte Erzbischof galt, um so mehr als eine andere Stelle, welche die Befugnisse der legati nati positiv hinstellt, nicht nachweisbar ist. Das erwähnte Kapitel legt dem genannten Bischof die Jurisdiktion der gewöhnlichen Legaten bei [9] und man wird um so weniger mit der Annahme, dass die Befugnisse der geborenen Legaten der Theorie nach denen der legati missi (s. oben S. 517) gleich sein sollten [10], fehl gehen, als die jüngeren Urkunden für Gran ausdrück-

1 S. oben S. 515.

2 Bei Hostiensis in der oben S. 512. n. 6 citirten Stelle; ebenso der erstere in der Glosse zu c. 1. in VIto de legatis. I. 15. s. v. officii nostri.

3 S. oben S. 604. 617.

4 Bei Durantis specul. iur. lib. I. part. I. de legato. §. 3. n. 3 ff. und der Glosse a. a. O.; Hostiensis l. c. spricht nur erst von legati qui nascuntur.

5 S. oben S. 623. n. 2; dann in dem Diplom Leos X. für Gnesen von 1515 (s. S. 621. n. 12). In den weiteren Privilegien für Gran von 1451 u. 1513 (s. S. 623. n. 3) ist gleichfalls von der legatio nata die Rede. Die Erzbischöfe von Köln nannten sich früher apostolicae sedis legatus und erst seit Anfang des 16. Jahrhunderts (s. oben S. 612), die von Rheims dagegen schon seit 1499 legatus natus (Marlot l. c. 2, 766).

6 In dem Privileg für Prag v. J. 1365; s. oben S. 614. n. 2.

7 S. oben S. 614 u. S. 623.

8 S. oben S. 621. n. 12.

9 Indem es erklärt, dass schon die Rechtsangelegenheiten erster Instanz an ihn gebracht werden können.

10 Dasselbe nimmt auch die ältere Doktrin an, s. Gonzalez Tellez ad c. 1. cit. n. 5. 6 und c. 20. X. de sent. excomm. V. 39. n. 2; Barbosa, ius eccles. univ. lib. I. c. 5. n. 10. 52;

lich von einer iurisdictio legationis sprechen und das Privileg für Prag in seinem Schluss die Befugnisse der dortigen geborenen Legaten durch die für die legati missi gebräuchliche Formel (s. S. 514) näher bestimmt. Wenn endlich die älteste Verleihungsurkunde für Gran von 1394 die Exemten von der Gewalt des geborenen Legaten ausnimmt[1], so entspricht das ebenfalls der hier vertretenen Ansicht, denn über letztere hatten nur die legati a latere eine Jurisdiktion[2]. Dass daneben ihre Rechte in Folge besonderer Verleihung noch weiter gehen konnten, ist selbstverständlich, wie z. B. Nikolaus V. dem Erzbischof von Gran auch die Jurisdiktion über die Exemten zugestanden hat[3].

Gegen die Ausübung der Rechte der Legation hat sich seitens der davon betroffenen Bischöfe mitunter eine gleiche Opposition erhoben[4], wie gegen die Geltendmachung der Primatialbefugnisse. Weiter hat das Tridentinum mit seiner Vorschrift, dass die kirchlichen Rechtssachen in erster Instanz unter Ausschluss der Jurisdiktion der Legaten vor den Ordinarien verhandelt werden sollten, auch dazu beigetragen, die Rechte derselben zu beschränken[5]. Vollends ist durch die mit der Umgestaltung der politischen Verhältnisse am Ende des vorigen und Anfangs des jetzigen Jahrhunderts auch in der Organisation der katholischen Kirche herbeigeführten Aenderungen die Legaten-, ebenso wie die Primatenwürde fast überall bedeutungslos geworden.

V. Die heutigen Verhältnisse. Die Primatial-Würde und die der geborenen Legaten sind heute in der katholischen Kirche nur Ehrentitel ohne Jurisdiktion und allein mit gewissen Ehrenvorzügen verbunden. In Deutschland führen das Prädikat: Legatus natus die Erzbischöfe von Salzburg, Köln, Prag, Gnesen-Posen[6],

Engel, colleg. I. 30. n. 9. 10; Schmier lib. I. tr. 5. c. 4. s. 2. n. 41. 42; Ferraris s. v. legatus. n. 12.

1 In Einklang mit der kanonistischen Doktrin s. Glosse s. v. universas zu c. 1. X. cit.

2 S. oben S. 515.

3 S. oben S. 623. Vgl. ferner die Fortsetzung der oben S. 629. n. 6 erwähnten Urkunde für Rheims v. J. 1555 (Marlot l. c. 2, 807): „nec tamen ex huiusmodi legatione fructum aliquem sentiat, sed inane nudumque illius nomen absque ullo prorsus effectu penes ipsum archiepiscopum perdurare noscatur. Et nos igitur tibi, ut quamdiu ipsi ecclesiae Remensis praefueris dumtaxat, omnes et singulas, tam beneficiales, matrimoniales et ecclesiasticas quam alias quascumque, etiam criminales causas appellationum quarumlibet quas atriorum (*sic!*), aliorum officialium ac conservatorum privilegiorum et abbatis S. Genovefae suorumque iudicum aliorumque iudicum ecclesiarum, monasteriorum, capitulorum, collegiorum et aliorum exemptorum locorum civitatis et suburbiorum Parisiensis praedictorum interlocutoriis et definitivis sententiis per quoslibet de cetero interiici contigerit, quaeque ad sedem praedictam iuxta concordata immediate devolvuntur, per te vel unum, qui officialis legationis vocabitur, etiam ad venerabilium fratrum nostrorum Bituricensis et Burdelagensis archiepiscoporum instar, quoad appellationum ab archiepiscopis eiusque officialibus in negotiis personarum ipsius provinciae Remensis videlicet in Remensi: quo vero ad appellationum a conservatore et abbate aliisque civitatis Parisiensis iudicibus praefatis interiectarum causas huiusmodi in Parisiensis civitatibus per alium probum virum ad id per te deputandum, etiam summarie dicta auctoritate apostolica audire, cognoscere, decidere nec non quoties ab aliorum sententiis appellari contigerit, causas appellationum huiusmodi alii vel aliis similibus probis viris in eisdem civitatibus, respective per eosdem finaliter audiendas et decidendas, dicta auctoritate committere valeas“ . . . Als weiteres Beispiel führt Phillips 6, 743 noch unter Berufung auf Engel l. c. den Erzbischof von Salzburg an. Wenngleich dieser sagt: „Prout . . . nostro archiepiscopo Salisburgensi varia concessa sunt privilegia, absolvendi ab haeresi, conferendi beneficia in mensibus papalibus, ordinandi extra tempora, dispensandi in tertio et quarto gradu ad matrimonium cum illis qui labore manuum victum quaerunt etc.“, so ist doch der Zusammenhang der erwähnten Privilegien mit der Legation nicht nachweisbar: es handelt sich hier theils um selbstständig verliehene Indulte (s. z. B. Kleinmayern a. a. O. S. 280), theils um auf besonderer Delegation beruhende Befugnisse, wie denn auch Kleinmayern, welcher die Erzbischöfe von Salzburg nicht den gewöhnlichen Legaten, sondern den legati a latere gleichstellt, dies nur auf die oben erwähnten Ehrenrechte und die Freiheit von der Nuntiaturgerichtsbarkeit (a. a. O. S. 238 ff.) stützt.

4 S. oben S. 614. Dass die Würde schon theilweise im 16. Jahrhundert bedeutungslos war, zeigt die in Betreff Rheims in der vorigen Note angeführte Stelle.

5 S. oben S. 525.

6 S. oben S. 611. 612. 614. 622.

ausserhalb Deutschlands der Erzbischof von Gran[1]; den Primatialtitel haben die Erzbischöfe von Toledo[2], Tarragona[3], Rouen[4], Salzburg, Prag[5], Gnesen-Posen[6], Gran, Armagh[7] und der Patriarch von Venedig für Dalmatien[8]. Neuerdings ist auch dem Erzbischof von Mecheln provisorisch die Fortführung des Titels für Belgien gestattet worden[9]. Eine praktische Bedeutung hat der Primat und die Legation nur noch für Ungarn, denn dem Erzbischof zu Gran steht heut noch das Recht zu, die Erzbischöfe und Bischöfe der ausser seinem Erzbisthum zu Ungarn gehörenden Metropolitansprengel von Erlau, Colocs-Bacs und Agram[10] zu Nationalsynoden zu versammeln, Appellationen von den eben gedachten erzbischöflichen Sitzen mit Ausnahme des von Colocs anzunehmen und sich das Kreuz im Umfange seiner Primatie vortragen zu lassen, sowie endlich die Jurisdiktion über die exemten Benediktiner-, Prämonstratenser- und Cisterzienser-Abteien Ungarns auszuüben[11]. Hieraus erklärt es sich auch wohl, dass wenngleich noch heute in den allgemein an alle Bischöfe gerichteten päpstlichen Encykliken dieselben als: »venerabiles fratres, patriarchae, primates, archiepiscopi et episcopi« angeredet werden[12], doch in dem päpstlichen Staatsbuch, während dort die heutigen Patriarchen besonders aufgeführt sind, keine eigene Rubrik für die Primaten vorkommt und unter dem Verzeichniss der erzbischöflichen und bischöflichen Sitze einzig und allein dem Erzbischof von Gran der Titel: Primate (nel regno d'Ungheria) beigelegt ist[13]. Uebrigens hat Papst Pius IX. den Primaten nach der Ordnung ihrer Erhebung zum Primat den dritten Rang, nämlich nach den Kardinälen und Patriarchen und vor den Erzbischöfen in der Sitzordnung des jetzt versammelten allgemeinen Koncils zugewiesen, jedoch mit dem ausdrücklichen Bemerken, dass es sich hier nur um eine einmalige, keine Rechte oder gar Beeinträchtigungen Anderer begründende Koncession handle[14].

1 Ginzel 1, 208. 218.

2 S. oben S. 595.

3 Er wird wenigstens in dem Verzeichniss der Mitglieder des gegenwärtigen Koncils in der Schrift: Das Vatikanum im Lichte des kathol. Glaubens. Stimmen aus Maria Laach. N. F. VI. von Flor. Riess u. Karl v. Weber. Freiburg 1870. S. 137 unter den Primaten aufgeführt. Vgl. übrigens oben S. 594. 595. n. 5.

4 S. oben S. 599. n. 12 und Neher a. a. O. 1, 449.

5 S. oben S. 611. 614.

6 Nach dem Note 3 erwähnten Verzeichniss.

7 Neher a. a. O. 1, 19.

8 S. oben S. 571. n. 2. Den Titel eines Primas von Dalmatien und Kroatien hat die Rota allerdings dem Erzbischof Sforza Panzoni von Spalato (1617—1614) in einem Streit mit dem Patriarchen von Venedig zugesprochen. Neher a. a. O. 1, 209. Unter Leo XII. ist aber Spalato zum einfachen Bisthum reducirt und der Metropole von Zara unterstellt worden. — Ueber Warschau und Lemberg vgl. oben S. 622.

9 S. den Beschluss der iudices querelarum des Vatikanischen Koncils vom 12. Februar 1870, der auch dem Erzbischof von Antivari dasselbe gewährt hat. Acta dec. s. sed. 5, 343. Nach der Nationalzeitung vom 22. Februar 1870 soll auch der Erzbischof (? — nach dem annuario pontificio von 1865. p. 206 ist er aber nur Bischof) von Scutari als Primas anerkannt worden sein. Ob das richtig, steht freilich dahin.

10 Ginzel 1, 62.

11 Ginzel 1, 218. 209 unter Berufung auf Cherrier, enchiridion iuris ecclesiast. 1, 199. 188. 259. Vgl. auch Schulte, Lehrbuch. 2. Aufl. S. 201. n. 8. Es ist daher falsch, wenn Richter §. 130. n. 1 meint, dass der Primatentitel für Gran der realen Bedeutung entbehrt. Ginzel behauptet weiter, dass auch in Irland noch Primatialverfassung besteht; dies ist indessen eine durch Nichts unterstützte Behauptung. Auch Moroni, dizionario 3, 34 ff. u. 36. 85 ff. weiss nichts davon.

12 S. die Encykliken Pius' IX. vom 2. Februar 1849 und vom 1. August 1854, Pii IX. pontif. maximi acta. Roma 1854. 1, 162. 584. Vgl. auch ibid. 1, 4. 32. 342 und Moys Archiv. 10, 388.

13 Annuario pontificio von 1865. p. 211. Auch die officielle, auf dem gegenwärtigen Koncil ausgegebene Statistik der katholischen Kirche, welche mir bisher nicht zu Gesicht gekommen ist, scheint, soweit sich aus den Zeitungsberichten schliessen lässt, der Primaten zwar zu erwähnen, sie aber nicht besonders aufzuzählen.

14 Const.: Multiplices inter vom 27. November 1869. n. 4. De ordine sedendi (Acta dec. s. sed. 5, 235): „tertium (locum obtinebunt) ex speciali nostra indulgentia, Primates iuxta ordinem suae promotionis ad Primatialem gradum. Id autem pro hac vice tantum indulgemus atque ita, ut ex hac concessione nullum ius vel ipsis Primatibus datum vel aliis imminutum censeri debeat".

Nachträge.

Es ist hinzuzufügen auf

S. 3. n. 1 hinter: 7 Diakonen noch: Sozomen. hist. eccles. VII. 19: „Διάκονοι δὲ παρὰ Ῥωμαίοις εἰσέτι νῦν οὐ πλείους εἰσὶν ἑπτὰ καθ' ὁμοιότητα τῶν ὑπὸ τῶν ἀποστόλων χειροτονηθέντων".

S. 3. n. 5 hinter: das geweihte Brod, vgl. noch: unten S. 311. n. 5 und.

S. 5. Z. 12 v. o. zu den Worten: „wesentlich verschieden seien" als Note 6a: Vgl. namentlich E. Furtner, d. Verhältn. der Bischofsweihe zum Sakrament des Ordo. München 1861. S. 2. 32. 78. 110 ff.

S. 8. n. 3 hinter: In Rom werden sie noch Anfang des 9. ist hinzuzufügen: und 11.; und gleich nachher hinter: ed. Bianchini 1, 280. 281 noch: und unten S. 331. n. 1.

S. 15. Z. 12 v. o. hinter Harthörige als Note 5a: S. Acta ex eis decerpta quae apud s. Sedem geruntur 4, 593.

S. 15. n. 6 zum Schluss hinzuzufügen: Ueber Unfähigkeit wegen sonstiger Augenleiden s. Acta decerpta etc. 4, 428.

S. 29 in Note 10 der S. 28 hinter: gubernator Romae noch: und die Const. Pauli V.: Eximiae fidelitatis vom 15. September 1606. §. 4 (ibid. 3, 240) für den auditor Camerae (s. unten S. 409. 410).

S. 31. Z. 8 hinter infam: und 4. trifft dieselbe Strafe diejenigen weltlichen Obrigkeiten, welche die Vorschriften hinsichtlich des in ihrer Stadt für die Papstwahl zu haltenden Konklaves nicht beachten. S. c. 3. §. 3. in VI^{to} de elect. I. 6 und unten S. 268. — In dem folgenden Satz ist statt 4. und 5. zu setzen: 6. und 7.

S. 62. n. 5. Z. 18 v. u. hinter: Van Espen . . . n. 28 noch: Acta ex eis decerpt. 4, 560.

S. 66. n. 2 am Schluss hinzuzufügen: Acta ex eis decerpt. 5, 113.

S. 68. n. 5 am Ende hinzuzufügen: Acta ex eis decerpt. 4, 563.

S. 70. n. 4 hinter: in Baiern während des 17. und 18. Jahrhunderts giebt: Vgl. ferner Joh. Nacke, der Tischtitel. Paderborn 1869, welcher die Entstehung in die Reformationszeit (s. S. 15 ff.) setzt; s. auch Moys Archiv 22, 478.

S. 75. n. 2 hinter: an die General-Kreis-Kommissariate noch: an deren Stelle neuerdings die Kreisregierungen getreten sind. S. Silbernagl, Verfassung sämmtlicher Religionsgesellschaften in Bayern. Landshut 1870. S. 82. 93.

S. 78. n. 3 a. E.: Der Meinung des Textes folgt auch die Congreg. Concil., s. Acta ex eis decerpt. 4, 560. 561.

S. 79 u. 80 zum Schluss von lit. b: Trotz der Konstit. Pius' IX.: Apostolicae sedis vom 12. Oktober 1869 (Moy, Arch. 23, 326 ff.) ist die erwähnte suspensio aber noch eine suspensio latae sententiae, denn dieselbe hält alle durch das Tridentinum festgesetzten derartigen Censuren aufrecht (s. a. a. O. S. 331).

S. 80. n. 3 a. E. einzuschalten: Vgl. die Const. Pii IX.: Apostolicae sedis vom 12. Oktober 1869 rubr. Suspensiones latae sententiae Summo pontifici reservatae: . . . „4. Suspensionem per annum a collatione ordinum ipso iure incurrit qui excepto casu legitimi privilegii ordinem sacrum contulerit absque titulo beneficii vel patrimonii clerico in aliqua congregatione viventi in qua solemnis professio non emittitur, vel etiam religioso nondum professo".

S. 84. n. 2 am Schluss hinzuzusetzen: Die suspensio ipso iure, welche den so unerlaubter Weise Geweihten trifft, hat die eben erwähnte Konstitution Pius' IX. unter den dem Papst zur Dispensation reservirten Suspensionen (s. Kober, Suspension S. 191. 192) unter nachstehenden Voraussetzungen aufrecht erhalten (Moy a. a. O. S. 331): „Suspensionem ab ordine suscepto ipso iure incurrunt, qui eumdem ordinem recipere praesumpserunt ab excommunicato vel suspenso nominatim denunciatis aut ab haeretico vel schismatico notorio: eum vero qui bona fide a quopiam eorum est ordinatus, exercitium non habere ordinis sic suscepti, donec dispensetur, declaramus".

S. 101 zum Schluss von Nr. V.: Mit Rücksicht auf die vorstehend citirte Konstitution Pius' IX. sind die Suspensionen, welche nach den oben S. 98 ff. gemachten Mittheilungen durch das Tridentinum festgesetzt sind, in ihrer Qualität als censurae latae sententiae stehen geblieben, denn die Konstitution verordnet (Moy a. a. O. S. 331): „Denique quoscumque alios sacrosanctum concilium Tridentinum suspensos aut interdictos ipso iure esse decrevit, nos pari modo suspensioni vel interdicto eosdem obnoxios esse volumus et declaramus". Von den die Geweihten und die Bischöfe sonst treffenden, nicht durch das Tridentinum eingeführten haben die Qualität als latae sententiae nur behalten folgende (s. const. cit. Rubrik: suspensiones latae sententiae summo Pontifici reservatae): . . . 7. „Clerici saeculares exteri ultra quatuor menses in Urbe commemorantes ordinati ab alio quam ab ipso Ordinario absque licentia Card. Urbis Vicarii vel absque praevio examine coram eodem peracto vel etiam a proprio Ordinario, posteaquam in praedicto examine reiecti fuerint (s. oben S. 96. n. 7); nec non clerici pertinentes ad aliquem e sex episcopatibus suburbicariis, si ordinentur extra suam dioecesim, dimissorialibus sui Ordinarii ad alium directis quam ad Cardinalem Urbis Vicarium (S. 96. n. 11); vel non praemissis ante Ordinem sacrum suscipiendum exercitiis spiritualibus per decem dies in domo urbana Sacerdotum a Missione nuncupatorum, s. S. 109. n. 1), suspensionem ab ordinibus sic susceptis ad beneplacitum s. Sedis ipso iure incurrunt: Episcopi vero ordinantes ab usu pontificalium per annum"; ferner a. a. O. unter 3: „Suspensionem per annum ab ordinum administratione ipso iure incurrunt Ordinantes alienum subditum etiam sub praetextu beneficii statim conferendi aut iam collati vel etiam subditum proprium qui alibi tanto tempore moratus sit, ut canonicum impedimentum contrahere ibi potuerit, absque Ordinarii eius loci litteris testimonialibus".

S. 103. n. 2. Z. 7 v. u. hinter: worden ist, einzuschalten: Ueber die Weihe des Bischofs Herrand von Halberstadt durch Urban II. im J. 1094 s. ep. eiusd. ad Hartwic. archiep. Magdeb., Jaffé, monum. Bamberg. p. 163.

S. 107. n. 5 hinter: Kober, Suspension S. 310 ff.: Die mehrfach erwähnte Konst. Pius' IX. hat aber die Qualifikation dieser Suspension als censura latae sententiae nicht aufrecht erhalten.

S. 109. n. 1 vgl. oben den Nachtrag zu S. 101.

S. 111. Z. 17 v. o.
S. 113. Z. 16 u. 20 v. o. } ist das ipso facto mit Rücksicht auf die Konst. Pius' IX. fortzulassen.
S. 114. Z 18 v. o.

S. 116. n. 5. Auch Bonifazius von Mainz ist im J. 722 an einem Apostelfeste, nicht an einem Sonntag geweiht worden. Willibaldi vita s. Bonifacii c. 6 (Jaffé, monum. Mogunt. p. 451): „Cumque sanctus sacre sollempnitatis dies et natalicius sancti Andreae et praefinitae ordinationis inluxisset, iam sacer sedis apostolicae pontifex episcopatus sibi et nominis, quod est Bonifatius, inposuit dignitatem". Wenn E. Dünzelmann, Untersuchung üb. die ersten unter Karlemann und Pippin gehaltenen Concilien. Göttingen 1869. S. 11 blos auf Grund der schülerhaften Citirung von Richter §. 113 u. 185 und Herzogs Realencyklopädie 21, 593 voraussetzt, dass der Papst Bonifazius an einem Sonntage geweiht haben müsse, weil nur an einem solchen Tage ein Bischof konsekrirt werden könne, und deshalb die Weihe in das Jahr 721 setzt, so hat er damit das bisher als Jahr der Konsekration feststehende Jahr 722 nicht im mindesten erschüttert, sondern blos seine Ignoranz im Kirchenrecht an den Tag gelegt.

S. 121. 122. Hier ist zu dem über die als Strafe eintretende excommunicatio ipso iure Bemerkten hinzuzufügen, dass die mehrfach erwähnte Const. Pii IX.: Apostolicae sedis rubr. Excommunicationes latae sententiae Romano pontifici reservatae . . . „2. Violentas manus suadente diabolo iniicientes in clericos vel utriusque sexus monachos exceptis quoad reservationem casibus et personis, de quibus iure et privilegio permittitur, ut episcopus aut alius absolvat", das bisherige Recht aufrecht erhalten hat.

S. 126. n. 1 ist hinter: Berlin 1868. S. 154 (Z. 21 v. o.) einzuschalten: Für diejenigen Geistlichen, deren Militärpflicht erst mit dem 1. Januar 1870 beginnt, kann nach einer Verfügung des norddeutschen Bundeskanzlers vom 31. Dezember 1869 (Moser, allg. Kirchenblatt 1870. S. 116; Moys Arch. 23, 406 ff.) nur aus den für Jedermann statthaften Gründen (s. Moser a. a. O. S. 231) eine Zurückstellung erfolgen. Das österreichische Wehrgesetz vom 5. December 1868. §. 25 bestimmt: „Die Candidaten und Zöglinge des geistlichen Standes aller gesetzlich eingeführten Kirchen u. Konfessionen werden, wenn sie ins Heer (die Kriegsmarine oder in die Landwehr) eingereiht worden, behufs der Möglichkeit der Fortsetzung ihrer theologischen Studien mit Urlaub entlassen. Nachdem sie zu Priestern geweiht, bezw. zu Seelsorgern oder Hülfspredigern verwendet oder ernannt worden sind, werden die Betreffenden in die Seelsorglisten des Heeres eingetragen und können im Kriegsfalle ihrer Wehrpflicht entweder beim Heere (der Kriegsmarine) oder bei der Landwehr als gleichfalls Feldgeistliche oder auch bei ständigen Spitälern als Seelsorger werwendet werden.

Wenn jedoch solche Candidaten des geistlichen Standes oder Alumnen ihre theologischen Studien aufgeben oder auf ihren geistlichen Beruf verzichten, sind sie zum Kriegsdienst aufzufordern"; vgl. ferner die Instruktion dazu vom 4. Juli 1869 u. d. Erlass des österr. Kult.-Min. v. 2 Juli 1869 (Moys Arch. 23, 409 ff.).

Zu S. 129. n. 6a ist auch noch darauf hinzuweisen, dass ferner in Oesterreich (Ges. vom 4. Mai 1868, bei Goldschmidt, Ztschr. f. Handelsrecht. Beilageheft zu Bd. 12. S. 380), in Baiern (Ges. vom 9. April 1869, Goldschmidt, angef. Zeitschr. 13, 546) und neuerdings in Baden die Schuldhaft als regelmässiges Exekutionsmittel, in Würtemberg (Ges. vom 8. Januar 1869, a. a. O. 13, 550) als solches in Wechselsachen aufgehoben worden ist.

S. 130. zu n. 4 a. E. hinzuzufügen: Ein Protest des Domkapitels zu Konstanz von 1724 gegen die Einschärfung des Verbotes, Perrücken zu tragen, im Freiburger Diöcesan-Arch. Jahrgg. 1869. 4, 322.

S. 133 zu n. 8 a. E. Einen die Innehaltung der erwähnten Pflichten angelobenden Revers, dessen Unterzeichnung seit 1869 von den jüngeren Geistlichen der Erzdiöcese Bamberg verlangt wird, theilt die Protestant. Kirchenzeitung von 1869 S. 917 mit.

S. 140 zu n. 4 a. E. Z. 5 v. u. hinter: des letzteren selbst, noch einzuschalten: wie auch die grosse Zahl der die Rechte während des 13—15. Jahrhunderts studirenden Geistlichen (s. Stobbe, Geschichte d. deutsch. Rechtsquellen 1, 628 u. kritische Vierteljahrsschrift für Gesetzgebung u. Rechtswissenschaft 11, 13. n. 7) beweist.

S. 140 zu n. 5 a. E.: Das wird auch durch den Umstand widerlegt, dass Benedikt XIV. in der Konstitution: Gravissimum ecclesiae v. 1745 (s. S. 423. n. 3 u. S. 424) der Sekretarie der Breven ausdrücklich die Ertheilung der licentia zuweist: „personis ecclesiasticis studendi iuri in publicis Studiorum universitatibus", damit also die formelle Gültigkeit des Verbotes noch anerkennt.

S. 150. n. 4. Das erwähnte angebliche Schreiben des heil. Ulrichs jetzt auch in verbessertem Text in der neuen Ausgabe des codex Udalrici bei Jaffé, monum. Bamberg. p. 114. Dieser setzt es a. a. O. n. 3 zw. 1074 u. 1078.

S. 151. n. 1 a. E. hinzuzufügen: Ein Verzeichniss von Päpsten, welche vor Erlangung des päpstlichen Stuhles verheirathet waren, giebt Greg. Langemak (Joh. Frid. Mayer praes.), de pontificibus uxoratis et filiis patrum in pontificatu successoribus. Kilon. 1699.

S. 159. n. 11 a. E. hinzuzusetzen: dass das auch die in der Kurie recipirte Ansicht ist, beweist die Aufrechterhaltung der Exkommunikation als latae sententiae durch die erwähnte Konst. Pius' IX. von 1869 (Moy a. a. O. S. 329): rubr. Excommunicationes latae sententiae episcopis sive ordinariis reservatae: „Excommunicationi latae sententiae episcopis sive ordinariis reservatae subiacere declaramus: 1. Clericos in sacris constitutos vel regulares aut moniales post votum solemne castitatis matrimonium contrahere praesumentes nec non omnes cum aliqua ex praedictis personis matrimonium contrahere praesumentes".

S. 179. n. 4 a. E. hinzuzusetzen: und endlich Kober, Suspension der Kirchendiener. S. 267 ff.

S. 208. n. 2 a. E. hinzuzufügen: Vgl. auch unten S. 547.

S. 212. n. 3 hinter: Ginzel, Arch. für Kirchenrecht 1, 15 ff. einzuschalten: Ihr Vorrang vor allen andern Kirchen ist ausdrücklich anerkannt durch die Konstitutionen Gregors XI.: Super universas v. 1372 (M. Bull. 1, 262) u. Pius' V.: Infirma aevi v. 21. December 1569 (ibid. 2, 315).

S. 216. n. 7 a. E. noch hinzuzusetzen: Vgl. Const. Pii IX.: Apostolicae sedis v. 1869 (Moy a. a. O. S. 238) unter der Rubrik: Excommunicationes latae sententiae speciali modo Romano Pontifici reservatae . . . 12: „Invadentes, destruentes, detinentes per se vel per alios civitates, terras, loca aut iura ad ecclesiam Romanam pertinentia vel usurpantes, perturbantes, retinentes supremam iurisdictionem in eis, nec non ad singula praedicta auxilium, consilium, favorem praebentes".

S. 220. n. 3 a. E.: E. de Rozière, liber diurnus. Paris. 1869. p. XXI. setzt die Redaktion desselben zwischen 685 u. 751.

S. 220. n. 5 a. E.: In der Rozièreschen Ausgabe n. LIX. p. 107.

S. 220. n. 8 a. E.: Bei Rozière no. LXXXII. p. 168.

S. 221. n. 2 a. E.: Bei Rozière no. LVIII. p. 103.

S. 222. n. 1 a. E.: Bei Rozière no. LX. p. 110.

S. 223. n. 1 a. E.: Bei Rozière no. LXI. p. 118.

S. 223. n. 2 a. E.: Bei Rozière no. LXII. p. 122.

S. 223. n. 3 a. E.: Bei Rozière no. LXIII. p. 124.

S. 224. n. 1 a. E.: Bei Rozière no. LVII. p. 99.

S. 224. n. 6. Z. 4 v. u. hinter: annehmen einzurücken: für das letztere E. de Rozière l. c. p. XVIII ff..

S. 242. Z. 8 u. 9 ist zu streichen: „die noch" bis: „Beobachten der Konstitution".

S. 243. n. 5. Z. 10 v. u. hinzuzusetzen: A. Huber in Moys Archiv. 4, 73 ff.

S. 251. n. 3 a. E. hinzuzufügen: Ebenso Baxmann, Politik der Päpste. Elberfeld. Th. II. 1869. S. 279. n. 1.

S. 251. Z. 8 v. o. zu den Worten: „liegt auf der Hand“: Usinger (Götting. gelehrte Anzeigen, Recension von Jaffés Monumenta Bambergensia. No. 4. S. 129 ff.) giebt zwar auch der Textkonstruktion von I u. III den Vorzug vor II, hält aber I. für besser als die Jaffésche Recension III. Dass der lange Satz in I statuimus u. s. w. einen wenn nicht guten, so doch ausreichenden Sinn wenngleich in schwerfälliger und unklarer Form enthält, kann ich nicht zugeben. M. E. kann man den Satz: „ut — imprimis cardinales diligentissima consideratione tractantes — ad consensum novae electionis accedant“; nicht dahin interpretiren: „Bei dem tractare haben sie die Rechte des deutschen Königs und seiner Nachfolger zu beachten und kommen so mit ihm und überhaupt ad consensum“. Denn nach dem Wortlaut sollen die Kardinäle nur zu einer schon festbestimmten Wahl, zu einem darüber bestehenden consensus hinzutreten, das Subjekt, welches den Konsens schafft, muss also als ein verschiedenes von dem gedacht werden, welches nur das ius accedendi besitzt. Wenn Usinger weiter die schwerfällige Struktur des Satzes mit der Bemerkung zu rechtfertigen sucht, dass „ganz unklare Rechtsverhältnisse in einer Weise kodificirt werden sollten, welche allen Betheiligten, deren Rechte sich eigentlich gegenseitig ausschlossen, genehm war“, so ist darauf zu erwidern: 1. Die Unklarheit eines Rechtsverhältnisses kann zwar einen unklaren Ausdruck, braucht aber doch sicherlich nicht einen in der Stilisirung und Konstruktion unklaren Satz zu bedingen. 2. Irgend einen klaren Zweck mussten doch die Verfasser und Urheber des Dekretes (also Hildebrand und Nikolaus II.) vor Augen haben und mochten sie diesen auch in diplomatischer Weise zu verhüllen suchen, so ist eine derartige Ausdrucksweise immerhin nicht mit einer stilistisch inkorrekten und so gut wie unverständlichen gleichbedeutend. 3. Handelte es sich gar nicht um die Kodifikation von Rechten, welche sich eigentlich ausschlossen, sondern um die Veränderung bisheriger Berechtigungen oder um die Abschwächung der letzteren.

S. 255 zum Schluss von Alinea 2: Die Bedenken, welche Usinger a. a. O. S. 133 ff. gegen die Uebertragung des Wahlrechts auf die Kardinalsbischöfe erhebt, halte ich nicht für begründet. Die Bemerkung, dass die Wahl der Metropoliten durch ihre Suffraganbischöfe in dieser Zeit unerhört sei, trifft nicht zu, denn die Kardinalbischöfe sind nicht einfache Suffraganbischöfe gewesen, sondern sie haben neben dieser Eigenschaft auch die Qualität als auf die römische Kirche inkardinirter Geistlicher gehabt, also ebenso zum Klerus derselben gehört, wie die Kardinalpriester und Diakonen (s. oben S. 323. 324), und nahmen in der damaligen Zeit, wo jeder Bischof noch den Vorrang vor den letzteren hatte (S. 327. 328), eine kirchenrechtlich viel höhere Stellung als die übrigen Kardinäle ein. Von kanonistischem Standpunkt aus war also die Ertheilung eines Vorrechtes an sie sehr wohl möglich. Wenn sich Usinger weiter darauf beruft, dass Hildebrand sein Wahlrecht sich nicht selbst abdekretirt haben würde, so übersieht er, dass der Einfluss desselben ein faktischer war. Und weiter ist doch die Frage berechtigt, ob der Mann, der in der damaligen Zeit die Seele der Kurie war, es nicht seinen Zwecken angemessener fand, eher den 7 Kardinalbischöfen als auch der viel zahlreicheren Gruppe von Kardinalpriestern und -Diakonen den Hauptantheil bei der Wahl beizulegen, da er vom juristischen Standpunkt aus bei der Gleichberechtigung aller Kardinäle immer nur eine Stimme gehabt hätte, andererseits aber — die Sache vom Standpunkt der thatsächlichen Verhältnisse aus betrachtet — die geringe Zahl von 4, die Majorität der Kardinalbischöfe bildenden Personen, doch leichter in entscheidender Weise zu beeinflussen war, als die Majorität sämmtlicher Kardinäle aller Klassen.

S. 274. Z. 15 v. o. hinter: verordnete er hinzuzufügen: nach dem Vorgange Julius' II. (s. Raynald ann. a. 1513 n. 7. 8) und Pauls III. (Bulle v. 29. November 1544; Moy, Arch. 23, 345).

S. 274. Z. 19 v. o. hinter: vorzunehmen hätte: Auch Pius IX. hat in der Const.: Cum Romanis pontificibus vom 4. Dezember 1869 (Moy, Arch. 23, 344) die Wahl des Papstes für seinen Todesfall unter gleichzeitiger Suspension des jetzt versammelten, allgemeinen (s. g. Vatikanischen) Koncils den Kardinälen vorbehalten, zugleich aber verordnet, dass für alle Folgezeit, wenn der Papst während der Abhaltung einer ökumenischen Synode versterben würde, diese stets von selbst bis zur Wiederaufnahme durch den Nachfolger suspendirt und die Wahl des letzteren allein dem Kardinalkollegium zustehen solle.

S. 275. n. 6 a. E. hinzuzusetzen: Ebenso die Pius' IX. s. Reuchlin, Gesch. Italiens 1, 288.

S. 276. n. 4 a. E.: Vgl. auch Lunadoro-Zaccaria, relazione della corte di Roma. Roma. 1830. P. I. c. 8. p. 53; Moroni, dizionario di erudizione storico-ecclesiastica. 16, 290 ff.

S. 278. n. 10 a. E. Doch kann ihm die Wahlberechtigung zur Strafe entzogen werden. S. darüber §. 39. S. 371, namentlich n. 1.

S. 288 zum Ende des Al. 3. ist zu bemerken: Die auf die Verletzung der Vorschriften über die Wahl angedrohten censurae latae sententiae hat die Konst. Pius' IX.: Apostolicae sedis vom 12. Oktober 1869 (Moy, Arch. 23, 331) in dieser ihrer Eigenschaft bestehen lassen, indem sie verordnet: „Quae vero censurae sive excommunicationis sive suspensionis sive interdicti nostris aut praedecessorum nostrorum constitutionibus aut sacris canonibus praeter eas quas recensuimus, latae sunt atque hactenus in suo vigore perstiterunt sive pro Romani Pontificis electione . . . eas omnes firmas esse et in suo robore permanere volumus et declaramus“.

S. 293. n. 5 a. E.: J. 1605 ist die Exklusive schon von Spanien gegen den bekannten Kardinal Baronius ausgeübt worden. S. Sentis, die Monarchia Sicula. Freiburg 1869. S. 33. 34.

S. 295. n. 2 a. E.: Hefele, Konciliengesch. 6, 243 ff.

S. 302. n. 3 a. E.: In der Schrift von Janus, der Papst und das Koncil. Leipzig 1869. S. 122 wird diese Stelle dagegen dem 11. Jahrhundert zugewiesen.

S. 332. n. 2 a. E. hinzuzusetzen: Vgl. in Betreff des Erzbischofs von Rheims Jaffé, reg. n. 8712. Nachträglich ist mir folgendes Beispiel einer vor Alexander III. fallenden Ernennung eines Bischofs zum Kardinal aufgestossen. Gesta episc. Metens. cont. (SS. 10, 544) a. 1120: „Hic (Stephan von Metz) Calixti (II) ex sorore nepos . . . in urbe Romana ab eodem pontifice summo consecratus est tam pallii dignitate quam cardinalis titulo honoratus“ . . .

S. 350. Z. 20 v. o. hinter: Exkommunikation: Die Natur dieser als einer censura speciali modo Romano pontifici reservata hat die Const. Pii IX. vom 12. Oktober 1869. n. 5 (Moys Arch. 23, 327) aufrecht erhalten.

S. 365. Hinter Nr. 7. Z. 13 v. o. hinzuzusetzen: 8. Die Designation des neu zu ernennenden Kardinal-Kämmerers (s. unten S. 412) und des Vicekanzlers (s. unten S. 440).

S. 446. Zum Schluss von §. 51 hinzuzufügen: Ihr Recht, bei der Feststellung der Beschlüsse der allgemeinen Koncilien mitzuwirken, ist auf dem jetzt tagenden concilium Vaticanum ebenfalls anerkannt, denn die const. Pii IX.: Multiplices inter v. 27. November 1869. n. 6. (Acta quae ap. s. sed. ger. 5, 236) bestimmt: „nominamus, scil. 2. Concilii Secretarium . . . eique adiicimus cum officio et tituli Subsecretarii dil. filium Ludovicum Iacobini e nostris et huius apostolicae sedis protonotariis . . . 3. concilii notarios dilectos filios (folgen 6 Namen) nostros et huius apost. sed. protonotarios“.

S. 456. n. *. Das Werk von Mühlbauer ist jetzt bis zu fasc. 8. Tom. I. erschienen.

S. 464. n. * a. Schluss hinzuzusetzen: A. Bizzarri, collectanea in usum Secretariae S. Congreg. Episcop. et Regular. Romae 1863.

S. 504. Z. 10 v. o. für: Ende des 4. Jahrh. lies: Anfang des 5. Jahrh.

S. 518. n. 1 hinter: §. 25 einzufügen: Magn. Bullar. 3, 474.

S. 533. Z. 26 v. o. zu entsprechen als Note 9a hinzuzusetzen: Uebrigens hat der Nuntius zu Wien auch die Fakultät, bei Appellationen von dem erstinstanzlichen Diöcesan-Konsistorium zu Breslau die Richter zweiter und dritter Instanz zu ernennen. S. den Bericht des Fürstbischofs von Breslau in Moys Arch. 23, 465 u. Sauer, pfarramtliche Geschäftsverwaltung. 2. Aufl. Breslau 1868. S. 32.

S. 590. n. 7 a. Schluss hinzuzufügen: In ep. eiusd. ad Childeb. zw. 557 o. 558 wird die Stellung des letzteren als primatus bezeichnet (Mansi 9, 726): „cuius ecclesia in regionibus Gallicanis primatus privilegio et sedis apostolicae vicibus decoratur“.

Druckfehler-Verzeichniss.

S. 5. Z. 8 v. o. statt: prebyteratus lies: presbyteratus.
S. 9. n. 2. Z. 26 v. o. statt: Weise lies: Weihe.
S. 10. n 1. Z. 2 v. u. statt: VII. 2 lies: VII. 3.
S. 10. n. 2. Z. 25 v. o. statt: §. 15 lies: §. 5.
S. 11. Z. 4 v. o. ist zu streichen: zu hinter dem Wort Eintrag.
S. 14. n. 7. Z. 24 v. u. statt: φυχῆς lies: ψυχῆς.
S. 21. Z. 13 v. u. in n. 4 statt: constituit lies: constiterit.
S. 24. Z. 9 v. o. statt: den folgenden §. nr. II. 9 lies: §. 5. nr. II. 10.
S. 27. n. 5. Z. 23 v. o. ist: sie nach: Lambertini hält, zu streichen.
S. 28. n. 9. Z. 8 v. u. statt: Recht lies: Rest.
S. 36. n. 6. Z. 11 v. u. statt: nun lies: nur.
S. 40. Z. 8 v. o. statt: öffentliche lies: öffentlich.
S. 42. Z. 20 v. o. statt: Mandatar lies: Mandant.
S. 54. Z. 20 v. o. statt: welchen lies: welchem.
S. 59. n. 3 a. E. Z. 4 v. u. statt: volutante lies: voluntate.
S. 72. Z. 21 v. u. statt: auf der lies: auf die.
S. 72. n. 6. n. 7, sowie in den weiteren Citaten statt: Haas lies: Maas.
S. 75. n. 9. Z. 10 v. u. statt: ab lies: ob.
S. 77. n. 5. Z. 19 v. u. statt: hebere lies: habere.
S. 80. n. 4. Z. 27. v. o. statt: ποῦ lies: τοῦ.
S. 86. n. 6. Z. 20 v. u. ist: et zu streichen.
S. 93. n. 10. Z. 7 v. u. statt: Regino I. 430 lies: I. 449.
S. 102. n. 9. Z. 10 v. u. statt: 955 lies: 595.
S. 104. n. 2. Z. 17. v. u. statt: §. 3 lies: §. 6.
S. 110. n. 2. Z. 12 v. u. statt: §. 62 lies: S. 62.
S. 126. n. 1. Z. 14 v. o. ist: zugesichert zu streichen.
S. 132. n. 9 a. E. und S. 133. Z. 4 v. o. ist statt: folgender Paragraph zu setzen: §. 19.
S. 136. n. 2. Z. 19 v. u. statt: No. VII. 3 lies: VII. 4.
S. 141. n. 8. Z. 24 v. u. statt: nova lies: nona.
S. 155. Z. 16 v. o. ist vor: geltend gemacht einzuschalten: niemals.
S. 182. Z. 5 v. o. statt: forculi lies: foranei.
Z. 6 v. o. ist: des vor: Namens zu streichen.
S. 183. n. 3. Z. 12 v. u. ist: er zu streichen.
S. 190. Z. 16 v. o. statt: gegebenen lies: gegeben.
S. 197. Z. 16 v. o. statt: hin lies: für.
S. 204. n. 4. Z. 17 v. u. statt: Rothensen lies: Rothensee.
S. 207. Z. 11 v. o. ist: als zu streichen u. Z. 12 v. o. statt: als zu lesen: nicht.
S. 208. n. 1. Z. 23 v. o. statt: Corbesius lies: Cortesius.
n. 8. Z. 20 v. u. statt: Vipping lies: Pipping.
S. 209. n. 2. Z. 15. v. u. statt: solio lies: solo.
S. 212. Z. 3. v. o. statt: Obedienzgesellschaft lies: Obedienzgesandtschaft.
S. 216. Z. 16. v. u. in n. 4 der vorhergehenden Seite statt: dem lies: den.
S. 217. n. *. Z. 4. v. u. statt: 1845 lies: 1846.
S. 219. n. 3. Z. 19. v. o. statt: Senatus lies: Senatui.
S. 219. n. 3. Z. 32. v. o. statt: Theodosius lies: Theodahad.
S. 219. n. 4. Z. 5. v. u. statt: X. 15. 16 lies: IX. 15. 16.
S. 220. Z. 7. v. o. statt: dieser selbst innerhalb lies: innerhalb dieser selbst.
S. 221. Z. 17. v. o. statt: conservationis lies: conversationis.
S. 231. n. 5. Z. 15. v. u. statt: (876—897) lies: 896—897) zu:
S. 232. n. 2 a. E. statt: Dist. LXXIX lies: Dist. LXIII.
S. 234. Z. 9 v. o. statt: 858 lies: 855.
S. 236. Z. 1. v. o. statt: konkretirt lies: konsekrirt.
S. 244. S. 12 v. o. statt: 998 lies: 996.

S. 247. n. 7. Z. 9 v. u. statt: potentiam lies: potentium.
S. 249 in Text I ist Z. 6 v. u. zu streichen das eine: cum.
S. 250 in Text III. Z. 1 statt: I lies: II.
S. 256. n. 2 letzte Zeile v. u. statt: 708 lies: 807.
n. 3. Z. 11 v. u. statt: 217 lies: 247.
S. 257. Z. 7. v. o. ist das letzte Wort der Zeile: „in“ an den Anfang zu setzen.
S. 260. Z. 8. v. o. statt: ihn lies: ihm.
S. 262. n. 3. Z. 19 v. u. statt: habito lies: habitu.
S. 274. Z. 24 v. o. statt: 1641 lies: 1621.
S. 275. Z. 3. v. o. statt: 5. Februar lies: 28. Januar.
Z. 4. v. o. u. Note 5 statt: 11. Oktober lies: 5. Oktober.
S. 279. Z. 8. v. o. statt: Urban III. lies: Urban IV.
Z. 19 v. o. statt: Leo IX. lies: Leo VIII.
S. 299. n. 6. Z. 1. v. u. ist: de zu streichen.
S. 311. n. 4. Z. 5 v. u. statt: 570 lies: 560.
S. 312. Z. 8. v. o. statt: n. 1 lies: n. 5.
S. 313. n. 1. Z. 27 u. ist hinter: essent einzuschieben: diacono.
S. 314. n. 1 a. E. statt: qu. 7 lies: qu. 1.
S. 317. Z. 11. v. o. statt: 9 lies: 10.
S. 318. Z. 1 v. o. statt: von lies: an.
S. 325. n. 2. Z. 21 v. u. statt: n. 4 lies: n. 7.
S. 326. Z. 14 (erste Zeile der n. 9 von 325) statt: Tuscanekka lies: Tuscanella.
S. 328. n. 7. statt: S. 336 lies: 326.
S. 332. n. 1. Z. 30 v. o. statt: der lies: die.
S. 345. Z. 3. v. o. statt: den lies: dem.
S. 345. n. 3. Z. 9 v. u. statt: Cardinalia lies: Cardinalis.
S. 356. Z. 8. v. o. statt: 1662 lies: 1622.
S. 367 sind Note 3 und 4 umzustellen.
S. 368. Z. 4 v. o. statt: extraordinarium lies: extraordinariorum.
S. 374. n. 3. Z. 4 v. u. statt: erit lies: exit.
S. 389. Z. 16 v. u. n. 10 v. S. 388 statt: §. 4. lies: §. 74.
S. 389. Z. 20 v. o. hinter: prelati einzuschalten: di.
S. 392. Z. 8 v. u. statt: b. lies: bb.
S. 409. Z. 20 v. o. statt: 1449 lies: 1444.
S. 410. n. 20. Z. 8 v. u. statt: S. 369 lies: 406.
S. 416. Z. 22 v. v. o. statt: dieser lies: diese.
S. 418. Z. 10 v. o. statt: causa lies: causae.
S. 448. n. 5. Z. 13 v. u. statt: dem lies: den.
S. 454. Z. 19 v. o. statt: Postkription lies: Proskription.
S. 485. Z. 2 v. o. statt: auch sonst den anderen iudices ordinarii lies: ihm auch sonst den anderen iudices ordinarii gegenüber.
S. 504. n. 1 statt: 494 lies: 499.
S. 507. n. 1 am Schluss statt: n. 3 lies: n. 5.
S. 528. n. 2. Z. 22 v. o. hinter: „fast“ ist einzuschalten: von.
S. 541. n. 2. Z. 18 v. o. statt: Corterius lies: Cortesius.
S. 548. n. 8. Z. 2 v. u. statt: νομοθέτηται lies: νενομοθέτηται.
S. 550. Z. 9 v. o. ist hinter: „Kläger oder“ einzuschalten: Ankläger sich darüber beschwert fühlt, dass.
S. 561. n. 5 statt: 1867 lies: 1847.
S. 566 letzte Z. des Textes statt: an der lies: auf die.
S. 568. n. 6. Z. 15 v. u. hinter: „immo novae“ einzuschieben: Aquilejae.
S. 570. Z. 6 v. o. statt: Castellune lies: Castellum.
S. 573. n. 1. Z. 28 v. o. statt: Nivetio lies: Nicetio.
S. 578. n. 5. Z. 8 v. u. hinter: „Thomassin l. c.“ einzuschieben: c. 18.
S. 580. n. 5. Z. 23 v. u. statt: welchem lies: welcher.
S. 600. Z. 21 v. o. statt: an lies: von.
S. 607. n. 2. Z 15 v. o. statt: pateant lies: pareant ut.

Druck von Breitkopf und Härtel in Leipzig.

FSC
www.fsc.org
MIX
Papier | Fördert
gute Waldnutzung
FSC® C083411

Kolibri 360 GmbH
Ferdinand-Jühlke-Straße 7
99095 Erfurt, Deutschland
produktsicherheit@kolibri360.de